2025
A SUCCESSFUL PROJECT

PROJECT

2025년 제27회 시험 대비
온라인 모의고사 무료 제공

최신 기출문제 무료 해설 강의

경비지도사
한권으로 끝내기

1·2차 [일반경비]

1권 법학개론·민간경비론
핵심이론+문제

CBT 모의고사
1차/2차 각 2회 무료쿠폰 제공

시대에듀

최고 교수진의 고득점 합격전략!

오랜 필드경험을 바탕으로 한 압도적인 강의로
여러분의 합격을 약속드립니다.

시대에듀 교수진(감수 및 직강) 약력

PROFILE

▌고비환

고려대학교 법학 석사 / 박사 수료
前 고려대학교 법학연구원 연구원
現 고려대·중앙대 등 다수 대학교 법학강의 출강
　　경찰법학회 준회원
　　형사소송법학회 회원
　　고려직업전문학교 외래강사
　　시대에듀 경비지도사 법학개론·경비업법 교수

▌장진욱

부경대 박사 수료
부산대 석사 / 동국대 학사
前 경호업체 HR(인사·교육) 과장
　　자단기 경비지도사 대표강사
　　미림개발 경비지도업무 위원
現 한영평생교육원 경비지도사 강사
　　한국경찰학원 경찰면접지도 위원
　　시대에듀 경비지도사 민간경비론 교수

▌박우찬

경찰대학교 법학과 졸업
서울대학교 대학원 수료
前 경기남부경찰청·제주경찰청 근무
　　경찰수사연수원 외래교수
　　서울경찰청·인천경찰청 특강교수
現 종로경찰학원 경찰학 대표교수
　　경찰인재개발원 외래교수
　　시대에듀 경비지도사 경호학 교수

끝까지 책임진다! 시대에듀!

QR코드를 통해 도서 출간 이후 발견된 오류나 개정법령, 변경된 시험 정보, 최신기출문제, 도서 업데이트 자료 등이 있는지 확인해 보세요! **시대에듀 합격 스마트 앱**을 통해서도 알려 드리고 있으니 구글 플레이나 앱 스토어에서 다운받아 사용하세요.
또한, 파본 도서인 경우에는 구입하신 곳에서 교환해 드립니다.

편집진행 이재성·고광옥·백승은 | **표지디자인** 박종우 | **본문디자인** 표미영·임창규

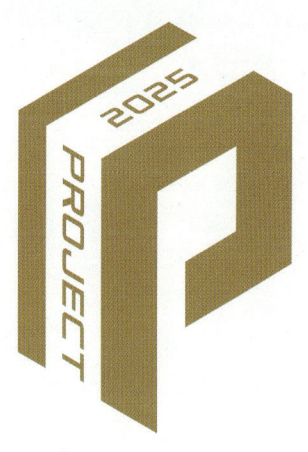

경비지도사
한권으로 끝내기

1 · 2차 [일반경비]

시대에듀

2025 시대에듀 경비지도사 한권으로 끝내기 [일반경비]

Always with you

사람의 인연은 길에서 우연하게 만나거나 함께 살아가는 것만을 의미하지는 않습니다. 책을 펴내는 출판사와 그 책을 읽는 독자의 만남도 소중한 인연입니다. **시대에듀**는 항상 독자의 마음을 헤아리기 위해 노력하고 있습니다. 늘 독자와 함께하겠습니다.

자격증 · 공무원 · 금융/보험 · 면허증 · 언어/외국어 · 검정고시/독학사 · 기업체/취업
이 시대의 모든 합격! 시대에듀에서 합격하세요!
www.youtube.com → 시대에듀 → 구독

머리말
PREFACE

"생명과 재산을 지켜주는 수호자! 경비지도사"

현대인들은 자신의 의지와 상관없이 외부로부터 가해지는 각종의 위협에 노출되어 있다. 그러나 국가 경찰력이 각종 범죄의 급격한 증가 추세를 따라잡기에는 현실적으로 한계가 있으며, 이에 국가가 사회의 다변화 및 범죄의 증가에 효과적으로 대응하고 경찰력을 보완할 수 있는 전문인력을 양성하고자 경비지도사 국가자격시험을 시행한 지도 28년이 되었다.

경비지도사는 사람의 신변보호, 국가중요시설의 방호, 시설에 대한 안전업무 등을 담당하는 경비인력을 효율적으로 관리, 감독할 수 있는 전문인력으로서 그 중요성이 나날이 커지고 있으며, 그 수요 역시 꾸준히 증가하고 있지만, 합격인원을 한정하고 있기 때문에 경비지도사를 준비하는 수험생들의 부담감 역시 커지고 있다. 해마다 높아지고 있는 합격점에 대한 부담감을 안고 시험 준비에 어려움을 겪고 있을 수험생들을 위하여 본서를 권하는 바이다.

더 이상 단순 암기만으로는 합격에 도달할 수 없는 현시점에서, 지금 수험생들에게 가장 필요한 것은 "선택과 집중 그리고 이해 위주의 학습"이다. 점차 확장되고 있는 출제범위 내에서 과목별로 적절한 분량과 학습에 필요한 자료들만을 선택하여 이해 위주의 학습을 하는 것이야말로 시간 대비 가장 효율적인 학습방법인 것과 동시에 합격으로 향하는 가장 확실한 지름길이라 할 수 있을 것이다.

이에 따라 국가자격시험 전문출판사인 시대에듀가 수험생의 입장에서 더 필요하고 중요한 것을 생각하며 본서를 내놓게 되었다.

"2025 시대에듀 경비지도사 한권으로 끝내기 [일반경비]"의 특징은 다음과 같다.

❶ 최신 개정법령과 최근 기출문제의 출제경향을 완벽하게 반영하여 수록하였다.

❷ 시대에듀 교수진의 철저한 검수를 통해 교재상의 오류를 없애고 최신 학계 동향을 정확하게 반영하여 출제 가능성이 높은 테마를 빠짐없이 학습할 수 있도록 하였다.

❸ 다년간 경비지도사 수험분야 최고의 자리에서 축적된 본사만의 노하우(Know-how)를 바탕으로 시험에 자주 출제되는 중요 포인트를 선별하여 꼭 학습해야 할 핵심내용을 중심으로 교재를 구성하였다.

❹ 경비지도사 시험의 기출문제를 완벽하게 분석하여 상세한 해설을 수록하였으며, 기출표기를 통해 해당 문항의 중요도를 한눈에 파악할 수 있도록 하였다.

끝으로 본서가 모든 수험생들에게 합격의 지름길을 제시하는 안내서가 될 것을 확신하면서 본서로 공부하는 모든 수험생들에게 행운이 함께하기를 기원한다.

대표 편저자 씀

STRUCTURES

도서의 구성 및 특징

1권·2권

STEP 1 이론 & 핵심정리

최신 출제경향 및 개정법령을 반영하여 체계적으로 정리한 이론을 수록하였으며, 개념이해를 위한 다양한 도해식 핵심정리를 수록하여 보다 입체적으로 학습할 수 있도록 하였다.

❶ 기출표시
❷ 도해식 핵심정리

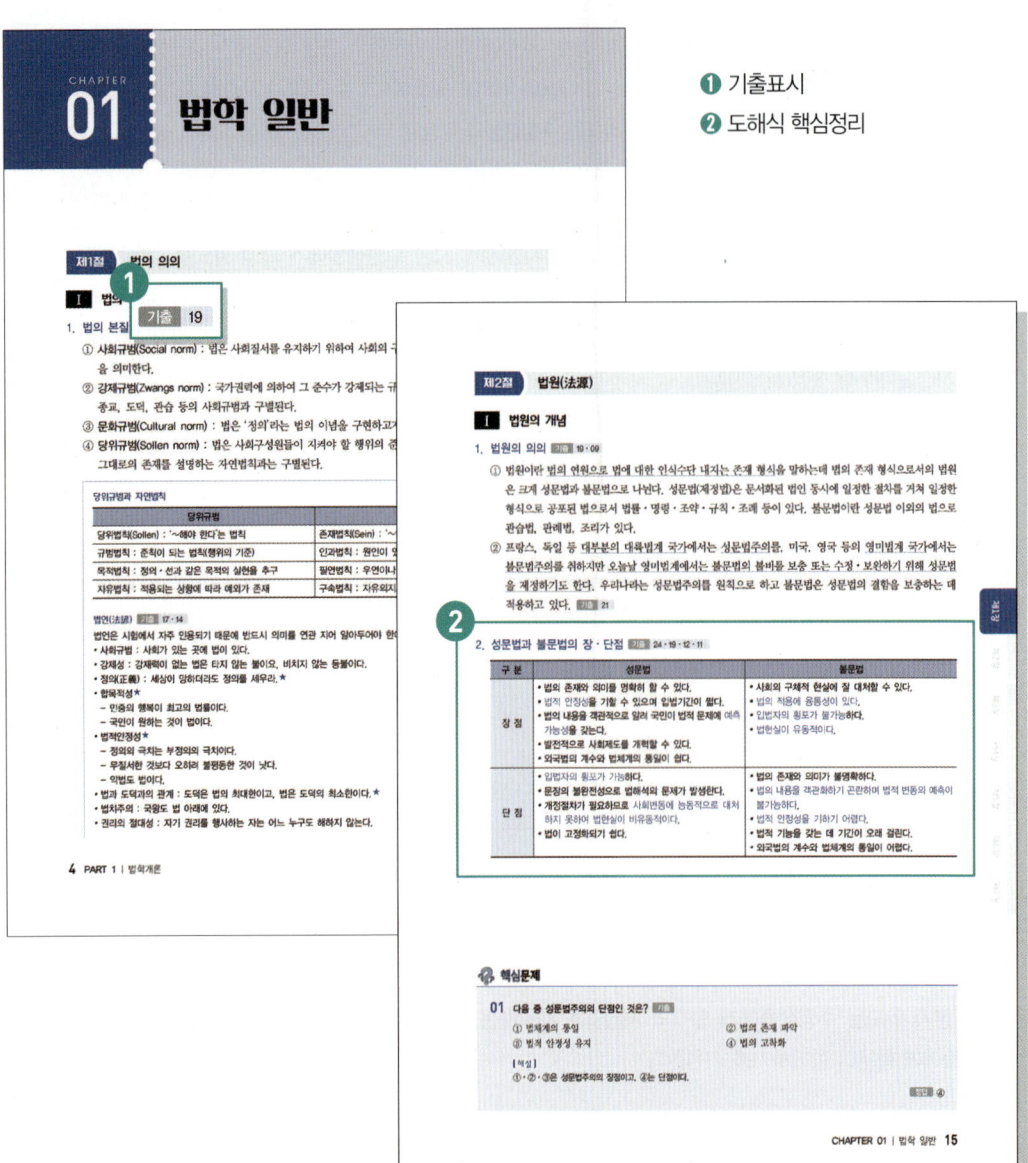

2025 시대에듀 경비지도사 한권으로 끝내기 [일반경비]
합격의 공식 Formula of pass | 시대에듀 www.sdedu.co.kr

1권·2권

STEP 2 관련 핵심문제

심화학습 BOX를 통해 더욱 체계적인 이해를 도왔으며, 기출문제를 이용한 관련 핵심문제 풀이를 통해 이론 구간별로 필수개념을 확실하게 정리할 수 있다.

❶ 심화내용 BOX
❷ 관련 핵심문제 & 해설 및 정답

STRUCTURES

도서의 구성 및 특징

2권

STEP 3 OX 핵심지문 총정리

상대평가 시험인 경비지도사 제2차 시험과목의 기출지문 중 핵심지문을 OX문제로 수록하여 사전테스트가 가능하도록 하였다.

❶ CHAPTER별 구분
❷ 기출표시
❸ OX 핵심지문
❹ 정답 및 오답분석

3권

STEP 4 CHAPTER별 심화문제

경비지도사 제1회부터 제26회까지의 기출문제 중 중요 기출만을 엄선하여 각 과목별·CHAPTER별로 수록하였다.

CHAPTER 02 경호의 조직

❶ 심화문제 & 해설
❷ 기출표시
❸ 핵심만 콕 & 법령

INTRODUCTION
경비지도사 소개 및 시험안내

경비지도사란?
경비원을 지도·감독 및 교육하는 자를 말하며, 일반경비지도사와 기계경비지도사로 구분한다.

주요업무
경비업자가 대통령령이 정하는 바에 따라 선임한 경비지도사의 직무는 다음과 같다(경비업법 제12조 제2항, 동법 시행령 제17조 제1항).

1. 경비원의 지도·감독·교육에 관한 계획의 수립·실시 및 그 기록의 유지
2. 경비현장에 배치된 경비원에 대한 순회점검 및 감독
3. 경찰기관 및 소방기관과의 연락방법에 대한 지도
4. 집단민원현장에 배치된 경비원에 대한 지도·감독
5. 그 밖에 대통령령이 정하는 직무
   [1] 기계경비업무를 위한 기계장치의 운용·감독(기계경비지도사의 경우에 한한다)
   [2] 오경보방지 등을 위한 기기관리의 감독(기계경비지도사의 경우에 한한다)

응시자격 및 결격사유

응시자격	제한 없음
결격사유	경비업법 제10조 제1항 각호의 1에 해당하는 자

※ 결격사유에 해당하는 자는 시험 합격 여부와 관계없이 시험을 무효처리한다.

2025년 일반 · 기계경비지도사 시험 일정(사전공고 기준)

회 차	응시원서 접수기간	제1차 · 제2차 시험 동시 실시	합격자 발표일
27	9.22~9.26 / 10.30~10.31(추가)	11.15 (토)	12.31 (수)

합격기준

구 분	합격기준
제1차 시험	매 과목 100점을 만점으로 하여 매 과목 40점 이상, 전 과목 평균 60점 이상 득점한 자
제2차 시험	• 선발예정인원의 범위 안에서 전 과목 평균 60점 이상을 득점한 자 중에서 고득점순으로 결정 • 동점자로 인하여 선발예정인원이 초과되는 때에는 동점자 모두를 합격자로 결정

※ 제1차 시험 불합격자는 제2차 시험을 무효로 한다.

경비지도사 자격시험

구 분	과목구분	일반경비지도사	기계경비지도사	문항수	시험시간	시험방법
제1차 시험	필 수	1. 법학개론 2. 민간경비론		과목당 40문항 (총 80문항)	80분 (09:30~10:50)	객관식 4지택일형
제2차 시험	필 수	1. 경비업법(청원경찰법 포함)		과목당 40문항 (총 80문항)	80분 (11:30~12:50)	객관식 4지택일형
	선택 (택1)	1. 소방학 2. 범죄학 3. 경호학	1. 기계경비개론 2. 기계경비기획 및 설계			

INTRODUCTION
경비지도사 소개 및 시험안내

일반경비지도사 제1차 시험 검정현황

구 분	대상자	응시자	합격자	합격률
2020년(제22회)	8,090	5,860	3,679	62.78%
2021년(제23회)	7,538	5,317	4,098	77.07%
2022년(제24회)	7,093	4,834	2,656	54.94%
2023년(제25회)	6,414	4,620	2,123	45.95%
2024년(제26회)	6,501	4,692	2,924	62.31%

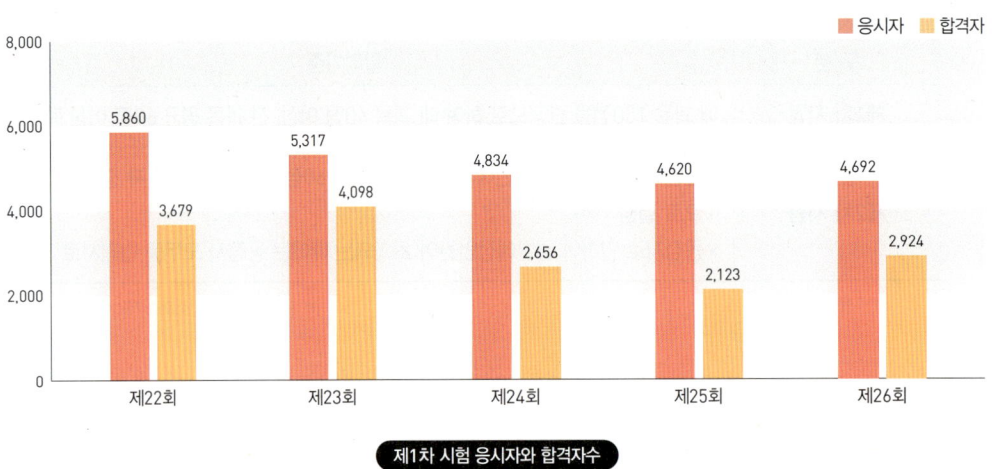

제1차 시험 응시자와 합격자수

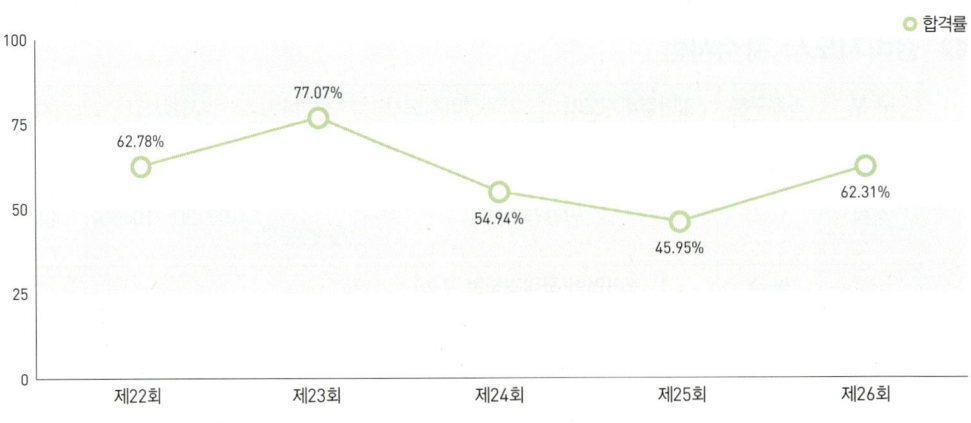

제1차 시험 합격률

일반경비지도사 제2차 시험 검정현황

구 분	대상자	응시자	합격자	합격률
2020년(제22회)	12,578	7,700	791	10.27%
2021년(제23회)	12,418	7,677	659	8.58%
2022년(제24회)	11,919	7,325	573	7.82%
2023년(제25회)	10,325	6,462	574	8.88%
2024년(제26회)	10,102	6,487	873	13.47%

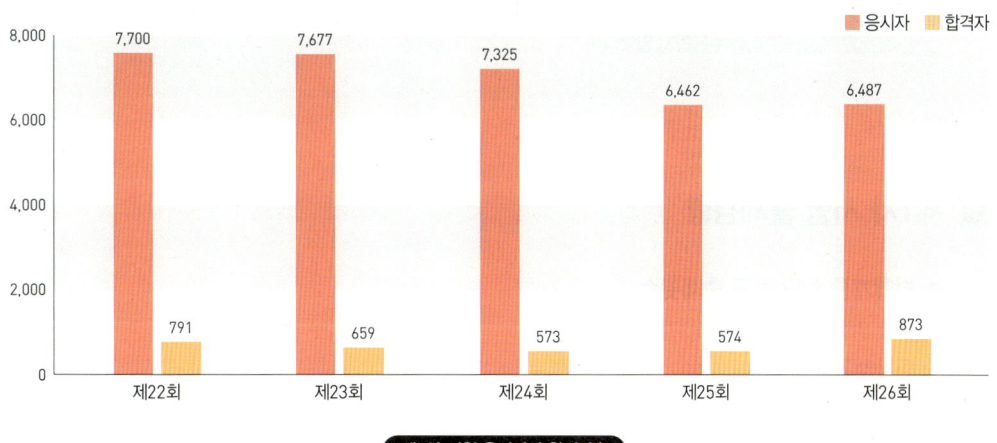

제2차 시험 응시자와 합격자수

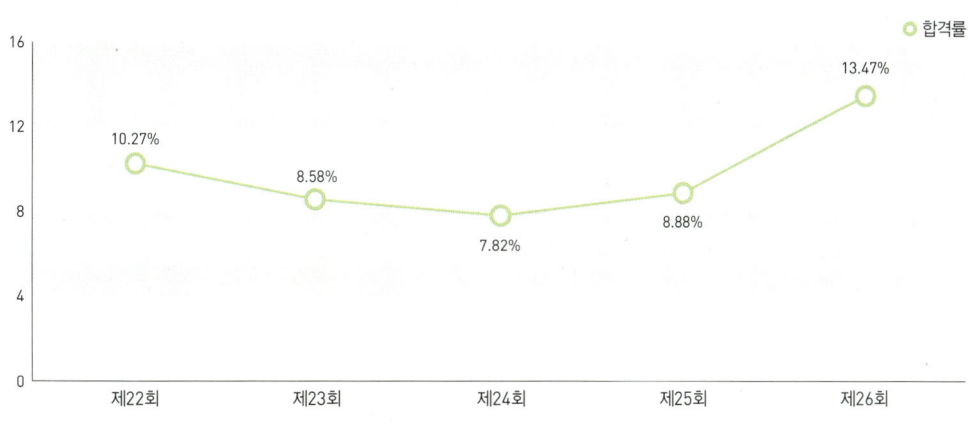

제2차 시험 합격률

ANALYSIS
최근 5년간 출제경향 분석

➕ 제26회 시험 총평

법학개론의 경우, 대부분 주요 빈출 주제에서 출제되었으나, 헌법상 대통령의 헌법기관 구성 권한에 관한 문제(5번), 경비계약과 손해배상에 관한 문제(18번), 상법상 회사에 관한 문제(36번), 상법상 주식회사에 관한 문제(37번)에서 어려움을 겪었을 것으로 생각된다.

민간경비론은 앞부분에 생소한 지문 또는 최근 출제되지 않았던 지문이 상당수 출제되었다. 민간경비원의 법적 지위 유형 구분과 관련된 문제(41번, 60번), 민간경비와 공경비를 구분하는 기준에 관한 문제(42번), 민간경비 활동에 있어서 '서비스 주체의 다원화'에 초점을 맞추고 등장한 이론에 관한 문제(44번), 민간경비의 개념에 관한 문제(46번), 일본의 민간경비에 관한 문제(49번, 60번), 외곽감지시스템에 관한 문제(66번)에서 어려움을 겪었을 것으로 생각된다.

경비업법의 경우, 개정이 있었으나 경비지도사 · 경비원 교육기관의 업무정지와 관련한 17번 한 문제만 출제되었고, 어렵거나 논란이 될 만한 지문은 없었기 때문에 합격생 기준 만점이 상당히 많을 것으로 예상된다.

경호학은 전체적으로 주요 빈출 주제에서 출제되었고, 합격의 당락을 결정한 문제는 41번, 42번, 70번, 76번이라고 생각된다. 특히 우발상황의 특성에 관한 문제(70번)와 응급처치 및 구급법에 관한 문제(76번)는 수험생들의 이의제기가 있었으나 한국산업인력공단은 이를 수용하지 않았다.

➕ 제1차 시험 출제경향

❖ 법학개론 회당 평균 출제횟수

법학 일반(8.2문제), 형사법(7.2문제), 민사법(7문제) 순이다.

- 제1장 법학 일반
- 제2장 헌 법
- 제3장 민사법
- 제4장 형사법
- 제5장 상법 일반
- 제6장 사회법 일반
- 제7장 행정법 일반

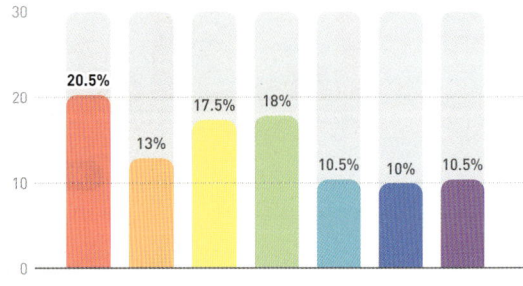

2020~2024년 경비지도사 법학개론 출제경향

❖ 민간경비론 회당 평균 출제횟수

경비와 시설보호의 기본원칙(8.2문제), 민간경비의 조직(7.8문제), 세계 각국의 민간경비(7.4문제) 순이다.

- 제1장 민간경비 개설
- 제2장 세계 각국의 민간경비
- 제3장 민간경비의 환경
- 제4장 민간경비의 조직
- 제5장 경비와 시설보호의 기본원칙
- 제6장 컴퓨터 범죄 및 안전관리
- 제7장 민간경비산업의 과제와 전망

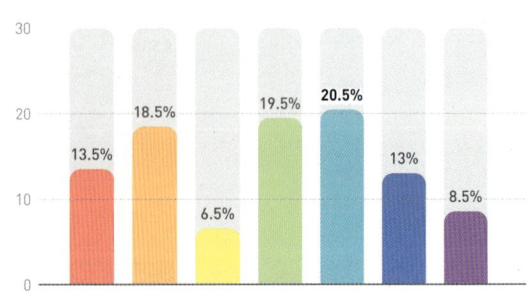

2020~2024년 경비지도사 민간경비론 출제경향

제2차 시험 출제경향

❖ **경비업법 회당 평균 출제횟수**

경비지도사 및 경비원(9.8문제),
보칙(4.2문제) 순이다.

- 제1장 총 칙
- 제2장 경비업의 허가 등
- 제3장 기계경비업무
- 제4장 경비지도사 및 경비원
- 제5장 행정처분 등
- 제6장 경비협회
- 제7장 보 칙
- 제8장 벌 칙

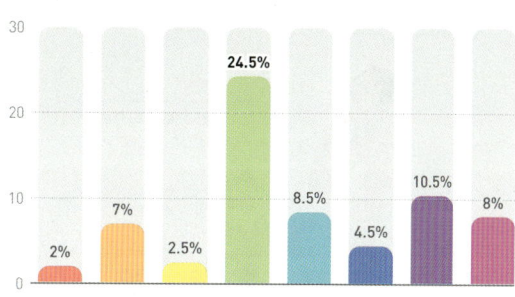

2020~2024년 경비지도사 경비업법 출제경향

❖ **청원경찰법 회당 평균 출제횟수**

청원경찰의 배치·임용·교육·징계(3.4문제),
청원경찰의 배치장소와 직무(2.6문제) 순이다.

- 제1장 청원경찰의 배치장소와 직무
- 제2장 청원경찰의 배치·임용·교육·징계
- 제3장 청원경찰의 경비와 보상금 및 퇴직금
- 제4장 청원경찰의 제복착용과 무기휴대·비치부책
- 제5장 보칙(감독·권한위임·면직 및 퇴직 등)
- 제6장 벌칙과 과태료

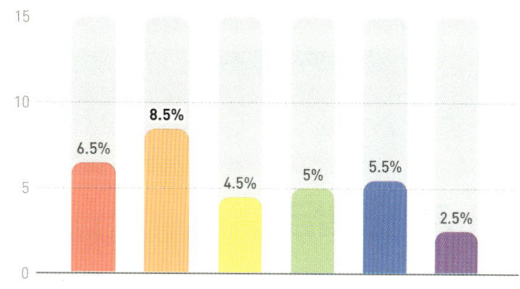

2020~2024년 경비지도사 청원경찰법 출제경향

❖ **경호학 회당 평균 출제횟수**

경호업무 수행방법(19.2문제),
경호학과 경호(6문제),
경호의 조직(4.8문제) 순이다.

- 제1장 경호학과 경호
- 제2장 경호의 조직
- 제3장 경호업무 수행방법
- 제4장 경호복장과 장비
- 제5장 경호의전과 구급법
- 제6장 경호의 환경

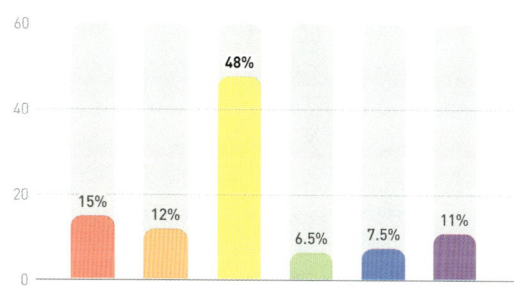

2020~2024년 경비지도사 경호학 출제경향

PROCESS
시험접수부터 자격증 취득까지

1. 응시자격조건

- 경비업법 제10조 제1항의 결격사유에 해당하지 않는 어느 누구나 응시할 수 있습니다.
- 결격사유 기준일은 원서접수 마감일이며, 해당자는 시험합격 여부와 상관없이 시험을 무효처리합니다.

2. 필기원서접수

※ 인터넷 원서 접수 사이트 : q-net.or.kr

8. 자격증 발급

- 경비지도사 기본교육 종료 후 교육기관에서 일괄 자격증 신청
- 경찰청에서 교육 사항 점검 후, 20일 이내 해당 주소지로 우편 발송

7. 경비지도사 기본교육

3. 일반·기계 경비지도사의 시험

4. 1·2차 시험안내

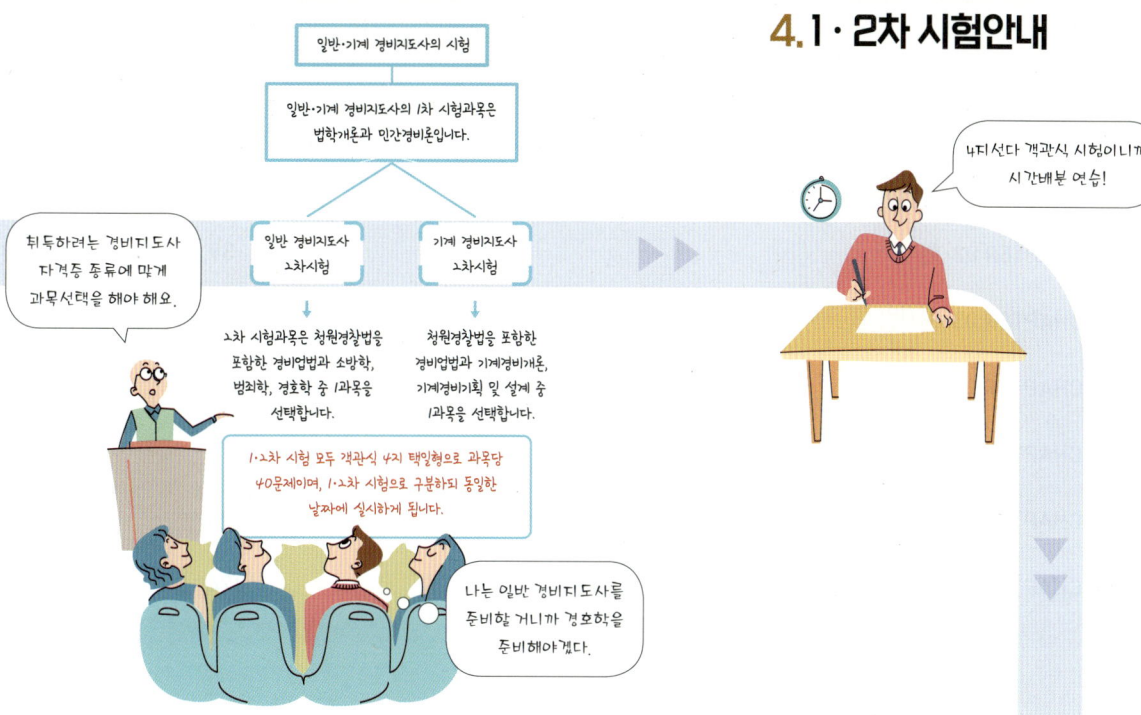

6. 합격자발표

5. 합격기준

※ 확인 홈페이지 : q-net.or.kr

CONTENTS

1권 목차 핵심이론·문제

1차 법학개론 · 민간경비론

제1과목   법학개론

CHAPTER 01 법학 일반	4
CHAPTER 02 헌 법	39
CHAPTER 03 민사법	73
CHAPTER 04 형사법	129
CHAPTER 05 상법 일반	175
CHAPTER 06 사회법 일반	194
CHAPTER 07 행정법 일반	224

제2과목   민간경비론

CHAPTER 01 민간경비 개설	258
CHAPTER 02 세계 각국의 민간경비	272
CHAPTER 03 민간경비의 환경	298
CHAPTER 04 민간경비의 조직	312
CHAPTER 05 경비와 시설보호의 기본원칙	339
CHAPTER 06 컴퓨터 범죄 및 안전관리	390
CHAPTER 07 민간경비산업의 과제와 전망	410

REVISED LAW
최신 개정법령 소개

➕ 경비지도사 제1차 시험 관련 법령

본 도서에 반영된 주요 최신 개정법령은 아래와 같다(별색 : 2024년 이후 개정법령).

구 분	법 령	시행일
헌 법	헌 법	1988.02.25
	국민의 형사재판 참여에 관한 법률	2017.07.26
민사법	민 법	2025.01.31
	민사소송법	2025.07.12
형사법	형 법	2025.04.08
	형사소송법	2025.09.19
상 법	상 법	2025.01.31
사회법 일반	근로기준법	2025.10.23
	노동조합 및 노동관계조정법	2021.07.06
	산업재해보상보험법	2025.01.01
	사회보장기본법	2025.06.21
	국민연금법	2024.12.20
	국민건강보험법	2025.04.23
	고용보험법	2025.02.23
행정법 일반	행정절차법	2023.03.24
	행정소송법	2017.07.26
	행정심판법	2023.03.21
	정부조직법	2024.06.27
기타 법령	경비업법	2025.10.02
	청원경찰법	2022.11.15
	경찰관직무집행법	2024.09.20
	국가경찰과 자치경찰의 조직 및 운영에 관한 법률	2023.02.16
	통합방위법	2024.01.16
	대통령 등의 경호에 관한 법률	2025.06.04

※ 경비지도사 자격시험에서 법률 등을 적용하여 정답을 구하여야 하는 문제는 시험 시행일 현재 시행 중인 법률 등을 적용하여 정답을 구하여야 한다.

➕ 개정법령 관련 대처법

❶ 최신 개정사항은 당해 연도 시험에 출제될 확률이 높으므로, 시험 시행일 전까지 최신 개정법령 및 개정사항을 필히 확인해야 한다.

❷ 최신 개정법령은 아래 법제처의 국가법령정보센터 홈페이지 등을 통해 확인이 가능하다.

법제처 국가법령정보센터	www.law.go.kr

❸ 도서 출간 이후의 최신 개정법령 및 개정사항에 대한 도서 업데이트(추록)는 아래의 시대에듀 홈페이지 및 서비스를 통해 제공받을 수 있다.

시대에듀 홈페이지	www.sdedu.co.kr www.edusd.co.kr
시대에듀 경비지도사 독자지원카페	cafe.naver.com/sdsi

제1차

핵심이론 + 문제

PART 01 | 법학개론
PART 02 | 민간경비론

PART 01

법학개론

CHAPTER 01 법학 일반

CHAPTER 02 헌법

CHAPTER 03 민사법

CHAPTER 04 형사법

CHAPTER 05 상법 일반

CHAPTER 06 사회법 일반

CHAPTER 07 행정법 일반

CHAPTER 01 법학 일반

제1절 법의 의의

I 법의 일반적 특징

1. 법의 본질 기출 19

① 사회규범(Social norm) : 법은 사회질서를 유지하기 위하여 사회의 구성원이 준수하여야 할 행위의 준칙을 의미한다.
② 강제규범(Zwangs norm) : 국가권력에 의하여 그 준수가 강제되는 규범이다. 이와 같은 점에서 법규범은 종교, 도덕, 관습 등의 사회규범과 구별된다.
③ 문화규범(Cultural norm) : 법은 '정의'라는 법의 이념을 구현하고자 하는 인간들의 문화적 산물이다.
④ 당위규범(Sollen norm) : 법은 사회구성원들이 지켜야 할 행위의 준칙을 정하는 당위규범으로서, 있는 그대로의 존재를 설명하는 자연법칙과는 구별된다.

당위규범과 자연법칙

당위규범	자연법칙
당위법칙(Sollen) : '~해야 한다'는 법칙	존재법칙(Sein) : '~하다'는 법칙
규범법칙 : 준칙이 되는 법칙(행위의 기준)	인과법칙 : 원인이 있으면 결과가 나타남
목적법칙 : 정의·선과 같은 목적의 실현을 추구	필연법칙 : 우연이나 예외가 있을 수 없음
자유법칙 : 적용되는 상황에 따라 예외가 존재	구속법칙 : 자유의지로 변경할 수 없음

법언(法諺) 기출 17·14

법언은 시험에서 자주 인용되기 때문에 반드시 의미를 연관 지어 알아두어야 한다.
- 사회규범 : 사회가 있는 곳에 법이 있다.
- 강제성 : 강제력이 없는 법은 타지 않는 불이요, 비치지 않는 등불이다.
- 정의(正義) : 세상이 망하더라도 정의를 세우라.★
- 합목적성★
  - 민중의 행복이 최고의 법률이다.
  - 국민이 원하는 것이 법이다.
- 법적안정성★
  - 정의의 극치는 부정의의 극치이다.
  - 무질서한 것보다 오히려 불평등한 것이 낫다.
  - 악법도 법이다.
- 법과 도덕과의 관계 : 도덕은 법의 최대한이고, 법은 도덕의 최소한이다.★
- 법치주의 : 국왕도 법 아래에 있다.
- 권리의 절대성 : 자기 권리를 행사하는 자는 어느 누구도 해하지 않는다.

> **함무라비법전** 기출 12
> 기원전 1700년경 고대 바빌로니아의 함무라비왕에 의해 제정된 성문법으로, '눈에는 눈, 이에는 이'라는 동해보복형(같은 피해에는 같은 방법으로 보복을 함)을 규정하고 있다.

2. 법의 3중 구조(법규범의 종류) 기출 11

① **행위규범** : 법은 관습이나 도덕규범과 같이 인간의 행위를 규율한다. 여기에서 말하는 규범은 어떠한 행위를 행하도록 명하거나 어떠한 행위를 하지 말도록 금지하는 관계를 규정하는 사회규범의 전형적인 형태이다.

② **조직규범** : 공동사회를 운영하기 위하여 필요한 조직체의 구성과 운영에 관한 규범이다. 즉, 조직규범은 행위규범과 재판규범을 통합하며 그 존립의 기초와 작용방식을 부여하는 조직원리에 관한 규범으로 헌법, 국회법, 법원조직법, 정부조직법 등이 이에 속한다. 이 조직규범은 일반국민에 대한 행위의무를 명하지 않으며, 그 직접의 수범자는 국가기관의 구성자이다.

③ **강제규범(= 재판규범)** : 행위규범이 정하고 있는 명령 또는 금지에 위반하는 경우에는 강제력(형벌, 강제집행)이 발동된다. 이때 강제력의 발동은 재판을 통해서 하게 되므로 이를 재판규범이라고 한다. 이같이 법규범의 강제규범성은 법의 본질적 요소 중의 하나이며 예링(Jhering)은 "강제를 수반하지 않는 법은 타지 않는 불, 비치지 않는 등불이나 마찬가지로 그 자체가 모순"이라고 하였다. 그러므로 법규범은 행위규범에 강제규범을 결합시킨 중층구조를 형성하고 있다는 것이 통설이다.

핵심문제

01 법의 본질에 관한 설명으로 틀린 것은? 기출 08
① 행위규범, 재판규범, 조직규범의 통일체이다.
② 근거가 정당하여야 한다.
③ 존재의 법칙을 바탕으로 한다.
④ 사회의 공통선을 목적으로 하는 사회규범이다.

[해설]
법은 당위의 법칙을 바탕으로 하고, 존재의 법칙을 바탕으로 하는 것은 자연법칙이다.

정답 ③

02 "남의 물건을 훔치지 말라"라는 것은 다음 중 어느 규범에 해당하는가? 기출
① 재판규범
② 행위규범
③ 조직규범
④ 강제규범

[해설]
행위규범이란 일반 국민에 대해 어떠한 행위를 하도록 명령하거나(작위규범), 하지 않도록 금지하는(부작위규범) 사회규범을 말한다.

정답 ②

3. 법과 사회규범 [기출 11]

① 법과 도덕

㉠ 법과 도덕의 관계 : 법과 도덕은 내용면에서 많은 부분이 중첩하는 관계로서 공공의 질서, 선량한 풍속, 신의성실의 원칙 등은 법과 도덕에 모두 준용되며, 효력 면에서는 상호보완관계이다. 즉, 법은 강제를 수단으로 도덕의 내용을 실현하며 도덕은 법의 효력을 뒷받침한다.

- 규범의 내용 면에서 볼 때 국가질서를 유지하는 데 최소한으로 필요한 도덕을 실효적으로 만들기 위한 것이 법이다. 규범의 효력 면에서도 법의 강제력이 도덕의 효력을 뒷받침하기도 하고, 반대로 도덕의 효력이 법의 효력을 뒷받침하기도 한다.
- 법과 도덕은 항상 일치하는 것은 아니며 도덕의 영역은 법의 영역보다 넓다.

㉡ 법과 도덕에 관한 학자들의 견해 [기출 12]

칸트 (Kant)	내면성과 외면성이라는 내용적인 기준보다는 합법성과 도덕성으로 구별하여 법은 동기의 여하와는 관계없이 합법성에 만족하고, 도덕은 의무감이 행위의 동기가 됨과 동시에 도덕성까지 요구한다고 하였다.
예링 (Rudolf von Jhering)	법은 국가권력에 의한 강제성이 보장되어 있으나 도덕은 그렇지 아니하다고 보면서, 법과 도덕의 구별이 매우 어렵다는 의미로 수많은 배들이 자주 난파했던 남미의 최남단 Cape Horn(혼곶)에 비유하였다. ★ 참고로 Cape of Good Hope(희망봉)는 아프리카 대륙의 남단(남아프리카공화국)에 위치하고 있다.
옐리네크 (Georg Jellinek)	'법은 도덕의 최소한이다'이라고 보고 도덕규범 중 꼭 지켜져야 할 적은 부분이 법으로서 강제성을 띠게 된다고 보았다.
라드브루흐 (Radbruch)	'법은 법이념에 봉사한다는 의미를 지니는 현실이다'라고 하였다. 또한 법은 행위를 규율하는 것이며, 도덕은 내심의 규범이라고 보면서도 법과 도덕의 구별에 있어서 절충적인 입장을 취하려고 하였다.
슈몰러 (Schmoller)	'법은 도덕의 최대한이며, 결코 최소한은 아니다'라고 하면서 도덕규범 중 꼭 필요하다고 인정되는 것은 법으로 정립하여 강제성을 띤다고 보았다. 즉, 도덕규범이 법으로 제정되어 도덕이 사회생활 전면에 확대 적용되는 것을 강조하였다.

핵심문제

01 법의 개념에 대한 견해와 학자가 바르게 연결된 것은? [기출 12]

① 법은 도덕의 '최대한'이다 - 슈몰러(Schmoller)
② 법은 법이념에 봉사한다는 의미를 지니는 현실이다 - 라렌츠(Larenz)
③ 법은 도덕의 '최소한'이다 - 라드부르흐(Radbruch)
④ 법은 사회적 조직체의 공동정신이다 - 키케로(Cicero)

[해설]
① (○) 법은 도덕의 최대한이며 결코 최소한은 아니다 - 슈몰러(Schmoller)
② (×) 법은 법이념에 봉사한다는 의미를 지니는 현실이다 - 라드부르흐(Radbruch)
③ (×) 법은 도덕의 최소한이다 - 옐리네크(Jellinek)
④ (×) 법은 사회적 조직체의 공동정신이다 - 몽테스키외(Montesquieu)

[정답] ①

ⓒ 법과 도덕의 차이점 기출 24·17·15
- **법의 외면성, 도덕의 내면성** : 법은 사람의 외면에 나타난 행위만을 규율할 뿐이고 내심에까지 간섭하지 않으나, 도덕은 내심(양심)만을 대상으로 하고 있다. 그러나 최근의 입법례에 있어서는 법도 행위자의 외면적인 행위보다도 내면적인 동기, 고의, 과실, 선의, 악의 등에 대한 관심이 커지고 있으며, 또 도덕에 있어서도 외부에 행위로서 나타나지 않는 내심은 그리 높게 평가하지 않는 것이 일반적으로 되고 있다.
- **법의 강제가능성, 도덕의 강제불가능성** : 법에는 강제가 있으나 도덕에는 강제가 없다. 즉, 사실에 있어서 법에 위반되는 행위가 있었을 때에는 강제(범죄에 대한 형벌, 불법행위에 대한 강제집행)가 따르는데 도덕의 명령에 위반했을 때에는 이러한 강제가 따르지 않는다.
- **법의 양면성과 도덕의 일면성(편면성)** : 법은 국가와 국민, 권리와 의무, 채권과 채무와 같이 대립되는 양면을 가진 사회사실을 규제하는 양면성을 가지고 있으나 도덕은 권리는 없고 의무만 있으며, 따라서 도덕이 다루는 것은 의무뿐이라는 전제에서 이를 도덕의 일면성이라고 한다.
- **법의 타율성과 도덕의 자율성** : 법은 복종자에 대하여 밖에서 의무를 지우는 타율성의 규범이고, 도덕은 고유한 인격을 통한 자발적인 자율성의 규범이다.

법(法) VS 도덕(道德)

법(法)	도덕(道德)
외면성 : 인간의 외부적 행위와 결과를 중요시함	내면성 : 인간의 내면적인 양심과 동기를 중요시함
강제성 : 위반에 대하여 국가권력을 배경으로 한 권력적 강제가 가능함	비강제성 : 규범의 유지와 제재에 강제성이 없음
양면성 : 의무에 대응하는 권리가 있음	편면성 : 의무에 대응하는 권리가 없음
목적 : 정의(Justice)의 실현	목적 : 선(Good)의 실현
경험적 사실에 의하여 성립	선험적 이성에 의하여 발생
대상은 평균인의 현실적 행위	대상은 평균인이 지키기 어려운 높은 이상
법률·명령형식의 문자로 표시	표현양식이 다양
준수 근거의 타율성, 국가가 규율주체	준수 근거의 자율성, 자기 자신이 규율주체

선한 사마리아인 조항
법의 윤리화 현상으로, 위험에 처해 있는 자를 구해주어도 본인 또는 제3자에게 위험이 없음에도 불구하고 돕지 않은 자를 처벌한다는 것을 내용으로 우리 형법에는 도입하지 않고 있으며, 다만 이와 관련하여 응급의료에 관한 법률에서 선의의 응급의료에 대한 면책규정을 두고 있다.

② **법과 관습** 기출 11 : 일정한 행위가 특정한 지역의 다수인 사이에서 반복됨으로써 발생하는 사회규범이 관습이며, 관습의 규범력을 보장하는 것은 공공적 의견이자 사회적 통념이다.
  ㉠ **법과 관습의 차이점** : 법은 인위적으로 만들어지는 반면, 관습은 자연발생적 현상으로 생성된다. 관습은 비조직적인 사회의 규범(관행)이고, 법은 공고한 조직적 사회인 국가의 규범으로 관습의 위반에 대해서는 사회의 비난에 그치지만, 법의 위반은 국가권력에 의한 강제가 규정되어 있다.
  ㉡ **법과 관습의 관계** : 관습법은 관습이 법규범화된 것이다(민법 제1조). 또 사실인 관습도 일정한 요건 하에서는 법적 효력을 가진다(민법 제106조). ★

> **법원(민법 제1조)** 기출 23
> 민사에 관하여 법률에 규정이 없으면 관습법에 의하고 관습법이 없으면 조리에 의한다.
>
> **사실인 관습**
> 법령 중의 선량한 풍속 기타 사회질서에 관계없는 규정과 다른 관습이 있는 경우에 당사자의 의사가 명확하지 아니한 때에는 그 관습에 의한다(민법 제106조). 다만 관습법이 법원으로서 법령과 같은 효력을 가질 수 있는 것과 달리 사실인 관습은 법령으로서의 효력이 없는 단순한 관행으로서 법률행위의 당사자의 의사를 보충함에 그친다는 것이 판례의 태도이다. 즉, 사실인 관습은 민법 제1조의 관습법에 해당하지 않는다(대판 1983.6.14. 80다3231).

③ **법과 종교**
  ㉠ **공통점** : 종교는 관습·도덕과 함께 중요한 사회규범이라는 점에서 공통점을 갖는다. ★
  ㉡ **차이점** : 종교는 신앙의 요소를 가지고 절대적인 신에 의존하고 있다는 점과 사람의 사회생활의 기준으로서 사람의 내부적 의사를 규율하므로 의사 중심의 내면성을 갖는다. 반면에 법은 행위 중심의 외면성을 가지고 사회생활의 질서유지를 위한 규범으로 국가에 의해 강제된다는 점에서 차이가 있다.

4. 자연법과 실정법

일반적으로 우리가 법이라고 말할 때에는 이른바 실정법을 뜻하는데, 실정법은 인간이 만든 경험적인 법이며 때와 장소에 따라 변하는 상대적인 규범이다. 한편 자연법론자들은 실정법의 배후에 자연법이 존재한다고 주장하면서 자연법이란 인간이 제정한 법이 아니라 때와 장소를 초월한 보편타당한 법이며 선험적인 규범이라고 하였다.

> **자연법과 실정법**
> • 자연법은 시대와 민족, 국가와 사회를 초월하여 보편타당하게 적용되는 객관적 질서로 부당한 실정법을 개정하는 기준이 된다. 자연법론자들은 법과 도덕의 구별을 부인한다. ★
> • 실정법론자들은 법과 도덕의 구별을 인정한다. ★

Ⅱ 법의 목적(이념) 기출 17

1. 의 의

① **법의 목적** : 인간이 법을 통해 실현하려고 하는 사회생활의 실천목표로, 법의 배후에서 법의 원동력이 되는 하나의 이념가치이며, 효력의 근거이고 법가치를 평가하는 척도이다. 또한 법이 존재하는 이유가 되기도 한다.

② 법의 목적에 관한 제 학설

플라톤과 아리스토텔레스	정의를 원칙으로 한 도덕생활의 실천이다. ★
루 소	개인의 자유·평등의 확보 및 발전이다. ★
칸 트	도덕적 개인 인격의 확보이다. ★
예 링	법의 목적은 전체 법의 창조로, 그 중요성을 강조하면서 법의 목적은 사회의 제 생활조건의 확보라고 보았다. ★
파운드	특정한 때와 장소에 있어서의 문화의 법적 공리이다.
맹거, 레너	경제적 기본권의 확보와 실현이다.
라드브루흐	법의 목적은 정의, 법적 안정성, 합목적성의 3가지 기본가치의 추구라고 보았다. 기출 06

핵심문제

01 법의 목적에 관한 설명 중 연결이 잘못된 것은?

① 칸트 - 도덕적 개인 인격의 확보
② 루소 - 국가이익의 추구
③ 예링 - 사회의 제 생활조건의 확보
④ 벤담 - 최대다수의 최대행복

[해설]
루소는 개인의 자유와 평등의 확보 및 발전을 법의 목적으로 보았다.

정답 ②

2. 정의(법의 추상적 목적)

정의(Justice)는 법이 추구하는 이념의 출발점인 동시에 궁극적인 목적이다. 정의는 인간이 사회생활을 하는 데 있어서 마땅히 지켜야 할 생활규범의 이념이자 평등한 사회관계를 내용으로 하여 인간관계의 조화를 이룩하는 사회질서의 이념으로 법과 불가분의 관계를 맺고 있다.

> **플라톤의 정의론**
> 정의란 공동생활에 있어서 각자의 계급에 합당한 덕을 다하는 것이라고 하였다.
> - 철인 계급(통치자 계급)의 덕 : 지혜
> - 무인 계급(군인 계급)의 덕 : 용기
> - 생산자 계급(농민·노동자 계급)의 덕 : 절제
>
> **아리스토텔레스의 정의론** 기출 16
> 정의를 일반적 정의(광의)와 특수적 정의(협의)로 구분하였고, 특수적 정의는 아래와 같이 나누어진다.
> - 평균적 정의 : 개인은 동일한 가치를 가지고 평등하게 다루어져야 한다는 형식적·절대적 평등을 주장하는 산술적·교환적 정의★
> - 배분적 정의 : 개인 각자의 능력과 가치에 따라 적합하게 분배되어야 한다는 실질적·상대적 평등을 주장하는 상대적·비례적 정의

3. 합목적성

① **합목적성의 개념** : "정의에 대한 지침과 구체적 방식에 대한 답을 제시하는 법의 이념이다(Radbruch)." 정의가 법의 내용을 일반화하는 데 반하여 합목적성은 법을 개별화하는 경향이 있으며, 개인주의·단체주의, 사익과 공익의 대립·모순되는 가치관의 조절은 법의 합목적성을 통해서 가능하다. 따라서 법의 내용이 합목적성을 결여하게 되면 법으로서의 정당성을 상실하게 되므로 법의 정립에 있어서는 목적에 부합될 것이 요구된다.

② **라드브루흐의 합목적성의 유형(개인주의와 단체주의, 문화주의)**

개인주의	개인의 궁극적 가치의 기준이 되며, 국가나 단체는 개인의 자유와 행복이 최대한 보장되도록 노력한다. 따라서 국가를 포함한 단체는 개인보다 하위의 가치에 서게 되며, 모든 개인이 평등하게 존중되도록 <u>평균적 정의</u>가 강조된다.
단체주의 (초개인주의)	단체(예컨대 민족이나 국가)를 최고의 가치로 신봉하고, 개인은 단체의 부분으로 단체의 가치를 실현하는 범위 안에서 인정되고 존중된다. <u>단체주의는 단체를 유지·발전시키기 위하여 단체의 입장에서 개인들에게 비례적인 평등을 실현시키면서 배분적 정의에 중점을 두게 된다.</u>
문화주의 (초인격주의)	개인도 단체도 아닌 인간이 만든 문화 혹은 작품을 최고의 가치로 신봉하는 태도이다. 수천만의 노예의 목숨보다 피라미드가 위대하고, 불난 집에서 아이보다 라파엘의 그림을 먼저 꺼내야 한다는 입장이다. 개인과 국가는 이러한 문화를 창조해 나가는 범위 안에서만 부차적인 가치를 가진다고 본다.

③ **상대주의의 관용** : 진정한 상대주의의 의미는 "내 것이 소중하기 때문에 네 것도 소중하다"는 관용의 정신으로, 법의 목적은 국가나 세계관에 따라 달라질 수 있다고 본다. 민주주의 국가에서는 상대주의적 세계관이 지배하기 때문에 어떤 목적 하나만이 절대적이라고 인정되지 않는다.

4. 법적 안정성

① **법적 안정성의 의의** : 여러 공동생활의 질서로서 법은 의견들을 종합한 단일의 법질서가 필요하므로 정의나 합목적성을 위하여 다음과 같은 몇 가지 사항이 요구된다.
  ㉠ 법의 내용이 명확해야 한다(성문법주의).
  ㉡ 법이 쉽게 변경되어서는 안 되며, 특히 입법자의 자의에 의해 쉽게 영향을 받아서는 안 된다.
  ㉢ 법이 실제로 실행 가능한 것이어야 하며 너무 높은 이상만 추구하여서는 안 된다.
  ㉣ 법은 민중의 의식, 즉 법의식에 합치되는 것이어야 한다.

② **법적 안정성의 필요성**
  ㉠ **질서유지 및 평화의 회복** : 법의 제1차적 기능은 질서를 유지하고 분쟁이 발생한 경우에 평화를 회복하고 유지하는 데 있다. 법은 법 자체의 안정성과 사회질서의 안정성을 요구한다.
  ㉡ **법적 안정성의 보장** : 법적 안정성이 보장되어야 사회질서의 안정도 보장된다. 왜냐하면 법이란 행위규범인 동시에 재판규범의 기준으로서 법이 자주 변경된다면 국민이 행동의 지침을 잃게 되고 사회도 안정될 수 없기 때문이다.
  ㉢ **법적 안정성의 구체적인 예** : 공소시효, 소멸시효, 취득시효(소유권 취득), 사법상의 점유 보호, 선의취득 및 국제법에서의 현상유지이론 등★

5. 법 목적의 상관관계

① 정의는 법의 내용, 법적 안정성은 법질서 정립의 기능에 관한 법이념이다.
② 정의는 윤리적, 합목적성은 공리적 가치와 결부되는 법이념이다.
③ 정의는 법의 내용을 일반화하고 합목적성은 그것을 개별화하는 경향이 있으며, 정의·합목적성은 이념적이고, 법적 안정성은 사실로부터의 실정성이 요구된다.
④ 법실증주의 시대에서는 법의 실증성과 안정성을 유지하기 위하여 정의나 합목적성이 소홀히 취급되었으며, 근대 자연법의 전성기에는 정의를 가장 중시하였다.
⑤ 정의만 강조하면 "세상은 망하더라도 정의는 세우라."고 하고, "정의만이 통치의 기초이다."라고 주장한다. 그러나 정의만을 강조하면 법적 안정성을 해치고, 법적 안정성만 강조하면 정의를 망각하는 경우가 발생할 수 있다.★
⑥ 합목적성을 강조하면 "민중의 행복이 최고의 법률이다."라고 하고, "국민이 원하는 것이 법이다."라고 주장하게 된다.★
⑦ 법적 안정성을 강조하면 "악법도 법이다."라 하며, "정의(법)의 극치는 부정의(불법)의 극치"라 한다.

핵심문제

01 법의 이념 중에서 "법은 함부로 변경되어서는 안 된다."는 명제와 직접적으로 관련된 것은? 기출

① 정 의
② 형평성
③ 합목적성
④ 법적 안정성

[해설]
"법은 함부로 변경되어서는 안 된다."는 명제는 법적 안정성을 중시한 명제이다.

정답 ④

Ⅲ 법의 효력 기출 17

1. 법의 실질적 효력

① 의의 : 법규범을 현실적으로 실현·복종시킬 수 있는 힘으로, 일정한 사항을 요구하고 금지할 수 있는 법의 '규범적 타당성'과 법규범이 정한대로 사회적 사실을 움직이는 힘인 '사실적 실효성'이 있어야 한다. 법은 행위규범과 강제규범의 중층구조로 이루어져 있는데 행위규범에 관계되는 문제가 법의 '타당성'이며, 강제규범에 관한 것이 법의 '실효성'이다.

② 법의 타당성과 실효성의 관계
  ㉠ 법이 타당성은 있으나 실효성이 없는 경우 : 법은 사문화될 가능성이 있다.
  ㉡ 법이 실효성이 있으나 타당성이 없는 경우 : 법은 악법에 해당하므로 위헌법률심판 등을 통해서 그 법률의 형식적 효력을 제거해야 한다.

> **자력구제(自力救濟)**
> 법률상의 절차에 의하지 않고 자신의 힘으로 권리의 내용을 실현하는 것으로, 원칙적으로 인정되지 않는다. 다만, "점유자는 그 점유를 부정히 침탈 또는 방해하는 행위에 대하여 자력으로써 이를 방위할 수 있다"고 규정한 민법 제209조와 같은 예외가 있다.

2. 법의 형식적 효력(적용 범위)

① 의의 : 실정법이 적용되는 효력 범위(적용 범위)를 말한다. 즉, 구체적 사실이 어떠한 시기, 어떠한 장소, 어떠한 사람에 의하여 발생되었는가 하는 일정한 한계를 갖기 마련인데, 이러한 한정된 범위 안의 효력을 말한다.

② 법의 시간적 효력 기출 16·15·09
  ㉠ 법의 유효기간 : 법은 시행일부터 폐지일까지 그 효력을 갖는다. ★
  ㉡ 법의 시행 : 관습법은 성립과 동시에 효력을 가지나 제정법률은 특별한 규정이 없는 한 공포한 날로부터 20일을 경과함으로써 효력이 발생된다(헌법 제53조 제7항). 기출 20

🔍 핵심문제

01 법의 효력에 관한 설명으로 옳지 않은 것은? 기출 15
  ① 민법은 특별한 규정이 있는 경우 외에는 법률불소급의 원칙이 적용된다.
  ② 소급법률에 의한 참정권 제한 금지는 헌법에 규정되어 있다.
  ③ 법이 효력을 가지려면 실효성과 타당성이 동시에 있어야 한다.
  ④ 하위 법규범으로 상위 법규범을 개폐할 수 없다.

[해설]
개정 민법에서의 부칙 규정 때문에 소급효 원칙에 대해 논란이 있을 수 있지만, 통설적으로 민법이나 상법 등 사법(私法)은 특별한 규정이 있는 경우 외에는 법률소급의 원칙이 적용되고, 예외적으로 이미 구법(민법 중 이 법에 의하여 개정 또는 폐지되는 종전의 조항)에 의해 생긴 효력에는 영향을 미치지 아니한다고 본다. ★

정답 ①

> **법령 등 공포에 관한 법률**
> • 법령 등의 공포일 또는 공고일은 해당 법령 등을 게재한 관보 또는 신문이 발행된 날로 한다(제12조).
> • 대통령령, 총리령 및 부령은 특별한 규정이 없으면 공포한 날부터 20일이 경과함으로써 효력을 발생한다(제13조).★
> • 국민의 권리 제한 또는 의무 부과와 직접 관련되는 법률, 대통령령, 총리령 및 부령은 긴급히 시행하여야 할 특별한 사유가 있는 경우를 제외하고는 공포일부터 적어도 30일이 경과한 날부터 시행되도록 하여야 한다(제13조의2).★

ⓒ 법의 폐지 : 법 시행기간이 종료되었거나, 특정 사항을 목적으로 제정된 때 그 목적사항의 소멸 또는 신법에서 명시규정으로 구법의 일부 또는 전부를 폐지한다고 한 때에는 그 구법의 일부 또는 전부가 폐지되는 것을 명시적 폐지라 하고, 동일 사항에 관하여 서로 모순·저촉되는 신법의 제정으로 구법이 당연히 폐지되는 것을 묵시적 폐지라 한다.★

ⓔ 법률불소급의 원칙 기출 22
  • 원칙 : 법의 효력은 시행 후에 발생한 사항에 관해서만 적용되고 시행 이전에 발생한 사항에 대하여는 소급하여 적용하지 못한다는 원칙을 말한다.
    – 모든 국민은 행위 시 법률에 의하여 범죄를 구성하지 아니하는 행위로 소추되지 아니한다(헌법 제13조 제1항).
    – 모든 국민은 소급입법에 의하여 참정권의 제한을 받거나 재산권을 박탈당하지 아니한다(헌법 제13조 제2항).
    – 행정법령의 경우, 새로운 법령 등은 법령 등에 특별한 규정이 있는 경우를 제외하고는 그 법령 등의 효력 발생 전에 완성된 사실관계에 대해서는 적용되지 아니한다(행정기본법 제14조 제1항).
  • 예외 : 소급효의 인정이 정의·형평의 관념에 부합할 때에는 예외를 인정한다. 신법이 도리어 관계자에게 유리하거나 소급하여 적용함이 기득권을 침해하는 일이 되지 않거나 또는 침해한다 할지라도 소급시킬 공법상의 필요가 있을 때에는 소급효가 인정된다.
    – 본법은 특별한 규정이 있는 경우 외에는 본법 시행일 전의 사항에 대하여도 이를 적용한다. 그러나 이미 구법에 의하여 생긴 효력에 영향을 미치지 아니한다(1960년 시행 민법 부칙 제2조).

> **형법상 예외적 소급적용(법률불소급 원칙의 예외)**
> 범죄 후 법률이 변경되어 그 행위가 범죄를 구성하지 아니하게 되거나 형이 구법(舊法)보다 가벼워진 경우에는 신법(新法)에 따른다(형법 제1조 제2항). 즉, 범죄 후 법률의 변경이 피고인에게 유리한 경우에는 소급적용이 허용된다.★

ⓜ 경과법 : 법령의 제정·개폐가 있었을 때 구법 시행 시의 사항에는 구법을 그대로 적용하고 신법 시행 후의 사항에 대하여는 신법이 적용되는 것이 원칙이나 어떤 사항이 구법 시행 시 발생하여 신법 시까지 진행되고 있을 경우, 구법·신법 중 어떤 것을 적용할 것인가에 대하여 그 법령의 부칙 또는 시행법령에 특별한 경과규정을 두는 것을 말한다. 기출 22·20

③ 법의 장소적 효력 기출 23·22·21·20·15·09
  ㉠ 원칙(속지주의) : 국가는 국민, 주권, 영토를 그 구성요소로 한다. 그리고 한 나라의 법은 원칙적으로 그 국가의 주권이 미치는 모든 영역인 영토·영해 및 영공의 전반에 걸쳐 그 효력이 미친다. 즉, 국가의 통치권은 그 나라의 영토 전반에 미치는 것이므로 통치권에 의하여 제정된 법도 그 영역 전반, 즉 내국인이건 외국인이건 국적을 불문하고 그 영역 내에 있는 사람 전체에 적용되는 것이다.
  ㉡ 예외(속인주의) : 외국에서의 행위라도 자국민의 행위에 대해서는 자국법을 적용한다는 것으로, 자국에 있는 외국의 대사관(재외공관) 등 치외법권 지역의 경우 속인주의가 예외적으로 적용된다.
  ㉢ 기국주의 : 공해상의 선박·항공기는 국적을 가진 국가의 배타적 관할에 속한다는 국제법상의 원칙이다.

> **형법상 장소적 적용범위**
> - 속지주의(제2조) : 본법은 대한민국 영역 내에서 죄를 범한 내국인과 외국인에게 적용한다.
> - 속인주의(제3조) : 본법은 대한민국 영역 외에서 죄를 범한 내국인에게 적용한다.
> - 기국주의(제4조) : 본법은 대한민국 영역 외에 있는 대한민국의 선박 또는 항공기 내에서 죄를 범한 외국인에게 적용한다.
> - 보호주의(제5조) : 본법은 대한민국 영역 외에서 다음에 기재한 죄를 범한 외국인에게 적용한다.
>   - 내란의 죄
>   - 외환의 죄
>   - 국기에 관한 죄
>   - 통화에 관한 죄
>   - 유가증권, 우표와 인지에 관한 죄
>   - 문서에 관한 죄 중 공문서관련 죄
>   - 인장에 관한 죄 중 공인 등의 위조, 부정사용
> - 보호주의(제6조) : 본법은 대한민국 영역 외에서 대한민국 또는 대한민국국민에 대하여 전조에 기재한 이외의 죄를 범한 외국인에게 적용한다. 단, 행위자의 법률에 의하여 범죄를 구성하지 아니하거나 소추 또는 형의 집행을 면제할 경우에는 예외로 한다.
> - 세계주의 : 총칙에는 이에 관한 규정이 없으나 각칙에서는 세계주의를 인정하고 있다(제296조의2).

④ 법의 대인적 효력
  ㉠ 속지주의 : 국가의 영토를 기준으로 하여 그 영토 내에 거주하는 사람은 내·외국인을 막론하고 모두 그 나라의 법의 적용을 받는다는 주의이다.
  ㉡ 속인주의 : 대인고권에 의해 자국의 국적을 가지는 한 그 소재지를 불문하고 자국법을 적용하는 것이다. 즉, 외국에 사는 자국민에 대하여도 자국법이 적용된다고 하는 주의이다.
  ㉢ 절충주의 : 역사적으로 속인주의에서 속지주의로 변천해 왔으며, 오늘날 국제사회에서는 영토의 상호존중과 상호평등원칙이 적용되므로 속지주의가 원칙이고, 예외적으로 모순이나 문제점이 있을 경우 이를 해결·보충하기 위하여 속인주의를 가미한다. ★★

제2절 법원(法源)

I 법원의 개념

1. 법원의 의의 [기출] 19·09

① 법원이란 법의 연원으로 법에 대한 인식수단 내지는 존재 형식을 말하는데 법의 존재 형식으로서의 법원은 크게 성문법과 불문법으로 나뉜다. 성문법(제정법)은 문서화된 법인 동시에 일정한 절차를 거쳐 일정한 형식으로 공포된 법으로서 법률·명령·조약·규칙·조례 등이 있다. 불문법이란 성문법 이외의 법으로 관습법, 판례법, 조리가 있다.

② 프랑스, 독일 등 대부분의 대륙법계 국가에서는 성문법주의를, 미국, 영국 등의 영미법계 국가에서는 불문법주의를 취하지만 오늘날 영미법계에서는 불문법의 불비를 보충 또는 수정·보완하기 위해 성문법을 제정하기도 한다. 우리나라는 성문법주의를 원칙으로 하고 불문법은 성문법의 결함을 보충하는 데 적용하고 있다. [기출] 21

2. 성문법과 불문법의 장·단점 [기출] 24·19·12·11

구 분	성문법	불문법
장 점	• 법의 존재와 의미를 명확히 할 수 있다. • 법적 안정성을 기할 수 있으며 입법기간이 짧다. • 법의 내용을 객관적으로 알려 국민이 법적 문제에 예측 가능성을 갖는다. • 발전적으로 사회제도를 개혁할 수 있다. • 외국법의 계수와 법체계의 통일이 쉽다.	• 사회의 구체적 현실에 잘 대처할 수 있다. • 법의 적용에 융통성이 있다. • 입법자의 횡포가 불가능하다. • 법현실이 유동적이다.
단 점	• 입법자의 횡포가 가능하다. • 문장의 불완전성으로 법해석의 문제가 발생한다. • 개정절차가 필요하므로 사회변동에 능동적으로 대처하지 못하여 법현실이 비유동적이다. • 법이 고정화되기 쉽다.	• 법의 존재와 의미가 불명확하다. • 법의 내용을 객관화하기 곤란하며 법적 변동의 예측이 불가능하다. • 법적 안정성을 기하기 어렵다. • 법적 기능을 갖는 데 기간이 오래 걸린다. • 외국법의 계수와 법체계의 통일이 어렵다.

핵심문제

01 다음 중 성문법주의의 단점인 것은? [기출]

① 법체계의 통일
② 법의 존재 파악
③ 법적 안정성 유지
④ 법의 고착화

[해설]
①·②·③은 성문법주의의 장점이고, ④는 단점이다.

정답 ④

Ⅱ 성문법 기출 13

1. 헌법
① 헌법은 국가의 이념이나 조직 및 작용, 국가기관 상호 간의 관계, 국가와 국민의 관계에 관한 기본원칙을 정한 국가 최고의 기본법이다. 기출 14·11
② 국가의 최상위 규범으로서 하위법인 법률·명령·규칙 등이 헌법에 위반될 경우 무효로 한다. 따라서 헌법은 그 나라의 법원 중에서 최상위에 위치하여 모든 하위법규의 근거·기준·한계가 되는 법이다. 기출 12·11

2. 법률
① 법률이란 실질적 의미로는 넓게 법(Law, Recht)을 말하나, 형식적(좁은 의미)으로는 입법기관인 국회의 의결을 거쳐 대통령이 서명·공포하여 제정된 성문법을 말한다.★ 기출 08
② 법률은 제1차적 법원으로서 가장 중요한 것이다.

3. 명령
① 국회의 의결을 거치지 않고 행정기관에 의하여 제정되는 성문법규이다.★ 기출 21·13
② 명령제정은 사회적 법치국가의 출현과 위기정부 내지 비상사태의 일반화 현상에서 필요성을 찾아볼 수 있다.
③ 명령은 제정권자를 기준으로 대통령령·총리령·부령으로 나눌 수 있고, 명령의 성질에 따라 법규명령과 행정명령으로 나뉘고, 법규명령은 다시 위임명령과 집행명령으로 나누어진다.★

행정입법 기출 22
- **법규명령** : 행정기관이 국민의 권리·의무에 관한 사항을 규정하는 것으로 대국민적 구속력을 가지는 법규적 명령을 말한다. 여기서 법규명령은 다시 위임명령과 집행명령으로 나누어진다.
  - **위임명령** : 법률 또는 상위명령에 의하여 위임받은 사항에 관하여 내리는 명령이다.
  - **집행명령** : 법률의 범위 내에서 법률의 실시에 관한 세부적·기술적 사항을 규율하기 위해 발하는 명령이다. 집행명령은 법률의 명시적 수권이 없더라도 발할 수 있으나 모법을 보충할 수 없고 국민의 새로운 권리·의무에 관한 사항을 규율할 수 없다는 점에서 위임명령과 차이가 있다.
- **행정명령** : 넓은 의미의 행정명령은 법규의 성질을 지닌 법규명령을 포괄하는 의미로 사용되나, 일반적으로는 법규의 성질을 지니지 않은 훈령·지시·명령 등 행정규칙의 의미로 사용된다.

핵심문제

01 다음 중 내용이 상충될 때에 가장 우선하는 법은?
① 법 률   ② 헌 법
③ 대통령령   ④ 조 약

[해설]
제정법 상호 간의 적용순위에 있어서는 신법우선의 원칙과 특별법우선의 원칙, 상위법우선의 원칙이 있는데, 보기의 경우에는 헌법이 가장 상위법이므로 가장 우선적으로 적용된다.

정답 ②

> **성문법의 종류**
> 헌법(국민), 법률(국회), 명령(행정부), 조례(지방의회), 규칙(지방자치단체의 장), 조약(다수의 국가)

4. 조례와 규칙 [기출 19]

① 조례 : 지방자치단체는 법령의 범위 안에서 그 사무에 관하여 조례를 제정할 수 있다. 다만, 주민의 권리 제한 또는 의무 부과에 관한 사항이나 벌칙을 정할 때에는 법률의 위임이 있어야 한다(지방자치법 제28조 제1항).
② 규칙 : 지방자치단체의 장은 법령이나 조례가 위임한 범위에서 그 권한에 속하는 사무에 관하여 규칙을 제정할 수 있다(지방자치법 제29조). [기출 21·13]
③ 조례와 규칙의 입법한계 : 시·군 및 자치구의 조례나 규칙은 시·도의 조례나 규칙을 위반하여서는 아니 된다(지방자치법 제30조).

5. 국제조약과 국제법규 [기출 19·12]

① 법원성
  ㉠ 국제질서의 존중을 위하여 국제조약과 국제법규는 당연히 국제법의 법원이 되며, 한편 조약과 국제법규는 국내법과 마찬가지로 국민을 지배하므로 국내법의 법원도 된다고 할 것이다.
  ㉡ 우리나라 헌법(제6조 제1항)은 "헌법에 의하여 체결·공포된 조약과 일반적으로 승인된 국제법규는 국내법과 같은 효력을 가진다."라고 규정하고 있다. [기출 24·22·11·04]
② 조약 : 그 명칭 여하를 불문하고 문서에 의한 국가 간의 합의를 말하며, 헌법에 의하여 체결·공포된 조약은 국내법과 같은 효력을 가진다.
③ 일반적으로 승인된 국제법규 : 국제사회의 일반적·보편적 규범으로서 세계의 대다수 국가가 승인하고 있는 것으로서 국내법과 같은 효력을 가진다.

6. 성문법 상호 간의 관계

① 상위법우선의 법칙 [기출 22] : 한 국가의 실정법 질서는 '헌법 → 법률 → 명령 → 조례 → 규칙'이라는 단계적 구조를 이루고 있는데, 상위의 법규는 하위의 법규에 우월하며 상위의 법규에 저촉되는 하위의 법규는 그 효력을 상실한다.
② 특별법우선의 원칙 [기출 22·12] : 동일한 사항에 대하여 규정이 상반되는 경우 특별법은 일반법에 우선하여 적용된다. 예를 들어 상법은 민법에 대한 특별법이므로 동일한 사항에 관하여 민법의 규정과 상법의 규정이 충돌할 때에는 상법이 우선하여 적용되는 것이다.

> **법의 적용순위의 예** [기출 23·22·12]
> 민법 및 민법의 특별법의 지위에 있는 상법의 적용은 상법 > 상사관습법 > 민법 > 민사관습법 > 조리의 순서로 적용된다.

③ **신법우선의 원칙** : 법령이 새로 제정되거나 개정된 경우에는 신법은 구법에 우선한다. 그러나 일반법과 특별법 사이에는 법규성립의 선후가 아니라 특별법우선의 원칙에 따라 효력이 정해진다.★
④ **법률불소급의 원칙** : 법적 안정성의 확보를 위하여 법규에는 소급효가 없다는 원칙이 인정되고 있다. 우리 헌법도 소급입법에 의한 참정권의 제한 또는 재산권의 박탈을 금지하고 있다(헌법 제13조 제2항).

Ⅲ 불문법

1. 관습법 기출 16

① **관습법의 의의** 기출 21 : 사회생활상 일정한 사실이 장기간 반복되어 그 생활권의 사람들을 구속할 수 있는 규범으로 발전된 경우 사회나 국가로부터 법적 확신을 획득하여 법적 가치를 가진 불문법으로서 권력남용이나 독단적인 권력행사를 할 수 있다는 단점이 있고, '사실인 관습'과는 구별된다.

> **관습법과 사실인 관습**
> - '사실인 관습'은 사회의 법적 확신의 뒷받침이 없는 단순한 사실로서의 관습을 말하며, 법원성이 인정되지 않는다.
> - '사실인 관습'은 민법상 임의규정에 우선하여 법률행위 해석의 기준이 되나, 관습법은 임의규정이라 할지라도 성문법규가 있는 사항에 관하여서는 그 존재가 인정될 수 없다는 점에서 구별된다.★

② **관습법의 성립요건★★** 기출 06
  ㉠ 어떠한 관행이 존재할 것
  ㉡ 그 관행이 선량한 풍속, 기타 사회질서에 반하지 않을 것
  ㉢ 그 관행을 국민일반이 법규범으로서의 의식을 가지고 지킬 것

> **관습형법**
> 법률이 없으면 범죄도 형벌도 없다는 죄형법정주의의 원칙상 관습형법은 금지된다.★

③ **관습법의 효력★**
  ㉠ 관습법은 성문법을 보충하는 효력이 있다(민법 제1조). 그러므로 성문법과 내용을 달리하는 관습법은 존재하지 못한다.
  ㉡ 관습법은 오직 법령의 규정에서 명문으로 인정하는 경우이거나 또는 법령에 규정이 없는 사항에 관하여서만 성립할 수 있다.

> **관습헌법** 기출 22·18·16
> 헌법재판소는 신행정수도 건설을 위한 특별조치법이 관습헌법에 위배된다는 이유로 위헌결정(헌재결[전] 2004.10.21. 2004헌마554·566)을 하였다. 또한 관습헌법은 성문의 헌법과 동일한 법적 효력을 가진다고 보았다.

> **관습법상 인정되는 제도**
> 민법상 동산의 양도담보, 관습법상 법정지상권, 명인방법, 분묘기지권, 사실혼 제도 등이 인정된다. 그러나 관습법상 소유권, 온천권 등은 인정되지 않는 물권이다.

2. 판례법

① 법원의 판결은 본래 어떤 구체적인 사건의 해결방법으로서의 의미만을 가질 뿐이나 사실상 판례가 그 후의 재판을 구속할 때 그 판례는 법원이 되고 이를 판례법이라 한다. 따라서 판례법은 법적 안정성 및 예측가능성 확보에 불리하다. ★
② 영미법계의 국가에서는 선례구속의 원칙이 확립되어 판례법이 제1차적 법원으로서 그 구속력과 법규성이 인정되고 있으나, 대륙법계 국가는 성문법주의를 취하기 때문에, 판례법은 제2차적 법원으로서 성문법의 보충적 기능만을 담당한다. ★★ 기출 21
③ 우리나라의 경우 성문법 중심의 대륙법계 법체계를 따르고 있어 판례법의 법원성을 인정하지는 않으나, 법원조직법 제8조는 상급법원의 판단은 해당 사건에서만 하급법원에 기속력을 지닌다고 규정하여 사실상의 구속력은 인정하고 있다. 기출 20

3. 조리

① 조리란 사람의 건전한 상식으로 판단할 수 있는 사물의 본질적 도리로서 경험법칙·사회통념·사회적 타당성·공서양속·신의성실·정의·형평의 원칙 등을 총칭하는 것으로 법의 흠결 시에 최후의 법원으로서 재판의 준거가 된다. ★ 기출 21
② 조리는 법의 흠결 시에 제3차적 법원이 될 뿐 아니라, 법률행위의 해석의 기준이 되기도 한다. ★
③ 우리 민법 제1조는 성문법·관습법이 없을 때에는 조리에 의하여 재판한다고 규정하여 조리의 법원성을 인정하고 있다. 기출 20·12

핵심문제

01 다음 중 관습법의 성립요건이 아닌 것은?

① 일정한 반복적 관행의 존재
② 선량한 풍속 등 사회질서에 반하지 않을 것
③ 관보에 게재하여 공포할 것
④ 법규범으로서의 준수해야 한다는 의식이 존재할 것

[해설]
관행이 법원의 판결에 의해 인정될 것, 관보에 게재하여 공포할 것, 입법기관인 국회의 의결을 거쳐야 할 것 등은 요건이 아니다.

정답 ③

제3절 법의 구조(체계)와 분류

I 법의 구조(체계) 기출 16·15·14·13

1. 법체계
복수의 법규범에 의하여 형성된 체계를 법체계라 한다.

2. 법질서
법규범이 통일된 하나의 체계를 이룰 때 이것을 법질서라고 한다.

3. 법단계설(Kelsen)
법단계설에 의하면 법에 규범성을 주는 것은 상위의 법규범이고, 법 창설행위는 보다 상위법규범의 위임에 의해서만 가능하다고 하여 실정법의 체계는 헌법을 정점으로 피라미드형의 단계구조를 이룸으로써 전체로서의 통일성을 갖는다고 한다.

> **켈젠(Kelsen)의 법단계설** 기출 18
> 켈젠은 법에는 상·하위 단계가 있다고 하여, 피라미드형의 단계구조를 헌법 > 법률 > 명령 > 규칙 등으로 하여 효력을 위임받는다 하였으며, 정점인 헌법은 "근본규범"이라는 가설적 최고규범을 내세워 정당화하였다.

4. 국내법체계
① 국내법체계는 공법·사법·사회법의 3법체계로 나누어진다. ★
② 국내법체계와 대립하는 것이 국제법체계인데, 국제법은 주로 국가 간의 관계를 규율하는 법이나 국내법체계와 같이 통일성이 명확하지 못하다.
③ 국제사법 또는 섭외사법은 국내법의 일부이다. ★
　　예 한국인 甲과 미국인 乙이 캘리포니아 주에 소재한 X건물을 매매한 경우 미국법에 따라 소유권이전이 이루어진다고 규정한 국내법은 국제사법이다.

핵심문제

01 다음 중 법단계에 관한 것으로 옳은 것은?

① 헌법 → 법률 → 명령 → 조례 → 규칙
② 헌법 → 법률 → 명령 → 규칙 → 조례
③ 규칙 → 조례 → 명령 → 법률 → 헌법
④ 법률 → 헌법 → 명령 → 조례 → 규칙

[해설]
성문법의 올바른 순서는 '헌법 → 법률 → 명령 → 조례 → 규칙'이다. ★

정답 ①

Ⅱ 법의 분류 기출 24·19·17·16·15·14·13·12·11

1. 국내법과 국제법

① **국내법** : 국가와 국민 또는 국민 상호 간의 권리·의무관계를 규율하는 국내사회의 법으로 한 나라의 주권이 미치는 범위 내에서 효력을 가진다. 공법, 사법, 사회법, 국제사법 등이 있다. ★

> **국제사법(國際私法)**
> - 국제적 법률관계에 적용될 사법을 지정하는 법칙, 즉 사법적 법률관계와 이에 적용될 사법법규를 연결시키는 법칙이 곧 국제사법(구 섭외사법)이다.
> - 국제사법은 우리나라의 실정법으로 국제민법과 국제상법에 관한 것이 모두 포함된다.

② **국제법** : 국가 상호 간의 관계 또는 국제조직 등에 대하여 규율하는 국제사회의 법으로 다수 국가들 사이에서 효력을 가지며, 헌법에 의해 체결·공포된 조약과 일반적으로 승인된 국제법규는 국내법과 동일한 효력을 가진다. 조약, 국제관습법, 일반적으로 승인된 국제법규 등이 있다. ★

③ **국내법과 국제법의 관계**
   ㉠ **일원론** : 법질서란 결국은 같은 것이고 단지 그 체계 구성에 두 가지 요소가 있을 뿐이라고 보는 견해로 국제법 우위론은 H. Kelsen, A. Verdross 등 빈학파가 주장하였고, 국내법 우위론은 Philip Zorn, Max Wenzel 등 본학파가 주장하였다. 우리나라 헌법 제6조는 양자의 동등성을 인정하고 있다.
   ㉡ **이원론** : 국제법과 국내법은 그 법적 타당근거, 법원, 적용 등이 본질적으로 다르기 때문에 각기 독립된 별개의 법체계라고 보는 것으로 H. Triepel, D. Anzliotti, L. Oppenheim 등이 주장하였다.

핵심문제

01 다음 중 국제법의 창시자는 누구인가? 기출

① 라드브루흐 ② 아담 스미스
③ 그로티우스 ④ 베카리아

[해설]
그로티우스(1583~1645)는 국제법의 창시자로서 당사국 간에 의해 생성되는 조약과 국제관습법을 국제법의 법원으로 인정하여 국제법의 비약적 발전을 가져오는 데 공헌하였다.

정답 ③

2. 공법, 사법, 사회법

① **공법(公法)** 기출 22·21·15·13·12 : 공법과 사법의 구별은 대륙법계의 특징이다. 공법은 국가의 조직과 기능 및 공익작용을 규율하는 법으로 헌법, 행정법, 형법, 형사소송법, 민사소송법, 행정소송법, 국제법 등이 이에 해당된다.

> **행정법(行政法)**
> 국가의 조직과 기능 및 공익작용을 규율하는 법으로, 포괄적인 통일법전이 없이 다수의 관련 법률로 규정되어 있다.

② **사법(私法)** : 개인 상호 간의 권리·의무관계를 규율하는 법으로 민법, 상법, 회사법, 어음법, 수표법 등이 있다. 기출 22·21·12

공·사법의 구별기준에 관한 학설 기출 04

이익설(목적설)	공익보호를 목적으로 하는 법을 공법, 사익보호를 목적으로 하는 법을 사법으로 본다.
주체설	국가 또는 공공단체 상호 간, 국가·공공단체와 개인 간의 관계를 규율하는 것을 공법, 개인 상호 간의 관계를 규율하는 것을 사법으로 본다.
성질설(법률관계설)	불평등관계(권력·수직관계)를 규율하는 것을 공법, 평등관계(비권력·대등·수평관계)를 규율하는 것을 사법으로 본다.
생활관계설	국민으로서의 생활관계를 규율하는 것을 공법, 인류로서의 생활관계를 규율하는 것을 사법으로 본다.
귀속설(신주체설)	행정주체에 대해서만 권리·권한·의무를 부여하는 경우를 공법, 모든 권리주체에 권리·의무를 부여하는 것을 사법으로 본다.

③ **사회법(社會法)** 기출 20·15·14·12 : 자본주의의 문제와 모순을 합리적으로 해결하여 경제적·사회적 약자를 보호할 목적으로, 비교적 근래에 등장한 법으로, 제3의 법영역이다. 사법과 공법의 성격을 모두 가진 법으로 법의 사회화·사법의 공법화 경향을 띤다. 노동법(노동조합 및 노동관계조정법, 근로기준법 등), 경제법, 산업재해보상보험법, 사회보장법 등이 있다.

3. 시민법과 사회법

① 시민법은 초기자본주의적 법원리를 가진 것이고, 사회법은 고도자본주의적인 법원리로서 시민법적 법원리를 수정하려는 것이었다.
② 사회법은 근로자에게 인간다운 생활을 보장하기 위하여 출발하였고 사법 중에서 고용계약법을 수정하여 노동법으로의 발전을 보게 되었으며, 다시 경제법을 비롯하여 사회보장법·사회복지법 등이 나타나 제3의 법영역으로 형성되었다. 기출 15
③ 사회법은 주로 사법의 영역에 대한 국가의 개입이라는 형태로 나타났으며, 사법에 있어서의 평균적 정의의 원리에 배분적 정의를 폭넓게 가미한 것을 뜻한다.
④ 시민법과 사회법의 구별은 이념상의 구별이라고 할 수 있는데, 시민법은 사법에 속하고 사회법은 공법과 사법의 중간 영역으로서 제3의 법영역을 형성한다.

4. 실체법과 절차법 기출 22·21·16·11

① **실체법(實體法)**: 권리·의무의 실체, 즉 권리나 의무의 발생·변경·소멸·성질·내용 및 범위 등을 규율하는 법으로 헌법, 민법, 형법, 상법 등이 이에 해당한다.
② **절차법(節次法)**: 권리나 의무의 실질적 내용을 실현하는 절차, 즉 권리나 의무의 행사·보전·이행·강제 등을 규율하는 법으로 민사소송법, 민사집행법, 형사소송법, 행정소송법, 채무자회생 및 파산에 관한 법률, 부동산등기법 등이 있다.
③ **실체법과 절차법과의 관계**: 실체법은 절차법을 통하여 그 목적을 달성할 수 있으므로 실체법이 목적인 데 대하여 절차법은 수단이라 할 수 있다.

5. 일반법과 특별법

① **일반법(一般法)**: 장소·사람·사물에 제한 없이 일반적으로 적용되는 법으로 헌법, 민법, 형법 등이 있다.
② **특별법(特別法)** 기출 22·21·11 : 특정한 장소·사람·사물에만 적용되는 법으로 상법, 군형법, 소년법, 국가공무원법, 조례, 규칙 등이 있으며 타법에 대하여 우선하는 법칙이 있다(특별법우선의 법칙).
③ **일반법과 특별법의 구별** 기출 23·15 : 적용되는 법의 효력범위가 일반적인가 또는 특수적인가에 의한 분류로서, 대체로 일반법은 그 효력범위가 넓고 특별법은 비교적 좁은 효력범위를 갖는다.
  ㉠ **사람을 표준으로**: 전국민에 대하여 효력이 미치는 법을 일반법이라 하고(민법·형법 등), 국민 중에서 어떤 특정된 직업이나 신분을 가진 사람에 한해서만 적용되는 법을 특별법이라 한다(군형법, 공무원법, 소년법 등).
    예 형법 – 군형법의 관계
  ㉡ **장소를 표준으로**: 국토의 전반에 걸쳐 적용되는 법이 일반법이고(헌법, 법률, 명령 등) 국토 내의 한정된 일부 지역에만 적용되는 법이 특별법이다(도의 조례, 규칙 등).
    예 지방자치법과 서울특별시 행정특례에 관한 법률의 관계
  ㉢ **사항을 표준으로**: 어떤 사항 전반에 걸쳐서 효력이 미치는 법이 일반법이고, 특정한 사항에 대해서만 효력을 갖는 법이 특별법이다(예 민법에 대해 상법은 특별법의 지위를 갖는다). 구별하는 실익은 동일한 사항에 대하여 특별법이 일반법에 우선하여 적용되고 특별법에 규정이 없는 경우에는 일반법의 규정이 보충적으로 적용된다는 점이다.

핵심문제

01 다음 중 실체법이 아닌 것은? 기출
① 형 법
② 헌 법
③ 민 법
④ 채무자회생 및 파산에 관한 법률

[해설]
채무자회생 및 파산에 관한 법률은 권리나 의무의 행사, 보전, 이행강제 등을 규율하는 절차법이다.

정답 ④

6. 강행법과 임의법 기출 23·13

① **강행법(强行法)**: 당사자의 의사와는 관계없이 절대적(강제적)·일반적으로 적용되는 법으로 헌법·형법 등 공법의 대부분이 이에 해당한다.
② **임의법(任意法)**: 당사자의 의사에 따라 그 적용을 받기도 하고 안 받기도 하는 법이다. 즉, 당사자가 법의 규정과 다른 의사표시를 한 경우 그 법의 규정을 배제할 수 있는 법으로 민법·상법 등 대부분의 사법이 이에 해당된다.
③ **강행법과 임의법의 구별 및 실익** 기출 15
  ㉠ 법조문에 명백히 나타나 있지 않은 경우에는 법규의 각 조항의 규정이 주로 공익을 위한 것이면 강행법규로, 사익을 위한 것이면 임의법규로 보는 것이 통설이다.
  ㉡ **구별의 실익**: 의사표시 및 기타의 행위가 임의법규의 내용에 반하는 경우에는 그 효력은 유효하고, 적어도 불법한 것이 되지는 않는다. 그러나 강행법규에 반하는 경우에는 무효 또는 취소할 수 있는 행위가 되거나 일정한 제재를 받게 된다.

7. 고유법과 계수법 기출 11

① **고유법(固有法)**: 그 국가 안에서의 국민생활에서 발생하고 발달해온 전통적인 고유의 법으로, 국가·민족 고유의 사회적·역사적 흐름 속에서 자연적으로 생성된다.
② **계수법(繼受法)**: 외국의 법을 그대로 번역하여 자국의 법으로 만들거나(직접계수법), 이를 참고·기초하여 자국의 사회현상을 고려하여 만든 법(간접계수법)이다.
③ **고유법과 계수법의 구별** 기출 15 : 외국에서 전래되었는지 여부에 따른 구분으로, 상대적인 의미이다. 따라서, 계수법도 오랜 시일을 경과하여 국민생활 속에 소화·흡수되면 고유법으로서의 성질을 갖게 된다.

8. 원칙법과 예외법(법의 효력 범위에 따른 구별)

① **원칙법(原則法)**: 일정한 사항에 대해 일반적으로 적용되는 법이다.
② **예외법(例外法)**: 일정한 사항에 대해 특별한 사정이 있는 경우에 원칙법의 적용을 배제한 예를 정한 법이다.
③ **양자의 구별실익**: 예외법은 엄격히 해석해야 한다는 해석원칙이 있어 예외규정을 함부로 확장하여 해석해서는 안 된다.

핵심문제

01 강행규정에 해당하지 않는 것은? 기출 13

① 횡령죄에 관한 형법의 규정
② 위험부담에 관한 민법의 규정
③ 국회의 권한에 관한 헌법의 규정
④ 항소기간에 관한 형사소송법의 규정

[해설]
강행규정이란 당사자의 의사 여부와 관계없이 강제적으로 적용되는 규정으로서 강행법규라고도 한다. 일반적으로 공공질서에 관한 사항을 정한 법규나 공법에 속하는 규정은 대부분 강행규정에 속한다. 위험부담에 관한 민법 채권편의 규정은 강행규정이 아닌 임의규정에 해당하는 예이다.

정답 ②

9. 조직법과 행위법

조직법(組織法)은 사람의 행위의 기초 또는 수단으로 될 조직·제도를 정하는 법이며, 행위법(行爲法)은 사회생활에 있어서 사람의 행위 자체를 규율하는 법이다.

10. 자연법과 실정법 기출 23

실정법(實定法)은 인간의 경험을 근거로 만든 법으로서 시간과 장소에 따라 변하는 상대적 개념이며, 자연법(自然法)은 인간이 제정한 법이 아니고 또한 시간과 장소에 따라 변하지 않는 보편타당한 선험적 규범이다.

법의 분류기준
- 성문법과 불문법 : 법의 존재형식, 법원(法源)
- 국내법과 국제법 : 법의 제정주체와 법의 효력이 미치는 장소적 범위
- 공법과 사법, 사회법 : 법이 규율하는 생활관계, 공법과 사법의 구별은 대륙법계의 특징★★
- 일반법과 특별법 : 적용되는 법의 효력 범위
- 실체법과 절차법 : 법이 규율하는 내용(권리·의무의 실체) 유무
- 강행법과 임의법 : 강행성 유무, 당사자의 의사로 법의 적용을 배제할 수 있는지 여부
- 고유법과 계수법 : 법의 연혁, 법 제정의 자생성 유무
- 자연법과 실정법 : 실정성 여부, 보편타당성 여부, 시간과 장소의 초월 여부

한시법(限時法)
일정한 기간에 한하여 효력이 있는 것으로 제정된 법률로, 그 시행기간이 경과하여 적용되지 않게 된 경우에는 명시적 폐지에 해당한다. 반면 동일한 사항에 대해 새로 제정된 법이 기존의 법과 저촉 또는 모순될 경우에는 신법우선의 법칙에 의해 기존의 법이 묵시적으로 폐지된다.

제4절 법의 적용과 해석

I 법의 적용 기출 19·17·16·15

1. 의 의 기출 21

어떠한 구체적 사건이 발생하였을 경우 실정법의 어느 규정이 그 사건에 적용될 것인지를 판단하는 과정을 법의 적용이라 한다.

2. 법의 적용절차 기출 21·11

먼저 소전제인 구체적 사실이 어떠한가를 확정하여야 하고(사실의 확정), 다음에는 그 확정된 구체적 사실에 적용될 법이 어떤 것인지를 찾아(법규의 검색), 그 법의 내용을 확정(법의 해석)하여야 한다.

3. 사실의 확정 기출 24·23·22·14·13

사회생활에서 실제로 발생하는 무수한 사건에 대하여 법규를 적용하기 전에 법적으로 가치 있는 사실만을 확정하는 법적 인식작용으로, 객관적 증거에 의함을 원칙으로 한다. 여기서 확정의 대상인 사실은 자연적으로 인식한 현상 자체가 아니라 법적 가치가 있는 사실로 한정된다.

① 입증(立證) : 사실의 인정을 위하여 증거를 주장하는 것을 입증이라 하며, 이 입증책임(거증책임)은 그 사실의 존부를 주장하는 자가 부담한다. 그리고 사실을 주장하는 데 필요한 증거는, 첫째로 증거로 채택될 수 있는 자격, 즉 증거능력이 있어야 하고, 둘째로 증거의 실질적 가치, 즉 증명력이 있어야 한다. 만일 이것이 용이하지 않을 경우를 위해 추정과 간주를 두고 있다.

② 추정(推定) : 입증부담을 완화하기 위하여 입증이 용이하지 않은 확정되지 않는 사실(불명확한 사실)을 통상의 상태를 기준으로 하여 사실로 인정하고 이에 상당한 법률효과를 주는 것을 말한다. 추정된 사실과 다른 주장을 하는 자는 반증을 들어 추정의 효과를 뒤집을 수 있다.

③ 간주(看做) : 불명확한 사실에 대하여 공익 또는 기타 법정책상의 이유로 사실의 진실성 여부와는 관계없이 확정된 사실로 의제하여 일정한 법률효과를 부여하고 반증을 허용하지 않는 것으로, 의제라고도 한다. 법문상 '~(으)로 본다.'라고 규정한 경우가 이에 해당한다.

④ 법 적용의 원칙
   ㉠ 상위법우선의 원칙 : 실정법상 상위의 법규가 하위의 법규보다 우선하며 상위법과 하위법이 충돌할 때는 상위법의 효력이 발생한다.
   ㉡ 특별법우선의 원칙 : 일반법과 특별법 사이에서는 특별법이 우선한다.
   ㉢ 신법우선의 원칙 : 새로이 제·개정된 법이 있을 때는 신법이 구법에 우선한다. 단, 구법이 상위법이거나 특별법일 때는 신법우선의 원칙이 적용되지 않는다.

II 법의 해석 기출 17·16

1. 의 의

구체적이고 개별적인 사건이나 사실에 법을 적용하기 위하여 추상적·일반적으로 규정된 법규의 내용을 명확하게 하고, 그 참뜻을 밝히는 일을 말한다.

> **법해석의 목표**
> 법적 안정성을 저해하지 않는 범위 내에서 구체적 타당성을 찾는 데 두어야 한다.★

2. 법해석의 본질

법의 규정은 추상적(불확정적) 개념으로 되어 있어 그 의미와 내용이 명확하지 않은 경우가 많고, 사회생활의 변천에 따라 법이 예견하지 못한 사실이 발생하기 때문에 법규의 단순한 문리적 의미뿐만 아니라 법질서 전체의 정신에 따른 합리적 의미를 찾아내는 것이 법해석의 본질적 문제이다.

> **실정법 해석의 일반원칙**
> • 사법 : 당사자 간 이익형량 및 공평성 유지를 위하여 해석
> • 헌법 : 국민의 기본권 보장에 중점을 두어 해석
> • 행정법 : 헌법의 가치를 실현할 수 있도록 실질적 법치주의의 실현·구체적 타당성의 확보를 목적으로 해석
> • 사회법 : 실질적인 평등 보장, 사회적 약자 보호에 중점을 두어 해석

3. **법해석의 방법** 기출 20·19·17·14·12·11·09

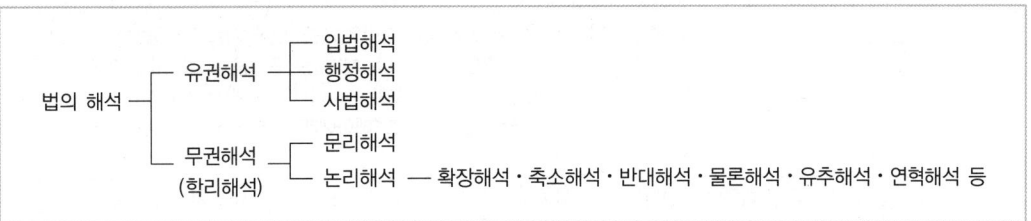

① **유권해석** : 권한을 가진 국가기관에 의하여 행하여지는 해석으로서 공적인 구속력을 가지는 공권적 해석을 말한다.
  ㉠ **입법해석** : 입법기관이 입법권에 근거하여 일정한 법규정이나 법개념의 해석을 당시 법규정으로 정해 놓은 것으로, 가장 구속력이 강한 법해석이다. 기출 23
  ㉡ **행정해석** : 행정기관이 법을 집행하기 위하여 필요한 경우 법집행 권한에 근거하여 내리는 해석이다.
  ㉢ **사법해석** : 사법기관이 재판을 하는 권한에 근거하여 내리는 해석이다.
② **무권해석(학리해석)** : 법학자나 일반 사인에 의한 학리적 해설을 말하며, 유권해석에 상당한 영향을 미치고 있다.
  ㉠ **문리해석** : 법문을 형성하는 용어, 문장을 기초로 하여 그 문자가 가지는 의미에 따라서 법규 전체의 의미를 해석하는 것이다.
  ㉡ **논리해석** : 법의 해석에서 문자나 문구의 의미에 구애받지 않고 법의 입법취지 또는 법 전체의 유기적 관련, 법의 목적, 법 제정시의 사회사정, 사회생활의 실태 등을 고려하여 논리적 추리에 의하여 법의 객관적 의미를 밝히는 것을 말한다.

핵심문제

01 법해석 방법 중 가장 우선적이고 기본적인 것은? 기출
  ① 논리해석   ② 문리해석
  ③ 행정해석   ④ 사법해석

  [해설]
  문리해석은 가장 우선적이고 기본적인 법해석으로 법문을 형성하는 용어, 문장을 기초로 하여 그 문자가 가지는 의미에 따라서 법규 전체의 의미를 해석하는 법해석 방법이다.

  정답 ②

법해석의 구분

구 분	내 용
확장해석 기출 21	• 법문상 자구(字句)의 의미를 통상의 의미 이상으로 확장하여 해석 예 물건의 형태를 파괴한 것뿐만 아니라 밥그릇에 방뇨(放尿)하는 것도 형법 제366조의 재물손괴죄에 해당한다고 해석하는 것
축소해석(= 제한해석) 기출 20·18	• 법문상 자구(字句)의 의미를 통상의 의미보다 축소하여 해석 예 형법 제329조(절도)가 규정하고 있는 '재물'에 부동산은 포함되지 않는다고 해석하는 것
반대해석 기출 22·21·20	• 법문이 규정하는 요건과 반대의 요건이 존재하는 경우에 그 반대의 요건에 대하여 법문과 반대의 법적 판단을 하는 해석 예 19세로 성년이 되므로(민법 제4조), 19세 미만인 자를 미성년자로 해석하는 것, 소멸시효의 이익은 미리 포기하지 못한다(민법 제184조 제1항)는 규정을, 소멸시효의 이익은 사후에 포기할 수 있다고 해석하는 것, 민법 제3조는 "사람은 생존한 동안 권리와 의무의 주체가 된다"라고 규정하고 있으므로, 원칙적으로 "태아에게는 권리능력이 인정되지 않는다"라고 해석하는 것
물론해석 기출 24·22·21·20	• 법문이 일정한 사항을 정하고 있을 때 그 이외의 사항에 관해서도 사물의 성질상 당연히 그 규정에 포함되는 것으로 보는 해석 예 '실내에 개를 데리고 들어갈 수 없다'는 규정을 개뿐만 아니라 고양이, 돼지 등의 다른 동물도 물론 데리고 들어갈 수 없다고 해석하는 것
유추해석 기출 22·20·14·11	• 두 개의 유사한 사실 중 법규에서 어느 하나의 사실에 관해서만 규정하고 있는 경우에 나머지 다른 사실에 대해서도 마찬가지의 효과를 인정하는 해석 • 형법은 개인의 권리와 자유에 대한 예외적인 규정이기 때문에 유추해석이 금지
보정해석 기출 22	• 법문의 용어에 착오가 명백한 경우에 그 자구를 보정하여 해석 • 입법자의 의사가 그릇되게 표현된 것이 명확할 때, 명백히 확정적인 학리에 반할 때, 사회적 수요에 반하는 것이 명백하고 확정적일 때에만 행함
연혁해석	법의 제안이유서나 의사록 등을 참작하여 해석
목적해석	법의 제정 목적을 고려하여 그에 합당하게 해석
비교해석	외국의 입법례와 비교하여 해석

핵심문제

01 소위 정의규정(定義規定)은 다음 중 어디에 해당하는가? 기출

① 행정해석
② 사법해석
③ 입법해석
④ 반대해석

[해설]
입법해석이란 입법기관이 입법권에 근거하여 일정한 법규정이나 법개념의 해석을 당시 법규정으로 정해놓은 것이다. 즉, 법률의 규정으로 직접 법률의 정의개념을 해석하는 것이다.

정답 ③

제5절 권리와 의무

I 권리의 의의

1. 권리의 개념

권리는 특별한 법익을 누리기 위하여 법이 허용하는 힘을 말하며, 개인의 존엄과 가치의 표현이기도 하다. 의무는 일정한 행위를 하여야 하는 또는 하여서는 아니 되는 법률상의 구속을 말한다.

2. 권리의 본질

① 의사설(意思說) : 권리를 법에 의해 인정되는 의사의 힘, 의사의 자유 또는 의사의 지배로 보는 학설로 칸트, 헤겔, 사비니, 빈트샤이트에 의해 주장되었다. 의사설에 따르면 태아·유아·정신병자는 권리를 갖지 못하게 되는 문제점이 있다.

② 이익설(利益說) : 예링은 이익법학과 목적법학의 이론에 입각하여 이익이 권리의 본질이며 법에 의해 보호되는 이익이 권리의 본체라고 보았다. 그러나 이익이란 권리의 목적 또는 권리행사의 결과에 불과한 것이지 권리 그 자체는 아닌 것이다. 이익설에 따르면 반사적이익(反射的利益)에 불과함에도 권리로 인정되는 결함이 있다.

③ 권리법력설(權利法力說) : 권리를 일정한 이익을 향유할 수 있도록 법에 의하여 권리주체에게 주어진 법률상의 힘이라 보는 학설로 메르켈, 레겔스베르거 등에 의해 주장되었으며 현재의 통설로 되어 있다.

④ 권리부인설(權利否認說) : 권리란 사회적 기능에 불과하다는 설로 뒤기, 켈젠이 주장하였고, 사회연대주의(뒤기), 법적 의무의 반사적 이익(켈젠)을 권리로 보았다.

3. 권리와 구별되는 개념 기출 22·21·20·19·15·14·13·12

① 권한(權限) : 타인(본인 또는 권리자)을 위하여 법률행위를 할 수 있는 법률상의 자격이다.
예 이사의 대표권, 국무총리의 권한 등

② 권능(權能) : 권리에서 파생되는 개개의 법률상의 작용을 권능이라 한다. 의사무능력자도 권능의 주체는 될 수 있다.
예 소유권자의 소유권에서 파생되는 사용권·수익권·처분권

③ 권력(權力) : 일정한 개인 또는 집단이 공익을 달성할 목적으로 다른 개인 또는 집단을 강제 또는 지배하는 힘을 말한다.

④ 권원(權原) : 일정한 법률적 또는 사실적 행위를 하는 것을 정당화하는 법률상의 원인을 말한다.
예 지상권, 대차권

⑤ 반사적 이익(反射的利益) : 반사적 이익은 법이 일정한 사실을 명하거나 금하고 있는 결과로써 어떠한 자가 저절로 받게 되는 이익으로, 그 이익을 누리는 자에게 법적인 힘이 부여된 것은 아니므로, 타인이 그 이익의 향유를 방해하더라도 그 보호를 청구하지 못한다.
예 도로·공원 등 공물의 설치로 인한 공물이용자의 이익, 공중목욕탕 영업의 거리제한으로 인하여 이미 허가를 받은 업자의 사실상의 이익

Ⅱ 의무의 의의

1. 의무의 개념

① 의무란 권리자의 권리에 대비되는 개념으로 자기의사 여하에도 불구하고 일정한 행위(작위 또는 부작위)를 강제당하는 법률상의 구속을 말한다.

> **권리와 의무** 기출 23·22
> 권리와 의무는 채권과 채무 등과 같이 대응하는 것이 보통이나, 예외가 있다. 권리만 있고 의무가 없는 경우는 제한능력자의 법정대리인의 동의권, 취소권 등이 있으며, 의무만 있고 권리가 없는 경우는 국방의 의무, 납세의 의무 등이 있다.

② 의무에는 적극적으로 일정한 행위를 하여야 할 작위의무, 일정한 행위를 하지 아니하여야 할 부작위의무, 다른 사람이 하는 일정한 행위를 승인해야 할 수인의무 등이 있다.

2. 의무의 본질

① **의사설** : 법에 의하여 정하여진 의사의 구속력을 의무의 본질로 보는 설이다. 그러나 의사설에 의하면 의사무능력자가 의무를 지는 것을 설명할 수 없다.
② **책임설** : 의무를 법률상의 책임이라고 보는 설이다. 그러나 책임은 의무 위반에 의하여 일정한 제재(형벌, 강제집행, 손해배상 등)를 받을 수 있는 바탕을 말하며 의무 자체와는 다르다는 점에서 난점이 있다(소멸시효완성 후의 채무는 의무는 있으나 책임은 없다).
③ **법적 구속력설** : 일정한 작위 또는 부작위를 하여야 할 법적 구속력을 말하며 현재의 통설이다.

핵심문제

01 권리만 있고 그에 대응하는 의무는 존재하지 않는 권리에 해당하지 않는 것은?

① 취소권 ② 추인권
③ 항변권 ④ 해제권

[해설]
권리만 있고 그에 대응하는 의무는 존재하지 않는 권리를 형성권이라고 하는데, 취소권·추인권·해제권 등이 이에 속한다.

정답 ③

Ⅲ 권리·의무의 종류

1. 권리의 종류 기출 24·17·16·15·14·13·12·11

① **공권(公權)** : 공권은 사권에 대립되는 말로서 국가적 공권과 개인적 공권으로 나눌 수 있다. 기출 23·19
  ㉠ 국가적 공권 : 국가나 공공단체가 개인에 대하여 가지는 권리를 말한다. 기출 20

국가의 3권을 기준	입법권·사법권·행정권
권리의 목적을 기준	조직권·군정권·경찰권·재정권·형벌권 등
권리의 내용을 기준	명령권·강제권·형성권 등

  ㉡ 개인적 공권 : 개인이 국가 또는 공공단체에 대하여 가지는 권리로서 인간의 존엄과 가치, 평등권, 자유권, 참정권, 청구권, 생존권, 수익권 등으로 분류한다. 기출 20·08

> **옐리네크의 분류**
> 옐리네크는 개인적 공권에 대하여 내용에 따라 다음 세 가지로 구분하였다.
> • 자유권 : 국가기관으로부터 개인의 자유를 침해당하지 않는 것을 내용으로 하는 소극적 권리
> • 수익권 : 국가의 일정한 봉사를 적극적으로 요구하는 권리
> • 참정권 : 개인이 국가정치에 참여하는 권리

② **사권(私權)** : 사법상의 권리로서 개인 상호 간에 인정되는 권리를 말하며, 공권에 대응되는 개념이다.
  ㉠ 권리의 내용에 따른 분류 기출 22·20·15·14·13·11

인격권	권리자 자신을 객체로 하는 것으로 권리자와 분리할 수 없는 권리(생명권, 신체권, 초상권, 자유권, 명예권 등). 기출 08
가족권(신분권)	친족관계에서 발생하는 신분적 이익을 내용으로 하는 권리(친권, 부부간의 동거청구권, 협력부조권, 친족 간 부양청구권, 상속권 등) 기출 21
재산권	금전으로 평가될 수 있는 경제적 이익을 내용으로 하는 권리(물권, 채권, 무체재산권, 위자료청구권 등)
사원권	단체의 구성원이 그 구성원의 지위에서 단체에 대하여 갖는 권리(의결권, 업무집행감독권, 이익배당청구권 등) 기출 21·20·14

  ㉡ 권리의 작용(효력)에 따른 분류 기출 24·22·19·17·12·06

지배권	권리의 객체를 직접적·배타적으로 지배할 수 있는 권리(물권, 무체재산권, 친권 등)
청구권	타인에 대하여 일정한 급부 또는 행위(작위·부작위)를 적극적으로 요구할 수 있는 권리(채권, 부양청구권 등) 기출 14
형성권	권리자의 일방적인 의사표시에 의하여 일정한 법률관계를 발생·변경·소멸시키는 권리(취소권, 해제권, 추인권, 해지권 등) 기출 14
항변권	청구권의 행사에 대하여 급부를 거절할 수 있는 권리로, 타인의 공격을 막는 방어적 수단으로 사용되며 상대방에게 청구권이 있음을 부인하는 것이 아니라 그것을 전제하고, 다만 그 행사를 배척하는 권리이다(연기적 항변권 → 보증인의 최고 및 검색의 항변권·동시이행항변권 / 영구적 항변권 → 상속인의 한정승인).

ⓒ 권리의 대외적 효력범위에 따른 분류

절대권	모든 사람에 대하여 권리의 효력을 주장할 수 있는 '대세적' 권리(인격권, 물권 등)
상대권	특정인에게만 권리의 내용을 주장할 수 있는 '대인적' 권리(부양청구권, 채권 등)

ⓔ 권리의 독립성 여부에 따른 분류

종된 권리	다른 권리의 효력을 담보하거나 증대하기 위하여 이에 종속되는 권리(원본에 대한 이자채권, 주채무에 대한 보증채권, 피담보채권에 대한 저당권·질권·유치권 등의 담보물권)
주된 권리	종된 권리의 전제가 되는 권리

ⓜ 권리의 양도성 유무에 따른 분류 기출 15

일신전속권	권리의 주체와 긴밀한 관계에 있어 양도 또는 상속으로 타인에게 귀속될 수 없거나 혹은 그 주체만이 행사할 수 있는 권리로서 귀속상의 일신전속권(인격권, 초상권, 친권 등)과 행사상의 일신전속권(위자료청구권 등)으로 나뉜다. 기출 21
비전속권	권리의 주체로부터 분리할 수 있는 권리로, 양도 또는 상속으로 타인에게 이전할 수 있다(재산권, 실용신안권, 물권, 채권, 법정지상권, 분묘기지권 등).

핵심문제

01 사권을 권리의 내용에 따라 분류할 때 해당되는 것은?

① 형성권 ② 청구권
③ 지배권 ④ 인격권

[해설]
사권을 권리의 내용에 따라 분류하면 인격권, 신분권, 재산권, 사원권으로 분류할 수 있다.

정답 ④

02 사권(私權)을 작용에 따른 기준으로 분류할 때, 이에 해당하지 않는 것은? 기출 12

① 형성권 ② 청구권
③ 사원권 ④ 항변권

[해설]
사권의 작용(효력)에 따른 분류 – 지배권, 청구권, 형성권, 항변권

정답 ③

03 권리와 관련된 설명으로 옳지 않은 것은? 기출 18

① 사권(私權)은 권리의 작용에 의해 지배권, 청구권, 형성권, 항변권으로 구분된다.
② 사권은 권리의 이전성에 따라 절대권과 상대권으로 구분된다.
③ 권능은 권리의 내용을 이루는 개개의 법률상의 힘을 말한다.
④ 권한은 본인 또는 권리자를 위하여 일정한 법률효과를 발생케 하는 행위를 할 수 있는 법률상의 자격을 말한다.

[해설]
사권은 권리의 이전성(양도성)에 따라 일신전속권과 비전속권으로 구분된다. 절대권과 상대권은 권리의 효력 범위에 대한 분류이다.

정답 ②

③ 사회권(社會權)
  ㉠ 현대사회의 복잡한 발전에 따라 전통적으로 개인간의 관계라고 생각하던 분야에 국가가 적극 개입하게 됨에 따라 발생하게 된 권리로서 근로권·단결권·단체교섭권·단체행동권·모성 및 보건을 보호받을 권리·교육을 받을 권리·인간다운 생활을 할 권리를 말한다.
  ㉡ 사회법은 공법과 사법을 혼합한 성질을 가지므로 사회법에 의해 인정되는 사회권도 공권과 사권을 혼합한 성질을 가진다.★

권리의 행사와 남용
- 권리의 행사 : 권리자의 임의에 맡기고 어떠한 강제도 따르지 않음이 원칙이다. 다만 일정한 기간 권리를 행사하지 않으면 소멸시효에 의해 권리 그 자체가 소멸하는 경우가 있다.
- 권리의 남용 : 권리의 행사는 법이 설정한 한계 내에서 해야 하며, 사회성에 반하는 경우에는 권리의 남용이 된다.
  - 신의성실의 원칙 : 권리의 행사와 의무의 이행은 신의에 좇아 성실히 하여야 한다(민법 제2조 제1항).
  - 권리남용금지의 원칙 : 민법 제2조 제2항은 '권리는 남용하지 못한다.'라고 규정하고 있다. '권리남용'이라 함은 외형적으로는 권리의 행사인 것처럼 보이나, 실질적으로는 신의성실의 원칙과 권리의 사회성에 반하여 정당한 권리행사로 인정될 수 없는 것을 말한다.

신의성실의 원칙의 파생원칙
- 사정변경의 원칙 : 계약체결 당시의 사회사정이 계약체결 후 현저히 변경되면, 계약은 그 구속력을 잃는다는 원칙이다.
- 실효의 원칙 : 권리자가 장기간에 걸쳐 그 권리를 행사하지 아니함에 따라 그 의무자인 상대방이 더 이상 권리자가 그 권리를 행사하지 아니할 것으로 신뢰할 만한 정당한 기대를 가지게 되는 경우에 새삼스럽게 권리자가 그 권리를 행사하는 것은 법질서 전체를 지배하는 신의성실의 원칙에 위반되어 허용되지 않는다는 것을 의미한다(대판 1995.8.25. 94다27069).
- 금반언의 원칙 : 행위자가 일단 특정한 표시를 한 이상 나중에 그 표시를 부정하는 주장을 하여서는 안 된다는 원칙이다. 즉, 자신의 선행행위와 모순되는 후행행위는 허용되지 않는다는 원칙이다.

핵심문제

01 사회공동생활에 있어서 권리의 행사와 의무의 이행은 상대방의 신뢰를 저버리지 않도록 성심껏 행하여야 한다는 원칙은? [기출]

① 신의성실의 원칙
② 탈법행위금지의 원칙
③ 실효의 원칙
④ 공공복리적합의 원칙

[해설]
신의성실의 원칙은 권리의 행사와 의무의 이행은 신의에 좇아 성실히 하여야 한다는 원칙이다(제2조 제1항). 따라서 신의성실에 반하는 권리의 행사는 권리남용이 되고, 의무이행도 신의성실의 원칙에 반할 때에는 의무불이행으로 간주된다.

[정답] ①

2. 의무의 종류

① **공의무(公義務)** : 공법에 의하여 의사를 구속받는 것으로서 국가의 공의무와 개인(사인)의 공의무로 나눌 수 있다.
  ㉠ 국가의 공의무 : 국가가 국민에 대하여 지는 의무(국민의 기본권을 보장하는 의무)
  ㉡ 개인의 공의무 : 국방의무, 납세의무, 근로의무, 교육의무 등 `기출 23·14`
② **사의무(私義務)** : 당사자의 자유로운 의사표시에 의하여 생성되는 것이 원칙인 사법상의 법률관계에서 발생하는 의무를 말한다(채무와 같은 재산법상의 의무, 부양의무 등과 같은 가족법상의 의무 등).
③ **사회법상의 의무** : 공법과 사법의 중간 영역인 사회법의 효과로 생겨나는 의무를 말하며 노동법상이나 사회보장법상의 여러 의무 등이 이에 해당한다(근로자의 노동3권을 보장해 주어야 할 사용자의 의무 등).
④ **작위의무와 부작위의무** : 일정한 행위를 하여야 하는 의무가 작위의무, 하지 말아야 할 의무가 부작위의무이다. `기출 23·22·19`

Ⅳ 권리·의무의 주체와 객체

1. 권리·의무의 주체 `기출 22`

권리를 가지는 자를 권리의 주체, 의무를 부담하는 자를 의무의 주체라고 부른다. 자연인은 누구나 당연히 권리·의무의 주체가 되지만, 법인은 관청의 허가를 얻고 등기를 해야 비로소 권리·의무의 주체가 된다.

자연인	모든 자연인은 출생과 동시에 권리능력이 인정된다. 그러나 공권은 일정한 범위 내의 자에게만 인정되는 경우가 많다.★
법 인	사람의 집단이나 재화의 합성체에 법적 인격이 부여되는 것을 법인이라 하며, 사람의 집단을 사단법인, 재화의 합성체를 재단법인이라 한다. 또 공법인과 사법인, 영리법인과 비영리법인 등으로 나눌 수 있다. 재단법인에는 비영리법인만 인정된다.★

> **재단법인(財團法人)**
> 일정한 목적을 위해 출연된 재산을 바탕으로 설립된 법인으로, 재단법인은 사원이 없어 이익의 분배가 불가능하기 때문에 비영리법인이다.★

2. 권리·의무의 객체 `기출 23`

① **의의** : 권리·의무의 객체란 권리 또는 의무의 목적이 되는 것을 말하며 유체물과 무체물로 나눌 수 있다.
② **유체물(有體物)** : 유형적 존재를 가지고 공간의 일부를 차지하는 물건
  ㉠ 부동산과 동산 : 토지와 그 정착물이 부동산이며, 부동산 이외의 물건을 동산이라고 한다.★
  ㉡ 특정물과 불특정물 : 물건의 개성이 명시되어 있어 다른 물건으로 바꿀 수 없는 것을 특정물(예 경마대회에서 1등을 한 말)이라 하고 종류와 수량만으로 정해져 있어 다른 물건으로 바꾸어 질 수도 있는 것이 불특정물이다(예 쌀 한 가마니).
  ㉢ 소비물과 불소비물 : 한번 사용하면 다시 같은 용도로 사용할 수 없는 물건을 소비물이라고 하고 건물과 같이 여러 번 같은 용도로 반복해서 사용할 수 있는 물건을 불소비물이라고 한다.

ⓒ 주물과 종물 : 물건의 소유자가 그 물건의 효용에 지속적으로 이바지하기 위하여 자기 소유의 다른 물건을 부착했을 때 그 둘을 주물과 종물이라고 한다(예 시계와 시곗줄, 주유소와 주유기, 배와 노).

> **주물과 종물 관련 비교 판례**
> 정화조가 건물 화장실의 오수처리를 위하여 건물 옆 지하에 바로 부속하여 설치되어 있음을 알 수 있어 독립된 물건으로서 종물이라기보다는 건물의 구성부분으로 보아야 한다(대판 1993.12.10. 93다42399).

ⓜ 융통물과 불융통물 : 사법상 거래의 목적으로 할 수 있는 물건을 융통물이라고 하고, 거래가 법률적으로 금지된 물건을 불융통물이라고 한다.
ⓑ 원물과 과실 : 수익을 낳게 하는 물건을 원물이라고 하고, 원물로부터 생기는 수익을 과실이라고 한다 (예 나무와 열매, 예금과 그 이자).
③ 무체물(無體物) : 생명, 자유, 행위 또는 권리 등 무형의 것

V 권리·의무의 변동

1. 권리·의무의 발생(권리의 취득) 기출 24

① 원시취득(절대적 취득)★ : 다른 사람의 권리에 근거하지 않고 사회적으로 존재하지 않던 것을 새로 취득하는 것이다(건물의 신축에 의한 소유권 취득, 취득시효, 선의취득, 무주물선점, 유실물 습득, 매장물 발견, 부합, 첨부, 매매 계약에 기한 채권의 취득 등).

> **무주물선점(無主物先占)**
> • 소유자가 없는 동산(야생의 동물, 남이 버린 물건 등)을 남보다 먼저 점유하는 것을 말한다.
> • 민법 제252조는 무주(無主)의 동산을 소유의 의사로 점유한 자는 그 소유권을 취득한다고 규정함으로써 소유권의 원시적 취득원인으로 하고 있지만, 무주의 부동산은 국유로 하므로 선점의 목적이 되지 않는다.★

② 승계취득(상대적 취득)★ : 다른 사람의 권리에 근거하여 취득하는 권리로 권리의 주체만 달라지는 것이므로 권리의 상대적 발생이라고도 한다(상속 등). 이러한 승계취득은 이전적 승계와 설정적 승계로 나누어진다.

핵심문제

01 민법상 권리의 원시취득에 해당하지 않는 것은? 기출 10
① 상 속
② 선의취득
③ 무주물에 대한 선점
④ 건물의 신축에 의한 소유권 취득

[해설]
상속은 민법상 권리의 원시취득에 해당하지 않는다. 상속은 승계취득에 해당한다.

정답 ①

2. 권리의 변경

권리 그 자체는 계속 유지되면서 내용·효과에 있어서 변경이 생기는 것이다.
① 내용의 변경 : 권리의 내용 중 성질이나 수량이 변경되는 것
② 효과의 변경 : 동일한 물건에 대하여 여러 명의 채권자가 있을 때, 그 우선순위가 빨라지는 경우가 대표적인 예가 된다.

3. 권리의 소멸(상실)

① 절대적 소멸 : 권리 자체가 사라져 버리는 것(채무이행에 의한 채권·채무의 소멸)
② 상대적 소멸 : 권리의 주체가 바뀐 것(매매, 증여 등에 따른 승계 등)

Ⅵ 권리의 충돌과 순위 기출 19

1. 의 의

동일한 객체에 관하여 수개의 권리가 존재하는 경우(예 동일물 위에 여러 개의 물권이 있거나, 동일채무자에 대하여 여러 개의 채권이 존재하는 경우)에는 그 객체가 모든 권리를 만족시켜 주지 못하는 현상을 말한다. 이러한 경우에는 수개의 권리 간에 순위가 있어서 어떤 권리가 다른 권리에 우선하여 만족을 얻게 되는 것이 보통이다.

2. 물권 상호 간

① 소유권과 제한물권 간 : 제한물권이 언제나 소유권에 우선한다.★
② 제한물권 상호 간
 ㉠ 서로 종류를 달리하는 물권일 때 : 일정한 원칙이 없고, 법률의 규정에 의하여 순위가 정하여진다.
 ㉡ 같은 종류의 권리 상호 간 : 먼저 성립한 권리가 후에 성립한 권리에 우선한다는 원칙이 지배한다. 즉, 동일한 물건 위에 앞의 물권과 동일한 내용을 갖는 물권은 그 후에 다시 성립할 수 없고, 그것이 인정된다 하더라도 앞의 물권의 내용인 지배를 해치지 않는 범위 내에서만 뒤의 물권이 성립한다.

3. 채권 상호 간 기출 23

① 채권자 평등의 원칙에 따라, 동일채무자에 대한 여러 개의 채권은 그의 발생원인·발생시기의 선후·채권액의 다소를 묻지 않고서 평등하게 다루어진다. 즉, 채권은 성립의 선후에 따른 우선순위의 차이가 없고 모든 채권자는 같은 순위로 변제를 받는 것이 원칙이다.★
② 채권자는 임의로 그의 채권을 실행할 수 있고, 먼저 채권을 행사한 자가 이익을 얻는다는 결과가 된다. 이것을 선행주의라고 한다.

4. 물권과 채권 간

① 하나의 물건에 대하여 물권과 채권이 병존하는 경우에는 그 성립시기를 불문하고 원칙적으로 물권이 우선한다.★
② 대항요건을 갖춘 부동산의 임차권은 나중에 성립한 전세권에 우선한다.★

Ⅶ 권리의 보호

1. 의 의
① 권리가 침해되는 때에는 그에 대한 구제가 필요하게 된다.
② 과거에는 권리자가 자기의 힘으로 권리를 보호・구제하는 이른바 사력구제(私力救濟)가 인정되었으나, 근대의 법치국가에 있어서의 권리의 보호는 국가구제가 원칙이고, 사력구제는 예외적으로 부득이한 경우에 한하여 인정된다. ★ 기출 23

2. 국가구제
① 권리자가 사권의 내용을 실현하려고 할 때에, 이를 방해하는 자가 있어서 실현할 수 없는 때에는 국가가 그 권리의 실현에 협력한다.
② 국가구제의 제도로는 재판・조정 및 중재가 있다. ★

핵심문제

01 권리의 충돌에 관한 설명으로 옳은 것은? 기출 19
① 채권 상호 간에는 원칙적으로 성립의 선후에 따른 우선순위의 차이가 없다.
② 물권과 채권이 충돌할 경우에는 원칙적으로 채권이 우선한다.
③ 소유권과 이를 제한하는 제한물권 사이에서는 원칙적으로 소유권이 우선한다.
④ 동일물에 성립한 전세권과 저당권은 그 성립시기에 상관없이 저당권이 우선한다.

[해설]
① (○) 채권자평등의 원칙에 따라, 동일채무자에 대한 여러 개의 채권은 그의 발생원인・발생시기의 선후・채권액의 다소를 묻지 않고서 평등하게 다루어진다.
② (×) 하나의 물건에 대하여 물권과 채권이 병존하는 경우에는 그 성립시기를 불문하고 원칙적으로 물권이 우선한다. 예외적으로 대항요건을 갖춘 부동산의 임차권은 나중에 성립한 전세권에 우선한다.
③ (×) 소유권과 제한물권 사이에서는 제한물권이 언제나 소유권에 우선한다.
④ (×) 서로 종류를 달리하는 물권일 때에는 일정한 원칙이 없고, 법률의 규정에 의하여 순위가 정하여진다.

정답 ①

02 권리의 충돌과 순위와 관련한 설명으로 옳지 않은 것은?
① 제한물권은 소유권에 우선한다.
② 종류를 달리하는 제한물권 상호 간에는 일정한 원칙은 없고, 법률의 규정에 의하여 순위가 정하여진다.
③ 하나의 물권에 대하여 물권과 채권이 병존하는 경우에는 그 성립시기를 불문하고 원칙적으로 물권이 우선한다.
④ 대항요건을 갖춘 부동산 임차권이라도 나중에 성립한 전세권이 우선한다.

[해설]
대항요건을 갖춘 부동산 임차권은 나중에 성립한 전세권에 우선한다.

정답 ④

3. 사력구제

① **의의** : 권리의 보호는 국가에 요구하는 것이 원칙이고, 사력구제(私力救濟)는 허용되지 않는다. 사력구제는 원칙적으로 불법행위가 된다. 그러나 긴급한 사정으로 뒷날에 국가의 보호를 요구하는 것이 불가능하거나 곤란하게 될 경우에는 사력에 의한 구제를 예외적으로 허용하여 권리의 실현을 보호하는 것이 필요하다.

② **정당방위** : 타인의 불법행위에 대하여, 자기 또는 제3자의 권익을 방위하기 위하여 부득이 가해행위를 하는 것이 정당방위이다. 이러한 정당방위에 의한 가해행위는 그 위법성이 조각되어 불법행위가 되지 않고, 따라서 가해자는 손해배상책임을 지지 않는다(민법 제761조 제1항).

③ **긴급피난** : 급박한 위난을 피하기 위하여 부득이 타인에게 가해행위를 하는 것이 긴급피난이다. 이 경우에도 위법성은 조각되어 불법행위가 성립하지 않는다(민법 제761조 제2항).

④ **자력구제** : 청구권을 보전하기 위하여 국가기관의 구제를 기다릴 여유가 없는 경우에, 권리자가 스스로 사력으로써 구제하는 행위가 자력구제 또는 자조(自助)이다. 정당방위나 긴급피난은 현재의 침해에 대한 방위행위인데 대하여, 자력구제는 주로 과거의 침해에 대한 회복이라는 점에서 다르다. 우리 민법은 이에 관한 일반규정을 두고 있지 않으며, 다만 점유침탈에 관하여서만 자력구제를 인정하는 규정(민법 제209조)을 두고 있다. 여기서 점유침탈 이외의 경우에 자력구제를 인정할 것인가가 문제되는데, 형법 제23조가 청구권 일반에 관한 자구행위를 위법성조각사유로 인정하는 점을 비추어볼 때 자력구제가 인정된다고 해석하고 있다.

핵심문제

01 다음 중 권리보호에 관한 설명으로 옳지 않은 것은?

① 국가구제의 제도로서 재판제도와 재판 외 분쟁해결제도가 있다.
② 재판 외 분쟁해결제도에는 화해, 조정 및 중재 등이 있다.
③ 민법상 정당방위와 긴급피난이 사력구제로서 인정된다.
④ 우리 민법은 자력구제에 대한 일반규정을 두고 있다.

【해설】
우리 민법은 자력구제에 대한 일반규정을 두고 있지 않다. 다만 점유침탈에 관하여 자력구제를 인정하는 규정(민법 제209조)을 두고 있을 뿐이다.

정답 ④

CHAPTER 02 헌법

제1절 헌법 총설

I 헌법의 의의

1. **헌법의 개념**

    헌법이란 정치적 공동체의 존재형태와 기본적 가치질서에 관한 국민적 합의를 법규범적인 논리체계로 정립한 국가의 기본법이다.

2. **헌법의 분류★** 기출 22

    ① 제정주체에 따른 분류★

군주헌법 (흠정헌법)	군주의 단독의사에 의하여 일방적으로 제정한 헌법(일본의 명치헌법, 19세기 전반 독일의 각 연방헌법)
협약헌법	국민과 군주 간 협의에 의해 제정된 헌법(대헌장, 권리장전)
민정헌법	국민의 대표자로 구성된 제헌의회를 통하여 제정된 헌법(오늘날 자유민주주의 국가 대부분의 헌법)
국약헌법	둘 이상의 국가 간의 합의의 결과로 국가연합을 구성하여 제정한 헌법(미합중국 헌법)

    ② 헌법전의 존재 여부(존재형식)에 따른 분류

성문헌법	헌법이 성문화되어 있는 헌법(1776년의 버지니아 헌법)
불문헌법	주요 부분이 관습 등에 의하여 성립된 것으로 헌법전의 형식으로 존재하지 않는 헌법(영국·뉴질랜드 등의 헌법)

    ③ 개정절차의 난이도에 따른 분류

경성헌법	개정절차가 일반 법률의 개정절차보다 까다로운 헌법(대부분의 국가들이 취하고 있는 헌법)
연성헌법	개정절차가 일반 법률과 동일한 헌법(1948년의 이탈리아 헌법, 1947년의 뉴질랜드 헌법)

    ④ 헌법규범과 헌법현실의 일치 여부에 따른 분류(뢰벤슈타인)

규범적 헌법	헌법 규정과 효력 행사의 현실이 일치하는 헌법(서구 여러 나라의 헌법)
명목적 헌법	헌법을 이상적으로 제정하였으나 사회 여건은 이에 불일치하는 헌법(남미 여러 나라의 헌법)
장식적 헌법 (가식적 헌법)	헌법이 권력장악자의 지배를 안정·영구화하는 데 이용되는 수단이나 도구에 지나지 않는 헌법(구소련 등 공산주의 국가의 헌법)

⑤ 실질적 의미의 헌법과 형식적 의미의 헌법

실질적 의미의 헌법	국가의 조직·작용에 관한 기본원칙을 정하고 있는 법규범 전체를 말한다. 그 존재형식은 불문한다.
형식적 의미의 헌법	헌법전이라는 특별한 형식으로 성문화된 법규범을 말한다.

⑥ 독창성 여부에 따른 분류(뢰벤슈타인)

독창적 헌법	새로이 창조되어 다른 것에서 유래되지 않은 원칙적인 헌법(영국의 의회주권주의 헌법, 미국의 대통령제 헌법, 프랑스의 나폴레옹 헌법, 1931년의 중화민국 헌법 등)
모방적 헌법	국내외의 과거의 헌법을 모방하여 만든 헌법(영연방의 여러 헌법들, 남미의 헌법들)

3. 헌법의 특성 및 이중성

① 국가의 통치조직과 작용, 국가기관 상호 간의 관계 및 국가와 국민과의 관계에 관한 근본규칙을 정한 최고법으로 정치성, 개방성, 이념성, 역사성, 최고규범성, 기본권 보장 규범성, 수권적 조직규범성, 권력제한 규범성, 생활규범성을 특성으로 한다.
② 헌법은 한 국가의 정치적 측면을 나타내는 사실(Sein)적 특성과 국가생활, 정치생활을 규율하는 법규범(Sollen)적 특성을 동시에 내재하고 있다.

4. 헌법의 기능

헌법은 국가창설적 기능, 정치생활주도 기능, 기본권 보장을 통한 사회통합 기능, 권력제한적 기능을 가진다.

5. 헌법개념의 역사적 변천★

① 고유한 의미의 헌법 : 헌법은 국가의 영토·국민·통치권 등 국가의 근본조직과 작용에 관한 기본법으로 국가가 있는 이상 어떤 형태로든 존재한다.
② 근대 입헌주의 헌법 : 국법과 왕법을 구별하는 근본법(국법) 사상에 근거를 두고 국가권력의 조직과 작용에 관한 사항을 정하며 동시에 국가권력의 행사를 제한하여 국민의 자유와 권리 보장을 이념으로 하는 헌법으로 버지니아헌법(≒ 권리장전, 1776년), 미합중국헌법(1787년), 프랑스 인권선언(1789년) 등이 그 효시이다.
③ 현대 복지국가 헌법 : 근대 입헌주의 헌법정신을 바탕으로 하면서 국민의 인간다운 생활을 보장하기 위하여 복지증진을 중심으로 개편된 것으로 바이마르헌법(1919년)이 그 효시이다.

핵심문제

01 신대통령제 국가나 전체주의적 독재국가의 헌법과 관계가 깊은 헌법은?
① 독창적 헌법　　　　　　　　② 명목적 헌법
③ 가식적 헌법　　　　　　　　④ 규범적 헌법

[해설]
가식적 헌법은 장식적 헌법이라고도 하며, 헌법이 권력장악자의 지배를 안정시키고, 영구화하는데 이용되는 수단이나 도구에 지나지 않는 것으로, 구소련 등의 공산주의 국가의 헌법을 말한다.

정답 ③

근대 · 현대 헌법의 비교

근대 입헌주의 헌법	현대 복지국가 헌법
• 기본권의 보장(형식적 평등) • 권력분립 • 의회주의 • 형식적 법치주의(합법성 중시) • 성문헌법 · 경성헌법 • 시민적 법치국가 • 국민주권주의	• 생존권의 보장(실질적 평등) • 행정국가화 경향, 권력분립의 완화 • 사회적 시장경제질서, 사회복지국가 • 실질적 법치주의(합법성과 정당성 중시) • 헌법재판제도의 강화 • 국제평화주의, 복지국가적 경향 • 국민주권주의의 실질화(국민투표제도)

Ⅱ 헌법의 제정과 개정

1. 헌법의 제정
정치적 통일체의 종류와 형태에 관하여 헌법제정권자가 행하는 법창조 행위를 말한다.

2. 헌법제정권력
① 개념 : 국민이 정치적 존재에 관한 근본 결단을 내리는 정치적 의사이며 법적 권한이다.
② 특 징
  ㉠ 시원적 창조성 : 헌법제정권력은 제정의 본질상 당연히 국가적 질서와 헌법적 질서를 창조하는 시원적 창조성을 그 본질로 한다.
  ㉡ 자율성 : 어떠한 법형식이나 절차에 구애받지 않고 스스로 의도한 바에 따라 발동된다.
  ㉢ 단일불가분성 : 헌법제정권력은 다른 모든 권력의 기초가 되며 분할할 수 없다.
  ㉣ 항구성 : 한 번 행사되었다고 소멸하는 것이 아니라 영원히 지속된다.
  ㉤ 불가양성 : 국민에게만 존재할 뿐 양도될 수 없다. 그러나 그 행사를 위임할 수는 있다(제정의회).

핵심문제

01 헌법제정권력의 특징으로 옳지 않은 것은?
① 시원성 ② 창조성
③ 가분성 ④ 항구성

[해설]
헌법제정권력이란 국민이 정치적 존재에 관한 근본 결단을 내리는 정치적 의사이며 법적 권한으로 시원적 창조성과 자율성, 항구성, 단일불가분성, 불가양성 등의 본질을 가진다.

정답 ③

③ 행사방법과 한계 : 헌법제정회의의 의결로 행사되며(제헌의회, 국민투표 등으로 표현), 헌법제정권력은 인격 불가침, 법치국가의 원리, 민주주의 원리 등과 같은 근본규범의 제약을 받는다.
④ 헌법제정권력 이론(칼 슈미트와 시에예스)
　㉠ 시에예스(A. Sieyes) : 헌법제정권력을 시원적이고 창조적인 권력으로 보았다.
　㉡ 슈미트(C. Schmitt) : 헌법제정권력을 법적 의사나 규범적인 것이 아닌 사실적인 힘으로 보고 있다.

헌법제정권력 이론

구 분	칼 슈미트	시에예스
주 체	힘과 권력, 정치적 의지를 갖춘 실력자	국 민
정당성	혁명성	시원성
권력 행사방법	국민투표	제헌의회
특 징	혁명성, 정치적 의지, 힘과 권력	시원적이고 창조적인 권력
헌법제정권력의 한계	한계 ×	한계 ×

3. 헌법의 개정

① 개념 : 헌법에 규정된 개정절차에 따라 헌법의 동일성을 유지하면서 의식적으로 헌법전의 내용을 수정·삭제·추가하는 것이다.
② 형식 : 개정 조항만을 추가해 나가는 경우(예 미국연방헌법)와 이미 있는 조항을 수정 또는 삭제하거나 새로운 조항을 설정하는 형식을 취하는 경우가 있다.
③ 우리나라 헌법의 개정절차(헌법 제128조 내지 제130조) 기출 16·12·09
　㉠ 제안 : 대통령이나 국회 재적의원 과반수의 발의로써 제안
　㉡ 공고 : 대통령이 20일 이상의 기간 동안 공고
　㉢ 국회의결 : 공고일로부터 60일 이내에 국회 재적의원 2/3 이상의 찬성으로 의결(기명투표, 수정의결 불허)
　㉣ 국민투표 : 국회의결 후 30일 이내에 국회의원 선거권자 과반수의 투표와 투표자 과반수의 찬성으로 확정
　㉤ 공포 : 대통령이 즉시 공포

4. 헌법의 변동★

① 헌법의 파괴(수직적 교체) : 혁명 등에 의해 헌법제정권력이 경질되는 경우(프랑스 대혁명에 의한 군주제 헌법 파괴, 러시아 프롤레타리아혁명에 의한 제정헌법의 파괴)
② 헌법의 폐지(수평적 교체·헌법전의 교체) : 쿠데타, 즉 기존헌법을 배제하기는 하지만 헌법제정권력의 주체는 변경이 없는 경우(나폴레옹의 쿠데타, 나폴레옹 3세의 쿠데타, 드골헌법)
③ 헌법의 정지 : 헌법의 특정조항에 대해 효력을 일시적으로 중단시키는 경우 합헌적 헌법정지(유신헌법상의 긴급조치권 발동), 초헌법적인 헌법정지(5·16 군사정변 이후의 국가비상조치에 의한 헌법정지)

④ 헌법의 침해 : 위헌임을 알면서도 헌법에 위반되는 명령이나 조치를 취하는 경우(비상계엄이 선포된 경우 헌법의 특정조항이 침해될 가능성이 있음)
⑤ 헌법의 변천
  ㉠ 헌법의 조문은 그대로 있으면서 그 의미나 내용이 실질적으로 변화하는 경우(헌법해석에 의한 변천, 헌법관행에 의한 변천, 헌법의 흠결을 보완하기 위한 변천)
  ㉡ 미연방대법원의 위헌법률심사권, 미국의 대통령선거(간접선거임에도 직접선거처럼 운용), 영국 국왕의 권한 상실과 수상의 내각지배 등

Ⅲ 헌법의 수호 기출 20

1. 헌법수호의 의의
헌법의 수호 내지 헌법의 보호는 헌법의 기본적 가치질서에 대한 침해행위를 사전에 예방하거나 사후에 배제하는 것을 말한다. 헌법의 수호는 헌법의 최고규범성에서 나오는 당연한 결과이다.

2. 평상적·비상적 헌법수호에 따른 분류 기출 24·20

평상적 헌법수호	사전예방적 헌법수호	헌법의 최고규범성의 선언(헌법 제107조, 제111조 제1항), 헌법수호의무의 선서(헌법 제69조), 국가권력의 분립(헌법 제40조, 제66조 제4항, 제101조 제1항), 경성헌법성(헌법 제128조 내지 제130조), 방어적 민주주의 채택(헌법 제8조 제4항), 공무원 및 군의 정치적 중립성의 보장(헌법 제7조 제2항, 제5조 제2항)
	사후교정적 헌법수호	위헌법령·처분심사제도(헌법 제107조 제1항·제2항), 탄핵제도(헌법 제65조 제1항, 제111조 제1항 제2호), 헌법소원제도(헌법 제113조 제1항), 위헌정당해산제도(헌법 제8조 제4항), 국무총리 및 국무위원 해임건의제도(헌법 제63조 제1항), 국정감사 및 조사제도(헌법 제61조 제1항), 긴급명령 등의 승인제도 및 계엄해제요구제도(헌법 제76조 제3항, 제77조 제5항), 공무원의 책임제도(헌법 제29조 제1항) 등
비상적 헌법수호		국가긴급권[대통령의 계엄선포권(헌법 제77조 제1항), 긴급명령권(헌법 제76조 제2항), 긴급재정경제처분·명령권(헌법 제76조 제1항)], 저항권

핵심문제

01 헌법의 조문은 그대로 있으면서 그 의미나 내용이 실질적으로 변화하는 것을 무엇이라 하는가?
① 헌법의 파괴
② 헌법의 변천
③ 헌법의 정지
④ 헌법의 폐지

[해설]
헌법의 변천은 헌법해석에 의한 변천, 헌법관행에 의한 변천, 헌법의 흠결을 보완하기 위한 변천이 있으며, 미연방대법원의 위헌법률심사권이나 간접선거임에도 직접선거처럼 운용하는 미국 대통령선거 등이 그 예이다.

정답 ②

3. 저항권

① 의의 : 헌법의 기본질서를 파괴하려는 자에 대하여 기존의 헌법질서를 유지·회복하기 위한 다른 구제수단이 없는 경우 예외적이고, 최후의 수단으로서 저항할 수 있는 권리를 의미한다. 이 점에서 ㉠ 비폭력적인 방법으로 행사될 것이 요구되며, ㉡ 보충성 요건의 제약을 받지 않는 시민불복종과 구별된다.

② 우리 헌법상 저항권의 인정여부 [기출 20] : 저항권에 관한 직접적인 규정이 없는바, 저항권을 인정할 수 있는지가 문제된다.

  ㉠ 대법원의 입장(부정설) : 「저항권이 실정법에 근거를 두지 못하고 오직 자연법에만 근거하고 있는 한 법관은 이를 재판규범으로 원용할 수 없다」(대판 1980.5.20. 80도306 등)고 판시하였다.

  ㉡ 헌법재판소의 입장(긍정설) : 「저항권은 국가권력에 의하여 헌법의 기본원리에 대한 중대한 침해가 행하여지고 그 침해가 헌법의 존재 자체를 부인하는 경우 다른 합법적인 구제수단으로는 목적을 달성할 수 없을 때에 국민이 자기의 권리·자유를 지키기 위하여 실력으로 저항하는 권리이다」(헌재결[전] 1997.9.25. 97헌가4)라고 결정하였다. 다만, 입법과정상의 하자는 저항권 행사의 대상이 되지 않는다고 하였다.

〈참고〉 김유향, 「기본강의 헌법」, 윌비스, 2020, P. 51~63

핵심문제

01 헌법상 명문 규정이 없는 헌법보호수단은? [기출 20]

① 저항권 ② 계엄선포권
③ 위헌법률심판제도 ④ 정당해산심판제도

[해설]
우리 헌법상 저항권에 관한 직접적인 규정이 없어, 저항권을 인정할 수 있을지 문제되는데, 대법원은 부정하는 입장이나 헌법재판소는 긍정하는 입장이다.

정답 ①

제2절 대한민국 헌법

I 헌법 전문

1. **헌법 전문의 의의**

   ① 개념 : 헌법 전문이란 헌법제정의 유래와 헌법제정권자, 헌법제정의 목적, 헌법의 기본원리 등을 선언하고 있는 헌법서문이다.

   ② 주요내용★★ 기출 19·06

현행 헌법 전문에 명문으로 규정되어 있는 것	현행 헌법 전문에 명문으로 규정되어 있지 않은 것
• 국민주권주의 • 대한민국의 건국이념(3·1운동, 대한민국임시정부의 법통과 4·19이념의 계승) • 조국의 민주개혁과 평화적 통일의 사명 • 정의·인도와 동포애로써 민족의 단결을 공고히 함 • 모든 사회적 폐습과 불의를 타파 • 자유민주적 기본질서의 확립 • 모든 영역에서 각인의 기회균등 • 국민생활의 균등한 향상 • 국제평화주의 • 제정일자 및 개정 횟수	• 권력분립 • 민주공화국, 국가형태(제1조) • 5·16군사정변(제4공화국 헌법) • 침략전쟁의 부인(제5조 제1항) • 자유민주적 기본질서에 입각한 평화적 통일정책(제4조) • 국가의 전통문화계승발전과 민족문화창달의무(제9조) • 대한민국 영토(제3조) • 개인과 기업의 경제상의 자유와 창의(제119조 제1항) • 인간의 존엄과 가치, 행복추구권(제10조)

   > **대한민국의 구성요소(전통적 입장)** 기출 14
   > 1. 주권(헌법 제1조 제2항)
   > 2. 국민(헌법 제1조 제2항, 헌법 제2조)
   > 3. 영토(헌법 제3조)

   ③ 법적 효력★

   ㉠ 최고규범성 : 헌법 전문은 본문을 비롯한 모든 법규범의 내용을 한정하고 그 타당성의 근거가 된다. 따라서 한 국가의 법체계에서 최상위의 근본규범이다.

   ㉡ 법령의 해석기준 : 헌법 전문은 헌법 본문과 기타 법령의 해석기준이 된다.

   ㉢ 재판규범성 : 헌법 전문의 법적 효력을 인정하는 입장에서도 헌법 전문이 직접적인 재판규범인지에 대해서는 긍정설과 부정설로 나뉜다. 헌법재판소는 헌법 전문의 재판규범성을 인정하고 있다.★

   ㉣ 헌법개정의 한계 : 헌법 전문의 자구수정은 가능하나 핵심적인 내용은 헌법개정의 한계이다. 제5·7·8·9차 개정헌법은 헌법 전문을 개정한 바 있다.★

   ㉤ 기본권 도출 : 헌법 전문으로부터 곧바로 국민의 개별적 기본권을 도출해 낼 수는 없다.★

Ⅱ 헌법의 기본원리와 기본질서

1. 헌법의 기본원리 기출 13
① 국민주권주의
② 권력분립주의
③ 자유민주주의
④ 기본권존중주의
⑤ 사회(복지)국가원리
⑥ 법치국가원리
⑦ 평화국가원리(평화통일지향)
⑧ 문화국가원리 등

2. 헌법의 기본질서 기출 15
① 자유민주적 기본질서
② 사회적 시장경제질서
③ 평화주의적 국제질서

Ⅲ 대한민국의 기본제도

1. 정당제도
① 의의 : 국민의 이익을 위하여 책임 있는 정치적 주장이나 정책을 추진하고 공직선거의 후보자를 추천 또는 지지함으로써 국민의 정치적 의사 형성에 참여함을 목적으로 하는 국민의 자발적 조직이다(정당법 제2조).
② 헌법상의 지위 : 설립의 자유와 복수정당제의 보장, 그 목적과 조직 및 활동이 민주적이어야 하며 만일 민주적 기본 질서에 위배될 때에는 헌법재판소의 심판에 의하여야만 해산할 수 있다.
③ 법적 성격 : 정당은 국가와 국민의 정치적 의사형성의 중개적 권력이라는 제도적 보장설(중개적 권력설)이 다수설이며 그 밖에 헌법기관설(국가기관설), 사법적 결사설이 있다.
④ 조직 : 정당은 5개 이상의 시·도당을 가져야 하며, 시·도당은 1천인 이상의 당원을 가져야 한다.
⑤ 특권 : 정당의 설립·활동·존립·해산 등에 있어 특권을 가진다. 구체적으로 정치적 의사형성에 참여할 권리, 균등하게 경쟁할 기회를 보장받을 권리, 선거참가인지명권, 정당운영자금의 국고보조 등을 포함한 정치자금을 모집할 권리를 가진다.
⑥ 의무 : 당헌과 강령의 공개의무 및 재원을 공개할 의무가 있다. 또한 조직 및 활동 등을 관할 선거관리위원회에 보고하여야 한다.
⑦ 정당의 해산 : 정당의 목적 및 활동이 민주적 기본질서에 위반될 때 헌법질서를 수호 및 유지하기 위해 헌법재판소가 정당을 강제로 해산하는 제도를 위헌정당해산제도라고 한다.

2. 선거제도

① 개념 : 합의에 의한 정치를 구현하기 위하여 국민의 대표자를 선출하는 행위를 말한다.

② 선거제도의 원칙★ 기출 19

보통선거제	제한선거제에 반대되는 것으로 사회적 신분·재산·납세·교육·신앙·인종·성별 등에 차별을 두지 않고 원칙적으로 모든 성년자에게 선거권을 부여하는 제도이다.
평등선거제	차등선거제에 반대되는 것으로 선거인의 투표가치가 평등하게 취급되는 제도이다.
직접선거제	간접선거제에 반대되는 것으로 선거인이 직접 선거하는 제도이다.
비밀선거제	공개선거제에 반대되는 것으로 선거인이 누구에게 투표했는가를 제3자가 알 수 없게 하는 제도이다.
임의선거제 (자유선거제)	강제선거제에 반대되는 것으로 투표를 선거인의 자유에 맡기고 기권에 대해서도 하등의 제재를 과하지 않는 제도이다.

③ 선거구 제도★ : 의원을 선출하는 단위로서의 지구를 말하며, 일반적으로 소선거구제는 1선거구에서 1인의 대표자를 선출하는 제도이고 중선거구제는 1선거구에서 2~4인의 대표자를 선출하는 제도이다. 대선거구제는 중선거구제 이상의 대표자를 선출하는 제도이다.

선거구제의 장단점

구 분	장 점	단 점
중·대 선거구제	사표의 방지, 부정투표의 방지, 인물선택의 범위 확대	군소정당 출현, 정국 불안정, 다액의 선거비용, 보궐선거나 재선거의 실시곤란, 후보자 파악의 곤란
소선거구제	양대정당 육성, 정국안정, 선거의 공정성 확보, 의원과 선거민과의 밀접한 유대관계, 소액의 선거비용	사표의 가능성, 게리멘더링(Gerry mandering)의 위험성, 지방적인 소인물의 배출

④ 대표제도(의원 정수의 결정방법)

다수대표제	하나의 선거구에서 다수득표를 얻은 자를 당선자로 하는 제도로, 소선구제와 결부된다.
소수대표제	한 선거구에서 다수득표자뿐만 아니라 소수득표자도 당선자로 낼 수 있는 제도로, 대선거구제를 전제로 한다.
비례대표제	각 정당에게 그 득표수에 비례하여 의석을 배분하는 대표제를 말한다. 군소정당의 난립을 가져올 수 있다.
직능대표제	선거인을 각 직역으로 그 직역을 단위로 하여 대표를 선출하는 방법이며, 정치의 경제화에 그 원인이 있다.

⑤ 우리나라의 선거제도 : 보통·평등·직접·비밀·자유선거의 선거 원칙을 따르며, 비례대표제(전국구 국회의원, 광역의회 의원)를 가미한 소선거구·다수대표제이다.

3. 공무원제도

① **의의** : 공무원이란 직·간접으로 국가나 공공단체의 공무를 담당하는 자를 총칭한다.
② **헌법상의 지위** : 공무원은 국민 전체에 대한 봉사자이며 국민에 대한 봉사자의 지위를 확립하고, 그 직무에 공정한 수행과 정치적 중립을 보장하기 위하여 일정한 범위에서 기본권을 제한하고, 국민에 대하여 책임을 진다.
③ **직업공무원제도** : 정당국가에 있어서 정당의 교체에 관계없이 행정의 독자성을 유지하기 위하여 헌법 또는 법률에 의하여 공무원의 신분이 보장된 공무원제도로 정치적 중립과 성적주의(능력실증), 정치활동과 근로3권의 제한을 내용으로 한다.
④ **공무원의 근로3권★**
  ㉠ 근로자는 근로조건의 향상을 위하여 자주적인 단결권·단체교섭권 및 단체행동권을 가진다(헌법 제33조 제1항).
  ㉡ 공무원인 근로자는 법률이 정하는 자에 한하여 단결권·단체교섭권 및 단체행동권을 가진다(헌법 제33조 제2항).
  ㉢ 법률이 정하는 주요방위산업체에 종사하는 근로자의 단체행동권은 법률이 정하는 바에 의하여 이를 제한하거나 인정하지 아니할 수 있다(헌법 제33조 제3항).

4. 지방자치제도

① **의의** : 일정한 지역을 기초로 하는 단체나 일정한 지역의 주민이 국가로부터 자치권을 부여받아 자치단체의 고유사무를 자신의 책임하에서 자신이 선출한 기관을 통하여 처리하는 제도로서 민주주의(주민자치)와 지방분권(단체자치)을 기반으로 한다.
② **자치단체의 권한** : 자치행정권, 자주재정권, 자치입법권, 조례와 규칙제정권, 자치조직권
③ **지방자치단체의 구성요소** : 일정한 지역, 주민, 자치권

5. 가족제도와 교육제도

① **가족제도** : 개인의 존엄과 양성의 평등을 기초로 하는 혼인제도로 가족생활의 보장, 민주적인 혼인제도, 제도적 보장으로 주관적 방어권을 가진다(헌법 제36조 제1항).
② **교육제도** : 교육의 자주성·전문성·정치적 중립성, 교육제도의 법정(교육법)이 보장(헌법 제31조 제4항)되며, 대학자치제가 시행되고 있다.

6. 군사제도

군사에 관한 헌법원칙에는 병정통합의 원칙, 문민우위의 원칙 등이 있다.

제3절 기본권

I 기본권 서론

1. **기본권의 발전★★**
   ① 고전적 기본권
      ㉠ 중세 자연법학설에서 싹트기 시작하여 근세의 영국에서 전제군주와 평민과의 항쟁과정에서 보장되었으나, 군주의 권력에 대하여 군주의 양해하에 일정한 제약을 가하는 데에 머물렀다.
      ㉡ 1215년 마그나 카르타 → 1295년 모범의회 → 1628년 권리청원 → 1647년 인민협정 → 1679년 인신보호법 → 1688년 명예혁명 → 1689년 권리장전
   ② 근대적 기본권
      ㉠ 18세기 후반에 미국·프랑스에서 일어난 개인주의·자유주의사상을 배경으로 한 자유획득의 투쟁 결과 이루어진 몇 가지 권리선언에서 발전되는 것으로 자연법사상을 기반으로 한다.
      ㉡ 1776년 미국의 버지니아 권리장전(자유권적 기본권을 최초로 규정), 1776년 미국 독립선언서, 1789년 프랑스 인권선언, 1791년 미국의 수정헌법, 1906년 러시아의 국가기본법 등
   ③ 현대적 기본권 : 기본권의 사회화 경향(1919년 바이마르헌법 – 생존권적 기본권, 즉 사회적 기본권을 헌법적 차원에서 처음으로 규정), 자연권성 강조(1948년 UN인권선언), 기본권 보장의 국제화(1945년 UN헌장, 1948년 세계인권선언, 1950년 유럽인권규약, 1966년 UN인권규약, 1993년 비엔나 인권선언)가 특색이다.

핵심문제

01 자유권적 기본권을 최초로 규정한 헌법이라고 볼 수 있는 것은? 기출
   ① 버지니아헌법   ② 바이마르헌법
   ③ 프랑크푸르트헌법   ④ 독일기본법

[해설]
자유권적 기본권을 최초로 규정한 헌법은 1776년 제정된 미국의 버지니아헌법이고, 생존권적 기본권을 최초로 규정한 헌법은 1919년 바이마르헌법이다.★

정답 ①

2. 기본권의 성격과 제도적 보장 기출 23

① **성격** : 기본권은 주관적으로는 개인을 위한 주관적 공권을 의미하지만, 객관적으로는 국가의 가치질서인 기본적 법질서의 구성요소로서의 성격을 띠고 있으므로 헌법이 보장하는 기본권은 이중적 성격 내지 양면성을 가지고 있으며 보편성·고유성·항구성·불가침성이 그 특질이다.

② **제도적 보장★** : 국가 자체의 존립의 기초가 되는 객관적 제도를 헌법에 규정하여 당해 제도의 본질을 헌법이 보장하는 것으로 Wolff가 창안, Schmitt가 체계화하였다. 제도적 보장의 대상은 역사적·전통적으로 형성된 기존의 제도이며, 특정한 제도의 본질에 대한 최소한의 보장을 하기만 하면 되며, 제도 보장의 침해를 이유로 개인이 헌법소원을 제기할 수 없다.

대한민국 헌법 제8장 지방자치

헌법 제117조
① 지방자치단체는 주민의 복리에 관한 사무를 처리하고 재산을 관리하며, 법령의 범위 안에서 자치에 관한 규정을 제정할 수 있다.
② 지방자치단체의 종류는 법률로 정한다.

헌법 제118조
① 지방자치단체에 의회를 둔다.
② 지방의회의 조직·권한·의원선거와 지방자치단체의 장의 선임방법 기타 지방자치단체의 조직과 운영에 관한 사항은 법률로 정한다.

---

3. 기본권의 분류 기출 22·17·14·10

포괄적 기본권	• 인간의 존엄과 가치 • 행복추구권 • 평등권
자유권적 기본권	• 인신의 자유권(생명권, 신체의 자유) • 사생활의 자유권(거주·이전의 자유, 주거의 자유, 사생활의 비밀과 자유, 통신의 자유) • 정신적 자유권(양심의 자유, 종교의 자유, 언론·출판의 자유, 집회·결사의 자유, 학문의 자유, 예술의 자유) • 경제적 자유권(직업선택의 자유, 재산권의 보장, 소비자의 권리)
생존권(사회권)적 기본권	• 인간다운 생활을 할 권리 • 교육을 받을 권리 • 근로의 권리 • 근로3권 • 환경권 • 혼인·가족·모성 보호에 관한 권리
청구권적 기본권	• 청원권 • 재판청구권 • 형사보상청구권 • 국가배상청구권 • 손실보상청구권 • 범죄피해자구조청구권
참정권	• 선거권 • 공무담임권 • 국민표결권

4. 기본권의 주체 기출 16

① 국민 : 모든 자연인이 해당되며 개별적인 모든 국민을 의미한다.
② 외국인 : 참정권, 생존권, 사회권적 기본권 등의 주체는 될 수 없으나 인간의 존엄과 가치, 행복추구권, 구체적 평등권 및 대부분의 자유권적 기본권에 있어서의 주체는 될 수 있다.

> **외국인과 기본권**
> 1. 적극적으로 인정되는 기본권★ : 인간의 존엄과 가치, 신체의 자유, 신체의 자유 보장을 위한 실체적·절차적 보장, 종교의 자유, 예술·학문의 자유, 사생활의 자유, 소비자의 권리, 재산권, 언론·출판·집회·결사의 자유, 환경권, 보건권, 노동3권
> 2. 제한받는 기본권★ : 입국의 자유, 선거권, 피선거권, 공무담임권, 근로의 권리, 인간다운 생활을 할 권리

③ 법 인 기출 15
  ㉠ 경제활동의 발전으로 사법상 법인실재설에 대응하여 법인에 대하여도 국민의 권리와 의무에 관한 규정이 인정된다고 본다(통설).
  ㉡ 성질상 내국법인은 법 앞의 평등, 직업선택의 자유, 주거의 자유, 거주이전의 자유, 통신의 불가침, 언론·출판·집회·결사의 자유, 재산권의 보장, 재판청구권 등의 기본권을 누릴 수 있으나, 생명권, 프라이버시권, 선거·피선거권, 행복추구권, 사회적 기본권(생존권) 등은 성질상 누릴 수 없다.

핵심문제

01 다음 중 사회적 기본권에 해당하는 것은? 기출 14
  ① 사유재산권
  ② 교육을 받을 권리
  ③ 국가배상청구권
  ④ 직업선택의 자유

[해설]
헌법상 사회권적 기본권에는 인간다운 생활을 할 권리, 교육을 받을 권리, 근로자의 권리, 근로3권, 환경권 등이 있다.

정답 ②

02 헌법상 법인이 누릴 수 있는 권리에 해당하지 않는 것은? 기출 15
  ① 결사의 자유
  ② 거주이전의 자유
  ③ 프라이버시권
  ④ 재판을 받을 권리

[해설]
헌법 제17조에 따른 프라이버시권(사생활의 비밀과 자유)은 개인의 사생활을 보호하기 위한 권리이고, 법인에 적용되는 권리가 아니다.

정답 ③

5. 기본권의 제한과 한계

① **헌법유보에 의한 기본권의 제한** : 정당의 목적과 활동(헌법 제8조 제4항), 언론·출판의 자유(헌법 제21조 제4항), 군인·공무원·경찰공무원 등의 국가배상청구권(헌법 제29조 제2항), 공무원의 근로3권(헌법 제33조 제2항), 방위산업체 근로자의 단체행동권(헌법 제33조 제3항)

② **법률유보에 의한 기본권의 제한** 기출 21·19 : 국가안전보장·질서유지·공공복리를 위하여 필요한 경우에 '법률'로써 제한할 수 있다. 단, 제한하는 경우에도 자유와 권리의 본질적인 내용을 침해할 수 없다(헌법 제37조 제2항).

③ **기본권 제한의 한계★**
  ㉠ 원칙적으로 형식적 법률에 의해서만 제한할 수 있으며 그 법률은 일반적이어야 하고 명확하여야 하며, 구체적인 기본권을 대상으로 하여야 한다.
  ㉡ 제한의 목적도 국가안전보장·질서유지·공공복리에 한하며, 제한 시에도 본질적 내용의 침해는 금지된다.

> **기본권 제한입법의 방법상 한계★**
> - 과잉금지의 원칙 : 광의의 과잉금지의 원칙이라 함은 "국가의 권력은 무제한적으로 행사되어서는 안 되고, 이는 반드시 정당한 목적을 위하여 그리고 또한 이러한 목적을 달성하기 위하여 필요한 범위 내에서만 행사되어야 한다."는 의미로 이해되고 있다.
> - 과잉금지원칙의 내용
>   - 목적의 정당성
>   - 방법의 적정성
>   - 피해의 최소성
>   - 법익의 균형성

6. 기본권의 침해와 구제★

① **입법기관에 의한 침해와 구제**
  ㉠ 기본권 침해 법률에 대한 위헌심사를 구하거나 헌법소원의 제기·청원으로 구제받을 수 있다.
  ㉡ 입법의 부작위로 기본권이 침해된 경우에는 헌법소원 제기가 가능하나 생존권적 기본권에 있어서는 부정설이 다수설이다.

② **행정기관에 의한 침해와 구제** : 행정쟁송을 제기하거나 국가배상이나 손실보상을 청구할 수 있다.

③ **사법기관에 의한 침해와 구제** : 오판이나 재판의 지연에 의한 침해 시에는 상소, 재심, 비상상고, 형사보상청구에 의한 방법으로 구제받을 수 있다.

④ **사인(私人)에 의한 침해와 구제** : 고소·고발이나 손해배상청구의 방법이 있다.

7. 기본권의 효력★

① 대국가적 효력 : 원칙적으로 입법·사법·행정 등 모든 국가권력을 구속하며 권력작용뿐만 아니라 비권력작용인 관리행위·국고행위에 대해서도 기본권 규정이 적용된다.
② 제3자적 효력 : 오늘날은 국가나 공공단체에 의한 기본권 침해보다도 국가유사기능을 행사하는 사회적 세력·단체들에 의한 기본권 침해가 크게 문제가 되고 있다. 여기에 기본권의 타당 범위를 국가권력 외에 사인 상호 간으로 확대하여 사인에 의한 법익의 침해에 대해서도 기본권의 보장효력을 인정할 필요가 있게 되는데, 이것이 기본권의 제3자적 효력의 문제이다.
③ 대한민국 헌법에 있어서의 제3자적 효력
　㉠ 직접 적용 : 인간의 존엄과 가치, 행복추구권, 근로조건의 기준, 여자와 연소근로자의 보호, 근로3권
　㉡ 간접 적용 : 평등권, 사생활의 비밀, 양심·신앙·표현의 자유

Ⅱ 포괄적 기본권

1. 인간으로서의 존엄과 가치 [기출 15]

① 의의 : 인간의 본질적인 인권과 인간으로서의 독자적인 가치를 말한다고 할 수 있다(인격주체성).
② 법적 성격 : 객관적 최고원리, 전국가적 자연권성, 개인주의적 성격, 최고규범성★
③ 주체 : 인간(모든 국민, 외국인)
④ 효력 : 주관적 공권, 제3자적 효력
⑤ 내용 : 인간의 존엄과 가치는 헌법상의 최고원리로서 모든 국가권력은 이에 구속되고 이에 반하는 헌법개정은 허용되지 아니한다. 인간의 존엄과 가치는 헌법상 기본권 보장의 대전제가 되는 최고의 원리이다. 이를 침해하는 국가권력에 대해 국민은 저항권을 행사할 수 있고, 이를 침해하는 행정처분이나 재판에 대해서는 재판청구권의 행사, 헌법소원 등을 통해 침해행위의 배제를 청구할 수 있다.★

핵심문제

01 헌법상 기본권 보장의 대전제가 되는 최고의 원리는? [기출 15]

① 생명권의 보호
② 근로3권의 보장
③ 사유재산권의 보호
④ 인간의 존엄과 가치

[해설]
헌법 제10조에서는 인간의 존엄과 가치의 존중, 행복추구권을 규정하여 기본권 존중의 대전제로 삼고, 이하에서 각종의 개별적 기본권을 보장하고 있다.

정답 ④

2. 행복추구권

① 의의 : 고통이 없고 만족감을 느낄 수 있는 상태를 실현할 수 있는 권리
② 법적 성격 : 주관적 권리, 자연법상 권리이자 실정법상 권리, 포괄적 권리
③ 주체 : 인간(모든 국민, 외국인)
④ 효력 : 주관적 공권, 제3자적 효력
⑤ 유래 : 1776년 버지니아 권리장전★
⑥ 내용 : 생명권, 신체불훼손권, 인격권, 휴식권, 안면권 등

3. 평등권

① 의의 : 국가에 대하여 평등한 취급을 받을 권리, 즉 법 앞의 평등으로 법의 정립, 집행 및 적용에 있어서의 평등을 뜻하며 입법·사법·행정기관까지도 구속하는 기본권이다.★
② 법적 성격 : 객관적 법질서이며 주관적 공권, 전국가적 자연권
③ 주체 : 개인, 법인, 권리능력 없는 사단, 재단, 외국인(제한 가능)★
④ 내용 : 자연법을 포함한 모든 법 앞에서의 평등과 법 내용의 평등까지도 포함하며, 정치영역에서는 절대적 평등을, 사회·경제영역에서는 상대적 평등을 추구한다. 또한, 성별·종교·사회적 신분을 초월하여 정치·경제·사회·문화의 전 영역에 걸쳐 차별을 금지한다.★

> **평등권 위반 심사 기준**
> 1. 자의금지의 원칙 : 차별적 취급 존부 심사
> 2. 비례의 원칙 : 당해 차별의 정당성 및 균형성 심사

⑤ 기본권 제한
  ㉠ 헌법에 의한 제한 : 정당의 특권, 대통령의 형사상 특권, 국회의원의 불체포·면책특권, 공무원의 근로 3권의 제한·국가유공자의 보호, 국회의원 겸직금지, 대통령 피선거권 연령 제한, 군인 등의 배상청구권 금지, 방위산업체 노동자의 단체행동권 제한, 현역군인의 국무총리·국무위원 임명제한 등

> **헌법 제37조** 기출 23
> ① 국민의 자유와 권리는 헌법에 열거되지 아니한 이유로 경시되지 아니한다.
> ② 국민의 모든 자유와 권리는 국가안전보장·질서유지 또는 공공복리를 위하여 필요한 경우에 한하여 법률로써 제한할 수 있으며, 제한하는 경우에도 자유와 권리의 본질적인 내용을 침해할 수 없다.

  ㉡ 법률에 의한 제한 : 공무원법, 형의 집행 및 수용자의 처우에 관한 법률, 공직선거법, 출입국관리법 등에서 규정

Ⅲ 자유권적 기본권

1. 자유권적 기본권의 의의와 법적 성격

① 의의 : 자신의 자유영역에 관하여 국가로부터 침해받지 않을 권리이다.
② 법적 성격 : 천부적·전국가적인 권리이자 소극적이며 방어적인 권리이며 포괄적 권리이다.★
③ 주체 : 국민, 외국인
④ 효력 : 모든 국가기관을 직접 구속하는 구체적이고 현실적인 권리★
⑤ 자유권의 분류★
  ㉠ 인신의 자유권 : 생명권, 신체를 훼손당하지 않을 권리, 신체의 자유
  ㉡ 사생활의 자유권 : 사생활의 비밀과 자유, 주거의 자유, 거주·이전의 자유, 통신의 자유
  ㉢ 정신적 자유권 : 양심의 자유, 종교의 자유, 언론·출판의 자유, 집회·결사의 자유, 학문과 예술의 자유
  ㉣ 경제적 자유권 : 재산권, 직업의 자유, 소비자의 권리

2. 인신의 자유권

① 생명권
  ㉠ 의의 : 인간의 인격적·육체적 존재형태인 생존에 관한 권리로서, 생명에 대한 모든 형태의 국가적 침해를 방어하는 권리이다.
  ㉡ 헌법적 근거 : 우리 헌법에는 명문 규정은 없지만 통설과 판례는 인간의 존엄성 규정, 신체의 자유, 헌법에 열거되지 아니한 권리 등에서 생명권의 헌법상 근거를 들어 인정하고 있다.★

② 신체의 자유 기출 14
  ㉠ 의의 : 법률에 따르지 않고서는 신체적 구속을 받지 아니할 자유를 말하는 것으로, 신체의 자유는 인간의 모든 자유 중에서 가장 원시적인 자유이다.★
  ㉡ 제도 보장
    • 죄형법정주의와 적법절차의 보장(헌법 제12조 제1항) 기출 14 : 모든 국민은 신체의 자유를 가진다. 누구든지 법률에 의하지 아니하고는 체포·구속·압수·수색 또는 심문을 받지 아니하며, 법률과 적법한 절차에 의하지 아니하고는 처벌·보안처분·강제노역을 받지 아니한다.
    • 고문의 금지와 불리한 진술거부권(헌법 제12조 제2항) 기출 24·20·14·08 : 모든 국민은 고문을 받지 아니하며, 형사상 자기에게 불리한 진술을 강요당하지 아니한다.
    • 영장주의(헌법 제12조 제3항) 기출 24·23·14·08 : 체포·구속·압수 또는 수색을 할 때에는 적법한 절차에 따라 검사의 신청에 의하여 법관이 발부한 영장을 제시하여야 한다. 다만, 현행범인인 경우와 장기 3년 이상의 형에 해당하는 죄를 범하고 도피 또는 증거인멸의 염려가 있을 때에는 사후에 영장을 청구할 수 있다.
    • 변호인의 조력을 받을 권리와 국선변호인제도(헌법 제12조 제4항) 기출 24·20·08 : 누구든지 체포 또는 구속을 당한 때에는 즉시 변호인의 조력을 받을 권리를 가진다. 다만, 형사피고인이 스스로 변호인을 구할 수 없을 때에는 법률이 정하는 바에 의하여 국가가 변호인을 붙인다.

- **구속사유 고지제도**(헌법 제12조 제5항) : 누구든지 체포 또는 구속의 이유와 변호인의 조력을 받을 권리가 있음을 고지 받지 아니하고는 체포 또는 구속을 당하지 아니한다. 체포 또는 구속을 당한 자의 가족 등 법률이 정하는 자에게는 그 이유와 일시·장소가 지체 없이 통지되어야 한다.
- **체포구속적부심사제도**(헌법 제12조 제6항) 기출 24·20 : 누구든지 체포 또는 구속을 당한 때에는 적부의 심사를 법원에 청구할 권리를 가진다.
- **자백의 증거능력 제한**(헌법 제12조 제7항) : 피고인의 자백이 고문·폭행·협박·구속의 부당한 장기화 또는 기망 기타의 방법에 의하여 자의로 진술된 것이 아니라고 인정될 때 또는 정식재판에 있어서 피고인의 자백이 그에게 불리한 유일한 증거일 때에는 이를 유죄의 증거로 삼거나 이를 이유로 처벌할 수 없다.
- **형벌불소급·일사부재리의 원칙**(헌법 제13조 제1항) : 모든 국민은 행위 시의 법률에 의하여 범죄를 구성하지 아니하는 행위로 소추되지 아니하며, 동일한 범죄에 대하여 거듭 처벌받지 아니한다.
- **연좌제의 금지**(헌법 제13조 제3항) : 모든 국민은 자기의 행위가 아닌 친족의 행위로 인하여 불이익한 처우를 받지 아니한다.

핵심문제

01 신체의 자유의 보장과 거리가 먼 것은?
① 영장제도
② 죄형법정주의
③ 손실보상청구권
④ 일사부재리의 원칙

[해설]
손실보상청구권은 청구권적 기본권으로, 신체의 자유와는 거리가 멀다.

정답 ③

02 현행 헌법상의 신체의 자유에 관한 설명 중 맞는 것은?
① 법률과 적법한 절차에 의하지 아니하고는 강제노역을 당하지 아니한다.
② 누구든지 체포·구금을 받을 때에는 그 적부의 심사를 법원에 청구할 수 없다.
③ 체포, 구속, 수색, 압수, 심문에는 검사의 신청에 의하여 법관이 발부한 영장이 제시되어야 한다.
④ 법관에 대한 영장신청은 검사 또는 사법경찰관이 한다.

[해설]
① (○) 헌법 제12조 제1항 후문
② (×) 누구든지 체포 또는 구속을 당한 때에는 적부의 심사를 법원에 청구할 권리를 가진다(헌법 제12조 제6항).
③ (×) 심문은 영장주의의 적용대상이 아니다(헌법 제12조 제3항 본문).
④ (×) 법관에 대한 영장신청은 검사에 한한다(헌법 제12조 제3항 본문).

정답 ①

3. 사생활의 자유권

① **거주·이전의 자유**(헌법 제14조) : 국내 거주·이전의 자유, 국외 거주·이전의 자유, 해외여행, 국적이탈의 자유가 포함되나 무국적의 자유는 인정되지 않는다. 국민과 국내법인은 거주·이전의 자유를 가지나 외국인은 원칙적으로 입국의 자유를 가지지 못한다. ★

② **주거의 자유**(헌법 제16조) : 주거에 대한 압수·수색에는 영장주의를 채택하고 있다. ★

③ **사생활의 비밀과 자유**(헌법 제17조) : 사생활의 비밀과 자유의 주체는 외국인을 포함한 자연인이고, 법인은 원칙적으로 사생활의 비밀과 자유의 주체가 되지 못한다.

④ **통신의 자유**(헌법 제18조) : 국가안전보장·질서유지·공공복리를 위하여 필요한 경우에 한하여 제한할 수 있다.

4. 정신적 자유권

① **양심의 자유** : 양심상 결정의 자유, 양심 유지의 자유, 양심에 반하는 행위를 하지 않을 자유, 침묵의 자유 등이 포함된다. 양심의 자유 중 양심형성의 자유는 내용을 제한할 수 없는 절대적 기본권이다.
   기출 13

② **종교의 자유** : 신앙의 자유, 개종·종교 선택의 자유, 종교적 행사의 자유, 종교적 집회 및 결사의 자유, 포교 및 종교 교육의 자유 등이며, 국교의 금지와 정교분리의 원칙도 아울러 규정하고 있다.

③ **언론·출판의 자유** : 언론·출판은 타인의 명예나 권리 또는 공중도덕이나 사회윤리를 침해해서는 안 된다. 관련 법률로 신문 등의 진흥에 관한 법률, 방송법 등이 있고, 허가제와 검열제를 원칙적으로 제한하고 있다. ★

④ **집회·결사의 자유** : 집단적인 표현의 자유의 성격을 갖기 때문에 언론·출판의 자유보다 통제를 받기 쉽다. 허가제는 인정되지 않으며, 시위도 움직이는 집회로서 집회의 개념 속에 포함된다. ★

⑤ **학문의 자유** : 학문의 자유는 진리 탐구의 자유로서 학문적 활동에 대한 어떠한 간섭이나 방해를 받지 아니할 자유이며 그 구체적 내용으로는 교수의 자유, 연구의 자유, 연구의 결과를 발표할 자유, 학문을 위한 집회·결사의 자유, 대학의 자치 등이 있다.

⑥ **예술의 자유** : 예술의 자유는 예술의 연구·발표·논의의 자유(헌법 제22조 제1항)를 말한다. 예술의 자유는 예술창작의 자유와 예술표현의 자유, 그리고 예술적 결사의 자유를 그 내용으로 한다.

핵심문제

01 다음 중 그 내용을 제한할 수 없는 절대적 기본권은? 기출 13

① 교수내용의 자유
② 양심형성의 자유
③ 예술표현의 자유
④ 종교적 양심에 따른 집총거부의 자유

[해설]
양심형성의 자유와 양심적 결정의 자유는 내심에 머무르는 한 절대적 자유라고 할 수 있지만, 양심실현의 자유는 타인의 기본권이나 다른 헌법적 질서와 저촉되는 경우 헌법 제37조 제2항에 따라 국가안전보장·질서유지 또는 공공복리를 위해 법률에 의해 제한될 수 있는 상대적 자유이다(헌재결[전] 1998.7.16. 96헌바35).

정답 ②

5. 경제적 자유권

직업선택의 자유(헌법 제15조), 재산권의 보장(헌법 제23조 제1항 전문) 및 소비자의 권리를 그 내용으로 한다.

> **헌법 제23조** 기출 23
> ① 모든 국민의 재산권은 보장된다. 그 내용과 한계는 법률로 정한다.
> ② 재산권의 행사는 공공복리에 적합하도록 하여야 한다.
> ③ 공공필요에 의한 재산권의 수용·사용 또는 제한 및 그에 대한 보상은 법률로써 하되, 정당한 보상을 지급하여야 한다.

Ⅳ 생존권적 기본권(사회적 기본권)

1. 생존권적 기본권의 개념

① 의의 : 국민이 인간다운 생활을 영위할 수 있도록 생활에 필요한 제 조건을 국가가 적극적으로 관여하여 확보해 줄 것을 요청할 수 있는 권리로서, 1919년 바이마르헌법에서 처음으로 규정되었다. ★

② 자유권과 생존권의 비교 ★

구 분	자유권적 기본권	생존권적 기본권
이념적 기초	• 개인주의적·자유주의적 세계관 • 시민적 법치국가를 전제	• 단체주의적·사회정의의 세계관 • 사회적 복지국가를 전제
법적 성격	• 소극적·방어적 권리 • 전국가적·초국가적인 자연권 • 구체적 권리·포괄적 권리	• 적극적 권리 • 국가 내적인 실정권 • 추상적 권리·개별적 권리
주 체	• 자연인(원칙), 법인(예외) • 인간의 권리	• 자연인 • 국민의 권리
내용 및 효력	• 국가권력의 개입이나 간섭 배제 • 모든 국가권력 구속, 재판규범성이 강함 • 제3자적 효력(원칙)	• 국가적 급부나 배려 요구 • 입법조치 문제, 재판규범성이 약함 • 제3자적 효력(예외)
법률유보	권리제한적 법률유보	권리형성적 법률유보
제한 기준	주로 안전보장·질서 유지에 의한 제한 (소극적 목적)	주로 공공복리에 의한 제한 (적극적 목적)

2. 인간다운 생활을 할 권리(헌법 제34조) 기출 24

① 인간의 존엄성에 부합하는 건강하고 문화적인 생활을 영위할 권리로서 사회적 기본권 중에서 가장 근원이 되는 권리이다. ★

② 인간다운 생활을 할 권리는 헌법 제10조의 '인간으로서의 존엄과 가치'에 관한 규정과 더불어 헌법상 최고의 가치를 가진다. ★

③ 인간다운 생활을 확보하기 위한 수단으로 최저 생활이 불가능한 국민에게는 사회보장·사회복지의 방법을 통해 인간다운 생활을 확보해주도록 하고 있다. 또한 생활무능력자에게는 생계비 지급 등의 방법으로 생존을 보장해줄 국가의 의무도 규정하고 있다.

3. 교육을 받을 권리(헌법 제31조)

교육을 받을 수 있도록 국가의 적극적인 배려를 청구할 수 있는 권리로 능력에 따라 균등하게 교육을 받을 권리를 말한다.

4. 근로의 권리 기출 11

① 의의 : 근로자가 자신의 적성·능력·취미에 따라 일의 종류·장소 등을 선택하여 근로관계를 형성하고 타인의 방해 없이 근로관계를 계속 유지하는 권리이며, 가장 유리한 조건으로 노동력을 제공하여 얻는 대가로 생존을 유지하며, 근로의 기회를 얻지 못하면 국가에 대하여 이를 요구할 수 있는 권리를 말한다.
② 근로의 권리(헌법 제32조) : 근로의 기회제공을 요구할 권리, 국가의 고용증진, 적정임금보장의 의무, 최저임금제, 근로조건 기준의 법정, 여자와 연소자 근로의 특별보호 기출 22 , 여자의 근로에 대한 고용·임금 및 근로조건에 있어서 부당한 차별 금지, 국가유공자·상이군경 및 전몰군경의 유가족에 대한 우선취업기회보장 등이 있다.
③ 근로자의 근로3권(헌법 제33조) 기출 11

단결권	근로조건의 유지·개선을 목적으로 사용자와 대등한 교섭력을 가진 단체를 자주적으로 구성할 수 있는 권리
단체교섭권	근로자단체가 근로조건에 관하여 사용자와 교섭할 수 있는 권리
단체행동권	노동쟁의가 발생한 경우에 쟁의행위를 할 수 있는 권리

④ 제 한★★
  ㉠ 헌법 제33조에 의한 제한 : 공무원인 근로자는 법률이 정한 자에 한하여 근로3권을 가진다.★
  ㉡ 주요 방위산업체의 근로자의 단체행동권은 제한할 수 있다.★
  ㉢ 헌법 제37조 제2항(국민의 모든 자유와 권리는 국가안전보장·질서유지 또는 공공복리를 위하여 필요한 경우에 한하여 법률로써 제한할 수 있으며, 제한하는 경우에도 자유와 권리의 본질적인 내용을 침해할 수 없다)에 의해 제한할 수 있다.★

핵심문제

01 다음 중 생존권적(사회권적) 기본권에 속하지 않는 권리는 무엇인가?

① 교육을 받을 권리
② 근로의 권리
③ 생명권
④ 혼인의 자유와 모성의 보호를 받을 권리

[해설]
생명권은 자유권적 기본권 중 인신의 자유권에 속한다.

정답 ③

5. 환경권(헌법 제35조)

깨끗한 환경 속에서 인간다운 생활을 할 수 있는 권리이며, 타기본권의 제한을 전제로 하는 기본권으로 의무성이 강하고 경제성장의 장애요인의 성격이 있고 미래세대의 기본권적 성격이 있다.

6. 혼인의 순결과 보건을 보호받을 권리(헌법 제36조)

헌법은 혼인과 가족생활에 대한 제도보장을 규정하고 있고 양성의 평등, 보건에 관한 국가의 보호의무, 모성의 보호 등을 규정하고 있다.

Ⅴ 청구권적 기본권(기본권 보장을 위한 기본권) 기출 17·16·13

1. 청구권적 기본권의 의의와 법적 성격

① 의의 : 국가에 대하여 일정한 행위를 적극적으로 청구할 수 있는 국민의 주관적 공권으로서, 그 자체가 권리의 목적이 아니라 기본권을 보장하기 위한 절차적 기본권이다. ★
② 법적 성격 : 자유권적 기본권과 함께 가장 오래된 기본권 중의 하나로서 직접적 효력이 발생하는 현실적 권리이며 국가내적권리이다.

2. 청원권·청구권

① 청원권(헌법 제26조) : 오늘날 청원권은 권리구제의 수단이라기보다는 국민의 의사·희망을 개진하는 수단으로 기능을 하고 있다. 청원은 반드시 문서로 하며, 국가기관은 이를 수리·심사할 의무를 진다. ★

기출 23

② 재판청구권(헌법 제27조) : 모든 국민은 '헌법과 법률에 정한 법관'에 의하여 '법률'에 의한 '정당한 재판'을 받을 권리를 가진다. 또한, 원칙상 군사법원의 재판을 받지 아니할 권리, 신속·공개·공정한 재판을 받을 권리, 판결확정 전의 무죄추정을 받을 권리, 형사피해자의 공판정 진술권 등을 가진다.
③ 형사보상청구권(헌법 제28조) 기출 08 : 형사피의자 또는 형사피고인으로서 구금되었던 자가 법률이 정하는 불기소처분을 받거나 무죄판결을 받은 때에는 법률이 정하는 바에 의하여 국가에 정당한 보상을 청구할 수 있다.
④ 국가배상청구권(헌법 제29조)
  ㉠ 공무원의 직무상 불법행위로 말미암아 손해를 입은 자가 국가 또는 공공단체에 대하여 배상을 청구할 수 있는 권리이다.
  ㉡ 요건으로는 공무원(널리 공무에 종사하고 있는 자를 포함)의 행위, 직무행위이어야 하며, 고의나 과실이 있는 위법한 행위이어야 하고, 손해가 발생하여야 한다. 그 밖에 공공시설의 설치·관리의 하자로 인한 배상, 군인·군무원·경찰공무원 등에 대한 배상제한을 규정하고 있다.
⑤ 손실보상청구권(헌법 제23조 제3항) : 국가의 적법한 권력행사로 인하여 재산상의 손실을 입은 자가 그 보상을 청구할 수 있는 권리로, 이는 특별한 희생에 대한 공평부담의 원칙에 근거한 것이다.
⑥ 범죄피해자구조청구권(헌법 제30조) 기출 08 : 가해자가 불명하거나 무자력인 타인의 범죄행위(피해자에게 귀책사유가 없을 것)로 인하여 생명·신체에 대한 피해를 입은 경우에 국가에 대하여 구조를 청구할 수 있는 권리이다.

Ⅵ 참정권적 기본권

1. 참정권의 의의
국민이 주권자로서 국정에 참여할 수 있는 기본권, 즉 국민이 국가기관의 구성원으로서 국가의 공무에 참여할 수 있는 권리를 말한다.

2. 참정권의 내용
선거권, 공무담임권, 국민투표(표결)권이 있다.

> **직접민주제**
> 1. 국민이 국가의 의사형성에 직접으로 참여할 수 있는 권리로 국민발안, 국민소환, 국민표결(국민투표)이 있다.★
>
> | | |
> |---|---|
> | 국민발안 | 일정 수의 국민이 헌법 개정안이나 법률안 등을 의회에 직접 발의할 수 있는 제도 |
> | 국민소환 | 국민이 선출한 공무원을 임기만료 전에 투표를 통해 해임하는 제도 |
> | 국민표결(국민투표) | 헌법 개정이나 국가의 중요 정책을 결정할 때 투표를 통해 국민의 의사를 묻는 제도 |
>
> 2. 현행 헌법에서는 국가안위에 관한 중요정책에 대한 국민투표(제72조), 헌법개정안에 대한 국민투표(제130조) 등을 규정하고 있다.★

핵심문제

01 청구권적 기본권에 관한 설명으로 옳지 않은 것은? 기출 16

① 국민이 국가기관에 청원할 때에는 법률이 정하는 바에 따라 문서로 해야 한다.
② 형사피고인과 달리 형사피의자에게는 형사보상청구권이 없다.
③ 군인이 훈련 중에 받은 손해에 대하여는 법률이 정하는 보상 외에는 이중배상이 금지된다.
④ 재판청구권에는 공정하고 신속한 공개재판을 받을 권리뿐만 아니라 재판절차에서 진술할 권리도 포함된다.

[해설]
형사피의자 또는 형사피고인으로서 구금되었던 자가 법률이 정하는 불기소처분을 받거나 무죄판결을 받은 때에는 법률이 정한 바에 의하여 국가에 정당한 보상을 청구할 수 있다(헌법 제28조).★

정답 ②

Ⅶ 국민의 의무 기출 22·11

1. 고전적 의무
국가의 존립을 유지하고 보위(保衛)하기 위한 국민의 의무를 말한다. 이에는 납세의 의무(헌법 제38조)와 국방의 의무(헌법 제39조 제1항)가 있다.

2. 현대적 의무 기출 21
고전적 의무와 달리 국민에 국한하지 않고 국적의 여하를 막론하며, 모든 인간에게 공통되는 기본 의무를 말한다.
① 교육을 받게 할 의무 : 모든 국민은 그 보호하는 자녀에게 적어도 초등교육과 법률이 정하는 교육을 받게 할 의무를 진다(헌법 제31조 제2항). 의무교육은 무상이다(헌법 제31조 제3항). 기출 22
② 근로의 의무 : 모든 국민은 근로의 의무를 진다(헌법 제32조 제2항).
③ 환경보전의 의무 : 국민은 환경보전을 위하여 노력하여야 한다(헌법 제35조).
④ 재산권 행사의 공공복리적합성의 의무 : 재산권의 행사는 공공복리에 적합하여야 한다(헌법 제23조 제2항).

제4절 통치구조

Ⅰ 통치구조의 원리와 형태

1. 통치원리
국민주권의 원리, 권력분립의 원리, 의회주의의 원리, 법치주의의 원리를 그 내용으로 한다.

2. 통치구조의 형태
① 대통령제 : 대통령제는 엄격한 권력분립에 입각하여 행정부의 수반(대통령)이 국민에 의하여 선출되고, 그 임기 동안 의회에 대하여 책임을 지지 않고 의회로부터 완전히 독립한 지위를 유지하는 정부형태이다.
② 의원내각제 : 행정부(내각)가 의회(하원)에 의하여 구성되고 의회의 신임을 그 존립의 요건으로 하는 정부형태이다.

핵심문제

01 헌법상 국민의 기본적 의무가 아닌 것은? 기출
① 납세의 의무
② 국방의 의무
③ 부부간의 의무
④ 근로의 의무

[해설]
헌법상 국민의 기본적 의무에는 국방의 의무, 납세의 의무, 근로의 의무, 교육의 의무 등이 있다. 부부간의 의무는 민법(가족법)상 의무이다.

정답 ③

대통령제와 의원내각제의 비교

구 분	대통령제	의원내각제
성립·존속 관계 (본질)	• 엄격한 삼권분립, 정부와 국회의 관계 대등 • 대통령 : 민선 • 정부 : 대통령이 독자적으로 구성 • 대통령이 의회에 대해 무책임	• 입법권과 행정권의 융합 • 대통령 : 의회에서 간선 • 정부 : 의회에서 간선 • 의회는 정부불신임권 보유, 정부는 의회 해산권 보유
정부의 구조관계	국가대표와 행정수반이 대통령에 귀속 (실질적 권한)	• 국가대표는 대통령(또는 군주)에게 귀속 (형식적·의례적 권한) • 행정수반은 수상(또는 총리)에게 귀속 (실질적 행정권)
기능상의 관계	• 의원의 정부각료 겸직 불허 • 정부의 법률안제출권, 정부의 의회출석·발언권 없음	• 의원의 정부각료 겸직 허용 • 정부의 법률안제출권, 정부의 의회출석·발언권 있음
기타 제도상의 관계	• 민선의 부통령제를 채택 • 대통령의 법률안거부권 인정 • 국무회의는 법률상 기관, 임의적 기관, 자문기관	• 총리제 : 의회의 동의를 얻어 국가 원수가 총리를 임명 • 부서제도를 채택 • 국무회의는 헌법상 기관, 필수적 기관, 의결기관
장 점	• 대통령 임기 동안 정국안정 • 국회 다수당의 횡포견제 가능	• 정치적 책임에 민감(책임정치) • 독재방지
단 점	• 정치적 책임에 둔감 • 독재의 우려	• 정국불안정 • 다수당의 횡포 우려

③ **우리나라의 정부형태** : 대통령제 요소와 의원내각제 요소가 절충되고 있으나, 국정이 대통령중심제로 이루어지고 행정부의 수반과 국가원수가 동일인(대통령)인 점에 비추어 대통령제라 할 수 있다.

대통령제적 요소	의원내각제적 요소
• 대통령이 국가원수 겸 행정부 수반이 됨(집행부가 일원화) • 대통령이 국민에 의해 직접 선출 • 행정부 구성원의 탄핵소추 • 법률안거부권★ • 국회가 대통령을 불신임하거나, 대통령이 국회를 해산하지 못함★ • 국정조사 및 국정감사제도★	• 정부의 법률안제출권★ • 국무총리와 국무위원에 대한 해임건의권★ • 국무총리 및 관계 국무위원의 부서제도★ • 국무총리제★ • 국회의원과 국무위원의 겸직 허용★ • 국무총리 및 국무위원 등의 국회 및 위원회 출석발언권 및 출석발언요구권 • 국무회의제

핵심문제

01 대통령제의 제도적 내용이 아닌 것은?

① 행정부의 이원성
② 의회와 정부의 성립상의 독립
③ 의회와 정부의 존속상의 독립
④ 정부성립의 국민에의 의존

[해설]
대통령은 국가원수와 집행부 수반의 지위를 가지므로 집행부(행정부)는 일원적 구조라고 본다.

정답 ①

Ⅱ 통치기구

1. 국 회

① 의회의 개념 : 국민에 의하여 선출된 의원들로 구성되는 합의체의 국가기관으로서 입법권을 행사한다.
② 단원제와 양원제 : 의회는 하나 또는 둘의 합의체로써 구성되는데, 전자를 단원제, 후자를 양원제라 한다.

단원제와 양원제의 장단점

구 분	단원제	양원제
장 점	• 국정의 신속한 처리 • 국회의 경비절약 • 책임소재의 분명 • 국민의사의 직접적 반영	• 연방국가에 있어서 지방의 이익 옹호 • 직능적 대표로 상원이 원로원 구실을 하여 급진적 개혁방지 • 하원의 경솔한 의결이나 성급한 과오 시정 • 상원이 하원과 정부의 충돌완화
단 점	• 국정심의 경솔 • 정부와 국회의 충돌 시 해결의 곤란 • 국회의 정부에 대한 횡포의 우려	• 의결의 지연 • 경비과다 • 전체 국민의 의사 왜곡 우려

③ **국회의 헌법상 지위★** : 국회는 국민의 대표기관으로서의 지위, 입법기관으로서의 지위, 국정의 통제기관으로서의 지위를 갖는다.
④ **국회의 구성★** 기출 19 : 국민의 보통·평등·직접·비밀선거에 의하여 선출된 의원과 비례대표제에 의한 간선의원으로 구성되며, 의원정수는 법률로 정하되 200인 이상으로 한다(헌법 제41조 제1항·제2항).

> **국회의원**
> • 국회의원의 임기는 4년으로 한다(헌법 제42조).
> • 국회의원은 법률이 정하는 직을 겸할 수 없다(헌법 제43조). 기출 15
> • 국회의원이 궐위되어 보궐선거로서 다시 의원을 선출하는 경우 당선된 의원의 임기는 잔여임기로 한다(공직선거법 제14조 제2항 단서 참고).

핵심문제

01 오늘날 의회에 관하여 일반적으로 가장 강조되고 있는 것은?

① 입법기능
② 행정부 통제기능
③ 국민대표적 성격
④ 정책결정기관으로서의 성격

[해설]
현대 국가의 성격이 점차 행정국가화됨에 따라 국회의 입법기관으로서의 지위는 낮아지고, 행정부를 감시·비판하고 견제하는 정책통제기관으로서의 지위가 중대한 기능으로 등장하였다.

정답 ②

⑤ 국회의 의사정족수 기출 13
  ㉠ 국회의 일반의결정족수

정족수	사 항
재적의원의 과반수 출석과 출석의원의 과반수 찬성 : 가부동수인 경우 부결된 것으로 본다(헌법 제49조).	• 법률안 의결 • 예비비 승인 • 예산안 의결 • 긴급명령의 승인 • 조약 동의 • 공무원 임명동의 • 일반사면 동의 • 의원의 체포·석방 동의

  ㉡ 국회의 특별의결정족수

정족수	사 항
재적의원 2/3 이상 찬성	• 헌법개정안 의결 • 국회의원 제명 기출 24 • 대통령에 대한 탄핵소추 의결
재적의원 과반수의 찬성	• 헌법개정안 발의 • 대통령탄핵소추 발의 • 탄핵소추 의결(대통령은 제외) • 국무총리 등 해임 건의 • 계엄해제 요구 • 국회의장 및 부의장 선출(예외적으로 선거투표제 있음)
재적의원 1/3 이상 찬성	• 국무총리 등 해임 발의 • 탄핵소추 발의(대통령은 제외)
재적의원 과반수 출석과 출석의원 2/3 이상 찬성	법률안의 재의결
재적의원 1/4 이상 찬성	임시국회 집회요구
재적의원 과반수 출석과 출석의원 다수 찬성	• 국회법상 : 임시의장·상임위원회의 위원장 선출 • 헌법상 : 국회에서의 대통령당선자 결정
출석의원 과반수 찬성	본회의 비공개결정 기출 13

⑥ 회기와 회의의 원칙
  ㉠ 회기 : 국회가 의사활동을 할 수 있는 기간을 말하며, 이에는 정기회와 임시회가 있다.
  ㉡ 회의의 원칙
    • 의사공개의 원칙 : 회의의 내용은 원칙적으로 공개한다(헌법 제50조 제1항 본문).
    • 회기계속의 원칙 : 회기 중 의결하지 못한 의안은 폐기되지 않고 다음 회기에 자동으로 넘겨 심의를 계속하도록 하는 제도이다. 다만, 국회의원의 임기가 만료된 때에는 그러하지 아니한다(헌법 제51조).
    • 일사부재의 원칙 : 회기 중 한 번 부결된 안건은 같은 회기 내에 재발의하지 못하도록 하는 제도로 계속 똑같은 안건을 발의하여 원활한 회의진행을 방해하는 것을 사전에 차단하는 원칙이다(국회법 제92조).

⑦ 권 한 기출 23·17·16·14·13
  ㉠ **입법** : 헌법개정안 발의·의결권, 법률안제출권, 법률제정권, 조약의 체결·비준에 대한 동의권, 국회규칙제정권
  ㉡ **재정(재정의회주의 채택)** : 조세법률주의, 예산 및 추가경정예산의 심의·확정권, 결산심사권, 기채동의권, 예산 외의 국가부담 계약체결에 대한 동의권, 예비비 설치에 대한 의결권과 그 지출승인권 등
  ㉢ **헌법기관 구성** : 대법원장·헌법재판소장·국무총리·감사원장 임명동의권, 헌법재판소재판관·선거관리위원회위원의 일부선출권 등
  ㉣ **국정통제** : 탄핵소추권, 해임건의권, 긴급재정경제처분 및 명령·긴급명령에 대한 승인권, 국정감사권·국정조사권·계엄해제요구권, 국방·외교정책에 대한 동의권, 일반사면에 대한 동의권, 국무총리 등의 국회출석요구 및 질문권 등
  ㉤ **국회 내부사항에 관한 자율권** : 국회규칙제정권, 의원의 신분에 관한 권한(의원의 제명·징계·자격심사), 내부조직권, 내부경찰권 등

핵심문제

01 국회의 권한이 아닌 것은? 기출 17
① 국무총리 해임권
② 국군 외국파견 동의권
③ 국가 예산안 심의·확정권
④ 국회의원 제명권

[해설]
국회는 국정의 통제기관으로서 국무총리에 대한 해임건의권이 있으나(헌법 제63조 제1항), 직접 해임할 권리를 갖는 것은 아니다.

정답 ①

02 다음 중 국회의 권한으로 옳은 것은? 기출
① 선전포고에 대한 동의
② 예비비 지출에 대한 동의
③ 국무총리에 대한 해임동의
④ 헌법개정안의 확정동의

[해설]
① (○) 헌법 제60조 제2항
② (×) 예비비 설치에 대한 동의 및 지출에 대한 승인권을 갖는다(헌법 제55조 제2항).
③ (×) 국무총리 임명에 대한 동의권을 갖는다(헌법 제86조 제1항).
④ (×) 헌법개정안은 국민투표(국회의원 선거권자 과반수의 투표와 투표자 과반수의 찬성)에 의해 확정된다(헌법 제130조 제3항).

정답 ①

⑧ 권리 기출 15·13 : 특권(면책특권, 불체포특권), 의사운영에 관한 권리(출석권, 발의권, 질문권, 질의권, 토론권, 의결권), 임시회소집을 요구할 권리(재적의원 4분의 1 이상) 등

> **국회의원의 특권** 기출 24·19·13
> 1. 불체포특권(헌법 제44조)
>   • 국회의원은 현행범인인 경우를 제외하고는 회기 중 국회의 동의 없이 체포 또는 구금되지 아니한다(헌법 제44조 제1항).
>   • 국회의원이 회기 전에 체포 또는 구금된 때에는 현행범인이 아닌 한 국회의 요구가 있으면 회기 중 석방된다(헌법 제44조 제2항).
> 2. 면책특권(헌법 제45조) : 국회의원은 국회에서 직무상 행한 발언과 표결에 관하여 국회 외에서 책임을 지지 아니한다.

⑨ 의무 기출 15·11 : 국민 전체에 대한 봉사자로서의 봉사의무, 겸직금지의무, 청렴의무, 국익우선의무, 지위남용금지의무, 선서의무, 국회·위원회 출석의무, 의장의 내부경찰권에 복종할 의무, 의사에 관한 법령·규칙준수의무, 의회장 질서유지에 관한 명령복종 준수 등

2. 대통령

① 대통령의 헌법상 지위 기출 12

국민대표기관으로서의 지위	대통령은 국회와 더불어 국민의 대표기관이다.
국가원수로서의 지위	대통령은 국가원수로서 대외적으로 국가를 대표하는 지위, 국가 및 헌법의 수호자로서의 지위, 국정의 통합조정자로서의 지위, 헌법기관 구성자로서의 지위를 갖는다.
행정부의 수반으로서의 지위	대통령은 행정부를 조직·통할하는 집행에 관한 최고책임자로서의 지위가 있다. 법률집행권, 국무회의 소집권, 예산안 제출권, 대통령령 제정권, 일반공무원 임명권 등이 있다.

② 선임★ : 보통·평등·직접·비밀선거의 원칙에 따라 무기명투표·단기투표방법으로 국민이 직접 선출(전국단위의 대선거구제), 당선자 결정 방법은 상대적 다수대표제이고 예외로 1인의 후보자인 경우에는 선거권자 총 수의 3분의 1 이상을 득표해야 당선(무투표당선제를 부인)이 되며, 최고득표자가 2인 이상인 경우에는 국회 재적의원 과반수의 공개회의에서 다수표를 얻은 자가 당선된다(헌법 제67조).

③ 임기 : 대통령의 임기는 5년으로 하며, 중임할 수 없다(헌법 제70조). 대통령의 임기연장 또는 중임변경을 위한 헌법개정은 그 헌법개정 제안 당시의 대통령에 대하여는 효력이 없다(헌법 제128조 제2항).

④ 의무와 특권 : 대통령은 헌법준수·국가보위·조국의 평화적 통일·민족문화의 창달 등의 직무를 성실히 수행할 의무를 지며, 공·사의 직을 겸할 수 없으며, 국가의 독립·영토의 보전·국가의 계속성과 헌법을 수호할 책무를 진다. 또한 대통령은 내란 또는 외환의 죄를 범한 경우를 제외하고는 재직 중 형사상의 소추를 받지 아니하며, 탄핵결정에 의하지 아니하고는 공직으로부터 파면되지 아니한다.

⑤ 권 한 기출 13·08
  ㉠ 대권적 권한 : 긴급명령과 긴급재정경제처분 및 명령권, 계엄선포권, 국민투표회부권, 헌법기구구성권
  ㉡ 행정에 관한 권한 : 행정에 관한 최고결정권과 최고지휘권, 법률집행권, 외교에 관한 권한, 정부의 구성과 공무원임명권, 국군통수권, 재정에 관한 권한(예산안제출권, 예비비지출권), 영전수여권
  ㉢ 국회와 입법에 관한 권한 : 임시국회 소집요구권, 국회출석·발언권, 국회에 대한 서한에 의한 의사표시권, 헌법개정에 관한 권한, 법률안제출권, 법률안거부권, 법률안공포권, 행정입법권(위임명령·집행명령제정권)

- ② 사법에 관한 권한 : 위헌정당해산제소권, 사면·감형·복권에 관한 권한
- ⑩ 권한행사의 방법 : 대통령의 권한행사는 문서로써 하여야 하며, 국무총리와 관계 국무위원의 부서가 있어야 한다. 한편, 일정한 사항에 대하여는 국무회의의 심의, 국가안전보장회의의 자문 등을 거쳐야 한다.
- ⓑ 권한행사에 대한 통제방법 : 국민은 대통령을 선출함으로써, 국회는 대통령의 권한행사에 대한 승인권·탄핵소추권·계엄해제요구권을 통해, 법원은 대통령의 명령·처분을 심사함으로써 대통령의 권한행사를 통제한다.
- ⓢ 권한대행 : 대통령이 궐위되거나 사고로 인하여 직무를 수행할 수 없게 된 때에는 1차적으로 국무총리가 그 권한을 대행하고, 2차적으로는 법률이 정한 국무위원의 순서에 따라 그 권한을 대행한다(헌법 제71조).

3. 행정부

① 국무총리
- ㉠ 대통령의 보좌기관으로서 대통령의 명을 받아 행정각부를 통할한다(헌법 제86조 제2항).
- ㉡ 행정부의 제2인자로서 대통령 권한대행의 제1순위가 되며, 국무회의의 부의장이 된다(헌법 제88조 제3항).
- ㉢ 국회의 동의를 얻어 대통령이 임명하고(헌법 제86조 제1항), 해임은 대통령의 자유이나 국회가 해임건의를 할 수 있다(헌법 제63조 제1항).
- ㉣ 국무위원의 임명제청권과 해임건의권, 대통령의 권한대행 및 서리권, 국무회의의 심의·참가권, 국회에의 출석·발언권, 부서권, 행정각부 통할권, 총리령 제정권을 가지며 부서할 의무, 국회의 요구에 따라 출석·답변할 의무가 있다.

② 국무위원 기출 11 : 국무회의의 구성원으로서 대통령의 보좌기관으로(헌법 제87조 제2항) 임명은 국무총리의 제청으로 대통령이 하고(헌법 제87조 제1항) 해임은 대통령이 자유로이 한다.

③ 국무회의 기출 11
- ㉠ 대통령을 의장으로 하고 국무총리를 부의장으로 하며 15인 이상 30인 이하의 국무위원으로 구성하는 정부의 권한에 속하는 중요정책을 심의하는 기관이다.

헌법 제89조 기출 22
다음 사항은 국무회의의 심의를 거쳐야 한다.
1. 국정의 기본계획과 정부의 일반정책
2. 선전·강화 기타 중요한 대외정책
3. 헌법개정안·국민투표안·조약안·법률안 및 대통령령안
4. 예산안·결산·국유재산처분의 기본계획·국가의 부담이 될 계약 기타 재정에 관한 중요사항
5. 대통령의 긴급명령·긴급재정경제처분 및 명령 또는 계엄과 그 해제
6. 군사에 관한 중요사항
7. 국회의 임시회 집회의 요구
8. 영전수여
9. 사면·감형과 복권
10. 행정각부 간의 권한의 획정
11. 정부 안의 권한의 위임 또는 배정에 관한 기본계획
12. 국정처리상황의 평가·분석
13. 행정각부의 중요한 정책의 수립과 조정

14. 정당해산의 제소
15. 정부에 제출 또는 회부된 정부의 정책에 관계되는 청원의 심사
16. 검찰총장·합동참모의장·각군참모총장·국립대학교총장·대사 기타 법률이 정한 공무원과 국영기업체관리자의 임명
17. 기타 대통령·국무총리 또는 국무위원이 제출한 사항

ⓒ 헌법상의 필수기관이며 최고의 정책심의기관이며 독립된 합의제기관이다(헌법 제88조).

④ **행정각부** : 대통령 내지 국무총리의 지휘·통할 하에 법률이 정하는 행정사무를 담당하는 중앙행정관청으로, 각부의 장은 국무위원 중 국무총리 제청으로 대통령이 임명하며 대통령 내지 국무총리와 상명하복관계이다. 독임제 행정관청으로서 소속직원이나 소관사무에 관한 지방행정의 장을 지휘·감독하며, 필요한 행정처분·부령발포권을 가진다.

⑤ **대통령의 자문기관★** 기출 21 : 국가안전보장회의는 필수적 자문기관(대통령이 주재)이나 국가원로자문회의, 민주평화통일자문회의, 국민경제자문회의는 임의적 기관이다.

⑥ **감사원** 기출 11
  ㉠ 원장을 포함한 5인 이상 11인 이하의 위원으로 조직된다(헌법 제98조 제1항). 기출 11
  ㉡ 위원장을 포함한 위원의 임기는 4년, 1차에 한하여 중임이 가능하다(헌법 제98조 제2항·제3항). 기출 12·11
  ㉢ 감사위원의 정년은 65세이지만, 감사원장의 정년은 70세로 한다(감사원법 제6조 제2항).
  ㉣ 원장은 국회의 동의를 얻고 위원은 원장의 제청으로 대통령이 모두 임명한다(헌법 제98조 제2항·제3항). 기출 11
  ㉤ 대통령의 직속기관이지만 기능상 독립되어 있으며 합의제의 헌법상 필수기관이다. 기출 11
  ㉥ 국가의 세입·세출의 결산을 매년 검사하여 대통령과 차년도 국회에 결과를 보고하며(헌법 제99조), 국가 및 법률에 정한 단체의 회계검사, 행정기관 및 공무원의 직무에 관한 감찰, 기타 변상책임유무의 판단, 징계처분 및 문책, 시정의 요구, 수사기관에의 고발, 재심의 등의 일을 한다.

감사원장의 직무 대행(감사원법 제4조 제3항)
원장이 궐위(闕位)되거나 사고(事故)로 인하여 직무를 수행할 수 없을 때에는 감사위원으로 최장기간 재직한 감사위원이 그 권한을 대행한다. 다만, 재직기간이 같은 감사위원이 2명 이상인 경우에는 연장자가 그 권한을 대행한다.★

핵심문제

01 감사원에 관한 설명으로 옳지 않은 것은? 기출
  ① 감사원은 원장을 포함한 5인 이상 11인 이하의 감사위원으로 구성한다.
  ② 감사위원은 국회의 동의를 얻어 대통령이 임명한다.
  ③ 감사원장과 감사위원의 임기는 4년으로 하며, 1차에 한하여 중임할 수 있다.
  ④ 감사원은 대통령 소속하에 둔다.

[해설]
감사위원은 감사원장의 제청으로 대통령이 임명한다(헌법 제98조 제3항). 감사위원은 국회의 동의를 요하지 않는다.

정답 ②

4. 법원

① **법원의 지위** : 사법에 관한 권한을 행사하며, 입법·행정기관과 더불어 동등한 독립된 주권을 행사하는 기관이며, 국민의 기본권이 침해된 경우에 그 사법적 보장을 위한 기관이다.

② **법원의 구성**★★
  ㉠ 법원은 최고법원인 대법원과 각급의 법원으로 조직된다(헌법 제101조 제2항).
  ㉡ 대법원에 부를 둘 수 있다(헌법 제102조 제1항). 기출 22
  ㉢ 대법원장은 국회의 동의를 얻어 대통령이 임명하며(헌법 제104조 제1항), 임기는 6년이고 중임할 수 없다(헌법 제105조 제1항). 기출 24·22
  ㉣ 대법관은 대법원장의 제청으로 국회의 동의를 얻어 대통령이 임명하며(헌법 제104조 제2항), 임기는 6년이고 연임할 수 있다(헌법 제105조 제2항). 기출 24·22·12
  ㉤ 대법원장과 대법관이 아닌 법관은 대법관회의의 동의를 얻어 대법원장이 임명하며(헌법 제104조 제3항), 임기는 10년이고, 연임할 수 있다(헌법 제105조 제3항). 기출 22
  ㉥ 군사법원의 상고심은 대법원에서 관할한다(헌법 제110조 제2항). 기출 22

> **대법원의 조직**
> 1. **대법관 수** : 대법관 수에 대해서는 직접 헌법에서 규정하지 않고 있다. 법원조직법에서 대법원장을 포함하여 14인으로 규정하고 있다(법원조직법 제4조 제2항).
> 2. **대법관회의** : 헌법상 필수기관이며 대법관으로 구성된다. 대법관 전원의 3분의 2 이상 출석과 출석과반수의 찬성으로 의결하며 의장은 표결권과 가부동수인 때에는 결정권을 가진다(법원조직법 제16조).

③ **권한** 기출 21·12 : 법원의 고유한 권한으로는 민사·형사·행정소송 등 법률적 쟁송에 관한 재판권이 있으며, 그 외에 비송사건의 관장, 명령·규칙·처분의 심사권, 위헌법률심판제청권, 대법원의 규칙제정권, 사법행정권, 법정질서유지권, 대법원장의 헌법재판소재판관과 선거관리위원회위원 지명권(각 3인을 지명) 등이 있다.

④ **사법절차와 운영**★★
  ㉠ **재판의 심급제** : 재판은 원칙적으로 심급제를 채택하고, 예외적으로 이심제, 단심제를 채택하고 있다.
  ㉡ **재판의 공개제** : 공개함을 원칙으로 하나 재판의 심리가 국가안전보장 또는 안녕질서를 방해하거나 선량한 풍속을 해칠 염려가 있을 때에는 법원의 결정으로 공개하지 않을 수 있다. 또한 재판공개의 원칙은 비송사건절차나 가사심판절차에는 적용되지 아니한다.
  ㉢ **배심제·참심제**
    • **배심제** : 일반시민으로 구성된 배심원단이 직업법관으로부터 독립하여 사실문제에 대한 평결을 내리고, 법관이 그 사실판단에 대한 평결결과에 구속되어 재판하는 제도
    • **참심제** : 일반시민인 참심원이 직업법관과 함께 재판부의 일원으로 참여하여 직업법관과 동등한 권한을 가지고 사실문제 및 법률문제를 모두 판단하는 제도

⑤ **신분보장**
  ㉠ 법관은 탄핵 또는 금고 이상의 형의 선고에 의하지 아니하고는 파면되지 아니하며, 징계처분에 의하지 아니하고는 정직·감봉 기타 불리한 처분을 받지 아니한다.
  ㉡ 법관이 중대한 심신상의 장해로 직무를 수행할 수 없을 때에는 법률이 정하는 바에 의하여 퇴직하게 할 수 있다.

⑥ **사법권의 독립** : 사법권의 독립은 공정한 재판을 보장하기 위하여 사법권을 입법권과 행정권으로부터 분리하여 독립시키고, 법관이 구체적인 사건을 재판함에 있어서 누구의 지위나 명령에도 구속받지 않는 것을 의미하며, 법관의 직무상의 독립(헌법 제103조)과 법관의 신분상의 독립(헌법 제105조 · 제101조 제3항 · 제106조 제1항 등)이 있다.

5. 헌법재판소 기출 17 · 16 · 15

① 헌법재판소의 지위와 구성 기출 12
  ㉠ 헌법재판소는 정치적 사법기관으로서 사법적 방법에 의하여 헌법을 보장하는 기관이다.
  ㉡ 법관의 자격을 가진 9인의 재판관으로 구성하며(헌법 제111조 제2항), 국회에서 선출하는 3인과 대법원장이 지명하는 3인을 포함하여 9인의 재판관은 대통령이 임명한다(헌법 제111조 제2항 · 제3항). 헌법재판소의 장은 국회의 동의를 얻어 재판관 중에서 대통령이 임명한다(헌법 제111조 제4항). 기출 24
  ㉢ 임기는 6년이며 연임이 가능하고, 정당·정치에 관여할 수 없다(헌법 제112조 제1항 · 제2항).
  ㉣ 탄핵 또는 금고 이상의 형의 선고에 의하지 않고서는 파면당하지 아니한다(헌법 제112조 제3항).

② **권한** 기출 19 : 헌법재판소는 그 권한으로 위헌법률심판권(헌법 제111조 제1항 제1호), 탄핵심판권(헌법 제1항 제2호), 위헌정당해산심판권(헌법 제111조 제1항 제3호), 권한쟁의심판권(헌법 제111조 제1항 제4호), 헌법소원심판권(헌법 제111조 제1항 제5호), 헌법재판소 규칙제정권(헌법 제113조 제2항, 헌법재판소법 제10조 제1항)을 갖는다.

핵심문제

01 다음 법원에 관한 기술 중 가장 타당하지 않은 것은?
① 정부와 의회가 정치적 권력이라면 법원은 중립적인 제3의 권력이라 할 수 있다.
② 대법원도 규칙제정권을 가진다.
③ 사법적 성격의 모든 권한은 예외 없이 배타적으로 법원에 의해서만 행사된다.
④ 법원은 법관으로 구성되고 사법적 기능을 담당하는 국가기관이다.

[해설]
사법에 관한 권한은 원칙적으로 법원이 행사하나 위헌법률심사, 탄핵심사, 위헌정당해산결정은 헌법재판소에서, 국회의원에 대한 징계처분이나 자격심사는 국회의 자율권으로, 행정소송에 있어서 행정심판은 행정기관의 권한으로 하고 있으며, 대통령에게는 사면권을 인정하고 있다.

정답 ③

02 헌법재판소에 관한 설명으로 옳지 않은 것은? 기출 15
① 포괄적인 재판권과 사법권을 가진다.
② 헌법규정에 대하여는 위헌심판을 할 수 없다.
③ 공권력의 행사 또는 불행사로 기본권을 침해받은 자는 헌법소원심판을 청구할 수 있다.
④ 법률이 헌법에 위반되는가의 여부가 재판의 전제가 되었을 때 법원은 직권 또는 당사자의 신청에 의해서 위헌법률심판을 제청한다.

[해설]
헌법재판소의 권한으로는 위헌법률심판권, 탄핵심판권, 위헌정당해산심판권, 권한쟁의심판권, 헌법소원심판권(헌법 제111조 제1항), 헌법재판소 규칙제정권(헌법 제113조 제2항)이 있으며, 사법권은 법관으로 구성된 법원에 속한다(헌법 제101조 제1항). 즉, 우리 헌법은 대법원에 대해서는 포괄적인 사법권, 재판권을 부여하는 반면에 헌법재판소에 대하여는 한정된 권한만을 부여하고 있다.★

정답 ①

6. 선거관리위원회

① **구성★** : 중앙선거관리위원회는 대통령이 임명하는 3인, 국회에서 선출하는 3인, 대법원장이 지명하는 3인의 위원으로 구성한다. 위원장은 위원 중에서 호선한다(헌법 제114조 제2항).

② **위원의 지위** 기출 12 : 위원의 임기는 6년이며(헌법 제114조 제3항), 정당에 가입하거나 정치에 관여할 수 없다(헌법 제114조 제4항). 위원은 탄핵 또는 금고 이상의 형의 선고에 의하지 아니하고는 파면되지 아니한다(헌법 제114조 제5항).

③ **권한** : 법령의 범위 내에서 선거관리·국민투표관리 또는 정당사무에 관한 규칙을 제정할 수 있으며(헌법 제114조 제6항 전단), 선거사무와 국민투표사무에 관하여 관계 행정기관에 필요한 지시를 할 수 있다(헌법 제115조 제1항).

핵심문제

01 선거관리위원회에 관한 설명으로 틀린 것은?

① 헌법상 필수기관이며 합의제 행정관청이다.
② 9인의 위원으로 구성되며, 위원장은 위원 중에서 호선하고 임기는 6년이다.
③ 선거와 국민투표, 정당에 관한 사무를 처리한다.
④ 재적위원 3분의 2 이상의 출석으로 개의하고 출석위원 과반수의 찬성으로 의결한다.

[해설]
각급 선거관리위원회는 재적위원 과반수 출석으로 개의하며 출석위원 과반수의 찬성으로 의결한다(선거관리위원회법 제10조 제1항).

정답 ④

CHAPTER 03 민사법

제1절 민 법

I 민법의 의의

1. 의 의

   민법은 개인 간의 사적인 권리·의무관계 및 가족관계를 규율하는 것을 내용으로 하는 법이다.

2. 특 성

   ① 사법 : 민법은 사인 상호 간의 관계를 규율하는 법이다.
   ② 일반법 : 민법은 누구나, 어떤 상황에나 모두 적용되는 일반법으로서, 어떤 사항에 관하여 특별법이 있는 경우에는 그 특별법을 먼저 적용하며, 특별법이 없는 경우 일반법을 적용한다.
   ③ 실체법 : 민법은 당사자의 권리·의무를 규정하는 실체법이다. 실체적 권리를 보장하기 위한 절차를 규정하는 법은 절차법이라고 한다.

3. 민법의 법원

   ① 의 의
      ㉠ 민법의 법원이란 민법의 존재형식을 말하며, 성문법원과 불문법원이 있다. 우리나라 민법은 성문법주의를 취함과 동시에 관습법과 조리의 법원성도 인정하고 있다. ★
      ㉡ 민법 제1조 기출 24 : "민사에 관하여 법률에 규정이 없으면 관습법에 의하고, 관습법이 없으면 조리에 의한다."
   ② 적용순위
      ㉠ 법률 : 민법 제1조의 '법률'은 민법전, 민사특별법, 조약, 명령, 규칙, 자치법규, 조례 등을 포함한다.
      ㉡ 관습법★
         • 성립요건 : 사회구성원 간의 거듭된 관행이 존재하고, 그 관행을 법규범으로 인식하는 법적 확신이 있으며, 그 관행이 선량한 풍속 기타 사회질서에 반하지 않는 경우 관습법이 성립한다.
         • 판례상 인정된 관습법 : 분묘기지권, 관습법상의 법정지상권, 동산의 양도담보, 사실혼, 수목의 집단이나 미분리과실의 소유권이전에 관한 명인방법 등이 있다.
         • 효력 : 판례와 다수설은 관습법은 성문법이 없는 경우에 한하여 성문법을 보충하는 효력만을 가진다고 한다(보충적 효력설). ★
      ㉢ 조리 : 조리란 사물의 본질적 법칙, 도리를 의미하며 다수설과 판례는 조리의 법원성을 인정한다.

Ⅱ 기본원리와 지도이념

1. 근대민법의 기본원리 기출 14
① 소유권 절대의 원칙(사유재산 존중의 원칙)★ : 사유재산권 일반에 대한 국가권력으로부터의 불가침을 규정하여 소유권의 행사는 소유자 개인의 자유에 맡기고 국가나 그 밖의 사인은 이에 간섭하지 못하게 하였다.
② 계약자유의 원칙(사적자치의 원칙)★ : 계약체결 여부의 자유, 계약상대방 선택의 자유, 계약내용 결정의 자유, 계약방식의 자유 등이 있다.
③ 과실책임의 원칙(자기책임의 원칙)★ : 고의 또는 과실로 위법하게 타인에게 가한 손해에 대하여만 손해배상책임을 진다는 원칙이다.

2. 현대민법의 구성원리(근대민법 3대원칙의 수정원리)★
① 소유권 상대의 원칙 : 소유권은 소유자를 위한 절대적인 것이 아니라 사회 전체의 권익을 위하여 제한을 받아야 한다는 원칙으로, 소유권의 사회적 구속성이 강조되어 권리의 남용은 금지되고 소유권의 행사도 공공복리에 적합해야 한다.
② 계약공정의 원칙 : 사회질서에 반하는 계약뿐만 아니라 현저히 공정성을 잃은 계약은 보호를 받을 수 없다는 원칙이다.
③ 무과실책임의 원칙 : 권리의 행사로 인하여 타인에게 손해를 준 경우에 가해자(권리자)에게 아무런 과실이 없을 때에도 손해배상의 책임을 지우는 원칙이다.

3. 민법의 지도이념
신의성실의 원칙(민법 제2조 제1항)과 권리남용금지의 원칙(민법 제2조 제2항)을 그 내용으로 한다.

신의칙(신의성실의 원칙)의 파생원칙
- 사정변경의 원칙
- 실효의 원리
- 금반언의 원칙(모순행위금지 원칙)

핵심문제

01 다음 중 계약자유의 원칙에 포함되는 것은? 기출

① 상대방 선택의 자유
② 의사표시해석의 자유
③ 법관 선택의 자유
④ 소멸시효 결정의 자유

[해설]
계약자유의 원칙에는 계약체결 여부의 자유, 계약상대방 선택의 자유, 계약내용 결정의 자유, 계약방식의 자유 등이 있다.

정답 ①

Ⅲ 자연인

1. 권리능력

① 의의 : 권리의 주체로 될 수 있는 지위 또는 자격을 권리능력 또는 인격(법인격)이라 하며 민법은 사람은 생존한 동안 권리와 의무의 주체가 된다고 규정(민법 제3조)하고 있다. 참고로 국제사법은 사람의 권리능력은 그의 본국법에 의한다고 규정하고 있다(국제사법 제26조). 기출 20

② 권리능력의 시기 : 권리능력은 출생한 때부터 시작하여(전부노출설) 생존한 동안 계속된다. 따라서 출생 전의 태아에게는 원칙적으로 권리능력이 없으나 불법행위로 인한 손해배상청구, 재산상속, 대습상속, 유증, 인지 등의 경우에는 예외적으로 인정된다(계약의 경우에는 권리능력이 인정되지 않는다). ★★

③ 권리능력의 종기 : 권리능력은 사망 시 소멸한다. 통설은 심장과 호흡이 영구적으로 정지한 때를 사망시로 보고 있으며(심장박동정지설), 실종선고를 받은 경우 사망으로 간주되지만(민법 제28조) 권리능력을 상실하는 것은 아니다. ★

④ 강행규정★ : 권리능력에 대한 규정은 강행규정으로서 권리능력의 시기나 종기는 당사자의 합의로 달리 정할 수 없다.

⑤ 외국인의 권리능력 : 외국인에 대하여는 원칙적으로 내국인과 동일한 일반권리능력을 인정하나 예외적으로 토지에 관한 권리, 한국선박 등의 취득에 있어서는 제한이 있다(부동산거래신고법 제3장, 선박법 제2조).

2. 의사능력

개개의 법률행위를 함에 있어서 그 행위의 결과를 합리적으로 판단할 수 있는 능력을 말한다.

3. 행위능력 기출 15

① 제한능력자제도 : 제한능력자제도는 의사능력의 유무의 입증곤란을 해결하기 위해 행위능력을 판단하는 객관적이고 획일적인 기준을 두어서 제한능력자를 보호하고 제한능력자의 상대방도 이에 대처할 수 있도록 하는 제도이다. 민법상 제한능력자는 미성년자, 피성년후견인, 피한정후견인이 있다.

② 미성년자
  ㉠ 의의 : 19세에 달하지 않는 자는 미성년자이다(민법 제4조).
  ㉡ 미성년자의 행위능력 : 미성년자가 법률행위를 함에는 법정대리인의 동의를 얻어야 하며 단독으로 유효한 법률행위를 할 수 없다. 즉, 미성년자가 법정대리인의 동의 없이 행한 법률행위는 취소할 수 있다(민법 제5조 제2항). ★

> **예외적으로 법정대리인의 동의 없이 할 수 있는 행위**
> - 권리만을 얻거나 의무만을 면하는 행위 : 부담 없는 증여를 받는 행위, 채무의 면제, 부양료의 청구(단, 부담부 증여나 유리한 매매계약의 체결, 상속을 승인하는 행위 등은 의무도 함께 부담하는 행위이므로 단독으로 할 수 없다)
> - 범위를 정하여 처분을 허락한 재산의 처분행위
> - 허락을 얻은 특정한 영업에 관한 행위
> - 대리행위 : 대리인은 행위능력자임을 요하지 않는다.
> - 근로임금의 청구행위
> - 유언행위 : 의사능력이 있는 17세에 달한 사람은 유언을 할 수 있다(민법 제1061조 참고).

③ 피성년후견인
  ㉠ 의의 : 질병, 장애, 노령, 그 밖의 사유로 인한 정신적 제약으로 사무를 처리할 능력이 지속적으로 결여된 사람으로서 가정법원에 의해 성년후견개시의 심판을 받은 사람
  ㉡ 성년후견개시의 요건
    • 본인, 배우자, 4촌 이내의 친족, 미성년후견인, 미성년후견감독인, 한정후견인, 한정후견감독인, 특정후견인, 특정후견감독인, 검사 또는 지방자치단체의 장의 청구에 의하여 성년후견개시의 심판을 한다(민법 제9조 제1항). 두 본·배·4·후·검·장
    • 가정법원은 성년후견개시의 심판을 할 때 본인의 의사를 고려하여야 한다(민법 제9조 제2항). ★
  ㉢ 피성년후견인의 행위와 취소 ★
    • 피성년후견인의 법률행위는 취소할 수 있다(민법 제10조 제1항). 단, 가정법원은 취소할 수 없는 피성년후견인의 법률행위의 범위를 정할 수 있다(민법 제10조 제2항).
    • 가정법원에 의한 취소할 수 없는 법률행위의 결정(민법 제10조 제2항, 제3항), 일상생활에 필요한 거래(민법 제10조 제4항), 대리행위(민법 제117조) 등에 대해서는 피성년후견인의 행위능력을 예외적으로 인정한다.

④ 피한정후견인
  ㉠ 의의 : 질병, 장애, 노령, 그 밖의 사유로 인한 정신적 제약으로 사무를 처리할 능력이 부족한 사람으로서 가정법원에 의해 한정후견개시의 심판을 받은 사람
  ㉡ 한정후견개시의 요건
    • 본인, 배우자, 4촌 이내의 친족, 미성년후견인, 미성년후견감독인, 성년후견인, 성년후견감독인, 특정후견인, 특정후견감독인, 검사 또는 지방자치단체의 장의 청구에 의하여 한정후견개시의 심판을 한다(민법 제12조 제1항). 두 본·배·4·후·검·장
    • 가정법원은 한정후견개시의 심판을 할 때 본인의 의사를 고려하여야 한다(민법 제12조 제2항). ★
  ㉢ 피한정후견인의 행위와 동의 ★
    • 가정법원은 피한정후견인이 한정후견인의 동의를 받아야 하는 행동의 범위를 정할 수 있으며(민법 제13조 제1항), 동의를 받아야 하는 법률행위를 동의 없이 한 경우에는 한정후견인은 그 행위를 취소할 수 있다(민법 제13조 제4항 본문).
    • 일용품의 구입 등 일상생활에 필요하고 그 대가가 과도하지 아니한 법률행위에 대해서는 한정후견인이 취소할 수 없다(민법 제13조 제4항 단서).

핵심문제

01 다음 중 미성년자가 법정대리인의 동의 없이 유효한 법률행위를 할 수 있는 경우가 아닌 것은? 기출

① 혼인과 같은 신분행위
② 권리만을 얻거나 의무만을 면하는 행위
③ 범위를 정하여 처분을 허락한 재산의 처분
④ 영업이 허락된 미성년자가 그 영업에 관하여 하는 행위

[해설]
미성년자가 혼인을 하는 경우에는 부모의 동의를 받아야 한다(민법 제808조 제1항).

정답 ①

⑤ 피특정후견인
  ㉠ 질병, 장애, 노령, 그 밖의 사유로 인한 정신적 제약으로 일시적 후원 또는 특정한 사무에 관한 후원이 필요하여 가정법원에 의해 특정후견의 심판을 받은 사람을 말한다(민법 제14조의2 제1항).★
  ㉡ 특정후견은 본인의 의사에 반하여 할 수 없다(민법 제14조의2 제2항).★
  ㉢ 특정후견의 심판을 하는 경우에는 특정후견의 기간 또는 사무의 범위를 정하여야 한다(민법 제14조의2 제3항).★
  ㉣ 특정후견은 피특정후견인에 대한 후원만을 내용으로 하므로, 피특정후견인의 행위능력을 제한하지 않는다(민법 제14조의2). 따라서 특정후견이 개시되어도 피특정후견인은 완전한 행위능력을 보유한다.★★

⑥ 제한능력자의 상대방 보호 🔑 최·철·거·단·배·추인
  ㉠ 확답을 촉구할 권리(최고권)★
    • 제한능력자의 상대방은 제한능력자가 능력자가 된 후에 1개월 이상의 기간을 정하여 취소할 수 있는 행위를 추인할 것인지의 여부의 확답을 촉구할 수 있다. 능력자로 된 사람이 그 기간 내에 확답을 발송하지 않으면 그 행위를 추인한 것으로 본다(민법 제15조 제1항).
    • 제한능력자가 아직 능력자가 되지 못한 경우에는 그의 법정대리인에게 위의 촉구를 할 수 있고, 법정대리인이 그 정하여진 기간 내에 확답을 발송하지 않은 경우에는 그 행위를 추인한 것으로 본다(민법 제15조 제2항).
    • 특별한 절차가 필요한 행위는 정하여진 기간 내에 그 절차를 밟은 확답을 발송하지 아니하면 취소한 것으로 본다(민법 제15조 제3항).
  ㉡ 상대방의 철회권 : 제한능력자가 맺은 계약은 추인이 있을 때까지 상대방이 그 의사표시를 철회할 수 있다. 단, 상대방이 계약 당시에 제한능력자임을 알았을 경우에는 철회할 수 없다(민법 제16조 제1항).★
  ㉢ 상대방의 거절권 : 제한능력자의 단독행위는 추인이 있을 때까지 상대방이 거절할 수 있다(민법 제16조 제2항).★
  ㉣ 취소권의 배제 : 제한능력자가 속임수로써 자신을 능력자로 믿게 하거나, 미성년자·피한정후견인이 속임수로써 법정대리인의 동의가 있는 것으로 믿게 한 경우에는 그 행위를 취소할 수 없다(민법 제17조).★
  ㉤ 기타 : 취소권의 단기소멸(민법 제146조), 법정추인(민법 제145조)이 있다.

핵심문제

01 다음 중 제한능력자의 상대방 보호를 위한 제도가 아닌 것은?

① 후견인
② 법정추인
③ 상대방의 최고권
④ 취소권의 단기소멸

[해설]
후견인제도는 제한능력자를 보호하기 위한 제도이다. 제한능력자의 상대방보호를 위한 제도는 ②·③·④ 외에 상대방의 철회권과 거절권, 취소권의 배제가 있다.

정답 ①

4. 책임능력

위법행위로 인한 자신의 행위에 대해 책임을 질 수 있는 인식능력을 말하며 불법행위능력이라고도 한다. 법률행위 영역에서 의사능력이 담당하는 기능을 불법행위 영역에서는 책임능력이 담당하게 된다.

5. 주 소 기출 11·09

① 의의 : 사람의 생활의 근거가 되는 곳을 말하는데, 민법은 이 주소에 대하여 여러 가지 효력을 부여하고 있다.
② 민법상 주소 : 우리 민법은 주소에 관하여 실질주의·객관주의·복수주의를 취하고 있는데, 주민등록지는 주소로 인정될 수 있는 중요한 자료가 되며 반증이 없는 한 주소로 추정된다. ★

주소에 대한 민법의 태도
- 실질주의 : 생활관계의 실질적인 중심이 되는 장소(생활의 근거로 삼고 있는 곳)를 주소로 한다.
- 객관주의 : 주관적 요소(주거의 의사)를 요건으로 하지 않고 객관적 요소(주거의 사실)만에 의하여 주소를 정한다.
- 복수주의 : 주소는 1개의 장소만 가능한 것이 아니며 동시에 두 곳 이상 있을 수 있다.

거소·가주소
- 거소 : 주소만은 못하지만 일정한 사람이 어느 정도의 기간 계속해서 머무르는 장소이다. 주소를 알 수 없거나 국내에 주소가 없는 때에는 거소를 주소로 본다(민법 제19조, 제20조).
- 가주소 : 당사자 간의 편의를 위하여 특정거래에 관하여 일정한 장소를 주소로 하기로 합의하여 정해지는 곳이다(민법 제21조).

---

6. 부재자(민법 제22조 내지 제26조)

① 부재자 제도의 의의 : 부재자란 종래의 주소나 거소를 떠나서 단시일 내에 돌아올 가망이 없어 그 주소나 거소에 있는 재산을 관리할 수 없는 상태에 있는 자를 말한다. 그의 잔류 재산의 관리 및 잔존배우자나 상속인 등의 이익을 보호하기 위하여 부재자 재산관리제도를 두고 있다.
② 부재자의 재산관리
  ㉠ 부재자가 재산관리인을 두지 않은 경우 가정법원은 이해관계인 또는 검사의 청구에 의하여 재산관리에 필요한 처분을 명해야 한다. 이해관계인에는 부재자의 배우자·채권자·상속인 등이 해당한다.
  ㉡ 가정법원은 이해관계인의 청구에 의하여 재산관리인을 선임할 수 있다. 재산관리인은 법정대리인이며 부재자 재산의 보존행위를 할 권한을 가진다.

핵심문제

01 다음 중 부재자의 재산관리를 법원에 청구할 수 있는 이해관계인이 아닌 자는? 기출

① 검 사
② 상속인
③ 배우자
④ 보증인

[해설]
이해관계인은 법률상 이해관계에 있는 자를 말하므로 상속인·배우자·채권자·보증인 등이 포함되나, 사실상 이해관계가 있는 자는 포함되지 않는다. 주의할 점은 청구권자에는 검사도 포함되나, 이해관계인은 아니라는 점이다(민법 제22조 제1항).

정답 ①

7. 실 종 기출 11

① **실종선고제도의 의의** : 실종선고란 부재자의 생사불명 상태가 오래 계속되어 죽은 것으로 여겨지나 분명한 사망의 증거는 없는 경우에 가정법원의 선고로 그 자를 사망한 것으로 보는 제도이다.

② **실종선고의 요건**(민법 제27조)
  ㉠ 생사불명 : 부재자의 생사가 불분명하고 그 생사불명이 일정기간 계속되어야 한다.
  ㉡ 실종기간 및 기산점 : 보통실종의 실종기간은 5년, 기산점은 부재자가 살아 있다는 것을 증명할 수 있는 최후의 시기로 한다. 특별실종의 실종기간은 1년, 기산점은 전쟁이 종지한 때·선박이 침몰한 때·비행기가 추락한 때·기타 위난이 종료한 때로 한다. ★
  ㉢ 이해관계인 또는 검사의 청구 : 이해관계인은 직접적인 법률상의 이해관계인에 한하며, 사실상의 이해관계를 가진 자는 이에 해당하지 않는다. 즉, 이해관계인의 범위는 '부재자의 법률상 사망으로 인하여 직접적으로 신분상 또는 경제상의 권리를 취득하거나 의무를 면하게 되는 사람'에 국한하여 한정적으로 해석한다.

③ **실종선고의 효과**
  ㉠ 사망간주 : 실종선고를 받은 자는 실종기간이 만료한 때 사망한 것으로 본다(민법 제28조). 실종선고 시 사망으로 보는 시기까지는 생존한 것으로 본다. 추정이 아니라 간주이므로 반증에 의하여 사망의 효력을 부정할 수는 없다.
  ㉡ 효력의 범위 : 종래의 주소를 중심으로 하는 사법관계에서만 사망한 것으로 본다. 실종선고를 받은 자가 종전의 주소지와 다른 곳에서 생존하면서 형성한 법률관계나 종래의 주소에 귀래하여 새로운 법률관계를 형성하는 것에 대하여는 영향을 미치지 않는다.

8. 동시사망과 인정사망

① **동시사망** : 동일한 위난으로 수인이 사망한 경우 그들은 동시에 사망한 것으로 추정한다(민법 제30조). 사망의 선후를 증명하는 어려움을 구제하기 위한 제도이며, 다수의 사람이 동일한 위난으로 사망한 경우에는 그 사망시기가 불분명한 경우에 그들은 동시에 사망한 것으로 추정하여 사망한 사람들 사이에는 상속이나 대습상속 그리고 유증이 발생하지 않게 된다.

② **인정사망** : 사망의 확실한 증거는 없지만 수해·화재·전쟁 등으로 인하여 사망한 것이 확실하다고 생각되는 경우, 그 사실을 조사한 관공서의 사망보고에 의해 사망한 것으로 취급하는 제도이다. 인정사망은 특별실종과는 달리, 반증에 의하여 그 사망의 추정력이 상실된다.

Ⅳ 법인

1. 법인의 의의
① **법인의 개념** : 법인이란 일정한 목적을 위하여 결합된 사람의 단체(사단법인) 또는 일정 목적을 위하여 출연된 재산으로서 자연인이 아니면서 법에 의하여 권리능력이 인정된 자(재단법인)이다.
② **법인의 존재이유** : 법인은 단체를 둘러싼 각종 법률관계를 간단·명료하게 처리해 <u>법적거래를 간이화할</u> 수 있으며, 단체의 재산을 그 단체를 구성하는 자연인의 재산과 분리하여 독립한 것으로 다룸으로써 <u>단체 구성원의 책임을 제한</u>해 주는 기능을 하고 있다.

2. 법인의 본질
법인의 본질과 관련하여 법인의제설, 법인부인설, 법인실재설의 다툼이 있다.

3. 법인의 설립
① **법인설립에 관한 입법태도** [기출 21] : 자유설립주의, 준칙주의, 인가주의, 허가주의, 특허주의, 강제주의가 있는데, 우리 민법은 허가주의를 취하고 있다.
② **재단법인의 설립**★★
  ㉠ 목적의 비영리성 : 재단법인은 본질적으로 비영리법인이다.★
  ㉡ 설립행위
    • 설립자는 일정한 재산을 출연하고 정관을 작성하여 이를 서면에 기재하고 기명날인하여야 한다(<u>상대방 없는 단독행위</u>).
    • 정관의 필요적 기재사항 : 목적, 명칭, 사무소의 소재지, 자산에 관한 규정, 이사의 임면에 관한 규정(민법 제43조)
    • 출연재산의 귀속시기 : 판례는 출연재산이 부동산인 경우에 출연자와 법인 사이에서는 법인의 성립 이외에 부동산의 등기를 필요로 하는 것은 아니지만, 제3자에게 출연재산의 법인에의 귀속을 주장하기 위해서는 등기를 필요로 한다고 한다(민법 제48조).★
  ㉢ 설립허가·등기 : 주무관청의 설립허가를 받아 법인의 주된 사무소의 소재지에서 설립등기를 함으로써 법인이 성립한다(민법 제33조). [기출 21]

핵심문제

01 민법상 법인의 설립요건이 아닌 것은? [기출]
① 정관작성
② 주무관청의 허가
③ 설립신고
④ 영리 아닌 사업을 목적으로 할 것

【해설】
법인은 그 주된 사무소의 소재지에서 설립신고가 아니라 설립등기를 함으로써 설립한다. 민법상 법인은 모두 비영리법인으로, 비영리법인의 설립에 관하여는 우리 민법은 허가주의를 취하여 법인의 설립요건에 주무관청의 허가를 얻어 설립등기를 함으로써 성립한다고 본다(민법 제33조).★

정답 ③

③ 사단법인의 설립요건★★
  ㉠ 목적의 비영리성 : 학술·종교·자선·기예·사교 기타 영리가 아닌 사업을 목적으로 하여야 한다.
  ㉡ 설립행위(정관 작성) : 2인 이상의 설립자가 정관을 작성하여 기명날인하여야 한다(요식행위·합동행위)(민법 제40조).★
    • 정관의 필요적 기재사항 : 목적, 명칭, 사무소의 소재지, 자산에 관한 규정, 이사의 임면에 관한 규정, 사원자격의 득실에 관한 규정, 존립시기나 해산사유를 정하는 때에는 그 시기 또는 사유(민법 제40조) 🔑 목·명·사·자·이·사·존
  ㉢ 주무관청의 허가 : 사단법인으로서 법인격을 취득하기 위해서는 주무관청의 허가를 얻어야 한다(민법 제32조). 그리고 법인의 목적과 관련된 주무관청이 두 개 이상의 행정관청인 경우에는 이들 모두의 허가를 받아야 한다.
  ㉣ 설립등기 : 법인은 그 주된 사무소의 소재지에서 설립등기를 함으로써 성립한다(민법 제33조). 법인의 설립등기는 법인격을 취득하기 위한 '성립요건'으로 되어 있다.★
④ 법인의 소멸 : 법인의 소멸은 해산과 청산을 거쳐서 행해지는데, 해산만으로는 소멸하지 않으며 청산이 사실상 종료됨으로써 소멸한다.★

법인의 해산사유 🔑 존·목·파·설·기
1. 사단법인·재단법인의 공통 해산사유
   ① 법인 존립기간 만료 기타 정관에 정한 해산사유의 발생
   ② 법인의 목적달성 또는 목적달성의 불가능
   ③ 설립허가의 취소
   ④ 이사의 법인 파산신청
2. 사단법인에만 있는 해산사유
   ① 사원이 1인도 없게 된 때
   ② 총회의 임의해산결의가 있을 때

핵심문제

01 사단법인과 재단법인에 공통한 해산이유가 아닌 것은? 기출
① 총회의 결의   ② 파 산
③ 설립허가의 취소   ④ 법인의 목적달성불능

[해설]
총회의 결의는 사단법인에만 있는 해산사유에 해당한다.

정답 ①

4. 법인의 능력

① **권리능력** : 법인은 법률의 규정에 좇아 정관으로 정한 목적의 범위 내에서 권리와 의무의 주체가 된다. 판례는 목적 범위 내의 행위란 정관에 명시된 목적 자체에 국한되는 것이 아니라 그 목적을 수행하는 데 있어 직접 또는 간접으로 필요한 행위는 모두 포함되는 것으로 넓게 보고 있다. ★

② **행위능력** : 법인의 행위능력에 대해 명문규정은 없으나 통설은 법인의 권리능력의 범위 내에서 행위능력을 가진다고 본다. ★

③ **불법행위능력**
　㉠ 법인의 불법행위의 성립요건 : 법인은 이사 기타 대표자가 그 직무에 관하여 타인에게 가한 손해를 배상할 책임이 있는데, 이사 기타 대표자는 이로 인하여 자기의 손해배상책임을 면하지 못한다(민법 제35조 제1항). 기출 21
　㉡ 법인의 불법행위가 성립하지 않는 경우 : 대표기관의 행위라도 법인의 직무와 관련이 없는 경우에는 법인의 불법행위가 성립하지 않고 행위자가 개인적으로 책임을 지며, 법인의 목적 범위 외의 행위로 인하여 타인에게 손해를 가한 때에는 그 사항의 의결에 찬성하거나 그 의결을 집행한 사원·이사 및 기타 대표자가 연대하여 배상하여야 한다(민법 제35조 제2항).

5. 법인의 기관 기출 19

① **의의** : 법인의 기관이란 법인의 의사를 결정하고, 이를 집행하는 일정한 조직을 말한다.

② **종류** : 사원총회와 이사는 비영리사단법인의 필수기관이고, 감사는 임의기관이다. 비영리재단법인에는 그 성질상 사원총회가 존재하지 않는다. ★★

③ **이 사**
　㉠ 의의 : 이사는 법인을 대표하고 법인의 업무를 집행하는 필수기관으로 사단법인과 재단법인 모두의 필수적 기관이다(민법 제57조). 이사의 인원수는 정관으로 정할 수 있으며, 이사는 반드시 자연인이어야 한다. 이사의 임면 방법은 정관의 필요적 기재사항이며, 법인과 이사와의 임면 관계는 민법상 위임에 관한 규정을 준용한다. ★★
　㉡ 권 한
　　• 대표권 : 수인의 이사는 법인의 사무에 관하여 각자 법인을 대표한다(민법 제59조 제1항 본문). 이사가 2인 이상 있어도 각 이사는 단독으로 대표할 수 있는 것이 원칙이다.
　　• 대표권의 제한 : 대표권은 정관·사원총회의 의결로 제한될 수 있다(민법 제59조 제1항 단서). 정관에 의한 제한은 정관에 기재하여야 효력이 있고, 이를 등기하지 않은 한 선·악의를 불문하고 제3자에 대항할 수 없다(민법 제60조). ★★
　　• 업무집행권 : 이사는 법인의 모든 업무를 집행할 권한이 있다. 이사가 2인 이상일 경우에는 이사의 과반수로 결정한다(민법 제58조).

④ 감사
　㉠ 의의 : 감사는 사단법인·재단법인의 이사에 대한 감독기관이다. 비영리법인에서의 감사는 필수는 아니며 임의기관이다(민법 제66조). ★
　㉡ 직무 : 법인의 재산상황의 감독, 이사의 업무집행의 감독, 재산상황·업무집행에 부정·불비가 발견될 시 이를 총회 또는 주무관청에 보고하는 일, 보고가 필요할 때 임시총회를 소집하는 일을 한다(민법 제67조).

⑤ 사원총회
　㉠ 의의 : 사원총회는 사단법인의 필요기관으로서 최고의 의사결정기관이다. 재단법인은 성질상 사원총회를 가지지 않는다. ★
　㉡ 통상총회 : 매년 1회 이상 일정한 시기에 소집되는 총회이다(민법 제69조).
　㉢ 임시총회 : 이사가 필요하다고 인정하는 때, 총사원의 5분의 1 이상이 요구하는 때, 감사가 소집하는 때 열리는 총회이다. 사원의 5분의 1 이상의 요구에도 이사가 2주일 내에 총회소집절차를 밟지 아니하는 경우에는 청구한 사원은 법원의 허가를 얻어 스스로 총회를 소집할 수 있다(민법 제70조).
　㉣ 의결 : 총회의 결의에 관하여 민법 또는 정관에 다른 규정이 없으면 그 정족수는 사원 과반수의 출석과 출석 사원의 결의권의 과반수의 찬성으로 한다(민법 제75조 제1항). 단, 정관변경에 관한 사항은 총사원의 3분의 2, 임의해산은 4분의 3 이상의 찬성이 있어야 한다. ★★

⑥ 이사회 : 법인의 이사가 여러 명 있는 경우, 이러한 이사들의 의결기관이다.
⑦ 임시이사 : 어떤 사유로 이사가 전혀 없게 되거나 정관에서 정한 이사의 수에 결원이 생겨 손해가 생길 염려가 있는 때에는 법원은 이해관계인이나 검사의 청구에 의하여 임시이사를 선임하여야 한다(민법 제63조).
⑧ 특별대리인 : 법인과 이사 간에 이익이 상반하는 사항이 있는 경우 그 이사에 갈음하여 법인을 대표하는 기관으로 이해관계인·검사의 청구에 의하여 법원이 선임하는 임시기관이다(민법 제64조).

V 권리의 객체

1. 권리의 객체의 의의
권리의 효력이 미치는 대상을 지칭하나 민법총칙에서는 권리의 객체에 관한 일반적 규정을 두지 않고, 다만 물건에 관한 규정만을 두었다.

2. 물건의 의의 기출 11
민법에서 물건이란 유체물 및 전기 기타 관리할 수 있는 자연력을 말한다(민법 제98조). ★
① 유체물이거나 또는 관리가능한 자연력이어야 한다. '관리가능한 자연력'이라 함은 전기, 광열, 원자력 등의 에너지를 말한다.
② 인간이 지배할 수 있는 것(지배가능성)이어야 한다.
③ 외계의 일부인 것이어야 한다. 따라서 인체 또는 그 일부는 물건이 아니다. ★

3. 물건의 종류

① **동산(動産)과 부동산(不動産)** 기출 11 : 부동산이란 토지 및 그 정착물을 말하며, 부동산 이외의 물건은 모두 동산이다(민법 제99조).

② **주물(主物)과 종물(從物)**

㉠ 의의 : 동일 소유자의 물건으로 사회통념상 계속해서 주물의 경제적 효용을 높이는 물건을 종물이라고 하고 종물이 이바지해주는 물건을 주물이라고 한다(민법 제100조 제1항). 따라서 주물과 종물은 원칙적으로 소유자가 같은 사람이어야 하고 장소적으로도 밀접한 관계에 있어야 한다.★

㉡ 종물의 요건★
- 종물은 하나의 독립된 물건이어야 한다. 즉, 종물이 주물의 구성부분이 아니어야 한다. 주물·종물은 동산이든 부동산이든 상관없다.
- 종물은 주물의 상용에 이바지하여야 한다.
- 주물과 종물은 원칙적으로 같은 소유자의 것이어야 한다.

㉢ 종물의 효과★
- 종물은 주물과 운명을 같이하는 것이므로 종물은 주물의 처분에 따른다(민법 제100조 제2항). 주물 위에 저당권이 설정된 경우에 그 저당권의 효력은 저당권 설정 당시의 종물은 물론 설정 후의 종물에도 미친다.★★
- 종물은 주물의 처분에 따른다는 규정은 강행규정이 아니고 당사자의 의사에 따라 달리 정할 수 있는 임의규정이다.

> **관련 판례**
> 종물은 주물의 처분에 수반된다는 민법 제100조 제2항은 임의규정이므로, 당사자는 주물을 처분할 때에 특약으로 종물을 제외할 수 있고 종물만을 별도로 처분할 수도 있다(대판 2012.1.26. 2009다76546).

③ **원물과 과실**★★ 기출 11 : 원물은 경제적 수익을 낳는 원천인 물건이고, 그 수익이 과실이다. 과실에는 천연과실과 법정과실이 있는데 천연과실은 원물의 용법에 따라 그로부터 수취되는 산출물이고(젖소의 우유)(민법 제101조 제1항), 법정과실은 원물을 타인에게 사용시킨 대가로서 얻는 과실이다(집세, 이자 등)(민법 제101조 제2항). 법정과실은 수취할 권리의 존속기간 일수의 비율로 취득한다(민법 제102조 제2항).

핵심문제

01 甲이라는 사람은 자신의 집에 월세를 놓아서 乙이라는 사람에게 매월 500,000원을 받는다. 이러한 것을 무엇이라 하는가? 기출

① 천연과실 ② 법정과실
③ 과 실   ④ 담보의 제공

[해설]
설문의 집세는 원물을 타인에게 사용시킨 대가로서 얻는 과실로 법정과실에 해당한다.

정답 ②

> **천연과실의 귀속**
> 천연과실이 분리된 때 그 천연과실이 누구의 것이 되느냐 하는 것이 귀속에 관한 문제이다. 이에 대해 생산주의와 원물주의가 있는데, 우리 민법은 원물주의에 의한다. 따라서 원물 소유자가 천연과실의 수취권을 가지는 것이 보통이지만 선의 점유자, 지상권자, 전세권자, 매도인 등이 수취권자가 될 수도 있다.

VI 법률행위

1. 의 의

일정한 법률효과의 발생을 목적으로 하여, 한 개 또는 수개의 의사표시를 불가결의 요소(법률사실)로 하는 법률요건이다. 법률행위는 원칙적으로 자유로이 할 수 있으나 강행규정이나 선량한 풍속, 기타 사회질서에 반하는 법률행위는 무효이다.

2. 종 류

단독행위	행위자 한 사람의 한 개의 의사표시만으로 성립하는 법률행위로, 상대편의 이익을 위하여 조건이나 기한 등의 부관을 붙일 수 없다. ㉠ 특정한 상대방이 있는 단독행위 : 취소, 추인, 채무면제, 계약의 해제 또는 해지, 상계, 법정대리인의 동의 등 ㉡ 특정한 상대방이 없는 단독행위 : 재단법인의 설립행위, 유언, 소유권의 포기, 상속의 포기, 공탁소에 대한 채권자의 공탁승인 등
계 약	서로 대립하는 두 개 이상의 의사표시의 합치로써 성립하는 법률행위(매매, 교환, 임대차 등)
합동행위 (사단법인의 설립행위)	방향을 같이하는 두 개 이상의 의사표시의 합치로써 성립하는 법률행위
요식행위와 불요식행위	의사표시에 서면, 기타 일정한 방식을 필요로 하는가에 따른 분류
채권행위	채권의 발생을 목적으로 하는 법률행위(매매, 임대차 등)
물권행위	물권의 변동(득실변경)을 목적으로 하는 법률행위(소유권의 이전, 지상권 또는 저당권의 설정 등)
준물권행위	물권 이외의 권리의 변동(발생, 변경, 소멸)을 목적으로 하는 법률행위(채권양도, 채무면제 등)

핵심문제

01 다음 중 당사자 일방의 의사표시로 성립하는 법률행위인 '단독행위'에 속하지 않는 것은?

① 재단법인의 설립행위 ② 추 인
③ 계약의 해제 ④ 현상광고

[해설]
현상광고는 단독행위가 아니라 민법상 전형계약에 해당한다.

정답 ④

3. 법률행위의 요건★★

성립 요건	일반적 성립요건	당사자, 목적, 의사표시
	특별 성립요건	개개의 법률행위에 대하여 법률이 특별히 추가하는 요건 예 대물변제·질권설정계약에서의 인도, 혼인에서의 신고, 유언의 방식 등
효력발생 요건	일반적 효력발생요건	• 당사자가 능력(권리능력, 의사능력, 행위능력)을 가지고 있을 것 • 법률행위의 목적이 실현 가능·적법하며 사회적으로 타당하고 확정될 수 있을 것 • 의사와 표시가 일치하며 의사표시에 하자가 없을 것
	특별 효력발생요건	개개의 법률행위의 특별한 효력발생요건 예 조건·기한부 법률행위에서 조건의 성취·기한의 도래, 대리행위에서 대리권의 존재, 유언에 있어 유언자의 사망 등

4. 법률행위의 목적

법률행위의 목적은 행위자가 그의 법률행위로 하여금 달성하고자 하는 내용에 의해 정해진다. 행위자의 의사표시 내용을 실현하려면 법률행위 목적의 확정·가능·적법·사회적 타당성이라는 4가지 요건이 필요하다.

① 목적의 확정성 : 목적을 확정할 수 없는 법률행위는 무효이다. 법률행위의 목적은 법률행위 성립 당시에 명확하게 확정되어 있어야 하는 것은 아니고 목적이 실현될 시점까지 확정할 수 있는 정도이면 족하다.★

② 목적의 가능성 : 법률행위는 그 실현이 가능하여야 한다. 가능 여부의 표준은 그 당시 사회관념에 의해 결정된다.

③ 목적의 적법성 : 법률행위의 목적은 강행법규에 위반하는 것이어서는 안 된다.

④ 목적의 사회적 타당성 〔기출〕 22
   ㉠ 의의 : 법률행위의 목적이 개개의 강행법규에 위반하지는 않더라도 '선량한 풍속 기타 사회질서'에 위반하는 경우에는 그 법률행위는 무효가 된다.
   ㉡ 행위의 유형★

정의관념에 반하는 행위	• 밀수입을 위한 자금의 대차나 출자 • 경매나 입찰에 있어서의 담합행위 • 부동산의 이중매매에 있어서 매도인의 배임행위에 제2매수인이 적극 가담한 경우
인륜에 반하는 행위	• 첩계약(단, 불륜관계를 단절하면서 첩에게 생활비나 양육비를 지급하는 계약은 유효) • 현재의 처와 이혼하고 혼인하기로 하는 계약 • 자식이 부모와 동거하지 않겠다고 하는 계약
개인의 자유를 심하게 제한하는 행위	• 개인의 행위의 자유(경제적 자유)를 침해하는 경우 • 소위 속박계약으로서 연예인이나 스포츠선수에 대하여 과도하게 장기간의 전속계약을 체결하거나 과도한 위약금의 약정
사행성이 심한 행위	도박계약(단, 주택복권·경마 등 국가에서 승인한 것은 반사회성이 조각되어 유효)
생존의 기초가 되는 재산의 처분행위	• 자신이 장차 취득하게 될 전 재산을 양도하기로 하는 계약 • 사찰이 그 존립에 필요불가결한 재산인 임야를 증여하는 계약

   ㉢ 불공정한 법률행위(폭리행위) : 상대방의 궁박·경솔·무경험을 이용하여 현저하게 공정을 잃은 반대급부를 하게 하여 부당한 재산적 이익을 얻는 행위는 무효이다.
   ㉣ 효과 : 사회질서에 반하는 법률행위는 무효로서 이행을 하기 전이면 이행할 필요가 없고, 이미 이행하였으면 반환을 청구하지 못한다.★

5. 의사표시

① **의의** : 일정한 법률효과를 발생시키려고 하는 권리주체의 의사를 표시하는 행위로서 의사표시를 함에는 행위능력과 의사능력이 필요하다. 의사표시는 상대방에게 도달한 때 효력이 발생한다(도달주의 원칙). ★

의사표시의 효력발생시기	
표백주의	표의자가 의사표시를 완성하여 외형적인 존재를 갖춘 때에 효력이 발생한다는 것이다. 지나치게 표의자중심이다.
발신주의	의사표시가 표의자의 지배를 떠나서 상대방을 향하여 보내진 때 효력이 발생한다는 것이다. 우리 민법은 이 주의를 예외적으로 인정한다.
도달주의	의사표시가 상대방에 도달한 때에 효력이 발생한다는 것이다. 이를 수신(受信)주의라고도 하는데 우리 민법은 이 주의를 원칙으로 하고 있다.
요지주의	의사표시의 내용을 상대방이 이해하여 안 때에 효력이 발생한다는 것이다. 지나치게 상대방 중심적이다.

② **종류** 기출 22 : 의사표시는 법률효과를 발생하게 하려는 내심의 의사와 그것을 외부에 표시하는 표시행위로 이루어지는데, 양자가 일치하지 않는 불완전한 의사표시의 효력에 관해 민법은 다음과 같이 규정하고 있다.

진의 아닌 의사표시	표의자인 본인이 내심의 의사와 표시상의 의사가 일치하지 않음을 알면서 행한 경우로서 표시한 대로 효과가 발생한다(민법 제107조 제1항 본문).
통정한 허위의 의사표시	상대방과 통정한 허위의 의사표시는 무효로 한다. 다만, 선의의 제3자에게 그 무효를 주장하지는 못한다(민법 제108조).
착오로 인한 의사표시	법률행위 내용의 중요한 부분에 착오가 있을 때에는 취소할 수 있다. 그러나 표의자의 고의 또는 중대한 과실로 인한 때에는 취소하지 못한다. 그것을 알지 못하는 제3자에 대해서는 취소의 효과를 주장할 수가 없다(민법 제109조). 화해계약은 착오를 이유로 하여 취소하지 못한다(민법 제733조 본문).
하자 있는 의사표시 (사기, 강박에 의한 의사표시)	사기(사람을 기망하여 착오에 빠지게 하는 행위) 또는 강박(공포심을 일으키게 하는 행위)에 의한 의사표시는 취소할 수 있다(민법 제110조 제1항). 상대방이 있는 의사표시에 관하여 제3자가 사기나 강박을 행한 경우에는 상대방이 그 사실을 알았거나 알 수 있었을 경우에 한하여 그 의사표시를 취소할 수 있다(민법 제110조 제2항).

핵심문제

01 우리 민법이 의사표시의 효력발생시기에 대하여 채택하고 있는 원칙적인 입장은? 기출

① 발신주의(發信主義)
② 도달주의(到達主義)
③ 요지주의(了知主義)
④ 공시주의(公示主義)

[해설]
의사표시의 효력발생시기에 관하여 우리 민법은 도달주의를 원칙으로 하고(민법 제111조 제1항), 격지자 간의 계약의 승낙 등 특별한 경우에 한하여 발신주의를 예외적으로 취하고 있다.

정답 ②

③ 의사표시와 구분해야 하는 개념★

의사의 통지	의사의 통지는 의사를 외부에 표시하는 점에서는 의사표시와 같으나 그 의사가 법률효과에 향해진 효과의사가 아닌 점에서 의사표시와 다른 것을 말한다. 최고·거절이 이에 속한다.
관념의 통지	관념의 통지는 사실의 통지라고도 하며, 표시된 의식내용이 그 무엇을 의욕하는 의사가 아니라 어떤 객관적 사실에 관한 관념 또는 표상에 지나지 않는 것이다. 예를 들어 채권양도, 채무승인, 사원총회 소집통지, 대리권을 수여한 뜻의 통지가 이에 속한다.
감정의 표시	감정의 표시에는 민법 제556조, 제841조에서의 용서가 이에 속한다.

④ **의사표시의 적용 범위**★★ : 의사표시에 관한 민법의 규정은 <u>원칙적으로 가족법상의 행위, 공법행위, 소송행위, 단체법상의 행위에는 적용되지 않는다.</u> 또한 주식인수의 청약·어음행위에도 원칙적으로 적용되지 않는다.

6. 대 리 기출 19·17·16

① **의의** : 타인(대리인)이 본인의 이름으로 법률행위를 하거나 또는 의사표시를 수령함으로써 그 법률효과가 직접 본인에게 발생하게 하는 제도를 말한다. 이는 의사능력이나 행위능력이 없는 자에게 대리인에 의한 거래의 길을 열어줌으로써 사적자치를 확장·보충하여 주는 사회적 기능을 가지고 있다.

대리와 구별되어야 하는 것	
간접대리	위탁매매와 같이 타인의 계산으로 자기의 이름으로 법률행위를 하고 그 효과는 자신에게 생기고 후에 다시 그 취득한 권리를 타인에게 이전하는 관계를 말한다. 간접대리는 대리인이 자기의 이름으로 행위하고 효과도 자기가 받는다는 점에서 직접대리, 즉 보통 말하는 대리와 다르다.
사 자	본인의 의사표시를 전달하거나, 결정한 내심의 의사를 표시하는 심부름꾼을 사자라고 한다. 사실행위에도 사자는 허용된다.★
대 표	법인실재설에 의하면 법인의 대표기관은 법인의 본체이므로 법인의 대표자는 법인의 대리인이 아니다. 대표는 사실행위, 불법행위에도 인정된다.★

② 종 류

법정대리	법률에 의해 대리권이 발생하고 대리인의 자격 및 대리권의 범위도 법률의 규정에 의해 정해진다.
임의대리	본인의 수권행위에 의해 대리권이 발생하고 본인의 의사에 따라 대리권의 범위가 결정되는 것을 말한다.
무권대리	대리권이 없는 자가 행한 대리
능동대리	대리인이 제3자(상대방)에 대하여 의사표시를 하는 대리
수동대리	대리인이 제3자의 의사표시를 수령하는 대리

③ 대리권의 발생원인
  ㉠ 법정대리권의 발생원인 : 법률의 규정(친권자, 후견인), 지정권자의 지정행위(지정후견인, 지정유언집행자), 법원의 선임행위(부재자 재산관리인 등)★
  ㉡ 임의대리권의 발생원인 : 수권행위
④ 대리권의 소멸
  ㉠ 공통의 소멸원인 : 본인의 사망, 대리인의 사망, 대리인의 성년후견의 개시 또는 파산 기출 23
  ㉡ 임의대리에 특유한 소멸원인 : 원인된 법률관계의 종료, 수권행위의 철회
  ㉢ 법정대리에 특유한 소멸원인 : 법원에 의한 대리인의 개임·대리권 상실선고
⑤ 대리권의 제한
  ㉠ 자기계약·쌍방대리의 금지 : 대리인은 본인의 허락이 없으면 본인을 위하여 자기와 법률행위를 하거나 동일한 법률행위에 관하여 당사자 쌍방을 대리하지 못한다. 그러나 채무의 이행은 할 수 있다.
  ㉡ 공동대리의 경우에는 다수의 대리인이 공동으로만 법률행위를 할 수 있다.
  ㉢ 대리인이 수인일 때는 각자대리가 원칙이고, 대리인은 의사능력만 있으면 족하며 행위능력자임을 요하지 않는다.★

> **대리권이 인정되지 않는 행위**
> 신분법상 행위, 불법행위, 사실행위(가공 등), 준법률행위(의사의 통지와 관념의 통지에는 대리를 유추 적용), 대리와 친하지 않는 행위(혼인, 인지, 유언 등), 자기계약, 쌍방대리

핵심문제

01 대리권의 소멸사유로 볼 수 없는 것은? 기출
  ① 본인의 사망
  ② 본인의 성년후견의 개시
  ③ 대리인의 파산
  ④ 대리인의 성년후견의 개시

[해설]
법정대리의 소멸원인에는 본인의 사망, 대리인의 사망, 대리인의 성년후견의 개시 또는 파산 등이 있다. 임의대리에 특유한 소멸원인에는 기초적 법률관계의 종료, 수권행위의 철회 등이 있다.

정답 ②

02 다음 중 대리가 허용될 수 있는 행위는 어느 것인가? 기출
  ① 사실행위
  ② 유 언
  ③ 불법행위
  ④ 매매계약

[해설]
신분법상 행위, 쌍방대리, 불법행위, 유언, 사실행위 등에는 대리가 허용되지 않는다.★

정답 ④

⑥ 대리행위
　㉠ 대리인이 대리행위를 함에 있어서 본인을 위한 것임을 표시하고 의사표시를 하여야 한다(민법 제114조 제1항).
　㉡ 수동대리의 경우에는 상대방이 대리인에 대하여 본인을 위한 것임을 표시하여야 한다(민법 제114조 제2항).
　㉢ 공동대리의 경우에는 대리인이 공동하여 법률행위를 하여야 하며, 자기계약이나 쌍방대리는 본인의 허락이 없으면 할 수 없다. 그러나 채무의 이행은 할 수 있다.★
　㉣ 대리인은 의사능력만 있으면 족하고, 행위능력자임을 요하지 않는다(민법 제117조).
⑦ 대리행위의 효과 : 대리인이 대리권의 범위 내에서 한 대리행위에 의한 법률효과는 모두 직접 본인에게 귀속된다(민법 제114조).
⑧ 대리행위의 하자 : 의사표시의 효력이 의사의 흠결, 사기, 강박 또는 어느 사정을 알았거나 과실로 알지 못한 것으로 인하여 영향을 받을 경우에 그 사실의 유무는 대리인을 표준으로 하여 결정한다(민법 제116조 제1항).★★
⑨ 대리권의 범위 : 권한을 정하지 않은 대리인은 보존행위나 대리의 목적인 물건이나 권리의 성질을 변하지 아니하는 범위에서 그 이용 또는 개량하는 행위만 할 수 있고(민법 제118조), 처분행위는 할 수 없다.★
⑩ 복대리★ : 대리인이 자기의 이름으로 선임한 자에게 자기가 가지는 권한 내에서 대리행위를 시키는 관계이다.
　㉠ 복대리인의 법적 성질 : 대리인이 선임한 본인의 대리인(대리인의 보조자나 사용자가 아님)으로서 대리인의 복임권 행사는 대리행위가 아니다. 복대리인의 선임 후에도 대리인은 여전히 대리권을 가진다. 또한 대리권이 소멸하면 복대리권도 함께 소멸한다.★★★
　㉡ 복임권 : 대리인이 복대리인을 선임할 수 있는 권한★
　　• 임의대리인은 원칙적으로 복임권이 없으나, 본인의 승낙이 있거나 부득이한 사유가 있을 때는 복임권을 갖는다(선임·감독에 관한 책임).
　　• 법정대리인은 그 책임으로 복대리인을 선임할 수 있다(복대리인의 행위에 관하여 전적인 책임).
⑪ 무권대리
　㉠ 의의 : 무권대리란 대리권 없이 행한 대리행위 또는 대리권의 범위를 넘어 한 대리행위를 말한다. 무권대리행위는 그 대리권 행사의 효력이 본인에게 돌아갈 수 없어 원칙적으로 무효여야 하나 우리 민법은 무권대리를 무조건 무효로 하지 아니하고 대리제도, 본인, 상대방을 조화롭게 보호할 수 있는 방법을 추구하고 있다.
　㉡ 표현대리 : 표현대리란 본인과 무권대리인 사이에 실제로는 대리권이 없음에도 불구하고 대리인이 마치 대리권이 있는 것처럼 외형을 갖추고, 또 본인으로서도 그런 외형을 갖추는 데 일정한 원인을 기여한 경우에 그 무권대리행위의 책임을 본인에게 부담하게 하는 제도이다. 민법은 다음의 3가지 경우에 표현대리를 인정하고 있다.
　　• 본인이 특정한 자에게 대리권을 부여하였음을 표시한 때(민법 제125조)
　　• 다소의 범위의 대리권 있는 자가 그 권한 외의 행위를 한 경우에 상대방이 권한 내의 행위라고 믿을 만한 정당한 이유가 존재할 때(민법 제126조)
　　• 대리인이 대리권이 소멸한 이후에 대리인으로서 행위를 한 경우에 상대방이 과실 없이 대리권의 소멸을 알지 못했을 때(민법 제129조)

ⓒ **무권대리의 효과** : 표현대리의 요건을 갖추지 않은 경우로서, 이때의 법률행위는 <u>본인이 추인하지 않는 한</u> 무권대리인 자신의 책임이 된다. 계약의 경우와 단독행위의 경우로 나누어진다.

계약의 경우	• 본인과 상대방 사이
	  – 상대방은 본인에 대하여 무권대리행위에 대한 효과와 그에 따른 책임을 주장할 수 없음(민법 제130조)★
	  – 본인은 추인에 의하여 무권대리행위를 유효인 것으로 할 수 있고, 추인거절에 의하여 무권대리행위를 무효인 것으로 할 수도 있음
	  – 상대방은 본인에 대하여 추인여부의 확답을 최고할 수 있고(민법 제131조 전문), 무권대리인과 체결한 계약을 철회할 수 있음(민법 제134조 본문)★
	• 상대방과 무권대리인 사이 : 상대방은 행위능력자인 무권대리인에 대하여 계약의 이행 또는 손해배상을 청구할 수 있음(민법 제135조 제1항)★
	• 본인과 무권대리인 사이★
	  – 무권대리행위를 본인이 추인하면 사무관리가 됨
	  – 무권대리행위로 본인의 이익이 침해되면 불법행위가 성립
	  – 무권대리인이 부당하게 이득을 얻으면 부당이득이 성립

단독행위의 경우	• 상대방 없는 단독행위는 언제나 무효이며, 본인의 추인도 인정되지 않음★★ • 상대방 있는 단독행위도 원칙적으로 무효이지만, 예외적으로 그 행위 당시에 상대방이 대리인이라 칭하는 자의 대리권 없는 행위에 동의하거나 그 대리권을 다투지 아니한 때 또는 대리권 없는 자에 대하여 그 동의를 얻어 단독행위를 한 때에는 계약의 경우와 같게 취급됨

핵심문제

01 복대리에 관한 설명 중 틀린 것은? 기출

① 복대리인은 그 권한 내에서 본인을 대리한다.
② 대리인은 자기 이름으로 복대리인을 선임한다.
③ 법정대리인은 그 책임으로 복대리인을 선임할 수 있다.
④ 복대리인을 선임한 뒤에는 대리인의 대리권은 소멸된다.

[해설]
복대리인은 대리인의 대리권에 기하여 선임된 본인의 대리인으로 대리인의 감독을 받을 뿐만 아니라 그 대리권의 존재 및 범위에 의존하여 대리인과 동일한 권리·의무를 가지므로 복대리인을 선임한 뒤에도 대리인은 여전히 대리권을 가진다. 대리인의 대리권이 소멸하면 복대리인의 지위도 소멸한다.

정답 ④

02 표현대리에 대한 설명 중 옳지 않은 것은?

① 표현대리가 성립되면 무권대리의 성질이 유권대리로 전환된다.
② 강행법규에 위반되는 행위에 대하여 표현대리의 법리가 적용될 여지가 없다.
③ 대리권 수여 표시에 의한 표현대리의 경우 임의대리에만 적용된다는 것이 통설이다.
④ 대리권 소멸 후의 표현대리에서 제3자는 거래행위의 상대방만을 지칭한다.

[해설]
표현대리가 성립된다고 하여 무권대리의 성질이 유권대리로 전환되는 것은 아니다(대판[전합] 1983.12.13. 83다카1489).

정답 ①

7. 무효와 취소

① 무 효

⊙ **의의** : 법률행위가 성립한 당초부터 법률상 당연히 그 효력이 생기지 아니하는 것을 말한다[민법 제107조 제1항 단서의 비진의의사표시(심리유보), 통정허위표시, 강행법규에 반하는 법률행위 등]. 민법상 선량한 풍속 기타 사회질서에 위반한 사항을 내용으로 하는 법률행위는 무효로 한다. ★

⊙ **무효의 효과**

- **법률행위의 일부무효** : 법률행위의 일부분이 무효인 때에는 그 전부를 무효로 한다. 그러나 그 무효부분이 없더라도 법률행위를 하였을 것이라고 인정될 때에는 나머지 부분은 무효가 되지 않는다(민법 제137조).

- **무효행위의 추인** : 무효인 법률행위를 유효로 인정하는 당사자의 의사표시를 말한다. 민법은 당사자가 그 행위가 무효임을 알고서 이를 추인한 때에는 '새로운 법률행위'를 한 것으로 간주한다(민법 제139조 단서). 따라서 무효였던 법률행위는 새로운 별개의 법률행위로서 장래를 향하여 유효로 되고 소급적으로 처음부터 유효로 되지는 않는다.

> **법정추인의 의미**
> 법정추인이란 추인권자의 명시적 의사표시가 없더라도 추인으로 인정될 만한 일정한 사항이 있을 때에는 추인한 것으로 법률이 인정하는 것을 말한다. 단, 이의를 보류한 때에는 그러하지 아니하다(민법 제145조 단서).
>
> **법정추인의 요건(민법 제145조)** 기출 24
> 1. 전부나 일부의 이행
> 2. 이행의 청구
> 3. 경 개
> 4. 담보의 제공
> 5. 취소할 수 있는 행위로 취득한 권리의 전부나 일부의 양도
> 6. 강제집행
>
> **법정추인의 효과**
> 법정추인이 인정되면 추인한 것으로 보아, 취소권을 다시는 행사할 수 없는 효과가 생긴다. ★

- **무효행위의 전환** : 무효행위의 전환이란 A라는 법률행위로는 무효인데 그것이 B라는 법률행위로는 유효요건을 갖추고 있는 경우에 A를 B로 인정하는 것이다(민법 제138조). 예컨대 전세계약이 무효인데 임대차계약으로는 유효인 경우 등이다. 기출 17

🔍 핵심문제

01 다음 중에서 무효행위의 추인이 가능한 것은 어느 것인가? 기출

① 가장매매행위
② 생존의 기초가 되는 재산의 처분행위
③ 사회질서에 반하는 행위
④ 상대방의 경솔을 이용하여 한 불공정한 행위

[해설]
① 가장매매는 당사자가 추인을 하면 그때부터 유효한 매매로 된다. ★
②·③·④ 민법 제103조·제104조는 강행규정으로서 추인이 허용되지 않는다.

정답 ①

② 취 소
　㉠ 취소할 수 있는 법률행위란 취소권자가 취소를 하기 전에는 일단 법률효과가 발생하나 취소의 의사를 표시하면 처음부터 소급하여 법률효과가 소멸되는 것을 말한다(사기, 강박 등). 취소된 법률행위는 처음부터 무효인 것으로 본다.
　㉡ **취소권자** : 제한능력자, 하자 있는 의사표시를 한 자와 그 대리인 및 승계인

무효와 취소의 차이 기출 17·16

구 분	무 효	취 소
기본적 효과	절대적 무효가 원칙	상대적 취소가 원칙
주장권자	누구라도 주장 가능	취소권자에 한하여 가능
기간의 제한	제한이 없음	제척기간(3년, 10년)
시간경과에 따른 효력	효력변동 없음	제척기간 도과 시 취소권 소멸, 유효한 것으로 확정됨
추 인	• 효력변동 없음 • 당사자가 무효임을 알고 추인한 때에는 새로운 법률행위로 봄(민법 제139조 단서)	추인으로 확정적 유효가 됨
발생사유	• 반사회적 법률행위(민법 제103조) • 불공정한 법률행위(민법 제104조) • 비진의표시 단서 규정(민법 제107조 제1항 단서) • 통정허위표시(민법 제108조 제1항)	• 행위무능력(민법 제5조 제2항) • 착오(민법 제109조 제1항 본문) • 사기·강박(민법 제110조 제1항)

핵심문제

01 다음 중 법률행위의 취소가 되는 의사표시는? 기출
　① 사기에 의한 표시
　② 통정한 허위의 의사표시
　③ 진의 아닌 의사표시
　④ 불공정한 의사표시

【해설】
사기에 의한 의사표시는 취소할 수 있다(민법 제110조 제1항).

정답 ①

02 무효와 취소에 관한 설명 중 틀린 것은? 기출
　① 일단 성립한 법률행위는 취소가 있기 전까지 유효하다는 점에서 무효와 다르다.
　② 취소의 의사표시는 취소권을 가진 자만이 행사할 수 있다는 점에서 무효와 다르다.
　③ 취소를 하면 법률행위는 취소한 때로부터 효력을 상실한다.
　④ 취소할 수 있는 법률행위를 추인하면 그 법률행위는 확정적으로 유효가 된다.

【해설】
취소된 법률행위는 처음부터 무효인 것으로 보는 것이 원칙이다[취소의 소급효(민법 제141조 본문)].

정답 ③

8. 조건

① 의의 : 법률행위의 효과의 발생 또는 소멸을 장래의 도래가 불확실한 사실의 성부에 의존시키는 법률행위의 부관이다.

② 종류

정지조건과 해제조건	정지조건	법률행위의 효력의 발생을 장래의 불확실한 사실에 의존시키는 조건 예 입학시험에 합격하면 시계를 사주겠다 기출 12
	해제조건	법률행위의 효력의 소멸을 장래의 불확정한 사실에 의존시키는 조건 예 지금 학비를 주고 있지만 낙제하면 지급을 중지하겠다
적극조건과 소극조건	적극조건	조건이 성취되기 위하여 조건이 되는 사실의 현상이 변경되는 조건 예 내일 비가 온다면 우산을 사주겠다
	소극조건	조건이 성취되기 위하여 조건이 되는 사실의 현상이 변경되지 않는 조건 예 내일 비가 오지 않는다면 운동화를 사주겠다
가장조건	형식적으로는 조건이지만 실질적으로는 조건으로 인정받지 못하는 것이다. ★★	
	기성조건	이미 이루어진 조건으로, 기성조건을 정지조건으로 한 경우에는 조건 없는 법률행위가 되고, 해제조건으로 하게 되면 무효가 된다(민법 제151조 제2항).
	불능조건	실현 불가능한 사실을 내용으로 하는 조건으로, 불능조건이 해제조건이면 조건 없는 법률행위에 해당하고, 정지조건이면 무효가 된다(민법 제151조 제3항). 기출 22
	법정조건	법률행위의 효력발생을 위해 법률이 명문으로 요구하는 조건이다.
	불법조건	선량한 풍속 기타 사회질서에 위반하는 조건으로, 불법조건이 붙은 법률행위는 법률행위 전체가 무효이다(민법 제151조 제1항).
수의조건	순수 수의조건	당사자의 일방적인 의사에 따라 조건의 성취가 결정되는 조건으로 항상 무효이다. 예 내 마음이 내키면 시계를 사주겠다
	단순 수의조건	"내가 미국에 여행을 가면 시계를 사주겠다"와 같이 당사자의 일방적 의사로 결정되기는 하지만 '미국 여행'이라는 의사결정에 기인한 사실상태의 성립도 요건으로 하는 조건으로 이는 유효하다.
비수의조건	우성조건	당사자의 의사와 관계없이 자연적 사실에 의한 조건 예 내일 비가 온다면 우산을 사주겠다
	혼성조건	당사자의 일방의 의사뿐만 아니라 제3자의 의사에도 의해서 성부가 결정되는 조건★ 예 당신이 갑녀와 결혼한다면 집을 한 채 사주겠다

핵심문제

01 법률행위의 조건에 관한 설명이다. 틀린 것은? 기출

① 해제조건부 법률행위는 그 조건이 성취한 때로부터 그 효력이 생긴다.
② 조건이 사회질서에 반하는 것인 때에는 그 법률행위는 무효로 한다.
③ 조건의 성취가 아직 정하여지지 아니한 권리도 상속될 수 있다.
④ "내일 비가 오면 이 반지를 주겠다"는 약속은 정지조건부 법률행위이다.

[해설]
조건의 성취가 있으면 이미 발생된 법률행위의 효력을 소멸시키는 조건은 해제조건이다. 불법조건이 붙은 법률행위는 무효이고, 불능조건이 해제조건이면 조건 없는 법률행위로 된다.

정답 ①

③ 조건을 붙일 수 없는 법률행위(조건과 친하지 않는 법률행위)★★
　㉠ 법률행위가 그 효과가 확정적으로 발생될 것이 요구되는 것(예 어음 및 수표행위와 혼인・입양・인지・상속의 승인 및 포기 등과 같은 신분행위)에는 조건을 붙일 수 없다.
　㉡ 조건을 붙이면 상대방의 지위를 현저하게 불안정・불리하게 하는 경우(예 단독행위 중에서 상계・취소・철회 등)에는 원칙적으로 조건을 붙일 수 없다.
　㉢ 단독행위라도 '상대방의 동의가 있거나' 또는 '상대방에게 이익만을 주는 경우'(예 채무면제, 유증 등)에는 조건을 붙이더라도 무방하다.
　㉣ **효과** : 조건과 친하지 아니한 법률행위에 조건을 붙이는 경우 특별한 규정이나 약정이 없는 한 '일부무효의 법리'가 적용된다고 할 것이다. 따라서 당사자의 반대의사를 인정할 만한 사정이 없는 경우에는 이러한 조건이 붙은 법률행위는 그 법률행위 자체가 전부무효로 된다고 할 것이다.
④ **조건의 효력** 기출 12
　㉠ 정지조건이 있는 법률행위는 조건이 성취한 때로부터 그 효력이 생긴다(민법 제147조 제1항).
　㉡ 해제조건 있는 법률행위는 조건이 성취한 때로부터 그 효력을 잃는다(민법 제147조 제2항). 기출 22
　㉢ 불능조건이 해제조건이면 조건 없는 법률행위가 되고, 정지조건이라면 그 법률행위는 무효이다(민법 제151조 제3항). 기출 22
　㉣ 조건 있는 법률행위의 당사자는 조건의 성부가 미정한 동안에 조건의 성취로 인하여 생길 상대방의 이익을 해하지 못한다(민법 제148조).
　㉤ 조건의 성취가 미정한 권리의무는 일반규정에 의하여 처분, 상속, 보존 또는 담보로 할 수 있다(민법 제149조).

9. 기 한

① 법률행위의 효력의 발생・소멸 또는 채무의 이행을 도래할 것이 확실한 장래의 사실발생에 의존시키는 법률행위의 부관으로, 확정기한, 불확정기한이 있다. 수표・어음행위에는 조건은 붙일 수 없으나, 기한(始期)은 붙일 수 있다.★
　㉠ 확정기한은 기한의 내용이 되는 사실이 발생하는 시기가 확정되어 있는 기한이다.
　　예 내년 10월 3일에 금시계를 준다.
　㉡ 불확정기한은 기한의 내용이 되는 사실이 발생하는 시기가 확정되어 있지 않은 기한이다.
　　예 내년 봄비가 처음 오는 날에 우산을 사준다.
② 시기 있는 법률행위는 기한이 도래한 때로부터 그 효력이 생기며, 종기 있는 법률행위는 기한이 도래한 때로부터 그 효력을 잃는다(민법 제152조). 기출 22
③ 기한은 채무자의 이익을 위한 것으로 추정한다(민법 제153조 제1항). 기출 22
④ 기한의 이익은 포기할 수 있지만 상대방의 이익을 해하지 못하며(민법 제153조 제2항), 소급효가 없으므로 장래에 향해서만 효력이 있다. 기출 21
⑤ **기한 이익의 상실**(민법 제388조, 채무자회생법 제425조)★ 기출 21
　㉠ 채무자가 담보를 손상하거나 감소 또는 멸실하게 한 때
　㉡ 채무자가 담보제공의무를 이행하지 아니한 때
　㉢ 채무자가 파산선고를 받은 때

Ⅶ 기간

1. 의의
기간이란 어느 시점으로부터 어느 시점까지의 계속된 시간의 구분을 말한다.

2. 자연적 계산법
기간을 시, 분, 초로 정한 때에는 즉시로부터 기산한다(민법 제156조).

3. 역법적 계산법
역법적 계산법이란 기간을 역법상의 단위 즉, 일, 주, 월, 연에 따라 계산하는 방법으로 자연적 계산방법에 대립한다. 민법은 기간이 일 이상 단위로 정해질 때에는 역법적 계산방법에 따르도록 규정하고 있다.

① **기간의 기산점** : 기간을 일, 주, 월 또는 연으로 정한 때에는 기간의 초일은 산입하지 아니한다. 그러나 그 기간이 오전 영시로부터 시작하는 때에는 그러하지 아니하다(민법 제157조).

② **나이의 계산과 표시** : 나이는 출생일을 산입하여 만(滿) 나이로 계산하고, 연수(年數)로 표시한다. 다만, 1세에 이르지 아니한 경우에는 월수(月數)로 표시할 수 있다(민법 제158조).

③ **기간의 만료점** : 기간을 일, 주, 월 또는 연으로 정한 때에는 기간말일의 종료로 기간이 만료한다(민법 제159조).

④ **역에 의한 계산**
   ㉠ 기간을 주, 월 또는 연으로 정한 때에는 역에 의하여 계산한다(민법 제160조 제1항).
   ㉡ 주, 월 또는 연의 처음으로부터 기간을 기산하지 아니하는 때에는 최후의 주, 월 또는 연에서 그 기산일에 해당한 날의 전일로 기간이 만료한다(민법 제160조 제2항).
   ㉢ 월 또는 연으로 정한 경우에 최종의 월에 해당일이 없는 때에는 그 월의 말일로 기간이 만료한다(민법 제160조 제3항).

⑤ **공휴일 등과 기간의 만료점** : 기간의 말일이 토요일 또는 공휴일에 해당한 때에는 기간은 그 익일로 만료한다(민법 제161조).

핵심문제

01 기간에 대한 설명 중 옳은 것은?
① 기간을 시, 분, 초로 정한 때에는 익일부터 기산한다.
② 기간을 일, 주, 월 또는 연으로 정한 때에는 기간의 초일을 산입한다.
③ 기간을 일, 주, 월 또는 연으로 정한 때에는 기간 말일의 종료로 만료한다.
④ 1959년 7월 27일 출생한 자가 60세 정년인 경우, 2019년 7월 27일 24시에 정년에 도달한다.

[해설]
③ (○) 민법 제159조
① (×) 기간을 시, 분, 초로 정한 때에는 즉시로부터 기산한다(민법 제156조).
② (×) 기간을 일, 주, 월 또는 연으로 정한 때에는 기간의 초일은 산입하지 아니한다. 그러나 그 기간이 오전 영시로부터 시작하는 때에는 산입한다(민법 제157조).
④ (×) 1959년 7월 27일 출생한 자의 60세 정년은 2019년 7월 26일 24시(또는 7월 27일 00시)에 정년에 도달한다.

정답 ③

VIII 소멸시효

1. 서 설
① **시효의 의의** : 특정한 사실상태가 일정기간 이상 계속되는 경우 그 상태가 진실한 권리관계에 합치하는지 여부를 묻지 않고 그 사실 상태를 존중하여 그대로 권리관계를 인정하는 법률상의 제도이다.★

② **시효제도의 존재이유**
　㉠ 오랫동안 계속되어온 일정한 사실상태에 대한 신뢰를 보호하여 거래의 안전과 사회질서의 안정을 유지하기 위함이다.
　㉡ 시간의 경과로 인한 정당한 권리관계에 대한 증명의 어려움이 있기 때문이다.
　㉢ 오랫동안 자신의 권리를 행사하지 않은 '권리 위에 잠자는 자'는 보호가치가 없기 때문이다.

③ **시효의 분류**

취득시효	권리행사의 외형인 점유·준점유가 일정기간 계속됨으로써 권리취득의 효과가 생기는 시효 예 20년간 소유의 의사로 평온·공연하게 부동산을 점유하는 자는 등기함으로써 그 소유권을 취득한다(민법 제245조 제1항).
소멸시효	자기의 권리를 일정기간 사용하지 않음으로 인하여 권리를 상실하게 되는 시효 예 채권은 10년간 사용하지 아니하면 소멸시효가 완성한다(민법 제162조 제1항).

④ **소멸시효의 대상성**★★

채 권	채권은 10년의 소멸시효에 걸린다(민법 제162조 제1항). 그러나 법률행위로 인한 등기청구권은 목적물을 인도받아 사용·수익하고 있는 동안 소멸시효에 걸리지 아니한다. 점유취득시효에 기한 등기청구권도 점유를 상실하지 않는 한 소멸시효에 걸리지 아니한다.★★
소유권	소유권의 절대성과 항구성에 의해 소멸시효에 걸리지 아니한다.★
점유·유치권	점유를 기반으로 하는 성질상 별도로 소멸시효에 걸리지 아니한다.★
질권·저당권	피담보채권이 존속하는 한 독립하여 소멸시효에 걸리지 아니한다.★
상린관계상의 권리 및 공유물분할청구권	기초가 되는 법률관계가 존속하는 한 소멸시효에 걸리지 아니한다.★
지상권과 전세권	견해 대립이 있으나, 지상권은 소멸시효의 대상이 된다는 내용으로 출제되었다. 기출 20
지역권	소멸시효의 대상이 된다.
형성권	소멸시효가 아닌 제척기간의 적용을 받는다.★

핵심문제

01 다음 중 시효제도의 존재이유에 대하여 틀린 것은? 기출

① 증거보전 곤란 구제
② 권리 위에 잠자는 자는 보호하지 않는다.
③ 연속한 사실상태의 존중
④ 진정한 권리자의 보호

[해설]
진정한 권리자를 오히려 불이익하게 할 수 있다.

정답 ④

2. 소멸시효의 요건

① 소멸시효의 요건★
  ㉠ 권리가 그 성질상 시효로 소멸할 수 있는 것이어야 한다.
  ㉡ 권리자가 법률상 그의 권리를 행사할 수 있어야 한다.
  ㉢ 권리자가 일정한 기간 계속하여 권리를 행사하지 않아야 한다.

② 소멸시효의 기산점★★

권 리	기산점
확정기한부 채권★	기한이 도래한 때
불확정기한부 채권★	기한이 객관적으로 도래한 때
기한을 정하지 않은 채권★	채권 성립 시
조건부 권리	조건 성취 시
선택채권★	선택권을 행사할 수 있는 때
채무불이행에 의한 손해배상청구권	채무불이행 시
불법행위에 의한 손해배상청구권	채권 성립 시
부당이득반환청구권	채권 성립 시
하자 있는 행정처분에 의한 부당이득반환청구권	취소 : 행정처분을 취소하는 판결이 확정된 때 무효 : 무효인 행정처분이 있은 때
부작위채권	위반행위를 한 때
구상권★	보증인 : 행사할 수 있는 때 공동불법행위자 : 피해자에게 현실로 손해배상금을 지급한 때
물 권	권리가 발생한 때
동시이행항변권이 붙어 있는 채권	이행기

핵심문제

01 다음 중 소멸시효의 요건에 대한 설명으로 틀린 것은?

① 소멸하는 권리는 채권뿐만 아니라 그 밖의 모든 재산권도 포함된다.
② 권리자가 법률상 그의 권리를 행사할 수 있음에도 불구하고 행사하지 않아야 한다.
③ 권리불행사의 상태는 일정기간 계속되어야 한다.
④ 소멸시효의 목적이 되는 권리는 입법 예에 따라 반드시 같지는 않다.

[해설]
채권은 원칙적으로 소멸시효에 걸리나(민법 제162조 제1항), 소유권은 절대성과 항구성에 의해, 점유권은 점유 성질상, 담보물권은 피담보채권이 존속하는 한 독립하여 각각 소멸시효에 걸리지 아니한다.

정답 ①

③ 소멸시효기간★

20년	채권 및 소유권 이외의 재산권★
10년	보통의 채권, 판결·파산절차·재판상 화해·기타 판결과 동일한 효력이 있는 것에 의하여 확정된 채권(민법 제165조 제1항·제2항)
5년	상법상의 채권★

3년의 단기소멸시효(민법 제163조) 기출 16
다음 각호의 채권은 3년간 행사하지 아니하면 소멸시효가 완성한다.
1. 이자, 부양료, 급료, 사용료 기타 1년 이내의 기간으로 정한 금전 또는 물건의 지급을 목적으로 한 채권
2. 의사, 조산사, 간호사 및 약사의 치료, 근로 및 조제에 관한 채권
3. 도급받은 자, 기사 기타 공사의 설계 또는 감독에 종사하는 자의 공사에 관한 채권
4. 변호사, 변리사, 공증인, 공인회계사 및 법무사에 대한 직무상 보관한 서류의 반환을 청구하는 채권
5. 변호사, 변리사, 공증인, 공인회계사 및 법무사의 직무에 관한 채권
6. 생산자 및 상인이 판매한 생산물 및 상품의 대가
7. 수공업자 및 제조자의 업무에 관한 채권

1년의 단기소멸시효(민법 제164조)
다음 각호의 채권은 1년간 행사하지 아니하면 소멸시효가 완성한다.
1. 여관, 음식점, 대석, 오락장의 숙박료, 음식료, 대석료, 입장료, 소비물의 대가 및 체당금의 채권
2. 의복, 침구, 장구 기타 동산의 사용료의 채권
3. 노역인, 연예인의 임금 및 그에 공급한 물건의 대금채권
4. 학생 및 수업자의 교육, 의식 및 유숙에 관한 교주, 숙주, 교사의 채권

핵심문제

01 민법상 소멸시효기간이 3년인 것은? 기출 16

① 의복의 사용료 채권
② 여관의 숙박료 채권
③ 연예인의 임금 채권
④ 도급받은 자의 공사에 관한 채권

[해설]
④만 단기소멸시효 3년에 해당하고, 나머지는 1년의 소멸시효에 해당한다.

정답 ④

3. 소멸시효의 중단

① 소멸시효 중단의 의의 : 시효기간의 경과 중에 권리의 불행사라는 소멸시효의 바탕이 되는 사실 상태와 상반되는 사실이 발생할 경우 이미 진행한 시효기간은 무효로 하고 처음부터 다시 진행한다.
② 중단사유 : 청구, 압류·가압류·가처분, 승인

4. 소멸시효의 정지

① 의의 : 시효기간 만료 시 시효를 중단시키기 곤란한 사정이 있는 경우 시효의 완성을 일정기간 유예시키는 제도이다.
② 정지사유 : 제한능력자를 위한 정지(민법 제179조·제180조 제1항), 혼인관계의 종료에 의한 정지(민법 제180조 제2항), 상속재산에 관한 정지(민법 제181조), 천재 기타 사변에 의한 정지(민법 제182조)

5. 소멸시효의 효력

① 소멸시효와 소급효 : 소멸시효는 그 기산일에 소급하여 효력이 생긴다(민법 제167조). ★ 기출 20
② 소멸시효 이익의 포기
  ㉠ 소멸시효의 이익의 포기는 시효완성 후에만 가능하다. 따라서 완성 전에는 포기할 수 없다(민법 제184조 제1항). 기출 20
  ㉡ 시효기간을 단축하거나, 시효요건을 경감하는 당사자의 특약은 유효하다(민법 제184조 제2항). 기출 20
  ㉢ 시효이익의 포기는 상대방 있는 단독행위이며 처분권능·처분권한이 있어야 한다. ★
  ㉣ 시효이익의 포기는 상대적 효력을 가지기에 주채무자의 시효이익의 포기는 보증인에게는 효력이 미치지 아니한다(민법 제169조). ★
  ㉤ 포기의 대상이 주(主)된 권리인 때에는 그 포기의 효력은 종(縱)된 권리에도 미친다. 따라서 주된 권리를 포기하면 종된 권리도 자동으로 포기한 것이 된다(민법 제183조).

IX 물권법

1. 물권의 종류

① 관습법에 의해 인정되는 물권 기출 13
  ㉠ 분묘기지권
  ㉡ 관습법상 법정지상권
  ㉢ 동산양도담보
② 물권설정대상 ★ 기출 09
  ㉠ 토지와 같은 부동산에는 질권을 설정할 수 없다.
  ㉡ 전세권에 저당권을 설정할 수 있다.
  ㉢ 토지에 지상권을 설정할 수 있다.
  ㉣ 건물에 유치권을 행사할 수 있다.

③ 민법상 물권의 종류 기출 24·22·21·19·17·16·14·13

구 분		의 의
점유권		물건을 사실상 지배함으로써 성립하는 권리
소유권		물건을 사용·수익·처분할 수 있는 권리
용익 물권	지상권	타인의 토지에 건물이나 수목 등을 설치하고 그것을 소유하기 위하여 타인의 토지를 사용하는 물권
	지역권	타인의 토지를 자기 토지의 편익을 위하여 사용하는 물권
	전세권	전세금을 지급하고 타인의 토지 또는 건물을 사용·수익하는 물권
담보 물권	유치권	타인의 물건(민법상 동산 및 부동산)이나 유가증권을 점유한 자가 그 물건이나 유가증권에 관하여 생긴 채권이 있는 경우, 변제받을 때까지 그 물건이나 유가증권을 유치할 수 있는 담보물권 예 甲이 전파상에 고장 난 라디오의 수리를 의뢰한 경우, 전파상 주인은 수리대금을 받을 때까지 甲에게 라디오의 반환을 거부할 수 있다.
	질권 (동산·권리질권)	채권자가 자신의 채권을 담보하기 위하여 채무의 변제기까지 채무자로부터 인도받은 동산을 점유·유치하기로 채무자와 약정하고, 채무의 변제가 없는 경우에는 그 동산의 매각대금으로부터 우선변제를 받을 수 있는 담보물권(동산질권) 예 甲이 乙에게 10만원을 빌리면서 금반지를 담보로 맡긴 경우, 乙은 빌려간 돈을 갚을 때까지 그 반지를 가지고 있을 수 있고, 만약 甲이 갚지 않을 경우에는 그 반지를 처분하여 우선변제받을 수 있다.
	저당권	채권자가 채무자 또는 제3자(물상보증인)로부터 점유를 옮기지 아니하고, 그 채권의 담보로 제공된 목적물(부동산)에 대하여 우선변제받을 수 있는 담보물권

핵심문제

01 민법상 용익물권인 것은? 기출 18

① 질 권
② 지역권
③ 유치권
④ 저당권

[해설]
용익물권에는 지상권, 지역권, 전세권이 있고, 담보물권에는 유치권, 질권, 저당권이 있다.

정답 ②

02 유치권에 관한 설명으로 옳지 않은 것은? 기출 17

① 유치권의 행사는 채권의 소멸시효의 진행에 영향을 미친다.
② 유치권자는 채권의 변제를 받기 위하여 유치물을 경매할 수 있다.
③ 유치권자는 채권전부의 변제를 받을 때까지 유치물 전부에 대하여 그 권리를 행사할 수 있다.
④ 유치권은 점유의 상실로 인하여 소멸한다.

[해설]
유치권의 행사는 채권의 소멸시효의 진행에 영향을 미치지 아니한다(민법 제326조). ★

정답 ①

> **유치권** 기출 17·16
> - 유치권자는 채권전부의 변제를 받을 때까지 유치물 전부에 대하여 그 권리를 행사할 수 있다(민법 제321조). ★
> - 유치권자는 채권의 변제를 받기 위하여 유치물을 경매할 수 있다(민법 제322조 제1항). ★
> - 유치권의 행사는 채권의 소멸시효의 진행에 영향을 미치지 아니한다(민법 제326조). ★
> - 유치권은 점유의 상실로 인하여 소멸한다(민법 제328조). ★

2. 물권의 특성

① 물권은 객체를 <u>직접</u> 지배하는 성질이 있다.
② 물권은 객체를 <u>배타적으로</u> 지배하는 성질이 있다.
③ 물권의 효력은 누구에게나 주장할 수 있는 <u>절대적</u> 성질이 있다.
④ 물권은 <u>강한 양도성</u>이 있는 권리이다.

> **물권의 효력**
> - 물권 상호 간의 효력 : 시간적으로 먼저 성립한 물권은 뒤에 성립한 물권에 우선한다.
> - 물권과 채권 간의 효력
>   - 원칙 : 물권과 채권 간에는 성립시기를 불문하고 물권이 우선한다.
>   - 예외 : 법률이 정한 특정한 경우에는 채권이 물권에 우선한다. ★
>   예 근로기준법상의 임금우선특권, 주택임대차보호법상의 소액보증금우선특권

3. 동산 물권변동

① 법률행위에 의한 동산 물권변동 : <u>인도</u>에 의해 동산 물권변동의 <u>효력이 생긴다</u>.
② 선의취득 : 평온·공연하게 동산을 양수한 자가 선의이며 과실 없이 그 동산을 점유한 경우에는 양도인이 정당한 소유자가 아닌 때에도 즉시 그 동산의 소유권을 취득한다. ★

4. 부동산 물권변동

① 원칙 : 법률행위에 의한 부동산 물권변동은 <u>등기하여야 그 효력이 생긴다</u>(민법 제186조). ★
② 예외 : 상속, 공용징수, 판결, 경매 기타 법률의 규정에 의한 부동산 물권취득은 등기를 요하지 아니한다. 그러나 등기를 하지 아니하면 이를 처분하지 못한다(민법 제187조). ★

> **부동산물권변동의 효력(민법 제186조)**
> 부동산에 관한 법률행위로 인한 물권의 득실변경은 등기하여야 그 효력이 생긴다.
>
> **등기를 요하지 아니하는 부동산물권취득(민법 제187조)**
> 상속, 공용징수, 판결, 경매 기타 법률의 규정에 의한 부동산에 관한 물권의 취득은 등기를 요하지 아니한다. 그러나 등기를 하지 아니하면 이를 처분하지 못한다.
>
> **동산물권양도의 효력, 간이인도(민법 제188조)**
> ① 동산에 관한 물권의 양도는 그 동산을 인도하여야 효력이 생긴다.
> ② 양수인이 이미 그 동산을 점유한 때에는 당사자의 의사표시만으로 그 효력이 생긴다.

5. 소유권

① 개념 : 소유권이란 물건을 전면적·포괄적으로 지배하는 권리이다.

② 취득시효에 의한 소유권의 취득

부동산의 시효취득	20년간 소유의 의사로 평온·공연하게 부동산을 점유한 자가 등기한 경우 또는 부동산의 소유자로 등기한 자가 10년간 소유의 의사로 평온·공연하게 선의·무과실로 부동산을 점유한 경우에는 그 소유권을 취득한다(민법 제245조).
동산의 시효취득	10년간 소유의 의사로 평온·공연하게 동산을 점유한 자는 그 소유권을 취득한다. 이러한 점유가 선의·무과실로 개시된 경우에는 5년이 지나면 그 소유권을 취득한다(민법 제246조).

③ 소유권의 취득시기

㉠ 아파트를 분양받는 경우 소유권이전등기를 해야 비로소 소유권을 갖게 된다.
㉡ 단독주택을 상속받는 경우 상속등기를 하지 않더라도 그 단독주택은 상속인들이 소유권을 갖게 된다.
㉢ 승용차를 구입하는 경우 차량에 대한 소유권 등록을 해야 비로소 소유권을 갖게 된다. ★

④ 공동소유 기출 23·20

내 용	공 유 (예 공동상속)	합 유 (예 조합)	총 유 (예 권리능력 없는 사단)
지분의 유무	有	有	無
지분 처분	자 유	전원의 동의로 가능 (민법 제273조 제1항 반대해석)	지분이 없으므로 불가
분할청구	자 유	존속하는 동안 분할청구 불가(민법 제273조 제2항), 해산 시 가능	불 가
보존행위	각자 단독으로 가능	각자 단독으로 가능 (민법 제272조 단서)	총회결의를 얻어야 가능
관리행위	지분의 과반수로 가능 (민법 제265조 본문)	조합원의 과반수로 가능 (민법 제265조 본문 유추적용)	총회결의로 가능
처분·변경	전원 동의로 가능	전원 동의로 가능	총회결의로 가능
사용·수익	지분비율로 전부 사용 가능	지분비율로 전부 사용 가능 단, 조합계약으로 달리 정할 수 있다.	정관 기타 규약에 좇아 각자 사용·수익 가능
등 기	공유자 전원 명의	합유자 전원 명의	비법인사단 명의
종료사유	공유물 양도, 공유물 분할	합유물 양도, 조합해산	총유물 양도, 사원지위 상실

〈출처〉 박기현·김종원, 「핵심정리 민법」, 메티스, 2014, P. 677

핵심문제

01 공유에 관한 설명으로 옳지 않은 것은?

① 물건이 지분에 의하여 수인의 소유로 된 때에는 공유로 한다.
② 공유자의 지분은 균등한 것으로 추정한다.
③ 공유자는 다른 공유자의 동의 없이 공유물을 처분할 수 있다.
④ 공유자는 그 지분을 처분할 수 있고, 공유물 전부를 지분의 비율로 사용, 수익할 수 있다.

[해설]
공유자는 다른 공유자의 동의 없이 공유물을 처분하거나 변경하지 못한다(민법 제264조).

정답 ③

X 채권법

1. 보증채무와 연대채무

① 보증채무 기출 15
  ㉠ 의의 : 보증채무란 채권자와 보증인 사이에 체결된 보증계약에 의하여 성립하는 채무로서, 주된 채무와 동일한 내용의 급부를 할 것을 내용으로 하여 주채무자가 급부를 이행하지 않을 경우에는 보증인이 이를 이행하여야 하는 채무이다. ★
  ㉡ 특 성 ★★
    - 독립성 : 보증채무는 주채무와 독립한 별개의 채무이다.
    - 부종성 : 주채무가 성립하지 않으면 보증채무도 성립하지 아니하며, 주채무의 소멸 시 보증채무도 따라서 소멸한다.
    - 보충성 : 보증인은 주채무자가 이행하지 않는 경우 이행의 책임을 지며, 채권자가 주채무자에게 이행을 청구하지 않고 보증인에게 이행을 청구하는 경우에는 먼저 주채무자에게 청구할 것과 그 재산에 대하여 집행할 것을 항변할 수 있다.

② 연대채무
  ㉠ 의의 : 수인의 채무자가 채무 전부를 각자 이행할 의무가 있고, 채무자 1인의 이행으로 다른 채무자도 그 의무를 면하게 되는 채무로서, 채권자는 연대채무자 중 1인을 임의로 선택하여 채무 전부의 이행을 청구할 수 있다. 연대채무자는 최고·검색의 항변권이 없다. ★
  ㉡ 연대채무자 1인에게 생긴 사유의 효력 기출 17·16
    - 절대적 효력 : 변제·대물변제·공탁, 상계, 채권자지체, 이행의 청구, 경개, 면제, 혼동, 시효의 완성
    - 상대적 효력 : 시효의 중단·정지, 이행지체·이행불능(단, 채권자의 청구에 의한 지체는 절대적 효력), 채무자 한 사람에게 내려진 판결

핵심문제

01 민법상 연대채무자 1인에게 생긴 사유 중 절대적 효력이 인정되는 경우가 아닌 것은? 기출 16
① 상 계
② 면 제
③ 혼 동
④ 시효중단

[해설]
시효중단은 상대적 효력이 인정된다. 민법상 연대채무자에 관해 절대적 효력이 인정되는 경우는 이행청구(제416조), 경개(제417조), 상계(제418조), 면제(제419조), 혼동(제420조), 소멸시효(제421조), 채권자지체(제422조) 등이 있다.

정답 ④

2. 채무불이행★

① 이행지체
  ㉠ 개념 : 이행기에 채무의 이행이 가능함에도 불구하고 채무자의 책임 있는 사유에 의하여 이행을 하지 않는 것이다. 이행이 가능하다는 점에서 이행불능과 다르며, 이행행위가 없다는 점에서 불완전이행과 다르다.
  ㉡ 효과 : 강제이행청구권(민법 제389조), 손해배상청구권(민법 제390조), 책임의 가중(민법 제392조), 계약해제권(민법 제544조)이 발생한다. 기출 20

② 이행불능
  ㉠ 개념 : 채무가 성립할 당시에는 이행이 가능하였으나 그 후 채무자의 귀책사유에 의해 이행이 불가능하게 된 경우
  ㉡ 효과 : 손해배상청구권(민법 제390조), 계약해제권(민법 제546조), 대상청구권이 발생한다. 기출 20

③ 불완전이행 : 채무자가 이행을 했지만 그 이행이 채무의 내용에 좇은 완전한 것이 아닌 경우

3. 채권자대위권과 채권자취소권★★

구 분	채권자대위권(민법 제404조·제405조)	채권자취소권(민법 제406조·제407조)
정 의	채권자가 자기의 채권을 보전하기 위하여 채무자의 권리(일신에 전속한 권리는 제외)를 행사할 수 있는 권리	채권자를 해함을 알면서 채무자가 행한 법률행위를 취소하고 채무자의 재산을 원상회복할 수 있는 권리
권리자	채권자	채권자
목 적	책임재산의 보전	책임재산의 보전
권리내용	채무자의 재산 보전조치를 대행	재산 감소행위의 취소 또는 원상회복
행사방법	• 재판상 및 재판 외 행사가능★ • 기한이 도래하기 전에는 법원의 허가 없이 행사 불가(단, 보전행위는 가능)★	반드시 재판상 행사
행사의 상대방	제3채무자	수익자 또는 전득자(단, 행위 또는 전득 당시에 채권자를 해함을 알지 못한 경우에는 행사 불가)★
행사의 효력	• 대위권 행사의 효과는 당연히 채무자에게 귀속하여 채무자의 일반재산에 편입됨 • 대위소송의 기판력은 소송사실을 인지한 채무자에게 미침	• 취소권행사의 효력은 소송상 피고에 한정됨★ • 소송당사자가 아닌 채무자, 채무자와 수익자, 수익자와 전득자 사이의 법률관계는 영향이 없음★

4. 계약의 성립

① 청약과 승낙에 의한 계약의 성립
  ㉠ 청약 : 청약이란 승낙과 결합하여 일정한 계약을 성립시킬 것을 목적으로 하는 일방적·확정적 의사표시이다. 청약은 원칙적으로 상대방에게 도달해야 효력이 발생한다.
  ㉡ 승낙 : 승낙이란 청약의 상대방이 청약에 응하여 계약을 성립시킬 목적으로 하는 의사표시를 말한다. 승낙은 청약자라는 특정인을 대상으로 해야 하며 청약의 내용과 일치하는 내용이어야 한다.
    • 승낙자가 청약에 대하여 변경을 가하여 승낙한 때에는 그 청약의 거절과 동시에 새로 청약한 것으로 본다(민법 제534조). 기출 22
    • 격지자 간의 계약은 승낙의 통지를 발송한 때에 성립한다(민법 제531조). 기출 22

② 청약·승낙 이외의 방법에 의한 계약의 성립
  ㉠ **교차청약에 의한 계약성립** : 당사자가 같은 내용을 서로 엇갈려 청약함으로써 성립하는 것(민법 제533조)으로, 양청약이 상대방에게 도달한 때 계약이 성립한다. 기출 22
  ㉡ **의사실현에 의한 계약성립** : 청약자의 특별한 의사표시나 관습에 의하여 승낙의 통지를 필요로 하지 않는 경우에는 승낙의 의사표시로 인정되는 사실이 있는 때에 계약이 성립한다(민법 제532조).

5. 민법상 계약의 종류 기출 24·22·19·15·14·13·10·09·06

① 민법상 15개 전형계약
  ㉠ **증여** : 당사자 일방이 무상으로 재산을 상대방에 수여하는 의사를 표시하고 상대방이 이를 승낙함으로써 효력 발생(민법 제554조 내지 제562조)
  ㉡ **매매** : 당사자 일방이 재산권을 상대방에게 이전할 것을 약정하고 상대방이 그 대금을 지급할 것을 약정함으로써 효력 발생(민법 제563조 내지 제595조)
  ㉢ **교환** : 당사자 쌍방이 금전 이외의 재산권을 상호이전할 것을 약정함으로써 효력 발생(민법 제596조 내지 제597조)
  ㉣ **소비대차** : 당사자 일방이 금전 기타 대체물의 소유권을 상대방에게 이전할 것을 약정하고 상대방은 그와 같은 종류, 품질 및 수량으로 반환할 것을 약정함으로써 효력 발생(민법 제598조 내지 제608조)★
  ㉤ **사용대차** : 당사자 일방이 상대방에게 무상으로 사용, 수익하게 하기 위하여 목적물을 인도할 것을 약정하고 상대방은 이를 사용, 수익한 후 그 물건을 반환할 것을 약정함으로써 효력 발생(민법 제609조 내지 제617조)
  ㉥ **임대차** : 당사자 일방이 상대방에게 목적물을 사용, 수익하게 할 것을 약정하고 상대방이 이에 대하여 차임을 지급할 것을 약정함으로써 효력 발생(민법 제618조 내지 제654조)
  ㉦ **고용** : 당사자 일방이 상대방에 대하여 노무를 제공할 것을 약정하고 상대방이 이에 대하여 보수를 지급할 것을 약정함으로써 효력 발생(민법 제655조 내지 제663조)
  ㉧ **도급** : 당사자 일방이 어느 일을 완성할 것을 약정하고 상대방이 그 일의 효과에 대하여 보수를 지급할 것을 약정함으로써 효력 발생(민법 제664조 내지 제674조)
  ㉨ **여행계약** : 당사자 한쪽이 상대방에게 운송, 숙박, 관광 또는 그 밖의 여행 관련 용역을 결합하여 제공하기로 약정하고 상대방이 그 대금을 지급하기로 약정함으로써 효력 발생(민법 제674조의2 내지 제674조의9)
  ㉩ **현상광고** : 광고자가 어느 행위를 한 자에게 일정한 보수를 지급할 의사를 표시하고 이에 응한 자가 그 광고에 정한 행위를 완료함으로써 효력 발생(민법 제675조 내지 제679조)★
  ㉪ **위임** : 당사자 일방이 상대방에 대하여 사무의 처리를 위탁하고 상대방이 이를 승낙함으로써 효력 발생(민법 제680조 내지 제692조)★
  ㉫ **임치** : 당사자 일방이 상대방에 대하여 금전이나 유가증권 또는 기타 물건의 보관을 위탁하고 상대방이 이를 승낙함으로써 효력 발생(민법 제693조 내지 제702조)★
  ㉬ **조합** : 2인 이상이 상호출자하여 공동사업을 경영할 것을 약정함으로써 효력 발생(민법 제703조 내지 제724조)

ⓗ **종신정기금** : 당사자 일방이 자기, 상대방 또는 제3자의 종신까지 정기로 금전 기타의 물건을 상대방 또는 제3자에게 지급할 것을 약정함으로써 효력 발생(민법 제725조 내지 제730조)

㉮ **화해** : 당사자가 상호양보하여 당사자 간의 분쟁을 종지할 것을 약정함으로써 효력 발생(민법 제731조 내지 제733조)

② **쌍무계약과 편무계약** 기출 23·13 : 계약의 쌍방당사자가 서로 대가적 채무를 부담하는지 여부에 따른 계약의 분류이다.

구 분	종 류
쌍무계약	매매, 교환, 유상소비대차, 임대차, 고용, 도급, 여행계약, 유상위임, 유상임치, 조합, 화해
편무계약	증여, 무상소비대차, 사용대차, 현상광고, 무상위임, 무상임치

③ **유상계약과 무상계약** 기출 23·13 : 계약의 쌍방당사자가 서로 대가적 의미를 가지는 출연 내지 출재를 하는지 여부에 따른 구분이다.

구 분	종 류
유상계약	매매, 교환, 유상소비대차, 임대차, 고용, 도급, 여행계약, 현상광고, 유상위임, 유상임치, 조합, 유상종신정기금, 화해
무상계약	증여, 무상소비대차, 사용대차, 무상위임, 무상임치, 무상종신정기금

④ **낙성계약과 요물계약** 기출 23·13 : 계약의 쌍방당사자의 합의만으로 성립하는 계약을 낙성계약, 그 합의 이외에 일방이 물건의 인도 등 일정한 급부를 하여야만 성립하는 계약을 요물계약이라고 한다.

구 분	종 류
낙성계약	현상광고를 제외한 14개 전형계약
요물계약	현상광고

핵심문제

01 민법상 전형계약에 관한 설명으로 옳지 않은 것은? 기출 13

① 현상광고는 쌍무계약이다.
② 위임은 무상계약이 원칙이다.
③ 임치는 무상·편무계약이 원칙이다.
④ 이자부 소비대차계약은 쌍무계약이다.

[해설]
현상광고란 광고자가 어떤 행위를 한 자에게 일정한 보수를 지급할 의사표시를 하고 응모자가 그 광고에 정한 행위를 함으로써 완료·성립하는 계약으로서, 요물·유상·편무계약이다.★

정답 ①

6. 채권성립의 원인 기출 12

① 계약(契約) : 서로 대립하는 두 개 이상의 의사표시의 합치로써 성립하는 법률행위이다.
② 사무관리(事務管理)(민법 제734조 내지 제740조) 기출 15 : 법률상 또는 계약상의 의무 없이 타인을 위하여 사무를 처리함으로써 법정채권관계가 성립한다.
③ 부당이득(不當利得)(민법 제741조 내지 제749조) : 법률상 원인 없이 타인의 재산 또는 노무로 인하여 이익을 얻고 이로 인해 타인에게 손해를 가하는 것으로, 손해를 가한 자에게 그 이득의 반환을 요구할 수 있다.
④ 불법행위(不法行爲)(민법 제750조 내지 제766조) : 고의 또는 과실로 인한 위법행위로 타인에게 손해를 가한 경우에는 그 손해를 배상할 책임이 발생한다.

> **일반적인 불법행위책임의 성립요건** 기출 18
> ① 행위자의 고의·과실, ② 행위자의 책임능력, ③ 행위의 위법성, ④ 가해행위에 의한 손해발생 등이 요구된다.

XI 가족법

1. 친족과 가족

① 친족(親族)(민법 제767조) 기출 12
  ㉠ 배우자
  ㉡ 혈족(血族)(민법 제768조)
    • 자기의 직계존속과 직계비속을 <u>직계혈족</u>이라 한다.
    • 자기의 형제자매와 형제자매의 직계비속, 직계존속의 형제자매 및 그 형제자매의 직계비속을 <u>방계혈족</u>이라 한다.
  ㉢ 인척 : 혈족의 배우자, 배우자의 혈족, 배우자의 혈족의 배우자(민법 제769조)
② 친족의 범위 기출 12
  ㉠ 8촌 이내의 혈족, 4촌 이내의 인척 및 배우자가 친족의 범위에 속한다(민법 제777조). ★
  ㉡ 친족관계 : 입양으로 인한 친족관계는 입양의 취소 또는 파양으로 인하여 종료한다(민법 제776조). ★

핵심문제

01 법률상의 원인 없이 타인의 재산 또는 노무로 이익을 얻고 이로 인하여 타인에게 손해를 가하는 것을 무엇이라 하는가? 기출

① 계 약   ② 사무관리
③ 부당이득   ④ 불법행위

[해설]
법률상 원인 없이 타인의 재산 또는 노무로 인하여 이익을 얻고 그로 인하여 타인에게 손해를 가한 자에게 그 이득의 반환을 요구하는 것은 부당이득이다.

정답 ③

③ 가족의 범위(민법 제779조)★
  ㉠ 배우자, 직계혈족 및 형제자매
  ㉡ 생계를 같이하고 있는 직계혈족의 배우자, 배우자의 직계혈족 및 배우자의 형제자매

2. 혼인과 약혼

① 18세가 된 사람은 부모나 미성년후견인의 동의를 받아 약혼할 수 있다(민법 제801조 전문).
② 피성년후견인은 부모나 성년후견인의 동의를 받아 약혼할 수 있다(민법 제802조 전문).
③ 약혼은 강제이행을 청구하지 못하여 다음의 어느 하나에 해당하는 사유가 있는 경우에는 상대방은 약혼을 해제할 수 있다(민법 제804조).
  ㉠ 약혼 후 자격정지 이상의 형을 선고받은 경우(제1호)
  ㉡ 약혼 후 성년후견개시나 한정후견개시의 심판을 받은 경우(제2호)
  ㉢ 성병, 불치의 정신병, 그 밖의 불치의 병질(病疾)이 있는 경우(제3호)
  ㉣ 약혼 후 다른 사람과 약혼이나 혼인을 한 경우(제4호)
  ㉤ 약혼 후 다른 사람과 간음(姦淫)한 경우(제5호)
  ㉥ 약혼 후 1년 이상 생사(生死)가 불명한 경우(제6호)
  ㉦ 정당한 이유 없이 혼인을 거절하거나 그 시기를 늦추는 경우(제7호)
  ㉧ 그 밖에 중대한 사유가 있는 경우(제8호)
④ 18세가 된 사람은 혼인할 수 있다(민법 제807조).
⑤ 미성년자가 혼인을 한 때에는 성년자로 본다(성년의제)(민법 제826조의2).

> **혼인의 무효(민법 제815조)** 기출 09
> 혼인은 다음 각호의 어느 하나의 경우에는 무효로 한다.
> 1. 당사자 간에 혼인의 합의가 없는 때
> 2. 혼인이 제809조 제1항[8촌 이내의 혈족(친양자의 입양 전의 혈족을 포함한다) 사이에서는 혼인하지 못한다]의 규정을 위반한 때
> 3. 당사자 간에 직계인척관계(直系姻戚關係)가 있거나 있었던 때
> 4. 당사자 간에 양부모계의 직계혈족관계가 있었던 때
> [헌법불합치, 2018헌바115, 2022.10.27., 민법(2005.3.31. 법률 제7427호로 개정된 것) 제815조 제2호는 헌법에 합치되지 아니한다. 위 법률조항은 2024.12.31.을 시한으로 개정될 때까지 계속 적용된다.]

3. 이 혼

① 부부는 협의에 의하여 이혼할 수 있다(민법 제834조).
② 재판상 이혼사유(민법 제840조) 기출 12
  ㉠ 배우자에 부정한 행위가 있었을 때(제1호)
  ㉡ 배우자가 악의로 다른 일방을 유기한 때(제2호)
  ㉢ 배우자 또는 그 직계존속으로부터 심히 부당한 대우를 받았을 때(제3호)
  ㉣ 자기의 직계존속이 배우자로부터 심히 부당한 대우를 받았을 때(제4호)
  ㉤ 배우자의 생사가 3년 이상 분명하지 아니한 때(제5호)
  ㉥ 기타 혼인을 계속하기 어려운 중대한 사유가 있을 때(제6호)

4. 사망과 상속
   ① 상속의 의미와 승인
      ㉠ **상속의 의미** : 상속이란 피상속인의 사망(상속의 개시조건)으로 인해 그가 가지고 있던 재산이 상속인에게 승계되는 과정을 말한다.
      ㉡ **상속의 승인** : 적극재산·소극재산의 구분이 없이 모든 권리와 의무를 상속인이 포괄적으로 승계받는 단순승인과 적극재산의 범위 내에서 소극재산을 책임지는 한정승인이 있다.
      ㉢ **상속의 포기** : 상속인은 상속개시 있음을 안 날로부터 3개월 이내(가정법원에 신고)에 단순승인이나 한정승인 또는 포기를 할 수 있다(민법 제1019조 제1항 본문). 기출 08
   ② 유언(遺言) 기출 12
      ㉠ **유언의 의미** : 유언이란 유언자가 유언능력을 갖추고 법적사항에 대해 엄격한 방식에 따라 하는 행위를 말한다.
      ㉡ **유언의 효력발생 요건** : 의사능력, 17세 이상(민법 제1061조), 법정 형식 준수(요식주의)(민법 제1060조)
      ㉢ **유언의 방식**(민법 제1065조 내지 제1072조) 기출 08

자필증서	가장 간단한 방식으로, 유언자가 그 전문과 연월일, 주소, 성명을 자서하고 날인하는 것으로 증인이 필요 없는 유언방식(민법 제1066조)
녹 음	유언자가 유언의 취지, 그 성명과 연월일을 구술하고 이에 참여한 증인이 유언의 정확함과 그 성명을 구술하는 유언방식(민법 제1067조)
공정증서	유언자가 증인 2인이 참여한 공증인의 면전에서 유언의 취지를 구수하고 공증인이 이를 필기·낭독하여 유언자와 증인이 그 정확함을 승인한 후 각자 서명 또는 기명날인하는 유언방식(민법 제1068조)
비밀증서	유언자가 필자의 성명을 기입한 증서를 엄봉날인하고 이를 2인 이상의 증인의 면전에 제출하여 자기의 유언서임을 표시한 후 그 봉서표면에 제출 연월일을 기재하고 유언자와 증인이 각자 서명 또는 기명날인하는 유언방식(민법 제1069조)
구수증서	질병 기타 급박한 사유로 인하여 전4조의 방식에 의할 수 없는 경우에 유언자가 2인 이상의 증인의 참여로 그 1인에게 유언의 취지를 구수하고 그 구수를 받은 자가 이를 필기·낭독하여 유언자의 증인이 그 정확함을 승인한 후 각자 서명 또는 기명날인하는 유언방식(민법 제1070조)

   ③ **유류분 제도**(민법 제1112조 내지 제1118조) : 피상속인의 유언과 상관없이 상속인에게 보장되는 상속비율로 유언의 효력을 제한하는 성격을 지닌다.
      ㉠ **피상속인의 직계비속 또는 배우자** : 법정상속분의 1/2(민법 제1112조 제1호·제2호)
      ㉡ **피상속인의 직계존속** : 법정상속분의 1/3(민법 제1112조 제3호)
      ㉢ 헌법재판소는 형제자매의 유류분을 규정한 민법 제1112조 제4호에 대하여 단순위헌 결정(즉시 효력 상실)하였다. 또한 유류분을 받지 못할 사유가 규정되어 있지 않은 입법부작위(제1112조 제1호부터 제3호)와 기여분에 관한 민법 제1008조의2를 유류분에 준용하는 규정을 두지 않은 입법부작위에 대하여는 헌법불합치 결정(2025.12.31.을 시한으로 입법자가 법을 개정할 때까지 잠정적용)을 하였다(헌재결 2024.4.25. 2020헌가4 등).
   ④ **법정상속순위**(민법 제1000조 제1항, 제1003조 제1항)

1순위	2순위	3순위	4순위
직계비속 + 배우자	직계존속 + 배우자	형제자매	4촌 이내 방계혈족

제2절　경비업무와 손해배상

I　경비업무와 손해배상의 개요

1. 경비계약
① 경비계약은 경비대상시설에 대한 포괄적·전속적 경비의 실시와 그에 의한 일정기간 화재나 도난 등의 사고발생을 방지하기로 약속한 '도급' 형식의 유상계약이다. 기출 24·23·21·20
② 민간경비의 시작은 당사자인 경비업자와 고객과의 경비계약 체결에 의하여 실시된다. 기출 13
③ 경비계약은 당사자 간의 합의에 의해 성립하는 낙성계약이며, 권리장애사실(계약의 효력발생에 대한 장애사유)이 존재하지 않는 한 계약의 효력이 발생한다. 기출 23

2. 경비업자와 고객과의 분쟁유형 기출 22
① 채무불이행 : 경비업무를 실시하는 과정에서 근무태만으로 도난사고가 발생하거나 경비원의 부주의로 고객의 시설 및 설비를 파손하거나 업무과정에서 취득한 고객의 비밀을 누설하여 재산상의 손해를 끼친 경우이다.
② 불법행위 : 경비업무집행의 과정에서 고의 또는 과실로 인하여 타인의 권리나 이익을 불법으로 침해하여 상대방에게 손해를 끼친 경우이다.
　㉠ 경비원이 업무과정에서 고의 또는 과실로 제3자에게 부상을 입히거나 기물을 파손하고, 혹은 경비원의 과잉행위로 제3자의 자유를 속박하거나 폭력을 행사한 경우이다.
　㉡ 제3자란 사용자 및 실행행위자 이외의 자를 말한다.
③ 손해배상 : 채무불이행이나 불법행위가 발생했을 때에는 직접 손해를 끼친 자 혹은 업자가 사용자로서 손해배상책임을 지게 된다.
④ 강제이행청구 : 고객은 경비계약상 채무가 이행되지 않는 때 강제이행 청구를 할 수 있다(민법 제389조 제1항).
기출 23

핵심문제

01 민법상 경비계약에 관한 설명으로 옳은 것은? 기출 08

① 경비계약은 위임계약의 일종이다.
② 경비업자는 계약상 채무를 자기재산과 동일한 주의로 이행하여야 한다.
③ 고객은 경비계약상의 채무가 이행되지 않는 경우 강제이행을 청구할 수 없다.
④ 경비원이 경비업무를 하면서 타인에게 손해를 가한 때에는 경비업자는 책임을 져야 한다.

[해설]
경비업자는 경비원이 업무수행 중 고의 또는 과실로 경비대상에 손해가 발생하는 것을 방지하지 못한 때 또는 제3자에게 손해를 입힌 경우에는 그 손해를 배상하여야 한다(경비업법 제26조).

정답 ④

선량한 관리자의 주의의무 기출 24・23・15
경비업자는 경비계약상 채무를 선량한 관리자의 주의로 이행하여야 한다.

완성 전의 도급인의 해제권(민법 제673조) 기출 24
수급인이 일을 완성하기 전에는 도급인은 손해를 배상하고 계약을 해제할 수 있다.

도급인의 파산과 해제권(민법 제674조) 기출 24・15
① 도급인이 파산선고를 받은 때에는 수급인 또는 파산관재인은 계약을 해제할 수 있다. 이 경우에는 수급인은 일의 완성된 부분에 대한 보수 및 보수에 포함되지 아니한 비용에 대하여 파산재단의 배당에 가입할 수 있다.
② 전항의 경우에는 각 당사자는 상대방에 대하여 계약해제로 인한 손해의 배상을 청구하지 못한다.★

Ⅱ 분쟁의 법적 근거와 손해배상책임 기출 22・20・19・17・16・15・14

1. 채무불이행과 손해배상(민법 제390조) 기출 24・22・21・19

① 경비업자의 손해배상
  ㉠ 경비계약은 민법상 채권계약(도급 형식의 유상계약)의 하나이므로 채무자인 경비업자는 계약상의 의무, 즉 채무를 신의성실의 원칙에 따라 이행하여야 하는데, 경비업자의 책임 있는 사유로 계약에서 약정된 내용대로 급부를 이행하지 아니한 경우를 채무불이행이라고 한다.
  ㉡ 채무불이행의 경우에 고객은 강제이행, 손해배상, 계약의 해제를 신청할 수 있으며 계약을 해제하더라도 그와 동시에 손해배상을 청구할 수도 있다.★
  ㉢ 채무불이행책임의 발생원인은 이행지체・이행불능・불완전이행의 세 가지로 구분할 수 있다.★

② 이행지체
  ㉠ 이행지체의 의의 : 이행지체란 채무가 약정된 이행기에 이행이 가능함에도 불구하고 채무자의 책임 있는 사유로 인해 채무가 이행되지 않음으로써 위법한 것을 말한다.
    예 민간경비에 있어서 경비원이 예정대로 모집되지 않거나 경비기계의 도착이 지연되어 경비계약 개시시간에 경비가 불가능한 경우 이행지체에 해당된다.★
  ㉡ 성립요건 : 채무가 이행기에 있어야 하고, 채무의 이행이 가능하여야 하며, 채무자의 책임 있는 사유(고의・과실)로 이행하지 않아야 하며, 이행하지 않는 것이 위법하여야 한다.★
  ㉢ 이행지체 시 손해배상 : 이행지체에 의해 손해가 발생하면 경비업자(채무자)는 손해배상의 책임을 진다(민법 제392조). 또한 채무가 계약상의 채무인 경우에는 채권자는 계약을 해제할 수 있다. 이행지체시에는 계약해제가 진행되기 이전에 이행의 최고를 할 수 있고 손해배상청구와 지연으로 인하여 발생한 지연배상을 청구할 수도 있다. 채무불이행으로 인한 손해배상은 사회통념상의 손해를 그 한도로 하며, 특별한 사정으로 인한 손해를 채무자가 그 사정을 알았거나 알 수 있었을 때에 한하여 배상의 책임이 있다(민법 제393조).

③ 이행불능
  ㉠ 의의 : 채권이 성립되었으나 채무자의 책임 있는 사유로 인하여 이행이 불가능한 경우가 해당된다.
    예 민간경비에서 경비계약의 체결 후에 경비업체가 도산하였거나 기계경비계약을 체결한 후 경비기계의 대금을 변제하지 못해 차압당한 결과 이행이 불가능한 경우가 해당된다.★
  ㉡ 성립요건 : 채무의 이행이 불가능하고, 그 불가능이 채무자의 귀책사유에 의한 것이고 위법하여야 한다.
  ㉢ 이행불능 시 손해배상 : 채무자의 귀책사유에 의한 이행불능 시에는 이행에 갈음하는 손해의 배상(전보배상)을 청구할 수 있다. 이행불능의 경우에는 최고를 하지 않고도 해제가 가능하며, 계약의 해제여부를 불문하고 채무자는 배상책임을 지게 된다.★ 기출 13

④ 불완전이행 기출 23 · 13
  ㉠ 의의 : 채무의 이행이 있기는 하지만 본래의 약정된 내용과 같은 완전한 급부를 이행하지 않은 경우이다. 즉, 하자가 있는 목적물을 인도한다거나 수량이 부족한 이행을 하는 경우 등이다.
  ㉡ 성립요건 : 채무의 이행행위라고 볼 수 있는 이행행위가 있어야 하고, 그 이행이 불완전한 이행이어야 하며, 불완전이행이 채무자의 귀책사유에 의한 것이고 위법하여야 한다. 기출 13
  ㉢ 불완전이행 사례
    • 경비계약의 이행시 운송경비 중 트럭에서 물건을 떨어뜨려 부상을 입히거나 수량이 부족한 경우
    • 계약기간 중 경비하지 않은 날이 있거나, 심야에 경비계약대로 순회하지 않고 경비계약에 정한 인원수보다 적은 수의 경비원을 파견한 경우
    • 기계경비시스템에 이상이 생겨 작동하지 않거나(오작동), 작동을 하였으나 대처요원의 현장출동이 늦어 사고를 방지하지 못하고 고객의 신체 및 재산에 중대한 손해가 발생한 경우 기출 13
  ㉣ 불완전이행 시 손해배상
    • 이행의 불완전함으로 인해 채권자가 입은 손해로 지연배상이나 전보배상을 청구할 수 있다.★
    • 이행되더라도 채무의 내용에 하자가 있으면 재차 채무의 내용의 이행을 요구할 수 있다.
    • 불완전이행의 결과로 이행지체 · 이행불능이 생긴 때에는 계약을 해제할 수 있다.★
    • 불완전이행에서 종류매매(물건의 종류를 지정하여 수량으로 매매하는 경우)의 경우에는 특정된 목적물에 하자가 있는 때에는 매수인은 이를 안 날로부터 6개월 이내에 손해배상의 청구 또는 하자 없는 물건의 급부를 청구할 수 있다(민법 제581조, 제582조).

핵심문제

01 경비업무 중 근무태만으로 도난사고가 발생하여 고객이 재산상의 손해를 입은 경우 경비업자의 책임은?

기출 17

① 하자담보
② 사무관리
③ 채무불이행
④ 부당이득

[해설]
근무태만으로 도난사고가 발생한 것은 채무의 내용에 좋은 이행을 하지 아니한 것이므로 경비업자는 채무불이행책임을 지게 된다(민법 제390조).

정답 ③

2. 불법행위책임(민법 제750조, 제751조)

① **불법행위의 내용** : 고의 또는 과실로 인한 위법행위로 타인에게 손해를 가한 자는 그 손해를 배상할 책임이 있다(민법 제750조).

② **재산 이외의 손해의 배상** 기출 24·20 : 타인의 신체, 자유 또는 명예를 해하거나 기타 정신상 고통을 가한 자는 재산 이외의 손해에 대하여도 배상할 책임이 있다(민법 제751조 제1항). ★

③ **경비업무에서의 불법행위 사례** ★
  ㉠ 경비원이 휴식 중 부주의로 석유스토브를 넘어뜨려 화재가 일어나 경비대상시설 및 이웃 건물을 소실한 경우
  ㉡ 열쇠로 고객의 금고를 열고 현금을 절취한 경우
  ㉢ 경비 중에 고의 또는 과실로 제3자에게 부상을 입힌 경우 기출 22

④ **불법행위책임**
  ㉠ 민사책임과 형사책임이 동시에 성립하는 경우가 많으나, 양 책임은 서로 별개로 성립하는 책임이다. 따라서 민사책임이 성립하지 않더라도 형사책임이 성립하는 경우가 있으며, 그 반대의 경우도 있다.
  ㉡ 형사재판에서 유죄판결이 내려졌다고 해서 행위자의 민사상의 책임이 확인된 것으로는 되지 않으며, 행위자가 형의 집행을 받는다고 해서 민사상의 책임이 면책되지도 않는다.

3. 사용자의 배상책임(민법 제756조) 기출 24·23·22·21·20

① **법적 근거**
  ㉠ 타인을 사용하여 어느 사무에 종사하게 한 자는 피용자가 그 사무집행에 관하여 제3자에게 가한 손해를 배상할 책임이 있다. 그러나 사용자가 피용자의 선임 및 그 사무감독에 상당한 주의를 한 때 또는 상당한 주의를 하여도 손해가 있을 경우에는 그러하지 아니하다(민법 제756조 제1항).
  ㉡ 사용자에 갈음하여 그 사무를 감독하는 자도 ㉠의 책임이 있다(민법 제756조 제2항).
  ㉢ 위 ㉠·㉡의 경우에 사용자 또는 감독자는 피용자에 대하여 구상권을 행사할 수 있다(민법 제756조 제3항).

핵심문제

01 경비업체 甲과 상가 건물의 건물주 乙이 경비계약을 체결한 경우, 경비원 A가 오토바이를 타고 순찰을 하던 중 부주의로 행인 B를 치어 상해를 입혔고 넘어진 오토바이로 인해 상가 건물의 화단이 훼손되었다. 甲과 A의 책임에 관한 설명으로 옳지 않은 것은? 기출 15

① A는 乙에게 채무불이행에 기한 손해배상책임을 부담한다.
② B는 甲에게 사용자책임을 물어 직접 손해배상을 청구할 수 있다.
③ B는 A에게 불법행위에 기한 손해배상을 청구할 수 있다.
④ 甲은 A의 화단 훼손행위에 의한 손해를 乙에게 배상하여야 한다.

【해설】
A는 화단 훼손행위에 대하여 乙에게 불법행위에 따른 손해배상책임을 진다. 채무불이행에 따른 손해배상책임은 계약상 채권·채무관계가 성립한 경우 해당 채무를 이행하지 않은 경우에 발생하는 책임이다.

정답 ①

② 경비업자의 책임
  ㉠ 경비원(피용자)이 경비업자(사용자)의 사무를 집행함에 있어서 타인에게 위법한 손해를 가한 경우에, 사용자는 피용자의 가해행위로 말미암아 생긴 손해를 직접 피해자에게 배상할 의무를 부담한다. 또한 사용자를 갈음하여 그 사무를 감독하는 자도 사용자책임을 면할 수 없다(민법 제756조 제2항). ★
  ㉡ 사용자책임을 지는 것은 사용자와 대리감독자이나, 사용자가 법인인 경우에는 제756조 제2항에 의해 이사가 책임을 진다. 사용자책임이 성립한 경우라 할지라도 종업원(경비원)은 독립하여 일반적불법행위책임을 진다.
  ㉢ 사용자가 피용자의 업무수행으로 행해진 불법행위로 인하여 피해자에게 사용자로서의 손해배상책임을 부담한 결과로 손해를 입게 된 경우에는 사용자는 그 사업의 성격과 규모, 사업시설의 상황, 피용자의 업무내용, 근로조건이나 근무태도, 가해행위의 상황, 가해행위의 예방이나 손실의 분산에 관한 사용자의 배려정도 등의 제반사정에 비추어 손해의 공평한 분담이라는 견지에서 신의칙상 상당하다고 인정되는 한도 내에서만 피용자에 대하여 구상권을 행사할 수 있다(대판 2009.11.26. 2009다59350). ★

4. **도급인의 책임**(민법 제757조) 기출 13

도급인은 수급인이 해당 일에 관하여 제3자에게 가한 손해를 배상할 책임이 없다. 그러나 도급 또는 지시에 관하여 도급인에게 중대한 과실이 있는 때에는 그러하지 아니하다. ★
① 경비업무 도급인은 특별한 사정이 없는 한 경비업무를 완성한 후 지체 없이 경비업자에게 그 보수를 지급하여야 한다(민법 제665조 제2항). ★
② 경비업무 도급인은 경비업자가 경비업무를 완성하기 전이라도 손해를 배상하고 계약을 해제할 수 있다(민법 제673조). ★
③ 경비업무 도급인은 경비업자의 귀책사유로 그 업무의 이행이 불능하게 된 경우에 경비업자를 상대로 전보배상을 청구할 수 있다. ★

핵심문제

01 경비원이 근무 중 과실로 행인을 다치게 한 경우, 경비업자가 행인에 대하여 지는 책임은? 기출 16

① 사용자의 책임
② 채무불이행의 책임
③ 도급인의 책임
④ 공작물 점유자의 책임

[해설]
타인을 사용하여 어느 사무에 종사하게 한 자는 피용자가 그 사무집행에 관하여 제3자에게 가한 손해를 배상할 책임이 있다(민법 제756조). 여기서 경비업자는 사용자, 경비원은 피용자에 해당한다.

정답 ①

CHAPTER 03 | 민사법

5. 손해배상책임

① 경비업자는 경비원이 업무수행 중 과실로 경비대상에 손해가 발생하는 것을 방지하지 못한 때에는 그 손해를 배상하여야 한다(경비업법 제26조 제1항, 민법 제756조 제1항).
② 경비원이 업무수행 중 과실로 인한 위법행위로 제3자에게 손해를 입힌 경우, 경비원은 그 손해에 대하여 배상책임을 진다(민법 제750조).
③ 여러 명의 경비원이 공동의 불법행위로 타인에게 손해를 가한 경우, 각 경비원은 피해자에게 연대하여 손해배상책임을 진다(민법 제760조 제1항). 기출 21 교사자나 방조자는 공동불법행위자로 간주된다(민법 제760조 제3항). 기출 21
④ 불법행위로 인한 손해배상청구권은 피해자나 그 법정대리인이 그 손해 및 가해자를 안 날로부터 3년간 이를 행사하지 아니하면 시효로 인하여 소멸한다(민법 제766조 제1항). 기출 19 불법행위를 한 날로부터 10년을 경과한 때에도 전항과 같다(민법 제766조 제2항).
⑤ 미성년자가 성폭력, 성추행, 성희롱, 그 밖의 성적(性的) 침해를 당한 경우에 이로 인한 손해배상청구권의 소멸시효는 그가 성년이 될 때까지는 진행되지 아니한다.

제3절 민사소송법 일반

I 민사소송제도

1. 민사소송제도의 개념

① 의의 : 사법적 법률관계에 관한 분쟁을 국가의 재판권에 의해 강제적으로 해결하는 재판절차이다.
② 법원 : 성문법전인 민사소송법과 민사집행법이 있다.
③ 목적 : 민사소송제도의 목적이 사권의 보호에 있는지 또는 사법질서의 유지에 있는지에 대해 논쟁이 있었으나, 오늘날에는 사권보호를 위해 분쟁을 해결하면서 자연히 사법질서도 유지되는 것이라고 보는 것이 통설이다.
④ 소송절차 : 당사자의 변론을 중심으로 하는 소송활동과 증거조사를 중심으로 하는 입증활동으로 구성되며, 실체의 진실이 명백하게 드러나면 법원은 법률적용을 통하여 권리의 유무에 따라 승소 또는 패소시키는 판결을 내리고, 그에 따른 권리실현을 이루게 함으로써 종결된다.

2. 민사소송제도의 4대 이상(민사소송법 제1조 제1항)★★

① 적정이상
   ㉠ 의의 : 내용상 사실인정에 있어서 정확성을 기하여 실체적 진실을 발견하고, 인정된 사실에 타당한 법률적용을 통하여 사회정의를 실현하는 것이다. 즉, 권리 있는 자는 승소하고 권리 없는 자는 패소한다는 결과를 확보하는 이상이다.
   ㉡ 적정이상을 실현하기 위한 제도 : 구술주의, 석명권행사, 교호신문제도, 법관의 자격제한과 신분보장, 직접주의, 직권증거조사주의, 불복신청제도 등이 보장되어야 한다.★

② 공평이상
　㉠ 의의 : 재판의 적정성을 기하기 위해서는 법관의 중립성, 무기평등의 원칙 등에 의해서 소송심리시에 당사자를 공평하게 취급하여야 한다.
　㉡ 공평이상을 실현하기 위한 제도 : 심리의 공개, 법원직원에 대한 제척・기피・회피제도, 당사자평등주의, 변론주의, 소송절차의 중단・중지, 제3자의 소송참가제도 등이 있다. ★
③ 신속이상 : 적정하고 공평한 재판이 보장된다 하더라도 권리 실현이 늦어지면 실효성이 없어져 결국 공정하지 못한 결과와 같을 수 있으므로 신속한 재판이 이루어져야 한다는 것이다.
④ 경제이상 : 소송을 수행함에 있어서 소송관계인의 시간을 단축하여 비용과 노력의 최소화가 이루어져야 한다는 것이다.

3. 민사소송법과 민사집행법

① 민사소송 : 사법적 법률관계에 관한 분쟁을 국가의 재판권에 의해 강제적으로 해결하는 재판절차이며, 이에 대한 법규범의 총체가 민사소송법과 민사집행법이다. 민사집행법은 기존의 민사소송법상의 강제집행절차와 담보권 실행을 위한 경매, 민법, 상법, 그 밖의 법률의 규정에 의한 경매, 부수절차의 하나인 보전처분의 절차를 분리하여 제정된 법이다. 따라서 민사소송의 성문법원 중 가장 중요한 것은 민사소송법과 민사집행법이다. 민사소송법과 민사집행법은 공법이며 실체사법(민법, 상법 등)과 합하여 민사법이라고 한다. ★
② 민사소송법의 기본원리★★
　㉠ 민사소송을 지배하고 있는 원리는 형식적 진실주의이다. ★
　㉡ 당사자가 신청한 범위 내에서만 판결하는 처분권주의가 원칙이다.
　㉢ 민사소송은 공개심리주의가 원칙이다.
　㉣ 소송진행 중이라도 청구의 포기나 인락을 통해 소송을 종료할 수 있다.
　㉤ 이미 사건이 계속되어 있을 때는 그와 동일한 사건에 대하여 당사자는 다시 소를 제기하지 못한다(중복제소의 금지).
　　예 A가 B를 상대로 대여금반환청구의 소를 서울지방법원에 제기한 뒤 이 소송의 계속 중 동일한 소를 부산지방법원에 제기하면 중복제소의 금지 원칙에 저촉된다.

핵심문제

01 "권리보호를 지연함은 권리보호를 부정한 것이나 다름없다"라는 설명과 관계 있는 민사소송 제도의 이상은 다음 중 어느 것인가? 기출
① 적정이상
② 신속이상
③ 공평이상
④ 경제이상

[해설]
신속이상이란 적정하고 공평한 재판을 한다고 하더라도 권리의 실현이 늦어지면 실효성이 떨어져 결국 그 권리를 부정한 것이나 다름없는 결과로 된다는 것을 말한다.

정답 ②

Ⅱ 민사소송절차의 종류

1. 보통소송절차

① 판결절차
　㉠ 원고의 소제기에 의하여 개시되며, 변론을 거쳐 심리하고, 종국판결에 의하여 종료된다. 즉, 분쟁을 관념적으로 해결함을 목적으로 하는 절차이다.
　㉡ 판결절차는 제1심, 항소심, 상고심의 3심 구조로 되어 있으며, 고유의 의미의 민사소송이라고 하면 판결절차를 말한다.★
　㉢ 3,000만원 이하의 소액사건은 소액사건심판법의 절차에 의한다.★★

② 강제집행절차(민사집행법) 기출 23·20
　㉠ 판결절차에 의하여 확정된 사법상의 청구권에 기하여 강제집행절차를 전개하는 것으로 채권자의 신청에 의하여 국가의 집행기관이 채무자에 대하여 강제력을 행사함으로써 채무명의에 표시된 이행청구권의 실행을 도모하는 절차이다.
　㉡ 강제집행절차는 판결절차의 부수적 내지 보조적 수단이 아님을 주의한다.★★

2. 부수절차

판결절차나 강제집행절차에 부수하여 이들 절차의 기능을 돕는 절차를 말한다.

① **증거보전절차** 기출 23 : 판결절차에서 정식의 증거조사의 시기까지의 사이에 어떤 증거의 이용이 불가능하거나 곤란하게 될 수 있는 경우에 미리 그 증거를 조사하여 그 결과를 보전하기 위한 절차이다(민사소송법 제375조 내지 제384조).

② **집행보전절차(민사집행법)** 기출 23·20 : 현상을 방치하면 장래의 강제집행이 불가능하거나 현저히 곤란하게 될 염려가 있는 경우에 그 현상의 변경을 금하는 절차로 가압류와 가처분이 있다.

③ **기타 파생절차** : 판결절차에 부수하는 소송비용액 확정절차와 강제집행절차에 부수하는 집행문 부여절차(민사집행법)가 있다.

3. 특별소송절차

보통소송절차 외에 사건의 특수한 성질이나 가액에 따른 특수 민사사건에 대하여 적용되는 소송절차이다.

① 소액사건심판절차(소액사건심판법) 기출 23·20
　㉠ 소송물 가액이 3,000만원을 초과하지 아니하는 제1심의 민사사건에 관하여 소송의 신속하고 경제적인 해결을 도모하기 위해서 간이절차에 따라 재판이 진행될 수 있도록 특례를 인정한 절차이다.★
　㉡ 구술 또는 당사자 쌍방의 임의출석에 의한 소제기가 인정되고 당사자와 일정한 범위 내의 친족은 소송대리를 할 수 있으며, 가능한 한 1회의 변론기일로 심리를 종결한다.★

② 독촉절차 기출 20
　㉠ 독촉절차는 정식의 일반소송절차를 경유할 수 있음을 조건으로 하여 일반 민사소송원칙의 일부를 생략한 것이다.
　㉡ 채권자의 일방적 신청에 의해 채무자에게 지급을 명하는 지급명령을 발하고, 채무자가 2주 이내에 이의신청을 하지 아니하면 확정되어 채무명의가 된다.★
　㉢ 금전, 기타 대체물 또는 유가증권의 일정한 수량의 지급을 목적으로 하는 청구권에 관하여 인정되는 절차이다.

③ 파산절차(채무자 회생 및 파산에 관한 법률)
　㉠ 파산절차는 채무자의 자력이 불충분하여 총채권자에게 채권의 만족을 주지 못할 상태에 이른 경우에 채권자들의 개별적인 소송이나 강제집행을 배제하고 강제적으로 채무자의 전 재산을 관리·환가하여 총채권자의 채권비율에 따라 공평한 금전적 배당을 할 것을 목적으로 행하는 재판상의 절차이다.
　㉡ 강제집행을 개별집행이라고 함에 대하여, 파산절차는 일반집행이라고도 한다.★
　㉢ 장점 : 채무초과의 경우에 채무자의 재산을 공평하게 분배하는 장점이 있다.
　㉣ 단점 : 청산절차가 너무 오래 걸리고, 채권자가 큰 만족을 얻기도 어려우며, 채무자의 갱생이 어렵다.
④ 개인회생절차(채무자 회생 및 파산에 관한 법률) : 개인회생제도는 재정적 어려움으로 인하여 파탄에 직면하고 있는 개인채무자로서 장래 계속적으로 또는 반복하여 수입을 얻을 가능성이 있는 자에 대하여 채권자 등 이해관계인의 법률관계를 조정함으로써 채무자의 효율적 회생과 채권자의 이익을 도모하기 위하여 마련된 절차로서(채무자 회생 및 파산에 관한 법률 제1조 참고), 2004.9.23.부터 시행되었다.
⑤ 공탁절차
　㉠ 공탁이란 법령의 규정에 따른 원인에 기하여 금전·유가증권·기타의 물품을 국가기관(법원의 공탁소)에 맡김으로써 일정한 법률상의 목적을 달성하려고 하는 제도이다.
　㉡ 법령에 '공탁하여야 한다' 또는 '공탁할 수 있다'라고 규정하거나 그 공탁근거규정을 준용 또는 담보제공방법으로서 공탁을 규정한 경우에 한하여 공탁할 수 있으며 그러한 규정이 없는 경우에는 공탁할 수 없다.

핵심문제

01 고객 乙이 경비회사 甲을 상대로 손해배상을 원인으로 민사소송을 제기하였을 때, 다음 중 옳지 않은 것은?
기출 18

① 乙은 강제집행을 보전하기 위하여 가압류 절차를 밟을 수 있다.
② 이 소송목적의 값이 5,000만원 이하라면 소액사건심판법의 절차에 의한다.
③ 항소는 판결서가 송달된 날부터 2주 이내에 하여야 하나, 판결서 송달 전에도 할 수 있다.
④ 乙이 미성년자라도 독립하여 법률행위를 할 수 있는 경우에는 소송을 제기할 수 있다.

[해설]
3,000만원을 초과하지 아니하는 소액사건은 소액사건심판법의 절차에 의한다(소액사건심판규칙 제1조의2 본문). 즉, 3,000만원 이하의 소액사건은 소액사건심판법의 절차에 의하나, 3,001만원 이상의 소액사건은 소액사건심판법의 절차에 의할 수 없다.★

정답 ②

Ⅲ 민사소송의 종류 기출 11

1. 이행의 소
① 국가의 공권력을 빌어 강제집행을 가능하게 하는 이행판결을 목적으로 하는 소송형태이다. ★
② 원고가 사법상 청구권의 존재를 기초로 하여 이행청구권의 확정과 피고에게 일정한 이행명령을 선고함을 목적으로 하는 소송형태이다.
③ 이행의 소에 본안인용판결 중에 이행판결을 청구하는 것이 일반적이며, 이를 급부의 소 또는 급부의 판결이라고도 한다.
④ 이행의 소를 기각한 판결은 이행청구권의 부존재를 확인하는 소극적 확인판결이다. ★

2. 형성의 소 기출 22·06
① 형성의 소는 형성판결에 의하여 형성요건의 존재를 확정하는 동시에 새로운 법률관계를 발생하게 하거나, 기존의 법률관계를 변경 또는 소멸시키는 창설적 효과를 갖는다. ★
② 법률상태의 변동을 목적으로 하는 소송이며, 창설의 소 또는 권리변경의 소라고도 한다. ★
③ 법률의 근거가 없는 형성의 소는 인정하지 아니한다. ★

3. 확인의 소
① 당사자 간의 법률적 불안을 제거하기 위하여 실체법상의 권리 또는 법률관계의 존부나 법률관계를 증명하는 서면의 진부확인을 목적으로 하는 소송이다. ★
② 권리관계의 존부를 확정하기 위한 것을 적극적 확인의 소, 부존재의 확정을 목적으로 하는 것을 소극적 확인의 소라고 한다. 또한 소송 도중에 선결이 되는 사항에 대한 확인을 구하는 중간확인의 소가 있다. ★
③ 확인의 소가 제기되어 원고승소의 확정판결이 내려지면, 원고가 주장한 법률관계의 존부가 확정되지만, 집행력은 발생하지 아니하므로 다툼 있는 권리관계를 개념적으로 확정함으로써 분쟁이 해결되는 경우에 이용되는 소송형태이다.

핵심문제

01 다음 중 당사자 간 다툼 있는 법률관계를 관념적으로 확정하여 법률적 불안을 제거하려는 목적으로 제기되는 소는 어느 것인가? 기출
① 확인의 소
② 이행의 소
③ 존재의 소
④ 형성의 소

[해설]
확인의 소란 권리 또는 법률관계의 존부나 법률관계를 증명하는 서면의 진부확인을 요구하는 소를 말한다.

정답 ①

Ⅳ 민사소송의 주체

1. 법 원
① **법원의 관할** : 각 법원에 대한 재판권의 배분으로서 특정법원이 특정사건을 재판할 수 있는 권한을 말한다.
② **보통재판적** 기출 12
   ㉠ 사람의 보통재판적은 원칙적으로 그의 주소에 따라 정한다.
   ㉡ 법인의 보통재판적은 그의 주된 사무소 또는 영업소가 있는 곳에 따라 정하고, 사무소와 영업소가 없는 경우에는 주된 업무담당자의 주소에 따라 정한다.
   ㉢ 국가의 보통재판적은 그 소송에서 국가를 대표하는 관청 또는 대법원이 있는 곳으로 한다.
   ㉣ 소는 피고의 보통재판적이 있는 곳의 법원이 관할한다.

2. 당사자
① **당사자능력** 기출 24 : 소송의 주체(원·피고)가 될 수 있는 능력으로서 소송법상의 권리능력이라고 할 수 있다. 법인이 아닌 사단이나 재단은 대표자 또는 관리인이 있는 경우에는 그 사단이나 재단의 이름으로 당사자가 될 수 있다(민사소송법 제52조).
② **소송능력** : 법정대리인의 동의 없이 유효하게 스스로 소송행위를 하거나 소송행위를 받을 수 있는 능력으로 소송법상의 행위능력이라 할 수 있다. 미성년자 또는 피성년후견인은 법정대리인에 의해서만 소송행위를 할 수 있으나, 미성년자가 독립하여 법률행위를 할 수 있는 경우와 피성년후견인이 민법 제10조 제2항(가정법원은 취소할 수 없는 피성년후견인의 법률행위의 범위를 정할 수 있다)에 따라 취소할 수 없는 법률행위를 할 수 있는 경우에는 그러하지 아니하다(민사소송법 제55조 제1항). 피한정후견인은 한정후견인의 동의가 필요한 행위에 관하여는 대리권 있는 한정후견인에 의해서만 소송행위를 할 수 있다(민사소송법 제55조 제2항). ★
③ **변론능력** : 법정에서 유효하게 소송행위를 하기 위하여 사실을 진술하거나 법률적 의견을 진술할 수 있는 능력을 말한다. 법률에 따라 재판상 행위를 할 수 있는 대리인 외에는 변호사나 소송대리인이 될 수 없으므로, 변호사자격이 없는 자는 원칙적으로 타인의 소송대리인으로서의 변론능력이 없다(민사소송법 제87조).

핵심문제

01 민사소송의 주체에 관한 다음 설명 중 옳은 것은? 기출 04
   ① 보통재판적은 원칙적으로 원고의 주소지이므로, 일단 원고의 주소지의 관할 지방법원에 소를 제기하면 토지관할을 갖추게 된다.
   ② 민사소송을 제기할 수 있는 자격 또는 지위를 당사자능력이라고 하며, 이는 민법상 권리능력과 동일하다.
   ③ 소송대리인은 변호사가 아니라도 원칙적으로 무방하다.
   ④ 미성년자는 소송능력이 없으므로 그 법정대리인이 소송행위를 대리한다.

[해설]
미성년자 또는 피성년후견인은 법정대리인에 의해서만 소송행위를 할 수 있다(민사소송법 제55조 제1항 본문). 미성년자는 독립하여 법률행위를 할 수 있는 경우 외에는 소송능력이 없으므로 그 법정대리인이 소송행위를 대리한다.

정답 ④

V. 심리의 제원칙 기출 13

1. 변론주의

① 의의 : 소송자료, 즉 사실과 증거의 수집·제출의 책임을 당사자에게 맡기고 당사자가 수집하여 변론에서 제출한 소송자료만을 재판의 기초로 삼아야 한다는 심리원칙을 말한다. ★

② 변론주의의 내용

주장책임	주요사실(요건사실)은 당사자가 변론에서 주장하지 않으면 판결의 기초로 삼을 수 없고, 그 사실은 없는 것으로 취급되어 불이익한 판단을 받게 된다는 것이다.
자백의 구속력	당사자 간에 다툼이 없는 사실은 그대로 판결의 기초로 삼아야 한다.
증거신청	다툼이 있는 사실의 인정에 쓰이는 증거자료는 당사자가 신청한 증거방법으로부터 얻어야 하고, 당사자가 제출하지 않는 증거는 원칙적으로 법원이 직권조사할 수 없다는 것이다.

2. 처분권주의

① 의의 : 법원은 당사자가 신청하지 아니한 사항에 대하여는 판결하지 못한다(민사소송법 제203조). ★ 즉, 소송의 개시, 재판의 대상 및 범위, 그리고 소송의 종결에 대하여 당사자의 주도권을 인정하는 주의이다.

② 내용 : 심판의 대상과 범위는 당사자가 자유로이 결정할 수 있으며 법원은 이에 구속된다. 법원은 당사자가 신청하지 아니한 사항에 대하여 판결할 수 없으므로 당사자가 신청한 것과 다른 사항이나 신청한 범위를 넘어서 판결할 수 없다(처분권주의에 위배된 판결의 효력은 당연무효가 아니고 항소 또는 상고에 의하여 불복함으로써 그 취소를 구할 수 있을 뿐이다). ★

핵심문제

01 다음 중 판결의 기초가 되는 소송자료의 수집과 제출의 책임을 당사자에게 맡기고 그 소송자료만을 재판의 기초로 삼는다는 원칙을 무엇이라 하는가? 기출

① 변론주의 ② 직권주의
③ 공개심리주의 ④ 직접심리주의

[해설]
변론주의는 소송자료의 수집·제출 책임을 당사자에게 일임하고 법원은 그것에 의거하여 재판하는 민사소송법상의 원칙을 말한다.

정답 ①

02 원고가 3명의 피고에 대하여 각각 100만원씩 지급하라고 청구한 경우 법원이 300만원에 관하여 연대하여 지급하라는 판결을 할 수 없다는 소송법상의 원칙은 무엇인가?

① 변론주의 ② 처분권주의
③ 불이익변경의 원칙 ④ 사적자치의 원칙

[해설]
처분권주의는 당사자의 소송물에 대한 처분의 자유를 규정한 것이다.

정답 ②

3. 구술심리주의

① **의의** : 구술심리주의란 심리에 있어 당사자 및 법원의 소송행위, 특히 변론과 증거조사를 구술로 행하도록 하는 절차상 원칙을 말한다. 즉, 법원의 재판은 구술변론을 기초로 하여야 한다는 것이다.

② **구술심리주의의 내용**
  ㉠ 민사소송법은 구술주의를 원칙으로, 서면심리주의를 보충적으로 병용한다. 판결절차에 있어서는 원칙적으로 구술심리의 형식으로 변론을 열어야 하며, 변론에 관여한 법관만이 판결할 수 있다.★
  ㉡ 증거조사도 넓은 의미의 변론에 속하므로 구술에 의하는 것이 원칙이다. 따라서 변론, 증거조사, 재판과 준비절차에서는 원칙적으로 구술주의가 채택된다. 다만, 준비절차의 결과는 변론에서 진술하여야 한다.
  ㉢ 결정으로 완결할 사건, 소송판결, 상고심판결, 기록 자체에 의하여 기각할 수 있는 소액사건에 관하여는 변론을 거칠 필요가 없으므로 서면심리에 의할 수 있다.
  ㉣ **단독사건과 소액사건의 특례** : 단독사건과 소액사건에 대하여는 특례규정을 두어 서면심리주의의 적용을 제한하고 있는데, 단독사건의 변론은 서면으로 준비하지 아니할 수 있고(민사소송법 제272조 제2항), 소액사건의 소제기는 말로 할 수 있다(소액사건심판법 제4조 제1항).

4. 직접심리주의

① **의의** : 직접심리주의란 당사자의 변론 및 증거조사를 수소법원의 면전에서 직접 실시하는 주의를 말하는데 이는 수명법관이나 수탁판사의 면전에서 시행하고 그 심리결과를 수소법원이 재판의 기초로 채용하는 주의인 간접심리주의에 대립된다.★

② **직접심리주의의 내용**
  ㉠ 민사소송법에서 판결은 그 기본이 되는 변론에 관여한 법관이 하도록 하여 직접주의를 원칙으로 하고 있다(민사소송법 제204조 제1항).
  ㉡ 법관이 바뀐 경우에 당사자는 종전의 변론의 결과를 진술하여야 한다(민사소송법 제204조 제2항).
  ㉢ 단독사건의 판사가 바뀐 경우에 종전에 신문한 증인에 대하여 당사자가 다시 신문을 신청한 때에는 법원은 그 신문을 하여야 한다. 합의부의 법관의 반수 이상이 바뀐 경우에도 또한 같다(민사소송법 제204조 제3항).

핵심문제

01 당사자의 변론 및 증거조사를 수소법원의 면전에서 직접 실시하는 것을 내용으로 하는 주의는?

① 변론심리주의　　　　　　　　② 집중심리주의
③ 직접심리주의　　　　　　　　④ 공개심리주의

[해설]
직접심리주의에 대한 설명이다.

정답 ③

② 변론에 관여한 법관이 바뀐 경우에 처음부터 심리를 되풀이하는 것은 소송경제에 반하기 때문에 당사자가 새로 심리에 관여한 법관의 면전에서 종전의 변론결과를 진술하는 것으로 충분하다고 규정하고 있으므로(민사소송법 제204조 제2항), 이 한도에서 직접심리주의가 완화되었다.
⑩ 원격지나 외국에서의 증거조사는 수명법관 또는 수탁판사에게 촉탁하여 실시하게 하고 그 결과를 기재한 조서를 판결의 자료로 삼는 등 간접심리주의를 병용하고 있다.

5. 공개심리주의

① 의의 : 공개주의 또는 공개심리주의란 재판의 심리와 판결선고를 일반인이 방청할 수 있는 상태에서 행해야 한다는 절차원리이다.
② 공개심리주의의 내용
  ㉠ 재판의 심리와 판결은 공개한다(재판공개의 원칙). 다만, 심리가 국가의 안전보장 또는 안녕질서를 방해하거나 선량한 풍속을 해할 염려가 있을 때는 법원의 결정으로 이를 공개하지 아니할 수 있다고 규정하고 있다(헌법 제109조).
  ㉡ 국민은 공개재판을 받을 권리가 있으며(헌법 제27조 제3항 전문), 재판의 심리와 판결은 공개하여야 하며, 변론의 공개 여부는 변론조서의 필요적 기재사항이다(민사소송법 제153조 제6호). ★
  ㉢ 공개재판을 위반한 채 내려진 판결은 상고심에서 취소사유가 된다(민사소송법 제424조 제1항 제5호). ★
  ㉣ 재판의 공개는 변론절차와 판결선고절차의 경우이므로 공개의 대상은 소송에 한한다. 그러므로 재판의 합의, 준비절차, 비송 또는 중재, 조정, 그리고 변론 없이 결정으로 완결하는 절차에는 공개주의가 적용되지 아니한다. ★

6. 쌍방심리주의(당사자 평등의 원칙)

① 의의 : 사건심리에 있어서 당사자 쌍방을 평등하게 대우하여 공격·방어의 방법을 제출할 수 있는 기회를 평등하게 부여하는 입장을 쌍방심리주의 또는 당사자 대등의 원칙이라고 한다.
② 쌍방심리주의의 내용
  ㉠ 민사소송법은 판결절차에서 당사자를 대석시켜 변론과 증거조사를 하는 필요적 변론을 거치게 함으로써 쌍방심리주의를 기본으로 하고 있다. ★
  ㉡ 결정·명령절차에 있어서는 임의적 변론에 의하므로 쌍방심리주의를 관철하지 아니하며, 강제집행절차나 독촉절차 또는 가압류절차에서는 당사자 대등이나 쌍방심리의 필요가 없으므로 일방심리주의가 적용된다. ★
  ㉢ 독촉절차, 가압류절차에서는 채무자의 이의나 취소의 신청이 있는 경우에 한하여 쌍방심리를 구할 기회를 부여한다. ★

7. 적시제출주의
   ① 의의 : 적시제출주의란 당사자가 소송을 지연시키지 않도록 소송의 정도에 따라 공격방어방법을 적시에 제출하여야 한다는 주의이다. 본래 수시제출주의를 채택하고 있었으나, 소송촉진과 집중심리를 위하여 2002년 개정되어 적용되고 있다(민사소송법 제146조).
   ② 적시제출주의의 내용
      ㉠ 재정기간 제도 : 재판장은 당사자의 의견을 들어 한쪽 또는 양쪽 당사자에 대하여 특정한 사항에 관하여 주장을 제출하거나 증거를 신청할 기간을 정할 수 있고, 이 기간을 넘긴 때에는 정당한 사유가 있음을 소명한 경우를 제외하고는 주장을 제출하거나 증거를 신청할 수 없도록 하고 있다(민사소송법 제147조).
      ㉡ 실기한 공격방어방법의 각하 : 적시제출주의에 위반하여 고의 또는 중대한 과실로 공격방어방법을 뒤늦게 제출함으로써 소송의 완결을 지연시키게 하는 것으로 인정할 때에는 법원은 직권으로 또는 상대방의 신청에 따라 결정으로 이를 각하할 수 있다(민사소송법 제149조 제1항).
      ㉢ 석명에 불응하는 공격방어방법의 각하 : 당사자가 제출한 공격방어방법의 취지가 분명하지 아니한 경우에, 당사자가 필요한 설명을 하지 아니하거나 설명할 기일에 출석하지 아니한 때에는 법원은 직권으로 또는 상대방의 신청에 따라 결정으로 이를 각하할 수 있다(민사소송법 제149조 제2항).
      ㉣ 변론준비기일을 거친 경우의 새로운 주장의 제한(민사소송법 제285조)
      ㉤ 중간판결의 내용과 저촉되는 주장의 제한(중간판결의 기속력)
      ㉥ 상고이유서 제출기간 도과 후의 새로운 상고이유 주장의 제한(민사소송법 제427조, 제429조)
      ㉦ 본안에 관한 변론(준비)기일에서의 진술 후의 제한

핵심문제

01 민사소송법상 심리의 원칙이 아닌 것은? 기출 13

① 변론주의
② 당사자주의
③ 처분권주의
④ 동시제출주의

[해설]
동시제출주의가 아닌 적시제출주의를 택하고 있다.

정답 ④

Ⅵ 종국판결과 중간판결

1. 종국판결
① 법원은 소송의 심리를 완료한 때에는 종국판결을 한다(민사소송법 제198조).
② 종국판결이란 소 또는 상소에 의하여 계속되어 있는 사건의 전부나 일부에 대하여 당해 심급에서 완결하는 판결을 말한다. 종국판결의 예로는 본안판결, 소각하판결, 소송종료선언, 환송판결이나 이송판결 등이 있다.

2. 중간판결
① 중간판결이란 종국판결을 하기에 앞서 소송심리 중에 문제가 된 실체상 또는 소송상 개개의 쟁점을 정리·해결하는 재판이다. ★
② 중간판결이 내려지면 당해 심급의 법원은 중간판결의 주문에 표시된 판단에 기속되고, 종국판결을 함에는 중간판결의 판단을 기초로 하여야 한다.
③ 중간판결이 내려진 때에는 그 변론 이후에 생긴 새로운 사유가 아닌 한 원인을 부정하는 항변을 제출할 수 없다. ★
④ 중간판결에 대하여는 독립하여 상소할 수 없고, 종국판결이 내려진 다음에 이에 대한 상소와 함께 상소심의 판단을 받아야 한다. ★

Ⅶ 상소

1. 항소
① 개념 : 하급법원의 제1심 판결에 불복하여 그 판결의 파기·변경을 상급법원인 고등법원 또는 지방법원 합의부에 신청하는 것을 말한다. ★
② 항소의 대상 및 절차, 취하
  ㉠ 대상 : 항소는 제1심 법원이 선고한 종국판결에 대하여 할 수 있다. 단, 종국판결 뒤 양 당사자가 상고할 권리를 유보하고 항소하지 아니하기로 합의한 때에는 그렇지 아니하다(민사소송법 제390조 제1항). 소송비용 및 가집행에 관한 재판에 관하여는 독립하여 항소할 수 없다(민사소송법 제391조). ★
  ㉡ 절차 : 항소는 판결서가 송달된 날로부터 2주 이내에 하여야 한다. 단, 판결서 송달 전에도 항소할 수 있다(민사소송법 제396조 제1항). 항소장의 부본은 피항소인에게 송달하여야 한다(민사소송법 제401조). ★
  ㉢ 취하 : 항소는 항소심의 종국판결이 있기 전에 취하할 수 있다(민사소송법 제393조 제1항).

2. 상고
① 개념 : 항소심 법원의 종국판결에 법령의 위반이 있음을 주장하여 그 판결에 관하여 심판을 구하는 상소를 말한다.
② 상고의 대상, 이유 및 절차
  ㉠ 대상 : 원칙적으로 상고는 고등법원이 선고한 종국판결과 지방법원 합의부가 제2심으로서 선고한 종국판결에 대하여 할 수 있다(민사소송법 제422조 제1항). 다만, 제1심 법원이 선고한 종국판결 뒤에 양쪽 당사자가 상고할 권리를 유보하고 항소를 하지 아니하기로 합의한 때에는 제1심의 종국판결에 대하여 상고할 수 있다(비약상고, 민사소송법 제422조 제2항).
  ㉡ 상고이유 : 상고는 판결에 영향을 미친 헌법·법률·명령 또는 규칙의 위반이 있다는 것을 이유로 드는 때에만 할 수 있다(민사소송법 제423조). 이를 일반적 상고이유라 한다.

> **절대적 상고이유(민사소송법 제424조)**
> ① 판결에 다음 각호 가운데 어느 하나의 사유가 있는 때에는 상고에 정당한 이유가 있는 것으로 한다.
>   1. 법률에 따라 판결법원을 구성하지 아니한 때
>   2. 법률에 따라 판결에 관여할 수 없는 판사가 판결에 관여한 때
>   3. 전속관할에 관한 규정에 어긋난 때
>   4. 법정대리권·소송대리권 또는 대리인의 소송행위에 대한 특별한 권한의 수여에 흠이 있는 때
>   5. 변론을 공개하는 규정에 어긋난 때
>   6. 판결의 이유를 밝히지 아니하거나 이유에 모순이 있는 때

  ㉢ 절차 : 상고와 상고심의 소송절차에는 특별한 규정이 없으면 항소에 관한 규정을 준용한다(민사소송법 제425조). 상고법원은 상고장·상고이유서·답변서, 그 밖의 소송기록에 의하여 변론 없이 판결할 수 있고, 소송관계를 분명하게 하기 위하여 필요한 경우에는 특정한 사항에 관하여 변론을 열어 참고인의 진술을 들을 수 있다(민사소송법 제430조).

핵심문제

01 민사소송법상 항소에 관한 설명으로 옳지 않은 것은? 기출 12
① 항소장의 부본은 피항소인에게 송달하여야 한다.
② 항소는 판결서 송달 전에는 할 수 없고, 판결서가 송달된 날로부터 2주 후에 할 수 있다.
③ 항소는 항소심의 종국판결이 있기 전에 취하할 수 있다.
④ 소송비용 및 가집행에 관한 재판에 대하여는 독립하여 항소를 하지 못한다.

[해설]
항소는 판결서가 송달된 날부터 2주 이내에 하여야 한다. 다만, 판결서 송달 전에도 할 수 있다(민사소송법 제396조 제1항). ★

정답 ②

3. 항 고
   ① 개념 : 법원의 종국판결 이외의 결정·명령에 불복하여 독립하여 상소하는 것을 말한다.
   ② 항고의 대상, 제기방식 및 절차
      ㉠ 대상 : 소송절차에 관한 신청을 기각한 결정이나 명령에 대하여 불복할 수 있고(민사소송법 제439조), 결정이나 명령으로 재판할 수 없는 사항에 대하여 결정 또는 명령을 한 때에 항고할 수 있다(민사소송법 제440조).
      ㉡ 제기방식 : 항고는 항고장을 원심법원에 제출함으로써 한다(민사소송법 제445조).
      ㉢ 절차 : 항고법원의 소송절차에는 항소에 관한 규정을 준용한다(민사소송법 제443조 제1항).

VIII 재 심

1. 재심의 개념
확정된 종국판결에 대하여 판결절차 또는 소송자료에 중대한 흠이 있음을 이유로 당사자가 소의 형식으로 그 판결의 취소를 구함과 아울러 소송을 흠 있는 판결 전의 상태로 복구시켜 다시 변론과 재판을 해 줄 것을 구하는 불복신청방법이다.

2. 재심의 관할, 제기기간 및 절차
① 관할 : 재심은 재심을 제기할 판결을 한 법원의 전속관할로 하고, 심급을 달리하는 법원이 같은 사건에 대하여 내린 판결에 대한 재심의 소는 상급법원이 관할한다(민사소송법 제453조).
② 제기기간 : 재심의 소는 당사자가 판결이 확정된 뒤 재심의 사유를 안 날부터 30일(불변기간) 이내에 제기하여야 하고, 판결이 확정된 뒤 5년(재심사유가 판결이 확정된 뒤에 생긴 때에는 그 사유가 발생한 날부터 계산)이 지난 때에는 재심의 소를 제기하지 못한다(민사소송법 제456조).
③ 절차 : 재심의 소송절차에는 각 심급의 소송절차에 관한 규정을 준용한다(민사소송법 제455조).

CHAPTER 04 형사법

제1절 형법

1 총론

I 형법의 기본개념

1. **형법의 의의**

   형법이란 일정한 행위를 범죄로 하고 이에 대한 법적 효과로서 형벌이라는 국가적 제재를 과하게 되는 법규범의 총체를 의미한다.

구 분	개 념
형식적 의미의 형법	1953년에 제정된 대한민국의 형법전 그 자체를 말함
실질적 의미의 형법	범죄가 성립하기 위한 법적인 구성요건과 그에 대한 형사제재를 규율한 법을 말함

   형법의 기본원칙
   - 죄형법정주의
   - 형벌불소급의 원칙
   - 유추해석금지의 원칙
   - 일사부재리의 원칙

2. **형법의 성격** 기출 13

   ① 법적 성격 : 국내법, 공법, 사법(司法)법, 형사법, 실체법
   ② 규범적 성격 : 가설적 규범, 평가규범, 의사결정규범, 행위규범, 재판규범
      예 "사람을 살해한 자는 사형·무기 또는 5년 이상의 징역에 처한다"

3. **형법의 기능★**

   ① 보장적 기능 : 국가형벌권의 발동한계를 명확히 하여 국가형벌권의 자의적인 행사로부터 국민의 자유와 권리를 보장하는 기능을 한다.★
   ② 보호적 기능 : 사회질서의 근본적 가치, 즉 법익과 사회윤리적 행위가치를 보호하는 형법의 기능을 말한다.
   ③ 규제적 기능 : 행위규범 내지 재판규범으로서 일반국민과 사법 관계자들을 규제하는 기능을 한다.★
   ④ 사회보전적 기능 : 형벌수단을 통하여 범죄행위를 방지함으로써 범죄자로부터 사회질서를 유지·보호하는 기능을 한다.

Ⅱ 형법의 이론

구 분		구 파	신 파
사상적 배경		개인주의, 자유주의, 계몽주의, 합리주의, 자연법 사상	실증주의, 전체주의
인간상		의사자유주의	의사결정론
범죄론		객관주의(침해 중시)	주관주의(인격 중시)
책임론		도의적 책임론	사회적 책임론
형벌론	본질·목적	응보형주의	교육형(목적형)주의
	기 능	일반예방주의	특별예방주의
형벌과 보안처분		2원론	1원론

Ⅲ 죄형법정주의 기출 13

1. 의 의

일정한 행위를 범죄로 하고 형벌을 과하기 위해서는 반드시 성문의 법규를 필요로 한다는 원칙으로 근대 형법의 가장 중요한 기본원리이다. "법률이 없으면 범죄도, 형벌도 없다."로 표현된다.

2. 연혁과 사상적 기초

① 연혁 : 포이에르바하에 의해 처음으로 사용되었고 영국의 대헌장(마그나카르타)에 기원을 두고 있으며 미국의 독립선언, 프랑스 인권선언 등에 규정하고 있다.
② 죄형법정주의의 파생원칙★★ 기출 19·06
　㉠ 관습형법금지의 원칙 : 관습법은 형법의 법원이 될 수 없다는 원칙이다. 그러나 법률해석상 관습법을 통하여 형벌을 완화하거나 제거하는 것은 인정될 수 있다.★
　㉡ 소급효금지의 원칙 : 형법은 그 실시 이후의 행위만 규율할 뿐, 그 이전의 행위에는 효력이 미치지 않는다는 원칙이다. 그러나 인권침해의 염려가 없을 때에는 예외적으로 소급효가 인정된다.

핵심문제

01 다음 중 신파의 형법이론과 가장 관계가 없는 것은? 기출

① 도의적 책임론
② 행위자주의
③ 형벌과 보안처분의 일원론
④ 사회적 책임론

[해설]
도의적 책임론, 객관주의, 의사자유주의, 개인주의, 응보형주의, 일반예방주의 등은 구파의 형법이론이다.

정답 ①

- ⓒ 유추해석금지의 원칙 : 형법은 문서에 좇아 엄격히 해석되어야 하며(문리해석), 법문의 의미를 넘는 유추해석은 허용되지 않는다는 원칙이다. 다만 피고인에게 유리한 유추해석은 예외적으로 허용된다.
- ⓓ 명확성의 원칙 : 범죄의 구성요건과 형사제재에 관한 규정을 구체적으로 명확하게 규정하여야 한다는 원칙이다. 여기에는 절대적 부정기형 금지의 원칙이 포함된다.
- ⓔ 적정성의 원칙 : 행위자가 어떠한 범죄를 범했을 때 이를 형벌로 적정하게 처벌해야 한다는 원칙이다.

> **절대적 부정기형 금지 원칙**
> 형기를 전혀 정하지 않은 절대적 부정기형은 금지된다는 원칙으로, 형벌권의 자의적인 행사를 예방하기 위한 목적이다. 그러나 교육형주의에 따라 상대적 부정기형은 죄형법정주의에 반하지 않는 것으로 해석되고 있다.

Ⅳ 형법의 효력

1. **시간적 효력** 기출 20
   ① 원칙 – 행위시법주의(형벌불소급의 원칙) : 형법은 그 실시 이후의 행위에만 적용되고 실시 이전의 행위에 소급하여 적용되지 아니한다(형법 제1조 제1항).
   ② 예외 : 재판시법주의★
   - ⓐ 범죄 후 법률이 변경되어 그 행위가 범죄를 구성하지 아니하게 되거나 형이 구법(舊法)보다 가벼워진 경우에는 신법(新法)에 따른다(형법 제1조 제2항).
   - ⓑ 재판이 확정된 후 법률이 변경되어 그 행위가 범죄를 구성하지 아니하게 된 경우에는 형의 집행을 면제한다(형법 제1조 제3항).

> [1] 범죄 후 법률이 변경되어 그 행위가 범죄를 구성하지 아니하게 되거나 형이 구법보다 가벼워진 경우에는 신법에 따라야 하고(형법 제1조 제2항), 범죄 후의 법령 개폐로 형이 폐지되었을 때는 판결로써 면소의 선고를 하여야 한다(형사소송법 제326조 제4호). 이러한 형법 제1조 제2항과 형사소송법 제326조 제4호의 규정은 입법자가 법령의 변경 이후에도 종전 법령 위반행위에 대한 형사처벌을 유지한다는 내용의 경과규정을 따로 두지 않는 한 그대로 적용되어야 한다. 따라서 범죄의 성립과 처벌에 관하여 규정한 형벌법규 자체 또는 그로부터 수권 내지 위임을 받은 법령의 변경에 따라 범죄를 구성하지 아니하게 되거나 형이 가벼워진 경우에는, 종전 법령이 범죄로 정하여 처벌한 것이 부당하였다거나 과형이 과중하였다는 반성적 고려에 따라 변경된 것인지 여부를 따지지 않고 원칙적으로 형법 제1조 제2항과 형사소송법 제326조 제4호가 적용된다. [2] 형벌법규가 대통령령, 총리령, 부령과 같은 법규명령이 아닌 고시 등 행정규칙·행정명령, 조례 등(이하 '고시 등 규정'이라고 한다)에 구성요건의 일부를 수권 내지 위임한 경우에도 이러한 고시 등 규정이 위임입법의 한계를 벗어나지 않는 한 형벌법규와 결합하여 법령을 보충하는 기능을 하는 것이므로, 그 변경에 따라 범죄를 구성하지 아니하게 되거나 형이 가벼워졌다면 마찬가지로 형법 제1조 제2항과 형사소송법 제326조 제4호가 적용된다. 그러나 해당 형벌법규 자체 또는 그로부터 수권 내지 위임을 받은 법령이 아닌 다른 법령이 변경된 경우 형법 제1조 제2항과 형사소송법 제326조 제4호를 적용하려면, 해당 형벌법규에 따른 범죄의 성립 및 처벌과 직접적으로 관련된 형사법적 관점의 변화를 주된 근거로 하는 법령의 변경에 해당하여야 하므로, 이와 관련이 없는 법령의 변경으로 인하여 해당 형벌법규의 가벌성에 영향을 미치게 되는 경우에는 형법 제1조 제2항과 형사소송법 제326조 제4호가 적용되지 않는다. [3] 한편 법령이 개정 내지 폐지된 경우가 아니라, 스스로 유효기간을 구체적인 일자나 기간으로 특정하여 효력의 상실을 예정하고 있던 법령[한시법(註)]이 그 유효기간을 경과함으로써 더 이상 효력을 갖지 않게 된 경우도 형법 제1조 제2항과 형사소송법 제326조 제4호에서 말하는 법령의 변경에 해당한다고 볼 수 없다(대판[전합] 2022.12.22. 2020도16420).

2. 장소적 효력 기출 21·20·12

① **속지주의** : 자국 영토 내의 범죄는 자국의 형법을 적용한다(형법 제2조). 기국주의도 속지주의의 하나이다.
기출 04

② **속인주의** : 자국민의 범죄에 대하여는 자국의 형법을 적용한다(형법 제3조).
   예 우리나라 사람이 프랑스에서 프랑스 국민을 살해한 경우 우리 형법이 적용된다.

③ **기국주의** : 공해상의 선박·항공기는 국적을 가진 국가의 배타적 관할에 속한다(형법 제4조).
   예 미국 항구에 정박 중이던 우리나라 선박에서 선적작업을 하던 일본인 선원이 미국인을 살해한 경우 우리 형법이 적용된다.

④ **보호주의** : 외국에서의 범죄라도 자국 또는 자국민의 이익이 침해되는 경우에는 자국의 형법을 적용한다(형법 제5조, 제6조). 기출 20
   예 일본인이 독일 내 공원에서 대한민국 국민을 살해한 경우 대한민국 형법을 적용할 수 있다.

⑤ **세계주의** : 반인도적 범죄행위에 대하여는 세계적 공통의 연대성을 가지고 각국이 자국의 형법을 적용한다(형법 제296조의2).

3. 대인적 효력

시간적·장소적 효력이 미치는 범위 내에서는 원칙적으로 모든 사람의 범죄에 적용한다. 다만, 대통령의 형사상 불소추특권, 국회의원의 불체포특권 및 면책특권, 외국의 원수나 외교사절의 치외법권 등의 예외가 있다.

2 범죄론

I 범죄의 개념

1. 범죄의 의의 기출 16

형법상의 형벌을 과할 수 있는 구성요건에 해당하는 위법하고 책임 있는 행위를 의미한다(형식적 의미의 범죄).

2. 범죄의 성립요건 기출 14

어떤 행위가 형법상의 범죄가 되기 위해서는 범죄성립요건으로 구성요건해당성, 위법성, 책임(유책성)을 모두 갖추어야 한다.

① **구성요건해당성** : 구체적인 범죄사실이 형법 각 본조에 규정하는 추상적 구성요건에 해당하면 구성요건해당성이 인정된다.

② **위법성** : 구성요건에 해당하는 행위가 법률상 허용되지 않는 성질을 말한다.

③ **책임** : 당해 행위를 한 주체인 행위자에 대한 비난가능성을 말한다. 즉, 책임능력자의 고의 또는 과실이 있어야 범죄가 성립한다.

3. 범죄의 처벌조건 기출 12

범죄의 처벌조건이란 일단 성립된 범죄의 가벌성만을 좌우하는 조건을 말한다. 처벌조건은 형벌권의 발생을 좌우하는 실체법적 조건이다.

① 객관적 처벌조건 : 범죄가 성립된 경우에도 다시 형벌권을 발생시키는 데 필요한 외부적·객관적 사유를 말한다.

    예 형법 제129조 제2항의 사전수뢰죄에서 공무원 또는 중재인이 된 사실

② 인적 처벌조각사유 : 이미 성립한 범죄에 대하여 행위당시에 존재하는 행위자의 특수한 신분관계로 인하여 형벌권의 발생을 저지하는 인적 사정을 말한다.

    예 친족상도례에서 직계혈족·배우자·동거친족 등의 신분

핵심문제

01 형법상 범죄의 성립요건이 아닌 것은? 기출 14

① 구성요건해당성　　　　　　　② 위법성
③ 책임성　　　　　　　　　　　④ 객관적 처벌조건

【해설】
범죄의 성립요건에는 구성요건해당성, 위법성, 책임성이 있다.

정답 ④

02 범죄가 성립하지 아니하여 처벌할 수 없는 경우는? 기출

① 모욕죄에서 고소권자의 고소가 없는 경우
② 폭행죄에서 피해자가 명시적으로 처벌을 원하지 아니한 경우
③ 아들이 자신의 아버지 비상금을 몰래 절취한 경우
④ 정신병자가 심신상실 상태에서 이웃집에 불을 지른 경우

【해설】
범죄가 성립하기 위해서는 구성요건해당성, 위법성, 책임을 갖추어야 한다. 정신병자의 심신상실 상태의 행위는 책임이 조각되어 범죄가 성립하지 아니한다. ①, ②, ③은 범죄는 성립하였으나 소추요건 또는 처벌조건이 부존재하는 경우에 해당한다. ★

정답 ④

4. 범죄의 소추조건 기출 12

① 범죄의 소추조건이란 범죄가 성립하고 형벌권이 발생하는 경우라도 그 범죄를 소추하기 위하여, 즉 공소를 제기하기 위하여 소송법상 필요한 조건을 말한다.
② 소추조건(소송조건)이 흠결된 경우에는 공소기각 등 형식재판으로 소송을 종결한다.
③ 형법이 규정하는 소추조건에는 친고죄와 반의사불벌죄가 있다. 기출 23·10·08

구 분	친고죄	반의사불벌죄
의 의	공소제기를 위하여 피해자 기타 고소권자의 고소가 있을 것을 요하는 범죄	피해자의 의사에 관계없이 공소를 제기할 수 있으나, 피해자의 명시한 의사에 반하여 처벌할 수 없는 범죄

종 류	• 절대적 친고죄★
	  – 모욕죄(제311조)
	  – 비밀침해죄(제316조)
	  – 업무상비밀누설죄(제317조)
	  – 사자명예훼손죄(제308조)
	• 상대적 친고죄(친족상도례규정) : 절도, 사기, 공갈, 횡령, 배임, 장물, 권리행사방해죄의 일부(제328조)
		• 외국원수 및 외국사절에 대한 폭행, 협박, 모욕죄(제107조 및 제108조)
		• 외국국기, 국장모독죄(제109조)
		• 폭행, 존속폭행죄(제260조)
		• 협박, 존속협박죄(제283조)
		• 명예훼손죄(제307조)★
		• 출판물 등에 의한 명예훼손죄(제309조)★
		• 과실치상죄(제266조)★

5. 범죄의 유형

① 실질범과 형식범★
  ㉠ 실질범 : 결과의 발생을 구성요건의 내용으로 하는 범죄(결과범 : 살인죄, 강도죄 등)
  ㉡ 형식범 : 행위만으로 구성요건의 내용으로 규정된 범죄(거동범 : 주거침입죄, 위증죄 등)
② 침해범과 위험범★
  ㉠ 침해범 : 법익의 현실적 침해를 요하는 범죄(살인죄, 상해죄 등)
  ㉡ 위험범 : 법익침해의 위험발생만을 구성요건의 내용으로 하는 범죄이다. 위험범은 다시 현실적 위험의 발생을 요건으로 하는 구체적 위험범(자기소유건조물방화죄 등)과 법익침해의 일반적 위험이 있으면 구성요건을 충족하는 추상적 위험범(현주건조물방화죄, 명예훼손죄, 위증죄, 업무방해죄 등)으로 구분된다.

핵심문제

01 친고죄와 반의사불벌죄에 관한 설명으로 옳지 않은 것은? 기출수정

① 모욕죄는 친고죄에 해당한다.
② 폭행죄, 협박죄, 명예훼손죄는 반의사불벌죄에 해당한다.
③ 고소는 수사기관에 대하여 서면 또는 구두로 할 수 있다.
④ 고소권자는 대법원 판결선고 전까지 고소를 취소할 수 있다.

[해설]
고소는 제1심 판결선고 전까지 취소할 수 있다(형사소송법 제232조 제1항).★

정답 ④

③ 즉시범과 계속범★
  ㉠ **즉시범** : 결과의 발생과 동시에 범죄도 완성되는 범죄(상태범 : 살인죄, 상해죄 등)
  ㉡ **계속범** : 범죄의 완성 후에도 위법상태가 계속되는 범죄(체포감금죄, 주거침입죄 등)
④ 일반범·신분범·자수범
  ㉠ **일반범** : 누구나 행위자가 될 수 있는 범죄
  ㉡ **신분범** : 구성요건이 행위의 주체에 일정한 신분을 요하는 범죄★

구 분	내 용	종 류
진정신분범	일정한 신분이 있는 자에 의하여만 범죄가 성립	위증죄, 횡령죄, 배임죄, 수뢰죄, 유기죄
부진정신분범	신분 없는 자에 의하여도 범죄가 성립할 수 있지만, 신분 있는 자가 죄를 범한 때에는 형이 가중되거나 감경되는 범죄	존속살해죄, 업무상횡령죄, 업무상낙태죄

  ㉢ **자수범** : 행위자 자신이 직접 실행해야 범할 수 있는 범죄로, 자수범의 경우에는 간접정범이 성립하지 않는다(위증죄, 업무상비밀누설죄 등).★
⑤ **목적범** : 구성요건의 객관적 요소의 범위를 초과하는 일정한 주관적 목적이 구성요건상 전제로 되어 있는 범죄[준강도죄(재물의 탈환에 항거하거나 체포를 면탈할 목적), 문서위조죄(행사할 목적) 등] 기출 23·21

핵심문제

01 다음 중 범죄의 구분에 따른 설명으로 틀린 것은? 기출
  ① 범죄행위의 시간계속을 기준으로 즉시범, 상태범, 계속범으로 구분할 수 있다.
  ② 즉시범이란 결과의 발생과 동시에 곧 범죄가 기수에 이르고 종료하는 범죄를 말하며, 살인죄·폭행죄 등이 있다.
  ③ 상태범이란 법익침해상태가 범죄종료 후에도 존속되는 경우를 말하며 체포감금죄, 주거침입죄 등이 있다.
  ④ 계속범의 경우는 기수에 이르렀어도 범죄가 종료할 때까지는 시효가 개시되지 않는다.

[해설]
계속범에는 체포감금죄, 주거침입죄 등이 있으며, 범죄가 기수로 된 이후에도 행위가 계속되는 동안 공범이 성립할 수 있다.★

정답 ③

Ⅱ 구성요건해당성

1. 구성요건의 의의
형벌을 과하는 근거가 되는 행위 유형을 추상적으로 기술한 것으로, 개개의 행위가 구성요건에 합치되는 것을 구성요건해당성이라 한다.

2. 구성요건의 충족요소(행위, 행위의 주체·객체·상황)

행위(범죄)의 주체	모든 사람은 행위의 주체가 될 수 있다. 법인의 범죄능력은 부정하는 것이 통설이다.
행위(범죄)의 객체	범죄의 대상으로 각 구성요건에 명시된다(살인죄에서의 사람, 절도죄에 있어서의 타인의 재물 등).
보호의 객체	구성요건에 의하여 보호되는 법익(살인죄의 보호법익은 타인의 생명, 절도죄의 보호법익은 타인의 소유권)
충족요소의 유무	보호법익이 없는 범죄는 없지만, 행위의 객체가 없는 범죄는 있을 수 있다(다중불해산죄, 단순도주죄, 퇴거불응죄 등).

3. 작위범과 부작위범
① 작위범 : 작위를 구성요건의 내용으로 규정한 범죄를 작위범이라 한다.
② 부작위범 : 부작위범은 법규범이 요구하는 의무 있는 행위를 이행하지 않음으로써 성립한다(형법 제18조). 부작위범의 종류에는 부작위를 구성요건으로 하는 진정부작위범과 작위를 구성요건으로 하는 범죄를 부작위로 실현하는 부진정부작위범이 있다.
  ㉠ 진정부작위범 : 형법규정에서 부작위에 의해 범할 것을 내용으로 하는 범죄로 퇴거불응죄(예 경비원이 퇴거를 요구했을 때 이에 불복한 경우), 집합명령위반죄, 다중불해산죄 등이 있다.
  ㉡ 부진정부작위범 : 형법규정에서 작위에 의해 범할 것을 내용으로 하는 범죄를 부작위에 의해 범하는 범죄(예 산모가 젖을 주지 않아 영아를 굶겨 죽인 경우)이다.
  ㉢ 작위의무의 근거 **두 법·계·조·선**
    • 법령에 의한 경우 : 민법상의 친권자 보호의무, 친족 간의 부양의무, 의료법상 의사의 진료와 응급조치의무 등
    • 계약에 의한 경우 : 고용계약에 의한 근로자 보호의무, 간호사의 환자 간호의무 등
    • 조리에 의한 경우 : 관리자의 위험발생방지의무
    • 선행행위에 의한 경우 : 자동차로 타인을 친 경우 운전자의 구호의무

핵심문제

01 다음 중 부작위범에 해당하는 것은?
① 퇴거불응죄 ② 주거침입죄
③ 살인죄 ④ 유기죄

[해설]
부작위범은 기대되거나 요구되는 행위를 소극적으로 하지 않는 경우로 진정부작위범과 부진정부작위범이 있다. ①은 진정부작위범에 해당된다.

정답 ①

4. 인과관계

① 의의 : 결과범에 있어서는 그 행위와 결과 사이에 인과관계가 있어야 한다(형법 제17조). ★

② 관련 학설
- ㉠ 조건설 : 행위와 결과 사이에 조건적 관계만 있으면 인과관계를 인정하는 학설
- ㉡ 원인설 : 결과에 기여한 여러 조건 중에서 어떤 하나를 선택하여 그것만을 결과에 대한 원인이라고 하여 조건설의 한계를 정하려는 학설
- ㉢ 상당인과관계설 : 사회경험상 특정 행위로부터 그 결과가 발생하는 것이 상당하다고 인정될 때 인과관계를 긍정하는 학설(통설·판례)

5. 고 의

① 의의 : 행위자가 일정한 범죄사실을 인식하면서 그러한 위법행위로 나오는 행위자의 의사태도를 말한다(형법 제13조).

② 고의의 구성요소 ★
- ㉠ 지적요소 : 사실의 인식과 의미의 인식
  - 의미의 인식이 전혀 없는 경우 → 사실의 착오
  - 의미를 잘못 인식한 경우 → 금지착오(포섭의 착오), 구성요건에 해당하지 않는다고 오인한 경우
- ㉡ 의지적 요소 : 행위의사는 무조건적·확정적이어야 한다(적극적 의욕은 반드시 요하는 것은 아니고 미필적 고의로 충분).
- ㉢ 착오와의 구별
  - 사실의 착오 : 구성요건에 해당하는 객관적 사실에 대한 착오(구성요건적 착오)(형법 제15조)
  - 법률의 착오 : 행위가 법적으로 허용되지 않는 점에 대한 착오(금지착오)(형법 제16조)

핵심문제

01 인과관계에 관한 설명으로 옳지 않은 것은?
① 인과관계는 실질범(결과범)에서만 문제된다.
② 인과관계의 유무 및 범위에 관하여 크게 조건설, 원인설 및 상당인과관계설로 대별된다.
③ 인과적 행위론으로도 부작위범을 설명할 수 있다.
④ 통설과 판례는 상당인과관계설을 취하고 있다.

[해설]
부작위에 있어서는 의사에 의하여 수행되고 일정한 결과를 발생하게 하는 신체적 동작이 인과적 행위론의 의미에서는 존재한다고 볼 수 없기 때문에 인과적 행위론은 부작위범에 대하여 설명할 수 없다. ★

정답 ③

③ 고의의 종류
  ㉠ 확정적 고의 : 적극적으로 범죄의 실현을 행위자가 인식 또는 예견한 경우(직접적 고의)
  ㉡ 불확정적 고의★★
    • **미필적 고의** : 행위자가 결과의 가능성을 예견하고 그의 행위로 인하여 구성요건이 실현되는 것을 묵인한 경우(회사업무로 과속을 하면서 혹시 사람을 칠 수 있다고 생각했지만, 사람을 치어도 어쩔 수 없다고 생각하고 과속하는 경우)
    • **택일적 고의** : 결과발생은 확실하나 객체가 택일적이어서 둘 가운데 하나의 결과만 일어난 경우(총을 쏘면서 甲이나 乙 둘 중에서 누가 죽어도 좋다고 생각하는 경우)
    • **개괄적 고의** : 객체가 너무 많아서 무엇에 그 결과가 일어날 것인가가 확정되지 않은 경우(아무나 죽일 생각으로 인파가 붐비는 광장 안으로 차를 돌진한 경우)

핵심문제

01 산에서 사슴을 쏘려고 총을 겨누었을 때 부근에 사람이 있는 것을 알고도 '설마 맞지 않겠지.'하고 발사하여 사람이 맞은 경우, 결과의 발생 그 자체는 불명확하나 행위자가 결과발생의 가능성을 인식하는 고의를 무엇이라고 하는가? 기출

① 미필적 고의　　　　　　　　　　② 택일적 고의
③ 선택적 고의　　　　　　　　　　④ 확정적 고의

[해설]
결과의 발생 그 자체는 불명확하나 행위자가 결과발생의 가능성을 인식하고 이를 용인 내지 감수하는 고의는 미필적 고의이다.

정답 ①

02 甲·乙 양인을 향해 발포하여 그들 중 누구에 대해서 명중될지 불확실한 경우는? 기출

① 택일적 고의　　　　　　　　　　② 개괄적 고의
③ 미필적 고의　　　　　　　　　　④ 사후 고의

[해설]
택일적 고의란 결과의 발생은 확실하나 객체(결과발생의 대상)가 불확정한 경우를 의미한다. 개괄적 고의란 행위자가 행위객체를 오인하지 않았지만 결과를 오인한 경우를 의미한다.

정답 ①

6. **과 실**
   ① 의의 : 정상적으로 기울여야 할 주의를 게을리하여 범죄사실을 인식하지 못하고 범죄를 발생시킨 경우(형법 제14조)로 업무상 과실, 중과실, 인식 있는 과실, 인식 없는 과실 등이 있다.
      ⊙ 업무상 과실 : 업무종사자가 당해 업무의 성격상 또는 그 업무의 지위상 특별히 요구되는 주의의무를 게을리한 경우의 과실을 말한다(의사가 주의의무 태만으로 의료사고를 일으킨 경우).★
      ⓒ 중과실 : 요구되는 주의에 대하여 행위자의 주의가 현저하게 결여되어 있는 경우의 과실을 말한다(가스통 옆에서 담배를 피우다 폭발사고를 일으킨 경우).★
      ⓒ 인식 있는 과실 : 구성요건이 실현될 수 있다는 것을 인식했지만, 주의의무에 위반하여 이것이 실현되지 않을 것으로 신뢰하다 구성요건사실을 실현한 것이다(사냥터에서 앞에 사람과 사슴이 있을 때, 사람을 맞히지 않을 거라 믿고 사격을 하다가 사람을 맞혀 부상을 입힌 경우).★
      ⓔ 인식 없는 과실 : 행위자가 주의의무 위반으로 구성요건이 실현될 가능성을 인식하지 못한 경우의 과실을 말한다(총에 총알이 장전된 줄 모르고 장난으로 방아쇠를 당겨 상대방을 사망하게 한 경우).★
   ② 처 벌★
      ⊙ 형법상 범죄의 성립은 고의범이 원칙이고 과실범은 법률에 특별한 규정이 있는 경우만 처벌한다(형법 제14조).
      ⓒ 실화(형법 제170조, 제171조), 과실치사상(형법 제266조 내지 제268조)

   > **과실치상죄의 법정형** 기출 17
   > 과실로 인하여 사람의 신체를 상해에 이르게 한 자는 500만원 이하의 벌금, 구류 또는 과료에 처한다(형법 제266조 제1항).★

7. **결과적가중범★**
   ① 의의 : 고의에 의한 기본범죄에 의하여 행위자가 예견하지 않았던 중한 결과가 발생한 때에 형이 가중되는 범죄이다.
   ② 종 류
      ⊙ 진정결과적가중범 : 고의에 의한 기본범죄에 기하여 과실로 중한 결과를 발생케 한 경우에 성립하는 범죄(예 상해치사죄 등)
      ⓒ 부진정결과적가중범 : 중한 결과를 과실로 야기한 경우뿐만 아니라 고의에 의하여 발생케 한 경우에도 성립하는 범죄(예 교통방해치상죄, 현주건조물방화치상죄, 중상해죄 등)

핵심문제

01 범죄사실의 발생가능성은 인식하였으나 상당한 주의를 결하여 결과의 발생을 부정하고 행한 경우는?

① 미필적 고의
② 사후 고의
③ 인식 있는 과실
④ 개괄적 고의

[해설]
인식 있는 과실이란 행위자가 구성요건의 실현가능성을 인식했으나 그 위험의 정도를 과소평가하거나 자신의 능력을 과대평가하거나 또는 단순히 행운을 바라는 희망 속에서 법적 구성요건이 실현되지 않을 것을 의무위반적으로 신뢰한 경우를 말한다.

정답 ③

Ⅲ 위법성

1. 의의
법적 견지에서 허용되지 않는 것, 즉 법적 무가치성을 의미하며 구성요건에 해당하는 행위는 원칙적으로 위법성이 추정된다.

2. 위법성조각사유 기출 22
비록 행위가 구성요건에 해당하더라도 법질서 전체의 입장에서 볼 때 위법한 것으로 볼 수 없어 범죄로 되지 않는 경우가 있다. 현행 형법은 위법성조각사유로서 다음의 5가지를 규정하고 있다.

① **정당행위**(형법 제20조) 기출 12
  ㉠ 법령에 의한 행위 : 공무원의 직무집행행위(교도관이 사형을 집행하는 경우), 징계권자의 징계행위, 현행범의 체포행위, 모자보건법상의 낙태행위, 노동쟁의행위 등
  ㉡ 업무로 인한 행위 : 의사의 치료행위 등★
  ㉢ 사회상규에 위배되지 않는 행위 : 전투 중인 군인의 살상행위, 권투 등 스포츠행위 등

② **정당방위**(형법 제21조)★ : 현재의 부당한 침해로부터 자기 또는 타인의 법익(法益)을 방위하기 위하여 한 행위는 상당한 이유가 있는 경우에는 벌하지 아니한다(제1항).
  ㉠ 과잉방위 : 방위행위가 그 정도를 초과한 경우에는 정황에 따라 그 형을 감경하거나 면제할 수 있다. 야간이나 그 밖의 불안한 상태에서 공포를 느끼거나 경악(驚愕)하거나 흥분하거나 당황하였기 때문에 그 행위를 하였을 때에는 벌하지 아니한다(제2항·제3항).
  ㉡ 오상방위 : 정당방위의 요건이 되는 사실, 즉 자기나 타인의 법익에 대한 현재의 부당한 침해가 없는데도 그것이 있다고 잘못 생각하여 행한 방위행위로, 오상방위는 위법성조각사유의 전제사실에 대한 착오에 해당한다. 다수설(법효과제한적 책임설)은 고의(구성요건적 고의, 불법고의)를 인정하나 책임고의가 조각되어 과실범 처벌이 가능하다는 입장이다. 반면, 판례는 착오에 정당한 이유가 있으면 정당방위로 취급하여 위법성을 조각시킨다. 기출 15
  예 길을 묻기 위해서 뒤에서 다가와 어깨를 건드렸는데 강도의 공격으로 오인하여 폭행을 가한 경우

핵심문제

01 형법상 甲의 행위는? 기출 21

> 甲은 어두운 골목길을 지나다가 강도를 만나 그를 피해 乙의 집에 무단으로 침입하였다.

① 정당방위 ② 자구행위
③ 긴급피난 ④ 정당행위

【해설】
甲이 부득이하게 乙의 집에 무단으로 침입한 것은, 자기의 법익에 대한 현재의 위난(강도)을 피하기 위한 행위이므로, 형법 제22조 제1항의 긴급피난에 해당하여 처벌받지 아니한다.

정답 ③

③ **긴급피난**(형법 제22조)★ 기출 21 : 자기 또는 타인의 법익에 대한 현재의 위난을 피하기 위한 행위는 상당한 이유가 있는 때에는 벌하지 아니한다(제1항).
  예 • A건물에서 대형화재가 난 후 B건물로 그 불이 옮겨 붙고 다시 C건물로 불이 옮겨 붙으려고 하자, C건물 주인이 B건물을 손괴함으로써 C건물로 불이 옮겨 붙지 않도록 한 경우
  • 달려오는 광견을 피하기 위하여 남의 집에 뛰어들어 값비싼 도자기를 망가뜨린 경우

④ **자구행위**(형법 제23조)★ : 법률에서 정한 절차에 따라서는 청구권을 보전(保全)할 수 없는 경우에 그 청구권의 실행이 불가능해지거나 현저히 곤란해지는 상황을 피하기 위하여 한 행위는 상당한 이유가 있는 때에는 벌하지 아니한다(제1항).
  ㉠ **과잉자구행위** : 행위가 그 정도를 초과한 경우에는 정황에 의하여 형을 감경 또는 면제할 수 있다(제2항).
  ㉡ **오상자구행위** : 객관적으로 자구행위의 요건이 구비되지 않았는데도 주관적으로 이것이 있다고 오신하여 자구행위를 한 경우로, 오상방위와 동일하게 위법성조각사유의 전제사실의 착오로 취급한다.

⑤ **피해자의 승낙**(형법 제24조)★ : 처분할 수 있는 자의 승낙에 의하여 그 법익을 훼손한 행위는 법률에 특별한 규정이 없는 한 벌하지 아니한다.

⑥ **의무의 충돌**
  ㉠ 두 개 이상의 작위의무 중 하나만 이행함으로써 다른 의무를 이행하지 못했을 경우를 말한다.
    예 1명의 구조대원이 물에 빠진 2명 중 1명만 구할 수 있는 상황에서 1명만 구조한 경우
  ㉡ 두 의무 중 상위가치 보호의무 이행 시는 위법성이 조각되고, 동등가치 보호의무 이행 시에는 위법성조각설과 책임조각설이 대립되며, 하위가치 보호의무 이행 시는 위법성은 조각되지 않지만 책임이, 이익형량이 불가능한 경우에는 위법성이 조각된다.★

핵심문제

01 다음에서 위법성을 조각하는 사유가 아닌 것은? 기출 04
  ① 본인의 자유로운 처분이 불가능한 법익에 대한 피해자의 승낙행위
  ② 타인의 법익에 대한 부당한 침해를 방위하기 위하여 상당한 이유가 있는 행위
  ③ 타인의 법익에 대한 현재의 위난을 피하기 위하여 상당한 이유가 있는 행위
  ④ 법령에 의한 행위 또는 업무로 인한 행위

[해설]
피해자의 승낙이란 처분할 수 있는 자의 승낙에 의하여 그 법익을 훼손한 행위는 특별한 규정이 없는 한 처벌하지 아니한다. 그러나 살인죄 등의 경우에는 승낙행위가 있어도 위법성이 조각되지 않고 처벌된다.

정답 ①

Ⅳ 책임성

1. 의의
책임이란 적법한 행위를 할 수 있었음에도 불구하고 위법한 행위를 한 행위자에 가해지는 비난가능성을 의미한다.

2. 책임능력★ 기출 24
법이 요구하는 공동생활상의 규범에 합치할 수 있도록 의사결정을 할 수 있는 능력으로 일정한 행위가 구성요건에 해당하고 위법성을 갖추었더라도 책임성이 결여되면 범죄로 성립하지 아니한다.
① 책임무능력자 : 형사미성년자(14세 미만인 자)(형법 제9조), 심신상실자(형법 제10조 제1항) → 벌하지 않는다.
② 한정책임능력자
  ㉠ 심신미약자(형법 제10조 제2항) → 형을 감경할 수 있다.
  ㉡ 청각 및 언어 장애인(형법 제11조) → 형을 감경한다.

> **심신상실자의 책임능력**
> 심신상실 중에 타인에게 손해를 가한 자는 배상의 책임이 없다. 그러나 고의 또는 과실로 인하여 심신상실을 초래한 때에는 그러하지 아니하다(민법 제754조).★
>
> **원인에서 자유로운 행위** 기출 12
> 원인에 있어서 자유로운 행위란 고의 또는 과실로 자신을 심신장애상태에 스스로 빠지게 한 후 범죄를 저지르는 행위(예) 사람을 살해할 목적으로 음주 후 만취 상태를 이용하여 상대방을 살해한 경우)로서 우리 형법은 이를 처벌한다(형법 제10조 제3항 참조).

핵심문제

01 다음 중 형법상 책임무능력자는 몇 살인가? 기출
① 17세 미만의 미성년자 ② 18세 미만의 미성년자
③ 19세 미만의 미성년자 ④ 14세 미만의 미성년자

[해설]
14세 미만의 형사무능력자인 미성년자의 행위는 벌하지 아니한다(형법 제9조).

정답 ④

02 행위자가 범행을 위하여 미리 술을 마시고 취한 상태에서 계획한 범죄를 실행한 경우에 적용되는 것은? 기출 12
① 추정적 승낙 ② 구성요건적 착오
③ 원인에 있어서 자유로운 행위 ④ 과잉방위

[해설]
심신장애로 인하여 사물을 변별할 능력이나 의사를 결정할 능력이 미약한 자의 행위는 형을 감경하지만, 위험의 발생을 예견하고 자의로 심신장애를 야기한 자의 범죄행위(원인에 있어서 자유로운 행위)에는 그러하지 아니한다(형법 제10조 제3항 참고).

정답 ③

3. 위법성의 인식

① 의의 : 행위자의 행위가 공동사회의 질서에 반하고 법적으로 금지되어 있다는 것을 인식하는 것을 말하며, 이는 책임비난의 핵심이 된다.

② 의미상 특징★
   ㉠ 위법성의 인식은 법적 인식이므로 반윤리성에 대한 인식과 다르다.
   ㉡ 자연범의 경우에는 대부분 위법성의 인식이 추론된다.
   ㉢ 법정범의 경우에는 위법성에 대한 구체적인 인식이 필요하다.
   ㉣ 위법성의 인식은 자기의 행위가 현실적으로 실정법체계 내에서 허용되지 않음을 인식하면 족하고 실정법의 정당성에 대한 평가는 별론으로 한다.

4. 법률의 착오(금지착오)★

① 의의 : 행위자에게 그 행위사실의 인식은 있으나 행위의 위법성에 대한 인식은 없는 경우로서 직접적 착오와 간접적 착오로 나뉜다.

② 직접적 착오★

법률의 부지	행위자가 금지규범을 인식하지 못한 경우
효력의 착오	금지규범은 인식하였으나 그 규범의 효력이 없다고 오인한 경우
포섭의 착오	규범을 잘못 해석하여 그 행위에 대하여는 적용되지 않는다고 오인한 경우

③ 간접적 착오★ : 행위자가 금지된 것을 인식하였으나 구체적인 경우에 위법성조각사유의 법적 한계를 오해하였거나 위법성조각사유가 존재하는 것으로 오인한 경우이다.

핵심문제

01 다음 위법성의 인식에 대한 설명 중 옳지 않은 것은?

① 위법성의 인식이란 행위자의 행위가 공동사회의 질서에 반하고 법적으로 금지되어 있다는 것을 인식하는 것을 말한다.
② 위법성의 인식은 법적 인식이므로 반윤리성에 대한 인식과 다르다.
③ 법정범의 경우에는 대부분 위법성의 인식이 추론된다.
④ 위법성의 인식은 자기의 행위가 현실적으로 실정법체계 내에서 허용되지 않음을 인식하면 족하다.

[해설]
법정범은 법률행위 자체에는 반도덕성이나 반사회성이 없으나 행정상의 필요에 따라 정해진 법규를 위반하는 범죄자로 위법성 인식이 추정되지는 않는다. 이와 달리 자연범의 경우에는 대부분 위법성의 인식이 추론된다.

정답 ③

5. 기대가능성

① **의의**★ : 기대가능성이란 행위 당시의 구체적 사정으로 미루어 보아 범죄행위 대신 적법행위를 기대할 수 있는 가능성을 말한다. 기대가능성이 없는 행위는 책임이 조각된다.

② **형법상 책임조각사유** : 친족 간의 범인은닉죄(형법 제151조 제2항), 친족 간의 증거인멸죄(형법 제155조 제4항), 강요된 행위(형법 제12조), 과잉방위의 특수한 경우(형법 제21조 제3항), 과잉피난의 특수한 경우(형법 제22조 제3항)

③ **초법규적 책임조각사유** : 통설과 판례는 형법에 규정이 없는 일정한 경우에도 기대불가능성을 이유로 책임을 조각하고 있다.

④ **강요된 행위** : 저항할 수 없는 폭력이나 자기 또는 친족의 생명·신체에 대한 위해를 방어할 방법이 없는 협박에 의하여 강요된 행위는 벌하지 아니한다(형법 제12조). 피강요자는 기대가능성이 없어 책임이 조각되며, 강요자는 간접정범으로 처벌된다.★

6. 초법규적 책임조각사유★

① **면책적 긴급피난** : 동가치적 법익 사이에서 행하여진 긴급피난(예 타이타닉 침몰 후 피난보트의 침몰을 막기 위해 한 사람을 물에 빠뜨려 숨지게 한 경우)

② **면책적 의무충돌** : 동가치 사이의 의무충돌 또는 다른 가치의 의무충돌에서 하위가치의 의무를 수행한 경우(예 1명의 구조대원이 물에 빠진 2명 중 1명만 구할 수 있는 상황에서 1명만 구조한 경우)

③ **상관의 위법한 명령에 의한 행위** : 상관의 위법한 명령이 구속력이 있는 경우로서 적법행위에 대한 기대가능성이 없다면 책임이 조각된다는 견해(통설)(예 직속상관의 명령에 의해 쿠데타에 참여한 경우)

핵심문제

01 다음 중 위법성이 조각되는 사유가 아닌 것은?
① 정당행위
② 긴급피난
③ 친족 간의 범인은닉죄
④ 피해자의 승낙

【해설】
친족 간의 범인은닉죄는 책임조각사유이다. 형법상 위법성 조각사유로는 정당행위, 정당방위, 긴급피난, 자구행위, 피해자의 승낙이 있다(형법 제20조 내지 제24조).

정답 ③

02 다음 중 초법규적 책임조각사유에 해당하지 않는 것은?
① 면책적 긴급피난
② 면책적 의무충돌
③ 상관의 위법한 명령에 의한 행위
④ 강요된 행위

【해설】
통설과 판례는 형법에 규정이 없는 일정한 경우에도 기대불가능성을 이유로 책임을 조각하고 있는데 이를 초법규적 책임조각사유라고 한다. 초법규적 책임조각사유로는 면책적 긴급피난, 면책적 의무충돌, 상관의 위법한 명령에 의한 행위가 있다. 강요된 행위는 형법 제12조에 의한 책임조각사유에 해당한다.

정답 ④

V 미수범과 불능범 기출 19

1. 미수범

① 의의 : 범죄의 실행에 착수하여 행위를 종료하지 못하였거나 결과가 발생하지 아니한 때 성립한다(형법 제25조 제1항).

② 미수범의 유형

　㉠ 장애미수 : 행위자의 의사에 반하여 범죄를 완성하지 못하는 미수로 착수미수와 실행미수로 구분된다.

착수미수	착수는 했으나 실행이 미종료한 경우(절도를 하기 위해 차량운전석 손잡이를 잡고 당기다 경찰에 붙잡힌 경우)
실행미수	실행은 종료했으나 결과가 미발생한 경우(총알을 발사했으나 빗나간 경우)

　㉡ 중지미수 : 실행은 했으나 자의로 중지 또는 결과의 발생을 방지한 경우로 착수중지와 실행중지로 구분된다. 기출 11

착수중지	범죄 실행에 착수한 자가 범죄 완성 전 자기 의사로 행위를 중지한 경우(절도를 위해 재물을 물색하다가 아내의 생일이라 중지한 경우)
실행중지	실행은 종료했으나 자의로 결과의 발생을 방지한 경우(살해하려고 독극물을 먹인 후 바로 후회하여 해독제를 먹여 살린 경우)

③ 처벌 : 형법 각 조에 규정이 있을 때에만 처벌되며, 그 형도 기수범에 비해 가볍게 처벌할 수 있다(임의적 감경)(형법 제25조 제2항). ★

2. 불능미수와 불능범

① 의의 : 범죄의 실행에 착수하였으나 그 행위의 성질 또는 행위 대상인 객체의 성질상 범죄결과의 발생가능성(위험성)이 없어 미수범으로서도 처벌할 수 없는 경우로, 위험성의 유무가 미수범과 불능범을 구별하는 기준이 된다. ★

② 처벌 : 범죄결과의 발생이 불가능하고 위험성이 없는 불능범은 벌하지 않지만, 범죄결과의 발생이 불가능하더라도 위험성이 있으면 미수범으로 처벌하되, 다만 보통미수와는 달리 형의 감경뿐만 아니라 면제까지도 할 수 있도록 하였다(임의적 감면).

핵심문제

01 범죄의 실행에 착수한 자가 그 범죄가 완성되기 전에 자의로 실행에 착수한 행위를 중지하거나 그 행위로 인한 결과의 발생을 방지하는 것은? 기출

① 중지미수　　　　　　　　　② 불능범
③ 장애미수　　　　　　　　　④ 불능미수

[해설]
설문의 내용은 형법 제26조의 중지미수에 해당한다.

정답 ①

Ⅵ 예비 · 음모

범죄의 음모 또는 예비행위가 실행의 착수에 이르지 아니한 때에는 법률에 특별한 규정이 없는 한 벌하지 아니한다(형법 제28조). 형법은 강도죄의 경우 예비 · 음모한 자에 대한 처벌규정을 두고 있다(형법 제343조). 기출 21

Ⅶ 공 범

1. 의 의

두 사람 이상이 협력 · 가공하여 실현하는 범죄로서, 공동정범 · 교사범 · 종범 · 간접정범이 있다. 구성요건상 처음부터 다수인의 공동을 필요로 하는 필요적 공범과는 구별된다.

필요적 공범	
공범과 구별되는 개념으로 구성요건상 범죄가 성립하기 위해서는 처음부터 다수인의 공동을 필요로 하는 경우이다. ★★	
집합범	다수인이 동일한 방향에서 같은 목표를 향하여 공동으로 작용하는 범죄(소요죄, 내란죄 등)
대향범	2인 이상의 대향적 협력에 의하여 성립하는 범죄 • 대향자 쌍방의 법정형이 같은 경우(아동혹사죄 등) • 대향자 사이의 법정형이 다른 경우(뇌물죄에 있어서 수뢰죄와 증뢰죄 등) • 대향자의 일방만을 처벌하는 경우(범인은닉죄 등)

2. 공동정범

2인 이상이 공동하여 죄를 범한 때에는 각자를 그 죄의 정범으로 처벌한다(형법 제30조). ★

핵심문제

01 형법상 여럿이 함께 모여 거액의 도박을 한 경우는 다음 중 어디에 해당하는가? 기출 06

① 공동정범 ② 간접정범
③ 공모공동정범 ④ 필요적 공범

[해설]
필요적 공범은 구성요건의 실현에 반드시 2인 이상의 참가가 요구되는 범죄유형을 말한다. 필요적 공범은 집합범(내란죄, 소요죄, 도박죄 등)과 대향범(뇌물죄, 아동혹사죄 등)으로 나누어진다. 필요적 공범은 그 자체가 독립된 범죄인 까닭에 총칙상의 공범규정이 적용되지 않는다. ★

정답 ④

3. 간접정범 [기출 13]

① 개념 : 타인을 도구로 이용하여 간접적으로 범죄를 실현하는 것을 말한다.
  ㉠ 정신병자를 교사하여 살인을 하도록 하는 것
  ㉡ 의사 甲이 그 사정을 전혀 알지 못하는 간호사를 이용하여 환자 乙에게 치료약 대신 독극물을 복용하게 하여 乙이 사망에 이른 경우
  ㉢ 甲이 초등학교 5학년인 만 11세 乙을 사주하여 丙을 살해하게 한 경우
② 처벌 : 어느 행위로 인하여 처벌되지 아니하는 자 또는 과실범으로 처벌되는 자를 교사 또는 방조하여 범죄행위의 결과를 발생시킨 자는 교사 또는 방조의 경우와 같이 처벌한다(형법 제34조 제1항).

4. 교사범

타인을 교사하여 죄를 범하게 한 자, 죄를 실행한 자와 동일한 형으로 처벌한다(형법 제31조 제1항).
① 미수의 교사 : 미수에 그칠 것이라고 인식하고 교사한 경우(불가벌)
② 교사의 미수 [기출 11]

협의의 교사의 미수		• 피교사자가 실행에 착수했으나 미수에 그친 경우 • 미수범처벌 규정이 있으면 미수죄의 교사범으로 처벌
기도된 교사	실패한 교사	• 피교사자가 응하지 않거나 교사 전에 이미 결의하고 있는 경우 • 교사자는 예비·음모에 준하여 처벌
	효과 없는 교사	• 피교사자가 승낙하였으나 실행의 착수에 이르지 아니한 경우 • 교사자와 피교사자를 모두 예비·음모에 준하여 처벌

5. 종 범

타인의 범죄를 방조한 자로 처벌은 정범의 형보다 감경한다(형법 제32조).

VIII 죄수론

1. 일 죄

① 의의 : 범죄의 수가 한 개인 것을 일죄라 한다. 법조경합과 포괄일죄로 구분할 수 있다.
② 법조경합 : 한 개 또는 수개의 행위가 외관상 수개의 형벌법규에 해당하는 것같이 보이지만 형벌법규의 성질상 하나의 법규만 적용되고 다른 법규는 배척되는 것을 말한다.★

특별관계	어느 구성요건이 다른 구성요건의 모든 요소를 포함하고, 그 이외의 다른 요소를 구비해야 성립하는 경우(존속살인죄와 살인죄, 강도죄와 폭행죄 등의 경우)
보충관계	어떤 형벌법규가 다른 형벌법규의 적용이 없을 때에 보충적으로 적용되는 것(예비와 기수, 과실범과 고의범)
흡수관계	어떤 구성요건에 해당되는 행위의 불법과 책임내용이 다른 구성요건에 흡수되는 경우(살인에 수반된 의복손상행위 또는 절도범이 훔친 재물을 손괴하는 것과 같은 불가벌적 사후행위)
택일관계	절도죄와 횡령죄, 강도죄와 공갈죄와 같이 양립되지 않는 2개의 구성요건 사이에 그 일방만이 적용되는 관계

③ 포괄일죄 : 수개의 행위가 포괄적으로 한 개의 구성요건에 해당하여 일죄를 구성하는 경우를 말한다.

결합범	개별적으로 독립된 범죄의 구성요건에 해당하는 수개의 행위가 결합하여 한 개의 범죄를 구성하는 경우(강도죄와 강도살인죄)
계속범	범죄행위가 완료된 후에도 위법상태가 유지되는 범죄(주거침입죄, 감금죄 등)
접속범	단독에 의하여도 구성요건의 충족이 가능한 경우에 수개의 행위가 동일한 기회에 동일한 장소에서 불가분하게 결합되어 구성요건적 결과가 발생한 경우(동일기회에 같은 부녀를 수회 강간한 경우)
연속범	연속된 수개의 행위가 동종의 범죄에 해당하는 경우(매일 밤 동일한 창고에서 쌀 한 가마니씩 훔친 경우)
집합범	다수의 동종의 행위가 동일한 의사에 의하여 반복되지만 일괄하여 일죄를 구성하는 경우(영업범, 직업범, 상습범 등)

2. 수 죄

① 상상적 경합범(광의) [기출 13] : 한 개의 행위가 여러 개의 죄에 해당하는 경우에는 가장 무거운 죄에 대하여 정한 형으로 처벌한다(형법 제40조).
  ㉠ 건물에 폭발물을 설치한 다음 원격조종으로 폭발케 하여 1인이 사망하고 다수인이 상해를 입고 해당 건물이 전파한 경우
  ㉡ 공무집행을 방해할 의사로 공무집행 중인 공무원을 살해한 경우
  ㉢ 甲이 사제폭탄을 제조, 丁소유의 가옥에 투척하여 乙을 살해하고 丙에게 상해를 입혔으며 丁소유의 가옥은 파손된 경우
  ㉣ 고층 건물 안에서 탄환 한 개를 발사하여 동시에 수인을 살해한 경우

핵심문제

01 甲은 살인죄를 범한 후 다시 6개월 뒤에 강도죄를 범하였다. 강도죄에 대해서 기소되어 금고 이상의 확정판결을 받은 경우 살인죄와 강도죄의 관계를 무엇이라고 하는가? [기출수정]

① 누 범
② 경합범
③ 포괄적 일죄
④ 상상적 경합범

[해설]
경합범이란 판결이 확정되지 아니한 수 개의 죄(동시적 경합범) 또는 금고 이상의 형에 처할 판결이 확정된 죄와 그 판결확정 전에 범한 죄(사후적 경합범)를 말한다.

정답 ②

02 상상적 경합에 관하여 틀린 것은? [기출]

① 한 개의 행위가 여러 개의 죄에 해당하는 경우로 고의범이건 과실범이건 불문한다.
② 1발의 탄환으로 수인을 살해한 경우를 동종류의 상상적 경합이라고 한다.
③ 한 개의 행위로 A를 살해하고 B의 물건을 손괴한 경우를 이종류의 상상적 경합이라고 한다.
④ 상상적 경합은 사실상으로나 처분상으로나 일죄이다.

[해설]
한 개의 행위가 여러 개의 죄명에 해당하면서 처벌상 일죄로 취급되는 경우에 성립하는 범죄를 상상적 경합범이라고 한다. 이것은 여러 개의 범죄 중 가장 중한 형으로 처벌한다. ★

정답 ④

② 실체적 경합범(협의)
　㉠ 경합범이란 판결이 확정되지 아니한 수개의 죄(동시적 경합범) 또는 금고 이상의 형에 처한 판결이 확정된 죄와 그 판결이 확정되기 전에 범한 죄(사후적 경합범)를 말한다(형법 제37조).
　　• 경합범에 의한 판결의 선고를 받은 자가 경합범 중의 어떤 죄에 대하여 사면 또는 형의 집행이 면제된 때에는 다른 죄에 대하여 다시 형을 정한다(형법 제39조 제3항).
　　• 1월에 절도죄를 범하고 이어서 2월에 횡령죄를 범하여 각각의 범죄를 3월에 동시에 재판하는 경우
　㉡ 동시적 경합범의 처분(형법 제38조)

흡수주의	가장 무거운 죄에 대하여 정한 형이 사형, 무기징역, 무기금고인 경우에는 가장 무거운 죄에 대하여 정한 형으로 처벌한다(제1항 제1호).
가중주의	각 죄에 대하여 정한 형이 사형, 무기징역, 무기금고 외의 같은 종류의 형인 경우에는 가장 무거운 죄에 대하여 정한 형의 장기 또는 다액(多額)에 그 2분의 1까지 가중하되 각 죄에 대하여 정한 형의 장기 또는 다액을 합산한 형기 또는 액수를 초과할 수 없다. 다만, 과료와 과료, 몰수와 몰수는 병과(倂科)할 수 있다(제1항 제2호).
병과주의	각 죄에 대하여 정한 형이 무기징역, 무기금고 외의 다른 종류의 형인 경우에는 병과한다(제1항 제3호).

　㉢ 사후적 경합범의 처분 : 경합범 중 판결을 받지 아니한 죄가 있는 때에는 그 죄와 판결이 확정된 죄를 동시에 판결할 경우와 형평을 고려하여 그 죄에 대하여 형을 선고한다. 이 경우 그 형을 감경 또는 면제할 수 있다(형법 제39조 제1항).

3 형벌론

I 형벌의 의의와 종류

1. 형벌의 의의

국가가 범죄에 대한 법률상의 효과로서 범죄자에 대하여 과하는 법익의 박탈(제재)을(를) 의미한다. 현대사회에서는 국가에서 형벌권을 독점하고 있으므로 형벌은 곧 공형벌(公刑罰)만을 뜻한다. 형벌의 종류로 사형, 징역, 금고, 자격상실, 자격정지, 벌금, 구류, 과료, 몰수의 9가지를 규정하고 있으며, 형의 경중도 이 순서에 의한다.

핵심문제

01 형법상 형벌이 아닌 것은? 기출 12
① 징 역　　　　　　　　　② 자격정지
③ 과태료　　　　　　　　④ 과 료

[해설]
과태료는 행정법상 의무위반에 대한 제재로서 부과·징수되는 금전을 말하는 것으로 형벌과는 별개의 개념이다.

정답 ③

2. 형벌의 종류 기출 12·11·09·08

① 생명형 : 범인의 생명을 박탈하는 사형이 이에 속한다.
② 자유형
　㉠ 징역 : 수형자를 교도소 내에 구치하여 정역에 복무 → 자유형 가운데 가장 무거운 형벌
　㉡ 금고 : 수형자를 교도소 내에 구치하여 자유 박탈 → 정역에 복무하지 않음
　㉢ 구류 : 수형자를 교도소 내에 구치하여 정역에 복무시키지 않는 금고와 같으나 기간이 1~30일 미만(형법 제46조)★
　㉣ 징역 또는 금고의 기간(형법 제42조) : 징역 또는 금고는 무기 또는 유기로 하고 유기는 1개월 이상 30년 이하로 한다. 단, 유기징역 또는 유기금고에 대하여 형을 가중하는 때에는 50년까지로 한다.★
③ 재산형
　㉠ 벌금 : 일정 금액의 지불의무를 강제로 부과하는 것으로 금액은 50,000원 이상이며 재산형 중에서 가장 무거운 형벌이다.
　㉡ 과료 : 벌금형과 동일하나 2,000원 이상 50,000원 미만이다(형법 제47조).
　㉢ 몰수 : 범죄행위와 관련이 있는 재산을 강제적으로 국가에 귀속시키는 것으로 부가형이다(형법 제49조).
④ 명예형
　㉠ 자격정지 : 일정한 자격의 전부 또는 일부를 일정기간 동안 정지시키는 것이다.
　㉡ 자격상실 : 일정한 형의 선고가 있으면 그 형의 효력으로서 당연히 일정한 자격이 상실되는 것이다.

핵심문제

01 형법상 인정되지 않는 형벌은?
① 생명형　　　　　　　　　② 재산형
③ 명예형　　　　　　　　　④ 신체형

[해설]
신체형은 소위 태형을 말하는 것으로 오늘날에는 거의 그 예가 없다. 형벌의 종류로는 형법상 9종이 있는데, 크게 '생명형(사형), 자유형(징역·금고·구류), 명예형(자격상실·자격정지), 재산형(벌금·과료·몰수)'으로 구분할 수 있다(형법 제41조).

정답 ④

02 형법상 형벌의 내용으로 옳지 않은 것은? 기출 09
① 유기징역에 대하여 형을 가중하는 때에는 30년까지로 할 수 있다.
② 범죄행위에 제공하려고 한 물건은 몰수할 수 있다.
③ 과료는 2천원 이상 5만원 미만으로 한다.
④ 구류는 1일 이상 30일 미만으로 한다.

[해설]
징역 또는 금고는 무기 또는 유기로 하고 유기는 1개월 이상 30년 이하로 한다. 단, 유기징역 또는 유기금고에 대하여 형을 가중하는 때에는 50년까지로 한다(형법 제42조).★

정답 ①

Ⅱ 형의 양정

1. 의 의
법관이 구체적인 행위자에 대하여 선고할 형을 정하는 것을 형의 양정 또는 형의 적용이라고 한다.

2. 방 법
① 사형 및 무기징역 등의 감경★
  ㉠ 사형을 감경할 때에는 무기 또는 20년 이상 50년 이하의 징역 또는 금고로 한다(형법 제55조 제1항 제1호).
  ㉡ 무기징역 또는 무기금고를 감경할 때에는 10년 이상 50년 이하의 징역 또는 금고로 한다(형법 제55조 제1항 제2호).
② 형의 가중사유 : 경합범 가중, 누범 가중, 특수한 교사·방조에 대한 형의 가중(형법 제34조 제2항에 따른 가중)
③ 형의 감경사유★
  ㉠ 법률상 감경
    • 필요적 감경 : 청각 및 언어 장애인(형법 제11조), 종범(형법 제32조 제2항), 외국에서 받은 형의 집행으로 인한 감경(형법 제7조)
    • 임의적 감경 : 심신미약(형법 제10조 제2항), 장애미수(형법 제25조 제2항)
    • 필요적 감경 또는 면제 : 중지범(형법 제26조)
    • 임의적 감경 또는 면제 : 불능미수(형법 제27조), 과잉방위(형법 제21조 제2항), 과잉피난(형법 제22조 제3항), 과잉자구행위(형법 제23조 제2항), 자수 또는 자복(형법 제52조)
  ㉡ 재판상 감경 : 법원의 정상참작에 의한 감경(작량감경)
④ 형의 가중·감경의 순서(형법 제56조) : 형을 가중·감경할 사유가 경합하는 경우에는 다음의 순서에 따른다.
  두 각·특·누·법·경·작

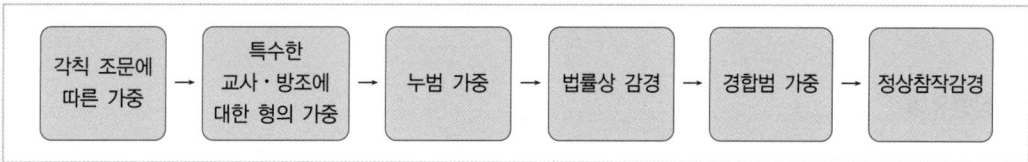

⑤ 형의 양형 : 법정형에서 법률상의 가중·감경 또는 작량감경을 한 처단형의 범위에서 구체적으로 선고할 형을 정하는 것을 말하며, 형법에서는 법관에게 양형에 대한 넓은 자유재량을 인정하면서도, 양형의 표준에 관한 일반적 지침을 제시하고 있다. 법관은 형의 결정 시 다음의 사항들을 참작하여야 한다(형법 제51조).
  ㉠ 범인의 연령, 성행, 지능과 환경(제1호)
  ㉡ 피해자에 대한 관계(제2호)
  ㉢ 범행의 동기, 수단과 결과(제3호)
  ㉣ 범행 후의 정황(제4호)

3. 누범
① 금고 이상의 형을 선고받아 그 집행이 종료되거나 면제된 후 3년 내에 금고 이상에 해당하는 죄를 지은 사람을 말한다(형법 제35조 제1항). ★
② 누범의 형은 그 죄에 대하여 정한 형의 장기의 2배까지 가중한다(형법 제35조 제2항). ★

4. 상습범
① 어느 기본적 구성요건에 해당하는 행위를 한 자가 범죄행위를 반복하여 저지르는 습벽, 즉 상습성이라는 행위자적 속성을 갖추었다고 인정되는 경우에 이를 가중처벌 사유로 삼고 있는 범죄 유형이다. ★
② 대한민국 형법에선 그 형을 가중하여 처벌하고 있다.
③ 상습으로 죄를 범한 자는 그 죄에 정한 형의 2분의 1까지 가중한다. ★

III 형벌의 적용

1. 선고유예 기출 17
① 의의 : 형의 선고 자체를 유예하는 제도이다. 범죄의 정도가 가벼운 자에 대하여 일정 기간 형의 선고를 유예하고, 그 유예기간 중 특정한 사고 없이 지내면 형의 선고를 면해 준다. 이 경우에 재범방지를 위하여 지도 및 원호가 필요한 때에는 보호관찰을 받을 것을 명할 수 있으며, 그 기간은 1년으로 한다(형법 제59조의2). ★
② 요건 : 1년 이하의 징역, 금고, 자격정지 또는 벌금의 형을 선고할 경우, 제51조(양형의 조건)의 사항을 고려하여 뉘우치는 정상이 뚜렷하고 자격정지 이상의 형을 받은 전과가 없어야 한다(형법 제59조 제1항). ★
③ 효과 : 선고를 받은 날로부터 2년을 무사히 경과하면 면소된 것으로 본다(형법 제60조). 형의 선고유예를 받은 자가 유예기간 중 자격정지 이상의 형에 처한 판결이 확정되거나 자격정지 이상의 형에 처한 전과가 발견된 때에는 유예한 형을 선고한다(형법 제61조 제1항).

2. 집행유예
① 의의 : 형의 선고는 하되 집행을 보류하는 제도이다. 형을 선고하면서도 정상(情狀)을 참작하여 형의 집행을 일정기간 유예하고 그 기간이 무사히 경과되면 형벌효과가 소멸된다.
② 요건 : 3년 이하의 징역이나 금고 또는 500만원 이하의 벌금의 형을 선고할 경우에 그 정상을 참작하여 1년 이상 5년 이하의 기간 동안 집행을 유예한다. 다만, 금고 이상의 형을 선고한 판결이 확정된 때부터 그 집행을 종료하거나 면제된 후 3년까지의 기간에 범한 죄에 대하여 형을 선고하는 경우에는 그러하지 아니하다(형법 제62조 제1항). ★
③ 효과 : 선고가 실효 또는 취소됨이 없이 유예기간을 경과한 때에는 형의 선고는 효력을 잃는다(형법 제65조). ★

3. **가석방**
   ① **의의** : 징역이나 금고의 집행 중에 있는 사람을 형기 완료 전에 행정처분으로 가석방을 하는 제도이다.
   ② **요건** : 행상이 양호하여 뉘우침이 뚜렷한 때에는 무기형은 20년, 유기형은 형기의 3분의 1이 지난 후 행정처분으로 가석방을 할 수 있다. 벌금이나 과료가 병과되어 있는 때에는 그 금액을 완납하여야 한다(형법 제72조).
   ③ **효과** : 가석방 처분을 받은 후 그 처분이 실효 또는 취소되지 아니하고 가석방기간을 경과한 때에는 형의 집행을 종료한 것으로 본다(형법 제76조 제1항).

4. **형의 집행** 기출 11
   ① **사형** : 사형은 교정시설 안에서 교수(絞首)하여 집행한다(형법 제66조).
   ② **징역** : 징역은 교정시설에 수용하여 집행하며, 정해진 노역(勞役)에 복무하게 한다(형법 제67조).
   ③ **금고와 구류** : 금고와 구류는 교정시설에 수용하여 집행한다(형법 제68조).
   ④ **벌금과 과료**
      ㉠ 벌금과 과료는 판결확정일로부터 30일 내에 납입하여야 한다. 단, 벌금을 선고할 때에는 동시에 그 금액을 완납할 때까지 노역장에 유치할 것을 명할 수 있다(형법 제69조 제1항). ★
      ㉡ 벌금을 납입하지 아니한 자는 1일 이상 3년 이하, 과료를 납입하지 아니한 자는 1일 이상 30일 미만의 기간 노역장에 유치하여 작업에 복무하게 한다(형법 제69조 제2항). ★
   ⑤ **노역장 유치**(형법 제70조)
      ㉠ 벌금이나 과료를 선고할 때에는 이를 납입하지 아니하는 경우의 노역장 유치기간을 정하여 동시에 선고하여야 한다. ★
      ㉡ 선고하는 벌금이 1억원 이상 5억원 미만인 경우에는 300일 이상, 5억원 이상 50억원 미만인 경우에는 500일 이상, 50억원 이상인 경우에는 1천일 이상의 노역장 유치기간을 정하여야 한다.
   ⑥ **유치일수의 공제** : 벌금이나 과료의 선고를 받은 사람이 그 금액의 일부를 납입한 경우에는 벌금 또는 과료액과 노역장 유치기간의 일수(日數)에 비례하여 납입금액에 해당하는 일수를 뺀다(형법 제71조).

핵심문제

01 형법상 형의 집행에 관한 설명으로 옳지 않은 것은? 기출수정
① 금고는 교정시설에 수용하여 집행한다.
② 과료는 판결확정일로부터 60일 내에 납입해야 한다.
③ 사형은 교정시설 안에서 교수하여 집행한다.
④ 벌금을 납입하지 아니한 자는 1일 이상 3년 이하의 기간 노역장에 유치하여 작업에 복무하게 한다.

【해설】
벌금과 과료는 판결확정일로부터 30일 내에 납입하여야 한다(형법 제69조 제1항 본문).

정답 ②

5. 형의 시효

형(사형은 제외한다)을 선고받은 자에 대해서는 시효가 완성되면 그 집행이 면제된다.

형의 시효의 기간(형법 제78조)
시효는 형을 선고하는 재판이 확정된 후 그 집행을 받지 아니하고 다음 각호의 구분에 따른 기간이 지나면 완성된다.
1. 사형 : 30년 - 삭제 〈2023.8.8.〉
2. 무기의 징역 또는 금고 : 20년
3. 10년 이상의 징역 또는 금고 : 15년
4. 3년 이상의 징역이나 금고 또는 10년 이상의 자격정지 : 10년
5. 3년 미만의 징역이나 금고 또는 5년 이상의 자격정지 : 7년
6. 5년 미만의 자격정지, 벌금, 몰수 또는 추징 : 5년
7. 구류 또는 과료 : 1년

형의 시효의 정지(형법 제79조)
① 시효는 형의 집행의 유예나 정지 또는 가석방 기타 집행할 수 없는 기간은 진행되지 아니한다.
② 시효는 형이 확정된 후 그 형의 집행을 받지 아니한 사람이 형의 집행을 면할 목적으로 국외에 있는 기간 동안은 진행되지 아니한다.

형의 시효의 중단(형법 제80조)
시효는 징역, 금고 및 구류의 경우에는 수형자를 체포한 때, 벌금, 과료, 몰수 및 추징의 경우에는 강제처분을 개시한 때에 중단된다.

핵심문제

01 시효의 기간에 대한 설명으로 옳지 않은 것은?

① 사형은 25년
② 무기의 징역 또는 금고는 20년
③ 10년 이상의 징역 또는 금고는 15년
④ 구류 또는 과료는 1년

[해설]
사형의 경우 시효의 기간과 관련하여 2023.8.8. 형법 개정 전에는 30년이었으나, 형법 개정 후에는 시효의 기간이 삭제되었다.

정답 ①

02 형의 소멸사유가 아닌 것은? 기출

① 형집행의 종료
② 형의 시효의 완성
③ 형집행의 면제
④ 가석방처분

[해설]
가석방은 행정처분으로 형의 집행을 만기 전에 종료하여 사회로 귀속시키는 것이지 형을 소멸시키는 것은 아니다.

정답 ④

 **각 론**

Ⅰ 국가적 법익에 대한 죄 기출 20·08

1. 국가의 존립에 대한 죄
① 내란의 죄 : 대한민국 영토의 전부 또는 일부에서 국가권력을 배제하거나 국헌을 문란하게 할 목적으로 폭동, 살해 등을 하여 국가의 존립을 위태롭게 하는 범죄로, 내란죄(형법 제87조), 내란목적 살인죄(형법 제88조), 내란예비·음모죄(형법 제90조 제1항) 등이 있다.

② 외환의 죄 : 국가의 존립을 외부로부터 위태롭게 하는 범죄로, 외환유치죄(형법 제92조), 여적죄(형법 제93조), 이적죄(형법 제94조 내지 제97조, 제99조), 간첩죄(형법 제98조) 등이 있다.

2. 국가의 권위 및 기능에 대한 죄
① 국가의 권위를 해하는 죄
  ㉠ 국기에 관한 죄 : 국기·국장의 모독죄(형법 제105조), 국기·국장의 비방죄(형법 제106조)
  ㉡ 국교에 관한 죄 : 외국원수·외국사절에 대한 폭행죄(형법 제107조·제108조), 외국의 국기·국장 모독죄(형법 제109조), 외국에 대한 사전(私戰)죄(형법 제111조), 중립명령위반죄(형법 제112조), 외교상기밀의 누설죄(형법 제113조)(외국원수·외국사절에 대한 폭행죄와 외국의 국기·국장 모독죄는 반의사불벌죄에 해당)

② 국가의 기능을 해하는 죄
  ㉠ 공무원의 직무에 관한 죄 : 공무의 공정을 해하고 국가의 권위를 해하는 것을 본질로 하는 죄, 직무유기의 죄(형법 제122조), 공무상기밀누설죄(형법 제127조), 선거방해죄(형법 제128조), 뇌물에 관한 죄(형법 제129조 내지 제134조) 등
  ㉡ 공무방해에 관한 죄 : 공무집행방해죄(형법 제136조 제1항), 직무·사직강요죄(형법 제136조 제2항), 위계에 의한 공무집행방해죄(형법 제137조), 법정 또는 국회회의장모욕죄(형법 제138조) 등
  ㉢ 도주와 범인은닉죄 : 도주죄(형법 제145조 제1항), 집합명령위반죄(형법 제145조 제2항), 특수도주죄(형법 제146조), 도주원조죄(형법 제147조) 등
  ㉣ 위증과 증거인멸의 죄 : 법률에 의하여 선서한 증인이 허위의 진술을 하거나(형법 제152조) 타인의 형사사건·징계사건에 관한 증거를 인멸하는 죄(형법 제155조)★
  ㉤ 무고의 죄 : 타인으로 하여금 형사처분·징계처분을 받게 할 목적으로 공무소 또는 공무원에 대하여 허위의 사실을 신고하는 죄(형법 제156조)

> **반의사불벌죄(反意思不罰罪)**
> 피해자의 의사에 관계없이 공소를 제기할 수 있으나, 피해자의 명시한 의사에 반하여 처벌할 수 없는 범죄로 우리나라 형법상 반의사불벌죄로 규정된 범죄로는 외국원수에 대한 폭행·협박 등의 죄(제107조), 외국사절에 대한 폭행·협박 등의 죄(제108조), 외국의 국기·국장 모독죄(제109조), 명예훼손죄 및 출판물 등에 의한 명예훼손죄(제312조 제2항) 등이 있다.

II 사회적 법익에 대한 죄

1. 공공의 안전에 대한 죄
① 공안을 해하는 죄 : 범죄단체조직죄(형법 제114조), 소요죄(형법 제115조), 다중불해산죄(형법 제116조), 공무원자격사칭죄(형법 제118조) 등★
② 폭발물에 관한 죄 : 폭발물사용죄(형법 제119조), 전시폭발물제조 등의 죄(형법 제121조) 등
③ 방화와 실화의 죄 : 고의로 불을 놓거나 과실로 현주건조물, 공용건조물, 일반건조물 또는 일반물건을 불태우는 죄(형법 제164조 내지 제176조)★ 기출 06
④ 일수와 수리에 관한 죄 : 수해를 일으켜 공공의 안전을 해하는 죄(형법 제177조 내지 제184조)
⑤ 교통방해의 죄 : 교통방해치사상죄(형법 제188조), 과실교통방해죄(형법 제189조 제1항) 등

2. 공공의 신용에 대한 죄
① 통화에 관한 죄 : 행사의 목적으로 통화를 위조·변조하는 죄(형법 제207조 내지 제213조)★
② 유가증권·우표와 인지에 관한 죄 : 행사할 목적으로 유가증권을 위조·변조·허위 작성하는 죄(형법 제214조 내지 제224조)
③ 문서에 관한 죄 : 행사를 목적으로 문서를 위조·변조하거나 허위 문서를 작성하는 범죄 또는 위조·변조한 문서, 허위로 작성한 문서를 행사하거나 부정행사를 하는 등의 범죄
④ 공인 등의 위조·부정사용죄 등의 인장에 관한 죄 등(형법 제238조 내지 제240조)

3. 공중위생에 대한 죄
① 먹는 물에 관한 죄 : 먹는 물의 사용방해죄(형법 제192조), 수돗물의 사용방해죄(형법 제193조), 먹는 물 혼독치사상죄(형법 제194조), 수도불통죄(형법 제195조) 등
② 아편에 관한 죄 : 아편 등의 제조 등 죄(형법 제198조), 아편흡식기의 제조 등 죄(형법 제199조)

4. 사회도덕에 대한 죄
① 풍속을 해하는 죄 : 공연음란죄(형법 제245조), 음행매개죄(형법 제242조) 등★
② 도박과 복표에 관한 죄 : 국민의 건전한 근로관념과 공공의 미풍양속을 보호함을 목적으로 하는 죄(형법 제246조 내지 제249조)
③ 기타 신앙에 관한 죄 : 시체 등의 오욕죄(형법 제159조), 분묘발굴죄(형법 제160조), 시체 등의 유기 등 죄(형법 제161조), 변사체 검시 방해죄(형법 제163조)

Ⅲ 개인적 법익에 대한 죄 기출 12·10

1. 생명·신체에 대한 죄

① 살인죄 : 객체는 사람이며 보호법익은 생명(사망시기 : 맥박종지설이 통설)으로 살인죄(형법 제250조 제1항), 존속살인죄(형법 제250조 제2항) 등
② 상해와 폭행의 죄 : 고의로 사람의 신체를 상해·폭행한 죄(폭행죄 → 반의사불벌죄)
③ 과실치사상의 죄 : 과실치상죄(형법 제266조 제1항), 과실치사죄(형법 제267조), 업무상과실치사상죄(형법 제268조) 등
④ 낙태죄(형법 제269조 내지 제270조), 유기죄(형법 제271조, 제275조) 등

2. 자유에 대한 죄

① 체포·감금죄 : 사람의 신체의 자유 또는 신체적 활동의 자유를 보호법익으로 하는 죄(형법 제276조 내지 제282조) 기출 12

> **감금죄가 성립하는 경우** 기출 12
> 경비원이 현행범인을 체포한 후 즉시 경찰관서에 인도하지 않고 장기간 구속한 경우에 성립한다.

② 협박죄 : 사람을 협박하여 의사결정의 자유를 침해하는 죄(형법 제283조 내지 제286조)
③ 약취·유인죄 : 영리·추행·간음을 위한 약취·유인죄(형법 제288조 제1항), 국외이송죄(형법 제288조 제3항·제289조 제4항) 등
④ 강간과 추행의 죄(형법 제297조 내지 제305조의3)

3. 명예·신용 및 업무에 대한 죄

① 명예에 관한 죄 : 사실의 적시 여부로 명예훼손죄와 모욕죄로 구분, 진실, 공공의 이익을 위한 목적일 경우 위법성조각★

> **명예훼손(형법 제307조)** 기출 23
> ① 공연히 사실을 적시하여 사람의 명예를 훼손한 자는 2년 이하의 징역이나 금고 또는 500만원 이하의 벌금에 처한다.
> ② 공연히 허위의 사실을 적시하여 사람의 명예를 훼손한 자는 5년 이하의 징역, 10년 이하의 자격정지 또는 1천만원 이하의 벌금에 처한다.
>
> **사자의 명예훼손(형법 제308조)** 기출 23
> 공연히 허위의 사실을 적시하여 사자의 명예를 훼손한 자는 2년 이하의 징역이나 금고 또는 500만원 이하의 벌금에 처한다.
>
> **출판물 등에 의한 명예훼손(형법 제309조)** 기출 23
> ① 사람을 비방할 목적으로 신문, 잡지 또는 라디오 기타 출판물에 의하여 제307조 제1항의 죄를 범한 자는 3년 이하의 징역이나 금고 또는 700만원 이하의 벌금에 처한다.
> ② 제1항의 방법으로 제307조 제2항의 죄를 범한 자는 7년 이하의 징역, 10년 이하의 자격정지 또는 1천500만원 이하의 벌금에 처한다.

> **위법성의 조각(형법 제310조)**
> 제307조 제1항의 행위가 진실한 사실로서 오로지 공공의 이익에 관한 때에는 처벌하지 아니한다.
>
> **모욕(형법 제311조)** 기출 23
> 공연히 사람을 모욕한 자는 1년 이하의 징역이나 금고 또는 200만원 이하의 벌금에 처한다.
>
> **고소와 피해자의 의사(형법 제312조)**
> ① 제308조와 제311조의 죄는 고소가 있어야 공소를 제기할 수 있다.
> ② 제307조와 제309조의 죄는 피해자의 명시한 의사에 반하여 공소를 제기할 수 없다.

② 신용·업무와 경매에 관한 죄 등 : 신용훼손죄(형법 제313조), 업무방해죄(형법 제314조), 경매·입찰방해죄(형법 제315조)

4. 사생활의 평온에 대한 죄
① 비밀침해의 죄 : 개인의 비밀을 침해, 친고죄(형법 제316조 내지 제318조)
② 주거침입의 죄 등 : 주거침입죄 기출 22, 퇴거불응죄(형법 제319조) 기출 09 등

> **주거침입죄** 기출 22
> • 주거침입죄의 객체는 사람의 주거, 관리하는 건조물, 선박이나 항공기 또는 점유하는 방실이다(형법 제319조 제1항).
> • 건물 내에서 사실상 지배·관리하는 일 구획인 사무실, 연구실 등도 주거침입죄의 객체가 된다.
> • 주거침입죄는 침입 당시에 주거에 사람이 현존할 것을 요하지 않는다.
> • 주거침입죄의 미수범은 처벌한다(형법 제322조).

5. 재산에 대한 죄 기출 24·21·15·14·04
① 절도죄, 강도죄
  ㉠ 절도죄 : 타인의 재물을 절취, 타인의 소유권을 침해, 단순절도죄(형법 제329조), 야간주거침입절도죄(형법 제330조) 등
  ㉡ 강도죄 : 폭행·협박으로 타인의 재물을 강취 또는 기타 재산상의 이익을 취득하거나 제3자로 하여금 취득하게 하는 죄, 단순강도죄(형법 제333조), 특수강도죄(형법 제334조) 등
② 사기죄, 공갈죄(형법 제347조 내지 제354조)
  ㉠ 사기죄 : 기망의 수단을 사용, 타인의 재산상 손해 발생을 요건
  ㉡ 공갈죄 : 공갈의 수단을 사용, 상대방의 하자 있는 의사표시로 재산상 이득을 발생
③ 횡령죄, 배임죄(형법 제355조 내지 제361조)★
  ㉠ 횡령죄 : 자기가 보관하는 타인의 재물을 횡령 또는 반환의 거부
  ㉡ 배임죄 : 타인의 사무를 처리하는 자가 이로 인하여 재산상의 이익을 취득
④ 컴퓨터 등 사용사기죄 : 컴퓨터 등 정보처리장치에 허위의 정보 또는 부정한 명령을 입력하거나 권한 없이 정보를 입력·변경하여 정보처리를 하게 하여 재산상의 이익을 취득하는 죄(형법 제347조의2)★

⑤ 손괴죄 : 손괴죄란 타인의 재물, 문서 또는 전자기록 등 특수매체기록을 손괴 또는 은닉 기타 방법으로 그 효용을 해하는 죄(형법 제366조 내지 제372조)★
⑥ 장물에 관한 죄 : 장물을 취득, 양도, 운반 또는 보관하는 죄(형법 제362조 내지 제365조)

> **친족상도례**
> - 재산에 대한 죄 중 강도죄와 손괴죄에는 친족상도례가 적용되지 아니한다.
> - 헌법재판소는 "직계혈족, 배우자, 동거친족, 동거가족 또는 그 배우자 간의 제323조(권리행사방해)의 죄는 그 형을 면제한다"는 형법 제328조 제1항에 대하여 2025.12.31.을 시한으로 입법자가 개정할 때까지 적용 중지 헌법불합치결정(헌재결 2024.6.27. 2020헌마468 등)을 하였다. 따라서 직계혈족, 배우자, 동거친족, 동거가족 또는 그 배우자 간의 재산에 대한 죄는 그 형이 면제되지 않는다.
> - 헌법재판소는 "직계혈족, 배우자, 동거친족, 동거가족 또는 그 배우자 이외의 친족 간에 제323조의 죄를 범한 때에는 고소가 있어야 공소를 제기할 수 있다"는 형법 제328조 제2항에 대해서는 합헌결정(헌재결 2024.6.27. 2023헌바449)을 하였다. 따라서 직계혈족, 배우자, 동거친족, 동거가족 또는 그 배우자 이외의 친족 간에 재산에 대한 죄를 범한 때에는 여전히 고소가 있어야 공소를 제기할 수 있다.

법익에 대한 죄 정리 기출 20·15·14·12·10·06

개인적 법익에 대한 죄	생명과 신체에 대한 죄	살인죄, 상해와 폭행의 죄, 과실치사상의 죄, 낙태의 죄, 유기·학대의 죄
	자유에 대한 죄	협박의 죄, 강요의 죄, 체포와 감금의 죄, 약취·유인 및 인신매매 죄, 강간과 추행의 죄
	명예와 신용에 대한 죄	명예에 관한 죄, 신용·업무와 경매에 관한 죄
	사생활의 평온에 대한 죄	비밀침해의 죄, 주거침입의 죄
	재산에 대한 죄	절도의 죄, 강도의 죄, 사기의 죄, 공갈의 죄, 횡령의 죄, 배임의 죄, 장물의 죄, 손괴의 죄, 권리행사를 방해하는 죄
사회적 법익에 대한 죄	공공의 안전과 평온에 대한 죄	공안을 해하는 죄, 폭발물에 관한 죄, 방화와 실화의 죄, 일수와 수리에 관한 죄, 교통방해의 죄
	공공의 신용에 대한 죄	통화에 관한 죄, 유가증권·인지와 우표에 관한 죄, 문서에 관한 죄, 인장에 관한 죄
	공중의 건강에 대한 죄	먹는 물에 관한 죄, 아편에 관한 죄
	사회의 도덕에 대한 죄	성풍속에 관한 죄, 도박과 복표에 관한 죄, 신앙에 관한 죄
국가적 법익에 대한 죄	국가의 존립과 권위에 대한 죄	내란의 죄, 외환의 죄, 국기에 관한 죄, 국교(國交)에 관한 죄
	국가의 기능에 대한 죄	공무원의 직무에 관한 죄(뇌물관련범죄 등), 공무방해에 관한 죄, 도주와 범인은닉의 죄, 위증과 증거인멸의 죄, 무고의 죄

핵심문제

01 다음 중 범죄의 분류상 성질이 다른 죄는? 기출 04

① 협박죄
② 절도죄
③ 사기죄
④ 강도죄

[해설]
개인적 법익에 대한 죄 중 ①은 자유에 대한 죄이고, ②·③·④는 재산에 대한 죄로 분류될 수 있다.

정답 ①

제2절 형사소송법 일반

I 총칙

1. 형사소송법의 의의 기출 20·15·14·12

① 의의 : 국가형벌권 행사의 전 과정을 형사소송이라 하고, 소송의 절차를 규율하는 법을 형사소송법이라 한다. 기출 20 형사소송법은 공판절차뿐만 아니라 수사절차, 형집행절차에 대해서도 규정하고 있다.★
② 성격 : 형법의 적용·실현을 목적으로 하는 절차법이며 사법법(司法法), 공법, 성문법이다.★
③ 법원 : 형사소송법, 법원조직법, 검찰청법, 변호사법, 소년법, 경찰관직무집행법, 형사소송비용 등에 관한 법률, 형사보상법, 형의 집행 및 수용자의 처우에 관한 법률 등
④ 형사소송법의 이념 기출 24·23·22·21·20

실체적 진실주의	재판의 기초가 되는 사실의 진상을 규명하여 객관적 진실을 추구한다.
적정절차의 원칙	공정한 법정절차에 의하여 형사절차가 진행되어야 한다.
신속한 재판의 원칙	형사재판절차가 가능한 한 신속히 적정한 기간 내에 종료되어야 한다.

2. 형사소송법의 기본구조 기출 22·20·16·14·09

① 탄핵주의와 규문주의
  ㉠ 탄핵주의 : 재판기관인 법원이 재판기관 이외의 자(검사)의 소추에 의하여 재판절차를 개시하는 주의로, 우리나라 형사소송법은 탄핵주의를 채택하고 있다. → 불고불리의 원칙 : 검사가 공소를 제기하지 아니하면 심판을 할 수 없다는 원칙★
  ㉡ 규문주의 : 소추기관의 소추를 기다리지 않고 법원이 직권으로 심판을 개시할 수 있는 주의이다(절차는 법원의 직권으로 함).★
② 직권주의와 당사자주의
  ㉠ 직권주의 : 당사자, 기타 소송관계인의 의사 여하를 불문하고 법원의 직권에 의하여 소송을 진행시키고 심판하는 주의이다(대륙법체계에서의 기본원리).★

> **현행 형사소송법의 직권주의적 요소** 기출 12
> • 직권증거조사제도
> • 법원의 증인신문제도
> • 법원의 공소장변경요구권

  ㉡ 당사자주의 : 소송이 당사자의 공격·방어에 의하여 진행되는 방식으로 법원은 제3자의 위치에 있다(영미법체계에서는 철저한 당사자주의가 지배).★
③ 실체적 진실주의와 형식적 진실주의
  ㉠ 실체적 진실주의 : 법원이 실질적으로 진상을 규명하여 진실한 사실을 인정하자는 주의이다.★
  ㉡ 형식적 진실주의 : 법원이 당사자의 사실상의 주장, 사실의 부인 또는 제출한 증거에 구속되어 이를 기초로 하여 사실의 진부를 인정하는 주의이다.★

3. 우리나라 형사소송법의 기본구조★★

① **탄핵주의 소송구조** : 국가소추주의, 기소독점주의(불고불리의 원칙) 기출 22·20
② **당사자주의와 직권주의 절충** : 당사자주의를 기본적인 소송구조로 삼고 형벌권의 적정·신속을 위하여 직권주의도 아울러 채택하여 당사자주의의 결함을 수정하고 있다.
③ **증거재판주의** : 공소범죄사실의 인정은 적법한 증거에 의하고, 증거에 대한 가치판단은 법관의 자유재량에 맡기는 자유심증주의를 채택 → 증거법정주의의 예외 인정 기출 20
④ **공판중심주의** 기출 23 : 공개주의, 구두변론주의, 직접심리주의, 계속심리주의(집중심리주의)

Ⅱ 소송의 주체 기출 24·22·17·14

1. 법 원

① **의의** : 광의의 법원은 재판권을 행사하는 국가기관을 총칭하며, 협의의 법원은 법관으로 구성되는 재판기관인 합의부와 단독판사를 말한다. 소송법상의 법원은 협의의 법원을 의미한다.
② **관 할**
  ㉠ **사물관할** : 사건의 경중·성질에 따라 동일 지방법원·지방법원 지원의 단독판사와 합의부 간의 제1심 관할의 분배의 표준이 된다.★
  ㉡ **토지관할** : 사건의 토지적 관계에 의한 동등법원간에 있어서의 제1심 관할의 분배로 토지관할은 범죄지, 피고인의 주소, 거소 또는 현재지로 본다.★
  ㉢ **재정관할** : 법원의 재판에 의해 정해지는 관할이다.
  ㉣ **심급관할** : 항소사건은 고등법원에서, 상고사건은 대법원에서, 항고사건은 고등법원에서 각각 관할한다.

핵심문제

01 우리나라 형사소송법의 지도이념과 기본구조가 아닌 것은? 기출 22

① 실체적 진실주의
② 규문주의
③ 적정절차의 원리
④ 탄핵주의

[해설]
우리나라 형사소송법은 실체적 진실주의, 적법절차의 원칙, 신속한 재판의 원칙을 지도이념으로 하며, 탄핵주의 소송구조, 당사자주의와 직권주의 절충, 증거재판주의, 공판중심주의를 기본구조로 한다. 규문주의는 우리나라 형사소송법의 기본구조가 아니다.

정답 ②

③ 법관의 제척·기피·회피 기출 20·15·09
  ⊙ 제척(除斥) : 법관이 불공정한 재판을 할 현저한 법정의 이유가 있을 때 그 법관을 배제하는 제도
  ⊙ 기피(忌避) : 제척사유가 있는 법관이 재판에 관여하거나, 기타 불공정한 재판을 할 우려가 있을 때 당사자의 신청에 의해 그 법관을 배제하는 제도★
  ⊙ 회피(回避) : 법관이 기피의 사유가 있다고 생각하여 스스로 직무집행에서 탈퇴하는 제도★
④ 법원사무관 등에 대한 제척·기피·회피(형사소송법 제25조)
  ⊙ 법원직원의 제척, 기피, 회피 규정은 제17조 제7호의 규정을 제한 외에는 법원서기관·법원사무관·법원주사 또는 법원주사보(법원사무관등)와 통역인에 준용한다.
  ⊙ 법원사무관 등과 통역인에 대한 기피재판은 그 소속법원이 결정으로 하여야 한다. 단, 제20조 제1항의 결정은 기피당한 자의 소속법관이 한다.

2. 검 사

형사소송에서 원고로서 검찰권을 행사하는 국가기관으로 검사는 법무부에 속하는 단독제의 행정관청이다.
① 직무 : 검사는 공익의 대표자로서 범죄수사·공소의 제기 및 그 유지에 필요한 사항, 범죄수사에 관한 특별사법경찰관리 지휘·감독, 법원에 대한 법령의 정당한 적용 청구, 재판 집행 지휘·감독, 국가를 당사자 또는 참가인으로 하는 소송과 행정소송 수행 또는 그 수행에 관한 지휘·감독의 직무와 권한이 있다.
② 의무 : 검사는 그 직무를 수행할 때 국민 전체에 대한 봉사자로서 헌법과 법률에 따라 국민의 인권을 보호하고 적법절차를 준수하며, 정치적 중립을 지켜야 하고 주어진 권한을 남용하여서는 아니 된다.

3. 피고인 기출 12

① 의의 : 형사사건에서 형사책임을 져야 할 자로 검사에 의해 공소가 제기된 자나 공소가 제기된 것으로 의제된 자로서 신고·출석·재정·복종·수락의무를 지닌다.
② 권리 : 변호인선임권(형사소송법 제30조 제1항), 증거보전청구권(형사소송법 제184조 제1항), 진술거부권(형사소송법 제244조의3), 법관기피신청권(형사소송법 제18조 제1항), 방어권, 소송절차참여권(형사소송법 제163조 제1항) 등이 있다.

> **소송주체 및 피의자**
> 1. **소송주체** : 형사소송에서는 법원과 검사 및 피고인을 말하며, 민사소송에서는 법원과 소송당사자이다.
> 2. **피의자** : 죄를 범한 혐의로 수사기관의 수사대상이 되어 있는 자로서 아직 공소가 제기되지 않은 자. 공소가 제기되지 않았다는 점이 피고인과의 차이점이다.

핵심문제

01 법관이 불공평한 재판을 할 현저한 법정의 사유가 있을 때, 해당 법관을 그 재판에서 배제하는 제도는? 기출 15
① 제 척   ② 기 피
③ 회 피   ④ 포 기

[해설]
법관이 불공정한 재판을 할 현저한 법정의 이유가 있을 때 그 법관을 배제하는 제도는 제척이다.

정답 ①

4. 변호인 기출 21

① **의의** : 피고인의 방어력을 보충하기 위하여 선임된 제3자인 보조자로서 형사소송상 피고인의 정당한 이익 옹호를 임무로 하는 자이며, 소송주체에 해당하지는 않는다. 기출 22·14·06

② **권한** : 피고인과의 접견교통권(형사소송법 제34조), 피고인 및 증인심문권, 증거조사의 신청권(형사소송법 제290조, 제291조의2 제1항) 및 기록열람권(형사소송법 제35조 제1항), 상소심에서의 변론권, 구속의 취소(형사소송법 제93조), 보석의 청구(형사소송법 제94조), 증거보전의 청구(형사소송법 제184조 제1항) 등

③ **의무** : 비밀엄수의무, 진실의무, 직무수행의 의무

④ **국선변호인을 선임하는 경우** 기출 23·19·11·08

  ㉠ 법원이 직권으로 선정(형사소송법 제33조 제1항)
  - 피고인이 구속된 때
  - 피고인이 미성년자인 때★
  - 피고인이 70세 이상인 때★
  - 피고인이 듣거나 말하는 데 모두 장애가 있는 사람인 때
  - 피고인이 심신장애가 있는 것으로 의심되는 때
  - 피고인이 사형, 무기 또는 단기 3년 이상의 징역이나 금고에 해당하는 사건으로 기소된 때★

  ㉡ 피고인의 청구에 의한 선정 : 피고인이 빈곤이나 그 밖의 사유로 변호인을 선임할 수 없는 경우(형사소송법 제33조 제2항)

핵심문제

01 형사소송법상 소송주체가 아닌 것은? 기출 14·06

① 검 사 ② 피고인
③ 변호인 ④ 법 원

[해설]
소송의 주체란 검사, 법원, 피고인을 말하며 증인, 감정인, 수사기관(검사 제외), 피해자, 고소인, 고발인, 변호인 등은 소송관계인이라고 한다.

정답 ③

02 다음 중 형사소송의 원고에 해당하는 자는 누구인가? 기출

① 피해자 ② 피고인
③ 검 사 ④ 사법경찰관

[해설]
형사소송법상 재판을 받는 주체인 검사와 피고인을 당사자라 하고 공소권의 주체인 검사를 원고라 한다.

정답 ③

Ⅲ 수사

1. 의의

① 수사 : 형사사건에 관하여 공소를 제기하고 이를 유지·수행하기 위한 준비로서 범죄사실을 조사, 범인 및 증거를 발견하고 수집하는 수사기관의 활동
② 수사기관 : 검사, 사법경찰관리

> **수사의 일반원칙**
> - 임의수사의 원칙
> - 영장주의 원칙
> - 강제수사 법정주의 원칙
> - 수사비례의 원칙
> - 수사 비공개의 원칙 등

2. 수사의 개시

① 수사의 단서★ : 수사개시의 원인이 되는 수사기관의 주관적 혐의를 단서라고 한다. 수사의 단서로는 현행범 체포, 변사자 검시, 불심검문, 다른 사건 수사 중의 범죄 발견, 기사, 풍설, 고소, 고발, 자수, 진정, 범죄신고 등이 있다.

② 고소와 고발 기출 21·20·19·13·12·08·04 : 고소는 범죄의 피해자 기타 고소권자가 범죄사실을 수사기관에 신고하여 그 소추를 구하는 것이고, 고발은 범인 또는 고소권자 이외의 자(누구든지)가 수사기관에 범죄사실을 신고하는 것이다. 고소와 고발은 서면 또는 구술로써 검사 또는 사법경찰관에게 해야 한다(형사소송법 제237조 제1항).

고 소	고 발
고소권자(범죄로 인한 피해자 및 피해자의 법정대리인 등)만이 고소 가능 (형사소송법 제223조, 제225조)	범죄를 인지한 자는 누구든지 고발 가능 (형사소송법 제234조 제1항)
고소를 취하한 자는 다시 고소할 수 없음. 1심 판결 선고 전까지 고소를 취하할 수 있음(형사소송법 제232조 제1항·제2항)	고발을 취소한 경우에도 다시 고발 가능
친고죄의 경우 범인을 알게 된 날로부터 6개월 내에 고소하여야 함 (형사소송법 제230조 제1항 본문)	기간 제한 없음
대리가 허용됨(형사소송법 제236조)	대리가 허용되지 않음

③ 수사의 개시 : 수사는 검사와 사법경찰관(경무관, 총경, 경정, 경감, 경위)이 주관적으로 범죄의 혐의가 있다고 판단하는 때에는 객관적 혐의가 없을 경우에도 개시할 수 있다(형사소송법 제196조, 제197조 제1항).

3. 수사의 방법 기출 17

임의수사가 원칙이고, 강제수사는 예외적으로 법의 규정이 있을 때 가능하다.

① 임의수사 기출 16·14
  ㉠ 의의 : 강제력을 행사하지 않고 당사자의 승낙을 얻어서 행하는 수사
  ㉡ 방법 : 출석요구, 참고인진술 청취, 통역·번역·감정의 위촉, 피의자 신문, 사실조회(형사소송법 제199조 제2항) 등

② 강제수사★
  ㉠ 영장 없는 수사 : 현행범 체포(형사소송법 제212조), 특수한 경우의 압수, 수색, 검증(형사소송법 제216조 제1항 제2호) 기출 22 등
  ㉡ 영장에 의한 수사 : 구속, 압수, 수색(형사소송법 제215조) 등
  ㉢ 수사기관의 청구에 의해서 법관이 하는 것 : 증거보전(형사소송법 제184조) 등
③ 수사의 종결 : 사법경찰관은 범죄를 수사한 후 신속히 관계서류와 증거물을 검사에게 송부하고, 검사는 사건의 기소 또는 불기소, 기타의 처분으로 수사를 종결한다.★
④ 검사의 처분 : 타관송치, 기소처분(공판청구, 약식명령청구), 불기소처분(혐의 없음, 공소권 없음, 기소유예, 공소보류, 죄가 아님)

Ⅳ 체포와 구속

1. 영장에 의한 체포
① 영장 발부 요건 : 피의자가 죄를 범하였다고 의심할 만한 상당한 이유가 있고, 정당한 이유 없이 수사기관의 출석에 응하지 아니하거나 응하지 아니할 우려가 있을 것을 요한다(형사소송법 제200조의2 제1항).★
② 체포 후의 조치 : 피의자를 체포한 후 구속을 계속하기 위해서는 48시간 내에 구속영장을 청구하여야 하며, 기간 내에 영장을 청구하지 않았거나 청구가 기각된 때에는 즉시 석방하여야 한다(형사소송법 제200조의2 제5항).

2. 영장 없이 체포가능한 경우 기출 16
① 현행범 체포 : 현행범은 누구든지 영장 없이 체포할 수 있다(형사소송법 제212조). 기출 22 체포된 현행범에 대하여 구속을 계속하려면 48시간 이내에 구속영장을 청구하여야 한다(형사소송법 제200조의4 제1항 후문 참고).★

> **현행범인과 준현행범인(형사소송법 제211조)**
> ① 범죄를 실행하고 있거나 실행하고 난 직후의 사람을 현행범인이라 한다. 기출 22
> ② 다음 각호의 어느 하나에 해당하는 사람은 현행범인으로 본다. 기출 24
>   1. 범인으로 불리며 추적되고 있을 때
>   2. 장물이나 범죄에 사용되었다고 인정하기에 충분한 흉기나 그 밖의 물건을 소지하고 있을 때
>   3. 신체나 의복류에 증거가 될 만한 뚜렷한 흔적이 있을 때
>   4. 누구냐고 묻자 도망하려고 할 때
>
> **체포된 현행범인의 인도(형사소송법 제213조)**
> ① 검사 또는 사법경찰관리 아닌 자가 현행범인을 체포한 때에는 즉시 검사 또는 사법경찰관리에게 인도하여야 한다.
> ② 사법경찰관리가 현행범인의 인도를 받은 때에는 체포자의 성명, 주거, 체포의 사유를 물어야 하고 필요한 때에는 체포자에 대하여 경찰관서에 동행함을 요구할 수 있다. 기출 22

② 긴급체포요건 : 사형·무기 또는 장기 3년 이상의 징역이나 금고에 해당하는 죄를 범하였다고 의심할 만한 상당한 이유가 있고, 도망 또는 도망칠 우려가 있는 경우 또는 증거인멸의 염려가 있는 경우일 것(형사소송법 제200조의3 제1항)

3. 구 속

① **구속요건**: 피의자가 죄를 범하였다고 의심할 만한 상당한 이유가 있으면서, 일정한 주거가 없는 경우·증거인멸의 우려가 있는 경우·도망하거나 도망할 염려가 있는 경우 중 하나에 해당할 때(형사소송법 제201조 제1항)

② **구속기간**
   ㉠ 사법경찰관과 검사는 10일의 범위 내에서 피의자를 구속할 수 있으며, 검사는 10일의 범위 내에서 1차에 한하여 지방법원판사의 허가를 받아 연장할 수 있다(형사소송법 제205조 제1항). ★
   ㉡ 사법경찰관이 피의자를 구속한 때에는 10일 이내에 피의자를 검사에게 인치하지 아니하면 석방하여야 하며(형사소송법 제202조), 검사가 피의자를 구속한 때 또는 사법경찰관으로부터 피의자의 인치 받은 때에는 10일 이내에 공소를 제기하지 아니하면 석방하여야 한다(형사소송법 제203조).

Ⅴ 수사의 종결

1. 의 의

수사의 단서로 개시된 수사절차가 공소제기·불기소처분 또는 타관송치에 의하여 종료되는 것을 말한다.

2. 불기소처분의 형태 ★

협의의 불기소 처분 (검찰사건사무규칙 제115조)	공소권 없음 처분 (동조 제3항 제4호)	피의자의 사망, 사면, 친고죄의 고소가 없는 경우, 반의사불벌죄에서 피해자가 처벌을 원하지 않는 경우 등 소추조건이 구비되지 않은 경우
	죄가 안 됨 처분 (동조 제3항 제3호)	피의사실이 범죄구성요건에는 해당하지만 법률상 범죄의 성립을 조각하는 사유(위법성조각사유 또는 책임조각사유)가 있어 범죄를 구성하지 않는 경우
	혐의 없음 처분 (동조 제3항 제2호)	증거가 불충분하거나 범죄가 인정되지 않는 경우
	각하 (동조 제3항 제5호)	고소·고발 사건에서 혐의 없음·죄가 안 됨·공소권 없음 사유가 있음이 명백한 경우 등
	기소유예 (동조 제3항 제1호)	피의사실이 인정되나 범인의 연령, 성행, 지능과 환경, 피해자에 대한 관계, 범행의 동기, 수단과 결과, 범행 후의 정황 등을 참작하여 소추를 필요로 하지 아니하는 경우
기소중지 (검찰사건사무규칙 제120조)		피의자나 참고인의 행방을 알 수 없는 경우 등 실질적으로 수사를 종결할 수 없는 경우 일시적으로 수사를 중지하는 것

Ⅵ 공소제기

1. 의의 기출 24·23·20·16·13

검사가 특정범죄에 관한 형벌권의 존부 및 범위를 확정하는 것을 목적으로 법원에 대하여 그 심판을 구하는 의사표시로 공소제기의 기본원칙은 다음과 같다.

① **국가소추주의**(형사소송법 제246조) : 사인소추를 인정하지 않고 국가기관만이 소추를 행할 수 있는 것
② **기소독점주의**(형사소송법 제246조) : 국가기관 중에서도 검사만이 소송제기의 권한을 갖는 것
③ **기소편의주의**(형사소송법 제247조) : 검사에게 기소·불기소에 관한 재량의 여지를 인정하는 것
④ **기소변경주의**(형사소송법 제255조) : 공소취소를 인정하는 제도로 공소의 취소는 검사만이 할 수 있고 공소취소의 사유에는 법률상 제한이 없다.

2. 공소의 효력 범위(형사소송법 제248조) 기출 24

① 공소의 효력은 검사가 피고인으로 지정한 자에게만 미친다.
② 범죄사실의 일부에 대한 공소의 효력은 범죄사실 전부에 미친다.

3. 공소시효의 기간(형사소송법 제249조 제1항)★ 기출 19

① 사형에 해당하는 범죄에는 25년
② 무기징역 또는 무기금고에 해당하는 범죄에는 15년
③ 장기 10년 이상의 징역 또는 금고에 해당하는 범죄에는 10년
④ 장기 10년 미만의 징역 또는 금고에 해당하는 범죄에는 7년
⑤ 장기 5년 미만의 징역 또는 금고, 장기 10년 이상의 자격정지 또는 벌금에 해당하는 범죄에는 5년
⑥ 장기 5년 이상의 자격정지에 해당하는 범죄에는 3년
⑦ 장기 5년 미만의 자격정지, 구류, 과료 또는 몰수에 해당하는 범죄에는 1년

※ 공소가 제기된 범죄는 판결의 확정이 없이 공소를 제기한 때로부터 25년을 경과하면 공소시효가 완성한 것으로 간주하고(형사소송법 제249조 제2항), 사람을 살해한 범죄(종범은 제외)로 사형에 해당하는 범죄에 대하여는 법에 규정된 공소시효를 적용하지 아니한다(형사소송법 제253조의2).

핵심문제

01 검사가 재량에 의해 불기소처분을 할 수 있다는 원칙은? 기출 13

① 국가소추주의
② 기소독점주의
③ 기소편의주의
④ 기소변경주의

[해설]
검사에게 기소·불기소에 관한 재량의 여지를 인정하는 것을 기소편의주의라고 한다.

정답 ③

4. 공소의 취소(형사소송법 제255조) [기출 24]
① 공소는 제1심판결의 선고 전까지 취소할 수 있다.
② 공소취소는 이유를 기재한 서면으로 하여야 한다. 단, 공판정에서는 구술로써 할 수 있다.

5. 소송요건 ★★

실체적 소송요건	형식적 소송요건
㉠ 공소시효의 만료 전일 것 ㉡ 확정판결이 없었을 것 ㉢ 사면이 없었을 것 ㉣ 범죄 후 법령개폐로 형이 폐지되지 않았을 것	㉠ 피고사건이 관할법원에 속할 것 ㉡ 공소기각의 판결·결정사유가 없을 것

VII 공판절차

1. 의의와 기본원칙
① 의의 : 공소가 제기되어 소송절차가 종결되기까지의 단계적 절차로서 형사소송의 중심이 된다.
  ㉠ 공판준비절차 : 공판기일에 있어서의 심리를 충분히 능률적으로 행하기 위한 준비로서 수소법원에 의하여 행하여지는 절차를 말한다.
  ㉡ 간이공판절차 : 피고인이 공판정에서 자백한 사건에 대하여 증거능력의 제한을 완화하는 등의 방법으로 심리를 신속하게 진행하기 위하여 인정되는 절차를 말한다. [기출 13]
② 기본원칙★ : 공판중심주의, 제1심 중심주의, 공개주의, 구두변론주의, 직접심리주의, 계속심리주의

2. 공판절차의 순서 [기출 14]
① 모두절차 : 피고인의 진술거부권 고지(형사소송법 제244조의3 제1항) → 인정신문(형사소송법 제284조) → 검사의 모두진술(형사소송법 제285조) → 피고인의 모두진술(형사소송법 제286조) → 쟁점정리(형사소송법 제287조 제1항)
② 사실심리절차 : 증거조사(검사, 피고인, 직권)(형사소송법 제290조) → 피고인 신문(형사소송법 제296조의2) → 최후변론(검사, 피고인, 변호인)(형사소송법 제302조, 제303조)
③ 판결선고절차 : 판결선고

핵심문제

01 다음 중 실체적 소송요건에 해당하지 않는 것은 어느 것인가? [기출]

① 공소시효의 만료 전일 것
② 확정판결이 없었을 것
③ 사면이 없었을 것
④ 피고사건이 법원의 관할에 속할 것

[해설]
실체적 소송요건으로는 ①·②·③과 범죄 후 법령개폐로 형이 폐지되지 않았을 것 등이 있다. ④의 피고사건이 관할 법원에 속할 것, 공소기각의 판결·결정사유가 없을 것 등은 형식적 요건에 속한다.

정답 ④

3. 증 거
① 의의 : 형사소송법상 법원에서 사실의 존부에 관한 확신을 주기 위한 자료를 말한다.
② 증거의 기본원칙 기출 20·13·11
　㉠ 증거재판주의 : 사실의 인정은 증거에 의하여야 한다(형사소송법 제307조 제1항). 기출 21·20
　㉡ 자유심증주의 : 증거의 증명력은 법관의 자유판단에 의한다(형사소송법 제308조).
　㉢ 위법수집증거배제원칙 : 적법한 절차에 따르지 아니하고 수집한 증거는 증거로 할 수 없다(형사소송법 제308조의2). 기출 21·20
　㉣ 자백의 증거능력 : 피고인의 자백이 고문, 폭행, 협박, 신체구속의 부당한 장기화 또는 기망 기타의 방법에 의한 것으로 임의에 의한 진술이 아니라고 의심할 만한 이유가 있는 때에는 이를 유죄의 증거로 하지 못한다(형사소송법 제309조). 기출 20
　㉤ 불이익한 자백의 증거능력 : 피고인의 자백이 그에게 불이익한 유일한 증거인 때에는 이를 유죄의 증거로 하지 못한다(형사소송법 제310조). 기출 21·20
　㉥ 전문증거의 증거능력 제한 : 전문증거란 사실인정의 기초가 되는 사실을 체험자 자신이 직접 진술하지 않고 타인의 증언이나 진술 등으로 간접적으로 법원에 보고하는 것으로, 전문증거는 증거능력을 인정받지 못한다(형사소송법 제310조의2). 기출 20

4. 재판의 확정★
① 상고법원의 판결 : 원칙적으로 선고와 동시에 확정된다.
② 제1·2심 재판 : 상소기간 중 상소를 제기함이 없이 상소기간을 경과하거나 상소의 포기 또는 취하에 의하여 확정된다.
③ 일사부재리(一事不再理)의 원칙 : 판결이 확정되면 기판력이 발생하여 동일한 범죄사실에 대하여 다시 공소를 제기하거나 심판을 할 수 없다.

5. 특별형사소송절차 기출 13
① 약식절차 : 공판절차 없이 서면심리만으로 피고인에게 벌금, 과료, 몰수를 과하는 간이 형사절차로, 검사가 청구한다(형사소송법 제448조 제1항).
　㉠ 청구대상 : 지방법원 관할사건으로 벌금·과료 또는 몰수에 처할 수 있는 사건, 단독판사 또는 합의부 관할 불문
　㉡ 효력 : 정식재판의 청구기간이 경과하거나 그 청구의 취하 또는 청구기각의 결정이 확정된 때에는 확정판결과 동일한 효력발생(형사소송법 제457조)
　㉢ 정식재판의 청구 : 약식명령을 고지받은 날로부터 7일 이내에 명령을 한 법원에 서면으로 청구(형사소송법 제453조 제1항·제2항)
② 즉결심판절차
　㉠ 청구권자 : 관할 경찰서장 또는 관할 해양경찰서장(즉결심판법 제3조 제1항)
　㉡ 대상 : 20만원 이하의 벌금 또는 구류나 과료에 처하는 경미한 범죄사건(즉결심판법 제2조)
　㉢ 효력 : 즉결심판이 확정되면 확정판결과 동일한 효력이 있고(즉결심판법 제16조), 그 형의 집행은 경찰서장이 한다(즉결심판법 제18조 제1항).

Ⅷ 법원의 재판

1. 재판의 의의와 종류

① 재판의 형식에 의한 분류

판결(判決)	수소법원에 의한 종국재판의 원칙적 형식을 말하는 것으로 실체적 재판인 유죄·무죄판결과 형식적 재판 중 관할위반·공소기각·면소판결이 있다.
결정(決定)	수소법원에 의한 종국 전 재판의 원칙적 형식을 말한다. 종국 전 재판인 중간재판으로 보석허가결정, 증거신청에 대한 결정, 공소장변경허가결정이 이에 속하며, 종국재판으로 공소기각결정, 상소기각결정, 이송결정이 있다.
명령(命令)	법관(재판장·수명법관·수탁판사)이 하는 재판을 말하며, 명령은 모두 종국 전 재판이자 형식재판이다. 공판기일의 지정, 퇴정명령 등을 예로 들 수 있다(↔ 약식명령 ×)★

② **재판의 내용에 의한 분류**: 사건의 실체에 관하여 법률관계를 판단하는 실체적 재판, 사건의 실체에 관해서는 심리하지 않으며 절차적, 형식적 법률관계를 판단하는 형식적 재판으로 분류한다.
③ **재판의 기능에 의한 분류**: 종국재판에 이르기까지의 절차에 관한 종국 전 재판(중간재판), 소송을 그 심급에서 종결하도록 하는 종국재판으로 분류한다.

2. 종국재판 기출 22·19·17·16·15·12

유죄판결	사건의 실체에 관하여 피고인 범죄사실의 증명이 있는 때
무죄판결 (형사소송법 제325조)	• 피고사건이 범죄로 되지 아니하는 때(구성요건해당성이 없거나 또는 위법성조각사유나 책임조각사유가 존재한다는 것이 밝혀진 경우) • 범죄사실의 증명이 없는 때
관할위반의 판결 (형사소송법 제319조)	피고사건이 법원의 관할에 속하지 아니하는 때
공소기각의 결정 (형사소송법 제328조 제1항)	두 공·취·사·소 / 수·법·계·관·경 / 범·사·포·아 • 공소가 취소되었을 때(제1호) • 피고인이 사망하거나 또는 피고인인 법인이 존속하지 아니하게 되었을 때(소멸)(제2호) • 동일사건이 사물관할을 달리하는 수개의 법원에 계속되거나 관할이 경합하는 경우(제12조 또는 제13조)의 규정과 관련하여 재판할 수 없는 때(제3호) • 공소장에 범죄가 될 만한 사실이 포함되지 아니할 때(제4호)
공소기각의 판결 (형사소송법 제327조)	두 재·절·무 / 위반 공소 / 친·반 • 피고인에 대하여 재판권이 없을 때(제1호) • 공소제기의 절차가 법률의 규정을 위반하여 무효일 때(제2호) • 공소가 제기된 사건에 대하여 다시 공소가 제기되었을 때(제3호) • 제329조(공소취소와 재기소)를 위반하여 공소가 제기되었을 때(제4호) • 고소가 있어야 공소를 제기할 수 있는 사건(친고죄)에서 고소가 취소되었을 때(제5호) • 피해자의 명시한 의사에 반하여 공소를 제기할 수 없는 사건(반의사불벌죄)에서 처벌을 원하지 아니하는 의사표시를 하거나 처벌을 원하는 의사표시를 철회하였을 때(제6호)
면소판결 (형사소송법 제326조)	두 확·사·시·폐 • 확정판결이 있은 때(제1호) • 사면이 있은 때(제2호) • 공소시효가 완성되었을 때(제3호) • 범죄 후 법령개폐로 형이 폐지되었을 때(제4호)

경미사건등과 피고인의 불출석(형사소송법 제277조)
다음 각호의 어느 하나에 해당하는 사건에 관하여는 피고인의 출석을 요하지 아니한다. 이 경우 피고인은 대리인을 출석하게 할 수 있다.
1. 다액 500만원 이하의 벌금 또는 과료에 해당하는 사건
2. 공소기각 또는 면소의 재판을 할 것이 명백한 사건 기출 22
3. 장기 3년 이하의 징역 또는 금고, 다액 500만원을 초과하는 벌금 또는 구류에 해당하는 사건에서 피고인의 불출석허가 신청이 있고 법원이 피고인의 불출석이 그의 권리를 보호함에 지장이 없다고 인정하여 이를 허가한 사건. 다만, 제284조에 따른 절차를 진행하거나 판결을 선고하는 공판기일에는 출석하여야 한다.
4. 제453조 제1항에 따라 피고인만이 정식재판의 청구를 하여 판결을 선고하는 사건

무죄의 판결(형사소송법 제325조) 기출 22
피고사건이 범죄로 되지 아니하거나 범죄사실의 증명이 없는 때에는 판결로써 무죄를 선고하여야 한다.

무죄등 선고와 구속영장의 효력(형사소송법 제331조) 기출 22
무죄, 면소, 형의 면제, 형의 선고유예, 형의 집행유예, 공소기각 또는 벌금이나 과료를 과하는 판결이 선고된 때에는 구속영장은 효력을 잃는다.

Ⅸ 상소제도와 비상구제절차

1. 상소제도 기출 20 · 16 · 14 · 13

① 의의 : 상소라 함은 미확정 재판에 대하여 상급법원에 구제적 재판을 구하는 불복신청의 제도를 말한다. 상소할 수 있는 자에는 검사와 피고인 및 피고인의 법정대리인이 있다(형사소송법 제338조 제1항, 제340조). 기출 24

② 특 징 기출 20
㉠ 상소는 재판의 일부에 대하여 할 수 있다(형사소송법 제342조 제1항). 기출 24
㉡ 피고인의 법정대리인은 피고인을 위하여 상소할 수 있다(형사소송법 제340조). 기출 23
㉢ 상소의 제기는 그 기간 내에 서면으로 하고, 상소의 제기기간은 재판을 선고 또는 고지한 날로부터 진행된다(형사소송법 제343조). 기출 24

핵심문제

01 형사소송법상 공소기각의 판결을 해야 하는 경우가 아닌 것은? 기출 17

① 피고인에 대하여 재판권이 없는 때
② 친고죄 사건에 대하여 고소의 취소가 있는 때
③ 공소가 취소되었을 때
④ 공소제기의 절차가 법률의 규정에 위반하여 무효일 때

[해설]
'공소가 취소되었을 때'는 공소기각의 결정을 해야 하는 경우이다(형사소송법 제328조 제1항).

정답 ③

② 상소(항소·상고)의 제기기간은 7일로 한다(형사소송법 제358조, 제374조). 단, 항고와 관련하여 보통항고의 시기는 즉시항고(제기기간은 7일, 형사소송법 제405조) 외에는 언제든지 할 수 있는 것이 원칙이다. 기출 23·22
⑩ 상소장(항소장·상고장·항고장)은 원심법원에 제출하여야 한다(형사소송법 제359조, 제375조, 제406조). 기출 24·20

③ 상소제도의 필요성 : 오판의 시정, 원심재판으로 인한 피고인의 불이익을 구제한다.
④ 상소의 종류 기출 23·21

항 소	제1심 판결에 대한 상소를 말한다. 단독판사의 제1심 판결은 지방법원 합의부에 항소하고, 지방법원 합의부의 제1심 판결은 고등법원에 항소한다.
상 고	제2심 판결에 대한 상소를 말한다. 예외적으로 제1심 판결에 대해서도 상고가 허용된다. 원칙적으로 법률심이며, 관할 법원은 대법원, 상고심의 판결에 대해서는 상소가 허용되지 아니하고, 다만 오류정정 신청제도를 두고 있다.
항 고	법원의 결정에 대한 상소이다. 특별항고와 재항고사건은 대법원 관할이다. 기출 20

⑤ 3심제(심급제도)★
   ㉠ 민·형사사건 중 단독사건 : 지방법원(지원) 단독판사 → 지방법원 본원 합의부(항소부) → 대법원
   ㉡ 민·형사사건 중 합의사건 : 지방법원(지원) 합의부 → 고등법원 → 대법원
   ㉢ 군사재판 : 보통군사법원 → 고등군사법원 → 대법원
   ㉣ 행정소송 : 행정법원 → 고등법원 → 대법원
⑥ 불이익변경금지의 원칙
   ㉠ 불이익변경금지의 원칙은 피고인이 상소한 사건 또는 피고인을 위하여 상소한 사건에 대하여 원심판결의 형보다 무거운 형을 선고할 수 없다는 원칙이다(형사소송법 제368조). ★
   ㉡ 검사 단독으로 상소한 사건에는 원심의 형보다 무거운 형의 선고도 가능하다. ★

핵심문제

01 형사소송법상 상소에 관한 설명으로 옳지 않은 것은? 기출 16
① 상고심은 원칙적으로 법률심이다.
② 법원의 결정에 불복하는 상소는 '항고'이다.
③ 피고인을 위하여 항소한 사건에는 불이익변경금지의 원칙이 적용된다.
④ 항소의 제기기간은 14일로 한다.

[해설]
항소의 제기기간은 7일로 한다(형사소송법 제358조). 반면 민사소송법상 항소는 판결서가 송달된 날부터 2주 이내에 하여야 한다. 다만, 판결서 송달 전에도 할 수 있다(민사소송법 제396조 제1항).★

정답 ④

2. 비상구제절차

① **재 심** 기출 21·19·15

㉠ 의의 : 유죄의 확정판결에 대하여 주로 사실인정의 부당을 시정하기 위하여 인정되는 절차로 확정판결에 있어서의 사실인정의 과오를 시정함으로써 그 확정판결에 의해서 불이익을 받는 피고인을 구제할 수 있다(형사소송법 제420조 내지 제440조).

㉡ 대상 : 재심은 원칙적으로 유죄의 확정판결에 대해서만 인정되지만 항소 또는 상고를 기각한 판결에 대해서도 인정된다.

㉢ 내 용

재심의 사유 (형사소송법 제420조)	• 원판결의 증거가 된 서류 또는 증거물이 확정판결에 의하여 위조되거나 변조된 것임이 증명된 때(제1호) • 원판결의 증거가 된 증언, 감정, 통역 또는 번역이 확정판결에 의하여 허위임이 증명된 때(제2호) • 무고(誣告)로 인하여 유죄를 선고받은 경우에 그 무고의 죄가 확정판결에 의하여 증명된 때(제3호) • 원판결의 증거가 된 재판이 확정재판에 의하여 변경된 때(제4호) • 유죄를 선고받은 자에 대하여 무죄 또는 면소를, 형의 선고를 받은 자에 대하여 형의 면제 또는 원판결이 인정한 죄보다 가벼운 죄를 인정할 명백한 증거가 새로 발견된 때(제5호) • 저작권, 특허권, 실용신안권, 디자인권 또는 상표권을 침해한 죄로 유죄의 선고를 받은 사건에 관하여 그 권리에 대한 무효의 심결 또는 무효의 판결이 확정된 때(제6호) • 원판결, 전심판결 또는 그 판결의 기초가 된 조사에 관여한 법관, 공소의 제기 또는 그 공소의 기초가 된 수사에 관여한 검사나 사법경찰관이 그 직무에 관한 죄를 지은 것이 확정판결에 의하여 증명된 때. 다만, 원판결의 선고 전에 법관, 검사 또는 사법경찰관에 대하여 공소가 제기되었을 경우에는 원판결의 법원이 그 사유를 알지 못한 때로 한정한다(제7호). ※ 상소기각 판결에 대해서는 전조 제1호, 제2호, 제7호만 재심사유에 해당한다(형사소송법 제421조 제1항).
재심의 재판	• 재심심판절차도 일반 공판절차에 관한 규정이 그대로 적용된다. • 재심에는 원판결의 형보다 무거운 형을 선고할 수 없다[불이익변경의 금지(형사소송법 제439조)]. • 재심에서 무죄의 선고를 한 때에는 그 판결을 관보와 그 법원소재지의 신문지에 기재하여 공고하여야 한다[무죄판결의 공시(형사소송법 제440조 본문)]. • 재심의 청구는 원판결의 법원이 관할한다(형사소송법 제423조). • 재심의 청구는 형의 집행을 종료하거나 형의 집행을 받지 아니하게 된 때에도 할 수 있다(형사소송법 제427조). • 재심의 청구는 형의 집행을 정지하는 효력이 없다. 단 관할법원에 대응한 검찰청검사는 재심청구에 대한 재판이 있을 때까지 형의 집행을 정지할 수 있다(형사소송법 제428조). • 재심의 청구를 취하한 자는 동일한 이유로써 다시 재심을 청구하지 못한다(형사소송법 제429조 제2항). • 재심의 청구가 법률상의 방식에 위반하거나 청구권의 소멸 후인 것이 명백한 때에는 결정으로 기각하여야 한다(형사소송법 제433조).

② 비상상고 기출 17
　㉠ 의의 : 확정판결에 대하여 그 심판의 법령위반을 이유로 하여 인정되는 비상구제절차로서 신청권자가 검찰총장에 국한되고 관할법원이 대법원이며, 법령의 해석·적용의 과오를 시정하는 데에 목적이 있어 판결의 효력이 피고인에게 미치지 아니한다는 점에서 재심과 구별된다. ★
　㉡ 절 차
　　• 비상상고의 신청은 검찰총장의 재량으로 대법원에 대하여 행할 수 있다(형사소송법 제441조).
　　• 비상상고를 함에는 이유를 기재한 신청서를 대법원에 제출하여야 한다(형사소송법 제442조).
　　• 비상상고의 신청에 대하여는 기간의 제한이 없다. ★
　　• 형의 시효, 공소시효에 구애되지 않고 신청을 할 수 있고, 판결확정 후 언제든지 할 수 있다.
　　• 비상상고의 취하에 대하여는 명문상 규정은 없으나 검찰총장이 필요하다고 판단하는 경우에는 비상상고의 판결이 있을 때까지 취하할 수 있다. ★
　　• 공판기일에는 검사가 출석을 하여야 하며, 검사는 신청서에 의하여 진술하여야 한다(형사소송법 제443조). 공판기일에 피고인의 출석은 요하지 않는다. ★
　　• 피고인이 변호인을 선임하여 공판기일에 의견을 진술할 수 있는가에 대하여 법률적 의견을 개진할 기회가 부여되어야 한다.
　　• 대법원은 신청서에 포함된 이유에 한하여 조사하여야 한다(형사소송법 제444조 제1항). 따라서 직권조사가 이뤄질 수 없다. 다만, 법원의 관할, 공소의 수리와 소송절차에 관하여는 사실조사를 할 수 있다(형사소송법 제444조 제2항).
　　• 비상상고가 이유 없다고 인정한 때에는 판결로써 이를 기각하여야 한다(형사소송법 제445조). 또 이유 있다고 인정한 때에도 원칙적으로 원판결의 법령위반의 부분 또는 법령위반의 원심소송절차(原審訴訟節次)를 파기하는 데 그친다(형사소송법 제446조). ★
　㉢ 비상상고의 필요성 : 법령의 해석·적용에 통일을 기할 수 있다.
　㉣ 비상상고에 의한 판결의 효력(형사소송법 제447조) : 비상상고의 판결은 원판결이 피고인에게 불이익하여 파기자판하는 경우를 제외하고는 그 효력이 피고인에게 미치지 않는다. 즉, 부분파기하는 경우에 원판결의 판결주문은 그대로 효력을 가지며, 따라서 판결은 원칙적으로 이론적 효력이 있을 뿐이다. ★

핵심문제

01 형사소송법상 비상상고에 관한 설명으로 옳지 않은 것은? 기출 17

① 검찰총장은 판결이 확정한 후 그 사건의 심판이 법령에 위반한 것을 발견한 때에는 대법원에 비상상고를 할 수 있다.
② 공판기일에는 검사는 신청서에 의하여 진술하여야 한다.
③ 대법원은 신청서에 포함된 이유에 한하여 조사하여야 한다.
④ 비상상고가 이유 없다고 인정한 때에는 결정으로써 이를 기각하여야 한다.

[해설]
비상상고가 이유 없다고 인정한 때에는 판결로써 이를 기각하여야 한다(형사소송법 제445조).

정답 ④

CHAPTER 05 상법 일반

제1절 상법총칙

I 상법의 의의

1. 상법의 특색 ★★

영리성	영리성은 자본주의사회에서 기업활동의 본질이고, 상법상의 기본 개념인 상인, 상행위, 회사 등은 이 영리성을 기초로 성립한다.
집단성·반복성	경제사회가 대규모화됨에 따라서 거래가 집단적·반복적으로 행하여지고, 기업은 인적으로나 물적으로나 조직화되어 노력의 보충과 자본집중의 촉진을 꾀할 것을 필요로 하게 되었다.
획일성·정형성	집단적으로 반복하여 이루어지는 기업활동에 있어서는 상사거래의 정형화가 요청된다.
공시주의	기업활동에 있어 거래의 안전을 보호하기 위해 상업등기나 회사의 중요사항에 대한 등기 및 공고제도 등이 발달하게 된다.
기업책임의 가중과 경감	기업의 신용유지 및 거래상대방의 보호를 위한 상사연대책임·무과실책임을 규정하고, 한편 기업 자체의 보호를 위해 주주의 인적 유한책임 등과 같이 기업의 책임을 경감한다.
기업의 유지 강화	기업의 유지를 도모하고 기업의 해체에서 오는 손실을 방지하기 위하여 자본의 집중(회사의 합병·설립), 위험의 분산(보험제도), 기업의 독립성 확보(독립법인으로서의 회사제도) 등을 규정하고 있다.
기술성·진보성	• 상법은 기업법으로서 기업생활의 합리적 규제를 목적으로 하는 것이므로 전체로서 기술적·전문적인 성격을 띠게 된다. • 기업생활관계에서 나타나는 기술은 자본주의의 합리적 정신에 기한 경제적 수요에 따라 진보·발전하게 되는데, 여기서 상법은 민법에 비하여 진보적이고 유동적인 경향을 띠게 된다.
세계성·통일성	상법은 세계적·통일적인 경향을 가장 많이 보인다고 할 수 있다. 예컨대 선박충돌 및 해난구조에 관한 조약, 선하증권통일조약, 어음법통일조약, 수표법통일조약 등이 그 예이다.

2. 상법의 법원

상법 제1조는 "상사에 관하여 본법에 규정이 없으면 상관습법에 의하고 상관습법이 없으면 민법의 규정에 의한다."고 규정하여 상법과 상관습법이 없는 경우 민법은 보충적으로 적용된다. 기출 24·23

상사제정법	상법전, 상사특별법령, 상사관계조약과 국제법규 등이 있다.
상관습법	기업에 관한 관행이 일반의 법적 확신에 의해 확립된 것으로 성문법의 보충적 효력을 갖는 법원이 된다.
상사자치법	회사의 정관 등의 자치법규도 법원이 된다(단, 반대설도 있음).

법원의 적용순서 기출 15

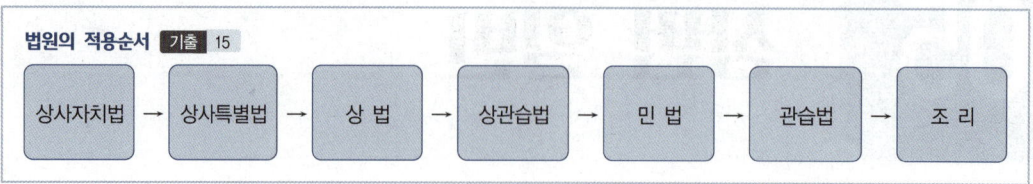

Ⅱ 기업의 인적 요소와 물적 요소 등

1. 상 인 기출 12 · 11

상인은 기업활동에 있어서 권리의무가 귀속되는 기업의 주체로 상인의 행위는 영업을 위하여 하는 것으로 추정한다(상법 제47조 제2항).

① 상인의 종류
  ㉠ 당연상인(고유상인) : 자기명의로 상행위를 하는 자이다(상법 제4조). 기본적 상행위뿐만 아니라 타인의 영업을 대리하는 경우, 타인의 계산으로 타인의 영업수단을 이용하는 경우, 타인의 명의로 신고·납세 하는 경우도 포함한다.
  ㉡ 의제상인 : 점포 기타 유사한 설비에 의하여 상인적 방법으로 영업을 하는 자와 회사는 상행위를 하지 아니하더라도 상인으로 본다(상법 제5조).
  ㉢ 소상인 : 소규모 상인으로서 자본금이 1,000만원 미만으로 회사가 아닌 자를 말한다(상법 시행령 제2조). 이러한 소상인에 대하여는 지배인, 상호, 상업장부와 상업등기에 관한 규정의 적용을 받지 않는다(상법 제9조).

② 상인자격의 취득과 상실

구 분	취 득	상 실
회 사	설립등기	청산종결
회사 외의 법인·자연인	영업준비행위의 객관적 인정	기업활동의 사실상 종결

핵심문제

01 상법상 상인에 관한 설명으로 옳지 않은 것은? 기출 12

① 자기명의로 상행위를 하는 자를 상인이라 한다.
② 회사는 상행위를 하지 않으면 상인으로 보지 않는다.
③ 점포 기타 유사한 설비에 의하여 상인적 방법으로 영업을 하는 자는 상행위를 하지 아니하더라도 상인으로 본다.
④ 미성년자가 법정대리인의 허락을 얻어 영업을 하는 때에는 등기를 하여야 한다.

[해설]
회사는 상행위를 하지 아니하더라도 상인으로 본다(상법 제5조 제2항).

정답 ②

2. 상업사용인(영업보조자)

상인에 종속하여 기업상의 활동을 보조하는 자를 상업사용인이라 하는데, 대리권의 범위를 기준으로 하여 지배인, 부분적 포괄대리권을 가진 사용인, 물건판매점포의 사용인 등으로 나눌 수 있다.

① 지배인

　㉠ 의의 : 상인인 영업주에 갈음하여 그 영업에 관한 재판상 또는 재판 외의 모든 행위를 할 수 있는 경영보조자이다(상법 제11조 제1항). 기출 20 보통 지점장, 지사장 등이 이에 속한다. 이사는 지배인이 될 수 있으나 감사는 불가능하다.

　㉡ 지배인의 선임과 종임
　　• 소상인·청산회사·파산회사는 지배인의 선임이 불가능하고 금치산·영업폐지·회사해산 등의 사유로 종임된다.
　　• 지배인의 선임과 그 대리권의 소멸에 관하여 영업소(회사의 경우 본점을 말한다)의 소재지에서 등기하여야 한다(상법 제13조). 기출 20

　㉢ 지배인의 권한
　　• 정형성·포괄성, 영업에 관한 재판상 또는 재판 외의 모든 행위를 할 권한(상법 제11조 제1항)
　　• 지배인이 아닌 사용인 선임 가능(상법 제11조 제2항), 지배인의 선임에 관한 대리권을 수여받은 경우는 지배인도 선임 가능
　　• 대리권의 제한은 명칭 여하에 불구하고 선의의 제3자에게 대항할 수 없다(상법 제11조 제3항).

　㉣ 행위의 판단 : 지배인의 행위가 영업주의 영업에 관한 것인가의 여부는 지배인의 행위 당시의 주관적인 의사와는 관계없이 객관적 성질에 따라 추상적으로 판단하여야 한다.★

　㉤ 공동지배인과 표현지배인

공동지배인	능동대리는 공동으로, 수동대리는 단독으로 한다. 수인의 지배인과는 구별된다(상법 제12조).
표현지배인	지배인이 아니면서 본점 또는 지점의 본부장, 지점장, 그 밖에 지배인으로 인정될 만한 명칭을 사용하는 자는 본점 또는 지점의 지배인과 동일한 권한이 있는 것으로 본다. 다만, 재판상 행위에 관하여는 그러하지 아니하다(상법 제14조 제1항). 즉, 재판 외의 행위에 대하여 지배인과 같은 포괄적인 대리권이 있는 것으로 간주되므로 영업주가 표현지배인이 한 행위에 대하여 책임을 부담한다.

　㉥ 회사별 지배인 선임방법★★

합명회사	총사원 과반수의 결의(업무집행사원이 있는 경우에도, 상법 제203조)
합자회사	무한책임사원 과반수의 결의(업무집행사원이 있는 경우에도, 상법 제274조)
주식회사	이사회 결의(상법 제393조 제1항)
유한회사	이사 과반수 결의 또는 사원총회의 보통결의(상법 제564조 제1항·제2항)

② 부분적 포괄대리권을 가진 사용인 : 영업의 특정한 종류 또는 특정한 사항(예 판매, 구입, 대부, 출납 등)에 대한 위임을 받은 사용인을 말하며, 이에 관한 재판 외의 모든 행위를 할 수 있다(상법 제15조 제1항). 지배인과 달리 등기사항은 아니다. 기출 20

③ 물건판매점포의 사용인 : 원칙적으로 대리권이 없으나 법은 판매에 관한 모든 권한이 있는 것으로 본다(상법 제16조 제1항). 외관이 중요함 → 점포를 떠난 판매외무사원은 제외된다.
④ 상업사용인의 의무(경업회피의무)(상법 제17조)
　㉠ 의의 : 상업사용인은 영업주의 허락 없이 자기 또는 제3자의 계산으로 영업주의 영업부류에 속한 거래를 하거나 회사의 무한책임사원, 이사 또는 다른 상인의 사용인이 되지 못한다(제1항).
　㉡ 효과 : 거래행위 자체는 유효하나 영업주는 손해배상청구권, 해임권(제3항), 개입권의 행사가 가능하다(제4항).
　㉢ 영업주의 개입권 : 상업사용인이 얻은 이득을 영업주에게 귀속시킬 수 있는 권리(상업사용인이 자기의 계산으로 한 경우는 경제적 효과를 귀속시킬 수 있고 타인의 계산으로 한 경우는 상업사용인이 얻은 이득의 양도를 청구할 수 있음)(상법 제17조 제2항)이며, 개입권 행사 후에도 손해배상청구 및 해임이 가능하다(상법 제17조 제3항). 단, 다른 회사의 무한책임사원·이사 또는 다른 상인의 상업사용인이 된 경우에는 개입권은 행사할 수 없다.

3. 상 호

① 의의 : 상인이 영업상 자기를 표시하기 위해 사용하는 명칭(영업의 통일성을 위해)이다. 상인은 원칙적으로 상호를 선정하여 사용할 권리를 가진다(상호자유주의)(상법 제18조).
② 상호의 선정 : 상호자유주의 + 약간의 제한(회사라는 명칭, 회사의 종류)(상법 제19조), 상호단일주의(수개의 영업에 하나의 상호 가능, 회사는 항상 1개의 상호, 지점은 본점과의 종속관계 표시)(상법 제21조)
③ 상호권★
　㉠ 상호사용권 : 적극적 권리, 적법하게(타인의 상호사용권을 침해하지 않고) 선정 및 사용할 수 있는 권리를 말한다.
　㉡ 상호전용권 : 소극적 권리, 타인이 부정목적으로 동일 또는 유사한 상호의 사용을 배제하는 권리이다.
　㉢ 등기의 효력 : 동종영업 상호로 등기 불가하고(상법 제22조), 등기상호의 사용 시 부정목적이 추정(→ 입증책임의 전환으로 상호전용권의 강화)된다. ★
④ 의 무
　㉠ 회사의 상호에는 그 종류에 따라 합명회사, 합자회사, 유한책임회사, 주식회사 또는 유한회사의 문자를 사용하여야 한다(상법 제19조). ★
　㉡ 회사가 아니면 상호에 회사임을 표시하는 문자를 사용하지 못한다. 회사의 영업을 양수한 경우에도 같다(상법 제20조). ★
　㉢ 동일한 영업에는 단일상호를 사용하여야 한다(상법 제21조 제1항).
⑤ 상호의 양도
　㉠ 상호는 영업을 폐지하거나 영업과 함께 하는 경우에 한하여 이를 양도할 수 있다(상법 제25조 제1항). ★
　㉡ 상호의 양도는 등기하지 아니하면 제3자에게 대항하지 못한다(상법 제25조 제2항). ★
⑥ 상호불사용의 효과 : 상호를 등기한 자가 정당한 사유 없이 2년간 상호를 사용하지 아니하는 때에는 이를 폐지한 것으로 본다(상법 제26조).

4. 상업장부

① 상인이 그 기업의 재산 상태를 명백히 하기 위하여 상법상의 의무로서 작성하는 장부를 상업장부라 한다.
② 상업장부에는 영업상의 재산 및 손익의 상황을 명백히 하기 위하여 작성하는 회계장부와 대차대조표(재무상태표)가 있다(상법 제29조 제1항 참고). ★
③ 상인은 10년간 상업장부와 영업에 관한 중요서류를 보존하여야 한다. 다만, 전표 또는 이와 유사한 서류는 5년간 이를 보존하여야 한다(상법 제33조 제1항). ★

5. 상업등기

① 의 의
  ㉠ 영업에 관한 중요한 사항을 상법의 규정에 의하여 상업등기부에 등기하는 것을 상업등기라 한다.
  ㉡ 상업등기부에는 상호, 미성년자, 법정대리인, 지배인, 합자조합, 합명회사, 합자회사, 유한책임회사, 주식회사, 유한회사, 외국회사에 관한 11종이 있다(상업등기법 제11조 제1항).

② 효 력★
  ㉠ 일반적 효력 : 등기·공고 전에는 선의의 제3자에게 대항하지 못하고(등기의 소극적 공시의 원칙), 등기·공고 후에는 선의의 제3자에게도 대항 가능하다(등기의 적극적 공시의 원칙)(상법 제37조 제1항).
  ㉡ 특수한 효력
    • 창설적(확정적) 효력 : 회사의 설립·합병·분할등기로 효력 발생
    • 보완적 효력 : 하자의 치유, 설립 시 또는 증자 시 주식인수인의 인수 취소불가
    • 부수적(해제적) 효력 : 설립등기로 주권발행 및 주식양도, 인적회사사원의 책임소멸시효의 기산일
      → 상호양도등기

6. 영업의 양도

① 의의 : 영업의 양도란 기업의 동일성을 유지하면서 포괄적 일체인 영업 자체를 양도하여 소유와 경영의 법적 관계에 변동을 가져오는 것을 말한다. <u>동일성이 유지되면 일부 양도도 가능하다.</u> ★
② 영업양도의 효과
  ㉠ 대내적 효과 : 영업재산의 이전(개별적인 이전 절차), 제3자에 대한 대항요건구비, 경업피지의무, 동일·인접 행정구역에서 동종의 영업행위를 할 수 없다. <u>기간의 무약정 시에는 10년, 약정 시에는 20년 내에서 유효하다</u>(상법 제41조). ★
  ㉡ 대외적 효과 : 선의 변제자의 면책, 양수인은 원칙적으로 상호 사용 시에는 책임이 있으나 상호불사용 시에는 책임이 없다(상법 제42조 제1항). ★
  ㉢ 소멸 : 영업양수인이 변제의 책임이 있는 경우에는 <u>양도인의 제3자에 대한 채무는 영업양도 또는 광고 후 2년이 경과하면 소멸한다</u>(상법 제45조). ★

III. 상행위

1. 의의 및 종류
① '상행위'란 실질적으로는 영리에 관한 행위이며 형식적으로는 상법과 특별법에서 상행위로서 규정한 행위를 말한다.
② 대부분의 상행위는 상인이 영리를 목적으로 하는 영업행위를 말하며, 영업적 상행위 또는 기본적 상행위라고도 한다. 그리고 이 기본적 상행위 이외에 영업을 위하여 하는 행위를 보조적 상행위 또는 부속적 상행위라고 한다. ★

2. 상행위의 총칙적 규정
① 상행위 일반에 관한 특칙 : 상행위는 영리를 목적으로 하는 상인의 행위로서 반복·계속되는 것이므로, 그 거래의 신속·원활을 기하기 위해서 민법에 대한 특칙을 규정하고 있다.
② 매매에 관한 특칙 : 상인 간의 매매에 있어 매수인이 그 영수한 목적물을 즉시 살피고 이의가 없는 한 매도인은 후일에 제기되는 이의에 응하지 아니하는 등 약간의 특칙을 규정하고 있다.
③ 상호계산 : 상인 상호 간 또는 상인과 비상인 간에 이루어지는 계속적 거래관계에서 일정한 기간의 거래로 인한 채권·채무의 총액을 상계하고 그 잔액을 지불할 것을 계약하는 대차결제방법이다(상법 제72조).
④ 익명조합 : 상인이 그 영업을 위하여 타인으로부터 재산의 출자를 받고 이에 대하여 영업이익을 분배할 것을 약속하는 계약관계이다(상법 제78조). 이 익명조합은 경제적으로는 공동기업의 한 형태이나 법적으로는 영업자의 단독기업이다. 따라서 익명조합원은 출자의 의무와 이익배당의 권리가 있으나, 영업자의 행위에 관하여서는 제3자에 대하여 권리나 의무가 없다. ★

3. 용어의 정리

합자조합	조합의 업무집행자로서 조합의 채무에 대하여 무한책임을 지는 조합원과 출자가액을 한도로 하여 유한책임을 지는 조합원이 상호출자하여 공동사업을 경영할 것을 약정함으로써 그 효력이 생긴다(상법 제86조의2).
대리상	일정한 상인을 위하여 상업사용인이 아니면서 상시 그 영업부류에 속하는 거래의 대리 또는 중개를 영업으로 하는 자를 말한다(상법 제87조).
중개인	타인 간의 상행위의 중개를 영업으로 하는 자를 말한다(상법 제93조).
위탁매매인	자기명의로써 타인의 계산으로 물건 또는 유가증권의 매매를 영업으로 하는 자를 말한다(상법 제101조).
운송주선인	자기의 명의로 물건운송의 주선을 영업으로 하는 자를 말한다(상법 제114조).
운송인	육상 또는 호천, 항만에서 물건 또는 여객의 운송을 영업으로 하는 자를 말한다(상법 제125조).

4. 어음법상 행위

배 서	어음상의 권리를 양도하기 위한 방법으로 어음소지인이 어음에 일정한 사항을 기재하고 기명날인하여 교부하는 것을 뜻한다. ★
지 급	채무를 변제하기 위하여 금전이나 어음 등을 채권자에게 주는 것으로, 확정일출급, 발행일자 후 정기출급 또는 일람 후 정기출급의 환어음 소지인은 지급을 할 날 또는 그날 이후의 2거래일 내에 지급을 받기 위한 제시를 하여야 한다.
양 도	물권의 주체가 법률행위에 의하여 그 물건을 타인에게 이전하는 것을 말한다.
인 수	지급인이 환어음상의 기재내용대로 어음대금을 지급하겠다는 의사를 밝히는 절차로서 지급의 승낙이다. 환어음의 소지인 또는 단순한 점유자는 만기에 이르기까지 인수를 위하여 지급인에게 그 주소에서 어음을 제시할 수 있다. ★

제2절 회사법

I. 회사의 개념과 종류

1. 회사의 개념
① 상법상 회사라 함은 상행위, 기타 영리를 목적으로 하는 사단법인으로서 상법상 회사편의 규정에 따라 설립된 것을 말한다(상법 제169조).
② 회사는 사단이다. 구 상법 제169조는 "본법에서 회사라 함은 상행위 기타 영리를 목적으로 하여 설립한 사단을 이른다"고 하여 회사의 사단성을 명시하였으나 현행 상법 제169조는 "이 법에서 '회사'란 상행위나 그 밖의 영리를 목적으로 하여 설립한 법인을 말한다"고 하여 사단성을 명시하고 있지 않다. 기출 24
③ 회사는 사원의 단체인 점에서 재산의 집합체인 재단과 구별되며 영리사업으로 얻은 이익을 각 구성원에게 분배하는 영리법인인 점에서 민법상 비영리법인과 구별된다. ★

2. 회사의 권리능력 기출 04
① 회사는 유증(遺贈)을 받을 수 있다.
② 회사는 상표권을 취득할 수 있다.
③ 회사는 명예권과 같은 인격권의 주체가 될 수 있다. ★
④ 회사는 다른 회사의 무한책임사원이 되지 못한다(상법 제173조). ★ 기출 23·22
⑤ 해산 후의 회사는 존립 중의 회사를 존속하는 회사로 하는 경우에 한하여 합병을 할 수 있다(상법 제174조 제3항). 기출 22
⑥ 법원은 회사의 설립목적이 불법한 것인 때 검사의 청구에 의하여 회사의 해산을 명할 수 있다(상법 제176조 제1항 제1호). 기출 22

핵심문제

01 다음 중에서 회사의 능력에 대한 설명으로 가장 옳은 것은? 기출
① 회사는 자연인과 완전히 동일한 권리능력을 갖는다.
② 회사는 다른 회사의 무한책임사원 또는 유한책임사원이 될 수 있다.
③ 판례는 회사의 권리능력이 정관에서 정한 목적범위 내로 제한된다고 한다.
④ 회사도 독립된 법인격을 가지므로 형법상 범죄능력을 가진다는 것이 학설과 판례의 태도이다.

[해설]
③ (○) 회사의 권리능력은 회사의 설립 근거가 된 법률과 회사의 정관상의 목적에 의하여 제한된다(대판 1999.10.8. 98다2488).
① (×) 회사의 능력은 성질상·법령상 제한이 있다. 자연인의 특유한 권리의무인 신체·생명에 관한 권리 등은 가질 수 없다.
② (×) 다른 회사의 무한책임사원이 될 수 없다(상법 제173조).
④ (×) 회사는 형법상 범죄능력을 갖지 아니한다.

정답 ③

3. 회사의 종류 [기출] 23·21·19·14·12

상법상의 회사에는 합명회사, 합자회사, 주식회사, 유한회사, 유한책임회사의 다섯 가지가 있다(상법 제170조). 사원의 인적 신용이 회사신용의 기초가 되는 회사를 인적 회사(예 개인주의적 회사, 합명회사·합자회사)라 하고, 회사재산이 회사신용의 기초가 되는 회사를 물적 회사(예 단체주의적 회사, 주식회사·유한회사)라 한다.

① 합명회사 [기출] 16

㉠ 합명회사는 2인 이상의 무한책임사원으로 조직된 회사이다(상법 제178조). ★
㉡ 무한책임사원이라 함은 회사에 대하여 출자의무와 회사채무에 대한 직접·연대·무한의 책임을 부담하는 사원을 말한다(상법 제212조 제1항).
㉢ 각 사원은 정관에 특별한 규정이 없는 한, 회사의 업무를 직접 집행하고 회사를 대표할 권한을 가지고 있다(상법 제207조 본문).
㉣ 인적 신뢰도가 기초가 되는 조직으로 사원이 소수임이 보통이고 형식적으로는 사단이지만 실질적으로는 조합에 가까운 성격을 띠고 있다. ★
㉤ 내부관계에 있어서도 정관 또는 상법에 특별한 규정이 없는 한, 민법상의 조합의 규정이 준용된다(상법 제195조). ★
㉥ 회사의 재산으로 회사의 채무를 완제할 수 없는 때에는 각 사원은 연대하여 변제할 책임이 있다(상법 제212조 제1항). [기출] 23 회사재산에 대한 강제집행이 주효하지 못한 때에도 전항과 같다(상법 제212조 제2항).
㉦ 사원의 출자는 금전, 현물, 노무, 신용 어느 것으로도 출자할 수 있고, 사원의 수가 1인이 된 때 회사는 해산하나 다른 사원을 가입시켜 회사를 계속할 수 있다(상법 제227조 제3호, 제229조 제2항). ★

핵심문제

01 합명회사에 관한 설명으로 옳은 것은? [기출] 18

① 무한책임사원과 유한책임사원으로 조직한다.
② 2인 이상의 무한책임사원으로 조직한다.
③ 사원이 출자금액을 한도로 유한의 책임을 진다.
④ 사원은 주식의 인수가액을 한도로 하는 출자의무를 부담할 뿐이다.

[해설]
② (O) 합명회사의 설립에는 2인 이상의 사원이 공동으로 정관을 작성하여야 한다(상법 제178조). 무한책임사원이라 함은 회사에 대하여 출자의무와 회사채무에 대한 직접·연대·무한의 책임을 부담하는 사원을 말한다. ★
① (×) 합자회사는 무한책임사원과 유한책임사원으로 조직한다(상법 제268조).
③ (×) 유한회사의 사원의 책임은 본법에 다른 규정이 있는 경우 외에는 그 출자금액을 한도로 한다(상법 제553조).
④ (×) 주식회사의 사원인 주주의 책임은 그가 가진 주식의 인수가액을 한도로 한다(상법 제331조).

정답 ②

② 합자회사 기출 24
  ㉠ 합자회사는 <u>무한책임사원과 유한책임사원으로 조직된 이원적 회사이다</u>(상법 제268조). ★
  ㉡ 무한책임사원은 합명회사의 경우와 같이 <u>직접·연대·무한의 책임</u>을 지지만, <u>유한책임사원은 출자가액에서 이미 이행한 부분을 공제한 가액을 한도로 하여 회사의 채무를 변제할 책임이 있다</u>(상법 제279조 제1항). ★
  ㉢ 사원이 출자함에 있어서 무한책임사원의 경우에는 그 목적의 제한이 없지만, 유한책임사원은 재산(금전·현물)으로만 출자할 수 있다(상법 제272조). ★
  ㉣ 회사 경영이나 대표권은 무한책임사원만 맡을 수 있고, 유한책임사원의 경우에는 업무집행이나 회사대표의 권한은 없지만(상법 제278조), 감시권은 있다(상법 제277조).

③ 유한회사
  ㉠ 유한회사는 지분을 가진 사원으로 구성되는 사단법인이며 사원 전원이 회사에 대하여 원칙적으로 출자액을 한도로 유한책임을 지는 회사이다.
  ㉡ 유한회사는 사원이 출자금액을 한도로 간접·유한의 책임을 지는 점(상법 제553조)에서 주식회사와 같으나, 지분의 양도가 자유스럽지 못한 점에서 주식회사와 다르다(상법 제556조). <u>출자의 종류는 재산출자에 한한다.</u> ★
  ㉢ 각 사원은 그 출자좌수에 따라 지분을 가지고(상법 제554조), 유한회사는 사원의 지분에 관하여 지시식 또는 무기명식의 증권을 발행하지 못한다(상법 제555조). 기출 24
  ㉣ 의사를 결정하는 최고의결기관으로 사원총회가 있고, 업무집행기관으로 이사가 있으며, 임의기관으로 감사가 있다. ★
  ㉤ 인적 회사의 성격이 가미되어 있어 주식회사보다는 <u>소규모적·폐쇄적·비공개적인 회사이다.</u> ★

핵심문제

01 회사에 관한 다음의 설명 중 옳지 않은 것은?
  ① 상법상의 회사에는 합명회사, 합자회사, 주식회사, 유한회사, 유한책임회사의 다섯 가지가 있다.
  ② 합명회사는 2인 이상의 무한책임사원으로 조직된 회사이다.
  ③ 합자회사는 무한책임사원과 유한책임사원으로 조직된 이원적 회사이다.
  ④ 유한회사는 사원이 출자금액을 한도로 간접·유한책임을 지는 점에서 주식회사와 같으나, 지분의 양도가 자유스럽지 못한 점에서 주식회사와 다르다. 또한 출자의 종류는 재산출자에 한하지 않는다.

[해설]
④ (×) 유한회사는 사원이 출자금액을 한도로 간접·유한책임을 지는 점(상법 제553조)에서 주식회사와 같으나, 지분의 양도가 자유스럽지 못한 점에서 주식회사와 다르다(상법 제556조). 또한 출자의 종류는 재산출자에 한한다.
① (O) 상법 제170조
② (O) 상법 제178조
③ (O) 상법 제268조

정답 ④

④ 유한책임회사
　㉠ 2011년 개정된 상법에 도입된 회사의 형태로서, 주식회사보다 유연하고 탄력적인 지배구조를 가지고 있으며, 주주에게 법적책임이 없는 주식회사와 달리 주주들이 자신의 투자액 범위 내에서 회사채권자들에 대하여 법적인 책임을 부담하는 회사이다(상법 제287조의7). ★
　㉡ 유한책임회사는 주식회사에 비해 지분양도・양수가 자유롭지 못하다(상법 제287조의8, 제287조의9). 따라서 작은 규모의 폐쇄적인 회사에 적합한 형태의 법인이다. ★
　㉢ 유한책임회사의 대표기관은 업무집행자이다(상법 제287조의19 제1항). 기출 24

⑤ 주식회사 기출 17・16・13
　㉠ 개 념
　　• 주식회사의 구성원인 사원을 주주라 하며 주주가 될 자는 회사에 대하여 출자를 하고 회사로부터 주권의 교부를 받는다.
　　• 주주는 그 주식의 인수가액을 한도로 하는 출자의무를 부담할 뿐이며 회사채무에 관하여는 아무런 책임을 부담하지 않고 회사 재산만으로 책임을 지는 회사이다. ★
　㉡ 설립 : 주식회사의 설립에는 발기설립과 모집설립의 두 가지가 있다. ★

발기설립	1인 이상의 발기인이 설립 시에 발행하는 주식을 전부 인수하고 일반으로부터는 공모하지 않는 경우이다(상법 제295조 제1항).
모집설립	발기인이 발행주식의 일부만을 인수하고 나머지 주식에 대하여는 주주를 모집하여 이를 인수시키는 경우이다(상법 제301조).

　㉢ 자본금의 구성 기출 08
　　• 회사는 정관으로 정한 경우에는 주식의 전부를 무액면주식으로 발행할 수 있다. 다만, 무액면주식을 발행하는 경우에는 액면주식을 발행할 수 없다(상법 제329조 제1항). ★ 기출 24・22
　　• 액면주식의 금액은 균일하여야 한다(상법 제329조 제2항). 기출 24
　　• 액면주식 1주의 금액은 100원 이상으로 하여야 한다(상법 제329조 제3항). ★ 기출 24

핵심문제

01 상법상 주식회사에 관한 설명으로 옳지 않은 것은? 기출 17

① 회사가 공고를 하는 방법은 정관의 절대적 기재사항이다.
② 회사가 가진 자기주식에도 의결권이 있다.
③ 각 발기인은 서면에 의하여 주식을 인수하여야 한다.
④ 창립총회에서는 이사와 감사를 선임하여야 한다.

[해설]
② (×) 회사가 가진 자기주식은 의결권이 없다(상법 제369조 제2항). ★
① (○) 상법 제289조 제1항 제7호 ★
③ (○) 상법 제293조 ★
④ (○) 상법 제312조

정답 ②

- 회사는 정관으로 정하는 바에 따라 발행된 액면주식을 무액면주식으로 전환하거나 무액면주식을 액면주식으로 전환할 수 있다(상법 제329조 제4항).
- 주식회사의 최저자본금은 종전에는 5,000만원 이상이었으나, 「상법」(법률 제9746호, 2009.5.28. 개정, 2010.5.29. 시행) 개정으로 최저자본금제도를 폐지하여 누구라도 손쉽게 저렴한 비용으로 회사를 설립할 수 있도록 하였다. 기출 24

㉣ 회사의 기관 : 주식회사에는 기본적 사항에 관한 최고의사결정기관인 주주총회, 업무집행에 관한 의결기관인 이사회, 업무집행을 담당하고 회사를 대표하는 대표이사, 감독기관인 감사가 법률상 필수기관이다. 기출 21·20

> **의결권(상법 제369조)**
> ① 의결권은 1주마다 1개로 한다.
> ② 회사가 가진 자기주식은 의결권이 없다.
> ③ 회사, 모회사 및 자회사 또는 자회사가 다른 회사의 발행주식의 총수의 10분의 1을 초과하는 주식을 가지고 있는 경우 그 다른 회사가 가지고 있는 회사 또는 모회사의 주식은 의결권이 없다.

㉤ 이 사
- 이사는 주주총회에서 선임한다(상법 제382조 제1항).
- 이사는 법령과 정관의 규정에 따라 회사를 위하여 그 직무를 충실하게 수행하여야 하고(충실의무)(상법 제382조의3), 재임 중뿐만 아니라 퇴임 후에도 직무상 알게 된 회사의 영업상 비밀을 누설하여서는 아니 된다(비밀유지의무)(상법 제382조의4). 이사가 임무수행 시 법령을 위반한 행위를 한 때에는 경영판단의 원칙이 적용되지 않는다(대판 2011.4.14. 2008다14633).
- 이사회의 승인이 없으면 자기 또는 제3자의 계산으로 회사의 영업부류에 속한 거래를 하거나 동종영업을 목적으로 하는 다른 회사의 무한책임사원이나 이사가 되지 못한다(경업금지)(상법 제397조 제1항).

㉥ 사외이사 기출 24 : 상장회사의 경우 사외이사 선임이 의무사항(상법 제542조의8)이나 비상장회사의 경우에는 의무사항이 아니다. 다만, 상장회사의 경우에도 자산총액 1천억원 미만 벤처기업(코스닥시장 또는 코넥스시장 상장법인에 한함) 및 「채무자회생 및 파산에 관한 법률」에 따른 회생절차가 개시되었거나 파산선고를 받은 상장회사 등은 예외가 인정되어 사외이사 선임의무가 없다(상법 시행령 제34조 제1항).

㉦ 특 징
- 상법에 의하여 유한책임을 지는 다수의 주주가 출자하여 설립된 물적 회사이다. ★
- 소유와 경영이 분리되어 있다. ★
- 주식과 회사채를 발행하여 불특정다수인으로부터 대자본을 조달할 수 있다. ★ 기출 22
- 설립 시에 현물출자는 발기인에 한정되지 않고 제3자도 가능하다. ★
- 발기인이 받은 특별이익은 주식과 분리하여 양도할 수 있다. ★
- 법원의 허가를 얻어야 납입은행을 변경할 수 있다(상법 제306조). ★
- 회사는 합병 또는 다른 회사의 영업전부를 양수한 때, 회사의 권리를 실행함에 있어 그 목적을 달성하기 위하여 필요한 경우, 단주(端株)의 처리를 위하여 필요한 경우, 주주가 주식매수청구권을 행사한 경우에는 제341조에도 불구하고 자기의 주식을 취득할 수 있다(상법 제341조의2).
- 상법상 주식은 원칙적으로 타인에게 이를 양도할 수 있다(상법 제335조 제1항 본문). ★
- 주주는 그가 가지는 주식의 수에 비례하여 회사에 대하여 평등한 권리·의무를 갖는다. ★

- 주식은 자본의 균등한 구성단위로서의 의미뿐만 아니라 사원으로서의 지위라는 의미도 가지고 있다.★
- 자본금의 감소에는 제434조에 따른 결의(특별결의 : 출석한 주주의 의결권의 3분의 2 이상의 수와 발행주식총수의 3분의 1 이상의 수로써 하여야 한다)가 있어야 한다(상법 제438조 제1항). 기출 22
- 회사는 이사회의 결의에 의하여 사채(社債)를 발행할 수 있다(상법 제469조 제1항). 기출 22
- 주주의 제명은 상법상 주식회사에서는 허용될 수 없다. 기출 22 참고로 사원의 제명은 합명회사, 유한책임회사에서 인정된다.

◎ 정 관 기출 18·15

정관의 절대적 기재사항 (상법 제289조 제1항)	정관의 상대적 기재사항 (= 변태설립사항, 상법 제290조)
• 목 적 • 상 호 • 회사가 발행할 주식의 총수 • 액면주식을 발행하는 경우 1주의 금액 • 회사의 설립 시에 발행하는 주식의 수 • 본점의 소재지 • 회사가 공고를 하는 방법 • 발기인의 성명·주민등록번호 및 주소	다음의 사항은 정관에 기재함으로써 그 효력이 있다. • 발기인이 받을 특별이익과 이를 받을 자의 성명 • 현물출자를 하는 자의 성명과 그 목적인 재산의 종류, 수량, 가격과 이에 대하여 부여할 주식의 종류와 수 • 회사성립 후에 양수할 것을 약정한 재산의 종류, 수량, 가격과 그 양도인의 성명 • 회사가 부담할 설립비용과 발기인이 받을 보수액

㊂ 설립등기 기재사항(상법 제317조 제2항)★
- 목 적
- 상 호
- 회사가 발행할 주식의 총수
- 액면주식을 발행하는 경우 1주의 금액
- 본점 및 지점의 소재지
- 회사가 공고를 하는 방법
- 자본금의 액
- 발행주식의 총수, 그 종류와 각종 주식의 내용과 수
- 주식의 양도에 관하여 이사회의 승인을 얻도록 정한 때에는 그 규정
- 주식매수선택권을 부여하도록 정한 때에는 그 규정
- 회사의 존립기간 또는 해산사유를 정한 때에는 그 기간 또는 사유
- 주주에게 배당할 이익으로 주식을 소각할 것을 정한 때에는 그 규정
- 전환주식을 발행하는 경우에는 주식을 다른 종류의 주식으로 전환할 수 있다는 뜻, 전환의 조건, 전환으로 인하여 발행할 주식의 내용, 전환청구기간 또는 전환의 기간
- 사내이사, 사외이사, 그 밖에 상무에 종사하지 아니하는 이사, 감사 및 집행임원의 성명과 주민등록번호
- 회사를 대표할 이사 또는 집행임원의 성명·주민등록번호 및 주소
- 둘 이상의 대표이사 또는 대표집행임원이 공동으로 회사를 대표할 것을 정한 경우에는 그 규정
- 명의개서대리인을 둔 때에는 그 상호 및 본점소재지
- 감사위원회를 설치한 때는 감사위원회 위원의 성명 및 주민등록번호

Ⅱ 회사의 설립, 합병·해산 등

1. **회사의 설립**
   ① 의의 : 회사의 설립이란 회사라는 하나의 단체를 형성하여 그것이 법률상의 인격자로서 존재하기에 이르는 절차를 말하며, 본점소재지에서 설립등기를 함으로써 성립한다(상법 제172조). 기출 23

   > **회사설립의 무효와 취소** 기출 16
   > 회사설립의 무효는 그 사원에 한하여, 설립의 취소는 그 취소권 있는 자에 한하여 회사성립의 날로부터 2년 내에 소만으로 이를 주장할 수 있다(상법 제184조 제1항).

   ② 회사설립에 관한 입법주의 : 회사의 설립에는 자유설립주의, 면허주의(허가주의), 인가주의, 준칙주의, 특허주의가 있으며, 우리나라 상법은 준칙주의를 채택하고 있다. 즉, 법률로써 일정한 요건을 정하고 그 요건을 구비하면 법인격을 취득하게 하는 것이다.
   ③ 회사의 능력
      ㉠ 회사는 권리의무의 주체가 되며, 의사능력·행위능력·불법행위능력을 갖는다.★
      ㉡ 회사의 능력은 성질상·법령상 제한이 있으며, 회사는 성질상 법인이기 때문에 자연인에게 특유한 권리의무인 신체·생명에 관한 권리 등은 가질 수 없다. 법령상 제한으로는 상법 제173조에 의해 회사는 다른 회사의 무한책임사원이 되지 못하는 것 등이다.★

2. **회사의 합병과 조직변경**
   ① 합병
      ㉠ 회사는 경영의 합리화, 사업의 확장, 무익한 경쟁의 회피 등을 위하여 합병을 할 수 있다.
      ㉡ 합병은 같은 종류의 다른 회사와 할 수 있을 뿐 아니라, 다른 종류의 회사와도 합병할 수 있다. 다만 일정한 제한이 있다.★
      ㉢ 흡수합병은 합병으로 인하여 당사회사 중의 1회사가 존속하고 다른 회사가 소멸하는 경우이며, 신설합병은 당사회사의 전부가 소멸하고 새로운 하나의 회사가 설립되는 것이다.
      ㉣ 해산 후의 회사는 존립 중의 회사를 존속하는 회사로 하는 경우에 한하여 합병할 수 있다(상법 제174조 제3항). 기출 22
   ② 조직변경
      ㉠ 회사의 조직변경이란 회사가 그 인격의 동일성을 유지하면서 법률상의 조직을 변경하여 다른 종류의 회사로 되는 것을 말한다.★
      ㉡ 상법상 회사의 조직변경은 합명회사와 합자회사의 상호 간(상법 제242조), 주식회사와 유한책임회사의 상호 간(상법 제287조의43, 제287조의44)에만 인정된다. 따라서 인적회사와 물적회사 상호 간의 조직변경은 인정되지 않는다.★★

3. 회사의 해산과 청산
   ① **회사의 해산** : 회사의 법인격을 소멸시키는 원인이 되는 법률사실을 말한다.
   ② **회사의 청산** : 해산 후 재산관계를 정리하고 법인격을 소멸시키는 절차를 말한다.
   ③ **회사의 해산사유**
      ㉠ **공통된 해산사유** : 존립기간의 만료 기타 정관으로 정한 사유의 발생, 합병, 파산, 법원의 명령 또는 판결
      ㉡ **개별적 해산사유**
         • 합명회사는 총사원의 동의, 사원이 1인으로 된 때(상법 제227조 제2호·제3호)
         • 합자회사는 총사원의 동의, 사원이 1인으로 된 때, 무한책임사원 또는 유한책임사원 전원 퇴사(상법 제227조 제2호·제3호, 제269조, 제285조 제1항)
         • 유한회사는 사원총회의 특별결의(상법 제609조 제1항 제2호)
         • 주식회사는 주주총회의 특별결의 및 회사의 분할 또는 분할합병(상법 제517조 제1호의2·제2호)
         • 유한책임회사는 총사원의 동의, 사원이 없게 된 경우(상법 제287조의38 제1호·제2호)

   > **효력발생 시점**
   > 분할 또는 분할합병으로 회사분할의 효력이 발생하는 시기는 분할 또는 분할합병의 등기 시이다. ★

   ④ **회사 해산 시 권리능력** : 영업능력은 없게 되나 청산의 목적범위 내에서는 권리능력이 인정되고 청산절차가 끝나면 법인격은 소멸된다(상법 제245조).

제3절 보험법

I 보험의 개념

1. 보험의 의의
   ① **의의** : 우발적 사고나 재해에 대하여 경제생활의 불안을 제거 또는 경감하기 위하여 동질적인 종류의 경제상의 위험에 놓여 있는 다수인(보험계약자)이 사회적 위험단체를 만들어 일정률의 금액(보험료)을 분담하고, 특정인(피보험자)에게 발생한 우연한 사고(보험사고)에 대해서 일정한 금액(보험금)을 지급하는 제도이다.
   ② **보험의 기능** : 우발적 사고나 위험에 의하여 생긴 손해의 전보 또는 재산상의 수요의 충족을 목적으로 하는 것으로서 이같은 손해의 전보, 수요의 충족을 다수인이 분담하여 위험을 분산시키는 제도이다.
   ③ **보험의 종류** : 보험에는 여러 가지 종류가 있으나 보험의 목적이 사람인가 물건인가에 따라 손해보험과 인보험이 있다. ★

> **상법상 보험** 기출 13
> - 소급보험 : 보험계약은 그 계약 전의 어느 시기를 보험기간의 시기로 할 수 있다는 것(상법 제643조) 기출 22
> - 일부보험 : 보험금액이 보험가액에 달하지 않는 경우(상법 제674조)
> - 단체보험 : 단체보험이란 일정한 단체에 소속되어 있는 사람 전체를 대상으로 보험계약을 맺고, 그 소속원이면 당연히 포괄적으로 피보험자가 되는 보험(상법 제735조의3)
> - 중복보험 : 수인의 보험자가 동일한 피보험이익에 대하여 보험사고가 같고 보험기간을 공통으로 하는 복수의 손해보험을 각자 체결하는 경우(상법 제672조)

2. 보험계약

① **보험계약의 의의**(상법 제638조) : 보험계약은 당사자 일방이 약정한 보험료를 지급하고 재산 또는 생명이나 신체에 불확정한 사고가 발생할 경우에 상대방이 일정한 보험금이나 그 밖의 급여를 지급할 것을 약정함으로써 효력이 생긴다.

② **보험계약의 특성** 기출 24・18
  ㉠ 유상・쌍무계약 : 보험계약은 보험사고의 발생을 전제로 보험계약자의 보험료지급에 대하여 보험자는 일정한 보험금액, 기타의 급여를 지급할 것을 약정하므로 유상계약이고, 보험계약의 보험료지급채무와 보험자의 위험부담채무가 보험계약과 동시에 채무로서 이행되어야 하므로 대가관계에 있는 쌍무계약이다.
  ㉡ 불요식・낙성계약 : 보험계약은 청약과 승낙이라는 당사자 쌍방의 의사표시의 합치만으로 성립하고 아무런 급여를 요하지 않으므로 낙성계약이며, 또 그 의사표시에는 특별한 방식이 없으므로 법률상 불요식계약이다. 다만, 상법은 보험자가 서면으로 질문한 사항은 중요한 사항으로 추정한다(상법 제651조의2)고 규정하고 있다. 기출 22 ★★
  ㉢ 사행계약 : 계약당사자가 이행하여야 할 급여의무 또는 급여내용의 전부 또는 일부가 계약성립의 처음부터 불확실성에 의존하여 있는 계약을 말한다. 보험계약은 우연한 사고의 발생으로 인하여 보험금액의 액수가 정해지므로 이른바 사행계약이다. ★★
  ㉣ 영업적 상행위 : 보험의 인수는 영업으로 해야 하며 기본적 상행위이다. 영업과 관계없이 개별적으로 체결하거나, 영업에 부수하여 체결하는 계약은 그 내용이 보험의 성격을 가진다 하더라도 보험계약이 될 수 없다.
  ㉤ 부합계약 : 보험계약은 성질상 다수의 가입자를 상대로 대량적으로 처리하므로 그 내용을 정형화해야 한다는 기술적 요청으로 보험자가 미리 작성한 보통보험약관에 의하여 계약을 체결하므로 부합계약성을 가진다. ★★

③ **보험계약의 관계자** 기출 24・20・19・17

보험자	보험사고가 발생하는 경우 보험금 지급의무를 지는 보험회사를 말한다. ★
보험계약자	자기명의로 보험자와 보험계약을 체결하고, 보험료 지급의무를 부담하는 자를 말한다.
피보험자	• 손해보험에서는 피보험이익의 주체로서 보험사고로 인한 재산상의 손해에 대한 보험금을 보험자에게 청구할 수 있는 보험금청구권자를 말한다. ★ • 인보험에서는 자기의 생명이나 신체를 보험에 붙인 보험사고의 객체를 의미한다. ★
보험수익자	인보험에서 보험사고가 발생한 경우 또는 만기가 도래한 경우 보험금의 지급을 청구할 수 있는 보험금청구권자를 의미한다. ★

〈출처〉 이재열 외 6인, 「법학개론」, 집현재, 2023, P. 321

④ 보험계약의 유효조건 : 보험계약의 당사자, 보험의 목적, 보험사고, 보험기간, 보험료와 보험금액 등의 요소를 갖추어야 한다.
⑤ 보험계약의 효과
  ㉠ 보험자의 의무 : 보험약관의 교부·설명의무(상법 제638조의3), 보험증권의 교부의무(상법 제640조 제1항), 보험금지급의무, 보험료반환의무, 이익배당의무 등을 진다.

보험약관의 교부·설명의무(상법 제638조의3) 기출 21
① 보험자는 보험계약을 체결할 때에 보험계약자에게 보험약관을 교부하고 그 약관의 중요한 내용을 설명하여야 한다.
② 보험자가 제1항을 위반한 경우 보험계약자는 보험계약이 성립한 날부터 3개월 이내에 그 계약을 취소할 수 있다.

전쟁위험 등으로 인한 면책(상법 제660조) 기출 22
보험사고가 전쟁 기타의 변란으로 인하여 생긴 때에는 당사자 간에 다른 약정이 없으면 보험자는 보험금액을 지급할 책임이 없다.

  ㉡ 보험계약자·피보험자·보험수익자의 의무 : 보험료지급의무, 중요사항에 관한 고지의무, 위험변경증가 통지의무(보험자는 통지의무가 없다), 위험유지의무 등을 진다. ★
⑥ 보험계약의 기간, 해지, 소멸시효
  ㉠ 보험계약기간
    • 보험계약기간은 보험계약이 유효하게 존속하는 기간을 말하고, 보험기간은 보험자의 위험부담책임이 시작되는 시기부터 끝날 때까지의 기간을 말한다. 보험자는 보험기간 중에 생긴 보험사고에 대하여 보험금을 지급할 책임이 있으나 보험기간 전 또는 후에 발생한 보험사고에 대하여는 책임이 없다.
    • 보험계약기간과 보험기간은 일치하는 것이 보통이나 특약에 의해 보험기간을 달리 설정할 수 있다. 계약 전의 어느 시기(時期)를 보험기간의 시기(始期)로 하는 소급보험(상법 제643조)이 그 예라고 할 수 있다.
  ㉡ 보험계약의 해지 : 상법은 보험계약자 또는 피보험자의 고지의무위반으로 인한 계약해지(상법 제651조), 보험기간 중 보험계약자 또는 피보험자의 위험변경증가의 통지와 계약해지(상법 제652조), 보험기간 중 보험계약자, 피보험자 또는 보험수익자의 고의·중과실로 인한 위험증가와 계약해지(상법 제653조), 보험자의 파산선고와 계약해지(상법 제654조)를 규정하고 있다.
  ㉢ 보험계약의 소멸시효 : 보험금청구권은 3년간, 보험료 또는 적립금의 반환청구권은 3년간, 보험료청구권은 2년간 행사하지 아니하면 시효의 완성으로 소멸한다(상법 제662조). 기출 23·16

고지의무위반으로 인한 계약해지(상법 제651조) 기출 22
보험계약 당시에 보험계약자 또는 피보험자가 고의 또는 중대한 과실로 인하여 중요한 사항을 고지하지 아니하거나 부실의 고지를 한 때에는 보험자는 그 사실을 안 날로부터 1월 내에, 계약을 체결한 날로부터 3년 내에 한하여 계약을 해지할 수 있다. 그러나 보험자가 계약 당시에 그 사실을 알았거나 중대한 과실로 인하여 알지 못한 때에는 그러하지 아니하다.

보험자의 파산선고와 계약해지(상법 제654조) 기출 16
① 보험자가 파산의 선고를 받은 때에는 보험계약자는 계약을 해지할 수 있다.
② 제1항의 규정에 의하여 해지하지 아니한 보험계약은 파산선고 후 3월을 경과한 때에는 그 효력을 잃는다.

Ⅱ 손해보험

1. 손해보험의 개념

① 손해보험은 당사자의 일방(보험자)이 우연한 사고로 인하여 발생하게 되는 재산상의 손해를 보상할 것을 약정하고, 상대방(보험계약자)이 이에 대하여 보험료를 지급하는 보험이다(상법 제665조 내지 제726조의7). ★

> **피보험이익** 기출 22
> 피보험이익이란 보험계약의 목적(경제적 이해관계)을 말하며, 보험사고가 발생하면 손해를 입게 될 염려가 있는 이익으로 적법하고 금전으로 산정할 수 있는 이익이어야 한다. 피보험이익의 주체를 피보험자라 하며, 피보험이익은 손해보험 특유의 개념으로 인보험(생명보험)에는 인정할 여지가 없는 개념이다. ★★

② 당사자 간에 보험가액을 정하지 아니한 때에는 사고 발생 시의 가액을 보험가액으로 한다(상법 제671조). 기출 22

③ 보험의 목적의 성질, 하자 또는 자연소모로 인한 손해는 보험자가 이를 보상할 책임이 없다(상법 제678조). 기출 22

④ 피보험자가 보험의 목적을 양도한 때에는 양수인은 보험계약상의 권리와 의무를 승계한 것으로 추정한다(상법 제679조 제1항). 기출 22

⑤ 상법은 보험계약자와 피보험자에게 손해방지의무를 과하고 있으며(상법 제680조 제1항), <u>보험자에게 잔존물대위</u>(상법 제681조)<u>와 청구권대위</u>(상법 제682조)<u>를 인정하고 있다.</u> ★

2. 손해보험의 목적대상

① **경제상의 재화** : 가옥, 건물, 운송물, 선박, 기계 등과 같은 구체적인 물건은 물론 채권과 같은 무체물, 피보험자의 책임도 포함된다. ★

② **집합보험** : 피보험자의 가족과 사용인의 물건도 보험의 목적에 포함된다(상법 제686조). ★

③ **총괄보험** : <u>보험의 목적에 속한 물건이 보험기간 중에 수시로 교체된 경우에도 보험사고의 발생 시에 현존한 물건은 보험의 목적에 포함된다</u>(상법 제687조). ★

④ **영업책임** : 피보험자의 대리인 또는 그 사업감독자의 제3자에 대한 책임도 보험의 목적에 포함된다.

> **손해보험증권의 필요적 기재사항(상법 제666조)** 기출 17
> 1. 보험의 목적
> 2. 보험사고의 성질
> 3. 보험금액
> 4. 보험료와 그 지급방법
> 5. 보험기간을 정한 때에는 그 시기와 종기
> 6. 무효와 실권의 사유
> 7. 보험계약자의 주소와 성명 또는 상호
> 7의2. 피보험자의 주소, 성명 또는 상호
> 8. 보험계약의 연월일
> 9. 보험증권의 작성지와 그 작성년월일

> **미평가보험(상법 제671조)** 기출 22
> 당사자 간에 보험가액을 정하지 아니한 때에는 사고 발생 시의 가액을 보험가액으로 한다.
>
> **보험자의 면책사유(상법 제678조)** 기출 22
> 보험의 목적의 성질, 하자 또는 자연소모로 인한 손해는 보험자가 이를 보상할 책임이 없다.
>
> **보험목적의 양도(상법 제679조)** 기출 22
> ① 피보험자가 보험의 목적을 양도한 때에는 양수인은 보험계약상의 권리와 의무를 승계한 것으로 추정한다.
> ② 제1항의 경우에 보험의 목적의 양도인 또는 양수인은 보험자에 대하여 지체 없이 그 사실을 통지하여야 한다.

3. 상법이 규정하는 손해보험의 종류★★ 기출 21·19·18·15·14·09

① **화재보험**(상법 제683조 내지 제687조) : 화재로 인하여 발생하는 손해의 보상을 목적으로 하는 보험이며, 화재로 손해를 입을 우려가 있는 유체물이 보험의 목적물이 된다.

② **운송보험**(상법 제688조 내지 제692조)★
  ㉠ 육상운송에 관한 사고로 인하여 생길 수 있는 손해의 보상을 목적으로 하는 보험이다.
  ㉡ 보험의 목적물은 운송물이며 여객은 운송의 대상은 될 수 있어도 운송보험의 목적물은 될 수 없다.
  ㉢ 육상운송에는 육지·호수·항만운송이 포함된다.

③ **해상보험**(상법 제693조 내지 제718조)
  ㉠ 항해에 관한 사고로 인하여 생길 수 있는 손해의 보상을 목적으로 하며 보험의 목적물은 선박 또는 적하물이다.
  ㉡ 항해란 해상의 항해를 의미하며 호수나 항만은 포함되지 않는다.

④ **책임보험**(상법 제719조 내지 제726조) : 피보험자가 보험기간 중에 발생한 사고로 인하여 제3자에게 손해배상책임을 지는 경우에 보험자가 이 손해를 보상해 주는 보험으로 소극적 보험에 속한다. 따라서 책임보험은 피보험자가 책임을 져야 하는 사고로 인하여 제3자에게 발생한 손해를 보상하는 것을 목적으로 하는 보험이다.

⑤ **재보험**
  ㉠ 보험자는 보험사고로 인하여 부담할 책임에 대하여 다른 보험자와 재보험계약을 체결할 수 있다. 이 재보험계약은 원보험계약의 효력에 영향을 미치지 아니한다(상법 제661조).
  ㉡ 책임보험의 규정(상법 제719조부터 제725조의2까지)은 그 성질에 반하지 아니하는 범위에서 재보험계약에 준용하므로(상법 제726조), 재보험을 손해보험의 범위에 포함한다.

⑥ **자동차보험**(상법 제726조의2 내지 제726조의4)
  ㉠ 자동차보험계약의 보험자가 피보험자가 자동차를 소유, 사용 또는 관리하는 동안에 발생한 사고로 인하여 생긴 손해를 보상해주는 보험이다.
  ㉡ 피보험자가 보험기간 중에 자동차를 양도한 때에는 양수인은 보험자의 승낙을 얻은 경우에 한하여 보험계약으로 인하여 생긴 권리와 의무를 승계한다(상법 제726조의4 제1항). 보험자가 양수인으로부터 양수 사실을 통지받은 때에는 지체 없이 낙부를 통지하여야 하고 통지받은 날부터 10일 이내에 낙부의 통지가 없을 때에는 승낙한 것으로 본다(상법 제726조의4 제2항).★

⑦ 보증보험(상법 제726조의5 내지 제726조의7)
  ㉠ 보증보험계약의 보험자가 보험계약자의 피보험자에 대한 계약상의 채무불이행 또는 법령상의 의무불이행으로 인한 손해를 보상해주는 보험이다(상법 제726조의5).
  ㉡ 보증보험계약에 관하여는 그 성질에 반하지 아니하는 범위에서 보증채무에 관한 「민법」의 규정을 준용한다(상법 제726조의7).

Ⅲ 인보험

1. 인보험의 개념
인보험(Personal Insurance)은 사람의 생명이나 신체에 관한 사고로 인하여 생기는 손해에 대하여 보험금액, 기타의 급여를 지급할 것을 목적으로 하는 보험이다(상법 제727조 제1항). ★

2. 인보험의 목적대상 기출 20
① 자연인 : 사람의 생명 또는 신체(상법 제727조 제1항)
② 사망보험 : 15세 미만자, 심신상실자 또는 심신박약자는 피보험자로 할 수 없다(상법 제732조 본문). ★
③ 피보험자의 범위 : 피보험자가 하나인 개인보험과 단체의 구성원이 모두 피보험자가 되는 단체보험이 있다(상법 제735조의3).

> 인보험에서의 피보험자 : 자신의 생명이나 신체를 보험에 붙인 자연인 기출 13

3. 인보험의 종류 기출 23·21·18·16·15·14
생명보험과 상해보험 및 질병보험이 있으며, 제3자에 대한 보험대위는 금지된다(상법 제729조 본문). ★
① 생명보험(상법 제730조 내지 제736조) : 생명보험은 당사자의 일방이 상대 또는 제3자의 생사에 관하여 일정한 금액을 지급할 것을 약정하고 상대방이 이에 대하여 보수(보험료)를 지급하는 보험으로, 정액보험이다.

사망보험	피보험자의 사망을 보험사고로 한다.
생존보험	일정한 시기에 있어서의 피보험자의 생존을 보험사고로 한다(예 교육보험).
혼합보험	일정한 시기에 있어서의 피보험자의 생존 및 그 시기까지의 피보험자의 사망의 쌍방을 보험사고로 한다.

② 상해보험(상법 제737조 내지 제739조) : 상해보험은 보험자가 피보험자의 신체의 상해를 보험사고로 하여 보험금액, 기타의 급여를 지급할 것을 약정하고 보험계약자가 보험료를 지급하는 보험이다. 상해보험에는 상해의 종류에 따른 정액보험과 상해로 인한 치료의 실비를 부담하는 부정액보험이 있다.
③ 질병보험(상법 제739조의2 내지 제739조의3)
  ㉠ 질병보험계약의 보험자가 피보험자의 질병에 관한 보험사고가 발생할 경우 보험금이나 그 밖의 급여를 지불하는 보험이다(상법 제739조의2).
  ㉡ 질병보험에 관하여는 그 성질에 반하지 아니하는 범위에서 생명보험 및 상해보험에 관한 규정을 준용한다(상법 제739조의3).

CHAPTER 06 사회법 일반

제1절 사회법의 이해와 노동법

I 사회법의 의의

1. 사회법 등장의 배경 ★
근대 자본주의경제는 자유방임주의를 기반으로 하여 개인의 경제적 자유와 활동을 최대한 보장하고, 국가는 간섭을 최대한 축소함으로써 여러 가지 사회적 모순과 부조리가 발생하게 되었다. 이를 해결하기 위해 경제적 약자인 노동자를 보호하기 위한 노동법, 공정한 경쟁체제를 유지하기 위한 경제법, 모든 국민의 인간다운 최저생활 보장을 위한 사회보장법이 제정되었다. <u>사회법이란 자본주의사회에서 일어나는 사회적 부조리를 해결하려는 수정자본주의에 입각한 법질서이다.</u> 즉, 자본주의사회에 있어서 경제적 약자와 강자와의 생활을 간섭·조정·보호하는 실정법질서이다.

2. 사회법의 특질
① 종래 시민법에 대한 특색
  ㉠ 시민법과의 공존 : 사회법은 시민법을 부정하는 것이 아니고, 시민법을 수정·보완함으로써 서로 독립적인 시민법과 사회법은 현대자본주의의 법체계 안에서 공존하였다.
  ㉡ 국민경제발전의 목적 : 사회법은 독점자본주의가 야기한 각종 사회적·경제적 폐해를 시정하여 균형있는 국민경제의 발전을 기하고 사회적·경제적 약자의 권익을 보호하여 국민복지의 균등실현을 도모함을 그 이념으로 채택하였다.
  ㉢ 적극적 복지국가를 지향 : 사회법은 소유권의 자유나 계약의 자유를 기초로 하는 시장에서의 자유경쟁(보이지 않는 손)에 의해서가 아니라 국가의 규제를 수단 내지 도구로 하여 그 이념이나 목적을 실현하며, 적극적인 복지국가기능을 기본전제로 하였다.
  ㉣ 공·사법의 혼합 경향 : 사회법에서는 종래 사법의 영역에 공권력이 개입함으로써 사법의 원리와 공법의 원리가 서로 교차하고 혼합하여 '사법의 공법화', '공법과 사법의 혼합 내지 침투', '공법에 의한 사법의 지배'의 법현상이 출현하였다.
② 사회법의 공통된 일반적 법원리
  ㉠ 약자 보호(개별성 고려) : 사회에서 무력자의 현실적 지위를 배려
  ㉡ 분배적 정의 : 보상적 정의가 아닌 분배적 정의
  ㉢ 감시적·간섭적 기능 : 사회나 국가가 대존재자로서 감시적·간섭적 기능을 수행
  ㉣ 조화 : 종래 법률형식과 현재 법현실을 새로운 차원에서 조화 및 적응 노력

Ⅱ 노동법

1. 노동법의 개념
① 노동법이란 자본주의사회에서 근로자가 인간다운 생활을 할 수 있도록 노동관계를 규율하는 법규범의 총체를 말한다.★
② 노동법은 노동관계, 즉 근로자의 노동력 제공에 관련된 생활관계를 규율하는 법이다. 이 경우 노동은 독립적 노동이 아니라 종속적 노동을 의미한다.
③ 노동법은 근로자의 인간다운 생활의 실현을 기본이념으로 하는 법이다. 그러나 인간다운 생활의 실현이라는 이념은 사유재산제, 시장경제, 개인의 자유 등 자본주의사회의 필수적 요소를 전제로 이와 조화를 이루면서 추구되는 이념이지 이를 부정·침해하면서 추구되는 것은 아니다.★

2. 노동법의 체계
① 개별적 노동관계법과 집단적 노동관계법

개별적 노동관계법 (근로계약법)	• 근로자 개인과 사용자 사이의 근로계약의 체결·전개·종료를 둘러싼 관계를 규율하는 법을 말한다. • 국가에 의한 근로자의 보호 내지 계약자유의 수정·제한을 지도이념으로 한다. 예 근로기준법, 직업안정법, 산업재해보상보험법 등
집단적 노동관계법 (노동단체법, 노사관계법)	• 근로자의 노동관계상의 이익을 대변하는 노동단체의 조직·운영 및 노동단체와 사용자 측 사이의 단체교섭을 중심으로 전개되는 관계(노동운동관계)를 규율하는 법을 말한다. • 국가로부터의 자유(단결활동의 자유) 내지 집단적 노사자치를 지도이념으로 한다. 예 노동조합 및 노동관계조정법, 노동위원회법, 근로자참여 및 협력증진에 관한 법률 등

② 노사관계법
  ㉠ 근로자의 경영참가 내지 노사협의회를 둘러싼 근로자와 사용자 간의 관계를 규율하는 법
  ㉡ 노동시장에서의 근로자의 구직활동 등을 둘러싼 관계를 규율하는 법
  ㉢ 노동위원회제도(나라에 따라서는 노동소송법이 확립되어 있기도 하다) 등을 규율하는 법

핵심문제

01 개별적 근로관계법과 집단적 노사관계법이 순서대로 바르게 연결된 것은?
① 근로기준법 - 산업재해보상보험법
② 노동조합 및 노동관계조정법 - 직업안정법
③ 근로기준법 - 근로자참여 및 협력증진에 관한 법률
④ 노동조합 및 노동관계조정법 - 근로자참여 및 협력증진에 관한 법률

[해설]
개별적 근로관계법과 집단적 노사관계법이 순서대로 바르게 연결된 것은 ③이다.

정답 ③

3. 노동법의 법원

① 노동관계법령

노동단체법 부문	노동조합 및 노동관계조정법, 국가공무원법 중 노동운동에 관한 규정, 공무원직장협의회의 설립·운영에 관한 법률, 교원의 노동조합설립 및 운영 등에 관한 법률 등
근로계약법 부문	근로기준법, 최저임금법, 임금채권보장법, 근로자의 날 제정에 관한 법률, 남녀고용평등과 일·가정 양립 지원에 관한 법률, 산업안전보건법, 산업재해보상보험법, 선원법, 파견근로자보호 등에 관한 법률 등
특수부문	근로자참여 및 협력증진에 관한 법률, 노동위원회법, 고용정책기본법, 직업안정법, 건설근로자의 고용개선 등에 관한 법률, 근로자직업능력개발법, 고용보험법, 고용상 연령차별금지 및 고령자고용촉진에 관한 법률, 장애인고용촉진 및 직업재활법 등

② 일반법과 협약 등 : 헌법의 노동조항(제32조·제33조), 민법의 법인·법률행위·계약·고용·불법행위 등에 관한 법규, 우리나라가 비준·공포한 ILO 협약들, 단체협약·취업규칙·조합규약·근로계약

③ 노동관행
  ㉠ 취업규칙·단체협약·조합규약·근로계약 등으로 성문화되지 않은 채 노사관계의 현장에서 근로조건·직장규율·시설관리·조합활동 등에 관하여 장기간 반복·계속 행하여진 처리방법을 말한다.
  ㉡ 노동관행은 그 자체로서 특별한 법적 효력을 가지지 않지만, 근로조건에 관하여 일정한 취급이 이의 없이 계속하여 행하여져 온 경우에는 근로계약 당사자 간에 묵시의 합의가 성립한 것으로 보거나 당사자가 '이 사실인 관습에 따를 것'을 인정한 것으로 보아 근로계약의 내용으로 되고 그 효력을 인정받는다.★

④ 노동법의 법원으로 인정되지 않는 것★★ : 판례, 고용노동부 등의 예규·질의회신, 지침 등 행정해석은 노동법의 법원으로 인정되지 않는다.

4. 법원의 적용순서★★

① 헌법 → 법률 → 명령 → 단체협약 → 취업규칙과 조합규약 → 근로계약★
② 상하위 규범들이 서로 충돌하는 경우에는 당연히 상위법 우선의 원칙에 따르지만, 하위규범이 근로자에게 더 유리할 때에는 하위규범이 우선 적용된다(유리한 조건 우선의 원칙).★
③ 동순위의 규범들이 서로 충돌하는 경우에는 신법 우선의 원칙과 특별법 우선의 원칙에 의하여 우선순위가 결정된다.★

핵심문제

01 노동법의 법원(法源)의 적용순서로 옳은 것은?

① 헌법 → 법률 → 명령 → 단체협약 → 취업규칙과 조합규약 → 근로계약
② 헌법 → 법률 → 단체협약 → 명령 → 취업규칙과 조합규약 → 근로계약
③ 헌법 → 법률 → 명령 → 취업규칙과 조합규약 → 단체협약 → 근로계약
④ 헌법 → 법률 → 명령 → 근로계약 → 취업규칙과 조합규약 → 단체협약

[해설]
노동법의 법원은 헌법 → 법률 → 명령 → 단체협약 → 취업규칙과 조합규약 → 근로계약 순으로 적용된다.

정답 ①

Ⅲ. 노동조합 및 노동관계조정법(이하 노동조합법) 기출 11

1. 목적과 용어의 정의

① **목적** : 이 법은 헌법에 의한 근로자의 단결권·단체교섭권 및 단체행동권을 보장하여 근로조건의 유지·개선과 근로자의 경제적·사회적지위의 향상을 도모하고, 노동관계를 공정하게 조정하여 노동쟁의를 예방·해결함으로써 산업평화의 유지와 국민경제의 발전에 이바지함을 목적으로 한다.

② **용어의 정의**(노동조합법 제2조) ★★

　㉠ **근로자** : 직업의 종류를 불문하고 임금·급료, 기타 이에 준하는 수입에 의하여 생활하는 자를 말한다(제1호).

> **노동조합법상 근로자**
> 노동조합 및 노동관계조정법에서 말하는 '임금·급료 기타 이에 준하는 수입에 의하여 생활하는 자'에는 특정한 사용자에게 고용되어 현실적으로 취업하고 있는 자뿐만 아니라, 일시적으로 실업상태에 있는 자나 구직 중인 자도 노동3권을 보장할 필요성이 있는 한 그 범위에 포함된다고 할 것이다(대판 2015.1.29. 2012두28247).

　㉡ **사용자** : 사업주, 사업의 경영담당자 또는 그 사업의 근로자에 관한 사항에 대하여 사업주를 위하여 행동하는 자를 말한다(제2호).

　㉢ **사용자단체** : 노동관계에 관하여 그 구성원인 사용자에 대하여 조정 또는 규제할 수 있는 권한을 가진 사용자의 단체를 말한다(제3호).

　㉣ **노동쟁의** : 노동조합과 사용자 또는 사용자단체(이하 '노동관계 당사자'라 한다) 간에 임금·근로시간·복지·해고, 기타 대우 등 근로조건의 결정에 관한 주장의 불일치로 인하여 발생한 분쟁상태를 말한다. 이 경우 주장의 불일치라 함은 당사자 간에 합의를 위한 노력을 계속하여도 더 이상 자주적 교섭에 의한 합의의 여지가 없는 경우를 말한다(제5호). ★

　㉤ **쟁의행위** : 파업·태업·직장폐쇄, 기타 노동관계 당사자가 그 주장을 관철할 목적으로 행하는 행위와 이에 대항하는 행위로서 업무의 정상적인 운영을 저해하는 행위를 말한다(제6호). 기출 06

　㉥ **정당행위** : 형법 제20조의 규정은 노동조합이 단체교섭·쟁의행위, 기타의 행위로서 노동조합의 목적을 달성하기 위하여 한 정당한 행위에 대하여 적용된다. 다만, 어떠한 경우에도 폭력이나 파괴행위는 정당한 행위로 해석되어서는 아니 된다(노동조합법 제4조). ★

핵심문제

01 노동관계에 관하여 그 구성원인 사용자에 대하여 조정 또는 규제할 수 있는 권한을 가진 단체는?

① 사용자단체　　　　　　② 노동조합
③ 교섭단체　　　　　　　④ 대의원회

[해설]
사용자단체란 노동관계에 관하여 그 구성원인 사용자에 대하여 조정 또는 규제할 수 있는 권한을 가진 사용자의 단체를 말한다(노동조합법 제2조 제3호).

정답 ①

2. 노동조합

① **의의** : 근로자가 주체가 되어 자주적으로 단결하여 근로조건의 유지·개선, 기타 근로자의 경제적·사회적지위의 향상을 도모함을 목적으로 조직하는 단체 또는 그 연합체를 말한다(노동조합법 제2조 제4호 본문). 노동조합은 그 규약이 정하는 바에 의하여 법인으로 할 수 있다(노동조합법 제6조 제1항).

> **노동조합으로 보지 않는 경우(노동조합법 제2조)**
> 4. "노동조합"이라 함은 근로자가 주체가 되어 자주적으로 단결하여 근로조건의 유지·개선 기타 근로자의 경제적·사회적 지위의 향상을 도모함을 목적으로 조직하는 단체 또는 그 연합단체를 말한다. 다만, 다음 각목의 1에 해당하는 경우에는 노동조합으로 보지 아니한다.
>   가. 사용자 또는 항상 그의 이익을 대표하여 행동하는 자의 참가를 허용하는 경우
>   나. 경비의 주된 부분을 사용자로부터 원조받는 경우
>   다. 공제·수양 기타 복리사업만을 목적으로 하는 경우
>   라. 근로자가 아닌 자의 가입을 허용하는 경우
>   마. 주로 정치운동을 목적으로 하는 경우

② **노동조합의 보호요건** : 이 법에 의하여 설립된 노동조합이 아니면 노동위원회에 노동쟁의의 조정 및 부당노동행위의 구제를 신청할 수 없고, 노동조합이라는 명칭을 사용할 수 없다(노동조합법 제7조 제1항·제3항). ★★

③ **조세의 면제** : 노동조합에 대하여는 그 사업체를 제외하고는 세법이 정하는 바에 따라 조세를 부과하지 아니한다(노동조합법 제8조). ★

④ **차별대우의 금지** : 노동조합의 조합원은 어떠한 경우에도 인종, 종교, 성별, 연령, 신체적 조건, 고용형태, 정당 또는 신분에 의하여 차별대우를 받지 아니한다(노동조합법 제9조).

⑤ **노동조합의 설립** : 노동조합을 설립하고자 하는 자는 신고서에 규약을 첨부하여 연합단체인 노동조합과 2 이상의 특별시·광역시·특별자치시·도·특별자치도에 걸치는 단위노동조합은 고용노동부장관에게, 2 이상의 시·군·구에 걸치는 단위노동조합은 특별시장·광역시장·도지사에게, 그 외의 노동조합은 특별자치시장·특별자치도지사·시장·군수·구청장에게 제출하여야 한다(노동조합법 제10조 제1항).

⑥ **총회 및 임시총회** : 노동조합은 매년 1회 이상 총회를 개최하여야 하고, 대표자는 총회의 의장이 되며(노동조합법 제15조), 노동조합의 대표자는 필요하다고 인정할 때에는 임시총회 또는 임시대의원회를 소집할 수 있다(노동조합법 제18조 제1항). ★

⑦ **대의원회** : 노동조합은 규약으로 총회에 갈음한 대의원회를 둘 수 있고, 대의원은 조합원의 직접·비밀·무기명투표에 의하여 선출되어야 하며, 임기는 규약으로 정하되 3년을 초과할 수 없다(노동조합법 제17조 제1항·제2항·제4항). ★

핵심문제

01 다음 중 노동조합 및 노동관계조정법상 "노동조합"에 대한 정의로 맞는 것은? 기출 06

① 근로자가 근로조건의 유지·개선, 기타 근로자의 경제적·사회적지위의 향상을 도모할 목적으로 조직하는 단체
② 근로자가 주체가 되어 자주적으로 조직한 단체로서 경비의 주된 부분을 사용자로부터 원조 받는 단체
③ 공제·수양 기타 복리사업만을 목적으로 근로자가 자주적으로 조직한 단체
④ 근로자가 주체가 되는 주로 정치운동을 목적으로 하는 단체

[해설]
노동조합은 근로자가 주체가 되어 자주적으로 단결하여 근로조건의 유지·개선, 기타 근로자의 경제적·사회적지위의 향상을 도모함을 목적으로 조직하는 단체 또는 그 연합단체를 말한다(노동조합법 제2조 제4호 본문).

정답 ①

3. 단체교섭 및 단체협약

① **교섭 및 체결권한** : 노동조합의 대표자는 그 노동조합 또는 조합원을 위하여 사용자나 사용자단체와 교섭하고 단체협약을 체결할 권한을 가진다(노동조합법 제29조 제1항). ★

② **교섭 등의 원칙**
  ㉠ 노동조합과 사용자 또는 사용자단체는 신의에 따라 성실히 교섭하고 단체협약을 체결하여야 하며 그 권한을 남용하여서는 아니 된다(노동조합법 제30조 제1항).
  ㉡ 정당한 이유 없이 교섭 또는 단체협약의 체결을 거부하거나 해태하여서는 아니 된다(노동조합법 제30조 제2항).
  ㉢ 국가 및 지방자치단체는 기업·산업·지역별 교섭 등 다양한 교섭방식을 노동관계 당사자가 자율적으로 선택할 수 있도록 지원하고 이에 따른 단체교섭이 활성화될 수 있도록 노력하여야 한다(노동조합법 제30조 제3항).

③ **단체협약의 유효기간의 상한** : 단체협약의 유효기간은 3년을 초과하지 않는 범위에서 노사가 합의하여 정할 수 있다(노동조합법 제32조 제1항). 단체협약에 그 유효기간을 정하지 아니한 경우 또는 제1항의 기간을 초과하는 유효기간을 정한 경우에 그 유효기간은 3년으로 한다(노동조합법 제32조 제2항). ★

④ **기준의 효력** : 단체협약에 정한 근로조건, 기타 근로자의 대우에 관한 기준에 위반하는 취업규칙 또는 근로계약의 부분은 무효로 한다(노동조합법 제33조 제1항). ★

⑤ **일반적 구속력** : 하나의 사업 또는 사업장에 상시 사용되는 동종의 근로자 반수 이상이 하나의 단체협약의 적용을 받게 된 때에는 당해 사업 또는 사업장에 사용되는 다른 동종의 근로자에 대하여도 당해 단체협약이 적용된다(노동조합법 제35조).

⑥ **지역적 구속력** : 하나의 지역에 있어서 종업하는 동종의 근로자 3분의 2 이상이 하나의 단체협약의 적용을 받게 된 때에는 행정관청은 당해 단체협약의 당사자의 쌍방 또는 일방의 신청에 의하거나 그 직권으로 노동위원회의 의결을 얻어 당해 지역에서 종업하는 다른 동종의 근로자와 그 사용자에 대하여도 당해 단체협약을 적용한다는 결정을 할 수 있다(노동조합법 제36조 제1항).

핵심문제

01 단체교섭 및 단체협약에 대한 다음 내용 중 옳지 않은 것은?

① 노동조합의 대표자는 그 노동조합 또는 조합원을 위하여 사용자나 사용자단체와 교섭하고 단체협약을 체결할 권한을 가진다.
② 단체협약의 유효기간은 노사가 합의하여 3년을 초과하는 유효기간을 정할 수 있다.
③ 단체협약에 그 유효기간을 정하지 아니한 경우에 그 유효기간은 3년으로 한다.
④ 단체협약에 정한 근로조건, 기타 근로자의 대우에 관한 기준에 위반하는 취업규칙 또는 근로계약의 부분은 무효로 한다.

[해설]
단체협약의 유효기간은 3년을 초과하지 않는 범위에서 노사가 합의하여 정할 수 있다(노동조합법 제32조 제1항). 단체협약에 그 유효기간을 정하지 아니한 경우 또는 제1항의 기간을 초과하는 유효기간을 정한 경우에 그 유효기간은 3년으로 한다(노동조합법 제32조 제2항).

정답 ②

4. 쟁의행위

① **쟁의행위의 기본원칙** : 쟁의행위는 그 목적·방법 및 절차에 있어서 법령, 기타 사회질서에 위반되어서는 아니 되고 조합원은 노동조합에 의하여 주도되지 아니한 쟁의행위를 하여서는 아니 된다(노동조합법 제37조 제1항·제2항). 또한 노동조합은 사용자의 점유를 배제하여 조업을 방해하는 형태로 쟁의행위를 해서는 아니 된다(노동조합법 제37조 제3항).

② **쟁의행위의 종류** 기출 12

파업	근로자들이 단결체를 형성하여 근로조건의 유지 및 개선을 위하여 노무제공을 거부하는 행위
태업	작업장에서 의도적으로 작업을 태만히 하거나, 불완전한 제품을 만듦으로써 사용자에게 대항하는 행위
준법투쟁	근로자들이 단체로 근로관계법령 등에 규정된 권리·의무를 동시에 이행하여 파업 또는 태업과 같은 상태를 만드는 행위
직장점거	파업에 참가한 근로자가 파업의 실효성을 확보하기 위하여 사용자의 사업장 시설을 점거하는 방식의 쟁의행위
보이콧(Boycott)	노동조합이 사용자의 제품불매를 호소하거나 그 제품취급을 거부하게 함으로써 그 제품의 거래를 방해하는 행위
피케팅(Picketing)	쟁의행위 참가자들이 당해 쟁의행위로 인하여 중단된 업무를 수행하려고 하는 자들에게 업무수행을 하지 말 것을 평화적으로 설득하거나 권고하는 것으로, 근로자들이 공장 근처나 사업장의 입구에서 파업의 방해자나 배신자를 감시하는 행위
동정파업	다른 노동조합이 행하는 쟁의행위를 지원하기 위한 파업
직장폐쇄	사용자가 노동조합의 쟁의행위에 대항하여 직장을 폐쇄함으로써 근로자들의 근로수령을 거부하고 임금을 지급하지 아니하는 사용자의 쟁의행위

핵심문제

01 쟁의행위 참가자들이 당해 쟁의행위로 인하여 중단된 업무를 수행하려고 하는 자들에게 업무수행을 하지 말 것을 평화적으로 설득하거나 권고하는 것은?

① 피케팅(Picketing) ② 직장폐쇄
③ 직장점거 ④ 보이콧(Boycott)

[해설]
쟁의행위의 종류 중 피케팅에 관한 설명이다.

정답 ①

③ 노동조합의 지도와 책임
  ㉠ 쟁의행위는 그 쟁의행위와 관계없는 자 또는 근로를 제공하고자 하는 자의 출입·조업, 기타 정상적인 업무를 방해하는 방법으로 행하여져서는 아니 되며, 쟁의행위의 참가를 호소하거나 설득하는 행위로서 폭행·협박을 사용하여서는 아니 된다(노동조합법 제38조 제1항).
  ㉡ 작업시설의 손상이나 원료·제품의 변질 또는 부패를 방지하기 위한 작업은 쟁의행위기간 중에도 정상적으로 수행되어야 한다(노동조합법 제38조 제2항). ★
  ㉢ 노동조합은 쟁의행위가 적법하게 수행될 수 있도록 지도·관리·통제할 책임이 있다(노동조합법 제38조 제3항).
④ 근로자의 구속제한 : 근로자는 쟁의행위기간 중에는 현행범 외에는 이 법의 위반을 이유로 구속되지 아니한다(노동조합법 제39조). ★
⑤ 쟁의행위의 제한과 금지 등
  ㉠ 노동조합의 쟁의행위는 그 조합원(제29조의2에 따라 교섭대표노동조합이 결정된 경우에는 그 절차에 참여한 노동조합의 전체 조합원)의 직접·비밀·무기명투표에 의한 조합원 과반수의 찬성으로 결정하지 아니하면 이를 행할 수 없다. 이 경우 조합원 수 산정은 종사근로자인 조합원을 기준으로 한다(노동조합법 제41조 제1항). ★
  ㉡ 방위사업법에 의하여 지정된 주요방위산업체에 종사하는 근로자 중 전력, 용수 및 주로 방산물자를 생산하는 업무에 종사하는 자는 쟁의행위를 할 수 없으며, 주로 방산물자를 생산하는 업무에 종사하는 자의 범위는 대통령령으로 정한다(노동조합법 제41조 제2항).
  ㉢ 쟁의행위는 폭력이나 파괴행위 또는 생산, 기타 주요업무에 관련되는 시설과 이에 준하는 시설로서 대통령령이 정하는 시설을 점거하는 형태로 이를 행할 수 없다(노동조합법 제42조 제1항).
  ㉣ 사업장의 안전보호시설에 대하여 정상적인 유지·운영을 정지·폐지 또는 방해하는 행위는 쟁의행위로서 이를 행할 수 없다(노동조합법 제42조 제2항).
  ㉤ 사용자는 쟁의행위기간 중 그 쟁의행위로 중단된 업무의 수행을 위하여 당해 사업과 관계없는 자를 채용 또는 대체할 수 없다(노동조합법 제43조 제1항). ★
  ㉥ 사용자는 쟁의행위기간 중 그 쟁의행위로 중단된 업무를 도급 또는 하도급 줄 수 없다(노동조합법 제43조 제2항). ★

핵심문제

01 다음 중 쟁의행위라고 볼 수 없는 것은? 기출

① 직장폐쇄
② 태 업
③ 파 업
④ 단순히 사용자에게 고통을 주기 위한 행위

[해설]
단순히 사용자에게 손해를 주기 위한 쟁의행위는 근로조건 향상이라는 경제적 목적이 없으므로 정당한 쟁의행위가 아니다. 쟁의행위란 파업·태업·직장폐쇄 기타 노동관계 당사자가 그 주장을 관철할 목적으로 행하는 행위와 이에 대항하는 행위로서 업무의 정상적인 운영을 저해하는 행위를 말한다(노동조합법 제2조 제6호).

정답 ④

5. 부당노동행위(사용자가 할 수 없는 부당노동행위)(노동조합법 제81조 제1항) 기출 17

① 근로자가 노동조합에 가입 또는 가입하려고 하였거나, 노동조합을 조직하려고 하였거나, 기타 노동조합의 업무를 위한 정당한 행위를 한 것을 이유로 그 근로자를 해고하거나 그 근로자에게 불이익을 주는 행위(제1호)

② 근로자가 어느 노동조합에 가입하지 아니할 것 또는 탈퇴할 것을 고용조건으로 하거나, 특정한 노동조합의 조합원이 될 것을 고용조건으로 하는 행위. 다만, 노동조합이 당해 사업장에 종사하는 근로자의 3분의 2 이상을 대표하고 있을 때에는 근로자가 그 노동조합의 조합원이 될 것을 고용조건으로 하는 단체협약의 체결은 예외로 하며[유니온숍(Union shop)], 이 경우 사용자는 근로자가 그 노동조합에서 제명된 것 또는 그 노동조합을 탈퇴하여 새로 노동조합을 조직하거나 다른 노동조합에 가입한 것을 이유로 신분상 불이익한 행위를 할 수 없다(제2호). ★

③ 노동조합의 대표자 또는 노동조합으로부터 위임을 받은 자와의 단체협약체결, 기타의 단체교섭을 정당한 이유 없이 거부하거나 해태하는 행위(제3호)

④ 근로자가 노동조합을 조직 또는 운영하는 것을 지배하거나 이에 개입하는 행위와 근로시간 면제한도를 초과하여 급여를 지급하거나 노동조합의 운영비를 원조하는 행위. 다만, 근로자가 근로시간 중에 제24조 제2항에 따른 활동을 하는 것을 사용자가 허용함은 무방하며, 또한 근로자의 후생자금 또는 경제상의 불행, 기타 재액의 방지와 구제 등을 위한 기금의 기부와 최소한의 규모의 노동조합사무소의 제공 및 그 밖에 이에 준하여 노동조합의 자주적인 운영 또는 활동을 침해할 위험이 없는 범위에서의 운영비 원조행위는 예외로 한다(제4호). 그리고 노동조합의 자주적 운영 또는 활동을 침해할 위험 여부를 판단할 때에는 운영비 원조의 목적과 경위, 원조된 운영비 횟수와 기간, 원조된 운영비 금액과 원조방법, 원조된 운영비가 노동조합의 총수입에서 차지하는 비율, 원조된 운영비의 관리방법 및 사용처 등을 고려하여야 한다(노동조합법 제81조 제2항). ★

⑤ 근로자가 정당한 단체행위에 참가한 것을 이유로 하거나 또는 노동위원회에 대하여 사용자가 이 조의 규정에 위반한 것을 신고하거나 그에 관한 증언을 하거나 기타 행정관청에 증거를 제출한 것을 이유로 그 근로자를 해고하거나 그 근로자에게 불이익을 주는 행위(제5호)

핵심문제

01 다음 중 사용자의 부당노동행위가 아닌 것은? 기출

① 노동조합의 조직행위를 이유로 근로자를 해고하는 행위
② 노동조합의 탈퇴를 고용조건으로 하는 행위
③ 노동조합 대표자에 대한 단체교섭 거부 행위
④ 쟁의기간 동안의 임금을 지급하지 않는 행위

[해설]
노동법(노동조합법 제44조 제1항)과 판례(대판[전합] 1995.12.21. 94다26721 등 다수판결)는 무노동 무임금원칙이므로, 사용자가 쟁의기간 동안의 임금을 지급하지 않는 행위는 부당노동행위에 해당하지 않는다. ★

정답 ④

Ⅳ 근로기준법 기출 16·13·11

1. 근로기준법의 목적과 기준 등

① **목적** : 헌법에 의하여 근로조건의 기준을 정함으로써 근로자의 기본적 생활을 보장·향상시키며 균형 있는 국민경제의 발전을 도모함을 목적으로 한다(근로기준법 제1조).

② **용어의 정의**(근로기준법 제2조 제1항)★

근로자	직업의 종류와 관계없이 임금을 목적으로 사업이나 사업장에 근로를 제공하는 사람(제1호)
사용자	사업주 또는 사업 경영 담당자, 그 밖에 근로자에 관한 사항에 대하여 사업주를 위하여 행위하는 자(제2호)
근 로	정신노동과 육체노동(제3호)
근로계약	근로자가 사용자에게 근로를 제공하고 사용자는 임금을 지급하는 것을 목적으로 체결된 계약(제4호)
임 금	사용자가 근로의 대가로 근로자에게 임금, 봉급, 그 밖에 어떠한 명칭으로든지 지급하는 모든 금품(제5호)
평균임금	이를 산정하여야 할 사유가 발생한 날 이전 3개월 동안에 그 근로자에게 지급된 임금의 총액을 그 기간의 총일수로 나눈 금액(제6호)
1주	휴일을 포함한 7일(제7호)
소정근로시간	법정근로시간의 범위에서 근로자와 사용자 사이에 정한 근로시간(제8호)
단시간근로자	1주 동안의 소정근로시간이 그 사업장에서 같은 종류의 업무에 종사하는 통상 근로자의 1주 동안의 소정근로시간에 비하여 짧은 근로자(제9호)

③ **근로조건의 기준** : 근로조건은 최저기준이므로 근로관계 당사자는 이 기준을 이유로 근로조건을 낮출 수 없다(근로기준법 제3조). 기출 24·12·11·08

④ **근로조건의 결정** : 근로조건은 근로자와 사용자가 동등한 지위에서 자유의사에 의하여 결정하여야 한다(근로기준법 제4조). 기출 24·12

⑤ **근로조건의 준수** : 근로자와 사용자는 각자가 단체협약, 취업규칙과 근로계약을 지키고 성실하게 이행할 의무가 있다(근로기준법 제5조).

⑥ **균등처우** : 사용자는 근로자에 대하여 남녀의 차별적 대우를 하지 못하며 국적, 신앙 또는 사회적 신분을 이유로 근로조건에 대한 차별적 처우를 하지 못한다(근로기준법 제6조).

⑦ **강제근로의 금지** : 사용자는 폭행, 협박, 감금, 기타 정신상 또는 신체상의 자유를 부당하게 구속하는 수단으로써 근로자의 자유의사에 반하는 근로를 강요하지 못한다(근로기준법 제7조).

⑧ **폭행의 금지** : 사용자는 사고의 발생이나 그 밖의 어떠한 이유로도 근로자에게 폭행을 하지 못한다(근로기준법 제8조). 기출 23

⑨ **중간착취의 배제** : 누구든지 법률에 의하지 아니하고는 영리로 타인의 취업에 개입하거나 중간인으로서 이익을 취득하지 못한다(근로기준법 제9조).

⑩ **공민권행사의 보장** : 사용자는 근로자가 근로시간 중에 선거권, 기타 공민권의 행사 또는 공의 직무를 집행하기 위하여 필요한 시간을 청구하는 경우에는 거부하지 못한다. 다만, 그 권리행사 또는 공의 직무를 집행함에 지장이 없는 한 청구한 시간을 변경할 수 있다(근로기준법 제10조). 기출 08

⑪ 적용범위
　㉠ 상시 5명 이상의 근로자를 사용하는 모든 사업 또는 사업장에 적용한다. 다만, 동거의 친족만을 사용하는 사업 또는 사업장과 가사사용인에 대해서는 적용하지 아니한다(근로기준법 제11조 제1항).
　㉡ 상시 4명 이하의 근로자를 사용하는 사업 또는 사업장에 대하여는 근로기준법의 일부 규정을 적용할 수 있다(근로기준법 제11조 제2항). 기출 24
　㉢ 근로기준법과 근로기준법 시행령은 국가, 특별시·광역시·도, 시·군·구, 읍·면·동, 그 밖에 이에 준하는 것에 대하여도 적용된다(근로기준법 제12조).
⑫ 적용의 제외 : 제4장(근로시간과 휴식)과 제5장(여성과 소년)에서 정한 근로시간, 휴게와 휴일에 관한 규정은 다음에 해당하는 근로자에 대하여는 적용하지 아니한다(근로기준법 제63조).
　㉠ 토지의 경작·개간, 식물의 식재(植栽)·재배·채취 사업, 그 밖의 농림 산업(제1호)
　㉡ 동물의 사육, 수산 동식물의 채취·포획·양식 사업, 그 밖의 축산, 양잠, 수산 사업(제2호)
　㉢ 감시(監視) 또는 단속적(斷續的)으로 근로에 종사하는 사람으로서 사용자가 고용노동부장관의 승인을 받은 사람(제3호)
　㉣ 대통령령으로 정하는 업무(사업의 종류에 관계없이 관리·감독 업무 또는 기밀을 취급하는 업무)에 종사하는 근로자(제4호)

2. 근로계약

① 의의 : 근로자가 사용자에게 근로를 제공하고 사용자는 이에 대하여 임금을 지급함을 목적으로 체결된 계약으로서(근로기준법 제2조 제1항 제4호), 계약의 형식이나 명칭 불문하고 명시 및 묵시의 계약 체결도 가능하며 반드시 서면으로 할 필요는 없다. ★

② 근로계약의 체결 : 근로계약의 체결이나 임금청구는 친권자나 후견인이 대리할 수 없고(근로기준법 제67조 제1항, 제68조 반대해석), 미성년자가 독자적으로 할 수 있다(근로기준법 제68조, 제67조 반대해석). 기출 20·12·11

③ 근로조건의 명시★ : 사용자는 근로계약 체결 시 근로자에 대하여 임금, 소정근로시간, 휴일, 연차유급휴가 그 밖에 대통령령에 정하는 근로조건을 명시하여야 한다(근로기준법 제17조 제1항 전문). 이 경우 임금의 구성항목·계산방법·지급방법·소정근로시간·휴일 및 연차유급휴가의 사항이 명시된 서면(「전자문서 및 전자거래 기본법」 제2조 제1호에 따른 전자문서를 포함한다)을 근로자에게 교부하여야 한다. 다만, 본문에 따른 사항이 단체협약 또는 취업규칙의 변경 등 대통령령으로 정하는 사유로 인하여 변경되는 경우에는 근로자의 요구가 있으면 그 근로자에게 교부하여야 한다(근로기준법 제17조 제2항).

④ 금지사항
　㉠ 위약예정의 금지 : 사용자는 근로계약 불이행에 대한 위약금 또는 손해배상액을 예정하는 계약을 체결하지 못한다(근로기준법 제20조). ★ 기출 23·22·11·08
　㉡ 전차금 상계의 금지 : 사용자는 전차금이나 그 밖에 근로할 것을 조건으로 하는 전대채권과 임금을 상계하지 못한다(근로기준법 제21조).
　㉢ 강제 저금의 금지 : 사용자는 근로계약에 덧붙여 강제 저축 또는 저축금의 관리를 규정하는 계약을 체결하지 못한다(근로기준법 제22조 제1항). 기출 23·22
　㉣ 해고 등의 제한 : 사용자는 근로자에게 정당한 이유 없이 해고, 휴직, 정직, 전직, 감봉, 그 밖의 징벌을 하지 못한다(근로기준법 제23조 제1항). 사용자가 경영상 이유에 의하여 근로자를 해고하려면 긴박한 경영상의 필요가 있어야 한다. 이 경우 경영 악화를 방지하기 위한 사업의 양도·인수·합병은 긴박한 경영상의 필요가 있는 것으로 본다(근로기준법 제24조 제1항). ★ 기출 19

⑤ 근로조건의 위반
  ㉠ 규정에 의하여 명시된 근로조건이 사실과 다를 경우에는 근로자는 근로조건 위반을 이유로 손해배상을 청구할 수 있으며, 즉시 근로계약을 해제할 수도 있다(근로기준법 제19조 제1항). ★ 기출 22
  ㉡ 근로자가 손해배상을 청구할 경우에는 노동위원회에 신청할 수 있으며 근로계약이 해제되었을 경우에는 사용자는 취업을 목적으로 거주를 변경하는 근로자에게 귀향여비를 지급하여야 한다(근로기준법 제19조 제2항). ★
⑥ 법위반의 근로계약 기출 24·22 : 근로기준법에서 정하는 기준에 미치지 못하는 근로조건을 정한 근로계약은 그 부분에 한하여 무효로 하며, 무효로 된 부분은 근로기준법에서 정한 기준에 따른다(근로기준법 제15조). ★
⑦ 해고의 예고 기출 21·09 : 사용자는 근로자를 해고(경영상 이유에 의한 해고를 포함한다)하고자 할 때에는 적어도 30일 전에 그 예고를 하여야 하며, 30일 전에 예고를 하지 아니한 때에는 30일분 이상의 통상임금을 지급하여야 한다. 다만, 다음의 어느 하나에 해당하는 경우에는 그러하지 아니하다(근로기준법 제26조).
  ㉠ 근로자가 계속 근로한 기간이 3개월 미만인 경우(제1호)★
  ㉡ 천재·사변, 그 밖의 부득이한 사유로 사업을 계속하는 것이 불가능한 경우(제2호)
  ㉢ 근로자가 고의로 사업에 막대한 지장을 초래하거나 재산상 손해를 끼친 경우로서 고용노동부령으로 정하는 사유에 해당하는 경우(제3호)
⑧ 해고사유 등의 서면 통지 : 사용자는 근로자를 해고하려면 해고사유와 해고시기를 서면으로 통지하여야 한다(근로기준법 제27조 제1항).
⑨ 부당해고 등의 구제신청 기출 21 : 사용자가 근로자에게 부당해고 등을 하면 근로자는 부당해고 등이 있었던 날로부터 3개월 이내에 노동위원회에 구제신청을 할 수 있다(근로기준법 제28조).
⑩ 계약 서류의 보존 기출 23 : 사용자는 근로자 명부와 대통령령으로 정하는 근로계약에 관한 중요한 서류를 3년간 보존하여야 한다(근로기준법 제42조).

핵심문제

01 근로계약에 관한 설명 중 틀린 것은? 기출
① 근로계약은 서면으로 작성되어야 효력이 있다.
② 단시간 근로자의 경우 근로계약서 작성이 의무화되어 있다.
③ 근로계약 체결 시 임금, 근로시간, 기타의 근로조건을 명시하여야 한다.
④ 임금의 구성항목, 계산방법 및 지불방법에 관한 사항은 서면으로 명시하여야 한다.

[해설]
근로계약은 근로자가 사용자에게 근로를 제공하고 사용자는 이에 대하여 임금을 지급함을 목적으로 체결된 계약으로서(근로기준법 제2조 제1항 제4호), 계약형식이나 명칭을 불문하고 명시 및 묵시의 계약체결도 가능하므로 반드시 서면으로 해야 할 필요는 없다(쌍무·유상·낙성계약). 따라서 서면으로 근로계약을 체결하지 않더라도 근로계약 자체는 유효하다. ★

정답 ①

3. **통상임금** 기출 15
   ① 의의 : 근로자에게 정기적이고 일률적으로 소정의 근로 또는 총 근로에 대하여 지급하기로 정한 시간급 금액, 일급 금액, 주급 금액, 월급 금액 또는 도급 금액을 말한다(근로기준법 시행령 제6조 제1항).★
   ② 적용범위★
      ㉠ 평균임금의 최저한도 보장(근로기준법 제2조 제2항)
      ㉡ 다음에 해당하는 수당 및 급여 산정의 기초
         • 해고예고수당(근로기준법 제26조)
         • 연장·야간·휴일근로수당(근로기준법 제56조)
         • 연차유급휴가수당(근로기준법 제60조 제5항)
         • 출산전후휴가급여(고용보험법 제76조)
         ※ 퇴직금(근로기준법 제34조, 근로자퇴직급여보장법 제8조 제1항), 휴업수당(근로기준법 제46조), 연차유급휴가수당(근로기준법 제60조 제5항), 재해보상금(근로기준법 제79조 내지 제85조), 감급액(근로기준법 제95조), 산업재해보상보험법상의 보험급여 및 고용보험법상 구직급여기초일액 산정 등의 경우에는 평균임금을 기초로 한다.

4. **근로시간과 휴식**
   ① 연장근로의 제한 : 당사자 간에 합의하면 1주간에 12시간을 한도로 근로시간을 연장할 수 있다(근로기준법 제53조 제1항).
   ② 휴게 : 사용자는 근로시간이 4시간인 경우에는 30분 이상, 8시간인 경우에는 1시간 이상의 휴게시간을 근로시간 도중에 주어야 한다(근로기준법 제54조 제1항).
   ③ 휴일 : 사용자는 근로자에게 1주일에 평균 1회 이상의 유급휴일을 주어야 한다(근로기준법 제55조 제1항).
   ④ 연장·야간 및 휴일근로 : 사용자는 연장근로와 야간근로에 대하여는 통상임금의 100분의 50 이상을 가산하여 근로자에게 지급하여야 한다. 반면에 휴일근로에 대해서는 8시간 이내의 경우에는 통상임금의 100분의 50 이상을, 8시간을 초과한 경우에는 통상임금의 100분의 100 이상을 가산하여 근로자에게 지급하여야 한다(근로기준법 제56조).
   ⑤ 유급휴가 : 사용자는 1년간 80퍼센트 이상 출근한 근로자에게 15일의 유급휴가를 주어야 한다(근로기준법 제60조 제1항).

3개월 이내의 탄력적 근로시간제(사업자 배려제도) 기출 17
2주 또는 3개월 이내의 일정한 단위기간을 평균하여 법정근로시간을 초과하지 않는 범위 내에서 특정한 날이나 특정한 주의 근로시간을 초과하여 근무할 수 있도록 운영하는 제도(근로기준법 제51조 제1항·제2항)

선택적 근로시간제(근로자 배려제도) 기출 17
일정한 단위기간 동안 미리 정해진 총근로시간의 범위 내에서 개별근로자가 출퇴근시간을 자유롭게 선택할 수 있도록 운영하는 제도(근로기준법 제52조)

5. 재해보상

① **요양보상** : 근로자가 업무상 부상 또는 질병에 걸린 경우에는 사용자는 그 비용으로 필요한 요양을 행하거나 또는 필요한 요양비를 부담하여야 한다(근로기준법 제78조 제1항).

② **휴업보상** : 요양 중에 있는 근로자에 대하여는 사용자는 근로자의 요양 중 평균임금의 100분의 60의 휴업보상을 행하여야 한다(근로기준법 제79조 제1항). ★

③ **장해보상** : 근로자가 업무상 부상 또는 질병에 걸려 완치된 후 신체에 장해가 있는 경우에는 사용자는 그 장해정도에 따라 평균임금에 별표에 정한 일수를 곱하여 얻은 금액의 장해보상을 행하여야 한다(근로기준법 제80조 제1항).

④ **유족보상** : 근로자가 업무상 사망한 경우에는 사용자는 근로자가 사망한 후 지체 없이 그 유족에게 평균임금 1,000일분의 유족보상을 하여야 한다(근로기준법 제82조 제1항).

⑤ **장례비** : 근로자가 업무상 사망한 경우에는 사용자는 근로자가 사망한 후 지체 없이 평균임금 90일분의 장례비를 지급하여야 한다(근로기준법 제83조).

⑥ **보상청구권** : 보상을 받을 권리는 퇴직으로 인하여 변경되지 아니하고, 양도나 압류하지 못한다(근로기준법 제86조).

6. 취업규칙

① **취업규칙의 작성·신고** : 상시 10인 이상의 근로자를 사용하는 사용자는 취업규칙을 작성하여 고용노동부장관에게 신고하여야 한다. 이를 변경하는 경우에 있어서도 또한 같다(근로기준법 제93조).

② **규칙의 작성·변경의 절차** : 사용자는 취업규칙의 작성 또는 변경에 관하여 당해 사업 또는 사업장에 근로자의 과반수로 조직된 노동조합이 있는 경우에는 그 노동조합, 근로자의 과반수로 조직된 노동조합이 없는 경우에는 근로자의 과반수의 의견을 들어야 한다. 다만, 취업규칙을 근로자에게 불리하게 변경하는 경우에는 그 동의를 얻어야 한다(근로기준법 제94조 제1항).

③ **위반의 효력** : 취업규칙에 정한 기준에 미달하는 근로조건을 정한 근로계약은 그 부분에 관하여는 무효로 한다. 이 경우에 있어서 무효로 된 부분은 취업규칙에 정한 기준에 의한다(근로기준법 제97조).

핵심문제

01 취업규칙에 대한 다음 설명 중 옳지 않은 것은?

① 상시 5인 이상의 근로자를 사용하는 사용자는 취업규칙을 작성하여 고용노동부장관에게 신고하여야 한다. 이를 변경하는 경우에 있어서도 또한 같다.
② 사용자는 취업규칙의 작성 또는 변경에 관하여 당해 사업 또는 사업장에 근로자의 과반수로 조직된 노동조합이 없는 경우에는 근로자의 과반수의 의견을 들어야 한다.
③ 취업규칙에 정한 기준에 미달하는 근로조건을 정한 근로계약은 그 부분에 관하여는 무효로 한다.
④ 취업규칙을 근로자에게 불리하게 변경하는 경우에는 근로자의 과반수로 조직된 노동조합 또는 근로자의 과반수의 동의를 얻어야 한다.

[해설]
상시 10인 이상의 근로자를 사용하는 사용자는 취업규칙을 작성하여 고용노동부장관에게 신고하여야 한다. 이를 변경하는 경우에 있어서도 또한 같다(근로기준법 제93조).

정답 ①

Ⅴ 노동위원회법

1. 노동위원회법의 목적과 종류

① 목적 : 노동위원회법은 노동관계에 있어서 판정 및 조정업무의 신속·공정한 수행을 위하여 노동위원회를 설치하고 그 운영에 관한 사항을 규정함으로써 노동관계의 안정과 발전에 이바지함을 목적으로 한다(노동위원회법 제1조).

② 노동위원회의 구성 : 노동위원회는 근로자를 대표하는 위원(근로자위원)과 사용자를 대표하는 위원(사용자위원) 및 공익을 대표하는 위원(공익위원)으로 구성한다(노동위원회법 제6조 제1항).★

2. 노동위원회의 지위 등

① 노동위원회는 그 권한에 속하는 업무를 독립적으로 수행한다(노동위원회법 제4조 제1항).★
② 중앙노동위원회 위원장은 중앙노동위원회 및 지방노동위원회의 예산·인사·교육훈련, 기타 행정사무를 총괄하며, 소속공무원을 지휘·감독한다(노동위원회법 제4조 제2항).
③ 중앙노동위원회 위원장은 행정사무의 지휘·감독권의 일부를 대통령령이 정하는 바에 의하여 지방노동위원회위원장에게 위임할 수 있다(노동위원회법 제4조 제3항).

제2절 사회보장법

Ⅰ 사회보장의 의의

1. 사회보장의 정의

① 일반적 정의
  ㉠ 사회보장은 사회정책의 일부로서 국민의 생활을 보장하기 위한 국가정책이다.
  ㉡ 사회보장은 소득재분배를 통해 전체 국민의 최저생활을 확보하는 조치의 총체이다.★
  ㉢ 사회보장은 일반적인 위기단계에 직면했을 때 자본주의 사회가 스스로 붕괴하는 것을 방지하기 위해 임금 재분배를 통해 사회적으로 국민의 최저생활을 보장하기 위한 제도이다.

> **사회보험제도**
> 사회적 변화와 함께 발생이 예상되는 불안요소에 대처하여 사회구성원들의 생활을 보장하기 위한 방법으로, 일정한 조건에 해당하는 사람은 반드시 가입해야 한다. 사회보험의 보험납부비용은 당사자뿐만 아니라, 사회적 위험에 동일한 확률로 처해 있는 모든 해당 국민 개개인을 공동체로 서로 결합시킨 후 그 부담을 국가, 사업주, 당사자에게 일정비율로 분산시킨다. 근대 최초의 사회보장법은 1601년 영국의 엘리자베스구빈법(공공부조법)이며, 사회보험법은 1883년 독일의 비스마르크에 의한 질병보험법이다.★

② 국제노동기구(ILO)의 개념(광의의 사회보장)
  ㉠ 사회보장의 의미 : 사회구성원이 봉착하게 될 특정 위험에 대하여 원인 여하를 막론하고 궁핍에서 그 생활을 보호하기 위하여 소속사회가 일정한 기관을 통하여 부양성을 띤 급여를 제공하는 것을 의미한다.
  ㉡ 공공기관을 통한 보호·보장 : 전 국민의 최저생활을 보장 및 모든 위험과 사고로부터 보호
  ㉢ ILO의 사회보장계획 : 고용의 촉진 및 고용수준의 유지, 국민소득의 증대 및 균등 배분, 영양과 주택의 개선, 의료시설의 완비, 일반교육 및 취업교육 기회 확대
③ 베버리지보고서의 사회보장(협의의 사회보장)
  ㉠ 사회보장의 의미 : 질병·실업·재해 등에 의하여 소득이 중단된 경우 또는 퇴직이나 사망으로 인한 부양상실에 대비하며 더 나아가 출생 및 사망 등에 관련된 특수한 지출을 보충하기 위한 소득보장을 의미한다.
  ㉡ 사회보장실시의 전제조건 : 아동부양의 수당지급, 전면적 건강 및 요양급여, 대량실업방지를 위한 완전고용증대★
④ 사회보장기본법상의 용어의 정의(사회보장기본법 제3조)

사회보장	출산, 양육, 실업, 노령, 장애, 질병, 빈곤 및 사망 등의 사회적 위험으로부터 모든 국민을 보호하고 국민 삶의 질을 향상시키는데 필요한 소득·서비스를 보장하는 사회보험, 공공부조, 사회서비스를 말한다(제1호).
사회보험	국민에게 발생하는 사회적 위험을 보험의 방식으로 대처함으로써 국민의 건강과 소득을 보장하는 제도를 말한다(제2호).
공공부조 (公共扶助)	국가와 지방자치단체의 책임하에 생활유지능력이 없거나 생활이 어려운 국민의 최저생활을 보장하고 자립을 지원하는 제도를 말한다(제3호). 기출 18·10
사회서비스	국가·지방자치단체 및 민간부문의 도움이 필요한 모든 국민에게 복지, 보건의료, 교육, 고용, 주거, 문화, 환경 등의 분야에서 인간다운 생활을 보장하고 상담, 재활, 돌봄, 정보의 제공, 관련 시설의 이용, 역량 개발, 사회참여 지원 등을 통하여 국민의 삶의 질이 향상되도록 지원하는 제도를 말한다(제4호). 기출 24
평생사회 안전망	생애주기에 걸쳐 보편적으로 충족되어야 하는 기본욕구와 특정 사회위험에 의하여 발생하는 특수욕구를 동시에 고려하여 소득·서비스를 보장하는 맞춤형 사회보장제도를 말한다(제5호). 기출 19
사회보장 행정데이터	국가, 지방자치단체, 공공기관 및 법인이 법령에 따라 생성 또는 취득하여 관리하고 있는 자료 또는 정보로서 사회보장 정책 수행에 필요한 자료 또는 정보를 말한다(제6호).

핵심문제

01 사회보장에 대한 다음 설명 중 옳지 않은 것은?

① 사회보험의 보험납부비용은 국가와 당사자에게만 일정비율로 분산시킨다.
② 일정한 조건에 해당하는 사람은 사회보험제도에 반드시 가입해야 한다.
③ 근대 최초의 사회보장법은 1601년 영국의 엘리자베스구빈법(공공부조법)이다.
④ 임금 재분배를 통해 사회적으로 국민의 최저생활을 보장하기 위한 제도이다.

[해설]
사회보험의 보험납부비용은 당사자뿐만 아니라, 사회적 위험에 동일한 확률로 처해 있는 모든 해당 국민 개개인을 공동체로 서로 결합시킨 후 그 부담을 국가, 사업주, 당사자에게 일정비율로 분산시킨다.

정답 ①

> **사회보장법 분야에 해당하지 않는 법률** 기출 13
> - 근로기준법
> - 노동조합법 및 노동관계조정법
> - 독점규제 및 공정거래에 관한 법률
> - 소비자기본법
> - 국가배상법 등
>
> **사회보장법 관련 주요 법률** 기출 23·22·16·15·14·13
> - 사회보장기본법
> - 사회보험법 : 국민연금법, 국민건강보험법, 산업재해보상보험법, 고용보험법 등
> - 공공부조법 : 국민기초생활보장법, 의료보호법 등
> - 사회복지사업법 : 국민기초생활보장법, 아동복지법, 노인복지법, 장애인복지법, 한부모가족지원법, 영유아보육법, 성매매방지 및 피해자보호 등에 관한 법률, 정신건강증진 및 정신질환자 복지서비스 지원에 관한 법률, 성폭력방지 및 피해자 보호 등에 관한 법률, 가정폭력방지 및 피해자보호 등에 관한 법률 등(사회복지사업법 제2조 제1항)
> ※ 국민기초생활보장법은 공공부조법이면서 동시에 사회복지사업법에 해당

2. 사회보장의 기본원리 ★

① 사회정책으로서 사회질서유지에 기본적 목적이 있다.
② 개인의 경제적 곤란에 대한 사회적 개입으로 최저수준의 보장이다.
③ 사회보장을 국가의 의무로 보고 있으며, 강제성을 띤다.
④ 사회연대의식(사회적 책임)을 강조한다.

> **사회보험법의 원칙**
> - 강제가입의 원칙
> - 국가관리의 원칙
> - 국고부담의 원칙

핵심문제

01 사회보장법의 분야에 해당하는 법률은? 기출 13

① 근로기준법
② 아동복지법
③ 소비자기본법
④ 독점규제 및 공정거래에 관한 법률

[해설]
국민기초생활보장법, 국민건강보험법, 아동복지법, 사회복지사업법 등이 사회보장법에 속한다. 근로기준법, 노동조합 및 노동관계조정법은 노동법 분야이고, 독점규제 및 공정거래에 관한 법률, 소비자기본법 등은 경제법이다. ★

정답 ②

3. 사회보장의 기능★

① **정치적 기능(생활안정의 기능)** : 자본주의제도가 갖는 모순을 극복할 수 있도록 돕는 수단으로 정치적 위기에 대한 대책으로 사용된다. 즉, 자본주의제도의 유지·존속과 사회질서를 유지시키기 위한 목적을 지닌다.

② **경제적 기능** : <u>소득재분배의 기능</u>, 자본주의제도의 자동적인 안전장치, 건강한 노동력 공급 및 유지, 자본축적의 기능, 고용기회 창출, 구매력 촉진 등의 기능, 일반생활수준을 규정하는 기능을 한다.

③ **사회적 기능** : 최저생활보장의 기능과 사회적으로 소득재분배를 통하여 이해, 요구 등을 조정하는 <u>이해조정의 기능</u>을 한다.

④ **공적 기능** : 국민의 사회보장 권리의식을 일깨우고 국민의 정치참여 유도 기능으로 국민의식, 생활양식에 영향을 미친다(사회보장의 권리성).

Ⅱ 사회보장의 구성

1. 사회보험

① 사회구성원의 생활과 위험을 보험방식에 의해 보장함으로써 국민건강과 소득을 보장하고 생활보장을 실현시켜 주는 제도이다.
② 기여자는 피고용인 + 고용주 + 정부의 보조가 되며, 기여금은 개인의 소득에 따라 정도가 정해진다.
③ 급여는 개인의 욕구와 자산에 관계없이 주어지며, 각 개인의 기여금 정도에 따라 정해진다.
④ 사회보험은 주로 사회적 공평성을 강조하며, <u>연금보험·의료보험·산업재해보상보험·고용보험</u> 등이 해당된다.★

2. 공공부조

① 국가 및 지방자치단체의 책임하에 생활유지능력이 없거나 생활이 어려운 국민에게 최저생활을 보장하고 자립을 지원하는 제도를 말한다(사회보장기본법 제3조 제3호).★
② <u>최저한의 수준보장</u>으로 이들의 재정적 지원은 욕구를 조사한 후에 이루어지며, 재원은 일반 조세를 통해서 나오며 이 공공부조의 핵심은 <u>빈곤을 해결하기 위한 것</u>이다.★
③ 우리나라의 경우 국가 또는 지방단체의 책임하에 생활유지능력이 없거나 생활이 어려운 국민의 최저생활을 보장하는 복지제도로서 <u>국민기초생활보장법, 의료급여법</u> 등이 해당된다.★
④ **공공부조의 실시원칙★** : 직권 및 신청에 의한 보장의 원칙, 필요즉응의 원칙, 세대단위의 원칙, 기준 및 정도의 원칙
⑤ 공공부조의 기본원리
　㉠ 국가책임의 원리
　㉡ <u>최저생활보장의 원리</u>
　㉢ <u>보충성의 원리</u>★
　㉣ 자립조장의 원리

CHAPTER 06 | 사회법 일반 211

⑩ 무차별평등의 원리★
　　　⑪ 국가부담의 원리
　　　⑫ 인간다운 생활보장의 원리
　　　⑬ 보장청구권의 원리

3. 사회서비스(사회복지사업)

① 국가·지방자치단체 및 민간부문의 도움이 필요한 모든 국민에게 복지, 보건의료, 교육, 고용, 주거, 문화, 환경 등의 분야에서 인간다운 생활을 보장하고 상담, 재활, 돌봄, 정보의 제공, 관련 시설의 이용, 역량 개발, 사회참여 지원 등을 통하여 국민의 삶의 질이 향상되도록 지원하는 제도를 말한다.
② 영유아보육법, 아동복지법, 한부모가족지원법, 장애인복지법, 노인복지법 등이 해당된다.★
③ 사회적인 장애를 가진 사람에 대하여 개별적으로 급부를 하거나 서비스를 제공한다는 의미에서 공공부조, 사회보험과 구별되고, 금전적인 급부를 그 본래의 목적으로 하지 않는다는 특징이 있다.
④ 사회서비스는 입법적 측면, 제도운영적 측면에서 공공부조와 밀접하다.★

각 사회보장제도의 비교★

구 분	사회보험	공공부조	사회서비스
주 체	국가(보험자)	국가 및 지방자치단체	사회복지법인
객 체	국민	빈민	요보호자
재 원	기여, 갹출금	조세	재정보조금, 헌금
내 용	• 연금보험 • 산재보험 • 국민건강보험 • 고용보험 • 가족수당(외국입법례) • 노인장기요양보험법	• 생계급여 • 의료급여 • 교육급여 • 자활급여 • 주거급여 • 장제급여 • 해산급여	• 시설보호 • 아동복지 • 노인복지 • 장애자복지 • 부녀자복지

Ⅲ 사회보장기본법

1. 목 적

이 법은 사회보장에 관한 국민의 권리와 국가 및 지방자치단체의 책임을 정하고 사회보장정책의 수립·추진과 관련 제도에 관한 기본적인 사항을 규정함으로써 국민의 복지증진에 이바지하는 것을 목적으로 한다(사회보장기본법 제1조).

2. 기본이념

사회보장은 모든 국민이 다양한 사회적 위험으로부터 벗어나 행복하고 인간다운 생활을 향유할 수 있도록 자립을 지원하며, 사회참여·자아실현에 필요한 제도와 여건을 조성하여 사회통합과 행복한 복지사회를 실현하는 것을 기본 이념으로 한다(사회보장기본법 제2조).

3. 주요 내용 기출 16

① **다른 법률과의 관계**(사회보장기본법 제4조) : 사회보장에 관한 다른 법률을 제정하거나 개정하는 경우에는 이 법에 부합되도록 하여야 한다. 기출 22

② **국가 및 지방자치단체의 책임**(사회보장기본법 제5조)
  ㉠ 국가와 지방자치단체는 모든 국민의 인간다운 생활을 유지·증진하는 책임을 가진다(제1항).
  ㉡ 국가와 지방자치단체는 사회보장에 관한 책임과 역할을 합리적으로 분담하여야 한다(제2항). ★
  ㉢ 국가와 지방자치단체는 국가 발전수준에 부응하고 사회환경의 변화에 선제적으로 대응하며 지속가능한 사회보장제도를 확립하고 매년 이에 필요한 재원을 조달하여야 한다(제3항). ★★

③ **국가 등과 가정**(사회보장기본법 제6조)
  ㉠ 국가와 지방자치단체는 가정이 건전하게 유지되고 그 기능이 향상되도록 노력하여야 한다(제1항). 기출 22
  ㉡ 국가와 지방자치단체는 사회보장제도를 시행할 때에 가정과 지역공동체의 자발적인 복지활동을 촉진하여야 한다(제2항).

④ **국민의 책임 규정**(사회보장기본법 제7조)
  ㉠ 모든 국민은 자신의 능력을 최대한 발휘하여 자립·자활할 수 있도록 노력하여야 한다(제1항).
  ㉡ 모든 국민은 경제적·사회적·문화적·정신적·신체적으로 보호가 필요하다고 인정되는 사람에게 지속적인 관심을 가지고 이들이 보다 나은 삶을 누릴 수 있는 사회환경 조성에 서로 협력하고 노력하여야 한다(제2항).
  ㉢ 모든 국민은 관계 법령에서 정하는 바에 따라 사회보장급여에 필요한 비용의 부담, 정보의 제공 등 국가의 사회보장정책에 협력하여야 한다(제3항).

⑤ **외국인에 대한 적용**(사회보장기본법 제8조) : 국내에 거주하는 외국인에게 사회보장제도를 적용할 때에는 상호주의의 원칙에 따르되, 관계법령에서 정하는 바에 따른다. 기출 22

⑥ **사회보장을 받을 권리(사회보장수급권)**(사회보장기본법 제9조) : 모든 국민은 사회보장 관계 법령에서 정하는 바에 따라 사회보장급여를 받을 권리를 가진다. 기출 21

핵심문제

01 사회보장기본법에 관한 내용으로 옳지 않은 것은? 기출 16

① 국가와 지방자치단체는 사회보장에 관한 책임과 역할을 합리적으로 분담해야 한다.
② 국내에 거주하는 외국인은 국적을 불문하고 우리나라의 사회보장제도의 혜택을 받을 수 없다.
③ 사회보장수급권은 관계 법령에서 정하는 바에 따라 다른 사람에게 양도할 수 없다.
④ 사회보장수급권은 정당한 권한이 있는 기관에 서면으로 통지하여 포기할 수 있다.

【해설】
국내에 거주하는 외국인에게 사회보장제도를 적용할 때에는 상호주의의 원칙에 따르되, 관계 법령에서 정하는 바에 따른다(사회보장기본법 제8조).

정답 ②

⑦ **사회보장급여의 수준**(사회보장기본법 제10조) `기출 23`
  ㉠ 국가와 지방자치단체는 모든 국민이 건강하고 문화적인 생활을 유지할 수 있도록 사회보장급여의 수준 향상을 위하여 노력하여야 하며, 국가는 관계 법령에서 정하는 바에 따라 <u>최저보장수준과 최저임금을 매년 공표하여야 한다</u>(제1항·제2항). ★
  ㉡ <u>국가와 지방자치단체는 최저보장수준과 최저임금 등을 고려하여 사회보장급여의 수준을 결정하여야 한다</u>(제3항). ★
⑧ **사회보장수급권의 보호**(사회보장기본법 제12조) `기출 23·21` : 사회보장수급권은 관계 법령에서 정하는 바에 따라 다른 사람에게 양도하거나 담보로 제공할 수 없으며, 이를 압류할 수 없다. ★★
⑨ **사회보장수급권의 제한 등**(사회보장기본법 제13조) `기출 21`
  ㉠ 사회보장수급권은 제한되거나 정지될 수 없다. 다만, 관계법령에서 따로 정하고 있는 경우에는 그러하지 아니하다(제1항).
  ㉡ ㉠의 단서에 따라 사회보장수급권이 제한되거나 정지되는 경우에는 제한 또는 정지하는 목적에 필요한 최소한의 범위에 그쳐야 한다(제2항).
⑩ **사회보장수급권의 포기**(사회보장기본법 제14조) `기출 23·21`
  ㉠ 사회보장수급권은 정당한 권한이 있는 기관에 서면으로 통지하여 포기할 수 있다(제1항).
  ㉡ 사회보장수급권의 포기는 취소할 수 있다(제2항).
  ㉢ ㉠에도 불구하고 사회보장수급권을 포기하는 것이 다른 사람에게 피해를 주거나 사회보장에 관한 관계법령에 위반되는 경우에는 사회보장수급권을 포기할 수 없다(제3항).
⑪ **사회보장 기본계획의 수립**(사회보장기본법 제16조) `기출 22` : 보건복지부장관은 관계 중앙행정기관의 장과 협의하여 사회보장 증진을 위하여 사회보장에 관한 기본계획을 5년마다 수립하여야 한다(제1항).
⑫ **사회보장위원회의 설치**(사회보장기본법 제20조 제1항) `기출 23` : 사회보장에 관한 주요 시책을 심의·조정하기 위하여 국무총리 소속으로 사회보장위원회(이하 "위원회"라 한다)를 둔다.

Ⅳ 사회보험제도

1. 사회보험의 개념

① 사회보험의 정의
  ㉠ 전 국민을 대상으로 하여 질병·장애·노령·실업·사망 등으로 인한 활동능력상실 및 감소가 발생하였을 때 보험방식에 의해 그것을 보상하는 제도이다. ★
  ㉡ <u>국민에게 보험가입을 법으로 강제하여 사회적 위험에 대비하는</u> 제도로서, 연금보험, 국민건강보험, 산업재해보상보험, 고용보험, 가족수당(외국의 입법례) 등이 있다. ★
  ㉢ 보험기술을 이용하여 사회정책을 실현하려는 경제사회제도이다.

② **사회보험의 특성**★ `기출 21`

사회성	사회평등, 사회조화, 사회평화
보험성	공통위험에 대한 공통부담원칙
강제성	불균형 생활격차의 축소를 위하여 국가가 개입하여 재분배 실시
부양성	국가, 기업주, 고소득층 등의 부담에 의하여 저소득층 자금의 부담 경감

2. 사회보험과 사보험의 비교

① 사회보험과 사보험의 공통점 : 위험전가 및 확산, 가입·급부·재정조건의 유사, 급부와 갹출의 균형유지, 경제적 보상·욕구에 따른 사전 급부결정 불가

② 사회보험과 사보험의 차이점★ 기출 21

구 분	사회보험	사보험
가입방법	강제가입	임의가입
보험료 부과방식	소득수준에 따른 차등 부과	위험 정도·급여수준에 따른 부과
보험급여	필요에 따른 균등 급여	보험료 수준에 따른 차등 급여
보험료 징수방식	법률에 따른 강제징수	사적 계약에 따른 징수
원 리	사회적 적합성의 원리	개인적 공평성의 원리
보 호	최저 수준	요구와 능력에 의한 결정
요 소	복지요소로서 사회적 적합성·보장성 강조	보험요소로서 개인적 적합성·효율성 강조
자 금	정부가 법으로 지급을 보장하므로 자금집중의 필요 없음	자금집중 필요

3. 사회보험과 공공부조의 비교

① 사회보험 : 노동능력자, 갹출금, 자산조사 불요, 모든 참여자가 피보험자이고 특정시점부터 일부만 수혜자가 된다.
② 공공부조 : 노동무능력자, 자산조사, 급여의 양의 예상 곤란, 일정 기준 해당자가 수혜자이다.

핵심문제

01 다음 중 사회보험과 사보험과의 올바른 차이가 아닌 것은 어느 것인가? 기출

① 사회보험의 보험납부비용은 모두 당사자가 부담한다.
② 사회보험은 그 가입이 강제적이다.
③ 사회보험의 계약의 체결 및 해약 등에는 조건이 수반된다.
④ 사회보험의 수급자격과 보험료율 및 급부내용 등의 보험계약 내용은 법으로 정해져 있다.

[해설]
사회보험의 보험납부비용은 당사자뿐만 아니라, 사회적 위험에 동일한 확률로 처해 있는 모든 해당 국민 개개인을 공동체로 서로 결합시킨 후 그 부담을 국가, 사업주, 당사자에게 일정비율로 분산시킨다.★

정답 ①

02 다음 중 우리나라에서 사회보장의 주된 방법이 되는 것은? 기출

① 의료보험과 생활보호
② 사회보험과 공공부조
③ 국민연금과 근로보호
④ 실업보험과 사회복지

[해설]
우리나라의 사회보장제도의 가장 주된 방법은 사회보험과 공공부조이다.★

정답 ②

Ⅴ 4대보험법의 주요 내용

1. 고용보험법

① **목적** : 고용보험법은 고용보험의 시행을 통하여 실업의 예방, 고용의 촉진 및 근로자 등의 직업능력의 개발과 향상을 꾀하고, 국가의 직업지도와 직업소개 기능을 강화하며, 근로자 등이 실업한 경우에 생활에 필요한 급여를 실시하여 근로자 등의 생활안정과 구직활동을 촉진함으로써 경제·사회 발전에 이바지하는 것을 목적으로 한다(고용보험법 제1조).

② **정의**(고용보험법 제2조)

피보험자	보험에 가입되거나 가입된 것으로 보는 근로자, 예술인 또는 노무제공자, 고용보험에 가입하거나 가입된 것으로 보는 자영업자를 말한다(제1호). ★
이직(離職)	피보험자와 사업주 사이의 고용관계가 끝나게 되는 것(제77조의2 제1항에 따른 예술인 및 제77조의6 제1항에 따른 노무제공자의 경우에는 문화예술용역 관련 계약 또는 노무제공계약이 끝나는 것을 말한다)을 말한다(제2호).
실 업	근로의 의사와 능력이 있음에도 불구하고 취업하지 못한 상태에 있는 것을 말한다(제3호). ★
실업의 인정	직업안정기관의 장이 수급자격자가 실업한 상태에서 적극적으로 직업을 구하기 위하여 노력하고 있다고 인정하는 것을 말한다(제4호).
보 수	근로소득에서 비과세 근로소득을 뺀 금액을 말한다. 다만, 휴직이나 그 밖에 이와 비슷한 상태에 있는 기간 중에 사업주 외의 자로부터 지급받는 금품 중 고용노동부장관이 정하여 고시하는 금품은 보수로 본다(제5호).
일용근로자	1개월 미만 동안 고용되는 사람을 말한다(제6호).

③ **고용보험사업** 기출 17·14 : 보험은 고용보험법의 목적을 이루기 위하여 고용보험사업으로 고용안정·직업능력개발 사업, 실업급여, 육아휴직 급여 및 출산전후휴가 급여 등을 실시한다(고용보험법 제4조 제1항). ★

④ **실업급여의 종류** : 실업급여는 구직급여와 취업촉진 수당으로 구분하는데, 취업촉진 수당에는 조기(早期)재취업 수당, 직업능력개발 수당, 광역 구직활동비, 이주비 등이 있다(고용보험법 제37조). ★

2. 국민연금법

① **목적** : 국민연금법은 국민의 노령, 장애 또는 사망에 대하여 연금급여를 실시함으로써 국민의 생활 안정과 복지 증진에 이바지하는 것을 목적으로 한다(국민연금법 제1조). 기출 20

> 법률상 국민연금의 특성 : 사회보험, 공적연금, 단일연금체계, 부분적립방식 기출 21

② **정의**(국민연금법 제3조 제1항) 기출 17

연금보험료	국민연금사업에 필요한 비용으로서 사업장가입자의 경우에는 부담금 및 기여금의 합계액을, 지역가입자·임의가입자 및 임의계속가입자의 경우에는 본인이 내는 금액을 말한다(제10호). ★
부담금	사업장가입자의 사용자가 부담하는 금액을 말한다(제11호). ★
기여금	사업장가입자가 부담하는 금액을 말한다(제12호). ★
사업장가입자	사업장에 고용된 근로자 및 사용자로서 국민연금에 가입된 자를 말한다(제6호).

③ 가입대상 기출 17 : 국내에 거주하는 국민으로서 18세 이상 60세 미만인 자는 국민연금 가입대상이 된다. 다만, 공무원, 군인, 교직원 및 별정우체국 직원, 그 밖에 대통령령으로 정하는 자는 제외한다(국민연금법 제6조).

④ 가입자의 종류 기출 20·19

사업장가입자	사업장에 고용된 근로자 및 사용자로서 국민연금법 제8조에 따라 국민연금에 가입된 자를 말한다.
지역가입자	사업장가입자가 아닌 자로서 국민연금법 제9조에 따라 국민연금에 가입된 자를 말한다.
임의가입자	사업장가입자 및 지역가입자 외의 자로서 국민연금법 제10조에 따라 국민연금에 가입된 자를 말한다.
임의계속가입자	국민연금 가입자 또는 가입자였던 자가 국민연금법 제13조 제1항에 따라 가입자로 된 자를 말한다.

⑤ 임원의 임면 기출 20 : 이사장은 보건복지부장관의 제청으로 대통령이 임면(任免)하고, 상임이사·이사(당연직 이사는 제외한다) 및 감사는 이사장의 제청으로 보건복지부장관이 임면한다(국민연금법 제30조 제2항).

⑥ 급여의 종류 기출 24 : 국민연금법에 따른 급여의 종류는 노령연금, 장애연금, 유족연금, 반환일시금이 있다(국민연금법 제49조). ★

⑦ 수급권 보호 기출 21·20 : 수급권은 양도·압류하거나 담보로 제공할 수 없다(국민연금법 제58조 제1항). 수급권자에게 지급된 급여로서 대통령령으로 정하는 금액 이하의 급여는 압류할 수 없다(국민연금법 제58조 제2항). 급여수급전용계좌에 입금된 급여와 이에 관한 채권은 압류할 수 없다(국민연금법 제58조 제3항).

핵심문제

01 국민연금법에 규정된 내용으로 옳은 것은? 기출 14

① 급여의 종류에는 노령연금, 장애연금, 유족연금, 반환일시금이 있다.
② 국민연금 가입자는 직장가입자와 임의가입자로 이분(二分)된다.
③ 기여금이란 직장가입자의 사용자가 부담하는 금액을 말한다.
④ 국내에 거주하는 국민으로서 15세 이상 70세 미만인 자는 국민연금 가입대상이 된다.

[해설]
① (○) 국민연금법 제49조
② (×) 가입자는 사업장가입자, 지역가입자, 임의가입자 및 임의계속가입자로 구분한다(국민연금법 제7조). ★
③ (×) "기여금"이란 사업장가입자가 부담하는 금액을 말한다(국민연금법 제3조 제1항 제12호).
④ (×) 국내에 거주하는 국민으로서 18세 이상 60세 미만인 자는 국민연금 가입대상이 된다(국민연금법 제6조 본문).

정답 ①

3. 산업재해보상보험법
① 목적 : 산업재해보상보험법은 산업재해보상보험 사업을 시행하여 근로자의 업무상의 재해를 신속하고 공정하게 보상하며, 재해근로자의 재활 및 사회복귀를 촉진하기 위하여 이에 필요한 보험시설을 설치·운영하고, 재해예방과 그 밖에 근로자의 복지증진을 위한 사업을 시행하여 근로자 보호에 이바지하는 것을 목적으로 한다(산업재해보상보험법 제1조). 기출 20
② 보험의 관장 기출 23·20 : 이 법에 따른 산업재해보상보험 사업은 고용노동부장관이 관장한다(산업재해보상보험법 제2조 제1항).
③ 정의(산업재해보상보험법 제5조) 기출 16
  ㉠ 업무상의 재해 : 업무상의 사유에 따른 근로자의 부상·질병·장해 또는 사망을 말한다(제1호).
  ㉡ 근로자·임금·평균임금·통상임금 : 각각 근로기준법에 따른 근로자·임금·평균임금·통상임금을 말한다. 다만, 근로기준법에 따라 임금 또는 평균임금을 결정하기 어렵다고 인정되면 고용노동부장관이 정하여 고시하는 금액을 해당 임금 또는 평균임금으로 한다(제2호). ★
  ㉢ 유족 : 사망한 자의 배우자(사실상 혼인관계에 있는 자를 포함한다. 이하 같다)·자녀·부모·손자녀·조부모 또는 형제자매를 말한다(제3호). ★
  ㉣ 치유 : 부상 또는 질병이 완치되거나 치료의 효과를 더 이상 기대할 수 없고 그 증상이 고정된 상태에 이르게 된 것을 말한다(제4호). ★
  ㉤ 장해 : 부상 또는 질병이 치유되었으나 정신적 또는 육체적 훼손으로 인하여 노동능력이 상실되거나 감소된 상태를 말한다(제5호). ★
  ㉥ 중증요양상태 : 업무상의 부상 또는 질병에 따른 정신적 또는 육체적 훼손으로 노동능력이 상실되거나 감소된 상태로서 그 부상 또는 질병이 치유되지 아니한 상태를 말한다(제6호). ★
  ㉦ 진폐 : 분진을 흡입하여 폐에 생기는 섬유증식성 변화를 주된 증상으로 하는 질병을 말한다(제7호). ★
  ㉧ 출퇴근 : 취업과 관련하여 주거와 취업장소 사이의 이동 또는 한 취업장소에서 다른 취업장소로의 이동을 말한다(제8호).

> **산업재해보상보험법상 보험급여의 종류(산업재해보상보험법 제36조 제1항)** 기출 21·19
> 1. 보험급여 : 요양급여, 휴업급여, 장해급여, 간병급여, 유족급여, 상병보상연금, 장례비, 직업재활급여
> 2. 진폐보험급여 : 요양급여, 간병급여, 장례비, 직업재활급여, 진폐보상연금, 진폐유족연금
> 3. 건강손상자녀에 대한 보험급여 : 요양급여, 장해급여, 간병급여, 장례비, 직업재활급여

핵심문제

01 근로자의 업무상 재해보상과 재해근로자의 재활 및 사회복귀를 촉진하고 이에 필요한 보험시설을 설치·운영하며 재해예방과 그 밖에 근로자의 복지증진을 위한 법률은? 기출 18

① 근로복지기본법
② 근로자퇴직급여보장법
③ 산업재해보상보험법
④ 임금채권보장법

[해설]
산업재해보상보험법에 대한 내용이다.

정답 ③

④ **적용 범위** : 이 법은 근로자를 사용하는 모든 사업 또는 사업장에 적용한다. 다만, 위험률·규모 및 장소 등을 고려하여 다음의 경우에는 이 법을 적용하지 아니한다(산업재해보상보험법 제6조, 동법 시행령 제2조 제1항).
  ㉠ 공무원 재해보상법 또는 군인 재해보상법에 따라 재해보상이 되는 사업. 다만 공무원재해보상법 제60조에 따라 순직유족급여 또는 위험직무순직유족급여에 관한 규정을 적용받는 경우는 제외한다(동법 시행령 제2조 제1항 제1호).
  ㉡ 선원법, 어선원 및 어선 재해보상보험법 또는 사립학교교직원 연금법에 따라 재해보상이 되는 사업(동법 시행령 제2조 제1항 제2호).
  ㉢ 가구 내 고용활동(동법 시행령 제2조 제1항 제4호) 기출 20
  ㉣ 농업, 임업(벌목업은 제외한다), 어업 및 수렵업 중 법인이 아닌 자의 사업으로서 상시근로자 수가 5명 미만인 사업(동법 시행령 제2조 제1항 제6호).

⑤ **보험관계의 성립·소멸** 기출 23 : 산업재해보상보험법에 따른 보험관계의 성립과 소멸에 대하여는 보험료징수법으로 정하는 바에 따른다(산업재해보상보험법 제7조).

⑥ **공단의 사업** 기출 23 : 근로복지공단은 다음 각호의 사업을 수행한다(산업재해보상보험법 제11조 제1항).
  ㉠ 보험가입자와 수급권자에 관한 기록의 관리·유지(제1호)
  ㉡ 보험료징수법에 따른 보험료와 그 밖의 징수금의 징수(제2호)
  ㉢ 보험급여의 결정과 지급(제3호)
  ㉣ 보험급여 결정 등에 관한 심사 청구의 심리·결정(제4호)
  ㉤ 산업재해보상보험 시설의 설치·운영(제5호)
  ㉥ 업무상 재해를 입은 근로자 등의 진료·요양 및 재활(제5호의2)
  ㉦ 재활보조기구의 연구개발·검정 및 보급(제5호의3)
  ㉧ 보험급여 결정 및 지급을 위한 업무상 질병 관련 연구(제5호의4)
  ㉨ 근로자 등의 건강을 유지·증진하기 위하여 필요한 건강진단 등 예방사업(제5호의5)
  ㉩ 근로자의 복지증진을 위한 사업(제6호)
  ㉪ 그 밖에 정부로부터 위탁받은 사업(제7호)
  ㉫ 제5호·제5호의2부터 제5호의5까지·제6호 및 제7호에 따른 사업에 딸린 사업(제8호)

⑦ **법인격** 기출 23 : 근로복지공단은 법인으로 한다(산업재해보상보험법 제12조).

⑧ **업무상 재해의 인정기준** 기출 15 : 근로자가 다음에 해당하는 사유로 부상·질병 또는 장해가 발생하거나 사망하면 업무상의 재해로 본다. 다만, 업무와 재해 사이에 상당인과관계가 없는 경우에는 그러하지 아니하다(산업재해보상보험법 제37조 제1항). 기출 22·20
  ㉠ 업무상 사고(제1호)
    • 근로자가 근로계약에 따른 업무나 그에 따르는 행위를 하던 중 발생한 사고(가목)
    • 사업주가 제공한 시설물 등을 이용하던 중 그 시설물 등의 결함이나 관리소홀로 발생한 사고(나목)★
    • 사업주가 주관하거나 사업주의 지시에 따라 참여한 행사나 행사준비 중에 발생한 사고(라목)★
    • 휴게시간 중 사업주의 지배관리하에 있다고 볼 수 있는 행위로 발생한 사고(마목)★
    • 그 밖에 업무와 관련하여 발생한 사고(바목)★

ⓒ 업무상 질병(제2호)
- 업무수행 과정에서 물리적 인자, 화학물질, 분진, 병원체, 신체에 부담을 주는 업무 등 근로자의 건강에 장해를 일으킬 수 있는 요인을 취급하거나 그에 노출되어 발생한 질병(가목)
- 업무상 부상이 원인이 되어 발생한 질병(나목)★
- 「근로기준법」 제76조의2에 따라 직장 내 괴롭힘, 고객의 폭언 등으로 인한 업무상 정신적 스트레스가 원인이 되어 발생한 질병(다목)
- 그 밖에 업무와 관련하여 발생한 질병(라목)

ⓒ 출퇴근 재해(제3호)
- 사업주가 제공한 교통수단이나 그에 준하는 교통수단을 이용하는 등 사업주의 지배관리하에서 출퇴근하는 중 발생한 사고(가목)★
- 그 밖에 통상적인 경로와 방법으로 출퇴근하는 중 발생한 사고(나목)★

> 근로자의 고의·자해행위나 범죄행위 또는 그것이 원인이 되어 발생한 부상·질병·장해 또는 사망은 업무상의 재해로 보지 아니한다. 다만, 그 부상·질병·장해 또는 사망이 정상적인 인식능력 등이 뚜렷하게 낮아진 상태에서 한 행위로 발생한 경우로서 대통령령으로 정하는 사유가 있으면 업무상의 재해로 본다(산업재해보상보험법 제37조 제2항). 기출 22

⑨ 유족급여
㉠ 유족급여는 근로자가 업무상의 사유로 사망한 경우에 유족에게 지급한다(산업재해보상보험법 제62조 제1항).
기출 22
㉡ 유족급여는 유족보상연금이나 유족보상일시금으로 하되, 유족보상일시금은 근로자가 사망할 당시 유족보상연금을 받을 수 있는 자격이 있는 사람이 없는 경우에 지급한다(산업재해보상보험법 제62조 제2항).
㉢ 유족보상연금을 받을 수 있는 자격이 있는 사람이 원하면 유족보상일시금의 100분의 50에 상당하는 금액을 일시금으로 지급하고 유족보상연금은 100분의 50을 감액하여 지급한다(산업재해보상보험법 제62조 제3항).

핵심문제

01 산업재해보상보험법에 관한 설명으로 옳은 것은? 기출 20
① 「산업재해보상보험법」은 가구 내 고용활동에는 적용되지 않는다.
② 「산업재해보상보험법」에 따른 산업재해보상보험 사업은 보건복지부장관이 관장한다.
③ 근로자의 업무와 상당인과관계가 없는 재해도 업무상 재해로 인정된다.
④ 사망한 자의 사실혼 관계에 있는 배우자는 유족급여 대상이 아니다.

[해설]
① (○) 산업재해보상보험법 제6조, 동법 시행령 제2조 제1항 제4호
② (×) 산업재해보상보험법에 따른 산업재해보상보험 사업은 고용노동부장관이 관장한다(산업재해보상보험법 제2조 제1항).
③ (×) 근로자의 업무와 상당인과관계가 없는 재해는 업무상 재해로 인정되지 않는다(산업재해보상보험법 제37조 제항 단서).
④ (×) 산업재해보상보험법 제64조 제1항 제2호의 반대해석상 사망한 자의 사실혼 관계에 있는 배우자는 재혼을 하지 않은 경우 유족보상연금 수급자격이 있으므로, 동법 제62조에 따라 유족급여의 대상이 된다.

정답 ①

⑩ 유족보상연금 수급자격자의 범위
　㉠ 유족보상연금 수급자격자는 근로자가 사망할 당시 그 근로자와 생계를 같이 하고 있던 유족(그 근로자가 사망할 당시 대한민국 국민이 아닌 사람으로서 외국에서 거주하고 있던 유족은 제외한다) 중 배우자와 다음의 어느 하나에 해당하는 사람으로 한다. 이 경우 근로자와 생계를 같이 하고 있던 유족의 판단기준은 대통령령으로 정한다(산업재해보상보험법 제63조 제1항).
　　• 부모 또는 조부모로서 각각 60세 이상인 사람(제1호)
　　• 자녀로서 25세 미만인 사람(제2호)
　　• 손자녀로서 25세 미만인 사람(제2호의2)
　　• 형제자매로서 19세 미만이거나 60세 이상인 사람(제3호)
　　• 제1호부터 제3호까지의 규정 중 어느 하나에 해당하지 아니하는 자녀·부모·손자녀·조부모 또는 형제자매로서「장애인복지법」제2조에 따른 장애인 중 고용노동부령으로 정한 장애 정도에 해당하는 사람(제4호)
　㉡ ㉠을 적용할 때 근로자가 사망할 당시 태아(胎兒)였던 자녀가 출생한 경우에는 출생한 때부터 장래에 향하여 근로자가 사망할 당시 그 근로자와 생계를 같이 하고 있던 유족으로 본다(산업재해보상보험법 제63조 제2항).
　㉢ 유족보상연금 수급자격자 중 유족보상연금을 받을 권리의 순위는 배우자·자녀·부모·손자녀·조부모 및 형제자매의 순서로 한다(산업재해보상보험법 제63조 제3항).

⑪ 유족보상연금 수급자격자의 자격상실과 지급정지 등
　㉠ 유족보상연금 수급자격권자인 유족이 다음의 어느 하나에 해당하면 그 자격을 잃는다(산업재해보상보험법 제64조 제1항).
　　• 사망한 경우(제1호)
　　• **재혼한 때**[사망한 근로자의 배우자만 해당하며, 재혼에는 사실상 혼인관계에 있는 경우를 포함한다](제2호) 기출 20
　　• 사망한 근로자와의 친족관계가 끝난 경우(제3호)
　　• 자녀가 25세가 된 때(제4호)
　　• 손자녀가 25세가 된 때(제4호의2)
　　• 형제자매가 19세가 된 때(제4호의3)
　　• 제63조 제1항 제4호에 따른 장애인이었던 사람으로서 그 장애상태가 해소된 경우(제5호)
　　• 근로자가 사망할 당시 대한민국 국민이었던 유족보상연금 수급자격자가 국적을 상실하고 외국에서 거주하고 있거나 외국에서 거주하기 위하여 출국하는 경우(제6호)
　　• 대한민국 국민이 아닌 유족보상연금 수급자격자가 외국에서 거주하기 위하여 출국하는 경우(제7호)
　㉡ 유족보상연금 수급권자가 그 자격을 잃은 경우에 유족보상연금을 받을 권리는 같은 순위자가 있으면 같은 순위자에게, 같은 순위자가 없으면 다음 순위자에게 이전된다(산업재해보상보험법 제64조 제2항).
　㉢ 유족보상연금 수급권자가 3개월 이상 행방불명이면 대통령령으로 정하는 바에 따라 연금 지급을 정지하고, 같은 순위자가 있으면 같은 순위자에게, 같은 순위자가 없으면 다음 순위자에게 유족보상연금을 지급한다(산업재해보상보험법 제64조 제3항).

⑫ 미지급의 보험급여
　㉠ 보험급여의 수급권자가 사망한 경우에 그 수급권자에게 지급하여야 할 보험급여로서 아직 지급되지 아니한 보험급여가 있으면 그 수급권자의 유족(유족급여의 경우에는 그 유족급여를 받을 수 있는 다른 유족)의 청구에 따라 그 보험급여를 지급한다(산업재해보상보험법 제81조 제1항). 기출 24
　㉡ 그 수급권자가 사망 전에 보험급여를 청구하지 아니하면 유족의 청구에 따라 그 보험급여를 지급한다(산업재해보상보험법 제81조 제2항).
⑬ 수급권의 보호(산업재해보상보험법 제88조)
　㉠ 근로자의 보험급여를 받을 권리는 퇴직하여도 소멸되지 아니한다(제1항).
　㉡ 보험급여를 받을 권리는 양도 또는 압류하거나 담보로 제공할 수 없다(제2항). 기출 24·22
　㉢ 제82조 제2항에 따라 지정된 보험급여수급계좌의 예금 중 대통령령으로 정하는 액수 이하의 금액에 관한 채권은 압류할 수 없다(제3항).
⑭ 공과금의 면제 : 보험급여로서 지급된 금품에 대하여는 국가나 지방자치단체의 공과금을 부과하지 아니한다(산업재해보상보험법 제91조). 기출 24

4. 국민건강보험법

① 목적 : 국민건강보험법은 국민의 질병·부상에 대한 예방·진단·치료·재활과 출산·사망 및 건강증진에 대하여 보험급여를 실시함으로써 국민보건 향상과 사회보장 증진에 이바지함을 목적으로 한다(국민건강보험법 제1조).

② 적용대상 등(국민건강보험법 제5조)
　㉠ 국내에 거주하는 모든 국민은 가입자 또는 피부양자가 된다. 다만, 의료급여 수급자 등은 제외된다(제1항). ★
　㉡ 피부양자 : 직장가입자에게 주로 생계를 의존하는 다음에 해당하는 사람으로서 소득 및 재산이 보건복지부령으로 정하는 기준 이하에 해당하는 사람(제2항)
　　• 직장가입자의 배우자(제1호)
　　• 직장가입자의 직계존속(배우자의 직계존속 포함)(제2호)
　　• 직장가입자의 직계비속(배우자의 직계비속 포함)과 그 배우자(제3호)
　　• 직장가입자의 형제·자매(제4호)

③ 가입자의 종류(국민건강보험법 제6조) ★

직장가입자	원칙적으로 모든 사업장의 근로자 및 사용자와 공무원 및 교직원
지역가입자	직장가입자와 그 피부양자를 제외한 가입자

④ 보험자 : 국민건강보험공단(국민건강보험법 제13조)

⑤ **요양급여**(국민건강보험법 제41조) : 가입자와 피부양자의 질병, 부상, 출산 등에 대하여 다음의 요양급여를 실시한다(제1항).
  ㉠ 진찰·검사(제1호)
  ㉡ 약제·치료재료의 지급(제2호)
  ㉢ 처치·수술 및 그 밖의 치료(제3호)
  ㉣ 예방·재활(제4호)
  ㉤ 입원(제5호)
  ㉥ 간호(제6호)
  ㉦ 이송(제7호)
⑥ **요양기관**(국민건강보험법 제42조) : 의료기관, 약국, 한국희귀·필수의약품센터, 보건소·보건의료원 및 보건지소, 보건진료소
⑦ **보험료의 부담**(국민건강보험법 제76조)

> **보험료의 부담(국민건강보험법 제76조)**
> ① 직장가입자의 보수월액보험료는 직장가입자와 다음 각호의 구분에 따른 자가 각각 보험료액의 100분의 50씩 부담한다. 다만, 직장가입자가 교직원으로서 사립학교에 근무하는 교원이면 보험료액은 그 직장가입자가 100분의 50을, 제3조 제2호 다목에 해당하는 사용자가 100분의 30을, 국가가 100분의 20을 각각 부담한다.
>   1. 직장가입자가 근로자인 경우에는 제3조 제2호 가목에 해당하는 사업주
>   2. 직장가입자가 공무원인 경우에는 그 공무원이 소속되어 있는 국가 또는 지방자치단체
>   3. 직장가입자가 교직원(사립학교에 근무하는 교원은 제외한다)인 경우에는 제3조 제2호 다목에 해당하는 사용자
> ② 직장가입자의 보수 외 소득월액보험료는 직장가입자가 부담한다. 〈개정 2024.2.6.〉
> ③ 지역가입자의 보험료는 그 가입자가 속한 세대의 지역가입자 전원이 연대하여 부담한다.
> ④ 직장가입자가 교직원인 경우 제3조 제2호 다목에 해당하는 사용자가 부담액 전부를 부담할 수 없으면 그 부족액을 학교에 속하는 회계에서 부담하게 할 수 있다.

핵심문제

01 국민건강보험법상의 요양급여가 아닌 것은?
① 입 원
② 상병수당
③ 약제·치료재료의 지급
④ 진찰·검사

[해설]
상병수당은 요양급여가 아니라 국민건강보험법 제50조에 의한 부가급여에 해당한다.

정답 ②

CHAPTER 07 행정법 일반

제1절 행정법의 개요

I 행정법의 의의

1. 행정법의 기본원리

① **법치행정의 원리** : 법치행정의 원리란 행정기관의 행정작용이 헌법과 법률에 적합하여야 한다는 것을 의미하며, 이를 행정의 법률적합성의 원칙이라 부르기도 한다. 행정의 법률적합성의 원칙은 '법률의 법규창조력', '법률우위의 원칙', '법률유보의 원칙'을 그 내용으로 한다. 기출 23 · 21

② **민주행정의 원리** : 민주행정의 원리란 국민주권의 원리에 부합하게 행정작용은 국민의 의사에 부합하는 방향으로 수행되어야 하고, 국민의 이익을 위해 추진되어야 한다는 것을 의미한다.

③ **복지행정의 원리** : 복지행정의 원리란 행정작용은 소극적으로 국민의 자유를 보장하는 데 그치는 것이 아니라, 적극적으로 국민의 인간다운 생활을 보장할 수 있도록 계획을 수립하고, 이를 추진해야 한다는 것을 의미한다.

④ **지방분권주의의 원리** : 지방분권주의의 원리란 모든 행정작용이 중앙정부의 통제하에 있는 것보다는 지방자치제도의 이념에 부합하도록 주민의 의사를 반영하고 지방의 특수상황을 고려한 행정작용이 이루어져야 한다는 것을 의미한다.

⑤ **사법국가주의의 원리** : 사법국가주의의 원리란 행정부가 아닌 일반법원에서 행정사건을 담당해야 한다는 것을 의미한다.

2. 행정법의 법원

행정법의 성문법원	헌법, 법률, 조약 및 국제법규, 법규명령, 행정규칙, 행정법의 일반원칙
행정법의 불문법원	행정관습법, 판례법

3. 행정법의 일반원칙 기출 24·23·22

① 의의 : 행정법의 일반원칙은 헌법과 정의의 관념에서 당연히 도출되는 행정법 해석의 기준이 되는 원칙(조리)을 말한다. 2021년 제정된 행정기본법에서 오랜기간 조리의 영역에서 설명되어온 행정법의 일반원칙을 명문화하였다.

② 헌법으로부터 도출되는 법의 일반원칙

평등원칙	불합리한 차별을 하여서는 안 된다는 원칙을 의미(행정기본법 제9조)
행정의 자기구속의 원칙	행정관행이 성립된 경우 행정청은 특별한 사정이 없는 한 동일한 사안에서 행정관행과 같은 결정을 하여야 한다는 원칙을 의미
비례의 원칙	행정작용에 있어서 행정목적과 행정수단 사이에는 합리적인 비례관계가 있어야 한다는 원칙을 의미(행정기본법 제10조)
신뢰보호의 원칙	행정기관의 어떠한 언동(言動)에 대해 국민이 신뢰를 갖게 된 경우 그 신뢰가 보호가치가 있는 경우 보호해 주어야 한다는 원칙을 의미(행정기본법 제12조)
적법절차의 원칙	개인의 권익을 제한하는 모든 국가작용은 적법절차에 따라 행해져야 한다는 원칙을 의미

③ 모든 법의 일반원칙

신의성실의 원칙	모든 사람은 공동체의 일원으로서 상대방의 신뢰를 헛되이 하지 않도록 성의 있게 행동하여야 한다는 원칙을 의미(행정기본법 제11조 제1항)
권한남용금지의 원칙	법치국가원리 내지 법치주의에 기초한 것으로서, 행정청은 행정권한을 남용하거나 그 권한의 범위를 넘어서는 안 된다는 원칙을 의미(행정기본법 제11조 제2항)

④ 기타 행정법상의 법의 일반원칙

부당결부금지의 원칙	행정기관이 행정권을 행사함에 있어서 그것과 실질적인 관련이 없는 반대급부를 결부시켜서는 안 된다는 원칙을 의미(행정기본법 제13조)
공익목적의 원칙	행정권은 공익목적을 위해 행사되어야 한다는 원칙을 의미
행정계속성의 원칙	행정서비스는 중단 없이 계속 제공되어야 한다는 원칙을 의미
보충성의 원칙	국가 등 행정주체는 사인이나 하위의 행정주체가 그들의 임무를 적정하게 수행하는 한 개입할 수 없고, 그 임무를 적정하게 수행하지 못해 공익상 개입할 필요가 있는 경우에 한하여 보충적으로 개입할 수 있다는 원칙을 의미

〈출처〉박균성, 「행정법강의」, 박영사, 2022, P. 27~49

Ⅱ 행정법 관계

1. 의 의

① 행정법관계 : 행정상의 법률관계 가운데에서 특히 행정법이 규율하는 법률관계를 말한다.
② 행정상의 법률관계 : 국가·지방자치단체와 같은 행정주체가 당사자로 되어 있는 모든 법률관계를 말한다.
③ 기타 제관계
  ㉠ 행정조직법적 관계와 행정작용법적 관계에서의 행정법관계만이 아니라 국고관계도 모두 포함된다. ★
  ㉡ 행정법관계도 본질적으로는 사법관계에서와 같은 권리·의무의 관계에 불과하나, 다만 행정법이 가지는 사법에 대한 특수성에 따라 사법관계에서와는 다른 법원리가 지배한다. ★

2. 성 질

① **권력관계**
  ㉠ 행정권의 주체에 대하여 우월한 지위를 인정하고, 그에 따르는 행위에 특수한 법적 효력이 인정되는 행정법관계이다.★
  ㉡ 특히 반대의 취지를 명백하게 규정하고 있지 않으면, 명문규정의 유무에 관계없이 원칙적으로 공법원리가 적용되며, 그에 대한 법적인 분쟁은 행정쟁송사항이 된다. 이를 본래적 공법관계라고도 한다.

② **관리관계**
  ㉠ 법이 공공복리의 실현을 위한 행정목적을 효율적으로 달성시키기 위하여 특수한 법적 규율을 인정하고 있는 행정법관계이다.
  ㉡ 본질적으로는 사법관계와 차이가 없으며, 특히 공법원리를 적용하기 위해서는 일반 사경제적 관계와 구별될 만한 공공성을 입증할 수 있는 실정법상의 근거가 있어야 한다.
  ㉢ 특별한 규정이 없는 한 사법원리가 적용되고, 그에 대한 법적인 분쟁도 민사소송사항이다. 이를 전래적 공법관계라고도 한다.★

③ **구별실익** : 행정법관계를 위와 같이 권력관계와 관리관계로 구별하는 것은, 실정법을 해석·적용하는 경우에 중요한 의미를 가지기 때문이다.

3. 행정법관계의 특수성

① **국가의사의 공정력★★** : 행정법관계에 있어서의 행정주체의 행위는 당연무효인 경우를 제외하고는 설혹 하자가 있는 경우라도 일단은 효력을 발생하며, 취소권이 있는 기관이 취소할 때까지는 아무도 그 효력을 부정할 수 없다.

> **공정력**
> 행정행위의 성립에 하자가 있는 경우에도 그것이 중대·명백하여 무효로 인정되는 경우를 제외하고는, 권한 있는 기관에 의하여 취소되기까지 유효한 것으로 통용되는 힘을 말한다.
>
> **불가변력**
> 행정행위가 발해진 이후 그 행정행위가 위법하거나 공익에 적합하지 않을 때에는 행정청은 직권에 의하여 이를 취소하거나 철회할 수 있는 것이 원칙이다. 그러나 일정한 경우 행정청 자신도 직권으로 자유로이 이를 취소·변경·철회할 수 없는 바, 이를 불가변력 또는 실질적 존속력이라고 한다.

② **국가의사의 확정력(불가쟁력)** : 행정주체의 행위는 설혹 다툴 수 있는 것이라도 그 공공성으로 인한 법적 안정을 위하여 일정한 기간이 경과된 후에는 그에 대하여 법적 분쟁을 할 수 없다.

> **불가쟁력**
> 행정행위의 상대방 기타 이해관계인은 원칙적으로 일정한 불복신청 기간 내에 행정쟁송을 통하여 행정행위의 효력을 다툴 수 있으나 쟁송제기기간이 경과하거나 법적 구제수단을 포기 또는 쟁송수단을 다 거친 후에는 더 이상 그에 대하여 다툴 수 없게 하는 행정행위의 효력을 말한다.

③ **국가의사의 강제력** : 행정주체의 의사에 위배되는 행위에 대하여는 법원을 거치지 않고 일단 행정청이 일정한 제재를 과하거나 당해 행정청에 의한 강제집행이 허용되는 것을 말한다. 행정청에 의한 제재는 행정상 의무의 위배에 대한 행정형벌 또는 질서벌(과태료)을 의미한다. 의무불이행에 대한 강제집행은 대집행이나 강제징수 등의 방법에 의한다. ★
④ **권리의무의 특수성** : 사법관계에 있어서의 권리·의무가 당사자의 상반되는 이해관계를 내용으로 하는데 반하여, 공법관계에서의 권리·의무는 공공복리나 사회질서의 유지라는 면에서 공통적이며 상대적이다. 따라서 그 이전이나 포기가 제한되거나 특별한 보호가 가하여진다. ★
⑤ **권리구제절차의 특수성**
  ㉠ 행정소송 : 행정소송의 관할은 민사소송과 같이 일반법원에 속하나, 임의적 행정심판전치주의가 선택되고, 행정법원이 제1심 법원이 되며, 소송절차 면에서도 많은 특례가 인정된다. ★★
  ㉡ 행정상의 손실보전 : 행정주체의 적법한 공권력작용으로 인하여 개인에게 '특별한 희생'이 생긴 때에는 행정상의 적정한 손실보상이, 공무원의 직무상의 불법행위 또는 공공시설의 설치·관리상의 하자로 말미암아 타인에게 손해를 끼친 때에는 국가배상법에 의한 행정상의 손해배상을 하여야 한다.

4. 행정주체 기출 22·20·19·15
① **의의** : 행정법관계에서 행정권을 행사하고 그 법적 효과가 궁극적으로 귀속되는 당사자를 말한다.
② **종 류**★★

	국 가	고유의 행정주체
공공단체	지방자치단체	일정한 구역을 기초로 그 구역 내의 모든 주민에 대해 지배권을 행사하는 공공단체로, 보통지방자치단체(특별시, 광역시, 특별자치시, 도 및 특별자치도와 기초자치단체인 시·군·자치구)와 특별지방자치단체(지방자치단체조합)가 있다.
	공공조합 (공사단)	특정한 국가목적을 위하여 설립된 인적 결합체에 법인격이 부여된 것으로, 농업협동조합, 산림조합, 상공회의소, 변호사회 등이 있다.
	공재단	국가나 지방자치단체가 공공 목적을 위하여 출연한 재산을 관리하기 위하여 설립된 공법상의 재단법인으로, 한국학중앙연구원 등이 있다.
	영조물법인	행정주체에 의하여 특정한 국가목적에 계속적으로 봉사하도록 정하여진 인적·물적 결합체로, 각종의 공사, 국책은행, 서울대학교병원, 적십자병원, 한국과학기술원 등이 있다.
공무수탁사인		국가나 지방자치단체로부터 공권(공행정사무)을 부여받아 자신의 이름으로 공권력을 행사하는 사인이나 사법인으로, 사인인 사업시행자, 학위를 수여하는 사립대학 총장, 선박항해 중인 선장, 별정우체국장 등이 있다.

5. 공권과 공의무

공 권	국가적 공권	행정주체가 우월한 지위에서 상대방인 개인 또는 단체에 대하여 가지는 권리로, 입법권, 경찰권, 형벌권, 재정권, 군정권, 공기업특권 등이 있다.
	개인적 공권	행정객체인 개인이 국가 등 행정주체에 대하여 직접 자기를 위하여 일정한 이익을 주장할 수 있는 법률상의 힘으로, 자유권, 수익권, 참정권, 무하자재량행사권, 행정개입청구권 등이 있다.
공의무	국가적 공의무	개인적 공권에 대응하여 국가 등 행정주체가 개인에 대하여 부담하는 의무로, 봉급지급의무, 국가배상지급의무, 손실보상지급의무 등이 있다.
	개인적 공의무	국가적 공권에 대응하여 개인이 국가 등 행정주체에 대하여 부담하는 의무로, 국방·납세·근로·교육의 의무 등이 있다.

제2절 행정조직법

I. 국가행정조직법

1. 의의
① 국가행정조직이란 국가의 행정을 담당하기 위하여 설치된 국가의 고유한 행정기관의 조직을 말하며, 넓게는 국가행정을 담당하는 모든 기관을, 좁게는 행정관청만을 국가행정기관이라 한다.
② 국가행정기관은 대통령을 정점으로 국무총리, 행정각부 및 그의 소속기관과 감사원 등으로 이루어져 있다.
③ 지역적 범위에 따라 중앙행정기관과 지방행정기관으로 구분된다.
④ 법률상의 지위, 권한, 주관사무의 종류와 내용 등을 표준으로 행정관청, 보조기관, 자문기관, 의결기관, 감사기관, 기업 및 공공시설기관으로 구분된다.

2. 지역적 범위에 따른 국가행정기관 기출 22·16·15·14

① 중앙행정조직
  ㉠ 국가의 중앙행정조직은 헌법에 기본적 규정이 있고(대통령, 국무총리, 국무회의, 행정각부 등), 국가행정조직에 관한 일반법인 정부조직법 및 개개의 특별법에 의하여 규정되고 있다.
  ㉡ 특별법으로서는 감사원법, 국가안전보장회의법, 국가정보원법, 의무경찰대법(의무경찰대 설치 및 운영에 관한 법률), 검찰청법 등이 있다.

정부조직법의 주요사항 기출 11
- **중앙행정기관의 설치와 조직** : 중앙행정기관의 설치와 직무범위는 법률로 정한다(정부조직법 제2조 제1항).
- **대통령의 행정감독권**
  - 대통령은 정부의 수반으로서 법령에 따라 모든 중앙행정기관의 장을 지휘·감독한다(정부조직법 제11조 제1항).
  - 대통령은 국무총리와 중앙행정기관의 장의 명령이나 처분이 위법 또는 부당하다고 인정하면 이를 중지 또는 취소할 수 있다(정부조직법 제11조 제2항). ★
- **대통령경호처** : 대통령 등의 경호를 담당하기 위하여 대통령경호처를 둔다(정부조직법 제16조 제1항).
- **국가정보원** : 국가안전보장에 관련되는 정보 및 보안에 관한 사무를 담당하기 위하여 대통령 소속으로 국가정보원을 둔다(정부조직법 제17조 제1항). ★
- **인사혁신처** : 공무원의 인사·윤리·복무 및 연금에 관한 사무를 관장하기 위하여 국무총리 소속으로 인사혁신처를 둔다(정부조직법 제22조의3 제1항).
- **법제처** : 국무회의에 상정될 법령안·조약안과 총리령안 및 부령안의 심사와 그 밖에 법제에 관한 사무를 전문적으로 관장하기 위하여 국무총리 소속으로 법제처를 둔다(정부조직법 제23조 제1항).
- **식품의약품안전처** : 식품 및 의약품의 안전에 관한 사무를 관장하기 위하여 국무총리 소속으로 식품의약품안전처를 둔다(정부조직법 제25조 제1항).
- **행정각부** : 대통령의 통할하에 기획재정부, 교육부, 과학기술정보통신부, 외교부, 통일부, 법무부, 국방부, 행정안전부, 국가보훈부, 문화체육관광부, 농림축산식품부, 산업통상자원부, 보건복지부, 환경부, 고용노동부, 여성가족부, 국토교통부, 해양수산부, 중소벤처기업부를 둔다(정부조직법 제26조 제1항). 기출 22

---

② 지방행정조직
  ㉠ **보통지방행정기관** : 지방자치단체의 장인 서울특별시장, 부산·인천·광주·대전·대구·울산광역시장, 도지사 및 시장, 군수 또는 그 하급기관인 구청장, 읍장, 면장 등에게 위임하여 행한다.
  ㉡ **특별지방행정기관** : 중앙행정기관이 그 소관사무를 분장하기 위하여 필요할 때에 특히 법률로 정한 경우를 제외하고는 대통령령으로 정하는 바에 따라 지방행정기관을 설치할 수 있다(정부조직법 제3조 제1항).

3. 법률상의 지위, 권한 등에 따른 국가행정기관 [기출] 24·20·16·15·14

① 행정관청
   ㉠ 행정관청이란 국가의사를 결정하여 이를 자기의 이름으로 외부에 표시하는 권한을 가진 행정기관을 말하며, 행정청은 국가뿐만 아니라 지방자치단체의 의사를 결정하여 자신의 이름으로 외부에 표시할 수 있는 권한을 가진 행정기관을 말한다.★★
   ㉡ 행정청은 구성원이 1인인 독임제 행정청(장관, 처장, 청장 및 지방자치단체의 장, 권한을 위임받은 행정기관)과 다수인인 합의제 행정청(선거관리위원회, 토지수용위원회, 도시계획위원회 등 각종 위원회)으로 구분할 수 있다.★
   ㉢ 행정관청은 국가의 의사를 결정하는 점에서 의결기관과 같으나, 그것을 외부에 표시할 수 있는 권한을 가진 점에서 의결기관과 다르다. 행정관청의 설치와 조직은 법으로 정한다.

② 보조기관★★ : 행정기관의 의사 또는 판단의 결정이나 표시를 보조함으로써 행정기관의 목적달성에 공헌하는 기관을 말한다(행정기관의 조직과 정원에 관한 통칙 제2조 제6호). 행정각부의 차관, 차장, 실장, 국장, 과장 등이 이에 해당한다. 보조기관의 설치 및 그 사무분장(分掌)은 법률로 정하여진 것을 제외하고는 대통령령으로 정한다(정부조직법 제2조 제4항 본문).

③ 보좌기관 : 행정기관이 그 기능을 원활하게 수행할 수 있도록 그 기관장이나 보조기관을 보좌함으로써 행정기관의 목적달성에 공헌하는 기관을 말한다(행정기관의 조직과 정원에 관한 통칙 제2조 제7호). 대통령실, 국무총리실, 행정 각부의 차관보, 담당관 등이 이에 해당한다.

④ 자문기관 : 부속기관 중 행정기관의 자문에 응하여 행정기관에 전문적인 의견을 제공하거나, 자문을 구하는 사항에 관하여 심의·조정·협의하는 등 행정기관의 의사결정에 도움을 주는 행정기관을 말한다(행정기관의 조직과 정원에 관한 통칙 제2조 제4호). 행정기관의 부속기관으로 위원회 또는 심의회 등 자문기관을 두는 경우에는 「행정기관 소속 위원회의 설치·운영에 관한 법률」 및 같은 법 시행령에서 정하는 바에 따른다(행정기관의 조직과 정원에 관한 통칙 제20조).

⑤ 의결기관 : 행정주체의 의사를 결정하는 권한만을 가지고 이를 외부에 표시할 권한은 없는 기관을 말한다. 의사결정에만 그친다는 점에서 외부에 표시할 권한을 가지는 행정청과 다르고, 단순한 자문적 의사의 제공에 그치는 자문기관과는 행정청을 구속한다는 점에 차이점이 있다(감사위원회, 소청심사위원회, 각종의 징계위원회 등). 의결기관의 설치는 법률에 근거해야 한다.

⑥ 집행기관 : 실력을 행사하여 행정청의 의사를 집행하는 기관을 말한다(경찰, 소방, 세무공무원 등).

⑦ 감사기관 : 행정기관의 회계처리 및 사무집행을 감시하고 검사하는 권한을 가진 기관을 말한다(감사원).

⑧ 공기업기관 : 국가기업의 경영을 담당하는 기관을 말한다.

⑨ 공공시설기관(영조물기관) : 공공시설(영조물)의 관리를 담당하는 기관을 말한다(국립병원, 국립대학, 국립도서관 등).

〈참고〉 박균성, 「행정법 강의」, 박영사, 2019, P. 922~924

> **행정청의 권한의 대리 등** 기출 21
> - **권한의 대리**란 행정청의 권한 전부나 일부를 다른 행정기관이 대리기관으로서 대신 행사하고, 그 법적 효과는 피대리청(행정청)의 행위로서 발생하는 것을 말한다.
> - **권한의 위임**이란 행정청이 법적 근거에 의하여 자신의 권한 일부를 다른 행정기관에 이전하면, 수임기관은 이전받은 권한을 자신의 권한으로서 행사하는 것을 말한다.
> - **대결**이란 행정청이나 기타 결재권자의 부재 또는 급박한 사고발생 시 그 직무를 대리하는 자가 대신 결재하고, 사후에 결재권자에게 보고하게 하는 것을 말한다.
> - **위임전결(내부위임)**이란 행정청이 보조기관 등에게 비교적 경미한 사무의 처리권한을 위임하여 보조기관 등이 행정청의 이름으로 그 권한을 행사하는 것을 말한다.
>
> 〈참고〉 정하중, 「행정법개론」, 법문사, 2020, P. 858~859

Ⅱ 자치행정조직법

1. 의 의
① 국가가 행정을 그 스스로 행하는 외에 일정한 독립된 법인, 즉 공공단체로 하여금 공공의 행정을 행하게 하는 경우를 자치행정이라고 한다.
② 보통 지방자치행정이라고 하며 자치행정의 주체에는 공공단체 및 공법인이 있다.

2. 공공단체★
① 공공단체란 국가로부터 그 존립의 목적이 부여된 공법상의 법인이다.
② 공공단체는 목적이 법률에 규정되고 설립조직이 강제되며, 국가적 공권 등이 부여되거나, 국가의 특별감독을 받는다.
③ 지방자치단체, 공공조합, 영조물법인, 즉 특정한 행정목적을 계속적으로 수행하기 위하여 독립된 인격이 부여된 공법상의 재단법인(한국조폐공사, 한국토지주택공사, 한국방송공사, 한국은행 등)이 있다.

3. 지방자치단체
① **의의** : 지방자치를 헌법적으로 보장하고 있으며(헌법 제117조, 제118조) 보통지방자치단체와 특별지방자치단체(지방자치단체조합)가 있다(지방자치법 제2조).
② **지방자치단체의 주민의 자격** : 당해 지방자치단체의 구역에 주소를 가진 자는 그 지방자치단체의 주민이 된다(지방자치법 제16조).
③ **지방자치단체의 사무** : 지방자치단체는 관할 구역의 자치사무와 법령에 따라 지방자치단체에 속하는 사무를 처리한다(지방자치법 제13조 제1항).
④ **권한★** : 자치입법권, 자치조직권, 자치행정권, 자치재정권을 가진다.

⑤ **종류 및 관할★**
  ㉠ 지방자치단체는 다음의 두 가지 종류로 구분한다(지방자치법 제2조 제1항·제3조 제2항).
    • 특별시, 광역시, 특별자치시·도, 특별자치도(정부의 직할로 둠)
    • 시(도 또는 특별자치도의 관할 구역 안에 둠)·군(광역시·도 또는 특별자치도의 관할 구역 안에 둠)·구(자치구는 특별시와 광역시의 관할 구역 안에 둠)
    • 다만, 특별자치도의 경우에는 법률이 정하는 바에 따라 관할 구역 안에 시 또는 군을 두지 아니할 수 있음
  ㉡ 특별시·광역시 또는 특별자치시가 아닌 인구 50만 이상의 시에는 자치구가 아닌 구를 둘 수 있고, 군에는 읍·면을 두며, 시와 구(자치구를 포함한다)에는 동을, 읍·면에는 리를 둔다(지방자치법 제3조 제3항).
  ㉢ 특별자치시와 관할 구역 안에 시 또는 군을 두지 아니하는 특별자치도의 하부행정기관에 관한 사항은 따로 법률로 정한다(지방자치법 제3조 제5항).
⑥ **기관★** : 단체의사를 결정하는 <u>의결기관인</u> 지방의회와 그것을 집행하는 <u>집행기관으로서</u> 일반행정집행기관인 자치단체의 장과 교육·학예 등의 집행기관인 <u>교육위원회·교육감</u>이 있다. 또 특별기관으로서 선거관리위원회 등이 있다.
⑦ 지방자치단체에 대한 국가의 지도·감독
  ㉠ 지방자치법상 국가의 '감독'은 입법권·사법권에 의한 '합법성의 감독'으로서 국가의 일반적인 권력적·후견적 감독은 아니다. <u>그러나 수임사무의 처리에는 일반적인 지휘·감독권이 인정된다.</u>★
  ㉡ 국가의 감독은 입법기관(법률제정과 국정조사권 등)에 의한 감독, 사법기관(재판에 의한 간접감독)에 의한 감독, 행정기관에 의한 감독, 행정상 쟁송의 재결 등의 방법에 의한 감독, 행정적 감독(사무감독, 보고, 승인, 명령·지정, 명령 처분의 취소·정지, 징계요구 등)이 있다.

4. **지방자치기관의 권한★**
  ① **지방자치단체장의 권한** : 통할대표권(지방자치법 제114조), 사무관리 및 집행권(지방자치법 제116조), 국가사무의 위임(지방자치법 제115조), 행정의 지휘·감독권 및 소속직원의 임면권(지방자치법 제118조), 주민투표부의권(지방자치법 제18조 제1항), 규칙제정권(지방자치법 제20조 제1항 해석상) 등이 있다.
  ② **지방의회의 권한** : 의결권(지방자치법 제47조 제1항), 출석답변요구권(지방자치법 제49조 제4항 등), 선거권(지방자치법 제57조 제1항·제2항), 자율권, 지방의회의원의 자격심사 및 제명권(지방자치법 제91조), 행정의 감사·조사권(지방자치법 제49조 제1항), 청원심사처리권(지방자치법 제87조), 조례제정권(지방자치법 제47조 제1항) 등이 있다.

5. **주민의 권리와 의무**
  ① **주민의 권리** 기출 13 : 소속재산 및 공공시설이용권, 균등한 행정혜택을 받을 권리(지방자치법 제17조 제2항), 선거권과 피선거권(지방자치법 제17조 제3항), 주민투표권(지방자치법 제18조 제2항, 주민투표법 제5조), 지방의회에의 청원권(지방자치법 제85조 제1항), 행정쟁송권과 손해배상청구권, 손실보상청구권 등이 있다.
  ② **주민의 의무** : 주민은 법령으로 정하는 바에 따라 소속 지방자치단체의 비용을 분담하여야 하는 의무를 진다(지방자치법 제27조).

Ⅲ 공무원

1. 공무원의 개념

공무원법에서의 공무원	국가의 고용인(雇傭人)으로서 국가공무를 담당하는 자를 말한다.
최광의의 공무원	일체의 공무담당자이며, 국가배상법상의 공무원이 이에 해당한다.
광의의 공무원	국가 또는 자치단체와 공법상 근무관계를 맺고 공무를 담당하는 기관구성자이다.
협의의 공무원	국가 또는 자치단체와 특별권력관계를 맺고 공무를 담당하는 기관구성자이다.

2. 공무원의 권리 기출 13

① 신분상의 권리 : 공무원은 법령이 정하는 사유와 절차에 의하지 않고는 그 신분과 직위로부터 일방적으로 배제되거나 그 직위에 속하는 직무의 집행을 방해당하지 아니하는 권리를 가진다(국가공무원법 제68조 본문). 신분보유권, 직위보유권, 직무집행권, 직명사용권, 제복착용권, 쟁송제기권 등이 있다.

② 재산상의 권리 : 봉급청구권, 연금청구권 및 실비변상청구권 등이 있다.

3. 공무원의 의무 기출 14

① 성실의무(국가공무원법 제56조) : 공법상 근무관계의 기본적 특질이며 윤리성을 그 본질로 한다. 따라서 단순한 고용관계에 있어서의 노무급부의무와 구별된다.

② 직무상 의무
   ㉠ 법령준수의무(국가공무원법 제56조)·복종의무(국가공무원법 제57조) : 복종의무는 소속 상관에 대한 의무로서 그를 위반하면 징계사유가 된다. 그러나 직무명령이 법규는 아니므로 위법은 아니다. 직무명령이 중대하고 명백한 법령위반으로 절대무효라고 판단되는 경우 외에는, 즉 단순히 법령해석상의 차이에 불과한 경우나 직무명령이 다소 부당하다고 인정되어도 그에 기속되어야 한다. 직무명령이 상급상관끼리 경합되면 직근 상관의 명령에 복종하여야 한다.
   ㉡ 직무전념의무 : 직장이탈금지(국가공무원법 제58조), 영리 업무·겸직의 금지(국가공무원법 제64조), 영예의 제한(국가공무원법 제62조), 정치운동금지(국가공무원법 제65조), 집단행위금지(국가공무원법 제66조) 등의 의무가 있다.
   ㉢ 기타 : 친절·공정의무(국가공무원법 제59조), 비밀엄수의무(국가공무원법 제60조) 등이 있다.

③ 품위유지의무 : 특히 경제적 청렴의무를 포함한다. 그러나 단순한 공무원의 사생활까지는 미치지 아니한다. ★

핵심문제

01 국가공무원법에 명시된 공무원의 복무의무가 아닌 것은? 기출 14

① 범죄고발의 의무 ② 친절·공정의 의무
③ 비밀엄수의 의무 ④ 정치운동의 금지

[해설]
① (×) 공무원의 범죄고발의 의무는 형사소송법상의 의무이다(형사소송법 제234조 제2항).
② (○) 국가공무원법 제59조
③ (○) 국가공무원법 제60조
④ (○) 국가공무원법 제65조

정답 ①

4. 공무원의 결격사유(국가공무원법 제33조) ★★

다음의 어느 하나에 해당하는 자는 공무원으로 임용될 수 없다. 〈개정 2024.12.31.〉

① 피성년후견인(제1호)
② 파산선고를 받고 복권되지 아니한 자(제2호)
③ 금고 이상의 실형을 선고받고 그 집행이 끝나거나(집행이 끝난 것으로 보는 경우를 포함한다) 집행이 면제된 날부터 5년이 지나지 아니한 자(제3호)
④ 금고 이상의 형의 집행유예를 선고받고 그 유예기간이 끝난 날부터 2년이 지나지 아니한 자(제4호)
⑤ 금고 이상의 형의 선고유예를 받은 경우에 그 선고유예 기간 중에 있는 자(제5호)
⑥ 법원의 판결 또는 다른 법률에 따라 자격이 상실되거나 정지된 자(제6호)
⑦ 공무원으로 재직기간 중 직무와 관련하여 「형법」 제355조 및 제356조에 규정된 죄를 범한 자로서 300만원 이상의 벌금형을 선고받고 그 형이 확정된 후 2년이 지나지 아니한 자(제6호의2)
⑧ 다음 각목의 어느 하나에 해당하는 죄를 범한 사람으로서 100만원 이상의 벌금형을 선고받고 그 형이 확정된 후 3년이 지나지 아니한 사람(제6호의3)
　㉠ 「성폭력범죄의 처벌 등에 관한 특례법」 제2조에 따른 성폭력범죄(가목)
　㉡ 「정보통신망 이용촉진 및 정보보호 등에 관한 법률」 제74조 제1항 제2호 및 제3호에 규정된 죄(나목)
　㉢ 「스토킹범죄의 처벌 등에 관한 법률」 제2조 제2호에 따른 스토킹범죄(다목)
⑨ 미성년자에 대하여 「성폭력범죄의 처벌 등에 관한 특례법」 제2조에 따른 성폭력범죄 또는 「아동·청소년의 성보호에 관한 법률」 제2조 제2호에 따른 아동·청소년대상 성범죄를 범한 사람으로서 다음 각목의 어느 하나에 해당하는 날부터 20년이 지나지 아니한 사람(제6호의4)
　㉠ 금고 이상의 실형을 선고받고 그 집행이 끝나거나(집행이 끝난 것으로 보는 경우를 포함한다) 집행이 면제된 날(가목)
　㉡ 금고 이상의 형의 집행유예를 선고받고 그 집행유예가 확정된 날(나목)
　㉢ 벌금 이하의 형을 선고받고 그 형이 확정된 날(다목)
　㉣ 치료감호를 선고받고 그 집행이 끝나거나 집행이 면제된 날(라목)
　㉤ 징계로 파면처분 또는 해임처분을 받은 날(마목)
⑩ 징계로 파면처분을 받은 때부터 5년이 지나지 아니한 자(제7호)
⑪ 징계로 해임처분을 받은 때부터 3년이 지나지 아니한 자(제8호)

[2024.12.31. 법률 제20627호에 의하여 2022.11.24. 헌법재판소에서 헌법불합치 결정된 이 조를 개정함.]

5. 공무원의 징계

① **징계사유**(국가공무원법 제78조 제1항)
　㉠ 국가공무원법 및 국가공무원법에 따른 명령을 위반한 경우(제1호)
　㉡ 직무상의 의무(다른 법령에서 공무원의 신분으로 인하여 부과된 의무를 포함한다)를 위반하거나 직무를 태만히 한 때(제2호)
　㉢ 직무의 내외를 불문하고 그 체면 또는 위신을 손상하는 행위를 한 때(제3호)
② **징계의 종류** 기출 12 : 파면, 해임, 강등, 정직, 감봉, 견책(국가공무원법 제79조)

제3절 행정작용법

I 행정입법

1. 행정입법의 개념
① 행정입법이란 행정권이 법조의 형식으로 일반적, 추상적 규율을 제정하는 작용 또는 그에 의하여 제정된 법규정을 의미한다.
② 행정입법에는 국가행정권에 의한 입법(대통령령, 총리령, 부령)과 자치입법이 있으며, 전자에는 법규의 성질을 가지는 법규명령과 그렇지 않은 행정규칙이 있고, 후자에는 제정주체에 따라 조례·규칙·교육규칙이 있다.

2. 법규명령
① 법규명령의 의의 : 법률의 위임에 의하여 또는 법률을 집행하기 위하여 행정권에 의하여 제정되는 일반적, 추상적 규율로서 대외적인 효력이 있다. 즉 법규의 성질을 가진다.
② 법규명령의 종류
  ㉠ 법률에 대한 관계를 기준 : 위임명령과 독립명령(헌법상 대통령의 긴급재정경제명령 및 긴급명령)
  ㉡ 수권의 근거를 기준 : 직권명령과 위임명령
  ㉢ 규정사항의 내용을 기준 : 위임명령과 집행명령
  ㉣ 권한의 소재를 기준 : 대통령령·총리령·부령, 기타 중앙선거관리위원회의 규칙 등

3. 행정규칙 기출 23
① 의의 및 성질 : 상급행정청이 하급행정청이나 보조기관을 수범자로 하여 그의 임무 수행과 조직에 관하여 발하는 일반적, 추상적 규율로서 대외적인 효력이 없고(법규의 성질이 없고) 행정조직의 내부에만 효력이 있다.
② 근거 : 특별한 법률의 수권 없이도 행정권의 당연한 기능으로서 제정할 수 있다. 다만 특정의 고시·훈령 등 법규의 보충명령의 성질이 있는 것은 그 법규의 구체적인 위임이 필요하다.★
③ 종류 : 조직규칙(사무분장규정·처무규정 등), 근무규칙(훈령·통첩 등), 영조물규칙(국·공립대학교 학칙 등), 감독규칙(법관계의 내용에 따른 분류) 등이 있다.

4. 자치입법
행정입법의 한 종류로서 조례·규칙·교육규칙 등이 있다.

Ⅱ 행정행위(행정처분)

1. 행정행위의 개념
① 행정행위는 일반적으로 행정주체가 구체적인 사실에 대한 법집행으로서 행하는 권력적 단독행위로서 공법행위를 의미한다. 학문상 용어인 행정행위는 실정법이나 실무상 사용되는 개념은 아니며, 처분이나 행정처분이라는 개념이 실무에서 사용된다.
② 실정법상으로 인가, 허가, 면허, 결정, 재결 등의 명칭으로 불리고 있다.

2. 행정행위의 종류 기출 19·12·11
① **법률행위적·준법률행위적 행정행위**(행위의 구성요소 내지 법률적 효과의 발생원인에 따른 분류)
  ㉠ **법률행위적 행정행위** : 의사표시를 구성요소로 하고 그 의사의 내용에 따라 법률적 효과가 발생하는 행위이다(허가·하명·면제·특허·대리 등).
  ㉡ **준법률행위적 행정행위** : 의사표시 이외의 정신작용(인식·관념 등) 등의 표시를 요소로 하고 그 법률적 효과는 행위자의 의사 여하를 불문하고 직접 법규가 정하는 바에 따라 발생하는 행위이다(확인·공증·통지·수리 등).
② **기속행위와 재량행위**(법규의 구속 정도에 따른 분류)
  ㉠ **기속행위** : 법규가 행정주체에 대하여 어떠한 재량의 여지를 주지 아니하고 오직 그 법규를 집행하도록 하는 경우의 행정행위를 말한다(조세부과행위).
  ㉡ **재량행위** : 법규가 행정기관에게 어느 범위까지 판단의 자유를 허용하는 경우의 행정행위를 말한다. 법치주의원칙 아래에서 이는 공익이나 행정의 구체적 타당성을 위한 것으로 이 구분은 어디까지나 상대적이다.
③ **수익적·침익적·복효적 행정행위**(상대방에 대한 효과에 따른 분류)
  ㉠ **수익적 행정행위** : 상대방에게 권리·이익의 부여, 권리에 대한 제한의 철폐 등 유리한 효과를 발생시키는 행정행위로 법률유보원칙이 완화되어 적용되는 특색을 보이며, 특허행위, 각종 급부제공행위 등이 해당된다.
  ㉡ **침익적 행정행위** : 상대방에게 의무를 부과하거나 권리·이익을 침해·제한하는 등의 불이익한 효과를 발생시키는 행정행위로 명령, 금지, 박권행위, 수익적 행정행위의 취소나 철회 등이 있다. 부과적 행정행위, 불이익처분이라고도 한다.
  ㉢ **복효적 행정행위** : 상대방에 대해서는 수익적이나, 제3자에 대해서는 침익적으로 작용하거나 또는 그 역으로 작용하는 행위를 말한다(이를 제3자효적 행정행위라고도 한다). 예컨대, 甲에게 공해공장 건축허가를 하면 허가라는 하나의 행위가 甲에게는 이익이 되지만 인근주민에게는 불이익이 되는 경우이다.

④ 대인적·대물적·혼합적 행정행위(대상에 따른 분류)
  ⊙ 대인적 행정행위 : 순전히 사람의 학식, 기술, 경험과 같은 주관적 사정에 착안하여 행하여지는 행정행위를 말한다(의사면허, 운전면허, 인간문화재지정 등).
  ⓒ 대물적 행정행위 : 물건의 객관적 사정에 착안하여 행하여지는 행정행위를 말한다(자동차검사증교부, 건물준공검사, 자연공원지정, 물적 문화재지정, 목욕탕 영업허가 등).
  ⓒ 혼합적 행정행위 : 인적·주관적 사정과 물적·객관적 사정을 모두 고려하여 행하여지는 행정행위를 말한다(중개업허가, 가스·석유 사업허가, 화학류 영업허가, 약국 영업허가 등).
⑤ 단독(독립)적·쌍방적 행정행위(상대방의 협력 여부에 따른 분류)
  ⊙ 단독적 행정행위 : 상대방의 협력을 요건으로 하지 않는 행정행위로서 일방적 행정행위, 협의의 단독행위, 직권행위라고도 한다(조세부과, 경찰하명, 허가의 취소, 공무원의 징계 등).
  ⓒ 쌍방적 행정행위 : 상대방의 협력을 요건(유효요건 또는 적법요건)으로 하는 행정행위로서 허가, 인가, 특허와 같이 상대방의 신청을 요하는 행위와 공무원임명과 같이 상대방의 동의를 요하는 행위가 있으며, 신청 등이 없이 행한 행정행위는 무효로 된다.★
⑥ 요식행위와 불요식행위(형식의 요부에 따른 분류)
  ⊙ 요식행위 : 관계법령이 일정한 서식, 날인, 기타 일정한 형식을 요하는 행정행위이다(납세고지서발부, 징집영장발부, 대집행계고, 대집행영장통지, 독촉).
  ⓒ 불요식행위 : 일정한 형식을 요하지 않는 행정행위로서 원칙적인 형태이다.★

핵심문제

01 행정주체가 국민에 대하여 명령·강제하고, 권리나 이익(利益)을 부여하는 등 법을 집행하는 행위를 무엇이라고 하는가? [기출]

① 행정조직　　　　　　　　② 행정처분
③ 행정구제　　　　　　　　④ 행정강제

[해설]
행정행위는 학문상의 용어이고, 실제로는 행정처분이라는 말을 사용한다.

정답 ②

02 甲에게 수익적이지만 동시에 乙에게는 침익적인 결과를 발생시키는 행정행위는? [기출] 19

① 대인적 행정행위　　　　② 혼합적 행정행위
③ 복효적 행정행위　　　　④ 대물적 행정행위

[해설]
상대방에 대해서는 수익적이나, 제3자에 대해서는 침익적으로 작용하거나 또는 그 역으로 작용하는 행위를 말한다(이를 제3자효적 행정행위라고도 한다).

정답 ③

3. 행정행위의 내용 기출 24·23·20·19·16·13

① **법률행위적 행정행위** : 의사표시를 구성요소로 하고 그 의사의 내용에 따라 법률적 효과가 발생하는 행위이다.

㉠ **명령적 행정행위** : 국민에게 특정한 의무를 명하여 자연적 자유를 제한하거나, 부과된 의무를 해제하여 자연적 자유를 회복시키는 행위★

하 명	일정한 행정목적을 위하여 개인에게 작위·부작위·지급·수인의 의무를 과하는 행정행위로서 특히 부작위의 의무를 과하는 하명을 금지라고도 한다.
허 가 기출 20	일반적 금지를 특정한 경우에 해제하여 적법하게 그 행위를 할 수 있도록 자연의 자유를 회복하여 주는 행정행위이다. 허가의 효과는 일반적으로 과하여진 부작위의무의 소멸이므로 적극적으로 새로운 권리를 설정하는 것은 아니다.
면 제	법령 또는 그에 의거한 행정행위에 의하여 일반적으로 과하여진 작위·지급·수인의 의무를 특정한 경우에 소멸시키는 행정행위이다. 그 면제하는 의무가 부작위는 아닌 점이 허가와 구별된다.

㉡ **형성적 행정행위** : 행정객체에게 특정한 권리나 능력 등의 법률상 힘이나 포괄적 법률관계, 기타 법률상 힘을 형성시키는 법률행위★

특 허 기출 20	특정인에게 일정한 권리·권력 또는 포괄적 법률관계를 설정·변경·소멸시키는 행정행위이다. 특허를 받은 자는 특허된 법률상의 힘을 제3자에 대하여 법적으로 주장·행사할 수 있으며, 특허에 대한 침해는 권리의 침해가 된다.
인 가 기출 20	개인이 제3자와의 관계에서 하는 법률적 행위를 보충함으로써 그 법률적 행위의 효력을 완성시켜 주는 행정행위이다(보충적 행정행위). 인가는 행정객체의 출원을 전제로 해서만 행하여질 수 있다.
대 리	타인이 하여야 할 행위를 행정청이 갈음하여 함으로써 본인이 한 것과 같은 법적 효과를 발생시키는 행정행위이다. 이는 사법상의 대리나 행정관청의 대리와는 달리 법정대리라 할 수 있다.

핵심문제

01 법령에 의하여 부여된 작위의무, 수인의무, 급부의무를 특정한 경우에 해제하여 주는 행정행위는? 기출 13

① 허 가
② 특 허
③ 면 제
④ 인 가

[해설]
③ (○) 법령 또는 그에 의거한 행정행위에 의하여 일반적으로 과하여진 작위·지급·수인의무를 특정한 경우에 소멸시키는 행정행위를 면제라 한다.
① (×) 법령에 의하여 일반적으로 금지되어 있는 행위를 특정의 경우에 특정인에 대하여 해제하는 행정처분을 허가라고 한다.
② (×) 특정인에 대하여 일정한 법률적 권리나 능력, 포괄적 법률관계를 설정하는 설권적·형성적 행정행위를 특허라고 한다.
④ (×) 제3자의 법률행위를 보충하여 그 법률상 효력을 완성시켜 주는 행정행위를 인가라고 한다.

정답 ③

② **준법률행위적 행정행위★** : 의사표시 이외의 정신작용(인식·관념 등) 등의 표시를 요소로 하고 그 법률적 효과는 행위자의 의사 여하를 불문하고 직접 법규가 정하는 바에 따라 발생하는 행위

확 인 기출 20	특정한 법률사실 또는 법률관계의 존부(存否)·정부(正否)에 관하여 의문이나 분쟁이 있는 경우에 행정청이 이를 공권적으로 판단·확정하는 행정행위이다.
공 증	특정한 법률관계의 존재를 공적으로 증명하는 행정행위이다. 공증은 이러한 것에 공적인 증거력을 발생시킨다.
통 지	특정인 또는 불특정다수인에 대하여 특정한 사실을 알리는 행정행위이다. 통지의 효과는 직접 법령에 의하여 발생한다.
수 리	타인의 행위를 유효하게 수령하는 행위이다.

법률행위적 행정행위와 준법률행위적 행정행위★★ 기출 23

법률행위적 행정행위	명령적 행위	하명, 허가, 면제 🔑 하·허·면
	형성적 행위	특허, 인가, 대리 🔑 특·임(인)·대
준법률행위적 행정행위		확인, 공증, 통지, 수리 🔑 공·통·수·확

4. 행정행위의 성립과 효력발생요건

① **행정행위의 성립요건★**
  ㉠ 주체 : 행정행위는 정당한 권한을 가지는 행정청에 의하여야 하고, 적법하게 구성된 행정기관의 정상적인 의사에 의한 것이어야 한다. 또한, 타기관과의 협력이 요구된 경우에는 소정의 협력이 있어야 하고, 권한 내의 사항에 관한 행위를 하여야 한다.
  ㉡ 내용 : 법률상·사실상 실현가능하고 객관적으로 명확해야 한다. 또한 법령과 공익에 부합되어야 하며 절차와 형식을 갖추어야 한다.

② **행정행위의 효력발생요건★** : 보통 법규나 부관에 특별한 규정이 없는 한 성립과 동시에 발생하나 수령을 요하는 행정행위는 상대방에 도달함으로써 발생한다.

🎓 핵심문제

01 행정행위에 관한 설명으로 옳지 않은 것은? 기출 14
① 내용이 명확하고 실현가능하여야 한다.
② 법률상 절차와 형식을 갖출 필요는 없다.
③ 법률의 규정에 위배되지 않아야 한다.
④ 정당한 권한을 가진 자의 행위라야 한다.

【해설】
행정행위는 법률에 근거를 두어야 하고(법률유보), 법령에 반하지 않아야 한다(법률우위). 따라서 법률상의 절차와 형식을 갖추어야 한다.

정답 ②

5. 행정행위의 부관 기출 22·21·19

① 부관의 의의★ : 행정청에 의해 주된 행정행위에 부가된 종된 규율이다.

② 부관의 종류

조 건	행정행위의 효력의 발생 또는 소멸을 발생이 불확실한 장래의 사실에 의존하게 하는 부관으로서, 조건 성취에 의하여 당연히 효력을 발생하게 하는 정지조건과 당연히 그 효력을 상실하게 하는 해제조건이 있다.
기 한	행정행위의 효력의 발생 또는 소멸을 장래의 발생이 확실한 사실에 의존시키는 부관으로서, 기한의 도래로 행정행위가 당연히 효력을 발생하는 시기와 당연히 효력을 상실하는 종기가 있다.
부 담	행정행위의 주된 내용에 부가하여 그 상대방에게 작위·부작위·급부·수인의무를 부과하는 부관으로서, 부담은 다른 부관과 달리 그 자체가 행정행위이며, 독립하여 항고소송의 대상이 될 수 있다.
철회권의 유보	행정행위를 행함에 있어 일정한 경우에는 행정행위를 철회(변경)할 수 있음을 정한 부관이다(숙박업 허가를 하면서 성매매행위를 하면 허가를 취소한다는 경우).

6. 행정행위의 무효 기출 15

① 의의★ : 행정행위가 중대하고 명백한 하자로 인하여 행정행위로서의 외형은 존재하나 처음부터 당연히 행정행위로서의 효력이 발생하지 못하는 것을 말한다.

② 무효의 원인 : 실정법적 규정이 없기 때문에 학설과 판례에 의한다.

주체상의 하자	정당한 권한을 가지지 아니하는 행정기관의 행위는 무효이다. 즉, 공무원이 아닌 자의 행위, 적법하게 구성되지 아니한 합의제 행정기관의 행위, 타기관의 필요적 협력을 받지 아니하고 한 행위 등이 이에 해당된다. 행정기관의 권한 외의 행위는 원칙적으로 무효이다. 행정기관의 정상의 의사에 의하지 아니한 행위, 즉 전혀 의사 없이 한 행위나 의사결정에 하자 있는 행위 등이 그것이다.
내용상의 하자	내용이 불분명하거나 실현이 불가능한 행위로서 사실상 불능인 행위와 법률상 불능인 행위가 있다.
절차상의 하자	법률상 필요한 상대방의 신청이나 동의가 없는 행위, 필요적 고지 없이 한 행위, 소정의 청문, 기타 의견진술의 기회를 부여하지 아니하고 한 행위, 이해관계인의 필요적인 참여 없이 한 행위 등이다.
형식상의 하자	서면에 의하지 아니한 행위, 필요적 기재가 없는 행위, 행정기관의 서명·날인이 없는 행위 등이 있다.

핵심문제

01 행정행위의 부관에 해당하지 않는 것은? 기출

① 조 건
② 철 회
③ 부 담
④ 기 한

[해설]
부관은 행정행위의 일반적인 효과를 제한하기 위하여 주된 의사표시에 붙여진 종된 의사표시인데, 철회는 주된 의사표시이다.

정답 ②

7. 행정행위의 취소 [기출 15]

① 의 의★
- ㉠ 행정행위의 취소 : 그 성립에 흠이 있음에도 불구하고 일단 유효하게 성립한 행정행위에 대하여 그 성립에 흠이 있음을 이유로 권한 있는 기관이 그 효력의 전부 또는 일부를 원칙적으로 행위시로 소급하여 상실시키는 행위를 말한다.
- ㉡ 철회와의 구별 : 철회는 아무런 흠이 없이 유효·적법하게 성립한 행정행위에 대하여 그 효력을 존속시킬 수 없는 새로운 사유의 발생을 이유로 효력의 전부 또는 일부를 장래에 향해 소멸시키는 행위를 말한다. 즉, 행정행위의 성립에 흠의 유무에 따라 구별된다.

> **무효와 취소의 구별기준**
> 하자 있는 행정처분이 당연무효가 되기 위하여는 그 하자가 법규의 중요한 부분을 위반한 중대한 것으로서 객관적으로 명백한 것이어야 하며, 하자가 중대하고 명백한 것인지 여부를 판별함에 있어서는 그 법규의 목적, 의미, 기능 등을 목적론적으로 고찰함과 동시에 구체적 사안 자체의 특수성에 관하여도 합리적으로 고찰함을 요한다.★

② 종류 : 법원에 의한 취소와 행정청에 의한 취소, 쟁송취소와 직권취소, 수익적 행정행위의 취소와 부과적 행정행위의 취소 등으로 나눌 수 있다.

③ 취소권자 : 직권취소는 정당한 권한을 가진 처분청과 감독청이, 쟁송취소는 행정청 외의 법원과 예외적으로 제3기관(소청심사위원회·국세심판소)이 있다.★

④ 취소사유 : 단순위법(경미한 법규위반 및 조리법위반)이나 부당(공익위반)의 경우에도 취소사유가 된다(부당은 행정심판에서의 취소사유에만 해당).

⑤ 취소의 제한★
- ㉠ 수익적 행정행위에 있어서는 법적 안정성 및 법률적합성원리에서 신뢰보호원칙으로 바뀌고 있다.
- ㉡ 직권취소에 있어서는 취소에 의해서 달성하려는 공익상의 필요와 상대방 또는 제3자의 신뢰보호와 법률생활안정·기득권존중 등의 요청을 비교 형량하여 구체적으로 타당성 있게 결정해야 한다.

⑥ 취소의 절차 : 직권취소의 경우, 그에 관한 규정이 없는 것이 보통이나, 쟁송취소의 경우에는 행정심판법(재결)·행정소송법(판결) 등의 형식에 의한다.

⑦ 취소의 효과 : 직권취소는 그 소급 여부가 구체적인 이익형량에 따라 다르며 확정력이 발생하지 아니한다. 그러나 쟁송취소는 원칙적으로 기왕에 소급한다.★

핵심문제

01 행정행위의 취소에 대한 설명 중 옳지 않은 것은?

① 쟁송취소의 경우 그에 관한 규정이 없는 것이 보통이다.
② 직권취소는 정당한 권한을 가진 처분청과 감독청이 한다.
③ 쟁송취소는 행정청 외의 법원과 예외적으로 소청심사위원회 등 제3기관이 있다.
④ 직권취소는 그 소급 여부가 구체적인 이익형량에 따라 다르며 확정력이 발생하지 아니한다.

[해설]
직권취소의 경우 그에 관한 규정이 없는 것이 보통이나, 쟁송취소의 경우에는 행정심판법(재결)·행정소송법(판결) 등의 형식에 의한다.

정답 ①

8. 그 밖의 행정의 주요 행위형식 기출 16·14

① **행정상의 확약** : 일정한 행정작용을 하거나 하지 않을 것을 내용으로 하는 행정청의 구속력 있는 약속 또는 자기구속적 의사표시이다(공무원에 대한 승진약속, 주민에 대한 개발약속 등).

② **행정계획** : 행정주체가 장래 일정기간 내에 도달하고자 하는 목표를 설정하고, 그 목표를 상호관련성 있는 행정수단의 조정과 종합화의 과정을 통하여 실현하기 위한 여러 행정시책의 계획 또는 그 설정행위이다(국토종합개발계획, 도시·군계획 등).

③ **공법상의 계약★** : 공법적 효과의 발생을 목적으로 하는 복수당사자 사이의 반대방향의 의사합치에 의하여 성립되는 비권력적 쌍방행위이다(교육사무위탁, 도로·하천의 경비분담에 관한 협의, 전문직 공무원 등 임용계약, 별정우체국장의 지정 등).

④ **공법상의 합동행위★** : 공법적 효과의 발생을 목적으로 하는 복수당사자 사이의 동일방향의 의사표시의 합치에 의하여 성립하는 비권력적 쌍방행위이다(지방자치단체 간의 협의, 지방자치단체조합을 설립하는 행위, 공공조합연합회를 설립하는 행위, 정관작성행위 등).

⑤ **행정상의 사실행위★** 기출 21 : 일정한 법률효과의 발생을 목적으로 하는 것이 아니라 직접적으로는 일정한 사실상의 결과만을 발생하게 하는 행정주체의 일체의 행위형식이다(행정지도, 공물·영조물의 설치·관리행위, 행정조사, 즉시강제, 대집행 실행행위, 쓰레기 수거, 학교 수업 등).

⑥ **행정지도★★** : 행정주체가 지도·조언·권고 등의 방법으로 국민이나 기타 관계자의 행동을 유도하여 그 의도하는 바를 실현하기 위하여 행하는 비권력적 사실행위이다(물가의 억제를 위한 지도, 장학지도, 중소기업의 기술지도 등).

⑦ **행정조사**(행정조사기본법 제2조 제1호) 기출 24 : 행정기관이 정책을 결정하거나 직무를 수행하는 데 필요한 정보나 자료를 수집하기 위하여 현장조사·문서열람·시료채취 등을 하거나 조사대상자에게 보고요구·자료제출요구 및 출석·진술요구를 행하는 활동이다(인구조사, 주민등록 사실조사 등).

⑧ **비공식 행정작용★** : 실제로는 빈번히 이용됨에도 불구하고 법적 성격·요건·효과·절차 등이 일반적으로 법에 정해져 있지 않은 행정작용으로, 법적 구속력을 발생하지 않는 일체의 행정작용이다(경고와 권고, 협상, 조정, 화해, 설득, 정보제공 등).

⑨ **기타** : 행정의 자동화 작용, 행정의 사법적 활동 등이 있다.

핵심문제

01 행정기관이 그 소관 사무의 범위에서 일정한 행정목적을 실현하기 위하여 특정인에게 일정한 행위를 하거나 하지 아니하도록 지도, 권고, 조언 등을 하는 행정작용은? 기출 14

① 행정예고　　　　　　　　　　② 행정계획
③ 행정지도　　　　　　　　　　④ 의견제출

[해설]
행정기관이 그 소관 사무의 범위에서 일정한 행정목적을 실현하기 위하여 특정인에게 일정한 행위를 하거나 하지 아니하도록 지도, 권고, 조언 등을 하는 행정작용은 행정지도이다. 지도, 권고, 조언에서 행정지도임을 유추할 수 있다.

정답 ③

Ⅲ 행정행위의 효력 기출 15

1. (내용상) 구속력
행정행위가 그 내용에 따라 관계행정청, 상대방 및 관계인에 대하여 일정한 법적 효과를 발생하는 힘으로 모든 행정행위에 당연히 인정되는 실체법적 효력을 말한다.

2. 공정력★ 기출 18·09
비록 행정행위의 성립에 하자가 있는 경우에도 그것이 중대·명백하여 당연무효인 경우를 제외하고는, 권한 있는 기관에 의하여 취소될 때까지는 유효한 것으로 통용되는 힘을 말한다.

3. 구성요건적 효력★ 기출 15
유효한 행정행위가 존재하는 이상 모든 국가기관은 그 존재를 존중하고 스스로의 판단에 대한 기초로 삼아야 한다는 효력을 말한다(국가기관에 대한 효력).

4. 존속력(확정력)★
① 불가쟁력(형식적 확정력) : 행정행위에 대한 쟁송제기기간이 경과하거나 쟁송수단을 다 거친 경우에는 상대방 또는 이해관계인은 더 이상 그 행정행위의 효력을 다툴 수 없게 되는 효력을 말한다.
② 불가변력(실질적 확정력)★ : 일정한 경우 행정행위를 발한 행정청 자신도 행정행위의 하자 등을 이유로 직권으로 취소·변경·철회할 수 없는 제한을 받게 되는 효력을 말한다.

5. 강제력
강제력에는 제재력과 자력집행력이 있다.
① 제재력 : 행정법상 의무위반자에게 처벌을 가할 수 있는 힘을 말한다.
② 자력집행력 : 행정법상 의무불이행자에게 의무의 이행을 강제할 수 있는 힘을 말한다.

핵심문제

01 행정행위에 취소사유가 있다고 하더라도 당연무효가 아닌 한 권한 있는 기관에 의해 취소되기 전에는 유효한 것으로 통용되는 것은 행정행위의 어떠한 효력 때문인가? 기출 18

① 강제력
② 공정력
③ 불가변력
④ 형식적 확정력

[해설]
비록 행정행위에 하자가 있는 경우라도 그 하자가 중대하고 명백하여 당연무효인 경우를 제외하고는 권한 있는 기관에 의해 취소되기까지 유효한 것으로 보는 것은 행정행위의 효력 중 공정력 때문이다.

정답 ②

Ⅳ 행정절차법과 정보공개법

1. 행정절차법

① **행정절차법의 목적** : 행정절차에 관한 공통적인 사항을 규정하여 국민의 행정참여를 도모함으로써 행정의 공정성·투명성 및 신뢰성을 확보하고 국민의 권익을 보호함을 목적으로 한다(행정절차법 제1조).

② **행정절차법의 주요내용**
  ㉠ 처분·신고·확약·위반사실 등의 공표·행정계획·행정상 입법예고·행정예고 및 행정지도의 절차에 관하여 다른 법률에 특별한 규정이 없는 경우에 적용되는 일반법이다(행정절차법 제3조 제1항).
  ㉡ 행정청은 처분의 처리기간 및 처분기준을 미리 공표하여야 한다(행정절차법 제19조 제1항, 제20조 제1항). ★
  ㉢ 당사자에게 의무부과와 권익침해처분을 하는 경우에는 사전통지 및 청문 등의 의견청취를 하며, 처분의 근거와 이유를 명시하도록 한다(행정절차법 제21조 내지 제23조). ★
  ㉣ 국민의 일상생활과 밀접한 법령 등을 제정·개정·폐지하거나 정책·제도·계획수립의 경우는 미리 예고하여 국민의 참여와 정부정책에 대한 국민의 협조를 유도한다(행정절차법 제41조 내지 제47조).
  ㉤ 행정지도는 부당하게 강요하지 않고 상대방에게 의견 제출의 기회를 주도록 할 수 있다(행정절차법 제48조 제1항, 제50조).

2. 정보공개법

① **의의와 목적** : 공공기관의 정보공개에 관한 법률의 목적은 행정권이 보유·관리하는 다양한 정보에 대한 국민의 자유로운 접근권을 인정하여 국민의 알 권리를 보장하고, 아울러 국정에 대한 국민의 참여와 국정운영의 투명성을 확보하려는 데 있다(정보공개법 제1조).

② **주요 내용**
  ㉠ 공공기관이 보유·관리하는 정보는 국민의 알권리 보장 등을 위하여 이 법에서 정하는 바에 따라 적극적으로 공개하여야 한다(정보공개법 제3조). ★
  ㉡ 공공기관이 보유·관리하는 정보는 공개 대상이 된다. 다만, 일정한 경우의 정보(비공개 대상 정보)는 공개하지 아니할 수 있다(정보공개법 제9조 제1항). ★
  ㉢ 공공기관은 정보공개청구를 받은 날부터 10일 이내에 공개여부를 결정하여야 하고, 제3자와 관련이 있는 공개대상 정보는 그 사실을 제3자에게 지체 없이 통지하여 의견을 청취할 수 있도록 한다(정보공개법 제11조 제1항·제3항). ★
  ㉣ 정보 비공개결정의 통지를 받은 청구인은 이의신청, 행정심판, 행정소송을 청구할 수 있다(정보공개법 제18조, 제19조 및 제20조).

V 특별행정작용법

1. 의의
특별행정작용법이란 국가 또는 지방자치단체 등의 행정주체가 행정목적을 달성하기 위하여 하는 일체의 행정활동에 관한 법이다.

2. 내용 ★
특별행정작용법의 구체적인 내용은 시대와 국가에 따라 차이가 있으나, 현대 복지국가의 행정작용은 근대 야경국가적 시민국가의 소극적인 질서유지작용에서 탈피하여 적극적으로 국민의 복리증진을 위해 개입하고 급부·조정하는 등 그 범위가 확대되고 있다.

핵심문제

01 공공기관의 정보공개에 관한 법률에 대한 다음 내용 중 가장 옳지 않은 것은?

① 공공기관이 보유·관리하는 정보는 국민의 알권리 보장 등을 위하여 적극적으로 공개하여야 한다.
② 공공기관이 보유·관리하는 정보는 공개를 원칙으로 한다.
③ 공공기관은 정보공개청구를 받은 날부터 15일 이내에 공개여부를 결정하여야 한다.
④ 국가안전보장·국방·통일·외교관계 등에 관한 사항으로서 공개될 경우 국가의 중대한 이익을 현저히 해칠 우려가 있다고 인정되는 정보 등은 공개하지 아니할 수 있다.

[해설]
③ (×) 공공기관은 정보공개청구를 받은 날부터 10일 이내에 공개여부를 결정하여야 하고, 제3자와 관련이 있는 공개대상 정보는 그 사실을 제3자에게 지체 없이 통지하여 의견을 청취할 수 있도록 한다(정보공개법 제11조 제1항·제3항).
① (○) 정보공개법 제3조
② (○) 정보공개법 제9조 제1항 본문
④ (○) 정보공개법 제9조 제1항 단서 제2호

정답 ③

3. 분 류

특별행정작용법 각론은 크게 질서행정(경찰행정), 복리행정, 재무행정, 군사행정으로 나눌 수 있다.

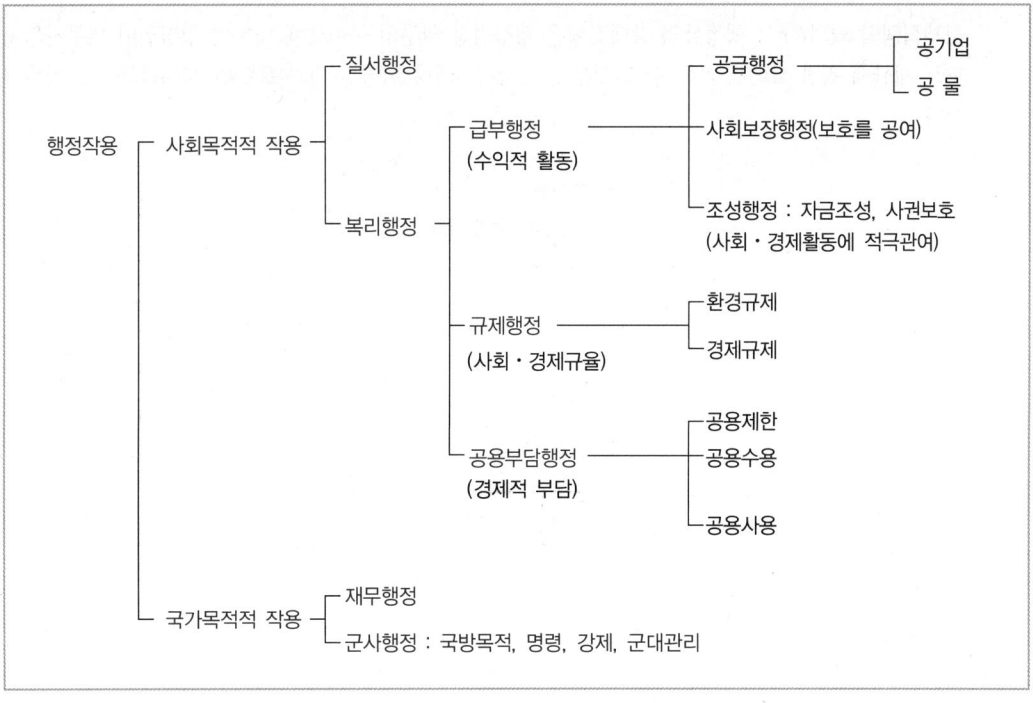

핵심문제

01 다음 중 복리행정에 속하지 않는 것은?

① 급부행정
② 규제행정
③ 재무행정
④ 공용부담행정

[해설]
복리행정에는 급부행정, 규제행정, 공용부담행정이 있다.

정답 ③

Ⅵ 행정작용의 실효성 확보

1. 행정상 강제집행 기출 17

① **강제집행의 의의**★★ : 행정상의 강제집행은 행정법상 의무의 불이행에 대하여 행정권이 의무자의 신체 또는 재산에 직접 실력을 가하여 그 의무를 이행시키거나 이행된 것과 동일한 상태를 실현시키는 작용이다.

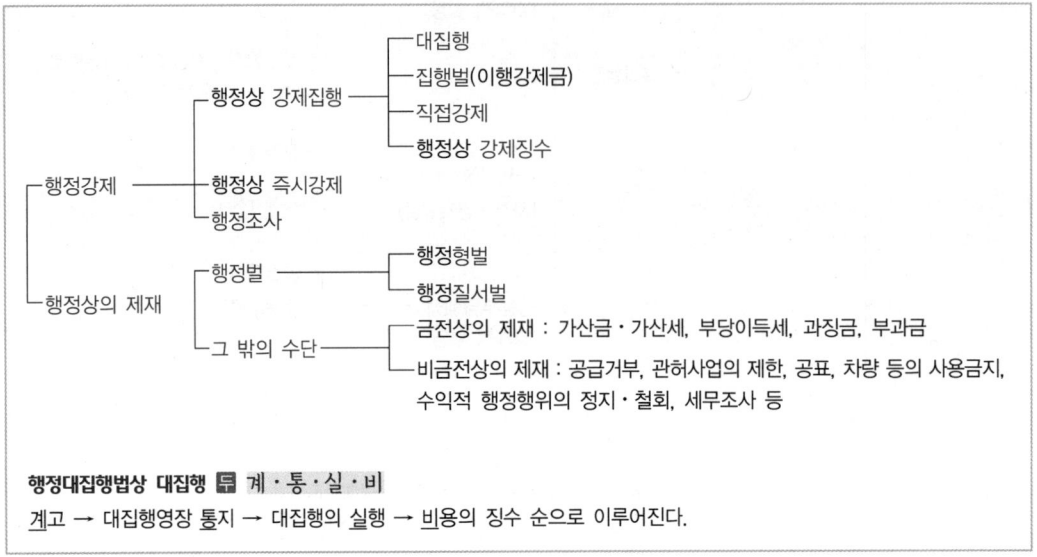

행정대집행법상 대집행 🔑 계·통·실·비
계고 → 대집행영장 통지 → 대집행의 실행 → 비용의 징수 순으로 이루어진다.

② **법적 근거** : 행정상의 강제집행은 권력작용인 만큼 엄격한 법률적 근거를 요한다. 일반법에는 행정대집행법과 국세징수법이 있으며, 특별법으로는 공익사업을 위한 토지 등의 취득 및 보상에 관한 법률, 출입국관리법, 산림기본법, 방어해면법 등이 있다.

③ **강제집행의 수단**★ 기출 23

　㉠ **행정대집행** : 행정대집행은 의무자가 의무를 불이행한 데 대한 제1차적 수단으로 당해 행정청이 의무자가 행할 작위를 스스로 행하거나 또는 제3자로 하여금 이를 행하게 하고 그 비용을 의무자로부터 징수하는 것이다.
　　예 철거명령을 따르지 않은 무허가건물의 강제철거

　㉡ **직접강제** : 직접강제란 의무자가 의무를 이행하지 아니하는 경우에 직접적으로 의무자의 신체 또는 재산에 실력을 가함으로써 행정상 필요한 상태를 실현하는 작용이다.
　　예 해군 작전구역 내에 정박하는 선박을 작전수역 외로 강제이동

　㉢ **행정상의 강제징수** : 강제징수란 사인이 국가 또는 지방자치단체에 대해 부담하고 있는 공법상 금전급부의무를 불이행한 경우에 행정청이 강제적으로 그 의무가 이행된 것과 같은 상태를 실현하는 작용을 말한다.
　　예 미납된 세금의 강제징수

　㉣ **강제금** : 강제금(이행강제금)이란 비대체적 작위의무·부작위의무·수인의무의 불이행 시에 일정 금액의 금전이 부과될 것임을 의무자에게 미리 계고함으로써 의무이행의 확보를 도모하는 강제수단을 말한다.

2. 행정상의 즉시강제 기출 15

① 의의★ : 행정상 장해가 존재하거나 장해의 발생이 목전에 급박한 경우에 성질상 개인에게 의무를 명해서는 공행정 목적을 달성할 수 없거나, 또는 미리 의무를 명할 시간적 여유가 없는 경우에 개인에게 의무를 명함이 없이 행정기관이 직접 개인의 신체나 재산에 실력을 가해 행정상 필요한 상태의 실현을 목적으로 하는 작용으로서, 권력적 사실행위에 해당한다.
  예 마약중독자의 강제수용, 감염병 환자의 강제입원, 위험의 방지를 위한 출입 등
② 근거 : 법치행정의 원리상 엄격한 법률의 근거를 요한다.
  예 경찰관직무집행법, 소방기본법, 마약류관리에 관한 법률, 감염병의 예방 및 관리에 관한 법률 등
③ 수 단
  ㉠ 경찰관직무집행법이 규정하는 수단 : 무기사용, 보호조치, 위험발생 방지조치, 범죄의 예방과 제지조치, 임시영치 등
  ㉠ 각 행정법규가 규정하는 수단 : 대인적 강제, 대물적 강제, 대가택 강제

3. 행정벌 기출 16

① 의의 : 행정벌이란 행정의 상대방인 국민이 행정법상 의무를 위반하는 경우에 일반통치권에 의하여 그 의무 위반자에게 과해지는 제재로서의 처벌을 의미한다.
② 근거★ : 죄형법정주의 원칙상 당연히 법률의 근거를 요하며 소급입법은 허용되지 않는다(헌법 제13조 제1항). 행정입법에의 위임도 그 처벌대상인 행위의 종류 또는 성질 및 벌의 최고한도를 구체적으로 정하여야 한다.
③ 종 류★
  ㉠ 행정형벌 : 형법에 규정되어 있는 형명(刑名)의 벌(사형·징역·금고·벌금·구류)이 가해지는 행정벌을 의미한다.
  ㉡ 행정질서벌
    • 일반사회의 법익에 직접 영향을 미치지는 않으나 행정상의 질서에 장해를 야기할 우려가 있는 의무 위반에 대해 과태료가 가해지는 제재를 말한다.
    • 행정질서벌은 형벌이 아니므로 형법총칙이 적용되지 아니한다.★

핵심문제

01 행정행위로 볼 수 없는 것은? 기출 13

① 광업허가 ② 영업정지처분
③ 운전면허의 취소 ④ 행정상 즉시강제

[해설]
행정상 즉시강제란 행정법상의 의무의 부과 및 그의 불이행을 전제함이 없이 급박한 행정상의 장해를 제거하기 위하여 필요한 경우 또는 그 성질상 미리 의무를 명함에 의해서는 목적을 달성할 수 없는 경우에 직접 개인의 신체 또는 재산에 실력을 가함으로써 행정상 필요한 상태를 실현시키는 행정작용으로서, 권력적 사실행위에 해당한다.

정답 ④

제4절 행정구제법

I. 국가배상제도

1. **국가배상제도의 의의★**

    국가나 지방자치단체의 <u>위법한 행위로 인하여</u> 사인이 손해를 입은 경우에 그 사인은 국가에 대하여 손해의 배상을 청구할 수 있는바, 이것이 손해배상제도이다. 헌법규정에 따라 제정된 <u>국가배상법에 따르면, 국가의 배상책임은</u> 공무원의 위법한 직무집행행위로 인한 배상책임(국가배상법 제2조)과 영조물의 설치·관리상의 하자로 인한 배상책임(국가배상법 제5조)의 <u>두 가지를 규정</u>하고 있다.

2. **공무원의 위법한 직무행위로 인한 손해의 배상**

    ① 배상책임의 요건 : 공무원이 직무를 집행하면서 고의 또는 과실로 법령에 위반하여 타인에게 손해를 가하였을 때에는 국가나 지방자치단체는 그 손해를 배상할 책임이 있다(국가배상법 제2조 제1항).

    ② 공무원의 직무행위
    - ㉠ 공무원 : <u>소속을 불문하고 널리 국가나 지방자치단체의 사무를 수행하는 자</u>를 말한다. 공무를 위탁받은 사인도 여기의 공무원에 해당한다.★
    - ㉡ 직무행위 : 국가배상법 제5조의 영조물의 설치·관리와 관련된 직무를 <u>제외한</u> 모든 공법상의 행정작용을 말한다.★
    - ㉢ 직무를 집행하면서 : <u>직무집행행위뿐만 아니라 널리 외형상으로 직무집행행위와 관련 있는 행위를 포함한다.</u>★

    ③ 위법행위 : 고의 또는 과실로 법령에 위반되는 행위이어야 한다.
    - ㉠ 고의·과실 : 고의란 어떠한 위법행위의 발생 가능성을 인식하고 그 결과를 인용하는 것을 말하고, 과실이란 부주의로 인하여 어떠한 위법한 결과를 초래하는 것을 말한다.
    - ㉡ 법령위반 : 법률과 명령의 위반이라는 의미뿐 아니라 널리 성문법·불문법과 신의성실·인권존중·사회질서 등 법원칙에의 위반도 포함한다.★

    ④ 손해의 발생(타인에게 발생한 손해이어야 함)
    - ㉠ 타인 : 위법행위를 한 자나 바로 그 행위에 가담한 자를 제외한 모든 피해자를 의미한다. 따라서 타인에는 공무원도 포함될 수 있다.★
    - ㉡ 손해 : 가해행위로부터 발생한 모든 손해를 의미한다. <u>재산상의 손해인가 비재산상의 손해인가를 가리지 않는다.</u>

3. 영조물의 설치・관리상의 하자로 인한 배상책임

① **배상책임의 요건**: 도로・하천 그 밖의 공공의 영조물의 설치나 관리에 하자가 있기 때문에 타인에게 손해를 발생하게 하였을 때에는 국가나 지방자치단체는 그 손해를 배상하여야 한다(국가배상법 제5조 제1항).
② **도로・하천 그 밖의 영조물**: 공적 목적에 제공된 물건인 공물을 의미한다. 자연공물인가 인공공물인가를 가리지 않는다. 다만 공공시설(공물)이 아닌 국공유의 사물(국유일반재산)은 제외된다.★
③ **설치 또는 관리의 흠(하자)**: 공물 자체가 항상 갖추어야 할 객관적인 안전성을 결여한 것을 말한다. 불가항력에 의한 행위는 설치・관리상의 하자가 아니다.★
④ **손해의 발생**: 손해의 종류 여하를 묻지 아니하며, 손해와 영조물의 흠(하자) 사이에는 인과관계가 있어야 한다.

4. 손해배상의 내용

① **정당한 배상**
  ㉠ 헌법은 정당한 배상을 지급할 것을 규정하고 있다(헌법 제29조 제1항).
  ㉡ 국가배상법은 생명・신체에 대한 침해와 물건의 멸실・훼손으로 인한 손해에 관해서는 배상금액의 기준을 정해 놓고 있다. 그 밖의 손해에 대해서는 불법행위와 상당인과관계가 있는 범위 내의 손해를 기준으로 하고 있다(국가배상법 제3조 제1항 내지 제4항).
② **양도의 금지**★: 생명・신체의 침해에 대한 배상청구권은 이를 양도하거나 압류하지 못한다(국가배상법 제4조).
③ **이중배상의 금지**★: 피해자가 군인・군무원・경찰공무원・예비군대원으로서 전투・훈련 등 직무집행과 관련하여 전사・순직 또는 공상을 입은 경우에, 다른 법령에 의한 보상을 지급받을 수 있을 때에는 국가배상법 및 민법에 의한 손해배상을 청구하지 못한다(헌법 제29조 제2항, 국가배상법 제2조 제1항 단서).
④ **배상책임자**: 국가 또는 지방자치단체가 그 손해에 대한 배상책임을 지는 경우에, 그 공무원의 선임・감독자와 봉급・급여 등의 비용부담자가 동일하지 않을 때에는 피해자는 그 어느 쪽에 대하여도 선택적 청구권을 행사할 수 있다(국가배상법 제6조 제1항 참고).
⑤ **소멸시효**★: 국가배상청구권에는 단기 소멸시효가 인정된다. 그 시효기간은 손해 및 가해자를 안 날로부터 3년, 불법행위를 한 날로부터 5년이다(국가배상법 제8조, 민법 제766조 제1항, 국가재정법 제96조 제2항 및 지방재정법 제82조 제2항 참고).

핵심문제

01 국가배상청구권의 시효기간으로 옳은 것은?

① 손해 및 가해자를 안 날로부터 2년, 불법행위를 한 날로부터 3년
② 손해 및 가해자를 안 날로부터 5년, 불법행위를 한 날로부터 5년
③ 손해 및 가해자를 안 날로부터 3년, 불법행위를 한 날로부터 5년
④ 손해 및 가해자를 안 날로부터 5년, 불법행위를 한 날로부터 3년

[해설]
국가배상청구권에는 단기 소멸시효가 인정되며, 그 시효기간은 손해 및 가해자를 안 날로부터 3년, 불법행위를 한 날로부터 5년이다(국가배상법 제8조, 민법 제766조 제1항, 국가재정법 제96조 제2항 및 지방재정법 제82조 제2항 참고).

정답 ③

Ⅱ 손실보상제도

1. 의 의★

손실보상제도란 국가나 지방자치단체가 공공의 필요에 의한 적법한 권력행사를 통하여 사인의 재산권에 특별한 희생을 가한 경우(예) 정부나 지방자치단체의 청사 건설을 위하여 사인의 토지를 수용하는 경우)에 재산권의 보장과 공적부담 앞의 평등이라는 견지에서 사인에게 적절한 보상을 해주는 제도를 말한다.

2. 법적 근거★

현재로서 손실보상에 관한 단일의 통일 법전은 없다. 실정법적 근거로는 공익사업을 위한 토지 등의 취득 및 보상에 관한 법률, 징발법, 건축법, 하천법, 도로법 등이 있다.

3. 헌법규정의 성질

헌법은 제23조 제3항에서 "공공필요에 의한 재산권의 수용·사용 또는 제한 및 그에 대한 보상은 법률로써 하되, 정당한 보상을 지급하여야 한다."고 규정하고 있다.

핵심문제

01 손해배상과 손실보상의 가장 본질적 구별기준은?
① 침해의 위법·적법성 여부
② 고의·과실
③ 공무원 직무행위
④ 손해액수

[해설]
손해배상은 위법한 침해에 대한 배상이고, 손실보상은 적법한 침해에 대한 보상이다. ★

정답 ①

02 다음의 ㉠과 ㉡이 의미하는 행정구제제도의 명칭이 바르게 연결된 것은? 기출

㉠ 지방자치단체가 건설한 교량이 시공자의 흠으로 붕괴되어 지역주민들에게 상해를 입혔을 때, 지방자치단체가 상해를 입은 주민들의 피해를 구제해 주었다.
㉡ 도로확장사업으로 인하여 토지를 수용당한 주민들의 피해를 국가가 변상하여 주었다.

① ㉠ 손실보상, ㉡ 행정소송
② ㉠ 손해배상, ㉡ 행정심판
③ ㉠ 행정소송, ㉡ 손실보상
④ ㉠ 손해배상, ㉡ 손실보상

[해설]
㉠은 시공자의 흠이라는 위법한 행정행위에 대한 것이므로 손해배상을, ㉡은 정당한 법집행에 대한 것이므로 손실보상이 타당하다.

정답 ④

4. 요건의 검토

① 손실보상청구권이 인정되는 침해는 공공의 필요를 위한 것이어야 한다. 순수 국고목적은 여기의 공공필요에 해당하지 않는다.
② 손실보상청구권을 가져오는 침해는 재산권에 대한 것이어야 한다. 물권인가 채권인가를 가리지 아니하며, 공법상의 권리인가 사법상의 권리인가도 문제되지 아니한다. ★
③ 침해는 적법한 것이어야 한다. 위법한 침해라면 기본적으로 손해배상청구권의 문제가 된다.
④ 손실보상이 주어지기 위해서는 피해자에게 가해진 피해가 특별한 희생에 해당하는 것이어야 한다.

III 행정심판제도

1. 행정심판의 의의

행정심판은 행정청의 위법 또는 부당한 처분이나 부작위로 인하여 권익을 침해당한 자가 행정기관에 대하여 그 시정을 구하는 행정쟁송이다(행정심판법 제1조 참고). 행정심판에 불복하는 경우에는 행정소송을 제기할 수 있다.

2. 행정심판제도의 활용(고지제도) ★

고지제도는 행정의 민주화, 행정의 신중·적정·합리화를 도모하기 위한 제도이다. 고지제도는 개인의 권익보호의 강화에 기여한다. 고지제도는 불복고지라고 불리기도 한다. 고지에는 직권고지와 신청에 의한 고지의 두 종류가 있다.

① 직권고지 : 행정심판법은 사인이 행정심판제도를 활용할 수 있도록 하기 위하여 고지제도를 두고 있다. 즉, 행정청이 처분을 서면으로 하는 경우에는 그 상대방에게 처분에 관하여 행정심판을 제기할 수 있는지의 여부, 제기하는 경우의 심판청구절차 및 청구기간을 알려야 한다(행정심판법 제58조 제1항).
② 신청에 의한 고지 : 행정청은 이해관계인으로부터 당해 처분이 행정심판의 대상이 되는 처분인지의 여부와 행정심판의 대상이 되는 경우에 소관위원회 및 청구기간에 관하여 알려줄 것을 요구받은 때에는 지체 없이 이를 알려야 한다. 이 경우에 서면으로 알려줄 것을 요구받은 때에는 서면으로 알려야 한다(행정심판법 제58조 제2항).

3. 행정심판의 종류(행정심판법 제5조)

취소심판(제1호)	행정청의 위법 또는 부당한 처분의 취소 또는 변경을 구하는 행정심판을 말한다.
무효 등 확인심판(제2호)	행정청의 처분의 효력 유무 또는 존재 여부에 대한 확인을 구하는 행정심판을 말한다.
의무이행심판(제3호)	당사자의 신청에 대한 행정청의 위법 또는 부당한 거부처분이나 부작위에 대하여 일정한 처분을 할 것을 구하는 행정심판을 말한다.

4. 심판청구기간 등★★

① **심판청구기간** : 행정심판청구는 처분이 있음을 알게 된 날부터 90일 이내에 청구하여야 하고, 처분이 있었던 날부터 180일이 지나면 청구하지 못한다(행정심판법 제27조 제1항·제3항 본문).

② **재결** : 재결은 서면으로 하여야 하며(행정심판법 제46조 제1항), 원칙적으로 피청구인 또는 위원회가 심판청구를 받은 날로부터 60일 이내에 하여야 한다. 다만, 부득이한 사정이 있는 경우에는 위원장이 직권으로 30일을 연장할 수 있다(행정심판법 제45조 제1항).

③ **재결의 기속력** : 재결은 피청구인과 그 밖의 관계행정청을 기속한다(행정심판법 제49조 제1항). 재결에 대하여는 다시 심판청구를 할 수 없다(행정심판법 제51조).

5. 행정심판기관(행정심판법 제6조)

① 감사원, 국정원장, 대통령 소속기관의 장, 국회사무총장·법원행정처장·헌법재판소사무처장 및 중앙선관위사무총장, 국가인권위원회, 그 밖에 지위·성격의 독립성과 특수성 등이 인정되어 대통령령으로 정하는 행정청 또는 그 소속 행정청의 처분 또는 부작위(이하 "처분 등")에 대하여는 당해 행정청에 두는 행정심판위원회에서 심리·재결한다(제1항).

② ① 이외의 국가행정기관의 장 또는 그 소속 행정청, 시·도지사 또는 시·도의 의회, 지방자치단체조합 등 관계 법률에 따라 국가·지방자치단체·공공법인 등이 공동으로 설립한 행정청의 처분 등에 대하여는 국민권익위원회에 두는 중앙행정심판위원회에서 한다(제2항).

③ 시·도 소속 행정청, 시·도의 관할구역에 있는 시·군·자치구의 장, 소속 행정청 또는 시·군·자치구의 의회, 시·도의 관할구역에 있는 둘 이상의 지방자치단체(시·군·자치구를 말한다)·공공법인 등이 공동으로 설립한 행정청의 처분 등에 대하여는 시·도지사 소속으로 두는 행정심판위원회에서 한다(제3항).

④ 대통령령으로 정하는 국가행정기관 소속 특별지방행정기관의 장의 처분 등에 대하여는 해당 행정청의 직근 상급행정기관에 두는 행정심판위원회에서 한다(제4항).

6. 행정심판의 대상★

① 행정청의 처분 또는 부작위에 대하여 다른 법률에 특별한 규정이 있는 경우를 제외하고는 행정심판법에 의하여 행정심판을 제기할 수 있다(행정심판법 제3조 제1항).

② 대통령의 처분 또는 부작위에 대하여는 다른 법률에 특별한 규정이 있는 경우를 제외하고는 행정심판을 제기할 수 없다(행정심판법 제3조 제2항).

핵심문제

01 행정심판법상 행정심판의 종류가 아닌 것은? [기출 08]

① 부작위법위확인심판　　　　② 의무이행심판
③ 무효 등 확인심판　　　　　④ 취소심판

[해설]
행정심판은 취소심판, 무효 등 확인심판, 의무이행심판의 세 가지로 구분한다(행정심판법 제5조).

정답 ①

Ⅳ 행정소송제도

1. 행정소송의 의의
① 행정소송이란 행정법규의 적용과 관련하여 위법하게 권리나 이익이 침해된 자가 소송을 제기하고 법원이 이에 대하여 심리·판단을 행하는 정식의 행정쟁송을 말한다. 행정소송에 관한 일반법으로 행정소송법이 있다.
② 행정소송은 관련 사인의 권리를 보호·구제하고 행정법질서 및 행정의 효율성을 확보하는 것을 목적으로 한다(행정소송법 제1조 참고).

2. 행정소송의 종류(행정소송법 제3조) ★
① 행정의 적법·타당성의 보장 및 개인의 권리·이익의 보호를 목적으로 하는 주관적 쟁송(항고소송·당사자소송)과 행정의 적법·타당성만을 목적으로 하는 객관적 쟁송(민중소송·기관소송)이 있다.
② 항고소송에는 취소소송·무효 등 확인소송·부작위위법확인소송이 있다(행정소송법 제4조).

> **행정소송의 종류(행정소송법 제3조)** 기출 20
> 행정소송은 다음의 네 가지로 구분한다.
> 1. 항고소송 : 행정청의 처분등이나 부작위에 대하여 제기하는 소송
> 2. 당사자소송 : 행정청의 처분등을 원인으로 하는 법률관계에 관한 소송 그 밖에 공법상의 법률관계에 관한 소송으로서 그 법률관계의 한쪽 당사자를 피고로 하는 소송
> 3. 민중소송 : 국가 또는 공공단체의 기관이 법률에 위반되는 행위를 한 때에 직접 자기의 법률상 이익과 관계없이 그 시정을 구하기 위하여 제기하는 소송
> 4. 기관소송 : 국가 또는 공공단체의 기관 상호 간에 있어서의 권한의 존부 또는 그 행사에 관한 다툼이 있을 때에 이에 대하여 제기하는 소송. 다만, 헌법재판소법 제2조의 규정에 의하여 헌법재판소의 관장사항으로 되는 소송은 제외한다.

3. 행정소송의 관할법원
① 행정소송법에서 정한 행정사건과 다른 법률에 의하여 행정법원의 권한에 속하는 사건의 제1심 관할 법원은 행정법원이다. ★
② 행정법원이 설치되지 아니한 지역은 지방법원에서 관할한다. 행정소송은 3심급제를 채택하여 제1심 판결에 대한 항소사건은 고등법원이 심판하고, 상고사건은 대법원이 관할한다. ★

핵심문제

01 행정심판에 의해 구제받지 못한 자가 위법한 행정행위에 대하여 최종적으로 법원에 구제를 청구하는 절차는?
① 헌법소원
② 손해배상청구
③ 손실보상청구
④ 행정소송

[해설]
행정쟁송제도 중 행정소송에 관한 설명이다. 행정심판은 행정관청의 구제를 청구하는 절차를 말한다.

정답 ④

4. 행정소송의 판결

행정소송의 경우에도 민사소송의 경우와 마찬가지로 크게 중간판결과 종국판결로 나누어지고, 종국판결은 다시 각하판결·기각판결(사정판결 포함)·인용판결 등으로 구분된다.

각하판결	소 제기요건의 결여로 인하여 본안의 심리를 거부하는 판결을 말한다. 각하판결은 소의 대상인 처분 등의 위법성에 대한 판단은 아니므로 원고는 결여된 요건을 보완하여 다시 소를 제기할 수 있고, 아울러 법원은 새로운 소에 대하여 판단하여야 한다. ★
기각판결	원고의 청구가 이유 없다고 하여 배척하는 판결로, 해당 처분이 위법하지 않거나 단순히 부당한 것인 때에 행해지는 판결이다.
사정판결 (행정소송법 제28조)	원고의 청구가 이유 있다고 인정하는 경우에도 행정처분을 취소하는 것이 현저히 공공복리에 적합하지 아니하다고 인정하는 때에는 법원이 원고의 청구를 기각하는 판결을 말한다. ★
인용판결	원고의 청구가 이유 있음을 인정하여 행정청의 위법한 처분 등의 취소·변경을 행하거나(취소소송의 경우), 행정청의 처분 등의 효력 유무 또는 존재여부의 확인을 내용으로 하는 판결을 하거나(무효 등 확인소송의 경우), 행정청의 부작위가 위법하다는 부작위의 위법을 확인하는 판결(부작위법확인소송의 경우)을 의미한다.

핵심문제

01 우리나라 행정구제제도에 대하여 잘못 서술된 것은? 기출

① 행정심판은 위법·부당한 행정행위로 권익을 침해당한 자가 행정처분을 한 곳의 직근 상급기관에 요구한다.
② 행정구제제도에는 손해전보제도와 행정쟁송제도가 있다.
③ 행정상 손해배상제도는 위법한 행정작용 등으로 개인에게 손해를 입힌 것에 대한 배상이다.
④ 행정소송은 정식 소송절차에서 대법원에서만 심리하는 단심제소송이다.

[해설]
행정소송도 '행정법원 → 고등법원 → 대법원'의 3심제이다. ★

정답 ④

02 다음은 행정쟁송절차의 도표이다. ( ) 안에 해당되는 말의 순서로 알맞은 것은? 기출

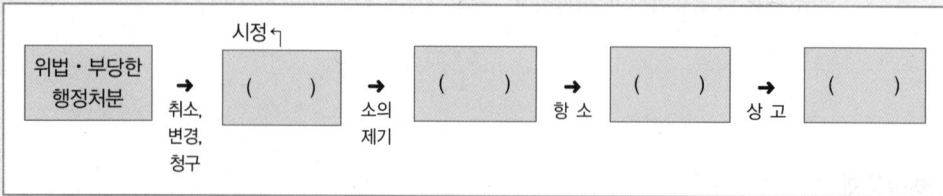

① 지방법원 → 고등법원 → 대법원 → 헌법재판소
② 고등법원 → 대법원 → 행정기관 → 헌법재판소
③ 당해 행정관청 → 행정법원 → 고등법원 → 대법원
④ 상급감독관청 → 지방법원 → 대법원 → 헌법재판소

[해설]
행정소송의 제1심 관할은 행정법원이다. ★

정답 ③

무언가를 시작하는 방법은
말하는 것을 멈추고, 행동을 하는 것이다.

- 월트 디즈니 -

제1차

핵심이론 + 문제

PART 01 | 법학개론
PART 02 | 민간경비론

PART 02
민간경비론

CHAPTER 01 민간경비 개설
CHAPTER 02 세계 각국의 민간경비
CHAPTER 03 민간경비의 환경
CHAPTER 04 민간경비의 조직
CHAPTER 05 경비와 시설보호의 기본원칙
CHAPTER 06 컴퓨터 범죄 및 안전관리
CHAPTER 07 민간경비산업의 과제와 전망

CHAPTER 01 민간경비 개설

제1절 민간경비와 공경비

Ⅰ 경비의 개념

1. 일반적인 경비의 개념
경비란 일반적으로 국가비상사태 또는 긴급중요사태 등 경비사태가 발생하거나 발생할 우려가 있을 때 사회공공의 안녕과 질서를 해하는 개인적 또는 집단적인 불법행위를 조직적인 부대활동으로서 예방·경계·진압하는 경찰활동을 말한다.

2. 경비의 구분
일반적으로 경비는 민간경비와 공경비로 구분된다. 범죄의 예방과 진압, 질서유지, 생산의 손실예방, 사회공공질서의 유지라는 측면에 있어서 양자는 차이가 없으나 다만, 공경비가 업무 수행에 있어 민간경비와는 대조적으로 강제력을 동반한다는 점에 있어서는 큰 차이를 갖는다.

Ⅱ 민간경비

1. 민간경비의 개념 기출 17·14
① 여러 가지 위해로부터 개인의 생명이나 재산 및 이익을 보호하기 위해 특정 의뢰자로부터 보수를 받고 경비 및 안전에 필요한 서비스를 제공하는 개인, 단체, 영리기업을 말한다.
② 민간경비는 국가기관(경찰)에 의한 공경비에 대응되는 개념이다.
③ 민간경비의 활동 영역을 범주화하는 데 있어서 자체경비를 포함시키는 것이 일반적이다.
④ 민간경비의 개념은 각 나라마다 차이가 있다.
⑤ 형식적인 민간경비와 실질적인 민간경비는 차이가 있다.

2. 협의의 민간경비와 광의의 민간경비 개념 기출 22・20・18・17・12

협의의 민간경비	• 고객의 생명・신체・재산보호, 질서유지를 위한 개인 및 기업(조직)의 범죄예방활동(방범활동)을 의미한다. • 민간이 주체가 되는 모든 경비활동으로 계약경비와 자체경비를 불문한다(민간경비를 최협의・협의・광의로 구분하는 경우). • 최협의의 민간경비는 경비업체가 고객의 생명과 신체 및 재산을 보호하는 활동으로 자체경비를 제외한 계약경비만을 민간경비로 한정하는 견해이다(민간경비를 최협의・협의・광의로 구분하는 경우).
광의의 민간경비	• 공경비를 제외한 경비의 3요소인 방범・방재・방화를 포함하는 포괄적 경비활동을 의미한다. • 최근에는 산업보안 및 정보보안 그리고 사이버보안에 이르기까지 광범위하고 첨단화된 범죄예방기능을 포함하는 개념으로 사용되고 있다.

3. 형식적 의미의 민간경비와 실질적 의미의 민간경비 개념 기출 24・22・21・20・18・17・12

형식적 의미의 민간경비	• 경비업법에 의해 허가받은 법인이 경비업법상의 업무를 수행하는 활동을 의미한다. • 형식적 의미에서의 민간경비 개념은 공경비와 명확히 구별된다.
실질적 의미의 민간경비	• 고객의 생명・신체・재산 보호 및 사회적 손실 감소와 질서유지를 위한 일체의 활동을 뜻한다(정보보호, 사이버보안도 포함됨). • 실질적 의미의 민간경비 개념은 공경비와 유사하다.

4. 대륙법계 민간경비와 영미법계 민간경비 개념 기출 24

대륙법계 민간경비	대륙법계는 전통적으로 국가권력의 우월적 지위를 인정하므로 민간경비는 국가(경찰)의 지도・감독 하에 관련법규에 한정된 소극적 역할을 맡았고 사전적・예방적 기능만을 제한적으로 담당한다.
영미법계 민간경비	영미법계는 실질적 개념의 민간경비로 이해하고 민간경비와 공경비의 업무범위가 유사하나, 법 집행권한에 대한 차이가 있다고 하였다. 일반적으로 영미법계 민간경비원은 대륙법계 민간경비원에 비해 그 권한이 많다고 할 수 있다.

핵심문제

01 민간경비의 개념에 관한 설명으로 옳지 않은 것은? 기출 17

① 공공기관에 의한 공경비활동을 제외한 모든 경비활동은 광의의 개념이다.
② 민간이 주체가 되는 모든 경비활동은 협의의 개념이다.
③ 고객의 생명과 신체 및 재산을 보호하는 활동은 최협의의 개념이다.
④ 우리나라 경비업법에 의한 개념은 실질적 의미의 개념이다.

[해설]
경비업법에 의해 허가받은 업무를 수행하는 경비활동은 형식적 의미의 민간경비이다.

정답 ④

5. 민간경비의 주체(민간경비론 전제)

① 고객으로부터 보수를 받고 이에 따른 경비 서비스를 제공하는 개인, 단체, 영리기업이다.
② 민간경비업은 자연인뿐만 아니라 법인도 영위할 수 있다. 그러나 경비업법 제3조는 법인만 영위할 수 있다고 규정하고 있다.★
③ 민간경비원의 신분은 민간인(사인신분)과 같이 취급되므로 준공무원의 신분에 해당한다는 것은 옳지 않은 표현이다.
④ 민간경비에서 급료지불의 주체는 고객(의뢰자)이다.
⑤ 경비의 주체가 누구든지 간에 국민의 생명과 재산을 보호하고 사회공공의 안녕과 질서를 유지한다는 궁극적인 목표는 동일하다.★

6. 민간경비의 주요 임무(역할) 기출 21·19

① **범죄예방업무** : 민간경비의 임무수행상 가장 중요한 임무(역할)라고 볼 수 있다.
② **질서유지업무** : 건물 내외 행사장 질서유지업무를 말한다.
③ **위험방지업무** : 사고예방 및 안전활동, 화재예방 및 통제활동, 도난의 방지활동
④ **경비업법상 경비업무** : 시설경비, 호송경비, 신변보호, 기계경비, 특수경비, 혼잡·교통유도경비 6종을 법으로 규정하고 있다.

> **정의(경비업법 제2조)** 기출 22·21·20·19·18
> 이 법에서 사용하는 용어의 정의는 다음과 같다.
> 1. "경비업"이라 함은 다음 각목의 1에 해당하는 업무(이하 "경비업무"라 한다)의 전부 또는 일부를 도급받아 행하는 영업을 말한다.
>   가. 시설경비업무 : 경비를 필요로 하는 시설 및 장소(이하 "경비대상시설"이라 한다)에서의 도난·화재 그 밖의 혼잡 등으로 인한 위험발생을 방지하는 업무
>   나. 호송경비업무 : 운반 중에 있는 현금·유가증권·귀금속·상품 그 밖의 물건에 대하여 도난·화재 등 위험발생을 방지하는 업무
>   다. 신변보호업무 : 사람의 생명이나 신체에 대한 위해의 발생을 방지하고 그 신변을 보호하는 업무
>   라. 기계경비업무 : 경비대상시설에 설치한 기기에 의하여 감지·송신된 정보를 그 경비대상시설 외의 장소에 설치한 관제시설의 기기로 수신하여 도난·화재 등 위험발생을 방지하는 업무
>   마. 특수경비업무 : 공항(항공기를 포함한다) 등 대통령령이 정하는 국가중요시설(이하 "국가중요시설"이라 한다)의 경비 및 도난·화재 그 밖의 위험발생을 방지하는 업무
>   바. 혼잡·교통유도경비업무 : 도로에 접속한 공사현장 및 사람과 차량의 통행에 위험이 있는 장소 또는 도로를 점유하는 행사장 등에서 교통사고나 그 밖의 혼잡 등으로 인한 위험발생을 방지하는 업무

7. 민간경비의 특성

① 민간경비업은 영리성(경제적 이익)을 그 특징으로 하지만 공공성도 요구된다. 기출 13·12
   ㉠ **범죄예방** : 민간경비의 주요 임무로서 공공성이 강한 활동이다.
   ㉡ **질서유지** : 공동생활의 기본이며 사회구조를 이루는 토대로, 질서의 유지활동은 공공성을 띠게 된다.
   ㉢ **위험방지** : 평온을 해치는 자연적 위험 등이 존재하지 않아야 한다. 이는 공경찰의 임무이자 민간경비의 활동으로 공공성을 띤다.

② 일정한 비용을 지불하는 계약자 등 특정고객을 수혜대상으로 한다. 기출 12
③ 인적·물적 특정대상을 경비대상으로 한다.
④ 범죄발생의 사전예방적 기능을 주요 임무로 한다. 기출 12
⑤ 공경비에 비하여 한정된 권한과 각종 제약을 받는다. 기출 13
⑥ 민간경비는 공경비와 밀접한 관련을 가지고 업무를 수행하며, 특정 분야에서는 공경비와 거의 유사한 활동을 하게 된다. 기출 12
⑦ 현재 우리나라에서는 경찰관 신분을 가진 민간경비원이 없으며, 경찰관이 부업으로 민간경비원의 업무를 수행할 수 없다.★
⑧ 민간경비의 조직화 과정에서 위험성, 돌발성, 기동성, 조직성 등 경비업무의 특수성을 고려해야 한다. 기출 17·13
⑨ 민간경비가 일반시민들로부터 긍정적 인식을 얻는 것은 국가 내지 사회전체적인 안전확보에도 기여한다.
⑩ 민간경비는 경찰이 제공하는 서비스의 보충적·보조적 기능을 수행하는 것으로 인식되고 있다.★
⑪ 사회경제적 요인 등으로 인해 민간경비의 역할이 중요시되고 있으며, 점차 독자적으로 시장규모를 확대시켜나가고 있다.

> **서비스 제공 측면**
> 민간경비는 대가의 유무나 다소에 따라 서비스의 내용이 달라지는 경합적 서비스(사유재)이나 공경비는 모든 사람이 동등하게 소비에 참여할 수 있는 비경합적 서비스(공공재)를 제공한다.★

8. 우리나라 민간경비 서비스의 특성 기출 14

① 제공 대상은 비용을 지불할 수 있는 특정고객에 한정된다.
② 제공 내용은 특정고객의 이익을 만족시키기 위한 것이다.
③ 제공 책임은 특정고객과의 계약관계를 통해서 형성된다.
④ 제공 주체가 되려는 자는 도급받아 행하고자 하는 경비업무를 특정하여 그 법인의 주사무소의 소재지를 관할하는 시·도 경찰청장의 허가를 받아야 한다.

핵심문제

01 민간경비조직의 특수성으로 옳지 않은 것은? 기출 17

① 위험성　　　　　　　　　② 돌발성
③ 기동성　　　　　　　　　④ 고립성

[해설]
민간경비조직의 특수성에는 위험성, 돌발성, 기동성, 조직성 등이 있으며, 이러한 특수성은 민간경비 업무의 특성이기도 하며, 이러한 특수성에 맞게 민간경비가 조직화 되어야 한다. 고립성은 권력성, 정치성, 보수성과 더불어 공경비인 경찰 조직이 지니는 특수성과 관련된 요소들이다.

정답 ④

Ⅲ 공경비

1. 공경비의 개념
공경비란 민간경비와 상대적인 개념으로, 국가공권력을 집행하는 국가기관인 대통령경호처, 검찰, 경찰, 교정, 소방과 같은 기관을 말하며, 일반적으로 경찰에 의하여 제공되는 치안서비스를 의미한다.

2. 공경비의 주요 임무(역할) 기출 16
① 사전적 범죄예방 임무
② 사후적 범인체포나 범죄수사 임무 : 민간경비와 가장 구별되는 임무★
③ 사회 전반적인 질서유지 임무
④ 개인의 생명과 신체, 재산보호의 임무

3. 공경비의 특성
① 공경비는 공공성, 공익성, 비영리성을 그 특징으로 한다.
② 공경비는 민간경비에 비해 강제력을 갖고 있다.★

4. 순수공공재 이론
치안서비스란 공공의 안녕과 질서를 유지하면서 범죄와 무질서 그리고 각종 재해 등의 위험으로부터 국민의 생명·신체와 재산을 보호하는 공공서비스(국방, 소방, 교육, 보건, 경찰 등) 가운데 가장 기본적인 것을 의미한다. 공공서비스 중 공공성의 정도가 강할수록 민간보다는 정부에서 그 서비스를 제공하는 것이 바람직하며, 이러한 기반에서 논의된 것이 치안서비스의 순수공공재 이론이다. <u>머스그레이브는 순수공공재의 세 가지 기준으로서 비경합성, 비배제성, 비거부성을 제시하였다.</u>

핵심문제

01 민간경비에 관한 설명으로 옳지 않은 것은? 기출 15
① 공공성, 공익성, 비영리성을 특징으로 한다.
② 계약자 등 특정인을 수혜대상으로 한다.
③ 공경비에 비해 한정된 권한을 가지며 각종 제약을 받는다.
④ 시설주의 시설물 보호, 특정고객의 생명·재산보호 등을 목적으로 한다.

[해설]
공공성, 공익성, 비영리성은 공경비의 특징이다. 민간경비는 공공성, 공익성, 영리성을 특징으로 한다.

정답 ①

① 비경합성(공동소비) : 어떤 서비스를 소비할 때 한 사람이 그 서비스를 소비하더라도 다른 사람의 소비기회가 줄어들지 않음을 의미하는데, "치안서비스의 이용에 있어서 추가이용자의 추가비용이 발생하지 않는다"는 것을 내용으로 한다.★ 기출 15

② 비배제성 : 어떤 서비스를 소비할 때 생산비를 부담하지 않은 사람이라 해도 그 서비스의 소비에서 배제시킬 수 없음을 의미하는데, "치안서비스라는 재화는 이용 또는 접근에 대해서 제한할 수 없다"는 것을 내용으로 한다.★ 기출 21

③ 비거부성 : 어떤 서비스가 공급될 때 모든 사람이 자신의 의지와는 상관없이 그 서비스를 소비하게 됨을 의미하는데, "치안서비스의 객체인 시민들은 서비스의 이용에 대한 선택권이 없다"는 것을 내용으로 한다.

제2절 민간경비와 공경비의 제관계

I. 민간경비와 공경비의 공통점과 차이점 기출 22·21·20·19·18·17·16·15·14·13·12

1. **민간경비와 공경비의 공통점**
   ① 범죄예방, 범죄감소 및 재산보호
   ② 사회질서유지
   ③ 위험방지의 역할

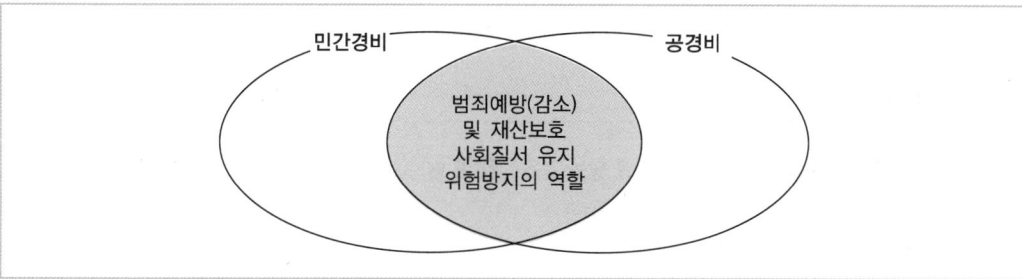

핵심문제

01 민간경비와 공경비의 공통적 임무가 아닌 것은? 기출 18
① 질서유지   ② 범죄수사
③ 범죄예방   ④ 재산보호

[해설]
법집행(범인체포 및 범죄수사와 조사) 유무는 민간경비와 공경비의 가장 큰 차이점이다.

정답 ②

2. 민간경비와 공경비의 차이점

① **권한** : 공경비는 각종 강제권을 포함한 권한이 주어져 있으나, 민간경비는 이러한 권한이 극히 한정되어 있고, 각종 제약을 받지만 현행범은 영장 없이 체포할 수 있다. 기출 20·18

② **대 상**
   ㉠ 공경비는 일반 시민들을 대상으로 범인 체포 및 범죄 수사를 위한 법집행을 주로 하나, 민간경비는 특정한 의뢰자로부터 받은 대가 내지 보수만큼 그 사람들을 위해 범죄예방 및 억제 또는 경제적 손실 및 이익을 위한 예방적 측면에서 그 기능과 역할을 행한다.
   ㉡ 공경비는 주로 공공의 이익을 위해 행하나 민간경비는 특정한 의뢰자를 위해 행한다. 기출 22

③ **주체** : 공경비의 주체는 정부(경찰)이나 민간경비는 영리기업(민간경비회사)이다. 기출 20

④ **목적** : 공경비의 목적은 주로 법집행 및 범인체포에 있으나 민간경비는 손해감소 및 재산보호에 있다. 따라서 민간경비의 목적은 사익보호이고, 공경비의 목적은 공익 및 사익보호로도 표현될 수 있다. 법집행의 유무는 민간경비와 공경비의 가장 큰 차이이다. 기출 20

⑤ **임무** : 공경비의 역할은 범죄예방 및 범죄대응에 있으나 민간경비는 범죄예방에 있다.

⑥ **의무** : 경비업자는 불특정 다수인에게 경비서비스를 제공할 의무가 없다. 기출 20

핵심문제

01 민간경비와 공경비의 공통적인 목적으로 맞는 것은? 기출 04

① 공공기관보호, 시민단체옹호, 영리기업보존
② 범죄예방, 범죄감소, 사회질서유지
③ 범죄대응, 체포와 구속, 초소근무 철저경비
④ 일반시민보호, 정책결정, 공사경비 철저

[해설]
민간경비와 공경비의 공통적인 목적으로는 범죄예방, 범죄감소, 사회질서유지가 있다.

정답 ②

02 민간경비와 공경비에 대한 설명으로 맞는 것은? 기출

① 민간경비는 공경비와 적대적·대립적인 관계이다.
② 민간경비의 대상은 특정인과 일반시민들이다.
③ 민간경비에 비해 공경비는 강제력을 갖고 있다.
④ 민간경비의 주된 임무는 범죄예방과 범인구인이다.

[해설]
민간경비와 공경비는 개념상 차이점이 많지만, 적대적·대립적인 관계로 보지 않고 협조적·보완적 관계로 보는 것이 일반적이다. 민간경비의 대상은 특정인이고, 강제력은 민간경비와 공경비를 구별하는 기준이 되며, 민간경비의 주된 임무에 범인구인은 제외된다.

정답 ③

3. 공경비와 민간경비의 관계 기출 24 · 22 · 17 · 12

① 우리나라의 치안메커니즘은 크게 공경비와 민간경비 양축으로 구성된다.
② 공경비 분야에서 나타난 한계와 비생산성은 민간경비가 등장하는 계기가 되었다.
③ 오늘날 민간경비의 도움 없이 공경비만으로 공동체의 안전과 질서를 유지하기 어렵다.
④ 공경비는 국민의 세금으로 운용되지만, 개인의 필요에 의한 민간경비는 소비자의 경제능력이 이용에 큰 영향을 미친다.
⑤ 민간경비의 법률관계의 근거는 경비계약이고, 공경비는 법령이다.

공경비와 민간경비의 비교

구 분	공경비(경찰)	민간경비(개인 또는 경비업체)
대 상	일반국민(시민)	계약당사자(고객)
임 무	범죄예방 및 범죄대응	범죄예방
공통점	범죄예방 및 범죄감소, 위험방지, 질서유지	
범 위	일반(포괄)적 범위	특정(한정)적 범위
주 체	정부(경찰)	영리기업(민간경비회사 등)
목 적	법집행 (범인체포 및 범죄수사 · 조사)	개인의 재산보호 및 손실감소
제약조건	강제력 있음	강제력 사용에 제약 있음
권한의 근거	통치권	위탁자의 사권(私權)

민간경비의 성장요인
- 국가(공권력)의 한계인식
- 범죄 및 손실 문제의 증가
- 개인 및 조직의 안전의식 증대

제3절 민간경비 성장의 이론적 배경

I 경제환원론적 이론 기출 24 · 21 · 18 · 16 · 15 · 14 · 12

1. 특 징

① 특정한 사회현상이 직접적으로는 경제와 무관한 것임에도 불구하고 그 발생원인을 경제문제에서 찾으려는 이론이다. ★
② 경기침체로 인해 실업자가 늘어나면 자연적으로 범죄가 증가하고, 이에 민간경비가 직접 범죄에 대응하게 됨으로써 민간경비시장이 성장 · 발전한다고 주장한다. 즉, 민간경비 시장의 성장을 범죄의 증가에 따른 직접적 대응으로 보았다.

③ 특히 거시적 차원에서 범죄의 증가 원인을 실업의 증가에서 찾으려고 하는 것이 그 특징이다.★
④ 민간경비 부문 증가에 관한 경제환원론적 시각은 경제환원론이 내부적으로 갖는 경제결정론적 단순성뿐만 아니라 한 사례의 특정한 시간대를 기준으로 해서 나온 사회 현상의 경험론적 관찰에 근거한 이론이다.

2. 한계점
① 경제환원론적 이론은 내재적으로 포함하고 있는 단순논리적 한계가 있다.★
② 경제침체와 민간경비 부문의 수요증가와의 관계도 원인과 결과를 규정지을 수 있는 인과관계적 성격이 아니라 단순확정적 논리를 전개하고 있다.★

> **경제환원론의 문제점**
> 경제환원론은 미국이 경제 침체를 보였던 1965년~1972년 동안 민간경비시장의 성장이 다른 서비스업 전체의 증가보다 두드러지게 성장하였다는 단순논리적이고, 단기적인 경험적 관찰에 기초를 두고 있다.★

핵심문제

01 경제환원론에 관한 설명으로 옳지 않은 것은? 기출 18
① 민간경비가 성장함에 따라 민간경비 기업들은 하나의 이익집단을 형성한다고 본다.
② 민간경비시장의 성장을 범죄의 증가에 따른 직접적인 대응이라는 전제하에서 출발한다.
③ 거시적 차원에서 범죄의 증가를 실업의 증가에서 그 원인을 찾으려고 한다.
④ 민간경비시장의 성장을 경제전반의 상태와 운용에 연결시켜서 설명한다.

[해설]
경제환원론에 대한 설명은 ②·③·④이며, ①은 이익집단이론에 대한 설명이다.

정답 ①

02 민간경비의 성장이론 중 경제환원론에 관한 설명으로 옳지 않은 것은? 기출 16
① 거시적 차원에서 범죄의 증가원인을 실업의 증가에서 찾는다.
② 경제침체와 민간경비 부문의 수요증가의 관계를 인과적 성격으로 보고 있다.
③ 경제침체기 미국 민간경비 시장의 성장과정에 대한 경험적 관찰에 기초한 이론이다.
④ 사회현상이 직접적으로 경제와 무관하더라도 발생원인을 경제문제에서 찾고자 한다.

[해설]
경제환원론은 경제침체와 민간경비 부문의 수요증가의 관계를 인과적 성격이 아니라 단순한 상관관계적 성격으로 보는 입장이다. 경제환원론은 특정한 현상이 경제와 직접적인 관련이 없음에도 그 발생원인을 경제적인 측면에서 설명하려는 이론이다.★

정답 ②

Ⅱ 공동화이론 기출 24·21·20·18·16·14·13·12

1. 특 징
① 공동화이론은 경찰이 수행하고 있는 경찰 본연의 기능이나 역할을 민간경비가 보완하거나 대체한다는 이론이다. ★
② 경찰의 범죄예방능력이 국민의 욕구를 충족시키지 못할 때의 공동상태를 민간경비가 보충함으로써 민간경비가 성장한다는 이론이다. ★
③ 사회의 다원화와 분화에서 초래되는 사회적 긴장과 갈등, 대립 등에 의한 무질서나 범죄의 증가에 대응하기 위해서는 경찰력이 증가하여야 하나 현실적으로 어려운 상태이므로 그 결과 생겨나는 공백을 메우기 위해서는 민간경비가 발전한다는 이론이다.
④ 경찰의 허술한 법적 대응력을 보충 내지 보조하여 공경비의 힘이 미치지 못하는 치안환경의 사각지대를 메워주면서 성장한 것이 민간경비이다.

2. 공경비와 민간경비의 성격 규정
① 경쟁적 관계
  ㉠ 공경비와 민간경비가 제공하는 서비스가 기본적으로 차이가 있는 것이 아니라, 공경비는 법적 권위를 부여받고 있다는 점에서 보다 많은 권한과 규제력을 갖는 것으로 이해한다.
  ㉡ 공경비와 민간경비가 경쟁적 관계에 놓이는 이유는 양자 사이의 관계를 규정하는 법령이나 규칙이 없기 때문이다.
② 상호보완적 관계
  ㉠ 공동화이론에서 공경비와 민간경비는 상호갈등이나 경쟁관계가 아니라 상호보완적·협조적·역할분담적 관계에 있다고 보는 입장이다.
  ㉡ 민간경비는 공경비가 갖는 제한적 능력 때문에 생기는 공백을 메워줄 수 있다는 시각으로 공동화 이론이 취하는 입장과 상통한다.

핵심문제

01 다음 중 민간경비가 경찰이 수행하고 있는 경찰 본연의 기능이나 역할을 보완·대체한다는 것과 관련되는 이론은? 기출

① 이익집단이론 ② 경제환원론
③ 공동화이론 ④ 수익자부담이론

[해설]
설문이 설명하는 내용은 공동화이론이다. 공동화이론이란 민간경비가 경찰의 인적·물적 측면의 감소로 인한 공동상태를 대신 메워준다는 내용, 즉 민간경비는 공경비가 갖는 제한적 능력으로 인한 공백을 메울 수 있다고 하는 이론이다.

정답 ③

III 이익집단이론 기출 22·21·20·18·16·14·12·11

1. 특 징
① 플레빌(Flavel)의 이익집단이론은 경제환원론적이론이나 공동화이론을 부정하는 입장으로, 그냥 내버려 두면 보호받지 못한 채로 방치될 재산을 민간경비가 보호해야 한다는 주장이다.★
② 민간경비도 자신의 집단적 이익을 극대화하기 위하여 규모를 팽창시키고, 새로운 규율이나 제도를 창출시키는 등의 노력을 해야 한다는 이론이다.★
③ 민간경비의 양적 성장은 초기적 단계에서 일어나는 현상이며, 궁극적으로는 이익집단으로서의 내부적 결속과 제도화 및 조직화의 결과 민간경비의 세력과 입지를 강화하게 되어 민간경비가 성장한다는 이론이다.

2. 공동화이론과의 차이점
공동화이론의 주된 관심과 출발점이 경찰과 민간경비의 관계에 대한 성격을 밝혀내고자 하는 데 있는 반면, 이익집단이론은 민간경비를 하나의 독립적인 행위자로 인식하고 민간경비가 자체적으로 고유한 이해관계를 가질 수 있는 것으로 파악한다는 점이다.★

IV 수익자부담이론 기출 24·23·21·20·18·16·15·14

1. 특 징
① 경찰은 국가가 자본주의의 전반적 체제수호를 위한 정치적 역할, 즉 공적 임무를 수행하는 데 있어 일부분을 담당하는 공조직으로 파악되어야 한다는 이론이다.
② 경찰의 공권력 작용은 원칙적으로 거시적인 측면에서 체제수호 등과 같은 역할과 기능에 한정되고, 사회구성원 개개인 차원이나 집단과 조직의 안전과 보호는 결국 해당 개인이나 조직이 담당하여야 한다는 인식에 기초를 둔 이론이다.★
③ 경찰의 공권력 작용은 질서유지, 체제수호와 같은 거시적 측면에서 이루어지고, 개인의 안전과 보호는 해당 개인이 책임져야 한다는 자본주의 체제하에서 주장되는 이론이다.★
④ 개인이 자신의 건강이나 사유재산을 보호받기 위해서 의료보험이나 자동차 보험에 가입하는 것과 같이 개인의 신체나 재산의 보호는 개인적 비용의 지출에 의해 담보 받을 수밖에 없다는 입장이다.
⑤ 경찰의 근본적 역할 및 기능은 개인의 안전과 사유재산의 보호에 있다는 일반적 통념에 의문을 제기하면서 출발한다.

2. 경비 개념의 인식 전환

국가권력기관인 경찰력이 개인이나 단체의 영리사업 등에 무제한 동원되어서는 안 되며, 전체적인 상황 파악이나 운영상태 등의 파악을 위하여 최소한의 인력만 투입되어야 한다는 경비 개념의 인식 전환이 필요하다.

> **수익성 행사**
> 수익성 행사의 경우 공경비(경찰)는 우발사태 대비 개념으로 운용되어야 한다. 수익자 부담의 원칙에 의해 주최 측에서도 민간경비 등을 활용토록 지도해야 하나, 철저한 수익자 부담원칙의 적용에는 현실적인 어려움이 있으므로 장기적으로 대응해야 한다. 올림픽, 월드컵 같은 국가적 행사의 경우 수익자 부담의 원칙을 엄격히 적용하기 곤란하다.
>
> **민간경비가 급증하는 조건** 기출 23
> 전반적인 국민소득의 증가, 실제적인 범죄의 증가, 경비 개념에 대한 사회적 인식 변화, 민간경비제도나 서비스의 유용성에 대한 인식 변화 등의 조건이 갖추어졌을 때 민간경비가 특정한 시기에 급증하게 된다.

핵심문제

01 민간경비산업 성장의 이론적 배경에 관한 설명으로 옳지 않은 것은? 기출 12

① 수익자부담이론 - 그냥 내버려두면 보호받지 못한 채로 방치될 재산을 민간경비가 보호한다.
② 공동화이론 - 경찰에게 부여된 범죄예방이나 통제능력이 감소됨으로써 생겨난 공백을 민간경비가 메워준다.
③ 공동생산이론 - 경찰이 근본적으로 안고 있는 한계를 일부 극복하고, 시민의 안전욕구를 증대시키기 위하여 민간부문의 능동적인 참여를 다각적으로 유도한다.
④ 경제환원론적 이론 - 경기침체로 인하여 실업이 증가하면 범죄가 증가하고, 이에 대응하기 위해 민간경비산업이 성장한다.

[해설]
그냥 내버려두면 보호받지 못하는 재산을 민간경비가 보호한다는 이론은 이익집단이론이다. 이는 민간경비도 자신의 집단적 이익을 극대화하기 위하여 규모를 팽창시키고, 새로운 규율이나 제도를 창출시키는 등의 노력을 기울인다는 것을 말한다.

정답 ①

02 민간경비의 성장배경에 대한 이론 중 다음에서 설명하는 이론은 무엇인가? 기출

> 민간경비 성장에 대한 이 이론은 자본주의 사회에 있어 경찰의 공권력 작용은 원칙적으로 거시적 측면에서 질서유지나 체제수호 등과 같은 역할과 기능으로 한정시켜, 사회구성원 개인 차원이나 여타 집단과 조직 등의 안전과 보호는 결국 해당 개인이나 조직이 담당하여야 한다는 인식에 기초한 이론이다.

① 경제환원론 ② 공동화이론
③ 수익자부담이론 ④ 이익집단이론

[해설]
제시된 내용은 수익자부담이론에 관한 설명이다.

정답 ③

Ⅴ 민영화이론 기출 24・23・21・20・19・18・16・15・13

1. 개념

① 민영화 : 정부의 역할을 줄이는 대신 민간의 역할을 증대시키는 것을 민영화로 정의하고 있다.
② 캐머맨과 칸(Kamerman & Kahn)의 정의
  ㉠ 광의의 민영화 : 민영화의 개념을 광의와 협의의 개념으로 구분하고, 정부의 규제를 축소하고 정부의 지출을 감소시키는 것
  ㉡ 협의의 민영화 : 재화나 서비스의 생산이 공공부분에서 민간분야로 이전되는 것
③ 민영화이론
  ㉠ 1980년대 이후 복지국가의 이념에 대한 반성으로서 국가독점에 의한 비효율성을 극복하고자 시장경쟁 논리를 도입한 이론으로, 현재까지 세계적인 추세로 받아들여지고 있다.
  ㉡ 2010년 최초로 설립된 민영교도소는 민영화의 사례로 볼 수 있다.
  ㉢ 민영화는 공공지출과 행정비용의 감소효과를 유발하기 위한 방법이다.
  ㉣ 국가권력의 시장개입을 비판하고 작은 정부를 지향하는 신자유주의적 흐름을 반영한다.
  ㉤ 공경비의 일부 활동을 민간에 이전하여 민간경비로 전환하는 것도 민영화이다.
  ㉥ 대규모 행사의 안전관리에 참여하여 공권력의 부담을 감소시키는 것도 민영화이다.

웹스터(Webster)의 정의
민영화란 '공적영역을 사적소유로 변화시키는 것'을 의미한다.

사바스(Savas)의 민영화론
- 정의 : 민영화란 활동이나 자산소유에 있어 정부의 역할을 줄이고 민간의 역할을 증대시키는 활동으로 정의
- 형태 : 상수도시설 및 교도소의 운영, 도로청소, 가로수 정리작업, 선박수리, 의용소방대, 석탄공사의 매각 등
- 결정요인
  - 실용주의 : 비용효과분석 차원
  - 이념적 접근 : 작은 정부의 구현
  - 사업주의 : 거래의 촉진
  - 대중주의 : 시민권의 성장, 국민의 권리신장

핵심문제

01 민영화이론에 관한 설명으로 옳지 않은 것은? 기출 15

① 2000년대 이후 복지국가의 이념을 구현하고자 등장한 이론이다.
② 2010년 최초로 설립된 민영교도소는 민영화의 사례이다.
③ 공공지출과 행정비용의 감소효과를 유발하기 위한 방법이다.
④ 국민들이 서비스공급에 참여할 수 있으며, 서비스선택의 폭을 확대시켜 준다.

[해설]
민영화이론은 1980년대 이후 복지국가의 이념에 대한 반성으로서 국가독점에 의한 비효율성을 극복하고자 시장경쟁논리를 도입한 이론이다.

정답 ①

- 민영화의 목적
  - 자본시장으로부터 자금조달을 가능하게 함으로써 기업의 경쟁력, 효율성 증대
  - 중앙 또는 지방정부의 공공차입 부담 감소
  - 공공지출과 행정비용 감소
  - 사기업 경영에 대한 정부개입 감소
  - 경제적 자산의 소유구조 확장
  - 사원주식소유제도 활성화
  - 소득재분배의 효과

2. 민영화 활성화의 배경

① 다원화 시대에서 각국의 정부는 작지만 효율적인 정부를 지향하고 있다는 점을 들 수 있다. 정부의 지나친 비대는 민주주의를 위협하고 있으며, 자원의 비효율적인 공급으로 자원의 낭비를 초래할 수 있기 때문이다.

② 민영화를 통하여 서비스에 대한 공급을 줄이게 되면 상대적으로 민간부문이 확대되어 민간의 활동이 활성화될 수 있으며, 자원이용의 효율성을 높이는 것이 가능하기 때문이다. 기출 20

③ 민영화함으로써 국민들이 공급과정에 참여할 수 있으며, 이로써 정부의 일반적인 공급으로 인한 공급주체와 국민 간에 존재하는 괴리를 좁힐 수 있고, 소비자들은 재화나 서비스를 선택할 수 있는 폭이 확대되어 경제적 자유를 누릴 수 있기 때문이다.

〈출처〉 장정범, 민간조사제도의 도입방안에 관한 연구, 연세대 법무대학원 석사논문, 2010

VI 공동생산이론 기출 24·22·21·17·14·12

① 치안서비스 생산과정에서 경찰의 역할수행과 민간경비의 공동참여로 인해 민간경비가 성장했으며, 민간경비가 독립된 주체로서 참여한다는 이론이다.

② 민간경비를 공경비의 보조적 차원이 아닌 주체적 차원으로 인식하는 이론으로 민간경비 활동에 있어서 '서비스주체의 다원화'에 초점을 맞추고 등장하였다.

③ 공동생산이론은 경찰이 안고 있는 한계를 일부 극복하고 시민의 안전욕구를 증대시키기 위하여 민간부문의 능동적 참여를 다각적으로 유도한다.

핵심문제

01 치안서비스 공동생산이론에 관한 설명으로 옳지 않은 것은? 기출 17

① 민간경비는 집단적 이익의 실현을 위해 규모를 팽창시킨다.
② 민간경비를 공경비의 보조적 차원이 아닌 주체적 차원으로 인식한다.
③ 치안서비스 제공은 경찰의 역할수행과 민간경비의 공동참여로 이루어진다.
④ 시민의 안전욕구를 증대시키기 위해 민간부문의 능동적 참여를 다각적으로 유도한다.

[해설]
민간경비가 자신의 집단적 이익을 극대화하기 위하여 규모를 팽창시키고, 새로운 규율이나 제도를 창출시키는 등의 노력을 한다는 이론은 이익집단이론이다.

정답 ①

CHAPTER 02 세계 각국의 민간경비

제1절 각국 민간경비의 역사적 발전

I. 고대의 민간경비

1. 고대의 민간경비

고대 원시시대	인간의 주변환경, 자연재해로부터 자기 스스로를 보호하고, 부족의 적을 공동으로 대처하기 위한 공동체 보호의식이 본능적으로 시작되었다.
함무라비왕 시대	• 함무라비법전에는 '눈에는 눈, 이에는 이'라는 동해보복형(같은 피해에는 같은 방법으로 보복을 함)을 규정하고 있었다. 기출 22 • 고대 바빌론 왕 함무라비에 의해 법집행 개념이 최초 명문화되었다. • 세계 최초로 문서화된 법령에 의하여 정부가 법집행을 할 수 있었고, 또 개인에게 책임을 부여할 수 있었으며, 이때부터 개인차원의 민간경비의 개념과 국가차원의 공경비의 개념이 분리되기 시작하였다. 기출 24·22·20
고대 그리스 도시국가	• 부족이나 씨족 차원의 경비개념에서 사회 차원의 공공개념으로 확대, 발전해 나갔다. • 스파르타에서는 일찍부터 법을 집행하기 위한 치안책임자를 임명하는 제도가 발달하였다. 이는 최초의 국가경찰의 발달을 의미한다.
고대 로마시대	당시 로마의 통치자 아우구스투스 황제는 자경단원이라고 불리는 수천 명의 비무장군대를 각 관할구역의 질서유지를 위해서 임명하였다. 이는 역사상 최초의 비무장 수도경찰로 간주된다. 기출 24·22

핵심문제

01 고대 민간경비에 대한 설명 중 틀린 것은? 기출 08

① 경비제도를 역사적으로 볼 때 공경비가 민간경비보다 앞서 있다.
② 개인의 생명과 재산을 보호하는 경비는 인류 역사상 가장 오래된 과제 중 하나이다.
③ 대표적인 경비형태로 절벽에 위치한 동굴, 땅에서 사다리를 타고 나무에 올라가는 주거형태나 수상가옥 등이 있다.
④ 고대 문헌이나 성서와 같은 많은 자료에서 개인의 안전과 재산을 지키기 위해 야간감시자나 신변보호요원을 이용했음을 발견할 수 있다.

[해설]
경비제도를 역사적으로 볼 때 민간경비가 공경비보다 앞서 있다. 민간경비 개념과 공경비 개념이 분리된 것은 함무라비왕 시대부터이다. ★

정답 ①

2. 고대 민간경비의 특징

① 개인의 생명과 재산을 보호하는 경비는 인류 역사상 가장 오래된 과제 중 하나이다.
② 대표적인 경비형태로 절벽에 위치한 동굴, 땅에서 사다리를 타고 나무에 올라가는 주거형태나 수상가옥 등이 있다. 기출 24
③ 고대 문헌이나 성서와 같은 많은 자료에서 개인의 안전과 재산을 지키기 위해 야간감시자나 신변보호요원을 이용했음을 발견할 수 있다.
④ 경비제도를 역사적으로 볼 때 민간경비가 공경비보다 앞서 있다. ★

> **민간경비의 발달과정**
> 경비(Security)라는 것은 세상에서 가장 오래된 직업은 아닐지 모르나, 개인의 생명과 재산을 보호한다는 것은 인류역사상 가장 오래된 과제 중 하나였다. 경비제도를 연혁적으로 추적해보면 고대사회 이래 개인의 생명·신체·재산을 보호하는 수단은 자기보호 → 부락공동보호 → 국가보호 → 자기보호와 국가공동보호의 순으로 발전하여 왔으며 이는 함무라비 왕조나 로마의 역사에서 그 근거를 쉽게 찾을 수 있다.
> 〈출처〉 박성수, 「민간경비론」, 윤성사, 2021, P. 30~31
>
> **민간경비의 발달과정**
> 민간경비 시대 → 공경비와 민간경비 개념의 미분화 시대 → 공경비 시대 → 공경비와 민간경비의 병행시대

II 영국 민간경비의 발달

1. 민간경비의 시작

① 민간경비(民間警備)의 역사는 영국을 중심으로 하여 유럽에서 시작되었다. ★
② 영국에서는 사설 경찰활동이 공적인 경찰활동보다 먼저 존재하였으며, 공경찰의 도입 필요성을 제기하는 계기가 되었다. 기출 17
③ 17세기 루소가 사회계약설(社會契約說)에서 주장하였던 것처럼 사회질서의 유지를 위해서 국가의 필요성이 대두되었으며, 경찰활동은 이러한 사회계약을 이행하는 한 수단으로서 도입되었다. ★
④ 18세기 초 런던에는 재산범죄가 대단히 만연하였으나, 공권력(공경찰)의 부족으로 인하여 조나단 와일드(Jonathan Wild)와 같이 개인에게 돈을 받고 분실한 물건을 찾아주거나 잡은 도둑을 경찰에게 넘기는 조직들이 점차 늘어났다.

2. 규환제도(Hue and Cry) 기출 23·15·14

① 개인 차원의 경비 개념 : 모든 사람은 자신의 행동뿐만 아니라 이웃의 행동에 대해서도 책임이 있다고 명시하고, 범죄가 발생하면 사람들이 고함을 지르고 사람을 모아 그 지역에 침범한 범죄자를 추적하는 것이 시민 각자의 의무이며, 만일 범죄자를 체포하지 못하면 모든 사람에게 국왕으로부터 벌금이 부과되었다.
② 규환제도의 개념 : 개인과 집단이 치안에 대해 공동책임을 진 것으로 인식되어 건장한 모든 사람들은 범법자 체포에 참여해야 하는데, 이러한 의도는 현대사회의 시민체포의 발상으로 인식할 수 있다.
③ 민선행정관제도 : 노르만디의 군주인 윌리암(William) 국왕은 각 도시의 치안질서를 유지하기 위해서 군인이면서 재판관인 주장관을 임명하였고, 이는 지금의 Sheriff(국가 또는 주의 치안과 행정을 집행하는 민선행정관) 제도로 발전하였으며, 법을 집행하는 임무를 수행하는 사람을 경관(Constables)이라 불렀다.

3. 헨리왕의 King's peace 시대

① 의의 : 레지스 헨리시법을 공포하고 경찰의 공복으로서의 역할이 보다 강조된 시기이다.★
② 헨리 국왕의 법령
  ㉠ 원칙적으로 어떠한 범죄도 더 이상 개인에 대한 위법이 아니라 국왕의 평화에 대한 도전이라 명시하고 있다. 기출 23·20
  ㉡ 헨리 국왕의 법령(Legis Henrici)은 중죄(felony)와 경범죄(misdemeanor)에 대한 법률적인 구분을 내렸다는 점에서 큰 의의를 가지고 있다.
③ 레지스 헨리시법(The Legis Henrici Law)
  ㉠ 민간경비차원에서 실시되던 경비활동을 국가적 치안개념으로 발전시킨 것으로 줄여서 헨리시법이라고도 한다. 기출 17·15·12
  ㉡ 헨리시법은 경찰이 공복으로서 더 이상 사립경찰로서의 활동을 하지 않는 중요한 의미를 지니게 되었으며 그 당시 범죄는 개인에 대한 위법이 아닌 국왕의 평화에 대한 도전으로 간주하여 추방 또는 징역으로 처벌시킬 수 있는 위법행위로 규정짓게 되었다.
④ 처벌방법의 명문화 : "국왕의 평화에 대한 의지"를 강화하기 위해 추방에 대한 의사결정을 내리는 데 있어 사회는 반사회적 행위, 부당행위 처벌의 방법 등에 대해서 명문화하기 시작했다.
→ 사법(私法)에서 공법(公法)으로 법 개념이 변천하는 과정을 기록

핵심문제

01 다음 중 영국 헨리왕의 King's peace 시대에 관한 올바른 내용으로 볼 수 없는 것은 어느 것인가? 기출

① 레지스 헨리시법을 공포한 시기이다.
② 공법에서 사법으로 법 개념의 변천이 이루어졌다.
③ 경찰의 공복으로서의 역할이 보다 강조된 시기이다.
④ 그 당시 범죄는 개인에 대한 위법이 아닌 국왕의 평화에 대한 도전으로 간주했다.

[해설]
시민의 재산과 권위보호는 국왕의 평화에 대한 도전으로 사법에서 공법으로 법개념의 변천이 이루어졌다.

정답 ②

02 영국의 경우 민간경비차원에서 실시되던 경비활동을 국가적 치안개념으로 발전시킨 것은? 기출 12

① 규환제도(Hue and Cry)
② 상호보증제도(Frank Pledge System)
③ 윈체스터법(The Statute of Winchester)
④ 레지스 헨리시법(The Legis Henrici Law)

[해설]
레지스 헨리시법(The Legis Henrici Law)은 헨리국왕 집권 때인 1116년경에 국왕이 경비책임을 국가적 치안개념으로 발전시킨 법으로 헨리법이라고도 한다. 민간차원의 경비개념에서 공경비차원의 경비개념으로 바뀌게 된 중요한 역사적 사실이 되었다.

정답 ④

4. 주야 감시원 시대(Watch and Ward Period)

① **치안판사의 신설** : 법의 집행이 점차 개인에서 정부로 책임이 이양되어 감에 따라 국왕은 주(州) 보안관(Sheriff)의 무능함을 견제하기 위해서 치안판사직을 신설하게 되었으나 범죄의 증가로 인하여 치안상태를 대처할 능력이 없었으므로 이때부터 민간경비기관이 발달하게 되었다.★

② **민간경비기관** : 주로 은행의 경비원, 상인들의 고용인, 사업장소의 야간감시원(Watch and Ward) 등으로 일하였다.

③ **의의** : 범죄사실의 법적인 처벌보다는 상인들의 도난당한 재산을 회수하기 위해서 사람들을 고용하게 됨으로써 오늘날 사설탐정으로 발달하게 되었다.

윈체스터법(13세기 말) 기출 22

의 의	범죄증가에 대처하고 지방도시의 치안 유지를 위해 에드워드 1세 때 제정(1285년)되어 수도경찰청법(1829년)이 만들어질 때까지 600여 년 동안 거의 유일하게 존재한 경찰활동을 규율한 경찰법원칙이다.
내 용	• 중소도시에 Watch-man(야경인)제도를 도입하여 경찰관의 임무를 보좌하게 함 • 모든 주민에게 Hue and cry(저 놈 잡아라)식의 범법자 추적의무를 부과함 • 15세 이상 60세 미만의 남자들에게 무기비치의 의무를 부과하여 계급에 따라 일정한 장비를 보유할 수 있게 함

파수제(Watch and Ward)
1300년대부터 1500년대 사이인 중세의 경비형태로서 에드워드 1세가 공포한 윈체스터법에 의해 Watch and Ward(파수제)가 시행되었다.

5. 보우가의 주자(Bow Street Runner) 시대

① **의의** : 헨리 필딩(Henry Fielding)이 시민들 중 지원자로 구성한 소규모 단위의 범죄예방조직을 만들어 보수를 지급하고, 1785년경 인류 역사상 최초의 형사기동대에 해당하는 조직을 만든 시대이다.

기출 17·15

② **헨리 필딩(Henry Fielding)의 활동** 기출 23·14
  ㉠ 범죄예방을 위해서는 시민 스스로가 단결해야 한다는 개념을 확립하고, 영구적이며 직업적으로 충분한 급료를 받는 민간경비를 제안했다.
  ㉡ 도보경찰(도심지역에 근무), 기마경찰(15마일 떨어진 변두리 지역까지 근무), 특별조사관, 경찰법원, 보우가의 주자(The Bow Street Runners ; 범죄현장에 즉각 달려가서 수사를 담당하는 최초의 형사기동대) 등을 만드는 데 공헌하였다. 기출 20

③ **교구경찰** : 이 무렵 교구경찰이 탄생하였으며, 그들의 책임은 교회 구역 내로만 한정하게 되었다.★

④ **올리버 크롬웰(Oliver Cromwell)의 계획**
  ㉠ 크롬웰의 강력한 중앙정부가 지방정부를 통제 → 영국의 경찰모델 형성에 영향★
  ㉡ 그러나 크롬웰의 계획은 시민들의 반발에 부딪혀 실패로 끝나고 다시 지역단위의 관구경찰제도가 부활하게 되었다.

상인경찰과 교구경찰	
상인경찰 (Merchant Police)	1500년대 영국의 산업발달에 따라 안전한 상업활동을 위해 상인들이 자체적으로 조직한 사설경찰(Private Police)로서 오늘날의 민간경비의 시초이다. 주요 업무는 시장·은행 및 상업시설을 보호하고 도난당한 재산을 회수하는 일을 담당하였다.
교구경찰 (Parish Police)	보우가 주자시대에 등장하여 일반 경찰과 흡사한 임무를 수행하였는데 그 임무 수행범위는 도시의 행정구역인 교구(Parish)구역 내로 한정되었다. 처음에는 전 교구민이 윤번제로 근무를 하다가 후에 유급의 교구치안관(Parish Constable)으로 대치되었다. 그 당시 유럽 각국은 강력한 국가경찰제도를 발전시킨 반면 영국은 각 경찰관구로 나누어 관리하는 지방자치제 경찰제도를 선택하였다.

6. 산업혁명 후 민간경비업체 출현

① 민간경비는 산업혁명시대에 크게 성장하였다. 기출 20·19·15
② 1800년대 민간경비와 공경비의 발달요인 : 산업혁명으로 인한 산업화와 함께 발생하는 장물아비의 활동, 위조화폐 공장의 성립 등의 범죄홍수에 대해서 지역 관구경찰의 활동으로는 속수무책이었기 때문이다.
③ 법집행기관의 탄생 : 템즈리버 경찰(The Thames River Police), 감시인과 경비원(Watches and Guards) 그리고 탐정기관, 산업경찰, 특수경찰 및 관구경찰 등의 출현을 들 수 있다.

핵심문제

01 범죄예방을 위해서는 시민 스스로가 단결해야 한다는 개념을 확립하고, 보우가의 외근기동대(The Bow Street Runners)를 창설하는 데 공헌한 사람은? 기출 14

① 리처드 메인(Richard Mayne) ② 앨런 핑커톤(Allan Pinkerton)
③ 로버트 필(Robert Peel) ④ 헨리 필딩(Henry Fielding)

[해설]
영국의 헨리 필딩(Henry Fielding)은 보우가(The Bow Street)의 타락하고 무질서한 당시의 치안을 바로잡기 위해 시민들 중 지원자를 중심으로 소규모 단위의 범죄예방조직을 만들어 보수를 지급하였으며, 이러한 활동은 1785년경 인류 역사상 최초의 형사기동대라고 할 수 있는 '보우가 주자(Bow Street Runners)' 창설로 이어졌다.

정답 ④

02 영국 헨리 필딩(Henry Fielding)이 시민들 중 지원자에 의한 소규모 단위의 범죄예방조직을 만들어 보수를 지급하고 1785년경 인류 역사상 최초의 형사기동대에 해당하는 조직을 만든 시대는? 기출 08

① 주야감시원시대 ② 보우가의 주자(Bow Street Runner)시대
③ 산업혁명시대 ④ 헨리왕의 King's Peace 시대

[해설]
영국의 헨리 필딩은 "The Bow Street Runner"로 그 이름이 알려졌으며, 이는 인류 역사상 최초의 형사기동대에 해당한다. 또한 그 범위가 교회 내로 한정된 교구경찰을 창설한 이외에도 도보경찰, 기마경찰, 특별조사관, 경찰법원 등을 만드는 데에도 공헌하였다. ★

정답 ②

7. 현대적 의미의 방범활동 시작

① **패트릭 콜크혼(Patrick Colquhoun)** : 1797년 '수도경찰에 관한 논문'에서 런던의 가장 효과적인 범죄예방 활동을 위해 전체가 잘 규율된 영국경찰조직을 만들어야 한다고 주장하였으며, 로버트 필에 의한 신경찰 성립에 이론적 바탕을 마련하였다.

② **로버트 필(Robert Peel)** 기출 24·20
  ㉠ 내무부장관이었던 로버트 필은 1829년 수도경찰법을 의회에 제출하여 런던수도경찰을 창설하였다. 기출 22·19·17·13·12·11
  ㉡ 범죄방지와 사회혼란을 바로잡기 위해 엄격하게 선발·훈련된 사람으로 조직된 기관의 필요성을 인식하였다. 기출 22
  ㉢ 교구경찰, 주야간 경비대, 수상경찰, 보우가 경찰대 등을 하나의 능률적인 유급경찰로 통합하여 경찰은 헌신적이어야 하며, 훈련되고 윤리적이며 지방정부의 봉급을 받는 요원들이어야 한다고 주장하였다. 기출 22·19·13
  ㉣ 형법의 개혁안을 처음 만들고, Peeler(Peel의 사람) 또는 Bobbies(순경이라는 뜻의 구어)라고 불리는 수도경찰을 재조직하였다.
  ㉤ 로버트 필의 형법개혁안(Peelian Reform)은 현대적 경찰 조직의 시초가 되었으며, 영국과 다른 경찰 부서의 모델이 되었다. 기출 19

> **독일의 민간경비**
> 독일은 1990년 통일 후 구동독 사회의 질서유지역할을 민간경비가 수행하여 시민의 지지를 얻게 되었다.

핵심문제

01 영국 근대경찰의 탄생에 있어서 1829년 수도경찰법을 의회에 제출하여 수도경찰을 창설하였으며, 경찰은 헌신적이어야 하며 훈련되고 윤리적이며 지방정부의 봉급을 받는 요원들이어야 한다고 주장한 사람은? 기출 13

① 로버트 필(Robert Peel) ② 콜크혼(Colguhoun)
③ 헨리 필딩(Henry Fielding) ④ 에드워드(Edward) 1세

[해설]
영국 내무성 장관이었던 로버트 필(Sir. Robert Peel)은 1829년 수도경찰법을 의회에 제출하고, 주야간 경비제도를 통합하여 수도경찰을 창설하였으며, 형법의 개혁안을 처음 만들어 사형을 감형하고, 근대적 경찰제도의 기초를 확립하였다.

정답 ①

02 다음 중 영국의 Robert Peel의 업적이 아닌 것은?

① 영국 형법개혁안을 최초로 만들었다.
② Peeler 또는 Bobbies라는 애칭으로 불리우는 수도경찰을 재조직하였다.
③ 런던수도경찰을 창설하였다.
④ 보우가의 주자라는 제도를 도입하였다.

[해설]
로버트 필은 영국의 형법개혁안을 처음으로 만들었고, "Bobbies" 또는 "Peeler"라고 불리우는 수도경찰을 재조직하였다. 보우가의 주자라는 제도를 도입한 사람은 헨리 필딩이다.

정답 ④

Ⅲ 미국 민간경비의 발달

1. 미국 민간경비의 역사적 배경

① 초기 미국의 국민들은 영국에서 이주하였기 때문에 영국 왕실의 권위주의적인 통치방식을 싫어하고 자치적인 지방분권주의적 통치방식을 선호하였다.

> **도망노예환송법**
> - 노예의 탈출과 소요사태 등을 통제하기 위해 어떤 주에서 다른 주나 연방의 준주로 도망간 노예를 체포하여 원래의 주로 돌려주도록 규정한 법률로 1793년과 1850년에 남부지역에서 제정된 법률이다.
> - 남북전쟁 시작 즈음까지는 적용되다 1864년 6월 28일 폐지되었다.

② 범죄에 대응하는 방식에 있어서도 강력한 경찰조직보다는 자치경비조직의 형태를 추구하였다. 기출 18

③ 18세기 무렵 신개척지에 거주하고 있던 주민들을 보호하기 위해 밤에만 활동하는 야간경비원이 생겨났다.

④ 지방자치 경비조직인 자경단의 형태 방식으로 1845년 미국 최초의 현대적 경찰인 뉴욕시 주야간경찰 조직이 생겨났다.★

> **1845년의 뉴욕시 경찰**
> - 800명 선발, 시의원의 제청에 의해 시장이 임명
> - 정복 착용 없이 비무장으로 근무★

⑤ 지방자치 경비조직은 전문적인 고도의 능력과 지식을 갖추지 못한 상태였고, 국가 경찰력이라도 현실적으로 모든 사람의 생명과 재산을 완전히 지킬 수 있는 상황이 아니었다.

⑥ 서부의 개척지에서는 상설경찰이라 해도 시가지화한 읍이나 촌의 경찰이며, 그 이외의 지역에서 실효력이 있는 경찰은 아직 존재하지 않았다.

> **미국 민간경비의 연혁적 특징**
> - 국가 통치제도 면에서 자치제도를 추구
> - 시민 스스로가 자신을 보호하는 철저한 자경사상
> - 경찰 또는 군사력이 국가 전역에 미칠 정도로 발전하지 못함
> - 지역의 상황에 따라 각기 특색 있는 제도로 발전

핵심문제

01 다음 중 미국에서 최초의 현대적 경찰조직이 설립된 곳은 어디인가? 기출
① 뉴 욕
② 필라델피아
③ 시카고
④ LA

[해설]
1845년 뉴욕에서 최초의 현대적 의미의 경찰조직이 생겨났다.

정답 ①

2. 미국 민간경비의 발전과정

① 미국 민간경비는 신개척지에 거주하던 주민들을 보호하기 위한 야간경비원으로부터 시작된다.
② 식민지시대의 법집행과 관련된 기본적 제도로는 영국의 영향을 받은 보안관(sheriff), 치안관(constable), 경비원(watchman) 등이 있었다. 기출 13·12
③ 남캐롤라이나의 찰스턴 시경비대(A City Guard of Armed Officers)는 1846년 시경찰국으로 발전하였다. 기출 12
④ 본격적으로 민간경비가 출현한 것은 1800년대 산업혁명과 19세기 중엽 서부개척시대이다. 미국 연방정부는 서부개척시대에 철도경찰법을 제정하여 일정한 구역 내에서 경찰권한을 부여한 민간경비조직을 설치하였다. 캘리포니아에서 금광이 발견되어 골드 러시(Gold Rush)가 이루어지면서, 개척지를 왕복하는 사람이나 금을 운반하기 위한 역마차, 철도 등이 부설되었다. 철도는 사람들이 거주하지 않는 불모지를 통과하는 경우가 많았으며, 역마차회사, 철도회사는 동서 간의 철도경비를 위해 자체 경비조직을 갖게 되면서 민간경비 발달의 획기적인 계기가 되었다. 이같은 요청에 의해서 생긴 것이 유명한 '핑커톤(Pinkerton)' 경비조직이다. 기출 22·18·16·13·12

> **핑커톤 경비조직** 기출 20·19
> - 시카고 경찰국의 최초의 탐정인 핑커톤은 새로 구성된 시카고 경찰에서 물러나 1850년 탐정사무소를 설립한 후 1857년에 핑커톤 국가탐정회사(Pinkerton National Detective Agency)로 회사명을 바꾸고 철도수송 안전 확보에 일익을 담당하였다.
> - 남북전쟁 당시에는 링컨 대통령의 경호업무를 담당하기도 하였고 '육군첩보부'를 설립하여 북군의 경제 교란작전으로 대량 발행된 위조화폐에 대한 적발임무를 수행하는 데 결정적 공헌을 하여 부보안관으로 임명되었다.
> - 1883년에는 보석상 연합회의 위탁을 받아 도난보석이나 보석절도에 관한 정보를 집중관리하는 조사기관이 되었다.
> - 경찰당국의 자료요청에 응하여 경찰과 민간경비업체의 바람직한 관계를 정립하였다.
> - 범죄자를 유형별로 정리하는 방식은 오늘날 프로파일링 수사기법에 영향을 주었다.
> - 20세기에 들어와 FBI 등 연방 법집행기관이 범죄자(犯罪者) 정보를 수집·관리하게 되었기 때문에 핑커톤 회사가 수집·관리할 수 있는 정보는 민간대상의 정보에 한정되었다.

⑤ 미국 남북전쟁은 위조화폐를 단속하기 위한 사설탐정기관의 발달을 가져오는 계기가 되었다.★ 기출 22

> **현대적 의미의 민간경비 탄생**
> 1850년 핑커톤(Pinkerton) 탐정사무소 설립 → 미국 남북전쟁(1861~1865) 이후 국가경찰조직이 미흡한 상태에서 위조화폐를 단속하기 위한 사설탐정기관이 발달

⑥ 1858년 에드윈 홈즈(Edwin Holmes)가 야간 경비회사로서 홈즈 방호회사(Holms Protection Inc.)를 설립하여 최초의 중앙감시방식의 경보서비스 사업을 시작하였다. 기출 24·19·17·16
⑦ 1859년에는 워싱턴 페리 브링스(Washington P. Brinks)가 트럭 수송회사를 설립, 방탄 장갑차를 이용한 현금수송을 개시하였다.★
⑧ 19세기 말에 유럽사회의 사회주의, 무정부주의 영향을 받은 노동자들의 격렬한 파업(Strike)을 맞이하여 공장파괴, 방화 등으로부터 회사재산을 지키기 위한 자본가들의 민간경비 수요가 급증했다. 기출 16
⑨ 제1차 세계대전 시 민간경비업은 군수물자를 생산하는 기업체들을 파업이나 적군의 탐정으로부터 보호해야 하는 임무를 띠게 되었다. 기출 16·14

⑩ 제2차 세계대전 시 국가 중요산업과 주요 군수장비를 생산하는 업체의 시설, 인원, 장비, 물자 등을 지키는 민간경비원들에게 예비헌병적인 지위에 상당하는 권한이 주어지기도 하였다. 기출 16

> **양차 세계대전과 민간경비** 기출 19
> • 제1차 세계대전 : 방위산업의 발달에 따른 대규모 공장시설 건설로 인한 산업시설 보호와 스파이 방지를 위하여 자본가들의 경비수요 증가 기출 14
> • 제2차 세계대전 : 군사, 산업시설의 안전보호와 군수물자, 장비 또는 기밀 등의 보호를 위한 임무가 민간경비에 부여되고 전자, 기계, 전기공업의 발달로 기계경비산업의 발전 토대 마련 기출 12

⑪ 1940년 이후 미국의 민간경비산업은 세계 각국에서 각 기업들의 자치적인 이익과 보호를 위해서 다양하고 전문적인 수요에 충당할 수 있도록 새로운 현대적 개념의 경비산업으로 발전하게 되었다. → 비약적인 발전
⑫ 20세기 중엽 은행보호법이 제정되었고 기계경비가 발전되었다.
⑬ 1965년 미국 사법행정과 법집행의 지원단체로 설립된 LEAA(Law Enforcement Assistance Administration)는 법집행절차의 개선을 위한 주와 정부 간 기금지원 등 민간경비의 발전에 커다란 영향 및 도움을 주었다.
⑭ 2001년 9·11테러 이후 국토안보부를 설립하였으며 이는 공항경비 등 민간경비산업이 발전하는 중요한 계기가 되었다. 기출 18·13
⑮ 러셀 콜링은 미국 경비협회의 책임자로서 경비원의 기능을 통제하고 역량을 향상시키기 위해 경비원자격증제도가 필요하다고 주장하였다. ★

핵심문제

01 다음 중 Allan Pinkerton과 관계가 없는 내용은 어느 것인가? 기출
① 1885년 북서부 치안기구 설립
② 시카고 경찰국의 최초의 탐정
③ 철도수송의 안전을 담당하는 경비회사 설립
④ 미국은행협회를 위한 독자적인 수사기관 설립

[해설]
미국은행협회를 위한 독자적인 수사기관을 설립한 사람은 William J. Burns이다. ★

정답 ④

02 핑커톤(Allan Pinkerton)에 관한 설명으로 옳지 않은 것은? 기출 16
① 위폐사범 일당을 검거하는 데 결정적 공헌을 하여 부보안관으로 임명되었다.
② 범죄자를 유형별로 정리하여 프로파일링(profiling) 수사기법의 전형을 세웠다.
③ 1858년에 최초의 경보회사(Central-Station Burglar Alarm Company)를 설립하였다.
④ 경찰당국의 자료요청에 응하여 경찰과 민간경비업체의 바람직한 관계를 정립하였다.

[해설]
1858년 최초의 경보회사를 설립한 사람은 에드윈 홈즈이다. 에드윈 홈즈는 야간 경비회사로서 홈즈방호회사를 설립하여 최초의 중앙감시방식의 경보서비스 사업을 시작하였다. ★

정답 ③

3. 미국의 민간경비제도 기출 18·15·13·11

① 미국에서는 주정부 관할하에 주정부별로 CPP(Certified Protection Professional) 제도를 시행하고 있는데, CPP는 공인경비사 자격제도로 국가적 차원이 아닌 민간경비업체가 민간경비의 질적 향상을 위해 전국적인 수준으로 발전시킨 것이다. 현재 미국산업안전협회에서 시행하고 있다.
② 미국은 경찰관 신분을 가진 민간경비원이 활동하는 경우가 있다. ★

Ⅳ 일본 민간경비의 발달

1. 일본 민간경비의 시작

① 일본의 민간경비의 연원 기출 15
  ㉠ 중세기부터 지방 성주들에 의하여 사적으로 실시되었다.
  ㉡ 현대 이전의 민간경비는 헤이안 시대에 출현한 무사계급에서 그 뿌리를 찾을 수 있다. 기출 12
② 도쿠가와 시대 : 장병위라는 이름으로 경비업을 전문으로 하는 직업 경비업자가 생겨나 노동자 공급이나 경비업무를 실시하였다. ★
③ 도쿠가와 시대 이후 : 경비업무의 범위를 넓혀 호상들의 저택경비나 물품 및 귀중품 운반까지 전문적인 직업 경비원들에 의하여 실시되었다.

2. 일본 민간경비의 발전과정 기출 24·21·19·15

① 제2차 세계대전 이전 : 대부분의 일본 산업계에서는 야경, 수위, 순시 또는 보안원 등의 이름으로 각기 자체경비를 실시하여 왔다.
② 민간경비업체의 출현 : 일본에서 전업(專業) 경비업자가 출현한 것은 제2차 세계대전 후 1962년 7월에 일본경비보장주식회사(SECOM의 전신으로 스웨덴의 경비회사와 제휴)가 설립된 것에서 비롯되었다.
③ 동경 올림픽 : 1964년 동경 올림픽의 선수촌 경비를 계기로 민간경비의 활약과 역할을 널리 인식하였다. ★
④ 오사카 만국박람회(EXPO) : 1970년의 오사카 EXPO 개최 시 대회장 내에서의 시설관리, 관람객들의 안전관리, 질서유지 등에 민간경비가 투입되어 하나의 경비산업으로 자리잡았다. ★
⑤ 해외로의 진출 : 일본은 1950~1960년대 미국으로부터 민간경비제도를 도입하면서 일본 최대 성장산업으로 발전하였고, 더불어 한국(1980년대 초)과 중국(1988년)에까지 진출하게 되었다. ★

핵심문제

01 일본의 민간경비에 관한 설명으로 옳지 않은 것은? 기출 15

① 제2차 세계대전 이전에는 야경, 순시, 보안원 등의 이름으로 계약경비를 실시하여 왔다.
② 1964년 동경올림픽 선수촌 경비를 계기로 민간경비의 역할이 널리 인식되었다.
③ 1970년 오사카 만국박람회(EXPO) 개최 시 민간경비가 투입되었다.
④ 일본 민간경비는 1980년대에 한국과 중국에 진출하였다.

[해설]
제2차 세계대전 이전에는 야경, 수위, 순시, 보안원 등의 이름으로 자체경비를 실시하여 왔다. ★

정답 ①

Ⅴ 한국 민간경비의 발달

1. **한국 민간경비의 발전 배경**
   ① 전통적 의미의 민간경비 [기출 12] : 1960년대 이전의 경비로서 경비활동을 받는 수혜자(고객)의 필요에 의하여 민간경비원으로 하여금 신변보호(身邊保護)까지 책임지게 하는 상주형태의 경비활동이다.
   　㉠ 고대 : 부족(部族)이나 촌락 또는 지역사회 전체가 공동운명체적 성격을 띠고 외부의 침략으로부터 자신들을 보호하기 위하여 서양의 감시자나 자경단원과 같은 역할을 하는 자체경비조직을 활용하였다.
   　㉡ 삼국시대 : 지방의 실력자들이 해상을 중심으로 사적 경비조직을 활용하였다. ★
   　㉢ 고려시대 : 지방호족이나 중앙의 세도가들이 자신의 권력유지나 재산보호를 위하여 무사를 고용하는 등 다양한 형태의 경비조직이 출현하였다. ★
   　㉣ 조선시대 : 공경비조직은 다양하게 존재하였으나 민간경비조직은 상대적으로 미약했다. ★
   　㉤ 조선시대 이후 : 1960년대 이전까지는 주로 권력가나 사업가들이 힘센 장정들을 고용하여 주택이나 기타 시설물에 대한 경비나 자신들에 대한 경호임무를 시켰다.
   ② 현대적 의미의 민간경비
   　㉠ 1960년대 이후 경비활동을 제공하는 공급자 측에서 경비관련 상품을 개발하여 고객의 요구에 의하여 계약(契約)하거나, 상주형태의 경비활동을 제공하는 것이다.
   　㉡ 순수한 한국의 민간경비 시설물에 대한 민간차원의 민간경비는 1962년 범아실업공사(합자)가 한국석유저장주식회사와 용역경비계약을 체결함으로써 시작되었다. ★

2. **한국 민간경비의 발전과정**
   ① 한국의 용역경비는 1950년대부터 미군 군납형태로 제한적으로 실시하게 되었으며[1953년 용진보안공사, 1958년 영화기업(주), 1959년 신원기업(주)], [기출 23] 1962년 화영기업과 경원기업이 미8군부대의 용역경비를 담당한 것이 현대적 의미의 민간경비의 효시라 할 수 있다. [기출 14]
   ② 1964년에는 봉신기업과 경화기업, 1965년에는 신원기경, 1966년에는 화영기업의 후신인 용진실업 그리고 1968년 초해산업 등이 설립되었다.
   ③ 1962년 청원경찰법 제정, 1973년 청원경찰법 전면개정, 1976년 용역경비업법이 제정되었고 1978년에는 사단법인 한국경비협회가 설립되었다. [기출 23·19·18·17·13·12]

핵심문제

01 다음 중 과거 우리나라의 공경비에 속하지 않는 것은?
　① 2군 6위　　　　　　　　　② 도 방
　③ 포도청　　　　　　　　　④ 금 군

[해설]
② 도방은 고려 무신집권기 경대승이 처음으로 조직한 사병집단이다.
①·③·④ 2군 6위는 고려시대의 중앙군사제도이고, 포도청과 금군은 조선시대의 공경비에 속한다.

[정답] ②

④ 1977년 설립된 한국경비실업(韓國警備實業)은 내무부장관(현 행정안전부장관) 경비업 허가 제1호를 취득하였고, 1978년 한국경비보장(韓國警備保障)으로 회사명을 변경하였다. 기출 21

⑤ 1980년 삼성그룹이 일본의 경비업체 세콤(SECOM)과의 합작을 통해 한국경비보장(韓國警備保障)을 인수하였고, 1991년 한국안전시스템(韓國安全시스템)으로, 그 후 1996년 에스원(S1)으로 회사명을 변경하였다.

⑥ 한국의 민간경비는 1986년 아시안게임, 1988년 서울올림픽, 1993년 대전 EXPO 행사를 통하여 안전 및 경호경비 문제를 무사히 치르고 난 이후부터 매년 성장을 거듭하여 왔다. 기출 19·18·16

⑦ 1989년 용역경비법은 용역경비업자가 대통령령으로 정하는 기계경비시설을 설치·폐지·변경한 경우, 허가관청에 신고하여야 한다고 규정하였다(용역경비업법 제4조 제2항 제4호). 기출 21

⑧ 1990년대에 이르러 국내 최초로 은행자동화코너 무인경비(無人警備)를 개시하였다. 기출 23

⑨ 1999년「용역경비업법」의 법명을「경비업법」으로 개정하였다. 기출 24·23·21·17·16

⑩ 2001년「경비업법」이 전면개정되면서 경비업의 종류에 명시적으로 기계경비업무가 추가되고, 특수경비업무가 신설되었다. 기계경비산업이 급속히 발전하여 기계경비업무를 신고제에서 허가제로 변경하였으며, 특수경비원제도를 도입하였다. 기출 23·21·19·17·16

⑪ 우리나라는 2013년「경비업법」상 경비지도사의 직무로서 집단민원현장에 배치된 경비원에 대한 지도·감독이 추가되었다. 기출 21·15

⑫ 1995년 9월 22일 용역경비에 관한 연구·지도 업무를 경찰청 경비국 경비과에서 방범국 방범기획과로 이관하였다. 기출 20 현재는 범죄예방대응국 국장이 경비업에 관한 연구 및 지도를 담당하고 있다(경찰청과 그 소속기관 직제 제10조의3 제3항 제3호).

⑬ 2021.1.1. 시행된 국가경찰과 자치경찰의 조직 및 운영에 관한 법률의 입법취지는, 경찰법을 개정하여 경찰사무를 국가경찰사무와 자치경찰사무로 나누고, 각 사무별 지휘·감독권자를 분산하여 시·도자치경찰위원회가 자치경찰사무를 지휘·감독하도록 하는 등, 자치경찰제 도입의 법적 근거를 마련함으로써 경찰권 비대화의 우려를 해소하는 동시에, 지방행정과 치안행정의 연계성을 확보하여 주민수요에 적합한 양질의 치안서비스를 제공하는 한편, 국가 전체의 치안역량을 효율적으로 강화할 수 있도록 하기 위함이다. 기출 21

⑭ 2024.1.30.「경비업법」개정(2025.1.31.부터 시행)으로 경비업의 종류에 혼잡·교통유도경비업무가 추가되었다.

핵심문제

01 우리나라 민간경비업의 발전과정에 관한 설명으로 옳지 않은 것은? 기출 15

① 용역경비업법은 1962년 주한 미8군의 용역경비를 실시하기 위하여 제정되었다.
② 1960~1970년대에 청원경찰에 의한 국가 주요 기간산업체의 경비가 주류를 이루었다.
③ 1980년대 대기업의 참여로 민간경비산업은 본격적으로 발전하기 시작하였다.
④ 2001년 경비업법 개정으로 특수경비원제도가 도입되었으며, 청원경찰과 민간경비의 이원화문제가 대두되었다.

[해설]
용역경비업법이 제정된 시기는 1976년이다.

정답 ①

제2절 각국 민간경비산업 현황

I 한국 민간경비산업 현황

1. 민간경비산업의 발전

① 현대적 의미의 최초 민간경비는 1962년에 주한 미8군부대의 용역경비를 실시하면서부터 시행되었다. 기출 17·13

② 1960년대부터 1970년대에는 청원경찰에 의한 국가 주요 기간산업체의 경비가 주류를 이루었다. 기출 15

③ 1976년 용역경비업법이 제정되면서 법적·제도적 기틀을 마련하게 되었고, 1978년 내무부장관의 승인으로 사단법인 한국용역경비협회가 설립되었다. 기출 23·19·18·14·13

④ 청원경찰법(1962년)과 용역경비업법(1976년)이 제정되어 제도적인 발전의 기틀을 마련하였다. 기출 23·18·14

⑤ 1970년대 후반부터 일부 업체는 미국이나 일본 등지에서 방범기기를 구입하거나 종합적인 경비시스템 구축을 위한 노하우를 도입하였다.

⑥ 경제성장과 함께 10여 개에 불과하던 경비업체는 86 아시안 게임과 88 서울 올림픽, 2002 한일 월드컵 등 각종 국제행사를 치르면서 급성장하여 2009년에는 3,906개 업체에서 146,805명의 경비원이 종사하였다.

⑦ 질적인 면에서도 인력 위주의 단순 경비에서 첨단장비 및 기술을 활용한 복합적인 형태로 발전하였다. 기출 15

⑧ 1980년대(아시안게임, 서울올림픽) 이후 외국경비회사와의 합작이나 기술제휴로 기계경비시대가 본격적으로 시작되어 일반 국민들도 기계경비의 필요성과 효율성을 인식하는 단계에 이르러 경비업무의 기계화 및 과학화가 활성화되었다. 기출 24·20·13·12

⑨ 2001년 경비업법 개정에서 기계경비업무를 더욱 강화하고, 국가중요시설의 효율성 제고 방안으로 특수경비원제도가 도입되어, 청원경찰의 입지가 축소되었다. 기출 22·19·18·15·14

⑩ 1997년부터 민간경비업의 해외시장 개방 등으로 우리나라의 민간경비업의 새로운 장이 시작되었다. 현재 미국이나 일본의 경비업체와의 활발한 교류가 이루어지고 있다.

2. 한국 민간경비산업의 특징

① 경비회사의 수나 인원 면에서 아직까지 기계경비보다는 인력경비에 대한 의존도가 높다.★ 기출 23

② 인력경비업체가 대부분을 차지하고 있으나 향후 인건비 절감을 위해서 인력경비보다 기계경비의 성장이 가속화될 것으로 전망된다. 기출 19

③ 민간경비의 수요 및 시장규모는 전국에 걸쳐 보편화되었다기보다는 일부 지역에 편중되어 있다.

④ 한국의 청원경찰제도는 경찰과 민간경비제도를 혼용한 것으로 외국에서는 볼 수 없는 특별한 제도이다. 기출 23·20

⑤ 비용절감 등의 효과로 인하여 자체경비보다 계약경비가 발전하고 있다. 기출 19

> **한국 민간경비산업의 한계**
> 우리나라의 민간경비산업은 양적 팽창을 이뤄냈지만 인력경비 중심의 영세한 경호·경비업체의 난립 및 청원경찰과 민간경비 간 지휘체계·신분보장 등 이원화와 관련된 문제가 대두되고 있다.

3. 경비업의 지도·육성

① 경찰은 사회 전반의 범죄 대응역량을 강화하기 위해 민간경비업을 적극 지도·육성하고 있다.
② 민간경비 교육기관을 지정(일반경비원 신임교육기관, 특수경비원 신임교육기관, 경비지도사 기본교육기관)하여 민간경비교육을 내실화·활성화하고 경비지도사 및 경비원의 자질향상을 도모하고 있다.
③ 경비원이 되려는 사람은 대통령령으로 정하는 교육기관에서 미리 일반경비원 신임교육을 받을 수 있다(경비업법 제13조 제2항). 기출 23

4. 경비지도사 제도

① **경비지도사 시험 및 교육** 기출 21·15·12 : 1997년 2월 23일에 제1회 경비지도사 시험을 실시하였고, 제2회 시험은 1999년, 제3회 시험은 2001년 실시하였다. 2002년 11월 10일 제4회 시험부터 매년 정기적으로 실시하고 있다. 1997년 제1회, 1999년 제2회 시험은 경찰청이 직접 주관 및 시행하였는데, 선발인원에 제한을 두지 않아 제1회 2,398명, 제2회 7,875명이 배출되었다. 제3회부터는 한국산업인력공단이 시험을 주관하고 합격자 또한 600명 수준으로 제한하였으나, 2024년도 제26회 시험에서 선발예정인원을 900명으로 늘렸다. 경비지도사 시험 합격자 중 경비지도사 기본교육을 받은 사람에게 경비지도사 자격증이 교부되고 있다. 경비지도사는 경비업체에 선임되어 경비원의 지도·감독 등 민간경비의 질적 향상에 기여하고 있다.

② **경비지도사의 직무** 기출 20·14·13 : 경비지도사는 경비원의 지도, 감독, 교육에 관한 계획의 수립·실시 및 그 기록의 유지, 경비현장에 배치된 경비원에 대한 순회점검 및 감독, 경찰기관 및 소방기관과의 연락방법에 대한 지도, 기계경비업무를 위한 기계장치의 운용·감독 등의 직무를 수행하고 있다(경비업법 제12조 제2항).

핵심문제

01 우리나라 민간경비에 관한 설명으로 옳지 않은 것은? 기출 16

① 1999년에 용역경비업법을 경비업법으로 법률명을 변경하였다.
② 민간경비서비스 제공 주체가 되려는 자는 관할관청에 신고하여야 한다.
③ 1978년 내무부장관의 승인으로 사단법인 한국용역경비협회가 설립되었다.
④ 경찰은 사회 전반의 범죄대응역량을 강화하기 위해 민간경비업을 적극적으로 지도·육성하고 있다.

[해설]
경비업을 영위하고자 하는 법인(민간경비서비스의 제공 주체가 되려는 자)은 도급받아 행하고자 하는 경비업무를 특정하여 그 법인의 주사무소의 소재지를 관할하는 시·도 경찰청장의 허가를 받아야 한다(경비업법 제4조 제1항).

정답 ②

Ⅱ 미국 민간경비산업 현황

1. 민간경비산업의 발전
① **비약적 발전의 계기** 기출 21 : 미국의 민간경비산업은 제1·2차 세계대전 이후 급속히 발전하였고, 특히 제2차 세계대전을 계기로 산업경비의 필요성에 대한 인식 증대로 민간경비가 비약적으로 발전하였다. ★
② **미국 민간경비산업의 발전요인** : 양대 세계대전으로 인한 전자공학과 기술의 혁신, 금광의 발견에 따른 역마차 및 철도운송경비 수요의 증가, 대규모의 산업 스트라이크, 국민들의 경비 개념에 대한 새로운 인식 변화, 사경비 조직의 효율성 그리고 모든 직종에 대한 기술혁신과 전문화 추세 등을 들 수 있다. ★

2. 민간경비산업 현황
① 미국은 1972년에 민간경비가 사회안전 및 보호에 중요한 역할로 인식되게 되어 연방정부법집행원조국(LEAA ; Law Enforcement Assistance Administration)에 민간경비자문위원회(PSAC ; Private Security Advisory Council)를 설치하였다. ★
② 홀크레스트 보고서에 의하면 2000년 당시 약 75만 명의 일반경비원과 약 41만여 명의 자체경비원이 경비를 수행하였다. ★

> **홀크레스트 보고서(Hall-crest report)**
> 홀크레스트 보고서에 의하면 경비인력 면에서 민간경비인력 및 예산은 경찰인력의 2배 이상에 달하고 있다. 1990년 경호서비스를 제공하는 기업의 수는 107,000개에 달했고 보초, 범죄수사, 경비, 무장수송 서비스를 통해 51억 달러의 수입을 벌어들였다. 또한, 1990년 한 해 동안 미국 사회에서 범죄로 인한 경제적 손실은 1,140억 달러(93조원)에 달하며, 이 금액은 1990년 미국의 공공사업인 다리, 고속도로, 터미널 등의 보수 및 건설에 투자되는 예산과 맞먹는 액수이다. 이들 범죄에 대응하기 위해 기업과 시민이 경비산업의 제품과 서비스에 투자한 비용이 520억 달러(42조원)나 되며, 2000년대에는 범죄로 인한 경제적 손실이 2000억 달러(163조원), 그리고 민간경비산업에 투자하는 비용은 1,030억 달러(84조원)로 추산하고 있다.

③ 경비업체는 크게 계약경비업체와 자체경비업체로 나눌 수 있는데 계약경비업체가 자체경비업체보다 비약적으로 발전하고 있다. 기출 21·20

핵심문제

01 미국의 경비산업이 크게 발전한 이유로 볼 수 없는 것은? 기출
① 캘리포니아에서 금광의 발견에 따른 역마차 및 철도 운송경비 수요의 증가
② 19세기 말부터 20세기 초에 걸친 대규모 산업 스트라이크
③ 1892년의 홈스테이트의 파업분쇄사건
④ 제2차 대전 후 산업경비의 필요성에 대한 인식 증대

[해설]
1800년대 산업혁명과 19세기 중엽 서부개척시대의 금괴수송을 위하여 발달한 동서 간의 철도경비가 민간경비 발달의 획기적인 계기가 되었다.

정답 ③

3. 민간경비의 기능과 역할

① 일반시민의 경우 일상생활의 상당 부분을 민간경비와 밀접한 관계 속에서 생활하고 있다.
② 2001년 9·11 테러사건 이후 공항, 항만, 은행 등 금융기관, 백화점, 호텔, 운동경기장 등 주요시설과 건물들이 테러의 주요 대상으로 되면서 민간경비는 사회안전망의 중요한 축을 담당하고 있다. ★ 기출 21
③ 미국에서 항공교통량의 급증에 따른 항공기 납치는 민간경비산업의 성장에 영향을 끼쳤다. ★
④ 민간경비의 부재는 곧 사회안전망의 붕괴까지 초래할 수 있다고 인식하면서 민간경비는 주요한 사회기능을 담당하고 있다.

미국 민간경비의 중요 업무[홀크레스트 보고서(Hall-crest report)]
- 자체 경비업
- 경호 및 순찰 서비스
- 경보 서비스
- 민간탐정업
- 무장차량 서비스업
- 경비장비 제조 및 판매업
- 경비 자문업
- 자물쇠 제조업
- 기타(경비견, 마약검사, 법의학적 분석, 거짓말탐지기 등)

---

4. 경찰과 민간경비의 관계 기출 21·16

현재 미국에서 경찰과 민간경비회사는 범죄예방활동을 위해 긴밀한 상호협조체계를 유지하고 있고, 각 주마다 약간의 차이는 있지만 경찰노조가 직업소개소 역할을 하면서 경찰의 50% 정도가 민간경비회사에서 부업(Moonlighting)을 실시할 만큼 상호 간의 직위나 보수 그리고 신분상의 커다란 차이를 느끼지 않으면서 범죄예방활동을 함께 수행해 오고 있다.

Ⅲ 일본 민간경비산업 현황

1. 민간경비산업의 발전

① 일본의 민간경비산업은 1964년 동경올림픽과 1970년 오사카 만국박람회를 계기로 급성장하였다. 기출 21·15
② 1950년대 말부터 1960년대 초에 미국으로부터 민간경비 제도를 도입한 일본의 민간경비산업은 급속한 경제성장과 최첨단 전자기술을 경비업에 응용하여 40년 만에 일본 최대 성장산업으로 성장하였다.
③ 1972년도에 경비업법이 제정된 이래 일본 민간경비원의 수는 약 10배 증가하여 1998년도에 이미 40만명을 넘어섰다. ★
④ 경비업법 제정 당시에는 신고제로 운영되었으나, 1982년 허가제로 바뀌었다. 기출 21·16
⑤ 1999년 일본 민간경비업체의 총매출은 동년도 일본경찰 총예산의 65%에 달한다. ★

⑥ 일본에서 전업(專業) 경비업자가 출현한 것은 제2차 세계대전 후 1962년 7월에 일본경비보장주식회사(SECOM의 전신으로 스웨덴의 경비회사와 제휴)가 설립된 것에서 비롯되었다.★
⑦ 일본 민간경비는 기계경비를 중심으로 하여 새로운 시장을 개척하고 있으며, 1980년대 초에 한국에 진출하고(SECOM사 설립), 1980년대 후반에는 중국에까지 진출하는 등 성장을 계속하고 있다.
<small>기출 21·18·15</small>
⑧ 기본적인 시설경비와 인력경비를 지원하는 방식에서 출발하였지만 현재는 대형물류 운송 및 일본대사관 등의 국가중요시설 경비지원과 같은 특수업무 분담으로까지 발전하고 있다.

2. 민간경비산업 현황

① 경비업체 수 및 민간경비원의 현황
  ㉠ 경비업법이 제정된 1972년에 775개 경비업체와 41,146명의 경비원이었던 것이 현재 경비원 증가로 비약적으로 발전하고 있다.
  ㉡ 현재 일본의 민간경비원은 매년 증가세를 보이며 1972년과 비교할 때 10배 이상 증가하였다.★
② 일본 경비업종별 현황 : 원자력발전소로부터 일반가정에 이르기까지 다양한 경비를 실시하고 교통유도경비, 의전경비 및 각종 이벤트 등의 혼잡경비, 현금 및 핵연료물질 등의 운송경비, 보디가드와 같은 경호업무도 대폭적으로 늘어나고 있으며, 이제는 경비업이 국민들의 자주방범활동에 힘입어 '안전산업'으로서 국민들의 생활 속에 정착되어 있음을 알 수 있다. <small>기출 24</small>
③ 기계경비 현황 : 정보통신기술과 방범기술의 발달에 의해 고도의 기계경비장치가 출현함과 동시에 무인건물 증가, 고령화 사회에 의한 노령인구의 증가에 따른 수요 확대 요인 등이 상호작용하여 기계경비업이 급속하게 발전하였다.
④ 경비원 검정 : 경비원의 검정취득 현황은 공항보안, 교통유도, 귀중품 운반, 핵연료물질 등 운반, 상주 등으로 분류되어 있다. <small>기출 24</small>

핵심문제

01 일본의 민간경비산업에 대한 설명으로 틀린 것은? <small>기출</small>
① 일본의 민간경비업체의 수는 1970년대 이후 꾸준히 증가하였다가 1990년대 중반 이후 그 증가세가 급격히 둔화되었다.
② 일본의 민간경비산업은 1964년 동경 올림픽과 1970년 오사카 만국박람회를 계기로 급성장하였다.
③ 1999년 일본 민간경비업체의 총매출은 동년도 일본경찰 총예산의 65%에 달한다.
④ 1972년도에 경비업법이 제정된 이래 일본 민간경비원의 수는 약 10배 증가하여 1998년도에 이미 40만명을 넘어섰다.

[해설]
일본은 미국으로부터 민간경비제도를 도입하여 일본 최대 성장산업으로 발전하여 한국(1980년), 중국(1988년)에까지 진출하는 등 성장을 계속하고 있다.

<small>정답 ①</small>

3. 민간경비산업의 특징 기출 20

① 국가공안위원회에서 관리하는 경비원지도교육책임자 제도가 있다. 기출 15·13·11
② 기계경비업무관리자 제도가 있다. 기출 11
③ 교통유도경비에 관한 검정제도가 있다. 기출 16

> **교통유도경비**
> - 교통유도경비업무란 도로에 접속한 공사현장 및 사람과 차량을 통행에 위험이 있는 장소 또는 도로를 점유하는 행사장에서 부상 등 사고 발생을 방지하는 업무이다.★
> - 일본 경비업법에서는 '사람 혹은 차량의 혼잡한 장소와 통행에 위험이 있는 장소에서의 부상 등의 사고 발생을 경계하여 방지하는 업무'로 정의한다. 경찰관이나 교통순경이 실시하는 교통정리와 달리 법적 강제력은 없다.★★ 기출 18
> - 미국의 교통유도원(flagger) 제도는 각 주에서 다양한 방법 및 기관을 통해 교육과정을 개설하고 있으며, 일부 주에서는 필기 및 실기시험을 통과한 후 인증서를 발급하여 유도원 채용 시 반드시 인증서를 제출하도록 하는 등 체계적으로 관리하고 있다.★

④ 경비택시제도가 있는데, 이는 긴급사태가 발생하였을 때 택시가 출동하여 관계기관에 연락하거나 가까운 의료기관에 통보하는 제도이다. 기출 15·11

4. 경찰과 민간경비의 관계

일본 경비산업은 경찰과 밀접한 상호협력관계를 유지함으로써 지역단위 및 직장단위의 안전확보에 큰 역할을 수행하여 왔다.

제3절 각국 민간경비의 법적 지위

I 미국 민간경비의 법적 지위

1. 헌법상의 권리

① 사적 권한 : 연방 헌법에서는 시민의 사적인 권한에 관한 문제에 대해서는 언급한 조항이 없고 정부나 국가의 활동에 연관되는 사항을 주로 언급하고 있다. 기출 20
② 공적 권한 : 형사적 제도에서 법을 집행하는 경찰과, 경찰과 같은 성격의 업무를 수행하는 준경찰조직에 대해서 권한을 규정하고 있다.
③ 민간경비원 : 경찰과의 협력 또는 기소를 목적으로 증거를 수집하여 경찰에게 제공하는 대리인으로 활동할 경우 헌법적 제한이 따른다. 기출 22

2. 형사법상의 권리(민간경비원의 행위에 대하여)

① 심문과 질문
- ㉠ 일반시민이 법적으로 억류되어 있는 경우 단순한 질문에 대하여 반드시 대답하여야 할 절대적 규정은 없고 묵비권을 행사할 권리를 가진다.
- ㉡ 특별한 제재나 위임하에 활동하지 않는 민간경비원은 용의자에게 대답을 강요하기 위한 물리적 폭력이나 그 사용의 위협도 금지되어 있으며, 직접적인 폭력이나 폭행 혹은 간접적으로 인권이 침해되는 비합리적인 구금·체포 또는 불법적인 행위는 형사·사법상 금지되고 있다.

② 실력행사 기출 20
- ㉠ 민간경비원의 실력행사 : 특권이나 동의 없이 타인의 권리에 대한 침해가 민간경비원에 의해 발생할 경우 그에게 책임이 발생된다.
- ㉡ 동의 없는 경찰활동의 정당성을 부여하는 법적 근거
  - 재산소유자가 자신의 재산에 대한 침해를 막을 수 있는 재산보호라는 자기방어의 경우
  - 신체적 해악을 가하려는 의도가 명백한 타인에 대하여 정당한 실력행사를 할 경우
- ㉢ 이 경우 정당한 목적을 실현하는 데 필요한 실력행사(정당방위)만이 허용되고 과도하거나 비합리적인 폭력행위에 대하여는 손해배상의 책임을 지며, 본래의 특권도 상실된다.

③ 수 색
- ㉠ 경찰관이 행하는 수색과 민간경비원이 행하는 수색에는 상당한 차이가 있다. 기출 22·17
- ㉡ 민간경비원이 경찰과의 협조하에 활동하거나 또는 준경찰로 활동하는 경우를 제외하고는 어떠한 행위도 일반사인과 동일하다.★
- ㉢ 정부의 수색활동은 일정한 법적 근거 또는 권한이 필요하지만 민간경비원에 의해 실시되는 수색의 허용범위는 명백하게 규정되어 있지 않다.
- ㉣ 미국은 국가권력에 의한 사생활 침해에 대한 규제는 잘 발달되어 있으나 사인 간의 법률관계는 사적 자치를 원칙으로 하고 있기 때문에 잘 발달되어 있지 않다.

3. 민법상의 권리

① 불법행위에 따른 손해배상 기출 17
- ㉠ 불법행위법은 민간경비원에게 특별한 권한을 부여하고 있지 않으며, 민간경비원의 행위에 대하여 어느 정도 제한을 규정하고 있다.
- ㉡ 민간경비원의 불법행위도 일반인의 불법행위와 동일한 민사책임을 부담하도록 하고 있다. 기출 18

② **민간경비업자와 민간경비원과의 계약관계** : 계약법상 민간경비원의 권한범위와 전문적인 민간경비업체에 의해서 제공되는 경비서비스의 활동영역에 대해서는 엄격하게 규제하고 있다.★

4. 민간경비원의 법적 지위 유형(A. J. Bilek의 분류) 기출 24·17

경찰관 신분을 가진 민간경비원	• 경찰관 신분으로서 민간경비 분야에서 부업을 하고 있는 자 • 1980년대 중반부터 미국사회에서 문제시 됨
특별한 권한이 있는 민간경비원	• 제한된 근무지역인 학교, 공원지역이나, 주지사, 보안관 시당국, 정부기관에 의해 특별한 경찰업무를 위임받은 민간경비원 • 우리나라의 청원경찰과 같은 개념
일반시민과 같은 민간경비원	• 공공기관으로부터 임명이나 위임, 자격을 받지 못한 상태에서 경비업무를 수행하는 경비원 • 우리나라 대부분의 민간기업체의 경비원이 이에 해당

> **미국 민간경비원의 법적 지위**
> 미국의 모든 시민은 보통법과 성문법에 의해 체포, 조사, 또는 수사, 무기의 사용 등의 권한 및 권리를 가지고 있으며, 이러한 자경주의를 근거로 권리의 침해를 당했을 경우 구제하는 것과 관련된 불법행위법과 형법 등에 의해 민간경비의 권한이 형성된다.

핵심문제

01 각국 민간경비원의 법적 지위에 관한 설명으로 옳지 않은 것은? 기출 18

① 미국에서 민간경비원의 불법행위는 일반인의 불법행위와 동일한 민사책임을 지지 않는다.
② 미국에서 민간경비원의 심문 또는 질문에 일반시민이 응답해야 할 의무는 없다.
③ 일본에서 형사법상 정당방위나 긴급피난에 의해 이루어진 민간경비원의 행위는 위법성이 조각된다.
④ 우리나라에서 국가중요시설에 근무하는 특수경비원은 필요한 경우 무기 휴대가 가능하지만 수사권은 인정되지 않는다.

[해설]
미국에서 민간경비원의 불법행위는 일반인의 불법행위와 동일한 민사책임을 부담하도록 하고 있다. 불법행위법은 민간경비원에게 특별한 권한을 부여하고 있지 않으며, 민간경비원의 행위에 대하여 어느 정도의 제한 규정을 두고 있다.

정답 ①

02 빌렉(A. J. Bilek)이 제시한 민간경비원의 법적 지위의 유형이 아닌 것은? 기출 10

① 청원주의 권한을 가진 민간경비원
② 특별한 권한을 가진 민간경비원
③ 경찰관 신분을 가진 민간경비원
④ 일반시민과 같은 민간경비원

[해설]
빌렉(A. J. Bilek)이 제시한 민간경비원의 법적 지위는 ②·③·④ 3가지이다.

정답 ①

Ⅱ 일본 민간경비의 법적 지위

1. 일본의 경찰과 민간경비의 법적 지위 비교

구 분	경 찰	민간경비
이 념	공공적 이익	개인적 이익, 사인으로서 할 수 있는 범위 내에서(위임받은 것)
권한(집행)	심문, 보호, 피난조치, 수색, 무기의 사용, 범죄의 예방 및 제지	특별한 권한이 주어져 있지 않고, 일반 시민이 활동할 수 있는 범위와 동일
장 비	특별한 Style, Design 무기 소지	경찰과 유사한 복장을 하지 않고 무기를 갖지 않으며 호신용구의 소지에 관하여 금지·제한 사항이 있다.
체 제	부대에 의해 행동이 가능	1대 1의 대응범위로 한정된다.
능력(처리)	엄격한 선발기준과 훈련(1년 또는 2년)	부적격자 배제, 단기간의 교육훈련
활동수준	사법적 처리	정당방위, 긴급피난, 자구행위, 현행범 체포, 고객의 관리권의 합법적인 행사라고 인정되는 범위
활동영역	광역, 공공영역, 중요지점을 포함 (은행, 중요인물, 테러, 데모, 교통규제, 지진재해 등)	일정한 사적 영역 (가옥, 빌딩, 공장시설, 행사장, 공사현장, 현금수송, 석유콤비나트, 원자력 관련 시설 등)
기계경비(System)	행정구 단위	기지국(임의적, 세분화 가능) 단위

2. 기타 법상의 지위

① 헌법상 규정
　㉠ 민간경비원은 업무의 특수성으로 헌법에 규정된 국민의 권리를 침해할 우려가 있으므로 주의가 필요하다. 기출 22
　㉡ 민간경비원의 업무수행에 있어서 민간경비 업무실시의 기본원칙과 국민의 권리를 대비시켜 민간경비원 스스로 법집행을 규율한다.

② 형사법상 경비업법
　㉠ 형사법상 경비업법은 민간경비경영자와 민간경비원 등에게 경비업무를 수행함에 있어서 특별한 권한을 부여하고 있지 않으며 타인의 권리와 자유를 침해하지 못하도록 규정하고 있다. 기출 21
　㉡ 형사법상의 문제발생 시에는 일반 사인과 동일하게 취급되어 "현재 범행을 행한 범인이나, 범행 직후의 범인은 누구라도 현행범을 체포할 수 있다(일본형사소송법 제213조)."★ 기출 21
　㉢ 형사법상 정당방위(일본형법 제36조), 긴급피난(일본형법 제37조) 등에 의하여 이루어진 민간경비원의 행위는 현행범 체포 시와 같이 위법성이 조각된다. 기출 21·18

③ 민간경비원의 법집행 권한 기출 21·20
　㉠ 일본의 민간경비원에 대한 법적 지위는 미국과는 달리 사인(私人)으로서의 지위 이상의 특권이나 권한을 부여하고 있지 않다.
　㉡ 민간경비원의 법집행 권한은 사인의 재산관리권 범위 내에서만 정당화 될 수 있고, 민·형사상 책임에 있어서도 사인과 동일한 지위에서 취급된다.

Ⅲ 한국 민간경비의 법적 지위 기출 13·12

1. 민간경비원의 법적 지위
① 민간경비원의 법적 지위는 일반시민과 동일하다. 기출 22
② 민간경비원은 분사기를 휴대할 수 있다.
③ 민간경비원은 현행범을 체포할 수 있다. 기출 24·22·15
④ 국가중요시설에 근무하는 특수경비원은 필요한 경우 무기(권총 및 소총) 휴대가 가능하지만 수사권이 인정되지는 않는다. 기출 22·18·13
⑤ 특수경비원은 인질·간첩 또는 테러사건에 있어서 은밀히 작전을 수행하는 부득이한 경우에는 경고 없이 소총을 발사할 수 있다. ★
⑥ 직무범위는 일정한 사적 영역이고 운송 및 혼잡경비가 가능하며, 시설주의 관리권 행사 범위 안에서 경비업무를 수행한다.
⑦ 특수경비원은 국가중요시설 경비업무 수행 중 국가중요시설의 정상적인 운영을 해치는 행동을 해서는 안 된다.
⑧ 민간경비의 활동영역은 경비업법 외에도 청원경찰법, 재난 및 안전관리 기본법 등과도 관련 있다. ★

2. 경비원의 형사법상 지위 기출 20
① **범인체포 등의 행위** : 민간경비원은 사인(일반인)에 불과하므로 범인체포 등의 행위는 형법상 체포·감금죄(형법 제276조)에 해당한다. 그러나 정당방위(형법 제21조), 긴급피난(형법 제22조), 자구행위(형법 제23조)와 정당행위(형법 제20조)로서 소송법상의 현행범 체포(형사소송법 제212조)는 위법성이 조각된다. 기출 24·22·15
② **증거수집 활동** : 민간경비원의 활동에 의한 증거는 소송법상 직접적인 규정이 없고, 다만 법정에서 증거로서 원용될 경우 이에 대한 증거능력은 인정된다. ★ 기출 24·22

3. 경비원의 민사법상 지위
① **민간경비업** : 법인이 아니면 경비업을 영위할 수 없으며, 기출 20 이에 대한 규율은 민법상 사단법인의 규정을 준용한다.
② **법인설립** : 주무관청(시·도 경찰청장)의 허가를 받아야 하며(경비업법 제4조 제1항 전문), 법인사무에 관한 검사·감독 등도 주무관청이 실시한다.

핵심문제

01 우리나라 민간경비원이 합법적으로 수행할 수 있는 업무는? 기출 18

① 현행범 체포 ② 긴급체포
③ 압수·수색 ④ 감 청

[해설]
민간경비원의 법적 지위는 일반시민과 동일하다. 민간경비원과 일반시민은 현행범을 체포할 수 있으나, 수사권이 인정되지는 않는다. 현행범 이외의 범인을 체포하는 행위는 형법상 체포죄(형법 제276조 제1항) 등에 해당하여 처벌을 받을 수 있다.

정답 ①

③ **벌칙규정** : 민법상 사단법인과는 달리 벌칙, 과태료, 양벌규정 등 엄격한 규제를 받고 있다.
④ **불법행위로 인한 손해배상** : 민간경비원이 업무수행 중에 고의 또는 과실로 경비대상에 발생하는 손해를 방지하지 못한 때에는 민간경비업자가 배상하도록 규정하고 있다(사용자 책임)(경비업법 제26조). 또 이를 더욱 강화하기 위하여 이행보증보험계약을 보험회사와 체결하도록 강제하고 있다.

> **사고책임자**
> 경비원이 경비업무를 수행하는 중 불가항력적인 경우가 아닌 사고가 발생하였을 때의 1차적인 책임자는 경비회사이다.

4. 경비업법의 행정적 통제

① **경비업의 허가**(경비업법 제4조) : 경비업을 영위하고자 하는 법인은 도급받아 행하고자 하는 경비업무를 특정하여 그 법인의 주사무소의 소재지를 관할하는 시·도 경찰청장의 허가를 받아야 한다. 도급받아 행하고자 하는 경비업무를 변경하는 경우에도 또한 같다.

② **결격사유 확인을 위한 범죄경력조회 등**(경비업법 제17조)
  ㉠ 경찰청장, 시·도 경찰청장 또는 관할 경찰관서장은 직권으로 또는 범죄경력조회 요청이 있는 경우에는 경비업자의 임원, 경비지도사 또는 경비원이 결격사유에 해당하는지를 확인하기 위하여 「형의 실효 등에 관한 법률」에 따른 범죄경력조회를 할 수 있다.
  ㉡ 경비업자는 선출·선임·채용 또는 배치하려는 임원, 경비지도사 또는 경비원이 결격사유에 해당하는지를 확인하기 위하여 주된 사무소, 출장소 또는 배치장소를 관할하는 시·도 경찰청장 또는 경찰관서장에게 「형의 실효 등에 관한 법률」에 따른 범죄경력조회를 요청할 수 있다.
  ㉢ 범죄경력조회 요청을 받은 시·도 경찰청장 또는 관할 경찰관서장은 경비업자에게 그 결과를 통보할 때에는 경비업자의 임원, 경비지도사 또는 경비원이 결격사유에 해당하는지 여부만을 통보하여야 한다.
  ㉣ 시·도 경찰청장 또는 관할 경찰관서장은 경비업자의 임원, 경비지도사 또는 경비원이 결격사유에 해당하는 사실을 알게 되거나 이 법 또는 이 법에 따른 명령을 위반한 때에는 경비업자에게 그 사실을 통보하여야 한다.

③ **경비원의 명부와 배치허가 등**(경비업법 제18조)
  ㉠ 경비업자는 행정안전부령이 정하는 바에 따라 경비원의 명부를 작성·비치하여야 한다. 다만, 집단민원현장에 배치되는 일반경비원의 명부는 그 경비원이 배치되는 장소에도 작성·비치하여야 한다.
  ㉡ 경비업자가 경비원을 배치하거나 배치를 폐지한 경우에는 행정안전부령이 정하는 바에 따라 관할 경찰관서장에게 신고하여야 한다. 다만, 다음 ⓐ의 경우에는 경비원을 배치하기 48시간 전까지 행정안전부령으로 정하는 바에 따라 배치허가를 신청하고, 관할 경찰관서장의 배치허가를 받은 후에 경비원을 배치하여야 하며(ⓑ 및 ⓒ의 경우에는 경비원을 배치하기 전까지 신고하여야 한다), 이 경우 관할 경찰관서장은 배치허가를 함에 있어 필요한 조건을 붙일 수 있다.
    ⓐ 시설경비업무, 신변보호업무 또는 혼잡·교통유도경비업무 중 집단민원현장에 배치된 일반경비원
    ⓑ 집단민원현장이 아닌 곳에서 신변보호업무를 수행하는 일반경비원
    ⓒ 특수경비원

④ **경비업 허가의 취소 등**(경비업법 제19조) : 허가관청은 경비업자의 위반행위에 대하여 허가를 취소하여야 하거나(필요적 취소), 그 허가를 취소(상대적 취소)하거나 6개월 이내의 기간을 정하여 영업의 전부 또는 일부에 대하여 영업정지를 명할 수 있다.
⑤ **무기관리수칙**(경비업법 시행규칙 제18조) 기출 14 : 무기를 대여받은 국가중요시설의 시설주 또는 관리책임자는 다음의 관리수칙에 따라 무기(탄약을 포함)를 관리해야 한다(제1항).
  ㉠ 무기의 관리를 위한 책임자를 지정하고 관할 경찰관서장에게 이를 통보하여야 한다.
  ㉡ 무기고 및 탄약고는 단층에 설치하고 환기·방습·방화 및 총받침대 등의 시설을 하여야 한다.
  ㉢ 탄약고는 무기고와 사무실 등 많은 사람을 수용하거나 많은 사람이 오고 가는 시설과 떨어진 곳에 설치하여야 한다.
  ㉣ 무기고 및 탄약고에는 이중잠금장치를 하여야 하며, 열쇠는 관리책임자가 보관하되, 근무시간 이후에는 열쇠를 당직책임자에게 인계하여 보관시켜야 한다.
  ㉤ 관할 경찰관서장이 정하는 바에 의하여 무기의 관리실태를 매월 파악하여 다음 달 3일까지 관할 경찰관서장에게 통보하여야 한다.
  ㉥ 대여받은 무기를 빼앗기거나 대여받은 무기가 분실·도난 또는 훼손되는 등의 사고가 발생한 때에는 관할 경찰관서장에게 그 사유를 지체없이 통보하여야 한다.
  ㉦ 대여받은 무기를 빼앗기거나 대여받은 무기가 분실·도난 또는 훼손된 때에는 경찰청장이 정하는 바에 의하여 그 전액을 배상할 것. 다만, 전시·사변, 천재·지변 그 밖의 불가항력의 사유가 있다고 시·도 경찰청장이 인정한 때에는 그러하지 아니하다.
  ㉧ 시설주는 자체계획을 수립하여 보관하고 있는 무기를 매주 1회 이상 손질할 수 있게 하여야 한다.
⑥ **감독**(경비업법 제24조)
  ㉠ 경찰청장 또는 시·도 경찰청장은 경비업무의 적정한 수행을 위하여 경비업자 및 경비지도사를 지도·감독하며 필요한 명령을 할 수 있다.
  ㉡ 시·도 경찰청장 또는 관할 경찰관서장은 소속 경찰공무원으로 하여금 관할구역 안에 있는 경비업자의 주사무소 및 출장소와 경비원 배치장소에 출입하여 근무상황 및 교육훈련상황 등을 감독하며 필요한 명령을 하게 할 수 있다. 이 경우 출입하는 경찰공무원은 그 권한을 표시하는 증표를 관계인에게 내보여야 한다.
  ㉢ 시·도 경찰청장 또는 관할 경찰관서장은 경비업자 또는 배치된 경비원이 이 법이나 이 법에 따른 명령, 폭력행위 등 처벌에 관한 법률을 위반하는 행위를 하는 경우 그 위반행위의 중지를 명할 수 있다.
  ㉣ 시·도 경찰청장 또는 관할 경찰관서장은 경비업무 장소가 집단민원현장으로 판단되는 경우에는 그때부터 48시간 이내에 경비업자에게 경비원 배치허가를 받을 것을 고지하여야 한다.
⑦ **벌칙 등** : 경비법 제28조에서 벌칙을, 동법 제29조에서 가중처벌을, 동법 제30조에서 양벌규정을, 그리고 동법 제31조에서 과태료를 규정하고 있다.

5. 청원경찰법

① **청원경찰의 개념**(청원경찰법 제2조) : 청원경찰이란 다음의 어느 하나에 해당하는 기관의 장 또는 시설·사업장 등의 경영자가 경비(청원경찰경비)를 부담할 것을 조건으로 경찰의 배치를 신청하는 경우 그 기관·시설 또는 사업장 등의 경비를 담당하게 하기 위하여 배치하는 경찰을 말한다.
  ㉠ 국가기관 또는 공공단체와 그 관리하에 있는 중요 시설 또는 사업장
  ㉡ 국내 주재 외국기관
  ㉢ 그 밖에 행정안전부령으로 정하는 중요 시설, 사업장 또는 장소
   • 선박, 항공기 등 수송시설
   • 금융 또는 보험을 업으로 하는 시설 또는 사업장
   • 언론, 통신, 방송 또는 인쇄를 업으로 하는 시설 또는 사업장
   • 학교 등 육영시설
   • 「의료법」에 따른 의료기관
   • 그 밖에 공공의 안녕질서 유지와 국민경제를 위하여 고도의 경비가 필요한 중요 시설, 사업체 또는 장소

② **청원경찰의 직무**(청원경찰법 제3조) 기출 23·14 : 청원경찰은 청원경찰의 배치결정을 받은 자(청원주)와 배치된 기관·시설 또는 사업장 등의 구역을 관할하는 경찰서장의 감독을 받아 그 경비구역만의 경비를 목적으로 필요한 범위에서 경찰관직무집행법에 따른 경찰관의 직무를 수행한다.
  ㉠ 불심검문(경찰관직무집행법 제3조)
  ㉡ 보호조치(경찰관직무집행법 제4조)
  ㉢ 위험발생의 방지(경찰관직무집행법 제5조)
  ㉣ 범죄의 예방과 제지(경찰관직무집행법 제6조)

③ **청원경찰의 배치**(청원경찰법 제4조)
  ㉠ 청원경찰을 배치받으려는 자는 관할 시·도 경찰청장에게 청원경찰배치를 신청하여야 하며, 시·도 경찰청장은 청원경찰 배치신청을 받으면 지체 없이 그 배치 여부를 결정하여 신청인에게 알려야 한다.
  ㉡ 시·도 경찰청장은 청원경찰 배치가 필요하다고 인정하는 기관의 장 또는 시설·사업장의 경영자에게 청원경찰을 배치할 것을 요청할 수 있다.

④ **청원경찰의 임용**(청원경찰법 제5조)
  ㉠ 청원경찰은 청원주가 임용하되, 임용을 할 때에는 미리 시·도 경찰청장의 승인을 받아야 한다. 기출 22·14
  ㉡ 국가공무원법 제33조 각호의 어느 하나의 결격사유에 해당하는 사람은 청원경찰로 임용될 수 없다. 기출 14
  ㉢ 청원경찰의 임용자격·임용방법·교육 및 보수에 관하여는 대통령령으로 정한다. 기출 14

⑤ **청원경찰경비**(청원경찰법 제6조) : 청원주는 청원경찰에게 지급할 봉급과 각종 수당, 청원경찰의 피복비, 청원경찰의 교육비, 보상금 및 퇴직금 등의 청원경찰경비를 부담하여야 한다(제6조 제1항). ★ 기출 23·14

⑥ **청원경찰의 신분**(청원경찰법 시행령 제18조) 기출 22 : 청원경찰은 「형법」이나 그 밖의 법령에 따른 벌칙을 적용하는 경우(청원경찰법 제10조 제2항)와 청원경찰법 및 청원경찰법 시행령에서 특별히 규정한 경우를 제외하고는 공무원으로 보지 아니한다. ★

⑦ **직무상 주의사항**
  ㉠ **장소적 한계** : 청원경찰이 직무를 수행할 때에는 그 경비구역만의 경비목적을 위하여 필요한 최소한의 범위에서 하여야 한다(청원경찰법 시행규칙 제21조 제1항).★
  ㉡ **활동적 한계** : 청원경찰은 경찰관직무집행법에 따른 직무 외의 수사활동 등 사법경찰관리의 직무를 수행해서는 아니 된다(청원경찰법 시행규칙 제21조 제2항).★ 기출 24
  ㉢ **보고** : 청원경찰이 직무를 수행할 때에 경찰관직무집행법 및 동법 시행령에 따라 하여야 할 모든 보고는 관할 경찰서장에게 서면으로 보고하기 전에 지체 없이 구두로 보고하고 그 지시에 따라야 한다(청원경찰법 시행규칙 제22조).★

⑧ **청원경찰의 근무요령**(청원경찰법 시행규칙 제14조)
  ㉠ 자체경비를 하는 입초근무자는 경비구역의 정문이나 그 밖의 지정된 장소에서 경비구역의 내부, 외부 및 출입자의 움직임을 감시한다.★
  ㉡ 업무처리 및 자체경비를 하는 소내근무자는 근무 중 특이한 사항이 발생하였을 때에는 지체 없이 청원주 또는 관할 경찰서장에게 보고하고 그 지시에 따라야 한다.★
  ㉢ 순찰근무자는 청원주가 지정한 일정한 구역을 순회하면서 경비 임무를 수행한다. 이 경우 순찰은 단독 또는 복수로 정선순찰을 하되, 청원주가 필요하다고 인정할 때에는 요점순찰 또는 난선순찰을 할 수 있다.
  ㉣ 대기근무자는 소내근무에 협조하거나 휴식하면서 불의의 사고에 대비한다.★

⑨ **감독**(청원경찰법 제9조의3)
  ㉠ 청원주는 항상 소속 청원경찰의 근무 상황을 감독하고, 근무 수행에 필요한 교육을 하여야 한다.
  ㉡ 시·도 경찰청장은 청원경찰의 효율적인 운영을 위하여 청원주를 지도하며 감독상 필요한 명령을 할 수 있다.★

⑩ **벌칙 등**
  ㉠ **직권남용금지** : 청원경찰이 직무를 수행할 때 직권을 남용하여 국민에게 해를 끼친 경우에는 6개월 이하의 징역이나 금고에 처한다(청원경찰법 제10조 제1항). 기출 18
  ㉡ **청원경찰의 불법행위에 대한 배상책임** : 청원경찰(국가기관이나 지방자치단체에 근무하는 청원경찰은 제외한다)의 직무상 불법행위에 대한 배상책임에 관하여는 민법의 규정을 따른다(청원경찰법 제10조의2).
  기출 18

> **국가배상법이 적용되는 경우**
> 국가기관이나 지방자치단체에 근무하는 청원경찰의 직무상 불법행위에 대한 배상책임은 국가배상법이 적용된다.

  ㉢ **벌칙** : 청원경찰로서 파업, 태업 또는 그 밖에 업무의 정상적인 운영을 방해하는 쟁의행위를 한 사람은 1년 이하의 징역 또는 1천만원 이하의 벌금에 처한다(청원경찰법 제11조).
  ㉣ **과태료** : 다음에 해당하는 자에게는 500만원 이하의 과태료를 부과하고, 시·도 경찰청장이 부과·징수한다(청원경찰법 제12조).
    • 시·도 경찰청장의 배치결정을 받지 아니하고 청원경찰을 배치하거나 시·도 경찰청장의 승인을 받지 아니하고 청원경찰을 임용한 자
    • 정당한 사유 없이 경찰청장이 고시한 최저부담기준액 이상의 보수를 지급하지 아니한 자
    • 감독상 필요한 명령을 정당한 사유 없이 이행하지 아니한 자

CHAPTER 03 민간경비의 환경

제1절 국내 치안여건의 변화

I 한반도를 둘러싼 국제정세

국제정세의 변화
- 이념적 대결의 양극체제가 붕괴 → 다극화, 미국 독주, 경제실리주의
- 지역별 또는 권역별 경제적 공동체의 활성화 → EU권, 북미권, 아태권
- 인접국가 간의 오랜 종교적·문화적·민족적 갈등과 대립 → 국제 테러리즘의 위협
- 마약 및 소형 총기거래, 해적행위, 컴퓨터 범죄, 불법이민, 불법자금세탁 등 초국가적 범죄가 중요 문제로 부각되면서 국제적 연대가 활성화

한반도의 정세변화
2000년대 이후 국제화·개방화에 따른 내국인의 해외범죄, 외국인의 국내범죄, 내·외국인 범죄자 도피, 국제적 밀수, 하이재킹, 국제적 테러행위 등과 같은 국제범죄의 급증이 예상되며, 한국의 노동력 부족으로 유입되는 북방제국의 동포 및 개발도상국가 인력의 불법취업과 체류의 증가가 예상됨

II 국제적 치안수요의 증가

1. **정보통신의 발달과 세계화에 따른 국가 간 인적·물적 교류의 확대**

    정보통신의 발달과 세계화에 따른 국가 간 인적·물적 교류의 확대는 세계 경제성장에 기여하는 긍정적인 효과를 창출해 낸 반면에 외국인 범죄, 산업정보의 유출, 밀수사범 등 외사 치안수요를 증가시키는 결과를 낳았다. 기출 24

2. **범죄의 탈국경화 현상**

    최근 재외국민 및 해외 여행자가 증가하면서 해외에서의 테러·재해 발생 등으로 인한 우리나라 국민의 피해가 급증하고 있고, 범죄의 물리적·공간적 제약의 붕괴, 범죄수법 공유 등으로 범죄의 탈국경화 현상이 두드러지면서 예전과는 달리 그 피해규모와 파급효과가 커지고 있어 이에 대해 국제사회가 공동으로 협력하고 대응해야 할 것이다.

Ⅲ 국내 범죄의 특징

1. 범죄 주체의 변화 기출 22

화이트칼라 범죄의 증가, 범죄 방법의 조직화·지능화 경향, 민원성 시위와 집단행동 증가, 청소년범죄와 마약범죄가 증가하고 있다.

2. 국내 치안환경의 변화 기출 23·22·21·20·18·17·13·12

① 고령화로 인해 소외된 노인들의 범죄는 계속 증가하여 심각한 사회문제로 대두되고 있다.
② 인구증가로 인해 치안수요는 점점 늘어날 것이다.
③ 인구의 도시집중에 따른 개인주의적 경향으로 인간소외현상, 범죄발생 등 심각한 사회문제가 예상된다.
④ 집단이기주의로 인한 불법적 집단행동은 증가될 것이다.
⑤ 국제화·개방화로 인해 내국인의 해외범죄, 외국인의 국내범죄, 밀수, 테러 등의 국제범죄가 증가하고 있다.
⑥ 치안환경이 악화되면서 보이스피싱 등 신종범죄가 대두되고 있다. 기출 24
⑦ 범죄연령이 저연령화(연소화)되는 추세이며, 청소년범죄가 흉포화되고 있다.
⑧ 무선인터넷과 스마트폰 등의 보급확대로 인해 사이버범죄가 증가하고 있다. 기출 24
⑨ 과학기술의 발달로 사이버범죄가 날로 지능화, 전문화되어 더욱 증가하고 있다.
⑩ 경제적 양극화의 심화로 다양한 유형의 범죄가 발생하고 있다.
⑪ 인터넷, 클럽, SNS 등 마약류의 구입경로 다양화와 저렴한 신종마약류 증가로 인하여 청소년이 마약류에 쉽게 노출되었고 청소년을 대상으로 한 마약범죄 및 청소년에 의한 마약범죄가 증가하였다. 기출 24

핵심문제

01 민간경비의 국내·외 치안환경변화에 관한 설명으로 옳지 않은 것은? 기출 18

① 양극화된 이념체제가 붕괴되면서 다극화된 경제실리체제로 변모하였다.
② 국제화, 개방화로 인하여 국제범죄조직과 국제테러조직의 국내잠입 및 활동이 우려되고 있다.
③ 지역별, 권역별 경제공동체인 EU, 북미자유경제권 등이 붕괴되었다.
④ 외국인노동자, 다문화가정 등으로 인하여 새로운 치안수요가 발생하고 있다.

[해설]
지역별 또는 권역별 경제공동체인 EU, 북미자유경제권 등이 활성화되고 있다.

정답 ③

3. 현대산업사회의 범죄현상 및 문제점 기출 18·13

교통, 통신시설의 급격한 발달로 범죄가 광역화·기동화·조직화·대형화·흉포화되고 있다.

> **현대사회 범죄현상의 특징**
> - 범죄의 조직화
> - 범죄의 국제화
> - 범죄의 사회화
> - 범죄의 기동화

4. 경찰의 역할

① 범죄의 양적·질적 심화로 인해 경찰은 역할한계에 직면하고 있다.
② 한국은 2006년부터 제주특별자치도에서 자치경찰제도를 도입하여 실시 중이다.
③ 경찰 1인당 담당하는 시민의 비율이 선진국에 비해 높은 편이다.
④ 경찰은 민간경비와 마찬가지로 1차적으로 범죄예방에 초점을 두고 대응하고 있다.

핵심문제

01 최근 범죄의 변화 양상에 관한 설명으로 옳지 않은 것은? 기출 18

① 무선인터넷과 스마트폰 등의 보급 확대로 인하여 사이버범죄가 증가하고 있다.
② 노령인구가 증가하면서 노인범죄가 사회문제로 대두되고 있다.
③ 청소년범죄가 흉포화되고 있다.
④ 범죄행위 및 방법이 지역화, 기동화, 조직화, 집단화되고 있다.

[해설]
교통, 통신시설 등의 급격한 발달로 범죄가 광역화·기동화·조직화·대형화되고 있다.

정답 ④

제2절 국내 경찰의 역할과 방범실태

I 방범경찰(생활안전경찰)의 임무와 근거

1. 방범경찰의 개념
① 방범경찰이란 일반시민 생활의 안녕과 질서를 해할 우려가 있는 행위를 예방, 단속하여 시민생활을 확보함을 임무로 하는 경찰로서 방범, 외근, 소년, 풍속, 전당포 영업, 위험물 단속 등이 그 대상이 된다.
② 범죄의 수사, 정보, 경비사태의 진압 등을 대상으로 하는 수사경찰, 정보경찰, 경비경찰과 구별되며 방범경찰은 예방경찰로서의 활동을 주임무로 한다. ★
③ 범죄의 예방과 진압에 있어서 장해가 발생하기 전의 범죄예방활동을 방범경찰이라 하고 장해가 발생한 후의 범죄의 진압활동을 진압경찰이라고 한다.

2. 경찰의 임무 기출 17·12
① 범죄통제
  ㉠ 경찰관의 핵심 임무는 범죄통제이다. 즉, 경찰과 시민들은 경찰의 범죄통제 임무를 경찰이 수행해야 할 중요한 임무라고 생각한다.
  ㉡ 경찰의 존재에 대한 기본 임무는 법적 처벌의 고통과 강력력에 의한 범죄와 무질서의 억제에 대한 대안으로써 범죄와 무질서를 예방하고 통제하기 위한 것이다.
  ㉢ 범죄통제 임무는 범죄예방(예방순찰활동)에 사용된 행위는 물론 법 위반자의 탐지와 체포에 관한 모든 기능을 포함한다. ★
② 질서유지
  ㉠ 경찰의 두 번째 임무는 질서유지이다. 경찰에 의해 수행되는 대부분의 업무는 이 범주에 들어간다. 경찰 활동의 어느 면보다 집중되고 있는 것이 질서유지 임무이다.
  ㉡ 경찰관의 임무는 법을 집행하는 임무보다 질서유지를 위한 업무에 의해 정의 내려진다.
③ 봉사 : 경찰의 세 번째 임무는 서비스(봉사)의 제공이다. 경찰은 다른 어느 공무원 집단보다 시간과 공간을 초월해서 분포되어 있다.
④ 경찰방범활동 : 경찰방범활동이란 외근경찰관의 일상생활을 내용으로 하는 근무로, 범죄의 발생을 미연에 방지하기 위해 순찰, 불심검문, 방범심방, 방범진단, 방범상담, 방범홍보, 방범단속 등을 행하는 것을 말한다. 기출 20

3. 경찰방범활동의 법적 근거
① 방범경찰은 사회공공의 안녕과 질서유지를 위한 방범경찰작용을 주요 내용으로 하는데 풍속, 방범, 외근경찰, 소년경찰을 그 직무내용으로 한다.
② 경찰방범활동은 시민의 사생활 침해나 인권침해의 소지가 많으므로 법적 근거를 요한다. ★
③ 경찰방범활동에 있어 적용되는 대표적인 관계법으로는 경찰관직무집행법, 경범죄처벌법, 즉결심판에 관한 절차법, 풍속영업의 규제에 관한 법률 등이 있다. ★

경찰의 임무(국가경찰과 자치경찰의 조직 및 운영에 관한 법률 제3조) 기출 24·18·17

경찰의 임무는 다음 각호와 같다.
1. 국민의 생명·신체 및 재산의 보호
2. 범죄의 예방·진압 및 수사
3. 범죄피해자 보호
4. 경비·요인경호 및 대간첩·대테러작전 수행
5. 공공안녕에 대한 위험의 예방과 대응을 위한 정보의 수집·작성 및 배포
6. 교통의 단속과 위해의 방지
7. 외국 정부기관 및 국제기구와의 국제협력
8. 그 밖에 공공의 안녕과 질서유지

경찰의 사무(국가경찰과 자치경찰의 조직 및 운영에 관한 법률 제4조) 기출 24·21

① 경찰의 사무는 다음 각호와 같이 구분한다.
1. 국가경찰사무 : 제3조에서 정한 경찰의 임무를 수행하기 위한 사무. 다만, 제2호의 자치경찰사무는 제외한다.
2. 자치경찰사무 : 제3조에서 정한 경찰의 임무범위에서 관할지역의 생활안전·교통·경비·수사 등에 관한 다음 각목의 사무
   가. 지역 내 주민의 생활안전활동에 관한 사무
      1) 생활안전을 위한 순찰 및 시설의 운영
      2) 주민참여 방범활동의 지원 및 지도
      3) 안전사고 및 재해·재난 시 긴급구조 지원
      4) 아동·청소년·노인·여성·장애인 등 사회적 보호가 필요한 사람에 대한 보호업무 및 가정폭력·학교폭력·성폭력 등의 예방
      5) 주민의 일상생활과 관련된 사회질서의 유지 및 그 위반행위의 지도·단속. 다만, 지방자치단체 등 다른 행정청의 사무는 제외한다.
      6) 그 밖에 지역주민의 생활안전에 관한 사무
   나. 지역 내 교통활동에 관한 사무
      1) 교통법규 위반에 대한 지도·단속
      2) 교통안전시설 및 무인 교통단속용 장비의 심의·설치·관리
      3) 교통안전에 대한 교육 및 홍보
      4) 주민참여지역 교통활동의 지원 및 지도
      5) 통행허가, 어린이 통학버스의 신고, 긴급자동차의 지정신청 등 각종 허가 및 신고에 관한 사무
      6) 그 밖에 지역 내의 교통안전 및 소통에 관한 사무
   다. 지역 내 다중운집행사 관련 혼잡교통 및 안전관리
   라. 다음의 어느 하나에 해당하는 수사사무
      1) 학교폭력 등 소년범죄
      2) 가정폭력, 아동학대범죄
      3) 교통사고 및 교통 관련 범죄
      4) 「형법」 제245조에 따른 공연음란 및 「성폭력범죄의 처벌 등에 관한 특례법」 제12조에 따른 성적 목적을 위한 다중이용장소 침입행위에 관한 범죄
      5) 경범죄 및 기초질서 관련 범죄
      6) 가출인 및 「실종아동 등의 보호 및 지원에 관한 법률」 제2조 제2호에 따른 실종아동 등 관련 수색 및 범죄

4. 경찰방범활동의 유형

일반방범활동	경찰의 범죄예방활동 중 특히 범죄의 기회와 유발요인을 감소시키는 활동 예 지역경찰의 일상적인 근무인 순찰, 불심검문, 보호조치, 경고, 제지, 출입, 입초, 경계, 기타 보호활동 등
특별방범활동	경찰의 범죄예방활동 중 일상근무를 통한 일반방범활동 이외의 특별한 대상 또는 상황에 관하여 수행하는 활동 예 방범정보수집, 우범지역의 설정, 시설방범, 방범지도, 방범진단, 현장방범, 방범상담, 방범홍보, 방범단체와의 협조 등
자위방범활동	지역주민, 사회단체 또는 기관 등이 스스로 범죄의 발생을 저지하기 위하여 방범의식을 높이고 방범시설을 강화하며 자체 방범직원을 배치하여 자위적으로 수행하는 활동 예 민간경비, 자율방범대 활동 등
종합방범활동	특정지역 또는 대상에 대하여 경찰생활안전 활동과 병행하여 모든 관계기관 및 단체 등의 활동을 결합하여 유기적인 협조로 일관된 계획하에 종합적으로 실시하는 활동 예 지역방범활동, 특정범죄방범활동, 계절방범활동 등

5. 경찰방범활동의 업무별 분류

① **외근 및 방범분야** : 경찰관직무집행법, 유실물법, 총포·도검·화약류 등의 안전관리에 관한 법률, 경범죄처벌법, 즉결심판에 관한 절차법 등이 있다.

② **풍속분야** : 풍속영업의 규제에 관한 법률, 사행행위 등 규제 및 처벌 특례법, 영화 및 비디오물의 진흥에 관한 법률, 성매매 알선 등 행위의 처벌에 관한 법률, 공중위생관리법, 형법, 공연법, 식품위생법, 유선 및 도선 사업법 등이 있다.

③ **소년업무분야** : 아동복지법, 청소년 보호법, 근로기준법, 직업안정법, 학교보건법, 청소년기본법, 유해화학물질 관리법, 마약류 관리에 관한 법률, 학원의 설립·운영 및 과외교습에 관한 법률, 소년법 등이 있다.

> **경범죄처벌법**
> 경범죄처벌법은 광의의 형법, 형법의 보충법이며 일반법이다(형법의 특별법 아님). 형사실체법에 속하며 기수범만 처벌한다(미수범 처벌규정이 없다). 종범의 형을 필요적으로 감경하지 않고, 종범을 정범으로 처벌하고 있다.
> • 범칙자 제외사유(경범죄처벌법 제6조 제2항)
>   - 구류처분을 하는 것이 적절하다고 인정되는 자
>   - 범칙행위를 상습적으로 행한 자
>   - 피해자 있는 행위를 한 자
>   - 18세 미만인 자
> • 통고처분 제외사유(경범죄처벌법 제7조 제1항 단서)
>   - 주거·신원 불명자
>   - 통고처분 받기를 거부한 자
>   - 통고처분하기가 어려운 자

6. 경찰방범활동의 법적 분류

① **풍속영업의 규제에 관한 법률** : 풍속 영업업소인 유흥주점업, 단란주점업, 숙박업, 이용업, 목욕장업, 노래연습장업, 게임제공업, 복합유통게임제공업, 무도학원업, 무도장업, 섹스숍, 전화방업소 등에서의 성매매행위, 음란행위 등을 규제하는 법이다.

② **총포・도검・화약류 등의 안전관리에 관한 법률** : 총포・도검・화약류, 분사기, 전기충격기, 석궁 등의 소지, 제조 등에 대해 규정하고 있는 법이다.

③ **사행행위 등 규제 및 처벌 특례법** : 사행행위 영업의 정의 및 허가, 처벌 등을 규정하고 있는 법이다.

④ **영화 및 비디오물의 진흥에 관한 법률** : 영화 및 비디오물의 질적 향상을 도모하고 영상산업의 진흥을 촉진함으로써 국민의 문화생활의 향상과 민족문화의 창달에 이바지함을 목적으로 제정한 법이다.

⑤ **경찰관직무집행법** : 경찰관의 직무범위, 직무집행 수단인 불심검문, 보호조치, 위험발생 방지조치, 범죄의 예방과 방지, 위험방지를 위한 출입, 무기사용, 장구사용, 최루탄 사용 등에 대하여 규정하고 있는 법이다.

⑥ **경범죄처벌법** : 10만원・20만원・60만원 이하의 벌금, 구류, 과료에 처할 경미한 범죄의 통고처분 등에 관하여 규정하고 있는 법이다.

⑦ **즉결심판에 관한 절차법** : 20만원 이하의 벌금, 구류, 과료에 해당하는 범죄와 그 절차 등을 규정하고 있는 법이다.

⑧ **사격 및 사격장 안전관리에 관한 법률** : 사격장 설치의 기준, 허가사항 등을 규제하고 있는 법이다.

⑨ **소년법** : 소년범죄 처리의 특별절차를 규정하고 있는 법이다.

⑩ **청소년보호법** : 청소년에게 유해한 매체물과 약물 등이 청소년에게 유통되는 것과 청소년이 유해한 업소에 출입하는 것 등을 규제하고 있는 법이다(청소년 : 만 19세 미만인 사람).

II 경찰의 범죄예방활동

1. 순 찰 기출 21

순찰이라 함은 지역경찰관이 개괄적인 경찰임무의 수행과 관내 정황을 파악하기 위하여 일정한 지역을 순회・시찰하는 근무이다.

순찰의 기능
- 관내 상황의 파악
- 청소년 선도・보호
- 범죄의 예방과 범인의 검거
- 위험발생의 방지
- 교통 및 경찰사범의 단속
- 주민보호・상담

문안순찰
경찰이 일반시민과의 대화를 통해 친밀한 관계를 유지하기 위한 활동으로, 관내 지역주민들의 요구를 청취하고 불편・애로사항을 해결해 주는 활동을 말한다.

2. **현장방범활동** 기출 21·20·19

① **의의** : 현장방범활동이란 지역 경찰관이 관내에 진출하여 직접 주민을 상대로 범죄예방에 관한 지도계몽, 상담, 홍보활동을 하는 것을 말한다.

② **경찰방문** : 경찰관이 관할구역 내의 각 가정, 상가 및 기타 시설 등을 방문하여 청소년 선도, 소년소녀가장 및 독거노인·장애인 등 사회적 약자 보호활동 및 안전사고 방지 등의 지도·상담·홍보 등을 행하며 민원사항을 청취하고, 필요시 주민의 협조를 받아 방범진단을 하는 등의 예방경찰활동을 말한다.

경찰방문
- 성질 : 비권력적 사실행위로서 행정지도
- 근거 : 경찰방문 및 방범진단규칙, 지역경찰조직 및 운영에 관한 규칙(별도의 법적 근거가 없어도 가능하다)
- 절차 : 경찰방문은 방문요청이 있거나 경찰서장 또는 지구대장이 필요하다고 인정할 때 상대방의 동의를 얻어 실시
- 방문시간 : 일출 후부터 일몰시간 전에 함이 원칙
- 방문방법 : 경찰방문을 할 때에는 방범진단카드를 휴대. 방범진단카드는 담당구역별로 방문순서대로 편철하여 3년간 보관함. 다만 중요 업무용 방범진단카드는 중요 행사 종료 즉시 파기함
- 기타 : 매 분기 1회 이상의 방문은 상대방의 동의를 얻어 수시로 실시한다.

---

③ **방범진단** : 범죄예방 및 안전사고 방지를 위하여 관내 주택, 고층빌딩, 금융기관 등 현금다액취급업소 및 상가·여성운영업소 등에 대하여 방범시설 및 안전설비의 설치상황, 자위방범역량 등을 점검하여 미비점을 보완하도록 지도하거나 경찰력 운용상의 문제점을 보완하는 활동을 말한다.

④ **방범홍보** : 지역경찰관의 지역경찰활동과 매스컴 등을 통해 각종 경찰업무에 대한 사항과 민원사항, 중요시책 등을 주민에게 널리 알려서 방범의식을 고양하는 동시에 각종 범죄를 방지하기 위한 지도활동을 말한다. 기출 17

⑤ **방범심방** : 경찰관이 관내의 각 가정, 기업체, 기타 시설을 방문하여 범죄예방, 청소년 선도, 안전사고 방지 등의 지도계몽과 상담 및 연락 등을 행하고 민원사항을 청취하며 주민의 협력을 얻어 예방경찰상의 기초 자료를 수집하는 활동을 말한다. 기출 20

핵심문제

01 각종 경찰업무에 대한 사항과 민원사항, 중요시책 등을 매스컴 등을 통해 주민에게 널리 알려서 방범의식을 고양하는 동시에 각종 범죄를 방지하기 위한 경찰활동은? 기출 17

① 경찰방문 ② 방범진단
③ 방범홍보 ④ 생활방범

[해설]
설문은 방범홍보에 대한 내용이다.

정답 ③

3. 불심검문
① 의의 : 수상한 행동이나 그 밖의 주위 사정을 합리적으로 판단하여 볼 때 어떠한 죄를 범하였거나 범하려 하고 있다고 의심할 만한 상당한 이유가 있는 사람, 이미 행하여진 범죄나 행하여지려고 하는 범죄행위에 관한 사실을 안다고 인정되는 사람을 경찰관이 정지시켜 질문을 하는 것을 말한다. 기출 20
② 내용
  ㉠ 경찰관은 사람을 정지시킨 장소에서 질문을 하는 것이 그 사람에게 불리하거나 교통에 방해가 된다고 인정될 때에는 질문을 하기 위하여 가까운 경찰서·지구대·파출소 또는 출장소로 동행할 것을 요구할 수 있다. 이 경우 동행을 요구받은 사람은 그 요구를 거절할 수 있다.★
  ㉡ 경찰관은 불심검문자에게 질문을 할 때에 그 사람이 흉기를 가지고 있는지를 조사할 수 있다.★
  ㉢ 경찰관은 질문을 하거나 동행을 요구할 경우 자신의 신분을 표시하는 증표를 제시하면서 소속과 성명을 밝히고 질문이나 동행의 목적과 이유를 설명하여야 하며, 동행을 요구하는 경우에는 동행 장소를 밝혀야 한다.
  ㉣ 경찰관은 동행한 사람의 가족이나 친지 등에게 동행한 경찰관의 신분, 동행 장소, 동행 목적과 이유를 알리거나 본인으로 하여금 즉시 연락할 수 있는 기회를 주어야 하며, 변호인의 도움을 받을 권리가 있음을 알려야 한다.★
  ㉤ 경찰관은 동행한 사람을 6시간을 초과하여 경찰관서에 머물게 할 수 없다.★
  ㉥ 질문을 받거나 동행을 요구받은 사람은 형사소송에 관한 법률에 따르지 아니하고는 신체를 구속당하지 아니하며, 그 의사에 반하여 답변을 강요당하지 아니한다.★

핵심문제

01 다음 중 경찰관직무집행법상의 불심검문에 관한 내용이 틀린 것은 어느 것인가? 기출
① 그 장소에서 질문하는 것이 당해인에게 불리할 때 동행을 요구할 수 있다.
② 그 장소에서 질문하는 것이 교통에 방해가 될 때 동행을 요구할 수 있다.
③ 불심검문 중인 자를 동행하려 할 때에는 구태여 동행장소를 밝힐 필요까지는 없다.
④ 불심검문 중인 자를 동행할 경우 경찰관은 당해인에게 자신의 신분을 표시하는 증표를 제시하면서 소속과 성명을 밝히고 그 목적과 이유를 설명해야 한다.

[해설]
불심검문 중인 자를 동행하려 할 때에는 동행장소를 밝혀야 한다.

정답 ③

02 다음 중 경찰관이 임의동행을 요구했을 때 임의동행의 최장시간은 얼마 동안인가? 기출
① 4시간
② 6시간
③ 8시간
④ 10시간

[해설]
경찰관은 동행한 사람을 6시간을 초과하여 경찰관서에 머물게 할 수 없다(경찰관직무집행법 제3조 제6항).★

정답 ②

4. 경찰청 대테러위기관리과(경찰청과 그 소속기관 직제 시행규칙 제10조) 기출 14

① 설립목적 : 테러 등 위기 상황에 신속하게 대처하기 위하여 설립된 대한민국 경찰청 경비국 직할기관으로(제1항), 대테러위기관리과장은 총경(4급 상당)으로 보한다(제2항).
② 대테러위기관리과장의 분장사무(제4항)

> **경비국(경찰청과 그 소속기관 직제 시행규칙 제10조)**
> ① 경비국에 경비과·대테러위기관리과·경호과 및 항공과를 둔다. 〈개정 2024.7.31.〉
> ④ 대테러위기관리과장은 다음 사항을 분장한다. 〈개정 2024.7.31.〉
>   1. 대테러 종합대책 연구·기획 및 지도
>   2. 대테러 관련 법령의 연구·개정 및 지침 수립
>   3. 테러대책기구 및 대테러 전담조직 운영 업무
>   4. 대테러 종합훈련 및 교육
>   5. 경찰작전과 경찰 전시훈련에 관한 계획의 수립 및 지도
>   6. 비상대비계획의 수립 및 지도
>   7. 중요시설의 방호 및 지도
>   8. 예비군 무기·탄약관리의 지도
>   9. 청원경찰의 운영 및 지도
>   10. 민방위 업무의 협조에 관한 사항
>   11. 재난·위기 업무에 대한 지원 및 지도
>   12. 안전관리·재난상황 및 위기상황 관리기관과의 연계체계 구축·운영
>   13. 지역 내 다중운집행사 안전관리 지도
>   14. 비상업무에 관한 계획의 수립 및 집행

Ⅲ 경찰사범 단속

1. 풍속사범 단속
① 의의 : 풍속사범의 단속은 사회의 선량한 풍속을 유지하기 위하여 사회 일반의 풍기 및 건전한 생활습관에 영향을 주는 행위를 금지, 제한하는 경찰활동이다. 선량한 풍속이란 어느 특정 시대나 국가에 있어서 일반적으로 용인되고 있는 도덕적 관념과 규범을 말하는 것으로, 어떤 행위가 선량한 풍속을 해하는 행위인가를 판단하는 기준은 역사적, 문화적 환경에 따라 나라마다 다르다.★
② 풍속사범의 단속 대상 : 단속의 대상이 되는 행위는 성매매행위, 음란행위, 사행행위이다.

2. 기초질서 위반사범 단속
① 개념 : 사람들이 일상생활에서 흔히 범하기 쉬운 경미한 법익의 침해행위로서, 경범죄처벌법과 도로교통법에 그 행위 유형들이 규정되어 있다. 이러한 기초질서의 개념은 법률상의 용어나 학문적으로 정의된 개념이 아니라 실무상의 용어이다.
② 유형 : 주요 유형은 경범죄처벌법 위반 행위로서 오물방치 및 방뇨, 광고물 무단첨부, 음주소란, 새치기, 금연장소에서의 흡연, 자연훼손, 덮개 없는 음식물 판매 등과 도로교통법 위반행위로서 신호위반, 무단횡단, 차도보행, 차도에서 차를 잡는 행위, 신호위반, 정차·주차금지위반, 노상시비·다툼으로 차량의 통행방해 등의 행위가 있다.
③ 벌칙 : 경범죄처벌법은 10만원·20만원·60만원 이하의 벌금, 구류, 과료 또는 범칙금을 부과하고 있고, 도로교통법은 범칙금을 부과하고 있다.

3. 총기·화학류의 단속

총기 및 폭발물 등은 취급과 사용상 위험성이 크고, 사고로 인하여 다수의 사람에게 치명적인 피해를 줄 개연성이 있기 때문에 국민의 생활안전 확보를 목적으로 규제와 관리가 필요하다.

Ⅳ 경찰방범활동의 한계요인 기출 24·18·16·14

1. 경찰인력의 부족
① 매년 범죄 증가율이 경찰인력 증가율보다 높기 때문에 경찰인력 부족현상이 나타난다.
② 경찰관 1인이 담당해야 할 인구가 증가함에 따라 경찰인력 부족현상이 더욱 심화되고 있다.
③ 특수한 상황에서 경찰인력이 시국치안에 동원되는 경우 실질적으로 민생치안에 근무하게 되는 경찰인력은 더욱 감소하게 된다.

2. 경찰장비의 부족 및 노후화
① 열악한 근무조건 외에 개인 방범장비의 부족과 노후화는 효율적인 방범활동을 수행하는 데 있어서 장애가 되고 있다.
② 개인장비가 표준화되어 있지 않고 기관단위별로 지급되어 있어 개인당 수량이 부족하거나 관리상 많은 문제점이 있다.
③ 일선경찰관들이 사용하는 개인장비의 표준화가 필요하며, 보급 및 관리 정책이 지속적으로 개선되어야 한다.
④ 선진 외국의 경우처럼 M.D.T.(Mobile Data Terminal), 순찰차량 A.V.M. 제도(Automatic Vehicle Management System), 차량번호자동판독장치, 강력순간접착방식 지문감식기, 그리고 유괴사건수사를 위한 전화위치판독기 등과 같은 최첨단장비 등도 구비되어야 할 것이다.

3. 경찰의 민생치안부서 근무 기피현상
① 민생치안부서의 업무량 과다 및 인사 복무상 불리한 근무여건 등으로 근무 기피현상이 나타나고 있다.
② 너무 잦은 비상근무와 출·퇴근개념의 실종으로 인하여 대부분의 경찰들은 만성적인 피로누적으로 근무의욕이 떨어지고 있다.
③ 민생치안 담당 경찰의 안전 및 신분보장 미흡 등은 더욱 사기를 저하시키는 원인이 되고 있다.
④ 경찰들의 제반사고들에 대한 손해배상책임과 연대책임, 감독책임 또는 도의적인 책임 등 문책이 빈번하다.

4. 타 부처 업무협조의 증가
경찰의 고유 업무가 아닌 다른 부서의 협조 업무가 전체 임무 중 많은 비율을 차지함으로써 경찰의 민생치안 고유 업무 수행에 막대한 지장을 초래하고 있다.

5. 경찰에 대한 주민들의 고정관념으로 인한 이해부족
경찰에 대한 부정적 이미지나 불신 등의 이유로 주민과 경찰과의 관계 개선이나 범죄 발생 시 신고 등의 협조가 미비하다. 이를 개선하기 위해 현재 경찰의 이미지 및 경찰활동에 대한 국민들의 인식을 높이고자 노력하고 있다.

Ⅴ 민간방범활동

1. 민간방범활동의 필요성

① 현대사회의 발전과 더불어 범죄가 증가, 흉포화, 지능화, 기동화로 인하여 치안유지 활동이 어렵게 되었다.
② 경찰인력, 예산, 장비 등의 한계로 효율적인 범죄예방역할을 하지 못하고 있다.
③ 이러한 범죄환경의 변화는 국민들의 자발적인 협조와 민·경 간의 공동노력이 필요하게 되었다.
④ 지역 주민들의 안전의식의 확대로 인해 범죄예방활동에 대한 참여 욕구는 점차 증가하고 있다.

2. 치안서비스 공동생산 기출 17·14

① 개 념
  ㉠ 최근에 치안서비스의 생산과정에서 경찰의 역할증대뿐만 아니라 민간의 참여를 활성화시키려는 접근법이 활발하게 일어나고 있다.
  ㉡ 치안서비스 공동생산이론이란 치안서비스의 전달 과정에서 민간이 치안서비스 생산활동에 주체적으로 참여하는 것을 말한다. ★
  ㉢ 또한 치안서비스의 공동생산이론은 경찰이 치안서비스의 공급자이고 시민은 수혜자라는 접근에서 탈피하여 치안서비스의 생산에 시민들을 적극적으로 참여시켜야 한다는 접근법을 취하고 있다. ★
  ㉣ 선진국에서는 지역사회 경찰활동의 출현과 함께 치안서비스의 공동생산 접근법은 범죄예방을 위한 여러 가지 프로그램의 달성에 지역주민들이 적극적으로 참여하고 쌍방 간 정보를 주고받는 등 치안서비스 공동생산에 참여하는 형태를 활성화시키고 있다.
  ㉤ 치안서비스의 공동주체를 정부 혼자만이 아닌 정부와 시민의 양자로 보는 것이 대부분의 학자들의 견해이며 최근에는 민간경비분야도 치안서비스 공동생산의 한 주체로 여기는 경향이 있다. ★

② **치안서비스 공동생산의 유형** 기출 14 : 시민들이 범죄예방활동에 참여하는 유형에는 개인적 활동과 집단적 활동으로 구분할 수 있으며, 치안서비스의 주된 공급자인 경찰과의 협력관계에 따라 소극적인 활동과 적극적인 활동으로 나눌 수 있다.

개별적·소극적 공동생산 (제Ⅰ유형)	• 개인적 차원에서 자신과 가족의 안전에 대한 예방활동을 하는 것을 말한다. • 방범장비의 휴대, 이중자물쇠 등 잠금장치의 설치, 각종 첨단경보장치의 설치, 자녀에 대한 방범교육의 실시, 귀가 중인 자녀의 안전을 위한 마중 등과 같이 개인적으로 이루어지는 자율방범활동이다.
개별적·적극적 공동생산 (제Ⅱ유형)	• 개인적 차원에서 이루어지는 자율방범활동이지만 범죄피해나 발생에 따른 즉각적인 신고와 아울러 수상한 자에 대한 신고활동과 같이 주로 범죄정보제공과 관련된 시민들의 자율방범활동이다. • 이러한 신고활동은 개별적으로 이루어지기도 하지만 동네 주민들이 집단적으로 감시활동을 펴서 수상한 자를 신고할 수도 있다. • 이러한 유형의 공동생산활동은 시민활동의 중요한 부분으로서 오래전부터 인식되어 왔으며, 경찰의 범죄통제능력에 효과적으로 기여하고 있다.
집단적·소극적 공동생산 (제Ⅲ유형)	• 지역주민들이 집단적으로 자율방범활동에 참여하고 있으나, 경찰과 상호작용이 거의 없이 이루어지는 유형을 말한다. • 자체적인 순찰활동 등 주민들이 공동으로 방범대책을 협의하여 대책을 세운다든지, 공동으로 경비원을 고용하거나 공동으로 경보장치를 설치하는 활동 등이 이에 해당된다.
집단적·적극적 공동생산 (제Ⅳ유형)	• 집단적 차원에서 경찰과 범죄예방활동이 이루어지는 유형으로 자율방범대 활동이 대표적인 예이다. • 이러한 활동은 경찰의 협조하에 지역주민이 집단적으로 직접 순찰활동을 실시하는 것에서부터 청소년을 선도하는 활동을 비롯해 다양한 유형이 있다.

치안서비스 공동생산의 유형

구 분		시민들 간의 협동 수준	
		개인적 활동	집단적 활동
경찰과의 협조수준	소극적	제Ⅰ유형(개인적·소극적 자율방범활동) 1. 자신과 가족을 범죄로부터 보호하는 활동 • 비상벨 설치 • 추가 자물쇠 설치 • 집 바깥에 야간등 설치 활동 2. 자신의 몸을 보호하는 활동 • 호신술 훈련 • 호루라기 휴대 • 위험한 곳 피해 다니기 등의 활동	제Ⅲ유형(집단적·소극적 자율방범활동) 1. 범죄예방을 위한 이웃 간의 협의 2. 지역주민이 독립적, 자율적으로 주민단체를 결성(강도, 주택침입, 성범죄 등 범죄대처) • 지역주민의 범죄예방을 위한 정보 제공 • 특정범죄에 대한 주민의 경계심 제고 • 자체적 지역순찰, 야간등 보수 및 증설 • 경찰서비스의 대응성 향상을 위한 활동 3. 주민공동의 경비원 고용
	적극적	제Ⅱ유형(개인적·적극적 자율방범활동) 1. 경찰 신고 행위(절도, 강도 등) 2. 목격한 범죄행위 신고·증언 행위	제Ⅳ유형(집단적·적극적 자율방범활동) 1. 이웃안전감시단 활동(자율순찰) 2. 시민자율순찰대 활동

③ 치안서비스 공동생산의 예
  ㉠ 주민신고체제의 확립
  ㉡ 금융기관 방범시설 확충
  ㉢ 자율방범대 운용의 활성화
  ㉣ 주택 내 경보장치 설치와 방범시설 설치 등

핵심문제

01 치안서비스 공동생산에 대한 설명으로 옳지 않은 것은?
① 경찰의 역할증대와 더불어 민간의 참여를 활성화시키려는 움직임의 일환이다.
② 경찰이 치안서비스의 공급자이고 시민이 수혜자라는 접근에서 시작한다.
③ 민간경비분야를 치안서비스 공동생산의 주체로 인식한다.
④ 주민신고체제의 확립, 금융기관 방범시설의 확충 등이 치안서비스 공동생산의 예이다.

[해설]
치안서비스의 공동생산이론은 경찰이 치안서비스의 공급자이고, 시민은 수혜자라는 접근에서 탈피하여 치안서비스의 생산에 시민들을 적극적으로 참여시켜야 한다는 접근법을 취하고 있다.

정답 ②

02 다음의 경우에 해당하는 치안서비스 공동생산의 유형은? 기출 14

시민 A는 이웃감시활동, 시민자율순찰대와 같은 주민들이 공동으로 펼치는 자율방범활동에 참여하였다.

① 개인적, 소극적 공동생산
② 개인적, 적극적 공동생산
③ 집단적, 소극적 공동생산
④ 집단적, 적극적 공공생산

[해설]
시민 A는 적극적으로 참여하여 집단적으로 자율방범활동을 실시한 경우이다.

정답 ④

3. 민간방범활동의 형태
    ① 자율방범대
        ㉠ 자율방범대는 자원봉사자를 중심으로 지역 주민이 지역 단위로 조직하여 <u>관할 지구대와 상호 협력관계를 갖고 방범활동을 하는 자율봉사 조직이다.</u>★ 기출 11
        ㉡ 자율방범대는 경찰과 합동 또는 자체적으로 3~5명이 조를 편성하여 심야의 취약 시간에 순찰활동을 실시하며, 순찰 중에 범죄현장의 신고, 부녀자나 노약자의 안전귀가, 청소년 선도·보호 활동 등을 실시한다.
    ② **시민단체에 의한 방범활동** : 시민단체의 방범활동은 야간 순찰 등 직접적인 방범활동을 하는 단체와 홍보·연구 활동 등 간접적인 방법으로 방범활동을 하는 단체로 구분할 수 있다.
    ③ **언론매체에 의한 방범활동** : 오늘날의 사회에서 언론매체는 사회 전반에 걸쳐 많은 영향을 미치고 있는데, 언론매체의 대중성·홍보성을 잘 활용하면 방범활동에 큰 효과를 볼 수 있다. 기출 11
    ④ 민간경비업 등의 방범활동
        ㉠ 사회 각 분야의 전문화 현상과 함께 민간경비업이 급성장을 하면서 민간방범활동의 중요한 분야로 자리 잡아 가고 있다.
        ㉡ 우리나라의 민간경비업은 경비업(경비업법)과 청원경찰(청원경찰법)로 이원화되어 있는바, 민간경비의 발전을 위해서 민간경비체계의 일원화가 필요하다.★

4. 민경협력체제 강화 방안
    ① **지역사회 경찰활동(Community Policing)의 활성화** 기출 11
    ② **민간방범활동의 중요성 홍보 강화** 기출 11
    ③ **자율방범단체의 조직 및 운영의 합리화**
        ㉠ 참여자 구성의 적정
        ㉡ 재정의 확보
        ㉢ 자율방범대원의 교육훈련
        ㉣ 자율방범활동의 체계적 운영
        ㉤ 다른 자원봉사단체와 연계 강화
        ㉥ 자원봉사자에 대한 지원 강화
        ㉦ 민간경비업의 육성
    ④ **방범리콜제도** 기출 22
        ㉠ 잘못된 행정서비스에 대한 불만제기권을 시민에게 부여하고 이를 시정하는 장치이다.
        ㉡ 일선기관의 권한과 재량의 폭이 넓어져야만 효과적으로 활용할 수 있다.★
        ㉢ 고객지향행정의 최종목표는 고객이 만족하는 행정서비스의 제공에 있다.★
        ㉣ 방범리콜제도는 치안행정상 주민참여와 관련이 있다.★

CHAPTER 04 민간경비의 조직

제1절 민간경비의 유형

I 성격에 따른 분류 : 자체경비와 계약경비

1. **자체경비**
   ① 자체경비의 개념
      ㉠ 개인 및 기관, 기업 등이 중요하다고 판단되는 자신들의 보호 대상을 보호하기 위하여 자체적으로 관련 업무를 수행할 수 있는 경비부서를 조직화하여 운용하는 것을 말한다. 기출 15
      ㉡ 청원경찰은 기관, 시설·사업장 등이 배치하는 자체경찰로 볼 수 있으므로 자체경비의 일종이다. 기출 15

   > **자체경비의 개념**
   > 자체경비는 기업체 등이 조직체 내에 자체적으로 경비조직을 조직화하여 운영하는 것을 말한다. 자체경비는 경비원리 뿐만 아니라 기업체가 안고 있는 특수상황도 고려되어야 한다.
   > 〈출처〉 박성수, 「민간경비론」, 윤성사, 2021, P. 101

   ② 자체경비의 장점 기출 17·16
      ㉠ 자체경비는 계약경비에 비해 임금이 높고 안정적이므로 이직률이 낮은 편이다. 기출 21
      ㉡ 시설주가 경비원들을 직접 관리함으로써 경비원들에 대한 통제를 강화할 수 있다.
      ㉢ 비교적 높은 급료를 받을 뿐만 아니라 경비원에 대한 위상이 높기 때문에 자질이 우수한 사람들이 지원한다.
      ㉣ 계약경비원보다 고용주(사용자)에 대한 충성심이 더 높다. 기출 24·23·21·13
      ㉤ 자체경비는 고용주(사용자)의 요구에 신속하게 대처할 수 있다.
      ㉥ 자체경비원은 고용주에 의해 조직의 구성원으로 채용됨으로써 안정적이기 때문에 고용주로부터 업무수행능력을 인정받기를 원하며, 자기발전과 자기개발을 위한 노력을 아끼지 않는다. 기출 13
      ㉦ 자체경비원은 경비부서에 오래 근무함으로써 회사의 운영·매출·인사 등에 관한 지식이 높다.
      ㉧ 시설주의 필요에 따라 적절하게 교육·훈련과정의 효율성을 쉽게 측정할 수 있다.

③ 자체경비의 단점 기출 16
  ㉠ 계약경비에 비해 다른 부서의 직원들과 지나치게 친밀한 관계를 형성함으로써 효과적인 직무수행을 하지 못할 수 있다.
  ㉡ 신규모집계획, 선발인원의 신원확인 및 훈련 프로그램에 대한 개발과 관리를 자체적으로 실시함으로써 인사관리 및 행정관리가 힘들고 비용이 많이 소요된다. 기출 23·13
  ㉢ 계약경비에 비하여 해임이나 감원, 충원 등이 필요한 경우에 탄력성이 떨어진다.★ 기출 24

2. 계약경비

① 계약경비의 개념 기출 15
  ㉠ 개인 및 기관, 기업 등이 중요하다고 판단되는 자신들의 보호 대상을 보호하기 위하여 경비서비스를 전문으로 하는 외부 경비업체와의 계약을 통해서 경비인력 또는 경비시스템을 도입·운영하는 것이다.
  ㉡ 오늘날은 계약경비서비스가 자체경비서비스보다 더 빠르게 증가하고 점차 확대되고 있다. 기출 13
  ㉢ 경비업법은 도급계약 형태이므로 계약경비를 전제로 한다. 기출 15

② 계약경비의 유형 기출 13
  ㉠ 시설방범경비서비스 : 고층빌딩, 교육시설, 숙박시설, 의료시설, 판매시설, 금융시설 등에 대한 각종 위해로부터 시설물 내의 인적·물적 가치를 보호하는 형태이다.
  ㉡ 순찰서비스 : 도보나 순찰차로 한 사람 또는 여러 명의 경비원이 고객의 시설물들을 내·외곽에서 순찰하는 형태이다. 기출 13

핵심문제

01 계약경비와 비교하여 자체경비의 장점이 아닌 것은? 기출 09
① 결원의 보충 및 추가인력의 배치가 용이하다.
② 고용주에게 충성심이 높다.
③ 이직률이 낮은 편이다.
④ 고용주의 요구에 신속하게 대처할 수 있다.

[해설]
자체경비는 계약경비에 비하여 해임이나 감원, 충원 등이 필요한 경우에 탄력성이 떨어진다.

정답 ①

02 다음 중 경비형태에 대한 설명으로 옳은 것은? 기출 06·04
① 오늘날은 계약경비서비스가 점차 확대되고 있다.
② 자체경비서비스는 한 경비회사가 모든 서비스를 제공하는 것을 의미한다.
③ 계약경비는 비용상승효과 유발로 비능률적이다.
④ 오늘날은 자체경비서비스가 점차 확대되고 있다.

[해설]
① (O), ④ (×) 계약경비는 대규모 계약경비업체에 의해서 서비스가 이루어지기 때문에 고용, 훈련, 보험 등의 비용을 절약시킬 수 있어 보다 경제적이다. 따라서 오늘날은 계약경비서비스가 점차 확대되고 있다.
② (×) 자체경비서비스는 자신들의 시설물에 자신들이 고용한 경비서비스이다.
③ (×) 자체경비서비스가 오히려 비용상승효과를 유발한다.

정답 ①

- ⓒ **경보응답서비스** : 보호하는 지역 내 설치된 경보감지장비 및 이와 연결된 중앙통제시스템과 연결되어 있다. `기출 13`
- ⓔ **사실탐정** : 개인·조직의 정보와 관련된 서비스의 제공을 주 업무로 하는데, 현재 우리나라에서는 제도적으로 시행되고 있지 않다. `기출 13`
- ⓜ **신변보호서비스** : 사설경호원에 의해 각종 위해로부터 의뢰인을 보호하는 활동을 말한다.
- ⓗ **기계경비서비스** : 경보응답에 경비원을 급파하고, 이 사실을 일반경찰관서에 송신하는 역할을 한다.
- ⓢ **기타** : 무장운송서비스, 경비자문서비스, 홈 시큐리티(가정보안 및 경비), 타운 시큐리티(지역단위의 보안 및 경비) 등이 있다.

③ 계약경비의 장점
- ⓐ 고용주의 요구에 맞는 경비서비스를 제공함으로써 경비 프로그램 전반에 걸쳐 전문성을 갖춘 경비인력을 쉽게 제공할 수 있다. `기출 24·21`
- ⓑ 봉급, 연금, 직무보상, 사회보장, 보험, 장비, 신규모집, 직원관리, 교육훈련 등의 비용을 절감할 수 있어 비용 면에서 저렴하다(경제적이다). `기출 20`
- ⓒ 자체경비에 비해 인사관리 차원에서 결원의 보충 및 추가인력의 배치가 용이하다. `기출 23·21·20`
- ⓓ 고용주를 의식하지 않고 소신껏 경비업무에 전념할 수 있다. ★ `기출 24`
- ⓔ 경비수요의 변화에 따라 기존 경비인력을 감축하거나 추가적으로 고용을 확대할 수 있다.
- ⓕ 구성원 중에 질병이나 해임 등으로 인해 업무 수행상의 문제가 발생했을 때 인사이동과 대처(대책)에 따른 행정상의 문제를 쉽게 해결할 수 있다.

④ 계약경비의 단점
- ⓐ 자체경비에 비해 조직(시설주)에 대한 충성심이 낮은 것이 일반적이다. `기출 23·20`
- ⓑ 자체경비에 비해 급료가 낮고 직업적 안정감이 떨어지기 때문에 이직률이 높은 편이다. `기출 21·20`
- ⓒ 회사 내부의 기밀이나 중요정보가 외부에 유출될 가능성이 더 높은 편이다. ★

Ⅱ 주체(형태)에 따른 분류 : 인력경비와 기계경비

1. 인력경비
① **인력경비의 개념** `기출 12` : 화재, 절도, 분실, 파괴, 기타 범죄 내지 피해로부터 개인이나 기업의 인적·물적 안전을 확보하기 위해서 경비원 등 인력으로 경비하는 것을 말한다.

② **인력경비의 종류** `기출 17`
- ⓐ **상주경비** : 산업시설, 빌딩, 아파트, 학교, 상가 등의 시설 내에서 24시간 고정적으로 상주하면서 경비하는 것을 말한다.
- ⓑ **순찰경비** : 정기적으로 일정구역을 순찰하여 범죄 등으로부터 고객의 안전을 확보하거나 도보나 차량을 이용하여 정해진 노선을 따라 시설물의 상태를 점검하는 경비활동을 말한다. `기출 21`

ⓒ 요인경호 : 경제인, 정치인, 연예인 등 특정인의 신변보호와 질서유지를 목적으로 경비활동을 수행하는 것을 말한다.
ⓔ 혼잡경비 : 각종 경기대회, 기념행사 등에서 참석한 군중의 혼잡한 상태를 사전에 예방하고 경계하며 위험한 상황이 발생할 때 신속히 대처할 수 있도록 하는 경비활동을 말한다.

③ 인력경비의 장점
  ㉠ 경비업무 이외에 안내, 질서유지, 보호·보관 업무 등을 하나로 통합한 통합서비스가 가능하다.★
  ㉡ 인력이 상주함으로써 현장에서 상황이 발생했을 때 신속한 조치가 가능하다.★
  ㉢ 인적 요소이기에 경비업무를 전문화할 수 있고, 고용창출 효과와 고객접점서비스 효과가 있다.★

  기출 22·14

④ 인력경비의 단점
  ㉠ 인건비의 부담으로 경비에 많은 비용이 드는 편이다.★
  ㉡ 사건이 발생하였을 때 인명피해의 가능성이 있다.★
  ㉢ 상황연락이 신속하게 이루어지지 않아 사건의 전파에 장애가 발생할 수 있다.★
  ㉣ 야간에는 경비활동의 제약을 받아 효율성이 감소된다. 기출 17
  ㉤ 경비원이 낮은 보수, 저학력, 고령일 경우 경비의 질 저하가 우려된다.

2. 기계경비
  ① 기계경비의 개념
    ㉠ 침입감지장치를 설치하여 침입을 방해하거나 조기에 적절한 조치를 취할 수 있도록 첨단장비를 사용하여 경비를 수행하는 것을 말한다.★
    ㉡ 경비대상시설에 설치한 기기에 의하여 감지·송신된 정보를 그 경비대상시설 외의 장소에 설치한 관제시설의 기기로 수신하여 도난·화재 등 위험발생을 방지하는 업무를 말한다(경비업법 제2조 제1호 라목).★
  ② 기계경비의 종류
    ㉠ 무인기계경비 : 기계경비로만 이루어진 시스템
    ㉡ 혼합경비 : 인력경비와 기계경비를 혼합한 시스템★

기계경비의 종류	
순수무인기계경비	각종 감지기 또는 CCTV 등 감시기계를 설치하여 불법침입이 있으면 경보음을 울리게 하거나 미리 기억된 자동 전화번호를 통해 경찰서 등에 설치된 수신기에 경보음을 울리게 하는 경비형태이다.
혼합기계경비	불법침입을 감지한 센서가 컴퓨터에 음성이나 문자 등을 표시하여 이를 본 사람이 조치를 취하도록 하는 경비형태를 말한다.

〈출처〉 박주현, 「민간경비실무론」

③ 기계경비시스템의 기본 3요소(감지 → 전달 → 대응) 기출 17·15·04
  ㉠ **불법침입의 감지** : 기계경비시스템이 외부의 침입행위로 인한 상태변화를 감지하여 경비기기 운용자 뿐만 아니라 침입자에게 경고하는 과정이라고 할 수 있다.
  ㉡ **침입정보의 전달** : 기계경비시스템이 효과적으로 작동되기 위해서는 경비기기 운용자와 의사전달 과정이 적절하게 이루어져야 한다.
  ㉢ **침입행위의 대응** : 기계경비시스템은 현장에 투입되는 상황대처요원에게 신속하게 연락할 수 있고 침입자의 행위를 일정시간 지연시킬 수 있는 기능을 갖추어야 한다. 시설물에 대한 각종 물리적 보호장치가 여기에 속한다.
④ **기계경비의 목적** : 시설물의 경비를 기계경비회사에 위탁하는 목적은 상주경비 인원의 감축으로 인한 기업의 대폭적인 원가절감이다.★
⑤ **기계경비의 장점**
  ㉠ 24시간 동일한 조건으로 지속적인 감시가 가능하다. 기출 22·21·20·14
  ㉡ 장기적으로 소요비용이 절감되는 효과가 있다. 기출 23·22·21·20·17·16·14
  ㉢ 넓은 장소를 효과적으로 감시할 수 있고, 정확성을 기할 수 있다. 기출 23·22·14
  ㉣ 외부환경에 영향을 받지 않고 감시가 가능하다.
  ㉤ 시간적 취약대인 야간에도 효율성이 높아 시간적 제약을 적게 받는다. 기출 23·20·15
  ㉥ 화재예방과 같은 다른 시스템과 동시에 통합적으로 운용이 가능하다. 기출 21
  ㉦ 강력범죄와 화재, 가스 등에 대한 인명 사상을 예방하거나 최소화할 수 있다. 기출 16
  ㉧ 기록장치에 의한 사고발생 상황이 저장되어 증거보존의 효과와 책임한계를 명확히 할 수 있다. 기출 15
  ㉨ 오작동(오경보)률이 낮을 경우 범죄자에게는 경고의 효과가 있고, 사용자로부터는 신뢰를 얻을 수 있다.
  ㉩ 잠재적인 범죄자 등에 대해 경고 효과가 크다. 기출 23·16
⑥ **기계경비의 단점**
  ㉠ 사건 발생 시 현장에서의 신속한 대처가 어려우며, 현장에 출동하는 시간이 필요하다. 기출 20·16
  ㉡ 최초의 기초 설치비용이 많이 든다. 기출 22·15
  ㉢ 허위경보 및 오경보 등의 발생률이 비교적 높다.★ 기출 22
  ㉣ 경찰관서에 직접 연결하는 경비시스템의 오작동은 경찰력의 낭비가 발생할 수 있다. 기출 15
  ㉤ 전문인력이 필요하며 유지보수에 비용이 많이 든다. 기출 22
  ㉥ 고장 시 신속한 대처가 어렵다. 기출 22
  ㉦ 방범 관련 업무에만 가능하며, 경비시스템을 잘 알고 있는 범죄자들에게 역이용당할 우려가 있다.★
  기출 23·21

⑦ 기계경비시스템
  ㉠ 운용목적 : 도난·화재 등 위험에 대한 예방 및 대응이라고 할 수 있다. 기출 14
  ㉡ 구성요소 : 경비대상시설, 관제시설, 기계경비원(관제경비원, 출동경비원) 등이다. 기출 14
  ㉢ 대응체제의 구축
    • 기계경비업자는 경비대상시설에 관한 경보를 수신한 때에는 신속하게 그 사실을 확인하는 등 필요한 대응조치를 취하여야 하며, 이를 위한 대응체제를 갖추어야 한다. 기출 14
    • 기계경비업자는 관제시설 등에서 경보를 수신한 때에는 경보를 수신한 때부터 늦어도 25분 이내에는 도착시킬 수 있는 대응체제를 갖추어야 한다. 기출 15·14

핵심문제

01 기계경비에 관한 장·단점으로 옳은 것은? 기출 15
① 유지보수에 적지 않은 비용과 전문인력이 요구된다.
② 단기적으로 설치비용이 적게 든다는 장점이 있다.
③ 시간적 취약대인 야간에 경비효율이 현저히 감소한다고 볼 수 있다.
④ 감시장치의 경우 감시기록유지가 어려워 사후에 범죄의 수사 단서로 활용하기 어렵다.

[해설]
① (○) 유지보수에 적지 않은 비용과 전문인력이 요구되는 것은 기계경비의 단점에 해당한다.
② (×) 단기적으로 설치비용이 많이 드나, 장기적으로 소요비용이 절감된다.
③ (×) 시간적 취약대인 야간에도 기계경비시스템이 작동하기 때문에 경비효율이 높다. 24시간 감시가 가능하다.
④ (×) 감시장치의 경우 감시기록유지가 용이하므로 사후에 범죄의 수사 단서로 활용하기 쉽다.

정답 ①

02 인력경비와 비교하여 기계경비의 장점으로 옳지 않은 것은? 기출 16
① 인명피해를 예방할 수 있다.
② 장기적으로 비용절감 효과를 가져올 수 있다.
③ 잠재적인 범죄자 등에 대해 경고 효과가 크다.
④ 상황 발생 시 현장에서 신속하게 대응할 수 있다.

[해설]
기계경비는 상황 발생 시 현장에서의 신속한 대처가 어려우며, 현장에 출동하는 시간이 필요하다는 단점이 있다.

정답 ④

ⓔ 오경보의 방지 등
- 각종 기기의 관리 : 기계경비업자는 경비계약을 체결하는 때에는 오경보를 막기 위하여 계약상대방에게 기기사용요령 및 기계경비운영체계 등에 관하여 설명하여야 하며, 각종 기기가 오작동되지 아니하도록 관리하여야 한다.
- 관련 서류의 비치 : 기계경비업자는 대응조치 등 업무의 원활한 운영과 개선을 위하여 관련 서류를 작성·비치하여야 한다.
- 기계경비 오경보의 폐해
  - 실제 상황이 아님에도 불구하고 기계장치의 자체결함, 이용자의 부적절한 작동, 미세한 환경변화 등에 민감하게 작동하는 경우가 있다.
  - 오경보로 인한 헛출동은 경찰력 운용의 효율성에 장애가 되고 있다.★
  - 오경보를 방지하기 위한 유지·보수비용이 적지 않으며, 이를 위해 전문인력이 투입되어야 한다.★

> 경찰청장 감독명령 제2012-1호, 제2013-1호, 제2017-1호는「경비업법」상의 기계경비업자와 기계경비업체에 선임된 기계경비지도사를 대상으로 기계경비업체의 오경보로 인한 불필요한 경찰신고를 방지하고 기계경비업체의 출동대응 등 의무를 명확히하여 기계경비업의 건전한 발전을 도모함을 목적으로 발령되었으며, 이 감독명령에는 선별신고제도(확인신고와 긴급신고)와 기계경비업자의 의무 등이 포함되어 있다. 참고로 감독명령 제2012-1호는 제2013-1호의 발령으로, 감독명령 2013-1호는 제2017-1호의 발령으로 각각 폐지되었다.

3. 인력경비와 기계경비의 현황
① 기계경비가 많이 발전하였음에도 불구하고 아직까지 많은 경비업체가 인력경비 위주의 영세성을 벗어나지 못하고 있는 부분도 있다.★
② 인력경비 없이 기계경비시스템만으로는 경비활동의 목표달성이 가능한 수준에는 이르지 못하고 있다.★
③ 이들 양자 가운데 어디에 비중을 둘 것인가 하는 문제는 경비대상의 특성과 관련된다.★
④ 최근 선진국과 기술제휴 등을 통한 첨단 기계경비시스템의 개발뿐만 아니라 국내 자체적으로도 새로운 기술이 개발되고 있다.★

핵심문제

01 기계경비시스템에 관한 설명으로 옳지 않은 것은? 기출 14
① 기계경비업자는 경비대상시설에 관한 경보를 수신한 때에는 신속하게 그 사실을 확인하는 등 필요한 대응조치를 취하여야 하며, 이를 위한 대응체제를 갖추어야 한다.
② 기계경비업자는 관제시설 등에서 경보를 수신한 때에는 경보를 수신한 때부터 늦어도 20분 이내에는 도착시킬 수 있는 대응체제를 갖추어야 한다.
③ 기계경비시스템의 구성요소는 경비대상시설, 관제시설, 기계경비원(관제경비원, 출동경비원) 등이다.
④ 기계경비시스템의 운용목적은 도난·화재 등 위험에 대한 예방 및 대응이라고 할 수 있다.

[해설]
기계경비업무를 수행하는 경비업자(기계경비업자)는 관제시설 등에서 경보를 수신한 때에는 경보를 수신한 때부터 늦어도 25분 이내에는 도착시킬 수 있는 대응체제를 갖추어야 한다(경비업법 시행령 제7조).

정답 ②

Ⅲ 목적에 따른 분류

1. 시설경비
   ① 의의 : 시설경비란 국가중요시설, 빌딩, 사무소, 주택, 창고, 상가, 공공건물, 공장, 공항 등에서 침입, 화재 그 밖의 사고의 발생을 경계하고 방지하는 업무를 말한다.
   ② 종 류
      ㉠ 주거시설경비
         - 최근에는 방범, 구급안전, 화재 등으로부터 보호하기 위한 주택용 방범기기의 수요가 급속히 증가하고 있다.
         - 주거시설경비는 점차 인력경비에서 기계경비로 변화하고 있다.★
         - 주거침입의 예방대책은 건축 초기부터 설계되어야 한다.★
         - 타운경비는 일반 단독주택이나 개별 빌딩 단위가 아닌 대규모 지역단위의 방범활동이다.
      ㉡ 숙박시설경비
         - 경비원의 규모는 객실 수와 건물의 크기를 고려해야 한다.
         - 순찰 중 시설점검, 범죄예방, 화재점검, 기타 비상사태 점검 등을 실시한다.
         - 경비원들에게 열쇠통제와 고객 사생활보호 교육을 실시한다.
         - 외부 및 주변에서 발생할 수 있는 문제점도 중시해야 하나 내부 자체적인 경비도 중시해야 한다.
      ㉢ 금융시설경비
         - 경비원의 경계는 가능한 한 2인 이상이 하는 것으로 하여야 하며 점포 내 순찰, 출입자 감시 등 구체적인 근무요령에 의해 실시한다.★
         - 경비책임자는 경찰과의 연락 및 방범정보의 교환이 지속적으로 이루어지도록 점검하여야 한다.
         - ATM의 증가는 범죄자들의 범행욕구를 충분히 유발시킬 수 있으므로 지속적인 경비순찰을 실시하고 경비조명뿐만 아니라 CCTV를 설치하는 등 안전대책이 수립되어야 한다.
         - 현금수송은 원칙적으로 현금수송 전문경비회사에 의뢰해야 하며, 자체 현금수송 시에는 가스총 등을 휴대한 청원경찰을 포함한 3명 이상을 확보해야 한다.★

핵심문제

01 다음 중 숙박시설 경비요령으로 틀린 것은? 기출 04

① 순찰 중 시설점검, 범죄예방, 화재점검, 기타 비상사태 점검 등을 실시한다.
② 경비원들에게 열쇠통제와 고객 사생활보호 교육을 실시한다.
③ 내부 자체적인 경비보다는 외부 및 주변에서 발생할 수 있는 문제점을 중시한다.
④ 경비원의 규모는 객실 수, 건물의 크기를 고려한다.

[해설]
외부 및 주변에서 발생할 수 있는 문제점도 중시해야 하나, 내부 자체적인 경비도 중시해야 한다.

정답 ③

- 금융시설의 특성상 개·폐점 직후나 점심시간 등이 취약시간대로 분석되고 있다.★
- 금융시설 내에 한정하지 않고 외부경계 및 차량감시도 경비활동의 대상에 포함된다.★
- 금융시설에서 사건이 발생할 경우를 대비하여 신속한 대응을 위한 사전 모의훈련이 필요하다.
- 금융시설의 위험요소는 외부인에 의한 침입뿐만 아니라 내부인에 의한 범죄까지 포함한다.★
- 미국은 금융시설의 강도 등 외부침입을 예방·대응하기 위하여 은행보호법을 제정·시행하고 있다.★

㉣ 국가중요시설경비 기출 20·19·13
- 국가중요시설은 공공기관 등이 적에 의하여 점령 또는 파괴되거나 기능이 마비될 경우 국가안보와 국민생활에 심각한 영향을 주는 시설로, 국가안전에 미치는 중요도에 따라 분류된다.★
- 3지대 방호개념에서 제1지대는 경계지대, 제2지대는 주방어지대, 제3지대는 핵심방어지대이다.
  기출 20
- 국가중요시설의 통합방위사태는 갑종사태, 을종사태, 병종사태로 구분된다. 기출 20

통합방위사태	
갑종사태	일정한 조직체계를 갖춘 적의 대규모 병력 침투 또는 대량살상무기 공격 등의 도발로 발생한 비상사태로서 통합방위본부장 또는 지역군사령관의 지휘·통제하에 통합방위작전을 수행하여야 할 사태를 말한다.
을종사태	일부 또는 여러 지역에서 적이 침투·도발하여 단기간 내에 치안이 회복되기 어려워 지역 군사령관의 지휘·통제하에 통합방위작전을 수행하여야 할 사태를 말한다
병종사태	적의 침투·도발 위협이 예상되거나 소규모의 적이 침투하였을 때에 시·도 경찰청장, 지역군사령관 또는 함대사령관의 지휘·통제하에 통합방위작전을 수행하여 단기간 내에 치안이 회복될 수 있는 사태를 말한다.

- 평상시 주요취약지점에 경비인력을 중점 배치하여 시설 내외의 위험요소를 제거한다.
- 주요 방호지점 접근로에 제한지역, 제한구역, 통제구역 등을 설정하여 출입자를 통제하며 계속적인 순찰 및 경계를 실시한다.★
- 상황 발생 시에는 즉시 인근부대 및 경찰관서 등에 통보한다.
- 민간경비를 활용한 국가중요시설경비의 효율화 방안으로는 전문경비자격증제도 도입, 경비원의 최저임금 보장, 경비전문화를 위한 교육훈련의 강화, 인력경비의 축소와 기계경비시스템의 확대 등이다.

핵심문제

01 국가중요시설의 통합방위사태로서 '적의 침투·도발이 예상되거나 소규모의 적이 침투한 때에 시·도 경찰청장의 지휘·통제하에 통합방위작전을 수행하여 단기간 내에 치안이 회복될 수 있는 사태'는 무엇에 해당하는가? 기출 09

① 갑종사태 ② 을종사태
③ 병종사태 ④ 정종사태

[해설]
설문은 통합방위사태 중 병종사태에 대한 내용에 해당한다.

정답 ③

ⓜ 의료시설경비
- 의료시설에서 응급실은 불특정다수인의 많은 왕래 등의 특성으로 인해 잠재적 위험성이 가장 높기 때문에 경비대책이 요구된다.
- 의료시설은 지속적으로 수용되는 환자 및 방문객 등의 출입으로 관리상의 어려움이 있기 때문에 사후통제보다는 사전예방에 초점을 두는 것이 바람직하다. ★
- 출입구 배치나 출입제한구역의 설정은 안전책임자와 병원관계자의 협의에 의해 이루어질 수 있다. ★

ⓑ 교육시설경비
- 교육시설의 보호 및 이용자 안전 확보를 목적으로 한다. ★
- 교육시설의 범죄예방활동은 계획 → 준비 → 실행 → 평가 및 측정의 순서로 이루어진다. ★
- 교육시설의 위험요소 조사시 지역사회와의 상호관계를 고려대상에 포함시켜야 한다. ★
- 교육시설의 특별범죄예방의 대상에는 컴퓨터와 관련된 정보절도, 사무실 침입절도 등이 포함된다.

2. 수송(호송)경비 기출 23

① 의의 : 수송(호송)경비란 운송 중인 현금·유가증권·귀금속·상품 그 밖의 물건 등에 대한 불의의 사고 발생을 예방하고 방지하는 업무를 말한다.

② 대 상
  ㉠ 민간경비에 의해 현금 수송경비가 필요한 대상은 은행, 환전소, 고속도로 톨게이트, 백화점, 현금 및 보석 취급소, 마을금고 등이다. ★
  ㉡ 경찰력에 의해 수송경비를 실시하는 경우는 투표용지 수송, 국가시험문제지 수송 등이 있다.

③ 위해발생의 대응요령
  ㉠ 위해발생 시 인명 및 신체의 안전을 최우선시한다.
  ㉡ 경비원이 소지하는 분사기와 단봉은 정당한 범위 내에서 적절하게 사용한다.
  ㉢ 습격사고 발생 시에는 큰소리, 확성기, 차량용 경보장치 등으로 주변에 이상 상황을 알린다.
  ㉣ 위해 발생 시 신속하게 차량용 방범장치를 해제해서는 안 되고, 방범장치를 이용하여 탑재물품을 차량 내에서 보호한다.

호송경비업무의 방식 기출 19

단독 호송방식	통합호송방식	경비업자가 무장호송차량 또는 일반차량을 이용하여 운송과 경비업무를 겸하는 호송경비 방식이다.
	분리호송방식	호송대상 물건은 운송업자의 차량으로 운송하고, 경비업자는 경비차량과 경비원을 투입하여 물건을 호송하는 방식이다.
	동승호송방식	물건을 운송하는 차량에 호송경비원이 동승하여 호송업무를 수행하는 경비방식이다.
	휴대호송방식	호송경비원이 직접 호송대상 물건을 휴대하여 운반하는 경비방식이다.
편성호송방식		호송방식과 방향 등을 고려하여 지역별로 또는 구간별로 조를 편성하여 행하는 경비방식이다.

3. 혼잡경비 기출 23

① 혼잡경비란 기념행사, 경기대회, 제례행사, 기타 요인으로 모인 군중에 의하여 발생되는 자연적·인위적 혼잡상태를 사전에 예방하거나 경계하고, 위험한 사태가 발생할 경우에는 신속히 진압하여 확대되는 것을 방지하는 예비활동을 말한다.
② 과거에는 혼잡경비를 경찰력에 주로 의존하여 행하여졌으나 이제는 수익자부담의 원칙에 따라 행사를 주관하는 사람 또는 단체가 경비를 책임지는 방향으로 바뀌어 가고 있다.
③ 우리나라 경비업법은 경비업무의 종류로 혼잡경비를 규정하고 있지 않았으나 2024.1.30. 개정 (2025.1.31.부터 시행)으로 경비업무의 종류에 혼잡·교통유도경비업무를 추가하였다. 일본 경비업법 또한 혼잡경비, 교통유도업무 등을 규정하고 있다.★

4. 신변보호(경호경비)

① 신변보호란 사람의 생명이나 신체에 대한 위해의 발생을 방지하고 그 신변을 보호하는 업무를 말한다.
② 경찰이 평상시 사용하고 있는 경호개념보다 광의의 개념으로 경호대상자의 생명, 신체를 직·간접적인 위해로부터 보호하는 작용을 의미한다.

5. 특수경비

특수경비란 공항(항공기를 포함) 등 국가중요시설의 경비 및 도난·화재 그 밖의 위험발생을 방지하는 업무를 말한다.

Ⅳ 경비실시방식에 따른 분류 기출 22·19·16·12·11

1. 1차원적 경비
경비원에 의한 경비 등과 같이 단일 예방체제에 의존하는 경비형태를 말한다.

2. 단편적 경비
포괄적·전체적 계획 없이 필요할 때마다 단편적으로 손실예방 등의 역할을 수행하기 위해 추가되는 경비형태를 말한다.★

3. 반응적 경비
단지 특정한 손실이 발생할 때마다 그 사건에만 대응하는 경비형태를 말한다.★

4. 총체적 경비(종합적 경비)
특정의 위해요소와 관계없이 언제 발생할지도 모르는 상황에 대비하여 인력경비와 기계경비를 종합한 표준화된 경비형태를 말한다.★

경비업무의 유형정리				
성격에 따른 분류	형태에 따른 분류	목적에 따른 분류	실시방식에 따른 분류	경비업법상의 분류
• 자체경비 • 계약경비	• 인력경비 • 기계경비	• 신변보호경비 • 호송경비 • 특수경비 • 시설경비 • 혼잡경비	• 1차원적 경비 • 단편적 경비 • 반응적 경비 • 총체적 경비	• 신변보호경비 • 호송경비 • 기계경비 • 특수경비 • 시설경비 • 혼잡·교통유도경비

Ⅴ 민간경비의 조직화 원리

1. 조직 내 경비부서의 위치
   ① 조직구성
      ㉠ 참모(막료)조직관리자 : 일반적으로 계선조직관리자에게 조언이나 참모역할을 제공하는 사람
      ㉡ 계선조직관리자 : 조직의 특정 목적을 달성하기 위하여 위임받은 범위 안에서 직접적으로 명령을 지시할 수 있는 권한을 부여받은 사람
   ② 경비부서의 위치
      ㉠ 경비부서는 참모조직(= 스텝조직)의 역할을 담당한다.★
      ㉡ 경비부서관리자는 조직 내 특별한 임무를 수행함으로써 전체적으로 기업의 최고책임자 등에게 정보를 전달하는 책임을 진다.
      ㉢ 조직 내의 경영간부 및 총책임자에 의해 권한을 위임받아 집행할 경우에는 계선조직(= 라인조직)의 성격도 갖는다.★

핵심문제

01 다음 중 경비원에 의한 경비 등과 같이 단일 예방체제에 의존하는 경비형태는? 기출
   ① 반응적 경비   ② 총체적 경비
   ③ 단편적 경비   ④ 1차원적 경비

[해설]
1차원적 경비는 경비원에 의한 경비 등과 같이 단일 예방체제에 의존하는 경비형태를 말한다.

정답 ④

02 경비실시방식 중 단지 특정한 손실이 발생할 때마다 그 사건에만 대응하는 경비형태는? 기출 12·10·04
   ① 1차원적 경비   ② 단편적 경비
   ③ 반응적 경비   ④ 총체적 경비

[해설]
반응적 경비는 특정한 손실이 발생할 때마다 그 사건에만 대응하는 경비형태를 말한다.

정답 ③

2. 경비관리 책임자의 역할 기출 19·18

① **경영상의 역할** : 조직 내에 있는 모든 다른 부서의 경영자들과 일치하는 역할로서 기획, 조직화, 채용, 지도, 감독, 혁신 등이 있다. ★
② **관리상의 역할** : 예산과 재정상의 감독, 경비문제를 관할하는 정책의 설정, 사무행정, 조직체계와 절차의 개발, 경비부서 직원에 대한 교육·훈련 과정의 개발, 모든 고용인들에 대한 경비교육, 경비와 관련된 문제에 있어서 다른 부서와의 상호 긴밀한 협조와 의사소통의 향상 등의 역할이다. ★
③ **예방상의 역할** : 경비원에 대한 감독, 화재와 경비원의 안전, 경비활동에 대한 규칙적인 감사, 출입금지 구역에 대한 감시, 경비원들에 대한 이해와 능력개발, 교통통제, 경보시스템, 조명, 울타리, 출입구, 통신 장비 등과 같은 모든 경비장비들의 상태 점검 등의 역할이다. ★
④ **조사상의 역할(조사활동)** : 경비의 명확성, 감시, 회계, 회사규칙의 위반과 이에 따르는 모든 손실에 대한 조사·관리·감시·회계, 일반 경찰과 소방서와의 유대관계, 관련 문서의 확인 등을 포함한다. ★

VI 민간경비의 조직화

1. 경비계획

① **손실분석** : 손실의 잠재적인 발생영역에 대한 상세한 분석 및 공동목적을 달성하는 데 발생할 수 있는 손실의 가능성, 주요 요인에 대한 분석이 선행되어야 한다.
② **목표의 설정과 달성** : 경비계획은 특정한 회사의 이익추구를 위해서 설정되어야 하며, 이익추구에 대한 저해 요인이 있다면 저해 요인을 색출해서 이익의 증대라는 기업체의 공동목적을 달성하도록 노력하는 것이다.

경비계획의 목표설정
공동의 목표 → 경비의 목표결정 → 개발 및 기획 → 경비조직을 통한 목표달성 → 평가와 재검토

핵심문제

01 경비관리 책임자의 조사상 역할로 옳은 것은? 기출 18

① 기획의 조직화
② 예산과 재정상의 감독
③ 사무행정
④ 감시, 회계, 회사규칙의 위반 확인

[해설]
감시, 회계, 회사규칙의 위반 확인이 경비관리 책임자의 조사상 역할에 해당한다. ①은 경영상의 역할, ②·③은 관리상의 역할에 해당한다.

정답 ④

2. 통제기준의 설정

① **통제기준** : 경비부서의 권한 및 역할에 관련된 것으로서 물품의 선적, 수령과 입고 및 재고조사, 현금취급, 회계감사, 경리 등의 모든 절차를 포함하여 설정된다.

② **통제기준의 설정 방법** : 경비부서의 관리자가 내부적인 규율이나 책임의 한계를 제시함으로써 이루어지고, 또한 관리자가 자신의 견해를 표명하거나 반대의견을 제시할 수 있도록 배려되어야 하며, 조직의 전직원들이 수용하고 만족할 수 있도록 통제절차를 마련해야 한다.

3. 관리과정

① 민간경비의 조직화 과정에서 위험성, 돌발성, 기동성, 조직성 등 경비업무의 특수성을 고려해야 한다.

기출 17

② 민간경비부서를 독립적으로 설치하지 않고 다른 관리부서와 연계시켜 통합적으로 설치하게 되면 전문성은 저하된다.★

③ 보호대상의 특성에 따라 인력경비와 기계경비를 운용할 수 있는데 일반적으로 순수한 형태의 기계경비는 존재하지 않는다.★

④ 조직의 목표달성을 위하여 조직구성원의 책임과 의무의 적정한 배분이 이루어져야 한다.

> **민간경비조직과 경찰조직의 특수성 비교**
> • 민간경비조직 : 위험성, 돌발성, 기동성, 조직성 등
> • 경찰조직 : 위험성, 돌발성, 기동성, 조직성, 권력성, 정치성, 고립성, 보수성 등
> 〈출처〉 박성수, 「민간경비론」, 윤성사, 2021, P. 109~110

4. 경비부서의 권한

① **경비책임자** : 회사의 여러 영역에서 업무 수행상 발생할 수 있는 제반문제에 대해서 조사를 할 수 있고, 회사 전체에 대한 경비 위해 요소 분석과 업무 전반에 관한 평가를 지시할 수 있는 위치에 있어야 한다.

② **경비부서의 관리자** : 경비부서의 관리자가 특별한 임무를 수행하는 부서의 장(長)으로서, 최고경영자나 전체적으로 통합된 각 부서별 책임자들이 경비업무의 책임을 진다(막료 역할 담당).

③ **권한의 정도**
㉠ 경비책임자는 그 자신의 부서에 관련된 모든 행위에 대하여 계선상의 권한을 행사할 수 있다.★
㉡ 관리자는 경비업무와 관계되지 않는 것에 대해 직접적으로 통제하거나 명령할 수 없고, 권한의 정도가 주어진 범위 내에서 발생할 수 있는 모든 문제에 대하여 경비원을 명령하고 지시할 수 있다.★

5. 경비부서의 조직화

경비부서의 조직은 특정 의무와 책임에 대한 분명한 개념, 명확한 보고수준과 명령계통을 세워야 한다. 대체적으로 경비부서를 조직화하는 데 있어 가장 중요하게 고려하는 사항은 권한위임의 한계, 통솔의 범위, 경비인력의 수요 등을 꼽을 수 있다.

① 권한의 위임
  ㉠ 권한의 위임은 인원이 소수인 조직보다는 다수인 조직 구조에서 필요하게 된다.★
  ㉡ 권한의 위임은 최종적인 책임과 운영상의 책임으로 분류된다.
  ㉢ 경비의 최고관리자는 중간관리자에게 경비운영의 감독 권한을 위임하고, 중간관리자는 조장에게 권한을 위임하는데 이는 경비의 효율성과 관련된다.
  ㉣ 업무에 대한 권한이 위임되었으므로 책임 또한 위임되어야 한다. 그러나 위임된 책임은 본래 주어진 것이 아니며, 일상적으로 위임된 범위를 벗어나서는 안 된다.★
  ㉤ 최고관리자는 중간관리자에게 책임의 범위 내에서 업무를 수행할 수 있도록 재량권을 부여하여야 한다. 기출 22

② 통솔의 범위 기출 14 · 13
  ㉠ 통솔의 범위는 한 사람의 관리자가 효과적으로 운용할 수 있고 직접적으로 감독할 수 있는 최대한의 인원수를 말한다(10~12명 정도).
  ㉡ 일반적으로 관리자의 통솔범위는 업무의 성질, 시간, 장소, 문제의 수, 지리적인 영역, 고용기술, 작업성과 및 리더십, 환경요인, 참모와 정보관리체계 등에 따라 정해진다.

> **통솔범위의 결정요인**
> - 관리자의 능력과 시간 : 상관의 능력이 높을수록 상관의 통솔범위가 넓다. 기존조직 책임자가 신설조직 책임자보다는 통솔범위가 넓다.
> - 계층수 : 계층의 수가 적을수록 상관의 통솔범위가 넓다.
> - 부하직원의 자질과 의식구조 : 부하직원의 자질이 높을수록 상관의 통솔범위가 넓다. 기출 22
> - 업무의 특성 : 업무가 비전문적이고 단순할수록 상관의 통솔범위가 넓다.
> - 막료부서의 지원능력 : 막료부서의 지원능력이 클수록 상관의 통솔범위가 넓다.
> - 작업장소의 지역적인 분산 정도 : 지리적 분산 정도가 작을수록 상관의 통솔범위가 넓다. 즉, 여러 장소에 근무하는 사람들을 통솔하는 책임자는 시간적·장소적으로 통솔하는데 어려움이 많기 때문에 통솔범위가 좁다.

핵심문제

01 다음 중 경비부서의 최우선적 목표는? 기출
  ① 기업체의 이익 추구
  ② 기업체의 경영 활성화
  ③ 기업체의 운영 효율화
  ④ 기업체의 손실의 최소화

[해설]
경비부서의 최우선적 목표는 절도범의 색출과 기업체의 공동목표인 이익추구에 있다.★

정답 ①

③ 민간경비조직의 운영원리 기출 24·22·21·18·16·12

계층제의 원리	• 권한과 책임에 따라 직무를 등급화 함 • 상·하 계층 간에 직무상의 지휘·감독관계
명령통일의 원리	• 경비원은 직속상관에게 직접 명령을 받고 보고해야 함 • 지휘계통의 일원화로 책임소재를 명확히 함
전문화의 원리	• 조직의 전체기능을 기능별·특성별로 나누어 임무를 분담시킴 • 각 개인별 능력을 충분히 고려하여 적재적소에 배치
조정·통합의 원리	• 조직 전체의 목표, 즉 공동목표를 달성하기 위해 하위조직 사이에 수행하고 있는 업무가 통일성 내지 조화를 이루도록 하는 것 • 조직구조가 분업화, 전문화되어 있을수록 조정·통합의 필요성이 크다.

④ 경비인력의 수요
  ㉠ 경비인력의 수요에 있어 가장 중요한 판단기준은 경비시설물 내의 전반적인 요소들을 면밀하게 분석하는 것이다.
  ㉡ 일반적으로 경비인력의 수요는 해당 경비시설물의 규모에 비례한다. 즉, 해당 시설물의 구획의 면적과 규모, 조직 전체 직원의 수 등을 고려해야 한다. 기출 22

핵심문제

01 민간경비 조직편성의 원리 중 한 사람의 관리자가 효율적으로 관리할 수 있는 최대한의 부하의 수를 의미하는 것은?
기출 17 유사 13

① 통솔범위
② 계층제
③ 전문화
④ 명령통일

[해설]
설문은 통솔범위에 대한 내용이다.

정답 ①

02 다음에 해당하는 민간경비의 조직운영원리는? 기출 15

> 상관은 부하에게 권한의 일부를 위임하고 그 부하는 자기의 권한보다 작은 권한을 바로 밑의 부하에게 위임하는 등급화 과정을 거치게 되며, 이를 통해 명령·복종관계를 명확히 하고 명령이 조직의 정점에서부터 최하위에까지 도달하도록 한다.

① 전문화의 원리
② 계층제의 원리
③ 명령통일의 원리
④ 통솔범위의 원리

[해설]
제시문은 계층제의 원리에 해당하는 내용이며, 권한과 책임에 따라 직무를 등급화 하고, 상·하 계층 간에 직무상의 지휘·감독관계를 나타낸다.

정답 ②

제2절 경비원 교육 등

I 경비업법상의 교육 등

1. **경비원의 교육**(경비업법 제13조)
   ① 일반경비원에 대한 교육
      ㉠ 경비업자는 경비업무를 적정하게 실시하기 위하여 경비원으로 하여금 대통령령으로 정하는 바에 따라 경비원 신임교육 및 직무교육을 받게 하여야 한다(경비업법 제13조 제1항 본문). 기출 23 다만, 다음의 어느 하나에 해당하는 사람을 일반경비원으로 채용한 경우에는 해당 일반경비원을 일반경비원 신임교육대상에서 제외할 수 있다(경비업법 제13조 제1항 단서). 기출 24
      - 경비원(일반경비원 또는 특수경비원) 신임교육을 받은 사람으로서 채용 전 3년 이내에 경비업무에 종사한 경력이 있는 사람
      - 경찰공무원으로 근무한 경력이 있는 사람
      - 경호공무원 또는 별정직공무원으로 근무한 경력이 있는 사람
      - 부사관 이상으로 근무한 경력이 있는 사람
      - 경비지도사 자격이 있는 사람
      - 채용 당시 일반경비원 신임교육을 받은 지 3년이 지나지 아니한 사람
      ㉡ 경비원이 되려는 사람은 대통령령으로 정하는 교육기관에서 미리 일반경비원 신임교육을 받을 수 있다(경비업법 제13조 제2항). 기출 23·21
      ㉢ 경비업자는 소속 일반경비원에게 법 제12조에 따라 선임한 경비지도사가 수립한 교육계획에 따라 매월 행정안전부령으로 정하는 시간(2시간) 이상의 직무교육을 받도록 하여야 한다(경비업법 시행령 제18조 제3항, 동법 시행규칙 제13조 제1항).
      ㉣ 신임교육의 과목 및 시간, 직무교육의 과목 등 일반경비원의 교육실시에 필요한 사항은 행정안전부령으로 정한다(경비업법 시행령 제18조 제5항). 기출 21

[일반경비원 신임교육의 과목 및 시간] (경비업법 시행규칙 [별표 2]) 〈개정 2024.8.14.〉 기출 21·20·19

구분(교육시간)	과 목	시 간
이론교육 (4시간)	「경비업법」 등 관계법령	2
	범죄예방론	2
실무교육 (19시간)	시설경비실무	3
	호송경비실무	2
	신변보호실무	2
	기계경비실무	2
	혼잡·교통유도경비실무	2
	사고예방대책	2
	체포·호신술	2
	장비사용법	2
	직업윤리 및 인권보호	2
기타(1시간)	입교식, 평가 및 수료식	1
계		24

② **일반경비원 신임교육기관** : 경비업자는 일반경비원을 채용한 경우 법 제13조 제1항 본문에 따라 해당 일반경비원에게 경비업자의 부담으로 법 제13조의2 제1항에 따른 경비원 교육기관(이하 "경비원 교육기관"이라 한다) 중 이 영 제19조의2 제1항에 따른 일반경비원 교육기관(이하 "일반경비원 교육기관"이라 한다)에서 실시하는 일반경비원 신임교육을 받도록 해야 한다(경비업법 시행령 제18조 제1항). 〈개정 2024.8.13.〉

2. 특수경비원

① **신임교육과 직무교육** : 특수경비업자는 대통령령으로 정하는 바에 따라 특수경비원으로 하여금 특수경비원 신임교육과 정기적인 직무교육을 받게 하여야 하고, 특수경비원 신임교육을 받지 아니한 자를 특수경비업무에 종사하게 하여서는 아니 된다(경비업법 제13조 제3항). 기출 23·18

② **지도·감독** : 특수경비원의 교육 시 관할 경찰서 소속 경찰공무원이 교육기관에 입회하여 대통령령이 정하는 바에 따라 지도·감독하여야 한다(경비업법 제13조 제4항). 기출 23·18

③ **특수경비원에 대한 교육**(경비업법 시행령 제19조)
   ㉠ 특수경비업자는 특수경비원을 채용한 경우 법 제13조 제3항에 따라 해당 특수경비원에게 특수경비업자의 부담으로 경비원 교육기관 중 이 영 제19조의2 제1항에 따른 특수경비원 교육기관에서 실시하는 특수경비원 신임교육을 받도록 해야 한다. 〈개정 2024.8.13.〉
   ㉡ 다만, 특수경비업자는 채용 전 3년 이내에 특수경비업무에 종사하였던 경력이 있는 사람을 특수경비원으로 채용한 경우에는 해당 특수경비원을 특수경비원 신임교육 대상에서 제외할 수 있다. 기출 18
   ㉢ 특수경비업자는 소속 특수경비원에게 선임한 경비지도사가 수립한 교육계획에 따라 매월 행정안전부령으로 정하는 시간(3시간) 이상 직무교육을 받도록 하여야 한다. 기출수정 18
   ㉣ 신임교육의 과목 및 시간, 직무교육의 과목 등 특수경비원의 교육 실시에 필요한 사항은 행정안전부령으로 정한다.

> **특수경비원의 결격사유(경비업법 제10조)** 기출 20
> ② 다음 각호의 어느 하나에 해당하는 자는 특수경비원이 될 수 없다.
>   1. 18세 미만이거나 60세 이상인 사람 또는 피성년후견인
>   2. 심신상실자, 알코올 중독자 등 대통령령으로 정하는 정신적 제약이 있는 자
>   3. 제1항 제2호부터 제8호까지의 어느 하나에 해당하는 자
>   4. 금고 이상의 형의 선고유예를 받고 그 유예기간 중에 있는 자
>   5. 행정안전부령으로 정하는 신체조건에 미달되는 자

핵심문제

01 경비업법상 특수경비원의 결격사유로 명시되어 있지 않은 것은? 기출수정 20

① 18세 미만인 사람
② 금고 이상의 형의 집행유예선고를 받고 그 유예기간 중에 있는 자
③ 금고 이상의 형의 선고유예를 받고 그 유예기간 중에 있는 자
④ 피특정후견인

[해설]
피특정후견인은 경비업법 제10조 제2항의 결격사유에 해당하지 않는다. ①은 경비업법 제10조 제2항 제1호, ②는 경비업법 제10조 제2항 제3호·제1항 제4호, ③은 경비업법 제10조 제2항 제4호의 특수경비원 결격사유에 해당한다.

정답 ④

특수경비원의 신체조건(경비업법 시행규칙 제7조)
법 제10조 제2항 제5호에서 "행정안전부령이 정하는 신체조건"이라 함은 팔과 다리가 완전하고 두 눈의 맨눈시력 각각 0.2 이상 또는 교정시력 각각 0.8 이상을 말한다.

[특수경비원 신임교육의 과목 및 시간] (경비업법 시행규칙 [별표 4]) 〈개정 2024.8.14.〉 기출 24・21・20

구 분 (교육시간)	과 목	시 간
이론교육 (15시간)	「경비업법」 및 「경찰관직무집행법」 등 관계법령	8
	「헌법」 및 형사법	4
	범죄예방론	3
실무교육 (61시간)	테러 및 재난대응요령	4
	폭발물 처리요령	6
	화재대처법	3
	응급처치법	3
	장비사용법	3
	출입통제 요령	3
	직업윤리 및 인권보호	2
	기계경비실무	3
	혼잡・교통유도경비업무	4
	정보보호 및 보안업무	6
	시설경비 요령	4
	민방공	4
	총기조작	3
	사 격	6
	체포・호신술	4
	관찰・기록기법	3
기타(4시간)	입교식, 평가 및 수료식	4
계		80

핵심문제

01 경비업법령상 일반경비원의 신임교육 과목에 해당되지 않는 것은? 기출수정 18
① 범죄예방론
② 사 격
③ 체포・호신술
④ 직업윤리 및 인권보호

[해설]
사격은 특수경비원(경비업법 시행규칙 [별표 4])과 청원경찰(청원경찰법 시행규칙 [별표 1])의 신임교육 과목에 해당한다. ★

정답 ②

3. 경비지도사 기본교육의 과목 및 시간(경비업법 시행규칙 [별표 1]) 〈개정 2024.8.14.〉 기출 24·23·21·20·19

구 분 (교육시간)	과 목	
공통교육 (24h)	「경비업법」, 「경찰관직무집행법」, 「도로교통법」 등 관계법령 및 「개인정보보호법」에 따른 개인정보보호지침 등(4h), 실무Ⅰ(4h), 실무Ⅱ(3h), 범죄·테러·재난 대응요령 및 화재대처법(2h), 응급처치법(2h), 직업윤리 및 인권보호(2h), 체포·호신술(2h), 입교식, 평가 및 수료식(3h)	
자격의 종류별 교육 (16h)	일반경비지도사	시설경비(3h), 호송경비(2h), 신변보호(2h), 특수경비(2h), 혼잡·다중운집 인파관리(2h), 교통안전 관리(2h), 일반경비 현장실습(5h)
	기계경비지도사	기계경비 운용관리(4h), 기계경비 기획 및 설계(4h), 인력경비개론(5h), 기계경비 현장실습(5h)
계	40h	

※ 비고 : 다음 각호의 사람이 기본교육을 받는 경우 공통교육은 면제한다.
　　1. 일반경비지도사 자격을 취득한 후 3년 이내에 기계경비지도사 시험에 합격한 사람
　　2. 기계경비지도사 자격을 취득한 후 3년 이내에 일반경비지도사 시험에 합격한 사람

경비지도사의 선임 등(경비업법 제12조)
① 경비업자는 대통령령이 정하는 바에 따라 경비지도사를 선임하여야 한다.
② 제1항의 규정에 의하여 선임된 경비지도사의 직무는 다음과 같다.
　　1. 경비원의 지도·감독·교육에 관한 계획의 수립·실시 및 그 기록의 유지 기출 20·18
　　2. 경비현장에 배치된 경비원에 대한 순회점검 및 감독 기출 18
　　3. 경찰기관 및 소방기관과의 연락방법에 대한 지도 기출 24·20
　　4. 집단민원현장에 배치된 경비원에 대한 지도·감독 기출 20
　　5. 그 밖에 대통령령이 정하는 직무
③ 선임된 경비지도사는 제2항 각호의 규정에 의한 직무를 대통령령이 정하는 바에 따라 성실하게 수행하여야 한다.

경비지도사의 직무 및 준수사항(경비업법 시행령 제17조)
① 법 제12조 제2항 제5호에서 "대통령령이 정하는 직무"란 다음 각호의 직무를 말한다.
　　1. 기계경비업무를 위한 기계장치의 운용·감독(기계경비지도사의 경우에 한한다) 기출 18
　　2. 오경보 방지 등을 위한 기기관리의 감독(기계경비지도사의 경우에 한한다) 기출 18
② 경비지도사는 법 제12조 제3항에 따라 같은 조 제2항 제1호·제2호의 직무 및 제1항 각호의 직무를 월 1회 이상 수행하여야 한다. 기출 24
③ 경비지도사는 법 제12조 제2항 제1호에 따라 경비원에 대한 교육을 실시하고, 행정안전부령으로 정하는 경비원 직무교육 실시대장에 그 내용을 기록하여 2년간 보존하여야 한다. 기출 18

핵심문제

01 다음 중 일반경비지도사 기본교육의 과목이 아닌 것은?

① 시설경비　　　　　　　　　② 호송경비
③ 인력경비개론　　　　　　　④ 일반경비 현장실습

[해설]
인력경비개론은 기계경비지도사의 교육과목에 해당한다.

정답 ③

Ⅱ 청원경찰법상의 교육 등

1. 청원경찰의 배치 및 교육(청원경찰법 시행령 제5조)

① 청원주는 청원경찰로 임용된 사람으로 하여금 경비구역에 배치하기 전에 경찰교육기관에서 직무수행에 필요한 교육을 받게 하여야 한다. 다만, 경찰교육기관의 교육계획상 부득이하다고 인정할 때에는 우선 배치하고 임용 후 1년 이내에 교육을 받게 할 수 있다.
② 경찰공무원(의무경찰을 포함한다) 또는 청원경찰에서 퇴직한 사람이 퇴직한 날부터 3년 이내에 청원경찰로 임용되었을 때에는 교육을 면제할 수 있다.
③ 교육기간·교육과목·수업시간 및 그 밖에 교육의 시행에 필요한 사항은 행정안전부령으로 정한다.

2. 청원경찰의 신임·직무교육(청원경찰법 시행규칙 제6조, 제13조)

① 교육기간은 2주로 하고, 교육과목 및 수업시간은 다음 표와 같다.

청원경찰 교육과목 및 시간표(청원경찰법 시행규칙 [별표 1]) 기출 24

학과별		과목	시간
정신교육		정신교육	8
학술교육		형사법	10
		청원경찰법	5
실무교육	경 무	경찰관직무집행법	5
	방 범	방범업무	3
		경범죄 처벌법	2
	경 비	시설경비	6
		소 방	4
	정 보	대공이론	2
		불심검문	2
	민방위	민방공	3
		화생방	2
	기본훈련		5
	총기조작		2
	총검술		2
	사 격		6
술 과		체포술 및 호신술	6
기 타		입교·수료 및 평가	3
교육시간 합계		–	76시간

② 청원주는 소속 청원경찰에게 그 직무집행에 필요한 교육을 매월 4시간 이상 실시하여야 한다.
③ 관할 경찰서장은 필요하다고 인정하는 경우에는 청원경찰이 배치된 사업장에 소속공무원을 파견하여 직무집행에 필요한 교육을 할 수 있다.

제3절　경비원 직업윤리

I　경비원의 근무자세

1. 의 의
경비원은 경비대상자의 신체와 재산을 보호하는 임무를 수행하므로 바람직한 경비원의 근무자세를 정립하고 고객에게 완벽한 서비스를 통해 신뢰감을 획득하기 위해 노력하여야 한다.

2. 경비원의 근무자세
① 사명감을 갖고 부여된 업무수행에 최선을 다하는 자세가 필요하다.
② 강한 책임감과 소명의식을 구비하고, 전문성을 갖도록 부단한 자기개발의 노력을 하여야 한다.
③ 청렴하고 도덕성을 지녀야 하며, 항상 건전한 사고와 올바른 행동을 할 줄 알아야 한다.
④ 안전을 우선으로 실천하는 근무자세가 필요하다. 고객의 안전도 중요하지만 경비원 자신의 안전도 고려해서 근무를 해야 한다. 따라서 경비원은 경비근무 간 발생될 수 있는 안전위해요소를 사전에 확인하고 점검해서 철저히 대비하여 경비업무에 임하는 적극적인 근무자세가 필요하다.
⑤ 경비업무는 고객의 안전도 중요하지만 일종의 서비스업무이므로 고객이 바라는 우월감, 환영기대감, 자기본위 심리 등을 고려하여 경비원 자신을 낮추는 등 서비스정신에 입각한 근무자세가 필요하다. 즉 4S[Security(경비), Secretary(비서), Service(봉사), Safety(안전)]를 복합적으로 수행하는 것이 바람직한 근무자세이다.
⑥ 기타 상급자의 지시명령에 절대복종하는 근무자세, 단정한 복장과 깨끗한 외모를 갖추어 근무하는 자세, 경비원 상호 간 비방이나 불평불만을 일삼는 일이 없이 근무하는 자세 등이 필요하다.

〈참고〉김두현, 「경호학개론」 中 사경비원의 직업윤리/경비원의 자세, 엑스퍼트, 2020, P. 424~427

II　경비원의 직업윤리 정립　기출 23

경호윤리에 대한 문제점을 해결하기 위해서 다음과 같은 경호・경비원 및 경비지도사의 직업윤리 방안이 정립되어야 한다.
① 성희롱 유발요인 분석 철저 및 예방교육 강화
② 총기안전관리 및 정신교육 강화
③ 정치적 논리지양 등 경호환경 조성 및 탄력적 경호력 운영
④ 사전예방경호활동을 위한 경호위해 인지능력 배양
⑤ 경호교육기관 및 경호 관련 학과의 '경호윤리' 과목 개설 운영
⑥ 경호지휘단일성의 원칙에 의한 경호임무수행과 위기관리대응력 구비
⑦ 집단지성 네트워크 사이버폴리스 자원봉사시스템 구축
  ※ 사이버 및 경호위해 범죄에 실시간 대응할 수 있도록 각 분야의 집단지성이 자발적으로 참여할 수 있는 시스템을 구축하여 사이버공간에서의 범죄를 예방하고 사회적 공감대를 형성할 수 있는 대책방안이 강구되어야 한다.
⑧ 경호원 채용 시 인성평가 방법 강화 및 자원봉사 활성화

〈참고〉김두현, 「경호학개론」 中 경호・경비원의 직업윤리 정립, 엑스퍼트, 2020, P. 430~442

제4절 경비위해요소 분석과 조사업무

I 경비위해요소 분석

1. **경비위해요소의 개념**
   ① 경비위해요소의 정의 : 경비위해요소란 경비대상의 안전성에 위험을 끼치는 모든 제반요소를 의미한다. 기출 22

   ② 경비위해요소 분석의 필요성 기출 21
      ㉠ 경비대상의 안전 확보와 손실 감소를 위한 적절한 대응책 개발을 위해 경비위해요소 분석이 필요하다.
      ㉡ 각종 사고로부터 손실을 예방하고 최적의 안전 확보를 위해서는 경비위해요소에 대한 인지와 평가가 선행되어야 한다. 기출 22·20·17
      ㉢ 경비위해요소 분석은 경비대상의 취약점을 파악하여 범죄, 화재, 재난 등으로부터 안전하게 보호하기 위한 계획을 수립하기 위함이다. 기출 21

   ③ 경비위해요소의 형태 기출 24·23·21·20·19·17·15·11
      ㉠ 자연적 위해 : 화재, 폭풍, 지진, 홍수 기타 건물붕괴, 안전사고 등 자연적 현상에 의해 일어나는 위해로서, 대규모의 인적·물적 피해를 발생시킨다. 여기서 화재나 안전사고는 많은 부분에서 인위적일 수 있다.
      ㉡ 인위적 위해 : 신체를 위협하는 범죄, 절도, 좀도둑, 사기, 횡령, 폭행, 태업, 시민폭동, 폭탄위협, 화재, 안전사고, 기타 특정상황에서 공공연하게 발생하는 위해를 말한다.
      ㉢ 특정한 위해 : 위해에 노출되는 정도가 시설물 또는 특정 상황에 따라 다양하게 나타나는 위해를 말한다. 예컨대, 화재나 폭발의 위험은 화학공장에서 더 크게 나타나고, 강도나 절도는 소매점이나 백화점에서 더 크게 나타난다.

   ④ 경비위해요소의 분석단계 기출 24·23·22·20·19·17·16·15·13·11
      ㉠ 경비위험요소 인지단계 : 개인 및 기업의 보호영역에서 손실을 일으키기 쉬운 취약부분을 확인하는 단계이다.
      ㉡ 손실발생 가능성 예측단계 : 경비보호대상의 보호가치에 따른 손실발생 가능성을 예측하는 단계이다.
      ㉢ 경비위험도 평가단계 : 특정한 손실이 발생하였다면 얼마나 심각한 영향을 미쳤는가를 고려하는 단계이다.
      ㉣ 경비비용효과 분석단계 : 범죄피해로 인한 인적·물적 피해의 정도, 고객의 정신적 안정성, 개인 및 기업체의 비용부담정도 등을 고려하는 단계이다.

핵심문제

01 인위적 위해로 볼 수 없는 것은? 기출 10
① 지 진
② 태 업
③ 시민폭동
④ 폭탄위협

[해설]
태풍이나 지진, 해일 등 천재지변은 자연적 위해에 해당하고, ②·③·④는 인위적 위해에 해당한다.

정답 ①

2. 경비위험요소의 인지 및 평가

① 위험요소의 인지
  ㉠ 위험요소 분석에 있어서 가장 선행되어야 하는 것은 모든 경비지역 내에서의 손실의 취약성이 있는 위험요소를 인지하는 것이다. 기출 22·19·18·13·12
  ㉡ 손실이 예상되는 곳, 절도의 대상이 되는 자산, 절도수법, 사고의 빈도와 잠재성 정도, 재해나 화재 등의 손실 가능성의 조사를 한다.
  ㉢ 위험요소의 인지에서 취약요소가 확인되면 위험요소들을 각 대상별로 추출해 성격을 파악하여 각각의 요소마다 보호수단을 다르게 적용해야 한다. ★ 기출 22·20·19

② 인식된 위험요소의 분류(척도화) : 경비위험요소에 대한 인지된 사실들을 현재의 경비대상물이 갖고 있는 환경들을 고려하여 위험가능성이 큰 순서대로 서열화하는 것을 말한다. 기출 18·12

③ 경비위험도의 평가 : 경비위험도의 평가는 특정한 손실이 발생하였다면 손실이 경비대상에 어떠한 영향을 미치는지 평가하고 손실에 대한 잠재적 위험의 빈도를 조사하는 과정을 말한다.

④ 경비위해분석
  ㉠ 경비위해분석이란 경비활동의 대상이 되는 위험요소들을 대상별로 추출하여 성격을 파악하는 경비진단활동을 말한다. 기출 22·18·12
  ㉡ 경비위해분석을 통해 손실의 취약성, 손실가능성을 객관적으로 파악하며 분석결과에 따라 장비와 인원 등의 투입이 결정되며 많은 손실이 예상되는 경비대상에는 종합경비시스템을 설치해야 한다.
  ㉢ 경비위해요소 분석자료는 경비계획에 있어서 경비조직 등의 규모를 판단하는 근거가 된다. 기출 21

3. 경비의 비용효과분석

① 비용효과분석은 투입비용 대비 산출효과를 비교하여 적정한 경비수준을 결정하는 과정이다. 기출 21·18·17·12

② 과거 같은 기간 동안의 경비활동에서 경비 조직에 의한 손실이 지역적·전국적으로 집계된 형사사건이나 유사한 사건, 인접회사의 경우와 비교·분석한 후에 회사 전체의 경비에 대한 비용효과분석을 해야 한다. 따라서 경비활동의 비용효과분석은 절대적인 잣대로 평가할 수 없다. ★ 기출 21

③ 비용효과분석의 수치에 근거한 측정은 경비기능의 효용성에 대한 실질적인 지침을 제공하므로 경비 시스템의 방범능력을 주기적으로 분석하고 평가한다. ★

핵심문제

01 경비위해요소에 관한 내용으로 옳지 않은 것은? 기출 13

① 경비위해요소 분석의 첫 번째 단계는 위해요소를 인지하는 것이다.
② 많은 손실이 예상되는 경비대상에는 종합경비시스템이 설치되도록 해야 한다.
③ 각종 사고로부터 최적의 안전확보를 위해서는 경비위해요소의 인지, 평가 등이 중요하다.
④ 경비위해요소의 평가 및 분석에 있어서 경비활동의 비용효과 분석은 제외한다.

[해설]
경비위해요소란 경비대상의 안전성에 위험을 끼치는 모든 제반요소를 의미하는 것으로, 경비위험요소의 분석에는 위험요소의 인지 및 평가, 경비의 비용효과 분석이 포함된다.

정답 ④

위험관리(Risk management)
1. 의의 : 위험도를 분석·평가·통제하는 업무에 대해 관리정책, 절차, 지침 등을 체계적으로 적용하여 근로자, 대중, 환경 및 회사 등을 보호하는 관리를 말한다.
2. 특 징 〔기출〕 19·15·14·13·12
   ① 기본적으로 위험요소의 확인 → 위험요소의 분석 → 우선순위의 설정 → 위험요소의 감소 → 보안성·안전성 평가 등의 순서로 이루어진다.
   ② 위험관리가 효율적으로 이루어지기 위해서는 관련절차에 관한 표준운영절차(SOP : Standard Operational Procedures)를 개발하는 것이 바람직하다.
   ③ 확인된 위험에 대한 대응은 위험의 제거, 회피, 감소, 분산, 대체, 감수와 접근방법의 통합 등의 방법이 적용된다.
      ㉠ 위험의 제거 : 위험관리에서 최선의 방법은 확인된 모든 위험요소를 제거하는 것이다. 접근을 철저하게 통제하더라도 어떠한 형태로든 직원이 접근할 수 있는 가능성은 항상 존재한다. 따라서 확인된 위험을 완벽하게 제거하는 것은 사실상 어렵다고 본다.
      ㉡ 위험의 회피 : 범죄 및 손실이 발생할 기회를 아예 제공하지 않는 것이다. 어떤 활동을 계속함으로써 얻을 수 있는 이익보다 어떤 잠재적 손실이 보다 클 것이라는 비용편익분석을 통해서 정당화되는 소극적인 접근방법이다.
      ㉢ 위험의 감소 : 완벽한 위험의 제거 내지 위험의 회피가 불가능하다면 가장 현실적인 최선의 대응방법은 물리적·절차적 관점에서 위험요소를 감소시키거나 최소화시키는 방법을 강구하는 것이다. 보호대상 가치가 매우 높을수록 위험감소 전략은 보다 체계적으로 이루어져야 할 것이다.
      ㉣ 위험의 분산 : 위험의 분산 또한 발생할 수 있는 잠재적 손실을 감소시키는 하나의 방법이기 때문에 방법론적으로 위험성이 높은 보호대상을 한 곳에 집중시키지 않고 여러 곳에 분산시킴으로써 단일 사건에 의한 손실을 감소시킨다.
      ㉤ 위험의 대체 : 직접적으로 위험을 제거하거나 감소 및 최소화하는 것보다 보험과 같은 대체수단을 통해서 손실을 전보하는 방법이다.

핵심문제

01 위험관리(risk management)의 과정을 순서대로 나열한 것은? 〔기출〕 15

ㄱ. 우선순위의 설정	ㄴ. 위험요소의 분석
ㄷ. 안전성·보안성의 평가	ㄹ. 위험요소의 감소
ㅁ. 위험요소의 확인	

① ㄴ - ㄱ - ㅁ - ㄷ - ㄹ
② ㄴ - ㄷ - ㄱ - ㄹ - ㅁ
③ ㅁ - ㄱ - ㄴ - ㄷ - ㄹ
④ ㅁ - ㄴ - ㄱ - ㄹ - ㄷ

〔해설〕
위험관리는 위험요소의 확인 → 위험요소의 분석 → 우선순위의 설정 → 위험요소의 감소 → 안전성·보안성의 평가로 이루어진다. ★

〔정답〕 ④

Ⅱ 경비 관련 조사업무

1. 경비 관련 조사업무 일반

① **조사업무의 개념** : 경비시설물에 대한 위험요소 분석 절차는 위험을 예방하기 위한 선택과정이며 경비관리 책임자에게 있어 가장 우선적으로 고려해야 할 경비업무 수행과정은 경비 관련 조사업무이다. ★

② **조사업무의 목적**
  ㉠ 조사활동을 통하여 종합적인 경비계획을 수립할 수 있다.
  ㉡ 조사활동을 통하여 경비시설물 내에 있는 모든 구성원에게 경비와 관련된 협력을 얻을 수 있다.
  ㉢ 경비시설물에 대한 경비의 취약점을 찾아낼 수 있다.
  ㉣ 경비업무 수행에 소요되는 예산의 확보와 정확한 산출을 할 수 있다.

③ **조사업무의 방법** : 시설물에 대한 물리적 검사와 모든 집행체계와 절차에 대한 조사로, 경비시설의 현재 상태를 점검하고 경비방어의 취약점을 찾아내어 종합적인 경비프로그램을 수립하기 위한 객관적인 분석작업이다.

> **경비조사업무의 과정** 기출 22·19
> 경비대상의 현상태 점검 → 경비방어상의 취약점 확인 → 요구되는 보호의 정도 측정 → 경비활동 전반에 걸친 객관적 분석 → 종합적인 경비프로그램의 수립

④ **조사업무 담당자**
  ㉠ 조사자들은 관련분야에 대한 높은 지식을 보유하고, 조사대상 시설물과 집행절차를 숙지하고 있어야 하며, 조사 진행의 각 단계에 대한 사전계획을 수립하여야 한다.
  ㉡ 조사업무는 경비부서의 참모들이나 조사를 위해 고용된 자격 있는 경비전문가들에 의해 행해지며, 이들 중 몇 사람은 해당 시설물과 조사 진행과정을 잘 알고 있어야 한다.

⑤ **조사계획** : 조사계획은 조사 진행의 각 단계에서 사전계획이 수립되어야 하며, 조사해야 할 영역에 대한 조언이나 지침(指針)으로서 사용된다.

> **경비조사의 대상**
> • 물리적 설비와 이에 대한 주위환경의 조사
> • 규칙적으로 운영되는 절차와 일상 업무에 대한 조사

⑥ **내부담당자에 의한 조사와 경비전문가(외부)에 의한 조사**
  ㉠ 내부담당자에 의한 조사는 내부업무 숙지 정도가 높고 경비위해요소에 대한 사실의 경험이 풍부하며 조직 내 타 부서와 경비부서의 협조체제가 용이한 반면 전문성이 떨어지고 평가의 기준이 주관적일 수 있다는 단점이 있다.
  ㉡ 경비전문가에 의한 조사는 경비위해분석에 있어 내부관계자의 영향을 받지 않기 때문에 조사가 객관적이며 전문성을 띠어 현 상태에 대한 더욱 정확한 평가가 가능하다는 장점이 있는 반면 내부업무에 대한 숙지도가 낮고 타 부서와의 협조가 어렵다는 단점이 있다. 기출 22

2. 일반시설물 조사

① 일반지역 경비문제 : 울타리, 출입구, 배수로, 하수도, 조명 점검 등
② 인접 건물들의 창문과 지붕의 경비문제 : 인접 건물 가까이 사람들이 접근할 수 있는 공간이 있는지 여부, 창문과 지붕이 적절히 보호되고 있는지 여부 등
③ 창문의 개폐문제 : 18피트(약 5.5m) 이하의 모든 창문과 문은 열린 채로 안전한가 등
④ 빌딩 안에 있는 입주자의 현관 출입 열쇠에 대한 경비문제 : 출입구 자물쇠의 교체 빈도, 출입열쇠의 분실이나 회수 문제, 입주자의 수 등
⑤ 고가품의 경비문제 : 금고, 저장고, 창고의 경보장치 및 주거침입 등
⑥ 건물 내의 공동점유의 경비문제 : 입주자가 비번일 때의 서명일지, 승강기의 수동전환 유무, 화장실의 개방 유무, 복도와 로비의 조명관계, 마스터키 시스템의 사용 유무 등
⑦ 주차장 경비문제 : 자동차 절도와 파괴행위로부터의 보호 유무, 차량조사 필요시 출입구나 회전식 문의 존재 유무, 차량조사를 위한 조명, 울타리를 통한 주차장 안팎으로의 물건 반·출입 가능 유무 등
⑧ 건물 출입통제에 대한 경비문제 : 출입자의 확인 방법, 내부직원·방문객·차량 통제, 청소담당자의 신원확인 등
⑨ 화재 등에 대한 경비문제 : 방화시설(防火施設)의 설치 유무, 소화기의 형태와 수 및 점검 유무, 소방서와의 거리, 자동소화장치와 자동화재경보기의 설치 유무, 직장 소방대의 조직 유무, 금연표지의 지정 유무, 가연성 물질의 보관형태, 화재예방 프로그램의 존재 유무, 소방훈련이 규정에 의하여 실시되고 있는가 등

3. 조사업무보고서와 경비업무철 작성

① 조사업무보고서 작성 : 조사가 모든 영역에서 끝나고 자료정리가 끝나면 보고서에는 경비의 취약한 부분과 합리적인 경비를 실시할 수 있는 대안이 제시되어야 하며, 그 결과 최종보고서에는 경비계획이 수립된다.
② 경비업무철 작성 : 조사업무보고서는 경비계획을 수립하는 데 매우 유용하므로 가장 최신의 자료를 철하여 두면 경비업무의 효율성을 증대시켜 준다. ★ 기출 22

핵심문제

01 경비요소조사에 대한 설명 중 틀린 것은? 기출 09

① 내부적 담당자에 의한 조사는 조직 내 타부서와 경비부서의 협조체제가 용이하다.
② 경비전문가에 의한 조사는 현 상태에 대한 더욱 정확한 평가가 가능하다.
③ 경비요소조사는 경비책임자가 우선적으로 고려해야 할 사항이다.
④ 내부적 담당자에 의한 조사는 평가기준이 더욱 객관적이다.

[해설]
내부적 담당자에 의한 조사는 평가기준이 다른 조사보다 더 주관적이라고 할 수 있다.

정답 ④

CHAPTER 05 경비와 시설보호의 기본원칙

제1절 경비계획의 수립

I 경비계획

1. **경비계획의 개념**
   ① 의 의
      ㉠ 경비계획이란 경비업무의 전반적인 방향과 성패를 좌우하는 가장 기초적인 활동으로 경비위해요소 분석과 조사활동을 통해 수집된 자료와 경영상 환경을 종합적으로 고려하여 경비실시의 과정을 구체적으로 결정하는 계획을 말한다.
      ㉡ 경비계획은 계약처가 요구하는 경비내용을 구체적으로 실시할 방법을 정하는 것이다. 기출 12
   ② **경비계획서** : 경비계획서는 사전조사를 통한 경비진단에서 파악된 내용을 기초로 작성하는데, 사전조사는 현장청취와 현장조사로 이루어진다. 기출 12
      ㉠ 현장청취 : 직접 현장에 가서 시설물의 상태를 확인하고 실무자들의 의견을 청취하여 잠재된 위험을 찾아내는 업무이다.
      ㉡ 현장조사 : 관련 정보를 확인하고 실제 조사를 통해 잠재된 위험을 찾아내는 업무이다. 기출 12

핵심문제

01 경비계획에 관한 내용으로 옳지 않은 것은? 기출 12

① 경비계획은 계약처가 요구하는 경비내용을 구체적으로 실시할 방법을 정하는 것이다.
② 경비계획서는 사전조사를 통한 경비진단에서 파악된 내용을 기초로 작성한다.
③ 사전조사는 현장청취와 현장조사로 이루어진다.
④ 현장청취는 관련 정보를 확인하고 실제 조사를 통해 잠재된 위험을 찾아내는 업무이다.

[해설]
④는 현장청취가 아니라 현장조사에 대한 내용이다. 즉, 현장조사는 관련 정보를 확인하고, 실제 조사를 통해 잠재된 위험을 찾아내는 업무이다.

정답 ④

2. 경비계획·관리·평가과정 [기출] 11

경비계획은 경비부서의 조직관리·실행과정과 평가과정의 관계 속에서 역동적으로 작용하고 있다.

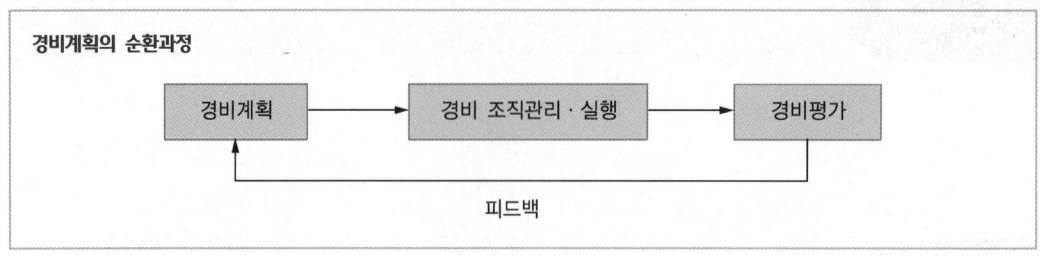

3. 경비계획의 수준(Level) [기출] 24·23·22·21·20·18·17·16·12

① 최저수준경비(Level Ⅰ: Minimum Security)
　㉠ 일정한 패턴이 없는 불법적인 외부침입을 방해할 수 있도록 계획된 경비시스템을 말한다.
　㉡ 방어대상은 외부로부터 단순한 침입에서부터 무장공격에 이르기까지 다양하다.
　㉢ 보통 출입문과 자물쇠를 갖춘 창문과 같은 단순한 물리적 장벽으로 구성되는 일반 가정이 대표적인 예이다.

② 하위수준경비(Level Ⅱ : Low-Level Security)
　㉠ 일정한 패턴이 없는 불법적인 외부침입을 방해하고 탐지할 수 있도록 계획된 경비시스템을 말한다.
　㉡ 일단 단순한 물리적 장벽과 자물쇠가 설치되고 거기에 보강된 출입문, 창문의 창살, 보다 복잡한 수준의 자물쇠, 조명시스템, 기본적인 경비시스템, 기본적인 안전장치가 설치된다.
　㉢ 작은 소매상점, 저장창고 등이 대표적인 예이다.

③ 중간수준경비(Level Ⅲ : Medium Security)
　㉠ 대부분의 패턴이 없는 불법적인 외부침입과 일정한 패턴이 없는 일부 내부침입을 방해, 탐지, 사정할 수 있도록 계획된 경비시스템으로, 보다 발전된 원거리 경보시스템, 경계지역의 보다 높은 수준의 물리적 장벽, 기본적인 의사소통장비를 갖춘 경비원 등을 갖추고 있다.
　㉡ 큰 물품창고, 제조공장, 대형 소매점 등이 대표적인 예이다.

핵심문제

01 경비계획 및 평가의 순환과정으로 가장 옳은 것은?

① 경비평가 → 경비계획 → 경비 조직관리·실행
② 경비계획 → 경비평가 → 경비 조직관리·실행
③ 경비 조직관리·실행 → 경비평가 → 경비계획
④ 경비계획 → 경비 조직관리·실행 → 경비평가

[해설]
경비계획 및 평가의 순환과정은 경비계획 → 경비 조직관리·실행 → 경비평가 순이다.

정답 ④

④ 상위수준경비(Level Ⅳ : High-Level Security)
  ㉠ 대부분의 패턴이 없는 외부 및 내부의 침입을 발견·저지·방어·예방할 수 있도록 계획된 경비시스템을 말한다.
  ㉡ CCTV, 경계경보시스템, 고도로 훈련받은 무장경비원, 고도의 조명시스템, 경비원과 경찰의 협력시스템 등을 갖추고 있다.
  ㉢ 관계기관과의 조정계획 등을 갖춘 교도소, 제약회사, 전자회사 등이 대표적인 예이다.
⑤ 최고수준경비(Level Ⅴ : Maximum Security)
  ㉠ 일정한 패턴이 전혀 없는 외부 및 내부의 침입을 발견·억제·사정·무력화할 수 있도록 계획된 경비시스템을 말한다.
  ㉡ 모든 Level의 계획이 결합되고 최첨단 경보시스템과 현장에서 즉시 대응할 수 있는 24시간 무장체계 등을 갖추고 있다.
  ㉢ 핵시설물, 중요교도소, 중요군사시설, 정부의 특별연구기관, 외국대사관 등이 대표적인 예이다.

핵심문제

01 일정한 패턴이 전혀 없는 외부 및 내부의 침입을 발견, 억제, 사정, 무력화할 수 있도록 계획된 시스템을 갖춘 경비수준은? 기출 18

① 최고수준경비(Level Ⅴ)
② 상위수준경비(Level Ⅳ)
③ 중간수준경비(Level Ⅲ)
④ 하위수준경비(Level Ⅱ)

[해설]
최고수준경비(Level Ⅴ)에 대한 설명이다.

정답 ①

02 경비수준에 관한 설명으로 옳지 않은 것은? 기출 10

① 최저수준경비(Level Ⅰ)는 보통 출입문과 자물쇠를 갖춘 창문과 같은 단순한 물리적 장벽으로 구성된다.
② 하위수준경비(Level Ⅱ)는 작은 소매상점, 저장창고 등에 대한 경비를 말한다.
③ 중간수준경비(Level Ⅲ)는 보다 발전된 원거리 경보시스템, 경계지역의 보다 높은 물리적 수준의 장벽 등이 조직되어 진다.
④ 상위수준경비(Level Ⅳ)는 최첨단의 경보시스템과 24시간 즉시대응체제가 갖춰진 경비체계를 말한다.

[해설]
최첨단의 경보시스템과 24시간 즉시대응체제가 갖춰진 경비체계는 최고수준경비(Level Ⅴ)에 해당한다.

정답 ④

Ⅱ 경비계획 수립의 원칙

1. 경비계획 수립의 기본원칙

① 직원의 출입구는 주차장으로부터 가급적 멀리 떨어진 곳에 위치해야 한다. `기출 22·15`
② 경비원의 대기실은 시설물의 출입구와 비상구에서 인접한 곳에 위치해야 한다. `기출 23·22·17`
③ 경비관리실은 출입자 등의 통행이 많은 곳에 설치하여야 한다. `기출 23·22·21·15`
④ 경계구역과 건물 출입구 수는 안전규칙의 범위 내에서 최소한으로 유지되어야 한다. `기출 21·17·15`
⑤ 경비원 1인이 경계해야 할 구역의 범위는 안전규칙상 적당해야 한다.
⑥ 건물 외부의 틈으로 접근 및 탈출 가능한 지점 및 경계 구역(천장, 공기환풍기, 하수도관, 맨홀 등)은 보호되어야 한다. `기출 21`
⑦ 잠금장치는 정교하고 파손이 어렵게 만들어져야 하고 열쇠를 분실할 경우에 대비하여 조치를 취해야 한다. `기출 22`
⑧ 비상시에만 사용하는 외부 출입구에는 경보장치를 설치하여야 하고, 외부 출입구의 통행은 통제가 가능하여야 한다. `기출 17`
⑨ 항구·부두지역은 차량운전자가 바로 물건을 창고 지역으로 움직이지 못하도록 하고, 경비원에게 물건의 선적이나 하차를 보고할 수 있도록 설계되어야 한다. `기출 15`
⑩ 효과적인 경비를 위해서는 안전경비조명이 설치되어야 하고 물건을 선적하거나 수령하는 지역은 분리되어야 한다. `기출 21·17·15`
⑪ 외딴 곳이나 비상구의 출입구는 경보장치를 설치하여 둔다.
⑫ 유리창이 지면으로부터 약 4m 이내 높이에 설치된 경우에는 센서, 강화유리 등 안전장치를 설치한다.

2. 일반시설물 경비계획

① 오래된 건물
  ㉠ 오래된 건물이나 사무실 등의 낡은 화재장비, 낡은 잠금장치, 낡은 벽 등과 같이 낡은 여러 구조물들은 안전사고 및 범죄자들에게 좋은 표적이 되기 쉽기 때문에 경비계획을 수립하는 데 있어 경비계획 수립자들에게 복잡하고 어려운 문제를 주게 된다.
  ㉡ 낡은 시설물, 이웃 건물을 가로지르는 옥상이나 사용하지 않고 방치된 문 등에 대한 경비계획은 보다 기본적인 단계에서부터 철저하게 분석하고 설계되어야 한다.

핵심문제

01 경비계획의 기본원칙에 대한 설명 중 틀린 것은? `기출 08`

① 건물 외부의 틈으로 접근 및 탈출 가능한 지점 및 경계 구역(천장, 공기환풍기, 하수도관, 맨홀 등)은 보호되어야 한다.
② 효과적인 경비를 위해서는 안전경비조명이 설치되어야 하고 물건을 선적하거나 수령하는 지역은 분리되어야 한다.
③ 잠금장치는 정교하고 파손이 어렵게 만들어져야 하고 열쇠를 분실할 경우에 대한 적절한 조치를 취해야 한다.
④ 경비원 대기실은 시설물 출입구와 비상구에서 가급적이면 멀리 떨어져 있어야 한다.

[해설]
경비원의 대기실은 시설물의 출입구와 비상구에서 인접한 곳에 위치해야 한다.

정답 ④

② 새로운 시설물
ㄱ) 현대식 건물은 안전요소를 고려하여 설계되는 경우도 있으나 세심하게 고려되는 경우는 많지 않다.
ㄴ) 경비계획 수립자는 대상 시설물에 대한 기본적 경비조사를 실시하고 시설물이 갖고 있는 특수성에 따라 보다 전문적으로 경비계획을 수립하는 것이 필요하다.

Ⅲ 경비계획 수립의 순서 기출 24 · 20 · 18 · 16 · 13

문제의 인지	경비문제가 발생하거나 발생이 예견될 때, 경비용역 의뢰가 있을 때
목표의 설정	• 경비대상조직의 목표 : 대상조직의 목표를 정확히 인식하고, 경비의 최상위의 목표로 인식 • 경비목표의 설정 : 조직의 목표를 인지한 다음 구체적으로 수행될 경비의 방향을 설정하는 구체적 목표
자료 및 정보의 수집분석	• 경비요소조사 : 경비계획을 수립하는 데 가장 기초가 되는 자료들을 수집하는 과정 • 경비위해분석 : 경비요소 조사과정에서 수집된 자료와 정보를 토대로 위해가능성과 그 정도, 구체적인 위해형태, 수준 등을 분석하는 과정

계획전체의 검토	• 경비계획의 고려사항 : 조직의 공동목표, 손실발생 가능성, 손실의 심각성 정도 등 능률성과 효과성을 모두 고려하여 접근하는 것이 바람직하다. 기출 13
	• 경비통솔기준의 설정
	  – 경비계획에 있어 통솔의 기준은 당해 조직의 모든 업무분야와 진행과정에 영향을 미치므로, 물품의 생산, 선적, 수령과 출고 및 재고조사, 현금취급, 경리 등의 모든 절차를 포함하여 설정된다.
	  – 경비업무는 타 부서의 업무 수행과의 상충 가능성을 항상 내포하고 있는 관계로 이와 관련한 통솔기준의 명확한 설정이 필요하다.
	• 대상조직의 현재 환경 검토 : 대상조직의 업무환경과 재무상태 등을 검토한다.

대안의 작성 및 비교·검토	• 경비계획안의 작성 : 경비계획안은 구체적인 경비실시에 적용될 계획안으로 경비계획시 고려사항, 통솔기준, 대상조직의 환경 등을 고려하여 종합적으로 작성된다. • 경비계획안의 비교·검토 : 여러 개의 계획안을 마련하고 비교·검토한 다음 최선의 대안을 선택한다.
최종안 선택	경비계획안 중에서 최선의 경비계획안을 선택한다.
경비의 실시 및 평가	• 경비의 실시 : 선택된 경비계획안에 따라 경비대를 조직하고 경비를 실시한다. • 평가 : 사후평가 → 문제점과 효율성을 도출하여 분석·평가
피드백(Feedback)	평가 결과 기대치와 비교하여 '문제의 인지' 단계로 환류한다. 즉, 수립된 경비계획은 환류과정을 거쳐 실행하는 것이 바람직하다. 기출 13

Ⅳ 시설경비

1. 시설경비활동

① 시설보호경비는 가장 고전적, 보편적, 일반적인 경비활동으로 경비활동을 필요로 하는 시설 및 장소에서의 도난·화재 그 밖의 혼잡 등으로 인한 위험발생을 방지하는 업무를 말한다.

② 담, 울타리, 창문, 자물쇠 등은 1차적 방어개념, 경보장치는 2차적인 방어개념으로 볼 수 있다. ★

2. 시설경비의 기본원칙 및 고려사항

기본원칙	고려사항
• 사전에 시설경비계획을 세울 것 • 비용효과분석을 할 것 • 경비위해요소를 사전에 확인하고 숙지할 것 • 경비원들은 시설경비대상물의 특성을 잘 파악하고 있을 것 • 위해 발생 시 신속한 정보가 전파될 수 있을 것	• 시설물의 용도 및 내부 귀중품 • 시설물 내부 구성원의 업무형태 및 행태 • 경비원은 시설물 구조를 파악하고 있어야 하며 특성에 맞는 경비활동을 해야 함 • 경비원은 주변의 관공서(경찰서, 소방서, 병원) 등의 위치를 미리 파악해야 함

핵심문제

01 시설경비 시 직접적으로 고려해야 할 사항이 아닌 것은? 기출 12

① 시설물의 용도 및 내부 귀중품
② 시설물 내부 구성원의 업무 형태 및 행태
③ 주변 경찰관서, 소방관서, 병원 등의 위치
④ 시설물 주변 주민들의 경제적 수준

[해설]
시설경비시 주변 주민들의 경제적 수준은 직접적인 고려사항이라고 볼 수 없다.

정답 ④

V 국가중요시설

1. 정 의
① "국가중요시설"이라 함은 공항·항만, 원자력발전소 등의 시설 중 국가정보원장이 지정하는 국가보안목표시설과 통합방위법의 규정에 의하여 국방부장관이 지정하는 국가중요시설을 말한다(경비업법 시행령 제2조). ★
② "국가중요시설"이란 공공기관, 공항·항만, 주요산업시설 등 적에 의하여 점령 또는 파괴되거나 기능이 마비될 경우 국가안보와 국민생활에 심각한 영향을 주게 되는 시설을 말한다(통합방위법 제2조 제13호).

기출 19

2. 보호지역 기출 23·21·20·19
국가중요시설은 시설의 중요도와 취약성을 고려하여 보호지역을 설정하고 있다.

제한지역	비밀 또는 국·공유재산의 보호를 위하여 울타리 또는 방호·경비인력에 의하여 영 제34조 제3항에 따른 승인을 받지 않은 사람의 접근이나 출입에 대한 감시가 필요한 지역
제한구역	비인가자가 비밀, 주요시설 및 Ⅲ급 비밀 소통용 암호자재에 접근하는 것을 방지하기 위하여 안내를 받아 출입하여야 하는 구역
통제구역	보안상 매우 중요한 구역으로서 비인가자의 출입이 금지되는 구역

3. 국가중요시설의 분류 기출 21·20·18·13·11
① "가"급 : 적에 의하여 점령 또는 파괴되거나, 기능 마비 시 광범위한 지역의 통합방위작전수행이 요구되고, 국민생활에 결정적인 영향을 미칠 수 있는 시설
   ㉠ 대통령집무실(용산 대통령실), 국회의사당, 대법원, 정부중앙청사
   ㉡ 국방부·국가정보원 청사
   ㉢ 한국은행 본점
② "나"급 : 적에 의하여 점령 또는 파괴되거나, 기능 마비 시 일부 지역의 통합방위작전수행이 요구되고, 국민생활에 중대한 영향을 미칠 수 있는 시설
   ㉠ 중앙행정기관 각 부(部)·처(處) 및 이에 준하는 기관
   ㉡ 대검찰청·경찰청·기상청 청사
   ㉢ 한국산업은행·한국수출입은행 본점
③ "다"급 : 적에 의하여 점령 또는 파괴되거나, 기능 마비 시 제한된 지역에서 단기간 통합방위작전수행이 요구되고, 국민생활에 상당한 영향을 미칠 수 있는 시설
   ㉠ 중앙행정기관의 청사
   ㉡ 국가정보원 지부
   ㉢ 한국은행 각 지역본부
   ㉣ 다수의 정부기관이 입주한 남북출입관리시설
   ㉤ 기타 중요 국·공립기관

국가중요시설의 분류

구 분	국가중요시설의 분류기준	
	중앙경찰학교 2009, 경비	국가중요시설 지정 및 방호 훈령
가급 중요시설	국방·국가기간산업 등 국가안전보장에 고도의 영향을 미치는 행정 및 산업시설	• 적에 의하여 점령 또는 파괴되거나, 기능마비 시 광범위한 지역의 통합방위작전 수행이 요구되고, 국민생활에 결정적인 영향을 미칠 수 있는 시설 • 대통령집무실(용산 대통령실), 국회의사당, 대법원, 정부중앙(서울)청사, 국방부, 국가정보원 청사, 한국은행 본점
나급 중요시설	국가보안상 국가경제·사회생활에 중대한 영향을 끼치는 행정 및 산업시설	• 적에 의하여 점령 또는 파괴되거나, 기능마비 시 일부 지역의 통합방위작전 수행이 요구되고, 국민생활에 중대한 영향을 미칠 수 있는 시설 • 중앙행정기관 각 부(部)·처(處) 및 이에 준하는 기관, 대검찰청, 경찰청, 기상청 청사, 한국산업은행, 한국수출입은행 본점
다급 중요시설	국가보안상 국가경제·사회생활에 중요하다고 인정되는 행정 및 산업시설	• 적에 의하여 점령 또는 파괴되거나, 기능마비 시 제한된 지역에서 단기간 통합방위작전 수행이 요구되고, 국민생활에 상당한 영향을 미칠 수 있는 시설 • 중앙행정기관의 청사, 국가정보원 지부, 한국은행 각 지역본부, 다수의 정부기관이 입주한 남북출입관리시설, 기타 중요 국·공립기관
기타급 중요시설	중앙부처의 장 또는 시·도지사가 필요하다고 지정한 행정 및 산업시설	-

핵심문제

01 국가중요시설에 관한 설명으로 옳지 않은 것은? 기출수정 18

① "가"급 시설에는 대통령집무실(용산 대통령실), 국회의사당, 정부중앙청사, 국방부 등이 있다.
② "나"급 시설에는 대검찰청, 경찰청, 한국은행 본점 등이 있다.
③ "다"급 시설에는 중앙행정기관의 청사, 한국은행 각 지역본부 등이 있다.
④ 기타급 시설에는 중앙부처장 또는 시·도지사가 필요하다고 지정한 행정 및 산업시설 등이 있다.

[해설]
한국은행 본점은 "가"급 시설이다.

정답 ②

제2절　외곽경비

I　외곽경비의 개요

1. 외곽경비의 목적 기출 24·22·20·18·15·12

자연적 장애물(자연적인 장벽, 수목 울타리 등)과 인공적인 구조물(창문, 자물쇠, 쇠창살 등) 등을 이용하여 범죄자의 침입을 어렵게 하고, 침입시간을 지연시킴으로써 시설·물건 및 사람을 보호하는 데 있다.

2. 방어수단 기출 19·12

① 1차적 방어수단 : 외곽방호시설물, 울타리, 담장, 외벽
② 2차적 방어수단 : 경보장치(외부의 침입자를 감지하여 경찰서, 경비회사 등에 침입사실을 알림)

> **외곽경비 수행순서** 기출 16
> 외곽경비는 장벽, 출입구, 건물 자체 순으로 수행된다.
>
> **경계지역**
> 외곽경비의 제1차적인 경계지역은 건물주변이다.

핵심문제

01 다음 중 외곽경비의 기본목적은? 기출

① 범죄자의 불법침입을 지연시킨다.
② 범죄자의 불법침입 욕구를 사전에 차단한다.
③ 범죄자의 불법침입을 쉽게 한다.
④ 범죄자의 불법침입을 완전히 차단한다.

[해설]
외곽경비의 목적은 자연적 장애물 또는 인공적인 구조물 등을 이용하여 범죄자의 침입을 어렵게 하고, 침입시간을 지연시킴으로써 시설을 보호하는 등 1차적 보호시스템으로서의 역할 수행이다.

정답 ①

02 외곽경비에 관한 설명으로 옳지 않은 것은?

① 모든 출입구의 수를 파악하고 하수구, 배수로 등도 출입구와 같은 차원에서 경비계획에 포함시켜야 한다.
② 외곽경비의 기본 목적은 불법침입을 지연시키는 것이다.
③ 콘서티나 철사는 빠른 설치의 필요성 때문에 주로 군부대에서 많이 사용하고 있다.
④ 외곽경비는 장벽, 건물 자체, 출입구 순으로 수행된다.

[해설]
외곽경비의 수행순서는 장벽, 출입구, 건물 자체 순으로 진행된다.

정답 ④

II 외곽시설물 경비

1. **장 벽** 기출 16
   ① 자연적인 장벽
      ㉠ 강, 절벽, 협곡(계곡), 무성한 수풀지역, 침입하기 곤란한 지형 등
      ㉡ 자연적 장벽은 침입에 대한 적극적인 예방대책이 아니므로 추가적인 경비장치가 필요하며, 다른 구조물에 의해 보강된다. 기출 20
   ② 구조물에 의한 장벽(인위적 장벽)
      ㉠ 울타리, 벽(담장), 문, 철책, 도로상의 방책, 차폐물 등
      ㉡ 무단침입을 제지하기 위한 상설적이거나 일시적인 장치를 의미하지만 침입을 예방하기 힘들다.

2. **울타리 경비**
   ① 철조망
      ㉠ 가시철사 : 일반적으로 12구경이나 4가닥 철사를 반복해서 감은 것으로 4인치(약 10cm)마다 가시가 하나씩 달려 있다. 기둥은 철물로 되어 있어야 하고 기둥 사이가 6피트(약 1.8m) 이상 떨어지면 안 된다(높이 7피트 이상).
      ㉡ 콘서티나(Concertina) 철사 : 가시철선을 6각형 모양으로 만든 철사로 강철철사의 코일형이며, 이는 빠른 설치의 필요성 때문에 주로 군부대에서 많이 사용하고 있다. 기출 24

> **철조망의 장단점**
> • 장점 : 철조망은 설치와 철거·이동이 용이하며 유지비가 적게 들고 경비의 측면에서 볼 때 외부 상태의 관측이 가능한 이점이 있다.
> • 단점 : 내부 구조를 보여 주며 방탄능력이 없다.

   ② 담 장
      ㉠ 시설물의 경계나 시설물 내의 업무 활동을 은폐하기 위하여 설치한다. 기출 22
      ㉡ 담장 위에 철조망을 설치하면 방범 효율이 증대된다. 기출 16

핵심문제

01 다음 중 시설물 경비에 있어서 1차적인 방어수단이 아닌 것은? 기출
① 외곽방호시설물   ② 울타리
③ 경보장치   ④ 담 장

[해설]
경보장치는 외부의 침입자를 감지하여 경찰서, 경비회사 등에 침입사실을 알리는 2차적 방어수단이다. 시설물경비의 효율화를 위해 1차 외부출입통제(원하지 않는 방문자 통제)와 2차 내부출입통제(내부침입과 절도·도난방지)를 체계화시키고 사전조사를 통해 경비요소들을 적절하게 배치해야 한다. ★

정답 ③

3. 출입구 경비

출입구가 많으면 통제하기 힘들기 때문에 출입구는 최소한으로 유지해야 하며, 출입구의 통제는 하루의 다양한 시간대에 따라 필요성을 감안하여 결정하여야 한다.

① **폐쇄된 출입구 통제** 기출 24·22·20·19·16·14 : 일정기간이나 비상시에만 사용하는 문은 평상시에는 폐쇄하고 잠겨 있어야 하며, 잠금장치는 특수하게 만들어져야 하고 외견상 즉시 확인할 수 있어야 한다.

② **개방된 출입구 통제**
   ㉠ 직원 출입구 : 외부 방문객과 구분하여 일반적으로 하나의 문만 사용하도록 지정하고, 통행하는 직원을 적절하게 통제하기 위해서 출입구의 폭(약 1.2~2.1m)이 너무 넓지 않아야 한다.★
   ㉡ 차량 출입구 : 차량 출입구는 충분히 넓어야 하며, 평상시에는 양방향을 유지하지만 차량 통제에 대한 필요성이 특별하게 생기면 출입구는 해당시간에 맞추어 일방으로만 통행을 제한할 수 있다.

③ **기타 출입구** : 모든 출입구의 수를 파악하고 하수구, 배수로, 배수관, 사용하는 터널, 배기관, 공기 흡입관, 맨홀 뚜껑, 낙하 장치, 엘리베이터 등도 출입구와 같은 차원에서 경비계획에 포함시켜야 한다.

기출 24·18·16

4. 건물 경비

① **창문과 출입구**
   ㉠ 경계구역과 연결되어 있는 창문과 출입구는 튼튼한 구조물과 확실한 잠금장치가 있어야 하고, 비상출구 등이 마련되어야 한다.
   ㉡ 96평방 인치 이상의 창문과 출입구는 철망, 금속 창살로 보호하며, 창문과 출입구가 바닥으로부터 18피트 이내일 때는 튼튼한 칸막이로 보호한다.
   ㉢ 긴급 목적을 위한 출입구는 외부의 침입으로부터 열리지 않도록 하고, 이는 원격통제에 의해 운영되는 전자식 장치와 경보장치를 설치하여 불법적 접근을 막는다.

② **지붕과 외벽**
   ㉠ 지붕 : 외곽시설물경비에서 가장 취약한 부분이므로 경보시스템을 설치한다. 기출 19
   ㉡ 외벽 : 허술한 인근 건물의 벽을 통해 침입을 받을 수 있으므로 감지시스템을 설치한다.

5. 경계구역 감시

① **가시지대(Clear zone)**
   ㉠ 외부의 불법침입에 대비하여 가시적인 범위 내에서의 감시가 가능하도록 양쪽 벽면을 유지시키고, 경계구역 내에서 가시지대를 가능한 한 넓히기 위하여 모든 장애물을 양쪽 벽으로부터 제거하는 것이다. 기출 21·19·16·14
   ㉡ 가시지대가 너무 작아서 경비의 효과성에 별로 도움이 되지 않을 경우에는 위험지역의 장벽을 높이거나 또는 경비원에게 침입경보를 적절하게 알려주는 탐지센서 등을 설치하여야 한다. 기출 14

② **확인점검**
   ㉠ 자물쇠로 잠금장치가 된 문은 항상 주의 깊게 점검해야 한다. 기출 22
   ㉡ 외부경비를 방해하는 장애물(은폐물) 및 침입을 위한 잠재적 이용물은 사전에 제거해야 하며, 취약지역은 보강하여야 한다.★

6. 시설물의 물리적 통제시스템

① 특 징
　㉠ 시설물에 대한 물리적 통제는 기본적으로 경계지역, 건물 외부지역, 건물 내부지역이라는 3가지 방어선으로 구분된다. 기출 18
　㉡ 외부침입 시 경비시스템 중 1차 보호시스템은 외부 출입통제시스템이고, 2차 보호시스템은 내부 출입통제시스템이다. 기출 13
　㉢ 최근에는 첨단과학기술을 이용한 감지시스템이 개발되어 적용되고 있다. 기출 18
　㉣ 시설물 내에 존재하는 내부 자산들은 그 가치가 다르기 때문에 상이한 경비보호계획을 수립하여 대응해야 한다. 기출 18

② 구조물 기출 13
　㉠ 출입문의 경첩(Hinge)은 외부로 노출되면 파손가능성이 있으므로 출입문 내부에 설치하여 보안성을 강화해야 한다.
　㉡ 체인링크(Chain link)는 콘크리트나 석재 담장과 유사한 보호기능을 하면서도 저렴하다는 장점이 있다.
　㉢ 안전유리(Security glass)는 동일한 두께의 콘크리트 벽에 비해 충격에 강하고 외관상 미적 효과가 있다.

핵심문제

01 시설물의 물리적 통제시스템에 관한 설명으로 옳은 것은? 기출 13

① 출입문의 경첩(hinge)은 출입문 바깥쪽에 설치하여 보안성을 강화해야 한다.
② 외부침입시 경비시스템 중 1차 보호시스템은 내부 출입통제 시스템이고, 2차 보호시스템은 외부 출입통제시스템이다.
③ 체인링크(chain link)는 콘크리트나 석재 담장과 유사한 보호기능을 하면서도 저렴하다는 장점이 있다.
④ 안전유리(security glass)는 동일한 두께의 콘크리트 벽에 비해 충격에는 약하나 외관상 미적 효과가 있다.

[해설]
③ (○) 체인링크에 대한 설명으로 옳다.
① (×) 경첩은 외부로 노출되면 파손가능성이 있으므로 되도록 내부에 설치해야 하며, 연결핀은 유동적이어야 한다.
② (×) 외부출입통제가 1차 보호시스템이고, 내부통제가 2차 보호시스템이다.
④ (×) 안전유리는 동일한 두께의 콘크리트 벽에 비해 충격에 강하고 외관상 미적 효과가 있다.

정답 ③

7. 외곽감지시스템 기출 24

구 분	동작원리	외부환경 영향가능성
적외선변화감지 시스템	투광기에서 수광기로 투광한 근적외선이 차단되면 감지	• 안개, 눈, 소나기 또는 빛 투광을 방해하는 부유물에 의한 오작동 • 지형 침하나 설치 Pole의 흔들림에 의한 오작동 • 투광기와 수광기 사이의 수목이나 잡초에 의한 오작동
펜스충격감지 시스템	울타리 침입 시 발생되는 진동, 충격을 감지	• 바람에 의한 충격으로 오작동 • 펜스 밑으로 침입 시 감지하지 못함 • 통행차량에 의한 오작동
전자계감지 시스템	일정하게 형성된 전기장이나 자기장에 침입이 감지되면 변화되는 전자계 감지	• 안개, 눈, 비, 낙뢰, 정전기 등에 의한 오작동 • 굴곡지에서의 기능 저하와 울타리 자재에 의한 오작동 • 주변의 수목, 동물, 통행차량, 통행인 등에 의한 오작동
장력변화감지 시스템	물체에 작용하는 힘과 운동의 관계를 이용하여 일정하게 형성된 철선이나 광케이블의 장력의 변화(절단 포함)를 감지	• 기온 변화와 눈, 비에 의한 오작동 • 굴곡이 심한 지역의 기반공사가 과다하고 연약한 지반에 취약
광케이블감지 시스템	펜스에 설치된 광케이블의 충격과 절단을 감지	• 낙뢰에 의한 오작동 • 펜스 밑이나 위로 침입하는 경우에 대책이 필요

〈출처〉 최선우, 「민간경비론」, 진영사(송광호, 「민간경비론」, 에듀피디, 2021, P. 173~174에서 재인용)

8. 환경설계를 통한 범죄예방(CPTED) 기출 17·15·13

① **의의** : 환경설계를 통한 범죄예방(CPTED ; Crime Prevention Through Environmental Design)은 물리적 환경을 개선함으로써 범죄를 억제하고 주민의 불안감을 해소하는 제도로, 환경적인 요소가 인간의 행동 및 심리적 성향을 자극하여 범죄를 예방하는 환경행태적인 이론과 모든 인간이 잠재적 욕망을 가지고 있다는 전제하에 사전에 범행기회를 차단한다는 것에 기초를 두고 있다. 기출 24·22·21·11

> **CPTED의 활용 예**
> • 조도가 높은 가로등을 설치하는 경우
> • 범죄 은신처를 제거하기 위해 담을 없애거나 높이를 제한하는 경우
> • 주민의 동의 아래 범죄가 잦은 골목길에 CCTV를 설치하는 경우
> • 컬드삭(또는 쿨데삭, Cul-de-sac) : 막다른 골목이라는 뜻으로 도시계획 때부터 범인이 쉽게 도망갈 수 없도록 골목을 설계한 경우
> • 앨리게이터(Alleygater) : 범죄가 자주 일어나는 샛길에 주민만 이용할 수 있는 대문을 설치하는 경우

② **연혁** : 뉴만(Newman)이 방어공간(Defensible space) 개념을 확립한 것에서 제퍼리(Jeffery)가 처음으로 CPTED의 개념을 제시하였다. 기출 24·22·21·13

　㉠ 2007년 이후 혁신도시 건설사업 실시계획에 CPTED 기법이 반영된 이후 CPTED 국가표준모델을 개발할 필요성이 커지면서 지식경제부 기술표준원에 표준화 연구를 요청하여 2008년도에 CPTED의 기반규격 표준을 개발·공고하였다.

　㉡ 국내 최초로 CPTED 전문가 양성교육과정을 운영하여 연간 160명의 전문경찰관을 양성하고 있으며, 지방자치단체에 CPTED 적용을 권고하는 한편 필요시 자문역할을 수행하도록 하고 있다.

　㉢ 앞으로 경찰청은 지방자치단체 등과 협의를 통해 각종 주거환경개선사업 및 뉴타운 사업 등에 지식경제부가 개발한 표준안의 적용 사례를 측정하여 개선 사항을 파악하는 한편, CPTED를 통한 경제성을 홍보함으로써 건설회사들의 자발적 참여를 유도할 계획이다.

③ **CPTED의 목표** 기출 24·22·21·15·13 : 개인의 본래 활동을 방해하지 않으면서 범죄예방효과를 극대화시키는 데 목표를 두고 범죄 원인을 개인적 요인보다는 환경적 요인에서 찾고 있다.
④ **전통적 CPTED와 현대적 CPTED** : 전통적 CPTED는 단순히 외부 공격으로부터 보호 대상을 강화하는 THA(Target Hardening Approach)방법을 사용하여 공격자가 보호 대상에 접근하지 못하도록 하고, 현대적 CPTED는 시민들의 삶의 질 향상까지 고려하여 시행하고 있다. 기출 13·11
⑤ **CPTED의 전략** 기출 13
  ㉠ 1차적 기본전략 : 자연적인 접근통제와 감시, 영역성의 강화에서 출발한다. 기출 24·15·11
    • **자연적인 접근통제** : 일정한 지역에 접근하는 사람들을 정해진 공간으로 유도하거나 외부인의 출입을 통제하도록 설계하여 접근에 대한 심리적 부담을 증대시킨다.
    • **자연적인 감시** : 건축물을 설계할 때 가시권을 최대한 확보한다. 기출 22
    • **영역성의 강화** : 사적인 공간에 대해 경계를 표시함으로써 주민의 책임의식을 증대시킨다.
  ㉡ 2차적 기본전략 : 조직적 통제(경비원), 기계적 통제(자물쇠), 자연적 통제(공간구획)가 있다.
⑥ **동심원영역론(Concentric zone theory)** 기출 22·15·13 : 시설물의 물리적 통제시스템 구축과 관련하여 보호가치가 높은 자산일수록 보다 많은 방어공간을 형성해야 한다는 이론으로 딘글(J. Dingle)이 제시하였다. 이 이론은 1단계 – 2단계 – 3단계로 정리한다. 동심원영역론도 CPTED의 접근방법의 하나라고 볼 수 있다.

핵심문제

01 환경설계를 위한 범죄예방(CPTED)에 관한 설명으로 옳지 않은 것은? 기출 13

① 뉴만(O. Newman)은 방어공간(defensible space)이라는 개념을 확립하였다.
② CPTED는 범죄 원인을 개인적 요인보다는 환경적 요인에서 찾고 있다.
③ 전통적 CPTED는 단순히 외부 공격으로부터 보호 대상을 강화하는 THA(Target Hardening Approach)방법을 사용하였다.
④ CPTED는 기계적 통제와 감시는 고려하지 않고, 자연적 접근방법을 통해 범죄예방효과를 극대화시키는 전략이다.

【해설】
CPTED의 1차적 기본 전략은 자연적 접근통제, 자연적 감시, 영역성의 강화 등 3가지이다. 접근통제는 범행기회를 줄일 목적으로 행해지는 설계개념인데 2차적 기본 전략으로 조직적 통제(경비원), 기계적 통제(자물쇠), 자연적 통제(공간구획)가 있다. 따라서 기계적 통제와 감시는 고려하지 않는다는 표현은 틀린 지문이다.

정답 ④

9. 범죄예방 구조모델론 기출 21·17

① 사회현상에서 발생하는 모든 문제에 대한 예방은 본질적인 문제인식과 접근방법이 동일하다고 보는 관점이다.
② 범죄예방의 구조모델론은 브랜팅햄(P. J. Brantingham)과 파우스트(F. L. Faust)가 주장한 이론이다.
③ 범죄예방의 접근방법 및 과정

1차적 범죄예방	일반시민	일반적 사회환경 중에서 범죄 원인이 되는 조건들을 발견·개선하는 예방활동
2차적 범죄예방	우범자 및 우범집단	잠재적 범죄자를 초기에 발견하고 이들의 범죄행위를 저지하기 위한 예방활동
3차적 범죄예방	범죄자	실제 범죄자(전과자)를 대상으로 더 이상 범죄가 발생하지 않도록 하는 예방활동

〈출처〉 최선우, 「민간경비론」, 진영사, 2015, P. 395

III 경비조명

1. 경비조명의 의의

① 경비조명은 야간에 경비구역과 외부로부터의 접근 및 침입에 대한 감시활동을 용이하게 하는 수단으로 경계구역 내의 지역과 건물에 경비를 집중시킬 수 있도록 설계되어야 한다.
② 경비원의 시야를 방해하는 강한 조명은 피하고, 인근지역을 밝게 하거나 영향을 미칠 수 있는 위험스러운 조명도 피해야 한다. ★ 기출 19
③ 조명에 필요한 전기시설은 경계구역 내에 설치되어야 하고, 비상사태에 대비한 예비전력장치 등도 안전하게 보호되어야 한다. ★

> **경비조명 설치의 일반원칙** 기출 22·20·19
> • 경비조명은 경계구역의 안과 밖을 비출 수 있도록 적당한 밝기와 높이로 설치한다. ★
> • 경계대상물이 경계선에서 가깝거나 건물 자체가 경계선의 일부분일 경우에 조명을 직접적으로 건물에 비추도록 한다. 이런 건물의 출입구는 다른 조명에 의해 생기는 그림자를 제거하기 위해 별도로 조명시설을 설치해야 한다. ★
> • 조명시설의 위치가 경비원의 시야를 방해해서는 안 되며, 가능한 한 그림자가 생기지 않도록 설치해야 한다. ★
> • 경비조명은 위험발생 가능성이 있는 지역에 직접적으로 비춰야 하며, 보호하고자 하는 지역으로부터 일정거리 이상이 유지되어야 한다. ★

핵심문제

01 브랜팅햄(P. J. Brantingham)과 파우스트(F. L. Faust)가 주장한 범죄예방 구조모델론 중 다음에 해당하는 것은?
기출 17

> 일반적 사회환경 중 범죄의 원인이 되는 조건들을 발견, 개선하는 예방활동

① 상황적 범죄예방 ② 1차적 범죄예방
③ 2차적 범죄예방 ④ 3차적 범죄예방

[해설]
1차적 범죄예방에 해당하는 내용이다.

정답 ②

2. 경비조명등의 종류 [기출 17·14]

① 백열등 [기출 17]
  ㉠ 가정집에서 주로 사용되는 조명으로 가장 보편적으로 사용되지만 수명이 짧은 단점이 있다.★
  ㉡ 빛을 반사하기 위해 내부에 코팅을 하고 빛을 모으거나 분사하기 위해 렌즈를 사용한다.
② 가스방전등
  ㉠ 수은등 : 푸른빛을 띠고 매우 강한 빛을 방출하며, 수명이 오랫동안 지속되기 때문에 백열등보다 효과적이다.
  ㉡ 나트륨등 : 연한 노란색을 발하며, 안개가 자주 끼는 지역에 주로 사용된다.
③ 석영등 [기출 22] : 백열등처럼 매우 밝은 하얀 빛을 발하며, 빨리 빛을 발산하므로 매우 밝은 조명을 요하는 곳, 경계구역과 사고발생 다발지역에 사용하기에 매우 유용하지만 가격이 비싸다.

3. 경비조명장비의 형태 [기출 13·11]

① 가로등
  ㉠ 대칭적으로 설치된 가로등 : 빛을 골고루 발산하며, 특별히 높은 지점의 조명을 필요로 하지 않는 넓은 지역에서 사용된다.
  ㉡ 비대칭적으로 설치된 가로등 : 조명이 필요한 지역에서 다소 떨어진 장소에 사용된다.
② 투광조명등 : 특정지역에 빛을 집중시키거나 직접적으로 비추는 광선의 형태로 상당히 밝은 빛을 만들 수 있다. 대부분의 보호조명은 보통 300W에서 1,000W까지 사용한다. [기출 12]
③ 프레이넬등 [기출 16]
  ㉠ 넓은 폭의 빛을 내는 조명으로 경계구역에의 접근을 방지하기 위해 길고 수평하게 빛을 확장하는 데 유용하게 사용된다. [기출 12]
  ㉡ 수평으로 약 180°정도, 수직으로 15°~30° 정도의 폭이 좁고 긴 광선을 투사한다.

핵심문제

01 매우 밝은 하얀빛을 내고, 경계구역과 사고발생 지역에 사용하기에 매우 유용하나 상대적으로 비싼 것이 단점인 조명은? [기출 14]

① 석영등　　　　　　　　② 적외선등
③ 수은등　　　　　　　　④ 나트륨등

[해설]
석영등에 대한 설명이다.

[정답] ①

ⓒ 눈부심이 없기 때문에 투광조명등처럼 다소의 빛이 요구되는 외딴 곳이나 조금 떨어진 경계지역을 비추는 데 사용된다. 보통 300W에서 500W까지 사용한다.
ⓔ 비교적 어두운 시설물에 침입을 감시하는 경우 유용하게 사용되는 등이다.
④ 탐조등 기출 12 : 사고발생 가능지역을 정확하게 관찰하기 위한 조명장비로서 백열등이 자주 이용된다. 휴대가 가능하며, 잠재적으로 사고가 일어날 만한 지역의 원거리표적을 정확하게 관찰하기 위해 사용된다. 주로 외딴 산간지역이나 작은 배로 쉽게 시설물에 접근할 수 있는 위치에 설치한다.

4. 경비조명 설치구분

① 상시(계속)조명 : 상시조명이란 반사갓을 씌운 등으로부터 일정한 지역에 계속적으로 빛을 투사하도록 여러 개의 광원을 고정시킨 것을 말하는데, 투사조명과 통제조명이 가장 일반적이다. 기출 20
  ㉠ 투사조명 : 시설 내부에 고정된 광원으로부터 시설 바깥쪽을 향하여 강한 빛을 투사하도록 한 것이며, 인접한 시설의 운영에 지장이 없을 때 사용할 수 있는 방법이다.★
  ㉡ 통제조명 : 경계선 밖에 있는 피조명 지역의 폭을 제한할 필요가 있을 때 사용되는 조명방법으로, 도로·철로·항로·비행장 등이 인접해 있을 때 사용하는 방법이다.★
② 예비(대기)조명 : 설치방법은 상시조명과 동일하지만 계속 조명하는 것이 아니고 경비원이 의심스러운 활동을 탐지하거나 경보장치의 작동으로 의심이 생겼을 때 자동 또는 수동으로 조명할 수 있게 한 것이다.★
③ 이동조명 : 손으로 조작하는 이동식 서치라이트 등을 말하며 일반적으로 상시조명이나 예비조명의 보조수단으로 사용된다.
④ 비상조명 : 발전기의 고장 등으로 인해 조명장치가 작동하지 못할 때를 대비하기 위한 것이다.

핵심문제

01 다음 중 잠재적으로 사고가 발생할 만한 지역을 정확하게 관찰하기 위해 사용되며, 외딴 산간지역이나 작은 배로 쉽게 시설물에 접근할 수 있는 위치에 설치하는 조명은? 기출

① 탐조등   ② 가로등
③ 투광조명등   ④ 프레이넬등

[해설]
탐조등은 잠재적으로 사고가 발생할 가능성이 큰 지역을 보다 더 정확하고 자세하게 관찰하기 위해 사용되는 경비조명이다.★

정답 ①

5. 경계구역의 경비조명 기출 19

① 경비조명은 경계구역 내 모든 부분을 충분히 비출 수 있도록 적당한 밝기와 높이로 설치한다.
② 경비조명은 위험발생 가능성이 있는 지역에 직접적으로 비춰야 하며, 보호하고자 하는 지역으로부터 일정 거리 이상이 유지되어야 한다. ★
③ 조명시설의 위치는 경비원의 눈을 부시게 하는 것을 피하며, 가능한 한 그림자가 생기지 않도록 해야 한다. 기출 20
④ 경계지역 내의 건물이 경계선에서 가깝거나 건물 자체가 경계선의 일부분일 경우에 조명을 직접적으로 건물에 비춘다. 이러한 건물의 출입구는 다른 조명에 의해 생기는 그림자를 제거하기 위해 별도로 조명시설을 설치해야 한다. 기출 20
⑤ 경비조명은 침입자의 탐지 외에 경비원의 시야를 확보하는 기능이 있으므로 경비원의 감시활동, 확인점검활동을 방해하는 강한 조명이나 각도, 색깔 등을 고려해야 한다.
⑥ 인근지역을 너무 밝게 하거나 영향을 미침으로써 타인의 사생활을 침해하지 않도록 해야 한다. 기출 22
⑦ 경계조명 시설물은 경계구역에서 이용되며, 진입등은 경계지역 내에 위치하여야 한다.
⑧ 시설물의 경계선이 강이나 바다에 있는 경우에 조명은 수면 위나 수면 근처, 혹은 해안선을 따라 생기는 그림자 영역을 제거하기 위해 설계되어야 한다. ★

핵심문제

01 보안조명 설치의 일반원칙에 해당되지 않는 것은? 기출 09

① 보안조명은 경계구역의 안과 밖을 비출 수 있도록 적당한 밝기와 높이로 설치한다.
② 경계대상물이 경계선에서 가깝거나 건물 자체가 경계선의 일부분일 경우에는 외부 조명은 건물에 간접적으로 비추도록 해야 한다.
③ 조명시설의 위치가 경비원의 시야를 방해해서는 안 되며, 가능한 한 그림자가 생기지 않도록 설치해야 한다.
④ 보안조명은 위험발생 가능성이 있는 지역에 직접적으로 비춰야 하며, 보호하고자 하는 지역으로부터 일정거리 이상이 유지되어야 한다.

[해설]
경계대상물이 경계선에서 가깝거나 건물 자체가 경계선의 일부분일 경우에 조명을 직접적으로 건물에 비추도록 한다. 이런 건물의 출입구는 다른 조명에 의해 생기는 그림자를 제거하기 위해 별도로 조명시설을 설치해야 한다.

정답 ②

02 경비조명 설치 시 유의사항으로 틀린 것은? 기출 06

① 보호조명은 경계구역 내의 지역과 건물에 적합하도록 설계되어야 한다.
② 경비조명은 침입자의 탐지 외에 경비원의 시야를 확보하는 기능이 있으므로 경비원의 감시활동, 확인점검활동을 방해하는 강한 조명이나 각도, 색깔 등을 고려해야 한다.
③ 인근지역을 너무 밝게 하거나 영향을 미침으로써 타인의 사생활을 침해하지 않도록 해야 한다.
④ 도로, 고속도로, 항해수로 등에 인접한 시설물의 조명장치는 통행에 영향을 미치더라도 모든 부분을 구석구석 비출 수 있도록 설치되어야 한다.

[해설]
조명은 직접적으로 사고발생 지역에 비춰져야 하며, 보호하고자 하는 지역에서 떨어져 있어야 한다. 조명시설의 위치는 경비원의 눈을 부시게 하는 것을 피하며, 그림자가 생기지 않도록 해야 한다.

정답 ④

제3절 내부경비

I 내부경비의 의의

1. 내부경비의 특징

① 내부경비란 건물 자체에 대한 경비활동으로 창문·출입문에 대한 보호조치, 건물에 대한 출입통제 등을 말한다. ★ 기출 23
② 외곽경비에 의해 외부로부터 보호(외부 출입통제시스템)가 되어 있는 시설물의 경우 외부에서 내부로 들어오는 장소에는 출입통제 등의 절차(내부 출입통제시스템)가 필요하다. ★
③ 출입의 통제가 시설물의 이용을 불편하게 하거나 시설물의 이용 목적을 방해해서는 안 된다.
④ 내부에서 외부로의 반출뿐만 아니라 외부로부터의 내부 반입도 검색과 관리가 필요하다. 기출 24·22·11
⑤ 내부경비에 사용되고 있는 각종 잠금장치와 경보장치 등은 물리적 통제전략에 필요한 수단이다. 기출 23·11
⑥ 경비원 상호 간에 순찰정보를 교환하여야 한다. 기출 17
⑦ 시설물의 중요성 및 각각의 보호대상 시설에 따라 경비방법과 경비설계에 상당한 차이가 있으므로 건물내부의 중요구역 여부를 고려한 경비설계가 필요하다. 기출 24

2. 내부 출입통제의 목적 기출 17

외부인의 내부로의 불법침입이나 절도·도난 등을 막는 데 있다.

II 창 문

1. 창문의 취약점

대부분의 외부침입자들은 창문을 통해 건물내부로의 침입을 시도한다. 따라서 창문은 외부침입자에게 가장 취약한 부분이기도 하다.

2. 방호창문

① 안전유리 : 외부에서 눈에 쉽게 띄거나 접근하기 쉬운 창문에 사용하는 고강도 방호유리로 전문용어로는 UL-Listed 유리(안전유리)라고도 한다.
　㉠ 안전유리의 장·단점 기출 17
　　• 안전유리는 깨질 경우(작고 동그란 모양의 파편으로 쪼개짐)에 신체에 손상을 입히지 않는다. ★
　　• 불연성 물질이기 때문에 화재 시에도 타지 않는다. ★
　　• 가볍기 때문에 설치하기 쉽다. ★
　　• 안전유리는 동일한 두께의 콘크리트 벽에 비해 충격에 강하고 외관상 미적 효과가 있다.
　　• 반면, 가격이 비싸다는 단점이 있다.
　㉡ 안전유리의 설치목적 : 외부에서 불법침입을 시도하는 도둑이 창문을 깨는 시간을 최대한 지연시킴으로써 그 사이에 경비원이나 경찰이 출동할 수 있는 시간적 여유를 갖게 하여 외부침입을 막고자 하는 데 있다. 기출 18·15

② 이중안전유리 : 일반유리에 폴리비닐부티컬을 첨가하여 보다 가볍게 이중으로 만든 안전유리로 두께는 일반유리와 같아 손쉽게 사용할 수 있다.
③ 창문경비에서는 방호창문과 함께 안전유리의 사용이 효율적이다.★

3. 차폐시설

외부의 침입을 막기 위하여 창문에는 창살을 설치하여야 하는데, 지면으로부터 18피트(약 5.5m) 이내에 있는 창문이나 인접한 건조물 그리고 연못, 나무 등으로부터 14피트(약 4.3m) 이내에 붙어 있는 창문에는 반드시 일정한 안전장치(창살)가 설치되어야 한다.

Ⅲ 출입문

1. 출입문의 구성재료
① 외부침입에 견고하게 견딜 수 있어야 하므로 목재는 가급적 피하고 철재를 사용하는 것이 좋다.★
② 문과 문틀을 연결하는 부품은 볼트와 너트, 못 등을 사용하는 것보다는 용접하는 것이 효과적이다.★

2. 출입문의 기능 파악
① 출입문을 설치한 직후에는 방화실험과 외부파손에 대한 강도 및 저항실험 등을 통하여 출입문 본래의 기능을 유지하고 있는지 파악해야 한다.
② 출입문은 1차적 예방기능이 있기 때문에 사내절도 등 범죄예방을 위하여 건물 내의 모든 직원은 허가된 문만 사용하도록 한다.★
③ 사무실 등의 출입문은 관계자들의 편리성과 내구성을 고려하면서 통제관리가 필요하다. 기출 24

핵심문제

01 다음 중 방호유리의 궁극적인 목적은? 기출 04
① 경비원이나 경찰출동의 시간적 여유 제공
② 경비원의 순찰활동 강화
③ 완전한 외부침입의 차단효과
④ 비용절감 및 화재예방 효과

[해설]
방호유리(특수유리)나 자물쇠는 파괴되는 시간을 지연시켜 경찰과 경비원들이 출동할 수 있는 여유시간을 확보하는 것에 목적이 있다.

정답 ①

3. 비상구

① 화재 시 비상구로 사용되는 문은 반드시 외부에서 잘 보이도록 하고 비상등과 비상벨을 설치한다.
② 화재가 아닌 비상시에는 모든 문을 비상구로 사용하도록 한다.★
③ 자주 사용하지 않는 창고문이라 하더라도 항상 철저히 감시하여 외부침입자에 대비하여야 한다.★

4. 중요지역의 출입문 기출 24

① 보안을 유지해야 하는 중요 지역의 출입문은 보다 안전성을 갖게 설치하여야 한다.
② 외부 출입자의 수를 파악하여 적절하게 통제하고 보안체계를 갖춘 출입문을 설치해야 한다.
③ 출입문을 자동으로 통제하는 안전장치는 출입 대상자가 근거리에서 자신의 신분을 밝히도록 되어 있으므로, 그 장비의 효율성을 높이기 위해서는 출입 대상자의 접촉이 편리하도록 검토되어야 한다.

IV 자물쇠

1. 자물쇠의 기능 기출 17

자물쇠는 보호장치로서의 기능도 있지만 실제에 있어서 자물쇠는 범죄자의 침입시간을 지연시키는 시간지연장치로서의 역할이 강하다.

2. 자물쇠의 종류 기출 17

① 돌기 자물쇠(Warded Locks)
  ㉠ 가장 많이 사용되던 자물쇠로 열쇠의 구조가 간단하기 때문에 꼬챙이를 사용하면 쉽게 열린다. 기출 15
  ㉡ 단순철판에 홈이 거의 없는 것이 대부분이며, 안전도는 거의 0%이다.
② 판날름쇠 자물쇠(Disc Tumbler Locks) 기출 12
  ㉠ 열쇠의 홈이 한쪽 면에만 있으며, 열쇠구조가 복잡하여 맞는 열쇠를 꽂지 않으면 열리지 않는다.★
  ㉡ 일반적으로 가장 많이 사용되는 자물쇠이며, 이 자물쇠를 열기 위해서는 통상적으로 3분 정도가 소요된다.★
  ㉢ 돌기 자물쇠보다 발달된 자물쇠로 책상, 서류함, 패드록 등 경비산업에서 보편적으로 사용되고 있다.★
③ 핀날름쇠 자물쇠(Pin Tumbler Locks)
  ㉠ 일반 산업분야, 일반 주택에서도 널리 사용되는 것으로 열쇠의 모양은 자물쇠에 비해 복잡하다.★
  ㉡ 핀날름쇠 자물쇠는 열쇠의 양쪽 모두에 홈이 불규칙적으로 파여져 있는 형태이고, 보다 복잡하며 안전성을 제공할 수 있기 때문에 널리 사용된다.★ 기출 24·15
  ㉢ 핀날름쇠 자물쇠를 푸는 데는 약 10분 정도가 소요된다.
④ 전자식 자물쇠(Electromagnetic Locks) : 전자식 자물쇠는 자력에 의해 문을 잠그는 잠금장치로 1,000파운드(약 453.6kg)의 압력에도 견디어 내는 고강도문에 많이 사용되며 종업원들의 출입이 잦지 않은 제한구역에 주로 사용된다.★

⑤ 숫자맞춤식 자물쇠(Combination Locks)
  ㉠ 자물쇠에 달린 숫자조합을 맞춤으로써 열리는 자물쇠이다.
  ㉡ 외부 침입이나 절도 위협으로부터 효과적이다. ★
⑥ 암호사용 자물쇠(Code Operated Locks) : 패널의 암호를 누름으로써 문이 열리는 전자제어 방식으로서 암호를 잘못 누르거나 모르는 경우에는 비상경고등이 켜지게 되는데, 일반적으로 전문적이고 특수한 경비 필요시에 사용한다. ★
⑦ 카드작동 자물쇠(Card Operated Locks)
  ㉠ 전기나 전자기 방식을 활용한 것으로, 카드에 일정한 암호가 들어 있어서 카드를 꽂게 되면 곧바로 이 카드 내의 암호를 인식하여 자물쇠가 열린다. 기출 15
  ㉡ 중요한 물건이나 시설장비에 사용하고, 카드 열쇠는 신분증의 기능을 대신하며 종업원들의 출입이 잦지 않는 곳에 설치한다.
⑧ 지문인식 자물쇠
  ㉠ 내부에 초소형 컴퓨터가 설치되어 미리 입력된 지문인식을 통해 출입문이 열리도록 한 자물쇠이다.
  ㉡ 열쇠, 카드식, 비밀번호의 분실 및 도용문제를 극복하고 본인 확인을 통해 자유롭게 입·출입할 수 있다.

핵심문제

01 자물쇠를 설치하는 가장 주된 목적은? 기출

① 순찰기능을 강화하기 위해서
② 범인의 침입시간을 지연시키기 위해서
③ 범인을 검거하기 위해서
④ 화재로부터 시설물을 보호하기 위해서

[해설]
자물쇠를 설치하는 가장 주된 목적은 보호장치가 아닌 범인의 침입시간을 지연하는 데에 있다.

정답 ②

02 열쇠의 양쪽에 홈이 불규칙적으로 파여져 있는 형태로 일반산업뿐만 아니라 일반주택에서도 널리 사용되는 자물쇠는? 기출

① 돌기 자물쇠(Warded Locks)
② 판날름쇠 자물쇠(Disc Tumbler Locks)
③ 핀날름쇠 자물쇠(Pin Tumbler Locks)
④ 암호사용 자물쇠(Code Operated Locks)

[해설]
설문은 핀날름쇠 자물쇠(Pin Tumbler Locks)에 대한 내용이다.

정답 ③

V 패드록(Pad-Locks)

1. 의 의
① 패드록 장치는 시설물과 탈부착이 가능한 형태로 작동하고, 강한 외부 충격에도 견딜 수 있다. 자물쇠의 단점을 보완하고 경비의 안전성을 강화하기 위해 고안되었다. 기출 15
② 패드록은 자물쇠와 유사한 기능을 가지지만 문의 몸체 중간에 설치되어 키를 삽입하게 되면 문이 열리는 장치로, 현재 모든 아파트나 가정집의 문에 설치되어 있다.

2. 패드록 잠금장치의 종류 기출 19·15
① 기억식 잠금장치 : 문에 전자장치가 설치되어 있어서 일정 시간에만 문이 열리는 방식을 말한다. 은행금고나 박물관 등에서 주로 사용된다.
② 전기식 잠금장치 : 문이 열리고 닫히는 것이 전기신호에 의해 이루어지는 장치를 말한다. 원거리에서 문을 열고 닫도록 제어하는 장점이 있으며, 특히 마당이 있는 가정집 내부에서 스위치를 누름으로써 외부의 문이 열리도록 작동하는 보안잠금장치이다.★
③ 일체식 잠금장치 : 하나의 문이 잠길 경우에 전체의 문이 동시에 잠기는 방식을 말한다. 교도소 등 동시다발적 사고 발생의 우려가 높은 장소에서 사용된다.★
④ 카드식 잠금장치 : 전기나 전자기 방식으로 암호가 입력된 카드를 인식시킴으로써 출입문이 열리도록 한 장치이다.

VI 금고 및 보관함

1. 금 고
① 방화용(문서보관용) 금고 : 불에 노출되었을 때 허용하는 내부 온도차에 따라 그 등급이 매겨진다.
② 물품보관용 금고 : 현금, 컴퓨터, 보석 및 기타 중요물품을 보관하는 금고로 보관물품의 특성에 따라 내화를 목적으로 하는 금고와 도난방지를 목적으로 하는 금고로 나뉜다.
③ 현금보관용 금고 : 금고의 보관용도와 목적에 따라서 용접의 크기를 결정하며, 외부로부터의 파괴에 대하여 견딜 수 있도록 강화금속을 사용한다.

핵심문제

01 은행, 박물관 등과 같이 출입문이 일정한 시간대에 개폐되어야 하는 장소에 가장 적합한 잠금장치는? 기출

① 일체식 잠금장치 ② 압력식 잠금장치
③ 전기식 잠금장치 ④ 기억식 잠금장치

[해설]
기억식 잠금장치는 문에 전자장치가 설치되어 있어서 일정 시간에만 문이 열리는 방식이다.

정답 ④

2. 중요 물품보관실
① 금고를 방과 같이 크게 만든 형태로, 문만을 강화금속으로 만들고 다른 외벽은 강화 콘크리트로 만든다. ★
② 보통 지하에 설치되기 때문에 통로는 가급적 비좁게 하여 장비 등을 사용하여 지하 물품보관실을 파괴할 수 없도록 하며 외벽에 벽감지기를 설치할 수도 있다.

Ⅶ 통행절차

1. 직원의 통행절차
① 내부 직원과 외부 방문객, 고객 등을 구분할 수 있는 방문증이나 사원증 패용 등 신분확인 절차가 마련되어야 한다.
② 개개인의 정식 직원에게는 직원신분증이 발급되어야 하고, 육안으로 직원의 신분을 확인하지 못할 때에는 직원신분증을 확인하는 것이 편리하다.
③ 신분증은 위조가 불가능하게 제작 시 특수 인쇄를 하고, 최근 3개월 이내에 촬영한 컬러사진이 부착되어야 하며, 해당 직원이 출입 가능한 지역에 따라 색깔을 달리하는 것이 효과적이다. ★
④ 모든 출입구에 근무하는 경비원은 상근직원이라 하더라도 세심한 주의를 기울여 신분증을 확인해야 한다. ★ 기출 22

2. 방문객의 통행절차
① 어떠한 경우이든 방문객에게는 반드시 그 신원을 확인해야 하며, 책임을 맡고 있는 직원과 약속을 하고 사전에 통과절차를 밟아야 한다. ★
② 신원이 확인되었다 하더라도 건물 내부로 출입시킬 때는 활동에 제한을 주기 위하여 이동 가능한 지역을 반드시 지정해 주어야 한다. ★ 기출 22
③ 어떠한 경우에도 방문객에게 불쾌감을 주거나 업무에 방해를 받지 않도록 하는 것이 가장 바람직하다.
④ 통고 없이 방문객이 방문하는 경우에는 대기실에서 대기하도록 하는 것이 가장 효과적이다. 기출 22 대기실 이외의 이동 시 반드시 방문객임을 표시하는 징표를 몸에 부착하고 다니게 하며, CCTV 등을 통한 철저한 감시 및 통제가 필요하다. 기출 18

핵심문제

01 다음 내부경비계획 중 외부 방문객들에 대한 통행 통제 시의 유의점이라고 보기 어려운 것은? 기출

① 어떠한 경우이든 방문객은 반드시 그 신원을 확인해야 한다.
② 방문객에게 불쾌감을 주지 않도록 정중하게 대해야 한다.
③ 용무의 성질에 따라 업무에 방해를 주는 한이 있더라도 진행해야 한다.
④ 예고 없이 방문객이 방문하는 경우에는 대기실에서 대기하도록 하는 것이 가장 효과적이다.

[해설]
어떠한 경우에도 방문객에게 불쾌감을 주거나 업무에 방해를 받지 않도록 하는 것이 가장 바람직한 경비활동이다.

정답 ③

3. 차량의 통행절차

① 차량이 들어오는 것을 막기 위해서는 차량의 용도분류에 따른 출입허가증의 발급이 필요하고 주차스티커와 같은 것을 사용함으로써 출입하는 차량에 대한 통제를 효과적으로 할 수 있다.
② 출입증을 붙이지 않은 차량에 대해서는 일일이 그 용도와 목적을 확인하고 내부에서 이 차량들을 주차시킬 수 있는 지역도 한정해야 한다. 기출 18

4. 물품의 통행절차

① 물품이 내부로 반입되거나 허가 없이 외부로 반출되는 경우 반드시 철저한 조사를 한 후에 진행되도록 하고, 반·출입 내용은 항상 상부에 보고되어야 한다.★ 기출 22
② 화물에 대한 통제절차와 취급절차에 관련된 규정은 일반 직원이 충분히 숙지하고 있어야 한다.

Ⅷ 경보장치

1. 경보장치의 의의

① 경보장치는 어떤 비정상적인 사건이 발생했을 때 중앙통제센터, 지령실 또는 경찰서 등 관계기관에 신호를 전달하는 장치를 말한다.
② 경보장치는 경비원이 미처 인식하지 못하는 감시 사각지역이나 경비 취약지역까지도 경비업무를 할 수 있도록 도와주는 2차적인 방어장치라 할 수 있다.★

2. 경보장치의 종류(용도별 분류)

① 침입경보장치 : 외부로부터 불법적인 침입이 발생하면 센서가 작동하여 외부침입을 알리는 장치이다.
② 화재경보장치 : 화재의 위험이 높은 장소에 설치하며, 화재 발생 시 소화장치와 동시에 작동함으로써 초기 화재진압을 도와주는 장치이다.
③ 특별(수)경보장치 : 기계고장 또는 기계의 오작동의 발견을 주목적으로 사용하는 경보장치로 실내온도가 너무 높거나 낮아질 때 작동하는 경보장치, 기기고장을 알리는 경보장치, 기계작동이 너무 빠를 때 사용되는 경보장치 등이 있다.★

핵심문제

01 다음 중 기계고장 또는 기계의 오작동의 발견을 주목적으로 사용하는 경보장치의 종류는?

① 일반경보장치
② 특별경보장치
③ 화재경보장치
④ 침입경보장치

[해설]
특별경보장치는 기계의 고장이나 오작동으로 인한 피해를 예방하기 위한 장치로서, 실내온도가 너무 낮을 때, 기계작동이 너무 빠를 때, 기계가 고장 났을 때 작동하게 된다.

정답 ②

3. 경보체계(시스템)의 종류 기출 20·19·12

① **중앙관제시스템(중앙통제관리시스템)** 기출 19 : 일반적으로 활용하고 있는 경보체계로서 경계가 필요한 곳에 CCTV를 설치하여 활용하므로 사태파악이나 조치가 빠르고 오경보나 오작동에 대한 염려도 거의 없다.

② **다이얼 경보시스템** 기출 19·13 : 비상사태가 발생하였을 경우 사전에 입력된 전화번호(강도 등의 침입이 감지되는 경우는 112, 화재발생시는 119)로 긴급연락을 하는 시스템으로 설치가 간단하고 유지비가 저렴한 반면에, 전화선이 끊기거나 통화중인 경우에는 전혀 연락이 되지 않는 단점이 있다.

③ **상주경보시스템** 기출 13·12 : 조직이 자체적으로 경비부서를 조직하고 경비활동을 실시하는 가장 고전적인 방법으로 각 주요 지점마다 경비원을 배치하여 비상시에 대응하는 방식이다. 즉각적인 대응이 가능하고 가장 신속한 대응방법이지만 많은 인력이 필요하다.

④ **제한적 경보시스템** 기출 20·19·13·12 : 사이렌이나 종, 비상등과 같은 제한된 경보장치를 설치한 시스템으로, 일반적으로 화재예방시설이 이 시스템의 전형이다. 사람이 없으면 대응할 수 없다는 단점이 있다.

⑤ **국부적 경보시스템** 기출 22·19 : 가장 원시적인 경보체계로서 일정 지역에 국한해 한두 개의 경보장치를 설치하여 단순히 사이렌이나 경보음이 울리게 하거나 비상 경고등이 켜지게 하는 방식이다.

⑥ **로컬경비시스템** : 경비원들이 시설물의 감시센터에 근무를 하면서 이상이 발견되거나 감지될 때 사고발생 현장으로 출동하여 사고에 대처하는 경비방식이다.

⑦ **외래경보시스템(외래지원 경보시스템)** 기출 20·13·12 : 전용전화회선을 통하여 비상 감지 시에 직접 외부의 각 관계기관에 자동으로 연락이 취해지는 방식이다. 즉, 건물 각 지점에 감지기가 전화선에 연결되어 있기 때문에 화재, 외부침입, 유독가스발생 등의 사태 시 각각의 감지기에서 감지된 상황이 전화선을 통해 자동으로 해당기관에 전달되는 시스템이다.

핵심문제

01 다음 중 사업장 내의 감시센터에 상주경비원이 근무하면서 이상이 발견되거나 감지될 때 출동하여 대처하는 경비시스템은? 기출

① 로컬경비시스템
② 기계경비시스템
③ 상주경비시스템
④ 순찰경비시스템

[해설]
설문은 로컬경비시스템에 대한 내용이다. 상주경비시스템과 비교하여 반드시 구분할 줄 알아야 한다.

정답 ①

4. 경보센서(감지기)의 종류

① **광전자식 센서** 기출 15·12 : 일반적으로 레이저광선을 발사하여 비교적 넓은 범위에서 침입자를 탐지하는 장치로 레이저광선을 외부 침입자가 건드리면 경보되는 감지기이다.

② **자력선식 센서** 기출 15·12
  ㉠ 반도체와 두 단자 간의 전류를 활용하여 자장의 변화와 이동원리를 이용하는 장치로, 자력선(磁力線)을 발생하는 장치를 설치한 후에 자력선을 건드리는 물체가 나타나면 경보를 발하여 각 센서가 발사한 자기력에 조금이라도 이상이 감지되면 중앙관제센터에 알려짐과 동시에 경보나 형광불이 작동하게 된다.
  ㉡ 주로 교도소나 대규모 은행 등의 지붕, 천장, 담벼락 등에 설치한다.

③ **전자기계식 센서** 기출 15·12
  ㉠ 접촉의 유무를 감지하는 가장 단순한 경비센서로 문틀과 문 사이에 접지극을 설치해 두고서 이것이 붙어 있을 경우에는 정상적으로 작동하게 되고 문이 열리게 되면 회로가 차단되어 센서가 작동하게 된다.
  ㉡ 창문을 통한 침입을 감지하기 위해 이 장치가 설치되며 비용 면에서도 저렴하다.

④ **초음파 탐지장치** : 송신장치와 수신장치를 설치하여 양 기계 간에 진동파를 주고받는 과정에서 어떠한 물체가 들어오면 그 파동의 변화를 감지하는 장치이다. 센서가 매우 민감하여 오경보 가능성이 높은 편이다. 기출 19·15

⑤ **압력반응식 센서** : 센서에 직·간접적인 압력이 가해지면 작동하는 센서로 침입자가 이 센서를 건드리거나 밟게 되면 그 즉시 센서가 작동하여 신호를 보내게 된다. 주로 자동문이나 카펫 밑에 지뢰 매설식으로 설치한다. 기출 20·15

⑥ **콘덴서 경보시스템** 기출 12
  ㉠ 금고와 금고문, 각종 철로 제작된 문, 담 등 모든 종류의 금속장치를 보호하기 위해 개발된 장치이다.
  ㉡ 전류의 흐름으로 외부충격을 파악하며 계속적인 전류의 흐름을 방해할 경우에 이를 외부에 의한 충격으로 간주하고 경보를 울리게 된다.

⑦ **진동탐지기** 기출 20·19
  ㉠ 진동탐지기는 보호대상인 물건에 직접적으로 센서를 부착하여 그 물건이 움직이게 되면 경보를 발생하는 장치로 물건 도난을 방지하는 목적으로 사용되기 때문에 오차율이 극히 적으며 그 정확성이 아주 높다.
  ㉡ 일반적으로 고미술품이나 전시 중인 물건 보호에 사용한다. ★

핵심문제

01 단순한 접촉의 유무를 탐지하여 경보를 전달하는 장치로서 문틀과 문 사이에 접지극을 설치하는 경보센서는?
기출 15

① 광전자식 센서
② 자력선식 센서
③ 전자기계식 센서
④ 압력반응식 센서

[해설]
단순한 접촉의 유무를 탐지한다는 내용과 문틀과 문 사이에 접지극을 설치한다는 내용은 전자기계식 센서에 대한 설명이다.

정답 ③

⑧ 음파 경보시스템 : 소음탐지 경보기, 음향 경보기, 가청주파수 경보기라고도 하며, 외부인이 침입한 경우 침입자의 소리를 감지하여 경보를 내는 장치이다. 기출 19
⑨ 무선주파수 장치 : 레이저광선이 아닌 무선주파수를 사용하는 장치로, 침입자에게서 나오는 열에 의해 전파의 이동이 방해 받으면 그 즉시 경보를 울리는 방식이다. ★
⑩ 전자파 울타리 : 광전자식 센서를 보다 복잡하게 개발한 장치로서 레이저광선을 3가닥 내지는 9가닥 정도까지 쏘아서 하나의 전자벽(電子壁)을 만드는 것으로 오보율이 높다. 기출 20
⑪ 적외선감지기 : 사람 눈에 보이지 않는 근적외선을 쏘는 투광기와 이를 받는 수광기로 되어 있는데, 그 사이를 차단하면 감지하는 원리이다. 기출 19·15
⑫ 자석감지기(마그네틱 감지기)
  ㉠ 영구자석과 리드(Reed)스위치로 구성되며, 창이나 문이 열리면 동작하는 원리이다. 기출 15
  ㉡ 감지장치로서 동작전원이 필요 없고 구조가 간단하여 쉽게 설치할 수 있다. 기출 11
⑬ 열감지기 : 물체나 인체에서 발산하는 원적외선 에너지의 변화량을 감지하는 수동형 감지기이다.
기출 15

IX 경비원의 순찰과 감시

1. **경비원의 순찰활동**
① 직원들이 퇴근한 후에 경비원들의 순찰 및 조사가 이루어져야 한다.
② 순찰과정에서 문이나 자물쇠 등에 인식이나 표식을 함으로써 침입 흔적을 확인하고 경비원 상호 간에 순찰활동 결과에 대한 정보교환도 필요하다.

2. **감시기기에 의한 활동**
① CCTV(CCTV : Closed Circuit Television) 기출 23·16
  ㉠ 경비원의 감시범위를 확대하기 위해서 CCTV(폐쇄회로 텔레비전)를 각 복도나 입구, 창문, 금고, 귀중품 보관실 등의 정면이나 측면에 설치하여 자세히 관찰한다.
  ㉡ CCTV는 한 사람에 의해 여러 곳을 감시할 수 있을 뿐만 아니라 비용절감효과를 가져다주는 장점이 있는 반면에, 초기 설치비용이 많이 들어간다는 단점이 있다. ★
  ㉢ CCTV의 사용으로 범죄를 범할 기회를 감소시킬 수 있고, 범죄자의 범법행위가 다른 장소나 대상으로 이동될 수 있다(전이효과). ★
  ㉣ CCTV는 경비원을 대체할 수 있으며, 녹화된 CCTV의 자료는 증거로서의 역할을 할 수 있다. ★

CCTV(폐쇄회로)의 장점
- 원거리에서 관찰이 가능하다.
- 보이지 않는 지역도 관찰이 가능하다.
- 사람의 접근이 불가능한 지역도 관찰이 가능하다.
- 다수인에 의해 동시관찰이 가능하다.
- 집중적으로 감시가 가능하다.
- 비공개된 장소에서 비밀관찰이 가능하다.
- 경비원이 일일이 가보지 않아도 된다.

② **연속촬영 카메라** : 고속의 16mm 필름과 신속렌즈를 사용하여 연속적인 사진을 촬영하는 기기이다. 이 기기는 침입자가 감지된 경우 센서의 신호를 받아 침입자의 사진을 연속적으로 촬영하는 기기이다.
③ **분할 영상카메라** : 화면을 4분할, 8분할, 16분할하여 각기 분할된 화면마다 다른 카메라로 촬영된 화면이 나타나며 어느 한 화면만을 지정해서 크게 볼 수도 있고 일정장소를 크게 확대하여 가까이 볼 수도 있다.

X 내부절도 및 산업스파이

1. 내부절도의 개념
① 정의 : 산업스파이 활동을 포함하여 회사 조직 내 내부직원에 의해 이루어지는 절도행위를 말한다.
② 내부절도의 3요소 : 절도 원인, 절도 환경, 책임 불명확★

2. 산업스파이
① 정의 : 불법적으로 기업의 영업비밀, 즉 제품개발정보, 설계도 등을 유출하여 회사에 손실을 입히거나 경쟁회사에 관한 최신 산업정보를 입수하거나 교란시키는 공작 등을 전문으로 하는 사람을 말한다.
② 활동방법
　㉠ 합법적인 방법으로 경쟁회사의 간행물, 상대회사의 직원이 발설한 내용, 공공기관의 조사보고서, 상대회사의 제품분석 등을 통해 정보를 수집·정리하는 것이다.
　㉡ 도덕적인 문제가 생길 수 있는 방법으로 특정정보의 입수를 위한 상대회사 사원의 스카우트, 상대회사의 퇴직사원 포섭, 상대회사의 최근 동향에 관한 정보수집 등을 하는 것이다.
　㉢ 불법행위로 상대회사에 잠입하여 매수·협박 또는 본인이 직접 기밀서류를 복사·절취·강탈하는 것이다.

핵심문제

01 CCTV에 관한 설명으로 옳지 않은 것은? 기출 16
① 다수의 장소를 관찰할 수 있다.
② 보이지 않는 영역을 관찰할 수 있다.
③ 다수인에 의한 동시관찰을 할 수 있다.
④ 환경이 열악하거나 근접이 가능한 장소만 관찰할 수 있다.

【해설】
CCTV는 원거리에서도 관찰이 가능하며, 사람의 접근이 불가능한 지역도 관찰이 가능하다. 집중적으로 감시가 가능하며 비공개된 장소에서도 비밀 관찰이 가능하다.

정답 ④

3. 내부절도 방지 인사정책

① 채용 시 개인신원조사 [기출 18]
  ㉠ 신원조사 과정에서 검토해야 할 사항 : 지원자의 가족상황, 결혼 여부, 종교관, 동거인의 인적사항, 지원자의 학력·경력·전과·채무관계 여부
  ㉡ 면접사항 : 지원자의 대인관계, 심리적 안정성, 지나치게 자격이 우수한 자 또는 전직 경력이 불분명한 자인지의 여부

② 배경조사
  ㉠ 부정혐의가 있거나 중요한 지위로 승진하는 직원에 대해 별도로 시행하는 조사이다.
  ㉡ 채무관계, 재산관계, 애정관계와 같이 경제적 여건과 밀접한 관계를 갖는 내용을 조사한다.★

③ 인사정책 : 계획실행의 연속성과 직원 채용정책의 일관성은 매우 중요한 요소이자 내부절도를 근본적으로 해결하고자 하는 시발점이라 할 수 있다.★

④ 전과자의 고용정책과 사기진작
  ㉠ 전과자의 고용정책 : 기업의 직원을 채용하는 데 있어서 전과자를 전적으로 거부하는 것은 범죄자들의 재사회화 측면에서 바람직하지 못하므로, 채용 후 범행의 여지가 있는지를 면밀히 검토해 고용정책에 반영해야 한다.★
  ㉡ 직원의 사기진작 : 직원의 사기나 충성도는 내부절도를 좌우하는 중요한 요소이므로 소속감을 높여주고 애사심을 키워준다.

4. 내부절도의 경비요령

① 상점의 현금보관장소(금고)는 내부절도의 위험성이 높은 장소이기에 내부인의 직접적인 접근이 이루어지지 않도록 유의하여야 한다. [기출 18·14]
② 직원의 채용단계에서부터 인사담당자와의 협조하에 신원조사를 실시한다. [기출 14]
③ 경비 프로그램을 수시로 변화시킨다. [기출 14]
④ 감사부서와의 협조하에 정기적으로 정밀한 회계감사를 실시하는 것도 한 방법이다. [기출 18·14]
⑤ 고객특성 및 사업장 분위기에 맞는 업무스타일을 구축해야 하며 강도나 긴급대처에 대한 교육이 필요하다.
⑥ 주기적 순찰과 감시경비원 및 CCTV의 확충, 경비인력의 다중화(이중경비-사복·정복 혼합운영)가 필요하다. [기출 18]

핵심문제

01 내부경비를 위한 인사정책에 대한 설명이다. 틀린 것은?

① 인사정책은 내부절도를 근본적으로 해결하고자 하는 시발점이라고 할 수 있다.
② 계획실행의 연속성이 매우 중요하다.
③ 직원 채용정책의 일관성은 중요한 요소이다.
④ 전과자는 무조건 기피하는 것이 바람직하다.

[해설]
기업이 신규직원이나 경리직 사원을 채용하는 데 있어서 전과자를 전면적으로 거부하는 정책은 사회 전체의 균형차원에서 바람직한 일이 아니다.

정답 ④

XI 상점경비

1. 들치기(좀도둑)
   ① 들치기 방법
      ㉠ 훔친 물건을 가방이나 호주머니 등에 넣는 방법
      ㉡ 고가품에 저가품의 가격을 바꿔치기하는 수법
   ② 들치기 행위자★
      ㉠ 아마추어형 : 전문가와 큰 구별이 없으며 평균 범죄교육을 받은 자들로, 절도행위의 대부분은 경제적으로 가치가 있는 물건을 훔치며 감정적으로 만족을 얻으려고 하는 충동적인 행위들이 많다.
      ㉡ 전문가형 : 계획적이고 실질적이며 가게의 환경을 주의 깊게 살피면서 평범한 구매자로 가장하여 고가로 다시 팔 수 있는 가치 있는 상품을 선택한다.
      ㉢ 상습자형 : 어떤 강박관념에 빠져 그의 욕구를 채워줄 수 있는 대상을 추구하며, 병적이다.
      ㉣ 스릴러형 : 보통 10대 청소년들이 과시욕으로 행한다. 상품이 빠져 나가면 분실 여부를 식별하기가 쉽기 때문이다.
   ③ 들치기의 방어수단★
      ㉠ 감시 : 감시원의 감시활동으로 절도의욕을 감소시키는 방법이다.
      ㉡ 거울 : 평면거울을 사용하면 동작의 형태를 굴절 없이 감시할 수 있다.
      ㉢ 경고표시 : 구매자에게 다소 모욕적일 수 있지만 범죄유발 동기를 낮출 수 있다.
      ㉣ 상품전시 : 상품의 진열은 손님을 유도하는 효과와 도둑을 방지하는 이중적인 효과가 있다. 즉, 진열된 상품이 빠져 나가면 분실 여부를 식별하기가 쉽기 때문이다.
      ㉤ 물품금액계산 : 가격 바꿔치기 등이 있을 수 있으므로 계산대의 점원은 상품의 표시·가격변경 등을 확인해야 하며 상품포장이나 영수표시를 확실히 해야 한다.
   ④ 들치기 체포 시 주의할 점
      ㉠ 불법체포 : 대부분의 경우 현행범에 대해서는 체포할 권한이 부여되기 때문에 합법적이라고 할 수 있으나 재량권 이상의 권한행사에 대해서는 합법성에 있어서 문제가 제기된다.
      ㉡ 불법감금 : 자신의 의지에 반한 불법구속으로 자유를 박탈하는 어떤 힘에 의하거나 명백한 협박, 또는 원하지 않는 곳에 남아 있기를 강요당하는 감금상태를 의미한다.
      ㉢ 폭행(폭력) : 타인에게 해악을 가하기 위해 의도적으로 사용하는 물리력으로, 상인은 그의 재산을 신속히 되찾을 권한을 가지고 있으나 비합법적인 힘을 사용하면 안 되며, 더 나아가 재산에 관련한 문제가 아니라면 그 행위에 대해 법적인 책임을 져야 한다.
      ㉣ 부당한 기소 : 책임소재가 명확하지 않은 자를 기소하는 행위로 이와 같은 행위가 정당화될 수 있도록 증명하여야 한다.
      ㉤ 명예훼손(비방) : 명예훼손은 개인의 평판이나 생계수단 등에 편견을 가지고 악의에 찬 중상적인 말을 하는 행위로, 상인이 여러 사람 앞에서 행한 행위에 대하여 들은 사람이 있기만 하면 되는 것이다.

2. 절도

① 절도의 표적
  ㉠ 절도의 대상은 대부분 고가품의 물품들만 해당되며, 특히 현금은 가장 우선적으로 절도 대상이 된다.★
  ㉡ 소매점에 대한 절도는 보통 급여일 전일에 이루어질 가능성이 크다.

② 절도 및 좀도둑의 책임통제
  ㉠ 절도의 대상 : 운송산업 경영자는 모든 상품들이 절도될 수 있다는 것을 인식한다.
  ㉡ 좀도둑의 특성 : 일반적으로 충동적인 범행이자 단독범행이며, 감지될 위험이 적은 경우에 발생한다.
  ㉢ 좀도둑의 억제 : 이동 중인 모든 단계마다 또는 보관 중인 상품에 대하여 책임통제를 하고, 물품보관창고 지역에서의 모든 소화물은 출입문이나 보관시설의 입구에 있는 통제지점에서 검사를 받아야 한다.

③ 절도방지 대책 : 절도 예방 시스템의 개개요소가 각각의 상황에 효율적으로 적용되어 전체적인 통합 시스템으로 구축되어야 하며, 건물구조의 성질과 그 지역 교통유형을 고려해야 한다.

3. 강도

① 강도의 특성
  ㉠ 강도범은 상점에 많은 현금이 있다고 판단되면 범행 대상으로 삼으므로, 상점 주인은 예견되는 상황에 대비하여 실질적으로 필요한 금액만 소지하도록 해야 한다.
  ㉡ 강도행위는 개점이나 폐점 시에 가장 많이 일어나므로 만일의 사태에 대비하여 개·폐점 시 직원은 관리인이 상점에 들어가고 나가는 동안 출입구에서 경비하는 것이 효과적이다.★★

② 현금운반과 보관
  ㉠ 현금운반 : 무장호송차량에 의해 운송되는 방법이 안전하기는 하지만 비용이나 시설 등의 미비로 운송할 수 없을 때는 경찰에 보호요청을 해야 한다. 현금을 호송할 때는 운전자 외에 가스총 등을 휴대한 경비원을 동승시키며 자체 현금수송 시 청원경찰을 포함한 3인 이상이 해야 함이 원칙이다.★★
  ㉡ 현금보관소 : 상점의 현금보관소(금고 등)는 타인의 접근이 직접적으로 이루어지지 않도록 하고, 현금보관소의 위치와 경보에 관한 기본적인 대책들이 보완되어야 한다.

XII 운송화물의 경비

1. 화물운송의 책임

① 송장제도
  ㉠ 운송인의 책임문제는 주문을 받고 나서 이동하면서부터 시작된다.
  ㉡ 고객은 상품이 정상적인 송장형식에 기초하고 있을 때에만 적송화물로 인정해야 한다.

② 운송기능별 책임분담
  ㉠ 송장제도 자체로는 선적하는 데 있어서 정확을 기하는 추가적 점검을 할 수 있게 해준다.
  ㉡ 화물운송에 있어서 화물이 이동하는 단계마다 꼭 지켜야 할 절차는 책임이다. 명확한 책임을 지우기 위해서는 물품을 선별하고, 취급하고, 선적하거나 확인하는 작업을 책임지는 개개인에게 서명날인(署名捺印)을 하도록 하거나, 적송화물과 함께 보내지는 송장(送狀)에 서명할 것을 요구하여야 한다.★
  ㉢ 수령이 끝나는 시점에서 운송전표는 수령직원에게 주어져야 하며, 사전에 운송전표를 제시하지 않은 상품은, 수령한 상품의 총계를 확인할 수 있는 적절한 사람에 의해서만 하역되어야 한다.

2. 운송화물 경비수립

① 지역별 통제(건물의 지정된 부분이나 시설 전체 작업지역의 구분) 🔑 통 > 제 > 배
  ㉠ 통제지역 : <u>허가된 개인과 차량을 제외한 모든 것의 출입과 행동이 제약을 받게 되는 지역</u>으로, <u>일반사무실, 화장실, 화물도착지, 개개인에 의해 사용될 수 있는 라커룸 등 제한된 한 지역 내에 위치한 모든 시설들을 통제지역으로 지정할 수 있다.</u> ★
  ㉡ 제한지역 : 보다 세심한 정도의 안전이 요구되는 통제지역 내의 장소로, 여기에서는 <u>파손된 물품, 저장탱크의 분류 및 처리, 그리고 컨테이너의 재수선 등이 이루어진다.</u> ★
  ㉢ 배제지역 : <u>높은 가치의 화물만을 취급하고 보관하기 위한 곳</u>으로서 일반적으로 제한지역 내의 조그마한 방, 금고실 등으로 구성되어 있다. 이 지역의 출입을 허가받은 사람의 수는 지극히 제한되어 있고, 항상 감시하에 있어야 한다. ★

② 차량관리
  ㉠ 통제지역에 들어오는 모든 차량을 관련 서류에 의해 등록하고 확인해야 한다. ★
  ㉡ 화물로 가득찬 트레일러의 봉인확인, 지역에 들어오고 나갈 때의 시간 체크, 운전사의 통행증을 검사하고, 싣고 내리는 것을 확인한다.
  ㉢ 지역을 떠나는 모든 차량은 선적서류와 비교해서 그들의 봉인을 확인받은 후 문을 통과시키고, 봉인이 되지 않은 차량은 검사대상이 된다.

③ 화물운송 중의 안전수칙
  ㉠ 차를 잘 보이는 곳에 주차하고 누구에게도 자신의 운반물품에 대한 비밀을 노출해서는 안 된다.
  ㉡ 예정된 경로(經路)를 이탈해선 안 되며, 절도 등의 사건 발생 시 신속하게 대처할 수 있도록 비상연락 및 도로상황 등에 대한 안전수칙을 준수해야 한다.

핵심문제

01 다음 중 허가된 개인과 차량을 제외한 모든 출입과 행동의 제약을 받게 되는 지역으로 일반사무실, 화장실, 화물도착지, 개개인에 의해 사용될 수 있는 라커룸 등은 어떤 지역이라고 부르는가? 기출

① 배제지역 ② 통제지역
③ 제한지역 ④ 금지지역

[해설]
지역별 통제는 제한지역, 통제지역, 배제지역으로 구분되며, 설문은 통제지역에 대한 내용이다.

정답 ②

제4절 시설물에 따른 경비

I 금융시설경비

1. 금융시설의 위험요소와 안전장치
① 금융시설에서 많이 발생하는 범죄에는 강도, 절도, 고객에 대한 공격, 납치강탈, 횡령, 사기(피싱, 신용카드사기, 통신망사기, 대출사기, 수수료사기 등), 서류위조 등이 있다.
② 기본적인 안전장치로는 ㉠ 현금과 귀중품을 보관할 수 있는 안전한 장소 확보, ㉡ 금고 보호대책 구축, ㉢ 신속한 경보체계 구축, ㉣ 외부 압력에 견디는 창문과 잠금장치 설치, ㉤ 내부직원 통제 등이 있다.
③ 미국은 금융시설의 강도 등 외부침입을 예방·대응하기 위하여 은행보호법을 제정·시행하고 있다.

2. 금융시설의 안전관리
① 경비책임자의 역할
  ㉠ 방범계획의 수립 및 안전관리 지도
  ㉡ CCTV 등 방범설비 안전점검 및 정비
  ㉢ 경찰과의 연락체계 구축 및 방범정보의 교환
  ㉣ 현금수송 경비계획의 수립 및 지도
  ㉤ 직원의 방범훈련 실시 및 방범기기 사용요령 교육
  ㉥ 업무종료(폐점) 이후 안전관리 강화대책 수립
② CCTV 안전관리
  ㉠ 점포 내 출입문 및 로비, 점포 외부 ATM에 설치
  ㉡ 점포규모에 따른 카메라 수, 녹화테이프 확보
  ㉢ 범인검거 및 수사를 위한 CCTV 화질 선명도 유지
③ 현금수송★★
  ㉠ 원칙적으로 현금수송 전문경비회사에 의뢰할 것
  ㉡ 자체 수송 시 가스총 등을 휴대한 청원경찰 포함 3명 이상 확보
  ㉢ 현금수송 시 통신수단 및 긴급 무선연락망 구축
④ 경비원의 근무요령 및 금융시설경비의 특징
  ㉠ 금융시설의 특성상 개·폐점 직후나 점심시간 등이 취약시간대로 분석되고 있다. 기출 11
  ㉡ 금융시설경비는 특수경비원보다는 자체경비에 해당하는 청원경찰 인력을 주로 활용하고 있다. 기출 11
  ㉢ 금융시설 내에 한정하지 않고 외부경계 및 차량감시도 경비활동의 대상에 포함된다. 기출 11
  ㉣ 경찰과 범죄예방정보의 교환이 매우 중요하다. 기출 11
  ㉤ 경비원의 위치는 고객 등의 출입이 완전히 확인되고, 경비원 측에서 먼저 의심스러운 자를 쉽게 발견할 수 있는 곳일 것

ⓗ 경계근무는 가능한 2명 이상이 하는 것으로 하고, 점포 내 순찰, 출입자의 감시 등 구체적인 근무요령에 따라 실시★
ⓢ 월말, 연말, 보너스 시기 등 다액의 현금이 입·출금 되는 기간에는 특히 철저한 경계 실시
ⓞ 이상거동자 발견 시 기선제압을 위해 큰소리를 외침과 동시에 상황에 따라 상급자 또는 경비책임자가 경찰에 지원요청

Ⅱ 의료시설경비

1. 의료시설의 중요성
① 종합병원, 병원 등 의료시설은 시설 자체의 특수성으로 인해 수많은 위험이 상존하고 있으며, 지속적으로 수용되는 환자 및 방문객 등의 출입으로 관리상의 어려움이 있기 때문에 사후통제보다는 사전예방에 초점을 두는 것이 바람직하다. 기출 13·11
② 의료시설에서 발생할 수 있는 위험에는 화재, 절도, 강도, 폭력, 천재지변 등이 있다.

핵심문제

01 금융시설경비에 관한 설명으로 옳지 않은 것은? 기출
① 금융시설의 특성상 개·폐점 직후나 점심시간 등이 취약시간대로 분석되고 있다.
② 특수경비업의 성장으로 인해, 특수경비원이 금융시설경비를 전담하고 있다.
③ 금융시설 내에 한정하지 않고 외부경계 및 차량감시도 경비활동의 대상에 포함된다.
④ 경찰과 범죄예방정보의 교환이 필요하다.

[해설]
금융시설경비는 특수경비원보다는 청원경찰 인력이 더 많은 실정이다.

정답 ②

02 금융시설경비에 대한 설명으로 틀린 것은?
① 경비원은 경계를 가능한 한 2인 이상이 하는 것으로 하여야 하며 점포 내 순찰, 출입자 감시 등 구체적인 근무요령에 의해 실시한다.
② ATM의 증가는 범죄자들의 범행욕구를 충분히 유발시킬 수 있으므로 지속적인 경비순찰을 실시하고 경비조명뿐만 아니라 CCTV를 설치하는 등 안전대책이 수립되어야 한다.
③ 경비책임자는 경찰과의 연락 및 방범정보의 교환과 같은 사항이 지속적으로 이루어지도록 점검하여야 한다.
④ 현금수송은 원칙적으로 금융기관 자체에서 실시하되 특별한 경우에는 현금수송 전문경비회사에 의뢰할 수 있다.

[해설]
현금수송은 원칙적으로 현금수송 전문경비회사에 의뢰해야 하며, 자체 현금 수송 시에는 가스총 등을 휴대한 청원경찰을 포함한 3명 이상을 확보해야 한다.

정답 ④

2. 의료시설경비의 취약성

① 출입통제
  ㉠ 병원 등 의료시설은 환자, 방문객, 의사·간호사 등 의료인력 등의 출입이 잦기 때문에 출입통제가 매우 어렵다. 또한 대다수는 병원구조에 친숙하지 않다.
  ㉡ 대다수 병원들은 중요한 두 개의 문을 가지고 있는데, 하나는 중앙 출입구(경비원에 의해 관리됨)이고, 다른 하나는 통신센터이다.

② 화재대응
  ㉠ 의료시설은 특히 화재에 취약하다. 실제로 의료시설에 화재가 발생할 확률은 일반건물의 100배에 달한다고 한다.
  ㉡ 병원에는 수많은 전기기구, 산소통, 가연성 물질 등 병원 특유의 발화요인이 많고, 화재 발생 시 거동할 수 없는 환자들이 많기 때문에 대형 인재(人災) 가능성이 높다.

3. 의료시설의 안전관리

① 특히 의료시설 중 응급실의 안전관리가 매우 중요하다. 왜냐하면 응급실은 24시간 개방, 일반인의 통제 없는 접근가능, 생명의 긴박성에 따른 폭력 및 기타 위해요소, 다수의 환자수용에 따른 문제점 등 복합적 문제가 상존하기 때문이다. 기출 11
② 의료시설에서 응급실은 불특정다수인이 많이 왕래하는 등의 특성으로 인해 잠재적 위험성이 가장 높기 때문에 1차적 경비대책이 요구된다. 기출 13
③ 응급실 이외에 조제실 및 약품창고, 산부인과 및 소아과 등도 특별한 보호대상이다.

핵심문제

01 의료시설경비에 관한 설명으로 옳지 않은 것은? 기출
① 위험요소의 사전예방보다는 사후대응에 중점을 두어야 한다.
② 출입구 배치나 출입제한구역 설정은 안전책임자와 병원관계자의 협의에 의해 이루어질 수 있다.
③ 지속적으로 수용되는 환자 및 방문객들의 출입에 따른 관리상의 어려움이 있다.
④ 의료시설에서 응급실은 안전관리가 철저하게 이루어져야 한다.

[해설]
위험요소의 사후대응보다는 사전예방에 중점을 두어야 한다.

정답 ①

02 의료시설경비에서 24시간 안전관리가 가장 철저하게 이루어져야 하는 곳은?
① 입원실   ② 응급실
③ 약품창고   ④ 조제실

[해설]
의료시설의 각 병실 및 시설은 하나하나가 중요하지 않은 곳이 없지만, 특히 응급실(emergency room)은 안전관리가 가장 철저하게 이루어져야 한다.

정답 ②

④ 출입구 배치나 출입제한구역 설정은 안전책임자와 병원관계자의 협의에 의해 이루어질 수 있다.
   기출 11

⑤ 지속적으로 수용되는 환자 및 방문객 등의 출입으로 인한 관리상의 어려움이 많기 때문에 그에 맞는 출입통제 대책이 필요하다. 기출 13·11

4. 의료시설 안전책임자의 역할

특히 화재예방 및 화재발생 대비를 위한 안전관리에 중점을 둔다.
① 소화기, 소화전, 소화호스, 산소차단밸브의 상태점검
② 비상구 및 경보시스템의 상태점검
③ 금연구역이나 위험지역을 알리는 표시의 상태 및 적절한 부착위치 점검
④ 비상계단, 굴뚝탑으로의 이동 중 장애물의 점검
⑤ 중요시설지역의 지속적인 점검 및 감시
⑥ 발생가능한 잠재적 범죄에 대한 지속적인 감시 및 순찰 확인

III 숙박시설경비

1. 숙박시설경비의 중요성

① 국제화 및 국제행사의 증가로 내국인의 잦은 해외출장, 외국 바이어나 외국 주요인사들의 국내 체류가 증가함에 따라 숙박시설경비의 중요성이 커지고 있다.★
② 숙박시설 전반에 대한 안전관리뿐만 아니라 주요인사들에 대한 신변보호도 중요한 경비요소가 된다.★

2. 경비부서의 규모

① 숙박시설 내에 근무하는 경비원의 규모는 객실(room) 수 이외에도 시설의 물리적 크기(건물의 면적과 층수 등), 직원의 수 등의 비율을 함께 고려하여 결정하여야 한다.
② 또한 숙박시설이 있는 지역의 범죄발생률이 높다면, 시설 내부경비뿐만 아니라 외부로부터 불법침입자, 방범 및 시설 외부경비도 고려하여야 한다.
③ 경찰, 소방, 구급서비스 등 공공안전자원의 활용여부도 고려한다.

3. 숙박시설 경비원의 임무

① 시설 내부와 외부에 대한 순찰활동이 가장 기본적인 임무이다. 순찰활동에는 건물점검, 호텔로비 점검, 불법침입자 감시, 화재점검, 폭발물 점검, 기타 비상사태 점검 등이 있다.
② 경비활동에 대한 경비보고서를 작성하는 것이 좋은데, 여기에는 사건보고, 화재점검, 경비활동 및 교대근무 보고, 안전규칙 위반사항 등을 기록한다.

4. 숙박시설경비의 특징

① 숙박시설경비에서 특히 주안점을 두어야 할 부분은 절도와 매춘이다.★
② 경비원들에게 열쇠통제와 고객 사생활보호 교육을 실시한다.★

Ⅳ 판매시설경비

1. 판매시설경비의 위해요소분석
① 고객 및 직원에 대한 기본적 통제
② 공공지역과 주차지역에 대한 통제
③ 재산범죄 및 폭력범죄의 위해분석
④ 공공지원 여부(공공안전자원의 활용도) 분석

2. 판매시설경비의 특징
① 가장 기본적인 경비형태는 경비원 또는 CCTV 감시체계이다. ★
② 들치기, 절도 등으로 인한 손실이 기업경영에 많은 영향을 준다. ★
③ 강도와 같은 잠재적인 범죄는 판매시설의 개점이나 폐점 시 발생할 가능성이 높기 때문에 이에 대한 대책 마련이 중요하다.
④ 내부직원의 현금등록기 불법조작, 물건의 가격바꾸기, 상품절도, 사기행위 등을 감시하는 것도 매우 중요하다.

Ⅴ 교육시설경비

1. 교육시설경비의 의의
① 교육시설 보호 및 이용자 안전 확보를 목적으로 한다.
② 교육시설의 특별범죄예방의 대상에는 컴퓨터와 관련된 정보절도, 사무실 침입절도 등이 포함된다.

2. 교육시설경비의 특징
① 교육시설의 위험요소 조사시 교육시설과 지역사회와의 상호관계도 고려대상에 포함되어야 한다. ★
② 교육시설의 범죄예방활동은 계획 → 준비 → 실행 → 평가 및 측정의 순서로 이루어진다. ★

핵심문제

01 교육시설경비에 관한 설명으로 옳지 않은 것은? 기출
① 교육시설의 위험요소 조사 시 지역사회와의 상호관계는 고려대상에서 제외된다.
② 교육시설의 범죄예방활동은 계획 → 준비 → 실행 → 평가 및 측정의 순서로 이루어진다.
③ 교육시설 보호 및 이용자 안전 확보를 목적으로 한다.
④ 교육시설의 특별범죄 예방의 대상에는 컴퓨터와 관련된 정보절도, 사무실 침입절도 등이 포함된다.

[해설]
오늘날 교육시설의 범죄문제를 해결하고자 지역사회에 기초한 범죄예방프로그램 등이 논의 중이므로, 교육시설의 위험요소 조사 시 지역사회와의 상호관계는 고려대상에 포함된다.

정답 ①

제5절 재해예방과 비상계획

I 화재예방

1. **화재의 개념**
   ① 불과 화재
      ㉠ 불 : 가연물이 산소와 반응하여 열과 빛을 동반한 급격한 연소현상
      ㉡ 화재 : 자연 또는 사람의 고의나 과실로 인해 발생한 연소현상으로 소화설비 또는 동등 이상의 소방력을 동원하여 소화할 필요가 있는 재해
   ② 화재 발생의 3대 요소 기출 14·13 : 열(熱), 재료(가연물), 산소의 세 가지로서, 이 가운데 어느 하나만이라도 제거하면 곧바로 화재는 진압된다.

2. **화재의 특성**
   ① 화재는 열과 화염, 화재의 부산물로서 독가스나 유해가스, 연기 등을 발생시킨다.
   ② 화재에 의한 사망자 대다수가 연기에 질식 또는 중독되어 사망한다.★
   ③ 열에 의해 팽창된 공기는 창문과 문 쪽으로 이동하는데 이때의 공기는 엄청난 힘으로 문과 창문을 부수고 외부로 빠져나가게 된다. → 현장접근의 어려움
   ④ 화재 발생 시 인체에 해로운 연소가스는 일산화탄소, 포스겐, 염화수소, 황화수소, 시안화수소 등이 있는데 그중 가장 많이 발생되는 것은 일산화탄소이다.
   ⑤ 일산화탄소는 혈액 속의 헤모글로빈(Hb)과 결합하여 산소결핍 현상을 일으킨다.★
   ⑥ 일산화탄소와 이산화탄소 가스는 상층의 밀폐된 부분으로 모이는데, 이 부분이 사람이 많이 몰리는 곳이다.

3. **화재 발생의 단계 및 감지기** 기출 11

구 분	내 용	감지원	적합한 감지기
초기 단계	연기와 불꽃, 빛 등은 보이지 않고 약간의 열기만 감지할 수 있고 열과 빛이 나타나지 않은 발화상태로, 가연성 물질이 나온다.	가연성 물질	이온감지기
그을린 단계	불꽃은 보이지 않고 약간의 연기만 감지된다.	연 기	연기감지기, 광전자감지기
불꽃발화 단계	실제 불은 눈에 보이지 않지만 불꽃과 연기는 보이는 상태이다.	불 꽃	적외선감지기
열 단계	불꽃과 연기, 그리고 강한 열이 감지되면서 계속적으로 불이 외부로 확장되는 상태로, 공기는 가열되어 위험할 정도로 팽창되는 상태이다.	열	열감지기

① 이온감지기 : 화재 발생 초기단계에서 연기와 불꽃이 보이지 않고, 감지할 수 있는 열도 나타나지 않는 상태에서 미세한 연소물질이 노출되었을 때 작동하는 감지기이다.
② 광전자감지기 : 주위의 공기가 일정 농도 이상의 연기를 포함한 경우에 작동하는 감지기이다.
③ 적외선감지기 : 화재 발생 시 불꽃에서 나오는 적외선을 감지하여 내장된 MPU가 신호를 처리하는 것으로, 감지속도가 빠르고 확실하게 감지할 수 있으며 옥외에서도 사용할 수 있다.
④ 열감지기 : 일정 온도 이상으로 내부온도가 올라갔을 때 경보를 발하는 감지기이다.

4. 화재의 취약점

① 화재는 언제 어느 때라도 발생할 가능성이 있다. ★
② 일반 건물의 내부는 연소될 수 있는 물건이나 물질로 구성되어 있다.
③ 불연성 카펫과 벽지라도 먼지가 너무 많이 쌓여 있으면 화재가 발생할 수 있다. ★

> **불연성과 내화성**
> - 불연성 : 재료가 갖는 연소하지 않는 성질
> - 내화성 : 다른 재질에 비해서 불이 옮겨지지 않는 성질

5. 화재의 대책 [기출 11]

① 화재는 열, 가연물, 산소 3가지 요소의 결합에 의해 발생하므로 각각의 성질을 파악해야 한다.
② 화재 발생 시 화염에 의한 사망자보다 연기와 유독가스에 의해 사망하는 경우가 많다.
③ 목재류보다는 화학제품에서 많은 연기와 유독가스가 발생한다.
④ 컴퓨터실은 정비소, 보일러실과 같은 시설보다 민감한 화재감지시스템을 설치하는 것이 바람직하다.

핵심문제

01 화재의 단계와 감지기의 연결로 옳은 것은? [기출 10]

① 초기 단계 - 이온감지기
② 그을린 단계 - 적외선감지기
③ 불꽃 단계 - 열감지기
④ 열 단계 - 연기감지기

[해설]
화재의 단계와 감지기의 연결이 옳은 것은 ①이다. ②는 그을린 단계 - 연기감지기, ③은 불꽃 단계 - 적외선감지기, ④는 열 단계 - 열감지기로 수정되어야 한다.

정답 ①

6. 화재의 유형 기출 19・16・15・12・11
   ① A형 화재(일반화재) : 종이, 쓰레기, 나무와 같이 일반적인 가연성 물질이 발화하는 경우로 백색연기를 발생하는 화재유형이다. 물을 사용하여 발화점 밑으로 온도를 떨어뜨려 진압하는 것이 가장 효과적이다.
   ② B형 화재(유류화재) : 휘발성 액체, 알코올, 기름, 기타 잘 타는 유연성 액체에 의한 화재로 물을 뿌리게 되면 더욱 화재가 확대되게 된다. 산소공급을 중단시키거나 불연성의 무해한 기체인 이산화탄소의 살포 등이 가장 효과적인 진화방법이다.
   ③ C형 화재(전기화재) : 전압기나 변압기, 기타의 전기설비에 의해 발생한 화재로 일반적인 소화방식으로 화재를 진압하지만 물을 사용할 때는 절연성의 방전복을 입는 것이 중요하다.
   ④ D형 화재(금속화재) : 마그네슘, 나트륨, 수소화물, 탄화알루미늄, 황린・금속분류와 알칼리금속의 과산화물 등이 포함된 물질에 화재가 발생한 경우로 건성분말의 화학식 화재진압이 효과적이다.
   ⑤ E형 화재(가스화재) : 취급자의 부주의와 시설불량으로 촉발되어 순식간에 대형화재로 발전한다.

7. 화재경보센서
   ① 연기센서
      ㉠ 이온화식 스포트형 : 주위의 공기가 일정 온도 이상의 연기를 포함한 경우에 작동하는 것으로 연기에 의한 이온전류의 변화에 의해 작동된다.
      ㉡ 광전식 스포트형 : 주위의 공기가 일정한 농도 이상의 연기를 포함한 경우에 작동하는 것으로 광전소자에 의해 받는 빛의 양의 변화에 따라 작동된다.
      ㉢ 광전식 분리형 : 주위의 공기가 일정한 농도 이상의 연기를 포함한 경우에 작동하는 것으로 광범위한 연기의 누적에 의해 광전소자가 받는 빛의 양에 따라 작동한다.
   ② 열센서
      ㉠ 차동식(差動式) 스포트형 : 주위 온도가 일정한 온도상승률 이상이 되었을 때에 작동하는 것으로 열효과에 의해 작동된다.
      ㉡ 차동식(差動式) 분포형 : 주위 온도가 일정한 온도상승률 이상이 되었을 때에 작동하는 것으로 열효과의 누적에 의해 작동된다.
      ㉢ 정온식(定溫式) 스포트형 : 주위 온도가 일정 온도 이상이 되었을 때에 작동하는 것으로 금속(金屬)의 팽창을 이용한다.

핵심문제

01 목재, 종이 등의 가연성 물질이 연소하는 경우로 백색연기를 발생하는 화재 유형은? 기출 10
   ① A형 화재
   ② B형 화재
   ③ C형 화재
   ④ D형 화재

[해설]
A형 화재로 일반화재 유형이다. 종이, 쓰레기, 나무와 같이 일반적인 가연성 물질이 발화하는 경우로 백색연기를 발생하는 화재유형이다.

정답 ①

- ② 정온식(定溫式) 감지선형 : 주위 온도가 일정 온도 이상으로 되었을 때에 작동하는 것으로 겉모습이 전선 모양인 것이다.
- ⑩ 보상식(補償式) 스포트형 : 차동식의 성능과 정온식의 성능을 가진 콤비네이션 타입으로, 두 가지 기능 중 한 가지만 작동하여도 화재신호를 발신한다.

③ **불꽃센서** : 화재 시에 불꽃에서 나오는 자외선이나 적외선, 혹은 그 두 가지의 일정량을 감지하여 내장된 MPU가 신호를 처리하는 것으로 감지속도가 빠르고 확실하게 감지할 수 있으며, 옥외에서도 사용할 수 있다.

화재경보센서 암기법
- 연기센서 : 이온화식, 광전식 ▶ 연·화·광전
- 열센서 : 차동식, 정온식, 보상식 ▶ 열·차·정·보
- 불꽃센서 : 자외선, 적외선 ▶ 불·자·적

---

8. 가스누출센서

① LPG용 센서
  ㉠ LPG는 공기보다도 비중이 무거우므로 바닥에 설치한다. ★
  ㉡ 작동원리는 도시가스용과 동일하지만 감지하는 가스의 농도가 다르다.

LPG의 특성
- 액화석유가스이다.
- 무색, 무취, 무미이다.
- 공기보다 무겁다.
- 주성분은 프로판과 부탄가스이다.

핵심문제

01 다음 중 LPG의 특성이 아닌 것은? [기출]

① 액화석유가스
② 무색, 무취, 무미
③ 공기보다 무겁다.
④ 주성분은 메탄이다.

[해설]
LPG의 주성분은 프로판과 부탄가스이고, 메탄은 LNG의 주성분이다.

정답 ④

② LNG용 센서(도시가스용 센서)
  ㉠ 도시가스는 공기보다도 비중이 가벼우므로 천장에 설치한다.★
  ㉡ 금속산화물 반도체에 가연성 가스가 흡착하면 공기저항이 일어나는 것을 응용하여 소정의 가스 농도에 의해 작동시킨다.

가스누출감지센서
- 반도체식 센서
- LPG용 센서
- LNG(도시가스)용 센서
- 접촉연소식 센서

가스누출 시 조치사항
- 가스기기의 코크, 중간밸브, 용기밸브를 잠글 것
- LPG가스의 경우 창문을 열고 바닥에 깔려 있는 가스를 밖으로 환기시킬 것
- 주위에 점화원을 없앨 것★
- 전기기구는 절대 사용하지 말 것★

---

9. 누전경보센서

① **기능** : 누전경보센서는 건물 내 교류(AC) 전선로가 피복이 벗겨져 누전되었을 때 경보를 하거나 해당 전선로의 차단기를 작동시켜 누전에 의한 화재를 예방하는 장치이다.★
② **구 성**
  ㉠ **변류기** : 누설전류를 검출하여 수신기로 송신
  ㉡ **수신기** : 송신된 누설전류를 분석하고 경보를 출력
  ㉢ **차단기** : 누전경보가 출력되면 해당 전선로의 전원을 차단

10. 비상경보설비

① **기능** : 감지된 화재를 신속하게 건물 내부에 있는 사람들에게 알려서 피난하게 하거나 초기 화재진압을 용이하게 하는 장치이다.★
② **종류** : 비상벨설비, 자동식 사이렌, 단독형 화재경보기, 비상방송설비, 화재수신반 등이 있다.

핵심문제

01 다음 중 가스누출감지센서의 종류가 아닌 것은? 기출

① 반도체식 센서   ② LPG용 센서
③ 도시가스용 센서   ④ 비접촉연소식 센서

【해설】
비접촉연소식 센서가 아니라 접촉연소식 센서가 옳다.

정답 ④

11. 소화방법 기출 19
① 제거소화 : 가연물을 제거하여 소화하는 방법
② 질식소화 : 연소범위의 산소 농도를 저하시켜 연소가 되지 않도록 하는 방법★
③ 냉각소화 : 연소물을 냉각하여 그 온도를 발화점 이하로 떨어뜨려 소화하는 방법으로 물을 많이 사용한다.★
④ 억제소화 : 연소의 연쇄반응을 부촉매 작용에 의해 억제하는 소화방법(할로겐화합물 소화약제)★
⑤ 희석소화 : 산소나 가연성 기체의 농도를 연소범위 이하로 희석시켜 소화하는 방법

12. 소화설비
① 소화기 : 물양동이, 소화수통, 건조사, 팽창질석, 팽창진주암 등이 있다.
② 옥내 소화전설비 : 건물 내의 화재 시 발화 초기에 신속하게 소화작업을 감행할 수 있도록 되어 있는 고정식 소화설비이다.
③ 스프링클러설비(자동살수장치) : 방화대상물의 상부 또는 천장 면에 배수관을 설치하고 경보밸브를 통해 급수원 및 경보장치에 연결시켜 화재 발생 시 경보를 발하면서 급수관에 들어 있는 물이 방사되는 고정식 종합적 소화설비이다.
④ 물분무 소화설비 : 물을 분무상으로 분산 방사하여 분무수로 연소물을 덮어씌우는 소화설비이다.
⑤ 포말 소화설비 : 중조의 수용액에 아교 등의 접착성 물질을 섞은 혼합제와 황산알루미늄 용액제를 일정비율로 혼합해서 그 화학반응에 의해 발생하는 탄산가스를 둘러싸고 생기는 미세한 화학포말(Chemical Foam)을 연소 면에 끼얹어 덮어씌움으로써 산소의 공급을 차단하는 질식소화설비이다.
⑥ 불연성 가스 소화설비 : 불연성 가스를 방출함으로써 산소함유율을 저하시키는 질식소화설비이다.
⑦ 증발성 액체 소화설비 : 온도가 상승하면 바로 불연성의 무거운 기체로 변하는 증발성 액체(4염화탄소, 1염화, 1브롬화메탄)를 연소물에 방사함으로써 탄산가스 소화설비의 경우와 마찬가지로 산소함유율을 저하시켜 질식소화작용을 하는 동시에 증발열에 의한 냉각소화작용도 하는 화재진화설비이다.
⑧ 옥외 소화전설비 : 건물의 화재 발생에 대비하여 옥외에 설치하는 고정식 소화설비이다.
⑨ 동력 소방펌프 설비 : 화재 발생 시 수원으로부터 물을 끌어올리기 위한 동력펌프이다.
⑩ 분말 소화설비 : 중조의 미분말을 이용하여 만든 것으로 탄산가스를 발생시켜 질식소화작용을 하는 동시에 냉각소화(冷却消火) 효과를 포함하고 있는 소화설비이다.

13. 소화기
① 소화기의 종류
  ㉠ 포말 소화기 : 화재의 규모가 작은 A·B형 화재에 효과적이다.
  ㉡ 소다-산 분사식 소화기 : A형 화재진압에 사용하나 다소 무겁고 다루는데 어려움이 있다.
  ㉢ 물안개 분사기 : 스프링클러처럼 물을 분사하는 방식으로 특히 A·B형 화재진압에 효과적이다.

> **물안개 분사기의 특징**
> • 연료를 빨리 냉각시킨다.★
> • 유독성 물질이 외부로 나가는 것을 막고, 적은 양의 물로 화재진압이 가능하다.★
> • 열을 빨리 식혀 공기의 온도를 내림으로써 내부에 갇힌 사람이 보다 쉽게 탈출할 수 있도록 한다.
> • 내부온도를 빨리 식히기 때문에 외부의 신선한 공기를 유도할 수 있다.
> • 질식의 우려가 적다.★

② 이산화탄소식 소화기 : 일반적으로 B·C형 화재에 사용되고 A형 화재진압을 위해 활용되지만 큰 화재에는 부적합하다.
⑩ 건식 화학소화기 : 소화기에서 분사되는 화학성분이 불꽃의 확산을 방지하고 냉각시키는 역할을 하기 때문에 A·B·C형 화재에 사용된다.
⑪ 사염화탄소식 소화기 : 불이 필요로 하는 산소를 없애버리면서 기화해 버리기 때문에 공개된 야외에서만 사용되며 밀폐된 공간에서 사용할 경우 인체에 치명적인 손상을 입힐 수 있다.
⊘ 건식 분말소화기 : 화재 시 유독성 가스가 발생하는 D형 화재에 주로 사용된다.
◎ 할론 소화기 : 할로겐을 이용한 소화기로 B·C형 화재에 주로 이용된다. 사용 시 물체에 전혀 손상이 없으나 가격이 비싸고 최근에는 프레온과 같이 오존층을 파괴하는 물질로 규제되고 있다.

② 소화기 표시색 기출 16·15

구 분	A	B	C	D	E
화재의 유형	일반화재	유류화재	전기화재	금속화재	가스화재
표시색	백 색	황 색	청 색	무 색	황 색

14. 화재안전교육과 화재대응활동

① 화재안전교육의 내용
  ㉠ 화재에 대비한 비상구 위치확인, 비상구의 작동요령 등 실질적인 교육훈련
  ㉡ 화재 발생의 신고와 경보체계의 중요성에 대한 교육
  ㉢ 화재 발생 시 본인의 역할에 대한 사전분담 교육
  ㉣ 화재경보시스템에 대한 교육
  ㉤ 화재 발생 시 정서적 안정성(침착성, 냉정성) 유지 교육
  ㉥ 화재 발생 시 엘리베이터 작동에 관한 교육
  ㉦ 화재진압장비의 사용법에 대한 교육
  ㉧ 연기나 불로 통로가 막힌 경우 대피방안에 관한 교육 등

핵심문제

01 화재의 분류와 표시색상의 연결이 옳은 것은? 기출

① 유류화재 - 황색 ② 가스화재 - 청색
③ 전기화재 - 백색 ④ 금속화재 - 적색

[해설]
화재의 분류와 표시색상의 연결로 옳은 것은 ①이다.
② 가스화재 - 황색
③ 전기화재 - 청색
④ 금속화재 - 무색

정답 ①

② 직원의 화재대응활동
　㉠ 자체소방단
　　• 시설 내에서 유류나 폭발성 물질을 취급하는 경우 자체소방단을 사전에 구성한다.
　　• 화재 발생 시 화재에 대한 초기진압과 소방관들에 대한 지원업무를 담당한다.★
　　• 자체소방단은 경비원 등으로 구성될 수 있다. 경비원들은 평소 자신들이 관리하던 시설이므로 화재 진압에 있어서 보조적인 조치나 기계장치의 조작 등을 쉽게 할 수 있다.★
　　• 소방책임자와 부책임자를 두고 화재예방에 대한 관리를 철저히 하고, 지휘명령체계도 갖추어야 한다.
　㉡ 대피훈련
　　• 화재 대피 시 우선순위 : 아동을 먼저 대피시키고, 노약자와 여성, 성인 남성 순으로 대피한다.★
　　• 고층빌딩에서의 대피
　　　- 엘리베이터는 전혀 쓸모가 없으므로 별도의 비상구가 마련되어 있어야 한다.★
　　　- 고가사다리차의 경우 높은 층(7층)까지는 닿지 않기 때문에 가능하면 아래층으로 내려올 수 있도록 유도해야 한다. → 경비원의 대피유도 책임★

화재예방과 진압
• 자체소방단의 구성은 보다 큰 피해를 줄일 수 있다.
• 자체소방책임자는 유사시 통일적인 명령지휘체계를 유지해야 한다.
• 직장 내 화재 시 직원들은 비상구로 빨리 대피해야 한다.
• 자체소방단이 클 경우에도 별도로 부책임자나 보좌역을 두어 보다 효과적인 소방업무를 수행할 수 있어야 한다.

핵심문제

01 다음 중 화재 발생 시 직원이 할 수 있는 최선의 행동이라고 보기 어려운 것은? 기출

① 화재 발생 시 초동진압을 한다.
② 화재 발생 시 소방요원과 구체적인 업무분담을 한다.
③ 화재 발생 시 소방관이 출동하였을 때 이들에 대한 지원업무를 담당해야 한다.
④ 회사는 자체의 소방단을 구성하여 별도의 부책임자나 보좌역을 두어 보다 효과적인 소방업무를 수행할 수 있도록 해야 한다.

[해설]
화재 발생 시 직원은 소방요원에 대한 지원업무를 담당해야 한다.★

정답 ②

Ⅱ 폭발물에 의한 테러 위협

1. 대응단계 기출 22·15
① 폭발물에 의한 테러 위협을 당하면 우선적으로 사람을 건물 밖으로 대피시켜야 한다.★ 기출 19
② 폭발물이 설치되어 있을 것으로 예상되는 지역을 전부 봉쇄한 다음 전문가를 동원하여 폭탄이 있는지의 여부를 탐색한다.★ 기출 22
③ 폭발물이 발견되면 그 지역을 자주 출입하는 사람이나 출입이 제한된 사람들의 명단을 신속하게 파악한다.★ 기출 19

2. 경비원의 역할 기출 20·17·16·15
① 비상사태 발생 시 경비원은 비상요원으로서의 역할을 수행해야 한다.
② 건물 내 폭발물에 의한 위협이 발생되었을 때에는 경비책임자는 경찰과 소방서에 통보하고 후속조치를 기다려야 한다.★ 기출 19
③ 24시간 비상계획을 수립하여 만일의 폭발상황에 대비해야 한다.★
④ 사고 후 수습대책을 사전에 마련해야 한다.★

3. 협박전화 시 대응
① 항시 협박전화에 대비한 교육과 훈련이 이루어져야 한다.
② 경비책임자에게 보고하고 통화내용을 같이 들을 수 있도록 해야 한다.★
③ 통화과정에서 느낄 수 있는 모든 상황과 상대방의 특징 그리고 주변의 잡음이나 소음들까지 모두 상세하게 기록해야 한다.★

핵심문제

01 폭발물이 설치되어 있는 경우에 대응조치로서 틀린 것은? 기출
① 예상되는 지역봉쇄
② 폭탄의 유무탐색
③ 폭발물 발견 시 용의자 수사
④ 가능한 한 많은 인력이 탐색활동에 참가

[해설]
폭발물 예상지역을 봉쇄하고 많은 인력이 참가하는 것은 오히려 위험이 될 수 있으므로 전문가를 이용하여 탐색하여야 한다.

정답 ④

4. 폭발물 탐지활동 시 유의사항

① 천천히 움직이면서 되도록 발자국소리를 내지 않는다.
② 귀는 시계소리나 태엽소리에 집중하고, 평소 익숙한 주위 배경소리와 다른 소리가 나면 주의를 기울인다. ★
③ 방이나 밀폐된 공간의 경우에는 허리에서 눈, 눈에서 천장으로 공간을 이등분하여 조사한다. ★
④ 두 명이 서로 등을 맞댄 상태에서 방의 주변을 우선적으로 조사한 후에 중심으로 이동한다. ★
⑤ 의심나는 물체가 발견되면 즉시 보고하고, 폭발물이 위치하고 있는 반경 300피트(약 90m) 이내에 있는 모든 사람을 대피시켜야 하며, 오로지 폭탄전문가만이 이를 처리해야 한다. ★
⑥ 출동한 경찰관 또는 소방관은 해당 근무지역에 비교적 지리가 밝은 경비원과 함께 참여하는 것이 바람직하다. ★

5. 대피활동

① 폭발 위험이 있을 때 우선적으로 대피해야 하지만 폭발물이 실제로 설치된 경우 폭발물을 설치한 범인이 사람의 이동을 감지하여 그대로 폭파시킬 수 있으므로 대피는 매우 신중해야 한다. ★
② 사람이 대피하여야 하는 경우에는 보안을 유지하면서 침착하게 사람들을 대피시켜야 한다.
③ 화재대피와 동일한 방법으로 대피해야 하며 엘리베이터의 사용은 금지한다. ★
④ 폭발물의 폭발력을 약화시키기 위해서 모든 창문과 문은 열어두어야 한다. ★ 기출 19

핵심문제

01 폭발물에 의한 테러 위협 시 대응에 관한 설명으로 옳지 않은 것은? 기출 15

① 폭발물에 의한 테러 위협을 당하면 우선적으로 사람을 건물 밖으로 대피시켜야 한다.
② 건물 내 폭발물에 의한 위험이 발생되었을 때 경비책임자는 경찰과 소방서에 통보하고 후속조치를 기다려야 한다.
③ 폭발물이 발견되면 그 지역을 출입하는 사람이나 출입이 제한된 사람들의 명단을 신속히 파악한다.
④ 폭발물의 폭발력 약화를 위해서 모든 창과 문은 닫아 두어야 한다.

[해설]
폭발물의 폭발력을 약화시키기 위해서 모든 창문과 문은 열어 두어야 한다.

정답 ④

Ⅲ 비상사태에 대한 대응

1. 비상사태 유형 및 대응

① 지진에 대한 대응 기출 19
  ㉠ 부상자와 사망자에 대한 조치가 가장 급선무이며, 부상자를 우선적으로 처리해야 한다. 기출 20
  ㉡ 지진발생 후 치안공백으로 인한 약탈과 방화행위에 대비하여야 하고 항시 자신이 관리하는 구역의 경비를 철저히 강화해야 한다.

② 홍수에 대한 대응 기출 19
  ㉠ 폭우의 예보 : 침수 가능한 지역의 배수시설과 하수구 등 수해대비 시설에 대한 점검을 해야 한다.
  ㉡ 지대가 낮은 경우 : 물건이나 장비를 고지대로 이동시켜야 하며, 습기로 인해 기계파손이나 손상의 우려가 있는 경우에는 비가 새지 않도록 사전조치를 취해야 한다.★

③ 건물붕괴에 대한 대응 기출 20·19
  ㉠ 건물이 붕괴되면 내부에 있는 모든 인명이 몰살될 뿐만 아니라 엄청난 재산피해를 가져온다.
  ㉡ 경비원은 자신이 관리하는 건물의 벽에 금이 가거나 균열이 있는지 확인하고 물이 새거나 지반이 내려앉는지도 확인해야 한다.★

④ 비행기 충돌·추락
  ㉠ 비행기 충돌·추락 사고가 발생되면 탑승자 대부분이 사망하게 되는 특징을 보인다.
  ㉡ 이·착륙 과정에서 사고가 발생하는 경우에는 부상자가 대부분이므로 침착성을 잃지 않고 부상자를 안전한 장소로 옮기고 응급처치를 한다.

경비원의 비상시 임무 기출 22·21·20
- 비상사태에 대한 신속한 초동조치
- 외부지원기관(경찰서, 소방서, 병원 등)과의 통신업무
- 특별한 대상(장애인, 노약자 등)의 보호 및 응급조치
- 경제적으로 보호해야 할 가치가 있는 것들에 대한 보호조치
- 비상인력과 시설 내 이동통제★
- 출입구·비상구 및 위험지역의 출입통제★

---

⑤ 공연장·행사장 안전관리 기출 13
  ㉠ 의 의
    - 안전관리는 재난이나 그 밖의 각종 사고로부터 사람의 생명·신체 및 재산의 안전을 확보하기 위하여 하는 모든 활동을 말한다.
    - 재난관리는 재난의 예방·대비·대응 및 복구를 위하여 하는 모든 활동을 말한다. 기출 13
  ㉡ 긴급구조기관 : 소방청, 소방본부 및 소방서를 말한다. 다만, 해양에서 발생한 재난의 경우에는 해양경찰청·지방해양경찰청 및 해양경찰서를 말한다. 기출 13
  ㉢ 특 징
    - 군중이 운집한 상황에서 돌발사태 등에 의해 정서의 충동성, 도덕적 모순성 등 이상군중심리가 발생된다. 기출 13
    - 화재, 붕괴, 폭발과 같은 사회재난은 국민의 생명·신체·재산과 국가에 피해를 주거나 줄 수 있는 것을 말한다. 기출 13

ⓔ 안전관리업무의 민간위탁
- 민간위탁으로 민간경비가 투입되면 경찰인력이 동원되지 않기 때문에 경비업무에 따른 경찰의 공적 경비업무 부담을 감소시키게 된다.
- 민간경비업체는 행사 주최 측과 긴밀한 사전협의 및 협조를 통하여 질서유지 및 상황 발생 시 대처할 수 있어야 한다.
- 민간경비업체는 상황에 따라 소방대 및 경찰지원을 요청하는 등 탄력성 있는 안전관리활동이 가능하여야 한다.
- 민간경비업체는 이동 간 거리행사의 경우에 행사기획 단계부터 이동경로의 선택 및 참가예상인원의 파악 등의 업무도 가능하여야 한다.

⑥ 반달리즘(Vandalism)
  ㉠ 건물의 낙서를 비롯하여 무차별적으로 문화재 및 타인의 물건이나 건물, 시설물 등을 파괴하는 반사회적인 행동을 말한다. 기출 13
  ㉡ 어떠한 사전경고도 없으며, 목적 없이 무차별적으로 발생하므로 주의를 기울이는 것만이 예방책이다. ★
  ㉢ 대표적인 사건에는 숭례문(남대문) 방화사건, 탈레반의 바미안 석불 파괴사건 등이 있다. ★

노사분규에 대한 대응(노사분규 발생 시 경비요령)
- 경비원들에 대한 사전교육을 실시하고 규율을 확인·점검한다.
- 파업이 일어나면 모든 출입구를 봉쇄하고, 주변 시설물 내의 가연성 물질을 제거한다.
- 시위과정에서 무기로 사용될 수 있는 물건을 치운다.
- 시위근로자들을 자극하거나 직접적인 충돌을 피해야 한다.
- 일상적인 순찰활동을 통한 정기적인 확인·점검이 필요하다. ★
- 파업에 참여하는 근로자로부터 모든 열쇠를 회수하고, 새로운 자물쇠나 잠금장치로 교체한다. ★
- 시설 내 소화전, 스프링클러와 같은 방화시설을 점검한다.
- 평화적인 시위에 대해서는 이를 보호하려는 노력을 하여야 한다.
- 시위근로자들과의 연락망을 지속적으로 유지한다.
- 시위가 과격해질 경우를 대비하여 경찰에 지원을 요청하는 방안도 고려해야 한다.

핵심문제

01 대규모 공연장·행사장 안전관리업무의 민간위탁에 관한 설명으로 옳지 않은 것은? 기출 14

① 민간위탁은 경찰의 공적 경비업무 부담을 증가시킨다.
② 민간경비업체는 행사 주최 측과 긴밀한 사전협의 및 협조를 통하여 질서유지 및 상황 발생 시 대처할 수 있어야 한다.
③ 민간경비업체는 상황에 따라 소방대 및 경찰지원을 요청하는 등 탄력성 있는 안전관리활동이 가능하여야 한다.
④ 민간경비업체는 이동 간 거리행사의 경우에 행사기획 단계부터 이동경로의 선택 및 참가예상인원의 파악 등의 업무도 가능하여야 한다.

[해설]
민간위탁은 경찰의 공적 경비업무 부담을 증가시키는 것이 아니라 오히려 감소시킨다.

정답 ①

사건(사고) 발생 시 현장보존 기출 23	
의 의	• 현장보존은 살인이나 상해, 강도 등의 사건현장뿐만 아니라 교통사고, 화재 등의 사고현장을 그 상태대로 보존하여 경찰이나 소방당국의 채증활동 등에 협력하는 활동을 의미한다. • 현장에서 위험을 방지하는 등 필요한 조치를 강구하는 것이 우선이며, 현장보존은 어디까지나 2차적이다. 이 경우 2차 사고 발생에 주의해야 한다.
확보 방법	• 현장을 중심으로 가능한 한 넓은 범위를 보존범위로 정하여 확보하여야 한다.★ • 보존해야 할 범위를 명확하게 하기 위해 로프 등으로 출입제한선을 설정해야 한다. • 시설 내의 통로 등 통행을 금지할 수 없는 장소에 대해서는 가능한 한 통행을 제한해야 한다. • 현장보존의 범위에 있는 모든 사람을 신속히 퇴장시켜야 한다.★ • 소유자 등 관리권을 가진 자라고 하더라도 경찰관이 오기 전에 보존범위에 출입하는 것은 삼가야 한다. • 출입제한 전후에 현장에서 행동한 자의 성명, 시간, 기타 행동범위 등을 가능한 한 분명하게 기록해야 한다.
유의점	• 현장의 모든 물건에 손을 대서는 안 된다.★ • 현장의 물건 위치를 변경해서는 안 된다.★ • 현장을 움직이지 말고 그대로 두어야 한다.★ • 현장에 담배꽁초나 휴지를 버리거나 침을 뱉어서는 안 된다.★ • 옥외에 족적, 핏자국, 타이어 자국 등이 있는데, 비가 와서 유실될 우려가 있는 경우 비닐 등으로 덮어 자국이 변형되지 않도록 하여야 한다.

2. 비상계획의 수립

① **비상계획의 방안** : 비상계획은 재난에서 생존할 수 있는 기회의 증가에 중점을 두어야 한다. 기출 13
② **비상계획서에 포함되어야 할 사항** 기출 16
    ㉠ 비상업무를 수행할 기관명, 명령지휘부 지정
    ㉡ 비상시 명령체계와 보고업무체계의 수립(전화번호, 기관)
    ㉢ 경비감독관은 비상위원회에 반드시 포함되어야 함★
    ㉣ 신속한 이동을 위한 비상팀의 훈련과 조직
    ㉤ 특별한 대상의 보호, 응급구조 조치
    ㉥ 비상시 사용될 장비, 시설의 위치 지정(목록, 위치, 수량, 설계도면 등)
    ㉦ 외부기관과의 통신수단 마련과 대중 및 언론에 대한 정보제공★
③ **지휘명령체계의 확립** : 비상사태 발생 시 초기에 사태대응을 보다 신속하게 할 수 있도록 가장 신속하게 명령을 내릴 수 있는 사람에게 명령권을 주어 미리 준비된 절차에 의해 명령체계가 효과적으로 발휘될 수 있도록 한다. 기출 13
④ **책임관계의 규정** : 비상사태나 경비업무에 책임을 지고 있는 자에게 상응하는 책임관계를 명확하게 규정해 주어야 한다.

CHAPTER 06 컴퓨터 범죄 및 안전관리

제1절 컴퓨터 관리 및 안전대책

I 컴퓨터 관리

1. 컴퓨터의 개념
컴퓨터는 기억장치에 담긴 명령어들에 의해 조작되며 데이터를 받아들이고, 이 데이터를 가지고 산술적·논리적 연산을 수행하며 처리기로부터 결과를 생산하고, 이를 저장할 수 있도록 해주는 전자장치이다.

2. 컴퓨터 시스템
① 컴퓨터 시스템의 개념 : 컴퓨터 시스템은 데이터를 처리하는 컴퓨터를 포함한 각종 기기들의 집합을 말하며, 좀 더 포괄적으로는 컴퓨터를 통한 데이터 처리를 위해 필요한 모든 요소인 하드웨어(Hardware), 소프트웨어(Software), 데이터, 사용자(User)를 포함한다.

② 컴퓨터 시스템의 구성 요소
  ㉠ 하드웨어 : 우리가 보통 컴퓨터라고 하는 것으로, 전자 부품으로 구성된 물리적 구성요소를 말한다. 하드웨어에는 중앙처리장치, 기억장치, 입출력장치, 저장 장치 등이 있다.
  ㉡ 소프트웨어 : 일반적으로 프로그램이라고 한다. 소프트웨어는 전자적인 명령들의 집합으로서 하드웨어가 동작하도록 지시하고 통제하는 역할을 한다.
  ㉢ 데이터 : 컴퓨터가 처리해야 할 가공되지 않은 사실들을 말한다. 데이터는 여러 가지 형태가 있지만 컴퓨터에 입력되면 숫자로 변환되어 처리된다.
  ㉣ 사용자 : 컴퓨터를 사용하는 사람을 말한다. 컴퓨터 시스템은 사용자의 명령에 의해서만 작동되므로 사용자는 컴퓨터 시스템을 구성하는 매우 중요한 요소라 할 수 있다.

③ 포트(Port) 기출 14 : 네트워킹 용어로서 논리적인 접점, 즉 컴퓨터 통신 이용자들을 대형컴퓨터에 연결해 주는 일종의 접속구이자 정보의 출입구 역할을 하는 곳을 말한다.

> **포트(Port)의 특징**
> - 컴퓨터를 이용한 정보통신은 이것을 통해 이루어진다.
> - 네트워킹 용어로서 논리적인 접점을 말한다.
> - 네트워크상에서 특정 통신경로에 할당된 번호라고 할 수 있다.

Ⅱ 컴퓨터 안전대책

1. 컴퓨터 안전대책의 필요성
① 기업경영에 있어서 컴퓨터에 대한 의존성이 지속적으로 증가하고 있으며, 축적된 자료의 양이 방대하기 때문에 자료의 손실을 방지하기 위해서는 비용이 들더라도 컴퓨터의 관리 및 보호조치가 반드시 이루어져야 한다.
② 안전대책으로 컴퓨터 보호프로그램은 컴퓨터 전문가가 관리해야 하며, 물리적 보호, 절차상 및 조작상의 보호, 접근의 통제, 비상시 계획 및 우발사고 시 절차, 직원교육 프로그램 및 컴퓨터 요원의 고용 시 신원조사 절차 등을 포함하여야 한다.

2. 정보보호에 관한 기본원칙 〔기출 24·16·14〕
① 정보보호를 통해 달성하고자 하는 목표는 비밀성, 무결성, 가용성이다. 〔기출 22·21·15〕
② 정보시스템 소유자, 공급자, 사용자 및 기타 관련자 간의 책임을 명확하게 해야 한다. 〔기출 22〕
③ 정보보호는 시간이 지남에 따라 정보보호의 요구사항이 변하므로 주기적으로 재평가되어야 한다. 〔기출 22〕
④ 정보시스템의 보안은 정보의 합법적 사용과 전달이 상호조화가 이루어지도록 해야 한다. 〔기출 22〕
⑤ 정보시스템의 보안은 타인의 권리와 합법적 이익이 존중·보호되도록 운영되어야 한다.
⑥ 정보와 정보시스템의 사용을 허가받은 사람이 언제든지 사용할 수 있도록 보장해야 한다.

핵심문제

01 정보보호의 목표가 아닌 것은? 〔기출 15〕
① 무결성(integrity)
② 비밀성(confidentiality)
③ 가용성(availability)
④ 적법성(legality)

[해설]
정보보호의 목표는 비밀성·무결성·가용성이며, 적법성은 이에 해당하지 않는다.

정답 ④

02 정보보호에 관한 기본원칙으로 옳지 않은 것은? 〔기출 14〕
① 정보시스템 소유자, 공급자, 사용자 및 기타 관련자 간의 책임을 명확하게 해야 한다.
② 정보시스템의 보안은 시간이 경과하더라도 주기적인 재평가가 요구되지 않는다.
③ 정보시스템의 보안은 정보의 합법적 사용과 전달이 상호조화를 이루어지도록 해야 한다.
④ 정보시스템의 보안은 타인의 권리와 합법적 이익이 존중·보호되도록 운영되어야 한다.

[해설]
정보보호는 시간이 지남에 따라 정보보호의 요구사항이 변하므로 시간이 흐름에 따라 변하는 것처럼 주기적으로 재평가되어야 한다.

정답 ②

> **정보보호의 목표**
> - 비(기)밀성(Confidentiality) : 비인가된 접근이나 지능적 차단으로부터 중요한 정보를 보호하고, 허가받은 사람만이 정보와 시스템을 사용할 수 있도록 한다.
> - 무결성(Integrity) : 정보와 정보처리방법의 완전성・정밀성・정확성을 유지하기 위해 한 번 생성된 정보는 원칙적으로 수정되어서는 안 되고, 만약 수정이 필요한 경우에는 허가받은 사람에 의해 허용된 절차와 방법에 따라 수정되어야 한다.
> - 가용성(Availability) : 정보와 시스템의 사용을 허가받은 사람이 이를 사용하고자 할 경우, 언제든지 사용할 수 있도록 보장되어야 한다.

3. 컴퓨터 시스템 안전관리
① 암호는 특정시스템에 대한 접근권을 가진 이용자의 식별장치라 할 수 있다. 기출 13
② 컴퓨터실의 화재감지는 초기단계에서 감지할 수 있는 감지기를 사용하도록 한다. 기출 13
③ 컴퓨터 시스템의 보안성 유지를 위하여 프로그램 개발자와 컴퓨터 운영자 상호 간의 접촉을 가능한 한 줄이거나 없애야 한다. 기출 13・11

4. 컴퓨터 시스템의 물리적 안전대책 기출 17・12
① 컴퓨터실 및 파일 보관장소는 허가된 사람에 의해서만 출입이 가능하도록 하고, 접근권한의 갱신은 정기적으로 검토될 필요가 있다. 기출 23・11
② 컴퓨터실은 벽면이나 바닥을 강화 콘크리트 등으로 보호하고, 화재에 대비하여 불연재를 사용하여야 한다.★
③ 컴퓨터실의 내부에는 화재방지장치를 설치해야 하며 정전에 대비하여 무정전장치를 설치해야 한다.★
④ 컴퓨터실은 출입자기록제도를 시행하고 지정된 비밀번호는 주기적으로 변경해 주는 것이 좋다.★
⑤ 불의의 사고에 대비해 시스템 백업은 물론 프로그램 백업도 이루어져야 하며, 오퍼레이팅시스템과 업무처리프로그램은 반드시 복제프로그램을 작성해두어야 한다.★
⑥ 컴퓨터실 내부에는 예비전력장치・화재방지장치를 설치하여야 한다.
⑦ 컴퓨터실의 위치 선정 시 화재, 홍수, 폭발의 위험과 외부 침입자에 의한 위험으로부터 안정성을 고려하여야 한다.

핵심문제

01 컴퓨터 시스템 안전대책에 관한 설명으로 옳지 않은 것은? 기출 15
① 컴퓨터실과 파일보관 장소는 허가받은 사람만이 출입할 수 있도록 엄격히 통제하여야 한다.
② 컴퓨터 기기의 경우 물에 접촉하면 치명적인 손상을 가져오기 때문에 이산화탄소나 할론가스를 이용한 소화장비를 설치・사용하여야 한다.
③ 컴퓨터 시스템의 보안성 유지를 위하여 프로그램 개발자와 컴퓨터 운영자를 통합하여 운용한다.
④ 컴퓨터 시스템 사용이 불가능하게 될 경우를 대비하여 백업용 컴퓨터 기기를 준비해 둔다.

[해설]
컴퓨터 시스템의 보안성을 유지하기 위해서는 프로그래머, 조작요원, 시험 및 회계요원, 유지보수 요원들 간의 접촉을 최대한 줄이거나 차단시켜야 하며 통합적으로 운용하여서는 안 된다.★

정답 ③

5. 외부 침입에 대한 안전조치

① 부정한 수단이나 실력행사로 컴퓨터 센터에 침입하는 것을 예방하기 위해서는 건물 내부에 각종 안전관리 설비를 갖추고 출입구는 엄격히 통제되어야 한다.
② 화재로 불이 옮겨 붙는 위험을 막기 위하여 다른 건물과 충분히 거리를 두고 있어도 건물 내에는 각종 방화설비를 설치하는 것이 좋다.
③ 각 출입구마다 화재관련법규와 안전검사 절차를 갖춘 방화문이 설치되어야 한다. 기출 17
④ 어떤 경우에라도 시설물 외부에는 컴퓨터 센터를 보호하는 담이나 장벽 같은 것이 설치되어야 하고, 컴퓨터 센터 내부에는 충분한 조명시설을 갖추어야 한다. 기출 17
⑤ 외부 침입자가 은폐물로 이용할 수 있는 장식적인 식수나 조경은 삼가야 한다. ★
⑥ 정사각형 모양의 환기용 창문, 쓰레기 낙하구멍, 공기 조절용 배관이나 배수구 등을 통한 침입을 차단할 수 있어야 한다. 기출 17
⑦ 시설물 폭파 등에 의한 방법으로 침입할 수도 있기 때문에 이를 막기 위한 구조적 장치도 반드시 마련되어야 한다. 기출 17

6. 경보장치의 설치

① 컴퓨터의 경비시스템에 관하여 가장 좋은 것은 모든 설비에 경보시스템을 설치하는 것이다.
② 컴퓨터 설비가 24시간 가동되는 경우를 제외하고는 중앙경보시스템이 반드시 설치되어야 한다(컴퓨터가 24시간 가동되는 경우에는 감지시스템을 이용하는 것이 효과적이다). ★★
③ 건물 출입구와 전산실로 통하는 모든 출입구 및 컴퓨터 전·수신용 테이프 보관실에도 경보장치가 설치되어야 한다.
④ 컴퓨터 작동 스위치가 1개나 2개 있는 경우 컴퓨터의 동력을 차단하는 안전장치가 설치되어야 한다. ★

7. 컴퓨터에 대한 접근통제 기출 23

컴퓨터 시스템센터 출입에 있어서 허가된 직원의 행동제한이나 출입이 금지된 사람들에 대한 접근통제 절차를 수립하여야 한다. 컴퓨터 시스템센터에는 최소한의 출입구만 설치되어야 하고, 출입구에는 항상 안전장치가 되어 있어야 한다. 어떤 경우에도 출입 시에는 안전요원의 지시에 따라야 한다. ★

핵심문제

01 컴퓨터 안전대책 중 외부 침입에 대한 안전조치에 관한 설명으로 옳지 않은 것은? 기출 17

① 환기용 창문, 공기 조절용 배관이나 배수구 등을 통한 침입을 차단한다.
② 폭발물에 의한 침입에 대비한 구조적 보호장치를 마련할 필요는 없다.
③ 시설물 외부에는 컴퓨터 센터를 보호하는 담이나 장벽 같은 것을 설치하여야 한다.
④ 각 출입구마다 화재관련법규와 안전검사 절차를 거친 방화문이 설치되어야 한다.

[해설]
시설물 폭파 등에 의한 방법으로 침입할 수도 있기 때문에 이를 막기 위한 구조적 장치도 반드시 마련되어야 한다.

정답 ②

8. 방화대책

① **화재의 원인** : 화재의 주된 원인은 대부분 전기장치에 의한 오작동이다. 같은 건물 내부의 다른 곳이나 이웃한 건물에서 불이 옮겨오는 경우도 많다.

② **화재 발생 감지장치의 설치**
  ㉠ 컴퓨터 시스템센터 시설을 건축할 때부터 화재 발생 감지기를 장치하는 것이 가장 경제적이다.★
  ㉡ 감지기는 컴퓨터 시스템센터 시설의 완공에 관계없이 반드시 설치되어야 한다.★
  ㉢ 감지기는 천장이나 전선 등이 지나가는 건물바닥 내부나 환기통 속에, 그리고 컴퓨터 설비 자체 또는 자료보관실에 반드시 설치한다.

③ **스프링클러 설치** : 스프링클러는 화재 발생 초기에 화재경보와 소화가 동시에 행해지는 자동소화설비로, 물을 분무상으로 방사시키므로 액체화재에 효과가 크다.

> **스프링클러 사용에 대한 견해** 기출 21
> - Factory Mutual 계통의 미국보험회사들은 컴퓨터 설비장소에서의 스프링클러 사용을 권장하고 있다(기기에 대한 소화가 우선).
> - 컴퓨터 제조업체인 IBM은 컴퓨터 설비장소에서의 스프링클러 사용이 기계에 해로우므로 절대 사용하지 말 것을 권장하고 있다(기기에 대한 기능이 우선).

④ **기타 소화설비**
  ㉠ 할로겐화합물 소화기 : 무취, 비활성인 기체로 전도성이 없고 연소물 주위에 체류하여 질식소화작용과 동시에 냉각소화작용으로 소화시키며, 화재 진압에 매우 효율적이다.★
  ㉡ 이산화탄소 소화기 : 이산화탄소를 이용하는 방화시스템은 Halon 시스템만큼 효율적이나 일정농도에서는 치명적이기 때문에 살포하기 전에 모든 직원을 대피시켜야 한다.★

> **컴퓨터 기기의 소화장비**
> 컴퓨터 기기의 경우 물에 접촉하면 치명적인 손상을 가져오기 때문에 이산화탄소나 할론가스를 이용한 소화장비를 설치·사용하여야 한다.★

  ㉢ 분말 소화기 : 분해에 의한 냉각작용 및 불연가스, 수증기에 의한 질식작용, 발생이온의 부촉매작용에 의한 연쇄반응을 정지시키는 억제작용에 의해 소화시킨다.

Ⅲ 컴퓨터 보호대책

1. 컴퓨터 설치장소

컴퓨터를 설치할 장소를 선택할 때는 이용의 편리함뿐만 아니라 장소에 영향을 미칠 수 있는 환경적·인적 요소를 함께 고려하는 것이 중요하다.★

① **화재 및 방범 문제** : 화재 발생 시 신속한 대처능력과 전체적인 효율성을 점검해야 한다.
② **유지관리시간** : 컴퓨터의 점검 및 보수 등 유지관리에 걸리는 시간을 고려해야 한다.
③ **접근의 용이성** : 컴퓨터 설치장소는 직원들이 쉽게 접근할 수 있는 곳에 위치해야 한다.

④ 주변 여건 : 범죄 다발지역은 바람직하지 않다. ★
⑤ 환경오염문제 : 컴퓨터는 대기상태에 영향을 받기 때문에 환경적 오염 상황도 고려해야 한다.
⑥ 충분한 사용공간 : 컴퓨터의 기능을 충분히 발휘할 수 있도록 사용공간을 확보해야 한다.
⑦ 전력원 문제 : 전력회사의 신뢰성과 함께 정전사태에 대비한 효율적이고 신속한 대응을 점검해야 한다.
⑧ 자연재해 문제 : 홍수나 지진, 수해 등이 일어날 가능성이 있는 지역은 피하여 설치한다.

2. 백업(Back-up) 시스템(예비·대비·보안시스템)
   ① 의 의
      ㉠ 백업시스템은 주된 장치가 장애를 일으켰을 때 진행 중이던 작업을 완결시키거나 새로 시작할 수 있도록 설계된 장치를 말한다. ★
      ㉡ 기업체의 모든 업무를 컴퓨터로 처리할 경우, 비상사태가 발생하여 컴퓨터에 의해 이루어지는 모든 업무가 마비되는 경우를 대비하여 비상계획을 수립하게 되는데 이러한 대비시스템을 백업시스템(Back-up System)이라 한다.
      ㉢ 백업시스템은 비상사태가 발생하였을 때 시스템의 재구축 및 복구절차를 지원하는 모든 요소를 예측하여 마련한다.
      ㉣ 컴퓨터 작동불능의 원인은 기계의 오작동, 정전, 자연재해, 화재, 불법적인 해킹, 절도 및 파괴활동, 바이러스 침투, 빌딩 수리 작업 등 다양하므로 이에 대비한 보안시스템이 마련되어야 한다.

   백업(Back-up) 대책
   - 컴퓨터 기기에 대한 백업 : 컴퓨터 시스템 사용이 불가능하게 될 경우를 대비하여 백업용 컴퓨터 기기를 준비해 둔다.
   - 프로그램에 대한 백업 : 오퍼레이팅시스템과 업무처리프로그램의 경우에 반드시 복제프로그램을 준비해 둔다.
   - 도큐멘테이션(Documentation)에 대한 백업 : 오퍼레이팅시스템의 추가선택 기능에 대한 설명 및 오퍼레이팅시스템의 갱신 및 기록, 사용 중인 업무처리프로그램의 설명서, 주요파일의 구성·내용 및 거래코드 설명서, 오퍼레이팅 매뉴얼, 사용자 매뉴얼 등이 포함되어야 한다.
   - 데이터 파일에 대한 백업 : 데이터 파일, 변경 전의 마스터 파일, 거래기록 파일 등은 기본적으로 백업을 해두어야 한다.

핵심문제

01 다음 중 컴퓨터 시스템이 설치·이용되고 있는 모든 컴퓨터실에 컴퓨터 시스템이 사용 불가능하게 될 경우를 대비하여 백업용 컴퓨터 기기를 준비해 두는 것은 백업(Back-up)의 종류 중 어느 것에 해당하는가? 기출

① 컴퓨터 기기에 대한 백업
② 프로그램에 대한 백업
③ 도큐멘테이션에 대한 백업
④ 데이터 파일에 대한 백업

[해설]
사용 중인 컴퓨터 시스템을 사용할 수 없게 될 경우에 대처하기 위해 동일한 기종·기능의 백업용 컴퓨터 기기를 예비로 준비해야 한다. 또한 사고로 컴퓨터 시스템이 파괴되거나, 운영프로그램·처리자료들이 손상될 경우를 대비해 이들 프로그램들을 별도의 저장매체에 저장하여 보관하는 것도 필요하다.

정답 ①

② 비상계획 수립 시 고려해야 할 사항
   ㉠ 동일 모델의 컴퓨터나 동일 기종을 가진 컴퓨터를 배치하고 상호협조 및 지원계약을 맺는다. 이때 호환성 여부의 확인과 충분한 검토를 한다.★
   ㉡ 시스템 간의 지속적인 호환성 유무를 확인하기 위해 정기적으로 시험가동이 수행되어야 한다.★
   ㉢ 제3자에 의한 핫 사이트(Hot site)를 구비한다.★

핫 사이트(Hot site)
- 실시간으로 데이터 및 시스템과 환경을 원격지에 복제하여 이중화하는 시스템 재해복구 방식이다.
- 재해 발생 시 최단 시간 내에 데이터를 유실 없이 복구할 수 있다.

   ㉣ 비상사태를 대비하여 다수의 기업체와 공백 셸[Empty Shell(cold)] 계약방식에 의한 계약체결을 고려하고 컴퓨터를 설치할 때는 분산 형태의 보완시스템이 갖춰진 컴퓨터를 구비한다.★

공백 셸 계약방식
전원시설, 공조기, 통신선로 등을 갖추고, 재해 발생 시 하드웨어, 소프트웨어 설치가 가능하도록 공간을 확보하는 방식이다. 핫 사이트에 비해 비용은 적게 들지만 백업처리를 준비하는 데 많은 시간이 소요된다.★

분산 형태의 보완시스템
2대의 컴퓨터 가운데 1대는 예비용으로 사용되는 시스템
---

3. 외부저장에 의한 보호

① 외부저장의 의의 : 모든 업무처리를 컴퓨터로 전환시킨 기업체는 어떤 다른 곳에 똑같은 자료를 가지고 있는 장치를 설치해 두게 되는데 이를 외부저장이라 한다.
② 외부저장의 방법과 방식
   ㉠ 기업체의 현재 상태를 잘 알 수 있도록 주기적으로 데이터의 갱신이 계속 이루어져야 한다.
   ㉡ 오늘날 대부분의 기업체들은 데이터를 디스크에 보관하고 반드시 별개의 파일형태로 할 필요는 없는 데이터베이스 관리시스템을 사용하고 있다.

핵심문제

01 모든 업무처리를 컴퓨터로 전환시킨 기업체는 어떤 다른 곳에 똑같은 자료를 가지고 있는 장치를 설치해 두게 되는데, 이것을 무엇이라 하는가?

① 콘 솔   ② 멀웨어
③ 트랩도어   ④ 외부저장

[해설]
설문은 외부저장에 대한 설명이다.

정답 ④

4. 무단사용에 대처하기 위한 보호조치

무단사용이란 회사 컴퓨터 사용에 전혀 권한이 없는 자가 컴퓨터 시설에 잠입하거나 원격단말장치를 사용하여 컴퓨터를 조작하는 것을 말한다. 이에 대한 보호조치는 다음과 같다.

① 패스워드(Password) 방법
② 권한 등급별 접근 허용(Graduated access) 방법
③ 원격 단말장치 사용에 대한 안전조치(Remote terminal security) 방법
④ 정보접근 권한 및 절차(Check & Audits)
⑤ 암호화(Encryption)
  ㉠ 암호(Password) : 특정시스템에 대한 접근권을 가진 이용자의 식별장치라 할 수 있다. ★
  ㉡ 암호시스템 : 암호화되지 않은 상태의 원문을 암호문으로 만드는 암호화 과정, 그 반대 과정인 암호문을 원문으로 변화시키는 복호화 과정, 그리고 이 과정 속에 사용되는 암호화 키와 그 관리 등을 일컫는 일련의 프로세스들을 말한다.
  ㉢ 특 징 기출 21·17·11
    • 허가받지 않은 접근을 차단하여 정보의 보안성을 확보하기 위한 것이다.
    • 암호설정은 단순 숫자조합보다는 특수문자 등을 사용하여 조합하는 것이 바람직하다.
    • 보안을 위해서는 가능한 한 암호수명(Password age)을 짧게 하고, 자주 변경하는 것이 좋다.

5. 컴퓨터 에러(Error) 방지 대책 기출 19

① 시스템 작동 재검토 : 적절한 컴퓨터 언어를 사용했는지 여부를 검토한다.
② 자격을 갖춘 전문요원의 활용 : 자격을 가진 컴퓨터 취급자만 컴퓨터 운용에 투입되도록 한다.
③ 데이터 갱신을 통한 지속적인 시스템의 재검토 : 컴퓨터를 효율적으로 사용하기 위해서는 프로그램 운용과 관련한 시스템이 개발되어야 하며 계속적으로 데이터 갱신이 이루어져야 한다.
④ 절차상의 재평가 : 컴퓨터 관리자는 정해진 절차대로 프로그램이 실행되는지를 검토해야 하고, 어떠한 절차가 효율적인지를 합리적으로 재평가한 후 비효율성이 발견되면 이를 재검토하여야 한다.

핵심문제

01 컴퓨터 암호화 시스템에 관한 설명으로 옳지 않은 것은? 기출 17

① 컴퓨터 암호는 특정시스템에 대한 접근권을 가진 이용자의 식별장치라 할 수 있다.
② 암호화는 허가받지 않은 접근을 차단해 정보의 보안성을 확보하기 위한 것이다.
③ 컴퓨터 보안을 위해서는 가능한 한 암호수명을 짧게 하고 패스워드를 자주 변경하는 것이 좋다.
④ 암호설정은 완전한 보안을 위해 특수문자보다는 단순 숫자조합을 사용하는 것이 바람직하다.

[해설]
암호설정은 완전한 보안을 위해 단순 숫자조합보다는 특수문자 등을 사용하여 조합하는 것이 바람직하다.

정답 ④

제2절 컴퓨터 범죄 및 예방대책

I 컴퓨터 범죄의 의의

1. **컴퓨터 범죄의 정의**

   컴퓨터를 행위의 수단 또는 목적으로 하여 형사처벌되거나 형사처벌대상이 되는 모든 범죄행위로서, 사이버 범죄라고도 한다.

2. **컴퓨터 범죄의 동기**

   컴퓨터 범죄의 동기는 주로 금전적 이득, 회사에 대한 불만, 정치적 목적, 산업 경쟁 혹은 지적 모험심 등에 의해서 발생한다.

3. **컴퓨터 범죄의 특징** 기출 24·20·16·13·12·11

   ① 컴퓨터 시스템상의 특징
   - ㉠ 정당한 이용이나 부정한 이용에 대한 구별이 없이 똑같은 능력을 발휘한다.
   - ㉡ 이용자가 소수인이거나 다수인이거나 상관없이 단시간 내에 대량의 데이터 처리가 가능하다.
   - ㉢ 범죄시간의 측정이 몇천분의 일 초, 몇십억분의 일 초 단위로 되므로 시간개념이 기존 범죄와 다르다.
   - ㉣ 장소, 국경 등에 관계없이 컴퓨터 침입이 가능하며 증거가 남지 않고 증거인멸이 용이하기 때문에 범죄의 발견이 어렵다. 기출 15

   ② 컴퓨터 이용 면에서의 특징
   - ㉠ 컴퓨터의 기술개발 측면에만 연구를 집중하고 컴퓨터 사고 방지와 범죄 방지 측면에는 소홀한 면이 있다.
   - ㉡ 컴퓨터 전반에 정통한 전문가보다는 특수하고 전문화된 일정기술에만 정통한 기술자들이 대다수이다.★

   ③ 범죄 면에서의 특징
   - ㉠ 범죄동기 측면 기출 20
     - 단순한 유희나 향락 추구★
     - 지적 탐험심의 충족욕★
     - 정치적 목적이나 산업경쟁 목적
     - 회사에 대한 사적 보복 목적★
   - ㉡ 범죄행위자 측면
     - **컴퓨터 전문가** : 컴퓨터 시스템이나 회사 경영조직에 전문적인 지식을 갖춘 자들이 범죄를 저지른다.
     - **범죄의식 희박** : 컴퓨터에 의한 조작기술을 즐기는 것으로 생각하여 그 자체의 범죄성과 반사회적 성향의 행동에 대하여 옳고 그름을 느끼지 못하는 경우가 많다. 기출 20
     - **연소화 경향** : 컴퓨터 지식을 갖춘 비교적 젊은 층의 컴퓨터 범죄자들이 많다.★
     - **초범성** : 컴퓨터 범죄행위는 대부분 초범자들이 많다.★
     - **완전범죄** : 대부분 내부인의 소행이며, 단독범행이 쉽고 완전범죄의 가능성이 높으며, 범행 후 도주할 수 있는 시간적 여유가 충분하다.★

ⓒ 범죄행위 측면 기출 24·23·21·20·18·15·13
- 범행의 연속성 : 컴퓨터 부정조작의 경우 행위자가 조작방법을 터득하면 범행이 연속적이며 지속적으로 이루어질 수 있다.
- 범행의 광역성과 자동성
  - 광역성(광범위성) : 컴퓨터 조작자는 원격지에서 단말기를 통하여 단시간 내에 대량의 데이터를 처리하므로 광범위하게 영향을 미친다.
  - 자동성 : 불법한 프로그램을 삽입한 경우나 변경된 고정자료를 사용할 때마다 자동적으로 범죄를 유발하게 된다.
- 발각과 증명의 곤란 : 데이터가 그 대상이 되므로 자료의 폐쇄성, 불가시성, 은닉성 때문에 범죄사건의 발각과 증명이 어렵다.
- 고의의 입증 곤란 : 단순한 데이터의 변경, 소멸 등의 형태에 불과할 경우 실수라고 변명한다면 범죄의 고의성을 입증하기 어렵다. 기출 24

II 컴퓨터 범죄의 유형 및 수법

1. 컴퓨터 범죄의 유형 기출 24·22·17·14·13·12

① 컴퓨터의 부정조작

ⓐ 의의 : 행위자가 컴퓨터의 처리결과나 출력인쇄를 변경시켜서 타인에게 손해를 끼쳐 자신이나 제3자의 재산적 이익을 얻도록 컴퓨터 시스템 자료처리 영역의 정상적인 운영을 방해하는 행위를 말한다.

ⓑ 종 류 기출 24·23·13·04

입력 조작	불법적인 목적을 달성하기 위해 입력될 자료를 조작하여 컴퓨터로 하여금 거짓처리 결과를 만들어 내게 하는 행위로 천공카드, 천공테이프, 마그네틱테이프, 디스크 등의 입력매체를 이용한 입력장치나 입력타자기에 의하여 행하여진다.
프로그램 조작	프로그램을 구성하는 개개의 명령을 변경 혹은 삭제하거나 새로운 명령을 삽입하여 기존의 프로그램을 변경하는 것이다.★
콘솔 조작	컴퓨터의 시동·정지, 운전상태 감시, 정보처리 내용과 방법의 변경·수정의 경우 사용되는 콘솔을 거짓으로 조작하여 컴퓨터의 자료처리과정에서 프로그램의 지시나 처리될 기억정보를 변경시키는 것을 말한다.★
출력 조작	특별한 컴퓨터 지식 없이도 할 수 있는 방법으로 올바르게 출력된 출력인쇄를 사후에 변조하는 것이다.

② 컴퓨터 파괴 : 컴퓨터 자체, 프로그램, 내·외부에 기억되어 있는 자료를 개체로 하는 파괴행위를 말한다.
③ 컴퓨터 스파이 : 컴퓨터 시스템의 자료를 권한 없이 획득하거나 불법이용 또는 누설하여 타인에게 재산적 손해를 야기시키는 행위로, 자료와 프로그램의 불법획득과 이용이라는 2개의 행위로 이루어진다. 컴퓨터 스파이 수법으로는 쓰레기 주위 모으기(스캐빈징), 자료누출수법, 선로도청방법(부정접속), 비동기성 공격 등이 있다.
④ 컴퓨터 부정사용(권한 없는 자의 사용) : 컴퓨터에 관한 업무에 대해 전혀 권한이 없는 자가 컴퓨터가 있는 곳에 잠입하거나 원격단말장치를 사용하는 방법으로 컴퓨터를 자기 목적 달성을 위하여 일정한 시간 동안 사용하는 행위로서, 시간절도라고도 한다.★
⑤ CD(Cash Dispenser) 범죄 : 현금자동지급기를 중심으로 하는 범죄를 말한다.

2. 컴퓨터 바이러스 기출 21

컴퓨터 바이러스는 "사용자 몰래 다른 프로그램에 침투하여 자기 자신을 복제하고 컴퓨터를 감염시키는 프로그램"이라고 정의할 수 있으며, 더 정확하게는 "컴퓨터의 프로그램이나 실행 가능한 부분을 변형하여, 여기에 자기 자신 또는 자기 자신의 변형을 복제하는 명령어들의 조합"이라고 할 수 있다.

3. 멀웨어(Malware) 기출 20 · 14

① 멀웨어[Malware : Malicious Software(악의적인 소프트웨어)의 약어]는 시스템을 파괴하거나 정보를 유출하기 위해 개발된 프로그램이나 파일을 총칭한다.
② 사이버공격의 유형으로는 멀웨어 공격, 서비스거부 공격 등이 있는데, 대표적인 멀웨어 공격으로는 바이러스, 트로이 목마, 버퍼 오버플로 공격, 스파이웨어, 악성 웹 기반 코드 등이 있으며, (분산) 서비스거부 공격에는 마이둠(MyDoom), 슬래머(Slammer) 등이 있다.
③ 스턱스넷(Stuxnet) 기출 22

의 의	공항, 발전소, 철도 등 기간시설을 파괴할 목적으로 제작된 컴퓨터 웜(Worm) 바이러스이다.
특 징	• 2010년 6월 컴퓨터 보안회사(VirusBlokAda)에 의해 처음 발견되었다. • MS 윈도우 운영체제의 제로데이 취약점을 통해 감염된다. • 스턱스넷은 목표물을 감염시키기 위해 직접 침투해야 하며, 주로 USB와 같은 이동식 저장매체를 통하여 감염된다. • 모든 시스템을 대상으로 하는 것이 아닌 산업시설의 전반적인 현황을 감시하고 제어할 수 있는 스카다(SCADA)시스템만을 노린다. • 웜(Worm) 바이러스의 일종이기에 자기복제 기능도 있다.

핵심문제

01 사이버공격의 유형에서 멀웨어(malware) 공격이 아닌 것은?

① 바이러스　　　　　　　　　② 트로이 목마
③ 버퍼 오버플로　　　　　　　④ 슬래머

[해설]
멀웨어는 시스템을 파괴하거나 정보를 유출하기 위해 개발된 프로그램이나 파일을 총칭하는데, 대표적인 멀웨어 공격으로는 바이러스, 트로이 목마, 버퍼 오버플로 공격, 스파이웨어, 악성 웹 기반 코드 등이 있다. 슬래머는 마이둠과 더불어 대표적인 분산 서비스거부 공격에 해당한다.

정답 ④

4. 해 킹 기출 18·16·14·13·12

① 정의 : 어떤 목적에서건 시스템 관리자가 구축해 놓은 보안망을 무력화시켰을 경우 이와 관련된 모든 행동을 말하며, 시스템 관리자의 권한을 불법적으로 획득한 경우, 또 이를 악용해 다른 사용자에게 피해를 주는 경우도 해당한다.

② 해킹의 방법

㉠ 트로이 목마(Trojan Horse) 기출 21·20·16·12·04
- 프로그램 속에 은밀히 범죄자만 아는 명령문을 삽입하여 이를 범죄자가 이용하는 수법을 말한다.
- 상대방이 눈치 채지 못하게 몰래 숨어드는 것으로 정상적인 프로그램에 부정 루틴이나 명령어를 삽입해 정상적인 작업을 수행하나 부정한 결과를 얻어내고 즉시 부정 루틴을 삭제하기 때문에 발견이 어렵게 된다.
- 시스템 프로그래머, 프로그램 담당 관리자, 오퍼레이터, 외부프로그램 용역자가 저지르며 시스템 로그인 테이프와 운용 기록이 있는 프로그램 리스트를 확보한 후 정상적인 프로그램 실행 결과와 의심스런 프로그램 결과를 비교하는 일이 예방책이다.

㉡ 비동기성 공격(Asynchronous Attacks)
- 컴퓨터 중앙처리장치 속도와 입·출력장치 속도가 다른 점을 이용해 Multi-programming을 할 때 Check-point를 써서 자료를 입수하는 방법이다.
- 어떤 자료와 프로그램이 누출된 것 같은 의심이 생기거나 컴퓨터 성능과 출력 자료가 정상이 아닐 때 시스템 로그인 테이프를 분석해 작업 지시서와 대조해 지시 없이 작업을 수행한 기록이 있는지 조사해 봐야 한다.

㉢ 쓰레기 주워 모으기(Scavenging) 기출 20·13
- 컴퓨터실에서 작업하면서 쓰레기통에 버린 프로그램 리스트, 데이터 리스트, 카피 자료를 얻는 방법이다.
- 많은 사람들이 자신이 버리는 쓰레기가 다른 사람들의 손에 들어갈 경우 자신을 위협할 수 있는 무기가 된다는 사실을 인식하지 못하기 때문에 이러한 일이 발생한다. 따라서 중요한 것은 꼭 알아볼 수 없도록 폐기해야 한다.

㉣ 살라미 기법(Salami Techniques, 부분잠식수법) 기출 21·20·16·13
- 어떤 일을 정상적으로 수행하면서 관심을 두지 않는 조그마한 이익들을 긁어모으는 수법이다.
- 예를 들면, 금융기관의 컴퓨터 시스템에서 이자 계산 시나 배당금 분배 시 단수(端數) 이하로 떨어지는 적은 수를 주워 모아 어느 특정 계좌에 모이게 하는 수법이다.
- 뚜렷한 피해자가 없어 특별히 검사해 보는 제도를 두지 않으면 알 수 없고 일단 제작되면 별도 수정 없이는 범행상태가 계속된다.
- 은행직원이나 외부인 등 전산망에 접근할 수 있는 자라면 누구나 저지를 수 있으며 계좌 중에 아주 작은 금액이 계속적으로 입금된 사실이 있는지 검사하는 프로그램을 작성해 수행시켜 보는 방법 등을 통해 예방한다.

ⓜ **IP 스푸핑(IP Spoofing)** : 인터넷 프로토콜인 TCP/IP의 구조적 결함, 즉 TCP 시퀀스번호, 소스라우팅, 소스 주소를 이용한 인증(Authentication) 메커니즘 등을 이용한 방법으로서 인증 기능을 가지고 있는 시스템에 침입하기 위해 침입자가 사용하는 시스템을 원래의 호스트로 위장하는 방법이다.

ⓑ **패킷 스니퍼링(Packet Sniffering)**
- 최근 널리 쓰이고 있는 대표적인 방법으로 Tcpdump, Snoop, Sniffer 등과 같은 네트워크 모니터링 툴을 이용해 네트워크 내에 돌아다니는 패킷의 내용을 분석해 정보를 알아내는 것이다.
- 이 방법은 네트워크에 연동되어 있는 호스트뿐만 아니라 외부에서 내부 네트워크로 접속하는 모든 호스트가 위험 대상이 된다.

ⓢ **데이터 디들링(Data Diddling)** 기출 21·20
- '자료의 부정변개'라고도 하며 데이터를 입력하는 동안이나 변환하는 시점에서 최종적인 입력 순간에 자료를 절취 또는 변경, 추가, 삭제하는 모든 행동을 말한다.
- 원시서류 자체를 변조·위조해 끼워 넣거나 바꿔치기하는 수법으로 자기 테이프나 디스크 속에 엑스트라 바이트를 만들어 두었다가 데이터를 추가하는 수법이다.
- 자료를 코드로 바꾸면서 다른 것으로 바꿔치기하는 수법인데 원시자료 준비자, 자료 운반자, 자료 용역처리자 그리고 데이터와 접근이 가능한 내부인이 주로 저지른다.
- 예방하려면 원시서류와 입력 데이터를 대조해 보고 컴퓨터 처리 결과가 예상 결과와 같은지 검토하며, 시스템 로그인 파일과 수작업으로 작성된 관련 일지를 서로 비교 검토하는 작업을 정기적으로 실시하여야 한다.

ⓞ **슈퍼 재핑(Super Zapping, 운영자 가장수법)** 기출 22·20·13
- 컴퓨터가 고장으로 가동이 불가능할 때 비상용으로 쓰이는 프로그램이 슈퍼 잽이며 슈퍼 잽 수행 시에 호텔의 만능키처럼 패스워드나 각종 보안장치 기능을 상실시켜 컴퓨터의 기억장치에 수록된 모든 파일에 접근해 자료를 복사해 가는 것이다.
- 예방하려면 외부에서 출입해 수리를 할 경우 입회하여 지키고 테이프나 디스크팩, 디스켓 반출 시에 내용을 확인하고 고장 내용이 수록된 파일을 복사해 가지고 나갈 경우 내용을 복사해 증거물을 남기는 법이 최선책이다. 이 방법은 거의 직접적인 수법이기에 계속 지키고 확인하는 수밖에 없다.

ⓩ **트랩도어(Trap Door, 함정문수법)** 기출 24·13·12
- OS나 대형 응용 프로그램을 개발하면서 전체 시험실행을 할 때 발견되는 오류를 쉽게 하거나 처음부터 중간에 내용을 볼 수 있는 부정루틴을 삽입해 컴퓨터의 정비나 유지보수를 핑계 삼아 컴퓨터 내부의 자료를 뽑아 가는 행위로, 프로그래머가 프로그램 내부에 일종의 비밀통로를 만들어 두는 것이다.
- 대규모 프로그램을 개발할 때 프로그램을 수정할 수 있는 명령어를 삽입하는데, 프로그램 개발이 완성되면 명령어를 삭제해야 하나 고의 또는 과실에 의해 이를 삭제하지 않아 이 명령어를 이용하여 프로그램을 조작하는 것이다.
- 자신만이 드나들 수 있게 하여 자료를 빼내는 방법으로 실제로 프로그램을 수행시키면서 중간에 이상한 것이 출력되지 않는지와 어떤 메시지가 나타나지 않았나 살펴보고 이상한 자료의 누출이나 어카운트에는 계산된 것이 없는데 기계시간이 사용된 경우 추적하여 찾아내야 한다.

- ㉢ Sendmail 버그
  - Sendmail은 거의 모든 유닉스 기종에서 사용되는 메일 전송 프로그램이다.
  - 보안상의 허점(Security Hole)이 발견되면 그 여파가 대단히 크게 나타난다.
- ㉣ 버퍼 오버플로(Buffer Overflow) 기출 22·20·14 : 메모리에 할당된 버퍼(프로그램 처리 과정에 필요한 데이터가 일시적으로 저장되는 공간)의 양을 초과하는 데이터를 입력하여 프로그램의 복귀 주소를 조작, 궁극적으로 해커가 원하는 코드를 실행하게 하는 시스템 해킹의 대표적인 공격방법이다.

> **해커(Hacker)와 크래커(Cracker)**
> - 해커 : 컴퓨터 시스템과 네트워크 분야에 대한 전문적인 지식을 가지고 있으면서, 고의로 네트워크를 통해 다른 시스템에 접근하여 자유자재로 조작하는 사람들을 일반적으로 가리키며, 그러한 행위를 해킹이라 한다.
> - 크래커 : 주로 복사방지 소프트웨어 등을 불법으로 변경하여 원래의 프로그램에 영향을 주는 행위를 하는 사람을 뜻한다. 또한 시스템에서 보안의 허점을 찾아 불법적인 행위를 하는 사람도 크래커라고 불린다.

핵심문제

01 다음 설명에 해당하는 컴퓨터 범죄의 유형은? 기출 18

> 컴퓨터 작업 수행 후 주변에서 정보를 획득하는 방법으로, 쓰레기통이나 주위에 버려진 명세서 또는 복사물을 찾아 습득하거나 컴퓨터 기억장치에 남아있는 것을 찾아내서 획득하는 방법이다.

① 살라미 기법(Salami Techniques)
② 스캐빈징(Scavenging)
③ 트랩도어(Trap Door)
④ 슈퍼재핑(Super Zapping)

【해설】
스캐빈징(쓰레기 주워 모으기)에 대한 설명이다.

정답 ②

02 컴퓨터의 고장을 수리하는 것처럼 하면서 그 안에 수록되어 있는 자료를 부정조작하거나 입수하는 컴퓨터 범죄의 수법은? 기출 09

① 운영자 가장수법(Super Zapping)
② 함정문수법(Trap Doors)
③ 논리폭탄수법(Logic Bombs)
④ 부분잠식수법(Salami Techniques)

【해설】
슈퍼재핑(운영자 가장수법)은 컴퓨터가 고장으로 가동이 불가능할 때 비상용으로 쓰이는 프로그램(슈퍼 잽)을 이용하여 패스워드나 각종 보안장치 기능을 상실시켜 컴퓨터의 기억장치에 수록된 모든 파일에 접근해 자료를 복사해 가는 것이다.

정답 ①

5. 신종금융범죄(전자금융사기)

① **피싱(Phishing)** : 개인정보(Private Data)와 낚시(Fishing)의 합성어로, 금융기관으로 가장하여 이메일 등을 발송하고, 그 이메일 등에서 안내하는 인터넷주소를 클릭하면 가짜 사이트로 접속을 유도하여 은행계좌정보나 개인신상정보를 불법적으로 알아내 이를 이용하는 수법을 말한다. 기출 21

② **스미싱(Smishing)** : 문자메시지(SMS)와 피싱(Phishing)의 합성어로, '무료쿠폰 제공, 모바일 청첩장, 돌잔치 초대장' 등을 내용으로 하는 문자메시지를 발송하고, 그 문자메시지 내 인터넷 주소를 클릭하면 스마트폰에 악성코드가 설치되어 소액결제 피해를 발생시키거나(소액결제 방식으로 돈을 편취하거나) 개인의 금융정보를 탈취하는 수법을 말한다. 기출 20·18

③ **파밍(Pharming)** : PC가 악성코드에 감염되어 정상 사이트에 접속해도 가짜 사이트로 유도되고, 이를 통해 금융정보를 빼돌리는 수법을 말한다. 기출 20·19·17

④ **메모리 해킹(Memory Hacking)** : PC의 메모리에 상주한 악성코드로 인해 정상 은행사이트에서 보안카드 번호 앞뒤 2자리만 입력해도 부당인출되는 수법을 말한다. 기출 20

6. 컴퓨터의 각종 사이버테러

① **논리폭탄(Logic Bomb)** 기출 20·19·17·16·15·12 : 13일의 금요일 등 컴퓨터에 일정한 사항이 작동할 때마다 부정행위가 일어날 수 있도록 프로그램을 조작하는 수법으로, 일정한 조건이 충족되면 자동으로 컴퓨터 파괴활동을 시작하여 논리폭탄이 작동되면 컴퓨터의 모든 정보가 삭제되거나 인터넷 등 온라인 정보사용이 어렵게 된다.

② **허프건(Huffgun)** 기출 22·19·17·15 : 고출력 전자기장을 발생시켜 컴퓨터의 자기기록 정보를 파괴시키는 사이버테러용 무기이다. 전자회로로 구성되어 있는 컴퓨터는 고출력 전자기파를 받으면 오작동하거나 정지되기 때문에 기업들의 핵심 정보가 수록된 하드디스크(HDD)가 허프건의 주요 공격 목표가 된다.

핵심문제

01 다음 사례에 해당하는 신종금융범죄는? 기출 17

> A씨는 자신이 사용하는 PC가 악성코드에 감염된 것을 모르고, 정상 홈페이지라고 여긴 가짜 사이트로 유도되어 요구하는 금융정보를 입력하였는데, 자신도 모르게 금융정보를 탈취당하여 범행계좌로 이체되는 금융사기를 당하였다.

① 메모리 해킹(Memory Hacking)
② 스미싱(Smishing)
③ 파밍(Pharming)
④ 피싱(Phishing)

[해설]
파밍(Pharming)이란 사용자 PC가 악성코드에 감염되어 정상 홈페이지에 접속하여도 가짜 사이트로 유도되고 금융정보를 탈취당하여 범행계좌로 이체되는 수법을 말한다.

정답 ③

③ 스팸(Spam) 기출 23·20·17 : 악의적인 내용을 담은 전자우편을 인터넷상의 불특정 다수에게 무차별로 살포하여 컴퓨터 시스템을 마비시키거나 온라인 공해를 일으키는 행위이다. 전자우편 폭탄이라고도 한다.

④ 플레임(Flame) 기출 22·17·15 : 네티즌들이 공통의 관심사를 논의하기 위해 개설한 토론방에 고의로 가입하여 개인 등에 대한 악성 루머를 유포하여 개인이나 기업을 곤경에 빠뜨리는 수법이다.★ 플레임은 불꽃을 의미하지만 인터넷에서는 악성 루머 때문에 촉발·과격화된 온라인 토론을 말한다.★

⑤ 서비스 거부(Denial of Service)★ 기출 21·19 : 정보 시스템의 데이터나 자원을 정당한 사용자가 적절한 대기 시간 내에 사용하는 것을 방해하는 행위이다. 주로 시스템에 과도한 부하를 일으켜 정보 시스템의 사용을 방해하는 공격 방식이다.

⑥ 스토킹(Stalking) 기출 17 : 인터넷을 이용하여 타인의 신상정보를 공개하고 거짓 메시지를 남겨 괴롭히는 행위이다.

⑦ 스누핑(Snuffing) 기출 15 : 인터넷상에 떠도는 IP(Internet Protocol) 정보를 몰래 가로채는 행위를 말한다.

⑧ 스푸핑(Spoofing)★ 기출 20·19 : 어떤 프로그램이 마치 정상적인 상태로 유지되는 것처럼 믿도록 속임수를 쓰는 것을 뜻한다.

⑨ 전자폭탄(Electronic Bomb) 기출 15 : 약 1백억 와트의 고출력 에너지로 순간적으로 마이크로웨이브파를 발생시켜 컴퓨터 내의 전자 및 전기회로를 파괴한다.

⑩ 온라인 폭탄 : 대용량의 메일을 동시에 다량으로 송부하여 대형 컴퓨터 시스템에 과부하가 걸리도록 하여 업무를 마비시키거나 장애를 초래하는 이메일 폭탄을 말한다.

핵심문제

01 사이버테러 중 고출력 전자기장을 발생시켜 컴퓨터 정보를 파괴시키는 사이버테러용 무기는? 기출

① 허프건(Huffgun)
② 스팸(Spam)
③ 플레임(Flame)
④ 크래커(Cracker)

【해설】
허프건(Huffgun)은 고출력 전자기장을 발생시켜 컴퓨터의 자기기록 정보를 파괴한다. 전자회로로 구성되어 있는 컴퓨터는 고출력 전자기파를 받으면 오작동하거나 정지되기 때문에 기업들의 핵심 정보가 수록된 하드디스크(HDD)가 허프건의 주요 공격 목표가 된다.

정답 ①

Ⅲ 컴퓨터 범죄의 예방대책

1. 컴퓨터 범죄의 예방절차
① 프로그래머, 조작요원, 시험 및 회계요원, 유지보수 요원들 간의 접촉을 줄이거나 없애야 한다. ★
② 모든 프로그램을 개발할 때마다 문서화할 것을 주지시켜야 한다. ★
③ 프로그래머들은 작업실 외부에 머물게 해야 한다. ★
④ 컴퓨터 작동의 모든 면에 있어 업무일지를 작성해야 한다. ★
⑤ 컴퓨터 사용에 대한 회계감사나 사후평가를 면밀히 해야 한다. 기출 13
⑥ 프로그램 채택 후 정기적으로 점검해야 한다. 기출 13

> **컴퓨터 활용에 잠재된 위험 요소** 기출 19
> - 컴퓨터를 통한 사기·횡령
> - 프로그램 작성상의 부정 및 프로그램에 대한 침투
> - 조작자의 실수
> - 입력상 에러
> - 프로그램 자체의 에러
> - 비밀정보의 절취 등

2. 컴퓨터 시스템 안전대책 기출 18·16·15·13

① **물리적 대책** 기출 22·15
  ㉠ 건물에 대한 안전조치 : 컴퓨터실의 위치를 선정할 때는 화재나 홍수, 폭발 등 주변의 위험과 외부 불법침입자에 의한 위험으로부터 벗어난 안전한 장소를 고려한다. 기출 20
  ㉡ 물리적 재해에 대한 보호조치
    - 효과적인 백업시스템을 준비하여 신속하게 복구하는 것이 최선의 방안이다.
    - 컴퓨터실은 가급적 지하에 설치하지 말고, 스프링클러를 사용하는 경우에는 사전에 방수커버를 덮어야 한다.
  ㉢ 출입통제 : 컴퓨터실과 파일보관 장소는 허가받은 사람만 출입할 수 있도록 통제하여야 한다.
  기출 24·22

> **물리적 대책**
> - 출입통제 : 통제구역 설정, 비인가자 접근 통제, 컴퓨터실 및 파일보관 장소에 대한 통제
> - 시설물 보호 : 방화시설·방재시설·CCTV 설치, 경비시설 확충, 건물에 대한 안전조치, 물리적 재해에 대한 보호 조치
> - 시스템 보호 : 운영체제(OS)와 프로그램 및 데이터백업시스템 구축
> ※ 거래기록 파일 등 데이터 파일에 대한 백업을 할 때에는 내부와 외부에 이중으로 파일을 보관하여야 한다. 기출 20

② **관리적(인적) 대책** 기출 24·23·22·18
  ㉠ 직무권한의 명확화와 상호 분리 원칙 : 프로그래머와 오퍼레이터의 직무권한을 철저히 준수한다.
  기출 23
  ㉡ 프로그램 개발통제 : 프로그램 작성 전에 견제기능을 가진 특수 루틴(Routine)을 삽입하여 설계하고, 필요한 프로그램은 빠짐없이 감사팀의 심의를 거치도록 한다.

ⓒ 도큐멘테이션 철저 : 업무흐름과 프로그램의 내용이 다르면 부정의 소지가 있기 때문에 일치되도록 한다.
② 스케줄러(Scheduller)의 점검 : 컴퓨터의 각 운용자에게 할당된 기억장치와 입력장치의 상황을 프로그래머에게 건네고 프로그래머는 프로그램의 테이프와 디스크 내용을 면밀히 검토하여 부정의 여지가 없는지 점검한다. 기출 23
⑩ 액세스 제한제도(Graduated Access)의 도입 : 데이터의 경우 특정 직급 이상이어야만 해독할 수 있도록 키나 패스워드 등을 부여하여 권한등급별로 접근을 허용한다. 기출 23·22
ⓑ 패스워드의 철저한 관리 : 패스워드의 경우 권한 없는 사람이 해독할 수 없도록 관리한다.
ⓢ 레이블링(Labeling)에 의한 관리 : 극비의 경영자료 등이 수록된 파일이나 중요한 상품의 프로그램이 수록되어 있는 테이프나 디스크 파일에는 별도의 명칭을 부여한다.
ⓞ 감사증거기록 삭제 방지 : 콘솔시트에는 컴퓨터 시스템의 사용일자와 취급자의 성명, 프로그램 명칭 등이 기록되므로 임의로 파괴해 버릴 수 없는 체제를 도입함으로써 부당사용 후 흔적을 없애는 사태를 방지한다.
ⓩ 배경조사 : 근무자들에 대하여 정기적으로 배경조사를 실시한다. 기출 22
ⓧ 안전관리 : 각종 회의를 통하여 컴퓨터 안전관리의 중요성을 인식시킨다.
ⓚ 기능 분리 : 회사 내부의 컴퓨터 기술자, 사용자, 프로그래머의 기능을 각각 분리한다.

기출 22·15

ⓔ 기타 : 고객과의 협력을 통한 감시체제, 현금카드 운영의 철저한 관리, 컴퓨터 시스템의 감사 등이 있다.

> **컴퓨터 범죄의 관리상 안전대책**
> • 예기치 못한 사고에 대해 예방하는 것이므로 사전에 이에 대한 대책이 우선적으로 수립되어야 한다.
> • 지속적이고 장기적인 대책수립이 필요하다.
> • 예기치 못한 사고에 대비하기 위해 시스템 백업과 프로그램 백업이 필요하다.
> • 네트워크의 취약성으로 발생하는 문제는 방화벽 설치 등 기술적 안전대책으로 해결해야 한다.

핵심문제

01 다음 중 컴퓨터 범죄의 예방대책으로 틀린 것은? 기출 06

① 컴퓨터 범죄를 처벌하기 위한 관계법령의 개정 및 제정
② 프로그래머(Programmer)와 오퍼레이터(Operator)의 상호 업무분리 원칙 준수
③ 컴퓨터 범죄 전담수사관의 수사능력 배양
④ 컴퓨터 취급능력 향상을 위한 전체 구성원들의 접근 용이

[해설]
액세스 제한제도나 패스워드를 이용하여 권한이 있는 사람들만 접근이 용이하도록 해야 한다.

정답 ④

③ **기술적 대책** 기출 13 : 컴퓨터 데이터의 취급자를 규제 또는 견제하여 컴퓨터 데이터를 보호하는 컴퓨터 대책을 말한다.
  ㉠ **암호화** 기출 24·23
    - 암호화는 데이터를 특수처리하여 비인가자가 그 내용을 알 수 없도록 하는 것으로 시스템에 대한 개별적 암호화를 통해 데이터의 가로채기(Interception)를 예방할 수 있다.
    - 암호시스템은 암호화 형식에 따라 비밀키(대칭형) 암호시스템과 공개키(비대칭형) 암호시스템으로 구분할 수 있다.
  ㉡ **방화벽(침입차단시스템)** 기출 24
    - 방화벽은 정보의 악의적인 흐름이나 침투 등을 방지하고, 비인가자나 불법침입자로 인한 정보의 손실·변조·파괴 등의 피해를 보호하거나 최소화시키는 총체적인 안전장치를 말한다.
    - 방화벽은 외부로부터 내부망을 보호하기 위한 네트워크 구성 요소 중의 하나로서 외부의 불법 침입으로부터 내부의 정보자산을 보호하고 외부로부터 유해정보 유입을 차단하기 위한 정책과 이를 지원하는 하드웨어 및 소프트웨어를 총칭한다.
    - 방화벽은 네트워크의 보안 사고나 위협이 더 이상 확대되지 않도록 막고 격리하는 것이라고 할 수 있는데, 특히 어떤 기관의 내부 네트워크를 보호하기 위해 외부에서의 불법적인 트래픽이 들어오는 것을 막고, 허가하거나 인증된 트래픽만 허용하는 적극적인 방어 대책이라고 할 수 있다.
  ㉢ **침입탐지시스템(IDS ; Intrusion Detection System)**
    - 시스템상의 침입자를 색출하는 프로그램으로 시스템과 네트워크작업을 분석하여 권한이 없는 사용자가 로그인하거나 악의성 작업이 있는지 찾아내는 활성 프로세스 또는 장치를 말한다.
    - IDS는 네트워크 활동을 감시하고 네트워크와 시스템 설정에 취약점이 있는지 확인하며 데이터 무결성을 분석하는 등의 다양한 작업을 수행할 수 있다.

3. 입법적 대책
① 현행 형법상 규정
  ㉠ **컴퓨터 업무방해죄** : 컴퓨터등 정보처리장치 또는 전자기록 등 특수매체기록을 손괴하거나 정보처리장치에 허위의 정보 또는 부정한 명령을 입력하거나 기타 방법으로 정보처리에 장애를 발생하게 하여 사람의 업무를 방해한 자는 5년 이하의 징역 또는 1천500만원 이하의 벌금에 처한다(형법 제314조 제2항). 기출 19

핵심문제

01 정보의 악의적인 흐름이나 침투 등을 방지하고, 비인가자나 불법침입자로 인한 정보의 손실·변조·파괴 등의 피해를 보호하거나 최소화시키는 총체적인 안전장치는? 기출 09

① 물리적 통제　　　　　　　　　② 방화벽
③ 포트(port)　　　　　　　　　　④ 멀웨어(malware)

[해설]
방화벽은 정보의 악의적인 흐름이나 손실, 변조, 파괴 등을 방지하거나 최소화시키는 총제적인 안전장치이다.

정답 ②

- ⓒ 컴퓨터등 사용사기죄 : 컴퓨터등 정보처리장치에 허위의 정보 또는 부정한 명령을 입력하거나 권한 없이 정보를 입력·변경하여 정보처리를 하게 함으로써 재산상의 이익을 취득하거나 제3자로 하여금 취득하게 한 자는 10년 이하의 징역 또는 2천만원 이하의 벌금에 처한다(형법 제347조의2). 기출 19
- ⓒ 전자기록 손괴죄 : 타인의 재물, 문서 또는 전자기록 등 특수매체기록을 손괴 또는 은닉 기타 방법으로 기 효용을 해한 자는 3년 이하의 징역 또는 700만원 이하의 벌금에 처한다(형법 제366조).
- ⓔ 전자기록의 위작·변작 : 사무처리를 그르치게 할 목적으로 권리·의무 또는 사실증명에 관한 타인의 전자기록 등 특수매체기록을 위작 또는 변작한 자는 5년 이하의 징역 또는 1천만원 이하의 벌금에 처한다(형법 제232조의2). 기출 21·19
- ⓜ 비밀침해죄 : 봉함 기타 비밀장치한 사람의 편지, 문서, 도화 또는 전자기록 등 특수매체기록을 기술적 수단을 이용하여 그 내용을 알아낸 자는 3년 이하의 징역이나 금고 또는 500만원 이하의 벌금에 처한다(형법 제316조 제2항). 기출 19

② 기타 규제법률
- ㉠ 컴퓨터 통신망 보호 : 정보통신망 이용촉진 및 정보보호 등에 관한 법률
- ㉡ 통신침해 : 전기통신기본법, 전기통신사업법, 전파법
- ㉢ 개인정보 침해 : 개인정보보호법, 신용정보의 이용 및 보호에 관한 법률
- ㉣ 소프트웨어의 보호 : 소프트웨어산업진흥법, 저작권법, 특허법
- ㉤ 도청행위 : 통신비밀보호법
- ㉥ 전자문서 : 정보통신망 이용촉진 및 정보보호 등에 관한 법률, 물류정책기본법

컴퓨터 범죄 담당기관의 설립연혁
1997년 : 컴퓨터범죄 수사대 창설
1999년 : 사이버범죄 수사대로 개편
2000년 7월 : 사이버테러대응센터 창설
2007년 : 전국 경찰서 사이버수사팀 확대 구축
2010년 : 해킹·악성코드 분석실 구축
2012년 : 국제사이버범죄 연구센터 창설
2014년 : 경찰청 사이버안전국 창설

핵심문제

01 다음 중 컴퓨터 조작범죄의 종류로 볼 수 없는 것은 어느 것인가? 기출

① 전자기록의 위·변조
② 컴퓨터 업무방해죄
③ 컴퓨터 이용사기죄
④ 컴퓨터 자료염탐죄

[해설]
컴퓨터 자료염탐죄는 규정되어 있지 않다.

정답 ④

CHAPTER 07 민간경비산업의 과제와 전망

제1절 한국 민간경비산업의 문제점

I. 민간경비산업의 문제와 개선방안 [기출] 21·20·19·14·12·11

1. **민간경비산업의 문제점 개관** [기출] 20·19
   ① 민간경비산업은 양적 팽창을 이뤄냈지만, 인력경비 중심의 영세한 경호·경비업체의 난립으로 민간경비의 발전에 걸림돌로 작용하고 있으며, 일부 업체를 제외하고는 대체로 영세한 편이다.★
   ② 경비 분야의 전문 연구인력이 부족하며, 경비 입찰단가가 비현실적이다.
   ③ 민간경비원의 자질 및 전문성이 문제되고 있는 실정이다(민간경비원의 교육과정은 교육과목이 많고 내용도 비현실적이라는 지적이 있다).
   ④ 아직까지 기계경비보다 인력경비에 치중되어 있는 실정이다.★
   ⑤ 경비업법과 청원경찰법으로 이원화되어 있어 경비의 효율성 등에 장애요인으로 작용한다.★
   ⑥ 보험회사들의 민간경비업에 대한 이해부족으로 인하여 보험상품 개발이 활발하지 못하다.

핵심문제

01 한국 민간경비산업의 문제점으로 틀린 것은? [기출] 08

① 경비 입찰단가의 비현실성
② 전문인력의 부족
③ 총기사용의 제한
④ 경비업체의 영세성

[해설]
총기사용을 제한하는 것이 한국 민간경비산업의 문제점이라고 볼 수는 없다.

정답 ③

2. 민간경비산업의 현황 기출 19
① 민간경비의 수요 및 시장규모가 일부 지역에 편중되어 있다.★
② 경찰 및 교정업무의 민영화 추세는 민간경비업 확장의 한 요인이 된다.★
③ 최근에 인력경비를 줄이고 기계경비 중심으로 변화하면서 민간경비의 질적 향상이 도모되고 있다.★

3. 경비업의 허가기준
① **현행 경비업법**(경비업법 제4조) : 경비업을 하고자 하는 법인은 도급받아 행하고자 하는 경비업무를 특정하여 당해 법인의 주사무소의 소재지를 관할하는 시·도 경찰청장의 허가를 받아야 한다(경비업법 제4조 제1항 전문). 그러나 실제 경비업의 허가기준은 사전적·사후적 절차가 미흡하다.
② **개선방안**
　㉠ 허가사항 변경신고 : 허가변경신고는 의무적으로 규정하고 있으나 위반에 대한 규제력이 미약하여 이에 대한 규제를 보다 엄격하게 적용할 필요가 있다.
　㉡ 경비업의 허가요건 : 경비업을 허가를 받으려는 자에 대해서는 경비업무에 관련된 경력이나 이 분야의 학력 등에 대한 일정한 제한을 둘 필요가 있다.

4. 경비원 자질 향상을 위한 국가검정제도의 실시 기출 24
국가가 각 경비원들에게 전문기술과 지식을 검정하는 국가검정제도를 실시하여 경비원들의 자질을 향상시킬 필요가 있다.

5. 장비의 현대화 방안
① **현행 경비업법**(경비업법 제16조·제16조의2) : 경비업법은 경비원의 복장·장비 등을 규정하고 있으며, 구체적으로 경비원이 근무 중 휴대할 수 있는 장비의 종류는 경적·단봉·분사기 등 행정안전부령으로 정하고 있다. 특히 분사기는 「총포·도검·화약류 등의 안전관리에 관한 법률」에 따라 미리 소지허가를 받아야만 직무수행 시 휴대할 수 있도록 하고 있다.
② **개선방안** : 경비활동을 보다 더 향상시키고 자신의 신체적 위협에 대비하기 위해서는 외국에서 거의 보편화되어 있는 휴대하기 편리한 무전기, 가스 분사기 등의 휴대가 보편화되어야 한다.

6. 민간경비원의 형사상 법적 문제 기출 16·12
① 민간경비원의 법적 지위는 일반 사인과 같으므로 현행범에 대한 체포권한만 있으며, 법적 제재는 가할 수 없다.★
② 민간경비원은 수사권이 없다.★
③ 민간경비원의 모든 업무행위가 위법성이 결여되는 것이 아니라 정당방위, 자구행위, 정당행위 등에서 형법상 위법성이 결여된다.★

7. 손해배상제도

① **현행 경비업법**(경비업법 제26조) : 고객들에 대한 경비업자들의 손해배상제도는 현재 공제사업과 같은 제도가 운영되고 있는데 이와 같은 제도들은 고객들을 보호하기 위한 사후적 보장제도이지 경비업자들을 보호하기 위한 사후적 보장제도는 되지 못하고 있다. ★

② **개선방안** : 경비시설물이나 보험가입 고객에 따라 손해배상제도 외에도 별도의 손해배상 보험을 가입하도록 고객들이 요구하고 있어 경비업자들에게 이중적 부담을 주고 있는 실정이다. 따라서 경비업자들의 부담도 덜어 주고 일반 고객들에게도 충분한 손해배상이 이루어질 수 있도록 보험회사 측에서 경비 관련 보험상품을 다양하게 개발하여야 할 것이다. ★

8. 우수인력 채용 방안

우수한 경비인력의 확보와 경비업체의 신뢰도를 높이기 위해 경비원의 선발과정절차를 엄격하게 제도화시킬 필요가 있다.

① **임용 전 조사** : 면접의 경우 대부분 지원동기, 경력, 직업에 대한 전문지식, 그리고 다른 직업과의 관계 등을 알아보는 것이 대부분이고, 신원조회는 단순히 연락처나 소정양식의 서류를 제출하는 형식적인 수준에서 머물고 있다. 그러나 다소간의 비용이 발생하더라도 상설조사기관을 두어 전과조회, 능력이나 성격, 자질 등을 조사할 제도적 장치가 필요하다.

② **적정보수 규정** : 우수한 경비인력을 확보하기 위해서는 경비원이 배치되어 있는 경비시설물의 도급에 관계없이 개인의 경비능력, 경력, 교육수준, 기술, 책임감 그리고 자격증 유무에 따라 보수규정을 전체적으로 체계화하는 방안을 강구할 필요가 있다.

③ **경비업자들 간의 정보교환** : 경비인력의 채용과정에서 지원자의 신원정보에 대하여 경비업자들 상호 간에 교환이 이루어진다면 보다 효율적으로 우수한 경비인력을 확보할 수 있다. 또한 경비업체나 경비협회를 지도·감독하는 정부기관에서 전체 경비원들의 인적사항을 관리한다면 더욱 효과적으로 우수한 인력을 관리할 수도 있다.

④ **여성 경비원의 고용 확대** : 현재 여성 경비원들의 경비업무는 안내역할이나 여성고객 검색 등에 한정되고 있으나 점차 경비업무 분야를 확대하고 고급 여성인력들을 적극적으로 참여시켜 경비인력의 부족현상을 해결할 수도 있다.

9. 경비전문학교의 설립 방안(경비원 교육훈련의 내실화)

① **현재의 실정** : 민간경비 관련 학문은 미국이나 일본의 단편적인 지식에 의존하고 있고, 몇몇 업체들만이 시찰이나 교류를 통하여 경험이나 지식을 습득하고 있으며, 나머지 대부분은 군이나 경찰에서의 경비실무 경험을 바탕으로 경비업무를 실시하고 있어 학문적 바탕이 매우 취약함을 알 수 있다.

② **개선방안**

㉠ 경비원뿐만 아니라 경비업자 그리고 경비지도사들의 자질향상을 위한 교육훈련, 훈련계획, 교과편성 그리고 교육훈련의 사후 평가 등과 같은 일련의 모든 과정을 총괄하는 경비업무 교육훈련 전담기관(= 경비전문교육학교)이 필요하다. ★

㉡ 교육의 종류는 경비원의 신입교육, 직무교육, 전공과목교육, 경비지도사·경비업자 교육 등으로 실시할 수 있다.

10. 경찰과 민간경비의 협력 증진 방안(대응체제의 제도적 보완) 기출 24·23·22·19·16

① 문제점
- ㉠ 선진 외국에서는 오래전부터 국가차원의 공경비인 경찰과 민간차원의 민간경비와의 긴밀한 상호협조 체제를 구축하여 방범활동의 효율성을 극대화시켜 왔지만 한국의 경우 대부분의 방범활동은 국가 정책적으로 경찰조직 위주로 수립·추진되어 왔기 때문에 민간경비와 경찰의 협조체제가 별다른 진전이 없어 왔다.
- ㉡ 민간경비와 경찰은 그동안 상호 정보교환의 부재, 불신의식, 경쟁의식, 역할 기준의 불명확성 등으로 갈등을 겪어왔다. ★
- ㉢ 민간경비와 경찰은 상호 지원체제의 미흡, 범죄예방과 홍보활동의 부족, 범죄에 대한 예방활동을 위한 정책빈곤, 업무에 대한 상호 간의 이해부족 등으로 상호 협조체제를 구축하는 데 있어서 문제가 있었다.

② 개선방안
- ㉠ 책임자 간담회
  - 경찰 조직과 민간경비 조직 상호 간의 교류를 통하여 새로운 경험을 하고 관련 정보를 적극적으로 교환하여 상대방의 입장을 이해하도록 노력한다.
  - 책임자 간담회를 정기적으로 개최하여 경찰 조직과 민간경비 조직의 방범능력 향상을 위한 발전적 방안을 마련한다.
- ㉡ 전임책임자제도와 합동순찰제도 : 민간경비와 경찰 간의 접촉이나 연락과정을 공식화시킬 전담책임제도와 업무의 실질적인 협력 증진 방안으로 합동순찰제도를 둘 수 있다.
  - **전임책임자제도** : 경찰 조직과 민간 경비조직의 접촉을 공식화하여 양 조직의 무분별한 접촉으로 발생할 수 있는 부정적 요소를 방지하고 상호 신뢰하는 관계를 지속적으로 유지할 수 있도록 경찰 측에서는 민간경비와의 접촉을 전담하는 공식연락관을, 민간경비 측에서는 경찰과 접촉을 전담하는 연락담당자를 공식적으로 임명하는 제도이다.
  - **합동순찰제도** : 경찰 조직과 민간경비 조직의 실질적인 협력 증진 방안으로 관할지역 내에서 업무의 이해와 능률을 증진시키고 경비인력을 적절히 배분하기 위해서 고려되며, 외국의 경우 일반시민들까지 참여시키고 있다.

핵심문제

01 다음 중 민간경비와 경찰 간의 주요한 상호 갈등요인이라고 보기 어려운 것은 어느 것인가? 기출

① 상호 정보교환의 부재
② 상호 불신의식
③ 상호 경쟁의식
④ 상호 역할기준의 명확성

[해설]
상호 역할기준의 불명확성이 문제점으로 지적되고 있다.

정답 ④

ⓒ **상호 업무기준 설정** : 경찰 조직과 민간경비 조직 간의 마찰해소와 업무 수행의 효율성을 높이기 위한 차원에서 기본적인 업무기준 설정이 이루어져야 한다.
ⓔ **상호 비상연락망 구축** : 범죄 신고절차의 신속화로 범죄 예방률과 범인 검거율을 높이기 위해 경찰관서와 민간경비업체와의 비상연락망 구축은 정책적으로 권장하여 나아갈 필요가 있다.
ⓜ **경비자문서비스센터 운영** : 민간경비와 경찰이 공동체 의식을 갖고 지역사회의 범죄 예방을 위해 모든 민간경비업체명과 경비상품의 목록을 시민들에게 배부하는 경비자문서비스센터를 공동으로 운영할 수도 있다.

11. 민간경비의 전담기구 설치 방안

① **각국의 실정**
  ㉠ **일본의 경우** : 민간경비의 중요한 정책사항은 국가공안위원회에서 모두 관장하고 있다. ★ 기출 22
  ㉡ **미국의 경우** : 각 주별로 규제위원회(Regulatory Board)라는 민간경비 전담기구를 두어 교육을 포함한 민간경비의 중요한 정책사항들을 결정하고 있다. ★
  ㉢ **한국의 경우** : 그동안 민간경비업체가 그렇게 큰 규모도 아니었고, 기타 제반사항들이 국가적 차원에서 처리하여야 할 만큼 비중 있게 다루어지지도 못하였기 때문에 경찰청 경비국에서 전반적으로 취급하여 왔다.

② **개선방안**
  ㉠ 민간경비의 지속적인 발전과 육성을 위해서는 국가적 차원에서의 민간경비 전담기구가 필요하다. ★
  ㉡ 민간경비시장의 확대에 따른 적절하고 효율적인 통제를 위해서는 우선적으로 경찰청 내에 민간경비를 담당하는 전담 '과'를 설치하고 일본과 같이 '경찰위원회'가 민간경비의 전체적인 규율을 관장하는 기관으로서 역할을 수행할 수 있도록 해야 한다.

핵심문제

01 우리나라의 민간경비와 경찰의 관계 개선방안으로 옳지 않은 것은? 기출 09

① 민간경비와 경찰의 관계는 상하·수직적으로 구성되어야 한다.
② 민간경비와 경찰 간에 관련 정보를 적극적으로 교환하여야 한다.
③ 민간경비업체와 경찰책임자의 정기적인 회의를 개최하도록 한다.
④ 사건 발생 시 민간경비와 경찰 간의 갈등을 최소화하기 위해서 상호 역할기준을 명확히 해야 한다.

[해설]
① (×) 상하·수직적이 아닌 수평적 구성으로, 상호보완적 관계로 구성되어야 한다.
② (○), ④ (○) 민간경비와 경찰은 그동안 상호 정보교환의 부재, 불신의식, 경쟁의식, 역할 기준의 불명확성 등으로 갈등을 겪어왔다.
③ (○) 책임자 간담회를 정기적으로 개최하여 경찰과 민간경비의 방범능력 향상을 위한 발전적 방안을 마련하여야 한다.

정답 ①

12. 민·경 협력 범죄예방

① 언론매체는 범죄예방활동에 효과적이다. ★
② 지역사회 경찰활동의 핵심은 경찰과 지역주민이 함께 지역사회의 문제해결에 노력해야 한다는 것이다.
③ 경찰은 지역주민들의 자발적인 참여를 이끌어내기 위하여 지속적인 홍보활동을 해야 한다.
④ 자율방범대의 경우 자원봉사인 지역주민이 지구대 등 경찰관서와 협력관계를 갖고 범죄예방활동을 행한다.

13. 민간경비의 공공관계(PR) 개선 기출 21

① 공공관계 개선은 관련 정책 및 프로그램을 통한 민간경비의 이미지 향상을 의미한다.
② 민간경비는 특정고객에게 경비서비스를 제공하지만 일반시민과의 관계개선도 중요하다.
③ 민간경비는 장애인·알코올중독자 등 특별한 상황에 처한 사람들의 특성을 잘 이해하고 있어야 한다.
④ 민간경비의 언론관계(Press Relations)는 신문, 잡지, TV나 라디오 뉴스 등의 보도기능에 대응하는 활동으로, 언론과의 우호적인 관계형성을 위한 반응적(Active) 대응이 필요하다.

Ⅱ 경비업법과 청원경찰법의 이원적 운영에 따른 문제점 기출 24

1. 활동영역과 문제점

① 민간경비의 활동영역
  ㉠ 청원경찰과 민간경비 모두 범죄예방활동을 주요 임무로 하고 있다.
  ㉡ 활동영역에 있어 청원경찰은 기관장이나 시설주(청원주)의 요구에 의하여 공공적 또는 준공공적인 분야에서 방범활동이 이루어지고 있으나, 민간경비는 고객(도급계약자)의 요구에 의해서 사적인 분야에서 범죄예방활동이 이루어지고 있다.
  ㉢ 청원경찰은 경비구역 내에서 경찰관직무집행법에 의해 경찰관의 직무를 수행할 수 있지만(청원경찰법 제3조), 민간경비는 시설주가 요구하는 경비시설물 내에서 경비업무를 수행한다(경비업법 제7조 제1항). ★

② 청원경찰과 민간경비운용에 있어서 문제점 : 청원경찰과 민간경비는 같은 근무지역 내에서 역할이나 기능, 추구하는 목표가 거의 동일함에도 불구하고 지휘체계, 보수, 법집행 권한, 무기휴대, 책임의 한계 등에 있어서 차이가 있다. 또한 민간경비원은 청원경찰보다 직업안정성이 낮고 이직률이 높은 편이다. ★
  ㉠ **청원경찰법** : 외적인 공권력 관계는 잘 규정되어 있으나, 내적인 지휘체계나 운영 면에서는 문제점이 있다.
  ㉡ **경비업법** : 내적인 경영이나 관리측면은 잘 규정되어 있으나, 외적인 공권력 분야나 업무집행에 있어서는 문제점이 있다.

2. 지휘체계에 대한 문제점

① 지휘체계상의 문제점
- ㉠ **지휘 및 감독** : 민간경비나 청원경찰 모두 관할 경찰서장의 지도하에 감독하고 교육훈련을 실시하도록 하고 있지만, 실질적인 근무의 지휘 및 감독은 민간경비의 경우 경비지도사가, 청원경찰의 경우 청원주가 지정한 유능한 자에 의해 실시된다. 청원경찰은 경찰공무원도 경비원도 아닌 이중적인 법적 지위 때문에 업무 수행에서 혼란 등을 겪을 수 있다.
- ㉡ **청원경찰에 의한 경비와 민간경비가 동시에 실시되는 경우** : 청원주는 청원경찰에 대한 근무배치 및 감독에 관한 권한의 일부를 경비업자에게 위임한 경우 감독권을 보장하는 징계 등의 권한이 없으므로 실질적인 지휘 및 감독이 행해지지 못하는 것이다.★
- ㉢ **신속한 대응과 책임** : 경비의 효율화를 위하여 청원경찰의 근무배치 및 감독권을 경비업자에게 위임하였으나, 실질적인 지휘 및 감독이 행해지지 못하기 때문에 사건 발생 시 신속하고 책임 있는 대응조치를 취할 수 없다.

3. 배치와 비용에 대한 문제점

① 청원경찰법
- ㉠ 시설주(청원주)가 청원경찰의 배치를 받고자 하면 소재지를 관할하는 경찰서장을 거쳐 시·도 경찰청장에게 청원경찰배치신청서를 제출하고, 시·도 경찰청장은 그 청원경찰의 배치 또는 중지·폐지·감축 등을 명할 수 있다.
- ㉡ 시·도 경찰청장은 청원경찰의 배치가 필요하다고 인정되는 기관의 장 또는 시설·사업장의 경영자에게 청원경찰의 배치를 요청할 수 있다.
- ㉢ 청원주의 입장에서 볼 때 유사한 경비업무를 담당하면서도 민간경비가 청원경찰보다 경비요금이 저렴하며, 경비담당자의 관리라는 측면에서도 민간경비를 채택하는 것이 청원경찰보다 관리가 수월하기 때문에 민간경비를 선호한다.

② 경비업법
- ㉠ 허가받은 법인이면 누구나 고객의 요청에 의해 경비업을 영위할 수 있으므로 경비업자는 고객과의 계약에 따라 경비원을 배치할 수 있다.
- ㉡ 경비업자가 경비원을 배치하거나 배치를 폐지한 경우에는 관할 경찰관서장에게 신고하여야 한다.★

③ 청원경찰과 민간경비의 차이점
- ㉠ 비용의 경제성
  - 청원경찰은 봉급, 제수당, 피복비, 교육비, 보상금, 퇴직금 등 청원경찰경비의 최저부담기준액을 경찰청장이 매년 12월 중에 경찰관인 순경의 것에 준하여 고시·지급받도록 되어 있으나, 민간경비의 경우는 경비업체와 시설주(고객)와의 자유로운 경비도급계약에 의하여 결정되며 실제로도 청원경찰보다 적은 금액을 받고 있다.
  - 청원경찰과 민간경비원은 보수 면에서 상당한 차이가 발생하여 청원주가 청원경찰의 배치를 기피하는 경향이 있다.★

- ⓒ 배치의 신속성 : 청원경찰을 새롭게 배치하고자 하는 경우 실제 청원경찰이 배치되는 것은 시·도 경찰청장의 배치승인이 난 후에 가능하나, 민간경비의 경우에는 계약과 동시에 경비업무가 이루어지기 때문에 경비업무가 신속하게 행해지고 그만큼 청원경찰보다 만족감을 부여할 수 있다.
- ⓒ 관리의 용이성 : 청원경찰이 점차 직원화됨에 따라 관리의 어려움을 느끼고 있으나, 민간경비는 경비업무의 수행 및 경비원의 관리를 경비업체에 위임하기 때문에 관리상의 문제가 발생하지 않는다.
- ⓔ 이중의 부담 : 청원경찰이 의무적으로 배치되어야 할 중요시설물에 기술상의 문제로 기계경비를 운용하게 되어 시설주인 청원주에게 이중의 부담이 있다.

4. 임용과 직무에 대한 문제점

① 임 용
  - ⓐ 청원경찰이나 경비원의 임용절차에 있어서 임용자격이나 결격사유, 해임 등의 규정에서 별다른 차이점이 없다.
  - ⓑ 임용자격의 연령기준에 있어서 청원경찰은 18세 이상인 사람인 반면, 일반경비원은 18세 이상, 특수경비원은 18세 이상 60세 미만으로 다소 차이를 보인다(청원경찰법 시행령 제3조, 경비업법 제10조).

② 직무 : 청원경찰과 경비는 직무에 있어서 그 종류나 범위가 몇몇 특수한 경비시설물을 제외하고는 거의 같은 수준에서 운영되고 있으며, 오히려 경비업무가 갈수록 세분화되고 전문화되는 경향이 있다.

핵심문제

01 청원경찰법과 경비업법을 이원적으로 운용함으로써 발생되는 현상이 아닌 것은? 기출 04

① 청원경찰이 의무적으로 배치되어야 할 중요시설물에 기술상의 문제로 기계경비를 운용하게 되어 시설주인 청원주에게 이중의 부담이 된다.
② 청원경찰과 민간경비의 보수 면에서 상당한 차이가 발생해 청원주가 청원경찰의 배치를 기피한다.
③ 청원경찰의 근무배치 및 감독, 임용 및 해임 등의 권한이 모두 민간경비업자에게 위임되고 있다.
④ 민간경비원들의 사기가 저하되고 이직률이 높다.

[해설]
청원경찰의 근무 배치의 권한은 시·도 경찰청장에게 있다(청원경찰법 제4조).

정답 ③

5. 복장 및 장구에 대한 문제점

① 청원경찰법
  ㉠ 제복 착용 : 청원경찰은 근무 중 제복을 착용하여야 한다(청원경찰법 제8조 제1항).★
  ㉡ 특수복장 착용 : 청원경찰이 그 배치지의 특수성 등으로 특수복장을 착용할 필요가 있을 때에는 청원주는 시·도 경찰청장의 승인을 받아 특수복장을 착용하게 할 수 있다(청원경찰법 시행령 제14조 제3항).★

② 경비업법
  ㉠ 경비업자는 경찰공무원 또는 군인의 제복과 색상 및 디자인 등으로 명확히 구별되는 소속 경비원의 복장을 정하고 이를 확인할 수 있는 사진을 첨부하여 주된 사무소를 관할하는 시·도 경찰청장에게 행정안전부령으로 정하는 바에 따라 신고하여야 한다(경비업법 제16조 제1항).★
  ㉡ 경비업자는 경비업무 수행 시 경비원에게 소속 경비업체를 표시한 이름표를 부착하도록 하고, 신고된 동일한 복장을 착용하게 하여야 하며, 복장에 소속 회사를 오인할 수 있는 표시를 하거나 다른 회사의 복장을 착용하게 하여서는 아니 된다. 다만, 집단민원현장이 아닌 곳에서 신변보호업무를 수행하는 경우 또는 경비업무의 성격상 부득이한 사유가 있어 관할 경찰관서장이 허용하는 경우에는 그러하지 아니하다(경비업법 제16조 제2항).★

③ 문제점 : 청원경찰법과 경비업법의 규정 자체에 대한 비현실성으로 인해 복장의 색상과 디자인을 달리하고 있어 법과 현실 사이에 괴리가 있다. 따라서 두 조직의 비현실적이고 일률적인 복장 및 장구를 경비시설대상에 따라 탄력적으로 운용하게 하여 민간경비업에 대한 이미지를 개선시키고 업무수행능력을 향상시켜 나가야 한다.

6. 무기휴대에 대한 문제점

① 청원경찰법
  ㉠ 청원경찰의 무기휴대에 대한 근거 규정 : 시·도 경찰청장은 청원경찰이 직무를 수행하기 위하여 필요하다고 인정하면 청원주의 신청을 받아 관할 경찰서장으로 하여금 청원경찰에게 무기를 대여하여 지니게 할 수 있다(청원경찰법 제8조 제2항).★
  ㉡ 무기대여의 절차와 무기관리상황의 점검에 대하여 규정(청원경찰법 시행령 제16조)
  ㉢ 대여받은 무기 및 탄약의 관리수칙, 무기관리사항 점검, 손질 등에 관한 사항을 규정(청원경찰법 시행규칙 제16조)
  ㉣ 분사기 휴대 규정 : 청원주는 「총포·도검·화약류 등의 안전관리에 관한 법률」에 따른 분사기의 소지허가를 받아 청원경찰로 하여금 그 분사기를 휴대하여 직무를 수행하게 할 수 있다(청원경찰법 시행령 제15조).

② 경비업법 : 특수경비원에 대해서만 무기를 휴대할 수 있도록 하였다(경비업법 제14조).★

③ 문제점 기출 20 : 청원경찰에게 총기휴대를 법으로 허용하고 있지만 총기취급에 따른 전반적인 교육훈련 부족으로 총기사용을 극히 제한하고 있는 실정이다. 따라서 청원경찰의 총기소지에 대한 효용성과 존속의 필요성에 대하여 검토할 필요가 있다.

7. 교육훈련에 대한 문제점
① **청원경찰법** : 청원경찰의 경우 신임교육은 경찰교육기관에서 2주 동안 76시간, 직무교육은 경비시설물 또는 경비지역 내에 배치되어 매월 4시간 이상 받도록 되어 있다(청원경찰법 시행규칙 제6조·동법 시행규칙 [별표 1]·동법 시행규칙 제13조 제1항).★
② **경비업법** : 일반경비원의 경우 신임교육은 24시간, 직무교육은 각 경비회사 자체적으로 매월 2시간 이상 받도록 되어 있다(경비업법 시행령 제18조 제3항, 동법 시행규칙 [별표 2]·제13조 제1항).★
③ **문제점** : 양 법은 교육훈련을 의무적으로 실시하도록 되어 있지만, 교육장소·교육시설·교육기자재 그리고 교관 등의 부족으로 실질적이고 효율적인 교육훈련을 실시하지 못하고 있어 경비원들의 자질과 경비서비스의 질이 저하되고 있다.

핵심문제

01 다음 중 청원경찰과 경비의 이원적 운용체제에 따른 문제점이라고 보기 어려운 것은? 기출

① 청원경찰과 일반경비원 모두 총기 사용에 따른 훈련부족으로 사고가 빈번하다.
② 현재 대부분의 중요경비시설에 있어서 특수한 경비대상 시설이나 기타 분야를 제외하고는 청원경찰과 경비가 동시에 이루어지거나, 청원경찰을 점차 경비로 전환하는 추세이다.
③ 청원경찰법과 경비업법에 규정되어 있는 지휘체계상의 문제와 보수지급체제의 문제로 경비원들의 이직률이 높아 이로 인한 경비인력의 부족현상과 교육훈련비의 낭비를 초래하고 있다.
④ 경비나 청원경찰 모두 관할 경찰서장의 지도하에 근무요원들의 근무수행상황을 감독하고 필요에 따라 교육훈련을 실시하도록 하고 있지만 실질적인 근무의 지휘 및 감독은 경비의 경우에는 경비지도사가 담당하며, 청원경찰의 경우에는 청원주가 지정한 유능한 자에 의해 실시된다.

[해설]
청원경찰과 달리 일반경비원은 총기를 사용할 수 없다.

정답 ①

02 경비인력의 전문화를 위해 가장 시급하게 요구되는 사항은? 기출

① 경비인력의 교육·훈련 문제
② 경찰조직과의 상호협조체계 구축 문제
③ 민간경비산업의 홍보 및 시장개척 문제
④ 경비인력 보수의 재평가와 복지대책의 강구

[해설]
경비인력의 전문화를 위해 가장 시급하게 요구되는 사항은 경비인력의 교육·훈련 문제이다. 즉, 행정적으로나 정책적인 근본적 문제로 인하여 전문적인 고급인력의 수급이 힘든 상태에서 교육마저 형식에 그치고 있어 경비원의 자질, 경비원의 질적 하락(서비스의 질적 하락, 경비력 효율문제) 등이 문제되고 있다.★

정답 ①

8. 손해배상에 대한 문제점

① **청원경찰법** : 청원경찰의 불법행위에 대한 배상책임에 대하여 "청원경찰(국가기관이나 지방자치단체에 근무하는 청원경찰 제외)의 직무상 불법행위에 대한 배상책임에 관하여서는 민법의 규정을 따른다."라고 규정하고 있다(청원경찰법 제10조의2). ★

② **경비업법**
   ㉠ 경비업자는 경비원이 업무수행 중 고의 또는 과실로 경비대상에 손해가 발생하는 것을 방지하지 못한 때에는 그 손해를 배상하여야 한다(경비업법 제26조 제1항). ★
   ㉡ 경비업자는 경비원이 업무수행 중 고의 또는 과실로 제3자에게 손해를 입힌 경우에는 이를 배상하여야 한다(경비업법 제26조 제2항). ★

③ **문제점**
   ㉠ 청원경찰
   • 청원주가 손해배상책임의 당사자인 동시에 피해자이기 때문에 손해를 발생시킨 청원경찰에게 물질적 배상책임보다는 신분상의 책임을 묻고 있는 실정이다. ★
   • 청원경찰은 손해배상에 있어서는 민간인 신분, 형사책임에 있어서는 공무원의 신분을 적용받으므로 업무 수행에 있어 책임의 한계와 신분상의 갈등을 겪고 있다. ★
   ㉡ 민간경비 : 경비원의 경비근무 잘못으로 발생한 손해에 대한 배상책임은 대부분 경비업자가 고객과 경비계약 당시에 손해배상책임의 한계를 미리 약정해 두고 있기 때문에 별다른 문제가 없지만, 고객과 경비원 사이에 누구의 잘못으로 사건이 발생하였는지에 대한 책임한계와 책임소재에 대하여 문제가 발생되고 있다.

9. 신분에 대한 문제점

① 청원경찰은 신분상 공무원이 아니지만 벌칙 적용에 있어서는 공무원 신분을 적용하여 불이익을 당하고 있다.
② 손해배상 문제에 있어서는 민간인 신분을 적용받고, 형사책임에 있어서는 공무원 신분을 적용받고 있어 신분상 책임한계와 불이익을 받고 있다. ★

🔍 핵심문제

01 청원경찰의 신분이 공무원으로 인정되는 경우는? 기출

① 경비구역 내에서 경비근무를 실시하고 있는 경우
② 사업장 등의 경비구역을 관리하는 경우
③ 청원주에 의하여 배치된 기관에서 근무하는 경우
④ 형법, 기타 법령에 의한 벌칙이 적용되는 경우

[해설]
청원경찰 업무에 종사하는 사람은 형법이나 그 밖의 법령에 따른 벌칙을 적용할 때에는 공무원으로 본다(청원경찰법 제10조 제2항).

정답 ④

Ⅲ 이원적 운용체제의 통합·단일화

1. 통합·단일화의 필요성
① 분리운영의 비효율성·비합리성
② 전문성 확보·경비업의 능률성 제고
③ 보수수준의 향상

2. 통합·단일화 방안
① 제1안 : 청원경찰법을 유지하고 경비업법을 폐지하여 단일화하는 방안
  ㉠ 긍정적인 측면
    • 국가안보적 측면에서 중요시설의 경비에 대한 우려를 상대적으로 감소시킬 수 있다.
    • 경비원의 자질을 향상시키는 데 기여한다.
    • 경비원의 임금이 상향조정될 수 있다.
  ㉡ 부정적인 측면
    • 민간경비의 기능이 경비 중심에서 방범 중심으로 급속히 전환되고 있는 현실을 외면할 수 있다.
    • 민간기업의 참여가 봉쇄됨으로써 장기적으로 기계경비업의 발전을 저해한다.
② 제2안 : 경비업법을 유지하고 청원경찰법을 폐지하여 단일화하는 방안
  ㉠ 긍정적인 측면
    • 민간경비분야가 완전 민영화됨으로써 보다 전문화가 촉진되고 탄력적 운영이 실현된다.
    • 민·관 간의 방범업무에 대한 역할분담의 확립에 기여하고 경비비용이 절약될 수 있다.
    • 기계경비업의 발전이 촉진되어 시장개방에 대비한 대외경쟁력 강화에 기여한다.
    • 민간인에 의한 총기휴대가 불가능해지므로 총기휴대에서 초래되는 우려가 감소된다.
  ㉡ 부정적인 측면
    • 국가주요시설 보호에 대한 우려를 낳을 수 있다.
    • 청원경찰의 준경찰적 기능과 총기소지제도가 폐지됨으로써 일반예방효과에 대한 막연한 불안을 일으킬 수 있다.
    • 청원경찰에 대한 사후대책이 마련되어야 한다.
    • 민간경비원의 임금수준이 저하될 우려가 있다.
③ 제3안 : 두 법을 모두 폐지한 후 새로운 단일 법안을 제정하는 방안
  ㉠ 기존의 청원경찰법과 경비업법, 보완이 시급한 기계경비 분야, 그리고 일반기업이나 공동주택단지에서 자체적으로 이루어지는 자체경비 등을 포괄하는 종합적 입법이 되어야 한다.
  ㉡ 기본방향은 새로운 유형의 방범 수요에 따라 세계적이고(세계화), 전문적이며(민영화), 지역 특성에 맞는 경비서비스(지역 사회화)를 제공해야 할 것이다.

제2절 민간경비산업의 전망 등

I 민간경비업의 전문성 제고

① 민간경비와 청원경찰제도의 단일화
② 기계경비업 및 방범장비산업의 육성
③ 경비인력의 전문화
④ 국가적 시책화

II 협력방범체제의 구축 기출 20·19

1. 경찰과 민간경비 역할의 조정★
경찰과 민간경비업체 간의 마찰을 해소하고 업무 수행의 효율성을 높이기 위하여 상호 역할과 책임에 대한 명확한 기준의 설정과 실질적인 협력을 유도하기 위한 양자 간의 노력이 필요하다.

2. 상호협력체제 구축★
① 일선경찰과 경비업자 및 경비업자 상호 간의 원활한 협조체제를 이룩하기 위해서는 조정기구와 같은 제도적 장치가 필요하다.
② 시·도 경찰청 단위로 관할구역 내의 민간경비회사들과 경찰의 접촉을 공식화하는 협의기구를 만들어 정기적 모임, 학술세미나 등을 통해 상호 간의 입장을 이해하기 위한 노력이 병행되어야 한다.

상호협력방안
- 지역방범 및 정보교환 네트워크 구축
- 관련 전문지식, 교육훈련 등의 지속적 교환
- 민간경비의 오경보(false alarm) 감소를 위한 상호노력
- 치안수요의 다양성과 전문성에 효율적으로 대응하기 위한 상호 협력 필요
- 경찰과 민간경비의 협력은 국가예산 절감에 기여

핵심문제

01 우리나라 민간경비의 개선방안으로 볼 수 없는 것은? 기출 14

① 경비인력의 전문화
② 청원경찰법과 경비업법의 일원화
③ 기계경비 중심에서 인력경비 중심으로의 비중 확대
④ 기계경비시스템 및 장비의 현대화

[해설]
현재 인력경비 중심에서 기계경비 중심으로의 비중 확대가 이루어지고 있다. 기계경비는 인력경비에 대응하는 경비형태로서 기존의 인력에 의존하던 경비방식에서 벗어나 각종 기계적 장치에 의해 경비목적을 달성하는 경비시스템을 말하는 것으로 오늘날 다양한 서비스와 결합되어 더욱 활성화되고 있다.

정답 ③

3. 경찰과 민간경비의 동반자 의식 확립

치안수요의 다양성과 전문성에 효과적으로 대응하기 위해서는 양자가 상호역할의 중요성과 필요성을 인식하고 치안서비스의 공동생산의 동반자관계를 정립해 나가는 것이 양자에 도움이 되고 양자가 발전할 수 있을 것이다.

III 4차 산업혁명 및 융합보안

1. 4차 산업혁명

① 등장배경
   ㉠ 4차 산업혁명이라는 용어는 본래 2010년 발표된 독일의 「High-tech Strategy 2020」의 10대 프로젝트 중 하나인 「Industry 4.0」에서 등장하였다.
   ㉡ 「Industry 4.0」은 독일의 강점인 제조업에 ICT 기술을 융합하여 생산성과 효율성을 극대화하는 스마트 팩토리 중심의 산업혁신과 이를 통한 새로운 성장동력을 만들기 위한 국가전략을 의미한다.

② 개념
   ㉠ 4차 산업혁명의 정의는 다양하나 클라우스 슈밥(Klaus Schwab)에 의하면, "유전자, 나노, 컴퓨팅 등 모든 기술이 융합하여 물리학, 디지털, 생물학 분야가 상호 교류하여 파괴적 혁신을 일으키는 혁명"이라고 한다.
   ㉡ 한국정보통신기술협회에 따르면 4차 산업혁명은 "인공지능, 사물인터넷, 빅데이터, 모바일 등 첨단 정보통신기술이 경제·사회 전반에 융합되어 혁신적인 변화가 나타나는 차세대 산업혁명"으로 정의되고 있다.

〈출처〉 박승빈, 「4차 산업혁명 주요 테마 분석」, 2017년 하반기 연구보고서 제Ⅲ권 제3장, P. 229

③ 주요 특징 : 4차 산업혁명을 이끄는 기술적 혁신은 전면적 디지털화에 따른 초연결화, 초지능화, 융복합화이다.
   ㉠ 초연결화 : 초연결화는 전면적 디지털화에 기초한 전면적 온라인화에 따른 현실과 가상의 경계 소멸 및 데이터베이스화를 의미한다.
   ㉡ 초지능화 : 데이터 분석 및 기계학습을 통한 인공지능의 발전, 이를 통한 전면적 기계-자율의 확대가 초지능화의 핵심이라 할 수 있다.
   ㉢ 융복합화 : 초연결과 초지능의 확대는 결과적으로 기존에 분리되어 있던 다양한 영역들의 융복합으로 이어지게 된다.

2. 융합보안 기출 24·23·22·21·20·19

① 개념
   ㉠ 우리나라의 융합보안 개념
     • 정부가 지식정보 보안산업을 정보보안, 물리보안, 융합보안 등 3가지로 분류하면서 제시한 융합보안의 개념이 일반적으로 사용되고 있다.
     • 이에 의하면 물리보안과 정보보안의 융합이라는 통합보안 관점과 비 IT 산업에 보안을 적용하는 복합보안 관점 등을 통칭하여 융합보안이라고 한다.

- ⓒ 해외의 융합보안 개념
  - 가트너는 융합보안을 "물리적 보안과 정보보호가 IT 위험을 관리하기 위해 비슷해지거나, 연계되거나, 동일한 프로세스와 기능을 갖추는 것"이라고 정의하고 있다.
  - COSO 온라인에서는 융합보안을 "비용 효율적으로 전사적 차원의 위험을 관리하기 위해 전통적인 운영적 위험관리의 기능을 통합하는 것으로, 여기서 통합이란 인적자원 보안, 사업 연속성, 재난 복구, 위험 관리 등을 논리적, 물리적으로 결합하는 것을 의미한다."고 정의하고 있다.
  - ⓒ 국내·외 융합보안의 정의를 고려하면 결국 융합보안은 비용 감소, 운영의 효과성 및 효율성 향상, 전사적 차원의 위험을 관리하기 위해 조직의 보안 요소들을 점진적으로 통합하여 상호 협력하도록 하는 체계라고 할 수 있다.

〈출처〉 남기효, 「융합보안 기술 동향 및 이슈」, 주간기술동향 제1672호, 2014

② 특 징
  - ⊙ 융합보안은 출입통제, 접근 감시, 잠금장치 등의 물리보안요소와 불법침입자 정보인식시스템 등의 정보보안요소를 상호 연계하여 보안의 효과성을 높이는 활동이다. 즉, 물리적·기술적·관리적 보안 요소를 상호 연계하여 보안의 효과성을 높이는 것을 내용으로 한다. 기출 22
  - ⓒ 전통 보안산업은 물리영역과 정보(IT)영역으로 구분되어 성장해 왔으나, 현재 보안산업은 출입통제, 주차시설 관리, CCTV, 영상보안 등 물리적 환경에서 이뤄지는 전통적 물리보안산업이 컴퓨터 네트워크상의 정보를 보호하는 IT 정보보안 기술과의 접목을 통해 차세대 고부가가치 융합보안 서비스산업으로 부상하고 있다. 기출 22
  - ⓒ 융합보안은 보안산업의 새로운 트렌드로 자리 잡은 광역화, 통합화, 융합화의 사회적 요구를 수용하기 위해 각종 내·외부적 정보 침해에 따른 대응으로 침입 탐지, 재난재해방지, 접근통제, 관제·감시 등을 포함하고 있다. 기출 22
  - ⓔ 최근 융합보안기술의 주요 이슈는 소프트웨어 개발 보안, 모듈화, 표준화, 클라우드 컴퓨팅, 신뢰 컴퓨터 기반(Trusted Computing Base ; TCB), 지능형 알고리즘, IOT(Internet of Things) 서비스 보안 등을 들 수 있다.

핵심문제

01 융합보안의 개념에 관한 설명으로 옳은 것은? 기출 14

① 권한 없는 접근의 제지 및 억제, 지연 그리고 범죄 등에 의한 위험 및 위험의 감지 등의 활동을 말한다.
② 외부차량과 내부직원·계약자·잡상인·방문객 등의 출입에 대해 이들의 신원을 확인·지시·제한하는 활동이다.
③ 컴퓨터 시스템에 저장되어 있거나, 컴퓨터 네트워크상에서 전달되고 있는 정보를 안전하게 관리·보호하는 활동이다.
④ 출입통제, 접근 감시, 잠금장치 등과 불법 침입자 정보인식시스템 등을 상호 연계하여 보안의 효과성을 높이는 활동이다.

[해설]
융합보안(Convergence Security)이란 물리적 보안과 정보 보안을 융합한 보안 개념으로, 보안산업의 새로운 트렌드로 자리 잡은 광역화, 통합화, 융합화의 사회적 요구를 수용하기 위해 각종 내·외부적 정보 침해에 따른 대응으로 침입탐지, 재난·재해방지, 접근통제, 관제·감시 등을 포함한다.

정답 ④

Ⅳ 민간경비산업의 전망 기출 18·17·12

1. 민간경비산업의 변화 요인
① 인구의 고령화 : 노인인구의 증가로 고령화 사회에 진입하게 되면 노인인구와 관련된 경비서비스는 점점 증가하며 독거노인, 간병을 필요로 하는 노인에 대한 긴급통보 시큐리티 시스템이 실시될 것이다.
② 안전관리서비스 : 컴퓨터 시스템이 광범위하게 보급됨으로써 안전관리서비스를 제공하는 경비서비스가 증가할 것이다.
③ 라이프스타일(Life-style)의 변화 : 라이프스타일의 변화로 휴일이 증가하고 레저산업이 발전함에 따라 홈 시큐리티(Home Security) 분야가 크게 변화하면서 시큐리티 시스템의 운영이 요구될 것이다.

> **시큐리티 시스템**
> 시큐리티 시스템은 인력경비와 기계경비로 구분되며, 인력경비는 경비원만으로 경비업무를 제공하는 것을 말하고, 기계경비는 전자통신기술을 이용한 네트워크 시스템을 구성하여 무인경비를 실현하는 경비체제를 말한다.

④ 인텔리전트(Intelligent)화 : 건축물이 인텔리전트화되면서 민간경비는 이에 맞춘 새로운 시스템 개발과 예방적인 시큐리티 시스템을 운용할 필요가 있다.
⑤ 사이버 범죄(Cyber Criminal)의 증가 : 컴퓨터와 인터넷의 발달로 사이버상의 범죄가 날로 증가하고 있다. 사이버 범죄는 해킹과 컴퓨터바이러스 유포 등 '사이버테러'를 통해 대규모 피해를 야기시키므로 이에 대응하기 위한 민간경비의 전문인력 확충과 국제적 협력체제를 갖추어야 한다.
⑥ 토탈 시큐리티(Total Security)의 확립 : 정보화 사회에 따른 정보통신기술의 발달로 사회적 경비수요의 증가와 추세에 대응한 기계경비시스템 및 보안시스템을 통합한 토탈 시큐리티(Total Security) 산업으로 나아갈 것이다. 기출 17

2. 민간경비산업의 발전 형태
① 일반적인 경향 기출 15
   ㉠ 산업화와 정보화 시대로 접어들면서 경찰인력의 부족, 경찰장비의 부족, 경찰업무의 과다로 인해 민간경비업은 급속히 발전할 것이다.
   ㉡ 지역 특성과 경비수요에 맞는 민간경비 상품의 개발이 요구될 것이다.
   ㉢ 민간경비업의 홍보활동이 적극적으로 전개될 것이다.
   ㉣ 21세기에는 인력경비보다 기계경비업의 성장속도가 훨씬 빠를 것이다.
   ㉤ 기계경비산업의 육성과 발전을 위해서는 형식승인제도의 도입, 비용효과분석 실시, 기계경비의 보급 확대 등이 이루어져야 한다.
② 구체적인 발전 형태
   ㉠ 물리보안과 사이버보안을 하나로 묶는 토탈 시큐리티 서비스(Total Security Service)
   ㉡ 사이버 범죄(Cyber Criminal)에 대응한 예방사업
   ㉢ 쾌적하고 안전한 주거환경을 제공하기 위한 가정용 기계경비시스템인 홈 시큐리티(Home Security)
   ㉣ 단독주택이 아닌 지역단위의 타운 시큐리티(Town Security)

홈 시큐리티와 타운 시큐리티	
홈 시큐리티	외부의 침입이나 화재 및 가스누출과 같은 비상경보기가 탐지한 정보를 경비회사에 전송하면 경비회사는 이상 유무를 확인하여 경찰서, 소방서, 가스회사에 통보하고 출동하는 시스템으로, ① 주로 기계경비시스템을 중심으로 서비스를 제공하며, ② 고령화시대에 노인들의 안부를 확인하고 위급상황에 대비할 수 있는 점, 풍부한 부가가치를 창출할 수 있다는 점, ③ 광케이블을 사용하는 CCTV를 통해 쌍방향 정보를 주고받을 수 있다는 장점이 있다.
타운 시큐리티	개별빌딩이나 단독주택 단위가 아닌 지역단위의 방범활동이라는 점에서 가장 큰 특징이 있으며 선진국에서는 일반화되고 있는 추세이다. 타운 시큐리티 시스템은 아파트나 연립공동주택의 방범에 대단히 유용한 시스템으로 인식되고 있다.

　　ⓜ 무인화 기계경비시스템[LPG 안전관리시스템, CD(ATM)경비, 온실관리, 주차장 무인감시시스템 등]
　　ⓑ 대형 고층 건물의 인텔리전트화에 따른 시큐리티 시스템(Security System)
　　ⓢ 의료원격지원 통합서비스 및 사회 간접서비스를 접목한 경비시스템
　　ⓞ 기업경영자나 연예인 등의 신변을 보호하는 에스코트(경호) 산업의 발달
③ 민간경비산업의 발전방안★ 기출 22·19

국가정책적 육성방안	민간경비회사 자체의 육성방안
• 경비관련 자격증제도의 전문화 • 기계경비 중심의 민간경비산업 지향 • 민간경비 관련 법규 정비 • 민간경비체제의 다양화 및 업무의 다양화 • 경찰체제의 개편 및 첨단경비의 개발 • 국가전담기구의 설치와 행정지도 • 세제상 및 금융지원을 통한 민간경비업체의 보호 육성	• 우수인력의 확보와 홍보활동의 강화 • 영세업체의 자생력 향상 • 경비협회활동의 활성화 • 경찰조직과의 협조체제 구축 • 손해배상체제의 보완 및 산업재해에 대한 예방

핵심문제

01 우리나라 민간경비산업의 전망에 관한 설명으로 옳은 것을 모두 고른 것은? 기출 17

　ㄱ. 기계경비보다 인력경비의 빠른 성장
　ㄴ. 지역 특성에 맞는 민간경비 상품의 개발 필요
　ㄷ. 민간경비산업의 홍보활동을 소극적으로 전개
　ㄹ. 물리보안과 사이버보안을 통합한 토탈시큐리티 산업으로 전개

① ㄱ, ㄴ　　　　　　　　　　② ㄱ, ㄷ
③ ㄴ, ㄹ　　　　　　　　　　④ ㄷ, ㄹ

[해설]
ㄱ. (×) 인력경비보다 기계경비의 빠른 성장
ㄷ. (×) 민간경비산업의 홍보활동이 적극적으로 전개

정답 ③

"간절"하면 이루어지는 것이 아니라,
"하면" 이루어지는 것이다.

– 작가 이동영 –

경비지도사
한권으로 끝내기

1·2차 [일반경비]

2권 경비업법·경호학

OX + 핵심이론 + 문제

시대에듀

CONTENTS

2권 목차 OX·핵심이론·문제

2차 경비업법 · 경호학

제1과목 경비업법 (청원경찰법 포함)

OX 핵심지문 총정리	6
CHAPTER 01 경비업법	34
제1절 총 칙	34
제2절 경비업의 허가 등	37
제3절 기계경비업무	50
제4절 경비지도사 및 경비원	53
제5절 행정처분 등	90
제6절 경비협회	98
제7절 보 칙	100
제8절 벌 칙	104
CHAPTER 02 청원경찰법	112
제1절 청원경찰의 배치장소와 직무	112
제2절 청원경찰의 배치 · 임용 · 교육 · 징계	114
제3절 청원경찰의 경비와 보상금 및 퇴직금	124
제4절 청원경찰의 제복착용과 무기휴대 · 비치부책	127
제5절 보칙(감독 · 권한위임 · 면직 및 퇴직 등)	135
제6절 벌칙과 과태료	139

제2과목 경호학

OX 핵심지문 총정리	144
CHAPTER 01 경호학과 경호	156
CHAPTER 02 경호의 조직	196
CHAPTER 03 경호업무 수행방법	222
CHAPTER 04 경호복장과 장비	274
CHAPTER 05 경호의전과 구급법	288
CHAPTER 06 경호의 환경	312

REVISED LAW
최신 개정법령 소개

➕ 경비지도사 제2차 시험 관련 법령

본 도서에 반영된 주요 최신 개정법령은 아래와 같다(별색 : 2024년 이후 개정법령).

구 분	법 령	시행일
경비업법	경비업법	2025.10.02
	경비업법 시행령	2025.01.31
	경비업법 시행규칙	2025.01.31
청원경찰법	청원경찰법	2022.11.15
	청원경찰법 시행령	2024.04.23
	청원경찰법 시행규칙	2022.11.10
경호학 관련 법령	대통령 등의 경호에 관한 법률	2025.06.04
	대통령 등의 경호에 관한 법률 시행령	2023.06.05
	대통령경호처와 그 소속기관 직제	2023.12.29
	전직대통령 예우에 관한 법률	2017.09.22
	전직대통령 예우에 관한 법률 시행령	2021.01.05
	대통령경호안전대책위원회규정	2022.11.01
	국민보호와 공공안전을 위한 테러방지법	2024.02.09
	국민보호와 공공안전을 위한 테러방지법 시행령	2022.11.01
	국민보호와 공공안전을 위한 테러방지법 시행규칙	2024.10.17
	국가테러대책위원회 및 테러대책실무위원회 운영규정	2017.08.23
	다자간 정상회의의 경호 및 안전관리 업무에 관한 규정	2014.07.04
	보안업무규정	2021.01.01
	보안업무규정 시행규칙	2022.11.28

※ 경비지도사 자격시험에서 법률 등을 적용하여 정답을 구하여야 하는 문제는 시험 시행일 현재 시행 중인 법률 등을 적용하여 정답을 구하여야 한다.

➕ 개정법령 관련 대처법

❶ 최신 개정사항은 당해 연도 시험에 출제될 확률이 높으므로, 시험 시행일 전까지 최신 개정법령 및 개정사항을 필히 확인해야 한다.

❷ 최신 개정법령은 아래 법제처의 국가법령정보센터 홈페이지 등을 통해 확인이 가능하다.

법제처 국가법령정보센터	www.law.go.kr

❸ 도서 출간 이후의 최신 개정법령 및 개정사항에 대한 도서 업데이트(추록)는 아래의 시대에듀 홈페이지 및 서비스를 통해 제공받을 수 있다.

시대에듀 홈페이지	www.sdedu.co.kr www.edusd.co.kr
시대에듀 경비지도사 독자지원카페	cafe.naver.com/sdsi
시대북 통합서비스 앱	구글 플레이 또는 앱스토어에서 시대에듀로 검색

제2차

OX + 핵심이론 + 문제

PART 01 | 경비업법
PART 02 | 경호학

PART 01

경비업법

OX 핵심지문 총정리
CHAPTER 01 경비업법
CHAPTER 02 청원경찰법

PART 01 OX 핵심지문 총정리

CHAPTER 01 경비업법

제1절 총 칙

01 경비업법령상 시설경비업무란 경비대상시설에 설치한 기기에 의하여 감지·송신된 정보를 수신하여 도난·화재 등 위험발생을 방지하는 업무를 말한다. 기출 21·17 ( )

02 다음은 경비업법에 규정된 용어의 정의이다. ( ) 안에 들어갈 내용은 순서대로 ㄱ: 도난, ㄴ: 혼잡이다. 기출 16 ( )

> 시설경비업무란 경비를 필요로 하는 시설 및 장소에서의 (ㄱ)·화재 그 밖의 (ㄴ) 등으로 인한 위험발생을 방지하는 업무를 말한다.

03 경비업법령상 호송경비업무란 운반 중에 있는 현금·유가증권·귀금속·상품 그 밖의 물건에 대하여 도난·화재 등 위험발생을 방지하는 업무이다. 기출 24·17·13 ( )

04 경비업법령상 신변보호업무는 사람의 생명이나 신체에 대한 위해발생을 방지하고 그 신변을 보호하는 업무이다. 기출 23·17 ( )

05 경비업법령상 특수경비업무는 경비대상시설에 설치한 기기에 의하여 감지·송신된 정보를 그 경비대상시설 외의 장소에 설치한 관제시설의 기기로 수신하여 도난 등 위험발생을 방지하는 업무이다. 기출 23·17·13·12·11 ( )

06 경비업법령상 국가중요시설은 공항·항만, 원자력발전소 등의 시설 중 국가정보원장이 지정하는 국가보안목표시설과 통합방위법 제21조 제4항의 규정에 의하여 국방부장관이 지정하는 국가중요시설을 말한다. 기출 18·11 ( )

07 경비업법령상 경비지도사란 경비원을 지도·감독 및 교육하는 자를 말하며 일반경비지도사와 특수경비지도사로 구분한다. 기출 21·18 ( )

08 경비업법령상 특수경비원은 공항(항공기 포함) 등 대통령령이 정하는 국가중요시설의 경비 및 도난·화재 그 밖의 위험발생을 방지하는 경비업무를 수행하는 자이다. 기출 21·18·13 ( )

09 경비업법령상 무기라 함은 인명을 살상할 수 있도록 제작·판매된 권총·소총·분사기를 말한다. 기출 18·13·11
( )

10 「도시개발법」에 따라 도시개발사업을 시행하기 위하여 지정·고시된 도시개발구역은 경비업법령상 집단민원현장이 아니다. 기출 14
( )

11 특정 시설물의 설치와 관련하여 민원이 있는 장소는 경비업법령상 집단민원현장에 해당한다. 기출 18·15
( )

12 주주총회와 관련하여 이해대립이 있어 다툼이 있는 장소는 경비업법령상 집단민원현장에 해당한다. 기출 18·15
( )

13 대기업의 주주총회가 개최되고 있는 장소는 경비업법령상 집단민원현장에 해당하지 않는다. 기출 17
( )

14 110명의 사람이 모이는 문화 행사장은 경비업법령상 집단민원현장이 아니다. 기출 21·17·16·15
( )

15 「행정절차법」에 따라 대집행을 하는 장소는 경비업법령상 집단민원현장에 해당한다. 기출 18·17·15
( )

16 「공유토지분할에 관한 특례법」에 따라 공유토지에 대한 소유권행사와 토지의 이용에 문제가 있는 장소는 경비업법령상 집단민원현장에 해당하지 않는다. 기출 22
( )

17 「노동조합 및 노동관계조정법」에 따라 노동관계 당사자가 노동쟁의 조정신청을 한 사업장 또는 쟁의행위가 발생한 사업장은 경비업법령상 집단민원현장에 해당한다. 기출 22
( )

18 「도시 및 주거환경정비법」에 따른 정비사업과 관련하여 이해대립이 있어 다툼이 있는 장소는 경비업법령상 집단민원현장에 해당한다. 기출 22
( )

▶ 정답과 해설 ◀   01 × 02 ○ 03 ○ 04 ○ 05 × 06 ○ 07 × 08 ○ 09 × 10 ○
11 ○ 12 ○ 13 ○ 14 × 15 × 16 ○ 17 ○ 18 ○

✔ 오답분석
01 시설경비업무는 경비를 필요로 하는 시설 및 장소(경비대상시설)에서의 도난·화재 그 밖의 혼잡 등으로 인한 위험발생을 방지하는 업무를 말한다(경비업법 제2조 제1호 가목).
05 지문은 기계경비업무에 관한 설명이다. 특수경비업무는 공항(항공기 포함) 등 대통령령이 정하는 국가중요시설의 경비 및 도난·화재 그 밖의 위험발생을 방지하는 업무를 말한다(경비업법 제2조 제1호 라목·마목).
07 "경비지도사"라 함은 경비원을 지도·감독 및 교육하는 자를 말하며 일반경비지도사와 기계경비지도사로 구분한다(경비업법 제2조 제2호).
09 "무기"라 함은 인명 또는 신체에 위해를 가할 수 있도록 제작된 권총·소총 등을 말한다(경비업법 제2조 제4호).
14 100명 이상의 사람이 모이는 국제·문화·예술·체육 행사장은 집단민원현장에 해당한다(경비업법 제2조 제5호 바목).
15 「행정대집행법」에 따라 대집행을 하는 장소가 집단민원현장이다(경비업법 제2조 제5호 사목).

제2절 경비업의 허가 등

01 경비업법령상 경비업 허가신청 시 시설을 갖출 수 없는 경우에는 시설 확보계획서를 제출한 후 허가를 받은 날부터 1월 이내에 법령 규정에 의한 시설을 갖추고 시·도 경찰청장의 확인을 받아야 한다. 기출 20 (   )

02 경비업법령상 특수경비업은 경비인력으로 특수경비원 20명 이상과 경비지도사 1명 이상, 자본금으로 3억원 이상이 요구된다. 기출 21 (   )

03 경비업법령상 대표자·임원의 경력 및 신용은 경비업을 영위하고자 하는 법인의 허가 여부 결정을 위한 검토사항에 해당한다. 기출 24 (   )

04 경비업법령상 시·도 경찰청장은 경비업 변경허가를 한 경우 해당 법인의 주사무소를 관할하는 지구대장을 거쳐 신청인에게 허가증을 발급하여야 한다. 기출 20 (   )

05 경비업법령상 법인의 명칭을 변경할 때에는 그 법인의 주사무소의 소재지를 관할하는 시·도 경찰청장의 허가를 받아야 한다. 기출 18 (   )

06 경비업법령상 기계경비업무의 수행을 위한 관제시설의 이전에 관해서는 시·도 경찰청장의 허가를 받아야 한다. 기출 18 (   )

07 경비업법령상 경비업의 허가를 받은 법인이 법인의 주사무소를 이전한 때에는 시·도 경찰청장에게 신고하여야 한다. 기출 24 (   )

08 경비업법령상 성년후견인은 경비업을 영위하는 법인의 임원이 될 수 없다. 기출 20 (   )

09 경비업법령상 금고 이상의 형의 선고를 받고 그 형이 실효된 후 3년이 지난 을(乙)은 경비업을 영위하는 법인의 임원이 될 수 있다. 기출 19 (   )

10 경비업법령상 「대통령 등의 경호에 관한 법률」에 위반하여 벌금형의 선고를 받고 3년이 지나지 아니한 자는 특수경비업무를 수행하는 법인의 임원이 될 수 없다. 기출 24·20 (   )

11 경비업법에 위반하여 벌금형의 선고를 받고 5년이 지나지 아니한 자는 경비업법령상 경비업을 영위하는 법인의 임원이 될 수 없다. 기출 20 (   )

12 경비업법령상 「대통령 등의 경호에 관한 법률」에 위반하여 벌금형의 선고를 받은 후 1년이 지나지 않고 특수경비업무를 수행하는 법인의 임원이 되려는 병(丙)은 해당 법인의 임원이 될 수 없다. 기출 19 (   )

13 경비업법령상 관할 경찰관서장의 배치폐지명령에 따르지 아니하여 허가가 취소된 법인의 허가취소 당시의 임원이었던 자로서 허가가 취소된 날부터 5년이 지나지 아니한 자는 특수경비업무를 수행하는 법인의 임원이 될 수 없다. 기출 20 (   )

14 경비업법령상 법인 임원의 인감증명서 1부는 경비업 허가를 받으려는 자가 신청서에 첨부하여야 하는 서류에 해당하지 않는다. 기출 23 ( )

15 소속 경비원으로 하여금 경비업무의 범위를 벗어난 행위를 하게 하여 허가가 취소된 법인의 허가취소 당시의 임원이었던 자로서 그 취소 후 3년이 지난 자는 경비업법령상 경비업을 영위하는 법인의 임원이 될 수 있다. 기출수정 21 ( )

16 피한정후견인은 경비업법령상 경비업을 영위하는 법인의 임원 결격사유에 해당하지 않는다. 기출 22 ( )

17 경비업법령상 법인의 임원 변경은 경비업 허가사항 등의 변경신고서 제출 시 첨부서류로 허가증 원본을 필요로 하는 경우에 해당하지 않는다. 기출 22 ( )

▶정답과 해설◀ 01 ○ 02 ○ 03 ○ 04 × 05 × 06 × 07 ○ 08 × 09 ○ 10 ○
11 × 12 ○ 13 × 14 ○ 15 × 16 ○ 17 ○

✔ 오답분석
04 시·도 경찰청장은 경비업을 허가하거나 변경허가를 한 경우에는 해당 법인의 주사무소를 관할하는 경찰서장을 거쳐 신청인에게 허가증을 발급하여야 한다(경비업법 시행령 제4조 제2항).
05 법인의 명칭을 변경할 때에는 그 법인의 주사무소의 소재지를 관할하는 시·도 경찰청장에게 신고하여야 한다(경비업법 제4조 제3항 제2호).
06 기계경비업무의 수행을 위한 관제시설의 이전에 관해서는 시·도 경찰청장에게 신고하여야 한다(경비업법 제4조 제3항 제4호).
08 피성년후견인이 경비업을 영위하는 법인의 임원 결격사유에 해당한다(경비업법 제5조 제1호).
11 경비업법을 위반하여 벌금형의 선고를 받고 3년이 지나지 아니한 자는 특수경비업무를 수행하는 법인의 임원이 될 수 없다(경비업법 제5조 제4호).
13 관할 경찰관서장의 배치폐지명령에 따르지 아니하여(경비업법 제19조 제1항 제8호 위반) 허가가 취소된 법인의 허가취소 당시의 임원이었던 자로서 허가가 취소된 날부터 3년이 지나지 아니한 자는 허가취소된 경비업무와 동종의 경비업무를 수행하는 법인의 임원이 될 수 없다(경비업법 제5조 제5호).
15 소속 경비원으로 하여금 경비업무의 범위를 벗어난 행위를 하게 하여(경비업법 제19조 제1항 제2호) 허가가 취소된 법인의 허가취소 당시의 임원이었던 자로서 허가가 취소된 날부터 5년이 지나지 아니한 자는 경비업을 영위하는 법인의 임원이 될 수 없다(경비업법 제5조 제6호).

제3절 기계경비업무

01 경비업법령상 기계경비업무를 수행하는 경비원은 일반경비원에 해당한다. 기출 16 ( )

02 경비업법령상 기계경비업무란 경비대상시설에 설치한 기기에 의하여 감지・송신된 정보를 그 경비대상시설 외의 장소에 설치한 관제시설의 기기로 수신하여 도난・화재 등 위험발생을 방지하는 업무를 말한다. 기출 13 ( )

03 경비업법령상 경비업 허가를 받기 위한 기계경비업무의 경비인력 기준은 전자・통신 분야 기술자격증소지자 5명을 포함한 일반경비원 10명 이상과 경비지도사 1명 이상이고, 자본금 보유 기준은 1억원 이상이다. 기출 16 ( )

04 경비업법령상 기계경비업자는 경비업과 경비장비의 제조・설비・판매업 등 대통령령이 정하는 경비관련업 외의 영업을 하여서는 안 된다. 기출 17 ( )

05 경비업법령상 기계경비업자는 관제시설 등에서 경보를 수신한 때에는 경보를 수신한 때부터 늦어도 30분 이내에는 도착시킬 수 있는 대응체제를 갖추어야 한다. 기출 19・18・16・15・13 ( )

06 경비업법령상 기계경비업자는 경비계약을 체결하는 때에는 오경보를 막기 위하여 계약상대방에게 기기사용요령 및 기계경비운영체계 등에 관하여 설명하여야 하며, 각종 기기가 오작동되지 아니하도록 관리하여야 한다. 기출 18・12・11 ( )

07 경비업법령상 기계경비업자는 경비계약을 체결하는 때에 계약상대방에게 기기사용요령 및 기계경비운영체계 등에 관하여 서면 또는 구두로 설명하여야 한다. 기출 14・12 ( )

08 경비업법령상 기계경비업자는 경비원의 업무수행 중 고의 또는 과실로 경비대상에 손해가 발생하는 것을 방지하지 못한 때에 그 손해에 대한 배상 범위와 손해배상액에 관한 사항을 기재한 서면을 출장소별로 갖추어 두어야 한다. 기출 11 ( )

09 경비업법령상 기계경비업자는 출장소별로 기계경비지도사의 명단・배치일자・배치장소와 출동차량의 대수를 기재한 서류를 갖추어 두어야 한다. 기출 24・21・19 ( )

10 경비업법령상 기계경비업자는 출장소별로 오경보인 경우 오경보가 발생한 경비대상시설 및 그 오경보에 대한 조치의 결과를 기재한 서류를 갖추어 두어야 한다. 기출 21 ( )

11 경비업법령상 기계경비업자는 출장소별로 오경보가 발생한 경비대상시설을 기재한 서류를 갖추어 두어야 한다. 기출 24 ( )

12 경비업법령상 기계경비업자는 경비대상시설의 명칭・소재지 및 경비계약기간을 기재한 서류를 주사무소에 갖추어 두어야 한다. 기출 19・16 ( )

13 경비업법령상 기계경비업자는 출장소별로 오경보에 대한 조치의 결과를 기재한 서류는 당해 경보를 수신한 날부터 2년간 이를 보관하여야 한다. 기출 21·19·16·13 ( )

14 경비업법령상 기계경비업자는 경보의 수신 및 현장도착 일시와 조치의 결과 사항을 기재한 서류를 당해 경보를 수신한 날부터 1년간 이를 보관해야 한다. 기출 15·14·12 ( )

15 경비업법령상 기계경비업자가 오경보의 방지를 위하여 계약상대방에게 하여야 하는 설명은 서면등을 교부하는 방법에 의한다. 다음 중 이때 서면등에 기재하는 사항에 해당하는 것은 ㄱ, ㄴ, ㄷ이다. 기출 20 ( )

> ㄱ. 기계경비업무용 기기의 설치장소 및 종류
> ㄴ. 오경보의 발생원인과 송신기기의 유지·관리방법
> ㄷ. 당해 기계경비업무와 관련된 관제시설 및 출장소의 명칭·소재지

16 기계경비지도사의 명단·배치일자·배치장소와 출동차량의 대수는 경비업법령상 기계경비업자가 오경보의 방지를 위해 계약상대방에게 설명하여야 하는 사항에 해당하지 않는다. 기출 23 ( )

| ▶ 정답과 해설 ◀ | 01 ○ | 02 ○ | 03 ○ | 04 × | 05 × | 06 ○ | 07 × | 08 × | 09 ○ | 10 ○ |
| | 11 ○ | 12 × | 13 × | 14 ○ | 15 ○ | 16 ○ | | | | |

✔ 오답분석

04 특수경비업자는 이 법에 의한 경비업과 경비장비의 제조·설비·판매업, 네트워크를 활용한 정보산업, 시설물 유지관리업 및 경비원 교육업 등 대통령령이 정하는 경비관련업 외의 영업을 하여서는 아니 된다(경비업법 제7조 제9항).

05 기계경비업무를 수행하는 경비업자는 관제시설 등에서 경보를 수신한 때에는 경보를 수신한 때부터 늦어도 25분 이내에는 도착시킬 수 있는 대응체제를 갖추어야 한다(경비업법 시행령 제7조).

07 기계경비업자가 계약상대방에게 하여야 하는 오경보의 방지를 위한 설명은 서면 또는 전자문서(여기서 전자문서는 상대방이 원하는 경우에 한한다)를 교부하는 방법에 의한다(경비업법 시행령 제8조 제1항).

08 기계경비업자는 제1항 각호의 사항을 기재한 서면등과 함께 법 제26조의 규정에 의한 손해배상의 범위와 손해배상액에 관한 사항을 기재한 서면등을 계약상대방에게 교부하여야 한다(경비업법 시행령 제8조 제2항).

12 기계경비업자는 출장소별로 경비대상시설의 명칭·소재지 및 경비계약기간을 기재한 서류를 갖추어 두어야 한다(경비업법 시행령 제9조 제1항 제1호).

13 오경보에 대한 조치의 결과를 기재한 서류는 당해 경보를 수신한 날부터 1년간 이를 보관하여야 한다(경비업법 시행령 제9조 제2항).

제4절 경비지도사 및 경비원

01 벌금형의 선고유예를 받고 그 유예기간이 끝난 날부터 5년이 지나지 아니한 자는 경비업법령상 경비지도사 및 경비원의 결격사유에 해당한다. 기출 21 ( )

02 「형법」 제114조(범죄단체 등의 조직)의 죄를 범하여 벌금형을 선고받은 날부터 5년이 지나지 아니한 자는 경비업법령상 경비지도사 및 경비원의 결격사유에 해당한다. 기출 22·21 ( )

03 「형법」 제297조(강간)의 죄를 범하여 치료감호를 선고받고 그 집행이 종료된 날 또는 집행이 면제된 날부터 5년이 지나지 아니한 자는 경비업법령상 경비지도사 및 경비원의 결격사유에 해당한다. 기출 21 ( )

04 경비업법령상 「군인사법」에 따른 각 군 전투병과 또는 군사경찰병과 부사관 이상 간부로 6년 재직한 사람은 경비지도사 제1차 시험을 면제한다. 기출 22·21 ( )

05 경비업법령상 경비업자는 선임·배치된 경비지도사가 자격정지의 사유로 그 직무를 수행할 수 없는 때에는 7일 이내에 경비지도사를 새로이 충원하여야 한다. 기출 21 ( )

06 경비업법령상 특수경비원의 교육 시 경비업자가 교육기관에 입회하여 행정안전부령이 정하는 바에 따라 지도·감독하여야 한다. 기출 21·16·12 ( )

07 경비업법령상 경비원이 되려는 사람은 미리 일반경비원 신임교육을 받을 수 없다. 기출수정 21·20 ( )

08 경비업법령상 시설주가 대여받은 무기에 대하여 시설주 및 관할 경찰관서장은 무기의 관리책임을 지고, 관할 경찰관서장은 시설주 및 특수경비원의 무기관리상황을 대통령령이 정하는 바에 따라 지도·감독하여야 한다. 기출 21 ( )

09 경비업법령상 관할 경찰관서장은 시설주 및 특수경비원의 무기관리상황을 매주 1회 이상 점검하여야 한다. 기출 24·21·19·15·12·11 ( )

10 경비업법령상 특수경비원은 소속상사의 허가 또는 정당한 사유 없이 경비구역을 벗어나서는 아니 된다. 기출 24·22·21·16·15·14·13·12 ( )

11 경비업법령상 특수경비원이 사람을 향하여 권총 또는 소총을 발사하고자 하는 때에는 인질사건에 있어서 은밀히 작전을 수행하는 경우로서 부득이한 때에도 공포탄에 의한 사격으로 상대방에게 경고하여야 한다. 기출 21·19·18·15·13 ( )

12 경비업법령상 특수경비원은 임산부가 총기 또는 폭발물을 가지고 대항하는 경우에는 임산부에 대하여 소총을 발사할 수 있다. 기출 22·21·15 ( )

13 경비업법령상 집단민원현장에서 신변보호업무를 수행하는 경우에는 동일한 복장을 착용하지 아니할 수 있다. 기출 22·21 ( )

14 경비업법령상 일반경비원 배치허가를 받은 경비업자가 집단민원현장에 새로운 경비원을 배치하려는 경우에는 새로운 경비원을 배치하기 48시간 전까지 배치허가 신청서를 관할 경찰관서장에게 제출하여 허가를 받아야 한다. 기출 24 ( )

15 경비업법령상 관할 경찰관서장이 집단민원현장에 일반경비원 배치허가 신청을 받은 경우 경비원 중 결격자가 대통령령으로 정하는 기준 이상으로 포함되어 있는 경우에는 배치허가를 하여서는 아니 된다. 기출 24 ( )

16 경비업체와의 연락방법에 대한 지도는 경비업법령상 경비지도사의 직무에 해당하지 않는다. 기출 22 ( )

17 심신미약자는 경비업법령상 특수경비원의 결격사유에 해당하지 않는다. 기출 23 ( )

▶**정답과 해설**◀ 01 × 02 ○ 03 ○ 04 × 05 × 06 × 07 × 08 ○ 09 × 10 ○
11 × 12 ○ 13 × 14 ○ 15 ○ 16 ○ 17 ○

✓ **오답분석**

01 금고 이상의 형의 선고유예를 받고 그 유예기간 중에 있는 자가 특수경비원의 결격사유에 해당한다(경비업법 제10조 제2항 제4호).

04 「군인사법」에 따른 각 군 전투병과 또는 군사경찰병과 부사관 이상 간부로 7년 이상 재직한 사람은 경비지도사 제1차 시험을 면제한다(경비업법 시행령 제13조 제3호).

05 경비업자는 선임·배치된 경비지도사에 결원이 있거나 자격정지 등의 사유로 그 직무를 수행할 수 없는 때에는 15일 이내에 경비지도사를 새로이 충원하여야 한다(경비업법 시행령 제16조 제2항).

06 특수경비원의 교육 시 관할 경찰서 소속 경찰공무원이 교육기관에 입회하여 대통령령이 정하는 바에 따라 지도·감독하여야 한다(경비업법 제13조 제4항).

07 경비원이 되려는 사람은 대통령령으로 정하는 교육기관(일반경비원 교육기관)에서 미리 일반경비원 신임교육을 받을 수 있다(경비업법 제13조 제2항, 동법 시행령 제18조 제4항).

09 관할 경찰관서장은 법 제14조 제5항의 규정에 의하여 시설주 및 특수경비원의 무기관리상황을 매월 1회 이상 점검하여야 한다(경비업법 시행령 제21조).

11 특수경비원은 사람을 향하여 권총 또는 소총을 발사하고자 하는 때에는 미리 구두 또는 공포탄에 의한 사격으로 상대방에게 경고하여야 한다. 다만 특수경비원을 급습하거나 타인의 생명·신체에 대한 중대한 위험을 야기하는 범행이 목전에 실행되고 있는 등 상황이 급박하여 경고할 시간적 여유가 없는 경우, 인질·간첩 또는 테러사건에 있어서 은밀히 작전을 수행하는 경우로서 부득이한 경우에는 경고하지 아니할 수 있다(경비업법 제15조 제4항 제1호).

13 경비업법 제16조 제2항 단서(집단민원현장이 아닌 곳에서 신변보호업무를 수행하는 경우 또는 경비업무의 성격상 부득이한 사유가 있어 관할 경찰관서장이 허용하는 경우에는 그러하지 아니하다)의 반대해석상 경비업자는 경비원이 집단민원현장에서 신변보호업무를 수행하는 경우에는 동일한 복장을 착용하게 하여야 한다.

제5절 행정처분 등

01 경비업법령상 허가관청은 경비업자가 정당한 사유 없이 최종 도급계약 체결일부터 2년 이내에 경비 도급실적이 없을 때에는 경비업 허가를 취소하여야 한다. 기출 23·22·20·19·12·11 ( )

02 경비업법령상 허가관청은 특수경비업자가 경비관련업 외의 영업을 한 경우에는 그 허가를 취소하여야 한다. 기출 22·16 ( )

03 경비업자가 배치경비원 인원 및 배치시간 등 배치허가 신청의 내용을 과실로 누락한 경우는 경비업법령상 허가관청이 6개월 이내의 기간을 정하여 영업의 전부 또는 일부에 대하여 경비업자에게 영업정지를 명할 수 있는 사유로 명시되어 있지 않다. 기출 20 ( )

04 경비업법령상 경비업자가 시·도 경찰청장의 허가 없이 경비업무를 변경한 경우 2차 위반 시 행정처분 기준은 영업정지 3월이다. 기출 15·13 ( )

05 경비업법령상 도급을 의뢰받은 경비업무가 위법한 것임에도 경비업자가 이를 거부하지 아니한 경우에는 허가관청은 의무적으로 경비업 허가를 취소해야 한다. 기출 21 ( )

06 경비업법령상 경비업자가 경비원의 복장 등에 관한 규정을 3차례 위반한 경우의 행정처분 기준은 영업정지 3개월이다. 기출 21 ( )

07 경비업법령상 위반행위의 횟수에 따른 행정처분 기준 적용일은 위반행위에 대한 행정처분일과 그 처분 후의 위반행위가 다시 적발된 날을 기준으로 한다. 기출 21 ( )

08 경비업법령상 영업정지처분에 해당하는 위반행위가 적발된 날 이전 최근 2년간 같은 위반행위로 3회 이상 영업정지처분을 받은 경우에는 그 위반행위에 대한 행정처분 기준은 허가취소로 한다. 기출 21·14·13 ( )

09 경비업법령상 경찰청장은 경비지도사가 자격정지 기간 중에 경비지도사로 선임되어 활동한 때에는 1년의 범위 내에서 정지기간을 연장시킬 수 있다. 기출 22·20 ( )

10 경비업법령상 경찰청장은 경비지도사가 법 제24조의 규정에 의한 경찰청장 또는 시·도 경찰청장의 명령을 위반한 때에는 경비지도사의 자격을 정지시킬 수 있으며, 구체적으로 1차 위반 시 행정처분 기준은 자격정지 1월이다. 기출 19·16 ( )

11 경비업법령상 경비지도사가 직무를 성실하게 수행하지 아니한 경우, 1차 위반 시 행정처분 기준은 자격정지 3월이다. 기출 24·22·19·16 ( )

12 경비업법령상 경비지도사가 시·도 경찰청장의 명령을 3차 위반한 경우 행정처분 기준은 자격정지 9월이다. 기출 24 ( )

13 경비업법령상 경비업자에 대한 과태료 부과처분은 경찰청장 또는 시·도 경찰청장이 청문을 실시해야 하는 행정처분에 해당하지 않는다. 기출 19·17 ( )

14 경비업법령상 허가관청은 경비업자가 집단민원현장에 특수경비원 명부를 작성·비치하지 않아 9개월 영업정지처분을 하고자 하는 경우 청문을 실시하여야 한다. 기출 18 ( )

15 특수경비원의 징계, 경비업 법인 임원선임 취소, 경비업의 영업허가는 경비업법령상 경찰청장 또는 시·도 경찰청장이 해당 처분을 하기 위해 청문을 실시하여야 하는 경우에 해당하지 않는다. 기출 15·14·12 ( )

16 경비업법령상 허가관청은 경비업자가 소속 경비원으로 하여금 경비업무의 범위를 벗어난 행위를 하게 한 때에는 그 허가를 취소하여야 한다. 기출 22 ( )

17 경비업법령상 경찰청장은 경비지도사의 자격을 정지한 때에는 그 정지기간 동안 경비지도사자격증을 회수하여 보관하여야 한다. 기출 22 ( )

18 경비업법령상 허가관청은 경비업자가 관할 경찰관서장의 배치폐지 명령에 따르지 아니한 때에는 경비업 허가를 취소하여야 한다. 기출 24 ( )

▶ 정답과 해설 ◀ 01 × 02 ○ 03 ○ 04 × 05 × 06 ○ 07 ○ 08 × 09 × 10 ○
            11 ○ 12 ○ 13 ○ 14 × 15 ○ 16 ○ 17 ○ 18 ○

✔ 오답분석
01 정당한 사유 없이 최종 도급계약 종료일의 다음 날부터 2년 이내에 경비 도급실적이 없을 때가 경비업 허가의 절대적 취소사유에 해당한다(경비업법 제19조 제1항 제5호).
04 시·도 경찰청장의 허가 없이 경비업무를 변경한 경우 행정처분 기준은 1차 위반 시 경고, 2차 위반 시 영업정지 6개월, 3차 이상의 위반 시 허가취소이다(경비업법 시행령 [별표 4] 제2호 가목).
05 지문은 상대적 허가취소·영업정지사유이다(경비업법 제19조 제2항 제2호).
08 영업정지처분에 해당하는 위반행위가 적발된 날 이전 최근 2년간 같은 위반행위로 2회 영업정지처분을 받은 경우에는 제2호(개별기준)의 기준에도 불구하고 그 위반행위에 대한 행정처분 기준은 허가취소로 한다(경비업법 시행령 [별표 4] 제1호 라목).
09 경찰청장은 경비지도사가 자격정지 기간 중에 경비지도사로 선임되어 활동한 때에는 그 자격을 취소하여야 한다(경비업법 제20조 제1항 제4호).
14 경비업법 제21조 제3호가 적용되는 경비업법 제19조 제2항 제12호 사유는 집단민원현장에 일반경비원 명부를 작성·비치하지 않는 경우를 전제하는 규정이다. 또한 영업정지처분의 기간은 6개월을 한도로 한다(경비업법 제19조 제2항). 따라서 본 지문은 2가지 내용이 잘못된 경우이다.

제6절　경비협회

01 경비업법령상 경비업자는 경비업무의 건전한 발전과 경비원의 자질향상 및 교육훈련 등을 위하여 대통령령이 정하는 바에 따라 경비협회를 설립할 수 있다. 기출 23·22·19·16 　　　　　　　　　　　　　　　　( )

02 경비업법령상 경비협회는 행정안전부령이 정하는 바에 의하여 회원으로부터 회비를 징수할 수 있다.
기출 23·19·17 　　( )

03 경비업법령상 경비협회의 업무에는 경비원의 후생·복지에 관한 사항 외에도 경비진단에 관한 사항도 포함된다.
기출 22·15·14 　　( )

04 경비업법령상 경비협회에 관하여「경비업법」에 특별한 규정이 있는 것을 제외하고는「민법」중 재단법인에 관한 규정을 준용한다. 기출 24·23·22·20·16·11 　　　　　　　　　　　　　　　　　　　　　　　　　　( )

05 경비원의 손해배상책임을 보장하기 위한 사업은 경비업법령상 경비협회가 할 수 있는 공제사업에 해당한다.
기출 20 　　　( )

06 경비업법령상 경비협회는 경비업자의 손해배상책임 보장과 소속 경비원의 고용안정을 보장하기 위하여 별도의 법인을 설립하여 공제사업을 할 수 있다. 기출 11 　　　　　　　　　　　　　　　　　　　　　　　　( )

07 경비업법령상 경비협회는 경비업자가 경비업을 운영할 때 필요한 입찰보증을 위한 공제사업을 할 수 있다.
기출 21 　　　( )

08 경비업법령상 경비원의 복지향상과 업무상 재해로 인한 손실을 보상하기 위한 사업은 경비협회가 할 수 있는 공제사업에 해당한다. 기출 20 　　　　　　　　　　　　　　　　　　　　　　　　　　　　　　　　　　( )

09 경비업법령상 경비협회는 공제사업을 하는 경우 공제사업의 회계는 다른 사업의 회계와 구분하여 경리하여야 한다. 기출 24·23·21 　　　　　　　　　　　　　　　　　　　　　　　　　　　　　　　　　　　　　　　( )

10 경비업법령상 경비협회는 공제사업을 하고자 하는 때에는 공제계약의 내용 등 필요한 사항을 정한 공제규정을 제정하여야 한다. 기출 24·22·20 　　　　　　　　　　　　　　　　　　　　　　　　　　　　　　　　　( )

11 경비업법령상 경비협회의 공제규정에는 공제사업의 범위, 공제계약의 내용, 공제금, 공제료 및 공제금에 충당하기 위한 책임준비금 등 공제사업의 운영에 관하여 필요한 사항을 정하여야 한다. 기출 21·19 　　　　　( )

12 경비업법령상 경찰청장은 공제사업의 건전한 육성과 가입자의 보호를 위하여 공제사업의 감독에 관한 기준을 정할 수 있다. 기출 24 　　　　　　　　　　　　　　　　　　　　　　　　　　　　　　　　　　　　　　( )

13 경비업법령상 공제사업의 감독에 관한 기준은 공제사업을 하려는 경비협회가 공제규정의 내용으로 정할 수 없는 사항이다. 기출 19 　　　　　　　　　　　　　　　　　　　　　　　　　　　　　　　　　　　　　　　( )

14 경비업법령상 경찰청장은 공제규정을 승인하는 경우에는 미리 금융감독원과 협의하여야 한다. 기출 21·20
( )

15 경비업법령상 경찰청장은 공제사업에 대하여 금융감독원의 원장에게 검사를 요청할 수 있다. 기출 20·18
( )

16 경비업법령상 경비협회는 법인으로 한다. 기출 22 ( )

17 경비업법령상 경비협회는 경비업자의 손해배상책임을 보장하기 위한 공제사업을 할 수 있다. 기출 23·22
( )

18 경비업법령상 경비협회는 경비원의 복지향상을 위한 공제사업을 할 수 없다. 기출 22 ( )

19 경비업법령상 경비협회는 경비업자가 경비업을 운영할 때 필요한 입찰보증, 계약보증(이행보증을 포함한다), 하도급보증을 위한 공제사업을 할 수 있다. 기출 23·22
( )

▶ **정답과 해설** ◀ 01 ○ 02 × 03 ○ 04 × 05 × 06 × 07 ○ 08 ○ 09 ○ 10 ○
11 ○ 12 ○ 13 ○ 14 × 15 ○ 16 ○ 17 ○ 18 × 19 ○

✔ **오답분석**

02 경비협회는 정관이 정하는 바에 의하여 회원으로부터 회비를 징수할 수 있다(경비업법 시행령 제26조 제2항).
04 경비협회에 관하여 경비업법에 특별한 규정이 있는 것을 제외하고는 민법 중 사단법인에 관한 규정을 준용한다(경비업법 제22조 제4항).
05 경비원이 아닌 경비업자의 손해배상책임을 보장하기 위한 사업이 경비협회가 할 수 있는 공제사업에 해당한다(경비업법 제23조 제1항 제1호).
06 경비협회의 공제사업의 범위에 경비업자의 손해배상책임을 보장하기 위한 사업은 규정되어 있지만, 소속 경비원의 고용안정을 보장하기 위하여 별도의 법인을 설립하여 공제사업을 할 수 있다는 규정은 없다(경비업법 제23조 제1항 제1호 참조).
14 경찰청장은 공제규정을 승인하거나 공제사업의 감독에 관한 기준을 정하는 경우에는 미리 금융위원회와 협의하여야 한다(경비업법 제23조 제5항).
18 경비협회는 경비원의 복지향상을 위한 공제사업을 할 수 있다(경비업법 제23조 제1항 제3호).

제7절 보 칙

01 경비업법령상 시·도 경찰청장은 경비업무의 적정한 수행을 위하여 경비업자 및 경비지도사를 지도·감독하며 필요한 명령을 할 수 있다. 기출 24·22·21·18·15·14·11 (   )

02 경비업법령상 시·도 경찰청장 또는 관할 경찰관서장은 소속 경찰공무원으로 하여금 관할구역 안에 있는 경비업자의 주사무소 및 출장소와 경비원 배치장소에 출입하여 감독하며 필요한 명령을 하게 할 수 있다. 기출 24·22·17·15·14·11 (   )

03 경비업법령상 시·도 경찰청장 또는 관할 경찰관서장은 배치된 경비원이 경비업법이나 경비업법에 따른 명령, 「폭력행위 등 처벌에 관한 법률」을 위반하는 행위를 하는 경우 그 위반행위의 중지를 명할 수 있다. 기출 24·22·21·18·17·14 (   )

04 경비업법령상 시·도 경찰청장 또는 관할 경찰관서장은 경비업무 장소가 집단민원현장으로 판단되는 경우에는 그때부터 48시간 이내에 경비업자에게 경비원 배치허가를 받을 것을 고지하여야 한다. 기출 24·21·20·18·17·16·15 (   )

05 경비업법령상 시·도 경찰청장은 특수경비업자에게 비밀취급인가를 하고자 하는 때에는 특수경비업자로 하여금 경찰청장을 거쳐 국가정보원장에게 보안측정을 요청하도록 하여야 한다. 기출 19 (   )

06 경비업법령상 시·도 경찰청장은 특수경비업자에 대하여 연 2회 이상의 보안지도·점검을 실시하여야 한다. 기출 21·20·18·17·15·14·11 (   )

07 경비업법령상 경비업자는 경비원이 업무수행 중 과실로 제3자에게 손해를 입힌 경우에는 이를 배상할 책임이 없다. 기출 24·20·16 (   )

08 경비업법령상 경비업자는 경비원 갑(甲)이 업무수행 중 무과실로 경비대상에 손해가 발생하는 것을 방지하지 못한 경우 손해배상책임이 발생하지 않는다. 기출 22·17 (   )

09 경비업법령상 경비지도사자격의 정지, 취소 및 이에 대한 청문에 관한 경찰청장의 권한은 시·도 경찰청장에게 위임되어 있는 권한에 해당한다. 기출 24·23·22·21·19·17·16·14·13 (   )

10 경비업법령상 경비지도사 시험은 경찰청장 권한의 위임사항에 해당하지 않는다. 기출수정 23·22·20·16·15·13 (   )

11 경비지도사자격증의 교부에 관한 권한은 경비업법령상 경찰청장이 시·도 경찰청장에게 위임하는 권한에 해당한다. 기출 23·18·15 (   )

12 경비업법령상 시·도 경찰청장은 경비지도사 시험 시행일 20일 전까지 접수를 취소하는 경우 응시수수료 전액을 반환하여야 한다. 기출 20 (   )

13 형법 제127조(공무상 비밀의 누설)는 경비업법령상 경찰청장으로부터 경비지도사의 시험에 관한 업무를 위탁받은 단체의 임직원이 벌칙 적용에 있어 공무원으로 의제되는 형법상의 규정에 해당한다. 기출 24·21
( )

14 형법 제129조(수뢰, 사전수뢰)는 경비업법령상 경찰청장으로부터 경비지도사의 시험에 관한 업무를 위탁받은 단체의 임직원이 벌칙 적용에 있어 공무원으로 의제되는 형법상의 규정에 해당한다. 기출 24·19 ( )

15 신용카드사용내역이 포함된 자료는 경비업법령상 경찰청장 등이 처리할 수 있는 민감정보 및 고유식별정보가 아니다. 기출 21
( )

16 경비업법령상 관할 경찰서장은 특수경비업자에 대하여 연 2회 이상의 보안지도·점검을 실시하여야 한다. 기출 22
( )

17 경비협회의 공제사업에 대한 금융감독원장의 검사요청권한은 경비업법령상 경찰청장이 시·도 경찰청장에게 위임하는 권한에 해당하지 않는다. 기출 23
( )

18 경비업법령상 경비업 허가사항의 변경신고로 인한 허가증 재교부의 경우에는 1만원의 수수료를 납부하여야 한다. 기출 23
( )

▶ 정답과 해설 ◀   01 ○   02 ○   03 ○   04 ○   05 ○   06 ○   07 ×   08 ○   09 ○   10 ○
11 ×   12 ×   13 ×   14 ○   15 ○   16 ×   17 ○   18 ×

✔ 오답분석

07 경비업자는 경비원이 업무수행 중 과실로 제3자에게 손해를 입힌 경우에도 이를 배상하여야 한다(경비업법 제26조 제2항).

11 경비지도사자격증의 교부는 위임사항이 아니다. 경찰청장은 경비지도사 시험에 합격하고 기본교육을 받은 사람에게는 경비지도사자격증 교부대장에 정해진 사항을 기재한 후, 경비지도사자격증을 교부해야 한다(경비업법 시행규칙 제11조).

12 경찰청장은 경비지도사 시험 시행일 20일 전까지 접수를 취소하는 경우 응시수수료 전액을 반환하여야 한다(경비업법 시행령 제28조 제4항 제3호).

13 경비업법령상 형법 제127조는 벌칙 적용에서 공무원으로 의제되는 형법상 대상범죄에 해당하지 않는다(경비업법 제27조의3).

16 시·도 경찰청장은 법 제25조의 규정에 의하여 특수경비업자에 대하여 연 2회 이상의 보안지도·점검을 실시하여야 한다(경비업법 시행령 제29조).

18 경비업 허가사항의 변경신고로 인한 허가증 재교부의 경우에는 2천원의 수수료를 납부하여야 한다(경비업법 시행령 제28조 제1항 제2호).

제8절 벌칙

01 경비업법령상 법정형의 최고한도가 높은 것부터 순서대로 나열하면 ㄷ - ㄴ - ㄱ이다. 기출 21   (   )

　ㄱ. 경찰관서장의 배치폐지명령을 따르지 아니한 자
　ㄴ. 경비원에게 경비업무의 범위를 벗어난 행위를 하게 한 자
　ㄷ. 국가중요시설의 정상적인 운영을 해치는 장해를 일으킨 특수경비원

02 경비업법령상 과실로 인하여 국가중요시설의 정상적인 운영을 해치는 장해를 일으킨 특수경비원은 3년 이하의 징역 또는 3천만원 이하의 벌금에 처한다. 기출 20·19·15   (   )

03 경비업법령상 특수경비원 갑(甲)이 국가중요시설에 대한 경비업무 수행 중 국가중요시설의 정상적인 운영을 해치는 장해를 발생시킨 경우 5년 이하의 징역 또는 5천만원 이하의 벌금에 처한다. 기출 19·14·13   (   )

04 경비업법령상 허가를 받지 아니하고 경비업을 영위한 자는 2년 이하의 징역 또는 2천만원 이하의 벌금에 처한다. 기출 24·20·15·14   (   )

05 경비업법령상 국가중요시설에 대한 경비업무 중 정당한 사유 없이 무기를 소지하고 배치된 경비구역을 벗어난 특수경비원은 2년 이하의 징역 또는 2천만원 이하의 벌금에 처한다. 기출 20·18·15·14·13   (   )

06 경비업법령상 직무수행 중 경비업무의 범위를 벗어나 타인에게 물리력을 행사한 경비원과 「경비업법」에서 정한 장비 외에 흉기를 휴대하고 경비업무를 수행한 경비원은 1년 이하의 징역 또는 1천만원 이하의 벌금에 처한다. 기출 19·15   (   )

07 경비업법령상 파업·태업 그 밖에 경비업무의 정상적인 운영을 저해하는 쟁의행위를 한 특수경비원은 1년 이하의 징역 또는 1천만원 이하의 벌금에 처한다. 기출 16·14·13   (   )

08 형법 제261조(특수폭행죄), 형법 제277조 제1항(중체포죄), 형법 제268조(업무상과실·중과실치사상죄), 형법 제350조의2(특수공갈죄), 형법 제366조(재물손괴죄) 중 경비업법령상 특수경비원이 무기를 휴대하고 경비업무를 수행 중에 경비업법의 규정에 의한 무기의 안전수칙을 위반하여 범죄를 범한 경우 그 법정형의 2분의 1까지 가중처벌되는 형법상의 범죄가 아닌 것은 형법 제261조(특수폭행죄)이다. 기출 21·13   (   )

09 경비업법령상 폭행죄는 경비원이 경비업무 수행 중에 경비업법에서 정한 장비 외에 흉기 등을 휴대하고 범죄를 범한 경우 그 법정형의 2분의 1까지 가중처벌하는 대상범죄이다. 기출 24·18·17·14   (   )

10 형법 제319조(주거침입죄), 제314조(업무방해죄)는 경비업법령상 경비원이 경비업무 수행 중에 경비업법령에서 정한 장비 외에 흉기 또는 그 밖의 위험한 물건을 휴대하고 죄를 범한 경우, 그 죄에 정한 형의 2분의 1까지 가중처벌하는 형법상 범죄에 해당하지 않는다. 기출 20·15   (   )

11 배치허가를 받지 아니하고 경비원을 배치한 자에게는 경비업법령상 양벌규정이 적용된다. 기출 21   (   )

12 법인의 대표자나 개인의 대리인, 사용인, 직계비속 중 경비업법령상 양벌규정이 적용되는 행위자가 될 수 없는 자는 직계비속이다. 기출 18・14   (   )

13 경비업법령상 경비업법의 규정에 위반하여 경비원의 복장에 관한 신고를 하지 아니하고 집단민원현장에 경비원을 배치한 경비업자와 이름표를 부착하게 하지 아니하고 집단민원현장에 경비원을 배치한 경비업자에게 부과될 수 있는 과태료 최고액은 3천만원으로 같다. 기출 24   (   )

14 경비업법령상 경비업자가 신고된 동일 복장을 착용하게 하지 아니하고 집단민원현장에 경비원을 배치한 경우 3천만원 이하의 과태료가 부과된다. 기출 20   (   )

15 경비업법령상 관할 경찰관서장이 무기의 적정 관리를 위하여 무기를 대여받은 시설주에 대하여 감독상 필요한 명령을 하였으나 정당한 이유 없이 이행하지 않은 경우에는 위반 횟수에 관계없이 500만원의 과태료가 부과된다. 기출 22   (   )

16 경비업법령상 특수협박죄(형법 제284조)는 경비원이 경비업무 수행 중에 경비업법령에서 정한 장비 외에 흉기 또는 그 밖의 위험한 물건을 휴대하고 죄를 범한 경우, 그 죄에 정한 형의 2분의 1까지 가중처벌되는 형법상의 범죄가 아니다. 기출 22   (   )

17 경비업법령상 경비업의 허가를 받지 아니하고 경비업을 영위한 자와 다른 법률에 특별한 규정이 있는 경우가 아님에도 그 직무상 알게 된 비밀을 누설한 경비업자의 임・직원에 대한 법정형은 3년 이하의 징역 또는 3천만원 이하의 벌금으로 같다. 기출 24   (   )

| ▶정답과 해설◀ | 01 ○ | 02 ○ | 03 ○ | 04 × | 05 ○ | 06 ○ | 07 ○ | 08 ○ | 09 × | 10 ○ |
| | 11 × | 12 ○ | 13 ○ | 14 ○ | 15 ○ | 16 ○ | 17 ○ | | | |

✔ 오답분석

04 허가를 받지 아니하고 경비업을 영위한 자는 <u>3년 이하의 징역 또는 3천만원 이하의 벌금에 처한다</u>(경비업법 제28조 제2항 제1호).

09 폭행죄는 <u>특수경비원이</u> 경비업무 수행 중에 경비업법에서 정한 장비 외에 흉기 등을 휴대하고 범죄를 범한 경우 그 법정형의 2분의 1까지 가중처벌되는 대상범죄이다(경비업법 제29조 제1항).

11 <u>배치허가를 받지 아니하고 경비원을 배치한 자는 과태료 부과대상</u>(경비업법 제31조 제1항 제4호)이므로, 경비업법령상 양벌규정이 적용되는 경우에 해당하지 않는다. <u>양벌규정은 경비업법 제28조(벌칙) 위반행위를 전제로 적용한다.</u>

CHAPTER 02 청원경찰법

제1절 청원경찰의 배치장소와 직무

01 청원경찰법은 1962년에 제정되었다. 기출 20 ( )

02 청원경찰법은 청원경찰의 직무·임용·배치·보수·사회보장 및 그 밖의 필요한 사항을 규정함으로써 청원경찰의 원활한 운영을 목적으로 한다. 기출 24·23·20·17·14 ( )

03 청원경찰법령상 청원경찰은 청원주 등이 경비(經費)를 부담할 것을 조건으로 사업장 등의 경비(警備)를 담당하게 하기 위하여 배치하는 경찰이다. 기출 24·23·21·17 ( )

04 청원경찰법령상 대통령령으로 정하는 중요시설은 청원경찰의 배치대상이다. 기출 20 ( )

05 「사회복지사업법」에 따른 사회복지시설은 청원경찰법령상 청원경찰의 배치대상이 아니다. 기출 21·18·16
( )

06 청원경찰법령상 청원경찰은 선박, 항공기 등 수송시설에도 배치될 수 있다. 기출 24·21 ( )

07 청원경찰법령상 보험을 업으로 하는 시설, 의료법에 따른 의료기관은 청원경찰의 배치대상이다. 기출 18
( )

08 청원경찰법령상 청원경찰은 청원주와 배치된 사업장 등의 구역을 관할하는 시·도지사 및 시·도 경찰청장의 감독을 받는다. 기출 24·21 ( )

09 청원경찰법령상 청원경찰은 배치된 경비구역만의 경비를 목적으로 필요한 범위에서 「경찰관직무집행법」에 따른 경찰관의 직무를 수행한다. 기출 23·22·21·17 ( )

10 청원경찰법령상 순찰근무자는 단독 또는 복수로 요점순찰을 하되, 청원주가 필요하다고 인정할 때에는 정선순찰 또는 난선순찰을 할 수 있다. 기출 23·22·21·19·18·12 ( )

11 청원경찰법령상 자체경비를 하는 입초근무자는 경비구역의 정문이나 그 밖의 지정된 장소에서 경비구역의 내부, 외부 및 출입자의 움직임을 감시한다. 기출 23·22·21·19 ( )

12 청원경찰법령상 업무처리 및 자체경비를 하는 소내근무자는 근무 중 특이한 사항이 발생하였을 때에는 지체 없이 청원주 또는 관할 경찰서장에게 보고하고 그 지시에 따라야 한다. 기출 23·22·21·19·15 ( )

13 청원경찰법령상 대기근무자는 소내근무에 협조하거나 휴식하면서 불의의 사고에 대비한다. 기출 23·22·21·19·14
( )

14 청원경찰법령상 청원경찰은 「경찰관직무집행법」에 따른 직무 외의 수사활동 등 사법경찰관리의 직무를 수행해서는 아니 된다. 기출 23·22·18·15·14 (　　)

15 청원경찰법령상 청원경찰이 직무를 수행할 때에 「경찰관직무집행법」 및 같은 법 시행령에 따라 하여야 할 모든 보고는 관할 경찰서장에게 서면으로 보고하기 전에 지체 없이 구두로 보고하고 그 지시에 따라야 한다. 기출 23 (　　)

16 청원경찰법령상 청원경찰이 직무를 수행할 때에는 경비 목적을 위하여 필요한 최소의 범위에서 하여야 한다. 기출 22 (　　)

17 청원경찰법령상 청원경찰은 청원경찰의 배치결정을 받은 자와 배치된 기관·시설 또는 사업장 등의 구역을 관할하는 시·도 경찰청장의 감독을 받는다. 기출 22 (　　)

18 청원경찰은 「형법」이나 그 밖의 법령에 따른 벌칙을 적용하는 경우와 청원경찰법 및 같은 법 시행령에서 특별히 규정한 경우를 제외하고는 공무원으로 본다. 기출 23 (　　)

▶ **정답과 해설** ◀　01 ○　02 ○　03 ○　04 ×　05 ○　06 ○　07 ○　08 ×　09 ○　10 ×
　　　　　　　　　11 ○　12 ○　13 ○　14 ○　15 ○　16 ○　17 ×　18 ×

✔ **오답분석**

04　행정안전부령으로 정하는 중요시설, 사업장 또는 장소가 청원경찰의 배치대상에 해당한다(청원경찰법 제2조 제3호).

08　청원경찰은 제4조 제2항에 따라 청원경찰의 배치결정을 받은 자[청원주(請願主)]와 배치된 기관·시설 또는 사업장 등의 구역을 관할하는 경찰서장의 감독을 받아 그 경비구역만의 경비를 목적으로 필요한 범위에서 「경찰관직무집행법」에 따른 경찰관의 직무를 수행한다(청원경찰법 제3조).

10　순찰은 단독 또는 복수로 정선순찰(정해진 노선을 규칙적으로 순찰하는 것)을 하되, 청원주가 필요하다고 인정할 때에는 요점순찰(순찰구역 내 지정된 중요지점을 순찰하는 것) 또는 난선순찰(임의로 순찰지역이나 노선을 선정하여 불규칙적으로 순찰하는 것)을 할 수 있다(청원경찰법 시행규칙 제14조 제3항 후문).

17　청원경찰은 청원경찰의 배치결정을 받은 자(청원주)와 배치된 기관·시설 또는 사업장 등의 구역을 관할하는 경찰서장의 감독을 받아 그 경비구역만의 경비를 목적으로 필요한 범위에서 「경찰관직무집행법」에 따른 경찰관의 직무를 수행한다(청원경찰법 제3조).

18　청원경찰은 「형법」이나 그 밖의 법령에 따른 벌칙을 적용하는 경우와 법 및 이 영에서 특별히 규정한 경우를 제외하고는 공무원으로 보지 아니한다(청원경찰법 시행령 제18조).

제2절 청원경찰의 배치·임용·교육·징계

01 청원경찰법령상 청원경찰 배치신청서 제출 시 배치장소가 둘 이상의 도(道)일 때에는 주된 사업장의 관할 경찰서장을 거쳐 시·도 경찰청장에게 한꺼번에 신청할 수 있다. 기출 24·23·20·19·18 ( )

02 청원경찰법령상 청원경찰을 배치받으려는 자는 대통령령으로 정하는 바에 따라 관할 시·도 경찰청장에게 청원경찰 배치를 신청하여야 한다. 기출 24·23·22·21·20·16 ( )

03 청원경찰법령상 시·도 경찰청장은 청원경찰 배치가 필요하다고 인정하는 기관의 장 또는 시설·사업장의 경영자에게 청원경찰을 배치할 것을 요청할 수 있다. 기출 22·21·19 ( )

04 청원경찰법령상 청원경찰의 임용자격은 18세 이상으로 신체가 건강하고 팔다리가 완전하며 시력(교정시력을 포함한다)은 양쪽 눈이 각각 0.8 이상인 사람이다. 기출 21 ( )

05 청원경찰법령상 청원경찰의 복무에 관하여는 「국가공무원법」 및 「경찰공무원법」을 준용한다.
기출 22·20·18·15·13 ( )

06 청원경찰법령상 시·도 경찰청장은 청원경찰이 품위를 손상하는 행위를 한 때에는 대통령령으로 정하는 징계절차를 거쳐 징계처분을 할 수 있다. 기출 23·21 ( )

07 청원경찰법령상 청원경찰에 대한 징계의 종류는 파면, 해임, 강등, 정직, 감봉, 견책 및 경고로 구분한다.
기출 23·22·21·18·16·12 ( )

08 청원경찰법령상 청원주는 청원경찰 배치결정의 통지를 받았을 때에는 통지를 받은 날부터 15일 이내에 청원경찰에 대한 징계규정을 제정하여 관할 시·도 경찰청장에게 신고하여야 한다. 기출 23·21·20·19·18·16
( )

09 청원경찰법령상 청원주는 청원경찰의 배치결정의 통지를 받은 날부터 30일 이내에 배치결정된 인원수의 임용예정자에 대하여 청원경찰 임용승인을 시·도 경찰청장에게 신청하여야 한다. 기출 20·16·15·14·13 ( )

10 청원경찰법령상 청원주가 청원경찰을 임용하였을 때에는 임용한 날부터 10일 이내에 그 임용사항을 관할 경찰서장을 거쳐 시·도 경찰청장에게 보고하여야 한다. 기출 24·22·20·19·18·16·15 ( )

11 청원경찰법령상 청원주는 청원경찰로 임용된 사람으로 하여금 경비구역에 배치하기 전에 경찰교육기관에서 직무수행에 필요한 교육을 받게 하여야 한다. 다만, 경찰교육기관의 교육계획상 부득이하다고 인정할 때에는 우선 배치하고 임용 후 1년 이내에 교육을 받게 할 수 있다. 기출 20·19·16·15·14 ( )

12 청원경찰법령상 청원주는 청원경찰을 이동배치하였을 때에는 전입지를 관할하는 경찰서장에게 그 사실을 통보하여야 한다. 기출 21 ( )

13 청원경찰법령상 청원경찰의 이동배치의 통보를 받은 경찰서장은 이동배치지가 다른 관할구역에 속할 때에는 전입지를 관할하는 시·도 경찰청장에게 이동배치한 사실을 통보하여야 한다. 기출 19 ( )

14 청원경찰법령상 정직은 1개월 이상 3개월 이하로 하고, 그 기간에 청원경찰의 신분은 보유하나 직무에 종사하지 못하며, 보수는 전액을 감한다. 기출 21·18·15·12 ( )

15 청원경찰법령상 청원주는 청원경찰 배치결정의 통지를 받은 날로부터 10일 이내에 배치결정된 인원수의 임용예정자에 대하여 청원경찰 임용승인을 시·도 경찰청장에게 신청하여야 한다. 기출 22 ( )

16 청원경찰법령상 시·도 경찰청장은 청원경찰 배치신청을 받으면 지체 없이 그 배치 여부를 결정하여 신청인에게 알려야 한다. 기출 24·22 ( )

17 청원경찰법령상 청원경찰의 배치를 받으려는 자는 청원경찰 배치신청서에 경비구역 평면도 1부 또는 배치계획서 1부를 첨부해야 한다. 기출 24·23·22 ( )

▶ **정답과 해설** ◀　01 ○　02 ○　03 ○　04 ○　05 ○　06 ×　07 ×　08 ○　09 ○　10 ○
　　　　　　　　　　11 ○　12 ×　13 ×　14 ×　15 ×　16 ○　17 ×

✔ **오답분석**

06　청원주는 청원경찰이 품위를 손상하는 행위를 한 때에는 대통령령으로 정하는 징계절차를 거쳐 징계처분을 하여야 한다(청원경찰법 제5조의2 제1항 제2호).

07　강등은 청원경찰법상 징계의 종류에 해당하지 않는다. 청원경찰에 대한 징계의 종류는 파면, 해임, 정직, 감봉 및 견책으로 구분한다(청원경찰법 제5조의2 제2항).

12　청원주는 청원경찰을 이동배치하였을 때에는 종전의 배치지를 관할하는 경찰서장에게 그 사실을 통보하여야 한다(청원경찰법 시행령 제6조 제1항).

13　청원경찰의 이동배치의 통보를 받은 경찰서장은 이동배치지가 다른 관할구역에 속할 때에는 전입지를 관할하는 경찰서장에게 이동배치한 사실을 통보하여야 한다(청원경찰법 시행령 제6조 제2항).

14　정직(停職)은 1개월 이상 3개월 이하로 하고, 그 기간에 청원경찰의 신분은 보유하나 직무에 종사하지 못하며, 보수의 3분의 2를 줄인다(청원경찰법 시행령 제8조 제2항).

15　청원주는 배치결정의 통지를 받은 날부터 30일 이내에 배치결정된 인원수의 임용예정자에 대하여 청원경찰 임용승인을 시·도 경찰청장에게 신청하여야 한다(청원경찰법 시행령 제4조 제1항).

17　청원경찰의 배치를 받으려는 자는 청원경찰 배치신청서에 경비구역 평면도 1부와 배치계획서 1부를 첨부하여 사업장의 소재지를 관할하는 경찰서장을 거쳐 시·도 경찰청장에게 제출하여야 한다(청원경찰법 시행령 제2조 전문).

제3절 청원경찰의 경비와 보상금 및 퇴직금

01 청원경찰법령상 청원경찰의 피복비는 청원주가 부담하여야 하는 청원경찰경비에 해당하지 않는다. 기출 21
( )

02 청원경찰법령상 청원경찰의 경조사비는 청원주가 부담하여야 하는 청원경찰경비에 해당하지 않는다. 기출 20
( )

03 청원경찰법령상 국가기관 또는 지방자치단체에 근무하는 청원경찰의 보수는 재직기간 15년 이상 23년 미만인 경우 같은 재직기간에 해당하는 경찰공무원 '경장'의 보수를 감안하여 대통령령으로 정한다. 기출 21·14
( )

04 청원경찰법령상 지방자치단체에 근무하는 청원경찰의 봉급·수당의 최저부담기준액은 경찰청장이 정하여 고시한다. 기출 14
( )

05 청원경찰법령상 청원경찰의 피복비 및 교육비의 부담기준액은 시·도 경찰청장이 정하여 고시한다. 기출 21
( )

06 청원경찰법령상 청원주는 대통령령이 정하는 바에 따라 청원경찰에게 봉급과 각종 수당 등을 지급하여야 한다. 기출 17
( )

07 청원경찰법령상 청원주의 청원경찰에 대한 봉급·수당의 최저부담기준액(국가기관 또는 지방자치단체에 근무하는 청원경찰의 봉급·수당은 제외한다)은 경찰청장이 정하여 고시(告示)한다. 기출 20·18 ( )

08 청원경찰법령상 지방자치단체에 근무하는 청원경찰의 각종 수당은 공무원수당 등에 관한 규정에 따른 수당 중 가계보전수당, 실비변상 등으로 하며, 그 세부 항목은 대통령령으로 정하여 고시한다. 기출 17 ( )

09 청원경찰법령상 청원주는 청원경찰이 직무수행으로 인하여 부상을 입거나, 질병에 걸리거나 또는 사망한 경우 대통령령으로 정하는 바에 따라 청원경찰 본인 또는 그 유족에게 보상금을 지급하여야 한다. 기출 20·19
( )

10 청원경찰법령상 청원경찰이 직무상의 부상·질병으로 인하여 퇴직 후 3년 이내에 사망한 경우 청원주는 대통령령으로 정하는 바에 따라 그 유족에게 보상금을 지급하여야 한다. 기출 23·21 ( )

11 청원경찰법령상 청원경찰이 고의·과실에 의한 위법행위로 타인에게 손해를 가한 경우는 청원주가 청원경찰 본인 또는 그 유족에게 보상금을 지급해야 하는 경우가 아니다. 기출 16 ( )

12 청원주는 보상금 지급의 이행을 위하여 산업재해보상보험법에 따른 산업재해보상보험에 가입하거나, 근로기준법에 따라 보상금을 지급하기 위한 재원(財源)을 따로 마련하여야 한다. 기출 24 ( )

13 청원경찰법령상 국가기관이나 지방자치단체에 근무하는 청원경찰의 퇴직금에 관하여는 행정안전부령으로 정한다. 기출 20 ( )

14 청원경찰법령상 교육비는 청원주가 경찰교육기관 입교(入校) 3일 전에 해당 청원경찰에게 지급하여 납부하게 한다. 기출 21·19·18·15 ( )

15 다음 중 청원경찰법령상 청원경찰의 봉급 산정의 기준이 되는 경력에 산입되지 않는 것은 ㄹ이다. 기출 22 ( )

> ㄱ. 청원경찰로 근무한 경력
> ㄴ. 군 또는 의무경찰에 복무한 경력
> ㄷ. 수위·경비원·감시원 또는 그 밖에 청원경찰과 비슷한 직무에 종사하던 사람이 해당 사업장의 청원주에 의하여 청원경찰로 임용된 경우에는 그 직무에 종사한 경력
> ㄹ. 국가기관 또는 공공단체에서 근무하는 청원경찰에 대해서는 국가기관 또는 공공단체에서 비상근(非常勤)으로 근무한 경력

▶ 정답과 해설 ◀ 01 × 02 ○ 03 ○ 04 × 05 × 06 × 07 ○ 08 × 09 ○ 10 ×
11 ○ 12 ○ 13 × 14 × 15 ○

✔ 오답분석

01 청원경찰의 피복비는 청원주가 부담하여야 하는 청원경찰경비에 해당한다(청원경찰법 제6조 제1항 제2호).
04 지방자치단체에 근무하는 청원경찰의 보수는 재직기간에 해당하는 경찰공무원의 보수를 감안하여 대통령령으로 정한다(청원경찰법 제6조 제2항).
05 청원경찰의 피복비 및 교육비의 부담기준액은 경찰청장이 정하여 고시한다(청원경찰법 제6조 제3항).
06 청원주는 청원경찰에게 봉급과 각종 수당을 지급하여야 하며, 그 최저부담기준액(국가기관 또는 지방자치단체에 근무하는 청원경찰의 봉급·수당은 제외한다)은 경찰청장이 정하여 고시(告示)한다(청원경찰법 제6조 제1항 및 제3항). 국가기관 또는 지방자치단체에 근무하는 청원경찰의 보수는 재직기간에 따른 구분에 따라 같은 재직기간에 해당하는 경찰공무원의 보수를 감안하여 대통령령으로 정한다(청원경찰법 제6조 제2항).
08 국가기관 또는 지방자치단체에 근무하는 청원경찰의 각종 수당은 「공무원수당 등에 관한 규정」에 따른 수당 중 가계보전수당, 실비변상 등으로 하며, 그 세부 항목은 경찰청장이 정하여 고시한다(청원경찰법 시행령 제9조 제2항).
10 청원경찰이 직무상의 부상·질병으로 인하여 퇴직 후 2년 이내에 사망한 경우 청원주는 대통령령으로 정하는 바에 따라 그 유족에게 보상금을 지급하여야 한다(청원경찰법 제7조 제2호).
13 국가기관이나 지방자치단체에 근무하는 청원경찰의 퇴직금에 관하여는 따로 대통령령으로 정한다(청원경찰법 제7조의2 단서).
14 교육비는 청원주가 해당 청원경찰의 입교(入校) 3일 전에 해당 경찰교육기관에 낸다(청원경찰법 시행규칙 제8조 제3호).

| 제4절 | 청원경찰의 제복착용과 무기휴대·비치부책 |

01 청원경찰법령상 청원경찰의 기동모와 기동복의 색상은 진한 청색으로 한다. `기출 21` ( )

02 청원경찰법령상 청원경찰은 평상근무 중에는 정모, 근무복, 단화, 호루라기를 착용하거나 휴대하여야 하고, 경찰봉 및 포승은 휴대하지 아니할 수 있다. `기출 21·19·18` ( )

03 청원경찰법령상 청원경찰이 그 배치지의 특수성 등으로 특수복장을 착용할 필요가 있을 때에는 청원주는 관할 경찰서장의 승인을 받아 특수복장을 착용하게 할 수 있다. `기출 23·21·19·18·17·16` ( )

04 청원경찰법령상 청원경찰의 복제는 제복·장구 및 부속물로 구분하며, 필요한 사항은 행정안전부령으로 정한다. 이 가운데 모자표장, 계급장, 장갑 등은 부속물에 해당한다. `기출 18·17` ( )

05 청원경찰법령상 청원경찰 장구의 종류는 경찰봉, 호루라기, 권총, 수갑 및 포승이다. `기출 21·16` ( )

06 기동모, 방한화, 허리띠, 근무복 중 청원경찰법령상 청원경찰의 대여품에 해당하는 것은 허리띠이다. `기출 21` ( )

07 청원경찰법령상 청원경찰에게 지급하는 대여품에는 허리띠, 경찰봉, 가슴표장, 분사기, 포승이 있으며, 청원경찰이 퇴직할 때에는 반납하여야 한다. `기출 19·17·15` ( )

08 청원경찰법령상 시·도 경찰청장은 청원경찰이 직무를 수행하기 위하여 필요하다고 인정하면 청원주의 신청을 받아 관할 경찰서장으로 하여금 청원경찰에게 무기를 대여하여 지니게 할 수 있다. `기출 19·12` ( )

09 청원경찰법령상 청원주에게 무기를 대여하였을 때에는 관할 경찰서장은 청원경찰의 무기관리상황을 수시로 점검하여야 한다. `기출 19·18` ( )

10 청원경찰법령상 소총의 탄약은 1정당 10발 이내, 권총의 탄약은 1정당 5발 이내로 출납하여야 한다. `기출 23` ( )

11 청원경찰법령상 청원경찰 명부, 감독 순시부, 교육훈련 실시부, 배치결정 관계철 중 관할 경찰서장이 갖춰 두어야 할 문서와 장부에 해당하지 않는 것은 배치결정 관계철이다. `기출 24` ( )

12 청원경찰법령상 청원경찰 명부, 경비구역 배치도, 청원경찰 직무교육계획서, 전출입 관계철 중 청원주가 갖춰 두어야 할 문서와 장부에 해당하지 않는 것은 전출입 관계철이다. `기출 21` ( )

13 청원경찰법령상 청원주는 무기와 탄약이 분실되거나 도난당하거나 빼앗기거나 훼손되었을 때에는 경찰청장이 정하는 바에 따라 그 전액을 배상하는 것이 원칙이다. `기출 23` ( )

14 청원경찰법령상 교육훈련 실시부는 관할 경찰서장과 청원주가 공통으로 비치해야 할 문서와 장부에 해당한다.
기출 22·15
( )

15 청원경찰법령상 청원주가 무기와 탄약을 대여받았을 때에는 경찰청장이 정하는 무기·탄약 출납부 및 무기장비 운영카드를 갖춰 두고 기록하여야 한다. 기출 24·22
( )

16 청원경찰법령상 청원주는 무기와 탄약의 관리를 위하여 관리책임자를 지정하고 관할 경찰서장에게 그 사실을 통보하여야 한다. 기출 22
( )

17 청원경찰법령상 무기고와 탄약고에는 이중 잠금장치를 하고, 열쇠는 숙직책임자가 보관하되, 근무시간 이후에는 관리책임자에게 인계하여 보관시켜야 한다. 기출 22
( )

18 청원경찰법령상 청원주는 경찰청장이 정하는 바에 따라 매월 무기와 탄약의 관리실태를 파악하여 다음 달 3일까지 관할 경찰서장에게 통보하여야 한다. 기출 22
( )

19 청원경찰법령상 청원경찰에게 지급한 무기와 탄약은 매주 1회 이상 손질하게 하여야 한다. 기출 23
( )

▶정답과 해설◀   01 ○   02 ✕   03 ✕   04 ○   05 ✕   06 ○   07 ○   08 ○   09 ○   10 ✕
              11 ○   12 ○   13 ○   14 ○   15 ○   16 ○   17 ✕   18 ○   19 ○

✔ 오답분석

02 청원경찰은 평상근무 중에는 정모, 근무복, 단화, 호루라기, 경찰봉 및 포승을 착용하거나 휴대하여야 하고, 총기를 휴대하지 아니할 때에는 분사기를 휴대하여야 하며, 교육훈련이나 그 밖의 특수근무 중에는 기동모, 기동복, 기동화 및 휘장을 착용하거나 부착하되, 허리띠와 경찰봉은 착용하거나 휴대하지 아니할 수 있다(청원경찰법 시행규칙 제9조 제3항).

03 청원경찰이 그 배치지의 특수성 등으로 특수복장을 착용할 필요가 있을 때에는 청원주는 시·도 경찰청장의 승인을 받아 특수복장을 착용하게 할 수 있다(청원경찰법 시행령 제14조 제3항).

05 청원경찰 장구의 종류는 허리띠, 경찰봉, 호루라기 및 포승(捕繩)이므로(청원경찰법 시행규칙 제9조 제1항 제2호), 권총 및 수갑은 청원경찰의 장구에 해당하지 않는다.

10 소총의 탄약은 1정당 15발 이내, 권총의 탄약은 1정당 7발 이내로 출납하여야 한다(청원경찰법 시행규칙 제16조 제2항 제2호 전문).

17 무기와 탄약을 대여받은 청원주는 무기고와 탄약고에는 이중 잠금장치를 하고, 열쇠는 관리책임자가 보관하되, 근무시간 이후에는 숙직책임자에게 인계하여 보관시켜야 한다(청원경찰법 시행규칙 제16조 제1항 제5호).

제5절 보칙(감독·권한위임·면직 및 퇴직 등)

01 청원경찰법령상 근무인원이 30명 이상 40명 이하인 경우 감독자는 반장 1명, 조장 3~4명이 지정되어야 한다. 기출 21·20 (   )

02 청원경찰법령상 청원경찰은 파업, 태업 또는 그 밖에 업무의 정상적인 운영을 방해하는 일체의 쟁의행위를 하여서는 아니 된다. 기출 20·18 (   )

03 청원경찰법령상 청원경찰이 직무를 수행할 때 직권을 남용하여 국민에게 해를 끼친 경우에는 6개월 이하의 금고나 구류에 처한다. 기출 23·19·18·17·16·15·14 (   )

04 청원경찰법령상 청원경찰 업무에 종사하는 사람은 「형법」이나 그 밖의 법령에 따른 벌칙을 적용할 때에는 공무원으로 본다. 기출 18·17·16·15 (   )

05 청원경찰법령상 국가기관이나 지방자치단체에 근무하는 청원경찰의 직무상 불법행위에 대한 배상책임에 관하여는 「민법」의 규정을 따른다. 기출 20·18·16·15·14 (   )

06 청원경찰법령상 시·도 경찰청장은 청원경찰의 임용승인에 관한 권한을 대통령령으로 관할 경찰서장에게 위임할 수 있다. 기출 17 (   )

07 청원경찰법령상 청원경찰의 무기 대여 및 휴대에 관한 권한은 시·도 경찰청장이 대통령령으로 관할 경찰서장에게 위임할 수 있는 권한에 해당하지 않는다. 기출 17 (   )

08 청원경찰법령상 청원경찰이 배치된 사업장이 하나의 경찰서의 관할구역에 있는 경우에는 시·도 경찰청장은 청원주에 대한 지도 및 감독상 필요한 명령의 권한을 관할 경찰서장에게 위임한다. 기출 23 (   )

09 청원경찰법령상 무기의 관리 및 취급사항을 감독하는 권한은 청원경찰을 배치하고 있는 사업장이 하나의 경찰서의 관할구역에 있는 경우, 시·도 경찰청장이 관할 경찰서장에게 위임하는 권한으로 명시되어 있다. 기출 20 (   )

10 청원경찰법령상 청원경찰은 형의 선고, 징계처분 또는 신체상·정신상의 이상으로 직무를 감당하지 못할 때를 제외하고는 그 의사에 반하여 면직되지 아니한다. 기출 23·19·18·14 (   )

11 청원경찰법령상 청원주가 청원경찰을 면직시켰을 때에는 그 사실을 관할 시·도 경찰청장을 거쳐 경찰청장에게 보고하여야 한다. 기출 20·16 (   )

12 청원경찰법령상 청원경찰의 배치폐지는 당연 퇴직사유에 해당하지 않는다. 기출 22·20 (   )

13 청원경찰법령상 청원경찰은 60세가 되었을 때 당연 퇴직된다. 기출수정 22·20·18 (   )

14 청원경찰법령상 국가기관이나 지방자치단체에 근무하는 청원경찰의 휴직 및 명예퇴직에 관하여는 「국가공무원법」 관련규정을 준용한다. 기출 22·20 ( )

15 청원경찰법령상 청원경찰의 효율적인 운영을 위하여 청원주를 지도하며 감독상 필요한 명령을 할 수 있는 자는 시·도 경찰청장 또는 관할 경찰서장이다. 기출 22 ( )

16 청원경찰법령상 청원주는 배치폐지나 배치인원 감축으로 과원(過員)이 되는 청원경찰 인원을 그 기관·시설 또는 사업장 내의 유사 업무에 종사하게 하거나 다른 시설·사업장 등에 재배치하는 등 청원경찰의 고용이 보장될 수 있도록 노력하여야 한다. 기출 23 ( )

17 청원경찰법령상 청원주는 항상 소속 청원경찰의 근무상황을 감독하고, 근무 수행에 필요한 교육을 하여야 한다. 기출 24·23 ( )

18 청원경찰법령상 관할 경찰서장은 매주 1회 이상 청원경찰을 배치한 경비구역에 대하여 복무규율과 근무상황, 무기의 관리 및 취급사항을 감독하여야 한다. 기출 24·23 ( )

▶ 정답과 해설 ◀ 01 ○ 02 ○ 03 × 04 ○ 05 × 06 ○ 07 ○ 08 ○ 09 × 10 ○
11 × 12 × 13 ○ 14 ○ 15 ○ 16 ○ 17 ○ 18 ×

✓ 오답분석
03 청원경찰이 직무를 수행할 때 직권을 남용하여 국민에게 해를 끼친 경우에는 6개월 이하의 징역이나 금고에 처한다(청원경찰법 제10조 제1항).
05 국가기관이나 지방자치단체에 근무하는 청원경찰의 직무상 불법행위에 대한 배상책임에 관하여는 국가배상법이 적용된다(청원경찰법 제10조의2 반대해석, 국가배상법 제2조 및 대판 92다47564 참고).
09 무기의 관리 및 취급사항을 감독하는 권한은 청원경찰법령상 관할 경찰서장의 고유권한에 해당한다(청원경찰법 시행령 제17조 제2호).
11 청원주가 청원경찰을 면직시켰을 때에는 그 사실을 관할 경찰서장을 거쳐 시·도 경찰청장에게 보고하여야 한다(청원경찰법 제10조의4 제2항).
12 청원경찰의 배치폐지는 당연 퇴직사유에 해당한다(청원경찰법 제10조의6 제2호).
18 관할 경찰서장은 매달 1회 이상 청원경찰을 배치한 경비구역에 대하여 복무규율과 근무상황, 무기의 관리 및 취급사항을 감독하여야 한다(청원경찰법 시행령 제17조).

제6절 벌칙과 과태료

01 청원경찰법령상 청원경찰로서 청원경찰법 제9조의4를 위반하여 파업, 태업 또는 그 밖에 업무의 정상적인 운영을 방해하는 쟁의행위를 한 자는 1년 이하의 징역 또는 1,000만원 이하의 벌금에 처한다. 기출 22·19·12
( )

02 청원경찰법령상 과태료의 부과기준에서 시·도 경찰청장의 감독상 필요한 복무규율과 근무 상황에 관한 명령을 정당한 사유 없이 이행하지 않은 경우의 과태료 금액은 500만원이다. 기출 21
( )

03 청원경찰법령상 시·도 경찰청장의 배치결정을 받지 않고 국가중요시설(국가정보원장이 지정하는 국가보안목표시설)에 청원경찰을 배치한 경우, 시·도 경찰청장의 승인을 받지 않고 임용결격사유에 해당하는 청원경찰을 임용한 경우 및 정당한 사유 없이 경찰청장이 고시한 최저부담기준액 이상의 보수를 지급하지 않은 경우의 과태료 금액은 500만원으로 동일하다. 기출 21·13
( )

04 청원경찰법령상 시·도 경찰청장의 배치결정을 받지 않고 국가정보원장이 지정하는 국가보안목표시설에 청원경찰을 배치한 경우의 과태료는 500만원이다. 기출 18·17
( )

05 청원경찰법령상 시·도 경찰청장의 배치결정을 받지 않고 국가중요시설 외의 시설에 청원경찰을 배치한 경우의 과태료는 300만원이다. 기출 13
( )

06 청원경찰법령상 시·도 경찰청장의 배치결정을 받지 아니하고 청원경찰을 배치한 자에게는 500만원 이하의 과태료를 부과한다. 기출 24·23·22·20
( )

07 청원경찰법령상 시·도 경찰청장의 승인을 받지 않고 임용결격사유에 해당하지 않는 청원경찰을 임용한 경우 청원주는 500만원의 과태료 처분을 받는다. 기출 18·17
( )

08 청원경찰법령상 시·도 경찰청장의 승인을 받지 아니하고 청원경찰을 임용한 자에게는 500만원 이하의 과태료를 부과한다. 기출 23·22·19
( )

09 청원경찰법령상 시·도 경찰청장의 승인을 받지 않고 국가공무원법상 임용결격사유에 해당하는 청원경찰을 임용한 경우 청원주는 500만원의 과태료 처분을 받는다. 기출 21·13·11
( )

10 청원경찰법령상 정당한 사유 없이 경찰청장이 고시한 최저부담기준액 이상의 보수를 지급하지 아니한 청원주에게는 500만원 이하의 과태료를 부과한다. 기출 24·23·22·21·18·17·13·12
( )

11 청원경찰법령상 시·도 경찰청장의 감독상 필요한 총기·실탄 및 분사기에 관한 명령을 정당한 사유 없이 이행하지 않은 경우 500만원의 과태료가 부과된다. 기출 18·17·13·11
( )

12 청원경찰법령상 청원경찰로서 직무에 관하여 거짓으로 보고하거나 통보하는 자에게는 500만원 이하의 과태료를 부과한다. 기출 12
( )

13 청원경찰법령상 경찰서장은 위반행위의 동기, 내용 및 위반의 정도 등을 고려하여 과태료 금액의 3분의 1의 범위에서 그 금액을 줄이거나 늘릴 수 있다. 기출 20·19
( )

14 청원경찰법령상 과태료는 대통령령으로 정하는 바에 따라 시·도 경찰청장이 부과·징수한다. 기출 23·20·16
( )

15 청원경찰법령상 경찰청장은 과태료처분을 하였을 때에는 과태료 부과 및 징수 사항을 과태료 수납부에 기록하고 정리하여야 한다. 기출 24·20·19
( )

16 청원경찰법령상 시·도 경찰청장은 위반행위의 동기, 내용 및 위반의 정도 등을 고려하여 과태료 금액의 100분의 50의 범위에서 그 금액을 줄이거나 늘릴 수 있다. 기출 23
( )

▶ 정답과 해설 ◀	01 ○	02 ×	03 ○	04 ○	05 ×	06 ○	07 ×	08 ○	09 ○	10 ○
	11 ○	12 ×	13 ×	14 ○	15 ×	16 ○				

✔ **오답분석**

02 총기·실탄 및 분사기에 관한 명령 이외의 시·도 경찰청장의 감독상 명령을 정당한 사유 없이 이행하지 않은 경우의 과태료는 300만원이다(청원경찰법 시행령 [별표 2] 제4호 나목).

05 시·도 경찰청장의 배치결정을 받지 않고 국가중요시설(국가정보원장이 지정하는 국가보안목표시설) 외의 시설에 청원경찰을 배치한 경우의 과태료는 400만원이다(청원경찰법 시행령 [별표 2] 제2호 나목).

07 300만원의 과태료 처분을 받는다(청원경찰법 시행령 [별표 2] 제2호 나목).

12 청원경찰로서 직무에 관하여 거짓으로 보고하거나 통보하는 자는 500만원 이하의 과태료 부과대상에 포함되지 않는다.

13 시·도 경찰청장은 위반행위의 동기, 내용 및 위반의 정도 등을 고려하여 [별표 2]에 따른 과태료 금액의 100분의 50의 범위에서 그 금액을 줄이거나 늘릴 수 있다(청원경찰법 시행령 제21조 제2항 본문).

15 경찰서장은 과태료처분을 하였을 때에는 과태료 부과 및 징수 사항을 별지 제9호 서식의 과태료 수납부에 기록하고 정리하여야 한다(청원경찰법 시행규칙 제24조 제3항).

CHAPTER 01 경비업법

제1절 총칙

I 경비업법의 목적

경비업법은 경비업의 육성 및 발전과 그 체계적 관리에 관하여 필요한 사항을 정함으로써 경비업의 건전한 운영에 이바지함을 목적으로 한다(경비업법 제1조). ★

II 경비업법상 용어의 정의 기출 23·21·18·17·16·14·10·07·08·04

1. **경비업** 기출 14·12·06·05

   시설경비업무, 호송경비업무, 신변보호업무, 기계경비업무, 특수경비업무, 혼잡·교통유도경비업무의 전부 또는 일부를 도급받아 행하는 영업을 말한다(경비업법 제2조 제1호). ★★

   > **경비업의 정의**
   > 경비업법상의 경비업이란 경비업무를 목적으로 하는 영업을 말하며 경비를 요하는 시설이나 장소를 그 대상으로 한다. 경비업에는 물건의 도난·화재 및 혼잡으로 인한 위해발생을 방지하는 업무도 포함되며 경비수요자와의 도급계약에 의한 사적 경비업무를 말한다.
   >
   > **도급(都給)의 개념**
   > 도급이란 당사자의 일방(受給人)이 어느 일을 완성할 것을 약정하고 상대방(都給人)이 그 일의 결과에 대하여 보수를 지급할 것을 약정함으로써 성립하는 계약을 말한다(민법 제664조).

   ① **시설경비업무** 기출 21·06·05 : 경비를 필요로 하는 시설 및 장소(경비대상시설)에서의 도난·화재 그 밖의 혼잡 등으로 인한 위험발생을 방지하는 업무를 말한다. ★

   ② **호송경비업무** 기출 24·06
   ㉠ 개념 : 운반 중에 있는 현금·유가증권·귀금속·상품 그 밖의 물건에 대하여 도난·화재 등 위험발생을 방지하는 업무를 말한다.
   ㉡ 호송경비의 통지 : 경비업자가 호송경비업무를 수행하기 위하여 관할 경찰서의 협조를 얻고자 하는 때에는 현금 등의 운반을 위한 출발 전일까지 출발지의 경찰서장에게 호송경비통지서(전자문서로 된 통지서 포함)를 제출하여야 한다(경비업법 시행규칙 제2조). ★

   ③ **신변보호업무** 기출 23 : 사람의 생명이나 신체에 대한 위해의 발생을 방지하고 그 신변을 보호하는 업무를 말한다.

④ **기계경비업무** 기출 23·02·99 : 경비대상시설에 설치한 기기에 의하여 감지·송신된 정보를 그 경비대상시설 외의 장소에 설치한 관제시설의 기기로 수신하여 도난·화재 등 위험발생을 방지하는 업무를 말한다. ★

⑤ **특수경비업무** 기출 23·11
   ㉠ 공항(항공기를 포함) 등 대통령령이 정하는 국가중요시설의 경비 및 도난·화재 그 밖의 위험발생을 방지하는 업무를 말한다.
   ㉡ ㉠에서 "대통령령이 정하는 국가중요시설"이라 함은 공항·항만, 원자력발전소 등의 시설 중 국가정보원장이 지정하는 국가보안목표시설과 「통합방위법」 제21조 제4항의 규정에 의하여 국방부장관이 지정하는 국가중요시설을 말한다(경비업법 시행령 제2조). 기출 18

⑥ **혼잡·교통유도경비업무** : 도로에 접속한 공사현장 및 사람과 차량의 통행에 위험이 있는 장소 또는 도로를 점유하는 행사장 등에서 교통사고나 그 밖의 혼잡 등으로 인한 위험발생을 방지하는 업무를 말한다.

2. 경비업자

경비업법 제4조 제1항의 규정에 의하여 경비업의 허가를 받은 법인(法人)을 말한다.

핵심문제

01 다음 괄호 안에 알맞은 것은? 기출수정 06

> 경비업법상 경비업은 시설경비업무, 호송경비업무, ( ), 기계경비업무, ( ), 혼잡·교통유도경비업무의 전부 또는 일부를 ( )받아 행하는 영업을 말한다.

① 신변보호업무, 특수경비업무, 도급
② 신변보호업무, 특수경비업무, 위탁
③ 신변보호업무, 특수경비업무, 임대
④ 요인경비업무, 특별경비업무, 위임

[해설]
경비업법상 경비업은 시설경비업무, 호송경비업무, 신변보호업무, 기계경비업무, 특수경비업무, 혼잡·교통유도경비업무의 전부 또는 일부를 도급받아 행하는 영업을 말한다(경비업법 제2조 제1호).

정답 ①

02 경비업법령상 용어의 정의로 옳지 않은 것은? 기출 14

① 신변보호업무는 사람의 생명이나 신체에 대한 위해의 발생을 방지하고 그 신변을 보호하는 업무이다.
② 기계경비업무는 경비를 필요로 하는 시설 및 장소에서의 도난·화재 그 밖의 혼잡 등으로 인한 위험발생을 방지하는 업무이다.
③ 호송경비업무는 운반 중에 있는 현금·유가증권·귀금속·상품 그 밖의 물건에 대하여 도난·화재 등 위험발생을 방지하는 업무이다.
④ 특수경비업무는 공항 등 대통령령이 정하는 국가중요시설의 경비 및 도난·화재 그 밖의 위험발생을 방지하는 업무이다.

[해설]
기계경비업무는 경비대상시설에 설치한 기기에 의하여 감지·송신된 정보를 그 경비대상시설 외의 장소에 설치한 관제시설의 기기로 수신하여 도난·화재 등 위험발생을 방지하는 업무를 말한다(경비업법 제2조 제1호 라목). ★

정답 ②

3. 경비지도사 [기출] 21·17·11·07·05·99

경비원을 지도·감독 및 교육하는 자를 말하며 일반경비지도사와 기계경비지도사로 구분한다(경비업법 제2조 제2호, 동법 시행령 제10조).

일반경비지도사	시설경비업무, 호송경비업무, 신변보호업무, 특수경비업무, 혼잡·교통유도경비업무에 종사하는 경비원을 지도·감독 및 교육하는 자
기계경비지도사	기계경비업무에 종사하는 경비원을 지도·감독 및 교육하는 자

4. 경비원 [기출] 21·04·99

경비업의 허가를 받은 법인(경비업자)이 채용한 고용인으로서 일반경비원과 특수경비원으로 구분한다(경비업법 제2조 제3호). ★

일반경비원	시설경비업무, 호송경비업무, 신변보호업무, 기계경비업무, 혼잡·교통유도경비업무를 수행하는 자를 말한다. ★
특수경비원	특수경비업무를 수행하는 자를 말한다.

5. 무 기

인명 또는 신체에 위해를 가할 수 있도록 제작된 권총, 소총 등을 말한다(경비업법 제2조 제4호). 따라서 인명이나 신체에 위해를 가할 수 없는 모형 플라스틱 권총은 무기로 볼 수 없다. ★

6. 집단민원현장 [기출] 22·21·18·17·16·15·14

집단민원현장은 다음의 장소를 말한다(경비업법 제2조 제5호).

① 「노동조합 및 노동관계조정법」에 따라 노동관계 당사자가 노동쟁의 조정신청을 한 사업장 또는 쟁의행위가 발생한 사업장(가목) ★
② 「도시 및 주거환경정비법」에 따른 정비사업과 관련하여 이해대립이 있어 다툼이 있는 장소(나목) ★
③ 특정 시설물의 설치와 관련하여 민원이 있는 장소(다목) ★
④ 주주총회와 관련하여 이해대립이 있어 다툼이 있는 장소(라목) ★
⑤ 건물·토지 등 부동산 및 동산에 대한 소유권·운영권·관리권·점유권 등 법적 권리에 대한 이해대립이 있어 다툼이 있는 장소(마목) ★
⑥ 100명 이상의 사람이 모이는 국제·문화·예술·체육 행사장(바목)
⑦ 「행정대집행법」에 따라 대집행을 하는 장소(사목) ★

핵심문제

01 경비업법상 집단민원현장에 해당하는 것은? [기출] 16

① 30명의 사람이 모이는 예술 행사장
② 50명의 사람이 모이는 문화 행사장
③ 90명의 사람이 모이는 체육 행사장
④ 120명의 사람이 모이는 국제 행사장

[해설]
100명 이상의 사람이 모이는 국제·문화·예술·체육 행사장(경비업법 제2조 제5호 바목)이 집단민원현장이다.

정답 ④

Ⅲ 경비법인

경비업은 법인(法人)이 아니면 이를 영위할 수 없다(경비업법 제3조). 따라서 경비업법에서 경비업자라고 하면 경비법인을 가리키며, 개인은 해당되지 않는다. ★

제2절 경비업의 허가 등

Ⅰ 경비업의 허가 기출 20·18·15·14·10·09·08·02

1. 경비업 허가의 주체와 객체 기출 08·05·01·99

① 경비업 허가의 주체 – 시·도 경찰청장 : 경비업을 영위하고자 하는 법인은 도급받아 행하고자 하는 경비업무를 특정하여 그 법인의 주사무소의 소재지를 관할하는 시·도 경찰청장의 허가를 받아야 한다. 도급받아 행하고자 하는 경비업무를 변경하는 경우에도 시·도 경찰청장의 변경허가를 받아야 한다(경비업법 제4조 제1항). ★

② 경비업 허가의 객체 – 경비업자 : 경비업은 법인(法人)이 아니면 이를 영위할 수 없다(경비업법 제3조).

2. 경비업의 허가신청절차

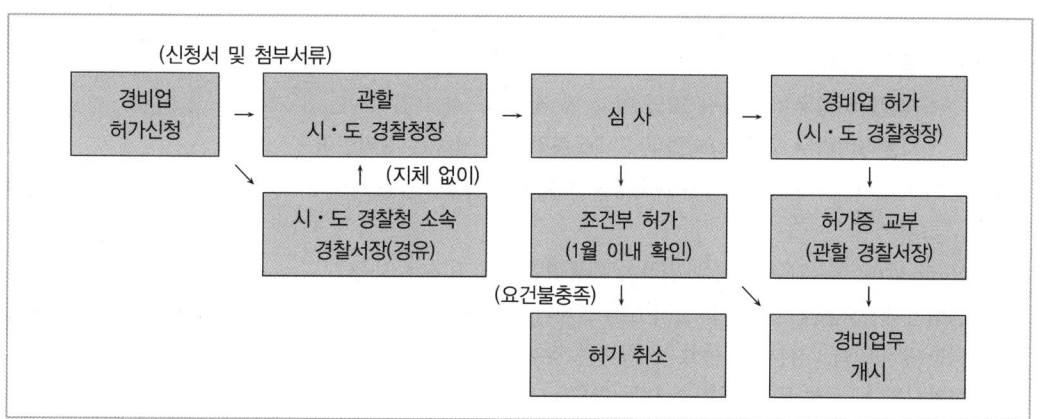

핵심문제

01 영업구역이 다수의 경찰서 관할구역에 걸칠 때 허가권자는? 기출 05·99

① 주사무소의 소재지 관할 경찰서장
② 규모가 가장 큰 경찰서장
③ 주사무소의 소재지 관할 시·도 경찰청장
④ 경찰청장

[해설]
경비업을 영위하고자 하는 법인은 도급받아 행하고자 하는 경비업무를 특정하여 그 법인의 주사무소의 소재지를 관할하는 시·도 경찰청장의 허가를 받아야 한다(경비업법 제4조 제1항).

정답 ③

3. 경비업(허가·변경)신청서의 제출 [기출 20]

① 경비업의 허가를 받으려는 경우에는 허가신청서에, 경비업의 허가를 받은 법인(경비업자)이 허가를 받은 경비업무를 변경하거나 새로운 경비업무를 추가하려는 경우에는 변경허가신청서에 행정안전부령으로 정하는 서류를 첨부하여 법인의 주사무소를 관할하는 시·도 경찰청장 또는 해당 시·도 경찰청 소속의 경찰서장에게 제출하여야 한다. 이 경우 신청서를 제출받은 경찰서장은 지체 없이 관할 시·도 경찰청장에게 보내야 한다(경비업법 시행령 제3조 제1항).★★

> **법인의 주사무소**
> 법인설립 후 등기부등본에 기재된 소재지의 사무소를 의미, 흔히 경비업체의 주된 영업장 또는 본사라고 한다.

② ①에서 행정안전부령으로 정하는 서류란 다음과 같다(경비업법 시행규칙 제3조 제1항).★ [기출 23]
  ㉠ 법인의 정관 1부
  ㉡ 법인 임원의 이력서 1부
  ㉢ 경비인력·시설 및 장비의 확보계획서 1부(경비업 허가의 신청 시 이를 갖출 수 없는 경우에 한한다)
③ ②에 따른 신청서를 제출받은 시·도 경찰청장은 「전자정부법」 제36조 제1항에 따른 행정정보의 공동이용을 통하여 법인의 등기사항증명서를 확인하여야 한다(경비업법 시행규칙 제3조 제2항).

4. 경비업의 시설 등의 기준(허가요건) [기출 21·20·19·17·15·12·11·09·08·07·06·04·02·01·99]

① 허가를 받으려는 법인(경비업자)은 다음의 요건을 갖추어야 한다(경비업법 제4조 제2항).
  ㉠ 대통령령으로 정하는 1억원 이상의 자본금의 보유
  ㉡ 다음의 경비인력 요건
    • 시설경비업무 : 경비원 10명 이상 및 경비지도사 1명 이상
    • 시설경비업무 외의 경비업무 : 대통령령으로 정하는 경비인력
  ㉢ 경비인력을 교육할 수 있는 교육장을 포함하여 대통령령(경비업법 시행령 제3조)으로 정하는 시설과 장비의 보유
  ㉣ 그 밖에 경비업무 수행을 위하여 대통령령으로 정하는 사항
② 경비인력·자본금·시설 및 장비 보유 : 허가 또는 변경허가신청서를 제출하는 법인은 [별표 1] 규정에 의한 경비인력·자본금·시설 및 장비를 갖추어야 한다(경비업법 시행령 제3조 제2항 본문).
③ 허가신청 시 시설 등을 갖출 수 없는 경우(= 조건부 허가)★ : 경비업의 허가 또는 변경허가를 신청하는 때에 [별표 1] 규정에 의한 시설 등(자본금을 제외)을 갖출 수 없는 경우에는 허가 또는 변경허가의 신청 시 시설 등의 확보계획서를 제출한 후 허가 또는 변경허가를 받은 날부터 1월 이내에 [별표 1] 규정에 의한 시설 등을 갖추고 시·도 경찰청장의 확인을 받아야 한다(경비업법 시행령 제3조 제2항 단서).
④ 허가 또는 신고의 절차, 신고의 기한 등 허가 및 신고에 관하여 필요한 사항은 대통령령으로 정한다(경비업법 제4조 제4항).★

> **무술유단자 경비인력** 🔑 무술유단자·호·신
> 무술유단자 일반경비원 5명 이상이 필요한 경비업무는 호송경비업무와 신변보호업무이다.

경비업의 시설 등의 기준(경비업법 시행령 [별표 1]) <개정 2024.12.31.>

시설 등 기준 업무별	경비인력	자본금	시 설	장비 등
1. 시설경비업무	• 일반경비원 10명 이상 • 경비지도사 1명 이상	1억원 이상	기준 경비인력 수 이상을 동시에 교육할 수 있는 교육장	기준 경비인력 수 이상의 경비원 복장 및 경적, 단봉, 분사기
2. 호송경비업무	• 무술유단자인 일반경비원 5명 이상★ • 경비지도사 1명 이상	1억원 이상	기준 경비인력 수 이상을 동시에 교육할 수 있는 교육장	• 호송용 차량 1대 이상★ • 현금호송백 1개 이상★ • 기준 경비인력 수 이상의 경비원 복장 및 경적, 단봉, 분사기
3. 신변보호업무	• 무술유단자인 일반경비원 5명 이상★ • 경비지도사 1명 이상	1억원 이상	기준 경비인력 수 이상을 동시에 교육할 수 있는 교육장	• 기준 경비인력 수 이상의 무전기 등 통신장비★ • 기준 경비인력 수 이상의 경적, 단봉, 분사기
4. 기계경비업무	• 전자・통신 분야 기술자격증소지자 5명을 포함한 일반경비원 10명 이상★ • 경비지도사 1명 이상	1억원 이상	• 기준 경비인력 수 이상을 동시에 교육할 수 있는 교육장 • 관제시설★	• 감지장치・송신장치 및 수신장치★ • 출장소별로 출동차량 2대 이상★ • 기준 경비인력 수 이상의 경비원 복장 및 경적, 단봉, 분사기
5. 특수경비업무	• 특수경비원 20명 이상★ • 경비지도사 1명 이상	3억원 이상★	기준 경비인력 수 이상을 동시에 교육할 수 있는 교육장	기준 경비인력 수 이상의 경비원 복장 및 경적, 단봉, 분사기
6. 혼잡・교통 유도경비업무	• 일반경비원 10명 이상 • 경비지도사 1명 이상	1억원 이상	기준 경비인력 수 이상을 동시에 교육할 수 있는 교육장	기준 경비인력 수 이상의 경비원 복장 및 경적, 단봉, 분사기, 무전기, 경광봉

[비 고]
1. 자본금의 경우 납입자본금을 말하고, 하나의 경비업무에 대한 자본금을 갖춘 경비업자가 그 외의 경비업무를 추가로 하려는 경우 자본금을 갖춘 것으로 본다. 다만, 특수경비업자 외의 자가 특수경비업무를 추가로 하려는 경우에는 이미 갖추고 있는 자본금을 포함하여 특수경비업무의 자본금 기준에 적합하여야 한다.★
2. 교육장의 경우 하나의 경비업무에 대한 시설을 갖춘 경비업자가 그 외의 경비업무를 추가로 하려는 경우에는 경비인력이 더 많이 필요한 경비업무에 해당하는 교육장을 갖추어야 한다.
3. "무술유단자"란 「국민체육진흥법」 제33조에 따른 대한체육회에 가맹된 단체 또는 문화체육관광부에 등록된 무도 관련 단체가 무술유단자로 인정한 사람을 말한다.
4. "호송용 차량"이란 현금이나 그 밖의 귀중품의 운반에 필요한 견고성 및 안전성을 갖추고 무선통신시설 및 경보시설을 갖춘 자동차를 말한다.★
5. "현금호송백"이란 현금이나 그 밖의 귀중품을 운반하기 위한 이동용 호송장비로서 경보시설을 갖춘 것을 말한다.★
6. "전자・통신 분야 기술자격증소지자"란 「국가기술자격법」에 따라 전자 및 통신 분야에서 기술자격을 취득한 사람을 말한다.

[별표 1]에서 정리할 내용
• 6가지 업무 중 자본금이 나머지 업무와 다른 것은 특수경비업무로 3억원 이상이어야 한다.★
• 경비인력의 기준으로 "20명 이상"이 요구되는 것은 시설경비업무와 특수경비업무였으나, 경비업법령의 개정으로 인하여 이제는 특수경비업무만 이에 해당한다고 보아야 한다.★
• 6가지 업무 모두 "기준 경비인력 수 이상을 동시에 교육할 수 있는 교육장"을 갖추어야 한다.
• 기계경비업에서 출장소가 3곳이라면 출동차량의 최소 대수는 "3곳 × 2대 = 6대"이다.★

5. 경비업 허가의 제한 기출 20

① 누구든지 적법한 허가를 받은 경비업체와 동일한 명칭으로 경비업 허가를 받을 수 없다(경비업법 제4조의2 제1항). ★

② 경비업법 제19조 제1항 제2호(㉠) 및 제7호(㉡)의 사유로 경비업체의 허가가 취소된 경우 허가가 취소된 날부터 10년이 지나지 아니한 때에는 누구든지 허가가 취소된 경비업체와 동일한 명칭으로 허가를 받을 수 없다(경비업법 제4조의2 제2항). ★

③ 경비업법 제19조 제1항 제2호(㉠) 및 제7호(㉡)의 사유로 허가가 취소된 법인은 법인명 또는 임원의 변경에도 불구하고 허가가 취소된 날부터 5년이 지나지 아니한 때에는 허가를 받을 수 없다(경비업법 제4조의2 제3항).

㉠ 경비업자는 허가받은 경비업무 외의 업무에 경비원을 종사하게 하여서는 아니 된다(경비업법 제7조 제5항)는 규정을 위반하여 경비업무 외의 업무에 경비원을 종사하게 한 때(경비업법 제19조 제1항 제2호) ★

㉡ 누구든지 경비원으로 하여금 경비업무의 범위를 벗어난 행위를 하게 하여서는 아니 된다(경비업법 제15조의2 제2항)는 규정에 위반하여 소속 경비원으로 하여금 경비업무의 범위를 벗어난 행위를 하게 한 때(경비업법 제19조 제1항 제7호) ★

6. 경비업 허가절차 등에 관한 사항

① **허가심사** 기출 24·20 : 시·도 경찰청장은 허가 또는 변경허가의 신청을 받은 때에는 다음의 사항을 검토하여 허가 여부를 결정하여야 한다(경비업법 시행령 제4조 제1항).

㉠ 경비업을 영위하고자 하는 법인의 임원 중 결격사유에 해당하는 자가 있는지의 유무
㉡ 경비인력·시설 및 장비의 확보 또는 확보가능성의 여부
㉢ 자본금과 대표자·임원의 경력 및 신용 등

② **임원의 결격사유** : 다음 중 어느 하나에 해당하는 자는 경비업을 영위하는 법인의 임원이 될 수 없다(경비업법 제5조). 두 피·파·실·삼·삼·오

기출 24·23·22·21·20·19·18·17·16·15·14·12·11·10·08·07·05·04·02

㉠ 피성년후견인(제1호)
㉡ 파산선고를 받고 복권되지 아니한 자(제2호)
㉢ 금고 이상의 형의 선고를 받고 그 형이 실효되지 아니한 자(제3호)
㉣ 특수경비업무를 수행하는 법인인 경우 : 경비업법 또는 「대통령 등의 경호에 관한 법률」에 위반하여 벌금형의 선고를 받고 3년이 지나지 아니한 자(제4호)
㉤ 허가취소사유에 해당하는 경비업무와 동종의 경비업무를 수행하는 법인인 경우 : 경비업법(제19조 제1항 제2호·제7호 제외) 또는 경비업법에 의한 명령에 위반하여 허가가 취소된 법인의 허가취소 당시의 임원이었던 자로서 그 취소 후 3년이 지나지 아니한 자(제5호)
㉥ 경비업법 제19조 제1항 제2호·제7호의 사유로 허가가 취소된 법인의 허가취소 당시의 임원이었던 자로서 허가가 취소된 날부터 5년이 지나지 아니한 자(제6호)

임원의 결격사유 ⑩과 ⑪

- 임원의 결격사유 ⑩은 뜻을 잘 파악하여야 한다. 즉, 동종의 경비업무를 수행하는 법인이라고 하였으므로, 허가취소 전에 시설경비업무를 수행하는 법인이었다면, 허가취소 당시의 임원이었던 사람은 허가취소 후 3년 동안은 시설경비업무를 수행하는 법인의 임원이 될 수 없다는 뜻이다. 따라서 시설경비업무가 아닌 호송경비업무, 신변보호업무, 기계경비업무, 특수경비업무, 혼잡·교통유도경비업무를 수행하는 법인의 임원은 될 수 있다. 사례유형으로 출제가 되고 있기 때문에 의미를 반드시 파악해야 한다.

- 임원의 결격사유 ⑩과 ⑪의 차이점도 반드시 정리해야 한다.
⑪은 법인의 허가취소사유가 경비업법 제19조 제2호·제7호 위반인 경우 허가취소 당시의 임원은 5년간 동종이든 이종이든 경비법인의 임원이 될 수 없다는 의미이나, ⑩은 위에서 설명한 바와 같이 경비업법 제19조 제2호·제7호를 제외한 허가취소 사유인 경우에는 동종인 경비법인에만 3년간 임원이 될 수 없다는 의미이다.

미성년자 임원결격사유 해당 여부
미성년자는 경비업법 제5조 규정상 임원의 결격사유에 해당하지 않으므로 경비업을 영위하는 법인의 임원이 될 수 있다.

핵심문제

01 경비업법령상 경비업 허가에 관한 설명으로 옳지 않은 것은?

① 누구든지 허가를 받은 경비업체와 동일한 명칭으로 경비업 허가를 받을 수 없다.
② 허가받은 경비업무 외의 업무에 경비원을 종사하게 하여 경비업체의 허가가 취소된 경우 허가가 취소된 날부터 5년이 지나지 아니한 때에는 누구든지 허가가 취소된 경비업체와 동일한 명칭으로 허가를 받을 수 없다.
③ 소속 경비원으로 하여금 경비업무의 범위를 벗어난 행위를 하게 하여 허가가 취소된 법인은 법인명의 변경에도 불구하고 허가가 취소된 날부터 5년이 지나지 아니한 때에는 허가를 받을 수 없다.
④ 경비업 허가의 유효기간은 허가받은 날부터 5년으로 한다.

[해설]
② (×) 제19조 제1항 제2호(허가받은 경비업무 외의 업무에 경비원을 종사하게 한 때) 및 제7호(소속 경비원으로 하여금 경비업무의 범위를 벗어난 행위를 하게 한 때)의 사유로 경비업체의 허가가 취소된 경우 허가가 취소된 날부터 10년이 지나지 아니한 때에는 누구든지 허가가 취소된 경비업체와 동일한 명칭으로 허가를 받을 수 없다(경비업법 제4조의2 제2항).
① (○) 경비업법 제4조의2 제1항
③ (○) 경비업법 제4조의2 제3항
④ (○) 경비업법 제6조 제1항

정답 ②

02 경비업법상 법인 임원의 결격사유에 해당하는 것은? 기출 17

① 파산선고를 받고 복권된 자
② 금고 이상의 형의 선고를 받고 그 형이 실효된 자
③ 대통령 등의 경호에 관한 법률에 위반하여 벌금형의 선고를 받고 3년이 경과된 자
④ 경비업법에 의한 명령에 위반하여 허가가 취소된 법인의 허가취소 당시 임원이었던 자로서 그 허가 취소 후 3년이 경과되지 아니한 자

[해설]
법인 임원의 결격사유에 해당하는 것은 ④이다(경비업법 제5조 제5호).

정답 ④

③ 허가증의 발급 기출 20 : 시·도 경찰청장은 ①의 규정에 따른 사항 등을 검토한 후 경비업을 허가하거나 변경허가를 한 경우에는 해당 법인의 주사무소를 관할하는 경찰서장을 거쳐 신청인에게 허가증을 발급하여야 한다(경비업법 시행령 제4조 제2항). ★

> **허가증 포함내용(경비업법 시행규칙 [별지 제3호 서식])**
> - 법인 명칭
> - 소재지
> - 대표자 성명
> - 허가번호
> - 허가경비업무
> - 허가유효기간

④ 허가의 유효기간과 갱신허가 기출 16·08·06·05·04
  ㉠ 경비업 허가의 유효기간은 허가받은 날부터 5년으로 한다(경비업법 제6조 제1항). ★
  ㉡ 유효기간이 만료된 후 계속하여 경비업을 하고자 하는 법인은 행정안전부령(경비업법 시행규칙 제6조)이 정하는 바에 의하여 갱신허가를 받아야 한다. ★
  ㉢ ㉡에 따라 경비업의 갱신허가를 받으려는 자는 유효기간 만료일 30일 전까지 별지 제2호 서식의 경비업 갱신허가신청서(전자문서로 된 신청서를 포함한다)에 허가증 원본 및 정관(변경사항이 있는 경우만 해당한다)을 첨부하여 법인의 주사무소를 관할하는 시·도 경찰청장 또는 해당 시·도 경찰청 소속의 경찰서장에게 제출하여야 한다. 경비업 갱신허가신청서를 제출받은 경찰서장은 이를 지체 없이 관할 시·도 경찰청장에게 보내야 한다(경비업법 시행규칙 제6조 제1항). ★
  ㉣ ㉢에 따른 신청서를 제출받은 시·도 경찰청장은「전자정부법」제36조 제1항에 따른 행정정보의 공동이용을 통하여 법인의 등기사항증명서를 확인하여야 한다(경비업법 시행규칙 제6조 제2항). ★
  ㉤ 시·도 경찰청장은 ㉡의 규정에 의하여 갱신허가를 하는 때에는 유효기간이 만료되는 허가증을 회수한 후 별지 제3호 서식의 허가증을 교부하여야 한다(경비업법 시행규칙 제6조 제3항). ★

⑤ 허가증의 재발급 및 첨부서류 기출 20 : 경비업자는 경비업 허가증을 잃어버리거나 경비업 허가증이 못쓰게 된 경우에는 허가증 재교부신청서에 다음의 구분에 따른 서류를 첨부하여 법인의 주사무소를 관할하는 시·도 경찰청장 또는 해당 시·도 경찰청 소속의 경찰서장에게 재발급을 신청하여야 하고, 신청서를 제출받은 경찰서장은 지체 없이 관할 시·도 경찰청장에게 보내야 한다(경비업법 시행령 제4조 제3항). ★
  ㉠ 허가증을 잃어버린 경우에는 그 사유서
  ㉡ 허가증이 못쓰게 된 경우에는 그 허가증

7. 신고사항 기출 24·21·19·18·17·16·15·13·11·10·07·06·04·01·99
  ① 신고사유 및 신고기한 : 경비업의 허가를 받은 법인은 다음의 경우에는 시·도 경찰청장에게 신고하여야 한다. 신고는 사유가 발생한 날부터 ㉠은 7일 이내, ㉡~㉣은 30일 이내에 하여야 한다(경비업법 제4조 제3항, 동법 시행령 제5조 제1항·제2항·제5항).
    ㉠ 영업을 폐업하거나 휴업한 때(7일) ★
    ㉡ 법인의 명칭이나 대표자·임원을 변경한 때(30일)
    ㉢ 법인의 주사무소나 출장소를 신설·이전 또는 폐지한 때(30일)

② 기계경비업무의 수행을 위한 관제시설을 신설·이전 또는 폐지한 때(30일)★
⑤ 특수경비업무를 개시하거나 종료한 때(30일)★
⑪ 그 밖에 대통령령이 정하는 중요사항(정관의 목적)을 변경한 때(30일)★

핵심문제

01 경비업법령상 경비업 허가에 관한 설명으로 옳은 것은? 기출 08

① 경비업 허가의 유효기간은 허가받은 날부터 5년이다.
② 정관을 변경하지 아니한 경비업체가 갱신허가를 받으려는 경우에는 유효기간 만료일 30일 전까지 경비업 갱신허가 신청서에 허가증 원본과 정관을 첨부하여 경찰청장에게 제출하여야 한다.
③ 경비업 갱신허가신청서를 제출받은 시·도 경찰청장은 경비업법상 행정정보의 공동이용을 통하여 법인의 등기사항 증명서를 확인하여야 한다.
④ 경찰청장은 경비업의 갱신허가를 하는 때에는 유효기간이 만료되는 허가증을 회수하여야 한다.

[해설]
① (O) 경비업 허가의 유효기간은 허가받은 날부터 5년으로 한다(경비업법 제6조 제1항).
② (×) 정관을 변경하지 아니한 경비업체가 갱신허가를 받으려는 경우에는 유효기간 만료일 30일 전까지 경비업 갱신허가신청서에 허가증 원본을 첨부하여 시·도 경찰청장 또는 경찰서장에게 제출하여야 한다(경비업법 시행규칙 제6조 제1항).★
③ (×) 전자정부법상 행정정보의 공동이용을 통하여 법인의 등기사항증명서를 확인하여야 한다(경비업법 시행규칙 제6조 제2항).★
④ (×) 시·도 경찰청장은 경비업의 갱신허가를 하는 때에는 유효기간이 만료되는 허가증을 회수하여야 한다(경비업법 시행규칙 제6조 제3항).★

정답 ①

02 경비업의 허가를 받은 법인이 시·도 경찰청장에게 신고하지 않아도 되는 것은? 기출 13

① 법인의 임원을 변경한 때
② 법인의 정관의 목적을 변경한 때
③ 법인의 명칭을 변경한 때
④ 시설경비업무 또는 특수경비업무를 개시하거나 종료할 때

[해설]
경비업무를 개시하거나 종료한 때 신고의무가 있는 것은 특수경비업무만 해당된다(경비업법 제4조 제3항).

정답 ④

03 경비업법령상 경비업의 허가에 관한 설명으로 옳지 않은 것은? 기출 18

① 경비업 허가신청서는 법인의 주사무소를 관할하는 시·도 경찰청장 또는 해당 시·도 경찰청 소속의 경찰서장에게 제출하여야 한다.
② 경비업 허가의 유효기간은 허가 받은 날부터 5년으로 한다.
③ 법인의 명칭을 변경할 때에는 그 법인의 주사무소의 소재지를 관할하는 시·도 경찰청장의 허가를 받아야 한다.
④ 경비업 허가의 유효기간이 만료된 후 계속하여 경비업을 하고자 하는 법인은 행정안전부령이 정하는 바에 따라 갱신허가를 받아야 한다.

[해설]
③ (×) 법인의 명칭을 변경할 때에는 그 법인의 주사무소의 소재지를 관할하는 시·도 경찰청장에게 신고하여야 한다(경비업법 제4조 제3항 제2호).
① (O) 경비업법 제4조 제1항, 동법 시행령 제3조 제1항
② (O) 경비업법 제6조 제1항
④ (O) 경비업법 제6조 제2항★

정답 ③

② 폐업 또는 휴업 등의 신고절차
　㉠ 폐업 신고 : 경비업자는 폐업을 한 경우에는 폐업을 한 날부터 7일 이내에 폐업신고서에 허가증을 첨부하여 법인의 주사무소를 관할하는 시·도 경찰청장 또는 해당 시·도 경찰청 소속의 경찰서장에게 제출하여야 한다. 이 경우 폐업신고서를 제출받은 경찰서장은 지체 없이 관할 시·도 경찰청장에게 보내야 한다(경비업법 시행령 제5조 제1항). ★
　㉡ 휴업 및 재개 신고 : 경비업자는 휴업을 한 경우에는 휴업한 날부터 7일 이내에 휴업신고서를 법인의 주사무소를 관할하는 시·도 경찰청장 또는 해당 시·도 경찰청 소속의 경찰서장에게 제출하여야 하고, 휴업신고서를 제출받은 경찰서장은 지체 없이 관할 시·도 경찰청장에게 보내야 한다. 이 경우 휴업신고를 한 경비업자가 신고한 휴업기간이 끝나기 전에 영업을 다시 시작하거나 신고한 휴업기간을 연장하려는 경우에는 영업을 다시 시작한 후 7일 이내에 또는 신고한 휴업기간이 끝난 후 7일 이내에 영업재개신고서 또는 휴업기간연장신고서를 제출하여야 한다(경비업법 시행령 제5조 제2항). ★
　㉢ 법인의 주사무소나 출장소를 신설·이전 또는 폐지한 때에 신고를 하여야 하는 출장소는 주사무소 외의 장소로서 일상적으로 일정 지역안의 경비업무를 지휘·총괄하는 영업거점인 지점·지사 또는 사업소 등의 장소로 한다(경비업법 시행령 제5조 제3항).

③ 폐업 또는 휴업 등의 신고서류(경비업법 시행규칙 제5조)
　㉠ 폐업 또는 휴업의 신고에 필요한 서류는 폐업신고서, 휴업신고서·영업재개신고서 및 휴업기간연장신고서이다(제1항).
　㉡ 법인의 명칭·대표자·임원, 주사무소·출장소나 정관의 목적이 변경되어 신고를 하는 경우에는 경비업 허가사항 등의 변경신고서(전자문서로 된 신고서를 포함)에 다음 서류(전자문서를 포함)를 첨부하여 법인의 주사무소를 관할하는 시·도 경찰청장 또는 해당 시·도 경찰청 소속의 경찰서장에게 제출하여야 한다. 변경신고서를 제출받은 경찰서장은 이를 지체 없이 관할 시·도 경찰청장에게 보내야 한다(제2항).
　　• 명칭 변경의 경우 : 허가증 원본
　　• 대표자 변경의 경우 : 법인 대표자의 이력서 1부, 허가증 원본★
　　• 임원 변경의 경우 : 법인 임원의 이력서 1부(허가증 원본 ×)★★
　　• 주사무소 또는 출장소 변경의 경우 : 허가증 원본
　　• 정관의 목적 변경의 경우 : 법인의 정관 1부(허가증 원본 ×)★★
　㉢ 신고서를 제출받은 시·도 경찰청장은「전자정부법」제36조 제1항에 따른 행정정보의 공동이용을 통하여 법인의 등기사항증명서를 확인하여야 한다(제3항).
　㉣ 특수경비업무의 개시 또는 종료의 신고에 필요한 서류는「특수경비업무(개시, 종료)신고서」(별지 제7호 서식)이다(제4항).

④ 특수경비업자의 업무개시 신고 전 조치사항(경비업법 시행령 제6조) 기출 24
　㉠ 비밀취급인가 : 특수경비업무를 수행하는 경비업자는 첫 업무개시의 신고를 하기 전에 시·도 경찰청장의 비밀취급인가를 받아야 한다(제1항). ★
　㉡ 보안측정 : 시·도 경찰청장은 특수경비업자에게 비밀취급인가를 하고자 하는 때에는 특수경비업자로 하여금 경찰청장을 거쳐 국가정보원장에게 보안측정을 요청하도록 하여야 한다(제2항). ★

경비업법령상 구비서류

1. 경비업 허가사항 등의 변경신고서 구비서류(경비업법 시행규칙 [별지 제6호 서식])

구 분	신고인(대표자) 제출서류	시·도 경찰청장(담당 공무원) 확인사항
명칭 변경	허가증 원본	법인의 등기사항증명서
대표자 변경	• 법인 대표자의 이력서 1부★ • 허가증 원본★	
임원 변경	법인 임원의 이력서 1부★	
주사무소 또는 출장소 변경	허가증 원본	
정관의 목적 변경의 경우	법인의 정관 1부★	

2. 그 밖의 신고서 구비서류 : 특수경비업무 개시·종료 신고서, 경비원 배치·배치폐지 신고서는 구비서류가 없다(기계경비업무의 수행을 위한 관제시설을 신설·이전 또는 폐지한 때는 서식규정이 없다).

3. 허가신청 시 또는 허가증재교부 신청 시 구비서류(경비업법 시행규칙 [별지 제2호·제4호 서식])

구 분	신고인(대표자) 제출서류	시·도 경찰청장(담당 공무원) 확인사항
신규·변경 허가신청 시	• 법인의 정관 1부★ • 법인 임원의 이력서 1부★ • 경비인력·시설 및 장비의 확보계획서 1부(경비업 허가신청 시 이를 갖출 수 없는 경우에 한한다)★	법인의 등기사항증명서
갱신 허가신청 시	• 허가증 원본 • 법인의 정관 1부(변경사항이 있는 경우)	
허가증 재교부 신청 시	• 사유서(허가증을 잃어버린 경우)★ • 허가증(허가증이 못쓰게 된 경우)★	–

핵심문제

01 경비업법령상 특수경비업자에 관한 설명으로 옳은 것은? 기출 11

① 비밀취급인가는 첫 업무개시의 신고 후 즉시 받아야 한다.
② 비밀취급인가에 대한 인가권자는 시·도 경찰청장이다.
③ 비밀취급인가 신청에 대해 시·도 경찰청장은 특수경비업자로 하여금 직접 국가정보원장에게 보안측정을 요청하도록 할 수 있다.
④ 공항·항만·원자력발전소 등의 시설 중 행정안전부장관이 지정하는 국가보안목표시설에 대한 경비업무를 담당한다.

[해설]

②(○), ①(×) 특수경비업무를 수행하는 경비업자는 첫 업무개시의 신고를 하기 전에 시·도 경찰청장의 비밀취급인가를 받아야 한다(경비업법 시행령 제6조 제1항).★
③(×) 비밀취급인가 신청에 대해 시·도 경찰청장은 특수경비업자로 하여금 경찰청장을 거쳐 국가정보원장에게 보안측정을 요청하도록 하여야 한다(경비업법 시행령 제6조 제2항).★
④(×) 특수경비업무란 공항(항공기를 포함한다) 등 대통령령이 정하는 중요시설의 경비 및 도난·화재 그 밖의 위험발생을 방지하는 업무를 말한다(경비업법 제2조 제1호 마목). 경비업법 제2조 제1호 마목에서 "대통령령이 정하는 국가 중요시설"이라 함은 공항·항만·원자력발전소 등의 시설 중 국가정보원장이 지정하는 국가보안목표시설과 통합방위법 제21조 제4항의 규정에 의하여 국방부장관이 지정하는 국가중요시설을 말한다(경비업법 시행령 제2조).★

정답 ②

Ⅱ 경비업자의 의무(경비업법 제7조) 기출 23·19·14·11·10·09·07·05·04·02·01·99

1. 타인의 자유와 권리 침해금지의무(제1항)

경비업자는 "경비대상시설의 소유자 또는 관리자"(이를 "시설주"로 약칭함)의 관리권의 범위 안에서 경비업무를 수행하여야 하며, 다른 사람의 자유와 권리를 침해하거나 그의 정당한 활동에 간섭하여서는 아니 된다.

2. 법령준수의무 및 성실의 의무(제2항)

경비업자는 경비업무를 성실하게 수행하여야 하고, 도급을 의뢰받은 경비업무가 위법 또는 부당한 것일 때에는 이를 거부하여야 한다. ★

3. 경비원의 권익침해금지 및 공정계약의무(제3항)

경비업자는 불공정한 계약으로 경비원의 권익을 침해하거나 경비업의 건전한 육성과 발전을 해치는 행위를 하여서는 아니 된다.

4. 직무상 비밀준수의무(제4항)

경비업자의 임·직원이거나 임·직원이었던 자는 다른 법률에 특별한 규정이 있는 경우를 제외하고는 그 직무상 알게 된 비밀을 누설하거나 다른 사람에게 제공하여 이용하도록 하는 등 부당한 목적을 위하여 사용하여서는 아니 된다.

5. 경비업무 외 업무 강제금지의무(제5항)

경비업자는 허가받은 경비업무 외의 업무에 경비원을 종사하게 하여서는 아니 된다.

- 헌법재판소는 2023년 3월 23일 재판관 6 : 3의 의견으로 시설경비업을 허가받은 경비업자로 하여금 허가받은 경비업무 외의 업무에 경비원을 종사하게 하는 것을 금지하고, 이를 위반한 경비업자에 대한 허가를 취소하도록 정하고 있는 경비업법 제7조 제5항 중 '시설경비업무'에 관한 부분과 경비업법 제19조 제1항 제2호 중 '시설경비업무'에 관한 부분이 헌법에 합치되지 아니하여 법원 기타 국가기관 및 지방자치단체는 입법자가 2024.12.31.까지 위 법률조항을 개정할 때까지 위 법률조항의 적용을 중지하여야 한다는 적용중지 헌법불합치 결정을 선고하였다(헌재결[전] 2023.3.23. 2020헌가19). 구체적으로 헌법재판소는 심판대상조항이 과잉금지원칙에 위반(침해의 최소성 및 법익의 균형성 위반)하여 시설경비업을 수행하는 경비업자의 직업의 자유를 침해한다고 보았다.
- 국회는 2025.1.7. 법률 제20645호에 의하여 2023.3.23. 헌법재판소에서 헌법불합치 결정된 제7조 제5항을 "경비업자는 허가받은 경비업무 외의 업무에 경비원을 종사하게 하여서는 아니 된다. 다만, 경비업무의 목적 달성을 침해하지 아니하는 범위에서 대통령령으로 정하는 업무에 대하여는 경비원을 종사하게 할 수 있다"로 개정하였고, 제19조 제1항 제2호를 삭제하였다. 제19조 제1항 제2호를 삭제하면서 제19조 제2항 제2호의2(제7조 제5항을 위반하여 경비업무 또는 경비업무의 목적 달성을 침해하지 아니하는 범위에서 대통령령으로 정하는 업무 외의 업무에 경비원을 종사하게 한 때)를 상대적 허가취소·영업정지사유로 신설하고, 제19조 제3항을 "허가관청은 제1항 및 제2항에 의하여 허가취소 또는 영업정지처분을 하는 때에는 경비업자가 허가받은 경비업무 중 허가취소 또는 영업정지사유에 해당되는 경비업무에 한하여 처분을 하여야 한다. 다만, 제1항 제7호에 해당하여 허가취소를 하는 때에는 그러하지 아니하다"로 개정하였다. 이러한 개정 규정은 2026.1.8.부터 시행된다.

6. 집단민원현장에 경비지도사 선임·배치의무(제6항)

① 경비업자는 집단민원현장에 경비원을 배치하는 때에는 경비지도사를 선임하고 그 장소에 배치하여 행정안전부령(경비업법 시행규칙 제6조의2)으로 정하는 바에 따라 경비원을 지도·감독하게 하여야 한다. ★★
② ①에 따라 경비업자는 집단민원현장에 선임·배치된 경비지도사로 하여금 다음의 직무를 수행하도록 하여야 한다(경비업법 시행규칙 제6조의2).
  ㉠ 법 제15조의2에 따른 경비원 등의 의무 위반행위 예방 및 제지(제1호)
  ㉡ 법 제16조에 따른 경비원의 복장 착용 등에 대한 지도·감독(제2호)
  ㉢ 법 제16조의2에 따른 경비원의 장비 휴대 및 사용에 대한 지도·감독(제3호)
  ㉣ 법 제18조 제1항에 따른 집단민원현장에 비치된 경비원 명부의 관리(제4호)

7. 특수경비업자의 경비대행업자 지정의무(제7항)

특수경비업자는 특수경비업무의 개시신고를 하는 때에는 국가중요시설에 대한 특수경비업무의 수행이 중단되는 경우 시설주의 동의를 얻어 다른 특수경비업자 중에서 경비업무를 대행할 자(경비대행업자)를 지정하여 허가관청(시·도 경찰청장)에 신고하여야 한다. 경비대행업자의 지정을 변경하는 경우에도 또한 같다. ★★

8. 특수경비업자의 경비대행업자에 대한 통보의무 및 경비대행업자의 인수의무(제8항)

특수경비업자는 국가중요시설에 대한 특수경비업무를 중단하게 되는 경우에는 미리 이를 경비대행업자에게 통보하여야 하며, 경비대행업자는 통보받은 즉시 그 경비업무를 인수하여야 한다. 이 경우 7의 규정은 경비대행업자에 대하여 이를 준용한다. ★

핵심문제

01 경비업법령상 경비업자의 의무에 관한 설명으로 옳지 않은 것은? 기출 09

① 특수경비업무를 수행하는 경비업자는 특수경비업무의 개시신고를 하는 때에는 국가중요시설에 대한 특수경비업무의 수행이 중단되는 경우 시설주의 동의 없이 다른 특수경비업자 중에서 경비업무를 대행할 자를 지정하여 허가관청에 신고할 수 있다.
② 경비업자는 경비업무를 성실하게 수행하여야 하고, 도급을 의뢰받은 경비업무가 위법 또는 부당한 것일 때에는 이를 거부하여야 한다.
③ 경비업자는 불공정한 계약으로 경비업의 건전한 육성과 발전을 해치는 행위를 하여서는 아니 된다.
④ 특수경비업무를 수행하는 경비업자는 첫 업무개시의 신고를 하기 전에 시·도 경찰청장의 비밀취급인가를 받아야 한다.

【해설】
① (×) 특수경비업무를 수행하는 경비업자는 특수경비업무의 개시신고를 하는 때에는 국가중요시설에 대한 특수경비업무의 수행이 중단되는 경우 시설주의 동의를 얻어 다른 특수경비업자 중에서 경비업무를 대행할 자를 지정하여 허가관청에 신고하여야 한다(경비업법 제7조 제7항).
② (○) 경비업법 제7조 제2항
③ (○) 경비업법 제7조 제3항
④ (○) 경비업법 시행령 제6조 제1항

정답 ①

9. 특수경비업자의 경비관련업 외의 영업금지의무(제9항)

① 특수경비업자는 경비업법에 의한 경비업과 경비장비의 제조·설비·판매업, 네트워크를 활용한 정보산업, 시설물 유지관리업 및 경비원 교육업 등 대통령령이 정하는 경비관련업 외의 영업을 하여서는 아니 된다.★

② ①에서 "대통령령이 정하는 경비관련업"이란 다음의 영업을 말한다(경비업법 시행령 제7조의2 제1항).
  ㉠ 시행령 [별표 1의2]에 따른 특수경비업자가 할 수 있는 영업(제1호)
  ㉡ 시행령 [별표 1의2]에 따른 영업에 부수되는 것으로서 경찰청장이 지정·고시하는 영업(제2호)★

③ 영업의 범위에 관하여는 경비업법 또는 경비업법 시행령에 특별한 규정이 있는 경우를 제외하고는 통계법에 따라 통계청장이 고시하는 한국표준산업분류표에 따른다(경비업법 시행령 제7조의2 제2항).★

특수경비업자가 할 수 있는 영업(경비업법 시행령 [별표 1의2]) 기출 14·12·08

분야	해당 영업
금속가공제품 제조업 (기계 및 가구 제외)	• 일반철물 제조업(자물쇠제조 등 경비 관련 제조업에 한정) • 금고 제조업
그 밖의 기계 및 장비제조업	분사기 및 소화기 제조업
전기장비 제조업	전기경보 및 신호장치 제조업
전자부품, 컴퓨터, 영상, 음향 및 통신장비 제조업	• 전자카드 제조업★ • 통신 및 방송 장비 제조업 • 영상 및 음향기기 제조업
전문직별 공사업	• 소방시설 공사업 • 배관 및 냉·난방 공사업(소방시설 공사 등 방재 관련 공사에 한정한다) • 내부 전기배선 공사업 • 내부 통신배선 공사업
도매 및 상품중개업	통신장비 및 부품 도매업
통신업	전기통신업
부동산업	부동산 관리업★
컴퓨터 프로그래밍, 시스템 통합 및 관리업	• 컴퓨터 프로그래밍 서비스업 • 컴퓨터시스템 통합 자문, 구축 및 관리업
건축기술, 엔지니어링 및 관련기술 서비스업	• 건축설계 및 관련 서비스업(소방시설 설계 등 방재 관련 건축설계에 한정) • 건물 및 토목엔지니어링 서비스업(소방공사 감리 등 방재 관련 서비스업에 한정)
사업시설 관리 및 조경 서비스업	• 사업시설 유지관리 서비스업 • 건물 산업설비 청소 및 방제 서비스업
사업지원 서비스업	• 인력공급 및 고용알선업★ • 경비, 경호 및 탐정업★
교육서비스업	• 직원훈련기관 • 그 밖의 기술 및 직업훈련학원(경비 관련 교육에 한정)
수리업	• 일반 기계 수리업 • 전기, 전자, 통신 및 정밀기기 수리업
창고 및 운송 관련 서비스업	주차장 운영업★

III 경비업무 도급인 등의 의무(경비업법 제7조의2)

1. 직접고용금지와 관여금지

① 누구든지 경비업의 허가를 받지 아니한 자에게 경비업무를 도급하여서는 아니 된다(제1항). ★
② 누구든지 집단민원현장에 경비인력을 20명 이상 배치하려고 할 때에는 그 경비인력을 직접 고용하여서는 아니 되고, 경비업자에게 경비업무를 도급하여야 한다(제2항 본문). ★★
③ 다만, 시설주 등이 집단민원현장 발생 3개월 전까지 직접 고용하여 경비업무를 수행하는 피고용인의 경우에는 그러하지 아니하다(제2항 단서). ★★
④ 경비업무를 도급하는 자는 그 경비업무를 수급한 경비업자의 경비원 채용 시 무자격자나 부적격자 등을 채용하도록 관여하거나 영향력을 행사해서는 아니 된다(제3항).

핵심문제

01 경비업법령상 경비업무 도급인 등의 의무에 관한 내용이다. ( ) 안에 들어갈 내용을 순서대로 나열한 것은?

> 누구든지 집단민원현장에 경비인력을 ( )명 이상 배치하려고 할 때에는 그 경비인력을 직접 고용하여서는 아니 되고, 경비업자에게 경비업무를 도급하여야 한다. 다만, 시설주 등이 집단민원현장 발생 ( ) 전까지 직접 고용하여 경비업무를 수행하는 피고용인의 경우에는 그러하지 아니하다.

① 10, 2개월 ② 20, 2개월
③ 20, 3개월 ④ 30, 3개월

[해설]
( ) 안에는 순서대로 20, 3개월이 들어간다.

정답 ③

02 경비업법령상 경비업자 및 경비업무 도급인 등의 의무에 관한 설명으로 옳은 것은? 기출 14
① 경비업자는 경비업무에 해당하는 한, 시설주의 관리권의 범위를 넘어 경비업무를 수행할 수 있다.
② 경비업자는 도급을 의뢰받은 경비업무가 부당하더라도 위법하지 않는 한, 이를 거부할 수 없다.
③ 특수경비업자는 국가중요시설에 대한 특수경비업무를 중단하게 되는 경우에는 미리 이를 경비대행업자에게 통보해야 한다.
④ 누구든지 집단민원현장에 경비인력을 10명 이상 배치하려고 할 때에는 경비업자에게 경비업무를 도급하여야 한다.

[해설]
③ (O) 특수경비업자는 국가중요시설에 대한 특수경비업무를 중단하게 되는 경우에는 미리 이를 경비대행업자에게 통보해야 한다(경비업법 제7조 제8항).
① (×) 경비업자는 시설주의 관리권의 범위 안에서 경비업무를 수행하여야 한다(경비업법 제7조 제1항).
② (×) 경비업자는 도급을 의뢰받은 경비업무가 위법 또는 부당한 것일 때에는 이를 거부하여야 한다(경비업법 제7조 제2항).
④ (×) 누구든지 집단민원현장에 경비인력을 20명 이상 배치하려고 할 때에는 그 경비인력을 직접 고용하여서는 아니 되고, 경비업자에게 경비업무를 도급하여야 한다(경비업법 제7조의2 제2항).

정답 ③

2. 무자격자 및 부적격자 등의 범위

무자격자 및 부적격자의 구체적인 범위 등은 대통령령(경비업법 시행령 제7조의3)으로 정한다(경비업법 제7조의2 제4항). ★

> **무자격자 및 부적격자 등의 범위(경비업법 시행령 제7조의3)**
> 다음 각호의 경비업무를 도급하려는 자는 법 제7조의2 제3항에 따라 다음 각호의 구분에 해당하는 사람을 그 경비업무를 수급한 경비업자의 경비원으로 채용하도록 관여하거나 영향력을 행사해서는 아니 된다. 〈개정 2024.8.13.〉
> 1. 시설경비업무, 호송경비업무, 신변보호업무, 기계경비업무 또는 혼잡·교통유도경비업무. 다만, 제3호의 경비업무는 제외한다.
>   가. 법 제10조 제1항에 따라 경비지도사 또는 일반경비원이 될 수 없는 사람
>   나. 「아동·청소년의 성보호에 관한 법률」 제56조 제1항 제14호에 따라 경비업무에 종사할 수 없는 사람
> 2. 특수경비업무
>   가. 법 제10조 제2항에 따라 특수경비원이 될 수 없는 사람
>   나. 「아동·청소년의 성보호에 관한 법률」 제56조 제1항 제14호에 따라 경비업무에 종사할 수 없는 사람
> 3. 집단민원현장의 시설경비업무, 신변보호업무 또는 혼잡·교통유도경비업무
>   가. 법 제10조 제1항에 따라 경비지도사 또는 일반경비원이 될 수 없는 사람
>   나. 법 제18조 제6항에 따라 집단민원현장에 일반경비원으로 배치할 수 없는 사람
>   다. 「아동·청소년의 성보호에 관한 법률」 제56조 제1항 제14호에 따라 경비업무에 종사할 수 없는 사람

제3절 기계경비업무

I 기계경비업자의 의무 기출 19·18·17·15·14·12·11·09·08·05·99

1. 대응체제 구축의무 기출 11·07·06·02·01

① 기계경비업무를 수행하는 경비업자(기계경비업자)는 경비대상시설에 관한 경보를 수신한 때에는 신속하게 그 사실을 확인하는 등 필요한 대응조치를 취하여야 하며, 이를 위한 대응체제를 갖추어야 한다(경비업법 제8조). ★

② 기계경비업자는 관제시설 등에서 경보를 수신한 때에는 경보를 수신한 때부터 늦어도 25분 이내에는 도착시킬 수 있는 대응체제를 갖추어야 한다(경비업법 시행령 제7조). ★★

2. 오경보의 방지 등 의무(경비업법 제9조)

① 기계경비업자는 경비계약을 체결하는 때에는 오경보를 막기 위하여 계약상대방에게 기기사용요령 및 기계경비운영체계 등에 관하여 서면 또는 전자문서로 설명하여야 하며, 각종 기기가 오작동되지 아니하도록 관리하여야 한다(제1항). ★★

② 기계경비업자는 대응조치 등 업무의 원활한 운영과 개선을 위하여 대통령령(경비업법 시행령 제9조)이 정하는 바에 따라 관련 서류를 작성·비치하여야 한다(제2항). ★

3. 오경보의 방지를 위한 설명 및 교부의무(경비업법 시행령 제8조) 기출 23·20·10·07

① 기계경비업자가 계약상대방에게 하여야 하는 설명은 다음의 사항을 기재한 서면 또는 전자문서(이하 "서면 등", 여기서 전자문서는 계약상대방이 원하는 경우에 한한다)를 교부하는 방법에 의한다(제1항). ★
  ㉠ 당해 기계경비업무와 관련된 관제시설 및 출장소의 명칭·소재지(제1호)
  ㉡ 기계경비업자가 경비대상시설에서 발생한 경보를 수신한 경우에 취하는 조치(제2호)
  ㉢ 기계경비업무용 기기의 설치장소 및 종류와 그 밖의 기계장치의 개요(제3호)
  ㉣ 오경보의 발생원인과 송신기기의 유지·관리방법(제4호)
② 기계경비업자는 ①의 사항을 기재한 서면 등과 함께 손해배상의 범위와 손해배상액에 관한 사항을 기재한 서면 등을 계약상대방에게 교부하여야 한다(제2항). ★★

핵심문제

01 경비업법령상 기계경비업자가 계약상대방에게 오경보방지를 위한 설명서를 교부하는 데 포함될 사항으로 옳지 않은 것은? 기출 10

① 경비대상시설의 명칭·소재지 및 경비계약기간
② 당해 기계경비업무와 관련된 관제시설 및 출장소의 명칭·소재지
③ 오경보의 발생원인과 송신기기의 유지·관리방법
④ 기계경비업무용 기기의 설치장소 및 종류와 그 밖의 기계장치의 개요

[해설]
경비대상시설의 명칭·소재지 및 경비계약기간은 경비업법 제9조 제1항의 비치서류에 포함되는 내용이다.

정답 ①

02 경비업법령상 기계경비업자의 의무가 아닌 것은? 기출 09

① 오경보의 방지의무
② 관리서류 비치의무
③ 대응체제 구축의무
④ 비밀취급인가 의무

[해설]
기계경비업자의 의무에는 대응체제 구축의무(경비업법 제8조), 오경보의 방지의무(경비업법 제9조 제1항), 관련서류 비치의무(경비업법 제9조 제2항) 등이 있다. 비밀취급인가는 특수경비업자의 업무개시 전의 조치사항(경비업법 시행령 제6조)이다.

정답 ④

4. 기계경비업자의 관리 서류(경비업법 시행령 제9조) 기출 24·23·21·19·16·11·09·07

① 기계경비업자는 출장소별로 다음의 사항을 기재한 서류를 갖추어 두어야 한다.
　　㉠ 경비대상시설의 명칭·소재지 및 경비계약기간★
　　㉡ 기계경비지도사의 명단·배치일자·배치장소와 출동차량의 대수★
　　㉢ 경보의 수신 및 현장도착 일시와 조치의 결과(1년간 보관)★
　　㉣ 오경보인 경우 오경보가 발생한 경비대상시설 및 그 오경보에 대한 조치의 결과(1년간 보관)★
② ①의 ㉢, ㉣에 의한 사항을 기재한 서류는 당해 경보를 수신한 날부터 1년간 이를 보관하여야 한다.★

Ⅱ 기계경비지도사의 임무

1. 기계경비지도사(경비업법 시행령 제10조 제2호)
기계경비업무에 종사하는 경비원을 지도·감독·교육하는 경비지도사이다.

2. 기계경비지도사의 직무(경비업법 시행령 제17조 제1항·제2항)
다음은 기계경비지도사에 한정된 직무이고, 이를 월 1회 이상 수행하여야 한다.★ 기출 23
① 기계경비업무를 위한 기계장치의 운용·감독★
② 오경보방지 등을 위한 기기관리의 감독★

핵심문제

01 경비업법령상 기계경비업자가 출장소별로 갖추어 두어야 하는 서류가 아닌 것은? 기출 16
① 경비대상시설의 명칭·소재지 및 경비계약기간을 기재한 서류
② 기계경비지도사의 명단·배치일자·배치장소와 출동차량의 대수를 기재한 서류
③ 가입고객의 주민등록번호 등 개인정보를 기재한 서류
④ 경보의 수신 및 현장도착 일시와 조치의 결과를 기재한 서류

[해설]
가입고객의 주민등록번호 등 개인정보를 기재한 서류는 경비업법령상 명문화되지는 않았다. 따라서 기계경비업자가 출장소별로 갖추어 두어야 하는 서류가 아니다(경비업법 시행령 제9조 제1항 참고).

정답 ③

제4절　경비지도사 및 경비원

I 경비지도사 및 경비원의 결격사유(경비업법 제10조)　기출 21·19·18·14

1. 경비지도사 또는 일반경비원의 결격사유(경비업법 제10조 제1항)　기출 22·21·15·12·11·10·07·99

다음에 해당하는 자는 경비지도사 또는 일반경비원이 될 수 없다.

① 18세 미만인 사람, 피성년후견인(제1호)★
② 파산선고를 받고 복권되지 아니한 자(제2호) → 삭제〈2025.4.1.〉
③ 금고 이상의 실형의 선고를 받고 그 집행이 종료(집행이 종료된 것으로 보는 경우를 포함)되거나 집행이 면제된 날부터 5년이 지나지 아니한 자(제3호)★
④ 금고 이상의 형의 집행유예선고를 받고 그 유예기간 중에 있는 자(제4호)★
⑤ 다음의 어느 하나에 해당하는 죄를 범하여 벌금형을 선고받은 날부터 10년이 지나지 아니하거나 금고 이상의 형을 선고받고 그 집행이 종료된 날(종료된 것으로 보는 경우를 포함) 또는 집행이 유예·면제된 날부터 10년이 지나지 아니한 자(제5호)
　㉠「형법」제114조(범죄단체 등의 조직)의 죄(가목)
　㉡「폭력행위 등 처벌에 관한 법률」제4조(단체 등의 구성·활동)의 죄(나목)
　㉢「형법」: 제297조(강간), 제297조의2(유사강간), 제298조(강제추행), 제299조(준강간·준강제추행), 제300조[미수범(제297조, 제297조의2, 제298조 및 제299조의 미수범)], 제301조(강간 등 상해·치상), 제301조의2(강간 등 살인·치사), 제302조(미성년자 등에 대한 간음), 제303조(업무상 위력 등에 의한 간음), 제305조(미성년자에 대한 간음·추행), 제305조의2[상습범(제297조, 제297조의2, 제298조부터 제300조까지, 제302조, 제303조 또는 제305조의 상습범)](다목)
　㉣「성폭력범죄의 처벌 등에 관한 특례법」: 제3조(특수강도강간 등), 제4조(특수강간 등), 제5조(친족관계에 의한 강간 등), 제6조(장애인에 대한 강간·강제추행 등), 제7조(13세 미만의 미성년자에 대한 강간·강제추행 등), 제8조(강간 등 상해·치상), 제9조(강간 등 살인·치사), 제10조(업무상 위력 등에 의한 추행), 제11조(공중 밀집 장소에서의 추행), 제15조[미수범(제3조부터 제9조까지의 미수범)](라목)
　㉤「아동·청소년의 성보호에 관한 법률」: 제7조(아동·청소년에 대한 강간·강제추행 등), 제8조(장애인인 아동·청소년에 대한 간음 등)(마목)
　㉥ ㉢~㉤ 세 항목의 죄로서 다른 법률에 따라 가중처벌되는 죄(바목)
⑥ 다음의 어느 하나에 해당하는 죄를 범하여 벌금형을 선고받은 날부터 5년이 지나지 아니하거나 금고 이상의 형을 선고받고 그 집행이 유예된 날부터 5년이 지나지 아니한 자(제6호)
　㉠「형법」: 제329조(절도), 제330조(야간주거침입절도), 제331조(특수절도), 제331조의2(자동차 등 불법사용), 제332조[상습범(제329조 내지 제331조의2의 상습범)], 제333조(강도), 제334조(특수강도), 제335조(준강도), 제336조(인질강도), 제337조(강도상해·치상), 제338조(강도살인·치사), 제339조(강도강간), 제340조(해상강도), 제341조[상습범(제333조, 제334조, 제336조 또는 제340조 제1항의 해상강도)], 제342조[미수범(제329조 내지 제341조의 미수범)], 제343조(강도 예비·음모)(가목)
　㉡ ㉠의 죄로서 다른 법률에 따라 가중처벌되는 죄(나목)

⑦ ⑤의 ⓒ~ⓗ의 어느 하나에 해당하는 죄를 범하여 치료감호를 선고받고 그 집행이 종료된 날 또는 집행이 면제된 날부터 10년이 지나지 아니한 자 또는 ⑥의 어느 하나에 해당하는 죄를 범하여 치료감호를 선고받고 그 집행이 면제된 날부터 5년이 지나지 아니한 자(제7호)

⑧ 경비업법이나 경비업법에 따른 명령을 위반하여 벌금형을 선고받은 날부터 5년이 지나지 아니하거나 금고 이상의 형을 선고받고 그 집행이 유예된 날부터 5년이 지나지 아니한 자(제8호)★

2. 특수경비원의 결격사유(경비업법 제10조 제2항) 기출 23·21·15·11·08·06·04

특수경비원의 결격사유는 1.의 경비지도사 또는 일반경비원의 결격사유를 모두 포함(제3호)하는 외에 다음과 같이 특수경비원에만 해당하는 것이 있다.

① 18세 미만인 사람 또는 피성년후견인은 경비지도사 또는 경비원의 공통된 결격사유에 해당하나, 60세 이상인 사람은 특수경비원에게만 해당되는 결격사유이다(제1호).★

② 심신상실자, 알코올 중독자 등 대통령령으로 정하는 정신적 제약이 있는 자(제2호)★

> **특수경비원의 결격사유(경비업법 시행령 제10조의2)**
> 법 제10조 제2항 제2호에서 "심신상실자, 알코올 중독자 등 대통령령으로 정하는 정신적 제약이 있는 자"란 다음 각호의 사람을 말한다.
> 1. 심신상실자
> 2. 마약·대마·향정신성의약품 또는 알코올 중독자
> 3. 「치매관리법」 제2조 제1호에 따른 치매, 조현병·조현정동장애·양극성정동장애(조울병)·재발성우울장애 등의 정신질환이나 정신 발육지연, 뇌전증 등이 있는 사람. 다만, 해당 분야 전문의가 특수경비원으로서 적합하다고 인정하는 사람은 제외한다.

③ 금고 이상의 형의 선고유예를 받고 그 유예기간 중에 있는 자(제4호)★

④ 행정안전부령(경비업법 시행규칙 제7조)이 정하는 신체조건에 미달되는 자(제5호)★

> **특수경비원의 신체조건(경비업법 시행규칙 제7조)**
> "행정안전부령이 정하는 신체조건"이라 함은 팔과 다리가 완전하고 두 눈의 맨눈시력 각각 0.2 이상 또는 교정시력 각각 0.8 이상을 말한다.★

핵심문제

01 경비업법령상 경비지도사의 결격사유에 해당되는 자는? 기출수정 12

① 18세인 사람
② 징역 3년형의 실형을 선고받고 그 집행이 종료된 날부터 5년이 지나지 아니한 자
③ 경비업법을 위반하여 벌금형을 선고받은 날부터 5년이 지난 자
④ 징역 1년에 집행유예 3년의 선고를 받고 그 유예기간이 지난 자

[해설]
금고 이상의 실형의 선고를 받고 그 집행이 종료되거나 집행이 면제된 날부터 5년이 지나지 아니한 자는 결격사유에 해당된다(경비업법 제10조 제1항 제3호).

정답 ②

경비지도사 및 경비원의 결격사유 정리(경비업법 제10조 관련)

구 분	경비지도사·일반경비원 결격사유(제1항)	특수경비원 결격사유(제2항)
	18세 미만인 사람	18세 미만 또는 60세 이상인 사람
공통사유	• 피성년후견인 • 파산선고를 받고 복권되지 아니한 자 → 삭제 〈2025.4.1.〉 • 금고 이상의 실형의 선고를 받고 그 집행이 종료(집행이 종료된 것으로 보는 경우를 포함)되거나 집행이 면제된 날부터 5년이 지나지 아니한 자 • 금고 이상의 형의 집행유예선고를 받고 그 유예기간 중에 있는 자 • 범죄와 관련한 결격사유(경비업법 제10조 제1항 제3호~제8호)	

구 분		일반범죄 (제3호~제4호)	재산범죄* (제6호)	성관련 범죄* (제5호)	명령 위반 (제8호)
-		-	자동차 등 불법사용 죄, 강도강간죄 포함	범죄단체 등의 조직의 죄, 단체 등의 구성활동의 죄 포함	-
벌금형		×	5년	10년	5년
금고 이상	집행유예	유예 중	5년	10년	5년
	집행종료	5년	×	10년	×
	집행면제	5년	×	10년	×
치료감호(제7호)		×	종료 : × 면제 : 5년	종료 : 10년 면제 : 10년	×

※ 참고 : 경비업법 제10조 제1항 제3호부터 제8호까지의 규정을 위 표로 정리하였다. 규정되어 있는 죄를 일반, 재산, 성관련 범죄 등으로 구분하였고, 각 범죄에 따르는 제한 년수를 표기하였다.

구 분	경비지도사·일반경비원	특수경비원
신체 조건 등	-	• 금고 이상의 형의 선고유예를 받고 그 유예기간 중에 있는 자★ • 행정안전부령이 정하는 신체조건(팔과 다리가 완전하고 두 눈의 맨눈시력 각각 0.2 이상 또는 교정시력 각각 0.8 이상)에 미달되는 자★
파업·태업	-	특수경비원은 파업·태업 그 밖에 경비업무의 정상적인 운영을 저해하는 일체의 쟁의행위를 하여서는 아니 된다(경비업법 제15조 제3항).★

3. **채용 또는 근무 금지**(경비업법 제10조 제3항)

경비업자는 상기의 결격사유에 해당하는 자를 경비지도사 또는 경비원으로 채용 또는 근무하게 하여서는 아니 된다.

Ⅱ 특수경비원의 당연 퇴직(경비업법 제10조의2)

1. 입법 취지
특수경비원 인력을 원활히 운영하기 위하여 특수경비원이 결격사유에 해당하게 되면 당연 퇴직되도록 하되, 유사직무 종사자와의 형평성을 고려하여 당연 퇴직 요건을 규정하기 위해 2022.11.15. 본조를 신설하였다.

2. 내 용
① 특수경비원이 경비업법 제10조 제2항에 따른 결격사유에 해당하게 될 때에는 당연 퇴직된다(본문).
② 다만, 제10조 제2항 제1호는 나이가 60세가 되어 퇴직하는 경우에는 60세가 된 날이 1월부터 6월 사이에 있으면 6월 30일에, 7월부터 12월 사이에 있으면 12월 31일에 각각 당연 퇴직된다(단서 전단).
③ 또한 제10조 제2항 제4호는 「성폭력범죄의 처벌 등에 관한 특례법」 제2조, 「아동·청소년의 성보호에 관한 법률」 제2조 제2호 및 직무와 관련하여 「형법」 제355조 또는 제356조에 규정된 죄를 범한 사람으로서 금고 이상의 형의 선고유예를 받은 경우만 당연 퇴직된다(단서 후단). 〈개정 2025.4.1.〉

Ⅲ 경비지도사의 시험 등(경비업법 제11조) 기출 21·17·15·14·12·10·09·01

1. 경비지도사의 자격 기출 21
경비지도사는 제10조 제1항 각호의 어느 하나에 해당하지 아니하는 자로서, 즉 경비지도사 결격사유에 해당하지 아니하는 자로서 경찰청장이 시행하는 경비지도사 시험에 합격하고 <u>대통령령</u>으로 정하는 바에 따라 경찰청장이 실시하는 기본교육을 받은 자이어야 한다(제1항). ★ 〈개정 2024.2.13.〉

> **경비지도사의 기본교육(경비업법 시행령 제15조의2)**
> ① 법 제11조 제1항에 따라 경찰청장이 실시하는 기본교육(이하 "기본교육"이라 한다)은 <u>40시간 이상</u>으로 한다. 다만, 다음 각 호의 어느 하나에 해당하는 사람이 기본교육을 받는 경우에는 <u>행정안전부령</u>으로 정하는 바에 따라 기본교육의 일부를 면제할 수 있다.
> 　1. 일반경비지도사자격을 취득한 후 3년 이내에 기계경비지도사 시험에 합격한 사람
> 　2. 기계경비지도사자격을 취득한 후 3년 이내에 일반경비지도사 시험에 합격한 사람
> ② 제1항에 따른 기본교육의 과목, 시간, 그 밖에 기본교육의 실시에 필요한 사항은 <u>행정안전부령</u>으로 정한다.
> [본조신설 2024.8.13.]
>
> **경비지도사의 기본교육(경비업법 시행규칙 제9조)**
> ① 법 제11조 제1항 및 영 제15조의2 제1항에 따른 기본교육(이하 "기본교육"이라 한다)의 과목 및 시간은 [별표 1]과 같다.
> ② 기본교육에 소요되는 비용은 기본교육을 받는 사람의 부담으로 한다.
> [전문개정 2024.8.14.]

경비지도사 기본교육의 과목 및 시간(경비업법 시행규칙 [별표 1]) <개정 2024.8.14.> 기출 20

구 분 (교육시간)	과 목	
공통교육 (22h)	「경비업법」, 「경찰관직무집행법」, 「도로교통법」 등 관계법령 및 「개인정보보호법」에 따른 개인정보 보호지침 등(4h), 실무Ⅰ(4h), 실무Ⅱ(3h), 범죄·테러·재난 대응요령 및 화재대처법(2h), 응급처치법(2h), 직업윤리 및 인권보호(2h), 체포·호신술(2h), 입교식, 평가 및 수료식(3h)	
자격의 종류별 교육(18h)	일반경비지도사	시설경비(3h), 호송경비(2h), 신변보호(2h), 특수경비(2h), 혼잡·다중운집 인파 관리(2h), 교통안전 관리(2h), 일반경비 현장실습(5h)
	기계경비지도사	기계경비 운용관리(4h), 기계경비 기획 및 설계(4h), 인력경비개론(5h), 기계경비 현장실습(5h)
계	40h	

※ 비고 : 다음 각호의 사람이 기본교육을 받는 경우 공통교육은 면제한다.
    1. 일반경비지도사 자격을 취득한 후 3년 이내에 기계경비지도사 시험에 합격한 사람
    2. 기계경비지도사 자격을 취득한 후 3년 이내에 일반경비지도사 시험에 합격한 사람

2. 경비지도사자격증 교부

경찰청장은 경비지도사 기본교육을 받은 자에게 행정안전부령(경비업법 시행규칙 제11조)이 정하는 바에 따라 경비지도사자격증을 교부해야 한다(제2항). ★

> **경비지도사자격증의 교부(경비업법 시행규칙 제11조) <개정 2024.8.14.>**
> 경찰청장은 법 제11조에 따른 경비지도사 시험에 합격하고 기본교육을 받은 사람에게는 별지 제9호 서식의 경비지도사자격증 교부대장에 정해진 사항을 기재한 후, 별지 제10호 서식의 경비지도사 자격증을 교부해야 한다.

3. 경비지도사 시험의 실시

경비지도사 시험은 매년 1회 이상 시행하며, 시험과목, 시험공고, 시험의 일부가 면제되는 자의 범위 그 밖에 시험에 관하여 필요한 사항은 대통령령(경비업법 시행령 제11조부터 제15조까지의 규정)으로 정한다(제3항). ★

기출 22

4. 시험응시원서 등(경비업법 시행규칙 제8조)

① 경비업법 제11조의 규정에 의한 경비지도사 시험에 응시하고자 하는 자는 별지 제8호 서식의 응시원서(전자문서로 된 원서를 포함한다)를 경비지도사 시험의 관리를 위탁받은 기관 또는 단체(시험관리기관)에 제출해야 한다.
② 경비지도사 제1차 시험을 면제받으려는 사람은 면제 사유를 증명할 수 있는 서류로서 공고에서 정하는 서류를 시험관리기관에 제출해야 한다.
③ 시험관리기관은 서류 중 재직증명서 또는 경력증명서를 제출받은 경우에는 「전자정부법」 제36조 제1항에 따른 행정정보의 공동이용을 통하여 제출인의 국민연금가입자가입증명 또는 건강보험자격득실확인서를 확인해야 한다. 다만, 제출인이 확인에 동의하지 않는 경우에는 해당 서류를 제출하도록 해야 한다.

5. 경비지도사 시험의 시행 및 공고(경비업법 시행령 제11조) 기출 23·22

① 경찰청장은 경비지도사 시험의 실시계획을 매년 수립해야 한다(제1항).
② 경찰청장은 경비지도사 시험의 실시계획에 따라 시험을 실시하고자 하는 때에는 응시자격·시험과목·시험일시·시험장소 및 선발예정인원 등을 시험시행일 90일 전까지 공고하여야 한다(제2항). ★★
③ 공고는 관보게재와 각 시·도 경찰청 게시판 및 인터넷 홈페이지에 게시하는 방법에 의한다(제3항). ★

6. 시험의 방법 및 과목 등(경비업법 시행령 제12조)

① 경비지도사 시험은 필기시험의 방법에 의하되, 제1차 시험과 제2차 시험으로 구분하여 실시한다. 이 경우 경찰청장이 필요하다고 인정하는 때에는 제1차 시험과 제2차 시험을 병합하여 실시할 수 있다(제1항).

기출 23

② 제1차 시험 및 제2차 시험은 각각 선택형으로 하되, 제2차 시험에 있어서는 선택형 외에 단답형을 추가할 수 있다(제2항).
③ 제1차 시험 및 제2차 시험의 과목은 [별표 2]와 같다(제3항).

경비지도사의 시험과목(경비업법 시행령 [별표 2])

구 분	제1차 시험	제2차 시험
	선택형	선택형 또는 단답형
일반경비지도사	• 법학개론 • 민간경비론	• 경비업법(청원경찰법 포함한다) • 소방학·범죄학 또는 경호학 중 1과목
기계경비지도사		• 경비업법(청원경찰법 포함한다) • 기계경비개론 또는 기계경비기획 및 설계 중 1과목

핵심문제

01 경비업법령상 경비지도사 시험 등에 관한 설명으로 옳지 않은 것은?

① 경찰청장은 경비지도사 시험의 실시계획을 매년 수립해야 한다.
② 시험은 필기시험의 방법에 의하되, 제1차 시험과 제2차 시험으로 구분하여 실시한다. 이 경우 경찰청장이 필요하다고 인정하는 때에는 제1차 시험과 제2차 시험을 병합하여 실시할 수 있다.
③ 경찰청장은 시험의 실시계획에 따라 시험을 실시하고자 하는 때에는 응시자격·시험과목·시험일시·시험장소 및 선발예정인원 등을 시험시행일 60일 전까지 공고하여야 한다.
④ 경비지도사 시험은 매년 1회 이상 시행하며, 시험과목, 시험공고, 시험의 일부가 면제되는 자의 범위 그 밖에 경비지도사 시험에 관하여 필요한 사항은 대통령령으로 정한다.

[해설]
③ (×) 경찰청장은 시험의 실시계획에 따라 시험을 실시하고자 하는 때에는 응시자격·시험과목·시험일시·시험장소 및 선발예정인원 등을 시험시행일 90일 전까지 공고하여야 한다(경비업법 시행령 제11조 제2항).
① (○) 경비업법 시행령 제11조 제1항
② (○) 경비업법 시행령 제12조 제1항
④ (○) 경비업법 제11조 제3항

정답 ③

④ 제2차 시험은 제1차 시험에 합격한 자에 대하여 실시한다. 다만, 제1차 시험과 제2차 시험을 병합하여 실시하는 경우에는 그러하지 아니하다(제4항).
⑤ 제1차 시험과 제2차 시험을 병합하여 실시하는 경우에는 제1차 시험에 불합격한 자가 치른 제2차 시험은 이를 무효로 한다(제5항).
⑥ 제1차 시험에 합격한 자에 대하여는 다음 회의 시험에 한하여 제1차 시험을 면제한다(제6항).

7. **시험의 일부면제**(경비업법 시행령 제13조) 기출 23·22·21·20·18·17·16·07

다음의 어느 하나에 해당하는 사람은 경비지도사 제1차 시험을 면제한다.
① 경찰공무원법에 따른 경찰공무원으로 7년 이상 재직한 사람(제1호)
② 대통령 등의 경호에 관한 법률에 따른 경호공무원 또는 별정직공무원으로 7년 이상 재직한 사람(제2호)★

> **별정직 공무원**
> 특정 업무를 담당하기 위하여 별도의 자격기준에 의하여 임용되는 공무원으로서 법령에서 별정직으로 지정하는 공무원을 말한다.

③ 군인사법에 따른 각 군 전투병과 또는 군사경찰병과 부사관 이상 간부로 7년 이상 재직한 사람(제3호)
④ 경비업법에 따른 경비업무에 7년 이상(특수경비업무의 경우에는 3년 이상) 종사하고 행정안전부령(경비업법 시행규칙 제10조)으로 정하는 교육과정을 이수한 사람(제4호)

> **경비지도사 시험의 일부면제(경비업법 시행규칙 제10조)**
> 영 제13조 제4호에서 "행정안전부령으로 정하는 교육과정을 이수한 사람"이란 다음 각호의 어느 하나에 해당하는 사람을 말한다.
> 1. 고등교육법에 의한 전문대학 이상의 교육기관(경비지도사의 시험과목 3과목 이상이 개설된 교육기관에 한한다)에서 1년 이상의 경비업무관련 과정을 마친 사람★
> 2. 경찰청장이 지정하는 기관 또는 단체에서 실시하는 64시간 이상의 경비지도사 양성과정을 마치고 수료시험에 합격한 사람★

⑤ 고등교육법에 따른 대학 이상의 학교를 졸업한 자로서 재학 중 경비지도사 시험과목을 3과목 이상을 이수하고 졸업 후 경비업무에 종사한 경력이 3년 이상인 사람(제5호)★

핵심문제

01 경비업법령상 경비지도사 제1차 시험 면제대상에 해당되지 않는 사람은? 기출 12
① 「경찰공무원법」에 따른 경찰공무원으로 7년 재직한 사람
② 「군인사법」에 따른 각 군 전투병과 또는 군사경찰병과 부사관 이상 간부로 5년 재직한 사람
③ 「공무원임용령」에 따른 행정직군 교정직렬 공무원으로 9년 재직한 사람
④ 「대통령 등의 경호에 관한 법률」에 따른 경호공무원 또는 별정직공무원으로 8년 재직한 사람

[해설]
「군인사법」에 따른 각 군 전투병과 또는 군사경찰병과 부사관 이상 간부로 7년 이상 재직한 사람이어야 한다(경비업법 시행령 제13조 제3호).

정답 ②

⑥ 고등교육법에 따른 전문대학을 졸업한 자로서 재학 중 경비지도사 시험과목을 3과목 이상을 이수하고 졸업한 후 경비업무에 종사한 경력이 5년 이상인 사람(제6호)★
⑦ 일반경비지도사의 자격을 취득한 후 기계경비지도사의 시험에 응시하는 사람 또는 기계경비지도사의 자격을 취득한 후 일반경비지도사의 시험에 응시하는 사람(제7호)
⑧ 공무원임용령에 따른 행정직군 교정직렬 공무원으로 7년 이상 재직한 사람(제8호)★

8. 시험합격자의 결정(경비업법 시행령 제14조)

① 제1차 시험의 합격결정에 있어서는 매 과목 100점을 만점으로 하며, 매 과목 40점 이상, 전과목 평균 60점 이상 득점한 자를 합격자로 결정한다(제1항).
② 제2차 시험의 합격결정에 있어서는 선발예정인원의 범위 안에서 60점 이상을 득점한 자 중에서 고득점 순으로 합격자를 결정한다. 이 경우 동점자로 인하여 선발예정인원이 초과되는 때에는 동점자 모두를 합격자로 한다(제2항).
③ 경찰청장은 제2차 시험에 합격한 자에 대하여 합격공고를 하고, 합격 및 교육소집 통지서를 교부하여야 한다(제3항).

9. 시험출제위원의 임명·위촉 등(경비업법 시행령 제15조)

① 경찰청장은 시험문제의 출제를 위하여 다음의 어느 하나에 해당하는 사람 중에서 시험출제위원을 임명 또는 위촉한다(제1항).★ 〈개정 2024.8.13.〉
  ㉠ 「고등교육법」에 따른 전문대학 이상의 교육기관에서 경찰행정학과 등 경비업무 관련학과 및 법학과의 조교수 이상으로 재직하고 있는 사람(제1호)
  ㉡ 석사 이상의 학위소지자로 경찰청장이 정하는 바에 의하여 경비업무에 관한 연구실적이나 전문경력이 인정되는 사람(제2호)
  ㉢ 경감 이상의 경찰공무원(범죄예방·경비업무를 담당한 경력이 3년 이상인 사람으로 하되, 경감이 되기 전의 경력을 포함한다)(제3호)

핵심문제

01 경비업법령상 경비지도사 자격시험의 시험출제위원으로 임명 또는 위촉될 수 있는 사람이 아닌 것은?

ㄱ. 고등교육법에 따른 전문대학에서 경찰행정학과 등 경비업무 관련학과 및 법학과의 교수로 재직하고 있는 사람
ㄴ. 학사 이상의 학위소지자로 졸업한 후 경비업무에 종사한 경력이 3년 이상인 사람
ㄷ. 경비업무를 담당한 지 4년된 경찰공무원(경감)
ㄹ. 석사 이상의 학위소지자로 경찰청장이 정하는 바에 의하여 경비업무에 관한 연구실적이나 전문경력이 인정되는 사람

① ㄱ
② ㄴ
③ ㄷ
④ ㄹ

[해설]
ㄴ은 규정에 없다.

정답 ②

② 시험출제위원의 수는 시험과목별로 2인 이상으로 한다(제2항). ★
③ 시험출제위원으로 임명 또는 위촉된 자는 경찰청장이 정하는 준수사항을 성실히 이행하여야 한다(제3항).
④ 시험출제위원과 시험관리업무에 종사하는 자에 대하여는 예산의 범위 안에서 수당과 여비를 지급할 수 있다. 다만, 공무원인 위원이 그 소관업무와 직접적으로 관련하여 시험관리업무에 종사하는 경우에는 그러하지 아니하다(제4항).

Ⅳ 경비지도사의 보수교육(경비업법 제11조의2)

제12조 제1항에 따라 선임된 경비지도사는 대통령령으로 정하는 바에 따라 경찰청장이 실시하는 보수교육을 받아야 한다.
[본조신설 2024.2.13.]

경비지도사의 보수교육(경비업법 시행령 제15조의3)
① 법 제11조의2에 따라 경찰청장이 실시하는 보수교육(이하 "보수교육"이라 한다)은 법 제12조 제1항에 따라 선임된 경비지도사를 대상으로 선임된 날부터 매 3년이 되는 날이 속하는 해에 실시하는 6시간 이상의 교육으로 한다(단, 부칙 제2조에 따르면 이 영 시행 당시 선임된 경비지도사는 이 영 시행일부터 6개월 이내에 보수교육을 받아야 한다). 다만, 일반경비지도사와 기계경비지도사 자격을 모두 취득한 사람이 법 제12조 제1항에 따라 일반경비지도사와 기계경비지도사에 모두 선임된 경우에는 행정안전부령으로 정하는 바에 따라 보수교육의 일부를 면제할 수 있다. ★
② 제1항에도 불구하고 기본교육 또는 직전 보수교육을 받은 날부터 3년 이상 보수교육을 받은 적이 없는 사람이 법 제12조 제1항에 따라 경비지도사로 선임된 경우에는 선임된 날부터 60일 이내에 보수교육을 받아야 한다. ★
③ 제1항 및 제2항에 따른 보수교육의 과목, 시간, 그 밖에 보수교육의 실시에 필요한 사항은 행정안전부령으로 정한다.
[본조신설 2024.8.13.]

부칙 <대통령령 제34826호, 2024.8.13.>
제1조(시행일)   이 영은 2024년 8월 14일부터 시행한다. 다만, 제7조의3 제1호・제3호, 제10조, [별표 1] 제6호 및 [별표 3] 비고 제1호의 개정규정은 2025년 1월 31일부터 시행한다.

제2조(경비지도사의 보수교육에 관한 특례)   이 영 시행 당시 법 제12조 제1항에 따라 선임된 경비지도사는 제15조의3의 개정규정에도 불구하고 이 영 시행일부터 6개월 이내에 보수교육을 받아야 한다.

경비지도사의 보수교육(경비업법 시행규칙 제11조의2)
① 법 제11조의2 및 영 제15조의3 제1항・제2항에 따른 보수교육(이하 "보수교육"이라 한다)의 과목 및 시간은 [별표 1의2]와 같다.
② 법 제11조의3 제1항에 따른 경비지도사 교육기관(이하 "경비지도사 교육기관"이라 한다)의 장은 보수교육을 이수한 사람에게 별지 제10호의2 서식의 경비지도사 보수교육 이수증을 발급해야 한다. ★
③ 보수교육의 방법은 집합교육을 원칙으로 하되, 부득이한 경우 온라인교육으로 대체할 수 있다. ★
[본조신설 2024.8.14.] [종전 제11조의2는 제11조의6으로 이동 <2024.8.14.>]

경비지도사 보수교육의 과목 및 시간(경비업법 시행규칙 [별표 1의2]) <신설 2024.8.14.>

구 분	과 목		시 간
공통교육	경비업법령		1
	직업윤리 및 인권보호		1
자격의 종류별 교육	일반경비지도사	일반경비 실무	4
	기계경비지도사	기계경비 실무	

※ 비고 : 일반경비지도사와 기계경비지도사 자격을 모두 취득한 사람이 일반 경비업무와 기계경비업무에 모두 선임된 경우 공통교육은 1회만 실시한다.

V 경비지도사 교육기관의 지정 및 교육의 위탁 등(경비업법 제11조의3)

1. 경비지도사 교육기관의 지정 및 교육의 위탁

경찰청장은 경비지도사에 대한 기본교육 및 보수교육에 관한 업무를 전문인력 및 시설 등을 갖춘 법인으로서 경찰청장이 지정하는 기관 또는 단체(이하 "경비지도사 교육기관"이라 한다)에 위탁할 수 있다(제1항).

2. 필요한 지침 마련 및 시행

경찰청장은 경비지도사에 대한 기본교육 및 보수교육의 전국적 균형을 유지하기 위하여 교육수준 및 교육방법 등에 필요한 지침을 마련하여 시행할 수 있다(제2항).

3. 시정명령

경찰청장은 경비지도사 교육기관이 2.에 따른 교육지침을 위반한 경우에는 기간을 정하여 시정을 명할 수 있다(제3항).

4. 경비지도사 교육기관의 지정기준 및 절차 등

그 밖에 경비지도사 교육기관의 지정기준 및 절차 등에 필요한 사항은 대통령령으로 정한다(제4항).

[본조신설 2024.2.13.]

경비지도사 교육기관의 지정 기준 등(경비업법 시행령 제15조의4)
① 법 제11조의3 제1항에 따른 경비지도사 교육기관(이하 "경비지도사 교육기관"이라 한다)의 지정 기준은 [별표 2의2]와 같다.
② 법 제11조의3 제1항에 따라 경비지도사 교육기관 지정을 받으려는 자는 행정안전부령으로 정하는 바에 따라 다음 각호의 서류를 첨부하여 경찰청장에게 지정을 신청해야 한다.
  1. 경비 관련 교육 운영계획서 및 운영경력서(운영경력서의 경우에는 경비 관련 교육을 운영한 경력이 있는 자만 해당한다)
  2. 인력 기준에 해당하는 강사의 인적사항 및 자격을 증명하는 서류
  3. 교육 시설 및 장비의 현황을 확인할 수 있는 서류

③ 제2항에 따른 지정 신청을 받은 경찰청장은 제1항에 따른 지정 기준에 적합한지를 심사하고, 심사 결과 적합하다고 인정되는 경우에는 경비지도사 교육기관으로 지정할 수 있다. 이 경우 경찰청장은 「전자정부법」 제36조 제1항에 따른 행정정보의 공동이용을 통하여 법인 등기사항증명서를 확인해야 한다.
④ 경찰청장은 제3항에 따라 경비지도사 교육기관을 지정하는 경우 그 명칭, 소재지, 지정일자 등을 인터넷 홈페이지에 공고해야 한다.
⑤ 경찰청장은 법 제11조의3 제1항에 따라 경비지도사에 대한 기본교육 및 보수교육에 관한 업무를 경비지도사 교육기관에 위탁하는 경우에는 위탁받는 기관 및 위탁업무의 내용을 고시해야 한다.
[본조신설 2024.8.13.]

경비지도사 교육기관의 지정 기준(경비업법 시행령 [별표 2의2]) <신설 2024.8.13.> ★

구 분	지정 기준
1. 인력	다음 각목의 어느 하나에 해당하는 강사를 1명 이상 갖출 것 가. 「고등교육법」 제2조 각호에 따른 학교 또는 이에 준하는 학교에서 교육과목 관련 학과의 조교수 이상의 직에 1년 이상 근무한 경력이 있는 사람 나. 교육과목 관련 박사학위를 취득한 후 관련 분야의 연구실적이 있는 사람 다. 교육과목 관련 석사 이상의 학위를 취득한 후 관련 분야에 1년 이상 근무한 경력이 있는 사람 라. 교육과목 관련 분야에서 공무원으로 5년 이상 근무한 경력이 있는 사람 마. 교육과목 관련 분야에 7년 이상 근무한 경력이 있는 사람. 다만, 체포·호신술 과목의 경우에는 무도사범 자격을 취득한 후 관련 분야에 2년 이상 근무한 경력이 있는 사람을 말한다.
2. 시설·장비	가. 지정기간 동안 교육 수행에 필요한 강의실과 사무실을 소유 또는 임차 등의 방법으로 확보할 것 나. 교육 수행에 필요한 컴퓨터, 시청각 장비 등 교육훈련 기자재를 확보할 것 다. 체포·호신술 과목의 경우에는 실습을 위한 별도의 공간 또는 매트 등 안전장비를 확보할 것 라. 기계경비지도사 교육에 필요한 감지장치, 수신장치 및 관제시설을 갖춘 실습실을 확보할 것

※ 비고 : 위 표에서 규정한 사항 외에 경비지도사 교육기관의 지정에 필요한 인력 및 시설·장비의 세부기준 등은 경찰청장이 정한다.

경비지도사 교육기관의 지정 신청 등(경비업법 시행규칙 제11조의3)
법 제11조의3 제1항·제13조의2 제1항 및 영 제15조의4 제2항(영 제19조의2 제2항에 따라 준용되는 경우를 포함한다)에 따라 경비지도사 교육기관 또는 경비원 교육기관의 지정을 받으려는 자는 경찰청장에게 별지 제10호의3 서식의 교육기관 지정 신청서를 제출해야 한다.
[본조신설 2024.8.14.]

Ⅵ 경비지도사 교육기관의 지정취소 등(경비업법 제11조의4)

1. 경비지도사 교육기관의 지정취소 또는 업무의 정지 기출 24

경찰청장은 경비지도사 교육기관이 다음의 어느 하나에 해당하는 경우에는 그 지정을 취소하거나 1년의 범위에서 기간을 정하여 업무의 전부 또는 일부를 정지할 수 있다. 다만, ①의 경우에는 그 지정을 취소하여야 한다(제1항).
① 거짓이나 그 밖의 부정한 방법으로 경비지도사 교육기관의 지정을 받은 경우(제1호)
② 지정받은 사항을 위반하여 업무를 행한 경우(제2호)

③ 제11조의3 제3항에 따른 시정명령을 받고도 정당한 사유 없이 정하여진 기간 이내에 시정하지 아니한 경우(제3호)
④ 제11조의3 제4항에 따른 지정기준에 적합하지 아니하게 된 경우(제4호)

2. 경비지도사 교육기관의 지정취소 및 업무정지에 관한 세부기준 및 절차

그 밖에 경비지도사 교육기관의 지정취소 및 업무정지에 관한 세부기준 및 절차는 그 위반행위의 유형과 위반의 정도 등을 고려하여 행정안전부령으로 정한다(제2항).

[본조신설 2024.2.13.]

경비지도사 교육기관의 지정 취소 등(경비업법 시행규칙 제11조의4)
① 법 제11조의4 제1항에 따른 경비지도사 교육기관의 지정 취소 및 업무 정지 기준은 [별표 1의3]과 같다.
② 경찰청장은 제1항에 따라 경비지도사 교육기관 지정을 취소하거나 업무 정지를 명한 경우 그 사실을 인터넷 홈페이지에 공고해야 한다. ★

[본조신설 2024.8.14.]

경비지도사 교육기관 및 경비원 교육기관의 지정 취소 및 업무 정지(경비업법 시행규칙 [별표 1의3]) <신설 2024.8.14.>

1. 일반기준
   가. 위반행위가 둘 이상이면 그중 무거운 처분기준에 따른다. 다만, 둘 이상의 처분기준이 모두 업무 정지인 경우에는 각 처분기준을 합산한 기간을 넘지 않는 범위에서 무거운 처분기준에 그 처분기준의 2분의 1 범위에서 가중한다.
   나. 위반행위의 횟수에 따른 행정처분 기준은 최근 2년간 같은 위반행위로 행정처분을 받은 경우에 적용한다. 이 경우 기간의 계산은 위반행위에 대한 행정처분일과 그 처분 후 다시 같은 위반행위를 하여 적발된 날을 기준으로 한다.
   다. 나목에 따라 가중된 처분을 하는 경우 가중처분의 적용 차수는 그 위반행위 전 처분차수(나목에 따른 기간 내에 처분이 둘 이상 있었던 경우에는 높은 차수를 말한다)의 다음 차수로 한다.
   라. 처분권자는 제2호에 따른 처분기준이 업무 정지인 경우에는 위반행위의 동기, 내용 및 위반의 정도 등을 고려하여 2분의 1 범위에서 감경할 수 있다.

2. 개별기준

위반행위	근거 법조문	행정처분 기준		
		1차	2차	3차 이상
가. 지정받은 사항을 위반하여 업무를 행한 경우	법 제11조의4 제1항 제2호 또는 법 제13조의3 제1항 제2호	업무정지 1개월	업무정지 3개월	업무정지 6개월
나. 법 제11조의3 제3항 또는 법 제13조의2 제3항에 따른 시정명령을 받고도 정당한 사유 없이 시정하지 않은 경우	법 제11조의4 제1항 제3호 또는 법 제13조의3 제1항 제3호	업무정지 3개월	업무정지 6개월	지정 취소
다. 법 제11조의3 제4항 또는 법 제13조의2 제4항에 따른 지정 기준에 적합하지 않게 된 경우	법 제11조의4 제1항 제4호 또는 법 제13조의3 제1항 제4호	업무정지 1개월	업무정지 3개월	지정 취소

Ⅶ 경비지도사의 선임·배치

1. 경비지도사의 선임·배치기준 [기출] 23·21·18·17·14·11·10·09·08·07·05·02·01·99

경비업자는 대통령령(경비업법 시행령 제16조 제1항)이 정하는 기준(경비업법 시행령 [별표 3])에 따라 경비지도사를 선임·배치하여야 한다(경비업법 제12조 제1항). ★

> **경비지도사의 선임·배치기준(경비업법 시행령 [별표 3]) <개정 2024.8.13.>**
> 1. 경비업자는 경비원을 배치하여 영업활동을 하고 있는 지역을 관할하는 시·도 경찰청의 관할구역별로 경비원 200명까지는 경비지도사 1명을 선임·배치하고, 경비원이 200명을 초과하는 경우 200명을 초과하는 경비원 100명 단위로 경비지도사 1명씩을 추가로 선임·배치해야 한다.
> 2. 제1호에 따라 경비지도사가 선임·배치된 시·도 경찰청의 관할구역과 경계를 맞닿아 인접한 시·도 경찰청의 관할구역에 배치된 경비원이 30명 이하인 경우에는 제1호에도 불구하고 경비지도사를 따로 선임·배치하지 않을 수 있다. 이 경우 제주특별자치도경찰청과 전라남도경찰청은 경계를 맞닿아 인접한 것으로 본다. ★
> 3. 제2호에 따라 경비지도사를 따로 선임·배치하지 않는 경우 경비지도사 1명이 지도·감독 및 교육할 수 있는 경비원의 총수(경계를 맞닿아 인접한 시·도 경찰청의 관할구역에 배치된 경비원의 수를 합산한다)는 200명을 초과할 수 없다. ★★
>
> [비 고]
> 1. 시설경비업무·호송경비업무·신변보호업무·특수경비업무 또는 혼잡·교통유도경비업무를 하는 경비업자는 일반경비지도사를 선임·배치하고, 시설경비업무·호송경비업무·신변보호업무·특수경비업무 또는 혼잡·교통유도경비업무 중 둘 이상의 경비업무를 하는 경우에는 각 경비업무에 종사하는 경비원의 수를 합산한 인원을 기준으로 경비지도사를 선임·배치해야 한다. 다만, 특수경비업무를 수행하는 경비업자는 제19조 제1항에 따른 특수경비원 신임교육을 이수한 일반경비지도사를 선임·배치해야 한다.
> 2. 기계경비업무를 하는 경비업자는 기계경비지도사를 선임·배치해야 한다.

2. 경비지도사의 충원 [기출] 24·23·21·12·99

경비업자는 선임·배치된 경비지도사에 결원이 있거나 자격정지 등의 사유로 그 직무를 수행할 수 없는 때에는 15일 이내에 경비지도사를 새로이 충원하여야 한다(경비업법 시행령 제16조 제2항). ★

핵심문제

01 경비업법령상 경비지도사에 관한 설명이다. ( )에 들어갈 말로 옳게 짝지어진 것은? [기출수정] 10

- 경비지도사가 선임·배치된 시·도 경찰청의 관할구역과 경계를 맞닿아 인접한 시·도 경찰청의 관할구역에 배치된 경비원이 (ㄱ) 이하인 경우에는 경비지도사를 따로 선임·배치하지 않을 수 있다.
- 경비업자는 선임·배치된 경비지도사에 결원이 있거나 자격정지 등의 사유로 그 직무를 수행할 수 없는 때에는 (ㄴ) 이내에 경비지도사를 새로이 충원해야 한다.

① ㄱ - 50명, ㄴ - 1월 ② ㄱ - 50명, ㄴ - 15일
③ ㄱ - 30명, ㄴ - 1월 ④ ㄱ - 30명, ㄴ - 15일

[해설]
( ) 안에 들어갈 내용은 순서대로 (ㄱ) - 30명, (ㄴ) - 15일이다.

정답 ④

VIII 경비지도사의 직무 기출 24·23·22·21·19·16·12·11·09·07·02·01·99

1. 경비지도사의 직무(경비업법 제12조 제2항)

선임된 경비지도사의 직무는 다음과 같다(괄호는 직무주기).
① 경비원의 지도·감독·교육에 관한 계획의 수립·실시 및 그 기록의 유지(월 1회 이상)★
② 경비현장에 배치된 경비원에 대한 순회점검 및 감독(월 1회 이상)
③ 경찰기관 및 소방기관과의 연락방법에 대한 지도★★
④ 집단민원현장에 배치된 경비원에 대한 지도·감독
⑤ 그 밖에 대통령령이 정하는 직무
⑥ ⑤에서 "대통령령이 정하는 직무"란 다음의 직무(기계경비지도사의 경우에 한한다)를 말한다(경비업법 시행령 제17조 제1항).★
　㉠ 기계경비업무를 위한 기계장치의 운용·감독(월 1회 이상)
　㉡ 오경보방지 등을 위한 기기관리의 감독(월 1회 이상)
⑦ 경비지도사는 ⑥의 ㉠과 ㉡의 직무를 월 1회 이상 수행하여야 한다.
⑧ 선임된 경비지도사는 직무를 대통령령이 정하는 바에 따라 성실하게 수행하여야 한다(경비업법 제12조 제3항).
⑨ 경비지도사는 경비원에 대한 (직무)교육을 실시하고, 행정안전부령(경비업법 시행규칙 제11조의6)으로 정하는 경비원 직무교육실시대장에 그 내용을 기록하여 2년간 보존하여야 한다(경비업법 시행령 제17조 제3항).★★

2. 집단민원현장에 선임·배치된 경비지도사의 직무(경비업법 시행규칙 제6조의2)

경비업자는 집단민원현장에 선임·배치된 경비지도사로 하여금 다음의 직무를 수행하도록 하여야 한다.
① 경비원 등의 의무 위반행위 예방 및 제지
② 경비원의 복장 착용 등에 대한 지도·감독
③ 경비원의 장비 휴대 및 사용에 대한 지도·감독
④ 집단민원현장에 비치된 경비원 명부의 관리★

핵심문제

01 경비업법령상 경비업자에 선임된 경비지도사의 직무 중 월 1회 이상 수행하여야 하는 직무에 해당하지 않는 것은?　기출 11

① 경비현장에 배치된 경비원에 대한 순회점검 및 감독
② 경찰기관 및 소방기관과의 연락방법에 대한 지도
③ 기계경비지도사의 기계경비업무를 위한 기계장치의 운용·감독
④ 기계경비지도사의 오경보방지 등을 위한 기기관리의 감독

[해설]
①·③·④는 월 1회 이상이고, ②는 특별한 규정이 없다.

정답 ②

Ⅸ 경비지도사의 선임·해임 신고의 의무(경비업법 제12조의2)

경비업자는 경비지도사를 선임하거나 해임하는 때에는 행정안전부령으로 정하는 바에 따라 해당 경비현장을 관할하는 시·도 경찰청장 또는 경찰서장에게 신고하여야 한다.

[본조신설 2024.2.13.]

> **경비지도사의 선임·해임 신고(경비업법 시행규칙 제11조의5)**
> ① 경비업자는 법 제12조의2에 따라 경비지도사를 선임 또는 해임하는 때에는 경비지도사를 선임 또는 해임한 날부터 15일 이내에 경비지도사 자격증 사본을 첨부(경비지도사 선임 신고의 경우에만 해당한다)하여 별지 제10호의4 서식의 경비지도사 선임·해임신고서(전자문서로 된 신고서를 포함하며, 이하 같다)를 해당 경비현장(경비원 배치장소를 말하며, 이하 "배치지"라 한다)을 관할하는 시·도 경찰청장 또는 경찰서장에게 제출해야 한다. 다만, 경비지도사 선임 신고 시 경비지도사 선임신고서에 기재한 해임예정일에 경비지도사를 해임한 경우에는 경비지도사 해임신고서를 제출하지 않아도 된다.
> ② 경비업자는 제1항 본문에도 불구하고 법 제18조 제2항 단서에 따라 집단민원현장에 경비원 배치허가를 받은 경우 경비원을 배치하기 전까지 경비지도사 선임신고서를 배치지를 관할하는 경찰서장에게 제출해야 한다.
> ③ 시·도 경찰청장 또는 경찰서장은 경비지도사로 선임되거나 선임되었던 사람이 요청하는 경우 별지 제10호의5 서식의 경비지도사 선임 확인증을 발급할 수 있다.
>
> [본조신설 2024.8.14.]

Ⅹ 경비원의 교육 등(경비업법 제13조) 기출 21·20·19·18·16·14·12·11·10·09·07·06

1. 일반경비원 신임교육 및 직무교육

경비업자는 경비업무를 적정하게 실시하기 위하여 경비원으로 하여금 대통령령(경비업법 시행령 제18조)으로 정하는 바에 따라 경비원 신임교육 및 직무교육을 받게 하여야 한다. 다만, 경비업자는 대통령령으로 정하는 경력 또는 자격을 갖춘 일반경비원을 신임교육 대상에서 제외할 수 있다(경비업법 제13조 제1항).★

① **일반경비원 신임교육기관** 기출 19 : 경비업자는 일반경비원을 채용한 경우 법 제13조 제1항 본문에 따라 해당 일반경비원에게 경비업자의 부담으로 법 제13조의2 제1항에 따른 경비원 교육기관(이하 "경비원 교육기관"이라 한다) 중 이 영 제19조의2 제1항에 따른 일반경비원 교육기관(이하 "일반경비원 교육기관"이라 한다)에서 실시하는 일반경비원 신임교육을 받도록 해야 한다(경비업법 시행령 제18조 제1항). 〈개정 2024.8.13.〉

② **일반경비원 신임교육 제외대상** 기출 24·23·22·21·19·14 : 경비업자는 다음의 어느 하나에 해당하는 사람을 일반경비원으로 채용한 경우에는 해당 일반경비원을 일반경비원 신임교육 대상에서 제외할 수 있다(경비업법 시행령 제18조 제2항).

- ⊙ 일반경비원 또는 특수경비원 신임교육을 받은 사람으로서 채용 전 3년 이내에 경비업무에 종사한 경력이 있는 사람★
- ⓒ 경찰공무원법에 따른 경찰공무원으로 근무한 경력이 있는 사람
- ⓒ 대통령 등의 경호에 관한 법률에 따른 경호공무원 또는 별정직공무원으로 근무한 경력이 있는 사람
- ⓔ 군인사법에 따른 부사관 이상으로 근무한 경력이 있는 사람
- ⓜ 경비지도사자격이 있는 사람★
- ⓑ 채용 당시 일반 경비원 신임교육을 받은 지 3년이 지나지 아니한 사람★

③ **일반경비원 직무교육** 기출 24·20 : 경비업자는 소속 일반경비원에게 선임한 경비지도사가 수립한 교육계획에 따라 매월 행정안전부령이 정하는 시간(매월 2시간) 이상의 직무교육을 받도록 하여야 한다(경비업법 시행령 제18조 제3항).★
④ 신임교육의 과목 및 시간, 직무교육의 과목 등 일반경비원의 교육 실시에 필요한 사항은 행정안전부령으로 정한다(경비업법 시행령 제18조 제5항). 기출 20
⑤ 일반경비원에 대한 신임교육의 실시 등
　㉠ 일반경비원 신임교육의 과목 및 시간은 [별표 2]와 같다(경비업법 시행규칙 제12조 제1항).

일반경비원 신임교육의 과목 및 시간(경비업법 시행규칙 [별표 2]) <개정 2024.8.14.>

구 분 (교육시간)	과 목	시 간
이론교육 (4시간)	「경비업법」 등 관계법령	2
	범죄예방론	2
실무교육 (19시간)	시설경비실무	3
	호송경비실무	2
	신변보호실무	2
	기계경비실무	2
	혼잡·교통유도경비실무	2
	사고예방대책	2
	체포·호신술	2
	장비사용법	2
	직업윤리 및 인권보호	2
기타(1시간)	입교식, 평가 및 수료식	1
계	(보통 3일간 24시간 이수로 운용됨)★	24

핵심문제

01 경비업법령상 경비업자가 일반경비원 신임교육 대상에서 제외할 수 있는 사람에 해당하지 않는 자는? 기출 14

① 경비원 신임교육을 받은 사람으로서 채용 5년 전에 경비업무에 종사한 경력이 있는 사람
② 「경찰공무원법」에 따른 경찰공무원으로 근무한 경력이 있는 사람
③ 「군인사법」에 따른 부사관 이상으로 근무한 경력이 있는 사람
④ 「대통령 등의 경호에 관한 법률」에 따른 경호공무원으로 근무한 경력이 있는 사람

[해설]
경비원(일반경비원 및 특수경비원) 신임교육을 받은 사람으로서 채용 전 3년 이내에 경비업무에 종사한 경력이 있는 사람은 일반경비원 신임교육 대상에서 제외될 수 있다(경비업법 시행령 제18조 제2항 제1호).

정답 ①

ⓒ 일반경비원 신임교육의 교육과목은 10과목(입교식, 평가 및 수료식은 교육과목이 아님)이고, 총 24시간으로 3일에 걸쳐 진행된다. ★
　　ⓒ 경찰청장은 일반경비원에 대한 신임교육의 실시를 위하여 연도별 교육계획을 수립하고, 영 제19조의2 제1항에 따른 일반경비원 교육기관(이하 "일반경비원 교육기관"이라 한다)이 교육계획에 따라 교육을 실시하도록 하여야 한다(제2항). 〈개정 2024.8.14.〉
　　ⓒ 일반경비원 교육기관의 장은 제1항에 따른 일반경비원 신임교육과정을 마친 사람에게 별지 제11호 서식의 신임교육이수증을 교부하고 그 사실을 별지 제12호 서식의 신임교육이수증 교부대장에 기록해야 하며, 교육기관, 교육일, 교육이수증 교부번호 등을 포함한 신임교육 이수자 현황을 경찰청장에게 통보해야 한다(제4항). 〈개정 2024.8.14.〉
　　ⓒ 경비업자는 일반경비원이 신임교육을 받은 때에는 경비원의 명부에 그 사실을 기재하여야 한다(경비업법 시행규칙 제12조 제5항).
　　ⓒ 시·도 경찰청장 또는 경찰서장은 일반경비원 신임교육을 받은 사람이 요청하는 경우에는 신임교육 이수 확인증을 발급할 수 있다(경비업법 시행규칙 제12조 제6항).
⑥ 일반경비원에 대한 직무교육의 시간 등(경비업법 시행규칙 제13조)
　　⊙ 일반경비원에 대한 직무교육의 시간은 매월 2시간으로 한다. ★
　　ⓒ 일반경비원에 대한 직무교육의 과목은 일반경비원의 직무수행에 필요한 이론·실무과목 및 직업윤리 등으로 한다. ★
　　ⓒ 일반경비원에 대한 직무교육은 집합교육, 온라인교육 등 다양한 방법으로 실시할 수 있다(경비업법 시행규칙 제13조 제3항). 〈신설 2024.8.14.〉

2. 일반경비원 사전 신임교육 기출 21·20

① 경비원이 되려는 사람은 대통령령으로 정하는 교육기관(일반경비원 교육기관을 말한다)에서 미리 일반경비원 신임교육을 받을 수 있다(경비업법 제13조 제2항, 동법 시행령 제18조 제4항). 〈개정 2024.8.13.〉
② 채용 당시 일반경비원 사전 신임교육을 받은 지 3년이 지나지 아니한 사람은 일반경비원 신임교육대상에서 제외될 수 있으므로(경비업법 시행령 제18조 제2항 제6호) 일반경비원 사전 신임교육의 유효기간은 3년이라고 할 수 있다. ★★
③ 일반경비원 사전 신임교육의 과목 및 시간은 행정안전부령으로 정한다(경비업법 시행령 제18조 제5항).
④ 채용 후 일반경비원 신임교육은 경비업자의 부담이지만, 일반경비원 사전 신임교육은 교육을 받는 사람의 부담이다. ★

3. 특수경비원 신임교육 및 직무교육(경비업법 제13조 제3항) 기출 24·21·19·17·15·14·12·09·08

특수경비업자는 대통령령(경비업법 시행령 제19조)으로 정하는 바에 따라 특수경비원으로 하여금 특수경비원 신임교육과 정기적인 직무교육을 받게 하여야 하고, 특수경비원 신임교육을 받지 아니한 자를 특수경비업무에 종사하게 하여서는 아니 된다(경비업법 제13조 제3항). 특수경비원의 교육 시 관할 경찰서 소속 경찰공무원이 교육기관에 입회하여 대통령령이 정하는 바에 따라 지도·감독하여야 한다(경비업법 제13조 제4항). ★

① **특수경비원 신임교육기관**(경비업법 시행령 제19조 제1항) : 특수경비업자는 특수경비원을 채용한 경우 법 제13조 제3항에 따라 해당 특수경비원에게 <u>특수경비업자의 부담으로</u> 경비원 교육기관 중 제19조의2 제1항에 따른 <u>특수경비원 교육기관에서 실시하는 특수경비원 신임교육</u>을 받도록 해야 한다. 〈개정 2024.8.13.〉
② **특수경비원 신임교육 제외대상**(경비업법 시행령 제19조 제2항) : 특수경비업자는 채용 전 3년 이내에 특수경비업무에 종사하였던 경력이 있는 사람을 특수경비원으로 채용한 경우에는 해당 특수경비원을 특수경비원 신임교육 대상에서 제외할 수 있다. ★★
③ **특수경비원 직무교육**(경비업법 시행령 제19조 제3항) : 특수경비업자는 소속 특수경비원에게 선임한 경비지도사가 수립한 교육계획에 따라 매월 행정안전부령(경비업법 시행규칙 제16조)으로 정하는 시간(매월 3시간)이상 직무교육을 받도록 하여야 한다. ★★

핵심문제

01 경비업법령상 경비원 교육에 관한 설명으로 옳은 것은? 기출수정 16
① 일반경비원의 신임교육에서 이론교육은 8시간이고 과목은 경비업법, 범죄예방론, 형사법이다.
② 특수경비업자는 채용 전 5년 이내에 특수경비업무에 종사하였던 경력이 있는 사람을 특수경비원으로 채용한 경우에는 신임교육을 면제할 수 있다.
③ 경비업자는 소속 일반경비원에게 매월 2시간 이상의 직무교육을 받도록 하여야 한다.
④ 특수경비업자는 소속 특수경비원에게 매월 4시간 이상의 직무교육을 받도록 하여야 한다.

[해설]
③ (O) 경비업자는 소속 일반경비원에게 선임한 경비지도사가 수립한 교육계획에 따라 매월 행정안전부령으로 정하는 시간(2시간) 이상의 직무교육을 받도록 하여야 한다(경비업법 시행령 제18조 제3항).
① (×) 일반경비원의 신임교육에서 이론교육은 4시간이고 과목은 「경비업법」 등 관계법령, 범죄예방론이다(경비업법 시행규칙 [별표 2]). ★
② (×) 특수경비업자는 채용 전 3년 이내에 특수경비업무에 종사하였던 경력이 있는 사람을 특수경비원으로 채용한 경우에는 해당 특수경비원을 특수경비원 신임교육 대상에서 제외할 수 있다(경비업법 시행령 제19조 제2항).
④ (×) 특수경비업자는 소속 특수경비원에게 선임한 경비지도사가 수립한 교육계획에 따라 매월 3시간 이상의 직무교육을 받도록 하여야 한다(경비업법 시행령 제19조 제4항).

정답 ③

02 경비업법령상 경비원의 교육에 관한 설명으로 옳은 것은? 기출수정 11
① 갑(甲)이 경비원의 경력 없이 일반경비원으로 채용되었다면 자신의 부담으로 신임교육을 받아야 한다.
② 을(乙)은 특수경비원으로 채용되기 4년 전에 특수경비업무에 종사한 경력이 있어 다시 특수경비원으로 채용되었다면 신임교육을 받지 않아도 된다.
③ 특수경비원인 병(丙)은 매월 3시간 이상의 직무교육을 받아야 한다.
④ 경비업자는 경비원을 새로이 채용한 때에는 근무배치 후 3개월이 경과하기 전까지 신임교육을 받게 하여야 한다.

[해설]
③ (O) 직무교육은 일반경비원은 매월 2시간 이상, 특수경비원은 매월 3시간 이상이다.
① (×) 갑(甲)이 경비원의 경력 없이 일반경비원으로 채용되었다면 경비업자의 부담으로 신임교육을 받아야 한다.
② (×) 특수경비업자는 채용 전 3년 이내에 특수경비업무에 종사하였던 경력이 있는 사람을 특수경비원으로 채용한 경우에는 해당 특수경비원을 특수경비원 신임교육 대상에서 제외할 수 있다(경비업법 시행령 제19조 제2항). 따라서 을(乙)은 4년 전이므로 신임교육을 받아야 한다.
④ (×) 경비업자가 경비원을 새로이 채용한 때에는 원칙적으로 근무배치 전에 신임교육을 받게 하여야 한다.

정답 ③

④ 신임교육의 과목 및 시간, 직무교육의 과목 등 특수경비원의 교육 실시에 필요한 사항은 행정안전부령으로 정한다(경비업법 시행령 제19조 제4항). ★★

⑤ 특수경비원에 대한 신임교육의 실시 등(경비업법 시행규칙 제15조)
　㉠ 특수경비원 신임교육의 과목 및 시간은 [별표 4]와 같다. 즉, 특수경비원 신임교육은 이론교육(15시간), 실무교육(61시간) 기타 입교식, 평가 및 수료식(4시간) 포함 총 80시간이다. ★
　㉡ 특수경비원 교육기관의 장은 특수경비원 신임교육과정을 마친 사람에게 별지 제11호 서식의 신임교육이수증을 교부하고 그 사실을 별지 제12호 서식의 신임교육이수증 교부대장에 기록해야 하며, 교육기관, 교육일, 교육이수증 교부번호 등을 포함한 신임교육 이수자 현황을 경찰청장에게 통보해야 한다.
　〈개정 2024.8.14.〉
　㉢ 경비업자는 특수경비원이 신임교육을 받은 때에는 경비원의 명부에 그 사실을 기재하여야 한다. ★
　　기출 23
　㉣ 시·도 경찰청장 또는 경찰서장은 특수경비원 신임교육을 받은 사람이 요청하는 경우에는 신임교육 이수 확인증을 발급할 수 있다. 기출 19

특수경비원 신임교육의 과목 및 시간(경비업법 시행규칙 [별표 4]) 〈개정 2024.8.14.〉 기출 20·15·14

구 분 (교육시간)	과 목	시 간
이론교육 (15시간)	「경비업법」 및 「경찰관직무집행법」 등 관계법령	8
	「헌법」 및 형사법★	4
	범죄예방론★	3
실무교육 (61시간)	테러 및 재난대응요령	4
	폭발물 처리요령	6
	화재대처법	3
	응급처치법	3
	장비사용법	3
	출입통제 요령	3
	직업윤리 및 인권보호	2
	기계경비실무	3
	혼잡·교통유도경비업무	4
	정보보호 및 보안업무	6
	시설경비 요령	4
	민방공	4
	총기조작	3
	사 격★	6
	체포·호신술	4
	관찰·기록기법	3
기타(4시간)	입교식, 평가 및 수료식	4
계		80

⑥ 특수경비원에 대한 직무교육의 시간 등(경비업법 시행규칙 제16조)
  ㉠ "행정안전부령으로 정하는 시간"이란 3시간을 말한다(제1항). 즉, 특수경비원에 대한 직무교육의 시간은 매월 3시간 이상으로 한다.★★
  ㉡ 관할 경찰서장 및 공항경찰대장 등 국가중요시설의 경비책임자(이하 "관할 경찰관서장")는 필요하다고 인정하는 경우에는 특수경비원이 배치된 경비대상시설에 소속공무원을 파견하여 직무집행에 필요한 교육을 실시할 수 있다(제2항).
  ㉢ 특수경비원에 대한 직무교육의 과목은 특수경비원의 직무수행에 필요한 이론·실무과목 및 직업윤리 등으로 한다(제3항).★
  ㉣ 특수경비원에 대한 직무교육은 집합교육, 온라인교육 등 다양한 방법으로 실시할 수 있다(제4항). 〈신설 2024.8.14.〉

핵심문제

01 A 특수경비업체에서 5개월 동안 근무한 甲이 경비업법령상 특수경비원으로서 받았어야 할 신임교육과 직무교육의 시간을 합하면 최소 몇 시간인가?(단, 甲은 신임교육대상 제외자에 해당하지 않음) 기출수정 15

① 69
② 88
③ 95
④ 103

[해설]
경비업법 시행규칙 제15조에서 신임교육 80시간을 규정하고 있으며, 동법 시행규칙 제16조에서 매월 3시간 이상의 직무교육을 규정하고 있다. 따라서 甲이 받아야 할 최소 교육시간은 신임교육시간 80시간과 5개월의 직무교육시간 15시간(5月×3시간) 총 95시간이다.

정답 ③

02 경비업법령상 특수경비원의 교육에 관한 설명으로 옳은 것은? 기출수정 09

① 특수경비업자는 소속 특수경비원에 대하여 매월 3시간 이상의 직무교육을 실시하여야 한다.
② 특수경비업자는 특수경비원 교육을 받지 아니한 자를 채용하여서는 아니 된다.
③ 특수경비원 교육에 경찰법 및 국가배상법이 포함되어야 한다.
④ 시·도 경찰청장은 특수경비원 신임교육을 받은 사람이 요청하지 않아도 신임교육 이수 확인증을 발급할 수 있다.

[해설]
① (○) 경비업법 시행령 제19조 제3항, 동법 시행규칙 제16조 제1항
② (×) 특수경비업자는 특수경비원 교육을 받지 아니한 자를 특수경비업무에 종사하게 하여서는 아니 된다(경비업법 제13조 제3항 후단).
③ (×) 특수경비원 교육에 경찰법 및 국가배상법은 포함되지 않고, 경비업법, 경찰관직무집행법, 헌법과 형사법이 포함된다(경비업법 시행규칙 [별표 4]).
④ (×) 시·도 경찰청장 또는 경찰서장은 특수경비원 신임교육을 받은 사람이 요청하는 경우에는 신임교육 이수 확인증을 발급할 수 있다(경비업법 시행규칙 제15조 제4항).

정답 ①

XI 경비원 교육기관의 지정 및 지정취소 등

1. 경비원 교육기관의 지정 등(경비업법 제13조의2)

① 경찰청장은 제13조 제1항부터 제3항까지에 따른 경비원에 대한 신임교육의 효율성을 제고하기 위하여 전문인력 및 시설 등을 갖춘 기관 또는 단체를 경비원 교육기관으로 지정할 수 있다(제1항).
② 경찰청장은 경비원에 대한 신임교육의 전국적 균형을 유지하기 위하여 교육수준 및 교육방법 등에 필요한 지침을 마련하여 시행할 수 있다(제2항).
③ 경찰청장은 경비원 교육기관이 ②에 따른 교육지침을 위반한 경우에는 기간을 정하여 시정을 명할 수 있다(제3항).
④ 그 밖에 경비원 교육기관의 지정기준 및 절차 등에 필요한 사항은 대통령령으로 정한다(제4항).

[본조신설 2024.2.13.]

핵심문제

01 경비업법령상 경비원 교육기관의 지정 등에 관한 설명으로 옳지 않은 것은?

① 경찰청장은 경비원에 대한 신임교육의 효율성을 제고하기 위하여 전문인력 및 시설 등을 갖춘 기관 또는 단체를 경비원 교육기관으로 지정할 수 있다.
② 경찰청장은 경비원에 대한 신임교육의 전국적 균형을 유지하기 위하여 교육수준 및 교육방법 등에 필요한 지침을 마련하여 시행할 수 있다.
③ 경찰청장은 경비원 교육기관이 ②의 교육지침을 위반한 경우에는 기간을 정하여 시정을 명해야 한다.
④ 경비원 교육기관의 지정 기준 및 절차 등에 필요한 사항은 대통령령으로 정한다.

[해설]
③ (×) 경찰청장은 경비원 교육기관이 제2항에 따른 교육지침을 위반한 경우에는 기간을 정하여 시정을 명할 수 있다(경비업법 제13조의2 제3항).
① (○) 경비업법 제13조의2 제1항
② (○) 경비업법 제13조의2 제2항
④ (○) 경비업법 제13조의2 제4항

정답 ③

경비원 교육기관의 지정 기준 등(경비업법 시행령 제19조의2)
① 경비원 교육기관은 일반경비원 교육기관과 특수경비원 교육기관으로 구분하되, 그 지정 기준은 [별표 3의2]와 같다.
② 경비원 교육기관의 지정 절차 등에 관하여는 제15조의4 제2항, 제3항 전단 및 제4항을 준용한다. 이 경우 "경비지도사 교육기관"은 "경비원 교육기관"으로 본다.
[본조신설 2024.8.13.]

경비원 교육기관의 지정 기준(경비업법 시행령 [별표 3의2]) <신설 2024.8.13.>

구 분		지정 기준
1. 일반경비원 교육기관	가. 인력	다음의 어느 하나에 해당하는 강사를 1명 이상 갖출 것 1) 교육과목 관련 석사 이상의 학위를 취득한 후 관련 분야에 1년 이상 근무한 경력이 있는 사람 2) 교육과목 관련 분야에서 공무원으로 5년 이상 근무한 경력이 있는 사람 3) 교육과목 관련 분야에 5년 이상 근무한 경력이 있는 사람. 다만, 체포·호신술 과목의 경우에는 무도 사범 자격을 취득한 후 관련 분야에 2년 이상 근무한 경력이 있는 사람을 말한다.
	나. 시설·장비	1) 지정기간 동안 교육 수행에 필요한 강의실과 사무실을 소유 또는 임차 등의 방법으로 확보할 것 2) 교육 수행에 필요한 컴퓨터, 시청각 장비 등 교육훈련 기자재를 확보할 것 3) 체포·호신술 과목의 경우에는 실습을 위한 별도의 공간 또는 매트 등 안전장비를 확보할 것
2. 특수경비원 교육기관	가. 인력	다음의 어느 하나에 해당하는 강사를 1명 이상 갖출 것 1) 「고등교육법」 제2조 각호에 따른 학교 또는 이에 준하는 학교에서 교육과목 관련 학과의 조교수 이상의 직에 1년 이상 근무한 경력이 있는 사람 2) 교육과목 관련 박사학위를 취득한 후 관련 분야의 연구실적이 있는 사람 3) 교육과목 관련 석사 이상의 학위를 취득한 후 관련 분야에 3년 이상 근무한 경력이 있는 사람 4) 교육과목 관련 분야에서 공무원으로 7년 이상 근무한 경력이 있는 사람 5) 교육과목 관련 분야에 10년 이상 근무한 경력이 있는 사람. 다만, 체포·호신술 과목 및 폭발물 처리요령 과목에 대해서는 다음의 구분에 따른다. 　가) 체포·호신술 과목 : 무도 사범 자격을 취득한 후 관련 분야에 2년 이상 근무한 경력이 있는 사람 　나) 폭발물 처리요령 과목 : 관련 분야에 2년 이상 근무한 경력이 있는 사람
	나. 시설·장비	1) 지정기간 동안 교육 수행에 필요한 강의실과 사무실을 소유 또는 임차 등의 방법으로 확보할 것 2) 교육 수행에 필요한 컴퓨터, 시청각 장비 등 교육훈련 기자재를 확보할 것 3) 체포·호신술 과목의 경우에는 실습을 위한 별도의 공간 또는 매트 등 안전장비를 확보할 것 4) 소총에 의한 실탄사격이 가능하고 10개 사로(射路) 이상을 갖춘 사격장을 사용할 수 있을 것. 다만, 사용계획서를 제출한 경우에는 교육기관 지정을 받은 날부터 2개월 이내에 시·도 경찰청장에게 사격장 사용이 가능하다는 사실의 확인을 받아야 한다.

※ 비고 : 위 표에서 규정한 사항 외에 일반경비원 교육기관 또는 특수경비원 교육기관의 지정에 필요한 인력 및 시설·장비의 세부기준 등은 경찰청장이 정한다.

2. 경비원 교육기관의 지정취소 등(경비업법 제13조의3) 기출 24

① 경찰청장은 경비원 교육기관이 다음의 어느 하나에 해당하는 경우에는 그 지정을 취소하거나 1년 이내의 기간을 정하여 업무의 전부 또는 일부를 정지할 수 있다. 다만, ㉠의 경우에는 그 지정을 취소하여야 한다(제1항).
  ㉠ 거짓이나 그 밖의 부정한 방법으로 경비원 교육기관의 지정을 받은 경우(제1호)
  ㉡ 지정받은 사항을 위반하여 업무를 행한 경우(제2호)
  ㉢ 제13조의2 제3항에 따른 시정명령을 받고도 정당한 사유 없이 정하여진 기간 이내에 시정하지 아니한 경우(제3호)
  ㉣ 제13조의2 제4항에 따른 지정기준에 적합하지 아니하게 된 경우(제4호)
② 그 밖에 경비원 교육기관의 지정취소 및 업무정지에 관한 세부기준 및 절차는 그 위반행위의 유형과 위반의 정도 등을 고려하여 행정안전부령으로 정한다(제2항).

[본조신설 2024.2.13.]

경비원 교육기관의 지정 취소 등(경비업법 시행규칙 제16조의2)
① 법 제13조의3 제1항에 따른 경비원 교육기관의 지정 취소 및 업무 정지 기준은 [별표 1의3]과 같다.
② 경찰청장은 제1항에 따라 경비원 교육기관 지정을 취소하거나 업무 정지를 명한 경우 그 사실을 인터넷 홈페이지에 공고해야 한다.
[본조신설 2024.8.14.]

경비지도사 교육기관 및 경비원 교육기관의 지정 취소 및 업무 정지(경비업법 시행규칙 [별표 1의3]) <신설 2024.8.14.>

1. 일반기준
  가. 위반행위가 둘 이상이면 그중 무거운 처분기준에 따른다. 다만, 둘 이상의 처분기준이 모두 업무 정지인 경우에는 각 처분기준을 합산한 기간을 넘지 않는 범위에서 무거운 처분기준에 그 처분기준의 2분의 1 범위에서 가중한다.
  나. 위반행위의 횟수에 따른 행정처분 기준은 최근 2년간 같은 위반행위로 행정처분을 받은 경우에 적용한다. 이 경우 기간의 계산은 위반행위에 대한 행정처분일과 그 처분 후 다시 같은 위반행위를 하여 적발된 날을 기준으로 한다.
  다. 나목에 따라 가중된 처분을 하는 경우 가중처분의 적용 차수는 그 위반행위 전 처분차수(나목에 따른 기간 내에 처분이 둘 이상 있었던 경우에는 높은 차수를 말한다)의 다음 차수로 한다.
  라. 처분권자는 제2호에 따른 처분기준이 업무 정지인 경우에는 위반행위의 동기, 내용 및 위반의 정도 등을 고려하여 2분의 1 범위에서 감경할 수 있다.

2. 개별기준

위반행위	근거 법조문	행정처분 기준		
		1차	2차	3차 이상
가. 지정받은 사항을 위반하여 업무를 행한 경우	법 제11조의4 제1항 제2호 또는 법 제13조의3 제1항 제2호	업무정지 1개월	업무정지 3개월	업무정지 6개월
나. 법 제11조의3 제3항 또는 법 제13조의2 제3항에 따른 시정명령을 받고도 정당한 사유 없이 시정하지 않은 경우	법 제11조의4 제1항 제3호 또는 법 제13조의3 제1항 제3호	업무정지 3개월	업무정지 6개월	지정 취소
다. 법 제11조의3 제4항 또는 법 제13조의2 제4항에 따른 지정 기준에 적합하지 않게 된 경우	법 제11조의4 제1항 제4호 또는 법 제13조의3 제1항 제4호	업무정지 1개월	업무정지 3개월	지정 취소

XII 특수경비원의 직무 및 무기사용 등 기출 21·19·18·17·16·15·12·11·08

1. 특수경비원의 직무 및 무기사용 등(경비업법 제14조)

① 특수경비업자는 특수경비원으로 하여금 배치된 경비구역 안에서 관할 경찰서장 및 공항경찰대장 등 국가중요시설의 경비책임자(이하 "관할 경찰관서장")와 국가중요시설의 시설주 감독을 받아 시설을 경비하고 도난·화재, 그 밖의 위험의 발생을 방지하는 업무를 수행하게 하여야 한다(제1항). ★

② 특수경비원은 국가중요시설에 대한 경비업무수행 중 국가중요시설의 정상적인 운영을 해치는 장해를 일으켜서는 아니 된다(제2항).

③ 시·도 경찰청장은 국가중요시설에 대한 경비업무의 수행을 위하여 필요하다고 인정하는 때에는 시설주의 신청에 의하여 무기를 구입한다. 이 경우 시설주는 그 무기의 구입대금을 지불하고, 구입한 무기를 국가에 기부채납(寄附採納)하여야 한다(제3항). ★★ 기출 23·21

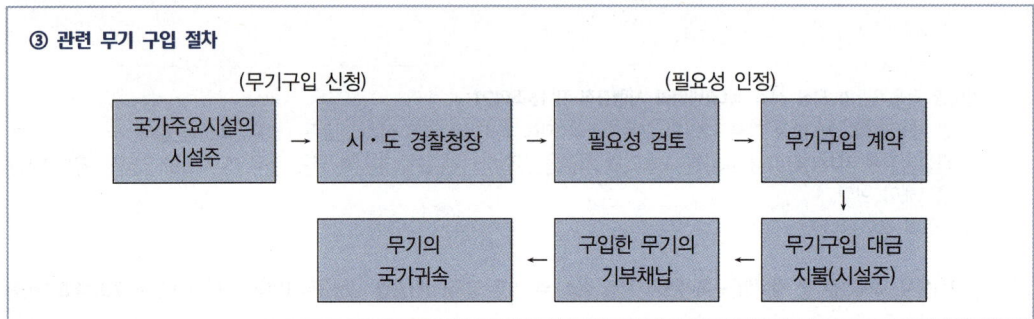

③ 관련 무기 구입 절차

④ 시·도 경찰청장은 국가중요시설에 대한 경비업무의 수행을 위하여 필요하다고 인정하는 때에는 관할 경찰관서장으로 하여금 시설주의 신청에 의하여 시설주로부터 국가에 기부채납된 무기를 대여하게 하고, 시설주는 이를 특수경비원으로 하여금 휴대하게 할 수 있다. 이 경우 특수경비원은 정당한 사유 없이 무기를 소지하고 배치된 경비구역을 벗어나서는 아니 된다(제4항). ★★

핵심문제

01 경비업법령상 괄호 안에 공통으로 들어갈 용어는? 기출 08

> 시·도 경찰청장은 국가중요시설에 대한 경비업무의 수행을 위하여 필요하다고 인정하는 때에는 ( )의 신청에 의하여 무기를 구입한다. 이 경우 ( )은(는) 그 무기의 구입대금을 지불하고, 구입한 무기를 국가에 기부채납하여야 한다.

① 시설주
② 경비업자
③ 관할 경찰관서장
④ 특수경비원

[해설]
시·도 경찰청장은 국가중요시설에 대한 경비업무의 수행을 위하여 필요하다고 인정하는 때에는 시설주의 신청에 의하여 무기를 구입한다. 이 경우 시설주는 그 무기의 구입대금을 지불하고, 구입한 무기를 국가에 기부채납하여야 한다(경비업법 제14조 제3항).

정답 ①

⑤ 시설주가 대여 받은 무기에 대하여 시설주 및 관할 경찰관서장은 무기의 관리책임을 지고, 관할 경찰관서장은 시설주 및 특수경비원의 무기관리상황을 대통령령(경비업법 시행령 제21조)이 정하는 바에 따라 지도·감독하여야 한다(제5항). ★★ 기출 21

⑥ 관할 경찰관서장은 ⑤의 규정에 의하여 시설주 및 특수경비원의 무기관리상황을 매월 1회 이상 점검하여야 한다(경비업법 시행령 제21조). ★★ 기출 24·21

⑦ 관할 경찰관서장은 무기의 적정한 관리를 위하여 무기를 대여 받은 시설주에 대하여 필요한 명령을 발할 수 있다(제6항).

⑧ 시설주로부터 무기의 관리를 위하여 지정받은 책임자(이하 "관리책임자")는 다음에 의하여 이를 관리하여야 한다(제7항).
  ㉠ 무기출납부 및 무기장비운영카드를 비치·기록하여야 한다. ★
  ㉡ 무기는 관리책임자가 직접 지급·회수하여야 한다. ★★

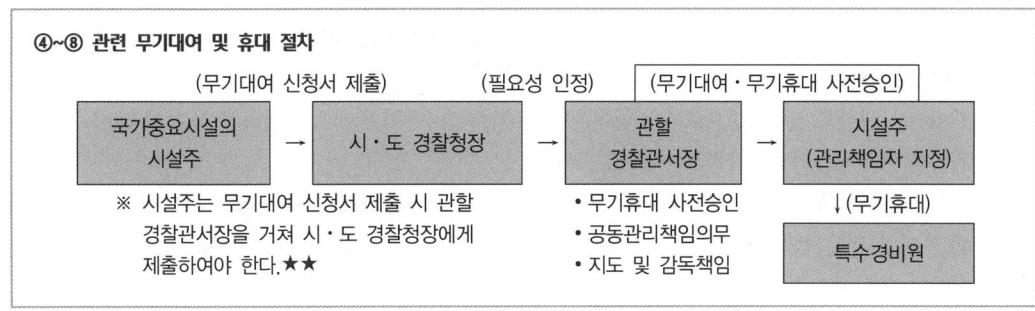

핵심문제

01 경비업법상 특수경비원의 무기사용 등에 관한 설명으로 옳지 않은 것은? 기출 17

① 특수경비원은 경비업무 수행 중 국가중요시설의 정상적인 운영을 해치는 장해를 일으켜서는 아니 된다.
② 특수경비원의 무기휴대, 무기종류, 그 사용기준 등에 관하여 필요한 사항은 대통령령으로 정한다.
③ 시·도 경찰청장은 무기의 적정한 관리를 위하여 무기를 대여 받은 시설주에 대하여 필요한 명령을 발할 수 있다.
④ 시·도 경찰청장은 국가중요시설에 대한 경비업무의 수행을 위하여 필요하다고 인정하는 때에는 시설주의 신청에 의하여 무기를 구입한다.

[해설]
③ (×) 법 규정상 명령의 주체는 관할 경찰관서장이다. 관할 경찰관서장은 무기의 적정한 관리를 위하여 제4항의 규정에 의하여 무기를 대여 받은 시설주에 대하여 필요한 명령을 발할 수 있다(경비업법 제14조 제6항). ★
① (○) 경비업법 제14조 제2항
② (○) 경비업법 제14조 제9항
④ (○) 경비업법 제14조 제3항 전문

정답 ③

⑨ 특수경비원은 국가중요시설의 경비를 위하여 무기를 사용하지 아니하고는 다른 수단이 없다고 인정되는 때에는 필요한 한도 안에서 무기를 사용할 수 있다. 다만, 다음에 해당하는 때를 제외하고는 사람에게 위해를 끼쳐서는 아니 된다(제8항). ★★
  ㉠ 무기 또는 폭발물을 소지하고 국가중요시설에 침입한 자가 특수경비원으로부터 3회 이상 투기(投棄) 또는 투항(投降)을 요구받고도 이에 불응하면서 계속 항거하는 경우 이를 억제하기 위하여 무기를 사용하지 아니하고는 다른 수단이 없다고 인정되는 때(제1호) ★
  ㉡ 국가중요시설에 침입한 무장간첩이 특수경비원으로부터 투항(投降)을 요구받고도 이에 불응한 때(제2호)
⑩ 특수경비원의 무기휴대, 무기종류, 그 사용기준 및 안전검사의 기준 등에 관하여 필요한 사항은 대통령령(경비업법 시행령 제20조)으로 정한다(제9항). ★

2. 특수경비원 무기휴대의 절차 등(경비업법 시행령 제20조) 기출 23·21·20

① 시설주는 특수경비원이 휴대할 무기를 대여 받으려는 때에는 무기대여신청서를 관할 경찰서장 및 공항경찰대장 등 국가중요시설의 경비책임자(이하 "관할 경찰관서장")를 거쳐 시·도 경찰청장에게 제출하여야 한다(제1항). ★★
② 시설주는 관할 경찰관서장으로부터 대여 받은 무기를 특수경비원에게 휴대하게 하는 경우에는 관할 경찰관서장의 사전승인을 얻어야 한다(제2항). ★★
③ 사전승인을 함에 있어서 관할 경찰관서장은 국가중요시설에 총기 또는 폭발물의 소지자나 무장간첩 침입의 우려가 있는지의 여부 등을 고려하는 등 특수경비원에게 무기를 지급하여야 할 필요성이 있는지의 여부에 관하여 판단하여야 한다(제3항).
④ 시설주는 무기지급의 필요성이 해소되었다고 인정되는 때에는 특수경비원으로부터 즉시 무기를 회수하여야 한다(제4항). ★
⑤ 특수경비원이 휴대할 수 있는 무기종류는 권총 및 소총으로 한다(제5항). ★
⑥ 「위해성 경찰장비의 사용기준 등에 관한 규정」제18조 및 [별표 2]의 규정은 법 제14조 제9항의 규정에 의한 안전검사의 기준에 관하여 이를 준용한다(제6항).

위해성 경찰장비에 대한 안전검사(위해성 경찰장비의 사용기준 등에 관한 규정 제18조)
위해성 경찰장비를 사용하는 경찰관이 소속한 국가경찰관서의 장은 소속 경찰관이 사용할 위해성 경찰장비에 대한 안전검사를 [별표 2]의 기준에 따라 실시하여야 한다.

위해성 경찰장비의 안전검사기준(위해성 경찰장비의 사용기준 등에 관한 규정 [별표 2] 내용 중 일부 발췌)

경찰장비	안전검사기준	검사 내용	검사 빈도
무 기	권총·소총·기관총·산탄총·유탄발사기	1. 총열의 균열 유무 2. 방아쇠를 당길 수 있는 힘이 1킬로그램 이상인지 여부 3. 안전장치의 작동 여부	연간 1회
	박격포·3인치포·함포	포열의 균열 유무	연간 1회
	크레모아·수류탄·폭약류	1. 신관부 및 탄체의 부식 또는 충전물 누출 여부 2. 안전장치의 이상 유무	연간 1회
	도 검	대검멈치쇠의 고장 유무	연간 1회

⑦ 시설주, 관리책임자와 특수경비원은 행정안전부령(경비업법 시행규칙 제18조)이 정하는 무기관리수칙을 준수하여야 한다(제7항). ★★

3. **무기의 관리수칙 등**(경비업법 시행규칙 제18조) 기출 24·23·22·20·19·18·16·12·10·09·08·07·06·05·04

① 무기를 대여받은 국가중요시설의 시설주 또는 관리책임자는 다음의 관리수칙에 따라 무기(탄약을 포함)를 관리해야 한다(제1항).
   ㉠ 무기의 관리를 위한 책임자를 지정하고 관할 경찰관서장에게 이를 통보할 것(제1호)★
   ㉡ 무기고 및 탄약고는 단층에 설치하고 환기·방습·방화 및 총받침대 등의 시설을 할 것(제2호)★
   ㉢ 탄약고는 무기고와 사무실 등 많은 사람을 수용하거나 많은 사람이 오고 가는 시설과 떨어진 곳에 설치할 것(제3호)★
   ㉣ 무기고 및 탄약고에는 이중잠금장치를 하여야 하며, 열쇠는 관리책임자가 보관하되, 근무시간 이후에는 열쇠를 당직책임자에게 인계하여 보관시킬 것(제4호)★★
   ㉤ 관할 경찰관서장이 정하는 바에 의하여 무기의 관리실태를 매월 파악하여 다음 달 3일까지 관할 경찰관서장에게 통보할 것(제5호)★★
   ㉥ 대여받은 무기를 빼앗기거나 대여받은 무기가 분실·도난 또는 훼손되는 등의 사고가 발생한 때에는 관할 경찰관서장에게 그 사유를 지체 없이 통보할 것(제6호)★
   ㉦ 대여받은 무기를 빼앗기거나 대여받은 무기가 분실·도난 또는 훼손된 때에는 경찰청장이 정하는 바에 의하여 그 전액을 배상할 것. 다만, 전시·사변, 천재·지변 그 밖의 불가항력의 사유가 있다고 시·도 경찰청장이 인정한 때에는 그러하지 아니하다(제7호).★
   ㉧ 시설주는 자체계획을 수립하여 보관하고 있는 무기를 매주 1회 이상 손질할 수 있게 할 것(제8호)★

② 시설주 또는 관리책임자는 고의 또는 과실로 무기(부속품을 포함)를 빼앗기거나 무기가 분실·도난 또는 훼손되도록 한 특수경비원에 대하여 특수경비업자에게 교체 또는 징계 등의 조치를 요청할 수 있다. 이 경우 특수경비업자는 특별한 사유가 없는 한 이에 응하여야 한다(제2항).★

③ 무기를 대여받은 시설주 또는 관리책임자가 특수경비원에게 무기를 출납하고자 하는 때에는 다음의 관리수칙에 따라 무기를 관리하여야 한다(제3항).
   ㉠ 관할 경찰관서장이 무기를 회수하여 집중적으로 관리하도록 지시하는 경우 또는 출납하는 탄약의 수를 증감하거나 출납을 중지하도록 지시하는 경우에는 이에 따를 것(제1호)
   ㉡ 탄약의 출납은 소총에 있어서는 1정당 15발 이내, 권총에 있어서는 1정당 7발 이내로 하되, 생산된 후 오래된 탄약을 우선적으로 출납할 것(제2호)★
   ㉢ 무기를 지급받은 특수경비원으로 하여금 무기를 매주 1회 이상 손질하게 할 것(제3호)★
   ㉣ 수리가 필요한 무기가 있는 때에는 그 목록과 무기장비운영카드를 첨부하여 관할 경찰관서장에게 수리를 요청할 것(제4호)★★

④ 시설주로부터 무기를 지급받은 특수경비원은 다음의 관리수칙에 따라 무기를 관리하여야 한다(제4항).
   ㉠ 무기를 지급받거나 반납하는 때 또는 무기의 인계인수를 하는 때에는 반드시 "앞에 총"의 자세에서 "검사 총"을 할 것(제1호)★
   ㉡ 무기를 지급받은 때에는 별도의 지시가 없는 한 탄약은 무기로부터 분리하여 휴대하여야 하며, 소총은 "우로 어깨걸어 총"의 자세를 유지하고, 권총은 "권총집에 넣어 총"의 자세를 유지할 것(제2호)★
   ㉢ 지급받은 무기를 다른 사람에게 보관·휴대 또는 손질시키지 아니할 것(제3호)★
   ㉣ 무기를 손질 또는 조작하는 때에는 총구를 반드시 공중으로 향하게 할 것(제4호)★★
   ㉤ 무기를 반납하는 때에는 손질을 철저히 한 후 반납하도록 할 것(제5호)
   ㉥ 근무시간 이후에는 무기를 시설주에게 반납하거나 교대근무자에게 인계할 것(제6호)★★

⑤ 시설주는 다음에 해당하는 특수경비원에 대하여 무기를 지급해서는 안 되며, 지급된 무기가 있는 경우 이를 즉시 회수해야 한다(제5항). ★★
  ㉠ 형사사건으로 인하여 조사를 받고 있는 사람(제1호)
  ㉡ 사직 의사를 표명한 사람(제2호)
  ㉢ 정신질환자(제3호)
  ㉣ 그 밖에 무기를 지급하기에 부적합하다고 인정되는 사람(제4호)
⑥ 시설주는 무기를 수송하는 때에는 출발하기 전에 관할 경찰서장에게 그 사실을 통보하여야 하며, 통보를 받은 관할 경찰서장은 1인 이상의 무장경찰관을 무기를 수송하는 자동차 등에 함께 타도록 하여야 한다(제6항). ★★

4. **특수경비원의 의무**(경비업법 제15조) 기출 24·23·22·21·20·19·16·15·14·12·09·08·07·05·04·99
① 특수경비원은 직무를 수행함에 있어 시설주·관할 경찰관서장 및 소속상사의 직무상 명령에 복종하여야 한다(제1항). ★
② 특수경비원은 소속상사의 허가 또는 정당한 사유 없이 경비구역을 벗어나서는 아니 된다(제2항). ★
③ 특수경비원은 파업·태업 그 밖에 경비업무의 정상적인 운영을 저해하는 일체의 쟁의행위를 하여서는 아니 된다(제3항). ★
④ 특수경비원이 무기를 휴대하고 경비업무를 수행하는 때에는 다음의 어느 하나에서 정하는 무기의 안전사용수칙을 지켜야 한다(제4항).
  ㉠ 특수경비원은 사람을 향하여 권총 또는 소총을 발사하고자 하는 때에는 미리 구두 또는 공포탄에 의한 사격으로 상대방에게 경고하여야 한다. 다만, 다음에 해당하는 경우로서 부득이한 때에는 경고하지 아니할 수 있다(제1호). ★★
    • 특수경비원을 급습하거나 타인의 생명·신체에 대한 중대한 위험을 야기하는 범행이 목전에 실행되고 있는 등 상황이 급박하여 경고할 시간적 여유가 없는 경우(가목)
    • 인질·간첩 또는 테러사건에 있어서 은밀히 작전을 수행하는 경우(나목)

핵심문제

01 경비업법령상 무기를 대여받은 국가중요시설의 시설주 또는 시설주로부터 무기관리를 위하여 지정받은 책임자(관리책임자)의 무기관리수칙으로 틀린 것은? 기출수정 08

① 무기고 및 탄약고는 단층에 설치하고 환기·방습·방화 및 총받침대 등의 시설을 할 것
② 대여받은 무기가 분실·도난 또는 훼손된 때에는 관할 시·도 경찰청장에게 그 사유를 지체 없이 통보할 것
③ 무기 및 탄약고는 이중 잠금장치를 하여야 하며, 근무시간 중에 열쇠는 관리책임자가 보관할 것
④ 탄약고는 무기고와 사무실 등 많은 사람이 오가는 시설과 떨어진 곳에 설치할 것

【해설】
② (×) 대여받은 무기를 빼앗기거나 대여받은 무기가 분실·도난 또는 훼손되는 등의 사고가 발생한 때에는 '관할 경찰관서장'에게 그 사유를 지체 없이 통보하여야 한다(경비업법 시행규칙 제18조 제1항 제6호). 여기서 관할 경찰관서장은 '관할 경찰서장 및 공항경찰대장 등 국가중요시설의 경비책임자'를 말한다.
① (○) 경비업법 시행규칙 제18조 제1항 제2호
③ (○) 경비업법 시행규칙 제18조 제1항 제4호
④ (○) 경비업법 시행규칙 제18조 제1항 제3호

정답 ②

ⓒ 특수경비원은 무기를 사용하는 경우에 있어서 범죄와 무관한 다중의 생명·신체에 위해를 가할 우려가 있는 때에는 이를 사용하여서는 아니 된다. 다만, 무기를 사용하지 아니하고는 타인 또는 특수경비원의 생명·신체에 대한 중대한 위협을 방지할 수 없다고 인정되는 때에는 필요한 최소한의 범위 안에서 이를 사용할 수 있다(제2호).
ⓒ 특수경비원은 총기 또는 폭발물을 가지고 대항하는 경우를 제외하고는 14세 미만의 자 또는 임산부에 대하여는 권총 또는 소총을 발사하여서는 아니 된다(제3호). ★★

5. 경비원 등의 의무(경비업법 제15조의2) 기출 23·19·08

① 경비원은 직무를 수행함에 있어 타인에게 위력을 과시하거나 물리력을 행사하는 등 경비업무의 범위를 벗어난 행위를 하여서는 아니 된다.
② 누구든지 경비원으로 하여금 경비업무의 범위를 벗어난 행위를 하게 하여서는 아니 된다.

핵심문제

01 경비업법령상 시설주가 무기를 지급할 수 있는 특수경비원은? 기출수정 16

① 민사재판에 증인으로 출석 예정인 특수경비원
② 형사사건으로 인하여 조사를 받고 있는 특수경비원
③ 사직 의사를 표명한 특수경비원
④ 정신질환자인 특수경비원

[해설]
①은 특수경비원에 대한 무기지급 불가사유에 해당하지 않는다.

정답 ①

02 경비업법령상 특수경비원이 사람을 향하여 권총을 발사하고자 하는 때에 미리 구두 또는 공포탄에 의한 사격으로 상대방에게 경고해야 하나, 부득이하게 경고하지 아니할 수 있는 경우에 해당하지 않는 것은? 기출 07

① 특수경비원을 급습하는 경우
② 민간시설에 침입하는 경우
③ 인질·간첩 또는 테러사건에 있어서 은밀히 작전을 수행하는 경우
④ 타인의 생명·신체에 대한 중요한 위험을 야기하는 범행이 목전에서 실행되고 있는 경우

[해설]
부득이하게 경고하지 아니할 수 있는 경우는 ①·③·④이다(경비업법 제15조 제4항 제1호 단서 각목).

정답 ②

XIII 경비원의 복장·장비·출동차량 등 기출 21·19·18·16·15·14·12·11·10·07·02·99

1. 경비원의 복장 등(경비업법 제16조) 기출 24·22·21·19

① 경비업자는 경찰공무원 또는 군인의 제복과 색상 및 디자인 등이 명확히 구별되는 소속 경비원의 복장을 정하고 이를 확인할 수 있는 사진을 첨부하여 주된 사무소를 관할하는 시·도 경찰청장에게 행정안전부령(경비업법 시행규칙 제19조)으로 정하는 바에 따라 신고하여야 한다(제1항). ★

② 경비업자는 경비업무 수행 시 경비원에게 소속 경비업체를 표시한 이름표를 부착하도록 하고, 시·도 경찰청장에게 신고된 동일한 복장을 착용하게 하여야 하며, 복장에 소속 회사를 오인할 수 있는 표시를 하거나 다른 회사의 복장을 착용하게 하여서는 아니 된다. 다만, 집단민원현장이 아닌 곳에서 신변보호업무를 수행하는 경우 또는 경비업무의 성격상 부득이한 사유가 있어 관할 경찰관서장이 허용하는 경우에는 그러하지 아니하다(제2항).

③ 시·도 경찰청장은 ①에 따라 제출받은 사진을 검토한 후 경비업자에게 복장 변경 등에 대한 시정명령을 할 수 있다(제3항). ★

④ 시정명령을 받은 경비업자는 이를 이행하여야 하고, 시·도 경찰청장에게 행정안전부령(경비업법 시행규칙 제19조)으로 정하는 바에 따라 이행보고를 하여야 한다(제4항). ★

⑤ 그 밖에 경비원의 복장 등에 필요한 사항은 행정안전부령(경비업법 시행규칙 제19조)으로 정한다(제5항). ★

> **경비원의 복장 등 신고 등(경비업법 시행규칙 제19조)** 기출 24·18
> ① 경비원의 복장 신고(변경신고를 포함)를 하려는 경비업자는 소속 경비원에게 복장을 착용하도록 하기 전에 경비원 복장 등 신고서(전자문서로 된 신고서를 포함)를 경비업자의 주된 사무소를 관할하는 시·도 경찰청장에게 제출하여야 한다.
> ② 경비원 복장 시정명령에 대한 이행보고를 하려는 경비업자는 시정명령 이행보고서(전자문서로 된 보고서를 포함)에 이행사실을 입증할 수 있는 사진 등의 서류를 첨부하여 시정명령을 한 시·도 경찰청장에게 제출하여야 한다.
> ③ 경비업자는 신고서 또는 이행보고서를 경비업자의 주된 사무소를 관할하는 시·도 경찰청장 소속 경찰서장을 거쳐 제출할 수 있다. 이 경우 신고서 또는 이행보고서를 받은 경찰서장은 지체 없이 경비업자의 주된 사무소를 관할하는 시·도 경찰청장에게 해당 신고서 또는 이행보고서를 보내야 한다. ★★
> ④ 경비원은 경비업무 수행 시 이름표를 경비원 복장의 상의 가슴 부위에 부착하여 경비원의 이름을 외부에서 알아볼 수 있도록 하여야 한다. ★

2. 경비원의 장비 등(경비업법 제16조의2) 기출 24·23·22·21·19

① 경비원이 휴대할 수 있는 장비의 종류는 경적·단봉·분사기 등 행정안전부령(경비업법 시행규칙 제20조)으로 정하되, 근무 중에만 이를 휴대할 수 있다(제1항). ★★

② 경비업자가 경비원으로 하여금 분사기를 휴대하여 직무를 수행하게 하는 경우에는 「총포·도검·화약류 등 단속법」에 따라 미리 분사기의 소지허가를 받아야 한다(제2항). ★

> **「총포·도검·화약류 등의 안전관리에 관한 법률」 부칙 제6조**
> 이 법 시행 당시 다른 법률에서 종전의 「총포·도검·화약류 등 단속법」 또는 그 규정을 인용한 경우 이 법 또는 이 법의 해당 규정을 각각 인용한 것으로 본다.

③ 누구든지 휴대장비를 임의로 개조하여 통상의 용법과 달리 사용함으로써 다른 사람의 생명·신체에 위해를 가하여서는 아니 된다(제3항).

④ 경비원은 경비업무를 위하여 필요하다고 인정되는 상당한 이유가 있을 때에는 필요한 최소한도에서 장비를 사용할 수 있다(제4항).
⑤ 그 밖에 경비원의 장비 등에 관하여 필요한 사항은 행정안전부령(경비업법 시행규칙 제20조)으로 정한다(제5항).

경비원의 휴대장비(경비업법 시행규칙 제20조) 기출 24·23·18
① 경비원은 근무 중 경적, 단봉, 분사기, 안전방패, 무전기 및 그 밖에 경비 업무 수행에 필요한 것으로서 공격적인 용도로 제작되지 아니하는 장비를 휴대할 수 있으며, 안전모 및 방검복 등 안전장비를 착용할 수 있다.★
② 경비원 장비의 구체적인 기준은 [별표 5]에 따른다.

경비원 휴대장비의 구체적인 기준(경비업법 시행규칙 [별표 5]) 기출 20

장 비	장비기준
1. 경 적	금속이나 플라스틱 재질의 호루라기
2. 단 봉	금속(합금 포함)이나 플라스틱 재질의 전장 700mm 이하의 호신용 봉
3. 분사기	「총포·도검·화약류 등의 안전관리에 관한 법률」에 따른 분사기
4. 안전방패	플라스틱 재질의 폭 500mm 이하, 길이 1,000mm 이하의 방패로 경찰공무원이 사용하는 안전방패와 색상 및 디자인이 명확히 구분되어야 함
5. 무전기	무전기 송신 시 실시간으로 수신이 가능한 것
6. 안전모	얼굴을 가리지 아니하면서, 머리를 보호하는 장비로 경찰공무원이 사용하는 방석모와 색상 및 디자인이 명확히 구분되어야 함
7. 방검복	경찰공무원이 사용하는 방검복과 색상 및 디자인이 명확히 구분되어야 함

규제의 재검토(경비업법 시행규칙 제27조의2)
경찰청장은 경비원이 휴대하는 장비 등에 대하여 2014년 6월 8일을 기준으로 3년마다(매 3년이 되는 해의 6월 8일 전까지를 말한다) 그 타당성을 검토하여 개선 등의 조치를 하여야 한다.

핵심문제

01 경비업법령상 경비원의 복장 및 장비에 관한 설명으로 옳지 않은 것은? 기출 11

① 경비업자는 경찰공무원 또는 군인의 제복과 색상 및 디자인 등이 명확히 구별되는 소속 경비원의 복장을 정해야 한다.
② 경비원 복장의 신고는 경비원 복장 결정 신고서 또는 경비원 복장 변경 신고서에 의한다.
③ 경비업자는 집단민원현장이 아닌 곳에서 신변보호업무를 수행하는 경우 또는 경비업무의 성격상 부득이한 사유가 있어 관할 시·도 경찰청장이 허용하는 경우에는 신고된 동일한 복장을 착용하게 아니할 수 있다.
④ 경비원이 휴대할 수 있는 장비의 종류는 경적·단봉·분사기 등 행정안전부령으로 정하되, 근무 중에만 이를 휴대할 수 있다.

[해설]
③ (×) 경비업자는 경비업무 수행 시 경비원에게 소속 경비업체를 표시한 이름표를 부착하도록 하고, 신고된 동일한 복장을 착용하게 하여야 하며, 복장에 소속 회사를 오인할 수 있는 표시를 하거나 다른 회사의 복장을 착용하게 하여서는 아니 된다. 다만, 집단민원현장이 아닌 곳에서 신변보호업무를 수행하는 경우 또는 경비업무의 성격상 부득이한 사유가 있어 관할 경찰관서장이 허용하는 경우에는 그러하지 아니하다(경비업법 제16조 제2항).★★
① (○) 경비업법 제16조 제1항
② (○) 경비업법 시행규칙 제19조 제1항
④ (○) 경비업법 제16조의2 제1항★

정답 ③

3. 출동차량 등(경비업법 제16조의3) 기출 24·23·22·21·14

① 경비업자는 출동차량 등의 도색 및 표지를 경찰차량 및 군차량과 명확히 구별될 수 있게 하여야 한다. ★
② 경비업자는 출동차량 등의 도색 및 표지를 정하고 이를 확인할 수 있는 사진을 첨부하여 주된 사무소를 관할하는 시·도 경찰청장에게 행정안전부령(경비업법 시행규칙 제21조)으로 정하는 바에 따라 신고하여야 한다. ★
③ 시·도 경찰청장은 제출받은 사진을 검토한 후 경비업자에게 도색 및 표지 변경 등에 대한 시정명령을 할 수 있다.
④ 시정명령을 받은 경비업자는 이를 이행하여야 하고, 시·도 경찰청장에게 행정안전부령으로 정하는 바에 따라 이행보고를 하여야 한다. ★
⑤ 그 밖에 출동차량 등에 필요한 사항은 행정안전부령(경비업법 시행규칙 제21조)으로 정한다.

> **출동차량 등의 신고 등(경비업법 시행규칙 제21조)**
> ① 출동차량 등에 대한 신고(변경신고를 포함)를 하려는 경비업자는 출동차량 등을 운행하기 전에 출동차량 등 신고서(전자문서로 된 신고서를 포함)를 경비업자의 주된 사무소를 관할하는 시·도 경찰청장에게 제출하여야 한다.
> ② 출동차량 등의 시정명령에 대한 이행보고를 하려는 경비업자는 시정명령 이행보고서에 이행사실을 입증할 수 있는 사진 등의 서류를 첨부하여 시정명령을 한 시·도 경찰청장에게 제출하여야 한다.
> ③ 경비업자는 신고서 및 이행보고서를 경비업자의 주된 사무소를 관할하는 시·도 경찰청장 소속의 경찰서장을 거쳐 제출할 수 있다. 이 경우 신고서 또는 이행보고서를 받은 경찰서장은 지체 없이 경비업자의 주된 사무소를 관할하는 시·도 경찰청장에게 해당 신고서 또는 이행보고서를 보내야 한다. ★

4. 결격사유 확인을 위한 범죄경력조회 등(경비업법 제17조) 기출 23·22·20·18·17·16·14

① 경찰청장, 시·도 경찰청장 또는 관할 경찰관서장은 직권으로 또는 범죄경력조회 요청이 있는 경우에는 경비업자의 임원, 경비지도사 또는 경비원이 제5조 제3호·제4호, 제10조 제1항 제3호부터 제8호까지 또는 같은 조 제2항 제3호·제4호에 따른 결격사유에 해당하는지를 확인하기 위하여 「형의 실효 등에 관한 법률」 제6조에 따른 범죄경력조회를 할 수 있다. ★★
② 경비업자는 선출·선임·채용 또는 배치하려는 임원, 경비지도사 또는 경비원이 제5조 제3호·제4호, 제10조 제1항 제3호부터 제8호까지 또는 같은 조 제2항 제3호·제4호에 따른 결격사유에 해당하는지를 확인하기 위하여 주된 사무소, 출장소 또는 배치장소를 관할하는 시·도 경찰청장 또는 경찰관서장에게 「형의 실효 등에 관한 법률」 제6조에 따른 범죄경력조회를 요청할 수 있다. ★

핵심문제

01 경비업법령상 출동차량에 관한 내용이다. ( )에 들어갈 내용으로 옳은 것은? 기출 22

> 경비업자는 출동차량 등의 도색 및 표지를 (ㄱ)차량 및 (ㄴ)차량과 명확히 구별될 수 있게 하여야 한다.

① ㄱ : 소방, ㄴ : 군
② ㄱ : 소방, ㄴ : 구급
③ ㄱ : 경찰, ㄴ : 군
④ ㄱ : 경찰, ㄴ : 구급

[해설]
제시문의 ( )에 들어갈 내용은 ㄱ : 경찰, ㄴ : 군이다(경비업법 제16조의3 제1항).

정답 ③

③ 범죄경력조회 요청을 받은 시·도 경찰청장 또는 관할 경찰관서장은 경비업자에게 그 결과를 통보할 때에는 경비업자의 임원, 경비지도사 또는 경비원이 제5조 제3호·제4호, 제10조 제1항 제3호부터 제8호까지 또는 같은 조 제2항 제3호·제4호에 따른 결격사유에 해당하는지 여부만을 통보하여야 한다. ★

④ 시·도 경찰청장 또는 관할 경찰관서장은 경비업자의 임원, 경비지도사 또는 경비원이 제5조 각호, 제10조 제1항 각호 또는 제2항 각호의 결격사유에 해당하는 사실을 알게 되거나 이 법 또는 이 법에 따른 명령을 위반한 때에는 경비업자에게 그 사실을 통보하여야 한다.

결격사유 확인을 위한 범죄경력조회 요청(경비업법 시행규칙 제22조) 기출 24·23

① 범죄경력조회 요청은 범죄경력조회 신청서(전자문서로 된 신청서를 포함)에 따른다.
② 경비업자는 범죄경력조회를 요청하는 경우 다음의 서류를 첨부하여야 한다. ★
  1. 경비업 허가증 사본
  2. 취업자 또는 취업예정자 범죄경력조회 동의서

핵심문제

01 경비업법령상 결격사유의 조회에 관한 설명으로 옳은 것은? 기출 14

① 시·도 경찰청장은 직권으로 경비업자의 임원이 결격사유에 해당하는지를 확인하기 위하여 형의 실효 등에 관한 법률에 따른 범죄경력조회를 할 수 있다.
② 경비업자는 선임하려는 경비지도사가 결격사유에 해당하는지를 확인하기 위하여 시·도 경찰청장에게 채무자회생 및 파산에 관한 법률에 따른 채무내역을 요청할 수 있다.
③ 관할 경찰관서장은 경비업자로부터 요청받은 선임하려는 경비지도사의 범죄경력조회 결과를 경비업자에게 통보할 때에는, 결격사유에 관한 한 제한 없이 통보해야 한다.
④ 시·도 경찰청장은 경비업자의 임원이 결격사유에 해당하는 사실을 알게 된 때에는 경비업법에 따른 경비업자의 요청이 없는 한 그 사실을 통보해서는 아니 된다.

[해설]
① (O) 경찰청장, 시·도 경찰청장 또는 관할 경찰관서장은 직권으로 또는 범죄경력조회 요청이 있는 경우에는 경비업자의 임원, 경비지도사 또는 경비원이 결격사유에 해당하는지를 확인하기 위하여 형의 실효 등에 관한 법률 제6조에 따른 범죄경력조회를 할 수 있다(경비업법 제17조 제1항).
② (×) 경비업자는 선출·선임·채용 또는 배치하려는 임원, 경비지도사 또는 경비원이 결격사유에 해당하는지를 확인하기 위하여 주된 사무소, 출장소 또는 배치장소를 관할하는 시·도 경찰청장 또는 경찰관서장에게 형의 실효 등에 관한 법률에 따른 범죄경력조회를 요청할 수 있다(경비업법 제17조 제2항).
③ (×) 범죄경력조회 요청을 받은 시·도 경찰청장 또는 관할 경찰관서장은 경비업자에게 그 결과를 통보할 때에는 경비업자의 임원, 경비지도사 또는 경비원이 결격사유에 해당하는지 여부만을 통보하여야 한다(경비업법 제17조 제3항).
④ (×) 시·도 경찰청장 또는 관할 경찰관서장은 경비업자의 임원, 경비지도사 또는 경비원이 결격사유에 해당하는 사실을 알게 되거나 경비업법 또는 경비업법에 따른 명령을 위반한 때에는 경비업자에게 그 사실을 통보하여야 한다(경비업법 제17조 제4항).

정답 ①

XIV 경비원의 명부와 배치허가 등 기출 22·21·20·19·18·17·16·14·05·99

1. 경비원의 명부와 배치허가 등(경비업법 제18조)

① 경비업자는 행정안전부령(경비업법 시행규칙 제23조)이 정하는 바에 따라 경비원의 명부를 작성·비치하여야 한다(경비업법 제18조 제1항 본문).

② 다만, 집단민원현장에 배치되는 일반경비원의 명부는 그 경비원이 배치되는 장소에도 작성·비치하여야 한다(경비업법 제18조 제1항 단서). 기출 24

> **경비원의 명부(경비업법 시행규칙 제23조)** 기출 20
> 경비업자는 다음 각호의 장소에 경비원 명부(제2호 및 제3호의 경우에는 해당 장소에 배치된 경비원의 명부를 말한다)를 작성·비치하여 두고, 이를 항상 정리하여야 한다. 두 사·출·집
> 1. 주된 사무소
> 2. 출장소
> 3. 집단민원현장

③ 경비업자가 경비원을 배치하거나 배치를 폐지한 경우에는 행정안전부령이 정하는 바에 따라 관할 경찰관서장에게 신고하여야 한다(경비업법 제18조 제2항 본문). 기출 24

④ 다만, 다음 ⑤의 경우에는 경비원을 배치하기 48시간 전까지 행정안전부령으로 정하는 바에 따라 배치허가를 신청하고, 관할 경찰관서장의 배치허가를 받은 후에 경비원을 배치하여야 하며(ⓒ 및 ⓒ의 경우에는 경비원을 배치하기 전까지 신고하여야 한다), 이 경우 관할 경찰관서장은 배치허가를 함에 있어 필요한 조건을 붙일 수 있다(경비업법 제18조 제2항 단서). ★★ 기출 24·22·21·20·19

  ⑤ 시설경비업무, 신변보호업무 또는 혼잡·교통유도경비업무 중 집단민원현장에 배치된 일반경비원 → 배치허가신청(48시간 전까지)(제1호)★★

  ⓒ 집단민원현장이 아닌 곳에서 신변보호업무를 수행하는 일반경비원 → 배치신고(배치하기 전까지)(제2호) ★★

  ⓒ 특수경비원 → 배치신고(배치하기 전까지)(제3호)★★

⑤ 관할 경찰관서장은 ④의 ⑤에 따른 배치허가 신청을 받은 경우 다음의 사유에 해당하는 때에는 배치허가를 하여서는 아니 된다. 이 경우 관할 경찰관서장은 다음의 사유를 확인하기 위하여 소속 경찰관으로 하여금 그 배치장소를 방문하여 조사하게 할 수 있다(경비업법 제18조 제3항). ★ 기출 24·21

  ⑤ 경비업무의 범위를 벗어난 행위를 할 우려가 있는 경우(제1호)

  ⓒ 경비원 중 결격자나 신임교육을 받지 아니한 사람이 대통령령으로 정하는 기준(21%) 이상으로 포함되어 있는 경우(제2호)★

> **집단민원현장 배치 불허가 기준(경비업법 시행령 제22조)**
> 법 제18조 제3항 제2호에서 "대통령령으로 정하는 기준"이란 100분의 21을 말한다.

  ⓒ 경비원의 복장·장비 등에 대하여 내려진 필요한 명령을 이행하지 아니하는 경우(제3호)

⑥ 배치허가 신청을 받은 관할 경찰관서장은 배치되는 경비원 중 결격자가 있는 경우에는 그 사람을 제외하고 배치허가를 하여야 한다(경비업법 제18조 제4항). ★

⑦ 경비업자는 경비원을 배치하여 경비업무를 수행하게 하는 때에는 행정안전부령으로 정하는 바에 따라 배치된 경비원의 인적사항과 배치일시・배치장소 등 근무상황을 기록하여 보관하여야 한다(경비업법 제18조 제5항). ★★ 기출 22

⑧ 경비업자는 다음의 어느 하나에 해당하는 죄를 범하여 벌금형을 선고받고 5년이 지나지 아니하거나 금고 이상의 형을 선고받고 그 집행이 유예된 날부터 5년이 지나지 아니한 자를 집단민원현장에 일반경비원으로 배치하여서는 아니 된다(경비업법 제18조 제6항).
  ㉠ 「형법」제257조부터 제262조까지(상해, 존속상해, 중상해, 존속중상해, 특수상해, 상해치사, 폭행, 존속폭행, 특수폭행, 폭행치사상), 제276조부터 제281조까지(체포, 감금, 존속체포, 존속감금, 중체포, 중감금, 존속중체포, 존속중감금, 특수체포, 특수감금, 체포・감금등의 치사상)의 죄, 제284조의 죄(특수협박), 제320조의 죄(특수주거침입), 제324조 제2항의 죄(특수강요), 제350조의2의 죄(특수공갈), 제351조의 죄(상습 공갈, 상습 특수공갈), 제369조 제1항의 죄(특수손괴)(제1호)
  ※ ㉠에서 상습 및 미수범은 생략하였다.
  ㉡ 「폭력행위 등 처벌에 관한 법률」제2조(폭행 등) 또는 제3조의 죄(집단적 폭행 등)(제2호)

⑨ 경비업자는 경비원 명부에 없는 자를 경비업무에 종사하게 하여서는 아니 되고, 경비원을 배치하는 경우에는 신임교육을 이수한 자를 배치하여야 한다(경비업법 제18조 제7항).

⑩ 관할 경찰관서장은 경비업자가 다음의 어느 하나에 해당하는 때에는 배치폐지를 명할 수 있다(경비업법 제18조 제8항). ★★ 기출 23・20・14
  ㉠ 배치허가를 받지 아니하고 경비원을 배치하거나 경비원 명단 및 배치일시・배치장소 등 배치허가 신청의 내용을 거짓으로 한 때(제1호)★
  ㉡ 결격사유에 해당하는 자(결격자)를 집단민원현장에 일반경비원으로 배치한 때(제2호)★
  ㉢ 신임교육을 이수하지 아니한 자를 경비원으로 배치한 때(제3호)
  ㉣ 경비업자 또는 경비원이 위력이나 흉기 또는 그 밖의 위험한 물건을 사용하여 집단적 폭력사태를 일으킨 때(제4호)★
  ㉤ 경비업자가 신고하지 아니하고 일반경비원을 배치한 때(제5호)★

핵심문제

01 경비업법령상 경비원의 명부 및 배치에 관한 설명으로 옳지 않은 것은? 기출

① 경비업자는 집단민원현장에 배치되는 일반경비원의 명부는 그 경비원이 배치되는 장소에도 작성・비치하여야 한다.
② 경비업자가 경비원을 배치하거나 배치를 폐지한 경우에는 관할 경찰관서장에게 신고하여야 한다.
③ 시설경비업무 중 집단민원현장에 배치된 일반경비원의 경우에는 경비원을 배치하기 24시간 전까지 행정안전부령으로 정하는 바에 따라 배치허가를 신청하고, 관할 경찰관서장의 배치허가를 받은 후에 경비원을 배치하여야 한다.
④ 경비업자는 경비원을 배치하여 경비업무를 수행하게 하는 때에는 배치된 경비원의 인적사항과 배치일시・배치장소 등 근무상황을 작성하여 주된 사무소 및 출장소에 갖추어 두어야 한다.

[해설]
③ (×) 시설경비업무 중 집단민원현장에 배치된 일반경비원의 경우에는 경비원을 배치하기 48시간 전까지 행정안전부령으로 정하는 바에 따라 배치허가를 신청하고, 관할 경찰관서장의 배치허가를 받은 후에 경비원을 배치하여야 한다(경비업법 제18조 제2항 단서).
① (○) 경비업법 제18조 제1항 단서
② (○) 경비업법 제18조 제2항 본문
④ (○) 경비업법 시행규칙 제24조의3 제1항

정답 ③

2. 경비원의 배치 및 배치폐지의 신고(경비업법 시행규칙 제24조) 기출 24·22·20·15·14·12·99

① 경비업자는 경비업무를 수행하기 위하여 20일 이상 경비원을 배치하거나 그 기간을 연장하려는 때에는 경비원을 배치한 후 7일 이내에 경비원 배치신고서(전자문서로 된 신고서를 포함)를 배치지를 관할하는 경찰관서장에게 제출해야 한다(제1항 본문). ★★

② 다만, 집단민원현장이 아닌 곳에서 신변보호업무를 수행하는 일반경비원과 특수경비원을 배치하는 경우에는 경비원을 배치하는 기간과 관계없이 경비원을 배치하기 전까지 제출해야 한다(제1항 단서). ★★

③ 법 제18조 제2항 제3호에 해당하는 특수경비원을 배치하는 경비업자는 배치신고서에 특수경비원 전원의 별지 제15호의2 서식의 병력(病歷)신고 및 개인정보 이용 동의서(이하 이 조에서 "동의서"라 한다)를 첨부하여 관할 경찰관서장에게 제출해야 한다(제2항).

④ 제2항에 따른 동의서를 제출받은 관할 경찰관서장은 국민건강보험공단 등 관계기관에 치료경력의 조회를 요청할 수 있다(제3항).

⑤ 관할 경찰관서장은 제2항에 따른 동의서의 기재내용 또는 관계기관의 조회결과를 확인하여 필요한 경우 경비업자에게 다음 각호의 서류를 제출하도록 요청할 수 있다. 이 경우 경비업자는 해당 특수경비원의 서류(제출일 기준 6개월 이내에 발급된 서류에 한정한다)를 관할 경찰관서장에게 제출해야 한다(제4항).
  ㉠ 영 제10조의2 각호에 해당하지 않음을 증명하는 해당 분야 전문의의 진단서 1부(제1호)
  ㉡ 영 제10조의2 제3호 단서에 해당하는 경우 이를 증명하는 해당 분야 전문의의 진단서 1부(제2호)

⑥ 제1항의 규정에 의하여 경비원의 배치신고를 한 경비업자가 경비원의 배치를 폐지한 때에는 배치폐지를 한 날부터 7일 이내에 별지 제15호 서식의 경비원 배치폐지신고서(전자문서로 된 신고서를 포함한다)를 배치지의 관할 경찰관서장에게 제출하여야 한다. 다만, 경비원 배치신고시에 기재한 배치폐지 예정일에 경비원의 배치를 폐지한 경우에는 그러하지 아니하다(제5항).

⑦ 시·도 경찰청장 또는 경찰서장은 일반경비원 또는 특수경비원이나 일반경비원 또는 특수경비원으로 근무했던 사람이 요청하는 경우에는 별지 제12호의2 서식의 배치폐지 또는 현재 배치 여부 확인증을 발급할 수 있다(제6항).

3. 집단민원현장에의 일반경비원 배치허가 신청 등(경비업법 시행규칙 제24조의2)

① 집단민원현장에 일반경비원 배치허가를 신청하려는 경비업자는 집단민원현장 일반경비원 배치허가 신청서(전자문서에 의한 신청서를 포함)에 집단민원현장에 배치될 일반경비원의 신임교육 이수증(일반경비원 신임교육 면제대상의 경우 신임교육 면제 대상에 해당함을 입증할 수 있는 서류) 각 1부를 첨부하여 관할 경찰관서장에게 제출해야 한다(제1항). ★

② 배치허가 신청서를 받은 관할 경찰관서장은 경비원 배치예정 일시 전까지 배치허가 여부를 결정하여 경비업자에게 통보하여야 한다(제2항). ★★

③ 일반경비원 배치허가를 받은 경비업자가 경비원 배치기간을 연장하려는 경우에는 배치기간이 만료되기 48시간 전까지 배치허가 신청서를 관할 경찰관서장에게 제출하여 허가를 받아야 한다(제3항). ★★

④ 일반경비원 배치허가를 받은 경비업자가 집단민원현장에 새로운 경비원을 배치하려는 경우에는 새로운 경비원을 배치하기 48시간 전까지 배치허가 신청서를 관할 경찰관서장에게 제출하여 허가를 받아야 한다(제4항). ★★

⑤ 일반경비원 배치허가를 받은 경비업자가 경비원의 배치를 폐지한 때에는 배치폐지를 한 날부터 48시간 이내에 집단민원현장 일반경비원 배치폐지 신고서(전자문서로 된 신고서를 포함)를 관할 경찰관서장에게 제출해야 한다(제5항). ★

⑥ 일반경비원 배치허가를 받은 경비업자가 집단민원현장에 배치된 경비지도사를 변경한 경우에는 변경된 내용을 관할 경찰관서장에게 통보하여야 한다(제6항). ★★

4. 경비원의 근무상황기록부(경비업법 시행규칙 제24조의3)

① 경비업자는 경비업무를 수행하는 경비원의 인적사항, 배치일시, 배치장소, 배치폐지일시 및 근무여부 등 근무상황을 기록한 근무상황기록부(전자문서로 된 근무상황기록부를 포함)를 작성하여 주된 사무소 및 출장소에 갖추어 두어야 한다(제1항). ★

② 경비업자는 근무상황기록부를 1년 동안 보관하여야 한다(제2항). ★

5. 경비전화의 가설(경비업법 시행규칙 제25조)

① 관할 경찰관서장은 시설주의 신청에 의하여 특수경비원이 배치된 국가중요시설 등에 경비전화를 가설할 수 있다(제1항). ★

② 경비전화를 가설하는 경우의 소요경비는 시설주의 부담으로 한다(제2항). ★

6. 갖추어 두어야 하는 장부 또는 서류(경비업법 시행규칙 제26조) 기출 17·14·12·11·10·08·06·04

① 특수경비원을 배치한 시설주는 다음의 장부 및 서류를 갖추어 두어야 한다(제1항).
   ㉠ 근무일지
   ㉡ 근무상황카드
   ㉢ 경비구역배치도
   ㉣ 순찰표철
   ㉤ 무기탄약출납부
   ㉥ 무기장비운영카드

🔍 핵심문제

01 경비업법령상 특수경비원을 배치한 시설주가 갖추어 두어야 할 장부 및 서류로 옳지 않은 것은?

기출 17 유사 11·10·08·06·04

① 감독순시부
② 순찰표철
③ 근무상황카드
④ 무기장비운영카드

[해설]
감독순시부는 특수경비원을 배치한 국가중요시설의 관할 경찰관서장이 갖추어 두어야 하는 장부 및 서류에 해당한다(경비업법 시행규칙 제26조 제2항).

정답 ①

② 특수경비원을 배치한 국가중요시설의 관할 경찰관서장은 다음의 장부 및 서류를 갖추어 두어야 한다(제2항).
  ㉠ 감독순시부
  ㉡ 특수경비원 전·출입관계철
  ㉢ 특수경비원 교육훈련실시부
  ㉣ 무기·탄약대여대장
  ㉤ 그 밖에 특수경비원의 관리 등을 위하여 필요한 장부 또는 서류
③ 갖추어 두어야 하는 장부 또는 서류의 서식은 경찰관서에서 사용하는 서식을 준용한다(제3항).

7. 경비가 필요한 시설 등에 대한 경비의 요청(경비업법 시행령 제30조)

① 시·도 경찰청장 또는 경찰서장은 행사장, 그 밖에 많은 사람이 모이는 시설 또는 장소(이하 "행사장등"이라 한다)에서 혼잡 등으로 인한 위험의 발생을 방지하기 위하여 경비가 필요하다고 인정하는 경우에는 행사의 주최자나 시설 또는 장소의 관리자에게 행사장등에 경비원을 배치하도록 요청할 수 있다(제1항).
② 시·도 경찰청장 또는 경찰서장은 제1항에 따른 요청을 할 때 행사의 주최자나 시설 또는 장소의 관리자에게 행사장등에 경비원을 배치할 수 없다고 판단되는 경우에는 행사개최일 또는 많은 사람이 모이는 날 1일 전까지 그 사실을 통지해 줄 것을 함께 요청할 수 있다(제2항).

[전문개정 2024.8.13.]

제5절 행정처분 등

I 경비업의 허가의 취소 등

1. 경비업 허가의 취소 등(경비업법 제19조)

기출 24·23·22·21·20·19·18·16·15·14·12·11·10·09·08·06·05·04·02·99

① 필요적 허가취소사유(경비업법 제19조 제1항) : 허가관청은 경비업자가 다음 각호의 어느 하나에 해당하는 때에는 그 허가를 취소하여야 한다.
  ㉠ 허위 그 밖의 부정한 방법으로 허가를 받은 때(제1호)
  ㉡ 허가받은 경비업무 외의 업무에 경비원을 종사하게 한 때(제2호)★

> • 헌법재판소는 2023년 3월 23일 재판관 6 : 3의 의견으로 시설경비업을 허가받은 경비업자로 하여금 허가받은 경비업무 외의 업무에 경비원을 종사하게 하는 것을 금지하고, 이를 위반한 경비업자에 대한 허가를 취소하도록 정하고 있는 경비업법 제7조 제5항 중 '시설경비업무'에 관한 부분과 경비업법 제19조 제1항 제2호 중 '시설경비업무'에 관한 부분이 헌법에 합치되지 아니하여 법원 기타 국가기관 및 지방자치단체는 입법자가 2024.12.31.까지 위 법률조항을 개정할 때까지 위 법률조항의 적용을 중지하여야 한다는 적용중지 헌법불합치 결정을 선고하였다(헌재결[전] 2023.3.23. 2020헌가19). 구체적으로 헌법재판소는 심판대상조항이 과잉금지원칙에 위반(침해의 최소성 및 법익의 균형성 위반)하여 시설경비업을 수행하는 경비업자의 직업의 자유를 침해한다고 보았다.

- 국회는 2025.1.7. 법률 제20645호에 의하여 2023.3.23. 헌법재판소에서 헌법불합치 결정된 제7조 제5항을 "경비업자는 허가받은 경비업무 외의 업무에 경비원을 종사하게 하여서는 아니 된다. 다만, 경비업무의 목적 달성을 침해하지 아니하는 범위에서 대통령령으로 정하는 업무에 대하여는 경비원을 종사하게 할 수 있다"로 개정하였고, 제19조 제1항 제2호를 삭제하였다. 제19조 제1항 제2호를 삭제하면서 제19조 제2항 제2호의2(제7조 제5항을 위반하여 경비업무 또는 경비업무의 목적 달성을 침해하지 아니하는 범위에서 대통령령으로 정하는 업무 외의 업무에 경비원을 종사하게 한 때)를 상대적 허가취소·영업정지사유로 신설하고, 제19조 제3항을 "허가관청은 제1항 및 제2항에 의하여 허가취소 또는 영업정지처분을 하는 때에는 경비업자가 허가받은 경비업무 중 허가취소 또는 영업정지사유에 해당되는 경비업무에 한하여 처분을 하여야 한다. 다만, 제1항 제7호에 해당하여 허가취소를 하는 때에는 그러하지 아니하다"로 개정하였다. 이러한 개정 규정은 2026.1.8.부터 시행된다.

- ㉢ 특수경비업자가 경비업 및 경비관련업 외의 영업을 한 때(제3호)★
- ㉣ 정당한 사유 없이 허가를 받은 날부터 2년 이내에 경비 도급실적이 없거나 계속하여 1년 이상 휴업한 때(제4호)★
- ㉤ 정당한 사유 없이 최종 도급계약 종료일의 다음 날부터 2년 이내에 경비 도급실적이 없을 때(제5호)★
- ㉥ 영업정지처분을 받고 계속하여 영업을 한 때(제6호)
- ㉦ 소속 경비원으로 하여금 경비업무의 범위를 벗어난 행위를 하게 한 때(제7호)★
- ㉧ 관할 경찰관서장의 배치폐지명령에 따르지 아니한 때(제8호)

② 임의적 허가취소 또는 영업정지사유(경비업법 제19조 제2항) : 허가관청은 경비업자가 다음의 어느 하나에 해당하는 때에는 대통령령(경비업법 시행령 [별표 4])으로 정하는 행정처분의 기준에 따라 그 허가를 취소하거나 6개월 이내의 기간을 정하여 영업의 전부 또는 일부에 대하여 영업정지를 명할 수 있다.
- ㉠ 시·도 경찰청장의 허가 없이 경비업무를 변경한 때(제1호)★★
- ㉡ 도급을 의뢰받은 경비업무가 위법한 것임에도 이를 거부하지 아니한 때(제2호)★
- ㉢ 경비지도사를 집단민원현장에 선임·배치하지 아니한 때(제3호)
- ㉣ 기계경비업자가 경비대상 시설에 관한 경보 대응체제를 갖추지 아니한 때(제4호)

핵심문제

01 경비업법상 경비업 허가 취소대상에 해당하는 것을 〈보기〉에서 모두 고른 것은? 기출수정 15

ㄱ. 허위 그 밖의 부정한 방법으로 허가를 받은 때
ㄴ. 정당한 사유 없이 최종 도급계약 종료일의 다음 날부터 2년 이내에 도급실적이 없을 때
ㄷ. 영업정지처분을 받고 계속하여 영업을 한 때

① ㄱ, ㄴ ② ㄱ, ㄷ
③ ㄴ, ㄷ ④ ㄱ, ㄴ, ㄷ

[해설]
ㄱ, ㄴ, ㄷ 모두 경비업 허가 취소대상에 해당된다.
ㄱ. (○) 허위 그 밖의 부정한 방법으로 허가를 받은 때(경비업법 제19조 제1항 제1호)
ㄴ. (○) 정당한 사유 없이 최종 도급계약 종료일의 다음 날부터 2년 이내에 도급실적이 없을 때(경비업법 제19조 제1항 제5호)
ㄷ. (○) 영업정지처분을 받고 계속하여 영업을 한 때(경비업법 제19조 제1항 제6호)

정답 ④

ⓜ 기계경비업자가 법 제9조 제2항 규정을 위반하여 관련 서류를 작성·비치하지 아니한 때(제5호)
ⓑ 제10조 제3항을 위반하여 결격사유에 해당하는 경비원을 배치하거나 결격사유에 해당하는 경비지도사를 선임·배치한 때(제6호)
ⓢ 경비지도사의 선임·배치기준을 위반하여 경비지도사를 선임한 때(제7호)
ⓞ 경비원으로 하여금 (신임·직무)교육을 받게 하지 아니한 때(제8호)
ⓩ 경비원의 복장 등에 관한 규정을 위반한 때(제9호)
ⓒ 경비원의 장비 등에 관한 규정을 위반한 때(제10호)
ⓚ 경비원의 출동차량 등에 관한 규정을 위반한 때(제11호)
ⓣ 제18조 제1항 단서를 위반하여 집단민원현장에 일반경비원 명부를 작성·비치하지 아니한 때(제12호)
ⓟ 제18조 제2항 각호 외의 부분 단서를 위반하여 배치허가를 받지 아니하고 경비원을 배치하거나 경비원 명단 및 배치일시·배치장소 등 배치허가 신청의 내용을 거짓으로 한 때(제13호)★★
ⓗ 법 제18조 제6항을 위반하여 결격사유에 해당하는 일반경비원을 집단민원현장에 배치한 때(제14호)★
㉮ 법 제24조에 따른 감독상 명령에 따르지 아니한 때(제15호)★
㉯ 법 제26조를 위반하여 손해를 배상하지 아니한 때(제16호)★

③ 허가관청은 허가취소 또는 영업정지처분을 하는 때에는 경비업자가 허가받은 경비업무 중 허가취소 또는 영업정지사유에 해당되는 경비업무에 한하여 처분을 하여야 한다. 다만, ①의 ⓛ(허가받은 경비업무 외의 업무에 경비원을 종사하게 한 때) 및 ⓢ(소속 경비원으로 하여금 경비업무의 범위를 벗어난 행위를 하게 한 때)에 해당하여 허가취소를 하는 때에는 그러하지 아니하다(경비업법 제19조 제3항).★★

핵심문제

01 경비업법령상 경비업 허가를 취소해야 하는 사유로 옳지 않은 것은?

① 관할 경찰관서장의 배치폐지명령에 따르지 아니한 때
② 도급을 의뢰받은 경비업무가 위법한 것임에도 이를 거부하지 아니한 때
③ 허위 그 밖의 부정한 방법으로 허가를 받은 때
④ 정당한 사유 없이 최종 도급계약 종료일의 다음 날부터 2년 이내에 경비 도급실적이 없을 때

【해설】
경비업법 제19조에 따른 경비업 허가의 취소 등에 관한 사항 중 절대적 취소사유와 상대적 취소사유의 구분에 관한 문제이다. ②는 상대적 취소사유에 해당하므로 정답이 된다.

정답 ②

2. 행정처분의 기준(경비업법 시행령 [별표 4]) 기출 23 · 21 · 17 · 16 · 15 · 12

① 개별기준

해당 법조문	위반행위	행정처분 기준		
		1차 위반	2차 위반	3차 이상 위반
가. 법 제19조 제2항 제1호	법 제4조 제1항 후단을 위반하여 시·도 경찰청장의 허가 없이 경비업무를 변경한 때★★	경고	영업정지 6개월	허가취소
나. 법 제19조 제2항 제2호	법 제7조 제2항을 위반하여 도급을 의뢰받은 경비업무가 위법한 것임에도 이를 거부하지 않은 때	영업정지 1개월	영업정지 3개월	허가취소
다. 법 제19조 제2항 제3호	법 제7조 제6항을 위반하여 경비지도사를 집단민원현장에 선임·배치하지 않은 때	영업정지 1개월	영업정지 3개월	허가취소
라. 법 제19조 제2항 제4호	법 제8조를 위반하여 경비대상 시설에 관한 경보 대응체제를 갖추지 않은 때★	경고	경고	영업정지 1개월
마. 법 제19조 제2항 제5호	법 제9조 제2항을 위반하여 관련 서류를 작성·비치하지 않은 때★	경고	경고	영업정지 1개월
바. 법 제19조 제2항 제6호	법 제10조 제3항을 위반하여 결격사유에 해당하는 경비원을 배치하거나 결격사유에 해당하는 경비지도사를 선임·배치한 때	영업정지 1개월	영업정지 3개월	허가취소
사. 법 제19조 제2항 제7호	법 제12조 제1항(선임규정)을 위반하여 경비지도사를 선임한 때	영업정지 1개월	영업정지 3개월	허가취소
아. 법 제19조 제2항 제8호	법 제13조를 위반하여 경비원으로 하여금 교육을 받게 하지 않은 때★	경고	경고	영업정지 1개월
자. 법 제19조 제2항 제9호	법 제16조에 따른 경비원의 복장 등에 관한 규정을 위반한 때	경고	영업정지 1개월	영업정지 3개월
차. 법 제19조 제2항 제10호	법 제16조의2에 따른 경비원의 장비 등에 관한 규정을 위반한 때	경고	영업정지 1개월	영업정지 3개월
카. 법 제19조 제2항 제11호	법 제16조의3에 따른 경비원의 출동차량 등에 관한 규정을 위반한 때	경고	영업정지 1개월	영업정지 3개월
타. 법 제19조 제2항 제12호	법 제18조 제1항 단서를 위반하여 집단민원현장에 일반경비원 명부를 작성·비치하지 않은 때	영업정지 1개월	영업정지 3개월	허가취소
파. 법 제19조 제2항 제13호	법 제18조 제2항 각호 외의 부분 단서를 위반하여 배치허가를 받지 아니하고 경비원을 배치하거나 경비원 명단 및 배치일시·배치장소 등 배치허가 신청의 내용을 거짓으로 한 때	영업정지 1개월	영업정지 3개월	허가취소
하. 법 제19조 제2항 제14호	법 제18조 제6항을 위반하여 결격사유에 해당하는 일반경비원을 집단민원현장에 배치한 때	영업정지 1개월	영업정지 3개월	허가취소
거. 법 제19조 제2항 제15호	법 제24조에 따른 감독상 명령에 따르지 않은 때★★	경고	영업정지 3개월	허가취소
너. 법 제19조 제2항 제16호	법 제26조를 위반하여 손해배상을 하지 않은 때★★	경고	영업정지 3개월	영업정지 6개월

② **일반기준** 기출 21·16
  ㉠ ①의 개별기준에 따른 행정처분이 영업정지인 경우에는 위반행위의 동기, 내용 및 위반의 정도 등을 고려하여 가중하거나 감경할 수 있다(가목). ★
  ㉡ 위반행위가 2 이상인 경우로서 그에 해당하는 각각의 처분기준이 다른 경우에는 그중 중한 처분기준에 따르며, 2 이상의 처분기준이 동일한 영업정지인 경우에는 중한 처분기준의 2분의 1까지 가중할 수 있다. 다만, 가중하는 경우에도 각 처분기준을 합산한 기간을 초과할 수 없다(나목). ★★
  ㉢ 위반행위의 횟수에 따른 행정처분 기준은 최근 2년간 같은 위반행위로 행정처분을 받은 경우에 적용한다. 이 경우 기준 적용일은 위반행위에 대한 행정처분일과 그 처분 후의 위반행위가 다시 적발된 날을 기준으로 한다(다목). ★★
  ㉣ 영업정지처분에 해당하는 위반행위가 적발된 날 이전 최근 2년간 같은 위반행위로 2회 영업정지처분을 받은 경우에는 개별 기준에도 불구하고 그 위반행위에 대한 행정처분 기준은 허가취소로 한다(라목). ★★

3. **위반행위의 보고·통보**(경비업법 시행령 제23조)
  ① 경비업자의 출장소 또는 경비대상시설을 관할하는 시·도 경찰청장 또는 경찰관서장은 출장소의 임·직원이나 경비원이 법 또는 법에 의한 명령에 위반한 사실을 안 때에는 지체 없이 그 사실을 서면 등으로 당해 경비업을 허가한 시·도 경찰청장에게 통보하거나 보고하여야 한다. ★
  ② 통보 또는 보고를 받은 시·도 경찰청장은 그 위반행위에 대하여 행정처분을 한 때에는 이를 해당 시·도 경찰청장 또는 경찰관서장에게 통보하여야 한다. ★

핵심문제

01 다음은 경비업법 시행령 별표에서 정한 행정처분의 개별기준이다. (   ) 안에 들어갈 내용으로 옳은 것은?
기출 15

위반행위	1차 위반	2차 위반	3차 위반 이상
경비업법 제4조 제1항 후단을 위반하여 시·도 경찰청장의 허가 없이 경비업무를 변경한 때	(ㄱ)	(ㄴ)	(ㄷ)

① ㄱ : 경고,   ㄴ : 영업정지 1개월, ㄷ : 영업정지 3개월
② ㄱ : 경고,   ㄴ : 영업정지 6개월, ㄷ : 허가취소
③ ㄱ : 영업정지 1개월, ㄴ : 영업정지 3개월, ㄷ : 영업정지 6개월
④ ㄱ : 영업정지 1개월, ㄴ : 영업정지 3개월, ㄷ : 허가취소

【해설】
경비업법 시행령 [별표 4]의 행정처분 개별기준 규정에 따라 각각 경고, 영업정지 6개월, 허가취소가 순서대로 들어가야 한다(경비업법 시행령 [별표 4] 제2호 가목).

정답 ②

II 경비지도사자격의 취소 등 기출 17·16·12·11·08

1. **경비지도사자격의 취소 등**(경비업법 제20조) 기출 23·22·21·20·19·14·10·02·99·97
   ① **경비지도사의 자격취소사유**(경비업법 제20조 제1항) : 경찰청장은 경비지도사가 다음의 어느 하나에 해당하는 때에는 그 자격을 취소하여야 한다.
      ㉠ 법 제10조 제1항 각호의 결격사유에 해당하게 된 때(제1호)
      ㉡ 허위 그 밖의 부정한 방법으로 경비지도사자격증을 교부받은 때(제2호)
      ㉢ 경비지도사자격증을 다른 사람에게 빌려주거나 양도한 때(제3호)
      ㉣ 자격정지 기간 중에 경비지도사로 선임되어 활동한 때(제4호)
   ② **경비지도사의 자격정지사유**(경비업법 제20조 제2항) 기출 16 : 경찰청장은 경비지도사가 다음의 어느 하나에 해당하는 때에는 대통령령이 정하는 바에 따라 1년의 범위 내에서 그 자격을 정지시킬 수 있다.
      ㉠ 선임된 경비지도사가 법 제12조 제3항의 규정을 위반하여 직무를 성실하게 수행하지 아니한 때(제1호)
      ㉡ 선임된 경비지도사가 법 제24조의 규정에 의한 경찰청장 또는 시·도 경찰청장의 명령을 위반한 때(제2호)
   ③ 경찰청장은 경비지도사의 자격을 취소한 때에는 경비지도사자격증을 회수하여야 하고, 경비지도사의 자격을 정지한 때에는 그 정지기간 동안 경비지도사자격증을 회수하여 보관하여야 한다.★

핵심문제

01 경비업법령상 경찰청장이 경비지도사의 자격을 취소해야 하는 경우에 해당하지 않는 것은? 기출 14
   ① 경비지도사로서의 결격사유에 해당하게 된 때
   ② 허위로 경비지도사자격증을 교부받은 때
   ③ 경비지도사자격증을 다른 사람에게 빌려준 때
   ④ 경찰청장이 경비업무의 적정한 수행을 위하여 경비지도사를 지도·감독하며 내린 필요한 명령을 경비지도사가 위반한 때

[해설]
경비업법령상 경찰청장이 경비지도사의 자격을 취소해야 하는 경우는 ①·②·③과 경비지도사자격증을 다른 사람에게 양도한 때, 자격정지 기간 중에 경비지도사로 선임되어 활동한 때이다(경비업법 제20조 제1항). ④는 자격정지사유에 해당한다(경비업법 제20조 제2항).

정답 ④

02 경비지도사의 자격을 취소한 때는 경비지도사자격증을 회수하여야 하는데, 누가 자격증 회수를 하는가? 기출
   ① 경찰청장
   ② 경찰서장
   ③ 관할 경찰서장
   ④ 시·도 경찰관서장

[해설]
경찰청장은 경비지도사의 자격을 취소한 때에는 경비지도사자격증을 회수하여야 한다(경비업법 제20조 제3항).

정답 ①

2. 경비지도사 자격정지처분 기준(경비업법 시행령 [별표 5]) 기출 24·20·19·18·16·14·10·09·07·04·02·01·99·97

해당 법조문	위반행위	행정처분 기준		
		1차	2차	3차 이상
법 제20조 제2항 제1호	1. 법 제12조 제3항의 규정에 위반하여 직무를 성실하게 수행하지 아니한 때	자격정지 3월	자격정지 6월	자격정지 12월
법 제20조 제2항 제2호	2. 법 제24조의 규정에 의한 경찰청장, 시·도 경찰청장의 명령을 위반한 때	자격정지 1월	자격정지 6월	자격정지 9월

※ 비고 : 위반행위의 횟수에 따른 행정처분의 기준은 당해 위반행위가 있은 이전 최근 2년간 같은 위반행위로 행정처분을 받은 경우에 적용한다.

핵심문제

01 경비업법령상 경비지도사 자격정지처분 기준으로 옳은 것은? 기출 24

① 경비업법 제12조 제3항의 규정을 1차 위반하여 직무를 성실하게 수행하지 아니한 때 : 자격정지 1월
② 경비업법 제12조 제3항의 규정을 2차 위반하여 직무를 성실하게 수행하지 아니한 때 : 자격정지 3월
③ 경비업법 제24조의 규정에 의한 시·도 경찰청장의 명령을 2차 위반한 때 : 자격정지 3월
④ 경비업법 제24조의 규정에 의한 시·도 경찰청장의 명령을 3차 위반한 때 : 자격정지 9월

[해설]
④ (○) 경비업법 시행령 [별표 5] 제2호
① (×) 자격정지 3월(경비업법 시행령 [별표 5] 제1호)
② (×) 자격정지 6월(경비업법 시행령 [별표 5] 제1호)
③ (×) 자격정지 6월(경비업법 시행령 [별표 5] 제2호)

정답 ④

02 경비업법령상 경비지도사 자격정지처분 기준에 관한 설명으로 옳은 것은? 기출 20

① 위반행위의 횟수에 따른 행정처분의 기준은 당해 위반행위가 있은 이전 최근 1년간 같은 위반행위로 행정처분을 받은 경우에 적용된다.
② 위반행위의 횟수에 따른 행정처분의 기준은 당해 위반행위가 있은 이전 최근 2년간 동일성 여부와 관계없이 위반행위로 행정처분을 받은 누적 횟수에 적용한다.
③ 경찰청장의 명령을 1차 위반한 때 행정처분 기준은 자격정지 6월이다.
④ 시·도 경찰청장의 명령을 2차 위반한 때 행정처분 기준은 자격정지 6월이다.

[해설]
④ (○) 경비업법 시행령 [별표 5] 제2호
① (×), ② (×) 위반행위의 횟수에 따른 행정처분의 기준은 당해 위반행위가 있은 이전 최근 2년간 같은 위반행위로 행정처분을 받은 경우에 적용한다(경비업법 시행령 [별표 5] 비고).
③ (×) 자격정지 1월(경비업법 시행령 [별표 5] 제2호)

정답 ④

Ⅲ 청문(경비업법 제21조) 기출 24·23·22·19·18·17·16·15·14·12·11

경찰청장 또는 시·도 경찰청장은 다음의 어느 하나에 해당하는 처분을 하고자 하는 경우에는 청문을 실시하여야 한다.★ 〈개정 2024.2.13.〉

① 제11조의4에 따른 경비지도사 교육기관의 지정 취소 또는 업무의 정지(제1호)
② 제13조의3에 따른 경비원 교육기관의 지정 취소 또는 업무의 정지(제2호)
③ 제19조의 규정에 의한 경비업 허가의 취소 또는 영업정지(제3호)
④ 제20조 제1항 또는 제2항의 규정에 의한 경비지도사자격의 취소 또는 정지(제4호)

핵심문제

01 경비업법령상 경찰청장 또는 시·도 경찰청장이 행정처분을 하기 위하여 청문을 실시하여야 하는 경우를 모두 고른 것은? 기출 23

> ㄱ. 경비업자가 허위 그 밖의 부정한 방법으로 허가를 받아 그 허가를 취소하는 경우
> ㄴ. 허위 그 밖의 부정한 방법으로 경비지도사자격증을 교부받아 그 자격을 취소하는 경우
> ㄷ. 경비지도사가 경찰청장 또는 시·도 경찰청장의 명령을 위반하여 그 자격을 정지하는 경우

① ㄱ, ㄴ
② ㄱ, ㄷ
③ ㄴ, ㄷ
④ ㄱ, ㄴ, ㄷ

[해설]
제시된 내용은 모두 청문을 실시하여야 하는 경우에 해당한다. 경찰청장 또는 시·도 경찰청장은 경비업 허가의 취소(ㄱ), 경비지도사자격의 취소(ㄴ) 및 정지(ㄷ) 처분을 하려는 경우 반드시 청문을 실시하여야 한다(경비업법 제21조 제3호·제4호).

정답 ④

02 경비업법령상 경찰청장 또는 시·도 경찰청장이 해당 처분을 하기 위해 청문을 실시하여야 하는 경우가 아닌 것은? 기출 15

① 특수경비원의 징계
② 경비지도사자격의 취소
③ 경비지도사자격의 정지
④ 경비업 허가의 취소 또는 영업정지

[해설]
경비업법 제21조는 경비지도사·경비원 교육기관의 지정 취소 또는 업무의 정지, 경비지도사자격의 취소 또는 정지, 경비업 허가의 취소 또는 영업정지에 관한 처분을 하기 위하여는 청문절차를 실시하도록 규정하고 있다.

정답 ①

제6절 경비협회

I 경비협회(경비업법 제22조) 기출 24·23·22·19·17·16·15·14·11·09·08·07·04

1. 경비협회의 설립

① 목적 : 경비업자는 경비업무의 건전한 발전과 경비원의 자질향상 및 교육훈련 등을 위하여 대통령령이 정하는 바에 따라 경비협회를 설립할 수 있다(경비업법 제22조 제1항).★
② 주체 : 경비협회는 법인(法人)으로 한다(경비업법 제22조 제2항).★
③ 설립 : 경비업자가 경비협회를 설립하려는 경우에는 정관을 작성하여야 한다(경비업법 시행령 제26조 제1항).★
④ 회비징수 : 협회는 정관이 정하는 바에 의하여 회원으로부터 회비를 징수할 수 있다(경비업법 시행령 제26조 제2항).★★

2. 경비협회의 업무(경비업법 제22조 제3항) 기출 23·22·18·17·12·08·05·02·99·97

① 경비업무의 연구
② 경비원 교육·훈련 및 그 연구★
③ 경비원의 후생·복지에 관한 사항★
④ 경비진단에 관한 사항
⑤ 그 밖에 경비업무의 건전한 운영과 육성에 관하여 필요한 사항

3. 사단법인에 관한 규정 준용(경비업법 제22조 제4항)

경비협회에 관하여 경비업법에 특별한 규정이 있는 것을 제외하고는 민법 중 사단법인(社團法人)에 관한 규정을 준용한다.★

핵심문제

01 경비업법령상 경비협회에 관한 설명으로 옳은 것을 모두 고른 것은? 기출 09

> ㄱ. 경비협회에 관하여 이 법에 특별한 규정이 있는 것을 제외하고는 민법 중 사단법인에 관한 규정을 준용한다.
> ㄴ. 경비업자가 경비협회를 설립하려는 경우에는 정관을 작성하지 않아도 된다.
> ㄷ. 경비협회의 업무로 경비업자의 징계에 관한 규정을 두고 있다.
> ㄹ. 경비협회는 경비업자의 손해배상책임을 보장하기 위하여 공제사업을 할 수 있다.
> ㅁ. 경비협회는 정관이 정하는 바에 의하여 회원으로부터 회비를 징수할 수 있다.

① ㄷ, ㅁ
② ㄱ, ㄴ, ㄹ
③ ㄱ, ㄹ, ㅁ
④ ㄱ, ㄴ, ㄷ, ㄹ, ㅁ

[해설]
ㄱ. (O) 경비업법 제22조 제4항
ㄹ. (O) 경비업법 제23조 제1항 제1호
ㅁ. (O) 경비업법 시행령 제26조 제2항
ㄴ. (×) 경비업자가 경비협회를 설립하려는 경우에는 정관을 작성하여야 한다(경비업법 시행령 제26조 제1항).
ㄷ. (×) 경비협회의 업무로 경비업자의 징계에 관한 규정을 두지 않고 있다.

정답 ③

II 공제사업(경비업법 제23조) 기출 24·23·22·21·20·19·18·16·15·08·01

1. 공제사업의 범위

경비협회는 다음의 공제사업을 할 수 있다(제1항).
① 제26조에 따른 경비업자의 손해배상책임을 보장하기 위한 사업(제1호)★
② 경비업자가 경비업을 운영할 때 필요한 입찰보증, 계약보증(이행보증을 포함한다), 하도급보증을 위한 사업(제2호)
③ 경비원의 복지향상과 업무상 재해로 인한 손실을 보상하는 사업(제3호)★
④ 경비업무와 관련한 연구 및 경비원 교육·훈련에 관한 사업(제4호)★

2. 공제규정의 제정

① 경비협회는 공제사업을 하고자 하는 때에는 공제규정을 제정하여야 한다(제2항).
② 공제규정에는 공제사업의 범위, 공제계약의 내용, 공제금, 공제료 및 공제금에 충당하기 위한 책임준비금 등 공제사업의 운영에 관하여 필요한 사항을 정하여야 한다(제3항).★★

3. 공제사업의 감독 등

① 경찰청장은 공제사업의 건전한 육성과 가입자의 보호를 위하여 공제사업의 감독에 관한 기준을 정할 수 있다(제4항).★
② 경찰청장은 공제규정을 승인하거나 공제사업의 감독에 관한 기준을 정하는 경우에는 미리 금융위원회와 협의하여야 한다(제5항).★★
③ 경찰청장은 공제사업에 대하여 「금융위원회의 설치 등에 관한 법률」에 따른 금융감독원의 원장에게 검사를 요청할 수 있다(제6항).★

4. 공제사업의 회계(경비업법 시행령 제27조 제1항)

경비협회는 공제사업을 하는 경우 공제사업의 회계는 다른 사업의 회계와 구분하여 경리하여야 한다.★

핵심문제

01 경비업법령상 경비협회가 공제사업을 하기 위한 목적으로 적절하지 않은 것은? 기출 08

① 경비원이 업무수행 중 과실로 경비대상에 입힌 손해에 대한 경비업자의 배상책임을 보장하기 위하여
② 경비원이 업무수행 중 과실로 제3자에게 입힌 손해에 대한 경비업자의 배상책임을 보장하기 위하여
③ 경비원이 업무수행 중 고의로 경비업체에 입힌 손해에 대한 경비업자의 배상책임을 보장하기 위하여
④ 경비원이 업무수행 중 고의로 경비대상에 입힌 손해에 대한 경비업자의 배상책임을 보장하기 위하여

[해설]
경비협회는 경비업자의 손해배상책임을 보장하기 위한 공제사업을 할 수 있다. 여기서 손해배상책임은 경비원이 업무수행 중 고의 또는 과실로 경비대상에 손해가 발생하는 것을 방지하지 못하거나 제3자에게 손해를 입힌 경우에 경비업자가 손해배상책임을 지는 경우를 말한다(경비업법 제26조). 따라서 ③과 같이 경비원이 경비업체에 입힌 손해는 보장 범위로 볼 수 없다.

정답 ③

제7절 보 칙

I. 감독 및 보안지도·점검 등 기출 21·18·15·14·11

1. 지도·감독(경비업법 제24조) 기출 24·22·21·20·17·16·15·14·09·08

① 경찰청장 또는 시·도 경찰청장은 경비업무의 적정한 수행을 위하여 경비업자 및 경비지도사를 지도·감독하며 필요한 명령을 할 수 있다(제1항).★★

② 시·도 경찰청장 또는 관할 경찰관서장은 소속 경찰공무원으로 하여금 관할구역 안에 있는 경비업자의 주사무소 및 출장소와 경비원 배치장소에 출입하여 근무상황 및 교육훈련상황 등을 감독하며 필요한 명령을 하게 할 수 있다. 이 경우 출입하는 경찰공무원은 그 권한을 표시하는 증표를 관계인에게 내보여야 한다(제2항).

③ 시·도 경찰청장 또는 관할 경찰관서장은 경비업자 또는 배치된 경비원이 경비업법이나 경비업법에 따른 명령, 「폭력행위 등 처벌에 관한 법률」을 위반하는 행위를 하는 경우 그 위반행위의 중지를 명할 수 있다(제3항).

④ 시·도 경찰청장 또는 관할 경찰관서장은 경비업무 장소가 집단민원현장으로 판단되는 경우에는 그때부터 48시간 이내에 경비업자에게 경비원 배치 허가를 받을 것을 고지하여야 한다(제4항).★

2. 보안지도·점검 등(경비업법 제25조) 기출 22·21·20·19·15·05

① 시·도 경찰청장은 대통령령(경비업법 시행령 제29조)이 정하는 바에 따라 특수경비업자에 대하여 보안지도·점검을 실시하여야 하고, 필요한 경우 관계기관에 보안측정을 요청하여야 한다.★

② 시·도 경찰청장은 특수경비업자에 대하여 연 2회 이상의 보안지도·점검을 실시하여야 한다(경비업법 시행령 제29조).★★

핵심문제

01 경비업법령상 감독, 보안지도·점검 등에 관한 설명으로 옳지 않은 것은? 기출 18

① 시·도 경찰청장은 경비업무의 적정한 수행을 위하여 경비지도사를 지도·감독하며 필요한 명령을 할 수 있다.
② 시·도 경찰청장은 특수경비업자에 대하여 보안지도·점검을 연 1회 이상 실시하여야 한다.
③ 시·도 경찰청장은 경비업무 장소가 집단민원현장으로 판단되는 경우에 그때부터 48시간 이내에 경비업자에게 경비원 배치 허가를 받을 것을 고지하여야 한다.
④ 시·도 경찰청장은 배치된 경비원이 「폭력행위 등 처벌에 관한 법률」을 위반하는 행위를 하는 경우 그 위반행위의 중지를 명할 수 있다.

[해설]
②(×) 시·도 경찰청장은 특수경비업자에 대하여 연 2회 이상의 보안지도·점검을 실시하여야 한다(경비업법 시행령 제29조).
①(○) 경비업법 제24조 제1항
③(○) 경비업법 제24조 제4항
④(○) 경비업법 제24조 제3항

정답 ②

3. 손해배상 등(경비업법 제26조) 기출 24・22・20・18・17・16・06

① 경비업자는 경비원이 업무수행 중 고의 또는 과실로 경비대상에 손해가 발생하는 것을 방지하지 못한 때에는 그 손해를 배상하여야 한다(제1항). ★
② 경비업자는 경비원이 업무수행 중 고의 또는 과실로 제3자에게 손해를 입힌 경우에는 이를 배상하여야 한다(제2항). ★

Ⅱ 그 밖의 보칙

1. 위임 및 위탁(경비업법 제27조) 기출 24・23・22・21・20・19・18・17・16・15・14・06・05・01

① 경찰청장의 권한 중 시・도 경찰청장에게 위임하는 사항 : 경찰청장의 권한은 대통령령이 정하는 바에 따라 그 일부를 시・도 경찰청장에게 위임할 수 있다(경비업법 제27조 제1항). 즉, 경찰청장은 다음의 권한을 시・도 경찰청장에게 위임한다(경비업법 시행령 제31조 제1항). ★★
   ㉠ 경비지도사자격의 취소 및 정지에 관한 권한(제1호)
   ㉡ 경비지도사자격의 취소 및 정지에 관한 청문의 권한(제2호)
② 경찰청장의 권한 중 관계전문기관 등에게 위탁하는 사항 : 경찰청장은 경비지도사의 시험에 관한 업무를 대통령령이 정하는 바에 따라 관계전문기관 또는 단체에 위탁할 수 있다(경비업법 제27조 제2항). ★ 〈개정 2024.2.13.〉 이에 따라 경찰청장 또는 경찰관서장은 법 제27조 제2항의 규정에 따라 법 제11조 제1항에 따른 경비지도사 시험의 관리에 관한 업무를 경비업무에 관한 인력과 전문성을 갖춘 기관 또는 단체로서 경찰청장이 지정하여 고시하는 기관 또는 단체에 위탁한다(경비업법 시행령 제31조 제2항). ★ 〈개정 2024.8.13.〉

핵심문제

01 경비업법령상 경찰청장이 시・도 경찰청장에게 위임할 수 있는 권한에 해당하는 것은? 기출수정 14

① 경비지도사자격의 취소 및 정지
② 경비지도사 시험의 관리
③ 경비지도사의 교육
④ 경비업 허가의 취소 및 영업정지

[해설]
① (○) 경비업법 시행령 제31조 제1항 제1호
② (×) 경찰청장이 경비업무에 관한 인력과 전문성을 갖춘 기관 또는 단체에 위탁하는 사항에 해당한다(경비업법 제27조 제2항, 동법 시행령 제31조 제2항).
③ (×) 경찰청장이 전문인력 및 시설 등을 갖춘 법인으로서 경찰청장이 지정하는 기관 또는 단체에 위탁할 수 있는 사항에 해당한다(경비업법 제11조의3 제1항).
④ (×) 시・도 경찰청장의 고유권한에 해당한다.

정답 ①

2. 허가증 등의 수수료(경비업법 제27조의2, 경비업법 시행령 제28조) 기출 24・23・22・20・17・15

이 법에 따른 경비업의 허가를 받거나 허가증을 재교부 받으려는 자는 대통령령이 정하는 바에 따라 수수료를 납부하여야 한다(경비업법 제27조의2).★

① 법에 의한 경비업의 허가를 받거나 허가증을 재교부 받으려는 자는 다음의 수수료를 납부하여야 한다(경비업법 시행령 제28조 제1항).
  ㉠ 경비업의 허가(추가・변경・갱신허가를 포함)의 경우에는 1만원★★
  ㉡ 허가사항의 변경신고로 인한 허가증 재교부의 경우에는 2천원★
② 수수료는 허가 등의 신청서에 수입인지를 첨부하여 납부한다(경비업법 시행령 제28조 제2항).
③ 시험에 응시하고자 하는 자는 경찰청장이 정하여 고시하는 수수료를 납부하여야 한다(경비업법 시행령 제28조 제3항).★
④ 경찰청장은 다음의 어느 하나에 해당하는 경우에는 받은 응시수수료의 전부 또는 일부를 다음의 구분에 따라 반환하여야 한다(경비업법 시행령 제28조 제4항).
  ㉠ 응시수수료를 과오납한 경우 : 과오납한 금액 전액(제1호)
  ㉡ 시험시행기관의 귀책사유로 시험에 응시하지 못한 경우 : 응시수수료 전액(제2호)
  ㉢ 시험시행일 20일 전까지 접수를 취소하는 경우 : 응시수수료 전액(제3호)★★
  ㉣ 시험시행일 10일 전까지 접수를 취소하는 경우 : 응시수수료의 100분의 50(제4호)★
⑤ 경찰청장 및 시・도 경찰청장은 정보통신망을 이용하여 전자화폐・전자결제 등의 방법으로 수수료를 납부하게 할 수 있다(경비업법 시행령 제28조 제5항).★

핵심문제

01 경비업법령상 허가증 등의 수수료에 관한 설명으로 옳지 않은 것은? 기출 17

① 경비지도사 시험에 응시하고자 하는 자는 경찰청장이 정하여 고시하는 수수료를 납부하여야 한다.
② 경비업의 변경・추가허가의 경우에는 1만원의 수수료를 납부하여야 한다.
③ 경찰서장은 정보통신망을 이용하여 전자화폐・전자결제 등의 방법으로 수수료를 납부하게 할 수 있다.
④ 경비업의 허가를 받거나 허가증을 재교부 받으려는 자는 대통령령이 정하는 바에 따라 수수료를 납부하여야 한다.

[해설]
③ (×) 경찰청장 및 시・도 경찰청장은 정보통신망을 이용하여 전자화폐・전자결제 등의 방법으로 수수료를 납부하게 할 수 있다(경비업법 시행령 제28조 제5항).★
① (○) 경비업법 시행령 제28조 제3항
② (○) 경비업법 시행령 제28조 제1항 제1호
④ (○) 경비업법 시행령 제28조 제1항

정답 ③

3. 벌칙 적용에서 공무원 의제(경비업법 제27조의3) 기출 24·21·19

제27조 제2항(경비지도사의 시험에 관한 업무)에 따라 위탁받은 업무에 종사하는 관계전문기관 또는 단체의 임직원은「형법」제129조부터 제132조[수뢰·사전수뢰, 제3자뇌물제공, 수뢰후부정처사·사후수뢰, 알선수뢰]까지의 규정을 적용할 때에는 공무원으로 본다.

4. 민감정보 및 고유식별정보의 처리(경비업법 시행령 제31조의2) 기출 23·21·15

경찰청장, 시·도 경찰청장, 경찰서장 및 경찰관서장(제31조에 따라 경찰청장 및 경찰관서장의 권한을 위임·위탁받은 자를 포함한다)은 다음의 사무를 수행하기 위하여 불가피한 경우「개인정보보호법」제23조에 따른 건강에 관한 정보(제1호의2 및 제4호의 사무로 한정한다), 같은 법 시행령 제18조 제2호에 따른 범죄경력자료에 해당하는 정보(제1호의2 및 제9호의 사무로 한정한다), 같은 영 제19조 제1호 또는 제4호에 따른 주민등록번호 또는 외국인등록번호가 포함된 자료를 처리할 수 있다. 〈개정 2024.8.13.〉

① 법 제4조 및 제6조에 따른 경비업의 허가 및 갱신허가 등에 관한 사무(제1호)
② 법 제5조 및 제10조에 따른 임원, 경비지도사 및 경비원의 결격사유 확인에 관한 사무(제1호의2)
③ 법 제11조에 따른 경비지도사 시험 등에 관한 사무(제2호)
④ 법 제12조의2에 따른 경비지도사의 선임·해임 신고에 관한 사무(제2호의2)
⑤ 법 제13조에 따른 경비원의 교육 등에 관한 사무(제3호)
⑥ 법 제14조에 따른 특수경비원의 직무 및 무기사용 등에 관한 사무(제4호)
⑦ 법 제18조에 따른 경비원 배치허가 등에 관한 사무(제6호)
⑧ 법 제19조 및 제20조에 따른 행정처분에 관한 사무(제7호)
⑨ 법 제24조에 따른 경비업자 및 경비지도사의 지도·감독에 관한 사무(제8호)
⑩ 법 제25조에 따른 보안지도·점검 및 보안측정에 관한 사무(제9호)

핵심문제

01 경비업법령상 민감정보 및 고유식별정보의 처리에 관한 내용이다. (   ) 안에 들어갈 사무에 해당하지 않는 것은?

> 경찰청장, 시·도 경찰청장, 경찰서장 및 경찰관서장은 (   )를 수행하기 위하여 불가피한 경우「개인정보보호법」제23조에 따른 건강에 관한 정보(제1호의2 및 제4호의 사무로 한정한다), 같은 법 시행령 제18조 제2호에 따른 범죄경력자료에 해당하는 정보(제1호의2 및 제9호의 사무로 한정한다), 같은 영 제19조 제1호 또는 제4호에 따른 주민등록번호 또는 외국인등록번호가 포함된 자료를 처리할 수 있다.

① 특수경비원의 직무 및 무기사용 등에 관한 사무
② 임원, 경비지도사 및 경비원의 결격사유 확인에 관한 사무
③ 기계경비업자에 대한 보안지도·점검 및 보안측정에 관한 사무
④ 경비업자 및 경비지도사의 지도·감독에 관한 사무

[해설]
특수경비업자에 대한 보안지도·점검 및 보안측정에 관한 사무(경비업법 시행령 제31조의2 제9호)가 민감정보 및 고유식별정보의 처리에 관한 내용에 해당된다.

정답 ③

5. 규제의 재검토(경비업법 시행령 제31조의3) 기출 23·19

경찰청장은 다음 사항에 대하여 다음의 기준일을 기준으로 3년마다(매 3년이 되는 해의 기준일과 같은 날 전까지를 말한다) 그 타당성을 검토하여 개선 등의 조치를 해야 한다.★ 〈개정 2024.8.13.〉

① 경비업의 시설 등의 기준 : 2014년 6월 8일
② 경비지도사의 기본교육 및 보수교육의 시간 : 2025년 1월 1일
③ 집단민원현장 배치 불허가 기준 : 2014년 6월 8일
④ 행정처분 기준 : 2014년 6월 8일 → 삭제 〈2021.3.2.〉
⑤ 과태료의 부과기준 : 2014년 6월 8일 → 삭제 〈2021.3.2.〉

※ 경비업법 시행규칙 제27조의2는 경찰청장이 2014년 6월 8일을 기준으로 3년마다(매 3년이 되는 해의 6월 8일 전까지를 말한다) 그 타당성을 검토하여 개선 등의 조치를 하여야 하는 사항으로 경비원이 휴대하는 장비를 규정하고 있다.

제8절 벌 칙

I. 징역 또는 벌금(경비업법 제28조) 기출 24·22·21·20·19·18·16·15·14·11·10·09·08·07·06·05·04·01

1. 5년 이하의 징역 또는 5천만원 이하의 벌금(경비업법 제28조 제1항)

제14조 제2항의 규정에 위반하여 (국가중요시설에 대한 경비업무 수행 중) 국가중요시설의 정상적인 운영을 해치는 장해를 일으킨 특수경비원★

핵심문제

01 경비업법령상 경찰청장이 3년마다 타당성을 검토하여 개선 등의 조치를 해야 하는 것을 모두 고른 것은? 기출 23

> ㄱ. 경비업의 시설 등의 기준
> ㄴ. 집단민원현장 배치 불허가 기준
> ㄷ. 행정처분 기준
> ㄹ. 과태료 부과기준

① ㄱ, ㄴ
② ㄱ, ㄷ, ㄹ
③ ㄴ, ㄷ, ㄹ
④ ㄱ, ㄴ, ㄷ, ㄹ

[해설]
제시된 내용 중 경비업법령상 경찰청장이 3년마다 타당성을 검토하여 개선 등의 조치를 해야 하는 것은 ㄱ과 ㄴ이다(경비업법 시행령 제31조의3). ㄷ과 ㄹ은 2021.3.2. 동 시행령 개정 시 규제의 재검토 사항에서 삭제되었다.

정답 ①

2. 3년 이하의 징역 또는 3천만원 이하의 벌금(경비업법 제28조 제2항)
① 제4조 제1항의 규정에 의한 허가를 받지 아니하고 경비업을 영위한 자(제1호)★
② 제7조 제4항의 규정에 위반하여 직무상 알게 된 비밀을 누설하거나 부당한 목적을 위하여 사용한 자(제2호)★
③ 제7조 제8항의 규정에 위반하여 경비업무의 중단을 통보하지 아니하거나 경비업무를 즉시 인수하지 아니한 특수경비업자 또는 경비대행업자(제3호)★★
④ 집단민원현장에 경비원을 배치하면서 제7조의2 제1항을 위반하여 제4조 제1항에 따른 허가를 받지 아니한 자에게 경비업무를 도급한 자(제4호)★
⑤ 제7조의2 제2항을 위반하여 집단민원현장에 20명 이상의 경비인력을 배치하면서 그 경비인력을 직접 고용한 자(제5호)★
⑥ 제7조의2 제3항을 위반하여 경비업자의 경비원 채용 시 무자격자나 부적격자 등을 채용하도록 관여하거나 영향력을 행사한 도급인(제6호)★★
⑦ 과실로 인하여 제14조 제2항의 규정에 위반하여 (국가중요시설에 대한 경비업무 수행 중) 국가중요시설의 정상적인 운영을 해치는 장해를 일으킨 특수경비원(제7호)★★
⑧ 특수경비원으로서 경비구역 안에서 시설물의 절도, 손괴, 위험물의 폭발 등의 사유로 인한 위급사태가 발생한 때에 제15조 제1항 또는 제2항의 규정에 위반한 자(즉, 시설주·관할 경찰관서장 및 소속상사의 직무상 명령에 불복종하거나 소속상사의 허가 또는 정당한 사유 없이 경비구역을 벗어난 자)(제8호)★★
  예 특수경비원이 직무수행 중 경비구역 안에서 위험물의 폭발로 인한 위급사태가 발생한 때에 소속상사의 직무상 명령에 복종하지 아니한 경우
⑨ 제15조의2 제2항의 규정을 위반하여 경비원에게 경비업무의 범위를 벗어난 행위를 하게 한 자(제9호)★

3. 2년 이하의 징역 또는 2천만원 이하의 벌금(경비업법 제28조 제3항)
제14조 제4항 후단의 규정에 위반하여 (국가중요시설에 대한 경비업무 중) 정당한 사유 없이 무기를 소지하고 배치된 경비구역을 벗어난 특수경비원★

4. 1년 이하의 징역 또는 1천만원 이하의 벌금(경비업법 제28조 제4항)
① 제14조 제7항(무기출납부 및 무기장비운영카드 비치·기록의무, 무기 직접 지급·회수의무)의 규정에 위반한 관리책임자(제1호)★★
  예 시설주로부터 무기의 관리를 위하여 지정받은 책임자가 특수경비원에게 무기를 직접 지급 또는 회수하지 아니한 경우
② 제15조 제3항(파업·태업 그 밖에 경비업무의 정상적인 운영을 저해하는 일체의 쟁의행위 금지)의 규정에 위반하여 쟁의행위를 한 특수경비원(제2호)★
③ 제15조의2 제1항을 위반하여 경비업무의 범위를 벗어난 행위를 한 경비원(제3호)
  예 물리력을 행사한 경비원
④ 제16조의2 제1항에서 정한 장비 외에 흉기 또는 그 밖의 위험한 물건을 휴대하고 경비업무를 수행한 경비원 또는 경비원에게 이를 휴대하고 경비업무를 수행하게 한 자(제4호)★

⑤ 제18조 제8항을 위반하여 경찰관서장의 배치폐지명령을 따르지 아니한 자(제5호)★★
　예 경비업자가 법령상의 신고의무를 위반하여 일반경비원을 배치한 경우 관할 경찰관서장의 배치폐지명령을 이행하지 아니한 경우
⑥ 제24조 제3항에 따른 시·도 경찰청장 또는 관할 경찰관서장의 중지명령에 따르지 아니한 자(제6호)★★

핵심문제

01 경비업법상 법정형 3년 이하의 징역 또는 3천만원 이하의 벌금에 처해지지 않는 자는? 기출 16

① 경비업 허가를 받지 않고 경비업을 영위하는 자
② 집단민원현장에 경비원을 배치하면서 경비업 허가를 받지 아니한 자에게 경비업무를 도급한 자
③ 경비원으로 하여금 직무를 수행함에 있어 타인에게 위력을 과시하거나 물리력을 행사하는 등 경비업무의 범위를 벗어난 행위를 하게 한 자
④ 파업·태업 그 밖에 경비업무의 정상적인 운영을 저해하는 쟁의 행위를 한 특수경비원

[해설]
④ (×) 파업·태업 그 밖에 경비업무의 정상적인 운영을 저해하는 쟁의 행위를 한 특수경비원은 1년 이하의 징역 또는 1천만원 이하의 벌금에 처한다(경비업법 제28조 제4항 제2호).
①·②·③에 해당하는 자는 3년 이하의 징역 또는 3천만원 이하의 벌금에 처해진다(경비업법 제28조 제2항 제1호·제4호·제9호).

정답 ④

02 경비업법상 특수경비원이 정당한 사유 없이 무기를 소지하고 배치된 경비구역을 벗어났을 때 처벌은? 기출 05

① 6개월 이하의 징역 또는 500만원 이하의 벌금
② 1년 이하의 징역 또는 1,000만원 이하의 벌금
③ 2년 이하의 징역 또는 2,000만원 이하의 벌금
④ 3년 이하의 징역 또는 3,000만원 이하의 벌금

[해설]
특수경비원이 정당한 사유 없이 무기를 소지하고 배치된 경비구역을 벗어났을 때는 2년 이하의 징역 또는 2천만원 이하의 벌금에 처한다(경비업법 제28조 제3항).

정답 ③

03 경비업법상 위반행위를 한 행위자에 대한 법정형이 같은 것으로 묶인 것은? 기출 15

> ㄱ. 허가를 받지 아니하고 경비업을 영위한 자
> ㄴ. 경비업법에서 정한 장비 외에 흉기를 휴대하고 경비업무를 수행한 경비원
> ㄷ. 경비업무 수행 중 과실로 인하여 국가중요시설의 정상적인 운영을 해치는 장해를 일으킨 특수경비원
> ㄹ. 국가중요시설에 대한 경비업무 중 정당한 사유 없이 무기를 소지하고 배치된 경비구역을 벗어난 특수경비원

① ㄱ, ㄷ　　　② ㄱ, ㄹ
③ ㄴ, ㄷ　　　④ ㄴ, ㄹ

[해설]
제시된 내용 중 ㄱ과 ㄷ의 법정형이 같다.
ㄱ. 3년 이하 징역 또는 3천만원 이하 벌금(경비업법 제28조 제2항 제1호)
ㄴ. 1년 이하 징역 또는 1천만원 이하 벌금(경비업법 제28조 제4항 제4호)
ㄷ. 3년 이하 징역 또는 3천만원 이하 벌금(경비업법 제28조 제2항 제7호)
ㄹ. 2년 이하 징역 또는 2천만원 이하 벌금(경비업법 제28조 제3항)

정답 ①

Ⅱ 형의 가중처벌 및 양벌규정 기출 24・23・22・21・20・18・17・15・14・13・12・10

1. 특수경비원에 대한 형의 가중처벌(경비업법 제29조 제1항)

특수경비원이 무기를 휴대하고 경비업무를 수행 중에 제14조 제8항의 규정 및 제15조 제4항의 규정에 의한 무기의 안전수칙을 위반하여 형법 제258조의2(특수상해죄) 제1항[제257조 제1항(상해)의 죄로 한정]・제2항[제258조 제1항・제2항(중상해)의 죄로 한정], 제259조 제1항(상해치사죄), 제260조 제1항(폭행죄), 제262조(폭행치사상죄), 제268조(업무상과실・중과실치사상죄), 제276조 제1항(체포 또는 감금죄), 제277조 제1항(중체포 또는 중감금죄), 제281조 제1항(체포・감금등의 치사상죄), 제283조 제1항(협박죄), 제324조 제2항(특수강요죄), 제350조의2(특수공갈죄) 및 제366조(재물손괴등 죄)의 죄를 범한 때에는 그 죄에 정한 형의 2분의 1까지 가중처벌한다.

2. 경비원에 대한 형의 가중처벌(경비업법 제29조 제2항) 기출 24

경비원이 경비업무 수행 중에 제16조의2 제1항에서 정한 장비 외에 흉기 또는 그 밖의 위험한 물건을 휴대하고 형법 제258조의2(특수상해죄) 제1항[제257조 제1항(상해)의 죄로 한정]・제2항[제258조 제1항・제2항(중상해)의 죄로 한정], 제259조 제1항(상해치사죄), 제261조(특수폭행죄), 제262조(폭행치사상죄), 제268조(업무상과실・중과실치사상죄), 제276조 제1항(체포 또는 감금죄), 제277조 제1항(중체포 또는 중감금죄), 제281조 제1항(체포・감금등의 치사상죄), 제283조 제1항(협박죄), 제324조 제2항(특수강요죄), 제350조의2(특수공갈죄) 및 제366조(재물손괴등 죄)의 죄를 범한 때에는 그 죄에 정한 형의 2분의 1까지 가중처벌한다.

적용 범위의 비교

구 분	경비원	특수경비원
공 통	특수상해, 상해치사, 폭행치사상, 업무상과실・중과실치사상, 체포・감금, 중체포・중감금, 체포・감금등의 치사상, 협박, 특수강요, 특수공갈, 재물손괴	
차 이	특수폭행	폭 행

핵심문제

01 특수경비원이 무기를 휴대하고 경비업법령상 무기의 안전수칙을 위반하여 범죄를 범한 경우 그 범죄의 법정형의 2분의 1까지 가중처벌한다는 규정에 해당하는 형법상 범죄가 아닌 것은? 기출 13・12

① 형법 제259조 제1항(상해치사죄)
② 형법 제262조(폭행치사상죄)
③ 형법 제324조 제2항(특수강요죄)
④ 형법 제267조(과실치사죄)

[해설]
형법 제268조(업무상과실・중과실치사상죄)는 가중처벌 대상이나, 제266조(과실치상죄) 또는 제267조(과실치사죄)는 가중처벌 대상이 아니다.

정답 ④

3. 양벌규정(경비업법 제30조) 기출 23·21·19·18·17·14

법인의 대표자나 법인 또는 개인의 대리인, 사용인, 그 밖의 종업원이 그 법인 또는 개인의 업무에 관하여 제28조의 위반행위를 하면 그 행위자를 벌하는 외에 그 법인 또는 개인에게도 해당 조문의 벌금형을 과(科)한다. 다만, 법인 또는 개인이 그 위반행위를 방지하기 위하여 해당 업무에 관하여 상당한 주의와 감독을 게을리하지 아니한 경우에는 그러하지 아니하다. ★

Ⅲ 과태료(경비업법 제31조) 기출 24·21·20·19·18·17·16·15·14·12·11·04

1. 3천만원 이하의 과태료(경비업법 제31조 제1항)

다음의 어느 하나에 해당하는 경비업자에게는 3천만원 이하의 과태료를 부과한다.
① 제16조 제1항을 위반하여 경비원의 복장에 관한 신고를 하지 아니하고 집단민원현장에 경비원을 배치한 자(제1호)
② 제16조 제2항을 위반하여 이름표를 부착하게 하지 아니하거나, 신고된 동일 복장을 착용하게 하지 아니하고 집단민원현장에 경비원을 배치한 자(제2호)
③ 제18조 제1항 단서를 위반하여 집단민원현장에 일반경비원을 배치하면서 경비원의 명부를 배치장소에 작성·비치하지 아니한 자(제3호)
④ 제18조 제2항 각호 외의 부분 단서를 위반하여 배치허가를 받지 아니하고 경비원을 배치하거나 경비원 명단 및 배치일시·배치장소 등 배치허가 신청의 내용을 거짓으로 한 자(제4호) ★★
⑤ 제18조 제7항을 위반하여 제13조에 따른 신임교육을 이수하지 아니한 자를 제18조 제2항 각호의 경비원으로 배치한 자(제5호) ★★

2. 500만원 이하의 과태료(경비업법 제31조 제2항)

다음의 어느 하나에 해당하는 경비업자, 경비지도사 또는 시설주에게는 500만원 이하의 과태료를 부과한다.
〈개정 2024.2.13.〉
① 제4조 제3항(시·도 경찰청장에게 신고의무) 또는 제18조 제2항(관할 경찰관서장에게 배치신고의무)의 규정에 위반하여 신고를 하지 아니한 자(제1호)
② 제7조 제7항(특수경비업자의 경비대행업자 지정신고의무)의 규정에 위반하여 경비대행업자 지정신고를 하지 아니한 자(제2호)
③ 제9조 제1항(기계경비업자의 계약자에 대한 오경보를 막기 위한 기기설명의무)의 규정에 위반하여 설명의무를 이행하지 아니한 자(제3호)
④ 제11조의2(경비지도사의 보수교육)를 위반하여 정당한 사유 없이 보수교육을 받지 아니한 경비지도사(제3호의2) ★
⑤ 제12조 제1항(경비지도사의 선임·배치기준)의 규정에 위반하여 경비지도사를 선임하지 아니한 자(제4호)
⑥ 제12조의2를 위반하여 경비지도사의 선임 또는 해임의 신고를 하지 아니한 자(제4호의2) ★
⑦ 제14조 제6항의 규정에 의한 감독상 필요한 명령을 정당한 이유 없이 이행하지 아니한 자(제5호) ★★
⑧ 제10조 제3항을 위반하여 결격사유에 해당하는 경비원을 배치하거나 결격사유에 해당하는 경비지도사를 선임·배치한 자(제6호)

⑨ 제16조 제1항의 복장 등에 관한 신고규정을 위반하여 신고를 하지 아니한 자(제7호)
⑩ 제16조 제2항을 위반하여 이름표를 부착하게 하지 아니하거나, 신고된 동일 복장을 착용하게 하지 아니하고 경비원을 경비업무에 배치한 자(제8호)
⑪ 제18조 제1항 본문을 위반하여 명부를 작성·비치하지 아니한 자(제9호)
⑫ 제18조 제5항을 위반하여 경비원의 근무상황을 기록하여 보관하지 아니한 자(제10호)★★

3. 과태료의 부과·징수권자(경비업법 제31조 제3항)

과태료는 대통령령(경비업법 시행령 제32조)이 정하는 바에 의하여 시·도 경찰청장 또는 경찰관서장이 부과·징수한다.★★

4. 과태료의 부과기준 등(경비업법 시행령 제32조)

① 과태료의 부과기준은 [별표 6]과 같다(제1항).
② 시·도 경찰청장 또는 경찰관서장은 「질서위반행위규제법」 제14조 각호의 사항을 고려하여 [별표 6]에 따른 금액의 100분의 50의 범위에서 경감하거나 가중할 수 있다(제2항 본문).★
③ 다만, 가중하는 때에는 법 제31조 제1항(3천만원 이하) 및 제2항(500만원 이하)에 따른 과태료 금액의 상한을 초과할 수 없다(제2항 단서).★★

> **과태료의 산정기준(질서위반행위규제법 제14조)**
> 1. 질서위반행위의 동기·목적·방법·결과
> 2. 질서위반행위 이후의 당사자의 태도와 정황
> 3. 질서위반행위자의 연령·재산상태·환경
> 4. 그 밖에 과태료의 산정에 필요하다고 인정되는 사유

핵심문제

01 경비업법령상 경비업자, 경비지도사 또는 시설주에 대하여 500만원 이하의 과태료에 처하는 경우가 아닌 것은?
〔기출수정〕 12

① 기계경비업자가 경비계약을 체결하는 때에 오경보를 막기 위하여 계약상대방에게 기기사용요령 및 기계경비운영체계 등에 관하여 설명하지 않은 경우
② 경비업의 허가를 받은 법인이 영업을 폐업하거나 휴업한 때 시·도 경찰청장에게 신고하지 않은 경우
③ 경비업의 허가를 받은 법인이 기계경비업무의 수행을 위한 관제시설을 신설한 때 시·도 경찰청장에게 신고하지 않은 경우
④ 특수경비업자가 국가중요시설에 대한 특수경비업무를 중단하게 되는 때에 미리 이를 경비대행업자에게 통보하지 아니하는 경우

[해설]
①·②·③은 모두 경비업법 제31조 제2항의 500만원 이하의 과태료 처분대상이다.
④는 경비업법 제7조 제8항의 규정을 위반하여 특수경비업자가 국가중요시설에 대한 특수경비업무를 중단하게 되는 때에 미리 이를 경비대행업자에게 통보하지 아니하는 경우에 해당하여 3년 이하의 징역 또는 3천만원 이하의 벌금에 처한다(경비업법 제28조 제2항 제3호).

〔정답〕 ④

5. 과태료의 부과기준 등(경비업법 시행령 [별표 6]) 〈개정 2024.8.13.〉 기출 23·22·19

위반행위	해당 법조문	과태료 금액(단위 : 만원)		
		1회 위반	2회 위반	3회 이상
1. 법 제4조 제3항 또는 제18조 제2항을 위반하여 신고를 하지 않은 경우 　가. 1개월 이내의 기간 경과 　나. 1개월 초과 6개월 이내의 기간 경과 　다. 6개월 초과 12개월 이내의 기간 경과 　라. 12개월 초과의 기간 경과	법 제31조 제2항 제1호	50 100 200 400		
2. 법 제7조 제7항을 위반하여 경비대행업자 지정신고를 하지 않은 경우 　가. 허위로 신고한 경우 　나. 그 밖의 사유로 신고하지 않은 경우	법 제31조 제2항 제2호	400 300		
3. 법 제9조(기계경비업자의 오경보의 방지 등) 제1항을 위반하여 설명의무를 이행하지 않은 경우	법 제31조 제2항 제3호	100	200	400
4. 법 제10조 제3항을 위반하여 결격사유에 해당하는 경비원을 배치하거나 결격사유에 해당하는 경비지도사를 선임·배치한 경우	법 제31조 제2항 제6호	100	200	400
4의2. 법 제11조의2를 위반하여 정당한 사유 없이 보수교육을 받지 않은 경우 　가. 1년 이내의 기간 경과 　나. 1년 초과 2년 이내의 기간 경과 　다. 2년 초과의 기간 경과	법 제31조 제2항 제3호의2	100 200 300		
5. 법 제12조 제1항을 위반하여 경비지도사를 선임하지 않은 경우	법 제31조 제2항 제4호	100	200	400
5의2. 법 제12조의2를 위반하여 경비지도사의 선임 또는 해임의 신고를 하지 않은 경우 　가. 6개월 이내의 기간 경과 　나. 6개월 초과 12개월 이내의 기간 경과 　다. 12개월 초과의 기간 경과	법 제31조 제2항 제4호의2	100 200 400		
6. 법 제14조 제6항에 따른 감독상 필요한 명령을 정당한 이유 없이 이행하지 않은 경우	법 제31조 제2항 제5호	500		
7. 법 제16조 제1항을 위반하여 복장 등에 관한 신고규정을 위반하여 신고를 하지 않은 경우	법 제31조 제2항 제7호	100	200	400
8. 법 제16조 제1항을 위반하여 경비원의 복장에 관한 신고를 하지 않고 집단민원현장에 경비원을 배치한 경우	법 제31조 제1항 제1호	600	1,200	2,400
9. 법 제16조 제2항을 위반하여 이름표를 부착하게 하지 않거나, 신고된 동일 복장을 착용하게 하지 않고 경비원을 경비업무에 배치한 경우	법 제31조 제2항 제8호	100	200	400
10. 법 제16조 제2항을 위반하여 이름표를 부착하게 하지 않거나, 신고된 동일 복장을 착용하게 하지 않고 집단민원현장에 경비원을 배치한 경우	법 제31조 제1항 제2호	600	1,200	2,400
11. 법 제18조 제1항 본문을 위반하여 명부를 작성·비치하지 않은 경우 　가. 경비원 명부를 비치하지 않은 경우 　나. 경비원 명부를 작성하지 않은 경우	법 제31조 제2항 제9호	100 50	200 100	400 200

12. 법 제18조 제1항 단서를 위반하여 집단민원현장에 배치되는 일반경비원의 명부를 그 배치 장소에 작성·비치하지 않은 경우 가. 경비원 명부를 비치하지 않은 경우 나. 경비원 명부를 작성하지 않은 경우	법 제31조 제1항 제3호	600 300	1,200 600	2,400 1,200
13. 법 제18조 제2항 각호 외의 부분 단서를 위반하여 배치허가를 받지 않고 경비원을 배치하거나, 경비원 명단 및 배치일시·배치장소 등 배치허가 신청의 내용을 거짓으로 한 경우	법 제31조 제1항 제4호	1,000	2,000	3,000
14. 법 제18조 제5항을 위반하여 경비원의 근무상황을 기록하여 보관하지 않은 경우	법 제31조 제2항 제10호	50	100	200
15. 법 제18조 제7항을 위반하여 법 제13조에 따른 신임교육을 이수하지 않은 자를 법 제18조 제2항 각호의 경비원으로 배치한 경우	법 제31조 제1항 제5호	600	1,200	2,400

[비 고]
가. 위반행위의 횟수에 따른 과태료의 가중된 부과기준은 최근 2년간 같은 위반행위로 과태료 부과처분을 받은 경우에 적용한다. 이 경우 기간의 계산은 위반행위에 대하여 과태료 부과처분을 받은 날과 그 처분 후 다시 같은 위반행위를 하여 적발된 날을 기준으로 한다.
나. 가목에 따라 가중된 부과처분을 하는 경우 가중처분의 적용 차수는 그 위반행위 전 부과처분 차수(가목에 따른 기간 내에 과태료 부과처분이 둘 이상 있었던 경우에는 높은 차수를 말한다)의 다음 차수로 한다.

핵심문제

01 경비업법령상 과태료 부과금액이 다른 것은? 기출 17

① 기계경비업자가 경비계약을 체결하면서 계약상대방에게 기기사용요령 및 기계경비운영체계 등에 관한 설명의무를 이행하지 않은 경우
② 경비업자가 신임교육을 이수하지 않은 자를 집단민원현장이 아닌 곳에서 신변보호업무를 수행하는 일반경비원으로 배치한 경우
③ 경비업자가 결격사유에 해당하는 경비원을 배치하거나 결격사유에 해당하는 경비지도사를 선임·배치한 경우
④ 경비업자가 행정안전부령에 따라 경비원명부를 작성·비치하지 않고 경비원을 경비업무에 배치한 경우

[해설]
①·③·④는 경비업법 제31조 제2항 제3호·제6호·제9호의 500만원 이하의 과태료 부과대상이다. 반면 ②는 경비업자가 신임교육을 이수하지 않은 자를 집단민원현장이 아닌 곳에서 신변보호업무를 수행하는 일반경비원으로 배치한 경우로서 경비업법 제31조 제1항 제5호 규정을 위반하여 3천만원 이하의 과태료 처분대상이 된다. ★★

정답 ②

02 경비업법령상 과태료의 부과기준에서 1회 위반 시 부과되는 과태료 금액이 다른 것은? 기출 16

① 경비지도사를 선임하지 않은 경우
② 경비원 명부를 비치하지 않은 경우
③ 결격사유에 해당하는 경비지도사를 선임·배치한 경우
④ 경비원 명단 및 배치일시·배치장소 등 배치허가 신청의 내용을 거짓으로 한 경우

[해설]
경비원 명단 및 배치일시·배치장소 등 배치허가 신청의 내용을 거짓으로 한 경우 1회 위반 시 1천만원의 과태료가 부과된다(경비업법 시행령 [별표 6] 제3호). 나머지 경우에는 각각 100만원씩의 과태료가 부과된다.

정답 ④

CHAPTER 02 청원경찰법

제1절 청원경찰의 배치장소와 직무

I 청원경찰의 개념 및 배치장소 기출 24·23·21·20·14·11·04·02·99

1. 청원경찰의 개념(청원경찰법 제2조)

"청원경찰"이란 다음에 해당하는 기관의 장 또는 시설·사업장 등의 경영자가 경비(經費, 이하 "청원경찰경비")를 부담할 것을 조건으로 경찰의 배치를 신청하는 경우 그 기관·시설 또는 사업장 등의 경비(警備)를 담당하게 하기 위하여 배치하는 경찰을 말한다.
① 국가기관 또는 공공단체와 그 관리하에 있는 중요 시설 또는 사업장(제1호)
② 국내 주재 외국기관(제2호)★
③ 그 밖에 행정안전부령(청원경찰법 시행규칙 제2조)으로 정하는 중요시설·사업장 또는 장소(제3호)

> **청원경찰법의 목적(청원경찰법 제1조)** 기출 24·23·20·14
> 청원경찰법은 청원경찰의 직무·임용·배치·보수·사회보장 및 그 밖에 필요한 사항을 규정함으로써 청원경찰의 원활한 운영을 목적으로 한다.

2. 행정안전부령으로 정하는 배치장소(청원경찰법 시행규칙 제2조)★★

① 선박·항공기 등 수송시설
② 금융 또는 보험을 업으로 하는 시설 또는 사업장★
③ 언론·통신·방송 또는 인쇄를 업으로 하는 시설 또는 사업장★
④ 학교 등 육영시설★
⑤ 의료법에 따른 의료기관★
⑥ 그 밖에 공공의 안녕질서 유지와 국민경제를 위하여 고도의 경비가 필요한 중요시설·사업체 또는 장소

Ⅱ 청원경찰의 직무

1. 직무범위(청원경찰법 제3조) 기출 24·23·22·21·17·15·14·12·10·09·06·05·02·01·99

청원경찰은 청원경찰의 배치결정을 받은 자(청원주)와 배치된 기관·시설 또는 사업장 등의 구역을 관할하는 경찰서장의 감독을 받아 그 경비구역만의 경비를 목적으로 필요한 범위에서 「경찰관직무집행법」에 따른 경찰관의 직무를 수행한다.★★

2. 직무상 주의사항(청원경찰법 시행규칙 제21조) 기출 24·23·22

① 청원경찰이 직무를 수행할 때에는 경비 목적을 위하여 필요한 최소한의 범위에서 하여야 한다(제1항).★
② 청원경찰은 「경찰관직무집행법」에 따른 직무 외의 수사활동 등 사법경찰관리의 직무를 수행해서는 아니 된다(제2항).★★

> **청원경찰의 신분(청원경찰법 시행령 제18조)** 기출 23
> 청원경찰은 형법이나 그 밖의 법령에 따른 벌칙을 적용하는 경우와 청원경찰법 및 청원경찰법 시행령에서 특별히 규정한 경우를 제외하고는 공무원으로 보지 아니한다.

핵심문제

01 다음 중 청원경찰이 배치될 수 없는 곳을 고르면? 기출

① 국외 주재 국내기관
② 국내 주재 외국기관
③ 그 밖에 행정안전부령으로 정하는 중요시설, 사업장 또는 장소
④ 국가기관 또는 공공단체와 그 관리 하에 있는 중요시설 또는 사업장

[해설]
①의 국외 주재 국내기관은 청원경찰법령상 청원경찰이 배치될 수 있는 시설에 해당하지 않는다. ②·③·④는 청원경찰법 제2조에 규정된 청원경찰의 배치장소에 해당한다.

정답 ①

02 청원경찰법령상 청원경찰의 직무에 관한 설명으로 옳지 않은 것은? 기출 12

① 청원경찰은 청원주와 배치된 기관·시설 또는 사업장 등의 구역을 관할하는 경찰서장의 감독을 받는다.
② 청원경찰은 재직 중은 물론 퇴직 후에도 직무상 알게 된 비밀을 엄수하여야 한다.
③ 순찰은 요점순찰을 하되, 청원주가 필요하다고 인정할 때에는 정선순찰 또는 난선순찰을 할 수 있다.
④ 자체경비를 하는 입초근무자는 경비구역의 정문이나 그 밖의 지정된 장소에서 경비구역의 내부, 외부 및 출입자의 움직임을 감시한다.

[해설]
순찰은 단독 또는 복수로 정선순찰을 하되, 청원주가 필요하다고 인정할 때에는 요점순찰 또는 난선순찰을 할 수 있다(청원경찰법 시행규칙 제14조 제3항 후문).

정답 ③

3. 근무요령(청원경찰법 시행규칙 제14조) 기출 23·22·21·19·15·14·09·01·99·97

① 자체경비를 하는 입초근무자는 경비구역의 정문이나 그 밖의 지정된 장소에서 경비구역의 내부, 외부 및 출입자의 움직임을 감시한다. ★
② 업무처리 및 자체경비를 하는 소내근무자는 근무 중 특이한 사항이 발생하였을 때에는 지체 없이 청원주 또는 관할 경찰서장에게 보고하고 그 지시에 따라야 한다. ★★
③ 순찰근무자는 청원주가 지정한 일정한 구역을 순회하면서 경비 임무를 수행한다. 이 경우 순찰은 단독 또는 복수로 정선순찰(정해진 노선을 규칙적으로 순찰하는 것)을 하되, 청원주가 필요하다고 인정할 때에는 요점순찰(순찰구역 내 지정된 중요지점을 순찰하는 것) 또는 난선순찰(임의로 순찰지역이나 노선을 선정하여 불규칙적으로 순찰하는 것)을 할 수 있다. ★★
④ 대기근무자는 소내근무에 협조하거나 휴식하면서 불의의 사고에 대비한다. ★

제2절 청원경찰의 배치·임용·교육·징계

I 청원경찰의 배치 기출 24·23·22·21·20·19·16·10·09·08·04·02·01·99·97

1. 청원경찰의 배치신청(청원경찰법 제4조)

청원경찰을 배치받으려는 자는 대통령령(청원경찰법 시행령 제2조)으로 정하는 바에 따라 관할 시·도 경찰청장에게 청원경찰 배치를 신청하여야 한다(청원경찰법 제4조 제1항). ★★

① **청원경찰의 배치신청 등**(청원경찰법 시행령 제2조) : 청원경찰의 배치를 받으려는 자는 청원경찰 배치신청서에 다음의 서류(㉠ 및 ㉡)를 첨부하여 국가기관 또는 공공단체와 그 관리 하에 있는 중요 시설 또는 사업장, 국내 주재 외국기관, 그 밖에 행정안전부령으로 정하는 중요 시설, 사업장 또는 장소의 소재지를 관할하는 경찰서장을 거쳐 시·도 경찰청장에게 제출하여야 한다. 이 경우 배치장소가 둘 이상의 도(특별시, 광역시, 특별자치시 및 특별자치도를 포함)일 때에는 주된 사업장의 관할 경찰서장을 거쳐 관할 시·도 경찰청장에게 일괄 신청할 수 있다. ★★
   ㉠ 경비구역 평면도 1부(제1호)
   ㉡ 배치계획서 1부(제2호)
② **청원경찰 배치신청서 등**(청원경찰법 시행규칙 제3조)
   ㉠ 청원경찰 배치신청서는 별지 제1호 서식에 따른다.
   ㉡ 청원경찰 배치결정통지 또는 청원경찰 배치불허통지는 별지 제2호 서식에 따른다.

2. 배치결정 및 요청(청원경찰법 제4조)

① 시·도 경찰청장은 청원경찰 배치 신청을 받으면 지체 없이 그 배치 여부를 결정하여 신청인에게 알려야 한다(청원경찰법 제4조 제2항). ★
② 시·도 경찰청장은 청원경찰의 배치가 필요하다고 인정되는 기관의 장 또는 시설·사업장의 경영자에게 청원경찰을 배치할 것을 요청할 수 있다(청원경찰법 제4조 제3항). ★

3. 배치 및 이동(청원경찰법 시행령 제6조) 기출 21·19

① 청원주는 청원경찰을 신규로 배치하거나 이동배치하였을 때에는 배치지(이동배치의 경우에는 종전의 배치지)를 관할하는 경찰서장에게 그 사실을 통보하여야 한다(제1항). ★★
② ①의 통보를 받은 경찰서장은 이동배치지가 다른 관할구역에 속할 때에는 전입지를 관할하는 경찰서장에게 이동배치한 사실을 통보하여야 한다(제2항). ★

핵심문제

01 청원경찰법령상 청원경찰 배치에 관한 설명으로 옳은 것은? 기출 16

① 청원경찰을 배치받으려는 자는 행정안전부령으로 정하는 바에 따라 경찰청장에게 청원경찰 배치를 신청하여야 한다.
② 청원경찰의 배치를 받으려는 자는 청원경찰 배치신청서에 경비구역 평면도 1부와 배치계획서 1부를 첨부하여야 한다.
③ 사회복지법에 따른 사회복지시설은 청원경찰 배치대상이다.
④ 금융 또는 보험을 업(業)으로 하는 시설 또는 사업장은 청원경찰 배치대상이 아니다.

[해설]
② (○) 청원경찰법 시행령 제2조
① (×) 청원경찰을 배치받으려는 자는 대통령령으로 정하는 바에 따라 관할 시·도 경찰청장에게 청원경찰 배치를 신청하여야 한다(청원경찰법 제4조 제1항). ★★
③ (×) 사회복지법에 따른 사회복지시설은 청원경찰 배치대상이 아니다.
④ (×) 금융 또는 보험을 업(業)으로 하는 시설 또는 사업장은 청원경찰 배치대상이다(청원경찰법 시행규칙 제2조 제2호).

정답 ②

02 다음 중 청원주가 청원경찰을 신규로 배치한 때에는 누구에게 통보해야 하는가? 기출 02·01

① 배치지 관할 경찰서장
② 배치지 관할 파출소장
③ 배치지 관할 시·도 경찰청장
④ 경찰청장

[해설]
청원주는 청원경찰을 신규로 배치하거나 이동배치하였을 때에는 배치지(이동배치의 경우에는 종전의 배치지)를 관할하는 경찰서장에게 그 사실을 통보하여야 한다(청원경찰법 시행령 제6조 제1항). ★

정답 ①

청원경찰 배치신청 처리절차(청원경찰법 시행규칙 [별지 제1호 서식])

(가) 사업장이 하나의 경찰서의 관할구역에 있는 경우

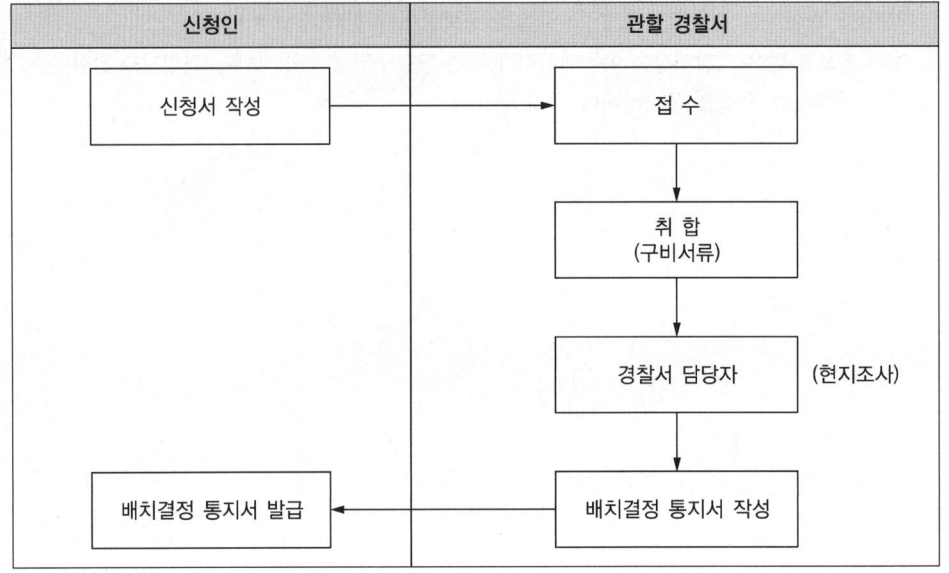

(나) 사업장이 둘 이상의 경찰서의 관할구역에 있는 경우

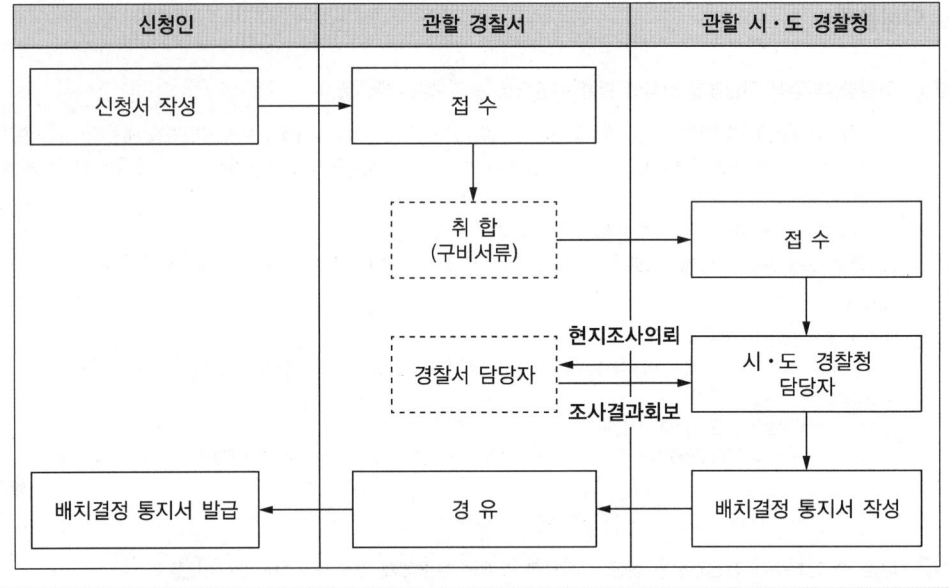

4. 배치의 폐지 등(청원경찰법 제10조의5) 기출 21·19·17

① 청원주는 청원경찰이 배치된 시설이 폐쇄되거나 축소되어 청원경찰의 배치를 폐지하거나 배치인원을 감축할 필요가 있다고 인정하면 청원경찰의 배치를 폐지하거나 배치인원을 감축할 수 있다. 다만, 청원주는 다음 ㉠과 ㉡의 어느 하나에 해당하는 경우에는 청원경찰의 배치를 폐지하거나 배치인원을 감축할 수 없다(제1항).
  ㉠ 청원경찰을 대체할 목적으로 경비업법에 따른 특수경비원을 배치하는 경우(제1호)
  ㉡ 청원경찰이 배치된 기관·시설 또는 사업장 등이 배치인원의 변동사유 없이 다른 곳으로 이전하는 경우(제2호)
② 청원주가 청원경찰을 폐지하거나 감축하였을 때에는 청원경찰 배치결정을 한 경찰관서의 장에게 알려야 한다(제2항 전단). ★★
③ ②의 사업장이 청원경찰법 제4조 제3항(시·도 경찰청장은 청원경찰 배치가 필요하다고 인정하는 기관의 장 또는 시설·사업장의 경영자에게 청원경찰을 배치할 것을 요청할 수 있다)에 따라 시·도 경찰청장이 청원경찰의 배치를 요청한 사업장일 때에는 그 폐지 또는 감축 사유를 구체적으로 밝혀야 한다(제2항 후단). ★
④ 청원경찰의 배치를 폐지하거나 배치인원을 감축하는 경우 해당 청원주는 배치폐지나 배치인원 감축으로 과원(過員)이 되는 청원경찰 인원을 그 기관·시설 또는 사업장 내의 유사 업무에 종사하게 하거나 다른 시설·사업장 등에 재배치하는 등 청원경찰의 고용이 보장될 수 있도록 노력하여야 한다(제3항). ★

5. 근무배치 등의 위임(청원경찰법 시행령 제19조)

① 경비업법에 따른 경비업자가 중요 시설의 경비를 도급받았을 때에는 청원주는 그 사업장에 배치된 청원경찰의 근무배치 및 감독에 관한 권한을 당해 경비업자에게 위임할 수 있다(제1항). ★
② 청원주는 경비업자에게 청원경찰의 근무배치 및 감독에 관한 권한을 위임한 경우에 이를 이유로 청원경찰의 보수나 신분상의 불이익을 주어서는 아니 된다(제2항). ★

핵심문제

01 청원경찰법령상 청원경찰의 신분보장 및 배치폐지 등에 관한 설명으로 옳지 않은 것은?

① 청원주는 청원경찰을 대체할 목적으로 경비업법에 따른 특수경비원을 배치하는 경우에 청원경찰 배치를 폐지하거나 배치인원을 감축할 수 있다.
② 청원주가 청원경찰의 배치를 폐지하는 경우에는 배치폐지로 과원(課員)이 되는 인원을 그 사업장 내의 유사업무에 종사하게 하는 등 청원경찰의 고용이 보장될 수 있도록 노력하여야 한다.
③ 청원주가 청원경찰의 배치를 폐지하였을 때에는 청원경찰 배치결정을 한 경찰관서의 장에게 알려야 한다.
④ 국가기관이나 지방자치단체에 근무하는 청원경찰의 휴직 및 명예퇴직에 관하여는 국가공무원법의 관련규정을 준용한다.

[해설]
① (×) 청원주는 청원경찰이 배치된 시설이 폐쇄되거나 축소되어 청원경찰의 배치를 폐지하거나 배치인원을 감축할 필요가 있다고 인정하면 청원경찰의 배치를 폐지하거나 배치인원을 감축할 수 있다. 다만, 청원주는 청원경찰을 대체할 목적으로 경비업법에 따른 특수경비원을 배치하는 경우와 청원경찰이 배치된 기관·시설 또는 사업장 등이 배치인원의 변동사유 없이 다른 곳으로 이전하는 경우에는 청원경찰의 배치를 폐지하거나 배치인원을 감축할 수 없다(청원경찰법 제10조의5 제1항).
② (○) 청원경찰법 제10조의5 제3항
③ (○) 청원경찰법 제10조의5 제2항
④ (○) 청원경찰법 제10조의7

정답 ①

Ⅱ 청원경찰의 임용 기출 24·20·19·15·14·12·11·10·09·08·07·06·05·04·02·01·99

1. 시·도 경찰청장의 승인(청원경찰법 제5조)

① 청원경찰은 청원주가 임용하되, 임용을 할 때에는 미리 시·도 경찰청장의 승인을 받아야 한다(청원경찰법 제5조 제1항). ★★ 기출 22

② **청원경찰 임용결격사유**(청원경찰법 제5조 제2항) : 국가공무원법 제33조의 어느 하나의 결격사유에 해당하는 사람은 청원경찰로 임용될 수 없다.

결격사유(국가공무원법 제33조)

다음 각호의 어느 하나에 해당하는 자는 공무원으로 임용될 수 없다. 〈개정 2024.12.31.〉

1. 피성년후견인
2. 파산선고를 받고 복권되지 아니한 자
3. 금고 이상의 실형을 선고받고 그 집행이 끝나거나(집행이 끝난 것으로 보는 경우를 포함한다) 집행이 면제된 날부터 5년이 지나지 아니한 자
4. 금고 이상의 형의 집행유예를 선고받고 그 유예기간이 끝난 날부터 2년이 지나지 아니한 자
5. 금고 이상의 형의 선고유예를 받은 경우에 그 선고유예 기간 중에 있는 자
6. 법원의 판결 또는 다른 법률에 따라 자격이 상실되거나 정지된 자

6의2. 공무원으로 재직기간 중 직무와 관련하여 「형법」 제355조 및 제356조에 규정된 죄를 범한 자로서 300만원 이상의 벌금형을 선고받고 그 형이 확정된 후 2년이 지나지 아니한 자

6의3. 다음 각목의 어느 하나에 해당하는 죄를 범한 사람으로서 100만원 이상의 벌금형을 선고받고 그 형이 확정된 후 3년이 지나지 아니한 사람
 가. 「성폭력범죄의 처벌 등에 관한 특례법」 제2조에 따른 성폭력범죄
 나. 「정보통신망 이용촉진 및 정보보호 등에 관한 법률」 제74조 제1항 제2호 및 제3호에 규정된 죄
 다. 「스토킹범죄의 처벌 등에 관한 법률」 제2조 제2호에 따른 스토킹범죄

6의4. 미성년자에 대하여 「성폭력범죄의 처벌 등에 관한 특례법」 제2조에 따른 성폭력범죄 또는 「아동·청소년의 성보호에 관한 법률」 제2조 제2호에 따른 아동·청소년대상 성범죄를 범한 사람으로서 다음 각목의 어느 하나에 해당하는 날부터 20년이 지나지 아니한 사람
 가. 금고 이상의 실형을 선고받고 그 집행이 끝나거나(집행이 끝난 것으로 보는 경우를 포함한다) 집행이 면제된 날
 나. 금고 이상의 형의 집행유예를 선고받고 그 집행유예가 확정된 날
 다. 벌금 이하의 형을 선고받고 그 형이 확정된 날
 라. 치료감호를 선고받고 그 집행이 끝나거나 집행이 면제된 날
 마. 징계로 파면처분 또는 해임처분을 받은 날

7. 징계로 파면처분을 받은 때부터 5년이 지나지 아니한 자
8. 징계로 해임처분을 받은 때부터 3년이 지나지 아니한 자

[2024.12.31. 법률 제20627호에 의하여 2022.11.24. 헌법재판소에서 헌법불합치 결정된 이 조를 개정함.]

---

③ 청원경찰의 임용자격·임용방법·교육 및 보수에 관하여는 대통령령으로 정한다(청원경찰법 제5조 제3항). ★★

2. 청원경찰의 임용자격 등 기출 24・23・22・21・20・19

① **임용자격**(청원경찰법 시행령 제3조)
  ㉠ 18세 이상인 사람(제1호)
  ㉡ 행정안전부령(청원경찰법 시행규칙 제4조)으로 정하는 신체조건에 해당하는 사람(제2호)★
  • 신체가 건강하고 팔다리가 완전할 것(제1호)
  • 시력(교정시력을 포함)은 양쪽 눈이 각각 0.8 이상일 것(제2호)

② **임용 방법 등**(청원경찰법 시행령 제4조)★★
  ㉠ 청원경찰의 배치결정을 받은 자(청원주)는 그 배치결정의 통지를 받은 날부터 30일 이내에 배치결정된 인원수의 임용예정자에 대하여 청원경찰 임용승인을 시・도 경찰청장에게 신청하여야 한다(제1항).★
  ㉡ 청원주가 청원경찰을 임용하였을 때에는 임용한 날부터 10일 이내에 그 임용사항을 관할 경찰서장을 거쳐 시・도 경찰청장에게 보고하여야 한다. 청원경찰이 퇴직하였을 때에도 또한 같다(제2항).★

③ **임용승인신청서 등**(청원경찰법 시행규칙 제5조)
  ㉠ 청원경찰의 배치결정을 받은 청원주가 시・도 경찰청장에게 청원경찰 임용승인을 신청할 때에는 청원경찰 임용승인신청서에 그 해당하는 자에 관한 다음의 서류를 첨부해야 한다(제1항).★
  • 이력서 1부(제1호)
  • 주민등록증 사본 1부(제2호)
  • 민간인 신원진술서(「보안업무규정」 제36조에 따른 신원조사가 필요한 경우만 해당한다) 1부(제3호)
  • 최근 3개월 이내에 발행한 채용신체검사서 또는 취업용 건강진단서 1부(제4호)
  • 가족관계등록부 중 기본증명서 1부(제5호)
  ㉡ ㉠에 따른 신청서를 제출받은 시・도 경찰청장은 전자정부법 제36조 제1항에 따라 행정정보의 공동이용을 통하여 해당자의 병적증명서를 확인하여야 한다(제2항 본문).★
  ㉢ 다만, 그 해당자가 확인에 동의하지 아니할 때에는 해당 서류를 첨부하도록 하여야 한다(제2항 단서).

핵심문제

01 청원경찰법령상 청원주가 시・도 경찰청장에게 청원경찰 임용승인을 신청할 때 청원경찰 임용승인신청서에 첨부해야 하는 서류가 아닌 것은? 기출수정 14

① 주민등록증 사본 1부
② 가족관계등록부 중 가족관계증명서 1부
③ 민간인 신원진술서(「보안업무규정」에 따른 신원조사가 필요한 경우만 해당) 1부
④ 최근 3개월 이내에 발행한 채용신체검사서 또는 취업용 건강진단서 1부

[해설]
가족관계등록부 중 가족관계증명서가 아니라 기본증명서를 첨부하여 임용승인을 신청해야 한다(청원경찰법 시행규칙 제5조 제1항).

정답 ②

III. 청원경찰의 교육 기출 20·19·17·16·15·14·12·08·07·05·04

1. **청원경찰의 신임교육**(청원경찰법 시행령 제5조)
   ① 청원주는 청원경찰로 임용된 사람으로 하여금 경비구역에 배치하기 전에 경찰교육기관에서 직무수행에 필요한 교육을 받게 하여야 한다. 다만, 경찰교육기관의 교육계획상 부득이하다고 인정할 때에는 우선 배치하고 임용 후 1년 이내에 교육을 받게 할 수 있다(제1항). ★
   ② 경찰공무원(의무경찰을 포함) 또는 청원경찰에서 퇴직한 사람이 퇴직한 날부터 3년 이내에 청원경찰로 임용되었을 때에는 교육을 면제할 수 있다(제2항).
   ③ 교육기간·교육과목·수업시간 및 그 밖에 교육의 시행에 필요한 사항은 행정안전부령(청원경찰법 시행규칙 제6조)으로 정한다(제3항). ★

2. **청원경찰의 신임교육기간 등**(청원경찰법 시행규칙 제6조)
   신임교육기간은 2주로 하고, 교육과목 및 수업시간은 다음과 같다. ★

청원경찰 신임교육과목 및 수업시간표(청원경찰법 시행규칙 [별표 1])

학과별		과목	시간
정신교육		정신교육	8
학술교육		형사법	10
		청원경찰법	5
실무교육	경 무	경찰관직무집행법	5
	방 범	방범업무	3
		경범죄 처벌법	2
	경 비	시설경비	6
		소 방	4
	정 보	대공이론	2
		불심검문	2
	민방위	민방공	3
		화생방	2
	기본훈련		5
	총기조작		2
	총검술		2
	사 격		6
술 과		체포술 및 호신술	6
기 타		입교·수료 및 평가	3
교육시간 합계		-	76시간

3. 청원경찰의 직무교육(청원경찰법 시행규칙 제13조) 기출 16·11

① 청원주는 소속 청원경찰에게 그 직무집행에 관하여 필요한 교육을 매월 4시간 이상 하여야 한다(제1항). ★
② 청원경찰이 배치된 사업장의 소재지를 관할하는 경찰서장은 필요하다고 인정하는 경우에는 그 사업장에 소속 공무원을 파견하여 직무집행에 필요한 교육을 할 수 있다(제2항). ★

핵심문제

01 청원경찰법령상 청원경찰의 교육에 관한 설명으로 옳지 않은 것은?

① 청원경찰의 직무수행에 필요한 교육과목 및 수업시간표는 행정안전부령으로 정한다.
② 청원주는 청원경찰로 임용된 사람으로 하여금 경비구역에 배치하기 전에 경찰교육기관에서 직무수행에 필요한 교육을 받게 하여야 한다. 다만, 경찰교육기관의 교육 계획상 부득이하다고 인정할 때에는 우선 배치하고 임용 후 1년 이내에 교육을 받게 할 수 있다.
③ 청원경찰의 교육과목에는 법학개론, 민사소송법, 민간경비론이 있다.
④ 청원경찰의 직무수행에 필요한 교육의 교육과목 중 학술교육의 수업시간은 15시간이다.

[해설]
③ (×) 청원경찰의 교육과목에는 법학개론, 민사소송법, 민간경비론이 들어가지 않는다.
① (○) 청원경찰법 시행령 제5조 제3항
② (○) 청원경찰법 시행령 제5조 제1항
④ (○) 청원경찰법 시행규칙 [별표 1]

정답 ③

02 청원경찰법령상 청원경찰의 교육에 관한 설명으로 옳지 않은 것은? 기출 15

① 청원경찰의 교육과목에는 대공이론, 국가보안법, 통합방위법이 포함된다.
② 청원주는 소속 청원경찰에게 그 직무집행에 필요한 교육을 매월 4시간 이상 하여야 한다.
③ 의무경찰을 포함한 경찰공무원 또는 청원경찰에서 퇴직한 사람이 퇴직한 날부터 3년 이내에 청원경찰로 임용되었을 때에는 신임 교육을 면제할 수 있다.
④ 청원경찰의 신임 교육기간은 2주로 한다.

[해설]
청원경찰의 교육과목에 대공이론은 포함되지만, 국가보안법, 통합방위법은 포함되지 않는다(청원경찰법 시행규칙 [별표 1]).

정답 ①

03 청원경찰법령상 청원경찰로 임용이 된 경우에 이수하여야 할 교육과목과 수업시간으로 옳지 않은 것은?(단, 교육면제자는 고려하지 않는다) 기출 16

① 형사법 - 5시간
② 청원경찰법 - 5시간
③ 경찰관직무집행법 - 5시간
④ 시설경비 - 6시간

[해설]
청원경찰로 임용이 된 경우에는 형사법 10시간을 이수하여야 한다(청원경찰법 시행규칙 [별표 1]).

정답 ①

Ⅳ 청원경찰의 복무 및 징계 등 기출 24·23·20·16·15·14·12·11·10·07·04

1. 청원경찰의 복무(청원경찰법 제5조 제4항)

① 청원경찰의 복무에 관하여는 「국가공무원법」 제57조(복종의 의무), 제58조 제1항(직장이탈금지), 제60조(비밀엄수의 의무) 및 「경찰공무원법」 제24조(거짓보고 등의 금지)의 규정을 준용한다. ★★

> **복무에 관한 관련법령** 🔑 복·직·비/거
> - 국가공무원법 제57조(복종의 의무) : 공무원은 직무를 수행할 때 소속 상관의 직무상 명령에 복종하여야 한다.
> - 국가공무원법 제58조 제1항(직장이탈금지) : 공무원은 소속 상관의 허가 또는 정당한 사유가 없으면 직장을 이탈하지 못한다.
> - 국가공무원법 제60조(비밀엄수의 의무) : 공무원은 재직 중은 물론 퇴직 후에도 직무상 알게 된 비밀을 엄수하여야 한다.
> - 경찰공무원법 제24조(거짓보고 등의 금지)
>   - 경찰공무원은 직무에 관하여 거짓으로 보고나 통보를 하여서는 아니 된다.
>   - 경찰공무원은 직무를 게을리 하거나 유기해서는 아니 된다.

② 상기 규정 외에 청원경찰의 복무에 관하여는 당해 사업장의 취업규칙에 따른다(청원경찰법 시행령 제7조). ★

2. 청원경찰의 징계(청원경찰법 제5조의2) 기출 22·21·19

① 청원주는 청원경찰이 다음에 해당하는 때에는 대통령령(청원경찰법 시행령 제8조)으로 정하는 징계절차를 거쳐 징계처분을 하여야 한다(제1항). ★★
  ㉠ 직무상의 의무를 위반하거나 직무를 태만히 한 때(제1호)
  ㉡ 품위를 손상하는 행위를 한 때(제2호)
② 청원경찰에 대한 징계의 종류는 파면, 해임, 정직, 감봉 및 견책으로 구분한다(제2항). ★★
③ 청원경찰의 징계에 관하여 그 밖에 필요한 사항은 대통령령(청원경찰법 시행령 제8조)으로 정한다(제3항).

🔎 핵심문제

01 다음 중 청원경찰의 복무에 관하여 준용되는 국가공무원법상의 규정이 아닌 것은? 기출 14

① 국가공무원법 제56조(성실의무)
② 국가공무원법 제58조 제1항(직장이탈금지)
③ 국가공무원법 제60조(비밀엄수의무)
④ 국가공무원법 제57조(복종의무)

[해설]
청원경찰의 복무에 관하여는 국가공무원법 제57조(복종의무), 제58조 제1항(직장이탈금지), 제60조(비밀엄수의무) 및 경찰공무원법 제24조(거짓보고 등 금지)를 준용한다(청원경찰법 제5조 제4항). 국가공무원법 제56조(성실의무)는 준용되지 않는다.

정답 ①

3. **청원경찰의 징계절차**(청원경찰법 시행령 제8조) 기출 21·19
   ① 관할 경찰서장은 청원경찰이 징계사유의 어느 하나에 해당한다고 인정되면 청원주에게 해당 청원경찰에 대하여 징계처분을 하도록 요청할 수 있다(제1항).★
   ② 정직(停職)은 1개월 이상 3개월 이하로 하고, 그 기간에 청원경찰의 신분은 보유하나 직무에 종사하지 못하며, 보수의 3분의 2를 줄인다(제2항).★
   ③ 감봉은 1개월 이상 3개월 이하로 하고, 그 기간에 보수의 3분의 1을 줄인다(제3항).★
   ④ 견책(譴責)은 전과(前過)에 대하여 훈계하고 회개하게 한다(제4항).★
   ⑤ 청원주는 청원경찰 배치결정의 통지를 받았을 때에는 통지를 받은 날부터 15일 이내에 청원경찰에 대한 징계규정을 제정하여 관할 시·도 경찰청장에게 신고하여야 한다. 징계규정을 변경할 때에도 또한 같다(제5항).★★
   ⑥ 시·도 경찰청장은 징계규정의 보완이 필요하다고 인정할 때에는 청원주에게 그 보완을 요구할 수 있다(제6항).★★

4. **청원경찰의 표창**(청원경찰법 시행규칙 제18조) 기출 20
   시·도 경찰청장, 관할 경찰서장 또는 청원주는 청원경찰에게 다음의 구분에 따라 표창을 수여할 수 있다.★
   ① 공적상 : 성실히 직무를 수행하여 근무성적이 탁월하거나 헌신적인 봉사로 특별한 공적을 세운 경우(제1호)
   ② 우등상 : 교육훈련에서 교육성적이 우수한 경우(제2호)

핵심문제

01 청원경찰법령상 청원경찰의 징계에 관한 설명으로 틀린 것은? 기출 07
   ① 청원경찰의 징계권자는 청원주이다.
   ② 관할 경찰서장은 청원경찰이 청원경찰법상 징계사유에 해당한다고 인정되면 청원주에게 해당 청원경찰에 대하여 징계처분을 하도록 요청할 수 있다.
   ③ 청원경찰에 대한 징계의 종류는 파면, 해임, 정직, 감봉 및 견책으로 구분한다.
   ④ 청원주는 청원경찰 배치결정의 통지를 받았을 때에는 통지를 받은 날부터 30일 이내에 청원경찰에 대한 징계규정을 제정하여 관할 시·도 경찰청장에게 신고하여야 한다.

   [해설]
   ④ (×) 청원주는 청원경찰 배치결정의 통지를 받았을 때에는 통지를 받은 날부터 15일 이내에 청원경찰에 대한 징계규정을 제정하여 관할 시·도 경찰청장에게 신고하여야 한다. 징계규정을 변경할 때에도 또한 같다(청원경찰법 시행령 제8조 제5항).
   ① (○) 청원경찰법 제5조의2 제1항
   ② (○) 청원경찰법 시행령 제8조 제1항
   ③ (○) 청원경찰법 제5조의2 제2항

   정답 ④

제3절 청원경찰의 경비와 보상금 및 퇴직금

I 청원경찰경비(청원경찰법 제6조) 기출 24·22·21·20·19·17·16·15·14·11·10·09·08·07·06·05·04·01

1. 청원주의 부담경비
청원주는 다음의 청원경찰경비를 부담하여야 한다(제1항). 기출 22
① 청원경찰에게 지급할 봉급과 각종 수당(제1호)
② 청원경찰의 피복비(제2호)★
③ 청원경찰의 교육비(교육비는 청원주가 해당 청원경찰의 입교 3일 전에 해당 경찰교육기관에 납부함)(제3호)★
④ 보상금 및 퇴직금(제4호)

2. 청원경찰의 보수
① 국가기관 또는 지방자치단체에 근무하는 청원경찰의 보수는 다음에 따라 같은 재직기간에 해당하는 경찰공무원의 보수를 감안하여 대통령령(청원경찰법 시행령 제9조)으로 정한다(제2항).★
  ㉠ 재직기간 15년 미만 : 순경(제1호)
  ㉡ 재직기간 15년 이상 23년 미만 : 경장(제2호)
  ㉢ 재직기간 23년 이상 30년 미만 : 경사(제3호)
  ㉣ 재직기간 30년 이상 : 경위(제4호)
② 청원주의 봉급·수당의 최저부담기준액(국가기관 또는 지방자치단체에 근무하는 청원경찰의 봉급·수당은 제외)과 피복비와 교육비 비용의 부담기준액은 경찰청장이 정하여 고시한다(제3항).★★ 기출 19

핵심문제

01 청원경찰법령상 청원주가 부담해야 하는 청원경찰경비를 모두 고른 것은? 기출 14 유사 07·06

> ㄱ. 청원경찰의 교통비
> ㄴ. 청원경찰의 피복비
> ㄷ. 청원경찰의 교육비
> ㄹ. 청원경찰 본인 또는 유족 보상금

① ㄱ, ㄴ, ㄷ
② ㄱ, ㄴ, ㄹ
③ ㄱ, ㄷ, ㄹ
④ ㄴ, ㄷ, ㄹ

[해설]
청원경찰 교통비는 청원주가 부담하여야 할 청원경찰경비에 포함되지 않는다(청원경찰법 제6조 제1항 참조).

정답 ④

③ 국가기관 또는 지방자치단체에 근무하는 청원경찰의 보수(청원경찰법 시행령 제9조)
  ㉠ 국가기관 또는 지방자치단체에 근무하는 청원경찰의 봉급은 [별표 1]과 같다.
  ㉡ 국가기관 또는 지방자치단체에 근무하는 청원경찰의 각종 수당은 공무원수당 등에 관한 규정에 따른 수당 중 가계보전수당, 실비변상 등으로 하며, 그 세부 항목은 경찰청장이 정하여 고시한다.★★
  ㉢ ①의 재직기간은 청원경찰로서 근무한 기간으로 한다.
④ 국가기관 또는 지방자치단체에 근무하는 청원경찰 외의 청원경찰의 보수(청원경찰법 시행령 제10조)
  ㉠ 국가기관 또는 지방자치단체에 근무하는 청원경찰 외의 청원경찰의 봉급과 각종 수당은 경찰청장이 고시한 최저부담기준액 이상으로 지급하여야 한다.★★
  ㉡ 다만, 고시된 최저부담기준액이 배치된 사업장에서 같은 종류의 직무나 유사 직무에 종사하는 근로자에게 지급하는 임금보다 적을 때에는 그 사업장에서 같은 종류의 직무나 유사 직무에 종사하는 근로자에게 지급하는 임금에 상당하는 금액을 지급하여야 한다.★

3. 보수 산정 시의 경력 인정 등(청원경찰법 시행령 제11조) 기출 22

① 청원경찰의 보수 산정에 관하여 그 배치된 사업장의 취업규칙에 특별한 규정이 없는 경우에는 다음의 경력을 봉급 산정의 기준이 되는 경력에 산입(算入)하여야 한다(제1항).
  ㉠ 청원경찰로 근무한 경력(제1호)
  ㉡ 군 또는 의무경찰에 복무한 경력(제2호)
  ㉢ 수위ㆍ경비원ㆍ감시원 또는 그 밖에 청원경찰과 비슷한 직무에 종사하던 사람이 해당 사업장의 청원주에 의하여 청원경찰로 임용된 경우에는 그 직무에 종사한 경력(제3호)
  ㉣ 국가기관 또는 지방자치단체에서 근무하는 청원경찰에 대해서는 국가기관 또는 지방자치단체에서 상근으로 근무한 경력(제4호)
② 국가기관 또는 지방자치단체에 근무하는 청원경찰 보수의 호봉 간 승급기간은 경찰공무원의 승급기간에 관한 규정을 준용한다(제2항).
③ 국가기관 또는 지방자치단체에 근무하는 청원경찰 외의 청원경찰 보수의 호봉 간 승급기간 및 승급액은 그 배치된 사업장의 취업규칙에 따르며, 이에 관한 취업규칙이 없을 때에는 순경의 승급에 관한 규정을 준용한다(제3항).★

핵심문제

01 청원경찰법령상 청원경찰의 보수산정에 관하여 그 배치된 사업장의 취업규칙에 특별한 규정이 없는 경우에 봉급 산정의 기준이 되는 경력에 불산입되는 것으로 옳은 것은? 기출 17

① 군복무한 경력
② 의무경찰에 복무한 경력
③ 청원경찰로 임용되어 근무한 경력
④ 지방자치단체에서 근무하는 청원경찰에 대해서는 지방자치단체에 비상근으로 근무한 경력

[해설]
청원경찰법법 시행령 제11조의 기준에 따를 때, 지방자치단체에서 근무하는 청원경찰의 경우에는 지방자치단체에서 상근(常勤)으로 근무한 경력을 말한다. 따라서 비상근으로 근무한 경력은 불산입한다.

정답 ④

4. 청원경찰경비의 고시 등(청원경찰법 시행령 제12조) 기출 19

① 청원경찰경비의 지급방법 또는 납부방법은 행정안전부령(청원경찰법 시행규칙 제8조)으로 정한다(제1항). ★

② 청원경찰경비의 최저부담기준액 및 부담기준액은 경찰공무원 중 순경의 것을 고려하여 다음 연도분을 매년 12월에 고시하여야 한다. 다만, 부득이한 사유가 있을 때에는 수시로 고시할 수 있다(제2항). ★

5. 청원경찰경비의 지급방법 등(청원경찰법 시행규칙 제8조) 기출 19

① 봉급과 각종 수당은 청원주가 그 청원경찰이 배치된 기관·시설·사업장 또는 장소(이하 "사업장")의 직원에 대한 보수 지급일에 청원경찰에게 직접 지급한다(제1호). ★

② 피복은 청원주가 제작하거나 구입하여 [별표 2]에 따른 정기지급일 또는 신규 배치 시에 청원경찰에게 현품으로 지급한다(제2호). ★

청원경찰 급여품표(청원경찰법 시행규칙 [별표 2]) 기출 19

품 명	수 량	사용기간	정기지급일
근무복(하복)	1	1년	5월 5일
근무복(동복)	1	1년	9월 25일
한여름 옷	1	1년	6월 5일
외투·방한복 또는 점퍼	1	2~3년	9월 25일
기동화 또는 단화	1	단화 1년 / 기동화 2년	9월 25일
비 옷	1	3년	5월 5일
정 모	1	3년	9월 25일
기동모	1	3년	필요할 때
기동복	1	2년	필요할 때
방한화	1	2년	9월 25일
장 갑	1	2년	9월 25일
호루라기	1	2년	9월 25일

③ 교육비는 청원주가 해당 청원경찰의 입교 3일 전에 해당 경찰교육기관에 낸다(제3호). ★★ 기출 21

핵심문제

01 A광역시에 소재하고 있는 B은행 본점에는 20명의 청원경찰이 배치되어 있다. 이에 관한 설명으로 틀린 것은?

기출 06

① 청원경찰에게 지급할 봉급 및 각종 수당은 B은행에서 지급한다.
② B은행은 B은행직원의 봉급지급일에 청원경찰에 대한 봉급도 지급한다.
③ 청원경찰로 임용된 사람은 원칙적으로 경비구역에 배치되기 전에 경찰교육기관에서 직무수행에 필요한 교육을 받아야 한다.
④ 청원경찰이 입을 피복은 B은행에서 직접 그 피복대금을 청원경찰에게 지급한다.

[해설]
피복은 청원주가 제작하거나 구입하여 [별표 2]에 따른 정기지급일 또는 신규 배치 시에 청원경찰에게 현품으로 지급한다(청원경찰법 시행규칙 제8조 제2호). ★

정답 ④

Ⅱ 보상금 및 퇴직금 기출 24・23・21・20・16・11・08・06

1. 보상금(청원경찰법 제7조) 기출 19

① 청원주는 청원경찰이 다음에 해당하게 되면 대통령령(청원경찰법 시행령 제13조)으로 정하는 바에 따라 청원경찰 본인 또는 그 유족에게 보상금을 지급하여야 한다.★★
  ㉠ 직무수행으로 인하여 부상을 입거나, 질병에 걸리거나 또는 사망한 경우(제1호)
  ㉡ 직무상의 부상・질병으로 인하여 퇴직하거나, 퇴직 후 2년 이내에 사망한 경우(제2호)
② 청원주는 보상금의 지급을 이행하기 위하여 산업재해보상보험에 가입하거나, 근로기준법에 따라 보상금을 지급하기 위한 재원(財源)을 따로 마련하여야 한다(청원경찰법 시행령 제13조).★

2. 퇴직금(청원경찰법 제7조의2)

① 청원주는 청원경찰이 퇴직할 때에는 「근로자퇴직급여보장법」에 따른 퇴직금을 지급하여야 한다.★
② 다만, 국가기관이나 지방자치단체에 근무하는 청원경찰의 퇴직금에 관하여는 따로 대통령령으로 정한다.★

제4절 청원경찰의 제복착용과 무기휴대・비치부책

Ⅰ 제복착용과 무기휴대(청원경찰법 제8조) 기출 19・17・16・10・08

① 청원경찰은 근무 중 제복을 착용하여야 한다(제1항).
② 시・도 경찰청장은 청원경찰이 직무를 수행하기 위하여 필요하다고 인정하면 청원주의 신청을 받아 관할 경찰서장으로 하여금 청원경찰에게 무기를 대여하여 지니게 할 수 있다(제2항).★★
③ 청원경찰의 복제(服制)와 무기휴대에 필요한 사항은 대통령령(청원경찰법 시행령 제14조・제16조)으로 정한다(제3항).★★

Ⅱ 청원경찰의 복제(服制) 기출 21・19・05・01

1. 복제(청원경찰법 시행령 제14조)

① 청원경찰의 복제는 제복・장구 및 부속물로 구분한다(제1항).★★
② 청원경찰의 제복・장구 및 부속물에 관하여 필요한 사항은 행정안전부령(청원경찰법 시행규칙 제9조)으로 정한다(제2항).★★
③ 청원경찰이 그 배치지의 특수성 등으로 특수복장을 착용할 필요가 있을 때에는 청원주는 시・도 경찰청장의 승인을 받아 특수복장을 착용하게 할 수 있다(제3항).★★ 기출 23・21・19

2. 행정안전부령으로 정하는 복제(청원경찰법 시행규칙 제9조)

① 청원경찰의 제복·장구 및 부속물의 종류(제1항)
  ㉠ 제복 : 정모(正帽), 기동모(활동에 편한 모자를 말한다), 근무복(하복, 동복), 한여름 옷, 기동복, 점퍼, 비옷, 방한복, 외투, 단화, 기동화 및 방한화(제1호)
  ㉡ 장구 : 허리띠, 경찰봉, 호루라기 및 포승(제2호)★★ 기출 21
  ㉢ 부속물 : 모자표장, 가슴표장, 휘장, 계급장, 넥타이핀, 단추 및 장갑(제3호)★★

② 청원경찰의 제복·장구 및 부속물의 형태·규격 및 재질(제2항)
  ㉠ 제복의 형태·규격 및 재질은 청원주가 결정하되, 경찰공무원 또는 군인 제복의 색상과 명확하게 구별될 수 있어야 하며, 사업장별로 통일해야 한다(제1호 본문).★
  ㉡ 다만, 기동모와 기동복의 색상은 진한 청색으로 하고, 기동복의 형태·규격은 별도 1과 같이 한다(제1호 단서).★★ 기출 21
  ㉢ 장구의 형태·규격 및 재질은 경찰 장구와 같이 한다(제2호).★★
  ㉣ 부속물의 형태·규격 및 재질은 다음과 같이 한다(제3호).
    • 모자표장의 형태·규격 및 재질은 별도 2와 같이 하되, 기동모의 표장은 정모 표장의 2분의 1 크기로 할 것(가목)
    • 가슴표장, 휘장, 계급장, 넥타이핀 및 단추의 형태·규격 및 재질은 별도 3부터 별도 7까지와 같이 할 것(나목)

③ 청원경찰은 평상근무 중에는 정모, 근무복, 단화, 호루라기, 경찰봉 및 포승을 착용하거나 휴대하여야 하고, 총기를 휴대하지 아니할 때에는 분사기를 휴대하여야 하며, 교육훈련이나 그 밖의 특수근무 중에는 기동모, 기동복, 기동화 및 휘장을 착용하거나 부착하되, 허리띠와 경찰봉은 착용하거나 휴대하지 아니할 수 있다(제3항).★★ 기출 21·19

④ 가슴표장, 휘장 및 계급장을 달거나 부착할 위치는 별도 8과 같다(제4항).

⑤ 동·하복의 착용시기는 사업장별로 청원주가 결정하되, 착용시기를 통일하여야 한다(청원경찰법 시행규칙 제10조).★

신분증명서(청원경찰법 시행규칙 제11조)
① 청원경찰의 신분증명서는 청원주가 발행하며, 그 형식은 청원주가 결정하되 사업장별로 통일하여야 한다.
② 청원경찰은 근무 중에는 항상 신분증명서를 휴대하여야 한다.

3. 급여품 및 대여품(청원경찰법 시행규칙 제12조) 기출 21·19·17·15

① 청원경찰에게 지급하는 급여품은 [별표 2]와 같고, 품명은 근무복(하복·동복), 한여름 옷, 외투·방한복 또는 점퍼, 기동화 또는 단화, 비옷, 정모, 기동모, 기동복, 방한화, 장갑, 호루라기이다(제1항).

② 청원경찰에게 지급하는 대여품은 [별표 3]과 같고, 품명은 허리띠, 경찰봉, 가슴표장, 분사기, 포승이다(제1항).

청원경찰 대여품표(청원경찰법 시행규칙 [별표 3]) 기출 21·20·19

품 명	허리띠	경찰봉	가슴표장	분사기	포 승
수 량	1	1	1	1	1

③ 청원경찰이 퇴직할 때에는 대여품을 청원주에게 반납하여야 한다(제2항). ★

④ 급여품은 반납하지 아니한다. ★

핵심문제

01 청원경찰법령상 청원경찰의 복제에 관한 설명으로 옳지 않은 것은? 기출수정 16

① 부속물에는 모자표장, 가슴표장, 휘장, 계급장, 넥타이핀, 단추 및 장갑이 있다.
② 제복의 형태·규격 및 재질은 청원주가 결정하되, 경찰공무원 또는 군인 제복의 색상과 명확하게 구별될 수 있어야 하며, 사업장별로 통일하여야 한다.
③ 청원경찰이 그 배치지의 특수성 등으로 특수복장을 착용할 필요가 있을 때에는 청원주는 시·도 경찰청장의 승인을 받아 특수복장을 착용하게 할 수 있다.
④ 장구의 종류에는 허리띠, 경찰봉, 권총이 있다.

[해설]
④ (×) 장구의 종류에는 허리띠, 경찰봉, 호루라기 및 포승이 있다(청원경찰법 시행규칙 제9조 제1항 제2호). ★★
① (○) 청원경찰법 시행규칙 제9조 제1항 제3호 ★★
② (○) 청원경찰법 시행규칙 제9조 제2항 제1호
③ (○) 청원경찰법 시행령 제14조 제3항

정답 ④

02 청원경찰법령상 청원경찰이 퇴직할 때 청원주에게 반납하여야 하는 것을 모두 고른 것은? 기출 17

ㄱ. 허리띠	ㄴ. 근무복
ㄷ. 방한화	ㄹ. 호루라기
ㅁ. 가슴표장	ㅂ. 분사기
ㅅ. 포 승	ㅇ. 기동복

① ㄱ, ㄷ, ㅁ, ㅇ
② ㄱ, ㅁ, ㅂ, ㅅ
③ ㄴ, ㄷ, ㄹ, ㅇ
④ ㄴ, ㄹ, ㅂ, ㅅ

[해설]
청원경찰이 퇴직할 때에는 대여품(허리띠, 경찰봉, 가슴표장, 분사기, 포승)을 청원주에게 반납하여야 한다(청원경찰법 시행규칙 제12조 제2항, [별표 3]). 참고로 급여품(청원경찰법 시행규칙 [별표 2])은 반납대상이 아니다.

정답 ②

Ⅲ 무기휴대 및 무기관리수칙

1. 분사기 휴대(청원경찰법 시행령 제15조)

청원주는 「총포·도검·화약류 등의 안전관리에 관한 법률」에 따른 분사기의 소지허가를 받아 청원경찰로 하여금 그 분사기를 휴대하여 직무를 수행하게 할 수 있다.★

2. 무기휴대(청원경찰법 시행령 제16조) 기출 19

① 청원주가 청원경찰이 휴대할 무기를 대여받으려는 경우에는 관할 경찰서장을 거쳐 시·도 경찰청장에게 무기대여를 신청하여야 한다(제1항).★★
② 무기대여 신청을 받은 시·도 경찰청장이 무기를 대여하여 휴대하게 하려는 경우에는 청원주로부터 국가에 기부채납된 무기에 한정하여 관할 경찰서장으로 하여금 무기를 대여하여 휴대하게 할 수 있다(제2항).★
③ 무기를 대여하였을 때에는 관할 경찰서장은 청원경찰의 무기관리상황을 수시로 점검하여야 한다(제3항).★★
④ 청원주 및 청원경찰은 행정안전부령(청원경찰법 시행규칙 제16조)으로 정하는 무기관리수칙을 준수하여야 한다(제4항).★★★

3. 무기관리수칙(청원경찰법 시행규칙 제16조) 기출 24·23·22·21·19·16·15·14·12·11·10·09·07·06·05·02·01·99

① **청원주의 무기관리** : 무기와 탄약을 대여받은 청원주는 다음에 따라 무기와 탄약을 관리해야 한다(제1항).
  ㉠ 청원주가 무기와 탄약을 대여받았을 때에는 경찰청장이 정하는 무기·탄약 출납부 및 무기장비 운영카드를 갖춰 두고 기록하여야 한다(제1호).
  ㉡ 청원주는 무기와 탄약의 관리를 위하여 관리책임자를 지정하고 관할 경찰서장에게 그 사실을 통보하여야 한다(제2호).★★
  ㉢ 무기고 및 탄약고는 단층에 설치하고 환기·방습·방화 및 총받침대 등의 시설을 갖추어야 한다(제3호).
  ㉣ 탄약고는 무기고와 떨어진 곳에 설치하고, 그 위치는 사무실이나 그 밖에 여러 사람을 수용하거나 여러 사람이 오고 가는 시설로부터 격리되어야 한다(제4호).
  ㉤ 무기고와 탄약고에는 이중잠금장치를 하고, 열쇠는 관리책임자가 보관하되, 근무시간 이후에는 숙직책임자에게 인계하여 보관시켜야 한다(제5호).★★
  ㉥ 청원주는 경찰청장이 정하는 바에 따라 매월 무기와 탄약의 관리실태를 파악하여 다음 달 3일까지 관할 경찰서장에게 통보하여야 한다(제6호).★★
  ㉦ 청원주는 대여받은 무기와 탄약이 분실되거나 도난당하거나 빼앗기거나 훼손되는 등의 사고가 발생했을 때에는 지체 없이 그 사유를 관할 경찰서장에게 통보해야 한다(제7호).★
  ㉧ 청원주는 무기와 탄약이 분실되거나 도난당하거나 빼앗기거나 훼손되었을 때에는 경찰청장이 정하는 바에 따라 그 전액을 배상해야 한다. 다만, 전시·사변·천재지변이나 그 밖의 불가항력적인 사유가 있다고 시·도 경찰청장이 인정하였을 때에는 그렇지 않다(제8호).★

② **무기・탄약 출납 시 주의사항** : 무기와 탄약을 대여받은 청원주가 청원경찰에게 무기와 탄약을 출납하려는 경우에는 다음에 따라야 한다. 다만, 관할 경찰서장의 지시에 따라 탄약의 수를 늘리거나 줄일 수 있고, 무기와 탄약의 출납을 중지할 수 있으며, 무기와 탄약을 회수하여 집중관리할 수 있다(제2항).★
　㉠ 무기와 탄약을 출납하였을 때에는 무기・탄약 출납부에 그 출납사항을 기록하여야 한다(제1호).
　㉡ 소총의 탄약은 1정당 15발 이내, 권총의 탄약은 1정당 7발 이내로 출납하여야 한다(제2호 전문).★
　㉢ ㉡의 경우 생산된 후 오래된 탄약을 우선하여 출납하여야 한다(제2호 후문).★
　㉣ 청원경찰에게 지급한 무기와 탄약은 매주 1회 이상 손질하게 하여야 한다(제3호).★★
　㉤ 수리가 필요한 무기가 있을 때에는 그 목록과 무기장비 운영카드를 첨부하여 관할 경찰서장에게 수리를 요청할 수 있다(제4호).★★

③ **청원경찰의 준수사항** : 청원주로부터 무기 및 탄약을 지급받은 청원경찰은 다음 사항을 준수하여야 한다(제3항).
　㉠ 무기를 지급받거나 반납할 때 또는 인계인수할 때에는 반드시 "앞에 총" 자세에서 "검사 총"을 하여야 한다(제1호).★
　㉡ 무기와 탄약을 지급받았을 때에는 별도의 지시가 없으면 무기와 탄약을 분리하여 휴대하여야 하며, 소총은 "우로 어깨 걸어 총"의 자세를 유지하고, 권총은 "권총집에 넣어 총"의 자세를 유지하여야 한다(제2호).
　㉢ 지급받은 무기는 다른 사람에게 보관 또는 휴대하게 할 수 없으며 손질을 의뢰할 수 없다(제3호).★★
　㉣ 무기를 손질하거나 조작할 때에는 반드시 총구를 공중으로 향하게 하여야 한다(제4호).★★
　㉤ 무기와 탄약을 반납할 때에는 손질을 철저히 하여야 한다(제5호).
　㉥ 근무시간 이후에는 무기와 탄약을 청원주에게 반납하거나 교대근무자에게 인계하여야 한다(제6호).★

④ **무기 및 탄약의 지급 제한** : 청원주는 다음에 해당하는 청원경찰에게 무기와 탄약을 지급해서는 안 되며, 지급한 무기와 탄약은 즉시 회수해야 한다(제4항).
　㉠ 직무상 비위(非違)로 징계대상이 된 사람(제1호)
　㉡ 형사사건으로 조사대상이 된 사람(제2호)
　㉢ 사직 의사를 밝힌 사람(제3호)
　㉣ 치매, 조현병, 조현정동장애, 양극성 정동장애(조울병), 재발성 우울장애 등의 정신질환으로 인하여 무기와 탄약의 휴대가 적합하지 않다고 해당 분야 전문의가 인정하는 사람(제4호)
　㉤ 제1호부터 제4호까지의 규정 중 어느 하나에 준하는 사유로 청원주가 무기와 탄약을 지급하기에 적절하지 않다고 인정하는 사람(제5호)

⑤ **무기 및 탄약의 지급 제한 또는 회수 결정 통지서** : 청원주는 ④에 따라 무기와 탄약을 지급하지 않거나 회수할 때에는 별지 제5호의2 서식의 결정 통지서를 작성하여 지체 없이 해당 청원경찰에게 통지해야 한다. 다만, 지급한 무기와 탄약의 신속한 회수가 필요하다고 인정되는 경우에는 무기와 탄약을 먼저 회수한 후 통지서를 내줄 수 있다(제5항).

⑥ **무기 및 탄약의 지급 제한 또는 회수 결정 통보서** : 청원주는 ④에 따라 청원경찰에게 무기와 탄약을 지급하지 않거나 회수한 경우 7일 이내에 관할 경찰서장에게 별지 제5호의3 서식의 결정 통보서를 작성하여 통보해야 한다(제6항).

⑦ 무기 및 탄약의 지급 제한 또는 회수의 적정성 판단을 위한 조치 : ⑥에 따라 통보를 받은 관할 경찰서장은 통보받은 날부터 14일 이내에 무기와 탄약의 지급 제한 또는 회수의 적정성을 판단하기 위해 현장을 방문하여 해당 청원경찰의 의견을 청취하고 필요한 조치를 할 수 있다(제7항).
⑧ 무기 및 탄약의 지급 제한 사유 소멸 후 지급 : 청원주는 ④의 각호의 사유가 소멸하게 된 경우에는 청원경찰에게 무기와 탄약을 지급할 수 있다(제8항).

핵심문제

01 청원경찰법령상 청원경찰의 무기휴대 등에 관한 설명으로 옳은 것은? 기출 14

① 청원주는 청원경찰이 직무를 수행하기 위하여 필요하다고 인정하면 관할 경찰서장으로 하여금 청원경찰에게 무기를 대여하여 지니게 할 수 있다.
② 청원주는 청원경찰에게 지급한 무기와 탄약을 매월 1회 이상 손질하게 해야 한다.
③ 시·도 경찰청장이 무기를 대여하여 휴대하게 하려는 경우에는 청원주로부터 국가에 기부채납된 무기에 한정하여 관할 경찰서장으로 하여금 무기를 대여하여 휴대하게 할 수 있다.
④ 청원경찰에게 무기를 대여하였을 때에는 시·도 경찰청장은 청원경찰의 무기관리상황을 수시로 점검해야 한다.

[해설]
③ (○) 시·도 경찰청장이 무기를 대여하여 휴대하게 하려는 경우에는 청원주로부터 국가에 기부채납된 무기에 한정하여 관할 경찰서장으로 하여금 무기를 대여하여 휴대하게 할 수 있다(청원경찰법 시행령 제16조 제2항).
① (×) 시·도 경찰청장은 청원경찰이 직무를 수행하기 위하여 필요하다고 인정하면 청원주의 신청을 받아 관할 경찰서장으로 하여금 청원경찰에게 무기를 대여하여 지니게 할 수 있다(청원경찰법 제8조 제2항). ★
② (×) 청원주는 청원경찰에게 지급한 무기와 탄약을 매주 1회 이상 손질하게 해야 한다(청원경찰법 시행규칙 제16조 제2항 제3호). ★★
④ (×) 무기를 대여하였을 때에는 관할 경찰서장은 청원경찰의 무기관리상황을 수시로 점검해야 한다(청원경찰법 시행령 제16조 제3항). ★★★

정답 ③

02 청원경찰법령상 무기관리수칙 등에 관한 설명으로 옳지 않은 것은? 기출 10

① 청원주는 무기와 탄약의 관리를 위하여 관리책임자를 지정하고 관할 경찰서장을 거쳐 관할 시·도 경찰청장에게 그 사실을 통보하여야 한다.
② 청원주가 청원경찰이 휴대할 무기를 대여받으려는 경우에는 관할 경찰서장을 거쳐 시·도 경찰청장에게 무기대여를 신청하여야 한다.
③ 대여받은 무기와 탄약을 청원주가 청원경찰에게 출납하려는 경우에는 원칙적으로 소총의 탄약은 1정당 15발 이내, 권총의 탄약은 1정당 7발 이내로 출납하여야 한다.
④ 청원주는 무기와 탄약을 출납하였을 때에는 무기·탄약 출납부에 그 출납사항을 기록하여야 한다.

[해설]
① (×) 청원주는 무기와 탄약의 관리를 위하여 관리책임자를 지정하고 관할 경찰서장에게 그 사실을 통보하여야 한다(청원경찰법 시행규칙 제16조 제1항 제2호). ★
② (○) 청원경찰법 시행령 제16조 제1항
③ (○) 청원경찰법 시행규칙 제16조 제2항 제2호
④ (○) 청원경찰법 시행규칙 제16조 제2항 제1호

정답 ①

Ⅳ 청원경찰의 비치부책 기출 24·23·22·21·19·16·15·14·12·11

1. 청원주가 비치하여야 할 문서와 장부(청원경찰법 시행규칙 제17조 제1항)
청원주는 다음의 문서와 장부를 갖춰 두어야 한다.
① 청원경찰 명부(제1호)
② 근무일지(제2호)
③ 근무 상황카드(제3호)
④ 경비구역 배치도(제4호)
⑤ 순찰표철(제5호)★
⑥ 무기·탄약 출납부(제6호)★
⑦ 무기장비 운영카드(제7호)
⑧ 봉급지급 조서철(제8호)
⑨ 신분증명서 발급대장(제9호)
⑩ 징계 관계철(제10호)★
⑪ 교육훈련 실시부(제11호)★
⑫ 청원경찰 직무교육계획서(제12호)
⑬ 급여품 및 대여품 대장(제13호)
⑭ 그 밖에 청원경찰의 운영에 필요한 문서와 장부(제14호)

2. 관할 경찰서장이 비치하여야 할 문서와 장부(청원경찰법 시행규칙 제17조 제2항)
관할 경찰서장은 다음의 문서와 장부를 갖춰 두어야 한다.
① 청원경찰 명부(제1호)★★
② 감독 순시부(제2호)★
③ 전출입 관계철(제3호)
④ 교육훈련 실시부(제4호)★★
⑤ 무기·탄약 대여대장(제5호)★★
⑥ 징계요구서철(제6호)★
⑦ 그 밖에 청원경찰의 운영에 필요한 문서와 장부(제7호)

3. 시·도 경찰청장이 비치하여야 할 문서와 장부(청원경찰법 시행규칙 제17조 제3항)
시·도 경찰청장은 다음의 문서와 장부를 갖춰 두어야 한다.
① 배치결정 관계철(제1호)★
② 청원경찰 임용승인 관계철(제2호)
③ 전출입 관계철(제3호)
④ 그 밖에 청원경찰의 운영에 필요한 문서와 장부(제4호)

4. 서식의 준용(청원경찰법 시행규칙 제17조 제4항)

문서와 장부의 서식은 경찰관서에서 사용하는 서식을 준용한다.

비치하여야 할 문서와 장부 정리(청원경찰법 시행규칙 제17조)		
청원주(제1항)	관할 경찰서장(제2항)	시·도 경찰청장(제3항)
• 청원경찰 명부 • 근무일지 • 근무 상황카드 • 경비구역 배치도 • 순찰표철 • 무기·탄약 출납부★ • 무기장비 운영카드 • 봉급지급 조서철 • 신분증명서 발급대장 • 징계 관계철★ • 교육훈련 실시부 • 청원경찰 직무교육계획서 • 급여품 및 대여품 대장 • 그 밖에 청원경찰의 운영에 필요한 문서와 장부	• 청원경찰 명부★ • 감독 순시부★ • 전출입 관계철★ • 교육훈련 실시부★★ • 무기·탄약 대여대장 • 징계요구서철 • 그 밖에 청원경찰의 운영에 필요한 문서와 장부	• 배치결정 관계철 • 청원경찰 임용승인 관계철 • 전출입 관계철 • 그 밖에 청원경찰의 운영에 필요한 문서와 장부

※ 서식의 준용 : 문서와 장부의 서식은 경찰관서에서 사용하는 서식을 준용한다(제4항).

핵심문제

01 청원경찰법령상 청원주가 비치하여야 할 문서와 장부가 아닌 것은? 기출 16

① 경비구역 배치도
② 징계 관계철
③ 감독 순시부
④ 교육훈련 실시부

[해설]
감독순시부는 관할 경찰서장이 갖춰 두어야 할 장부이다(청원경찰법 시행규칙 제17조 제2항 제2호).

정답 ③

02 청원경찰법령상 관할 경찰서장과 청원주가 공통으로 비치해야 할 문서와 장부에 해당하는 것은? 기출 15

① 전출입 관계철
② 교육훈련 실시부
③ 신분증명서 발급대장
④ 경비구역 배치도

[해설]
관할 경찰서장과 청원주의 공통 비치부책은 청원경찰 명부와 교육훈련 실시부이다. 관할 경찰서장과 시·도 경찰청장의 공통 비치부책은 전출입 관계철이다.

정답 ②

제5절 보칙(감독·권한위임·면직 및 퇴직 등)

I 감독 등 기출 11·04·01·97

1. **감독 및 교육**(청원경찰법 제9조의3) 기출 24·23·22·19
    ① 청원주는 항상 소속 청원경찰의 근무 상황을 감독하고 근무 수행에 필요한 교육을 하여야 한다(제1항).
    ② 시·도 경찰청장은 청원경찰의 효율적인 운영을 위하여 청원주를 지도하며 감독상 필요한 명령을 할 수 있다(제2항). ★

2. **감독대상**(청원경찰법 시행령 제17조) 기출 24·23
   관할 경찰서장은 매월 1회 이상 청원경찰을 배치한 경비구역에 대하여 다음의 사항을 감독하여야 한다.
    ① 복무규율과 근무상황★
    ② 무기의 관리 및 취급사항★★

3. **감독자의 지정**(청원경찰법 시행규칙 제19조) 기출 24·23·21·20·17·15
    ① 2명 이상의 청원경찰을 배치한 사업장의 청원주는 청원경찰의 지휘·감독을 위하여 청원경찰 중에서 유능한 사람을 선정하여 감독자로 지정하여야 한다. ★
    ② 감독자는 조장, 반장 또는 대장으로 하며, 그 지정기준은 다음 표와 같다. ★★

감독자 지정기준(청원경찰법 시행규칙 [별표 4])

근무인원	직급별 지정기준		
	대 장	반 장	조 장
9명까지	-	-	1명
10명 이상 29명 이하	-	1명	2~3명
30명 이상 40명 이하	-	1명	3~4명
41명 이상 60명 이하	1명	2명	6명
61명 이상 120명 이하	1명	4명	12명

핵심문제

01 청원경찰법령상 청원경찰의 지휘·감독을 위한 감독자 지정기준에 관한 설명으로 옳지 않은 것은? 기출 15

① 근무인원이 9명인 경우 반장 1명을 지정하여야 한다.
② 근무인원이 30명인 경우 반장 1명, 조장 3~4명을 지정하여야 한다.
③ 근무인원이 60명인 경우 대장 1명, 반장 2명, 조장 6명을 지정하여야 한다.
④ 근무인원이 100명인 경우 대장 1명, 반장 4명, 조장 12명을 지정하여야 한다.

[해설]
근무인원이 9명인 경우 조장 1명을 지정하여야 한다(청원경찰법 시행규칙 [별표 4]).

정답 ①

4. **청원경찰의 보고**(청원경찰법 시행규칙 제22조) 기출 23

청원경찰이 직무를 수행할 때에 「경찰관직무집행법」 및 동법 시행령에 따라 하여야 할 모든 보고는 관할 경찰서장에게 서면으로 보고하기 전에 지체 없이 구두로 보고하고 그 지시에 따라야 한다.★

> **경비전화의 가설**(청원경찰법 시행규칙 제20조)
> ① 관할 경찰서장은 청원주의 신청에 따라 경비를 위하여 필요하다고 인정할 때에는 청원경찰이 배치된 사업장에 경비전화를 가설할 수 있다.★★
> ② 제1항에 따라 경비전화를 가설할 때 드는 비용은 청원주가 부담한다.★

Ⅲ 쟁의행위의 금지, 직권남용금지 및 배상책임 등

1. **쟁의행위의 금지**(청원경찰법 제9조의4) 기출 24·20

청원경찰은 파업, 태업 또는 그 밖에 업무의 정상적인 운영을 방해하는 일체의 쟁의행위를 하여서는 아니 된다.

2. **직권남용금지**(청원경찰법 제10조) 기출 24·23·19·17·16·11·08·04·02·01·99

① 청원경찰이 직무를 수행할 때 직권을 남용하여 국민에게 해를 끼친 경우에는 6개월 이하의 징역이나 금고에 처한다.★★
② 청원경찰업무에 종사하는 사람은 형법이나 그 밖의 법령에 따른 벌칙을 적용할 때에는 공무원으로 본다.★

3. **청원경찰의 불법행위에 대한 배상책임**(청원경찰법 제10조의2) 기출 24·23·20·19·14·07·05

청원경찰(국가기관이나 지방자치단체에 근무하는 청원경찰은 제외)의 직무상 불법행위에 대한 배상책임에 관하여는 민법의 규정을 따른다.★★ 반면 국가기관이나 지방자치단체에 근무하는 청원경찰의 직무상 불법행위에 대한 배상책임에 관하여는 국가배상법의 규정을 따른다(청원경찰법 제10조의2 반대해석, 국가배상법 제2조 및 대판 92다47564 참고).

핵심문제

01 청원경찰이 직무를 수행할 때 직권을 남용하여 국민에게 해를 끼친 경우의 처벌은? 기출 04·02·01

① 6개월 이하의 징역이나 금고
② 2년 이하의 징역이나 금고
③ 1년 이하의 징역이나 금고
④ 3년 이하의 징역이나 금고

[해설]
청원경찰이 직무를 수행할 때 직권을 남용하여 국민에게 해를 끼친 경우에는 6개월 이하의 징역이나 금고에 처한다(청원경찰법 제10조 제1항).

정답 ①

III. 권한의 위임 기출 23·22·20·17·12·11·09·01

1. 관할 경찰서장에게 위임(청원경찰법 제10조의3)

청원경찰법에 따른 시·도 경찰청장의 권한은 그 일부를 대통령령으로 정하는 바에 따라 관할 경찰서장에게 위임할 수 있다.

2. 권한위임의 내용(청원경찰법 시행령 제20조)★★★

시·도 경찰청장은 다음의 권한을 관할 경찰서장에게 위임한다. 다만, 청원경찰을 배치하고 있는 사업장이 하나의 경찰서 관할구역 안에 있는 경우에 한한다.
① 청원경찰 배치의 결정 및 요청에 관한 권한(제1호)
② 청원경찰의 임용승인에 관한 권한(제2호)
③ 청원주에 대한 지도 및 감독상 필요한 명령에 관한 권한(제3호)
④ 과태료 부과·징수에 관한 권한(제4호)★★

핵심문제

01 청원경찰법에 관한 설명으로 옳지 않은 것은? 기출 16
① 청원경찰 업무에 종사하는 사람은 형법이나 그 밖의 법령에 따른 벌칙을 적용할 때에는 공무원으로 본다.
② 국가기관이나 지방자치단체에 근무하는 청원경찰의 직무상 불법행위에 대한 배상책임에 관하여는 민법의 규정을 따른다.
③ 청원경찰법에 따른 시·도 경찰청장의 권한은 그 일부를 대통령령으로 정하는 바에 따라 관할 경찰서장에게 위임할 수 있다.
④ 청원경찰이 직무를 수행할 때 직권을 남용하여 국민에게 해를 끼친 경우에는 6개월 이하의 징역이나 금고에 처한다.

[해설]
청원경찰(국가기관이나 지방자치단체에 근무하는 청원경찰은 제외한다)의 직무상 불법행위에 대한 배상책임에 관하여는 민법의 규정을 따른다(청원경찰법 제10조의2). 이 규정에서 제외하고 있는 국가기관 또는 지방자치단체에 근무하는 청원경찰은 국가배상법에 따른다(청원경찰법 제10조의2 반대해석, 국가배상법 제2조 및 대판 92다47564).

정답 ②

02 청원경찰법령상 관할 경찰서장에게 위임된 권한이 아닌 것은?(청원경찰을 배치하고 있는 사업장이 하나의 경찰서의 관할구역에 있는 경우에 한함) 기출 11
① 청원주에 대한 지도 및 감독상 필요한 명령에 관한 권한
② 청원경찰 임용승인에 관한 권한
③ 청원경찰 배치의 결정 및 요청에 관한 권한
④ 청원경찰에게 지급할 봉급·수당의 최저부담기준 결정에 관한 권한

[해설]
청원경찰에게 지급할 봉급·수당의 최저부담기준 결정에 관한 권한은 경찰청장에게 있다. 즉, 청원주의 봉급·수당의 최저부담기준액(국가기관 또는 지방자치단체에 근무하는 청원경찰의 봉급·수당은 제외한다)과 청원경찰의 피복비 및 교육비의 부담기준액은 경찰청장이 정하여 고시한다(청원경찰법 제6조 제3항).

정답 ④

Ⅳ 면직 및 퇴직 등 기출 23·20·17·10·07·06

1. 의사에 반한 면직금지(청원경찰법 제10조의4) 기출 19
① 청원경찰은 형의 선고, 징계처분 또는 신체상·정신상의 이상으로 직무를 감당하지 못할 때를 제외하고는 그 의사에 반하여 면직되지 아니한다. ★★
② 청원주가 청원경찰을 면직시켰을 때에는 그 사실을 관할 경찰서장을 거쳐 시·도 경찰청장에게 보고하여야 한다. ★★

2. 당연 퇴직(청원경찰법 제10조의6) 기출 22
청원경찰이 다음의 어느 하나에 해당할 때에는 당연 퇴직된다.
① 제5조 제2항에 따른 임용결격사유에 해당될 때. 다만, 「국가공무원법」 제33조 제2호는 파산선고를 받은 사람으로서 「채무자 회생 및 파산에 관한 법률」에 따라 신청기한 내에 면책신청을 하지 아니하였거나 면책불허가 결정 또는 면책 취소가 확정된 경우만 해당하고, 「국가공무원법」 제33조 제5호는 「형법」 제129조부터 제132조까지, 「성폭력범죄의 처벌 등에 관한 특례법」 제2조, 「아동·청소년의 성보호에 관한 법률」 제2조 제2호 및 직무와 관련하여 「형법」 제355조 또는 제356조에 규정된 죄를 범한 사람으로서 금고 이상의 형의 선고유예를 받은 경우만 해당한다(제1호).

> **청원경찰법 제5조 제2항**
> 「국가공무원법」 제33조 각호의 어느 하나의 결격사유에 해당하는 사람은 청원경찰로 임용될 수 없다.
> [단순위헌, 2017헌가26, 2018.1.25., 청원경찰법(2010.2.4. 법률 제10013호로 개정된 것) 제10조의6 제1호 중 제5조 제2항에 의한 국가공무원법 제33조 제5호(금고 이상의 형의 선고유예를 받은 경우에 그 선고유예 기간 중에 있는 자)에 관한 부분은 헌법에 위반된다.]

② 제10조의5에 따라 청원경찰의 배치가 폐지되었을 때(제2호)
③ 나이가 60세가 되었을 때. 다만, 그날이 1월부터 6월 사이에 있으면 6월 30일에, 7월부터 12월 사이에 있으면 12월 31일에 각각 당연 퇴직된다(제3호).

핵심문제

01 청원경찰의 신분보장에 관한 설명으로 틀린 것은? 기출 06
① 청원주가 청원경찰을 면직시켰을 때에는 그 사실을 관할 경찰서장을 거쳐 시·도 경찰청장에게 보고하여야 한다.
② 청원경찰은 형의 선고, 징계처분으로 직무를 감당하지 못할 때에는 그 의사(意思)에 반하여 면직될 수 있다.
③ 청원경찰은 신체상의 이상이 있는 경우에도 그 의사에 반하여 면직될 수는 없다.
④ 청원경찰은 원칙적으로 본인의 의사에 반하여 면직될 수 없다.

[해설]
청원경찰은 형의 선고, 징계처분 또는 신체상·정신상의 이상으로 직무를 감당하지 못할 때를 제외하고는 그 의사(意思)에 반하여 면직(免職)되지 아니한다(청원경찰법 제10조의4 제1항). 즉, 신체상의 이상이 있는 경우에는 그 의사에 반하여 면직될 수 있다.

정답 ③

3. 휴직 및 명예퇴직(청원경찰법 제10조의7) 기출 22

국가기관이나 지방자치단체에 근무하는 청원경찰의 휴직 및 명예퇴직에 관하여는 「국가공무원법」 제71조부터 제73조까지 및 제74조의2를 준용한다. ★

4. 민감정보 및 고유식별정보의 처리(청원경찰법 시행령 제20조의2) ★★

시·도 경찰청장 또는 경찰서장은 다음 사무를 수행하기 위하여 불가피한 경우 「개인정보보호법」에 따른 건강에 관한 정보와 같은 법 시행령에 따른 범죄경력자료에 해당하는 정보, 주민등록번호 또는 외국인등록번호가 포함된 자료를 처리할 수 있다.
① 청원경찰의 임용, 배치 등 인사관리에 관한 사무(제1호)
② 청원경찰의 제복 착용 및 무기휴대에 관한 사무(제2호)
③ 청원주에 대한 지도·감독에 관한 사무(제3호)
④ ①부터 ③까지의 규정에 따른 사무를 수행하기 위하여 필요한 사무(제4호)

제6절 벌칙과 과태료

I 벌칙(청원경찰법 제11조) ★ 기출 22·19·17·02·01

청원경찰로서 파업, 태업 또는 그 밖에 업무의 정상적인 운영을 방해하는 일체의 쟁의행위를 한 사람은 1년 이하의 징역 또는 1천만원 이하의 벌금에 처한다.

II 과태료 기출 20·19·16·15·12·11·10·07·04

1. 500만원 이하의 과태료(청원경찰법 제12조) ★★

① 다음에 해당하는 자는 500만원 이하의 과태료를 부과한다(제1항). ★ 기출 24·23·22·20·19
  ㉠ 시·도 경찰청장의 배치결정을 받지 아니하고 청원경찰을 배치하거나 시·도 경찰청장의 승인을 받지 아니하고 청원경찰을 임용한 자(제1호)
  ㉡ 정당한 사유 없이 경찰청장이 고시한 최저부담기준액 이상의 보수를 지급하지 아니한 자(제2호)
  ㉢ 감독상 필요한 명령을 정당한 사유 없이 이행하지 아니한 자(제3호)
② 과태료는 대통령령(청원경찰법 시행령 제21조)으로 정하는 바에 의하여 시·도 경찰청장이 부과·징수한다(제2항).
기출 23·20

2. 과태료의 부과기준 등(청원경찰법 시행령 제21조)

① 과태료의 부과기준은 [별표 2]와 같다(제1항).
② 시·도 경찰청장은 위반행위의 동기, 내용 및 위반의 정도 등을 고려하여 과태료 부과기준에 따른 과태료 금액의 100분의 50의 범위에서 그 금액을 줄이거나 늘릴 수 있다. 다만, 늘리는 경우에는 과태료 금액의 상한인 500만원 이상을 초과할 수 없다(제2항). ★ 기출 23·20·19
③ 과태료 부과 고지서(청원경찰법 시행규칙 제24조)
　㉠ 과태료 부과의 사전 통지는 과태료 부과 사전 통지서에 따른다(제1항).
　㉡ 과태료의 부과는 과태료 부과 고지서에 따른다(제2항).
　㉢ 경찰서장은 과태료처분을 하였을 때에는 과태료 부과 및 징수 사항을 과태료 수납부에 기록하고 정리하여야 한다(제3항). ★★ 기출 24·20·19

과태료 부과기준(청원경찰법 시행령 [별표 2]) 기출 21·18

위반행위	해당 법조문	과태료 금액
1. 법 제4조 제2항에 따른 시·도 경찰청장의 배치결정을 받지 않고 다음 각목의 시설에 청원경찰을 배치한 경우 🔑 배·5·4 　가. 국가 중요시설(국가정보원장이 지정하는 국가보안목표시설을 말한다)인 경우 　나. 가목에 따른 국가중요시설 외의 시설인 경우	법 제12조 제1항 제1호	500만원 400만원
2. 법 제5조 제1항에 따른 시·도 경찰청장의 승인을 받지 않고 다음 각목의 청원경찰을 임용한 경우 🔑 승·5·3 　가. 법 제5조 제2항에 따른 임용결격사유에 해당하는 청원경찰 　나. 법 제5조 제2항에 따른 임용결격사유에 해당하지 않는 청원경찰	법 제12조 제1항 제1호	 500만원 300만원
3. 정당한 사유 없이 법 제6조 제3항에 따라 경찰청장이 고시한 최저부담기준액 이상의 보수를 지급하지 않은 경우	법 제12조 제1항 제2호	500만원
4. 법 제9조의3 제2항에 따른 시·도 경찰청장의 감독상 필요한 다음 각목의 명령을 정당한 사유 없이 이행하지 않은 경우 　가. 총기·실탄 및 분사기에 관한 명령 　나. 가목에 따른 명령 외의 명령	법 제12조 제1항 제3호	 500만원 300만원

질서위반행위규제법

1. 이의제기(질서위반행위규제법 제20조)★
　① 행정청의 과태료 부과에 불복하는 당사자는 과태료 부과 통지를 받은 날부터 60일 이내에 해당 행정청에 서면으로 이의제기를 할 수 있다.
　② 이의제기가 있는 경우에는 행정청의 과태료 부과처분은 그 효력을 상실한다.
　③ 당사자는 행정청으로부터 통지를 받기 전까지는 행정청에 대하여 서면으로 이의제기를 철회할 수 있다.
2. 가산금 징수 및 체납처분 등(질서위반행위규제법 제24조)★
　① 행정청은 당사자가 납부기한까지 과태료를 납부하지 아니한 때에는 납부기한을 경과한 날부터 체납된 과태료에 대하여 100분의 3에 상당하는 가산금을 징수한다.
　② 체납된 과태료를 납부하지 아니한 때에는 납부기한이 경과한 날부터 매 1개월이 경과할 때마다 체납된 과태료의 1천분의 12에 상당하는 가산금(중가산금)을 제1항에 따른 가산금에 가산하여 징수한다. 이 경우 중가산금을 가산하여 징수하는 기간은 60개월을 초과하지 못한다.
　③ 행정청은 당사자가 기한 이내에 이의를 제기하지 아니하고 가산금을 납부하지 아니한 때에는 국세 또는 지방세 체납처분의 예에 따라 징수한다.

나는 젊었을 때, 10번 시도하면 9번 실패했다.
그래서 10번씩 시도했다.

- 조지 버나드 쇼 -

제2차

OX + 핵심이론 + 문제

PART 01 | 경비업법
PART 02 | 경호학

PART 02

경호학

OX 핵심지문 총정리

CHAPTER 01 경호학과 경호

CHAPTER 02 경호의 조직

CHAPTER 03 경호업무 수행방법

CHAPTER 04 경호복장과 장비

CHAPTER 05 경호의전과 구급법

CHAPTER 06 경호의 환경

PART 02 OX 핵심지문 총정리

CHAPTER 01 경호학과 경호

01 경호를 본질적·이론적인 입장에서 이해한 것은 실질적 의미의 경호개념이다. 기출 21·17·13·11 ( )

02 경호기관을 기준으로 하여 정립한 개념은 형식적 의미의 경호개념이다. 기출 21·18·17·15·13·11 ( )

03 경호대상자의 신변안전을 위하여 사용 가능한 모든 수단과 방법을 동원하는 것은 실질적 의미의 경호개념에 해당한다. 기출 21·18·17·16·15·14·13·12·11 ( )

04 약식경호는 의전절차 없이 불시에 행사가 진행되고, 사전 경호조치도 없는 상태에서 최대한의 근접경호만으로 실시하는 경호활동을 말한다. 기출 21·20·19·18·17 ( )

05 경호관계자의 사전 통보에 의해 계획·준비되는 경호활동은 경호의 성격에 의한 분류 중에서 공식경호에 해당한다. 기출 21·16·14 ( )

06 대통령 등의 경호에 관한 법률상 대통령이 임기 만료 전에 퇴임한 경우와 재직 중 사망한 경우의 경호 기간은 그로부터 5년으로 하고, 퇴임 후 사망한 경우의 경호 기간은 퇴임일부터 기산(起算)하여 10년을 넘지 아니하는 범위에서 사망 후 5년으로 한다. 기출 21 ( )

07 경호의 성문법원으로 헌법·법률·조약·명령·판례법 등을 들 수 있다. 기출 22·21 ( )

08 3중 경호의 기본 구조는 경호대상자가 위치한 장소로부터 내부, 외부, 외곽으로 구분하여 경호 행동반경을 거리 개념으로 설명한 것이다. 기출 21·20 ( )

09 안전구역, 경비구역, 경계구역, 방호구역 중 3중 경호의 원칙에 해당하지 않는 구역은 방호구역이다. 기출 21 ( )

10 3중 경호의 원칙에서 1선은 완벽한 통제가 이루어져야 하며, 경호원의 확인을 거치지 않은 인원의 출입은 금지한다. 기출 21·15 ( )

11 3중 경호의 원칙에서 2선은 부분적 통제가 실시되지만 경호원의 확인을 거치지 않은 인원 및 물품은 감시의 영역을 벗어나서는 안 된다. 기출 21·12 ( )

12 경호의 행동원칙 중 '자기담당구역 책임의 원칙'에 의하면 경호원은 자신의 책임하에서 주어진 임무를 완수하고 담당구역을 지켜야 한다. 기출 21·17·16·12 ( )

13 경호의 행동원칙 중 '자기희생의 원칙'은 경호원 자신을 희생해서라도 경호대상자의 신변을 안전하게 보호해야 한다. 기출 21·18·17·16·13 ( )

14 경호의 행동원칙 중 '하나의 통제된 지점을 통한 접근의 원칙'에 의하면 경호대상자에게 접근할 수 있는 출입구나 통로는 하나만 필요하고, 담당경호원의 허가 절차가 요구되지 않는다. 기출 21·15·11 ( )

15 경호의 행동원칙 중 '목표물 보존의 원칙'은 경호대상자를 위해요소로부터 분리하는 것을 말한다.
기출 23·21·17·16·13·11 ( )

16 다음에서 설명하는 경호의 원칙은 목표물 보존의 원칙이다. 기출 22 ( )

> 경호대상자의 행차 코스는 원칙적으로 비공개되어야 하며, 행차 예정 장소도 일반 대중에게 비공개되어야 한다. 더불어 대중에게 노출되는 경호대상자의 보행 행차는 가급적 제한되어야 위해를 가할 가능성이 있는 위험으로부터 경호대상자를 보호할 수 있다.

17 청와대경찰관 파견대, 대통령경호처, 경무대경찰서, 대통령경호실 중에서 시대순(과거부터)으로 세 번째에 해당하는 경호기관의 명칭은 대통령경호실이다. 기출 24 ( )

18 주의력효과 측면에서는 경호원과 경계대상과의 거리가 멀수록 유리하고, 대응효과 측면에서는 경호원이 경호대상자와의 거리를 좁히는 것이 효과적이다. 기출 24 ( )

19 대통령 등의 경호에 관한 법률상 '경호'에 관한 정의이다. ( )에 들어갈 내용은 순서대로 ㄱ : 신체, ㄴ : 위해, ㄷ : 특정 지역이다. 기출 23·22 ( )

> 경호대상자의 생명과 재산을 보호하기 위하여 (ㄱ)에 가하여지는 (ㄴ)를 방지하거나 제거하고, (ㄷ)을 경계·순찰 및 방비하는 등의 모든 안전활동을 말한다.

▶ **정답과 해설** ◀ 01 ○ 02 ○ 03 ○ 04 × 05 ○ 06 ○ 07 × 08 × 09 ○ 10 ○
11 ○ 12 ○ 13 ○ 14 × 15 ○ 16 ○ 17 ○ 18 × 19 ○

✔ **오답분석**

04 약식경호는 의전절차 없이 불시에 행사가 진행되고, 사전 경호조치도 없는 상태에서 <u>최소한의 근접경호만으로</u> 실시하는 경호활동이다.
07 <u>판례법은 관습법과 더불어 대표적인 경호의 불문법원에 해당한다</u>.
08 3중 경호의 기본 구조는 경호대상자가 위치한 집무실이나 행사장으로부터 <u>내부(근접경호), 내곽(중간경호), 외곽(외곽경호)으로</u> 구분하여 경호 행동반경을 거리 개념으로 설명한 것이다.
14 '하나의 통제된 지점을 통한 접근의 원칙'은 경호대상자와 일반인을 분리하여, 경호대상자에게 접근할 수 있는 출입구나 통로는 하나만 필요하고 여러 개를 두어서 위해요소가 분산되도록 하여서는 안 된다는 원칙으로, <u>통제된 출입구나 통로라도 접근자는 경호요원에게 확인될 수 있어야 하고, 허가 절차 등을 거쳐 접근이 이루어지도록 해야 한다</u>.
18 주의력효과와 대응효과는 서로 역의 관계이다. 즉, <u>경호원이 군중(경계대상)과 가까울수록 경호대상자와는 멀어지므로 주의력효과는 증가</u>하나 대응효과는 감소한다. 반대로 경호원이 경호대상자와 가까울수록 군중(경계대상)과는 멀어지므로 대응효과는 증가하나 주의력효과는 감소한다.

CHAPTER 02 경호의 조직

01 경호조직은 기구단위, 권한과 책임 등이 경호업무의 목적 달성을 위해 분화되어야 한다. 기출 21 (　)

02 경호조직의 폐쇄성에는 경호기법의 비노출이 포함된다. 기출 21·20 (　)

03 경호조직은 과거에 비해 그 기구와 인원 면에서 대규모화·다변화되고 있다. 기출 21·20 (　)

04 경호조직은 전문성보다는 권력에 기초를 두어야 한다. 기출 21 (　)

05 테러행위의 비전문성, 위해수법의 고도화에 따라 경호조직은 비전문성이 요구된다. 기출 20·19 (　)

06 경호조직은 전체 구조가 통일적인 피라미드형을 구성하면서 그 속에 서로 상하의 계층을 이루고 지휘·감독 등의 방법에 의해 경호목적을 통일적으로 실현한다. 기출 20 (　)

07 국민과 함께 하고 경호에 우호적인 사회환경을 조성해야 한다는 경호조직의 원칙은 경호협력성의 원칙이다.
기출 24 (　)

08 다음이 설명하는 경호조직의 구성원칙은 경호체계통일성의 원칙이다. 기출 21 (　)

> 경호기관의 구조는 전체의 다양한 조직수준을 통해 상하계급 간의 일정한 관계가 성립되어, 책임과 업무의 분담이 이루어져야 함을 의미한다.

09 다음이 설명하는 경호조직의 원칙은 경호기관단위작용의 원칙이다. 기출 20 (　)

> ○ 경호업무의 성격상 개인적 작용으로 이루어지지 않는다.
> ○ 하급자를 관리하기 위한 지휘권, 장비, 보급지원체제를 갖추고 있어야 한다.

10 다음에서 설명하는 경호조직의 원칙은 경호지휘단일성의 원칙이다. 기출 23 (　)

> 경호조직은 명령과 지휘체계가 이원화되지 않아야 하며, 경호업무 자체가 긴급성을 요한다는 점에서 더욱 필요한 원칙이다.

11 비밀경호국(SS)은 미국, 연방범죄수사국(BKA)은 독일, 공화국경비대(GSPR)는 프랑스의 경호조직이다.
기출 21 (　)

12 경찰청장, 외교부장관, 국방부장관, 국가정보원장 중 대통령경호처장이 경호등급을 구분하여 운영하고자 할 경우 협의대상이 아닌 자는 국방부장관이다. 기출 24 (　)

13 대통령경호처 차장이 필요하다고 인정하는 국외 요인(要人)은 대통령 등의 경호에 관한 법률상 대통령경호처의 경호대상이다. 기출 21 ( )

14 대통령 등의 경호에 관한 법률상 대통령경호처에 파견된 경찰공무원은 이 법에 규정된 임무 외의 경찰공무원의 직무를 수행할 수 없다. 기출 20 ( )

15 대통령 등의 경호에 관한 법률상 소속 공무원이 직무상 알게 된 비밀을 누설한 경우 7년 이하의 징역이나 금고 또는 5천만원 이하의 벌금에 처한다. 기출 20 ( )

16 대통령 등의 경호에 관한 법률상 경호공무원에 대한 사법경찰권 지명권자는 서울중앙지방검찰청 검사장이다. 기출 22 ( )

17 다음에서 설명하는 경호조직의 원칙은 경호지휘단일성의 원칙이다. 기출 22 ( )

> 하나의 기관에는 반드시 한 사람의 지휘자만이 있어야 한다. 지휘자가 여러 명이 있을 경우 이들 사이의 의견의 합치는 어렵게 되고 행동도 통일되기가 쉽지 않다. 상급감독자나 하급보조자가 지휘자의 권한을 침해한다면 전체 경호기구는 혼란에 빠지게 되어 경호조직은 마비상태가 될 우려가 있다.

18 대통령 등의 경호에 관한 법률상 다음(ㄱ~ㄷ)에 해당하는 숫자의 합은 79이다. 기출 23 ( )

> ㄱ. 대통령경호처 차장의 인원수
> ㄴ. 5급 이상 경호공무원의 정년연령
> ㄷ. 대통령경호안전대책위원회에서 위원장과 부위원장을 포함하여 최대 가능한 위원의 수

▶ 정답과 해설 ◀ 01 ○ 02 ○ 03 ○ 04 × 05 × 06 ○ 07 ○ 08 ○ 09 ○ 10 ○
11 ○ 12 ○ 13 × 14 ○ 15 × 16 ○ 17 ○ 18 ○

✔ 오답분석
04 경호조직은 권력보다는 전문성에 기초를 두어야 한다.
05 테러의 수법이 지능화·고도화되어감에 따라 경호조직에 있어서도 기능의 전문화 내지 분화현상이 나타난다.
13 대통령경호처 처장이 경호가 필요하다고 인정하는 국내외 요인(要人)이 대통령경호처의 경호대상에 해당한다(대통령 등의 경호에 관한 법률 제4조 제1항 제6호).
15 대통령 등의 경호에 관한 법률 제9조(비밀의 엄수) 제1항을 위반한 경우 5년 이하의 징역이나 금고 또는 1천만원 이하의 벌금에 처한다(대통령 등의 경호에 관한 법률 제21조 제1항).

CHAPTER 03 경호업무 수행방법

01 경호업무 수행절차 중 다음이 설명하는 관리단계는 예방단계이다. 기출 21·19·15·14 ( )

> 주요 활동은 정보활동이며, 정보의 수집 및 평가가 나타난다. 위협의 평가 및 대응방안을 강구하는 세부활동이 수행된다.

02 경호자원의 효율적인 이용을 위한 분석 자료를 토대로 사전에 경호계획을 수립한다. 기출 21 ( )

03 경호임무의 단계별 절차는 준비단계 - 계획단계 - 행사단계 - 평가단계이다. 기출 21 ( )

04 사전예방경호에서 지휘체계는 외곽근무자와 내부근무자를 별도로 관리하는 것이 효율적이다. 기출 21
( )

05 행사지역의 안전 확보, 위험요소를 제거하거나 최소화, 경호 관련 정·첩보 획득 및 공유, 도보경호 및 경호차량 대형 형성 중 선발경호의 목적에 해당하지 않는 것은 도보경호 및 경호차량 대형 형성이다. 기출 24
( )

06 다음에서 나타나지 않는 근접경호의 특성은 기만성이다. 기출 21 ( )

> 위드 코로나 시대를 맞아 다채로운 행사가 열렸다. A경호업체는 연예인 B양에 대한 경호의뢰를 받아 행사장에 근접경호를 하고 있었다. 운집된 팬들 사이에서 갑자기 위해기도자로 보이는 한 남성이 B양을 공격하려 하자 근접경호를 맡고 있던 P경호원은 자신의 몸으로 위해기도자를 막고 B양을 행사장 뒤로 신속히 이동시켰다.

07 수행원 수, 기동방법 및 수단, 위해기도자의 신상 및 도주로, 방문지역의 특성에 관한 사항 중 경호행사계획 수립 시 고려사항이 아닌 것은 위해기도자의 신상 및 도주로이다. 기출 24 ( )

08 같은 방향으로 2대의 경호차량이 교차로에 진입 시 방호차원에서 우측 경호차량이 우선 통과해야 한다. 기출 21
( )

09 비표는 혼잡방지를 위해 시간과 장소에 관계없이 미리 배포할수록 좋다. 기출 21 ( )

10 행사경호 시 차량통제의 경우 금속탐지기를 이용하여 탑승한 출입자를 차내에서 검측한다. 기출 21
( )

11 비상계획 및 일반예비대를 운용하는 것은 출입통제 담당자의 업무이다. 기출 21 ( )

12 우발상황 시 대응기법으로 체위확장의 원칙과 촉수거리의 원칙이 적용될 수 있다. 기출 23 ( )

13 노출성은 우발상황의 특성에 해당하지 않는다. 기출 24 ( )

14 검측활동은 검측인원의 책임구역을 명확하게 하여 중복되지 않게 계획적으로 검측하여야 한다. 기출 21·16·11
( )

15 방(room)에서의 안전검측활동 단계의 순서는 바닥 → 눈높이 → 천장높이 → 천장 내부이다. 기출 24
( )

16 검식활동은 음식물의 조리 및 제공 과정에서 위해요소 제거활동을 포함한다. 기출 24 ( )

17 수류탄과 같은 폭발성 화기에 의한 공격을 받았을 때 경호원이 방어적 원형 대형으로 경호대상자를 방호하는 것은 올바른 대응이 아니다. 기출 22
( )

18 사주경계 시 시각의 한계를 고려하여 주위경계의 범위를 선정하고, 인접한 경호원과의 경계범위를 중복되지 않게 실시한다. 기출 22
( )

19 출입통제는 안전구역 설정권 내에 출입하는 인적·물적 제반 요소에 대한 안전활동을 말한다. 기출 22
( )

20 근접경호 시 복도, 도로, 계단을 이동하는 경우에는 경호대상자를 공간의 중앙 쪽으로 유도하여 위해 발생 시 여유 공간을 확보해야 한다. 기출 23
( )

▶ 정답과 해설 ◀ 01 ○ 02 ○ 03 × 04 × 05 ○ 06 ○ 07 ○ 08 ○ 09 × 10 ×
11 × 12 ○ 13 ○ 14 × 15 ○ 16 ○ 17 ○ 18 × 19 ○ 20 ○

✔ 오답분석
03 경호임무의 단계별 절차는 계획단계 – 준비단계 – 행사단계 – 평가단계이다.
04 경호지휘단일성의 원칙상 명령과 지휘체계는 반드시 하나의 계통으로 구성해야 한다. 따라서 외곽근무자와 내부근무자를 별도로 관리하는 것은 지휘 및 통제의 이원화로 인해 비효율적이다.
09 비표 관리는 인적 위해요소의 배제를 목표로 하므로 행사 참석자에게 행사 당일 출입구에서 신원확인 후 비표를 배포하여야 한다.
10 금속탐지기(문형, 휴대용)를 이용하여 탑승한 출입자를 검측하는 경우에는 차량에서 하차시킨 후 검측 절차를 진행하여야 한다.
11 비상계획 및 일반예비대의 운용은 안전대책 담당자의 업무에 해당한다.
14 검측인원의 책임구역을 명확하게 하며, 중복되게 점검이 이루어져야 한다.
18 시각의 한계를 고려하여 사주경계(주위경계)의 범위를 선정해야 하고, 인접해 있는 경호원과의 경계범위를 중첩되게 설정하여야 한다.

CHAPTER 04 경호복장과 장비

01 경호원은 행사의 성격에 따라 주변 환경과 어울리는 복장을 착용한다. 기출 23・22・21・18 ( )

02 경호원은 행사의 성격과 관계없이 경호대상자 품위를 높이기 위해 검정색 계통의 정장을 착용한다.
기출 22・21・16・11 ( )

03 경호원은 화려한 색상이나 눈에 띄는 스타일의 복장을 착용하여 주위의 시선을 빼앗아 경호대상자를 보호한다.
기출 24 ( )

04 경호원은 잠재적 위해기도자의 범행동기를 사전에 제거하기 위해 장신구를 착용한다. 기출 21 ( )

05 총포의 이력추적관리 내역은 입국하는 국빈, 장관급 이상의 관료 등에 대한 경호를 목적으로 총포를 소지하고 입국하려는 사람이 총포의 일시 반출입 및 일시 소지 허가를 신청할 경우 경찰청장에게 신고하여야 할 내용이 아니다. 기출 21 ( )

06 검측장비는 위해기도자의 침입이나 범죄행위를 감시하고, 거동수상자의 동태를 추적하는 장비를 말한다.
기출 21 ( )

07 X-ray 검색기, 전자충격기, 금속탐지기, 폭발물탐지기 중 검측장비에 해당하지 않는 것은 전자충격기이다.
기출 21 ( )

08 금속탐지기, X-ray 수화물 검색기는 감시장비이다. 기출 18 ( )

09 검측장비는 가스분사기, 전기방벽, 금속탐지기, CCTV 등이다. 기출 20 ( )

10 다음의 검측장비 중 탐지장비가 아닌 것은 물포(Water Cannon)이다. 기출 18 ( )

서치탭(Search Tap), 청진기, 검색경, 물포(Water Cannon)

11 호신장비는 자신의 생명과 신체를 보호하기 위하여 사용하는 장비로 권총, 소총, 분사기 등을 포함한다.
기출 24 ( )

12 방호장비는 경호대상자가 사용하는 시설물을 보호하기 위한 장치를 말한다. 기출 21 ( )

13 경비업법상 경비원이 휴대할 수 있는 장비의 종류는 경적・단봉・분사기 등으로 항상 이를 휴대하여야 한다.
기출 24 ( )

14 대통령경호처장은 직무를 수행하기 위하여 필요하다고 인정할 때에는 소속 공무원에게 무기를 휴대하게 할 수 있다. 기출 23・20 ( )

15 검색장비의 운용 시 입장객을 통과시킬 때에는 개인 간 간격을 최소 1m 이내로 밀착시켜 빠른 걸음으로 통과시켜야 행사가 원만하게 진행될 수 있다. 기출 11 ( )

16 유해물질 존재 여부의 검사, 시설물의 안전점검, 사람이 직접 확인할 수 없는 밀폐공간의 확인에 사용하는 경호장비는 검측장비이다. 기출 22 ( )

17 경호현장에서 설치되는 바리케이드나 차량 스파이크 트랩은 인적 방호장비이다. 기출 22 ( )

18 대통령경호처에 파견된 경찰공무원의 복제는 경찰청장이 정한다. 기출 23·22 ( )

19 사람이 직접 확인할 수 없는 공간의 확인, 유해물질 존재 여부 등은 방호장비로 점검한다. 기출 23 ( )

20 하부검색경으로 행사장 이동차량의 안전상태를 확인한다. 기출 23 ( )

▶ **정답과 해설** ◀ 01 ○ 02 × 03 × 04 × 05 ○ 06 × 07 ○ 08 × 09 × 10 ○
　　　　　　　　　11 ○ 12 ○ 13 × 14 ○ 15 × 16 ○ 17 × 18 × 19 × 20 ○

✓ **오답분석**
02 경호원은 행사의 성격과 장소에 어울리는 복장을 착용하여야 하며, 어두운 색상일수록 위엄과 권위가 있다.
03 복장은 행사 성격에 따라 주변환경과 조화되도록 착용해야 하며, 화려한 색상이나 새로운 패션의 스타일은 눈에 띄기 쉬우므로 보수적인 색상과 스타일의 복장이 적합하다.
04 장신구의 착용과 잠재적 위해기도자의 범행동기의 사전 제거와는 인과성이 없다.
06 지문의 내용은 경호장비 중 감시장비에 관한 설명이다.
08 금속탐지기, X-ray 수화물 검색기는 검측장비이다.
09 금속탐지기만 검측장비에 해당한다. 가스분사기는 호신장비, 전기방벽은 방호장비, CCTV는 감시장비이다.
13 경비원이 휴대할 수 있는 장비의 종류는 경적·단봉·분사기 등 행정안전부령으로 정하되, 근무 중에만 이를 휴대할 수 있다(경비업법 제16조의2 제1항).
15 검색장비의 운용 시 입장객을 통과시킬 때에는 개인 간 간격이 최소 1.5m 정도 떨어져 보통걸음으로 통과하도록 한다.
17 경호현장에서 설치되는 바리케이드나 차량 스파이크 트랩은 인적 방호장비가 아닌 물적, 즉 차량용 방호장비라 평가할 수 있다. 구체적으로는 물리적 방벽 중 시설방벽으로 분류할 수 있다.
18 대통령경호처에 파견근무하는 경찰공무원의 복제에 관하여는 경호처장이 정한다(경찰복제에 관한 규칙 제11조, 대통령 등의 경호에 관한 법률 시행령 제34조 제2항).
19 사람이 직접 확인할 수 없는 공간의 확인, 유해물질 존재 여부 등은 검측장비로 점검한다.

CHAPTER 05 경호의전과 구급법

01 경호원은 환자에게 맥박과 호흡이 없을 경우 빠른 시간에 보조호흡을 실시한다. `기출 21·18` ( )

02 경호원은 환자가 가슴 및 복부 손상 시 지혈을 하고 음료를 마시지 않게 한다. `기출 21·18·17·13` ( )

03 경호원은 환자가 심한 출혈 시 출혈 부위를 심장보다 높게 하여 안정한 상태를 유지한다. `기출 21·18·13`
( )

04 경호원은 환자의 생사판정을 하지 않는 것을 원칙으로 한다. `기출 21·18` ( )

05 얼굴이 붉은 인사불성환자의 경우 머리와 어깨를 낮게 하여 안정시킨다. `기출 19` ( )

06 정부 의전행사에서 적용하고 있는 주요 참석인사에 대한 예우기준에 따라 공적 직위가 없는 인사 서열의 경우 직급, 기관장, 전직, 연령을 기준으로 한다. `기출 18` ( )

07 비행기를 타고 내릴 때에는 상급자가 최우선하여 타고 내린다. `기출 21·17` ( )

08 선박 탑승 시 일반 선박일 경우 상급자가 먼저 타고, 하선할 때는 나중에 내리며, 함정일 경우는 상급자가 나중에 타고 먼저 내린다. `기출 19·17` ( )

09 기차에서 두 사람이 나란히 앉는 좌석에서는 창가 쪽이 상석이며, 네 사람이 마주 앉을 경우에는 가장 상석은 진행방향의 창가 좌석, 다음이 맞은편 좌석, 다음은 가장 상석의 옆좌석, 그리고 그 앞좌석이 말석이 된다.
`기출 21·19·17` ( )

10 행사 주최자의 경우 손님에게 상석인 왼쪽을 양보한다. `기출 18` ( )

11 승강기[엘리베이터 탑승 시 안내자가 없는 경우(註)]를 타고 내릴 때에는 상급자가 나중에 타고, 먼저 내린다.
`기출 21` ( )

12 에스컬레이터 탑승 시 올라갈 때는 남성이 먼저 올라가고, 내려올 때는 여성이 먼저 내려온다. `기출 19·17`
( )

13 경호원 간 상하 지휘체계 확립을 위하여 권위주의적, 상호보완적 동료의식을 강조한다. `기출 21` ( )

14 국기는 매일 24시간 게양할 수 있다. `기출 24` ( )

15 차량용 국기 게양 시 차량의 본네트 앞에 서서 차량을 정면으로 바라볼 때 본네트의 왼쪽이나 왼쪽 유리창문에 단다. `기출 20` ( )

16 자동심장충격기(AED)는 패드부착 – 전원 켬 – 분석 및 제세동 시행 순으로 사용한다. `기출 24` ( )

17 자동심장충격기는 심정지 목격 시 심폐소생술 시행 후 사용하는 것을 원칙으로 한다. `기출 24` ( )

18 환자가 의식이 없을 때, 매스껍거나 토할 때, 배에 상처나 복통, 수술 전, 쇼크 상태에서는 마실 것을 주어서는 안 된다. `기출 23` ( )

19 응급처치의 기본요소에는 상처보호, 지혈, 기도확보, 전문치료이다. `기출 23` ( )

20 공식적 국가 의전서열에서 헌법재판소장은 대법원장에 우선한다. `기출 23` ( )

▶ **정답과 해설** ◀ 01 × 02 ○ 03 ○ 04 ○ 05 × 06 × 07 × 08 × 09 ○ 10 ×
11 ○ 12 × 13 × 14 ○ 15 ○ 16 × 17 ○ 18 ○ 19 × 20 ×

✔ **오답분석**
01 맥박과 호흡이 없을 경우 빠른 시간에 심폐소생술(CPR)을 실시하여야 한다.
05 얼굴이 붉은 인사불성환자의 경우 머리와 어깨를 약간 높여 안정시킨다.
06 직급, 기관장 순위는 직위에 의한 서열기준이다.
07 비행기를 타고 내릴 때에는 상급자가 나중에 타고 먼저 내린다.
08 일반 선박의 경우 상급자가 나중에 타고 먼저 내린다. 그러나 함정의 경우에는 상급자가 먼저 타고 먼저 내린다.
10 우리나라에서는 일반적으로 오른편을 상위석으로 하는 것이 관례인데, 이 관례는 많은 나라에서 통용되고 있다.
〈출처〉 김두현, 「경호학개론」, 엑스퍼트, 2020, P. 321
12 일반적으로 여성이 남성보다 상급자로 취급되므로, 올라갈 때는 여성이 먼저 올라가고, 내려올 때는 남성이 먼저 내려온다.
13 경호원 간 상하 지휘체계 확립을 위해서는 책임과 업무의 분담, 명령과 복종의 지위·역할체계의 통일 등이 이루어져야 한다.
16 자동심장충격기는 전원 켬 – 패드부착 – 분석 및 제세동 시행 순으로 사용한다.
19 응급처치는 전문적인 치료를 받기 전까지의 임시적인 처치이므로, 전문치료는 응급처치의 기본요소에 해당하지 않는다. 응급처치의 구명 3요소는 지혈, 기도유지, 쇼크방지 및 치료이며, 응급처치의 구명 4요소는 여기에 상처보호가 포함된다.
20 대한민국은 국가 의전서열을 직접적으로 공식화하지는 않았다. 다만, 정부수립 이후부터 시행해 온 주요 국가행사를 통해 확립된 선례와 관행을 기준으로 한 공직자의 관례상의 서열은 있다. 외교부 의전실무편람상 의전서열은 '대통령 → 국회의장 → 대법원장 → 헌법재판소장 → 국무총리 → 중앙선거관리위원장' 순이다.

CHAPTER 06 경호의 환경

01 우리나라 경호의 환경요인과 관련하여 사이버범죄 증가에 따라 경호방법 다변화의 일환으로 「개인정보보호법」은 적용하지 않는다. 기출 21 ( )

02 우리나라 경호의 환경요인과 관련하여 사회와 국민의식 구조의 변화로 인한 시대적 요구사항을 반영하여 경호의 수단과 방법이 변화되고 있다. 기출 21 ( )

03 4차 산업의 발달에 따른 드론을 활용한 북한의 남한에 대한 위협은 특수적 환경요인이다. 기출 24 ( )

04 뉴테러리즘은 공격대상이 특정화되어 있고, 언론매체의 활용으로 공포확산이 빠르다. 기출 21 ( )

05 '외로운 늑대(Lone wolf)'와 같은 자생 테러가 증가하고 있다는 점은 뉴테러리즘의 특징이다. 기출 21 ( )

06 과학화 및 정보화의 특성으로 조직이 네트워크화되고 있다는 점은 뉴테러리즘의 특징이다. 기출 21 ( )

07 전통적 테러에 비해 피해규모가 큰 양상을 띤다는 점은 뉴테러리즘의 특징이다. 기출 23·21 ( )

08 국가 및 지방자치단체는 테러로부터 국민의 생명·신체 및 재산을 보호하기 위하여 테러의 예방과 대응에 필요한 제도와 여건을 조성하고 대책을 수립하여 이를 시행하여야 한다. 기출 24 ( )

09 국민보호와 공공안전을 위한 테러방지법상 테러위험인물이란 테러를 실행·계획·준비하거나 테러에 참가할 목적으로 국적국이 아닌 국가의 테러단체에 가입하거나 가입하기 위하여 이동 또는 이동을 시도하는 내국인·외국인을 말한다. 기출 22·17 ( )

10 다음의 내용은 모두 국민보호와 공공안전을 위한 테러방지법상 대테러활동에 해당한다. 기출 20 ( )

> ○ 테러위험인물의 관리
> ○ 인원·시설·장비의 보호
> ○ 국제행사의 안전확보
> ○ 테러위협에의 대응 및 무력진압

11 국민보호와 공공안전을 위한 테러방지법상 테러수사란 대테러활동에 필요한 정보나 자료를 수집하기 위하여 현장조사·문서열람·시료채취 등을 하거나 조사대상자에게 자료제출 및 진술을 요구하는 활동을 말한다. 기출 22·17 ( )

12 다음 중 국민보호와 공공안전을 위한 테러방지법 시행령상 대테러특공대의 임무를 수행한 자는 A, B, C 모두이다. 기출수정 21   ( )

> A : 대한민국과 관련된 국내외 테러사건 진압작전을 수행하였다.
> B : 주요 요인경호 및 국가중요행사의 안전한 진행을 지원하였다.
> C : 테러사건과 관련한 폭발물을 탐색하고 처리하였다.

13 암살자가 극히 중요하다고 생각하는 사상을 암살대상자들이 위태롭게 하고 있다고 생각하는 것은 적대적 동기에 해당된다. 기출 23   ( )

14 국민보호와 공공안전을 위한 테러방지법상 테러위험인물에 대하여 출입국·금융거래 및 통신이용 등 관련 정보를 수집할 수 있는 자는 국가정보원장이다. 기출 18·17   ( )

15 국가대테러활동 세부운영 규칙상 다음은 테러경보의 경계단계의 내용이다. 기출수정 21   ( )

> 테러취약요소에 대한 경비 등 예방활동의 강화, 테러취약시설에 대한 출입통제의 강화, 대테러 담당공무원의 비상근무 등의 조치를 한다.

16 암살범의 적개심과 과대망상적 사고는 개인적 동기에 해당된다. 기출 22   ( )

17 암살은 뉴테러리즘의 일종으로 불특정 다수를 대상으로 한다. 기출 23·22   ( )

| ▶ 정답과 해설 ◀ | 01 × | 02 ○ | 03 ○ | 04 × | 05 ○ | 06 ○ | 07 ○ | 08 ○ | 09 × | 10 × |
| | 11 ○ | 12 ○ | 13 × | 14 ○ | 15 ○ | 16 ○ | 17 × | | | |

✔ 오답분석

01 현재 사이버범죄와 관련된 우리나라의 법률체계는 「정보통신망 이용촉진 및 정보보호 등에 관한 법률(약칭 : 정보통신망법)」이 사이버범죄의 기본법적인 역할을 하고 있으나, 이외에도 「정보통신기반 보호법」, 「전기통신사업법」, 「위치정보의 보호 및 이용 등에 관한 법률(약칭 : 위치정보법)」, 「개인정보보호법」 등 다양한 법률이 적용되고 있다.

04 뉴테러리즘은 불특정 다수(공격대상의 불특정)에 대한 공격을 특징으로 한다.

09 외국인테러전투원에 대한 정의이다(국민보호와 공공안전을 위한 테러방지법 제2조 제4호).

10 대테러조사에 대한 정의이다(국민보호와 공공안전을 위한 테러방지법 제2조 제8호).

13 암살의 이념적 동기에 관한 설명이다. 적대적 동기는 전쟁 중이거나 적대관계에 있는 지도자를 제거하여 승전을 유도하거나 사회혼란을 조성하기 위해 암살이 이루어진다.

17 암살은 일반적으로 근대적 테러리즘의 전형이라 할 수 있으며, 특정한 지위에 있는 사람을 대상으로 한다.

CHAPTER 01 경호학과 경호

제1절 경호의 정의

Ⅰ 경호의 개념 기출 21·20·19·18·17·16·15·13·11

1. **형식적 의미의 경호**
   ① 경호관계법규에 규정된 현실적인 경호기관을 기준으로 하여 정립된 개념이다.★
   ② 제도상·실정법상 일반 경호기관의 권한에 속하는 일체의 경호작용을 뜻한다.
   ③ 실정법·제도·기관 중심적 관점에서 이해한 것이다.
   ④ 경호의 주체 또는 권한, 제도에 따른 구분에 의한 것이다.★
   ⑤ 대통령 등의 경호에 관한 법률에서의 경호는 형식적 의미의 경호개념이다.★

2. **실질적 의미의 경호**
   ① 경호 활동의 본질·성질·이론적인 입장에서 이해한 것으로, 학문적인 측면에서 고찰된 개념이다.★
   ② 수많은 경호작용 중에서 공통적인 특성을 추상화한 개념이다.★
   ③ 경호대상자의 절대적 신변안전을 보호하기 위하여 모든 사용 가능한 수단과 방법을 동원한다.
   ④ 경호대상자(피경호자)에 대한 신변 위해요인을 사전에 방지 또는 제거하기 위한 제반활동이다.★
   ⑤ 경호주체(국가기관, 민간기관, 개인, 단체 불문)가 경호대상자를 보호하는 모든 활동을 말한다.★
   ⑥ 모든 위험과 곤경(인위적·자연적 위해)으로부터 경호대상자를 안전하게 보호하기 위한 제반활동이다.

Ⅱ 각 기관별 경호개념

1. **한국, 대통령경호처(Presidential Security Service)**
   경호란 "경호대상자의 생명과 재산을 보호하기 위하여 신체에 가하여지는 위해를 방지하거나 제거하고(호위), 특정지역을 경계·순찰 및 방비(경비)하는 등의 모든 안전활동"을 말한다.★ 기출 23·22·20

2. **한국, 경찰기관(Republic Of Korea, Police)**
   경호란 정부요인·국내외 주요 인사 등 경호대상자의 신변에 대하여 직·간접으로 가해지려는 위해를 방지하기 위하여 위험요소를 사전에 제거하고 경호대상자의 안전을 도모하는 경찰작용을 말한다.

3. 미국, 비밀경호대(Secret Service)

경호는 "암살, 납치, 혼란 및 신체적 상해로부터 경호대상자를 보호하고, 실제적이고 주도면밀한 범행의 성공기회를 최소화하는 것"이라고 정의한다. ★

4. 일본, 요인경호부대(Security Police)

경호는 "신변에 위해가 있을 경우 국가와 공공의 안녕 및 질서에 영향을 줄 우려가 있는 자에 대하여 그 신변의 안전을 확보하기 위한 경찰활동"이라고 정의한다. ★

핵심문제

01 형식적 의미의 경호개념에 관한 설명으로 옳은 것은? 기출 15

① 경호 주체가 국가, 민간에 관계없이 경호대상자를 보호하는 모든 활동을 말한다.
② 경호의 개념을 본질적·이론적 입장에서 이해한 것이다.
③ 현실적인 경호기관을 기준으로 정립된 개념이다.
④ 학문적 측면에서 고찰된 개념이다.

[해설]
①·②·④는 실질적 의미의 경호개념에 대한 설명이고, ③만 형식적 의미의 경호개념에 해당한다.

정답 ③

02 경호의 개념 및 정의로 옳지 않은 것은? 기출 14

① 미국 비밀경호대(SS)는 '실질적이고 주도면밀한 범행의 성공기회를 최소화하는 것'이라고 정의한다.
② 대통령 등의 경호에 관한 법률에서 정의한 경호의 개념은 실질적 의미의 경호개념이다.
③ 일본의 요인경호대(SP)는 '신변에 위해가 있을 경우 국가와 공공의 안녕 및 질서에 영향을 줄 우려가 있는 자에 대하여 그 신변의 안전을 확보하기 위한 경찰활동'이라고 정의한다.
④ 실질적 의미의 경호개념은 이론적으로 '모든 위험과 곤경으로부터 경호대상자를 안전하게 보호하기 위한 제반활동'이라고 할 수 있다.

[해설]
대통령 등의 경호에 관한 법률에서 정의한 경호의 개념은 '실정법에서 정의한 경호의 개념' 또는 '대통령경호처에서 정의한 경호의 개념'에 해당하므로 형식적 의미의 경호개념이다.

정답 ②

Ⅲ 경호학의 의의

1. 경호학의 정의
경호학은 종합과학적 성격을 띤 종합예술이고, 경호의 환경변화에 기민하게 반응하며, 경호기법에 관한 지속적인 연구·개발 없이는 학문적 가치를 인정받을 수 없는 매우 적극적이고 동태적인 학문이다. ★

2. 경호학 연구의 대상

경호제도	• 법치국가의 경호제도는 경호의 정당성을 제공하는 중요한 근거이다. • 경호의 법적 근거·경호의 대상·경호조직의 구성 및 운영 등은 경호의 존재방식과 방향을 결정한다.
경호이론	• 경호이론은 경호행위의 근거를 제시한다. • 이론의 연구는 경호의 완성도를 높이고 경호의 질적 성장을 촉진한다.
경호기법	• 경호기법은 구체적으로 경호조치를 하는 기술과 방법을 제공한다. • 문제를 해결하는 구체적인 방법은 경호원·경호조직의 경호능력을 향상시키는 관건이다.
경호의식	• 사람들이 경호를 어떻게 생각하고 인식하는가의 문제를 연구한다. • 국민들의 경호에 대한 의식은 경호의 방향을 결정하고 방법을 결정하는 단서가 된다.

〈출처〉 이두석, 「경호학개론」, 진영사, 2018, P. 36

제2절 경호 및 경비의 분류

Ⅰ 경호의 분류 기출 24·23·21·20·19·18·17·16·15·14·13·12·11

1. 대상에 의한 분류
① 공경호(公警護)

국내 요인	갑(甲)호	• 대통령과 그 가족, 대통령 당선인과 그 가족 • 대통령권한대행과 그 배우자 • 전직대통령과 그 배우자(퇴임 후 10년 이내) • 그 밖에 경호처장이 경호가 필요하다고 인정하는 국내 요인	경호처
	을(乙)호	• 국회의장, 대법원장, 국무총리, 헌법재판소장 • 전직대통령(퇴임 후 10년 경과), 대통령선거후보자	경 찰
	병(丙)호	갑, 을호 이외에 경찰청장이 필요하다고 인정하는 인사	
국외 요인 (외빈)	ABCD등급	• 대통령, 국왕, 행정수반(수상포함)과 그 배우자 • 행정수반 아닌 총리, 부통령 • 그 밖에 경호처장이 경호가 필요하다고 인정하는 국외 요인	경호처
	EF등급	• 부총리, 왕족, 외빈 ABCD등급의 배우자 단독 방한 • 전직대통령, 전직총리, 국제회의·국제기구의 중요인사 • 기타 장관급 이상으로 경찰청장이 경호가 필요하다고 인정하는 사람	경 찰

〈참고〉 김동제·조성구, 「경호학」, 백산출판사, 2013, P. 49

㉠ 갑(甲)호 및 외빈(A·B·C·D등급) 경호의 경우에는 대통령경호처에서 경호를 주관하게 되며, 3중경호의 원칙에 입각해 1선은 경호처에서, 경찰은 2선(군부대 내부의 경우에는 군(軍)이)과 3선을 담당하게 된다.★
㉡ 을(乙)호·병(丙)호 및 외빈(E·F등급) 경호의 경우에는 경찰의 책임하에 경호를 주관하게 된다.★
㉢ 경호처장이 경호가 필요하다고 인정한 국내외요인 또는 외빈(A·B·C·D)의 경호등급은 경호처장이 외교부장관, 국가정보원장, 경찰청장과 미리 협의하여 결정한다.★★
② **사경호(私警護)** : 통일된 분류기준이 없으므로 참고용으로만 활용
㉠ 1급 경호 : 국회의원, 지방자치단체장 이상, 대기업 총수, 유명 연예인, 종교·사회 단체장
㉡ 2급 경호 : 시·군·구 정치인, 대기업 이사급, 중소기업 대표(경제·사회지도층 가족)
㉢ 3급 경호 : 일반인

〈출처〉 송광호, 「패스플러스 경비지도사 2차 경호학」, 에듀피디, 2023, P. 43

핵심문제

01 다음 중 수상, 국회의장, 대법원장, 헌법재판소장 이와 대등한 지위에 있는 외국인사 등에 대한 경호방법은? 기출 05

① 甲호 경호 ② 乙호 경호
③ 丙호 경호 ④ 丁호 경호

[해설]
대통령 이외 국가중요인사나 수장인 경우는 乙호 경호이다.

정답 ②

02 경찰청장 또는 경호기관의 장이 필요하다고 인정하는 주요 인사에 대한 경호수준의 분류로 맞는 것은? 기출

① 甲호 ② 乙호
③ 丙호 ④ 丁호

[해설]
丙호 경호 : 甲호·乙호 이외에 경찰청장이 필요하다고 인정하는 주요 인사의 경호

정답 ③

2. 장소에 의한 분류

① **행사장(行事場)경호** : 경호대상자가 참석하는 행사장소를 안전공간으로 확보하여 경호대상자의 신변을 보호하기 위한 경호활동으로, 행사장소에 대한 안전조치와 행사 참석자에 대한 안전조치가 포함된다.

② **숙소(宿所)경호** : 경호대상자가 평소에 거처하는 숙소뿐만 아니라 행사 등으로 인하여 임시로 사용하는 외부 유숙지에 대한 경호활동을 말한다. ★

③ **연도(沿道)경호** : 경호대상자가 이동하는 기동로에 대한 안전조치나 도로상에서 일시적인 행사가 이루어질 경우의 경호활동을 말한다.
  ㉠ 육로경호 : 경호대상자가 행·환차 시 도로에 대한 제반 위해요소를 사전에 배제하는 경호이다.
  ㉡ 철도경호 : 철로 주변에 대한 경호로 철도 관계 기관과의 긴밀한 협조로 육로 경호와 같이 실시한다.

3. 성격에 의한 분류

① **공식경호(1호·A호)** : 공식행사 시 사전 통보에 의해 계획·준비하여 실시하는 경호이다.

② **비공식경호(2호·B호)** : 비공식행사 시 사전에 통보나 협의 없이 이루어지는 경호이다. ★
  예 공식 경호행사를 마치고 귀가 중 환차코스를 변경하여 예정에 없던 행사장에 방문할 경우에 실시하는 경호

③ **약식경호(3호·C호)** : 일정한 규격적인 방식(의전절차)에 의하지 않고 실시하는 경호이다. ★
  예 출·퇴근 시 일상적으로 실시하는 경호

> **행사 성격에 의한 경호활동의 구분**
> - 완전 공식 : 대규모의 국가적인 행사로 사전에 언론을 통해 완전히 공개된 행사 시 실시하는 경호(예 대통령 취임식, 아시아·유럽 정상회의, 월드컵 등)
> - 공식 : 연례적·통상적으로 실시하는 공개된 행사 시 경호(예 국경일, 기념일, 기공식 등)
> - 비공식 : 보안유지가 요구되는 비공개 행사 시 실시하는 경호(예 현장방문행사 등)
> - 완전 비공식 : 정무 또는 사무상 필요에 의해 사전통보나 절차 없이 이루어지는 행사 시 실시하는 경호로서 고도의 보안을 요구하는 경호(예 민정시찰·사저행사 등의 비공식 방문, 개인적인 운동·공연관람 등)

4. 이동수단에 의한 분류

행사장으로 이동하는 수단과 방법에 의한 것으로, 보행경호, 차량경호, 열차경호, 선박경호, 항공기경호 등으로 분류된다.

핵심문제

01 장소에 의한 경호의 분류가 아닌 것은? 기출 13
① 숙소경호
② 연도경호
③ 행사장경호
④ 차량경호

[해설]
숙소경호, 연도경호, 행사장경호 등은 '장소에 의한 분류'에 따른 것이고, 차량경호는 '이동수단에 의한 분류'에 따른 것이다.

정답 ④

5. 경호의 수준에 의한 분류

① 1(A)급 경호 : 행차보안이 사전에 노출되어 경호의 위해가능성이 높은 상황하의 공식행사의 경호(국가원수급)
② 2(B)급 경호 : 행사준비 등의 시간적 여유 없이 갑자기 결정된 상황하의 각종행사의 경호(수상급)
③ 3(C)급 경호 : 사전에 행사준비 등 경호조치가 거의 전무한 상황하의 각종행사의 경호(장관급)

6. 직·간접 여부에 의한 분류

① 직접경호 : 행사장에 인원과 경호장비를 배치하여 인적·물적·자연적(지리적) 위험요소를 예방하기 위한 경호★
② 간접경호 : 평상시의 치안 및 대공활동, 국제정세를 포함한 안전대책작용 등의 경호★

7. 직종에 의한 분류

① 경제인경호 : 회장·사장 등의 경제인을 대상으로 하는 경호
② 정치인경호 : 대통령후보·정당인·국회의원·유명인사 등의 경호
③ 연예인경호 : 가수·배우 등의 경호로 의상과 외모를 신변보호 이상으로 신경 써야 한다.

8. 형식(근무형태)에 따른 분류

① 노출경호 : 경호원임을 쉽게 구분할 수 있도록 복장을 입고 공개적으로 예상될 수 있는 범행기도나 위협에 위압감을 줄 수 있는 방법이다. 신분이 노출되어 불순분자로 하여금 경계를 가능하게 한다는 단점이 있지만 질서유지에는 효과적이다.★
② 비노출경호 : 경호원임을 알 수 없도록 자유복장으로 경호하는 방법으로 신분이 노출되지 않는다는 장점이 있으며, 경호대상자에게 부담을 주지 않고, 일반시민의 통제를 최소화하는 것이다.★
③ 혼합경호 : 노출과 비노출경호를 혼합하는 경호방법이다. 경호원의 신변을 노출하여 위압감을 주는 동시에 비밀리에 신변을 보호할 필요가 있을 때 사용한다.★

핵심문제

01 경호수준에 의한 분류 중 사전경호조치가 전무한 상황하의 각종 행사시의 경호는? 기출 15

① 1(A)급 경호 ② 2(B)급 경호
③ 3(C)급 경호 ④ 4(D)급 경호

【해설】
경호수준에 의한 분류와 경호 성격에 의한 분류가 많이 비슷하기 때문에 가끔씩 혼동이 된다. 실제 시험에서도 혼란스러운 문제가 간혹 출제되고 있으므로 일단 내용적으로 잘 구분을 해야 한다. 해당 문제는 3(C)급 경호를 묻고 있다.

정답 ③

경호의 분류정리 기출 23·21·20·18·17

대상	甲(A)호 경호	국왕 및 대통령과 그 가족, 외국의 원수 등
	乙(B)호 경호	수상, 국회의장, 대법원장, 헌법재판소장, 이와 대등한 지위에 있는 외국인사 등
	丙(C)호 경호	경찰청장 또는 경호기관의 장이 필요하다고 인정하는 주요 인사
장소	행사장경호	행사장은 일반군중과 가까우므로 완벽한 경호가 필요
	숙소경호	체류기간이 길고, 야간경호를 해야 함
	연도경호 (노상경호)	연도경호는 세부적으로 교통수단에 의해 분류됨(육로경호·철도경호)
성격	공식경호 (1호·A호)	경호관계자의 사전 통보에 의해 계획·준비되는 공식행사 때에 실시하는 경호
	비공식경호 (2호·B호)	경호관계자 간의 사전 통보나 협의절차 없이 이루어지는 비공식행사 때의 경호
	약식경호 (3호·C호)	일정한 방식에 의하지 않고 실시하는 경호(출·퇴근 시 일상적으로 실시하는 경우)
이동수단	보행경호	경호대상자가 근거리를 도보로 이동할 때 실시하는 경호
	차량경호	경호대상자가 차량으로 대개 중거리를 이동할 때 실시하는 경호
	열차경호	경호대상자가 열차를 이용하는 경우 열차 내에서 이루어지는 경호
	선박경호	경호대상자가 선박을 이용하는 경우 선박 내에서 이루어지는 경호
	항공기경호	경호대상자가 항공기를 이용하는 경우 항공기 내에서 이루어지는 경호
경호수준	1(A)급 경호	행차보안이 사전에 노출되어 경호 위해가 증대된 상황하의 각종 행사와 국왕 및 대통령 등 국가원수급의 1등급 경호대상으로 결정된 국빈행사의 경호
	2(B)급 경호	행사 준비 등의 시간적 여유 없이 갑자기 결정된 상황하의 각종 행사와 수상급의 경호대상으로 결정된 국빈행사의 경호
	3(C)급 경호	사전에 행사준비 등 경호조치가 거의 전무한 상황하에서 이루어지는 것으로서 장관급의 경호대상으로 결정된 국빈행사의 경호
직간접 여부	직접경호	행사장에 인원과 장비를 배치하여 물적·인적·자연적 위해요소를 배제하기 위한 경호
	간접경호	평상시의 치안 및 대공활동, 국제정세를 포함한 안전대책작용 등의 경호
직종	경제인경호	크고 작은 규모의 회사를 운영하는 회장 또는 사장 등의 경제인을 대상으로 하는 경호
	정치인경호	대통령후보, 정당인, 국회의원 등 정치인과 같은 유명인사를 대상으로 하는 경호
	연예인경호	가수, 배우 등 주요 연예인을 대상으로 하는 경호

〈출처〉 김두현, 「경호학개론」, 엑스퍼트, 2020, P. 57~61

Ⅱ 경비의 분류

1. 경비기관(주체)에 의한 분류 기출 23

구 분	공경비	사경비(민간경비)
주 체	정 부	개인, 단체, 영리기업
대 상	국 민	보수를 지급한 의뢰인
권 한	일반적인 법집행의 권한 보유	공경비에 비해 제한
목 적	공공의 질서와 범죄예방 및 범인의 체포 등	고객의 생명·신체·재산의 보호 등과 같은 범죄예방적 측면
서비스 성격	치안공공재적 성격으로 비경합적 서비스	대가에 따라 서비스가 달리 행해지는 경합적 서비스

2. 경계개념에 의한 분류

① 정(正)비상경계 : 국가적 중요행사를 전후한 일정기간 또는 비상사태 발생의 징후가 예견되거나 고도의 경계가 필요한 때 실시하는 경계

② 준(準)비상경계 : 비상사태 발생의 징후는 희박하나 불안전한 사태가 계속되며 비상사태가 발생할 우려가 있는 경우에 집중적인 경계가 요구될 때 실시하는 경계

3. 경계대상(경비 목적)에 의한 분류 기출 20·17

① 치안경비 : 공공의 안녕과 질서를 문란케 하는 경비사태에 대하여 경비부대의 활동으로서 예방·경계·진압하는 경비작용을 의미한다.★

② 재해경비 : 천재, 지변, 홍수, 화재, 태풍, 지진, 폭설 등 재해에 의한 예측불허의 돌발사태로부터 발생할 위해를 예방·경계·진압함으로써 국민의 생명·신체·재산을 보호하고 공공의 안녕과 질서를 유지하는 작용을 의미한다.

③ 혼잡경비 : 경기대회, 기념행사 등의 미조직 군중의 혼란 또는 혼란에 의하여 발생하는 예측불가능한 사태를 예방·경계·진압하는 작용을 의미한다.

④ 특수경비 : 총포·도검·폭발물 기타 총기류에 의한 인질, 살상 등 사회의 이목을 끄는 중요범죄 등의 사태로부터 발생할 위해를 예방·경계·진압함으로써 국민의 생명·신체·재산을 보호하고 공공의 안녕과 질서를 유지하는 작용을 의미한다.★

⑤ 중요시설경비 : 시설의 재산, 문서에 대한 비인가자의 접근을 방지하고 간첩, 태업, 절도 기타 침해행위에 대한 예방·경계·진압하는 경비작용을 의미한다.★

〈출처〉 김두현, 「경호학개론」, 엑스퍼트, 2020, P. 62

> **경비 목적에 따른 분류**
> 경비를 경비 목적에 따라 분류할 경우 경호경비, 치안경비, 재해경비, 혼잡경비, 특수경비, 중요시설경비로 구분할 수 있다.
> 〈출처〉 이두석, 「경호학개론」, 진영사, 2018, P. 89~90

4. 경비 방식에 의한 분류

① **인력경비** : 각종 위해로부터 경비대상의 인적·물적 가치를 사람을 통해 보호하는 경비형태이다.
② **기계경비** : 각종 위해로부터 경비대상의 인적·물적 가치를 기계경비시스템을 통해 보호하는 경비형태이다.

5. 경비 성격에 의한 분류

① **자체경비** : 경비를 필요로 하는 조직이 자체적으로 경비부서를 조직하여 경비활동을 실시하는 경비형태이다.
② **계약경비** : 용역경비전문업체가 경비서비스를 원하는 용역의뢰인과 일정한 계약을 통하여 경비서비스를 제공하는 경비형태이다.

6. 경비업법상의 경비 분류(경비업법 제2조) 기출 23

시설경비업무, 호송경비업무, 신변보호업무, 기계경비업무, 특수경비업무, 혼잡·교통유도경비업무로 분류된다.

시설경비	경비대상시설에서의 도난·화재 그 밖의 혼잡 등으로 인한 위험발생을 방지하는 경비업무
호송경비	운반 중에 있는 현금·유가증권·귀금속·상품 그 밖의 물건에 대하여 도난·화재 등 위험발생을 방지하는 경비업무
신변보호 (경호경비)	사람의 생명이나 신체에 대한 위해의 발생을 방지하고 그 신변을 보호하는 경비업무
기계경비	경비대상시설에 설치한 기기에 의하여 감지·송신된 정보를 그 경비대상시설 외의 장소에 설치한 관제시설의 기기로 수신하여 도난·화재 등 위험발생을 방지하는 경비업무
특수경비	공항(항공기를 포함) 등 대통령령이 정하는 국가중요시설의 경비 및 도난·화재 그 밖의 위험발생을 방지하는 경비업무
혼잡·교통유도 경비업무	도로에 접속한 공사현장 및 사람과 차량의 통행에 위험이 있는 장소 또는 도로를 점유하는 행사장 등에서 교통사고나 그 밖의 혼잡 등으로 인한 위험발생을 방지하는 업무

핵심문제

01 다음 중 경계대상에 의한 경비분류로 옳게 연결된 것은? 기출 05

① 치안경비 - 총기류에 의한 인질, 사살 등 중요범죄의 위해방지
② 혼잡경비 - 경기대회, 기념행사 등의 미조직군중의 예측 불가능한 사태를 방지
③ 특수경비 - 천재, 홍수, 태풍, 지진 등에 의한 돌발사태를 방지
④ 중요시설경비 - 공공의 안녕과 질서를 문란하게 하는 사태에 대한 경비

[해설]
경비대상에 의한 경비분류 중 옳은 연결은 ②이다. ①은 특수경비, ③은 재해경비, ④는 치안경비에 해당한다.

정답 ②

Ⅲ 경비경찰(경찰경비작용)

1. 경비경찰의 개념
일반통치권에 근거하여 경찰은 국가비상사태·긴급중요사태 등 경비사태가 발생하거나 발생할 우려가 있을 때 사회공공의 안녕과 질서를 해하는 개인적 또는 단체적인 불법행위를 예방·경계·진압하는 것을 주요 임무로 하는 경찰작용으로 불법과는 관련이 없는 인위적인 혼잡경비나 재난경비 등도 경비경찰의 대상이 된다.

2. 경비경찰의 특징
① 언제나 긴급한 중요사태이므로 처리 기한이 없다.
② 지휘관과 장비, 무기, 통신, 보급 등 조건을 구비한 부대조직으로 하향적인 특성이 있다.
③ 사회공공의 안녕과 질서유지를 위하여 경찰부대 작용으로 이루어진다.

3. 경비경찰의 특성
① 현상유지적 활동 : 동태적으로 현재의 질서상태를 유지하는 것을 말한다.
② 복합기능적 활동 : 사후 진압과 사전 예방 모두를 동시에 수행하며 예방적 기능에 우선을 둔다고 볼 수 있다.★
③ 즉응적 활동 : 비상사태 발령 시 신속하게 처리하며 사태가 종료되면 해당 업무도 종료하게 된다.
④ 하향적인 명령활동 : 주로 계선조직에 의해 지휘관이 명령을 내리며 책임도 지휘관이 지는 것을 말한다.
⑤ 직접적인 안녕 및 질서유지 활동 : 경비경찰의 대상은 공공의 안녕과 질서를 유지하는 것을 목적으로 하기 때문에 사회질서를 파괴하는 범죄를 대상으로 한다.

핵심문제

01 다음의 내용 중에서 경비경찰의 개념에 가장 맞는 것은? 기출
① 경비경찰의 작용은 복합적인 기능이 없는 것이 특색이다.
② 개인적 또는 단체적 불법활동을 예방·경계·진압하는 것을 주임무로 한다.
③ 경비경찰은 일정기간의 조직적인 활동이다.
④ 경비경찰의 특징은 조직적 부대활동이며 상향적인 지휘를 갖는다.

[해설]
경비경찰이란 국가비상사태·긴급중요사태 등 경비사태가 발생하거나 발생우려가 있을 때 사회공공의 안녕과 질서를 해하는 개인적 또는 단체적인 불법행위를 예방·경계·진압하는 것을 주요 임무로 하는 경찰작용을 말한다.

정답 ②

4. 경비수단의 원칙

균형의 원칙	한정된 경비력을 가지고 최대의 효과를 발휘할 수 있도록 상황과 대상에 따라서 유효적절하게 인력을 배치하여 실력행사를 하는 원칙★★
위치의 원칙	경비사태 발생 시 상대방보다 유리한 지점과 위치를 신속하게 확보·유지하는 원칙★
적시성의 원칙	상대방의 힘이 가장 약한 시점을 포착하여 집중적으로 강력한 실력행사를 감행하는 원칙★
안전의 원칙	경비사태 발생 시 경비병력이나 군중들을 사고 없이 안전하게 진압해야 한다는 원칙★

5. 경비수단의 종류

① 직접적인 실력행사 : 경비사태 발생 시에 상대방에게 물리적인 힘을 가하여 범죄의 실행을 불가능하게 하는 것 → 제지, 체포★

② 간접적인 실력행사 : 경비부대를 면전에 배치 또는 진출시켜 상대방에게 심리적 압박을 주어 범죄실행의 의사를 포기하도록 하는 것 → 경고★

> **행동에 의한 경고**
> 행동에 의한 경고란 해산을 촉구하기 위하여 경찰봉으로 밀어내는 행위로 일본의 판례에 따르면 이를 경고의 한 종류로 이해하고 있다.

핵심문제

01 다음의 내용에서 경비수단의 원칙에 대한 설명으로 적절하지 못한 것은? 기출

① 균형의 원칙 - 많은 경찰력으로 최소한의 효과를 생각하여 유효적절하게 인원을 배치하는 것
② 위치의 원칙 - 경비상황 시에 대비하여 유리한 지점과 위치를 신속하게 확보, 유지하는 것
③ 적시성의 원칙 - 상대방의 허점에 대하여 총력적으로 강력한 실력행사를 시행하는 것
④ 안전의 원칙 - 시민의 안전과 경비에 동원된 경력에 대하여 안전하게 임무를 완료하는 것

[해설]
균형의 원칙은 최소한의 병력으로 최대의 효과를 위한 인원배치가 필요함을 의미한다.

정답 ①

6. 경비경찰의 대상(경계대상에 의한 경비의 분류)

개인적·단체적 불법행위	치안경비		어느 정도 조직화된 군중에 의해 공안을 해하는 다중범죄 등 집단적인 범죄사태가 발생하거나 발생할 우려가 있는 경우에 대비하여 시기를 놓치지 않고 적절한 조치로 사태를 예방·경계·진압하기 위한 경비활동
	특수경비 (대테러)		총포·도검·폭발물 등에 의한 인질난동·살상 등 사회이목을 집중시키는 중요사건을 예방·경계·진압하는 경비활동
	경호경비		정부요인을 암살하려는 행위를 미연에 방지하고 피경호자의 신변을 보호하려는 경비활동
	중요시설경비		• 국가적으로 중대한 영향을 미치는 국가산업시설, 국가행정시설을 적의 공격으로부터 방호하기 위한 경비활동 • 시설의 재산, 문서에 대한 비인가자의 접근을 방지하고, 간첩, 태업, 절도 기타 침해행위에 대한 예방·경계·진압하는 경비활동
인위적·자연적 혼잡, 재난	혼잡경비 (행사안전경비)		기념행사, 경기대회, 경축제례 등에 수반하는 미조직군중에 의하여 발생하는 인위적 불예측 사태를 예방·경계·진압하는 활동
	재난경비		천재지변, 화재 등의 자연적·인위적 돌발사태로 인하여 인명 또는 피해가 야기될 경우 이를 예방·진압하는 활동

〈출처〉 송광호, 「패스플러스 경비지도사 2차 경호학」, 에듀피디, 2023, P. 11

7. 경비경찰의 조직운영의 원리

① **부대단위 활동의 원칙** : 경비경찰은 주로 부대단위로 활동을 하므로 명령에 의해 임무가 이루어진다.
② **체계통일성의 원칙** : 계선을 통한 상하 계급간의 책임과 임무의 분담이 명확히 이루어지고 체계가 통일이 되어야 효율적인 부대 운영이 가능하다.
③ **치안협력성의 원칙** : 국민과의 신뢰를 바탕으로 협력을 이루어야 한다는 것을 말한다.
④ **지휘관단일성의 원칙** : 명령통일의 원칙에서 도출되는 원칙으로 효율적인 부대운영을 위해 지휘관은 한 사람만을 두어야 한다는 것을 말한다.

제3절 경호의 법원 기출 24·21·20·18

I 헌법

1. 형식적 의미의 헌법(헌법전)
가장 기본적인 경호의 법원으로, 한 나라의 법질서에 있어서 최고의 효력을 갖는 성문화된 법규범을 말한다. 국가의 통치조직과 통치작용의 기본원리 및 국민의 기본권을 보장하는 근본 규범이다.

2. 실질적 의미의 헌법
실질적 의미의 헌법은 규범의 형식과 관계없이 국가의 조직·작용 및 국가와 국민의 관계, 즉 헌법사항을 규정한 법규범의 총체로 법률, 명령, 규칙, 관습법 등의 내용이 헌법사항에 관한 것이면 모두 실질적 의미의 헌법에 해당한다.

II 법률

1. 대통령 등의 경호에 관한 법률
① 제정 : 1963년 12월 14일 '대통령경호실법' 제정★
② 개정 내용
  ㉠ 1981년 1월 29일, 경호대상에 '대통령 당선 확정자의 가족의 호위', '전직대통령 및 그 배우자 및 자녀의 호위'가 추가★
  ㉡ 1999년 12월 31일 경호원의 신분이 별정직에서 특정직 국가공무원으로 변경
  ㉢ 2004년 3월 12일 노무현 대통령 탄핵소추 의결에 따라 2005년 3월 10일 '대통령권한대행과 그 배우자'에 대한 경호임무가 추가★
  ㉣ 2008년 2월 29일, '대통령 등의 경호에 관한 법률'로 명칭 변경, 대통령 직속기관인 대통령경호실에서 대통령실장 소속의 경호처를 두도록 개정되었다가, 2013년 3월 23일 대통령 직속의 대통령경호실로 환원
  ㉤ 2013년 8월 13일 경호대상에서 전직대통령의 자녀를 제외하고, 전직 대통령 또는 그 배우자에 대하여는 5년의 범위에서 규정된 기간(10년)을 넘어서도 경호할 수 있도록 개정★
  ㉥ 2017년 7월 26일 개정된 정부조직법에서 대통령경호실이 대통령경호처로 개편
③ 목적 : 대통령 등의 경호에 관한 법률은 대통령 등에 대한 경호를 효율적으로 수행하기 위하여 경호의 조직·직무범위와 그 밖에 필요한 사항을 규정함을 목적으로 한다. 기출 21·20
④ 주요 내용
  ㉠ 경호임무 수행주체 : 대통령경호처
  ㉡ 수행임무 : 대통령 및 대통령당선인과 그 가족(= 배우자와 직계존비속)의 경호, 본인의 의사에 반(反)하지 아니하는 경우에 한하여 퇴임 후 10년 이내의 전직대통령과 그의 배우자의 경호, 대통령권한대행과 그 배우자, 방한하는 외국의 국가원수 또는 행정수반(行政首班)과 그 배우자, 그 밖에 경호처장이 필요하다고 인정하는 국내외 요인(要人)에 대한 경호를 규정하고 있다(대통령 등의 경호에 관한 법률 제4조 제1항). 기출 23·21·16·12

> **가족의 범위**
> 대통령 등의 경호에 관한 법률 제4조 제1항 제1호(대통령과 그 가족) 및 제2호(대통령당선인과 그 가족)에 따른 가족은 대통령 및 대통령당선인의 배우자와 직계존비속으로 한다(대통령 등의 경호에 관한 법률 시행령 제2조).★

> **전직대통령의 경호기간** 기출 22・21
> 경호처는 본인의 의사에 반하지 아니하는 경우에 한정하여 퇴임 후 10년 이내의 전직 대통령과 그 배우자를 경호한다. 다만, 대통령이 임기 만료 전에 퇴임한 경우와 재직 중 사망한 경우의 경호 기간은 그로부터 5년으로 하고, 퇴임 후 사망한 경우의 경호기간은 퇴임일부터 기산(起算)하여 10년을 넘지 아니하는 범위에서 사망 후 5년으로 한다(대통령 등의 경호에 관한 법률 제4조 제1항 제3호).★

ⓒ 각급 기관장들에게 협조의무 부과 : 경호처장은 직무상 필요하다고 인정할 때에는 국가기관, 지방자치단체, 그 밖의 공공단체의 장에게 그 공무원 또는 직원의 파견이나 그 밖에 필요한 협조를 요청할 수 있다(대통령 등의 경호에 관한 법률 제15조).★

ⓓ 사법경찰관리의 직무수행 : 경호공무원(경호처장의 제청으로 서울중앙지방검찰청 검사장이 지명한 경호공무원을 말함)은 경호대상에 대한 경호업무 수행 중 인지한 그 소관에 속하는 범죄에 대하여 직무상 또는 수사상 긴급을 요하는 한도 내에서 사법경찰관리의 직무를 수행할 수 있다(대통령 등의 경호에 관한 법률 제17조 제1항).★★ 기출 22

ⓔ 무기 휴대 : 경호처장은 직무를 수행하기 위하여 필요하다고 인정할 때에는 소속공무원에게 무기를 휴대하게 할 수 있다(대통령 등의 경호에 관한 법률 제19조 제1항).★

핵심문제

01 대통령 등에 대한 경호를 효율적으로 수행하기 위하여 경호의 조직・직무범위와 그 밖에 필요한 사항을 규정함을 목적으로 하는 법률은? 기출 08

① 대통령경호안전대책위원회규정
② 대통령 등의 경호에 관한 법률
③ 대통령비서실직제
④ 전직대통령 예우에 관한 법률

[해설]
경호 관련 법령의 입법목적은 가장 기본이 되는 내용이므로 잘 구별할 수 있어야 한다. 대통령 등의 경호에 관한 법률의 입법목적을 묻고 있는 문제이다.

정답 ②

02 대통령 등의 경호에 관한 법령상 대통령경호처의 경호대상으로 옳지 않은 것은? 기출 12

① 대통령당선인과 그의 배우자 및 직계존비속
② 대통령권한대행과 그의 배우자 및 직계존비속
③ 본인의 의사에 반하지 아니하는 경우에 한정하여 퇴임 후 10년 이내의 전직대통령
④ 대한민국을 방문하는 외국의 국가원수 또는 행정수반과 그 배우자

[해설]
대통령과 대통령당선인은 그 가족(=배우자와 직계존비속)이 경호대상이지만, 대통령권한대행과 외국의 국가원수 등은 본인과 그 배우자만 경호대상이다.

정답 ②

2. 전직대통령 예우에 관한 법률

① **제정** : 1969년 1월 22일 법률로 제정, 제8차 헌법 개정 시 조항에 신설★

② **목적** : 이 법은 전직대통령(前職大統領)의 예우에 관한 사항을 규정함을 목적으로 한다. 기출 21·20
전직대통령 경호에 관한 사항은 '대통령 경호에 관한 법률'과 동시행령에 근거한다.

③ **주요 내용**
  ㉠ 전직대통령에 대한 정의 : 전직대통령이란 헌법에서 정하는 바에 따라 대통령으로 선출되어 재직하였던 사람을 말한다(전직대통령 예우에 관한 법률 제2조).
  ㉡ 법률의 적용범위 : 이 법은 전직대통령 또는 그 유족에 대하여 적용한다(전직대통령 예우에 관한 법률 제3조).
  ㉢ 묘지관리의 지원 : 전직대통령이 사망하여 국립묘지에 안장되지 아니한 경우에는 대통령령으로 정하는 바에 따라 묘지관리에 드는 경비인력 및 관리인력, 비용을 지원할 수 있다(전직대통령 예우에 관한 법률 제5조의3).
  ㉣ 전직대통령에 대한 예우 규정 : 전직대통령 또는 그 유족에게는 관계 법령에서 정하는 바에 따라 다음의 예우를 할 수 있다(전직대통령 예우에 관한 법률 제6조 제4항).
  - 필요한 기간의 경호 및 경비(警備)
  - 교통·통신 및 사무실 제공 등의 지원
  - 본인 및 그 가족에 대한 치료
  - 그 밖에 전직대통령으로서 필요한 예우

> **권리의 정지 및 제외 등(전직대통령 예우에 관한 법률 제7조)** 기출 20
> ① 이 법의 적용 대상자가 공무원에 취임한 경우에는 그 기간 동안 제4조 및 제5조에 따른 연금의 지급을 정지한다.
> ② 전직대통령이 다음 각호의 어느 하나에 해당하는 경우에는 제6조 제4항 제1호(필요한 기간의 경호 및 경비)에 따른 예우를 제외하고는 이 법에 따른 전직대통령으로서의 예우를 하지 아니한다.
>   1. 재직 중 탄핵결정을 받아 퇴임한 경우
>   2. 금고 이상의 형이 확정된 경우
>   3. 형사처분을 회피할 목적으로 외국정부에 도피처 또는 보호를 요청한 경우
>   4. 대한민국의 국적을 상실한 경우

3. 국가경찰과 자치경찰의 조직 및 운영에 관한 법률(약칭 : 경찰법)

① **연혁** : 1991년 5월 31일 「경찰법」이란 법명으로 제정·공포되었으며, 2021.1.1. 법명이 「국가경찰과 자치경찰의 조직 및 운영에 관한 법률」로 개칭되었다.

② **목적** : 경찰의 민주적인 관리·운영과 효율적인 임무수행을 위하여 경찰의 기본조직 및 직무 범위와 그 밖에 필요한 사항을 규정함을 목적으로 한다(법 제1조).

③ **경찰의 임무**(법 제3조)
  ㉠ 국민의 생명·신체 및 재산의 보호
  ㉡ 범죄의 예방·진압 및 수사
  ㉢ 범죄피해자 보호
  ㉣ 경비·요인경호 및 대간첩·대테러 작전 수행

ⓜ 공공안녕에 대한 위험의 예방과 대응을 위한 정보의 수집·작성 및 배포
ⓑ 교통의 단속과 위해의 방지
ⓢ 외국 정부기관 및 국제기구와의 국제협력
ⓞ 그 밖에 공공의 안녕과 질서유지

4. 경찰관직무집행법
① 제정 : 1953년 12월 14일 법률 제299호로 제정★
② 목적(제1조)
  ㉠ 경찰관직무집행법은 국민의 자유와 권리 및 모든 개인이 가지는 불가침의 기본적 인권을 보호하고 사회공공의 질서를 유지하기 위한 경찰관(경찰공무원만 해당한다)의 직무수행에 필요한 사항을 규정함을 목적으로 한다.
  ㉡ 경찰관직무집행법에 규정된 경찰관의 직권은 그 직무수행에 필요한 최소한도에서 행사되어야 하며 남용되어서는 아니 된다.
③ 주요 내용
  ㉠ 경찰관은 이 법에 따라 불심검문(제3조)·보호조치(제4조)·위험발생의 방지(제5조)·범죄의 예방 및 제지(제6조)·위험방지를 위한 출입(제7조)·무기사용(제10조의4) 등의 조치를 할 수 있다.
  ㉡ 이 법은 경찰관의 직무범위에 경비·주요 인사(人士) 경호를 포함시키고 있다(제2조 제3호).

5. 경비업법
① 제 정
  ㉠ <u>1976년 12월 31일 '용역경비업법' 제정</u>
  ㉡ <u>1999년 3월 31일 용역경비업법에서 경비업법으로 개정★</u>

경호경비 관련법의 제정년도 기출 18·16·13
1. 경찰관직무집행법 : 1953년 12월 14일
2. 청원경찰법 : 1962년 4월 3일
3. 대통령경호실법 : 1963년 12월 14일
4. 전직대통령 예우에 관한 법률 : 1969년 1월 22일
5. 용역경비업법 : 1976년 12월 31일
---

② 주요 개정 내용
  ㉠ 1995년 개정 : 신변보호업무를 용역경비업의 한 분야로 추가하고, 경비원에 대한 지도·감독 및 교육을 전담할 수 있도록 경비지도사제도를 신설함
  ㉡ 2001년 개정 : 경비업의 종류에 명시적으로 기계경비업무를 추가하고, 기계경비업무를 신고제에서 허가제로 변경함. 나아가 국가중요시설의 경비를 담당하는 특수경비업무를 경비업의 종류로 신설함
  ㉢ 2024년 개정 : 경비업의 종류에 혼잡·교통유도경비업무를 추가하고, 경비원과 경비지도사 교육과목에 혼잡·교통유도경비업무 관련 과목 추가함(2025.1.31. 시행)

③ **경비업의 범위** : 시설경비업무, 호송경비업무, 신변보호업무, 기계경비업무, 특수경비업무, 혼잡·교통유도경비업무로 분류된다.
④ **제한 규정** : 경비업은 법인이 아니면 영위할 수 없고, 설립에 있어서 주무관청의 허가와 법인사무에 관한 검사·감독을 받도록 되어 있다(민법상 사단법인에 관한 규정을 준용).★
⑤ **경비지도사** : 경비업의 전문성 제고와 효율적인 경비원의 감독·교육을 위해 경비지도사의 선발과 교육 등에 대해 규정하고 있다.
⑥ **경비업의 허가** : 경비업자는 경비인력·자본금·시설 및 장비 등을 갖추고 경비업무를 특정하여 그 법인의 주사무소의 소재지를 관할하는 시·도 경찰청장의 허가를 받아야 한다(경비업법 제4조 제1항·제2항).★

6. 청원경찰법

① **제정** : 1962년 4월 3일 법률 제1049호로 제정되었다.★
② **제정배경** : 소요경비를 부담할 조건으로 경찰관의 배치를 신청하는 경우에 이에 응하여 청원경찰관을 배치하는 제도를 신설함으로써 경찰인력의 부족을 보완하고, 건물 등의 경비 및 공공안전업무에 만전을 기하는 것을 목적으로 청원경찰법이 제정되었다.
③ **주요 내용**
  ㉠ 청원경찰법은 청원경찰의 직무, 임용, 배치, 보수, 사회보장 및 그 밖의 필요한 사항을 규정함으로써 청원경찰의 원활한 운영을 목적으로 제정, 시행되고 있는 법률이다.
  ㉡ 청원경찰법의 주요 내용은 <u>청원주와 배치된 기관, 시설 또는 사업장 등의 구역을 관할하는 경찰서장의 감독을 받아 그 경비구역 안에 한하여 경비목적을 위하여 필요한 범위 안에서 경찰관직무집행법에 의한 경찰관의 직무를 행하는 것이다.</u>★
  ㉢ 2001년 경비업법의 개정으로 경비업무에 특수경비업무가 추가되면서, 국가 중요시설의 경비를 담당하던 청원경찰은 점차 특수경비업무로 대체되어가는 추세이다.
④ **청원경찰의 신분** : 청원경찰에 대하여는 <u>형법, 기타 법령에 의한 벌칙의 적용과 청원경찰법 및 동법 시행령에서 특히 규정한 경우를 제외하고는 이를 공무원으로 보지 아니한다</u>(청원경찰법 시행령 제18조).★

핵심문제

01 경호 및 경비 관련 법률에 관한 설명으로 옳은 것은? 기출 13

① 대통령 등의 경호에 관한 법률 : 2008년 개칭되었으며, 대통령권한대행과 그 배우자에 대한 경호는 하지 않는다.
② 전직대통령 예우에 관한 법률 : 1969년 제정되었으며, 전직대통령이 형사처분을 회피할 목적으로 외국정부에 도피처 또는 보호를 요청한 경우 경호·경비를 제외한 예우는 하지 않는다.
③ 경비업법 : 1999년 개칭되었으며, 경비업은 법인 또는 개인이 영업을 할 수 있도록 정하고 있다.
④ 청원경찰법 : 1973년 제정되었으며, 국가가 일부 소요경비를 부담하여 국가중요시설 및 사업장에 인력을 배치한다.

[해설]
1969년 1월 22일 제정된 전직대통령 예우에 관한 법률 제7조 제2항 제3호에 따르면 전직대통령이 형사처분을 회피할 목적으로 외국정부에 도피처 또는 보호를 요청한 경우 경호·경비를 제외한 전직대통령으로서의 예우를 하지 않는다.

정답 ②

⑤ 청원경찰의 직무
  ㉠ 의의 : 청원경찰은 사법경찰사무를 취급할 수 없으므로 <u>수사활동 등은 금지된다</u>. 이에 따라 청원경찰은 경비구역 내에서 청원주와 관할 경찰서장의 감독하에 <u>경찰관직무집행법 제2조상의 직무를 제한적으로 수행한다</u>.
  ㉡ 직무의 범위(경찰관직무집행법 제2조)
    - 국민의 생명·신체 및 재산의 보호(제1호)
    - 범죄의 예방·진압 및 수사(제2호)
    - 범죄피해자 보호(제2호의2)
    - 경비, 주요 인사(人士) 경호 및 대간첩·대테러 작전 수행(제3호)
    - 공공안녕에 대한 위험의 예방과 대응을 위한 정보의 수집·작성 및 배포(제4호)
    - 교통 단속과 교통 위해(危害)의 방지(제5호)
    - 외국 정부기관 및 국제기구와의 국제협력(제6호)
    - 그 밖에 공공의 안녕과 질서유지(제7호)

7. 기 타

① 국민보호와 공공안전을 위한 테러방지법(2016.3.3. 제정, 2016.3.3. 시행) : 테러의 예방 및 대응활동 등에 관하여 필요한 사항과 테러로 인한 피해보전 등을 규정함으로써 테러로부터 국민의 생명과 재산을 보호하고 국가 및 공공의 안전을 확보하는 것을 목적으로 한다(법 제1조).
② 통합방위법(1997.1.13. 제정, 1997.6.1. 시행) : 적(敵)의 침투·도발이나 그 위협에 대응하기 위하여 국가총력전(總力戰)의 개념을 바탕으로 국가방위요소를 통합·운용하기 위한 통합방위 대책을 수립·시행하기 위하여 필요한 사항을 규정함을 목적으로 한다(법 제1조).
③ 집회 및 시위에 관한 법률(1962.12.31. 제정, 1963.1.1 시행) : 적법한 집회(集會) 및 시위(示威)를 최대한 보장하고 위법한 시위로부터 국민을 보호함으로써 집회 및 시위의 권리보장과 공공의 안녕질서가 적절히 조화를 이루도록 하는 것을 목적으로 한다(법 제1조).

핵심문제

01 경호경비 관련법의 제정 순서대로 옳게 나열한 것은? 기출 18

> ㄱ. 청원경찰법
> ㄴ. 국민보호와 공공안전을 위한 테러방지법
> ㄷ. 경찰관직무집행법
> ㄹ. 대통령 등의 경호에 관한 법률

① ㄱ - ㄴ - ㄹ - ㄷ
② ㄱ - ㄷ - ㄴ - ㄹ
③ ㄷ - ㄱ - ㄹ - ㄴ
④ ㄷ - ㄹ - ㄱ - ㄴ

[해설]
ㄷ. 경찰관직무집행법(1953년 12월 14일) → ㄱ. 청원경찰법(1962년 4월 3일) → ㄹ. 대통령 등의 경호에 관한 법률(1963년 12월 14일 '대통령경호실법' 제정, 2008년 2월 29일 '대통령 등의 경호에 관한 법률'로 명칭 변경) → ㄴ. 국민보호와 공공안전을 위한 테러방지법(2016년)

정답 ③

8. 조약 및 국제법규

① 우리 헌법 제6조 제1항은 헌법에 의하여 체결·공포된 조약과 일반적으로 승인된 국제법규에 대하여 국내법과 같은 효력을 인정함으로써 조약과 국제법규가 경호활동과 관련이 있다면 당연히 법원으로서 인정된다.
② 경호와 관련된 조약 : 한·미 간 행정협정(SOFA) 제3조 및 제25조를 근거로 체결된 한국군과 주한미군 사이의 「대통령경호에 대한 합의각서」 등

Ⅲ 명령·규칙

경호에 관한 명령과 규칙들은 상위법인 법률의 시행에 필요한 내용을 세부적으로 규정하고 있는 시행세칙의 성격을 갖는 것으로 경호상의 주요한 법원으로 작용한다.

명령(命令)
국회의 의결을 거치지 않고 행정권(行政權)에 의해 제정되는 법규로 대통령령, 시행령, 시행규칙 등이 있다.

규칙(規則)
상위법규인 법률의 시행에 필요한 세부적인 내용을 규정한 것이다.

---

1. 대통령 등의 경호에 관한 법률 시행령

① **주요 내용** : 「대통령 등의 경호에 관한 법률」에서 위임된 가족의 범위, 전직대통령 등의 경호·경비구역, 하부조직, 경호원의 임용, 공로퇴직, 복제 등 세부적인 사항을 규정하고 있다.
② **전직대통령 등의 경호**
  ㉠ **전직대통령과 그 배우자의 경호**(대통령 등의 경호에 관한 법률 시행령 제3조) 기출 23
    • 경호안전상 별도주거지 제공(별도주거지는 본인이 마련 가능)
    • 현거주지 및 별도주거지에 경호를 위한 인원의 배치, 필요한 경호의 담당
    • 요청이 있는 경우 대통령전용기, 헬리콥터 및 차량 등 기동수단의 지원
    • 그 밖에 대통령 경호처장이 관계기관과 협의하여 정한 사항
  ㉡ **가족의 범위**(대통령 등의 경호에 관한 법률 시행령 제2조) : 「대통령 등의 경호에 관한 법률」에 따른 가족은 대통령 및 대통령당선인의 배우자와 직계존비속으로 한다.

2. 경호규정 및 경호규칙

① **경호규정** : 「대통령 등의 경호에 관한 법률 시행령」 제36조에 근거하여 이 영(令)의 시행에 관하여 필요한 사항은 처장이 정하도록 위임하고 있다.

② **경호규칙**
  ㉠ 경찰청장이 1991년 7월 31일 훈령 제12호로 제정하여 시행하고 있는 규정으로 경호업무에 관해 포괄적이고 일반적인 사항을 규정함으로써 경찰의 경호경비계획 수립 시 근거가 되고 있다.★
  ㉡ 다만, <u>그 부칙에서 대통령경호처지침과 경호규칙이 상이할 경우는 대통령경호처지침이 우선한다고 규정</u>하여 경호경비업무에 관하여 최우선적으로 적용한다.★

3. 대통령경호안전대책위원회규정

① **제정** : 1981년 3월 2일 대통령령 제10233호로 제정·공포된 법률
② **목적** : 대통령 등의 경호에 관한 법률 제16조에 따른 대통령경호안전대책위원회의 구성 및 운영에 관하여 필요한 사항을 규정함을 목적으로 하고 있다. 기출 24·21·20

4. 대통령경호처와 그 소속기관 직제 기출 24

① **제정** : 2017년 7월 26일 대통령령 제28219호로 제정·공포된 법령
② **목적** : 대통령경호처와 그 소속기관의 조직과 직무범위, 그 밖에 필요한 사항을 규정함을 목적으로 한다.

핵심문제

01 다음에 관한 필요한 사항을 규정하기 위한 법령은? 기출수정 05

> • 대통령 경호에 필요한 안전대책과 관련된 업무의 협의, 대통령경호와 관련된 첩보 및 정보의 교환과 분석, 그 밖에 대통령 등 경호대상에 대한 경호상 필요하다고 인정되는 업무관장
> • 대통령 등 경호대상에 대한 경호업무를 수행함에 있어 관계기관의 책임을 명확하게 하고, 협조를 원활하게 하기 위하여 설치

① 경찰관직무집행법
② 대통령 등의 경호에 관한 법률
③ 대통령경호안전대책위원회규정
④ 전직대통령 예우에 관한 법률

[해설]
대통령 등 경호대상에 대한 경호업무를 수행함에 있어 관계부처의 책임을 명확하게 하고, 협조를 원활하게 하기 위하여 경호처에 대통령경호안전대책위원회를 둔다(대통령 등의 경호에 관한 법률 제16조 제1항). 그리고 이에 관한 필요한 사항을 규정한 법령은 대통령경호안전대책위원회규정이다(대통령경호안전대책위원회규정 제1조).★

정답 ③

성문법원 기출 22

헌법, 법률, 조약 및 국제법규, 명령·규칙 등은 경호의 성문법원에 해당한다.

불문법원 기출 21

판례법은 관습법과 더불어 대표적인 경호의 불문법원에 해당한다. 불문법원은 성문법에 대한 보충적 법원이다.

경호의 법원(경호의 법적 근거) 기출 08

구 분	공경호	사경호
헌 법	헌 법	헌 법
법 률	• 대통령 등의 경호에 관한 법률 • 전직대통령 예우에 관한 법률 • 국가경찰과 자치경찰의 조직 및 운영에 관한 법률 (약칭 : 경찰법) • 경찰관직무집행법 • 항공안전 및 보안에 관한 법률 • 국민보호와 공공안전을 위한 테러방지법 • 통합방위법 • 집회 및 시위에 관한 법률	• 경비업법 • 청원경찰법 • 민영교도소 등의 설치·운영에 관한 법률
조약 및 국제법규	• 헌법에 의해 체결·공포된 조약 • 일반적으로 승인된 국제법규 및 국제관습법 예 한·미 행정협정(SOFA) 제3조 및 제25조를 근거로 체결된 한국군과 주한미군 간의 대통령경호에 대한 합의각서	-
명령·규칙	• 대통령 등의 경호에 관한 법률 시행령 • 대통령경호안전대책위원회규정 • 대통령경호처와 그 소속기관 직제 • 경호규정 • 대통령경호처 경호지침 • 경호규칙 • 연도경호지침 • 표준경호경비계획 • 기동경호요강	• 경비업법 시행령·시행규칙 • 청원경찰법 시행령·시행규칙 • 경비업체 보안업무규칙

핵심문제

01 다음 중 경호 및 경비 관련 법률과 그 제정 연·월·일의 연결이 올바르지 않은 것은? 기출 00

① 대통령경호안전대책위원회규정 - 1981년 3월 2일
② 경호규칙 - 1995년 7월 31일
③ 대통령 등의 경호에 관한 법률 - 1963년 12월 14일
④ 경찰관직무집행법 - 1953년 12월 14일

[해설]
경호규칙은 경찰청장이 1991년 7월 31일 훈령 제12호로 제정·시행하고 있는 규정으로, ★ 경호업무에 관한 포괄적이고 일반적인 사항을 규정함으로써 경찰경비계획수립 시 그 근거가 되고 있다. 다만 그 부칙에서 대통령경호처지침과 경호규칙이 상이할 경우 대통령경호처지침이 우선한다고 하여 경찰경비업무 수행에 관하여서는 대통령경호처지침이 최우선적으로 적용된다. ★★

정답 ②

제4절 경호의 목적과 원칙

I 경호의 목적과 이념

1. 경호의 목적

① **신변 및 안전의 보호** : 직·간접적인 위해로부터 피경호자(경호대상자)의 생명·신체에 대한 안전을 도모하는 것은 경호활동의 가장 기본적인 목적으로 볼 수 있다.

> **신변보호의 일반적 원칙**
> - 고도의 경계력(집중력) 유지 원칙 : 신변보호활동은 제한된 인원 및 장비, 장애물을 가지고 보이지 않는 고도로 훈련된 공격자들을 사전에 봉쇄하기 위해서는 고도의 경계력이 유지되어야 한다는 것이다.
> - 지휘권 단일화 원칙(신변보호작용기관 지휘통일의 원칙) : 신변보호 목표가 성공적으로 달성되기 위해서는 단일 지휘관에 의한 적극적이고 신속한 결단과 지휘명령 하달체계에 의한 일사분란한 행동통일이 필요하다는 것이다.★
> - 합리적(효과적) 지역방어 원칙 : 신변보호대상자를 효과적으로 보호하고 공격자의 직·간접적인 공격행위를 사전에 봉쇄하기 위한 원칙을 말한다.★
> - 과학적 두뇌작용 원칙 : 신변보호작용에 있어서 발생할 수 있는 각종 위해요소는 대부분 은폐되어 있고 공격자들도 사전에 치밀한 공격준비를 통해 다양한 공격을 하므로 이를 방지하기 위해서는 과학적 두뇌작용이 필요하다는 것이다.

② **질서유지와 혼잡방지** : 연도(도로) 및 행사장 시설 등을 사전에 검토·분석하고, 혼잡방지와 질서유지에 노력하며, 혼잡의 우려가 있을 때에는 분산·유도하거나 사전에 운집을 저지하는 등의 적절한 조치를 취하여 주요 요인의 신변안전을 도모한다.

③ **국위선양** : 국내외 주요 요인(要人)에 대한 경호·경비의 완벽을 기하는 것은 경호의 우수성을 과시하는 것뿐만 아니라 의전적인 차원에서 국제적인 지위향상과 국위선양에 중요한 역할을 한다.

④ **권위유지** : 헌법과 법률 등으로 정해진 주요 요인의 권위를 유지시켜 주며, 정치지도자나 사회 저명인사 등의 체면·품위(기품) 등을 유지시켜 준다.

⑤ **환영·환송자와 친화도모** : 경호는 질서를 유지하며, 친절하고 겸손한 태도로써 시행하여 경호대상자와 환영·환송자 간에 친화를 도모할 수 있도록 하여야 한다.

핵심문제

01 신변보호의 일반적 원칙 중 신변보호대상자를 효과적으로 보호하고 공격자의 직·간접적인 공격행위를 사전에 봉쇄하기 위한 원칙은? 기출 10

① 고도의 경계력 유지 원칙
② 신변보호작용기관 지휘통일의 원칙
③ 합리적 지역방어 원칙
④ 과학적 두뇌작용 원칙

[해설]
합리적 지역방어의 원칙 : 신변보호대상자를 효과적으로 보호하고 공격자의 직·간접적인 공격행위를 사전에 봉쇄하기 위한 원칙으로, 위해분자에 대한 대적보다는 신변보호대상자의 대피를 통한 안전을 최우선으로 고려한다.

정답 ③

> **경호의 특성**
> 경호는 경호대상자에게 앞으로 있을지도 모를 위해를 사전에 예방함으로써 경호대상자의 신변안전을 보장하기 위한 것으로, 경호의 특성으로는 예방성, 통제성, 상대성을 들 수가 있다. 특히 상대성은 경호가 경호작전과 관련된 인물과 환경 및 행사의 성격에 따라 그 방법이나 규모가 달라져야 한다는 의미이다.
>
> 〈참고〉 이두석, 「경호학개론」, 진영사, 2018, P. 42~45

2. 경호의 이념

합법성	경호는 법적인 테두리 안에서 이루어져야 한다.
협력성	경호는 다수의 기관들이 참여하고, 국민들의 협조가 이루어져야 성공적으로 완수할 수 있는 활동이다.
보안성	경호활동을 위해서는 위해요소로부터 경호대상자나 경호주체의 움직임을 파악할 수 없도록 하는 것이 바람직하다. ★
희생성	경호원은 경호를 위해서 자신의 생명과 신체의 위협을 감수할 수 있는 희생정신이 필요하다는 것으로, 이는 경호의 방어성에 기인한다. ★
정치적 중립성	경호원은 정치적으로 반대 입장에 있는 요인(要人)을 경호해야 하는 상황이 있을 수 있으므로 정치적으로 중립을 유지하여야 한다.

핵심문제

01 경호의 이념에 관한 설명으로 옳지 않은 것은? [기출 11]

① 합법성 - 경호는 법적인 테두리 안에서 이루어져야 한다.
② 협력성 - 경호는 다수의 기관들이 참여하고, 국민들의 협조가 이루어져야 성공적으로 완수할 수 있는 활동이다.
③ 보안성 - 경호활동을 위해서는 위해요소로부터 경호대상자나 경호주체의 움직임을 전혀 모르도록 하는 것이 바람직하다.
④ 희생성 - 경호원은 정치적으로 반대 입장에 있는 요인(要人)을 경호해야 하는 상황이 있을 수 있으므로 정치적으로 중립을 유지하여야 한다.

[해설]
④의 내용은 정치적 중립성에 관한 설명이다. 희생성이란 경호원은 경호를 위해서 자신의 생명과 신체의 위협을 감수할 수 있는 희생정신이 필요하다는 것이고, 이는 경호의 방어성에 기인한다.

정답 ④

Ⅱ 경호의 원칙 기출 24·21·20·19·18·17·16·15·14·13·12·11·07

> **경호의 기본원칙**
> 경호의 기본원칙은 경호조치에 필수적인 사항으로, 이에는 예방경호, 경호원리에 입각한 경호, 우발상황에 대비한 경호, 예외 없는 경호 및 경호보안의 유지 등이 있다.
> - 예방경호 : 위해의 가능성이 있는 모든 위험요소를 사전에 차단, 제거 또는 무력화시킴으로써 위해상황의 발생을 원천적으로 차단하는 것이 최상이다.
> - 경호원리에 입각한 경호 : 경호원리는 경호의 효율성과 완벽성을 기하기 위한 기본 지침이다.
> - 우발상황에 대비한 경호 : 우발상황이라는 위험요인이 없다면, 경호원의 효용은 크게 떨어질 것이다.
> - 예외 없는 경호 : 경호에는 예외가 없다. 경호대상자를 제외한 모든 사람이 검색 대상이고, 경호구역 내 모든 물품과 시설물은 철저히 검측되어야 한다.
> - 경호보안의 유지 : 경호의 기본은 보안에서부터 시작되기에 교육과 보안활동이 지속적으로 필요하다.
>
> 〈참고〉 이두석, 「경호학개론」, 진영사, 2018, P. 46~47

1. 경호활동의 원칙

① 3중 경호의 원칙 기출 24·22·21·20

   ㉠ 의 미
   - 경호대상자가 위치한 집무실이나 행사장으로부터 내부(근접경호), 내곽(중간경호), 외곽(외곽경호)으로 구분하여 경호 행동반경을 거리 개념으로 구분한 것으로, 위해요소에 대해 상대적으로 차등화된 경호조치와 중첩된 통제를 통하여 경호의 효율화를 기하고자 하는 경호방책이다.★
   - 경호영향권역을 공간적으로 구분하여 경호대상자에 대한 위해요소를 최소화하기 위하여 행사장을 중심으로 일정간격을 유지하여 중첩보호망 또는 경계선을 설치·운용하는 것이다.★

   ㉡ 원칙 : 위해기도 시 시간 및 공간적으로 이를 지연시키거나 피해의 범위를 최소화하기 위한 방어전략이다.

   ㉢ 구 분

제1선 (내부 - 안전구역) [완벽 통제]	• 경호대상자(피경호자)가 위치하는 구역 • 내부일 경우 건물 자체를 말하며, 외부일 경우는 본부석이 이에 해당 • 위해기도자가 경호대상자에게 직접적인 위해를 가할 수 있는 지역 • MD(금속탐지기) 설치·운용 • 비표 확인 및 출입자 감시 • 사전 폭발물 설치에 대비한 완벽한 검측
제2선 (내곽 - 경비구역) [부분 통제]	• 소총 유효사거리 내의 취약지점 • 바리케이드 등의 장애물 설치 • 돌발사태를 대비한 비상통로 확보, 소방차나 구급차 등의 대기
제3선 (외곽 - 경계구역) [제한 통제]	• 주변지역 동향 파악과 행사장을 직시할 수 있는 고층건물 및 주변 감제고지의 확보 • 행사장 주변 감시조 운영 • 도보순찰조 및 기동순찰조 운영 • 원거리 불심자 검문

ⓔ **3중 경호의 구분(미국의 3중 경호)** : 행사장에 참석하는 경호대상자를 중심으로 가장 가까운 1선을 안전구역, 2선을 경비구역, 3선을 경계구역으로 정해 위해요소의 중복차단과 조기경보를 목적으로 한 지역방어 개념이다. ★

1선(내부)	안전구역은 권총의 평균 유효사거리 및 수류탄 투척거리를 기준으로 50m 반경 이내에 설정되고, 비인가자의 절대적 출입통제가 실시된다.
2선(내곽)	경비구역은 건물 내곽의 울타리 안쪽으로, 대체로 소총 유효사거리인 600m 반경 이내이고, 부분적 통제가 진행되나, 경호원의 확인을 거치지 않은 인원이나 물품도 감시의 영역을 벗어나서는 안 된다. 또한 행사장통로를 통제할 때에는 반드시 방호벽을 설치하며, 중요지점에는 경호원의 추가배치가 원칙이다.
3선(외곽)	경계구역은 행사에 직·간접적으로 영향을 미칠 수 있어 경찰·군 등 각 분야의 다양한 경호지원기관이나 인력들이 인적·물적·자연적 취약요소에 대한 첩보수집, 위험인물 파악 등을 실시하는 지역이며, 소구경 곡사화기의 유효사거리를 기준으로 600m 반경 이상의 범위이고, 수색 및 사찰활동이 중점 실시된다.

ⓜ **영국의 3중 경호** : 영국의 3중 경호는 동일하게 비중을 두되, 외곽 경호에 더욱 치중하여 두어 위험요소를 사전에 제거하는 데에 그 특징이 있다. ★

1선(근접경호)	요인의 신변보호 및 숙소경비
2선(중간경호)	정복경관의 경찰활동, 교통질서정리, 관찰, 통신 등의 작용을 통해 요인의 경호담당
3선(외곽경호)	정보분석, 항만관리, 위험인물의 목록 작성, 사건발생 소지의 사전 예방 등을 통해 경호를 담당

> **영국과 미국의 3중 경호 차이점**
> 영국은 왕실의 위엄과 권위를 살린다는 목적으로 원천적 봉쇄를 우선으로 하는 외곽 경호에 치중하는 반면, 미국의 경우 대통령제 국가로서 국민과 함께 한다는 이유로 내부(근접) 경호에 중점을 두어 경호대상자의 직접적 안전(보안)에 더 큰 비중을 둔다(1981년 3월에 일어났던 레이건 미국 대통령의 저격사건 참조).

핵심문제

01 경호활동 시 안전구역, 경비구역, 경계구역으로 구분하는 원칙은? 기출 13

① 3중 경호의 원칙   ② 은밀경호의 원칙
③ 두뇌경호의 원칙   ④ 방어경호의 원칙

[해설]
3중 경호의 원칙은 행사장에 참석하는 경호대상자를 중심으로 가장 가까운 1선을 안전구역, 2선을 경비구역, 3선을 경계구역으로 정해 위해요소의 중복차단과 조기경보를 목적으로 한 지역방어이다.

정답 ①

02 다음 중 행사장경호 시 제2선(내곽경비)에서 필요한 것은? 기출 01

① 도보순찰조 운영   ② 소방차 및 구급차 확보
③ 별도의 감시조 운영   ④ 기동순찰조 운영

[해설]
행사장경호 시 제2선(내곽경비)에는 바리케이드 등의 장애물이 설치되며, 소방차 및 구급차 등이 대기한다.

정답 ②

② **두뇌경호의 원칙** : 긴급하고 위험한 상황이 발생했을 때 예리하고 순간적인 판단력을 이용하여 경호를 하는 원칙으로 경호학의 이론적 뒷받침이 된다. 기출 24
③ **방어경호의 원칙** : 경호란 공격자의 위해요소를 방어하는 행위이지 공격하는 것이 아니다. 즉, 긴급상황 발생 시 무기사용 등의 공격적 행위보다는 방어위주의 엄호행동이 요구된다(단, 근접경호 시 시간·거리상으로 위해기도자를 제압하는 것이 경호대상자를 보호하는 데 더 효과적이라고 판단할 경우에는 위해기도자를 제압할 수 있다).★
④ **은밀경호의 원칙** 기출 24
   ㉠ 경호요원은 타인의 눈에 잘 띄지 않게 은밀하고 침묵 속에서 행동하며 항상 경호대상자의 공적·사적 업무활동에 방해를 주지 않고 신변을 보호할 수 있는 곳에 행동반경을 두고 경호에 임해야 한다.
   ㉡ 은밀경호는 주변에 위압감을 주어 경호대상자의 이미지에 손상을 주거나 노출에 따른 위해요소들의 대응전략과 수립을 막는 데 그 목적을 둔다.

2. **경호의 행동원칙(특별원칙)** 기출 23·22·21·19·17·16·12·11·09·07
① **자기담당구역 책임의 원칙**
   ㉠ 경호요원은 자기가 맡은 담당구역 내에서 발생하는 사태는 어떠한 상황에서도 자기 자신만이 책임을 지고 해결해야 한다는 원칙이다.
   ㉡ 이 원칙에 따라 경호요원은 비록 자기담당구역이 아닌 다른 구역에서 위급한 상황이 발생했다고 해도 자기책임구역을 이탈해서는 안 된다.★
② **목표물 보존의 원칙** : 경호대상자를 암살자 또는 위해를 가할 가능성이 있는 자(위해기도자)로부터 가능한 멀리 떼어 놓는 원칙이다. → 상호 격리의 원칙★★ 기출 24

〈출처〉 김두현, 「경호학개론」, 엑스퍼트, 2020, P. 68

> **경호대상자 보존의 원칙**
> 목표물 보존의 원칙이라고도 한다. 경호대상자 보존의 원칙은 두 가지 개념을 포함한다. 하나는 어떠한 희생을 무릅쓰고라도 경호대상자의 생명을 지켜낸다는 의미이고, 다른 하나는 경호원은 끝까지 경호대상자 곁을 지켜야 한다는 의미이다.
> 〈출처〉 이두석, 「경호학개론」, 진영사, 2018, P. 189

핵심문제

01 경호행사 시 경호요원이나 경호를 위한 설비를 가능한 눈에 띄지 않고 경호대상자의 공적 기능이나 사적 기능이 방해되지 않도록 노력해야 한다는 원칙은? 기출 04
① 공격경호의 원칙
② 은밀경호의 원칙
③ 사전예방경호의 원칙
④ 총력경호의 원칙

[해설]
설문은 은밀경호의 원칙에 대한 내용이다. 즉, 은밀경호의 원칙은 경호요원은 은밀하고 침묵 속에서 행동하며 항상 경호대상자의 신변을 보호할 수 있는 곳에 행동반경을 가지고 경호에 임해야 한다는 것이다.

정답 ②

③ 하나의 통제된 지점을 통한 접근의 원칙
  ⊙ 경호대상자와 일반인을 분리하여, 경호대상자에게 접근할 수 있는 출입구나 통로는 하나만 필요하고 여러 개를 두어서 위해요소가 분산되도록 하여서는 안 된다는 원칙이다.★
  ⓒ 통제된 출입구나 통로라도 접근자는 경호요원에게 확인될 수 있어야 하고, 허가절차 등을 거쳐 접근이 이루어지도록 해야 한다.
④ 자기희생의 원칙
  ⊙ 경호대상자는 어떤 상황에서도 절대적으로 보호해야 한다는 원칙이다.★
  ⓒ 경호대상자가 위기에 처했을 때는 자기 몸을 희생하여 경호대상자를 보호하여야 한다는 원칙이다.

3. 근접경호(수행경호)의 기본원리 기출 19·17

① **자연방벽효과의 원리** 기출 20·15 : 근접경호원들은 경호대상자를 중심으로 정지 또는 이동 간 주변의 인적·물적 취약요소에 대해 자신들의 신체를 이용하여 자연스러운 방벽을 형성하여 수평적 방벽효과 또는 수직적 방벽효과를 증가시킴으로써 경호대상자를 보호한다는 원리(원칙)이다.
  ⊙ 수평적 방벽효과 : 근접경호원이 경호대상자와 위해기도자의 중간에 위치하여 위해기도자의 공격을 차단할 때, 근접경호원의 위치에 따라 경호대상자의 보호범위와 위해기도자의 이동거리가 달라지는 효과를 말한다.
    • 위해기도자의 위치가 고정된 경우 수평적 방벽효과는 근접경호원이 위해기도자와 가까이 위치할수록 증가한다.★
    • 경호대상자의 위치가 고정된 경우 수평적 방벽효과는 근접경호원이 경호대상자와 가까이 위치할수록 증가한다.
  ⓒ 수직적 방벽효과 : 위해기도자가 고층건물과 같이 높은 위치에서 공격한다고 가정할 경우, 수직적 방벽효과는 근접경호원이 경호대상자와 가까이 위치할수록 증가한다.★
② **대응시간의 원리**
  ⊙ 위해기도자의 총기 공격에 대해 근접경호원이 총기로 응사하여 대응하는 것보다 자신의 몸을 이용하여 경호대상자를 보호하는 것이 보다 효과적이라는 원리이다.
  ⓒ 대응시간의 원리는 경호의 원칙 중 방어경호의 원칙이나 자기희생의 원칙과 연결된다.★

핵심문제

01 자연방벽효과의 원리에 관한 내용이다. (   )에 공통으로 들어갈 내용으로 옳은 것은? 기출 20

  • 위해기도자가 고층건물 등에서 공격을 시도할 경우 경호원의 신장 차이가 (   ) 방벽효과에 큰 영향을 미친다.
  • 경호원이 경호대상자에 대한 (   ) 방벽효과를 극대화하기 위해서는 항상 바른 자세로 똑바로 서서 몸을 움츠리거나 은폐시켜서는 안 된다.

  ① 공격적   ② 수직적
  ③ 회피적   ④ 함몰적

  [해설]
    (   ) 안에 공통적으로 들어갈 내용은 수직적이다.

  정답 ②

③ 주의력효과와 대응효과의 역(逆)의 원리 [기출] 24 · 20 · 19
  ㉠ 주의력은 경호원이 군중(경계 대상)의 이상 징후를 포착할 수 있는 능력을 말하는데, <u>주의력효과는 경호원이 군중(경계 대상)과 가까울수록 증가한다.</u>★
  ㉡ 대응력은 위해기도에 반응하여 경호대상자를 보호하고 대피시킬 수 있는 경호능력을 말하는데, <u>대응효과는 경호원이 경호대상자와 가까울수록 증가한다.</u>★
  ㉢ <u>주의력효과와 대응효과는 서로 역의 관계(상반된 관계)이다.</u> 즉, 경호원이 군중(경계 대상)과 가까울수록 경호대상자와는 멀어지므로 주의력효과는 증가하나 대응효과는 감소한다. 반대로 경호원이 경호대상자와 가까울수록 군중(경계 대상)과는 멀어지므로 대응효과는 증가하나 주의력효과는 감소한다.
④ 이격거리의 원리 : 위해기도자의 접근에 대해서 이를 제지하기 위한 반응시간을 고려하여, 경호요원이 위해기도자의 접근을 효과적으로 제지하기 위해서 <u>군중과 경호대상자는 최소한 4~5m의 거리를 유지해야 한다</u>는 원리이다.

〈참고〉 이두석, 「경호학개론」, 진영사, 2011, P. 162~170 / 김순석 등, 「신경향 경호학」, 백산출판사, 2013, P. 34~35

핵심문제

01 다음에서 설명하고 있는 경호활동의 원칙은? [기출] 15

> 경호대상자에게 접근할 수 있는 출입구나 통로는 하나만 필요하고, 통제된 출입구나 통로라도 접근자는 경호원에게 허가 절차 등을 거쳐야 한다.

① 3중 경호의 원칙
② 방어경호의 원칙
③ 은밀경호의 원칙
④ 하나의 통제된 지점을 통한 접근의 원칙

[해설]
출입구나 통로는 하나만 필요하다는 내용에서 하나의 통제된 지점을 통한 접근의 원칙이라는 것을 알 수 있다.

정답 ④

02 경호행사 시 주의력효과와 대응효과에 관한 설명으로 옳지 않은 것은? [기출] 19

① 주의력은 위해자를 사전에 색출하기 위한 노력으로 예리한 사주경계가 요구된다.
② 주의력을 높이기 위해서는 경계대상과의 거리를 좁히는 것이 효과적이다.
③ 대응력은 경호대상자를 보호하고 대피시켜 신변을 보호하는 능력으로 경호대상자와의 거리를 넓히는 것이 효과적이다.
④ 주의력효과와 대응효과는 서로 상반된 개념이므로 위치 선정에 유의해야 한다.

[해설]
경호원의 주의력효과 면에서 군중(경계대상자)과의 거리가 가까울수록 유리하고, 대응효과 면에서 군중과의 거리가 멀수록 유리하다.

정답 ③

경호원의 이격거리

경호원은 경계대상인 군중과의 거리를 2m 이상 유지하여 위해기도자의 공격에 대비하고, 경호대상자와의 거리도 2m 정도를 유지하여 경호원의 존재가 경호대상자의 사회활동에 방해가 되지 않으면서, 경호원 본연의 방호임무를 다 할 수 있도록 해야 한다.

〈참고〉이두석, 「경호학개론」, 진영사, 2018, P. 168~170

경호의 노출 정도에 따른 분류

위력경호 (노출경호)	• 위력경호는 위해기도자의 위해기도 의사를 제압할 수 있는 유형적·무형적 힘을 이용하여 경호 조치를 취하는 경호방식을 말한다. • 중무장 경호요원의 노출, 다수의 경호원 배치, 과도한 통제. 경호원의 동일 제복 착용 등의 방법을 취한다. • 경호조직의 위용이나 경호원의 위세를 과시하여 위해기도 자체를 사전에 분쇄시키기 위한 방법이다.
비노출경호	• 경호원이나 경호장비의 노출을 최대한 억제하여 자연스러운 경호를 구현하기 위한 경호방식이다. • 위력경호의 부정적인 역효과를 완화하기 위한 대안이다.

4. 우발상황 발생 시 기본원칙 기출 24·23·21·19·17

① S.C.E 원칙 : S.C.E 원칙이란 우발상황 발생 시 경호대상자를 안전하게 보호하기 위해 어떻게 행동하고 조치를 하는 것이 효과적인가를 설명해주는 것으로, 경고(Sound off) → 방호(Cover) → 대피(Evacuate) 의 순서로 전개되며, 그 세부적 행동절차는 다음과 같다.

경고 (Sound off)	육성이나 무전으로 전 경호원들에게 상황내용을 간단, 명료하게 전파하는 것이다. • 상황을 가장 먼저 포착한 경호원이 "경고"를 함으로써 주변 경호원으로 하여금 신속하게 상황 대처를 하도록 하여야 한다. • 이는 또한 공범이 있을 경우를 예상해서 제2의 공격을 대비하는데 그 목적이 있다.
방호 (Cover)	"경고" 후 경호대상자 주변에 있는 근접경호원은 경고와 동시에 신속히 경호대상자를 보호하기 위하여 방벽을 형성하는 것이다. • 함몰형 대형 : 수류탄 또는 폭발물과 같은 폭발성 화기에 의한 공격을 받았을 때 형성★ • 방어적 대형 : 위해의 징후가 현저하거나 직접적인 위해가 가해졌을 때 형성★
대피 (Evacuate)	일단 방호대형으로 위기를 모면하였다 하더라도 위해기도자와 무기가 완전히 제압되지 않고 재공격과 위험이 남아있다고 판단될 때에는 신속히 대피대형으로 전환하여 현장을 즉시 이탈시켜야 한다. 따라서 우발상황 시 경호대상자에 대한 방호와 대피는 거의 동시에 이루어지게 된다.

우발상황의 특성
- 불확실성(예측곤란성)
- 돌발성
- 시간제약성
- 중대성
- 현장성★

② **촉수거리의 원리** : 위해기도자에 대한 대응은 경호원 중 위해기도자와 가장 가까운 거리에 있는 경호원이 대응해야 한다는 원칙이다. 또한 경호원이 위해기도자와의 거리보다 경호대상자와의 거리가 더 가깝다면 경호대상자를 방호해서 신속히 현장을 이탈하는 것이 효과적이고, 위해기도자와의 거리가 경호대상자와의 거리보다 더 가깝고 촉수거리에 있다면 과감하게 위해기도자를 제압하는 것이 효과적일 수 있다는 원칙이다.

③ **체위확장의 원칙** : 우발상황 발생 시 경호원은 엄폐·은폐해서는 안 되고, 자신의 몸을 최대한 확장·노출시켜 경호대상자에 대한 방호효과를 극대화해야 한다는 원칙이다.

〈참고〉 이두석, 「경호학개론」, 진영사, 2018, P. 171~172 / 김순석 등, 「신경향 경호학」, 백산출판사, 2013, P. 34~35

5. 사경호의 원칙

① **사경호의 개념** : 의뢰인(민간경호대상자)과 사설경호회사 사이에 계약을 체결하여 사설경호요원이 경호대상자의 신변안전과 재산을 외부의 침입으로부터 보호하는 것이다.

② **사경호의 원칙** : 기본적 원칙에서는 사경호(민간경호)와 공경호가 크게 다른 점은 없지만 공경호에 비하여 강제력 집행 부분의 금지와 제한적 활동범위 그리고 신분상의 제약(일반인과 동일)에 따른 활동의 소극적 대응이 나타날 수 있다. 따라서 경호요원 개인의 능력향상과 순발력, 민첩성, 조직력(팀워크), 준비력이 필요하다.

사경호(민간경호)의 특별원칙

- 신의성실의 원칙
- 비폭력수단 우선의 원칙
- 과잉방어 금지의 원칙
- 불법업무 개입 금지의 원칙
- 서비스 근본주의 원칙 등
- 수익자부담의 원칙
- 법집행기관 우선의 원칙
- 개인비밀 엄수의 원칙
- 사법기관과 충돌방지 원칙

핵심문제

01 위해기도자의 범행시도에 경호대상자 또는 위해기도자와 가장 가까이 위치한 경호원이 대응해야 한다는 경호원칙은?

기출 17

① 체위확장의 원칙
② 주의력과 대응시간의 원리
③ 촉수거리의 원칙
④ 목표물 보존의 원칙

【해설】
촉수거리의 원칙에 관한 설명이다.

정답 ③

02 공경호와 비교할 때 사경호에서 소극적 대응이 나타날 수 있는 이유로 가장 옳지 않은 것은?

① 강제력 집행의 금지
② 신분상의 제약
③ 영리 추구
④ 제한적 활동범위

【해설】
기본적 원칙에서는 사경호(민간경호)와 공경호가 크게 다른 점은 없지만 공경호에 비하여 강제력 집행 부분의 금지와 제한적 활동범위 그리고 신분상의 제약(일반인과 동일)에 따른 활동의 소극적 대응이 나타날 수 있다.

정답 ③

제5절 경호의 발달과정과 배경

I 삼국시대의 경호제도

1. **고구려(기원전 37~668년)**

   ① 대모달(大模達) : 조의두대형 이상이 취임한 최고의 무관직으로 왕권강화를 위하여 수도의 방위(궁성경비)와 중앙군을 지휘하고 성주의 호위를 담당하였다.

   ② 말객(末客) : 대형(5품) 이상이 취임하는 대모달 다음가는 무관직으로 군사 1천 명을 거느리고 궁성경비를 담당하였다.

2. **백제(기원전 18~660년)**

   ① 위사좌평(衛士佐平) : 백제의 육좌평(六佐平) 중의 하나로 제1품 관직에 해당하는 위사좌평은 관중 및 국도의 경비를 담당하는 숙위병사(宿衛兵事)를 통솔하는 최고의 군관이었다. ★

   ② 5부·5방(五部·五方) - 궁성 경비 및 도성 수비

   ㉠ 백제는 5세기 이후 고구려와 신라의 군사적 압력에 효과적으로 대응하기 위해 도성(수도)을 5부(部)로 나누고 각 부는 다시 5방(坊)으로 나누어, 토호 이하의 많은 백성이 거주케 하고, 각 부마다 500명씩의 군대를 편성하여 제2품 관직에 해당하는 달솔(達率)로 하여금 이를 담당하게 하였으며, 도합 2,500명이 교대로 궁성을 경비하고 도성을 수비하였다. ★

   ㉡ 이들은 평소에는 친위 및 수도 경비에 임하고 전시에는 전투임무를 수행하였는데, 평시 임무는 바로 오늘날 경호 경비의 역할을 수행한 것이었다. ★

   ㉢ 또한 지방에도 5방(方)을 설치하여, 군대를 두어 방령(方領)으로 하여금 통솔케 하였다. ★

핵심문제

01 다음 중 고구려의 경호기관은?

① 5부, 5방
② 대모달, 말객
③ 시위부, 9서당
④ 도방, 서방

[해설]
고구려의 경호기관은 대모달, 말객이다. ①은 백제, ③은 신라, ④는 고려(무신 집권기)의 경호기관이다.

정답 ②

3. 신라(기원전 57~935년)
   ① 시위부(侍衛府) - 궁성 경비, 왕실 행차 수행 기출 23
      ㉠ 진덕여왕 5년에 설치된 무관부로서 궁성의 숙위(경비)와 왕 및 왕실세력 행차 시 호종(수행)하는 것이 주된 임무였다. ★
      ㉡ 시위부의 조직은 으뜸 벼슬인 장군 6명 아래 대감・대두・영・졸의 군병으로 편성되어 있었고, 그 운용에 있어서는 병부 또는 병부령의 지휘통솔체계에서 벗어난 국왕 직속의 군사조직이었다. ★
   ② 금군(禁軍) : 시위부 소속으로 모반・반란 등을 평정하고 진압하는 임무를 수행하였다.
   ③ 9서당(九誓幢) : 시위부는 조직의 임무가 점점 증가하면서 통일신라시대 신문왕 때에는 9서당으로 발전하여 중앙의 궁성을 경비하는 큰 조직으로 발전하였다. ★ 국도의 숙위 및 경비임무를 담당한 국왕 직속의 친위부대 역할을 하였다.
   ④ 10정(十停) : 통일신라시대의 가장 핵심이 되는 지방군 조직으로 지방 통치상 요충지역에 각 1정씩(국방상 요충지인 한산주에는 2정) 설치하여 국방(군사기능) 및 치안(경찰기능)을 담당하였다. ★

핵심문제

01 다음 중 신라시대의 경호기관이 아닌 것은?

① 9서당
② 5부・5방
③ 10정
④ 금 군

[해설]
5부・5방, 위사좌평은 백제시대의 경호기관이다.

정답 ②

02 신라시대의 왕의 호종과 궁성의 숙위를 담당한 기관으로서 맞는 것은? 기출

① 성중애마
② 대모달
③ 말 객
④ 시위부

[해설]
시위부에 관한 설명이다. 시위부는 진덕여왕 5년에 설치된 무관부로서 궁성의 숙위(경비)와 왕 및 왕실세력 행차 시 호종(수행)하는 것이 주된 임무였다. 이 시위부는 조직의 임무가 점점 증가하면서 통일신라시대 신문왕 때에는 9서당으로 발전하여 궁성을 경비하는 큰 조직으로 발전하였다. ①은 고려 후기, ②・③은 고구려시대의 경호기관이다.

정답 ④

Ⅱ 고려시대의 경호제도 기출 17

1. **고려 전기(918년 태조~1122년 예종)**
   ① **중군(中軍)** : 왕건의 친위군(親衛軍)으로 우천군 1천, 천무군 1천, 간천군 1천으로 구성★
   ② **2군 6위**
   　㉠ **2군(軍)** : 궁검을 착용하고 궁성 경비하던 왕의 친위군(시위군)으로 응양군과 용호군을 말한다.★
   　㉡ **6위(衛)** : 좌우위, 신호위, 흥위위, 금오위, 천우위, 감문위를 말한다. 담당 임무는 좌우위, 신호위, 흥위위는 개성수비와 변방수비, 금오위는 경찰의 임무, 천우위는 왕의 신변경호, 감문위는 도성 문을 경비하는 임무를 각각 담당했다.
   ③ **순군부** : 왕건이 즉위 초에 설치한 병부 위에 존재하던 군조직으로 궁성 내 치안과 경비를 담당한 경비경찰적 성격의 부대이다.
   ④ **내군부** : 궁중시위임무를 수행하던 친위군이다.
   ⑤ **내순검군(內巡檢軍)** : 묘청의 난을 계기로 도성의 치안유지를 위하여 좌·우 순검사를 두었으며, 의종 때 순검사를 확대하여 내순검군이라 하여 왕의 숙위를 더욱 강화하였다.★★
   ⑥ **중추원** : 고려 초기 왕명출납과 군사기무·왕궁숙위를 담당했던 중추원은 왕궁경비를 최초로 분리하여 독립적으로 관장하였다. 우리나라 최초의 전문 공경호기관으로 평가된다.★

2. **고려 무신집권기(1170년 의종~1270년 원종)**
   ① **6번도방(六番都房)**
   　㉠ **도방의 시초** : 경대승이 자신의 신변보호를 위하여 자기 집에 결사대를 머물게 한 사병집단으로서 도방이 생기기 이전에도 이미 유력한 무장들은 제각기 사병을 소유하고 있었다. 그렇지만 이 단계의 사병은 상당한 제약성을 가지는 것이었다. 이 단계를 넘어서서 사병을 조직화하여 최초의 전문 민간경호기관화한 것이 바로 도방이었다.★ 기출 23
   　㉡ **6번도방** : 최충헌이 경대승의 도방을 부활시켜 문·무관, 한량 군졸을 막론하고 6번으로 나누어 매일 교대로 그의 집을 수비하고, 출입 시 6번이 모두 호위하였기 때문에 6번도방이라 하였다.
   ② **내외도방(內外都房)** : 6번도방을 최우가 내외도방으로 확장 강화한 것으로 주임무는 반란 정벌, 외적 방어, 토목공사 동원 등이었다.★
   ③ **서방(書房)** : 문인들로 구성된 최씨 정권의 숙위기관(공경호기관) → 무인들이 교대로 당번을 서는 도방과 문인들이 교대로 당번을 서는 서방이 있었다.★
   ④ **마별초(馬別抄)** : 최우가 몽고의 영향을 받아 설치한 기병대(민간경호기관)로 도방과 함께 호위기관으로서 사병뿐만 아니라 의장대로서의 기능도 담당하였다.
   ⑤ **삼별초(三別抄)** : 고종 때 최우가 치안유지를 위해 설치한 야별초에서 비롯되었다. 이후 야별초에 소속된 군대가 증가하자 이를 좌·우별초로 나누고, 이에 몽고에서 포로가 되었다가 탈출해 조직된 신의군과 합해져 삼별초라 하였다. 고려 후기로 접어들면서 공적인 기관에서 사병집단으로 그 성격이 바뀌게 되었다.★
   ⑥ **승병(민간경호기관)** : 고려시대 대부분의 사찰에서는 대규모의 농장이나 재산을 보호하기 위하여 자체적인 사병을 보유하고 있었다.

3. 고려 후기(1270년 원종~1392년 공양왕)

① 순마소(巡馬所) : 원나라의 지배하에 몽고의 제도에 따라 설치한 기관으로 도적 방지, 무고자·포악자 등의 단속과 변방 수비, 왕의 친위임무 등을 담당하였다. ★★
② 순군만호부(巡軍萬戶府) : 원나라 제도에 따른 군제로 도만호·상만호·만호·부만호·진무·천호·제공 등이 있었으며, 하부 군인으로 도부외 약 1,000명, 나장 약 500명이 있었다. 방도금란(防盜禁亂 : 일반적 치안유지)이 주된 임무였으나 왕의 뜻을 거스른 자에 대한 징계·처벌을 담당하였다. ★★
③ 사평순위부(司平巡衛府) : 순군만호부가 공민왕 18년에 사평순위부로 개편되면서 방도금란, 모역, 관료의 탐폭 등을 바로잡고 징계하는 역할을 담당하였다. ★
④ 성중애마(成衆愛馬) : 왕을 측근에서 호위하는 특수부대로 충렬왕 때 상류층 자제들로 하여금 왕을 숙위토록 하여 이들을 홀치라 하였다. ★

핵심문제

01 다음 중 우리나라 최초의 전문 민간경호기관이 출현한 시기는? 기출 02
① 조 선
② 삼 국
③ 통일신라
④ 고 려

[해설]
최초의 민간경비형태를 지닌 조직의 출현은 통일신라시대이나, 최초의 전문 민간경비기관(도방)의 출현은 고려시대가 맞다. ★★

정답 ④

02 다음 중 고려시대의 경호기관은 어느 것인가? 기출 17·11·99
① 대모달과 말객
② 5부 5방
③ 시위부와 금군
④ 성중애마

[해설]
성중애마는 고려시대 대표적인 경호담당기관으로서 왕을 측근에서 호위하는 특수부대였다.

정답 ④

Ⅲ 조선시대의 경호제도

1. 조선 전기(1392년 태조~1623년 광해군)

① 갑사(甲士) : 중앙군 조직의 핵심 군으로 태종~세종 중엽까지 근위병으로 왕의 시위에 종사하였다. ★
② 의흥친군위(義興親軍衛) : 조선 건국과 더불어 10위의 중앙군 가운데 하나로 왕실의 사병적 성격을 갖는 것으로 궁성 수비와 왕의 시위에 종사하였다. ★
③ 의흥삼군부(義興三軍府) : 태조 2년, 의흥친군위의 군사력을 계승하여 숙위담당 외에 군사 전반에 걸쳐 통제권을 행사하였다.
④ 10사(十司) : 태조 3년, 10위(十衛)를 개편한 경호기관으로 그 임무는 궁궐시위와 성내의 순찰·경비 담당하였으며, 중군(의흥시위사·충좌시위사·웅무시위사·신무시위사), 좌군(용양순위사·용기순위사·용무순위사), 우군(호분순위사·호익순위사·호용순위사) 등으로 구성되었다.
⑤ 별시위(別侍衛) : 태종 원년, 고려 말의 성중애마가 폐지되고 신설된 시험에 의하여 선발된 특수군이다.
⑥ 내금위(內禁衛) : 태종 7년, 궁중숙위(왕의 호위)를 해오던 내상직을 개편하여 조직되었다. 초기에는 무예를 갖춘 외관자제로 충당되었으나 세종 5년부터는 시험에 의하여 선발하였고 장번(장기간 궁중 근무) 군사였다.
⑦ 내시위(內侍衛) : 태종 9년, 내금위·별시위와 거의 같은 양반 출신으로 시험에 의하여 선발되었고 왕의 시위를 담당하였다. ★
⑧ 겸사복(兼司僕) : 세종 말엽의 왕의 수발뿐만 아니라 세자의 호위를 담당한 근시군사(近侍軍士)로, 왕의 근접에서 호위업무를 수행하던 소수 정예부대이다. ★
⑨ 충의위(忠義衛) : 세종 원년, 개국공신·정사공신 등의 자손으로 편성된 특수 병종으로, 공신의 자손들은 18세가 되면 아무런 시험절차 없이 입속 되어 군사적 실력과는 무관하게 입직 근무하도록 되어있었으며, 4번으로 나누어 왕의 측근 호위(숙위)를 담당하였다.

2. 조선 후기(1623년 인조~1863년 철종) 기출 23·22

① 호위청(扈衛廳) : 인조 원년(1623년), 인조반정으로 집권한 서인들의 사병들로 편성하여 국왕의 호위임무를 수행하였으며 일정한 급료를 지급받았다. ★
② 어영군(御營軍) : 인조반정 후 인조 원년에 설치된 국왕의 호위부대로, 속오군(지방의 양인과 양반으로 조직한 예비군인)과 정예병을 선발하여 75일씩 호위하였다. ★

핵심문제

01 조선시대 국왕의 호위 및 궁궐숙위를 담당하던 기관(관청)이 아닌 것은? 기출 09

① 순군만호부(巡軍萬戶府)
② 내금위(內禁衛)
③ 겸사복(兼司僕)
④ 호위청(扈衛廳)

【해설】
순군만호부(巡軍萬戶府)는 고려 후기의 경호제도이다. 조선시대에 근접에서 왕을 시위한 기관은 별시위, 내금위, 내시위, 겸사복, 충의위이다.

정답 ①

③ 어영청(御營廳) : 어영군을 확대하여 한성의 수비까지 담당하였다.
④ 금군(禁軍) : 수어청(남한산성 수비군)·어영청의 뒤를 이어 군사력을 강화하기 위하여 효종 때 설치한 국왕의 친위군(기병)이다. ★ 현종 7년(1666년)에 내금위, 우림위, 겸사복 등 3군영을 합쳐 금군청을 설치함으로써 금군이란 명칭이 붙게 되었다.
⑤ 금위영(禁衛營) : 숙종 8년(1682년) 정초군(精抄軍)과 훈련별대(訓鍊別隊)를 통합하여 창설한 중앙 5군영(五軍營) 중 하나이다. 기병부대로 궁중수비를 담당하였다.
⑥ 용호영(龍虎營) : 영조 3년(1755년) 궁궐의 숙위와 호종을 담당하던 금군청을 개칭한 것으로 내삼청을 개편한 친위군이다.
⑦ 숙위소(宿衛所) : 정조 즉위년(1777년)에 친족세력을 몰아내고 자신의 정치세력을 구축한 궁궐 숙위기관이다. ★
⑧ 장용위·장용영(壯勇衛·營) : 정조 6년, 숙위소를 폐지하고 장용위를 설치하였고, 장용위는 장용내외영으로 확대되었으며, 정조 17년 이를 크게 확대하여 장용영으로 개편되었다. ★

Ⅳ 한말의 경호제도

1. 갑오개혁(1894~1895년) 이전

① 무위소(武衛所) : 고종 11년에 설치, 단순한 파수군(把守軍)이 아니라 고종의 친위군적 성격을 띠면서 전체 군무를 통할하였다.
② 무위영(武衛營) : 고종 18년, 종래 5군영 중 훈련도감·용호영·호위청을 합하여 무위영으로 하였으며, 무위소의 연장으로 왕궁을 지키는 친군 내지는 근위군이었다. 기출 24
③ 친군용호영(親軍龍虎營) : 국왕 호위대 용호영의 강화책 일환으로 금군을 병조판서와 훈련원 당상이 함께 시험에 의하여 선발하였으며, 용호영·총어영·경리청 등을 친군용호영으로 칭하였다.
④ 시위대(侍衛隊) : 을미사변 후 러시아국 편제에 따라 개편하여 편성한 군대로 궁중시위가 주임무였다. 친위대와 함께 존속하였다. ★
⑤ 친위대(親衛隊) : 을미사변 후 김홍집 내각이 훈련대를 폐지하고 친위군과 진위군으로 양분, 친위군은 경성에 주둔시켜 왕성수위를 담당하였으며, 진위군은 지방수비를 담당하였다. 기출 24

핵심문제

01 조선 후기의 경호기관에 관한 설명으로 옳지 않은 것은? 기출 16
① 호위청 : 인조반정 후에 설립한 기관으로 왕의 호위를 담당하였다.
② 금군 : 국왕의 친위군으로 별시위, 겸사복, 충의위 등 내삼청으로 분리되었다.
③ 숙위소 : 정조 시대 존재하였던 궁궐 숙위기관이다.
④ 장용위 : 왕의 호위를 강화하기 위해 정조 때 설치한 전담부대이다.

[해설]
별시위, 겸사복, 충의위는 조선 전기의 경호기관이다. 금군은 국왕의 친위부대적 성격을 띤 군대로 신라·조선에서 모두 존재하였다. 조선의 경우 1666년(효종 6)에 내금위·겸사복·우림위 등이 3군영(내삼청)으로 통합되어 금군청을 설치함으로써 금군이라는 명칭이 붙게 되었다. ★

정답 ②

2. 갑오개혁 이후

① **경위원(警衛院)** : 갑오개혁 이후 광무 5년(1901년)에 설치되어 궁중에서의 내・외곽 경비와 궁내 사법업무를 담당한 오늘날의 경호경비경찰에 해당한다. 광무 9년(1905년) 황궁경위국으로 개편되었다.★
② **황궁경위국(皇宮警衛局)** : 1905년 경위원이 개편되어 조직된 황궁경위국은 궁궐의 경비, 치안사무를 담당하던 경찰기구이다.★ 기출 24
③ **경무총감부(警務總監部)** : 1910년 황궁경위국을 통합하여 조선총독부 경무총감부에 8개 경찰서를 두고, 그 가운데 황궁경찰서(창덕궁경찰서)를 설치하여, 북서(北署)는 창덕궁, 서서(西署)는 덕수궁의 경호업무를 담당하였다.★
④ **창덕궁경찰서** : 왕이 거처하던 창덕궁과 덕수궁 지역의 경호임무를 수행하였으며, 1949년 2월 23일 창덕궁경찰서가 폐지되고 경무대경찰서가 신설되었다.★

V 대한민국의 경호제도 기출 22・18

1. 정부수립 이전(1919~1948년)

① **내무총장** : 대한민국 임시정부 아래 경찰조직을 관장하던 최고 관청으로 1919년 통합헌법에 의해 규정되었다.
② **경무국** : 중앙 정부에서 내무총장의 보좌 역할을 담당한 기구로, 지방의 각 도마다는 경무사를 두고 그 하위 지방 조직인 각 부・군에는 경감을 두었다.★
③ **경호부** : 경무국 내부에 설치된 기관으로 대한민국 임시정부의 대통령 외에도 주요 인사들의 경호업무를 담당하였다.★

2. 정부수립 이후(1948~현재) 기출 24・19・17

① **경무대경찰서**
  ㉠ 1949년 2월 23일 왕궁을 관할하고 있던 창덕궁경찰서가 폐지되고 경무대경찰서가 신설되면서 경찰이 대통령 경호임무를 담당하게 되었다.★★
  ㉡ 1949년 12월 29일 내무부훈령 제25호에 의하여 경호규정이 제정되어, 최초로 경호라는 용어의 사용과 경호업무의 체제가 정비되었다.★★
  ㉢ 경무대경찰서는 신설 당시에는 종로경찰서 관할인 중앙청 및 경무대 구내가 관할구역이었으나, 1953년 3월 30일 경찰서직제의 개정으로 그 관할구역을 경무대 구내로 제한하였다.★★

② **구(舊) 내무부훈령 제25호(1949년 12월)의 주요 규정**
  ㉠ 경호에 필요한 사항은 본령(本令)에 의하여(제1조) 규정
  ㉡ 경호대상은 대통령, 부통령, 외국의 원수, 국회의장, 대법원장, 국무총리 및 각부 장관 또는 외국의 사절, 기타 내무부장관 및 도지사가 필요하다고 인정하는 인사(제2조)
  ㉢ 경찰관은 도상(途上)・열차 및 선박, 기타 필요하다고 인정하는 장소에 소정의 경호원을 배치하여 피경호자(被警護者)의 신변의 안전을 기한다(제3조).

③ 청와대 경찰관파견대
  ㉠ 1960년 4·19혁명으로 제1공화국이 끝나고, 동년 6월의 3차 개헌을 통해 정부형태가 대통령 중심제에서 내각책임제로 바뀌면서 국무총리의 지위가 크게 강화됨에 따라 대통령 경호를 담당하던 경무대경찰서가 6월 29일 폐지되고, 경무대 지역의 경비업무는 서울시 경찰국 경비과에서 담당하게 되었다.★
  ㉡ 1960년 8월 13일 제2공화국이 수립되면서 서울시경 소속으로 청와대 경찰관파견대를 설치하여, 경비과에서 담당하던 대통령 경호 및 대통령관저의 경비를 담당케 하였다.★
④ 중앙정보부 경호대
  ㉠ 1961년 5월 20일 군사혁명위원회가 국가재건최고회의로 발족되면서 국가재건최고회의 의장경호대가 임시로 편성되었다가 1961년 6월 1일 중앙정보부로 예속되고, 그 해 9월 9일 중앙정보부 내훈 제2호로 경호규정이 제정, 시행되면서 11월 8일 정식으로 중앙정보부 경호대가 발족되었다.★★
  ㉡ 중앙정보부 경호대의 주요 임무로는 국가원수, 최고회의의장, 부의장, 내각수반, 국빈의 신변보호, 기타 경호대장이 지명하는 주요 인사의 신변보호 등이었다.

3. **대통령경호처(현재)** 기출 24
① **출범** : 1963년 제3공화국이 출범하여 12월 14일 대통령경호실법과 같은 해 12월 16일 대통령경호실법 시행령을 각각 제정·공포하고, 박정희 대통령 취임과 동시에 대통령경호실을 출범시켰다.★
② **주요 연혁**
  ㉠ 1974년 8·15사건을 계기로 '대통령경호경비안전대책위원회'가 설치되고, 청와대 외각경비가 경찰에서 군(55경비대대)으로 이양되었으며, 22특별경호대와 666특공대가 창설되고, 경호행사 시 3중 경호의 원칙이 도입되는 등 조직과 제도가 대폭 보강되었다.
  ㉡ 1981년 '대통령 당선 확정자의 가족의 호위'와 '전직대통령과 그 배우자 및 자녀의 호위'가 임무에 추가되었다.★★
  ㉢ 2004년 대통령 탄핵안이 국회에서 가결됨에 따라 대통령 권한대행과 그 배우자에 대한 경호임무를 추가로 수행하였다.★
  ㉣ 2008년 2월 29일 '대통령경호실법'은 '대통령 등의 경호에 관한 법률'로 개칭되고 소속도 대통령 직속기관인 대통령경호실에서 대통령실장 소속으로 경호처를 두도록 변경되었다.
  ㉤ 2013년 2월 25일 경호처는 다시 대통령비서실과 독립된 대통령경호실로 환원되고, 지위도 장관급으로 격상되었다.
  ㉥ 2017년 7월 26일 정부조직법 개정으로 대통령경호실은 재개편되어 현재 차관급 대통령경호처가 되었다.
③ **구성** : 정무직인 경호처장 1명을 두고, 그 직속으로 차장 1명을 둔다.★
④ **소속기관** : 대통령경호처장의 관장사무를 지원하기 위하여 대통령경호처장(이하 처장) 소속으로 경호안전교육원을 둔다(대통령경호처와 그 소속기관 직제 제2조).
⑤ **처장 등**
  ㉠ 처장은 대통령이 임명하고, 경호처의 업무를 총괄하며, 소속 공무원을 지휘·감독한다(대통령 등의 경호에 관한 법률 제3조 제1항).
  ㉡ 차장은 1급 경호공무원 또는 고위공무원단에 속하는 별정직 국가공무원으로 보하고, 처장을 보좌하며, 처장이 부득이한 사유로 직무를 수행할 수 없을 때에는 그 직무를 대행한다(대통령경호처와 그 소속기관 직제 제4조 제2항·제3항).

⑥ 하부조직
　㉠ 대통령경호처에 기획관리실·경호본부·경비안전본부 및 지원본부를 둔다(대통령경호처와 그 소속기관 직제 제5조 제1항).
　㉡ 기획관리실장·경호본부장·경비안전본부장 및 지원본부장은 2급 경호공무원으로 보한다(동 직제 제5조 제2항).
　㉢ 처장 밑에 감사관 1명을 두며(동 직제 제5조 제3항), 감사관은 3급 경호공무원으로 보한다(동 직제 제5조 제4항).
　㉣ 기획관리실, 경호본부, 경비안전본부 및 지원본부의 하부조직 및 그 분장사무와 감사관의 분장사무는 처장이 정한다(동 직제 제5조 제5항).
⑦ 경호안전교육원
　㉠ 경호안전교육원은 다음 사무를 관장한다(대통령경호처와 그 소속기관 직제 제6조 제1항).
　　• 경호안전관리 관련 학술연구 및 장비개발
　　• 대통령경호처 직원에 대한 교육
　　• 국가 경호안전 관련 분야에 종사하는 공무원에 대한 수탁교육
　　• 경호안전 관련 단체에 종사하는 사람에 대한 수탁교육
　　• 법 제16조에 따른 대통령경호안전대책위원회 관련 기관 소속 공무원 및 처장이 필요하다고 인정하는 사람에 대한 수탁교육
　　• 그 밖에 국가 주요 행사 안전관리 분야에 관한 연구·조사 및 관련 기관에 대한 지원
　㉡ 경호안전교육원에 원장 1명을 둔다(동 직제 제6조 제2항).
　㉢ 원장은 2급 경호공무원으로 보한다(동 직제 제6조 제3항).
　㉣ 원장은 처장의 명을 받아 소관 사무를 총괄하고, 소속 공무원을 지휘·감독한다(동 직제 제6조 제4항).
　㉤ 경호안전교육원의 하부조직과 그 분장사무는 처장이 정한다(동 직제 제6조 제5항).

핵심문제

01 대한민국 근대 이후 경호제도에 관한 설명으로 옳은 것은? 기출 06

① 창덕궁경찰서가 폐지되고 경무대경찰서가 신설되면서 대통령과 가족, 대통령당선이 확정된 자, 전직대통령 및 가족의 호위를 담당하였다.
② 대통령중심제에서 내각책임제로 변화되면서 대통령경호 및 관저경비는 경무대경찰서가 담당하였다.
③ 대통령경호실 체제가 출범되면서 최초로 경호라는 용어의 사용과 경호업무의 체제가 정비되었다.
④ 군사혁명위원회가 국가재건최고회의로 발족되면서 국가재건최고회의 의장경호대가 임시로 편성된 후 중앙정보부로 예속되었다.

[해설]
④ (○) 1961년에 있었던 일련의 일들로 옳다.
① (×) 1949년 2월 창덕궁경찰서 폐지, 경무대경찰서 신설 → 종로경찰서 관할인 중앙청 및 경무대 구내가 경무대경찰서의 관할구역이 됨.★ 대통령당선이 확정된 자와 전직대통령 및 가족의 호위는 1981년 대통령경호실의 임무에 추가되었다.
② (×) 1960년 3차 개헌을 통해 대통령중심제에서 내각책임제로 정부형태가 변화되면서 대통령경호를 서울시 경찰국 경비과에서 담당★
③ (×) 1949년 12월 내무부훈령 제25호에 의하여 경호규정이 제정 → 최초로 '경호(警護)'라는 용어의 사용과 경호업무의 체제가 정비★

정답 ④

대통령경호처 연혁

제3공화국	1963	• 대통령경호실법 제정·공포(12.14) • 대통령 경호전문기관인 대통령경호실의 최초 창설(12.17)
	1968	무장공비 청와대 습격 미수 사건(1·21사태)
	1971	청와대 폭파기도 미수사건(중앙정보부 부산지부 검거)
제4공화국	1974	• 청와대 폭파기도 미수사건(재일교포 2인 검거) • 박정희 대통령 시해 미수사건(육영수여사 저격사건) • 대통령경호·경비안전대책위원회 설치(9.11)
	1979	박정희 대통령 서거(10·26사건)
제5공화국	1981	대통령경호실법 제1차 개정(1.29) → 대통령 당선 확정자의 가족의 호위, 전직대통령과 배우자, 자녀의 호위를 경호임무에 추가
	1983	미얀마 아웅산 묘소 폭파사건
	1987	대통령 당선자 경호임무 수행(노태우 대통령)
제6공화국	1988	• 전직대통령 경호임무 수행(전두환 대통령) • 대통령 경호업무 협조체제 강화를 위한 기본지침 마련
	1990	대통령관저 준공(10.25)
	1991	청와대 본관 준공(9.4), 경호임무 수행체제 변환
문민정부	1993	• 청와대 앞길 및 인왕산 개방 등 경호체제 변환 • 경호유관시설 개방 및 무궁화동산 조성
	1995	전두환 전직대통령 경호임무 해제(경찰청으로 이관)
	1999	교육훈련 강화를 위한 "경호종합훈련장" 개설
국민의 정부	2000	• 대통령경호실법 제2차 개정 → 정치적 중립 및 신분보장 강화, 경호직 공무원 신분을 별정직에서 특정직으로 전환 • 남북정상회담 개최에 따른 평양방문 경호임무 수행 • 제3차 아시아 유럽정상회의(ASEM) 경호임무 수행
참여정부	2003	대통령휴양시설 청남대 반환, 경비 전담부대 임무 해제
	2004	대통령 탄핵에 따른 대통령 권한대행 경호임무 수행
	2005	• 부산 APEC 경호안전 임무 수행 • 대통령경호실법 제3차 개정(3.10) → 경호구역 지정 및 경호안전활동 근거 신설
이명박 정부	2008	• 「대통령경호실법」 개정 → 「대통령 등의 경호에 관한 법률」로 변경 • 대통령실장 소속의 경호처를 두도록 규정
박근혜 정부	2013	• 정부 조직개편에 따라 대통령실장 소속의 경호처에서 대통령경호실로 개편 • 대통령 경호실장의 지위를 장관급으로 격상 • 대통령 등의 경호에 관한 법률 제7차 개정 : 경호 공무원의 정년연장(5급 이상 : 55세 → 58세), 6급 이하 : 50세 → 55세)
문재인 정부	2017	• 정부 조직개편에 따라 대통령경호실에서 대통령경호처로 개편 • 대통령 경호처장의 지위를 차관급으로 격하
윤석열 정부	2022~	대통령집무실 용산 이전

CHAPTER 02 경호의 조직

제1절 경호조직의 의의 및 특성과 구성원칙

I 경호조직의 의의 및 특성

경호조직이란 경호대상자의 신변보호라는 목표를 달성하기 위하여 구성되는 단체로 범죄나 자연적인 재해상태를 예방하고 진압함으로써 경호대상자의 생명과 신체를 보호하는 인적·체계적 결합체를 말한다.

경호조직의 특성 기출 24·23·21·20·19·18·17

기동성	• 교통수단의 발달과 인구집중현상·환경보호, 더 나아가 세계공동체를 향한 외교활동 증대로 고도의 유동성을 띠게 되어 경호조직도 그에 대응하여 높은 기동성을 띤 조직으로 변해가고 있다.★ • 암살 및 테러의 고도화에 따라 경호장비의 과학화와 이를 지원하기 위한 행정업무의 자동화, 컴퓨터화 등 기동성이 요구되고 있다.★
통합성과 계층성	• 경호조직은 전체 구조가 통일적인 피라미드형을 구성하면서 그 조직 내 계층을 이루고 지휘·감독 등을 통하여 경호목적을 실현하므로, 경호행사를 직접 담당하는 경호기관의 조직은 다른 부서에 비해 경호집행기관적 성격으로 계층성이 더욱 강조된다.★ • 경호조직은 기구단위 및 권한과 책임이 분화되어야 하며, 경호조직 내의 중추세력은 권한의 계층을 통하여 분화된 노력을 상호 조정하고 통제함으로써 경호의 목적을 달성할 수 있다.★
폐쇄성 (보안성)	• 경호를 완전무결하게 수행하기 위해서는 경호조직의 비공개와 경호기법의 비노출 등 보안성을 높이는 폐쇄성의 특성을 가져야 한다.★ • 일반적인 공개주의 원칙에도 불구하고 암살자나 테러집단에 알려지지 않도록 기밀성을 유지한다. • 일반적으로 정부조직은 법령주의와 공개주의 원칙에 따르지만, 경호조직에서는 비밀문서로 관리하거나 배포의 일부제한으로 비공개로 할 수 있다.
전문성	• 테러행위의 수법이 지능화·고도화되고 있으므로 경호조직에 있어서도 기능의 전문화 내지 분화현상이 광범위하게 나타나고 있다.★ • 경호조직의 권위는 권력의 힘에 의존하는 데서 탈피하여 경호의 전문성에서 찾아야 한다.★ • 고도로 전문화된 경호전문가의 양성을 통해 경호조직의 권위를 확립하고, 국민의 이해와 협조 속에서 국민과 함께 하는 경호가 요구된다.
대규모성	• 경호조직은 과거에 비해서 그 기구 및 인원면에서 점차 대규모화·다변화되고 있다.★ • 과학 기술의 진보와 더불어 거대정부의 양상은 경호기능의 간접적인 대규모화의 계기가 되었다.★

Ⅱ 경호조직의 구성원칙 기출 24·23·22·21·20·19·18·17·16·14·13·12

1. 지휘단일성의 원칙
① 지휘 및 통제의 이원화로 인해 파생되는 문제들을 보완하기 위해 명령과 지휘체계는 반드시 하나의 계통으로 구성해야 한다는 원칙이다.★
② 경호요원은 한 사람의 지휘를 받아야 한다는 것으로, 하나의 경호기관에는 반드시 한 사람의 지휘자만이 있어야 한다.
③ 지휘의 단일성은 경호업무가 긴급성을 요한다는 점에서 또한 모순·중복·혼란 등을 피해야 한다는 점에서 요청된다.★
④ 지휘의 단일성에는 하나의 지휘자라는 의미뿐만 아니라 하급경호요원은 하나의 상급기관에 대해서만 책임을 진다는 의미도 내포하고 있기 때문에 책임관계의 명확화라는 측면에 있어서도 요구된다.

2. 체계통일성의 원칙
① 경호체계의 통일이라 함은 경호기관 구조의 정점으로부터 말단까지 상하계급 간에 일정한 관계가 이루어져 책임과 업무의 분담이 이루어지고, 명령(命令)과 복종(服從)의 지위와 역할의 체계가 통일되어야 한다는 원칙이다.★★
② 일반기업의 책임과 분업원리와 연계되는 경호원칙이다.★

3. 기관단위작용의 원칙
① 경호의 업무는 성격상 개인이 아닌 기관단위의 작용으로 기관의 하명에 의해서 이루어진다는 원칙으로, 기관단위의 임무결정은 지휘자만이 할 수 있고 경호의 성패는 지휘자만이 책임을 진다.★
② 경호기관단위가 확립되기 위해서는 경호기관을 지휘하는 지휘자와 부하직원 간의 유기적인 협력체계가 구비되어야 하며, 관리하기 위한 지휘권, 장비, 보급지원체제가 이루어져 있어야 한다.★

핵심문제

01 경호조직의 특성에 관한 설명으로 틀린 것은? 기출 08

① 경호행사를 직접 담당하는 경호기관의 조직은 다른 조직에 비해 계층성이 강조되고 있다.
② 경호조직업무의 전문화와 과학적 관리를 필요로 하며, 경호조직 관리상 전문가의 채용 또는 양성을 필요로 한다.
③ 경호조직의 비공개와 경호기법의 비노출 등 폐쇄성의 특성을 갖는다.
④ 경호조직은 정치체제의 변화와 역사적 사건들로 인해 그 기구 및 인원 면에서 점차 소규모화되어 가고 있다.

[해설]
경호조직은 대규모성을 특성으로 한다. ①은 통합성과 계층성, ②는 전문성, ③은 폐쇄성에 대한 내용이다.

정답 ④

4. 협력성의 원칙

① 하나의 경호조직이 단독으로 경호임무 수행에 필요한 모든 정보활동을 수행할 수 없으므로, 국민의 협력이 필요하다는 원칙이다.★ 즉, 경호조직과 일반국민과의 유기적인 상호작용을 의미한다.
② 경호조직이 국민 속에 깊이 뿌리를 내려 국민과 결합해야 한다는 원칙으로, 경호조직이 비록 완벽하고 경호요원의 수가 많다고 하더라도 모든 위해요소를 직접 인지할 수 없을 뿐 아니라 모든 사태에 대응하기가 여의치 못하므로 완벽한 경호를 위해서는 국민의 절대적인 협력이 필요하다.
③ 국민이 경호업무에 협조하여 조직화가 필요할 경우 이런 조직은 어디까지나 임의적이어야 하고 강제성을 띠어서는 아니 된다.
④ 경호조직은 유관기관과의 상호협력을 통해 지속적인 정보 및 보안활동을 바탕으로 한 경호대응력을 강화해야 한다.

제2절 각국의 경호조직

I 한국의 경호기관

1. 대통령 경호기관

① **대통령경호처(PSS ; Presidential Security Service)** : 대통령 직속기관, 행정기관, 집행기관, 특별경찰기관의 성격을 지닌다.★
② **경호처의 조직 편제** : 기획관리실, 경호본부, 경비안전본부, 지원본부로 편성되며 경호전문교육을 위한 소속기관으로 경호안전교육원을 두고 있다.★

2. 경찰청 경비국

① 우리나라 국무총리 등 주요 요인의 경호를 담당한다.★
② 대통령관저의 경비, 국회의장, 대법원장, 헌법재판소장, 경찰청장이 필요하다고 인정한 인사 등에 대한 경호를 경찰이 실시한다.★
③ **경찰청 경호과의 임무** : 경호경비계획의 수립·지도 및 주요 요인의 보호에 관한 사항

핵심문제

01 국민과 함께 하고, 경호에 우호적인 사회환경을 조성해야 한다는 경호조직의 원칙은? 기출 24

① 경호지휘단일성의 원칙
② 경호협력성의 원칙
③ 경호기관단위작용의 원칙
④ 경호체계통일성의 원칙

[해설]
경호협력성의 원칙은 경호조직이 국민 속에 깊이 뿌리를 내려 국민과 결합해야 한다는 원칙으로, 경호조직이 비록 완벽하고 경호요원의 수가 많다고 하더라도 모든 위해요소를 직접 인지할 수 없을 뿐 아니라 모든 사태에 대응하기가 여의치 못하므로 완벽한 경호를 위해서는 국민의 절대적인 협력이 필요하다.

정답 ②

3. 대통령경호안전대책위원회위원

① **구 성**(대통령경호안전대책위원회규정 제2조) 기출 22·18·13·11 : 국가정보원 테러정보통합센터장, 외교부 의전기획관, 법무부 출입국·외국인정책본부장, 과학기술정보통신부 통신정책관, 국토교통부 항공안전정책관, 식품의약품안전처 식품안전정책국장, 관세청 조사감시국장, 대검찰청 공공수사정책관, 경찰청 경비국장, 소방청 119구조구급국장, 해양경찰청 경비국장, 합동참모본부 작전본부 소속 장성급 장교 중 위원장이 지명하는 1명, 국군방첩사령부 소속 장성급 장교 또는 2급 이상의 군무원 중 위원장이 지명하는 1명, 수도방위사령부 참모장과 위원장이 임명 또는 위촉하는 자로 구성한다.

② **책 임**
  ㉠ 대통령경호 안전대책활동에 관하여는 위원회 구성원 전원과 그 구성원이 속하는 기관의 장이 공동으로 책임을 진다.★
  ㉡ 각 구성원은 위원회의 결정사항, 기타 안전대책활동을 위하여 부여된 임무에 관하여 상호 간 최대한의 협조를 하여야 한다.
  ㉢ 각 구성원의 분장책임을 구체적으로 정하고 있다.★

각 구성원의 분장책임(대통령경호안전대책위원회규정 제4조 제2항) 기출 20·16·14

1. 대통령경호처장	안전대책활동에 관한 전반적인 업무를 총괄하며 필요한 안전대책 활동지침을 수립하여 관계부서에 부여
2. 국가정보원 테러정보 통합센터장	가. 입수된 경호 관련 첩보 및 정보의 신속한 전파·보고 나. 위해요인의 제거★ 다. 정보 및 보안대상기관에 대한 조정★ 라. 행사참관 해외동포 입국자에 대한 동향파악 및 보안조치★ 마. 그 밖에 국내·외 경호행사의 지원
3. 외교부 의전기획관	가. 입수된 경호 관련 첩보 및 정보의 신속한 전파·보고 나. 방한 국빈의 국내 행사 지원 다. 대통령과 그 가족 및 대통령 당선인과 그 가족 등의 외국방문 행사 지원 라. 다자간 국제행사의 외교의전 시 경호와 관련된 협조 마. 그 밖에 국내·외 경호행사의 지원
4. 법무부 출입국·외국인 정책본부장	가. 입수된 경호 관련 첩보 및 정보의 신속한 전파·보고 나. 위해용의자에 대한 출입국 및 체류관련 동향의 즉각적인 전파·보고★ 다. 그 밖에 국내·외 경호행사의 지원
5. 국방부 조사본부장	삭제〈2020.4.21.〉
6. 문화체육관광부 관광산업정책관	삭제〈2020.4.21.〉
7. 과학기술정보통신부 통신정책관	가. 입수된 경호 관련 첩보 및 정보의 신속한 전파·보고 나. 경호임무 수행을 위한 정보통신업무의 지원 다. 정보통신망을 이용한 경호관련 위해사항의 확인 라. 그 밖에 국내·외 경호행사의 지원
8. 국토교통부 항공안전정책관	가. 입수된 경호 관련 첩보 및 정보의 신속한 전파·보고 나. 민간항공기의 행사장 상공비행 관련 업무 지원 및 협조 다. 육로 및 철로와 공중기동수단 관련 업무 지원 및 협조 라. 그 밖에 국내·외 경호행사의 지원

8의2. 식품의약품안전처 식품안전정책국장	가. 식품의약품 안전 관련 입수된 첩보 및 정보의 신속한 전파·보고 나. 경호임무에 필요한 식음료 위생 및 안전관리 지원 다. 식음료 관련 영업장 종사자에 대한 위생교육 라. 식품의약품 안전검사 및 그 밖에 필요한 자료의 지원 마. 그 밖에 국내외 경호행사의 지원
9. 관세청 조사감시국장	가. 입수된 경호 관련 첩보 및 정보의 신속한 전파·보고 나. 출입국자에 대한 검색 및 검사★ 다. 휴대품·소포·화물에 대한 검색★ 라. 그 밖에 국내·외 경호행사의 지원
10. 대검찰청 공공수사정책관	가. 입수된 경호 관련 첩보 및 정보의 신속한 전파·보고 나. 위해음모 발견 시 수사지휘 총괄★ 다. 위해가능인물의 관리 및 자료수집★ 라. 국제테러범죄 조직과 연계된 위해사범의 방해책동 사전차단★ 마. 그 밖에 국내·외 경호행사의 지원
11. 경찰청 경비국장	가. 입수된 경호 관련 첩보 및 정보의 신속한 전파·보고 나. 위해가능인물에 대한 동향파악 다. 행사 참석자 및 종사자의 신원조사 라. 삭제 〈2020.4.21.〉 마. 행사장·이동로 주변 집회 및 시위관련 정보제공과 비상상황 방지대책의 수립 바. 우범지대 및 취약지역에 대한 안전조치 사. 행사장 및 이동로 주변에 있는 물적 취약요소에 대한 안전조치 아. 삭제 〈2020.4.21.〉 자. 총포·화약류의 영치관리와 봉인 등 안전관리 차. 불법무기류의 단속 및 분실무기의 수사 카. 그 밖에 국내·외 경호행사의 지원
12. 해양경찰청 경비국장	가. 입수된 경호 관련 첩보 및 정보의 신속한 전파·보고 나. 해상에서의 경호·테러예방 및 안전조치★ 다. 그 밖에 국내·외 경호행사의 지원
13. 소방청 119구조구급국장	가. 입수된 경호 관련 첩보 및 정보의 신속한 전파·보고 나. 경호임무 수행을 위한 소방방재업무 지원★ 다. 그 밖에 국내외 경호행사의 지원
14. 합동참모본부 작전본부 소속 장성급 장교 중 위원장이 지명하는 1명	가. 입수된 경호 관련 첩보 및 정보의 신속한 전파·보고 나. 안전대책활동에 대한 육·해·공군업무의 총괄 및 협조★ 다. 삭제 〈2007.1.18.〉 라. 그 밖에 국내·외 경호행사의 지원
15. 국군방첩사령부 소속 장성급 장교 또는 2급 이상의 군무원 중 위원장이 지명하는 1명	가. 입수된 경호 관련 첩보 및 정보의 신속한 전파·보고 나. 군내 행사장에 대한 안전활동 다. 군내 위해가능인물에 대한 안전조치 라. 행사 참석자 및 종사자의 신원조사★ 마. 경호구역 인근 군부대의 특이사항 확인·전파 및 보고 바. 이동로 주변 군시설물에 대한 안전조치★ 사. 취약지에 대한 안전조치★ 아. 경호유관시설에 대한 보안지원활동★ 자. 그 밖에 국내·외 경호행사의 지원
16. 수도방위사령부 참모장	가. 입수된 경호 관련 첩보 및 정보의 신속한 전파·보고 나. 수도방위사령부 관할지역 내 진입로 및 취약지에 대한 안전조치 다. 수도방위사령부 관할지역의 경호구역 및 그 외곽지역 수색·경계 등 경호활동 지원 라. 그 밖에 국내·외 경호행사의 지원

Ⅱ 미국의 경호기관

1. **비밀경호국(Secret Service)** 기출 21

   ① 비밀경호국의 연혁 : 미국의 대통령경호기관은 국토안보부 산하의 비밀경호국이며, 링컨 대통령이 재무성 내에 통화위조 단속기관의 설립을 명한 것이 비밀경호국(Secret Service)의 효시이다. 1898년에 발생한 미국과 스페인의 전쟁은 비밀경호국이 대통령 경호를 합법적으로 수행하게 되는 계기가 되었다. 1908년 대통령당선자에 대한 경호임무가 추가되었다.

   ② 비밀경호국의 임무 기출 23
   ㉠ 대통령 및 요인의 경호
   - 대통령 및 대통령당선자, 그 직계가족
   - 부통령 및 부통령당선자, 그 직계가족
   - 전직 대통령과 배우자(퇴직 후 10년까지 → 평생) 및 그 자녀(16세에 달했을 때까지)
   - 퇴직한 부통령과 배우자 및 그 자녀(16세 미만의 자녀는 퇴직한 날부터 6개월간)
   - 미국을 방문 중인 외국원수 및 행정부의 수반과 동행 배우자, 기타 대통령이 지시한 사람
   - 특정한 용무를 위해 외국을 방문 중인 미국정부의 사절(특사)로서 대통령이 지시한 사람
   - 국가적으로 특별히 경호가 필요한 행사시 국토안보부장관 등이 지정한 사람
   - 대통령 선거 시 선거일 기준 120일 이내 주요 정당의 대통령 및 부통령 후보자
   ㉡ 백악관 및 외국대사관의 경비
   ㉢ 통화위조(화폐위조) 및 연방법위반의 범죄행위 수사

핵심문제

01 대통령경호안전대책위원회 위원의 임무에 관한 내용으로 옳지 않은 것은? 기출수정 10

① 출입국·외국인정책본부장 - 출입국자에 대한 검색 및 검사
② 대검찰청 공공수사정책관 - 위해가능인물의 관리 및 자료수집
③ 관세청 조사감시국장 - 휴대품·소포·화물에 대한 검색
④ 국군방첩사령부 소속 장성급 장교 또는 2급 이상의 군무원 중 위원장이 지명하는 1명 - 행사 참석자 및 종사자의 신원조사

[해설]
관세청 조사감시국장 - 출입국자에 대한 검색 및 검사

정답 ①

③ 비밀경호국의 조직 : 비밀경호국에는 국장 아래 부국장이 있고, 그 아래에 본부기관으로 6명의 국장보좌관이 있어 각각 행정처, 정부 및 공공업무처, 수사처, 경호처, 경호연구처, 인사교육처, 감사처를 담당하고 있다. 이외 국장 직속의 기관으로서 3명의 보좌관이 있어 홍보, 법률고문 임무를 수행하고 있다.
  ㉠ 행정처
    - 처장(국장보), 차장(국장보 대리) 아래 행정과, 재정관리과, 조달과, 조직관리과로 구성
    - 비밀경호국의 조직, 인사, 회계 등 관리업무 전반을 담당
  ㉡ 정부 및 공공업무처 : 업무연락과, 국회업무과, 공공업무과로 구성
  ㉢ 수사처
    - 처장, 차장 아래에 위폐수사과, 과학수사과, 재정범죄과, 수사지원과로 구성
    - 위폐수사과는 정부발행의 수표, 국채 등의 위조수사를 담당
    - 과학수사과는 주로 조직범죄 소탕을 위해 지정된 범죄의 수사를 하고, 이를 위해 필요한 수사요원이 각지의 대도시에 배치되어 있음
  ㉣ 경호처
    - 대통령 및 기타 요인의 경호를 주임무로 함
    - 경호운용담당국장보는 제복경찰의 부장을 겸임
    - 경호운용담당국장보 아래 경호운영 사복담당과 제복경찰을 담당하는 2명의 차장이 있고, 담당차장 아래 대통령경호과, 부통령경호과, 요인경호과, 재무성 보호과, 특수업무과, 주요 사건과가 있음
  ㉤ 경호연구처 : 비밀경호국의 경찰작용이 원활하게 수행될 수 있도록 필요한 정보를 수집분석하는 부서로서 인력관리과, 정보과, 국가위협평가센터, 기술보안과로 구성
  ㉥ 인사교육처 : 인사업무와 직원의 보안업무를 담당하는 부서로서 인사과, 신임 및 직원 보안과, 훈련센터로 구성
  ㉦ 제복경찰
    - 1922년 9월 14일 백악관경비대 창설 → 1970년 3월 19일 요인경비본부(Executive Protective Service : EPS)로 개칭 → 1977년 11월 15일 제복경찰(SS, Uniformed Division)로 개칭
    - 미국 대통령과 부통령 및 그 가족의 경비, 백악관 시설 및 부지경비, 워싱턴 소재 부통령 관저경비, 대통령 집무실 소재의 건조물 경비, 수도권 내의 외국 외교기관 및 대통령 명령에 의한 미국 내 동종 시설 및 재산경비 등을 임무로 함

핵심문제

01 다음 내용 중에서 미국 비밀경호국(Secret Service)의 임무라고 볼 수 없는 것은? 기출 12
① 대통령 및 대통령당선자의 경호
② 전직대통령과 그 부인 및 그 자녀의 경호
③ 국내테러, 폭력, 납치 및 범죄조직에 대한 경호첩보 제공
④ 통화위조 단속, 기타 재무법령의 집행

[해설]
③은 FBI가 담당하고 있다.

정답 ③

ⓒ 지방지국
- 현재 50여개의 지방지국(출장소, 연락사무소 포함 132개)이 있음
- 미국 내 거의 모든 주의 대도시에 설치되어 있고, 그 외 파리 등의 미국대사관에 비밀경호국 대표가 근무 중임
- 통상 통화위조에 관한 수사를 임무로 하고, 본부와의 정기적 연락사항 중에는 수사관계 사항이 많기 때문에 수사처장의 지휘를 받음

〈출처〉 김두현, 「경호학개론」, 엑스퍼트, 2020, P. 124~125

2. 경호 유관기관 기출 17 · 14 · 13

① 연방범죄수사국(FBI ; Fedeal Bureau of Investigation) : 미국 국내 테러·폭력·납치 및 범죄조직에 대한 첩보수집, 범죄 예방 및 수사와 기타 방첩을 통한 경호첩보 제공을 그 임무로 하는 비밀경찰기관이다.
② 중앙정보부(CIA ; Central Intelligence Agency) : 대통령의 자문에 응하는 직속기관으로 국제 테러조직, 적성국 동향에 대한 첩보의 수집·분석·전파, 외국의 국빈 방문에 따른 국내 각급 정보기관의 조정을 통한 경호정보를 제공하는 등의 임무를 수행하며, 특수정보의 수집 및 특수공작의 수행을 담당한다.
③ 연방이민국(USCIS ; U.S. Citizenship and Immigration Services) : 해외 불순인물의 출입국 동향파악 및 통제, 국내에 체류하고 있는 외국인 중 불순인물에 대한 첩보의 제공 등을 그 임무로 한다. ★
④ 국무부(DS ; Department of State) 산하 요인경호과 : 영부인 및 그 가족 경호(대통령과 동행할 경우 비밀경호국이 경호함)와 국무장관, 차관, 외국대사 경호 기타 요인 경호를 그 주요 임무로 한다. ★
⑤ 국가안전보장국(NSA ; National Security Agency) : 국방부 소속 정보수집기관으로서 주된 업무는 통신정보, 감청, 전자정보 등의 각종 수단을 사용하여 정보를 수집하고 정리하는 것이다. ★
⑥ 국방부 육군성(Department of the Army) : 군 관련 경호첩보의 수집·분석·전파와 국내의 외국정부 관련 경호 등의 임무를 수행한다. ★

핵심문제

01 다음의 미국 경호 유관기관 중 적성국 동향에 대한 첩보수집기관의 명칭은? 기출수정 01

① 중앙정보국(CIA)
② 국방부육군성
③ 연방수사국(FBI)
④ 연방이민국(USCIS)

【해설】
설문은 중앙정보국(CIA)의 임무에 대한 설명이다. 이 임무 외에 스파이 또는 연방에 대한 전복활동, 연방의 이해와 관계되는 문제의 정보탐지를 주요임무로 한다.

정답 ①

Ⅲ 영국의 경호기관

1. 수도경찰청

영국의 (여)왕과 총리 등에 대한 경호는 국가경찰인 런던수도경찰청(MPS ; Metropolitan Police Service) 산하의 특별작전부(SO ; Special Operations, 요인경호본부)가 담당하고 있는데, 그 하위부서로 경호국(Protection Command), 안전국(Security Command), 대테러작전국(Counter Terrorism Command)이 있다.

2. 경호국

경호국은 크게 왕실 및 특별요인 경호과(RaSP ; Royalty and Specialist Protection)와 의회 및 외교관 경호과(PaDP ; Parliamentary and Diplomatic Protection)로 구분된다.

① 왕실 및 특별요인 경호과의 임무 : (여)왕 등 왕실가족에 대한 국내외 보호, 총리·각부의 장관, 해외파견 자국 외교관 및 고위인물 등의 보호, 런던 윈저궁, 스코틀랜드 왕실가족 거주지역의 경비 등

② 의회 및 외교관 경호과의 임무 : 영국 내 외교관과 사절단에 대한 경호, 국회의사당(웨스트민스터) 지역의 경호·경비 등에 대한 책임을 지고 관련직무를 수행하기 위해 2015년 4월에 설치되었다.

3. 안전국

안전국은 수도 런던의 공항 보호, 대테러업무를 합동으로 수행하고 있다.

4. 대테러작전국

테러리즘의 위협으로부터 런던 및 영국을 보호하기 위하여 2006년에 설치되었다.

〈참고〉 최선우, 「경호학」, 박영사, 2021, P. 107~108

핵심문제

01 다음 중 영국 (여)왕의 경호기관은 어느 것인가? [기출수정]

① 연방범죄수사국 경호안전과
② 연방수사국
③ 왕실 및 특별요인 경호과
④ 국토안보부 산하의 비밀경호국

【해설】
왕실 및 특별요인 경호과(수도경찰청 특별작전부 경호국 산하)가 영국 (여)왕의 경호기관에 해당한다. ①은 독일의 대통령 경호기관, ②는 미국의 경호유관기관인 FBI, ④는 미국의 대통령 경호기관에 해당한다.

정답 ③

5. 경호 유관기관 기출 17·14·13

① **보안국(Security Service)** : 내무성 소속으로 국내 경호 관련 정보의 수집·분석·처리업무를 담당한다(대간첩 및 대전복 업무수행). MI5라고도 불리며, 정식명칭은 보안정보국(보안국)이다. ★
② **비밀정보국(부)(Secret Intelligence Service)** : 외무성 소속으로 국외 경호 관련 정보를 수집·분석·처리업무를 담당한다. MI6라고도 불리며, MI5와 함께 영국의 양대 보안정보기관이다. ★
③ **정부통신본부(The Government Communications Headquarters)** : 외무성 소속으로 경호와 관련된 통신정보를 수집·분석·배포하는 업무를 수행한다.
④ **국방정보부(Defend Intelligences Staff)** : 국방성 소속으로 사회주의 국가의 동향에 대한 정보를 수집, 파악하여 처리 후 경호 유관관청에 지원하는 업무를 담당한다(국방 관련 정보의 수집 및 분석 수행).

Ⅳ 일본의 경호기관

1. 경찰청 직속의 황궁경찰본부

① 일본 천황의 경호기관으로 천황 및 황족에 대한 경호, 황궁경비 등을 담당한다. 기출 23
② 일본에서는 천황, 황족에 대한 보호를 경위라 하여 경찰청 직속의 황궁경찰본부가 전담하고, 정부요인이나 외국 중요인사에 대한 보호를 경호라 하여 경찰청에서 담당한다. 즉, 경위와 경호를 구분한다. ★
③ 황궁경찰본부는 경찰청 부속기관이지만 천황의 경호·황궁경비와 관련한 기밀 및 보안 유지를 위하여 경찰청장의 직접적인 통제를 받지 않는다. ★

2. 경찰청 경비국 공안 제2과 및 동경도 경시청 경호과(공안 제3과)

① 경찰청 경비국 공안 제2과는 내각총리대신(수상) 및 국내 요인과 국빈에 대한 경호를 담당한다. ★
② 구체적으로 경찰청 경비국 공안 제1과와 제3과는 경호정보의 수집·분석·평가의 업무를 수행하며, 공안 제2과는 내각총리대신(수상) 및 요인경호에 대한 지휘감독·조정 및 연락협조 업무·안전대책작용 등의 업무를 수행한다.
③ 반면 동경도 경시청 공안 제3과(경호과)는 요인경호대(SP : Security Police)로서 내각총리대신(수상) 및 국무대신 등에 대한 실질적인 경호업무(구체적인 경호계획의 수립과 근접경호)를 수행한다. ★

기출 23

핵심문제

01 다음 중 일본 천황의 경호기관은 어느 것인가? 기출수정

① 황궁경찰본부
② 왕실 및 특별요인 경호과
③ 국무성 산하 요인경호과
④ 국토안보부 산하 비밀경호국

[해설]
① (○) 황궁경찰본부가 일본 천황의 경호기관에 해당한다.
② (×) 영국 (여)왕의 경호기관이다.
③ (×) 미국(영부인 및 가족 보호, 국무장관·차관, 외국대사, 기타 요인경호를 담당)의 경호 유관기관이다.
④ (×) 미국대통령의 경호기관이다.

정답 ①

3. 경호 유관기관

① **내각정보조사실** : 내각의 중요 정책에 관한 정보를 수집 및 보고하고, 국내 치안정보를 취급하는 국가정보기관이다.
② **공안조사청** : 1952년 파괴활동방지법에 의해 창설되었으며, 문제성 있는 단체의 조사 및 해산 등의 업무를 수행, 특히 북한에 대한 정보활동을 수행한다.
③ **외무성 조사기획국** : 국제문제에 대한 첩보수집 및 분석, 특정 국가에 대한 조사·연구업무를 수행한다.
④ **방위청 정보본부** : 육·해·공의 군사정보를 다루는 정보기관이다.

Ⅴ 프랑스의 경호기관

1. 내무부 산하 국립경찰청 소속의 요인경호국(SPHP, 구 V.O) 기출 23

대통령과 그 가족의 경호, 수상·각부 장관, 기타 국내외 요인의 경호를 담당한다.

2. 국방부 산하 국립헌병대 소속의 공화국경비대(GSPR, 관저경비) 기출 21

대통령과 그 가족, 특정 중요 인물(전직 대통령, 대통령 후보 등)을 보호한다는 목적으로 1983년 설치되었으며, 대통령관저 및 영빈관 내곽 경비업무를 담당한다.

<출처> 최선우, 「경호학」, 박영사, 2021, P. 114~115

3. 경호 유관기관 기출 17·14·13

① **대테러조정통제실(UCLAT)** : 국내외 대(對)테러 및 인질 난동에 대한 정보를 수집·종합 분석하여 처리하는 업무를 수행한다. ★
② **경찰특공대(RAID)** : VIP에 대한 신변을 보호하며 위해 발생 시 위해 제거를 위한 대테러작전 및 사전예방작전(검문, 검색)과 폭발물 처리업무를 행한다.
③ **내무성 일반정보국(RG)** : 행사 관련 지역 주민들에 대한 사전 대테러 정보의 수집 및 방첩활동과 국내 모든 외국인과 외국기관 및 단체에 관한 정보 수집·분석·처리업무를 행한다.
④ **해외안전총국(DGSE)** : 국방성 소속으로 해외 정보 수집 및 분석업무를 행한다. ★

Ⅵ 독일의 경호기관

1. 연방범죄수사국 경호안전과 기출 23·21

① 연방범죄수사국은 범죄수사의 중앙기구이며, 국제경찰(형사)기구의 연락본부이다. 경호요원은 경찰관이다.
② 연방범죄수사국 경호안전과는 독일의 대통령경호기관으로서, 경호 1단과 2단으로 나뉘어 있다. ★★
  ㉠ **경호 1단** : 연방 대통령, 수상, 연방 각료, 기타 헌법기관을 담당한다.
  ㉡ **경호 2단** : 외국의 국빈 및 독일 대표의 경호와 정보 및 대인 감시를 수행한다.

2. 경호 유관기관 기출 17·14·13

① **연방경찰청(Bundespolizei : 구 연방국경수비대)** : 국경 출입자 점검 및 요시찰 인물의 감시 및 대통령, 수상집무실, 연방헌법기관의 시설경비 및 경호지원과 첩보제공을 수행한다. ★
② **연방정보부(BND)** : 해외 정보의 수집·분석 및 국외 첩보제공의 임무를 수행한다. ★
③ **연방헌법보호청(BFV)** : 국내의 정보, 극좌·극우 단체에 대한 동향을 감시한다.
④ **군방첩대(MAD)** : 군 관련 정보의 수집을 그 임무로 한다.
⑤ **주립경찰·지역경찰** : 외곽경비, 연도경비, 일반정보수집 등의 임무를 수행한다.

각국의 경호체제 기출 23·21·19·17·14·13

구 분	경호객체(대상자)	경호주체		유관기관(조직)
		경호기관	경호요원의 신분	
미 국	전·현직 대통령과 부통령 및 그 직계가족	국토안보부 산하 비밀경호국(SS)	특별수사관	• 연방수사국(FBI) • 중앙정보국(CIA) • 연방이민국(USCIS) • 국가안전보장국(NSA) • 국방정보국(DIA) 등
	영부인 및 그 가족 (대통령과 동행 시 SS가 경호), 국무부 장·차관, 외국대사, 기타 요인	국무부 산하 요인경호과	경호요원	
	미국 내 외국정부 관료	국방부 육군성	미육군 경호요원	
	민간인	경찰국, 사설 경호용역업체	경찰관, 사설 경호요원	
영 국	• (여)왕 등 왕실가족 • 총리, 각부의 장관 등	경호국 내 왕실 및 특별요인 경호과	런던수도경찰청 소속 요인경호본부 (경호국·안전국·대테러작전국)	경찰관	• 내무부 보안국 (SS, MI5) • 외무부 비밀정보국(부) (SIS, MI6) • 정부통신본부(GCHQ) • 국방정보국(DIS) 등
	영국 내 외교관과 사절단, 의회(국회의사당)	경호국 내 의회 및 외교관 경호과		
독 일	대통령, 수상, 장관, 외국의 원수 등 국빈, 외교사절	연방범죄수사국(청)(BKA) 내 경호안전과	경찰관	• 연방경찰청(BPOL) • 연방정보국(BND) • 연방헌법보호청(BFV) • 군정보국 (군방첩대, MAD)
프랑스	대통령과 그 가족, 수상, 각부 장관, 기타 국내외 요인	내무부 산하 국립경찰청 소속 요인경호국 (SPHP, 구 V.O)	별정직 국가공무원	• 대테러조정통제실 (UCLAT) • 경찰특공대(RAID) • 내무부 일반정보국 (RG) • 국방부 해외안전총국 (DGSE) • 군사정보국(DRM) 등
	대통령과 그 가족, 특정 중요 인물(전직 대통령, 대통령 후보 등)	국방부 산하 국립헌병대 소속 공화국경비대 (GSPR, 관저경비)	국가헌병경찰 (군인)	
일 본	일본천황 및 황족	황궁경찰본부	경찰관	• 공안조사청 • 내각정보조사실 • 외무성 조사기획국 • 방위청 정보본부 등
	내각총리대신(수상) 등	경찰청 경비국 공안 제2과	경호요원	
	민간인	경찰청, 사설 경비업체	경찰관, 사설 경호요원	

제3절 경호의 주체와 객체 기출 19·17

I 경호의 주체

1. 경호주체의 개념

① 의미 : 경호의 목적을 달성하기 위하여 일정한 경호작용을 주도적으로 실시하는 당사자를 말한다.

> 경호는 경호대상자(경호의 객체)의 신변 안전에 위협이 되는 제반 경호환경(경호의 상대)을 경호원(경호의 주체)이 관리하고 통제하는 과정이다.
> 〈출처〉 이두석, 「경호학개론」, 진영사, 2018, P. 69

② 경호주체의 종류
　㉠ 본래의 경호주체 : 국가(경호처·국가경찰), 공공단체(자치경찰)로서, 이들이 가지는 경호주체로서의 지위(地位)는 국가로부터 전래된다. 다만, 사인 또는 사법인(사설경호기관)은 법률이 정하는 바(인·허가 또는 특별법)에 따라 위임되는 범위 내에서 주체가 된다.★
　㉡ 신분상 성격에 따른 경호주체 : 공경호(정부종합청사 의무경찰, 공군부대 군무원, 경찰청 소속공무원 등)와 사경호(인천공항 특수경비원 등)로 구분된다.

2. 경호공무원

① 경호처장 및 차장(대통령 등의 경호에 관한 법률 제3조)
　㉠ 대통령경호처에 처장 1명을 두되, 처장은 정무직으로 한다(정부조직법 제16조 제1항).★★
　㉡ 대통령경호처장(이하 "처장"이라 함)은 대통령이 임명하고, 경호처의 업무를 총괄하며 소속공무원을 지휘·감독한다.★ 기출 22
　㉢ 대통령경호처에 차장 1명을 둔다.★ 기출 23
　㉣ 차장은 1급 경호공무원 또는 고위공무원단에 속하는 별정직 국가공무원으로 보하며, 처장을 보좌한다.★

핵심문제

01 다음 중 신분상 성격이 다른 것은? 기출 15

① 대통령경호처 직원
② 신변보호업무를 수행하는 일반경비원
③ 헌 병
④ 경찰공무원

[해설]
①·③·④는 공경호에 해당하고, ②만 사경호에 해당한다.

정답 ②

경호업무 수행 관련 관계기관 간의 협조 등(대통령 등의 경호에 관한 법률 시행령 제3조의3)
① 처장은 법 제4조에 규정된 경호대상에 대한 경호를 위하여 필요한 경우 대통령비서실, 국가안보실 및 경호·안전관리업무를 지원하는 관계기관에 근무할 예정인 사람에게 신원진술서 및 「가족관계의 등록 등에 관한 법률」에서 정하는 증명서와 그 밖에 필요한 자료의 제출을 요구할 수 있다. 이 경우 처장은 제출된 자료의 내용을 확인하기 위하여 관계기관에 조회 또는 그 밖에 필요한 협조를 요청할 수 있다.
② 처장은 법 제5조 제3항에 따른 안전활동 등 경호업무를 효율적으로 수행하기 위하여 필요한 경우에는 관계기관에 대하여 경호구역에 출입하려는 사람의 범죄경력 조회 또는 사실 증명 등 필요한 협조를 요청할 수 있다.
③ 처장은 경호업무를 효율적으로 수행하기 위해 필요한 경우 관계기관의 장과 협의하여 법 제15조에 따라 경호구역에서의 경호업무를 지원하는 인력·시설·장비 등에 관한 사항을 조정할 수 있다.

② 경호구역의 지정 등(대통령 등의 경호에 관한 법률 제5조) 기출 17
  ㉠ 처장은 경호업무의 수행에 필요하다고 판단되는 경우 경호구역을 지정할 수 있다. ★
  ㉡ 경호구역의 지정은 경호 목적 달성을 위한 최소한의 범위로 한정되어야 한다. ★
  ㉢ 소속공무원과 관계기관의 공무원으로서 경호업무를 지원하는 사람은 경호 목적상 불가피하다고 인정되는 상당한 이유가 있는 경우에만 경호구역에서 질서유지, 교통관리, 검문·검색, 출입통제, 위험물 탐지 및 안전조치 등 위해 방지에 필요한 안전활동을 할 수 있다.

경호등급(대통령 등의 경호에 관한 법률 시행령 제3조의2)
① 처장은 경호대상자의 경호임무를 수행하기 위하여 해당 경호대상자의 지위와 경호위해요소, 해당 국가의 정치상황, 국제적 상징성, 상호주의 측면, 적대국가 유무 등 국제적 관계를 고려하여 경호등급을 구분하여 운영할 수 있다.
② 경호등급을 구분하여 운영하는 경우에는 외교부장관, 국가정보원장 및 경찰청장과 미리 협의하여야 한다. ★★
기출 24·17
③ 경호등급과 관련하여 필요한 사항은 처장이 따로 정한다.

경호구역의 지정(대통령 등의 경호에 관한 법률 시행령 제4조) ★
법 제5조 제1항에 따라 경호구역을 지정할 때에는 경호업무 수행에 대한 위해요소와 구역이나 시설의 지리적·물리적 특성 등을 고려해 지정한다.

용어의 정의(대통령 등의 경호에 관한 법률 제2조)
  1. 경호 : 경호대상자의 생명과 재산을 보호하기 위하여 신체에 가하여지는 위해를 방지하거나 제거(호위)하고, 특정 지역을 경계·순찰 및 방비(경비)하는 등의 모든 안전활동을 말한다. 기출 23·22·20
  2. 경호구역 : 소속공무원과 관계기관의 공무원으로서 경호업무를 지원하는 사람이 경호활동을 할 수 있는 구역을 말한다.
기출 19
  3. 소속공무원 : 경호처 직원과 경호처에 파견된 사람을 말한다.
  4. 관계기관 : 경호처가 경호업무를 수행함에 있어 필요한 지원과 협조를 요청하는 국가기관, 지방자치단체 등을 말한다.

③ 다자간 정상회의의 경호 및 안전관리(대통령 등의 경호에 관한 법률 제5조의2) 기출 24·19·17
  ㉠ 대한민국에서 개최되는 다자간 정상회의에 참석하는 외국의 국가원수 또는 행정수반과 국제기구 대표의 신변보호 및 행사장의 안전관리 등을 효율적으로 수행하기 위하여 대통령 소속으로 경호·안전 대책기구(경호안전통제단)를 둘 수 있다. ★
  ㉡ 경호·안전 대책기구의 장은 처장이 된다. ★
  ㉢ 경호·안전 대책기구는 소속공무원 및 관계기관의 공무원으로 구성한다.

② ㉠에 따른 경호·안전 대책기구의 구성시기, 구성 및 운영 절차, 그 밖에 필요한 사항은 대통령령(대통령 등의 경호에 관한 법률 시행령 제4조의2·3)으로 정한다.

> **경호·안전 대책기구의 구성시기 및 운영기간**(대통령 등의 경호에 관한 법률 시행령 제4조의2)
> ① 법 제5조의2 제1항에 따른 경호·안전 대책기구(이하 "경호·안전 대책기구"라 한다)의 구성시기 및 운영기간은 다자간 정상회의의 규모·성격, 경호 환경 등을 고려하여 처장이 정한다. ★
> ② 경호·안전 대책기구의 운영기간은 다자간 정상회의별로 1년 6개월을 초과할 수 없다. ★

㉤ 경호·안전 대책기구의 장은 다자간 정상회의의 경호 및 안전관리를 위하여 필요하면 관계기관의 장과 협의하여 국가중요시설과 불특정 다수인이 이용하는 시설에 대한 안전관리를 위하여 필요한 인력을 배치하고 장비를 운용할 수 있다.

④ **직원**(대통령 등의 경호에 관한 법률 제6조)
㉠ 경호처에 특정직 국가공무원인 1급부터 9급까지의 경호공무원과 일반직 국가공무원을 둔다. 다만, 필요하다고 인정할 때에는 경호공무원의 정원 중 일부를 일반직 국가공무원 또는 별정직 국가공무원으로 보할 수 있다. ★
㉡ 경호공무원 각 계급의 직무의 종류별 명칭은 대통령령(대통령 등의 경호에 관한 법률 시행령 제5조 관련 [별표 1])으로 정한다.

핵심문제

01 대통령 등의 경호에 관한 법령상 경호구역에 관한 설명으로 옳지 않은 것은? 기출 17
① 대통령경호처장은 경호업무의 수행에 필요하다고 판단되는 경우 경호구역을 지정할 수 있다.
② 대통령경호처장이 경호구역을 지정할 경우 경호 목적 달성을 위한 최대한의 범위로 설정되어야 한다.
③ 경호구역을 지정할 때에는 경호업무 수행에 대한 위해요소와 구역이나 시설의 지리적·물리적 특성 등을 고려해 지정한다.
④ 대통령경호처 소속공무원과 경호업무를 지원하는 사람은 경호 목적상 불가피하다고 인정되는 상당한 이유가 있는 경우에만 경호구역에서 안전활동을 할 수 있다.

[해설]
② (×) 경호구역의 지정은 경호 목적 달성을 위한 최소한의 범위로 한정되어야 한다(대통령 등의 경호에 관한 법률 제5조 제2항).
① (○) 대통령 등의 경호에 관한 법률 제5조 제1항
③ (○) 대통령 등의 경호에 관한 법률 시행령 제4조
④ (○) 대통령 등의 경호에 관한 법률 제5조 제3항

정답 ②

02 대한민국에서 개최되는 다자간 정상회의의 경호 및 안전관리 업무를 효율적으로 수행하기 위하여 대통령 등의 경호에 관한 법률에 따라 설치되는 경호·안전 대책기구의 명칭은? 기출 17
① 경호안전종합본부
② 경호안전통제단
③ 경호안전대책본부
④ 경호처 특별본부

[해설]
대통령 등의 경호에 관한 법률 제5조의2 제1항에 따른 경호·안전 대책기구의 명칭은 경호안전통제단(이하 "통제단"이라 한다)이라 한다 (다자간 정상회의의 경호 및 안전관리 업무에 관한 규정 제2조 제1항).

정답 ②

직급(대통령 등의 경호에 관한 법률 시행령 제5조)
경호공무원의 계급별 직급의 명칭은 [별표 1]과 같다.

경호공무원의 직급계급별 직급의 명칭(대통령 등의 경호에 관한 법률 시행령 [별표 1])

1급	관리관	6급	경호주사
2급	이사관	7급	경호주사보
3급	부이사관	8급	경호서기
4급	경호서기관	9급	경호서기보
5급	경호사무관		

⑤ **임용권자**(대통령 등의 경호에 관한 법률 제7조)
  ㉠ 5급 이상 경호공무원 및 5급 상당 이상 별정직 국가공무원은 처장의 제청으로 대통령이 임용한다.
  ㉡ 다만, 전보·휴직·겸임·파견·직위해제·정직 및 복직에 관한 사항은 처장이 이를 행한다.★
  ㉢ 처장은 경호공무원 및 별정직 국가공무원에 대하여 ㉠ 외의 모든 임용권(6급 이하 경호공무원·6급 상당 이하 별정직 공무원)을 가진다.★
  ㉣ 고위공무원단에 속하는 별정직 공무원의 신규채용에 관하여는 국가공무원법 제28조의6 제3항을 준용한다.★

⑥ **직원의 임용자격 및 결격사유**(대통령 등의 경호에 관한 법률 제8조)
  ㉠ 경호처 직원은 신체 건강하고 사상이 건전하며 품행이 바른 사람 중에서 임용한다.
  ㉡ 다음에 해당하는 사람은 직원으로 임용될 수 없다.★
    • 대한민국의 국적을 가지지 아니한 사람
    • 국가공무원법 제33조(결격사유) 각호의 어느 하나에 해당하는 사람
  ㉢ 직원이 ㉡(국가공무원법 제33조 제5호 제외)의 어느 하나에 해당하는 때에는 당연히 퇴직한다.★

핵심문제

01 경호공무원 중 5급 이상 경호공무원을 임용하는 임용권자는 누구인가? 기출 02

① 대통령   ② 국무총리
③ 경호처장   ④ 경호차장

[해설]
5급 이상의 임용권자는 대통령이고, 6급 이하의 임용권자는 경호처장이다(대통령 등의 경호에 관한 법률 제7조).

정답 ①

결격사유(국가공무원법 제33조)
다음 각호의 어느 하나에 해당하는 자는 공무원으로 임용될 수 없다. 〈개정 2024.12.31.〉
1. 피성년후견인
2. 파산선고를 받고 복권되지 아니한 자
3. 금고 이상의 실형을 선고받고 그 집행이 끝나거나(집행이 끝난 것으로 보는 경우를 포함한다) 집행이 면제된 날부터 5년이 지나지 아니한 자
4. 금고 이상의 형의 집행유예를 선고받고 그 유예기간이 끝난 날부터 2년이 지나지 아니한 자
5. 금고 이상의 형의 선고유예를 받은 경우에 그 선고유예 기간 중에 있는 자
6. 법원의 판결 또는 다른 법률에 따라 자격이 상실되거나 정지된 자
6의2. 공무원으로 재직기간 중 직무와 관련하여 「형법」 제355조 및 제356조에 규정된 죄를 범한 자로서 300만원 이상의 벌금형을 선고받고 그 형이 확정된 후 2년이 지나지 아니한 자
6의3. 다음 각목의 어느 하나에 해당하는 죄를 범한 사람으로서 100만원 이상의 벌금형을 선고받고 그 형이 확정된 후 3년이 지나지 아니한 사람
　가. 「성폭력범죄의 처벌 등에 관한 특례법」 제2조에 따른 성폭력범죄
　나. 「정보통신망 이용촉진 및 정보보호 등에 관한 법률」 제74조 제1항 제2호 및 제3호에 규정된 죄
　다. 「스토킹범죄의 처벌 등에 관한 법률」 제2조 제2호에 따른 스토킹범죄
6의4. 미성년자에 대하여 「성폭력범죄의 처벌 등에 관한 특례법」 제2조에 따른 성폭력범죄 또는 「아동·청소년의 성보호에 관한 법률」 제2조 제2호에 따른 아동·청소년대상 성범죄를 범한 사람으로서 다음 각목의 어느 하나에 해당하는 날부터 20년이 지나지 아니한 사람
　가. 금고 이상의 실형을 선고받고 그 집행이 끝나거나(집행이 끝난 것으로 보는 경우를 포함한다) 집행이 면제된 날
　나. 금고 이상의 형의 집행유예를 선고받고 그 집행유예가 확정된 날
　다. 벌금 이하의 형을 선고받고 그 형이 확정된 날
　라. 치료감호를 선고받고 그 집행이 끝나거나 집행이 면제된 날
　마. 징계로 파면처분 또는 해임처분을 받은 날
7. 징계로 파면처분을 받은 때부터 5년이 지나지 아니한 자
8. 징계로 해임처분을 받은 때부터 3년이 지나지 아니한 자
[2024.12.31. 법률 제20627호에 의하여 2022.11.24. 헌법재판소에서 헌법불합치 결정된 이 조를 개정함.]

핵심문제

01 경호공무원으로 임용될 수 있는 사람은? 기출 14

① 피성년후견인
② 파산선고를 받고 복권되지 아니한 자
③ 징계로 해임처분을 받은 때부터 4년이 지난 자
④ 법원의 판결 또는 다른 법률에 따라 자격이 상실되거나 정지된 자

[해설]
징계로 해임처분을 받은 때부터 3년이 지나지 아니한 자가 임용결격자에 해당한다(국가공무원법 제33조 준용). 따라서 ③은 임용될 수 있다.

정답 ③

⑦ **비밀엄수**(대통령 등의 경호에 관한 법률 제9조)
  ㉠ 소속공무원(퇴직한 사람 및 원 소속기관에 복귀한 사람을 포함)은 직무상 알게 된 비밀을 누설하여서는 아니 된다.
  ㉡ 소속공무원은 경호처의 직무와 관련된 사항을 발간하거나 그 밖의 방법으로 공표하려면 미리 처장의 허가를 받아야 한다. ★

⑧ **직권면직**(대통령 등의 경호에 관한 법률 제10조)★
  ㉠ 임용권자는 직원(별정직 국가공무원은 제외)이 다음의 어느 하나에 해당하면 직권으로 면직할 수 있다.
  - 신체적·정신적 이상으로 6개월 이상 직무를 수행하지 못할 만한 지장이 있을 때(제1호)
  - 직무수행능력이 현저하게 부족하거나 근무태도가 극히 불량하여 직원으로서 부적합하다고 인정될 때(제2호)
  - 직제와 정원의 개폐 또는 예산의 감소 등에 의하여 폐직 또는 과원이 된 때(제3호)
  - 휴직 기간이 끝나거나 휴직 사유가 소멸된 후에도 정당한 이유 없이 직무에 복귀하지 아니하거나 직무를 수행할 수 없을 때(제4호)
  - 직무수행능력이 부족하거나 근무성적이 극히 불량하여 대통령령으로 정하는 바에 따라 대기 명령을 받은 사람이 그 기간 중 능력 또는 근무성적의 향상을 기대하기 어렵다고 인정될 때(제5호)
  - 해당 직급에서 직무를 수행하는 데에 필요한 자격증의 효력이 상실되거나 면허가 취소되어 담당 직무를 수행할 수 없게 되었을 때(제6호)
  ㉡ ㉠의 제2호·제5호에 해당하여 면직하는 경우에는 대통령령(영 제27조)으로 정하는 바에 따라 고등징계위원회의 동의를 받아야 한다. ★
  ㉢ ㉠의 제3호에 해당하여 면직하는 경우에는 임용 형태, 업무실적, 직무수행능력, 징계처분 사실 등을 고려하여 면직 기준을 정하여야 한다. 이 경우 면직된 직원은 결원이 생기면 우선하여 재임용할 수 있다.
  ㉣ ㉢의 면직 기준을 정하거나 ㉠의 제3호에 따라 면직 대상자를 결정할 때에는 대통령령으로 정하는 바에 따라 인사위원회의 심의·의결을 거쳐야 한다.

핵심문제

01 대통령 등의 경호에 관한 법률상의 내용에 관한 설명으로 옳지 않은 것은? 기출 11

① 처장은 6급 이하 경호공무원과 6급 상당 이하 별정직 국가공무원에 대하여 모든 임용권을 가진다.
② 5급 이상 경호공무원의 전보·휴직·겸임·파견·직위해제 등에 관한 사항은 처장이 이를 행한다.
③ 소속공무원이 경호처의 직무와 관련된 사항을 발간하려면 미리 대통령의 허가를 받아야 한다.
④ 경호공무원 각 계급의 직무의 종류별 명칭은 대통령령으로 정한다.

[해설]
소속공무원은 경호처의 직무와 관련된 사항을 발간하거나 그 밖의 방법으로 공표하려면 미리 처장의 허가를 받아야 한다(대통령 등의 경호에 관한 법률 제9조 제2항).

정답 ③

⑨ **정년**(대통령 등의 경호에 관한 법률 제11조)
　㉠ 경호공무원의 정년은 다음과 같다.★
　　㉮ **연령정년** : 5급 이상 58세, 6급 이하 55세 기출 23
　　㉯ **계급정년** : 2급 : 4년, 3급 : 7년, 4급 : 12년, 5급 : 16년
　㉡ 경호공무원이 강임된 경우에는 계급정년의 경력을 산정할 때에 강임되기 전의 상위계급으로 근무한 경력은 강임된 계급으로 근무한 경력에 포함한다.★
　㉢ 징계로 인하여 강등(6급으로 강등된 경우를 포함)된 경호공무원의 계급정년은 ㉠의 ㉯에도 불구하고 다음에 따른다. 〈신설 2024.12.3.〉
　　㉮ 강등된 계급의 계급정년은 강등되기 전 계급 중 가장 높은 계급의 계급정년으로 한다. 다만, 1급 경호공무원이 강등된 경우에는 계급정년(2급 - 4년)으로 한다.
　　㉯ 계급정년을 산정할 때에는 강등되기 전 계급의 근무연수와 강등 이후의 근무연수를 합산한다.
　㉣ 경호공무원은 그 정년이 된 날이 1월부터 6월 사이에 있는 경우에는 6월 30일에, 7월부터 12월 사이에 있는 경우에는 12월 31일에 각각 당연히 퇴직한다.★

⑩ **징계**(대통령 등의 경호에 관한 법률 제12조)
　㉠ 직원의 징계에 관한 사항을 심사·의결하기 위하여 경호처에 고등징계위원회와 보통징계위원회를 둔다.★
　㉡ 각 징계위원회는 위원장 1명과 4명 이상 6명 이하의 위원으로 구성한다.★
　㉢ 직원의 징계는 징계위원회의 의결을 거쳐 처장이 한다. 다만, 5급 이상 직원의 파면 및 해임은 고등징계위원회의 의결을 거쳐 처장의 제청으로 대통령이 한다.★
　㉣ 징계위원회의 구성 및 운영 등에 필요한 사항은 대통령령으로 정한다.

징계위원회의 구성 등(대통령 등의 경호에 관한 법률 시행령 제29조)
① 고등징계위원회의 위원장은 차장이 되고, 위원은 3급 이상의 직원(고위공무원단에 속하는 직원을 포함한다)과 다음 각호의 어느 하나에 해당하는 사람 중에서 성별을 고려하여 처장이 임명 또는 위촉한다.
　1. 법관·검사 또는 변호사로 10년 이상 근무한 사람
　2. 「고등교육법」 제2조에 따른 학교 또는 그 밖의 다른 법률에 따라 설립된 이에 준하는 교육기관(이하 "대학 등"이라 한다)에서 법률학·행정학 또는 경호 관련 학문을 담당하는 부교수 이상으로 재직 중인 사람
　3. 3급 이상의 경호공무원으로 근무하고 퇴직한 사람(퇴직일부터 3년이 지난 사람으로 한정한다)
② 법 제12조 제1항에 따른 보통징계위원회(이하 "보통징계위원회"라 한다)의 위원장은 기획관리실장이 되고, 위원은 4급 이상의 직원(고위공무원단에 속하는 직원을 포함한다)과 다음 각호의 어느 하나에 해당하는 사람 중에서 성별을 고려하여 처장이 임명 또는 위촉한다.
　1. 법관·검사 또는 변호사로 5년 이상 근무한 사람
　2. 대학 등에서 법률학·행정학 또는 경호 관련 학문을 담당하는 조교수 이상으로 재직 중인 사람
　3. 경호공무원으로 20년 이상 근무하고 퇴직한 사람(퇴직일부터 3년이 지난 사람으로 한정한다)
③ 제1항 및 제2항에 따라 위촉되는 위원의 수는 위원장을 제외한 위원 수의 각각 2분의 1 이상이어야 한다.
④ 제1항 및 제2항에 따라 위촉되는 위원의 임기는 3년으로 하며, 한 차례만 연임할 수 있다.
⑤ 처장은 제1항 및 제2항에 따라 위촉되는 위원이 다음 각호의 어느 하나에 해당하는 경우에는 해당 위원을 해촉(解囑)할 수 있다. 다만, 제4호에 해당하는 경우에는 해촉하여야 한다.
　1. 심신장애로 인하여 직무를 수행할 수 없게 된 경우
　2. 직무와 관련된 비위사실이 있는 경우
　3. 직무태만, 품위손상이나 그 밖의 사유로 인하여 위원으로 적합하지 아니하다고 인정되는 경우
　4. 「공무원 징계령」 제15조 제1항에 해당하는 데에도 불구하고 회피하지 아니한 경우
　5. 위원 스스로 직무를 수행하는 것이 곤란하다고 의사를 밝히는 경우

⑪ **보상**(대통령 등의 경호에 관한 법률 제13조) : 직원으로서 경호처 경호대상에 대한 경호업무 수행 또는 그와 관련하여 상이(傷痍)를 입고 퇴직한 사람과 그 가족 및 사망(상이로 인하여 사망한 경우를 포함)한 사람의 유족에 대하여는 대통령령으로 정하는 바에 따라 국가유공자 등 예우 및 지원에 관한 법률 또는 보훈보상대상자 지원에 관한 법률에 따른 보상을 한다.

⑫ **국가공무원법과의 관계 등**(대통령 등의 경호에 관한 법률 제14조)
　㉠ 직원의 신규채용, 시험의 실시, 승진, 근무성적평정, 보수 및 교육훈련에 관한 사항은 대통령령으로 정한다.
　㉡ 직원에 대하여는 이 법에 특별한 규정이 있는 경우를 제외하고는 국가공무원법을 준용한다.★
　㉢ 직원에 대하여는 국가공무원법 제17조(인사에 관한 감사) 및 제18조(통계보고)의 규정을 적용하지 아니한다.★

⑬ **국가기관 등에 대한 협조요청**(대통령 등의 경호에 관한 법률 제15조) : 처장은 직무상 필요하다고 인정할 때에는 국가기관, 지방자치단체, 그 밖의 공공단체의 장에게 그 공무원 또는 직원의 파견이나 그 밖에 필요한 협조를 요청할 수 있다.

⑭ **대통령경호안전대책위원회**(대통령 등의 경호에 관한 법률 제16조)
　㉠ 대통령 등 경호대상에 대한 경호업무를 수행할 때에는 관계기관의 책임을 명확하게 하고, 협조를 원활하게 하기 위하여 경호처에 대통령경호안전대책위원회를 둔다.★
　㉡ 위원회는 위원장과 부위원장 각 1명을 포함한 20명 이내의 위원으로 구성한다.★ 기출 23
　㉢ 위원장은 처장이 되고, 부위원장은 차장이 되며, 위원은 대통령령으로 정하는 관계기관의 공무원이 된다.
　㉣ 위원회는 다음의 사항을 관장한다.
　　• 대통령 경호에 필요한 안전대책과 관련된 업무의 협의
　　• 대통령 경호와 관련된 첩보·정보의 교환 및 분석
　　• 그 밖에 대통령 등 경호대상에 대한 경호에 필요하다고 인정되는 업무

핵심문제

01 대통령경호안전대책위원회의 위원은 위원장과 부위원장을 포함하여 몇 명 이내로 구성하는가? 기출
　① 11명　　　　　　　　　　② 14명
　③ 12명　　　　　　　　　　④ 20명

[해설]
위원회는 위원장과 부위원장 각 1명을 포함한 20명 이내의 위원으로 구성한다. 위원장은 처장이 되고, 부위원장은 차장이 되며, 위원은 대통령령으로 정하는 관계기관의 공무원이 된다(대통령 등의 경호에 관한 법률 제16조 제2항).

정답 ④

⑮ **경호공무원의 사법경찰권**(대통령 등의 경호에 관한 법률 제17조)
   ㉠ 경호공무원(처장의 제청으로 서울중앙지방검찰청 검사장이 지명한 경호공무원을 말함)은 경호대상에 대한 경호업무 수행 중 인지한 그 소관에 속하는 범죄에 대하여 직무상 또는 수사상 긴급을 요하는 한도 내에서 사법경찰관리의 직무를 수행할 수 있다. ★★ 기출 22
   ㉡ ㉠의 경우 7급 이상 경호공무원은 사법경찰관의 직무를 수행하고, 8급 이하 경호공무원은 사법경찰리의 직무를 수행한다. ★

   > **사법경찰권이 없는 경호공무원의 현행범 체포**
   > 사법경찰권이 없는 경호공무원도 직무수행상 요인을 위해하려는 현행범은 영장 없이도 체포할 수 있지만, 이 경우 즉시 검사 또는 사법경찰관리에게 인도하여야 한다.

⑯ **직권남용금지 등**(대통령 등의 경호에 관한 법률 제18조) 기출 20
   ㉠ 소속공무원은 직권을 남용하여서는 아니 된다.
   ㉡ 경호처에 파견된 경찰공무원은 대통령 등의 경호에 관한 법률에 규정된 임무 외의 경찰공무원의 직무를 수행할 수 없다.

핵심문제

01 대통령 등의 경호에 관한 법률의 내용으로 옳지 않은 것은? 기출 15
   ① 5급 이상 경호공무원은 대통령경호처장의 제청으로 대통령이 임용한다.
   ② 임용권자는 직원(별정직 국가공무원은 제외)이 신체적·정신적 이상으로 6개월 이상 직무를 수행하지 못할 만한 지장이 있으면 직권으로 면직할 수 있다.
   ③ 5급 이상 경호공무원의 정년은 58세이고, 6급 이하 경호공무원의 정년은 55세이다.
   ④ 대통령경호처장의 제청으로 서울중앙지방검찰청 검사장이 지명한 경호공무원은 일반범죄에 대하여 수사상 긴급을 요하는 한도 내에서 사법경찰관리의 직무를 수행할 수 있다.

   [해설]
   대통령경호처장의 제청으로 서울중앙지방검찰청 검사장이 지명한 경호공무원은 경호대상에 대한 경호업무 수행 중 인지한 그 소관에 속하는 범죄에 대하여 직무상 또는 수사상 긴급을 요하는 한도 내에서 사법경찰관리의 직무를 수행할 수 있다(대통령 등의 경호에 관한 법률 제17조 제1항).

   정답 ④

⑰ 무기의 휴대 및 사용(대통령 등의 경호에 관한 법률 제19조)
  ㉠ 처장은 직무를 수행하기 위하여 필요하다고 인정할 때에는 소속공무원에게 무기를 휴대하게 할 수 있다.
  ㉡ 무기를 휴대하는 사람은 그 직무를 수행할 때 필요하다고 인정하는 상당한 이유가 있을 경우 그 사태에 대응하여 부득이하다고 판단되는 한도 내에서 무기를 사용할 수 있다. 다만, 다음의 어느 하나에 해당할 때를 제외하고는 사람에게 위해를 끼쳐서는 아니 된다.
    • 형법 제21조 및 제22조에 따른 정당방위와 긴급피난에 해당할 때
    • 대통령 등 경호대상에 대한 경호업무 수행 중 인지한 그 소관에 속하는 범죄로 사형, 무기 또는 장기 3년 이상의 징역 또는 금고에 해당하는 죄를 범하거나 범하였다고 의심할 만한 충분한 이유가 있는 사람이 소속공무원의 직무집행에 대하여 항거하거나 도피하려고 할 때 또는 제3자가 그를 도피시키려고 소속공무원에게 항거할 때에 이를 방지하거나 체포하기 위하여 무기를 사용하지 아니하고는 다른 수단이 없다고 인정되는 상당한 이유가 있을 때
    • 야간이나 집단을 이루거나 흉기나 그 밖의 위험한 물건을 휴대하여 경호업무를 방해하기 위하여 소속공무원에게 항거할 경우에 이를 방지하거나 체포하기 위하여 무기를 사용하지 아니하고는 다른 수단이 없다고 인정되는 상당한 이유가 있을 때

핵심문제

01 대통령 등의 경호에 관한 법률상 무기의 휴대 및 사용에 관한 설명이다. (   ) 안에 들어갈 내용으로 옳은 것은? 기출 12

> (   )은 직무를 수행하기 위하여 필요하다고 인정할 때에는 (   )에게 무기를 휴대하게 할 수 있다.

① 경호차장, 소속공무원 ② 경호차장, 경호처직원
③ 경호처장, 소속공무원 ④ 경호처장, 경찰공무원

[해설]
(   ) 안에 들어갈 내용은 순서대로 경호처장, 소속공무원이다(대통령의 경호 등에 관한 법률 제19조 제1항).

정답 ③

02 경호공무원이 무기를 사용할 때 사람에게 위해를 끼치지 않아야 하는 경우는? 기출 11·97

① 형법상 정당방위에 해당할 때
② 형법상 정당행위에 해당할 때
③ 형법상 긴급피난에 해당할 때
④ 야간이나 집단을 이루거나 흉기 등을 휴대하여 경호업무를 방해하기 위하여 경호공무원에게 항거할 경우에 이를 방지하거나 체포하기 위하여 무기를 사용하지 아니하고는 다른 수단이 없다고 인정되는 상당한 이유가 있을 때

[해설]
대통령 등의 경호에 관한 법률 제19조 제2항 단서에서 규정하는 형법상 위법성조각사유는 정당방위와 긴급피난에 한한다. 정당행위, 피해자승낙, 자구행위는 해당하지 않는다는 점을 유의하여야 한다.★

정답 ②

⑱ **손실보상**(대통령 등의 경호에 관한 법률 제20조) 〈신설 2024.12.3.〉
　㉠ 처장은 소속공무원의 적법한 직무집행으로 인하여 다음의 어느 하나에 해당하는 손실을 입은 자에 대하여 ㉢에 따른 손실보상심의위원회의 심의를 거쳐 정당한 보상을 하여야 한다.
　　• 손실발생의 원인에 대하여 책임이 없는 자가 입은 생명·신체 또는 재산상의 손실(손실발생의 원인에 대하여 책임이 없는 자가 소속공무원의 직무집행에 자발적으로 협조하거나 물건을 제공하여 생명·신체 또는 재산상의 손실을 입은 경우를 포함한다)
　　• 손실발생의 원인에 대하여 책임이 있는 자가 자신의 책임에 상응하는 정도를 초과하여 입은 생명·신체 또는 재산상의 손실
　㉡ ㉠에 따른 손실보상을 청구할 수 있는 권리는 손실이 있음을 안 날부터 3년, 손실이 발생한 날부터 5년간 행사하지 아니하면 시효의 완성으로 소멸한다.
　㉢ ㉠에 따른 손실보상청구 사건을 심의하기 위하여 처장 소속으로 손실보상심의위원회를 둔다.
　㉣ 처장은 거짓 또는 부정한 방법으로 보상금을 받은 자에 대하여는 해당 보상금을 환수하여야 한다.
　㉤ 처장은 ㉣에 따라 보상금을 반환하여야 할 자가 대통령령으로 정한 기한까지 그 금액을 납부하지 아니한 때에는 국세 강제징수의 예에 따라 징수할 수 있다.
　㉥ ㉠부터 ㉤까지에서 규정한 사항 외에 손실보상에 관하여 필요한 사항은 대통령령으로 정한다.

⑲ **벌칙**(대통령 등의 경호에 관한 법률 제21조) 기출 20
　㉠ 제9조 제1항(비밀엄수규정 중 비밀누설금지), 제18조(직권남용금지 등) 또는 제19조 제2항(무기의 휴대 및 사용)을 위반한 자는 5년 이하의 징역이나 금고 또는 1천만원 이하의 벌금에 처한다. ★
　㉡ 소속공무원이 경호처의 직무와 관련된 사항을 발간하거나 그 밖의 방법으로 공표하기 전에 미리 처장의 허가를 받지 않은 경우는 2년 이하의 징역·금고 또는 500만원 이하의 벌금에 처한다. ★

핵심문제

01 대통령 등의 경호에 관한 법령상 다음 (　)에 들어갈 내용으로 옳은 것은? 기출 14

> 소속공무원은 대통령경호처의 직무와 관련된 사항을 발간하거나 그 밖의 방법으로 공표하려면 미리 대통령경호처장의 허가를 받아야 한다. 이를 위반한 사람은 (　)년 이하의 징역·금고 또는 (　)만원 이하의 벌금에 처한다.

① 2 - 500　　　　　　　　② 2 - 1,000
③ 3 - 500　　　　　　　　④ 3 - 1,000

[해설]
소속공무원은 경호처의 직무와 관련된 사항을 발간하거나 그 밖의 방법으로 공표하려면 미리 처장의 허가를 받아야 한다. 위반한 사람은 2년 이하의 징역·금고 또는 500만원 이하의 벌금에 처한다(대통령 등의 경호에 관한 법률 제21조 제2항). ★★

정답 ①

⑳ 경호원의 6대 의무(義務)
  ㉠ 성실의무 : 경호원은 성실히 직무를 수행하여야 한다.
  ㉡ 복종의무 : 경호원은 직무를 수행함에 있어서 소속 상관의 직무상의 명령에 복종하여야 한다.

> **복종의무에 대한 대법원 판례**
> 상관의 적법한 직무상 명령에 따른 행위는 정당행위로서 형법 제20조에 의하여 그 위법성이 조각된다고 할 것이나, 상관의 위법한 명령에 따라 범죄행위를 한 경우에는 상관의 명령에 따랐다고 하여 부하가 한 범죄행위의 위법성이 조각될 수는 없다(대판 1997.4.17. 96도3376).

  ㉢ 친절공정의무 : 경호원은 국민전체의 봉사자로서 친절·공정(公正)히 집무하여야 한다.
  ㉣ 비밀엄수의무 : 경호원은 재직 중은 물론 퇴직 후에도 직무상 지득한 비밀을 엄수(嚴守)하여야 한다.★
  ㉤ 청렴의무 : 경호원은 직무와 관련하여 직접 또는 간접을 불문하고 사례·증여 또는 향응을 수수할 수 없으며, 직무상의 관계 여하를 불문하고 그 소속 상관에 증여하거나 소속 경호원으로부터 증여를 받아서는 아니 된다.★
  ㉥ 품위유지의무 : 경호원은 직무의 내외를 불문하고 그 품위를 손상하는 행위를 하여서는 아니 된다.★

> **공무원의 일반적인 의무**
> - 선서의무
> - 복종의무
> - 영예제한의무
> - 비밀엄수의무
> - 직권남용금지의무 등
> - 성실의무
> - 직장이탈금지의무
> - 집단행위금지의무
> - 청렴의무
> - 법령준수의무
> - 영리 및 겸직금지의무
> - 친절 및 봉사의무
> - 품위유지의무

핵심문제

01 우리나라 경호공무원의 의무사항으로 옳지 않은 것은? 기출 13

① 소속 상관의 허가 없이 직장을 이탈할 수 없다.
② 영리목적으로 다른 직무와의 겸업을 할 수 없다.
③ 자신이 희망하는 종교와 정당가입은 가능하다.
④ 공무원으로서 집단행위를 할 수 없다.

[해설]
③ (×) 경호공무원은 종교를 갖는 것은 가능하나, 정당에 가입할 수는 없다.
① (○) 국가공무원법 제58조(직장이탈금지)
② (○) 국가공무원법 제64조(영리 및 겸직금지) 제1항
④ (○) 국가공무원법 제66조(집단행위의 금지) 제1항

정답 ③

㉑ 대통령경호원의 5대 금지사항 : 직장이탈금지, 영리 및 겸직금지, 정치운동금지, 집단행동금지, 직권남용금지

> **경호원의 권리(權利)**
> • 신분상의 권리 : 직무집행시 대통령 등의 경호에 관한 법률과 형법상의 공무집행방해죄 등으로부터 보호
> • 재산상의 권리 : 봉급, 수당(공로퇴직수당 포함), 보상, 연금, 실비변상 등의 보수를 받을 권리 → 직무수행 중 부상하였거나 사망하였을 때에는 국가유공자 등 예우 및 지원에 관한 법률에 의한 보상 실시

㉒ 경호 유관기관 : 국가정보원, 외교부, 법무부, 과학기술정보통신부, 국토교통부, 식품의약품안전처, 관세청, 대검찰청, 경찰청, 소방청, 해양경찰청, 합동참모본부, 국군방첩사령부 및 수도방위사령부 등이 있다

(대통령경호안전대책위원회규정 제2조 참고).

3. 경찰청 경비국(국무총리 등의 경호기관)
① 조직 : 경비과, 대테러위기관리과, 경호과, 항공과(경찰청과 그 소속기관 직제 시행규칙 제10조 제1항)
② 임 무
  ㉠ 경비1과 : 경호경비에 관한 사항, 일반경비·다중경비·혼잡경비 및 재해경비에 관한 사항 등
  ㉡ 경비2과 : 경찰작전과 비상계획의 수립 및 운영지도 등
  ㉢ 경호과 : 경호계획의 수립 및 지도, 요인의 보호에 관한 사항, 국무총리 등 경호 등
③ 경호대상 : 국무총리, 국회의장, 대법원장, 헌법재판소장, 외국국빈, 기타 경찰청장이 필요하다고 인정한 인사(대통령경호처의 경호기간이 지난 전직대통령 등)★

〈참고〉 김두현, 「경호학개론」, 엑스퍼트, 2020, P. 210∼211

4. 경찰공무원
① 경찰관직무집행법에는 경찰관의 직무로 경비, 주요 인사(人士) 경호 및 대간첩·대테러 작전 수행이 명시되어 있다(경찰관직무집행법 제2조 제3호).
② 경호처에 파견된 경찰공무원은 대통령 등의 경호에 관한 법률에 규정된 임무 외의 경찰공무원의 직무를 수행할 수 없다(대통령 등의 경호에 관한 법률 제18조 제2항).

5. 민간인 경호기관
① 사설경호원(민간경호원) : 사설경비기관에서 연예인, 정치인, 기업인, 기타 일반인 등의 신변에 대하여 직·간접으로 가해지려는 위해를 방지하기 위하여 위험요소를 사전에 제거하고, 경호대상자의 안전을 도모하기 위하여 경호작용을 하는 자를 말한다.
② 청원경찰 : 기관의 장 또는 시설·사업장 등의 경영자가 경비(청원경찰경비)를 부담할 것을 조건으로 경찰의 배치를 신청하는 경우 그 기관·시설 또는 사업장 등의 경비를 담당하게 하기 위하여 배치하는 경찰을 말한다(청원경찰법 제2조).

II 경호의 객체 기출 22·21·18

경호의 객체인 경호대상자는 경호원이 보호해야 하는 대상자를 말하며, '피경호인'이라고 표현하기도 한다. 경호업무 시 경호대상자를 단순하게 경호활동의 객체로 인식하여 경호활동과 분리시키려는 경향이 있으나, 경호대상자의 경호활동에 대한 관심이나 경호원과의 관계 등과 같은 것은 경호업무의 효율성에 커다란 영향을 미치게 된다.

1. 공경호의 대상

① 국가원수 : 국왕(國王), 대통령(大統領)
② 수상(首相)·국무총리(國務總理)
③ 전직대통령
  ㉠ 미국 : 전직대통령 및 배우자는 현재 영구적인 경호의 대상이다(The Former Presidents Protection Act of 2012). ★
  ㉡ 한국 : 본인의 의사에 반하지 아니하는 경우에 한하여 10년 이내의 전직대통령은 대통령경호처가, 그 이후의 전직대통령은 경찰청장이 필요하다고 인정할 때 경찰이 경호를 실시한다. ★

> **경호대상(대통령 등의 경호에 관한 법률 제4조)** ★
> ① 경호처의 경호대상은 다음과 같다. 기출 24·23·22
>   1. 대통령과 그 가족(배우자와 직계존비속)
>   2. 대통령 당선인과 그 가족(배우자와 직계존비속)
>   3. 본인의 의사에 반하지 아니하는 경우에 한정하여 퇴임 후 10년 이내의 전직 대통령과 그 배우자. 다만, 대통령이 임기 만료 전에 퇴임한 경우와 재직 중 사망한 경우의 경호 기간은 그로부터 5년으로 하고, 퇴임 후 사망한 경우의 경호 기간은 퇴임일부터 기산(起算)하여 10년을 넘지 아니하는 범위에서 사망 후 5년으로 한다.
>   4. 대통령권한대행과 그 배우자
>   5. 대한민국을 방문하는 외국의 국가 원수 또는 행정수반(行政首班)과 그 배우자
>   6. 그 밖에 처장이 경호가 필요하다고 인정하는 국내외 요인(要人)

2. 사경호의 대상

사설경호기관의 대상으로 기업인, 정치인, 연예인, 종교지도자, 기타 일반인을 들 수 있다.

CHAPTER 03 경호업무 수행방법

제1절 경호임무의 수행절차(학자들 간 시각 차이나 용어의 차이가 존재)

Ⅰ 경호작용의 기본요소

1. 경호작용의 기본적 고려요소 기출 24·23·22·21·20·18·16·15

경호작용에서 기본적으로 고려되어야 할 것으로 계획수립, 책임, 자원, 보안 등이 있다.

계획수립	• 경호활동에 있어 사전계획은 전체 경호활동의 성공 여부와도 관련된 중요한 요소이다.★ • 모든 경호임무는 예기치 않은 변화의 가능성을 내포하고 있으므로 이에 대비하여 융통성 있게 사전계획을 수립해야 한다. • 경호대상자의 안전에 영향을 미칠 수 있는 경호환경을 극복하기 위하여 예비 및 우발계획이 준비되어야 한다. • 계획을 수립하는 일은 경호임무를 위해 선정된 요원들의 지원을 받는 계획전담요원의 기능이다.
책 임	• 경호활동은 단독기관의 작용이 아닌 다양한 기관 간의 유기적인 연계(경호기관단위작용의 원칙)가 필요하므로 경호임무는 명확하게 부여되어야 하며, 경호원들에게는 각각의 임무형태에 대한 책임이 부과되어야 한다. • 2인 이상의 경호대상자가 있을 때는 서열이 높은 경호대상자를 우선하여 경호한다.
자 원	• 성공적인 경호를 위해 다양한 자원을 효과적으로 이용하여 어떤 자원이 동원되고 어떻게 사용될지 결정하여야 한다. • 경호에 소요되는 자원은 경호대상자의 대중에 대한 노출이나 제반 여건, 경호대상자가 참여하는 행사지속시간과 첩보수집으로 획득된 내재적인 위협분석의 결과에 따라 결정된다. • 경호에 필요한 인적·물적 자원을 동원하기 위해서는 공식행사, 비공식행사 등 행사 성격이 아닌 사전에 획득한 내재적 위협분석에 따라 자원소요가 결정된다.
보 안	경호대상자, 수행원, 행사 세부일정, 적용되고 있는 경호경비상황 등의 보안은 인가된 자 이외는 엄격하게 통제되어야 한다.

핵심문제

01 2인 이상의 경호대상자가 있을 때는 서열이 높은 경호대상자를 우선하라는 것은 경호작용의 기본요소 중 어느 것에 해당하는가? 기출

① 계획수립　　　　　　　　② 책 임
③ 자 원　　　　　　　　　　④ 보 안

[해설]
경호작용의 기본적인 고려요소 중 각각의 임무형태에 대한 책임을 명확하게 부여하는 것으로, 책임에 해당한다.

정답 ②

> **경호계획서의 구성**
> - 제1항 상황에는 전반적인 행사 개요를 기술하여, 경호원들이 행사의 내용을 숙지하고 행사의 성격과 흐름에 따라 경호대책을 강구할 수 있도록 한다.
> - 제2항 임무에는 행사를 담당할 경호팀의 편성과 출동시간 등 경호팀의 조직과 운영에 관한 사항, 그리고 팀별 또는 개인별 임무를 명시하여 체계적이고 조직적인 경호를 도모한다.
> - 제3항 실시에서는 세부적인 경호인력 운용계획 및 세부 임무를 부여하며 현장답사, 관계관회의, 행사장 안전확보, 검측계획, 출입자 통제계획, 비표운용계획, 주차장 운영계획 등을 상세히 기술한다.
> - 제4항 행정 및 군수에는 경호 인력의 이동 및 철수, 식사 및 숙박, 복장 및 비표 등 행정지원에 관한 사항을 기술한다.
> - 제5항 지휘 및 통신에는 주요 연락망과 무전기 채널 운용에 관한 사항을 기술하여 지휘의 체계화 및 일원화를 도모한다.
>
> 〈출처〉 이두석, 「경호학개론」, 진영사, 2018, P. 227

2. 경호임무의 포함요소(수행절차)

① 통상 임무수행 단계 : 경호임무에 대한 연락을 받으면 진행 순으로 사건일지를 작성하며, 모든 정보사항을 기록·산출·보존한다.

② 행사일정획득 : 관계기관이나 행사주관기관으로부터 행사일정을 획득한다. 사전예방경호작용이 가능하도록 충분한 정보가 제공되고 있는지를 판단하는 데 필요한 행사일정 요소로는 출발 및 도착일시, 수행원의 수, 경호대상자에 대한 신상, 의전사항, 방문지역의 지리적 특성, 각 방문지역에서의 수행원이 유숙할 호텔 또는 숙소의 명칭과 위치, 기동방법 및 수단 등이 있다.

③ 유기적 연락 및 협조체제 구축 : 다른 행사관계 요원들과의 연락 및 협조가 유기적으로 이루어져야 한다.

④ 위해분석 : 행사일정이 획득되면 유관부서에 세부일정을 제공하여 위해첩보를 수집하여 분석한다.

> **위협평가(Threat Assessment)** 기출 15
> - 의의 : 위협평가는 경호대상자의 위협수준을 계량화하는 과정이자 경호원 및 경호대상자 모두에게 위협의 수준을 이해하도록 하여 효과적인 대응방안을 마련하기 위한 과정이다.
> - 원칙 : 대통령과 같은 국가원수급 인물은 위협평가의 과정을 철저히 거쳐 외부행사시 최고의 수준으로 경호작전을 시행하는 것이 원칙이다.★
> - 목적 : 위협평가를 하는 목적은 경호지휘소를 통해 행사성격에 맞는 경호수준 및 경호작전의 규모를 결정하고 합리적인 경호작전요소를 결정하기 위해서이다.★

핵심문제

01 경호작전 시 위협분석(Threat Assessment)을 하는 목적이 아닌 것은? 기출 04

① 항상 가용한 최고의 경호 수준을 유지하기 위해
② 경제성을 도모하기 위해
③ 행사 성격에 맞는 경호 수준을 결정하기 위해
④ 합리적인 경호작전요소를 결정하기 위해

[해설]
경호작전 시 위협분석은 행사 시 각자의 준비과정 및 행사 간 임무, 활동계획, 정보, 보안, 검측 등 각 기능별 활동계획 등에 대한 검토 및 확인 등 구체적 활동사항 등을 종합하여 현장답사, 취약요소분석, 출입통제계획 등을 종합하여 위해가능성을 최종 판단하고, 경호지휘소를 통해 행사 성격에 맞는 경호 수준을 결정하고, 합리적인 경호작전요소를 결정하기 위해서이다.

정답 ①

⑤ 계획수립 제2단계 : 계획수립의 2단계는 경호대상자가 방문할 지역의 사전예방 경호팀이 현장답사를 함으로써 이루어진다. 현장답사를 토대로 사전예방 경호팀에서 분석한 정보를 경호계획서에 추가 작성하기 위한 준비를 한다.
⑥ 경호실시 : 경호대상자가 경호임무 수행지역에 도착함으로써 시작된다. 경호실시에 있어서 경호지휘관은 관계정보의 자료화, 경호계획의 작성과 안전검측, 관내실태 파악 등에 유의하여야 한다.
⑦ 경호평가 : 임무가 완성된 직후에 설정된 기준과 실적을 비교평가한다. ★
⑧ 행사결과보고서 작성 : 임무종료 직후 계획전담요원에 의해 경호임무 수행 간 주요 강조사항을 기록한다.

〈출처〉 김두현, 「경호학개론」, 엑스퍼트, 2020, P. 258~262

Ⅱ 경호업무 수행절차

1. 경호활동의 4단계(경호위기관리단계) 기출 24·23·22·21·20·19·18·17·15·14·11

① 예방단계(준비단계·정보활동단계)
  ㉠ 법과 제도를 정비하여 우호적인 경호환경을 조성한다.
  ㉡ 경호와 관련된 정보와 첩보를 수집·분석하여 경호위협을 평가한다.
  ㉢ ㉠과 ㉡을 토대로 경호계획을 수립하는 경호준비과정이다.

② 대비단계(안전활동단계)
  ㉠ 경호계획을 근거로, 행사보안의 유지와 위해정보의 수집을 위한 보안활동을 전개한다.
  ㉡ 행사장의 취약요소에 대한 안전대책을 강구한다.
  ㉢ 경호위기상황에 대비한 비상대책활동을 실시한다(대응단계로 분류하기도 한다).
  ㉣ 위험요소에 대한 거부작전을 실시한다.

③ 대응단계(실시단계·경호활동단계)
  ㉠ 경호인력을 배치하여 지속적인 경계활동을 실시한다(잠재적인 위해기도자의 공격기회 차단).
  ㉡ 경호위기상황에 즉각적으로 대응하고 조치하는 즉각조치활동을 실시한다.

> 즉각조치활동이 한 치의 오차도 없이 계획하고 훈련한 대로 시행되기 위해서는 사전에 그에 대비한 준비가 철저해야 하는데, 이러한 사전 대비활동을 비상대책활동이라 한다. 비상대책활동에는 발생 가능한 각종 우발상황에 대비한 점검과 조치가 수반되어야 한다.
> 〈출처〉 이두석, 「경호학개론」, 진영사, 2018, P. 41

④ 학습단계(평가단계·학습활동단계)
  ㉠ 경호 실시결과를 분석하고 평가하여 존안한다.
  ㉡ 평가결과 대두된 문제점을 보완하기 위한 교육과 훈련을 실시한다.
  ㉢ 평가결과를 차기 행사에 반영하기 위한 적용(Feedback)을 실시한다.

〈출처〉 이두석, 「경호학개론」, 진영사, 2018, P. 156~157

경호업무 수행절차의 4단계 🔑 방·비·응·가

예방단계	준비단계로서 발생할 수 있는 인적·물적 위해요소에 대한 예방책을 강구하는 단계이다.
대비단계	안전활동단계로서 발생 가능한 인적·물적 위해요소에 대한 대비책을 강구하는 단계이다.
대응단계	실시단계로서 경호대상자에게 발생하는 위해요소에 대한 출입요소의 통제, 근접경호 등으로 즉각적인 조치를 취하는 단계이다.
평가단계	평가(학습)활동단계로서 경호임무 수행결과를 분석하고 평가하여 존안하며, 평가결과 대두된 문제점을 보완하기 위한 교육과 훈련을 실시하여 결과를 차기 임무수행 시에 반영하기 위한 피드백(환류)을 실시하는 단계이다.

경호위기관리단계 및 세부 경호업무 수행절차★★ 기출 21

관리단계	주요 활동	활동 내용	세부 활동
1단계 예방단계 (준비단계)	정보활동	경호환경 조성	법과 제도의 정비, 경호지원시스템 구축, 우호적인 공중(公衆)의 확보(홍보활동)
		정보 수집 및 평가	정보네트워크 구축, 정보의 수집 및 생산, 위협의 평가 및 대응방안 강구
		경호계획의 수립	관계부서와의 협조, 경호계획서의 작성, 경호계획 브리핑
2단계 대비단계 (안전활동단계)	안전활동	정보보안활동	보안대책 강구, 위해동향 파악 및 대책 강구, 취약시설 확인 및 조치
		안전대책활동	행사장 안전확보, 취약요소 판단 및 조치, 검측활동 및 통제대책 강구
		거부작전	주요 감제고지 및 취약지 수색, 주요 접근로 차단, 경호 영향요소 확인 및 조치
3단계 대응단계 (실시단계)	경호활동	경호작전	모든 출입요소 통제 및 경계활동, 근접경호, 기동경호
		비상대책활동	비상대책, 구급대책, 비상시 협조체제 확립
		즉각조치활동	경고, 대적 및 방호, 대피
4단계 학습단계 (평가단계)	학습활동	평가 및 자료 존안	행사결과 평가(평가회의), 행사결과보고서 작성, 자료 존안
		교육훈련	새로운 교육프로그램 준비, 교육훈련 실시, 교육훈련의 평가
		적용(피드백)	새로운 이론의 정립, 전파, 행사에의 적용

〈출처〉 이두석, 「경호학개론」, 진영사, 2018, P. 157

핵심문제

01 경호활동을 '예방 - 대비 - 대응 - 평가'의 4단계로 분류할 경우 대비단계의 활동에 해당되지 않는 것은?

기출 11

① 행사장에 대한 안전검측과 안전유지
② 경호위기상황에 대한 즉각적인 조치
③ 행사장 취약요소에 대한 안전조치와 협조
④ 행사보안유지와 지리적 취약요소에 대한 거부작전 실시

[해설]
2단계 대비단계는 안전활동단계이다. 안전활동에는 정보보안활동, 안전대책활동, 거부작전 등이 있는데, ①·③·④가 안전활동에 해당한다. 즉각조치활동은 3단계 대응단계에 포함된다.

정답 ②

실제적인 경호행사의 흐름	
준비단계	일정 접수(임무 수령) → 행사장 답사 → 정보 수집·분석 및 경호적 판단 → 경호계획의 수립 → 경호계획 브리핑
대비단계	선발대 출동 → 경호지휘소 설치·현장답사·관계관 협조(회의) → 안전활동(검측 및 안전확보) → 기능별 및 임무별 행사준비
대응단계	경호인력 배치 → 참석자 입장(비표교부 및 검색) → 행사 실시(경호대상자 도착 – 출발 : 사주경계 및 근접경호) → 정리 및 철수
평가단계	경호평가회의 → 경호결과보고서 작성 및 보고 → 자료 존안 및 교리 반영

〈출처〉 이두석, 「경호학개론」, 진영사, 2018, P. 158

2. 경호임무의 단계별 절차 기출 21·20

① 계획단계

㉠ 경호임무 수령 후부터 선발대가 행사장에 도착하기 전의 경호활동이다.★

㉡ 기본적인 자료를 수집하여 경호행사 전반에 대한 상황을 판단하고 현장을 답사한다.

경호형성 및 준비작용 시 고려사항 기출 24·18·12	
행사일정 및 임무수령에 포함될 사항	• 출발 및 도착 일시, 지역(도착공항 등)에 관한 사항 • 공식 및 비공식 수행원에 관한 사항★ • 경호대상자의 신상에 관한 사항★ • 의전에 관한 사항 • 방문지역이나 국가의 특성(기후, 지리, 치안 등)에 관한 사항 • 방문지역에서 수행원 등이 숙박할 숙박시설의 명칭과 위치 등에 관한 사항 • 이동수단 및 방법에 관한 사항★ • 경호대상자가 참석해야 할 모든 행사와 활동범위에 관한 사항★ • 방문지에서 경호대상자와 접촉하게 되는 의전관련자, 관료, 기업인 등에 관한 사항 • 방문단과 함께 움직이는 취재진에 관한 사항 • 관련 소요비용에 관한 사항 • 경호안전에 영향을 줄 수 있는 행사주최나 방문국의 요구사항
연락 및 협조체제 구축 시 고려사항	• 기후변화 등의 악천후 시를 고려한 행사스케줄과 행사관계자의 시간계획에 관한 사항 • 모든 행사장소와 행사에 참석하는 사람, 진행요원, 관련 공무원, 행사위원 등의 명단★ • 경호대상자의 행사참석 범위, 행사의 구체적인 성격 등★ • 경호대상자와 수행원의 편의시설(휴게실, 화장실, 분장실 등)★ • 행사시 경호대상자가 관여하는 선물증정식 등★ • 취재진의 인가 및 통제 상황

㉢ 답사 출발 전 가장 중요한 것은 관련정보의 획득을 통한 안전판단이 선행되어야 한다는 점이다.

현장답사 출발 전 준비사항
• 답사장소 우선순위 및 시간계획표를 작성한다.
• 지리적 여건이나 취약요소에 대한 일반현황을 사전에 숙지한다.
• 답사계획서, 지도, 사진기, VTR 등을 준비한다.

ⓔ 답사 후에는 안전판단을 근거로 하여 보다 구체적으로 행사장에 대한 인적·물적·지리적 정보를 수집하여 이에 필요한 인원 및 물적 지원요소에 대한 수요를 판단한 후 세부계획을 수립한다.
ⓜ 현장답사는 미리 행사장을 돌아보고 의전계획을 확인한 뒤 취약요소를 분석하여 대책을 강구하고 비상 및 안전대책을 수립하는 등 제반 경호조치를 판단하고 보완하는 활동이므로 반드시 실시한다.
ⓗ 경호 세부실시계획 : 경호실시를 위한 세부시행계획에는 안전대책을 반드시 명시하고 각 구역별 경호의 임무 등을 명확히 구별하여 완벽 경호를 실시할 수 있도록 작성한다.★

교통관리	주행차로와 비상통로 확보, 교통소통대책 수립
안전대책	안전검측 및 검식, 인적·물적·지리적 취약요소 제거, 단계별 사전 안전활동
행정 및 군수사항	경호이동 및 철수계획, 경호복장·장비·비표, 식사 및 숙박계획
연도경호	각 근무 위치별로 임무나 근무요령 등을 구체적으로 설명, 로프나 바리케이트를 필요한 곳에 설치
행사장경호	돌발적 상황대책 강구, 3선에 의한 경호실시

경호계획수립
- 경호준비 과정에서 전반적인 사항을 사전검토하고 준비하는 과정으로 시·도 경찰청장 등이 경호를 지휘하기 위하여 경호에 관한 기본계획이나 실시계획을 수립한다.
- 경호활동계획은 주로 행사주최 측에서 작성한 행사계획에 근거하여 작성한다.

종합계획의 수립
- 행사계획을 입수하면 가장 먼저 행사에 관련된 정보를 획득하여 필요한 인원과 장비, 선발대 파견 일정, 답사 일정 등을 계획한다.
- 선발대 각자의 준비 과정 및 행사 간 임무, 활동계획, 정보, 보안, 검측 등 각 기능별 활동계획 등에 대한 검토 및 확인 등 구체적 활동사항 등을 종합하여 현장답사, 취약요소의 분석, 출입통제계획 등을 종합하여 위해가능성을 최종 판단하고, 경호지휘소(C·P)를 통해 필요한 경호조치를 경호실시 부서에 하달한다.
- 비상사태 시 필요한 여러 요소들인 비상통로, 비상대피소, 비상대기차량, 예비병력의 운용 등의 준비계획도 수립된다.

핵심문제

01 경호임무의 포함요소 중 행사일정 계획 시 고려되지 않는 사항은? 기출 18

① 출발 및 도착 일시
② 기동방법 및 수단
③ 행사에 참석하는 공무원의 명단
④ 방문지역의 지리적 특성

[해설]
행사에 참석하는 공무원의 명단은 연락 및 협조체제 구축 시 고려사항이다.

정답 ③

비상대책

	비상대피계획		비상대응계획
비상대피로	위험 발생 현장을 벗어나기 위한 대피통로	소방대책	화재 경보 및 진압을 위한 장비 및 계획
비상대피소	비상 시 잠시 안전하게 머무를 수 있는 장소	전기대책	정전 시 대비책(비상전원, DC등, 플래시 등)
비상대기차량	비상 시 별도로 사용할 수 있는 예비차량	구조대책	승강기 고장 또는 고층건물로부터의 탈출계획
예비도로	주도로 사용 불가시 사용할 수 있는 우회도로	구급대책	응급처치를 위한 의료장비와 약품 및 최기병원

〈출처〉이두석, 「경호학개론」, 진영사, 2018, P. 280

경호계획 수립 시 유의사항

경호규정, 표준 경호경비계획 및 연도경호지침 등을 완전히 숙지한 후 경호계획을 수립한다.
- 사전 현지답사는 가능한 도보로 하고 꼭 필요한 장소에 배치 예정될 병력을 표시한다.
- 안전 검측을 실시하여 완벽한 계획이 되도록 하며, 계획에 있어서의 통일을 기한다.
- 사전에 관계기관 회의를 개최하여 문제점을 검토한 후 현지 실정에 맞고 실현가능한 경호계획을 수립하며 경호계획의 실천·추진상황 등을 계속 확인·점검한다.
- 경호경비원의 수송, 급식 및 숙소에 관한 계획을 세운다.
- 검색장비, 통신장비, 차량 등의 동원 장비에 관한 계획을 검토한다.
- 행사계획의 변경이나 비상사태에 대비하여 예비병력을 확보하는 등 융통성 있는 계획을 세운다.
- 경호원에 대한 교양과 상황에 따른 예행연습의 실시계획을 세운다.
- 책임구역과 책임자를 지정하고 계획서 도면에 책임의 한계를 명시한다.
- 수립된 계획의 실천·추진사항을 계속적으로 확인하며, 미비한 사항은 즉각 보완하여 변경하여야 한다.
- 해안지역 행차 시의 경호경비에 있어서는 육·해·공의 입체적 경호경비가 이루어지도록 계획을 세운다.
- 경호경비계획에는 그 실시에 착오가 없도록 하며 주관 부서, 행사장 수용능력, 행사장 병력배치, 비상통로 확보, 비표 패용, 교통통제, 주차장의 관리, 예행연습 등을 포함시킨다.
- 안전에 영향을 미칠 수 있는 악천후 기상, 가능성 있는 위협, 어떤 사람의 불손행위 등과 같은 경호환경을 극복하기 위해서는 예비 및 우발계획이 준비되어야 한다.

핵심문제

01 행사장 비상대책 수립 시 우선적으로 고려해야 하는 요소가 아닌 것은? 기출 17

① 비상장비
② 비상통로
③ 비상대피소
④ 비상대기차량

[해설]
비상상황 발생 시 가장 이상적인 즉각 조치의 방법은 경호대상자를 안전지대로 얼마나 신속하게 대피시키느냐에 달려 있다 할 것이다. 이러한 측면에서 문제에 접근한다면 ②·③·④가 적당하다.

정답 ①

② 준비단계
  ㉠ 경호원이 행사장에 도착한 후부터 행사 시작 전까지의 경호활동이다. ★★
  ㉡ 선발대는 도착 즉시 총괄기능을 담당하는 경호지휘소를 개설·운용하고, 현장답사를 통해 출발 전에 작성된 분야별 세부계획과 실시간 타당성 여부를 재검토한다. ★

> **경호작전지휘소 설치목적**
> • 경호정보의 수집과 배포, 경호통신시스템의 관리 및 유지
> • 경호작전요소의 통합 지휘(통솔의 일원화)
> • 타 기관과의 협조 및 연락임무를 수행하고 유무선통신망을 구축

  ㉢ 현장에 도착 후 2차 답사를 한 다음 행사 관련자들을 소집하여 계획과 실행 간의 문제점, 위해 및 취약 요소별 예상 상황의 분석, 출입통제대책 강구, 안전구역의 검측 및 확보, 최종계획의 확인 및 변동사항 정리, 비상대책 확인 등 종합적인 경호활동을 점검하고, 경호지휘소를 중심으로 변동·특이사항을 총괄·집결시킨다.

③ 행사실시단계
  ㉠ 경호대상자가 집무실을 출발해서 행사장에 도착하여 행사를 진행한 후 출발지까지 복귀하는 단계이다. ★
  ㉡ 경호요원이 출발지 또는 타 행사장을 출발하여 행사장에 도착하고 행사를 실시한 후, 경호요원이 그 행사장을 출발하여 출발지 또는 또 다른 행사장에 도착하기 전까지의 과정을 말한다.

④ 평가(결산)단계
  ㉠ 경호행사가 종료되고 경호요원이 행사장을 철수한 후, 결과를 보고하는 단계로서, 경호활동에 대한 평가가 이루어지는 단계이다.
  ㉡ 경호활동에 대한 자체 평가회의를 하고 이에 관한 제반 참고사항을 기록하여 다음 행사에 반영하는 자료의 보존 활동이 이루어진다. 일반적으로 경호평가와 행사결과보고서의 작성으로 구분된다. ★

〈출처〉 이상철,「경호현장운용론」, 진영사, 2008

핵심문제

01 경호작전지휘소(Command Post) 운영에 대한 설명으로 틀린 것은? 기출 06

① 행사 간 경호정보의 터미널
② 행사 간 경호작전요소의 통제
③ 행사 간 경호통신시스템의 관리 및 유지
④ 행사 간 우발사태 발생 시 근접경호에 대한 즉각 대응체계를 통합지휘

[해설]
경호작전지휘소는 경호작전요소의 통합지휘 및 경호정보의 수집과 배포, 경호통신시스템의 관리 및 유지를 목적으로 설치한다. 행사 간 우발사태 발생 시 근접경호에 대한 대응체계는 경호작전지휘소의 통제보다 즉각적으로 이루어져야 한다. ★

정답 ④

제2절 사전예방경호(선발경호)

I 사전예방경호방법

1. 사전예방경호의 개념

① 사전예방경호란 임무 수령과 행사 일정에 의해 경호작용이 형성된 후 현장답사 실시, 경호협조 및 행사 당일 경호대상자가 행사장에 도착하기 전까지 행하는 모든 사실적인 안전활동을 말한다. 기출 24

② 경호대상자가 행사장에 도착하기 전에 미리 편성된 경호선발대를 행사장에 사전에 파견하여 제반 취약요소에 대한 안전조치(㉠ 경호정보작용, ㉡ 인적·물적·지리적 취약요소에 대한 대책, ㉢ 행사장에 대한 안전활동 및 검측 등)를 강구하고 가용한 전 경호요원을 운용하여 행사 당일에 경호대상자의 신변안전을 도모하는 일련의 작용을 의미한다. 기출 22·21

경호의 협조

- 대통령 등의 경호에 관한 법률 제15조 : 경호처장은 직무상 필요하다고 인정할 때에는 국가기관·지방자치단체 기타 공공단체의 장에게 그 공무원 또는 직원의 파견 기타 필요한 협조를 요청할 수 있다.
- 대통령경호안전대책위원회규정 : 대통령경호의 임무수행에 있어서 관계부처 간의 책임을 명확히 하고 최대한의 협조를 해야 한다고 하여, 관계부서 간의 책임과 협조를 규정하고 있다.

경호협조회의(= 경호관계관회의) 기출 17

- 경호협조회의란 완벽한 경호 행사를 위하여 행사 실시 전 행사 유관부서 상호 간 협조 및 토의를 하고 행사 전반에 대한 정보 공유를 하는 회의를 말한다.
- 경호협조회의는 해당지역의 경호업체 행사팀, 주최측 관계자, 행사장소 제공 관계자, 관할 경찰서 관계자 등 행사에 참여하는 다양한 부서와 합동으로 실시한다.
- 경호협조회의는 통상적으로 1회로 끝나지만 대규모 행사 또는 국제적인 행사 등 행사의 성격에 따라 수차례 반복적으로 시행하기도 하며, 필요시 실무자 간 세부사항을 협조하는 실무회의도 병행한다.
- 공경호 기관에서는 이를 "경호관계관회의"로 칭하며 보통 행사 1~2일 전에 실시한다.

〈출처〉 양재열, 「경호학원론」, 박영사, 2012, P. 255

핵심문제

01 사전예방경호에 관한 설명으로 옳은 것은? 기출 13

① 경호대상자가 도착하기 전에 현장답사를 실시하고 효과적인 경호협조와 경호준비를 하는 것을 말한다.
② 가능한 최소의 인원으로 최소한의 활동이 사전예방경호활동이다.
③ 보안노출을 예방하기 위해 현장답사는 하지 않는다.
④ 사전예방경호는 제복경찰관을 반드시 대동하고 실시한다.

[해설]
① (O) 사전예방경호란 임무 수령과 행사 일정에 의해 경호작용이 형성된 후 현장답사 실시, 경호협조 및 행사 당일 경호대상자가 행사장에 도착하기 전까지 행하는 모든 사실적인 안전활동을 말한다.
② (×) 사전예방경호란 가용한 전 경호요원을 동원하여 경호대상자의 신변을 보호하는 활동을 말한다.
③ (×) 현장답사는 미리 행사장을 돌아보고 의전계획을 확인한 뒤 취약요소를 분석하여 대책을 강구하고 비상 및 안전대책을 수립하는 등 제반 경호조치를 판단하고 보완하는 활동이므로 반드시 실시해야 한다.
④ (×) 제복경찰관을 반드시 대동해야 하는 것은 아니며, 오히려 보안유지나 출입 통제를 위해 비표를 사용하는 경우가 많다.

정답 ①

신변보호의 예방작용단계	기출 18·13·10·09
예견(예측)단계	신변보호 대상자에게 영향을 줄 수 있는 각종 장애요소 또는 위해요소에 대하여 정·첩보를 수집하고 분석하는 단계
인식(인지)단계	수집된 정·첩보 중에서 위해 가능성이 있는지를 확인하고 판단하는 과정으로서 정확하고 신속하며 종합적인 고도의 판단력을 필요로 하는 단계
조사(분석)단계	위해 가능성이 있다고 판단된 위해요소를 추적하고 사실 여부를 확인하는 단계로, 과학적이고 신중한 행동이 요구되는 단계
무력화(억제) 단계	예방경호작용의 마지막 단계로서, 이전 단계에서 확인된 실제 위해요소를 차단하거나 무력화하는 단계

Ⅱ 경호안전작용

1. 경호안전작용의 개념 기출 20

① 경호안전작용은 경호대상자의 절대안전을 도모하기 위하여 모든 수단과 방법을 이용하여 사전에 각종 위해요소를 탐지·봉쇄·제거하는 예방업무를 말한다.
② 경호안전작용에는 경호보안작용, 경호정보작용, 안전대책작용 등이 있다.★

핵심문제

01 신변보호의 예방작용 단계별 순서로 옳은 것은? 기출 18

ㄱ. 조사단계 ㄴ. 무력화단계
ㄷ. 인지단계 ㄹ. 예견단계

① ㄷ - ㄱ - ㄹ - ㄴ
② ㄷ - ㄹ - ㄱ - ㄴ
③ ㄹ - ㄱ - ㄷ - ㄴ
④ ㄹ - ㄷ - ㄱ - ㄴ

[해설]
신변보호의 예방경호작용은 ㄹ. 예견단계 - ㄷ. 인지단계 - ㄱ. 조사단계 - ㄴ. 무력화단계의 순서로 진행된다.

정답 ④

02 신변보호의 예방작용 단계에 관한 설명으로 옳지 않은 것은? 기출 13

① 예방작용은 예측단계 - 인지단계 - 분석단계 - 억제단계로 구성된다.
② 정보 및 첩보의 수집범위가 확대될 수 있으며, 이에 대한 인력, 장비, 예산의 증가가 요구되는 과정은 예측단계이다.
③ 수집·분석된 정보 및 첩보 내용 중에 위해 가능성이 있는지 확인하고 판단하는 과정은 분석단계이다.
④ 위해요인을 차단하고 무력화시키는 과정은 억제단계이다.

[해설]
수집·분석된 정보 및 첩보 내용 중에 위해 가능성이 있는지 확인하고 판단하는 과정은 인지단계이다.

정답 ③

2. 경호보안작용

① **보안작용(보안활동)** : 경호대상자는 물론 경호와 관련된 인원, 문서, 시설, 지역 및 통신까지 모든 것에 대해 위해기도자로부터 완벽한 보호대책을 수립하여 보안을 유지해 나가는 것을 말한다. 기출 20

> **국가적 차원의 보안작용**
> 국가의 안전보장과 관계되는 기밀이나 문서, 자재, 시설, 지역 등을 보호하고, 국가의 안전보장을 해치려는 간첩, 태업, 전복, 기타 불순분자를 경계하고 방지하기 위한 탐지, 조사, 차단, 제재 등의 소극적·적극적인 사전예방작용을 말한다.

② **보안업무의 원칙**
  ㉠ **알 사람만 알아야 하는 원칙** : 보안의 대상이 되는 사실은 전파할 때 전파가 꼭 필요한가 또는 피전파자가 반드시 전달 받아야 하는 것인가를 검토하여야 한다(꼭 필요한 사람에게만 전달되어야 한다).
  ㉡ **적당성의 원칙** : 사용자가 필요한 만큼 적당한 양의 정보를 전달하도록 하는 것으로, 정보가 부족하면 임무 수행에 장애가 되지만 정보가 너무 많아도 임무 수행에 혼란을 줄 수가 있다.
  ㉢ **부분화의 원칙** : 내용과 가치의 정도에 따라 다른 비밀과 관련되지 않게 독립시켜야 한다는 것으로, 한 번에 다량의 비밀이나 정보가 유출되지 않도록 하여야 한다. ★
  ㉣ **보안과 능률의 원칙** : 보안을 지나치게 강조할 경우 생산된 정보가 사용자에게 제대로 전달되지 않아 정책결정에 사용하지 못할 수 있다는 것으로, 보안과 능률(업무효율)은 반비례관계가 있으므로 양자의 적절한 조화를 유지하는 방법을 강구해야 한다. ★

핵심문제

01 경호보안활동에서 '보안과 능률의 원칙'에 관한 설명인 것은? 기출 12
  ① 보안을 지나치게 강조할 경우 생산된 정보가 사용자에게 제대로 전달되지 않아 정책결정에 사용하지 못할 수 있다.
  ② 사용자가 필요한 만큼 적당한 양의 정보를 전달하도록 한다.
  ③ 알 필요성이 없는 사람은 경호대상자에 관한 정보에 접근해서는 안 된다.
  ④ 내용과 가치의 정도에 따라 다른 비밀과 관련되지 않게 독립시켜야 한다.

  [해설]
  ① (○) 보안과 능률의 원칙에 관한 옳은 설명이다.
  ② (×) 적당성의 원칙에 관한 설명이다.
  ③ (×) 알 필요성의 원칙에 관한 설명이다.
  ④ (×) 부분화의 원칙에 관한 설명이다.

  정답 ①

02 경호임무 시 사전예방활동의 기본요소 중 경호대상자는 물론 인원, 문서, 시설, 지역 및 통신까지 관련된 모든 것을 위해자로부터 차단하는 것을 무엇이라 하는가? 기출 09
  ① 보안활동   ② 정보활동
  ③ 협조체제   ④ 안전대책

  [해설]
  설문은 보안활동에 대한 내용이다.

  정답 ①

③ 보안의 대상 및 방법
  ㉠ 인원보안 : 중요인물로 특히 보호가 필요한 사람이 보안의 대상에 해당한다.
  ㉡ 문서보안 : 보안의 대상이 되는 문서는 일반문서와 비밀문서 모두를 포함하는바, Ⅰ·Ⅱ·Ⅲ급 등의 비밀표지(시)가 되어 있지 않은 문서라도 국가기밀에 해당하는 문서는 보안의 대상에 해당한다. ★
  ㉢ 시설 및 지역보안
    • 보호지역의 설치 : 각급 기관의 장과 관리기관 등의 장은 국가안전보장에 관련되는 인원·문서·자재·시설의 보호를 위하여 필요한 장소에 일정한 범위를 정하여 그 중요도에 따라 제한지역, 제한구역, 통제구역 등의 보호지역을 설정할 수 있으며, 보호지역을 관리하는 사람은 각급기관의 장 또는 관리기관 등의 장의 승인을 받지 않은 사람의 보호지역 접근이나 출입을 제한하거나 금지할 수 있다〈보안업무규정 제34조 참고〉.

보호지역의 구분(보안업무규정 시행규칙 제54조) 기출 17	
제한지역	비밀 또는 국·공유재산의 보호를 위하여 울타리 또는 방호·경비인력에 의하여 영 제34조 제3항에 따른 승인을 받지 않은 사람의 접근이나 출입에 대한 감시가 필요한 지역★
제한구역	비인가자가 비밀, 주요시설 및 Ⅲ급 비밀 소통용 암호자재에 접근하는 것을 방지하기 위하여 안내를 받아 출입하여야 하는 구역★
통제구역	보안상 매우 중요한 구역으로서 비인가자의 출입이 금지되는 구역

핵심문제

01 보안업무규정상 보호지역에 관한 설명으로 옳은 것을 모두 고른 것은? 기출수정 17

ㄱ. 보호지역은 제한지역, 제한구역, 통제지역, 통제구역으로 구분할 수 있다.
ㄴ. 제한구역은 비밀 또는 국·공유재산의 보호를 위하여 울타리 또는 방호·경비인력에 의하여 영 제34조 제3항에 따른 승인을 받지 않은 사람의 접근이나 출입에 대한 감시가 필요한 구역을 말한다.
ㄷ. 제한지역은 비인가자가 비밀, 주요시설 및 Ⅲ급 비밀 소통용 암호자재에 접근하는 것을 방지하기 위하여 안내를 받아 출입하여야 하는 지역을 말한다.
ㄹ. 통제구역은 보안상 매우 중요한 구역으로서 비인가자의 출입이 금지되는 구역을 말한다.

① ㄹ
② ㄱ, ㄹ
③ ㄴ, ㄷ
④ ㄴ, ㄷ, ㄹ

[해설]
제시된 내용 중 옳은 것은 ㄹ이다.
ㄹ. (○) 보안업무규정 시행규칙 제54조 제1항 제3호
ㄱ. (×) 보호지역은 그 중요도에 따라 제한지역, 제한구역 및 통제구역으로 나눈다(보안업무규정 제34조 제2항).
ㄴ. (×) 제한구역은 비인가자가 비밀, 주요시설 및 Ⅲ급 비밀 소통용 암호자재에 접근하는 것을 방지하기 위하여 안내를 받아 출입하여야 하는 구역을 말한다(보안업무규정 시행규칙 제54조 제1항 제2호).
ㄷ. (×) 제한지역은 비밀 또는 국·공유재산의 보호를 위하여 울타리 또는 방호·경비인력에 의하여 영 제34조 제3항에 따른 승인을 받지 않은 사람의 접근이나 출입에 대한 감시가 필요한 지역을 말한다(보안업무규정 시행규칙 제54조 제1항 제1호).

정답 ①

3. 경호정보작용

① 개 념 기출 24·20

㉠ 정보활동은 경호작용의 원천적 사전지식을 생산·제공하는 것으로 경호대상자의 신변안전을 위협하는 인적·물적·지리적 취약요소를 사전에 수집·분석·예고함으로써 예방경호를 수행하는 업무이다.

㉡ 경호정보작용은 정확성, 적시성, 완전성의 요건(3대 요건)을 구비해야 하며, 경호관련 기본적 정보, 기획정보, 분석정보, 판단정보, 예고정보 등을 작성하고 경호지휘소로 집결하여 전파한다. ★

정확성	사용자가 추구하는 가치의 달성을 위한 정책 수립과 수행에 있어 이용 가능한 사전지식으로 그 존재가치가 정확해야 한다.
적시성	정확하고 완전한 정보라 하여도 사용자가 필요로 하는 시기에 사용하지 않으면 가치가 없게 된다.
완전성	절대적인 완전성이 아니더라도 시간이 허용되는 범위에서 가능한 사용자가 의도한 대상과 관련한 모든 상황이 작성되어야 한다.

㉢ 경호정보는 어떻게 수집·평가·분석·실행되어야 하는가에 따라 경호활동의 기본적 방향이 결정되므로 신속하고 정확한 정보의 분석과 대책의 수립이 요구된다. ★

② 정보와 첩보

㉠ 정보(Information)
- 정보의 의의 : 특정한 상황에서 가치가 평가되고 체계화된 지식으로, 2차 정보 또는 지식이다. ★
- 정보의 가치에 대한 평가요소 : 적실성(정보가 정보 사용자의 사용목적에 부합된 것), 정확성, 적시성, 완전성, 필요성(관련 정보가 사용자에게 필요한 지식), 특수처리과정, 정보 제공의 빈도

㉡ 첩보(Intelligence)
- 첩보의 의의 : 목적성을 가지고 의도적으로 수집한 데이터로 가공되지 않은, 정보의 자료가 되는 1차 지식을 의미한다. ★
- 첩보의 질을 결정짓는 요소 : 첩보수집기법, 수집자의 자질, 망원의 자질

핵심문제

01 다음 중 경호정보작용의 3대 요건에 속하지 않는 것은? 기출 04·99

① 정확성　　　　　　　　　② 완전성
③ 적시성　　　　　　　　　④ 적극성

[해설]
정보활동은 경호활동의 원천적 사전지식을 생산, 제공하는 것으로 정확성, 적시성, 완전성을 갖추어야 한다.

정답 ④

ⓒ 정보와 첩보의 관계★ 기출 16

구 분	정보(Information)	첩보(Intelligence)
정확성	객관적으로 평가된 정확한 지식	부정확한 견문지식
완전성	특정한 사용목적에 맞도록 평가·분석·종합·해석된 완전한 지식	기초적·단편적·불규칙적·미확인된 지식
적시성	정보사용자가 필요로 하는 때에 제공되어야 하는 적시성이 특히 요구됨	시간에 구애받지 않고 과거와 현재의 것을 불문
사용자의 목적성	사용자의 목적에 맞도록 작성된 지식	사물에 대해 보고 들은 상태 그 자체의 묘사이므로 목적성이 없음
생산과정의 특수성	첩보의 요구·수집 및 정보의 생산·배포 등의 과정을 거치면서 여러 사람의 협동 작업을 통하여 생산	단편적이고 개인의 식견에 의한 지식

③ **정보의 순환** : 정보의 순환과정은 정보의 요구 → 첩보의 수집 → 정보의 생산 → 정보의 배포 과정으로 구분할 수 있다.★

㉠ **정보의 요구** : 정보의 사용자가 필요에 따라 첩보의 수집활동을 집중 지시하는 것으로 정보요구자 측에서의 주도면밀한 계획과 수집범위의 적절성, 수집활동에 대한 적절한 감독 등이 요구되는 단계이다.★

• 정보요구의 소순환과정 : 첩보의 기본요소의 결정 → 첩보수집계획서 작성 → 명령하달 → 사후검토

㉡ **첩보의 수집** : 첩보수집기관이 출처를 확보하여 첩보를 입수·획득하고 이를 지시 또는 요구한 사용자에게 제공하는 단계이다.

• 첩보수집의 소순환과정 : 첩보수집계획 → 첩보출처의 개척 → 첩보의 획득 → 첩보의 전달★

• 정보수집의 우선순위 선정 시 고려사항 : 고이용성의 원칙, 참신성의 원칙, 긴급성의 원칙, 수집가능성의 원칙, 경제성의 원칙★

㉢ **정보의 생산** : 첩보를 종합적인 학문적 토대와 과학기술을 동원하여 정보로 산출하는 정보순환의 단계로, 정보사용자의 요구에 맞도록 생산기관에서는 첩보의 기록 및 보관, 첩보의 평가·분석·종합·해석의 과정을 거쳐 보고서를 작성하여 정보를 생산한다. 학문적 성격이 가장 많이 요구되는 단계이다.★

㉣ **정보의 배포** : 생산한 정보를 필요로 하는 사용자에게 구두나 서면, 도식 등의 유용한 형태로 배포하는 단계이다.

핵심문제

01 경호활동 시 정보순환과정의 단계를 옳게 나열한 것은? 기출 10

① 첩보수집단계 → 정보요구단계 → 정보생산단계 → 정보배포단계
② 정보요구단계 → 첩보수집단계 → 정보생산단계 → 정보배포단계
③ 정보요구단계 → 정보생산단계 → 첩보수집단계 → 정보배포단계
④ 정보배포단계 → 정보요구단계 → 첩보수집단계 → 정보생산단계

[해설]
경호활동 시 정보순환과정은 정보요구단계 → 첩보수집단계 → 정보생산단계 → 정보배포단계 순이다.

정답 ②

경호정보의 분류	
인물정보	• 위해를 기도하거나 기도할 가능성이 있는 개인·단체의 동향에 관한 정보이다. • 경호대상자 본인 및 우호·적대적인 주변인물, 비밀관계에 있는 인물에 대한 정보 등을 포함한다.
물질정보	• 자체적으로 위험성을 내포하고 있는 행사장 내의 시설물과 위해의 수단으로 사용되거나 사용될 가능성이 있는 물질의 움직임에 관한 정보이다. • 행사장 내의 가스·전기·공조시설과 승강기 등의 관리 및 안전상태, 그리고 총기류·폭발물·화학물질 등의 이동 및 거래, 소유자에 대한 정보 등이 포함된다.
지리정보	행사장이나 이동로에 관한 지리적 정보로, 지형적 위치, 도로망 및 주변 감제고지 등의 취약요소에 대한 정보가 포함된다.
교통정보	행사장에 이르는 행·환차로 및 예비도로, 구간별 교통상황 등에 대한 정보이다.
기상정보	• 기상보도, 일기예보, 기상주의보 등의 정보이다. • 이동수단 및 행사장의 결정, 행사 진행 및 준비 등에 영향을 미친다.
행사정보	행사진행순서, 의전계획, 참석자 입장계획 등 행사 전반에 걸친 정보를 말한다.

〈출처〉 이두석, 「경호학개론」, 진영사, 2018, P. 208~210

4. 안전대책작용 기출 18·17

① 의 의 기출 20

㉠ 안전대책은 경호임무를 수행하면서 경호대상자 신변의 위해요소를 사전에 제거하는 활동으로, 행사장 내·외부에 산재한 인적·물적·지리적 취약요소에 대한 안전대책 강구, 행사장 내·외곽 시설물에 대한 폭발물 탐지·제거 및 안전점검, 검측작용, 경호대상자에게 제공되는 각종 음식물에 대한 검식작용 등 통합적 안전작용을 말한다.

㉡ 안전대책활동으로는 단계별 사전안전활동, 안전검측 및 안전유지, 인적·물적 위해요소의 배제, 지리적인 취약요소의 배제 및 경호보안대책 등이 있다.

안전대책의 3대 작용원칙 기출 24·22·18
- 안전점검 : 폭발물 등 각종 유해물을 탐지하여 제거하는 활동
- 안전검사 : 이용하는 기구, 시설 등의 안전상태를 검사하는 것
- 안전유지 : 안전점검 및 검사가 안전조치가 이루어진 상태를 계속 유지하기 위해 통제하는 것

경호의 10대 기능

경 호	선발경호	행사장 내의 위험요소를 제거하고 행사장 내로의 위해요소의 접근을 거부하기 위한 것이다.
	수행경호	경호대상자의 신변을 보호하기 위하여 실시하는 근접호위활동을 말한다.
경 비		경호대상자의 숙소나 유숙지 및 집무실에 대한 경계, 순찰 및 방비활동을 통하여 위해요소의 침투를 거부하는 경호조치를 말한다.
기 동		경호대상자의 각종 이동수단을 운용하고 관리하며, 철도·항공기 등을 이용할 경우에도 각 기동수단의 특성에 따른 경호대책에 만전을 기하는 것이다.
검 측	안전검측 (시설물)	행사장 내의 물적위해요소 및 불안전요소를 탐지하여 안전조치를 취하고 비상대책을 강구하는 안전활동이다.
	검 색 (참석인원)	참석자의 위해물질 소지 여부를 확인하여 위험인물이나 위해물질의 침투를 거부하고 비인가자의 참석을 배제하기 위한 활동으로, 경호행사의 기본적인 선결과제이다.

안전	행사장 내에서 경호에 영향을 미칠 수 있는 취약요소(전기·가스·소방·유류·승강기 등 포함)에 대한 점검 및 안전조치를 하는 기능을 말한다.
통신	• 경호대상자가 사용하는 행사 음향의 안전성 확보는 경호대상자와 행사 참석자 간의 소통을 위해서 중요하다. • 경호원 상호 간의 유·무선망 확보와 경호요소 간의 통신망 구축 또한 중요한 임무이다.
정보	경호대상자의 신변안전을 도모하는 데 필요한 정·첩보를 사전에 수집·평가·전파함으로써 예방경호를 실현하기 위한 활동을 말한다.
보안	경호와 관련된 인원·문서·시설 및 통신 등에 대한 보호대책을 수립하여 불순분자에게 관련 정보가 유출되지 않도록 지속적으로 관리하는 활동을 말한다.
검식	경호대상자에게 제공되는 음식물의 이상 유무(위해성, 위상상태 등)를 검사하고 확인하는 활동이다.
의무	경호대상자를 각종 질병의 위험으로부터 보호하고 위급상황에 대비하는 경호활동을 말한다.

〈참고〉 이두석, 「경호학개론」, 진영사, 2018, P. 56~68

핵심문제

01 경호임무 활동절차에 관한 설명으로 옳지 않은 것은? 기출 16

① 계획수립은 행사에 관련된 정보를 획득하여 필요한 인원과 장비, 선발대 파견 일정 등을 결정하는 활동이다.
② 안전대책작용이란 행사지역 내·외부에 산재한 취약요소 안전대책 강구, 행사장 시설물 폭발물 탐지 제거 등 통합적 안전작용을 말한다.
③ 보안활동은 경호대상자에 대한 위해기도의 기회를 최소화하여 신변안전을 도모하는 활동이다.
④ 안전대책의 3대 작용원리는 안전점검, 안전검사, 안전조치를 말한다.

[해설]
안전대책의 3대 작용원리는 안전점검, 안전검사, 안전유지를 말한다.

정답 ④

02 다음 ( )에 들어갈 알맞은 용어는? 기출 18

- (ㄱ) : 폭발물 등 각종 유해물을 탐지하는 활동
- (ㄴ) : 경호대상자가 이용하는 물품과 시설 등의 안전상태를 확인하는 활동

① ㄱ : 안전검사, ㄴ : 안전점검
② ㄱ : 안전점검, ㄴ : 안전검사
③ ㄱ : 안전유지, ㄴ : 안전검사
④ ㄱ : 안전검사, ㄴ : 안전유지

[해설]
안전대책의 3대 작용원리는 안전점검, 안전검사, 안전유지이다. 안전점검은 폭발물 등 각종 유해물을 탐지하여 제거하는 활동이고, 안전검사는 경호대상자가 이용하는 기구, 시설 등의 안전상태를 검사하는 것이며, 안전유지는 안전점검 및 검사가 이루어진 상태를 유지하는 것이다. ★

정답 ②

② 인적 위해요소의 배제
  ㉠ 의 의 기출 20
    - 경호대상자에게 만약에 있을지 모르는 위험을 사전에 방지하고자 그러한 성향을 가진 자들을 감시하여 접근을 막고 경호행사 시 행사근무자 등의 신원을 조사하여 신원이 특이한 경우 배제하는 것을 의미한다.
    - 공격성 정신질환자, 시국불만자 등 인적 위해분자의 행동을 감시하거나 VIP에 대한 접근을 차단하는 등 경호대상자의 안전을 도모하는 것을 말한다.
  ㉡ 방법 : 요시찰인 및 우범자 동태 파악, 참석예정자 또는 행사종사자 신원 파악, 경호와 관련된 첩보·정보수집의 강화 등이 있다.
  ㉢ 신원조사의 실시
    - 신원조회를 해야 하는 대상자는 초청인사, 행사장 종사자, 숙소가 마련된 경우에는 투숙자 등이다.
    - 신원조회는 행사가 시작되기 전에 마무리해야 하며 신원 이상자가 있는 경우 배제하도록 한다.
  ㉣ 비 표 기출 21

종 류	리본, 명찰, 완장, 모자, 배지 등이 있으며, 대상과 용도에 맞게 적절히 운용한다. ★
관 리	경호대상자에게 위해를 가할 소지가 있는 사람으로 시국불만자, 신원이 특이한 교포 및 외국인, 일반요시찰인, 피보안처분자, 공격형 정신분자 등 인적 위해요소를 배제하기 위하여 비표 관리를 한다. ★
운 용 기출 24·23·22·16	- 비표를 제작할 때부터 보안에 힘쓰도록 해야 하는데, 비표 분실사고 발생 시는 즉각 보고하고 전체 비표를 무효화하며 새로운 비표를 해당자 전원에게 지급한다. ★ - 비표의 종류는 적을수록 좋고 행사 참석자를 위한 비표는 구역별로 그 색상을 달리하면 식별 및 통제가 용이하다. ★ - 비표는 모양이나 색상이 원거리에서도 식별이 용이하도록 단순하고 선명하게 제작하여 사용한다. - 경호근무자의 경호안전 활동 시에도 비표를 운영해야 한다. ★ - 행사장 근무자의 비표는 근무관련 경호 배치 전·교양 시작 후 지급하며, 행사 참석자에게도 행사 당일 배포하여야 한다. ★

③ 지리적 취약요소 배제
  ㉠ 경호행사장 주변에 위해를 가할 위치에 대해 특별호구조사 실시, 위해광고물 일제정비 등 취약요인을 사전에 제거하는 활동을 통해 VIP의 안전을 도모하는 것을 말한다.
  ㉡ 행사장이 바로 직시되는 감제고지 등에 대해 지속적인 수색과 관찰을 한다.

핵심문제

01 경호상의 안전대책 중 인적 위해대상자의 배제와 관련이 적은 것은? 기출 04

① 요시찰인 및 우범자 동태 파악
② 참석예정자, 행사종사자 신원 파악
③ 특별방범심방 실시
④ 경호와 관련된 첩보·정보 수집의 강화

[해설]
특별방범심방은 지리적 위해요소 배제와 관련이 있다.

정답 ③

④ 물적 위해요소의 배제 기출 20·17 : 물적 위해요소는 경호대상자에게 직접적인 위해를 가할 수 있는 총기와 같은 위험한 물건이나 자연물 등을 의미한다. 음식물 등을 조리하는 근무자의 신원을 조사하여 신원이 특이한 경우 배제토록 하는 것은 인적 위해요소의 배제이며, 그러한 음식에 대해 안전확보를 하는 것은 물적 위해요소 배제활동이라 할 수 있다. 즉, VIP음식에 대한 독극물 투여 등에 대비한 검식활동은 물적 위해요소의 배제로 안전대책활동에 포함된다.★

폭발사고 방지대책
- 폭탄은 차량에 의해 전달되거나 차량에 남겨지는 경우가 많기 때문에 주차는 엄격히 통제되어야 한다.★
- 폭발사고를 막기 위해서 주차차량은 가능하다면 경호대상자의 건물이나 다른 종합건물로부터 100m 정도는 이격되어야 한다.
- 사제폭발물은 특정한 형태가 없고 테러리스트들이 필요한 형태로 자유롭게 제작하기 때문에 검측이 더욱 어렵다.
- 폭발물이 외부에서 내부로 유입될 수도 있으므로 환기구, 채광창은 막혀 있어야 한다.★
- 보일러실, 승강기, 통제실 등의 접근통로는 사용하지 않을 때 잠겨 있어야 한다.★

〈참고〉이상철, 「경호현장운용론」, 진영사, 2008, P. 81

핵심문제

01 경호 비표운용에 관한 설명으로 옳지 않은 것은? 기출 14

① 비표의 종류에는 리본, 명찰, 완장, 모자, 배지 등이 있으며, 대상과 용도에 맞게 적절히 운용한다.
② 행사 참석자를 위한 비표는 구역별로 그 색상을 달리하면 식별 및 통제가 용이하다.
③ 비표는 모양이나 색상이 원거리에서도 식별이 용이하도록 단순하고 선명하게 제작하여 사용한다.
④ 비표는 행사 참석자에게 초대장, 주차카드와 함께 행사일 전에 배포하여 행사시 출입구의 혼잡을 방지하여야 한다.

[해설]
비표는 행사당일 배포하여야 한다.★

정답 ④

02 안전대책활동에 대한 설명으로 틀린 것은? 기출 06

① 안전점검은 폭발물 등 각종 유해물을 탐지 제거하는 것이고, 안전검사는 이용하는 기구시설의 안전상태를 검사하는 것이며, 안전점검과 안전검사가 이루어진 상태를 계속 유지하기 위해 통제하는 것을 안전유지라고 한다.
② 공격성 정신질환자, 시국 불만자 등 인적 위해분자의 행동을 감시하거나 VIP에 대한 접근을 차단하는 등 경호대상자의 안전을 도모하는 것은 인적 위해요소 배제작용이다.
③ 특별호구조사 실시, 위해광고물 일제정비 등 취약요인을 사전 제거하는 활동을 통해 VIP의 안전을 도모하는 것을 물적 위해요소 배제작용이라고 한다.
④ VIP음식에 대한 독극물 투여 등에 대비한 검식활동은 안전대책활동에 포함된다.

[해설]
경호행사장 및 연도 주변의 지리적 여건이 경호대상자에게 위해를 가할 수 있는 근거를 제공하는 경우에 사전에 제거하는 경우로서 특별호구조사 실시, 주변취약지 수색, 위해광고물 일제정비 등 경호의 취약요소를 제거하는 것은 지리적 취약소 배제작용이라 한다.★

정답 ③

급조폭발물(IED) 기출 17
- 정해진 규격이나 절차와는 무관하게 제작되어 설치한 폭발물을 일컫는다.
- 제작자의 능력 및 의도에 따라 다양한 종류 및 형태로 제작이 가능하나, 일회용으로서 재사용이 제한된다.★
- 주변 생활 도구를 이용하여 다양한 형태와 크기로 제작하기 때문에 제조비용이 저렴하고 재료획득과 제작이 용이하다.
- 폭발물이라는 판단이 어렵고, 주로 플라스틱이나 액체폭약을 사용하기 때문에 금속탐지기에 의한 검색이 어렵다.
- 군용 폭발물에 비해 안정성이 매우 떨어져 폭발의 위험이 따르며, 제작방법의 다양성으로 이동 및 처리에 어려움이 있다.

㉠ 안전조치활동 : 경호행사시 경호대상자에게 직접적으로 위해를 줄 수 있는 총기류 및 화약류 등의 위험물을 안전하게 관리하도록 하는 활동을 말한다.★ 기출 22

㉡ 안전검측활동 : 경호대상자에게 위해를 가할 가능성이 있는 모든 취약요소 및 위해물질을 사전에 탐지, 색출, 제거 및 안전조치하여 위해를 가할 수 없는 상태로 전환시키는 활동을 말한다. 기출 22 안전검측은 은밀하게 실시하고, 가능한 현장 확보상태에서 점검하고 지속적인 안전유지를 해야 하는데, 이에는 기본지식이 없어도 수행할 수 있는 일반검측과 교육을 받은 전문검측담당으로서 행하는 정밀검측이 있다.★

안전조치와 안전검측
안전조치는 행사시 경호대상자에게 위해를 줄 수 있는 물질을 안전하게 관리하는 것이며, 안전검측은 경호대상자에게 위해를 가할 수 없는 상태로 전환시키는 작용을 말한다.

㉢ 안전검측의 원칙 기출 23 · 22 · 21 · 20 · 19 · 18 · 17 · 15 · 13 · 12 · 11
- 검측은 타 업무보다 우선하여 예외를 불허하고 선 선발개념으로 실시하며, 인원 및 장소를 최대한 지원받아 활용한다.★
- 점검은 아래에서 위로, 좌에서 우로 등 일정한 방향으로 체계적으로 점검한다.★
- 점과 선에서 실시하되 가까운 곳에서 먼 곳으로, 밖에서 안으로 끝까지 추적한다.★★
- 장비를 이용하되 오감을 최대한 활용한다.★★

핵심문제

01 폭발사고 방지대책에 관한 설명으로 옳은 것은? 기출 12

① 사제폭발물은 규격화된 형태로 제작되기 때문에 검색이 용이하다.
② 폭발물이 외부에서 내부로 유입될 수도 있으므로 환기구, 채광창은 열려 있어야 한다.
③ 폭탄은 차량에 의해 전달되거나 차량에 남겨지는 경우가 많기 때문에 주차는 엄격히 통제되어야 한다.
④ 보일러실, 승강기, 통제실 등의 접근통로는 미사용시에도 긴급상황에 대비하여 열려져 있어야 한다.

[해설]
③ (○) 폭발사고 방지대책에 관한 옳은 설명이다.
① (×) 사제폭발물은 비규격화된 형태로 제작되기 때문에 검색이 용이하지 못하다.
② (×) 폭발물이 외부에서 내부로 유입될 수도 있으므로 환기구, 채광창은 막혀 있어야 한다.
④ (×) 보일러실, 승강기, 통제실 등의 접근통로는 사용하지 않을 때 잠겨 있어야 한다.

정답 ③

- 회의실, 오찬장, 휴게실 등 경호대상자가 장시간 머물러 있는 곳을 먼저 실시하고, 통로, 현관 등 경호대상자가 움직이는 경로를 순차적으로 실시한다.★★
- 검측은 경호계획에 의거하여 공식행사에서 실시함을 원칙으로 하며, 비공식행사에서는 비노출 검측 활동을 실시할 수 있다.★★
- 검측대상은 외부, 내부, 공중지역, 연도로 구분 실시한다.★
- 행사직전 반입되는 물품 등은 쉽게 소형 폭발물의 은폐가 가능하므로 계속적인 검측을 실시한다.

> 검측은 책임구역을 명확하게 구분하여 계속적으로 반복 실시하되, 중복해서 실시하여 통로에서는 양측을 중점 검측하고 아래보다는 높은 곳을, 능선이나 곡각지 등 의심나는 곳은 반복해서 검측한다. 그리고 전기선은 끝까지 추적해서 확인하고 전기제품 같은 물품은 분해해서 확인하며, 확인이 불가능한 물품은 원거리에 격리시키며 쓰레기통 같은 무질서한 분위기는 청소를 실시하여 정돈한다. 기출 23・18
>
> 〈출처〉김두현,「경호학개론」, 엑스퍼트, 2020, P. 270
>
> 검측활동 시에는 위해분자는 인간의 습성(위를 보지 않는 습성, 더러운 곳을 싫어하는 습성, 공기가 탁한 곳을 싫어하는 습성)을 최대한 활용한다는 점을 명심하고, 원칙에 입각하여 상하좌우 빠지는 부분이 없도록 반복 중첩되게 실시한다.
>
> 기출 23・18
>
> 〈출처〉이두석,「경호학개론」, 진영사, 2018, P. 270

핵심문제

01 경호대상자에 위해를 가할 가능성이 있는 모든 취약요소 및 위해물질을 사전에 탐지, 색출, 제거 및 안전조치하여 위해를 가할 수 없는 상태로 전환시키는 활동은? 기출 12

① 경호보안 ② 안전검사
③ 안전검측 ④ 안전유지

[해설]
안전검측이란 행사장의 제반시설물에 대한 안전점검을 실시하여 경호대상자에 위해를 가할 가능성이 있는 모든 취약요소 및 위해물질을 사전에 탐지, 색출, 제거 및 안전조치하여 위해를 가할 수 없는 상태로 전환시키는 활동을 말한다.★

정답 ③

02 안전검측활동에 관한 설명으로 옳은 것은? 기출 17

① 비공식 행사에서는 실시하지 않는다.
② 오감을 배제하고, 장비를 이용하여 실시한다.
③ 경호대상자가 장시간 머물러 있는 곳을 먼저 실시한 후 경호대상자의 동선에 따라 순차적으로 실시한다.
④ 전자제품은 분해하여 확인하되 확인이 불가능한 것은 현장에 보존한다.

[해설]
① 안전검측은 비공식 행사에서도 비노출 검측활동을 실시할 수 있다.
② 장비를 이용하되 오감을 최대한 활용한다.
④ 전자제품은 분해하여 확인하고, 확인이 불가능한 것은 현장에서 제거한다.

정답 ③

② 정밀검측기법
- 꽉 채워진 비품의 경우 전부 꺼내 확인하여야 한다.★
- 검측이 요구되는 벽, 천장, 마루 등의 반대편도 점검하고, 상하좌우의 방은 반드시 점검한다.
- 방안의 일정지점으로부터 검측을 시작하며, 방 주변을 따라 시계 방향으로 체계적인 검측을 실시한다.
- 가구의 문과 서랍은 열어보고 비밀공간이나 상단, 바닥 및 뒷부분을 점검한다.
- 특수시설이나 기술적 조치가 필요한 시설의 검측은 전문가를 초빙하여 검측조에 편성하고 자문을 통해 실시하며, 기술적 분야는 전문가가 직접 안전조치하여 하자가 발생하지 않도록 한다.
- 설계도 등의 자료를 비교하여 방의 통로, 밀폐된 공간, 천장 내부 등을 세밀히 검측한다.
- 보일러실이나 변전실, 유류나 가스저장 시설과 같은 취약시설은 안전검측이 필수적이며, 행사시작 전후 불필요한 인원을 통제한다.
- 양탄자 등은 뒤집어서 전선, 플라스틱 폭약 등의 유무를 검측한다.
- 사진틀, 그림 등은 내부의 공간여부, 부착상태 및 뒷면을 검측한다.

⑩ 주요 검측대상

건물 외부	• 외부 검측 시 침투 가능한 창문, 출입구, 개구부 등에 안전조치를 실시한다. • 건물 외부 검측은 승하차 지점 및 건물 외부벽으로부터 확산하면서 실시한다.★ • 어지럽혀진 비품 및 흔적 등 폭발물 용기나 부스러기가 산재해 있는가를 확인한다. • 주의력을 집중시키거나 산란케 하는 고의적(故意的)인 표시를 확인한다.★ • 움직일 수 있고 표면상 가치 있는 물건을 중점적으로 검측한다.★
건물 내부	• 창문, 커튼, 액자, 조명기구, 가구, 장식장, 서류함, 장식품 등을 중점으로 검측한다. • 건물 내부 검측은 아래층에서 위층으로 검측하는 것을 원칙으로 한다.★ • 실내(방)의 안전검측 순서 : 바닥 검측 → 눈높이(벽) 검측 → 천장높이 검측 → 천장 내부 검측 순으로 실시한다.★ 기출 24
기념식장	많은 사람이 모이는 곳으로 비상사태 시 비상대피소를 설치하고, 식장의 각종 부착물과 시설물에 대한 안전검측을 실시한다.
숙 소	기름 등과 같은 위험물에 대한 안전대책을 강구한다.
차 량	• 경호대상자의 차량뿐만 아니라 지원차량과 일반차량에 대한 출입통제조치와 차량 내·외부, 전기회로, 배터리 등에 대한 안전점검 시 운전사의 입회하에 철저히 검측하도록 한다.★ • 경호대상차량의 안전대책으로 무선원격시동장치를 사용하도록 한다.★ • 트렁크를 열 경우 5cm 이상 열지 않도록 한다.★ • 경호대상차량은 스틸 휠에 시각적인 효과를 위해 덧씌우는 휠캡을 사용해서는 안 된다.★★
운동장	구역을 세분화하여 책임구역을 설정하고, 외부, 내부, 소방, 직시고지 등에 대한 반복적인 검측과 출입자에 대한 통로를 단일화하여 반입물품에 대한 검색을 철저히 하도록 한다.

검측활동의 원칙	시설물에 대한 검측 시 수칙
• 건물 내부에서 외부로 실시한다.* • 건물 내부는 낮은 곳에서 높은 곳으로 실시한다. • 건물 외부는 가까운 곳에서 먼 곳으로 확산해서 실시한다.	• 모든 버튼은 눌러 본다. • 모든 물품은 육안으로 확인하고, 기기는 직접 조작해 본다. • 모든 선은 끝까지 추적하여 확인한다. • 시건장치는 열어서 확인하고 닫는다. • 모든 비품은 이동시켜 본다.

* 주의 : 과거 기출문제는 검측은 '밖에서 안으로' 실시한다는 것이 옳은 내용으로 출제되었다(2010년, 2009년 기출문제 등 참조).

〈출처〉 이두석, 「경호학개론」, 진영사, 2018, P. 270

ⓗ 검 식 기출 24·23·22·21·20·18·16 : 행사장의 위생상태 점검, 수질검사, 전염병의 예방, 식중독의 예방대책을 포함한다.
- **검식업무** : 경호대상자에게 제공되는 음식물에 대하여 구매, 운반, 저장, 조리 및 제공되는 과정에서 위해요소를 제거하는 업무를 의미한다.★
- **검식활동**
  - 음식물의 위해성, 위생상태는 물론이고 양과 맛, 모양까지도 확인 대상이다.
  - 사전에 조리담당 종사자에 대한 신원조사를 실시하여 신원특이자는 배제한다.★
  - 음식물 운반 시에도 철저하게 근접감시를 실시한다.★
  - 행사 당일에는 경호원이 주방에 입회하여 조리사의 동향을 감시한다.★
  - 음식물은 전문요원에 의한 검사를 실시한다.★
  - 식재료는 신선도와 안전 여부에 대해 확인 및 점검한다.
  - 각종 물품에 대해서도 철저히 검색하고 사용하기 전에는 열탕소독을 실시한다.
  - 주방종사자들에 대해 위생검사를 실시하여 질병이 있는 자는 미리 제외시킨다.

> 검측활동에는 경호대상자에게 제공되는 음식료의 안전을 확인하고 점검하는 검식활동을 포함한다.
> 〈출처〉이두석, 「경호학개론」, 진영사, 2018, P. 272

핵심문제

01 검측 및 검식에 관한 설명으로 옳지 않은 것은? 기출 14

① 검식업무란 경호대상자에 제공되는 음식물에 대하여 구매, 운반, 저장, 조리 및 제공되는 과정에서 위해요소를 제거하는 업무를 의미한다.
② 검식은 행사장의 위생상태 점검 및 수질검사, 전염병의 예방 및 식중독의 예방대책을 포함하는 활동이다.
③ 검측은 위해기도자의 입장에서 실시한다.
④ 건물 내부의 검측은 위층에서 아래층으로 실시하는 것을 원칙으로 한다.

[해설]
건물 내부의 검측은 아래층에서 위층으로 실시하는 것을 원칙으로 한다.

정답 ④

⑤ 검문검색(檢問檢索)
　㉠ 의의 : 일반적으로 경찰이나 경호원 등이 수상한 사람이나 그의 물건을 확인하여 위해요소를 찾아내는 활동을 의미한다.
　㉡ 검문검색의 사유

> **불심검문(경찰관직무집행법 제3조)**
> ① 경찰관은 다음 각호의 어느 하나에 해당하는 사람을 정지시켜 질문할 수 있다.
> 　1. 수상한 행동이나 그 밖의 주위 사정을 합리적으로 판단하여 볼 때 어떠한 죄를 범하였거나 범하려 하고 있다고 의심할 만한 상당한 이유가 있는 사람
> 　2. 이미 행하여진 범죄나 행하여지려고 하는 범죄행위에 관한 사실을 안다고 인정되는 사람
> ③ 경찰관은 제1항 각호의 어느 하나에 해당하는 사람에게 질문을 할 때에 그 사람이 흉기를 가지고 있는지를 조사할 수 있다.
>
> **경호구역의 지정 등(대통령 등의 경호에 관한 법률 제5조)**
> ③ 소속 공무원과 관계기관의 공무원으로서 경호업무를 지원하는 사람은 경호 목적상 불가피하다고 인정되는 상당한 이유가 있는 경우에만 경호구역에서 질서유지, 교통관리, 검문·검색, 출입통제, 위험물 탐지 및 안전조치 등 위해방지에 필요한 안전활동을 할 수 있다.

　㉢ 검문검색의 절차 : 경찰관 등은 질문을 하는 경우 자신의 신분을 표시하는 증표를 제시하면서 소속과 성명을 밝히고 질문의 목적과 이유를 설명하여야 한다(경찰관직무집행법 제3조 제4항 참고).

⑥ 보안검색(保安檢索)
　㉠ 의의 : 공항, 항만, 기관 등에서, 탑승객이나 출입자들이 휴대하거나 위탁하는 물건 가운데 위해요소를 찾아내는 활동을 의미한다. 항공보안법은 일반 보안검색(항공보안법 제2조 제9호)과 특별 보안검색(항공보안법 시행령 제13조)을 구분하여 규정하고 있다.
　㉡ 일반 보안검색의 대상 및 방법
　　• 항공기에 탑승하는 사람은 신체, 휴대물품 및 위탁수하물에 대한 보안검색을 받아야 한다(항공보안법 제15조 제1항).
　　• 위탁수하물의 경우 탑승수속 시 맡겨져 공항 시설 내 보안검색장비를 통해 검사가 이루어지며(항공보안법 시행령 제11조 제2항), 승객과 휴대수하물은 항공기 탑승 전 별도의 보안검색을 통과해야 한다(항공보안법 시행령 제10조 제1항).
　㉢ 특별 보안검색의 대상
　　• 승객의 경우 의료보조장치를 착용한 장애인, 임산부, 중환자 등이 해당한다(항공보안법 시행령 제13조 제1항).
　　• 화물(수하물 포함)의 경우에는 골수·혈액·조혈모세포 등 인체조직과 관련된 의료품, 생물학적 제제(製劑), 유전자재조합의약품, 세포배양의약품, 세포치료제, 유전자치료제 및 이와 유사한 바이오의약품, 유골, 유해, 이식용 장기, 살아 있는 동물, 의료용·과학용 필름 및 검색장비 등에 의하여 보안검색을 하는 경우 본래의 형질이 손상되거나 변질될 수 있는 것 등으로서 국토교통부장관의 허가를 받은 것, 외교행낭 등이 해당한다(항공보안법 시행령 제13조 제2항·제3항).

ⓔ 특별 보안검색의 방법
- 임산부 또는 중환자 등에 대해서는 보안검색 장소 이외의 별도의 장소에서 보안검색을 할 수 있다(항공보안법 시행령 제13조 제1항).
- 물품에 대해서는 개봉검색이나 증명서류 확인 및 폭발물 흔적탐지장비에 의한 검색 등의 방법으로 보안검색을 실시할 수 있으며(항공보안법 시행령 제13조 제3항), 일정 요건을 갖춘 외교행낭에 대해서는 개봉검색이 제한된다(항공보안법 시행령 제13조 제2항).

⑦ 분야별 수행업무 기출 21·15·14·12

안전대책 담당	안전구역 확보계획 검토, 건물의 안전성 여부 확인, 상황별 비상대피로 구상, 행사장 취약시설물 파악, 비상 및 일반예비대 운용방법 확인, 최기병원(적정병원) 확인, 직시건물(고지)·공중 감시대책 검토 등
작전 담당	정보수집 및 분석을 통하여 작전구역별 특성에 맞는 인원 운용계획 작성, 비상대책체제 구축에 주력하며 부가적으로 시간사용계획 작성, 관계관 회의 시 주요 지침사항·예상문제점·참고사항(기상, 정보·첩보) 등을 계획하고 임무별 진행사항을 점검하여 통합 세부계획서 작성 등
출입통제 담당	행사 참석대상 및 성격분석, 출입통로 지정, 본인 여부 확인, 검문검색, 주차장 운용계획, 중간집결지 운용, 구역별 비표 구분, 안전 및 질서를 고려한 시차별 입장계획, 상주자 및 민원인 대책, 야간근무자 등의 통제계획을 작전 담당에게 전달 등
승·하차 및 정문 담당	진입로 취약요소 파악 및 확보계획 수립 후 주요 위치에 근무자 배치, 통행인 순간통제방법 강구, 비상 및 일반예비대 대기장소 확인, 안전구역 접근자 차단 및 위해요소 제거, 출입차량 검색 및 주차지역 안내 등
행정 담당	출장여비 신청 및 수령, 각 대의 숙소 및 식사장소 선정, 비상연락망 구성 등
차량 담당	출동인원에 근거하여 선발대 및 본대 사용차량 배정, 이동수단별 인원, 코스, 휴게실 등을 계획하여 작전 담당에게 전달 등
보도 담당	배치결정된 보도요원 확인, 보도요원 위장침투 차단, 행사장별 취재계획 수립 전파 등
주행사장 내부 담당	경호대상자 동선 및 좌석위치에 따른 비상대책 강구, 행사장 내의 인적·물적 접근 통제 및 차단계획 수립, 정전 등 우발상황에 대비한 각 근무자 예행연습, 행사장의 단일 출입 및 단상·천장·경호대상자 동선 등에 대한 안전도의 확인, 각종 집기류 최종 점검 등
주행사장 외부 담당	안전구역 내 단일 출입로 설정, 외곽 감제고지 및 직시건물에 대한 안전조치, 취약요소 및 직시지점을 고려한 단상 설치, 경호대상자 좌석과 참석자 간 거리 유지, 방탄막 설치 및 비상차량 운용계획 수립, 지하대피시설 점검 및 확보, 경비 및 경계구역 내에 대한 안전조치 강화, 차량 및 공중강습에 대한 대비책 강구 등

핵심문제

01 경호원의 분야별 업무담당에 관한 연결이 옳지 않은 것은? 기출 10

① 출입통제 담당 - 참석대상, 주차장 운용계획, 구역별 비표 구분
② 안전대책 담당 - 건물의 안전성 여부, 행사장 취약시설물 파악
③ 승·하차 및 정문 담당 - 진입로 취약요소 파악 및 확보계획 수립
④ 행정 담당 - 시간사용계획, 관계관 회의 시 주요 지침사항 계획

【해설】
시간사용계획, 관계관 회의 시 주요 지침사항 계획 등은 작전 담당의 업무에 해당한다.

정답 ④

III. 선발경호작용 기출 23·21·20·18·16

1. 선발경호의 개념

학자들 간 일치된 개념 정의는 없으며, 아래와 같이 선발경호에 대한 시각 차이가 존재한다.

① 일정 규모의 경호대가 행사장에 사전 파견되어 위해요소를 검색하여 피경호인이 행사장에 도착하기 전까지 이를 제거하고, 안전을 확보하여 행사가 끝날 때까지 계속되는 일련의 경호활동을 의미한다. ★
② 경호대상자가 경호행사장에 도착하기 전에 현장조사를 실시하고 효과적인 경호 협조와 경호준비를 하는 활동을 의미한다.
③ 선발경호는 예방적 경호요소를 포함하며 완벽한 경호를 위한 준비활동으로 볼 수 있으며, 각종 사고의 가능성을 최소화하는 노력을 의미한다.

〈출처〉송광호, 「패스플러스 경비지도사 2차 경호학」, 에듀피디, 2023, P. 239

선발경호의 의의 기출 24·23

- "예방이 최선의 방어"라는 격언을 구체화시키기 위한 작업이 선발경호이다.
- '1 : 10 : 100의 원리'라는 경영이론은 선발경호의 중요성을 시사하는 이론이다.
- 선발경호는 경호대를 사전에 행사 지역에 파견하여 제반 위해요소에 대한 안전조치를 강구하는 모든 경호안전활동을 말한다.
- 예방경호는 위해기도자의 의도를 사전에 색출하여 그에 필요한 경호조치를 취함으로써 공격의 기회를 박탈하거나 공격의지를 무력화시키는 데에 그 의의가 있다.
- 선발경호는 행사 지역의 인적·물적·지리적 위험요소를 사전에 제거 또는 감소시킴으로써 행사장에 대한 안전성을 확보하고, 행사 종료 시까지 행사장의 안전을 유지하며, 선발활동을 통하여 경호 관련 정·첩보를 획득 및 전파함으로써 예방경호를 실현하는 것이다. 따라서 선발경호의 목적은 ① 사전에 위험요소를 제거하거나 최소화하여, ② 행사지역의 안전을 확보하고, ③ 사전 경호정보를 제공하는 데에 있다.

〈출처〉이두석, 「경호학개론」, 진영사, 2018, P. 252~253

핵심문제

01 선발경호에 관한 설명으로 옳지 않은 것은? 기출 16

① 사전예방경호활동이다.
② 행사장의 취약요소를 판단하여 필요한 안전조치를 강구한다.
③ 행사장을 안전하게 확보하고 유지하는 경호활동이다.
④ 예방적 경호조치는 위해자의 입장이 아닌 경호원의 입장에서 면밀히 분석되고 조치되어야 한다.

[해설]
예방적 경호조치는 위해자의 입장에서 면밀히 분석되고 조치되어야 한다.

정답 ④

2. 선발경호의 역할 기출 19

① 행사장소와 주변시설에 대한 자료를 이용하여 행사장에 대한 잠재적 위해요소를 판단하고, 행사장에 대한 인적·물적·지리적 정보를 수집하여 지원요소의 소요를 판단한 후 세부계획을 수립한다.
② 각 근무지(자)별로 부여된 임무수행을 위한 활동계획을 세우고 점검활동을 위한 점검리스트를 작성하며, 근무지(자)별 세부 활동계획을 수립한다.
③ 경호계획서에 근거한 전체 일정과 행사장별 세부일정 등의 기본사항을 확인하고, 이동에 관한 기본계획을 수립한다.★
④ 행사장 폭발물에 대한 안전검측을 실시하고 제반 취약요소를 분석하며 최종적인 대안을 제시한다.
⑤ 기동수단 및 승·하차 지점을 판단하고 행사장의 취약요소를 분석하고 안전점검 및 안전대책 판단기준을 설정하며, 행사장 비표 운용, 비상대피로 선정 및 출입자를 통제한다.★
⑥ 경호계획 최종 확인 및 변동사항 정리, 비상대책 확인 등 종합적인 경호활동을 점검하고, 경호지휘소(상황실)를 운영하여 변동·특이사항을 점검한다.★

3. 선발경호의 특성 기출 24·23·22·20·19·17

예방성	• 선발경호의 임무이자 경호의 목표라 할 수 있는 예방경호는 위해요소를 사전에 발견해서 제거하고 침투가능성을 거부함으로써 경호행사의 안전을 확보하는 것이다. • 직접적인 위해행위의 가능성뿐만 아니라 간접적인 시설물의 불안전성 및 많은 참석자로 인한 혼잡과 사고의 개연성에 대비한다.
통합성	• 경호대상자에 대한 경호활동은 고유한 기능과 임무를 가지고 있는 다른 여러 기관이 참여하여 이루어지지만, 이들 각 기관들이 하나의 지휘체계 아래 보완적이고 협력적 관계에서 주어진 임무를 수행한다. • 선발경호에 동원된 모든 부서는 각자의 기능을 100% 발휘하면서 하나의 지휘체계 아래에 통합되어 상호보완적으로 임무를 수행해야 한다.
안전성	• 선발경호의 임무는 당연히 행사장의 안전을 확보하는 일이다. 그러기 위해서는 3중 경호의 원리에 입각해서 행사장을 구역별로 구분하여 그 특성에 맞는 경호조치를 강구하여야 한다. • 행사와 관계가 없는 사람의 핵심구역 출입을 통제하고, 행사장 내 제반 시설물과 반출입물품에 대한 검측과 출입인원에 대한 검색을 실시하여야 한다. • 행사장의 안전상태는 행사가 종료될 때까지 지속될 수 있어야 한다.
예비성	경호행사가 항상 계획되고 예상된 대로만 진행되지는 않는다. 따라서 선발경호는 사전에 경호팀의 능력과 현지지형과 상황에 맞는 비상대응계획과 비상대피계획을 수립하여 비상상황에 대비하여야 한다.

〈출처〉 이두석, 「경호학개론」, 진영사, 2018, P. 254~255

핵심문제

01 선발경호의 특성으로 옳지 않은 것은? 기출 19

① 경호팀의 능력에 부합하는 비상대응계획을 수립한다.
② 3중 경호 원리에 입각해 구역별 특성에 맞는 경호조치를 한다.
③ 경호임무에 동원된 부서는 각각의 지휘체계하에 상호보완적으로 임무를 수행한다.
④ 위해요소를 사전에 발견해서 제거하고 위해요소의 침투 가능성을 거부한다.

[해설]
경호임무에 동원된 부서는 각자의 기능을 100% 발휘하면서 하나의 지휘체계 아래에 통합하여 상호보완적으로 임무를 수행해야 한다(통합성).

정답 ③

4. 선발경호업무 수행절차

선발경호활동은 행사장을 안전한 구역으로 확보하기 위한 안전활동으로, 사전에 준비한 경호계획을 행사장에 적용하는 과정이다. 선발경호활동은 경호상황실 구성, 현장답사, 관계관협조회의, 분야별 경호조치, 작전회의, 안전유지 등의 내용을 포함한다.

① 경호상황실 구성
  ㉠ 선발경호팀은 행사장에 도착함과 동시에 경호상황실을 설치·운영하여 본부와 연락체계를 구성한다.
  ㉡ 경호상황실 근무자는 행사에 동원되는 모든 작전요소에서 파견된 근무자로 구성되며, 경호행사 전반에 충분히 정통한 자이어야 한다.
  ㉢ 경호상황실 근무자는 경호상황실장(경호처)과의 협조점이 되어 경호작전을 통제한다.
  ㉣ 경호상황실에는 행사장이나 정문 등을 모니터링할 수 있는 CCTV가 설치되면 보다 효과적이다.

② 현장답사
  ㉠ 현장답사는 경호 준비내용의 합리성 및 타당성을 판단하기 위하여 행사장 현장을 직접 확인하는 과정으로, 행사계획과 행사장의 상황이 일치하는지를 검토하여 행사 시의 시행착오나 계획의 차질을 최소화하기 위한 경호활동이다.
  ㉡ 경호대상자의 동선을 중심으로, 인원 및 물품의 출입통제대책, 경호구역 설정 및 근무자 배치의 적절성, 비상대책 등을 판단한다.
  ㉢ 근무지별로 각자의 임무에 따라 인적·물적·지리적 취약요소를 판단하고 그에 따른 경호방안을 검토한다.
  ㉣ 현장답사를 통하여 경호계획의 미비점을 보완하고, 단계별 행사진행에 따른 행동절차를 검토하고, 근무자 상호 간의 협조체제를 확인하고 구축한다.

③ 관계관협조회의
  ㉠ 관계관협조회의는 행사에 동원되는 모든 작전요소가 동일한 작전지침하에 경호작전을 수행하기 위하여 실시한다.
  ㉡ 경호작전을 주관하는 부서의 작전방향을 전달하고, 현지에서 경호작전을 준비한 상황에 대한 업무협조를 실시한다.

④ 분야별 경호조치
  ㉠ 행사장에 대한 경호안전조치가 실시되는 단계로, 임무별로 필요한 경호조치를 협조하여 실시한다.
  ㉡ 세부적 내용
    • 행사장에 대한 안전검측활동을 실시한다.
    • 안전구역 대하여 출입통로를 단일화하고, 모든 출입요소에 대한 검측과 검색이 실시되는 등의 출입통제대책이 실시되며, 취약개소에 대한 안전조치가 강구된다.
    • 정보활동 및 보안활동을 실시하며, 비상대책을 확인하고 조치한다.

⑤ 작전회의
  ㉠ 작전회의는 행사 준비상태 및 경호조치 결과를 최종적으로 확인하고 협조하는 과정이다.
  ㉡ 경호안전활동 과정에서 변경되거나 중요한 경호조치 내용을 전파하고, 근무자 상호 간이나 부서별로 협조할 내용들을 최종적으로 검토한다.

⑥ 안전유지
　㉠ 안전유지는 사전 안전활동을 통하여 안전이 확보된 경호 핵심지역에 대한 인원의 출입 및 물품의 반입을 확인하고 통제함으로써 행사 경호인력이 배치되어 행사를 시작할 때까지 행사장을 안전하게 관리하는 경호조치이다.
　㉡ 행사장에 출입하는 인적·물적 요소를 지정된 통로를 통하여 출입하게 하고, 출입요소를 확인하고 점검하는 과정에서 위해요소의 접근을 거부하고 색출해낸다.

〈출처〉 이두석, 「경호학개론」, 진영사, 2018, P. 257~259

5. 선발경호 작전의 중점

선발경호 작전은 크게 예방과 대응이라는 두 가지 방향으로 준비한다. 즉, 위험발생의 소지를 사전에 차단하여 예방경호를 실현하기 위한 경호조치를 강구하는 것과 발생한 위험에 효과적으로 대처하여 대응경호를 완성하기 위한 비상대책을 강구하는 것이다.

① 경호작전체계의 확립
　㉠ 경호에 동원되는 다양한 작전요소를 하나로 묶기 위한 시스템의 확립이 필요하다.
　㉡ 위기에 대응하기 위한 지휘체계와 부서 간 협조체계가 조직화되어야 하고, 그에 따른 책임과 권한이 분명하게 주어져야 한다.
　㉢ 경호업무의 효율성을 기하고 체계적이고 조직적인 임무수행을 위하여 경호구역을 설정·운용하여야 하며, 경호구역은 3중 경호의 원리에 입각해서 행사의 특성과 행사장의 구조 및 지형을 종합적으로 분석하여 설정한다.

② 경호안전대책의 수립
　㉠ 경호구역의 설정에 따라 각 구역에 대한 통제대책과 안전대책을 수립하고, 지속적인 정보·보안활동으로 위해분자의 위해기도 가능성을 줄이기 위한 노력을 경주하여야 한다.
　㉡ 통제대책은 행사장의 인적·물적·지리적 취약요소에 대한 안전 및 거부대책을 포함한다.
　㉢ 안전대책의 수립
　　• 행사 참석자의 이동, 확인 및 검색계획을 수립하고, 행사장 내의 시설물과 행사장 내로 반입되는 물품에 대한 안전점검대책을 강구한다.
　　• 행사장의 지형평가를 통하여 주변의 고층건물이나 감제고지에 대한 수색 및 감시대책, 주요 접근로와 목지점에 대한 차단 및 거부계획을 수립한다.

③ 비상대책의 강구
　㉠ 경호 자체가 만약의 사태, 즉 우발상황에 대비한 위험관리의 한 수단임을 고려하면, 우발상황에 대비한 비상대책의 강구는 경호팀의 기본적인 조치사항 중 하나이다.
　㉡ 우발상황 발생 시 현장의 무질서를 통제할 수단을 강구하고, 경호요원 각자에게 우발상황 시 행동지침이 부여되고, 다양한 우발상황에 대비한 대응수단이 강구되어 경호대상자의 신변안전과 피해의 최소화를 도모한다.
　㉢ 특히 우발상황 발생 시 경호대상자를 방호하고 대피하는 임무를 수행하는 사람들은 근접경호팀이므로 비상대책은 근접경호팀과 긴밀한 협조하에 수립되어야 한다.

〈출처〉 이두석, 「경호학개론」, 진영사, 2018, P. 259~261

제3절 근접경호(수행경호)

I 근접경호

1. 근접경호의 의의와 목적
① **근접경호의 의의** : 근접경호란 행사시 각종 위해요소로부터 경호대상자의 신변을 보호하기 위하여 실내·외 행사장은 물론, 도보 이동, 차량, 선박, 항공기, 철도 등의 기동 간에서 실시하는 근접 호위활동이다.

기출 23

② **근접경호의 목적** : 선발경호에서 충분한 안전계획을 세워 안전구역이 확보되었다 하더라도 범법자의 우발상황 시에는 경호대상자의 최근접에서 경호대상자를 안전하게 방호하고 대피시켜 보호하는 데 목적이 있다. 즉, 경호대상자를 안전하게 보호하는 데 있다.

> 선발경호가 일정한 지역의 안전을 확보하는 공간개념이라면, 근접경호는 경호대상자 주위에 경호막을 형성하여 동선을 따라 이동하는 선개념이라고 할 수 있다.
> 〈출처〉 이두석, 「경호학개론」, 진영사, 2018, P. 299

2. 근접경호요원의 일반적 근무요령
① **근접경호의 위치** : 경호요원은 경호대상자와 경호요원 사이에 암살자 등이 끼어들 수 없도록 상대적 위치와 경호 대형을 수시로 바꾸면서 항상 경호대상자와 근접해 있어야 한다.★
② **신분확인** : 숙소 방문, 각종 행사 등에 참석하는 경우 접근하려는 사람의 신분 및 직위와 본인 여부 등을 사전에 점검하고 경호대상자에게 서비스를 제공하는 종사요원의 명단도 사전에 획득하여 점검해야 한다.
③ **가족동반 시 경호** : 경호대상자가 가족을 동반할 경우, 인력 및 차량지원에 관해 사전에 계획을 수립하는 등 가족에 대하여 경호나 에스코트 등을 제공할 수 있다.★
④ **수행원 등의 안전** : 경호대상자뿐만 아니라 외부요인의 수행에 대해서도 안전에 대한 경호를 실시해야 한다. 이는 경호원의 부수적인 책임이다. 즉, 어떤 경우 수행원이 위해를 당하는 사건이 발생하면 전반적인 경호임무에 불리하게 영향을 미칠 수 있고 혹평을 받을 수 있다.
⑤ **근접경호책임자의 행동** : 근접경호요원은 경호에 관련 없는 언론 및 대중들과 가능한 한 불필요한 접촉 및 대화를 삼가고, 책임자는 근접경호요원에 대한 책임을 지며, 경호대상자를 항시 수행한다.

3. 경호원의 활동수칙 기출 23·22·20·18
① 권위주의적 자세를 배제하고 의전과 예절에 입각한 친절하고 겸손한 자세를 견지한다.★
② 일반인의 불편을 최소화하고 경호대상자와 국민과의 접촉을 보장할 수 있는 경호를 수행한다.
③ 경호대상자의 명성에 해가 가지 않도록 하며, 위해기도자와 타협적인 행동을 하지 말아야 한다.★
④ 최대한의 비노출·은밀·유연한 자세로 정교한 경호기술을 발휘하기 위한 교육 훈련에 충실히 임한다.★
⑤ 경호대상자의 정상적인 업무를 보장하고, 가능한 한 사생활을 침해하지 않도록 한다.★
⑥ 위해기도자의 입장에서 경호상 취약성을 분석하여 위해 행위를 효과적으로 사전에 봉쇄할 수 있는 예방경호에 총력을 기울여야 한다.★

⑦ 은밀, 엄호, 대피, 계속 근무의 지침이 습관화되도록 한다.★
⑧ 경호원은 무기사용을 자제하고 순간적인 판단력과 융통성, 냉철한 이성과 상황판단능력 및 정보분석능력을 기른다.
⑨ 경호대상자가 참석할 장소와 지역에 사전에 선발대를 보내어 점검표를 작성하고 정보를 분석하여 위험요인을 사전에 제거한다.
⑩ 경호대상자에게는 스스로 안전에 대처할 수 있도록 일상적인 경호수칙을 만들어 숙지하게 함으로써 개인적인 위험에 대한 경각심을 높이게 해야 한다.★
⑪ 경호대상자의 시간, 장소, 차량, 습관화된 행동을 변화시켜 위해기도자가 다음 행동을 예측할 수 없도록 변화를 주어야 한다.★
⑫ 경호대상자와 비슷한 성격과 취미를 가진 경호원을 선발하여 인간적 친밀감과 경호원에 대한 신뢰도를 갖도록 한다.
⑬ 경호대상자가 여자일 경우 화장실이나 탈의실 등 남자 경호원이 접근할 수 없는 지역에는 여자 경호원이 임무를 수행할 수 있도록 한다.
⑭ 경호업무의 효율성을 높이기 위하여 경호대상자의 종교, 직업, 병력 및 건강상태, 신체장애 여부, 약물복용 여부, 선호하는 음식, 싫어하는 음식, 교우관계, 고향, 습관, 성격, 출신학교, 친인척 관계, 인기도, 업무추진 방법, 기타 특이사항 등에 대한 기본정보를 파악하여 숙지한다.★

핵심문제

01 경호원의 활동수칙에 관한 설명으로 틀린 것은? 기출 09

① 위해기도자의 입장에서 경호상 취약성을 분석하여 사전에 차단할 수 있는 예방경호에 총력을 기울여야 한다.
② 경호대상자를 안전하게 보호해야 하며, 위해기도자와 타협적인 행동을 하지 말아야 한다.
③ 가능하면 경호대상자의 사생활을 침해하지 않도록 하는 것이 좋다.
④ 경호원은 친절한 경호서비스를 제공해야 하며, 권위주의적인 자세를 견지해야 한다.

[해설]
경호의 목적으로 '경호대상자의 권위 유지'가 있으나, 경호원이 권위주의적인 자세를 견지하는 것은 잘못된 내용이다. 혼동하지 않도록 한다.

정답 ④

4. 사주경계(주위경계) 기출 20

① **사주경계** 기출 22 : 경호대상자를 중심으로 한 전 방향에 대한 감시로 직접적인 위해나 자연발생적인 위해요인을 사전에 인지하기 위한 경계활동을 말한다.★

  ㉠ 인적 경계대상 : 경호대상자 주변의 모든 인원들이 해당되며, 경호대상자의 수행원이나 보도요원, 공무원, 종업원 등 신분이 확실한 사람들도 일단 경계의 대상이 된다.★

  ㉡ 물적 경계대상 : 외관상 안전하게 보이는 물체라도 폭발물이나 독극물이 숨겨져 있을 수 있으므로 긴장을 늦추지 말고 경계해야 한다.

  ㉢ 지리적 경계대상 : 은폐, 엄폐된 장소로서 감제고지, 열려진 창문, 옥상 등을 중점적으로 경계해야 한다.

> 인적 경계대상은 경호대상자 주변의 모든 인원이 그 지위나 차림새 등에 상관없이 포함되어야 하고, 특히 행사 상황이나 분위기에 어울리지 않는 행동이나 복장을 착용한 사람들을 중점적으로 감시한다. 물적 경계대상은 행사장이나 주변의 모든 시설물과 물체가 그 대상이다. 또한 지리적 경계대상은 위해기도자가 은폐하기 좋은 장소나 공격하기 용이한 장소가 해당된다.
> 〈출처〉 이두석, 「경호학개론」, 진영사, 2018, P. 180

② **사주경계 요령** 기출 23·22·19

  ㉠ 주위 사물에 대한 위기의식을 가지고 전체적인 상황과 어울리지 않는 부조화 상황을 찾아야 한다.★
  ㉡ 시각의 한계를 염두에 두고 사주경계의 범위를 선정해야 한다.★
  ㉢ 인접해 있는 경호원과 경계범위를 중첩되게 설정한다.★
  ㉣ 경호대상자로부터 가까운 곳에서 먼 곳 순으로 좌우 반복하여 경계를 실시한다.★
  ㉤ 주위경계 시 주위 사람들의 손과 눈을 집중하여 감시한다.★
  ㉥ 더운 날씨에 긴 코트를 입거나 추운 날씨에 단추를 푸는 등의 주변 환경과 어울리지 않는 복장을 착용하고, 주위상황과 어울리지 않게 행동하는 사람을 특히 주의 깊게 관찰한다.
  ㉦ 위해를 가하려는 자는 심리적으로 대중들 가운데 둘째 열이나 셋째 열에 위치하는 경우가 많다.★
  ㉧ 복도의 좌우측 문, 모퉁이, 창문 주위 등에 관심을 두고 경계한다.★
  ㉨ 우발상황을 제외하고는 고개를 심하게 돌리지 않는다.★
  ㉩ 위해자는 공격목표 설정 시 목표에 집중하며, 웃지도 않고 몸을 움직이지도 않는다.★

핵심문제

01 근접경호 임무수행 중 주위경계(사주경계) 방법으로 옳지 않은 것은? 기출 12

① 주위경계는 경호대상자를 중심으로 360° 전 방향을 감시하면서 위해요인을 사전에 인지하기 위한 경계활동이다.
② 주위경계 시 주위 사람들의 손을 집중하여 감시한다.
③ 따뜻한 날씨에 긴 코트를 입고 있는 등 주변 환경과 어울리지 않는 복장을 한 경우 특히 주의한다.
④ 경호대상자 주변에서 신분이 확실한 공무원, 수행원, 기자, 종업원 등을 제외한 모든 인원이 경계의 대상이 된다.

【해설】
인적 경계대상은 경호대상자 주변의 모든 인원들이 해당되며, 신분이 확실한 수행원이나 보도요원들도 일단 경계의 대상이 된다.

정답 ④

5. 근접경호원의 임무 기출 24·23·22·21·18·17·16·14·13

① 경호대상자 주위의 일반인에게 불편을 초래하지 않는 범위 내에서 경호원 자신의 활동 공간을 확보하고 경호원 각자 주어진 책임구역에 따라 사주경계를 실시한다.★
② 돌발적인 위해 발생 시 인적 방벽을 형성하여 경호대상자를 완벽하게 보호하고, 대적 및 제압보다는 경호대상자를 방호하여 안전한 곳으로 대피시키는 것을 우선으로 해야 한다.★
③ 우발적인 공격을 당했을 때는 경호대상자에게 위해를 가하지 않을 것이라는 명백한 확신이 서기 전까지는 누구도 경호대상자의 주위에 접근시켜서는 안 된다.★
④ 경호대상자가 심리적 안정감을 느낄 수 있도록 항상 경호대상자가 볼 수 있는 최근접의 지점에 위치한다.
⑤ 항상 경호대상자 주위의 모든 사람들의 손을 주의해서 관찰하고, 흉기를 소지하고 있다는 가정하에 대비책을 구상해야 한다.★
⑥ 복도, 도로, 계단 등으로 경호대상자를 수행할 때는 공간의 중간으로 유도하여 위해 발생 시 피난공간을 여유 있게 확보하도록 한다.★
⑦ 위해자의 공격가능성을 줄이고, 공격 시 피해 정도를 최소화하기 위하여 이동 속도를 가능한 한 빠르게 하여야 한다.★
⑧ 문을 통과할 경우에는 항상 경호원이 먼저 통과하여 안전을 확인한 후 경호대상자를 통과시켜야 하고, 경호원이 사전에 점검하지 않은 지역이나 장소에는 경호대상자가 절대 접근하지 않도록 한다.★
⑨ 도로의 휘어진 부분이나 꺾인 부분, 보이지 않는 공간 등을 통과할 때는 항상 경호원이 먼저 안전을 확인하고 경호대상자가 통과하도록 하여야 한다.★
⑩ 이동 속도는 경호대상자의 건강상태, 신장, 보폭 등을 고려하여 정하고, 상황에 따라 속도를 조절할 때는 경호원 상호 간에 연락하여 조절하도록 한다.★
⑪ 타 지역으로 이동 전에 경호원은 이동로, 소요시간, 경호대형, 주위의 특이상황, 주의사항 및 경호대상자의 이동 위치를 사전에 경호대상자에게 알려 주어야 한다.
⑫ 경호대상자가 이동 시에는 항상 좌측 전방 경호원의 뒤쪽에서 이동할 수 있도록 사전에 알려 주어야 하며, 좌측 전방 경호원은 경호대상자의 시야를 가리지 않도록 하고 서로 손과 발이 부딪히지 않도록 주의한다.

핵심문제

01 근접경호원의 임무수행에 관한 설명으로 옳지 않은 것은? 기출 18

① 위해기도자의 공격가능성을 줄이고, 피해정도를 최소화하기 위해서 이동 속도를 가능한 천천히 해야 한다.
② 근접경호 시 경호원의 위치와 경호 대형에 수시로 변화를 주어야 한다.
③ 경호대상자에게 위해를 가하지 않을 것이라는 확신이 있기 전까지는 누구도 경호대상자의 주위에 접근하게 해서는 안 된다.
④ 이동 시 이동속도는 경호대상자의 건강상태 등을 고려하여 정하여야 한다.

[해설]
위해자의 공격가능성을 줄이고, 공격 시 피해정도를 최소화하기 위하여 이동속도를 가능한 한 빠르게 하여야 한다.

정답 ①

⑬ 경호대상자가 대중의 가운데 있을 때, 군중 속을 통과하여 걸을 때, 건물 내로 들어갈 때, 공공행사에 참석할 때, 승·하차할 때 특히 위험하다는 것을 염두에 둔다.
⑭ 이동 중 경호원 상호 간에 수신호나 무선으로 주위상황과 경호대상자의 상태 등을 연락할 수 있도록 한다.
⑮ 이동 중 무기 또는 위해기도자가 시야에 나타나면 위해요인과 경호대상자 사이로 움직여 시야를 차단하고 무기제압 시에는 총구의 방향에 주의하여 경호대상자 방향으로 향하지 않도록 한다. ★

6. 근접경호의 특성 기출 24·23·22·21·20·19·18

> **근접경호작용(호위작용)**
> 호위작용이란 경호대상자의 신체에 대하여 직접적으로 가해지는 위해를 근접에서 방지 또는 제거하는 활동을 말한다. 호위의 특성은 경호작용상 본질적으로 내재하는 특징을 말하는 것으로 일반적으로 노출성, 방벽성, 기만성, 기동성, 유동성, 방호 및 대피성 등을 들고 있다.

① **노출성** : 다양한 기동수단과 도보대형에 따라 경호대상자의 행차가 시각적으로 외부에 노출될 뿐만 아니라, 각종 매스컴에 의하여 행사일정과 장소 및 시간이 대외적으로 알려진 상태에서 업무를 수행해야 하는 특성이 있다.
② **방벽성** : 근접도보대형 시 근무자의 체위에 의한 인적 자연방벽 효과와 방탄복 및 각종 기동수단에 의해 외부의 공격으로부터 방벽을 구축해야 하는 특성이 있다.
③ **기동 및 유동성** : 근접경호는 주로 도보 또는 차량에 의해 기동 간에 이루어지며 행사 성격이나 주변 여건, 장비의 특성에 따라 유동성 있는 도보 또는 차량대형이 이루어지는 특성이 있다. ★
④ **기만성** : 공식적이 아닌 변칙적인 경호기법으로 차량대형 기만, 기동시간 기만, 기동로 및 기동수단 기만, 승·하차지점 기만 등으로 위해기도자로 하여금 행사상황을 오판하도록 실제상황을 은폐하고 허위상황을 제공하여 행사의 효율성을 높이려는 특성이 있다. ★
⑤ **방호 및 대피성** : 비상사태의 발생 시 범인을 대적하여 제압하는 것보다 반사적이고 신속·과감한 행동으로 경호대상자를 방호 및 대피시키는 것을 우선해야 한다는 특성이 있다.

핵심문제

01 근접경호의 특성 중 기만성에 관한 설명으로 옳은 것은? 기출 18

① 행사일정과 장소 및 시간이 대외적으로 알려진 상태에서 업무를 수행하여야 한다.
② 행사성격이나 주변 여건, 장비의 특성에 따라 도보대형 및 기동수단에 있어서 유동성이 있어야 한다.
③ 허위정보를 제공하여 위해기도자로 하여금 행사상황을 오판하도록 하기 위한 변칙적인 경호기법이다.
④ 기동수단, 기동로, 기동시기, 기동대형 등 노출의 취약성을 최대화하기 위하여 경호기법에 변화를 주어야 한다.

[해설]
③ (○) 기만성에 대한 설명으로 옳다.
① (×) 노출성에 대한 설명이다.
② (×) 도보대형 및 기동수단에 대한 유동성에 관한 설명이다.
④ (×) 기동수단, 기동로, 기동시기, 기동대형 등 노출의 취약성을 최소화하기 위하여 경호기법에 변화를 주어야 한다.

정답 ③

7. 근접경호의 방법 기출 18·17

① 도보이동 간 근접경호의 원칙 기출 20·19·17

㉠ 가능한 선정된 도보이동시기 및 이동로는 수시로 변경되어야 하고 이동 시 위험노출 정도를 최소화하기 위해 최단거리 직선통로를 이용하고 주변에 비상차량을 대기시켜 놓도록 한다. ★★ 기출 24·21

㉡ 근접경호요원은 경호대상자에게 이르는 모든 접근로를 차단하기 위하여 분산되어야 한다. ★

㉢ 옥외에서 도보이동을 하는 동안 경호대상자의 안전을 위협할 수 있는 차량이나 돌발사태 등에 대비하여 경호대상자의 차량도 근접해서 주행해야 한다. ★ 기출 18·17·14·13·11

㉣ 도보대형 형성 시는 경호대상자의 성향(내성적·외향적, 은둔형·과시형), 주변 감시통제 건물의 취약도, 인적 취약요소의 이격도, 물적 취약요소의 위치, 행사장 사전예방경호 수준(안전도 및 취약성), 행사장 참석자 인원수 및 성향, 행사의 성격, 지리적 취약성 등을 우선적으로 고려한다.
기출 24·22·21

㉤ 도보이동 시 외부적인 노출도가 크고 방벽효과도 낮아서 불시의 위협이 있을 가능성이 많으므로 도보이동은 가급적 삼가는 것이 좋다. ★

㉥ 근접경호대형은 전방위에 대한 사주경계와 신변안전을 담보할 수 있는 <u>최소한의 인원으로 형성한다</u>(근접에서 효과적으로 우발상황에 대처할 수 있는 <u>최대한의 인원수는 5~6명</u>이 적당하다).

경호대형의 분류

경호학 일반 용어	이두석 교수의 기본대형	
• 2인 대형 : Pair work • 3인 대형 : Wedge formation • 4인 대형 : Diamond formation • 5인 대형 : Pentagon formation	• 1인 경호 • 쐐기(Wedge) 대형 : 3~4인 • 사각(Box) 대형 • V자 대형	• 2인 대형 • 마름모(Diamond) 대형 : 4~6인 • 원형(Circle) 대형 : 5~6인 • 2중 대형

근접경호대형
- 기본대형은 경호원의 수에 따라 1인 대형, 2인 대형, 3인 대형, 4인 대형, 5인 또는 6인 대형 등으로 운용이 가능하며, 경호원이 형성하는 경호대형의 모양에 따라 쐐기 대형, 마름모 대형, 사각대형과 원형대형으로 부르기도 한다.
- 응용대형은 정상적인 기본대형의 형성이 곤란한 상황에서 장소나 행사상황에 맞는 변형된 경호대형을 말하는 것으로 접견대형, 연설 대형(단상 대형), 현황보고 대형, 골프 대형, 하차 대형, 복도 대형 등이 있다.
- 방호대형은 구체적인 위험의 징후가 있거나 위험이 발생한 상황에서 경호대상자를 보호하기 위하여 취하는 대형을 말하며 좁힌 대형(밀착 대형), 방어적 원형 대형, 대피 대형 및 함몰 대형 등이 있다.

〈참고〉이두석, 「경호학개론」, 진영사, 2018, P. 299~323

핵심문제

01 도보이동 간 근접경호대형에 대한 설명으로 틀린 것은? 기출 04

① 도보대형 형성 시는 주변 감제건물의 취약도, 인적·물적 취약요소 등을 고려하여야 한다.
② 다이아몬드 대형은 혼잡한 복도, 군중이 밀집해 있는 통로 등에서 적합하다.
③ 쐐기형 대형은 무장한 위해자와 직면했을 때 적당한 대형이다.
④ 기본 경호대형은 페어 대형(5인), 웨즈 대형(4인), 다이아몬드 대형(3인), 펜터건 대형(2인) 등으로 구분할 수 있다.

[해설]
페어 대형은 2인, 웨즈(쐐기) 대형은 3~4인, 다이아몬드(마름모) 대형은 4~6인, 펜터건 대형은 5인 이상으로 형성된다.

정답 ④

도보이동 간 근접경호대형 기출 17·16

다이아몬드 대형	혼잡한 복도, 군중이 밀집해 있는 통로 등에서 적합한 대형으로 경호대상자의 전후좌우 전 방향에 대해 둘러싸고, 각각의 경호원에게는 기동로에 대해 360° 경계를 할 수 있도록 책임구역이 부여된다.
쐐기형	• 무장한 위해자와 직면했을 때 적당한 대형으로, 다이아몬드 대형보다 느슨한 대형이 필요한 상황에서는 3명으로 쐐기 대형을 형성하며, 다이아몬드 대형과 같이 각각의 경호원에게는 기동로를 향해 360° 지역 중 한 부분의 책임구역이 할당되어야 한다.
역쐐기형 (V자형)	• 외부로부터 위협이 없다고 판단되며, 안전이 확보된 행사장 입장 시와 대외적인 이미지를 중시하는 경호대상자에게 적합한 도보대형이다. • 전방에는 아무런 위협이 없다는 가정하에 경호대상자를 바로 노출시켜 전방에 개방된 대형을 취한다. • 경호팀장만 경호대상자를 즉각 방호할 수 있는 위치에서 경호임무를 수행한다.
삼각형 대형	3명의 경호원이 삼각형 형태를 유지하여 이동하는 도보대형으로 행사와 주위 사람의 성격, 숫자, 주변 환경의 여건에 따라서 이동한다.
역삼각형 대형	진행방향 전방에 위해가능성이 있는 경우 취하는 대형으로, 진행 방향의 전방에 오솔길, 곡각지, 통로 등과 같은 지리적 취약점이 있는 경우 유용하다.★
밀착형 대형	저격 등의 위험이 있는 경우에는 밀착형 대형으로 안전도를 높일 수 있으며, 우발상황 발생 시 개방대형에서 밀착형 대형으로 신속하게 전환되어야 한다. 반면에 경호대상자가 선호하지 않으며 일반인들에게는 위화감을 줄 수 있다는 단점이 있다.★
사다리형 대형	경호대상자의 진행방향을 중심으로 양쪽에 군중이 운집해 있는 도로의 중앙을 이동할 때 적합한 대형으로, 경호대상자를 중심으로 4명의 경호원이 사다리 형태를 유지하며 이동하는 대형이다.★
원형 대형	5~6명의 근접경호요원이 경호대상자를 중심으로 원의 형태를 유지한다. 경호대상자가 완전히 경호원에 의해 둘러싸여 있는 인상을 주게 되어 대외적인 이미지는 안 좋을 수 있으나 경호효과가 높다.

② 기동 간 경호 요령

㉠ 차량 이동 시 기출 24·23·21·20·19·18·17·16·13·12·11

- 경호대상자의 차량은 색상이 보수적이고 문이 4개인 차량으로 선정하며, 기사는 사전에 신원이 확인된 자로서 사복 무장경찰관이나 경호요원이어야 한다.★
- 차량기동 간 사전준비 및 검토할 사항으로는 행차로와 환차로 등 주변 도로망 파악, 대피소 및 최기병원 선정 등 주변 구호시설 파악, 주도로 및 예비도로 선정, 차량대형 및 차종 선택, 의뢰자 및 관계자의 차량번호 숙지, 현지에서 합류되는 차량번호 숙지 등이다.★★

기동경호대형
차량대형 결정 시에는 행사 성격, 도로 및 교통상황, 경호대상자의 성향, 위협의 정도 등을 고려하여야 한다.★

간편대형	• 구성 : 경호대상자차 - 경호차 • 후미경호차는 경호대상자차보다 차폭의 1/2 정도 우측을 주행하며, 간격은 전장의 1/2~2/3 정도로 유지한다.
기본대형	• 구성 : 선도경호차 - 경호대상자차 - 후미경호차 • 경호대상자차보다 차폭의 1/2 정도만큼 선도경호차는 좌측, 후미경호차는 우측을 주행한다. • 후미경호차는 기동 간 이동지휘소, 경호요원이나 의료진의 이동수단, VIP 예비차량의 임무를 수행한다.
확장대형 (날개대형)	• 구성(A) : 선도경호차 - 경호대상자차 - 좌/우 후미경호차 • 구성(B) : 좌/우 선도경호차 - 경호대상자차 - 좌/우 후미경호차 • 대규모의 국가행사시에 사용하며, 경호지휘차량은 우측 후미경호차이다.

〈참고〉 이두석, 「경호학개론」, 진영사, 2018, P. 334~336

- 선도경호차량은 행·환차로를 안내하고, 행사시간에 맞게 주행속도를 조절하며, 전방의 각종 상황에 대한 경계임무를 수행하고, 후미경호차량은 기동 간 경호대상자 차량의 방호업무와 경호지휘임무를 수행한다. 경호대상자 차량은 선도차량과 일정한 간격을 유지하면서 이동하며, 유사시 선도차량과 같은 방향으로 대피한다. 기출 24·22
- 차선 변경 시에는 후미경호차가 먼저 차선을 바꾸어 차선을 확보한 후에 경호대상자차가 안전하게 진입한다. 기출 24
- 후미경호차량은 교차로에서 좌회전 시에는 경호대상자 차량의 우측 후미차선을, 우회전 시에는 좌측 후미차선을 이용하여 회전하면서 접근 차량에 대한 방호임무를 수행하여야 한다. 기출 23
- 경호대상자 차량 운행 시 차문은 반드시 닫고, 선도차량과 일정한 간격을 유지하면서 이동한다.
- 주행 시 항상 차 문은 잠가 두어야 한다.★
- 하차지점에 도착하기 위한 접근로는 가능한 한 변경하는 것이 좋다.
- 주차 장소는 자주 변경하는 것이 좋으며, 특히 야간에는 밝은 곳에 주차해야 한다.★★
- 주차된 차량이나 차량대형을 감시할 때는 방호된 차 밖에서 사주경계를 실시하여야 한다. 기출 23
- 승차 시 차량은 안전점검 후 시동이 걸린 상태에서 대기한다.★ 기출 23
- 목적지에 도착하면 경호책임자는 가장 먼저 하차하고 출발 시에는 가장 나중에 승차하며 경호대상자 승·하차 시 차량 문의 개폐와 잠금장치를 통제한다.★

핵심문제

01 기동경호대형 중 차량대형 결정 시 고려사항이 아닌 것은? 기출 14

① 도로 및 교통상황
② 행사장의 주차장 운용계획
③ 경호대상자의 성향
④ 행사 성격

[해설]
차량대형 결정 시에는 도로 및 교통상황, 경호대상자의 성향, 행사의 성격 등을 고려하여야 한다. 행사장의 주차장 운용계획은 출입통제 담당업무에 해당된다.★

정답 ②

02 차량경호 임무수행에 관한 설명으로 옳지 않은 것은? 기출 11

① 선도경호차량은 행·환차로를 안내하고, 행사시간에 맞게 주행속도를 조절하며, 전방의 각종 상황에 대한 경계임무를 수행한다.
② 경호대상자 차량운행 시 차문은 우발상황 시 긴급히 대피하기 위하여 열어 두어야 하며, 도로의 중앙차선을 이용한다.
③ 경호대상자는 가장 먼저 차량의 뒷좌석 오른쪽에 탑승하고 경호책임자의 안내에 따라 가장 마지막에 하차한다.
④ 목적지에 도착하면 경호책임자는 가장 먼저 하차하고 출발 시에는 가장 나중에 승차하며 경호대상자 승·하차 시 차량문의 개폐와 잠금장치를 통제한다.

[해설]
경호대상자 차량 운행 시 차문은 반드시 닫아야 하고, 선도차량과 일정한 간격을 유지하면서 이동한다. 주행 시 운전은 항상 도로의 중앙차선을 이용하고 차 문은 항상 잠가두어야 한다.★

정답 ②

- 경호대상자 차량의 운전석 옆에는 경호원이 탑승하는 것이 바람직하다.★
- 한 대의 경호차량을 운용할 경우 일반적으로 후미차로 운용하지만, 상황에 맞게 적절히 변형하여 운용할 수 있다.★
- 속도는 경호상 중요한 요소이므로 위해기도자의 표적에서 벗어날 수 있도록 빠르게 이동한다.★
- 경호차량은 주차나 정차해 있는 차량 가까이에는 정지하지 않는다.
- 의심스러운 지점에서 멀리하고, 경호대상자가 차를 타고 내릴 때 눈에 잘 띄지 않는 지점을 선택한다.
- 경호대상자 차량의 문은 경호원이 정위치 상태에서 주변의 안전을 확인한 후 개방한다.★

경호차량 선정 시 고려사항 기출 24・19・14
- 충분한 기동성을 보유하여야 한다.
- 경호대상자의 차량과 색상과 성능, 외형이 비슷하고, 유리는 착색된 것이 좋다.★
- 경호대상자와 경호차 모두 외부의 시선을 집중시키는 차종이나 색상은 지양한다.
- 기만효과를 위해서는 경호대상자의 차량과 동종의 차종으로 선택하는 것이 좋다.
- 특별한 외부 부착물은 달지 않고, 안테나는 보이지 않는 것으로 한다.★
- 무기나 보호 장구는 일반인이 볼 수 없도록 조치한다.★
- 통신장비가 구비되어야 하고 경호대상자가 탑승한 차량은 볼륨을 낮게 조정한다.
- 차체가 강하고 방탄차량으로 하는 것이 좋다.★
- 방향전환이 쉽고 엔진의 성능과 가속장치가 좋은 차량을 선정한다.★
- 어느 정도까지는 클수록 좋지만, 대형차량(리무진 등)은 시선을 끌 수 있으며, 기동력이 떨어져 바람직하지 않다.
- 후미경호차량은 경호대상자 차량의 고장 시 VIP 예비차량의 임무를 수행할 수도 있으므로, 가급적 경호대상자 차량과 같은 차종을 선정하여야 한다.

차량기동경호의 목표
- 안락성(comfort) : 경호대상자가 차량을 이용하여 이동하는 동안 편안하게 시간을 보낼 수 있도록 하는 것이다.
- 편의성(convenience) : 정확한 시간 엄수로 업무스케줄에 차질이 생기지 않도록 하는 것이다.
- 안전성(safety) : 각종 사고로부터 경호대상자를 보호해야 한다는 것이다.
- 방비성(security) : 고의적이거나 계획적인 외부의 위해공격으로부터 경호대상자를 안전하게 보호하는 것을 말한다.

〈출처〉 이두석, 「경호학개론」, 진영사, 2018, P. 325

핵심문제

01 경호차량 선정방법으로 옳지 않은 것은? 기출 14

① 경호대상자의 권위를 고려하여 최고급 차종의 차량을 선정한다.
② 방향전환이 쉽고 엔진의 성능과 가속장치가 좋은 차량을 선정한다.
③ 차체가 강하고 방탄능력이 있는 차량을 선정한다.
④ 경호대상자의 차량과 성능・모양이 비슷한 차량을 선정한다.

[해설]
경호차량 선정 시 무엇보다 우선하여 고려되어야 하는 사항은 바로 경호대상자의 안전과 보호이다. 이러한 기준에 비추어 보았을 때 ①은 결코 바람직한 선정방법이 될 수 없다. 경호차량은 경호환경을 잘 파악한 후 효과적으로 선정되어야 한다.

정답 ①

- ⓒ 공중 이동 시
  - 출발 및 도착 스케줄을 사전에 결정하여야 한다.★
  - 경호대상자 및 수행원이 도착하기 전 교통통제, 항공기, 트럭 등의 지상운행통제, 통신설비, 비행장 내에서의 군중통제 및 안전대책사항 등에 대한 필요성을 결정하기 위한 합동안전검사 실시 등의 내용을 공항관리자, 관제요원 및 공항경찰당국과 협의하여야 한다.
- ⓒ 철로 이동 시
  - 승하차 지점, 승강시설, 편의시설, 안전서비스 및 통신기기 등에 관하여 결정하여야 한다.
  - 근접경호요원을 위한 좌석 배정, 제한구역 설정, 바리케이드 사용, 폭발물 및 장애물의 검측과 거수자에 대한 검색 등의 합동안전검사 실시 등을 철도역장, 철도경찰과 사전에 협의하여야 한다.
- ② 해상 이동 시
  - 편리성, 접근가능성, 안전성 등을 고려하여 정박위치를 선정한다.★
  - 정박지역의 제한과 안전대책 적용을 위한 합동검사 등의 사항을 항만관리자, 해안경비대, 항만순찰대와 함께 사전에 협의하여야 한다.★
- ⑩ 교차로 진입 시 : 같은 방향으로 2대의 경호차량이 교차로에 진입하는 경우, 방호차원에서 우측 경호차량이 우선적으로 교차로를 통과해야 한다. 기출 21

8. 근접경호의 기법
  ① 육감경호
    ㉠ 위험을 예상하는 감각과 이 위험을 진압하기 위한 재빠른 조치를 취할 시점을 알아채는 능력 등을 말한다.
    ㉡ 경호기법이 아무리 발전해도 경호요원의 치밀한 주의력과 신속한 반응능력이야말로 성공적 경호를 위해 가장 효율적인 것이다.★
    ㉢ 신속한 반응이란 암살기도자의 공격과 동시에 즉각적으로 총을 뽑아 대응사격을 하는 것이 아니라 경호대상자를 보호하는 것이다. 경호요원이 총을 뽑아 공격자를 대응사격하는 시간은 암살범 입장에서 보면 그의 목적을 달성하기에 충분한 시간이기 때문이다.★
  ② 기만경호 기출 24·21·17·16·15·11 : 위해기도자에게 행사상황을 오판하도록 허위상황을 제공하여 위해기도자로 하여금 위해기도를 포기하거나 위해기도가 실패되도록 유도하는 계획적이고 변칙적인 경호기법을 말한다. 이는 행동의 관습성, 경호대상자의 일정노출, 위해기도자의 전문성 때문에 필요하다.★
    ㉠ 일반적 기만의 방법 : 일반인처럼 자연스러운 옷차림과 행동, 의도하지 않는 방향으로 이동, 허위흔적 표시, 시간을 앞당긴 기동 및 도착, 기만장애물 및 경비시설 설치, 소음 및 광채사용·연막차장, 기동대형 변형 등이 있다.
    ㉡ 기동 간 경호기만 : 경호대상자가 각종 기동수단을 이용하여 기동할 때 실시하는 경호기만으로, 기동차량의 기만에는 위장 경호대상자 차량을 사용, 경호대상자 차량의 위치를 수시로 변경, 다양한 대형을 변칙적으로 사용, 대중의 시야를 벗어났을 때 사용할 것 등이 있다.

③ **복제경호요원 운용** : 경호대상자와 얼굴이 닮은 사람을 경호요원 또는 비서관으로 임용하여 경호위해자의 눈을 기만하여 경호대상자를 보호하는 방법이다.
④ **기동대형 기만** : 기동 간 대형을 수시로 변경하는 등 적을 기만함으로써 위해기도자의 공격을 감소시켜서 위해기도가 실패하도록 유도하는 방법이다. 기출 24
⑤ **근접경호원의 임무수행방법** 기출 18·16·15·14

악수 시	• 경호대상자가 불특정 다수인과 악수하는 행위는 최근접 거리에서 신체적 접촉을 하는 관계로 위해의 기회가 가장 많이 노출된다. 따라서 경호원은 최근접하여 경계근무를 강화해야 한다. • 전방 경호원은 악수를 하기 위해 대기하고 있는 사람들의 수상한 행동, 눈빛, 손을 감시하면서 만일의 사태를 대비한다. 후방 경호원은 경호대상자의 최근접에서 악수하는 자와 악수를 마친 자들에 대한 경계근무를 수행하면서 우발상황 발생 시의 방어와 대적업무를 수행하여야 한다.
계단 이동 시	• 일반 도보대형과 동일한 대형을 취하되 경호대상자는 항상 계단의 중앙부에 위치하도록 한다. ★ • 경호대상자가 노약자이거나 여성인 경우에는 계단 측면의 손잡이를 잡고 이동할 수 있도록 하며, 좌·우측 중 외부 노출이 적은 쪽의 손잡이를 이용하도록 유도한다. ★ • 계단을 올라갈 때 전방 경호원은 계단이 끝나는 지점에서 평지에 대한 경계와 감시를 하고 안전이 확인된 후에 경호대상자가 올라오게 한 후 정상적인 도보대형을 형성한 후 이동하도록 한다.
에스컬레이터 이용 시	• 에스컬레이터는 사방이 노출되어 있고 이동속도가 느리기 때문에 우발상황 시 대피하기 어려운 면이 있으므로 가능하면 사용하지 않고 계단이나 엘리베이터를 이용하는 것이 안전하다. ★ • 에스컬레이터에서도 걸음을 멈추지 않고 최대한 짧은 시간에 에스컬레이터를 벗어나도록 한다. • 전방 근무자는 이동로를 확보하여 에스컬레이터에서도 이동시간을 단축시킬 수 있도록 한다.
출입문 통과 시	• 문을 통과할 때는 항상 전방 경호원이 문의 상태를 파악하고, 미는 문일 경우 안으로 들어가서 문을 잡고 있어야 하며, 당기는 문일 경우에는 바깥에서 문을 잡아 경호대상자가 안전하게 통과할 수 있도록 하는 등 먼저 문의 안전상태나 위해여부를 확인한 후 통과한다. • 경호대상자가 문을 통과하기 전에 좌측방 경호원이 먼저 문을 통과하여 들어갈 때는 내부, 나올 때는 외부에 대한 안전도를 확인한 후 경호대상자를 통과시키도록 한다. • 가능하면 회전문을 사용하지 않는 것이 좋다. ★★ • 내부 출입자는 내부의 일체 공간에 대한 위해자의 은닉 여부, 내부참석 인원, 독극물의 냄새, 시설상의 문제 등을 오각(五覺)을 통해 확인한다. • 경호대상자가 내부에 머물 때, 동석 이외의 경호원은 불순분자가 내부로 침입하지 않도록 외부에서 출입문에 대한 통제근무와 외부상황에 대한 경계업무를 수행하도록 한다.
엘리베이터 탑승 시	• 가능한 한 일반인과는 별도의 전용 엘리베이터를 이용하는 것이 좋다. ★ • 전용 엘리베이터는 사전에 이동층 표시등, 문의 작동속도, 비상시 작동버튼, 이동속도, 창문의 여부, 정원, 비상용 전화기 설치여부와 작동상의 이상 유무를 조사해 두어야 한다. • 엘리베이터의 문이 열렸을 때 경호대상자가 외부인의 시야에 바로 노출되지 않는 지역에 위치하도록 하여야 한다. ★ • 문이 열렸을 때 전방 경호원이 내부를 점검하고 목표층을 누르면 경호대상자를 내부 안쪽 모서리 부분에 탑승시킨 후 방벽을 형성하고 경계임무를 수행하도록 한다. ★
공중화장실 이용 시	• 행사장이나 이동로 주변에 공중화장실을 사전에 파악해두어야 한다. • 공중화장실 이용의 경우 약간 멀더라도 일반인이 많지 않고 격리된 곳이 좋다. ★ • 소변기를 사용할 경우는 문을 열었을 때 바로 경호대상자가 시야에 노출되지 않는 쪽을 사용하도록 하고, 대변기를 사용할 때는 끝 쪽의 벽면이 붙어 있는 곳을 사용하지 않도록 한다. ★

Ⅱ 행사장 경호

1. 행사장 경호의 의의
① 행사장 경호란 경호대상자가 참석하는 행사장 등에 경호요원을 배치하여 경호상 취약지점을 경계하는 안전작용이다.
② 행사장에서는 경호대상자와 일반대중과의 거리가 매우 밀접하게 되므로 경호자의 고도의 안전대책이 요구되고 높은 수준의 경계를 요하며, 원활한 행사를 위하여 경호정보업무, 보안업무, 안전대책업무가 지원되어야 한다. ★ 기출 21

2. 행사장 공경호 업무수행 요령
① 정문 근무자는 행사 주최측과 협의하여 초청장 소지, 비표패용 여부를 확인하고 거동수상자를 검색하여야 한다.
② 근무자는 국민의례 등에 참석하지 않고 오로지 군중경계에 전념하여 돌발사태 발생 시 바로 대응할 수 있는 자세를 갖추고 있어야 한다.
③ 돌발사태에 대비하여 예비대·비상통로·소방차·구급차 등을 확보하여 대기하여야 한다. ★

핵심문제

01 행사장 공경호 업무수행 요령에 관한 설명으로 옳지 않은 것은? 기출 13
① 정문 근무자는 초청장 등을 확인하고 거동수상자를 검문검색한다.
② 국민의례 등에 참여하지 않고 군중경계에 전념하여 돌발사태 대비자세를 갖춘다.
③ 돌발사태 대비, 비상통로 확보, 소방차, 구급차 등을 대기시킨다.
④ 외곽경비 시는 행사장 주변의 취약요소를 봉쇄감시하고 참석자들의 비표패용 여부를 확인한다.

[해설]
참석자들의 비표패용 여부를 확인하는 것은 출입자 통제관리의 요령이다. ★

정답 ④

3. 행사장 내부와 외부 담당자의 임무 기출 13·11

주행사장 내부 담당자의 임무	주행사장 외부 담당자의 임무
• 접견 예상에 따른 대책 및 참석자 안내계획을 수립한다. • 경호대상자 동선 및 좌석위치에 따른 비상대책을 강구한다. • 행사장 내 인적·물적 위해요인 접근통제 및 차단계획을 수립한다.★ • 정전 등 우발상황을 대비하고 필요시 행사진행절차에 입각한 예행연습을 실시한다.★ • 경호대상자의 휴게실 및 화장실의 위치를 파악하고 안전점검을 실시한다.★ • 필요시 방폭요, 역조명, 랜턴, 손전등을 비치한다.★ • 행사장 단일 출입 및 단상, 천장, 각종 집기류를 점검한다.	• 방탄막 설치 및 비상차량 운용계획을 수립한다.★ • 경비 및 경계구역 내에 대한 안전조치를 강화한다.★ • 차량 및 공중 강습에 대한 대비책을 수립한다.★ • 안전구역에 대한 단일 출입로를 설정한다.★ • 외곽 감제고지 및 직시건물에 대한 안전조치를 실시한다.★ • 지하대피시설을 점검하고 확보한다.★★ • 취약요소 및 직시시점을 고려하여 단상, 전시물을 설치한다.★

Ⅲ 연도경호

1. 연도경호의 의의

연도경호란 경호대상자의 행·환차로 상에서 직·간접적으로 이루어질 수 있는 위해에 대한 적절한 경호조치를 말한다.

2. 연도경호 시 근무요령

① 정복근무자는 복장이 주는 이점을 살려 군중의 질서를 유지하고 거동수상자의 접근 여부를 감시한다.
② 사복근무자는 군중 속에 섞여 잠정적 위협요소에 비노출된 채로 끊임없는 감시활동을 한다.
③ 경호행사 도중 예상치 못한 사태의 발생을 대비하기 위하여 비상대기조를 운영하여 갑작스런 경호대상자의 신변에 위협이 닥쳤을 때 즉응적으로 대응할 수 있게 한다.★
④ 주위에 고층건물이 있는 경우 위협요소로 하여금 보다 용이하게 경호대상자를 주시할 수 있게 할 수 있으므로 건물에 있을 수 있는 인적·물적 위해요소를 제거하여 경호에 만전을 기해야 한다.

핵심문제

01 경호임무 수행 시 행사장 내부 담당자의 임무수행 내용과 거리가 먼 것은? 기출 07

① 경비 및 경계구역에 대한 안전조치를 강화한다.
② 경호대상자의 휴게실 및 화장실의 위치를 파악한다.
③ 행사장 내 각종 집기류를 최종 점검한다.
④ 행사장 내 인·물적 접근 통제계획을 수립한다.

[해설]
①은 행사장 외부 담당자의 임무이다.

정답 ①

Ⅳ 숙소경호

1. 숙소경호의 의의
① 경호대상자가 평소에 거처하는 관저뿐만 아니라 임시로 외지에서 머무는 장소에 대한 경호경비활동을 말하며, 안전도모를 위해 물적·인적 위해요소를 사전에 배제해야 한다.★ 기출 18
② 주로 단독주택과 호텔 등이 그 대상으로 경비계획 수립 시 체류가 장기화 된다는 점과 야간에도 경계를 해야 한다는 점을 고려하여야 한다.★

2. 숙소경호의 특성
① 혼잡성 : 숙소의 특성상 출입이 빈번하고 숙소를 이용하는 일반인 이용객들이 많아 통제가 용이하지 않다.
② 보안의 위험성 : 매스컴을 통한 경호대상자의 거취의 보도나 보안차량과 인원의 이동 시 주변에 알려지기 쉬워 보안상에 위험이 많다.
③ 방어의 취약성 : 호텔 등 유숙지의 시설물은 일반 업무용 숙박시설의 기능을 가지고 있어 숙소의 종류 및 시설물들이 복잡하고 많은 위험요소가 내포되어 있기 때문에 경호적 개념의 방어에 취약하다.
④ 고정성 : 경호대상자의 동일 장소 장기간 체류는 범행 기도자에게 기회와 시간을 제공하게 될 수 있다.

핵심문제

01 숙소경호에 대한 설명으로 틀린 것은? 기출 05
① 숙소의 시설물에는 많은 위험요소가 내포되어 있으나 지역 내 출입하는 인원의 통제는 용이하다.
② 근무요령은 평상시, 입출시, 비상시로 구분하여 운용한다.
③ 경비배치는 내부, 내곽, 외곽으로 실시하고 외곽은 1, 2, 3선으로 경계망을 구성한다.
④ 수림지역 및 제반 감제고지 고층건물에 대한 접근로 봉쇄 및 안전확보를 한다.

[해설]
숙소의 시설물에는 많은 위험요소가 내포되어 있으며, 지역 내 출입하는 인원을 통제하기가 사실상 어렵다.

정답 ①

02 숙소경호에 관한 설명으로 옳지 않은 것은? 기출 12
① 주민들의 불편을 최소화하기 위해 인근 주민들은 경계대상에서 제외한다.
② 호텔 유숙 시 위해물 은닉이나 위장침투 등이 가능하기 때문에 일반인, 호텔업무종사자 등의 위해기도에 대비한 안전대책이 필요하다.
③ 호텔 등 유숙지의 시설물은 일반 업무용 숙박시설의 기능을 가지고 있기 때문에 경호적 개념의 방어에 취약하다.
④ 주변 민가지역 내 위해분자 은거, 감제고지의 불순분자 은신, 숙소주변 차량, 행·환차로 등의 위해요소를 확인한다.

[해설]
경호에 만전을 기하기 위해서 인근 주민들도 경계대상에 포함시켜야 한다. 즉, 호텔이나 유숙지 주변의 행사 전 출입자 파악 및 동향감시를 실시하도록 하고 거주 동향주민 외의 유동인원에 대한 유동순찰 및 검문, 검색을 강화한다.

정답 ①

3. 숙소경호 시 근무요령

① 경비배치는 내부·내곽·외곽으로 구분해서 실시하며 숙소의 외곽은 1, 2, 3선으로 해서 경계망을 구축하고 출입문에 출입통제반을 설치해 방문자 통제체계를 확립한다.★
② 근무는 평상시, 입출시, 비상시로 구분하고 도보순찰조와 기동순찰조를 운용한다.★
③ 출입구, 비상구와 통로, 주차장, 계단, 복도, 전기시스템, 엘리베이터 등을 확실히 점검하고 경계를 강화한다.
④ 정복근무자는 출입문 쪽에 배치하여 출입하는 인원의 경계를 강화하고 숙소 주위를 순찰하게 한다.★
⑤ 사복근무자는 숙소 주위에 유동적으로 배치하여 교대로 근무하게 한다.★
⑥ 주변 민가지역 내 위해분자 은거, 수림지역 및 제반 감제고지 고층건물의 불순분자 은신, 숙소주변 차량, 행·환차로 등의 위해요소를 확인한다.
⑦ 호텔 유숙 시 위해물 은닉이나 위장침투 등이 가능하기 때문에 일반인, 면담 요청자, 호텔업무종사자, 투숙객 등을 관리하여 위해기도에 대비한 안전대책을 면밀히 수행한다.
⑧ 경호에 만전을 기하기 위해서 숙소 주변의 인근 주민들도 경계대상에 포함시켜야 한다.★

4. 경호대상자를 경호하는 방법

① 숙소경호는 단독 주택과 호텔로 구분되며 3중 경호 개념과 경비 개념이 적용된다.★
② 경호지휘 및 통제에 필요한 경호상황실을 운영하여야 한다. 주로 경호대상자의 옆방이나 거실에 설치하게 된다. 호텔숙소인 경우 바로 옆방에 설치한다.
③ 호텔경호 시에 경호대상자가 묵고 있는 위·아랫방, 맞은편, 옆방은 수행원이나 경호원들이 사용하는 것이 좋다.★
④ 출입자 및 방문자 통제를 확실히 해야 하며 시설의 안전점검과 각종 사고예방에 유의한다.★

제4절 출입자 통제대책 기출 22·20·18·17·16·15·14·12

I 출입관리

1. 출입자 통제의 의의

출입자 통제란 안전구역 설정권 내에 출입하는 인적·물적 제반요소에 대한 안전활동을 의미한다.

기출 23·22

① **출입요소** : 행사 관련 참석자, 종사자, 상근자, 반입물품, 기동수단 등을 말한다.
② **출입통제** : 출입통로 지정, 시차입장, 본인 여부 확인, 비표운용, 검문검색, 주차관리 등을 하는 것을 의미한다.

II 출입자 통제업무 수행의 절차

1. 행사장 출입관리
① 인적 출입관리는 행사장의 모든 출입구에 대한 검색이나 수상한 자의 색출을 목적으로 한다.★
   기출 22
② 인적 출입을 관리할 때에는 외투나 휴대품 등에 대해 주의 깊게 검색하고 관찰해야 한다.
③ 하절기에 불필요한 긴 외투를 걸친 사람이 있다면 그에 대해서는 반드시 검색을 해야 하며 휴대품이 행사장 참석에 있어서 불필요하게 크다면 그것도 역시 확인해야 한다.
④ 어린이를 동반한 참석자 중에 어린이용 무기류의 장난감이 있다면 그것도 정확히 확인해야 한다.★
⑤ 출입자 통제업무는 안전구역 설정권 내에 출입하는 인적·물적 대상에 대하여 행사의 성격, 규모, 참가자의 수, 행사장 구조, 좌석배치도, 주차관리 등을 파악한다.★ 기출 23·22
⑥ 안전구역 설정권 내에 출입하는 시차입장 계획, 안내 계획, 비표운용 계획, 주차관리 계획 등에 대하여 세부적 지침을 수립하여 임무를 수행하여야 한다.

2. 출입자 통제대책
① 행사장 안전확보와 참석인원 등에 대한 안전조치 수단으로서 중요한 것은 비표 운용과 금속탐지기 또는 X-ray 검색기를 통한 검색활동이다.★
② 비표는 식별이 용이하도록 선명하여야 하며, 간단하게 제작한다.★ 기출 24·23
③ 모든 출입요소는 지정된 출입통로를 사용하여야 하며 기타 통로는 폐쇄한다. 기출 23·22
④ 대규모 행사 시에는 참석 대상별 또는 좌석별 구분에 따라 출입통로 선정 및 시차입장 계획을 수립하여 출입통제가 용이하도록 한다.★ 기출 24·22
⑤ 출입증은 전 참가자에게 운용함을 원칙으로 한다. 기출 24 단, 행사성격을 고려하여 일부 제한된 행사에 대해서는 지침에 의거, 운용하지 않을 수 있다.★
⑥ 검색은 금속탐지기에 의한 방법, 휴대용 금속탐지기, 육안 및 촉수, 냄새 등 오각에 의한 방법 등을 이용하여 모든 출입요소를 대상으로 이상 유무 및 위해물품 반입여부의 확인을 실시한다.
⑦ 금속탐지기를 사용한 검색 시 모든 출입요소를 대상으로 실시하고 예외를 불허함을 원칙으로 한다.
⑧ 물품보관소를 운용하여 출입자의 위해 가능 물품 또는 검색불가 휴대품을 별도로 보관한다.
⑨ 경호원은 최신 불법무기와 사제 폭발물 제작 및 유통정보에도 정통하여야 한다.

3. 시차입장 계획
① 모든 참석자는 행사 시작 15분 전까지 입장을 완료하도록 하며, 지연 참석자에 대해서는 검색 후 별도 지정된 통로로 출입을 허용한다.★★ 기출 24·22
② 참석자의 지위, 연령, 단체, 기동수단, 참석자 수 등을 고려하여 시차간격을 조정하며 출입통로를 융통성 있게 지정하여 입장 대기 등 불편요소를 최소화한다.
③ 입장 소요시간 판단은 1분에 30~40명을 기준으로 하되, 행사성격, 규모, 장소, 출입문의 수, 참석자 등을 고려하여 증감할 수 있다.★

4. 안내 계획

① 안내요원은 행사 주최측 요원으로 지정하도록 조정·통제한다. ★
② 안내반 편성은 임무 및 장소에 따라 출입증 배부, 통로 및 좌석 안내, 기타 조로 구분하여 중간 집결지를 선정하여 단체 인솔 시는 차량 안내조를 추가한다.
③ 중간 집결지 운용은 행사 주최측에 일임하되 행사 참석자의 신원, 신분 등에 따라 경호 및 경비 안전요원을 운용한다. ★
④ 출입증 배부장소 안내요원은 가능한 한 참석자를 식별할 수 있는 각 부서별 실무자를 선발하여 운용한다. ★
⑤ 행사 중 업무수행을 위한 이동과 용변 등의 불가피한 이동요소에 대한 통제는 지양한다. ★
⑥ 입장 인원이 많을 경우 혼잡을 피하기 위하여 열을 지어 입장하게 하고 불순분자의 입장을 저지하기 위하여 하차지점에서부터 출입문까지 정복 차단조를 운영한다.
⑦ 참석자들이 소지하고 있는 금속류, 카메라 등 소지하여서는 안 되는 휴대품에 대하여 사전에 설명을 하고 차량에 보관 또는 물품보관소에 보관하도록 한다.

5. 출입통로 지정 기출 24·22·19

① 출입자의 출입통로는 가능한 한 단일 통로를 원칙으로 하나, 행사장 구조, 참가자 수, 참석자 성분 등을 고려하여 수개의 출입통로를 지정하여 불편요소를 최소화할 수 있다. ★
② 출입통로는 참가자 누구나 쉽게 식별할 수 있는 통로를 지정한다. ★

핵심문제

01 출입자 통제업무 내용으로 옳지 않은 것은? 기출 17

① 인적 출입관리는 행사장의 모든 출입구에 대한 검색이나 수상한 자의 색출을 목적으로 한다.
② 비표는 식별이 어렵게 하여 보안성을 강화한다.
③ 참석자가 시차별로 지정된 출입통로를 통하여 입장토록 한다.
④ 모든 출입요소는 지정된 출입통로를 사용하여야 하며 기타 통로는 폐쇄한다.

[해설]
비표는 식별이 용이하도록 단순하고 선명하게 제작하여 사용함으로써 경호조치의 효율성을 증대시킬 수 있다.

정답 ②

02 출입자 통제업무 수행에 관한 설명으로 옳지 않은 것은? 기출 18

① 출입통로는 가능한 단일화 또는 최소화하도록 한다.
② 지연 참석자에 대해서는 검색 후 출입을 허용하지 않도록 한다.
③ 참석자의 지위, 참석자 수 등을 고려하여 시차입장 계획을 수립한다.
④ 행사장 및 행사규모에 따라 참석대상별 주차지역을 구분하여 설정한다.

[해설]
지연 참석자에 대해서는 검색 후 별도 지정된 통로로 출입을 허용한다.

정답 ②

6. 주차관리통제

① 행사장 및 행사 규모에 따라 참석 대상별 주차지역을 구분하여 선정하고 경호대상자 주차지역은 별도로 확보하여 운용한다. ★ 기출 24
② 주최측은 효율적인 주차관리를 위해 승차입장카드에 대상별 주차지역을 사전에 고려하여야 하며 주차지역별로 안내요원을 배치한다. ★
③ 주차관리는 참석자 등의 불편 최소화 및 입·퇴장의 질서유지 등 용이성을 고려해 적절한 행사장 인접지역을 선정하고 참석대상별로 구분해 운용한다. ★
④ 주차장에 주차하는 승용차 등은 리스트에 등재되어 있는 차량인지 여부를 확인한다.
⑤ 트럭은 작업이나 기타 필요한 용무를 위해서만 주차를 허가하거나, 별도의 장소로 주차를 유도하는 방법도 고려한다. ★
⑥ 택시는 방문객이 내리면 곧 퇴출시키고 주차를 금지하도록 한다. ★
⑦ 경호원이 출입차량을 대리운전하거나 기타의 사유로 인해 지정된 장소에서 이탈해서는 안 된다. ★

7. 주차장 선정 시 고려사항

① 행사장과 안전거리 사이의 충분한 주차 공간의 확보가 가능한 지역을 선정한다. ★
② 장소 식별 및 주차가 용이한 지역을 선정한다. ★
③ 전반적인 입·퇴장 계획과 연계하여 인원 및 차량의 출입통제가 용이한 지역을 선정한다. ★
④ 가능한 한 일반 주차통제에 무리가 없는 공공기관 시설을 선정하여 운용한다. ★

8. 경호인력 배치 시 고려사항

① 의심스러운 곳이나 견제해야 할 요소가 있는 곳은 중첩 배치하여 취약성을 보완하도록 한다. ★
② 경호대상자가 직시되는 고층건물일 경우 완전히 장악할 수 있도록 배치한다. ★
③ 주위 여건상 취약하다고 판단이 되는 곳은 중점적으로 배치하되, 주변환경과 예상치 못한 상황을 고려하여 전체적으로 배치하여야 한다.
④ 특별히 통제를 해야 할 곳은 전 구간이 통제되도록 배치한다. ★
⑤ 사전에 충분한 예행연습으로 정확한 위치를 선정한다.

핵심문제

01 출입자 통제업무에 관한 설명으로 옳지 않은 것은? 기출 14

① 지연 참석자에 대해서는 검색 후 별도 지정된 통로로 출입을 허용한다.
② 안내요원은 행사 주최측 요원으로 지정하도록 조정·통제한다.
③ 행사장 및 행사 규모에 따라 참석 대상별 주차지역을 구분하여 선정하고, 본대 주차지역은 행사 참석자 주차장을 이용한다.
④ 출입통로는 가능한 한 단일 통로를 원칙으로 한다.

[해설]
행사장 및 행사 규모에 따라 참석 대상별 주차지역을 구분하여 선정하고, 경호대상자의 주차지역은 별도로 확보·운용한다.

정답 ③

통제대책 기출 24·23·22·21·20·19

출입통제	행사장에 대한 출입통제는 3선 경호개념에 의거한 경호구역의 설정에 따라 각 구역별 통제의 범위를 결정한다. 3중의 경호막을 통해서 조기경보체제를 구축하고 위해기도자의 침투를 중첩되게 차단한다. 특히 1선인 안전구역은 행사와 무관한 사람들의 행사장 출입을 통제 또는 제한하고, 그 효과를 극대화하기 위해서 가능한 한 출입구를 단일화하거나 최소화한다. 출입구에는 금속탐지기 등을 설치하여 출입자와 반입물품을 확인한다. 2선인 경비구역은 행사 참석자를 비롯한 모든 출입요소의 1차 통제점이 되어, 상근자 이외에 용무가 없는 사람들의 출입을 가급적 제한한다. 안전구역에 대한 출입통제대책은 다음의 조치를 수반한다. • 모든 출입요소에 대한 인가여부를 확인한다. • 참석자가 시차별로 지정된 출입통로를 통하여 입장토록 한다. • 비표 운용을 통하여 비인가자의 출입을 통제한다. • MD(금속탐지기) 검색을 통하여 위해요소의 침투를 차단한다.
입장계획	• 현장에서의 혼잡 예방을 위해서는 중간집결지를 운영하여 단체로 입장토록 하는 방법이나 시차별 입장을 통하여 인원을 분산시킨다. • 차량출입문과 행사 참석자의 도보출입문을 구분하여 운영한다. • 참석자 입장계획은 철저한 신분확인 및 검색과 직결된 문제로 시차별 입장계획과 출입구별 인원 배분계획을 수립하여, 참석자가 일시에 몰리거나 특정 출입구로 몰리는 혼란을 미연에 방지한다.
주차계획	• 입장계획과 연계하여, 주차장별로 승차입장카드를 구분 운영하고, 참석자들이 하차하는 지점과 주차장소에 대한 안내표지판을 설치하고 안내한다. • 행사장에서의 혼잡상황을 예방하거나 행사장 주변에 주차장이 충분치 않을 경우에는 중간집결지를 운용하여 단체버스로 이동시키고, 개별 승용차의 행사장 입장을 가급적 억제한다.
비표 운용계획	• 비표의 종류에는 리본, 배지, 명찰, 완장, 모자, 조끼 등이 있으며, 비표는 대상과 용도에 맞게 적절히 운용한다. • 행사 참석자를 위한 명찰이나 리본은 구역별로 그 색상을 달리하여 식별 및 통제가 용이하도록 하면 효과적이다.
금속탐지기 운용계획	• 행사장의 배치, 행사 참석자의 규모 및 성향 등을 고려하여 통제가 용이하고 공간이 확보된 장소에 설치 운용한다. • 금속탐지기를 통한 검색능력은 대략 초당 1명 정도인 점을 감안하여 금속탐지기의 설치장소 및 대수를 판단하고, 행사의 성격에 따라 X-ray나 물품보관소를 같이 운용한다.
통제수단	비 표	• 모든 인적·물적 출입요소의 인가 및 확인 여부를 표시하기 위하여 사용되는 중요한 수단이다. • 비표는 모양이나 색상이 원거리에서도 식별이 용이하도록 단순하고 선명하게 제작하여 사용함으로써 경호조치의 효율성을 증대시키고, 재생이나 복제가 되어서는 안 된다.
	금속탐지기	• 크게 문형 금속탐지기와 휴대용 금속탐지기로 구분할 수 있다. • 인적·물적 출입요소의 이상 유무와 위해물품 반입여부를 확인하기 위한 금속탐지기는 금속성 물질에만 제한적으로 반응하는 특징이 있다.

〈출처〉 이두석, 「경호학개론」, 진영사, 2018, P. 265~267

제5절 우발상황(돌발사태) 대응방법 기출 18·17·16·15·14·13·12

I 우발상황의 의의 기출 20

우발상황이란 어떤 사건이 뜻하지 않게 발생하는 것으로, 경호임무를 수행하는 중에 경호대상자에 대한 직접적인 위해나 공격, 군중들에 의한 혼란상황의 야기, 예기치 못한 교통 및 화재사고 등 갑작스럽게 발생하는 각종 위해상황을 말한다.

> **우발상황의 유형**
> - 계획적 우발상황 : 위해기도자에 의해 의도되고 계획된 우발상황이다.
> - 부주의에 의한 우발상황 : 실수로 전기스위치를 잘못 건드려 전기가 나간다거나, 엘리베이터 정지버튼을 눌러서 엘리베이터가 정지하는 등의 상황을 말한다.
> - 자연발생적 우발상황 : 갑자기 소나기가 내려 군중이 한군데로 몰리면서 혼잡상황이 발생하거나, 차량의 고장 등으로 인하여 도로에 정체현상이 발생하는 경우 등을 말한다.
> - 천재지변에 의한 우발상황 : 홍수 등으로 인하여 도로가 유실되거나, 폭설로 인하여 도로가 차단되는 경우 등을 말한다.
>
> 〈출처〉이두석, 「경호학개론」, 진영사, 2018, P. 344

II 우발상황의 대응방법

1. 우발상황의 대응방법 순서

우발상황 시 인지 → 경고 → 방벽 형성 → 방호 및 대피 → 대적 및 제압의 순서로 행동한다. ★

2. 우발상황의 특성 기출 24·23·22·21·20·19·18·17

불확실성(사전예측의 곤란성)	우발상황의 발생 여부가 불확실하고 사전예측이 곤란하여 대비가 어렵다.
돌발성	우발상황은 사전예고 없이 돌발적으로 발생한다.
시간제약성	돌발성으로 인해 우발상황에 대처할 충분한 시간적 여유가 없다.
중대성(혼란 야기와 무질서, 심리적 불안정성)	우발상황은 경호대상자의 안전이나 행사에 치명적인 영향(무질서, 혼란, 충격, 공포 등)을 끼칠 수 있는 상황으로, 경호대상자의 신변에 중대한 결과를 초래할 수 있다.
현장성	우발상황은 현장에서 발생하고 이에 대한 경호조치도 현장에서 이루어져야 한다.
자기보호본능의 발현	• 우발상황 발생 시 일반인뿐만 아니라 경호원도 인간의 기본욕구인 자기자신을 보호하려는 보호본능이 발현된다. • 자기보호본능의 발현에도 불구하고 경호원으로서 본분을 망각하지 않기 위해 평소에 공격 방향으로 신속하고도 과감히 몸을 던지는 반복숙달 훈련과 심리적 훈련이 요구된다.

〈출처〉이두석, 「경호학개론」, 진영사, 2018, P. 344

3. 우발상황 시 즉각조치 기출 23·22·21·19

① 즉각조치의 과정은 경고 – 방호 – 대피의 순서로 전개된다(동시에 이루어지는 일체적 개념이다). ★
② 대적 시에는 경고와 동시에 위해자와 가장 가까이에 있는 경호원이 과감히 몸을 던져 공격선을 차단한다.
③ 총으로 공격하는 위해자를 제압할 경우, 위해자의 총을 아래로 눌러서 제압한다. ★
④ 대적하는 경호원은 경호대상자를 등지고 위험발생지역으로 향한다. ★

4. 우발상황 발생에 따른 범인의 대적 및 제압

① 공격방향 전환 시 경호대상자보다 범인의 방향을 전환시키는 것이 효과적이다. ★
② 대적과 제압 시 주위의 환경, 공격의 방향과 방법, 범인의 공격기술능력을 순간적으로 파악해야 한다.
③ 범인의 저항을 최소화하기 위하여 몸 전체를 최대한 밀착시켜 범인의 행동반경을 최소화한다.
④ 완전히 제압된 범인은 현장으로부터 이동시켜 주변의 질서를 유지시킨다.

핵심문제

01 우발상황의 특성이 아닌 것은? 기출 18

① 사전 예측의 가능
② 무질서와 혼란 야기
③ 자기보호본능 기제의 발동
④ 즉각조치의 요구

[해설]
우발상황은 사전 예측이 곤란하다는 특성이 있다.

정답 ①

02 우발상황의 대응순서가 바르게 연결된 것은? 기출 09 · 04

① 인지 → 경고 → 방벽 형성 → 대적 및 제압 → 방호 및 대피
② 인지 → 경고 → 방벽 형성 → 방호 및 대피 → 대적 및 제압
③ 인지 → 방벽 형성 → 경고 → 대적 및 제압 → 방호 및 대피
④ 인지 → 방벽 형성 → 경고 → 방호 및 대피 → 대적 및 제압

[해설]
우발상황의 대응순서는 상황인지 → 경고 → 방벽 형성 → 방호 및 대피 → 대적 및 제압 순이다.

정답 ②

03 즉각조치에 관한 설명으로 옳지 않은 것은? 기출 14

① 즉각조치의 과정은 경고 - 방호 - 대피의 순서로 전개된다.
② 대적 시에는 경고와 동시에 위해자와 가장 가까이에 있는 경호원이 과감히 몸을 던져 공격선을 차단한다.
③ 총으로 공격하는 위해자를 제압할 경우, 위해자의 총을 위로 편향시키고 제압한다.
④ 대적하는 경호원은 경호대상자를 등지고 위험발생지역으로 향한다.

[해설]
총으로 공격하는 위해자를 제압할 경우, 무기와 팔을 제압하기 쉽게 위해자의 총을 아래로 눌러서 제압한다.

정답 ③

04 경호임무 수행 시 우발상황 발생에 따른 범인의 대적 및 제압에 관한 설명으로 틀린 것은? 기출 06

① 공격방향 전환 시 범인보다 경호대상자의 방향을 전환시키는 것이 효과적이다.
② 대적과 제압 시 주위의 환경, 공격의 방향과 방법, 범인의 공격기술능력을 순간적으로 파악해야 한다.
③ 범인의 저항을 최소화하기 위하여 몸 전체를 최대한 밀착시켜 범인의 행동반경을 최소화해야 한다.
④ 완전히 제압된 범인은 현장에서 이동시켜 주변의 질서를 유지시킨다.

[해설]
공격방향 전환 시 경호대상자보다 범인의 방향을 전환시키는 것이 효과적이다. ★

정답 ①

5. 경호원의 행동요령 및 대응요령

① 경호원의 행동요령

㉠ 경호행사 중 뜻하지 않는 돌발사태가 발생할 경우에는 육성이나 무전기로 전 경호요원에게 우발상황의 위치나 위험의 종류, 성격 등의 상황 내용을 통보하여 경고한다.★

㉡ 가장 먼저 공격을 인지한 경호원이 경고를 함으로써 주변 경호원으로 하여금 신속하게 상황 대처를 하도록 하여야 한다.

㉢ 경호대상자를 대피시킬 때는 시간이 지체되어서는 안 되고, 신속하게 위험지역에서 대피시켜야 한다.

㉣ 우발상황이 발생했을 경우 신속한 대적행위보다 방호 및 대피가 우선되어야 한다.★

㉤ 대피 시에는 경호대상자를 신속하게 안전지대로 대피시키기 위해 경호대상자에게 신체적 무리가 뒤따르고 다소 예의를 무시하더라도 과감하게 행동을 하여야 한다.★ 기출 22

㉥ 경호원의 주의력효과 면에서는 군중과의 거리가 가까울수록 유리하고, 대응효과 면에서는 군중과의 거리가 멀수록 유리하다.★ 기출 22

㉦ 근접경호요원과 담당경호요원들 외에 경호요원들은 암살범을 체포하거나 부상자를 돕고 증거의 보존을 위해 현장을 봉쇄한다.

㉧ 완벽한 수사를 통해 범행의 성격·범위·공범 여부를 밝히고 단순 사건인가 국제테러조직의 계획적 음모인가 등의 진상 규명을 위해서는 암살 기도자를 반드시 생포해야 한다.★

② 우발상황 시 근접경호원의 대응요령 기출 23·22·20·18·17

㉠ 자기희생의 원칙에 따라 체위를 확장하여 경호대상자의 노출을 최소화하고 최대의 방호벽을 형성한다.★

㉡ 경호원은 자신의 생명을 보호하기 위하여 자세를 낮추거나 은폐 또는 은신해서는 안 되며, 자신보다 경호대상자를 먼저 육탄방어할 수 있는 자세로 임해야 한다.★

㉢ 육성 경고와 동시에 비상조치계획에 따라 경호대상자를 우선 대피시킨다.★

㉣ 대피 시 적 공격의 반대 방향이나 비상구 쪽으로 대피한다.★

핵심문제

01 우발상황 시 근접경호원의 대응요령으로 옳지 않은 것은? 기출 14

① 체위를 확장하여 최대의 방호벽을 형성한다.
② 가급적 빠른 시간 내 범인을 제압하고 현장을 보존한다.
③ 육성 경고와 동시에 비상조치계획에 따라 경호대상자를 우선 대피시킨다.
④ 공범에 의한 양동작전에 유념해야 하고, 경호원의 주의를 다른 곳으로 전환하도록 하는 위해기도자의 전술에 휘말려서는 안 된다.

[해설]
대적 및 제압보다는 경호대상자를 방호하여 안전한 곳으로 대피시키는 것이 우선이다.

정답 ②

ⓜ 공범에 의한 양동작전에 유념해야 하고, 경호원의 주의를 다른 곳으로 전환하도록 하기 위한 위해기도자의 전술에 휘말려서는 안 된다.
ⓑ 근접경호요원 이외의 경호요원들은 자기담당구역 책임의 원칙에 따라 맡은 지역에서 계속 임무를 수행하며 대적은 불가피한 경우에만 하고 보복공격을 하지 말아야 한다.★
ⓢ 우발상황 발생 시 체위확장의 원칙은 경호대상자를 방호하는 측면에서, 촉수거리의 원칙은 위해기도자를 대적 및 제압하는 측면에서 적용될 수 있다. 기출 23

방호 및 대피 대형 형성 시 고려사항 기출 17·16·14·11
- 경호대상자와 경호원 및 위해기도자와의 거리
- 행사장 주위 상황과 군중의 성격·수
- 범인 공격의 유형과 성격, 우발상황의 종류와 성격
- 대응 소요시간에 대한 판단
- 방어 및 대피 대형을 형성할 수 있는 경호원의 수

---

6. **우발상황 발생 시 비상대피소의 선정방법** 기출 19
    ① 상황이 길어질 경우를 고려하여 잠시 동안 머물러 있을 수 있는 장소를 선정해야 한다.★
    ② 경호대상자의 노출을 최소화하고 30초 이내의 시간이 소요되는 장소를 선정해야 한다.★
    ③ 불필요한 출입자를 통제하기 용이한 장소로 미리 사전에 확보해 두는 것이 좋다.
    ④ 비상상황 시에는 안전한 장소도 중요하지만 무엇보다 빨리 대피하는 것이 우선이다.★

핵심문제

01 우발상황 발생 시 비상대피소의 선정 방법으로 틀린 것은? 기출 04·02
    ① 상황이 길어질 경우를 고려하여 잠시 동안 머물러 있을 수 있는 장소를 선정해야 한다.
    ② 경호대상자의 노출을 최소화하고 30초 이내의 시간이 소요되는 장소를 선정해야 한다.
    ③ 불필요한 출입자를 통제하기 용이한 장소로 사전에 확보해 두는 것이 좋다.
    ④ 경호대상자를 잠시 대피시킬 수 있는 장소보다는 시간이 많이 소요되더라도 안전한 장소를 선정하는 것이 좋다.

【해설】
비상상황 시에는 안전한 장소도 중요하지만 빨리 대피하는 것이 목적이다.

정답 ④

7. 우발상황 시 경호 대형 기출 24·23·22·20·17

① 함몰형 대형
  ㉠ 수류탄 또는 폭발물과 같은 폭발성 화기에 의한 공격을 받았을 때 사용되는 방호 대형으로 경호대상자를 지면에 완전히 밀착시키고 그 위에 근접경호원들이 밀착하며 포개어, 경호대상자의 신체가 외부에 노출되지 않도록 해야 한다. ★
  ㉡ 경호대상자에게는 근접경호원에 의해 신체적인 통제와 완력이 가해지는데, 경호대상자의 신변을 보호하기 위해서는 체면이나 예의를 고려치 않는 과감한 행동이 요구된다. ★

② 방어적 원형 대형
  ㉠ 위해의 징후가 현저하거나 직접적인 위해가 가해졌을 때 형성하는 방어 대형이다.
  ㉡ 경호행사 시 최소안전구역의 확보에 실패하여 경호대상자가 군중 속에 갇혀있는 상황에서 현장 이탈을 시도할 때 사용하는 대형으로, 경호원들이 각자의 왼쪽에 있는 경호원의 벨트 뒤쪽을 꽉 잡아서 원형의 인간고리를 형성하여 강력한 스크럼을 형성하는 대형이다.

> **최소안전구역**
> • 경호대상자의 신변 안전 확보와 경호조치를 위한 최소한도의 공간을 말한다.
> • 최소한 촉수거리 이상의 공간을 확보하여야 하며, 최소안전구역 확보 이전에 이동통로가 확보되고 질서가 유지되어야 한다.
>
> 〈참고〉이두석,「경호학개론」, 진영사, 2018, P. 320

  ㉢ 군중심리에 따라 지지자들이 광적으로 변하거나 일순간에 적대적으로 변할 수도 있으므로 우발상황 발생 시 신속하게 현장에서 경호대상자를 이탈시켜야 한다.

핵심문제

01 우발상황 대응기법에 관한 설명으로 옳지 않은 것은? 기출 12

① 우발상황 대응은 공격의 인지 - 경고 - 방호 - 대피 - 대적의 순으로 이루어진다.
② 경호원의 대응효과 면에서는 군중과의 거리가 멀수록 유리하다.
③ 가장 먼저 공격을 인지한 경호원이 경고를 함으로써 주변 경호원으로 하여금 신속하게 상황대처를 하도록 하여야 한다.
④ 수류탄에 의한 공격을 받았을 때에는 방어적 원형 대형으로 경호대상자를 에워싸는 형태를 유지한다.

[해설]
수류탄에 의한 공격을 받았을 때에는 함몰형 대형으로 경호대상자를 에워싸는 형태를 유지한다.

정답 ④

CHAPTER 04 경호복장과 장비

제1절 경호원의 복장과 장비

I 경호복장의 종류 및 착용 요령 기출 21·20·19·18

1. 경호복장의 착용

경호요원은 행사의 성격에 따라 보호색원리에 의한 경호현장의 주변환경과 조화되는 복장을 착용하여 신분이 노출되지 않도록 한다. → 노출경호 필요시 지정된 복장 착용★

2. 복장의 착용 요령

품위유지	근접 경호원은 예의 바른 언행뿐만 아니라 정장 차림처럼 단정한 복장을 착용하여 경호원으로서 품위를 유지하여야 한다.
주변환경과의 조화	복장은 행사 성격에 따라 주변환경과 조화되도록 착용해야 하며, 화려한 색상이나 새로운 패션의 스타일은 눈에 띄기 쉬우므로 보수적인 색상과 스타일의 복장이 적합하고, 행사의 성격, 장소와 시간 등 주변상황과 조화를 이루도록 하여야 한다.★
셔 츠	색상은 흰색 계통의 밝은 색으로 하고 면 함유율이 높은 것이 활동하기 용이하다.★
양복, 코트, 바지	양복은 잘 구겨지지 않고 짙은 색이 좋으며, 코트는 장비를 휴대할 것을 고려하여 약간 여유 있는 것이 좋고, 바지는 너무 길어서 걸려 넘어지지 않도록 해야 한다.★
신발, 양말	땀의 흡수가 좋은 면양말이 좋으며, 신발은 가죽 제품으로 발목 위로 올라와 발목을 보호하고 착용감이 좋고 편한 것을 선택한다. 여성 경호원의 경우 신발 뒷굽의 높이와 편의성을 고려하여 하이힐은 피하는 것이 좋다.★
보안경	업무수행 중 먼지가 들어가는 것을 막고 위해자의 스프레이, 화학물질로부터 눈을 보호하며, 눈의 피로를 방지하고 눈동자의 움직임이 외부로 노출되지 않도록 한다.
모 자	비, 눈, 태양광선, 바람을 피하고 눈의 움직임을 노출시키지 않기 위해서 착용한다.

경호복장 선택 시 고려사항 기출 24·23·22
- 경호복장은 기능적이고 튼튼한 것이어야 한다.
- 행사의 성격과 장소에 어울리는 복장을 착용한다.
- 경호대상자보다 튀지 않아야 한다.
- 어두운 색상일수록 위엄과 권위가 있어 보인다. 주위의 시선을 끌만한 색상이나 디자인은 지양한다.
- 셔츠는 흰색 계통이 무난하며, 면소재의 제품이 활동하기에 편하다.
- 양말은 어두운 색으로, 발목 위로 올라오는 것을 착용한다.
- 장신구의 착용은 지양한다. 여자 경호원의 경우 장신구를 착용한다면 평범하고 단순한 것으로 선택한다.
- 신발은 장시간 서있는 근무상황을 고려하여 편하고 잘 벗겨지지 않는 것을 선택한다.

〈출처〉 이두석, 「경호학개론」, 진영사, 2018, P. 247

3. 경호복장의 법제상 규정

① **대통령경호처 복제**(대통령 등의 경호에 관한 법률 시행령 제34조)
  ㉠ 경호처장이 필요하다고 인정하는 경우에는 직원에게 제복을 지급할 수 있다.★ 기출 24
  ㉡ 직원의 복제에 관하여 필요한 사항은 경호처장이 정한다.★ 기출 24

> 대통령경호처에 파견근무하는 경찰공무원의 복제에 대해서는 경찰복제에 관한 규칙 제11조에 따라 경호처장이 정한다.
> 기출 23

② **경찰·군·헌병(군사경찰)기관의 경호원 복제**
  ㉠ 법령으로 복제규정을 두어 정형화되어 있는 경우가 있다.
  ㉡ 법령의 규정이 없는 경우는 일반인과 같이 평상복을 입는다.

③ **청원경찰의 복제**(청원경찰법 제8조, 동법 시행령 제14조)
  ㉠ 청원경찰은 근무 중 제복을 착용하여야 하고, 복제와 무기휴대에 관하여 필요한 사항은 대통령령으로 정한다.★
  ㉡ 청원경찰의 복제는 제복·장구 및 부속물로 분류하고, 제복·장구 및 부속물에 관하여 필요한 사항은 행정안전부령(청원경찰법 시행규칙 제9조)으로 정한다.★
  ㉢ 청원경찰이 배치지의 특수성 등으로 특수복장을 착용할 필요가 있을 때에는 청원주는 시·도 경찰청장의 승인을 얻어 특수복장을 착용하게 할 수 있다.

④ **경비원의 복장 등**(경비업법 제16조 제1항·제2항, 동법 시행령 제19조 제4항)
  ㉠ 경비업자는 경찰공무원 또는 군인의 제복과 색상 및 디자인 등이 명확히 구별되는 소속 경비원의 복장을 정하고 이를 확인할 수 있는 사진을 첨부하여 주된 사무소를 관할하는 시·도 경찰청장에게 행정안전부령으로 정하는 바에 따라 신고하여야 한다.★★
  ㉡ 경비업자는 경비업무 수행 시 경비원에게 소속 경비업체를 표시한 이름표를 부착하도록 하고, ㉠에 따라 신고된 동일한 복장을 착용하게 하여야 하며, 복장에 소속 회사를 오인할 수 있는 표시를 하거나 다른 회사의 복장을 착용하게 하여서는 아니 된다. 다만, 집단민원현장이 아닌 곳에서 신변보호업무를 수행하는 경우 또는 경비업무의 성격상 부득이한 사유가 있어 관할 경찰관서장이 허용하는 경우에는 그러하지 아니하다.★
  ㉢ 경비원은 경비업무 수행 시 이름표를 경비원 복장의 상의 가슴 부위에 부착하여 경비원의 이름을 외부에서 알아볼 수 있도록 하여야 한다.★

핵심문제

01 근접경호원의 복장으로 적합한 것은? 기출 11

① 행사의 성격과 관계없이 경호원의 품위가 느껴지는 검정색 계통의 정장
② 보호색원리에 의한 경호현장의 주변환경과 조화되는 복장
③ 위해기도자에게 강한 인상을 줄 수 있는 색상과 장비착용에 편한 기능성 복장
④ 경호대상자와 구분되는 색상이나 스타일의 복장

[해설]
근접경호원의 복장은 보호색의 원리에 의한 비노출적 근무를 해야 한다. 따라서 ②처럼 보호색원리에 의한 경호현장의 주변 환경과 조화되는 복장이 가장 알맞다.

정답 ②

Ⅱ 경호장비

1. 경호장비의 개념
경호장비란 경호대상자를 보호하는 데 필요한 호신장비[경호총기 포함(多)], 방호장비, 감시장비, 검색장비, 통신장비, 기동장비 등을 말한다. ★

2. 호신장비 등과 관련된 관계법령
① 대통령 등의 경호에 관한 법률

> **무기의 휴대 및 사용(대통령 등의 경호에 관한 법률 제19조)** 기출 24·22·20
> ① 처장은 직무를 수행하기 위하여 필요하다고 인정할 때에는 소속 공무원에게 무기를 휴대하게 할 수 있다. ★
> ② 제1항에 따라 무기를 휴대하는 사람은 그 직무를 수행할 때 필요하다고 인정하는 상당한 이유가 있을 경우 그 사태에 대응하여 부득이하다고 판단되는 한도 내에서 무기를 사용할 수 있다. 다만, 다음 각호의 어느 하나에 해당할 때를 제외하고는 사람에게 위해를 끼쳐서는 아니 된다. ★★
> 1. 형법 제21조 및 제22조에 따른 정당방위와 긴급피난에 해당할 때
> 2. 제4조 제1항 각호의 경호대상에 대한 경호업무 수행 중 인지한 그 소관에 속하는 범죄로 사형, 무기 또는 장기 3년 이상의 징역 또는 금고에 해당하는 죄를 범하거나 범하였다고 의심할 만한 충분한 이유가 있는 사람이 소속 공무원의 직무집행에 대하여 항거하거나 도피하려고 할 때 또는 제3자가 그를 도피시키려고 소속 공무원에게 항거할 때에 이를 방지하거나 체포하기 위하여 무기를 사용하지 아니하고는 다른 수단이 없다고 인정되는 상당한 이유가 있을 때
> 3. 야간이나 집단을 이루거나 흉기나 그 밖의 위험한 물건을 휴대하여 경호업무를 방해하기 위하여 소속 공무원에게 항거할 경우에 이를 방지하거나 체포하기 위하여 무기를 사용하지 아니하고는 다른 수단이 없다고 인정되는 상당한 이유가 있을 때

② 청원경찰법령
  ㉠ **무기휴대**(청원경찰법 제8조 제2항) : 시·도 경찰청장은 청원경찰이 직무수행을 위하여 필요하다고 인정할 때에는 청원주의 신청에 의하여 관할 경찰서장으로 하여금 청원경찰에게 무기를 대여하여 지니게 할 수 있다. ★
  ㉡ **분사기 휴대**(청원경찰법 시행령 제15조) : 청원주는 「총포·도검·화약류 등의 안전관리에 관한 법률」에 의한 분사기의 소지허가를 받아 청원경찰로 하여금 그 분사기를 휴대하여 직무를 수행하게 할 수 있다. ★
  ㉢ **탄약의 출납**(청원경찰법 시행규칙 제16조 제2항 제2호) : 소총의 탄약은 1정당 15발 이내, 권총의 탄약은 1정당 7발 이내로 출납하여야 한다. 이 경우 생산된 후 오래된 탄약을 우선하여 출납하여야 한다.

③ 경비업법령
  ㉠ 일반경비원
  - 휴대장비
    - 경비원이 휴대할 수 있는 장비의 종류는 경적·단봉·분사기 등 행정안전부령으로 정하되, 근무 중에만 이를 휴대할 수 있다(경비업법 제16조의2 제1항). 기출 24
    - 경비원은 근무 중 경적, 단봉, 분사기, 안전방패, 무전기 및 그 밖에 경비 업무 수행에 필요한 것으로서 공격적인 용도로 제작되지 아니하는 장비를 휴대할 수 있으며, 안전모 및 방검복 등 안전장비를 착용할 수 있다(경비업법 시행규칙 제20조 제1항). ★ 기출 19
  - 분사기 휴대(경비업법 제16조의2 제2항) : 경비업자가 경비원으로 하여금 분사기를 휴대하여 직무를 수행하게 하는 경우에는 「총포·도검·화약류 등 단속법」에 따라 미리 분사기의 소지허가를 받아야 한다. ★

  기출 19

ⓒ 특수경비원
- 무기휴대(경비업법 시행령 제20조 제2항·제5항)
  - 시설주는 관할 경찰관서장으로부터 대여받은 무기를 특수경비원에게 휴대하게 하는 경우에는 관할 경찰관서장의 사전승인을 얻어야 한다.
  - 특수경비원이 휴대할 수 있는 무기종류는 권총 및 소총으로 한다. 기출 19
- 탄약의 출납(경비업법 시행규칙 제18조 제3항 제2호) 기출 19
  - 탄약의 출납은 소총에 있어서는 1정당 15발 이내, 권총에 있어서는 1정당 7발 이내로 하되, 생산된 후 오래된 탄약을 우선적으로 출납할 것

핵심문제

01 경호업무 수행 시 경비원이 휴대 가능한 무기, 장비 등으로 적절하지 않은 것은? 기출 07

① 특수경비원 - 권총, 소총, 경적, 단봉, 분사기
② 일반경비원 - 경적, 단봉, 분사기
③ 기계경비원 - 경적, 단봉, 출동차량, 분사기
④ 호송경비원 - 현금호송백, 권총, 경적, 단봉, 분사기

[해설]
권총 및 소총은 경비원 중에서 특수경비원만이 휴대할 수 있다.

정답 ④

02 경비원이 분사기를 휴대하기 위한 적법한 절차로 옳은 것은? 기출 07

① 경비업자가 총포·도검·화약류 등의 안전관리에 관한 법률에 의하여 미리 분사기의 소지허가를 받아야 한다.
② 경비업자가 분사기를 구입하여 관할 경찰서에 기부 후 필요시 경찰청장의 허가에 의해 대여해 휴대할 수 있다.
③ 경비원이 개인 구입하여 관할 경찰서장의 허가를 받아 휴대할 수 있다.
④ 경비원 개인은 근무목적상 본인이 구입하여 경비업자의 허가를 받아 분사기를 휴대할 수 있다.

[해설]
경비업법 제16조의2 제2항

정답 ①

제2절 경호장비의 유형별 관리 기출 21·20·18·17·13·12

경호장비의 기능에 따른 분류

호신장비	일반적으로 자신의 생명이나 신체가 위험상태에 놓였을 때 스스로를 보호하는 데 사용하는 장비를 말한다. 여기에는 총기, 경봉, 가스분사기, 전자충격기 등이 있다.
방호장비	경호대상자나 경호대상자가 사용하는 시설물을 보호하기 위한 장치를 말한다. 적의 침입 예상경로를 차단하기 위하여 방벽을 설치·이용하는 것으로 경호방법 중 최후의 예방경호방법이라 할 수 있다. 방호장비는 크게 자연적 방벽과 물리적 방벽으로 나뉜다(단순히 방폭담요, 방폭가방 등을 방호장비로 분류하는 견해도 있다).
기동장비	경호대상자의 경호를 위하여 운용하는 차량·항공기·선박·열차 등의 이동수단을 말한다.
검색·검측장비	검색장비는 위해도구나 위해물질을 찾아내는 데 사용하는 장비를 말하고, 검측장비는 위해물질의 존재 여부를 검사하거나 시설물의 안전점검에 사용하는 도구를 말한다. 일반적으로 검측장비로 통칭하며, 검측장비는 탐지장비, 처리장비, 검측공구로 구분하여 사용한다.
감시장비	위해기도자의 침입이나 범죄행위를 사전에 감시하기 위한 장비(전자파, 초음파, 적외선 등을 이용한 기계장비)를 말한다. 경호임무에 있어 인력부족으로 인한 경호 취약점을 보완하는 수단으로, 감시장비에는 드론, CCTV, 열선감지기, 쌍안경, 망원경, 포대경(M65), TOD(영상감시장비) 등이 있다.
통신장비	경호업무를 수행하는 데 필요한 보고 또는 연락을 위한 통신장비(유선·무선)를 말한다. 경호통신은 신뢰성, 신속성, 정확성, 안전성이 고려되어야 한다. 유선통신장비에는 전화기, 교환기, FAX망, 컴퓨터통신, CCTV 등의 장비가 있으며, 무선통신장비에는 휴대용 무전기(FM-1), 페이징, 차량용 무전기(MR-40V, KSM-2510A, FM-5), 무선전화기, 인공위성 등이 있다.

I 호신장비

1. 의 의 기출 24·22·21·20

경호원 등이 자신의 생명 또는 신체가 위험에 처했을 때 자기 자신을 보호하는 데 사용하는 도구로, 경봉(단봉), 가스총(가스분사기), 가스봉 등의 소지가 허가된다.

2. 종 류 기출 19

① 청원경찰 : 경봉(단봉), 가스분사기, 총기 → 야구방망이, 곤봉의 휴대는 위법★
② 민간경비원 : 경봉(단봉), 가스분사기 → 특수경비원을 제외하고는 호신용 총이나 칼을 소지할 수 없음
③ 공경호원 : 법률이 정하는 바에 따라 소지 및 사용이 가능함★

3. 호신장비의 사용·관리

① 경봉(단봉) : 소지할 때에는 우선 오른쪽 팔꿈치를 굽혀서 겨드랑이에 붙이고 팔을 수평으로 펴서 엄지손가락을 위로 하여 손바닥을 펴고, 경봉의 가죽끈을 엄지손가락에 걸어서 손바닥 면에서 가죽끈을 늘어뜨려 경봉을 떨어뜨린다.★

〈경 봉〉

② 휴대용 가스분사기(SG형)
   ㉠ 사용관리
   - 총기에 준하여 관리하여야 하고 공권력 행사나 정당방위, 화재 초기 진화 등에만 사용할 수 있으며, 자구행위·개인감정·시비 등의 목적에는 사용할 수 없다.★
   - 분사기를 소지하려는 경우 주소지를 관할하는 경찰서장의 허가를 받아야 한다(총포·도검·화약류 등의 안전관리에 관한 법률 제12조 제1항 제3호).
   - 휴대용 가스분사기 구입 시에는 분사기 구입신청서를 복사하여 관할 지구대 및 파출소에 신고해야 한다.★

〈가스건〉

   ㉡ 사용방법 : 분사목적물(범인, 초기 발화물체)로부터 2~3m 거리에서 조준하고, 안전장치를 아래(On 위치)로 풀어준 후, 방아쇠를 당기면 약제통 안에 든 분말가스가 분출된다.
③ 휴대용 가스분사봉(SS2형) : 분사목적물로부터 2~3m 거리에서 조준하고, 안전장치를 아래(On 위치)로 풀어준 후, 손잡이를 시계방향으로 반 바퀴 돌리면 약제통 안에 든 분말가스가 분출된다.
④ 전자충격기 : 모델(SDJG-6)
   ㉠ SDJG-6의 특징
   - 소형으로 휴대 및 사용이 편리하다.
   - 1~2초 정도의 전기 충격으로 범인을 제압할 수 있다.
   - 9volt 배터리로 1년간 사용이 가능하다.
   - 배터리 교환 방식으로 반영구적인 사용이 가능하다.
   - 검문, 검색 혹은 수사 활동 및 범인 체포 시 신변보호용으로 유용하다.
   - 개인호신, 경호, 경비, 동물몰이 및 훈련용으로 적합하다.

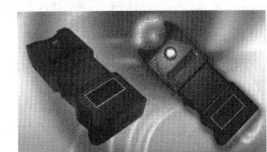
〈SDJG-6〉

   ㉡ 주의사항
   - 전기전열성이 높은 피복류(겨울 의류, 두꺼운 의류)에의 전자충격은 효과가 다소 떨어지며 공격자에게 최대의 충격효과를 주기 위해서는 신체의 피하조직이 얇은 부위, 즉 목덜미 아래, 허벅지 안쪽 등에 가격하는 것이 좋으나 안면부는 피해서 사용한다.★
   - 컴퓨터, 정밀계측기 등의 기기주변에서는 절대로 사용을 금한다.★
   - 폭발의 위험이 있는 유류, 가스 등의 물질주변에선 절대로 사용을 금한다.★
⑤ 방탄복 : 방탄복은 경호원 자신의 신체를 보호하기 위해서도 필요하고, 경호대상자를 보호하기 위해서도 필요하다. 경호원의 신체를 보전하는 것은 계속 경호임무를 수행하기 위해서 절대적으로 필요한 것으로, 다소 불편함이 있을 수 있지만 근접경호원은 반드시 방탄복을 착용하고 임무를 수행해야 한다. 또한 위협에 많이 노출되어 있는 경호대상자라면 공공장소에 나갈 때만이라도 방탄복을 입는 수고를 감수할 필요가 있다.

II 방호장비

1. 의 의
경호대상자가 사용하는 시설물 또는 경호대상자를 보호하는 장비이다. 기출 21

2. 방호장비의 종류 기출 22
① 방탄막(방패)·방탄가방 : 총검류에 의한 공격, 투척물(돌, 계란 등) 등에 유효하다.
② 방폭담요·방폭가방 : 폭발물로부터의 방호, 파편의 비산 방지 등에 효과적이다.
③ 방독면 : 유독가스 등에 의한 피해를 방지하는 데 효과적이다.
④ 선글라스(색안경) : 태양광선, 가스분사기, 화학물질 등으로부터 눈을 보호하는 데 유효하며, 눈의 피로를 방지하고 경호원의 시선의 방향을 노출시키지 않는 효과가 있다.
⑤ 바리케이드·차량 스파이크 트랩 : 접근로 등에 설치하여 차량의 돌진을 차단하는 데 사용된다.

〈출처〉 이두석, 「경호학개론」, 진영사, 2018, P. 240

> **방호장비의 분류**
> 방호장비는 물리적(인위적) 방벽과 자연적 방벽으로 구분할 수 있다.
> • 자연적 방벽 : 산악·절벽, 계곡, 강, 바다, 늪 등의 기능을 살려 설치한다.
> • 물리적 방벽
> - 시설방벽 : 울타리, 담벽, 출입구 설치 등
> - 인간방벽 : 청원경찰, 경비원, 자체경비원, 군사시설경비원 등
> - 동물방벽 : 공격견, 경비견, 거위 등
> - 전기방벽 : 방호조명, 전류방벽, 기계경비 등
>
> 〈출처〉 김두현, 「경호학개론」, 엑스퍼트, 2020, P. 450~451

III 기동장비 기출 21·19

경호대상자의 경호를 위하여 운용하는 차량·항공기·선박·열차 등의 기동수단을 말한다.

IV 검색장비

1. 개 념
검색장비는 위해도구나 위해물질을 찾아내는 데 사용하는 장비를 말하고, 검측장비는 위해물질의 존재 여부를 검사하거나 시설물의 안전점검에 사용하는 도구를 말한다. 일반적으로 검측장비로 통칭한다. 기출 23·22

2. 검색장비의 종류 기출 23·17
금속탐지기(휴대용 금속탐지기, 문형 금속탐지기, 봉형 금속탐지기), X-ray 수화물 검색기, 차량하부 검색거울, 가스탐지기, 폭발물 탐지기 등이 있다.

검측장비의 구분 기출 21·20·19

탐지장비	금속탐지기	• 문형 금속탐지기 : 인원에 대한 검색 • 봉형 금속탐지기 : 지하 매설에 대한 탐지 • 휴대용 금속탐지기 : 대인 또는 대물용 검색
	X-ray	• X-ray 검색기 : 모니터를 통해 물품의 위해성 및 내부 확인 • 전신 검색기 : 화면을 통해 승객의 위험물 휴대여부를 확인
	폭약탐지기, 액체폭발물 탐지기	폭발물의 종류 및 폭발성 여부 식별
	방사능탐지기, 독가스탐지기	독가스 및 방사능 오염 여부 탐지
	독극물탐지기	음식물의 독극성 판단
	청진기	폭발물에 내장된 시한폭발장치 검색
	화이버스코프	육안 확인이 불가능하거나 시야가 제한된 좁은 공간의 점검
	서치탭(Search tap)	• 막대 끝에 소형 카메라가 장착된 장비 • 육안 확인이 불가능하거나 시야가 제한된 좁은 공간 및 차량 하부 등의 점검
	검색경	반사경을 통한 사각지역·차량 하부 등의 확인
	폭발물탐지견	개의 후각과 청각을 이용하여 폭발물·마약류 탐지
	소방점검장비	가스탐지기, 열감지시험기, 연기감지기 등
처리장비	폭발물처리키트	폭발물을 폭파시키거나 발화장치를 제거
	물포(Water cannon)	폭발물의 전기장치 제거
	X-ray 촬영기	폭발 의심물건을 원격 촬영, 내부 확인 및 발화장치 제거
검측공구	• 손으로 간편하게 검측 대상물품을 확인하고 제거하는 장비 • 탐침, 손전등, 거울, 개방공구, 다용도칼 등	

〈참고〉 이두석, 「경호학개론」, 진영사, 2018, P. 241~243

핵심문제

01 검측장비 중 탐지장비가 아닌 것은? 기출 17

① 서치탭(Search tap)   ② 청진기
③ 검색경   ④ 물포(Water cannon)

[해설]
물포(Water cannon)는 검측장비의 분류 중 처리장비에 해당한다(이두석, 「경호학개론」, 진영사, 2018, P. 241~243).

정답 ④

3. 검색요령

① 입장객 통과 시 개인 간격은 최소 1.5m 거리를 유지하여 보통 걸음으로 통과하도록 하고, 대상자가 소지한 휴대품은 별도로 검색한다.★
② 금속탐지기를 2대 이상 운용할 때에는 최소 3m 이상의 간격을 확보해야 하며, 무전기와 같은 통신장비 등은 탐지기로부터 3m 이상 거리를 유지하고, 대상자가 움직이거나 탐지기를 건드린 때에는 다시 검색한다.
③ 검색장비 설치 시에는 무리한 힘을 가하거나 충격을 주지 않아야 하며 고압전류가 흐르는 곳 및 전압변동이 심한 곳은 피해야 한다.

문형 금속탐지기의 특징
- 금속의 종류나 크기의 선별능력이 우수하며 감도조절이 가능하여 원하는 검색 수치로 맞출 수 있다.
- 문형 금속탐지기는 철금속 또는 비철금속으로 된 무기류를 비롯한 흉기 및 물체를 탐지한다.
- 문형 금속탐지기는 공항, 공공관서, 주요기관 등 보안의 목적이나 생산현장에서 물품의 도난을 방지하기 위한 목적으로 사용이 가능하다.
- 전자 펄스신호를 이용한 마이크로프로세서가 탑재되어 성능이 매우 우수하다. 특히 고장 시 수리가 편리하다.★
- 통과되는 금속의 크기를 알려주는 Bar-graph가 장착되어 어느 정도 크기의 금속물체가 통과되는지 확인할 수 있다.
- 장비의 정상동작 여부를 나타내는 적외선 센서가 부착되었으며, 주 PCB에 자기진단장치가 내장되어 있다.
- 비밀번호 또는 키로써 운용자 외에 타인에 의한 장비의 조작을 방지할 수 있다.★
- 일부 폭약물에 대한 탐지가 어렵고, 짧은 시간 내 많은 인원을 검색할 수 없다는 단점이 있다.★

핵심문제

01 검색장비의 설치 및 검색요건으로 적절한 것은? 기출 07
① 검색장비는 무리한 힘을 가하거나 충격을 주어도 무방하다.
② 고압전류가 흐르는 곳에 설치를 해야 효과적이다.
③ 금속탐지기는 통과입장객이 최소 1.5m 거리의 개인간격을 유지하도록 하여야 한다.
④ 무전기와 같은 통신장비 등은 탐지기로부터 최소한 1m 이상 거리를 유지해야 한다.

[해설]
③ (○) 금속탐지기 입장객 통과 시 검색요령으로 옳은 설명이다.
① (×) 검색장비는 무리한 힘을 주거나 충격을 주어서는 안 된다.
② (×) 고압전류가 흐르는 지역을 피해야 한다.
④ (×) 통신장비와의 거리는 3m 이상으로 유지하여야 한다.

정답 ③

02 문형 금속탐지기(Metal Detector)의 특성으로 틀린 것은? 기출 04
① 소형 총기류 소지자에 대한 탐지가 가능하다.
② C4를 비롯한 일부폭발물에 대한 탐지는 어려운 것이 단점이다.
③ 금속류 소지자 파악이 가능하며 검색강도에 따라 탐지 가능 정도가 다르다.
④ 짧은 시간 내 인원에 제한받지 않고 검색할 수 있는 장점이 있다.

[해설]
짧은 시간 내 많은 인원을 검색할 수 없는 단점이 있다.

정답 ④

V 감시장비

1. 개 념
경호임무에 있어서 인력부족으로 인한 경호 취약점을 보완하는 수단으로 침입 또는 범죄행위를 사전에 알아내는 역할을 하는 장비이다. 전자파, 초음파, 적외선 등을 이용한 기계장비를 말한다. ★ 기출 24·21

2. 감시장비의 종류 기출 24·22
포대경(M65), 다기능 쌍안경, 고성능 쌍안망원경, TOD(영상감시장비), 드론 등이 있다.

3. 드론(UAV ; Unmanned Aerial Vehicle 또는 UAS ; Unmanned Aircraft System)
① 개념 : 조종사 없이 무선 조종이 가능한 비행기와 헬기 형태의 무인항공기를 말한다.

> 현행 항공안전법에서 드론을 명시적으로 정의하고 있지는 않지만, 초경량비행장치 중 무인비행장치에 드론이 포함된다고 할 수 있다(항공안전법 제2조 제3호, 동법 시행규칙 제5조 제5호 참고).

② 분류 : 아직까지 표준화되거나 국제적으로 통용되는 기준은 없으며, 다양하게 분류되고 있다.

민간용 드론	개인용(취미용, 사진촬영용), 산업용(운송용, 보안용, 농업용, 화재진압용 등)
군용 드론	고고도용, 중고도용, 무인전투기, 전술무인기, 수직이착륙 무인기, 초소형 무인기 등

〈출처〉 김두현, 「경호학개론」, 엑스퍼트, 2020, P. 564

③ 활용유형

감시업무	감시·경계(시설침입, 행사장 질서위반·폭력), 순찰(주야간 순찰)
정보수집업무	위법·폭력행위·수상자 정보수집(영상촬영 등 실시간 데이터 수집)
안내 및 경고, 대피유도 업무	군중 한가운데에서 통제안내 방송 및 경고방송 실시, 적절한 대피안내 및 유도역할 수행
수색 및 관련물자 수송업무	재난 및 안전 분야에서 적극 활용(저렴한 유지비, 야간에도 활용 가능)
드론 위협에 대한 대응	테러 수단으로 드론이 이용되는 경우 이에 대응하는 업무

〈참고〉 김계원·서진석, 「민간경비에서 드론 활용과 법적 규제에 관한 연구」, 2017

④ 항공안전법령상의 주요 규정
　㉠ 초경량비행장치를 소유하거나 사용할 수 있는 권리가 있는 자(이하 "초경량비행장치소유자등"이라 한다)는 초경량비행장치의 종류, 용도, 소유자의 성명, 개인정보 및 개인위치정보의 수집 가능 여부 등을 국토교통부령으로 정하는 바에 따라 국토교통부장관에게 신고하여야 한다. 다만, 대통령령으로 정하는 초경량비행장치(군사목적 등)는 그러하지 아니하다(항공안전법 제122조 제1항).
　㉡ 동력비행장치 등 국토교통부령으로 정하는 초경량비행장치를 사용하여 비행하려는 사람은 국토교통부령으로 정하는 기관 또는 단체의 장으로부터 그가 정한 해당 초경량비행장치별 자격기준 및 시험의 절차·방법에 따라 해당 초경량비행장치의 조종을 위하여 발급하는 증명을 받아야 한다(항공안전법 제125조 제1항 전문).

ⓒ 군용・경찰용 또는 세관용 무인비행장치와 이에 관련된 업무에 종사하는 사람에 대하여는 이 법을 적용하지 아니한다(항공안전법 제131조의2 제1항).

ⓔ 국가, 지방자치단체, 공공기관으로서 대통령령으로 정하는 공공기관이 소유하거나 임차한 무인비행장치를 재해・재난 등으로 인한 수색・구조, 화재의 진화, 응급환자 후송, 그 밖에 국토교통부령(테러예방 및 대응 등)으로 정하는 공공목적으로 긴급히 비행(훈련을 포함한다)하는 경우(국토교통부령으로 정하는 바에 따라 안전관리 방안을 마련한 경우에 한정한다)에는 제129조(초경량비행장치 조종자 등의 준수사항) 제1항, 제2항, 제4항 및 제5항을 적용하지 아니한다(항공안전법 제131조의2 제2항).

> 현행 경비업법상 드론을 활용하고자 할 때에는 경비원의 장비사용 범위 위반, 경비원의 의무 위반(위력이나 물리력에 해당) 등의 문제에 직면할 가능성이 있으며, 드론의 활용을 위해서는 현행 항공안전법상의 드론 관련 규정의 위임규정과 자격기준, 교육, 준수사항 등에 대한 경비업법의 수용이 필요하다.
> 〈참고〉 김계원・서진석, 「민간경비에서 드론 활용과 법적 규제에 관한 연구」, 2017

핵심문제

01 항공안전법령에 규정된 용어의 정의이다. ( ) 안에 들어갈 단어가 올바르게 짝지어진 것은?

- (ㄱ)란 항공기와 경량항공기 외에 공기의 반작용으로 뜰 수 있는 장치로서 자체중량, 좌석 수 등 국토교통부령으로 정하는 기준에 해당하는 동력비행장치, 행글라이더, 패러글라이더, 기구류 및 (ㄴ) 등을 말한다.
- (ㄴ) : 사람이 탑승하지 아니하는 것으로서 다음 각목의 비행장치
  가. 무인동력비행장치 : 연료의 중량을 제외한 자체중량이 150킬로그램 이하인 무인비행기, 무인헬리콥터 또는 무인멀티콥터 또는 무인수직이착륙기
  나. 무인비행선 : 연료의 중량을 제외한 자체중량이 180킬로그램 이하이고 길이가 20미터 이하인 무인비행선

① ㄱ : 경량비행장치,   ㄴ : 무인비행장치
② ㄱ : 무인비행장치,   ㄴ : 경량비행장치
③ ㄱ : 무인비행장치,   ㄴ : 초경량비행장치
④ ㄱ : 초경량비행장치, ㄴ : 무인비행장치

[해설]
항공안전법령상 ㄱ에는 초경량비행장치(항공안전법 제2조 제3호), ㄴ에는 무인비행장치(항공안전법 시행규칙 제5조 제5호)가 들어간다.

정답 ④

Ⅵ 통신장비

1. 개념
① 통신장비는 경호업무를 수행하는 데 필요한 보고·연락을 위한 무선 또는 유선장비를 말한다.
② 통신장비에서 경호통신의 기본요소로 신속성, 신뢰성, 정확성, 안전성이 고려되어야 한다.★

2. 경호용 통신장비의 종류
① 유선통신장비 : 전화기, 교환기, IMTS 자동전화망, 직통전화망(Hot Line), 텔레타이프(TTY)망, 팩시밀리(FAX)망, 컴퓨터통신, CCTV 등이 있다.★
② 무선통신장비 : 휴대용무전기(워키토키 ; FM-1), 페이징, 차량용무전기(MR-40V, KSM-2510A, FM-5), 휴대용전자식교환기(Portable Electronic Telephone), 무선전화기, 인공위성 등이 있다.★

〈참고〉 김두현, 「경호학개론」, 엑스퍼트, 2020, P. 453

Ⅶ 경호화기

1. 경호화기의 개념
경호화기란 경호대상자의 신변안전을 보호하기 위하여 경호요원이 사용하는 총기를 말한다.

2. 경호화기의 종류 및 관리
① 경호화기의 종류
  ㉠ 권총 : 38구경 리볼버(노출공이치기식 격발), 9mm 권총, 45구경 권총 등 → 총열의 길이에 따라 2인치, 3인치, 4인치 권총
  ㉡ 기관총 : 이스라엘제인 우지(UZI), 독일제인 MP5, 국산인 K1, K1A1 등
② 경호화기의 관리
  ㉠ 직무를 수행하기 위해 필요하다고 인정되는 범위에서 총기를 사용할 수 있다.
  ㉡ 총기사용은 공공의 안녕과 질서유지를 위해 최종적으로 행사하는 비상수단이므로 관계법상 인정되는 엄격한 요건과 한계 내에서 이를 사용해야 한다.★
  ㉢ 총기는 보이지 않게 휴대하여야 하며, 사용하지 않을 때는 절대로 노출되어서는 안 된다.★
  ㉣ 경호대상자나 경호요원의 생명에 대한 위협을 격퇴시키는 데에 다른 수단이 없을 때만 총기가 사용되어야 한다.★
  ㉤ 항복의 표시가 보이면 화기를 사용하던 경호요원은 즉시 총기 사용을 중지해야 한다.

〈참고〉 김두현, 「경호학개론」, 엑스퍼트, 2020, P. 454~455

경호장비의 운용에 따른 분류	
개인장비	권총, 무전기, 가스총(가스분사기), 전자충격기, 삼단봉, 만능칼, 개인전화기, 방탄복, 색안경, 소형 플래시, 수첩 및 펜, 지갑, 개인 임무별 체크리스트, 경호대상자 관련사항이 기록된 임무카드 등
공용장비	방탄막, 방탄가방, 방독면, 쌍안경, 우산 및 우의, 스노 체인, 야간 투시장비, 예비 무전기 및 건전지, 비상용 전등, 소화기, 사진기, 삼각대 등의 안전표지판, 구급약품함, 통제용 로프, 공기호흡기, 도끼, 계획서나 보고서 작성 등에 필요한 서류가방 등

〈참고〉 이두석, 「경호학개론」, 진영사, 2018, P. 245

VIII 경찰장비관리규칙상 장비 규정

1. 검색·관찰장비

위해성 요소 및 범죄혐의 등을 검색·검측·관찰하는 장비를 말한다(경찰장비관리규칙 제140조).

검색장비	금속탐지기(문형·봉형·휴대용) 및 탐지기용 텐트, X-ray 소화물검색기 등 ★
검측장비	차량검측거울, 탐침봉, 전압측정기, 레이저거리측정기 등
관찰장비	휴대용탐조등, 쌍안경, CCTV, 차량용 녹화카메라 등

2. 무기·탄약의 회수 및 보관(경찰장비관리규칙 제120조) ★★

① 경찰기관의 장은 무기를 휴대한 자 중에서 다음에 해당하는 자가 발생한 때에는 즉시 대여한 무기·탄약을 회수해야 한다. 다만, 대상자가 이의신청을 하거나 소속 부서장이 무기 소지 적격 여부에 대해 심의를 요청하는 경우에는 무기 소지 적격 심의위원회(이하 '심의위원회'라 한다)의 심의를 거쳐 대여한 무기·탄약의 회수여부를 결정한다(제1항).
  ㉠ 직무상의 비위 등으로 인하여 중징계 의결 요구된 자(제1호)
  ㉡ 사의를 표명한 자(제2호)

② 경찰기관의 장은 무기를 휴대한 자 중에서 다음에 해당하는 자가 있을 때에는 심의위원회의 심의를 거쳐 대여한 무기·탄약을 회수할 수 있다. 다만, 심의위원회를 개최할 시간적 여유가 없거나 사고방지 등을 위해 신속한 회수가 필요하다고 인정되는 경우에는 대여한 무기·탄약을 즉시 회수할 수 있으며, 회수한 날부터 7일 이내에 심의위원회를 개최하여 회수의 타당성을 심의하고 계속 회수 여부를 결정한다(제2항).
  ㉠ 직무상의 비위 등으로 인하여 감찰조사의 대상이 되거나 경징계 의결 요구 또는 경징계 처분 중인 자(제1호)
  ㉡ 형사사건의 수사대상이 된 자(제2호)
  ㉢ 경찰공무원 직무적성검사 결과 고위험군에 해당되는 자(제3호)
  ㉣ 정신건강상 문제가 우려되어 치료가 필요한 자(제4호)
  ㉤ 정서적 불안 상태로 인하여 무기 소지가 적합하지 않은 자로서 소속 부서장의 요청이 있는 자(제5호)
  ㉥ 그 밖에 경찰기관의 장이 무기 소지 적격 여부에 대해 심의를 요청하는 자(제6호)

③ 경찰기관의 장은 제1항과 제2항에 규정한 사유들이 소멸되면 직권 또는 당사자 신청에 따라 무기 소지 적격 심의위원회의 심의를 거쳐 무기 회수의 해제 조치를 할 수 있다(제3항).
④ 경찰기관의 장은 무기를 휴대한 자 중에서 다음에 해당하는 경우에는 대여한 무기·탄약을 무기고에 보관하도록 해야 한다(제4항).
  ㉠ 술자리 또는 연회장소에 출입할 경우(제1호)
  ㉡ 상사의 사무실을 출입할 경우(제2호)
  ㉢ 기타 정황을 판단하여 필요하다고 인정되는 경우(제3호)

핵심문제

01 경호요원의 총기사용에 대한 설명 중 틀린 것은? 기출 04

① 안녕과 질서를 위해 최종적으로 사용한다.
② 총기는 권위를 표출하는 수단으로 범죄예방차원에서 잘 보이게 휴대한다.
③ 관계법상 인정되는 엄격한 요건과 관계 내에서 사용한다.
④ 경호대상자나 경호원이 생명의 위협을 격퇴시키는 데 다른 수단이 없을 때 사용한다.

[해설]
총기는 위협적인 요소이므로 노출이 되지 않도록 주의해서 휴대해야 한다. ★

정답 ②

CHAPTER 05 경호의전과 구급법

제1절 경호원의 자격과 윤리

I 경호원의 정의

경호원이란 경호대상이 되는 인물에 대하여 신변을 보호하고 아울러서 외부로부터의 위협에서 보호하는 것을 주요한 임무로 하는 사람이다.

> **경호공무원의 인재상**
> 경호원은 충(忠), 신(信), 지(智), 통(通)을 바탕으로 한 균형감 있는 능력을 요구한다. 인재상은 냉철한 판단력과 두뇌의 순발력을 갖춘 사람을 의미한다. ★
> 〈출처〉 김두현, 「경호학개론」, 엑스퍼트, 2020, P. 414

II 경호원의 자격과 윤리 기출 22·21·20

1. 경호원의 자격

가치관	• 신의를 지킴으로써 경호대상자에게 충성을 다하고, 정직한 말과 행동으로 신뢰감을 주어야 한다. • 투철한 사명감과 희생정신이 필요하다.
유능성 (전문적 역량)	• 경호에 관한 전문적 지식과 함께 기본적 소양이 뒷받침되어야 한다. • 사회 각 분야에 걸친 다양한 식견과 정보를 갖추어야 한다.
헌신성	• 자신감으로 결연한 행동과 모습을 보이고, 책임감으로 헌신적인 자세를 보여야 한다. • 정보 및 기밀을 철저히 지키는 도덕적 신뢰도 획득하여야 한다.
신체적 능력	• 강인한 정신력과 체력 및 높은 주의력이 요구된다. • 고도로 단련되고 훈련된 신체 및 경호기술을 갖춰야 한다.

> **경호전문직의 특성**
> 경호전문직은 독점, 자율성, 권위, 이타성 등의 특성을 갖고 있다.
> 〈출처〉 김두현, 「경호학개론」, 엑스퍼트, 2020, P. 410

> **경호공무원의 의무·금지사항**
> • 6대 의무 : 성실의무, 복종의무, 친절공정의무, 비밀엄수의무, 청렴의무, 품위유지의무
> • 5대 금지사항 : 직장이탈금지, 영리 및 겸직금지, 정치운동금지, 집단행동금지, 권력남용금지
> 〈출처〉 김두현, 「경호학개론」, 엑스퍼트, 2020, P. 204~207

2. 경호·경비원의 직원윤리 정립 방안

경호윤리에 대한 문제점을 해결하기 위해서 다음과 같은 경호·경비원 및 경비지도사의 직업윤리 방안이 정립되어야 한다.
① 성희롱 유발요인 분석 철저 및 예방교육 강화
② 총기안전관리 및 정신교육 강화
③ 정치적 논리지양 등 경호환경 조성 및 탄력적 경호력 운영
④ 사전예방경호활동을 위한 경호위해 인지능력 배양
⑤ 경호교육기관 및 경호 관련 학과의 '경호윤리' 과목 개설 운영
⑥ 경호지휘단일성의 원칙에 의한 경호임무수행과 위기관리대응력 구비
⑦ 집단지성 네트워크 사이버폴리스 자원봉사시스템 구축
  ※ 사이버 및 경호위해 범죄에 실시간 대응할 수 있도록 각 사회분야의 집단지성이 자발적으로 참여할 수 있는 사회적 시스템을 구축하여 사이버공간에서의 범죄를 예방하고 사회적 공감대를 형성할 수 있는 대책방안이 강구되어야 한다.
⑧ 경호원 채용 시 인성평가 방법 강화 및 자원봉사 활성화

〈참고〉 김두현, 「경호학개론」, 엑스퍼트, 2020, P. 430~442

핵심문제

01 경호임무 수행 시 근무방법 및 경호원의 자격과 윤리의 내용 중 옳은 것은? 기출 02
① 경호 중 질서유지를 위해서는 군중들에게 강압적이고 위협적인 행동을 한다.
② 경호원의 복장은 화려한 색상으로 경호원의 권위와 신분을 과시해야 한다.
③ 투철한 사명감과 희생정신이 필요하다.
④ 휴대장비의 취급에 주의하고 작동은 누구나 할 수 있다.

[해설]
경호요원은 오직 한순간을 대비하여 생명을 담보로 임무를 수행하며 자신의 생명보다도 피경호인 보호를 최우선으로 두고 유사시 자신의 생명을 초개와 같이 버리면서 과감한 행동을 요구함과 동시에 희생정신을 바탕으로 한 투철한 전문직업관을 요구하고 있다.

정답 ③

02 다음 중 경호공무원의 근무자세로 보기 어려운 것은? 기출 02
① 공정하고 진지하며 단정한 자세를 갖는다.
② 감정을 앞세우지 않고 공명정대하게 임무를 수행한다.
③ 항상 국민을 위하여 헌신하는 자세로 근무한다.
④ 안전에 대한 서비스를 제공하고 기업주로부터 금품을 받는다.

[해설]
어떠한 경우에도 금품을 수수해서는 안 된다. 즉, 경호원은 직무와 관련하여 직접 또는 간접을 불문하고 사례·증여 또는 향응을 수수할 수 없으며, 직무상의 관계 여하를 불문하고 그 소속 상관에 증여하거나 소속 경호원으로부터 증여를 받아서는 아니 된다.

정답 ④

제2절 경호원의 의전과 예절

I 의전의 개념과 주요 내용 기출 20·18·16

1. 의전의 정의
의전은 좁게는 국가행사, 외교행사, 국가원수 및 고위급 인사의 방문과 영접에서 행해지는 국제적 예의를 의미하지만, 넓게는 사회구성원으로서 개개인이 지켜야 할 건전한 상식에 입각한 예의범절을 포함한다.★

2. 정부 의전행사의 예우 기준 기출 22
① 3부(府)의 초청인사 집단별 좌석배치순서는 관행상 행정·입법·사법의 순이다.
② 실제 공식행사의 적용에 있어서는 그 행사의 성격, 경과보고, 기념사 등 참석인사의 행사의 역할과 당해 행사와의 관련성 등을 감안하여 결정하여야 한다.

직위에 의한 예우 기준	공적 직위가 없는 인사의 예우 기준
• 직급(계급) 순위 • 헌법 및 정부조직법상의 기관순위 • 상급기관 • 국가기관	• 전 직 • 연 령 • 행사 관련성 • 정부산하단체, 공익단체 협회장, 관련 민간단체장

〈출처〉 행정안전부, 2024 "정부의전편람", P. 72

> **의전서열** 기출 24·23·22
> 대한민국은 국가 의전서열을 직접적으로 공식화하지는 않았다. 다만, 정부수립 이후부터 시행해 온 주요 국가행사를 통해 확립된 선례와 관행을 기준으로 한 공직자의 관례상의 서열은 있다. 외교부 의전실무편람상 의전서열은 '대통령 → 국회의장 → 대법원장 → 헌법재판소장 → 국무총리 → 중앙선거관리위원장' 순이다. 주요 정당의 대표를 초청하여 좌석을 배치하는 경우 의전서열은 중앙선거관리위원장 다음이 '여당 대표 → 야당 대표(교섭단체 정당의 대표만 해당) → 국회부의장' 순이다.
>
> **국가원수 취임식 관련 기관별 업무분장**
> • 행정안전부 : 취임식 관련 행사 기본계획 수립, 각종 행사 종합 조정, 취임식, 경축연회 주관, 초청범위 결정, 기념 메달 제작, 시내 경축 장식 설치 총괄 조정, 국기 게양 및 공휴일 지정, 경호, 경비, 주차관리, 지방 가두 장식 및 가로기 게양, 지방경축 행사 주관
> • 외교부 : 외교단 경축연회 주관, 경축 사절 영접 안내
> • 기획재정부 : 소요 경비의 예비비 지원 및 지출
> • 과학기술정보통신부 : 기념우표 발행
> • 법무부 : 특별사면 및 재소자 특별 급식
> • 문화체육관광부 : 국내·외 홍보 및 특별 좌담, 경축 공연 주관, 각종 영문 인쇄물 준비, 고궁 및 공원 무료 공개
> • 서울특별시 : 가로기 게양 및 가두 장식
> • 각 부처 : 가두 장식 등 관련사항 협조
>
> 〈출처〉 김두현, 「경호학개론」, 엑스퍼트, 2020, P. 303

3. 외교관의 서열 기출 11

① 공관장은 그 직책에 따라 서열이 정해지는데, 공관장인 대사 및 공사 상호 간의 서열은 신임장 제정 순서에 따른다. ★★
② 대사대리 상호 간의 서열은 그 계급에 관계없이 지명 통고가 외교부에 접수된 순서에 따른다. ★★
③ 공관장 이외의 외교관 서열도 외교관 계급에 따르고, 동일 계급 간에는 착임(着任, 취임) 순서에 따른다. ★★
④ 같은 계급에 있어 외교관은 무관보다 앞서고, 무관은 타 주재관보다 앞선다. ★★
⑤ 외빈 방문 시 같은 나라 주재 자국대사가 귀국하였을 때는 주재 외국대사 다음으로 할 수 있다. ★
⑥ 국가원수를 대행하여 참석하는 정부 각료는 외국대사보다 우선한다. ★
⑦ 우리가 주최하는 연회에서는 자국측 빈객은 동급의 외국측 빈객보다 하위에 둔다. ★ 기출 22
⑧ 대사가 여자일 경우 대사의 남편은 공식행사 등에서는 예외에 속한다. ★

의전의 원칙 기출 22	
상대에 대한 존중(Respect)과 배려(Consideration)	의전의 바탕은 상대 생활양식 등의 문화와 상대방에 대한 존중과 배려에 있다. 의전의 출발점은 서로가 다름을 인정하는 것이며, 의전의 종결점은 다름을 효과적으로 조율하는 것이다.
문화의 반영 (Reflecting Culture)	의전은 문화와 시대의 소산이며, 세상이 변화하면 문화도 변하고 의전 관행도 바뀔 수 있는 것이다. 그래서 의전의 기준과 절차는 때와 장소에 따라, 처해진 상황에 따라 늘 가변적이다.
상호주의 (Reciprocity)	상호주의는 상호 배려의 다른 측면이기도 하다. 하지만 의전의 상호주의가 항상 등가로 작용되는 것은 아니며 엄격히 적용되기 어려운 측면도 많다. 상호주의에 대한 지나친 집착은 오히려 족쇄로 작용할 수 있다.
예우기준 (Rank)	정부행사에서 공식적으로는 헌법, 정부조직법, 국회법, 법원조직법 등 법령에서 정한 직위 순서를 기준으로 하고, 관례적으로는 정부수립 이후부터 시행해 온 정부 의전행사를 통하여 확립된 선례와 관행에 따른다.
오른쪽(Right)이 상석	문화적, 종교적 이유로 오른쪽이 상석이라는 기준이 발전되었다. 행사 주최자의 경우 손님에게 상석인 오른쪽을 양보한다. 다만, 국기의 경우는 우리나라를 비롯한 대부분의 국가에서 상석을 양보치 않는 관행이 있다.

〈출처〉 행정안전부, 2024 "정부의전편람", P. 5~6

핵심문제

01 의전의 원칙에 관한 설명으로 옳지 않은 것은? 기출 18

① 의전의 바탕은 상대 생활양식 등의 문화와 상대방에 대한 존중 및 배려에 있다.
② 정부행사에서 의전행사 서열은 관례적으로는 정부수립 이후부터 시행해 온 정부 의전 행사를 통하여 확립된 선례와 관행을 기준으로 한다.
③ 정부행사에서 공식적으로는 헌법, 정부조직법, 국회법, 법원조직법 등 법령에서 정한 직위순서를 기준으로 한다.
④ 행사 주최자의 경우 손님에게 상석인 왼쪽을 양보한다.

[해설]
우리나라에서는 일반적으로 오른편을 상위석으로 하는 것이 관례인바, 이 관례는 많은 나라에서 통용되고 있다. ★
〈출처〉 김두현, 「경호학개론」, 엑스퍼트, 2020, P. 321

정답 ④

4. 국빈 행사 시 의전서열

① 국가원수급 외빈의 공식방문 환영행사 시 예포는 21발을 발사한다. ★★
② 국빈 방문 시는 환영행사, 국가원수내외분예방, 국가원수내외주최 리셉션 및 만찬, 환송행사 순에 의한다. ★
③ 외국 방문 시의 의전관행은 항상 자국 관행보다 방문국 관행을 우선한다. ★
④ 좌석 서열 배치는 지위가 비슷한 경우 여자를 남자보다 우선한다. ★
⑤ 지위가 비슷한 경우 연소자보다 연장자가, 내국인보다 외국인이 상위 서열이다. ★
⑥ 여자들의 서열은 기혼부인, 미망인, 이혼부인 및 미혼자의 순위로 하고, 기혼부인 간의 서열은 남편의 지위에 따른다. ★
⑦ 공식 서열은 신분별 지위에 따라 인정된 서열로 국제적으로 동일하게 적용하는 것이 아니고, 나라마다 의전관행과 관습에 따라 약간의 차이가 있다. ★★
⑧ 비공식 서열의 경우 원만하고 조화된 좌석배치를 위해서 서열 결정상의 원칙은 다소 조정될 수도 있다. ★
⑨ 한 사람이 2개 이상의 사회적 지위를 가지고 있을 경우 원칙적으로 상위직을 기준으로 적용하되, 행사의 성격에 따라 행사와 관련된 직위를 적용한 조정 등의 일반원칙이 적용된다.

국가원수의 외국 방문 시 준비업무 분장

- 일정 확정 : 청와대, 외교부
- 공보활동 계획 : 문화체육관광부
- 방문국에 대한 의전 설명 : 외교부
- 선물, 기념품 준비 : 청와대, 외교부
- 훈장 준비, 교환 : 외교부, 행정안전부
- 기념우표 : 과학기술정보통신부
- 항공기 결정 : 청와대, 외교부
- 연설문, 성명서 작성 : 청와대, 외교부
- 예산 편성 : 외교부
- 회담 및 교섭 자료 작성 : 외교부, 관계 부처
- 국내 공항 행사 : 행정안전부

〈출처〉 김두현, 「경호학개론」, 엑스퍼트, 2020, P. 306

핵심문제

01 의전서열에 관한 설명으로 옳지 않은 것은? 기출 09

① 지위가 비슷한 경우 연소자보다 연장자가, 내국인보다 외국인이 상위서열이다.
② 기혼부인 간의 서열은 남편의 지위에 따른다.
③ 공식 서열은 신분별 지위에 따라 인정된 서열로서, 국제적으로 동일하게 적용된다.
④ 비공식 서열의 경우 원만하고 조화된 좌석배치를 위해서 서열 결정상의 원칙은 다소 조정될 수도 있다.

【해설】
공식 서열은 신분별 지위에 따라 인정된 서열로 국제적으로 동일하게 적용하는 것이 아니고, 나라마다 의전관행과 관습에 따라 약간의 차이가 있다.

정답 ③

02 국가원수의 외국 방문 시 준비업무에 대한 각 주관부처의 업무분장 내용으로 옳지 않은 것은? 기출 12

① 항공기 결정 – 외교부
② 연설문, 성명서 작성 – 청와대
③ 국내 공항 행사 – 국토교통부
④ 예산 조치 – 외교부

【해설】
국내 공항 행사 – 행정안전부

정답 ③

Ⅱ 국기게양(대한민국국기법) 기출 18 · 17 · 12

1. 국기의 게양 기출 17

① 국기를 게양하여야 하는 날은 다음과 같다(대한민국국기법 제8조 제1항).
　㉠ 국경일(제1호)
　㉡ 기념일 중 현충일(조기 게양) 및 국군의 날(제2호)★
　㉢ 국가장기간(조기 게양)(제3호)★
　㉣ 정부가 따로 지정하는 날(제4호)
　㉤ 지방자치단체가 조례 또는 지방의회의 의결로 정하는 날(제5호)

> **국경일의 종류(국경일에 관한 법률 제2조)★**
> 국경일은 다음 각호와 같다.
> 1. 3·1절 : 3월 1일
> 2. 제헌절 : 7월 17일
> 3. 광복절 : 8월 15일
> 4. 개천절 : 10월 3일
> 5. 한글날 : 10월 9일

② 국가, 지방자치단체 및 공공기관의 청사 등에는 국기를 연중 게양하여야 하며, 다음의 장소에는 가능한 한 연중 국기를 게양하여야 한다. 이 경우 야간에는 적절한 조명을 하여야 한다(대한민국국기법 제8조 제3항).
　㉠ 공항·호텔 등 국제적인 교류장소(제1호)★
　㉡ 대형건물·공원·경기장 등 많은 사람이 출입하는 장소(제2호)★
　㉢ 주요 정부청사의 울타리(제3호)★
　㉣ 많은 깃대가 함께 설치된 장소(제4호)
　㉤ 그 밖에 대통령령이 정하는 장소(제5호)

2. 국기의 게양 및 강하시간

① 국기는 24시간 게양할 수 있다(대한민국국기법 제8조 제2항). 기출 24 이 경우 야간에는 되도록 적절한 조명을 하여야 한다(대한민국국기법 제8조 제2항).★
② 각급 학교 및 군부대의 주된 게양대에는 국기를 낮에만 게양한다(대한민국국기법 제8조 제4항).★ 기출 24
③ 국기를 낮에만 게양하고자 하는 경우 게양 및 강하시각은 다음과 같다(대한민국국기법 시행령 제12조 제1항).★
　㉠ 게양시각 : 오전 7시(제1호)
　㉡ 강하시각 : 3월부터 10월까지 오후 6시, 11월부터 다음해 2월까지 오후 5시(제2호) 기출 24
④ 다음의 경우에는 국기의 게양 및 강하시각을 변경할 수 있다(대한민국국기법 시행령 제12조 제2항).
　㉠ 야간행사 등에 국기를 게양할 필요가 있는 경우(제1호)
　㉡ 국가장 등 조기를 게양하여야 하는 경우(제2호)
　㉢ 그 밖에 특별한 사유로 인하여 중앙행정기관의 장이 행정안전부장관과 협의하여 정한 경우(제3호)
⑤ 국기는 심한 눈·비와 바람 등으로 훼손이 우려되는 경우에는 이를 게양하지 아니한다(대한민국국기법 제8조 제5항).★

3. 국기의 게양방법

① **게양방법**(대한민국국기법 제9조 제1항)★
  ㉠ **경축일 또는 평일** : 깃봉과 깃면의 사이를 떼지 아니하고 게양함(제1호)
  ㉡ **현충일·국가장기간 등 조의를 표하는 날** : 깃봉과 깃면의 사이를 깃면의 너비만큼 떼어 조기(弔旗)를 게양함(제2호)

② **국기의 게양 및 강하 방법**
  ㉠ 국기는 깃대 또는 국기게양대에 게양한다. 다만, 다음의 어느 하나에 해당하는 경우에는 국기를 벽면 등에 게시할 수 있다(대한민국국기법 시행령 제13조 제1항).
  • 실내 여건, 교육 목적 등으로 실내 벽면에 국기를 게시하는 경우(제1호)
  • 경축 등의 목적으로 건물의 벽면 등에 대형국기를 게시하는 경우(제2호)
  ㉡ 국기는 그 깃면의 건괘가 왼쪽 위로 오도록 하여 건괘와 이괘가 있는 쪽의 깃면 너비부분이 깃대에 접하도록 게양한다(대한민국국기법 시행령 제13조 제2항).
  ㉢ 조기의 게양 및 강하 순서는 다음의 방법에 따른다(대한민국국기법 시행령 제13조 제3항).
  • 게양 시에는 깃면의 왼쪽 윗 모서리가 깃봉에 닿을 때까지 깃면을 올렸다가 깃면 너비만큼 내려 게양한다(제1호).
  • 강하 시에는 깃면의 왼쪽 윗 모서리가 깃봉에 닿을 때까지 올렸다가 다시 내린다(제2호).

③ **국기의 깃면을 늘여서 게양하는 방법** : 국기의 깃면을 늘여서 게양할 때에는 이괘가 왼쪽 위로 오도록 한다. 다만, 가로변에 게양하는 국기로서 대칭하여 2개의 국기를 늘여서 게양하는 경우에는 왼쪽 국기의 건괘가 왼쪽 위에 오도록 한다(대한민국국기법 시행령 제14조).

④ **국기와 다른 기의 게양 및 강하 방법**(대한민국국기법 시행령 제15조)
  ㉠ 국기와 다른 기를 같이 게양할 때에는 국기를 가장 높은 깃대에 게양한다. 다만, 2개 이상의 게양대 높이가 동일할 때에는 게양하는 기의 수가 홀수인 경우에는 국기를 중앙에, 그 수가 짝수인 경우에는 앞에서 바라보아 왼쪽 첫 번째에 게양한다(제1항).★★
  ㉡ 국기와 다른 기를 같이 게양할 경우에 다른 기는 국기게양과 동시에 또는 그 이후에 게양하며, 강하할 경우에는 다른 기는 국기강하와 동시에 또는 그 이전에 강하한다(제2항).★

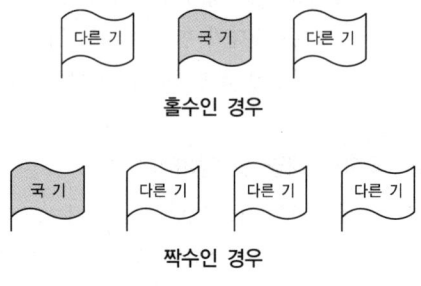

핵심문제

01 태극기 게양일 중에 조기(弔旗)를 게양해야 하는 날은? 기출 17

① 3·1절 ② 제헌절
③ 현충일 ④ 국군의 날

[해설]
현재 관련 법규상의 조기 게양 지정일은 현충일과 국가장기간(국장기간·국민장일)이다(대한민국국기법 제9조 제1항 제2호).

정답 ③

4. 국기의 게양위치(대한민국국기법 시행령 제18조)

① 단독주택의 대문과 공동주택 각 세대의 난간에는 중앙이나 앞에서 바라보아 왼쪽에 국기를 게양한다(제1항 제1호). 기출 20

② 건물(주택을 제외)에는 앞에서 바라보아 지면의 중앙이나 왼쪽, 옥상의 중앙, 현관의 차양시설 위 중앙 또는 주된 출입구의 위 벽면 중앙에 국기를 게양한다(제1항 제2호).

③ 건물 안의 회의장·강당 등에서는 그 내부의 전면을 앞에서 바라보아 그 전면의 중앙 또는 왼쪽에 국기가 위치하도록 한다(제1항 제3호). ★
  ㉠ 밖에서 보아 문의 왼쪽
  ㉡ 건물의 옥상에는 중앙에, 회의장이나 강당에서는 앞에서 보아 전면 중앙이나 왼쪽

④ 차량에는 그 전면을 앞에서 바라보아 왼쪽에 국기를 게양한다(제1항 제4호). ★ 기출 23·20
  ㉠ 차량에는 앞에서 보아 왼쪽 전면에 차량 전면보다 기폭만큼 높게 부착한다.
  ㉡ 외국의 원수가 방한, 우리 대통령과 동승 시 앞에서 보아 태극기는 왼쪽, 외국기는 오른쪽에 위치한다.
  ㉢ 양 국기를 부착할 경우 우리나라 국기를 운전자 중심으로 우측(조수석 방향)에 부착하고 상대국 국기는 좌측(운전석 방향)에 부착한다. ★
  ㉣ 차량용 국기게양의 경우에는 차량의 본네트(보닛) 앞에 서서 차량을 정면으로 바라볼 때 본네트(보닛)의 왼쪽이나 왼쪽 유리창문에 단다. ★

⑤ 건물 또는 차량의 구조 등으로 인하여 부득이한 경우에는 국기의 게양위치를 변경할 수 있다.

핵심문제

01 의전에 있어 태극기 게양방법으로 옳지 않은 것은? 기출 15

① 국군의 날은 태극기를 전국적으로 게양하여야 하는 날이다.
② 현충일은 조기를 게양한다.
③ 공항·호텔 등 국제적인 교류장소는 태극기를 가능한 한 연중 게양하여야 한다.
④ 국제 행사가 치러지는 건물 밖에 여러 개의 국기를 동시에 게양 시, 총 국기의 수가 짝수이고 게양대의 높이가 동일할 경우 건물 밖에서 바라볼 때를 기준으로 태극기를 가장 오른쪽에 게양한다.

[해설]
④ (×) 국제 행사가 치러지는 건물밖에 여러 개의 국기를 동시에 게양 시 총 국기의 수가 짝수이고 게양대의 높이가 동일할 경우 건물 밖에서 바라볼 때를 기준으로 태극기를 가장 왼쪽에 게양한다. 홀수일 때는 중앙에 게양한다. ★
① (○) 대한민국국기법 제8조 제1항 제2호
② (○) 대한민국국기법 제9조 제1항 제2호
③ (○) 대한민국국기법 제8조 제3항 전문 제1호

정답 ④

02 경호의전에서 국기의 게양방법으로 옳지 않은 것은? 기출 14

① 옥내 회의장이나 강당 등에 국기를 깃대에 달아서 세워 놓을 때에는 단상 등 전면 왼쪽에 위치하도록 한다.
② 옥내 회의장이나 강당 등에 국기의 깃면만을 게시할 경우에는 전면 중앙에 위치하도록 한다.
③ 차량용 국기게양은 차량의 본네트 앞에 서서 차량을 정면으로 바라볼 때 본네트의 오른쪽이나 오른쪽 유리창문에 단다.
④ 옥외 정부행사장의 경우 이미 설치되어 있는 주 게양대에 대형 태극기를 게양하는 것을 원칙으로 한다.

[해설]
차량용 국기게양은 차량의 본네트 앞에 서서 차량을 정면으로 바라볼 때 보닛(본네트)의 왼쪽이나 왼쪽 유리 창문에 단다.

정답 ③

5. **국기와 외국기 등의 게양**(대한민국국기법 시행령 제16조·제17조)
   ① 외국기는 우리나라를 승인한 나라만 게양한다(국제회의 또는 체육대회 등은 제외)(대한민국국기법 시행령 제16조 제1항).
   ② 국기와 외국기를 게양할 때에는 국기와 외국기는 그 크기와 높이를 같게 게양한다. 이 경우 외국기의 게양 순서는 외국 국가 명칭의 영문 알파벳 순서에 따른다(대한민국국기법 시행령 제16조 제2항). ★
   ③ 국기와 외국기를 교차시켜 게양하는 경우에는 앞에서 바라보아 국기의 깃면이 왼쪽에 오도록 하고, 그 깃대는 외국기의 깃대 앞쪽에 오도록 한다(대한민국국기법 시행령 제16조 제3항).
   ④ 국기와 유엔기를 게양할 경우에는 앞에서 바라보아 왼쪽에 유엔기를, 오른쪽에 국기를 게양한다(대한민국국기법 시행령 제17조 제1항). ★
   ⑤ 국기·유엔기 및 외국기를 함께 게양할 경우에는 유엔기·국기 및 외국기의 순서로 게양한다(대한민국국기법 시행령 제17조 제2항). ★
   ⑥ 국기와 함께 게양할 다른기(외국기, 단체기 또는 군집기)의 게양 순서는 다음과 같다(국기의 게양·관리 및 선양에 관한 규정 제6조 제3항).
      ㉠ 게양할 기의 총수가 홀수인 경우 : 앞에서 게양대를 바라보아 국기의 왼쪽이 차순위, 국기의 오른쪽이 차차순위로 하여 국기의 왼쪽이 오른쪽에 우선하여 번갈아 가면서 국기에서 멀어질수록 후순위가 되도록 한다(제1호). ★
      ㉡ 게양할 기의 총수가 짝수인 경우 : 앞에서 게양대를 바라보아 국기의 바로 오른쪽이 차순위, 그 다음이 차차순위로 하여 국기에서 오른쪽으로 멀어질수록 후순위가 되도록 한다. 다만, 국기게양대가 높게 설치된 경우에는 위의 방법을 따르되, 마지막 순서의 기는 오른쪽 끝에 위치하도록 하여 좌우 균형을 맞추도록 한다(제2호).

III 의전 예절

1. **인사 예절**
   ① 악 수
      ㉠ 초청 인사는 경호대상자의 왼쪽에서 오른쪽으로 이동하면서 악수한다. ★
      ㉡ 반드시 선 자세로 오른손을 내밀어 자연스럽고 가볍게 쥐는 것이 예의이다. ★
      ㉢ 신분이 높은 사람이 연소자일 경우에는 연장자라도 먼저 손을 내밀어서는 실례가 된다. ★
   ② 목례 : 목례는 가볍게 머리를 숙여 경의를 표하는 것으로 머리나 상반신을 굽히는 것은 상대방에 대한 존경의 정도에 따르는 것이 좋다.
   ③ 명함 예절
      ㉠ 명함을 줄 때는 일어서서 이름을 밝히면서 오른손으로 주고, 받을 때도 일어서서 두 손으로 받는다. ★
      ㉡ 상대가 다수일 때는 상대방 중 지위가 높은 사람부터 명함을 교환한다.

2. 소개 예절

① 반드시 연소자나 하위자를 연로자나 상위자에게 소개시킨다.★
② 반드시 덜 중요한 사람을 더 중요한 사람에게 소개시킨다.★
③ 반드시 남성을 여성에게 소개한다. 그러나 상대가 성직자나 고관이라면 그들에게 여성을 소개하는 것이 올바른 예의이다.★

3. 탑승 예절   기출 24·23·21·17·13·12

① 승용차
　㉠ 운전기사가 있을 경우 : 자동차 좌석의 서열은 뒷좌석 오른편이 상석이고 그 다음이 왼쪽, 앞자리, 가운데 순이다(뒷좌석 가운데와 앞자리의 서열은 바뀔 수 있다).★
　㉡ 자가 운전자의 경우 : 서양에서는 대부분 주인이 직접 자동차를 운전하고 있으며, 이 경우 운전석 옆자리, 즉 주인의 옆자리가 상석이며, 그리고 조수석의 뒷좌석, 운전석의 뒷좌석, 가운데 순이다(지프인 경우 운전자 옆자리가 언제나 상석임).★

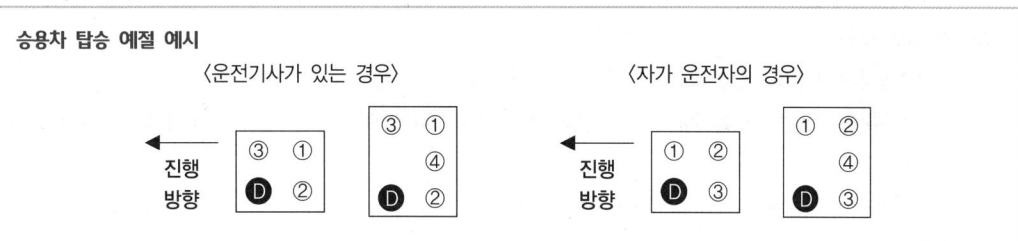

승용차 탑승 예절 예시

핵심문제

01 경호임무 수행 중 의전 예절에 대한 설명으로 틀린 것은? 기출 02
① 초청행사에서는 경호대상자를 위한 좌석배치, 상황에 따라서 좌석배치도, 방명록 등을 준비한다.
② 경호대상자가 차량 승하차 시 반드시 가장 먼저 타고, 가장 먼저 내린다.
③ 초청 인사는 경호대상자의 왼쪽에서 오른쪽으로 이동하면서 악수한다.
④ 만찬 시에 경호대상자의 좌석 위치를 입구에서 먼 곳으로 지정하고 부부를 나란히 앉게 하는 것은 좋지 못하다.

[해설]
경호대상자가 차량 승하차 시 경호요원(팀장)이 가장 뒤에 승차하고 가장 먼저 내려 문을 열어주는 것이 의전 예절이다.

정답 ②

02 다음 중 차량 탑승 시의 경호 예절로 옳지 않은 것은?
① 운전기사가 있을 경우 뒷좌석 오른편이 상석이고 뒷좌석 왼쪽과 앞자리, 뒷좌석 가운데 순이다.
② 여성과 동승할 경우 여성이 먼저 타고, 하차 시에는 남성이 먼저 내려 문을 열어준다.
③ 상급자와 하급자가 동승할 때에는 상급자가 먼저 타고, 하차 시에는 하급자가 먼저 내린다.
④ 자가 운전자의 경우 자동차 뒷좌석 오른편이 상석이고 왼쪽, 앞자리, 가운데 순이다.

[해설]
자가 운전자의 경우 운전석 옆자리가 상석이고, 뒷좌석 오른편, 왼쪽, 가운데 순이다.

정답 ④

ⓒ 여성과 동승할 경우 승차 시는 여성이 먼저 타고 하차 시에는 남성이 먼저 내려 문을 열어준다. 윗사람도 마찬가지이다. ★

　　ⓔ 상급자와 하급자가 승용차에 동승할 때에는 상급자가 먼저 타고, 하차 시는 반대로 하급자가 먼저 내리는 것이 관습이다. ★

② 기 차

　　㉠ 두 사람이 나란히 앉는 좌석에서는 창가 쪽이 상석이다. 침대차에서는 아래쪽 침대가 상석이다. ★

　　㉡ 네 사람이 마주 앉는 자리에서는 기차 진행방향의 창가 좌석이 가장 상석이고 그 맞은편, 상석의 옆좌석, 그 앞좌석 순이다. ★★

③ 비행기

　　㉠ 비행기를 타고 내릴 때는 상급자가 마지막으로 타고 먼저 내리는 것이 순서이다. ★

　　㉡ 비행기에서는 객석 양측 창문가 좌석이 상석, 통로 쪽이 차석, 상석과 차석 사이가 말석이다. ★

④ 선 박

　　㉠ 보통 상급자가 나중에 타고 먼저 내린다(함정의 경우에는 상급자가 먼저 타고 먼저 내린다).

　　㉡ 객실의 등급이 있다면 지정된 좌석에 타고, 그렇지 않다면 선체의 중심부가 상석이 된다. ★

⑤ 엘리베이터 ★★

　　㉠ 안내하는 사람이 있을 때 : 상급자가 먼저 타고 먼저 내린다.

　　㉡ 안내하는 사람이 없을 때 : 하급자가 먼저 타서 엘리베이터를 조작하고 내릴 때는 상급자가 먼저 내린다.

⑥ 에스컬레이터 : 올라갈 때는 상급자가 먼저 올라가고 내려올 때는 하급자가 먼저 내려온다. 여성의 경우도 동일하다. ★

핵심문제

01 탑승 시 경호 예절에 관한 설명으로 틀린 것은? 기출 08

① 비행기의 경우에는 상급자가 먼저 타고 먼저 내린다.
② 함정의 경우에는 상급자가 먼저 타고 먼저 내린다.
③ 엘리베이터 탑승 시 안내하는 사람이 있을 때에는 상급자가 먼저 타고 먼저 내린다.
④ 기차의 경우 두 사람이 나란히 앉는 좌석에서는 창가 쪽이 상석이고 통로 쪽이 말석이다.

[해설]
비행기의 경우에는 상급자가 나중에 타고 먼저 내린다.

정답 ①

4. 좌석 배열(Seating Arrangement)

① 좌석 배열은 연회 준비사항 중 가장 세심한 주의를 기울여야 하는 문제로서 참석자의 인원, 부부동반 여부, 주빈 유무, 장소의 규모 등 여러 가지 요소를 고려하여 결정한다. ★
② 주빈(Guest of Honor)이 입구에서 먼 쪽에 앉도록 하고 연회장에 좋은 전망(창문)이 있을 경우, 전망이 바로 보이는 좌석에 주빈이 앉도록 배치한다. ★

외국원수 공식 방문 시 행사장 좌석

5	3	1	국가원수 부인	우방국 원수	국가 원수	우방국 원수부인	2	4	6

옥내 행사 시 단상 좌석(국가원수가 영부인의 오른편)

총리	국회의장	국가원수	국가원수부인	대법원장	주재 외교단장

〈출처〉 김두현, 「경호학개론」, 엑스퍼트, 2020, P. 321

제3절 응급처치 및 구급법

I. 응급처치의 정의·목적·범위 [기출 17]

1. 응급처치 [기출 20]

① 응급처치는 전문 의료진의 조치가 불가능한 상황에서 경호원이 시행하는 일시적인 구급행위이다.
② 경호원은 응급처치를 위해 항상 기본적인 의료장비와 약품을 준비해두어야 한다.

구급 병원(최기 병원)
행사장에서 가장 가까운 병원으로, 경호대상자를 치료하기에 충분한 시설과 의료진을 갖춘 병원을 최기 병원으로 선정하여 응급상황 발생 시에 대비하여야 한다.

〈출처〉 이두석, 「경호학개론」, 진영사, 2018, P. 282

2. 응급처치를 실시하는 범위

① 즉각적·임시적인 적절한 처치와 보호 : 응급처치는 어디까지나 전문적인 치료를 받기 전까지의 즉각적이고 임시적인 적절한 처치와 보호이며, 전문적인 의료서비스 요원에게 인계한 후에는 모든 것을 그의 지시에 따라 행동한다. ★

응급처치 및 구조활동의 원칙(3C)
위급상황에서 부상자나 환자에게 필요한 일을 신속하고 적절하게 실시하기 위한 원칙으로 현장조사(Check), 응급의료서비스 기관에 연락(Call), 처치 및 도움(Care)의 순서로 진행된다.

② 응급처치원이 지켜야 할 사항 기출 23·21·18·16·14·13
   ㉠ 응급처치를 실시하는 처치원 자신의 안전을 확보한다.
   ㉡ 부상자의 상태를 확인하고 편안한 자세를 유지하도록 한다.
   ㉢ 환자나 부상자에 대한 생사의 판정은 하지 않는다.★
   ㉣ 원칙적으로 의약품을 사용하지 않는다.★
   ㉤ 어디까지나 응급처치에 그치고, 그 다음은 전문 의료요원의 처치에 맡긴다.★
   ㉥ 병원에 이송되기 전까지 부상자의 2차 쇼크를 방지하고 생명을 유지하도록 한다.

응급처치에서의 ABC평가
- 기도유지(airway control) : 기도가 개방되어 있는지 여부와 숨을 쉬고 있는가를 먼저 확인해야 한다.
- 호흡(breathing) : 환자의 기도를 확보하고 호흡상태를 통해 평가한다.
- 순환(circulation) : 적절한 호흡운동을 확인한 후 순환상태를 평가한다.

손상환자 발견 시 응급처치 순서★
'RICE'는 Rest, Ice, Compression, Elevation의 첫 번째 철자를 딴 것으로 뼈가 삐거나 골절을 당했을 때 유용한 대처 방법이다. 다치면 우선 안정을 하고(Rest), 얼음찜질을 하며(Ice), 상처를 압박(Compression)하여 부종을 감소시키고, 환자를 눕히고 심장보다 높게 상처를 들어올려(Elevation) 피하 출혈과 부종을 감소시키는 순서로, 사고 발생 시 당황하지 않고 침착하게 대응한다.

상해자를 발견했을 때의 응급조치 순서★
기도유지 → 생명력유지 → 지혈 → 운반(119구급대 응급처치) 순으로 해야 한다.

핵심문제

01 응급처치를 하는 경호원이 지켜야 할 사항으로 옳지 않은 것은? 기출 14
① 응급처치는 전문적인 치료를 받기 전까지의 임시적인 처치임을 숙지한다.
② 의약품을 사용하여 처치하는 것이 원칙이다.
③ 환자의 생사판정은 하지 않는다.
④ 빠른 시간 내에 전문 응급의료진에게 인계할 수 있도록 한다.

[해설]
응급처치를 하는 경호원은 원칙적으로 의약품을 사용하지 않아야 한다.

정답 ②

02 다음 중 경호원이 경호임무 수행 시에 상해자를 발견했을 때의 조치로 올바른 순서는? 기출 11
① 지혈 → 기도유지 → 생명력유지 → 운반
② 기도유지 → 생명력유지 → 지혈 → 운반
③ 지혈 → 생명력유지 → 기도유지 → 운반
④ 생명력유지 → 기도유지 → 운반 → 지혈

[해설]
상해자 발견 시 응급처치는 기도유지 → 생명력유지 → 지혈 → 운반(119구급대 응급처치) 순으로 진행한다.★★

정답 ②

Ⅱ 출혈 및 쇼크(Shock)

1. 외부출혈 시 응급처치

① 출혈이 심하지 않은 경우 : 국소압박 등을 통해 지혈★
  ㉠ 출혈이 심하지 않은 상처에 대한 처치는 병균의 침입을 막아 감염을 예방하는 것이다.
  ㉡ 상처를 손이나 깨끗하지 않은 헝겊으로 함부로 건드리지 말고, 엉키어 뭉친 핏덩어리를 떼어내지 말아야 한다.★
  ㉢ 흙이나 더러운 것이 묻었을 때는 감염에 주의하면서 깨끗한 물로 상처를 씻어 준다.★ 기출 23
  ㉣ 소독한 거즈(Gauze)를 상처에 대고 드레싱(Dressing)을 한다.★★

② 출혈이 심한 경우
  ㉠ 출혈이 심하면 즉시 지혈을 하고 출혈 부위를 심장부위보다 높게 하여 안정되게 눕히고 압박점을 강하게 압박한다.★★ 기출 23·21
  ㉡ 출혈이 멎기 전에는 음료를 주지 않는다.★ 기출 21
  ㉢ 지혈방법은 출혈부위에 대한 직접 압박, 지압점(압박점) 압박, 지혈대 이용, 부목 고정 등이 있다.
  ㉣ 소독된 거즈나 헝겊으로 강하게 직접 압박한다.★★
  ㉤ 환자를 편안하게 눕히고 보온한다.

핵심문제

01 심한 출혈 시 응급처치 요령으로 옳지 않은 것은? 기출 12

① 소독된 거즈나 헝겊으로 세게 직접 압박한다.
② 감염에 주의하면서 출혈부위의 이물질을 물로 씻어낸다.
③ 출혈부위를 심장부위보다 높게 하고 압박점을 강하게 압박한다.
④ 환자를 편안하게 눕히고 보온한다.

[해설]
②는 심하지 않은 출혈 시 지혈요령이다.

정답 ②

02 경비업무 수행 중 출혈이 심한 경우 응급처치에 관한 설명으로 옳지 않은 것은? 기출 13

① 출혈부위를 심장보다 낮게 하여 안정되게 눕힌다.
② 출혈이 멎기 전에는 음료를 주지 않는다.
③ 즉시 지혈한다.
④ 지혈방법은 직접 압박, 지압점 압박, 지혈대 사용 등의 방법이 있다.

[해설]
출혈이 심하면 즉시 지혈을 하고 출혈 부위를 심장부위보다 높게 하여 안정되게 눕힌다.

정답 ①

③ 외부출혈 응급구조방법
  ㉠ 국소압박 : 상처가 작거나 출혈이 많지 않은 경우 출혈된 곳을 국소압박으로 지혈한다. 압박은 손가락이나 붕대 등으로 할 수 있고 출혈이 계속된다고 현장에서 감은 붕대를 풀어서는 안 된다.★
  ㉡ 지혈대 이용 : 출혈을 멈추는 데는 효과적이나 합병증과 부작용을 초래할 수 있으므로 항상 최후의 수단이 되어야 한다.

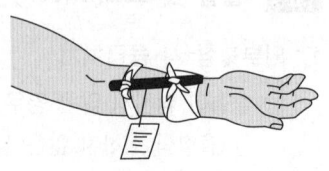
〈지혈대〉

지혈대 사용법
1. 출혈부위 가까운 곳에 7~10cm 넓이의 띠를 2번 감는다.
2. 띠를 묶어서 매듭을 짓고, 그 위에 막대를 놓는다.
3. 막대를 매듭하고 출혈이 멈출 때까지 막대를 감는다.
4. 출혈이 멈추면 막대 감는 것을 멈추고, 막대를 고정한다.

지혈대 사용 시 주의사항
- 가능하면 폭이 넓은 것을 사용하며, 지혈대는 무릎이나 팔꿈치 아래에는 착용하지 않는다.★
- 지혈대를 착용시킨 시간을 환자 이마에 표기한다.
- 피부에 민감한 재료는 가급적 피한다.
- 지혈대는 일단 착용한 뒤에는 병원에 도착하기 전까지 느슨하게 하면 안 된다.★

2. 내부 출혈 시 응급처치

① 증상과 징후 : 흉부 및 복강과 같은 신체 내부에서 출혈이 되는 것을 말하며 육안으로 관찰이 어렵기 때문에 신속하게 병원으로 이송하지 않으면 위험에 빠지는 수가 있다.
② 내부 출혈 시 현장응급처치
  ㉠ 10분마다 환자 상태를 기록하며, 가능한 신속히 병원으로 옮긴다.★
  ㉡ 충분한 산소를 투여하며, 뇌와 심장으로 많은 혈액이 순환될 수 있게 발을 지면보다 높게 이동한다.

타박상을 입었을 때의 조치사항
- 상처부위는 심장보다 높게 해서 출혈을 예방한다.★
- 8~10시간 동안 얼음찜질을 하여 내출혈과 주위의 조직이 붓는 것을 방지하고 통증을 줄여 준다.★
- 출혈이 멈추고 부기가 가라앉으면 더운물 치료나 온찜질을 해준다.★
- 상처주위에 탄력붕대를 감아주어 출혈과 부종을 막는다.★

핵심문제

01 다음 중 지혈방법이 아닌 것은? 기출 01
① 지혈대 사용법   ② 직접 압박법
③ 간접 압박법   ④ 국소거양법

【해설】
지혈방법은 직접 압박, 지압점 압박, 국소거양, 지혈대 사용 등의 방법이 있다. 간접 압박법은 지혈방법이 아니다.★

정답 ③

3. 비출혈(Nose bleeds) 시 응급처치

① 원인 : 두개골 골절, 안면 손상, 출혈성 질환, 감염, 고혈압 등이 있다.
② 응급처치
  ㉠ 손가락으로 코끝을 잡아주거나 윗입술과 잇몸 사이에 붕대를 대고 지압한다.
  ㉡ 두개골 골절로 인하여 외상 후에 코나 귀로부터 출혈이 있으므로 골절 여부를 검사한다.

4. 쇼크(Shock) 시 응급처치

① 증상과 원인
  ㉠ 순간적인 혈액순환의 감퇴로 인하여 몸의 기능이 부진되고 허탈된 상태를 말한다.
  ㉡ 출혈에 의한 쇼크는 응급처치의 여부에 따라서 환자의 생사가 좌우되는 경우가 있다.
  ㉢ 대출혈, 심한 화상, 탄상(彈傷), 익수(溺水), 가슴 또는 머리의 부상 등이 원인이 된다.

쇼크와 관계된 증상 및 징후
- 얼굴이 창백해진다. ★
- 식은땀이 나며 현기증을 일으킨다. ★
- 메스꺼움을 느끼며 구토나 헛구역질을 한다.
- 맥박이 약하고, 때로는 빠르다. ★
- 호흡이 불규칙하게 된다. ★
- 심하면 의식이 없어진다. ★
- 빛에 대한 동공반사가 느리다.
- 체액이 소실되어 갈증이 일어난다.

핵심문제

01 경호임무 수행 중 타박상을 입었을 때의 조치사항으로 틀린 것은? [기출 04]

① 출혈이 멈추고 부기가 가라앉으면 더운물 치료나 온찜질을 해준다.
② 8~10시간 동안 얼음찜질을 해준다.
③ 상처부위는 심장보다 낮게 해서 혈액순환이 잘되게 한다.
④ 상처주위에 탄력붕대를 감아주어 출혈과 부종을 막는다.

[해설]
상처부위는 심장보다 높게 해서 출혈을 예방해야 하며, 타박상 상처부위를 얼음주머니 등으로 차갑게 해야 한다. 차게 하면 혈관이 수축되어 내출혈과 주위의 조직이 붓는 것을 방지하고 통증을 줄일 수 있기 때문이다.

[정답] ③

쇼크의 종류

심장성 쇼크	심장이 충분한 혈액을 박출하지 못할 경우
출혈성 쇼크	대량출혈이나 혈장손실로 인하여 체액량이 감소할 경우
신경성 쇼크	혈관의 이완으로 인하여 심장으로 유입되는 혈액량이 적은 경우
저체액성 쇼크	체액이 부족하여 혈압이 저하되는 경우
호흡성 쇼크	호흡장애에 의하여 혈액 내에 산소공급이 원활치 못할 경우
정신성 쇼크	정신적 충격에 의해 발생
패혈성 쇼크	감염증에 의한 패혈증으로 발생
과민성 쇼크	알레르기 반응에 의한 쇼크

〈출처〉 김두현, 「경호학개론」, 엑스퍼트, 2020, P. 299

② 응급처치
　㉠ 환자를 되도록 바로 눕히며, 기도를 유지하고 산소를 충분히 투여하고, 가능하면 지혈시킨다.
　㉡ 체온의 손실을 방지하며, 환자에게 음식이나 음료수를 제공하지 말아야 한다.
　㉢ 하지를 거상하고 골절부위에 부목을 대는 등 추가손상을 방지하여야 한다.
　㉣ 5분 간격으로 혈압, 맥박 등 생체징후를 측정한다.
　㉤ 과민성 쇼크 시에는 원인물질을 제거하면서 약물을 투여하여야 한다.

Ⅲ 유형별 응급환자에 대한 조치사항

1. 원인불명의 인사불성환자에 대한 응급처치

① 얼굴이 붉은 인사불성환자
　㉠ 주요 증상은 얼굴이 붉고 맥박이 강한 것이다.
　㉡ 환자를 바로 눕히고 머리와 어깨를 약간 높여 안정시킨다.
　㉢ 목의 옷깃을 늦추어(풀어) 주고 머리에 찬 물수건을 대어 열을 식혀 주어야 한다.
　㉣ 환자를 옮길 필요가 있으면 눕힌 상태로 주의해서 운반한다.
　㉤ 운반 중 환자가 구토를 하면 얼굴을 옆으로 돌려준다.

핵심문제

01 감염증에 의한 쇼크에 해당되는 것은? 기출 09
① 출혈성 쇼크　　　　② 저체액성 쇼크
③ 패혈성 쇼크　　　　④ 호흡성 쇼크

[해설]
패혈증은 혈액 내에 세균이나 곰팡이가 자라 몸 전체적으로 퍼져서 고열, 백혈구 증가 등이 나타나는 것을 말하며, 패혈성 쇼크는 이러한 패혈증으로 쇼크 상태가 되는 것을 말한다.

정답 ③

② 얼굴이 창백한 인사불성환자
　㉠ 주요 증상은 얼굴이 창백하고 맥박이 약한 것이다.
　㉡ 충격에 대한 응급처치를 하며, 환자를 옮길 필요가 있으면 눕힌 상태로 주의해서 조용히 운반한다.
　㉢ 환자는 머리를 수평이 되게 하거나 다리를 높여 안정되게 하고 보온조치를 한다.
③ 얼굴이 푸른 인사불성환자
　㉠ 얼굴이 창백한 인사불성환자의 증상 외에 호흡이 부전되어 얼굴색이 파래진 것이다.
　㉡ 인공호흡(구조호흡)과 충격에 대한 처치를 실시한다.

2. 골절·탈구·염좌 등에 대한 응급처치

① 골절환자
　㉠ 상처의 감염방지 처리를 하며, 골절부위를 조사하여 골절부위 상·하단에 부목을 대고 고정시킨다.
　㉡ 단순골절에 있어서 가장 중요한 처치는 복잡골절이 되지 않게 예방하는 일이다. 다친 곳을 건드리거나 환자를 함부로 옮김으로써 부러진 뼈끝이 신경, 혈관 또는 근육을 손상케 하거나 피부를 뚫어 복잡골절이 되게 하는 일이 없도록 한다.★
　㉢ 복잡골절에 있어서 출혈이 있으면 직접 압박으로 출혈을 방지하고, 만약 출혈이 심하면 지압점 압박으로 지혈한다. 복잡골절은 피가 멈춘 후에 소독한 붕대를 감는다.★

> **경추 골절환자 응급처치 시 주의사항**
> • 환자를 함부로 다루게 되면 오히려 손상을 가져오기 때문에 의료진이 도착할 때까지 그대로 두는 것이 낫다.
> • 어떠한 경우에도 얼굴을 앞이나 뒤로 혹은 옆으로 돌려서는 안 된다.★
> • 머리를 부목 위에 놓은 후 머리의 양쪽을 고여서 얼굴이 위를 향하여 고정되게 한다.
> • 머리 밑에는 아무 것도 넣지 않으며, 양팔을 가슴에 얹고 부목 밑에 붕대를 부상자 위로 돌려서 부상자가 부목 위에서 움직이지 않도록 단단히 묶는다.★
> • 다리까지 잘 묶은 뒤에 부목을 들것이나 구급차 위에 얹어 부상자를 병원으로 운반한다.★

핵심문제

01 원인불명의 인사불성 중 얼굴이 붉은 환자의 상태와 일반적인 응급처치에 관한 설명으로 옳지 않은 것은?

기출 11

① 주요 증상은 맥박이 약하고, 구토를 할 경우 얼굴을 옆으로 돌려준다.
② 환자를 바로 눕히고 머리와 어깨를 약간 높여 안정시킨다.
③ 머리에 찬 물수건을 대어 열을 식혀 주어야 한다.
④ 환자를 옮길 필요가 있으면 눕힌 상태로 주의해서 운반한다.

[해설]
주요 증상은 얼굴이 붉고 맥박이 강하다는 점이다. 구토를 할 경우 얼굴을 옆으로 돌려주는 내용은 맞는 설명이다. 맥박이 약한 것은 얼굴이 창백하거나 푸른 인사불성환자의 경우이다.★

정답 ①

② 뇌진탕 및 두개골 골절(두부 손상)
　㉠ 두부 손상이 의심되면 상체를 높이고, 구토 등 이물질이 있는 경우 옆으로 눕힌다. ★
　㉡ 환자에게 말을 하여 집중을 하게 하고 쇼크에 대비한다.
　㉢ 뇌압의 상승을 방지하기 위해 머리를 다리보다 높게 들어올린다. ★
　㉣ 의식이 명료하다가도 의식을 잃는 경우가 있으므로 신속한 이송을 해야 한다.
　㉤ 두부 손상 시에는 체온이 상승하는 경향이 있으므로, 일정한 체온이 유지될 수 있도록 한다.
　㉥ 경련을 일으키면 그냥 편하게 두고, 아무것도 먹이지 않는다.
　㉦ 머리에 상처가 있으면 상처를 보호하고 귀나 코에서 흐르는 액체는 막지 않고 병원으로 이송한다.

> **두부 손상에서의 일반적인 응급처치의 원칙**
> - 충분한 산소를 공급한다.
> - 일반적으로 두부가 손상되었다고 확인되면 기도확보, 경추·척추 고정, 산소 공급, 기타 외상처치를 실시한다.
> - 환자의 의식상태를 평가하여 지속적으로 의식변화상태를 예의 주시한다.
> - 두피손상의 경우 손상 입은 피부를 본래의 위치로 되돌려놓고 들것에 눕힌 상태에서 30° 정도 올려주고 머리의 손상부분을 직접 압박법으로 지혈하고 붕대를 고정시킨다. ★
>
> **두부 손상 증상별 응급처치 원칙**
> - 두피 열상 : 인체 중에서 얼굴 쪽에는 다른 부위에 비해 많은 양의 혈액이 공급되므로 조그만 상처에도 과출혈이 일어날 수 있다. 두피에서 출혈이 있는 경우 소독된 거즈를 상처부위에 대고 압박하여 지혈하고 피부가 벗겨나가는 결손이 있는 큰 상처일 경우 피부를 정상적인 위치로 가져다 놓고 압박드레싱을 하도록 한다.
> - 두개 내출혈(뇌일혈) : 환자의 머리와 어깨를 높이고 목의 옷을 느슨하게 하고 찬 물수건이나 얼음주머니를 머리에 대어준다. 무엇보다도 뇌혈관에 열상으로 인해 두개 내 혈종을 유발하여 외과적인 수술 등이 필요하므로 신속히 병원에 후송하는 것이 중요하다. ★

③ 척추 골절
　㉠ 충격을 예방하고 척추에 대한 그 이상의 손상을 막기 위한 응급처치를 한다.
　㉡ 척추골절이 의심되는 부상자는 절대로 일으켜 앉히거나 세우거나 걷게 하여서는 안 된다. ★
　㉢ 음료수를 먹이기 위하여 그의 목을 높이는 것조차도 하지 말아야 한다. 이러한 운동은 척추를 더 손상시키고 마비나 죽음의 원인을 만들기 때문이다. ★
　㉣ 만약 경추, 흉추 및 요추에 동시 손상이 있으면 경추 손상의 처치는 언제나 튼튼한 전신부목 위에 바로 눕히고, 필요한 부분에 고임을 대고 삼각건으로 잘 고정시켜야 한다. ★

핵심문제

01 두부 손상 환자에 대한 일반적인 응급처치 방법으로 옳지 않은 것은? 기출 05
　① 경추, 척추 고정
　② 들것에 눕힌 상태에서 30° 정도 올려준다.
　③ 기도 확보
　④ 두부 외상 환자일 경우 뇌부분을 따뜻하게 해준다.

[해설]
두부 외상 환자의 경우는 뇌손상 시 체온상승의 경향이 있으므로 보온이나 특별히 가온은 하지 않도록 주의한다. ★

정답 ④

④ 흉부 및 복부 손상
　㉠ 호흡기능을 유지하기 위해 기도 내의 이물질 등을 제거하고 외부출혈을 지혈시킨다.
　㉡ 이물질이 삽입되어 있는 경우 그대로 유지시킨다.
　㉢ 늑골이 골절된 경우 움직임을 줄이며 삼각건으로 고정시킨다.★
　㉣ 물을 마시지 않도록 하며, 젖은 거즈 등으로 입술을 적셔준다.
⑤ 탈구 : 관절이 어긋나 뼈가 제자리에서 물러난 상태를 말하며, 빠르고도 정확한 처치를 필요로 한다. 그러나 특별한 비상시가 아니면 전문의료요원이 아닌 자가 탈구를 바로 잡으려 해서는 안 된다.★
⑥ 염좌 : 무리한 관절 운동으로 관절을 유지하는 인대가 손상된 경우 발생되며, 염좌된 부위를 높이 올리고 손목이면 팔걸이를 하여 고정시키고 발목이면 환자를 눕히고 옷이나 베개 같은 것을 염좌부위 밑에 놓아 그 부위를 높이고 상처 입은 부위에 찬 찜질을 한다.

3. 화상 · 중독 · 교상 등에 대한 응급처치

① 화 상
　㉠ 화상을 당한 후 하루나 이틀 사이에 죽는 것은 일반적으로 쇼크에 의한 것이며, 그 후에 죽는 것은 주로 감염이 원인이다.
　㉡ 화상부위의 열기와 통증이 가라앉을 정도로 찬물에 담근다.
　㉢ 화재나 그 밖의 사고로 화상 환자가 생기면, 의복을 벗기려 애쓰지 말고 화상 입은 곳을 처치하고 담요 등으로 환자를 덮고 안정시켜 속히 병원으로 데려간다.★
　㉣ 전문의료요원이 도착할 때까지 환자를 덮어 주어 따뜻하게 한다.★
　㉤ 상처에 탈지면을 직접 대지 않는다. 탈지면이 상처에 붙어서 후에 떼어낼 때 상해를 입는다.★
　㉥ 쇠붙이 등 상처에 붙어 있는 물건을 떼려고 애쓰지 말 것이며, 또 물집을 터뜨려서는 안 된다.★

화상 깊이에 따른 분류

1도 화상	열에 의하여 피부가 붉어진 정도의 화상으로 표피에만 손상이 있는 경우를 말한다. 표피의 손상
2도 화상	피부 발적뿐만 아니라 수포(물집)가 생기고, 심한 통증이 나타나는 경우를 말한다. 표피 + 진피의 손상
3도 화상	화상의 정도가 매우 심하여 조직의 파괴까지 동반된 경우를 말한다. 표피 + 진피 + 조직의 손상
4도 화상	최근에 사용되는 개념으로 근육, 힘줄, 신경 또는 골조직까지 손상받은 경우를 말한다.

화상의 정도에 따른 치료 방법
- 1도 화상의 치료 : 시원한 물수건 등으로 화상을 입은 부위를 식혀 준다.
- 2도 화상의 치료 : 화상을 입은 면적이 크지 않으면 물수건 등으로 부위를 덮어주도록 한다.
- 3도 화상의 치료 : 쇼크나 생명의 위험이 있을 수 있으므로 가능한 빨리 병원으로 이송하도록 하며 소독약 등을 사용할 경우 병원에서 상처를 진단하는 데 시간이 걸리는 수가 있으므로 사용하지 않도록 한다.★★
- 4도 화상의 치료 : 직접적인 피부이식 수술이 필요하므로 감염에 주의하면서 많은 조직을 살려주어 후유증을 줄인다.★

② 약품화상
    ㉠ 즉시 그리고 계속적으로 많은 물로 피부에 묻은 약품을 씻어 내고 감염을 예방하도록 한다.★
    ㉡ 약품에 젖은 의복은 벗든가 떼어버리고 상처에는 소독된 거즈를 붙인 다음 병원에 보낸다.★
    ㉢ 알칼리성 약품에 의한 화상은 우유로 깨끗이 씻으면 효과적이다.★★
③ 전기화상(감전)
    ㉠ 질식된 듯한 모습을 보이고 화상을 동반하며 쇼크증상을 보일 수 있다.
    ㉡ 감전사고가 발생하면 절연성이 있는 고무장갑 등으로 전원을 차단시키고 전원이 있는 곳에서 대피시킨다. 기도를 유지하여 산소를 공급해 준다.
    ㉢ 심정지가 발생한 경우 끈기 있게 심폐소생술을 실시한다.★
    ㉣ 감전사고 후 아무 증상이 없는 듯 보여도 차후 내부 장기의 손상이 있는 경우가 많으므로 병원에 가서 진단을 받도록 한다.★
④ 약품 및 독극물 중독
    ㉠ 환자가 의식이 없을 때는 기도를 개방하고, 필요하면 구조호흡을 한다.
    ㉡ 환자가 의식이 있을 때는 흡수된 독극물을 희석시키거나, 독극물의 흡수를 지연시키기 위해 희석, 위세척, 해독 등을 실시한다.
    ㉢ 중독물질에 의한 중독일 경우 구토시럽을 복용하게 하여 구토를 유발시킨다.
    ㉣ 피부를 통해 독극물이 묻은 경우 오염된 의복은 즉시 제거하고 흐르는 물에 잘 씻어낸다.
⑤ 독사교상
    ㉠ 더 이상의 동작을 멈추게 하고 조용히 안정시킨다. 교상 부위를 비누와 물로 부드럽게 닦아낸다.
    ㉡ 독이 퍼져 올라가는 것을 방지하기 위하여 상처부위의 위쪽을 묶는다(너무 꽉 묶으면 좋지 않다).
    ㉢ 물린 부위는 움직일수록 독이 더 빨리 퍼지므로 움직이지 않게 고정하고, 심장보다 아래에 위치시키어 독이 심장 쪽으로 퍼지는 것을 지연시킨다.★
    ㉣ 흡수기로 독을 빨아낸다(입으로 흡입하는 것은 권장되지 않는다).★
    ㉤ 가능한 빨리 의사에게 연락하여 항독 처치를 받도록 한다.
    ㉥ 뱀에 물린 환자는 구토, 복통 및 의식 저하가 발생할 수 있으므로 환자에게 입으로 어떤 것도 주지 않는다(음식과 음료수).

핵심문제

01 유형별 응급환자에 대한 조치사항으로 옳지 않은 것은? 기출 09

① 두부 손상이 의심되면 상체를 높이고, 구토 등 이물질이 있는 경우 옆으로 눕힌다.
② 뇌일혈의 경우 환자의 머리와 어깨를 높이고, 목의 옷을 느슨하게 하고 찬 물수건이나 얼음주머니를 머리에 대어 준다.
③ 약품 화상의 경우 물로 상처를 씻어내고 감염을 예방하도록 한다.
④ 독사교상의 경우 상처 부위의 위쪽은 묶고, 상처 부위를 심장보다 높게 하여 이송한다.

[해설]
독사교상의 경우 상처 부위의 위쪽은 묶고, 상처 부위를 심장보다 낮게 하여 이송한다.

정답 ④

Ⅳ 심폐소생술(CPR)

1. 심폐소생술의 정의

① 심폐소생술이란 의식장애나 호흡, 순환기능이 정지되거나 현저히 저하된 상태로 인하여 사망의 위험이 있는 자에 대하여 즉시 기도를 개방하고 인공호흡과 심장압박을 실시해서 즉각적으로 생명유지를 도모하는 처치방법이다. ★ 기출 21 특히 질병관리청·대한심폐소생협회는 인공호흡에 대해 거부감을 가진 경우에도 인공호흡을 하지 않고 가슴압박만 하더라도 아무것도 하지 않을 때보다 심장정지 환자의 생존율을 높일 수 있으므로 2011년 가이드라인부터 '가슴압박소생술(Compression-Only CPR)'을 권장하였다.

기출 22

〈출처〉 2020년 한국심폐소생술 가이드라인, 질병관리청·대한심폐소생협회, P. 67

② CPR은 크게 보아 병원 전(前)단계에서 많이 시행하는 기본 인명구조술(심폐소생술의 초기단계)과 병원에서 주로 시행하는 전문 인명구조술로 구분된다.

2. 심폐소생술을 실시할 경우 확인사항 기출 15·11

① 호흡운동이 없거나 발작성으로 호흡한다.
② 청색증이 나타난다.
③ 경련증과 간질이 나타난다.
④ 통증에 대한 반응이 없다.
⑤ 심폐소생술을 실시하는 가운데 출혈이 심하다면 심폐소생술 실시자 이외의 보호자는 지혈을 실시한다.
⑥ 심폐소생술을 실시할 때에는 쇼크를 예방하기 위해 가슴을 따뜻하게 해주어야 한다. ★

핵심문제

01 다음 ( )에 알맞은 내용은? 기출 15

( )(이)란 의식장애나 호흡, 순환기능이 정지되거나 현저히 저하된 상태로 인하여 사망의 위험이 있는 자에 대하여 즉시 기도를 개방하고 인공호흡과 심장압박을 실시해서 즉각적으로 생명유지를 도모하는 처치방법이다.

① 환자관찰
② 심폐소생술
③ 응급구조
④ 보조호흡

[해설]
심폐소생술이란 의식장애나 호흡, 순환기능이 정지되거나 현저히 저하된 상태로 인하여 사망의 위험이 있는 자에 대하여 즉시 기도를 개방하고 인공호흡과 심장압박을 실시해서 즉각적으로 생명유지를 도모하는 처치방법이다.

정답 ②

3. 심폐소생술의 시기와 적용 대상

① 적용 시기 : 심정지 환자의 경우 기본 인명구조술이 심정지 후 4분 이내에 시작되고, 전문 인명구조술이 8분 이내에 시작되어야 높은 소생율을 기대할 수 있다. ★ 기출 22

② 순서 : 가슴압박(Compression) → 기도유지(Airway) → 인공호흡(Breathing) 기출 24

> **심폐소생술의 시행 순서**
> 성인의 심정지의 원인은 주로 심실세동이므로, 즉시 주변의 자동제세동기를 이용하여 응급조치를 취하거나 응급의료체계로 연락하여 조기에 전문적 인명구조술이 시행되도록 하여야 한다.
> ① 심정지 확인 : 환자의 반응이 없고 호흡이 없거나 비정상 호흡상태가 관찰될 경우 심정지로 판단한다.
> ② 119 신고 : 환자가 의식이 없으면 주변에 도움을 요청하거나 119로 즉시 신고한다.
> ③ 가슴압박 : 119 신고 후 즉시 가슴압박을 시행한다(속도 : 분당 100~120회, 깊이 : 5~6cm). 기출 22
> ④ 기도 유지 : 환자의 기도를 개방시켜야 한다.
> ⑤ 인공 호흡 : 30회의 가슴압박과 2회의 인공호흡을 구급대원이 현장에 도착할 때까지 반복해서 시행한다.
> ⑥ 회복자세 : 호흡이 회복되었으면 환자를 옆으로 돌려 눕히고, 정상 호흡이 없어지면 가슴압박과 인공호흡을 실시한다.
> ⑦ 제세동 : 제세동 성공률은 심실세동 발생 직후부터 1분마다 7~10%씩 감소되므로, 신속하게 시행하여야 한다.
> 〈참고〉 이두석, 「경호학개론」, 진영사, 2018, P. 284~288

③ 종료시기 : 의사의 지시가 있는 경우라든지 말기 암환자 등에게 사용하지 않고 다음의 경우는 심폐소생술을 종료한다. ★★ 기출 22·08

㉠ 환자의 맥박과 호흡이 회복된 경우
㉡ 구조자(경호원)가 육체적으로 탈진하여 더 이상 할 수 없는 경우
㉢ 다른 구조자(응급구조요원)와 교대한 경우
㉣ 의사가 종료하라고 지시했을 경우
㉤ 사고현장이 처치를 계속하기에는 위험할 때
㉥ 심폐소생술의 실시 여부와 관계없이 30분 이상 심정지상태가 계속될 때(단, 심한 저체온증의 경우를 제외)★

④ 적용 대상 : 익사, 뇌졸중, 두부 외상, 감전 등

4. 심폐소생술 중 기도유지 방법

① 두부후굴 – 하악거상법 : 환자의 이마를 뒤로 젖히면서 동시에 턱을 잡고 윗니와 아랫니가 거의 닿을 정도로 턱을 앞으로 잡아당기는 방법이다. ★

② 하악견인법 : 경추부분이 손상되었다고 의심되면 실시하는 기도유지 방법으로 머리와 목을 움직이게 해선 안 되고 머리를 자연스럽게 둔 상태로 실시한다. ★

③ 3중기도 유지법 : 구조자는 환자의 머리를 향해 앉아서 네 손가락을 환자 턱의 각진 부분에 놓고 머리를 젖힌 뒤 엄지손가락으로 환자의 아랫입술을 아래쪽으로 향하게 하여 실시하는 방법이다.

5. 자동심장충격기(AED) 기출 24

① **자동심장충격기(AED) 사용의 필요성** : 급성 심정지의 가장 흔한 원인이 급성심근경색 후 발생하는 심실세동이기 때문에 가슴압박과 빠른 제세동(자동심장충격)이 매우 중요하다. 최근 자동심장충격기의 보급과 교육으로 일반인도 쉽게 제세동을 할 수 있게 되어 회복 가능성이 높아졌다. 자동심장충격기는 가슴에 붙이는 두 개의 패드에서 감지하는 심전도 신호를 분석하고, 제세동이 필요한 경우 전달할 에너지를 충전하여 제세동(자동심장충격)을 시행하는 것이다.

② **자동심장충격기(AED) 사용의 원칙**
  ㉠ 모든 심장정지 환자에게 무조건 심장충격을 시도하는 것은 아니다.
  ㉡ 심장충격기를 부착하여 분석 후, "심장충격(제세동)이 필요합니다"라는 지시문이 나오면 거의 100% 확실하게 심실세동 또는 심실빈맥이 확인된 것이다. 이런 환자에게는 즉시 심장충격이 시행되어야 한다.
  ㉢ 심장충격기를 부착하여 분석 후, "심장충격(제세동)이 필요하지 않습니다"라는 지시문이 나오면 정상에 가까운 심전도 소견이거나 심장 무수축이란 의미이다. 이런 환자에게는 즉시 가슴압박 등의 심폐소생술을 다시 시작해 주어야 한다.
  ㉣ 의식이 있는 사람에게는 심장충격기를 부착하면 안 되며, 만일 의식이 회복된 사람에게 부착된 심장충격기에서 "심장충격이 필요합니다"라는 지시문이 나오더라도 의식이 있는 경우에는 절대로 심장충격 단추를 누르면 안 된다.

③ **자동심장충격기(AED) 사용방법**
  ㉠ **전원 켜기** : 심장충격기(자동제세동기)는 반응과 정상적인 호흡이 없는 심정지 환자에게만 사용해야 하며, 심폐소생술 시행 중에 심장충격기(자동제세동기)가 도착하면 지체 없이 적용해야 한다. 먼저 심장충격기(자동제세동기)를 심폐소생술에 방해가 되지 않는 위치에 놓은 뒤에 전원 버튼을 누른다.
  ㉡ **두 개의 패드 부착**
    • 패드1 : 오른쪽 빗장뼈 아래, 패드2 : 왼쪽 젖꼭지 아래의 중간 겨드랑이선
    • 패드 부착 부위에 이물질이 있다면 제거하며, 패드와 심장충격기(자동제세동기) 본체가 분리되어 있는 경우에는 연결한다.
  ㉢ **심장리듬 분석** : "분석 중 …"이라는 음성 지시가 나오면, 심폐소생술을 멈추고 환자에게서 손을 뗀다. 심장충격(제세동)이 필요한 경우라면 "심장충격(제세동)이 필요합니다"라는 음성 지시와 함께 심장충격기(자동제세동기) 스스로 설정된 에너지로 충전을 시작한다. 심장충격기(자동제세동기)의 충전은 수 초 이상 소요되므로 가능한 가슴압박을 시행한다. 심장충격(제세동)이 필요 없는 경우에는 "환자의 상태를 확인하고, 심폐소생술을 계속하십시오"라는 음성 지시가 나오며, 이 경우에는 즉시 심폐소생술을 시작한다.
  ㉣ **심장충격(제세동) 시행** : 심장충격(제세동)이 필요한 경우에만 심장충격(제세동) 버튼이 깜빡이기 시작한다. 깜빡이는 버튼을 눌러 심장충격(제세동)을 시행한다. 심장충격(제세동) 버튼을 누르기 전에는 반드시 다른 사람이 환자에게서 떨어져 있는지 확인하여야 한다.
  ㉤ **즉시 심폐소생술 다시 시행** : 심장충격(제세동)을 실시한 뒤에는 즉시 가슴압박과 인공호흡을 30 : 2로 다시 시작한다. 심장충격기(자동제세동기)는 2분마다 심장리듬을 반복해서 분석하며, 이러한 심장충격기(자동제세동기)의 사용 및 심폐소생술의 시행은 119 구급대가 현장에 도착할 때까지 지속되어야 한다.

〈출처〉 대한심폐소생협회 홈페이지, https://www.kacpr.org, 2025

CHAPTER 06 경호의 환경

제1절 경호의 환경요인 기출 24·22·21

I 일반적 경호 환경요인 기출 17

1. 경제발전

경제발전과 과학기술의 향상이 상대적으로 경호환경을 악화시킨다.

2. 생활환경의 악화

경제규모의 확대 등에 따라 경제범죄, 환경오염, 범죄의 도시화 현상이 증대되게 된다.

3. 동력 및 정보의 팽창

동력화의 진전과 정보의 팽창화는 범죄의 광역화 및 지능화를 유발한다.

> 앞으로 4차 산업혁명의 미래사회에서는 상당히 많은 변화가 있을 것이 예상된다. 제4차 산업혁명이란 로봇이나 인공지능 그리고 생명과학이 주도하여 실제와 가상이 통합되는 가상물리시스템이 구축되는 것이라고 볼 수 있다. 이 여파로 앞으로 10년 후 국내 일자리의 52%가 로봇이나 인공지능으로 대체될 것이라는 연구 결과가 나온 바 있다. 따라서 경호분야에 있어서도 로봇이나 인공지능 등을 이용한 범죄에 대응한 기술발달이 필요하다고 볼 수 있다.
> 〈출처〉 김두현, 「경호학개론」, 엑스퍼트, 2020, P. 460~461

4. 생활양식 및 국민의식의 변화

개인 중심의 생활양식 및 이기주의에 빠져 경호작용에 대한 비협조적 경향으로 나타날 우려가 있다.

5. 범죄의 다양화와 증가

범죄의 다양화와 증가는 암살과 테러의 국제화를 유발한다.

> - 인구의 도시집중과 주거지역의 밀집화, 산업시설의 증대와 산업지역의 증가는 범죄유발요인을 낳게 하여 각종 범죄의 양적 증가와 범죄의 도시화·흉악화 등 질적 변화를 가져오게 된다.
> - 교통수단의 발달과 1일 생활권의 확대는 범죄의 기동화·광역화 및 도시범죄의 지방 교류 등을 촉구하게 된다.
> - 과학기술의 이용, 풍부한 정보의 활용은 범죄의 지능화·조직화 등 질적 변화를 초래하게 된다.
> - 경제생활의 향상은 폭리범죄, 신용범죄, 특허범죄 등의 경제사범을 증가시킨다.
> - 국제교역 및 교류의 증대는 범죄의 국제화를 초래하여 범죄조직의 국제화, 범죄수법의 국제교류뿐만 아니라 관세범죄, 외자범죄, 밀수범죄, 국제밀무역 등의 증가를 가져오게 된다.
> 〈출처〉 김두현, 「경호학개론」, 엑스퍼트, 2020, P. 461

Ⅱ 특수적 경호 환경요인

1. 경제전쟁
세계는 군사전쟁에서 경제전쟁으로 탈바꿈하여 지역이기주의 또는 지역경제주의로 발전, 소수민족의 테러단체들의 투쟁이 증가되고 있다. 국제정세의 변화로 구주·중동·아시아 지역의 극좌 테러단체 대부분이 재정상 압박 등으로 활동이 크게 위축된 반면 각 지역의 소수민족분리주의 테러단체들에 의한 소모적 테러투쟁은 오히려 증가되고 있다.

2. 한국의 국제적 지위 향상 등
우리나라의 국제적 지위향상과 더불어 해외에서의 한국인 대상 납치·살해 등 테러 위협이 증가되고 있다. 또한 북한의 대남 위협에도 불구하고 국민들의 대공의식이 해이되었으며, 국내불법체류 외국인 증가, 마약 관련 범죄 및 정신이상자 증가, 극단적 집단이기주의와 통제에 대한 반발 추세, 기타 선진사회로 가는 각종 병리현상 만연 등 많은 사회적 불안요소들이 국내 경호환경에 부정적으로 작용하고 있다.

3. 북한의 위협
북한의 경제적 곤궁과 정치적 불안정으로 인하여 테러 및 유격전의 유발이 우려되고 있다.

4. 증오범죄의 등장
소수인종 및 민족, 종교적 편견, 장애인, 노인 등 약자 층을 대상으로 이유 없는 증오심을 갖고 테러를 자행하는 증오범죄가 심각하게 등장하고 있다.

〈출처〉 김두현, 「경호학개론」, 엑스퍼트, 2020, P. 462~463

거시적 관점의 경호환경
- 사회적 환경
  - 일반 환경 : 어느 나라에서나 나타나는 보편적인 사회 환경(산업화, 도시화, 정보화, 세계화 등)
  - 특수 환경 : 특정한 나라에 국한된 특수한 경호환경(남북분단, 양극화, 지역갈등 등)
- 기술적 환경
  - 제도적 요인 : 경호 관련 법규, 타 기관과의 긴밀한 업무협조, 경호협조기구 등
  - 기술적 요인 : 경호조직의 전문적인 역량·임무수행능력
- 자연적 환경
  - 지형적 요인 : 지형적 경호영향요인(화산 활동 지역, 고지대, 밀림지대, 산악지대, 수변도시 등)
  - 기후적 요인 : 경호에 영향을 미치는 대기상태(해당 지역의 기온, 비, 눈, 바람, 백야현상, 황사 등)
  - 시간적 요인 : 이른 새벽, 퇴근 무렵, 축제기간, 휴가철, 야간 행사 등

〈참고〉 이두석, 「경호학개론」, 진영사, 2018, P. 373~378

제2절 암살

I 암살의 개념 및 동기 기출 23·22·15·14

암살은 일반적으로 근대적 테러리즘의 전형이라 할 수 있으며, 특정한 지위에 있는 사람을 대상으로 한다. 암살의 개념에 대해서는 "정치적·개인적 동기 등 각종 동기에 의해 공적인 지위에 있는 사람을 불법적으로 살해하는 행위"라고 할 수 있다. 이하에서는 암살의 동기에 대해 살펴본다.

개인적 동기	분노, 복수, 원한, 증오 등 극히 개인적 동기에 의해 암살이 이루어진다.★
경제적 동기	금전적 보상 혹은 경제적 어려움을 해소하기 위하여 피암살자의 희생이 필요하다는 신념에 의해 암살이 이루어진다.
적대적(전략적) 동기	전쟁 중이거나 적대관계에 있는 지도자를 제거하여 승전을 유도하거나 사회혼란을 조성하기 위해 암살이 이루어진다
정치적 동기	정권을 바꾸거나 교체하려는 욕망으로 암살이 이루어진다
심리적 동기	정신분열증, 조울증, 편집증, 노인성 치매 등 정신병력 증세를 갖고 있는 사람들에 의해 암살이 이루어진다.
이념적 동기	어떠한 개인 혹은 집단이 주장·신봉하는 이념이나 사상을 탄압하거나 방해한다고 여겨지는 때 그 대상을 제거하기 위한 목표로 암살이 이루어진다.

II 암살범의 특징 기출 22·11·10

심리적 특징	• 대개 인내심이 부족하다. • 자기 자신을 학대하고 대개가 무능력자이다. • 심리적인 안정성을 갖지 못하고 공상·망상에 사로잡힌 상태에서 행동을 한다. • 적개심과 과대망상적인 사고를 소유한 자들이 많다.
신체적 특징	• 일반적인 신체적 특징은 없으나, 일반인과 식별하기 어려울 정도로 단정한 외모를 소유한 경우가 많다.★ • 진실한 이성친구가 없는 경우가 많고, 대략 30세 미만의 미혼이며 가정적으로 불안정하다.

핵심문제

01 암살의 동기에 관한 설명으로 옳지 않은 것은? 기출 15

① 이념적 동기 – 전쟁 중에 있는 적국의 지도자를 제거함으로써 승전으로 이끌 수 있다고 판단하는 경우
② 개인적 동기 – 복수·증오·분노와 같은 개인의 감정으로 인한 경우
③ 정치적 동기 – 현존하는 정권이나 정부를 재구성하려는 욕망으로 인한 경우
④ 심리적 동기 – 정신분열증, 편집병, 조울증, 노인성 치매 등의 요소들 중 한 가지 또는 그 이상의 요소들이 복합적으로 작용하는 경우

[해설]
전쟁 중에 있는 적국의 지도자를 제거함으로써 승전으로 이끌 수 있다고 판단하는 경우는 적대적(전략적) 동기이다.

정답 ①

Ⅲ 암살계획수립의 순서

경호정보의 수집 → 무기 및 장비의 획득 → 공모자들의 임무할당(분배) → 범행의 실행 순으로 진행된다.

제3절 테 러

Ⅰ 테 러

1. **테러의 정의**
   ① 정치적 또는 사회적 영향력을 증대하기 위하여 조직적이고 계획적으로 폭력을 행사하거나 위협함으로써 불특정 다수에게 심리적인 공포심을 주는 행위★
   ② 아직 국가단계에 이르지 못한 단체나 어떤 국가의 비밀요원이 보통 대중에 영향을 미칠 정도로 비전투 목표물에 대해 자행하는 미리 계획되고 정치적 동기를 가진 폭력행위
   ③ 정치적·사회적 목적을 가진 집단이나 개인 또는 어떤 국가의 비밀공작원이 그 목적달성 또는 상징적 효과를 얻기 위한 수단으로 비전투요원인 타인의 생명·재산에 위해를 가하고자 사용하는 계획적인 폭력행위
   ④ 특정한 위협이나 공포로 인해 극도로 불안한 심리적 상태★

2. **테러리즘의 유형**
   ① 이데올로기적 테러리즘 : 특정 이데올로기의 확산, 관철을 위한 테러리즘으로 좌익과 우익 테러리즘으로 구분된다.
   ② 민족주의적 테러리즘 : 특정 민족공동체를 기반으로 분리·독립 등을 주장하는 테러리즘으로 민족과 종교가 중첩되는 경우가 많다.
   ③ 국가 테러리즘 : 국가 자체가 테러의 주체가 되는 경우로 국가 테러리즘과 국가 간 테러리즘으로 구분하기도 한다. 경우에 따라 국가가 특정 테러집단을 지원하는 국가지원 테러리즘도 포함된다.
   ④ 사이버 테러리즘
      ㉠ 의의 : 최근 들어 그 행위가 빈번하게 발생하는 것으로 인터넷을 통하여 정보망에 침입하여 정보시스템을 파괴하는 것으로 메일폭탄, 바이러스의 전송 등을 통하여 특정 사이트를 마비시키기도 한다.★
      ㉡ 특 징
         • 범행을 사전에 파악 및 방지하기가 어렵다.
         • 범행기도자의 죄의식이 희박하다.★
         • 정보의 유출 등은 조직 내부인이거나 내부 직원과 결탁하여 이루어지는 경우가 많다.★
         • 범행 후 그 흔적을 발견하기가 어렵다.

〈출처〉 김순석 외, 「신경향경호학」, 백산출판사, 2013, P. 235

3. 테러리즘의 특성

테러리즘은 제한된 물량과 소규모의 희생으로 큰 효과를 거둘 수 있으며, 그 대상에는 사람뿐만 아니라 공공 및 개인소유물, 시설물도 포함된다.

> 여러 학자들의 의견을 종합해 보면 테러는 ⓐ 많은 사회적 운동과는 달리 테러는 기본적으로 폭력적인 행위이며, ⓑ 다른 범죄행위와는 달리 테러는 계획이 철저히 되어 있으며 군사활동과 유사한 정확성을 지니고 있다. ⓒ 강제력을 사용하여 목적을 성취하기 위해서는 타의 복종을 요구하며, ⓓ 테러행위는 공공 및 개인소유물을 파괴하며, 인명피해를 초래한다. ⓔ 피해대상자에게 엄청난 공포감을 주고, 극적인 경향이 있다.
> 〈출처〉 김두현, 「경호학개론」, 엑스퍼트, 2020, P. 477~478

4. 꼭 알아두어야 할 테러리즘(Terrorism)

사이버 테러리즘	상대방 컴퓨터나 정보기술을 해킹하거나 악성 프로그램을 의도적으로 깔아놓는 등 컴퓨터 시스템과 정보통신망을 무력화하는 새로운 형태의 테러리즘을 말한다.
백색 테러리즘	프랑스혁명 직후에 공포정치를 펴는 프랑스정부에 대한 공격행위를 가리키는 말이었는데, 현재는 우익에 의한 테러행위를 지칭한다.
흑색 테러리즘	무정부주의자에 의한 테러를 지칭하는 말이다.
적색 테러리즘	공산주의를 상징하는 빨간색과 관련하여 서방 자유세계에 대한 공산주의자들의 공격행위를 말한다.
슈퍼 테러리즘	21세기에 등장한 새로운 테러리즘으로 과거의 테러가 어떤 특정 목표나 명분을 가지고 이루어진 반면, 슈퍼 테러리즘은 불특정 다수인에 대한 무차별적인 살상을 특징으로 한다.
뉴테러리즘	일반대중들의 공포를 목적으로 적이 누구인지 모르고, 전선이나 전쟁규칙도 없으며, 대량살상무기나 사이버 무기, 생물학무기, 생화학무기 등을 사용하며, 결국 사회나 국가전체의 혼란 및 무력화를 추구하는 새로운 테러리즘을 지칭한다. 기출 21·15
메가 테러리즘	최대한 많은 인명을 살상함으로써 사회 전체를 공포와 충격으로 몰아넣고자 하는 테러리즘의 경향을 말한다.
테크노 테러리즘	사이버 무기, 레이저 무기, 생물·생화학 무기, 전자무기 등 다양한 최첨단 공격무기가 동원되는 테러를 총칭한다.
바이오 테러리즘	박테리아, 바이러스, 독 등 생물학적 작용제를 고의적으로 살포하거나 보급해서 일으키는 테러이다.

핵심문제

01 다음 중 테러리즘의 특성이 아닌 것은? 기출 01

① 테러는 군사활동과 유사한 정확성을 지니는 등 전술적인 면모가 있다.
② 제한된 물량과 소규모의 희생으로 큰 효과를 거둘 수 있다.
③ 테러는 기본적으로 폭력적 행위이다.
④ 테러의 대상은 사람에게만 국한된다.

[해설]
테러의 대상은 사람뿐만 아니라 시설물도 그 대상에 해당된다. ★

정답 ④

테러리즘의 추세	
고전적 테러리즘시대	테러리즘이란 용어가 등장하는 18세기 이전까지의 시기
근대적 테러리즘시대	근대국가의 형성과 더불어 반식민지투쟁이나 민족해방을 목표로 한 민족투쟁시기
현대적 테러리즘시대	냉전시대에 나타난 국가테러리즘이 빈발하던 시기
뉴테러리즘시대	1990년대 이후 대량살상무기를 이용하고 불특정다수인에 대한 무차별적 공격 양상을 보이는 시기

〈참고〉 이두석,「경호학개론」, 진영사, 2018, P. 383

뉴테러리즘 기출 23

정 의	미국의 뉴욕 세계무역센터 테러사건처럼 공격 주체와 목적이 없으며, 테러의 대상이 무차별적인 새로운 개념의 테러리즘을 가리키는 용어이다.
주요 특징	• 불특정 다수를 공격대상으로 한다. • 동시다발적 공격이 가능하다. • 주체가 없고('얼굴 없는 테러') 요구 조건과 공격 조건이 없다. • 경제적·물질적 피해 규모가 천문학적인 수준이다. • 과학화·정보화의 특성을 반영하여 조직이 고도로 네트워크화되어 있다. 이에 따라 조직 중심이 다원화되어 조직의 무력화가 어렵다. • 테러행위에 소요되는 시간이 짧아 예방대책 수립이 어렵다. • 언론매체를 이용하여 공포가 쉽게 확산된다. • 사회적으로 지식층과 엘리트층이 테러리스트로 활동하여 테러가 보다 지능화되고 성공률이 높아지고 있다. • 증거인멸이 쉬운 대량살상 무기가 사용될 가능성이 많다.

5. 테러의 원인

① 사상적 원인
  ㉠ 민족사상 : 테러리즘은 종족간의 갈등이나 민족주의가 높을 경우 발생할 수 있다. 한 국가 내에서도 인종, 종교에 의해 동질의식이 강화되고 이에 따른 불균형을 해소하기 위한 방법으로 테러를 사용하고 있다.
  ㉡ 폭력사상 : 폭력을 통해 불평등을 시정할 수 있고 피지배층에 대한 열등감과 절망 등을 해소하는 수단으로 테러가 사용되고 있다.

핵심문제

01 뉴테러리즘(New Terrorism)의 특징에 관한 설명으로 옳지 않은 것은? 기출 15

① 요구조건이나 공격 주체가 구체적이고 분명하다.
② 과학화·정보화의 특성을 반영하여 조직이 고도로 네트워크화되어 있다.
③ 테러행위에 소요되는 시간이 짧아 대처할 시간이 부족하다.
④ 전통적 테러리즘에 비해 그 피해가 상상을 초월한다.

[해설]
기존의 테러리즘과 달리 뉴테러리즘은 요구조건이나 공격 주체가 불분명하다.

정답 ①

ⓒ **식민사상** : 제2차 세계대전을 겪으면서 식민주의에 반대하는 한 방법으로 테러가 사용되어 테러의 확산에 영향을 끼쳤다.
ⓓ **정치사상** : 마르쿠제는 그의 저서에서 "고도의 선진산업사회에서 인간성 회복을 위한 폭력의 사용은 신성한 수단이다."라고 하여 폭력의 정당화를 용인하는 주장을 하였다. ★

② 환경적 원인
　ⓐ **정치적 환경** : 정치적 부패, 정치참여의 박탈 등이 원인이 된다.
　ⓑ **경제적 환경** : 경제의 빈곤이 테러의 원인일 수 없으나 그러한 환경을 제공한 무능한 정부나 독재자 등에 대한 증오심 등이 원인이 될 수 있다.
　ⓒ **사회적 환경** : 산업사회의 역기능은 테러의 발생을 자극한다.

③ 심리적 원인
　ⓐ 유아기의 강렬한 증오심·복수·울분 등을 체험한 경우
　ⓑ 비인간화의 욕구
　ⓒ 어린 시절 심한 좌절로 자기도취증이나 편집증적인 성격을 소유한 자
　ⓓ 정치적 성향이 불분명한 경우 정신적 불안성이 강한 자
　ⓔ 자기 자신으로부터 도피
　ⓕ 폭력에 대한 강한 믿음

6. 테러의 수행단계(순서별)

제1단계	정보수집단계	위해대상자의 습관적 행동이나 행차에 대한 첩보 및 정보를 수집하기 위한 관찰활동을 실시
제2단계	계획수립단계	공격계획의 수립 및 공격방법의 선택
제3단계	조직화단계	공격조를 편성
제4단계	공격준비단계	은거지를 확보하고 공격을 준비
제5단계	실행단계	계획된 공격방법에 의거하여 공격을 실시하고 현장을 이탈하는 단계

핵심문제

01 테러의 수행단계가 가장 올바른 것은? 기출 01
① 계획수립단계 → 정보수집단계 → 조직화단계 → 공격준비단계 → 실행단계
② 정보수집단계 → 조직화단계 → 계획수립단계 → 공격준비단계 → 실행단계
③ 정보수집단계 → 계획수립단계 → 공격준비단계 → 조직화단계 → 실행단계
④ 정보수집단계 → 계획수립단계 → 조직화단계 → 공격준비단계 → 실행단계

[해설]
테러의 수행단계는 정보수집단계 → 계획수립단계 → 조직화단계 → 공격준비단계 → 실행단계이다. ★

정답 ④

7. 테러조직의 구조적 유형★★ 기출 12·11

테러조직은 지속력 있는 조직의 생존성을 갖기 위해 일반적으로 동심원적 구조에 의해 형성되어 있다.

지도자 조직	지휘부의 정책 수립, 계획, 통제 및 집행 임무수행, 테러조직의 정치적 또는 전술적 두뇌를 제공
행동 조직	폭발물 설치 등 공격현장에서 직접 테러행위를 실시, 실제적으로 테러행위에 있어 가장 중요한 요소
직접적 지원조직	대피소, 차고, 공격용 차량 준비, 핵심요원 훈련, 무기·탄약 지원, 테러대상(목표)에 대한 정보제공, 전술 및 작전 지원
전문적 지원조직	체포된 테러리스트 은닉 및 법적 비호, 기만, 의료지원 제공, 유리한 알리바이 제공
수동적 지원조직	테러집단의 생존기반, 정치적 전위집단, 후원자, 반정부 시위나 집단행동에서 다수의 위력 구성을 지원
적극적 지원조직	선전효과의 증대, 자금획득, 조직의 확대에 기여함으로써 테러활동에 주요한 역할 수행

〈참고〉김두현, 「경호학개론」, 엑스퍼트, 2020, P. 484~485

테러조직의 구조적 형태★★

테러조직의 동심원적 구조(안 → 밖) : 지도자 조직 → 행동 조직 → 직접적 지원조직 → 전문적 지원조직 → 수동적 지원조직 → 적극적 지원조직

테러리스트의 구분

순교적(순교형) 테러리스트	범죄적(전문적인 범죄형) 테러리스트	광적(광인형) 테러리스트
• 이념적으로 동기화되어 정치적·종교적 신념의 영향을 받는다. • 정치적으로는 극단주의자, 종교적으로는 근본주의자들이다.	이념보다는 개인적 이유로 인해 테러행위를 자행한다.	정신적 장애가 있는 사람들에 의한 테러행위이다.

〈참고〉이두석, 「경호학개론」, 진영사, 2018, P. 382~383

핵심문제

01 테러조직의 유형별 역할에 관한 내용으로 옳지 않은 것은? 기출 10

① 적극적 지원조직 - 선전효과 증대, 자금획득, 조직확대 등에 기여
② 직접적 지원조직 - 공격용 차량 준비, 핵심요원 훈련, 무기탄약 지원
③ 지도자 조직 - 반정부 시위나 집단행동에서 다수의 위력 구성을 지원
④ 전문적 지원조직 - 체포된 테러리스트 은닉 및 법적 비호, 의료지원 제공

[해설]
수동적 지원조직은 반정부 시위나 집단행동에서 다수의 위력 구성을 지원하며, 지도자 조직은 지휘부의 정책수립, 계획, 통제 및 집행 임무 등을 수행한다.

정답 ③

02 테러범의 유형으로 가장 관련이 적은 것은? 기출

① 순교형　　　　　　　　　② 종교형
③ 광인형　　　　　　　　　④ 전문적인 범죄형

[해설]
테러범죄의 성격에 의한 분류 : 광인형 테러범, 전문적 범죄형 테러범, 순교형 테러범★

정답 ②

8. 테러의 수법

① 테러의 수법에는 불법적인 폭력의 행사 또는 폭력행사의 위협 등이 있다.
② 행위가 성공적으로 완수되었을 때뿐만 아니라 미수에 그쳤을 때나 위협만으로도 성립된다.

> **테러의 공격방법**
> - 테러 공격방법은 암살, 폭파, 하이재킹, 유인납치, 방화, 매복공격, 습격, 원거리 로케트공격, 행글라이더 기구를 이용한 공격, 화학 및 생물무기 공격, 사이버 공격, 레이저 공격, 전자공격 등 다양한 방법이 동원되고 있다.
> - 과학화 · 정보화 시대를 맞이하여 생물무기, 사이버, 레이저, 전자무기, 드론에 의해 공격하는 방법을 생각할 수 있다.
>
> | | |
> |---|---|
> | 화학무기 | 평화적 또는 방호연구 등 허용된 목적 이외의 독성 화학물질 등 장비 일체를 말한다. |
> | 생물무기 | 사람이나 동물에 해로운 병원성 미생물 등을 이용한 무기로서, 은밀성과 잠재성이 매우 크다. |
> | 사이버무기 | 가상공간에서의 정보마비를 추구하는 것으로, 미래의 테러에서는 그 중요성이 더욱 증대될 수 있다. |
> | 레이저무기 | 레이저광선을 이용하여 인명 살상 · 목표물 파괴 · 통신 · 탐지 등을 수행하는 무기이다. |
> | 전자무기 | 상대의 전자장비의 효율적인 사용을 방해하거나 그 기능을 감소시키기 위한 것이다. |
> | 드론 | 무선 조종이 가능한 무인항공기로서 폭발물 · 유독물질 · 총기 등을 장착하여 테러를 가할 수 있다. |
>
> 〈참고〉김두현, 「경호학개론」, 엑스퍼트, 2020, P. 486~569

9. 각국의 대테러부대 기출 23 · 13 · 12 · 10

① 영국 SAS(Special Air Service)
   ㉠ 육군 소속 대테러 특수부대이며, 세계 최초의 전문화된 특수부대로서 오늘날 여러 다른 나라들의 비슷한 특수부대의 모델★
   ㉡ 현재 SAS는 유괴, 폭파, 암살 등의 테러 업무를 전담

② 미국 SWAT(Special Weapons Assault Team)
   ㉠ 대테러 임무를 수행하는 미국의 경찰 특수기동대
   ㉡ 미국의 각 주 경찰서에 위치하여 테러진압 활동★
   ㉢ 주요 요인의 신변경호, 인질구출 등의 고난이도 작전을 수행하는 전문테러진압부대

③ 독일 GSG-9
   ㉠ 1972년 뮌헨올림픽에서 검은 9월단 사건을 계기로 창설된 대테러 경찰특공대★
   ㉡ 연방내무부장관의 명에 의해 중대한 테러사건을 담당★
   ㉢ 부대 내에는 지휘반, 통신반, 전투반으로 편성

④ 프랑스 GIGN
   ㉠ 프랑스 국가헌병대 소속의 대테러부대로 1994년 에어프랑스 항공기 납치사건을 해결
   ㉡ VIP에 대한 경호, 주요 시설물 방어작전 수행

⑤ 이스라엘 13전대(Shayetet 13)
   ㉠ 해군 소속의 대테러 특수부대로 지중해에서 주로 활동하며, 육군 소속의 특수부대인 샤이렛 매트칼(Sayeret Matkal)과 더불어 이스라엘의 대테러부대임★
   ㉡ 자국 비행기 납치 예방, 아랍권 국가의 이스라엘에 대한 테러공격 방지 등의 임무 수행

⑥ 대한민국 KNP-868
  ㉠ 경찰특공대 KNP-868의 뜻은 "Korea National Police 86/88"로 86 아시아게임과 88 서울올림픽을 위해 만들어진 국립경찰 대테러부대를 의미하며, 1983년 10월 창설됨
  ㉡ 테러사건에 대한 예방활동 및 무력진압, 테러사건과 관련한 폭발물의 탐색 및 처리, 인질사건, 총기사건 등 중요범죄 예방 및 진압, 각종 재해, 재난 등 긴급상황 발생 시 인명구조 등의 임무 수행

10. 테러리즘의 증후군 기출 23·10

① **스톡홀름 증후군(Stockholm Syndrome)**★★ : 인질이 인질범에게 정신적으로 동화되어 자신을 인질범과 동일시하는 현상을 말한다.
② **리마 증후군(Lima Syndrome)**★★ : 인질사건에서 인질범이 인질의 문화에 익숙해지고 정신적으로 동화되면서 자신을 인질과 동일시하고 결과적으로 공격적인 태도가 완화되는 현상으로, 1996년 12월 페루 리마(Lima)에서 발생한 일본대사관저 점거 인질사건에서 유래되었다.
③ **런던 증후군(London Syndrome)**★ : 인질사건의 협상단계에서 통역이나 협상자와 인질범 사이에 생존 동일시 현상이 일어나는 것을 말한다.
④ **항공교통기피 증후군**★ : 9·11 테러 이후 사람들이 항공기의 이용을 기피하는 사회적 현상을 말한다.

〈출처〉 김두현, 「현대테러리즘론」, 백산출판사, 2004

핵심문제

01 각국의 대테러조직에 관한 설명으로 옳지 않은 것은? 기출 12

① SAS는 영국의 대테러부대로 유괴, 납치, 암살 등 테러에 대응한다.
② 미국의 대테러부대에는 SWAT, 델타포스가 있다.
③ 독일의 대테러부대에는 GIGN, GSG-9이 있다.
④ 한국의 대테러부대는 KNP-868이다.

[해설]
GIGN은 프랑스의 대테러부대이며, GSG-9은 독일의 대테러부대이다.

정답 ③

02 인질사건에서 인질이 인질범에게 정신적으로 동화되어 자신을 인질범과 동일시하는 현상은? 기출 10

① 리마 증후군(Lima Syndrome)
② 런던 증후군(London Syndrome)
③ 피터팬 증후군(Peter Pan Syndrome)
④ 스톡홀름 증후군(Stockholm Syndrome)

[해설]
스톡홀름 증후군(Stockholm Syndrome)이란 인질사건에서 인질이 인질범에게 정신적으로 동화되어 자신을 인질범과 동일시하는 현상을 말한다.★

정답 ④

Ⅱ 우리나라의 대테러 방지대책(테러방지법 등)

1. 총 칙

① **목적**(국민보호와 공공안전을 위한 테러방지법 제1조) 기출 20 : 이 법은 테러의 예방 및 대응 활동 등에 관하여 필요한 사항과 테러로 인한 피해보전 등을 규정함으로써 테러로부터 국민의 생명과 재산을 보호하고 국가 및 공공의 안전을 확보하는 것을 목적으로 한다.

> **다른 법률과의 관계(테러방지법 제4조)**
> 국민보호와 공공안전을 위한 테러방지법은 대테러활동에 관하여 다른 법률에 우선하여 적용한다.

② **용어의 정의**(테러방지법 제2조) 기출 22·20·17·16·12 : 이 법에서 사용하는 용어의 뜻은 다음과 같다.
   ㉠ 테러 : 국가·지방자치단체 또는 외국 정부(외국 지방자치단체와 조약 또는 그 밖의 국제적인 협약에 따라 설립된 국제기구를 포함한다)의 권한행사를 방해하거나 의무 없는 일을 하게 할 목적 또는 공중을 협박할 목적으로 하는 일련의 행위★
   ㉡ 테러단체 : 국제연합(UN)이 지정한 테러단체★★
   ㉢ 테러위험인물 : 테러단체의 조직원이거나 테러단체 선전, 테러자금 모금·기부, 그 밖에 테러 예비·음모·선전·선동을 하였거나 하였다고 의심할 상당한 이유가 있는 사람★
   ㉣ 외국인테러전투원 : 테러를 실행·계획·준비하거나 테러에 참가할 목적으로 국적국이 아닌 국가의 테러단체에 가입하거나 가입하기 위하여 이동 또는 이동을 시도하는 내국인·외국인★★
   ㉤ 테러자금 : 「공중 등 협박목적 및 대량살상무기확산을 위한 자금조달행위의 금지에 관한 법률」 제2조 제1호에 따른 공중 등 협박목적을 위한 자금
   ㉥ 대테러활동 : 테러 관련 정보의 수집, 테러위험인물의 관리, 테러에 이용될 수 있는 위험물질 등 테러 수단의 안전관리, 인원·시설·장비의 보호, 국제행사의 안전확보, 테러위협에의 대응 및 무력진압 등 테러 예방과 대응에 관한 제반 활동★

핵심문제

01 국민보호와 공공안전을 위한 테러방지법의 내용으로 옳지 않은 것은? 기출 16
① 테러단체란 국가정보원이 지정한 테러단체를 말한다.
② 국민보호와 공공안전을 위한 테러방지법은 대테러활동에 관한 다른 법률에 우선하여 적용한다.
③ 국가테러대책위원회는 국무총리 및 관계기관의 장 중 대통령령으로 정하는 사람으로 구성하고 위원장은 국무총리로 한다.
④ 대테러활동과 관련하여 국무총리 소속으로 관계기관 공무원으로 구성되는 대테러센터를 둔다.

[해설]
테러단체란 국제연합(UN)이 지정한 테러단체를 말한다(테러방지법 제2조 제2호).

정답 ①

- Ⓐ 관계기관 : 대테러활동을 수행하는 국가기관, 지방자치단체, 그 밖에 대통령령으로 정하는 기관
- Ⓞ 대테러조사 : 대테러활동에 필요한 정보나 자료를 수집하기 위하여 현장조사·문서열람·시료채취 등을 하거나 조사대상자에게 자료제출 및 진술을 요구하는 활동
③ **국가 및 지방자치단체의 책무**(테러방지법 제3조) : 국가 및 지방자치단체는 테러로부터 국민의 생명·신체 및 재산을 보호하기 위하여 테러의 예방과 대응에 필요한 제도와 여건을 조성하고 대책을 수립하여 이를 시행하여야 한다. 기출 24

2. 국가테러대책기구

① 국가테러대책위원회
- ㉠ **설치 및 목적**(테러방지법 제5조) 기출 24·15
  - 대테러활동에 관한 정책의 중요사항을 심의·의결하기 위하여 국가테러대책위원회를 둔다(제1항).★
  - 대책위원회는 국무총리 및 관계기관의 장 중 대통령으로 정하는 사람으로 구성하고 위원장은 국무총리로 한다(제2항).★★
  - 그 밖에 대책위원회의 구성·운영 등에 필요한 사항은 대통령령으로 정한다(제4항).★
- ㉡ **구성**(테러방지법 시행령 제3조) 기출 23·20·15
  - 위원장 : 국무총리★
  - 위원 : 기획재정부장관, 외교부장관, 통일부장관, 법무부장관, 국방부장관, 행정안전부장관, 산업통상자원부장관, 환경부장관, 국토교통부장관, 해양수산부장관, 국가정보원장, 국무조정실장, 금융위원회 위원장, 원자력안전위원회 위원장, 대통령경호처장, 관세청장, 경찰청장, 소방청장, 질병관리청장 및 해양경찰청장을 말한다.★
  - 간사 : 대책위원회의 사무를 처리하기 위하여 간사를 두되, 간사는 대테러센터의 장이 된다.★★
- ㉢ **운영**(테러방지법 시행령 제4조)
  - 대책위원회 회의는 위원장이 필요하다고 인정하거나 또는 위원 과반수의 요청이 있는 경우에 위원장이 소집한다(제1항).★
  - 대책위원회는 재적위원 과반수의 출석으로 개의(開議)하고, 출석위원 과반수의 찬성으로 의결한다(제2항).
  - 대책위원회의 회의는 공개하지 아니하나, 공개가 필요한 경우 대책위원회의 의결로 공개할 수 있다(제3항).
  - 위에 규정한 사항 외에 대책위원회 운영에 관한 사항은 대책위원회의 의결을 거쳐 위원장이 정한다(제4항).
- ㉣ **주요기능(심의 및 의결사항)**★★ 기출 17 : 대책위원회는 다음의 사항을 심의·의결한다(테러방지법 제5조 제3항).
  - 대테러활동에 관한 국가의 정책 수립 및 평가(제1호)★ 기출 24
  - 국가 대테러 기본계획 등 중요 중장기 대책 추진사항(제2호)★
  - 관계기관의 대테러활동 역할 분담·조정이 필요한 사항(제3호)★
  - 그 밖에 위원장 또는 위원이 대책위원회에서 심의·의결할 필요가 있다고 제의하는 사항(제4호)

② 대테러센터(테러방지법 제6조)
　㉠ 설치 및 구성
　　• 대테러활동과 관련한 사항을 수행하기 위하여 국무총리 소속으로 관계기관 공무원으로 구성되는 대테러센터를 둔다(제1항). ★★ 기출 24
　　• 대테러센터의 조직·정원 및 운영에 관한 사항은 대통령령으로 정한다(제2항). ★
　　• 대테러센터 소속 직원의 인적사항은 공개하지 아니할 수 있다(제3항). ★
　㉡ 주요기능(제1항 각호) 기출 18
　　• 국가 대테러활동 관련 임무분담 및 협조사항 실무 조정★ 기출 24
　　• 장단기 국가대테러활동 지침 작성·배포★
　　• 테러경보 발령★
　　• 국가 중요행사 대테러안전대책 수립★
　　• 그 밖에 대책위원회에서 심의·의결한 사항 수행

국가테러대책기구의 주요 기능 ★★

국가테러대책위원회	대테러센터
테러대책위원회는 다음의 사항을 심의·의결한다(테러방지법 제5조 제3항). 1. 대테러활동에 관한 국가의 정책 수립 및 평가 2. 국가 대테러 기본계획 등 중요 중장기 대책 추진사항 3. 관계기관의 대테러활동 역할 분담·조정이 필요한 사항 4. 그 밖에 위원장 또는 위원이 대책위원회에서 심의·의결할 필요가 있다고 제의하는 사항	대테러활동과 관련하여 다음 각호의 사항을 수행하기 위하여 국무총리 소속으로 관계기관 공무원으로 구성되는 대테러센터를 둔다(테러방지법 제6조 제1항). 1. 국가 대테러활동 관련 임무분담 및 협조사항 실무 조정 2. 장단기 국가대테러활동 지침 작성·배포 3. 테러경보 발령 4. 국가 중요행사 대테러안전대책 수립 5. 대책위원회의 회의 및 운영에 필요한 사무의 처리 6. 그 밖에 대책위원회에서 심의·의결한 사항

핵심문제

01 대테러센터에서 수행하는 업무가 아닌 것은?
① 대테러활동에 관한 국가의 정책 수립 및 평가
② 국가 대테러활동 관련 임무분담 및 협조사항 실무 조정
③ 테러경보 발령
④ 장단기 국가대테러활동 지침 작성·배포

[해설]
①은 국가테러대책위원회의 주요 기능(심의 및 의결사항)이다.

정답 ①

③ 테러대책 실무위원회(테러방지법 시행령 제5조)
   ㉠ 설치 및 목적 : 대책위원회를 효율적으로 운영하고 대책위원회에 상정할 안건에 관한 전문적인 검토 및 사전 조정을 위하여 대책위원회에 테러대책 실무위원회를 둔다(제1항).★
   ㉡ 구 성
   • 위원장 : 실무위원회의 위원장은 대테러센터장이 된다(제2항).★
   • 위원 : 국가테러대책위원회의 위원이 소속된 관계기관 및 그 소속기관의 고위공무원단에 속하는 일반직 공무원(이에 상당하는 특정직·별정직 공무원을 포함한다) 중 관계기관의 장이 지명하는 사람으로 한다(제3항).
   • 위에서 규정한 사항 외에 실무위원회 운영에 관한 사항은 대책위원회의 의결을 거쳐 위원장이 정한다(제4항).
   ㉢ 주요 기능(국가테러대책위원회 및 테러대책실무위원회 운영규정 제14조) : 실무위원회는 다음의 사항을 처리한다.
   • 대책위원회 개최를 위한 사전 안건 검토·조정에 관한 사항(제1호)★
   • 대책위원회 심의·의결 건에 대한 세부 이행에 관한 사항(제2호)★
   • 테러 관련 현안 실무처리 방안에 관한 사항(제3호)★
   • 테러경보 발령 심의에 관한 사항(제4호)★
   • 그 밖의 실무위원장이 필요하다고 인정하는 사항(제5호)
   ㉣ 소집(국가테러대책위원회 및 테러대책실무위원회 운영규정 제15조)
   • 실무위원회 회의는 실무위원장이 필요하다고 인정한 때에 소집하며, 실무위원회 위원은 실무위원장에게 회의 소집을 건의할 수 있다(제1항).★
   • 실무위원장은 회의를 개최하고자 할 때에는 회의 개최 7일 전까지 회의 안건, 일시, 장소를 각 실무위원회 위원에게 통보하여야 한다(제2항).★★
   • 각 실무위원회 위원은 회의 개최 사실을 통보받은 후 소관 업무 관련 사안에 대해 검토하고 그 내용을 늦어도 회의 개최 3일 전까지 실무위원장에게 제출하여야 한다(제3항).★
   • 회의를 긴급히 소집할 이유가 있거나 부득이한 사유가 있는 경우에는 제2항과 제3항의 절차에 따르지 않을 수 있다(제4항).★

핵심문제

01 다음 테러대책 실무위원회에 대한 내용 중 옳지 않은 것은?
① 대테러센터장은 실무위원회의 위원장이 될 수 없다.
② 테러대책 실무위원회의 위원은 국가테러대책위원회의 위원이 소속된 관계기관 및 그 소속기관의 고위공무원단에 속하는 일반직공무원 중 관계기관의 장이 지명하는 사람으로 한다.
③ 실무위원회 운영에 관한 사항은 대책위원회의 의결을 거쳐 위원장이 정한다.
④ 대책위원회를 효율적으로 운영하고 대책위원회에 상정할 안건에 관한 전문적인 검토 및 사전 조정을 위하여 대책위원회에 테러대책 실무위원회를 둔다.

[해설]
① (×) 테러대책 실무위원회에 위원장 1명을 두며, 실무위원회의 위원장은 대테러센터장이 된다(테러방지법 시행령 제5조 제2항).
② (○) 테러방지법 시행령 제5조 제3항
③ (○) 테러방지법 시행령 제5조 제4항
④ (○) 테러방지법 시행령 제5조 제1항

정답 ①

3. 대테러 인권보호관

① **설치 및 구성**(테러방지법 제7조)
  ㉠ 관계기관의 대테러활동으로 인한 국민의 기본권 침해 방지를 위하여 대책위원회 소속으로 대테러 인권보호관(이하 "인권보호관"이라 한다) 1명을 둔다(제1항). ★
  ㉡ 인권보호관의 자격, 임기 등 운영에 관한 사항은 대통령령으로 정한다(제2항). ★

② **자격 및 임기**(테러방지법 시행령 제7조)
  ㉠ 인권보호관은 다음의 어느 하나에 해당하는 대한민국 국민 중에서 위원장이 위촉한다(제1항). ★★
   • 변호사 자격이 있는 사람으로서 10년 이상의 실무경력이 있는 사람(제1호)
   • 인권분야에 전문지식이 있고 고등교육법에 따른 학교에서 부교수 이상으로 10년 이상 재직하고 있거나 재직하였던 사람(제2호)
   • 국가기관 또는 지방자치단체에서 3급 상당 이상의 공무원으로 재직하였던 사람 중 인권 관련 업무 경험이 있는 사람(제3호) ★
   • 인권분야 비영리 민간단체・법인・국제기구에서 근무하는 등 인권 관련 활동에 10년 이상 종사한 경력이 있는 사람(제4호)
  ㉡ 인권보호관의 임기는 2년으로 하고, 연임할 수 있다(제2항). ★★
  ㉢ 인권보호관은 다음의 경우를 제외하고는 그 의사에 반하여 해촉되지 아니한다(제3항). ★★
   • 「국가공무원법」 제33조 각호의 결격사유에 해당하는 경우(제1호)
   • 직무와 관련한 형사사건으로 기소된 경우(제2호)
   • 직무상 알게 된 비밀을 누설한 경우(제3호)
   • 그 밖에 장기간의 심신쇠약으로 인권보호관의 직무를 계속 수행할 수 없는 특별한 사유가 발생한 경우(제4호)

핵심문제

01 다음 (   ) 안에 들어갈 내용으로 알맞은 것은?

> 관계기관의 대테러활동으로 인한 국민의 기본권 침해 방지를 위하여 (   ) 소속으로 대테러 인권보호관(이하 "인권보호관"이라 한다) 1명을 둔다.

① 대통령
② 대테러센터
③ 국무총리
④ 대책위원회

[해설]
관계기관의 대테러활동으로 인한 국민의 기본권 침해 방지를 위하여 대책위원회 소속으로 대테러 인권보호관(이하 "인권보호관"이라 한다) 1명을 둔다(테러방지법 제7조 제1항).

정답 ④

③ 인권보호관의 직무 등(테러방지법 시행령 제8조)
  ㉠ 인권보호관은 다음의 직무를 수행한다(제1항).
    • 대책위원회에 상정되는 관계기관의 대테러정책·제도 관련 안건의 인권 보호에 관한 자문 및 개선 권고(제1호)
    • 대테러활동에 따른 인권침해 관련 민원의 처리(제2호)
    • 그 밖에 관계기관 대상 인권 교육 등 인권 보호를 위한 활동(제3호)
  ㉡ 인권보호관은 제1항 제2호에 따른 민원을 접수한 날부터 2개월 내에 처리하여야 한다. 다만, 부득이한 사유로 정해진 기간 내에 처리하기 어려운 경우에는 그 사유와 처리 계획을 민원인에게 통지하여야 한다(제2항). ★
  ㉢ 위원장은 인권보호관이 직무를 효율적으로 수행할 수 있도록 필요한 행정적·재정적 지원을 할 수 있다(제3항). ★
  ㉣ 대책위원회는 인권보호관의 직무수행을 지원하기 위하여 지원조직을 둘 수 있으며, 필요한 경우에는 관계 중앙행정기관 소속 공무원의 파견을 요청할 수 있다(제4항).

4. 전담조직
  ① 설치 및 목적(테러방지법 제8조)
    ㉠ 관계기관의 장은 테러 예방 및 대응을 위하여 필요한 전담조직을 둘 수 있다(제1항). ★
    ㉡ 관계기관의 전담조직의 구성 및 운영과 효율적 테러대응을 위하여 필요한 사항은 대통령령으로 정한다(제2항).
  ② 구성(테러방지법 시행령 제11조) ★
    ㉠ 테러방지법 제8조에 따른 전담조직은 테러방지법 시행령 제12조부터 제21조까지의 규정에 따라 테러 예방 및 대응을 위하여 관계기관 합동으로 구성하거나 관계기관의 장이 설치하는 다음의 전문조직(협의체를 포함한다)으로 한다(제1항).
      • 지역 테러대책협의회(제1호)
      • 공항·항만 테러대책협의회(제2호)
      • 테러사건대책본부(제3호)
      • 현장지휘본부(제4호)
      • 화생방테러대응지원본부(제5호)

핵심문제

01 테러방지법령상 대테러 인권보호관에 관한 설명으로 옳지 않은 것은? 기출 11
  ① 인권보호관의 임기는 2년으로 하고, 연임할 수 있다.
  ② 직무상 알게 된 비밀을 누설한 경우 그 의사에 반하여 해촉될 수 있다.
  ③ 대테러활동에 따른 인권침해 관련 민원을 접수한 날부터 2주 내에 처리해야 한다.
  ④ 위원장은 인권보호관이 직무를 효율적으로 수행할 수 있도록 재정적 지원을 할 수 있다.

[해설]
민원을 접수한 날부터 2개월 내에 처리하여야 한다(테러방지법 시행령 제8조 제2항). ★

정답 ③

- 테러복구지원본부(제6호)
- 대테러특공대(제7호)
- 테러대응구조대(제8호)
- 테러정보통합센터(제9호)
- 대테러합동조사팀(제10호)

ⓒ 관계기관의 장은 ㉠에 따른 각 전담조직 외에 테러 예방 및 대응을 위하여 필요한 경우에는 대테러업무를 수행하는 하부조직을 전담조직으로 지정·운영할 수 있다(제2항).

③ 공항·항만 테러대책협의회(테러방지법 시행령 제13조)

㉠ 설치 및 목적 : 공항 또는 항만(「항만법」 제3조 제1항 제1호에 따른 무역항을 말한다. 이하 같다) 내에서의 관계기관 간 대테러활동에 관한 사항을 협의하기 위하여 공항·항만별로 테러대책협의회를 둔다(제1항).

㉡ 구 성
- 의장 : 공항·항만에서 대테러업무를 담당하는 국가정보원 소속 공무원 중 국가정보원장이 지명한다(제2항 전단).
- 위원 : 다음의 사람이 된다(제2항 후단).
    - 해당 공항 또는 항만에 상주하는 법무부·농림축산식품부·국토교통부·해양수산부·관세청·경찰청·소방청·질병관리청·해양경찰청 및 국군방첩사령부 소속기관의 장(제1호)
    - 공항 또는 항만의 시설 소유자 및 경비·보안 책임자(제2호)
    - 그 밖에 공항·항만 테러대책협의회의 의장이 필요하다고 인정하는 관계기관에 소속된 기관의 장(제3호)

㉢ 심의·의결사항 : 공항·항만 테러대책협의회는 해당 공항 또는 항만 내의 대테러활동에 관하여 다음의 사항을 심의·의결한다(제3항).
- 대책위원회의 심의·의결 사항 시행 방안(제1호)
- 공항 또는 항만 내 시설 및 장비의 보호 대책(제2호)
- 항공기·선박의 테러예방을 위한 탑승자와 휴대화물 검사 대책(제3호)
- 테러 첩보의 입수·전파 및 긴급대응 체계 구축 방안(제4호)
- 공항 또는 항만 내 테러사건 발생 시 비상대응 및 사후처리 대책(제5호)
- 그 밖에 공항 또는 항만 내의 테러대책(제6호)

④ 테러사건대책본부(테러방지법 시행령 제14조) 기출 24·12

㉠ 설치 및 목적 : 외교부장관, 국방부장관, 국토교통부장관, 경찰청장 및 해양경찰청장은 테러가 발생하거나 발생할 우려가 현저한 경우(국외테러의 경우는 대한민국 국민에게 중대한 피해가 발생하거나 발생할 우려가 있어 긴급한 조치가 필요한 경우에 한한다)에는 다음 각호의 구분에 따라 테러사건대책본부(이하 "대책본부"라 한다)를 설치·운영하여야 한다(제1항). ★★

㉡ 구 성 ★★
- 외교부장관 : 국외테러사건대책본부(제1호)
- 국방부장관 : 군사시설테러사건대책본부(제2호)
- 국토교통부장관 : 항공테러사건대책본부(제3호)
- 경찰청장 : 국내일반 테러사건대책본부(제5호)
- 해양경찰청장 : 해양테러사건대책본부(제6호)

⑤ 화생방테러대응지원본부 등(테러방지법 시행령 제16조)
  ㉠ 설치 및 목적 : 환경부장관, 원자력안전위원회 위원장 및 질병관리청장은 화생방테러사건 발생 시 대책본부를 지원하기 위하여 ㉡에 따른 분야별로 화생방테러대응지원본부를 설치·운영한다(제1항).
  ㉡ 구 성★★
    • 환경부장관 : 화학테러 대응 분야(제1호)
    • 원자력안전위원회 위원장 : 방사능테러 대응 분야(제2호)
    • 질병관리청장 : 생물테러 대응 분야(제3호)
  ㉢ 주요 기능(임무) : 화생방테러대응지원본부는 다음의 임무를 수행한다(제2항).
    • 화생방테러 사건 발생 시 오염 확산 방지 및 독성제거(除毒) 방안 마련(제1호)
    • 화생방 전문 인력 및 자원의 동원·배치(제2호)
    • 그 밖에 화생방테러 대응 지원에 필요한 사항의 시행(제3호)

⑥ 테러복구지원본부(테러방지법 시행령 제17조)
  ㉠ 설치 및 목적 : 행정안전부장관은 테러사건 발생 시 구조·구급·수습·복구활동 등에 관하여 대책본부를 지원하기 위하여 테러복구지원본부를 설치·운영할 수 있다(제1항).★★
  ㉡ 주요 기능(임무) : 테러복구지원본부는 다음의 임무를 수행한다(제2항).
    • 테러사건 발생 시 수습·복구 등 지원을 위한 자원의 동원 및 배치 등에 관한 사항(제1호)
    • 대책본부의 협조 요청에 따른 지원에 관한 사항(제2호)
    • 그 밖에 테러복구 등 지원에 필요한 사항의 시행(제3호)

핵심문제

01 테러방지법상 관계기관별 임무에 관한 설명으로 옳지 않은 것은? 기출 13

① 법무부장관 : 외국인테러전투원 관련 의심자에 대하여 일시 출국금지 등의 조치
② 환경부장관 : 화생방테러사건 발생 시 화학테러 대응분야의 화생방테러대응지원본부 설치
③ 원자력안전위원회 위원장 : 화생방테러사건 발생 시 생물테러 대응분야의 화생방테러대응지원본부 설치
④ 금융위원회 위원장 : 국가정보원장이 요청한 테러 관련 가능성이 있는 금융거래의 지급정지

[해설]
③ (×) 생물테러 대응분야에 따른 화생방테러대응지원본부의 설치·운영은 질병관리청장이 담당한다(테러방지법 시행령 제16조 제1항 제3호).
① (○) 테러방지법 제13조 제1항 해석
② (○) 테러방지법 시행령 제16조 제1항 제1호
④ (○) 테러방지법 제9조 제2항 해석

정답 ③

⑦ 대테러특공대 등(테러방지법 시행령 제18조) 기출 22·21·16
  ㉠ 설치 및 목적
    • 국방부장관, 경찰청장 및 해양경찰청장은 테러사건에 신속히 대응하기 위하여 대테러특공대를 설치·운영한다(제1항). ★★
    • 국방부장관, 경찰청장 및 해양경찰청장은 대테러특공대를 설치·운영하려는 경우에는 대책위원회의 심의·의결을 거쳐야 한다(제2항). ★★
  ㉡ 주요 기능(임무) : 대테러특공대는 다음의 임무를 수행한다(제3항).
    • 대한민국 또는 국민과 관련된 국내외 테러사건 진압(제1호) ★
    • 테러사건과 관련된 폭발물의 탐색 및 처리(제2호) ★
    • 주요 요인 경호 및 국가 중요행사의 안전한 진행 지원(제3호)
    • 그 밖에 테러사건의 예방 및 저지활동(제4호)
⑧ 테러대응구조대(테러방지법 시행령 제19조)
  ㉠ 설치 및 목적 : 소방청장과 시·도지사는 테러사건 발생 시 신속히 인명을 구조·구급하기 위하여 중앙 및 지방자치단체 소방본부에 테러대응구조대를 설치·운영한다(제1항). ★★
  ㉡ 주요 기능(임무)★ : 테러대응구조대는 다음의 임무를 수행한다(제2항).
    • 테러발생 시 초기단계에서의 조치 및 인명의 구조·구급(제1호)
    • 화생방테러 발생 시 초기단계에서의 오염 확산 방지 및 독성제거(제2호)
    • 국가 중요행사의 안전한 진행 지원(제3호)
    • 테러취약요인의 사전 예방·점검 지원(제4호)

핵심문제

01 국민보호와 공공안전을 위한 테러방지법령상 테러사건에 신속히 대응하기 위하여 대테러특공대를 설치·운영할 수 있는 자는? 기출 16

① 국방부장관 ② 외교부장관
③ 대통령경호처장 ④ 국가정보원장

[해설]
국방부장관, 경찰청장 및 해양경찰청장은 테러사건에 신속히 대응하기 위하여 대테러특공대를 설치·운영한다(테러방지법 시행령 제18조 제1항). ★★

정답 ①

⑨ 테러정보통합센터(테러방지법 시행령 제20조)
　㉠ 설치 및 목적 : 국가정보원장은 테러 관련 정보를 통합관리하기 위하여 관계기관 공무원으로 구성되는 테러정보통합센터를 설치·운영한다(제1항). ★★
　㉡ 주요 기능(임무) : 테러정보통합센터는 다음의 임무를 수행한다(제2항).
　　• 국내외 테러 관련 정보의 통합관리·분석 및 관계기관에의 배포(제1호) ★
　　• 24시간 테러 관련 상황 전파체계 유지(제2호) ★
　　• 테러 위험 징후 평가(제3호) ★
　　• 그 밖에 테러 관련 정보의 통합관리에 필요한 사항(제4호)
⑩ 대테러합동조사팀(테러방지법 시행령 제21조)
　㉠ 설치 및 목적
　　• 국가정보원장은 국내외에서 테러사건이 발생하거나 발생할 우려가 현저할 때 또는 테러 첩보가 입수되거나 테러 관련 신고가 접수되었을 때에는 예방조치, 사건 분석 및 사후처리방안 마련 등을 위하여 관계기관 합동으로 대테러합동조사팀을 편성·운영할 수 있다(제1항). ★
　　• 국가정보원장은 합동조사팀이 현장에 출동하여 조사한 경우 그 결과를 대테러센터장에게 통보하여야 한다(제2항). ★
　㉡ 예외규정 : 제1항에도 불구하고 군사시설에 대해서는 국방부장관이 자체 조사팀을 편성·운영할 수 있다. 이 경우 국방부장관은 자체 조사팀이 조사한 결과를 대테러센터장에게 통보하여야 한다(제3항). ★

5. 테러위험인물에 대한 정보 수집 등

① 정보 수집
　㉠ 국가정보원장은 테러위험인물에 대하여 출입국·금융거래 및 통신이용 등 관련 정보를 수집할 수 있다. 이 경우 출입국·금융거래 및 통신이용 등 관련 정보의 수집은 출입국관리법, 관세법, 특정 금융거래정보의 보고 및 이용 등에 관한 법률, 통신비밀보호법의 절차에 따른다(테러방지법 제9조 제1항).
　㉡ 국가정보원장은 대테러활동에 필요한 정보나 자료를 수집하기 위하여 대테러조사 및 테러위험인물에 대한 추적을 할 수 있다. 이 경우 사전 또는 사후에 대책위원회 위원장에게 보고하여야 한다(테러방지법 제9조 제4항).
② 금융거래에 대한 지급정지 등 조치 요청 : 국가정보원장은 제1항에 따른 정보 수집 및 분석의 결과 테러에 이용되었거나 이용될 가능성이 있는 금융거래에 대하여 지급정지 등의 조치를 취하도록 금융위원회 위원장에게 요청할 수 있다(테러방지법 제9조 제2항). 기출 24
③ 개인정보·위치정보 요구 : 국가정보원장은 테러위험인물에 대한 개인정보(개인정보보호법상 민감정보를 포함한다)와 위치정보를 개인정보보호법 제2조의 개인정보처리자와 위치정보의 보호 및 이용 등에 관한 법률 제5조 제7항에 따른 개인위치정보사업자 및 같은 법 제5조의2 제3항에 따른 사물위치정보사업자에게 요구할 수 있다(테러방지법 제9조 제3항).

6. 테러 대응 절차 기출 17·13

① **테러경보의 발령**(테러방지법 시행령 제22조)

㉠ 테러경보의 발령 절차 : 대테러센터장은 테러 위험 징후를 포착한 경우 테러경보 발령의 필요성, 발령단계, 발령 범위 및 기간 등에 관하여 실무위원회의 심의를 거쳐 테러경보를 발령한다. 다만, 긴급한 경우 또는 ㉡에 따른 주의 이하의 테러경보 발령 시에는 실무위원회의 심의 절차를 생략할 수 있다(제1항). ★★

㉡ 테러경보의 4단계★ 기출 23·21·17 : 테러위협의 정도에 따라 관심·주의·경계·심각의 4단계로 구분한다(제2항).

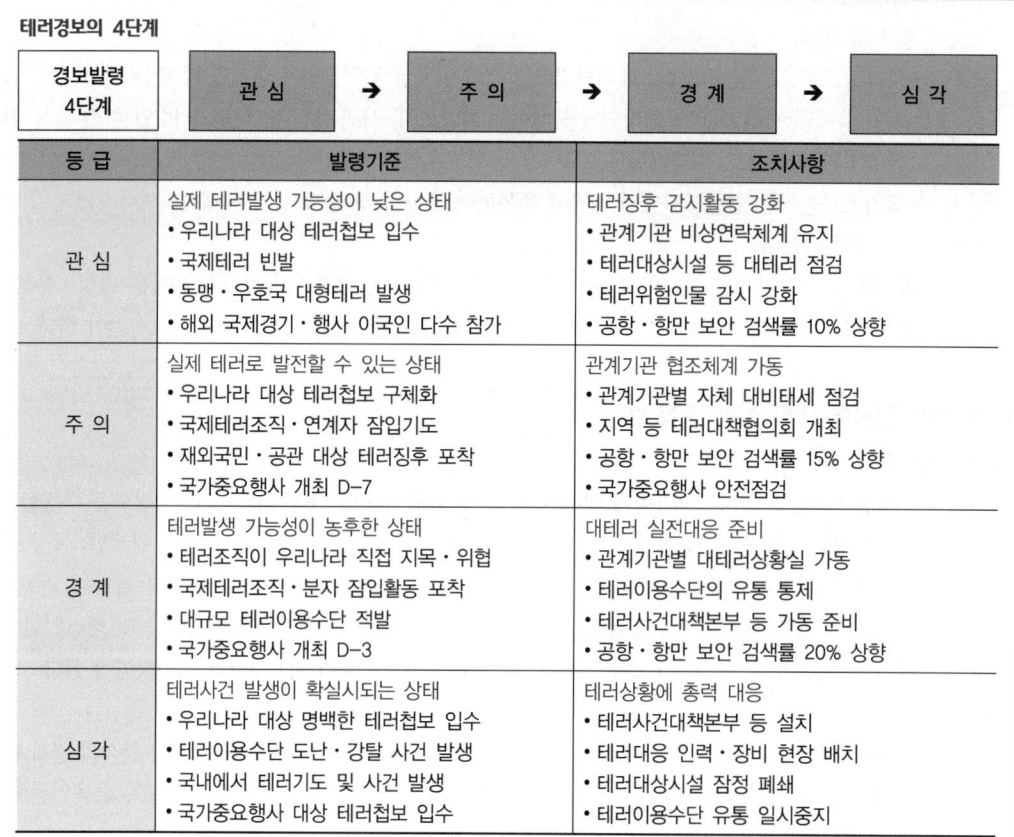

등급	발령기준	조치사항
관심	실제 테러발생 가능성이 낮은 상태 • 우리나라 대상 테러첩보 입수 • 국제테러 빈발 • 동맹·우호국 대형테러 발생 • 해외 국제경기·행사 이국인 다수 참가	테러징후 감시활동 강화 • 관계기관 비상연락체계 유지 • 테러대상시설 등 대테러 점검 • 테러위험인물 감시 강화 • 공항·항만 보안 검색률 10% 상향
주의	실제 테러로 발전할 수 있는 상태 • 우리나라 대상 테러첩보 구체화 • 국제테러조직·연계자 잠입기도 • 재외국민·공관 대상 테러징후 포착 • 국가중요행사 개최 D-7	관계기관 협조체계 가동 • 관계기관별 자체 대비태세 점검 • 지역 등 테러대책협의회 개최 • 공항·항만 보안 검색률 15% 상향 • 국가중요행사 안전점검
경계	테러발생 가능성이 농후한 상태 • 테러조직이 우리나라 직접 지목·위협 • 국제테러조직·분자 잠입활동 포착 • 대규모 테러이용수단 적발 • 국가중요행사 개최 D-3	대테러 실전대응 준비 • 관계기관별 대테러상황실 가동 • 테러이용수단의 유통 통제 • 테러사건대책본부 등 가동 준비 • 공항·항만 보안 검색률 20% 상향
심각	테러사건 발생이 확실시되는 상태 • 우리나라 대상 명백한 테러첩보 입수 • 테러이용수단 도난·강탈 사건 발생 • 국내에서 테러기도 및 사건 발생 • 국가중요행사 대상 테러첩보 입수	테러상황에 총력 대응 • 테러사건대책본부 등 설치 • 테러대응 인력·장비 현장 배치 • 테러대상시설 잠정 폐쇄 • 테러이용수단 유통 일시중지

〈출처〉 대테러센터 홈페이지, www.nctc.go.kr, 2025

목적(국가대테러활동 세부운영 규칙 제1조) [발령 2017.9.12.] [해양경찰청훈령, 2017.9.12. 폐지제정]
이 규칙은 「국민보호와 공공안전을 위한 테러방지법」 및 그 시행령에서 해양테러의 예방 및 대응활동 등에 대해 위임된 사항과 그 시행에 관하여 필요한 사항을 규정함을 목적으로 한다.

> **테러경보의 단계별 조치**(국가대테러활동 세부운영 규칙 제27조) [발령 2017.9.12.] [해양경찰청훈령, 2017.9.12. 폐지제정]
> ① 해양경찰청장은 테러경보가 발령된 경우에는 다음 각호의 기준을 고려하여 단계별 조치를 취하여야 한다.
>   1. 관심단계 : 테러 관련 상황의 전파, 관계기관 상호 간 연락체계의 확인, 비상연락망의 점검 등
>   2. 주의단계 : 테러대상 시설 및 테러에 이용될 수 있는 위험물질에 대한 안전관리의 강화, 자체 대비태세의 점검 등
>   3. 경계단계 : 테러취약요소에 대한 경비 등 예방활동의 강화, 테러취약시설에 대한 출입통제의 강화, 대테러담당 비상근무 등
>   4. 심각단계 : 대테러 관계 공무원의 비상근무, 해양테러사건대책본부 등 사건대응조직의 운영준비, 필요 장비·인원의 동원태세 유지 등

② 상황 전파 및 초동 조치(테러방지법 시행령 제23조) 기출 15
  ㉠ 상황 전파 : 관계기관의 장은 테러사건이 발생하거나 테러 위협 등 그 징후를 인지한 경우에는 관련 상황 및 조치사항을 관련기관의 장과 대테러센터장에게 즉시 통보하여야 한다(제1항).
  ㉡ 초동 조치 : 관계기관의 장은 테러사건이 발생한 경우 사건의 확산 방지를 위하여 신속히 다음의 초동 조치를 하여야 한다(제2항).
    • 사건 현장의 통제·보존 및 경비 강화(제1호)
    • 긴급대피 및 구조·구급(제2호)
    • 관계기관에 대한 지원 요청(제3호)
    • 그 밖에 사건 확산 방지를 위하여 필요한 사항(제4항)

7. 테러예방을 위한 안전관리대책

① 테러예방을 위한 안전관리 대책의 수립(테러방지법 제10조)
  ㉠ 관계기관의 장은 대통령으로 정하는 국가중요시설과 많은 사람이 이용하는 시설 및 장비(이하 "테러대상시설"이라 한다)에 대한 테러예방대책과 테러의 수단으로 이용될 수 있는 폭발물·총기류·화생방물질(이하 "테러이용수단"이라 한다), 국가 중요행사에 대한 안전관리대책을 수립하여야 한다(제1항). ★
  ㉡ ㉠에 따른 안전관리대책의 수립·시행에 필요한 사항은 대통령령으로 정한다(제2항).

핵심문제

01 테러방지법령상 테러사건 발생 시 초동 조치 사항으로 옳지 않은 것은? 기출 15

① 사건현장의 신속한 정리 및 복구
② 인명구조 등 사건피해의 확산방지조치
③ 현장에 대한 조치사항을 종합하여 관련 기관에 전파
④ 관련 기관에 대한 지원요청

[해설]
관계기관의 장은 테러사건이 발생한 경우 사건의 확산 방지를 위하여 사건현장의 통제·보존 및 경비 강화 조치를 하여야 한다(테러방지법 시행령 제23조 제2항 제1호).

정답 ①

② **국가중요시설 및 다중이용시설**(테러방지법 시행령 제25조 제1항) : "대통령령으로 정하는 국가중요시설과 많은 사람이 이용하는 시설 및 장비"(테러대상시설)란 다음의 시설을 말한다.
  ㉠ 국가중요시설 : 「통합방위법」에 따라 지정된 국가중요시설 및 「보안업무규정」에 따른 국가보안시설(제1호)★
  ㉡ 다중이용시설 : 다음의 시설과 장비 중 관계기관의 장이 소관업무와 관련하여 대테러센터장과 협의하여 지정하는 시설(제2호)★
    • 「도시철도법」에 따른 도시철도(가목)
    • 「선박안전법」에 따른 여객선(나목)
    • 「재난 및 안전관리 기본법 시행령」에 따른 건축물 또는 시설(다목)
    • 「철도산업발전기본법」에 따른 철도차량(라목)
    • 「항공안전법」에 따른 항공기(마목)
③ **외국인테러전투원에 대한 규제**(테러방지법 제13조) 기출 20
  ㉠ 관계기관의 장은 외국인테러전투원으로 출국하려 한다고 의심할 만한 상당한 이유가 있는 내국인·외국인에 대하여 일시 출국금지를 법무부장관에게 요청할 수 있다(제1항). ★★
  ㉡ ㉠에 따른 일시 출국금지 기간은 90일로 한다. 다만, 출국금지를 계속할 필요가 있다고 판단할 상당한 이유가 있는 경우에 관계기관의 장은 그 사유를 명시하여 연장을 요청할 수 있다(제2항). ★★
  ㉢ 관계기관의 장은 외국인테러전투원으로 가담한 사람에 대하여 여권의 효력정지 및 재발급 제한을 외교부장관에게 요청할 수 있다(제3항). ★★

8. 테러피해의 지원 및 특별위로금

① **테러피해의 지원**(테러방지법 제15조)
  ㉠ 테러로 인하여 신체 또는 재산의 피해를 입은 국민은 관계기관에 즉시 신고하여야 한다. 다만, 인질 등 부득이한 사유로 신고할 수 없을 때에는 법률관계 또는 계약관계에 의하여 보호의무가 있는 사람이 이를 알게 된 때에 즉시 신고하여야 한다(제1항). 기출 22
  ㉡ 국가 또는 지방자치단체는 제1항의 피해를 입은 사람에 대하여 대통령령으로 정하는 바에 따라 치료 및 복구에 필요한 비용의 전부 또는 일부를 지원할 수 있다. 다만, 「여권법」 제17조 제1항 단서에 따른 외교부장관의 허가를 받지 아니하고 방문 및 체류가 금지된 국가 또는 지역을 방문·체류한 사람에 대해서는 그러하지 아니하다(제2항). 기출 22
  ㉢ 제2항에 따른 비용의 지원 기준·절차·금액 및 방법 등에 관하여 필요한 사항은 대통령령으로 정한다(제3항).
② **특별위로금**(테러방지법 제16조)
  ㉠ 테러로 인하여 생명의 피해를 입은 사람의 유족 또는 신체상의 장애 및 장기치료가 필요한 피해를 입은 사람에 대해서는 그 피해의 정도에 따라 등급을 정하여 특별위로금을 지급할 수 있다. 다만, 「여권법」 제17조 제1항 단서에 따른 외교부장관의 허가를 받지 아니하고 방문 및 체류가 금지된 국가 또는 지역을 방문·체류한 사람에 대해서는 그러하지 아니하다(제1항). 기출 22
  ㉡ 제1항에 따른 특별위로금의 지급 기준·절차·금액 및 방법 등에 관하여 필요한 사항은 대통령령으로 정한다(제2항).

9. 범죄의 성립 및 처벌
   ① 테러단체 구성죄 등(테러방지법 제17조)★★ 기출 24·23·18
      ㉠ 테러단체를 구성하거나 구성원으로 가입한 사람은 다음의 구분에 따라 처벌한다(제1항).
         • 수괴(首魁)는 사형·무기 또는 10년 이상의 징역(제1호)
         • 테러를 기획 또는 지휘하는 등 중요한 역할을 맡은 사람은 무기 또는 7년 이상의 징역(제2호)
         • 타국의 외국인테러전투원으로 가입한 사람은 5년 이상의 징역(제3호)
         • 그 밖의 사람은 3년 이상의 징역(제4호)
      ㉡ 테러자금임을 알면서도 자금을 조달·알선·보관하거나 그 취득 및 발생원인에 관한 사실을 가장하는 등 테러단체를 지원한 사람은 10년 이하의 징역 또는 1억원 이하의 벌금에 처한다(제2항).
      ㉢ 테러단체 가입을 지원하거나 타인에게 가입을 권유 또는 선동한 사람은 5년 이하의 징역에 처한다(제3항).
      ㉣ ㉠ 및 ㉡의 미수범은 처벌한다(제4항).
      ㉤ ㉠ 및 ㉡에서 정한 죄를 저지를 목적으로 예비 또는 음모한 사람은 3년 이하의 징역에 처한다(제5항).
      ㉥ 「형법」등 국내법에 죄로 규정된 행위가 제2조의 테러에 해당하는 경우 해당 법률에서 정한 형에 따라 처벌한다(제6항).
   ② 무고, 날조의 죄(테러방지법 제18조)
      ㉠ 타인으로 하여금 형사처분을 받게 할 목적으로 테러방지법 제17조의 죄에 대하여 무고 또는 위증을 하거나 증거를 날조·인멸·은닉한 사람은 「형법」제152조부터 제157조까지에서 정한 형에 2분의 1을 가중하여 처벌한다(제1항). ★
      ㉡ 범죄수사 또는 정보의 직무에 종사하는 공무원이나 이를 보조하는 사람 또는 이를 지휘하는 사람이 직권을 남용하여 ㉠의 행위를 한 때에도 ㉠의 형과 같다. 다만, 그 법정형의 최저가 2년 미만일 때에는 이를 2년으로 한다(제2항). ★
   ③ 세계주의(테러방지법 제19조)★ : 테러방지법 제17조의 죄는 대한민국 영역 밖에서 저지른 외국인에게도 국내법을 적용한다.

핵심문제

01 국민보호와 공공안전을 위한 테러방지법상 테러를 기획 또는 지휘하는 등 중요한 역할을 한 사람에 대한 처벌은?

① 무기 또는 7년 이상의 징역
② 5년 이상의 징역
③ 10년 이하의 징역 또는 1억원 이하의 벌금
④ 사형, 무기 또는 10년 이상의 징역

[해설]
설문의 경우 무기 또는 7년 이상의 징역으로 처벌한다.

정답 ①

경비지도사
한권으로 끝내기

1 · 2차 [일반경비]

3권 1 · 2차 전 과목
CHAPTER별 심화문제

시대에듀

CONTENTS
3권 목차 CHAPTER별 심화문제

1차 법학개론 · 민간경비론

제1과목 법학개론

CHAPTER 01 법학 일반 · 6

CHAPTER 02 헌법 · 37

CHAPTER 03 민사법 · 62

CHAPTER 04 형사법 · 92

CHAPTER 05 상법 일반 · 121

CHAPTER 06 사회법 일반 · 136

CHAPTER 07 행정법 일반 · 151

제2과목 민간경비론

CHAPTER 01 민간경비 개설 · 170

CHAPTER 02 세계 각국의 민간경비 · 186

CHAPTER 03 민간경비의 환경 · 211

CHAPTER 04 민간경비의 조직 · 222

CHAPTER 05 경비와 시설보호의 기본원칙 · 251

CHAPTER 06 컴퓨터 범죄 및 안전관리 · 283

CHAPTER 07 민간경비산업의 과제와 전망 · 300

2차 경비업법 · 경호학

제1과목　경비업법 (청원경찰법 포함)

CHAPTER 01　경비업법 · 314
　제1절　총 칙 · 314
　제2절　경비업의 허가 등 · 319
　제3절　기계경비업무 · 335
　제4절　경비지도사 및 경비원 · 340
　제5절　행정처분 등 · 384
　제6절　경비협회 · 396
　제7절　보 칙 · 401
　제8절　벌 칙 · 413

CHAPTER 02　청원경찰법 · 425
　제1절　청원경찰의 배치장소와 직무 · 425
　제2절　청원경찰의 배치 · 임용 · 교육 · 징계 · 434
　제3절　청원경찰의 경비와 보상금 및 퇴직금 · 450
　제4절　청원경찰의 제복착용과 무기휴대 · 비치부책 · 459
　제5절　보칙(감독 · 권한위임 · 면직 및 퇴직 등) · 469
　제6절　벌칙과 과태료 · 481

제2과목　경호학

CHAPTER 01　경호학과 경호 · 490
CHAPTER 02　경호의 조직 · 520
CHAPTER 03　경호업무 수행방법 · 546
CHAPTER 04　경호복장과 장비 · 626
CHAPTER 05　경호의전과 구급법 · 637
CHAPTER 06　경호의 환경 · 653

제1차

CHAPTER별 심화문제

PART 01 | 법학개론
PART 02 | 민간경비론

PART 01

법학개론

CHAPTER 01 법학 일반
CHAPTER 02 헌 법
CHAPTER 03 민사법
CHAPTER 04 형사법
CHAPTER 05 상법 일반
CHAPTER 06 사회법 일반
CHAPTER 07 행정법 일반

CHAPTER 01 법학 일반

제1절 법의 의의

01
CHECK ◯ △ ✕

다음 중 법의 규범성에 관한 설명으로 맞는 것은? 기출 06

① 법은 개인의 행위규범일 뿐 사회규범은 아니다.
② 법의 작위나 부작위를 지시하거나 금지하는 행위규범이다.
③ 법을 위반할 경우 강제력이 동원되며 양심 등 인간내면을 직접 강제할 수 있다.
④ 법의 이념 중 정의와 법적 안정성이 충돌될 때에는 항상 법적 안정성이 우선되어야 한다.

해설
② (◯), ① (✕) 법은 행위규범이면서 사회규범이다.
③ (✕) 법을 위반할 경우 강제력이 동원되지만 양심 등 인간내면을 직접 강제할 수는 없다.
④ (✕) 상황에 따라 법질서유지를 위해 법적 안정성을 우위에 놓아야 할 때도 있고(예컨대 불법은 아니지만 부당한 법률의 경우 정의보다는 법적 안정성이 우선이다), 정의를 우위에 놓아야 할 경우도 있다(독재자의 영구집권헌법 등의 경우에는 법적 안정성보다 정의가 우선이 되어야 한다).

답 ②

02
CHECK ◯ △ ✕

법과 도덕을 비교한 것으로 옳지 않은 것은? 기출 24

① 법은 사회규범이지만, 도덕은 사회규범이 아니다.
② 법은 행위의 외면성을 다루지만, 도덕은 행위의 내면성을 다룬다.
③ 법은 강제성을 가지지만, 도덕은 비강제성을 갖는다.
④ 법은 타율성을 가지지만, 도덕은 자율성을 갖는다.

해설
법은 사회질서를 유지하기 위하여 사회의 구성원이 준수하여야 할 행위의 준칙을 의미하는 것으로 도덕이나 관습 등과 같은 사회규범이다.

핵심만콕	법과 도덕의 비교(차이점)★	
구 성	법(法)	도덕(道德)
목 적	정의(Justice)의 실현	선(Good)의 실현
규율 대상	평균인의 현실적 행위·결과	평균인의 내면적 의사·동기·양심
규율 주체	국 가	자기 자신
준수 근거	타율성	자율성
표현양식	법률·명령형식의 문자로 표시	표현양식이 다양함
특 징	외면성 : 인간의 외부적 행위·결과 중시	내면성 : 인간의 내면적 양심과 동기를 중시
	강제성 : 위반 시 국가권력에 의해 처벌 받음	비강제성 : 규범의 유지·제재에 강제가 없음
	양면성 : 권리에 대한 의무가 대응	일면성(편면성) : 의무에 대응하는 권리가 없음

 ①

03

CHECK ○△×

아리스토텔레스의 정의론에 관한 설명으로 옳은 것은? 기출 16

① 정의는 일반적 정의와 특수적 정의로 나뉜다.
② 일반적 정의는 평균적 정의와 배분적 정의로 나뉜다.
③ 평균적 정의는 상대적·실질적 평등을 의미한다.
④ 배분적 정의는 절대적·형식적 평등을 의미한다.

해설

아리스토텔레스의 정의론에 따르면 정의는 일반적(광의) 정의와 특수적(협의) 정의로 나뉘며, 특수적 정의는 다시 평균적(절대적·형식적 평등) 정의와 배분적(상대적·실질적 평등) 정의로 나뉜다.★

핵심만콕	아리스토텔레스의 정의론★

- **평균적 정의** : 인간은 인간으로서 동일한 가치를 가지고 있는 것이므로 평등하게 다루어져야 한다고 하는 <u>형식적·절대적 평등원리이다</u>. 따라서 손해와 보상, 범죄와 형벌 등은 '같은 것은 같은 방법으로'의 원칙에 따라 균형을 취해야 한다는 산술적·교환적 정의이며 이는 이해득실을 평균화하고 조정하는 것이다.
- **배분적 정의** : 배분적 정의는 전체와 그 구성원 사이의 관계를 조화하는 정의로서 단체생활에 있어서 각자가 제각기 상이한 능력과 가치를 가지고 있음을 전제로 그 가치의 차이에 따른 취급을 하여야 한다는 <u>실질적·상대적 평등의 원리</u>이다.
- **일반적(법률적) 정의** : 일반적 정의는 사회에 있어서 개인권리의 상호적 존중을 규정하고 개인이 단체의 일원으로서 단체에 대하여 의무를 다하는 것을 뜻한다. 일반적 정의는 모든 사람들에게 요구되는 필요한 조치, 즉 덕을 시행할 의무의 내용이 법에 의하여 규정되기 때문에 법적 의무라고도 한다.

 ①

04

법의 효력에 관한 설명으로 옳은 것은? 기출 17

① 법은 제정과 동시에 효력이 발생한다.
② 법의 효력기간이 미리 정해진 법률을 특별법이라 한다.
③ 모든 국민은 소급입법에 의하여 참정권의 제한을 받지 아니한다.
④ 속인주의는 영토주권이 적용되는 원칙이다.

해설

③ (○) 헌법 제13조 제2항
① (×) 법은 시행일부터 폐지일까지 그 효력을 갖는다. ★
② (×) 특별법은 특정인 또는 특정사항·지역에 한하여 적용되는 것이다. 그 예로 상법은 민법의 특별법인 것을 들 수 있다. 법의 효력기간이 미리 정해진 법률은 한시법이다.
④ (×) 속지주의에 대한 내용이다.

답 ③

05

법의 효력에 관한 설명으로 옳지 않은 것은? 기출 20

① 「국제사법(國際私法)」에 따르면 사람의 권리능력은 우리나라 법에 의한다.
② 속지주의는 국가의 법은 자국의 영토 내에 있는 모든 사람에게 적용된다는 주의를 말한다.
③ 구법(舊法)과 신법 사이의 법적용의 문제를 해결하기 위해 제정된 법을 경과법이라고 한다.
④ 헌법에 의하면 법률은 특별한 규정이 없는 한 공포한 날로부터 20일을 경과함으로써 효력을 발생한다.

해설

사람의 권리능력은 그의 본국법에 의한다(국제사법 제26조).

답 ①

06

법의 효력에 관한 규정으로 옳지 않은 것은? 기출 18

① 법률은 특별한 규정이 없는 한 공포한 날로부터 20일을 경과함으로써 효력을 발생한다.
② 모든 국민은 소급입법에 의하여 참정권의 제한을 받거나 재산권을 박탈당하지 않는다.
③ 대통령은 내란 또는 외환의 죄를 범한 경우를 제외하고는 재직 중 형사상의 소추를 받지 아니한다.
④ 범죄의 성립과 처벌은 재판 시의 법률에 따른다.

해설
④ (×) 범죄의 성립과 처벌은 행위 시의 법률에 따른다(형법 제1조 제1항).
① (○) 헌법 제53조 제7항★
② (○) 헌법 제13조 제2항
③ (○) 헌법 제84조

답 ④

07

甲의 행위에 대하여 우리 형법을 적용할 수 있는 근거는? 기출 23

> 한국인 甲은 미국을 여행하던 중 미국 뉴욕의 한 공원에서 미국인 乙과 시비 끝에 乙을 살해하였다.

① 속지주의 ② 속인주의
③ 기국주의 ④ 보호주의

해설
속인주의는 자국민의 범죄에 대해 자국의 형법을 적용하는 주의이다. 이에 따라 한국인 甲의 행위에 대하여 우리 형법을 적용할 수 있다.

핵심만콕 형법의 장소적 적용 범위★

- 속지주의(제2조) : 본법은 대한민국 영역 내에서 죄를 범한 내국인과 외국인에게 적용한다.
- 속인주의(제3조) : 본법은 대한민국 영역 외에서 죄를 범한 내국인에게 적용한다.
- 기국주의(제4조) : 본법은 대한민국 영역 외에 있는 대한민국의 선박 또는 항공기 내에서 죄를 범한 외국인에게 적용한다.
- 보호주의(제5조) : 본법은 대한민국 영역 외에서 다음에 기재한 죄를 범한 외국인에게 적용한다.
  - 내란의 죄
  - 외환의 죄
  - 국기에 관한 죄
  - 통화에 관한 죄
  - 유가증권, 우표와 인지에 관한 죄
  - 문서에 관한 죄 중 공문서 관련 죄(제225조 내지 제230조)
  - 인장에 관한 죄 중 공인 등의 위조, 부정사용(제238조)
- 보호주의(제6조) : 본법은 대한민국 영역 외에서 대한민국 또는 대한민국 국민에 대하여 전조에 기재한 이외의 죄를 범한 외국인에게 적용한다. 단, 행위자의 법률에 의하여 범죄를 구성하지 아니하거나 소추 또는 형의 집행을 면제할 경우에는 예외로 한다.
- 세계주의 : 총칙에는 이에 관한 규정이 없으나, 각칙에서는 세계주의를 인정하고 있다(제296조의2).

답 ②

08

법의 효력에 관한 설명으로 옳지 않은 것은? 기출 22

① 형법은 대한민국영역 외에서 죄를 범한 내국인에게 적용한다.
② 외국의 영해에 있는 우리나라의 선박 안에서 외국인이 죄를 범한 경우 우리나라 형법이 적용되지 않는다.
③ 경과법은 독립된 시행법으로 제정되는 경우도 있다.
④ 행정법령의 경우, 새로운 법령 등은 법령 등에 특별한 규정이 있는 경우를 제외하고는 그 법령 등의 효력 발생 전에 완성된 사실관계에 대해서는 적용되지 아니한다.

해설

② (×) 기국주의(형법 제4조)에 근거하여 우리나라 형법이 적용된다.
① (○) 속인주의(형법 제3조)에 관한 설명이다.
③ (○) 경과법은 해당 법령의 부칙에서 규정하는 것이 일반적이나 시행법령에 특별한 경과규정을 두는 방식도 가능하다.
④ (○) 행정기본법 제14조 제1항의 소급적용 금지의 원칙에 관한 설명이다.

답 ②

09

법의 시간적 효력에 관한 설명으로 옳은 것은? 기출 16

① 법률은 시행일을 특별히 규정하지 않는 한 공포한 날로부터 효력을 발생한다.
② 형법에서는 범죄 후 법률이 변경되어 형이 구법보다 가벼워진 경우에는 신법에 따른다.
③ 신법우선의 원칙은 특별법이 개정되는 경우에는 적용되지 않는다.
④ 신법이 시행되면 구법에 의하여 이미 발생한 기득권은 보장되지 않는다.

해설

② (○) 형법 제1조 제2항
① (×) 법률은 특별한 규정이 없는 한 공포한 날로부터 20일을 경과함으로써 효력을 발생한다(헌법 제53조 제7항).
③ (×) 특별법우선의 원칙이 적용되지 않는 한 특별법의 개정에도 신법우선의 원칙이 적용된다.
④ (×) 법률불소급의 원칙에 따라 구법에 의해 취득한 기득권은 신법에 의해 소급하여 박탈하지 못한다.

답 ②

제2절 법원(法源)

10

법원(法源)에 관한 설명으로 옳지 않은 것은? 기출 24

① 헌법에 의하여 체결·공포된 조약과 일반적으로 승인된 국제법규는 국내법과 같은 효력을 가진다.
② 민사에 관하여 법률에 규정이 없으면 관습법에 의하고 관습법이 없으면 조리에 의한다.
③ 성문법은 불문법에 비해 사회변화에 따른 필요에 신속히 대응할 수 있다는 장점이 있다.
④ 상사에 관하여 상법에 규정이 없으면 상관습법에 의하고 상관습법이 없으면 민법의 규정에 의한다.

해설

③ (×) 사회변화에 따른 필요에 신속히 대응할 수 있는 것(유동적인 법 현실이 잘 반영됨)은 불문법의 장점이다. 성문법은 개정절차가 필요하여 사회변동에 능동적으로 대처하기 어려우므로 법 현실이 잘 반영되지 못한다.
① (○) 헌법 제6조 제1항
② (○) 민법 제1조
④ (○) 상법 제1조

답 ③

11

법원(法源)에 관한 설명으로 옳지 않은 것은? 기출 21

① 관습법은 관습이 법적 확신을 얻어 규범화된 것이다.
② 조리는 사물의 이치나 본성을 뜻하는 불문법이다.
③ 규칙은 지방의회에서 제정하는 자치법규이다.
④ 명령은 행정기관에 의해 제정된 성문법이다.

해설

③ (×) 규칙은 지방자치단체의 장이 법령 또는 조례의 범위에서 그 권한에 속하는 사무에 관하여 제정할 수 있는 법규이다(지방자치법 제29조).
① (○) 관습법이란 사회에서 형성된 일정한 관습(관행)이 국민일반에 의하여 법규범으로서의 확신을 얻은 것을 말한다.
② (○) 조리란 사물의 본질적 법칙이나 도리를 의미하며, 관습법·판례법과 더불어 대표적인 불문법에 해당한다.
④ (○) 명령은 국회의 의결을 거치지 않고 행정기관에 의하여 제정되는 성문법이다.

답 ③

12

법원(法源)에 관한 설명으로 옳지 않은 것은? 기출 17

① 영미법계 국가에서는 판례의 법원성이 부정된다.
② 죄형법정주의에 따라 관습형법은 인정되지 않는다.
③ 대통령령은 헌법에 근거를 두고 있다.
④ 민사에 관하여 법률에 규정이 없으면 관습법에 의하고 관습법이 없으면 조리에 의한다.

[해설]
영미법계 국가에서는 선례구속의 원칙에 따라 판례의 법원성이 인정된다.★

답 ①

13

법원(法源)에 관한 설명으로 옳지 않은 것을 모두 고른 것은? 기출 23

> ㄱ. 「경비업법 시행령」은 행정안전부령이다.
> ㄴ. 민사관계에서 법률에 규정이 없으면 조리가 관습법에 우선하여 적용된다.
> ㄷ. 상사(商事)에 관하여 「상법」에 규정이 없으면 「민법」에 의하고, 「민법」의 규정이 없으면 상관습법에 의한다.

① ㄴ
② ㄱ, ㄷ
③ ㄴ, ㄷ
④ ㄱ, ㄴ, ㄷ

[해설]
제시된 내용은 모두 법원(法源)에 관한 설명으로 옳지 않다.
ㄱ. (×) 경비업법 시행령은 대통령령이다.
ㄴ. (×) 민사에 관하여 법률에 규정이 없으면 관습법에 의하고 관습법이 없으면 조리에 의한다(민법 제1조).
ㄷ. (×) 상사에 관하여 본법에 규정이 없으면 상관습법에 의하고 상관습법이 없으면 민법의 규정에 의한다(상법 제1조).

답 ④

14

법원(法源)에 관한 설명으로 옳은 것은? 기출 22

① 제정법의 경우 그 효력은 상위법이 하위법에 우선한다.
② 민법은 상사에 관하여 원칙적으로 상관습법에 우선하여 적용된다.
③ 일반적으로 승인된 국제법규라도 국회의 비준을 거치지 않은 경우 국내법과 같은 효력은 인정되지 않는다.
④ 헌법재판소는 관습헌법을 인정하지 않는다.

해설

① (○) 상위법 우선의 원칙에 관한 설명이다.
② (×) 상사에 관하여 본법에 규정이 없으면 상관습법에 의하고, 상관습법이 없으면 민법의 규정에 의한다(상법 제1조).
③ (×) 일반적으로 승인된 국제법규는 국내법과 같은 효력을 가진다(헌법 제6조 제1항).
④ (×) 헌법재판소는 신행정수도 건설을 위한 특별조치법이 관습헌법에 위배된다는 이유로 위헌 결정을 하였다(헌재결[전] 2004.10.21. 2004헌마554·566). 즉, 헌법재판소는 관습헌법을 인정한다.

답 ①

15

법원(法源)에 관한 현행법의 설명으로 옳지 않은 것은? 기출 20

① 상사에 관하여 상관습법은 민법에 우선하여 적용된다.
② 대법원 판결은 모든 사건의 하급심을 기속한다.
③ 민사관계에서 조리는 성문법과 관습법이 존재하지 않는 경우에 적용된다.
④ 민사관계에서 법령 중의 선량한 풍속 기타 사회질서에 관계없는 규정과 다른 관습이 있는 경우에 당사자의 의사가 명확하지 아니한 때에는 그 관습에 의한다.

해설

② (×) 상급법원 재판에서의 판단은 해당 사건에 관하여 하급심(下級審)을 기속(羈束)한다(법원조직법 제8조). 따라서 대법원의 판결은 모든 사건이 아닌 해당 사건에 관하여만 하급심을 기속한다.
① (○) 상법 제1조
③ (○) 민법 제1조
④ (○) 민법 제106조

답 ②

16

대륙법계의 특징으로 옳지 않은 것은? 기출 21

① 제정법에 대한 판례법의 우위
② 독일법계와 프랑스법계 중심
③ 성문법 중심
④ 일반적·추상적 규범으로 체계화

해설

① (×) 제정법에 대한 판례법의 우위는 선례구속의 원칙이 확립되어 판례법이 제1차적 법원으로서 그 구속력과 법규성이 인정되고 있는 영미법계 국가의 특징에 해당한다.
② (○) 성문법주의를 취하는 대륙법계의 대표적인 국가는 독일과 프랑스이다.
③ (○) 전통적으로 대륙법계 국가(독일·프랑스 등)에서는 성문법주의를, 영미법계 국가(영국·미국 등)에서는 불문법주의를 취하여 왔다.
④ (○) 대륙법계에 의하면, 법에 내재하는 또는 법의 속성상 입법은 일반적·추상적 규범으로 체계화하는 과정이다.

답 ①

17

관습법에 관한 설명으로 옳지 않은 것은? 기출 18

① 관습법은 당사자의 주장·입증이 있어야만 법원이 이를 판단할 수 있다.
② 민법 제1조에서는 관습법의 보충적 효력을 인정하고 있다.
③ 형법은 관습형법금지의 원칙이 적용된다.
④ 헌법재판소 다수의견에 의하면 관습헌법도 성문헌법과 동등한 효력이 있다.

해설

사실인 관습은 그 존재를 당사자가 주장·입증하여야 하나, 관습법은 당사자의 주장·입증을 기다림이 없이 법원이 직권으로 이를 판단할 수 있다(대판 1983.6.14. 80다3231).

답 ①

18

성문법과 불문법에 관한 설명으로 옳은 것은? 기출 19

① 조례는 불문법에 해당한다.
② 헌법에 의하여 체결·공포된 조약은 성문법에 해당한다.
③ '죄형법정주의'의 '법'에는 법률 및 관습법이 포함된다.
④ 성문법은 사회적 변화에 신속히 대응할 수 있는 장점이 있다.

해설

헌법에 의하여 체결·공포된 조약은 국내법과 같은 효력을 갖는 성문법에 해당한다(헌법 제6조 제1항).

핵심만콕	성문법과 불문법의 정리★	
구 분	성문법(대륙법계)	불문법(영미법계)
장 점	• 법의 존재와 의미를 명확히 할 수 있다. • 법적 안정성을 기할 수 있다. • 법의 내용을 객관적으로 알려 국민이 법적 문제에 예측가능성을 갖는다. • 입법기간이 짧다. • 발전적으로 사회제도를 개혁할 수 있다. • 외국법의 계수와 법체계의 통일이 쉽다.	• 사회의 구체적 현실에 잘 대처할 수 있다. • 법의 적용에 융통성이 있다. • 입법자의 횡포가 불가능하다. • 법현실이 유동적이다.
단 점	• 입법자의 횡포가 가능하다. • 문장의 불완전성으로 법해석의 문제가 발생한다. • 개정절차가 필요하므로 사회변동에 능동적으로 대처하지 못하여 법현실이 비유동적이다. • 법이 고정화되기 쉽다.	• 법의 존재와 의미가 불명확하다. • 법의 내용을 객관화하기 곤란하며 법적 변동의 예측이 불가능하다. • 법적 안정성을 기하기 어렵다. • 법적 기능을 갖는 데 기간이 오래 걸린다. • 외국법의 계수와 법체계의 통일이 어렵다.

답 ②

제3절　법의 구조(체계)와 분류

19
CHECK ⓞ △ ✕

법단계설을 주장한 학자는? 기출 18

① 켈젠(H. Kelsen)
② 슈미트(C. Schmitt)
③ 예링(R. v. Jhering)
④ 스멘트(R. Smend)

해설
법단계설을 주장한 학자는 켈젠(H. Kelsen)이다.

> **핵심만콕　주요 법사상가들의 견해**
> - 켈젠 : 국내법인 헌법·법률·명령·규칙·자치법규는 모두 동일한 효력이 있는 것이 아니라, 헌법을 최상위로 하여 일정한 단계를 이루고 있어서 하위의 법은 상위의 법에 저촉하여서는 안 되며, 또 하위의 법으로써 상위의 법을 개정하거나 폐지할 수 없다는 법단계설을 주장하였다.
> - 슈미트 : 헌법제정권력을 법적의사나 규범적인 것이라기보다는 사실적인 힘으로 보았다.
> - 예링 : 법은 국가권력에 의한 강제성이 보장되어 있으나 도덕은 그렇지 아니하다고 보면서, 법과 도덕의 구별이 매우 어렵다는 뜻에서 수많은 배들이 자주 난파됐던 남미의 최남단 Cape Horn에 비유하였다.
> - 스멘트 : 헌법을 규범과 현실의 상호연관 속에서 통합되는 기본 법질서로 보았다(통합주의).

답 ①

20
CHECK ⓞ △ ✕

국회가 제정한 법률과 같은 지위의 효력이 있는 것은? 기출 22

① 대통령의 긴급명령
② 자치법규
③ 시행령
④ 시행규칙

해설
국회가 제정한 법률과 같은 효력을 가지는 것은 대통령의 긴급명령이다(헌법 제76조).

답 ①

21

우리나라 법의 체계에 관한 설명으로 옳은 것은? 기출 20

① 대법원규칙은 법률과 동등한 효력을 가진다.
② 대통령령과 총리령은 동등한 효력을 가진다.
③ 헌법에 의하여 체결·공포된 조약은 국내법에 우선한다.
④ 대통령은 법률의 효력을 가지는 긴급명령을 발할 수 있다.

해설

④ (○) 대통령은 국가의 안위에 관계되는 중대한 교전상태에 있어서 국가를 보위하기 위하여 긴급한 조치가 필요하고 국회의 집회가 불가능한 때에 한하여 법률의 효력을 가지는 명령을 발할 수 있다(헌법 제76조 제2항).
① (×) 대법원은 법률에 저촉되지 아니하는 범위 안에서 소송에 관한 절차, 법원의 내부규율과 사무처리에 관한 규칙을 제정할 수 있다(헌법 제108조). 따라서 법률이 대법원규칙보다 상위 효력을 갖는다.
② (×) 대통령령·총리령·부령은 법률의 위임근거가 있거나 법률을 집행하는 데 필요한 사항을 대상으로 한다는 점에서 법률보다 하위에 있음은 분명하다. 그리고 대통령령과 총리령 내지 부령과의 관계를 본다면 제정권자 또는 제정절차에서 보거나 헌법 제95조에서 대통령령의 위임에 의하여 제정되는 총리령과 부령의 존재를 인정하고 있는 점에서 전자가 후자보다 상위에 있고, 총리령과 부령은 서로 대등한 관계에 있다.
③ (×) 헌법에 의하여 체결·공포된 조약은 국내법과 같은 효력을 가진다(헌법 제6조 제1항).

답 ④

22

다음 중 법의 분류가 옳지 않은 것은? 기출 24

① 형법은 공법이며 실체법이다.
② 형사소송법은 공법이며 절차법이다.
③ 민법은 사법이며 실체법이다.
④ 민사소송법은 사법이며 절차법이다.

해설

공법(公法)은 국가의 조직과 기능 및 공익작용을 규율하는 법으로 헌법, 행정법, 형법, 형사소송법, 민사소송법, 행정소송법, 국제법 등이 이에 해당한다. 사법(私法)은 개인 상호 간의 권리·의무관계를 규율하는 법으로 민법, 상법 등이 있다. 실체법은 권리·의무의 실체, 즉 권리나 의무의 발생·변경·소멸·성질·내용 및 범위 등을 규율하는 법으로 헌법, 민법, 형법, 상법 등이 이에 해당한다. 절차법은 권리나 의무의 실질적 내용을 실현하는 절차, 즉 권리나 의무의 행사·보전·이행·강제 등을 규율하는 법으로 민사소송법, 민사집행법, 형사소송법, 행정소송법, 채무자회생 및 파산에 관한 법률, 부동산등기법 등이 있다.

답 ④

23

법의 분류에 관한 설명으로 옳지 않은 것은? 기출 18

① 자연법은 시·공간을 초월하여 보편적으로 타당한 법을 의미한다.
② 임의법은 당사자의 의사에 의하여 그 적용이 배제될 수 있는 법을 말한다.
③ 부동산등기법은 사법이며, 실체법이다.
④ 오늘날 국가의 개입이 증대되면서 '사법의 공법화' 경향이 생겼다.

해설
사법은 개인 상호 간의 권리·의무관계를 규율하는 법으로 민법, 상법, 회사법, 어음법, 수표법 등이 있으며, 실체법은 권리·의무의 실체, 즉 권리나 의무의 발생·변경·소멸 등을 규율하는 법으로 헌법, 민법, 형법, 상법 등이 이에 해당한다. 부동산등기법은 절차법이면서 공법이라는 견해가 다수견해이나, 절차법이지만 사법이라는 소수견해도 있다. ★

답 ③

24

법의 분류에 관한 설명으로 옳지 않은 것은? 기출 17

① 이익설은 보호법익이 공익이냐 사익이냐에 따라 공법과 사법을 구별한다.
② 형사소송법, 행정소송법은 절차법이다.
③ 일반적으로 승인된 국제법규는 국내법과 같은 효력을 가진다.
④ 민법, 상법, 민사소송법은 사법(私法)이다.

해설
민법과 상법은 사법(私法)이나, 민사소송법은 공법(公法)에 해당한다.

답 ④

25

사회법에 관한 설명으로 옳지 않은 것은? 기출 15

① 공법영역에 사법적 요소를 가미하는 제3의 법영역이다.
② 노동법, 경제법, 사회보장법은 사회법에 속한다.
③ 자본주의의 부분적 모순을 수정하기 위한 법이다.
④ 사회적 · 경제적 약자의 이익 보호를 목적으로 한다.

해설
사회법은 사법의 공법화 경향을 말하므로, 사법영역에 공법적 요소를 가미하는 제3의 법영역이다.

답 ①

26

법의 구조에 관한 설명으로 옳은 것은 모두 몇 개인가? 기출 23

- 「형법」과 「군형법」은 일반법과 특별법 관계이다.
- 실정법은 불문법만으로 존재하며 이에는 관습법 · 판례법 · 조리 등이 있다.
- 「형법」상 존속살해죄는 살인죄의 특별규정이다.
- 임의법은 당사자의 의사로 그 적용을 배제하거나 변경할 수 없는 법이다.

① 0개
② 1개
③ 2개
④ 3개

해설
제시된 내용 중 법의 구조에 관한 설명으로 옳은 것은 2개이다.
- (○) 형법은 일반법, 군형법은 형법의 특별법이다.
- (×) 실정법은 성문법뿐만 아니라 불문법도 포함되며, 불문법에는 관습법 · 판례법 · 조리 등이 있다.
- (○) 존속살해죄(형법 제250조 제2항)는 살인죄(형법 제250조 제1항)의 특별규정이다.
- (×) 임의법은 법령 중 선량한 풍속 기타 사회질서에 관계없는 법규로써, 사적자치가 허용되어 당사자의 의사로 그 적용을 배제할 수 있는 법을 말한다.

답 ③

27

시공을 초월하여 영구불변의 보편타당성을 지닌 법은? 기출 23

① 자연법
② 강행법
③ 일반법
④ 실체법

해설
① (○) 시간과 공간의 개념을 초월한 영구불변의 보편타당한 선험적 규범은 자연법이다.
② (×) 강행법은 당사자의 의사와 관계없이 강제적으로 적용되는 법이다. 헌법·형법 등 공법의 대부분이 이에 해당한다.
③ (×) 일반법은 장소·사람·사물에 제한 없이 일반적으로 적용되는 법으로 이에는 헌법, 민법, 형법 등이 있다.
④ (×) 실체법은 권리·의무의 발생·변경·소멸 등을 규정한 법이다.

답 ①

28

법의 체계에 관한 설명으로 옳은 것은? 기출 15

① 강행법과 임의법은 실정성 여부에 따른 구분이다.
② 고유법과 계수법은 적용대상에 따른 구분이다.
③ 일반법과 특별법은 적용되는 효력 범위에 따른 구분이다.
④ 공법과 사법으로 분류하는 것은 영미법계의 특징이다.

해설
③ (○) 일반법과 특별법은 법의 효력 범위에 따른 구분에 해당한다.
① (×) 강행법과 임의법은 당사자의 의사로 법 적용을 배제할 수 있는지에 따른 구분이다.
② (×) 고유법과 계수법은 연혁에 따른 구분이다. 즉, 법 제정의 자생성 여부에 따른 구분이다.
④ (×) 공법과 사법으로 분류하는 것은 대륙법계의 특징이다. 영미법계는 공법과 사법이 엄격히 구별되지 않는다. ★

답 ③

제4절 법의 적용과 해석

29

법의 적용에 관한 설명으로 옳지 않은 것은? 기출 24

① 구체적 사실을 확정하는 것은 법률문제가 아닌 사실문제이다.
② 법을 적용하기 위한 사실의 확정은 증거에 의한다.
③ 추정은 명확하지 못한 사실을 그대로 가정하여 법률효과를 발생시키는 것이다.
④ 간주 규정에 따라 법이 의제한 효과는 반증에 의해 번복할 수 있다.

해설
④ (×) 간주란 불명확한 사실에 대하여 공익 또는 기타 법정책상의 이유로 사실의 진실성 여부와는 관계없이 확정된 사실로 의제하여 일정한 법률효과를 부여하고 반증을 허용하지 않는 것으로, 의제라고도 한다. 반증에 의해 번복할 수 있는 것은 추정으로, 추정된 사실과 다른 주장을 하는 자는 반증을 들어 추정의 효과를 뒤집을 수 있다.
① (○) 구체적 사실을 확정하는 것은 법을 적용할 만한 가치가 있는 사실들을 확정하는 것으로 법률문제가 아닌 사실문제이다.
② (○) 사실의 확정은 사회생활에서 실제로 발생하는 무수한 사건에 대하여 법규를 적용하기 전에 법적으로 가치 있는 사실만을 확정하는 법적 인식작용으로, 객관적 증거에 의함을 원칙으로 한다.
③ (○) 추정은 입증부담을 완화하기 위하여 입증이 용이하지 않은 확정되지 않은 사실(불명확한 사실)을 통상의 상태를 기준으로 하여 사실로 인정하고 이에 상당한 법률효과를 주는 것을 말한다.

답 ④

30

"실종선고를 받은 자는 전조(前條)의 기간이 만료한 때에 사망한 것으로 본다"는 민법 제28조의 규정에서 '본다'의 법률적 의미는? 기출 23

① 추 정   ② 반 증
③ 간 주   ④ 입 증

해설
③ (○) 법문상 '~으로 본다'는 것은 사실의 진실성 여부와는 관계없이 확정된 사실로 의제하여 일정한 법률효과를 부여하고 반증을 허용하지 않는 간주의 의미이다.
① (×) 추정은 입증부담을 완화하기 위하여 불명확한 사실에 대하여 일정한 법적 효과를 부여하는 것이다.
② (×) 반증이란 어떤 사실이나 주장이 옳지 않음을 그에 반대되는 근거를 들어 증명하는 것 또는 그런 증거를 의미한다.
④ (×) 입증은 사실의 인정을 위하여 증거를 주장하는 것을 말하며, 이 입증책임은 그 사실의 존부를 주장하는 자가 부담한다.

답 ③

31

당사자의 반증에 의하여 법률효과가 번복될 수 있는 것은? 기출 22

① 추 정
② 준 용
③ 간 주
④ 부적용

해설
① (○) 반증을 들어 법률효과를 번복할 수 있는 것은 추정이다.
② (×) '준용'이란 비슷한 사항에 관하여 법률을 제정할 때 법률을 간결하게 할 목적으로 다른 유사한 법규정을 그 성질에 따라 다소 수정하여 적용하도록 하는 것을 말한다.
③ (×) '의제한다' 또는 '~로 본다'라고 표현되는 간주는 법규에 의한 의제를 말하고, 반증을 들어서 번복하지 못한다는 의미에서 추정과 구별된다.
④ (×) '부적용'은 적용하지 않는다는 의미인데, '적용'은 이미 규정되어 있는 조문을 수정하지 않고 그대로 따르도록 한다는 점에서 기존 조문의 규율 범위를 확장하는 의미가 있다.

답 ①

32

법의 적용에 관한 설명으로 옳지 않은 것은? 기출 21

① 법의 적용은 구체적인 사안을 법규범에 적용하는 것을 말한다.
② 법의 적용은 구체적 사안을 상위개념(대전제)으로 하고, 추상적인 법규범을 하위개념(소전제)으로 하여 결론을 도출하는 것이다.
③ 법의 적용을 위해서는 우선 법이 적용되어야 할 구체적 사실을 확정해야 한다.
④ 국가생활에서 궁극적인 법의 적용은 재판에 의해서 실현된다고 할 수 있다.

해설
② (×) 법의 적용은 추상적인 법규범을 상위개념(대전제)으로 하고, 구체적 사안을 하위개념(소전제)으로 하여 3단논법으로써 결론을 도출하는 것이다.
① (○) 구체적 사건이 발생하였을 경우에 실정법의 어느 규정을 그 사건에 적용할 것인지를 판단하는 과정을 법의 적용이라 한다.
③ (○) 법의 적용을 위해서는 먼저 소전제인 구체적 사실을 확정하여야 하고(사실의 확정), 다음으로 그 확정된 구체적 사실에 적용할 법을 찾아야 하며(법규의 검색), 그 찾아낸 법의 내용을 확정하여야 한다(법의 해석).
④ (○) 재판을 통한 법적용의 실현에 대한 내용으로, 이는 옳다.

답 ②

33

법의 적용에 관한 설명으로 옳은 것은? 기출 19

① 간주의 효과는 반증이 있으면 뒤집을 수 있다.
② 사실의 진실 여부와는 관계없이 의제하는 것은 추정이다.
③ 입증책임은 원칙적으로 사실의 존부를 주장하는 자가 부담한다.
④ 2인 이상이 동일한 위난으로 사망한 경우에는 동시에 사망한 것으로 간주한다.

해설

③ (○) 사실의 인정을 위하여 증거를 주장하는 것을 입증이라 하며, 이 입증책임은 그 사실의 존부를 주장하는 자가 부담한다.
① (×) 반증을 들어 뒤집을 수 있는 것은 추정이다.
② (×) 사실의 진실 여부와는 관계없이 확정된 사실로 의제하는 것은 간주이다.
④ (×) 동일한 위난으로 수인이 사망한 경우 그들은 동시에 사망한 것으로 추정한다(민법 제30조).

답 ③

34

'자전거 통행금지'라는 게시판이 있는 경우, 오토바이도 통행하지 못한다고 해석하는 것은 법의 해석 방법 중 어디에 해당하는가?

① 유추해석　　　　　　② 확장해석
③ 물론해석　　　　　　④ 반대해석

해설

③ (○) 물론해석이란 법문이 일정한 사항을 정하고 있을 때 그 이외의 사항에 관해서도 사물의 성질상 당연히 그 규정에 포함되는 것으로 보는 해석을 말한다.
① (×) 유추해석이란 두 개의 유사한 사실 중 법규에서 어느 하나의 사실에 관해서만 규정하고 있는 경우에 나머지 다른 사실에 대해서도 마찬가지의 효과를 인정하는 해석을 말한다.
② (×) 확장해석이란 법규의 내용에 포함되는 개념을 문자 자체의 보통의 뜻보다 확장해서 효력을 인정함으로써 법의 타당성을 확보하려는 해석을 말한다.
④ (×) 반대해석이란 법문이 규정하는 요건과 반대의 요건이 존재하는 경우에 그 반대의 요건에 대하여 법문과 반대의 법적 판단을 하는 해석을 말한다.

답 ③

35

법의 해석에 관한 설명으로 옳지 않은 것은? 기출 23

① 미성년자 통행금지 규정이 있는 경우 성년자는 통행 가능하다고 해석하는 것은 반대해석이다.
② 법률 자체에 법의 해석규정을 두는 것은 사법해석이다.
③ 과실책임을 물을 때 그보다 중한 고의책임은 당연히 포함되는 것으로 해석하는 경우 물론해석에 해당한다.
④ 생명침해로 인한 위자료를 청구할 수 있는 배우자에 사실혼관계의 배우자가 포함된다고 해석하는 것은 확장해석이다.

해설

법령에서 그 법령의 해석에 관한 방침을 명확히 제시하기 위하여 해석규정을 두는 것을 입법해석이라고 한다. 사법해석은 재판기관(법원, 헌법재판소)이 구체적 쟁송의 해결을 목적으로 추상적인 법규범의 객관적 의미를 파악하는 해석이다.

핵심만콕	법해석의 종류
해석의 구속력에 따라	• 유권해석 : 입법해석, 사법해석, 행정해석 • 무권해석(학리해석) : 문리해석, 논리해석
해석의 방법에 따라	• 확장해석 : 법문상 자구(字句)의 의미를 통상의 의미 이상으로 확장하여 해석 • 축소(제한)해석 : 법문상 자구(字句)의 의미를 통상의 의미보다 축소하여 해석 • 반대해석 : 법문이 규정하는 요건과 반대의 요건이 존재하는 경우에 그 반대의 요건에 대해 법문과 반대의 법적 판단을 하는 해석 • 물론해석 : 법문이 일정한 사항을 정하고 있을 때 그 이외의 사항에 관해서도 사물의 성질상 당연히 그 규정에 포함되는 것으로 보는 해석 • 유추해석 : 두 개의 사실 중 법규에서 어느 하나의 사실에 관해서만 규정하고 있는 경우에 나머지 다른 사실에 대해서도 마찬가지의 효과를 인정하는 해석 • 보정해석 : 법조문이 입법자의 의사에 반하여 잘못 표현되고 있는 것이 명백한 경우에 그것을 바로잡는 해석

답 ②

36

미성년자에 대한 흡연금지 규정이 있는 경우에 성년자의 흡연은 허용된다고 하는 해석은? 기출 22

① 물론해석
② 보정해석
③ 유추해석
④ 반대해석

해설

설문은 반대해석에 관한 설명이다. 즉, 반대해석은 법문이 규정하는 요건과 반대의 요건이 존재하는 경우에 그 반대의 요건에 대해 법문과 반대의 법적 판단을 하는 해석방법이다.

답 ④

37

법의 해석방법 가운데 물론해석에 해당되는 것은? 기출 21

① '소멸시효의 이익은 미리 포기하지 못한다'는 규정이 있는 경우, 시효완성 후의 포기는 허용된다고 해석하는 것
② '자전거 통행금지'라는 게시판이 있는 경우, 오토바이도 통행하지 못한다고 해석하는 것
③ '배우자'의 개념에 대해서, 법률상 배우자뿐만 아니라 사실상 배우자를 포함한다고 해석하는 것
④ '미성년자가 혼인을 할 때에는 부모의 동의를 얻어야 한다'는 규정이 있는 경우, 성년자가 혼인을 할 때에는 부모의 동의를 필요로 하지 않는다고 해석하는 것

해설

② (○) 물론해석은 법문에 일정한 사항을 정하고 있을 때 그 이외의 사항에 관해서도 사물의 성질상 당연히 그 규정에 포함되는 것으로 보는 해석방법으로, '자전거 통행금지'라는 게시판이 있는 경우, 자전거보다 크고 무거운 오토바이는 당연히 그 통행이 금지되어야 하므로, 이는 물론해석에 해당한다.
①·④는 반대해석, ③은 확장해석에 해당한다.

답 ②

38

'민법 제3조는 "사람은 생존한 동안 권리와 의무의 주체가 된다."라고 규정하고 있으므로 원칙적으로 태아에게는 권리능력이 인정되지 않는다'라고 하는 해석은? 기출 20

① 축소해석
② 반대해석
③ 물론해석
④ 유추해석

해설

설문은 반대해석에 대한 내용이다. 즉, 반대해석은 법문이 규정하는 요건과 반대의 요건이 존재하는 경우에 그 반대의 요건에 대하여 법문과 반대의 법적 판단을 하는 해석방법을 말한다.

답 ②

39

유권해석에 해당하는 것은? 기출 19

① 문리해석
② 반대해석
③ 행정해석
④ 유추해석

해설

유권해석은 권한을 가진 국가기관에 의하여 행하여지는 해석으로서 공적인 구속력을 가지는 공권적 해석이다. 행정해석은 행정기관이 법을 집행하기 위하여 필요한 경우 법집행 권한에 근거하여 내리는 해석으로 유권해석의 일종이다.

답 ③

40

법의 해석에 관한 설명으로 옳지 않은 것은? 기출 16

① 법해석의 방법은 해석의 구속력 여부에 따라 유권해석과 학리해석으로 나눌 수 있다.
② 법해석의 목표는 법적 안정성을 저해하지 않는 범위 내에서 구체적 타당성을 찾는 데 두어야 한다.
③ 법의 해석에 있어 법률의 입법취지도 고려의 대상이 된다.
④ 민법, 형법, 행정법에서는 유추해석이 원칙적으로 허용된다.

해설

형법에서는 (불이익한) 유추해석과 확대해석을 동일한 것으로 보아 금지하며(죄형법정주의의 원칙), 피고인에게 유리한 유추해석만 가능하다고 본다.

답 ④

제5절 권리와 의무

41

CHECK ◯△✕

권리와 구별되는 개념에 관한 설명으로 옳은 것은? 기출 21

① 권원은 권리의 내용을 이루는 개개의 법률상 작용을 말한다.
② 권능은 일정한 법률상 또는 사실상의 행위를 하는 것을 정당화하는 법률상의 원인이다.
③ 권한은 타인을 위하여 그 자에게 일정한 법률효과를 발생하게 하는 행위를 할 수 있는 법률상 자격이다.
④ 반사적 이익은 법에 의해 보호되는 이익으로서 그것이 침해된 자도 법률상 구제를 받을 수 있음이 원칙이다.

해설

③ (O) 권한은 타인을 위하여 법률행위를 할 수 있는 법률상의 자격으로, 이사의 대표권, 국무총리의 권한 등이 대표적이다. ①은 권능, ②는 권원에 대한 설명이고, ④의 반사적 이익은 법의 보호를 받지 못하는 이익으로, 그것이 침해된 자는 법률상 구제를 받을 수 없다.

핵심만콕 권리와 구별되는 개념 ★★

- **권한** : 타인을 위하여 법률행위를 할 수 있는 법률상의 자격을 말한다(예 이사의 대표권, 국무총리의 권한 등).
- **권능** : 권리에서 파생되는 개개의 법률상의 작용을 말한다(예 소유권자의 소유권에서 파생되는 사용권·수익권·처분권).
- **권력** : 일정한 개인 또는 집단이 공익을 달성할 목적으로 다른 개인 또는 집단을 강제 또는 지배하는 힘을 말한다.
- **권원** : 일정한 법률상 또는 사실상의 행위를 하는 것을 정당화하는 법률상의 원인을 말한다(예 지상권, 대차권).
- **반사적 이익** : 법이 일정한 사실을 명하거나 금하고 있는 결과로써 어떠한 자가 저절로 받게 되는 이익으로, 그 이익을 누리는 자에게 법적인 힘이 부여된 것은 아니므로, 타인이 그 이익의 향유를 방해하더라도 그 보호를 청구하지 못한다(예 도로·공원 등 공물의 설치로 인한 공물이용자의 이익, 공중목욕탕 영업의 거래제한으로 인하여 이미 허가를 받은 업자의 사실상의 이익).

답 ③

42

권리와 구별되는 개념에 관한 설명으로 옳은 것은? 기출 15

① 의사무능력자는 권능의 주체가 될 수 있다.
② 법규정에 의해 인정되는 반사적 이익은 권리가 될 수 있다.
③ 권원은 그 작용에 따라 지배권, 청구권, 형성권, 항변권으로 분류된다.
④ 권한은 일정한 법률적 또는 사실적 행위를 정당화시키는 법률상의 원인을 말한다.

해설

의사능력은 법률행위의 의미나 결과를 합리적으로 판단할 수 있는 정신적 능력 내지 지능을 말한다. 따라서 의사무능력자의 법률행위는 무효이나, 의사무능력자도 권리나 권능을 갖는 주체가 될 수는 있다.★

핵심만콕

- 권리는 반사적 이익과 구별되는 개념으로 특별한 법익을 누리기 위하여 법이 허용하는 힘이다.
- 권리는 그 작용에 따라 지배권, 청구권, 형성권, 항변권으로 분류된다.
- 권원은 일정한 법률적 또는 사실적 행위를 정당화시키는 법률상의 원인을 말한다.★

답 ①

43

권리와 의무에 관한 설명으로 옳은 것은? 기출 23

① 권리의 침해에 대한 자력구제는 항상 허용된다.
② 모든 채권자는 채권의 행사 여부와 관계없이 동일한 순위로 채무자에게 변제받을 수 있다.
③ 권리는 권리의 객체가 될 수 없다.
④ 법률관계에서 의무만 있고 이에 대응하는 권리가 없는 경우도 있다.

해설

④ (O) 권리와 의무는 서로 대응하는 것이 보통이나, 민법 제755조의 책임무능력자에 대한 감독의무와 같이 의무만 있고 이에 대응하는 권리가 없는 경우도 있고, 취소권, 추인권, 해제권과 같이 권리만 있고 그에 대응하는 의무는 없는 경우도 있다.
① (×) 근대의 법치국가에 있어서의 권리의 보호는 국가구제가 원칙이고, 자력구제는 예외적으로 부득이한 경우에 한하여 인정된다. 우리 민법은 자력구제에 대한 일반규정을 두고 있지 않으며, 다만 점유침탈에 관하여서만 자력구제를 인정하는 규정(민법 제209조)을 두고 있을 뿐이다.
② (×) 채권은 성립의 선후에 따른 우선순위에 차이가 없다. 즉, 채권자평등의 원칙에 의하여 모든 채권자는 같은 순위로 변제를 받는 것이 원칙이다. 단, 채권을 먼저 행사한 자는 그 이익을 보유할 수 있다(선행주의).
③ (×) 권리의 객체는 권리의 대상을 의미하며, 이에 따라 권리가 다른 권리의 객체가 될 수도 있다[권리질권(민법 제345조), 지상권·전세권을 목적으로 하는 저당권(민법 제371조)].

답 ④

44

권리에 관한 설명으로 옳지 않은 것은? 기출 20

① 친권은 권리이면서 의무적 성질을 가진다.
② 인격권은 상속이나 양도를 할 수 없는 것이 원칙이다.
③ 청구권적 기본권으로는 청원권, 재판청구권, 환경권 등이 있다.
④ 물건에 대한 소유권은 권리이고, 그 사용권은 권능에 해당한다.

해설

③ (×) 환경권은 청구권적 기본권이 아니라 사회적(생존권적) 기본권에 해당한다.
① (○) 친권은 권리이면서 동시에 의무적 성질을 갖는다.
② (○) 인격권은 권리자 자신을 객체로 하는 것으로서 권리자와 분리할 수 없는 권리이므로 상속이나 양도를 할 수 없는 것이 원칙이다.
④ (○) 권리는 특별한 법익을 누리기 위하여 법이 허용하는 힘을 말하며, 권능은 권리에서 파생되는 개개의 법률상의 작용을 말한다. 소유권은 권리이고, 그 사용권은 권능에 해당한다.

답 ③

45

권리와 의무에 관한 설명으로 옳지 않은 것은? 기출 19

① 공권(公權)은 공법관계에서 인정되는 권리이다.
② 권리에서 파생되는 개개의 법률상의 작용을 권능이라고 한다.
③ 헌법상 납세의 의무는 의무만 있고 권리를 수반하지 않는 경우에 해당한다.
④ 어떤 행위를 하지 않아야 하는 의무를 작위의무라 하고, 어떤 행위를 하여야 하는 의무를 부작위의무라 한다.

해설

④ (×) 어떤 행위를 하지 않아야 하는 의무가 부작위의무이고, 어떤 행위를 하여야 하는 의무를 작위의무라 한다.
① (○) 공권은 공법관계에서 인정되는 권리이다. 이에는 국가, 공공단체 또는 국가로부터 수권된 자가 지배권자로서 국민에 대하여 가지는 권리(국가적 공권)와 국민이 지배권자에 대하여 갖는 권리(개인적 공권)가 있다.
② (○) 권능은 권리에서 파생되는 개개의 내용(예 소유권 - 사용·수익·처분의 권능)을 말한다.
③ (○) 헌법 제38조

답 ④

46

개인적(주관적) 공권에 해당하는 것은? 기출 20

① 참정권
② 입법권
③ 사법권
④ 사원(社員)권

해설

참정권은 행정 주체의 의사형성에 참여하는 권리로서, 국민이 선거를 통하여 또는 직접 공무원에 취임하여 국가정치에 참여할 수 있는 권리로 개인적 공권에 해당한다.

핵심만콕 공권과 공의무

공권	개인적 공권	자유권, 수익권, **참정권**, 행정개입청구권 등
	국가적 공권	**국가의 3권을 기준으로 입법권, 행정권, 사법권**
		권리의 목적을 기준으로 과세권, 형벌권, 경찰권 등
		권리의 내용을 기준으로 명령권·강제권·형성권 등
공의무	개인적 공의무	국방의무, 납세의무, 근로의무, 교육의무
	국가적 공의무	국가배상지급의무, 손실보상지급의무, 봉급지급의무

답 ①

47

국가적 공권에 해당하는 것은? 기출 23

① 자유권
② 평등권
③ 참정권
④ 조직권

해설

국가적 공권에 해당하는 것은 ④ 조직권이며, ①~③은 개인적 공권에 해당한다.

핵심만콕 공권의 의의 및 종류

의 의		공권은 공법관계에 있어서 권리주체가 직접 자기를 위하여 일정한 이익을 주장할 수 있는 법률상의 힘으로 국가적 공권과 개인적 공권 등으로 나눌 수 있다.	
국가적 공권	의 의	국가적 공권이란 행정법관계에서 국가 등 행정주체가 사인에 대해 갖는 권리를 말한다.	
	분 류	국가의 3권을 기준으로	입법권·사법권·행정권
		권리의 목적을 기준으로	조직권·군정권·경찰권·재정권·형벌권 등
		권리의 내용을 기준으로	명령권·강제권·형성권 등
개인적 공권	의 의	개인적 공권이란 행정법관계에서 행정객체가 자신의 이익을 추구하기 위하여 행정주체에 대해 일정한 행위를 요구할 수 있는 권리를 말한다.	
	분 류	인간의 존엄과 가치, 평등권, 자유권, 참정권, 청구권, 생존권, 수익권 등이 개인적 공권으로 분류된다.	

답 ④

48

사법(私法)상의 권리에 해당하지 않는 것은? 기출 24

① 임차권
② 입법권
③ 상속권
④ 전세권

해설

공권(公權)은 사법(私法)상 권리에 대응하는 개념으로 공법상 관계에서 발생되는 권리이며, 개인적 공권과 국가적 공권으로 구분된다. 국가적 공권은 국가의 3권을 기준으로 입법권, 사법권, 행정권으로 나눌 수 있는데, 입법권은 법률을 제정할 수 있는 권리로서 헌법 제40조는 "입법권은 국회에 속한다"고 규정하고 있다. 입법권은 국가적 공권으로 볼 수도 있지만, 헌법 제40조는 입법권을 국회의 권한으로 선언하고 있는 규정으로 입법권은 권리가 아니라 권한이라고 하는 것이 더 정확한 설명이라고 할 수 있다. 국회의 입법권, 재정권, 국정통제권, 헌법기관 구성권 등은 모두 국민의 대표기관으로서의 대표권한 또는 대리권한에 해당한다고 할 것이다.

답 ②

49

권리와 의무에 관한 설명으로 옳지 않은 것은? 기출 22

① 권리는 자연인만이 행사할 수 있는 것이 아니다.
② 사권(私權)을 권리의 작용에 따라 분류할 경우 해제권은 청구권에 해당한다.
③ 소유권은 사용, 수익, 처분권능으로 구성된다.
④ 권리 없이 의무만 있는 경우가 있다.

해설

② (×) 사권을 권리의 작용(효력)에 따라 분류할 경우 해제권은 형성권에 해당한다.
① (○) 자연인뿐만 아니라 법인도 권리의 주체가 될 수 있다.
③ (○) 권리에서 파생되는 개개의 법률상의 작용을 권능이라 하는데, 소유권자에게는 소유권에서 파생되는 사용, 수익, 처분권능이 있다.
④ (○) 권리와 의무는 상호대응이 원칙이나, 권리만 있는 경우(취소권, 해제권, 해지권 등), 의무만 있는 경우(납세의무, 국방의무 등)가 있다.

답 ②

50

신분권에 관한 설명으로 옳지 않은 것은? 기출 21

① 일신전속적 권리에 속한다.
② 거래의 객체가 될 수 없다.
③ 동거청구권, 부양청구권 등이 이에 속한다.
④ 사단법인에 소속된 구성원으로서의 지위에 기하여 발생하는 권리이다.

해설

④ (×) 사단법인에 소속된 구성원으로서의 지위에 기하여 발생하는 권리는 사원권이다.
① (○) 신분권은 특정한 주체만이 향유할 수 있는 일신전속적 권리에 속한다.
② (○) 신분권은 일정한 신분적 지위에 부착된 것이므로 양도할 수 없고 거래의 대상이 될 수도 없다.
③ (○) 신분권에는 친권, 부부간의 동거청구권, 협력부조권, 친족 간 부양청구권 등이 있다.

답 ④

51

권리의 작용(효력)에 따른 분류에 속하지 않는 것은? 기출 17

① 항변권   ② 인격권
③ 형성권   ④ 청구권

해설

권리의 작용(효력)에 따라 지배권, 청구권, 형성권, 항변권으로 구분할 수 있고, 내용에 따라 인격권, 재산권, 가족(신분)권, 사원권으로 구분할 수 있다.

답 ②

52

권리의 작용에 따른 분류로서 형성권에 해당하는 것은? 기출 24

① 취소권   ② 소유권
③ 부양청구권   ④ 동시이행항변권

해설

권리는 작용(효력)에 의해 (1) 권리의 객체를 직접적·배타적으로 지배할 수 있는 지배권(물권, 무체재산권, 친권 등), (2) 타인에 대하여 일정한 급부 또는 행위를 적극적으로 요구할 수 있는 청구권(채권, 물권적 청구권, 부양청구권 등), (3) 권리자의 일방적인 의사표시에 의하여 일정한 법률관계를 발생·변경·소멸시키는 형성권(취소권, 해제권, 추인권, 해지권 등), (4) 청구권의 행사에 대하여 급부를 거절할 수 있는 항변권(보증인의 최고 및 검색의 항변권, 동시이행의 항변권 등)으로 분류할 수 있다.

답 ①

53

권리자의 일방적 의사표시에 의하여 법률관계를 변동시킬 수 있는 권리는? 기출 19

① 형성권
② 청구권
③ 항변권
④ 지배권

해설
권리자의 일방적인 의사표시에 의하여 일정한 법률관계를 발생·변경·소멸시키는 권리가 형성권이다.

답 ①

54

상대방의 권리를 승인하지만 그 효력발생을 연기하거나 영구적으로 저지하는 효과를 발생시키는 권리는? 기출 20

① 형성권
② 항변권
③ 지배권
④ 상대권

해설
설문은 항변권에 대한 내용이다. 항변권은 상대방의 청구권 행사에 대하여 급부를 거절할 수 있는 권리로서 연기적 항변권과 영구적 항변권이 있다.

핵심만콕 권리의 작용(효력)에 따른 분류

지배권(支配權)	권리의 객체를 직접·배타적으로 지배할 수 있는 권리이다(예 물권, 무체재산권, 친권 등).
청구권(請求權)	타인에 대하여 일정한 급부 또는 행위(작위·부작위)를 적극적으로 요구하는 권리이다(예 채권, 부양청구권 등).
형성권(形成權)	권리자의 일방적인 의사표시에 의하여 일정한 법률관계를 발생·변경·소멸시키는 권리이다(예 취소권, 해제권, 추인권, 해지권 등).
항변권(抗辯權)	상대방의 청구권 행사에 대하여 급부를 거절할 수 있는 권리로, 타인의 공격을 막는 방어적 수단으로 사용되며 상대방에게 청구권이 있음을 부인하는 것이 아니라 그것을 전제하고, 다만 그 행사를 배척할 수 있는 권리이다(예 연기적 항변권 → 보증인의 최고 및 검색의 항변권, 동시이행의 항변권 / 영구적 항변권 → 상속인의 한정승인 등).

답 ②

55

권리의 주체와 분리하여 양도할 수 없는 권리는? 기출 15

① 실용신안권
② 초상권
③ 법정지상권
④ 분묘기지권

해설
초상권은 일신전속적인 권리로, 타인에게 양도할 수 없다.

답 ②

56

사권(私權)에 관한 설명으로 옳지 않은 것은? 기출 13

① 물권적 청구권은 지배권이다.
② 위자료청구권은 재산권이다.
③ 저당권은 원칙적으로 양도할 수 있다.
④ 무권대리행위에 대한 본인의 추인권은 형성권이다.

해설
물권적 청구권이란 물권의 지배권으로서의 실효성을 확보하기 위하여 인정되는 것으로서, 물권의 내용의 실현이 어떤 사정으로 말미암아 방해당하고 있거나 방해당할 염려가 있는 경우에 물권자가 방해자에 대하여 그 방해의 제거 또는 예방에 필요한 일정한 행위를 청구할 수 있는 청구권을 말한다.

답 ①

57

의무에 관한 설명으로 옳지 않은 것은? 기출 23

① 경비업자가 경비원을 허가받은 경비업무 외에 종사하게 하여서는 아니 되는 의무는 작위의무이다.
② 계약상 의무에는 부수적 의무도 포함된다.
③ 의무불이행에 대해 손해배상이나 강제집행을 할 수 없는 의무를 간접의무라 한다.
④ 납세의 의무는 공법상의 의무이다.

해설

① (×) 부작위의무에 관한 설명이다.
② (○) 계약상의 의무는 급부의무(주된 급부의무와 종된 급부의무), 부수적 주의의무 및 보호의무로 구분할 수 있는데, 판례는 이 중 종된 급부의무와 부수적 주의의무를 거의 동일시한다.
③ (○) 간접의무(책무)란 일정한 사항을 준수하지 않은 경우 법이 정한 일정한 불이익을 받을 뿐 상대방이 그 이행을 강제하거나 손해배상을 청구할 수 없는 경우를 말하며, 청약자의 승낙연착에 대한 통지의무(민법 제528조)가 대표적인 예이다.
④ (○) 납세의 의무는 국방의무, 근로의무, 교육의무 등과 더불어 개인의 공의무에 해당한다.

답 ①

58

부작위의무에 해당하는 것은? 기출 22

① 음식물을 배달해야 하는 의무
② 빌린 노트북을 반환해야 하는 의무
③ 임대인이 임대목적물을 수선하는 것에 대하여 임차인이 방해하지 않아야 하는 의무
④ 노래를 불러주어야 하는 의무

해설

부작위의무는 어떤 행위를 하지 않아야 하는 의무를 말하는데, ③이 이에 해당한다. ①, ②, ④는 작위의무에 해당한다.

답 ③

59

타인이 일정한 행위를 하는 것을 참고 받아들여야 할 의무는? 기출 18

① 작위의무
② 수인의무
③ 간접의무
④ 권리반사

해설

다른 사람이 하는 일정한 행위를 승인해야 할 의무는 수인의무이다.

> **핵심만콕**
> - 작위의무 : 적극적으로 일정한 행위를 하여야 할 의무이다.
> - 간접의무 : 통상의 의무와 달리 그 불이행의 경우에도 일정한 불이익을 받기는 하지만, 다른 법률상의 제재가 따르지 않는 것으로 보험계약에서의 통지의무가 그 대표적인 예이다.
> - 권리반사 또는 반사적 효과(이익) : 법이 일정한 사실을 금지하거나 명하고 있는 결과, 어떤 사람이 저절로 받게 되는 이익으로서 그 이익을 누리는 사람에게 법적인 힘이 부여된 것은 아니기 때문에 타인이 그 이익의 향유를 방해하더라도 그것의 법적보호를 청구하지 못함을 특징으로 한다.

답 ②

60

권리의 충돌에 관한 설명으로 옳은 것은? 기출 19

① 채권 상호 간에는 원칙적으로 성립의 선후에 따른 우선순위의 차이가 없다.
② 물권과 채권이 충돌할 경우에는 원칙적으로 채권이 우선한다.
③ 소유권과 이를 제한하는 제한물권 사이에서는 원칙적으로 소유권이 우선한다.
④ 동일물에 성립한 전세권과 저당권은 그 성립시기에 상관없이 저당권이 우선한다.

해설

① (○) 채권자평등의 원칙에 따라, 동일채무자에 대한 여러 개의 채권은 그의 발생원인·발생시기의 선후·채권액의 다소를 묻지 않고서 평등하게 다루어진다.
② (×) 하나의 물건에 대하여 물권과 채권이 병존하는 경우에는 그 성립시기를 불문하고 원칙적으로 물권이 우선한다. 예외적으로 대항요건을 갖춘 부동산의 임차권은 나중에 성립한 전세권에 우선한다.
③ (×) 소유권과 제한물권 사이에서는 제한물권이 언제나 소유권에 우선한다.
④ (×) 서로 종류를 달리하는 물권일 때에는 일정한 원칙이 없고, 법률의 규정에 의하여 순위가 정하여진다.

답 ①

CHAPTER 02 헌 법

제1절 헌법 총설

01
헌법 분류 중 우리나라 헌법이 해당하지 않는 것은? 기출 22
① 성문헌법
② 민정헌법
③ 연성헌법
④ 모방적 헌법

해설
우리나라 헌법은 성문헌법(존재형식에 따른 분류), 민정헌법(제정주체에 따른 분류), 모방적 헌법(독창성 여부에 따른 분류)에 해당한다. 그리고 연성헌법이 아닌 경성헌법(개정절차의 난이도에 따른 분류)에 해당한다.

답 ③

02
다음 중 현대 복지국가 헌법의 특징으로만 묶인 것을 고르면?

> ㄱ. 실질적 법치주의
> ㄴ. 국제평화주의
> ㄷ. 형식적 법치주의
> ㄹ. 자유권 중심의 기본권 보장
> ㅁ. 사회적기본권 보장의 실질화

① ㄱ, ㄴ, ㄷ
② ㄴ, ㄹ, ㅁ
③ ㄱ, ㄴ, ㅁ
④ ㄴ, ㄷ, ㅁ

해설
형식적 법치주의(ㄷ)와 자유권 중심의 기본권 보장(ㄹ)은 근대 입헌주의 헌법의 특징이다.

답 ③

03

헌법개정절차에 관한 설명으로 옳지 않은 것은? 기출 16

① 헌법개정은 국회재적의원 과반수 또는 대통령의 발의로 제안된다.
② 헌법개정안은 발의된 날부터 30일 이내에 국회 재적의원의 3분의 2 이상이 찬성해야 의결된다.
③ 대통령의 임기연장을 위한 헌법개정은 그 제안 당시의 대통령에 대하여는 효력이 없다.
④ 헌법개정안은 국회가 의결한 후 30일 이내에 국민투표에 붙여야 한다.

해설

② (×) 헌법개정안은 공고된 날부터 60일 이내에 국회 재적의원의 3분의 2 이상이 찬성해야 의결된다(헌법 제130조 제1항). 기명투표로 표결해야 하며(국회법 제112조 제4항), 수정의결은 불가하다.★★
① (○) 헌법 제128조 제1항
③ (○) 헌법 제128조 제2항
④ (○) 헌법 제130조 제2항

답 ②

04

헌법상 비상적 헌법보호수단에 해당하는 것은? 기출 24

① 계엄선포권
② 국정감사권
③ 헌법소원
④ 위헌법률심판

해설

국가긴급권[대통령의 계엄선포권(헌법 제77조 제1항), 긴급명령권(헌법 제76조 제2항), 긴급재정경제처분·명령권(헌법 제76조 제1항)], 저항권(저항권이란 헌법질서 또는 기본권을 침해하는 공권력에 대하여 주권자로서의 국민이 헌법질서를 유지·회복하고 기본권을 수호하기 위하여 공권력에 저항할 수 있는 비상수단적 권리인 동시에 헌법수호제도에 해당한다. 우리 헌법상 저항권에 관한 직접적인 규정이 없어, 저항권을 인정할 수 있을지 문제되는데, 대법원은 부정하나 헌법재판소는 긍정하는 입장이다)이 헌법상 비상적 헌법보호수단에 해당한다.

핵심만콕 평상적·비상적 헌법수호에 따른 분류

평상적 헌법수호	사전예방적 헌법수호	헌법의 최고규범성의 선언(헌법 제107조, 제111조 제1항), 헌법수호의무의 선서(헌법 제69조), 국가권력의 분립(헌법 제40조, 제66조 제4항, 제101조 제1항), 경성헌법성(헌법 제128조 내지 제130조), 방어적 민주주의의 채택(헌법 제8조 제4항), 공무원 및 군의 정치적 중립성의 보장(헌법 제7조 제2항, 제5조 제2항)
	사후교정적 헌법수호	위헌법령·처분심사제도(헌법 제107조 제1항·제2항), 탄핵제도(헌법 제65조 제1항, 제111조 제1항 제2호), 헌법소원제도(제111조 제1항 제5호), 위헌정당해산제도(헌법 제8조 제4항, 제111조 제1항 제3호), 국무총리 및 국무위원 해임건의제도(헌법 제63조 제1항), 국정감사 및 조사제도(헌법 제61조 제1항), 긴급명령 등의 승인제도 및 계엄해제요구제도(헌법 제76조 제3항, 제77조 제5항), 공무원의 책임제도(헌법 제29조 제1항) 등
비상적 헌법수호		국가긴급권[대통령의 계엄선포권(헌법 제77조 제1항), 긴급명령권(헌법 제76조 제2항), 긴급재정경제처분·명령권(헌법 제76조 제1항)], 저항권

답 ①

제2절 대한민국 헌법

05

CHECK ⃞△☒

대한민국 헌법전문에서 언급하고 있는 내용이 아닌 것은? 기출 19

① 3·1운동
② 4·19민주이념
③ 5·18민주화운동
④ 정의·인도와 동포애

해설

5·18민주화운동은 헌법전문에서 언급하고 있는 내용이 아니다.

핵심만콕

현행 헌법전문에 명문으로 규정되어 있는 것	• 국민주권주의 • 대한민국의 건국이념(3·1운동, 대한민국임시정부의 법통과 4·19이념의 계승) • 조국의 민주개혁과 평화적 통일의 사명 • 정의·인도와 동포애로써 민족의 단결을 공고히 함 • 모든 사회적 폐습과 불의를 타파 • 자유민주적 기본질서의 확립 • 모든 영역에서 각인의 기회 균등 • 국민생활의 균등한 향상 • 국제평화주의
현행 헌법전문에 명문으로 규정되어 있지 않은 것	• 권력분립 • 민주공화국, 국가형태(제1조) • 5·16군사정변(제4공화국 헌법) • 침략전쟁의 부인(제5조 제1항) • 자유민주적 기본질서에 입각한 평화적 통일정책(제4조) • 국가의 전통문화계승발전과 민족문화창달의무(제9조) • 대한민국 영토(제3조) • 개인과 기업의 경제상의 자유와 창의(제119조 제1항) • 인간의 존엄과 가치, 행복추구권(제10조)

답 ③

06

헌법전문에 관한 설명 중 틀린 것은?

① 전문에 선언된 헌법의 기본원리는 헌법해석의 기준이 된다.
② 우리 헌법전문은 헌법제정권력의 소재를 밝힌 전체적 결단으로서 헌법의 본질적 부분을 내포하고 있다.
③ 헌법전의 일부를 구성하며 당연히 본문과 같은 법적 성질을 내포한다.
④ 헌법전문은 전면 개정을 할 수 없으며 일정한 한계를 갖는다.

[해설]
헌법전문의 법적 효력에 대해서는 학설대립으로 논란의 여지가 있으므로 전문이 본문과 같은 법적 성질을 '당연히' 내포한다고 단정할 수 없다.

답 ③

07

헌법 조문의 일부이다. ( )에 들어갈 올바른 용어는? 기출 22

- 대한민국은 (ㄱ)공화국이다.
- 외국인은 국제법과 (ㄴ)이 정하는 바에 의하여 그 지위가 보장된다.

① ㄱ : 민 주, ㄴ : 조 약
② ㄱ : 민 주, ㄴ : 헌 법
③ ㄱ : 자 유, ㄴ : 조 약
④ ㄱ : 자 유, ㄴ : 헌 법

[해설]
제시문의 ( )에 들어갈 올바른 용어는 ㄱ : 민주, ㄴ : 조약이다.
- 대한민국은 민주공화국이다(헌법 제1조 제1항).
- 외국인은 국제법과 조약이 정하는 바에 의하여 그 지위가 보장된다(헌법 제6조 제2항).

답 ①

08

헌법상 명시적 규정이 없는 것은? 기출 23

① 지방자치단체 주민이 제기하는 주민소송
② 대통령의 취임선서
③ 국민경제자문회의의 설치
④ 정당사무에 관한 중앙선거관리위원회의 규칙제정권

해설

① (×) 지방자치단체 주민이 제기하는 주민소송은 지방자치법 제22조에서 규정하고 있다.
② (○) 헌법 제69조
③ (○) 국민경제의 발전을 위한 중요정책의 수립에 관하여 대통령의 자문에 응하기 위하여 국민경제자문회의를 둘 수 있다(헌법 제93조 제1항).
④ (○) 중앙선거관리위원회는 법령의 범위 안에서 선거관리·국민투표관리 또는 정당사무에 관한 규칙을 제정할 수 있으며, 법률에 저촉되지 아니하는 범위 안에서 내부규율에 관한 규칙을 제정할 수 있다(헌법 제114조 제6항).

답 ①

09

우리나라 헌법의 기본원리로 옳지 않은 것은? 기출 13

① 자주통일주의
② 복지국가주의
③ 국민주권주의
④ 기본권존중주의

해설

헌법의 기본원리로 자주통일주의가 아닌 평화통일주의를 택하고 있다.

핵심만콕 헌법의 기본원리★

- 국민주권주의
- 기본권존중주의
- 권력분립주의
- 평화통일주의
- 자유민주주의
- 문화국가주의
- 복지국가주의
- 법치주의 등

답 ①

10

헌법상 국회의원 선거에서 보장하고 있는 선거원칙이 아닌 것을 모두 고른 것은? 기출 19

ㄱ. 제한선거
ㄴ. 직접선거
ㄷ. 공개선거

① ㄱ
② ㄱ, ㄷ
③ ㄴ, ㄷ
④ ㄱ, ㄴ, ㄷ

해설

우리나라의 선거제도는 보통・평등・직접・비밀・자유선거의 원칙을 따르므로, 제한선거와 공개선거는 보장되지 않는다.

핵심만콕 선거제도의 원칙

보통선거제	제한선거제에 반대되는 것으로 사회적 신분・재산・납세・교육・신앙・인종・성별 등에 차별을 두지 않고 원칙적으로 모든 성년자에게 선거권을 부여하는 제도이다.
평등선거제	차등선거제에 반대되는 것으로 선거인의 투표가치가 평등하게 취급되는 제도이다.
직접선거제	간접선거제에 반대되는 것으로 선거인이 직접 선거하는 제도이다.
비밀선거제	공개선거제에 반대되는 것으로 선거인이 누구에게 투표했는가를 제3자가 알 수 없게 하는 제도이다.
임의선거제 (자유선거제)	강제선거제에 반대되는 것으로 투표를 선거인의 자유에 맡기고 기권에 대해서도 하등의 제재를 과하지 않는 제도이다.

답 ②

11

현행 헌법상 정당설립과 활동의 자유에 관한 설명으로 옳지 않은 것은? 기출 18

① 정당의 설립은 자유이며, 복수정당제는 보장된다.
② 정당은 그 목적, 조직과 활동이 민주적이어야 한다.
③ 정당의 목적과 활동이 민주적 기본질서에 위배될 때에는 국회는 헌법재판소에 그 해산을 제소할 수 있다.
④ 국가는 법률이 정하는 바에 의하여 정당의 운영에 필요한 자금을 보조할 수 있다.

해설

③ (×) 정당의 목적이나 활동이 민주적 기본질서에 위배될 때 정부는 헌법재판소에 그 해산을 제소할 수 있고, 정당은 헌법재판소의 심판에 의하여 해산된다(헌법 제8조 제4항).
① (○) 헌법 제8조 제1항
② (○) 헌법 제8조 제2항 전단
④ (○) 헌법 제8조 제3항 후단

답 ③

12

지방자치에 관한 헌법 제117조 제1항 규정이다. ( )에 들어갈 내용은? 기출 23

> 지방자치단체는 주민의 (ㄱ)에 관한 사무를 처리하고 재산을 관리하며, (ㄴ)의 범위 안에서 자치에 관한 규정을 제정할 수 있다.

① ㄱ : 복 리, ㄴ : 조 례
② ㄱ : 복 리, ㄴ : 법 령
③ ㄱ : 권 익, ㄴ : 조 례
④ ㄱ : 권 익, ㄴ : 법 령

해설

제시된 내용의 ( )에 들어갈 내용은 ㄱ : 복리, ㄴ : 법령이다.

관계법령 헌법 제117조

① 지방자치단체는 주민의 복리에 관한 사무를 처리하고 재산을 관리하며, 법령의 범위 안에서 자치에 관한 규정을 제정할 수 있다.
② 지방자치단체의 종류는 법률로 정한다.

답 ②

제3절 기본권

13
기본권의 주체에 관한 설명으로 옳은 것을 모두 고른 것은? 기출 16

> ㄱ. 외국인은 대한민국에 입국할 자유를 보장받는다.
> ㄴ. 태아는 제한적으로 기본권의 주체가 될 수 있다.
> ㄷ. 사법인(私法人)은 언론·출판의 자유, 재산권의 주체가 된다.

① ㄱ, ㄴ
② ㄱ, ㄷ
③ ㄴ, ㄷ
④ ㄱ, ㄴ, ㄷ

해설
제시된 내용 중 옳은 것은 ㄴ과 ㄷ이다.
ㄱ. (×) 외국인이 입국할 때에는 유효한 여권과 법무부장관이 발급한 사증(査證)을 가지고 있어야 한다(출입국관리법 제7조 제1항). ★

답 ③

14
헌법상 기본권에 관한 규정 내용으로 옳지 않은 것은? 기출 23

① 모든 국민은 법률이 정하는 바에 의하여 국가기관에 문서로 청원할 권리를 가진다.
② 모든 국민은 소급입법에 의하여 참정권의 제한을 받거나 재산권을 박탈당하지 아니한다.
③ 공공필요에 의한 재산권의 수용·사용 또는 제한은 법률로써 하되, 상당한 보상을 지급하여야 한다.
④ 국민의 자유와 권리는 헌법에 열거되지 아니한 이유로 경시되지 아니한다.

해설
③ (×) 공공필요에 의한 재산권의 수용·사용 또는 제한 및 그에 대한 보상은 법률로써 하되, 정당한 보상을 지급하여야 한다(헌법 제23조 제3항).
① (○) 헌법 제26조 제1항
② (○) 헌법 제13조 제2항
④ (○) 헌법 제37조 제1항

답 ③

15

헌법상 명시되어 있는 권리가 아닌 것은? 기출 22

① 청원권
② 알권리
③ 단체행동권
④ 신속한 재판을 받을 권리

해설

② (×) 알권리에 관한 명문의 규정이 없음에도 불구하고 학설과 판례는 알권리를 헌법상의 권리로서 인정하고 있다. 구체적으로 헌법재판소는 알권리를 헌법 제21조의 표현의 자유에서 도출될 수 있다고 하였다(헌재결[전] 1989.9.4. 88헌마22, 1991.5.13. 90헌마133 등).
① (○) 모든 국민은 법률이 정하는 바에 의하여 국가기관에 문서로 청원할 권리를 가진다(헌법 제26조 제1항).
③ (○) 헌법 제33조
④ (○) 모든 국민은 신속한 재판을 받을 권리를 가진다(헌법 제27조 제3항 전문).

답 ②

16

현행 헌법에서 명문으로 규정하고 있는 기본권은? 기출 18

① 생명권
② 인간다운 생활을 할 권리
③ 주민투표권
④ 흡연권

해설

헌법 제34조 제1항은 인간다운 생활을 할 권리를 규정하고 있다.

답 ②

17

우리 헌법재판소가 목적의 정당성, 방법의 적절성, 피해의 최소성, 법익의 균형성 등으로 기본권의 침해 여부를 심사하는 위헌판단원칙은? 기출 18

① 과잉금지원칙
② 헌법유보원칙
③ 의회유보원칙
④ 포괄위임입법금지원칙

해설

①은 국가의 권력은 무제한적으로 행사되어서는 안 되고, 국민의 기본권을 제한하는 법률은 목적의 정당성 · 방법의 적절성 · 침해의 최소성 · 법익의 균형성을 갖추어야 한다는 원칙이다. 대한민국 헌법 제37조 제2항은 과잉금지의 원칙을 '필요한 경우에 한하여' 법률로써 기본권을 제한할 수 있다고 표현하고 있다.

핵심만콕

- 헌법유보원칙 : 헌법에서 직접 기본권 제한에 관한 내용을 규정하는 것으로 헌법은 정당의 목적과 활동(헌법 제8조 제4항), 언론 · 출판의 자유(헌법 제21조 제4항), 군인 · 공무원 · 경찰공무원 등의 국가배상청구권(헌법 제29조 제2항), 공무원의 근로3권(헌법 제33조 제2항) 등에 대하여 규정하고 있다.
- 의회유보원칙 : 이른바 법률유보의 원칙이라고 하며, 일정한 행정권의 발동은 법률에 근거하여 이루어져야 한다는 원칙이다. 헌법은 국가안전보장 · 질서유지 · 공공복리를 위하여 필요한 경우에 '법률'로써 제한할 수 있다고 규정하고 있다(헌법 제37조 제2항).
- 포괄위임입법금지원칙 : 법률에서 구체적으로 범위를 정하지 않고 일반적 · 포괄적으로 위임하는 것을 금지하는 원칙이다.

답 ①

18

헌법 제37조 제2항의 규정이다. ( )에 들어갈 것은? 기출 21

> 국민의 모든 자유와 권리는 국가안전보장 · 질서유지 또는 공공복리를 위하여 필요한 경우에 한하여 ( )(으) 로써 제한할 수 있으며, 제한하는 경우에도 자유와 권리의 본질적인 내용을 침해할 수 없다.

① 헌 법
② 법 률
③ 대통령령
④ 부 령

해설

국민의 모든 자유와 권리는 국가안전보장 · 질서유지 또는 공공복리를 위하여 필요한 경우에 한하여 법률로써 제한할 수 있으며, 제한하는 경우에도 자유와 권리의 본질적인 내용을 침해할 수 없다(헌법 제37조 제2항).

답 ②

19

평등권에 대한 설명으로 옳지 않은 것은?

① 입법·사법·행정기관까지도 구속하는 기본권이다.
② 모든 법 앞에서의 평등과 법 내용의 평등까지도 포함한다.
③ 평등권은 절대적 기본권으로 헌법에 의한 제한만이 가능하다.
④ 정치영역에서는 절대적 평등을, 사회·경제영역에서는 상대적 평등을 추구한다.

해설

평등권은 제한이 불가능한 절대적 기본권이 아니며, 국가공무원법, 형의 집행 및 수용자의 처우에 관한 법률, 공직선거법, 출입국관리법 등에서도 제한이 가능하다.

답 ③

20

헌법상 신체의 자유에 관한 내용으로 옳지 않은 것은? 기출 24

① 누구든지 체포 또는 구속을 당한 때에는 즉시 변호인의 조력을 받을 권리를 가진다.
② 모든 국민은 형사상 자기에게 불리한 진술을 강요당하지 아니한다.
③ 누구든지 체포 또는 구속을 당한 때에는 적부의 심사를 법원에 청구할 권리를 가진다.
④ 체포·구속·압수 또는 수색을 할 때에는 적법한 절차에 따라 검사가 발부한 영장을 제시하여야 한다.

해설

④ (×) 체포·구속·압수 또는 수색을 할 때에는 적법한 절차에 따라 <u>검사의 신청에 의하여 법관이 발부한</u> 영장을 제시하여야 한다(헌법 제12조 제3항 본문).
① (○) 헌법 제12조 제4항 본문
② (○) 헌법 제12조 제2항
③ (○) 헌법 제12조 제6항

답 ④

21

영장주의에 관한 헌법 제12조 제3항 규정이다. (   )에 들어갈 숫자는? 기출 23

> 체포·구속·압수 또는 수색을 할 때에는 적법한 절차에 따라 검사의 신청에 의하여 법관이 발부한 영장을 제시하여야 한다. 다만, 현행범인인 경우와 장기 (   )년 이상의 형에 해당하는 죄를 범하고 도피 또는 증거인멸의 염려가 있을 때에는 사후에 영장을 청구할 수 있다.

① 1
② 3
③ 5
④ 7

해설
제시된 내용의 (   )에 들어갈 숫자는 3이다.

관계법령 헌법 제12조
③ 체포·구속·압수 또는 수색을 할 때에는 적법한 절차에 따라 검사의 신청에 의하여 법관이 발부한 영장을 제시하여야 한다. 다만, 현행범인인 경우와 장기 3년 이상의 형에 해당하는 죄를 범하고 도피 또는 증거인멸의 염려가 있을 때에는 사후에 영장을 청구할 수 있다.

답 ②

22

국민의 근로와 관련하여 헌법에 명시되어 있지 않은 것은? 기출 21

① 연소자는 우선적으로 근로의 기회를 부여받는다.
② 국가는 법률이 정하는 바에 의하여 최저임금제를 시행하여야 한다.
③ 공무원인 근로자는 법률이 정하는 자에 한하여 단결권·단체교섭권 및 단체행동권을 가진다.
④ 법률이 정하는 주요방위산업체에 종사하는 근로자의 단체행동권은 법률이 정하는 바에 의하여 이를 제한하거나 인정하지 아니할 수 있다.

해설
① (×) 연소자는 근로를 함에 있어 특별한 보호를 받을 뿐, 우선적으로 근로의 기회를 부여받는 것은 아니다(헌법 제32조 제5항·제6항 참고).
② (○) 헌법 제32조 제1항 후문
③ (○) 헌법 제33조 제2항
④ (○) 헌법 제33조 제3항

> **관계법령**
>
> **헌법 제32조**
> ① 모든 국민은 근로의 권리를 가진다. 국가는 사회적·경제적 방법으로 근로자의 고용의 증진과 적정임금의 보장에 노력하여야 하며, 법률이 정하는 바에 의하여 최저임금제를 시행하여야 한다.
> ② 모든 국민은 근로의 의무를 진다. 국가는 근로의 의무의 내용과 조건을 민주주의원칙에 따라 법률로 정한다.
> ③ 근로조건의 기준은 인간의 존엄성을 보장하도록 법률로 정한다.
> ④ 여자의 근로는 특별한 보호를 받으며, 고용·임금 및 근로조건에 있어서 부당한 차별을 받지 아니한다.
> ⑤ 연소자의 근로는 특별한 보호를 받는다.
> ⑥ 국가유공자·상이군경 및 전몰군경의 유가족은 법률이 정하는 바에 의하여 우선적으로 근로의 기회를 부여받는다.
>
> **헌법 제33조**
> ① 근로자는 근로조건의 향상을 위하여 자주적인 단결권·단체교섭권 및 단체행동권을 가진다.
> ② 공무원인 근로자는 법률이 정하는 자에 한하여 단결권·단체교섭권 및 단체행동권을 가진다.
> ③ 법률이 정하는 주요방위산업체에 종사하는 근로자의 단체행동권은 법률이 정하는 바에 의하여 이를 제한하거나 인정하지 아니할 수 있다.

답 ①

23

다음 기본권 중 의무의 성격을 동시에 갖지 않는 것은? 기출 17

① 환경권
② 근로의 권리
③ 근로자의 단체행동권
④ 교육을 받을 권리

해설

③ (×) 의무의 성격을 갖지 않는 기본권은 근로자의 단체행동권이다.
① (○) 모든 국민은 건강하고 쾌적한 환경에서 생활할 권리를 가지며, 국가와 국민은 환경보전을 위하여 노력하여야 한다(헌법 제35조 제1항).
② (○) 모든 국민은 근로의 의무를 진다(헌법 제32조 제2항 전문).
④ (○) 모든 국민은 그 보호하는 자녀에게 적어도 초등교육과 법률이 정하는 교육을 받게 할 의무를 진다(헌법 제31조 제2항).

답 ③

24

헌법상 재판청구권에 관한 설명으로 옳은 것을 모두 고른 것은? 기출 20

> ㄱ. 형사피고인은 상당한 이유가 없는 한 지체 없이 공개재판을 받을 권리를 가진다.
> ㄴ. 모든 국민은 신속한 재판을 받을 권리를 가진다.
> ㄷ. 모든 국민은 헌법과 법률이 정한 법관에 의하여 법률에 의한 재판을 받을 권리를 가진다.

① ㄱ, ㄴ
② ㄱ, ㄷ
③ ㄴ, ㄷ
④ ㄱ, ㄴ, ㄷ

해설

제시문은 모두 헌법상 재판청구권에 대한 설명으로 옳은 내용이다.
ㄱ. (○) 형사피고인은 상당한 이유가 없는 한 지체 없이 공개재판을 받을 권리를 가진다(헌법 제27조 제3항 후문).
ㄴ. (○) 모든 국민은 신속한 재판을 받을 권리를 가진다(헌법 제27조 제3항 전문).
ㄷ. (○) 모든 국민은 헌법과 법률이 정한 법관에 의하여 법률에 의한 재판을 받을 권리를 가진다(헌법 제27조 제1항).

답 ④

25

청구권적 기본권에 관한 설명으로 옳지 않은 것은? 기출 17

① 청원은 구두로도 할 수 있다.
② 재판청구권에는 신속한 재판을 받을 권리도 포함된다.
③ 형사보상제도는 국가의 무과실책임을 규정한 것이다.
④ 헌법은 범죄행위로 인한 피해구조에 관해 규정하고 있다.

해설

모든 국민은 법률이 정하는 바에 의하여 국가기관에 문서로 청원할 권리를 가진다(헌법 제26조 제1항). 청원은 청원서에 청원인의 성명(법인인 경우에는 명칭 및 대표자의 성명을 말한다)과 주소 또는 거소를 적고 서명한 문서(「전자문서 및 전자거래 기본법」에 의한 전자문서를 포함한다)로 하여야 한다(청원법 제9조 제1항). ★

답 ①

26

헌법상 국민의 권리·의무에 관한 설명으로 옳지 않은 것은? 기출 22

① 의무교육은 무상으로 한다.
② 연소자의 근로는 특별한 보호를 받는다.
③ 모든 국민은 병역의 의무를 진다.
④ 모든 국민은 보건에 관하여 국가의 보호를 받는다.

[해설]

③ (×) 모든 국민은 법률이 정하는 바에 의하여 국방의 의무를 진다(헌법 제39조 제1항).
① (○) 헌법 제31조 제3항
② (○) 헌법 제32조 제5항
④ (○) 헌법 제36조 제3항

답 ③

27

헌법에 규정되어 있는 의무가 아닌 것은? 기출 21

① 타인의 권리 존중의무
② 근로의 의무
③ 재산권 행사의 공공복리적합의무
④ 환경보전의무

[해설]

① (×) 타인의 권리 존중의무는 헌법에 규정되어 있지 아니하나, 언론·출판은 타인의 명예나 권리 또는 공중도덕이나 사회윤리를 침해하여서는 아니 된다고 규정되어 있다(헌법 제21조 제4항 전문).
② (○) 헌법 제32조 제2항 전문
③ (○) 헌법 제23조 제2항
④ (○) 헌법 제35조 제1항 후단

답 ①

제4절 통치구조

28
국회의 권한에 해당하지 않는 것은? 기출 23

① 대통령의 특별사면에 대한 동의권
② 국회의원 징계권
③ 감사위원에 대한 탄핵소추권
④ 중앙선거관리위원회 위원 3인의 선출권

해설
① (×) 국회의 권한은 일반사면에 대한 동의권이다(헌법 제79조 제2항). 특별사면은 대통령의 고유 권한이다.
② (○) 국회는 의원의 자격을 심사하며, 의원을 징계할 수 있다(헌법 제64조 제2항).
③ (○) 대통령·국무총리·국무위원·행정각부의 장·헌법재판소 재판관·법관·중앙선거관리위원회 위원·감사원장·감사위원 기타 법률이 정한 공무원이 그 직무집행에 있어서 헌법이나 법률을 위배한 때에는 국회는 탄핵의 소추를 의결할 수 있다(헌법 제65조 제1항).
④ (○) 중앙선거관리위원회는 대통령이 임명하는 3인, 국회에서 선출하는 3인과 대법원장이 지명하는 3인의 위원으로 구성된다. 위원장은 위원 중에서 호선한다(헌법 제114조 제1항).

답 ①

29
헌법상 국회의 권한에 관한 설명으로 옳지 않은 것은? 기출 20

① 국회는 국가의 예산안을 심의·확정한다.
② 국회는 국무총리의 해임을 대통령에게 건의할 수 있다.
③ 국회는 특정한 국정사안에 대하여 조사할 수 있다.
④ 국회는 정부의 동의 없이 정부가 제출한 지출예산 각항의 금액을 증가할 수 있다.

해설
④ (×) 국회는 정부의 동의 없이 정부가 제출한 지출예산 각항의 금액을 증가하거나 새 비목을 설치할 수 없다(헌법 제57조).
① (○) 헌법 제54조 제1항
② (○) 헌법 제63조 제1항
③ (○) 헌법 제61조 제1항 전단

답 ④

30

헌법상 국회의원에 관한 설명으로 옳지 않은 것은? 기출 24

① 국회의원을 제명하려면 국회재적의원 3분의 2 이상의 찬성이 있어야 한다.
② 국회의원의 직무집행이 헌법과 법률에 위배된 경우에 국회의원은 탄핵소추의 대상이 된다.
③ 국회의원은 국회에서 직무상 행한 발언과 표결에 관하여 국회 외에서 책임을 지지 아니한다.
④ 국회의원은 현행범인인 경우를 제외하고는 회기 중 국회의 동의 없이 체포 또는 구금되지 아니한다.

해설

② (×) 대통령·국무총리·국무위원·행정각부의 장·헌법재판소 재판관·법관·중앙선거관리위원회 위원·감사원장·감사위원 기타 법률이 정한 공무원이 그 직무집행에 있어서 헌법이나 법률을 위배한 때에는 국회는 탄핵의 소추를 의결할 수 있다(헌법 제65조 제1항). 따라서 <u>국회의원은 헌법상 탄핵소추 대상에 해당하지 않는다</u>.
① (○) 헌법 제64조 제3항
③ (○) 헌법 제45조
④ (○) 헌법 제44조 제1항

답 ②

31

헌법상 국회의원에 관한 설명으로 옳지 않은 것은? 기출 19

① 국회의원의 수는 법률로 정하되, 200인 이상으로 한다.
② 국회의원은 현행범인인 경우를 제외하고는 회기 중 국회의 동의 없이 체포 또는 구금되지 아니한다.
③ 국회의원이 회기 전에 체포 또는 구금된 때에는 현행범인이 아닌 한 국회의 요구가 있으면 회기 중 석방된다.
④ 국회의원은 국회에서 직무상 행한 발언과 표결에 관하여 국회 내·외에서 책임을 지지 아니한다.

해설

④ (×) 국회의원은 국회에서 직무상 행한 발언과 표결에 관하여 <u>국회 외에서</u> 책임을 지지 아니한다(헌법 제45조).
① (○) 헌법 제41조 제2항
② (○) 헌법 제44조 제1항
③ (○) 헌법 제44조 제2항

답 ④

32

헌법상 국회의원의 권리와 의무에 관한 설명으로 옳지 않은 것은? 기출 15

① 법률이 정하는 직을 겸할 수 없다.
② 국가이익을 우선하여 양심에 따라 직무를 행한다.
③ 현행범인이라도 회기 중에는 국회의 동의 없이 체포 또는 구금되지 아니한다.
④ 국회에서 직무상 행한 발언과 표결에 관하여 국회 외에서 책임을 지지 아니한다.

해설

국회의원은 현행범인인 경우를 제외하고는 회기 중 국회의 동의 없이 체포 또는 구금되지 아니한다(헌법 제44조 제1항).★

| 핵심만콕 | 국회의원의 특권 |

- 불체포특권
  - 국회의원은 현행범인인 경우를 제외하고는 회기 중 국회의 동의 없이 체포 또는 구금되지 아니한다(헌법 제44조 제1항).
  - 국회의원이 회기 전에 체포 또는 구금된 때에는 현행범인이 아닌 한 국회의 요구가 있으면 회기 중 석방된다(헌법 제44조 제2항).
- 면책특권 : 국회의원은 국회에서 직무상 행한 발언과 표결에 관하여 국회 외에서 책임을 지지 아니한다(헌법 제45조).

답 ③

33

탄핵소추에 관한 설명으로 옳지 않은 것은? 기출 16

① 대통령이 그 직무집행에 있어서 헌법이나 법률을 위배한 때에는 탄핵소추의 대상이 된다.
② 대통령에 대한 탄핵소추는 국회 재적의원 3분의 2 이상의 찬성이 있어야 의결된다.
③ 대통령이 탄핵소추의 의결을 받은 때에는 국무총리, 법률이 정한 국무위원의 순서로 그 권한을 대행한다.
④ 탄핵결정으로 공직으로부터 파면되면 민사상의 책임은 져야 하나, 형사상의 책임은 면제된다.

해설

④ (×) 탄핵결정은 공직으로부터 파면함에 그친다. 그러나 이에 의하여 민사상이나 형사상의 책임이 면제되지는 아니한다(헌법 제65조 제4항).
① (○) 헌법 제65조 제1항
② (○) 헌법 제65조 제2항 단서
③ (○) 헌법 제71조

답 ④

34

국회와 행정부 간의 관계를 설명한 것으로 옳지 않은 것은? 기출 18

① 국회는 국무총리 또는 국무위원의 해임을 대통령에게 건의할 수 있다.
② 대통령은 국회에 출석하여 발언하거나 서한으로 의견을 표시할 수 있다.
③ 국회는 국정을 감사하거나 특정한 국정사안에 대하여 조사할 수 있다.
④ 대통령은 국회에서 의결된 법률안의 일부에 대하여 재의를 요구할 수 있다.

해설

④ (×) 대통령은 법률안의 일부에 대하여 또는 법률안을 수정하여 재의를 요구할 수 없다(헌법 제53조 제3항). ★
① (○) 헌법 제63조 제1항
② (○) 헌법 제81조
③ (○) 헌법 제61조 제1항 전단

답 ④

35

헌법상 대통령의 헌법기관 구성 권한에 관한 설명으로 옳지 않은 것은? 기출 24

① 대법원장은 국회의 동의를 얻어 대통령이 임명한다.
② 대법관은 대법원장의 제청으로 국회의 동의를 얻어 대통령이 임명한다.
③ 헌법재판소의 장은 국회의 동의를 얻어 재판관 중에서 대통령이 임명한다.
④ 헌법재판소 재판관은 헌법재판소장의 제청으로 국회의 동의를 얻어 대통령이 임명한다.

해설

④ (×) 헌법재판소는 법관의 자격을 가진 9인의 재판관으로 구성하며, 재판관은 대통령이 임명한다(헌법 제111조 제2항). 재판관 중 3인은 국회에서 선출하는 자를, 3인은 대법원장이 지명하는 자를 임명한다(헌법 제111조 제3항).
① (○) 헌법 제104조 제1항
② (○) 헌법 제104조 제2항
③ (○) 헌법 제111조 제4항

답 ④

36

헌법상 '국가안전보장회의'의 주재자는? 기출 21

① 대통령
② 국방부장관
③ 국가정보원장
④ 행정안전부장관

해설

국가안전보장회의는 대통령이 주재한다(헌법 제91조 제2항).

관계법령 　**헌법 제91조**

① 국가안전보장에 관련되는 대외정책·군사정책과 국내정책의 수립에 관하여 국무회의의 심의에 앞서 대통령의 자문에 응하기 위하여 국가안전보장회의를 둔다.
② 국가안전보장회의는 대통령이 주재한다.
③ 국가안전보장회의의 조직·직무범위 기타 필요한 사항은 법률로 정한다.

답 ①

37

대통령의 긴급명령권에 관한 설명으로 타당하지 않은 것은?

① 긴급명령권은 국가의 안위에 관계되는 중대한 교전상태에 있어서 국가를 보위하기 위하여 발동하는 권한이다.
② 국회의 집회가 불가능한 때에 한한다.
③ 대통령의 긴급명령권의 발동에 따라 부당하게 권리침해를 받은 자는 법원에 제소하여 구제를 받을 수 있다.
④ 긴급명령권은 국가의 위기가 발생할 우려가 있을 때 또는 발생하였을 때에 발동하는 권한이다.

해설

긴급명령권은 위기가 발생한 경우에 하는 사후적 긴급권이다(헌법 제76조 제2항). ★

답 ④

38

헌법상 국무회의의 심의사항이 아닌 것은? 기출 22

① 사 면
② 영전수여
③ 정당해산결정
④ 국립대학교총장의 임명

해설

정당해산결정은 법률의 위헌 결정, 탄핵의 결정, 헌법소원에 관한 인용결정과 더불어 헌법재판관 6인 이상의 찬성이 요구되는 헌법재판소의 권한에 해당한다(헌법 제113조 제1항). 정당해산의 제소가 국무회의의 심의사항에 해당한다(헌법 제89조 제14호).

관계법령 헌법 제89조

다음 사항은 국무회의의 심의를 거쳐야 한다.
1. 국정의 기본계획과 정부의 일반정책
2. 선전·강화 기타 중요한 대외정책
3. 헌법개정안·국민투표안·조약안·법률안 및 대통령령안
4. 예산안·결산·국유재산처분의 기본계획·국가의 부담이 될 계약 기타 재정에 관한 중요사항
5. 대통령의 긴급명령·긴급재정경제처분 및 명령 또는 계엄과 그 해제
6. 군사에 관한 중요사항
7. 국회의 임시회 집회의 요구
8. 영전수여
9. 사면·감형과 복권
10. 행정각부 간의 권한의 획정
11. 정부 안의 권한의 위임 또는 배정에 관한 기본계획
12. 국정처리상황의 평가·분석
13. 행정각부의 중요한 정책의 수립과 조정
14. 정당해산의 제소
15. 정부에 제출 또는 회부된 정부의 정책에 관계되는 청원의 심사
16. 검찰총장·합동참모의장·각군참모총장·국립대학교총장·대사 기타 법률이 정한 공무원과 국영기업체관리자의 임명
17. 기타 대통령·국무총리 또는 국무위원이 제출한 사항

답 ③

39

다음은 대통령의 헌법상 지위에 관한 내용이다. ㄱ, ㄴ, ㄷ에 들어갈 내용으로 옳은 것은?

- 대통령은 (ㄱ)와 더불어 국민의 대표기관이다.
- 대통령은 (ㄴ)(으)로서 대외적으로 국가를 대표하는 지위, 국가 및 헌법의 수호자로서의 지위, 국정의 통합조정자로서의 지위, 헌법기관 구성권자로서의 지위를 갖는다.
- 대통령은 (ㄷ)를 조직·통할하는 집행에 관한 최고책임자로서의 지위가 있다. 법률집행권, 국무회의 소집권, 예산안 제출권, 대통령령 제정권, 일반공무원 임명권 등이 있다.

① ㄱ : 국 회,   ㄴ : 행정부의 수반,   ㄷ : 행정부
② ㄱ : 행정부,   ㄴ : 행정부의 수반,   ㄷ : 국 회
③ ㄱ : 국 회,   ㄴ : 국가원수,   ㄷ : 행정부
④ ㄱ : 행정부,   ㄴ : 국가원수,   ㄷ : 국 회

해설
순서대로 ㄱ, ㄴ, ㄷ에는 국회, 국가원수, 행정부가 들어간다.

답 ③

40

헌법의 내용에 관한 설명으로 옳은 것은? 기출 17

① 국회 외의 국가기관이 법규를 제정하는 것은 위헌이다.
② 국회는 정부의 동의 없이 정부가 제출한 지출예산 각항의 금액을 증가할 수 있다.
③ 국방부장관은 현역군인의 신분을 유지할 수 있다.
④ 대법원장과 대법관의 임명권자는 대통령이다.

해설
④ (○) 대법원장은 국회의 동의를 얻어 대통령이 임명하며, 임기는 6년이고 중임할 수 없다. 대법관은 대법원장의 제청으로 국회의 동의를 얻어 대통령이 임명하며, 임기는 6년이고 연임할 수 있다(헌법 제104조 제1항·제2항, 헌법 제105조 제1항·제2항).
① (×) 명령과 규칙 등을 보면 국회 외의 국가기관이 법규를 제정할 수 있음을 알 수 있다.
② (×) 국회는 정부의 동의 없이 정부가 제출한 지출예산 각항의 금액을 증가하거나 새 비목을 설치할 수 없다(헌법 제57조).
③ (×) 군인은 현역을 면한 후가 아니면 국무위원으로 임명될 수 없다(헌법 제87조 제4항).

답 ④

41

감사원에 관한 설명 중 잘못된 것은?

① 감사위원은 원장을 포함하여 7인이며, 임기는 4년으로 1차에 한하여 중임할 수 있다.
② 대통령의 직속기관으로 직무상 대통령의 지휘·감독을 받는다.
③ 행정기관과 공무원의 직무에 대한 직무감찰권이 있다.
④ 감사원장 유고시에는 최장기간 재직한 감사위원 순으로 직무를 대행한다.

해설

② (×) 감사원은 대통령의 직속기관이나 직무상으로는 독립되어 있다.★
① (○) 헌법 제98조 제1항·제2항, 감사원법 제3조
③ (○) 감사원법 제24조 제1항 제1호
④ (○) 감사원법 제4조 제3항 본문

답 ②

42

헌법상 통치기구에 관한 설명으로 옳지 않은 것은? 기출 12

① 입법권은 국회에 속하고, 국회의원의 임기는 4년으로 한다.
② 대통령은 국가의 원수이며, 행정권은 대통령을 수반으로 하는 정부에 속한다.
③ 헌법재판소는 법관의 자격을 가진 9인의 재판관으로 구성하며, 재판관은 대통령이 임명한다.
④ 법원은 명령규칙심사권, 위헌법률심판권, 탄핵심판권 등의 권한을 갖는다.

해설

④ (×) 위헌법률심판권, 탄핵심판권은 헌법재판소의 권한이다(헌법 제111조 제1항).
① (○) 헌법 제40조, 제42조
② (○) 헌법 제66조 제1항·제4항
③ (○) 헌법 제111조 제2항

답 ④

43

헌법상 법원 및 법관에 관한 규정의 내용으로 옳은 것은? 기출 21

① 법률의 위헌 여부는 대법원이 이를 최종적으로 심사할 권한을 가진다.
② 법원은 명령·규칙의 위헌 여부에 대하여 헌법재판소에 제청하고 그 심판에 의하여 재판한다.
③ 대법원장과 대법관이 아닌 법관은 국회의 동의를 얻어 대통령이 임명한다.
④ 법관은 탄핵 또는 금고 이상의 형의 선고에 의하지 아니하고는 파면되지 아니한다.

해설

④ (○) 법관은 탄핵 또는 금고 이상의 형의 선고에 의하지 아니하고는 파면되지 아니하며, 징계처분에 의하지 아니하고는 정직·감봉 기타 불리한 처분을 받지 아니한다(헌법 제106조 제1항).
① (×) 법원의 제청에 의한 법률의 위헌여부심판은 헌법재판소가 관장한다(헌법 제111조 제1항 제1호, 헌법재판소법 제2조 제1호).
② (×) 명령·규칙 또는 처분이 헌법이나 법률에 위반되는 여부가 재판의 전제가 된 경우에는 대법원은 이를 최종적으로 심사할 권한을 가진다(헌법 제107조 제2항).
③ (×) 대법원장과 대법관이 아닌 법관은 대법관회의의 동의를 얻어 대법원장이 임명한다(헌법 제104조 제3항).

답 ④

44

헌법상 헌법재판소와 법원에 관한 설명으로 옳은 것은? 기출 22

① 대법원에 부를 둘 수 있다.
② 대법관은 연임할 수 없다.
③ 군사법원의 상고심은 헌법재판소에서 관할한다.
④ 대법원장의 임기는 10년이다.

해설

① (○) 헌법 제102조 제1항
② (×) 대법관의 임기는 6년으로 하며, 법률이 정하는 바에 의하여 연임할 수 있다(헌법 제105조 제2항).
③ (×) 군사법원의 상고심은 대법원에서 관할한다(헌법 제110조 제2항).
④ (×) 대법원장의 임기는 6년으로 하며, 10년은 대법원장과 대법관이 아닌 법관의 임기에 해당한다(헌법 제105조 제1항·제3항 참조).

답 ①

45

헌법 제113조 제1항의 규정이다. (　)에 들어갈 숫자는? 기출 19

> 헌법재판소에서 법률의 위헌결정, 탄핵의 결정, 정당해산의 결정 또는 헌법소원에 관한 인용결정을 할 때에는 재판관 (　)인 이상의 찬성이 있어야 한다.

① 5　　　　　　　　　　　　② 6
③ 7　　　　　　　　　　　　④ 8

해설
(　) 안에 들어갈 숫자는 6이다.

답 ②

46

우리 헌법재판소의 관장사항이 아닌 것은? 기출 18

① 법원의 제청에 의한 법률의 위헌여부 심판
② 지방자치단체 상호 간의 권한쟁의심판
③ 국회의원에 대한 탄핵심판
④ 법률에 대한 헌법소원심판

해설
③ (×) 헌법은 대통령·국무총리·국무위원·행정각부의 장·헌법재판소 재판관·법관·중앙선거관리위원회 위원·감사원장·감사위원 기타 법률이 정한 공무원이 그 직무집행에 있어서 헌법이나 법률을 위배한 때에는 국회는 탄핵의 소추를 의결할 수 있다(헌법 제65조 제1항)고 규정하고 있으므로 국회의원은 탄핵심판의 대상이 아니다. ★
① (○)·② (○)·④ (○) 헌법 제111조 제1항 제1호·제4호·제5호

답 ③

47

헌법기관의 구성원의 임기가 다른 것은? 기출 12

① 감사위원
② 헌법재판소 재판관
③ 중앙선거관리위원회 위원
④ 대법관

해설
①만 4년이고, ②·③·④는 모두 6년이다.

답 ①

CHAPTER 03 민사법

제1절 민 법

01

다음의 민법의 법원에 관한 설명 중 옳지 않은 것은?

① 민법 제1조의 '법률'에는 민법전, 민사특별법, 조약, 명령, 규칙, 자치법규, 조례 등이 포함된다.
② 조리란 사물의 본질적 법칙, 도리를 의미하며 다수설과 판례는 조리의 법원성을 부정한다.
③ 판례상 인정된 관습법에는 분묘기지권, 관습법상의 법정지상권, 동산의 양도담보 등이 있다.
④ 판례와 다수설은 관습법은 성문법이 없는 경우에 한하여 성문법을 보충하는 효력만을 가진다고 한다.

해설
우리나라 민법은 성문법주의를 취함과 동시에 관습법과 조리의 법원성도 인정하고 있다.

답 ②

02

다음 민법상의 원칙들 중 공공복리의 원리와 거리가 가장 먼 것은? 기출 04

① 계약자유의 원칙
② 신의성실의 원칙
③ 반사회질서행위금지의 원칙
④ 권리남용금지의 원칙

해설
근대민법의 3대 원칙이 개인의 자유와 평등을 실현하기 위한 원리였다면, 이에 대한 부작용을 반성하고 공공복리를 바탕으로 등장한 것이 현대민법의 구성원리이다. ①은 근대민법의 원칙이고, ②·③·④는 현대민법의 구성원리와 관련이 있다.

핵심만콕	현대민법의 구성원리 ★
소유권공공의 원칙 (소유권절대의 원칙의 수정)	소유권은 오늘에 와서는 소유자를 위한 절대적인 것이 아니라, 사회 전체의 이익을 위하여 제한을 받아야 하며, 따라서 권리자는 그 권리를 남용해서는 안 된다는 원칙이다. 우리 헌법 제23조의 제1항 전반에서 "모든 국민의 재산권은 보장된다"고 하면서도 제2항에서 "재산권의 행사는 공공복리에 적합하도록 하여야 한다"고 규정한 것이나, 민법 제2조 제2항에 "권리는 남용하지 못한다"고 규정한 것은 모두 무제한의 자유에 대한 수정의 원리를 표명한 것이다.
계약공정의 원칙 (계약자유의 원칙의 수정)	사회질서에 반하는 계약뿐만 아니라 심히 공정성을 잃은 계약은 보호받을 수 없다는 원칙이다. 공서양속에 반하는 법률행위를 무효로 한 것이나, 민법 제104조에서 "불공정한 법률행위는 무효로 한다"는 것이나, 동법 제2조에서 "권리의 행사와 의무의 이행은 신의에 좇아 성실히 하여야 한다"고 규정한 것 등은 계약자유의 원칙에 대한 제한이라 하겠다.
무과실책임의 원칙 (과실책임의 원칙의 수정)	손해의 발생에 관하여 고의 · 과실이 없더라도 그 배상책임을 진다는 원칙이다. 근로기준법에서는 노동자의 업무상의 재해에 관하여 사용자의 무과실책임을 인정하고 있지만 민법에서는 아직 일반원칙으로서 규정하지는 않고 있다.

답 ①

03

CHECK ○ △ ×

민법상 능력에 관한 설명으로 옳지 않은 것은?

① 권리능력은 권리를 갖고 의무를 부담할 수 있는 자격으로, 법인은 그 주체가 될 수 없다.
② 의사능력은 행위의 의미 · 결과를 변별 및 판단할 수 있는 능력으로, 의사무능력자의 행위는 무효이다.
③ 행위능력은 단독으로 완전하고 유효한 법률행위를 할 수 있는 지위 또는 자격으로, 행위무능력자의 법률행위는 취소할 수 있다.
④ 책임능력은 불법행위책임을 변식할 수 있는 판단능력으로, 의사능력을 기초로 한다.

해설

권리능력의 주체는 자연인과 법인이다.

관계법령

권리능력의 존속기간(민법 제3조)
사람은 생존한 동안 권리와 의무의 주체가 된다.

법인의 권리능력(민법 제34조)
법인은 법률의 규정에 좇아 정관으로 정한 목적의 범위 내에서 권리와 의무의 주체가 된다.

답 ①

04

제한능력자의 법률행위에 관한 설명으로 옳지 않은 것은? 기출 15

① 피성년후견인이 법정대리인의 동의를 얻어서 한 재산상 법률행위는 유효하다.
② 법정대리인이 대리한 피한정후견인의 재산상 법률행위는 유효하다.
③ 법정대리인이 범위를 정하여 처분을 허락한 재산은 미성년자가 임의로 처분할 수 있다.
④ 제한능력자가 속임수로써 자기를 능력자로 믿게 한 경우 그 법률행위를 취소할 수 없다.

해설

① (×) 성년후견인은 피성년후견인의 재산상 법률행위에 대하여 대리권과 취소권을 갖지만, 동의권은 인정되지 않는다. 따라서 피성년후견인이 법정대리인의 동의를 얻어서 한 재산상 법률행위는 무효이다(민법 제17조 제2항 반대해석).
② (○) 한정후견인은 대리권, 취소권, 동의권을 가지므로 옳은 설명이다.
③ (○) 민법 제6조
④ (○) 민법 제17조 제1항

핵심만콕 제한능력자제도에서 법정대리인과 그 권한★

| 개정 전 민법 | 현행 민법 | 법정대리인 | 법정대리인의 권한 |
무능력자제도	제한능력자제도		
미성년자	미성년자	부모, 미성년후견인	대리권, 취소권, 동의권
한정치산자	피한정후견인	한정후견인	대리권, 취소권, 동의권
금치산자	피성년후견인	성년후견인	대리권, 취소권

답 ①

05

민법상 법인에 관한 설명으로 옳지 않은 것은? 기출

① 법인은 법률의 규정에 의함이 아니면 성립하지 못한다.
② 영리 아닌 사업을 목적으로 하는 사단은 주무관청의 허가를 얻어 이를 법인으로 할 수 있다.
③ 법인은 그 주된 사무소의 소재지에서 설립등기를 함으로써 성립한다.
④ 법인의 대표자가 그 직무에 관하여 타인에게 가한 손해에 대해 법인은 배상할 책임이 없다.

해설

④ (×) 법인은 <u>이사 기타 대표자가 그 직무에 관하여 타인에게 가한 손해를 배상할 책임이 있다</u>(민법 제35조 제1항 전문). 이를 법인의 불법행위책임이라고 한다.
① (○) 법인은 법률의 규정에 의함이 아니면 성립하지 못하는데(민법 제31조), 이를 준칙주의라고 한다.
② (○) 학술, 종교, 자선, 기예, 사교 기타 <u>영리 아닌 사업을 목적으로 하는 사단 또는 재단은 주무관청의 허가를 얻어 이를 법인으로 할 수 있다</u>(민법 제32조).
③ (○) 민법 제33조

답 ④

06

민법상 법인의 기관에 관한 설명으로 옳지 않은 것은? 기출 19

① 법인은 이사를 두어야 한다.
② 이사는 선량한 관리자의 주의로 그 직무를 행하여야 한다.
③ 법인은 2인 이상의 감사를 두어야 한다.
④ 사단법인의 이사는 매년 1회 이상 통상총회를 소집하여야 한다.

해설

③ (×) 비영리법인에서의 감사는 필수기관은 아니며 임의기관에 해당한다(민법 제66조).
① (○) 이사는 사단법인과 재단법인 모두의 필수적 기관이다(민법 제57조 참고).
② (○) 법인과 이사와의 임면 관계는 민법상 위임에 관한 규정을 준용한다. 따라서 이사는 선량한 관리자의 주의로 그 직무를 수행하여야 한다.
④ (○) 민법 제69조

답 ③

07

법인이 아닌 사단의 사원이 집합체로서 물건을 소유할 때의 소유 형태는? 기출 18

① 단독소유
② 공 유
③ 합 유
④ 총 유

해설

비법인사단은 사단으로서 실질을 갖추고 있으나 법인등기를 하지 아니하여 법인격을 취득하지 못한 사단을 말한다. 대표적인 예로 종중, 교회, 채권자로 이루어진 청산위원회, 주택조합, 아파트부녀회 등이 있으며, 재산의 귀속형태는 사원의 총유 또는 준총유이다.

답 ④

08

민법상 물건에 관한 설명으로 옳지 않은 것은? 기출 18

① 건물 임대료는 천연과실이다.
② 관리할 수 있는 자연력은 동산이다.
③ 건물은 토지로부터 독립한 부동산으로 다루어질 수 있다.
④ 토지 및 그 정착물은 부동산이다.

[해설]
집세나 이자 등은 원물을 타인에게 사용시킨 대가로 얻는 과실로 법정과실이다(민법 제101조 제2항).★

[핵심만콕]
- 유체물 및 전기 기타 관리할 수 있는 자연력은 물건인데(민법 제98조), 부동산(토지 및 그 정착물) 이외의 물건은 동산이므로(민법 제99조) 관리할 수 있는 자연력은 동산이다.
- 토지 및 그 정착물은 부동산이므로 건물은 토지로부터 독립한 부동산으로 다루어질 수 있다(민법 제99조 제1항).

답 ①

09

의사표시에 관한 다음 기술 중 옳지 않은 것은?

① 진의가 아닌 의사표시는 당사자 사이에는 원칙적으로 유효이다.
② 착오로 인한 의사표시는 원칙적으로 무효이다.
③ 허위표시는 당사자 간에는 언제나 무효이다.
④ 사기에 의한 의사표시는 취소할 수 있다.

[해설]
② (×) 착오로 인한 의사표시는 법률행위의 내용의 중요부분에 착오가 있는 때에는 취소할 수 있다. 그러나 그 착오가 표의자의 중대한 과실로 인한 때에는 취소하지 못한다(민법 제109조 제1항).★
① (○) 민법 제107조 제1항 본문
③ (○) 민법 제108조 제1항
④ (○) 민법 제110조 제1항

답 ②

10

甲은 乙에게 경비계약의 체결에 관한 대리권을 수여하였다. 대리권이 소멸하는 경우는 모두 몇 개인가? 기출 23

- 甲의 사망
- 乙의 사망
- 乙의 파산
- 甲에 대한 성년후견의 개시

① 1개 ② 2개
③ 3개 ④ 4개

해설

제시된 내용 중 대리권의 소멸사유에 해당하는 것은 모두 3개이다. 성년후견의 개시는 본인(甲)이 아닌 대리인(乙)에 대한 대리권 소멸사유이다.

> **관계법령** 대리권의 소멸사유(민법 제127조)
> 대리권은 다음 각호의 어느 하나에 해당하는 사유가 있으면 소멸된다.
> 1. 본인의 사망
> 2. 대리인의 사망, 성년후견의 개시 또는 파산

답 ③

11

민법상 대리에 관한 설명으로 옳지 않은 것은? 기출 19

① 대리인은 행위능력자임을 요하지 아니한다.
② 복대리인은 그 권한 내에서 대리인을 대리한다.
③ 임의대리인은 본인의 승낙이 있거나 부득이한 사유가 있는 경우, 복대리인을 선임할 수 있다.
④ 대리인이 그 권한 내에서 본인을 위한 것임을 표시한 의사표시는 직접 본인에 대하여 효력이 생긴다.

해설

② (×) 복대리인은 대리인이 선임한 본인의 대리인이다(민법 제123조 제1항 참고).
① (○) 민법 제117조
③ (○) 민법 제120조 반대해석
④ (○) 민법 제114조 제1항

답 ②

12

민법상 취소할 수 있는 법률행위에 관한 취소권자의 행위 중 '법정추인' 사유에 해당하지 않는 것은?

① 경 개
② 담보의 제공
③ 철회권의 행사
④ 전부나 일부의 이행

해설

철회권의 행사는 제한능력자의 상대방(민법 제16조), 무권대리인의 상대방(민법 제134조) 보호제도로서 제한능력자와 계약하거나 무권대리인과 계약한 선의의 상대방은 철회권 행사를 통해 계약을 무효로 할 수 있다. 이는 민법 제145조에서 규정하는 법정추인 사유에는 해당하지 않는다.

> **관계법령** **법정추인(민법 제145조)**
> 취소할 수 있는 법률행위에 관하여 전조의 규정에 의하여 추인할 수 있는 후에 다음 각호의 사유가 있으면 추인한 것으로 본다. 그러나 이의를 보류한 때에는 그러하지 아니하다.
> 1. 전부나 일부의 이행
> 2. 이행의 청구
> 3. 경 개
> 4. 담보의 제공
> 5. 취소할 수 있는 행위로 취득한 권리의 전부나 일부의 양도
> 6. 강제집행

답 ③

13

민법상 조건과 기한에 관한 설명으로 옳은 것은?

① 해제조건 있는 법률행위는 조건이 성취한 때로부터 그 효력이 생긴다.
② 조건이 법률행위의 당시에 이미 성취할 수 없는 것인 경우에는 그 조건이 해제조건이면 조건 없는 법률행위로 한다.
③ 시기 있는 법률행위는 기한이 도래한 때로부터 그 효력을 잃는다.
④ 기한은 채권자의 이익을 위한 것으로 추정한다.

해설

② (○) 조건이 법률행위의 당시에 이미 성취할 수 없는 것인 경우에는 그 조건이 해제조건이면 조건 없는 법률행위로 하고 정지조건이면 그 법률행위는 무효로 한다(민법 제151조 제3항).
① (×) 해제조건 있는 법률행위는 조건이 성취한 때로부터 그 효력을 잃는다(민법 제147조 제2항).
③ (×) 시기 있는 법률행위는 기한이 도래한 때로부터 그 효력이 생긴다(민법 제152조 제1항).
④ (×) 기한은 채무자의 이익을 위한 것으로 추정한다(민법 제153조 제1항).

답 ②

14

조건과 기한을 비교한 것이다. 틀린 것은? 기출문제

① 양자 모두 법률행위의 부관이다.
② 조건이 되는 사실이나 기한이 되는 사실이나 모두 장래의 사실이다.
③ 기한은 도래함이 확실하고, 조건은 그 성부가 불확실하다.
④ 어음(수표)행위는 조건에는 친하나 기한에는 친하지 않다.

해설

어음(수표)행위는 기한에는 친하나 조건은 붙이지 못한다. ★

핵심만콕	조건과 기한

조건이라 함은 <u>법률행위의 효력의 발생 또는 소멸이 장래의 불확정한 사실의 성부에 달려 있는 부관</u>을 말하며, <u>기한은 법률행위의 발생·소멸 또는 채무의 이행을 장래 도래할 것이 확실한 사실의 발생에 의존시키는 부관</u>을 말한다.

답 ④

15

민법상 기한의 이익에 관한 설명으로 옳은 것은? 기출 21

① 무상임치의 경우 채무자만이 기한의 이익을 가진다.
② 기한의 이익을 가지는 자는 그 이익을 포기할 수 없다.
③ 채무자가 담보제공의 의무를 이행하지 아니하는 때에는 기한의 이익을 상실한다.
④ 당사자 사이에 체결한 기한이익의 상실에 관한 특약은 효력이 없다.

해설

③ (O) 채무자는 담보를 손상, 감소 또는 멸실하게 한 때, 담보제공의 의무를 이행하지 아니한 때에는 기한의 이익을 주장하지 못한다(민법 제388조).
① (×) <u>무상임치</u>란 당사자 일방이 무상으로 상대방에게 물건의 보관을 위탁하고 상대방이 이를 승낙함으로써 효력이 발생하는 전형계약으로, <u>기한의 이익은 오직 채권자(임치인)에게만 있다.</u>
② (×) <u>기한의 이익은 이를 포기할 수 있다.</u> 그러나 상대방의 이익을 해하지 못한다(민법 제153조 제2항). 즉, 제한이 있을 뿐 그 포기는 가능하다.
④ (×) <u>대법원은 기한이익 상실의 특약</u>은 그 내용에 의하여 일정한 사유가 발생하면 채권자의 청구 등을 요함이 없이 당연히 기한의 이익이 상실되어 이행기가 도래하는 것으로 하는 <u>정지조건부 기한이익 상실의 특약</u>과 일정한 사유가 발생한 후 채권자의 통지나 청구 등 채권자의 의사행위를 기다려 비로소 이행기가 도래하는 것으로 하는 <u>형성권적 기한이익 상실의 특약</u>의 두 가지로 대별할 수 있고, <u>기한이익 상실의 특약이 위의 양자 중 어느 것에 해당하느냐는 당사자의 의사해석의 문제이지만</u> 일반적으로 기한이익 상실의 특약이 채권자를 위하여 둔 것인 점에 비추어 명백히 정지조건부 기한이익 상실의 특약이라고 볼만한 특별한 사정이 없는 이상 형성권적 기한이익 상실의 특약으로 추정하는 것이 타당하다(대판 2002.9.4. 2002다28340)고 판시하여 <u>기한이익의 상실에 관한 특약의 유효성을 인정하고 있다.</u>

답 ③

16

다음 기한에 관한 설명으로 틀린 것은?

① 기한의 이익을 갖는 자는 그 이익을 포기할 수 있다.
② 기한은 채무자의 이익을 위한 것으로 추정된다.
③ 종기있는 법률행위는 기한이 도래한 때로부터 그 효력을 잃는다.
④ 기한은 당사자의 특약이 있는 경우에도 소급효가 인정된다.

해설
기한에 소급효를 인정하는 것은 기한을 붙이는 것과 모순되기 때문에 기한의 효력에는 소급효가 인정되지 않는다.

답 ④

17

민법상 소멸시효제도에 관한 설명으로 옳은 것은? 기출 20

① 지상권은 소멸시효의 대상이 된다.
② 소멸시효의 이익은 미리 포기할 수 있다.
③ 소멸시효 완성의 효력은 소급되지 않는다.
④ 소멸시효는 법률행위에 의하여 이를 연장할 수 있다.

해설
① (○) 지상권은 일반적으로 20년간 행사하지 않으면 소멸시효가 완성된다(민법 제162조 제2항).
② (×) 소멸시효의 이익은 미리 포기하지 못한다(민법 제184조 제1항).
③ (×) 소멸시효는 그 기산일에 소급하여 효력이 생긴다(민법 제167조).
④ (×) 소멸시효는 법률행위에 의하여 이를 배제, 연장 또는 가중할 수 없으나 이를 단축 또는 경감할 수 있다(민법 제184조 제2항).

답 ①

18

민법상 물권에 관한 설명으로 옳은 것은? 기출 14

① 점유권은 소유권이 있어야만 인정되는 물권이다.
② 하나의 물건 위에 둘 이상의 소유권을 인정할 수 있다.
③ 용익물권은 물건의 교환가치를 파악하여 특정한 물건을 채권의 담보로 제공하는 것을 목적으로 한다.
④ 유치권은 법정담보물권이다.

해설

④ (○) 유치권은 법정질권, 법정저당권과 더불어 법정담보물권에 해당한다.
① (×) 점유권은 사실상의 권리란 점에서 관념적 권리인 소유권과 차이가 있다.
② (×) 일물일권주의 원칙상 불가능하다.
③ (×) 담보물권에 대한 설명이다.★

답 ④

19
CHECK ○△×

민법상 합유에 관한 설명으로 옳은 것은? 기출 20

① 합유는 조합계약에 의하여만 성립한다.
② 합유물의 보존행위는 합유자 각자가 할 수 없다.
③ 합유자 전원의 동의 없이 합유물에 대한 지분을 처분하지 못한다.
④ 합유가 종료하기 전이라도 합유물의 분할을 청구할 수 있다.

해설

③ (○) 민법 제273조 제1항
① (×) 합유가 성립하기 위해서는 그 전제로서 조합체의 존재가 필요하며, 조합체의 성립원인에는 계약과 법률규정이 있다(민법 제271조 제1항 전문).
② (×) 합유물의 보존행위는 각자가 할 수 있다(민법 제272조 단서).
④ (×) 합유자는 조합이 존속하고 있는 한 합유물의 분할을 청구할 수 없다(민법 제273조 제2항).

핵심만콕 공동소유

내 용	공 유 (예 공동상속)	합 유 (예 조합)	총 유 (예 권리능력 없는 사단)
지분의 유무	有	有	無
지분 처분	자 유	전원의 동의로 가능 (민법 제273조 제1항 반대해석)	지분이 없으므로 불가
분할청구	자 유	존속하는 동안 분할청구 불가(민법 제273조 제2항), 해산 시 가능	불 가
보존행위	각자 단독으로 가능	각자 단독으로 가능 (민법 제272조 단서)	총회결의를 얻어야 가능
관리행위	지분의 과반수로 가능 (민법 제265조 본문)	조합원의 과반수로 가능 (민법 제265조 본문 유추적용)	총회결의로 가능
처분·변경	전원 동의로 가능	전원 동의로 가능	총회결의로 가능
사용·수익	지분비율로 전부 사용 가능	지분비율로 전부 사용 가능 단, 조합계약으로 달리 정할 수 있다.	정관 기타 규약에 좇아 각자 사용·수익 가능
등 기	공유자 전원 명의	합유자 전원 명의	비법인사단 명의
종료사유	공유물 양도, 공유물 분할	합유물 양도, 조합해산	총유물 양도, 사원지위 상실

〈출처〉 박기현·김종원, 「핵심정리 민법」, 메티스, 2014, P. 677

답 ③

20

민법상 소유에 관한 설명으로 옳은 것은? 기출 23

① 합유자는 합유물의 분할을 청구할 수 있다.
② 공유자는 특약이 있어야 공유물의 분할을 청구할 수 있다.
③ 합유물을 분할하는 경우 총유물의 분할에 관한 규정을 적용한다.
④ 총유물은 정관 기타의 규약에 좇아 각 사원이 사용할 수 있다.

해설

④ (○) 각 사원은 정관 기타의 규약에 좇아 총유물을 사용, 수익할 수 있다(민법 제276조 제2항).
① (×), ③ (×) 합유자는 합유물의 분할을 청구하지 못한다(민법 제273조 제2항).
② (×) 공유자는 공유물의 분할을 청구할 수 있다. 그러나 5년 내의 기간으로 분할하지 아니할 것을 약정할 수 있다(민법 제268조 제1항).

답 ④

21

민법상 동산과 부동산 모두에 성립할 수 있는 물권은? 기출 16

① 질 권   ② 유치권
③ 지역권   ④ 지상권

해설

질권은 동산 또는 양도할 수 있는 권리에, 지역권과 지상권은 타인의 토지, 즉 부동산에 성립한다.

답 ②

22

민법상 부동산의 사용, 수익을 목적으로 하는 권리를 객체로 하여 설정할 수 없는 담보물권은?

기출 24

① 질 권
② 지역권
③ 저당권
④ 지상권

해설

물건의 교환가치를 파악하여 특정한 물건을 채권의 담보로 제공하는 것을 목적으로 하는 물권을 담보물권이라 하는데, 민법상 유치권, 질권, 저당권이 이에 해당한다. 질권은 채권자가 채권을 담보하기 위하여 채무의 변제가 있을 때까지 채무자 또는 제3자(물상보증인)로부터 인도받은 물건(동산) 또는 재산권을 유치하고, 변제가 없을 때에 그 목적물로부터 우선적으로 변제를 받을 수 있는 권리이다(민법 제329조, 제345조). 재산권을 목적으로 하는 것을 권리질권이라 하는데, 권리질권의 목적은 채권, 무체재산권 등을 말하고 부동산의 사용, 수익을 목적으로 하는 권리는 목적(객체)으로 할 수 없다(민법 제345조 단서).

답 ①

23

민법상 담보물권이 아닌 것은? 기출 21

① 지상권
② 유치권
③ 질 권
④ 저당권

해설

담보물권이란 일정한 물건을 채권의 담보로 제공하는 것을 목적으로 하는 물권으로 유치권, 질권, 저당권 등이 있다. 지상권은 타인의 토지에 건물이나 수목 등을 설치하고, 그것을 소유하기 위하여 타인의 토지를 사용하는 물권으로서 지역권, 전세권과 더불어 용익물권에 해당한다.

답 ①

24

민법상 타인의 토지에 건물 기타 공작물이나 수목을 소유하기 위하여 그 토지를 사용할 수 있는 물권은? 기출 19

① 지역권
② 지상권
③ 유치권
④ 저당권

해설

② (O) 타인의 토지에 건물 기타 공작물이나 수목을 소유하기 위하여 그 토지를 사용할 수 있는 권리는 지상권이다(민법 제279조).
① (×) 지역권 : 지역권자가 일정한 목적을 위하여 타인의 토지를 자기토지의 편익에 이용할 수 있는 권리이다(민법 제291조).
③ (×) 유치권 : 타인의 물건 또는 유가증권을 점유한 자가 그 물건이나 유가증권에 관하여 생긴 채권이 변제기에 있는 경우에 변제를 받을 때까지 그 물건 또는 유가증권을 유치할 수 있는 권리이다(민법 제320조 제1항).
④ (×) 저당권 : 저당권자는 채무자 또는 제3자가 점유를 이전하지 아니하고 채무의 담보를 제공한 부동산에 대하여 다른 채권자보다 자기채권의 우선변제를 받을 수 있는 권리이다(민법 제356조).

답 ②

25

보증채무에 관한 설명으로 옳지 않은 것은? 기출 15

① 주채무가 소멸하면 보증채무도 소멸한다.
② 보증채무는 주채무가 이행되지 않을 때 비로소 이행하게 된다.
③ 채무를 변제한 보증인은 선의의 주채무자에 대해서는 구상권을 행사하지 못한다.
④ 채권자가 보증인에 대하여 이행을 청구하였을 때, 보증인은 주채무자에게 먼저 청구할 것을 요구할 수 있다.

해설

보증인이 변제나 그 밖의 출재로 주채무를 소멸하게 한 때에는 주채무자 또는 다른 연대채무자에 대하여 구상권을 행사할 수 있다(민법 제441조·제442조·제444조·제447조).

답 ③

26

연대채무에 관한 설명으로 옳은 것은? 기출 17

① 어느 연대채무자에 대한 법률행위의 무효나 취소의 원인은 다른 연대채무자의 채무에 영향을 미친다.
② 어느 연대채무자에 대한 이행청구는 다른 연대채무자에게도 효력이 있다.
③ 어느 연대채무자에 대한 채권자의 지체는 다른 연대채무자에게는 효력이 없다.
④ 어느 연대채무자와 채권자간에 채무의 경개가 있는 때에도 채권은 소멸하지 않는다.

해설

② (○) 민법 제416조
① (×) 어느 연대채무자에 대한 법률행위의 무효나 취소의 원인은 다른 연대채무자의 채무에 영향을 미치지 아니한다(민법 제415조).
③ (×) 어느 연대채무자에 대한 채권자의 지체는 다른 연대채무자에게도 효력이 있다(민법 제422조).
④ (×) 어느 연대채무자와 채권자간에 채무의 경개가 있는 때에는 채권은 모든 연대채무자의 이익을 위하여 소멸한다(민법 제417조).

답 ②

27

민법상 이행지체에 따른 효과가 아닌 것은? 기출 20

① 계약해제권
② 대상(代償)청구권
③ 손해배상청구권
④ 강제이행청구권

해설

이행지체가 발생한 경우 여전히 이행이 가능하므로 채권자는 본래의 급부를 청구할 수 있다. 만일 채무자가 이에 불응하면 강제이행을 법원에 청구할 수 있으며(민법 제389조), 이행지체에 의하여 손해가 발생한 경우라면 원칙적으로 지연배상을 청구할 수도 있다(민법 제390조). 그리고 민법 제544조, 제545조 소정의 요건을 충족한 경우 계약을 해제할 수도 있다. 대상청구권은 이행불능의 경우에 한하여 인정된다는 점에서 이행지체의 효과로 볼 수 없다.

답 ②

28

민법상 계약의 성립에 관한 설명으로 옳지 않은 것은? 기출 22

① 격지자 간의 계약은 승낙의 통지가 도달한 때에 성립한다.
② 승낙자가 청약에 대하여 변경을 가하여 승낙한 때에는 그 청약의 거절과 동시에 새로 청약한 것으로 본다.
③ 교환계약은 당사자 쌍방이 금전 이외의 재산권을 상호이전할 것을 약정함으로써 성립한다.
④ 당사자 간에 동일한 내용의 청약이 상호교차된 경우에는 양청약이 상대방에게 도달한 때에 계약이 성립한다.

해설
① (×) 격지자 간의 계약은 <u>승낙의 통지를 발송한 때</u>에 성립한다(민법 제531조).
② (○) 민법 제534조
③ (○) 민법 제596조
④ (○) 민법 제533조

답 ①

29

민법상 전형계약에 관한 설명으로 옳지 않은 것은? 기출 23

① 임대차는 유상계약이다.
② 여행계약은 쌍무계약이다.
③ 사용대차는 무상계약이다.
④ 조합은 요식계약이다.

해설
④ (×) <u>민법상 전형계약 중 요식(요물)계약은 현상광고뿐이고, 나머지는 모두 낙성계약이다.</u>
① (○) 임대차는 쌍무·유상계약이다.
② (○) 여행계약은 쌍무·유상계약이다.
③ (○) 사용대차는 편무·무상계약이다.

답 ④

30

민법상 당사자 일방이 상대방에게 무상으로 사용, 수익하게 하기 위하여 목적물을 인도할 것을 약정하고 상대방은 이를 사용, 수익한 후 그 물건을 반환할 것을 약정함으로써 효력이 생기는 전형계약은?

기출 24

① 임대차
② 사용대차
③ 소비임치
④ 소비대차

해설

② (○) 민법 제609조
① (×) 임대차는 당사자 일방이 상대방에게 목적물을 사용, 수익하게 할 것을 약정하고 상대방이 이에 대하여 차임을 지급할 것을 약정함으로써 그 효력이 생긴다(민법 제618조).
③ (×) 임치는 당사자 일방이 상대방에 대하여 금전이나 유가증권 기타 물건의 보관을 위탁하고 상대방이 이를 승낙함으로써 효력이 생긴다(민법 제693조). 수치인이 계약에 의하여 임치물을 소비할 수 있는 경우에는 소비대차에 관한 규정을 준용한다. 그러나 반환시기의 약정이 없는 때에는 임치인은 언제든지 그 반환을 청구할 수 있다(민법 제702조). 소비임치는 목적물이 금전과 같은 대체물로서 소비물인 경우에 수치인이 그 물건을 소비하고 그것과 동종·동질·동량의 물건을 반환하면 된다고 하는 특수한 임치이다.
④ (×) 소비대차는 당사자 일방이 금전 기타 대체물의 소유권을 상대방에게 이전할 것을 약정하고 상대방은 그와 같은 종류, 품질 및 수량으로 반환할 것을 약정함으로써 그 효력이 생긴다(민법 제598조).

답 ②

31

민법상 당사자 일방이 금전 기타 대체물의 소유권을 상대방에게 이전할 것을 약정하고 상대방은 그와 같은 종류, 품질 및 수량으로 반환할 것을 약정함으로써 그 효력이 생기는 전형계약은? 기출 19

① 소비대차
② 사용대차
③ 임대차
④ 위 임

해설

① (○) 설문은 민법 제598조 내지 제608조의 소비대차계약에 대한 설명이다.
② (×) 사용대차 : 당사자 일방이 상대방에게 무상으로 사용, 수익하게 하기 위하여 목적물을 인도할 것을 약정하고 상대방은 이를 사용, 수익한 후 그 물건을 반환할 것을 약정함으로써 효력이 발생하는 계약이다(민법 제609조 내지 제617조).
③ (×) 임대차 : 당사자 일방이 상대방에게 목적물을 사용, 수익하게 할 것을 약정하고 상대방이 이에 대하여 차임을 지급할 것을 약정함으로써 효력이 발생하는 계약이다(민법 제618조 내지 제654조).
④ (×) 위임 : 당사자 일방이 상대방에 대하여 사무의 처리를 위탁하고 상대방이 이를 승낙함으로써 효력이 발생하는 계약이다(민법 제680조 내지 제692조).

답 ①

32

甲과 乙은 丙의 귀금속 상점에 침입하여 재물을 절도하였다. 이에 관한 설명으로 옳지 않은 것은?

① 甲과 乙은 丙의 손해에 대해 연대하여 배상할 책임이 있다.
② 甲과 乙은 丙의 손해에 대해 공동불법행위자로서의 책임을 진다.
③ 甲과 乙의 손해배상 범위는 원칙적으로 상당인과관계에 있는 모든 손해이다.
④ 甲과 乙의 절도행위를 丁이 교사(敎唆)한 경우에 丁은 甲·乙과 연대책임을 지지 않는다.

해설

④ (×) 교사자인 丁도 공동불법행위자로 간주되므로(민법 제760조 제3항), 丁은 甲·乙과 연대책임을 지게 된다.
① (○)·② (○) 민법 제760조 제1항
③ (○) 민법 제763조, 제393조

관계법령

손해배상의 범위(민법 제393조)
① 채무불이행으로 인한 손해배상은 통상의 손해를 그 한도로 한다.
② 특별한 사정으로 인한 손해는 채무자가 그 사정을 알았거나 알 수 있었을 때에 한하여 배상의 책임이 있다.

공동불법행위자의 책임(민법 제760조)
① 수인이 공동의 불법행위로 타인에게 손해를 가한 때에는 연대하여 그 손해를 배상할 책임이 있다.
② 공동 아닌 수인의 행위 중 어느 자의 행위가 그 손해를 가한 것인지를 알 수 없는 때에도 전항과 같다.
③ 교사자나 방조자는 공동행위자로 본다.

준용규정(민법 제763조)
제393조(손해배상의 범위), 제394조(손해배상의 방법), 제396조(과실상계), 제399조(손해배상자의 대위)의 규정은 불법행위로 인한 손해배상에 준용한다.

답 ④

제2절 경비업무와 손해배상

33

甲이 경비업자 乙과 도급계약의 형식으로 경비계약을 체결하였다. 이에 관한 설명으로 옳지 않은 것은? 기출 24

① 甲과 乙 사이의 경비계약은 유상계약이다.
② 乙은 경비계약상 채무를 선량한 관리자의 주의로 이행하여야 한다.
③ 甲이 파산하더라도 乙은 더 이상 경비계약을 해제할 수 없다.
④ 甲은 乙이 경비업무를 완성하기 전이라면 乙의 손해를 배상하고 乙과의 경비계약을 해제할 수 있다.

해설

③ (×) 도급인이 파산선고를 받은 때에는 수급인 또는 파산관재인은 계약을 해제할 수 있다(민법 제674조 제1항 전문). 도급인 甲이 파산한 경우 수급인 乙은 경비계약을 해제할 수 있다.
① (○) 유상계약이란 계약 당사자 쌍방 간에 대가적인 의의를 갖는 출연(경제적 손실)을 하는 계약을 의미한다. 당사자 쌍방이 서로 채무를 부담하는 쌍무계약에서는 재산상의 출연의 상호의존관계가 필연적이므로 모든 쌍무계약은 유상계약에 해당한다. 甲과 乙이 체결한 도급계약 형식의 경비계약은 수급인 乙이 경비업무를 완성하기로 하고 도급인 甲이 그에 대하여 보수를 지급할 것을 약정한 것이므로 쌍무·유상계약에 해당한다.
② (○) 甲과 乙은 도급계약 형식으로 유상의 경비계약을 체결하였으므로 수급인 경비업자 乙은 경비계약상의 채무를 선량한 관리자의 주의로 이행하여야 한다.
④ (○) 수급인이 일을 완성하기 전에는 도급인은 손해를 배상하고 계약을 해제할 수 있다(민법 제673조). 도급인 甲은 수급인 乙이 경비업무를 완성하기 전이라면 乙의 손해를 배상하고 계약을 해제할 수 있다.

답 ③

34

경비계약에 관한 설명으로 옳은 것은? 기출 23

① 경비업자가 경비업무를 이행하지 않는 경우 계약상대방은 법원에 직접강제를 청구할 수 없다.
② 경비업자는 경비대상물에 대하여 자기재산과 동일한 주의의무를 부담한다.
③ 경비계약은 일종의 임치계약으로 유상계약이다.
④ 경비계약은 서면으로 작성하여야 계약의 효력이 발생한다.

해설

① (○) 계약상대방은 경비업자가 경비업무를 이행하지 않는 경우 강제이행의 방법 중 직접강제(주는 채무에 대해서만 허용)를 청구할 수는 없다. 다만, 대체집행을 청구할 수는 있으며, 이 경우 간접강제(하는 채무 중 부대체적 작위의무에 적용)는 허용되지 않는다.
② (×) 경비업자는 경비대상물에 대하여 선량한 관리자 주의의무를 부담한다.
③ (×) 경비계약은 일종의 도급계약으로 유상계약이다.
④ (×) 경비계약은 당사자 간의 합의에 의해 성립하는 낙성계약이며, 권리장애사실(계약의 효력발생에 대한 장애사유)이 존재하지 않는 한 계약의 효력이 발생한다.

답 ①

35

경비업자의 채무불이행의 유형에 해당하지 않는 것은? 기출 24

① 이행지체
② 이행불능
③ 불완전이행
④ 권리의 하자

해설

경비계약은 도급계약의 일종이다. 도급에 관한 민법 규정 중 수급인의 담보책임(민법 제667조)의 경우 책임의 성질에 관하여 통설·판례는 법정책임으로 보지만 채무불이행책임으로 보더라도 민법 제667조의 담보책임은 일의 목적물에 하자가 있는 경우이지 권리의 하자가 있는 경우가 아니므로 권리의 하자는 경비업자의 채무불이행의 유형에 해당하지 않는다.

답 ④

36

甲은 경비업자 乙과 경비계약을 체결하였으나, 乙이 고용한 경비원 丙의 경비업무 수행 중 과실로 甲의 아들 丁이 사망하는 손해가 발생하였다. 이에 관한 설명으로 옳지 않은 것은? 기출 24

① 甲은 乙에게 사용자책임을 물을 수 있다.
② 甲은 乙에게 丁의 사망을 이유로 한 정신적 손해의 배상을 청구할 수 있다.
③ 丁의 위자료청구권과 甲의 위자료청구권은 별개의 권리이다.
④ 乙이 甲에게 손해를 배상하더라도 乙은 원칙적으로 丙에게 구상권을 행사할 수 없다.

해설

④ (×) 사용자 또는 감독자가 피용자의 불법행위로 인한 손해를 배상한 경우에는 피용자에 대하여 구상권을 행사할 수 있다(민법 제756조 제3항). 따라서 乙이 甲에게 손해를 배상한 경우에는 乙은 丙에게 구상권을 행사할 수 있다.
① (○) 타인을 사용하여 어느 사무에 종사하게 한 자는 피용자가 그 사무집행에 관하여 제3자에게 가한 손해를 배상할 책임이 있다. 그러나 사용자가 피용자의 선임 및 그 사무감독에 상당한 주의를 한 때 또는 상당한 주의를 하여도 손해가 있을 경우에는 그러하지 아니하다(민법 제756조 제1항). 사용자책임 요건을 충족할 경우 甲은 乙에게 손해배상을 청구할 수 있다.
② (○) 타인의 생명을 해한 자는 피해자의 직계존속, 직계비속 및 배우자에 대하여는 재산상의 손해 없는 경우에도 손해배상의 책임이 있다(민법 제752조). 사용자책임의 요건을 충족할 경우 甲은 乙에게 丁의 사망을 이유로 한 정신적 손해의 배상을 청구할 수 있다.
③ (○) 피해자 본인인 丁의 위자료청구권은 민법 제750조에 근거한 것이고, 피해자의 직계존속인 甲의 위자료청구권은 민법 제752조에 근거한 것으로 양자는 별개의 권리이다.

답 ④

37

호텔을 운영하는 甲은 경비업자 乙과 경비계약을 체결하였다. 경비업자 乙의 경비원 丙의 근무태만으로 투숙객 丁의 그림을 도난당했다. 이에 관한 설명으로 옳지 않은 것은? 기출 23

① 甲은 丁에게 숙박계약상의 채무불이행책임을 부담한다.
② 乙은 丁에게 경비계약상의 채무불이행책임을 직접 부담한다.
③ 乙은 甲에게 경비계약상의 불완전이행책임을 부담한다.
④ 丙은 甲에게 경비계약상의 채무불이행책임을 부담하지 않는다.

해설

② (×) 경비계약은 호텔을 운영하는 甲과 경비업자 乙 간에 체결되었으므로, 경비업자 乙은 투숙객 丁에게 경비계약상의 채무불이행책임을 직접 부담하지 않는다.
① (○) 호텔을 운영하는 甲은 투숙객 丁에게 숙박계약상의 불완전이행으로 인한 채무불이행책임을 부담한다.
③ (○) 경비계약은 호텔을 운영하는 甲과 경비업자 乙 간에 체결되었으므로, 경비업자 乙은 호텔을 운영하는 甲에게 불완전이행으로 인한 채무불이행책임을 부담한다.
④ (○) 경비원 丙과 호텔은 운영하는 甲 사이에 경비계약이 체결되지 않았으므로, 丙은 甲에게 채무불이행책임을 부담하지 않는다.

답 ②

38

경비회사 甲의 자동차 키(key) 관리 부실로 인해 경비원 乙이 경비회사의 차량으로 점심식사를 하러 가던 중, 교통사고로 丙에게 손해를 가한 경우 이에 관한 설명으로 옳은 것은? 기출 23

① 乙의 차량 사용은 외형적으로는 직무범위에 속하나 실질적으로 직무범위에 속하는 것이 아니므로 甲의 사용자책임은 발생하지 않는다.
② 甲과 乙의 관계가 법률적 관계가 아니라 사실적·일시적 관계인 경우에도 사용자책임이 인정된다.
③ 甲은 乙에 대한 선임·감독에 대해 무과실책임을 부담한다.
④ 甲과 乙은 丙에게 진정연대책임을 부담한다.

해설

② (○) 민법 제756조의 사용자와 피용자의 관계는 반드시 유효한 고용관계가 있는 경우에 한하는 것이 아니고, 사실상 어떤 사람이 다른 사람을 위하여 그 지휘·감독 아래 그 의사에 따라 사업을 집행하는 관계에 있을 때에도 그 두 사람 사이에 사용자, 피용자의 관계가 있다(대판 1996.10.11. 96다30182).
① (×) 乙의 차량 사용은 외형적으로는 직무범위에 속하므로, 비록 실질적으로 직무범위에 속하는 것이 아니더라도 甲은 사용자책임을 부담한다.
③ (×) 경비회사 甲은 경비원 乙에 대한 선임 및 그 사무감독에 상당한 주의를 한 때 또는 상당한 주의를 하여도 손해가 있을 경우에는 배상책임을 면한다(민법 제756조 제1항 단서). 즉, 무과실책임을 부담하는 것은 아니다.
④ (×) 경비회사 甲의 사용자책임과 경비원 乙의 불법행위책임은 부진정연대채무관계에 있으므로, 甲과 乙은 丙에게 부진정연대책임을 부담한다.

답 ②

39

경비업자 X의 피용자 甲과 乙이 통상적인 경비업무를 수행하다가 부주의로 행인 丙에게 부상을 입힌 경우의 민법상 책임에 관한 설명으로 옳지 않은 것은? 기출 22

① 甲과 乙은 丙에 대하여 일반 불법행위책임을 진다.
② X가 甲과 乙의 선임 및 그 사무감독에 상당한 주의를 하지 않았다면 丙에 대하여 손해배상책임이 있다.
③ 丙은 X에 대하여 채무불이행책임을 물을 수 없다.
④ 甲과 乙은 자신의 과실비율에 따라 손해의 일부만을 丙에 대하여 직접 배상해야 하는 것이 원칙이다.

해설

④ (×) 甲과 乙이 관련공동성 없는 부주의로 인한 가해행위(중첩적 경합)로 공히 행인 丙에게 부상을 입힌 경우 甲과 乙은 피해자 丙에 대하여 민법 제760조 제1항을 유추하여 부진정연대책임으로 각자 손해 전부를 丙에게 배상하여야 한다.

〈출처〉지원림, 민법강의, 홍문사, 2022, P. 1801

① (○) 甲과 乙이 통상적인 경비업무를 수행하다가 부주의(과실)로 행인 丙에게 부상을 입힌 경우, 甲과 乙은 丙에 대하여 원칙적으로 각자 일반 불법행위책임을 진다(민법 제750조).
② (○) 경비업자 X가 甲과 乙의 선임 및 그 사무감독에 상당한 주의를 하지 않았다면 丙에 대하여 사용자의 배상책임으로서 손해배상책임이 있다(민법 제756조 제1항).
③ (○) 채무불이행책임은 계약상 채권·채무관계가 성립한 경우 해당 채무를 이행하지 않은 경우에 발생하는 책임으로, 행인 丙은 계약상 채권·채무관계가 없는 경비업자 甲에게 채무불이행책임을 물을 수 없다.

답 ④

40

경비업자가 경비계약상의 의무를 부주의로 위반하여 계약 상대방에게 손해를 가한 경우의 책임은? 기출 22

① 하자담보책임
② 채무불이행책임
③ 부당이득반환책임
④ 사무관리에 기한 비용상환책임

해설

경비업자(채무자)가 경비계약상의 의무를 부주의로 위반하여 계약 상대방에게 손해를 가한 경우에는 채무의 내용에 좇은 이행을 하지 아니한 것이므로 경비업자(채무자)는 채무불이행책임을 지게 된다(민법 제390조).

답 ②

41

건물의 소유자 甲이 경비업자 乙과 경비계약을 체결한 경우, 민법상 계약의 효력에 관한 설명으로 옳지 않은 것은? 기출 22

① 선량한 풍속 기타 사회질서에 위반한 사항을 내용으로 하는 甲과 乙의 경비계약은 무효이다.
② 甲이 乙과 통정하여 허위의 의사표시로 체결한 경비계약은 무효이다.
③ 甲이 경비계약을 내용상 착오에 기하여 체결한 경우, 甲에게 중대한 과실이 있더라도 甲은 그 계약을 취소할 수 있다.
④ 甲이 乙의 사기에 의하여 경비계약을 체결한 경우, 甲은 그 계약을 취소할 수 있다.

해설

③ (×) 의사표시는 법률행위의 내용의 중요부분에 착오가 있는 때에는 취소할 수 있으나 그 착오가 표의자의 중대한 과실로 인한 때에는 취소하지 못하므로(민법 제109조 제1항), 건물의 소유자 甲에게 중대한 과실이 있는 경우에는 경비계약을 취소할 수 없다.
① (○) 민법 제103조
② (○) 민법 제108조 제1항
④ (○) 민법 제110조 제1항

답 ③

42

甲은 경비업자 乙과 경비계약을 체결하였다. 그런데 그 경비계약의 내용을 乙이 제대로 이행하지 않아 甲에게 손해가 발생하였다면, 乙에 대한 甲의 손해배상청구권이 발생하기 위한 요건에 해당하지 않는 것은? 기출 21

① 乙의 작위 또는 부작위
② 甲의 손해
③ 乙의 행위와 甲의 손해 사이의 인과관계
④ 甲의 책임능력

해설

설문의 경우 경비업자 乙은 甲에게 채무불이행책임을 지게 되며, 甲에게 발생한 손해와 乙의 채무불이행 사이에 인과관계가 인정되는 경우 甲은 乙에게 손해배상을 청구할 수 있다. 이 경우 경비업자 乙은 책임능력이 있어야 한다.

> **핵심만콕**
>
> 甲과 경비업자 乙 사이의 경비계약은 도급계약(경비업법 제2조 제1호)이므로, 경비계약의 내용을 乙이 제대로 이행하지 아니하여 甲에게 손해가 발생하였다면, 경비업자 乙은 甲에게 채무불이행책임(민법 제390조)을 지게 된다. 채무불이행책임이 성립하기 위해서는 객관적 요건으로서 채무불이행(이행지체·이행불능·불완전이행), 주관적 요건으로서의 채무자 또는 이행보조자의 귀책사유(고의·과실) 및 위법성[행위 자체에 대한 객관적 판단(위법성의 채무불이행의 성립요건에 해당하는지 여부와 관련하여 異說이 있다)]이 있어야 하는데, 통설은 이와 더불어 채무자의 책임능력 또한 요구하고 있다. 나아가 채무불이행책임으로 인한 손해배상청구권의 특유요건으로서 현실적인 손해가 발생하여야 하고(금전채무불이행의 경우, 특칙이 존재하므로 예외이다), 채무불이행과 손해 사이에 인과관계가 있어야 한다.

답 ④

43 CHECK ○△×

경비업자 甲이 고용한 경비원 乙이 근무 중 과실로 타인에게 손해를 끼쳤다. 이때 甲이 지는 책임에 관한 설명으로 옳지 않은 것은? 기출 21

① 乙이 업무집행에 관하여 타인에게 손해를 끼친 경우 甲은 피해자에게 손해배상의무를 진다.
② 甲에게 배상책임을 지게 하는 취지는 피용자의 자력부족 때문에 피해자가 충분한 구제를 받을 수 없게 되는 상황을 방지하기 위함이다.
③ 甲과 乙사이에 유효한 고용계약이 체결되지 않았더라도 실질적으로 사용관계가 있으면 甲은 배상책임을 진다.
④ 만약 乙이 일시적으로만 업무를 수행하였다면 甲은 배상책임을 지지 아니한다.

해설

④ (×) 민법 제756조가 규정하고 있는 사용자책임의 요건으로서의 사용자의 사무라 함은 법률적, 계속적인 것에 한하지 않고 사실적, 일시적 사무라도 무방한 것이므로(대판 1989.10.10. 89다카2278) 비록 乙이 일시적으로만 업무를 수행하였더라도 甲은 사용자책임을 지게 된다.
① (○) 타인을 사용하여 어느 사무에 종사하게 한 자는 피용자가 그 사무집행에 관하여 제3자에게 가한 손해를 배상할 책임이 있으므로(민법 제756조 제1항 본문), 경비업자(甲)는 경비원(乙)이 업무수행 중 고의 또는 과실로 제3자에게 손해를 입힌 경우에는 이를 배상하여야 한다(경비업법 제26조 제2항).
② (○) 민법 제756조 사용자책임의 이론적 근거에 관해서는 많은 논란이 있으나, 통설과 판례는 이른바 '보상책임의 원리'에 입각한 것으로 보고 있다. 즉, 민법이 불법행위로 인한 손해배상으로서 특히 사용자의 책임을 규정한 것은 많은 사람을 고용하여 스스로의 활동영역을 확장하고 그에 상응하는 많은 이익을 추구하는 사람은 많은 사람을 하나의 조직으로 형성하고 각 피용자로 하여금 그 조직 내에서 자기의 담당하는 직무를 그 조직의 내부적 규율에 따라 집행하게 하는 것이나, 그 많은 피용자의 행위가 타인에게 손해를 가하게 하는 경우도 상대적으로 많아질 것이므로 이러한 손해를 이익귀속자인 사용자로 하여금 부담케 하는 것이 공평의 이상에 합치된다는 보상책임의 원리에 입각한 것이므로(대판 1985.8.13. 84다카979), 사용자책임의 목적은 피해자의 피용자에 대한 손해배상청구권을 보장하여 주는 데 있다고 할 것이다.
③ (○) 민법 제756조의 사용자와 피용자의 관계는 반드시 유효한 고용관계가 있는 경우에 한하는 것이 아니고, 사실상 어떤 사람이 다른 사람을 위하여 그 지휘·감독 아래 그 의사에 따라 사업을 집행하는 관계에 있을 때에도 그 두 사람 사이에 사용자, 피용자의 관계가 있다(대판 1996.10.11. 96다30182).

답 ④

44

경비업무를 도급하는 내용으로 경비계약을 체결하는 경우 그 계약의 법적 성질로 옳지 않은 것은?

기출 21

① 낙성계약
② 쌍무계약
③ 무상계약
④ 불요식계약

해설

경비업법령상의 계약은 낙성·불요식·쌍무·유상계약에 해당한다.

핵심만콕 민법상 계약의 종류

- **쌍무계약과 편무계약** : 계약의 쌍방당사자가 <u>서로 대가적 채무를 부담하는지</u> 여부에 따른 계약의 분류이다.

구 분	종 류
쌍무계약	매매, 교환, 유상소비대차, 임대차, 고용, 도급, 여행계약, 유상위임, 유상임치, 조합, 화해
편무계약	증여, 무상소비대차, 사용대차, 현상광고, 무상위임, 무상임치

- **유상계약과 무상계약** : 계약의 쌍방당사자가 <u>서로 대가적 의미를 가지는 출연 내지 출재를 하는지</u> 여부에 따른 구분이다.

구 분	종 류
유상계약	매매, 교환, 유상소비대차, 임대차, 고용, 도급, 여행계약, 현상광고, 유상위임, 유상임치, 조합, 유상종신정기금, 화해
무상계약	증여, 무상소비대차, 사용대차, 무상임치, 무상위임, 무상종신정기금

- **낙성계약과 요물계약** : 계약의 쌍방당사자의 <u>합의만으로 성립</u>하는 계약을 <u>낙성계약</u>, 그 <u>합의 이외</u>에 일방이 물건의 인도 등 <u>일정한 급부를 하여야만 성립</u>하는 계약을 <u>요물계약</u>이라고 한다.

구 분	종 류
낙성계약	현상광고를 제외한 14개 전형계약
요물계약	현상광고

답 ③

45

경비업자 甲은 경비업무 중 취득한 고객 乙의 개인적인 비밀을 부주의로 누설하여 손해를 입혔다. 이에 관한 설명으로 옳지 않은 것은? 기출 20

① 甲은 채무불이행에 의한 손해배상책임을 질 수 있다.
② 甲은 乙의 재산적 손해에 대하여 배상책임을 진다.
③ 乙에게 정신적 손해가 발생하였더라도 甲은 이에 대하여 배상책임을 지지 않는다.
④ 甲에게 불법행위책임을 묻는 경우, 행위와 결과에 대한 인과관계의 증명책임은 乙이 부담한다.

해설

③ (×) 채무불이행으로 인한 정신적 손해에 대한 배상청구권, 즉 위자료청구권이 인정되는지 문제된 사안에서 판례는 일반적으로 임대차계약에 있어서 임대인의 채무불이행으로 인하여 임차인이 임차의 목적을 달할 수 없게 되어 손해가 발생한 경우, 이로 인하여 임차인이 받은 정신적 고통은 그 재산적 손해에 대한 배상이 이루어짐으로써 회복된다고 보아야 할 것이므로, 임차인이 재산적 손해의 배상만으로는 회복될 수 없는 정신적 고통을 입었다는 특별한 사정이 있고, 임대인이 이와 같은 사정을 알았거나 알 수 있었을 경우에 한하여 정신적 고통에 대한 위자료를 인정할 수 있다(대판 1994.12.13. 93다59779)고 하여 특별손해로 파악하여 제한적으로 인정하고 있다.
① (○) 채무불이행이란 채무자의 책임 있는 사유로 계약에서 약정된 내용대로 급부를 이행하지 아니하는 경우에 성립한다. 따라서 경비업자 甲은 경비업무 중 취득한 고객 乙의 개인적인 비밀을 부주의로 누설하여 손해를 입힌 경우 채무불이행으로 인한 손해배상책임을 질 수 있다(민법 제390조).
② (○) 채무자의 채무불이행이 있으면 채권자는 채무자에게 손해배상을 청구할 수 있으며(민법 제390조), 이때의 손해는 일반적으로 재산적 손해 이외 비재산적 손해도 당연히 포함된다고 본다.
④ (○) 고객 乙이 채무자인 甲에게 불법행위책임을 묻는 경우, 행위와 결과에 대한 인과관계의 증명책임은 원칙적으로 피해자인 고객 乙에게 있다.

 ③

46

경비업자 甲에게 소속된 경비원 乙의 업무 중 불법행위로 인하여 제3자 丙이 손해를 입었다. 이에 관한 설명으로 옳은 것은? 기출 20

① 丙은 甲에게 직접 손해배상을 청구할 수 없다.
② 乙은 丙에 대하여 일반 불법행위책임을 진다.
③ 甲에 갈음하여 그 사무를 감독하는 자는 손해배상책임을 부담하지 않는다.
④ 甲이 丙에게 손해를 배상한 경우, 乙의 귀책사유가 없더라도 배상한 손해 전부에 대하여 乙에게 구상권을 행사할 수 있다.

해설

② (○) 경비원 乙은 불법행위자로서 제3자 丙에게 손해를 배상할 책임이 있다(민법 제750조).
① (×) 제3자 丙은 경비업자 甲에게 경비업법 제26조 제2항 또는 민법 제756조 제1항에 근거하여 손해배상을 청구할 수 있다.
③ (×) 사용자에 갈음하여 그 사무를 감독하는 자도 피용자가 그 사무집행에 관하여 제3자에게 가한 손해를 배상할 책임이 있다(민법 제756조 제2항). 따라서 경비업자 甲에 갈음하여 그 사무를 관리하는 자는 손해배상책임을 부담하게 된다.
④ (×) <u>사용자가 피용자의 업무집행으로 행해진 불법행위로 인하여 직접 손해를 입었거나 또는 사용자로서의 손해배상책임을 부담한 결과로 손해를 입게 된 경우에는 사용자는</u> 그 사업의 성격과 규모, 사업시설의 상황, 피용자의 업무내용, 근로조건이나 근무태도, 가해행위의 상황, 가해행위의 예방이나 손실의 분산에 관한 사용자의 배려정도 등의 <u>제반사정에 비추어 손해의 공평한 분담이라는 견지에서 신의칙상 상당하다고 인정되는 한도 내에서만 피용자에 대하여 위와 같은 손해의 배상이나 구상권을 행사할 수 있다</u>(대판 1987.9.8. 86다카1045). 따라서 피용자 乙에게 귀책사유가 없다면 경비업자 甲은 제3자 丙에게 배상한 손해 전부에 대해서 피용자 乙에게 구상권을 행사할 수는 없다.

답 ②

47

경비업자 甲은 乙의 귀중품을 경비하던 중, 이를 절취하려는 丙의 손목시계를 정당방위로 부득이 파손하였다. 이에 관한 설명으로 옳은 것을 모두 고른 것은? 기출 19

> ㄱ. 甲과 乙은 丙에게 정신적 손해를 배상할 책임이 없다.
> ㄴ. 甲은 丙에게 손목시계에 대한 재산적 손해를 배상할 책임이 있다.
> ㄷ. 乙은 丙에게 손목시계에 대한 재산적 손해를 배상할 책임이 없다.

① ㄱ, ㄴ
② ㄱ, ㄷ
③ ㄴ, ㄷ
④ ㄱ, ㄴ, ㄷ

해설

경비업자 甲은 정당방위의 효과로서 丙의 손목시계를 부득이하게 파손한 경우에도 손괴죄의 위법성이 조각되어, 이에 대한 형법상, 민법상 손해배상책임이 발생하지 않는다. 또한 경비업법상 경비업은 도급의 형태이므로 乙은 원칙적으로 하자담보책임을 지지 않는다. 따라서 乙은 丙에게 손목시계 파손에 대하여 재산적 손해를 배상할 책임이 없으며, 또한 정신적 손해를 배상할 책임도 없다.

답 ②

48

아파트 경비원이 근무 중 인근의 상가 건물에 화재가 난 것을 보고 달려가서 화재를 진압한 행위에 관한 설명으로 옳지 않은 것은? 기출 15

① 경비업무의 범위를 벗어난 행위이기 때문에 경비원에게 화재를 진압할 법적 의무가 없다.
② 경비원은 상가 건물주에게 이익이 되는 방법으로 화재를 진압해야 한다.
③ 상가 건물주의 이익에 반하지만 공공의 이익을 위해 화재를 진압하다가 손해를 끼친 경우, 경비원은 과실이 없더라도 손해를 배상할 책임이 있다.
④ 경비원이 상가 건물 임차인의 생명을 구하기 위해 화재를 진압하다가 발생한 손해는 고의나 중과실이 없으면 배상할 책임이 없다.

해설

③ (×) 관리자가 전2항의 규정에 위반하여 사무를 관리한 경우에는 과실 없는 때에도 이로 인한 손해를 배상할 책임이 있다. 그러나 그 관리행위가 공공의 이익에 적합한 때에는 중대한 과실이 없으면 배상할 책임이 없다(민법 제734조 제3항). 아파트 경비원이 공공의 이익을 위해 화재를 진압하다가 손해를 끼친 경우에는 중과실이 없는 한 손해배상책임을 부담하지 않는다.
① (○) 아파트 경비원은 인근 상가 건물주와의 계약관계가 존재하지 않으므로 화재를 진압할 법적 의무는 없다.
② (○) 의무 없이 타인을 위하여 사무를 관리하는 자는 그 사무의 성질에 좇아 가장 본인에게 이익 되는 방법으로 이를 관리하여야 한다(민법 제734조 제1항).
④ (○) 관리자가 타인의 생명, 신체, 명예 또는 재산에 대한 급박한 위해를 면하게 하기 위하여 그 사무를 관리한 때에는 고의나 중대한 과실이 없으면 이로 인한 손해를 배상할 책임이 없다(긴급사무관리 ; 민법 제735조).

답 ③

49

경비업자의 채무불이행책임이 발생하는 경우가 아닌 것은? 기출 15

① 경비원의 부주의로 경비대상 시설이 파손된 경우
② 경비원이 업무수행과정에서 과실로 제3자에게 부상을 입힌 경우
③ 경비원이 업무수행과정에서 근무태만으로 인하여 도난사고가 발생한 경우
④ 경비원이 업무수행과정에서 취득한 고객의 비밀을 누설하여 손해를 끼친 경우

해설

경비업자는 경비원이 업무수행과정에서 고의 또는 과실로 인하여 제3자의 권리나 이익을 불법으로 침해하여 손해를 끼친 경우에는 불법행위책임을 진다(경비업법 제26조 제2항, 민법 제756조 제1항 본문 참고).

답 ②

제3절 민사소송법 일반

50
CHECK ○△×

민사소송절차 중 특별소송절차에 해당하는 것은? 기출 23

① 소액사건심판절차
② 증거보전절차
③ 강제집행절차
④ 가압류

해설
① (○) 소액사건심판절차는 독촉절차, 파산절차, 개인회생절차, 공탁절차와 더불어 특별소송절차에 해당한다.
② (×) 민사소송법상 증거보전절차는 부수절차에 해당한다.
③ (×) 민사집행법상 강제집행절차는 보통소송절차에 해당한다.
④ (×) 가압류는 가처분과 더불어 민사집행법상 집행보전절차로써 부수절차에 해당한다.

답 ①

51
CHECK ○△×

경비업자 甲은 경비계약 위반을 이유로 고객 乙에게 손해배상청구소송을 제기하여 승소하였다. 이후 乙이 판결내용에 따른 이행을 하지 않는 경우, 甲이 국가기관의 강제력에 의하여 판결내용을 실현하기 위한 절차는? 기출 20

① 독촉절차
② 강제집행절차
③ 집행보전절차
④ 소액사건심판절차

해설
② (○) 민사집행법상의 강제집행절차는 판결절차에 의하여 확정된 사법상의 청구권에 기하여 강제집행절차를 전개하는 것으로 채권자의 신청에 의하여 국가의 집행기관이 채무자에 대하여 강제력을 행사함으로써 채무명의에 표시된 이행청구권의 실행을 도모하는 절차이다.
① (×) 독촉절차는 정식의 일반소송절차를 경유할 수 있음을 조건으로 하여 일반 민사소송원칙의 일부를 생략한 것이다. 금전, 기타 대체물 또는 유가증권의 일정한 수량의 지급을 목적으로 하는 청구권에 관하여 인정되는 절차이다.
③ (×) 민사집행법상의 집행보전절차는 현상을 방치하면 장래의 강제집행이 불가능하거나 현저히 곤란하게 될 염려가 있는 경우에 그 현상의 변경을 금하는 절차로 이에는 가압류와 가처분이 있다.
④ (×) 소액사건심판절차는 소송물 가액이 3,000만원을 초과하지 아니하는 제1심의 민사사건에 관하여 소송의 신속하고 경제적인 해결을 도모하기 위해서 간이절차에 따라 재판이 진행될 수 있도록 특례를 인정한 절차이다.

답 ②

52

형성의 소에 해당될 수 있는 것은? 기출 22

① 금전의 지급을 구하는 경우
② 물건의 인도를 구하는 경우
③ 대여금채권의 부존재 확인을 구하는 경우
④ 부부가 이혼을 구하는 경우

해설

형성의 소는 법률상태의 변동을 목적으로 하는 소송으로, 부부가 이혼을 구하는 경우가 이에 해당한다. ①과 ②는 이행의 소에 해당하고, ③은 확인의 소에 해당한다.

답 ④

53

민사소송의 주체가 될 수 있는 일반적 능력으로서 민법상 권리능력에 대응하는 것은? 기출 24

① 당사자능력   ② 책임능력
③ 변론능력   ④ 소송능력

해설

① (○) 당사자능력이란 소송의 주체(원·피고)가 될 수 있는 능력으로서 소송법상의 권리능력이라고 할 수 있다.
② (×) 책임능력이란 위법행위로 인한 자신의 행위에 대해 책임을 질 수 있는 인식능력을 말하여 불법행위능력이라고도 한다. 법률행위 영역에서 의사능력이 담당하는 기능을 불법행위 영역에서는 책임능력이 담당하게 된다.
③ (×) 변론능력이란 법정에서 유효하게 소송행위를 하기 위하여 사실을 진술하거나 법률적 의견을 진술할 수 있는 능력을 말한다.
④ (×) 소송능력이란 법정대리인의 동의 없이 유효하게 스스로 소송행위를 하거나 소송행위를 받을 수 있는 능력으로 소송법상 행위능력이라 할 수 있다.

답 ①

54

민사소송법의 기본원리에 관한 설명으로 옳지 않은 것은? 기출 10

① 민사소송을 지배하고 있는 원리는 실체적 진실주의이다.
② 당사자가 신청한 범위 내에서만 판결하는 처분권주의가 원칙이다.
③ 민사소송은 공개심리주의가 원칙이다.
④ 소송진행 중이라도 청구의 포기나 인락을 통해 소송을 종료할 수 있다.

[해설]
형사소송이 실체적 진실주의를 이념으로 삼고 있는데 반하여 민사소송은 4대 이념으로 적정, 공평, 신속, 경제를 들고 있다. 즉, 민사소송에서는 실체적 진실의 발견보다는 재판의 신속, 경제 등을 그 이념으로 삼고 있는 까닭에 형식적 진실주의의 원리가 적용된다. ★★

답 ①

55

다음은 판결의 종류를 설명한 것이다. 그 설명이 틀린 것은? 기출 04

① 원고의 청구권을 인정하고 피고에게 의무이행을 명하는 것을 내용으로 하는 판결을 이행판결이라 한다.
② 권리·법률관계의 존재나 부존재를 확정하는 것을 내용으로 하는 판결을 확인판결이라 한다.
③ 종국판결은 소송사건의 심리가 다 끝난 뒤에 선고하여 그 심급을 종결시키는 판결로서, 일반적으로 판결이라 하면 이를 말한다.
④ 원고의 청구가 이유 없다고 배척하는 판결, 즉 원고를 패소시키는 판결을 각하판결이라 한다.

[해설]
④는 기각판결에 대한 내용으로 소송요건에 대한 판결인 소송판결에 대응한다.

[핵심만콕]
법원은 소(訴)의 제기가 있으면 먼저 소송요건을 판단하여 소송판결을 한다. 소가 소송요건을 갖추지 못한 경우에는 각하판결을 하며, 소송요건을 갖춘 경우에는 본안에 관하여 심리를 하여 본안판결을 한다. 본안판결에는 청구 또는 주장이 정당하다고 인정하는 인용판결, 정당하지 않다고(이유 없다고) 인정하는 기각판결, 인용판결과 기각판결이 결합된 일부승소판결 등이 있다. 인용판결은 소의 형태에 따라 확인판결, 형성판결, 이행판결로 나누어지며, 기각판결은 언제나 확인판결의 성질을 가진다. 소송요건의 흠결을 간과한 본안판결은 위법하다고 본다.

답 ④

CHAPTER 04 형사법

제1절 형법

01
형법의 의의에 관한 기술 중 옳지 않은 것은? 기출문제

① 형법은 공법이고 사법법이며, 형사법이고 실체법이다.
② 실질적 의미의 형법이란 범죄와 형벌을 정한 모든 법규를 말한다.
③ 형식적 의미의 형법이란 '형법'이란 명칭을 가진 것만을 말한다.
④ 형식적 의미의 형법에는 실질적 의미의 형법인 것만 규정되어 있다.

해설
형식적 의미의 형법은 1953년에 제정된 형법전 그 자체를 말하는데, 형법전에는 실질적 의미의 형법에 속하지 않는 사항도 있다. 친고죄에 있어서의 고소, 형의 실효 제도 등은 실질적 의미의 형법에 해당하지 않는다.

답 ④

02
형벌수단을 통하여 범죄행위를 방지함으로써 범죄자로부터 사회공동질서를 유지·보호하는 것과 관계되는 것은?

① 보장적 기능
② 보호적 기능
③ 강제적 기능
④ 사회보전적 기능

해설
④ (○) 형법은 형벌과 보안처분이라는 수단을 통하여 범죄행위를 방지함으로써 범죄자로부터 사회공동질서를 유지·보호하는 기능을 갖는다.
① (×) 형법은 국가형벌권의 발동한계를 명확히 하여 국가형벌권의 자의적인 행사로부터 국민의 자유와 권리를 보장하는 기능을 한다.
② (×) 사회질서의 근본적 가치, 즉 법익과 사회윤리적 행위가치를 보호하는 형법의 기능을 말한다.
③ (×) 형법은 행위규범 내지 재판규범으로서 일반국민과 사법관계자들을 규제하는 기능을 갖는다.

답 ④

03

죄형법정주의의 내용이 아닌 것은? 기출 16

① 소급효금지의 원칙
② 관습형법금지의 원칙
③ 유추해석금지의 원칙
④ 상대적 부정기형 금지의 원칙

해설

죄형법정주의의 파생원칙인 명확성의 원칙과 관련하여 절대적 부정기형은 허용되지 않으나, 상대적 부정기형은 허용된다.

답 ④

04

( )에 들어갈 것으로 옳은 것은? 기출 21

> 한 국가의 법은 국적을 묻지 않고 그 영토 내에 있는 모든 사람에게 적용된다는 주의를 ( )라고 한다.

① 속지주의
② 보호주의
③ 세계주의
④ 속인주의

해설

속지주의는 자국 영토 내의 범죄에 대해 자국의 형법을 적용하는 주의이다.

핵심만콕 형법의 장소적 적용범위★

- 속지주의(제2조) : 본법은 대한민국영역 내에서 죄를 범한 내국인과 외국인에게 적용한다.
- 속인주의(제3조) : 본법은 대한민국영역 외에서 죄를 범한 내국인에게 적용한다.
- 기국주의(제4조) : 본법은 대한민국영역 외에 있는 대한민국의 선박 또는 항공기 내에서 죄를 범한 외국인에게 적용한다.
- 보호주의(제5조) : 본법은 대한민국영역 외에서 다음에 기재한 죄를 범한 외국인에게 적용한다.
  - 내란의 죄
  - 외환의 죄
  - 국기에 관한 죄
  - 통화에 관한 죄
  - 유가증권, 우표와 인지에 관한 죄
  - 문서에 관한 죄 중 공문서관련 죄
  - 인장에 관한 죄 중 공인 등의 위조, 부정사용
- 보호주의(제6조) : 본법은 대한민국영역 외에서 대한민국 또는 대한민국국민에 대하여 전조에 기재한 이외의 죄를 범한 외국인에게 적용한다. 단, 행위자의 법률에 의하여 범죄를 구성하지 아니하거나 소추 또는 형의 집행을 면제할 경우에는 예외로 한다.
- 세계주의 : 총칙에는 이에 대한 규정이 없으나, 각칙에서는 세계주의를 인정하고 있다(제296조의2).

답 ①

05

형법상 소추조건이 다른 범죄는? 기출 23

① 과실치상죄
② 폭행죄
③ 모욕죄
④ 협박죄

해설

형법이 규정하는 소추조건에는 친고죄와 반의사불벌죄가 있으며, ①·②·④는 반의사불벌죄에 해당하나, ③은 친고죄에 해당한다.

핵심만콕 형법상 범죄의 소추조건

구 분	친고죄	반의사불벌죄
의 의	공소제기를 위하여 피해자 기타 고소권자의 고소가 있을 것을 요하는 범죄	피해자의 의사에 관계없이 공소를 제기할 수 있으나, 피해자의 명시한 의사에 반하여 처벌할 수 없는 범죄
종 류	• 절대적 친고죄★ - 사자명예훼손죄(제308조) - 모욕죄(제311조) - 비밀침해죄(제316조) - 업무상비밀누설죄(제317조) • 상대적 친고죄(친족상도례규정) : 절도, 사기, 공갈, 횡령, 배임, 장물, 권리행사방해죄의 일부(제328조)	• 외국원수 및 외국사절에 대한 폭행, 협박, 모욕죄(제107조 및 제108조) • 외국국기, 국장모독죄(제109조) • 폭행, 존속폭행죄(제260조) • 협박, 존속협박죄(제283조) • 명예훼손죄(제307조)★ • 출판물 등에 의한 명예훼손죄(제309조)★ • 과실치상죄(제266조)★

답 ③

06

다음 중 옳은 것은 모두 몇 개인가?

ㄱ. 작위범은 작위를 구성요건의 내용으로 규정한 범죄이다.
ㄴ. 부작위범은 법규범이 요구하는 의무 있는 행위를 이행하지 않음으로써 성립한다.
ㄷ. 부진정부작위범이란 형법규정에서 부작위에 의해 범할 것을 내용으로 하는 범죄를 말한다.

① 없음
② 1개
③ 2개
④ 3개

해설

제시된 내용 중 옳은 것은 ㄱ과 ㄴ이다.
ㄷ. (✕) 진정부작위범이란 형법의 구성요건이 부작위에 의하여만 실현될 수 있도록 규정되어 있는 범죄(다중불해산죄, 퇴거불응죄 등)이고, 부진정부작위범이란 부작위에 의하여 작위범의 구성요건을 실현하는 범죄를 말한다.

답 ③

07

형법에 규정된 범죄가 아닌 것은? 기출 16

① 컴퓨터등 사용사기죄
② 과실손괴죄
③ 직권남용죄
④ 인신매매죄

해설

형법 제2편 각칙 제42장 손괴의 죄(제366조부터 제372조까지)에는 과실범을 처벌하는 규정을 두고 있지 않다.

답 ②

08

형법상 형을 감경해야 하는 자의 행위에 해당하는 것은? 기출 24

① 14세가 되지 아니한 자의 행위
② 듣거나 말하는 데 모두 장애가 있는 사람의 행위
③ 심신장애로 인하여 의사를 결정할 능력이 없는 자의 행위
④ 심신장애로 인하여 사물을 변별할 능력이 없는 자의 행위

해설

② (○) 듣거나 말하는 데 모두 장애가 있는 사람의 행위에 대해서는 형을 감경한다(형법 제11조).
① (×) 14세가 되지 아니한 자의 행위는 벌하지 아니한다(형법 제9조).
③ (×), ④ (×) 심신장애로 인하여 사물을 변별할 능력이 없거나 의사를 결정할 능력이 없는 자의 행위는 벌하지 아니한다(형법 제10조 제1항).

답 ②

09

형법상 '상당한 이유'를 요건으로 하고 있지 않은 위법성조각사유는? 기출 22

① 피해자의 승낙
② 긴급피난
③ 자구행위
④ 정당방위

해설

① (O) 피해자 승낙의 경우 형법은 처분할 수 있는 자의 승낙에 의하여 그 법익을 훼손한 행위는 법률에 특별한 규정이 없는 한 벌하지 아니한다(형법 제24조)고 규정하여 '상당한 이유'를 요건으로 하고 있지 않다.
② (×) 긴급피난 : 자기 또는 타인의 법익에 대한 현재의 위난을 피하기 위한 행위는 상당한 이유가 있는 때에는 벌하지 아니한다(형법 제22조 제1항).
③ (×) 자구행위 : 법률에서 정한 절차에 따라서는 청구권을 보전(保全)할 수 없는 경우에 그 청구권의 실행이 불가능해지거나 현저히 곤란해지는 상황을 피하기 위하여 한 행위는 상당한 이유가 있는 때에는 벌하지 아니한다(형법 제23조 제1항).
④ (×) 정당방위 : 현재의 부당한 침해로부터 자기 또는 타인의 법익(法益)을 방위하기 위하여 한 행위는 상당한 이유가 있는 경우에는 벌하지 아니한다(형법 제21조 제1항).

답 ①

10

형법상 위법성조각사유에 관한 설명으로 옳지 않은 것은? 기출 18

① 자구행위는 사후적 긴급행위이다.
② 정당방위에 대해 정당방위를 할 수 있다.
③ 긴급피난에 대해 긴급피난을 할 수 있다.
④ 정당행위는 위법성이 조각된다.

해설

정당방위는 위법한 침해에 대한 방어행위이므로 상대방은 이에 대해 정당방위를 할 수는 없으나 긴급피난은 가능하다.

핵심만콕

- 자구행위는 이미 침해된 청구권을 보전하기 위한 사후적 긴급행위이다.
- 긴급피난은 위법한 침해일 것을 요하지 않으므로 긴급피난에 대해서는 긴급피난을 할 수 있다.
- 정당행위는 위법성이 조각된다(형법 제20조).

답 ②

11

물건을 배달하러 온 택배기사를 강도로 착각하여 폭행을 가한 경비원의 행위에 해당하는 것은?

① 정당방위 ② 우연방위
③ 오상방위 ④ 과잉방위

해설

경비원은 정당방위의 요건이 되는 사실, 즉 자기나 타인의 법익에 대한 현재의 부당한 침해가 없는데도 그것이 있다고 잘못 생각하여 방위행위를 한 것으로, 이를 오상방위라 한다.

답 ③

12

다음 중 자구행위에 해당하는 것은? 기출문제

① 다가오는 차를 피하려다 옆에 있던 사람이 들고 있던 꽃병을 깨뜨렸다.
② 강도가 칼을 들고 위협하므로 몽둥이로써 격퇴하던 중 상해를 입었다.
③ 도망가는 절도범을 추격하여 탈취당한 재물을 탈환하였다.
④ 군인이 전투 중 적병을 살해했다.

해설

①은 긴급피난, ②는 정당방위, ④는 정당행위이다.

답 ③

13

형법상 책임조각사유에 해당하는 것은? 기출 10

① 피해자의 승낙 ② 강요된 행위
③ 정당방위 ④ 자구행위

해설

정당방위, 정당행위, 긴급피난, 자구행위, 피해자의 승낙은 형법상 위법성조각사유에 해당한다.

핵심만콕 형법상 위법성조각사유와 책임조각사유 ★

위법성 조각사유	정당행위(제20조)	법령에 의한 행위 또는 업무로 인한 행위 기타 사회상규에 위배되지 아니하는 행위
	정당방위(제21조)	현재의 부당한 침해로부터 자기 또는 타인의 법익(法益)을 방위하기 위하여 한 상당한 이유 있는 행위
	긴급피난(제22조)	자기 또는 타인의 법익에 대한 현재의 급박한 위난을 피하기 위하여 부득이 취한 행위
	자구행위(제23조)	법률에서 정한 절차에 따라서는 청구권을 보전(保全)할 수 없는 경우에 그 청구권의 실행이 불가능해지거나 현저히 곤란해지는 상황을 피하기 위하여 한 상당한 이유 있는 행위
	피해자의 승낙 (제24조)	처분할 수 있는 자의 승낙에 의하여 그 법익을 훼손한 행위
책임 조각사유	형사미성년자 (제9조)	14세 되지 아니한 자의 행위
	심신장애인 (제10조 제1항)	심신장애로 인하여 사물을 변별할 능력이 없거나 의사를 결정할 능력이 없는 자(심신상실자)의 행위
	강요된 행위 (제12조)	저항할 수 없는 폭력이나 자기 또는 친족의 생명·신체에 대한 위해를 방어할 방법이 없는 협박에 의하여 강요된 행위

답 ②

14

CHECK ○△×

형법상 미수범 등에 관한 설명으로 옳지 않은 것은? 기출 19

① 미수범의 형은 기수범보다 감경하여야 한다.
② 범인이 자의로 실행에 착수한 행위를 중지한 때에는 형을 감경 또는 면제한다.
③ 범죄의 음모가 실행의 착수에 이르지 아니한 때에는 법률에 특별한 규정이 있어야 처벌할 수 있다.
④ 실행 수단의 착오로 인하여 결과발생이 불가능하더라도 위험성이 있는 때에는 처벌하되, 형을 감경 또는 면제할 수 있다.

해설

① (×) 미수범은 형법 각조에 규정이 있을 때에만 처벌되며, 그 형도 기수범에 비해 가볍게 처벌할 수 있다(임의적 감경, 형법 제25조 제2항).
② (○) 범인이 실행에 착수한 행위를 자의로 중지하거나 그 행위로 인한 결과의 발생을 자의로 방지한 경우에는 형을 감경하거나 면제한다(형법 제26조).
③ (○) 형법 제28조 반대해석
④ (○) 형법 제27조(불능범)

답 ①

15

甲과 乙은 각각 독립된 범죄의사로 동시에 丙에게 발포하였고, 丙은 이 중의 한 발을 맞고 사망하였다. 그러나 누가 쏜 탄환에 맞았는지 밝혀지지 않은 경우, 甲과 乙의 죄책은? 기출 10

① 살인죄
② 살인미수죄
③ 상해치사죄
④ 상해죄

해설

甲과 乙은 각각 살인의 고의로 상호 간의 의사의 연락 없이 丙에게 발포하였다. 형법은 제19조에서 동시 또는 이시의 독립행위가 경합한 경우에 그 결과 발생의 원인된 행위가 판명되지 아니한 때에는 각 행위를 미수범으로 처벌한다고 규정하고 있다. 따라서 비록 丙의 사망이라는 결과가 발생하였으나 그 결과를 甲 또는 乙에게 귀속시킬 수 없기 때문에 甲, 乙은 살인미수의 죄책을 진다.★

답 ②

16

의사 甲이 그 사정을 전혀 알지 못하는 간호사를 이용하여 환자 乙에게 치료약 대신 독극물을 복용하게 하여 乙이 사망에 이른 경우에 甲의 범죄 형태는? 기출 13

① 교사범
② 단독정범
③ 공동정범
④ 간접정범

해설

14세 미만자, 정신이상자 등의 책임무능력자나 과실자, 범죄행위임을 모르는 자 등의 고의가 없는 자를 이용하여 범하는 범죄를 간접정범이라고 한다.

답 ④

17

다음 중 간접정범이 성립되지 않는 경우는?

① 상관이 절대적 구속명령을 이용하여 부하로 하여금 살인하게 한 경우
② 甲이 절도의 의사로써 乙로 하여금 丙의 물건을 乙의 물건으로 오인케 하여 지참하게 한 경우
③ 시비변별능력이 있는 13세의 소년을 이용하여 타인의 재물을 절취케 한 경우
④ 행사의 목적으로서 행사의 목적이 없는 자로 하여금 통화를 위조하게 한 경우

해설

피이용자가 유아 또는 심신상실자와 같은 책임무능력자인 때에는 행위지배가 인정되므로 이용자는 원칙적으로 간접정범이 된다. 그러나 피이용자가 형사미성년자, 정신이상자라도 시비의 변별능력이 있는 때에는 교사범이 성립한다.★

답 ③

18

형법상 선고유예의 규정 내용이 아닌 것은? 기출 17

① 선고유예기간 중 벌금형 이상의 판결이 확정된 때에는 유예한 형을 선고한다.
② 형을 병과할 경우에도 형의 전부 또는 일부에 대하여 선고를 유예할 수 있다.
③ 형의 선고를 유예하는 경우에 보호관찰을 명할 수 있다.
④ 형의 선고유예를 받은 날로부터 2년을 경과한 때에는 면소된 것으로 간주한다.

해설

형의 선고유예를 받은 자가 유예기간 중 자격정지 이상의 형에 처한 판결이 확정되거나 자격정지 이상의 형에 처한 전과가 발견된 때에는 유예한 형을 선고한다(형법 제61조 제1항).★★

답 ①

19

형법상 국가적 법익에 대한 죄가 아닌 것은? 기출 20

① 소요죄
② 도주죄
③ 위증죄
④ 직무유기죄

해설

소요죄는 사회적 법익에 대한 죄 중 공공의 안전과 평온에 대한 죄에 해당한다. 구체적으로는 공안을 해하는 죄에 해당한다. 도주죄, 위증죄, 직무유기죄는 국가적 법익에 대한 죄 중 국가의 기능에 대한 죄에 해당한다.

핵심만콕 법익에 따른 범죄의 분류★★

개인적 법익에 대한 죄	생명과 신체에 대한 죄	살인죄, 상해와 폭행의 죄, 과실치사상의 죄, 낙태의 죄, 유기·학대의 죄
	자유에 대한 죄	협박의 죄, 강요의 죄, 체포와 감금의 죄, 약취·유인 및 인신매매죄, 강간과 추행의 죄
	명예와 신용에 대한 죄	명예에 관한 죄, 신용·업무와 경매에 관한 죄
	사생활의 평온에 대한 죄	비밀침해의 죄, 주거침입의 죄
	재산에 대한 죄	절도의 죄, 강도의 죄, 사기의 죄, 공갈의 죄, 횡령의 죄, 배임의 죄, 장물의 죄, 손괴의 죄, 권리행사를 방해하는 죄
사회적 법익에 대한 죄	공공의 안전과 평온에 대한 죄	공안을 해하는 죄, 폭발물에 관한 죄, 방화와 실화의 죄, 일수와 수리에 관한 죄, 교통방해의 죄
	공공의 신용에 대한 죄	통화에 관한 죄, 유가증권·인지와 우표에 관한 죄, 문서에 관한 죄, 인장에 관한 죄
	공중의 건강에 대한 죄	먹는 물에 관한 죄, 아편에 관한 죄
	사회의 도덕에 대한 죄	성풍속에 관한 죄, 도박과 복표에 관한 죄, 신앙에 관한 죄
국가적 법익에 대한 죄	국가의 존립과 권위에 대한 죄	내란의 죄, 외환의 죄, 국기에 관한 죄, 국교(國交)에 관한 죄
	국가의 기능에 대한 죄	공무원의 직무에 관한 죄(뇌물관련범죄 등), 공무방해에 관한 죄, 도주와 범인은닉의 죄, 위증과 증거인멸의 죄, 무고의 죄

답 ①

20

형법상 개인적 법익에 대한 죄가 아닌 것은? 기출 18

① 절도죄
② 폭행죄
③ 도박죄
④ 공갈죄

[해설]
사회적 법익에 관한 죄 중 사회의 도덕에 대한 죄에 해당한다.

답 ③

21

경비원이 현행범인을 체포한 후 즉시 경찰관서에 인도하지 않고 장기간 구속한 경우에 성립할 수 있는 범죄는? 기출 12

① 공갈죄
② 감금죄
③ 공무집행방해죄
④ 권리행사방해죄

[해설]
현행범은 누구든지 영장 없이 체포할 수 있으나(형사소송법 제212조), 검사 또는 사법경찰관리가 아닌 자가 현행범인을 체포한 때에는 즉시 검사 또는 사법경찰관리에게 인도하여야 하며(형사소송법 제213조 제1항), 체포 후 경찰관서에 인도하지 않고 장기간 구속 시에는 감금죄가 성립하게 된다(형법 제276조 제1항).

답 ②

22

형법상 과실치상죄의 법정형이 아닌 것은? 기출 17

① 징 역
② 벌 금
③ 구 류
④ 과 료

해설

과실로 인하여 사람의 신체를 상해에 이르게 한 자는 500만원 이하의 벌금, 구류 또는 과료에 처한다(형법 제266조 제1항).★

답 ①

23

형법상 명예에 관한 죄에 대한 설명으로 옳지 않은 것은 모두 몇 개인가? 기출 23

- 모욕죄는 공연히 사실을 적시한 경우에 성립한다.
- 명예훼손죄는 적시한 사실이 허위인 경우에만 벌한다.
- 출판물 등에 의한 명예훼손죄는 명예훼손의 고의만으로도 성립한다.
- 사자명예훼손죄는 공연히 사실을 적시하여 사자의 명예를 훼손한 경우에 성립한다.

① 1개
② 2개
③ 3개
④ 4개

해설

제시된 내용 중 형법상 명예에 관한 죄에 대한 설명으로 옳지 않은 것은 모두 4개이다.
- (×) 모욕죄는 공연히 사람을 모욕한 경우에 성립한다(형법 제311조).
- (×) 명예훼손죄는 공연히 사실 또는 허위의 사실을 적시하여 사람의 명예를 훼손한 경우에 성립한다(형법 제307조).
- (×) 출판물 등에 의한 명예훼손죄는 사람을 비방할 목적으로 신문, 잡지 또는 라디오 기타 출판물에 의하여 사람의 명예를 훼손한 경우에 성립한다(형법 제309조).
- (×) 사자명예훼손죄는 공연히 허위의 사실을 적시하여 사자의 명예를 훼손한 경우에 성립한다(형법 제308조).

답 ④

24

주거침입죄에 관한 설명으로 옳지 않은 것은? 기출 22

① 관리하는 건조물도 주거침입죄의 객체가 된다.
② 침입 당시에 주거자가 현존하지 않더라도 주거침입죄는 성립한다.
③ 빌딩 내의 사무실도 주거침입죄의 객체가 된다.
④ 주거침입죄의 미수범은 처벌하지 않는다.

해설

④ (×) 주거침입죄의 미수범은 처벌한다(형법 제322조).
① (○) 주거침입죄의 객체는 사람의 주거, 관리하는 건조물, 선박이나 항공기 또는 점유하는 방실이다(형법 제319조 제1항).
② (○) 주거침입죄는 침입 당시에 주거에 사람이 현존할 것을 요하지 않는다.
③ (○) 건물 내에서 사실상 지배·관리하는 일 구획인 사무실, 연구실 등도 주거침입죄의 객체가 된다.

답 ④

25

형법상 재물을 객체로 하는 범죄가 아닌 것은? 기출 24

① 절도죄
② 강도죄
③ 배임죄
④ 횡령죄

해설

③ (×) 타인의 사무를 처리하는 자가 그 임무에 위배하는 행위로써 재산상의 이익을 취득하거나 제3자로 하여금 이를 취득하게 하여 본인에게 손해를 가한 때에도 전항의 형과 같다(형법 제355조 제2항). 배임죄의 객체는 재산상의 이익이다.
① (○) 타인의 재물을 절취한 자는 6년 이하의 징역 또는 1천만원 이하의 벌금에 처한다(형법 제329조). 절도죄의 객체는 타인소유, 타인점유의 재물이다.
② (○) 폭행 또는 협박으로 타인의 재물을 강취하거나 기타 재산상의 이익을 취득하거나 제3자로 하여금 이를 취득하게 한 자는 3년 이상의 유기징역에 처한다(형법 제333조). 강도죄의 객체는 타인소유, 타인점유의 재물과 재산상의 이익이다.
④ (○) 타인의 재물을 보관하는 자가 그 재물을 횡령하거나 그 반환을 거부한 때에는 5년 이하의 징역 또는 1천500만원 이하의 벌금에 처한다(형법 제355조 제1항). 횡령죄의 객체는 자기가 보관하는 타인의 재물이다.

답 ③

26

형법상 재산범죄에 관한 설명으로 옳지 않은 것은? 기출 21

① 친족상도례는 모든 재산범죄에 적용된다.
② 절도죄는 타인의 재물을 절취함으로써 성립한다.
③ 강도죄는 예비·음모한 자에 대한 처벌규정이 있다.
④ 준강도는 목적범이며, 행위주체는 절도범이다.

해설

① (×) 재산죄 중 강도죄와 손괴죄는 친족상도례가 적용되지 않는다.
② (○) 타인의 재물을 절취한 자는 6년 이하의 징역 또는 1천만원 이하의 벌금에 처한다(형법 제329조).
③ (○) 강도할 목적으로 예비 또는 음모한 자는 7년 이하의 징역에 처한다(형법 제343조).
④ (○) 절도가 재물의 탈환에 항거하거나 체포를 면탈하거나 범죄의 흔적을 인멸할 목적으로 폭행 또는 협박한 때에는 제333조(강도) 및 제334조(특수강도)의 예에 따른다(형법 제335조). 따라서 준강도죄의 행위주체는 절도범이며, 이는 목적범에 해당한다.

답 ①

27

형법상 재산에 대한 죄를 모두 고른 것은? 기출 15

> ㄱ. 뇌물죄
> ㄴ. 배임죄
> ㄷ. 손괴죄
> ㄹ. 신용훼손죄
> ㅁ. 장물죄

① ㄱ, ㄴ, ㄷ
② ㄱ, ㄷ, ㄹ
③ ㄴ, ㄷ, ㅁ
④ ㄴ, ㄹ, ㅁ

해설

제시된 내용 중 형법상 재산에 대한 죄는 ㄴ, ㄷ, ㅁ이다.
ㄱ. (×) 뇌물죄 : 국가적 법익에 대한 죄 중 공무에 관한 죄
ㄹ. (×) 신용훼손죄 : 명예·신용 및 업무에 대한 죄 중 신용·업무와 경매에 관한 죄

답 ③

제2절 형사소송법 일반

28

형사소송의 지도이념이 아닌 것은? 기출 24

① 직권주의 원칙
② 적정절차의 원리
③ 신속한 재판의 원칙
④ 실체적 진실주의

해설

형사소송의 지도이념은 실체적 진실주의, 적정절차의 원리, 신속한 재판의 원칙이다. 당사자, 기타 소송관계인의 의사 여하를 불문하고 법원의 직권에 의하여 소송을 진행시키고 심판하는 직권주의 원칙은 형사소송의 기본구조(원리)에 해당한다. 우리나라 형사소송법은 당사자주의와 직권주의를 아울러 채택하는 절충주의적 태도를 보이고 있다.

답 ①

29

"열 사람의 범죄인을 놓치는 한이 있더라도 한 사람의 죄 없는 사람을 벌해서는 안 된다"는 형사소송법의 이념은? 기출 23

① 적극적 실체적 진실주의
② 적정절차의 원리
③ 소극적 실체적 진실주의
④ 신속한 재판의 원리

해설

③ (○) "열 사람의 범죄인을 놓치는 한이 있더라도 한 사람의 죄 없는 사람을 벌해서는 안 된다"는 것은 무죄추정의 원리를 강조하는 소극적 실체적 진실주의에 관한 설명이다.
① (×) 적극적 실체적 진실주의는 범죄사실을 명백히 하여 죄 있는 자를 빠짐없이 벌하도록 하는 주의이다.
② (×) 적정절차의 원리는 공정한 법정절차에 의하여 형사절차가 진행되어야 한다는 원리이다.
④ (×) 신속한 재판의 원리는 피고인의 이익을 보호하고 실체적 진실발견, 소송경제, 공공의 이익을 위하여 재판을 지연 없이 행하여야 한다는 것을 의미한다.

답 ③

30

형사소송법상 공판절차의 기본원칙으로 옳지 않은 것은? 기출 23

① 공개주의
② 구두변론주의
③ 집중심리주의
④ 간접주의

해설

우리나라 형사소송법상 공판절차의 기본원칙은 공개주의, 구두변론주의, 직접주의, 집중심리주의이다.

답 ④

31

형사소송법상 신속한 재판을 위한 제도로 옳지 않은 것은? 기출 21

① 궐석재판
② 집중심리
③ 불필요한 변론의 제한
④ 피고인의 진술거부권

해설

피고인의 진술거부권은 피고인 또는 피의자가 공판절차나 수사절차에서 법원 또는 수사기관의 신문에 대하여 형사상 자신에게 불리한 진술을 거부할 수 있는 권리로 묵비권이라고도 하는데(헌재결[전] 2001.11.29. 2001헌바41), 이는 인권보장과 무기평등 원칙을 실현하기 위한 수단으로서 의미가 있다(헌재결[전] 1997.3.27. 96헌가11).

답 ④

32

형사소송법에 관한 설명으로 옳지 않은 것은? 기출 20

① 규문주의가 기본 소송구조이다.
② 국가소추주의를 규정하고 있다.
③ 형법을 적용·실현하기 위한 절차를 규정하는 법률이다.
④ 실체적 진실주의, 적법절차의 원칙, 신속한 재판의 원칙을 지도이념으로 한다.

해설

우리나라 형사소송법은 재판기관인 법원이 재판기관 이외의 자(검사)의 소추에 의하여 재판절차를 개시하는 탄핵주의를 채택하고 있다. 규문주의는 소추기관의 소추를 기다리지 않고 법원이 직권으로 심판을 개시할 수 있는 주의이다.

답 ①

33

형사소송법에 관한 설명으로 옳지 않은 것은? 기출 12

① 형사소송법은 절차법이며 사법법(司法法)이다.
② 적정절차의 원리는 형사소송의 지도이념에 해당된다.
③ 민사소송이 실체적 진실주의를 추구하는 반면, 형사소송은 형식적 진실주의를 추구한다.
④ 형사소송법은 공판절차뿐만 아니라 수사절차, 형집행절차에 대해서도 규정하고 있다.

해설

민사소송은 당사자의 의사에 의하여 진실로서 주장하는 것(형식적 진실)을 재판의 기초로 하고 있는 반면, 형사소송은 실체적인 진실을 기초로 하여 공정한 재판을 내리는 것을 중요시한다.★

답 ③

34

형사소송의 주체에 해당하는 것은? 기출 24

① 변호사　　② 사법경찰관
③ 검 사　　④ 피해자

해설
형사소송의 주체는 법원, 검사, 피고인을 말한다. 변호인은 소송주체에 해당하지는 않지만(형사소송 관계인), 피고인의 방어권을 보충하기 위하여 선임된 제3자인 보조자로서 형사소송상 피고인의 정당한 이익 옹호를 임무로 하는 자이다.

답 ③

35

형사소송법상 법관이 불공정한 재판을 할 염려가 있는 경우에 검사 또는 피고인의 신청에 의하여 그 법관을 직무에서 탈퇴하게 하는 제도는? 기출 20

① 제 척　　② 기 피
③ 회 피　　④ 진 정

해설
② (○) 설문이 설명하는 내용은 기피제도이다. 즉, 기피(忌避)란 제척사유가 있는 법관이 재판에 관여하거나, 기타 불공정한 재판을 할 우려가 있을 때 당사자의 신청에 의해 그 법관을 배제하는 제도이다.
① (×) 제척(除斥)이란 법관이 불공정한 재판을 할 현저한 법정의 이유가 있을 때 그 법관을 직무집행에서 배제하는 제도이다.
③ (×) 회피(回避)란 법관이 기피의 사유가 있다고 생각하여 스스로 직무집행에서 탈퇴하는 제도이다.
④ (×) 진정(陳情)이란 국가 또는 지방공공단체에 사정을 진술하고 어떤 조치를 희망하는 행위를 뜻한다.

답 ②

36

형사소송에서 법관이 불공평한 재판을 할 염려가 있는 경우에 자발적으로 직무집행에서 탈퇴하는 것은? 기출 18

① 기 피
② 회 피
③ 제 척
④ 거 부

해설

법관 자신이 기피의 사유가 있다고 생각하여 스스로 직무집행을 피하는 제도는 회피이다.

답 ②

37

형사소송에서 피고인에 관한 설명으로 옳지 않은 것은? 기출 18

① 피고인은 진술거부권을 가진다.
② 피고인은 당사자로서 검사와 대등한 지위를 가진다.
③ 검사에 의하여 공소가 제기된 자는 피고인이다.
④ 피고인은 소환, 구속, 압수, 수색 등의 강제처분의 주체가 된다.

해설

피고인은 소환(형사소송법 제68조), 구속(형사소송법 제69조), 압수(형사소송법 제106조 제1항), 수색(형사소송법 제109조 제1항) 등의 강제처분의 객체가 된다. 검사에 의하여 공소가 제기된 자가 피고인이며, 피고인은 진술거부권을 가지고(형사소송법 제283조의2 제1항), 당사자로서 검사와 대등한 지위를 가진다(형사소송법 제275조 제3항).

핵심만콕 **피의자**

죄를 범한 혐의로 수사기관의 수사대상이 되어 있는 자로서, 아직 공소가 제기되지 않은 자이다. 아직 공소가 제기되지 않았다는 점에서 피고인과 구별된다.

답 ④

38

형사소송법상 변호인에 관한 설명으로 옳지 않은 것은? 기출 21

① 변호인은 원칙적으로 변호사 중에서 선임하여야 한다.
② 변호인 선임은 당해 심급에 한하여 효력이 있다.
③ 피고인 또는 피의자는 변호인을 선임할 수 있다.
④ 공소제기 전에 선임된 변호인은 제1심의 변호인이 될 수 없다.

해설

④ (×) 공소제기 전의 변호인 선임은 제1심에도 그 효력이 있다(형사소송법 제32조 제2항). 따라서 공소제기 전에 선임된 변호인은 제1심의 변호인이 될 수 있다.
① (○) 변호인은 변호사 중에서 선임하여야 한다. 단, 대법원 이외의 법원은 특별한 사정이 있으면 변호사 아닌 자를 변호인으로 선임함을 허가할 수 있다(형사소송법 제31조).
② (○) 변호인의 선임은 심급마다 변호인과 연명날인한 서면으로 제출하여야 한다(형사소송법 제32조 제1항). 따라서 변호인 선임은 당해 심급에 한하여 효력이 있다.
③ (○) 피고인 또는 피의자는 변호인을 선임할 수 있다(형사소송법 제30조 제1항).

답 ④

39

피고인의 권리가 아닌 것은?

① 구속적부심사청구권
② 증거보전청구권
③ 진술거부권
④ 법관기피신청권

해설

구속적부심사청구권은 피의자의 권리이고 피고인은 청구권이 없다(형사소송법 제214조의2 제1항). 다만, 보석에 대한 청구권이 있다. 피고인에게는 ②·③·④ 외에 변호인선임권, 접견교통권, 방어권, 소송절차참여권 등이 있다. ★

답 ①

40

( )에 들어갈 말로 옳은 것은? 기출 21

> 형사소송법상 고소권자와 범인 이외의 제3자가 수사기관에 범죄사실을 신고하여 범인의 소추를 구하는 의사표시를 ( )(이)라고 한다.

① 고 발
② 고 소
③ 자 수
④ 자 백

해설

① (○) 설문은 고발에 관한 설명이다.
② (×) 고소는 범죄의 피해자 또는 그와 일정한 관계가 있는 고소권자가 수사기관에 대하여 범죄사실을 신고하여 범인의 처벌을 구하는 의사표시이다.
③ (×) 자수는 범인이 스스로 수사책임이 있는 관서에 자기의 범행을 고하고 그 처분을 구하는 의사표시이다.
④ (×) 자백은 수사기관의 직무상 질문 또는 조사에 응하여 범죄사실을 인정하는 진술을 하는 것을 말한다.

답 ①

41

형사소송법상 고소에 관한 설명으로 옳지 않은 것은? 기출 20

① 고소의 취소는 대리가 허용되지 않는다.
② 고소는 제1심 판결선고 전까지 취소할 수 있다.
③ 고소를 취소한 자는 동일한 사건에 대하여 다시 고소할 수 없다.
④ 친고죄의 고소기간은 원칙적으로 범인을 알게 된 날로부터 6월이다.

해설

① (×) 고소의 취소는 대리인으로 하여금 하게 할 수 있다(형사소송법 제236조).
② (○) 형사소송법 제232조 제1항
③ (○) 형사소송법 제232조 제2항
④ (○) 친고죄에 대하여는 범인을 알게 된 날로부터 6월을 경과하면 고소하지 못한다(형사소송법 제230조 제1항 본문).

답 ①

42

수사의 일반원칙이 아닌 것은? 기출 17

① 임의수사의 원칙
② 수사자유의 원칙
③ 영장주의 원칙
④ 강제수사 법정주의 원칙

해설

수사의 일반원칙으로 임의수사의 원칙, 영장주의 원칙, 강제수사 법정주의 원칙, 수사비례의 원칙, 수사 비공개의 원칙 등이 있다.★

답 ②

43

형사소송법상 임의수사에 해당하는 경우를 모두 고른 것은? 기출 15

ㄱ. 검 증
ㄴ. 피의자신문
ㄷ. 사실조회
ㄹ. 수 색

① ㄱ, ㄴ
② ㄱ, ㄷ
③ ㄴ, ㄷ
④ ㄴ, ㄹ

해설

임의수사란 강제력을 행사하지 않고 당사자의 승낙을 얻어서 하는 수사를 말하며, 피의자신문, 사실조회, 출석요구, 참고인진술 청취 등의 방법이 있다. 검증, 공무소에의 조회, 증거보전 등은 강제수사에 해당한다.★

답 ③

44

형사소송법상 현행범인으로 보는 경우에 해당하는 사람을 모두 고른 것은? 기출 24

> ㄱ. 범인으로 불리며 추적되고 있을 때
> ㄴ. 신체나 의복류에 증거가 될 만한 뚜렷한 흔적이 있을 때
> ㄷ. 누구냐고 묻자 도망하려고 할 때

① ㄱ, ㄴ
② ㄱ, ㄷ
③ ㄴ, ㄷ
④ ㄱ, ㄴ, ㄷ

해설

범죄를 실행하고 있거나 실행하고 난 직후의 사람을 현행범인이라 한다(형사소송법 제211조 제1항). 범인으로 불리며 추적되고 있을 때, 장물이나 범죄에 사용되었다고 인정하기에 충분한 흉기나 그 밖의 물건을 소지하고 있을 때, 신체나 의복류에 증거가 될 만한 뚜렷한 흔적이 있을 때, 누구냐고 묻자 도망하려고 할 때의 어느 하나에 해당하는 사람은 현행범인으로 본다(형사소송법 제211조 제2항).

답 ④

45

형사소송법상 현행범인의 체포에 관한 설명으로 옳은 것은? 기출 22

① 사법경찰관리가 현행범인의 인도를 받은 때에는 체포자의 성명, 주거, 체포의 사유를 물어야 하고 필요한 때에는 체포자에 대하여 경찰관서에 동행함을 요구할 수 있다.
② 범죄를 실행하고 난 지후의 사람은 현행범인이 아니다.
③ 사법경찰관리는 현행범인을 영장 없이 체포할 수 없다.
④ 사법경찰관은 범행 직후의 범죄 장소에서 현행범인을 체포할 때 긴급을 요하더라도 영장 없이 수색할 수 없다.

해설

① (○) 형사소송법 제213조 제2항
② (×) 범죄를 실행하고 있거나 실행하고 난 직후의 사람을 현행범인이라 한다(형사소송법 제211조 제1항).
③ (×) 현행범인은 누구든지 영장 없이 체포할 수 있다(형사소송법 제212조). 따라서 사법경찰관리도 현행범인을 영장 없이 체포할 수 있다.
④ (×) 사법경찰관은 제212조의 규정(현행범인의 체포)에 의하여 피의자를 체포하는 경우에 필요한 때에는 영장 없이 체포현장에서의 수색을 할 수 있다(형사소송법 제216조 제1항 제2호).

답 ①

46

형사소송법상 체포에 관한 설명으로 옳지 않은 것은? 기출 18

① 검사 또는 사법경찰관리가 아닌 자가 현행범인을 체포한 때에는 48시간 이내에 수사기관에 인도해야 한다.
② 현행범인은 누구든지 영장 없이 체포할 수 있다.
③ 검사 또는 사법경찰관은 피의자 체포 시 피의사실의 요지, 체포의 이유와 변호인을 선임할 수 있음을 말하고 변명할 기회를 주어야 한다.
④ 검사가 체포한 피의자를 구속하고자 할 때에는 체포한 때부터 48시간 이내에 구속영장을 청구하여야 한다.

해설

① (×) 검사 또는 사법경찰관리가 아닌 자가 현행범인을 체포한 때에는 즉시 검사 또는 사법경찰관리에게 인도하여야 한다(형사소송법 제213조 제1항).
② (○) 형사소송법 제212조
③ (○) 형사소송법 제200조의5
④ (○) 형사소송법 제200조의4 제1항 후문

답 ①

47

형사소송법상 공소에 관한 설명으로 옳은 것은? 기출 24

① 공소는 검사가 제기하여 수행한다.
② 범죄사실의 일부에 대한 공소의 효력은 범죄사실 일부에만 미친다.
③ 공소는 제2심판결의 선고 전까지 취소할 수 있다.
④ 공소취소는 공판정에서도 이유를 기재한 서면으로 하여야 한다.

해설

① (○) 형사소송법 제246조
② (×) 범죄사실의 일부에 대한 공소의 효력은 범죄사실 전부에 미친다(형사소송법 제248조 제2항).
③ (×) 공소는 제1심판결의 선고 전까지 취소할 수 있다(형사소송법 제255조 제1항).
④ (×) 공소취소는 이유를 기재한 서면으로 하여야 한다. 단, 공판정에서는 구술로써 할 수 있다(형사소송법 제255조 제2항).

답 ①

48

형사소송법상 공소제기의 기본원칙이 아닌 것은? 기출 23

① 국가소추주의
② 기소법정주의
③ 기소편의주의
④ 기소독점주의

해설

형사소송법상 공소제기의 기본원칙은 국가소추주의·기소독점주의(형사소송법 제246조), 기소편의주의(형사소송법 제247조), 기소변경주의(형사소송법 제255조)이다.

답 ②

49

형사소송법상 무기징역에 해당하는 범죄의 공소시효기간은? 기출 19

① 7년
② 10년
③ 15년
④ 20년

해설

무기징역 또는 무기금고에 해당하는 범죄의 공소시효는 15년이다(형사소송법 제249조 제1항 제2호).

관계법령 공소시효의 기간(형사소송법 제249조)

① 공소시효는 다음 기간의 경과로 완성한다.
  1. 사형에 해당하는 범죄에는 25년
  2. 무기징역 또는 무기금고에 해당하는 범죄에는 15년
  3. 장기 10년 이상의 징역 또는 금고에 해당하는 범죄에는 10년
  4. 장기 10년 미만의 징역 또는 금고에 해당하는 범죄에는 7년
  5. 장기 5년 미만의 징역 또는 금고, 장기 10년 이상의 자격정지 또는 벌금에 해당하는 범죄에는 5년
  6. 장기 5년 이상의 자격정지에 해당하는 범죄에는 3년
  7. 장기 5년 미만의 자격정지, 구류, 과료 또는 몰수에 해당하는 범죄에는 1년
② 공소가 제기된 범죄는 판결의 확정이 없이 공소를 제기한 때로부터 25년을 경과하면 공소시효가 완성한 것으로 간주한다.

답 ③

50

형사소송법상 증거에 관한 설명으로 옳지 않은 것은? 기출 21

① 공소범죄사실에 대한 거증책임은 원칙적으로 검사에게 있다.
② 피고인의 자백이 그 피고인에게 불이익한 유일의 증거인 경우 이를 유죄의 증거로 한다.
③ 증거란 사실인정의 근거가 되는 자료이다.
④ 적법절차에 따르지 아니하고 수집한 자료는 증거로 할 수 없다.

해설

② (×) 피고인의 자백이 그 피고인에게 불이익한 유일의 증거인 때에는 이를 유죄의 증거로 하지 못한다(형사소송법 제310조).
① (○) 거증책임과 관련하여 증명불능으로 인한 불이익을 누구에게 부담시킬 것인지가 문제되는데, 형사소송법의 기본원칙은 무죄추정이고, 의심스러울 때는 피고인의 이익으로 판단하여야 하므로, 거증책임은 원칙적으로 검사가 부담한다.
③ (○) 증거란 사실인정의 근거가 되는 자료로, 증거방법과 증거자료 2가지 의미를 포함한다. 증거방법은 사실인정의 근거가 되는 유형물 자체를 의미하고[증인·감정인·당사자(본인)·문서·검증물], 증거자료는 증거방법을 조사하는 과정에서 알게 된 내용을 의미한다(증언·감정결과·당사자신문결과·문서내용·검증의 결과).
④ (○) 적법한 절차에 따르지 아니하고 수집한 증거는 증거로 할 수 없는데(형사소송법 제308조의2), 이를 위법수집증거배제원칙이라 한다.

답 ②

51

우리나라 소송에 관한 설명으로 옳지 않은 것은? 기출 20

① 사실의 인정은 증거에 의하여야 한다.
② 사실확정에 있어서 추정은 반증에 의해 그 효과가 부인될 수 있다.
③ 증인신문은 원칙적으로 법원의 신문 후에 당사자에 의한 교호신문(交互訊問)의 형태로 진행된다.
④ 형사소송에서 피고인의 자백이 그 피고인에게 불이익한 유일의 증거인 때에는 이를 유죄의 증거로 하지 못한다.

해설

③ (×) 증인신문은 당사자에 의한 교호신문이 끝난 뒤에 재판장이 신문할 수 있다(형사소송법 제161조의2 제1항·제2항).
① (○) 형사소송법 제307조 제1항
② (○) 추정된 사실과 다른 주장을 하는 자는 반증을 들어 추정의 효과를 뒤집을 수 있다.
④ (○) 형사소송법 제310조

답 ③

52

형사소송에서 '사실인정의 기초가 되는 경험적 사실을 경험자 자신이 직접 법원에 진술하지 않고, 타인의 진술 등의 방법으로 간접적으로 법원에 보고하는 형태의 증거는 원칙적으로 증거능력이 인정되지 않는다'는 원칙은? 기출 20

① 전문법칙
② 자백배제법칙
③ 자백의 보강법칙
④ 위법수집증거배제원칙

해설

① (○) 설문이 설명하는 내용은 전문법칙이다. 즉, 전문법칙이란 전문증거의 증거능력을 제한하는 원칙이다. 여기서 전문증거(傳聞證據, hearsay)는 원진술자가 공판기일 또는 심문기일에 행한 진술 이외의 진술로서 그 주장사실이 진실임을 입증하기 위하여 제출된 것으로, 전문진술과 진술서, 자술서, 진술녹취서 등 전문서류를 말하며, 형사소송법 제310조의2는 동법 제311조 내지 제316조에 규정한 것 이외에는 증거능력을 부정하고 있다.
② (×) 자백배제법칙이란 임의성이 의심되는 자백은 증거능력을 배제하는 원칙이다(형사소송법 제309조).
③ (×) 자백의 보강법칙이란 피고인이 임의로 한 증거능력이 있고, 신용성이 있는 자백에 의하여 법관이 유죄의 심증을 얻었다고 하더라도 그 자백에 대한 다른 보강증거가 없으면 유죄를 인정할 수 없다는 원칙이다(형사소송법 제310조).
④ (×) 위법수집증거배제원칙이란 적법한 절차에 따르지 아니하고 수집한 증거는 증거로 할 수 없다는 원칙이다(형사소송법 제308조의2).

답 ①

53

국민의 형사재판 참여에 관한 법률의 내용으로 옳지 않은 것은? 기출 17

① 피고인이 국민참여재판을 원하지 않는 경우에는 국민참여재판을 할 수 없다.
② 국민참여재판은 필요적 변호사건이다.
③ 배심원은 만 18세 이상의 대한민국 국민 중에서 선정된다.
④ 배심원의 평결결과와 다른 판결을 선고할 수 있다.

해설

③ (×) 배심원은 만 20세 이상의 대한민국 국민 중에서 이 법으로 정하는 바에 따라 선정된다(국민의 형사재판 참여에 관한 법률 제16조). ★
① (○) 국민의 형사재판 참여에 관한 법률 제9조 제1항 제2호
② (○) 국민의 형사재판 참여에 관한 법률 제7조
④ (○) 국민의 형사재판 참여에 관한 법률 제48조 제4항, 제49조 제2항

답 ③

54

형사소송법상 면소판결의 선고를 해야 하는 경우는? 기출 19

① 피고인에 대한 재판권이 없는 때
② 친고죄 사건에서 고소의 취소가 있은 때
③ 공소의 시효가 완성되었을 때
④ 공소가 제기된 사건에 대하여 다시 공소가 제기되었을 때

해설

형사소송법 제326조 제3호의 면소판결 사유에 해당한다.

핵심만콕 종국재판의 종류 및 구체적 사유

유죄판결	사건의 실체에 관하여 피고인 범죄 사실의 증명이 있는 때
무죄판결 (형사소송법 제325조)	• 피고사건이 범죄로 되지 아니하는 때(구성요건해당성이 없거나 또는 위법성조각사유나 책임조각사유가 존재한다는 것이 밝혀진 경우를 말함) • 범죄사실의 증명이 없는 때
관할위반의 판결 (형사소송법 제319조)	피고사건이 법원의 관할에 속하지 아니하는 때
공소기각의 결정 (형사소송법 제328조 제1항)	두 공·취·사·소 / 수·법·계·관·경 / 범·사·포·아 • 공소가 취소되었을 때(제1호) • 피고인이 사망하거나 또는 피고인 법인이 존속하지 아니하게 되었을 때(소멸)(제2호) • 동일사건이 사물관할을 달리하는 수개의 법원에 계속되거나 관할이 경합하는 경우(제12조 또는 제13조)의 규정과 관련하여 재판할 수 없는 때(제3호) • 공소장에 범죄가 될 만한 사실이 포함되지 아니할 때(제4호)
공소기각의 판결 (형사소송법 제327조)	두 재·절·무 / 위반 공소 / 친·반 • 피고인에 대하여 재판권이 없을 때(제1호) • 공소제기의 절차가 법률의 규정을 위반하여 무효일 때(제2호) • 공소가 제기된 사건에 대하여 다시 공소가 제기되었을 때(제3호) • 제329조(공소취소와 재기소)를 위반하여 공소가 제기되었을 때(제4호) • 고소가 있어야 공소를 제기할 수 있는 사건(친고죄)에서 고소가 취소되었을 때(제5호) • 피해자의 명시한 의사에 반하여 공소를 제기할 수 없는 사건(반의사불벌죄)에서 처벌을 원하지 아니하는 의사표시를 하거나 처벌을 원하는 의사표시를 철회하였을 때(제6호)
면소판결 (형사소송법 제326조)	두 확·사·시·폐 • 확정판결이 있은 때(제1호) • 사면이 있은 때(제2호) • 공소시효가 완성되었을 때(제3호) • 범죄 후 법령개폐로 형이 폐지되었을 때(제4호)

답 ③

55

형사소송법상 재판에 관한 설명으로 옳은 것은? 기출 22

① 공소사실이 모두 증명되었다면 책임조각사유가 존재하더라도 유죄판결을 해야 한다.
② 공소기각의 재판을 하는 경우에는 대리인의 출석이 허용되지 않는다.
③ 보통항고의 항고기간은 1개월이다.
④ 형의 면제판결이 선고된 때에는 구속영장은 효력을 잃는다.

[해설]

④ (○) 무죄, 면소, 형의 면제, 형의 선고유예, 형의 집행유예, 공소기각 또는 벌금이나 과료를 과하는 판결이 선고된 때에는 구속영장은 효력을 잃는다(형사소송법 제331조).
① (×) 공소사실이 모두 증명되었더라도 피고사건이 범죄로 되지 아니한다면, 즉 구성요건해당성이 없거나 위법성조각사유나 책임조각사유가 있다면 판결로써 무죄를 선고하여야 한다(형사소송법 제325조 전단).
② (×) 공소기각의 재판(공소기각판결, 공소기각결정)을 할 것이 명백한 사건에 관하여는 피고인의 출석을 요하지 아니한다. 이 경우 피고인은 대리인을 출석하게 할 수 있다(형사소송법 제277조 제2호).
③ (×) 항고는 즉시항고 외에는 언제든지 할 수 있다. 단, 원심결정을 취소하여도 실익이 없게 된 때에는 예외로 한다(형사소송법 제404조).

답 ④

56

형사소송법상 상소에 관한 설명으로 옳지 않은 것은? 기출 24

① 검사 또는 피고인은 상소를 할 수 있다.
② 상소는 재판의 일부에 대하여 할 수 없다.
③ 상소의 제기기간은 재판을 선고 또는 고지한 날로부터 진행된다.
④ 항소를 함에는 항소장을 원심법원에 제출하여야 한다.

[해설]

② (×) 상소는 재판의 일부에 대하여 할 수 있다(형사소송법 제342조 제1항).
① (○) 형사소송법 제338조 제1항
③ (○) 형사소송법 제343조 제2항
④ (○) 형사소송법 제359조

답 ②

57

형사소송법상 상소에 관한 설명으로 옳지 않은 것은? 기출 23

① 피고인의 법정대리인은 피고인을 위하여 상소할 수 있다.
② 항고는 법원의 판결에 대한 상소이다.
③ 상고 제기기간은 7일이다.
④ 즉시항고 제기기간은 7일이다.

해설
② (×) 법원의 재판은 그 형식에 따라 판결, 결정, 명령으로 분류되며, 항고는 법원의 결정에 대한 상소이다.
① (○) 형사소송법 제340조
③ (○) 형사소송법 제374조
④ (○) 형사소송법 제405조

답 ②

58

형사소송법상 재심청구에 관한 설명으로 옳지 않은 것은? 기출 19

① 재심의 청구는 원판결의 법원이 관할한다.
② 재심의 청구로 형의 집행은 정지된다.
③ 재심의 청구가 청구권의 소멸 후인 것이 명백한 때에는 결정으로 기각하여야 한다.
④ 재심의 청구는 형의 집행을 받지 아니하게 된 때에도 할 수 있다.

해설
② (×) 재심의 청구는 형의 집행을 정지하는 효력이 없다(형사소송법 제428조 본문).
① (○) 형사소송법 제423조
③ (○) 형사소송법 제433조
④ (○) 형사소송법 제427조

답 ②

59

형사상 유죄의 확정판결에 중대한 사실오인이 있는 경우 판결을 받은 자의 이익을 위하여 판결의 부당함을 시정하는 비상구제절차는? 기출 15

① 상 소
② 재 심
③ 항 고
④ 비상상고

해설
설문의 비상구제절차는 재심이다. 재심은 유죄의 확정판결에 대하여 주로 사실인정의 부당을 시정하기 위하여 인정되는 절차로 확정판결에 있어서의 사실인정의 과오를 시정함으로써 그 확정판결에 의해서 불이익을 받는 피고인을 구제할 수 있다(형사소송법 제420조 내지 제440조).

답 ②

CHAPTER 05 상법 일반

제1절 상법총칙

01

상사에 관한 법규범의 적용순서를 바르게 나열한 것은? 기출 15

① 상법 – 상사자치법 – 상관습법 – 민법
② 상법 – 민법 – 상관습법 – 상사자치법
③ 상사자치법 – 상법 – 민법 – 상관습법
④ 상사자치법 – 상법 – 상관습법 – 민법

해설

법원의 적용순서 : 상사자치법 → 상사특별법 → 상법 → 상관습법 → 민법 → 조리(상법 제1조 참고)★

답 ④

02

상법상 상업사용인에 관한 설명으로 옳지 않은 것은? 기출 20

① 지배인의 선임과 그 대리권의 소멸에 관한 사항은 등기사항이다.
② 영업의 특정한 종류 또는 특정한 사항에 대한 위임을 받은 사용인에 관한 사항은 등기사항이다.
③ 영업의 특정한 종류 또는 특정한 사항에 대한 위임을 받은 사용인은 이에 관한 재판 외의 모든 행위를 할 수 있다.
④ 지배인은 영업주에 갈음하여 그 영업에 관한 재판상 또는 재판 외의 모든 행위를 할 수 있다.

해설

② (×) 영업의 특정한 종류 또는 특정한 사항에 대한 위임을 받은 사용인에 관한 사항은 등기사항이 아니라 대항요건에 해당한다(상법 제15조 제2항).
① (○) 상법 제13조 전문
③ (○) 상법 제15조 제1항
④ (○) 상법 제11조 제1항

답 ②

03

회사의 종류에 따른 지배인의 선임방법으로 옳지 않은 것은? 기출문제

① 합명회사 - 총사원 과반수의 결의
② 합자회사 - 무한책임사원 과반수의 결의
③ 주식회사 - 사원총회의 결의
④ 유한회사 - 이사 과반수 결의 또는 사원총회의 보통결의

해설

③ (×) 주식회사의 지배인은 이사회의 결의로 선임해야 한다(상법 제393조 제1항). ★
① (○) 상법 제203조
② (○) 상법 제274조
④ (○) 상법 제564조 제1항·제2항

답 ③

04

상호에 관한 설명 중 옳지 않은 것은?

① 상인은 원칙적으로 상호를 선정하여 사용할 권리를 가진다.
② 회사의 상호에는 그 종류에 따라 합명회사, 합자회사, 주식회사 또는 유한회사의 문자를 사용하여야 한다.
③ 동일한 영업에는 단일상호를 사용하여야 한다.
④ 지점의 상호에는 본점과의 종속관계를 표시할 필요는 없다.

해설

④ (×) 지점의 상호에는 본점과의 종속관계를 표시하여야 한다(상법 제21조 제2항).
① (○) 상법 제18조
② (○) 상법 제19조
③ (○) 상법 제21조 제1항

답 ④

제2절 회사법

05

상법상 회사의 종류가 아닌 것은? 기출 21

① 유한회사
② 유한책임회사
③ 합자회사
④ 조합회사

해설

상법상 인정되는 회사는 합명회사, 합자회사, 유한회사, 유한책임회사, 주식회사뿐이다(상법 제170조). 조합회사는 상법상 회사의 종류에 해당하지 아니한다.

핵심만콕 회사의 종류★★

구분	유형	내용
인적 회사	합명회사	회사에 대한 출자의무와 회사채권자에 대한 직접·연대·무한의 책임을 지는 2인 이상의 무한책임사원만으로 구성된 회사
	합자회사	무한책임사원과 직접·연대·유한의 책임을 지는 유한책임사원으로 이루어진 회사로서 무한책임사원은 회사의 경영을, 유한책임사원은 자본의 제공을 담당하는데, 무한책임사원은 회사채권자와 직접 연대하여 무한책임을 지는 반면, 유한책임사원은 회사에 대해 일정한 출자의무를 부담할 뿐이므로, 그 출자가액에서 이미 이행한 부분을 공제한 가액의 한도 내에서 책임을 진다.
물적 회사	유한회사	물적 회사에 인적 회사의 요소를 가미한 중간형태로, 회사채권자에 대해 직접의 책임을 지지 않고, 자신의 출자금액을 한도로 간접·유한의 책임을 지는 1인 이상의 유한책임사원만으로 구성된 회사
	유한책임회사	회사채권자에 대해 출자금액을 한도로 간접·유한의 책임을 지는 1인 이상의 유한책임사원만으로 구성된 회사
	주식회사	회사채권자에 대해 직접의 책임을 지지 않고, 자신이 가진 주식의 인수가액을 한도로 간접·유한의 책임을 지는 1인 이상의 유한책임사원(주주)만으로 구성된 회사

답 ④

06

상법상 회사에 관한 설명으로 옳은 것은? 기출 24

① 유한회사는 사원의 지분에 관하여 지시식 또는 무기명식의 증권을 발행하지 못한다.
② 유한책임회사의 대표기관은 대표이사이다.
③ 주식회사 중 상장회사는 반드시 사외이사를 선임하여야 한다.
④ 회사의 사단성은 상법전에 명시되어 있다.

해설

① (○) 상법 제555조
② (×) 업무집행자는 유한책임회사를 대표한다(상법 제287조의19 제1항).
③ (×) 상장회사의 경우 사외이사 선임이 의무사항이나 비상장회사의 경우에는 의무사항이 아니다. 다만, 상장회사의 경우에도 자산총액 1천억원 미만 벤처기업(코스닥시장 또는 코넥스시장 상장법인에 한함) 및 「채무자회생 및 파산에 관한 법률」에 따른 회생절차가 개시되었거나 파산선고를 받은 상장회사 등은 예외가 인정되어 사외이사 선임의무가 없다(상법 제542조의 8, 동법 시행령 제34조 제1항 참조).
④ (×) 회사는 사단이다. 사단이란 공동의 목적을 가진 복수인의 결합체를 의미한다. 2011.4.14. 개정 전 상법 제169조는 "본법에서 회사라 함은 상행위 기타 영리를 목적으로 하여 설립한 사단을 이른다."고 하여 회사의 사단성을 명시하였으나 현행 상법 제169조는 "이 법에서 '회사'란 상행위나 그 밖의 영리를 목적으로 하여 설립한 법인을 말한다."고 하여 사단성을 명시하고 있지 않다.

관계법령

사외이사의 선임(상법 제542조의8)
① 상장회사는 자산 규모 등을 고려하여 대통령령으로 정하는 경우를 제외하고는 이사 총수의 4분의 1 이상을 사외이사로 하여야 한다. 다만, 자산 규모 등을 고려하여 대통령령으로 정하는 상장회사의 사외이사는 3명 이상으로 하되, 이사 총수의 과반수가 되도록 하여야 한다.

상장회사의 사외이사 등(상법 시행령 제34조)
① 법 제542조의8 제1항 본문에서 "대통령령으로 정하는 경우"란 다음 각호의 어느 하나에 해당하는 경우를 말한다.
  1. 「벤처기업육성에 관한 특별법」에 따른 벤처기업 중 최근 사업연도 말 현재의 자산총액이 1천억원 미만으로서 코스닥시장(대통령령 제24697호 자본시장과 금융투자업에 관한 법률 시행령 일부개정령 부칙 제8조에 따른 코스닥시장을 말한다. 이하 같다) 또는 코넥스시장(「자본시장과 금융투자업에 관한 법률 시행령」 제11조 제2항에 따른 코넥스시장을 말한다. 이하 같다)에 상장된 주권을 발행한 벤처기업인 경우
  2. 「채무자 회생 및 파산에 관한 법률」에 따른 회생절차가 개시되었거나 파산선고를 받은 상장회사인 경우
  3. 유가증권시장(「자본시장과 금융투자업에 관한 법률 시행령」 제176조의9 제1항에 따른 유가증권시장을 말한다. 이하 같다), 코스닥시장 또는 코넥스시장에 주권을 신규로 상장한 상장회사(신규상장 후 최초로 소집되는 정기주주총회 전날까지만 해당한다)인 경우. 다만, 유가증권시장에 상장된 주권을 발행한 회사로서 사외이사를 선임하여야 하는 회사가 코스닥시장 또는 코넥스시장에 상장된 주권을 발행한 회사로 되는 경우 또는 코스닥시장 또는 코넥스시장에 상장된 주권을 발행한 회사로서 사외이사를 선임하여야 하는 회사가 유가증권시장에 상장된 주권을 발행한 회사로 되는 경우에는 그러하지 아니하다.
  4. 「부동산투자회사법」에 따른 기업구조조정 부동산투자회사인 경우
  5. 해산을 결의한 상장회사인 경우

답 ①

07

상법상 회사에 관한 설명으로 옳은 것은? 기출 23

① 상법은 회사의 종류로서 합명회사, 합자회사, 유한회사, 주식회사만을 인정하고 있다.
② 회사는 다른 회사의 무한책임사원이 될 수 있다.
③ 합명회사의 재산으로 회사의 채무를 완제할 수 없는 때에는 각 사원은 연대하여 변제할 책임이 있다.
④ 회사는 지점소재지에서 설립등기를 함으로써 성립한다.

해설

③ (○) (합명)회사의 재산으로 회사의 채무를 완제할 수 없는 때에는 각 사원은 연대하여 변제할 책임이 있다(상법 제212조 제1항).
① (×) 회사는 합명회사, 합자회사, 유한책임회사, 주식회사와 유한회사의 5종으로 한다(상법 제170조).
② (×) 회사는 다른 회사의 무한책임사원이 되지 못한다(상법 제173조).
④ (×) 회사는 본점소재지에서 설립등기를 함으로써 성립한다(상법 제172조).

답 ③

08

상법상 회사 일반에 관한 설명으로 옳은 것은? 기출 22

① 모든 회사는 다른 회사의 무한책임사원이 될 수 있다.
② 해산 후의 회사와 존립 중인 회사가 합병하는 경우 해산 후의 회사가 존립 중인 회사를 흡수하여 합병할 수 있다.
③ 법원은 회사의 설립목적이 불법한 것인 때 검사의 청구에 의하여 회사의 해산을 명할 수 있다.
④ 모든 회사의 설립 시 정관에 기명날인하는 사원은 2인 이상이어야 한다.

해설

③ (○) 상법 제176조 제1항 제1호
① (×) 회사는 다른 회사의 무한책임사원이 되지 못한다(상법 제173조).
② (×) 해산 후의 회사는 존립 중의 회사를 존속하는 회사로 하는 경우에 한하여 합병을 할 수 있다(상법 제174조 제3항).
④ (×) 상법상 회사 설립 시 2인 이상의 사원이 정관에 기명날인하여야 한다는 명문의 규정은 없다. 단, 합명회사의 설립의 경우 2인 이상의 사원이 공동으로 정관을 작성하여야 하며(상법 제178조), 정관에 총사원이 기명날인 또는 서명하여야 한다(상법 제179조)는 규정이 있을 뿐이다.

관계법령 회사의 해산명령(상법 제176조)

① 법원은 다음의 사유가 있는 경우에는 이해관계인이나 검사의 청구에 의하여 또는 직권으로 회사의 해산을 명할 수 있다.
  1. 회사의 설립목적이 불법한 것인 때
  2. 회사가 정당한 사유 없이 설립 후 1년 내에 영업을 개시하지 아니하거나 1년 이상 영업을 휴지하는 때
  3. 이사 또는 회사의 업무를 집행하는 사원이 법령 또는 정관에 위반하여 회사의 존속을 허용할 수 없는 행위를 한 때

답 ③

09

회사의 구성원 중 무한책임사원이 있는 회사는? 기출 24

① 합자회사
② 유한회사
③ 주식회사
④ 유한책임회사

해설

① (○) 합자회사는 무한책임사원과 유한책임사원으로 조직된 이원적 회사이다(상법 제268조 참조).
② (×) 유한회사는 지분을 가진 사원으로 구성되는 사단법인이며 사원 전원이 회사에 대하여 원칙적으로 출자액을 한도로 유한책임을 지는 회사이다.
③ (×) 주식회사의 구성원인 사원을 주주라 하며 주주가 될 자는 회사에 대하여 출자를 하고 회사로부터 주권의 교부를 받는다. 주주는 그 주식의 인수가액을 한도로 하는 출자의무를 부담할 뿐이며 회사채무에 관하여는 아무런 책임을 부담하지 않는다.
④ (×) 유한책임회사란 출자자인 사원이 직접 경영에 참여할 수 있는 반면, 각 사원은 자신이 출자한 투자액을 한도로 법적인 책임을 부담하는 형태의 회사를 말한다. 유한책임회사는 내부적으로는 정관자치가 보장되는 조합의 실질을 갖추고 외부적으로는 투자액의 범위 내에서 유한책임을 부담하는 주식회사의 장점을 결합하여 만들어진 회사제도이다.

답 ①

10

상법상 주식회사에 관한 설명으로 옳은 것은? 기출 24

① 주식회사의 자본금은 5천만원 이상이어야 한다.
② 주식은 액면주식과 무액면주식을 혼합하여 발행할 수 있다.
③ 액면주식 1주의 금액은 100원 이상으로 하여야 한다.
④ 액면주식의 금액은 주식 발행 시의 시장가에 따라 변할 수 있다.

해설

③ (○) 상법 제329조 제3항
① (×) 주식회사의 최저자본금은 종전에는 5천만원 이상이었으나, 상법(법률 제9746호, 2009.5.28. 시행) 개정으로 최저자본금제도를 폐지하여 누구라도 손쉽게 저렴한 비용으로 회사를 설립할 수 있도록 하였다.
② (×) 회사는 정관으로 정한 경우에는 주식의 전부를 무액면주식으로 발행할 수 있다. 다만, 무액면주식을 발행하는 경우에는 액면주식을 발행할 수 없다(상법 제329조 제1항).
④ (×) 액면주식의 금액은 균일하여야 한다(상법 제329조 제2항).

답 ③

11

상법상 주식회사에 허용될 수 없는 것은? 기출 22

① 주주의 제명
② 무액면주식
③ 자본금의 감소
④ 회사채의 발행

해설

① (×) 주주의 제명은 상법상 주식회사에서는 허용될 수 없다. 참고로 사원의 제명은 합명회사, 유한책임회사에서 인정된다.
② (○) 회사는 정관으로 정한 경우에는 주식의 전부를 무액면주식으로 발행할 수 있다. 다만, 무액면주식을 발행하는 경우에는 액면주식을 발행할 수 없다(상법 제329조 제1항).
③ (○) 자본금의 감소에는 제434조에 따른 결의(특별결의 : 출석한 주주의 의결권의 3분의 2 이상의 수와 발행주식총수의 3분의 1 이상의 수로써 하여야 한다)가 있어야 한다(상법 제438조 제1항).
④ (○) 회사는 이사회의 결의에 의하여 사채(社債)를 발행할 수 있다(상법 제469조 제1항).

답 ①

12

상법상 주식회사 설립 시 정관의 절대적 기재사항이 아닌 것은? 기출 18

① 목 적
② 상 호
③ 청산인
④ 본점의 소재지

해설

청산인은 주식회사 정관의 기재사항이 아니고, 법원에 대한 신고사항이다(상법 제532조). ★

답 ③

13

다음 중 회사의 설립 시 우리나라 상법에서 채택하고 있는 것은? 유사 09

① 자유설립주의
② 준칙주의
③ 특허주의
④ 면허주의

해설

우리나라의 경우 회사설립에는 준칙주의가 적용되어 주식회사를 설립할 때는 법률이 정한 요건을 갖추고 일정한 절차를 밟아 설립등기를 하여야 한다(민법 제33조, 상법 제172조 등).

| 핵심만콕 | 회사 설립에 관한 입법주의 ★ |

- 자유설립주의 : 민법에서는 배제하고 있다(민법 제31조).
- 허가주의 : 법인의 설립행위 이외에 주무관청의 허가를 받음으로써 설립 → 비영리법인의 설립
- 인가주의 : 법률이 정한 일정요건을 갖추면 반드시 인가하게 하는 입법주의 → 변호사회, 상공회의소, 의사회, 자동차운수조합, 수출조합 등 각종 조합법인의 설립
- 준칙주의 : 법률이 미리 정한 일정요건을 갖춤으로써 당연히 설립되며 영리사단법인의 설립, 상사회사의 설립(우리나라)
- 특허주의 : 역사적으로 군주의 명에 따라 법인이 설립되는 경우를 말하며 각종 특별법상의 법인 설립 → 석탄공사, 한국은행 등이 이에 해당된다.

답 ②

14

CHECK ○△×

상법상 주식회사의 기관이 아닌 것은? 기출 21

① 주주총회
② 지배인
③ 대표이사
④ 이사회

해설

② (×) 지배인은 상인인 영업주에 갈음하여 그 영업에 관한 재판상 또는 재판 외의 모든 행위를 할 수 있는 영업보조자(상법 제11조 제1항)로, 주식회사의 기관에 해당하지 아니한다. 상법상 주식회사의 기관으로는 주주총회, 이사회, 대표이사 및 감사가 있다.
① (○) 주주총회는 주식회사의 최고의사결정기관이다.
③ (○) 대표이사는 주식회사의 업무집행을 담당하고 회사를 대표한다.
④ (○) 이사회는 주식회사의 업무집행에 관한 의결기관이다.

답 ②

15

CHECK ○△×

상법상 주식회사의 최고의결기관은? 기출 20

① 대표이사
② 이사회
③ 감사위원회
④ 주주총회

해설

④ (○) 상법상 주식회사의 최고의사결정기관은 주주총회이다.
① (×) 대표이사는 업무집행을 담당하고 회사를 대표한다.
② (×) 이사회는 업무집행에 관한 의결기관이다.
③ (×) 감사위원회는 감사에 갈음하여 회사가 정관이 정하는 바에 따라 설치할 수 있는 위원회이다. 따라서 감사위원회를 설치하는 경우에는 감사를 둘 수 없다(상법 제415조의2 제1항).

답 ④

16

상법상 주주총회의 결의에 관한 설명이다. ( )에 들어갈 내용은? 기출 23

> 주식회사 정관변경의 특별결의는 출석한 주주의 의결권의 (ㄱ) 이상의 수와 발행주식총수의 (ㄴ) 이상의 수로써 하여야 한다.

① ㄱ : 2분의 1, ㄴ : 3분의 1
② ㄱ : 2분의 1, ㄴ : 4분의 1
③ ㄱ : 3분의 2, ㄴ : 3분의 1
④ ㄱ : 3분의 2, ㄴ : 4분의 1

해설

제시된 내용의 ( )에 들어갈 내용은 ㄱ : 3분의 2, ㄴ : 3분의 1이다.

관계법령 정관변경의 특별결의(상법 제434조)

제433조 제1항의 결의(정관의 변경을 위한 주주총회의 결의)는 출석한 주주의 의결권의 3분의 2 이상의 수와 발행주식총수의 3분의 1 이상의 수로써 하여야 한다.

답 ③

17

상법상 주주총회의 특별결의사항에 해당하지 않는 것은? 기출 19

① 영업 전부의 양도
② 영업 전부의 임대
③ 타인과 영업의 손익 일부를 같이 하는 계약
④ 회사의 영업에 중대한 영향을 미치는 다른 회사의 영업 일부의 양수

해설

타인과 영업의 손익 전부를 같이 하는 계약이 상법상 주주총회의 특별결의사항에 해당한다.

관계법령 영업양도, 양수, 임대등(상법 제374조)

① 회사가 다음 각호의 어느 하나에 해당하는 행위를 할 때에는 제434조에 따른 결의가 있어야 한다.

> **정관변경의 특별결의(상법 제434조)**
> 제433조 제1항의 결의는 출석한 주주의 의결권의 3분의 2 이상의 수와 발행주식총수의 3분의 1 이상의 수로써 하여야 한다.

1. 영업의 전부 또는 중요한 일부의 양도
2. 영업 전부의 임대 또는 경영위임, 타인과 영업의 손익 전부를 같이 하는 계약, 그 밖에 이에 준하는 계약의 체결·변경 또는 해약
3. 회사의 영업에 중대한 영향을 미치는 다른 회사의 영업 전부 또는 일부의 양수

답 ③

제3절 보험법

18

보험계약의 성질에 관한 설명으로 옳지 않은 것은? 기출 24

① 유상·쌍무계약이다.
② 사행계약이다.
③ 서면으로 체결되어야 하는 요식계약이다.
④ 계약관계자에게 선의가 요구되는 선의계약이다.

해설

③ (×) 보험계약은 청약과 승낙이라는 당사자 쌍방의 의사표시의 합치만으로 성립하고 아무런 급여를 요하지 않으므로 낙성계약이며, 또 그 의사표시에는 특별한 방식이 없으므로 법률상 불요식계약이다(보험증권의 작성은 보험계약이 성립되기 위한 요건이 아니다). 다만, 상법은 보험자가 서면으로 질문한 사항은 중요한 사항으로 추정한다(상법 제651조의2)고 규정하고 있다.
① (○) 보험계약은 보험사고의 발생을 전제로 보험계약자의 보험료지급에 대하여 보험자는 일정한 보험금액, 기타의 급여를 지급할 것을 약정하므로 유상계약이고, 보험계약의 보험료지급채무와 보험자의 위험부담채무가 보험계약과 동시에 채무로서 이행되어야 하므로 대가관계에 있는 쌍무계약이다.
② (○) 보험계약은 우연한 사고의 발생으로 인하여 보험금액의 액수가 정해지므로 이른바 사행계약에 해당한다.
④ (○) 보험계약은 우연한 사고를 전제로 하는 사행계약적 성질을 가지므로 선의계약성을 요구하게 된다. 보험계약자에게 자신에게 불리한 사실까지 보험자에게 적극적으로 알려야 하는 고지의무 등 선의 또는 신의성실의 의무가 요구된다.

답 ③

19

상법상 보험계약에 관한 설명으로 옳은 것은? 기출 22

① 보험자가 보험계약 체결 전 서면으로 질문한 사항은 중요한 사항으로 간주한다.
② 보험사고가 전쟁 기타의 변란으로 인하여 생긴 때에는 당사자 간에 다른 약정이 없으면 보험자는 보험금액을 지급할 책임이 없다.
③ 보험계약은 그 계약 전의 어느 시기를 보험기간의 시기(始期)로 할 수 없다.
④ 보험계약 당시에 보험계약자가 고의로 인하여 중요한 사항을 고지하지 아니한 경우 보험자가 계약 당시에 그 사실을 알았더라도 보험자는 계약을 해지할 수 있다.

해설

② (○) 상법 제660조
① (×) 보험자가 서면으로 질문한 사항은 중요한 사항으로 추정한다(상법 제651조의2).
③ (×) 보험계약은 그 계약 전의 어느 시기를 보험기간의 시기로 할 수 있다[상법 제643조(소급보험)].
④ (×) 보험계약 당시에 보험계약자가 고의로 인하여 중요한 사항을 고지하지 아니한 경우 보험자는 그 사실을 안 날로부터 1월 내에, 계약을 체결한 날로부터 3년 내에 한하여 계약을 해지할 수 있으나, 보험자가 계약 당시에 그 사실을 알았거나 중대한 과실로 인하여 알지 못한 때에는 보험자는 계약을 해지할 수 없다(상법 제651조).

답 ②

20

상법상 보험계약에 관한 설명으로 옳지 않은 것은? 기출 20

① 보험금의 지급자는 보험자이다.
② 보험수익자는 인보험에서만 존재한다.
③ 보험료 반환의무는 보험계약자가 부담한다.
④ 생명보험의 보험계약자는 보험수익자를 지정 또는 변경할 권리가 있다.

해설
보험료 반환의무를 지는 자는 보험료를 수령하는 보험자가 부담하는 것이고, 보험계약자는 보험료 지불의무가 있는 자이다.

답 ③

21

인보험계약에서 보험회사로부터 보험금을 받을 자로 보험계약상 지정을 받은 자에 해당하는 것은? 기출 24

① 보험자
② 보험수익자
③ 피보험자
④ 보험계약자

해설
보험수익자란 인보험에서 보험사고가 발생한 경우 또는 만기가 도래한 경우 보험금의 지급을 청구할 수 있는 보험금청구권자를 의미한다.

핵심만콕 보험계약의 관계자

보험자	보험사고가 발생하는 경우 보험금 지급의무를 지는 보험회사를 말한다. ★
보험계약자	자기명의로 보험자와 보험계약을 체결하고, 보험료 지급의무를 부담하는 자를 말한다.
피보험자	• 손해보험에서는 피보험이익의 주체로서 보험사고로 인한 재산상의 손해에 대한 보험금을 보험자에게 청구할 수 있는 보험금청구권자를 말한다. ★ • 인보험에서는 자기의 생명이나 신체를 보험에 붙인 보험사고의 객체를 의미한다. ★
보험수익자	인보험에서 보험사고가 발생한 경우 또는 만기가 도래한 경우 보험금의 지급을 청구할 수 있는 보험금청구권자를 의미한다. ★

〈출처〉 이재열 외 6인, 「법학개론」, 집현재, 2023, P. 321

답 ②

22

보험계약의 직접 당사자로서 보험사고가 발생한 경우에 보험금을 지급할 의무를 지는 자는?

① 보험자
② 피보험자
③ 보험계약자
④ 보험수익자

해설
보험료를 받는 대신에 보험사고 발생 시 보험금 지급의무를 지는 보험회사를 보험자라고 한다.

답 ①

23

상법상 보험계약 체결 시 약관의 설명의무에 관한 내용이다. ( )에 들어갈 것을 순서대로 나열한 것은?

> 설명의무 위반 시 ( )는 보험계약이 성립한 날부터 ( )개월 이내에 그 계약을 취소할 수 있다.

① 보험계약자, 1
② 보험계약자, 3
③ 보험자, 1
④ 보험자, 3

해설
제시된 내용의 ( )에 들어갈 것은 순서대로 보험계약자, 3이다.

관계법령 보험약관의 교부·설명의무(상법 제638조의3)
① 보험자는 보험계약을 체결할 때에 보험계약자에게 보험약관을 교부하고 그 약관의 중요한 내용을 설명하여야 한다.
② 보험자가 제1항을 위반한 경우 보험계약자는 보험계약이 성립한 날부터 3개월 이내에 그 계약을 취소할 수 있다.

답 ②

24

상법상 소멸시효에 관한 설명이다. ( )에 들어갈 숫자를 순서대로 나열한 것은?

> 보험금청구권은 ( )년간, 보험료 또는 적립금의 반환청구권은 ( )년간, 보험료청구권은 ( )년간 행사하지 아니하면 시효의 완성으로 소멸한다.

① 2, 2, 3
② 2, 3, 2
③ 3, 2, 2
④ 3, 3, 2

해설
제시된 내용의 ( )에 들어갈 숫자는 순서대로 3, 3, 2이다(상법 제662조).

관계법령 소멸시효(상법 제662조)

보험금청구권은 3년간, 보험료 또는 적립금의 반환청구권은 3년간, 보험료청구권은 2년간 행사하지 아니하면 시효의 완성으로 소멸한다.

답 ④

25

상법상 보험계약자의 의무가 아닌 것은? 기출 14

① 보험료지급의무
② 보험증권교부의무
③ 위험변경증가 통지의무
④ 중요사항에 관한 고지의무

해설
②는 보험자의 의무에 해당한다(상법 제640조 제1항).

답 ②

26

상법상 손해보험에 관한 설명으로 옳지 않은 것은? 기출 22

① 금전으로 산정할 수 없는 이익도 보험계약의 목적으로 할 수 있다.
② 당사자 간에 보험가액을 정하지 아니한 때에는 사고 발생 시의 가액을 보험가액으로 한다.
③ 보험의 목적의 성질, 하자 또는 자연소모로 인한 손해는 원칙적으로 보험자가 이를 보상할 책임이 없다.
④ 피보험자가 보험의 목적을 양도한 때에는 양수인은 보험계약상의 권리와 의무를 승계한 것으로 추정한다.

해설
① (×) 손해보험에서 피보험이익이란 보험계약의 목적(경제적 이해관계)을 말하며, 보험사고가 발생하면 손해를 입게 될 염려가 있는 이익으로 적법하고 금전으로 산정할 수 있는 이익이어야 한다. 피보험이익의 주체를 피보험자라 하며, 피보험이익은 손해보험 특유의 개념으로 인보험(생명보험)에는 인정할 여지가 없는 개념이다.
② (〇) 상법 제671조(미평가보험)
③ (〇) 상법 제678조(보험자의 면책사유)
④ (〇) 상법 제679조(보험목적의 양도) 제1항

답 ①

27

상법상 보험에 관한 설명으로 옳은 것은? 기출 16

① 손해보험계약은 금전으로 산정할 수 있는 이익에 한하여 보험계약의 목적으로 할 수 있다.
② 보험계약은 그 계약 전의 어느 시기를 보험기간의 시기로 할 수 없다.
③ 보험금청구권의 소멸시효는 1년이다.
④ 보험자가 파산선고를 받은 때에도 보험계약자는 계약을 해지할 수 없다.

해설

① (○) 손해보험계약에서 피보험이익에 대한 내용으로 옳다.
② (×) 보험계약은 그 계약 전의 어느 시기를 보험기간의 시기로 할 수 있다(소급보험, 상법 제643조).★
③ (×) 보험금청구권은 3년간 행사하지 아니하면 시효의 완성으로 소멸한다(상법 제662조).★
④ (×) 보험자가 파산의 선고를 받은 때에는 보험계약자는 계약을 해지할 수 있다(상법 제654조 제1항).

답 ①

28

상법상 손해보험의 종류가 아닌 것은? 기출 21

① 생명보험
② 보증보험
③ 해상보험
④ 책임보험

해설

생명보험은 상해보험·질병보험과 더불어 인보험의 종류에 해당한다.

핵심만콕

상법이 규정하는 손해보험의 종류	상법이 규정하는 인보험의 종류
• 화재보험(상법 제683조 내지 제687조) • 운송보험(상법 제688조 내지 제692조) • **해상보험**(상법 제693조 내지 제718조) • **책임보험**(상법 제719조 내지 제726조) • 자동차보험(상법 제726조의2 내지 제726조의4) • **보증보험**(상법 제726조의5 내지 제726조의7)	• **생명보험**(상법 제730조 내지 제736조) • 상해보험(상법 제737조 내지 제739조) • 질병보험(상법 제739조의2 내지 제739의3)

답 ①

29

인보험에서 피보험자란? 기출 13

① 보험사고가 발생한 때에 보험금액의 지급을 받을 자를 말한다.
② 보험자의 상대방으로서 자기명의로 보험계약을 체결하는 자를 말한다.
③ 자신의 생명이나 신체를 보험에 붙인 자연인을 말한다.
④ 보험사고가 발생한 때에 보험금액을 지급할 의무를 부담하는 자를 말한다.

해설

③ (○) 인보험에서 피보험자란 자신의 생명이나 신체를 보험에 붙인 자연인을 말한다.
① (×) 보험사고가 발생한 때에 보험금액의 지급을 받을 자는 보험수익자이다. ★
② (×) 보험자의 상대방으로서 자기명의로 보험계약을 체결하는 자는 보험계약자이다.
④ (×) 보험사고가 발생한 때에 보험금액을 지급할 의무를 부담하는 자는 보험자이다.

답 ③

30

상법상 인보험에 해당하지 않는 것은? 기출 23

① 생명보험
② 상해보험
③ 질병보험
④ 화재보험

해설

화재보험은 상법상 손해보험에 해당한다.

핵심만콕

상법이 규정하는 손해보험의 종류	상법이 규정하는 인보험의 종류
• **화재보험**(상법 제683조 내지 제687조) • **운송보험**(상법 제688조 내지 제692조) • **해상보험**(상법 제693조 내지 제718조) • **책임보험**(상법 제719조 내지 제726조) • **자동차보험**(상법 제726조의2 내지 제726조의4) • **보증보험**(상법 제726조의5 내지 제726조의7)	• **생명보험**(상법 제730조 내지 제736조) • **상해보험**(상법 제737조 내지 제739조) • **질병보험**(상법 제739조의2 내지 제739조의3)

답 ④

CHAPTER 06 사회법 일반

제1절 사회법의 이해와 노동법

01
근대 사법이 공법화 경향을 나타내고 있는 이유로 옳지 않은 것은? 기출문제

① 계약자유의 범위의 확대
② 공공복리의 실현
③ 사회보장제도의 확충
④ 사권(私權)의 의무화

해설
사회법은 근대 시민법의 수정을 의미하며, 초기의 독점자본주의가 가져온 여러 가지 사회·경제적 폐해를 합리적으로 해결하기 위해서 제정된 법으로 국가에 의한 통제, 경제적 약자의 보호, 공법과 사법의 교착 영역으로 사권의 의무화, 사법(私法)의 공법화 등 법의 사회화 현상을 특징으로 한다. 따라서 계약자유의 원칙은 그 범위가 축소되고 계약공정의 원칙으로 수정되었다.

답 ①

02
현행법상 노동조합에 관한 설명으로 옳지 않은 것은? 기출 10

① 노동조합의 파업에 대한 사용자의 직장폐쇄도 쟁의행위에 해당된다.
② 공무원의 노동조합설립은 인정된다.
③ 현재 실업 중인 자는 노동조합에 가입할 수 없다.
④ 노조전임자는 전임기간 동안 사용자로부터 어떠한 급여도 받을 수 없다.

해설
현재 실업 중인 자도 노동조합에 가입할 수 있는 경우가 있다. ★

> **핵심만콕**
> - 노동조합 및 노동관계조정법 제2조 제1호에서 말하는 '임금·급료 기타 이에 준하는 수입에 의하여 생활하는 자'에는 특정한 사용자에게 고용되어 현실적으로 취업하고 있는 자뿐만 아니라, 일시적으로 실업상태에 있는 자나 구직 중인 자도 노동3권을 보장할 필요성이 있는 한 그 범위에 포함된다고 할 것이다(서울행정법원 2001.1.16. 2000구30925).
> - '근로자'에는 특정한 사용자에게 고용되어 현실적으로 취업하고 있는 자뿐만 아니라, 일시적으로 실업상태에 있는 자나 구직 중인 자도 노동3권을 보장할 필요성이 있는 한 그 범위에 포함된다(대판 2004.2.27. 2001두8568).★

답 ③

03 CHECK ○△✕

쟁의행위의 제한과 금지 등에 관한 다음 내용 중 옳지 않은 것은?

① 노동조합의 쟁의행위는 그 조합원(제29조의2에 따라 교섭대표노동조합이 결정된 경우에는 그 절차에 참여한 노동조합의 전체 조합원)의 직접·비밀·무기명투표에 의한 조합원 과반수의 찬성으로 결정하지 아니하면 이를 행할 수 없다.
② 생산, 기타 주요업무에 관련되는 시설에 대하여 정상적인 유지·운영을 정지·폐지 또는 방해하는 행위는 쟁의행위로서 이를 행할 수 없다.
③ 사용자는 쟁의행위기간 중 그 쟁의행위로 중단된 업무의 수행을 위하여 당해 사업과 관계없는 자를 채용 또는 대체할 수 없다.
④ 사용자는 쟁의행위기간 중 그 쟁의행위로 중단된 업무를 도급 또는 하도급 줄 수 없다.

해설

② (✕) 사업장의 안전보호시설에 대하여 정상적인 유지·운영을 정지·폐지 또는 방해하는 행위는 쟁의행위로서 이를 행할 수 없다(노동조합법 제42조 제2항).
① (○) 노동조합법 제41조 제1항 전문
③ (○) 노동조합법 제43조 제1항
④ (○) 노동조합법 제43조 제2항

답 ②

04

부당노동행위의 구제절차에 관한 설명으로 옳지 않은 것은? 기출 17

① 부당노동행위로 인하여 그 권리를 침해당한 근로자는 노동위원회에 그 구제를 신청할 수 있다.
② 노동위원회에 대한 구제의 신청은 부당노동행위를 안 날로부터 6월 이내에 하여야 한다.
③ 노동위원회는 부당노동행위가 성립한다고 판정한 때에는 사용자에게 구제명령을 발하여야 한다.
④ 노동위원회의 구제명령은 행정소송의 제기에 의하여 그 효력이 정지되지 아니한다.

해설

② (×) 부당노동행위구제의 신청은 부당노동행위가 있은 날(계속하는 행위는 그 종료일)부터 3월 이내에 이를 행하여야 한다(노동조합법 제82조 제2항).
① (○) 노동조합법 제82조 제1항
③ (○) 노동조합법 제84조 제1항 전단
④ (○) 노동조합법 제86조

답 ②

05

근로기준법에 관한 설명으로 옳지 않은 것은? 기출 24

① 근로기준법에서 정하는 근로조건은 최저기준이다.
② 근로조건은 근로자와 사용자가 동등한 지위에서 자유의사에 따라 결정하여야 한다.
③ 근로기준법에서 정하는 기준에 미치지 못하는 근로조건을 정한 근로계약은 그 부분에 한정하여 무효로 한다.
④ 상시 5명 이하의 근로자를 사용하는 사업 또는 사업장에 대하여는 근로기준법이 적용되지 않는다.

해설

④ (×) 이 법은 상시 5명 이상의 근로자를 사용하는 모든 사업 또는 사업장에 적용한다(근로기준법 제11조 제1항 본문). <u>상시 4명 이하의 근로자를 사용하는 사업 또는 사업장에 대하여는 대통령령으로 정하는 바에 따라 이 법의 일부 규정을 적용할 수 있다</u>(근로기준법 제11조 제2항).
① (○) 이 법에서 정하는 근로조건은 최저기준이므로 근로 관계 당사자는 이 기준을 이유로 근로조건을 낮출 수 없다(근로기준법 제3조).
② (○) 근로기준법 제4조
③ (○) 근로기준법 제15조 제1항

답 ④

06

근로기준법의 규정 내용으로 옳지 않은 것은? 기출 23

① 사용자는 근로계약 불이행에 대한 위약금 또는 손해배상액을 예정하는 계약을 체결할 수 있다.
② 사용자는 근로자 명부와 대통령령으로 정하는 근로계약에 관한 중요한 서류를 3년간 보존하여야 한다.
③ 사용자는 사고의 발생이나 그 밖의 어떠한 이유로도 근로자에게 폭행을 하지 못한다.
④ 사용자는 근로계약에 덧붙여 강제 저축 또는 저축금의 관리를 규정하는 계약을 체결하지 못한다.

해설

① (×) 사용자는 근로계약 불이행에 대한 위약금 또는 손해배상액을 예정하는 계약을 체결하지 못한다(근로기준법 제20조).
② (○) 근로기준법 제42조
③ (○) 근로기준법 제8조
④ (○) 근로기준법 제22조 제1항

답 ①

07

근로기준법 제24조 제1항의 규정이다. ( )에 각각 들어갈 용어로 옳지 않은 것은? 기출 19

> 사용자가 경영상 이유에 의해 근로자를 해고하려면 긴박한 경영상의 필요가 있어야 한다. 이 경우 경영 악화를 방지하기 위한 사업의 ( )·( )·( )은/는 긴박한 경영상의 필요가 있는 것으로 본다.

① 양도
② 위탁
③ 인수
④ 합병

해설

( ) 안에 들어갈 용어는 양도·인수·합병이다.

관계법령 경영상 이유에 의한 해고의 제한(근로기준법 제24조)

① 사용자가 경영상 이유에 의하여 근로자를 해고하려면 긴박한 경영상의 필요가 있어야 한다. 이 경우 경영 악화를 방지하기 위한 사업의 양도·인수·합병은 긴박한 경영상의 필요가 있는 것으로 본다.
② 제1항의 경우에 사용자는 해고를 피하기 위한 노력을 다하여야 하며, 합리적이고 공정한 해고의 기준을 정하고 이에 따라 그 대상자를 선정하여야 한다. 이 경우 남녀의 성을 이유로 차별하여서는 아니 된다.
③ 사용자는 제2항에 따른 해고를 피하기 위한 방법과 해고의 기준 등에 관하여 그 사업 또는 사업장에 근로자의 과반수로 조직된 노동조합이 있는 경우에는 그 노동조합(근로자의 과반수로 조직된 노동조합이 없는 경우에는 근로자의 과반수를 대표하는 자를 말한다. 이하 "근로자대표"라 한다)에 해고를 하려는 날의 50일 전까지 통보하고 성실하게 협의하여야 한다.
④ 사용자는 제1항에 따라 대통령령으로 정하는 일정한 규모 이상의 인원을 해고하려면 대통령령으로 정하는 바에 따라 고용노동부장관에게 신고하여야 한다.
⑤ 사용자가 제1항부터 제3항까지의 규정에 따른 요건을 갖추어 근로자를 해고한 경우에는 제23조 제1항에 따른 정당한 이유가 있는 해고를 한 것으로 본다.

답 ②

08

근로기준법상 해고에 관한 내용이다. (   )에 공통적으로 들어갈 숫자는? 기출 21

- 사용자가 근로자를 해고하려고 하는 경우, 근로자가 계속 근로한 기간이 (   )개월 미만인 경우에는 해고의 예고를 하지 않을 수 있다.
- 사용자가 근로자에게 부당해고 등을 하면 근로자는 부당해고 등이 있었던 날로부터 (   )개월 이내에 노동위원회에 구제신청을 할 수 있다.

① 1
② 2
③ 3
④ 4

해설
제시된 내용의 (   )에 공통적으로 들어갈 숫자는 30이다.

관계법령

해고의 예고(근로기준법 제26조)
사용자는 근로자를 해고(경영상 이유에 의한 해고를 포함한다)하려면 적어도 30일 전에 예고를 하여야 하고, 30일 전에 예고를 하지 아니하였을 때에는 30일분 이상의 통상임금을 지급하여야 한다. 다만, 다음 각호의 어느 하나에 해당하는 경우에는 그러하지 아니하다.
1. 근로자가 계속 근로한 기간이 3개월 미만인 경우
2. 천재·사변, 그 밖의 부득이한 사유로 사업을 계속하는 것이 불가능한 경우
3. 근로자가 고의로 사업에 막대한 지장을 초래하거나 재산상 손해를 끼친 경우로서 고용노동부령으로 정하는 사유에 해당하는 경우

부당해고 등의 구제신청(근로기준법 제28조)
① 사용자가 근로자에게 부당해고 등을 하면 근로자는 노동위원회에 구제를 신청할 수 있다.
② 제1항에 따른 구제신청은 부당해고 등이 있었던 날부터 3개월 이내에 하여야 한다.

답 ③

09

다음 중 근로기준법상 임금에 대한 설명으로 틀린 것은?

① 종속노동관계에서 근로의 대가로 지급되는 것인가의 여부가 중요한 기준이 된다.
② 법령, 단체협약, 취업규칙, 근로계약, 관행 등에 의해 사용자에게 지급의무가 지워져 있는 것을 말한다.
③ 은혜적·호의적으로 지급되는 금품은 임금에 포함되지 않는다.
④ 일체의 금품을 말하므로 출장소요경비의 지급도 임금에 포함된다.

해설
임금이란 사용자가 근로의 대가로 근로자에게 임금, 봉급, 그 밖에 어떠한 명칭으로든지 지급하는 일체의 금품을 말한다(근로기준법 제2조 제1항 제5호).

> **핵심만 콕** | **임금의 범위**
>
> '근로의 대가'뿐만 아니라 근로자로 하여금 근로의 제공을 원활히 하게 하거나, 근로의욕을 고취시키기 위한 것도 포함하지만, 의례적·임의적, 호의적·은혜적, 복지후생을 위한 시설이나 비용, 기업설비에 갈음하여 실비변상조로 지급되는 금품(출장소요경비 등)은 제외된다.★

답 ④

10

CHECK ○△×

근로기준법상 미성년자의 근로에 관한 설명으로 옳은 것을 모두 고른 것은? 기출 20

> ㄱ. 미성년자는 독자적으로 임금을 청구할 수 있다.
> ㄴ. 친권자는 미성년자의 근로계약을 대리할 수 없다.
> ㄷ. 고용노동부장관은 근로계약이 미성년자에게 불리하다고 인정하는 경우에는 이를 해지할 수 있다.

① ㄱ, ㄴ
② ㄱ, ㄷ
③ ㄴ, ㄷ
④ ㄱ, ㄴ, ㄷ

해설

제시된 내용은 모두 근로기준법상 미성년자의 근로에 관한 설명으로 옳다.
ㄱ. (○) 미성년자는 독자적으로 임금을 청구할 수 있다(근로기준법 제68조).
ㄴ. (○) 친권자나 후견인은 미성년자의 근로계약을 대리할 수 없다(근로기준법 제67조 제1항).
ㄷ. (○) 친권자, 후견인 또는 고용노동부장관은 근로계약이 미성년자에게 불리하다고 인정하는 경우에는 이를 해지할 수 있다(근로기준법 제67조 제2항).

답 ④

11

CHECK ○△×

노동위원회법에 대한 설명 중 옳지 않은 것은?

① 노동위원회는 그 권한에 속하는 업무를 독립적으로 수행한다.
② 노동위원회는 근로자위원과 사용자위원 및 공익위원으로 구성한다.
③ 중앙노동위원회 위원장은 중앙노동위원회 및 지방노동위원회의 예산·인사·교육훈련·그 밖의 행정사무를 총괄하지만 소속공무원을 지휘·감독할 권한은 없다.
④ 중앙노동위원회 위원장은 행정사무의 지휘·감독권의 일부를 대통령령으로 정하는 바에 따라 지방노동위원회 위원장에게 위임할 수 있다.

해설

③ (×) 중앙노동위원회 위원장은 중앙노동위원회 및 지방노동위원회의 예산·인사·교육훈련·그 밖의 행정사무를 총괄하며, 소속공무원을 지휘·감독한다(노동위원회법 제4조 제2항).
① (○) 노동위원회법 제4조 제1항
② (○) 노동위원회법 제6조 제1항
④ (○) 노동위원회법 제4조 제3항

답 ③

제2절　사회보장법

12

다음 중 사회보장기본법상의 운영원칙에 어긋나는 것은?

① 국가와 지방자치단체가 사회보장제도를 운영할 때에는 이 제도를 필요로 하는 모든 국민에게 적용하여야 한다.
② 국가와 지방자치단체는 사회보장제도의 급여 수준과 비용 부담 등에서 형평성을 유지하여야 한다.
③ 국가와 지방자치단체는 사회보장제도의 정책 결정 및 시행 과정에 이해관계인 등을 배제시켜 공정성을 확보하여야 한다.
④ 국가와 지방자치단체가 사회보장제도를 운영할 때에는 국민의 다양한 복지 욕구를 효율적으로 충족시키기 위하여 연계성과 전문성을 높여야 한다.

[해설]
국가와 지방자치단체는 사회보장제도의 정책 결정 및 시행 과정에 공익의 대표자 및 이해관계인 등을 참여시켜 이를 민주적으로 결정하고 시행하여야 한다(사회보장기본법 제25조 제3항). ★

관계법령　운영원칙(사회보장기본법 제25조)
① 국가와 지방자치단체가 사회보장제도를 운영할 때에는 이 제도를 필요로 하는 모든 국민에게 적용하여야 한다.
② 국가와 지방자치단체는 사회보장제도의 급여 수준과 비용 부담 등에서 형평성을 유지하여야 한다.
③ 국가와 지방자치단체는 사회보장제도의 정책 결정 및 시행 과정에 공익의 대표자 및 이해관계인 등을 참여시켜 이를 민주적으로 결정하고 시행하여야 한다.
④ 국가와 지방자치단체가 사회보장제도를 운영할 때에는 국민의 다양한 복지 욕구를 효율적으로 충족시키기 위하여 연계성과 전문성을 높여야 한다.
⑤ 사회보험은 국가의 책임으로 시행하고, 공공부조와 사회서비스는 국가와 지방자치단체의 책임으로 시행하는 것을 원칙으로 한다. 다만, 국가와 지방자치단체의 재정 형편 등을 고려하여 이를 협의·조정할 수 있다.

답 ③

13

사회보장기본법상 생애주기에 걸쳐 보편적으로 충족되어야 하는 기본욕구와 특정한 사회위험에 의하여 발생하는 특수욕구를 동시에 고려하여 소득·서비스를 보장하는 맞춤형 사회보장제도는? 기출 19

① 사회보험
② 공공부조
③ 사회서비스
④ 평생사회안전망

[해설]
설문은 평생사회안전망에 대한 내용이다(사회보장기본법 제3조 제5호).

핵심만콕	사회보장기본법상의 용어의 정리(사회보장기본법 제3조)
사회보장	출산, 양육, 실업, 노령, 장애, 질병, 빈곤 및 사망 등의 사회적 위험으로부터 모든 국민을 보호하고 국민 삶의 질을 향상시키는데 필요한 소득·서비스를 보장하는 사회보험, 공공부조, 사회서비스를 말한다(제1호).
사회보험	국민에게 발생하는 사회적 위험을 보험의 방식으로 대처함으로써 국민의 건강과 소득을 보장하는 제도를 말한다(제2호).
공공부조 (公共扶助)	국가와 지방자치단체의 책임하에 생활유지능력이 없거나 생활이 어려운 국민의 최저생활을 보장하고 자립을 지원하는 제도를 말한다(제3호).
사회서비스	국가·지방자치단체 및 민간부문의 도움이 필요한 모든 국민에게 복지, 보건의료, 교육, 고용, 주거, 문화, 환경 등의 분야에서 인간다운 생활을 보장하고 상담, 재활, 돌봄, 정보의 제공, 관련 시설의 이용, 역량 개발, 사회참여 지원 등을 통하여 국민의 삶의 질이 향상되도록 지원하는 제도를 말한다(제4호).
평생사회 안전망	생애주기에 걸쳐 보편적으로 충족되어야 하는 기본욕구와 특정한 사회위험에 의하여 발생하는 특수욕구를 동시에 고려하여 소득·서비스를 보장하는 맞춤형 사회보장제도를 말한다(제5호).
사회보장 행정데이터	국가, 지방자치단체, 공공기관 및 법인이 법령에 따라 생성 또는 취득하여 관리하고 있는 자료 또는 정보로서 사회보장 정책 수행에 필요한 자료 또는 정보를 말한다(제6호).

답 ④

14

사회보장기본법상 국가·지방자치단체 및 민간부문의 도움이 필요한 모든 국민에게 복지, 보건의료, 교육, 고용, 주거, 문화, 환경 등의 분야에서 인간다운 생활을 보장하고 상담, 재활, 돌봄, 정보의 제공, 관련 시설의 이용, 역량 개발, 사회참여 지원 등을 통하여 국민의 삶의 질이 향상되도록 지원하는 제도는? 기출 24

① 공공부조
② 사회보험
③ 사회서비스
④ 평생사회안전망

해설

③ (○) 사회보장기본법 제3조 제4호
① (×) "공공부조"(公共扶助)란 국가와 지방자치단체의 책임하에 생활 유지 능력이 없거나 생활이 어려운 국민의 최저생활을 보장하고 자립을 지원하는 제도를 말한다(사회보장기본법 제3조 제3호).
② (×) "사회보험"이란 국민에게 발생하는 사회적 위험을 보험의 방식으로 대처함으로써 국민의 건강과 소득을 보장하는 제도를 말한다(사회보장기본법 제3조 제2호).
④ (×) "평생사회안전망"이란 생애주기에 걸쳐 보편적으로 충족되어야 하는 기본욕구와 특정한 사회위험에 의하여 발생하는 특수욕구를 동시에 고려하여 소득·서비스를 보장하는 맞춤형 사회보장제도를 말한다(사회보장기본법 제3조 제5호).

답 ③

15

( )에 들어갈 내용은? 기출 18

> 사회보장은 모든 국민이 다양한 사회적 위험으로부터 벗어나 행복한 복지사회를 실현하는 것을 기본 이념으로 한다. ( )는(은) 국가와 지방자치단체의 책임하에 생활유지능력이 없거나 생활이 어려운 국민의 최저생활을 보장하고 자립을 지원하는 제도를 말한다.

① 사회보험
② 공공부조
③ 사회서비스
④ 평생사회안전망

해설

공공부조란 국가와 지방자치단체의 책임하에 생활유지능력이 없거나 생활이 어려운 국민의 최저생활을 보장하고 자립을 지원하는 제도를 말한다(사회보장기본법 제3조 제3호). 현재 공공부조와 관련해서는 '국민기초생활보장제도'가 실시되고 있다.

답 ②

16

사회보험에 해당되지 않은 것은? 기출 23

① 국민연금
② 고용보험
③ 산업재해보상보험
④ 자동차보험

해설

자동차보험은 사회보험에 해당하지 않는다. 사회보험에는 국민연금, 국민건강보험, 산업재해보상보험, 고용보험 등이 있다.

답 ④

17

사회보험 분야에 해당하는 법률이 아닌 것은? 기출 16

① 고용보험법
② 국민연금법
③ 국민건강보험법
④ 국민기초생활보장법

해설

사회보험은 국가가 사회정책을 수행하기 위해서 보험의 원리와 방식을 도입하여 만든 사회경제제도로, 산업재해보상보험, 건강보험 또는 질병보험, 연금보험, 고용보험제도가 있다. 국민기초생활보장법은 공공부조와 사회서비스에 관련된 법이다. ★

답 ④

18

사회보험에 관한 설명으로 옳은 것은? 기출 21

① 사회보험에 따른 비용은 국가가 그 전부를 부담하는 것이 원칙이다.
② 사회보험 및 사보험은 임의가입이 원칙이다.
③ 우리나라는 특수직역 종사자를 모두 포괄한 국민 단일연금체계로 운영하여 사회통합에 기여하고 있다.
④ 「국민연금법」상 수급권은 이를 압류하거나 담보로 제공할 수 없다.

해설

④ (○) 수급권은 양도·압류하거나 담보로 제공할 수 없다(국민연금법 제58조 제1항).
① (×) 사회보험료는 사회적 위험(질병, 장애, 실업, 노령 등)에 공통적으로 노출되어 있는 모든 국민 개개인을 공동체로 결합시킨 후 그 부담을 국가·사용자·근로자에게 일정 비율로 분산시켜 책정한다.
② (×) 사회보험은 강제가입, 사보험은 임의가입이 원칙이다.
③ (×) 국민 단일연금체계로 운영하여 사회통합에 기여하는 것은 국민연금법상의 국민연금의 특성에 해당한다.

답 ④

19

생활이 어려운 사람에게 필요한 급여를 실시하여 이들의 최저생활을 보장하고 자활을 돕는 것을 목적으로 하는 법률은? 기출 20

① 국민연금법
② 최저임금법
③ 국민기초생활보장법
④ 산업재해보상보험법

해설

③ (○) 국민기초생활보장법은 생활이 어려운 사람에게 필요한 급여를 실시하여 이들의 최저생활을 보장하고 자활을 돕는 것을 목적으로 한다(국민기초생활보장법 제1조).
① (×) 국민연금법은 국민의 노령, 장애 또는 사망에 대하여 연금급여를 실시함으로써 국민의 생활 안정과 복지 증진에 이바지하는 것을 목적으로 한다(국민연금법 제1조).
② (×) 최저임금법은 근로자에 대하여 임금의 최저수준을 보장하여 근로자의 생활안정과 노동력의 질적 향상을 꾀함으로써 국민경제의 건전한 발전에 이바지하는 것을 목적으로 한다(최저임금법 제1조).
④ (×) 산업재해보상보험법은 산업재해보상보험 사업을 시행하여 근로자의 업무상의 재해를 신속하고 공정하게 보상하며, 재해근로자의 재활 및 사회 복귀를 촉진하기 위하여 이에 필요한 보험시설을 설치·운영하고, 재해 예방과 그 밖에 근로자의 복지 증진을 위한 사업을 시행하여 근로자 보호에 이바지하는 것을 목적으로 한다(산업재해보상보험법 제1조).

답 ③

20

사회보장기본법에 관한 설명으로 옳지 않은 것은? 기출 23

① 사회보장수급권은 타인에게 양도하거나 담보로 제공할 수는 있지만, 이를 압류할 수는 없다.
② 사회보장수급권의 포기는 취소할 수 있다.
③ 국가는 관계법령에서 정하는 바에 따라 최저보장수준과 최저임금을 매년 공표하여야 한다.
④ 사회보장에 관한 주요 시책을 심의·조정하기 위하여 국무총리 소속으로 사회보장위원회를 둔다.

해설

① (×) 사회보장수급권은 관계법령에서 정하는 바에 따라 다른 사람에게 양도하거나 담보로 제공할 수 없으며, 이를 압류할 수 없다(사회보장기본법 제12조).
② (○) 사회보장기본법 제14조 제2항
③ (○) 사회보장기본법 제10조 제2항
④ (○) 사회보장기본법 제20조 제1항

답 ①

21

사회보장기본법에 관한 설명으로 옳지 않은 것은? 기출 22

① 국가와 지방자치단체는 가정이 건전하게 유지되고 그 기능이 향상되도록 노력하여야 한다.
② 사회보장에 관한 다른 법률을 제정하거나 개정하는 경우에는 사회보장기본법에 부합되도록 하여야 한다.
③ 국내에 거주하는 외국인에게 사회보장제도를 적용할 때에는 상호주의의 원칙에 따르되, 관계법령에서 정하는 바에 따른다.
④ 고용노동부장관은 사회보장에 관한 기본계획을 매년 수립하여야 한다.

해설

④ (×) 보건복지부장관은 관계 중앙행정기관의 장과 협의하여 사회보장 증진을 위하여 사회보장에 관한 기본계획을 5년마다 수립하여야 한다(사회보장기본법 제16조 제1항).
① (○) 사회보장기본법 제6조 제1항
② (○) 사회보장기본법 제4조
③ (○) 사회보장기본법 제8조

답 ④

22

CHECK ○△×

사회보장기본법상 사회보장수급권에 관한 설명으로 옳지 않은 것은? 기출 21

① 사회보장수급권은 관계법령에서 정하는 바에 따라 사회보장급여를 받을 권리를 의미한다.
② 사회보장수급권은 포기할 수 없다.
③ 사회보장수급권은 관계법령에서 정하는 바에 따라 다른 사람에게 양도할 수 없다.
④ 사회보장수급권이 제한되거나 정지되는 경우에는 제한 또는 정지하는 목적에 필요한 최소한의 범위에 그쳐야 한다.

[해설]

② (×) 사회보장수급권은 <u>정당한 권한이 있는 기관에 서면으로 통지하여 포기할 수 있다</u>(사회보장기본법 제14조 제1항).
① (○) 사회보장기본법 제9조
③ (○) 사회보장기본법 제12조
④ (○) 사회보장기본법 제13조 제2항

답 ②

23

CHECK ○△×

고용보험법에서 규정하는 급여가 아닌 것은? 기출 17

① 육아휴직 급여
② 요양급여
③ 구직급여
④ 출산전후휴가 급여

[해설]

② (×) 요양급여는 산업재해보상보험법에서 규정하는 급여이다(산업재해보상보험법 제36조 제1항 제1호).
① (○) 고용보험법 제70조
③ (○) 고용보험법 제40조
④ (○) 고용보험법 제75조

답 ②

24

국민연금법상 국민연금의 특성으로 옳지 않은 것은? 기출 15

① 사회보험
② 공적연금
③ 단일연금체계
④ 전부적립방식

해설
우리나라의 경우 미래 예상 급여액의 일정 부분만을 적립하고, 그 나머지는 급여로 지출하는 부분적립방식을 따르고 있다.

답 ④

25

국민연금법상 급여에 해당하지 않는 것은? 기출 24

① 노령연금
② 장애연금
③ 유족연금
④ 직업재활급여

해설
직업재활급여는 산업재해보상보험법상 보험급여에 해당한다(산업재해보상보험법 제36조 제1항 제8호).

관계법령	급여의 종류(국민연금법 제49조)
이 법에 따른 급여의 종류는 다음과 같다. 1. 노령연금 2. 장애연금 3. 유족연금 4. 반환일시금	

답 ④

26

산업재해보상보험법에 관한 설명으로 옳지 않은 것은? 기출 24

① 근로자의 보험급여를 받을 권리는 퇴직하여도 소멸되지 아니한다.
② 보험급여의 수급권자가 사망한 경우 아직 지급되지 아니한 보험급여는 그 수급권자의 유족의 청구가 있어도 지급하지 아니한다.
③ 보험급여를 받을 권리는 양도할 수 없다.
④ 보험급여로서 지급된 금품에 대하여는 국가나 지방자치단체의 공과금을 부과하지 아니한다.

[해설]

② (×) 보험급여의 수급권자가 사망한 경우에 그 수급권자에게 지급하여야 할 보험급여로서 아직 지급되지 아니한 보험급여가 있으면 그 수급권자의 유족(유족급여의 경우에는 그 유족급여를 받을 수 있는 다른 유족)의 청구에 따라 그 보험급여를 지급한다(산업재해보상보험법 제81조 제1항).
① (○) 산업재해보상보험법 제88조 제1항
③ (○) 보험급여를 받을 권리는 양도 또는 압류하거나 담보로 제공할 수 없다(산업재해보상보험법 제88조 제2항).
④ (○) 산업재해보상보험법 제91조

답 ②

27

산업재해보상보험법의 내용에 관한 설명으로 옳은 것은? 기출 23

① 산업재해보상보험법에 따른 보험 관계의 성립과 소멸에 대하여는 보험료징수법으로 정하는 바에 따른다.
② 보험급여의 결정과 지급은 근로복지공단의 사업 범위에 해당하지 않는다.
③ 산업재해보상보험법에 따른 산업재해보상보험 사업은 금융위원회 위원장이 관장한다.
④ 근로복지공단은 조합으로 한다.

[해설]

① (○) 산업재해보상보험법에 따른 보험 관계의 성립과 소멸에 대하여는 보험료징수법으로 정하는 바에 따른다(산업재해보상보험법 제7조).
② (×) 보험급여의 결정과 지급은 근로복지공단의 사업 범위에 해당한다(산업재해보상보험법 제11조 제1항 제3호).
③ (×) 산업재해보상보험법에 따른 산업재해보상보험 사업은 고용노동부장관이 관장한다(산업재해보상보험법 제2조 제1항).
④ (×) 근로복지공단은 법인으로 한다(산업재해보상보험법 제12조).

답 ①

28

산업재해보상보험법상 업무상 재해 및 보험급여에 관한 설명으로 옳지 않은 것은? 기출 22

① 근로자의 자해행위가 원인이 되어 발생한 사망은 정상적인 인식능력 등이 뚜렷하게 낮아진 상태에서 발생한 경우라도 업무상의 재해로 인정될 수 있는 경우는 절대 없다.
② 업무상 재해의 인정 시 업무와 재해 사이에 상당인과관계(相當因果關係)가 요구된다.
③ 유족급여는 근로자가 업무상의 사유로 사망한 경우에 유족에게 지급한다.
④ 보험급여를 받을 권리는 양도 또는 압류하거나 담보로 제공할 수 없다.

해설

① (×) 근로자의 고의·자해행위나 범죄행위 또는 그것이 원인이 되어 발생한 부상·질병·장해 또는 사망은 업무상의 재해로 보지 아니한다. 다만, 그 부상·질병·장해 또는 사망이 정상적인 인식능력 등이 뚜렷하게 낮아진 상태에서 한 행위로 발생한 경우로서 대통령령으로 정하는 사유가 있으면 업무상의 재해로 본다(산업재해보상보험법 제37조 제2항).
② (○) 산업재해보상보험법 제37조 제1항 단서 해석상
③ (○) 산업재해보상보험법 제62조 제1항
④ (○) 산업재해보상보험법 제88조 제2항

답 ①

29

국민건강보험법상 직장가입자가 아닌 사람은?

① 사용자
② 현역군인
③ 사립학교 교직원
④ 2인 사업장 근로자

해설

모든 사업장의 근로자 및 사용자와 공무원 및 교직원은 직장가입자가 된다(국민건강보험법 제6조 제2항 본문). 직장가입자에서 제외되는 사람에는 1개월 미만 일용근로자, 선거취임공무원, 현역병, 전환복무된 사람 및 군간부후보생 등이다(국민건강보험법 제6조 제2항 단서).★

> **관계법령** 가입자의 종류(국민건강보험법 제6조)
> ① 가입자는 직장가입자와 지역가입자로 구분한다.
> ② 모든 사업장의 근로자 및 사용자와 공무원 및 교직원은 직장가입자가 된다. 다만, 다음 각호의 어느 하나에 해당하는 사람은 제외한다.
> 1. 고용 기간이 1개월 미만인 일용근로자
> 2. 「병역법」에 따른 현역병(지원에 의하지 아니하고 임용된 하사를 포함한다), 전환복무된 사람 및 군간부후보생
> 3. 선거에 당선되어 취임하는 공무원으로서 매월 보수 또는 보수에 준하는 급료를 받지 아니하는 사람
> 4. 그 밖에 사업장의 특성, 고용 형태 및 사업의 종류 등을 고려하여 대통령령으로 정하는 사업장의 근로자 및 사용자와 공무원 및 교직원
> ③ 지역가입자는 직장가입자와 그 피부양자를 제외한 가입자를 말한다.
> ④ 삭제 〈2018.12.11.〉

답 ②

CHAPTER 07 행정법 일반

제1절 행정법의 개요

01
CHECK ○△×

어떤 행정목적을 달성하기 위한 수단은 그 목적달성에 유효·적절하고 또한 가능한 한 최소침해를 가져오는 것이어야 하며 아울러 그 수단의 도입으로 인한 침해가 의도하는 공익을 능가하여서는 아니 된다는 헌법상의 원칙은? 기출 24

① 평등의 원칙
② 비례의 원칙
③ 부당결부금지의 원칙
④ 신뢰보호의 원칙

해설

② (○) 행정기본법 제10조
① (×) 행정청은 합리적 이유 없이 국민을 차별하여서는 아니 된다(행정기본법 제9조).
③ (×) 행정청은 행정작용을 할 때 상대방에게 해당 행정작용과 실질적인 관련이 없는 의무를 부과해서는 아니 된다(행정기본법 제13조).
④ (×) 행정청은 공익 또는 제3자의 이익을 현저히 해칠 우려가 있는 경우를 제외하고는 행정에 대한 국민의 정당하고 합리적인 신뢰를 보호하여야 하고, 권한 행사의 기회가 있음에도 불구하고 장기간 권한을 행사하지 아니하여 국민이 그 권한이 행사되지 아니할 것으로 믿을 만한 정당한 사유가 있는 경우에는 그 권한을 행사해서는 아니 된다(행정기본법 제12조).

답 ②

02

다음 설명에 해당하는 행정의 법 원칙은? 기출 23

> 행정작용은 법률에 위반되어서는 아니 되며, 국민의 권리를 제한하거나 의무를 부과하는 경우와 그 밖에 국민생활에 중요한 영향을 미치는 경우에는 법률에 근거하여야 한다.

① 비례의 원칙
② 부당결부금지의 원칙
③ 법치행정의 원칙
④ 신뢰보호의 원칙

해설

③ (○) 제시문은 법률우위의 원칙과 법률유보의 원칙을 그 내용으로 하는 법치행정의 원칙에 관한 설명에 해당한다(행정기본법 제8조).
① (×) 비례의 원칙은 행정작용에 있어서 행정목적과 행정수단 사이에는 합리적인 비례관계가 있어야 한다는 원칙을 의미한다(행정기본법 제10조).
② (×) 부당결부금지의 원칙은 행정기관이 행정권을 행사함에 있어서 그것과 실질적인 관련이 없는 반대급부를 결부시켜서는 안 된다는 원칙을 의미한다(행정기본법 제13조).
④ (×) 신뢰보호의 원칙은 행정기관의 어떠한 언동(言動)에 대해 국민이 신뢰를 갖게 된 경우 그 신뢰가 보호가치가 있는 경우 보호해 주어야 한다는 원칙을 의미한다(행정기본법 제12조).

답 ③

03

행정청은 행정작용을 할 때 상대방에게 해당 행정작용과 실질적인 관련이 없는 의무를 부과해서는 안 된다는 행정법상 원칙은? 기출 22

① 권한남용금지의 원칙
② 부당결부금지의 원칙
③ 신뢰보호의 원칙
④ 법치행정의 원칙

해설

② (○) 부당결부금지의 원칙에 관한 설명이다.
① (×) 권한남용금지의 원칙은 행정권한 행사 시 법령을 통해 규정된 공익목적에 반하여 행정권한을 행사하는 것을 금지한다는 원칙이다(행정기본법 제11조 제2항). 대법원은 권한남용금지의 원칙을 법치국가원리 또는 법치주의에 기초한 것으로 보면서, 행정법상 권한남용금지의 원칙을 민법상 권리남용금지의 원칙과 구별하여 행정법의 고유한 법 원칙으로 선언하였다(대판 2016.12.15. 2016두47659).
③ (×) 신뢰보호의 원칙은 행정청의 어떠한 선행조치에 대해 사인이 그 존속성, 정당성 등을 신뢰하여 행위를 하였을 때 사인의 신뢰가 보호가치 있는 경우에는 그 신뢰를 보호해 주어야 한다는 원칙을 말한다(행정기본법 제12조).
④ (×) 법치행정의 원칙은 행정작용은 법률에 위반되어서는 아니 되며, 국민의 권리를 제한하거나 의무를 부과하는 경우와 그 밖에 국민생활에 중요한 영향을 미치는 경우에는 법률에 근거하여야 한다는 원칙을 말한다(행정기본법 제8조).

답 ②

04

다음은 행정법관계의 특수성에 대한 설명이다. 빈칸에 들어갈 내용으로 알맞은 것은?

> 행정행위가 발해진 이후 그 행정행위가 위법하거나 공익에 적합하지 않을 때에는 행정청은 직권에 의하여 이를 취소하거나 철회할 수 있는 것이 원칙이다. 그러나 일정한 경우 행정청 자신도 직권으로 자유로이 이를 취소·변경·철회할 수 없는바, 이를 (   ) 또는 실질적 존속력이라고 한다.

① 공정력
② 불가변력
③ 불가쟁력
④ 확정력

해설
지문은 행정행위의 불가변력에 대한 내용이다.

답 ②

05

행정주체에 해당하는 것은? 기출 22

① 대통령
② 법원행정처장
③ 공무수탁사인
④ 세종특별자치시의회 의장

해설
③ (○) 공무수탁사인은 국가, 지방자치단체, 공법상 법인(공사단, 공재단, 영조물법인)과 더불어 행정주체에 해당한다.
① (×) 행정청개념에 대통령이 포섭되는지 다툼이 있으나, 통설은 행정조직법상 행정청을 행정주체의 의사를 외부에 대하여 자신의 이름으로 표시할 수 있는 행정기관으로 이해, 행정청의 개념을 좁게 설정하여 대통령을 행정소송법상 행정청으로 포섭할 수 없다는 난점이 존재한다. 반면에 대법원은 「국무회의에서 건국훈장 독립장이 수여된 망인에 대한 서훈취소를 의결하고 대통령이 결재함으로써 서훈취소가 결정된 후 국가보훈처장이 망인의 유족 甲에게 '독립유공자 서훈취소결정 통보'를 하자 甲이 국가보훈처장을 상대로 서훈취소결정의 무효 확인 등의 소를 제기한 사안」에서, 甲이 서훈취소 처분을 행한 행정청(대통령)이 아니라 국가보훈처장을 상대로 제기한 위 소는 피고를 잘못 지정한 경우에 해당하므로, 법원으로서는 석명권을 행사하여 정당한 피고로 경정하게 하여 소송을 진행해야 함에도 국가보훈처장이 서훈취소 처분을 한 것을 전제로 처분의 적법 여부를 판단한 원심판결에 법리오해 등의 잘못이 있다고 판단하여(대판 2014.9.26. 2013두2518) 서훈취소 처분의 경우 대통령을 행정청으로 판단한 듯하다.
② (×) 대법원장이 한 처분에 대한 행정소송의 피고는 법원행정처장이므로(법원조직법 제70조) 법원행정처장은 행정소송법상 행정청에 해당한다.
④ (×) 세종특별자치시는 행정주체이고, 세종특별자치시장은 행정청으로서 행정기관이며, 세종특별자치시의회는 의결기관으로서 행정기관에 해당한다. 반면에 세종특별자치시의회 의장은 행정청에도 의결기관에도 해당하지 않는다.

답 ③

제2절 행정조직법

06

정부조직법상 국무총리 소속의 중앙행정기관이 아닌 것은? 기출수정 22

① 법제처
② 질병관리청
③ 국가보훈부
④ 식품의약품안전처

해설

출제 당시에는 질병관리청만 보건복지부장관 소속으로 국무총리 소속의 중앙행정기관이 아니었으나, 2023.3.21. 정부조직법의 개정으로 국가보훈처도 국가보훈부로 개편되어 국무총리 소속이 아닌 대통령 통할하에 있는 행정각부가 되었다.

답 ②·③

07

( )에 들어갈 것으로 옳은 것은? 기출 21

> 행정청이 자기에게 주어진 권한의 일부를 법에 근거하여 타자에게 이전하여 그 자의 이름과 권한과 책임으로 특정의 사무를 처리하게 하는 것을 (   )(이)라고 한다.

① 대 결
② 위임전결
③ 권한의 대리
④ 권한의 위임

해설

④ (○) 권한의 위임이란 행정청이 법적 근거에 의하여 자신의 권한 일부를 다른 행정기관에 이전하면, 수임기관은 이전받은 권한을 자신의 권한으로서 행사하는 것을 말한다.
① (×) 대결이란 행정청이나 기타 결재권자의 부재 또는 급박한 사고발생 시 그 직무를 대리하는 자가 대신 결재하고, 사후에 결재권자에게 보고하게 하는 것을 말한다.
② (×) 위임전결(내부위임)이란 행정청이 보조기관 등에게 비교적 경미한 사무의 처리권한을 위임하여 보조기관 등이 행정청의 이름으로 그 권한을 행사하는 것을 말한다.
③ (×) 권한의 대리란 행정청의 권한 전부나 일부를 다른 행정기관이 대리기관으로서 대신 행사하고, 그 법적 효과는 피대리청(행정청)의 행위로서 발생하는 것을 말한다.

답 ④

08

행정기관에 관한 설명이다. ( )에 들어갈 올바른 용어는? 기출 24

( )이라 함은 국가의사를 결정하여 이를 자기의 이름으로 외부에 표시하는 권한을 가진 행정기관을 말한다.

① 행정관청 ② 보좌기관
③ 보조기관 ④ 집행기관

해설

① (○) 행정청은 광의로 행정관청과 행정청을 통칭하는 용어이다. 행정관청(Verwaltungsbehorde)이란 행정에 관한 국가의 의사를 결정하여 이를 외부에 표시하는 권한을 가진 행정기관을 말한다. 이러한 행정관청에 대하여 지방자치단체의 의사 또는 판단을 결정·표시하는 기관을 행정청이라 한다.
② (×) "보좌기관"이라 함은 행정기관이 그 기능을 원활하게 수행할 수 있도록 그 기관장이나 보조기관을 보좌함으로써 행정기관의 목적달성에 공헌하는 기관을 말한다(행정기관의 조직과 정원에 관한 통칙 제2조 제7호).
③ (×) "보조기관"이라 함은 행정기관의 의사 또는 판단의 결정이나 표시를 보조함으로써 행정기관의 목적달성에 공헌하는 기관을 말한다(행정기관의 조직과 정원에 관한 통칙 제2조 제6호).
④ (×) 집행기관이란 실력을 행사하여 행정청의 의사결정을 실질적으로 수행하는 기관을 말한다(경찰, 소방, 세무공무원 등).

답 ①

09

행정기관에 관한 설명으로 옳은 것은? 기출 14

① 다수 구성원으로 이루어진 합의제 행정청이 대표적인 행정청의 형태이며 지방자치단체의 경우 지방의회가 행정청이다.
② 감사기관은 다른 행정기관의 사무나 회계처리를 검사하고 그 적부에 관해 감사하는 기관이다.
③ 자문기관은 행정청의 내부 실·국의 기관으로 행정청의 권한 행사를 보좌한다.
④ 의결기관은 행정청의 의사결정에 참여하는 권한을 가진 기관이지만 행정청의 의사를 법적으로 구속하지는 못한다.

해설

② (○) 감사기관은 행정기관의 회계처리 및 사무집행을 감시하고 검사하는 권한을 가진 기관을 말한다.
① (×) 행정청은 구성원이 1인인 독임제 행정청(장관, 처장, 청장 및 지방자치단체의 장, 권한을 위임받은 행정기관)과 다수인 인 합의제 행정청(선거관리위원회, 토지수용위원회, 도시계획위원회 등 각종 위원회)으로 구분할 수 있다.★
③ (×) 자문기관은 부속기관 중 행정기관의 자문에 응하여 행정기관에 전문적인 의견을 제공하거나, 자문을 구하는 사항에 관하여 심의·조정·협의하는 등 행정기관의 의사결정에 도움을 주는 행정기관을 말한다(행정기관의 조직과 정원에 관한 통칙 제2조 제4호).★
④ (×) 의결기관은 행정청을 구속한다는 점에서 단순한 자문적 의사의 제공에 그치는 자문기관과 다르다.

답 ②

10

지방자치단체의 조직에 관한 설명으로 옳지 않은 것은? 기출 18

① 지방자치단체에 주민의 대의기관인 의회를 둔다.
② 지방자치단체의 장은 주민이 보통·평등·직접·비밀선거에 따라 선출한다.
③ 지방자치단체의 장은 법령의 범위 안에서 자치에 관한 조례를 제정할 수 있다.
④ 지방자치단체의 종류는 법률로 정한다.

해설

③ (×) 지방자치단체는 법령의 범위 안에서 그 사무에 관하여 조례를 제정할 수 있다(지방자치법 제28조 제1항 본문).★
① (○) 지방자치법 제37조
② (○) 지방자치법 제107조
④ (○) 헌법 제117조 제2항

답 ③

제3절 행정작용법

11

CHECK ◯ △ ✕

행정조직 내부에서 그 조직과 활동 등 행정의 사무처리 기준을 규율하는 일반·추상적 명령으로서 법규적 성질을 갖지 않는 것은? 기출 23

① 행정규칙
② 법규명령
③ 행정지도
④ 행정상 사실행위

해설

① (◯) 설문의 내용은 행정규칙에 관한 설명이다.
② (✕) 법규명령은 행정기관이 국민의 권리·의무에 관한 사항을 규정하는 것으로 대국민적 구속력을 갖는다.
③ (✕) 행정지도는 행정주체가 지도·조언·권고 등의 방법으로 국민이나 기타 관계자의 행동을 유도하여 그 의도하는 바를 실현하기 위하여 행하는 비권력적 사실행위이다(예 물가의 억제를 위한 지도, 장학지도, 중소기업의 기술지도 등).
④ (✕) 행정상 사실행위는 일정한 법률효과의 발생을 목적으로 하는 것이 아니라 직접적으로는 일정한 사실상의 결과만을 발생하게 하는 행정주체의 일체의 행위형식이다(예 행정지도, 공물·영조물의 설치·관리행위, 행정조사, 즉시강제, 대집행 실행행위, 쓰레기 수거, 학교 수업 등).

답 ①

12

CHECK ◯ △ ✕

행정입법에 대한 다음 설명 중 옳지 않은 것은?

① 행정입법이란 국가 또는 자치단체와 같은 행정주체가 일반적·추상적인 규범을 정립하는 작용을 말한다.
② 자치입법은 제정주체에 따라 조례, 규칙, 교육규칙으로 나뉜다.
③ 행정규칙이란 행정권이 정립하는 명령으로서 법규의 성질을 가지는 것이다.
④ 행정규칙에는 조직규칙, 근무규칙, 영조물규칙 등이 있다.

해설

법규명령이란 행정권이 정립하는 명령으로서 법규의 성질을 가지는 것을 말한다. 행정규칙은 원칙적으로 법규적 성질을 갖지 않는다.

답 ③

13

행정행위 중 의사표시를 구성요소로 하고 그 의사의 내용에 따라 법률적 효과가 발생하는 행위를 무엇이라 하는가?

① 기속행위
② 준법률주의적 행정행위
③ 법률행위적 행정행위
④ 복효적 행정행위

해설
설문은 법률행위적 행정행위에 대한 내용이다.

답 ③

14

행정행위에 관한 설명으로 옳지 않은 것은? 기출 24

① 하명과 허가는 명령적 행위에 해당한다.
② 특허와 인가는 형성적 행위에 해당한다.
③ 면제와 공법상 대리는 명령적 행위에 해당한다.
④ 확인과 공증은 준법률행위적 행정행위에 해당한다.

해설
③ (×) 면제는 명령적 행정행위에 해당하나, 공법상 대리는 형성적 행정행위에 해당한다.
① (○) 명령적 행정행위는 국민에게 특정한 의무를 명하여 자연적 자유를 제한하거나 부과된 의무를 해제하여 자연적 자유를 회복시키는 행위로서 하명, 허가, 면제가 이에 해당한다.
② (○) 형성적 행정행위는 행정객체에게 특정한 권리나 능력 등의 법률상 힘이나 포괄적 법률관계, 기타 법률상 힘을 형성시키는 행위로서 특허, 인가, 대리(공법상 대리)가 이에 해당한다.
④ (○) 준법률행위적 행정행위는 의사표시 이외의 정신작용(인식·관념 등) 등의 표시를 요소로 하고 그 법률적 효과는 행위자의 의사 여하를 불문하고 직접 법규가 정하는 바에 따라 발생하는 행위로서 확인, 공증, 통지, 수리가 이에 해당한다.

답 ③

15

법률행위적 행정행위에 해당하지 않는 것은? 기출 23

① 허 가
② 특 허
③ 통 지
④ 인 가

해설

통지는 준법률행위적 행정행위에 해당한다. 허가는 명령적 행정행위로, 특허와 인가는 형성적 행정행위로 법률행위적 행정행위에 해당한다.

핵심만콕 행정행위의 구분

법률행위적 행정행위	명령적 행위	하명, 허가, 면제
	형성적 행위	특허, 인가, 대리
준법률행위적 행정행위		확인, 공증, 통지, 수리

답 ③

16

행정청이 행정목적을 달성하기 위하여 부과한 일반적·상대적 금지를 일정한 요건을 갖춘 경우에 해제하여 일정한 행위를 적법하게 할 수 있게 하는 행정행위는? 기출 20

① 인 가
② 특 허
③ 확 인
④ 허 가

해설

④ (○) 설문이 설명하는 행정행위는 허가이다. 즉, 허가는 법령에 의하여 일반적·상대적으로 금지되어 있는 행위를 일정한 요건을 갖춘 경우에 해제하여 적법하게 할 수 있게 하는 행정행위를 말한다.
① (×) 인가는 타인의 법률적 행위를 보충하여 그 법률적 효력을 완성시켜주는 행정행위를 말한다.
② (×) 특허는 특정인에 대하여 일정한 법률적 권리나 능력, 포괄적 법률관계를 설정하는 설권적·형성적 행정행위이다.
③ (×) 확인은 준법률행위적 행정행위로 특정한 사실 또는 법률관계의 존부에 관하여 의문이 있거나 다툼이 있는 경우에 행정청이 이를 공적으로 판단하는 행위를 말한다.

답 ④

17

사인(私人)이 행정청에 대하여 어떠한 사실을 알리는 공법상의 행위는?

① 신 고
② 확 인
③ 하 명
④ 수 리

해설

신고는 사인이 공법적 효과의 발생을 목적으로 행정청에 대하여 일정한 사항을 알리는 행위를 말한다.

답 ①

18

행정작용에 관한 설명으로 옳지 않은 것을 모두 고른 것은?

ㄱ. 하명은 명령적 행정행위이다.
ㄴ. 인가는 형성적 행정행위이다.
ㄷ. 공증은 법률행위적 행정행위이다.
ㄹ. 공법상 계약은 권력적 사실행위이다.

① ㄱ, ㄴ
② ㄱ, ㄷ
③ ㄴ, ㄹ
④ ㄷ, ㄹ

해설

공증은 확인·통지·수리와 함께 준법률행위적 행정행위에 속하며, 공법상 계약은 비권력적 공법행위이다.

답 ④

19

행정청이 타인의 법률행위를 보충하여 그 행위의 효력을 완성시켜주는 행정행위의 강학상의 용어는?

① 인 가
② 면 제
③ 허 가
④ 특 허

해설

① (○) 설문은 인가에 대한 내용이다.
② (×) 법령 또는 법령에 따른 행정행위에 의해 과해진 작위·수인·급부의무를 해제하는 행정행위
③ (×) 일반적 금지(부작위의무)를 특정한 경우에 해제하여 적법하게 일정한 사실행위 또는 법률행위를 할 수 있도록 하는 행정행위
④ (×) 특정인을 위하여 새로운 법률상의 힘을 부여하는 행위

답 ①

20

행정처분의 부관에 해당하지 않는 것은? 기출 22

① 부 담
② 기 한
③ 의 제
④ 철회권의 유보

해설
행정행위의 부관의 종류에는 조건, 기한, 부담, 철회권의 유보가 있다. 의제는 부관에 해당하지 않는다.

답 ③

21

하자 있는 행정행위가 다른 행정행위의 적법요건을 갖춘 경우, 다른 행정행위의 효력발생을 인정하는 것은? 기출 17

① 하자의 승계
② 행정행위의 철회
③ 행정행위의 직권취소
④ 하자 있는 행정행위의 전환

해설
④ (○) 설문은 하자 있는 행정행위의 전환에 대한 내용이다.
① (×) 2 이상의 행정행위가 연속적으로 행하여진 경우, 선행 행정행위에 하자가 있으면 후행 행정행위에 하자가 없더라도 선행 행정행위를 이유로 하여 이를 다툴 수 있는지의 문제이다.
② (×) 하자 없이 유효하게 성립된 행정행위에 대해 공익상 그 효력을 존속시킬 수 없는 새로운 사유가 발생했을 때, 장래를 향해 그 효력을 잃게 하는 것이 행정행위의 철회이다.
③ (×) 행정행위가 일응 유효하게 성립된 후, 행정청이 그 행정행위의 성립 당시에 하자가 있음을 이유로, 원칙적으로 원래의 행위 시에 소급하여 효력을 소멸시키는 독립된 별개의 행정행위가 행정행위의 직권취소이다.

답 ④

22

행정작용 중 원칙적으로 비권력적 사실행위에 해당하는 것은? 기출 16

① 공법상 계약
② 행정상 즉시강제
③ 행정처분
④ 행정지도

해설
행정지도는 비권력적 사실행위에 해당되기 때문에 원칙적으로 처분성이 부정된다. 다만, 행정지도에 불응한 것에 대해 불이익한 처분을 받은 경우에는 그 처분에 대해 행정쟁송이 가능하다. ★

답 ④

23

행정기관이 사인으로부터 행정상 필요한 자료나 정보를 수집하기 위하여 행하는 일체의 행정작용은?

① 행정지도
② 행정조사
③ 대집행
④ 행정상 즉시강제

해설

② (○) "행정조사"란 행정기관이 정책을 결정하거나 직무를 수행하는 데 필요한 정보나 자료를 수집하기 위하여 현장조사·문서열람·시료채취 등을 하거나 조사대상자에게 보고요구·자료제출요구 및 출석·진술요구를 행하는 활동을 말한다(행정조사기본법 제2조 제1호).
① (×) "행정지도"란 행정기관이 그 소관 사무의 범위에서 일정한 행정목적을 실현하기 위하여 특정인에게 일정한 행위를 하거나 하지 아니하도록 지도, 권고, 조언 등을 하는 행정작용을 말한다(행정절차법 제2조 제3호).
③ (×) 법률(법률의 위임에 의한 명령, 지방자치단체의 조례를 포함한다)에 의하여 직접 명령되었거나 또는 법률에 의거한 행정청의 명령에 의한 행위로서 타인이 대신하여 행할 수 있는 행위를 의무자가 이행하지 아니하는 경우 다른 수단으로써 그 이행을 확보하기 곤란하고 또한 그 불이행을 방치함이 심히 공익을 해할 것으로 인정될 때에는 당해 행정청은 스스로 의무자가 하여야 할 행위를 하거나 또는 제3자로 하여금 이를 하게 하여 그 비용을 의무자로부터 징수할 수 있는데(행정대집행법 제2조), 이를 행정대집행이라 한다.
④ (×) 행정상 즉시강제는 급박한 행정상의 장애를 제거할 필요가 있는 경우에 미리 의무를 명할 시간적 여유가 없거나 성질상 의무를 명해서는 행정 목적 달성이 곤란할 경우에 행정청이 곧바로 국민의 신체 또는 재산에 실력을 행사하여 행정목적을 달성하는 것을 말한다(행정기본법 제30조 제1항 제5호).

답 ②

24

행정청이 어떠한 처분을 하기 전에 당사자 등의 의견을 직접 듣고 증거를 조사하는 절차는?

① 청 문
② 사전통지
③ 의견제출
④ 행정조사

해설

① (○) "청문"이란 행정청이 어떠한 처분을 하기 전에 당사자등의 의견을 직접 듣고 증거를 조사하는 절차를 말한다(행정절차법 제2조 제5호).
② (×) "사전통지"란 행정청이 당사자에게 의무를 부과하거나 권익을 제한하는 처분을 하는 경우에 미리 일정한 사항을 당사자 등에게 통지하는 것을 말한다(행정절차법 제21조).
③ (×) "의견제출"이란 행정청이 어떠한 행정작용을 하기 전에 당사자등이 의견을 제시하는 절차로서 청문이나 공청회에 해당하지 아니하는 절차를 말한다(행정절차법 제2조 제7호).
④ (×) "행정조사"란 행정기관이 정책을 결정하거나 직무를 수행하는 데 필요한 정보나 자료를 수집하기 위하여 현장조사·문서열람·시료채취 등을 하거나 조사대상자에게 보고요구·자료제출요구 및 출석·진술요구를 행하는 활동을 말한다(행정조사기본법 제2조 제1호).

답 ①

25

의무자가 행정상 의무 중 금전급부의무를 이행하지 아니하는 경우 행정청이 의무자의 재산에 실력을 행사하여 그 행정상 의무가 실현된 것과 같은 상태를 실현하는 행정상 강제 수단은? 기출 23

① 과징금
② 강제징수
③ 과태료
④ 이행강제금

해설

② (○) 설문은 행정상 강제집행 중 강제징수에 관한 설명이다. 미납된 세금의 강제징수를 그 예로 들 수 있다.
① (×) 행정상의 제재 수단으로써 과징금은 행정벌(행정형벌, 행정질서벌) 이외의 금전상의 제재이다.
③ (×) 과태료는 행정벌 중 행정질서벌에 해당하는 행정상의 제재 수단이다.
④ (×) 이행강제금(집행벌)은 행정상 강제집행에 해당하는 행정강제이다.

답 ②

26

행정청이 건물의 철거 등 대체적 작위의무의 이행과 관련하여 의무자가 행할 작위를 스스로 행하거나 또는 제3자로 하여금 이를 행하게 하고 그 비용을 의무자로부터 징수하는 행정상의 강제집행 수단은? 기출 18

① 행정대집행
② 행정벌
③ 직접강제
④ 행정상 즉시강제

해설

행정상 강제집행 수단 중 대체적 작위의무의 불이행에 대하여 행정청이 의무자가 행할 작위를 스스로 행하거나 제3자로 하여금 이를 행하게 하고 그 비용을 의무자로부터 징수하는 것은 행정대집행이다.

답 ①

27

행정상 사실행위에 해당하는 것은? 기출 21

① 건축허가
② 도로포장
③ 운전면허
④ 허가취소

해설

도로포장은 행정상 사실행위, 건축허가·운전면허·허가취소는 행정행위(행정처분)에 해당한다.

핵심만콕

행정상 사실행위의 의의

행정상 사실행위란 행정행위, 공법상 계약, 확약 등의 법적 행위와 같이 일정한 법적 효과의 발생을 의도하는 행위가 아니라 단순히 사실상의 결과실현(예 도로청소, 불법건축물의 철거, 불법감시 등)을 목적으로 하는 일체의 행위형식을 의미한다.

행정상 사실행위의 종류

내부적 사실행위와 외부적 사실행위	**내부적 사실행위**는 행정조직 내부에서 행정사무의 처리에 관한 사실행위를 말하나(예 문서작성, 장부정리 등), **외부적 사실행위**는 대외적으로 국민과의 관계에서 행정목적의 실현을 구현하기 위한 구체적 행정활동과 관련하여 행하여지는 사실행위를 의미한다(예 폐기물수거, 행정지도, 공공시설의 설치·관리 등).
정신적 사실행위와 물리적 사실행위	**정신적 사실행위**는 인간의식의 표시가 수반되어 행하여지는 사실행위를 말하나(예 상담, 안내, 행정지도 등), **물리적 사실행위**는 인간의식의 표시가 수반되지 아니하고 단순히 물리적 행위로만 행하여지는 사실행위를 말한다(예 공공시설의 설치·관리 등).
집행적 사실행위와 독립적 사실행위	**집행적 사실행위**는 법적 행위를 집행하기 위하여 행하여지는 사실행위를 말하나(예 무허가건물의 강제철거, 전염병환자의 강제격리 등), **독립적 사실행위**는 법적 행위의 집행과는 무관한 사실행위를 말한다(예 행정지도, 도로의 보수공사 등).
권력적 사실행위와 비권력적 사실행위	**권력적 사실행위**는 공권력의 행사로써 특정 법적 행위를 집행하기 위한 사실행위를 말하나(**집행적 사실행위**), **비권력적 사실행위**는 공권력의 행사와는 무관한 사실행위를 말한다(**정신적 사실행위·물리적 사실행위**).
공법적 사실행위와 사법적 사실행위	공법적 사실행위와 사법적 사실행위는 행정상 사실행위가 공·사법 중 어느 것의 규율을 받는가에 따른 분류로, **이러한 분류는 권리구제방법에 있어서 실익이 있다.** 즉, 공법적 사실행위로 인하여 손해를 입은 자는 국가배상법에 의한 손해배상을 청구할 수 있으나, 사법적 사실행위로 인하여 손해를 입은 자는 민법에 의한 손해배상을 청구하여야 한다.

〈참고〉 정하중, 「행정법개론」, 법문사, 2020, P. 330~331

답 ②

제4절 행정구제법

28

국가배상에 관한 다음 설명 중 맞는 것은? 기출 06

① 도로건설을 위해 자신의 토지를 수용당한 개인은 국가배상청구권을 가진다.
② 공무원이 직무수행 중에 적법하게 타인에게 손해를 입힌 경우 국가가 배상책임을 진다.
③ 도로·하천 등의 설치 또는 관리에 하자가 있어 손해를 받은 개인은 국가배상을 청구할 수 있다.
④ 공무원은 어떤 경우에도 국가배상청구권을 행사할 수 없다.

[해설]

③ (○) 도로·하천 등의 설치 또는 관리의 하자로 인한 손해에 대하여는 국가 또는 지방자치단체는 국가배상법 제5조의 영조물책임을 진다. ★
① (×) 도로건설을 위해 토지를 수용당한 경우에는 위법한 국가작용이 아니라 적법한 국가작용이므로 개인은 손실보상청구권을 갖는다. ★
② (×) 공무원이 직무수행 중에 적법하게 타인에게 손해를 입힌 경우 국가는 배상책임이 없다. ★
④ (×) 공무원도 국가배상법 제2조나 동법 제5조상의 요건을 갖추면 국가배상청구권을 행사할 수 있다. 다만, 군인·군무원·경찰공무원 또는 예비군대원의 경우에는 일정한 제한이 있다. ★

답 ③

29

관할행정청 甲이 乙의 경비업 허가신청에 대해 거부처분을 한 경우, 이에 불복하는 乙이 제기할 수 있는 행정심판은? 기출 10

① 당사자심판
② 부작위위법확인심판
③ 거부처분부당확인심판
④ 의무이행심판

[해설]

을(乙)은 의무이행심판 청구를 통하여 관할행정청의 거부처분에 대해 불복의사를 제기할 수 있다. 의무이행심판은 당사자의 신청에 대한 행정청의 위법 또는 부당한 거부처분이나 부작위에 대하여 일정한 처분을 하도록 하는 행정심판을 말한다(행정심판법 제5조 제3호).

답 ④

30

행정청의 처분 등이나 부작위에 대하여 제기하는 행정소송은? 기출 20

① 항고소송
② 기관소송
③ 민중소송
④ 당사자소송

해설

① (○) 항고소송은 행정청의 처분 등이나 부작위에 대하여 제기하는 소송이다(행정소송법 제3조 제1호).
② (×) 기관소송은 국가 또는 공공단체의 기관 상호 간에 있어서의 권한의 존부 또는 그 행사에 관한 다툼이 있을 때에 이에 대하여 제기하는 소송이다. 다만, 헌법재판소법 제2조의 규정에 의하여 헌법재판소의 관장사항으로 되는 소송은 제외한다(행정소송법 제3조 제4호).
③ (×) 민중소송은 국가 또는 공공단체의 기관이 법률에 위반되는 행위를 한 때에 직접 자기의 법률상 이익과 관계없이 그 시정을 구하기 위하여 제기하는 소송이다(행정소송법 제3조 제3호).
④ (×) 당사자소송은 행정청의 처분 등을 원인으로 하는 법률관계에 관한 소송 그 밖에 공법상의 법률관계에 관한 소송으로서 그 법률관계의 한쪽 당사자를 피고로 하는 소송이다(행정소송법 제3조 제2호).

답 ①

31

행정소송법상 항고소송의 종류로 옳지 않은 것은?

① 취소소송
② 무효등확인소송
③ 당사자소송
④ 부작위위법확인소송

해설

당사자소송은 행정소송법상 항고소송의 종류에 해당되지 않는다.

관계법령 항고소송(행정소송법 제4조)

항고소송은 다음과 같이 구분한다.
1. 취소소송 : 행정청의 위법한 처분 등을 취소 또는 변경하는 소송
2. 무효등확인소송 : 행정청의 처분 등의 효력 유무 또는 존재여부를 확인하는 소송
3. 부작위위법확인소송 : 행정청의 부작위가 위법하다는 것을 확인하는 소송

답 ③

32

다음 설명에 해당하는 행정소송은 무엇인가?

> 국가 또는 공공단체의 기관이 법률에 위반되는 행위를 한 때에 직접 자기의 법률상 이익과 관계없이 그 시정을 구하기 위하여 제기하는 소송

① 항고소송
② 당사자소송
③ 민중소송
④ 기관소송

해설
민중소송에 관한 설명이다. 민중소송은 당사자 사이의 구체적인 권리와 의무에 관한 분쟁의 해결을 위한 것이 아니라는 점에서 객관적 소송이자, 법률이 규정하고 있는 경우에 한하여 제기할 수 있다는 점에서 법정주의를 취한다.

답 ③

33

다음은 행정쟁송절차이다. ( ) 안에 해당되는 말의 순서로 알맞은 것은? 기출문제

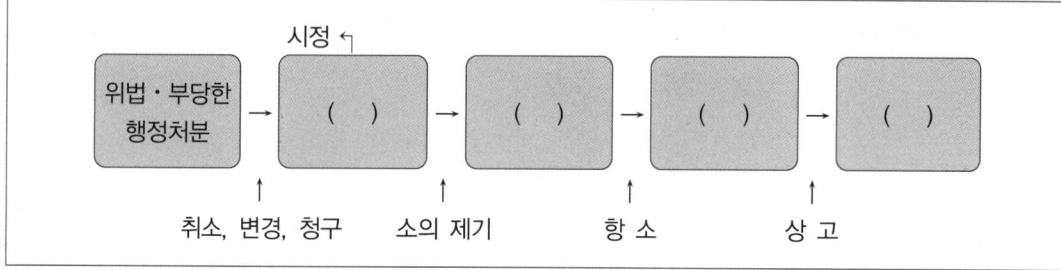

① 지방법원 → 고등법원 → 대법원 → 헌법재판소
② 고등법원 → 대법원 → 행정기관 → 헌법재판소
③ 당해 행정관청 → 행정법원 → 고등법원 → 대법원
④ 상급감독관청 → 지방법원 → 대법원 → 헌법재판소

해설
행정소송의 제1심 관할은 행정법원이다. ★

답 ③

할 수 있다고 믿어라.
그러면 이미 반은 성공한 것이다.

− 시어도어 루즈벨트 −

PART 02

민간경비론

CHAPTER 01 민간경비 개설
CHAPTER 02 세계 각국의 민간경비
CHAPTER 03 민간경비의 환경
CHAPTER 04 민간경비의 조직
CHAPTER 05 경비와 시설보호의 기본원칙
CHAPTER 06 컴퓨터 범죄 및 안전관리
CHAPTER 07 민간경비산업의 과제와 전망

CHAPTER 01 민간경비 개설

제1절 민간경비와 공경비

01 CHECK ⭕️△✖️

민간경비의 개념에 관한 설명으로 옳지 않은 것은? 기출 24

① 실질적 개념 : 민간경비는 경찰이 수행하는 경비활동과 본질적으로 차이가 있다.
② 형식적 개념 : 경비의 주체를 공적 주체와 사적 주체로 명확하게 구분한다.
③ 대륙법계 개념 : 민간경비는 국가의 지도·감독하에 제한적인 기능만을 담당한다.
④ 영미법계 개념 : 민간경비의 업무범위가 경찰과 유사하나 집행 권한에 차이가 있다.

해설

① (✕) 실질적 개념의 민간경비는 고객의 생명과 신체에 대한 위해를 방지하고 재산을 보호하는 제반활동으로 인식되므로 공공의 안녕과 질서유지 등 공경비가 수행하는 경비활동과 본질적인 차이가 없다. 다만, 경비활동의 주체가 민간과 국가라는 차이만 있을 뿐이다.
② (○) 형식적 개념의 민간경비는 경비업법에 의해 허가받은 법인이 경비업법상의 업무를 수행하는 활동을 의미하고, 임무 수행 주체에 따라 공경비와 민간경비를 명확하게 구별한다.
③ (○) 대륙법계는 전통적으로 국가권력의 우월적 지위를 인정하므로 민간경비는 국가(경찰)의 지도·감독하에 관련법규에 한정된 소극적 역할을 맡았고 사전적·예방적 기능만을 제한적으로 담당한다.
④ (○) 영미법계는 실질적 개념의 민간경비로 이해하고 민간경비와 공경비의 업무범위가 유사하나, 법 집행 권한에 대한 차이가 있다고 하였다. 일반적으로 영미법계 민간경비원은 대륙법계 민간경비원에 비해 그 권한이 많다고 할 수 있다.

답 ①

02 CHECK ⭕️△✖️

민간경비의 실질적 개념에 관한 설명으로 옳지 않은 것은? 기출 21

① 경비업법에 의하여 허가받은 법인이 경비업법상 규정된 업무를 수행하는 경비활동이다.
② 민간경비뿐만 아니라 지역 내 자율방범대 및 개인적 차원 등에서 이루어지는 범죄예방 관련 제반활동이다.
③ 민간차원에서 수행하는 개인 및 집단의 생명과 신체에 대한 위해방지, 재산보호 등과 관련된 활동이다.
④ 정보보호, 사이버보안은 실질적 개념의 민간경비에 속한다.

해설

①은 민간경비의 형식적 개념에 관한 설명이다.

답 ①

03

민간경비에 관한 설명으로 옳은 것은? 기출 18

① 영리성을 갖는다.
② 불특정다수의 시민이 수혜대상이다.
③ 사전예방과 법집행을 한다.
④ 공권력을 추구한다.

해설
민간경비업은 영리성(경제적 이익)을 그 특징으로 하지만 공공성도 요구된다. 또한 특정고객을 수혜대상으로 하며, 사전예방적 기능을 주요 임무로 하나 법집행은 공경비의 영역이다.

답 ①

04

민간경비의 개념에 관한 설명으로 옳지 않은 것은? 기출 14

① 민간경비는 일반통치권에 근거하는 활동이다.
② 민간경비와 공경비는 모두 범죄예방 역할을 수행한다.
③ 현재 우리나라에는 경찰관 신분을 가진 민간경비원이 없다.
④ 국가는 민간경비의 제공 주체에 포함되지 않는다.

해설
공경비는 일반통치권에 근거하며, 민간경비는 위탁자의 사권에 근거하는 활동이다.

답 ①

05

민간경비의 주요 임무로 옳지 않은 것은? 기출 21

① 질서유지활동
② 범죄수사활동
③ 위험방지활동
④ 범죄예방활동

해설
민간경비의 주요 임무는 범죄예방업무, 질서유지업무, 위험방지업무 기타 경비업법상 경비업무이다. 범죄수사활동은 공경비의 주요 임무로, 민간경비와 가장 구별되는 임무 중 하나이다.

답 ②

06

민간경비업무에 관한 내용으로 옳지 않은 것은? 기출 20

① 시설경비를 실시함으로써 절도, 강도 등의 범죄 억제효과 및 수사를 통한 피해회복
② 대규모 행사장의 혼잡을 적절하게 해소하여 참가자의 안전 확보에 기여
③ 국내외의 정치·경제·체육계 요인 등을 경호함으로써 사회불안과 혼란을 미연에 방지
④ 국가중요시설의 경비업무를 담당하여 국민의 불안을 경감하고 불법 가해행위를 미연에 방지

해설

민간경비의 경우, 시설경비를 실시함으로써 절도, 강도 등의 범죄 억제효과를 가질 수 있으나, 범죄수사 등 법집행 권한이 없어 수사를 통한 피해회복은 불가능하다.

답 ①

07

경비업무 중 '경비를 필요로 하는 시설 및 장소에서의 도난·화재 그 밖의 혼잡 등으로 인한 위험발생 방지업무'에 해당하는 것은? 기출 21

① 호송경비업무
② 시설경비업무
③ 특수경비업무
④ 기계경비업무

해설

경비업법상 경비업무는 시설경비업무, 호송경비업무, 신변보호업무, 기계경비업무, 특수경비업무, 혼잡·교통유도경비업무 6종으로(경비업법 제2조 제1호), 설문은 시설경비업무에 대한 내용이다.

관계법령 정의(경비업법 제2조)

이 법에서 사용하는 용어의 정의는 다음과 같다. 〈개정 2024.1.30.〉
1. "경비업"이라 함은 다음 각목의 1에 해당하는 업무(이하 "경비업무"라 한다)의 전부 또는 일부를 도급받아 행하는 영업을 말한다.
    가. 시설경비업무 : 경비를 필요로 하는 시설 및 장소(이하 "경비대상시설"이라 한다)에서의 도난·화재 그 밖의 혼잡 등으로 인한 위험발생을 방지하는 업무
    나. 호송경비업무 : 운반 중에 있는 현금·유가증권·귀금속·상품 그 밖의 물건에 대하여 도난·화재 등 위험발생을 방지하는 업무
    다. 신변보호업무 : 사람의 생명이나 신체에 대한 위해의 발생을 방지하고 그 신변을 보호하는 업무
    라. 기계경비업무 : 경비대상시설에 설치한 기기에 의하여 감지·송신된 정보를 그 경비대상시설 외의 장소에 설치한 관제시설의 기기로 수신하여 도난·화재 등 위험발생을 방지하는 업무
    마. 특수경비업무 : 공항(항공기를 포함한다) 등 대통령령이 정하는 국가중요시설(이하 "국가중요시설"이라 한다)의 경비 및 도난·화재 그 밖의 위험발생을 방지하는 업무
    바. 혼잡·교통유도경비업무 : 도로에 접속한 공사현장 및 사람과 차량의 통행에 위험이 있는 장소 또는 도로를 점유하는 행사장 등에서 교통사고나 그 밖의 혼잡 등으로 인한 위험발생을 방지하는 업무

답 ②

08

CHECK ○ △ ✕

경비업법상 규정된 경비업무에 관한 설명으로 옳지 않은 것은? 기출 19

① 특수경비업무 : 운반 중에 있는 현금·유가증권·귀금속·상품 그 밖의 물건에 대하여 도난·화재 등 위험발생 방지
② 시설경비업무 : 경비를 필요로 하는 시설 및 장소에서의 도난·화재 그 밖의 혼잡 등으로 인한 위험발생 방지
③ 신변보호업무 : 사람의 생명이나 신체에 대한 위해의 발생을 방지하고 그 신변을 보호
④ 기계경비업무 : 경비대상시설에 설치한 기기에 의하여 감지·송신된 정보를 그 경비대상시설 외의 장소에 설치한 관제시설의 기기로 수신하여 도난·화재 등 위험발생 방지

[해설]
①은 특수경비업무가 아니라 호송경비업무에 대한 설명이다.

답 ①

09

CHECK ○ △ ✕

경비업법에 규정된 업무 유형이 아닌 것은? 기출 17

① 특수경비업무
② 기계경비업무
③ 민간조사업무
④ 호송경비업무

[해설]
경비업법상 규정된 경비업무는 시설경비업무, 호송경비업무, 신변보호업무, 기계경비업무, 특수경비업무, 혼잡·교통유도경비업무이다. 경비업법상 민간조사업무는 경비업무의 한 영역이라 보기 어려우며, 경비업법상 민간조사원이 별도로 규정되어 있지 않다. 또한 우리나라에서는 민간조사제도도 하나의 정형화된 형식을 갖추고 제도적으로 정착되어 운영되고 있지 않다.

답 ③

10

민간경비의 특성으로 옳지 않은 것은? 기출 17

① 영리성을 추구하지만 공공성은 배제된다.
② 국가마다 제도적 차이가 있다.
③ 범죄발생의 사전 예방적 기능을 주요 임무로 한다.
④ 서비스 제공 책임은 고객과의 계약관계를 통해 형성된다.

해설

민간경비업은 영리성(경제적 이익)을 그 특징으로 하지만 공공성이 요구된다. 민간경비가 수행하는 치안서비스가 공공서비스로서 원래는 국가가 수행하여야 하나 민간부문이 대신하여 치안서비스를 제공함으로서 공공성을 가지고 있다는 것을 의미한다.

답 ①

11

우리나라 민간경비서비스의 특성에 관한 설명으로 옳지 않은 것은? 기출 14

① 제공 대상은 비용을 지불할 수 있는 특정고객에 한정된다.
② 제공 내용은 특정고객의 이익을 만족시키기 위한 것이다.
③ 제공 책임은 특정고객과의 계약관계를 통해서 형성된다.
④ 제공 주체가 되려는 자는 관할관청에 신고하여야 한다.

해설

민간경비업의 설립은 처음부터 허가제였고 지금도 허가제를 유지하고 있다. 경비업법 제4조 제1항에서 경비업을 영위하고자 하는 법인은 도급받아 행하고자 하는 경비업무를 특정하여 그 법인의 주사무소의 소재지를 관할하는 시·도 경찰청장의 허가를 받아야 한다고 규정하고 있다.

답 ④

12

순수공공재 이론에서 "치안서비스라는 재화는 이용 또는 접근에 대해서 제한할 수 없다"는 내용에 해당하는 것은? 기출 21

① 비경합성
② 비배제성
③ 비거부성
④ 비순수성

해설

머스그레이브(Musgrave)는 순수공공재의 기준으로서 비경합성, 비배제성, 비거부성을 제시하였는데, 설문은 비배제성에 대한 내용이다.

> **핵심만콕** 순수공공재 이론의 특성(기준)
>
> - 비경합성(공동소비) : 어떤 서비스를 소비할 때 한 사람이 그 서비스를 소비하더라도 다른 사람의 소비기회가 줄어들지 않음을 의미하는데, "치안서비스의 이용에 있어서 추가이용자의 추가비용이 발생하지 않는다"는 것을 내용으로 한다.
> - 비배제성 : 어떤 서비스를 소비할 때 생산비를 부담하지 않은 사람이라 해도 그 서비스의 소비에서 배제시킬 수 없음을 의미하는데, "치안서비스라는 재화는 이용 또는 접근에 대해서 제한할 수 없다"는 것을 내용으로 한다.
> - 비거부성 : 어떤 서비스가 공급될 때 모든 사람이 자신의 의지와는 상관없이 그 서비스를 소비하게 됨을 의미하는데, "치안서비스의 객체인 시민들은 서비스의 이용에 대한 선택권이 없다"는 것을 내용으로 한다.

답 ②

13

치안서비스의 순수공공재 이론 중 다음 내용에 해당되는 특성은? 기출 15

> 치안서비스의 이용에 있어서 '추가 이용자의 추가 비용이 발생하지 않는다.'

① 비배제성
② 비경합성
③ 비거부성
④ 비한정성

해설

제시된 내용에 해당되는 특성은 비경합성으로, 어떤 서비스를 소비할 때 한 사람이 그 서비스를 소비하더라도 다른 사람의 소비기회가 줄어들지 않음을 의미한다.

답 ②

제2절 민간경비와 공경비의 제관계

14
민간경비와 공경비를 구분하는 기준으로서 경비서비스 항목이 아닌 것은? 기출 24

① 기 능
② 역 할
③ 전달조직
④ 적법성

해설
민간경비와 공경비를 구분하는 기준으로서 경비서비스 항목은 투입, 역할 및 기능, 서비스 대상, 전달조직, 산출이 있다. 적법성은 민간경비와 공경비를 구분하는 기준으로서 경비서비스 항목에 해당하지 않는다.

핵심만콕 공경비와 민간경비의 관계

경비서비스	공경비	민간경비
투 입	시 민	고 객
역할 및 기능	범죄대응	범죄예방
서비스 대상	일반시민	특정고객
전달조직	정 부	영리기업
산 출	법 집행 및 범인체포	손실감소 및 재산보호

〈출처〉 이윤근, 「민간경비원론」, 엑스퍼트, 2001, P. 5(김두현·박형규, 「신민간경비론」, 솔과학, 2018, P. 17에서 재구성)

답 ④

15
민간경비와 공경비의 관계에 관한 다음 대화 중 옳은 설명을 한 사람은? 기출 24

- 김하나 : 공경비의 주체는 영리 기업이야.
- 배성진 : 민간경비는 모든 시민을 상대로 경비업무를 수행하지.
- 박서연 : 아니야, 민간경비는 특정고객을 대상으로 경비업무를 수행해.
- 정수혁 : 민간경비는 법 집행 및 범죄 수사를 하지.

① 김하나
② 배성진
③ 박서연
④ 정수혁

해설
- 박서연 : (O), 배성진 : (×) 공경비는 일반시민(모든 시민)을 상대로 경비업무를 수행하고 민간경비는 특정고객을 상대로 경비업무를 수행한다.
- 김하나 : (×) 공경비의 주체는 정부(경찰)이고 민간경비의 주체는 영리 기업이다.
- 정수혁 : (×) 공경비는 법 집행 및 범죄 수사(범인체포)를 하고 민간경비는 손실감소 및 재산보호를 한다.

답 ③

16

민간경비와 공경비에 관한 내용으로 옳지 않은 것은? 기출 23

① 민간경비와 공경비의 영역이 뚜렷하고 확실하게 구분되는 것은 아니다.
② 범죄와 관련한 치안서비스를 제공한다는 점에서 민간경비와 공경비의 역할은 유사하다.
③ 민간경비와 공경비 모두 의뢰자로부터 받은 대가 내지 보수만큼만 자신의 역할과 기능을 수행한다.
④ 사회가 다원화되면서 민간경비의 중요성이 강조되고 있다.

[해설]
공경비는 주로 공공의 이익을 위해 행해지나, 민간경비는 특정한 의뢰인을 위해 행해진다.

답 ③

17

민간경비와 공경비에 관한 설명으로 옳지 않은 것은? 기출 22

① 민간경비는 공경비와 상호관련성을 가진다.
② 경비업법상 공항 등(항공기 포함하지 않음) 국가중요시설의 경비 및 도난·화재 그 밖의 위험발생을 방지하는 것은 민간경비의 업무이다.
③ 영미법계 국가의 민간경비원이 대륙법계 민간경비원보다 폭넓은 권한을 행사한다.
④ 민간경비는 범죄예방을 임무로 하지만, 경비대상이 공경비와 구별된다.

[해설]
경비업법상 법인이 수행할 수 있는 민간경비의 업무는 시설경비업무, 호송경비업무, 신변보호업무, 기계경비업무, 특수경비업무, 혼잡·교통유도경비업무를 들 수 있다. 이 중 특수경비업무는 공항(항공기를 포함한다) 등 대통령령이 정하는 국가중요시설(이하 "국가중요시설"이라 한다)의 경비 및 도난·화재 그 밖의 위험발생을 방지하는 업무를 말한다(경비업법 제2조 제1호 라목).

핵심만콕 공경비와 민간경비의 비교★★

구 분	공경비(경찰)	민간경비(개인 또는 경비업체)
대 상	일반국민(시민)	계약당사자(고객)
임 무	범죄예방 및 범죄대응	범죄예방
공통점	범죄예방 및 범죄감소, 위험방지, 질서유지	
범 위	일반(포괄)적 범위	특정(한정)적 범위
주 체	정부(경찰)	영리기업(민간경비회사 등)
목 적	법집행(범인체포 및 범죄수사·조사)	개인의 재산보호 및 손실감소
제약조건	강제력 있음	강제력 사용에 제약 있음
권한의 근거	통치권	위탁자의 사권(私權)

답 ②

18

민간경비와 공경비의 관계에 관한 설명으로 옳지 않은 것은? 기출 22

① 민간경비원의 신분은 민간인과 동일하게 취급한다.
② 공경비의 한계는 민간경비 성장의 발판이 되었다.
③ 민간경비는 공익보호를 목적으로 하며 법령에 의한다.
④ 민간경비는 공경비에 비해 사전적·특정적·제한적 활동을 하는 특징을 가진다.

해설
민간경비는 사익보호(개인의 재산보호 및 손실감소)를 목적으로 하며, 민간경비의 법률관계는 경비 도급계약에 의한다.

답 ③

19

민간경비와 공경비의 차이점에 관한 설명으로 옳지 않은 것은? 기출 21

① 민간경비의 주체는 민간기업이고, 공경비의 주체는 정부이다.
② 민간경비는 고객지향적 서비스이고, 공경비는 시민지향적 서비스이다.
③ 민간경비의 목적은 고객의 범죄예방 및 손실보호이고, 공경비의 목적은 국민의 안녕과 질서유지이다.
④ 민간경비의 임무는 범죄예방이고, 공경비의 임무는 범죄대응에 국한된다.

해설
공경비의 임무에는 범죄대응뿐만 아니라 범죄예방 등도 포함된다.

답 ④

20

민간경비에 관한 설명으로 옳지 않은 것은? 기출 20

① 민간경비의 역할은 범죄예방 및 손실감소이다.
② 민간경비원은 현행범을 영장 없이 체포할 수 있다.
③ 민간경비의 주체는 영리기업이다.
④ 민간경비업자는 불특정 다수인에게 경비서비스를 제공할 의무가 있다.

해설
민간경비는 불특정 다수인이 아니라 계약 당사자인 특정고객에게 경비서비스를 제공할 의무가 있다.

답 ④

제3절 민간경비 성장의 이론적 배경

21

민간경비의 성장에 관한 이론적 설명으로 옳지 않은 것은? 기출 23

① 경제환원이론은 경기변동의 영향을 받아 민간경비가 성장한다는 이론이다.
② 공동생산이론은 경찰과 민간이 치안서비스를 공동으로 생산한다는 이론이다.
③ 공동화이론은 공경비 자원의 한계로 발생하는 치안서비스 수요의 공백을 민간경비가 채워준다는 이론이다.
④ 이익집단이론은 공동화이론과 유사하나 공경비가 독립적 행위자로서의 고유영역을 가진다는 점을 강조한 이론이다.

해설

이익집단이론은 경제환원론적 이론이나 공동화이론을 부정하는 입장에서 '그냥 내버려두면 보호받지 못한 채로 방치될 만한 재산을 민간경비가 보호한다'는 이론으로, 민간경비도 자신의 집단적 이익을 극대화하기 위해 규모를 팽창시키고 새로운 규율이나 제도를 창출시키는 등의 노력을 해야 한다고 주장한다.

핵심만콕 민간경비 성장의 이론적 배경★★

- **경제환원론** : 특정한 사회현상이 직접적으로는 경제와 무관한 것임에도 불구하고 그 발생원인을 경제문제에서 찾으려는 이론으로, 경기침체로 인해 실업자가 늘어나면 자연적으로 범죄가 증가하고, 이에 민간경비가 직접 범죄에 대응하게 됨으로써 민간경비시장이 성장·발전한다고 주장한다.
- **공동화이론** : 경찰이 수행하고 있는 경찰 본연의 기능이나 역할을 민간경비가 보완·대체한다는 이론으로, 경찰의 범죄예방능력이 국민의 욕구를 충족시키지 못할 때의 공동상태(Gap)를 민간경비가 보충함으로써 민간경비시장이 성장한다고 주장한다.★
- **이익집단이론** : 경제환원론적 이론이나 공동화이론을 부정하는 입장에서 '그냥 내버려 두면 보호받지 못한 채로 방치될 만한 재산을 민간경비가 보호한다'는 이론으로, 민간경비도 자신의 집단적 이익을 극대화하기 위해 규모를 팽창시키고 새로운 규율이나 제도를 창출시키는 등의 노력을 해야 한다고 주장한다.★
- **수익자부담이론** : 자본주의사회에 있어 경찰의 공권력 작용은 원칙적으로 거시적 측면에서 질서유지나 체제수호 등과 같은 역할과 기능으로 한정시키고, 사회구성원 개개인 차원이나 여타 집단과 조직 등의 안전과 보호는 결국 해당 개인이나 조직이 담당하여야 한다는 인식에 기초한 이론이다.★
- **민영화이론** : 1980년대 이후 복지국가의 이념에 대한 반성으로서 국가독점에 의한 비효율성을 극복하고자 시장경쟁논리를 도입한 이론으로, 민영화는 공공지출과 행정비용의 감소효과를 유발하기 위한 방법이다.
- **공동생산이론** : 민간경비를 공경비의 보조적 차원이 아닌 주체적 차원으로 인식하는 이론으로, 경찰이 안고 있는 한계를 일부 극복하고, 시민의 안전욕구를 증대시키기 위해 민간부문의 능동적 참여를 다각적으로 유도한다.

답 ④

22

甲과 乙의 대화내용에 해당하는 민간경비의 이론적 배경이 올바르게 연결된 것은? 기출 22

> 甲 : "경찰의 역할 수행은 사실상 근본적으로 한정적일 수밖에 없어."
> 乙 : "그래. 이제는 민간경비도 자체적인 고유한 영역을 가져야 한다고 생각해."

ㄱ. 민영화이론
ㄴ. 경제환원론
ㄷ. 이익집단이론
ㄹ. 수익자부담이론
ㅁ. 공동생산이론

① 甲 - ㄱ, 乙 - ㄷ
② 甲 - ㄱ, 乙 - ㅁ
③ 甲 - ㄴ, 乙 - ㄱ
④ 甲 - ㅁ, 乙 - ㄷ

해설

甲은 경찰이 안고 있는 한계를 일부 극복하고, 시민의 안전욕구를 증대시키기 위해 민간부문의 능동적 참여를 다각적으로 유도하는 공동생산이론(ㅁ)과 연결되며, 乙은 민간경비도 자신의 집단적 이익을 극대화하기 위해 규모를 팽창시키고 새로운 규율이나 제도를 창출시키는 등의 노력을 해야 한다고 주장하는 이익집단이론(ㄷ)과 연결된다.

답 ④

23

민간경비의 성장이론과 그 내용의 연결이 옳지 않은 것은? 기출 20

① 비용공동부담이론 - 경기 침체로 인해 실업자가 증가하면 범죄율이 증가하고 민간경비의 발전으로 이어진다는 이론
② 수익자부담이론 - 경찰의 공권력 작용은 질서유지나 체제수호 등과 같은 거시적 역할에 한정하고 개인이나 집단의 안전과 보호는 해당 개인이나 집단이 담당하여야 한다는 이론
③ 공동화이론 - 경찰이 수행하고 있는 본연의 기능이나 역할을 민간경비가 보완하거나 대체하면서 성장했다는 이론
④ 이익집단이론 - '그냥 내버려두면 보호받지 못한 채로 방치될 재산을 민간경비가 보호한다'는 시각에서 출발한 이론

해설

경기 침체로 인해 실업자가 증가하면 범죄율이 증가하고 민간경비의 발전으로 이어진다는 이론은 경제환원론에 대한 내용이다. 비용공동부담이론은 민간경비의 성장이론과 직접적인 관련이 없는 이론이다.

답 ①

24

다음 글에 해당하는 민간경비의 성장배경이론은?

> 민간경비산업의 성장 원인을 실업의 증가에서 찾는 견해가 있다. 이 견해는 민간경비산업의 성장을 범죄의 증가에 따른 직접적 대응이라는 전제하에서 출발하고 있으며, 특히 거시적 차원에서 범죄의 증가는 실업의 증가가 그 원인이라는 것이다. 이러한 견해에 대해서 모든 원인을 경제문제로 몰아가는 단순논리에 비롯되었다는 비판이 있으며, 또한 경기침체와 민간경비의 성장과는 직접적인 관련성이 적다는 주장도 제기되고 있다.

① 공동화이론
② 이익집단이론
③ 경제환원이론
④ 수익자부담이론

해설

민간경비의 성장과 수요증가를 경기침체와 실업의 증가로 보는 경제환원이론에 관한 글이다.

답 ③

25

민간경비의 이론적 배경 중 공동화이론에 관한 설명으로 옳은 것은? 기출 24

① 민간경비 시장의 성장을 범죄의 증가에 따른 직접적 대응으로 보았다.
② 경찰과 민간경비는 상호보완적 관계에 있다.
③ 개인이나 집단과 조직 등의 안전과 보호는 해당 개인이나 조직이 담당하여야 한다.
④ 치안서비스의 생산과 공급에 민간의 역할을 증대시킨다.

해설

② (○) 공동화이론은 경찰이 수행하고 있는 경찰 본연의 기능이나 역할을 민간경비가 보완·대체한다는 이론으로 공경비와 민간경비는 상호갈등이나 경쟁관계가 아니라 상호보완적·협조적·역할분담적 관계에 있다고 보는 입장이다.
① (×) 경기침체로 인해 실업자가 늘어나면 자연적으로 범죄가 증가하고, 이에 민간경비가 직접 범죄에 대응하게 됨으로써 민간경비시장이 성장·발전한다고 주장하는 경제환원론적 이론에 관한 설명이다.
③ (×) 경찰의 공권력 작용은 질서유지, 체제수호와 같은 거시적 측면에서 이루어지고, 개인의 안전과 보호는 해당 개인이 책임져야 한다는 수익자부담이론에 관한 설명이다.
④ (×) 정부의 역할을 줄이는 대신 민간의 역할을 증대시키는 민영화이론에 관한 설명이다.

답 ②

26

공동화이론에 관한 설명으로 옳지 않은 것은? 기출 21

① 경찰이 수행하는 경찰 본연의 기능·역할을 민간경비가 보완한다.
② 경찰은 거시적 질서유지기능을 하고 개인의 신체와 재산보호는 개인비용으로 부담해야 한다.
③ 민간경비와 공경비의 관계는 상호 갈등·경쟁관계가 아니라, 상호 보완적·역할분담적 관계를 갖는다.
④ 범죄증가에 비례해 경찰력이 증가해야 하지만, 현실적으로 어려워 그 공백을 메우기 위해 민간경비가 발전한다.

해설
②는 수익자부담이론에 관한 설명이다. 수익자부담이론은 자본주의사회에 있어 경찰의 공권력 작용은 원칙적으로 거시적 측면에서 질서유지나 체제수호 등과 같은 역할과 기능으로 한정시키고, 사회구성원 개개인 차원이나 여타 집단과 조직 등의 안전과 보호는 결국 해당 개인이나 조직이 담당하여야 한다는 인식에 기초한 이론이다.

답 ②

27

수익자부담이론에 관한 설명으로 옳지 않은 것은? 기출 23

① 경찰의 근본적 역할 및 기능은 개인의 안전과 사유재산의 보호에 있다는 일반적 통념에 의문을 제기하면서 출발한다.
② 자본주의 사회에서 경찰의 공권력 작용은 질서유지와 체제수호와 같은 거시적 역할 및 기능에 한정시켜야 한다고 주장한다.
③ 사회구성원으로서의 개인이나 집단의 안전과 보호는 결국 해당 개인이나 집단이 담당하여야 한다고 주장한다.
④ 경기침체에 따른 국민소득 감소 및 치안비용 부담의 증가와 함께 주장되었다.

해설
수익자부담이론은 민간경비의 발전을 전반적인 국민소득의 증가, 경비개념에 대한 사회적인 인식의 변화, 실질적인 범죄의 증가, 민간경비 제도나 서비스의 유용성에 대한 인식변화 등이 갖추어졌을 때 가능하다고 본다.

답 ④

28

민간경비의 민영화에 관한 설명으로 옳지 않은 것은? 기출 23

① 국가권력의 시장개입을 비판하고 작은 정부를 지향하는 신자유주의적 흐름을 반영한다.
② 공경비의 일부 활동을 민간에 이전하여 민간경비로 전환하는 것도 민영화이다.
③ 민영화는 모든 부문에서의 배타적 자율화를 의미하며 국가권력의 개입이 전적으로 배제된다.
④ 대규모 행사의 안전관리에 참여하여 공권력의 부담을 감소시키는 것도 민영화이다.

해설

민영화는 모든 부문에서의 배타적 자율화를 의미하지는 않으며, 국가권력의 개입이 전적으로 배제되지도 않는다.

답 ③

29

민영화이론에 관한 설명으로 옳은 것은? 기출 21

① 복지국가 확장의 부작용에 따른 재정위기를 극복하기 위해 국가의 역할범위를 축소하고 재정립한다.
② 그냥 내버려 두면 보호받지 못한 채로 방치될 만한 재산을 민간경비가 보호한다.
③ 경기침체에 따른 실업자의 증가로 범죄가 증가함으로써 민간경비시장이 성장·발전한다.
④ 경찰의 치안서비스 제공과정에서 시민과 민간경비의 능동적 참여를 다각적으로 유도한다.

해설

① (○) 민영화이론은 1980년대 이후 복지국가의 이념에 대한 반성으로서 국가독점에 의한 비효율성을 극복하고자 시장경쟁논리를 도입한 이론으로, 현재까지 세계적인 추세로 받아들여지고 있다.
② (×) 이익집단이론에 관한 설명이다.
③ (×) 경제환원론에 관한 설명이다.
④ (×) 공동생산이론에 관한 설명이다.

답 ①

30

민영화이론에서 말하는 민영화의 내용에 관한 설명으로 옳지 않은 것은? 기출 20

① 자원이용의 효율성을 높일 수 있다.
② 민간의 활동이 활성화될 수 있다.
③ 공공지출과 행정비용의 증가효과를 유발하기 위한 방법이다.
④ 재화나 서비스의 생산이 공공분야에서 민간분야로 이전되는 것이다.

해설

민영화이론은 공공지출과 행정비용의 감소효과를 유발하기 위한 방법으로서 제시되었다.

답 ③

31

민간경비 활동에 있어서 '서비스주체의 다원화'에 초점을 맞추고 등장한 이론은? 기출 24

① 이익집단이론
② 공동생산이론
③ 경제환원이론
④ 수익자부담이론

해설

공동생산이론은 치안서비스 생산과정에서 경찰의 역할수행과 민간경비의 공동참여로 인해 민간경비가 성장했으며, 민간경비가 독립된 주체로서 참여한다는 이론으로서 민간경비를 공경비의 보조적 차원이 아닌 주체적 차원으로 인식한다. 미국·영국 등에서는 치안활동에 대한 접근에 있어서 서비스주체의 다원화에 초점을 두고 있다. 치안활동에 있어서 다원화는 경찰이 독자적으로 치안서비스를 수행하는 것이 아니라 민간부문이 하나의 독립된 주체로서 참여하게 되었다는 것이다.

답 ②

32

치안서비스 공동생산이론에 관한 내용으로 옳지 않은 것은? 기출 20

① 자율방범대 운용의 활성화
② 민간경비는 공경비의 보조적 차원의 역할 수행
③ 민간경비의 적극적 참여 유도
④ 목격한 범죄행위 신고, 증언행위의 중요성 강조

해설

공동생산이론에 따르면, 치안서비스 생산과정에서 민간경비는 독립된 주체로서 참여하므로, 공경비의 보조적 차원이 아닌 주체적 차원으로 인식된다.

> **핵심만콕** 치안서비스 공동생산이론★
>
> - 치안서비스 생산과정에서 공공부분의 역할수행과 민간부분의 공동참여로 인해 민간경비가 성장했으며, 민간경비가 독립된 주체로서 참여한다는 이론이다.
> - 민간경비를 공경비의 보조적 차원이 아닌 주체적 차원으로 인식하는 이론이다.
> - 공동생산이론은 경찰이 안고 있는 한계를 일부 극복하고, 시민의 안전욕구를 증대시키기 위해 민간부문의 능동적 참여를 다각적으로 유도한다.

답 ②

33

민간경비의 성장요인으로 옳지 않은 것은? 기출 15

① 범죄 및 손실문제의 증가
② 개인 및 조직의 안전의식 증대
③ 국가(공권력)의 한계인식
④ 개인주의의 확산

해설

현대산업사회의 기계화·도시화 등으로 범죄가 증가함에 따라 경비수요의 급증, 경찰력의 부족과 공권력의 한계, 첨단화·지능화되어 가는 범죄현상으로 과학적인 인력경비나 기술에 대한 수요 증가, 경찰보다는 내 자신은 스스로 지키자는 자구의식의 의식전환 등으로 민간경비의 필요성이 증가하게 되었다.

답 ④

CHAPTER 02 세계 각국의 민간경비

제1절 각국 민간경비의 역사적 발전

01
CHECK ☐△✕

고대 민간경비에 관한 설명으로 옳지 않은 것은? 기출 24

① 고대 그리스 도시국가에서는 최초의 국가경찰로 추정되는 자경단원(Vigilance man)제도가 있었다.
② 함무라비 시대에는 정부가 법 집행을 할 수 있고 개인에게 책임을 부여할 수 있었다.
③ 고대 로마 시대에는 지배자가 통치하는 군대가 운영되었으며, 이들은 최초의 비무장 수도경찰로 간주된다.
④ 원시시대의 대표적인 경비 형태는 절벽 동굴이나 수상가옥 등 주거지를 이용한 방법이다.

해설

① (✕), ③ (○) 기원전 27년 고대 로마시대 아우구스투스 황제는 법 집행을 위해 최초의 국가경찰인 자경단원이라고 불리는 수천 명의 비무장군대를 각 관할 구역의 질서유지를 위해서 임명하였다. 이는 역사상 최초의 비무장 수도경찰로 간주된다.
② (○) 고대 바빌론 왕 함무라비에 의해 법집행 개념이 최초로 명문화되었다. 세계 최초로 문서화된 법령에 의하여 정부가 법집행을 할 수 있었고, 또 개인에게 책임을 부여할 수 있었으며, 이때부터 개인차원의 민간경비의 개념과 국가차원의 공경비의 개념이 분리되기 시작하였다.
④ (○) 원시시대의 대표적인 경비형태로 절벽에 위치한 동굴, 땅에서 사다리를 타고 나무에 올라가는 주거형태나 수상가옥 등이 있다.

답 ①

02

고대 민간경비에 관한 설명으로 옳은 것은? 기출 22

① 원시시대에는 동해보복형(同害報復形)의 처벌을 하였다.
② 공경비와 민간경비가 분리된 시대는 함무라비 시대이다.
③ 그리스시대에는 법 집행을 위해 최초의 국가경찰인 자경단원제도를 운영하였다.
④ 로마시대에는 최초의 무장 수도경찰을 운영하였고, 민간경비가 크게 성장하여 경비책임이 개인에게 귀속되었다.

[해설]

② (○) 함무라비왕 시대부터 개인차원의 민간경비의 개념과 국가차원의 공경비의 개념이 분리되기 시작하였다.
① (×) 고대 바빌로니아의 함무라비왕에 의해 제정된 함무라비법전에 "눈에는 눈, 이에는 이"라는 말과 같이 같은 피해에는 같은 방법으로 보복을 하는 동해보복형(同害報復形)의 처벌을 규정하고 있었다.
③ (×) 법 집행을 위해 최초의 국가경찰인 자경단원제도를 운영한 것은 기원전 27년 고대 로마시대 아우구스투스 황제이다.
④ (×) 고대 로마시대에는 최초의 비무장 수도경찰을 운영하였다. 즉, 국가적 차원의 경비가 실시되었다. 그러나 로마제국의 몰락 시기(동로마·서로마 분리 : 서기 395년)에는 경비책임이 다시 국가적 차원에서 개인적 차원으로 귀속되었다.

답 ②

03

범죄자에 대한 처벌은 국왕에 의해서 처벌되어야 한다는 의미로 다음 주장을 한 사람은? 기출 20

> 모든 범죄는 더 이상 개인에 대한 위법이 아니라 국왕의 평화에 대한 도전이다.

① 헨리 필딩(Henry Fielding)
② 함무라비(Hammurabi) 국왕
③ 로버트 필(Robert Peel)
④ 헨리(Henry) 국왕

[해설]

④ (○) 제시된 내용은 헨리 국왕의 주장이다.
① (×) 헨리 필딩은 영국에서 급료를 받는 민간경비제도를 제안했으며, 보우가의 주자(외근기동대)(The Bow Street Runners) 등을 만드는 데 기여하였다.
② (×) 함무라비왕 시대에 개인차원의 민간경비의 개념과 국가차원의 공경비의 개념이 분리되기 시작하였다.
③ (×) 로버트 필은 영국 내무성 장관이던 1829년에 수도경찰법을 의회에 제출하고, 주야간 경비제도를 통합하여 수도경찰을 창설하였으며, 형법의 개혁안을 처음 만들어 사형을 감형하고, 근대적 경찰제도의 기초를 확립하였다.

핵심만콕 헨리 국왕의 법령(Legis Henrici)

- 원칙적으로 어떠한 범죄도 더 이상 개인에 대한 위법이 아니라 국왕의 평화에 대한 도전이라 명시하고 있다. ★
- 중죄(felony)와 경범죄(misdemeanor)에 대한 법률적인 구분을 내렸다는 점에서 큰 의의를 가지고 있다.

답 ④

04

영국의 로버트 필(Robert Peel)이 행한 경찰개혁에 관한 내용으로 옳지 않은 것은? 기출 22

① 경찰은 헌신적이고 윤리적이며, 중앙정부로부터 봉급을 받는 요원들이어야 한다고 주장하였다.
② 수도경찰법을 의회에 제출하여 수도경찰을 창설하였다.
③ 범죄와 혼란을 바로잡기 위해서는 엄격하게 선발되고 훈련된 사람으로 조직된 기관이 필요하다고 하였다.
④ 교구경찰, 수상경찰, 상인경찰 등을 능률적인 유급경찰로 통합하였다.

해설

로버트 필은 경찰은 헌신적이고 윤리적이며, 지방정부의 봉급을 받는 요원들이어야 한다고 주장하였다.

핵심만콕 로버트 필(Robert Peel)

- 내무부장관이었던 로버트 필은 1829년 수도경찰법을 의회에 제출하여 런던수도경찰을 창설하였다.
- 범죄방지와 사회혼란을 바로잡기 위해 엄격하게 선발·훈련된 사람으로 조직된 기관의 필요성을 인식하였다.
- 교구경찰, 주야간 경비대, 수상경찰, 보우가 경찰대 등을 하나의 능률적인 유급경찰로 통합하여 경찰은 헌신적이어야 하며 훈련되고 윤리적이며 지방정부의 봉급을 받는 요원들이어야 한다고 주장하였다.
- 형법의 개혁안을 처음 만들고, Peeler(Peel의 사람) 또는 Bobbies(순경이라는 뜻의 구어)라고 불리는 수도경찰을 재조직하였다.
- 로버트 필의 형법개혁안(Peelian Reform)은 현대적 경찰 조직의 시초가 되었으며 영국과 다른 경찰부서의 모델이 되었다.

답 ①

05

다음의 내용에 해당하는 민간경비와 관련된 인물은? 기출 24

> 야간경비회사인 방호회사를 설립하여 최초의 중앙감시방식 방호서비스를 시작하였다.

① 딘글(J. Dingle)
② 핑커톤(A. Pinkerton)
③ 헨리 필딩(Henry Fielding)
④ 에드윈 홈즈(Edwin Holmes)

해설

④ (○) 1858년 에드윈 홈즈(Edwin Holmes)가 야간 경비회사로서 홈즈 방호회사(Holms Protection Inc.)를 설립하여 최초의 중앙감시방식의 경보서비스 사업을 시작하였다.
① (×) 딘글(J. Dingle)은 시설물의 물리적 통제시스템 구축과 관련하여 보호가치가 높은 자산일수록 보다 많은 방어공간을 구축해야 한다는 동심원영역론(Concentric Zone Theory)을 제시하였다. 동심원영역론은 환경설계를 통한 범죄예방(CPTED : Crime Prevention Through Environmental Design)의 접근방법 중 하나라고 볼 수 있다.
② (×) 시카고 경찰국의 최초의 탐정인 핑커톤(A. Pinkerton)은 새로 구성된 시카고 경찰에서 물러나 1850년 탐정사무소를 설립한 후, 1857년에 핑커톤 국가탐정회사(Pinkerton National Detective Agency)로 회사명을 바꾸고 철도수송 안전 확보에 일익을 담당하였다.
③ (×) 헨리 필딩(Henry Fielding)은 영국에서 급료를 받는 민간경비제도를 제안했으며, 보우가의 주자(외근기동대)(The Bow Street Runners) 등을 만드는 데 기여하였다.

답 ④

06 CHECK ○ △ ×

미국의 민간경비 발전과정에 기여한 인물을 모두 고른 것은? 기출 23

ㄱ. 포프(A. Pope)
ㄴ. 브링크(W. Brink)
ㄷ. 허즈버그(F. Herzberg)
ㄹ. 웰즈(H. Wells)

① ㄱ, ㄷ
② ㄱ, ㄴ, ㄹ
③ ㄴ, ㄷ, ㄹ
④ ㄱ, ㄴ, ㄷ, ㄹ

해설

제시된 인물 중 미국의 민간경비 발전과정에 기여한 인물은 ㄱ, ㄴ, ㄹ이다.
ㄱ. (○) 포프(A. Pope)는 1853년 최초로 전자 도난방지 경보시스템의 특허를 받았으며, 이를 에드윈 홈즈(E. Holmes)에게 판매하였다.
ㄴ. (○) 브링크(W. Brink)는 전 세계 귀중품 운송서비스로 유명한 다국적 기업인 브링크스 주식회사를 설립하였다.
ㄹ. (○) 웰즈(H. Wells)는 파고(W. Fargo)와 1852년 Wells Fargo and Company를 설립하여 미주리주의 서부지역에서 형사 및 보호서비스를 제공하였다.
ㄷ. (×) 허즈버그(F. Herzberg)는 2요인 이론을 발표하여 위생요인과 동기요인을 중심으로 동기부여를 설명하였다.

답 ②

07

핑커톤(Allan Pinkerton)에 관한 설명으로 옳은 것은? 기출 20

① 보우가의 주자(Bow Street Runner)에 영향을 주었다.
② 서부개척시대에 치안의 공백을 메우는 역할을 수행하였다.
③ 링컨대통령의 경호를 담당하는 것은 남북전쟁 종료 이후부터이다.
④ 프로파일링 수사기법과는 무관하다.

해설

미국 연방정부는 서부개척시대에 철도경찰법을 제정하여 일정한 구역 내에서 경찰권한을 부여한 민간경비조직을 설치하였으며, 그 대표적인 조직이 핑커톤 경비조직이다. 따라서 서부개척시대에 치안의 공백을 메우는 역할을 수행하였다고 할 수 있다.

핵심만콕 핑커톤 경비조직

- 시카고 경찰국의 최초의 탐정인 핑커톤은 새로 구성된 시카고 경찰에서 물러나 1850년 탐정사무소를 설립한 후 1857년에 핑커톤 국가탐정회사(Pinkerton National Detective Agency)로 회사명을 바꾸고 철도수송 안전 확보에 일익을 담당하였다.
- 남북전쟁 당시에는 링컨 대통령의 경호업무를 담당하기도 하였고 '육군첩보부'를 설립하여 북군의 경제 교란작전으로 대량 발행된 위조화폐에 대한 적발임무를 수행하는 데 결정적 공헌을 하여 부보안관으로 임명되었다.
- 1883년에는 보석상 연합회의 위탁을 받아 도난보석이나 보석절도에 관한 정보를 집중관리하는 조사기관이 되었다.
- 경찰당국의 자료요청에 응하여 경찰과 민간경비업체의 바람직한 관계를 정립하였다.
- 범죄자를 유형별로 정리하는 방식은 오늘날 프로파일링 수사기법에 영향을 주었다.
- 20세기에 들어와 FBI 등 연방법집행기관이 이러한 범죄자(犯罪者) 정보를 수집·관리하게 되었기 때문에 핑커톤 회사가 수집·관리할 수 있는 정보는 민간대상의 정보에 한정되었다.

답 ②

08

미국 민간경비의 발전에 관한 설명으로 옳은 것을 모두 고른 것은? 기출 18

ㄱ. 건국 초기부터 영국식의 강력한 중앙집권적 경찰조직이 발전하였다.
ㄴ. 서부개척시대 철도운송의 발달과 함께 민간경비가 획기적으로 발전하였다.
ㄷ. 핑커톤(A. Pinkerton)은 경찰당국의 자료요청에 응하여 경찰과 민간 경비업체의 바람직한 관계를 정립하는 데 공헌하였다.
ㄹ. 2001년 9·11 테러와 같은 국가적 위기상황은 민간경비가 발전하는 중요한 계기가 되었다.
ㅁ. 현재 산업보안자격증인 CPP(Certified Protection Professional) 제도를 연방정부 차원에서 시행하고 있다.

① ㄱ, ㄴ, ㄷ
② ㄱ, ㄹ, ㅁ
③ ㄴ, ㄷ, ㄹ
④ ㄷ, ㄹ, ㅁ

해설

제시된 내용 중 옳은 것은 ㄴ, ㄷ, ㄹ이다.
- ㄱ. (×) 건국 초기 미국 국민들은 영국왕실의 권위주의적인 통치방식을 싫어하고 자치적인 지방분권주의적 통치방식을 선호하였으며, 범죄에 대응하는 방식에 있어서도 강력한 경찰조직보다는 자치경비조직의 형태를 추구하였다.
- ㅁ. (×) CPP는 일종의 공인경비사 자격제도로 연방정부 차원이 아닌 민간경비업체가 시행하면서 전국적인 수준으로 발전시킨 것이다. 현재 미국산업안전협회에서 시행하고 있으며, 주정부 관할하에 주정부별로 CPP제도를 시행하고 있다. ★

답 ③

09

경비원의 역량을 강화시키기 위해서 전문자격증 제도가 필요하다고 주장한 사람은? 기출 10

① 헨리 필딩
② 로버트 필
③ 러셀 콜링
④ 알란 핑커톤

해설

러셀 콜링은 미국 병원 경비협회의 책임자로서 경비원의 기능을 통제하고 향상시키기 위해서는 경비원 전문자격증제도가 필요하다고 주장하였다.

답 ③

10

일본의 민간경비에 관한 내용 중 옳지 않은 것은? 기출 24

① 일본은 제2차 세계대전 이후에 현대적 민간경비업의 출현을 맞이하게 되었다.
② 일본의 민간경비는 1964년 오사카 만국박람회(EXPO) 기간 최초로 투입되었으며, 그 역할이 대단한 것으로 평가되고 있다.
③ 1980년대 초 한국에 진출하였고 그 후반에는 중국에까지 진출하였다.
④ 일본의 민간경비는 시설경비・공항보안뿐 아니라 핵연료물질 운반 등 폭넓은 분야로 발전하였다.

해설

② (×) 1964년 동경 올림픽의 선수촌 경비를 계기로 민간경비의 활약과 역할을 널리 인식하였다. 1970년의 오사카 EXPO 개최 시 대회장 내에서의 시설관리, 관람객들의 안전관리, 질서유지 등에 민간경비가 투입되어 하나의 경비산업으로 자리 잡았다.
① (○) 일본에서 전업(專業) 경비업자가 출현한 것은 제2차 세계대전 후 1962년 7월에 일본경비보장주식회사(SECOM의 전신으로 스웨덴의 경비회사와 제휴)가 설립된 것에서 비롯되었다.
③ (○) 일본은 1950~1960년대 미국으로부터 민간경비제도를 도입하면서 일본 최대 성장산업으로 발전하였고, 더불어 한국(1980년대 초)과 중국(1988년)에까지 진출하게 되었다.
④ (○) 한국 민간경비산업과 비교해 볼 때 일본 민간경비산업의 가장 큰 특징은 시설경비, 혼잡경비, 공항보안, 핵연료물질운반 등 전문화된 민간경비업무 분야 구축과 사회 전반으로 확산된 민간경비산업의 사회적 역량 및 시장규모라 하겠다.

답 ②

11

우리나라의 민간경비에 관한 내용 중 옳지 않은 것은? 기출 24

① 용역경비업법에 근거하여 미8군부대 용역경비를 실시한 것이 민간경비의 효시라 할 수 있다.
② 용역경비업법이 경비업법으로 변경됨으로써 포괄적인 개념의 전문경비제도를 도입하는 계기가 되었다.
③ 1980년대 이후 기계경비시스템이 점차적으로 도입되었다.
④ 경비협회의 업무는 경비업법에 규정되어 있다.

해설

① (×) 한국의 용역경비는 1950년대부터 미군 군납형태로 제한적으로 실시하게 되었으며[1953년 용진보안공사, 1958년 영화기업(주), 1959년 신원기업(주)], 1962년 화영기업과 경원기업이 미8군부대의 용역경비를 담당한 것이 현대적 의미의 민간경비의 효시라 할 수 있다. 용역경비업법은 1976년에 제정되었으므로 용역경비업법에 근거하여 미8군부대 용역경비를 실시하였다는 설명은 옳지 않다.
② (○) 1999년 3월에 "용역경비업법"의 명칭을 "경비업법"으로 바꾸어 포괄적 개념의 전문경비제도를 도입하는 계기가 되었다.
③ (○) 1980년대(아시안게임, 서울올림픽) 이후 외국 경비회사와의 합작이나 기술제휴로 기계경비시대가 본격적으로 시작되어 일반 국민들도 기계경비의 필요성과 효율성을 인식하는 단계에 이르러 경비업무의 기계화 및 과학화가 활성화되었다.
④ (○) 경비업법 제22조 제3항은 경비협회의 업무에 대하여 규정하고 있다.

답 ①

12

우리나라 민간경비의 발전과정에 관한 설명으로 옳지 않은 것은? 기출 23

① 1950년대 주한미군에 대한 군납경비의 형태로 태동하였다.
② 1960년대 국가중요시설에 대한 경비문제가 중요하게 대두되면서 청원경찰법이 제정되었다.
③ 1970년대 용역경비업법이 제정되면서 민간경비는 제도적 틀에서 보호받기 시작하였다.
④ 1980년대 대기업이 민간경비산업에 진출하면서 무인경비시설이 확대되기 시작하였다.

해설

④ (×) 우리나라에서 무인경비(無人警備)는 1990년대 은행자동화코너로 최초 개시되었다.
① (○) 한국의 용역경비는 1950년대부터 미군의 군납형태로 제한적으로 실시하게 되었으며[1953년 용진보안공사, 1958년 영화기업(주), 1959년 신원기업(주)], 1962년 화영기업과 경원기업이 미8군부대의 용역경비를 담당한 것이 현대적 의미의 민간경비의 효시라 할 수 있다.
② (○) 국가중요시설에 대한 경비문제가 중요하게 대두되어 1962.4.3. 청원경찰법을 제정하였다.
③ (○) 청원경찰법(1962)과 용역경비업법(1976)이 제정되어 제도적인 발전의 기틀을 마련하였다.

답 ④

13

경비업법 개정과 관련된 내용으로 옳지 않은 것은?

① 1999년 용역경비업법에서 경비업법으로 변경되었다.
② 2001년 특수경비업무가 추가되었다.
③ 2009년 특수경비원 연령상한을 58세에서 60세로 연장하였다.
④ 2013년 누구든지 경비원으로 채용되기 전에도 개인적으로 일반경비원 신임교육을 받을 수 있도록 하였다.

해설

④ (×) 2016.1.26. 경비업법은 경비원이 되려는 사람은 대통령령으로 정하는 교육기관에서 미리 일반경비원 신임교육을 받을 수 있도록 하는 규정을 신설하였다(경비업법 제13조 제2항).
① (○) 1999.3.31. 용역경비업법 개정 시 법명을 경비업법으로 변경하였다.
② (○) 2001.4.7. 경비업법 전면개정 시 경비업의 종류에 특수경비업무가 추가되었다.
③ (○) 2009.4.1. 경비업법 개정 시 특수경비원 연령상한을 58세에서 60세로 연장하였다.

답 ④

14

우리나라 민간경비의 역사적 배경에 관한 설명으로 옳지 않은 것은?

① 고대는 부족이나 촌락단위의 공동체 성격을 가진 자체경비조직을 활용하였다.
② 삼국시대는 지방의 실력자들이 해상을 중심으로 사적 경비조직을 활용하였다.
③ 고려시대는 지방호족이나 중앙의 세도가들이 무사를 고용하는 등 다양한 형태의 경비조직이 출현하였다.
④ 조선시대는 권력자나 재력가들로 인해 민간경비조직의 활성화를 가져왔다.

해설

조선시대에는 공경비조직이 다양하게 존재하였으며 상대적으로 민간경비조직은 미약했다. ★

답 ④

15

민간경비의 역사적 발전과정에 관한 설명으로 옳지 않은 것은? 기출 23

① 규환제도(Hue and Cry)는 범죄 대응 시 시민의 도움을 의무화하였다.
② 레지스 헨리시 법(The Legis Henrici Law)은 모든 범죄를 국왕의 안녕질서에 대한 도전으로 보았다.
③ 보우가 주자들(Bow Street Runners)의 운영을 통해 범죄예방에 있어서 시민의 자발적 단결이 중요시되었다.
④ 핑커톤(A. Pinkerton)은 민간경비회사가 노사분규에 지속적으로 개입하는 것을 정당화하고 지지하였다.

해설

출제자는「핑커톤(A. Pinkerton)은 민간경비회사가 노사분규에 지속적으로 개입하는 것을 정당화하고 지지하지는 않았다」고 보아 옳지 않은 내용으로 판단하였다. 참고로 ④와 같은 내용을 문헌에서는 직접적으로 확인할 수는 없는데, 역사적으로 핑커톤(1819~1884)은 남북전쟁(1861~1865) 종료 후 노동자 파업을 저지하는 업무를 맡았으며, 파업에 대한 과격한 진압으로 인하여 악명이 높았다. 다만, 핑커톤이 노동조합의 극단적인 행동을 막기 위하여 노동조합의 파업 등에 적극적으로 개입하였다고 주장하는 해석이 있는데, 이에 의하면 민간경비회사가 노사분규에 지속적으로 개입하는 것을 정당화하고 지지하지는 않았다고 평가할 수 있는 측면이 있어 보인다.

답 ④

16

각국의 민간경비에 관한 설명으로 옳지 않은 것은? 기출 22

① 영국의 윈체스터 법에는 주·야간 감시제도, 15세 이상 60세 미만 남자의 무기비치 의무화가 규정되었다.
② 미국의 민간경비는 남북전쟁시대에 금괴수송을 위한 철도경비를 강화하면서 획기적으로 발전했다.
③ 독일의 민간경비업체는 개인회사, 주식회사, 중소기업 형태로 다양하다.
④ 일본의 공안위원회는 민간경비에 대한 주요 정책을 다루고 있다.

해설

미국의 민간경비는 19세기 중엽의 서부개척시대 이주민의 자위(自衛)와 금괴수송을 위한 자경조직 설치, 역마차회사, 철도회사가 동서 간의 철도경비를 위해 자체경비조직을 갖게 되면서 민간경비 발달의 획기적인 계기가 되었다. 남북전쟁(1861~1865년) 전후 국가경찰 조직이 미흡한 상태에서 위조화폐 단속을 위한 사설탐정기관이 발달하였다. 특히 1850년 핑커톤이 탐정사무소를 설립하였는데 이는 현대적 의미의 민간경비의 시초이다.

답 ②

17

민간경비산업이 급성장한 계기를 연결한 것으로 옳지 않은 것은? 기출 19

① 한국 - 1986년 아시안게임, 1988년 서울올림픽
② 미국 - 제1차 세계대전, 제2차 세계대전
③ 영국 - 제2차 세계대전, 1948년 런던올림픽
④ 일본 - 1964년 동경올림픽, 1970년 오사카만국박람회

해설
영국의 민간경비는 18세기 후반 산업혁명시대에 크게 성장하였다.

답 ③

18

각국의 경비지도사 관련제도에 관한 설명으로 옳지 않은 것은? 기출 13

① 일본은 국가공안위원회에서 경비원지도교육책임자 제도를 도입·시행하고 있다.
② 미국은 주정부 차원에서 CPP(Certified Protection Professional)제도를 도입·시행하고 있다.
③ 우리나라 경비지도사는 금고 이상의 형의 집행유예선고를 받고 그 유예기간 중에 있는 자는 경비지도사가 될 수 없다.
④ 우리나라 경비지도사는 경찰기관 및 소방기관과의 연락방법에 대한 지도 등의 직무를 수행하도록 하고 있다.

해설
② (×) CPP 제도는 미국 산업경비협회(ASIS, American Society for Industrial Security)가 시행하는 공인경비사 자격제도로서 국가적인 차원이 아닌 민간경비업체가 민간경비의 질적 향상을 위해 전국적인 수준으로 발전시킨 것이다. ★★
① (○) 일본의 경비원지도교육책임자는 국가공안위원회에서 관리한다.
③ (○) 경비업법 제10조 제1항 제4호
④ (○) 경비업법 제12조 제2항 제3호

답 ②

| 제2절 | 각국 민간경비산업 현황 |

19

CHECK ☐△✕

우리나라 민간경비업의 문제점으로 옳지 않은 것은? 기출 23

① 최근 기계경비 시장의 성장으로 인해 인력경비는 많은 비중을 차지하지 않는다.
② 민간경비업체는 충분한 자본을 바탕으로 꾸준한 매출을 올리는 소수를 제외하고는 대체로 영세성을 면하지 못하고 있다.
③ 경비업체의 대다수가 수도권에 편중되어 지역불균형이 심각한 상태이다.
④ 경비분야에 있어서 유능한 연구인력과 경비원이 부족한 실정이다.

[해설]
최근 기계경비 시장의 성장에도 불구하고 여전히 인력경비에 대한 의존성이 높다. 즉, 기계경비업의 성장속도가 인력경비의 성장속도보다 빠르지만 기계경비가 인력경비의 시장규모를 넘지 못하고 있다.

답 ①

20

CHECK ☐△✕

민간조사제도에 관한 설명으로 옳지 않은 것은? 기출 23

① 경찰을 비롯한 형사사법기관의 업무부담을 경감시킬 수 있다.
② 우리나라는 민간조사업무가 경비업법에 규정되어 있지 않아 민간조사활동은 불법이다.
③ 사생활 침해 등 개인의 인권과 권익을 침해할 수 있다.
④ 의뢰인은 국가기관의 복잡한 절차를 거치지 않고 민간조사기관에 의뢰해서 서비스를 제공받을 수 있다.

[해설]
우리나라의 경우 아직까지 민간조사업무가 정형화된 형식을 갖추고 법적·제도적으로 정착되어 운영되고는 있지 않으나, 관할 관청에 서비스업으로 신고함으로써 민간조사 유사 업무를 수행할 수 있으므로, 민간조사활동 자체가 불법인 것은 아니다. 현재 민간조사와 관련된 다수의 직업군이 존재한다.

답 ②

21

우리나라 민간경비의 현황에 관한 설명으로 옳은 것은? 기출 22

① 민간조사업을 하고자 하는 사람은 관할 시·군·구청의 승인을 얻어야 한다.
② 기계경비의 수요가 늘고 있으나, 아직까지 인력경비의 의존도가 높다.
③ 특수경비원은 청원경찰제도가 도입되면서 상호 대등한 입지를 갖게 되었다.
④ 공경비에 비해 민간경비산업은 성장에 많은 어려움을 겪고 있다.

해설

② (○) 기계경비의 필요성과 효율성의 인식으로 기계경비의 수요가 늘고 있으나, 아직까지는 인력경비에 대한 의존도가 높다.
① (×) 민간조사업은 아직까지 하나의 정형화된 형식을 갖추고 제도적으로 정착되어 운영되는 것은 아니다. 이에 따라 민사조사와 관련하여 유사한 업무를 수행하기를 원하는 자는 특별한 법규정 없이도 관할 관청에 서비스업으로 신고만 하면 가능하다.
③ (×) 2001년 경비업법의 개정으로 특수경비원 제도가 도입되어, 청원경찰의 입지가 축소되었다.
④ (×) 민간경비산업은 공경비에 비해 양적으로는 크게 성장을 하였으나, 여러 가지 질적 문제점들이 노출되고 있다.

답 ②

22

우리나라 민간경비제도에 관한 설명으로 옳지 않은 것은? 기출 21

① 1976년 용역경비업법이 제정되면서 본격적인 민간경비가 실시되었다.
② 1997년 제1회 경비지도사 자격시험이 실시되었다.
③ 1999년 용역경비업법이 경비업법으로 변경되었다.
④ 2021년 국가경찰과 자치경찰의 조직 및 운영에 관한 법률을 통해 경찰관 신분을 가진 민간경비원이 합법화되었다.

해설

2021.1.1. 시행된 국가경찰과 자치경찰의 조직 및 운영에 관한 법률의 입법취지는, 경찰법을 개정하여 경찰사무를 국가경찰사무와 자치경찰사무로 나누고, 각 사무별 지휘·감독권자를 분산하여 시·도자치경찰위원회가 자치경찰사무를 지휘·감독하도록 하는 등, 자치경찰제 도입의 법적 근거를 마련함으로써 경찰권 비대화의 우려를 해소하는 동시에, 지방행정과 치안행정의 연계성을 확보하여 주민수요에 적합한 양질의 치안서비스를 제공하는 한편, 국가 전체의 치안역량을 효율적으로 강화할 수 있도록 하기 위함이다. 따라서 경찰관 신분을 가진 민간경비원의 합법화와는 관계없다.

답 ④

23

외국에서는 찾아보기 어려운 우리나라의 제도로 경찰과 민간경비의 과도기적 시기에 만들어진 제도는? 기출 20

① 특수경비원제도
② 전문경비제도
③ 청원경찰제도
④ 기계경비업무

해설

우리나라의 청원경찰제도는 경찰과 민간경비를 혼용한 것으로 외국에서는 볼 수 없는 특수한 제도이다.

답 ③

24

우리나라 민간경비산업에 관한 설명으로 옳지 않은 것은? 기출 20

① 1993년 대전엑스포에서는 민간경비업체가 경비업무에 참여하였다.
② 민간조사제도는 아직까지 법제화되지 못했다.
③ 초기 국내 기계경비산업은 외국과의 합작 또는 기술제휴 방식으로 이루어졌다.
④ 현재 경비원에 대한 교육시설은 각 광역지방자치단체장이 지정하여 고시하고 있다.

해설

④ (×) 경찰청장은 제13조 제1항부터 제3항까지에 따른 경비원에 대한 신임교육(이하 "신임교육"이라 한다)의 효율성을 제고하기 위하여 전문인력 및 시설 등을 갖춘 기관 또는 단체를 경비원 교육기관(이하 "경비원 교육기관"이라 한다)으로 지정할 수 있다(경비업법 제13조의2 제1항).
① (○) 우리나라의 민간경비산업은 1986년 아시안게임, 1988년 서울올림픽, 1993년 대전엑스포 등 각종 국제행사를 치르면서 급성장하였다.
② (○) 우리나라에서 민간조사제도는 제도적으로 정착되어 운영되고 있지는 않다.
③ (○) 초기 국내 기계경비산업은 외국과의 합작 또는 기술제휴 방식으로 이루어졌다. 1981년 한국종합기계경비는 일본종합경비보장회사와, 대한중앙경비보장은 일본 Central사와, 한국보안공사는 미국 Adam사와 각각 제휴하였다.

답 ④

25

우리나라 민간경비산업 현황에 관한 설명으로 옳지 않은 것은? 기출 16

① 청원경찰 제도는 외국에서는 보기 어려운 특별한 제도이다.
② 민간경비업의 경비인력 및 업체 수가 일부지역에 편중되어 있다.
③ 비용절감 등의 효과로 인하여 자체경비보다 계약경비가 발전하고 있다.
④ 경비회사의 수나 인원 면에서 아직까지 기계경비에 대한 의존도가 높다.

해설

우리나라의 경우, 기계경비가 많이 발전하였음에도 불구하고 아직까지 많은 경비업체가 인력경비 위주의 영세성을 벗어나지 못하고 있으며, 인력경비 없이 기계경비 시스템만으로는 경비활동의 목표달성이 가능한 수준에 이르지 못하고 있다.

답 ④

26

미국의 민간경비산업에 관한 설명으로 옳지 않은 것은? 기출 21

① 현재 계약경비업체가 자체경비업체보다 비약적인 발전을 보이고 있다.
② 경찰과 민간경비는 업무수행에 있어 상명하복의 관계가 명확하다.
③ 제2차 세계대전 이후 민간경비산업이 급속히 발전하였다.
④ 2001년 9.11테러 이후 국토안보부를 설치하였으며, 이는 공항경비 등 민간경비산업이 발전하는 중요한 계기가 되었다.

해설

현재 미국에서 경찰과 민간경비는 범죄예방활동을 위해 긴밀한 상호 협조체계를 유지하고 있다. 각 주마다 약간의 차이는 있지만, 직업소개소 역할을 하는 경찰노조를 통해 경찰의 50% 정도가 민간경비회사에서 부업을 하고 있을 만큼, 상호 간의 신분이나 직위 그리고 보수 등에 큰 차이 없이 함께 범죄예방활동을 수행한다. 따라서 경찰과 민간경비는 업무수행에 있어 상명하복의 관계가 명확하다는 표현은 옳다고 보기 어렵다.

답 ②

27

미국의 경찰과 민간경비원의 관계에 관한 설명으로 옳지 않은 것은?

① 범죄예방활동을 위하여 상호 간 긴밀한 협조관계를 유지하고 있다.
② 경비원 선발을 위한 배경조사에 있어서 상호협력이 되고 있지 않다.
③ 주(州)마다 차이는 있지만 경찰관 신분으로 민간경비회사에서 part-time job을 하기도 한다.
④ 주(州)마다 차이는 있지만 경찰과 민간경비원 상호 간에 보수, 신분상의 차이를 느끼지 않는다.

해설

경비원 선발을 위한 배경조사에 있어서도 상호협력이 잘 이루어지고 있다. 우선 경비원의 신원확인을 하고자 하는 경비업주는 민간경비원의 배경조사를 위한 전과조회에 대한 규정을 명시하고 있는 「민간경비고용인가법」에 의해 미국 법무부 장관의 면허를 받아야 한다. 면허를 받은 민간경비원의 고용주는 경비원이 되고자 하는 사람으로부터 동의서를 받고 그 사람의 지문을 채취(전자지문도 가능)하여 주(州)의 신원식별국(SIB)에 보내고, SIB에서 대상자에 대한 주단위의 전과기록을 조회한다.

핵심만콕 미국의 경찰과 민간경비원의 관계

미국의 민간경비시장은 엄청난 성장을 거듭하여 왔다. 현재 경찰과 민간경비와의 관계는 범죄예방활동을 위하여 긴밀한 상호협조체제를 유지하고 있고 각주(州)마다 약간의 차이는 있지만 경찰이 민간경비회사에 Part time Job을 실시할 만큼 상호 간의 직위, 보수, 신분상의 커다란 차이를 느끼지 않으면서 함께 범죄예방활동을 실시해 오고 있는 것이다. 이러한 관점에서 미국 사회의 범죄예방(Crime Prevention)은 민간경비 및 주(州)경찰에서 담당하며 또한 각각의 주(州)마다 운영하고 있는 범죄예방단체에서 실시하기도 한다고 볼 수 있다.

 ②

28

각국의 민간경비산업에 관한 설명으로 옳지 않은 것은?

① 미국은 제2차 세계대전 중 전쟁수요에 힘입어 한층 더 확대되었다.
② 일본은 1964년 동경올림픽과 1970년 오사카만국박람회 개최 후 급속하게 발전하였다.
③ 한국은 1960년대 경제발전과 더불어 급속하게 성장하였다.
④ 독일은 1990년대 통일 후 치안수요의 증가로 인해 양적으로 확산되었다.

해설

③ (×) 한국의 민간경비산업은 1980년대 중반(1986년 아시안게임, 1988년 서울올림픽)부터 본격적으로 발전하기 시작하였다.
① (○) 미국은 제2차 세계대전으로 군수산업이 발전하였으며, 이후에 전자, 기계, 전기공업의 발달로 기계경비산업의 발전적 토대를 마련하였다.
② (○) 일본의 민간경비산업은 1964년 동경올림픽과 1970년 오사카만국박람회를 계기로 급성장하였다.
④ (○) 독일은 통일 직후 구 동독지역의 치안수요의 증가로 인하여 서독지역에서 성업 중이던 민간회사들이 대거 진출하기 시작하면서 민간경비산업이 양적으로 성장하였다.

 ③

29

각국의 민간경비제도에 관한 설명으로 옳지 않은 것은? 기출 24

① 미국에서는 경찰관 신분을 가지고 민간경비분야에서 부업을 하고 있는 경우가 있다.
② 일본에는 교통유도경비에 관한 검정제도가 있다.
③ 한국의 청원경찰은 경비구역에서 발생한 범죄에 대하여 범죄수사를 할 수 있다.
④ 영국의 로버트 필(Robert Peel) 경은 수도경찰법을 의회에 제출하여 수도경찰을 창설하였다.

해설

③ (×) 청원경찰은 청원주와 배치된 기관·시설 또는 사업장 등의 구역을 관할하는 경찰서장의 감독을 받아 그 경비구역만의 경비를 목적으로 필요한 범위에「경찰관직무집행법」에 따른 경찰관의 직무를 수행한다(청원경찰법 제3조). 청원경찰이 법 제3조에 따른 직무를 수행할 때에는 경비 목적을 위하여 필요한 최소한의 범위에서 하여야 하고,「경찰관직무집행법」에 따른 직무 외의 수사활동 등 사법경찰관리의 직무를 수행해서는 아니 된다(청원경찰법 시행규칙 제21조).
① (○) 일반경찰관이 비번일 때 민간경비회사의 직원으로 일하는 경우가 있다. 주마다 차이는 있지만 비번일 때에도 근무 때와 똑같은 법적 권한과 지위(경찰관 신분)를 가지기도 한다.
② (○) 일본의 최초 경비원에 대한 검정은 교통유도경비, 귀중품운반경비업무, 공항보안경비업무, 핵연료물질 등 위험물 운반경비업무의 4종에 대한 검정이 이루어졌으며,「경비원 등의 검정에 관한 규칙」에 의해 현재 교통유도경비, 귀중품운반경비, 공항보안경비, 시설경비, 핵연료물질 등 위험물 운반경비, 혼잡경비의 6종류에 대한 민간경비 자격검정제도를 시행하고 있다.
④ (○) 내무부장관이었던 로버트 필(Robert Peel)은 범죄문제를 해결하는 데 있어 책임이 분리되어서는 경찰활동을 조직적으로 운영할 수 없다고 하면서 1829년 수도경찰법을 의회에 제출하여 수도경찰을 창설하였다.

답 ③

30

미국과 일본의 민간경비산업 현황에 관한 설명으로 옳은 것은? 기출 18

① 미국에서 경찰과 민간경비는 상명하복 관계에 있다.
② 홀크레스트(Hallcrest) 보고서에 의하면 2000년대 이후 미국의 민간경비인력은 경찰인력의 절반 수준으로 성장하고 있다.
③ 일본에서 민간경비원의 교통유도경비는 경찰관의 교통정리와 같은 법적 강제력이 없다.
④ 일본의 민간경비는 2000년대 이후부터 한국과 중국에 진출을 시도하면서 인력경비가 급속히 성장하고 있다.

해설

③ (○) 일본에서 민간경비원의 교통유도경비는 법적 강제력이 없다.
① (×) 긴밀한 상호협조체계를 유지하고 있다.
② (×) 경찰인력의 2배 이상에 달하고 있다.★
④ (×) 일본 민간경비는 기계경비를 중심으로 하여 새로운 시장을 개척하고 있다.★

답 ③

31

민간경비업무의 자격증제도에 관한 설명으로 옳지 않은 것은? 기출 23

① 미국은 대다수 주에서 민간경비 서비스에 대한 자격증제도를 두고 있으며 점차 증가 추세에 있다.
② 일본은 6개 경비업무 영역에 걸쳐 자격증제도를 운영하고 있다.
③ 한국은 청원경찰제도를 운영하고 있으며, 청원경찰이 되기 위해서는 경비지도사 자격증을 소지하여야 한다.
④ 민간경비업무 관련 자격증제도는 경비원의 업무능력 유무를 공식적으로 인정하는 것으로 적절한 경비업무를 수행할 수 있도록 한다.

해설

한국은 1962.4.3. 청원경찰법을 제정하여 청원경찰제도를 도입·운영하고 있다. 청원경찰이 되기 위해서 경비지도사 자격증을 소지하여야 하는 것은 아니다.

답 ③

32

각국의 민간경비산업 현황에 관한 설명으로 옳은 것은? 기출 20

① 미국의 민간경비산업은 계약경비시스템에서 상주경비시스템으로 변화하며 성장하고 있다.
② 일본의 민간경비산업은 다양한 영역에서 운영되고 있으며, 전문자격증제도를 운영하고 있다.
③ 영국의 민간경비산업은 제1차 세계대전을 계기로 크게 발전하였다.
④ 독일의 민간경비산업의 시장은 유럽에서 가장 낮은 비중을 차지하고 있다.

해설

② (○) 일본의 민간경비산업은 다양한 영역에서 운영되고 있으며, '경비원 지도교육책임자제도', '기계경비업무 관리자제도', '경비원 검정제도' 등과 같은 전문자격증 제도를 두고 있다.
① (×) 미국의 경비업체는 크게 계약경비업체와 자체경비업체로 나눌 수 있는데, 그중에서도 계약경비업체가 크게 성장하고 있는 추세이다.
③ (×) 영국의 민간경비산업의 발전은 1800년대 산업혁명의 영향이 크다고 볼 수 있다.
④ (×) 유럽에서 보기 드물 정도로 일찍이 독일에서는 1901년 최초의 민간경비회사가 설립되었으며, 통합 후 현재까지 치안수요의 급격한 증가추세에 힘입어 민간경비산업은 고속성장을 거듭해 오고 있다. 참고로 2001년 독일 전체 민간경비 관련시장 규모는 약 92억 유로(한화 11조 4백억원)였다.

〈출처〉 김재광,「민간경비 관련법제의 개선방안 연구」, 한국법제연구원, 2004, P. 123

답 ②

33

교통유도경비에 관한 설명으로 옳지 않은 것은? 기출 16

① 일본의 경우 민간경비원이 실시하는 교통유도경비업무는 경찰관이 실시하는 교통정리와 마찬가지로 법적 강제력이 있다.
② 교통유도경비업무란 도로에 접속한 공사현장 및 사람과 차량을 통행에 위험이 있는 장소 또는 도로를 점유하는 행사장에서 부상 등 사고 발생을 방지하는 업무이다.
③ 일본 경비업법에서 정의하고 있는 경비업무 중에는 '사람 혹은 차량의 혼잡한 장소와 통행에 위험이 있는 장소에서의 부상 등의 사고 발생을 경계하여 방지하는 업무'를 포함한다.
④ 미국의 교통유도원(flagger) 제도는 각 주에서는 다양한 방법 및 기관을 통해 교육과정을 개설하고 있으며, 일부 주에서는 필기 및 실기시험을 통과한 후 인증서를 발급하여 유도원 채용 시 반드시 인증서를 제출하도록 하는 등 체계적으로 관리하고 있다.

해설

일본의 경우 교통유도경비업무는 차량으로 혼잡한 장소 또는 차량의 통행으로 위험 발생 가능 장소에 대하여 부상 등의 사고 발생을 경계하고 방지하는 업무로써, 주로 차량 및 보행자를 유도하여 안전을 확보하는 것을 말한다. 교통유도경비를 실시하고 있는 경비원을 교통유도원이라고 하며, 경찰관이나 교통순경이 실시하는 교통정리와 달리 법적 강제력은 없다.★

답 ①

제3절 각국 민간경비의 법적 지위

34
CHECK O △ X

민간경비와 공경비의 개념에 관한 내용으로 옳지 않은 것은? 기출 24

① 공경비는 일반 국민들을 위하여 관할 구역 내에서 법 집행의 권한을 가진다.
② 비렉(A. J. Bilek)은 민간경비원의 법적 지위를 크게 3가지 유형으로 구분하였다.
③ 우리나라의 청원경찰은 경찰관 신분을 가진 민간경비원으로 강제력 행사가 가능하다.
④ 제한된 근무지역 내에서 경찰권을 일부 행사할 수 있는 민간경비원도 있다.

해설

우리나라의 청원경찰은 비렉(A. J. Bilek)의 민간경비원의 법적 지위 유형 구분에 의하면 <u>특별한 권한이 있는 민간경비원</u>에 해당한다고 할 수 있다.

핵심만콕 민간경비원의 법적 지위 유형(A. J. Bilek의 분류)

경찰관 신분을 가진 민간경비원	• 경찰관 신분으로서 민간경비 분야에서 부업을 하고 있는 자 • 1980년대 중반부터 미국사회에서 문제시됨
특별한 권한이 있는 민간경비원	• 제한된 근무지역인 학교, 공원지역이나 주지사, 보안관 시당국, 정부기관에 의해 특별한 경찰업무를 위임받은 민간경비원 • 우리나라의 청원경찰과 같은 개념
일반시민과 같은 민간경비원	• 공공기관으로부터 임명이나 위임, 자격을 받지 못한 상태에서 경비업무를 수행하는 경비원 • 우리나라 대부분의 민간기업체의 경비원이 이에 해당

 ③

35
CHECK O △ X

미국 민간경비원의 법적 지위에 관한 설명으로 옳지 않은 것은? 기출 17

① 민간경비원의 불법행위는 일반인의 불법행위와 동일한 민사책임을 지지 않는다.
② 경찰관이 행하는 수색과 민간경비원이 행하는 수색에는 상당한 차이가 있다.
③ 빌렉(A. J. Bilek)은 민간경비원의 유형을 '경찰관 신분을 가진 민간경비원', '특별한 권한이 있는 민간경비원', '일반시민과 같은 민간경비원'으로 구분한다.
④ 민간경비원에 의한 심문 또는 질문에 대해서 일반시민이 반드시 응답하여야 할 규정은 없다.

해설

민간경비원의 불법행위는 일반인의 불법행위와 동일한 민사책임을 부담하도록 하고 있다. 불법행위법은 민간경비원에게 특별한 권한을 부여하고 있지 않으며, 민간경비원의 행위에 대하여 어느 정도 제한을 규정하고 있다.

 ①

36

일본 민간경비원의 법적 지위에 관한 설명으로 옳은 것은? 기출 21

① 민간인 지위 이상의 특권이나 권한을 부여받는다.
② 현행범 체포는 위법성이 조각되지 않는다.
③ 정당방위는 위법성이 조각된다.
④ 긴급피난은 정당성이 인정되지 않는다.

해설

③ (○), ④ (×) 일본 민간경비원의 정당방위와 긴급피난은 위법성이 조각된다.
① (×) 일본 민간경비원은 사인(私人)으로서의 지위 이상의 특권이나 권한을 부여받지 않는다.
② (×) 현행범인은 누구라도 체포장 없이 이를 체포할 수 있다(일본형사소송법 제213조).

답 ③

37

민간경비원의 법적 지위와 권한에 관한 설명 중 옳지 않은 것은? 기출 24

① 민간경비원이 수집한 증거가 법정에서 원용될 경우 증거능력이 인정된다.
② 민간경비원의 정당방위나 긴급피난은 위법성이 조각된다.
③ 민간경비원은 현행범을 체포할 수 있다.
④ 민간경비원은 범인을 검거하기 위하여 압수·수색을 할 수 있다.

해설

④ (×) 체포·구속·압수 또는 수색을 할 때에는 적법한 절차에 따라 검사의 신청에 의하여 법관이 발부한 영장을 제시하여야 한다(헌법 제12조 제3항). 형사소송법 제215조는 검사와 사법경찰관은 원칙적으로 검사가 지방법원판사에게 청구하여 발부받은 영장에 의하여 압수·수색·검증할 수 있음을 규정하고 있는바, <u>민간경비원이 범인을 검거하기 위하여 압수·수색을 할 수는 없다.</u>
① (○) 민간경비원의 활동에 의한 증거는 소송법상 직접적인 규정이 없고, 다만 법정에서 증거로서 원용될 경우 이에 대한 증거력은 인정된다.
② (○) 정당행위(형법 제20조), 정당방위(형법 제21조), 긴급피난(형법 제22조), 자구행위(형법 제23조)는 위법성 조각사유에 해당한다.
③ (○) 형사소송법 제212조는 "현행범인은 누구든지 영장 없이 체포할 수 있다."고 규정하고 있으므로 민간경비원도 현행범을 체포할 수 있다.

답 ④

38

우리나라 민간경비원의 법적 권한에 관한 설명으로 옳지 않은 것은? 기출 22

① 현행범에 대한 체포권한이 있다.
② 범죄수사권이 없다.
③ 자구행위는 위법성이 조각되지 않는다.
④ 현행범에 대해서 수색할 권한은 없다.

해설
민간경비원은 자구행위를 할 수 있으며, 위법성이 조각된다.

답 ③

39

특수경비원과 청원경찰에 관한 내용으로 옳은 것은? 기출 22

① 특수경비원이 휴대할 수 있는 무기종류는 권총·소총과 도검 등이다.
② 특수경비원은 특정한 경우 사법경찰권한이 허용된다.
③ 청원경찰의 임용은 관할 경찰서장이 승인한다.
④ 청원경찰은 형법이나 기타 벌칙을 적용할 때에는 공무원으로 간주된다.

해설
④ (○) 청원경찰 업무에 종사하는 사람은 형법이나 그 밖의 법령에 따른 벌칙을 적용할 때에는 공무원으로 본다(청원경찰법 제10조 제2항).
① (×) 특수경비원이 휴대할 수 있는 무기종류는 권총 및 소총으로 한다(경비업법 시행령 제20조 제5항).
② (×) 민간경비는 범죄예방활동을 주 임무로 하므로 경비원에게 사법경찰권을 부여해서는 안 된다.
③ (×) 청원경찰은 청원주가 임용하되, 임용을 할 때에는 미리 시·도 경찰청장의 승인을 받아야 한다(청원경찰법 제5조 제1항).

답 ④

40

민간경비원의 법적 지위와 권한에 관한 설명으로 옳지 않은 것은? 기출 16

① 민간경비원은 정당방위나 자구행위를 할 수 있다.
② 민간경비원의 법적 지위는 일반시민과 같은 사인(私人)에 불과하다.
③ 특수경비원은 인질·간첩 또는 테러사건에 있어서 은밀히 작전을 수행하는 부득이한 경우에는 경고 없이 소총을 발사할 수 있다.
④ 특수경비원은 배치된 기관·시설 또는 사업장 등의 구역을 관할하는 시·도 경찰청장의 감독을 받아 그 경비구역만의 경비를 목적으로 경찰관직무집행법에 따른 경찰관의 권한을 행사한다.

해설

청원경찰은 배치된 기관·시설 또는 사업장 등의 구역을 관할하는 경찰서장의 감독을 받아 그 경비구역만의 경비를 목적으로 경찰관직무집행법에 따른 경찰관의 권한을 행사한다.

답 ④

41

민간경비원의 임용과 직무에 관한 설명으로 옳은 것은? 기출수정 14

① 일반경비원은 시설경비, 호송경비, 신변보호, 기계경비, 혼잡·교통유도경비업무를 수행한다.
② 특수경비원은 국가중요시설 등 경비구역 내에서 경비목적을 위해 어떠한 경우에도 무기휴대 및 사용을 할 수 없다.
③ 청원경찰은 경비구역 내에서 경비목적을 위해 필요한 경우, 불심검문, 무기사용 등 경찰공무원법에 따른 경찰관의 직무를 수행할 수 있는 권한을 갖는다.
④ 청원경찰은 시·도 경찰청장이 임용하되, 청원주의 승인을 받아야 한다.

해설

① (○) 경비업법 제2조 제3호 가목
② (×) 시·도 경찰청장은 국가중요시설에 대한 경비업무의 수행을 위하여 필요하다고 인정하는 때에는 관할경찰관서장으로 하여금 시설주의 신청에 의하여 시설주로부터 국가에 기부채납된 무기를 대여하게 하고, 시설주는 이를 특수경비원으로 하여금 휴대하게 할 수 있다(경비업법 제14조 제4항 전문).
③ (×) 청원경찰은 제4조 제2항에 따라 청원경찰의 배치 결정을 받은 자(이하 "청원주"라 한다)와 배치된 기관·시설 또는 사업장 등의 구역을 관할하는 경찰서장의 감독을 받아 그 경비구역만의 경비를 목적으로 필요한 범위에서 경찰관직무집행법에 따른 경찰관의 직무를 수행한다(청원경찰법 제3조).
④ (×) 청원경찰은 청원주가 임용하되, 임용을 할 때에는 미리 시·도 경찰청장의 승인을 받아야 한다(청원경찰법 제5조 제1항).

답 ①

42

각국 민간경비의 법적 관계에 관한 설명으로 옳지 않은 것은? 기출 23

① 미국은 주정부 또는 지방자치단체 차원에서 규제가 이뤄지다 보니 주에 따라 민간경비업의 규제방식과 실태가 다르다.
② 일본은 경비업법 제정을 통하여 민간경비업에 대한 규제사항을 정립하고 안전사회의 기반을 형성하는 산업으로 발전하였다.
③ 호주는 독립된 '민간경비산업위원회(Security Industry Authority)'를 통하여 민간경비업을 통합 및 규제한다.
④ 한국에서 민간경비원은 사법(私法)적 규율의 대상이므로 사인(私人)적 지위에 불과하다.

해설

'민간경비산업위원회'(SIA : Security Industry Authority)는 2001년 영국에서 제정된 '민간경비산업법'(PSIA : Private Security Industry Act)에 근거하여 설치된 기구이다. 이 위원회는 일종의 '비정부공공기관'(NDPB : Non Departmental Public Body)으로서 내무부에 보고하는 독립된 관리감독기관으로서의 성격을 가지며, 두 가지 중요한 책무를 가지고 있다. 첫째, 민간경비산업 관련분야에서 활동하는 종사자들에 대해 강제적·의무적 자격증을 취득하도록 하는 것이며, 둘째, '계약경비를 하는 경비업체에 대한 인증제도'(ACS : Approved Contractor Scheme)를 위원회가 관리함으로써 종래 관련업체들이 독립적으로 평가기준을 설정하는 것을 조정·통제하는 것이다.

〈출처〉 최선우, 한국공안행정학회회보 제23권 제2호, 2014, P. 241~264

답 ③

43

각국 민간경비원의 법적 지위와 권한에 관한 설명으로 옳지 않은 것은? 기출 22

① 미국에서 경찰관이 행하는 수색과 민간경비원이 행하는 수색에는 차이가 없다.
② 미국에서 민간경비원이 경찰과 협력 또는 기소를 목적으로 증거를 수집하여 경찰에 제공하는 대리인으로 활동한 경우 헌법적 제한이 따른다.
③ 일본에서 민간경비원은 업무의 특수성으로 인해 헌법에 규정된 국민의 권리를 침해할 우려가 있으므로 주의가 필요하다.
④ 한국에서 민간경비원이 증거를 수집할 수 있는 형사소송법상의 규정은 없다.

해설

민간경비원의 수색은 경찰과의 협조하에 활동하거나 준경찰로 활동하는 경우를 제외하고는 일반 사인과 동일하므로 경찰관이 행하는 수색과 민간경비원이 행하는 수색에는 상당한 차이가 있다.

답 ①

44

각국의 경비업 허가에 관한 설명으로 옳은 것은? 기출 20

① 미국은 대부분 주정부 차원에서 경비업 허가가 이루어지므로 주에 따라 규제방식과 실태가 다르다.
② 독일에서는 국가경찰청장이 경비업의 허가권자이다.
③ 일본에서 경비업을 하고자 하는 자는 경시청에 신고하여야 한다.
④ 우리나라에서는 법인이 아니라도 경비업 허가대상이 될 수 있다.

해설

① (○) 미국은 대부분 주정부 차원에서 경비업 인·허가 및 면허증·자격증 발급과 관련된 법규를 제정하고 있다. 따라서 주에 따라 규제방식과 실태가 다르다고 할 수 있다.
〈참고〉 김두현·박형규, 「신민간경비론」, 솔과학, 2018, P. 100
② (×) 독일의 일반적인 경찰행정은 주 관할하에 놓여 있고, 경찰법과 질서유지에 관한 입법은 각 주에서 하고 있다. 경비업 허가의 경우에도 국가경찰청장이 아닌 각 주의 경찰청장이 허가권자이다.
③ (×) 일본의 경우 경비업 제정 당시에는 신고제로 운영되었으나, 1982년에 허가제로 바뀌었다.
④ (×) 우리나라는 경비업은 법인이 아니면 이를 영위할 수 없다(경비업법 제3조).

답 ①

45

각국 민간경비원의 실력행사에 관한 설명으로 옳은 것은? 기출 20

① 미국의 민간경비원은 타인의 재산에 대한 침해를 막을 수 있는 경우에만 예외적으로 정당성을 인정받는다.
② 일본의 민간경비원은 형사법상 문제발생 시 일반 사인(私人)과 동일하게 취급된다.
③ 독일은 민간경비원의 실력행사에 관한 명시적 규정을 두고 있으며, 예외적인 경우 공권력의 행사로 인정받는다.
④ 한국의 민간경비원은 법률상 실력행사에 관한 특별한 권한을 가지고 있다.

해설

② (○) 일본의 민간경비원에 대한 법적 지위는 미국과는 달리 사인(私人)으로서의 지위 이상의 특권이나 권한을 부여하고 있지 않다. 따라서 민간경비원의 법집행 권한은 사인의 재산관리권 범위 내에서만 정당화될 수 있으며, 민·형사상 책임에 있어서는 사인과 동일한 지위에서 취급된다.
〈출처〉 김두현·박형규, 「신민간경비론」, 솔과학, 2018, P. 110
① (×) 미국의 민간경비원에 의한 실력행사는 특권이나 동의 없이 타인의 권리에 대한 침해가 민간경비원에 의해서 발생한 경우 그에게 책임이 발생할 수 있다. 다만, 동의가 없더라도 일반적으로 재산소유자가 자신의 재산에 대한 침해를 막을 수 있는 재산보호라는 자기방어의 경우와, 신체적 해악을 가하려는 의도가 명백한 타인에 대하여 정당한 실력행사를 할 수 있는 경우에는 경비활동에 정당성을 부여할 수 있다.
〈출처〉 김두현·박형규, 「신민간경비론」, 솔과학, 2018, P. 101~102
③ (×) 독일 민간경비원의 무력행사에 권한을 부여하는 명시적인 법적 근거는 없다.
〈참고〉 김두현·박형규, 「신민간경비론」, 솔과학, 2018, P. 111
④ (×) 한국의 민간경비원은 법률상 실력행사에 관한 특별한 권한을 가지고 있지 않다. 따라서 민간경비원의 범인체포 등의 행위는 현행범 체포를 제외하고는 체포, 감금죄(형법 제276조)를 구성하게 된다. 다만, 정당성이 있는 경우에는 위법성이 조각될 수 있다.

답 ②

46

청원경찰제도에 관한 설명으로 옳지 않은 것은? 기출 23

① 청원경찰은 무기휴대가 불가능하다.
② 청원경찰의 경비는 청원주가 부담한다.
③ 청원경찰은 우리나라에만 있는 제도이다.
④ 배치된 시설 또는 기관의 장이나 지역을 관할하는 경찰서장의 감독을 받아 해당 경비구역 내에서 직무를 수행한다.

해설

① (×) 청원경찰법 제8조 제3항, 동법 시행령 제16조에 따라 청원경찰은 무기휴대가 가능하다.
② (O) 청원주는 청원경찰에게 지급할 봉급과 각종 수당, 청원경찰의 피복비, 교육비, 보상금 및 퇴직금을 부담하여야 한다(청원경찰법 제6조 제1항).
③ (O) 한국의 청원경찰제도는 경찰과 민간경비제도를 혼용한 것으로 외국에서는 볼 수 없는 특별한 제도이다.
④ (O) 청원경찰은 청원경찰의 배치결정을 받은 자(청원주)와 배치된 기관, 시설 또는 사업장 등의 구역을 관할하는 경찰서장의 감독을 받아 그 경비구역만의 경비를 목적으로 필요한 범위에서 경찰관직무집행법에 따른 경찰관의 직무를 수행한다(청원경찰법 제3조).

답 ①

47

청원경찰법상의 내용으로 옳지 않은 것은? 기출 14

① 청원경찰은 청원경찰의 배치 결정을 받은 자와 배치된 기관·시설 또는 사업장 등의 구역을 관할하는 시·도경찰청장의 감독을 받아야 한다.
② 청원경찰의 임용자격, 임용방법 등에 관하여는 대통령령으로 정한다.
③ 청원주는 청원경찰의 봉급과 수당 등의 청원경찰경비를 부담해야 한다.
④ 국가공무원법상의 결격사유에 해당하는 사람은 청원경찰로 임용될 수 없다.

해설

① (×) 청원경찰은 청원경찰의 배치 결정을 받은 자와 배치된 기관·시설 또는 사업장 등의 구역을 관할하는 경찰서장의 감독을 받아야 한다(청원경찰법 제3조).
② (O) 청원경찰법 제5조 제3항
③ (O) 청원경찰법 제6조 제1항
④ (O) 청원경찰법 제5조 제2항

답 ①

CHAPTER 03 민간경비의 환경

제1절 국내 치안여건의 변화

01
최근 민간경비의 치안환경변화에 관한 설명으로 옳지 않은 것은? 기출 24

① 국제화·개방화에 따라 내국인의 해외범죄, 외국인의 국내범죄가 증가하고 있다.
② 인터넷 등 컴퓨터통신망의 발달에 따라 해킹 등 첨단사이버범죄가 대폭 증가하고 있다.
③ 치안환경이 변화되면서 보이스피싱 등 신종사기범죄는 많이 줄어들었다.
④ 청소년에 의한 마약범죄 증가가 사회문제로 대두되었다.

해설
③ (×) 치안환경이 악화되면서 보이스피싱 등 신종범죄가 증가하고 있다. 특히 금융, 보험, 신용카드, 컴퓨터등과 관련된 범죄의 지능화·전문화로 인하여 피해규모가 더욱 확대되고 있다.
① (○) 국제화·개방화로 인해 내국인의 해외범죄, 외국인의 국내범죄, 밀수, 테러 등의 국제범죄가 증가하고 있다.
② (○) 과학기술의 발달, 무선인터넷과 스마트폰 등의 보급 확대로 인해 사이버범죄가 날로 지능화·전문화되어 더욱 증가하고 있다.
④ (○) 과거에 비해 인터넷, 클럽, SNS 등 마약류의 구입경로 다양화와 저렴한 신종마약류 증가로 인하여 청소년이 마약류에 쉽게 노출되었고 청소년을 대상으로 한 마약범죄 및 청소년에 의한 마약범죄가 증가하였다.

답 ③

02
우리나라 치안환경의 변화로 옳지 않은 것은? 기출 23

① 인구의 고령화로 인하여 노인범죄 및 노인대상범죄가 증가하고 있다.
② 전체적으로 도시와 농촌 간의 범죄 발생차이가 적어 통일적인 치안활동이 요구된다.
③ 다문화 사회 및 인구구조의 글로벌화로 외국인 근로자 및 불법체류자 등에 의한 범죄가 증가하고 있다.
④ 빈부격차의 심화와 사회 해체적 범죄 양상이 나타나고 있다.

해설
전체적으로 도시와 농촌 간의 범죄 발생차이가 상당하므로 차별화된 치안활동이 요구된다.

답 ②

03

우리나라 치안환경에 관한 설명으로 옳은 것은? 기출 22

① 이기주의로 인한 집단행동이 감소하고 있다.
② 다문화가정에 대한 치안수요는 감소하고 있다.
③ 금융·보험, 컴퓨터등과 관련된 화이트칼라 범죄가 증가하고 있다.
④ 인구의 탈도시화 현상으로 범죄가 감소하게 되어 도시 유형에 맞는 치안활동의 필요성이 줄어든다.

[해설]

③ (O) 금융·보험, 신용카드, 컴퓨터등과 관련된 지능화·전문화된 화이트칼라 범죄가 증가하고 있다.
① (×) 집단이기주의로 인한 불법적 집단행동이 증가되고 있다.
② (×) 외국인노동자, 다문화가정의 증가 등으로 인하여 새로운 치안수요가 발생하고 있다.
④ (×) 인구의 도시집중에 따른 개인주의적 경향으로 인간소외현상, 범죄발생 등 심각한 사회문제가 예상된다.

답 ③

04

우리나라 치안여건의 변화에 관한 설명으로 옳지 않은 것은? 기출 21

① 과거에 비해 인터넷, 클럽, SNS 등 마약류의 구입경로가 다양하지만 마약범죄는 감소추세에 있다.
② 무선인터넷과 스마트폰 보급의 확대로 사이버범죄가 증가하고 있다.
③ 노령인구 증가로 노인범죄가 사회문제시되고 있다.
④ 금융, 보험, 신용카드 등과 관련된 지능화·전문화된 범죄가 증가하고 있다.

[해설]

국내 마약류 사범은 2000년대 이래로 지속적으로 역대 최다치를 기록하고 있으며, 마약류 압수량 또한 지속적인 증가세를 보여 확산세가 매우 심각한 상황이다.

〈출처〉 대검찰청 마약조직범죄부, 「2023년 마약류 범죄백서」, P. 32

핵심만콕 국내 치안환경의 변화

- 고령화로 인해 소외된 노인들의 범죄가 계속 증가하여 심각한 사회문제로 대두되고 있다.
- 인구증가로 인해 치안수요는 점점 늘어날 것이다.
- 인구의 도시집중에 따른 개인주의적 경향으로 인간소외, 범죄발생 등의 심각한 사회문제가 예상된다.
- 집단이기주의로 인한 불법적 집단행동은 증가될 것이다.
- 국제화·개방화로 인해 내국인의 해외범죄, 외국인의 국내범죄, 밀수, 테러 등의 국제범죄가 증가하고 있다.
- 치안환경이 악화되면서 보이스피싱 등 신종범죄가 대두되고 있다.
- 범죄연령이 저연령화(연소화)되는 추세이며, 청소년범죄가 흉포화되고 있다.
- 무선인터넷과 스마트폰 등의 보급확대로 인해 사이버범죄가 증가하고 있다.
- 과학기술의 발달로 인해 사이버범죄가 날로 지능화·전문화되어 더욱 증가하고 있다.
- 경제적 양극화의 심화로 인해 다양한 유형의 범죄가 발생하고 있다.

답 ①

05

국내 치안환경의 변화로 옳지 않은 것은? 기출 17

① 경찰의 단속으로 마약범죄 감소
② 고령화로 인한 노인범죄의 사회문제 대두
③ 과학기술의 발달로 사이버 범죄 증가
④ 경제적 양극화 심화로 다양한 유형의 범죄 발생

해설

국내 마약류 사범은 2000년대 이래로 지속적으로 역대 최다치를 기록하고 있으며, 마약류 압수량 또한 지속적인 증가세를 보여 확산세가 매우 심각한 상황이다.

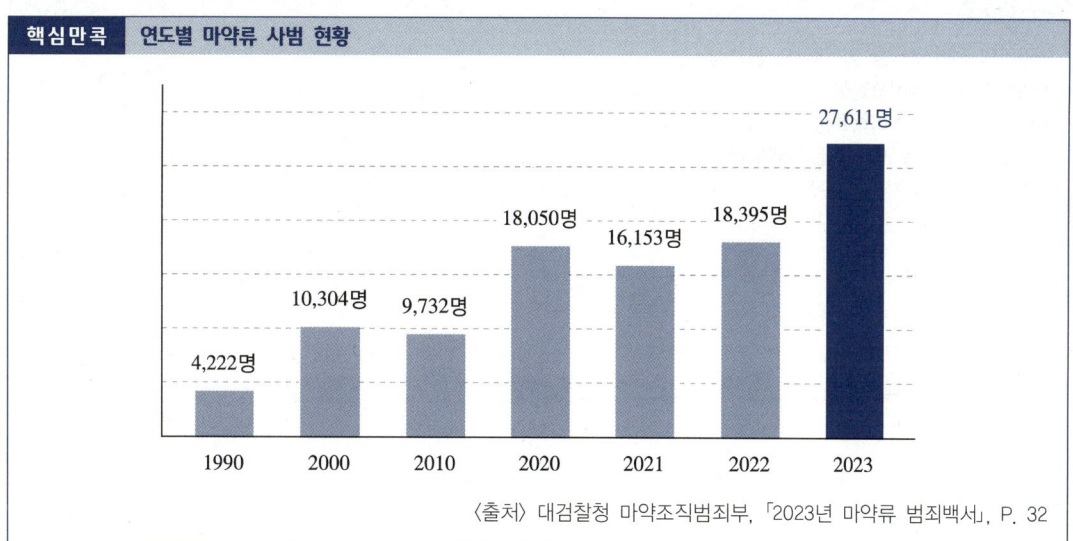

핵심만콕 연도별 마약류 사범 현황

〈출처〉 대검찰청 마약조직범죄부, 「2023년 마약류 범죄백서」, P. 32

답 ①

06

국내 치안환경과 관련된 내용으로 옳지 않은 것은? 기출 12

① 인구의 도시집중에 따른 개인주의적 경향으로 조직범죄가 감소하고 있다.
② 고령화로 인한 노인범죄가 심각한 사회문제로 대두되고 있다.
③ 사이버범죄가 날로 지능화, 전문화되어 더욱 증가되고 있다.
④ 도시화와 빈부격차 심화로 다양한 유형의 범죄를 낳고 있다.

해설

국내의 치안환경은 교통·통신시설의 급격한 발달로 범죄가 광역화, 기동화, 조직화, 흉포화되고 있으며, 총 범죄의 발생은 매년 계속적인 증가추세를 보이고 있다.

답 ①

제2절 국내 경찰의 역할과 방범실태

07

방범경찰의 특성이 아닌 것은?

① 대상의 복잡성
② 대상의 광범성
③ 업무의 즉효성
④ 대상의 유동성

해설

방범경찰은 범죄의 예방이 기본업무로서 다른 부서에 비해 업무의 긴박성·즉효성은 가지고 있지 않다.

> **핵심만콕 방범경찰의 특성★**
> - 임무의 전반성(작용 및 대상의 광범성)
> - 대상의 유동성(비고정성)
> - 업무의 비긴박성(비즉효성)
> - 최일선에서의 주민과의 접촉성(외근경찰)
> - 관계법령의 다양성·전문성

답 ③

08

국가경찰과 자치경찰의 조직 및 운영에 관한 법률상 경찰의 사무에 관한 내용으로 옳지 않은 것은?

기출 21

① 지역 내 교통활동에 관한 사무는 자치경찰이 담당한다.
② 공공안녕에 대한 위험의 예방과 대응을 위한 정보의 수집·작성 및 배포에 관한 사무는 국가경찰이 담당한다.
③ 학교폭력 등 소년범죄에 해당하는 수사사무는 자치경찰이 담당한다.
④ 가정폭력, 아동학대범죄에 해당하는 수사사무는 국가경찰이 담당한다.

해설

④ (×) 가정폭력, 아동학대범죄에 해당하는 수사사무는 자치경찰이 담당한다[국가경찰과 자치경찰의 조직 및 운영에 관한 법률 제4조 제1항 제2호 라목 2)].
① (○) 국가경찰과 자치경찰의 조직 및 운영에 관한 법률 제4조 제1항 제2호 나목
② (○) 국가경찰과 자치경찰의 조직 및 운영에 관한 법률 제3조 제5호
③ (○) 국가경찰과 자치경찰의 조직 및 운영에 관한 법률 제4조 제1항 제2호 라목 1)

> **관계법령**

경찰의 임무(국가경찰과 자치경찰의 조직 및 운영에 관한 법률 제3조)
경찰의 임무는 다음 각호와 같다.
1. 국민의 생명·신체 및 재산의 보호
2. 범죄의 예방·진압 및 수사
3. 범죄피해자 보호
4. 경비·요인경호 및 대간첩·대테러작전 수행
5. 공공안녕에 대한 위험의 예방과 대응을 위한 정보의 수집·작성 및 배포
6. 교통의 단속과 위해의 방지
7. 외국 정부기관 및 국제기구와의 국제협력
8. 그 밖에 공공의 안녕과 질서유지

경찰의 사무(국가경찰과 자치경찰의 조직 및 운영에 관한 법률 제4조)
① 경찰의 사무는 다음 각호와 같이 구분한다.
1. 국가경찰사무 : 제3조에서 정한 경찰의 임무를 수행하기 위한 사무. 다만, 제2호의 자치경찰사무는 제외한다.
2. 자치경찰사무 : 제3조에서 정한 경찰의 임무범위에서 관할지역의 생활안전·교통·경비·수사 등에 관한 다음 각목의 사무
   가. 지역 내 주민의 생활안전활동에 관한 사무
      1) 생활안전을 위한 순찰 및 시설의 운영
      2) 주민참여 방범활동의 지원 및 지도
      3) 안전사고 및 재해·재난 시 긴급구조 지원
      4) 아동·청소년·노인·여성·장애인 등 사회적 보호가 필요한 사람에 대한 보호업무 및 가정폭력·학교폭력·성폭력 등의 예방
      5) 주민의 일상생활과 관련된 사회질서의 유지 및 그 위반행위의 지도·단속. 다만, 지방자치단체 등 다른 행정청의 사무는 제외한다.
      6) 그 밖에 지역주민의 생활안전에 관한 사무
   나. 지역 내 교통활동에 관한 사무
      1) 교통법규 위반에 대한 지도·단속
      2) 교통안전시설 및 무인 교통단속용 장비의 심의·설치·관리
      3) 교통안전에 대한 교육 및 홍보
      4) 주민참여지역 교통활동의 지원 및 지도
      5) 통행허가, 어린이 통학버스의 신고, 긴급자동차의 지정신청 등 각종 허가 및 신고에 관한 사무
      6) 그 밖에 지역 내의 교통안전 및 소통에 관한 사무
   다. 지역 내 다중운집행사 관련 혼잡교통 및 안전관리
   라. 다음의 어느 하나에 해당하는 수사사무
      1) 학교폭력 등 소년범죄
      2) 가정폭력, 아동학대범죄
      3) 교통사고 및 교통 관련 범죄
      4) 「형법」 제245조에 따른 공연음란 및 「성폭력범죄의 처벌 등에 관한 특례법」 제12조에 따른 성적 목적을 위한 다중이용장소 침입행위에 관한 범죄
      5) 경범죄 및 기초질서 관련 범죄
      6) 가출인 및 「실종아동 등의 보호 및 지원에 관한 법률」 제2조 제2호에 따른 실종아동 등 관련 수색 및 범죄

답 ④

09

국가경찰과 자치경찰의 조직 및 운영에 관한 법률에 규정된 자치경찰사무에 해당하지 않는 것은?

① 주민참여 방범활동의 지원 및 지도
② 외국 정부기관 및 국제기구와의 국제협력
③ 지역 내 다중운집 행사 관련 혼잡 교통 및 안전 관리
④ 안전사고 및 재해·재난 시 긴급구조지원

해설

② (×) 외국 정부기관 및 국제기구와의 국제협력은 국가경찰사무에 해당한다(국가경찰과 자치경찰의 조직 및 운영에 관한 법률 제3조 제7호·제4조 제1항 제1호).
① (○) 국가경찰과 자치경찰의 조직 및 운영에 관한 법률 제4조 제1항 제2호 가목 2)
③ (○) 국가경찰과 자치경찰의 조직 및 운영에 관한 법률 제4조 제1항 제2호 다목
④ (○) 국가경찰과 자치경찰의 조직 및 운영에 관한 법률 제4조 제1항 제2호 가목 3)

답 ②

10

경찰법상 국가경찰의 임무가 아닌 것은?

① 범죄의 예방·진압 및 수사
② 공공안녕에 대한 위험의 예방과 대응을 위한 정보의 수집 및 서비스 제공
③ 외국정부기관 및 국제기구와의 국제협력
④ 교통 단속과 교통 위해 방지

해설

공공안녕에 대한 위험의 예방과 대응을 위한 정보의 수집·작성 및 배포가 국가경찰의 임무이다. ★

답 ②

11

다음 중 방범활동의 성격이 다른 것은?

① 생활방범   ② 방범홍보
③ 방범진단   ④ 현장방범

해설

①은 자위방범활동의 일례이다. ②·③·④는 특별방범활동에 해당한다.

핵심만콕	경찰방범활동의 유형 ★
일반방범활동	경찰의 범죄예방활동 중 특히 범죄의 기회와 유발요인을 감소시키는 활동 예 지역경찰의 일상적인 근무인 순찰, 불심검문, 보호조치, 경고, 제지, 출입, 입초, 경계, 기타 보호활동 등
특별방범활동	경찰의 범죄예방활동 중 일상근무를 통한 일반방범활동 이외의 특별한 대상 또는 상황에 관하여 수행하는 활동 예 방범정보수집, 우범지역의 설정, 시설방범, 방범지도, 방범진단, 현장방범, 방범상담, 방범홍보, 방범단체와의 협조 등
자위방범활동	지역주민, 사회단체 또는 기관 등이 스스로 범죄의 발생을 저지하기 위하여 방범의식을 높이고 방범시설을 강화하며 자체 방범직원을 배치하여 자위적으로 수행하는 활동 예 민간경비, 자율방범대 활동, 생활방범 등
종합방범활동	특정지역 또는 대상에 대하여 경찰생활안전 활동과 병행하여 모든 관계기관 및 단체 등의 활동을 결합하여 유기적인 협조로 일관된 계획하에 종합적으로 실시하는 활동 예 지역방범활동, 특정범죄방범활동, 계절방범활동 등

답 ①

12

청원경찰의 운영지도를 담당하는 경찰청의 부서장은? 기출수정 14

① 대테러위기관리과장 ② 경비과장
③ 경호과장 ④ 생활안전과장

해설

청원경찰의 운영 및 지도는 경찰청 경비국 소속의 대테러위기관리과장의 분장 사무이다(경찰청과 그 소속기관 직제 시행규칙 제10조 제4항 제9호).

관계법령 경비국(경찰청과 그 소속기관 직제 시행규칙 제10조)

① 경비국에 경비과·대테러위기관리과·경호과 및 항공과를 둔다. 〈개정 2024.7.31.〉
④ 대테러위기관리과장은 다음 사항을 분장한다. 〈개정 2024.7.31.〉
  1. 대테러 종합대책 연구·기획 및 지도
  2. 대테러 관련 법령의 연구·개정 및 지침 수립
  3. 테러대책기구 및 대테러 전담조직 운영 업무
  4. 대테러 종합훈련 및 교육
  5. 경찰작전과 경찰 전시훈련에 관한 계획의 수립 및 지도
  6. 비상대비계획의 수립 및 지도
  7. 중요시설의 방호 및 지도
  8. 예비군 무기·탄약관리의 지도
  9. 청원경찰의 운영 및 지도
  10. 민방위 업무의 협조에 관한 사항
  11. 재난·위기 업무에 대한 지원 및 지도
  12. 안전관리·재난상황 및 위기상황 관리기관과의 연계체계 구축·운영
  13. 지역 내 다중운집행사 안전관리 지도
  14. 비상업무에 관한 계획의 수립 및 집행

답 ①

13

범죄예방 및 안전사고 방지를 위하여 관내 주택, 고층빌딩, 금융기관 등에 대한 방범시설 및 안전설비의 설치상황, 자위방범역량 등을 점검하여 문제점을 보완하는 경찰활동에 해당하는 것은? 기출 21

① 문안순찰
② 방범진단
③ 방범홍보
④ 경찰방문

해설

② (○) 설문은 현장방범활동 중 방범진단에 대한 내용이다.
① (×) 문안순찰이란 경찰이 일반시민과의 대화를 통해 친밀한 관계를 유지하기 위한 활동으로, 관내 지역주민들의 요구를 청취하고 불편·애로사항을 해결해 주는 활동을 말한다.
③ (×) 방범홍보란 지역경찰의 활동, 각종 경찰업무에 대한 사항 및 민원사항, 중요시책 등을 매스컴 등을 통해 관내 지역주민들에게 널리 알려 방범의식을 고양하는 동시에 범죄방지를 도모하는 활동을 말한다.
④ (×) 경찰방문이란 경찰이 관내 각 가정, 상가 기타 시설 등을 방문하여 청소년을 선도하고, 소년소녀가장 및 독거노인·장애인 등 사회적 약자를 보호하며, 안전사고 방지 등의 지도·상담·홍보와 함께 민원사항을 청취하고, 필요시 지역주민의 협조를 받아 방범진단을 하는 등의 활동을 말한다.

답 ②

14

경찰이 관내의 각 가정, 기업체, 기타 시설을 방문하여 범죄예방, 선도, 안전사고 방지 등에 대해 지도·계몽하는 활동은? 기출 20

① 방범심방
② 임의동행
③ 방범단속
④ 불심검문

해설

① (○) 방범심방이란 경찰관이 관내의 각 가정, 기업체, 기타 시설을 방문하여 범죄예방, 청소년 선도, 안전사고 방지 등의 지도계몽과 상담 및 연락 등을 행하고 민원사항을 청취하며 주민의 협력을 얻어 예방경찰상의 기초 자료를 수집하는 활동을 말한다.
② (×) 임의동행(任意同行)이란 경찰이 용의자나 참고인을 당사자의 동의하에 검찰청, 경찰서 등에 연행하는 것을 말한다.
③ (×) 방범단속은 형사사범, 경찰법규 위반행위 또는 각종 사고를 예방하거나 단속하기 위하여 방범지도, 불심검문, 경고, 제지, 출입, 조사 또는 검사하는 근무로 범죄가 발생하지 않도록 미리 그 원인을 제거하고 피해확대를 방지하는 방범활동의 일환이다.

〈출처〉 한국형사정책연구원, 파출소단위 방범활동의 개선방안 연구, 1990, P. 32

④ (×) 불심검문(不審檢問)은 경찰관직무집행법 제3조에 따라 경찰관이 거동이 수상한 자를 발견한 때에 이를 정지시켜 조사하는 행위를 말한다.

답 ①

15

방범경찰활동의 한계요인으로 옳지 않은 것은? 기출 24

① 치안수요 증가로 인한 경찰인력의 부족
② 지역사회 문제해결을 위한 경찰과 지역주민의 협력
③ 경찰의 민생치안부서 근무 기피현상
④ 경찰활동에 대한 주민들의 이해부족

해설

② (×) 경찰과 지역주민의 협력은 방범경찰활동의 한계요인이 아니라 <u>경찰의 방범활동 한계를 극복하기 위한 방법·대책</u>이라 할 수 있다. 경찰과 지역주민의 협력은 치안서비스 공동생산, 자율방범대 등으로 나타날 수 있다.
① (○) 경찰관 1인이 담당해야 할 인구수가 많고, 매년 범죄 증가율이 경찰인력 증가율보다 높아 경찰인력 부족현상이 더욱 심화되고 있다.
③ (○) 민생치안부서의 업무량 과다 및 인사 복무상 불리한 근무여건 등으로 근무 기피현상이 나타나고 있다.
④ (○) 경찰에 대한 부정적 이미지나 불신 등의 이유로 주민과 경찰과의 관계 개선이 어려우며, 범죄 발생 시 신고 등의 협조가 미비하다.

핵심만 콕 경찰방범활동의 장애요인

- 경찰인력의 부족
- 경찰방범장비의 부족 및 노후화
- 경찰의 민생안전부서 근무기피현상
- 타 부처의 업무협조 증가
- 경찰의 주민들에 대한 고정관념으로 인한 이해부족 등

답 ②

16

경찰의 역할과 방범활동에 관한 설명으로 옳지 않은 것은? 기출 12

① 범죄예방은 범죄가 발생하지 않도록 사전에 그 원인을 제거하는 활동이다.
② 일선경찰관들이 직접적으로 사용하는 개인장비의 표준화와 보급 및 관리는 지속적으로 개선되어야 한다.
③ 경찰 1인당 담당하는 시민의 비율이 선진국에 비해 낮은 편이다.
④ 현재 경찰의 이미지 및 경찰활동에 대한 국민들의 인식을 높이고자 노력하고 있다.

해설

우리나라는 경찰 1인당 담당하는 시민의 비율이 선진국에 비해 높은 편이다. 매년 범죄 증가율이 경찰인력 증가율보다 높은 점과 경찰관 1인이 담당해야 할 인구가 증가함에 따라 경찰인력 부족현상이 더욱 심화되고 있다.

답 ③

17

민간방범활동의 필요성과 관련된 다음 설명 중 옳지 않은 것은?

① 매년 범죄 증가율이 경찰인력 증가율보다 높기 때문에 경찰인력의 부족현상이 나타난다.
② 경찰관 1인이 담당해야 할 인구가 감소함에 따라 경찰인력의 부족현상이 더욱 완화되고 있다.
③ 경찰인력의 부족은 경찰방범활동의 한계요인으로 작용한다.
④ 특수한 상황에서 경찰인력이 시국치안에 동원되는 경우 실질적으로 민생치안에 근무하게 되는 경찰인력은 더욱 감소하게 된다.

해설
경찰관 1인이 담당해야 할 인구가 증가함에 따라 경찰인력의 부족현상이 더욱 심화되고 있다.

답 ②

18

개인적 차원에서 자신과 가족의 안전에 대한 예방활동을 하는 것을 말하며, 방범장비의 휴대, 각종 첨단경보장치의 설치, 귀가 중인 자녀의 안전을 위한 마중 등과 같이 개인적으로 이루어지는 자율방범활동은 치안서비스 공동생산의 유형 중 어느 유형에 속하는가?

① 개별적·소극적 공동생산(제Ⅰ유형)
② 개별적·적극적 공동생산(제Ⅱ유형)
③ 집단적·소극적 공동생산(제Ⅲ유형)
④ 집단적·적극적 공동생산(제Ⅳ유형)

해설
설문은 개별적·소극적 공동생산에 속하는 자율방범활동에 대한 내용이다.

답 ①

19

CHECK ○△✕

민·경 협력 범죄예방에 관한 다음 내용에 해당하는 것은? 기출 22

> 경찰이 방범활동에 대한 주민의 의견을 직접 들어 치안활동에 반영하는 것으로 치안행정상 주민참여와 관련이 있다.

① 아동안전지킴이
② 자율방범대
③ 방범리콜제도
④ 경찰홍보

[해설]

③ (○) 제시문은 방범리콜제도에 관한 설명에 해당한다.
① (✕) 아동안전지킴이 제도는 아동의 범죄피해 방지를 위해 경찰청 주관으로 전국에서 운영되고 있는 협력치안 프로그램이다.
② (✕) 자율방범대는 자원봉사자를 중심으로 지역주민이 지역단위로 조직하여 관할 지구대와 상호 협력관계를 갖고 방범활동을 하는 자율봉사 조직이다.
④ (✕) 경찰홍보는 경찰이 하는 일을 국민과 쌍방향 커뮤니케이션을 통해 널리 알림으로써 경찰에 대한 신뢰와 지지를 확보하기 위한 제반활동이다.

답 ③

CHAPTER 04 민간경비의 조직

제1절 민간경비의 유형

01
CHECK ○△×

자체경비와 계약경비에 관한 설명으로 옳지 않은 것은? 기출 24

① 자체경비는 계약경비보다 자신을 고용한 회사나 고용주에 대한 충성도가 상대적으로 높다.
② 자체경비는 계약경비보다 결원의 보충 및 추가인력의 배치가 상대적으로 어렵다.
③ 계약경비는 자체경비보다 상대적으로 전문성이 높다.
④ 계약경비는 자체경비보다 정해진 절차에 따라 소신 있는 경비업무수행이 상대적으로 곤란하다.

해설

④ (×) 계약경비원은 고용주(사용자)를 의식하지 않고 소신껏 경비업무를 수행할 수 있고, 자체경비원보다 고용주(사용자)의 요구에 객관적으로 응할 수 있다. <u>소신 있는 업무수행은 계약경비의 장점</u>이라고 할 수 있다.
① (○) 자체경비원은 계약경비원보다 고용주(사용자)에 대한 충성심이 더 높고, 자체경비원은 고용주에 의해 조직의 구성원으로 채용됨으로써 안정적이기 때문에 고용주로부터 업무수행능력을 인정받기를 원하며, 자기발전과 자기개발을 위한 노력을 아끼지 않는다.
② (○) 자체경비는 계약경비에 비해 해임이나 감원, 충원 등이 필요한 경우에 탄력성이 떨어진다.
③ (○) 계약경비는 고용주의 요구에 맞는 경비서비스를 제공함으로써 경비프로그램 전반에 걸쳐 전문성을 갖춘 경비인력을 쉽게 제공할 수 있다.

 ④

02

자체경비와 계약경비의 장단점에 관한 설명으로 옳지 않은 것은? 기출 21

① 계약경비는 자체경비보다 다양한 경비분야에 전문성을 갖춘 경비인력을 쉽게 제공할 수 있다.
② 자체경비는 신분보장의 불안정성과 저임금으로 계약경비보다 이직률이 높다.
③ 계약경비는 경비인력의 추가 및 감축에 있어 자체경비보다 탄력적 운용이 가능하다.
④ 자체경비는 계약경비보다 고용주에게 높은 충성심을 갖는 경향이 있다.

[해설]

신분보장의 불안정성과 저임금으로 이직률이 상대적으로 높은 것은 계약경비이다.

핵심만콕 자체경비와 계약경비의 비교

구 분	자체경비	계약경비
장 점	• 자체경비는 계약경비에 비해 임금이 높고 안정적이므로, 이직률이 낮은 편이다. • 시설주가 경비원들을 직접 관리함으로써 경비원들에 대한 통제를 강화할 수 있다. • 비교적 높은 급료를 받을 뿐만 아니라, 경비원에 대한 위상이 높기 때문에 자질이 우수한 사람들이 지원한다. • 계약경비원보다 고용주에 대한 충성심이 더 높다. • 자체경비는 고용주(사용자)의 요구에 신속하게 대처할 수 있다. • 자체경비원은 고용주에 의해 조직의 구성원으로 채용됨으로써 안정적이기 때문에 고용주로부터 업무수행능력을 인정받기를 원하며, 자기발전과 자기개발을 위한 노력을 아끼지 않는다. • 자체경비원은 경비부서에 오래 근무함으로써 회사의 운영·매출·인사 등에 관한 지식이 높다. • 시설주의 필요에 따라 적절하게 교육·훈련과정의 효율성을 쉽게 측정할 수 있다.	• 고용주의 요구에 맞는 경비서비스를 제공함으로써 경비프로그램 전반에 걸쳐 전문성을 갖춘 경비인력을 쉽게 제공할 수 있다. • 봉급, 연금, 직무보상, 사회보장, 보험, 장비, 신규모집, 직원관리, 교육훈련 등의 비용을 절감할 수 있어 비용면에서 저렴하다(경제적이다). • 자체경비에 비해 인사관리 차원에서 결원의 보충 및 추가인력의 배치가 용이하다. • 고용주를 의식하지 않고 소신껏 경비업무에 전념할 수 있다. • 경비수요의 변화에 따라 기존 경비인력을 감축하거나 추가적으로 고용을 확대할 수 있다. • 질병이나 해임 등으로 구성원의 업무수행상 문제가 발생했을 경우, 인사이동과 대처(대책)에 따라 행정상 문제를 쉽게 해결할 수 있다.
단 점	• 계약경비에 비해 다른 부서의 직원들과 지나치게 친밀한 관계를 형성함으로써 효과적인 직무수행을 하지 못할 수 있다. • 신규모집계획, 선발인원의 신원확인 및 훈련프로그램에 대한 개발과 관리를 자체적으로 실시하므로, 인사관리 및 행정관리가 힘들고 비용이 많이 소요된다. • 계약경비에 비해 해임이나 감원, 충원 등이 필요한 경우에 탄력성이 떨어진다.	• 자체경비에 비해 조직(시설주)에 대한 충성심이 낮은 것이 일반적이다. • 자체경비에 비해 급료가 낮고 직업적 안정감이 떨어지기 때문에 이직률이 높은 편이다. • 회사 내부의 기밀이나 중요정보가 외부에 유출될 가능성이 더 높은 편이다.

답 ②

03

자체경비와 계약경비에 관한 설명으로 옳은 것은? 기출 20

① 계약경비는 자체경비보다 상대적으로 이직률이 낮은 편이다.
② 계약경비는 자체경비보다 사용자의 비용부담이 상대적으로 저렴하다.
③ 자체경비는 경비회사로부터 훈련된 경비원을 파견받아서 운용한다.
④ 계약경비는 자체경비보다 사용자에 대한 충성심이 높은 편이다.

해설

계약경비가 자체경비보다 사용자에게 비용부담 측면에서 상대적으로 저렴하다.

답 ②

04

민간경비의 조직형태에 관한 설명으로 옳은 것은 모두 몇 개인가? 기출 15

- 자체경비는 개인 및 기관, 기업 등이 중요하다고 판단되는 자신들의 보호 대상을 보호하기 위하여 자체적으로 관련 업무를 수행할 수 있는 경비부서를 조직화하는 것이다.
- 계약경비는 개인 및 기관, 기업 등이 중요하다고 판단되는 자신들의 보호 대상을 보호하기 위하여 외부와의 계약을 통해서 경비인력 또는 경비 시스템을 도입·운영하는 것이다.
- 청원경찰은 자체경비의 일종이다.
- 현행 경비업법은 계약경비를 전제로 한 것이다.

① 1개
② 2개
③ 3개
④ 4개

해설

질문은 민간경비의 조직형태이지만, 실제 지문들은 자체경비와 계약경비에 관한 문제이다. 자체경비와 계약경비의 개념을 잘 나타내고 있고, 청원경찰은 기관, 시설·사업장 등이 배치하는 자체경찰로 볼 수 있으므로 자체경비의 일종이다. 또한 현행 경비업법은 도급계약을 전제로 한다. 따라서 제시된 내용은 모두 옳은 지문이므로 정답은 4개이다.★

답 ④

05

계약경비서비스 유형에 관한 설명으로 옳지 않은 것은? 기출 13

① 경비업법상 기계경비는 오늘날 가장 많이 행하여지고 있는 경비유형이다.
② 순찰서비스는 고객의 시설물들을 내·외곽에서 순찰하는 형태이다.
③ 경보응답서비스는 보호하는 지역 내 설치된 경보감지장비 및 이와 연결된 중앙통제시스템과 연결되어 있다.
④ 사설탐정은 개인·조직의 정보와 관련된 서비스의 제공을 주 업무로 하는데, 현재 우리나라에서는 제도적으로 시행되고 있지 않다.

해설
우리나라의 경우, 기계경비가 많이 발전하였음에도 불구하고 아직까지 많은 경비업체가 인력경비 위주의 영세성을 벗어나지 못하고 있으며, 인력경비 없이 기계경비 시스템만으로는 경비활동의 목표달성이 가능한 수준에 이르지 못하고 있다.

답 ①

06

기업에서 자체경비조직의 유지 및 기능 확장의 필요성을 평가할 때 고려사항이 아닌 것은? 기출 06

① 경비안전의 긴급성
② 예상되는 경비활동
③ 회사성장의 잠재성
④ 경비회사와의 협력체제

해설
경비회사와의 협력체제는 고려사항이 아니다.

답 ④

07

기계경비의 장·단점에 관한 설명으로 옳지 않은 것은? 기출 23

① 기계경비를 운영하는 경우 잠재적 범죄자에 대한 예방 효과는 미미하다.
② 장기적으로 경비 소요비용의 절감효과를 가져온다.
③ 기계경비를 너무 맹신하였을 때 범죄자에게 역이용될 가능성이 있다.
④ 외부 침입을 정확하게 탐지하고 신속하게 대응할 수 있다.

해설
기계경비를 운영하는 경우 잠재적 범죄자에 대한 예방 효과(경고 효과)가 크다.

답 ①

08

기계경비의 장점에 관한 설명으로 옳지 않은 것은? 기출 21

① 장기적으로 운영비용의 절감효과를 기대할 수 있다.
② 화재예방과 같은 다른 예방시스템과 통합운용이 가능하다.
③ 24시간 동일한 조건으로 지속적 감시가 가능하다.
④ 기계경비를 잘 아는 범죄자에게 역이용당할 우려가 있다.

해설

④는 기계경비의 단점에 관한 설명이다.

핵심만콕 인력경비와 기계경비 ★

구 분	인력경비	기계경비
장 점	• 경비업무 이외에 안내, 질서유지, 보호·보관업무 등을 하나로 통합한 통합서비스가 가능 • 인력이 상주함으로써 현장에서 상황이 발생했을 때 신속한 조치가 가능 • 인적 요소이기에 경비업무를 전문화할 수 있고, 고용창출 효과와 고객접점서비스 효과가 있음	• 24시간 경비가 가능 • 장기적으로 소요비용이 절감되는 효과가 있음 • 감시지역이 광범위하고 정확성을 기할 수 있음 • 시간적 취약대인 야간에도 효율성이 높아 시간적 제약을 적게 받음 • 화재예방시스템 등과 동시에 통합운용이 가능 • 강력범죄와 화재, 가스 등으로 인한 인명사상을 예방하거나 최소화할 수 있음 • 기록장치에 의해 사고발생 상황이 저장되어 증거보존의 효과와 책임한계를 명확히 할 수 있음 • 오작동(오경보)률이 낮을 경우 범죄자에게는 경고의 효과가 있고, 사용자로부터는 신뢰를 얻을 수 있음
단 점	• 인건비의 부담으로 경비에 많은 비용이 소요 • 사건이 발생했을 때 인명피해의 가능성이 있음 • 상황연락이 신속하게 이루어지지 않아 사건의 전파에 장애가 발생 • 야간에는 경비활동의 제약을 받아 효율성이 감소 • 경비원이 저임금, 저학력, 고령일 경우 경비의 질 저하가 우려	• 사건 발생 시 현장에서의 신속한 대처가 어려우며, 현장에 출동하는 시간이 필요 • 최초의 기초 설치비용이 많이 소요 • 허위경보 및 오경보 등의 발생률이 비교적 높음 • 전문인력이 필요하며, 유지보수에 비용이 많이 소요 • 고장 시 신속한 대처가 어려움 • 방범 관련 업무에만 가능하며, 경비시스템을 잘 알고 있는 범죄자들에게 역이용당할 우려가 있음

답 ④

09

인력경비와 기계경비에 관한 설명으로 옳은 것은? 기출 22

① 인력경비는 넓은 장소를 효과적으로 감시할 수 있다.
② 기계경비는 고객과의 친밀한 관계형성이 용이하다.
③ 인력경비는 장기적으로 경비비용의 절감 효과가 있다.
④ 기계경비는 유지보수에 전문인력이 요구된다.

해설
④ (○) 기계경비의 단점에 관한 설명으로 옳다.
① (×) 기계경비의 장점에 해당한다.
② (×) 인력경비의 장점에 해당한다.
③ (×) 기계경비의 장점에 해당한다.

답 ④

10

주체에 따른 경비업무의 유형 중 성격이 다른 하나는? 기출 18

① 상주경비
② 무인기계경비
③ 신변보호경비
④ 순찰경비

해설
민간경비의 유형을 주체에 따라 분류하면 인력경비와 기계경비로 분류할 수 있다. 인력경비는 다시 상주경비, 순찰경비, 요인경호(신변보호경비), 혼잡경비로 구분되고, 기계경비는 무인기계경비와 혼합경비로 구분할 수 있다.

답 ②

11

기계경비에 관한 설명으로 옳지 않은 것은? 기출 17

① 장기적으로 볼 때 운영비용의 절감효과를 기대할 수 있다.
② 적용대상은 상주경비, 요인경호, 혼잡경비 등이다.
③ 화재예방과 같은 다른 예방시스템과 통합적 운용이 가능하다.
④ 기계경비시스템의 3대 기본요소는 불법침입에 대한 감지 및 경고, 침입정보의 전달, 침입행위에 대한 대응이다.

해설
상주경비, 요인경호, 혼잡경비 등은 인력경비의 대표적인 적용대상에 해당한다. 인력경비란 인력을 통해 각종 위해(범죄·화재·재난)로부터 인적·물적 가치를 보호하는 경비를 말하는 것으로서 경비기기를 수단으로 하는 기계경비와 구분된다.

답 ②

12

기계경비시스템의 범죄 대응과정에 관한 설명으로 옳은 것은? 기출 15

① 경찰관서에 직접 연결하는 경비시스템의 오작동은 경찰력의 낭비가 발생할 수 있다.
② 대처요원에게 신속하게 연락하며, 각종 물리적 보호장치가 작동되도록 하는 것은 침입에 대한 정보전달과정이다.
③ 경비업법령상 관제시설에서 경보를 수신한 경우 늦어도 30분 이내에 도착할 수 있는 대응체계를 갖추어야 한다.
④ 기계경비시스템은 '불법 침입에 대한 감지 및 경고 → 침입에 대한 대응 → 침입정보의 전달' 과정을 거친다.

해설

① (○) 경비시스템의 오작동으로 경찰력의 낭비가 발생하지 않도록 각종 기기를 관리하여야 한다.
② (×) 대처요원에게 신속하게 연락하고 각종 물리적 보호장치가 작동되도록 하는 것은 침입에 대한 대응과정이다.
③ (×) 늦어도 25분 이내에는 도착시킬 수 있는 대응체제를 갖추어야 한다(경비업법 시행령 제7조).
④ (×) 기계경비시스템은 불법 침입에 대한 감지 및 경고 → 침입정보의 전달 → 침입에 대한 대응 과정을 거친다.

답 ①

13

기계경비 오경보의 폐해에 관한 설명으로 옳지 않은 것은? 기출 14

① 실제 상황이 아님에도 불구하고 기계장치의 자체결함, 이용자의 부적절한 작동, 미세한 환경변화 등에 민감하게 작동하는 경우가 있다.
② 오경보로 인한 헛출동은 경찰력 운용의 효율성에 장애가 되고 있다.
③ 오경보를 방지하기 위한 유지·보수에도 적지 않은 비용이 들며, 이를 위해 전문인력이 투입되어야 한다.
④ 오경보를 줄이기 위하여 경찰청은 경찰관서에 직접 연결하는 기계경비시스템의 운용을 확대하도록 감독명령을 발령하였다.

해설

경찰청장 감독명령 제2012-1호, 제2013-1호, 제2017-1호는 「경비업법」상의 기계경비업자와 기계경비업체에 선임된 기계경비지도사를 대상으로 기계경비업체의 오경보로 인한 불필요한 경찰신고를 방지하고 기계경비업체의 출동대응 등 의무를 명확히 하여 기계경비업의 건전한 발전을 도모함을 목적으로 발령되었으며, 이 감독명령에는 선별신고제도(확인신고와 긴급신고)와 기계경비업자의 의무 등이 포함되어 있다. 참고로 감독명령 제2012-1호는 제2013-1호의 발령으로, 감독명령 2013-1호는 제2017-1호의 발령으로 각각 폐지되었다.★

답 ④

14

국가중요시설경비에 관한 설명으로 옳지 않은 것은? 기출 19

① 국가중요시설이란 공공기관, 공항·항만, 주요 산업시설 등 적에 의하여 점령 또는 파괴되거나 기능이 마비될 경우 국가안보와 국민생활에 심각한 영향을 주게 되는 시설을 말한다.
② 3지대 방호개념은 제1지대-주방어지대, 제2지대-핵심방어지대, 제3지대-경계지대이다.
③ 국가중요시설은 중요도와 취약성을 고려하여 제한지역, 제한구역, 통제구역으로 보호지역을 설정하고 있다.
④ 국가중요시설의 통합방위사태는 갑종사태, 을종사태, 병종사태로 구분된다.

해설
3지대 방호개념은 제1지대는 경계지대, 제2지대는 주방어지대, 제3지대는 핵심방어지대이다.

답 ②

15

국가중요시설 경비에 관한 설명으로 옳지 않은 것은? 기출 13

① 국가중요시설은 국가안전에 미치는 중요도에 따라 분류된다.
② 3지대 방호개념은 제1지대는 경계지대, 제2지대는 주방어지대, 제3지대는 핵심방어지대이다.
③ 국가중요시설의 통합방위사태는 갑종사태, 을종사태, 병종사태, 정종사태로 구분된다.
④ 국가중요시설은 공공기관 등 적에 의하여 점령 또는 파괴되거나 기능이 마비될 경우 국가안보와 국민생활에 심각한 영향을 주는 시설을 의미한다.

해설
국가중요시설의 통합방위사태는 갑종사태, 을종사태, 병종사태로 구분된다(통합방위법 제2조 제3호).

답 ③

16

우리나라 호송경비업무에 관한 설명으로 옳은 것은? 기출 23

① 1995년 경비업법 개정으로 도입되었다.
② 경비인력 기준은 무술유단자인 일반경비원 3명 이상, 경비지도사 1명 이상이다.
③ 운반 중에 있는 현금·유가증권·귀금속·상품 그 밖의 물건에 대하여 도난·화재 등 위험발생을 방지하는 업무를 의미한다.
④ 업무수행을 위해 관할경찰서의 협조를 얻고자 하는 때에는 현금 등의 운반을 위한 도착 전일까지 도착지의 경찰서장에게 호송경비통지서(전자문서로 된 통지서를 포함한다)를 제출하여야 한다.

해설

③ (○) 경비업법 제2조 제1호 나목
① (×) 호송경비업무의 내용은 1976.12.31. 용역경비업법 제정 시부터 도입되었으나, '호송경비업무'라는 명칭으로는 1995.12.30. 법 개정 시부터 실시되었다.
② (×) 호송경비업무의 경우 경비인력 기준은 무술유단자인 일반경비원 5명 이상, 경비지도사 1명 이상이다(경비업법 시행령 [별표 1] 제2호).
④ (×) 호송경비업무를 수행하기 위하여 관할경찰서의 협조를 얻고자 하는 때에는 현금 등의 운반을 위한 출발 전일까지 출발지의 경찰서장에게 별지 제1호 서식의 호송경비통지서(전자문서로 된 통지서를 포함한다)를 제출하여야 한다(경비업법 시행규칙 제2조).

답 ③

17

다음에 해당하는 호송경비의 방식은? 기출 19

> 운송업자 A가 고가미술품을 자신의 트럭에 적재하여 운송하고, 이 적재차량의 경비는 경비업자 B가 무장경비차량 및 경비원을 통해 경비하였다.

① 통합호송방식   ② 분리호송방식
③ 휴대호송방식   ④ 동승호송방식

해설

호송대상 물건인 고가미술품은 운송업자 A의 트럭으로 운송하고, 경비업자 B가 무장경비차량과 경비원을 투입하여 A의 트럭을 경비하였으므로 분리호송방식에 해당한다.

답 ②

18

호송경비 시 위해발생의 대응요령에 대한 설명으로 옳지 않은 것은? 기출 14

① 위해 발생 시 인명 및 신체의 안전을 최우선시 한다.
② 위해 발생 시 신속하게 차량용 방범장치를 해제한 후 탑재물품을 차량에서 분리시켜 보호한다.
③ 경비원이 소지하는 분사기와 경봉은 정당한 범위 내에서 적절하게 사용한다.
④ 습격사고 발생 시에는 큰소리, 확성기, 차량용 경보장치 등으로 주변에 이상상황을 알린다.

해설
위해 발생 시 신속하게 차량용 방범장치를 해제해서는 안 되고, 방범장치를 이용하여 탑재물품을 차량 내에서 보호한다. ★

답 ②

19

혼잡경비에 관한 설명으로 옳지 않은 것은? 기출수정 23

① 일본은 경비업법 제2조 제2호 업무에 혼잡경비를 규정하고 있다.
② 한국은 경비업법에서 혼잡·교통유도경비업무를 경비업무의 한 유형으로 규정하고 있다.
③ 혼잡경비는 각종 행사를 위해 모인 불특정 군중에 의해 발생되는 혼란 상태를 사전에 예방·경계하고, 위험한 사태가 발생한 경우에 신속하게 조치해 확대를 방지하는 경비활동이다.
④ 혼잡경비업무의 대상은 장소와 시설에 국한된다.

해설
혼잡경비는 경비대상에 따라 여러 가지 유형으로 분류할 수 있는데, 대표적으로 교통유도경비와 이벤트경비(86아시안게임, 88서울올림픽, 93대전엑스포, 2002한·일 공동월드컵 등)가 있다. 이 중 이벤트 경비업무는 크게 이벤트 행사에 참석한 '참가자를 대상으로 한 경비'와 '시설과 장소를 대상으로 한 경비'로 구분할 수가 있다. 이에 따라 혼잡경비업무의 대상은 장소와 시설에 국한되지 않는다고 볼 수 있다.

〈참고〉 박성수, 「민간경비론」, 윤성사, 2021, P. 202~203

답 ④

20

총체적 경비에 관한 설명으로 옳은 것은? 기출 19

① A경비회사는 2019년 1월에 시설경비원을 고용하여 단일 예방체제를 구축하였다.
② B경비회사는 손실예방을 위해 전체적인 계획 없이 2019년 9월(1개월간)에만 필요하여 단편적으로 경비체제를 추가하였다.
③ C경비회사는 2019년 10월에 특정한 손실이 발생하여 이에 대응하기 위해 경비체제를 마련하였다.
④ D경비회사는 2020년 1월부터는 언제 발생할지 모를 상황에 대비하고 각종 위해요소를 차단하기 위해 인력경비와 기계경비를 종합한 표준화된 경비체제를 갖출 것이다.

[해설]
총체적 경비(종합적 경비)에 대한 설명으로 옳은 것은 ④이다.

[핵심만콕] 경비실시방식에 따른 분류

- **1차원적 경비** : 경비원에 의한 경비 등과 같이 단일 예방체제에 의존하는 경비형태를 말한다.
- **단편적 경비** : 포괄적·전체적 계획 없이 필요할 때마다 단편적으로 손실예방 등의 역할을 수행하기 위해 추가되는 경비형태를 말한다.
- **반응적 경비** : 단지 특정한 손실이 발생할 때마다 그 사건에만 대응하는 경비형태를 말한다.
- **총체적 경비(종합적 경비)** : 모든 상황에 대비하기 위하여 인력경비와 기계경비를 종합한 경비형태를 말한다. 특정의 위해요소와 관계없이 언제 발생할지도 모르는 상황에 대비하여 인력경비와 기계경비를 종합한 표준화된 경비형태를 말한다.

답 ④

21

경비부서 조직화에 관한 설명으로 옳지 않은 것은? 기출 22

① 최고관리자는 중간관리자에게 책임의 범위 내에서 업무를 수행할 수 있도록 재량권을 부여하여야 한다.
② 경비인력 수요는 일반적으로 해당 경비시설물의 규모에 반비례한다.
③ 상급자의 통솔범위는 부하의 자질이 높을수록 넓다.
④ 경비원은 자신을 직접 관리하고 있는 경비책임자로부터 지시를 받아야 하고, 항상 그 책임자에게 보고해야 한다.

[해설]
일반적으로 경비인력의 수요는 해당 경비시설물의 규모에 비례한다.

답 ②

22

다음 설명에 관한 경비부서 관리자의 역할은? 기출 19

> 경비원에 대한 감독, 순찰, 화재와 경비원의 안전, 교통통제, 출입금지구역에 대한 감시

① 관리상의 역할
② 조사상의 역할
③ 예방상의 역할
④ 경영상의 역할

해설

제시문의 내용은 예방상의 역할에 해당한다.

핵심만콕 경비부서 관리자의 역할

예방상의 역할	경비원에 대한 감독, 순찰, 화재와 경비원의 안전, 교통통제, 출입금지구역에 대한 감시
관리상의 역할	예산과 재정상의 감독, 경비문제를 관할하는 정책의 설정, 사무행정, 조직체계와 절차
경영상의 역할	기획의 조직화, 조정, 채용, 혁신, 지도·감독
조사상의 역할	경비의 명확성, 감시, 회계, 회사규칙의 위반과 모든 손실에 대한 조사, 일반 경찰관서와 소방관서와의 유대관계, 관련 문서의 확인

답 ③

23

다음에 해당하는 민간경비 조직편성의 원리는? 기출 24

> 조직의 공동목표를 달성하기 위해 하위조직들이 수행하고 있는 업무가 통일성 내지 조화를 이루도록 해야 한다.

① 조정·통합의 원리
② 전문화의 원리
③ 계층제의 원리
④ 명령통일의 원리

해설

① (○) 조직의 공동목표를 달성하기 위해 각 조직구성원들을 통합하고, 집단의 노력을 질서 있게 배열하여 조직의 안정성과 효율성을 도모하는 원리를 말한다.
② (×) 조직구성원에게 한 가지 업무를 전담시켜 전문적인 지식·기술을 습득케 함으로써 전문화를 유도하고, 능률향상을 기대할 수 있는 원리로, 분업-전문화의 원리라고도 한다.
③ (×) 조직구성원 간에 상하 등급, 즉 계층을 설정하여 각 계층 간에 권한과 책임을 배분하고, 명령계통과 지휘·감독체계를 확립하는 원리를 말한다.
④ (×) 각 조직구성원은 한 사람의 관리자로부터만 명령을 받아야 한다는 원리로, 경호학에서는 지휘권단일화원칙이라고도 한다.

답 ①

24

민간경비조직의 운영원리로 옳지 않은 것은? 기출 16

① 일반화의 원리
② 명령통일의 원리
③ 계층제의 원리
④ 조정·통합의 원리

해설

일반화의 원리는 민간경비조직의 운영원리에 해당하지 않는다.

답 ①

25

경비원이 다른 부서의 관리자들로부터 명령을 받게 된다면 업무수행에 차질이 생길 것이다. 이 문제를 방지하기 위한 민간경비 조직편성의 원리는? 기출 21

① 계층제의 원리
② 통솔범위의 원리
③ 명령통일의 원리
④ 조정·통합의 원리

해설

설문은 민간경비조직의 운영원리 중 명령통일의 원리에 대한 내용이다.

핵심만콕 　민간경비조직의 운영원리★

- 명령통일의 원리 : 각 조직구성원은 한 사람의 관리자로부터만 명령을 받아야 한다는 원리로, 경호학에서는 지휘권단일화 원칙이라고도 한다.
- 전문화의 원리 : 조직구성원에게 한 가지 업무를 전담시켜 전문적인 지식·기술을 습득케 함으로써 전문화를 유도하고, 능률향상을 기대할 수 있는 원리로, 분업-전문화의 원리라고도 한다.
- 계층제의 원리 : 조직구성원 간에 상하 등급, 즉 계층을 설정하여 각 계층 간에 권한과 책임을 배분하고, 명령계통과 지휘·감독체계를 확립하는 원리를 말한다.
- 통솔범위의 원리 : 한 사람의 관리자가 통제할 수 있는 부하 또는 조직단위의 수는 그 관리자의 통솔범위 내로 한정되어야 한다는 원리를 말한다.
- 조정·통합의 원리 : 조직의 공동목표를 달성하기 위해 각 조직구성원들을 통합하고, 집단의 노력을 질서 있게 배열하여 조직의 안정성과 효율성을 도모하는 원리를 말한다.

답 ③

26

경비조직화를 하는 경우 통솔범위의 결정요인에 대한 설명 중 틀린 것은? 기출 08

① 신설조직 책임자가 기존조직 책임자보다 통솔범위가 넓다.
② 여러 장소에 근무하는 사람들을 통솔하는 책임자는 한 곳에 근무하는 사람들을 통솔하는 책임자보다 통솔범위가 좁다.
③ 계층의 수가 적을수록 상관의 통솔범위가 넓다.
④ 부하의 자질이 높을수록 상관의 통솔범위가 넓다.

해설

신설조직 책임자가 기존조직 책임자보다 통솔범위가 좁다.

> **핵심만콕** 대표적인 통솔범위의 결정요인
> - 관리자의 능력이 높을수록 관리자의 통솔범위가 넓다.
> - 기존조직 관리자가 신설조직 관리자보다 통솔범위가 넓다.★
> - 계층의 수가 적을수록 관리자의 통솔범위가 넓다.★
> - 부하직원의 자질이 높을수록 관리자의 통솔범위가 넓다.
> - 업무가 비전문적이고 단순할수록 관리자의 통솔범위가 넓다.
> - 막료부서의 지원능력이 클수록 관리자의 통솔범위가 넓다.
> - 지리적 분산 정도가 작을수록 관리자의 통솔범위가 넓다.★

답 ①

제2절 경비원 교육 등

27

경비원 등의 교육에 관한 설명 중 옳지 않은 것은?(단, 신임교육 면제 대상자는 제외) 기출 24

① 경비지도사는 경비지도사시험에 합격하고 38시간의 기본교육을 받아야 한다.
② 일반경비원은 24시간의 신임교육을 받아야 한다.
③ 특수경비원은 80시간의 신임교육을 받아야 한다.
④ 청원경찰로 임용된 사람은 2주간 76시간의 교육을 받아야 한다.

해설
① (×) 경비지도사는 결격사유에 해당하지 아니하는 자로서 경찰청장이 시행하는 경비지도사시험에 합격하고 경찰청장이 실시하는 <u>40시간</u> 이상의 기본교육을 받아야 한다(경비업법 제11조 제1항, 동법 시행령 제15조의2 제1항).
② (○) 경비업법 시행령 제18조 제5항, 동법 시행규칙 제12조 제1항·[별표 2]
③ (○) 경비업법 시행령 제19조 제4항, 동법 시행규칙 제15조 제1항·[별표 4]
④ (○) 청원경찰법 시행령 제5조 제3항, 동법 시행규칙 제6조·[별표 1]

답 ①

28

일반경비원 신임교육 제외 대상이 아닌 사람은? 기출 24

① 교정직 공무원으로 근무한 경력이 있는 사람
② 경찰공무원으로 근무한 경력이 있는 사람
③ 경비지도사 자격이 있는 사람
④ 대통령 등의 경호에 관한 법률에 따른 경호공무원으로 근무한 경력이 있는 사람

해설
① (×) 「공무원임용령」에 따른 행정직군 교정직렬 공무원으로 7년 이상 재직한 사람에 대하여 경비지도사 제1차 시험을 면제한다는 규정은 있지만(경비업법 시행령 제13조 제8호), 교정직 공무원으로 근무한 경력이 있는 사람이 일반경비원 신임교육 제외 대상에 해당한다는 경비업법령상 규정은 존재하지 않는다.
② (○) 경비업법 시행령 제18조 제2항 제2호
③ (○) 경비업법 시행령 제18조 제2항 제5호
④ (○) 경비업법 시행령 제18조 제2항 제3호

답 ①

29

민간경비의 교육훈련에 관한 설명으로 옳지 않은 것은? 기출 23

① 직무수행에 필요한 지식과 기술 습득, 일반능력 개발, 가치관의 발전적 변화를 촉진하는 계획적 활동이다.
② 조직적 통제와 조정의 필요성을 증가시키게 된다.
③ 경영적 측면에서는 경영전략의 전개에 필요한 인력의 확보, 기업문화의 전승을 위해서 실시되는 것이다.
④ 개인적 측면에서는 개개인이 보유한 잠재능력을 개발·육성하고, 직장생활 능력 및 사회적 능력을 향상시키는 전인교육을 지향해야 한다.

해설

민간경비원에 대한 체계적인 교육훈련이 실시되는 경우 민간경비원이 조직규범을 잘 숙지하고, 스스로 업무를 잘 수행할 수 있으므로, 조직적 통제와 조정의 필요성은 감소하게 된다.

답 ②

30

경비업법령상 경비원 A가 일반경비원 신임교육을 받아야 하는 시간은? 기출수정 22

> 경비원 A는 일반경비원 신임교육을 받은 지 5년이 지난 후 일반경비원으로 채용되었다(단, 채용 전 다른 경비업무 종사이력은 없다).

① 교육면제
② 20시간
③ 24시간
④ 40시간

해설

경비원 A는 채용 전 다른 경비업무 종사이력이 없고, 일반경비원 신임교육대상에서 제외할 수 있는 신임교육 유효기간(3년)이 지난 상태이므로 일반경비원으로 채용 시 신임교육(24h)을 이수하여야 한다(경비업법 제13조 제1항, 동법 시행령 제18조 제2항·제5항, 동법 시행규칙 제12조 제1항·[별표 2]).

답 ③

31

경비업법령상 특수경비원 교육에 관한 사항으로 옳지 않은 것은? 기출수정 22

① 특수경비업자는 특수경비원을 채용한 경우 특수경비업자 부담으로 특수경비원에게 특수경비원 신임교육을 받도록 하여야 한다.
② 특수경비업자는 소속 특수경비원에게 매월 3시간 이상의 직무교육을 받도록 하여야 한다.
③ 특수경비원의 교육 시 관할 시·도 경찰청 소속 경찰공무원이 교육기관에 입회하여 지도·감독하여야 한다.
④ 특수경비업자는 특수경비원 신임교육을 받지 아니한 자를 특수경비업무에 종사하게 하여서는 안 된다.

해설

③ (×) 특수경비원의 교육 시 <u>관할 경찰서 소속 경찰공무원이</u> 교육기관에 입회하여 대통령령이 정하는 바에 따라 지도·감독하여야 한다(경비업법 제13조 제4항).
① (○) 경비업법 시행령 제19조 제1항
② (○) 경비업법 시행령 제19조 제3항, 동법 시행규칙 제16조 제1항
④ (○) 경비업법 제13조 제3항 후단

답 ③

32

민간경비의 교육훈련 목적으로 옳지 않은 것은? 기출 17

① 조직 경영전략의 전개에 필요한 인력 확보
② 조직 통제와 조정 문제의 감소
③ 경비원의 업무상 실수에 대한 제재 수단
④ 조직의 안정성과 융통성 확보

해설

교육훈련을 통해 경비원들의 업무 숙달은 빨라질 것이며, 업무가 숙달되면 직무수행상 능력부족으로 저지르게 되는 사고나 과오를 방지할 수 있고, 따라서 그로 인한 인적·물적 낭비를 줄일 수 있다. 업무상 실수를 사전에 줄이는 수단으로 이용하는 것이지, 실수에 대한 제재 수단으로 이용하는 것은 아니다.

답 ③

33

경비업법령상 특수경비원의 교육훈련 및 감독에 관한 설명으로 옳지 않은 것은? 기출수정 14

① 특수경비업자는 특수경비원을 채용한 경우 특수경비원의 부담으로 신임교육을 받도록 할 수 있다.
② 채용 전 3년 이내에 특수경비업무에 종사하였던 경력이 있는 사람을 특수경비원으로 채용한 경우에는 신임교육대상에서 제외할 수 있다.
③ 특수경비업자는 소속특수경비원에 대하여 매월 3시간 이상 직무교육을 실시하여야 한다.
④ 관할경찰관서장은 시설주 및 특수경비원의 무기관리상황을 매월 1회 이상 점검하여야 한다.

해설

① (×) 특수경비업자는 특수경비원을 채용한 경우 해당 특수경비원에게 <u>특수경비업자의 부담</u>으로 특수경비원 교육기관에서 실시하는 특수경비원 신임교육을 받도록 해야 한다(경비업법 시행령 제19조 제1항).★
② (○) 경비업법 시행령 제19조 제2항
③ (○) 경비업법 시행령 제19조 제3항, 동법 시행규칙 제16조 제1항
④ (○) 경비업법 시행령 제21조

답 ①

34

경비지도사에 관한 설명으로 옳은 것은? 기출 21

① 일반경비지도사와 특수경비지도사로 구분한다.
② 경비현장에 배치된 경비원 순회점검 직무를 행정안전부령이 정하는 바에 따라 성실하게 수행하여야 한다.
③ 경비지도사제도는 경비업법 제7차 개정 때 도입되었다.
④ 경비원을 지도·감독·교육하는 현장책임자라 할 수 있다.

해설

④ (○), ① (×) "경비지도사"라 함은 경비원을 지도·감독 및 교육하는 자를 말하며 <u>일반경비지도사와 기계경비지도사로 구분</u>한다(경비업법 제2조 제2호).
② (×) 선임된 경비지도사는 경비현장에 배치된 경비원에 대한 순회점검 및 감독의 직무를 <u>대통령령이 정하는 바</u>에 따라 성실하게 수행하여야 한다(경비업법 제12조 제2항 제2호·제3항).
③ (×) 경비지도사제도는 <u>1995.12.30. 용역경비업법 제5차 개정 때</u> 도입되었다.

답 ④

35

경비업법령상 일반경비지도사 시험에 합격하고 받아야 하는 기본교육 과목으로 옳은 것은?

① 일반경비 현장실습
② 일반조사론
③ 기계경비 현장실습
④ 민간조사론

[해설]

일반조사론과 민간조사론은 경비지도사 기본교육의 과목에 해당하지 않고, 기계경비 현장실습은 기계경비지도사의 기본교육 과목에만 해당한다.

[관계법령] 경비지도사 기본교육의 과목 및 시간(경비업법 시행규칙 [별표 1]) <개정 2024.8.14.>

구 분 (교육시간)	과 목		시 간
공통교육 (22시간)	「경비업법」, 「경찰관직무집행법」, 「도로교통법」 등 관계법령 및 「개인정보보호법」에 따른 개인정보보호지침 등		4
	실무 I		4
	실무 II		3
	범죄·테러·재난 대응요령 및 화재 대처법		2
	응급처치법		2
	직업윤리 및 인권보호		2
	체포·호신술		2
	입교식, 평가 및 수료식		3
자격의 종류별 교육 (18시간)	일반경비 지도사	시설경비	3
		호송경비	2
		신변보호	2
		특수경비	2
		혼잡·다중운집 인파 관리	2
		교통안전 관리	2
		일반경비 현장실습	5
	기계경비 지도사	기계경비 운용관리	4
		기계경비 기획 및 설계	4
		인력경비개론	5
		기계경비 현장실습	5
계			40

※ 비고 : 다음 각호의 사람이 기본교육을 받는 경우 공통교육은 면제한다.
　1. 일반경비지도사 자격을 취득한 후 3년 이내에 기계경비지도사 시험에 합격한 사람
　2. 기계경비지도사 자격을 취득한 후 3년 이내에 일반경비지도사 시험에 합격한 사람

답 ①

36

경비업법령상 일반경비지도사 자격취득 교육과목으로 옳지 않은 것은?

① 특수경비
② 체포·호신술
③ 교통안전 관리
④ 인력경비개론

해설

인력경비개론은 기계경비지도사의 자격취득 교육과목이다(경비업법 시행규칙 [별표 1]).

답 ④

37

경비업법령상 기계경비지도사 자격취득을 위하여 경찰청장이 시행하는 경비지도사 시험에 합격하고 받아야 하는 '행정안전부령이 정하는 교육'의 과목에 해당하지 않는 것은?

① 교통안전 관리
② 기계경비 기획 및 설계
③ 인력경비개론
④ 기계경비 현장실습

해설

교통안전 관리는 일반경비지도사가 받아야 하는 교육에 해당한다(경비업법 시행규칙 [별표 1]).

답 ①

38

경비업법령상 경비지도사에 관한 설명으로 옳은 것은?

① 일반경비지도사와 특수경비지도사로 구분한다.
② 특수경비원은 특수경비지도사만이 지도·감독·교육을 할 수 있다.
③ 소방기관과의 연락방법에 대한 지도는 경비지도사의 직무이다.
④ 경비지도사는 경비원의 지도교육과 순회감독을 분기별 1회 실시하여야 한다.

해설

③ (○) 경비업법 제12조 제2항 제3호
① (×), ② (×) "경비지도사"라 함은 경비원을 지도·감독 및 교육하는 자를 말하며 <u>일반경비지도사와 기계경비지도사로 구분</u>한다(경비업법 제2조 제2호). 경비업법령상 특수경비지도사가 따로 있는 것이 아니므로 <u>특수경비원은 특수경비지도사만이 지도·감독·교육을 할 수 있다는 설명은 옳지 않다.</u>
④ (×) 경비지도사는 경비원의 지도·감독·교육에 관한 계획의 수립·실시 및 그 기록의 유지와 경비현장에 배치된 경비원에 대한 순회점검 및 감독을 월 1회 이상 수행하여야 한다(경비업법 제12조 제2항 제1호·제2호, 동법 시행령 제17조 제2항).

답 ③

39

경비업법상 경비지도사의 직무로 명시되어 있지 않은 것은? 기출 20

① 집단민원현장에 배치된 경비원에 대한 지도·감독
② 경비원의 지도·감독·교육에 관한 기록의 유지
③ 소방기관과의 연락방법에 대한 지도
④ 의뢰인의 요구사항을 파악하여 지도

해설

'의뢰인의 요구사항을 파악하여 지도'는 경비업법령상 경비지도사의 직무로 명시되어 있지 않다.

관계법령 경비지도사의 선임 등(경비업법 제12조)

① 경비업자는 대통령령이 정하는 바에 따라 경비지도사를 선임하여야 한다.
② 제1항의 규정에 의하여 선임된 경비지도사의 직무는 다음과 같다.
  1. 경비원의 지도·감독·교육에 관한 계획의 수립·실시 및 그 기록의 유지
  2. 경비현장에 배치된 경비원에 대한 순회점검 및 감독
  3. 경찰기관 및 소방기관과의 연락방법에 대한 지도
  4. 집단민원현장에 배치된 경비원에 대한 지도·감독
  5. 그 밖에 대통령령이 정하는 직무

경비지도사의 직무 및 준수사항(경비업법 시행령 제17조)

① 법 제12조 제2항 제5호에서 "대통령령이 정하는 직무"란 다음 각호의 직무를 말한다.
  1. 기계경비업무를 위한 기계장치의 운용·감독(기계경비지도사의 경우에 한한다)
  2. 오경보방지 등을 위한 기기관리의 감독(기계경비지도사의 경우에 한한다)

답 ④

40

경비업법령상 경비지도사에 관한 내용으로 옳지 않은 것은? 기출수정 18

① 경비지도사의 기본 교육시간은 40시간이다.
② 기계경비지도사는 오경보방지 등을 위하여 기기관리의 감독을 한다.
③ 경호현장에 배치된 경호원에 대한 순회점검 및 감독을 월 1회 이상 실시한다.
④ 경비지도사는 경비원 직무교육 실시대장에 그 내용을 기록하여 1년간 보존하여야 한다.

해설

경비지도사는 경비원에 대한 교육을 실시하고, 직무교육 실시대장에 그 내용을 기록하여 2년간 보존하여야 한다(경비업법 시행령 제17조 제3항).

답 ④

제3절 경비원 직업윤리

41

민간경비원의 윤리의식 제고방안으로 옳지 않은 것은? 기출 23

① 선발기준 완화
② 직업윤리의 법제화
③ 법령 준수의식 제고
④ 직무교육 강화

해설
선발기준 강화가 민간경비원 윤리의식 제고방안이다.

답 ①

42

민간경비의 윤리에 관한 설명으로 옳지 않은 것은? 기출 21

① 민간경비의 윤리가 확립되지 않으면 고객 및 국민으로부터 신뢰를 얻을 수 없다.
② 민간경비의 윤리문제는 민간경비 자체에 한정된다.
③ 경찰과 시민의 민간경비에 대한 인식전환이 필요하다.
④ 자격증제도의 도입 등을 통한 전문화는 민간경비의 윤리성을 제고시킬 수 있다.

해설
민간경비의 윤리문제는 민간경비 자체에 한정되지 않고, 제도적 문제 및 사회 전반의 여건과 밀접한 관련이 있다.

답 ②

제4절 경비위해요소 분석과 조사업무

43

경비위해요소에 관한 설명으로 옳지 않은 것은? 기출 24

① 자연적 위해는 자연현상에 의해 야기되는 자연재해이다.
② 특정한 위해는 특정 시설물 및 국가 등에 따라 성질이나 유형이 다양하게 나타나는 위해이다.
③ 경비위해요소 분석의 첫 번째 단계는 경비위해요소의 위험도를 서열화하는 것이다.
④ 경비위해요소의 유형에는 자연적 위해, 인위적 위해, 특정한 위해가 있다.

해설

③ (×) 경비위해요소 분석의 첫 번째 단계는 경비위험요소 인지이다. 이 단계에서는 개인 및 기업의 보호영역에서 손실을 일으키기 쉬운 취약부분을 확인하는 작업이 먼저 이루어져야 한다.
① (○) 화재, 폭풍, 지진, 홍수 기타 건물붕괴, 안전사고 등 자연적 현상에 의해 일어나는 위해를 말한다(대규모의 인적·물적 피해를 발생시킨다). 여기서 화재나 안전사고는 많은 부분에서 인위적일 수 있다.
② (○) 위해에 노출되는 정도가 시설물 또는 각 지역, 각 국가 등 특정 상황에 따라 다양하게 나타나는 위해를 말한다. 예컨대, 화재나 폭발의 위험은 화학공장에서 더 크게 나타나고, 강도나 절도는 소매점이나 백화점에서 더 크게 나타난다.
④ (○) 경비위해요소의 유형에는 자연적 위해, 인위적 위해(사람들의 실수 또는 부주의에 의해 발생하는 재난 및 신체를 위협하는 범죄, 절도, 좀도둑, 사기, 횡령, 폭행, 태업, 시민폭동, 폭탄위협, 화재, 안전사고, 기타 특정상황에서 공공연하게 발생하는 위해), 특정한 위해가 있다.

답 ③

44

경비위해요소에 관한 설명으로 옳지 않은 것은? 기출 23

① 자연적 위해에는 홍수, 폭풍, 지진 등이 있다.
② 경비위해요소 분석단계는 위해요소 인지, 손실발생 예측, 위해정도 평가, 비용효과 분석 순이다.
③ 인위적 위해란 특정 지역 및 국가 등에 따라 성질이나 유형이 다양하게 나타나는 위해이다.
④ 효과적인 경비프로그램을 실행하기 위해서는 경비위해요소 조사와 분석이 선행되어야 한다.

해설

특정한 위해에 관한 설명이다.

핵심만콕	경비위해요소의 형태
자연적 위해	자연현상에 의해 야기되는 위해를 말한다. 대량의 인명피해와 재산피해를 야기한다. 예 폭풍, 지진, 홍수, 폭염, 폭설 등
인위적 위해	사람들의 작위 또는 부작위에 의하여 야기되는 위해를 말한다. 예 신체를 위협하는 범죄, 절도, 좀도둑, 사기, 횡령, 폭행, 태업, 시민폭동, 폭탄위협, 화재, 안전사고, 기타 특정 상황에서 공공연하게 발생하는 폭력 등
특정한 위해	특정 시설물 또는 지역, 국가 등에 따라 성질이나 유형이 다양하게 나타나는 위해를 말한다. 예 원자력발전소의 방사능 누출 위험, 화학공장의 화학적 화재나 폭발의 위험, 백화점의 들치기나 내부 절도에 의한 잠재적 손실 등

답 ③

45

CHECK ○△×

폭발·화재의 위험은 화학공장이 더 크고, 절도·강도에 의한 잠재적 손실은 소매점에서 더욱 크게 나타난다는 설명과 관련된 위해는? 기출 19

① 자연적 위해
② 인위적 위해
③ 특정한 위해
④ 지형적 위해

해설
설문은 특정한 위해에 대한 내용이다.

답 ③

46

CHECK ○△×

경비위해요소 분석에 관한 설명으로 옳지 않은 것은? 기출 22

① 경비위해요소란 경비대상의 안전성에 위험을 끼치는 제반요소를 의미한다.
② 모든 시설물마다 표준화된 인력경비시스템을 적용하는 것은 아니다.
③ 총체적 경비는 특정한 손실이 발생할 때마다 그 사건에만 대응하는 경비형태이다.
④ 손실예방을 위한 최적의 방어책을 세우기 위해서는 위해요소에 대한 인지와 평가가 우선적으로 선행되어야 한다.

해설
반응적 경비에 관한 설명이다. 총체적 경비는 특정의 위해요소와 관계없이 언제 발생할지도 모르는 상황에 대비하여 인력경비와 기계경비를 종합한 표준화된 경비형태를 말한다.

답 ③

CHAPTER 04 | 민간경비의 조직 245

47

다음에 해당하는 경비위해 분석단계는? 기출 22

> 경비의 위해요소 분석에 있어서 가장 선행되어야 하는 것으로, 경비대상시설이 안고 있는 경비상의 취약점을 파악하는 단계

① 위험요소의 분류
② 경비위해요소의 인지
③ 경비위험도의 평가
④ 경비비용효과의 분석

해설

제시문은 경비위해요소의 인지단계에 해당하는 설명이다.

핵심만콕 경비위해요소의 분석단계

경비위해요소 인지단계	개인 및 기업의 보호영역에서 손실을 일으키기 쉬운 취약부분을 확인하는 단계
손실발생 가능성 예측단계	경비보호대상의 보호가치에 따른 손실발생 가능성을 예측하는 단계
경비위험도(손실) 평가단계	특정한 손실이 발생하였다면 얼마나 심각한 영향을 미쳤는가를 고려하는 단계
경비비용효과 분석단계	범죄피해로 인한 인적·물적 피해의 정도, 고객의 정신적 안정성, 개인 및 기업체의 비용부담 정도 등을 고려하는 단계

답 ②

48

경비위해요소 분석에 관한 설명으로 옳지 않은 것은? 기출 21

① 경비위해요소 분석은 경비대상의 취약점을 파악하여 범죄, 화재, 재난 등으로부터 안전하게 보호하기 위한 계획을 수립하기 위함이다.
② 지진, 폭풍, 홍수 등 자연적 위해요소는 대규모의 인적·물적 피해를 발생시킨다.
③ 비용효과 분석은 투입 대비 산출규모를 비교하여 적정한 경비수준을 결정하는 과정으로 절대적 기준이 있다.
④ 경비위해요소 분석자료는 경비계획에 있어서 경비조직 등의 규모를 판단하는 근거가 된다.

해설

비용효과 분석은 투입 대비 산출규모를 비교하여 적정한 경비수준을 결정하는 과정으로, 절대적 잣대(기준)가 있다고 할 수 없다. 왜냐하면 개인 및 시설물에 대한 범죄예방과 질서유지활동인 경비활동의 특성상 이를 단순히 경제적 가치로만 평가할 수는 없기 때문이다. 따라서 경비활동의 비용효과 분석 시에는 해당 지역의 범죄발생률 이외에도 범죄피해로 인한 인적·물적 피해의 정도, 고객의 정신적 안정성, 개인 및 기업체의 비용부담 정도 등을 고려하고, 아울러 타 지역 내지 전국적으로 집계된 범죄사건 등을 함께 비교해야 한다.

답 ③

49

경비위해요소 분석에 관한 설명으로 옳은 것은? 기출 20

① 경비위해요소 분석단계는 '비용효과 분석 → 위해요소 손실발생 예측 → 위해요소 인지 → 위해정도 평가'이다.
② 경비위해요소의 형태는 인위적 위해만을 말한다.
③ 효과적인 경비프로그램을 실행하기 위해서는 경비위해요소 분석과 조사가 선행되어져야 한다.
④ 모든 경비대상 시설물에 대해 동일하게 표준화된 인력경비와 기계경비시스템을 적용하여야 한다.

해설

③ (○) 각종 사고로부터 손실을 예방하고 최적의 안전을 확보하기 위해서는 경비위해요소에 대한 분석과 조사가 선행되어야 한다.
① (×) 경비위해요소 분석단계는 '경비위해요소 인지단계 → 손실발생 가능성 예측단계 → 경비위험도 평가단계 → 경비비용효과 분석단계'로 구분할 수 있다.
② (×) 경비위해요소의 형태는 자연적 위해, 인위적 위해, 특정한 위해로 분류할 수 있다.
④ (×) 위험요소의 인지에서 취약요소가 확인되면 위험요소들을 각 대상별로 추출해 성격을 파악하여 각각의 요소마다 보호수단을 다르게 적용해야 한다.

답 ③

50

경비위해요소 분석에 관한 설명으로 옳지 않은 것은? 기출 19

① 경비계획 수립 시 모든 시설물마다 인력경비와 기계경비시스템을 동일하게 적용해야만 한다.
② 손실이 크게 예상되지 않는 소규모 경비시설물은 손쉬운 손실예방책인 성능이 우수한 잠금장치를 사용할 수 있다.
③ 기업의 손실영역이 증가하고 복잡해지면 1차원적 경비형태만으로 대응하기 어렵다.
④ 손실예방을 위해 최적의 방어책을 세우기 위해서는 위해요소에 대한 인지와 평가가 우선적으로 선행되어야 한다.

해설

위험요소의 인지에서 취약요소가 확인되면 위험요소들을 각 대상별로 추출해 성격을 파악하여 각각의 요소마다 보호수단을 다르게 적용해야 한다.

답 ①

51

특정한 손실 발생 시 회사에 얼마나 심각한 영향을 미치는지를 고려하고, 손실에 의한 위험의 빈도를 조사하는 경비위해요소 분석단계는? 기출 19

① 경비위해요소 인지
② 손실발생 가능성 예측
③ 손실(경비위험도) 평가
④ 경비활동 비용효과 분석

해설
설문은 손실(경비위험도) 평가에 해당한다.

답 ③

52

위험관리(risk management)에 관한 설명으로 옳지 않은 것은? 기출 13

① 기본적으로 위험요소의 확인 → 위험요소의 분석 → 우선순위의 결정 → 위험요소의 감소 → 보안성・안전성 평가 등의 순서로 이루어진다.
② 위험관리의 대상이 되는 인적・물적 보호대상의 우선순위를 설정하기보다는 포괄적으로 접근하는 것이 바람직하다.
③ 위험관리가 효율적으로 이루어지기 위해서는 관련 절차에 관한 표준운영절차(SOP : Standard Operational Procedures)를 개발하는 것이 바람직하다.
④ 확인된 위험에 대한 대응은 위험의 제기, 회피, 감소, 분산, 대체, 감수 등의 방법이 적용된다.

해설
경비위해요소를 분석할 때는 경비활동의 대상이 되는 위험요소들을 각 대상별로 추출해 성격을 파악하여 각각의 요소마다 보호수단을 다르게 적용하여야 한다.

답 ②

53

확인된 위험의 대응방법에 관하여 옳게 연결된 것은? 기출 19

> ㄱ. 물리적·절차적 관점에서 위험요소를 감소시키거나 최소화시키는 방법을 강구한다.
> ㄴ. 범죄 및 손실이 발생할 기회를 전혀 제공하지 않는 것과 관련된다.

① ㄱ : 위험의 감소,   ㄴ : 위험의 회피
② ㄱ : 위험의 감소,   ㄴ : 위험의 분산
③ ㄱ : 위험의 제거,   ㄴ : 위험의 감수
④ ㄱ : 위험의 제거,   ㄴ : 위험의 대체

해설

제시된 내용 중 ㄱ은 위험의 감소, ㄴ은 위험의 회피에 해당된다.

핵심만콕 확인된 위험의 대응방법

위험의 제거	위험관리에서 최선의 방법은 확인된 모든 위험요소를 제거하는 것이다.
위험의 회피	범죄 및 손실이 발생할 기회를 아예 제공하지 않는 것이다.
위험의 감소	물리적·절차적 관점에서 위험요소를 감소시키거나 최소화시키는 방법이다.
위험의 분산	위험성이 높은 보호대상을 한 곳에 집중시키지 않고 여러 곳에 분산시키는 것이다.
위험의 대체	직접적으로 위험을 제거하거나 감소 및 최소화하는 것보다 보험과 같은 대체수단을 통해서 손실을 전보하는 방법이다.

답 ①

54

경비조사활동(업무)에 관한 설명으로 옳지 않은 것은? 기출 22

① 경비위해요소와 경비대상에 대한 다양한 정보를 수집하는 활동이다.
② 경비상태의 취약점을 보완할 수 있는 종합적인 경비프로그램을 만들기 위한 객관적인 분석방법이 사용되어야 한다.
③ 경비전문가에 의한 조사는 경비위해 분석이 조직내부 관계자에 의하여 영향을 받지 않기 때문에 조직 내 타 부서의 협조가 용이하다.
④ 경비조사보고서는 유용한 자료이므로 정기적으로 정리하면 특정 계절에 발생하는 경비문제를 확인할 수 있는 장점이 있다.

해설

경비전문가에 의한 조사는 경비위해 분석에 있어 내부 관계자의 영향을 받지 않기 때문에 조사가 객관적이며 전문성을 띠어 현 상태에 대한 더욱 정확한 평가가 가능하다는 장점이 있는 반면, 내부 업무에 대한 숙지도가 낮고 타 부서와의 협조가 어렵다는 단점이 있다.

답 ③

55

경비진단을 위한 물리적 사전조사의 착안사항으로 옳지 않은 것은? 기출 21

① 위험을 야기할 수 있는 인물의 유무
② 경비대상시설의 형태와 용도
③ 시설 내의 예측할 수 있는 침입경로
④ 주변 구조물 등의 상황

[해설]
경비진단은 경비조사와 경비위해분석을 포함하는데, 여기서 경비조사란 경비위해분석을 위한 선행절차로서 경비위해요소와 경비대상에 대한 다양한 정보를 수집하는 활동을 의미한다. 경비(요소)조사는 일반시설물 조사(물리적 조사)와 업무 관련 조사로 구분할 수 있으며, 이때 위험을 야기할 수 있는 인물의 유무는 경비진단을 위한 물리적 조사사항에 해당하지 않는다.

답 ①

56

경비조사의 과정을 순서대로 나열한 것은? 기출 19

> ㄱ. 경비대상의 현 상태 점검
> ㄴ. 경비방어상 취약점 확인
> ㄷ. 보호의 정도 측정
> ㄹ. 경비활동 전반에 걸친 객관적 분석
> ㅁ. 종합적인 경비프로그램의 수립

① ㄱ - ㄴ - ㄷ - ㄹ - ㅁ
② ㄴ - ㄷ - ㄹ - ㄱ - ㅁ
③ ㄷ - ㄹ - ㄱ - ㄴ - ㅁ
④ ㄹ - ㄱ - ㄴ - ㄷ - ㅁ

[해설]
경비대상의 현상태 점검(ㄱ) → 경비방어상의 취약점 확인(ㄴ) → 요구되는 보호의 정도 측정(ㄷ) → 경비활동 전반에 걸친 객관적 분석(ㄹ) → 종합적인 경비프로그램의 수립(ㅁ) 순이다.

답 ①

CHAPTER 05 경비와 시설보호의 기본원칙

제1절 경비계획의 수립

01
CHECK ☐△✗

경비의 중요도에 따른 경비수준에 관한 설명 중 (　)에 들어갈 용어로 옳은 것은? 기출 24

- (ㄱ) - 전혀 패턴이 없는 외부와 내부의 이상행동 및 침입을 감지하고 저지, 방어, 대응공격을 위한 경비수준
- (ㄴ) - 대부분의 패턴이 없는 외부 및 내부의 행동을 발견·저지·방어·예방하도록 계획되어진 것으로, 교도소나 제약회사 또는 전자회사 등에서 이루어지는 경비수준

① ㄱ : 최고수준경비(Level Ⅴ),　ㄴ : 상위수준경비(Level Ⅳ)
② ㄱ : 최고수준경비(Level Ⅴ),　ㄴ : 하위수준경비(Level Ⅱ)
③ ㄱ : 중간수준경비(Level Ⅲ),　ㄴ : 상위수준경비(Level Ⅳ)
④ ㄱ : 상위수준경비(Level Ⅳ),　ㄴ : 중간수준경비(Level Ⅲ)

해설

ㄱ : 최고수준경비(Level Ⅴ) - 전혀 패턴이 없는 외부와 내부의 이상행동 및 침입을 감지하고 저지, 방어, 대응공격을 위한 경비수준으로서 모든 Level의 계획이 결합되고 최첨단 경보시스템과 현장에서 즉시 대응할 수 있는 24시간 무장체계 등을 갖추고 있다. 핵시설물, 중요교도소, 중요군사시설, 정부의 특별연구기관, 외국대사관 등이 대표적인 예이다.
ㄴ : 상위수준경비(Level Ⅳ) - 대부분의 패턴이 없는 외부 및 내부의 행동을 발견·저지·방어·예방하도록 계획되어진 것으로, CCTV·경계경보시스템·고도로 훈련받은 무장경비원·고도의 조명시스템·경비원과 경찰의 협력시스템 등을 갖추고 있다. 관계기관과의 조정계획 등을 갖춘 교도소나 제약회사 또는 전자회사 등이 대표적인 예이다.

답 ①

02

일정한 형식이 전혀 없는 외부와 내부의 이상행동 및 침입을 감지하고 저지, 방어, 대응공격을 위한 경비수준은? 기출 23

① 하위수준경비(Level-Ⅱ)
② 중간수준경비(Level-Ⅲ)
③ 상위수준경비(Level-Ⅳ)
④ 최고수준경비(Level-Ⅴ)

[해설]
최고수준경비(Level-Ⅴ)에 관한 설명이다.

핵심만콕 경비의 중요도에 따른 경비수준(경비계획의 수준)★

최저수준경비 (Level Ⅰ)	일정한 패턴이 없는 불법적인 외부침입을 방해할 수 있도록 계획된 경비시스템으로, 보통 출입문, 자물쇠를 갖춘 창문과 같은 단순한 물리적 장벽이 설치된다. 예 일반가정 등
하위수준경비 (Level Ⅱ)	일정한 패턴이 없는 불법적인 외부침입을 방해하고 탐지할 수 있도록 계획된 경비시스템으로, 일단 최저수준경비의 단순한 물리적 장벽이 설치되고, 거기에 보강된 출입문, 창문의 창살, 보다 복잡한 수준의 자물쇠, 조명시스템, 기본적인 경보시스템 및 안전장치가 설치된다. 예 작은 소매상점, 저장창고 등
중간수준경비 (Level Ⅲ)	대부분의 패턴이 없는 불법적인 외부침입과 일정한 패턴이 없는 일부 내부침입을 방해·탐지·사정할 수 있도록 계획된 경비시스템으로, 경계지역의 보다 높은 수준의 물리적 장벽, 보다 발전된 원거리 경보시스템, 기본적인 의사소통장비를 갖춘 경비원 등을 갖추고 있다. 예 큰 물품창고, 제조공장, 대형 소매점 등
상위수준경비 (Level Ⅳ)	대부분의 패턴이 없는 외부 및 내부의 침입을 발견·저지·방어·예방할 수 있도록 계획된 경비시스템으로, CCTV, 경계경보시스템, 고도의 조명시스템, 고도로 훈련받은 무장경비원, 경비원과 경찰의 협력시스템 등을 갖추고 있다. 예 교도소, 제약회사, 전자회사 등
최고수준경비 (Level Ⅴ)	일정한 패턴이 전혀 없는 외부 및 내부의 침입을 발견·억제·사정·무력화할 수 있도록 계획된 경비시스템으로, 최첨단의 경보시스템과 현장에서 즉시 대응할 수 있는 24시간 무장체계 등을 갖추고 있다. 예 핵시설물, 중요 군사시설 및 교도소, 정부의 특별연구기관, 일부 외국 대사관 등

 ④

03

중요도에 따라 분류한 경비수준으로 다음 내용에 해당하는 것은? 기출 22

- 기본적으로 의사소통장비를 갖춘 경비원에 의한 경비
- 대부분의 패턴이 없는 외부행동과 일정 패턴이 없는 내부행동을 발견, 방해하도록 계획된 경비
- 물품창고, 제조공장, 대형소매점 수준의 경비

① 최저수준경비
② 하위수준경비
③ 중간수준경비
④ 상위수준경비

해설
제시문은 중간수준경비에 관한 내용에 해당한다.

답 ③

04

다음에 해당하는 경비중요도에 따른 분류는? 기출 16

일정한 패턴이 없는 외부의 행동을 방해하고 탐지할 수 있도록 계획된 체계라 할 수 있다. 단순한 물리적 장벽과 자물쇠가 설치되고 거기에 보강된 출입문, 창문의 창살, 보다 복잡한 수준의 자물쇠, 조명시스템, 기본적 경보시스템, 기본적 안전 장벽 등이 설치될 수 있다. 작은 소매상점, 저장창고 등이 해당된다.

① 최저수준경비(Level Ⅰ)
② 하위수준경비(Level Ⅱ)
③ 중간수준경비(Level Ⅲ)
④ 상위수준경비(Level Ⅳ)

해설
② (○) 제시문의 내용은 하위수준경비에 대한 것이다.
① (×) 최저수준경비는 일정한 패턴이 없는 불법적인 외부침입을 방해할 수 있도록 계획된 경비시스템을 말한다.
③ (×) 중간수준경비는 대부분의 패턴이 없는 불법적인 외부침입과 일정한 패턴이 없는 일부 내부침입을 방해·탐지·사정할 수 있도록 계획된 경비시스템을 말한다.
④ (×) 상위수준경비는 대부분의 패턴이 없는 외부 및 내부의 침입을 발견·저지·방어·예방할 수 있도록 계획된 경비시스템을 말한다.

답 ②

05

경비계획을 수립함에 있어 고려해야 할 사항으로 옳지 않은 것은? 기출 23

① 건물에는 정교하면서도 파손되기 어려운 잠금장치를 설치해야 한다.
② 경비실은 출입구와 비상구에 인접한 곳에 설치해야 한다.
③ 경비계획 과정에는 관련 분야나 계층의 충분한 참여가 이루어져야 한다.
④ 경비진단결과 나타난 손실발생의 가능성을 고려해야 한다.

해설

출입구와 비상구에 인접한 곳에 설치해야 하는 것은 경비원 대기실이다. 경비실은 가능한 한 건물에서 통행이 많은 곳에 설치해야 한다.

답 ②

06

경비계획 수립의 기본원칙으로 옳지 않은 것은? 기출 22

① 잠금장치는 정교하고 쉽게 파손되지 않도록 만들어져야 한다.
② 직원 출입구는 주차장으로부터 가까운 곳에 위치해야 한다.
③ 경비관리실은 가능한 한 건물에서 통행이 많은 곳에 설치한다.
④ 경비원 대기실은 시설물 출입구와 비상구에 인접하도록 한다.

해설

직원의 출입구는 주차장으로부터 가급적 멀리 떨어진 곳에 위치해야 한다.

핵심만콕 경비계획 수립의 기본원칙

- 직원의 출입구는 주차장으로부터 가급적 멀리 떨어진 곳에 위치해야 한다.
- 경비원의 대기실은 시설물의 출입구와 비상구에서 인접한 곳에 위치해야 한다.
- 경비관리실은 출입자 등의 통행이 많은 곳에 설치해야 한다.
- 경계구역과 건물출입구 수는 안전규칙의 범위 내에서 최소한으로 유지되어야 한다.
- 경비원 1인이 경계해야 할 구역의 범위는 안전규칙상 적당해야 한다.
- 건물 외부의 틈으로 접근·탈출이 가능한 지점 및 경계구역(천장, 공기환풍기, 하수도관, 맨홀 등)은 보호되어야 한다.
- 잠금장치는 정교하고 파손이 어렵게 만들어져야 하고 열쇠를 분실할 경우에 대비하여 적절한 조치를 취해야 한다.
- 비상시에만 사용하는 외부출입구에는 경보장치를 설치해야 하고, 외부출입구의 통행은 통제가 가능해야 한다.
- 항구·부두지역은 차량운전자가 바로 물건을 창고지역으로 움직이지 못하도록 하고, 경비원에게 물건의 선적이나 하차를 보고할 수 있도록 설계되어야 한다.
- 효과적인 경비를 위해서는 안전경비조명이 설치되어야 하고, 물건을 선적하거나 수령하는 지역은 분리되어야 한다.
- 외딴 곳이나 비상구의 출입구는 경보장치를 설치해 둔다.
- 유리창이 지면으로부터 약 4m 이내의 높이에 설치되어 있는 경우에는 센서, 강화유리 등 안전장치를 설치해야 한다.

답 ②

07

경비계획 수립의 순서로 옳은 것은? 기출 24

① 경비문제의 인지 → 경비목표 설정 → 경비위해요소의 조사·분석 → 최종안 선택 → 경비실시·평가
② 경비위해요소의 조사·분석 → 경비문제의 인지 → 경비목표 설정 → 경비실시·평가 → 최종안 선택
③ 경비목표 설정 → 경비위해요소의 조사·분석 → 경비문제의 인지 → 경비실시·평가 → 최종안 선택
④ 경비문제의 인지 → 경비위해요소의 조사·분석 → 경비목표 설정 → 경비실시·평가 → 최종안 선택

해설

경비계획 수립은 <u>경비문제의 인지</u> → <u>경비목표의 설정</u> → 자료 및 정보의 수집분석(<u>경비위해요소의 조사·분석</u>) → 계획전체의 검토 → 대안의 작성 및 비교·검토 → <u>최종안 선택</u> → <u>경비의 실시 및 평가</u> → 피드백의 순서로 이루어진다.

답 ①

08

시설경비시 직접적으로 고려해야 할 사항이 아닌 것은? 기출 12

① 시설물의 용도 및 내부 귀중품
② 시설물 내부 구성원의 업무 형태 및 행태
③ 주변 경찰관서, 소방관서, 병원 등의 위치
④ 시설물 주변 주민들의 경제적 수준

해설

시설경비시 주변 주민들의 경제적 수준은 직접적인 고려사항이라고 볼 수 없다.

답 ④

09

시설경비에 관한 설명으로 옳지 않은 것은? 기출 13

① 의료시설에서 응급실은 불특정다수인이 많이 왕래하는 등의 특성으로 인해 잠재적 위험성이 가장 높기 때문에 1차적 경비대책이 요구된다.
② 국가중요시설은 시설의 중요도와 취약성을 고려하여 감시구역, 제한구역, 통제구역으로 보호지역을 설정하고 있다.
③ 미국은 금융시설의 강도 등 외부침입을 예방·대응하기 위하여 은행보호법을 제정·시행하고 있다.
④ 의료시설은 지속적으로 수용되는 환자 및 방문객 등의 출입으로 관리상의 어려움이 있기 때문에 사후통제보다는 사전예방에 초점을 두는 것이 바람직하다.

해설
국가중요시설은 시설의 중요도와 취약성을 고려하여 제한지역, 제한구역, 통제구역으로 보호지역을 설정하고 있다.

답 ②

10

보호지역 중 비밀 또는 주요 시설에 대한 비인가자의 접근을 방지하기 위하여 안내를 받아 출입하여야 하는 장소는? 기출 23

① 제한지역
② 제한구역
③ 통제지역
④ 통제구역

해설
제한구역에 관한 설명이다.

핵심만콕	보호지역(보안업무규정 시행규칙 제54조 제1항)
제한지역	비밀 또는 국·공유재산의 보호를 위하여 울타리 또는 방호·경비인력에 의하여 영 제34조 제3항에 따른 승인을 받지 않은 사람의 접근이나 출입에 대한 감시가 필요한 지역(제1호)
제한구역	비인가자가 비밀, 주요시설 및 Ⅲ급 비밀 소통용 암호자재에 접근하는 것을 방지하기 위하여 안내를 받아 출입하여야 하는 구역(제2호)
통제구역	보안상 매우 중요한 구역으로서 비인가자의 출입이 금지되는 구역(제3호)

답 ②

11

국가중요시설 경비에 관한 설명으로 옳지 않은 것은? 기출 21

① 국가중요시설 중요도에 따라 가급, 나급, 다급, 라급, 마급으로 분류된다.
② 국가중요시설 내 보호지역은 제한지역, 제한구역, 통제구역으로 구분된다.
③ 국가중요시설은 국방부장관이 관계 행정기관의 장 및 국가정보원장과 협의하여 지정한다.
④ 국가중요시설 경비의 효율화를 위해서는 교육훈련 강화를 통한 경비전문화가 필요하다.

해설

① (×) 국가중요시설은 시설의 기능·역할의 중요성과 가치의 정도에 따라 "가"급, "나"급, "다"급으로 구분한다.
② (○) 보안업무규정 제34조 제2항
③ (○) 통합방위법 제21조 제4항
④ (○) 국가중요시설의 경비효율화 측면에서 경비원들의 자질향상 및 전문성 확보는 필수적이므로, 이를 위한 지속적인 전문 교육훈련이 필요하다.

핵심만콕 국가중요시설의 분류기준★

구 분	국가중요시설의 분류기준	
	중앙경찰학교 2009, 경비	국가중요시설 지정 및 방호 훈령
가급 중요시설	국방·국가기간산업 등 국가안전보장에 <u>고도의 영향을</u> 미치는 행정 및 산업시설	• 적에 의하여 점령 또는 파괴되거나, 기능마비 시 <u>광범위한 지역</u>의 <u>통합방위작전 수행</u>이 요구되고, 국민생활에 <u>결정적인 영향</u>을 미칠 수 있는 시설 • 대통령집무실(용산 대통령실), 국회의사당, 대법원, 정부중앙(서울)청사, 국방부, 국가정보원 청사, 한국은행 본점
나급 중요시설	국가보안상 국가경제·사회생활에 <u>중대한 영향을</u> 끼치는 행정 및 산업시설	• 적에 의하여 점령 또는 파괴되거나, 기능마비 시 <u>일부 지역</u>의 <u>통합방위작전 수행</u>이 요구되고, 국민생활에 <u>중대한 영향</u>을 미칠 수 있는 시설 • 중앙행정기관 각 부(部)·처(處) 및 이에 준하는 기관, 대검찰청, 경찰청, 기상청 청사, 한국산업은행, 한국수출입은행 본점
다급 중요시설	국가보안상 국가경제·사회생활에 <u>중요하다고 인정되는</u> 행정 및 산업시설	• 적에 의하여 점령 또는 파괴되거나, 기능마비 시 <u>제한된 지역</u>에서 <u>단기간 통합방위작전 수행</u>이 요구되고, 국민생활에 <u>상당한 영향</u>을 미칠 수 있는 시설 • 중앙행정기관의 청사, 국가정보원 지부, 한국은행 각 지역본부, 다수의 정부기관이 입주한 남북출입관리시설, 기타 중요 국·공립기관
기타급 중요시설	<u>중앙부처의 장</u> <u>또는 시·도지사가 필요하다고</u> <u>지정한</u> 행정 및 산업시설	-

답 ①

12

국가중요시설경비에 관한 설명으로 옳은 것은? 기출 20

① 국가중요시설의 분류에 따라 국가보안상 국가경제, 사회생활에 중대한 영향을 미치는 행정시설을 가급으로 분류한다.
② 경비구역 제3지대(핵심방어지대)는 시설의 가동에 결정적으로 영향을 미치는 특성을 갖는 구역이다.
③ 제한구역은 비인가자의 출입이 일체 금지되는 보안상 극히 중요한 구역이다.
④ 통합방위사태는 4단계(갑・을・병・정)로 구분된다.

해설

② (○) 3지대 방호개념에서 제1지대는 경계지대, 제2지대는 주방어지대, 제3지대는 핵심방어지대라고 한다. 이 중 제3지대인 핵심방어지대는 시설의 가동에 결정적으로 영향을 미치는 특성을 갖는 구역에 해당한다.
① (×) 국가중요시설의 분류에 따르면 국가보안상 국가경제, 사회생활에 중대한 영향을 끼치는 행정 및 산업시설을 나급으로 분류한다.
③ (×) 비인가자의 출입이 일체 금지되는 보안상 극히 중요한 구역은 통제구역이다. 제한구역은 비인가자가 비밀, 주요시설 및 Ⅲ급 비밀 소통용 암호자재에 접근하는 것을 방지하기 위하여 안내를 받아 출입하여야 하는 구역이다(보안업무규정 시행규칙 제54조 제1항 제2호・제3호).
④ (×) 국가중요시설의 통합방위사태는 갑종사태, 을종사태, 병종사태로 구분된다(통합방위법 제2조 제3호).

답 ②

제2절　외곽경비

13
외곽시설물 경비의 2차적 방어수단은? 기출 19

① 경보장치
② 외 벽
③ 울타리
④ 외곽방호시설물

해설

경보장치가 외곽시설물 경비의 2차적 방어수단에 해당한다. 외곽방호시설물, 울타리, 담장, 외벽은 1차적 방어수단에 해당한다.

핵심만콕	외곽경비 수행 순서

외곽경비는 장벽, 출입구, 건물 자체 순으로 수행된다.

답 ①

14
외곽경비에 관한 설명으로 옳지 않은 것은? 기출 24

① 하수구, 배수관, 맨홀 뚜껑 등의 점검은 경비계획에 포함시켜야 한다.
② 외곽경비는 자연적 장애물과 인공적 구조물 등을 이용하여 시설을 보호한다.
③ 콘서티나 철사는 빠른 설치의 장점을 가지고 있다.
④ 비상시에만 사용하는 출입구는 평상시에 개방되어 있어야 한다.

해설

④ (×) 일정기간이나 비상시에만 사용하는 출입구는 평상시에는 폐쇄하고 잠겨 있어야 하며, 잠금장치는 특수하게 만들어져야 하고 외견상 즉시 확인할 수 있어야 한다.
① (○) 하수구, 배수로, 배수관, 사용하는 터널, 배기관, 공기 흡입관, 맨홀 뚜껑, 낙하 장치, 엘리베이터 등도 출입구와 같은 차원에서 경비계획에 포함시켜야 한다.
② (○) 외곽경비는 자연적 장애물(자연적인 장벽, 수목 울타리 등)과 인공적인 구조물(창문, 자물쇠, 쇠창살 등) 등을 이용하여 범죄자의 침입을 어렵게 하고, 침입시간을 지연시킴으로써 시설·물건 및 사람을 보호한다.
③ (○) 콘서티나(Concertina) 철사는 가시철선을 6각형 모양으로 만든 철사로 강철철사의 코일형이며, 이는 빠른 설치의 필요성 때문에 주로 군부대에서 많이 사용하고 있다.

답 ④

15

외곽경비에 관한 설명으로 옳은 것은? 기출 23

① 경비조명은 시설물에 대한 감시활동보다는 미적인 효과가 더 중요하다.
② 건물의 측면이나 후면 등 눈에 잘 띄지 않는 건물외벽에는 주기적인 순찰과 함께 CCTV 등 감시장치를 설치해야 한다.
③ 건물자체에 대한 경비활동으로 건물에 대한 출입통제, 출입문·창문에 대한 보호조치 등을 말한다.
④ 각종 잠금장치를 활용하여 범죄자의 침입시간을 지연시킨다.

해설

② (○) 외곽경비에 관한 옳은 설명이다.
① (×) 경비조명은 미적 효과보다는 시설물에 대한 감시활동이 더 중요하다.
③ (×) 건물자체에 대한 경비활동은 내부경비에 해당한다.
④ (×) 자연적 장애물과 인공적인 구조물 등을 이용하여 범죄자의 침입시간을 지연시키는 것이 외곽경비의 목적이고, 각종 잠금장치를 활용하여 범죄자의 침입시간을 지연시키는 것은 내부경비에 관한 설명이다.

답 ②

16

외곽경비에 관한 설명으로 옳지 않은 것은? 기출 22

① 기본 목적은 범죄자의 불법침입을 지연시키는 것이다.
② 시설물의 일상적인 업무활동에서 벗어난 곳에 위치한 폐쇄된 출입구는 정기적인 확인이 필요 없다.
③ 담장의 설치는 시설물 내의 업무활동을 은폐하고, 내부 관찰이 불가능하도록 해야 한다.
④ 가시지대 내에서 감시활동이 이루어질 때에는 잠금장치가 설치된 문을 주의 깊게 살펴야 한다.

해설

폐쇄된 출입구도 정기적인 확인이 필요하다.

답 ②

17

외곽경비에 관한 설명으로 옳지 않은 것은? 기출 21

① 시설물의 경계지역은 시설물 자체의 특성과 위치에 의해 결정된다.
② 담장을 설치할 경우 가시지대를 넓히기 위해 주변 장애물을 제거해야 한다.
③ 경계구역 내 옥상이 없는 건물이나 외곽지역도 경비활동의 대상으로 고려되어야 한다.
④ 경비조명은 시설물에 대한 감시활동보다는 미적인 효과가 더 중요하다.

해설
경비조명은 미적인 효과보다는 시설물에 대한 감시활동이 더 중요하다.

답 ④

18

외곽감지시스템에 관한 설명으로 옳지 않은 것은? 기출 24

① 광케이블감지시스템은 광케이블의 충격과 절단을 감지한다.
② 적외선변화감지시스템은 침입에 따른 적외선의 증가량을 감지한다.
③ 장력변화감지시스템은 철선이나 광케이블의 장력변화를 감지한다.
④ 펜스충격감지시스템은 울타리를 침입할 때 발생되는 충격을 감지한다.

해설
② (×) 적외선변화감지시스템은 사람 눈에 보이지 않는 근적외선을 쏘는 투광기와 이를 받는 수광기로 되어 있는데, 그 사이를 차단하면 감지하는 원리이다.
① (○) 광케이블감지시스템은 펜스에 설치된 광케이블의 충격과 절단을 감지한다. 낙뢰에 의한 오작동이 있을 수 있고, 펜스 밑이나 위로 침입하는 경우에 대책이 필요하다.
③ (○) 장력변화감지시스템은 물체에 작용하는 힘과 운동의 관계를 이용하여 일정하게 형성된 철선이나 광케이블의 장력의 변화(절단 포함)를 감지한다.
④ (○) 펜스충격감지시스템은 울타리 침입 시 발생되는 진동, 충격을 감지한다. 지형변화로 펜스 밑으로 침입할 경우 감지하지 못하고, 바람에 의한 충격이나 통행차량에 의한 오작동의 단점이 있다.

답 ②

19

경비시설물의 물리적 통제시스템에 관한 설명으로 옳지 않은 것은? 기출 18

① 최근에는 첨단과학기술을 이용한 감지시스템이 개발되어 적용되고 있다.
② 경비시설물 내에 존재하는 내부 자산에 대한 경비보호계획은 별도로 수립하지 않아도 된다.
③ 비상시에만 사용하는 외부출입구에는 경보장치를 설치하여야 한다.
④ 시설물에 대한 물리적 통제는 기본적으로 경계지역, 건물 외부지역, 건물 내부지역이라는 세 가지 방어선으로 구분된다.

[해설]
시설물 내에 존재하는 내부 자산들은 그 가치가 다르기 때문에 별도로 경비보호계획을 수립하여 대응하여야 한다.

답 ②

20

환경설계를 통한 범죄예방(Crime Prevention Through Environmental Design)에 관한 설명으로 옳은 것은? 기출 24

① 범죄의 원인을 환경적 요인보다는 개인적 요인에서 찾는다.
② CPTED의 기본전략은 자연적인 접근통제와 감시, 영역성의 완화에서 출발한다.
③ 물리적 환경을 개선하여 범죄를 억제하고 주민의 불안감을 해소하고자 하는 이론이다.
④ 뉴만(O. Newman)의 방어공간 개념과는 무관하다.

[해설]
③ (○) CPTED는 물리적 환경을 개선함으로써 범죄를 억제하고 주민의 불안감을 해소하는 제도로, 환경적인 요소가 인간의 행동 및 심리적 성향을 자극하여 범죄를 예방하는 환경행태적인 이론과 모든 인간이 잠재적 욕망을 가지고 있다는 전제하에 사전에 범행기회를 차단한다는 것에 기초를 두고 있다.
① (×) 개인의 본래 활동을 방해하지 않으면서 범죄예방효과를 극대화시키는 데 목표를 두고, 범죄의 원인을 개인적 요인보다는 환경적 요인에서 찾는다.
② (×) CPTED의 기본전략은 자연적 접근통제와 감시, 영역성의 강화에서 출발한다.
④ (×) 뉴만이 확립한 방어공간(Defensible Space) 개념으로부터 제퍼리(Jeffery)가 CPTED의 개념을 제시하였다.

답 ③

21

환경설계를 통한 범죄예방(CPTED)에 관한 설명으로 옳지 않은 것은? 기출 22

① 물리적 환경을 개선하여 범죄를 억제하고 주민의 불안감을 해소하는 제도이다.
② 시야가 차단된 폐쇄형 담장을 투시형 담장으로 바꾸는 것은 자연적 감시이다.
③ 범죄의 원인을 환경적 요인에서 찾으며 모든 인간은 잠재적 범죄욕망을 가진다고 보았다.
④ 딘글(J. Dingle)이 주장한 방어공간이론은 보호가치가 높은 자산일수록 보다 많은 물리적 통제 공간을 형성해야 한다는 것이다.

해설

딘글(Dingle)은 시설물의 물리적 통제시스템 구축과 관련하여 보호가치가 높은 자산일수록 보다 많은 방어공간을 구축해야 한다는 동심원영역론(Concentric Zone Theory)을 제시하였다. '방어공간(Defensible Space)이론'은 뉴만(Newman)이 정립한 이론이다.

핵심만콕

환경설계를 통한 범죄예방(Crime Prevention Through Environmental Design)
- 의의 : 물리적 환경을 개선함으로써 범죄를 억제하고 주민의 불안감을 해소하는 제도이다.
- 연혁 : 뉴만(Newman)이 확립한 방어공간(Defensible Space) 개념으로부터 제퍼리(Jeffery)가 CPTED의 개념을 제시하였다.
- 목표 : 개인의 본래 활동을 방해하지 않으면서 범죄예방효과를 극대화시키는 데 목표를 두고, 범죄의 원인을 개인적 요인보다는 환경적 요인에서 찾는다.
- 전통적 CPTED와 현대적 CPTED : 전통적 CPTED는 단순히 외부공격으로부터 보호대상을 강화하는 THA(Target Hardening Approach)방법을 사용하여 공격자가 보호대상에 접근하지 못하도록 할 뿐이었지만, 현대적 CPTED는 시민들의 삶의 질 향상까지 고려한다.
- CPTED의 전략
  - 1차적 기본전략 : 자연적인 접근통제와 감시, 영역성 강화
    일정한 지역에 접근하는 사람들을 정해진 공간으로 유도하거나 외부인의 출입을 통제하도록 설계하여 접근에 대한 심리적 부담을 증대시키고(자연적 접근통제), 건축물 설계 시 가시권을 최대한 확보하며(자연적 감시), 사적인 공간에 대해 경계를 표시하여 주민의 책임의식을 증대시킨다(영역성 강화).
  - 2차적 기본전략 : 조직적 통제(경비원), 기계적 통제(자물쇠), 자연적 통제(공간구획)
- 동심원영역론(Concentric Zone Theory) : 시설물의 물리적 통제시스템 구축과 관련하여 보호가치가 높은 자산일수록 보다 많은 방어공간을 구축해야 한다는 이론으로, 딘글(Dingle)이 제시하였으며, CPTED의 접근방법 중 하나라고 볼 수 있다. 참고로 동심원영역론은 1단계 – 2단계 – 3단계로 정리한다.

범죄예방 구조모델론
- 브랜팅햄(P. J. Brantingham)과 파우스트(F. L. Faust)가 주장한 이론이다.
- 범죄예방의 접근방법 및 과정★

구 분	대 상	내 용
1차적 범죄예방	일반시민	일반적 사회환경 중에서 범죄원인이 되는 조건들을 발견·개선하는 예방활동
2차적 범죄예방	우범자 및 우범집단	잠재적 범죄자를 초기에 발견하고 이들의 범죄행위를 저지하기 위한 예방활동
3차적 범죄예방	범죄자	실제 범죄자(전과자)를 대상으로 더 이상 범죄가 발생하지 않도록 하는 예방활동

〈참고〉 최선우, 「민간경비론」, 진영사, 2015, P. 395

답 ④

22

브랜팅햄(P. J. Brantingham)과 파우스트(F. L. Faust)가 주장한 범죄예방 구조모델론 중 다음에 해당하는 것은? 기출 17

> 일반적 사회환경 중 범죄의 원인이 되는 조건들을 발견, 개선하는 예방활동

① 상황적 범죄예방
② 1차적 범죄예방
③ 2차적 범죄예방
④ 3차적 범죄예방

해설
1차적 범죄예방에 해당하는 내용이다.

답 ②

23

경비조명에 관한 설명으로 옳지 않은 것은? 기출 22

① 보안조명은 타인의 사생활을 방해하도록 설치되어서는 안 된다.
② 보안조명은 경계구역의 안과 밖을 비출 수 있도록 적당한 밝기와 높이에 설치한다.
③ 외부조명은 경계대상물이 경계선에서 가깝거나 건물 자체가 경계선의 일부분일 경우 건물을 직접적으로 비추도록 해야 한다.
④ 가스방전등은 매우 높은 빛을 빨리 발산하기 때문에 경계구역과 사고 발생지역에 사용하기가 유용하다.

해설
석영등에 관한 설명에 해당한다. 가스방전등은 수은등(푸른색의 강한 빛을 방출하며, 백열등보다 수명이 길어 효과적)과 나트륨등(연한 노란색의 빛을 발하며, 안개가 자주 끼는 지역에 사용)이 있다.

답 ④

24

경비조명에 관한 설명으로 옳지 않은 것은? 기출 20

① 프레이넬등은 특정한 지역에 빛을 집중시키거나 직접적으로 비출 필요가 있을 때 사용하는 등이다.
② 상시조명은 장벽이나 벽의 외부를 비추는 데 사용되며, 감옥이나 교정기관에서 주로 이용되어 왔다.
③ 조명시설의 위치가 경비원의 시야를 방해해서는 안 되며, 가능한 한 그림자가 생기지 않도록 설치해야 한다.
④ 조명은 침입자의 침입의도를 사전에 포기하도록 하는 심리적 압박작용을 한다.

해설

특정한 지역에 빛을 집중시키거나 직접적으로 비출 필요가 있을 때 사용하는 등은 투광조명등이다.

핵심만콕 경비조명등의 종류와 조명장비의 형태 ★★

경비조명등		조명장비	
백열등	• 가정집에서 주로 사용되는 조명으로 점등과 동시에 빛을 방출 • 경비조명으로 광범위하게 이용	가로등	• 설치 장소와 방법에 따라 대칭적인 방법과 비대칭적인 방법으로 설치 • 대칭적인 가로등은 빛을 골고루 발산하며, 특별히 높은 지점의 조명을 필요로 하지 않는 넓은 지역에서 사용되며, 설치 위치도 보통 빛이 비춰지는 지역의 중앙에 위치한다. • 비대칭적인 가로등은 조명이 필요한 지역에서 다소 떨어진 장소에 사용된다.
가스방전등	수은등 : 푸른색의 강한 빛, 긴 수명	투광조명등	• 300W~1,000W까지 사용 • 특정지역에 빛을 집중시키거나 직접적으로 비추는 광선의 형태로 상당히 밝은 빛을 만들 수 있다.
	나트륨등 : 연한 노란색의 빛을 내며 안개지역에 사용	프레이넬등	• 300W~500W까지 사용 • 넓은 폭의 빛을 내는 조명으로 경계구역에의 접근방지를 위해 길고 수평하게 빛을 확장하는데 유용하게 사용 • 수평으로 약 180°, 수직으로 15~30° 정도의 폭이 좁고 긴 빛을 투사 • 비교적 어두운 시설물에서 침입을 감시하는 경우 유용하게 사용
석영수은등	• 매우 밝은 하얀 빛 • 경계구역과 사고발생 다발지역에 사용 • 가격이 비쌈	탐조등	• 250W~3,000W까지 다양하게 사용 • 사고우려지역을 정확하게 관찰하기 위해 사용하는데 백열등이 자주 이용된다. • 휴대가 가능 • 외딴 산간지역이나 작은 배로 쉽게 시설물에 접근할 수 있는 위치에 설치

답 ①

25

조명등의 종류와 그 특징에 관한 설명으로 옳지 않은 것은? 기출 17

① 백열등 : 가정집에서 보편적으로 사용되지만 수명이 짧다.
② 수은등 : 주황빛을 띠고 약한 빛을 방출하나, 백열등보다 수명이 길다.
③ 나트륨등 : 연한 노란색을 발하며, 안개가 많은 지역에 효과적이다.
④ 석영등 : 매우 밝은 하얀빛을 빠르게 발산하므로 경계구역과 사고발생 다발지역에 유용하다.

해설
수은등은 푸른색의 매우 강한 빛을 방출하며, 수명이 길기 때문에 백열등보다 효과적이다. ★

답 ②

26

경계구역의 경비조명에 관한 설명으로 옳지 않은 것은? 기출 19

① 조명시설의 위치는 경비원의 눈을 부시게 하는 것을 피해야 한다.
② 경비조명은 가능한 한 그림자가 넓게 생기도록 하여야 한다.
③ 경계조명시설물은 경계구역에서 이용되며, 진입등은 경계지역 내에 위치하여야 한다.
④ 경비조명은 경계구역 내 모든 부분을 충분히 비출 수 있도록 적당한 밝기와 높이로 설치한다.

해설
경비조명은 가능한 한 그림자가 생기지 않도록 설치해야 한다.

핵심만콕 경비조명 설치의 일반원칙

- 경비조명은 경계구역의 안과 밖을 비출 수 있도록 적당한 밝기와 높이로 설치한다.
- 경계대상물이 경계선에서 가깝거나 건물 자체가 경계선의 일부분일 경우에 조명을 직접적으로 건물에 비추도록 한다. 이런 건물의 출입구는 다른 조명에 의해 생기는 그림자를 제거하기 위해 별도로 조명시설을 설치해야 한다.
- 조명시설의 위치가 경비원의 시야를 방해해서는 안 되며, 가능한 한 그림자가 생기지 않도록 설치해야 한다.
- 경비조명은 위험발생 가능성이 있는 지역에 직접적으로 비춰야 하며, 보호하고자 하는 지역으로부터 일정거리 이상이 유지되어야 한다.

답 ②

제3절　내부경비

27
시설물 내부의 경비요령에 관한 내용으로 옳지 않은 것은? 기출 24

① 사무실 등의 출입문은 관계자들의 편리성과 내구성을 고려하면서 통제관리가 필요하다.
② 반입물품뿐만 아니라 내부에서 외부로의 반출물품도 검색과 관리가 필요하다.
③ 건물내부의 중요구역 여부를 고려한 경비설계가 필요하다.
④ 출입문은 따로 구분하지 않고 일원화하여 관리하는 것이 효과적이다.

해설

④ (×) 출입문은 <u>구역의 중요성에 따라 등급화하거나 구역으로 구분하여 관리</u>하는 것이 효과적이다. 시설물 내의 통신장비실·컴퓨터 전산실·연구개발실·기밀문서보관실·금고실 등과 같이 보안성을 극히 유지해야 하는 지역의 출입문은 일반 출입문보다 견고한 재질로 하고, 확인·점검 절차도 일반 출입문과 달라야 한다.
① (O) 사무실이나 기타 업무지역의 출입문은 출입이 많기 때문에 관계자들의 편리성과 내구성 및 보안성을 고려하여야 한다.
② (O) 외부로부터 내부로의 반입뿐만 아니라 내부에서 외부로의 반출도 검색과 관리가 필요하다.
③ (O) 시설물의 중요성 및 각각의 보호대상 시설에 따라 경비방법과 경비설계에 상당한 차이가 있다.

답 ④

28
시설물 내부경비의 경비요령에 관한 내용으로 옳지 않은 것은? 기출 12

① 반출입물품에 대해서는 면밀히 조사하여야 한다.
② 출입문은 구역의 중요성에 따라 등급화하거나 구분하여 관리하는 것이 효과적이다.
③ 내부 직원과 외부 방문객, 고객 등을 구분할 수 있는 방문증이나 사원증 패용 등 신분확인 절차가 마련되어야 한다.
④ 출입차량에 대해서는 출입목적에 따라 출입증을 발급하고, 주차구역을 구분하여 지정하게 되면 출입자에게 지나친 불편을 줄 수 있으므로 지양해야 한다.

해설

출입차량은 목적에 따라 출입증을 발급하고 주차구역을 구분하여 지정해야 한다.

답 ④

29

내부경비에 관한 설명으로 옳지 않은 것은? 기출 17

① 내부출입통제는 시설물 내의 불법침입이나 절도 등을 막기 위함이다.
② 경비원 상호 간에 순찰정보를 교환하여야 한다.
③ 안전유리는 가격이 저렴하며 불연성 물질이고 가볍기 때문에 설치하기 쉬운 장점이 있다.
④ 자물쇠는 보호장치의 기능과 침입시간을 지연시키는 기능도 한다.

[해설]
안전유리는 불연성 물질이기 때문에 화재 시에도 잘 타지 않으며, 가볍기 때문에 설치하기 쉬운 장점이 있는 반면, 가격이 비싸다는 단점이 있다. 또한 안전유리는 동일한 두께의 콘크리트 벽에 비해 충격에 강하고 외관상 미적 효과가 있다.

답 ③

30

안전유리에 관한 설명으로 옳은 것은? 기출 09

① 안전유리는 외부충격에는 강하지만 화재에는 취약하다.
② 안전유리는 비교적 가격이 저렴하기 때문에 널리 이용되고 있다.
③ 안전유리는 일반유리에 비해 매우 두꺼워 설치가 어려운 점이 있다.
④ 안전유리는 미관을 유지하면서도 외부로부터의 침입시간을 지연시키는 효과가 있다.

[해설]
④ (○) 안전유리는 미관을 유지하면서도 외부로부터의 침입시간을 지연시키는 효과가 있다.
① (×) 화재 시에도 타지 않는다.
② (×) 가격이 비싸다.
③ (×) 가벼워 설치하기가 쉽다.

답 ④

31

경비시설물의 출입문에 설치되는 안전장치는 어떤 기준에 따라 달라지는가? 기출 06

① 건물의 높이
② 건물의 크기
③ 경비구역의 중요성
④ 화재 위험도

해설

경비시설물의 출입문에 설치되는 안전장치는 경비구역의 중요성에 따라 달라진다.

답 ③

32

핀날름쇠 자물쇠에 관한 설명으로 옳은 것을 모두 고른 것은? 기출 24

ㄱ. 열쇠의 양쪽에 홈이 규칙적으로 파여 있는 형태이다.
ㄴ. 열쇠의 양쪽에 홈이 불규칙적으로 파여 있는 형태이다.
ㄷ. 열쇠의 홈이 한쪽 면에만 있다.
ㄹ. 돌기형 자물쇠에 비해 안전성이 높다.
ㅁ. 판날름쇠 자물쇠에 비해 안전성이 높다.

① ㄱ, ㄷ, ㄹ
② ㄱ, ㄹ, ㅁ
③ ㄴ, ㄷ, ㅁ
④ ㄴ, ㄹ, ㅁ

해설

ㄴ. (○), ㄱ. (×), ㄷ. (×) 핀날름쇠 자물쇠는 열쇠의 양쪽 모두에 홈이 불규칙적으로 파여져 있는 형태이고, 보다 복잡하며 안전성을 제공할 수 있기 때문에 널리 사용된다.
ㄹ. (○), ㅁ. (○) 돌기 자물쇠는 가장 많이 사용되던 자물쇠로 단순철판에 홈이 거의 없는 것이 대부분으로 열쇠의 구조가 간단하기 때문에 꼬챙이를 사용하면 쉽게 열리므로 안전도는 거의 0%이다. 판날름쇠 자물쇠는 가장 많이 사용되는 자물쇠이며, 이 자물쇠를 열기 위해서는 통상적으로 3분 정도가 소요되는데, 핀날름쇠 자물쇠를 푸는 데는 약 10분 정도가 소요된다. 따라서 핀날름쇠 자물쇠는 돌기형 자물쇠나 판날름쇠 자물쇠에 비해 안전성이 높다.

답 ④

33

잠금장치에 관한 설명으로 옳지 않은 것은? 기출 15

① 패드록은 시설물과 탈부착이 가능한 형태로 작동하며 강한 외부충격에도 견딜 수 있도록 되어 있다.
② 핀날름 자물쇠는 열쇠의 홈이 한쪽에만 있어 홈과 맞지 않는 열쇠를 꽂으면 열리지 않도록 되어 있다.
③ 카드식 잠금장치는 전기나 전자기방식으로 암호가 입력된 카드를 인식시킴으로써 출입문이 열리도록 한 장치이다.
④ 돌기 자물쇠는 단순철판에 홈도 거의 없는 것이 대부분이며 예방기능이 취약하다.

[해설]
열쇠의 홈이 한쪽에만 있는 것은 판날름 자물쇠이고, 홈이 양쪽에 있는 것은 핀날름 자물쇠이다.

답 ②

34

하나의 문이 잠길 경우 전체의 문이 동시에 잠기는 방식으로 교도소 등 동시다발적 사고 발생의 우려가 높은 장소에서 사용되는 패드록(Pad-Locks) 잠금장치는? 기출 19

① 기억식 잠금장치
② 전기식 잠금장치
③ 일체식 잠금장치
④ 카드식 잠금장치

[해설]
설문은 일체식 잠금장치에 대한 내용이다.

[핵심만콕] 잠금장치
- 전기식 잠금장치 : 출입문의 개폐가 전기신호에 의해 이루어지는 잠금장치로 가정집 내부에서 스위치를 눌러 외부의 문이 열리도록 하는 방식이다. 원거리에서 문의 개폐를 제어할 수 있는 장점이 있다.
- 일체식 잠금장치 : 한 문이 잠길 경우에 전체의 문이 동시에 잠기는 방식을 말한다.
- 기억식 잠금장치 : 문에 전자장치가 설치되어 있어 일정시간에만 문이 열리는 방식이다.
- 카드식 잠금장치 : 전기나 전자기방식으로 암호가 입력된 카드를 인식시킴으로서 출입문이 열리도록 한 장치이다.

답 ③

35

건물의 출입통제에 관한 설명으로 옳은 것을 모두 고른 것은? 기출 22

> ㄱ. 내부반입은 검색 관리가 필요하지만, 외부반출은 검색 관리가 필요 없다.
> ㄴ. 외부인이 예약 없이 방문하는 경우에는 별도의 대기실에 대기시킨 후 방문 대상자에게 통보해야 한다.
> ㄷ. 경비원은 상근직원이라도 매일 모든 출입자의 신분증을 확인해야 한다.
> ㄹ. 신원이 확인된 외부인에 대해서는 이동 가능한 지역을 지정할 필요 없다.

① ㄱ, ㄴ
② ㄱ, ㄹ
③ ㄴ, ㄷ
④ ㄷ, ㄹ

해설

제시된 내용 중 건물의 출입통제에 관한 설명으로 옳은 것은 ㄴ과 ㄷ이다.
ㄴ. (O) 외부인이 예약 없이 방문하는 경우에는 외부인을 별도의 대기실에 대기시킨 후 방문 대상자에게 통보하는 것이 효과적이다.
ㄷ. (O) 경비원은 상근직원이라 하더라도 매일 모든 출입자의 신분증을 세심한 주의를 기울여 확인해야 한다.
ㄱ. (×) 내부반입뿐만 아니라 외부반출의 경우에도 검색과 관리가 필요하다.
ㄹ. (×) 신원이 확인되었다 하더라도 외부인을 건물 내부로 출입시킬 때는 활동에 제한을 주기 위하여 이동 가능한 지역을 반드시 지정해 주어야 한다.

답 ③

36

출입통제방법에 관한 설명으로 옳지 않은 것은? 기출 18

① 차량은 출입목적에 따라 출입증을 발급하고 주차지역을 지정하여야 하며 반출입 물품에 대해서도 면밀히 조사하여야 한다.
② 직원 출입구는 외부 방문객과 구분하여 하나의 문만 사용하도록 하고 통행하는 직원의 적절한 통제를 위해 출입구의 폭이 최대한 넓어야 한다.
③ 출입증이 없는 차량의 경우에는 그 용도와 목적을 확인하고 내부에서도 이 차량이 주차할 수 있는 지역을 한정하여야 한다.
④ 방문객이 통고 없이 방문하는 경우에는 대기실에서 대기하도록 하거나 대기실 외의 이동 시 반드시 방문객임을 표시하는 징표를 부착하여 CCTV 등을 통한 감시와 통제가 이루어져야 한다.

해설

상품판매시설의 경우 직원용 출입문과 고객용 출입문을 구분하는 것이 좋고, 직원용 출입구의 폭은 통행하는 직원의 적절한 통제를 위해 가능한 한 최소화하는 것이 좋다.

답 ②

37

출입통제방법에 관한 설명으로 옳지 않은 것은? 기출 18

① 차량은 출입목적에 따라 출입증을 발급하고 주차지역을 지정하여야 하며 반출입 물품에 대해서도 면밀히 조사하여야 한다.
② 직원 출입구는 외부 방문객과 구분하여 하나의 문만 사용하도록 하고 통행하는 직원의 적절한 통제를 위해 출입구의 폭이 최대한 넓어야 한다.
③ 출입증이 없는 차량의 경우에는 그 용도와 목적을 확인하고 내부에서도 이 차량이 주차할 수 있는 지역을 한정하여야 한다.
④ 방문객이 통고 없이 방문하는 경우에는 대기실에서 대기하도록 하거나 대기실 외의 이동 시 반드시 방문객임을 표시하는 징표를 부착하여 CCTV 등을 통한 감시와 통제가 이루어져야 한다.

해설

상품판매시설의 경우 직원용 출입문과 고객용 출입문을 구분하는 것이 좋고, 직원용 출입구의 폭은 통행하는 직원의 적절한 통제를 위해 가능한 한 최소화하는 것이 좋다.

답 ②

38

경보시스템에 관한 설명으로 옳지 않은 것은? 기출 20

① 일반적으로 진동감지기는 전시 중인 물건이나 고미술품 보호를 위하여 설치한다.
② 압력감지기는 침입이 예상되는 통로나 출입문 앞에 설치한다.
③ 제한적 경보시스템은 전화회선 등을 이용하여 외부의 경찰서 등으로 비상사태가 감지되면 자동으로 연락이 취해지는 경보체계이다.
④ 전자파울타리는 레이저광선을 그물망처럼 만들어 전자벽을 만드는 것이다.

해설

전화회선 등을 이용하여 외부의 경찰서 등으로 비상사태가 감지되면 자동으로 연락이 취해지는 경보체계는 외래지원 경보시스템이다. 제한적 경보시스템은 사이렌이나 종, 비상등과 같은 제한된 경보장치를 설치한 시스템으로, 일반적인 화재예방시설이 이 시스템의 전형에 해당한다.

답 ③

39

경보시스템 종류에 관한 설명으로 옳지 않은 것은? 기출 19

① 중앙관제시스템은 전용전화회선을 통해 비상 감지 시 직접 외부의 각 관계기관에 자동으로 연락이 취해지는 방식이다.
② 국부적 경보시스템은 가장 원시적인 경보체계로 일정지역에 국한해 한두 개의 경보장치를 설치하거나 단순히 사이렌이나 경보음이 울리는 것이다.
③ 제한적 경보시스템은 사이렌이나 종, 비상등과 같은 제한된 경보장치를 설치하여 화재예방시설에 주로 사용되며 사람이 없으면 대응할 수 없는 단점이 있다.
④ 다이얼 경보시스템은 비상사태가 발생하였을 경우 사전에 입력된 전화번호로 긴급연락을 하는 것으로 설치가 간단하고 유지비가 저렴하다.

[해설]
전용전화회선을 통하여 비상감지 시 직접 외부의 각 관계기관에 자동으로 연락이 취해지는 방식은 외래지원 경보시스템이다. 중앙관제시스템은 일반적으로 활용하고 있는 경보체계로서 경계가 필요한 곳에 CCTV를 설치하여 활용하므로 사태파악이나 조치가 빠르고 오경보나 오작동에 대한 염려도 거의 없는 편이다.

답 ①

40

보호대상인 물건에 직접적으로 센서를 부착하여 그 물건이 움직이게 되면 진동이 발생되어 경보가 발생하는 장치로 정확성이 높아 일반적으로 전시 중인 물건이나 고미술품 보호에 사용되는 경보센서(감지기)는? 기출 19

① 음파 경보시스템
② 초음파 탐지장치
③ 적외선감지기
④ 진동감지기

[해설]
④ (O) 설문은 진동감지기에 관한 설명이다. 진동감지기는 오차율이 극히 적으며 그 정확성이 매우 높은 편이다.
① (×) 음파 경보시스템 : 소음탐지 경보기, 음향경보기, 가청주파수 경보기라고도 하며, 외부인이 침입한 경우 침입자의 소리를 감지하여 경보를 내는 장치이다.
② (×) 초음파 탐지장치 : 송신장치와 수신장치를 설치하여 양 기계간에 진동파를 주고받는 과정에서 어떠한 물체가 들어오면 그 파동이 변화됨을 감지하는 장치이다. 센서가 매우 민감하여 오경보 가능성이 높은 편이다.
③ (×) 적외선감지기 : 사람 눈에 보이지 않는 근적외선을 쏘는 투광기와 이를 받는 수광기로 되어 있는데, 그 사이를 차단하면 감지하는 원리이다.

답 ④

41

물리적 통제시스템인 CCTV에 관한 설명으로 옳은 것은? 기출수정 21

① 영상정보를 불특정 다수에게 전달함으로써 범죄발생 시 신속한 대응이 가능하다.
② 영상정보처리기기의 무분별한 설치는 인권침해 가능성이 높아 개인정보보호법에서 엄격하게 규제하고 있다.
③ 국가중요시설에 고정형 영상정보처리기기를 설치·운영하려는 자는 관련 안내판을 설치하여 정보주체가 쉽게 알아볼 수 있도록 해야 한다.
④ 디지털(DVR) 방식에서 아날로그(VCR) 방식으로 전환되어 그 효율성이 증대되었다.

해설

② (○) 개인정보보호법 제1조, 제25조
① (×) CCTV를 통한 기계경비의 경우, 범죄발생 시 현장에 도착하기까지 시간이 필요하므로, 신속한 대응이 어렵다. 현장에서의 신속한 대응이 가능한 것은 인력경비이다.
③ (×) 고정형 영상정보처리기기를 설치·운영하는 자(고정형 영상정보처리기기 운영자)는 정보주체가 쉽게 인식할 수 있도록 일정한 사항이 포함된 안내판을 설치하는 등 필요한 조치를 하여야 한다. 다만, 군사기지 및 군사시설 보호법 제2조 제2호에 따른 군사시설, 통합방위법 제2조 제13호에 따른 국가중요시설, 그 밖에 대통령령으로 정하는 시설에 대하여는 그러하지 아니하다(개인정보보호법 제25조 제4항).
④ (×) 아날로그(VCR) 방식에서 디지털(DVR) 방식으로 전환되어 그 효율성이 증대되었다.

답 ②

42

내부절도의 경비에 관한 설명으로 옳지 않은 것은? 기출 18

① 주기적 순찰과 감시경비원 및 CCTV의 확충으로 경비인력의 혼합운영이 필요하다.
② 감사부서와의 협조하에 정기적으로 회계감사를 실시한다.
③ 직원의 채용시 학력, 경력, 전과, 이념 등 신원조사를 실시한다.
④ 사내의 현금보관 금고는 내부인의 접근에도 유의하여야 한다.

해설

직원의 채용단계에서부터 인사담당자와의 협조하에 신원조사를 실시한다. 신원조사 과정에서 검토해야 할 사항으로는 지원자의 가족상황, 결혼 여부, 종교관, 동거인의 인적사항, 주택소유 여부, 지원자의 학력·경력·전과·채무관계 여부 등이다. 직원의 채용시 이념에 대해서는 특별히 신원조사를 실시하지 않는다. ★

답 ③

제4-5절 시설물에 따른 경비·재해예방과 비상계획

43
금융시설경비에 대한 설명으로 옳지 않은 것은?

① 경비책임자는 경찰과의 연락 및 방범정보의 교환과 같은 사항이 지속적으로 이루어지도록 점검하여야 한다.
② 금융시설의 특성상 개·폐점 직후나 점심시간 등이 취약시간대로 분석되고 있다.
③ 금융시설경비는 금융시설 내에 한정해야 하므로 외부경계 및 차량감시는 하지 않아도 된다.
④ 자체 현금수송 시에는 가스총 등을 휴대한 청원경찰을 포함한 3명 이상을 확보해야 한다.

해설
금융시설경비는 금융시설 내에 한정하지 않고 외부경계 및 차량감시도 경비활동의 대상에 포함된다.

답 ③

44
국제화 및 국제행사의 증가로 내국인의 잦은 해외출장, 외국 주요 인사들의 국내 체류가 증가함에 따라 그 중요성이 커지고 있는 시설경비는?

① 의료시설경비
② 금융시설경비
③ 교육시설경비
④ 숙박시설경비

해설
국제화 및 국제행사로 인한 국제교류가 증가하면서 주요 인사들의 숙박시설경비가 중요해지고 있다.

답 ④

45

숙박시설경비에서 숙박시설 전반에 대한 안전관리와 함께 중요한 경비요소는?

① 호송경비
② 혼잡경비
③ 신변보호경비
④ 특수경비

해설

숙박시설경비에서는 숙박시설 전반에 대한 안전관리뿐만 아니라 주요인사들에 대한 신변보호도 중요한 경비요소가 된다.

답 ③

46

화재예방과 관련하여, 발화의 3요소로 옳지 않은 것은? 기출 14

① 연 료
② 바 람
③ 산 소
④ 열

해설

발화가 되기 위해서는 가연물(연료)이 있을 것, 공기라는 산소 공급체, 즉 지연물(支燃物)이 있을 것, 발화에 필요한 열 에너지, 소위 착화온도 이상의 온도가 있을 것 등의 3가지의 조건이 필요하며, 연소의 3요소 중의 하나가 빠져도 연소(발화)는 발생되지 않는다.

답 ②

47

화재 발생 초기단계에서 연기와 불꽃이 보이지 않고, 감지할 수 있는 열도 나타나지 않는 상태에서 미세한 연소물질이 노출되었을 때 작동하는 감지기는? 기출 09

① 광전자감지기
② 적외선감지기
③ 이온감지기
④ 열감지기

해설

③ (○) 설문의 내용은 이온감지기에 대한 것이다.
① (×) 광전자감지기는 주위의 공기가 일정 농도 이상의 연기를 포함한 경우에 작동한다.
② (×) 적외선감지기는 화재 발생 시 불꽃에서 나오는 적외선을 감지하여 내장된 MPU가 신호를 처리하는 것으로, 감지속도가 빠르고 확실하게 감지할 수 있으며 옥외에서도 사용할 수 있다.
④ (×) 열감지기는 일정 온도 이상으로 내부온도가 올라갔을 때 경보를 발한다.

답 ③

48

CHECK O △ X

소화방법에 관한 설명 중 ( )에 들어갈 용어로 옳은 것은? 기출 19

- (ㄱ)소화 - 연소반응에 관계된 가연물이나 그 주위의 가연물을 (ㄱ)하여 소화하는 방법
- 질식소화 - 연소범위의 산소공급원을 차단시켜 연소가 되지 않도록 하는 방법
- (ㄴ)소화 - 연소물을 (ㄴ)하여 연소물을 착화온도 이하로 떨어뜨려 소화하는 방법으로 물을 많이 사용함
- (ㄷ)소화 - 연소의 연쇄반응을 부촉매 작용에 의해 (ㄷ)하는 소화방법

① ㄱ : 억제, ㄴ : 냉각, ㄷ : 제거
② ㄱ : 억제, ㄴ : 제거, ㄷ : 냉각
③ ㄱ : 냉각, ㄴ : 억제, ㄷ : 제거
④ ㄱ : 제거, ㄴ : 냉각, ㄷ : 억제

해설

( ) 안에 들어갈 용어는 순서대로 ㄱ : 제거, ㄴ : 냉각, ㄷ : 억제이다.

핵심만콕 소화방법

- 제거소화 : 가연물을 제거하여 소화하는 방법
- 질식소화 : 연소범위의 산소 농도를 저하시켜 연소가 되지 않도록 하는 방법
- 냉각소화 : 연소물을 냉각하여 그 온도를 발화점 이하로 떨어뜨려 소화하는 방법으로 물을 많이 사용한다.
- 억제소화 : 연소의 연쇄반응을 부촉매 작용에 의해 억제하는 소화방법(할로겐화합물 소화약제)
- 희석소화 : 산소나 가연성 기체의 농도를 연소범위 이하로 희석시켜 소화하는 방법

답 ④

49

CHECK O △ X

화재 발생 시 경비원의 피난유도 원칙으로 옳지 않은 것은? 기출 23

① 초고층 빌딩 등 특수한 경우를 제외하고 엘리베이터는 사용하지 않는다.
② 연기가 상승하는 속도는 사람이 계단을 오르는 속도보다 느리므로 반드시 옥상으로 유도한다.
③ 피난자가 다수인 경우에는 사람들을 분산하여 혼란을 방지하고 위험장소에 있는 자가 조기에 피난할 수 있도록 한다.
④ 화재층을 기준으로 화재층, 상층, 하층 순으로 피난시킨다.

해설

연기가 상승하는 속도는 사람이 계단을 오르는 속도보다 빠르므로, 화재발생 시 반드시 옥상으로 유도한다는 표현은 옳지 않다. 참고로 연기의 건물 내 이동속도는 수평방향은 0.5~1m/s, 수직방향은 2~3m/s이며, 계단에서는 수직 이동속도는 3~5m/s이다. 반면 인간의 보행속도는 평균 1.33m/s이다.

답 ②

50

화재유형에 따른 화재대책에 관한 설명으로 옳지 않은 것은? 기출 19

① 유류화재는 옥내소화전을 사용하여 온도를 발화점 밑으로 떨어뜨리는 것이 가장 효과적인 진압방법이다.
② 금속화재는 물과 반응하여 강한 수소를 발생하는 것이 대부분이므로 화재 시 수계 소화약제를 사용해서는 안 된다.
③ 가스화재는 점화원을 차단하고 살수 및 냉각으로 진압하는 것이 효과적이다.
④ 전기화재는 소화시 물 등의 전기전도성을 가진 약제를 사용하면 감전의 위험이 있으므로 주의해야 한다.

[해설]
물을 사용하여 온도를 발화점 밑으로 떨어뜨리는 것은, 일반화재 시 가장 효과적인 진압방법이다. 유류화재의 진압에는 산소공급 중단 또는 불연성의 무해한 기체인 이산화탄소 살포 등이 가장 효과적이다.

답 ①

51

폭발물에 의한 테러 위협에 관한 설명으로 옳지 않은 것은? 기출 19

① 폭발물에 의한 테러 위협을 당하면 우선적으로 사람들을 건물 밖으로 대피시킨다.
② 테러협박전화가 걸려오면 경비책임자에게 보고하고, 위험이 감지되면 경찰서나 소방서 등 관련기관에 신속하게 연락한다.
③ 경비원은 폭발물이 발견되면 그 지역을 자주 출입하는 사람이나 출입이 제한된 사람들의 명단을 파악한 후 신속하게 폭발물을 제거한다.
④ 경비원은 폭발물의 폭발력을 약화시키기 위하여 모든 창문과 문은 열어둔다.

[해설]
폭발물의 제거는 오로지 폭발물전문가에 의해서만 처리되어야 한다.

답 ③

52

비상상황 발생 시 경비원의 역할로 옳지 않은 것은? 기출 23

① 안전을 확보하기 위하여 비상계획서를 작성하고 책임자를 지정한다.
② 상황에 따라 필요시 보호 우선순위에 의한 안전을 확보한다.
③ 탈출 시 발생하는 혼란상황을 방지하기 위해 출입구와 비상구를 확실하게 장악하고 통제한다.
④ 인파가 무질서한 경우가 많으므로 적절한 안내와 통솔을 통하여 질서를 도모한다.

[해설]
안전을 확보하기 위하여 비상계획서를 작성하고 책임자를 지정하는 것은 비상사태 발생 전의 비상계획 수립 시 고려사항이다.

답 ①

53

비상시 민간경비원의 임무로 옳지 않은 것은? 기출 22

① 출입구와 비상구의 출입통제
② 비상인력과 시설 내의 이동통제
③ 경찰서, 소방서 등과 통신업무 차단
④ 경제적으로 보호할 가치가 있는 물건에 대하여 보호조치 실시

[해설]
민간경비원의 비상시 임무로는 외부지원기관(경찰, 소방서, 병원 등)과의 통신업무, 경제적으로 보호할 가치가 있는 물건에 대한 보호조치 실시, 비상인력과 시설 내의 이동통제, 출입구와 비상구 및 위험지역의 출입통제 등이 있다.

답 ③

54

재난재해에 관한 대처요령으로 옳지 않은 것은? 기출 22

① 경비원은 폭발물 협박이 있는 경우 책임자에게 보고하고 내부 인원을 대피시킨 후 폭발물 설치 여부를 탐색한다.
② 지진 발생 시 가스밸브를 잠그고 건물 밖 공터 등으로 대피한다.
③ 엘리베이터 안에서 지진 발생 시 모든 층을 누르고 가장 먼저 정지하는 층에 내려서 대피한다.
④ 화재 대피 시에는 수건 등을 물에 적셔서 입과 코를 막고 낮은 자세로 대피한다.

[해설]
경비원은 폭발물 협박이 있는 경우 경비책임자에게 보고하고, 내부 인원을 대피시킨 후 폭발물이 설치되어 있을 것으로 예상되는 지역을 봉쇄한 다음 전문가를 동원하여 폭탄이 있는지 여부를 탐색하여야 한다.

답 ①

55

비상사태 발생 시 민간경비의 대응으로 옳은 것을 모두 고른 것은? 기출 21

> ㄱ. 응급환자에 대한 조치
> ㄴ. 경제적 가치가 있는 자산의 보호
> ㄷ. 비상계획서 작성 및 책임자 지정
> ㄹ. 발생지역 내의 질서유지 및 출입통제

① ㄱ, ㄴ, ㄷ
② ㄱ, ㄴ, ㄹ
③ ㄱ, ㄷ, ㄹ
④ ㄴ, ㄷ, ㄹ

해설

민간경비원의 비상사태 발생 시 임무에는 비상사태에 대한 신속한 초동조치, 외부지원기관(경찰서, 소방서, 병원 등)과의 통신업무, 특별한 대상(장애인, 노약자 등)의 보호 및 응급조치, 경제적으로 보호해야 할 자산의 보호, 비상인력과 시설 내 이동통제, 출입구·비상구 및 위험지역의 출입통제 등이 있다. <u>비상계획서 작성 및 책임자 지정은 비상사태 발생 전의 비상계획 수립 시 고려사항이다.</u>

답 ②

56

재난에 대한 경비요령으로 옳지 않은 것은? 기출 20

① 평상시 순찰활동을 통해 건물의 축대나 벽면의 균열 및 붕괴 여부 등을 확인·점검한다.
② 재난 발생 시 경찰관서나 소방관서 등 관계기관에 신속히 신고한다.
③ 부상자에 대한 의료구조와 방치된 사람에 대한 피난처 확보에 주력한다.
④ 경찰관과 협력하여 비상지역에 대한 접근과 대피가 불가능하도록 통로를 폐쇄한다.

해설

<u>재난 발생 시 경비원은 경찰관과 협력하여 비상지역에 대한 접근을 통제하고, 사람이 대피하여야 하는 경우 침착하게 대피시켜야 한다.</u>

답 ④

57

비상사태의 유형에 따른 경비원의 대응에 관한 설명으로 옳지 않은 것은? 기출 19

① 지진 : 지진 발생 후 치안공백으로 인한 약탈과 방화행위에 대비
② 가스폭발 : 가스폭발 우려가 있을 시 우선 물건이나 장비를 고지대로 이동
③ 홍수 : 폭우가 예보되면 우선적으로 침수 가능한 지역에 대해 배수시설 점검
④ 건물붕괴 : 자신이 관리하는 건물의 벽에 금이 가거나 균열이 있는지 확인

해설
물건이나 장비를 고지대로 이동시키는 것은, 지대가 낮은 지역에서 홍수에 대응하는 방법이다.

답 ②

58

사고 발생 시 경비원의 현장보존 방법으로 옳은 것은? 기출 23

① 현장의 모든 물건은 증거확보를 위해 보존이 용이한 곳으로 옮겨 보관한다.
② 현장을 중심으로 가능한 한 좁은 범위를 보존범위로 정하여 확보한다.
③ 현장에 담배꽁초나 휴지가 있으면 청소하여 청결을 유지한다.
④ 현장보존의 범위에 있는 모든 사람을 신속히 퇴장시킨다.

해설
④ (○) 현장보존 시 2차 사고 발생에 주의하여, 현장보존의 범위에 있는 모든 사람을 신속히 퇴장시켜야 한다.
① (×) 현장의 모든 물건은 증거확보를 위해 손대지 말고, 물건의 위치를 변경하지도 말아야 한다.
② (×) 현장을 중심으로 가능한 한 넓은 범위를 보존범위로 정하여 확보한다.
③ (×) 현장은 움직이지 말고 그대로 두어야 한다.

답 ④

59

비상계획기관의 업무활동 시 고려사항으로 옳지 않은 것은? 기출 10

① 대중·언론에 대한 정보차단
② 명령지휘부의 지정
③ 보고업무시스템의 수립
④ 비상시 사용될 장비·시설의 위치지정

해설

대중·언론에 대한 정보를 차단해서는 안 되고, 외부기관과의 통신수단을 마련하여, 대중 및 언론에 대한 정보를 제공할 수 있는 방안을 마련하여야 한다.

답 ①

60

비상계획 수립 시 비상계획서 작성에 포함되지 않는 것은? 기출 06

① 명령체계 수립
② 명령지휘부 지정
③ 경비원 관리 책임
④ 대중·언론에 정보제공

해설

경비원 관리 책임은 비상계획서 작성에 포함되지 않는다.

핵심만콕　비상계획서에 포함되어야 할 사항

- 비상업무를 수행할 기관명, 명령지휘부 지정
- 비상시 명령체계와 보고업무체계의 수립(전화번호, 기관)
- 경비감독관은 비상위원회에 반드시 포함
- 신속한 이동을 위한 비상팀의 훈련과 조직
- 특별한 대상의 보호, 응급구조 조치
- 비상시 사용될 장비, 시설의 위치 지정(목록, 위치, 수량, 설계도면 등)
- 외부기관과의 통신수단 마련과 대중 및 언론에 대한 정보제공

답 ③

CHAPTER 06 컴퓨터 범죄 및 안전관리

제1절 컴퓨터 관리 및 안전대책

01

CHECK ○ △ X

정보보호의 목표 중 다음 설명에 해당하는 것은? 기출 21

> 한 번 생성된 정보는 원칙적으로 수정되어서는 안 되며, 원래의 그 상태로 유지되어야 한다. 만약 수정이 필요할 경우, 허가받은 사람에 의해서 허용된 절차에 따라 수정되어야 한다.

① 비밀성
② 가용성
③ 영리성
④ 무결성

해설

제시된 내용은 정보보호의 목표 중 무결성에 대한 설명에 해당한다.

핵심만콕 　정보보호의 목표

- 비(기)밀성(Confidentiality) : 비인가된 접근이나 지능적 차단으로부터 중요한 정보를 보호하고, 허가받은 사람만이 정보와 시스템을 사용할 수 있도록 한다.
- 무결성(Integrity) : 정보와 정보처리방법의 완전성・정밀성・정확성을 유지하기 위해 한 번 생성된 정보는 원칙적으로 수정되어서는 안 되고, 만약 수정이 필요한 경우에는 허가받은 사람에 의해 허용된 절차와 방법에 따라 수정되어야 한다.
- 가용성(Availability) : 정보와 시스템의 사용을 허가받은 사람이 이를 사용하고자 할 경우, 언제든지 사용할 수 있도록 보장되어야 한다.

답 ④

02

정보보호의 기본원칙으로 옳지 않은 것은? 기출 24

① 책임성의 원칙
② 인식성의 원칙
③ 윤리성의 원칙
④ 독자성의 원칙

해설

독자성의 원칙은 정보보호의 기본원칙에 해당하지 않는다.

핵심만콕	정보보호의 기본원칙
책임성의 원칙	정보시스템의 소유자, 공급자, 사용자 및 기타 관련자들의 **책임과 책임추적성이 명확해야 한다는** 원칙
인식성의 원칙	정보시스템의 소유자, 공급자, 사용자 및 기타 관련자들은 시스템에 일관된 보안을 유지할 수 있도록 시스템에 대한 관련 지식을 쌓고 위험요소의 존재를 인식하고 이에 대한 대책을 파악할 수 있어야 한다는 원칙
윤리성의 원칙	정보시스템과 정보시스템의 보안은 타인의 권리와 합법적 이익이 존중·보호될 수 있도록 제공·사용되어야 한다는 원칙
다중협력성의 원칙	정보시스템의 보안을 위한 방법, 실행, 절차는 기술적·행정적·운영적·상업적·교육적 그리고 법제도적인 관점 등을 포함한 가능한 모든 사항을 고려해야 한다는 원칙
균형성·비례성의 원칙	정보시스템의 보안수준, 비용, 방법, 실행 그리고 절차 등은 시스템에 의해 보호받는 대상의 가치와 잠재적인 손실의 심각성 및 발생 가능성 등을 고려하여 **적합하고 균형 있게 이루어져야 한다는** 원칙
통합성의 원칙	최적의 정보시스템의 보안을 이루기 위해서는 보안시스템의 방법, 실행, 절차 등이 상호 동등한 입장에서 조정·통합되고, 아울러 조직의 다른 부서의 업무 관련 방법, 실행, 절차와도 상호 조정·통합될 수 있도록 해야 한다는 원칙
적시성의 원칙	국제적·국가적 수준에서 공공분야와 민간분야는 시의 적절하게 상호 동등한 입장에서 조정되어 정보시스템의 보안에 대한 예방활동과 사후대응활동이 이루어져야 한다는 원칙
재평가의 원칙	정보시스템 자체 및 이에 대한 보안체계가 시간이 지남에 따라 변화하기 때문에 **정보시스템의 보안은 주기적으로 재평가되어야 한다는** 원칙
민주주의 원칙	민주사회에서 **정보시스템의 보안은 정보(데이터)의 합법적 사용 및 전달과 상호 조화를 이루도록** 해야 한다는 원칙

〈출처〉 최선우,「민간경비론」, 진영사(송광호,「민간경비론」, 에듀피디, 2021, P. 263에서 재인용)

답 ④

03

정보보호의 기본원칙으로 옳지 않은 것은? 기출 22

① 정보보호의 목표는 비밀성·무결성·가용성이다.
② 정보시스템 소유자·공급자·사용자 및 기타 관련자 간의 책임을 명확하게 해야 한다.
③ 정보시스템의 보안은 정보의 합법적 사용과 전달이 상호 조화를 이루게 해야 한다.
④ 정보보호의 요구사항은 조직의 기본적인 원칙이므로 시간의 변화에 따른 재평가는 없다.

해설
시간이 지남에 따라 정보보호의 요구사항이 변하므로 주기적으로 재평가되어야 한다.

답 ④

04

컴퓨터에 대한 물리적 접근통제 방법으로 옳지 않은 것은? 기출 23

① 최소한의 출입구만 설치하며, 그 출입구에는 안전장치가 설치되어야 한다.
② 퇴직하거나 해고된 직원이 있으므로 정기적으로 자물쇠와 열쇠를 바꾼다.
③ 허가된 사람에 한해서는 출입이 가능하도록 하고, 접근권한의 갱신은 정기적으로 할 필요가 없다.
④ 출입구는 2중문 시설을 갖추어 전자장치로 출입을 통제할 수 있어야 한다.

해설
접근권한의 갱신은 정기적으로 검토할 필요가 있다.

답 ③

05

컴퓨터시스템의 보안 및 컴퓨터 범죄에 관한 설명으로 옳지 않은 것은? 기출 21

① 컴퓨터 범죄는 다른 범죄에 비해 증거인멸이 용이하며, 고의입증이 어렵다.
② 컴퓨터보안을 위한 체계적 암호관리는 숫자·특수문자 등을 사용하고, 최소 암호수명을 설정하여 주기적으로 관리해야 한다.
③ 타인의 컴퓨터에 있는 전자기록등을 불법으로 조작하면, 형법상의 전자기록위작·변작죄 등이 적용될 수 있다.
④ 시설 내 중앙컴퓨터실은 화재발생 시 그 피해가 심각하기 때문에 스프링클러(Sprinkler) 등 화재대응시스템을 구축해야 한다.

해설

컴퓨터실의 화재감지에는 화재를 초기에 감지할 수 있는 광전식이나 이온화식 감지기를 사용하고, 스프링클러 사용 시 컴퓨터에 심각한 부작용을 야기할 수 있으므로, 할로겐화합물 소화설비 등을 설치하는 것이 바람직하다.

> **핵심만콕** 　스프링클러 사용에 대한 견해대립
> - Factory Mutual 계통의 미국보험회사들은 기기에 대한 소화를 우선하여 컴퓨터실 내 스프링클러 설치를 권장하고 있다.
> - 컴퓨터 제조업체인 IBM은 기기의 기능을 우선하여 스프링클러 사용은 기계에 해로우므로, 절대 사용하지 말 것을 권장하고 있다.

답 ④

06

컴퓨터 에러(Error) 방지 대책으로 옳지 않은 것은? 기출 19

① 적절한 컴퓨터 언어를 사용했는지 여부를 검토하는 시스템 작동 재검토
② 정보접근 권한을 가진 취급자만 컴퓨터 운용에 투입
③ 데이터 갱신을 통한 시스템의 재검토
④ 정해진 절차에 따라 프로그램이 실행되는지에 대한 절차상의 재평가

해설

자격을 갖춘 전문요원의 활용이 컴퓨터 에러 방지 대책에 해당한다.

답 ②

07

컴퓨터 시스템의 물리적 안전대책에 관한 설명으로 옳지 않은 것은? 기출 17

① 컴퓨터실 내부에는 예비전력장치를 구비하여야 한다.
② 컴퓨터실 내부에는 화재방지장치를 설치하여야 한다.
③ 불의의 사고에 대비하여 프로그램 백업과 시스템 백업을 선택적으로 할 수 있다.
④ 컴퓨터실의 위치 선정 시 화재, 홍수, 폭발의 위험과 외부 침입자에 의한 위험으로부터 안정성을 고려하여야 한다.

해설

불의의 사고에 대비해 시스템 백업은 물론 프로그램 백업도 필수적으로 이루어져야 하며, 오퍼레이팅시스템과 업무처리프로그램도 반드시 복제프로그램을 작성해두어야 한다.

답 ③

제2절 컴퓨터 범죄 및 예방대책

08
CHECK ○△×

컴퓨터 범죄의 특성 중 범행의 연속성에 관한 설명으로 옳은 것은? 기출 23

① 행위자가 조작방법을 터득한 이상 임의로 쉽게 사용할 수 있어 조작행위가 빈번할 수 있다.
② 프로그램을 부정조작해 놓으면 자동・반복적으로 컴퓨터 시스템에 문제를 일으킬 수 있다.
③ 대량의 데이터를 처리하므로 범죄의 영향이 광범위하게 미칠 경우가 많다.
④ 발각이나 사후증명을 피하기 위한 수법이 지속적으로 발전되고 있어 범행 발견과 검증이 곤란하다.

해설

컴퓨터 범죄의 특성 중 범행의 연속성에 관한 설명은 ①이다. ②는 범행의 자동성, ③은 범행의 광역성, ④는 범행의 발각과 증명의 곤란에 관한 설명이다.

핵심만콕 컴퓨터 범죄의 범죄 면에서의 특징★

범죄동기 측면	• 단순한 유희나 향락 추구 • 지적 탐험심의 충족욕 • 정치적 목적이나 산업경쟁 목적 • 회사에 대한 사적 보복 목적
범죄행위자 측면	• 컴퓨터 전문가 : 컴퓨터 시스템이나 회사 경영조직에 전문적인 지식을 갖춘 자들이 범죄를 저지른다. • 범죄의식 희박 • 연소화 경향 • 초범성 : 컴퓨터 범죄행위는 대부분 초범자들이 많다. • 완전범죄 : 대부분 내부인의 소행이며, 단독범행이 쉽고 완전범죄의 가능성이 높으며, 범행 후 도주할 수 있는 시간적 여유가 충분하다.

범죄행위 측면	• 범행의 연속성 : 컴퓨터 부정조작의 경우 행위자가 조작방법을 터득하면 범행이 연속적이며 지속적으로 이루어질 수 있다.
	• 범행의 광역성과 자동성
	  - 광역성(광범위성) : 컴퓨터 조작자는 원격지에서 단말기를 통하여 단시간 내에 대량의 데이터를 처리하므로 광범위하게 영향을 미친다.
	  - 자동성 : 불법한 프로그램을 삽입한 경우나 변경된 고정자료를 사용할 때마다 자동적으로 범죄를 유발하게 된다.
	• 발각과 증명의 곤란 : 데이터가 그 대상이 되므로 자료의 폐쇄성, 불가시성, 은닉성 때문에 범죄 사건의 발각과 증명이 어렵다.
	• 고의의 입증 곤란 : 단순한 데이터의 변경, 소멸 등의 형태에 불과할 경우 범죄의 고의성을 입증하기 어렵다.

답 ①

09

다음 컴퓨터 범죄의 특성에 해당하는 것은? 기출 24

범죄 행위가 단순히 데이터의 변경, 멸실 등의 형태에 불과할 경우 실수라고 변명한다면 형사처벌이 어렵다.

① 광범위성
② 고의 입증 곤란성
③ 자동성
④ 범행영속성

해설

② (O) 단순한 데이터의 변경, 소멸 등의 형태에 불과할 경우 범죄의 고의성을 입증하기 어렵다.
① (×) 컴퓨터 조작자는 원격지에서 단말기를 통하여 단시간 내에 대량의 데이터를 처리하므로 광범위하게 영향을 미친다.
③ (×) 불법 프로그램이 삽입되었거나 변경된 고정 자료를 사용할 때마다 자동적으로 범죄를 유발하게 된다.
④ (×) 컴퓨터 부정조작의 경우 행위자가 조작방법을 터득하면 범행이 연속적이며 지속적으로 이루어질 수 있다.

답 ②

10

컴퓨터 범죄의 특징으로 옳지 않은 것은? 기출 20

① 살인 및 상해와 같은 범죄에 비해 죄의식이 희박하다.
② 단순한 유희나 향락을 목적으로 하기도 하나, 회사에 대한 개인적인 보복으로 범해지기도 한다.
③ 컴퓨터 부정조작의 경우 행위자가 조작방법을 터득하게 되면 임의로 사용이 가능하기 때문에 조작행위가 빈번할 가능성이 높다.
④ 컴퓨터 범죄는 다른 범죄에 비해 고의의 입증이 용이하다.

해설

컴퓨터 범죄는 다른 범죄에 비해 고의의 입증이 곤란하다.

답 ④

11

컴퓨터 범죄의 특성이 아닌 것은? 기출 18

① 범행의 단절성
② 광범위성과 자동성
③ 발견·증명의 곤란성
④ 고의입증의 곤란성

해설

범행의 연속성이 컴퓨터 범죄의 특징(범죄행위 측면)이다.

답 ①

12

컴퓨터 범죄의 유형에 해당하지 않는 것은? 기출 24

① 컴퓨터 부정조작
② 자료의 부정변개
③ 소프트웨어 파괴
④ 컴퓨터 절도

해설

④ (×) 컴퓨터 범죄는 컴퓨터를 행위의 수단 또는 목적으로 하여 형사처벌되거나 형사처벌대상이 되는 모든 범죄행위로서 사이버 범죄라고도 한다. 컴퓨터 절도는 컴퓨터를 행위의 수단 또는 목적으로 하는 것이 아니라 컴퓨터라는 재물을 객체로 하는 범죄(형법 제329조)에 불과하다.
① (O) 행위자가 컴퓨터의 처리결과나 출력인쇄를 변경시켜서 타인에게 손해를 끼쳐 자신이나 제3자의 재산적 이익을 얻도록 컴퓨터 시스템 자료처리 영역의 정상적인 운영을 방해하는 행위를 말한다.
② (O) '데이터 디들링(Data Diddling)'이라고도 하며, 데이터를 입력하는 동안이나 변환하는 시점에서 최종적인 입력순간에 자료를 절취 또는 변경, 추가, 삭제하는 모든 행동을 말한다.
③ (O) 컴퓨터 파괴란 컴퓨터 자체, 프로그램, 컴퓨터 내·외부에 기억되어 있는 자료를 개체로 하는 파괴행위를 말하는데 컴퓨터 기기, 기억장치 등을 물리적인 방법으로 파괴하는 행위(하드웨어 파괴)와 컴퓨터 운영프로그램이 저장되어 있는 자료들을 물, 화기, 자석 등을 이용하여 지워버리거나 동작하지 못하게 하는 행위(소프트웨어 파괴)가 해당한다.

답 ④

13

컴퓨터 범죄의 유형에 관한 설명으로 옳지 않은 것은? 기출 22

① 컴퓨터 부정조작 : 컴퓨터의 처리결과나 출력인쇄를 변경시키는 행위
② CD(Cash Dispenser) 범죄 : 현금자동지급기를 중심으로 하는 범죄 행위
③ 컴퓨터 스파이 : 컴퓨터 시스템의 자료를 권한 없이 획득, 불법이용 또는 누설하는 행위
④ 컴퓨터 부정사용 : 권한 없는 자가 컴퓨터가 있는 시설을 파괴하는 행위

해설

컴퓨터 부정사용은 컴퓨터에 접속할 정당한 권한이 없는 자가 허락 없이 무단으로 타인의 컴퓨터를 자기의 목적 달성을 위하여 일정한 시간 동안 사용하는 행위로서, 시간절도라고도 한다.

답 ④

14

컴퓨터 부정조작의 유형으로 옳지 않은 것은? 기출 24

① 입력조작
② 프로그램조작
③ 콘솔조작
④ 메모리 해킹

해설

행위자가 컴퓨터의 처리결과나 출력인쇄를 변경시켜서 타인에게 손해를 끼쳐 자신이나 제3자의 재산적 이익을 얻도록 컴퓨터 시스템 자료처리 영역의 정상적인 운영을 방해하는 행위인 컴퓨터 부정조작의 유형에는 입력조작, 프로그램조작, 콘솔조작, 출력조작이 있다.

답 ④

15

컴퓨터의 부정조작 중 입력 조작에 관한 설명으로 옳은 것은? 기출 23

① 개개의 명령을 변경 혹은 삭제하거나 새로운 명령을 삽입하여 기존의 프로그램을 변경하는 것
② 입력될 자료를 조작하여 컴퓨터로 하여금 거짓 처리결과를 만들어 내는 것
③ 프로그램이 처리할 기억정보를 변경시키는 것
④ 특별한 컴퓨터지식이 없어도 되며 올바르게 출력된 출력인쇄를 사후에 변조하는 것

해설

컴퓨터의 부정조작 중 입력 조작에 관한 설명으로 옳은 것은 ②이다. ①은 프로그램 조작, ③은 콘솔 조작, ④는 출력 조작에 관한 설명이다.

핵심만콕 컴퓨터 부정조작의 유형

입력 조작	불법적인 목적을 달성하기 위해 입력될 자료를 조작하여 컴퓨터로 하여금 거짓 처리결과를 만들어내게 하는 행위로 천공카드, 천공테이프, 마그네틱테이프, 디스크 등의 입력매체를 이용한 입력장치나 입력타자기에 의하여 행하여진다.
프로그램 조작	프로그램을 구성하는 개개의 명령을 변경 혹은 삭제하거나 새로운 명령을 삽입하여 기존의 프로그램을 변경하는 것이다.
콘솔 조작	컴퓨터의 시동·정지, 운전상태 감시, 정보처리 내용과 방법의 변경·수정의 경우 사용되는 콘솔을 거짓으로 조작하여 컴퓨터의 자료처리 과정에서 프로그램의 지시나 처리될 기억정보를 변경시키는 것을 말한다.
출력 조작	특별한 컴퓨터지식 없이도 할 수 있는 방법으로 올바르게 출력된 출력인쇄를 사후에 변조하는 것이다.

답 ②

16

다음에서 설명하는 컴퓨터 범죄 유형은? 기출 17

- 컴퓨터 시스템의 자료를 권한 없이 획득하거나 불법이용 또는 누설하여 타인에게 경제적 손해를 야기하는 행위를 말한다.
- 자료와 프로그램의 불법획득과 이용이라는 2개의 행위로 이루어진다.

① 컴퓨터 부정조작
② 컴퓨터 스파이
③ 컴퓨터 부정사용
④ 컴퓨터 파괴

해설

컴퓨터 스파이는 컴퓨터 시스템의 자료를 권한 없이 획득하거나 불법이용 또는 누설하여 타인에게 재산적 손해를 야기시키는 행위로, 자료와 프로그램의 불법획득과 이용이라는 2개의 행위로 이루어진다.

답 ②

17

다음의 설명에 해당하는 범죄로 옳은 것은? 기출 24

> 대규모 프로그램을 개발할 때 프로그램을 수정할 수 있는 명령어가 끼어 있고 프로그램 개발이 완성되면 명령어를 삭제해야 하나 고의 또는 과실에 의해 이를 삭제하지 않아 이 명령어를 이용하여 프로그램을 조작

① 데이터 디들링(data diddling)
② 스캐빈징(scavenging)
③ 함정문 수법(trap door)
④ 스푸핑(spoofing)

해설

③ (O) OS나 대형 응용 프로그램을 개발하면서 전체 시험실행을 할 때 발견되는 오류를 쉽게 하거나 처음부터 중간에 내용을 볼 수 있는 부정루틴을 삽입해 컴퓨터의 정비나 유지보수를 핑계 삼아 컴퓨터 내부의 자료를 뽑아 가는 행위로, 프로그래머가 프로그램 내부에 일종의 비밀통로를 만들어 두는 것이다.
① (×) '자료의 부정변개'라고도 하며, 데이터를 입력하는 동안이나 변환하는 시점에서 최종적인 입력순간에 자료를 절취 또는 변경, 추가, 삭제하는 모든 행동을 말한다.
② (×) 컴퓨터의 메모리에 그전 사용자가 사용한 내용이 남아 있을 때(휴지통에 자료를 버린 경우) 그 내용을 읽거나 일정시간마다 그 메모리의 내용을 읽게 하는 프로그램 조작방법을 말한다.
④ (×) 어떤 프로그램이 마치 정상적인 상태로 유지되는 것처럼 믿도록 속임수를 쓰는 것을 말한다.

답 ③

18

스턱스넷(Stuxnet)에 관한 설명으로 옳지 않은 것은? 기출 22

① 2010년에 발견된 웜 바이러스이다.
② 마이크로소프트 윈도우를 통하여 감염된다.
③ 산업시설을 감시하고 파괴하는 악성 소프트웨어이다.
④ 인터넷을 이용하여 타인의 신상정보를 공개하거나 거짓 메시지를 남겨 괴롭히는 데 사용된다.

해설

스토킹(Stalking)에 관한 설명이다.

핵심만콕	스턱스넷(Stuxnet)
의 의	공항, 발전소, 철도 등 기간시설을 파괴할 목적으로 제작된 컴퓨터 웜(Worm) 바이러스이다.
특 징	• 2010년 6월 컴퓨터 보안회사(VirusBlokAda)에 의해 처음 발견되었다. • MS 윈도우 운영체제의 제로데이 취약점을 통해 감염된다. • 스턱스넷은 목표물을 감염시키기 위해 직접 침투해야 하며, 주로 USB와 같은 이동식 저장매체를 통하여 감염된다. • 모든 시스템을 대상으로 하는 것이 아닌 산업시설의 전반적인 현황을 감시하고 제어할 수 있는 스카다(SCADA)시스템만을 노린다. • 웜(Worm) 바이러스의 일종이기에 자기복제 기능도 있다.

답 ④

19

CHECK O △ X

컴퓨터보안 관련 위해요소와 그 내용의 연결로 옳지 않은 것은? 기출 21

① 트로이 목마(Trojan Horse) : 실제로는 파일삭제 등 악의적인 목적을 가지고 있지만, 좋은 것처럼 가장하는 프로그램
② 서비스거부 공격(Denial of Service Attack) : 악의적으로 특정 시스템의 서버에 수많은 접속을 시도하여 다른 이용자가 정상적으로 이를 사용하지 못하도록 하는 수법
③ 자료의 부정변개(Data Diddling) : 금융기관의 컴퓨터시스템에서 이자계산이나 배당금 분배 시 단수 이하의 적은 금액을 특정계좌로 모으는 수법
④ 바이러스(Virus) : 컴퓨터프로그램이나 실행 가능한 부분을 복제·변형시킴으로써 시스템에 장애를 주는 프로그램

해설

③은 살라미 기법에 관한 설명이다. 자료의 부정변개(Data Diddling)는 데이터를 입력하는 동안이나 변환하는 시점에서 최종적인 입력순간에 자료를 절취 또는 변경, 추가, 삭제하는 모든 행동을 말한다.

답 ③

20

컴퓨터 범죄의 수법에 관한 설명으로 옳은 것은? 기출 20

① 컴퓨터의 일정한 작동시마다 부정행위가 이루어질 수 있도록 프로그램을 조작하는 수법은 데이터 디들링(Data Diddling)이다.
② 악성코드에 감염된 사용자 PC를 조작하여 금융정보를 빼내는 수법은 스푸핑(Spoofing)이다.
③ 금융기관의 컴퓨터 시스템에서 이자 계산이나 배당금 분배시 단수 이하의 적은 수를 특정 계좌로 모이게 하는 수법은 살라미 기법(Salami Techniques)이다.
④ 프로그램 속에 은밀히 범죄자만 아는 명령문을 삽입하여 이를 이용하는 수법은 스팸(Spam)이다.

해설

③ (O) 살라미 기법은 금융기관의 컴퓨터 시스템에서 이자 계산 시나 배당금 분배 시 단수 이하로 떨어지는 적은 수를 주워 모아 어느 특정 계좌에 모이게 하는 수법으로 어떤 일을 정상적으로 수행하면서 관심 밖에 있는 조그마한 이익을 긁어모으는 수법을 말한다.
① (×) 데이터 디들링은 '자료의 부정변개'라고도 하며, 데이터를 입력하는 동안이나 변환하는 시점에서 최종적인 입력순간에 자료를 절취 또는 변경, 추가, 삭제하는 모든 행동을 말한다. 컴퓨터의 일정한 작동 시마다 부정행위가 이루어질 수 있도록 프로그램을 조작하는 수법은 논리폭탄이다.
② (×) 악성코드에 감염된 사용자 PC를 조작하여 금융정보를 빼내는 수법은 파밍(Pharming)이다. 스푸핑(Spoofing)은 어떤 프로그램이 마치 정상적인 상태로 유지되는 것처럼 믿도록 속임수를 쓰는 것을 말한다.
④ (×) 프로그램 속에 은밀히 범죄자만 아는 명령문을 삽입하여 이를 범죄자가 이용하는 수법은 트로이 목마이다. 스팸은 악의적인 내용을 담은 전자우편을 인터넷상의 불특정 다수에게 무차별로 살포하여 컴퓨터 시스템을 마비시키거나 온라인 공해를 일으키는 행위이다. 전자우편 폭탄이라고도 한다.

답 ③

21

어떤 조건을 넣어주고 그 조건이 충족될 때마다 자동으로 불법행위가 이루어지도록 하는 것으로 컴퓨터의 일정한 사항이 작동 시마다 부정행위가 일어날 수 있도록 프로그램을 조작하는 컴퓨터 범죄수법은? 기출 16

① 트로이 목마(Trojan horse)
② 데이터 디들링(Data diddling)
③ 논리폭탄(Logic bomb)
④ 살라미 기법(Salami techniques)

해설

논리폭탄은 일정한 조건이 충족되면 자동으로 컴퓨터 파괴활동을 시작하는 일종의 컴퓨터 바이러스이다.

답 ③

22

신종금융범죄 유형에 관한 설명으로 옳지 않은 것은? 기출 23

① 파밍(Pharming) – 악성코드에 감염된 사용자 PC를 조작하여 금융정보를 빼내는 행위
② 피싱(Phishing) – 가짜사이트로 접속을 유도하여 은행 계좌정보 등을 불법적으로 알아내 이를 이용하는 행위
③ 메모리 해킹(Memory Hacking) – 악의적인 내용을 담은 전자우편을 인터넷상의 불특정 다수에게 무차별로 살포하여 온라인 공해를 일으키는 행위
④ 스미싱(Smishing) – 문자메시지 내의 인터넷 주소를 클릭하면 악성코드를 스마트폰에 설치하여 금융정보를 탈취하는 행위

해설

스팸(Spam)에 관한 설명이다. 전자우편 폭탄이라고도 한다.

핵심만콕 신종금융범죄★★

신종금융범죄란 기망행위(전기통신수단을 이용한 비대면거래)로써 타인의 재산을 편취하는 특수사기범죄로, 주로 금융 분야에서 발생한다.

피싱(Phishing)	개인정보(Private Data)와 낚시(Fishing)의 합성어로, 금융기관으로 가장하여 이메일 등을 발송하고, 그 이메일 등에서 안내하는 인터넷주소를 클릭하면 가짜 사이트로 접속을 유도하여 은행계좌정보나 개인신상정보를 불법적으로 알아내 이를 이용하는 수법을 말한다.
스미싱(Smishing)	문자메시지(SMS)와 피싱(Phishing)의 합성어로, '무료쿠폰 제공, 모바일 청첩장, 돌잔치 초대장' 등을 내용으로 하는 문자메시지를 발송하고, 그 문자메시지 내 인터넷 주소를 클릭하면 스마트폰에 악성코드가 설치되어 소액결제 피해를 발생시키거나(소액결제 방식으로 돈을 편취하거나) 개인의 금융정보를 탈취하는 수법을 말한다.
파밍(Pharming)	PC가 악성코드에 감염되어 정상 사이트에 접속해도 가짜 사이트로 유도되고, 이를 통해 금융정보를 빼돌리는 수법을 말한다.
메모리 해킹(Memory Hacking)	PC의 메모리에 상주한 악성코드로 인해 정상 은행사이트에서 보안카드번호 앞뒤 2자리만 입력해도 부당인출되는 수법을 말한다.

답 ③

23

다음 설명에 해당하는 사이버테러 유형은? 기출 22

> 데이터가 일시적으로 저장되는 공간에 할당된 버퍼의 양을 초과하는 데이터를 입력함으로써 프로그램이 비정상적으로 동작하도록 하는 공격 행위

① 버퍼 오버플로(Buffer Overflow)
② 플레임(Flame)
③ 슈퍼재핑(Super Zapping)
④ 허프건(Huffgun)

해설
① (○) 제시문이 설명하는 사이버테러는 버퍼 오버플로(Buffer Overflow)에 해당한다.
② (×) 플레임(Flame)은 네티즌들이 공통의 관심사를 논의하기 위해 개설한 토론방에 고의로 가입하여 개인 등에 대한 악성루머를 유포하는 행위이다.
③ (×) 슈퍼재핑(Super Zapping)은 컴퓨터의 고장을 수리하면서 호텔의 만능키처럼 패스워드나 각종 보안장치 기능을 상실시켜 컴퓨터의 기억장치에 수록된 모든 파일에 접근해 자료를 복사하는 수법이다. 운영자 가장수법이라고도 한다.
④ (×) 허프건(Huffgun)은 고출력 전자기장을 발생시켜 컴퓨터의 자기록정보를 파괴시키는 수법이다.

답 ①

24

사이버공격의 유형에서 멀웨어(Malware) 공격을 모두 고른 것은? 기출 20

> ㄱ. 바이러스
> ㄴ. 마이둠
> ㄷ. 버퍼 오버플로
> ㄹ. 트로이 목마

① ㄱ, ㄴ, ㄷ
② ㄱ, ㄴ, ㄹ
③ ㄱ, ㄷ, ㄹ
④ ㄴ, ㄷ, ㄹ

해설
멀웨어는 시스템을 파괴하거나 정보를 유출하기 위해 개발된 프로그램이나 파일을 총칭하는데, 대표적인 멀웨어 공격으로는 바이러스, 트로이 목마, 버퍼 오버플로 공격, 스파이웨어, 악성 웹 기반 코드 등이 있다. 마이둠은 슬래머와 더불어 대표적인 분산 서비스거부 공격에 해당한다.

답 ③

25

컴퓨터 범죄의 예방대책 중 관리적 대책으로 옳지 않은 것은? 기출 23

① 직무권한의 명확화
② 스케줄러 점검
③ 엑세스 제도
④ 데이터의 암호화

해설

데이터의 암호화는 방화벽, 침입탐지시스템과 더불어 기술적 대책에 해당한다.

핵심만콕 컴퓨터 범죄의 예방대책★★

컴퓨터 시스템 안전대책	물리적 대책	건물에 대한 안전조치, 물리적 재해에 대한 보호조치(백업시스템), 출입통제
	관리적 (인적) 대책	직무권한의 명확화와 상호 분리 원칙, 프로그램 개발 통제, 도큐멘테이션 철저, 스케줄러의 점검, 액세스 제한 제도의 도입, 패스워드의 철저한 관리, 레이블링(Labeling)에 의한 관리, 감사증거기록 삭제 방지, 근무자들에 대한 정기적 배경조사, 회사 내부의 컴퓨터 기술자·사용자·프로그래머의 기능을 각각 분리, 안전관리 기타 고객과의 협력을 통한 감시체제, 현금카드 운영의 철저한 관리, 컴퓨터 시스템의 감사 등이 있다.
	기술적 대책	암호화, 방화벽(침입차단시스템), 침입탐지시스템(IDS : Intrusion Detection System)
입법적 대책	현행 형법상 규정	컴퓨터 업무방해죄(형법 제314조 제2항), 컴퓨터 사기죄(형법 제347조의2), 전자기록 손괴죄(형법 제366조), 사전자기록의 위작·변작죄(형법 제232조의2), 비밀침해죄(형법 제316조 제2항)
	기타 규제법률	컴퓨터 통신망 보호(정보통신망 이용촉진 및 정보보호 등에 관한 법률), 통신침해(전기통신기본법, 전기통신사업법, 전파법), 개인정보 침해(개인정보보호법, 신용정보의 이용 및 보호에 관한 법률), 소프트웨어 보호(소프트웨어 진흥법, 저작권법, 특허법), 도청행위(통신비밀보호법), 전자문서(정보통신망 이용촉진 및 정보보호 등에 관한 법률, 물류정책기본법)
형사정책적 대책		수사관의 수사능력 배양, 검사 또는 법관의 컴퓨터 지식 함양 문제는 오늘날 범죄의 극복을 위한 중요한 과제이다. 수사력의 강화, 수사장비의 현대화, 컴퓨터 요원의 윤리교육, 컴퓨터 안전기구의 신설, 컴퓨터 범죄 연구기관의 설치가 요구되고 있다.

답 ④

26

컴퓨터 시스템의 관리적 안전대책으로 옳은 것은? 기출 24

① 데이터의 암호화
② 컴퓨터실 출입통제
③ 침입차단시스템
④ 기록문서화 철저

해설
④ (○) 컴퓨터기록을 문서화하는 데 있어서 기업의 업무흐름과 프로그램의 내용이 다르면 부정의 소지가 있기 때문에 일치되도록 하는 기록문서화 철저는 컴퓨터 시스템의 관리적(인적) 안전대책에 해당한다.
① (×) 암호화는 데이터를 특수처리하여 비인가자가 그 내용을 알 수 없도록 하는 것으로 컴퓨터 시스템의 기술적 안전대책에 해당한다.
② (×) 컴퓨터실과 파일보관 장소는 허가받은 사람만 출입할 수 있도록 통제하는 것은 컴퓨터 시스템의 물리적 안전대책에 해당한다.
③ (×) 방화벽(침입차단시스템)은 정보의 악의적인 흐름이나 침투 등을 방지하고, 비인가자나 불법침입자로 인한 정보의 손실·변조·파괴 등의 피해를 보호하거나 최소화시키는 총체적인 안전장치로서 컴퓨터 시스템의 기술적 안전대책에 해당한다.

답 ④

27

컴퓨터 범죄에 관한 관리적 안전대책으로 옳지 않은 것은? 기출 22

① 중요한 데이터의 경우 특정 직급 이상만 접근할 수 있도록 키(key)나 패스워드 등을 부여한다.
② 컴퓨터실과 파일 보관장소는 허가받은 자만 출입할 수 있도록 통제한다.
③ 근무자들에 대하여 정기적인 배경조사를 실시한다.
④ 회사 내부의 컴퓨터 기술자, 사용자, 프로그래머의 기능을 분리한다.

해설
물리적 대책으로서 출입통제에 해당한다.

답 ②

28

입법적 대책과 관련하여 형법에 규정된 컴퓨터 범죄에 관한 설명으로 옳지 않은 것은? 기출 19

① 재물손괴죄 : 컴퓨터등 정보처리장치에 장애를 발생하게 하여 사람의 업무를 방해하는 행위
② 컴퓨터등 사용사기죄 : 컴퓨터등 정보처리장치에 권한 없이 정보를 입력·변경하여 재산상의 이익을 취득하는 행위
③ 비밀침해죄 : 봉함 기타 비밀장치한 전자기록등을 기술적 수단을 이용하여 그 내용을 알아낸 행위
④ 사전자기록의 위작·변작죄 : 사무처리를 그르치게 할 목적으로 타인의 권리·의무 또는 사실증명에 관한 전자기록을 위작 또는 변작한 행위

해설

① (×) 컴퓨터등 정보처리장치에 장애를 발생하게 하여 사람의 업무를 방해하는 행위는 컴퓨터 업무방해죄에 해당한다(형법 제314조 제2항).
② (○) 컴퓨터등 사용사기죄(형법 제347조의2)
③ (○) 비밀침해죄(형법 제316조 제2항)
④ (○) 사전자기록의 위작·변작죄(형법 제232조의2)

답 ①

29

형법에 규정된 컴퓨터 범죄로 옳지 않은 것은? 기출 22

① 불법감청죄
② 컴퓨터 업무방해죄
③ 전자기록 손괴죄
④ 컴퓨터등 사용사기죄

해설

① (×) 불법감청은 형법이 아닌 통신비밀보호법에서 규제하고 있다.
② (○) 형법 제314조 제2항
③ (○) 형법 제366조
④ (○) 형법 제347조의2

답 ①

CHAPTER 07 민간경비산업의 과제와 전망

제1절 한국 민간경비산업의 문제점

01
우리나라 민간경비산업의 문제점과 개선방안으로 옳지 않은 것은? 기출 20

① 청원경찰에게 총기휴대가 금지되어 있어 실제 사태발생 시 큰 효용을 거두지 못하고 있다.
② 보험회사들의 민간경비업에 대한 이해부족은 보험상품 개발을 꺼리는 요인이 되고 있다.
③ 민간경비원의 교육과정은 교육과목이 많고 내용도 비현실적이라는 지적이 있다.
④ 경찰과 민간경비와의 긴밀한 협력을 위해 지속적인 인적·물적 지원이 이루어져야 한다.

해설

청원경찰법령상 청원경찰의 총기휴대는 금지되어 있지 않다(청원경찰법 시행규칙 제16조). 다만, 총기취급에 대한 전반적인 교육훈련 부족으로 총기사용을 극히 제한하고 있는 실정이다.

답 ①

02
민간경비산업의 문제점에 관한 설명으로 옳지 않은 것은? 기출 19

① 경비업체 및 인력의 지역적 편중
② 경비업법과 청원경찰법의 일원화
③ 경비업체의 영세성
④ 민간경비원에 대한 열악한 대우

해설

경비업법과 청원경찰법의 일원화는 민간경비산업의 전문성 제고방안에 해당한다.

답 ②

03

민간경비원의 동기부여이론에 관한 설명으로 옳지 않은 것은? 기출 21

① 허즈버그(F. Herzberg)의 동기-위생이론 중 동기요인은 조직정책, 감독, 급여, 근무환경 등과 관련된다.
② 인간관계론적 관점에서 등장한 동기부여이론은 조직 내 구조적인 면보다는 인간적 요인을 중요시한다.
③ 매슬로우(A. Maslow)의 욕구계층이론 중 안전욕구는 2단계 욕구에 해당한다.
④ 맥그리거(D. McGregor)의 X·Y이론 중 Y이론은 인간잠재력의 능동적 발휘와 관련된다.

해설

① (×) 허즈버그(F. Herzberg)의 동기-위생이론 중 <u>동기요인은 도전감, 성취감, 인정, 책임감, 성장·발전, 일 그 자체 등 직무내용과 관련되고, 위생요인은 조직의 정책·관리·감독, 임금, 보수, 지위, 안전 등 근무환경과 관련된다.</u>
② (○) 인간을 사회적 동물로 보는 인간관계론적 관점에서 등장한 동기부여이론은 인간적 요인을 조직 내 구조적인 면보다 중요시한다.
③ (○) 매슬로우의 욕구계층이론에 따르면 인간의 욕구는 단계적으로 구성되어 있는데, 제1단계 최하위 계층인 생리적 욕구(의식주에 대한 욕구)부터 안전욕구(신체적 안전에 대한 욕구), 사회적 욕구(소속·애정에 대한 욕구), 존경욕구(인정·존중에 대한 욕구), 자아실현욕구 순으로 배열되며, 하위단계의 욕구가 충족되지 못하면 상위단계의 욕구가 발현되지 못한다.
④ (○) 맥그리거(D. McGregor)의 X·Y이론 중 X이론은 인간은 근본적으로 일을 싫어하고 게으르며, 조직의 목표에 관심이 없고, 자기의 이기적인 욕구충족만을 추구하며, 책임을 회피하고 안정만을 원한다는 입장이나, Y이론은 인간은 일을 즐기고, 조직의 목표달성을 위해 노력하며, 자아실현을 추구하고, 자율성과 창의성을 발휘하기를 원한다는 입장이다.

답 ①

04

우리나라 민간경비와 경찰의 협력방안으로 옳지 않은 것은? 기출 23

① 지역방범활동 협력 강화
② 상호 정보교환 네트워크 구축
③ 공공안전과 관련된 교육훈련 등의 지속적 교환
④ 경찰의 민간경비 겸업화

해설

경찰의 민간경비 겸업화는 민간경비와 경찰의 협력방안으로 볼 수 없다.

답 ④

05

CHECK ⃝ △ ✕

우리나라의 경찰과 민간경비 간의 관계 개선방안으로 옳지 않은 것은? 기출 22

① 상호 업무기준의 설정
② 경비자문서비스센터의 운영
③ 전임책임자제도의 실시
④ 범죄신고시스템의 통합

해설

범죄신고시스템의 통합은 경찰과 민간경비 간의 관계 개선방안에 해당하지 않는다.

핵심만콕	경찰과 민간경비의 상호협력 및 관계 개선책★
• 경찰 조직 내 일정 규모 이상의 민간경비 전담부서 설치와 행정지도
• 민간경비업체와 경찰책임자와의 정기적인 회의 개최
• 전임책임자제도 운영
• 경찰과 민간경비원의 합동순찰제도 활성화
• 치안수요의 다양성과 전문성에 효율적으로 대응하기 위한 상호협력 필요
• 민간경비와 경찰 상호 간의 역할에 대한 이해의 증진을 위한 노력 필요
• 비상연락망 구축
• 민간경비와 경찰의 상호 정보교환 네트워크 구축
• 민간경비와 경찰의 지역방범 개선을 위한 경비자문서비스센터의 운영
• 업무기준의 명확화를 통한 마찰 해소
• 치안서비스 제공의 주도적 역할을 위한 동반자 의식의 확대 필요	

답 ④

06

CHECK ⃝ △ ✕

경찰과 민간경비의 협력관계 개선방안으로 옳지 않은 것은? 기출 19

① 민간경비원에 대한 감독 강화
② 합동 범죄예방 및 홍보활동
③ 비상연락망 구축과 경비자문서비스센터의 공동운영
④ 업무기준의 명확화를 통한 마찰 해소

해설

경찰과 민간경비의 동반자 의식 확립이 협력관계 개선방안에 해당한다.

답 ①

07

경찰과 민간경비의 관계개선을 위해서는 향후 경찰조직 내의 전담부서의 확대가 요구된다. 현재 경찰청에서 경비업법상 경비업을 관리하고 있는 부서는? 기출수정 21

① 범죄예방대응국
② 생활안전교통국
③ 경비국
④ 치안정보국

해설

현재 경찰청에서 경비업법상 경비업을 관리하고 있는 부서는 범죄예방대응국이다.

> **관계법령**
>
> **범죄예방대응국(경찰청과 그 소속기관 직제 제10조의3)**
> ③ 국장은 다음 사항을 분장한다.
>   3. 경비업에 관한 연구·지도
>
> **범죄예방대응국(경찰청과 그 소속기관 직제 시행규칙 제7조)**
> ⑤ 범죄예방정책과장은 다음 사항을 분장한다.
>   7. 경비업에 관한 연구 및 지도

답 ①

08

청원경찰과 민간경비제도의 이원화에 따른 문제점으로 옳지 않은 것은? 기출 24

① 지휘체계의 이원화에 따른 혼란
② 보수의 차별화 문제
③ 청원주의 비용 부담 가중
④ 청원경찰 인력의 지속적 증가

해설

④ (×) 청원주의 입장에서 볼 때 유사한 경비업무를 담당하면서도 민간경비가 청원경찰보다 경비요금이 저렴하며, 경비담당자의 관리라는 측면에서도 민간경비를 채택하는 것이 청원경찰보다 관리가 수월하기 때문에 민간경비를 선호한다.
① (○) 청원경찰의 근무배치 및 감독은 동일 경비지역 내에서는 민간경비업자에게 위임하고 있지만 청원경찰에 대한 임용 및 해임 등의 집행권한은 가지고 있지 않기 때문에 실질적인 지휘 및 감독이 용이하지 않다. 따라서 사건 발생 시 일관된 지휘체계로 책임 있는 대응조치를 신속하게 강구할 수 없어 경비업무의 능률을 저하시키는 결과를 초래하고 있다.
② (○) 청원경찰은 봉급, 제수당, 피복비, 교육비, 보상금, 퇴직금 등 청원경찰경비의 최저부담기준액을 경찰청장이 매년 12월 중에 경찰관인 순경의 것에 준하여 고시·지급받도록 되어 있으나, 민간경비의 경우는 경비업체와 시설주(고객)와의 자유로운 경비도급계약에 의하여 결정되며 실제로도 청원경찰보다 적은 금액을 받고 있다.
③ (○) 청원경찰경비가 높은 수준인 것 외에도 청원경찰이 의무적으로 배치되어야 할 중요시설물에 기술상의 문제로 기계경비를 운용하게 되어 시설주인 청원주에게 이중의 부담이 있다.

답 ④

09

청원경찰과 경비원의 운용실태의 차이점에 관한 설명으로 옳지 않은 것은? 기출 09

① 청원경찰은 기관장이나 시설주의 요구에 의해 국가중요시설에서 활동하고, 경비원은 고객의 요구에 의해 사적인 분야에서 주로 활동한다.
② 청원경찰의 임용 및 감독은 관할경찰서장이 하고, 경비원의 임용 및 감독은 경비업자만이 할 수 있다.
③ 청원경찰의 배치는 청원주가 관할 시·도 경찰청장에게 신청하며, 경비원의 배치는 행정안전부령이 정하는 바에 따라 관할 경찰관서장에게 신고하여야 한다.
④ 청원경찰은 근무지역 내에서 경찰관직무집행법상의 직무를 수행할 수 있지만, 경비원은 사인의 자격으로 경비시설 내에서 직무를 수행한다.

해설
청원경찰은 청원주가 임용하되, 임용을 할 때에는 미리 시·도 경찰청장의 승인을 받아야 한다(청원경찰법 제5조 제1항).

답 ②

10

민간경비산업에서 청원경찰과 민간경비제도의 이원화에 관한 문제점이 아닌 것은? 기출 18

① 지휘체계의 문제
② 보수 문제
③ 특수경비원 배치 기피
④ 신분보장 문제

해설
2001년 경비업법의 개정으로 특수경비원제도가 도입되면서 청원경찰과 민간경비의 이원화문제가 대두되었다. 또한 활동영역, 지휘체계, 배치와 비용, 임용과 직무, 신분, 교육훈련, 무기휴대, 복장 및 장구, 손해배상 등과 관련하여 이원화문제가 논의되고 있다.★

답 ③

제2절 민간경비산업의 전망 등

11

우리나라 민간경비업의 발전방안으로 옳지 않은 것은? 기출 24

① 민간경비와 청원경찰제도의 일원화
② 방범서비스산업에 대한 규제 강화
③ 민간경비와 경찰의 협업체계 구축
④ 경비관련 자격증제도의 도입을 통한 전문화

해설

② (×) 방범서비스산업에 대한 규제보다는 보호 및 자율적 성장을 위한 법령 등의 제도 개선이 필요하다.
① (○) 민간경비와 청원경찰제도의 일원화를 통해 분리 운영의 비효율성·비합리성을 제거하고, 경비업의 능률성·전문성 제고 및 경비원 보수 수준의 향상을 이룰 수 있다.
③ (○) 치안수요의 다양성과 전문성에 효과적으로 대응하기 위해서는 양자가 상호역할의 중요성과 필요성을 인식하고 치안서비스의 공동생산의 동반자관계를 정립해 나가는 것이 서로 발전할 수 있는 방안이 될 것이다.
④ (○) 경비지도사 제도 외에 민간경비 자격검정제도를 도입하여 경비인력의 전문화와 민간경비의 질적 향상을 도모할 수 있다.

답 ②

12

국내 민간경비산업의 발전방안 및 전망에 관한 설명으로 옳지 않은 것은? 기출 20

① 경찰과 민간경비업계는 차별적 관계에 있다는 인식을 확립해 나가야 한다.
② 과거에 비해 기계경비의 비중이 높아지고 있으며, 이 경향은 앞으로도 지속될 것이다.
③ 민간경비업체들의 영세성을 탈피하기 위한 경비업체 업무의 다변화가 필요하다.
④ 인구고령화 추세에 따른 긴급통보시스템, 레저산업 안전경비 등 각종 민간경비 분야가 발전할 것으로 전망된다.

해설

경찰과 민간경비의 역할을 조정하고, 상호협력체제를 구축하여 동반자 의식을 확립하여야 한다.

답 ①

13

민간경비산업의 발전방안으로 옳지 않은 것은? 기출 19

① 민간경비원의 전문자격증제도 확립
② 경찰과의 협력체계 구축 및 첨단장비의 개발
③ 국가 전담기구의 설치와 행정지도
④ 인력경비 중심의 민간경비산업 구축

해설

민간경비산업의 발전방안은 인력경비가 아니라 기계경비 중심의 민간경비산업의 지향이다.

답 ④

14

경찰과 민간경비의 협력증진방안으로 옳지 않은 것은? 기출 24

① 경찰과 민간경비 책임자의 정기적인 간담회의 개최
② 경찰의 민간경비 전담 부서의 운영
③ 비상연락망 및 개별출동시스템 구축
④ 경찰의 경비자문 서비스센터의 운영

해설

③ (×) 범죄 신고절차의 신속화로 범죄 예방률과 범인 검거율을 높이기 위해 경찰관서와 민간경비업체와의 비상연락망 구축은 정책적으로 권장하여 나아갈 필요가 있다. 개별출동시스템보다는 합동순찰제도 등 경찰과 민간경비의 협조체제를 진전시킬 필요가 있다.
① (O) 책임자 간담회를 정기적으로 개최하여 경찰 조직과 민간경비 조직의 방범능력 향상을 위한 발전적 방안을 마련한다.
② (O) 민간경비의 지속인 발전과 육성을 위해서는 국가적 차원에서의 민간경비 전담기구가 필요하다. 민간경비시장의 확대에 따른 적절하고 효율적인 통제를 위해서는 우선적으로 경찰청 내에 민간경비를 담당하는 전담 '과'를 설치하고 일본과 같이 '경찰위원회'가 민간경비의 전체적인 규율을 관장하는 기관으로서 역할을 수행할 수 있도록 해야 한다.
④ (O) 민간경비와 경찰이 공동체 의식을 갖고 지역사회의 범죄 예방을 위해 모든 민간경비업체명과 경비상품의 목록을 시민들에게 배부하는 경비자문서비스센터를 공동으로 운영할 수도 있다.

답 ③

15

경찰과 민간경비의 상호협력방안에 관한 설명으로 옳지 않은 것은? 기출 16

① 지역방범 및 정보교환 네트워크 구축
② 관련 전문지식, 교육훈련 등의 지속적 교환
③ 지휘·감독 강화를 통한 수직적 관계의 유지
④ 민간경비의 오경보(False alarm) 감소를 위한 상호노력

해설
수평적 관계 속에서 서로의 역할, 능력 및 책임을 잘 이해하며, 상호 간의 교류를 통하여 새로운 경험과 상대방의 입장을 충분히 이해할 수 있도록 노력하여야 한다.

답 ③

16

융합보안에 관한 설명으로 옳지 않은 것은? 기출 24

① 물리적 보안영역, 관리적 보안영역, 기술적 보안영역을 통합적으로 관리한다.
② 인력에 의한 출입통제와 통제시스템의 관리에만 주력한다.
③ 물리적 보안인증과 사이버 보안인증을 통합적으로 관리하여 보안관리를 강화한다.
④ 개인, 기업, 정부단체 등의 데이터를 통합해 정확한 사고징후를 감지하고 총체적으로 대응할 수 있다.

해설
② (×), ① (○) 융합보안은 출입통제, 접근감시, 잠금장치 등의 물리보안요소와 불법침입자 정보인식시스템 등의 정보보안요소를 상호 연계하여 보안의 효과성을 높이는 활동이다. 즉, 물리적·기술적·관리적 보안요소를 상호 연계하여 보안의 효과성을 높이는 것을 내용으로 한다.
③ (○) 전통 보안산업은 물리영역과 정보(IT)영역으로 구분되어 성장해 왔으나, 현재는 출입통제, CCTV, 영상보안 등의 물리적 환경에서 이뤄지는 전통 보안산업과, 네트워크상 정보를 보호하는 정보보안을 접목한 융합보안이 차세대 고부가가치 보안산업으로서 급부상하고 있다.
④ (○) 융합보안은 보안산업의 새로운 트렌드로 자리 잡은 광역화·통합화·융합화의 사회적 요구를 수용하기 위해 각종 내외부적 정보침해에 따른 대응으로서 침입탐지, 재난재해 방지, 접근통제, 관제·감시 등을 포함한다.

답 ②

17

융합보안에 관한 설명으로 옳지 않은 것은? 기출 22

① 내·외적 정보침해에 따른 기술적 대응은 포함되지 않는다.
② 물리적 보안요소와 정보보안요소를 통합해 효율성을 높이는 활동이다.
③ 4차 산업혁명에 따른 위협의 다변화에 따라 필요성이 대두되었다.
④ 보안산업의 새로운 트렌드이며, 차세대 고부가가치 산업으로 급부상하고 있다.

해설
융합보안은 각종 내·외부적 정보침해에 따른 대응으로서 기술적 대응을 포함한다.

핵심만콕 융합보안(Convergence Security)

- 물리보안과 정보보안을 융합한 경비개념으로, 물리적 보안요소(출입통제, 접근감시, 잠금장치 등)·기술적 보안요소(방화벽, 바이러스·취약성 관리, 사용자 인가절차, 백업복구 등)·관리적 보안요소(범죄조사, 정책개발, 인사관리, 윤리조사, 보안감사 등)를 상호 연계하여 보안의 효과성을 높이는 것을 내용으로 한다.
- 보안산업의 새로운 트렌드로 자리 잡은 광역화·통합화·융합화의 사회적 요구를 수용하기 위해 각종 내외부적 정보침해에 따른 대응으로서 침입탐지, 접근통제, 재난·재해 상황에 대한 관제 등을 포함한다.
- 전통 보안산업은 물리영역과 정보(IT)영역으로 구분되어 성장해 왔으나, 현재는 출입통제, CCTV, 영상보안 등의 물리적 환경에서 이루어지는 전통 보안산업과, 네트워크상 정보를 보호하는 정보보안을 접목한 융합보안이 차세대 고부가가치 보안산업으로서 급부상하고 있다.

답 ①

18

다음 설명에 해당하는 경비개념은? 기출 21

> 물리적 보안요소(CCTV, 출입통제장치 등), 기술적 보안요소(불법출입자 정보인식시스템 등), 관리적 보안요소(조직·인사관리 등)를 상호 연계하여 시큐리티의 효율성을 높이고자 하는 접근방법이다.

① 혼성(Hybrid) 시큐리티
② 종합(Total) 시큐리티
③ 융합(Convergence) 시큐리티
④ 도시(Town) 시큐리티

해설
제시된 내용은 경비개념 중 융합(Convergence) 시큐리티, 즉 융합보안에 대한 설명에 해당한다.

답 ③

19

대규모 상업·주거시설의 민간경비에 관한 설명으로 옳은 것은? 기출 17

① 대규모 상업시설의 소유자들은 보안과 안전에 대한 책임이 감소된다.
② 대규모 상업시설의 안전 확보를 위하여 일반인의 접근을 차단한다.
③ 대규모 주거시설 내의 방범과 위험관리는 경찰에 의해 수행된다.
④ 대규모 주거시설의 경우 다양한 위험을 종합적으로 관리할 수 있는 시스템을 구축한다.

[해설]
④ (○) 대규모 상업·주거시설의 민간경비에 대한 설명으로 옳다.
① (×) 대규모 상업시설의 소유자들은 보안과 안전에 대한 책임이 비례적으로 증가한다.
② (×) 대규모 상업시설에서 민간경비는 소비욕구를 최대화하기 위해 공중의 접근을 극대화시키는 동시에, 상업적 활동을 침해하는 사람들의 불법행위를 통제하는 역할을 수행한다.
③ (×) 대규모 주거시설에서의 범죄예방활동과 위험관리는 공동체 구성원의 참여가 중요하다.

답 ④

20

상업·주거시설의 현대화에 따른 민간경비의 변화에 관한 설명으로 옳지 않은 것은? 기출 14

① 대규모 상업시설에서의 민간경비는 공중의 접근이 허용되는 사적인 시설물들의 비율이 증가할수록 확대된다.
② 대규모 상업시설에서 민간경비는 소비욕구를 최대화하기 위해 공중의 접근을 극소화시키는 동시에, 상업적 활동을 침해하는 사람들의 불법행위를 통제하는 역할을 수행한다.
③ 대규모 주거시설에서의 범죄예방활동과 위험관리는 공동체 구성원의 참여가 중요하다.
④ 고급 주거시설의 경우에는 주변과의 관계성을 구축하기보다는 자체적이고 독립적인 규모와 기능의 극대화에 초점을 두는 경향이 있다.

[해설]
대규모 상업시설에서 민간경비는 소비욕구를 최대화하기 위해 공중의 접근을 극대화시킨다.

답 ②

21

우리나라 민간경비산업의 미래에 관한 예측으로 옳은 것은? 기출 23

① 고객의 수가 증가하면서 모든 경비업체의 매출이 증가할 것이다.
② 정보화사회의 발전에 따른 첨단범죄의 증가로 이에 대응하는 민간경비의 전문성이 요구될 것이다.
③ 대규모 주상복합시설이 등장하면서 범죄라는 위험에 집중할 수 있는 단일대응체계가 확립될 것이다.
④ 대기업의 참여가 감소하면서 참여주체가 중소기업으로 전환될 것이다.

해설

② (○) 컴퓨터와 인터넷의 발달로 사이버상의 범죄가 날로 증가하고 있어, 이에 대응하는 민간경비 전문인력의 확충이 중요시될 것이다.
① (×) 민간경비의 수요 및 시장규모가 전국에 걸쳐 보편화되었다기보다는 일부 지역에 편중되어 있어 모든 경비업체의 매출이 증가하는 것은 아니다.
③ (×) 대규모 주상복합시설이 등장하면서 단일대응체계보다는 화재예방, 건축물 안전관리, 무단침입자에 대한 탐지와 차단, 접근통제, CCTV 등에 의한 감시시스템, 경비순찰 등 특별한 유기적인 안전관리시스템이 구축되어야 한다.
④ (×) 1980년대 대기업의 참여로 민간경비산업은 본격적으로 발전하기 시작하였으며, 이러한 경향은 앞으로도 계속될 것이다.

답 ②

22

민간경비산업의 발전방안으로 옳지 않은 것은? 기출 22

① 민간경비 관련 법규의 정비
② 민간경비체계와 업무의 다양화
③ 경찰과 민간경비의 협조체계 구축
④ 인력경비산업 육성을 위한 기계경비산업의 축소

해설

인력경비 중심이 아닌 기계경비 중심의 민간경비산업의 지향을 민간경비산업의 발전방안으로 볼 수 있다.

핵심만콕	민간경비산업의 발전방안
국가정책적 육성방안	• 경비 관련 자격증제도의 전문화 • 기계경비 중심의 민간경비산업 지향 • 민간경비 관련 법규 정비 • 민간경비체계의 다양화 및 업무의 다양화 • 경찰체제의 개편 및 첨단경비의 개발 • 국가전담기구의 설치와 행정지도 • 세제상 및 금융지원을 통한 민간경비업체의 보호 육성
민간경비회사 자체의 육성방안	• 우수인력의 확보와 홍보활동의 강화 • 영세업체의 자생력 향상 • 경비협회활동의 활성화 • 경찰 조직과의 협조체계 구축 • 손해배상체제의 보완 및 산업재해에 대한 예방

답 ④

23

민간경비의 공공관계(PR) 개선에 관한 설명으로 옳지 않은 것은? 기출 21

① 공공관계 개선은 관련 정책 및 프로그램을 통한 민간경비의 이미지 향상을 의미한다.
② 민간경비는 특정고객에게 경비서비스를 제공하지만 일반시민과의 관계개선도 중요하다.
③ 민간경비의 언론관계는 기밀유지 등을 위해 무반응적(Inactive) 대응이 원칙이다.
④ 민간경비는 장애인·알코올중독자 등 특별한 상황에 처한 사람들의 특성을 잘 이해하고 있어야 한다.

해설
민간경비의 언론관계(Press Relations)는 신문, 잡지, TV나 라디오 뉴스 등의 보도기능에 대응하는 활동으로, 언론과의 우호적인 관계형성을 위한 반응적(Active) 대응이 필요하다.

답 ③

24

우리나라 민간경비산업의 전망에 관한 설명으로 옳은 것은? 기출 18

① 시설경비업 : 국가중요시설의 경비를 담당하는 경비원 제도로 청원경찰과의 이원적 체제로 인한 문제점이 상존하고 있어 관련 정비가 시급한 실정이다.
② 특수경비업 : 우리나라 경비업의 가장 큰 비중을 차지하는 분야로 향후 이러한 증가추세는 계속될 전망이다.
③ 기계경비업 : 기존의 상업시설과 홈 시큐리티 시스템 등의 첨단기술 발전에 힘입어 주거시설 및 국가안보분야에서의 수요도 혁신적으로 증가될 전망이다.
④ 호송경비업 : 외국 기업인과 가족들의 장기 체류 등으로 수요가 증가하고 있으며, 최근 사회불안이 가중되고 개인의 삶의 질이 높아짐에 따라 이러한 증가추세는 계속될 전망이다.

해설
③ (O) 기계경비업에 대한 옳은 설명이다.
① (×) 특수경비업에 대한 설명이다.
② (×) 우리나라 경비업에서 가장 큰 비중을 차지하는 분야는 시설경비업이다.
④ (×) 신변보호업에 대한 설명이다.

핵심만콕 우리나라 민간경비산업의 전망

- 산업화와 정보화 시대에 접어들면서 경찰인력의 부족, 경찰장비의 부족, 경찰업무의 과다로 인하여 민간경비산업은 급속히 성장할 것이다.
- 지역의 특성과 경비 수요에 맞는 민간경비 상품의 개발이 요구될 것이다.
- 민간경비산업의 홍보활동이 적극적으로 전개될 것이다.
- 현재 인력경비 중심의 민간경비산업이 인건비 상승의 여파로 인하여 축소되고, 인건비 절감을 위한 기계경비산업으로의 전환이 빠르게 진행되어 기계경비산업의 성장 속도가 인력경비를 앞설 것이다.
- 물리보안과 사이버 보안을 통합한 토탈시큐리티 산업으로 전개될 것이다.

답 ③

제2차

CHAPTER별 심화문제

PART 01 | 경비업법
PART 02 | 경호학

PART 01
경비업법

CHAPTER 01 경비업법
CHAPTER 02 청원경찰법

CHAPTER 01 경비업법

제1절 총 칙

01

경비업법령상 용어의 정의이다. ( )에 들어갈 내용이 바르게 나열된 것은? 기출 23

- 신변보호업무 : 사람의 생명이나 신체에 대한 (ㄱ)의 발생을 방지하고 그 신변을 보호하는 업무
- 특수경비업무 : 공항(항공기를 포함) 등 대통령령이 정하는 국가중요시설의 (ㄴ) 및 도난·화재 그 밖의 위험발생을 방지하는 업무
- 기계경비업무 : 경비대상시설에 설치한 기기에 의하여 감지·송신된 정보를 그 경비대상시설 외의 장소에 설치한 (ㄷ)의 기기로 수신하여 도난·화재 등 위험발생을 방지하는 업무

① ㄱ : 위 해,　ㄴ : 경 비,　ㄷ : 관제시설
② ㄱ : 위 해,　ㄴ : 보 호,　ㄷ : 관제시설
③ ㄱ : 침 해,　ㄴ : 경 비,　ㄷ : 감지시설
④ ㄱ : 침 해,　ㄴ : 보 호,　ㄷ : 감지시설

해설
( )에 들어갈 내용은 ㄱ : 위해, ㄴ : 경비, ㄷ : 관제시설이다(경비업법 제2조 제1호).

답 ①

02

경비업법령상 운반 중에 있는 현금·유가증권·귀금속·상품 그 밖의 물건에 대하여 도난·화재 등 위험발생을 방지하는 업무는? 기출 24

① 특수경비업무
② 신변보호업무
③ 기계경비업무
④ 호송경비업무

해설
경비업법 제2조 제1호 나목의 호송경비업무에 대한 설명이다.

> **관계법령** 정의(경비업법 제2조)
>
> 이 법에서 사용하는 용어의 정의는 다음과 같다. 〈개정 2024.1.30.〉
> 1. "경비업"이라 함은 다음 각목의 1에 해당하는 업무(이하 "경비업무"라 한다)의 전부 또는 일부를 도급받아 행하는 영업을 말한다.
>   가. 시설경비업무 : 경비를 필요로 하는 시설 및 장소(이하 "경비대상시설"이라 한다)에서의 도난·화재 그 밖의 혼잡 등으로 인한 위험발생을 방지하는 업무
>   나. 호송경비업무 : <u>운반 중에 있는 현금·유가증권·귀금속·상품 그 밖의 물건에 대하여 도난·화재 등 위험발생을 방지하는 업무</u>
>   다. 신변보호업무 : 사람의 생명이나 신체에 대한 위해의 발생을 방지하고 그 신변을 보호하는 업무
>   라. 기계경비업무 : 경비대상시설에 설치한 기기에 의하여 감지·송신된 정보를 그 경비대상시설 외의 장소에 설치한 관제시설의 기기로 수신하여 도난·화재 등 위험발생을 방지하는 업무
>   마. 특수경비업무 : 공항(항공기를 포함한다) 등 대통령령이 정하는 국가중요시설(이하 "국가중요시설"이라 한다)의 경비 및 도난·화재 그 밖의 위험발생을 방지하는 업무
>   바. 혼잡·교통유도경비업무 : 도로에 접속한 공사현장 및 사람과 차량의 통행에 위험이 있는 장소 또는 도로를 점유하는 행사장 등에서 교통사고나 그 밖의 혼잡 등으로 인한 위험발생을 방지하는 업무

답 ④

03

경비업법상 용어에 관한 설명으로 옳지 않은 것은? 기출 17·06·05

① 시설경비업무는 경비를 필요로 하는 시설 및 장소에서의 도난 등으로 인한 위험발생을 방지하는 업무이다.
② 호송경비업무는 운반 중에 있는 현금 등 물건에 대하여 도난 등 위험발생을 방지하는 업무이다.
③ 신변보호업무는 사람의 생명이나 신체에 대한 위해발생을 방지하고 그 신변을 보호하는 업무이다.
④ 특수경비업무는 경비대상시설에 설치한 기기에 의하여 감지·송신된 정보를 그 경비대상시설 외의 장소에 설치한 관제시설의 기기로 수신하여 도난 등 위험발생을 방지하는 업무이다.

해설
특수경비업무는 공항(항공기 포함) 등 대통령령이 정하는 국가중요시설의 경비 및 도난·화재 그 밖의 위험발생을 방지하는 업무이다(경비업법 제2조 제1호 마목). ④는 기계경비업무에 관한 설명이다.

답 ④

04

경비업법상 기념식장, 경기장, 연예행사 등 많은 사람들의 혼잡에 의해서 발생할 수 있는 사고를 예방하기 위한 경비업무는? 기출 06

① 기계경비업무
② 혼잡경비업무
③ 호송경비업무
④ 시설경비업무

해설

기념식장, 경기장, 연예행사 등의 시설 및 장소에서 혼잡 등으로 인한 위험발생을 방지하는 업무이므로 시설경비업무에 해당한다. 덧붙여 시설경비업무에서 혼잡으로 인한 위험발생을 방지하는 업무는 질서유지업무를 의미한다.★ 다만, 2024.1.30. 개정으로 혼잡·교통유도경비업무(도로에 접속한 공사현장 및 사람과 차량의 통행에 위험이 있는 장소 또는 도로를 점유하는 행사장 등에서 교통사고나 그 밖의 혼잡 등으로 인한 위험발생을 방지하는 업무)가 추가되었으므로 설문에 주어진 행사장 등의 상황에 따라 시설경비업무인지 혼잡·교통유도경비업무인지 구별할 필요가 있다.

답 ④

05

경비업법령상 집단민원현장으로 옳지 않은 것은? 기출 22

① 「노동조합 및 노동관계조정법」에 따라 노동관계 당사자가 노동쟁의 조정신청을 한 사업장 또는 쟁의행위가 발생한 사업장
② 「공유토지분할에 관한 특례법」에 따라 공유토지에 대한 소유권행사와 토지의 이용에 문제가 있는 장소
③ 「도시 및 주거환경정비법」에 따른 정비사업과 관련하여 이해대립이 있어 다툼이 있는 장소
④ 「행정대집행법」에 따라 대집행을 하는 장소

해설

②는 경비업법 제2조 제5호의 집단민원현장에 해당하지 않는다. ①, ③, ④는 각각 경비업법 제2조 제5호 가목, 나목, 사목의 집단민원현장에 해당한다.

관계법령 **정의(경비업법 제2조)★**

이 법에서 사용하는 용어의 정의는 다음과 같다.
5. "집단민원현장"이란 다음 각목의 장소를 말한다.
  가. 「노동조합 및 노동관계조정법」에 따라 노동관계 당사자가 노동쟁의 조정신청을 한 사업장 또는 쟁의행위가 발생한 사업장
  나. 「도시 및 주거환경정비법」에 따른 정비사업과 관련하여 이해대립이 있어 다툼이 있는 장소
  다. 특정 시설물의 설치와 관련하여 민원이 있는 장소
  라. 주주총회와 관련하여 이해대립이 있어 다툼이 있는 장소
  마. 건물·토지 등 부동산 및 동산에 대한 소유권·운영권·관리권·점유권 등 법적 권리에 대한 이해대립이 있어 다툼이 있는 장소
  바. 100명 이상의 사람이 모이는 국제·문화·예술·체육 행사장
  사. 「행정대집행법」에 따라 대집행을 하는 장소

답 ②

06

경비업법령상 규정된 용어에 관한 설명으로 옳은 것은? 기출 18

① 경비지도사는 일반경비지도사와 특수경비지도사로 구분한다.
② 국가중요시설에는 공항·항만, 원자력발전소 등의 시설 중 국가정보원장이 지정하는 국가보안목표시설도 해당된다.
③ 무기라 함은 인명을 살상할 수 있도록 제작·판매된 권총·소총·분사기를 말한다.
④ 특수경비원은 시설경비, 호송경비, 신변보안, 특수경비업무를 수행하는 자이다.

[해설]

② (○) 경비업법 제2조 제1호 마목에서 "대통령령이 정하는 국가중요시설"이라 함은 공항·항만, 원자력발전소 등의 시설 중 국가정보원장이 지정하는 국가보안목표시설과 「통합방위법」제21조 제4항의 규정에 의하여 국방부장관이 지정하는 국가중요시설을 말한다(경비업법 시행령 제2조). ★★
① (×) 경비지도사는 일반경비지도사와 기계경비지도사로 구분한다(경비업법 제2조 제2호).
③ (×) 무기라 함은 인명 또는 신체에 위해를 가할 수 있도록 제작된 권총·소총 등을 말한다(경비업법 제2조 제4호).
④ (×) 특수경비원은 공항(항공기를 포함한다) 등 대통령령이 정하는 국가중요시설(이하 "국가중요시설"이라 한다)의 경비 및 도난·화재 그 밖의 위험발생을 방지하는 업무를 수행하는 경비원을 말한다(경비업법 제2조 제3호 나목).

답 ②

07

경비업법령상 사용하는 용어의 정의로 옳지 않은 것은? 기출 10

① 호송경비업무 – 운반 중에 있는 현금·유가증권·귀금속·상품 그 밖의 물건에 대하여 도난·화재 등 위험발생을 방지하는 업무
② 특수경비업무 – 대통령령이 정하는 국가중요시설의 경비 및 도난·화재 그 밖의 위험발생을 방지하는 업무
③ 경비지도사 – 경비원을 지도·감독 및 관리하는 자로서 일반경비지도사와 특수경비지도사로 구분
④ 경비원 – 경비업자가 채용한 고용인으로 일반경비원과 특수경비원으로 구분

[해설]

경비지도사는 일반경비지도사와 기계경비지도사로 구분하고(경비업법 제2조 제2호), 경비원은 일반경비원과 특수경비원으로 구분한다(경비업법 제2조 제3호).

핵심만콕

경비지도사	일반경비지도사	시설경비업무, 호송경비업무, 신변보호업무, 특수경비업무, 혼잡·교통유도경비업무에 종사하는 경비원을 지도·감독 및 교육하는 경비지도사
	기계경비지도사	기계경비업무에 종사하는 경비원을 지도·감독 및 교육하는 경비지도사
경비원	일반경비원	시설경비업무, 호송경비업무, 신변보호업무, 기계경비업무, 혼잡·교통유도경비업무를 수행하는 자
	특수경비원	특수경비업무를 수행하는 자

답 ③

08

경비업법령에 대한 내용으로 옳지 않은 것은? 기출 11

① 일반경비원은 공항 등 국가중요시설의 특수경비업무를 수행할 수 없다.
② 국가중요시설은 공항·항만, 원자력발전소 등의 시설 중 국가정보원장이 지정하는 국가안보시설과 행정안전부장관이 지정하는 국가보안시설을 말한다.
③ "경비지도사 및 경비원의 신분증명서는 경비지도사 또는 경비원이 소속된 경비업자가 발급한다"는 규정은 2014년 6월 5일 개정 시행규칙에서 삭제되었다.
④ 인명이나 신체에 위해를 가할 수 없는 모형 플라스틱 권총은 무기로 볼 수 없다.

해설

② (×) 경비업법 제2조 제1호 마목에서 "대통령령이 정하는 국가중요시설"이라 함은 공항·항만, 원자력발전소 등의 시설 중 국가정보원장이 지정하는 국가보안목표시설과 통합방위법 제21조 제4항의 규정에 의하여 국방부장관이 지정하는 국가중요시설을 말한다(경비업법 시행령 제2조).★★
① (○) 특수경비업무는 특수경비원이 수행하고, 일반경비원은 특수경비업무를 수행할 수 없다.
③ (○) 경비원의 계급장·모장·흉장·표지장 및 신분증명서는 그간 경찰의 그것과 유사한 것이 문제되었고, 민간기업의 내부직책과 사원증에 해당하는 신분증명서를 법령으로 규정하는 것이 타당하지 않다는 이유로 경비업법 시행규칙 제27조는 2014년 6월 5일 개정 시행규칙에서 삭제되었다.
④ (○) 무기라 함은 인명 또는 신체에 위해를 가할 수 있도록 제작된 권총·소총 등을 말한다(경비업법 제2조 제4호).

답 ②

제2절 경비업의 허가 등

09
CHECK ◯ △ ✕

경비업법령상 경비업을 영위하고자 하는 법인의 허가 여부 결정을 위한 검토사항에 해당하지 않는 것은? 기출 24

① 첫 업무개시의 신고에 따른 비밀취급인가 가능성 유무
② 경비인력·시설 및 장비의 확보 또는 확보가능성 여부
③ 임원 중 경비업법에 의한 결격사유에 해당하는 자가 있는지의 유무
④ 대표자·임원의 경력 및 신용

해설

이미 특수경비업의 허가를 받은 특수경비업자는 업무를 개시하거나 종료한 때에 시·도 경찰청장에게 신고하여야 하는 것(경비업법 제4조 제3항 제5호)이고 첫 업무개시의 신고를 하기 전에 시·도 경찰청장의 비밀취급인가를 받아야 한다(경비업법 시행령 제6조 제1항).

관계법령

허가절차 등(경비업법 시행령 제4조)
① 시·도 경찰청장은 제3조 제1항의 규정에 의하여 허가 또는 변경허가의 신청을 받은 때에는 경비업을 영위하고자 하는 법인의 임원 중 법 제5조의 규정에 의한 결격사유에 해당하는 자가 있는지의 유무, 경비인력·시설 및 장비의 확보 또는 확보가능성의 여부, 자본금과 대표자·임원의 경력 및 신용 등을 검토하여 허가여부를 결정하여야 한다.

특수경비업자의 업무개시 전의 조치(경비업법 시행령 제6조)
① 법 제2조 제1호 마목의 규정에 의한 특수경비업무를 수행하는 경비업자(이하 "특수경비업자"라 한다)는 법 제4조 제3항 제5호의 규정에 의하여 첫 업무개시의 신고를 하기 전에 시·도 경찰청장의 비밀취급인가를 받아야 한다.

> **경비업의 허가(경비업법 제4조)**
> ③ 제1항의 규정에 의하여 경비업의 허가를 받은 법인은 다음 각호의 어느 하나에 해당하는 때에는 시·도 경찰청장에게 신고하여야 한다. 〈개정 2024.2.13.〉
> 1. 영업을 폐업하거나 휴업한 때
> 2. 법인의 명칭이나 대표자·임원을 변경한 때
> 3. 법인의 주사무소나 출장소를 신설·이전 또는 폐지한 때
> 4. 기계경비업무의 수행을 위한 관제시설을 신설·이전 또는 폐지한 때
> 5. 특수경비업무를 개시하거나 종료한 때
> 6. 그 밖에 대통령령이 정하는 중요사항을 변경한 때

답 ①

10

경비업법령상 경비업 허가를 받으려는 자가 신청서에 첨부하여야 하는 서류를 모두 고른 것은? 기출 23

> ㄱ. 법인의 정관 1부
> ㄴ. 법인 임원의 이력서 1부
> ㄷ. 법인 임원의 인감증명서 1부

① ㄱ, ㄴ
② ㄱ, ㄷ
③ ㄴ, ㄷ
④ ㄱ, ㄴ, ㄷ

해설

ㄷ(법인 임원의 인감증명서 1부)은 ㄱ(법인의 정관 1부), ㄴ(법인 임원의 이력서 1부)과 달리 경비업법령상 경비업 허가를 받으려는 자가 신청서에 첨부하여야 할 서류에 해당하지 않는다.

관계법령 허가신청 등(경비업법 시행규칙 제3조)

① 법 제4조 제1항 및 「경비업법 시행령」(이하 "영"이라 한다) 제3조 제1항에 따라 경비업의 허가를 받으려는 경우 또는 경비업자가 허가를 받은 경비업무를 변경하거나 새로운 경비업무를 추가하려는 경우에는 별지 제2호 서식의 경비업 허가신청서 또는 변경허가신청서(전자문서로 된 신청서를 포함한다)에 다음 각호의 서류(전자문서를 포함한다)를 첨부하여 법인의 주사무소를 관할하는 시·도 경찰청장 또는 해당 시·도 경찰청 소속의 경찰서장에게 제출하여야 한다. 이 경우 신청서를 제출받은 경찰서장은 지체 없이 관할 시·도 경찰청장에게 보내야 한다.
1. 법인의 정관 1부
2. 법인 임원의 이력서 1부
3. 경비인력·시설 및 장비의 확보계획서 1부(경비업 허가의 신청 시 이를 갖출 수 없는 경우에 한한다)
② 제1항에 따른 신청서를 제출받은 시·도 경찰청장은 「전자정부법」 제36조 제1항에 따른 행정정보의 공동이용을 통하여 법인의 등기사항증명서를 확인하여야 한다.

답 ①

11

경비업법령상 특수경비업의 경비인력 및 자본금의 허가요건으로 옳은 것은? 기출 21

① 특수경비원 10명 이상,   경비지도사 1명 이상,   자본금 1억원 이상
② 특수경비원 20명 이상,   경비지도사 1명 이상,   자본금 1억원 이상
③ 특수경비원 10명 이상,   경비지도사 1명 이상,   자본금 3억원 이상
④ 특수경비원 20명 이상,   경비지도사 1명 이상,   자본금 3억원 이상

해설

특수경비업은 경비인력으로 특수경비원 20명 이상과 경비지도사 1명 이상, 자본금으로 3억원 이상이 요구된다(경비업법 시행령 [별표 1] 제5호).

관계법령 경비업의 시설 등의 기준(경비업법 시행령 [별표 1]) ★ <개정 2024.12.31.>

시설 등 기준 업무별	경비인력	자본금	시 설	장비 등
1. 시설경비업무	• 일반경비원 10명 이상 • 경비지도사 1명 이상	1억원 이상	기준 경비인력 수 이상을 동시에 교육할 수 있는 교육장	기준 경비인력 수 이상의 경비원 복장 및 경적, 단봉, 분사기
2. 호송경비업무	• 무술유단자인 일반경비원 5명 이상 • 경비지도사 1명 이상	1억원 이상	기준 경비인력 수 이상을 동시에 교육할 수 있는 교육장	• 호송용 차량 1대 이상 • 현금호송백 1개 이상 • 기준 경비인력 수 이상의 경비원 복장 및 경적, 단봉, 분사기
3. 신변보호업무	• 무술유단자인 일반경비원 5명 이상 • 경비지도사 1명 이상	1억원 이상	기준 경비인력 수 이상을 동시에 교육할 수 있는 교육장	• 기준 경비인력 수 이상의 무전기 등 통신장비 • 기준 경비인력 수 이상의 경적, 단봉, 분사기
4. 기계경비업무	• 전자·통신 분야 기술자격증소지자 5명을 포함한 일반경비원 10명 이상 • 경비지도사 1명 이상	1억원 이상	• 기준 경비인력 수 이상을 동시에 교육할 수 있는 교육장 • 관제시설	• 감지장치·송신장치 및 수신장치 • 출장소별로 출동차량 2대 이상 • 기준 경비인력 수 이상의 경비원 복장 및 경적, 단봉, 분사기
5. 특수경비업무	• 특수경비원 20명 이상 • 경비지도사 1명 이상	3억원 이상	기준 경비인력 수 이상을 동시에 교육할 수 있는 교육장	기준 경비인력 수 이상의 경비원 복장 및 경적, 단봉, 분사기
6. 혼잡·교통 유도경비업무	• 일반경비원 10명 이상 • 경비지도사 1명 이상	1억원 이상	기준 경비인력 수 이상을 동시에 교육할 수 있는 교육장	기준 경비인력 수 이상의 경비원 복장 및 경적, 단봉, 분사기, 무전기, 경광봉

[비 고]
1. 자본금의 경우 납입자본금을 말하고, 하나의 경비업무에 대한 자본금을 갖춘 경비업자가 그 외의 경비업무를 추가로 하려는 경우 자본금을 갖춘 것으로 본다. 다만, 특수경비업자 외의 자가 특수경비업무를 추가로 하려는 경우에는 이미 갖추고 있는 자본금을 포함하여 특수경비업무의 자본금 기준에 적합하여야 한다.
2. 교육장의 경우 하나의 경비업무에 대한 시설을 갖춘 경비업자가 그 외의 경비업무를 추가로 하려는 경우에는 경비인력이 더 많이 필요한 경비업무에 해당하는 교육장을 갖추어야 한다.
3. "무술유단자"란 「국민체육진흥법」 제33조에 따른 대한체육회에 가맹된 단체 또는 문화체육관광부에 등록된 무도 관련 단체가 무술유단자로 인정한 사람을 말한다.
4. "호송용 차량"이란 현금이나 그 밖의 귀중품의 운반에 필요한 견고성 및 안전성을 갖추고 무선통신시설 및 경보시설을 갖춘 자동차를 말한다.
5. "현금호송백"이란 현금이나 그 밖의 귀중품을 운반하기 위한 이동용 호송장비로서 경보시설을 갖춘 것을 말한다.
6. "전자·통신 분야 기술자격증소지자"란 「국가기술자격법」에 따라 전자 및 통신 분야에서 기술자격을 취득한 사람을 말한다.

답 ④

12

경비업법령상 경비업 허가신청 등에 관한 설명으로 옳은 것은? 기출 20

① 경비업 허가 신청 시 시설을 갖출 수 없는 경우에는 시설 확보계획서를 제출한 후 허가를 받은 날부터 1월 이내에 법령 규정에 의한 시설을 갖추고 시·도 경찰청장의 확인을 받아야 한다.
② 경비업의 허가를 받은 법인은 기계경비업무 수행을 위한 관제시설을 이전한 때에는 관할 경찰서장에게 신고하여야 한다.
③ 경비업 변경허가 신청 시 자본금을 갖출 수 없는 경우에는 자본금 확보계획서를 제출한 후 변경허가를 받은 날부터 1월 이내에 자본금을 갖추고 시·도 경찰청장의 확인을 받아야 한다.
④ 경비업자가 허가받은 경비업무를 변경하려는 경우에는 변경허가신청서를 경찰청장 또는 관할 시·도 경찰청장에게 제출하여야 한다.

해설

① (○) 경비업법 시행령 제3조 제2항 단서
② (×) 경비업의 허가를 받은 법인이 기계경비업무의 수행을 위한 관제시설을 신설·이전 또는 폐지한 때에는 <u>시·도 경찰청장에게 신고하여야 한다</u>(경비업법 제4조 제3항 제4호).
③ (×) <u>자본금은 경비업의 변경허가 신청 시 반드시 갖추고 있어야 한다</u>(경비업법 시행령 제3조 제2항 단서 반대해석).
④ (×) 경비업의 허가를 받은 법인이 <u>허가를 받은 경비업무를 변경하거나 새로운 경비업무를 추가하려는 경우에는 변경허가신청서에 행정안전부령으로 정하는 서류를 첨부하여 법인의 주사무소를 관할하는 시·도 경찰청장 또는 해당 시·도 경찰청 소속의 경찰서장에게 제출하여야 한다</u>(경비업법 시행령 제3조 제1항 전문).

답 ①

13

경비업법령상 경비업 허가에 관한 설명으로 옳은 것은? 기출 20

① 시·도 경찰청장은 경비업 변경허가를 한 경우 해당 법인의 주사무소를 관할하는 지구대장을 거쳐 신청인에게 허가증을 발급하여야 한다.
② 경비업자는 경비업 허가증이 못쓰게 된 경우에는 그 사유서를 첨부하여 해당 시·도 경찰청 소속의 경찰서장에게 재발급을 신청하여야 한다.
③ 시·도 경찰청장이 경비업 허가를 신청받아 허가여부를 결정할 때, 임원의 신용은 검토대상이 아니다.
④ 누구든지 허가를 받은 경비업체와 동일한 명칭으로 경비업 허가를 받을 수 없다.

해설

④ (○) 경비업법 제4조의2 제1항
① (×) 시·도 경찰청장은 경비업을 허가하거나 변경허가를 한 경우에는 해당 법인의 주사무소를 관할하는 경찰서장을 거쳐 신청인에게 허가증을 발급하여야 한다(경비업법 시행령 제4조 제2항).
② (×) 경비업자는 경비업의 허가증을 잃어버리거나 경비업 허가증이 못쓰게 된 경우에는 허가증 재교부 신청서에 다음 서류(허가증을 잃어버린 경우에는 그 사유서, 허가증이 못쓰게 된 경우에는 그 허가증)를 첨부하여 법인의 주사무소를 관할하는 시·도 경찰청장 또는 해당 시·도 경찰청 소속의 경찰서장에게 재발급을 신청하여야 하고, 신청서를 제출받은 경찰서장은 지체 없이 시·도 경찰청장에게 보내야 한다(경비업법 시행령 제4조 제3항).
③ (×) 임원의 신용은 시·도 경찰청장이 경비업 허가를 신청받아 허가여부를 결정할 때 검토할 대상에 해당한다(경비업법 시행령 제4조 제1항).

답 ④

14

CHECK ○ △ ×

경비업법령상 경비업의 허가요건으로 옳은 것을 모두 고른 것은? 기출 17

ㄱ. 시설경비업무와 특수경비업무를 겸업하고자 하는 경우 자본금은 1억원 이상을 보유하여야 한다.
ㄴ. 호송경비업무의 장비 등의 기준은 호송용 차량 1대 이상, 현금호송백 1개 이상, 기준 경비인력 수 이상의 경비원 복장 및 경적, 단봉, 분사기가 구비되어야 한다.
ㄷ. 기계경비업무의 시설은 기준 경비인력 이상을 동시에 교육할 수 있는 교육장·관제시설이 있어야 한다.
ㄹ. 기계경비업무의 경비인력은 전자·통신 분야 기술자격증 소지자 3명을 포함한 일반경비원 10명 이상, 경비지도사 1명 이상이 있어야 한다.
ㅁ. 특수경비업자 외의 자가 특수경비업무를 추가하려는 경우에는 이미 갖추고 있는 자본금을 포함하여 특수경비업무의 자본금 기준에 적합하여야 한다.

① ㄱ, ㄴ, ㄷ
② ㄱ, ㄹ, ㅁ
③ ㄴ, ㄷ, ㄹ
④ ㄴ, ㄷ, ㅁ

해설

경비업법령상 경비업의 허가요건으로 옳은 것은 ㄴ, ㄷ, ㅁ이다(경비업법 시행령 [별표 1]).
ㄱ. (×) 특수경비업무는 특수경비원 20명 이상의 경비인력 및 경비지도사 1명과 3억원 이상의 자본금을 갖추어야 한다.
ㄹ. (×) 기계경비업무는 전자·통신분야 기술자격증소지자 5명을 포함한 10명 이상의 경비인력 및 경비지도사 1명과 1억원 이상의 자본금을 갖추어야 한다.

답 ④

15

경비업법상 허가사항에 해당하는 것은? 기출 15

① 경비업의 허가를 받은 법인이 영업을 폐업한 때
② 경비업의 허가를 받은 법인이 영업을 휴업한 때
③ 경비업의 허가를 받은 법인이 임원을 변경한 때
④ 경비업의 허가를 받은 법인이 경비업무를 변경하는 경우

해설
경비업을 영위하고자 하는 법인은 도급받아 행하고자 하는 경비업무를 특정하여 그 법인의 주사무소의 소재지를 관할하는 시·도 경찰청장의 허가를 받아야 한다. 도급받아 행하고자 하는 경비업무를 변경하는 경우에도 또한 같다(경비업법 제4조 제1항). ①·②·③은 신고사항이다.

답 ④

16

경비업법령상 경비업의 시설 등의 기준에 따라 기계경비업 허가신청서를 제출하는 법인이 출장소를 서울, 인천, 대전의 3곳에 두려고 하는 경우에 최종적으로 갖추어야 할 출동차량은 최소 몇 대인가?
기출 15

① 3대　　　　　　　　　　② 6대
③ 9대　　　　　　　　　　④ 12대

해설
기계경비업자는 출장소별로 출동차량을 2대 이상 두어야 하므로, 서울, 인천, 대전에 출장소를 두려고 하는 법인은 최소 6대 이상의 출동차량을 구비하여야 한다.

답 ②

17

경비업법령상 '경비업의 시설 등의 기준'에서 정한 호송용 차량에 관한 내용 중 (   ) 안에 들어갈 용어로 옳지 않은 것은? 기출 12

> "호송용 차량"이란 현금이나 그 밖의 귀중품의 운반에 필요한 (ㄱ) 및 (ㄴ)을 갖추고 (ㄷ) 및 (ㄹ)을 갖춘 자동차를 말한다.

① ㄱ : 견고성
② ㄴ : 안전성
③ ㄷ : 영상녹화시설
④ ㄹ : 경보시설

해설

호송용 차량이란 현금이나 그 밖의 귀중품의 운반에 필요한 견고성 및 안전성을 갖추고 무선통신시설 및 경보시설을 갖춘 자동차를 말한다(경비업법 시행령 [별표 1] 비고 제4호).★

답 ③

18

경비업법령상 경비업의 허가를 받은 법인이 시·도 경찰청장에게 신고하여야 하는 경우에 해당하는 것은? 기출 24

① 법인의 정관 시행일을 변경한 때
② 법인의 주사무소를 이전한 때
③ 기계경비업무를 개시하거나 종료한 때
④ 특수경비업무의 수행을 위한 관제시설을 신설한 때

해설

② (○) 법인의 주사무소나 출장소를 신설·이전 또는 폐지한 때(경비업법 제4조 제3항 제3호)
① (×) 법인의 정관의 목적을 변경한 때(경비업법 제4조 제3항 제6호, 동법 시행령 제5조 제4항)
③ (×) 특수경비업무를 개시하거나 종료한 때(경비업법 제4조 제3항 제5호)
④ (×) 기계경비업무의 수행을 위한 관제시설을 신설·이전 또는 폐지한 때(경비업법 제4조 제3항 제4호)

답 ②

19

경비업법령에 규정된 호송경비업무에 관한 설명으로 ( ) 안에 들어갈 내용이 올바르게 연결된 것은?

> 경비업자가 호송경비업무를 수행하기 위하여 관할 경찰서의 협조를 얻고자 하는 때에는 현금 등의 운반을 위한 출발 (ㄱ)까지 (ㄴ)의 경찰서장에게 (ㄷ)(전자문서로 된 통지서를 포함)를 제출하여야 한다(경비업법 시행규칙 제2조).

① ㄱ : 전 일,　　　　ㄴ : 출발지,　ㄷ : 호송경비통지서
② ㄱ : 전 일,　　　　ㄴ : 도착지,　ㄷ : 호송경비통지서
③ ㄱ : 전일 오전 12시,　ㄴ : 출발지,　ㄷ : 호송경비통지서
④ ㄱ : 전일 오전 12시,　ㄴ : 도착지,　ㄷ : 호송경비통지서

해설

( ) 안에 들어갈 내용은 순서대로 ㄱ - 전일, ㄴ - 출발지, ㄷ - 호송경비통지서가 들어간다.

관계법령　호송경비의 통지(경비업법 시행규칙 제2조)

경비업법(이하 "법"이라 한다) 제4조 제1항의 규정에 의하여 경비업의 허가를 받은 법인(이하 "경비업자"라 한다)은 법 제2조 제1호 나목의 규정에 의한 호송경비업무를 수행하기 위하여 관할 경찰서의 협조를 얻고자 하는 때에는 현금 등의 운반을 위한 출발 전일까지 출발지의 경찰서장에게 별지 제1호 서식의 호송경비통지서(전자문서로 된 통지서를 포함한다)를 제출하여야 한다.

답 ①

20

경비업법령상 경비업 허가사항 등의 변경신고서 제출 시 첨부서류로 허가증 원본을 필요로 하는 경우가 아닌 것은? 기출 22

① 법인의 임원 변경
② 법인의 대표자 변경
③ 법인의 명칭 변경
④ 법인의 주사무소 또는 출장소 변경

해설

법인의 임원이 변경되어 신고를 하는 경우에는 경비업 허가사항 등의 변경신고서에 법인 임원의 이력서 1부를 첨부하여 법인의 주사무소를 관할하는 시·도 경찰청장 또는 해당 시·도 경찰청 소속의 경찰서장에게 제출하여야 한다(경비업법 시행규칙 제5조 제2항 전문). 이와 달리 법인의 대표자 변경, 법인의 명칭 변경, 법인의 주사무소 또는 출장소 변경의 경우에는 허가증 원본을 첨부하여야 한다.

> **관계법령** 폐업 또는 휴업 등의 신고(경비업법 시행규칙 제5조)
>
> ② 법 제4조 제3항 제2호에 따른 법인의 명칭·대표자·임원, 같은 항 제3호에 따른 주사무소·출장소나 영 제5조 제4항에 따른 정관의 목적이 변경되어 법 제4조 제3항에 따른 신고를 하는 경우에는 별지 제6호 서식의 경비업 허가사항 등의 변경신고서(전자문서로 된 신고서를 포함한다)에 다음 각호의 서류(전자문서를 포함한다)를 첨부하여 법인의 주사무소를 관할하는 시·도 경찰청장 또는 해당 시·도 경찰청 소속의 경찰서장에게 제출하여야 한다. 변경신고서를 제출받은 경찰서장은 이를 지체 없이 관할 시·도 경찰청장에게 보내야 한다.
> 1. 명칭 변경의 경우 : 허가증 원본
> 2. 대표자 변경의 경우
>   가. 삭제 〈2006.9.7.〉
>   나. 법인 대표자의 이력서 1부
>   다. 허가증 원본
> 3. 임원 변경의 경우 : 법인 임원의 이력서 1부
> 4. 주사무소 또는 출장소 변경의 경우 : 허가증 원본
> 5. 정관의 목적 변경의 경우 : 법인의 정관 1부

답 ①

21

경비업법령상 경비업의 폐업 또는 휴업 등의 신고에 관한 설명으로 옳지 않은 것은? 기출 19

① 경비업자는 폐업을 한 경우에는 폐업을 한 날부터 7일 이내에 신고하여야 한다.
② 경비업자는 휴업을 한 경우에는 휴업한 날부터 7일 이내에 신고하여야 한다.
③ 휴업신고를 한 경비업자가 신고한 휴업기간이 끝나기 전에 영업을 다시 시작하려는 경우에는 영업을 다시 시작하기 전 7일 이내에 영업재개신고서를 제출하여야 한다.
④ 경비업자는 특수경비업무를 개시하거나 종료한 때에는 개시 또는 종료한 날부터 30일 이내에 신고하여야 한다.

해설
③ (×) 휴업신고를 한 경비업자가 신고한 휴업기간이 끝나기 전에 영업을 다시 시작하려는 경우에는 <u>영업을 다시 시작한 후 7일 이내</u>에 영업재개신고서를 제출하여야 한다(경비업법 시행령 제5조 제2항 후문).
① (○) 경비업법 시행령 제5조 제1항 전문
② (○) 경비업법 시행령 제5조 제2항 전문
④ (○) 경비업법 시행령 제5조 제5항, 경비업법 제4조 제3항 제5호

답 ③

22

경비업법령상 경비업자가 시·도 경찰청장에게 신고하여야 하는 경우가 아닌 것은? 기출 21

① 법인의 출장소를 신설·이전한 경우
② 정관의 목적을 변경한 경우
③ 영업을 폐업하거나 휴업한 경우
④ 시설경비업무를 개시하거나 종료한 경우

해설

④ (×) 시설경비업무가 아닌 <u>특수경비업무를 개시하거나 종료한 때</u>가 경비업자(경비업의 허가를 받은 법인)가 시·도 경찰청장에게 신고하여야 할 경우에 해당한다(경비업법 제4조 제3항 제5호).
① (○) 경비업법 제4조 제3항 제3호
② (○) 경비업법 제4조 제3항 제6호, 동법 시행령 제5조 제4항
③ (○) 경비업법 제4조 제3항 제1호

관계법령 **경비업의 허가(경비업법 제4조)**

③ 제1항의 규정에 의하여 <u>경비업의 허가를 받은 법인</u>은 다음 각호의 어느 하나에 해당하는 때에는 <u>시·도 경찰청장에게 신고하여야</u> 한다. 〈개정 2024.2.13.〉
 1. <u>영업을 폐업하거나 휴업한 때</u>
 2. 법인의 명칭이나 대표자·임원을 변경한 때
 3. <u>법인의 주사무소나 출장소를 신설·이전 또는 폐지한 때</u>
 4. 기계경비업무의 수행을 위한 관제시설을 신설·이전 또는 폐지한 때
 5. <u>특수경비업무를 개시하거나 종료한 때</u>
 6. 그 밖에 대통령령이 정하는 중요사항을 변경한 때

> **폐업 또는 휴업 등의 신고(경비업법 시행령 제5조)**
> ④ 법 제4조 제3항 제6호에서 "<u>그 밖에 대통령령이 정하는 중요사항</u>"이라 함은 <u>정관의 목적</u>을 말한다.

답 ④

23

경비업법령상 특수경비업을 영위하는 법인의 임원이 될 수 없는 자를 모두 고른 것은? 기출 24

ㄱ. 파산선고를 받고 복권된 자
ㄴ. 징역형의 선고를 받고 그 형이 실효되지 아니한 자
ㄷ. 「대통령 등의 경호에 관한 법률」에 위반하여 벌금형의 선고를 받고 3년이 지나지 아니한 자

① ㄱ
② ㄱ, ㄴ
③ ㄴ, ㄷ
④ ㄱ, ㄴ, ㄷ

해설

제시된 내용 중 특수경비업을 영위하는 법인의 임원이 될 수 없는 자는 ㄴ과 ㄷ이다.
- ㄴ. (○) 금고 이상의 형의 선고를 받고 그 형이 실효되지 아니한 자는 법인의 임원이 될 수 없다(경비업법 제5조 제3호).
- ㄷ. (○) 경비업법 또는 대통령 등의 경호에 관한 법률에 위반하여 벌금형의 선고를 받고 3년이 지나지 아니한 자는 특수경비업무를 수행하는 법인의 임원이 될 수 없다(경비업법 제5조 제4호). 경비업법 제5조 제4호에 해당하는 경우 특수경비업무를 수행하는 법인의 임원이 될 수 없을 뿐이고, 다른 경비업무를 수행하는 법인의 임원은 될 수 있다.
- ㄱ. (×) 파산선고를 받고 복권되지 아니한 자는 법인의 임원이 될 수 없는 자(경비업법 제5조 제2호)이므로 복권된 자는 특수경비업을 영위하는 법인의 임원이 될 수 있다.

답 ③

24

CHECK ○△×

경비업법령상 특수경비업을 영위하는 법인 임원의 결격사유를 모두 고른 것은? 기출 23

> ㄱ. 경비업법에 위반하여 벌금형의 선고를 받고 3년이 지나지 아니한 자
> ㄴ. 「대통령 등의 경호에 관한 법률」에 위반하여 벌금형의 선고를 받고 3년이 지나지 아니한 자
> ㄷ. 금고 이상의 형의 선고를 받고 그 형이 실효되지 아니한 자

① ㄷ
② ㄱ, ㄴ
③ ㄴ, ㄷ
④ ㄱ, ㄴ, ㄷ

해설

제시된 내용은 모두 특수경비업을 영위하는 법인 임원의 결격사유에 해당한다(경비업법 제5조 제3호·제4호).

관계법령 임원의 결격사유(경비업법 제5조)★★

다음 각호의 어느 하나에 해당하는 자는 경비업을 영위하는 법인(제4호에 해당하는 자의 경우에는 특수경비업무를 수행하는 법인, 제5호에 해당하는 자의 경우에는 허가취소사유에 해당하는 경비업무와 동종의 경비업무를 수행하는 법인)의 임원이 될 수 없다.
1. 피성년후견인
2. 파산선고를 받고 복권되지 아니한 자
3. 금고 이상의 형의 선고를 받고 그 형이 실효되지 아니한 자
4. 이 법 또는 「대통령 등의 경호에 관한 법률」에 위반하여 벌금형의 선고를 받고 3년이 지나지 아니한 자
5. 이 법(제19조 제1항 제2호 및 제7호는 제외) 또는 이 법에 의한 명령에 위반하여 허가가 취소된 법인의 허가취소 당시의 임원이었던 자로서 그 취소 후 3년이 지나지 아니한 자
6. 제19조 제1항 제2호(허가받은 경비업무 외의 업무에 경비원을 종사하게 한 때) 및 제7호(소속 경비원으로 하여금 경비업무의 범위를 벗어난 행위를 하게 한 때)의 사유로 허가가 취소된 법인의 허가취소 당시의 임원이었던 자로서 허가가 취소된 날부터 5년이 지나지 아니한 자

답 ④

25

경비업법령상 경비업을 영위하는 법인의 임원이 될 수 없는 자는? 기출 21

① 징역형의 선고를 받고 형이 실효된 자
② 파산선고를 받고 복권된 자
③ 허위의 방법으로 허가를 받아 허가가 취소된 법인의 허가취소 당시의 임원이었던 자로서 그 취소 후 3년이 지난 자
④ 허가받은 경비업무 외의 업무에 경비원을 종사하게 하여 허가가 취소된 법인의 허가취소 당시의 임원이었던 자로서 그 취소 후 3년이 지난 자

해설

허가받은 경비업무 외의 업무에 경비원을 종사하게 하여(경비업법 제19조 제1항 제2호) 허가가 취소된 법인의 허가취소 당시의 임원이었던 자로서 허가가 취소된 날부터 5년이 지나지 아니한 자는 경비업을 영위하는 법인의 임원이 될 수 없다(경비업법 제5조 제6호).

답 ④

26

경비업법령상 경비업을 영위하는 법인의 임원 결격사유에 관한 설명으로 옳은 것은? 기출수정 20

① 성년후견인은 임원이 될 수 없다.
② 이 법에 위반하여 벌금형의 선고를 받고 5년이 지나지 아니한 자는 임원이 될 수 없다.
③ 「대통령 등의 경호에 관한 법률」에 위반하여 벌금형의 선고를 받고 3년이 지나지 아니한 자는 특수경비업무를 수행하는 법인의 임원이 될 수 없다.
④ 관할 경찰관서장의 배치폐지명령에 따르지 아니하여 허가가 취소된 법인의 허가취소 당시의 임원이었던 자로서 허가가 취소된 날부터 5년이 지나지 아니한 자는 특수경비업무를 수행하는 법인의 임원이 될 수 없다.

해설

③ (○) 경비업법 제5조 제4호
① (×) 피성년후견인이 경비업을 영위하는 법인의 임원 결격사유에 해당한다(경비업법 제5조 제1호).
② (×) 경비업법을 위반하여 벌금형의 선고를 받고 3년이 지나지 아니한 자는 특수경비업무를 수행하는 법인의 임원이 될 수 없다(경비업법 제5조 제4호).
④ (×) 관할 경찰관서장의 배치폐지명령에 따르지 아니하여(경비업법 제19조 제1항 제8호 위반) 허가가 취소된 법인의 허가취소 당시의 임원이었던 자로서 허가가 취소된 날부터 3년이 지나지 아니한 자는 허가취소된 경비업무와 동종의 경비업무를 수행하는 법인의 임원이 될 수 없다(경비업법 제5조 제5호).

답 ③

27

경비업법령상 경비업을 영위하는 법인의 임원이 될 수 없는 자는? 기출 19

① 파산선고를 받고 복권된 지 3년이 지나지 아니한 갑(甲)
② 금고 이상의 형의 선고를 받고 그 형이 실효된 후 3년이 지난 을(乙)
③ 「대통령 등의 경호에 관한 법률」에 위반하여 벌금형의 선고를 받은 후 1년이 지나지 않고 특수경비업무를 수행하는 법인의 임원이 되려는 병(丙)
④ 「경비업법」을 위반하여 벌금형의 선고를 받고 3년이 지난 후 특수경비업무를 수행하는 법인의 임원이 되려는 정(丁)

해설

대통령 등의 경호에 관한 법률에 위반하여 벌금형의 선고를 받은 후에 3년이 지나지 않은 丙은 특수경비업무를 수행하는 법인의 임원이 될 수 없다.

답 ③

28

경비업법령상 2018년 11월 16일을 기준으로 특수경비업무를 수행하는 법인의 임원이 될 수 없는 자는?(단, 경비업법 제19조 제1항 제2호 및 제7호는 제외) 기출 18

① 2015년 11월 14일 파산선고를 받고 2018년 11월 14일 복권된 자
② 호송경비업무를 수행하던 법인이 경비업법에 의한 명령에 위반하여 2015년 11월 14일 허가가 취소된 경우 해당 법인의 허가 취소 당시의 임원이었던 자
③ 「대통령 등의 경호에 관한 법률」을 위반하여 2015년 11월 14일에 벌금형의 선고를 받은 자
④ 2015년 11월 14일 상해죄로 징역 1년에 집행유예 3년의 형을 선고받고 그 형이 실효되지 아니한 자

해설

④ (×) 금고 이상의 형의 선고를 받고 그 형이 실효되지 아니한 자는 경비업법 제5조 제3호의 결격사유에 해당한다. 참고로 집행유예 기간의 기산점은 집행유예 판결 선고일이 아닌 집행유예 판결이 확정된 날이다.
① (○) 경비업법 제5조 제2호에 해당하지 않아 법인의 임원이 될 수 있다.
② (○) 경비업법 제5조 제5호의 결격사유는 허가취소사유에 해당하는 경비업무와 동종의 경비업무를 수행하는 법인의 경우를 전제로 한다. 따라서 허가 취소 당시 법인이 수행하던 업무(호송경비업무)가 아닌 특수경비업무를 수행하는 경우에는 임원의 결격사유에 해당하지 않는다.★
③ (○) 벌금형의 선고를 받은 후 3년이 경과하였기 때문에 경비업법 제5조 제4호의 결격사유에 해당하지 않는다.

답 ④

29

경비업법령상 (　) 안에 들어갈 숫자의 합은? 기출 11

- 경비업법에 위반하여 벌금형의 선고를 받고 (　)년이 지나지 아니한 자는 특수경비업무를 수행하는 법인의 임원이 될 수 없다.
- 경비업 허가의 유효기간은 허가받은 날로부터 (　)년으로 한다.
- 고등교육법에 따른 전문대학을 졸업한 사람으로서 재학 중 경비지도사 시험과목을 3과목 이상 이수하고 졸업한 후 경비업무에 종사한 경력이 (　)년 이상인 사람은 경비지도사 제1차 시험을 면제한다.

① 9　　　　　　　　　　　② 11
③ 13　　　　　　　　　　　④ 15

해설

(　) 안에 들어갈 숫자를 순서대로 더하면, 3 + 5 + 5 = 13이다.
- 경비업법에 위반하여 벌금형의 선고를 받고 <u>3년</u>이 지나지 아니한 자는 특수경비업무를 수행하는 법인의 임원이 될 수 없다(경비업법 제5조 제4호).★
- 경비업 허가의 유효기간은 허가받은 날로부터 <u>5년</u>으로 한다(경비업법 제6조 제1항).
- 고등교육법에 따른 전문대학을 졸업한 사람으로서 재학 중 경비지도사 시험과목을 3과목 이상 이수하고 졸업한 후 경비업무에 종사한 경력이 <u>5년</u> 이상인 사람은 경비지도사 제1차 시험을 면제한다(경비업법 시행령 제13조 제6호).

답 ③

30

A는 특수경비업무를 수행하는 ○○ 경비법인의 임원으로 2007년 3월 5일부터 현재까지 근무하고 있다. 경비업법령상 다음 설명 중 틀린 것은? 기출수정 08

① A는 피성년후견인이 아니다.
② A는 2000년 1월 1일 금고 이상의 형의 선고를 받고 2007년 1월 1일 그 형이 실효되었다.
③ A는 2006년 10월 5일 파산선고를 받고 2007년 7월 20일 복권되었다.
④ A는 2007년 6월 7일 도로교통법 위반으로 벌금형을 선고받고 벌금을 납부하였다.

해설

③ (×) 경비업법 제5조 제2호에 따라 파산선고를 받고 복권되지 아니한 자는 임원이 될 수 없다. 즉, A는 2006년에 파산선고를 받고 2007년 7월에 복권되었으므로, 근무를 시작한 시점인 2007년 3월에는 복권되지 않은 상태이므로 임원이 될 수 없다.
① (○) A는 2007년 3월 5일부터 현재까지 임원으로 근무하고 있으므로 경비업법 제5조 제1호에 따라 A는 피성년후견인이 아니다.
② (○) A는 2000년 1월 1일 금고 이상의 형의 선고를 받고 2007년 1월 1일 그 형이 실효되었으므로 2007년 3월 5일부터 특수경비업무를 수행하는 법인의 임원으로 근무할 수 있다.
④ (○) 경비업법 제5조 제4호는 "특수경비업무를 수행하는 법인인 경우, 경비업법 또는 대통령 등의 경호에 관한 법률에 위반하여 벌금형의 선고를 받고 3년이 지나지 아니한 자는 임원이 될 수 없다"고 규정하고 있을 뿐이고 그 밖에 다른 벌금형에 대한 제재는 없으므로, 도로교통법 위반으로 벌금형을 선고받고 벌금을 납부한 A는 임원이 될 수 있다.★

답 ③

31

경비업법령상 경비업자의 의무에 관한 설명으로 옳은 것은? 기출 19

① 경비업자는 허가받은 경비업무 외의 업무에 경비원을 종사하게 하는 경우 관할 경찰서장에게 보고하여야 한다.
② 경비업자는 도급을 의뢰받은 경비업무가 위법 또는 부당한 것일 때에는 이를 거부하여야 한다.
③ 경비업자는 경비대상시설의 소유자 또는 관리자의 관리권의 범위와 상관없이 독립적으로 경비업무를 수행하여야 한다.
④ 특수경비업자는 부동산 관리업을 할 수 없다.

해설

② (○) 경비업법 제7조 제2항 후단
① (×) 경비업자가 허가받은 경비업무 외의 업무에 경비원을 종사하게 하는 경우 경비업법 제19조 제1항 제2호의 경비업 허가의 필요적 취소사유였으나, 헌법재판소는 2023.3.23. 해당 법률조항에 대하여 적용중지 헌법불합치 결정을 선고하였다. 이에 따라 국회는 2025.1.7. 개정을 통해 헌법불합치 결정된 제7조 제5항을 개정하고, 제19조 제1항 제2호를 삭제하였다. 헌법불합치 결정된 조항들과 관련된 2025.1.7. 개정규정들은 2026.1.8.부터 시행된다.
③ (×) 경비업법 제7조 제1항 전단에 반한다. 즉, 경비업자는 경비대상시설의 소유자 또는 관리자의 관리권의 범위 안에서 경비업무를 수행하여야 한다.
④ (×) 부동산 관리업은 특수경비업자가 할 수 있는 영업에 해당한다(경비업법 시행령 [별표 1의2]).

답 ②

32

경비업법령상 경비업자 및 경비원의 의무에 관한 설명으로 옳지 않은 것은? 기출 23

① 경비업자는 경비대상시설의 소유자 또는 관리자의 관리권의 범위 안에서 경비업무를 수행하여야 한다.
② 경비업자는 도급을 의뢰받은 경비업무가 위법 또는 부당한 것일 때에는 시·도 경찰청장에게 보고하여야 한다.
③ 경비업자의 임·직원이거나 임·직원이었던 자는 다른 법률에 특별한 규정이 있는 경우를 제외하고는 그 직무상 알게 된 비밀을 누설하거나 다른 사람에게 제공하여 이용하도록 하는 등 부당한 목적을 위하여 사용하여서는 아니 된다.
④ 경비원은 직무를 수행함에 있어 타인에게 위력을 과시하거나 물리력을 행사하는 등 경비업무의 범위를 벗어난 행위를 하여서는 아니 된다.

해설

② (×) 경비업자는 경비업무를 성실하게 수행하여야 하고, 도급을 의뢰받은 경비업무가 위법 또는 부당한 것일 때에는 이를 거부하여야 한다(경비업법 제7조 제2항).
① (○) 경비업법 제7조 제1항 전단
③ (○) 경비업법 제7조 제4항
④ (○) 경비업법 제15조의2 제1항

답 ②

33

비업법령상 특수경비업자가 할 수 있는 전문직별 공사업 분야의 경비관련업에 해당되지 않는 것은?

① 소방시설 공사업
② 배관 및 냉·난방 공사업
③ 내부 전기배선 공사업
④ 방재 관련 공사 외의 공사업

해설

특수경비업자가 할 수 있는 전문직별 공사업 분야 경비관련업은, 소방시설 공사업, 배관 및 냉·난방 공사업(소방시설 공사 등 방재 관련 공사에 한정), 내부 전기배선 공사업, 내부 통신배선 공사업이다(경비업법 시행령 [별표 1의2]).

답 ④

제3절 기계경비업무

34

경비업법령상 기계경비업자의 직무에 해당하지 않는 것은? 기출 17

① 경비대상시설에 관한 경보를 수신한 때에는 신속하게 그 사실을 확인하는 등 필요한 대응조치를 취하여야 한다.
② 경비업과 경비장비의 제조·설비·판매업 등 대통령령이 정하는 경비관련업 외의 영업을 하여서는 안 된다.
③ 기계경비업무를 위한 기계장치의 운용·감독을 하여야 한다.
④ 대응조치 등 업무의 원활한 운영과 개선을 위하여 대통령령이 정하는 바에 따라 관련 서류를 작성·비치하여야 한다.

해설
② (×) 특수경비업자는 이 법에 의한 경비업과 경비장비의 제조·설비·판매업, 네트워크를 활용한 정보산업, 시설물 유지관리업 및 경비원 교육업 등 대통령령이 정하는 경비관련업 외의 영업을 하여서는 아니 된다(경비업법 제7조 제9항).★
① (○) 경비업법 제8조
③ (○) 경비업법 시행령 제17조 제1항 제1호
④ (○) 경비업법 제9조 제2항★

답 ②

35

경비업법령상 기계경비업자에 관한 설명으로 틀린 것은? 기출 08

① 기계경비업자는 관제시설 등에서 경보를 수신한 때에는 늦어도 25분 이내에 도착시킬 수 있는 대응체제를 갖추어야 한다.
② 기계경비업자는 오경보가 발생한 경비대상시설 및 그 오경보에 대한 조치의 결과를 기재한 서류를 조치 후 계약기간 종료 시까지 보관하여야 한다.
③ 기계경비업자는 경비원의 업무수행 중 고의 또는 과실로 경비대상에 발생한 손해에 대한 손해배상의 범위와 손해배상액에 관한 사항을 기재한 서면등을 계약상대방에게 교부하여야 한다.
④ 기계경비업자는 오경보의 발생원인과 송신기기의 유지·관리방법을 설명한 서면 또는 전자문서(전자문서는 계약상대방이 원하는 경우에 한한다)를 계약상대방에게 교부하여야 한다.

해설
② (×) 경보의 수신 및 현장도착 일시와 조치의 결과, 오경보인 경우 오경보가 발생한 경비대상시설 및 그 오경보에 대한 조치결과에 대한 사항을 기재한 서류는 당해 경보를 수신한 날로부터 1년간 보관하여야 한다(경비업법 시행령 제9조).
① (○) 경비업법 시행령 제7조
③ (○) 경비업법 시행령 제8조 제2항
④ (○) 경비업법 시행령 제8조 제1항 제4호

답 ②

36

경비업법령상 기계경비업자의 기계경비업무에 관한 설명으로 옳지 않은 것은? 기출 18

① 경비계약을 체결하는 때에는 오경보를 막기 위하여 계약상대방에게 기기사용요령 및 기계경비운영체계 등에 관하여 설명하여야 한다.
② 관제시설 등에서 경보를 수신한 때에는 경보를 수신한 때부터 늦어도 25분 이내에는 도착시킬 수 있는 대응체제를 갖추어야 한다.
③ 기계경비업무의 수행을 위한 관제시설의 이전에 관해서는 시·도 경찰청장의 허가를 받아야 한다.
④ 출장소별로 경보의 수신 및 현장 도착 일시와 조치의 결과를 기재한 서류를 당해 경보를 수신한 날로부터 1년간 이를 보관하여야 한다.

해설

③ (×) 기계경비업무의 수행을 위한 관제시설의 이전에 관해서는 시·도 경찰청장에게 신고하여야 한다(경비업법 제4조 제3항 제4호).
① (○) 경비업법 제9조 제1항
② (○) 경비업법 시행령 제7조
④ (○) 경비업법 시행령 제9조 제2항

관계법령

경비업의 허가(경비업법 제4조) ★★
③ 제1항의 규정에 의하여 경비업의 허가를 받은 법인은 다음 각호의 어느 하나에 해당하는 때에는 시·도 경찰청장에게 신고하여야 한다. 〈개정 2024.2.13.〉
  1. 영업을 폐업하거나 휴업한 때
  2. 법인의 명칭이나 대표자·임원을 변경한 때
  3. 법인의 주사무소나 출장소를 신설·이전 또는 폐지한 때
  4. 기계경비업무의 수행을 위한 관제시설을 신설·이전 또는 폐지한 때
  5. 특수경비업무를 개시하거나 종료한 때
  6. 그 밖에 대통령령이 정하는 중요사항을 변경한 때 : 정관의 목적을 변경한 때(경비업법 시행령 제5조 제4항)

기계경비업자의 관리 서류(경비업법 시행령 제9조) ★
① 기계경비업자는 출장소별로 다음 각호의 사항을 기재한 서류를 갖추어 두어야 한다.
  1. 경비대상시설의 명칭·소재지 및 경비계약기간
  2. 기계경비지도사의 명단·배치일자·배치장소와 출동차량의 대수
  3. 경보의 수신 및 현장도착 일시와 조치의 결과
  4. 오경보인 경우 오경보가 발생한 경비대상시설 및 그 오경보에 대한 조치의 결과
② 제1항 제3호 및 제4호의 규정에 의한 사항을 기재한 서류는 당해 경보를 수신한 날부터 1년간 이를 보관하여야 한다.

답 ③

37

경비업법령상 기계경비업자가 오경보의 방지를 위해 계약상대방에게 설명하여야 하는 사항이 아닌 것은? 기출 23

① 당해 기계경비업무와 관련된 관제시설 및 출장소의 명칭·소재지
② 기계경비업무용 기기의 설치장소 및 종류와 그 밖의 기계장치의 개요
③ 기계경비지도사의 명단·배치일자·배치장소와 출동차량의 대수
④ 기계경비업자가 경비대상시설에서 발생한 경보를 수신한 경우에 취하는 조치

해설

③ (×) 기계경비업자가 출장소별로 갖추어 두어야 하는 서류의 기재사항에 해당한다(경비업법 시행령 제9조 제1항 제2호).
① (○) 경비업법 시행령 제8조 제1항 제1호
② (○) 경비업법 시행령 제8조 제1항 제3호
④ (○) 경비업법 시행령 제8조 제1항 제2호

관계법령

오경보의 방지를 위한 설명 등(경비업법 시행령 제8조)

① 법 제9조 제1항의 규정에 의하여 기계경비업자가 계약상대방에게 하여야 하는 설명은 다음 각호의 사항을 기재한 서면 또는 전자문서(이하 "서면등"이라 하며, 이 조에서 전자문서는 계약상대방이 원하는 경우에 한한다)를 교부하는 방법에 의한다.
  1. 당해 기계경비업무와 관련된 관제시설 및 출장소(제5조 제3항의 규정에 의한 출장소를 말한다. 이하 같다)의 명칭·소재지
  2. 기계경비업자가 경비대상시설에서 발생한 경보를 수신한 경우에 취하는 조치
  3. 기계경비업무용 기기의 설치장소 및 종류와 그 밖의 기계장치의 개요
  4. 오경보의 발생원인과 송신기기의 유지·관리방법
② 기계경비업자는 제1항 각호의 사항을 기재한 서면등과 함께 법 제26조의 규정에 의한 손해배상의 범위와 손해배상액에 관한 사항을 기재한 서면등을 계약상대방에게 교부하여야 한다.

기계경비업자의 관리 서류(경비업법 시행령 제9조)

① 기계경비업자는 법 제9조 제2항의 규정에 의하여 출장소별로 다음 각호의 사항을 기재한 서류를 갖추어 두어야 한다.
  1. 경비대상시설의 명칭·소재지 및 경비계약기간
  2. 기계경비지도사의 명단·배치일자·배치장소와 출동차량의 대수
  3. 경보의 수신 및 현장도착 일시와 조치의 결과
  4. 오경보인 경우 오경보가 발생한 경비대상시설 및 그 오경보에 대한 조치의 결과
② 제1항 제3호 및 제4호의 규정에 의한 사항을 기재한 서류는 당해 경보를 수신한 날부터 1년간 이를 보관하여야 한다.

답 ③

38

경비업법령상 기계경비업자의 출장소별 관리 서류에 관한 설명으로 옳지 않은 것은? 기출 24

① 경비대상시설의 명칭·소재지 및 경비계약기간을 기재한 서류를 갖추어 두어야 한다.
② 기계경비지도사의 명단·배치일자·배치장소와 출동차량의 대수를 기재한 서류를 갖추어 두어야 한다.
③ 오경보가 발생한 경비대상시설을 기재한 서류를 갖추어 두어야 한다.
④ 경보의 수신 및 조치의 결과를 기재한 서류는 당해 경보를 수신한 날부터 3년간 보관하여야 한다.

해설

"경보의 수신 및 현장도착 일시와 조치의 결과"와 "오경보인 경우 오경보가 발생한 경비대상시설 및 그 오경보에 대한 조치의 결과"를 기재한 서류는 당해 정보를 수신한 날부터 1년간 이를 보관하여야 한다(경비업법 시행령 제9조 제2항).

답 ④

39

경비업법령상 기계경비업자의 출장소별 관리 서류에 관한 설명으로 옳지 않은 것은? 기출 21

① 기계경비지도사의 명단·배치일자·배치장소와 출동차량의 대수를 기재한 서류를 갖추어 두어야 한다.
② 오경보인 경우 오경보가 발생한 경비대상시설 및 그 오경보에 대한 조치의 결과를 기재한 서류를 갖추어 두어야 한다.
③ 경보의 수신 및 현장도착 일시와 조치의 결과를 기재한 서류를 갖추어 두어야 한다.
④ 오경보에 대한 조치의 결과를 기재한 서류는 당해 경보를 수신한 날부터 2년간 이를 보관하여야 한다.

해설

④ (×) 제1항 제3호(경보의 수신 및 현장도착 일시와 조치의 결과) 및 제4호(오경보인 경우 오경보가 발생한 경비대상시설 및 그 오경보에 대한 조치의 결과)의 규정에 의한 사항을 기재한 서류는 당해 경보를 수신한 날부터 1년 이를 보관하여야 한다(경비업법 시행령 제9조 제2항).
① (○) 경비업법 시행령 제9조 제1항 제2호
② (○) 경비업법 시행령 제9조 제1항 제4호
③ (○) 경비업법 시행령 제9조 제1항 제3호

답 ④

40

경비업법령상 기계경비업무에 관한 설명으로 옳지 않은 것은? 기출 15

① 기계경비업무를 수행하는 경비원은 일반경비원에 해당한다.
② 기계경비업자는 관제시설 등에서 경보를 수신한 때에는 경보를 수신한 때부터 늦어도 25분 이내에는 도착시킬 수 있는 대응체제를 갖추어야 한다.
③ 기계경비업자는 경보의 수신 및 현장도착 일시와 조치의 결과를 기재한 서류를 당해 경보를 수신한 날부터 최소 2년간 이를 보관하여야 한다.
④ 기계경비지도사의 직무에는 기계경비업무를 위한 기계장치의 운용·감독 및 오경보 방지 등을 위한 기기관리의 감독이 포함된다.

[해설]
③ (×) 기계경비업자는 경보의 수신 및 현장도착 일시와 조치의 결과를 기재한 서류를 당해 경보를 수신한 날부터 <u>1년간</u> 이를 보관하여야 한다(경비업법 시행령 제9조 제2항).
① (○) 경비업법 제2조 제3호 가목
② (○) 경비업법 시행령 제7조
④ (○) 경비업법 시행령 제17조 제1항

 ③

제4절 경비지도사 및 경비원

41
CHECK ○△✕

경비업법령상 특수경비원의 결격사유로 옳지 않은 것은? 기출 23

① 심신미약자
② 마약·대마·향정신성의약품 또는 알코올 중독자
③ 경비업법에 따른 명령을 위반하여 벌금형을 선고받은 날부터 5년이 지나지 아니한 자
④ 인질강도죄(「형법」제336조)를 범하여 벌금형을 선고받은 날부터 5년이 지나지 아니한 자

해설

① (✕) 심신미약자가 아닌 심신상실자가 특수경비원의 결격사유에 해당한다(경비업법 제10조 제2항 제2호, 동법 시행령 제10조의2 제1호).
② (○) 경비업법 시행령 제10조의2 제2호
③ (○) 경비업법 제10조 제2항 제3호 - 제1항 제8호
④ (○) 경비업법 제10조 제2항 제3호 - 제1항 제6호 가목

관계법령 경비지도사 및 경비원의 결격사유(경비업법 제10조)★★

② 다음 각호의 어느 하나에 해당하는 자는 특수경비원이 될 수 없다.
  1. 18세 미만이거나 60세 이상인 사람 또는 피성년후견인
  2. 심신상실자, 알코올 중독자 등 대통령령으로 정하는 정신적 제약이 있는 자

  > **특수경비원의 결격사유(경비업법 시행령 제10조의2)**
  >
  > 법 제10조 제2항 제2호에서 "심신상실자, 알코올 중독자 등 대통령령으로 정하는 정신적 제약이 있는 자"란 다음 각호의 사람을 말한다.
  >   1. 심신상실자
  >   2. 마약·대마·향정신성의약품 또는 알코올 중독자
  >   3. 「치매관리법」제2조 제1호에 따른 치매, 조현병·조현정동장애·양극성정동장애(조울병)·재발성우울장애 등의 정신질환이나 정신 발육지연, 뇌전증 등이 있는 사람. 다만, 해당 분야 전문의가 특수경비원으로서 적합하다고 인정하는 사람은 제외한다.

  3. 제1항 제2호부터 제8호까지의 어느 하나에 해당하는 자
  4. 금고 이상의 형의 선고유예를 받고 그 유예기간 중에 있는 자
  5. 행정안전부령으로 정하는 신체조건에 미달되는 자

  > **특수경비원의 신체조건(경비업법 시행규칙 제7조)**
  >
  > 법 제10조 제2항 제5호에서 "행정안전부령이 정하는 신체조건"이라 함은 팔과 다리가 완전하고 두 눈의 맨눈시력 각각 0.2 이상 또는 교정시력 각각 0.8 이상을 말한다.

답 ①

42

경비업법상 경비원의 결격사유에 관한 설명으로 옳지 않은 것은? 기출수정 19

① 18세 미만 또는 60세 이상인 사람은 일반경비원이 될 수 없다.
② 금고 이상의 형의 선고유예를 받고 그 유예기간 중에 있는 자는 특수경비원이 될 수 없다.
③ 금고 이상의 형의 집행유예선고를 받고 그 유예기간 중에 있는 자는 일반경비원이 될 수 없다.
④ 형법 제297조(강간)의 죄로 금고 이상의 형을 선고받고 그 집행이 유예된 날부터 10년이 지나지 아니한 자는 일반경비원 및 특수경비원이 될 수 없다.

해설

① (×) 18세 미만인 사람은 일반경비원·특수경비원의 공통된 결격사유이나(경비업법 제10조 제1항 제1호·동조 제2항 제1호), 60세 이상인 사람은 특수경비원의 특유한 결격사유이다(경비업법 제10조 제2항 제1호).
② (○) 금고 이상의 형이 선고유예를 받고 그 유예기간 중에 있는 자는 특수경비원의 특유한 결격사유이다(경비업법 제10조 제2항 제4호).
③ (○) 금고 이상의 형의 집행유예선고를 받고 그 유예기간 중에 있는 자는 일반경비원·특수경비원의 공통된 결격사유에 해당한다(경비업법 제10조 제1항 제4호·동조 제2항 제3호).
④ (○) 형법 제297조(강간)죄는 경비업법 제10조 제1항 제5호 다목의 형사범죄로 금고 이상의 형을 선고받고 그 집행이 유예된 날부터 10년이 지나지 아니한 자는 일반경비원·특수경비원의 공통된 결격사유이다(경비업법 제10조 제1항 제5호 다목·동조 제2항 제3호).

답 ①

43

경비업법령상 경비지도사 및 경비원의 결격사유로 옳지 않은 것은? 기출 22

① 「형법」 제114조(범죄단체 등의 조직)의 죄를 범하여 벌금형을 선고받은 날부터 10년이 지나지 아니하거나 금고 이상의 형을 선고받고 그 집행이 종료된(종료된 것으로 보는 경우를 포함한다) 날 또는 집행이 유예·면제된 날부터 10년이 지나지 아니한 자
② 「형법」 제330조(야간주거침입절도)의 죄를 범하여 벌금형을 선고받은 날부터 5년이 지나지 아니하거나 금고 이상의 형을 선고받고 그 집행이 유예된 날부터 5년이 지나지 아니한 자
③ 「아동·청소년의 성보호에 관한 법률」 제7조(아동·청소년에 대한 강간·강제추행 등)의 죄를 범하여 치료감호를 선고받고 그 집행이 종료된 날 또는 집행이 면제된 날부터 10년이 지나지 아니한 자
④ 「성폭력범죄의 처벌 등에 관한 특례법」 제3조(특수강도강간 등)의 죄를 범하여 벌금형을 선고받은 날부터 5년이 지나지 아니하거나 금고 이상의 형을 선고받고 그 집행이 유예된 날부터 5년이 지나지 아니한 자

해설

④ (×) 「성폭력범죄의 처벌 등에 관한 특례법」 제3조(특수강도강간 등)의 죄를 범하여 벌금형을 선고받은 날부터 10년이 지나지 아니하거나 금고 이상의 형을 선고받고 그 집행이 유예된 날부터 10년이 지나지 아니한 자가 경비업법 제10조 제1항 제5호 라목의 결격사유에 해당한다.
① (○) 경비업법 제10조 제1항 제5호 가목의 결격사유에 해당한다.
② (○) 경비업법 제10조 제1항 제6호 가목의 결격사유에 해당한다.
③ (○) 경비업법 제10조 제1항 제7호 전단의 결격사유에 해당한다.

관계법령 경비지도사 및 경비원의 결격사유(경비업법 제10조) ★★

① 다음 각호의 어느 하나에 해당하는 자는 경비지도사 또는 일반경비원이 될 수 없다.
  1. 18세 미만인 사람, 피성년후견인
  2. 파산선고를 받고 복권되지 아니한 자 → 삭제 〈2025.4.1.〉
  3. 금고 이상의 실형의 선고를 받고 그 집행이 종료(집행이 종료된 것으로 보는 경우를 포함)되거나 집행이 면제된 날부터 5년이 지나지 아니한 자
  4. 금고 이상의 형의 집행유예선고를 받고 그 유예기간 중에 있는 자
  5. 다음 각목의 어느 하나에 해당하는 죄를 범하여 벌금형을 선고받은 날부터 10년이 지나지 아니하거나 금고 이상의 형을 선고받고 그 집행이 종료된(종료된 것으로 보는 경우를 포함) 날 또는 집행이 유예·면제된 날부터 10년이 지나지 아니한 자
     가. 「형법」 제114조의 죄
     나. 「폭력행위 등 처벌에 관한 법률」 제4조의 죄
     다. 「형법」 제297조, 제297조의2, 제298조부터 제301조까지, 제301조의2, 제302조, 제303조, 제305조, 제305조의2의 죄
     라. 「성폭력범죄의 처벌 등에 관한 특례법」 제3조부터 제11조까지 및 제15조(제3조부터 제9조까지의 미수범만 해당)의 죄
     마. 「아동·청소년의 성보호에 관한 법률」 제7조 및 제8조의 죄
     바. 다목부터 마목까지의 죄로서 다른 법률에 따라 가중처벌되는 죄
  6. 다음 각목의 어느 하나에 해당하는 죄를 범하여 벌금형을 선고받은 날부터 5년이 지나지 아니하거나 금고 이상의 형을 선고받고 그 집행이 유예된 날부터 5년이 지나지 아니한 자
     가. 「형법」 제329조부터 제331조까지, 제331조의2 및 제332조부터 제343조까지의 죄
     나. 가목의 죄로서 다른 법률에 따라 가중처벌되는 죄
     다. 삭제 〈2014.12.30.〉
     라. 삭제 〈2014.12.30.〉
  7. 제5호 다목부터 바목까지의 어느 하나에 해당하는 죄를 범하여 치료감호를 선고받고 그 집행이 종료된 날 또는 집행이 면제된 날부터 10년이 지나지 아니한 자 또는 제6호 각목의 어느 하나에 해당하는 죄를 범하여 치료감호를 선고받고 그 집행이 면제된 날부터 5년이 지나지 아니한 자
  8. 이 법이나 이 법에 따른 명령을 위반하여 벌금형을 선고받은 날부터 5년이 지나지 아니하거나 금고 이상의 형을 선고받고 그 집행이 유예된 날부터 5년이 지나지 아니한 자

답 ④

44

경비업법령상 일반경비원과 특수경비원 사이에 차이점이 없는 것은? 기출 08

① 직무교육시간
② 경비원이 될 수 있는 신체조건
③ 파업 또는 태업을 할 수 있는 점
④ 피성년후견인이 경비원이 될 수 없는 점

해설

법 제10조 제1항 각호의 규정은 일반경비원과 특수경비원 모두를 제한하는 결격사유에 해당하는 것이므로 ④는 둘을 구분하는 차이가 아닌 공통점에 해당한다.

핵심만콕 일반경비원과 특수경비원의 비교★★

구 분		일반경비원	특수경비원
공통 사유		18세 미만인 사람	18세 미만 또는 60세 이상인 사람
	* 피성년후견인 * 파산선고를 받고 복권되지 아니한 자 → 삭제 〈2025.4.1.〉 * 금고 이상의 실형의 선고를 받고 그 집행이 종료(집행이 종료된 것으로 보는 경우를 포함)되거나 집행이 면제된 날부터 5년이 지나지 아니한 자 * 금고 이상의 형의 집행유예선고를 받고 그 유예기간 중에 있는 자 * 범죄와 관련한 결격사유(경비업법 제10조 제1항 제3호~제8호)			

구 분		일반범죄 (제3호~제4호)	재산범죄 (제6호)*	성범죄 등의 중한 범죄 (제5호)*	명령 위반 (제8호)
–		–	자동차 등 불법사용 죄, 강도강간죄 포함	범죄단체 등의 조직의 죄, 단체 등의 구성활동의 죄 포함	–
벌금형		×	5년	10년	5년
금고 이상	집행유예	유예 중	5년	10년	5년
	집행종료	5년	×	10년	×
	집행면제	5년	×	10년	×
치료감호 (제7호)		×	종료 : × 면제 : 5년	종료 : 10년 면제 : 10년	×

※ 비고 : 경비업법 제10조 제1항 제3호부터 제8호까지의 규정을 위와 같이 표로 정리하였다. 규정되어 있는 죄를 일반, 재산, 성범죄 등의 중한 범죄 등으로 구분하였으며, 각 범죄에 따르는 제한 년수를 표기하였다.

신체 조건 등	–	* 금고 이상의 형의 선고유예를 받고 그 유예기간 중에 있는 자 * 행정안전부령이 정하는 신체조건(팔과 다리가 완전하고 두 눈의 맨눈 시력 각각 0.2 이상 또는 교정시력 각각 0.8 이상)에 미달되는 자
파업·태업	–	특수경비원은 파업·태업 그 밖에 경비업무의 정상적인 운영을 저해하는 일체의 쟁의행위를 하여서는 아니 된다.
직무교육	2시간 이상	3시간 이상

답 ④

45

경비업법령상 기계경비지도사자격증 취득자가 자격증 취득일부터 3년 이내에 일반경비지도사 시험에 합격하여 교육을 받은 경우, 받아야 하는 교육과목에 해당하지 않는 것은? 기출수정 15

① 체포・호신술
② 신변보호
③ 특수경비
④ 교통안전 관리

해설

기계경비지도사자격증 취득자가 자격증 취득일부터 3년 이내에 일반경비지도사 시험에 합격하여 교육을 받은 경우에는 공통교육은 면제되는데(경비업법 시행규칙 [별표 1] 비고 제2호), 체포・호신술은 공통교육 과목에 해당한다.

관계법령 경비지도사 기본교육의 과목 및 시간(경비업법 시행규칙 [별표 1]) <개정 2024.8.14.>

구분 (교육시간)	과목 및 시간	
공통교육 (22시간)	「경비업법」, 「경찰관직무집행법」, 「도로교통법」 등 관계법령 및 「개인정보보호법」에 따른 개인정보 보호지침 등(4h), 실무Ⅰ(4h), 실무Ⅱ(3h), 범죄・테러・재난 대응요령 및 화재대처법(2h), 응급처치법(2h), 직업윤리 및 인권보호(2h), 체포・호신술(2h), 입교식, 평가 및 수료식(3h)	
자격의 종류별 교육 (18시간)	일반경비지도사	시설경비(3h), 호송경비(2h), 신변보호(2h), 특수경비(2h), 혼잡・다중운집 인파 관리(2h), 교통안전 관리(2h), 일반경비 현장실습(5h)
	기계경비지도사	기계경비 운용관리(4h), 기계경비 기획 및 설계(4h), 인력경비개론(5h), 기계경비 현장실습(5h)

※ 비고 : 다음 각호의 사람이 기본교육을 받는 경우 공통교육은 면제한다.
　1. 일반경비지도사 자격을 취득한 후 3년 이내에 기계경비지도사 시험에 합격한 사람
　2. 기계경비지도사 자격을 취득한 후 3년 이내에 일반경비지도사 시험에 합격한 사람

답 ①

46

경비업법령상 일반경비지도사자격증을 취득하기 위하여 받아야 할 교육의 과목에 해당하지 않는 것은? 기출수정 14

① 직업윤리 및 인권보호
② 호송경비
③ 인력경비개론
④ 「경비업법」, 「경찰관직무집행법」, 「도로교통법」 등 관계법령 및 「개인정보보호법」에 따른 개인정보 보호지침 등

해설

인력경비개론은 기계경비지도사 자격의 종류별 교육 과목에 해당한다(경비업법 시행규칙 [별표 1]).

답 ③

47

경비업법령상 경비원과 경비지도사의 교육에 관한 설명으로 옳지 않은 것은?(단, 교육대상 제외자는 해당하지 않는다) 기출수정 17

① 경비지도사의 기본교육에 소요되는 비용은 경비업자의 부담으로 한다.
② 일반경비원의 신임교육에서 이론교육은 4시간이고 실무교육은 19시간이다.
③ 경비업자는 일반경비원을 채용한 경우 해당 일반경비원에게 일반경비원 교육기관에서 실시하는 일반경비원 신임교육을 받도록 해야 한다.
④ 일반경비지도사자격증 취득자가 자격증 취득일부터 3년 이내에 기계경비지도사 시험에 합격하여 교육을 받은 경우에는 공통교육은 면제한다.

해설

① (×) 기본교육에 소요되는 비용은 기본교육을 받는 자의 부담으로 한다(경비업법 시행규칙 제9조 제2항).
② (○) 경비업법 시행규칙 [별표 2]
③ (○) 경비업법 시행령 제18조 제1항
④ (○) 경비업법 시행규칙 [별표 1] 비고 제1호

답 ①

48

경비업법령상 경비지도사 시험 등에 관한 설명으로 옳지 않은 것은? 기출 23

① 경비업법에 따른 일반경비업무에 3년 이상 종사하고 행정안전부령으로 정하는 교육과정을 이수한 사람은 경비지도사 1차 시험을 면제한다.
② 경비지도사 시험은 필기시험의 방법에 의하되 제1차 시험과 제2차 시험으로 구분하여 실시한다.
③ 경비지도사 시험의 공고는 관보게재와 각 시·도 경찰청 게시판 및 인터넷 홈페이지에 게시하는 방법에 의한다.
④ 「대통령 등의 경호에 관한 법률」에 따른 경호공무원 또는 별정직공무원으로 7년 이상 재직한 사람은 경비지도사 1차 시험을 면제한다.

해설

① (×) 경비업법에 따른 경비업무에 7년 이상(특수경비업무의 경우에는 3년 이상) 종사하고 행정안전부령으로 정하는 교육과정을 이수한 사람은 경비지도사 제1차 시험을 면제한다(경비업법 시행령 제13조 제4호).
② (○) 경비업법 시행령 제12조 제1항 전문
③ (○) 경비업법 시행령 제11조 제3항
④ (○) 경비업법 시행령 제13조 제1호

답 ①

49

경비업법령상 경비지도사의 시험 등에 관한 설명으로 옳지 않은 것은? 기출수정 21

① 경비지도사는 경비지도사 결격사유에 해당하지 아니하는 자로서 경찰청장이 시행하는 경비지도사 시험에 합격하고 대통령령으로 정하는 바에 따라 경찰청장이 실시하는 기본교육을 받은 자이어야 한다.
② 「군인사법」에 따른 각 군 전투병과 또는 군사경찰병과 부사관 이상 간부로 6년 재직한 사람은 경비지도사 제1차 시험을 면제한다.
③ 일반경비지도사의 자격을 취득한 후 기계경비지도사의 시험에 응시하는 사람은 경비지도사 제1차 시험을 면제한다.
④ 「고등교육법」에 따른 전문대학을 졸업한 사람으로서 재학 중 경비지도사 시험과목을 3과목 이상을 이수하고 졸업한 후 경비업무에 6년 종사한 사람은 경비지도사 제1차 시험을 면제한다.

해설

② (×) 「군인사법」에 따른 각 군 전투병과 또는 군사경찰병과 부사관 이상 간부로 7년 이상 재직한 사람은 경비지도사 제1차 시험을 면제한다(경비업법 시행령 제13조 제3호).
① (○) 경비업법 제11조 제1항
③ (○) 경비업법 시행령 제13조 제7호
④ (○) 경비업법 시행령 제13조 제6호

관계법령 시험의 일부면제(경비업법 시행령 제13조)★

법 제11조(경비지도사의 시험 등) 제3항에 따라 다음 각호의 어느 하나에 해당하는 사람은 경비지도사 제1차 시험을 면제한다.

1. 「경찰공무원법」에 따른 경찰공무원으로 7년 이상 재직한 사람
2. 「대통령 등의 경호에 관한 법률」에 따른 경호공무원 또는 별정직공무원으로 7년 이상 재직한 사람
3. 「군인사법」에 따른 각 군 전투병과 또는 군사경찰병과 부사관 이상 간부로 7년 이상 재직한 사람
4. 「경비업법」에 따른 경비업무에 7년 이상(특수경비업무의 경우에는 3년 이상) 종사하고 행정안전부령으로 정하는 교육과정을 이수한 사람

> **경비지도사 시험의 일부면제(경비업법 시행규칙 제10조)★**
>
> 영 제13조 제4호에서 "행정안전부령으로 정하는 교육과정을 이수한 사람"이란 다음 각호의 하나에 해당하는 사람을 말한다.
> 1. 고등교육법에 의한 전문대학 이상의 교육기관(경비지도사의 시험과목 3과목 이상이 개설된 교육기관에 한한다)에서 1년 이상의 경비업무관련 과정을 마친 사람
> 2. 경찰청장이 지정하는 기관 또는 단체에서 실시하는 64시간 이상의 경비지도사 양성과정을 마치고 수료시험에 합격한 사람

5. 「고등교육법」에 따른 대학 이상의 학교를 졸업한 사람으로서 재학 중 제12조 제3항에 따른 경비지도사 시험과목을 3과목 이상 이수하고 졸업한 후 경비업무에 종사한 경력이 3년 이상인 사람
6. 「고등교육법」에 따른 전문대학을 졸업한 사람으로서 재학 중 제12조 제3항에 따른 경비지도사 시험과목을 3과목 이상을 이수하고 졸업한 후 경비업무에 종사한 경력이 5년 이상인 사람
7. 일반경비지도사의 자격을 취득한 후 기계경비지도사의 시험에 응시하는 사람 또는 기계경비지도사의 자격을 취득한 후 일반경비지도사의 시험에 응시하는 사람
8. 「공무원임용령」에 따른 행정직군 교정직렬 공무원으로 7년 이상 재직한 사람

답 ②

50

경비업법령상 경비지도사 시험 등에 관한 설명으로 옳은 것은? 기출 22

① 경비지도사 시험은 매년 1회 이상 시행한다.
② 경비지도사 시험에 관하여 필요한 사항은 행정안전부령으로 정한다.
③ 경찰청장은 경비지도사 시험의 실시계획에 따라 시험을 실시하고자 하는 때에는 응시자격·시험과목·시험일시·시험장소 및 선발예정인원 등을 시험 시행일 6개월 전까지 공고하여야 한다.
④ 「경비업법」에 따른 특수경비업무에 2년 이상 종사하고 행정안전부령으로 정하는 교육과정을 이수한 사람은 경비지도사 제1차 시험을 면제한다.

[해설]
① (○) 경비업법 제11조 제3항 전단
② (×) 경비지도사 시험에 관하여 필요한 사항은 <u>대통령령</u>으로 정한다(경비업법 제11조 제3항 후단).
③ (×) 경찰청장은 경비지도사 시험의 실시계획에 따라 시험을 실시하고자 하는 때에는 응시자격·시험과목·시험일시·시험장소 및 선발예정인원 등을 <u>시험 시행일 90일 전까지</u> 공고하여야 한다(경비업법 시행령 제11조 제2항).
④ (×) 「경비업법」에 따른 <u>특수경비업무에 3년 이상 종사하고</u> 행정안전부령으로 정하는 교육과정을 이수한 사람이 경비지도사 제1차 시험 면제대상이다(경비업법 시행령 제13조 제4호).

답 ①

51

경비업법령상 경비지도사 시험의 일부를 면제하는 사람에 해당하지 않는 것은? 기출 20

① 「대통령 등의 경호에 관한 법률」에 따른 경호공무원으로 7년 이상 재직한 사람
② 경비업무에 7년 이상 종사하고 경찰청장이 지정하는 기관에서 실시하는 44시간의 경비지도사 양성과정을 마치고 수료시험에 합격한 사람
③ 「공무원임용령」에 따른 행정직군 교정직렬 공무원으로 7년 이상 재직한 사람
④ 특수경비업무에 3년 이상 종사하고 「고등교육법」에 의한 전문대학 이상의 교육기관(경비지도사의 시험과목 3과목 이상이 개설된 교육기관)에서 1년 이상의 경비업무관련 과정을 마친 사람

[해설]
② (×) 경비업무에 7년 이상 종사하고 경찰청장이 지정하는 기관에서 실시하는 <u>64시간 이상의 경비지도사 양성과정을 마치고 수료시험에 합격한 사람</u>이 경비지도사 시험의 제1차 시험 면제자에 해당한다(경비업법 시행령 제13조 제4호, 동법 시행규칙 제10조 제2호).
① (○) 경비업법 시행령 제13조 제2호
③ (○) 경비업법 시행령 제13조 제8호
④ (○) 경비업법 시행령 제13조 제4호, 동법 시행규칙 제10조 제1호

답 ②

52

경비업법령상 경비지도사 시험의 시험출제위원의 임명·위촉 등에 관하여 옳지 않은 것은?

① 범죄예방·경비 업무를 담당한 경력이 3년 이상인 경감 이상의 경찰공무원은 시험출제위원으로 임명 또는 위촉될 수 있다.
② 학사 이상의 학위소지자로 경찰청장이 정하는 바에 의하여 경비업무에 관한 연구실적이나 전문경력이 인정되는 사람을 시험출제위원으로 임명 또는 위촉할 수 있다.
③ 시험출제위원의 수는 시험과목별로 2인 이상으로 한다.
④ 시험출제위원과 시험관리업무에 종사하는 자에 대하여는 예산의 범위 안에서 수당과 여비를 지급할 수 있다.

해설

학사 이상의 학위소지자 부분이 틀렸다. 경비업법령상 석사 이상의 학위소지자로 경찰청장이 정하는 바에 의하여 경비업무에 관한 연구실적이나 전문경력이 인정되는 사람(경비업법 시행령 제15조 제1항 제2호)은 시험출제위원으로 임명 또는 위촉될 수 있다.

관계법령 **시험출제위원의 임명·위촉 등(경비업법 시행령 제15조 제1항)**

경찰청장은 시험문제의 출제를 위하여 다음 각호의 어느 하나에 해당하는 사람 중에서 시험출제위원을 임명 또는 위촉한다. 〈개정 2024.8.13.〉
1. 「고등교육법」에 따른 전문대학 이상의 교육기관에서 경찰행정학과 등 경비업무 관련학과 및 법학과의 조교수 이상으로 재직하고 있는 사람
2. 석사 이상의 학위소지자로 경찰청장이 정하는 바에 의하여 경비업무에 관한 연구실적이나 전문경력이 인정되는 사람
3. 경감 이상의 경찰공무원(범죄예방·경비 업무를 담당한 경력이 3년 이상인 사람으로 하되, 경감이 되기 전의 경력을 포함한다)

답 ②

53

경비업법령상 경비지도사의 선임 등에 관한 내용이다. ( )에 들어갈 숫자로 옳은 것은? 기출 24

- 경비업자는 경비업법령에 의하여 선임·배치된 경비지도사에 결원이 있거나 자격정지 등의 사유로 그 직무를 수행할 수 없는 때에는 (ㄱ)일 이내에 경비지도사를 새로이 충원하여야 한다.
- 경비지도사는 경비업법에 따라 경비원에 대한 교육을 실시하고, 행정안전부령으로 정하는 경비원 직무교육 실시대장에 그 내용을 기록하여 (ㄴ)년간 보존하여야 한다.

① ㄱ : 15, ㄴ : 1
② ㄱ : 15, ㄴ : 2
③ ㄱ : 30, ㄴ : 1
④ ㄱ : 30, ㄴ : 2

[해설]

제시된 내용의 ( )에 들어갈 숫자는 ㄱ : 15, ㄴ : 2이다.
- 경비업자는 경비업법령에 의하여 선임·배치된 경비지도사에 결원이 있거나 자격정지 등의 사유로 그 직무를 수행할 수 없는 때에는 15일 이내에 경비지도사를 새로이 충원하여야 한다(경비업법 시행령 제16조 제2항).
- 경비지도사는 경비업법에 따라 경비원에 대한 교육을 실시하고, 행정안전부령으로 정하는 경비원 직무교육 실시대장에 그 내용을 기록하여 2년간 보존하여야 한다(경비업법 시행령 제17조 제3항).

답 ②

54

경비업법령상 경비지도사에 관한 설명으로 옳지 않은 것은? 기출 23

① 경비지도사는 경비원의 지도·감독·교육에 관한 계획의 수립·실시 및 그 기록의 유지를 월 1회 이상 수행하여야 한다.
② 경비업자는 선임·배치된 경비지도사에 결원이 있는 경우에는 15일 이내에 경비지도사를 새로이 충원하여야 한다.
③ 경비지도사는 경비원에 대한 교육을 실시하고, 행정안전부령으로 정하는 경비원 직무교육 실시대장에 그 내용을 기록하여 1년간 보존하여야 한다.
④ 경비지도사가 선임·배치된 시·도 경찰청의 관할구역과 경계를 맞닿아 인접한 시·도 경찰청의 관할구역에 배치된 경비원이 30명 이하인 경우에는 경비지도사를 따로 선임·배치하지 않을 수 있다.

[해설]

③ (×) 경비지도사는 법 제12조 제2항 제1호에 따라 경비원에 대한 교육을 실시하고, 행정안전부령으로 정하는 경비원 직무교육 실시대장에 그 내용을 기록하여 2년간 보존하여야 한다(경비업법 시행령 제17조 제3항).
① (○) 경비업법 시행령 제17조 제2항
② (○) 경비업법 시행령 제16조 제2항
④ (○) 경비업법 시행령 [별표 3] 제2호 전문

답 ③

55

A회사는 다음과 같이 경비원을 배치하였다. 경비업법령상 선임·배치하여야 할 일반경비지도사의 인원은? 기출 18

- 시설경비업무 : 서울 250명, 인천 35명, 대전 44명, 부산 150명
- 기계경비업무 : 제주 30명

① 3명
② 4명
③ 5명
④ 6명

해설

선임·배치하여야 할 일반경비지도사의 인원을 묻고 있으므로 우선 기계경비업무를 제외한 시설경비업무만을 기준으로 필요한 일반경비지도사의 인원을 산정하여야 한다. 다음으로 관할 시·도 경찰청의 관할구역별로 200명까지는 일반경비지도사 1명을 선임·배치하고, 경비원이 200명을 초과하는 경우 200명을 초과하는 경비원 100명 단위로 일반경비지도사 1명씩을 추가로 선임·배치해야 하므로 서울의 경우 최소 2명, 대전의 경우 최소 1명, 부산의 경우 최소 1명을 선임하고 인천은 서울의 인접 관할구역이나 30명을 초과하고 있으므로 인천은 최소 1명의 경비지도사를 선임해야 한다. 따라서 A회사가 선임·배치해야 하는 일반경비지도사 인원은 최소 5명 이상이어야 한다.

관계법령 경비지도사의 선임·배치기준(경비업법 시행령 [별표 3])★★ <개정 2024.8.13.>

1. 경비업자는 경비원을 배치하여 영업활동을 하고 있는 지역을 관할하는 시·도 경찰청의 관할구역별로 경비원 200명까지는 경비지도사 1명을 선임·배치하고, 경비원이 200명을 초과하는 경우 200명을 초과하는 경비원 100명 단위로 경비지도사 1명씩을 추가로 선임·배치해야 한다.
2. 제1호에 따라 경비지도사가 선임·배치된 시·도 경찰청의 관할구역과 경계를 맞닿아 인접한 시·도 경찰청의 관할구역에 배치된 경비원이 30명 이하인 경우에는 제1호에도 불구하고 경비지도사를 따로 선임·배치하지 않을 수 있다. 이 경우 제주특별자치도경찰청과 전라남도경찰청은 경계를 맞닿아 인접한 것으로 본다.
3. 제2호에 따라 경비지도사를 따로 선임·배치하지 않는 경우 경비지도사 1명이 지도·감독 및 교육할 수 있는 경비원의 총수(경계를 맞닿아 인접한 시·도 경찰청의 관할구역에 배치된 경비원의 수를 합산한다)는 200명을 초과할 수 없다.

[비 고]
1. 시설경비업무·호송경비업무·신변보호업무·특수경비업무 또는 혼잡·교통유도경비업무를 하는 경비업자는 일반경비지도사를 선임·배치하고, 시설경비업무·호송경비업무·신변보호업무·특수경비업무 또는 혼잡·교통유도경비업무 중 둘 이상의 경비업무를 하는 경우에는 각 경비업무에 종사하는 경비원의 수를 합산한 인원을 기준으로 경비지도사를 선임·배치해야 한다. 다만, 특수경비업무를 수행하는 경비업자는 제19조 제1항에 따른 특수경비원 신임교육을 이수한 일반경비지도사를 선임·배치해야 한다.
2. 기계경비업무를 하는 경비업자는 기계경비지도사를 선임·배치해야 한다.

답 ③

56

경비업법령상 A회사에서 선임·배치하여야 할 일반경비지도사의 인원으로 옳은 것은? 기출 17

> A회사는 부산지역에 소재하는 시설경비를 전문으로 하는 경비업체이다. 현재 A회사는 부산지역에만 경비원 400명을 배치하여 경비업무를 수행하고 있다.

① 1명
② 2명
③ 3명
④ 4명

해설
제시문에서 A경비업체의 경비원 수는 총 400명이다. 현행법령상 A경비업체는 경비원 200명까지는 일반경비지도사 1명, 그 이상 100명마다 1명씩을 추가 선임·배치해야 한다. 따라서 계산을 해보면 총 3명의 일반경비지도사가 선임·배치되어야 함을 알 수 있다.

핵심만 콕

경비지도사의 선임·배치 인원을 구할 때는 다음 순서에 따라 구하면 된다.
1. 일반경비지도사와 기계경비지도사를 구별하여 인원을 구해야 한다.
2. 시·도 경찰청 단위로 별산한다. 여기서 인접지역을 감안하여야 한다.
3. 각 시·도 경찰청 내에서 복수의 경비업무를 합산한다.
4. 경비원 200명까지는 1명, 그 이상 100명마다 1명씩 추가한다.

답 ③

57

경비업법령상 일반경비지도사를 선임·배치할 수 없는 경비업무는? 기출 12

① 시설경비업
② 신변보호업
③ 기계경비업
④ 특수경비업

해설
일반경비지도사는 시설경비업, 호송경비업, 신변보호업, 특수경비업 또는 혼잡·교통유도경비업에 한하여 선임·배치할 수 있다(경비업법 시행령 [별표 3] 비고 제1호 본문 전단).

답 ③

58

경비업자가 경기도북부경찰청 관할의 시설경비업무 경비원 200명, 호송경비업무 경비원 100명, 신변보호업무 경비원 150명을 배치하고자 할 경우에 선임·배치에 필요한 최소 일반경비지도사는 몇 명인가? 기출 09

① 2명 ② 3명
③ 4명 ④ 5명

해설

시설경비업무·호송경비업무·신변보호업무·특수경비업무 또는 혼잡·교통유도경비업무 중 둘 이상의 경비업무를 하는 경우에는 각 경비업무에 종사하는 경비원의 수를 합산한 인원을 기준으로 경비지도사를 선임·배치해야 한다(경비업법 시행령 [별표 3] 비고 제1호 본문 후단). 따라서 시설경비업무 경비원 200명, 호송경비업무 경비원 100명, 신변보호업무 경비원 150명을 합산한 450명을 기준으로 일반경비지도사 4명을 선임·배치해야 한다.

답 ③

59

경비업법령상 경비지도사의 직무에 관한 설명으로 옳지 않은 것은? 기출 19

① 경비지도사는 집단민원현장에 배치된 경비원에 대한 지도·감독을 성실하게 수행하여야 한다.
② 경비지도사는 소방기관과의 연락방법에 대한 지도를 월 1회 이상 수행하여야 한다.
③ 경비지도사는 경비원 직무교육 실시대장에 경비원 교육 내용을 기록하여 2년간 보존하여야 한다.
④ 기계경비지도사는 오경보방지 등을 위한 기기관리의 감독을 월 1회 이상 수행하여야 한다.

해설

② (×) 소방기관과의 연락방법에 대한 지도는 <u>법령상 횟수 제한이 없다</u>.
① (○) 경비업법 제12조 제3항·동조 제2항 제4호
③ (○) 경비업법 시행령 제17조 제3항
④ (○) 경비업법 시행령 제17조 제2항·동조 제1항 제2호

답 ②

60

경비업법령상 경비지도사의 직무로 규정되지 않은 것은? 기출 22

① 경비업체와의 연락방법에 대한 지도
② 경비현장에 배치된 경비원에 대한 순회점검 및 감독
③ 경비원의 지도·감독·교육에 관한 계획의 수립·실시 및 그 기록의 유지
④ 집단민원현장에 배치된 경비원에 대한 지도·감독

해설

① (×) 경비업체와의 연락방법에 대한 지도가 아닌 경찰기관 및 소방기관과의 연락방법에 대한 지도가 경비업법령상 경비지도사의 직무이다(경비업법 제12조 제2항 제3호).
② (○) 경비업법 제12조 제2항 제2호
③ (○) 경비업법 제12조 제2항 제1호
④ (○) 경비업법 제12조 제2항 제4호

관계법령 경비지도사의 선임 등(경비업법 제12조)

① 경비업자는 대통령령이 정하는 바에 따라 경비지도사를 선임하여야 한다.
② 제1항의 규정에 의하여 선임된 경비지도사의 직무는 다음과 같다.
  1. 경비원의 지도·감독·교육에 관한 계획의 수립·실시 및 그 기록의 유지
  2. 경비현장에 배치된 경비원에 대한 순회점검 및 감독
  3. 경찰기관 및 소방기관과의 연락방법에 대한 지도
  4. 집단민원현장에 배치된 경비원에 대한 지도·감독
  5. 그 밖에 대통령령이 정하는 직무

  경비지도사의 직무 및 준수사항(경비업법 시행령 제17조)
  ① 법 제12조 제2항 제5호에서 "대통령령이 정하는 직무"란 다음 각호의 직무를 말한다.
    1. 기계경비업무를 위한 기계장치의 운용·감독(기계경비지도사의 경우에 한한다)
    2. 오경보방지 등을 위한 기기관리의 감독(기계경비지도사의 경우에 한한다)

③ 선임된 경비지도사는 제2항 각호의 규정에 의한 직무를 대통령령이 정하는 바에 따라 성실하게 수행하여야 한다.

답 ①

61

경비업법령상 일반경비지도사의 직무에 관한 설명으로 옳은 것을 모두 고른 것은? 기출 17

> ㄱ. 경비원의 지도·감독·교육에 관한 계획의 수립
> ㄴ. 경비현장에 배치된 경비원에 대한 순회점검 및 감독
> ㄷ. 오경보방지 등을 위한 기기관리의 감독
> ㄹ. 집단민원현장에 배치된 경비원에 대한 지도·감독

① ㄱ, ㄴ, ㄷ
② ㄱ, ㄴ, ㄹ
③ ㄱ, ㄷ, ㄹ
④ ㄴ, ㄷ, ㄹ

해설

ㄷ의 오경보 방지 등을 위한 기기관리의 감독 등은 일반경비지도사가 아닌 기계경비지도사가 할 수 있는 고유 직무로 월 1회 이상 수행하여야 한다(경비업법 시행령 제17조 제1항 제2호·제2항).

답 ②

62

경비업법에 관한 설명으로 옳지 않은 것은? 기출 16

① 시·도 경찰청장이 경비업 허가의 취소를 하고자 하는 경우에는 청문을 실시하여야 한다.
② 경비업자가 선임한 경비지도사가 경비업법상 규정된 직무를 성실하게 수행하여야 할 의무는 명문으로 규정되어 있지는 않지만 당연히 인정된다.
③ 경찰청장이 경비지도사의 자격을 취소한 때에는 그 경비지도사자격증을 회수하여야 한다.
④ 경비지도사의 자격을 정지한 때에는 그 정지기간 동안 경비지도사자격증을 회수하여 보관하여야 한다.

해설

선임된 경비지도사는 법 제12조 제2항 각호의 규정에 의한 직무를 대통령령이 정하는 바에 따라 성실하게 수행하여야 한다(경비업법 제12조 제3항).★

답 ②

63

경비업법령상 경비원의 교육 등에 관한 설명으로 옳지 않은 것은? 기출 24

① 경비업자는 「군인사법」에 따른 부사관 이상으로 근무한 경력이 있는 사람을 일반경비원으로 채용한 경우에는 해당 일반경비원을 일반경비원 신임교육 대상에서 제외할 수 있다.
② 경비업자는 소속 일반경비원에게 경비지도사가 수립한 교육계획에 따라 매월 2시간 이상의 직무교육을 받도록 하여야 한다.
③ 특수경비업자는 채용 전 3년 이내에 특수경비업무에 종사하였던 경력이 있는 사람을 특수경비원으로 채용한 경우에는 해당 특수경비원을 특수경비원 신임교육 대상에서 제외할 수 있다.
④ 특수경비업자는 소속 특수경비원에게 경비지도사가 수립한 교육계획에 따라 매월 2시간의 직무교육을 받도록 하여야 한다.

해설

④ (×) 특수경비업자는 소속 특수경비원에게 경비지도사가 수립한 교육계획에 따라 매월 3시간의 직무교육을 받도록 하여야 한다(경비업법 시행령 제19조 제3항, 동법 시행규칙 제16조 제1항).
① (○) 경비업법 시행령 제18조 제2항 제4호
② (○) 경비업법 시행령 제18조 제3항, 동법 시행규칙 제13조 제1항
③ (○) 경비업법 시행령 제19조 제2항

답 ④

64

경비업법령상 경비원의 교육 등에 관한 설명으로 옳지 않은 것은? 기출수정 23

① 경비업자는 일반경비원을 채용한 경우 해당 일반경비원에게 경비업자의 부담으로 일반경비원 교육기관에서 실시하는 일반경비원 신임교육을 받도록 해야 한다.
② 「군인사법」에 따른 부사관 이상으로 근무한 경력이 있는 사람은 일반경비원 신임교육대상에서 제외할 수 있다.
③ 특수경비업자는 채용 전 5년 이내에 특수경비업무에 종사하였던 경력이 있는 사람을 특수경비원으로 채용한 경우에는 해당 특수경비원을 특수경비원 신임교육대상에서 제외할 수 있다.
④ 경비업자는 특수경비원이 신임교육을 받은 때에는 경비원의 명부에 그 사실을 기재하여야 한다.

해설

③ (×) 특수경비업자는 채용 전 3년 이내에 특수경비업무에 종사하였던 경력이 있는 사람을 특수경비원으로 채용한 경우에는 해당 특수경비원을 특수경비원 신임교육대상에서 제외할 수 있다(경비업법 시행령 제19조 제2항).
① (○) 경비업법 시행령 제18조 제1항
② (○) 경비업법 시행령 제18조 제2항 제4호
④ (○) 경비업법 시행규칙 제15조 제3항

답 ③

65

경비업법령상 일반경비원 신임교육의 제외대상이 아닌 사람은? 기출 22

① 「경찰공무원법」에 따른 경찰공무원으로 근무한 경력이 있는 사람
② 「대통령 등의 경호에 관한 법률」에 따른 경호공무원 또는 별정직공무원으로 근무한 경력이 있는 사람
③ 「소방공무원법」에 따른 소방공무원으로 근무한 경력이 있는 사람
④ 「군인사법」에 따른 부사관 이상으로 근무한 경력이 있는 사람

해설

③ (×) 경비업법령상 일반경비원 신임교육의 제외대상에 해당하지 않는다(경비업법 시행령 제18조 제2항 참조).
① (○) 경비업법 시행령 제18조 제2항 제2호
② (○) 경비업법 시행령 제18조 제2항 제3호
④ (○) 경비업법 시행령 제18조 제2항 제4호

관계법령 일반경비원에 대한 교육(경비업법 시행령 제18조)

② 경비업자는 법 제13조 제1항 단서에 따라 다음 각호의 어느 하나에 해당하는 사람을 일반경비원으로 채용한 경우에는 해당 일반경비원을 일반경비원 신임교육 대상에서 제외할 수 있다.
1. 법 제13조 제1항 본문 및 같은 조 제3항에 따른 일반경비원 또는 특수경비원 신임교육을 받은 사람으로서 채용 전 3년 이내에 경비업무에 종사한 경력이 있는 사람
2. 「경찰공무원법」에 따른 경찰공무원으로 근무한 경력이 있는 사람
3. 「대통령 등의 경호에 관한 법률」에 따른 경호공무원 또는 별정직공무원으로 근무한 경력이 있는 사람
4. 「군인사법」에 따른 부사관 이상으로 근무한 경력이 있는 사람
5. 경비지도사자격이 있는 사람
6. 채용 당시 법 제13조 제2항에 따른 일반경비원 신임교육을 받은 지 3년이 지나지 아니한 사람

답 ③

66

경비업법령상 경비지도사 기본교육과 특수경비원 신임교육의 공통적인 교육과목에 해당하는 것을 모두 고른 것은? 기출수정 20

> ㄱ. 범죄예방론
> ㄴ. 응급처치법
> ㄷ. 화재대처법
> ㄹ. 체포・호신술
> ㅁ. 사 격

① ㄱ, ㄴ, ㄷ
② ㄱ, ㄴ, ㅁ
③ ㄴ, ㄷ, ㄹ
④ ㄷ, ㄹ, ㅁ

해설

제시된 내용 중 경비지도사 기본교육과 특수경비원 신임교육의 공통적인 교육과목에 해당하는 것은 ㄴ, ㄷ, ㄹ이다. 범죄예방론(ㄱ)과 사격(ㅁ)은 특수경비원 신임교육 과목에만 해당한다(경비업법 시행규칙 [별표 1]・[별표 4] 참조).

핵심만콕 경비지도사 기본교육의 과목 및 시간과 특수경비원 신임교육의 과목 및 시간의 비교★★ <개정 2024.8.14.>

구분 (교육시간)	경비지도사 기본교육의 과목 및 시간 (경비업법 시행규칙 [별표 1])		구분 (교육시간)	특수경비원 신임교육의 과목 및 시간 (경비업법 시행규칙 [별표 4])
공통교육 (22h)	「경비업법」, 「경찰관직무집행법」, 「도로교통법」 등 관계법령 및 「개인정보보호법」에 따른 개인정보 보호지침 등(4h), 실무Ⅰ(4h), 실무Ⅱ(3h), 범죄・테러・재난 대응요령 및 화재대처법(2h), 응급처치법(2h), 직업윤리 및 인권보호(2h), 체포・호신술(2h), 입교식, 평가 및 수료식(3h)		이론교육 (15h)	「경비업법」 및 「경찰관직무집행법」 등 관계법령(8h), 「헌법」 및 형사법(4h), 범죄예방론(3h)
자격의 종류별 교육 (18h)	일반경비 지도사	시설경비(3h), 호송경비(2h), 신변보호(2h), 특수경비(2h), 혼잡・다중운집 인파 관리(2h), 교통안전 관리(2h), 일반경비 현장실습(5h)	실무교육 (61h)	테러 및 재난대응요령(4h), 폭발물 처리요령(6h), 화재대처법(3h), 응급처치법(3h), 장비사용법(3h), 출입통제 요령(3h), 직업윤리 및 인권보호(2h), 기계경비실무(3h), 혼잡・교통유도경비실무(4h), 정보보호 및 보안업무(6h), 시설경비 요령(4h), 민방공(4h), 총기조작(3h), 사격(6h), 체포・호신술(4h), 관찰・기록기법(3h)
	기계경비 지도사	기계경비 운용관리(4h), 기계경비 기획 및 설계(4h), 인력경비개론(5h), 기계경비 현장실습(5h)	기타(4h)	입교식, 평가 및 수료식(4h)
계	40h		계	80h

답 ③

67

경비업법령상 일반경비원의 교육에 관한 설명으로 옳지 않은 것은? 기출수정 20

① 경비원이 되려는 사람은 대통령령으로 정하는 교육기관에서 미리 일반경비원 신임교육을 받을 수 있다.
② 경비업자는 소속 일반경비원에게 매월 2시간 이상의 직무교육을 받도록 하여야 한다.
③ 일반경비원의 교육 실시에 필요한 사항은 대통령령으로 정한다.
④ 일반경비원에 대한 직무교육의 과목은 일반경비원의 직무수행에 필요한 이론·실무과목 및 직업윤리 등으로 한다.

해설

③ (×) 신임교육의 과목 및 시간, 직무교육의 과목 등 일반경비원의 교육 실시에 필요한 사항은 행정안전부령으로 정한다(경비업법 시행령 제18조 제5항).
① (○) 경비업법 제13조 제2항
② (○) 경비업법 시행령 제18조 제3항, 동법 시행규칙 제13조 제1항
④ (○) 경비업법 시행규칙 제13조 제2항

답 ③

68

경비업법령상 경비원의 교육에 관한 설명으로 옳은 것을 모두 고른 것은? 기출 19

> ㄱ. 경비업자는 일반경비원을 채용한 경우 해당 일반경비원에게 경비업자의 부담으로 일반경비원 신임교육을 받도록 하여야 한다.
> ㄴ. 경비업자는 경비지도사자격이 있는 사람을 일반경비원으로 채용한 경우에는 해당 일반경비원을 일반경비원 신임교육대상에서 제외할 수 있다.
> ㄷ. 특수경비업자는 소속 특수경비원에게 관할 경찰관서장이 수립한 교육계획에 따라 매월 6시간 이상의 직무교육을 받도록 하여야 한다.
> ㄹ. 경비업자는 특수경비원 신임교육을 받은 사람이 요청하는 경우에는 신임교육 이수 확인증을 발급할 수 있다.

① ㄱ, ㄴ
② ㄱ, ㄷ
③ ㄴ, ㄹ
④ ㄷ, ㄹ

해설

제시된 내용 중 옳은 설명은 ㄱ과 ㄴ이다.
ㄱ. (○) 경비업법 시행령 제18조 제1항
ㄴ. (○) 경비업법 시행령 제18조 제2항 제5호
ㄷ. (×) 특수경비업자는 소속 특수경비원에게 경비지도사가 수립한 교육계획에 따라 매월 행정안전부령으로 정하는 시간(3시간) 이상의 직무교육을 받도록 하여야 한다(경비업법 시행령 제19조 제3항).
ㄹ. (×) 시·도 경찰청장 또는 경찰서장은 특수경비원 신임교육을 받은 사람이 요청하는 경우에는 신임교육 이수 확인증을 발급할 수 있다(경비업법 시행규칙 제15조 제4항).

답 ①

69

경비업법령상 일반경비원과 특수경비원의 신임교육과목으로 공통된 과목이 아닌 것은?

① 경비업법
② 헌법 및 형사법
③ 범죄예방론
④ 체포·호신술

해설

헌법 및 형사법은 특수경비원의 신임교육과목에만 해당한다(경비업법 시행규칙 [별표 2]·[별표 4] 참조).

핵심만콕 일반경비원과 특수경비원의 신임교육의 과목 및 시간★★ <개정 2024.8.14.>

구분 (교육시간)	일반경비원(경비업법 시행규칙 [별표 2])	구분 (교육시간)	특수경비원(경비업법 시행규칙 [별표 4])
이론교육 (4h)	「경비업법」 등 관계법령(2h), 범죄예방론(2h)	이론교육 (15h)	「경비업법」 및 「경찰관직무집행법」 등 관계법령(8h), 「헌법」 및 형사법(4h), 범죄예방론(3h)
실무교육 (19h)	시설경비실무(3h), 호송경비실무(2h), 신변보호실무(2h), 기계경비실무(2h), 혼잡·교통유도경비실무(2h), 사고예방대책(2h), 체포·호신술(2h), 장비사용법(2h), 직업윤리 및 인권보호(2h)	실무교육 (61h)	테러 및 재난대응요령(4h), 폭발물 처리요령(6h), 화재대처법(3h), 응급처치법(3h), 장비사용법(3h), 출입통제 요령(3h), 직업윤리 및 인권보호(2h), 기계경비실무(3h), 혼잡·교통유도경비업무(4h), 정보보호 및 보안업무(6h), 시설경비 요령(4h), 민방공(4h), 총기조작(3h), 사격(6h), 체포·호신술(4h), 관찰·기록기법(3h)
기타(1h)	입교식, 평가 및 수료식(1h)	기타(4h)	입교식, 평가 및 수료식(4h)
계	24h	계	80h

답 ②

70

경비업법령상 특수경비원의 교육에 관한 설명으로 옳은 것은?

① 특수경비업자는 소속 특수경비원에 대하여 매월 3시간 이상의 직무교육을 실시하여야 한다.
② 특수경비업자는 특수경비원 교육을 받지 아니한 자를 채용하여서는 아니 된다.
③ 특수경비원 교육에 경찰법 및 국가배상법이 포함되어야 한다.
④ 시·도 경찰청장은 특수경비원 신임교육을 받은 사람이 요청하지 않아도 신임교육 이수 확인증을 발급할 수 있다.

해설

① (○) 경비업법 시행령 제19조 제3항, 동법 시행규칙 제16조 제1항
② (×) 특수경비업자는 특수경비원 교육을 받지 아니한 자를 <u>특수경비업무에 종사하게 하여서는 아니 된다</u>(경비업법 제13조 제3항 후단).
③ (×) 특수경비원 교육에 <u>경찰법 및 국가배상법은 포함되지 않고</u>, 경비업법, 경찰관직무집행법, 헌법과 형사법이 포함된다(경비업법 시행규칙 [별표 4]).
④ (×) <u>시·도 경찰청장 또는 경찰서장</u>은 특수경비원 신임교육을 받은 사람이 <u>요청하는 경우</u>에는 신임교육 이수 확인증을 발급할 수 있다(경비업법 시행규칙 제15조 제4항).

답 ①

71

경비업법령상 ( ) 안의 ㄱ~ㅁ 중 "대통령령"이 들어가는 것을 모두 고른 것은?

- 경비업자는 경비업무를 적정하게 실시하기 위하여 경비원으로 하여금 (ㄱ)이 정하는 바에 따라 경비원 신임교육 및 직무교육을 받게 하여야 한다.
- 특수경비업자는 (ㄴ)으로 정하는 바에 따라 특수경비원으로 하여금 특수경비원 신임교육과 정기적인 직무교육을 받게 하여야 하고, 특수경비원 신임교육을 받지 아니한 자를 특수경비업무에 종사하게 하여서는 아니 된다.
- 일반경비원에 대한 교육의 과목·시간 그 밖에 교육의 실시에 관하여 필요한 사항은 (ㄷ)으로 정한다.
- 특수경비업자는 소속 특수경비원에 대하여 매월 (ㄹ)이 정하는 시간 이상의 직무교육을 받도록 하여야 한다.
- 특수경비원의 무기휴대, 무기종류, 그 사용기준 및 안전검사의 기준 등에 관하여 필요한 사항은 (ㅁ)으로 정한다.

① ㄱ
② ㄱ, ㄴ
③ ㄱ, ㄴ, ㅁ
④ ㄴ, ㄷ, ㄹ

해설

ㄱ, ㄴ, ㅁ은 대통령령이고 ㄷ, ㄹ은 행정안전부령이다.
- 경비업자는 경비업무를 적정하게 실시하기 위하여 경비원으로 하여금 <u>대통령령</u>이 정하는 바에 따라 경비원 신임교육 및 직무교육을 받게 하여야 한다(경비업법 제13조 제1항). ★★
- 특수경비업자는 <u>대통령령</u>으로 정하는 바에 따라 특수경비원으로 하여금 특수경비원 신임교육과 정기적인 직무교육을 받게 하여야 하고, 특수경비원 신임교육을 받지 아니한 자를 특수경비업무에 종사하게 하여서는 아니 된다(경비업법 제13조 제3항). ★★
- 일반경비원에 대한 신임교육의 과목 및 시간, 직무교육의 과목 등 일반경비원의 교육 실시에 필요한 사항은 <u>행정안전부령</u>으로 정한다(경비업법 시행령 제18조 제5항).
- 특수경비업자는 소속 특수경비원에게 매월 <u>행정안전부령</u>이 정하는 시간 이상의 직무교육을 받도록 하여야 한다(경비업법 시행령 제19조 제3항).
- 특수경비원의 무기휴대, 무기종류, 그 사용기준 및 안전검사의 기준 등에 관하여 필요한 사항은 <u>대통령령</u>으로 정한다(경비업법 제14조 제9항). ★

답 ③

72

경비업법령상 경비원 교육기관의 지정 등에 관한 설명으로 옳지 않은 것은?

① 경찰청장은 경비원에 대한 신임교육의 효율성을 제고하기 위하여 전문인력 및 시설 등을 갖춘 기관 또는 단체를 경비원 교육기관으로 지정할 수 있다.
② 경찰청장은 경비원에 대한 신임교육의 전국적 균형을 유지하기 위하여 교육수준 및 교육방법 등에 필요한 지침을 마련하여 시행할 수 있다.
③ 경찰청장은 경비원 교육기관이 ②의 교육지침을 위반한 경우에는 기간을 정하여 시정을 명해야 한다.
④ 경비원 교육기관의 지정 기준 및 절차 등에 필요한 사항은 대통령령으로 정한다.

[해설]

③ (×) 경찰청장은 경비원 교육기관이 제2항에 따른 교육지침을 위반한 경우에는 기간을 정하여 시정을 명할 수 있다(경비업법 제13조의2 제3항).
① (○) 경비업법 제13조의2 제1항
② (○) 경비업법 제13조의2 제2항
④ (○) 경비업법 제13조의2 제4항

답 ③

73

경비업법령상 청문을 실시하여야 하는 업무정지처분의 대상을 모두 고른 것은? 기출 24

> ㄱ. 경비지도사 교육기관이 교육지침을 위반하여 시정명령을 받고도 정당한 사유 없이 정하여진 기간 이내에 시정하지 아니한 경우
> ㄴ. 경비지도사 교육기관이 거짓으로 경비지도사 교육기관의 지정을 받은 경우
> ㄷ. 경비원 교육기관이 지정 기준에 적합하지 아니하게 된 경우
> ㄹ. 경비원 교육기관이 지정받은 사항을 위반하여 업무를 행한 경우

① ㄱ, ㄴ
② ㄱ, ㄷ, ㄹ
③ ㄴ, ㄷ, ㄹ
④ ㄱ, ㄴ, ㄷ, ㄹ

[해설]

제시된 내용 중 청문을 실시하여야 하는 업무정지처분의 대상은 ㄱ, ㄷ, ㄹ이다.
ㄱ. (○) 경비업법 제11조의4 제1항 제3호, 제21조 제1호
ㄷ. (○) 경비업법 제13조의3 제1항 제4호, 제21조 제2호
ㄹ. (○) 경비업법 제13조의3 제1항 제2호, 제21조 제2호
ㄴ. (×) 경찰청장은 경비지도사 교육기관이 거짓이나 그 밖의 부정한 방법으로 경비지도사 교육기관의 지정을 받은 경우에는 그 지정을 취소하여야 한다(경비업법 제11조의4 제1항 제1호). 경비업법 제11조의4 제1항 제1호는 절대적 지정취소 사유이므로 청문을 실시하여야 하는 업무정지처분의 대상에 해당하지 아니한다.

관계법령 청문(경비업법 제21조)

경찰청장 또는 시·도 경찰청장은 다음 각호의 어느 하나에 해당하는 처분을 하고자 하는 경우에는 청문을 실시하여야 한다. 〈개정 2024.2.13.〉
1. 제11조의4에 따른 경비지도사 교육기관의 지정취소 또는 업무의 정지

> **경비지도사 교육기관의 지정취소 등(경비업법 제11조의4)**
> ① 경찰청장은 경비지도사 교육기관이 다음 각호의 어느 하나에 해당하는 경우에는 그 지정을 취소하거나 1년의 범위에서 기간을 정하여 업무의 전부 또는 일부를 정지할 수 있다. 다만, 제1호의 경우에는 그 지정을 취소하여야 한다.
> 1. 거짓이나 그 밖의 부정한 방법으로 경비지도사 교육기관의 지정을 받은 경우
> 2. 지정받은 사항을 위반하여 업무를 행한 경우
> 3. 제11조의3 제3항에 따른 시정명령을 받고도 정당한 사유 없이 정하여진 기간 이내에 시정하지 아니한 경우
> 4. 제11조의3 제4항에 따른 지정 기준에 적합하지 아니하게 된 경우
> [본조신설 2024.2.13.]

2. 제13조의3에 따른 경비원 교육기관의 지정취소 또는 업무의 정지

> **경비원 교육기관의 지정취소 등(경비업법 제13조의3)**
> ① 경찰청장은 경비원 교육기관이 다음 각호의 어느 하나에 해당하는 경우에는 그 지정을 취소하거나 1년 이내의 기간을 정하여 업무의 전부 또는 일부를 정지할 수 있다. 다만, 제1호의 경우에는 그 지정을 취소하여야 한다.
> 1. 거짓이나 그 밖의 부정한 방법으로 경비원 교육기관의 지정을 받은 경우
> 2. 지정받은 사항을 위반하여 업무를 행한 경우
> 3. 제13조의2 제3항에 따른 시정명령을 받고도 정당한 사유 없이 정하여진 기간 이내에 시정하지 아니한 경우
> 4. 제13조의2 제4항에 따른 지정 기준에 적합하지 아니하게 된 경우
> [본조신설 2024.2.13.]

3. 제19조의 규정에 의한 경비업 허가의 취소 또는 영업정지
4. 제20조 제1항 또는 제2항의 규정에 의한 경비지도사자격의 취소 또는 정지

답 ②

74

경비업법령상 특수경비원의 직무 및 무기사용 등에 관한 내용이다. (   )에 들어갈 숫자로 옳은 것은?

- 관할 경찰관서장은 시설주 및 특수경비원의 무기관리상황을 매월 (ㄱ)회 이상 점검하여야 한다.
- 무기를 대여받은 국가중요시설의 시설주 또는 관리책임자는 관할 경찰관서장이 정하는 바에 의하여 무기의 관리실태를 매월 파악하여 다음 달 (ㄴ)일까지 관할 경찰관서장에게 통보하여야 한다.

① ㄱ : 1,   ㄴ : 3
② ㄱ : 1,   ㄴ : 5
③ ㄱ : 2,   ㄴ : 3
④ ㄱ : 2,   ㄴ : 5

해설

제시된 내용의 (   )에 들어갈 숫자는 ㄱ : 1, ㄴ : 3이다.
- 관할 경찰관서장은 시설주 및 특수경비원의 무기관리상황을 매월 1회 이상 점검하여야 한다(경비업법 시행령 제21조).
- 무기를 대여받은 국가중요시설의 시설주 또는 관리책임자는 관할 경찰관서장이 정하는 바에 의하여 무기의 관리실태를 매월 파악하여 다음 달 3일까지 관할 경찰관서장에게 통보하여야 한다(경비업법 시행규칙 제18조 제1항 제5호).

답 ①

75

다음 중 경비업법령상 일반경비원 교육기관의 지정 기준에 관한 설명으로 옳지 않은 것은 모두 몇 개인가?

〈인력(강사) 지정 기준〉
일반경비원 교육기관은 다음의 어느 하나에 해당하는 강사를 1명 이상 갖추어야 한다.
ㄱ. 교육과목 관련 석사 이상의 학위를 취득한 후 관련 분야에 1년 이상 근무한 경력이 있는 사람
ㄴ. 교육과목 관련 분야에서 공무원으로 3년 이상 근무한 경력이 있는 사람
ㄷ. 체포·호신술 과목의 경우 무도 사범 자격을 취득한 후 관련 분야에 2년 이상 근무한 경력이 있는 사람
ㄹ. 폭발물 처리요령 과목의 경우 관련 분야에 2년 이상 근무한 경력이 있는 사람

〈시설·장비 지정 기준〉
ㅁ. 지정기간 동안 교육 수행에 필요한 강의실과 사무실을 소유 또는 임차 등의 방법으로 확보하여야 한다.
ㅂ. 교육 수행에 필요한 컴퓨터, 시청각 장비 등 교육훈련 기자재를 확보하여야 한다.
ㅅ. 체포·호신술 과목의 경우에는 실습을 위한 별도의 공간 또는 매트 등 안전장비를 확보하여야 한다.
ㅇ. 소총에 의한 실탄사격이 가능하고 10개 사로(射路) 이상을 갖춘 사격장을 사용할 수 있어야 한다.

① 1개
② 2개
③ 3개
④ 4개

> **해설**

제시된 내용 중 일반경비원 교육기관의 지정 기준에 관한 옳지 않은 설명은 ㄴ, ㄹ, ㅇ이다.

ㄴ. (×) 교육과목 관련 분야에서 공무원으로 5년 이상 근무한 경력이 있는 사람[경비업법 시행령 제19조의2·[별표 3의2] 제1호 가목 2)]

ㄹ. (×) 폭발물 처리요령 과목 강사 기준은 특수경비원 교육기관의 지정 기준에만 해당한다[경비업법 시행령 제19조의2·[별표 3의2] 제2호 가목 5) 나)].

ㅇ. (×) 사격장 기준은 특수경비원 교육기관의 지정 기준에만 해당한다[경비업법 시행령 제19조의2·[별표 3의2] 제2호 나목 4)].

관계법령 경비원 교육기관의 지정 기준(경비업법 시행령 [별표 3의2]) <신설 2024.8.13.>

구 분		지정 기준
1. 일반경비원 교육기관	가. 인력	다음의 어느 하나에 해당하는 강사를 1명 이상 갖출 것 1) 교육과목 관련 석사 이상의 학위를 취득한 후 관련 분야에 1년 이상 근무한 경력이 있는 사람 2) 교육과목 관련 분야에서 공무원으로 5년 이상 근무한 경력이 있는 사람 3) 교육과목 관련 분야에 5년 이상 근무한 경력이 있는 사람. 다만, 체포·호신술 과목의 경우에는 무도 사범 자격을 취득한 후 관련 분야에 2년 이상 근무한 경력이 있는 사람을 말한다.
	나. 시설·장비	1) 지정기간 동안 교육 수행에 필요한 강의실과 사무실을 소유 또는 임차 등의 방법으로 확보할 것 2) 교육 수행에 필요한 컴퓨터, 시청각 장비 등 교육훈련 기자재를 확보할 것 3) 체포·호신술 과목의 경우에는 실습을 위한 별도의 공간 또는 매트 등 안전장비를 확보할 것

2. 특수경비원 교육기관	가. 인력	다음의 어느 하나에 해당하는 강사를 1명 이상 갖출 것
		1) 「고등교육법」 제2조 각호에 따른 학교 또는 이에 준하는 학교에서 교육과목 관련 학과의 조교수 이상의 직에 1년 이상 근무한 경력이 있는 사람
		2) 교육과목 관련 박사학위를 취득한 후 관련 분야의 연구실적이 있는 사람
		3) 교육과목 관련 석사 이상의 학위를 취득한 후 관련 분야에 3년 이상 근무한 경력이 있는 사람
		4) 교육과목 관련 분야에서 공무원으로 7년 이상 근무한 경력이 있는 사람
		5) 교육과목 관련 분야에 10년 이상 근무한 경력이 있는 사람. 다만, 체포·호신술 과목 및 폭발물 처리요령 과목에 대해서는 다음의 구분에 따른다.
		  가) 체포·호신술 과목 : 무도 사범 자격을 취득한 후 관련 분야에 2년 이상 근무한 경력이 있는 사람
		  나) 폭발물 처리요령 과목 : 관련 분야에 2년 이상 근무한 경력이 있는 사람

	나. 시설·장비	1) 지정기간 동안 교육 수행에 필요한 강의실과 사무실을 소유 또는 임차 등의 방법으로 확보할 것 2) 교육 수행에 필요한 컴퓨터, 시청각 장비 등 교육훈련 기자재를 확보할 것 3) 체포·호신술 과목의 경우에는 실습을 위한 별도의 공간 또는 매트 등 안전장비를 확보할 것 4) 소총에 의한 실탄사격이 가능하고 10개 사로(射路) 이상을 갖춘 사격장을 사용할 수 있을 것. 다만, 사용계획서를 제출한 경우에는 교육기관 지정을 받은 날부터 2개월 이내에 시·도 경찰청장에게 사격장 사용이 가능하다는 사실의 확인을 받아야 한다.

※ 비고 : 위 표에서 규정한 사항 외에 일반경비원 교육기관 또는 특수경비원 교육기관의 지정에 필요한 인력 및 시설·장비의 세부기준 등은 경찰청장이 정한다.

답 ③

76

경비업법령상 특수경비원의 직무 및 무기사용 등에 관한 설명으로 옳은 것을 모두 고른 것은?

ㄱ. 시·도 경찰청장이 시설주의 신청에 의하여 무기를 구입한 경우, 시설주는 그 무기의 구입대금을 지불하고, 구입한 무기를 국가에 기부채납하여야 한다.
ㄴ. 시설주는 관할 경찰관서장으로부터 대여받은 무기를 특수경비원에게 휴대하게 하는 경우에는 관할 경찰관서장의 사전승인을 얻어야 한다.
ㄷ. 무기를 대여받은 시설주는 관할 경찰관서장이 정하는 바에 의하여 무기의 관리실태를 매월 파악하여 다음 달 5일까지 관할 경찰관서장에게 통보하여야 한다.
ㄹ. 무기를 대여받은 시설주는 수리가 필요한 무기가 있는 때에는 그 목록과 무기장비운영카드를 첨부하여 특수경비업자에게 수리를 요청하여야 한다.

① ㄱ, ㄴ
② ㄱ, ㄷ
③ ㄴ, ㄹ
④ ㄷ, ㄹ

[해설]

제시된 내용 중 옳은 것은 ㄱ과 ㄴ이다.
ㄱ. (○) 경비업법 제14조 제3항
ㄴ. (○) 경비업법 시행령 제20조 제2항
ㄷ. (×) 무기를 대여받은 국가중요시설의 시설주 또는 관리책임자는 관할 경찰관서장이 정하는 바에 의하여 무기의 관리실태를 매월 파악하여 다음 달 3일까지 관할 경찰관서장에게 통보하여야 한다(경비업법 시행규칙 제18조 제1항 제5호).
ㄹ. (×) 무기를 대여받은 국가중요시설의 시설주 또는 관리책임자는 수리가 필요한 무기가 있는 때에는 그 목록과 무기장비운영카드를 첨부하여 관할 경찰관서장에게 수리를 요청하여야 한다(경비업법 시행규칙 제18조 제3항 제4호).

답 ①

77

경비업법령상 특수경비원의 무기관리수칙 등에 관한 설명으로 옳은 것은?

① 무기를 대여받은 국가중요시설의 시설주는 무기를 지급받은 특수경비원으로 하여금 무기를 매주 1회 이상 손질하게 하여야 한다.
② 무기를 대여받은 국가중요시설의 시설주는 특수경비원에게 무기를 출납하고자 하는 때에는 탄약의 출납은 권총에 있어서는 1정당 15발 이내, 소총에 있어서는 1정당 7발 이내로 하여야 한다.
③ 무기를 대여받은 국가중요시설의 시설주는 고의 또는 과실로 무기(부속품을 포함한다)를 빼앗기거나 무기가 분실·도난 또는 훼손되도록 한 특수경비원에 대하여 특수경비업자에게 교체 또는 징계 등의 조치를 요청하여야 한다.
④ 무기를 대여받은 국가중요시설의 시설주는 무기를 수송하는 때에는 출발하기 전에 관할 경찰서장에게 그 사실을 통보하여야 하며, 통보를 받은 관할 경찰서장은 2인 이상의 무장경찰관을 무기를 수송하는 자동차 등에 함께 타도록 하여야 한다.

해설
① (○) 경비업법 시행규칙 제18조 제3항 제3호
② (×) 무기를 대여받은 국가중요시설의 시설주가 특수경비원에게 무기를 출납하고자 하는 때에는 <u>탄약의 출납은 소총에 있어서는 1정당 15발 이내, 권총에 있어서는 1정당 7발 이내로 하여야 한다</u>(경비업법 시행규칙 제18조 제3항 제2호 전단).
③ (×) 무기를 대여받은 국가중요시설의 시설주는 고의 또는 과실로 무기(부속품을 포함한다)를 빼앗기거나 무기가 분실·도난 또는 훼손되도록 한 특수경비원에 대하여 특수경비업자에게 교체 또는 징계 등의 조치를 <u>요청할 수 있다</u>(경비업법 시행규칙 제18조 제2항 전문).
④ (×) 무기를 대여받은 국가중요시설의 시설주는 무기를 수송하는 때에는 출발하기 전에 관할 경찰서장에게 그 사실을 통보하여야 하며, 통보를 받은 관할 경찰서장은 <u>1인 이상의 무장경찰관</u>을 무기를 수송하는 자동차 등에 함께 타도록 하여야 한다(경비업법 시행규칙 제18조 제6항).

답 ①

78

CHECK O △ ×

경비업법령상 특수경비원의 직무 및 무기사용 등에 관한 설명으로 옳은 것은? 기출 21

① 시·도 경찰청장은 국가중요시설에 대한 경비업무의 수행을 위하여 필요하다고 인정하는 때에는 경비업자의 신청에 의하여 무기를 구입한다.
② 시설주가 대여받은 무기에 대하여 시설주 및 관할 경찰관서장은 무기의 관리책임을 지고, 관할 경찰관서장은 시설주 및 특수경비원의 무기관리상황을 대통령령이 정하는 바에 따라 지도·감독하여야 한다.
③ 시설주는 무기지급의 필요성이 해소되었다고 인정되는 때에는 특수경비원으로부터 24시간 이내에 무기를 회수하여야 한다.
④ 관할 경찰관서장은 시설주 및 특수경비원의 무기관리상황을 매주 1회 이상 점검하여야 한다.

해설
② (○) 경비업법 제14조 제5항
① (×) 시·도 경찰청장은 국가중요시설에 대한 경비업무의 수행을 위하여 필요하다고 인정하는 때에는 <u>시설주의 신청</u>에 의하여 무기를 구입한다(경비업법 제14조 제3항 전문).
③ (×) <u>시설주</u>는 제3항의 규정에 의한 무기지급의 필요성이 해소되었다고 인정되는 때에는 특수경비원으로부터 <u>즉시</u> 무기를 회수하여야 한다(경비업법 시행령 제20조 제4항).
④ (×) 관할 경찰관서장은 법 제14조 제5항의 규정에 의하여 시설주 및 특수경비원의 무기관리상황을 <u>매월 1회 이상</u> 점검하여야 한다(경비업법 시행령 제21조).

답 ②

79

경비업법령상 특수경비원의 무기휴대 및 관리에 관한 설명으로 옳은 것은? 기출 20

① 시설주는 특수경비원이 휴대할 무기를 대여받고자 하는 때에는 무기대여 신청서를 관할 경찰관서장을 거쳐 경찰청장에게 제출하여야 한다.
② 시설주는 무기의 관리를 위한 책임자를 지정하고 관할 경찰관서장에게 이를 통보하여야 한다.
③ 특수경비원이 휴대할 수 있는 무기종류는 권총에 한한다.
④ 시설주는 자체계획을 수립하여 보관하고 있는 무기를 매월 1회 이상 손질할 수 있게 하여야 한다.

해설

② (○) 경비업법 시행규칙 제18조 제1항 제1호
① (×) <u>시설주는</u> 특수경비원이 휴대할 무기를 대여받고자 하는 때에는 <u>무기대여 신청서를 관할 경찰서장 및 공항경찰대장 등 국가중요시설의 경비책임자(이하 "관할 경찰관서장"이라 한다)를 거쳐 시·도 경찰청장에게 제출하여야 한다</u>(경비업법 시행령 제20조 제1항).
③ (×) 특수경비원이 휴대할 수 있는 무기종류는 <u>권총 및 소총으로</u> 한다(경비업법 시행령 제20조 제5항).
④ (×) 시설주는 자체계획을 수립하여 보관하고 있는 무기를 <u>매주 1회</u> 이상 손질할 수 있게 하여야 한다(경비업법 시행규칙 제18조 제1항 제8호).

답 ②

80

경비업법령상 특수경비원의 무기사용 및 무기관리수칙에 관한 설명으로 옳지 않은 것은? 기출 19

① 관할 경찰관서장은 시설주 및 특수경비원의 무기관리상황을 매월 1회 이상 점검하여야 한다.
② 국가중요시설의 시설주는 자체계획을 수립하여 보관하고 있는 무기를 매주 1회 이상 손질할 수 있게 하여야 한다.
③ 국가중요시설에 침입한 무장간첩이 특수경비원으로부터 투항을 요구받고도 이에 불응한 때에는 무기를 사용하여 위해를 끼칠 수 있다.
④ 국가중요시설의 시설주는 수리가 필요한 무기가 있는 때에는 그 목록과 무기장비운영카드를 첨부하여 시·도 경찰청장에게 수리를 요청하여야 한다.

해설

④ (×) 국가중요시설의 시설주는 수리가 필요한 무기가 있는 때에는 그 목록과 무기장비운영카드를 첨부하여 <u>관할 경찰관서장</u>에게 수리를 요청하여야 한다(경비업법 시행규칙 제18조 제3항 제4호).
① (○) 경비업법 시행령 제21조
② (○) 경비업법 시행규칙 제18조 제1항 제8호
③ (○) 경비업법 제14조 제8항 단서 제2호

답 ④

81

경비업법령상 시설주 또는 관리책임자가 준수하여야 할 무기관리수칙에 관한 설명으로 옳지 않은 것은? 기출 18

① 무기의 관리를 위한 책임자를 지정하고 관할 경찰관서장에게 이를 통보하여야 한다.
② 무기고 및 탄약고의 열쇠는 관리책임자가 보관하되, 근무시간 이후에는 당직책임자에게 인계하여 보관시킨다.
③ 무기의 관리실태를 매월 파악하여 다음 달 3일까지 관할 경찰관서장에게 통보하여야 한다.
④ 대여받은 무기를 빼앗긴 때에는 시·도 경찰청장이 정하는 바에 의하여 그 전액을 배상하여야 한다.

[해설]

④ (×) 시·도 경찰청장이 아니라 경찰청장이다(경비업법 시행규칙 제18조 제1항 제7호).
① (○) 경비업법 시행규칙 제18조 제1항 제1호
② (○) 경비업법 시행규칙 제18조 제1항 제4호
③ (○) 경비업법 시행규칙 제18조 제1항 제5호

관계법령 무기의 관리수칙 등(경비업법 시행규칙 제18조)

① 법 제14조 제4항에 따라 무기를 대여받은 국가중요시설의 시설주(이하 "시설주"라 한다) 또는 같은 조 제7항에 따른 관리책임자(이하 "관리책임자"라 한다)는 다음 각호의 관리수칙에 따라 무기(탄약을 포함한다. 이하 같다)를 관리해야 한다.
7. 대여받은 무기를 빼앗기거나 대여받은 무기가 분실·도난 또는 훼손된 때에는 경찰청장이 정하는 바에 의하여 그 전액을 배상할 것. 다만, 전시·사변, 천재·지변 그 밖의 불가항력의 사유가 있다고 시·도 경찰청장이 인정한 때에는 그러하지 아니하다.

답 ④

82

경비업법령상 특수경비원의 의무에 관한 설명으로 옳지 않은 것은? 기출 24

① 파업·태업을 하여서는 아니 된다.
② 소속상사의 허가 또는 정당한 사유 없이 경비구역을 벗어나서는 아니 된다.
③ 어떠한 경우에도 14세 미만의 자에 대하여는 권총 또는 소총을 발사하여서는 아니 된다.
④ 직무를 수행함에 있어 시설주의 직무상 명령에 복종하여야 한다.

[해설]

③ (×) 특수경비원은 총기 또는 폭발물을 가지고 대항하는 경우를 제외하고는 14세 미만의 자 또는 임산부에 대하여는 권총 또는 소총을 발사하여서는 아니 된다(경비업법 제15조 제4항 제3호).
① (○) 특수경비원은 파업·태업 그 밖에 경비업무의 정상적인 운영을 저해하는 일체의 쟁의행위를 하여서는 아니 된다(경비업법 제15조 제3항).
② (○) 경비업법 제15조 제2항
④ (○) 특수경비원은 직무를 수행함에 있어 시설주·관할 경찰관서장 및 소속상사의 직무상 명령에 복종하여야 한다(경비업법 제15조 제1항).

답 ③

83

경비업법령상 특수경비원의 의무에 관한 설명으로 옳지 않은 것은? 기출 23

① 특수경비원은 소속 상사의 허가 또는 정당한 사유 없이 경비구역을 벗어나서는 아니 된다.
② 특수경비원은 쟁의행위 유형 중 태업은 할 수 있지만, 파업은 할 수 없다.
③ 특수경비원은 총기 또는 폭발물을 가지고 대항하는 경우를 제외하고는 14세 미만의 자 또는 임산부에 대하여는 권총 또는 소총을 발사하여서는 아니 된다.
④ 특수경비원은 사람을 향하여 권총 또는 소총을 발사하고자 하는 때에는 미리 구두 또는 공포탄에 의한 사격으로 상대방에게 경고하는 것이 원칙이다.

해설

② (×) 특수경비원은 파업·태업 그 밖에 경비업무의 정상적인 운영을 저해하는 일체의 쟁의행위를 하여서는 아니 된다(경비업법 제15조 제3항).
① (○) 경비업법 제15조 제2항
③ (○) 경비업법 제15조 제4항 제3호
④ (○) 경비업법 제15조 제4항 제1호 본문

답 ②

84

경비업법령상 특수경비원의 의무에 관한 설명으로 옳은 것은? 기출 22

① 특수경비원은 직무를 수행함에 있어 시설주·관할 경찰관서장 및 소속 상사의 직무상 명령에 복종하여야 한다.
② 특수경비원은 시설주의 허가 또는 정당한 사유 없이 경비구역을 벗어나서는 아니 된다.
③ 특수경비원은 경비업무의 정상적인 운영을 저해한다 하더라도 파업·태업이 아닌 다른 방법에 의한 쟁의행위는 가능하다.
④ 특수경비원은 14세 미만의 자 또는 임산부에 대하여는 어떠한 경우라도 소총을 발사하여서는 아니 된다.

해설

① (○) 경비업법 제15조 제1항
② (×) 특수경비원은 소속 상사의 허가 또는 정당한 사유 없이 경비구역을 벗어나서는 아니 된다(경비업법 제15조 제2항).
③ (×) 특수경비원은 파업·태업 그 밖에 경비업무의 정상적인 운영을 저해하는 일체의 쟁의행위를 하여서는 아니 된다(경비업법 제15조 제3항).
④ (×) 특수경비원은 총기 또는 폭발물을 가지고 대항하는 경우를 제외하고는 14세 미만의 자 또는 임산부에 대하여는 권총 또는 소총을 발사하여서는 아니 된다(경비업법 제15조 제4항 제3호).

답 ①

85

경비업법령상 특수경비원의 의무에 관한 설명으로 옳은 것은? 기출 21

① 소속상사의 허가 또는 정당한 사유 없이 경비구역을 벗어나서는 아니 된다.
② 사람을 향하여 권총 또는 소총을 발사하고자 하는 때에는 인질사건에 있어서 은밀히 작전을 수행하는 경우로서 부득이한 때에도 공포탄에 의한 사격으로 상대방에게 경고하여야 한다.
③ 무기를 사용하지 아니하고는 타인의 생명·신체에 대한 중대한 위협을 방지할 수 없다고 인정되는 때에는 필요한 최대한의 범위 안에서 이를 사용하여야 한다.
④ 임산부가 총기 또는 폭발물을 가지고 대항하는 경우에도 임산부에 대하여 소총을 발사하여서는 아니 된다.

해설

① (○) 경비업법 제15조 제2항
② (×) 특수경비원은 사람을 향하여 권총 또는 소총을 발사하고자 하는 때에는 미리 구두 또는 공포탄에 의한 사격으로 상대방에게 경고하여야 한다. 다만, 특수경비원을 급습하거나 타인의 생명·신체에 대한 중대한 위험을 야기하는 범행이 목전에 실행되고 있는 등 상황이 급박하여 경고할 시간적 여유가 없는 경우, 인질·간첩 또는 테러사건에 있어서 은밀히 작전을 수행하는 경우로서 부득이한 경우에는 경고하지 아니할 수 있다(경비업법 제15조 제4항 제1호).
③ (×) 특수경비원은 무기를 사용하는 경우에 있어서 범죄와 무관한 다중의 생명·신체에 위해를 가할 우려가 있는 때에는 이를 사용하여서는 아니 된다. 다만, 무기를 사용하지 아니하고는 타인 또는 특수경비원의 생명·신체에 대한 중대한 위협을 방지할 수 없다고 인정되는 때에는 필요한 최소한의 범위 안에서 이를 사용할 수 있다(경비업법 제15조 제4항 제2호).
④ (×) 특수경비원은 임산부가 총기 또는 폭발물을 가지고 대항하는 경우에는 임산부에 대하여 권총 또는 소총을 발사할 수 있다(경비업법 제15조 제4항 제3호 반대해석).

답 ①

86

경비업법령상 특수경비원이 직무상 복종하여야 하는 명령권자로 명시되지 않은 자는? 기출 20

① 시·도 경찰청장
② 관할 경찰관서장
③ 시설주
④ 소속상사

해설

특수경비원은 직무를 수행함에 있어 시설주·관할 경찰관서장 및 소속상사의 직무상 명령에 복종하여야 한다(경비업법 제15조 제1항). 따라서 시·도 경찰청장은 경비업법 제15조 제1항의 명시적인 명령권자에 해당하지 않는다.

답 ①

87

경비업법령상 경비원의 복장 등에 관한 설명으로 옳지 않은 것은? 기출 24

① 경비업자는 경찰공무원 또는 군인의 제복과 색상 및 디자인 등이 명확히 구별되는 소속 경비원의 복장을 정하고 이를 확인할 수 있는 사진을 첨부하여 주된 사무소를 관할하는 경찰서장을 거쳐 경찰청장에게 신고하여야 한다.
② 경비원은 경비업무 수행 시 이름표를 경비원 복장의 상의 가슴 부위에 부착하여 경비원의 이름을 외부에서 알아볼 수 있도록 하여야 한다.
③ 경비업자는 집단민원현장이 아닌 곳에서 신변보호업무를 수행하는 경우에는 신고된 복장과 다른 복장을 경비원에게 착용하게 할 수 있다.
④ 복장 변경 등에 대한 시정명령을 받은 경비업자는 이를 이행하여야 한다.

[해설]
① (×) 경비업자는 경찰공무원 또는 군인의 제복과 색상 및 디자인 등이 명확히 구별되는 소속 경비원의 복장을 정하고 이를 확인할 수 있는 사진을 첨부하여 <u>주된 사무소를 관할하는 시·도 경찰청장에게 행정안전부령으로 정하는 바에 따라 신고하여야 한다</u>(경비업법 제16조 제1항).
② (○) 경비업법 시행규칙 제19조 제4항
③ (○) 경비업법 제16조 제2항 단서
④ (○) 경비업법 제16조 제4항

답 ①

88

경비업법령상 경비원의 장비 및 출동차량 등에 관한 설명으로 옳지 않은 것은? 기출 24

① 경비업자가 경비원으로 하여금 분사기를 휴대하여 직무를 수행하게 하는 경우에는 「총포·도검·화약류 등 단속법」에 따라 미리 분사기의 소지허가를 받아야 한다.
② 경비원은 근무 중 경적, 단봉, 분사기, 안전방패, 무전기 및 그 밖에 경비 업무 수행에 필요한 것으로서 공격적인 용도로 제작되지 아니하는 장비를 휴대할 수 있다.
③ 경비업자는 출동차량 등의 도색 및 표지를 경찰차량 및 군차량과 명확히 구별될 수 있게 하여야 한다.
④ 경비원이 휴대할 수 있는 장비의 종류는 경적·단봉·분사기 등 행정안전부령으로 정하되, 근무 중에는 물론 근무 후에도 이를 휴대할 수 있다.

[해설]
④ (×) 경비원이 휴대할 수 있는 장비의 종류는 경적·단봉·분사기 등 행정안전부령으로 정하되, <u>근무 중에만 이를 휴대할 수 있다</u>(경비업법 제16조의2 제1항).
① (○) 경비업법 제16조의2 제2항
② (○) 경비업법 시행규칙 제20조 제1항
③ (○) 경비업법 제16조의3 제1항

답 ④

89

경비업법령상 경비원의 복장·장비 등에 관한 설명으로 옳지 않은 것은? 기출 23

① 경비원은 근무 중 경비업무 수행에 필요한 것으로서 공격적인 용도로 제작된 장비를 휴대할 수 있다.
② 경비업자는 출동차량 등의 도색 및 표지를 정하고 이를 확인할 수 있는 사진을 첨부하여 주된 사무소를 관할하는 시·도 경찰청장에게 행정안전부령으로 정하는 바에 따라 신고하여야 한다.
③ 경비원이 휴대할 수 있는 장비의 종류는 경적·단봉·분사기 등 행정안전부령으로 정하되, 근무 중에만 이를 휴대할 수 있다.
④ 누구든지 장비를 임의로 개조하여 통상의 용법과 달리 사용함으로써 다른 사람의 생명·신체에 위해를 가하여서는 아니 된다.

해설

① (×) 경비원은 근무 중 경적, 단봉, 분사기, 안전방패, 무전기 및 그 밖에 경비업무 수행에 필요한 것으로서 공격적인 용도로 제작되지 아니하는 장비를 휴대할 수 있으며, 안전모 및 방검복 등 안전장비를 착용할 수 있다(경비업법 시행규칙 제20조 제1항).
② (○) 경비업법 제16조의3 제2항
③ (○) 경비업법 제16조의2 제1항
④ (○) 경비업법 제16조의2 제3항

답 ①

90

경비업법령상 경비원의 복장과 장비에 관한 설명으로 옳지 않은 것은? 기출 22

① 경비업자는 경찰공무원 또는 군인의 제복과 색상 및 디자인 등이 명확히 구별되는 소속 경비원의 복장을 정하여야 한다.
② 경비업자는 집단민원현장이 아닌 곳에서 신변보호업무를 수행하는 경비원에게도 소속 경비업체를 표시한 이름표를 부착하도록 해야 한다.
③ 누구든지 경비원이 휴대할 수 있는 장비를 임의로 개조하여 통상의 용법과 달리 사용함으로써 다른 사람의 생명·신체에 위해를 가하여서는 아니 된다.
④ 경비원은 경비업무를 위하여 필요하다고 인정되는 상당한 이유가 있을 때에는 필요한 최소한도에서 경비업법령에서 정한 장비를 사용할 수 있다.

해설

② (×) 집단민원현장이 아닌 곳에서 신변보호업무를 수행하는 경우 또는 경비업무의 성격상 부득이한 사유가 있어 관할 경찰관서장이 허용하는 경우에는 소속 경비업체를 표시한 이름표를 부착하지 아니할 수 있다(경비업법 제16조 제2항 단서).
① (○) 경비업법 제16조 제1항
③ (○) 경비업법 제16조의2 제3항
④ (○) 경비업법 제16조의2 제4항

답 ②

91

경비업법령상 경비원의 휴대장비의 구체적 기준으로 옳지 않은 것은? 기출 20

① 경적 : 금속이나 플라스틱 재질의 호루라기
② 단봉 : 금속(합금 포함)이나 플라스틱 재질의 전장 700mm 이하의 호신용 봉
③ 분사기 : 「경찰관직무집행법」에 따른 분사기
④ 안전방패 : 플라스틱 재질의 폭 500mm 이하, 길이 1,000mm 이하의 방패로 경찰공무원이 사용하는 안전방패와 색상 및 디자인이 명확히 구분되어야 함

[해설]

분사기는 「총포·도검·화약류 등의 안전관리에 관한 법률」에 따른 분사기를 기준으로 한다(경비업법 시행규칙 [별표 5]).

관계법령 경비원 휴대장비의 구체적인 기준(경비업법 시행규칙 [별표 5])

장비	장비기준
1. 경적	금속이나 플라스틱 재질의 호루라기
2. 단봉	금속(합금 포함)이나 플라스틱 재질의 전장 700mm 이하의 호신용 봉
3. 분사기	「총포·도검·화약류 등의 안전관리에 관한 법률」에 따른 분사기
4. 안전방패	플라스틱 재질의 폭 500mm 이하, 길이 1,000mm 이하의 방패로 경찰공무원이 사용하는 안전방패와 색상 및 디자인이 명확히 구분되어야 함
5. 무전기	무전기 송신 시 실시간으로 수신이 가능한 것
6. 안전모	얼굴을 가리지 아니하면서, 머리를 보호하는 장비로 경찰공무원이 사용하는 방석모와 색상 및 디자인이 명확히 구분되어야 함
7. 방검복	경찰공무원이 사용하는 방검복과 색상 및 디자인이 명확히 구분되어야 함

답 ③

92

경비업법령상 경비원의 복장, 장비, 출동차량 등에 관한 설명으로 옳지 않은 것은? 기출 21

① 경비원은 근무 중 경적, 단봉, 분사기 등 장비를 휴대할 수 있다.
② 경비업자는 경비업무 수행 시 경비원에게 소속 경비업체를 표시한 이름표를 부착하도록 하여야 한다.
③ 집단민원현장에서 신변보호업무를 수행하는 경우에는 동일한 복장을 착용하지 아니할 수 있다.
④ 경비업자는 출동차량 등의 도색 및 표지를 경찰차량 및 군차량과 명확히 구별될 수 있게 하여야 한다.

해설

③ (×) 경비업법 제16조 제2항 단서(집단민원현장이 아닌 곳에서 신변보호업무를 수행하는 경우 또는 경비업무의 성격상 부득이한 사유가 있어 관할 경찰관서장이 허용하는 경우에는 그러하지 아니하다)의 반대해석상 경비업자는 경비원이 집단민원현장에서 신변보호업무를 수행하는 경우에는 동일한 복장을 착용하게 하여야 한다.
① (○) 경비원이 휴대할 수 있는 장비의 종류는 경적·단봉·분사기 등 행정안전부령으로 정하되, 근무 중에만 이를 휴대할 수 있다(경비업법 제16조의2 제1항).
② (○) 경비업자는 경비업무 수행 시 경비원에게 소속 경비업체를 표시한 이름표를 부착하도록 하고, 제1항에 따라 신고된 동일한 복장을 착용하게 하여야 하며, 복장에 소속 회사를 오인할 수 있는 표시를 하거나 다른 회사의 복장을 착용하게 하여서는 아니 된다(경비업법 제16조 제2항 본문).
④ (○) 경비업법 제16조의3 제1항

답 ③

93

경비업법령상 경비업자가 경비원으로 하여금 직무를 수행하게 하는 경우, 총포·도검·화약류 등의 안전관리에 관한 법률(총포·도검·화약류 등 단속법)에 따라 미리 소지허가를 받아야 하는 것은? 기출 19

① 경 적
② 단 봉
③ 분사기
④ 안전방패

해설

경비업법 제16조의2 제2항에 의하면 경비업자가 미리 소지허가를 받아야 하는 것은 분사기이다.

관계법령

경비원의 장비 등(경비업법 제16조의2)
② 경비업자가 경비원으로 하여금 분사기를 휴대하여 직무를 수행하게 하는 경우에는 「총포·도검·화약류 등 단속법」에 따라 미리 분사기의 소지허가를 받아야 한다.

다른 법률과의 관계(총포·도검·화약류 등의 안전관리에 관한 법률 부칙 제6조) <법률 제12960호, 2015.1.6.>
이 법 시행 당시 다른 법률에서 종전의 「총포·도검·화약류 등 단속법」 또는 그 규정을 인용한 경우 이 법 또는 이 법의 해당 규정을 각각 인용한 것으로 본다.

답 ③

94

경비업법령상 경비원의 복장 및 장비 등에 관한 설명으로 옳은 것은? 기출 18

① 경비원은 근무 중 경비업무 수행에 필요한 것으로서 공격적인 용도로 제작되지 아니하는 장비를 휴대할 수 있다.
② 경비업자는 경비업무 수행상 필요한 경우 경비원에게 소속 경비업체를 표시한 이름표를 부착하도록 할 수 있다.
③ 집단민원현장에서 신변보호업무를 수행하는 경우에 경비업자는 신고된 동일한 복장과 다른 복장을 경비원에게 착용하게 할 수 있다.
④ 경비업무 수행 시 경비원의 이름표는 경비업자가 지정한 부위에 부착하여야 한다.

해설

① (○) 경비업법 시행규칙 제20조 제1항
② (×) 경비업자는 경비업무 수행상 필요한 경우 경비원에게 소속 경비업체를 표시한 이름표를 <u>부착하도록 하여야 한다</u>(경비업법 제16조 제2항 본문).
③ (×) <u>경비업법 제16조 제2항 단서</u>(다만, 집단민원현장이 아닌 곳에서 신변보호업무를 수행하는 경우 또는 경비업무의 성격상 부득이한 사유가 있어 관할 경찰관서장이 허용하는 경우에는 그러하지 아니하다)<u>의 반대해석상 경비업자는 집단민원현장에서 신변보호업무를 수행하는 경우에 신고된 복장과 다른 복장을 경비원에게 착용하게 할 수 없다</u>.
④ (×) <u>경비원은 경비업무 수행 시 이름표를 경비원 복장의 상의 가슴 부위에 부착하여 경비원의 이름을 외부에서 알아볼 수 있도록 하여야 한다</u>(경비업법 시행규칙 제19조 제4항). 경비업자가 지정한 부위에 이름표를 부착하여야 한다는 규정은 없다.

답 ①

95

경비업법령상 경비원의 결격사유 확인을 위해 경비업자가 범죄경력조회를 요청하는 경우 첨부하여야 하는 서류로만 옳게 나열된 것은? 기출 24

> ㄱ. 경비업 허가증 사본
> ㄴ. 주민등록초본
> ㄷ. 취업자 또는 취업예정자 범죄경력조회 동의서
> ㄹ. 신분증 사본

① ㄱ, ㄴ
② ㄱ, ㄷ
③ ㄱ, ㄴ, ㄷ
④ ㄴ, ㄷ, ㄹ

해설

제시된 내용 중 ㄱ과 ㄷ이 경비업법령상 경비원의 결격사유 확인을 위해 경비업자가 범죄경력조회를 요청하는 경우 첨부하여야 하는 서류에 해당한다.
ㄱ. (○) 경비업법 시행규칙 제22조 제2항 제1호
ㄷ. (○) 경비업법 시행규칙 제22조 제2항 제2호

관계법령	결격사유 확인을 위한 범죄경력조회 요청(경비업법 시행규칙 제22조)

① 법 제17조 제2항에 따른 범죄경력조회 요청은 별지 제13호의5 서식의 범죄경력조회 신청서(전자문서로 된 신청서를 포함한다)에 따른다.
② 경비업자는 제1항에 따라 범죄경력조회를 요청하는 경우 다음 각호의 서류를 첨부하여야 한다.
 1. 경비업 허가증 사본
 2. 별지 제13호의6 서식의 취업자 또는 취업예정자 범죄경력조회 동의서

답 ②

96

CHECK ○△×

경비업법령상 결격사유 확인을 위한 범죄경력조회 등에 관한 설명으로 옳지 않은 것은? 기출 23

① 시·도 경찰청장 또는 관할 경찰관서장은 경비업자의 임원, 경비지도사 또는 경비원이 결격사유에 해당하는 사실을 알게 된 때에는 경비업자에게 그 사실을 통보하여야 한다.
② 범죄경력조회 요청을 받은 관할 경찰관서장은 경비업자에게 그 결과를 통보할 때에는 경비업자의 임원, 경비지도사 또는 경비원이 결격사유에 해당하는지 여부만을 통보하여야 한다.
③ 경비업자는 선출하려는 임원, 경비지도사 또는 경비원이 결격사유에 해당하는지를 확인하기 위하여 주된 사무소, 출장소 또는 배치장소를 관할하는 시·도 경찰청장 또는 경찰관서장에게 「형의 실효 등에 관한 법률」 제6조에 따른 범죄경력조회를 요청할 수 있다.
④ 경비업자는 범죄경력조회를 요청하는 경우 취업자 또는 취업예정자 범죄경력조회 동의서와 주민등록초본을 첨부하여야 한다.

해설

④ (×) 경비업자가 법 제17조 제2항에 따른 범죄경력조회 요청 시 범죄경력조회 신청서에 첨부하여야 할 서류는 경비업 허가증 사본과 취업자 또는 취업예정자 범죄경력조회 동의서이다(경비업법 시행규칙 제22조).
① (○) 경비업법 제17조 제4항
② (○) 경비업법 제17조 제3항
③ (○) 경비업법 제17조 제2항

> **관계법령** 결격사유 확인을 위한 범죄경력조회 등(경비업법 제17조)
>
> ① 경찰청장, 시·도 경찰청장 또는 관할 경찰관서장은 직권으로 또는 제2항에 따른 범죄경력조회 요청이 있는 경우에는 경비업자의 임원, 경비지도사 또는 경비원이 제5조 제3호·제4호, 제10조 제1항 제3호부터 제8호까지 또는 같은 조 제2항 제3호·제4호에 따른 결격사유에 해당하는지를 확인하기 위하여 「형의 실효 등에 관한 법률」 제6조에 따른 범죄경력조회를 할 수 있다.
> ② 경비업자는 선출·선임·채용 또는 배치하려는 임원, 경비지도사 또는 경비원이 제5조 제3호·제4호, 제10조 제1항 제3호부터 제8호까지 또는 같은 조 제2항 제3호·제4호에 따른 결격사유에 해당하는지를 확인하기 위하여 주된 사무소, 출장소 또는 배치장소를 관할하는 시·도 경찰청장 또는 경찰관서장에게 「형의 실효 등에 관한 법률」 제6조에 따른 범죄경력조회를 요청할 수 있다.
> ③ 제2항에 따른 범죄경력조회 요청을 받은 시·도 경찰청장 또는 관할 경찰관서장은 경비업자에게 그 결과를 통보할 때에는 경비업자의 임원, 경비지도사 또는 경비원이 제5조 제3호·제4호, 제10조 제1항 제3호부터 제8호까지 또는 같은 조 제2항 제3호·제4호에 따른 결격사유에 해당하는지 여부만을 통보하여야 한다.
> ④ 시·도 경찰청장 또는 관할 경찰관서장은 경비업자의 임원, 경비지도사 또는 경비원이 제5조 각호, 제10조 제1항 각호 또는 제2항 각호의 결격사유에 해당하는 사실을 알게 되거나 이 법 또는 이 법에 따른 명령을 위반한 때에는 경비업자에게 그 사실을 통보하여야 한다.

답 ④

97

경비업법령상 관할 경찰관서장이 집단민원현장에 일반경비원 배치허가 신청을 받은 경우에 배치허가를 하여서는 아니 되는 경우로 옳지 않은 것은? 기출 24

① 경비원 중 신임교육을 받지 아니한 사람이 100분의 15 포함되어 있는 경우
② 경비업무의 범위를 벗어난 행위를 할 우려가 있는 경우
③ 경비원 중 결격자가 대통령령으로 정하는 기준 이상으로 포함되어 있는 경우
④ 경비원의 복장·장비 등에 대하여 내려진 필요한 명령을 이행하지 아니하는 경우

해설

① (×), ③ (○) 경비원 중 결격자나 신임교육을 받지 아니한 사람이 대통령령으로 정하는 기준(100분의 21) 이상으로 포함되어 있는 경우 관할 경찰관서장은 배치허가를 하여서는 아니 된다(경비업법 제18조 제3항 제2호, 동법 시행령 제22조). 따라서 관할 경찰관서장은 경비원 중 신임교육을 받지 아니한 사람이 100분의 15 포함되어 있는 경우에는 배치허가를 하여야 한다.
② (○) 경비업법 제18조 제3항 제1호
④ (○) 경비업법 제18조 제3항 제3호

답 ①

98

경비업법령상 경비원의 명부와 배치허가 등에 관한 설명으로 옳지 않은 것은? 기출 22

① 경비업자는 시설경비업무 또는 신변보호업무 중 집단민원현장에 일반경비원을 배치하는 경우에는 경비원을 배치하기 24시간 전까지 행정안전부령으로 정하는 바에 따라 배치허가를 신청하여야 한다.
② 경비업자가 집단민원현장이 아닌 곳에서 신변보호업무를 수행하는 일반경비원을 배치하는 경우에는 경비원을 배치하기 전까지 관할 경찰관서장에게 신고하여야 한다.
③ 경비업자가 특수경비원을 배치하는 경우에는 경비원을 배치하기 전까지 관할 경찰관서장에게 신고하여야 한다.
④ 경비업자는 경비원을 배치하여 경비업무를 수행하게 하는 때에는 배치된 경비원의 인적 사항과 배치일시·배치장소 등 근무상황을 기록하여 보관하여야 한다.

해설

① (×) 경비업자가 시설경비업무, 신변보호업무 또는 혼잡·교통유도경비업무 중 집단민원현장에 일반경비원을 배치하는 경우에는 경비원을 배치하기 48시간 전까지 행정안전부령으로 정하는 바에 따라 배치허가를 신청하고, 관할 경찰관서장의 배치허가를 받은 후에 경비원을 배치하여야 한다(경비업법 제18조 제2항 단서 제1호).
② (○) 경비업법 제18조 제2항 단서 제2호
③ (○) 경비업법 제18조 제2항 단서 제3호
④ (○) 경비업법 제18조 제5항

관계법령 경비원 명부와 배치허가 등(경비업법 제18조)

② 경비업자가 경비원을 배치하거나 배치를 폐지한 경우에는 행정안전부령으로 정하는 바에 따라 관할 경찰관서장에게 신고하여야 한다. 다만, 다음 제1호의 경우에는 경비원을 배치하기 48시간 전까지 행정안전부령으로 정하는 바에 따라 배치허가를 신청하고, 관할 경찰관서장의 배치허가를 받은 후에 경비원을 배치하여야 하며(제2호 및 제3호의 경우에는 경비원을 배치하기 전까지 신고하여야 한다), 이 경우 관할 경찰관서장은 배치허가를 함에 있어 필요한 조건을 붙일 수 있다. 〈개정 2025.1.7.〉
  1. 제2조 제1호에 따른 시설경비업무, 신변보호업무 또는 혼잡·교통유도경비업무 중 집단민원현장에 배치된 일반경비원
  2. 집단민원현장이 아닌 곳에서 제2조 제1호 다목의 규정에 의한 신변보호업무를 수행하는 일반경비원
  3. 특수경비원

> **경비원의 배치 및 배치폐지의 신고(경비업법 시행규칙 제24조)** ★
> ① 경비업자는 법 제18조 제2항에 따라 경비업무를 수행하기 위하여 20일 이상 경비원을 배치하거나 그 기간을 연장하려는 때에는 경비원을 배치한 후 7일 이내에 별지 제15호 서식의 경비원 배치신고서(전자문서로 된 신고서를 포함하며, 이하 "배치신고서"라 한다)를 배치지를 관할하는 경찰관서장에게 제출해야 한다. 다만, 법 제18조 제2항 제2호 및 제3호에 해당하는 경비원을 배치하는 경우에는 경비원을 배치하는 기간과 관계없이 경비원을 배치하기 전까지 제출해야 한다.

답 ①

99

경비업법령상 경비원의 명부와 배치허가 등에 관한 설명으로 옳지 않은 것은? 기출 24

① 경비업자가 경비원의 배치를 폐지한 경우에는 행정안전부령으로 정하는 바에 따라 관할 경찰관서장에게 신고하여야 한다.
② 집단민원현장에 배치되는 특수경비원의 명부는 그 경비원이 배치되는 장소에도 작성·비치하여야 한다.
③ 경비업자는 특수경비원을 배치하는 경우에는 경비원을 배치하는 기간과 관계없이 경비원을 배치하기 전까지 경비원 배치신고서를 배치지를 관할하는 경찰관서장에게 제출해야 한다.
④ 일반경비원 배치허가를 받은 경비업자가 집단민원현장에 새로운 경비원을 배치하려는 경우에는 새로운 경비원을 배치하기 48시간 전까지 배치허가 신청서를 관할 경찰관서장에게 제출하여 허가를 받아야 한다.

[해설]

② (×) 집단민원현장에 배치되는 <u>일반경비원</u>의 명부는 그 경비원이 배치되는 장소에도 작성·비치하여야 한다(경비업법 제18조 제1항 단서).
① (○) 경비업법 제18조 제2항 본문
③ (○) 경비업법 시행규칙 제24조 제1항 단서
④ (○) 경비업법 제18조 제2항 단서 제1호

답 ②

100

경비업법령상 경비원의 배치신고에 관한 내용이다. ( )에 들어갈 숫자로 옳은 것은? 기출 22

> 경비업자는 경비업무를 수행하기 위하여 (ㄱ)일 이상 경비원을 배치하거나 그 기간을 연장하려는 때에는 경비원을 배치한 후 (ㄴ)일 이내에 경비원 배치신고서를 배치지를 관할하는 경찰관서장에게 제출해야 한다.

① ㄱ : 10, ㄴ : 7
② ㄱ : 15, ㄴ : 10
③ ㄱ : 20, ㄴ : 7
④ ㄱ : 30, ㄴ : 10

[해설]

제시문의 ( )에 들어갈 숫자는 ㄱ : 20, ㄴ : 7이다(경비업법 시행규칙 제24조 제1항 본문).

답 ③

101

경비업법령상 관할 경찰관서장이 집단민원현장에 일반경비원 배치허가 신청을 받은 경우에 배치허가를 하여서는 아니 되는 경우로 옳지 않은 것은? 기출 21

① 경비업무의 범위를 벗어난 행위를 할 우려가 있는 경우
② 결격자가 100분의 21 이상 포함되어 있는 경우
③ 경비원의 복장·장비 등에 대하여 내려진 필요한 명령을 이행하지 아니하는 경우
④ 직무교육을 받지 아니한 사람이 대통령령으로 정하는 기준 이상으로 포함되어 있는 경우

해설

④ (×) 직무교육이 아닌 신임교육을 받지 아니한 사람이 대통령령으로 정하는 기준 이상으로 포함되어 있는 경우가 배치 불허가 기준에 해당한다(경비업법 제18조 제3항 제2호).
① (○) 경비업법 제18조 제3항 제1호
② (○) 경비업법 제18조 제3항 제2호, 동법 시행령 제22조
③ (○) 경비업법 제18조 제3항 제3호

관계법령 경비원의 명부와 배치허가 등(경비업법 제18조) ★

③ 관할 경찰관서장은 제2항 각호 외의 부분 단서에 따른 배치허가 신청을 받은 경우 다음 각호의 사유에 해당하는 때에는 배치허가를 하여서는 아니 된다. 이 경우 관할 경찰관서장은 다음 각호의 사유를 확인하기 위하여 소속 경찰관으로 하여금 그 배치장소를 방문하여 조사하게 할 수 있다.
 1. 제15조의2 제1항 및 제2항을 위반하여 경비업무의 범위를 벗어난 행위를 할 우려가 있는 경우
 2. 경비원 중 제10조 제1항 또는 제2항에 해당하는 결격자나 제13조에 따른 신임교육을 받지 아니한 사람이 대통령령으로 정하는 기준 이상으로 포함되어 있는 경우

> **집단민원현장 배치 불허가 기준(경비업법 시행령 제22조)**
> 법 제18조 제3항 제2호에서 "대통령령으로 정하는 기준"이란 100분의 21을 말한다.

 3. 제24조에 따라 경비원의 복장·장비 등에 대하여 내려진 필요한 명령을 이행하지 아니하는 경우

답 ④

102

경비업법령상 경비업자가 경비원 배치 48시간 전까지 행정안전부령에 따라 배치허가를 신청하고 관할 경찰관서장의 배치허가를 받은 후에 경비원을 배치하여야 하는 경우는? 기출 19

① 시설경비업무 중 집단민원현장에 일반경비원을 배치하는 경우
② 특수경비업무 중 집단민원현장에 특수경비원을 배치하는 경우
③ 기계경비업무 중 집단민원현장에 일반경비원을 배치하는 경우
④ 호송경비업무 중 집단민원현장에 일반경비원을 배치하는 경우

해설

경비원을 배치하기 48시간 전까지 관할 경찰관서장에게 배치허가를 신청해야 하는 경비업무는 시설경비업무, 신변보호업무 또는 혼잡·교통유도경비업무 중 집단민원현장에 일반경비원을 배치하는 경우이다(경비업법 제18조 제2항 단서 제1호).

답 ①

103
CHECK ○△×

경비업법령상 경비원의 명부를 작성·비치하여 두어야 하는 장소가 아닌 것은? 기출 20

① 집단민원현장
② 관할 경찰관서
③ 주된 사무소
④ 신설 출장소

해설

관할 경찰관서는 경비업법령상 경비원 명부를 작성·비치하여 두어야 하는 장소에 해당하지 않는다(경비업법 시행규칙 제23조).

관계법령 경비원의 명부(경비업법 시행규칙 제23조)

경비업자는 법 제18조 제1항에 따라 <u>다음 각호의 장소</u>에 별지 제14호 서식의 <u>경비원 명부</u>(제2호 및 제3호의 경우에는 해당 장소에 배치된 경비원의 명부를 말한다)를 작성·비치하여 두고, 이를 항상 정리하여야 한다.
1. <u>주된 사무소</u>
2. 영 제5조 제3항에 따른 출장소

> 폐업 또는 휴업 등의 신고(경비업법 시행령 제5조)
> ③ 법 제4조 제3항 제3호의 규정에 의하여 <u>신설·이전 또는 폐지한 때에 신고를 하여야 하는 출장소</u>는 주사무소 외의 장소로서 일상적으로 일정 지역 안의 경비업무를 지휘·총괄하는 영업거점인 지점·지사 또는 사업소 등의 장소로 한다.

3. <u>집단민원현장</u>

답 ②

104
CHECK ○△×

경비업법령상 경비원 명부 등에 관한 설명으로 옳지 않은 것은? 기출 18

① 경비업자는 배치되는 일반경비원의 명부를 그 경비원이 배치되는 모든 장소에 작성·비치하여야 한다.
② 경비업자는 경비원의 근무상황기록부를 1년 동안 보관하여야 한다.
③ 관할 경찰관서장은 시설주의 신청에 의하여 특수경비원이 배치된 국가중요시설 등에 경비전화를 가설할 수 있다.
④ 경비전화를 가설하는 경우의 소요경비는 시설주의 부담으로 한다.

해설
① (×) 경비업자는 행정안전부령으로 정하는 바에 따라 주된 사무소, 출장소, 집단민원현장에 경비원의 명부를 작성·비치하여야 한다(경비업법 제18조 제1항 본문, 동법 시행규칙 제23조).
② (○) 경비업법 시행규칙 제24조의3 제2항
③ (○) 경비업법 시행규칙 제25조 제1항
④ (○) 경비업법 시행규칙 제25조 제2항

답 ①

105　CHECK ○△×

경비업법령상 관할 경찰관서장이 배치폐지를 명할 수 있는 경우가 아닌 것은? 기출 23
① 경비원 명단 및 배치일시·배치장소 등 배치허가 신청의 내용을 거짓으로 한 때
② 70세인 일반경비원을 경비업무에 종사하게 한 때
③ 상해죄(「형법」 제257조 제1항)로 벌금형을 선고받고 5년이 지나지 아니한 자를 집단민원현장에 일반경비원으로 배치한 때
④ 경비업자 또는 경비원이 위력이나 흉기 또는 그 밖의 위험한 물건을 사용하여 집단적 폭력사태를 일으킨 때

해설
② (×) 관할 경찰관서장이 배치폐지를 명할 수 있는 사유에 해당하지 않는다. 참고로 경비업법령상 일반경비원은 특수경비원과 달리 '60세 이상'이라는 나이 상한의 결격사유가 존재하지 않는다(경비업법 제10조 제1항 제1호·제2항 제1호 참조).
① (○) 경비업법 제18조 제8항 제1호
③ (○) 경비업법 제18조 제8항 제2호
④ (○) 경비업법 제18조 제8항 제4호

관계법령 　경비원의 명부와 배치허가 등(경비업법 제18조)★★

⑥ 경비업자는 다음 각호의 어느 하나에 해당하는 죄를 범하여 벌금형을 선고받고 5년이 지나지 아니하거나 금고 이상의 형을 선고받고 그 집행이 유예된 날부터 5년이 지나지 아니한 자를 집단민원현장에 일반경비원으로 배치하여서는 아니 된다.
　1. 「형법」 제257조부터 제262조까지, 제264조, 제276조부터 제281조까지의 죄, 제284조의 죄, 제285조의 죄, 제320조의 죄, 제324조 제2항의 죄, 제350조의2의 죄, 제351조의 죄(제350조, 제350조의2의 상습범으로 한정한다), 제369조 제1항의 죄
　2. 「폭력행위 등 처벌에 관한 법률」 제2조 또는 제3조의 죄
⑧ 관할 경찰관서장은 경비업자가 다음 각호의 어느 하나에 해당하는 때에는 배치폐지를 명할 수 있다.
　1. 제2항 각호 외의 부분 단서를 위반하여 배치허가를 받지 아니하고 경비원을 배치하거나 경비원 명단 및 배치일시·배치장소 등 배치허가 신청의 내용을 거짓으로 한 때
　2. 제6항의 결격사유에 해당하는 자를 집단민원현장에 일반경비원으로 배치한 때
　3. 제7항을 위반하여 신임교육을 이수하지 아니한 자를 제2항 각호의 경비원으로 배치한 때
　4. 경비업자 또는 경비원이 위력이나 흉기 또는 그 밖의 위험한 물건을 사용하여 집단적 폭력사태를 일으킨 때
　5. 경비업자가 제2항 각호 외의 부분 본문을 위반하여 신고하지 아니하고 일반경비원을 배치한 때

답 ②

106

경비업법령상 관할 경찰관서장이 경비업자에 대하여 경비원 배치폐지를 명할 수 있는 경우로서 명시되지 않은 것은? 기출 20

① 경비원의 복장・장비 등에 대하여 내려진 필요한 명령을 이행하지 아니한 때
② 경비원 명단 및 배치일시・배치장소 등 배치허가 신청의 내용을 거짓으로 한 때
③ 결격사유에 해당하는 자를 집단민원현장에 일반경비원으로 배치한 때
④ 경비업자 또는 경비원이 위력이나 흉기 또는 그 밖의 위험한 물건을 사용하여 집단적 폭력사태를 일으킨 때

해설

'경비원의 복장・장비 등에 대하여 내려진 필요한 명령을 이행하지 아니한 때'는 경비업법 제18조 제8항의 배치폐지 사유에 해당하지 않는다.

답 ①

107

경비업법령상 특수경비원을 배치한 시설주가 갖추어 두어야 할 장부 및 서류가 아닌 것은?

① 경비구역배치도
② 특수경비원 전출입관계철
③ 무기탄약출납부
④ 근무상황카드

해설

②는 국가중요시설의 관할 경찰관서장이 갖추어 두어야 하는 장부 및 서류에 해당한다(경비업법 시행규칙 제26조).

답 ②

제5절 행정처분 등

108
CHECK ○△×

경비업법령상 경비업 허가취소 사유에 해당하지 않는 것은? 기출 24

① 경비업 및 경비관련업 외의 영업을 한 때
② 영업정지처분을 받고 계속하여 영업을 한 때
③ 정당한 사유 없이 허가를 받은 날부터 1년 이내에 경비 도급실적이 없을 때
④ 관할 경찰관서장의 배치폐지 명령에 따르지 아니한 때

해설

③ (×) 허가관청은 정당한 사유 없이 허가를 받은 날부터 2년 이내에 경비 도급실적이 없거나 계속하여 1년 이상 휴업한 때에는 그 허가를 취소하여야 한다(경비업법 제19조 제1항 제4호).
① (○) 경비업법 제19조 제1항 제3호
② (○) 경비업법 제19조 제1항 제6호
④ (○) 경비업법 제19조 제1항 제8호

답 ③

109
CHECK ○△×

경비업법령상 경비업 허가를 취소하여야 하는 경우가 아닌 것은? 기출 23

① 정당한 사유 없이 최종 도급계약 종료일의 다음 날부터 1년 이내에 경비 도급실적이 없을 때
② 정당한 사유 없이 허가를 받은 날부터 2년 이내에 경비 도급실적이 없거나 계속하여 1년 이상 휴업한 때
③ 영업정지처분을 받고 계속하여 영업을 한 때
④ 관할 경찰관서장의 배치폐지명령에 따르지 아니한 때

해설

① (×) 허가관청은 경비업자가 정당한 사유 없이 최종 도급계약 종료일의 다음 날부터 2년 이내에 경비 도급실적이 없을 때 그 허가를 취소하여야 한다(경비업법 제19조 제1항 제5호).
② (○) 경비업법 제19조 제1항 제4호
③ (○) 경비업법 제19조 제1항 제6호
④ (○) 경비업법 제19조 제1항 제8호

핵심만콕 경비업 허가의 취소 등(경비업법 제19조) ★★★

절대적(필요적) 허가취소사유 (제1항)	허가관청은 경비업자가 다음의 어느 하나에 해당하는 때에는 그 허가를 취소하여야 한다. 1. 허위 그 밖의 부정한 방법으로 허가를 받은 때 2. 경비업자가 허가받은 경비업무 외의 업무에 경비원을 종사하게 한 때 - 적용중지 헌법불합치 결정 (2020헌가19) 3. 특수경비업자가 경비업 및 경비관련업 외의 영업을 한 때 4. 정당한 사유 없이 허가를 받은 날부터 2년 이내에 경비 도급실적이 없거나 계속하여 1년 이상 휴업한 때 5. 정당한 사유 없이 최종 도급계약 종료일의 다음 날부터 2년 이내에 경비 도급실적이 없을 때 6. 영업정지처분을 받고 계속하여 영업을 한 때 7. 소속 경비원으로 하여금 경비업무의 범위를 벗어난 행위를 하게 한 때 8. 관할 경찰관서장의 배치폐지명령에 따르지 아니한 때
상대적(임의적) 허가취소 · 영업정지 사유(제2항)	허가관청은 경비업자가 다음의 어느 하나에 해당하는 때에는 대통령령으로 정하는 행정처분의 기준에 따라 그 허가를 취소하거나 6개월 이내의 기간을 정하여 영업의 전부 또는 일부에 대하여 영업정지를 명할 수 있다. 1. 시·도 경찰청장의 허가 없이 경비업무를 변경한 때 2. 도급을 의뢰받은 경비업무가 위법한 것임에도 이를 거부하지 아니한 때 3. 경비지도사를 집단민원현장에 선임·배치하지 아니한 때 4. 경비대상시설에 관한 경보 대응체제를 갖추지 아니한 때 5. 관련 서류를 작성·비치하지 아니한 때 6. 결격사유에 해당하는 경비원을 배치하거나 결격사유에 해당하는 경비지도사를 선임·배치한 때 7. 대통령령이 정하는 바에 따르지 아니하고 이를 위반하여 경비지도사를 선임한 때 8. 경비원으로 하여금 교육을 받게 하지 아니한 때 9. 경비원의 복장 등에 관한 규정을 위반한 때 10. 경비원의 장비 등에 관한 규정을 위반한 때 11. 경비원의 출동차량 등에 관한 규정을 위반한 때 12. 집단민원현장에 일반경비원 명부를 작성·비치하지 아니한 때 13. 배치허가를 받지 아니하고 경비원을 배치하거나 경비원 명단 및 배치일시·배치장소 등 배치허가 신청의 내용을 거짓으로 한 때 14. 결격사유에 해당하는 일반경비원을 집단민원현장에 배치한 때 15. 경찰청장, 시·도 경찰청장, 관할 경찰관서장의 감독상 명령에 따르지 아니한 때 16. 업무수행 중 고의 또는 과실로 발생한 경비대상 및 제3자의 손해를 배상하지 아니한 때

※ 국회는 2025.1.7. 법률 제20645호에 의하여 경비업자가 허가받은 경비업무 외의 업무에 경비원을 종사시키는 것을 금지하고 이를 위반하는 경우 경비업 허가를 필요적으로 취소하는 것은 과잉금지원칙에 위반하여 경비업자의 직업의 자유를 침해한다는 헌법재판소의 헌법불합치 결정(헌재결[전] 2023.3.23. 2020헌가19) 취지를 반영하여, 경비업자가 경비업무 외의 업무에 경비원을 종사시키는 것을 원칙적으로 금지하되, 경비업무의 목적 달성을 침해하지 않는 범위에서 대통령령으로 정하는 업무는 예외적으로 허용하도록 하였다. 이에 따라 경비업법 제19조도 제1항 제2호를 삭제하면서 제19조 제2항 제2호의2(제7조 제5항을 위반하여 경비업무 또는 경비업무의 목적 달성을 침해하지 아니하는 범위에서 대통령령으로 정하는 업무 외의 업무에 경비원을 종사하게 한 때)를 상대적 허가취소·영업정지사유로 신설하고, 제19조 제3항을 "허가관청은 제1항 및 제2항에 의하여 허가취소 또는 영업정지처분을 하는 때에는 경비업자가 허가받은 경비업무 중 허가취소 또는 영업정지사유에 해당되는 경비업무에 한하여 처분을 하여야 한다. 다만, 제1항 제7호에 해당하여 허가취소를 하는 때에는 그러하지 아니하다"로 개정하였다. 이러한 개정 규정은 2026.1.8.부터 시행된다.

정답 ①

110

경비업법령상 경비업 허가의 취소사유로 옳지 않은 것은? 기출수정 22

① 허위 그 밖의 부정한 방법으로 허가를 받은 때
② 특수경비업자가 경비업 및 경비관련업 외의 영업을 한 때
③ 경비업자가 소속 경비원으로 하여금 경비업무의 범위를 벗어난 행위를 하게 한 때
④ 경비업자가 정당한 사유 없이 최종 도급계약 종료일의 다음 날부터 1년 이내에 경비 도급실적이 없을 때

해설

④ (×) 허가관청은 경비업자가 정당한 사유 없이 최종 도급계약 종료일의 다음 날부터 2년 이내에 경비 도급실적이 없을 때 그 허가를 취소하여야 한다(경비업법 제19조 제1항 제5호).
① (○) 경비업법 제19조 제1항 제1호
② (○) 경비업법 제19조 제1항 제3호
③ (○) 경비업법 제19조 제1항 제7호

답 ④

111

경비업법령상 6개월 이내의 기간을 정하여 영업의 전부 또는 일부에 대하여 경비업자에게 영업정지를 명할 수 있는 사유로 명시되지 않은 것은? 기출 20

① 경비원의 출동차량 등에 관한 규정을 위반한 때
② 배치경비원 인원 및 배치시간 등 배치허가 신청의 내용을 과실로 누락한 때
③ 경비원으로 하여금 교육을 받게 하지 아니한 때
④ 경비원의 복장·장비에 관한 규정을 위반한 때

해설

경비원 명단 및 배치일시·배치장소 등 배치허가 신청의 내용을 거짓으로 한 때가 상대적 허가취소·영업정지사유에 해당한다(경비업법 제19조 제2항 제13호).

답 ②

112

CHECK ○ △ ✕

경비업법령상 행정처분의 일반기준에 관한 설명으로 옳은 것은? 기출 21

① 행정처분이 영업정지인 경우에는 가중하거나 감경할 수 없다.
② 위반행위가 2 이상인 경우로서 그에 해당하는 각각의 처분기준이 다른 경우에는 그중 경한 처분기준에 따른다.
③ 위반행위의 횟수에 따른 행정처분 기준 적용일은 위반행위에 대한 행정처분일과 그 처분 후의 위반행위가 다시 적발된 날을 기준으로 한다.
④ 영업정지처분에 해당하는 위반행위가 적발된 날 이전 최근 2년간 같은 위반행위로 3회 이상 영업정지처분을 받은 경우에는 그 위반행위에 대한 행정처분 기준은 허가취소로 한다.

해설

③ (○) 경비업법 시행령 [별표 4] 제1호 다목 후문
① (✕) 제2호(개별기준)에 따른 행정처분이 영업정지인 경우에는 위반행위의 동기, 내용 및 위반의 정도 등을 고려하여 가중하거나 감경할 수 있다(경비업법 시행령 [별표 4] 제1호 가목).
② (✕) 위반행위가 2 이상인 경우로서 그에 해당하는 각각의 처분기준이 다른 경우에는 그중 중한 처분기준에 따른다(경비업법 시행령 [별표 4] 제1호 나목 본문 전단).
④ (✕) 영업정지처분에 해당하는 위반행위가 적발된 날 이전 최근 2년간 같은 위반행위로 2회 영업정지처분을 받은 경우에는 제2호(개별기준)의 기준에도 불구하고 그 위반행위에 대한 행정처분 기준은 허가취소로 한다(경비업법 시행령 [별표 4] 제1호 라목).

관계법령 | **행정처분 기준(경비업법 시행령 [별표 4]) ★**

1. 일반기준
   가. 제2호(개별기준)에 따른 행정처분이 영업정지인 경우에는 위반행위의 동기, 내용 및 위반의 정도 등을 고려하여 가중하거나 감경할 수 있다.
   나. 위반행위가 2 이상인 경우로서 그에 해당하는 각각의 처분기준이 다른 경우에는 그중 중한 처분기준에 따르며, 2 이상의 처분기준이 동일한 영업정지인 경우에는 중한 처분기준의 2분의 1까지 가중할 수 있다. 다만, 가중하는 경우에도 각 처분기준을 합산한 기간을 초과할 수 없다.
   다. 위반행위의 횟수에 따른 행정처분 기준은 최근 2년간 같은 위반행위로 행정처분을 받은 경우에 적용한다. 이 경우 기준 적용일은 위반행위에 대한 행정처분일과 그 처분 후의 위반행위가 다시 적발된 날을 기준으로 한다.
   라. 영업정지처분에 해당하는 위반행위가 적발된 날 이전 최근 2년간 같은 위반행위로 2회 영업정지처분을 받은 경우에는 제2호(개별기준)의 기준에도 불구하고 그 위반행위에 대한 행정처분 기준은 허가취소로 한다.

답 ③

113

경비업법령상 행정처분의 일반기준에 관한 설명으로 옳지 않은 것은? 기출 16

① 행정처분이 영업정지인 경우에는 위반행위의 동기, 내용 및 위반의 정도 등을 고려하여 가중하거나 감경할 수 있다.
② 위반행위가 2 이상인 경우로서 그에 해당하는 각각의 처분기준이 다른 경우에는 그중 중한 처분기준에 따른다.
③ 위반행위가 2 이상인 경우로서 2 이상의 처분기준이 동일한 영업정지인 경우에는 각 처분기준을 합산한 기간으로 한다.
④ 영업정지처분에 해당하는 위반행위가 적발된 날 이전 최근 2년간 같은 위반행위로 2회 영업정지처분을 받은 경우에는 개별기준에도 불구하고 그 위반행위에 대한 행정처분 기준은 허가취소로 한다.

해설

③ (×) 위반행위가 2 이상인 경우로서 2 이상의 처분기준이 동일한 영업정지인 경우에는 중한 처분기준의 2분의 1까지 가중할 수 있다. 다만, 가중하는 경우에도 각 처분기준을 합산한 기간을 초과할 수 없다(경비업법 시행령 [별표 4] 제1호 일반기준 나목).
① (○) 경비업법 시행령 [별표 4] 제1호 일반기준 가목
② (○) 경비업법 시행령 [별표 4] 제1호 일반기준 나목
④ (○) 경비업법 시행령 [별표 4] 제1호 일반기준 라목

답 ③

114

경비업법령상 2차 위반 시 행정처분의 기준이 가장 중한 행위는? 기출 23

① 경비업자가 경비원의 복장 등에 관한 규정을 위반한 때
② 경비업자가 결격사유에 해당하는 일반경비원을 집단민원현장에 배치한 때
③ 경비업자가 경비원의 출동차량 등에 관한 규정을 위반한 때
④ 기계경비업자가 관련서류를 작성·비치하지 않은 때

해설

② (○) 2차 위반 시 행정처분은 '3개월 영업정지'이다(경비업법 시행령 [별표 4] 제2호 하목). 1·3·취
① (×) 2차 위반 시 행정처분은 '1개월 영업정지'이다(경비업법 시행령 [별표 4] 제2호 자목). 경·1·3
③ (×) 2차 위반 시 행정처분은 '1개월 영업정지'이다(경비업법 시행령 [별표 4] 제2호 카목). 경·1·3
④ (×) 2차 위반 시 행정처분은 '경고'이다(경비업법 시행령 [별표 4] 제2호 마목). 경·경·1

관계법령 행정처분 기준(경비업법 시행령 [별표 4]) ★

2. 개별기준

위반행위	해당 법조문	행정처분 기준		
		1차 위반	2차 위반	3차 이상 위반
가. 법 제4조 제1항 후단을 위반하여 시·도 경찰청장의 허가 없이 경비업무를 변경한 때	법 제19조 제2항 제1호	경고	영업정지 6개월	허가취소
나. 법 제7조 제2항을 위반하여 도급을 의뢰받은 경비업무가 위법한 것임에도 이를 거부하지 않은 때	법 제19조 제2항 제2호	영업정지 1개월	영업정지 3개월	허가취소
다. 법 제7조 제6항을 위반하여 경비지도사를 집단민원현장에 선임·배치하지 않은 때	법 제19조 제2항 제3호	영업정지 1개월	영업정지 3개월	허가취소
라. 법 제8조를 위반하여 경비대상시설에 관한 경보 대응체제를 갖추지 않은 때	법 제19조 제2항 제4호	경고	경고	영업정지 1개월
마. 법 제9조 제2항을 위반하여 관련 서류를 작성·비치하지 않은 때	법 제19조 제2항 제5호	경고	경고	영업정지 1개월
바. 법 제10조 제3항을 위반하여 결격사유에 해당하는 경비원을 배치하거나 결격사유에 해당하는 경비지도사를 선임·배치한 때	법 제19조 제2항 제6호	영업정지 1개월	영업정지 3개월	허가취소
사. 법 제12조 제1항(선임규정)을 위반하여 경비지도사를 선임한 때	법 제19조 제2항 제7호	영업정지 1개월	영업정지 3개월	허가취소
아. 법 제13조를 위반하여 경비원으로 하여금 교육을 받게 하지 않은 때	법 제19조 제2항 제8호	경고	경고	영업정지 1개월
자. 법 제16조에 따른 경비원의 복장 등에 관한 규정을 위반한 때	법 제19조 제2항 제9호	경고	영업정지 1개월	영업정지 3개월
차. 법 제16조의2에 따른 경비원의 장비 등에 관한 규정을 위반한 때	법 제19조 제2항 제10호	경고	영업정지 1개월	영업정지 3개월
카. 법 제16조의3에 따른 경비원의 출동차량 등에 관한 규정을 위반한 때	법 제19조 제2항 제11호	경고	영업정지 1개월	영업정지 3개월
타. 법 제18조 제1항 단서를 위반하여 집단민원현장에 일반경비원 명부를 작성·비치하지 않은 때	법 제19조 제2항 제12호	영업정지 1개월	영업정지 3개월	허가취소
파. 법 제18조 제2항 각호 외의 부분 단서를 위반하여 배치허가를 받지 아니하고 경비원을 배치하거나 경비원 명단 및 배치 일시·배치장소 등 배치허가 신청의 내용을 거짓으로 한 때	법 제19조 제2항 제13호	영업정지 1개월	영업정지 3개월	허가취소
하. 법 제18조 제6항을 위반하여 결격사유에 해당하는 일반경비원을 집단민원현장에 배치한 때	법 제19조 제2항 제14호	영업정지 1개월	영업정지 3개월	허가취소
거. 법 제24조에 따른 감독상 명령에 따르지 않은 때	법 제19조 제2항 제15호	경고	영업정지 3개월	허가취소
너. 법 제26조를 위반하여 손해를 배상하지 않은 때	법 제19조 제2항 제16호	경고	영업정지 3개월	영업정지 6개월

답 ②

115

경비업법령상 행정처분의 기준이 3차 위반 시 영업정지 3개월인 위반행위에 해당하는 것은? 기출 21

① 집단민원현장에 일반경비원 명부를 작성·비치하지 않은 때
② 경비원의 복장 등에 관한 규정을 위반한 때
③ 손해를 배상하지 않은 때
④ 경비대상시설에 관한 경보 대응체제를 갖추지 않은 때

해설

3차 위반 시 행정처분이 영업정지 3개월인 것은 ②이다(경비업법 시행령 [별표 4] 제2호 자목).

답 ②

116

경비업법령상 행정처분 기준 중 개별기준에 관한 다음 표의 (   ) 안의 내용으로 알맞은 것은? 기출 12

위반행위	1차 위반	2차 위반	3차 이상 위반
경비업법 제24조에 따른 감독상 명령에 따르지 아니한 경우	(ㄱ)	영업정지 3개월	(ㄴ)
경비업법 제26조를 위반하여 손해를 배상하지 아니한 경우			(ㄷ)

① ㄱ : 영업정지 1개월,   ㄴ : 영업정지 6개월,   ㄷ : 영업정지 6개월
② ㄱ : 영업정지 1개월,   ㄴ : 영업정지 6개월,   ㄷ : 허가취소
③ ㄱ : 경 고,   ㄴ : 허가취소,   ㄷ : 허가취소
④ ㄱ : 경 고,   ㄴ : 허가취소,   ㄷ : 영업정지 6개월

해설

ㄱ에는 경고가, ㄴ에는 허가취소가, ㄷ에는 영업정지 6개월이 들어가야 한다(경비업법 시행령 [별표 4] 제2호 개별기준 거목·너목).

답 ④

117

경비업법령상 경비지도사자격의 취소사유를 모두 고른 것은? 기출수정 23

> ㄱ. 경비지도사자격증을 다른 사람에게 양도한 때
> ㄴ. 자격정지 기간 중에 경비지도사로 선임되어 활동한 때
> ㄷ. 허위 그 밖의 부정한 방법으로 경비지도사자격증을 교부받은 때
> ㄹ. 금고 이상의 형의 집행유예선고를 받고 그 유예기간 중에 있는 자

① ㄱ, ㄴ
② ㄱ, ㄷ, ㄹ
③ ㄴ, ㄷ, ㄹ
④ ㄱ, ㄴ, ㄷ, ㄹ

해설

제시된 내용은 모두 경비업법령상 경비지도사자격의 취소사유에 해당한다(경비업법 제20조 제1항). 참고로 ㄹ은 경비업법 제10조 제1항 제4호 사유에 해당한다.

관계법령 **경비지도사자격의 취소 등(경비업법 제20조)**

① 경찰청장은 경비지도사가 다음 각호의 어느 하나에 해당하는 때에는 그 자격을 취소하여야 한다. 〈개정 2024.2.13.〉
  1. 제10조 제1항 각호의 결격사유에 해당하게 된 때
  2. 허위 그 밖의 부정한 방법으로 경비지도사자격증을 교부받은 때
  3. 경비지도사자격증을 다른 사람에게 빌려주거나 양도한 때
  4. 자격정지 기간 중에 경비지도사로 선임되어 활동한 때
② 경찰청장은 경비지도사가 다음 각호의 어느 하나에 해당하는 때에는 대통령령이 정하는 바에 따라 1년의 범위 내에서 그 자격을 정지시킬 수 있다. 〈개정 2024.2.13.〉
  1. 제12조 제3항의 규정에 위반하여 직무를 성실하게 수행하지 아니한 때
  2. 제24조의 규정에 의한 경찰청장 또는 시·도 경찰청장의 명령을 위반한 때
③ 경찰청장은 제1항의 규정에 의하여 경비지도사의 자격을 취소한 때에는 경비지도사자격증을 회수하여야 하고, 제2항의 규정에 의하여 경비지도사의 자격을 정지한 때에는 그 정지기간 동안 경비지도사자격증을 회수하여 보관하여야 한다.

답 ④

118

경비업법령상 경비지도사에 관한 자격정지처분의 사유에 해당하는 것은? 기출 17

① 경비지도사 갑(甲)은 자격정지 기간 중에 경비지도사로 선임되어 활동하였다.
② 경비지도사 을(乙)은 허위 그 밖의 부정한 방법으로 경비지도사자격증을 교부받았다.
③ 경비지도사 병(丙)은 시·도 경찰청장의 적정한 경비업무수행을 위하여 필요한 지도·감독상 명령을 위반하였다.
④ 경비지도사 정(丁)은 경비지도사자격증을 무(戊)에게 빌려주거나 양도하였다.

해설

경찰청장은 경비지도사가 직무를 성실하게 수행하지 아니한 때, 경찰청장 또는 시·도 경찰청장의 명령을 위반한 때에는 대통령령이 정하는 바에 따라 1년의 범위 내에서 그 자격을 정지시킬 수 있다(경비업법 제20조 제2항). ①·②·④는 경비업법 제20조 제1항 규정에 의해 자격취소처분의 사유에 해당한다.

핵심만콕 경비지도사의 자격취소·정지사유(경비업법 제20조)

자격취소사유(제1항)	자격정지사유(제2항)
경찰청장은 경비지도사가 다음의 어느 하나에 해당하는 때에는 그 자격을 취소하여야 한다. 1. 제10조(경비지도사 및 경비원의 결격사유) 제1항 각호의 결격사유에 해당하게 된 때 2. 허위 그 밖의 부정한 방법으로 경비지도사자격증을 교부받은 때 3. 경비지도사자격증을 다른 사람에게 빌려주거나 양도한 때 4. 자격정지 기간 중에 경비지도사로 선임되어 활동한 때	경찰청장은 경비지도사가 다음의 어느 하나에 해당하는 때에는 대통령령이 정하는 바에 따라 1년의 범위 내에서 그 자격을 정지시킬 수 있다. 1. 선임된 경비지도사가 법 규정을 위반하여 직무를 성실하게 수행하지 아니한 때 **선임된 경비지도사의 직무** 선임된 경비지도사의 직무(경비업법 제12조 제2항) 1. 경비원의 지도·감독·교육에 관한 계획의 수립·실시 및 그 기록의 유지 2. 경비현장에 배치된 경비원에 대한 순회점검 및 감독 3. 경찰기관 및 소방기관과의 연락방법에 대한 지도 4. 집단민원현장에 배치된 경비원에 대한 지도·감독 5. 그 밖에 대통령령(경비업법 시행령 제17조)이 정하는 직무 2. 선임된 경비지도사가 법 제24조(감독)의 규정에 의한 경찰청장 또는 시·도 경찰청장의 명령을 위반한 때

답 ③

119

경비업법령상 경비지도사 자격정지처분 기준으로 옳은 것은? 기출 24

① 경비업법 제12조 제3항의 규정을 1차 위반하여 직무를 성실하게 수행하지 아니한 때 : 자격정지 1월
② 경비업법 제12조 제3항의 규정을 2차 위반하여 직무를 성실하게 수행하지 아니한 때 : 자격정지 3월
③ 경비업법 제24조의 규정에 의한 시·도 경찰청장의 명령을 2차 위반한 때 : 자격정지 3월
④ 경비업법 제24조의 규정에 의한 시·도 경찰청장의 명령을 3차 위반한 때 : 자격정지 9월

해설

④ (○) 경비업법 시행령 [별표 5] 제2호
① (×) 자격정지 3월(경비업법 시행령 [별표 5] 제1호)
② (×) 자격정지 6월(경비업법 시행령 [별표 5] 제1호)
③ (×) 자격정지 6월(경비업법 시행령 [별표 5] 제2호)

관계법령 경비지도사 자격정지처분 기준(경비업법 시행령 [별표 5])

위반행위	해당 법조문	행정처분 기준		
		1차	2차	3차 이상
1. 법 제12조 제3항의 규정에 위반하여 **직무를 성실하게 수행하지 아니한 때**	법 제20조 제2항 제1호	자격정지 3월	자격정지 6월	자격정지 12월
2. 법 제24조의 규정에 의한 **경찰청장, 시·도 경찰청장의 명령을 위반한 때**	법 제20조 제2항 제2호	자격정지 1월	자격정지 6월	자격정지 9월

※ 비고 : 위반행위의 횟수에 따른 행정처분의 기준은 당해 위반행위가 있은 이전 최근 2년간 같은 위반행위로 행정처분을 받은 경우에 적용한다.

답 ④

120

경비업법령상 경찰청장 또는 시·도 경찰청장이 행정처분을 하기 위하여 청문을 실시하여야 하는 경우를 모두 고른 것은? 기출 23

ㄱ. 경비업자가 허위 그 밖의 부정한 방법으로 허가를 받아 그 허가를 취소하는 경우
ㄴ. 허위 그 밖의 부정한 방법으로 경비지도사자격증을 교부받아 그 자격을 취소하는 경우
ㄷ. 경비지도사가 경찰청장 또는 시·도 경찰청장의 명령을 위반하여 그 자격을 정지하는 경우

① ㄱ, ㄴ
② ㄱ, ㄷ
③ ㄴ, ㄷ
④ ㄱ, ㄴ, ㄷ

해설

제시된 내용은 모두 청문을 실시하여야 하는 경우에 해당한다. 경찰청장 또는 시·도 경찰청장은 경비업 허가의 취소(ㄱ), 경비지도사자격의 취소(ㄴ) 및 정지(ㄷ) 처분을 하려는 경우 반드시 청문을 실시하여야 한다(경비업법 제21조 제3호·제4호).

> **관계법령** 청문(경비업법 제21조)★★
>
> 경찰청장 또는 시·도 경찰청장은 다음 각호의 어느 하나에 해당하는 처분을 하고자 하는 경우에는 청문을 실시하여야 한다. 〈개정 2024.2.13.〉
> 1. 제11조의4에 따른 경비지도사 교육기관의 지정취소 또는 업무의 정지
> 2. 제13조의3에 따른 경비원 교육기관의 지정취소 또는 업무의 정지
> 3. 제19조의 규정에 의한 경비업 허가의 취소 또는 영업정지
> 4. 제20조 제1항 또는 제2항의 규정에 의한 경비지도사자격의 취소 또는 정지

답 ④

121

경비업법령상 경찰청장 또는 시·도 경찰청장이 청문을 실시해야 하는 행정처분에 해당하는 것을 모두 고른 것은? 기출 22

> ㄱ. 경비업 허가의 취소
> ㄴ. 경비업 영업정지
> ㄷ. 경비지도사자격의 취소
> ㄹ. 경비지도사자격의 정지

① ㄱ, ㄷ
② ㄴ, ㄹ
③ ㄱ, ㄴ, ㄷ
④ ㄱ, ㄴ, ㄷ, ㄹ

해설

제시된 내용은 모두 경비업법령상 경찰청장 또는 시·도 경찰청장이 청문을 실시해야 하는 행정처분에 해당한다(경비업법 제21조).

답 ④

122

경비업법령상 청문을 실시하여야 하는 경우로 옳지 않은 것은? 기출 18

① 관할 경찰관서장의 배치폐지명령에 따르지 아니하여 경비업 허가의 취소처분을 하고자 하는 경우
② 경비업자가 집단민원현장에 특수경비원 명부를 작성·비치하지 않아 9개월 영업정지처분을 하고자 하는 경우
③ 경비지도사가 자격정지 기간 중에 경비지도사로 선임되어 활동하다가 적발되어 경비지도사 자격취소처분을 하고자 하는 경우
④ 경비현장에 배치된 경비원에 대한 순회점검 및 감독을 수행하지 않아 경비지도사 자격정지처분을 하고자 하는 경우

해설

② (×) 경비업법 제21조 제3호가 적용되는 경비업법 제19조 제2항 제12호 사유는 집단민원현장에 일반경비원 명부를 작성·비치하지 않는 경우를 전제하는 규정이다. 또한 영업정지처분의 기간은 6개월을 한도로 한다(경비업법 제19조 제2항). 따라서 본 지문은 2가지 내용이 잘못된 경우이다.
① (○) 경비업법 제21조 제3호(경비업법 제19조 제1항 제8호 사유)
③ (○) 경비업법 제21조 제4호(경비업법 제20조 제1항 제4호 사유)
④ (○) 경비업법 제21조 제4호(경비업법 제20조 제2항 제1호 사유)

답 ②

123

경비업법령상 청문을 실시하여야 하는 행정처분에 해당하지 않는 것은? 기출 17

① 경비업 허가취소처분
② 경비업 영업정지처분
③ 경비지도사 자격정지처분
④ 경비업자에 대한 과태료 부과처분

해설

경비업에 대한 허가취소 및 영업정지, 경비지도사에 대한 자격취소 및 자격정지가 청문사유에 해당한다. 벌칙에 있는 징역, 벌금, 과태료는 청문을 실시하지 않더라도 그 과벌 절차가 법정되어 있기 때문에 굳이 청문규정을 둘 필요가 없다.

답 ④

124

경비업법령상 경찰청장 또는 시·도 경찰청장이 청문을 실시해야 하는 경우에 해당하지 않는 것은?

기출 14

① 경비업 법인의 임원선임 취소
② 경비지도사자격의 정지
③ 경비업 영업정지
④ 경비업 허가의 취소

해설

①은 경비업법 제21조에서 규정하고 있는 청문 실시대상에 포함되지 아니한다.

답 ①

제6절　경비협회

125
CHECK ○△×

경비업법령상 경비협회에 관한 설명으로 옳은 것은? 기출 23

① 경비업자는 행정안전부령이 정하는 바에 따라 경비협회를 설립할 수 있다.
② 경비협회는 경비업법에 특별한 규정이 있는 경우를 제외하고는 「민법」 중 사단법인에 관한 규정을 준용한다.
③ 경비협회는 회원으로부터 회비를 징수할 수 없다.
④ 경비진단에 관한 사항은 경비협회의 업무가 아니다.

해설

② (○) 경비업법 제22조 제4항
① (×) 경비업자는 경비업무의 건전한 발전과 경비원의 자질향상 및 교육훈련 등을 위하여 <u>대통령령이 정하는 바에 따라 경비협회를 설립할 수 있다</u>(경비업법 제22조 제1항).
③ (×) <u>협회는 정관이 정하는 바에 의하여 회원으로부터 회비를 징수할 수 있다</u>(경비업법 시행령 제26조 제2항).
④ (×) 경비진단에 관한 사항도 경비협회의 업무에 해당한다(경비업법 제22조 제3항 제4호).

관계법령　경비협회(경비업법 제22조)

① 경비업자는 경비업무의 건전한 발전과 경비원의 자질향상 및 교육훈련 등을 위하여 대통령령이 정하는 바에 따라 경비협회를 설립할 수 있다.

> **경비협회(경비업법 시행령 제26조)**
> ① 경비업자가 법 제22조 제1항에 따라 경비협회(이하 "협회"라 한다)를 설립하려는 경우에는 정관을 작성하여야 한다.
> ② 협회는 정관이 정하는 바에 의하여 회원으로부터 회비를 징수할 수 있다.

② 경비협회는 법인으로 한다.
③ 경비협회의 업무는 다음과 같다.
　1. 경비업무의 연구
　2. 경비원 교육·훈련 및 그 연구
　3. 경비원의 후생·복지에 관한 사항
　4. 경비진단에 관한 사항
　5. 그 밖에 경비업무의 건전한 운영과 육성에 관하여 필요한 사항
④ 경비협회에 관하여 이 법에 특별한 규정이 있는 것을 제외하고는 민법 중 사단법인에 관한 규정을 준용한다.

답 ②

126

경비업법령상 경비협회에 관한 설명으로 옳은 것은? 기출 24

① 경비지도사는 경비업무의 건전한 발전 등을 위하여 경비협회를 설립할 수 있다.
② 경비협회를 설립하려는 경우에는 정관을 작성하여야 한다.
③ 경비업법에 특별한 규정이 있는 것을 제외하고는「민법」중 재단법인에 관한 규정을 준용한다.
④ 경비협회는 관할 경찰관서장의 허가를 받아 회원으로부터 회비를 징수할 수 있다.

해설

② (○) 경비업법 시행령 제26조 제1항
① (×) 경비업자는 경비업무의 건전한 발전과 경비원의 자질향상 및 교육훈련 등을 위하여 대통령령이 정하는 바에 따라 경비협회를 설립할 수 있다(경비업법 제22조 제1항).
③ (×) 경비협회에 관하여 경비업법에 특별한 규정이 있는 것을 제외하고는「민법」중 사단법인에 관한 규정을 준용한다(경비업법 제22조 제4항).
④ (×) 협회는 정관이 정하는 바에 의하여 회원으로부터 회비를 징수할 수 있다(경비업법 시행령 제26조 제2항).

답 ②

127

경비업법상 경비협회의 업무에 해당하지 않는 것은? 기출 17

① 경비원의 후생·복지에 관한 사항
② 경비진단에 관한 사항
③ 경비지도사 지도·감독
④ 경비원 교육·훈련 및 그 연구

해설

③ (×) 경찰청장 또는 시·도 경찰청장은 경비업무의 적정한 수행을 위하여 경비업자 및 경비지도사를 지도·감독하며 필요한 명령을 할 수 있다(경비업법 제24조 제1항). 즉, 경비지도사 지도·감독은 경비협회의 업무가 아닌 경찰청장 또는 시·도 경찰청장의 권한에 해당한다.
① (○) 경비업법 제22조 제3항 제3호
② (○) 경비업법 제22조 제3항 제4호
④ (○) 경비업법 제22조 제3항 제2호

답 ③

128

경비업법령상 경비협회의 업무 등에 관한 내용으로 옳지 않은 것은? 기출 16

① 경비협회의 업무에는 경비원의 후생·복지에 관한 사항이 포함된다.
② 경비협회는 경비업자가 경비업을 운영할 때 필요한 이행보증을 포함한 계약보증을 위한 공제사업을 할 수 있다.
③ 경비업자는 경비업무의 건전한 발전과 경비원의 자질향상 및 교육훈련 등을 위하여 행정안전부령이 정하는 바에 따라 경비협회를 설립할 수 있다.
④ 경찰청장은 경비업법에 따른 공제사업의 건전한 육성과 가입자의 보호를 위하여 공제사업의 감독에 관한 기준을 정할 수 있다.

해설

③ (×) 경비업자는 경비업무의 건전한 발전과 경비원의 자질향상 및 교육훈련 등을 위하여 대통령령이 정하는 바에 따라 경비협회를 설립할 수 있다(경비업법 제22조 제1항).★
① (○) 경비업법 제22조 제3항 제3호
② (○) 경비업법 제23조 제1항 제2호
④ (○) 경비업법 제23조 제4항

답 ③

129

경비업법령상 경비협회의 공제사업에 관한 설명으로 옳지 않은 것은? 기출 24

① 경비협회는 공제사업을 하고자 하는 때에는 공제사업의 운영에 관하여 필요한 사항에 대하여 공제규정을 제정하여야 한다.
② 경비협회는 공제사업의 회계를 다른 사업의 회계와 구분하여 경리하여야 한다.
③ 경찰청장은 공제사업에 대하여 금융위원회에게 검사를 요청할 수 있다.
④ 경찰청장은 공제사업의 건전한 육성과 가입자의 보호를 위하여 공제사업의 감독에 관한 기준을 정할 수 있다.

해설

③ (×) 경찰청장은 공제사업에 대하여 「금융위원회의 설치 등에 관한 법률」에 따른 <u>금융감독원의 원장</u>에게 검사를 요청할 수 있다(경비업법 제23조 제6항).
① (○) 경비업법 제23조 제2항
② (○) 경비업법 시행령 제27조 제1항
④ (○) 경비업법 제23조 제4항

답 ③

130

경비업법령상 경비협회의 공제사업에 관한 설명으로 옳지 않은 것은? 기출 23

① 경비협회는 공제사업을 하는 경우 공제사업의 회계는 다른 사업의 회계와 통합하여 경리하여야 한다.
② 경비협회는 경비원의 복지향상과 업무상 재해로 인한 손실을 보상하는 공제사업을 할 수 있다.
③ 경비협회는 경비업자의 손해배상책임을 보장하기 위한 공제사업을 할 수 있다.
④ 경비협회는 경비업을 운영할 때 필요한 입찰보증, 계약보증(이행보증 포함), 하도급 보증을 위한 공제사업을 할 수 있다.

해설

① (×) 협회는 법 제23조 제1항의 규정에 의하여 공제사업을 하는 경우 공제사업의 회계는 다른 사업의 회계와 구분하여 경리하여야 한다(경비업법 시행령 제27조 제1항).
② (○) 경비업법 제23조 제1항 제3호
③ (○) 경비업법 제23조 제1항 제1호
④ (○) 경비업법 제23조 제1항 제2호

관계법령 공제사업(경비업법 제23조)★

① 경비협회는 다음 각호의 공제사업을 할 수 있다.
  1. 제26조에 따른 경비업자의 손해배상책임을 보장하기 위한 사업
  2. 경비업자가 경비업을 운영할 때 필요한 입찰보증, 계약보증(이행보증을 포함), 하도급보증을 위한 사업
  3. 경비원의 복지향상과 업무상 재해로 인한 손실을 보상하는 사업
  4. 경비업무와 관련한 연구 및 경비원 교육·훈련에 관한 사업
② 경비협회는 제1항의 규정에 의한 공제사업을 하고자 하는 때에는 공제규정을 제정하여야 한다.
③ 제2항의 공제규정에는 공제사업의 범위, 공제계약의 내용, 공제금, 공제료 및 공제금에 충당하기 위한 책임준비금 등 공제사업의 운영에 관하여 필요한 사항을 정하여야 한다.
④ 경찰청장은 제1항에 따른 공제사업의 건전한 육성과 가입자의 보호를 위하여 공제사업의 감독에 관한 기준을 정할 수 있다.
⑤ 경찰청장은 제2항에 따른 공제규정을 승인하거나 제4항에 따라 공제사업의 감독에 관한 기준을 정하는 경우에는 미리 금융위원회와 협의하여야 한다.
⑥ 경찰청장은 제1항에 따른 공제사업에 대하여 「금융위원회의 설치 등에 관한 법률」에 따른 금융감독원의 원장에게 검사를 요청할 수 있다.

답 ①

131

경비업법령상 경비협회의 공제사업에 관한 내용으로 옳지 않은 것은? 기출 22

① 경비협회는 경비업자의 손해배상책임을 보장하기 위한 공제사업을 할 수 있다.
② 경비협회는 경비원의 복지향상을 위한 공제사업을 할 수 없다.
③ 경비협회는 공제사업을 하고자 하는 때에는 공제규정을 제정하여야 한다.
④ 경비협회는 경비업자가 경비업을 운영할 때 필요한 입찰보증, 계약보증(이행보증을 포함한다), 하도급보증을 위한 공제사업을 할 수 있다.

해설

② (×) 경비협회는 경비원의 복지향상을 위한 공제사업을 할 수 있다(경비업법 제23조 제1항 제3호).
① (○) 경비업법 제23조 제1항 제1호
③ (○) 경비업법 제23조 제2항
④ (○) 경비업법 제23조 제1항 제2호

답 ②

132

경비업법령상 경비협회의 공제사업에 관한 설명으로 옳지 않은 것은? 기출 21

① 경비협회는 경비업자가 경비업을 운영할 때 필요한 입찰보증을 위한 공제사업을 할 수 있다.
② 공제규정에는 공제사업의 범위, 공제계약의 내용 등 공제사업의 운영에 관하여 필요한 사항을 정하여야 한다.
③ 경찰청장은 공제규정을 승인하는 경우에는 미리 금융감독원과 협의하여야 한다.
④ 공제사업을 하는 경우 공제사업의 회계는 다른 사업의 회계와 구분하여 경리하여야 한다.

해설

③ (×) 경찰청장은 공제규정을 승인하거나 공제사업의 감독에 관한 기준을 정하는 경우에는 미리 금융위원회와 협의하여야 한다(경비업법 제23조 제5항).
① (○) 경비업법 제23조 제1항 제2호
② (○) 경비업법 제23조 제3항
④ (○) 경비업법 시행령 제27조 제1항

답 ③

제7절 보 칙

133

경비업법령상 감독 및 보안지도·점검에 관한 설명으로 옳지 않은 것은? 기출 24

① 시·도 경찰청장은 경비업무의 적정한 수행을 위하여 경비지도사를 지도·감독하며 필요한 명령을 할 수 있다.
② 관할 경찰관서장은 소속 경찰공무원으로 하여금 관할구역 안에 있는 경비업자의 주사무소에 출입하여 근무상황을 감독하며 필요한 명령을 하게 할 수 있다.
③ 시·도 경찰청장은 배치된 경비원이 경비업법에 따른 명령을 위반하는 행위를 하는 경우 그 위반행위의 중지를 명할 수 있다.
④ 관할 경찰관서장은 경비업무 장소가 집단민원현장으로 판단되는 경우에는 그때부터 48시간 이내에 경비지도사에게 경비원 배치 허가를 받을 것을 고지하여야 한다.

해설

④ (×) 시·도 경찰청장 또는 관할 경찰관서장은 경비업무 장소가 집단민원현장으로 판단되는 경우에는 그때부터 48시간 이내에 경비업자에게 경비원 배치 허가를 받을 것을 고지하여야 한다(경비업법 제24조 제4항).
① (○) 경찰청장 또는 시·도 경찰청장은 경비업무의 적정한 수행을 위하여 경비업자 및 경비지도사를 지도·감독하며 필요한 명령을 할 수 있다(경비업법 제24조 제1항).
② (○) 시·도 경찰청장 또는 관할 경찰관서장은 소속 경찰공무원으로 하여금 관할구역 안에 있는 경비업자의 주사무소 및 출장소와 경비원 배치장소에 출입하여 근무상황 및 교육훈련상황 등을 감독하며 필요한 명령을 하게 할 수 있다(경비업법 제24조 제2항 전문).
③ (○) 시·도 경찰청장 또는 관할 경찰관서장은 경비업자 또는 배치된 경비원이 이 법이나 이 법에 따른 명령, 「폭력행위 등 처벌에 관한 법률」을 위반하는 행위를 하는 경우 그 위반행위의 중지를 명할 수 있다(경비업법 제24조 제3항).

답 ④

134

경비업법령상 감독 및 보안지도·점검에 관한 설명으로 옳지 않은 것은? 기출 22

① 시·도 경찰청장 또는 관할 경찰관서장은 소속 경찰공무원으로 하여금 관할구역 안에 있는 경비업자의 주사무소 및 출장소와 경비원 배치장소에 출입하여 근무상황 및 교육훈련상황 등을 감독하며 필요한 명령을 하게 할 수 있다.
② 시·도 경찰청장 또는 관할 경찰관서장은 경비업자 또는 배치된 경비원이 「폭력행위 등 처벌에 관한 법률」을 위반하는 행위를 하는 경우 그 위반행위의 중지를 명할 수 있다.
③ 관할 경찰서장은 특수경비업자에 대하여 연 2회 이상의 보안지도·점검을 실시하여야 한다.
④ 경찰청장 또는 시·도 경찰청장은 경비업무의 적정한 수행을 위하여 경비업자 및 경비지도사를 지도·감독하며 필요한 명령을 할 수 있다.

해설

③ (×) 시·도 경찰청장은 법 제25조의 규정에 의하여 특수경비업자에 대하여 연 2회 이상의 보안지도·점검을 실시하여야 한다(경비업법 시행령 제29조).
① (○) 경비업법 제24조 제2항 전문
② (○) 경비업법 제24조 제3항
④ (○) 경비업법 제24조 제1항

관계법령

감독(경비업법 제24조)★

① 경찰청장 또는 시·도 경찰청장은 경비업무의 적정한 수행을 위하여 경비업자 및 경비지도사를 지도·감독하며 필요한 명령을 할 수 있다.
② 시·도 경찰청장 또는 관할 경찰관서장은 소속 경찰공무원으로 하여금 관할구역 안에 있는 경비업자의 주사무소 및 출장소와 경비원 배치장소에 출입하여 근무상황 및 교육훈련상황 등을 감독하며 필요한 명령을 하게 할 수 있다. 이 경우 출입하는 경찰공무원은 그 권한을 표시하는 증표를 관계인에게 내보여야 한다.
③ 시·도 경찰청장 또는 관할 경찰관서장은 경비업자 또는 배치된 경비원이 이 법이나 이 법에 따른 명령, 「폭력행위 등 처벌에 관한 법률」을 위반하는 행위를 하는 경우 그 위반행위의 중지를 명할 수 있다.
④ 시·도 경찰청장 또는 관할 경찰관서장은 경비업무 장소가 집단민원현장으로 판단되는 경우에는 그때부터 48시간 이내에 경비업자에게 경비원 배치허가를 받을 것을 고지하여야 한다.

보안지도·점검 등(경비업법 제25조)

시·도 경찰청장은 대통령령이 정하는 바에 따라 특수경비업자에 대하여 보안지도·점검을 실시하여야 하고, 필요한 경우 관계기관에 보안측정을 요청하여야 한다.

> **보안지도·점검(경비업법 시행령 제29조)**
> 시·도 경찰청장은 법 제25조의 규정에 의하여 특수경비업자에 대하여 연 2회 이상의 보안지도·점검을 실시하여야 한다.

답 ③

135

경비업법령상 시·도 경찰청장 등의 감독과 보안지도·점검에 관한 내용이다. (   )에 들어갈 숫자가 순서대로 옳은 것은? 기출 20

- 시·도 경찰청장 또는 관할 경찰관서장은 경비업무 장소가 집단민원현장으로 판단되는 경우에는 그때부터 (   )시간 이내에 경비업자에게 경비원 배치허가를 받을 것을 고지하여야 한다.
- 시·도 경찰청장은 특수경비업자에 대하여 연 (   )회 이상의 보안지도·점검을 실시하여야 한다.

① 24, 2
② 24, 4
③ 48, 2
④ 48, 4

해설

(   ) 안에 들어갈 숫자는 순서대로 48, 2이다(경비업법 제24조 제4항, 제25조).

답 ③

136

경비업법령상 보안지도·점검의 내용이다. (   )에 들어갈 내용이 바르게 연결된 것은? 기출 19

(ㄱ)은 특수경비업자에게 비밀취급인가를 하고자 하는 때에는 특수경비업자로 하여금 (ㄴ)을 거쳐 국가정보원장에게 보안측정을 요청하도록 하여야 한다.

① ㄱ : 관할 경찰서장,　　ㄴ : 시·도 경찰청장
② ㄱ : 관할 경찰서장,　　ㄴ : 경찰청장
③ ㄱ : 시·도 경찰청장,　　ㄴ : 경찰청장
④ ㄱ : 경찰청장,　　ㄴ : 시·도 경찰청장

해설

제시문은 경비업법 제25조, 동법 시행령 제6조와 관련된 내용으로 (   ) 안에는 순서대로 ㄱ : 시·도 경찰청장, ㄴ : 경찰청장이 들어간다.

관계법령 특수경비업자의 업무개시 전의 조치(경비업법 시행령 제6조)

① 법 제2조 제1호 마목의 규정에 의한 특수경비업무를 수행하는 경비업자(이하 "특수경비업자"라 한다)는 법 제4조 제3항 제5호의 규정에 의하여 첫 업무개시의 신고를 하기 전에 시·도 경찰청장의 비밀취급인가를 받아야 한다.
② 시·도 경찰청장은 제1항의 규정에 의하여 특수경비업자에게 비밀취급인가를 하고자 하는 때에는 법 제25조의 규정에 의하여 특수경비업자로 하여금 경찰청장을 거쳐 국가정보원장에게 보안측정을 요청하도록 하여야 한다.

보안지도·점검 등(경비업법 제25조)
시·도 경찰청장은 대통령령이 정하는 바에 따라 특수경비업자에 대하여 보안지도·점검을 실시하여야 하고, 필요한 경우 관계기관에 보안측정을 요청하여야 한다.

답 ③

137

경비업법령상 경비업자에 대한 보안지도·점검에 관한 내용이다. ( ) 안에 들어갈 내용을 순서대로 옳게 나열한 것은? 기출 15·05

> 시·도 경찰청장은 (   )에 대하여 연 (   )회 이상의 보안지도·점검을 실시하여야 한다.

① 특수경비업자, 1
② 기계경비업자, 1
③ 특수경비업자, 2
④ 기계경비업자, 2

해설

시·도 경찰청장은 특수경비업자에 대하여 연 2회 이상의 보안지도·점검을 실시하여야 한다(경비업법 시행령 제29조).

답 ③

138

경비업법령상 경비업자의 책임에 관한 설명으로 옳은 것은? 기출 24

① 경비업자는 경비원이 업무수행 중 경비대상에 손해가 발생하는 것을 방지하여도 손해를 배상하여야 한다.
② 경비업자는 경비원이 업무수행 중 고의로 제3자에게 손해를 입힌 경우에는 그 손해가 발생하는 것을 방지하지 못한 때에만 배상할 책임이 있다.
③ 경비업자는 경비원이 업무수행 중 과실로 제3자에게 손해를 입힌 경우에도 이를 배상하여야 한다.
④ 경비업자는 경비원이 업무수행 중 과실로 경비대상에 손해가 발생하는 것을 방지하지 못한 때에는 그 손해를 배상할 책임이 없다.

해설

③ (○) 경비업법 제26조 제2항
① (×) 경비업자는 경비원이 업무수행 중 고의 또는 과실로 경비대상에 손해가 발생하는 것을 방지하지 못한 때에는 그 손해를 배상하여야 한다(경비업법 제26조 제1항).
② (×) 경비업자는 경비원이 업무수행 중 고의 또는 과실로 제3자에게 손해를 입힌 경우에는 이를 배상하여야 한다(경비업법 제26조 제2항). 경비업법 제26조 제1항의 경비대상에 대한 손해배상과 달리 제3자에 대한 손해배상의 경우 "손해가 발생하는 것을 방지하지 못한 때에는 손해를 배상하여야 한다"고 규정하고 있지 않다.
④ (×) 경비업자는 경비원이 업무수행 중 고의 또는 과실로 경비대상에 손해가 발생하는 것을 방지하지 못한 때에는 그 손해를 배상하여야 한다(경비업법 제26조 제1항).

답 ③

139

경비업법령상 경비업자의 손해배상책임이 발생하는 것은? 기출 22

① 경비원이 업무수행 중이 아닌 때에 고의로 경비대상에 손해가 발생하는 것을 방지하지 못한 경우
② 경비원이 업무수행 중 무과실로 경비대상에 손해가 발생하는 것을 방지하지 못한 경우
③ 경비원이 업무수행 중 고의로 제3자에게 손해를 입힌 경우
④ 경비원이 업무수행 중이 아닌 때에 과실로 제3자에게 손해를 입힌 경우

해설

③ (○) 경비업자는 경비원이 업무수행 중 고의 또는 과실로 제3자에게 손해를 입힌 경우에는 이를 배상하여야 한다(경비업법 제26조 제2항).
① (×) 경비업자의 손해배상책임은 경비원이 업무수행 중 고의 또는 과실로 경비대상에 손해가 발생하는 것을 방지하지 못한 때 발생한다(경비업법 제26조 제1항).
② (×) 경비업자의 손해배상책임은 경비원이 업무수행 중 고의 또는 과실로 경비대상에 손해가 발생하는 것을 방지하지 못한 때 발생하며(경비업법 제26조 제1항), 무과실책임이 아니다.
④ (×) 경비업자의 손해배상책임은 경비원이 업무수행 중 고의 또는 과실로 제3자에게 손해를 입힌 경우에 발생한다(경비업법 제26조 제2항).

답 ③

140

경비업법령상 경찰청장의 권한이 시·도 경찰청장에게 위임되어 있는 것을 모두 고른 것은? 기출 24

> ㄱ. 경비지도사자격의 취소권한
> ㄴ. 경비지도사자격증의 교부권한
> ㄷ. 경비지도사 시험의 관리에 관한 권한
> ㄹ. 경비지도사자격의 정지에 관한 청문권한

① ㄱ, ㄴ
② ㄱ, ㄹ
③ ㄴ, ㄷ
④ ㄷ, ㄹ

해설

제시된 내용 중 경찰청장의 권한이 시·도 경찰청장에게 위임되어 있는 것은 ㄱ과 ㄹ이다.
ㄱ. (○) 경비지도사자격의 취소 및 정지에 관한 권한(경비업법 시행령 제31조 제1항 제1호)
ㄹ. (○) 경비지도사자격의 취소 및 정지에 관한 청문 권한(경비업법 시행령 제31조 제1항 제2호)
ㄴ. (×) 경찰청장은 경비지도사 결격사유에 해당하지 아니하는 자로서 경찰청장이 시행하는 경비지도사 시험에 합격하고 경찰청장이 실시하는 기본교육을 받은 자에게 행정안전부령으로 정하는 바에 따라 경비지도사자격증을 교부하여야 한다(경비업법 제11조 제2항). 경비업법령상 경비지도사자격증의 교부권한의 위임에 관한 규정은 존재하지 않는다.
ㄷ. (×) 경찰청장 또는 경찰관서장은 법 제27조 제2항에 따라 법 제11조 제1항에 따른 경비지도사 시험의 관리에 관한 업무를 경비업무에 관한 인력과 전문성을 갖춘 기관 또는 단체로서 경찰청장이 지정하여 고시하는 기관 또는 단체에 위탁한다(경비업법 시행령 제31조 제2항). 경비지도사 시험의 관리에 관한 업무는 위임사항이 아닌 위탁사항에 해당한다.

답 ②

141

경비업법령상 경찰청장이 시·도 경찰청장에게 위임하는 권한은? 기출 23

① 경비협회의 공제사업에 대한 금융감독원장의 검사요청권한
② 경비지도사자격증의 교부권한
③ 경비지도사자격의 취소에 관한 권한
④ 경비지도사 시험의 관리에 관한 권한

해설

경비업법령상 경찰청장이 시·도 경찰청장에게 위임하는 권한은 ③이다(경비업법 제27조 제1항, 동법 시행령 제31조 제1항 제2호). ①과 ②는 위임사항이 아니며(경비업법 제23조 제6항, 동법 시행규칙 제11조), ④는 위탁사항에 해당한다(경비업법 제27조 제2항, 동법 시행령 제31조 제2항).

관계법령 위임 및 위탁(경비업법 제27조)

① 이 법에 의한 경찰청장의 권한은 대통령령이 정하는 바에 따라 그 일부를 시·도 경찰청장에게 위임할 수 있다.

권한의 위임 및 위탁(경비업법 시행령 제31조)★
① 경찰청장은 법 제27조 제1항의 규정에 의하여 다음 각호의 권한을 시·도 경찰청장에게 위임한다.
1. 법 제20조의 규정에 의한 경비지도사자격의 취소 및 정지에 관한 권한
2. 법 제21조 제2호의 규정에 의한 경비지도사자격의 취소 및 정지에 관한 청문의 권한

② 경찰청장은 제11조의 규정에 의한 경비지도사의 시험에 관한 업무를 대통령령이 정하는 바에 따라 관계전문기관 또는 단체에 위탁할 수 있다. 〈개정 2024.2.13.〉

권한의 위임 및 위탁(경비업법 시행령 제31조)★
② 경찰청장 또는 경찰관서장은 법 제27조 제2항에 따라 법 제11조 제1항에 따른 경비지도사 시험의 관리에 관한 업무를 경비업무에 관한 인력과 전문성을 갖춘 기관 또는 단체로서 경찰청장이 지정하여 고시하는 기관 또는 단체에 위탁한다. 〈개정 2024.8.13.〉

답 ③

142

경비업법령상 시험에 응시하고자 하는 자가 납부한 응시수수료의 전부 또는 일부를 반환하는 기준으로 옳지 않은 것은? 기출 24

① 응시수수료를 과오납한 경우 : 과오납한 금액 전액
② 시험시행기관의 귀책사유로 시험에 응시하지 못한 경우 : 응시수수료 전액
③ 시험시행일 20일 전까지 접수를 취소하는 경우 : 응시수수료의 100분의 80
④ 시험시행일 10일 전까지 접수를 취소하는 경우 : 응시수수료의 100분의 50

해설
③ (×) 응시수수료 전액(경비업법 시행령 제28조 제4항 제3호)
① (○) 경비업법 시행령 제28조 제4항 제1호
② (○) 경비업법 시행령 제28조 제4항 제2호
④ (○) 경비업법 시행령 제28조 제4항 제4호

답 ③

143

경비업법령상 허가증 등의 수수료에 관한 설명으로 옳은 것은? 기출 22

① 경비업 허가사항의 변경신고로 인한 허가증 재교부의 경우에는 1만원의 수수료를 납부하여야 한다.
② 경비지도사 시험 응시수수료를 과오납한 경우에는 경찰청장은 과오납한 금액의 100분의 50을 반환하여야 한다.
③ 경비업의 갱신허가를 받고자 하는 경우에는 2천원의 수수료를 납부하여야 한다.
④ 경비지도사 시험 시행일 20일 전까지 접수를 취소하는 경우에는 경찰청장은 응시수수료 전액을 반환하여야 한다.

해설
④ (○) 경비업법 시행령 제28조 제4항 제3호
① (×) 경비업 허가사항의 변경신고로 인한 허가증 재교부의 경우에는 2천원의 수수료를 납부하여야 한다(경비업법 시행령 제28조 제1항 제2호).
② (×) 응시수수료를 과오납한 경우에는 경찰청장은 과오납한 금액 전부를 반환하여야 한다(경비업법 시행령 제28조 제4항 제1호).
③ (×) 경비업의 갱신허가를 받고자 하는 경우에는 1만원의 수수료를 납부하여야 한다(경비업법 시행령 제28조 제1항 제1호).

답 ④

144

경비업법령상 허가증 등의 수수료에 관한 설명으로 옳지 않은 것은? 기출 23

① 경비업 허가사항의 변경신고로 인한 허가증 재교부의 경우에는 1만원의 수수료를 납부하여야 한다.
② 경찰청장은 시험 시행기관의 귀책사유로 시험에 응시하지 못한 경우 납부한 응시수수료 전액을 반환하여야 한다.
③ 경찰청장 및 시·도 경찰청장은 정보통신망을 이용하여 전자화폐·전자결제 등의 방법으로 수수료를 납부하게 할 수 있다.
④ 경비지도사 시험에 응시하고자 하는 자는 경찰청장이 정하여 고시하는 수수료를 납부하여야 한다.

해설

① (×) 경비업 허가사항의 변경신고로 인한 허가증 재교부의 경우에는 2천원의 수수료를 납부하여야 한다(경비업법 시행령 제28조 제1항 제2호).
② (○) 경비업법 시행령 제28조 제4항 제2호
③ (○) 경비업법 시행령 제28조 제5항
④ (○) 경비업법 시행령 제28조 제3항

관계법령 **수수료(경비업법 제27조의2)**

이 법에 따른 경비업의 허가를 받거나 허가증을 재교부받고자 하는 자는 대통령령이 정하는 바에 따라 수수료를 납부하여야 한다.

허가증 등의 수수료(경비업법 시행령 제28조)

① 법에 의한 경비업의 허가를 받거나 허가증을 재교부받고자 하는 자는 다음 각호의 수수료를 납부하여야 한다.
  1. 법 제4조 제1항 및 법 제6조 제2항의 규정에 의한 경비업의 허가(추가·변경·갱신허가를 포함한다)의 경우에는 1만원
  2. 허가사항의 변경신고로 인한 허가증 재교부의 경우에는 2천원
② 제1항의 규정에 의한 수수료는 허가 등의 신청서에 수입인지를 첨부하여 납부한다.
③ 시험에 응시하고자 하는 자는 경찰청장이 정하여 고시하는 수수료를 납부하여야 한다.
④ 경찰청장은 다음 각호의 어느 하나에 해당하는 경우에는 제3항에 따라 받은 응시수수료의 전부 또는 일부를 다음 각호의 구분에 따라 반환하여야 한다.
  1. 응시수수료를 과오납한 경우 : 과오납한 금액 전액
  2. 시험 시행기관의 귀책사유로 시험에 응시하지 못한 경우 : 응시수수료 전액
  3. 시험 시행일 20일 전까지 접수를 취소하는 경우 : 응시수수료 전액
  4. 시험 시행일 10일 전까지 접수를 취소하는 경우 : 응시수수료의 100분의 50
⑤ 경찰청장 및 시·도 경찰청장은 제2항 및 제3항의 규정에 불구하고 정보통신망을 이용하여 전자화폐·전자결제 등의 방법으로 수수료를 납부하게 할 수 있다.

답 ①

145

경비업법령상 경찰청장으로부터 경비지도사의 시험에 관한 업무를 위탁받은 단체의 임직원이 공무원으로 의제되어 적용받는 「형법」상의 규정에 해당하는 것은? 기출 24

① 제122조(직무유기)
② 제126조(피의사실공표)
③ 제127조(공무상 비밀의 누설)
④ 제129조(수뢰, 사전수뢰)

해설

경찰청장으로부터 경비지도사의 시험에 관한 업무를 위탁받은 관계전문기관 또는 단체의 임직원은 「형법」 제129조부터 제132조까지의 규정을 적용할 때에는 공무원으로 본다(경비업법 제27조의3).

답 ④

146

경비업법령상 경찰청장 등이 처리할 수 있는 민감정보 및 고유식별정보가 아닌 것은? 기출 21

① 건강에 관한 정보
② 범죄경력자료에 해당하는 정보
③ 주민등록번호 또는 외국인등록번호가 포함된 자료
④ 신용카드사용내역이 포함된 자료

해설

신용카드사용내역이 포함된 자료는 경비업법령상 경찰청장 등이 처리할 수 있는 민간정보 및 고유식별정보에 해당하지 않는다(경비업법 시행령 제31조의2).

답 ④

147

경비업법령상 경찰청장 등이 불가피한 경우 민감정보 및 고유식별정보를 처리할 수 있는 사무가 아닌 것은? 기출 23

① 경비지도사 시험 등에 관한 사무
② 특수경비원의 직무 및 무기사용 등에 관한 사무
③ 경비업자 및 경비지도사의 지도·감독에 관한 사무
④ 경비업자의 손해배상책임에 관한 사무

해설

④ (×) 경비업자의 손해배상책임에 관한 사무는 경찰청장 등이 불가피하게 민감정보 및 고유식별정보를 처리할 수 있는 사무에 해당하지 않는다(경비업법 시행령 제31조의2).
① (○) 경비업법 시행령 제31조의2 제2호
② (○) 경비업법 시행령 제31조의2 제4호
③ (○) 경비업법 시행령 제31조의2 제8호

관계법령 민감정보 및 고유식별정보의 처리(경비업법 시행령 제31조의2)

경찰청장, 시·도 경찰청장, 경찰서장 및 경찰관서장(제31조에 따라 경찰청장 및 경찰관서장의 권한을 위임·위탁받은 자를 포함한다)은 다음 각호의 사무를 수행하기 위하여 불가피한 경우 「개인정보보호법」 제23조에 따른 건강에 관한 정보(제1호의2 및 제4호의 사무로 한정한다), 같은 법 시행령 제18조 제2호에 따른 범죄경력자료에 해당하는 정보(제1호의2 및 제9호의 사무로 한정한다), 같은 영 제19조 제1호 또는 제4호에 따른 주민등록번호 또는 외국인등록번호가 포함된 자료를 처리할 수 있다. 〈개정 2024.8.13.〉

1. 법 제4조 및 제6조에 따른 경비업의 허가 및 갱신허가 등에 관한 사무
1의2. 법 제5조 및 제10조에 따른 임원, 경비지도사 및 경비원의 결격사유 확인에 관한 사무
2. 법 제11조에 따른 경비지도사 시험 등에 관한 사무
2의2. 법 제12조의2에 따른 경비지도사의 선임·해임 신고에 관한 사무
3. 법 제13조에 따른 경비원의 교육 등에 관한 사무
4. 법 제14조에 따른 특수경비원의 직무 및 무기사용 등에 관한 사무
5. 삭제 〈2021.7.13.〉
6. 법 제18조에 따른 경비원 배치허가 등에 관한 사무
7. 법 제19조 및 제20조에 따른 행정처분에 관한 사무
8. 법 제24조에 따른 경비업자 및 경비지도사의 지도·감독에 관한 사무
9. 법 제25조에 따른 보안지도·점검 및 보안측정에 관한 사무
10. 삭제 〈2022.12.20.〉

답 ④

148

경비업법령상 민감정보 및 고유식별정보를 처리할 수 있는 사무가 아닌 것은?

① 기계경비운영체계의 오작동 여부 확인에 관한 사무
② 경비업 허가의 취소에 따른 행정처분에 관한 사무
③ 임원, 경비지도사 및 경비원의 결격사유 확인에 관한 사무
④ 특수경비업자에 대한 보안지도·점검 및 보안측정에 관한 사무

해설

① (×) 경비업법 시행령 제31조의2(민감정보 및 고유식별정보의 처리)에 의하면 기계경비운영체계의 오작동 여부 확인에 관한 사무는 포함되지 않는다.
② (○) 경비업법 시행령 제31조의2 제7호
③ (○) 경비업법 시행령 제31조의2 제1호의2
④ (○) 경비업법 시행령 제31조의2 제9호

답 ①

149

경비업법령에 관한 설명으로 옳지 않은 것은?

① 시·도 경찰청장은 특수경비업자에 대하여 연 2회 이상의 보안지도·점검을 실시하여야 한다.
② 경찰청장은 경비업무의 적정한 수행을 위하여 경비업자를 지도·감독하며 필요한 명령을 할 수 있다.
③ 경찰청장은 집단민원현장 배치 불허가 기준에 대하여 5년마다 그 타당성을 검토하여 개선 등의 조치를 하여야 한다.
④ 관할 경찰관서장은 시설주의 신청에 의하여 특수경비원이 배치된 국가중요시설 등에 경비전화를 가설할 수 있다.

해설

③ (×) 경찰청장은 집단민원현장 배치 불허가 기준에 대하여 3년마다 그 타당성을 검토하여 개선 등의 조치를 하여야 한다(경비업법 시행령 제31조의3).
① (○) 경비업법 시행령 제29조
② (○) 경비업법 제24조 제1항
④ (○) 경비업법 시행규칙 제25조 제1항

답 ③

150

경비업법령상 경찰청장이 3년마다 타당성을 검토하여 개선 등의 조치를 해야 하는 것을 모두 고른 것은? 기출 23

> ㄱ. 경비업의 시설 등의 기준
> ㄴ. 집단민원현장 배치 불허가 기준
> ㄷ. 행정처분 기준
> ㄹ. 과태료 부과기준

① ㄱ, ㄴ
② ㄱ, ㄷ, ㄹ
③ ㄴ, ㄷ, ㄹ
④ ㄱ, ㄴ, ㄷ, ㄹ

해설

제시된 내용 중 경비업법령상 경찰청장이 3년마다 타당성을 검토하여 개선 등의 조치를 해야 하는 것은 ㄱ과 ㄴ이다(경비업법 시행령 제31조의3). ㄷ과 ㄹ은 2021.3.2. 동 시행령 개정 시 규제의 재검토 사항에서 삭제되었다.

관계법령 규제의 재검토(경비업법 시행령 제31조의3)

경찰청장은 다음 각호의 사항에 대하여 다음 각호의 기준일을 기준으로 3년마다(매 3년이 되는 해의 기준일과 같은 날 전까지를 말한다) 그 타당성을 검토하여 개선 등의 조치를 해야 한다. 〈개정 2024.8.13.〉
1. 제3조 제2항 및 [별표 1]에 따른 경비업의 시설 등의 기준 : 2014년 6월 8일
1의2. 제15조의2 제1항 및 제15조의3 제1항에 따른 경비지도사의 기본교육 및 보수교육의 시간 : 2025년 1월 1일
2. 제22조에 따른 집단민원현장 배치 불허가 기준 : 2014년 6월 8일
3. 제24조 및 [별표 4]에 따른 행정처분 기준 : 2014년 6월 8일 → 삭제 〈2021.3.2.〉
4. 제32조 제1항 및 [별표 6]에 따른 과태료의 부과기준 : 2014년 6월 8일 → 삭제 〈2021.3.2.〉

답 ①

151

경비업법령상 경찰청장이 3년마다 타당성을 검토하여 개선 등의 조치를 해야 하는 규제사항인 것은? 기출수정 19

① 벌금형 부과기준
② 행정처분 기준
③ 과태료 부과기준
④ 경비원이 휴대하는 장비

해설

경찰청장은 제20조에 따른 경비원이 휴대하는 장비 등에 대하여 2014년 6월 8일을 기준으로 3년마다(매 3년이 되는 해의 6월 8일 전까지를 말한다) 그 타당성을 검토하여 개선 등의 조치를 하여야 한다(경비업법 시행규칙 제27조의2).

답 ④

제8절 벌칙

152

CHECK ◯ △ ✕

경비업법령상 위반행위를 한 행위자에 대한 법정형이 다른 것은? 기출 22

① 경비업무 도급인이 그 경비업무를 수급한 경비업자의 경비원 채용 시 무자격자나 부적격자 등을 채용하도록 관여하거나 영향력을 행사한 경우
② 경비원이 경비업법령에서 정한 장비 외에 흉기 또는 그 밖의 위험한 물건을 휴대하고 경비업무를 수행한 경우
③ 경비원이 직무를 수행함에 있어 타인에게 위력을 과시하는 등 경비업무의 범위를 벗어난 행위를 한 경우
④ 경비업자가 배치허가신청의 내용을 거짓으로 한 것이 발각되어 경찰관서장이 배치폐지명령을 하였으나 이에 따르지 아니한 경우

해설

①은 3년 이하의 징역 또는 3천만원 이하의 벌금에 처하나(경비업법 제28조 제2항 제6호), ②・③・④는 1년 이하의 징역 또는 1천만원 이하의 벌금에 처한다(경비업법 제28조 제4항 제4호・제3호・제5호).

핵심만콕 벌칙(경비업법 제28조) ★★

구분	내용
5년 이하의 징역 또는 5천만원 이하의 벌금(제1항)	국가중요시설의 정상적인 운영을 해치는 장해를 일으킨 특수경비원
3년 이하의 징역 또는 3천만원 이하의 벌금(제2항)	1. 허가를 받지 아니하고 경비업을 영위한 자 2. 직무상 알게 된 비밀을 누설하거나 부당한 목적을 위하여 사용한 자 3. 경비업무의 중단을 통보하지 아니하거나 경비업무를 즉시 인수하지 아니한 특수경비업자 또는 경비대행업자 4. 집단민원현장에 경비원을 배치하면서 허가를 받지 아니한 자에게 경비업무를 도급한 자 5. 집단민원현장에 20명 이상의 경비인력을 배치하면서 그 경비인력을 직접 고용한 자 6. 경비업자의 경비원 채용 시 무자격자나 부적격자 등을 채용하도록 관여하거나 영향력을 행사한 도급인 7. 과실로 인하여 국가중요시설의 정상적인 운영을 해치는 장해를 일으킨 특수경비원 8. 특수경비원으로서 경비구역 안에서 시설물의 절도, 손괴, 위험물의 폭발 등의 사유로 인한 위급사태가 발생한 때에 명령에 불복종한 자 또는 경비구역을 벗어난 자 9. 경비원에게 경비업무의 범위를 벗어난 행위를 하게 한 자
2년 이하의 징역 또는 2천만원 이하의 벌금(제3항)	정당한 사유 없이 무기를 소지하고 배치된 경비구역을 벗어난 특수경비원
1년 이하의 징역 또는 1천만원 이하의 벌금(제4항)	1. 시설주로부터 무기의 관리를 위하여 지정받은 관리책임자가 법이 정한 의무를 위반한 경우 2. 파업・태업 그 밖에 경비업무의 정상적인 운영을 저해하는 일체의 쟁의행위를 한 특수경비원 3. 직무를 수행함에 있어 타인에게 위력을 과시하거나 물리력을 행사하는 등 경비업무의 범위를 벗어난 행위를 한 경비원 4. 제16조의2 제1항에서 정한 장비 외에 흉기 또는 그 밖의 위험한 물건을 휴대하고 경비업무를 수행한 경비원 또는 경비원에게 이를 휴대하고 경비업무를 수행하게 한 자 5. 경찰관서장의 배치폐지명령을 따르지 아니한 자 6. 시・도 경찰청장 또는 관할 경찰관서장의 중지명령에 따르지 아니한 자

답 ①

153

경비업법령상 법정형이 "경비업의 허가를 받지 아니하고 경비업을 영위한 자"에 대한 법정형과 같은 것은? 기출 24

① 다른 법률에 특별한 규정이 있는 경우가 아님에도 그 직무상 알게 된 비밀을 누설한 경비업자의 임·직원
② 국가중요시설에 대한 경비업무 수행 중 국가중요시설의 정상적인 운영을 해치는 장해를 일으킨 특수경비원
③ 쟁의행위를 한 특수경비원
④ 경비업법에서 정한 장비 외에 흉기 또는 그 밖의 위험한 물건을 휴대하고 경비업무를 수행한 경비원

해설

① (O) 경비업의 허가를 받지 아니하고 경비업을 영위한 자에 대한 법정형은 3년 이하의 징역 또는 3천만원 이하의 벌금(경비업법 제28조 제2항 제1호)이고, 다른 법률에 특별한 규정이 있는 경우가 아님에도 그 직무상 알게 된 비밀을 누설한 경비업자의 임·직원에 대한 법정형도 3년 이하의 징역 또는 3천만원 이하의 벌금이다(경비업법 제28조 제2항 제2호).
② (×) 5년 이하의 징역 또는 5천만원 이하의 벌금(경비업법 제28조 제1항)
③ (×) 1년 이하의 징역 또는 1천만원 이하의 벌금(경비업법 제28조 제4항 제2호)
④ (×) 1년 이하의 징역 또는 1천만원 이하의 벌금(경비업법 제28조 제4항 제4호)

답 ①

154

경비업법령상 법정형의 최고한도가 높은 것부터 순서대로 나열된 것은?(단, 가중처벌 등은 고려하지 않음) 기출 21

> ㄱ. 경찰관서장의 배치폐지명령을 따르지 아니한 자
> ㄴ. 경비원에게 경비업무의 범위를 벗어난 행위를 하게 한 자
> ㄷ. 국가중요시설의 정상적인 운영을 해치는 장해를 일으킨 특수경비원

① ㄴ - ㄱ - ㄷ
② ㄴ - ㄷ - ㄱ
③ ㄷ - ㄱ - ㄴ
④ ㄷ - ㄴ - ㄱ

해설

경비업법령상 법정형의 최고한도가 높은 것부터 순서대로 나열하면 ㄷ(5년 이하의 징역 또는 5천만원 이하의 벌금) - ㄴ(3년 이하의 징역 또는 3천만원 이하의 벌금) - ㄱ(1년 이하의 징역 또는 1천만원 이하의 벌금) 순이다.

답 ④

155

경비업법령상 벌칙에 관한 설명으로 옳은 것을 모두 고른 것은? 기출 20

> ㄱ. 과실로 인하여 국가중요시설의 정상적인 운영을 해치는 장해를 일으킨 특수경비원은 3년 이하의 징역 또는 3천만원 이하의 벌금에 처한다.
> ㄴ. 정당한 사유 없이 무기를 소지하고 배치된 경비구역을 벗어난 특수경비원은 2년 이하의 징역 또는 2천만원 이하의 벌금에 처한다.
> ㄷ. 허가를 받지 아니하고 경비업을 영위한 자는 2년 이하의 징역 또는 2천만원 이하의 벌금에 처한다.

① ㄱ, ㄴ
② ㄱ, ㄷ
③ ㄴ, ㄷ
④ ㄱ, ㄴ, ㄷ

해설

ㄱ은 경비업법 제28조 제2항 제7호, ㄷ은 경비업법 제28조 제2항 제1호 사유에 각각 해당하여 3년 이하의 징역 또는 3천만원 이하의 벌금에 처한다. 반면 ㄴ은 경비업법 제28조 제3항에 해당하여 2년 이하의 징역 또는 2천만원 이하의 벌금에 처한다.

답 ①

156

특수경비원 갑(甲)이 국가중요시설에 대한 경비업무 수행 중 국가중요시설의 정상적인 운영을 해치는 장해를 발생시킨 경우, 경비업법령상 벌칙규정에 관한 설명으로 옳은 것을 모두 고른 것은? 기출 19

> ㄱ. 갑(甲)이 고의로 위와 같은 행위를 했다면, 그 처벌기준은 5년 이하의 징역 또는 5천만원 이하의 벌금이다.
> ㄴ. 갑(甲)이 과실로 위와 같은 행위를 했다면, 그 처벌기준은 1년 이하의 징역 또는 1천만원 이하의 벌금이다.
> ㄷ. 양벌규정에 의하면 갑(甲)이 소속된 법인의 처벌기준은 1천만원 이하의 벌금이다.
> ㄹ. 갑(甲)을 고용한 법인의 대표자에게는 3천만원 이하의 과태료가 부과된다.

① ㄱ
② ㄱ, ㄴ
③ ㄱ, ㄷ
④ ㄴ, ㄹ

해설

제시된 내용 중 옳은 것은 ㄱ이다.
ㄱ. (○) 특수경비원 갑(甲)이 고의로 국가중요시설에 대한 경비업무 수행 중 국가중요시설의 정상적인 운영을 해치는 장해를 발생시킨 경우에는 5년 이하의 징역 또는 5천만원 이하의 벌금에 처한다(경비업법 제28조 제1항).
ㄴ. (×) 과실로 동일한 행위를 한 경우에는 3년 이하의 징역 또는 3천만원 이하의 벌금에 처한다(경비업법 제28조 제2항 제7호).
ㄷ. (×) 양벌규정에 의하면 갑(甲)이 소속된 법인에게는 해당 조문의 벌금형이 부과된다(경비업법 제30조 본문). 따라서 갑이 고의인 경우 5천만원 이하의 벌금이, 갑이 과실인 경우에는 3천만원 이하의 벌금이 부과된다.
ㄹ. (×) 양벌규정에 의하여 행위자를 벌하는 외에 그 법인 또는 개인에게도 벌금이 부과되는 것이지 과태료가 부과되는 것은 아니다.

답 ①

157

경비업법령상 1년 이하의 징역이나 1천만원 이하의 벌금형에 해당하는 행위를 한 사람을 모두 고른 것은? 기출 19

> ㄱ. 직무수행 중 경비업무의 범위를 벗어나 타인에게 물리력을 행사한 경비원
> ㄴ. 정당한 사유 없이 무기를 소지하고 배치된 경비구역을 벗어난 특수경비원
> ㄷ. 법률에 근거 없이 직무상 알게 된 비밀을 누설한 경비업체의 임원
> ㄹ. 「경비업법」에서 정한 장비 외에 흉기를 휴대하고 경비업무를 수행한 경비원

① ㄱ, ㄴ
② ㄱ, ㄹ
③ ㄴ, ㄷ
④ ㄷ, ㄹ

해설

제시된 내용 중 옳은 것은 ㄱ과 ㄹ이다.
ㄱ. (O) 경비업법 제28조 제4항 제3호
ㄹ. (O) 경비업법 제28조 제4항 제4호
ㄴ. (×) 경비업법 제28조 제3항의 사유로 2년 이하의 징역 또는 2천만원 이하의 벌금에 처해진다.
ㄷ. (×) 경비업법 제28조 제2항 제2호 사유로 3년 이하의 징역 또는 3천만원 이하의 벌금에 처해진다.

답 ②

158

경비업법상 위반행위를 한 행위자에 대한 법정형이 같은 것으로 묶인 것은? 기출 15

> ㄱ. 허가를 받지 아니하고 경비업을 영위한 자
> ㄴ. 경비업법에서 정한 장비 외에 흉기를 휴대하고 경비업무를 수행한 경비원
> ㄷ. 경비업무 수행 중 과실로 인하여 국가중요시설의 정상적인 운영을 해치는 장해를 일으킨 특수경비원
> ㄹ. 국가중요시설에 대한 경비업무 중 정당한 사유 없이 무기를 소지하고 배치된 경비구역을 벗어난 특수경비원

① ㄱ, ㄷ
② ㄱ, ㄹ
③ ㄴ, ㄷ
④ ㄴ, ㄹ

해설

제시된 내용 중 ㄱ과 ㄷ의 법정형이 같다.
ㄱ. 3년 이하의 징역 또는 3천만원 이하의 벌금(경비업법 제28조 제2항 제1호)
ㄴ. 1년 이하의 징역 또는 1천만원 이하의 벌금(경비업법 제28조 제4항 제4호)
ㄷ. 3년 이하의 징역 또는 3천만원 이하의 벌금(경비업법 제28조 제2항 제7호)
ㄹ. 2년 이하의 징역 또는 2천만원 이하의 벌금(경비업법 제28조 제3항)

답 ①

159

경비업법령상 일반경비원이 경비업무 수행 중에 경비업법령에서 정한 장비 외에 흉기 또는 그 밖의 위험한 물건을 휴대하고 죄를 범한 경우, 그 죄에 정한 형의 2분의 1까지 가중처벌되는 「형법」상의 범죄가 아닌 것은? 기출 24

① 폭행죄(「형법」제260조 제1항)
② 특수폭행죄(「형법」제261조)
③ 폭행치사상죄(「형법」제262조)
④ 업무상과실·중과실치사상죄(「형법」제268조)

해설

폭행죄(「형법」제260조 제1항)는 특수경비원이 무기를 휴대하고 경비업무를 수행 중에 무기의 안전수칙을 위반하여 죄를 범한 경우, 그 죄에 정한 형의 2분의 1까지 가중처벌되는 「형법」상의 범죄에 해당한다.

관계법령 형의 가중처벌(경비업법 제29조)★★

① 특수경비원이 무기를 휴대하고 경비업무를 수행 중에 제14조 제8항의 규정 및 제15조 제4항의 규정에 의한 무기의 안전수칙을 위반하여 형법 제258조의2(특수상해죄) 제1항(제257조 제1항의 상해죄로 한정, 존속상해죄는 제외)·제2항(제258조 제1항·제2항의 중상해죄로 한정, 존속중상해죄는 제외), 제259조 제1항(상해치사죄), 제260조 제1항(폭행죄), 제262조(폭행치사상죄), 제268조(업무상과실·중과실치사상죄), 제276조 제1항(체포 또는 감금죄), 제277조 제1항(중체포 또는 중감금죄), 제281조 제1항(체포·감금등의 치사상죄), 제283조 제1항(협박죄), 제324조 제2항(특수강요죄), 제350조의2(특수공갈죄) 및 제366조(재물손괴등죄)의 죄를 범한 때에는 그 죄에 정한 형의 2분의 1까지 가중처벌한다.

② 경비원이 경비업무 수행 중에 제16조의2 제1항에서 정한 장비 외에 흉기 또는 그 밖의 위험한 물건을 휴대하고 형법 제258조의2(특수상해죄) 제1항(제257조 제1항의 상해죄로 한정, 존속상해죄는 제외)·제2항(제258조 제1항·제2항의 중상해죄로 한정, 존속중상해죄는 제외), 제259조 제1항(상해치사죄), 제261조(특수폭행죄), 제262조(폭행치사상죄), 제268조(업무상과실·중과실치사상죄), 제276조 제1항(체포 또는 감금죄), 제277조 제1항(중체포 또는 중감금죄), 제281조 제1항(체포·감금등의 치사상죄), 제283조 제1항(협박죄), 제324조 제2항(특수강요죄), 제350조의2(특수공갈죄) 및 제366조(재물손괴등죄)의 죄를 범한 때에는 그 죄에 정한 형의 2분의 1까지 가중처벌한다.

답 ①

160

경비업법령상 특수경비원이 무기를 휴대하고 경비업무 수행 중에 경비업법령의 규정에 의한 무기의 안전수칙을 위반하여 형법에 규정된 범죄를 범한 경우, 그 법정형의 2분의 1까지 가중처벌하는 범죄가 아닌 것은? 기출 23

① 특수상해죄(「형법」 제258조의2 제1항)
② 특수폭행죄(「형법」 제261조)
③ 특수강요죄(「형법」 324조 제2항)
④ 특수공갈죄(「형법」 제350조의2)

해설

특수폭행죄(「형법」 제261조)는 경비업법 제29조 제1항이 아닌 제2항에 의하여 가중처벌되는 형법상 대상범죄에 해당한다(경비업법 제29조 제2항).

답 ②

161

경비업법령상 양벌규정이 적용될 수 없는 자는? 기출 23

① 법인의 대표자
② 법인의 대리인
③ 사용인
④ 사용인의 배우자

해설

사용인의 배우자는 경비업법령상 양벌규정이 적용될 수 없다(경비업법 제30조).

관계법령 양벌규정(경비업법 제30조) ★

법인의 대표자나 법인 또는 개인의 대리인, 사용인, 그 밖의 종업원이 그 법인 또는 개인의 업무에 관하여 법 제28조(벌칙)의 위반행위를 하면 그 행위자를 벌하는 외에 그 법인 또는 개인에게도 해당 조문의 벌금형을 과(科)한다. 다만, 법인 또는 개인이 그 위반행위를 방지하기 위하여 해당 업무에 관하여 상당한 주의와 감독을 게을리하지 아니한 경우에는 그러하지 아니하다.

답 ④

162

경비업법령상 양벌규정이 적용되는 경우에 해당하지 않는 것은?(단, 법인 또는 개인이 그 위반행위를 방지하기 위하여 해당 업무에 관하여 상당한 주의와 감독을 게을리하지 아니한 경우는 고려하지 않음)

기출 21

① 경비업자의 경비원 채용 시 부적격자 등을 채용하도록 관여한 도급인
② 배치허가를 받지 아니하고 경비원을 배치한 자
③ 허가를 받지 아니하고 경비업을 영위한 자
④ 경비업무의 범위를 벗어난 행위를 한 경비원

해설

② (×) 배치허가를 받지 아니하고 경비원을 배치한 자는 과태료 부과대상(경비업법 제31조 제1항 제4호)이므로, 경비업법령상 양벌규정이 적용되는 경우에 해당하지 않는다. 양벌규정은 경비업법 제28조(벌칙) 위반행위를 전제로 적용한다.
① (○) 경비업법 제28조 제2항 제6호 위반
③ (○) 경비업법 제28조 제2항 제1호 위반
④ (○) 경비업법 제28조 제4항 제3호 위반

답 ②

163

경비업법령상 벌칙 및 양벌규정에 관한 설명으로 옳지 않은 것은? 기출 17

① 특수경비원이 국가중요시설의 정상적인 운영을 해치는 장해를 일으킨 경우에는 행위자뿐만 아니라 법인과 개인에게도 동일한 법정형을 과한다.
② 법인 또는 개인이 특수경비원의 위 ①과 같은 행위를 방지하기 위하여 해당 업무에 관한 상당한 주의와 감독을 게을리하지 아니하였다면 벌금형이 면책된다.
③ 경비업자의 경비원 채용 시 무자격자나 부적격자 등을 채용하도록 관여하거나 영향력을 행사한 도급인에게는 3년 이하의 징역 또는 3천만원 이하의 벌금에 처한다.
④ 경비업무의 정상적인 운영을 저해하는 쟁의행위를 한 특수경비원은 1년 이하의 징역 또는 1천만원 이하의 벌금에 처한다.

해설

① (×) 양벌규정은 직접적인 위반 행위를 한 행위자를 벌하는 외의 해당 업무에 관하여 주의·감독의 책임이 있는 법인 또는 개인에게도 벌을 과하도록 하는 규정으로 이때, 법인 또는 개인에게는 과해질 수 있는 법정형은 해당 조문의 벌금형만을 의미하고, 징역형까지 과할 수 있게 돼 있는 것은 아니다(경비업법 제30조). ★
② (○) 경비업법 제30조 단서
③ (○) 경비업법 제28조 제2항 제6호
④ (○) 경비업법 제28조 제4항 제2호

답 ①

164

경비업법령상 2회 위반 시 과태료 부과기준의 금액이 다른 경우는? 기출 23

① 기계경비업자가 계약상대방에게 설명의무를 이행하지 않은 경우
② 경비업자가 결격사유에 해당하는 경비지도사를 선임·배치한 경우
③ 경비업자가 경비원의 근무상황을 기록하여 보관하지 않은 경우
④ 경비업자가 경비원의 복장 등에 관한 신고규정을 위반하여 신고를 하지 않은 경우

해설

③ (×) 2회 위반 시 부과되는 과태료 금액은 100만원이다(경비업법 시행령 [별표 6] 제14호).
① (O) 2회 위반 시 부과되는 과태료는 200만원이다(경비업법 시행령 [별표 6] 제3호).
② (O) 2회 위반 시 부과되는 과태료는 200만원이다(경비업법 시행령 [별표 6] 제4호).
④ (O) 2회 위반 시 부과되는 과태료는 200만원이다(경비업법 시행령 [별표 6] 제7호).

관계법령 과태료 부과기준(경비업법 시행령 [별표 6]) ★★

위반행위	해당 법조문	과태료 금액(단위 : 만원)		
		1차	2차	3차 이상 위반
3. 법 제9조 제1항을 위반하여 설명의무를 이행하지 않은 경우	법 제31조 제2항 제3호	100	200	400
4. 법 제10조 제3항을 위반하여 결격사유에 해당하는 경비원을 배치하거나 결격사유에 해당하는 경비지도사를 선임·배치한 경우	법 제31조 제2항 제6호	100	200	400
7. 법 제16조 제1항을 위반하여 복장 등에 관한 신고규정을 위반하여 신고를 하지 않은 경우	법 제31조 제2항 제7호	100	200	400
14. 법 제18조 제5항을 위반하여 경비원의 근무상황을 기록하여 보관하지 않은 경우	법 제31조 제2항 제10호	50	100	200

답 ③

165

경비업법령에 위반한 다음의 경비업자 중 부과될 수 있는 과태료 최고액이 다른 사람은?(단, 가중·감경은 고려하지 않음) 기출 24

① 경비업법의 규정에 위반하여 경비대행업자 지정신고를 하지 아니한 자
② 경비업법의 규정에 위반하여 경비원의 복장에 관한 신고를 하지 아니하고 집단민원현장에 경비원을 배치한 자
③ 경비업법의 규정에 위반하여 이름표를 부착하게 하지 아니하고 집단민원현장에 경비원을 배치한 자
④ 경비업법의 규정에 위반하여 집단민원현장에 일반경비원을 배치하면서 경비원의 명부를 배치장소에 작성·비치하지 아니한 자

해설

① (×) 500만원 이하의 과태료 부과(경비업법 제31조 제2항 제2호)
② (○) 3천만원 이하의 과태료 부과(경비업법 제31조 제1항 제1호)
③ (○) 3천만원 이하의 과태료 부과(경비업법 제31조 제1항 제2호)
④ (○) 3천만원 이하의 과태료 부과(경비업법 제31조 제1항 제3호)

답 ①

166   CHECK ○△×

경비업법령상 과태료의 부과기준에 관한 설명으로 옳은 것은? 기출 22

① 경비원의 복장에 관한 신고를 하지 않고 집단민원현장에 경비원을 배치한 경우에는 위반 횟수가 2회이면 부과되는 과태료 금액은 600만원이다.
② 관할 경찰관서장이 무기의 적정 관리를 위하여 무기를 대여받은 시설주에 대하여 감독상 필요한 명령을 하였으나 정당한 이유 없이 이행하지 않은 경우에는 위반 횟수에 관계없이 부과되는 과태료 금액은 500만원이다.
③ 이름표를 부착하게 하지 않거나, 신고된 동일 복장을 착용하게 하지 않고 집단민원현장에 경비원을 배치한 경우에는 위반 횟수가 1회이면 부과되는 과태료 금액은 300만원이다.
④ 집단민원현장에 배치되는 일반경비원의 명부를 그 배치 장소에 비치하지 않은 경우에는 위반 횟수가 3회 이상이면 부과되는 과태료 금액은 1,200만원이다.

해설

② (○) 경비업법 시행령 [별표 6] 제6호
① (×) 1,200만원의 과태료가 부과된다(경비업법 시행령 [별표 6] 제8호).
③ (×) 600만원의 과태료가 부과된다(경비업법 시행령 [별표 6] 제10호).
④ (×) 2,400만원의 과태료가 부과된다(경비업법 시행령 [별표 6] 제12호 가목).

관계법령 과태료 부과기준(경비업법 시행령 [별표 6])★★

위반행위	해당 법조문	과태료 금액(단위 : 만원)		
		1차	2차	3차 이상 위반
6. 법 제14조 제6항에 따른 감독상 필요한 명령을 정당한 이유 없이 이행하지 않은 경우	법 제31조 제2항 제5호	500		
8. 법 제16조 제1항을 위반하여 경비원의 복장에 관한 신고를 하지 않고 집단민원현장에 경비원을 배치한 경우	법 제31조 제1항 제1호	600	1,200	2,400
10. 법 제16조 제2항을 위반하여 이름표를 부착하게 하지 않거나, 신고된 동일 복장을 착용하게 하지 않고 집단민원현장에 경비원을 배치한 경우	법 제31조 제1항 제2호	600	1,200	2,400
12. 법 제18조 제1항 단서를 위반하여 집단민원현장에 배치되는 일반경비원의 명부를 그 배치 장소에 작성·비치하지 않은 경우 가. 경비원 명부를 비치하지 않은 경우 나. 경비원 명부를 작성하지 않은 경우	법 제31조 제1항 제3호	600 300	1,200 600	2,400 1,200

답 ②

167

경비업법령상 과태료의 부과기준이 다른 것은? 기출 21

① 경비업자가 경비원의 복장에 관한 신고를 하지 않고 집단민원현장에 경비원을 배치한 경우
② 경비업자가 집단민원현장에 배치되는 일반경비원의 명부를 그 배치장소에 비치하지 않은 경우
③ 경비업자가 신임교육을 이수하지 않은 자를 특수경비원으로 배치한 경우
④ 경비업자가 결격사유에 해당하는 경비지도사를 선임·배치한 경우

해설

경비업자가 결격사유에 해당하는 경비지도사를 선임·배치한 경우는 500만원 이하의 과태료 부과대상(경비업법 제31조 제2항 제6호), 나머지는 모두 3천만원 이하의 과태료 부과대상에 해당한다(경비업법 제31조 제1항 제1호·제3호·제5호).

관계법령 **과태료(경비업법 제31조)★★★**

① 다음 각호의 어느 하나에 해당하는 경비업자에게는 3천만원 이하의 과태료를 부과한다.
  1. 제16조 제1항을 위반하여 경비원의 복장에 관한 신고를 하지 아니하고 집단민원현장에 경비원을 배치한 자
  2. 제16조 제2항을 위반하여 이름표를 부착하게 하지 아니하거나, 신고된 동일 복장을 착용하게 하지 아니하고 집단민원현장에 경비원을 배치한 자
  3. 제18조 제1항 단서를 위반하여 집단민원현장에 일반경비원을 배치하면서 경비원의 명부를 배치장소에 작성·비치하지 아니한 자
  4. 제18조 제2항 각호 외의 부분 단서를 위반하여 배치허가를 받지 아니하고 경비원을 배치하거나 경비원 명단 및 배치일시·배치장소 등 배치허가 신청의 내용을 거짓으로 한 자
  5. 제18조 제7항을 위반하여 제13조에 따른 신임교육을 이수하지 아니한 자를 제18조 제2항 각호의 경비원으로 배치한 자
② 다음 각호의 어느 하나에 해당하는 경비업자, 경비지도사 또는 시설주에게는 500만원 이하의 과태료를 부과한다. 〈개정 2024.2.13.〉
  1. 법 제4조 제3항(시·도 경찰청장에게 신고의무) 또는 제18조 제2항(관할 경찰관서장에게 배치신고의무)을 위반하여 신고를 하지 아니한 자
  2. 법 제7조 제7항(특수경비업자의 경비대행업자 지정신고의무)의 규정을 위반하여 경비대행업자 지정신고를 하지 아니한 자
  3. 법 제9조 제1항(기계경비업자의 계약자에 대한 오경보를 막기 위한 기기설명의무)의 규정을 위반하여 설명의무를 이행하지 아니한 자
  3의2. 제11조의2를 위반하여 정당한 사유 없이 보수교육을 받지 아니한 경비지도사
  4. 법 제12조 제1항(경비지도사의 선임 등)의 규정에 위반하여 경비지도사를 선임하지 아니한 자
  4의2. 제12조의2를 위반하여 경비지도사의 선임 또는 해임의 신고를 하지 아니한 자
  5. 법 제14조 제6항(관할 경찰관서장이 무기의 적정한 관리를 위하여 무기를 대여받은 시설주에 대하여 필요한 명령을 발할 수 있다)의 규정에 의한 감독상 필요한 명령을 정당한 이유 없이 이행하지 아니한 자
  6. 법 제10조 제3항을 위반하여 결격사유에 해당하는 경비원을 배치하거나 결격사유에 해당하는 경비지도사를 선임·배치한 자
  7. 법 제16조 제1항의 복장 등에 관한 신고규정을 위반하여 신고를 하지 아니한 자
  8. 법 제16조 제2항을 위반하여 이름표를 부착하게 하지 아니하거나, 신고된 동일 복장을 착용하게 하지 아니하고 경비원을 경비업무에 배치한 자
  9. 법 제18조 제1항 본문을 위반하여 명부를 작성·비치하지 아니한 자
  10. 법 제18조 제5항을 위반하여 경비원의 근무상황을 기록하여 보관하지 아니한 자
③ 제1항 및 제2항의 규정에 의한 과태료는 대통령령이 정하는 바에 의하여 시·도 경찰청장 또는 경찰관서장이 부과·징수한다.

답 ④

168

경비업법령상 과태료 부과기준이 다른 하나는? 기출 20

① 경비업자가 기계경비업자의 계약자에 대한 오경보를 막기 위한 기기설명의무를 위반하여 설명의무를 이행하지 않은 경우
② 경비업자가 신고된 동일 복장을 착용하게 하지 아니하고 집단민원현장에 경비원을 배치한 경우
③ 경비업자가 행정안전부령에 따라 경비원 명부를 비치하지 않은 경우
④ 경비업자가 대통령령이 정하는 바에 따라 경비지도사를 선임하지 않은 경우

[해설]

①·③·④와는 달리 ②는 경비업법 제31조 제1항 제2호 사유로 경비업자에게는 3천만원 이하의 과태료가 부과된다.

답 ②

169

경비업법령상 2회 위반의 경우 과태료 부과기준이 다른 것은? 기출 19

① 경비업자가 결격사유에 해당하는 경비원을 배치한 경우
② 경비업자가 경비지도사를 선임하지 않은 경우
③ 특수경비업무를 수행하는 경비업자가 경비대행업자 지정신고를 허위로 한 경우
④ 경비업자가 복장 등에 관한 신고규정을 위반하여 신고를 하지 않은 경우

[해설]

③ (×) 경비업법 시행령 [별표 6] 제2호 가목 - 400
① (○) 경비업법 시행령 [별표 6] 제4호 - 100/200/400
② (○) 경비업법 시행령 [별표 6] 제5호 - 100/200/400
④ (○) 경비업법 시행령 [별표 6] 제7호 - 100/200/400

관계법령 과태료의 부과기준(경비업법 시행령 [별표 6]) ★

위반행위	해당 법조문	과태료 금액(단위 : 만원)		
		1차	2차	3차 이상 위반
2. 법 제7조 제7항을 위반하여 경비대행업자 지정신고를 하지 않은 경우 가. 허위로 신고한 경우 나. 그 밖의 사유로 신고하지 않은 경우	법 제31조 제2항 제2호		400 300	
4. 법 제10조 제3항을 위반하여 결격사유에 해당하는 경비원을 배치하거나 결격사유에 해당하는 경비지도사를 선임·배치한 경우	법 제31조 제2항 제6호	100	200	400
5. 법 제12조 제1항(선임규정)을 위반하여 경비지도사를 선임하지 않은 경우	법 제31조 제2항 제4호	100	200	400
7. 법 제16조 제1항을 위반하여 복장 등에 관한 신고규정을 위반하여 신고를 하지 않은 경우	법 제31조 제2항 제7호	100	200	400

답 ③

170

경비업법령상 경비업법 위반 횟수에 관계없이 과태료 금액이 동일한 것은? 기출 14

① 기계경비업자가 경비계약을 체결하면서 계약상대방에게 설명의무를 이행하지 않은 경우
② 무기의 적정관리를 위해 관할 경찰관서장이 감독상 필요한 명령을 발하였으나 무기를 대여받은 시설주가 정당한 이유 없이 이를 이행하지 않은 경우
③ 경비업자가 경비업법을 위반하여 경비원의 복장에 관한 신고를 하지 않고 집단민원현장에 경비원을 배치한 경우
④ 경비업자가 경비업법을 위반하여 경비원의 근무상황을 기록하여 보관하지 않은 경우

해설

② (○) 위반 횟수에 관계없이 과태료 금액이 500만원으로 동일하다(경비업법 시행령 [별표 6] 제6호).
① (×) 1회 위반 100만원, 2회 위반 200만원, 3회 이상 400만원이다(경비업법 시행령 [별표 6] 제3호).
③ (×) 1회 위반 600만원, 2회 위반 1,200만원, 3회 이상 2,400만원이다(경비업법 시행령 [별표 6] 제8호).
④ (×) 1회 위반 50만원, 2회 위반 100만원, 3회 이상 200만원이다(경비업법 시행령 [별표 6] 제14호).

답 ②

171

경비업법령상 과태료의 부과기준으로서 과태료 금액이 가장 많은 것은? 기출 11

① 결격사유에 해당하는 경비지도사를 선임·배치한 경우
② 기계경비업자가 계약상대방에게 설명의무를 이행하지 아니한 경우
③ 무기를 대여받은 시설주가 관할 경찰관서장의 감독상 필요한 명령을 정당한 이유 없이 이행하지 아니한 경우
④ 경비지도사를 선임하지 아니한 경우

해설

이 문제는 ①·②·③·④ 모두 500만원 이하의 과태료에 해당하므로 경비업법 시행령 [별표 6]으로 풀어야만 정답이 나온다. ①은 1회 100만원, 2회 200만원, 3회 이상 400만원이다. ②는 1회 100만원, 2회 200만원, 3회 이상 400만원이다. ③은 500만원, ④는 1회 100만원, 2회 200만원, 3회 이상 400만원의 과태료처분에 해당한다. 따라서 정답은 ③이 된다.

답 ③

CHAPTER 02 청원경찰법

제1절 청원경찰의 배치장소와 직무

01

CHECK ○ △ ×

청원경찰법령상 청원경찰에 관한 설명으로 옳은 것은? 기출 24

① 청원경찰은 청원주 등의 경비(經費)의 부담을 면제할 것을 조건으로 사업장 등의 경비(警備)를 담당하게 하기 위하여 배치하는 경찰이다.
② 선박, 항공기 등 수송시설에는 청원경찰이 배치될 수 없다.
③ 청원경찰은 청원경찰의 배치 결정을 받은 자의 감독을 받는다.
④ 청원경찰은 배치된 기관·시설 또는 사업장 등의 구역을 관할하는 시·도지사의 감독을 받는다.

해설

③ (○) 청원경찰은 청원경찰의 배치 결정을 받은 자(청원주)와 배치된 기관·시설 또는 사업장 등의 구역을 관할하는 경찰서장의 감독을 받는다(청원경찰법 제3조). 청원주는 항상 소속 청원경찰의 근무 상황을 감독하고, 근무 수행에 필요한 교육을 하여야 한다(청원경찰법 제9조의3 제1항).
① (×) 청원경찰은 청원주 등이 경비(經費)를 부담할 것을 조건으로 사업장 등의 경비(警備)를 담당하게 하기 위하여 배치하는 경찰이다(청원경찰법 제2조).
② (×) 선박, 항공기 등 수송시설은 청원경찰 배치장소에 해당한다(청원경찰법 제2조 제3호, 동법 시행규칙 제2조 제1호).
④ (×) 청원경찰은 청원경찰의 배치 결정을 받은 자(청원주)와 배치된 기관·시설 또는 사업장 등의 구역을 관할하는 경찰서장의 감독을 받는다(청원경찰법 제3조).

답 ③

02

청원경찰의 원활한 운영을 목적으로 청원경찰법에서 규정하고 있는 것은 모두 몇 개인가? 기출 24

> ㄱ. 청원경찰의 보수
> ㄴ. 청원경찰의 임용
> ㄷ. 청원경찰의 직무
> ㄹ. 청원경찰의 사회보장

① 1개
② 2개
③ 3개
④ 4개

해설

제시된 내용은 모두 청원경찰법에서 규정하고 있는 것이다. 이 법은 청원경찰의 직무·임용·배치·보수·사회보장 및 그 밖에 필요한 사항을 규정함으로써 청원경찰의 원활한 운영을 목적으로 한다(청원경찰법 제1조).

답 ④

03

청원경찰법상 청원경찰 등에 관한 설명으로 옳지 않은 것은? 기출 17

① 청원경찰법은 청원경찰의 원활한 운영을 목적으로 제정되었다.
② 청원경찰은 국내 주재 외국기관에도 배치될 수 있다.
③ 청원경찰은 청원주 등이 경비(經費)를 부담할 것을 조건으로 사업장 등의 경비(警備)를 담당하게 하기 위하여 배치하는 경찰을 말한다.
④ 청원경찰은 청원주와 관할 시·도 경찰청장의 감독을 받아 그 경비구역만의 경비를 목적으로 필요한 범위에서 경찰공무원법에 따른 경찰관의 직무를 수행한다.

해설

④ (×) 청원경찰은 청원주와 배치된 기관·시설 또는 사업장 등의 구역을 관할하는 경찰서장의 감독을 받아 그 경비구역만의 경비를 목적으로 필요한 범위에서 「경찰관직무집행법」에 따른 경찰관의 직무를 수행한다(청원경찰법 제3조 제1항).★★
① (○) 청원경찰법 제1조
② (○) 청원경찰법 제2조 제2호
③ (○) 청원경찰법 제2조

답 ④

04

CHECK ☐△✕

청원경찰법령상 청원경찰의 배치대상 기관·시설·사업장 등에 해당하는 것은 모두 몇 개인가?

기출 23

> - 학교 등 육영시설
> - 언론, 통신, 방송 또는 인쇄를 업으로 하는 시설 또는 사업장
> - 「의료법」에 따른 의료기관
> - 선박, 항공기 등 수송시설
> - 금융 또는 보험을 업(業)으로 하는 시설 또는 사업장

① 2개
② 3개
③ 4개
④ 5개

[해설]

제시된 내용은 모두 청원경찰법령상 청원경찰이 배치되는 기관·시설·사업장 등에 해당한다(청원경찰법 시행규칙 제2조).

관계법령 | 정의(청원경찰법 제2조)

이 법에서 "청원경찰"이란 다음 각호의 어느 하나에 해당하는 기관의 장 또는 시설·사업장 등의 경영자가 청원경찰경비를 부담할 것을 조건으로 경찰의 배치를 신청하는 경우 그 기관·시설 또는 사업장 등의 경비(警備)를 담당하게 하기 위하여 배치하는 경찰을 말한다.

1. 국가기관 또는 공공단체와 그 관리하에 있는 중요시설 또는 사업장
2. 국내 주재(駐在) 외국기관
3. 그 밖에 행정안전부령으로 정하는 중요시설, 사업장 또는 장소

배치대상(청원경찰법 시행규칙 제2조)★

청원경찰법 제2조 제3호에서 "그 밖에 행정안전부령으로 정하는 중요시설, 사업장 또는 장소"란 다음 각호의 시설, 사업장 또는 장소를 말한다.

1. 선박, 항공기 등 수송시설
2. 금융 또는 보험을 업(業)으로 하는 시설 또는 사업장
3. 언론, 통신, 방송 또는 인쇄를 업으로 하는 시설 또는 사업장
4. 학교 등 육영시설
5. 의료법에 따른 의료기관(의원급 의료기관, 조산원, 병원급 의료기관)
6. 그 밖에 공공의 안녕질서 유지와 국민경제를 위하여 고도의 경비(警備)가 필요한 중요시설, 사업체 또는 장소

답 ④

05

청원경찰법령상 청원경찰의 배치대상 기관·시설·사업장에 해당하는 것을 모두 고른 것은? 기출 22

> ㄱ. 금융을 업으로 하는 시설 또는 사업장
> ㄴ. 국내 주재(駐在) 외국기관
> ㄷ. 인쇄를 업으로 하는 시설 또는 사업장
> ㄹ. 대통령령으로 정하는 중요시설, 사업장 또는 장소

① ㄱ, ㄴ
② ㄴ, ㄷ
③ ㄱ, ㄴ, ㄷ
④ ㄱ, ㄴ, ㄹ

[해설]
대통령령이 아닌 행정안전부령으로 정하는 중요시설, 사업장 또는 장소가 청원경찰의 배치대상에 해당한다(청원경찰법 제2조 제3호).

답 ③

06

청원경찰법령상 청원경찰의 배치대상이 아닌 것은? 기출 21

① 「의료법」에 따른 의료기관
② 인쇄를 업으로 하는 사업장
③ 「사회복지사업법」에 따른 사회복지시설
④ 학교 등 육영시설

[해설]
「사회복지사업법」에 따른 사회복지시설은 청원경찰법령상 청원경찰의 배치대상에 해당하지 않는다(청원경찰법 제2조, 동법 시행규칙 제2조).

답 ③

07

청원경찰법령상 청원경찰의 배치대상으로 명시되지 않은 것은?

① 국가기관
② 공공단체
③ 국내 주재(駐在) 외국기관
④ 대통령령으로 정하는 중요시설

해설
행정안전부령으로 정하는 중요시설, 사업장 또는 장소가 청원경찰의 배치대상에 해당한다(청원경찰법 제2조 제3호).

답 ④

08

청원경찰법령상 청원경찰 배치대상 기관·시설·사업장에 해당하는 것을 모두 고른 것은?

ㄱ. 국내 주재(駐在) 외국기관
ㄴ. 선박, 항공기 등 수송시설
ㄷ. 언론, 통신, 방송을 업으로 하는 시설
ㄹ. 공공의 안녕질서 유지와 국민경제를 위하여 고도의 경비가 필요한 장소

① ㄱ, ㄴ
② ㄱ, ㄷ, ㄹ
③ ㄴ, ㄷ, ㄹ
④ ㄱ, ㄴ, ㄷ, ㄹ

해설
모두 옳다. 국내 주재 외국기관을 국외 주재 국내기관으로 바꿔 오답으로 자주 출제하니 확실하게 알아두어야 한다.

답 ④

09

청원경찰법령상 청원경찰의 신분 및 직무수행에 관한 설명으로 옳지 않은 것은? 기출 24

① 청원경찰은 파업, 태업 또는 그 밖에 업무의 정상적인 운영을 방해하는 일체의 쟁의행위를 하여서는 아니 된다.
② 청원경찰이 직무를 수행할 때 직권을 남용하여 국민에게 해를 끼친 경우에는 1년 이하의 징역이나 금고에 처한다.
③ 청원경찰 업무에 종사하는 사람은「형법」이나 그 밖의 법령에 따른 벌칙을 적용할 때에는 공무원으로 본다.
④ 청원경찰(국가기관이나 지방자치단체에 근무하는 청원경찰은 제외)의 직무상 불법행위에 대한 배상책임에 관하여는「민법」의 규정을 따른다.

해설

② (×) 청원경찰이 직무를 수행할 때 직권을 남용하여 국민에게 해를 끼친 경우에는 <u>6개월</u> 이하의 징역이나 금고에 처한다(청원경찰법 제10조 제1항).
① (○) 청원경찰법 제9조의4
③ (○) 청원경찰법 제10조 제2항
④ (○) 청원경찰법 제10조의2

답 ②

10

청원경찰법령상 청원경찰의 직무에 관한 설명으로 옳지 않은 것은? 기출 23

① 청원경찰은 청원주와 관할 경찰서장의 감독을 받아 그 경비구역만의 경비를 목적으로 필요한 범위에서「경찰관직무집행법」에 따른 경찰관의 직무를 수행한다.
② 청원경찰이 직무를 수행할 때에「경찰관직무집행법」및 같은 법 시행령에 따라 하여야 할 모든 보고는 관할 경찰서장에게 서면으로 보고하기 전에 지체 없이 구두로 보고하고 그 지시에 따라야 한다.
③ 청원경찰은「형법」이나 그 밖의 법령에 따른 벌칙을 적용하는 경우와 청원경찰법 및 같은 법 시행령에서 특별히 규정한 경우를 제외하고는 공무원으로 본다.
④ 청원경찰은「경찰관직무집행법」에 따른 직무 외의 수사활동 등 사법경찰관리의 직무를 수행해서는 아니 된다.

해설

③ (×) <u>청원경찰은「형법」이나 그 밖의 법령에 따른 벌칙을 적용하는 경우와 법 및 이 영에서 특별히 규정한 경우를 제외하고는 공무원으로 보지 아니한다</u>(청원경찰법 시행령 제18조).
① (○) 청원경찰법 제3조
② (○) 청원경찰법 시행규칙 제22조
④ (○) 청원경찰법 시행규칙 제21조 제2항

답 ③

11

청원경찰법령상 청원경찰의 직무에 관한 설명으로 옳지 않은 것은? 기출 22

① 청원경찰은 청원경찰의 배치결정을 받은 자와 배치된 기관·시설 또는 사업장 등의 구역을 관할하는 시·도 경찰청장의 감독을 받는다.
② 청원경찰은 「경찰관직무집행법」에 따른 직무 외의 수사활동 등 사법경찰관리의 직무를 수행해서는 아니 된다.
③ 청원경찰은 그 경비구역만의 경비를 목적으로 필요한 범위에서 「경찰관직무집행법」에 따른 경찰관의 직무를 수행한다.
④ 청원경찰이 직무를 수행할 때에는 경비 목적을 위하여 필요한 최소한의 범위에서 하여야 한다.

해설

① (×), ③ (○) 청원경찰은 청원경찰의 배치결정을 받은 자(청원주)와 배치된 기관·시설 또는 사업장 등의 구역을 관할하는 경찰서장의 감독을 받아 그 경비구역만의 경비를 목적으로 필요한 범위에서 「경찰관직무집행법」에 따른 경찰관의 직무를 수행한다(청원경찰법 제3조).
② (○) 청원경찰법 시행규칙 제21조 제2항
④ (○) 청원경찰법 시행규칙 제21조 제1항

답 ①

12

청원경찰법령상 청원경찰에 관한 설명으로 옳지 않은 것은? 기출 21

① 청원주 등이 경비(經費)를 부담할 것을 조건으로 사업장 등의 경비(警備)를 담당하게 하기 위하여 배치하는 경찰이다.
② 청원주와 배치된 사업장 등의 구역을 관할하는 시·도지사 및 시·도 경찰청장의 감독을 받는다.
③ 선박, 항공기 등 수송시설에도 배치될 수 있다.
④ 배치된 경비구역만의 경비를 목적으로 필요한 범위에서 「경찰관직무집행법」에 따른 경찰관의 직무를 수행한다.

해설

② (×) 청원경찰은 제4조 제2항에 따라 청원경찰의 배치결정을 받은 자[청원주(請願主)]와 배치된 기관·시설 또는 사업장 등의 구역을 관할하는 경찰서장의 감독을 받아 그 경비구역만의 경비를 목적으로 필요한 범위에서 「경찰관직무집행법」에 따른 경찰관의 직무를 수행한다(청원경찰법 제3조).
① (○) 청원경찰법 제2조
③ (○) 청원경찰법 시행규칙 제2조 제1호
④ (○) 청원경찰법 제3조

답 ②

13

청원경찰법령상 청원경찰의 근무요령에 관한 설명으로 옳은 것은 모두 몇 개인가? 기출 23

- 대기근무자는 소내근무에 협조하거나 휴식하면서 불의의 사고에 대비한다.
- 순찰근무자는 청원주가 지정한 일정한 구역을 순회하면서 경비 임무를 수행한다. 이 경우 순찰은 단독 또는 복수로 정선순찰을 하되, 청원주가 필요하다고 인정할 때에는 요점순찰 또는 난선순찰을 할 수 있다.
- 소내근무자는 근무 중 특이한 사항이 발생하였을 때에는 지체 없이 청원주 또는 관할 경찰서장에게 보고하고 그 지시에 따라야 한다.
- 입초근무자는 경비구역의 정문이나 그 밖의 지정된 장소에서 경비구역의 내부, 외부 및 출입자의 움직임을 감시한다.

① 1개 ② 2개
③ 3개 ④ 4개

[해설]

제시된 내용은 모두 청원경찰법령상 청원경찰의 근무요령에 관한 설명으로 옳다.

관계법령 근무요령(청원경찰법 시행규칙 제14조)

① 자체경비를 하는 입초근무자는 경비구역의 정문이나 그 밖의 지정된 장소에서 경비구역의 내부, 외부 및 출입자의 움직임을 감시한다.
② 업무처리 및 자체경비를 하는 소내근무자는 근무 중 특이한 사항이 발생하였을 때에는 지체 없이 청원주 또는 관할 경찰서장에게 보고하고 그 지시에 따라야 한다.
③ 순찰근무자는 청원주가 지정한 일정한 구역을 순회하면서 경비 임무를 수행한다. 이 경우 순찰은 단독 또는 복수로 정선순찰(정해진 노선을 규칙적으로 순찰하는 것)을 하되, 청원주가 필요하다고 인정할 때에는 요점순찰(순찰구역 내 지정된 중요지점을 순찰하는 것) 또는 난선순찰(임의로 순찰지역이나 노선을 선정하여 불규칙적으로 순찰하는 것)을 할 수 있다.
④ 대기근무자는 소내근무에 협조하거나 휴식하면서 불의의 사고에 대비한다.

답 ④

14

청원경찰법령상 청원경찰의 근무요령에 관한 설명으로 옳은 것은? 기출 22

① 소내근무자는 근무 중 특이한 사항이 발생하였을 때에는 지체 없이 청원주 또는 시·도 경찰청장에게 보고하고 그 지시에 따라야 한다.
② 대기근무자는 입초근무에 협조하거나 휴식하면서 불의의 사고에 대비한다.
③ 순찰근무자는 청원주가 지정한 일정한 구역을 단독 또는 복수로 난선순찰을 하되, 청원주가 필요하다고 인정할 때에는 정선순찰 또는 요점순찰을 할 수 있다.
④ 입초근무자는 경비구역의 정문이나 그 밖의 지정된 장소에서 경비구역의 내부, 외부 및 출입자의 움직임을 감시한다.

해설

④ (○) 청원경찰법 시행규칙 제14조 제1항
① (×) 업무처리 및 자체경비를 하는 소내근무자는 근무 중 특이한 사항이 발생하였을 때에는 지체 없이 청원주 또는 관할 경찰서장에게 보고하고 그 지시에 따라야 한다(청원경찰법 시행규칙 제14조 제2항).
② (×) 대기근무자는 소내근무에 협조하거나 휴식하면서 불의의 사고에 대비한다(청원경찰법 시행규칙 제14조 제4항).
③ (×) 순찰근무자는 청원주가 지정한 일정한 구역을 단독 또는 복수로 정선순찰을 하되, 청원주가 필요하다고 인정할 때에는 요점순찰 또는 난선순찰을 할 수 있다(청원경찰법 시행규칙 제14조 제3항).

답 ④

| 제2절 | 청원경찰의 배치·임용·교육·징계 |

15
CHECK ☐△✗

청원경찰법령상 청원경찰의 배치 및 이동에 관한 설명으로 옳은 것은? 기출 23

① 청원경찰 배치신청서 제출 시, 배치 장소가 둘 이상의 도(道)일 때에는 경찰청장에게 한꺼번에 신청할 수 있다.
② 청원경찰의 배치를 받으려는 자는 청원경찰 배치신청서에 경비구역 평면도 1부와 청원경찰 명부 1부를 첨부하여야 한다.
③ 청원경찰을 배치받으려는 자는 대통령령으로 정하는 바에 따라 경찰청장에게 청원경찰 배치를 신청하여야 한다.
④ 청원주는 청원경찰을 신규로 배치하거나 이동배치하였을 때에는 배치지(이동배치의 경우에는 종전의 배치지)를 관할하는 경찰서장에게 그 사실을 통보하여야 한다.

해설

④ (○) 청원경찰법 시행령 제6조 제1항
① (×) 청원경찰 배치신청서 제출 시, 배치 장소가 둘 이상의 도(道)일 때에는 <u>주된 사업장의 관할 경찰서장을 거쳐 시·도 경찰청장에게 한꺼번에 신청할 수 있다</u>(청원경찰법 시행령 제2조 후문).
② (×) 청원경찰의 배치를 받으려는 자는 <u>청원경찰 배치신청서에 경비구역 평면도 1부와 배치계획서 1부를 첨부하여야 한다</u>(청원경찰법 시행령 제2조 전문).
③ (×) 청원경찰을 배치받으려는 자는 대통령령으로 정하는 바에 따라 <u>관할 시·도 경찰청장에게 청원경찰 배치를 신청하여야 한다</u>(청원경찰법 제4조 제1항).

관계법령 청원경찰의 배치(청원경찰법 제4조)

① 청원경찰을 배치받으려는 자는 <u>대통령령으로 정하는 바에 따라 관할 시·도 경찰청장에게 청원경찰 배치를 신청하여야 한다</u>.

청원경찰의 배치신청 등(청원경찰법 시행령 제2조)
「청원경찰법」 제4조 제1항에 따라 <u>청원경찰의 배치를 받으려는 자는 청원경찰 배치신청서에 다음 각호의 서류를 첨부하여</u> 법 제2조 각호의 기관·시설·사업장 또는 장소(이하 "사업장"이라 한다)의 소재지를 관할하는 경찰서장(이하 "관할 경찰서장"이라 한다)을 거쳐 시·도 경찰청장에게 제출하여야 한다. 이 경우 배치장소가 둘 이상의 도(특별시, 광역시, 특별자치시 및 특별자치도를 포함한다. 이하 같다)일 때에는 주된 사업장의 관할 경찰서장을 거쳐 시·도 경찰청장에게 한꺼번에 신청할 수 있다.
1. <u>경비구역 평면도 1부</u>
2. <u>배치계획서 1부</u>

② <u>시·도 경찰청장은 제1항의 청원경찰 배치신청을 받으면 지체 없이 그 배치 여부를 결정하여 신청인에게 알려야 한다.</u>
③ <u>시·도 경찰청장은 청원경찰 배치가 필요하다고 인정하는 기관의 장 또는 시설·사업장의 경영자에게 <u>청원경찰을 배치할 것을 요청할 수 있다</u>.</u>

답 ④

16

청원경찰법령상 청원경찰의 배치에 관한 설명으로 옳지 않은 것은? 기출 24

① 청원경찰을 배치받으려는 자는 대통령령으로 정하는 바에 따라 관할 시·도 경찰청장에게 청원경찰 배치를 신청하여야 한다.
② 시·도 경찰청장은 청원경찰 배치 신청을 받으면 7일 이내에 그 배치 여부를 결정하여 신청인에게 알려야 한다.
③ 청원경찰의 배치를 받으려는 자는 청원경찰 배치신청서에 경비구역 평면도 1부와 배치계획서 1부를 첨부하여야 한다.
④ 청원경찰 배치신청서 제출 시 배치 장소가 둘 이상의 도(특별시, 광역시, 특별자치시 및 특별자치도를 포함)일 때에는 주된 사업장의 관할 경찰서장을 거쳐 시·도 경찰청장에게 한꺼번에 신청할 수 있다.

해설
② (×) 시·도 경찰청장은 청원경찰 배치 신청을 받으면 지체 없이 그 배치 여부를 결정하여 신청인에게 알려야 한다(청원경찰법 제4조 제2항).
① (○) 청원경찰법 제4조 제1항
③ (○) 청원경찰법 시행령 제2조 전문
④ (○) 청원경찰법 시행령 제2조 후문

답 ②

17

청원경찰법령상 청원경찰의 배치에 관한 설명으로 옳지 않은 것은? 기출 22

① 청원경찰을 배치받으려는 자는 대통령령으로 정하는 바에 따라 관할 시·도 경찰청장에게 청원경찰 배치를 신청하여야 한다.
② 시·도 경찰청장은 청원경찰 배치신청을 받으면 지체 없이 그 배치 여부를 결정하여 신청인에게 알려야 한다.
③ 시·도 경찰청장은 청원경찰 배치가 필요하다고 인정하는 기관의 장 또는 시설·사업장의 경영자에게 청원경찰을 배치할 것을 요청할 수 있다.
④ 청원경찰의 배치를 받으려는 자는 청원경찰 배치신청서에 경비구역 평면도 1부 또는 배치계획서 1부를 첨부해야 한다.

해설
④ (×) 청원경찰의 배치를 받으려는 자는 청원경찰 배치신청서에 경비구역 평면도 1부와 배치계획서 1부를 첨부하여 사업장의 소재지를 관할하는 경찰서장을 거쳐 시·도 경찰청장에게 제출하여야 한다(청원경찰법 시행령 제2조 전문).
① (○) 청원경찰법 제4조 제1항
② (○) 청원경찰법 제4조 제2항
③ (○) 청원경찰법 제4조 제3항

답 ④

18

청원경찰법령상 청원경찰의 배치와 이동에 관한 설명으로 옳지 않은 것은? 기출 21

① 청원경찰을 배치받으려는 자는 대통령령으로 정하는 바에 따라 관할 시·도 경찰청장에게 청원경찰 배치를 신청하여야 한다.
② 시·도 경찰청장은 청원경찰 배치가 필요하다고 인정하는 기관의 장 또는 시설·사업장의 경영자에게 청원경찰을 배치할 것을 요청할 수 있다.
③ 청원주는 청원경찰을 이동배치하였을 때에는 전입지를 관할하는 경찰서장에게 그 사실을 통보하여야 한다.
④ 청원주는 청원경찰이 배치된 기관·시설 또는 사업장 등이 배치인원의 변동사유 없이 다른 곳으로 이전하는 경우에는 청원경찰의 배치인원을 감축할 수 없다.

해설

③ (×) 청원주는 청원경찰을 이동배치하였을 때에는 <u>종전의 배치지를 관할하는 경찰서장에게 그 사실을 통보하여야 한다</u>(청원경찰법 시행령 제6조 제1항).
① (○) 청원경찰법 제4조 제1항
② (○) 청원경찰법 제4조 제3항
④ (○) 청원경찰법 제10조의5 제1항 단서 제2호

관계법령

청원경찰의 배치(청원경찰법 제4조)
① 청원경찰을 배치받으려는 자는 대통령령으로 정하는 바에 따라 <u>관할 시·도 경찰청장에게</u> 청원경찰 배치를 신청하여야 한다.
② <u>시·도 경찰청장은</u> 제1항의 <u>청원경찰 배치신청을 받으면 지체 없이 그 배치 여부를 결정하여 신청인에게 알려야 한다</u>.
③ <u>시·도 경찰청장은</u> 청원경찰 배치가 필요하다고 인정하는 기관의 장 또는 시설·사업장의 경영자에게 <u>청원경찰을 배치할 것을 요청할 수 있다</u>.

배치 및 이동(청원경찰법 시행령 제6조)
① <u>청원주는</u> 청원경찰을 신규로 배치하거나 <u>이동배치하였을 때에는</u> 배치지(이동배치의 경우에는 <u>종전의 배치지</u>)를 관할하는 경찰서장에게 그 사실을 통보하여야 한다.
② 제1항의 통보를 받은 경찰서장은 이동배치지가 다른 관할구역에 속할 때에는 <u>전입지를 관할하는 경찰서장에게 이동배치한 사실을 통보하여야 한다</u>.

배치의 폐지 등(청원경찰법 제10조의5)
① 청원주는 청원경찰이 배치된 시설이 폐쇄되거나 축소되어 청원경찰의 배치를 폐지하거나 배치인원을 감축할 필요가 있다고 인정하면 청원경찰의 배치를 폐지하거나 배치인원을 감축할 수 있다. 다만, <u>청원주는 다음 각호의 어느 하나에 해당하는 경우에는 청원경찰의 배치를 폐지하거나 배치인원을 감축할 수 없다</u>.
  1. 청원경찰을 대체할 목적으로 「경비업법」에 따른 특수경비원을 배치하는 경우
  2. <u>청원경찰이 배치된 기관·시설 또는 사업장 등이 배치인원의 변동사유 없이 다른 곳으로 이전하는 경우</u>

답 ③

19

청원경찰법령상 청원경찰의 배치에 관한 설명으로 옳지 않은 것은? 기출 20

① 청원경찰 배치신청서 제출 시 배치장소가 둘 이상의 도(道)일 때에는 주된 사업장의 관할 경찰서장을 거쳐 시·도 경찰청장에게 한꺼번에 신청할 수 있다.
② 청원경찰을 배치받으려는 자는 대통령령으로 정하는 바에 따라 관할 시·도 경찰청장에게 청원경찰 배치를 신청하여야 한다.
③ 청원경찰 배치신청서에 첨부하여야 할 서류는 경비구역 평면도와 청원경찰 직무교육계획서이다.
④ 시·도 경찰청장은 청원경찰 배치가 필요하다고 인정하는 기관의 장 또는 시설·사업장의 경영자에게 청원경찰을 배치할 것을 요청할 수 있다.

해설

③ (×) 청원경찰 배치신청서에 첨부할 서류는 경비구역 평면도 1부와 배치계획서 1부이다(청원경찰법 시행령 제2조 전문 각호).
① (○) 청원경찰법 시행령 제2조 후문
② (○) 청원경찰법 제4조 제1항
④ (○) 청원경찰법 제4조 제3항

답 ③

20

청원경찰법령상 청원경찰의 배치에 관한 설명으로 옳은 것은? 기출 19

① 청원경찰 배치신청서에 첨부할 서류는 경비구역 평면도와 청원경찰 명부이다.
② 시·도 경찰청장은 청원경찰 배치신청을 받으면 30일 이내에 그 배치 여부를 결정하여 신청인에게 알려야 한다.
③ 경찰청장은 청원경찰 배치가 필요하다고 인정하는 기관의 장에게 청원경찰을 배치할 것을 요청하여야 한다.
④ 청원경찰 배치신청서상 배치장소가 둘 이상의 도(道)일 때에는 주된 사업장의 관할 경찰서장을 거쳐 시·도 경찰청장에게 한꺼번에 신청할 수 있다.

해설

④ (○) 청원경찰법 시행령 제2조 후문
① (×) 청원경찰 배치신청서에 첨부할 서류는 경비구역 평면도 1부와 배치계획서 1부이다(청원경찰법 시행령 제2조 전문 제1호·제2호).
② (×) 시·도 경찰청장은 청원경찰 배치신청을 받으면 지체 없이 그 배치 여부를 결정하여 신청인에게 알려야 한다(청원경찰법 제4조 제2항).
③ (×) 시·도 경찰청장은 청원경찰 배치가 필요하다고 인정하는 기관의 장 또는 시설·사업장의 경영자에게 청원경찰을 배치할 것을 요청할 수 있다(청원경찰법 제4조 제3항).

답 ④

21

청원경찰법령상 청원경찰의 배치와 이동 등에 관한 설명으로 옳지 않은 것은? 기출 19

① 청원경찰이 배치된 사업장이 배치인원의 변동사유 없이 다른 곳으로 이전하는 경우 청원주는 청원경찰의 배치를 폐지하거나 배치인원을 감축할 수 없다.
② 청원주는 배치폐지나 배치인원 감축으로 과원(過員)이 되는 청원경찰의 고용이 보장될 수 있도록 노력하여야 한다.
③ 청원주는 청원경찰을 신규로 배치하였을 때에는 배치지를 관할하는 경찰서장에게 그 사실을 통보하여야 한다.
④ 청원경찰의 이동배치의 통보를 받은 경찰서장은 이동배치지가 다른 관할구역에 속할 때에는 전입지를 관할하는 시·도 경찰청장에게 이동배치한 사실을 통보하여야 한다.

해설

④ (×) 청원경찰의 이동배치의 통보를 받은 경찰서장은 이동배치지가 다른 관할구역에 속할 때에는 <u>전입지를 관할하는 경찰서장에게 이동배치한 사실을 통보하여야 한다</u>(청원경찰법 시행령 제6조 제2항).
① (○) 청원경찰법 제10조의5 제1항 단서 제2호
② (○) 청원경찰법 제10조의5 제3항
③ (○) 청원경찰법 시행령 제6조 제1항

답 ④

22

청원경찰법령상 청원경찰의 배치폐지 등에 관한 설명으로 옳지 않은 것은? 기출 17

① 청원주는 청원경찰을 대체할 목적으로 특수경비원을 배치하는 경우에 청원경찰의 배치를 폐지하거나 배치인원을 감축할 수 없다.
② 청원주가 청원경찰을 배치폐지하였을 때에는 청원경찰 배치결정을 한 경찰관서장에게 알려야 한다.
③ 청원주가 청원경찰을 배치폐지하는 경우에는 배치폐지로 과원(過員)이 되는 그 사업장 내의 유사업무에 종사하게 하는 등 청원경찰의 고용을 보장하여야 한다.
④ 청원주는 청원경찰이 배치된 사업장이 배치인원의 변동사유 없이 다른 곳으로 이전하는 경우에 배치인원을 감축할 수 없다.

해설

③ (×) 청원경찰의 배치를 폐지하거나 배치인원을 감축하는 경우 해당 청원주는 배치폐지나 배치인원 감축으로 과원(過員)이 되는 청원경찰 인원을 그 기관·시설 또는 사업장 내 유사업무에 종사하게 하거나 다른 시설·사업장 등에 재배치하는 등 청원경찰의 고용이 보장될 수 있도록 노력하여야 한다(청원경찰법 제10조의5 제3항).★
① (○) 청원경찰법 제10조의5 제1항 단서 제1호
② (○) 청원경찰법 제10조의5 제2항
④ (○) 청원경찰법 제10조의5 제1항 단서 제2호

답 ③

23

청원경찰법령상 청원경찰의 임용에 관한 설명으로 옳은 것은? 기출 24

① 청원경찰의 임용자격에 관하여는 대통령령으로 정한다.
② 청원경찰은 관할 경찰서장이 임용한다.
③ 청원주가 청원경찰을 임용하였을 때에는 임용한 날부터 30일 이내에 그 사항을 관할 경찰서장을 거쳐 시·도 경찰청장에게 보고하여야 한다.
④ 청원주는 청원경찰이 퇴직하였을 때에는 퇴직한 날부터 60일 이내에 그 사항을 관할 경찰서장을 거쳐 시·도 경찰청장에게 보고하여야 한다.

해설

① (○) 청원경찰의 임용자격·임용방법·교육 및 보수에 관하여는 대통령령으로 정한다(청원경찰법 제5조 제3항).
② (×) 청원경찰은 청원주가 임용하되, 임용을 할 때에는 미리 시·도 경찰청장의 승인을 받아야 한다(청원경찰법 제5조 제1항).
③ (×) 청원주가 청원경찰을 임용하였을 때에는 임용한 날부터 10일 이내에 그 사항을 관할 경찰서장을 거쳐 시·도 경찰청장에게 보고하여야 한다(청원경찰법 시행령 제4조 제2항 전문).
④ (×) 청원주는 청원경찰이 퇴직하였을 때에는 퇴직한 날부터 10일 이내에 그 사항을 관할 경찰서장을 거쳐 시·도 경찰청장에게 보고하여야 한다(청원경찰법 시행령 제4조 제2항 후문).

답 ①

24

청원경찰법령상 청원경찰 임용승인신청서의 첨부서류에 해당하지 않는 것은? 기출 23

① 이력서 1부
② 주민등록등본 1부
③ 가족관계등록부 중 기본증명서 1부
④ 최근 3개월 이내에 발행한 채용신체검사서 1부

해설

주민등록증 사본이 청원경찰법령상 청원경찰 임용승인신청서에 첨부할 서류에 해당한다(청원경찰법 시행규칙 제5조 제1항 제2호).

관계법령 임용승인신청서 등(청원경찰법 시행규칙 제5조)

① 법 제4조 제2항에 따라 청원경찰의 배치결정을 받은 자[이하 "청원주"(請願主)라 한다]가 영 제4조 제1항에 따라 시·도 경찰청장에게 청원경찰 임용승인을 신청할 때에는 별지 제3호 서식의 청원경찰 임용승인신청서에 그 해당자에 관한 다음 각호의 서류를 첨부해야 한다.
1. 이력서 1부
2. 주민등록증 사본 1부
3. 민간인 신원진술서(「보안업무규정」 제36조에 따른 신원조사가 필요한 경우만 해당한다) 1부
4. 최근 3개월 이내에 발행한 채용신체검사서 또는 취업용 건강진단서 1부
5. 가족관계등록부 중 기본증명서 1부

답 ②

25

청원경찰법령상 청원경찰의 임용 등에 관한 설명으로 옳은 것은? 기출 20

① 청원주는 청원경찰 배치결정의 통지를 받은 날로부터 10일 이내에 배치결정된 인원수의 임용예정자에 대하여 청원경찰 임용승인을 시·도 경찰청장에게 신청하여야 한다.
② 청원주가 청원경찰을 임용하였을 때에는 임용한 날부터 10일 이내에 그 임용사항을 관할 경찰서장을 거쳐 시·도 경찰청장에게 보고하여야 한다.
③ 청원경찰의 임용자격·임용방법·교육 및 보수에 관하여는 행정안전부령으로 정한다.
④ 청원경찰의 복무에 관하여는 「국가공무원법」 및 「경찰법」을 준용한다.

해설

② (○) 청원경찰법 시행령 제4조 제2항 전문
① (×) 청원주는 배치결정의 통지를 받은 날부터 30일 이내에 배치결정된 인원수의 임용예정자에 대하여 청원경찰 임용승인을 시·도 경찰청장에게 신청하여야 한다(청원경찰법 시행령 제4조 제1항).
③ (×) 청원경찰의 임용자격·임용방법·교육 및 보수에 관하여는 대통령령으로 정한다(청원경찰법 제5조 제3항).
④ (×) 청원경찰의 복무에 관하여는 「국가공무원법」 제57조(복종의 의무), 제58조 제1항(직장이탈금지), 제60조(비밀엄수의 의무) 및 「경찰공무원법」 제24조(거짓보고 등의 금지)를 준용한다(청원경찰법 제5조 제4항).

답 ②

26

청원경찰법령상 청원경찰의 임용권자로 옳은 것은? 기출 22

① 청원주
② 경찰서장
③ 경찰청장
④ 시·도 경찰청장

해설

청원경찰법령상 청원경찰의 임용권자는 청원주이다. 다만, 임용할 때 미리 시·도 경찰청장의 승인을 받아야 한다는 제한이 있을 뿐이다(청원경찰법 제5조 제1항 참고).

답 ①

27

청원경찰법령상 청원경찰의 임용자격에 관한 내용이다. (   )에 들어갈 숫자가 순서대로 옳은 것은?

기출 21

> 청원경찰의 임용자격은 (   )세 이상으로 신체가 건강하고 팔다리가 완전하며 시력(교정시력을 포함한다)은 양쪽 눈이 각각 (   ) 이상인 사람이다.

① 18, 0.5
② 18, 0.8
③ 19, 0.8
④ 19, 1.0

해설
(   )에 들어갈 숫자는 순서대로 18, 0.8이다(청원경찰법 시행령 제3조, 동법 시행규칙 제4조).

관계법령 **임용자격(청원경찰법 시행령 제3조)** ★
법 제5조 제3항에 따른 청원경찰의 임용자격은 다음 각호와 같다.
1. 18세 이상인 사람
2. 행정안전부령으로 정하는 신체조건에 해당하는 사람

임용의 신체조건(청원경찰법 시행규칙 제4조)
영 제3조 제2호에 따른 신체조건은 다음 각호와 같다.
1. 신체가 건강하고 팔다리가 완전할 것
2. 시력(교정시력을 포함)은 양쪽 눈이 각각 0.8 이상일 것

답 ②

28

청원경찰법령상 청원경찰의 임용 등에 관한 설명으로 옳은 것은? 기출 18

① 청원경찰은 나이가 58세가 되었을 때 당연 퇴직된다.
② 청원경찰의 복무에 관하여는 「경찰관직무집행법」을 준용한다.
③ 청원경찰은 청원주가 임용하되, 임용을 할 때에는 「경찰공무원법」이 정하는 특별한 경우를 제외하고는 미리 경찰청장의 승인을 받아야 한다.
④ 청원주가 청원경찰을 임용하였을 때에는 임용한 날부터 10일 이내에 그 임용사항을 관할 경찰서장을 거쳐 시·도 경찰청장에게 보고하여야 한다.

해설

- ④ (○) 청원경찰법 시행령 제4조 제2항 전문
- ① (×) 청원경찰은 나이가 60세가 되었을 때 당연 퇴직된다. 다만, 그날이 1월부터 6월 사이에 있으면 6월 30일에, 7월부터 12월 사이에 있으면 12월 31일에 각각 당연 퇴직된다(청원경찰법 제10조의6 제3호).
- ② (×) 청원경찰의 복무에 관하여는 「국가공무원법」 제57조, 제58조 제1항, 제60조 및 「경찰공무원법」 제24조를 준용한다(청원경찰법 제5조 제4항).★
- ③ (×) 청원경찰은 청원주가 임용하되, 임용을 할 때에는 미리 시·도 경찰청장의 승인을 받아야 한다(청원경찰법 제5조 제1항).

답 ④

29

CHECK ○△×

청원경찰법령상 임용방법 등에 관한 내용이다. (   ) 안에 들어갈 내용을 순서대로 옳게 나열한 것은?

기출 15

- 청원주는 청원경찰의 배치결정의 통지를 받은 날부터 (   )일 이내에 배치결정된 인원수의 임용예정자에 대하여 청원경찰 임용승인을 시·도 경찰청장에게 신청하여야 한다.
- 청원주가 청원경찰을 임용하였을 때에는 임용한 날부터 (   )일 이내에 그 임용사항을 관할 경찰서장을 거쳐 시·도 경찰청장에게 보고하여야 한다.

① 10, 30
② 15, 30
③ 30, 10
④ 30, 15

해설

(   ) 안에는 순서대로 30(일)과 10(일)이 들어가야 한다.
- 청원경찰의 배치결정을 받은 자(이하 "청원주"라 한다)는 법 제5조 제1항에 따라 그 배치결정의 통지를 받은 날부터 30일 이내에 배치결정된 인원수의 임용예정자에 대하여 청원경찰 임용승인을 시·도 경찰청장에게 신청하여야 한다(청원경찰법 시행령 제4조 제1항).★
- 청원주가 청원경찰을 임용하였을 때에는 임용한 날부터 10일 이내에 그 임용사항을 관할 경찰서장을 거쳐 시·도 경찰청장에게 보고하여야 한다. 청원경찰이 퇴직하였을 때에도 또한 같다(청원경찰법 시행령 제4조 제2항).★

답 ③

30

청원경찰법령상 청원경찰을 배치하기 전에 직무수행에 필요한 교육의 내용으로 옳지 않은 것은?(단, 교육대상 제외자는 해당하지 않는다) 기출수정 17

① 학술교육은 형사법 10시간, 청원경찰법 5시간을 이수하여야 한다.
② 정신교육은 정신교육 과목을 8시간 이수하여야 한다.
③ 실무교육은 경범죄처벌법 및 사격 과목 등을 포함하여 40시간을 이수하여야 한다.
④ 술과는 체포술 및 호신술 과목 6시간을 이수하여야 한다.

해설

실무교육시간은 경범죄처벌법 및 사격 과목 등을 포함하여 총 44시간이다(청원경찰법 시행규칙 [별표 1]).

관계법령 청원경찰의 교육과목 및 수업시간표(청원경찰법 시행규칙 [별표 1])

학과별	과목		시간
정신교육	정신교육		8
학술교육	형사법		10
	청원경찰법		5
실무교육	경무	경찰관직무집행법	5
	방범	방범업무	3
		경범죄 처벌법	2
	경비	시설경비	6
		소방	4
	정보	대공이론	2
		불심검문	2
	민방위	민방공	3
		화생방	2
	기본훈련		5
	총기조작		2
	총검술		2
	사격		6
술과	체포술 및 호신술		6
기타	입교·수료 및 평가		3
교육시간 합계	-		76시간

답 ③

31

청원경찰법령상 청원경찰의 교육 등에 관한 설명으로 옳지 않은 것은? 기출 20

① 청원주는 청원경찰로 임용된 사람으로 하여금 경비구역에 배치하기 전에 경찰교육기관에서 직무수행에 필요한 교육을 받게 하여야 한다. 다만, 경찰교육기관의 교육계획상 부득이하다고 인정할 때에는 우선 배치하고 임용 후 1년 이내에 교육을 받게 할 수 있다.
② 경비지도사자격증을 취득한 사람이 청원경찰로 임용되었을 때에는 경찰교육기관에서 직무수행에 필요한 교육을 면제할 수 있다.
③ 청원경찰의 직무수행에 필요한 교육과목 및 수업시간표는 행정안전부령으로 정한다.
④ 청원경찰의 직무수행에 필요한 교육의 교육과목 중 정신교육의 수업시간은 8시간이다.

해설

② (×) 청원경찰법령은 직무수행에 필요한 교육을 면제할 수 있는 경우로 '경찰공무원(의무경찰을 포함한다) 또는 청원경찰에서 퇴직한 사람이 퇴직한 날부터 3년 이내에 청원경찰로 임용되었을 때'만을 규정하고 있다(청원경찰법 시행령 제5조 제2항).
① (○) 청원경찰법 시행령 제5조 제1항
③ (○) 청원경찰법 시행령 제5조 제3항, 동법 시행규칙 [별표 1]
④ (○) 청원경찰법 시행규칙 [별표 1]

답 ②

32

청원경찰법령상 청원경찰의 임용과 교육에 관한 설명으로 옳은 것은? 기출 19

① 청원경찰의 임용자격으로는 19세 이상인 사람으로 남자의 경우에는 군복무를 마친 사람으로 한다.
② 경찰공무원에서 퇴직한 사람이 퇴직한 날부터 3년 이내에 청원경찰로 임용되었을 때에는 직무수행에 필요한 교육을 면제할 수 있다.
③ 청원주가 청원경찰을 임용하였을 때에는 임용한 날부터 15일 이내에 그 임용사항을 관할 경찰서장을 거쳐 시·도 경찰청장에게 보고하여야 한다.
④ 경찰교육기관의 교육계획상 부득이하다고 인정할 때에는 청원주는 청원경찰로 임용된 사람을 경비구역에 우선 배치하고 임용 후 2년 이내에 교육을 받게 할 수 있다.

해설

② (○) 청원경찰법 시행령 제5조 제2항
① (×) 청원경찰의 임용자격으로 연령 조건은 18세 이상인 사람이다(청원경찰법 시행령 제3조 제1호).
③ (×) 청원주가 청원경찰을 임용하였을 때에는 임용한 날부터 10일 이내에 그 임용사항을 관할 경찰서장을 거쳐 시·도 경찰청장에게 보고하여야 한다(청원경찰법 시행령 제4조 제2항).
④ (×) 경찰교육기관의 교육계획상 부득이하다고 인정할 때에는 우선 배치하고 임용 후 1년 이내에 교육을 받게 할 수 있다(청원경찰법 시행령 제5조 제1항 단서).

답 ②

33

괄호 안에 들어갈 내용이 올바르게 나열된 것은? 기출 04

> 청원주는 청원경찰로 임용된 사람으로 하여금 경비구역에 배치하기 전에 경찰교육기관에서 직무수행에 필요한 교육을 (　　) 받게 하여야 한다. 다만, 경찰교육기관의 교육계획상 부득이하다고 인정할 때에는 우선 배치하고 임용 후 (　　) 이내에 교육을 받게 할 수 있다.

① 1주 40시간 - 6개월
② 1주 40시간 - 1년
③ 2주 76시간 - 6개월
④ 2주 76시간 - 1년

해설
(　) 안에 들어갈 내용은 순서대로 2주 76시간, 1년이다. 즉, 청원주는 청원경찰로 임용된 사람으로 하여금 경비구역에 배치하기 전에 경찰교육기관에서 직무수행에 필요한 교육을 (2주 76시간) 받게 하여야 한다. 다만, 경찰교육기관의 교육계획상 부득이하다고 인정할 때에는 우선 배치하고 임용 후 1년 이내에 교육을 받게 할 수 있다(청원경찰법 시행령 제5조 제1항, 시행규칙 제6조).

답 ④

34

청원경찰법상 청원경찰의 복무에 관하여 경찰공무원법 규정이 준용되는 것은? 기출 15

① 거짓보고 등의 금지
② 비밀엄수의 의무
③ 직장이탈의 금지
④ 복종의 의무

해설
②·③·④는 국가공무원법 규정이 준용되고, ①만 경찰공무원법 규정이 준용된다(청원경찰법 제5조 제4항).

핵심만콕 청원경찰의 복무에 관한 준용 규정(청원경찰법 제5조 제4항)과 비준용 규정★

준용 규정	비준용 규정
두 복·직·비/거 • 국가공무원법 제57조(복종의무) • 국가공무원법 제58조 제1항(직장이탈금지) • 국가공무원법 제60조(비밀엄수의무) • 경찰공무원법 제24조(거짓보고 등의 금지)	• 국가공무원법 제56조(성실의무) • 국가공무원법 제59조(친절·공정의 의무) • 국가공무원법 제59조의2(종교중립의무) • 국가공무원법 제61조(청렴의무) • 국가공무원법 제62조(외국정부의 영예 등을 받을 경우 허가의무) • 국가공무원법 제63조(품위유지의무) • 국가공무원법 제64조(영리업무 및 겸직금지) • 국가공무원법 제65조(정치운동금지) • 국가공무원법 제66조 제1항(집단행위금지)

답 ①

35

청원경찰법령상 청원경찰의 징계에 관한 설명으로 옳은 것은? 기출 24

① 관할 경찰서장은 청원경찰이 품위를 손상하는 행위를 한 때에는 징계절차를 거쳐 징계처분을 하여야 한다.
② 감봉은 1개월 이상 3개월 이하로 하고, 그 기간에 보수의 3분의 2를 줄인다.
③ 시·도 경찰청장은 징계규정의 보완이 필요하다고 인정할 때에는 관할 경찰서장에게 그 보완을 요구할 수 있다.
④ 견책(譴責)은 전과(前過)에 대하여 훈계하고 회개하게 한다.

해설

④ (○) 청원경찰법 시행령 제8조 제4항
① (×) <u>청원주</u>는 청원경찰이 품위를 손상하는 행위를 한 때에는 징계절차를 거쳐 징계처분을 하여야 한다(청원경찰법 제5조의2 제1항 제2호).
② (×) 감봉은 1개월 이상 3개월 이하로 하고, 그 기간에 보수의 <u>3분의 1</u>을 줄인다(청원경찰법 시행령 제8조 제3항).
③ (×) 시·도 경찰청장은 징계규정의 보완이 필요하다고 인정할 때에는 <u>청원주</u>에게 그 보완을 요구할 수 있다(청원경찰법 시행령 제8조 제6항).

답 ④

36

청원경찰법령상 청원경찰의 징계에 관한 설명으로 옳은 것은? 기출 23

① 청원경찰에 대한 징계의 종류는 파면, 해임, 정직, 감봉 및 경고로 구분한다.
② 청원주는 청원경찰이 품위를 손상하는 행위를 한 때 행정안전부령으로 정하는 징계절차를 거쳐 징계처분을 할 수 있다.
③ 관할 경찰서장은 청원경찰이 직무를 태만히 한 것으로 인정되면 청원주에게 해당 청원경찰에 대하여 징계처분을 하도록 요청할 수 있다.
④ 청원주는 청원경찰 배치결정의 통지를 받았을 때에는 통지를 받은 날부터 30일 이내에 청원경찰에 대한 징계규정을 제정하여 관할 시·도 경찰청장에게 신고하여야 한다.

해설

③ (○) 청원경찰법 시행령 제8조 제1항
① (×) <u>청원경찰에 대한 징계의 종류는 파면, 해임, 정직, 감봉 및 견책으로 구분한다</u>(청원경찰법 제5조의2 제2항).
② (×) 청원주는 청원경찰이 품위를 손상하는 행위를 한 때에는 <u>대통령령으로 정하는 징계절차를 거쳐 징계처분을 하여야 한다</u>(청원경찰법 제5조의2 제1항 제2호).
④ (×) 청원주는 청원경찰 배치결정의 통지를 받았을 때에는 <u>통지를 받은 날부터 15일 이내에 청원경찰에 대한 징계규정을 제정하여 관할 시·도 경찰청장에게 신고하여야 한다</u>(청원경찰법 시행령 제8조 제5항 전문).

> **관계법령** 청원경찰의 징계(청원경찰법 제5조의2)★
>
> ① 청원주는 청원경찰이 다음 각호의 어느 하나에 해당하는 때에는 대통령령으로 정하는 징계절차를 거쳐 징계처분을 하여야 한다.
>   1. 무상의 의무를 위반하거나 직무를 태만히 한 때
>   2. 위를 손상하는 행위를 한 때
> ② 청원경찰에 대한 징계의 종류는 파면, 해임, 정직, 감봉 및 견책으로 구분한다.
> ③ 청원경찰의 징계에 관하여 그 밖에 필요한 사항은 대통령령으로 정한다.
>
> > **징계(청원경찰법 시행령 제8조)**
> > ① 관할 경찰서장은 청원경찰이 법 제5조의2 제1항 각호의 어느 하나에 해당한다고 인정되면 청원주에게 해당 청원경찰에 대하여 징계처분을 하도록 요청할 수 있다.
> > ② 법 제5조의2 제2항의 정직(停職)은 1개월 이상 3개월 이하로 하고, 그 기간에 청원경찰의 신분은 보유하나 직무에 종사하지 못하며, 보수의 3분의 2를 줄인다.
> > ③ 법 제5조의2 제2항의 감봉은 1개월 이상 3개월 이하로 하고, 그 기간에 보수의 3분의 1을 줄인다.
> > ④ 법 제5조의2 제2항의 견책(譴責)은 전과(前過)에 대하여 훈계하고 회개하게 한다.
> > ⑤ 청원주는 청원경찰 배치결정의 통지를 받았을 때에는 통지를 받은 날부터 15일 이내에 청원경찰에 대한 징계규정을 제정하여 관할 시·도 경찰청장에게 신고하여야 한다. 징계규정을 변경할 때에도 또한 같다.
> > ⑥ 시·도 경찰청장은 제5항에 따른 징계규정의 보완이 필요하다고 인정할 때에는 청원주에게 그 보완을 요구할 수 있다.

 ③

37

청원경찰법령상 청원경찰의 징계에 관한 설명으로 옳은 것은? 기출 21

① 시·도 경찰청장은 청원경찰이 품위를 손상하는 행위를 한 때에는 대통령령으로 정하는 징계절차를 거쳐 징계처분을 할 수 있다.
② 청원경찰에 대한 징계의 종류는 파면, 해임, 강등, 정직, 감봉 및 견책으로 구분한다.
③ 청원주는 청원경찰 배치결정의 통지를 받았을 때에는 통지를 받은 날부터 15일 이내에 청원경찰에 대한 징계규정을 제정하여 관할 시·도 경찰청장에게 신고하여야 한다.
④ 정직은 1개월 이상 3개월 이하로 하고, 그 기간에 청원경찰의 신분은 보유하나 직무에 종사하지 못하며, 보수는 전액을 감한다.

> **해설**
> ③ (○) 청원경찰법 시행령 제8조 제5항 전문
> ① (×) 청원주는 청원경찰이 품위를 손상하는 행위를 한 때에는 대통령령으로 정하는 징계절차를 거쳐 징계처분을 하여야 한다(청원경찰법 제5조의2 제1항 제2호).
> ② (×) 강등은 청원경찰법상 징계의 종류에 해당하지 않는다(청원경찰법 제5조의2 제2항 참고).
> ④ (×) 정직의 경우 보수의 3분의 2를 줄인다(청원경찰법 시행령 제8조 제2항).

 ③

38

청원경찰법령상 청원경찰에 대한 징계의 종류로 옳은 것은? 기출 22

① 강 등
② 견 책
③ 면 직
④ 직위해제

해설
청원경찰법령상 청원경찰에 대한 징계의 종류는 파면, 해임, 정직, 감봉 및 견책으로 구분한다(청원경찰법 제5조의2 제2항).

답 ②

39

청원경찰법령상 청원경찰의 징계에 관한 설명으로 옳지 않은 것은? 기출 19

① 청원주는 청원경찰이 품위를 손상하는 행위를 한 때에는 징계절차를 거쳐 징계처분을 하여야 한다.
② 관할 경찰서장은 청원경찰이 「청원경찰법」상의 징계사유에 해당한다고 인정되면 청원주에게 해당 청원경찰에 대하여 징계처분을 하도록 요청할 수 있다.
③ 감봉은 1개월 이상 3개월 이하로 하고, 그 기간에 보수의 3분의 1을 줄인다.
④ 청원주는 청원경찰 배치결정의 통지를 받은 날부터 15일 이내에 청원경찰에 대한 징계규정을 제정하여 관할 경찰서장에게 신고하여야 한다.

해설
④ (×) 청원주는 청원경찰 배치결정의 통지를 받았을 때에는 통지를 받은 날부터 15일 이내에 청원경찰에 대한 징계규정을 제정하여 관할 시·도 경찰청장에게 신고하여야 한다(청원경찰법 시행령 제8조 제5항).
① (○) 청원경찰법 제5조의2 제1항 제2호
② (○) 청원경찰법 시행령 제8조 제1항
③ (○) 청원경찰법 시행령 제8조 제3항

답 ④

40

청원경찰법령상 청원경찰의 직무와 표창에 관한 설명으로 옳지 않은 것은? 기출 24

① 청원경찰은 청원경찰법 제3조에 따른 직무를 수행할 때에는 경비 목적을 위하여 필요한 최대한의 범위에서 하여야 한다.
② 청원경찰은「경찰관직무집행법」에 따른 직무 외의 수사활동 등 사법경찰관리의 직무를 수행해서는 아니 된다.
③ 청원주는 헌신적인 봉사로 특별한 공적을 세운 청원경찰에게 공적상을 수여할 수 있다.
④ 관할 경찰서장은 교육훈련에서 교육성적이 우수한 청원경찰에게 우등상을 수여할 수 있다.

해설

① (×) 청원경찰이 법 제3조에 따른 직무를 수행할 때에는 경비 목적을 위하여 필요한 최소한의 범위에서 하여야 한다(청원경찰법 시행규칙 제21조 제1항).
② (○) 청원경찰법 시행규칙 제21조 제2항
③ (○) 청원경찰법 시행규칙 제18조 제1호
④ (○) 청원경찰법 시행규칙 제18조 제2호

답 ①

41

청원경찰법령상 표창에 관한 설명으로 옳지 않은 것은? 기출 20

① 경찰청장은 성실히 직무를 수행하여 근무성적이 탁월하거나 헌신적인 봉사로 특별한 공적을 세운 청원경찰에게 공적상을 수여할 수 있다.
② 청원주는 성실히 직무를 수행하여 근무성적이 탁월한 청원경찰에게 공적상을 수여할 수 있다.
③ 관할 경찰서장은 헌신적인 봉사로 특별한 공적을 세운 청원경찰에게 공적상을 수여할 수 있다.
④ 시·도 경찰청장은 교육훈련에서 교육성적이 우수한 청원경찰에게 우등상을 수여할 수 있다.

해설

청원경찰법령상 청원경찰에게 표창을 수여할 수 있는 자는 시·도 경찰청장, 관할 경찰서장 또는 청원주이다(청원경찰법 시행규칙 제18조).

관계법령 표창(청원경찰법 시행규칙 제18조)

시·도 경찰청장, 관할 경찰서장 또는 청원주는 청원경찰에게 다음 각호의 구분에 따라 표창을 수여할 수 있다.
1. 공적상 : 성실히 직무를 수행하여 근무성적이 탁월하거나 헌신적인 봉사로 특별한 공적을 세운 경우
2. 우등상 : 교육훈련에서 교육성적이 우수한 경우

답 ①

제3절 청원경찰의 경비와 보상금 및 퇴직금

42
CHECK ○△×

청원경찰법령상 청원주가 부담하여야 하는 청원경찰경비에 해당하지 않는 것은? 기출 22

① 청원경찰에게 지급할 봉급과 각종 수당
② 청원경찰의 피복비
③ 청원경찰의 교육비
④ 청원경찰의 업무추진비

해설
청원경찰의 업무추진비는 청원경찰법령상 청원주가 부담하여야 하는 청원경찰경비에 해당하지 않는다(청원경찰법 제6조 제1항 참조).

> **관계법령** 청원경찰경비(청원경찰법 제6조) ★
> ① 청원주는 다음 각호의 청원경찰경비를 부담하여야 한다.
> 1. 청원경찰에게 지급할 봉급과 각종 수당
> 2. 청원경찰의 피복비
> 3. 청원경찰의 교육비
> 4. 제7조에 따른 보상금 및 제7조의2에 따른 퇴직금

답 ④

43
CHECK ○△×

청원경찰법령상 청원경찰의 경비에 관한 설명으로 옳은 것은? 기출 21

① 국가기관 또는 지방자치단체에 근무하는 청원경찰의 보수는 재직기간 15년 이상 23년 미만인 경우 같은 재직기간에 해당하는 경찰공무원 '경장'의 보수를 감안하여 대통령령으로 정한다.
② 청원경찰의 피복비는 청원주가 부담하여야 하는 청원경찰경비에 해당하지 않는다.
③ 청원경찰이 직무상의 부상·질병으로 인하여 퇴직 후 3년 이내에 사망한 경우 청원주는 대통령령으로 정하는 바에 따라 그 유족에게 보상금을 지급하여야 한다.
④ 교육비는 청원주가 경찰교육기관 입교(入校) 3일 전에 해당 청원경찰에게 지급하여 납부하게 한다.

해설
① (○) 청원경찰법 제6조 제2항 제2호
② (×) 청원경찰의 피복비는 청원주가 부담하여야 하는 청원경찰경비에 해당한다(청원경찰법 제6조 제1항 제2호).
③ (×) 청원경찰이 직무상의 부상·질병으로 인하여 퇴직하거나, 퇴직 후 2년 이내에 사망한 경우 청원주는 대통령령으로 정하는 바에 따라 그 유족에게 보상금을 지급하여야 한다(청원경찰법 제7조 제2호).
④ (×) 교육비는 청원주가 해당 청원경찰의 입교(入校) 3일 전에 해당 경찰교육기관에 낸다(청원경찰법 시행규칙 제8조 제3호).

답 ①

44

청원경찰법령상 청원경찰경비 등에 관한 설명으로 옳지 않은 것은? 기출 20

① 국가기관 또는 지방자치단체에 근무하는 청원경찰의 보수는 청원경찰법에서 정한 구분에 따라 같은 재직기간에 해당하는 경찰공무원의 보수를 감안하여 대통령령으로 정한다.
② 청원주의 청원경찰에 대한 봉급·수당의 최저부담기준액(국가기관 또는 지방자치단체에 근무하는 청원경찰의 봉급·수당은 제외한다)은 경찰청장이 정하여 고시(告示)한다.
③ 청원주는 청원경찰이 직무수행으로 인하여 부상을 입거나, 질병에 걸리거나 또는 사망한 경우 대통령령으로 정하는 바에 따라 청원경찰 본인 또는 그 유족에게 보상금을 지급하여야 한다.
④ 국가기관이나 지방자치단체에 근무하는 청원경찰의 퇴직금에 관하여는 행정안전부령으로 정한다.

해설

④ (×) 국가기관이나 지방자치단체에 근무하는 청원경찰의 퇴직금에 관하여는 따로 대통령령으로 정한다(청원경찰법 제7조의2).
① (○) 청원경찰법 제6조 제2항
② (○) 청원경찰법 제6조 제3항
③ (○) 청원경찰법 제7조 제1호

관계법령

청원경찰경비(청원경찰법 제6조) ★
② 국가기관 또는 지방자치단체에 근무하는 청원경찰의 보수는 다음 각호의 구분에 따라 같은 재직기간에 해당하는 경찰공무원의 보수를 감안하여 대통령령으로 정한다.
  1. 재직기간 15년 미만 : 순경
  2. 재직기간 15년 이상 23년 미만 : 경장
  3. 재직기간 23년 이상 30년 미만 : 경사
  4. 재직기간 30년 이상 : 경위
③ 청원주의 제1항 제1호에 따른 봉급·수당의 최저부담기준액(국가기관 또는 지방자치단체에 근무하는 청원경찰의 봉급·수당은 제외한다)과 같은 항 제2호 및 제3호에 따른 비용의 부담기준액은 경찰청장이 정하여 고시(告示)한다.

보상금(청원경찰법 제7조) ★
청원주는 청원경찰이 다음 각호의 어느 하나에 해당하게 되면 대통령령으로 정하는 바에 따라 청원경찰 본인 또는 그 유족에게 보상금을 지급하여야 한다.
  1. 직무수행으로 인하여 부상을 입거나, 질병에 걸리거나 또는 사망한 경우
  2. 직무상의 부상·질병으로 인하여 퇴직하거나, 퇴직 후 2년 이내에 사망한 경우

퇴직금(청원경찰법 제7조의2)
청원주는 청원경찰이 퇴직할 때에는 「근로자퇴직급여보장법」에 따른 퇴직금을 지급하여야 한다. 다만, 국가기관이나 지방자치단체에 근무하는 청원경찰의 퇴직금에 관하여는 따로 대통령령으로 정한다.

답 ④

45

청원경찰법령상 경비의 부담과 고시 등에 관한 설명으로 옳지 않은 것은? 기출 19

① 청원경찰의 피복비 및 교육비의 부담기준액은 시·도 경찰청장이 정하여 고시한다.
② 부득이한 사유가 있는 경우를 제외하고, 청원경찰경비의 최저부담기준액 및 부담기준액은 순경의 것을 고려하여 다음 연도분을 매년 12월에 고시하여야 한다.
③ 청원경찰의 교육비는 청원주가 해당 청원경찰의 입교 3일 전에 해당 경찰교육기관에 낸다.
④ 청원주는 청원경찰이 직무상의 질병으로 인하여 퇴직하게 되면 청원경찰 본인에게 보상금을 지급하여야 한다.

해설

① (×) 청원경찰의 피복비 및 교육비의 부담기준액은 경찰청장이 정하여 고시한다(청원경찰법 제6조 제3항).
② (○) 청원경찰법 시행령 제12조 제2항
③ (○) 청원경찰법 시행규칙 제8조 제3호
④ (○) 청원경찰법 제7조 제2호

답 ①

46

청원경찰법령상 청원경찰경비(經費)에 관한 설명으로 옳지 않은 것은? 기출 18

① 청원경찰경비는 봉급과 각종 수당, 피복비, 교육비, 보상금 및 퇴직금을 말한다.
② 봉급·수당의 최저부담기준액(국가기관 또는 지방자치단체에 근무하는 청원경찰의 봉급·수당은 제외)은 경찰청장이 정하여 고시한다.
③ 국가기관 또는 지방자치단체에 근무하는 청원경찰의 각종 수당은 「공무원수당 등에 관한 규정」에 따른 수당 중 가계보전수당, 실비변상 등으로 한다.
④ 교육비는 청원주가 해당 청원경찰의 입교 7일 전에 청원경찰에게 직접 지급한다.

해설

④ (×) 교육비는 청원주가 해당 청원경찰의 입교(入校) 3일 전에 해당 경찰교육기관에 낸다(청원경찰법 시행규칙 제8조 제3호).
① (○) 청원경찰법 제6조 제1항
② (○) 청원경찰법 제6조 제3항
③ (○) 청원경찰법 시행령 제9조 제2항

답 ④

47

청원경찰법령상 국가기관에 근무하는 청원경찰의 보수는 재직기간에 해당하는 경찰공무원 보수를 감안하여 정한다. 이에 관한 예시로 옳은 것은? 기출 18

① 16년 : 경 장, 20년 : 경 장, 25년 : 경 사, 32년 : 경 사
② 16년 : 순 경, 20년 : 경 장, 25년 : 경 사, 32년 : 경 사
③ 16년 : 경 장, 20년 : 경 장, 25년 : 경 사, 32년 : 경 위
④ 16년 : 순 경, 20년 : 경 장, 25년 : 경 사, 32년 : 경 위

해설
청원경찰법 제6조 제2항에 의하면 16년, 20년 재직한 청원경찰의 보수는 경장, 25년 재직한 경우에는 경사, 32년 재직한 경우에는 경위에 해당하는 경찰공무원의 보수를 감안하여 대통령령으로 정한다.

답 ③

48

청원경찰법령상 청원경찰의 경비(經費)에 관한 설명으로 옳은 것은? 기출 17

① 청원주는 대통령령이 정하는 바에 따라 청원경찰에게 봉급과 각종 수당 등을 지급하여야 한다.
② 청원주는 대통령령이 정하는 바에 따라 청원경찰이 직무수행 중 부상을 당한 경우에 본인에게 보상금을 지급하여야 한다.
③ 청원주는 청원경찰이 퇴직할 때에는 행정안전부령이 정하는 바에 따라 근로자퇴직급여보장법에 따른 퇴직금을 지급하여야 한다.
④ 지방자치단체에 근무하는 청원경찰의 각종 수당은 공무원수당 등에 관한 규정에 따른 수당 중 가계보전수당, 실비변상 등으로 하며, 그 세부 항목은 대통령령으로 정하여 고시한다.

해설
② (O) 청원경찰법 제7조 제1호
① (×) 청원주는 청원경찰에게 봉급과 각종 수당을 지급하여야 하며, 그 최저부담기준액(국가기관 또는 지방자치단체에 근무하는 청원경찰의 봉급·수당은 제외한다)은 경찰청장이 정하여 고시(告示)한다(청원경찰법 제6조 제1항 및 제3항). 국가기관 또는 지방자치단체에 근무하는 청원경찰의 보수는 재직기간에 따른 구분에 따라 같은 재직기간에 해당하는 경찰공무원의 보수를 감안하여 대통령령으로 정한다(동법 제6조 제2항).★
③ (×) 청원주는 청원경찰이 퇴직할 때에는 「근로자퇴직급여보장법」에 따른 퇴직금을 지급하여야 한다. 다만, 국가기관이나 지방자치단체에 근무하는 청원경찰의 퇴직금에 관하여는 따로 대통령령으로 정한다(청원경찰법 제7조의2).★
④ (×) 국가기관 또는 지방자치단체에 근무하는 청원경찰의 각종 수당은 「공무원수당 등에 관한 규정」에 따른 수당 중 가계보전수당, 실비변상 등으로 하며, 그 세부항목은 경찰청장이 정하여 고시한다(청원경찰법 시행령 제9조 제2항).★

답 ②

49

청원경찰법령상 청원경찰의 보수산정 시의 경력 인정 등에 관한 규정이다. ( )에 들어갈 내용으로 옳은 것은? 기출 24

> 국가기관 또는 지방자치단체에 근무하는 청원경찰 외의 청원경찰 보수의 호봉 간 승급기간 및 승급액은 그 배치된 사업장의 (ㄱ)에 따르며, 이에 관한 (ㄱ)이 없을 때에는 (ㄴ)의 승급에 관한 규정을 준용한다.

① ㄱ : 정관, ㄴ : 순경
② ㄱ : 정관, ㄴ : 경장
③ ㄱ : 취업규칙, ㄴ : 순경
④ ㄱ : 취업규칙, ㄴ : 경장

해설

제시된 내용의 ( )에 들어갈 내용은 ㄱ : 취업규칙, ㄴ : 순경이다.
국가기관 또는 지방자치단체에 근무하는 청원경찰 외의 청원경찰 보수의 호봉 간 승급기간 및 승급액은 그 배치된 사업장의 취업규칙에 따르며, 이에 관한 취업규칙이 없을 때에는 순경의 승급에 관한 규정을 준용한다(청원경찰법 시행령 제11조 제3항).

답 ③

50

A는 군 복무를 마치고 청원경찰로 2년간 근무하다가 퇴직하였다. 그 후 다시 청원경찰로 임용되었다면 청원경찰법령상 봉급 산정에 있어서 산입되는 경력은?(단, A가 배치된 사업장의 취업규칙에 특별한 규정이 없는 것을 전제로 한다) 기출 08

① 군 복무경력과 청원경찰로 근무한 경력 중 어느 하나만 산입하여야 한다.
② 군 복무경력은 반드시 산입하여야 하고, 청원경찰경력은 산입하지 않아도 된다.
③ 군 복무경력과 청원경찰의 경력을 모두 산입하여야 한다.
④ 군 복무경력은 산입하지 않아도 되고, 청원경찰경력은 산입하여야 한다.

해설

군 복무경력과 청원경찰로 근무한 경력은 모두 봉급 산정의 기준이 되는 경력에 산입되어야 한다(청원경찰법 시행령 제11조 제1항 제1호·제2호).

답 ③

51

청원경찰법령상 청원경찰의 봉급 산정의 기준이 되는 경력에 산입되지 않는 것은? 기출 22

① 청원경찰로 근무한 경력
② 군 또는 의무경찰에 복무한 경력
③ 수위·경비원·감시원 또는 그 밖에 청원경찰과 비슷한 직무에 종사하던 사람이 해당 사업장의 청원주에 의하여 청원경찰로 임용된 경우에는 그 직무에 종사한 경력
④ 국가기관 또는 공공단체에서 근무하는 청원경찰에 대해서는 국가기관 또는 공공단체에서 비상근(非常勤)으로 근무한 경력

해설

④ (×) 국가기관 또는 지방자치단체에서 근무하는 청원경찰에 대해서는 국가기관 또는 지방자치단체에서 상근(常勤)으로 근무한 경력이 봉급 산정의 기준이 되는 경력에 산입된다(청원경찰법 시행령 제11조 제1항 제4호).
① (○) 청원경찰법 시행령 제11조 제1항 제1호
② (○) 청원경찰법 시행령 제11조 제1항 제2호
③ (○) 청원경찰법 시행령 제11조 제1항 제3호

관계법령 | **보수 산정 시의 경력 인정 등(청원경찰법 시행령 제11조)**

① 청원경찰의 보수 산정에 관하여 그 배치된 사업장의 취업규칙에 특별한 규정이 없는 경우에는 다음 각호의 경력을 봉급 산정의 기준이 되는 경력에 산입하여야 한다.
  1. 청원경찰로 근무한 경력
  2. 군 또는 의무경찰에 복무한 경력
  3. 수위·경비원·감시원 또는 그 밖에 청원경찰과 비슷한 직무에 종사하던 사람이 해당 사업장의 청원주에 의하여 청원경찰로 임용된 경우에는 그 직무에 종사한 경력★★
  4. 국가기관 또는 지방자치단체에서 근무하는 청원경찰에 대해서는 국가기관 또는 지방자치단체에서 상근(常勤)으로 근무한 경력★
② 국가기관 또는 지방자치단체에 근무하는 청원경찰 보수의 호봉 간 승급기간은 경찰공무원의 승급기간에 관한 규정을 준용한다.
③ 국가기관 또는 지방자치단체에 근무하는 청원경찰 외의 청원경찰 보수의 호봉 간 승급기간 및 승급액은 그 배치된 사업장의 취업규칙에 따르며, 이에 관한 취업규칙이 없을 때에는 순경의 승급에 관한 규정을 준용한다.

답 ④

52

다음은 청원경찰 "甲"의 경력을 나열한 것이다. 청원경찰 "甲"의 봉급 산정을 할 때 산입하여야 할 경력은 모두 몇 년인가?(단, 청원경찰 "甲"이 배치된 사업장 A의 취업규칙에 특별한 규정이 없으며, 청원경찰 "甲"이 배치된 사업장 A는 국가기관 또는 지방자치단체가 아닌 일반 사업장이다)

> ㄱ. 의무경찰에 복무한 경력 : 2년
> ㄴ. 교도관으로 근무한 경력 : 5년
> ㄷ. 청원주가 다른 사업장 B에서 수위로 근무한 경력 : 3년
> ㄹ. 청원주가 동일한 사업장 A에서 경비원으로 근무한 경력 : 4년
> ㅁ. 사업장 A에서 청원경찰로 근무한 경력 : 10년

① 16년
② 19년
③ 21년
④ 24년

해설

청원경찰로 근무한 경력 10년은 당연히 포함된다. 의무경찰 경력도 포함되고, 교도관 경력은 사업장 A가 일반 사업장이므로 특별한 사정이 없는 한 원칙적으로 제외된다. 수위·경비원·감시원 등은 동일 사업장인 경우에만 인정되므로, 사업장 B에서 일한 경력은 제외되고, 사업장 A에서 일한 경력만 포함된다. 따라서 청원경찰 "甲"의 봉급 산정 시 산입해야 할 경력의 합은 ㄱ(2년) + ㄹ(4년) + ㅁ(10년) = 16년이다.

답 ①

53

청원경찰법령상 청원경찰의 보상금과 퇴직금에 관한 설명이다. (   )에 들어갈 내용으로 옳은 것은?

기출 24

> • 청원주는 보상금 지급의 이행을 위하여 (ㄱ)에 따른 산업재해보상보험에 가입하거나, (ㄴ)에 따라 보상금을 지급하기 위한 재원(財源)을 따로 마련하여야 한다.
> • 청원주는 청원경찰이 퇴직할 때에는 (ㄷ)에 따른 퇴직금을 지급하여야 한다. 다만, 국가기관이나 지방자치단체에 근무하는 청원경찰의 퇴직금에 관하여는 따로 (ㄹ)으로 정한다.

① ㄱ : 근로기준법
② ㄴ : 산업재해보상보험법
③ ㄷ : 근로자퇴직급여 보장법
④ ㄹ : 행정안전부령

해설

제시된 내용의 ( )에 들어갈 내용은 ㄱ : 산업재해보상보험법, ㄴ : 근로기준법, ㄷ : 근로자퇴직급여보장법, ㄹ : 대통령령이다.

- 청원주는 보상금 지급의 이행을 위하여 <u>산업재해보상보험법</u>에 따른 산업재해보상보험에 가입하거나, <u>근로기준법</u>에 따라 보상금을 지급하기 위한 재원(財源)을 따로 마련하여야 한다(청원경찰법 시행령 제13조).
- 청원주는 청원경찰이 퇴직할 때에는 <u>근로자퇴직급여 보장법</u>에 따른 퇴직금을 지급하여야 한다. 다만, 국가기관이나 지방자치단체에 근무하는 청원경찰의 퇴직금에 관하여는 따로 <u>대통령령</u>으로 정한다(청원경찰법 제7조의2).

답 ③

54

CHECK ○ △ ×

청원경찰법령상 청원경찰의 보상금 지급사유가 아닌 것은? 기출 23

① 청원경찰이 직무수행으로 인하여 부상을 입은 경우
② 청원경찰이 직무수행으로 인하여 질병에 걸린 경우
③ 청원경찰이 직무수행으로 인하여 사망한 경우
④ 청원경찰이 직무상의 부상으로 인하여 퇴직 후 3년 이내에 사망한 경우

해설

청원경찰이 직무상의 부상으로 인하여 <u>퇴직 후 2년 이내</u>에 사망한 경우가 청원경찰의 보상금 지급사유에 해당한다(청원경찰법 제7조 제2호).

관계법령 보상금(청원경찰법 제7조) ★

<u>청원주</u>는 청원경찰이 다음 각호의 어느 하나에 해당하게 되면 <u>대통령령</u>으로 정하는 바에 따라 <u>청원경찰 본인 또는 그 유족</u>에게 보상금을 지급하여야 한다.
1. 직무수행으로 인하여 <u>부상</u>을 입거나, <u>질병</u>에 걸리거나 또는 <u>사망</u>한 경우
2. 직무상의 <u>부상·질병</u>으로 인하여 <u>퇴직</u>하거나, 퇴직 후 <u>2년</u> 이내에 <u>사망</u>한 경우

답 ④

55

청원경찰법령상 청원경찰의 경비와 보상 등에 관한 설명으로 옳은 것은? 기출 14

① 지방자치단체에 근무하는 청원경찰의 봉급·수당의 최저부담기준액은 경찰청장이 정하여 고시한다.
② 지방자치단체에 근무하는 청원경찰의 퇴직금에 관하여는 따로 행정안전부령으로 정한다.
③ 청원경찰이 퇴직할 때에는 급여품 및 대여품을 청원주에게 반납해야 한다.
④ 국가기관에 근무하는 청원경찰의 보수는 재직기간 15년 이상 23년 미만인 경우, 경장에 해당하는 경찰공무원의 보수를 감안하여 대통령령으로 정한다.

해설

④ (○) 청원경찰법 제6조 제2항 제2호
① (×) 지방자치단체에 근무하는 청원경찰의 봉급·수당은 <u>대통령령으로 정한다</u>(청원경찰법 제6조 제2항).★
② (×) 지방자치단체에 근무하는 청원경찰의 퇴직금에 관하여는 따로 <u>대통령령으로 정한다</u>(청원경찰법 제7조의2).★
③ (×) 청원경찰이 퇴직할 때에는 <u>대여품을 청원주에게 반납해야 한다</u>(청원경찰법 시행규칙 제12조 제2항).

답 ④

56

청원경찰법령상 청원경찰에 관한 내용으로 옳지 않은 것은? 기출 11

① 국가기관이나 지방자치단체에 근무하는 청원경찰의 명예퇴직에 관하여는 국가공무원법을 준용한다.
② 청원경찰은 형의 선고, 징계처분 또는 신체상·정신상의 이상으로 직무를 감당하지 못할 때를 제외하고는 그 의사에 반하여 면직되지 아니한다.
③ 청원주가 청원경찰을 면직시켰을 때에는 그 사실을 관할 경찰서장을 거쳐 시·도 경찰청장에게 보고하여야 한다.
④ 청원주는 청원경찰이 퇴직할 때에는 고용보험법에 따른 퇴직금을 지급하여야 한다.

해설

④ (×) <u>청원주는 청원경찰이 퇴직할 때에는 근로자퇴직급여보장법에 따른 퇴직금을 지급하여야 한다</u>. 다만, 국가기관이나 지방자치단체에 근무하는 청원경찰의 퇴직금에 관하여는 따로 대통령령으로 정한다(청원경찰법 제7조의2).
① (○) 국가기관이나 지방자치단체에 근무하는 청원경찰의 휴직 및 명예퇴직에 관하여는 국가공무원법 제71조부터 제73조까지 및 제74조의2를 준용한다(청원경찰법 제10조의7).
② (○) 청원경찰법 제10조의4 제1항
③ (○) 청원경찰법 제10조의4 제2항

답 ④

제4절 청원경찰의 제복착용과 무기휴대·비치부책

57

청원경찰법령상 청원경찰의 복제에 관한 설명으로 옳은 것은? 기출 21

① 청원경찰의 기동모와 기동복의 색상은 진한 청색으로 한다.
② 청원경찰은 평상근무 중에는 정모, 근무복, 단화, 호루라기를 착용하거나 휴대하여야 하고, 경찰봉 및 포승은 휴대하지 아니할 수 있다.
③ 청원경찰이 그 배치지의 특수성 등으로 특수복장을 착용할 필요가 있을 때에는 청원주는 관할 경찰서장의 승인을 받아 특수복장을 착용하게 할 수 있다.
④ 청원경찰 장구의 종류는 경찰봉, 호루라기, 수갑 및 포승이다.

해설

① (○) 청원경찰법 시행규칙 제9조 제2항 제1호 단서
② (×) 청원경찰은 평상근무 중에는 정모, 근무복, 단화, 호루라기, 경찰봉 및 포승을 착용하거나 휴대하여야 하고, 총기를 휴대하지 아니할 때에는 분사기를 휴대하여야 하며, 교육훈련이나 그 밖의 특수근무 중에는 기동모, 기동복, 기동화 및 휘장을 착용하거나 부착하되, 허리띠와 경찰봉은 착용하거나 휴대하지 아니할 수 있다(청원경찰법 시행규칙 제9조 제3항).
③ (×) 청원경찰이 그 배치지의 특수성 등으로 특수복장을 착용할 필요가 있을 때에는 청원주는 시·도 경찰청장의 승인을 받아 특수복장을 착용하게 할 수 있다(청원경찰법 시행령 제14조 제3항).
④ (×) 청원경찰 장구의 종류는 허리띠, 경찰봉, 호루라기 및 포승(捕繩)이다(청원경찰법 시행규칙 제9조 제1항 제2호).

답 ①

58

청원경찰법령상 청원경찰의 복제(服制)와 무기휴대에 관한 설명으로 옳지 않은 것은? 기출 19

① 시·도 경찰청장은 청원경찰이 직무를 수행하기 위하여 필요하다고 인정하면 청원주의 신청을 받아 관할 경찰서장으로 하여금 청원경찰에게 무기를 대여하여 지니게 할 수 있다.
② 청원경찰이 특수복장을 착용할 필요가 있을 때에는 청원주는 관할 경찰서장의 승인을 받아 특수복장을 착용하게 할 수 있다.
③ 청원주에게 무기를 대여하였을 때에는 관할 경찰서장은 청원경찰의 무기관리상황을 수시로 점검하여야 한다.
④ 청원경찰은 평상근무 중에는 정모, 근무복, 단화, 호루라기, 경찰봉 및 포승을 착용하거나 휴대하여야 한다.

해설

② (×) 청원경찰이 특수복장을 착용할 필요가 있을 때에는 청원주는 시·도 경찰청장의 승인을 받아 특수복장을 착용하게 할 수 있다(청원경찰법 시행령 제14조 제3항).
① (○) 청원경찰법 제8조 제2항
③ (○) 청원경찰법 시행령 제16조 제3항
④ (○) 청원경찰법 시행규칙 제9조 제3항

답 ②

59

청원경찰법령상 청원경찰의 분사기 및 무기휴대에 관한 설명으로 옳은 것은? 기출 18

① 관할 경찰서장은 대여한 청원경찰의 무기관리상황을 월 1회 이상 점검하여야 한다.
② 청원경찰은 평상근무 중에 총기를 휴대하지 아니할 때에는 분사기를 휴대하여야 한다.
③ 청원주는 「위험물안전관리법」에 따른 분사기의 소지허가를 받아 청원경찰로 하여금 그 분사기를 휴대하여 직무를 수행하게 할 수 있다.
④ 관할 경찰서장은 청원경찰이 직무를 수행하기 위하여 필요하다고 인정하면 직권으로 청원경찰에게 무기를 대여하여 지니게 할 수 있다.

[해설]

② (○) 청원경찰은 평상근무 중에는 정모, 근무복, 단화, 호루라기, 경찰봉 및 포승을 착용하거나 휴대하여야 하고, 총기를 휴대하지 아니할 때에는 분사기를 휴대하여야 하며, 교육훈련이나 그 밖의 특수근무 중에는 기동모, 기동복, 기동화 및 휘장을 착용하거나 부착하되, 허리띠와 경찰봉은 착용하거나 휴대하지 아니할 수 있다(청원경찰법 시행규칙 제9조 제3항).★
① (×) 관할 경찰서장은 대여한 청원경찰의 무기관리상황을 수시로 점검하여야 한다(청원경찰법 시행령 제16조 제3항).★★
③ (×) 청원주는 「총포·도검·화약류 등의 안전관리에 관한 법률」에 따른 분사기의 소지허가를 받아 청원경찰로 하여금 그 분사기를 휴대하여 직무를 수행하게 할 수 있다(청원경찰법 시행령 제15조).★
④ (×) 무기대여 신청을 받은 시·도 경찰청장은 (청원주에게) 무기를 대여하여 (청원경찰에게) 휴대하게 하려는 경우에는 청원주로부터 국가에 기부채납된 무기에 한정하여 관할 경찰서장으로 하여금 무기를 대여하여 휴대하게 할 수 있다(청원경찰법 시행령 제16조 제2항).★ 따라서 관할 경찰서장이 직권으로 청원경찰에게 무기를 대여하여 지니게 할 수는 없다.

답 ②

60

청원경찰법령상 청원경찰의 복제(服制)에 관한 설명으로 옳은 것은? 기출 18

① 청원경찰의 복제는 제복·장구 및 부속물로 구분하며, 이 가운데 모자표장, 계급장, 장갑 등은 부속물에 해당한다.
② 청원주는 청원경찰이 특수복장을 착용할 필요가 있을 때에는 관할 경찰서장에게 보고하고 특수복장을 착용하게 할 수 있다.
③ 청원경찰의 제복의 형태·규격 및 재질은 시·도 경찰청장이 결정하되, 사업장별로 통일해야 한다.
④ 청원경찰은 특수근무 중에는 정모, 근무복, 단화, 호루라기, 경찰봉 및 포승을 착용하거나 휴대하여야 한다.

[해설]

① (○) 청원경찰의 복제(服制)는 제복·장구(裝具) 및 부속물로 구분한다(청원경찰법 시행령 제14조 제1항). 모자표장, 가슴표장, 휘장, 계급장, 넥타이핀, 단추 및 장갑은 부속물에 해당한다(청원경찰법 시행규칙 제9조 제1항 제3호).★
② (×) 청원경찰이 그 배치지의 특수성 등으로 특수복장을 착용할 필요가 있을 때에는 청원주는 시·도 경찰청장의 승인을 받아 특수복장을 착용하게 할 수 있다(청원경찰법 시행령 제14조 제3항).★
③ (×) 청원경찰의 제복의 형태·규격 및 재질은 청원주가 결정하되, 사업장별로 통일해야 한다(청원경찰법 시행규칙 제9조 제2항 제1호 본문).
④ (×) 청원경찰은 평상근무 중에는 정모, 근무복, 단화, 호루라기, 경찰봉 및 포승을 착용하거나 휴대하여야 한다(청원경찰법 시행규칙 제9조 제3항).★

답 ①

61

청원경찰법령상 청원경찰의 대여품에 해당하는 것은? 기출 21

① 기동모
② 방한화
③ 허리띠
④ 근무복

[해설]

기동모, 방한화, 근무복은 급여품(청원경찰법 시행규칙 [별표 2]), 허리띠는 대여품(청원경찰법 시행규칙 [별표 3])에 해당한다.

관계법령

청원경찰 급여품표(청원경찰법 시행규칙 [별표 2])

품 명	수 량	사용기간	정기지급일
근무복(하복)	1	1년	5월 5일
근무복(동복)	1	1년	9월 25일
한여름 옷	1	1년	6월 5일
외투·방한복 또는 점퍼	1	2~3년	9월 25일
기동화 또는 단화	1	기동화 2년, 단화 1년	9월 25일
비 옷	1	3년	5월 5일
정 모	1	3년	9월 25일
기동모	1	3년	필요할 때
기동복	1	2년	필요할 때
방한화	1	2년	9월 25일
장 갑	1	2년	9월 25일
호루라기	1	2년	9월 25일

청원경찰 대여품표(청원경찰법 시행규칙 [별표 3])

품 명	허리띠	경찰봉	가슴표장	분사기	포 승
수 량	1	1	1	1	1

답 ③

62

청원경찰법령상 청원경찰에게 지급하는 대여품에 해당하는 것은? 기출 20

① 기동복
② 가슴표장
③ 호루라기
④ 정모

해설
기동복, 호루라기, 정모는 급여품에 해당하나, 가슴표장은 대여품에 해당한다(청원경찰법 시행규칙 [별표 2]·[별표 3] 참조).

답 ②

63

청원경찰법령상 급여품과 대여품에 관한 설명으로 옳지 않은 것은? 기출 19

① 근무복과 기동화는 청원경찰에게 지급하는 급여품에 해당한다.
② 청원경찰에게 지급하는 대여품에는 허리띠, 경찰봉, 가슴표장, 분사기, 포승이 있다.
③ 급여품 중 호루라기, 방한화, 장갑의 사용기간은 2년이다.
④ 청원경찰이 퇴직할 때에는 급여품과 대여품을 청원주에게 반납하여야 한다.

해설
④ (×) 청원경찰이 퇴직할 때에는 대여품을 청원주에게 반납하여야 한다(청원경찰법 시행규칙 제12조 제2항).
① (○), ③ (○) 청원경찰법 시행규칙 [별표 2]
② (○) 청원경찰법 시행규칙 [별표 3]

답 ④

64

청원경찰법령에 관한 설명으로 옳지 않은 것은? 기출 18

① 청원경찰의 신분증명서는 청원주가 발행하며, 그 형식은 시·도 경찰청장이 결정한다.
② 청원주는 소속 청원경찰에게 그 직무집행에 필요한 교육을 매월 4시간 이상 하여야 한다.
③ 청원경찰이 퇴직할 때에는 대여품을 청원주에게 반납하여야 한다.
④ 청원경찰은 국내 주재 외국기관에도 배치될 수 있다.

해설
① (×) 청원경찰의 신분증명서는 청원주가 발행하며, 그 형식은 청원주가 결정하되 사업장별로 통일하여야 한다(청원경찰법 시행규칙 제11조 제1항).
② (○) 청원경찰법 시행규칙 제13조 제1항
③ (○) 청원경찰법 시행규칙 제12조 제2항
④ (○) 청원경찰법 제2조 제2호

답 ①

65

청원경찰법령상 청원경찰이 퇴직할 때 청원주에게 반납해야 하는 것은? 기출 15

① 장 갑
② 허리띠
③ 방한화
④ 호루라기

해설

대여품인 허리띠는 반납대상이다. ①·③·④는 대여품이 아닌 급여품이므로 반납대상이 아니다(청원경찰법 시행규칙 제12조 제1항).

> **관계법령** 급여품 및 대여품(청원경찰법 시행규칙 제12조)
> ① 청원경찰에게 지급하는 급여품은 [별표 2](근무복(하복), 근무복(동복), 한여름 옷, 외투·방한복 또는 점퍼, 기동화 또는 단화, 비옷, 정모, 기동모, 기동복, 방한화, 장갑, 호루라기 등)와 같고, 대여품은 [별표 3](허리띠, 경찰봉, 가슴표장, 분사기, 포승 등)과 같다.★★
> ② 청원경찰이 퇴직할 때에는 대여품을 청원주에게 반납하여야 한다.★

답 ②

66

청원경찰법령상 무기관리수칙에 관한 설명으로 옳지 않은 것은? 기출 24

① 청원주가 무기와 탄약을 대여받았을 때에는 경찰청장이 정하는 무기·탄약 출납부 및 무기장비 운영카드를 갖춰 두고 기록하여야 한다.
② 청원주는 무기와 탄약이 분실되었을 때에는 경찰청장이 정하는 바에 따라 그 전액을 배상해야 하지만, 전시·사변·천재지변이나 그 밖의 불가항력적인 사유가 있다고 경찰청장이 인정하였을 때에는 그렇지 않다.
③ 청원주로부터 무기와 탄약을 지급받은 청원경찰은 무기를 지급받거나 반납할 때에는 반드시 "앞에 총" 자세에서 "검사 총"을 하여야 한다.
④ 청원주는 사직 의사를 밝힌 청원경찰에게 무기와 탄약을 지급해서는 안 되며, 지급한 무기와 탄약은 즉시 회수해야 한다.

해설

② (×) 청원주는 무기와 탄약이 분실되거나 도난당하거나 빼앗기거나 훼손되었을 때에는 경찰청장이 정하는 바에 따라 그 전액을 배상해야 한다. 다만, 전시·사변·천재지변이나 그 밖의 불가항력적인 사유가 있다고 <u>시·도 경찰청장</u>이 인정하였을 때에는 그렇지 않다(청원경찰법 시행규칙 제16조 제1항 제8호).
① (○) 청원경찰법 시행규칙 제16조 제1항 제1호
③ (○) 청원경찰법 시행규칙 제16조 제3항 제1호
④ (○) 청원경찰법 시행규칙 제16조 제4항 제3호

답 ②

67

청원경찰법령상 무기관리수칙에 관한 설명으로 옳지 않은 것은? 기출 23

① 무기고와 탄약고에는 이중잠금장치를 하고, 열쇠는 관리책임자가 보관하되, 근무시간 이후에는 숙직책임자에게 인계하여 보관시켜야 한다.
② 소총의 탄약은 1정당 10발 이내, 권총의 탄약은 1정당 5발 이내로 출납하여야 한다.
③ 청원주는 무기와 탄약이 분실되거나 도난당하거나 빼앗기거나 훼손되었을 때에는 경찰청장이 정하는 바에 따라 그 전액을 배상하는 것이 원칙이다.
④ 청원경찰에게 지급한 무기와 탄약은 매주 1회 이상 손질하게 하여야 한다.

해설

② (×) 소총의 탄약은 1정당 15발 이내, 권총의 탄약은 1정당 7발 이내로 출납하여야 한다(청원경찰법 시행규칙 제16조 제2항 제2호 전문).
① (○) 청원경찰법 시행규칙 제16조 제1항 제5호
③ (○) 청원경찰법 시행규칙 제16조 제1항 제8호 본문
④ (○) 청원경찰법 시행규칙 제16조 제2항 제3호

답 ②

68

청원경찰법령상 청원주의 무기관리수칙에 관한 설명으로 옳지 않은 것은? 기출 22

① 청원주가 무기와 탄약을 대여받았을 때에는 경찰청장이 정하는 무기·탄약 출납부 및 무기장비 운영카드를 갖춰 두고 기록하여야 한다.
② 청원주는 무기와 탄약의 관리를 위하여 관리책임자를 지정하고 관할 경찰서장에게 그 사실을 통보하여야 한다.
③ 무기고와 탄약고에는 이중잠금장치를 하고, 열쇠는 숙직책임자가 보관하되, 근무시간 이후에는 관리책임자에게 인계하여 보관시켜야 한다.
④ 청원주는 경찰청장이 정하는 바에 따라 매월 무기와 탄약의 관리실태를 파악하여 다음 달 3일까지 관할 경찰서장에게 통보하여야 한다.

해설

③ (×) 무기고와 탄약고에는 이중잠금장치를 하고, 열쇠는 관리책임자가 보관하되, 근무시간 이후에는 숙직책임자에게 인계하여 보관시켜야 한다(청원경찰법 시행규칙 제16조 제1항 제5호).
① (○) 청원경찰법 시행규칙 제16조 제1항 제1호
② (○) 청원경찰법 시행규칙 제16조 제1항 제2호
④ (○) 청원경찰법 시행규칙 제16조 제1항 제6호

> **관계법령** 무기관리수칙(청원경찰법 시행규칙 제16조)
>
> ① 영 제16조에 따라 무기와 탄약을 대여받은 청원주는 다음 각호에 따라 무기와 탄약을 관리해야 한다.
>   1. 청원주가 무기와 탄약을 대여받았을 때에는 경찰청장이 정하는 무기·탄약 출납부 및 무기장비 운영카드를 갖춰 두고 기록하여야 한다.
>   2. 청원주는 무기와 탄약의 관리를 위하여 관리책임자를 지정하고 관할 경찰서장에게 그 사실을 통보하여야 한다.
>   3. 무기고 및 탄약고는 단층에 설치하고 환기·방습·방화 및 총받침대 등의 시설을 갖추어야 한다.
>   4. 탄약고는 무기고와 떨어진 곳에 설치하고, 그 위치는 사무실이나 그 밖에 여러 사람을 수용하거나 여러 사람이 오고 가는 시설로부터 격리되어야 한다.
>   5. 무기고와 탄약고에는 이중잠금장치를 하고, 열쇠는 관리책임자가 보관하되, 근무시간 이후에는 숙직책임자에게 인계하여 보관시켜야 한다.
>   6. 청원주는 경찰청장이 정하는 바에 따라 매월 무기와 탄약의 관리실태를 파악하여 다음 달 3일까지 관할 경찰서장에게 통보하여야 한다.
>   7. 청원주는 대여받은 무기와 탄약이 분실되거나 도난당하거나 빼앗기거나 훼손되는 등의 사고가 발생했을 때에는 지체 없이 그 사유를 관할 경찰서장에게 통보해야 한다.
>   8. 청원주는 무기와 탄약이 분실되거나 도난당하거나 빼앗기거나 훼손되었을 때에는 경찰청장이 정하는 바에 따라 그 전액을 배상해야 한다. 다만, 전시·사변·천재지변이나 그 밖의 불가항력적인 사유가 있다고 시·도 경찰청장이 인정하였을 때에는 그렇지 않다.

답 ③

69 CHECK ○△×

다음 중 청원경찰법령상 청원주가 명시적으로 무기와 탄약을 지급해서는 안 되는 사람을 모두 고른 것은? 기출수정 21

ㄱ. 형사사건으로 조사대상이 된 사람
ㄴ. 사직 의사를 밝힌 사람
ㄷ. 평소에 불평이 심하고 염세적인 사람
ㄹ. 변태적 성벽(性癖)이 있는 사람

① ㄱ, ㄴ
② ㄱ, ㄴ, ㄷ
③ ㄴ, ㄷ, ㄹ
④ ㄱ, ㄴ, ㄷ, ㄹ

해설
2022.11.10. 개정된 청원경찰법 시행규칙 제16조 제4항에 따르면 설문에 해당하는 자는 ㄱ과 ㄴ이다.

| 관계법령 | 무기관리수칙(청원경찰법 시행규칙 제16조) |

④ 청원주는 다음 각호의 어느 하나에 해당하는 청원경찰에게 무기와 탄약을 지급해서는 안 되며, 지급한 무기와 탄약은 즉시 회수해야 한다.
1. 직무상 비위(非違)로 징계대상이 된 사람
2. 형사사건으로 조사대상이 된 사람
3. 사직 의사를 밝힌 사람
4. 치매, 조현병, 조현정동장애, 양극성 정동장애(조울병), 재발성 우울장애 등의 정신질환으로 인하여 무기와 탄약의 휴대가 적합하지 않다고 해당 분야 전문의가 인정하는 사람
5. 제1호부터 제4호까지의 규정 중 어느 하나에 준하는 사유로 청원주가 무기와 탄약을 지급하기에 적절하지 않다고 인정하는 사람
6. 삭제 〈2022.11.10.〉

답 ①

70

청원경찰법령상 무기와 탄약을 지급받은 청원경찰의 준수사항으로 옳지 않은 것은? 기출 19

① 무기를 지급받거나 반납할 때 또는 인계인수할 때에는 반드시 "앞에 총" 자세에서 "검사 총"을 하여야 한다.
② 무기와 탄약을 지급받았을 때에는 별도의 지시가 없으면 무기와 탄약을 분리하여 휴대하여야 한다.
③ 지급받은 무기는 다른 사람에게 보관 또는 휴대하게 할 수 없으며 손질을 의뢰할 수 없다.
④ 근무시간 이후에는 무기와 탄약을 관리책임자에게 반납하여야 한다.

[해설]

④ (×) 근무시간 이후에는 무기와 탄약을 청원주에게 반납하거나 교대근무자에게 인계하여야 한다(청원경찰법 시행규칙 제16조 제3항 제6호).
① (○) 청원경찰법 시행규칙 제16조 제3항 제1호
② (○) 청원경찰법 시행규칙 제16조 제3항 제2호 전단
③ (○) 청원경찰법 시행규칙 제16조 제3항 제3호

| 관계법령 | 무기관리수칙(청원경찰법 시행규칙 제16조) |

③ 청원주로부터 무기와 탄약을 지급받은 청원경찰은 다음 각호의 사항을 준수하여야 한다.
1. 무기를 지급받거나 반납할 때 또는 인계인수할 때에는 반드시 "앞에 총" 자세에서 "검사 총"을 하여야 한다.
2. 무기와 탄약을 지급받았을 때에는 별도의 지시가 없으면 무기와 탄약을 분리하여 휴대하여야 하며, 소총은 "우로 어깨 걸어 총"의 자세를 유지하고, 권총은 "권총집에 넣어 총"의 자세를 유지하여야 한다.
3. 지급받은 무기는 다른 사람에게 보관 또는 휴대하게 할 수 없으며 손질을 의뢰할 수 없다.
4. 무기를 손질하거나 조작할 때에는 반드시 총구를 공중으로 향하게 하여야 한다.
5. 무기와 탄약을 반납할 때에는 손질을 철저히 하여야 한다.
6. 근무시간 이후에는 무기와 탄약을 청원주에게 반납하거나 교대근무자에게 인계하여야 한다.

답 ④

71

청원경찰법령상 관할 경찰서장이 갖춰 두어야 할 문서와 장부로 옳지 않은 것은? 기출 24

① 청원경찰 명부
② 감독 순시부
③ 교육훈련 실시부
④ 배치결정 관계철

해설

배치결정 관계철은 시·도 경찰청장이 갖춰 두어야 하는 문서와 장부에 해당한다(청원경찰법 시행규칙 제17조 제3항 제1호).

핵심만콕 문서와 장부의 비치(청원경찰법 시행규칙 제17조) ★★

청원주(제1항)	관할 경찰서장(제2항)	시·도 경찰청장(제3항)
• 청원경찰 명부 • 근무일지 • 근무 상황카드 • 경비구역 배치도 • 순찰표철 • 무기·탄약 출납부 • 무기장비 운영카드 • 봉급지급 조서철 • 신분증명서 발급대장 • 징계 관계철 • 교육훈련 실시부 • 청원경찰 직무교육계획서 • 급여품 및 대여품 대장 • 그 밖에 청원경찰의 운영에 필요한 문서와 장부	• 청원경찰 명부 • 감독 순시부 • 전출입 관계철 • 교육훈련 실시부 • 무기·탄약 대여대장 • 징계요구서철 • 그 밖에 청원경찰의 운영에 필요한 문서와 장부	• 배치결정 관계철 • 청원경찰 임용승인 관계철 • 전출입 관계철 • 그 밖에 청원경찰의 운영에 필요한 문서와 장부

답 ④

72

청원경찰법령상 청원주가 갖추어야 할 문서와 장부가 아닌 것은? 기출 23

① 청원경찰 임용승인 관계철
② 청원경찰 명부
③ 경비구역 배치도
④ 무기·탄약 출납부

해설

청원경찰 임용승인 관계철은 시·도 경찰청장이 갖춰 두어야 할 문서와 장부에 해당한다(청원경찰법 시행규칙 제3항 제2호).

답 ①

73

청원경찰법령상 청원주와 관할 경찰서장이 공통으로 갖춰 두어야 할 문서와 장부로 옳은 것은? 기출 22

① 무기·탄약 출납부
② 교육훈련 실시부
③ 무기장비 운영카드
④ 무기·탄약 대여대장

해설

청원경찰 명부와 교육훈련 실시부가 청원경찰법령상 청원주와 관할 경찰서장이 공통으로 갖춰 두어야 할 문서와 장부에 해당한다(청원경찰법 시행규칙 제17조 제1항·제2항 참조).

답 ②

제5절 보칙(감독 · 권한위임 · 면직 및 퇴직 등)

74

청원경찰법령상 청원경찰의 감독에 관한 설명으로 옳지 않은 것은? 기출 24

① 청원주는 항상 소속 청원경찰의 근무 상황을 감독하여야 한다.
② 청원주는 소속 청원경찰에게 근무 수행에 필요한 교육을 하여야 한다.
③ 관할 경찰서장은 매달 1회 이상 청원경찰을 배치한 경비구역에 대하여 복무규율과 근무 상황을 감독하여야 한다.
④ 2명 이상의 청원경찰을 배치한 사업장의 청원주는 청원경찰의 지휘·감독을 위하여 청원경찰 중에서 경력이 많은 사람을 선정하여 감독자로 지정하여야 한다.

[해설]
④ (×) 2명 이상의 청원경찰을 배치한 사업장의 청원주는 청원경찰의 지휘·감독을 위하여 청원경찰 중에서 유능한 사람을 선정하여 감독자로 지정하여야 한다(청원경찰법 시행규칙 제19조 제1항).
① (○) 청원경찰법 제9조의3 제1항 전단
② (○) 청원경찰법 제9조의3 제1항 후단
③ (○) 청원경찰법 시행령 제17조 제1호

답 ④

75

청원경찰법령상 청원경찰의 감독에 관한 설명으로 옳지 않은 것은? 기출 23

① 청원주는 항상 소속 청원경찰의 근무상황을 감독하고, 근무 수행에 필요한 교육을 하여야 한다.
② 시·도 경찰청장은 청원경찰의 효율적인 운영을 위하여 청원주를 지도하며 감독상 필요한 명령을 할 수 있다.
③ 관할 경찰서장은 매주 1회 이상 청원경찰을 배치한 경비구역에 대하여 복무규율과 근무상황, 무기의 관리 및 취급사항을 감독하여야 한다.
④ 2명 이상의 청원경찰을 배치한 사업장의 청원주는 청원경찰의 지휘·감독을 위하여 청원경찰 중에서 유능한 사람을 선정하여 감독자로 지정하여야 한다.

[해설]
③ (×) 관할 경찰서장은 매달 1회 이상 청원경찰을 배치한 경비구역에 대하여 복무규율과 근무상황, 무기의 관리 및 취급사항을 감독하여야 한다(청원경찰법 시행령 제17조).
① (○) 청원경찰법 제9조의3 제1항
② (○) 청원경찰법 제9조의3 제2항
④ (○) 청원경찰법 시행규칙 제19조 제1항

답 ③

76

청원경찰법령상 청원경찰의 효율적인 운영을 위하여 청원주를 지도하며 감독상 필요한 명령을 할 수 있는 자는? 기출 22

① 경찰서장
② 시·도 경찰청장
③ 지구대장 또는 파출소장
④ 경찰청장

해설

시·도 경찰청장은 청원경찰의 효율적인 운영을 위하여 청원주를 지도하며 감독상 필요한 명령을 할 수 있으며(청원경찰법 제9조의3 제2항), 관할 경찰서장은 청원경찰을 배치하고 있는 사업장이 하나의 경찰서의 관할구역에 있는 경우 청원경찰법 제9조의3 제2항에 따른 청원주에 대한 지도 및 감독상 필요한 명령에 관한 권한을 시·도 경찰청장의 위임을 받아 행사할 수 있다(청원경찰법 시행령 제20조 제3호). 따라서 「청원경찰법령상」 청원경찰의 효율적인 운영을 위하여 청원주를 지도하며 감독상 필요한 명령을 할 수 있는 자는 시·도 경찰청장 또는 관할 경찰서장이다.

답 ①·②

77

매월 1회 이상 청원경찰을 배치한 경비구역에 대하여 복무규율과 근무상황, 무기관리 및 취급사항을 감독하여야 하는 사람은? 기출 04·01·97

① 청원주
② 경비업자
③ 관할 파출소장
④ 관할 경찰서장

해설

관할 경찰서장이 매월 1회 이상 복무규율과 근무상황 등을 감독하여야 한다(청원경찰법 시행령 제17조).

답 ④

78

청원경찰법령의 내용으로 옳은 것은? 기출 19

① 청원주는 항상 소속 청원경찰의 근무상황을 감독하고, 근무 수행에 필요한 교육을 하여야 한다.
② 청원경찰 업무에 종사하는 사람은 「형법」에 따른 벌칙을 적용할 때에도 공무원으로 보지 않는다.
③ 청원경찰(국가기관이나 지방자치단체에 근무하는 청원경찰은 제외)의 직무상 불법행위에 대한 배상책임에 관하여는 「국가배상법」의 규정을 따른다.
④ 청원경찰이 직무를 수행할 때 직권을 남용하여 국민에게 해를 끼친 경우에는 6개월 이하의 금고나 구류에 처한다.

해설

① (○) 청원경찰법 제9조의3 제1항
② (×) 청원경찰 업무에 종사하는 사람은 「형법」이나 그 밖의 법령에 따른 벌칙을 적용할 때에는 공무원으로 본다(청원경찰법 제10조 제2항).
③ (×) 청원경찰(국가기관이나 지방자치단체에 근무하는 청원경찰은 제외한다)의 직무상 불법행위에 대한 배상책임에 관하여는 「민법」의 규정을 따른다(청원경찰법 제10조의2).
④ (×) 청원경찰이 직무를 수행할 때 직권을 남용하여 국민에게 해를 끼친 경우에는 6개월 이하의 징역이나 금고에 처한다(청원경찰법 제10조 제1항).

답 ①

79

청원경찰법령상 감독자 지정기준에 관한 내용으로 옳은 것은? 기출 21

① 근무인원이 10명 이상 29명 이하 : 반장 1명, 조장 1명
② 근무인원이 30명 이상 40명 이하 : 반장 1명, 조장 3~4명
③ 근무인원이 41명 이상 60명 이하 : 대장 1명, 반장 2명, 조장 4~5명
④ 근무인원이 61명 이상 120명 이하 : 대장 1명, 반장 3명, 조장 10명

해설

근무인원이 30명 이상 40명 이하인 경우, 감독자로서 반장 1명, 조장 3~4명이 지정된다.

관계법령 감독자 지정기준(청원경찰법 시행규칙 [별표 4]) ★

근무인원	직급별 지정기준		
	대 장	반 장	조 장
9명까지	-	-	1명
10명 이상 29명 이하	-	1명	2~3명
30명 이상 40명 이하	-	1명	3~4명
41명 이상 60명 이하	1명	2명	6명
61명 이상 120명 이하	1명	4명	12명

답 ②

80

청원경찰법령상 청원경찰에 관한 설명으로 옳지 않은 것은? 기출 23

① 청원경찰이 그 배치지의 특수성 등으로 특수복장을 착용할 필요가 있을 때에는 청원주는 시·도 경찰청장의 승인을 받아 특수복장을 착용하게 할 수 있다.
② 청원주는 배치폐지나 배치인원 감축으로 과원(過員)이 되는 청원경찰 인원을 그 기관·시설 또는 사업장 내의 유사 업무에 종사하게 하거나 다른 시설·사업장 등에 재배치하는 등 청원경찰의 고용이 보장될 수 있도록 노력하여야 한다.
③ 청원경찰이 배치된 사업장이 하나의 경찰서의 관할구역에 있는 경우에는 시·도 경찰청장은 청원주에 대한 지도 및 감독상 필요한 명령의 권한을 관할 경찰서장에게 위임한다.
④ 청원경찰이 직무를 수행할 때 직권을 남용하여 국민에게 해를 끼친 경우에는 1년 이하의 징역이나 금고에 처한다.

[해설]

④ (×) 청원경찰이 직무를 수행할 때 직권을 남용하여 국민에게 해를 끼친 경우에는 <u>6개월 이하의 징역이나 금고에 처한다</u>(청원경찰법 제10조 제1항).
① (○) 청원경찰법 시행령 제14조 제3항
② (○) 청원경찰법 제10조의5 제3항
③ (○) 청원경찰법 시행령 제20조 제3호

답 ④

81

청원경찰법령에 관한 설명으로 옳지 않은 것은? 기출 23

① 청원경찰법은 청원경찰의 직무·임용·배치·보수·사회보장 및 그 밖에 필요한 사항을 규정함으로써 청원경찰의 원활한 운영을 목적으로 한다.
② 청원경찰은 청원주가 경비(經費)를 부담할 것을 조건으로 사업장 등의 경비(警備)를 담당하게 하기 위하여 배치하는 경찰을 말한다.
③ 청원경찰의 직무상 불법행위에 대한 배상책임에 관하여는 「경찰관직무집행법」의 규정을 따른다.
④ 청원경찰은 형의 선고, 징계처분 또는 신체상·정신상의 이상으로 직무를 감당하지 못할 때를 제외하고는 그 의사에 반하여 면직되지 아니한다.

[해설]

③ (×) 청원경찰(국가기관이나 지방자치단체에 근무하는 청원경찰은 제외한다)의 직무상 불법행위에 대한 배상책임에 관하여는 「민법」의 규정을 따른다(청원경찰법 제10조의2).
① (○) 청원경찰법 제1조
② (○) 청원경찰법 제2조
④ (○) 청원경찰법 제10조의4 제1항

답 ③

82

청원경찰법령에 관한 설명으로 옳지 않은 것은? 기출 20

① 청원경찰법은 1962년에 제정되었다.
② 청원경찰법은 청원경찰의 직무·임용·배치·보수·사회보장 및 그 밖의 필요한 사항을 규정함으로써 청원경찰의 원활한 운영을 목적으로 한다.
③ 청원경찰은 파업, 태업 또는 그 밖에 업무의 정상적인 운영을 방해하는 일체의 쟁의행위를 하여서는 아니 된다.
④ 지방자치단체에 근무하는 청원경찰의 직무상 불법행위에 대한 배상책임에 관하여는 「민법」의 규정을 따른다.

해설

④ (×) 청원경찰(국가기관이나 지방자치단체에 근무하는 청원경찰은 제외한다)의 직무상 불법행위에 대한 배상책임에 관하여는 「민법」의 규정에 따른다(청원경찰법 제10조의2). 이 규정에서 제외하고 있는 국가기관이나 지방자치단체에 근무하는 청원경찰의 직무상 불법행위에 대한 배상책임에 관하여는 국가배상법이 적용된다(청원경찰법 제10조의2 반대해석, 국가배상법 제2조, 대판 92다47564).
① (○) 청원경찰법은 1962.4.3. 제정·시행되었다.
② (○) 이 법은 청원경찰의 직무·임용·배치·보수·사회보장 및 그 밖에 필요한 사항을 규정함으로써 청원경찰의 원활한 운영을 목적으로 한다(청원경찰법 제1조).
③ (○) 청원경찰은 파업, 태업 또는 그 밖에 업무의 정상적인 운영을 방해하는 일체의 쟁의행위를 하여서는 아니 된다(청원경찰법 제9조의4).

답 ④

83

청원경찰법령상 청원경찰의 신분 및 직무수행에 관한 설명으로 옳지 않은 것은? 기출 18

① 청원경찰은 파업, 태업 또는 그 밖에 업무의 정상적인 운영을 방해하는 일체의 쟁의행위를 하여서는 아니 된다.
② 국가기관에 근무하는 청원경찰의 직무상 불법행위에 대한 배상책임은 「민법」의 규정을 따른다.
③ 청원경찰은 형의 선고, 징계처분 또는 신체상·정신상의 이상으로 직무를 감당하지 못할 때를 제외하고는 그 의사에 반하여 면직되지 아니한다.
④ 청원경찰의 근무구역 순찰은 단독 또는 복수로 정선순찰을 하되, 청원주가 필요하다고 인정할 때에는 요점순찰 또는 난선순찰을 할 수 있다.

해설

② (×) 청원경찰(국가기관이나 지방자치단체에 근무하는 청원경찰은 제외한다)의 직무상 불법행위에 대한 배상책임에 관하여는 「민법」의 규정을 따른다(청원경찰법 제10조의2). 해당 규정의 반대해석, 국가배상법 제2조 및 대판 92다47564에 의하면, 국가기관이나 지방자치단체에 근무하는 청원경찰의 직무상 불법행위에 대한 배상책임에 관하여는 「국가배상법」의 규정을 따른다. ★
① (○) 청원경찰법 제9조의4
③ (○) 청원경찰법 제10조의4 제1항
④ (○) 청원경찰법 시행규칙 제14조 제3항 후문

답 ②

84

청원경찰법령상 청원경찰의 근무 등에 관한 설명으로 옳지 않은 것은? 기출 17

① 청원경찰은 형법에 따른 벌칙을 적용할 때에는 공무원으로 간주하지 않는다.
② 청원경찰은 근무 중에는 행정안전부령이 정하는 제복을 착용하여야 한다.
③ 청원경찰이 직무수행 시에 직권을 남용하여 국민에게 해를 끼친 경우에는 6개월 이하의 징역이나 금고에 처한다.
④ 시·도 경찰청장은 직무수행에 필요하면 청원주의 신청을 받아 관할 경찰서장으로 하여금 청원경찰에게 무기를 대여하여 지니게 할 수 있다.

해설

① (×) 청원경찰 업무에 종사하는 사람은 「형법」이나 그 밖의 법령에 따른 벌칙을 적용할 때에는 공무원으로 본다(청원경찰법 제10조 제2항).
② (O) 청원경찰법 시행령 제14조 제2항
③ (O) 청원경찰법 제10조 제1항
④ (O) 청원경찰법 제8조 제2항

답 ①

85

청원경찰법령상 배상책임과 권한의 위임에 관한 설명으로 옳은 것은? 기출 17

① 시·도 경찰청장은 청원경찰의 임용승인에 관한 권한을 대통령령으로 관할 경찰서장에게 위임할 수 있다.
② 경비업자가 중요시설의 경비를 도급받았을 때에는 청원주는 그 사업장에 배치된 청원경찰의 근무 배치 및 감독에 관한 권한을 해당 경비업자에게 위임할 수 없다.
③ 공기업에 근무하는 청원경찰의 직무상 불법행위로 인한 배상책임은 국가배상법에 의한다.
④ 국가기관에 근무하는 청원경찰의 직무상 불법행위로 인한 배상책임에 관해서는 민법의 규정에 의한다.

해설

① (O) 청원경찰법 시행령 제20조 제2호
② (×) 「경비업법」에 따른 경비업자가 중요시설의 경비를 도급받았을 때에는 청원주의 그 사업장에 배치된 청원경찰의 근무 배치 및 감독에 관한 권한을 해당경비업자에게 위임할 수 있다(청원경찰법 시행령 제19조 제1항).
③ (×), ④ (×) 청원경찰(국가기관이나 지방자치단체에 근무하는 청원경찰은 제외한다)의 직무상 불법행위에 대한 배상책임에 관하여는 「민법」의 규정에 따른다(청원경찰법 제10조의2). 국가기관이나 지방자치단체에 근무하는 청원경찰의 직무상 불법행위에 관하여는 국가배상법에 의한다(청원경찰법 제10조의2 반대해석, 국가배상법 제2조 및 대판 92다47564). ★

답 ①

86

청원경찰을 배치한 A은행은 서울 서초구 서초동에 소재하고 있다. 이 경우 청원경찰법령상 서울특별시경찰청장이 서초경찰서장에게 위임할 수 있는 권한으로 옳지 않은 것은? 기출 17

① 청원경찰 배치의 결정 및 요청에 관한 권한
② 청원경찰의 임용승인에 관한 권한
③ 청원주에 대한 지도 및 감독상 필요한 명령에 관한 권한
④ 청원경찰의 무기대여 및 휴대에 관한 권한

해설
시·도 경찰청장이 관할을 같이 하는 경찰서장에게 위임할 수 있는 권한에는 ①·②·③과 과태료 부과·징수에 관한 권한이 있다(청원경찰법 시행령 제20조).

답 ④

87

청원경찰법령상 청원경찰을 배치하고 있는 사업장이 하나의 경찰서의 관할구역에 있는 경우, 시·도 경찰청장이 관할 경찰서장에게 위임하는 권한으로 명시되지 않은 것은? 기출 20

① 청원경찰 배치의 결정 및 요청에 관한 권한
② 청원경찰의 임용승인에 관한 권한
③ 무기의 관리 및 취급사항을 감독하는 권한
④ 청원주에 대한 지도 및 감독상 필요한 명령에 관한 권한

해설
무기의 관리 및 취급사항을 감독하는 권한은 청원경찰법령상 관할 경찰관서장의 고유권한에 해당한다(청원경찰법 시행령 제17조 제2호).

관계법령 권한의 위임(청원경찰법 제10조의3)

이 법에 따른 시·도 경찰청장의 권한은 그 일부를 대통령령으로 정하는 바에 따라 관할 경찰서장에게 위임할 수 있다.

권한의 위임(청원경찰법 시행령 제20조)
시·도 경찰청장은 법 제10조의3에 따라 다음 각호의 권한을 관할 경찰서장에게 위임한다. 다만, 청원경찰을 배치하고 있는 사업장이 하나의 경찰서의 관할구역에 있는 경우로 한정한다.
1. 법 제4조 제2항 및 제3항에 따른 청원경찰 배치의 결정 및 요청에 관한 권한
2. 법 제5조 제1항에 따른 청원경찰의 임용승인에 관한 권한
3. 법 제9조의3 제2항에 따른 청원주에 대한 지도 및 감독상 필요한 명령에 관한 권한
4. 법 제12조에 따른 과태료 부과·징수에 관한 권한

답 ③

88

청원경찰법령상 청원경찰의 퇴직에 관한 설명으로 옳지 않은 것은? 기출수정 22

① 임용결격사유에 해당될 때 원칙적으로 당연 퇴직된다.
② 청원경찰의 배치가 폐지되었을 때 당연 퇴직된다.
③ 나이가 60세가 되었을 때 당연 퇴직된다.
④ 국가기관이나 지방자치단체에 근무하는 청원경찰의 명예퇴직에 관하여는 「경찰공무원법」을 준용한다.

[해설]

④ (×) 국가기관이나 지방자치단체에 근무하는 청원경찰의 휴직 및 명예퇴직에 관하여는 「국가공무원법」 제71조부터 제73조까지 및 제74조의2를 준용한다(청원경찰법 제10조의7).
① (○) 청원경찰법 제10조의6 제1호 본문
② (○) 청원경찰법 제10조의6 제2호
③ (○) 청원경찰법 제10조의6 제3호 본문

관계법령 당연 퇴직(청원경찰법 제10조의6)

청원경찰이 다음의 어느 하나에 해당할 때에는 당연 퇴직된다.
1. 제5조 제2항에 따른 임용결격사유에 해당될 때. 다만, 「국가공무원법」 제33조 제2호는 파산선고를 받은 사람으로서 「채무자 회생 및 파산에 관한 법률」에 따라 신청기한 내에 면책신청을 하지 아니하였거나 면책불허가 결정 또는 면책 취소가 확정된 경우만 해당하고, 「국가공무원법」 제33조 제5호는 「형법」 제129조부터 제132조까지, 「성폭력범죄의 처벌 등에 관한 특례법」 제2조, 「아동·청소년의 성보호에 관한 법률」 제2조 제2호 및 직무와 관련하여 「형법」 제355조 또는 제356조에 규정된 죄를 범한 사람으로서 금고 이상의 형의 선고유예를 받은 경우만 해당한다.
2. 제10조의5에 따라 청원경찰의 배치가 폐지되었을 때
3. 나이가 60세가 되었을 때. 다만, 그날이 1월부터 6월 사이에 있으면 6월 30일에, 7월부터 12월 사이에 있으면 12월 31일에 각각 당연 퇴직된다.
[단순위헌, 2017헌가26, 2018.1.25., 청원경찰법(2010.2.4. 법률 제10013호로 개정된 것) 제10조의6 제1호 중 제5조 제2항에 의한 국가공무원법 제33조 제5호(금고 이상의 형의 선고유예를 받은 경우에 그 선고유예 기간 중에 있는 자)에 관한 부분은 헌법에 위반된다.]

답 ④

89

청원경찰법령에 관한 내용이다. ( )에 들어갈 내용이 옳은 것은? 기출 19

> 청원경찰은 형의 선고, 징계처분 또는 신체상·정신상의 이상으로 직무를 감당하지 못할 때를 제외하고는 그 의사에 반하여 ( )되지 아니한다.

① 파 면
② 강 등
③ 면 직
④ 견 책

[해설]
제시된 내용은 청원경찰법 제10조의4(의사에 반한 면직)와 관련된 법규정으로 ( ) 안에는 면직이 들어간다.

답 ③

90

청원경찰법령상 청원경찰의 퇴직과 면직에 관한 설명으로 옳은 것은? 기출 20

① 국가기관이나 지방자치단체에 근무하는 청원경찰의 휴직 및 명예퇴직에 관하여는 「국가공무원법」 관련규정을 준용한다.
② 청원경찰은 65세가 되었을 때 당연 퇴직된다.
③ 청원경찰의 배치폐지는 당연 퇴직사유에 해당하지 않는다.
④ 청원주가 청원경찰을 면직시켰을 때에는 그 사실을 관할 시·도 경찰청장을 거쳐 경찰청장에게 보고하여야 한다.

해설

① (○) 청원경찰법 제10조의7
② (×) 65세가 아닌 60세가 되었을 때가 청원경찰의 당연 퇴직사유에 해당한다(청원경찰법 제10조의6 제3호).
③ (×) 청원경찰의 배치폐지는 당연 퇴직사유에 해당한다(청원경찰법 제10조의6 제2호).
④ (×) 청원주가 청원경찰을 면직시켰을 때에는 그 사실을 관할 경찰서장을 거쳐 시·도 경찰청장에게 보고하여야 한다(청원경찰법 제10조의4 제2항).

관계법령

의사에 반한 면직(청원경찰법 제10조의4)
① 청원경찰은 형의 선고, 징계처분 또는 신체상·정신상의 이상으로 직무를 감당하지 못할 때를 제외하고는 그 의사(意思)에 반하여 면직(免職)되지 아니한다.
② 청원주가 청원경찰을 면직시켰을 때에는 그 사실을 관할 경찰서장을 거쳐 시·도 경찰청장에게 보고하여야 한다.

당연 퇴직(청원경찰법 제10조의6)
청원경찰이 다음의 어느 하나에 해당할 때에는 당연 퇴직된다.
1. 제5조 제2항에 따른 임용결격사유에 해당될 때. 다만 「국가공무원법」 제33조 제2호는 파산선고를 받은 사람으로서 「채무자 회생 및 파산에 관한 법률」에 따라 신청기한 내에 면책신청을 하지 아니하였거나 면책불허가 결정 또는 면책 취소가 확정된 경우만 해당하고, 「국가공무원법」 제33조 제5호는 「형법」 제129조부터 제132조까지, 「성폭력범죄의 처벌 등에 관한 특례법」 제2조, 「아동·청소년의 성보호에 관한 법률」 제2조 제2호 및 직무와 관련하여 「형법」 제355조 또는 제356조에 규정된 죄를 범한 사람으로서 금고 이상의 형의 선고유예를 받은 경우만 해당한다.
2. 제10조의5에 따라 청원경찰의 배치가 폐지되었을 때
3. 나이가 60세가 되었을 때. 다만, 그날이 1월부터 6월 사이에 있으면 6월 30일에, 7월부터 12월 사이에 있으면 12월 31일에 각각 당연 퇴직된다.

[단순위헌, 2017헌가26, 2018.1.25., 청원경찰법(2010.2.4. 법률 제10013호로 개정된 것) 제10조의6 제1호 중 제5조 제2항에 의한 국가공무원법 제33조 제5호(금고 이상의 형의 선고유예를 받은 경우에 그 선고유예 기간 중에 있는 자)에 관한 부분은 헌법에 위반된다.]

휴직 및 명예퇴직(청원경찰법 제10조의7)
국가기관이나 지방자치단체에 근무하는 청원경찰의 휴직 및 명예퇴직에 관하여는 「국가공무원법」 제71조부터 제73조까지 및 제74조의2를 준용한다.

답 ①

91

청원경찰법령상 국가기관이나 지방자치단체에 근무하는 청원경찰 본인의 의사에도 불구하고 휴직을 명하여야 하는 경우가 아닌 것은? 기출 13

① 국외 유학을 하게 된 때
② 신체·정신상의 장애로 장기요양이 필요할 때
③ 병역법에 따른 병역 복무를 마치기 위하여 징집된 때
④ 천재지변 등의 사유로 생사가 불명확하게 된 때

해설

국가기관이나 지방자치단체에 근무하는 청원경찰의 휴직 및 명예퇴직에 관하여는 국가공무원법을 준용한다(청원경찰법 제10조의7). ②·③·④의 경우에는 청원경찰 본인의 의사에도 불구하고 휴직을 명하여야 하는 경우이나, 국외 유학의 경우는 본인이 휴직을 원하면 휴직을 명할 수 있는 경우에 해당한다(국가공무원법 제71조 제1항·제2항).

관계법령 휴직(국가공무원법 제71조)

① 공무원이 다음 각호의 어느 하나에 해당하면 임용권자는 본인의 의사에도 불구하고 휴직을 명하여야 한다.
  1. 신체·정신상의 장애로 장기요양이 필요할 때
  2. 삭제 〈1978.12.5.〉
  3. 「병역법」에 따른 병역 복무를 마치기 위하여 징집 또는 소집된 때
  4. 천재지변이나 전시·사변, 그 밖의 사유로 생사(生死) 또는 소재(所在)가 불명확하게 된 때
  5. 그 밖에 법률의 규정에 따른 의무를 수행하기 위하여 직무를 이탈하게 된 때
  6. 「공무원의 노동조합 설립 및 운영 등에 관한 법률」 제7조에 따라 노동조합 전임자로 종사하게 된 때
② 임용권자는 공무원이 다음 각호의 어느 하나에 해당하는 사유로 휴직을 원하면 휴직을 명할 수 있다. 다만, 제4호의 경우에는 대통령령으로 정하는 특별한 사정이 없으면 휴직을 명하여야 한다. 〈개정 2024.12.31.〉
  1. 국제기구, 외국 기관, 국내외의 대학·연구기관, 다른 국가기관 또는 대통령령으로 정하는 민간기업, 그 밖의 기관에 임시로 채용될 때
  2. 국외 유학을 하게 된 때
  3. 중앙인사관장기관의 장이 지정하는 연구기관이나 교육기관 등에서 연수하게 된 때
  4. 8세 이하 또는 초등학교 2학년 이하의 자녀를 양육하기 위하여 필요하거나 여성공무원이 임신 또는 출산하게 된 때
  5. 조부모, 부모(배우자의 부모를 포함한다), 배우자, 자녀 또는 손자녀를 부양하거나 돌보기 위하여 필요한 경우. 다만, 조부모나 손자녀의 돌봄을 위하여 휴직할 수 있는 경우는 본인 외에 돌볼 사람이 없는 등 대통령령등으로 정하는 요건을 갖춘 경우로 한정한다.
  6. 외국에서 근무·유학 또는 연수하게 되는 배우자를 동반하게 된 때
  7. 대통령령등으로 정하는 기간 동안 재직한 공무원이 직무 관련 연구과제 수행 또는 자기개발을 위하여 학습·연구 등을 하게 된 때
③~⑤ 생략

정답 ①

92

청원경찰법상 청원경찰의 면직 및 퇴직에 관한 설명으로 옳지 않은 것은? 기출 10

① 청원경찰이 품위를 손상하는 행위를 한 때에는 당연히 퇴직된다.
② 청원경찰이 나이가 60세가 되는 날이 8월인 경우 12월 31일에 당연 퇴직된다.
③ 청원주가 청원경찰을 면직시켰을 때에는 그 사실을 관할 경찰서장을 거쳐 시·도 경찰청장에게 보고하여야 한다.
④ 청원경찰은 신체상·정신상의 이상으로 직무를 감당하지 못하는 경우에는 그 의사(意思)에 반하여 면직(免職)될 수 있다.

해설

① (×) 청원주는 청원경찰이 품위를 손상하는 행위를 한 때에는 <u>대통령령으로 정하는 징계절차를 거쳐 징계처분을 하여야 한다</u>(청원경찰법 제5조의2 제1항 제2호). 참고로 청원경찰의 징계의 종류는 파면, 해임, 정직, 감봉 및 견책으로 구분한다(청원경찰법 제5조의2 제2항).
② (〇) 청원경찰법 제10조의6 제3호
③ (〇) 청원경찰법 제10조의4 제2항
④ (〇) 청원경찰법 제10조의4 제1항 반대해석

답 ①

93

청원경찰법령상 청원경찰의 당연 퇴직사유에 해당하는 것은? 기출 07

① 금고 이상의 형의 선고유예를 받은 적이 있는 경우
② 직무상의 의무를 위반하거나 직무를 태만히 한 경우
③ 청원경찰의 배치가 폐지된 경우
④ 청원경찰 임용의 신체조건에 미달되는 사유가 발생한 경우

해설

③ (〇) 청원경찰법 제10조의6 제2호
① (×) 금고 이상의 형의 선고유예를 받은 경우에 그 선고유예 기간 중에 있는 자가 당연 퇴직사유였으나 헌법재판소는 "금고 이상의 형의 선고유예를 받은 경우 사회적 비난가능성이 크거나 직무수행에 대한 국민의 신뢰 등에 미치는 부정적인 영향이 크다고 일률적으로 단정하기 어렵고, 같은 금고 이상의 형의 선고유예를 받은 경우라고 하여도 범죄의 종류, 죄질, 내용이 지극히 다양하다"고 하여 위헌결정으로 금고 이상의 형의 선고유예를 받은 경우를 당연 퇴직사유에서 제외시켰다(헌재결 2018.1.25. 2017헌가26).
② (×) 직무상의 의무를 위반하거나 직무를 태만히 한 경우는 징계사유이다(청원경찰법 제5조의2 제1항 제1호).
④ (×) 청원경찰 임용의 신체조건은 청원경찰의 임용자격이다. 따라서 임용의 신체조건에 미달되는 경우에는 임용결격사유이다. 다만, 청원경찰법 제10조의6 제1호에 따른 임용결격사유가 아니므로 당연 퇴직사유는 아니다.

답 ③

94

청원경찰법상 청원경찰의 신분보장에 관한 설명으로 옳은 것은? 기출 06

① 청원주는 청원경찰을 대체할 목적으로 경비업법에 따른 특수경비원을 배치하는 경우에 청원경찰 배치를 폐지하거나 배치인원을 감축할 수 있다.
② 청원경찰이 배치된 시설이 폐쇄되거나 축소된 경우에도 청원주는 청원경찰의 배치를 폐지하거나 배치인원을 감축할 수 없다.
③ 시·도 경찰청장이 배치를 요청한 사업장에 배치된 청원경찰은 그 배치를 폐지하거나 감축할 수 없다.
④ 국가기관이나 지방자치단체에 근무하는 청원경찰의 휴직 및 명예퇴직에 관하여는 국가공무원법의 관련규정을 준용한다.

해설

④ (○) 국가기관이나 지방자치단체에 근무하는 청원경찰의 휴직 및 명예퇴직에 관하여는 국가공무원법 제71조부터 제73조까지 및 제74조의2를 준용한다(청원경찰법 제10조의7).
① (×), ② (×) 청원주는 청원경찰이 배치된 시설이 폐쇄되거나 축소되어 청원경찰의 배치를 폐지하거나 배치인원을 감축할 필요가 있다고 인정하면 청원경찰의 배치를 폐지하거나 배치인원을 감축할 수 있다. 다만, 청원주는 청원경찰을 대체할 목적으로 경비업법에 따른 특수경비원을 배치하는 경우와 청원경찰이 배치된 기관·시설 또는 사업장 등이 배치인원의 변동사유 없이 다른 곳으로 이전하는 경우에는 청원경찰의 배치를 폐지하거나 배치인원을 감축할 수 없다(청원경찰법 제10조의5 제1항).
③ (×) 청원주가 청원경찰을 폐지하거나 감축하였을 때에는 청원경찰 배치결정을 한 경찰관서의 장에게 알려야 하며, 그 사업장이 시·도 경찰청장이 청원경찰의 배치를 요청한 사업장일 때에는 그 폐지 또는 감축 사유를 구체적으로 밝혀야 한다(청원경찰법 제10조의5 제2항). 시·도 경찰청장이 배치를 요청한 사업장에 배치된 청원경찰도 그 배치를 폐지하거나 감축할 수 있는데, 다만 그 폐지 또는 감축 사유를 구체적으로 밝혀야 한다.★

답 ④

제6절 벌칙과 과태료

95

CHECK ○△×

청원경찰이 파업, 태업 또는 그 밖에 업무의 정상적인 운영을 방해하는 쟁의행위를 했을 때의 벌칙내용으로 맞는 것은? 기출수정 02·01

① 1년 이하의 징역 또는 500만원 이하의 벌금에 처한다.
② 1년 이하의 징역 또는 1,000만원 이하의 벌금에 처한다.
③ 2년 이하의 징역 또는 500만원 이하의 벌금에 처한다.
④ 2년 이하의 징역 또는 1,000만원 이하의 벌금에 처한다.

해설
1년 이하의 징역 또는 1,000만원 이하의 벌금에 처한다(청원경찰법 제11조).

관계법령

벌칙(청원경찰법 제11조)
제9조의4를 위반하여 파업, 태업 또는 그 밖에 업무의 정상적인 운영을 방해하는 쟁의행위를 한 사람은 1년 이하의 징역 또는 1천만원 이하의 벌금에 처한다.

쟁의행위의 금지(청원경찰법 제9조의4)
청원경찰은 파업, 태업 또는 그 밖에 업무의 정상적인 운영을 방해하는 일체의 쟁의행위를 하여서는 아니 된다.

답 ②

96

CHECK ○△×

청원경찰법령상 과태료에 관한 설명으로 옳지 않은 것은?(단, 가중·감경은 고려하지 않음) 기출 24

① 시·도 경찰청장의 배치 결정을 받지 아니하고 청원경찰을 배치한 경우 1,000만원 이하의 과태료가 부과된다.
② 정당한 사유 없이 경찰청장이 고시한 최저부담기준액 이상의 보수를 지급하지 아니한 경우 500만원 이하의 과태료가 부과된다.
③ 감독상 필요한 명령을 정당한 사유 없이 이행하지 아니하였을 경우 500만원 이하의 과태료가 부과된다.
④ 경찰서장은 과태료처분을 하였을 때에는 과태료 부과 및 징수 사항을 과태료 수납부에 기록하고 정리하여야 한다.

해설
① (×) 시·도 경찰청장의 배치 결정을 받지 아니하고 청원경찰을 배치한 경우 500만원 이하의 과태료가 부과된다(청원경찰법 제12조 제1항 제1호 전단).
② (○) 청원경찰법 제12조 제1항 제2호
③ (○) 청원경찰법 제12조 제1항 제3호
④ (○) 청원경찰법 시행규칙 제24조 제3항

답 ①

97

청원경찰법령상 과태료에 관한 설명으로 옳지 않은 것은? 기출 23

① 과태료는 대통령령으로 정하는 바에 따라 시·도 경찰청장이 부과·징수한다.
② 정당한 사유 없이 경찰청장이 고시한 최저부담기준액 이상의 보수를 지급하지 아니한 자에게는 300만원 이하의 과태료를 부과한다.
③ 시·도 경찰청장의 배치결정을 받지 아니하고 청원경찰을 배치하거나 시·도 경찰청장의 승인을 받지 아니하고 청원경찰을 임용한 자에게는 500만원 이하의 과태료를 부과한다.
④ 시·도 경찰청장은 위반행위의 동기, 내용 및 위반의 정도 등을 고려하여 과태료 금액의 100분의 50의 범위에서 그 금액을 줄이거나 늘릴 수 있다.

해설

② (×) 정당한 사유 없이 경찰청장이 고시한 최저부담기준액 이상의 보수를 지급하지 아니한 자에게는 <u>500만원 이하의 과태료를 부과한다</u>(청원경찰법 제12조 제1항 제2호).
① (○) 청원경찰법 제12조 제2항
③ (○) 청원경찰법 제12조 제1항 제1호
④ (○) 청원경찰법 시행령 제21조 제2항 본문

답 ②

98

청원경찰법령상 과태료의 부과기준에서 과태료 금액이 다른 것은? 기출 21

① 시·도 경찰청장의 배치결정을 받지 않고 국가중요시설(국가정보원장이 지정하는 국가보안목표시설을 말한다)에 청원경찰을 배치한 경우
② 시·도 경찰청장의 승인을 받지 않고 임용결격사유에 해당하는 청원경찰을 임용한 경우
③ 시·도 경찰청장의 감독상 필요한 복무규율과 근무상황에 관한 명령을 정당한 사유 없이 이행하지 않은 경우
④ 정당한 사유 없이 경찰청장이 고시한 최저부담기준액 이상의 보수를 지급하지 않은 경우

해설

①·②·④는 500만원의 과태료 부과대상이나(청원경찰법 시행령 [별표 2] 제1호 가목·제2호 가목·제3호), ③은 300만원의 과태료 부과대상이다(청원경찰법 시행령 [별표 2] 제4호 나목).

| 관계법령 | 과태료의 부과기준(청원경찰법 시행령 [별표 2]) ★ |

위반행위	해당 법조문	과태료 금액
1. 법 제4조 제2항에 따른 시·도 경찰청장의 배치결정을 받지 않고 다음 각목의 시설에 청원경찰을 배치한 경우 　가. 국가중요시설(국가정보원장이 지정하는 국가보안목표시설)인 경우 　나. 가목에 따른 국가중요시설 외의 시설인 경우	법 제12조 제1항 제1호	500만원 400만원
2. 법 제5조 제1항에 따른 시·도 경찰청장의 승인을 받지 않고 다음 각목의 청원경찰을 임용한 경우 　가. 법 제5조 제2항에 따른 임용결격사유에 해당하는 청원경찰 　나. 법 제5조 제2항에 따른 임용결격사유에 해당하지 않는 청원경찰	법 제12조 제1항 제1호	500만원 300만원
3. 정당한 사유 없이 법 제6조 제3항에 따라 경찰청장이 고시한 최저부담기준액 이상의 보수를 지급하지 않은 경우	법 제12조 제1항 제2호	500만원
4. 법 제9조의3 제2항에 따른 시·도 경찰청장의 감독상 필요한 다음 각목의 명령을 정당한 사유 없이 이행하지 않은 경우 　가. 총기·실탄 및 분사기에 관한 명령 　나. 가목에 따른 명령 외의 명령	법 제12조 제1항 제3호	500만원 300만원

답 ③

99 CHECK ○△×

청원경찰법령상 벌칙과 과태료에 관한 설명으로 옳지 않은 것은? 기출 19

① 시·도 경찰청장의 승인을 받지 아니하고 청원경찰을 임용한 자에게는 500만원 이하의 과태료를 부과한다.
② 시·도 경찰청장은 위반행위의 동기, 내용 및 위반의 정도 등을 고려하여 대통령령에서 정한 과태료 금액의 100분의 50의 범위에서 그 금액을 줄일 수 있다.
③ 경찰청장은 과태료처분을 하였을 때에는 과태료 부과 및 징수 사항을 과태료 수납부에 기록하고 정리하여야 한다.
④ 파업 등 쟁의행위를 한 청원경찰은 1년 이하의 징역 또는 1천만원 이하의 벌금에 처한다.

해설

③ (×) 경찰서장은 과태료처분을 하였을 때에는 과태료 부과 및 징수 사항을 별지 제9호 서식의 과태료 수납부에 기록하고 정리하여야 한다(청원경찰법 시행규칙 제24조 제3항).
① (○) 청원경찰법 제12조 제1항 제1호
② (○) 청원경찰법 시행령 제21조 제2항 본문
④ (○) 청원경찰법 제11조

답 ③

100

청원경찰법령상 과태료에 관한 설명으로 옳지 않은 것은? 기출 20

① 시·도 경찰청장의 배치결정을 받지 아니하고 청원경찰을 배치한 자에게는 500만원 이하의 과태료를 부과한다.
② 과태료는 대통령령으로 정하는 바에 따라 시·도 경찰청장이 부과·징수한다.
③ 경찰서장은 과태료처분을 하였을 때에는 과태료 부과 및 징수 사항을 과태료 수납부에 기록하고 정리하여야 한다.
④ 경찰서장은 위반행위의 동기, 내용 및 위반의 정도 등을 고려하여 과태료 금액의 3분의 1의 범위에서 그 금액을 줄이거나 늘릴 수 있다.

해설

④ (×) 시·도 경찰청장은 위반행위의 동기, 내용 및 위반의 정도 등을 고려하여 [별표 2]에 따른 과태료 금액의 100분의 50의 범위에서 그 금액을 줄이거나 늘릴 수 있다(청원경찰법 시행령 제21조 제2항 본문).
① (O) 청원경찰법 제12조 제1항 제1호
② (O) 청원경찰법 제12조 제2항
③ (O) 청원경찰법 시행규칙 제24조 제3항

관계법령

과태료(청원경찰법 제12조)
① 다음 각호의 어느 하나에 해당하는 자에게는 500만원 이하의 과태료를 부과한다.
  1. 제4조 제2항에 따른 시·도 경찰청장의 배치결정을 받지 아니하고 청원경찰을 배치하거나 제5조 제1항에 따른 시·도 경찰청장의 승인을 받지 아니하고 청원경찰을 임용한 자
  2. 정당한 사유 없이 제6조 제3항에 따라 경찰청장이 고시한 최저부담기준액 이상의 보수를 지급하지 아니한 자
  3. 제9조의3 제2항에 따른 감독상 필요한 명령을 정당한 사유 없이 이행하지 아니한 자
② 제1항에 따른 과태료는 대통령령으로 정하는 바에 따라 시·도 경찰청장이 부과·징수한다.

> **과태료의 부과기준 등(청원경찰법 시행령 제21조)**
> ① 법 제12조 제1항에 따른 과태료의 부과기준은 [별표 2]와 같다.
> ② 시·도 경찰청장은 위반행위의 동기, 내용 및 위반의 정도 등을 고려하여 [별표 2]에 따른 과태료 금액의 100분의 50의 범위에서 그 금액을 줄이거나 늘릴 수 있다. 다만, 늘리는 경우에는 법 제12조 제1항에 따른 과태료 금액의 상한을 초과할 수 없다.

과태료 부과 고지서 등(청원경찰법 시행규칙 제24조)
① 법 제12조 제1항에 따른 과태료 부과의 사전 통지는 별지 제7호 서식의 과태료 부과 사전 통지서에 따른다.
② 법 제12조 제1항에 따른 과태료의 부과는 별지 제8호 서식의 과태료 부과 고지서에 따른다.
③ 경찰서장은 과태료처분을 하였을 때에는 과태료 부과 및 징수 사항을 별지 제9호 서식의 과태료 수납부에 기록하고 정리하여야 한다.

답 ④

101

청원경찰법령상 과태료 부과기준 금액이 500만원에 해당하지 않는 경우는? 기출 18

① 임용결격사유에 해당하지 않는 청원경찰을 시·도 경찰청장의 승인을 받지 않고 임용한 경우
② 시·도 경찰청장의 배치결정을 받지 않고 국가정보원장이 지정하는 국가보안목표시설에 청원경찰을 배치한 경우
③ 정당한 사유 없이 경찰청장이 고시한 최저부담기준액 이상의 보수를 지급하지 않은 경우
④ 시·도 경찰청장의 감독상 필요한 총기·실탄 및 분사기에 관한 명령을 정당한 사유 없이 이행하지 않은 경우

해설

① (×) 임용결격사유에 해당하지 않는 청원경찰을 시·도 경찰청장의 승인을 받지 않고 임용한 경우, 과태료금액은 300만원이다(청원경찰법 시행령 [별표 2] 제2호 나목).
② (○) 청원경찰법 시행령 [별표 2] 제1호 가목
③ (○) 청원경찰법 시행령 [별표 2] 제3호
④ (○) 청원경찰법 시행령 [별표 2] 제4호 가목

답 ①

102

청원경찰법령상 청원주의 위반행위로 인한 과태료의 부과기준이 500만원에 해당하지 않는 것은? 기출수정 17

① 시·도 경찰청장의 승인을 받지 않고 임용결격사유에 해당하지 않는 사람을 청원경찰에 임용한 경우
② 시·도 경찰청장의 감독상 필요한 분사기에 관한 명령을 정당한 사유 없이 이행하지 않은 경우
③ 정당한 사유 없이 경찰청장이 고시한 최저부담기준액 이상의 보수를 지급하지 않은 경우
④ 시·도 경찰청장의 배치결정을 받지 않고 국가정보원장이 지정하는 국가보안목표시설에 청원경찰을 배치한 경우

해설

① (×) 300만원 - 청원경찰법 시행령 [별표 2] 제2호 나목
② (○) 500만원 - 청원경찰법 시행령 [별표 2] 제4호 가목
③ (○) 500만원 - 청원경찰법 시행령 [별표 2] 제3호
④ (○) 500만원 - 청원경찰법 시행령 [별표 2] 제1호 가목

※ 출제오류로 '모두 정답'처리된 문제이며, 이에 기출문제를 수정하였다.

답 ①

103

청원경찰법령상 다음의 위반행위에 따른 과태료 부과기준으로 옳게 짝지어진 것은?

ㄱ. 시·도 경찰청장의 감독상 필요한 총기·실탄 및 분사기에 관한 명령을 정당한 사유 없이 이행하지 않은 경우
ㄴ. 시·도 경찰청장의 승인을 받지 않고 국가공무원법상 임용결격사유에 해당하는 청원경찰을 임용한 경우

① ㄱ : 300만원, ㄴ : 400만원
② ㄱ : 400만원, ㄴ : 400만원
③ ㄱ : 400만원, ㄴ : 500만원
④ ㄱ : 500만원, ㄴ : 500만원

해설

이 문제는 청원경찰법 제12조로는 해결할 수 없고, 청원경찰법 시행령 [별표 2]에 따라 해결하여야 한다. ㄱ에서 총기·실탄 및 분사기에 관한 명령인 경우에는 500만원의 과태료이고, 그 밖의 명령인 경우에는 300만원의 과태료에 해당한다. ㄴ에서 임용결격사유에 해당하는 청원경찰인 경우에는 500만원의 과태료이고, 임용결격사유에 해당하지 않는 청원경찰인 경우에는 300만원의 과태료에 해당한다.

답 ④

104

청원경찰법상 벌칙 및 과태료에 관한 내용으로 옳지 않은 것은?

① 청원경찰이 직무를 수행할 때 직권을 남용하여 국민에게 해를 끼친 경우 6개월 이하의 징역이나 금고에 처한다.
② 정당한 사유 없이 경찰청장이 고시한 최저부담기준액 이상의 보수를 지급하지 아니한 청원주에게는 500만원 이하의 과태료를 부과한다.
③ 파업, 태업 또는 그 밖에 업무의 정상적인 운영을 방해하는 쟁의행위를 한 자는 1년 이하의 징역 또는 1천만원 이하의 벌금에 처한다.
④ 청원경찰로서 직무에 관하여 거짓으로 보고하거나 통보하는 자에게는 500만원 이하의 과태료를 부과한다.

해설

④ (×)「경찰공무원법」제24조(거짓보고 등 금지의무)를 청원경찰의 의무로서 준용하고는 있으나, 위배 시 이를 처벌하는 벌칙 또는 과태료 처분 규정은 존재하지 않는다. ★
① (○) 청원경찰법 제10조 제1항
② (○) 청원경찰법 시행령 [별표 2] 제3호
③ (○) 청원경찰법 제11조

답 ④

105

청원경찰법령상 벌칙과 과태료에 관한 설명으로 옳은 것은? 기출 22

① 파업, 태업 또는 그 밖에 업무의 정상적인 운영을 방해하는 쟁의행위를 한 청원경찰은 1년 이하의 징역 또는 1천만원 이하의 벌금에 처한다.
② 시·도 경찰청장의 배치결정을 받지 아니하고 청원경찰을 배치하거나 시·도 경찰청장의 승인을 받지 아니하고 청원경찰을 임용한 청원주는 1년 이하의 징역 또는 1천만원 이하의 벌금에 처한다.
③ 정당한 사유 없이 경찰청장이 고시한 최저부담기준액 이상의 보수를 지급하지 아니한 청원주는 1년 이하의 징역 또는 1천만원 이하의 벌금에 처한다.
④ 시·도 경찰청장의 감독상 필요한 명령을 정당한 사유 없이 이행하지 아니한 청원주는 1년 이하의 징역 또는 1천만원 이하의 벌금에 처한다.

해설

① (○) 청원경찰법 제11조
② (×) 500만원 이하의 과태료가 부과된다(청원경찰법 제12조 제1항 제1호).
③ (×) 500만원 이하의 과태료가 부과된다(청원경찰법 제12조 제1항 제2호).
④ (×) 500만원 이하의 과태료가 부과된다(청원경찰법 제12조 제1항 제3호).

관계법령

벌칙(청원경찰법 제11조)
제9조의4를 위반하여 파업, 태업 또는 그 밖에 업무의 정상적인 운영을 방해하는 쟁의행위를 한 사람은 1년 이하의 징역 또는 1천만원 이하의 벌금에 처한다.

과태료(청원경찰법 제12조)
① 다음 각호의 어느 하나에 해당하는 자에게는 500만원 이하의 과태료를 부과한다.
  1. 제4조 제2항에 따른 시·도 경찰청장의 배치결정을 받지 아니하고 청원경찰을 배치하거나 제5조 제1항에 따른 시·도 경찰청장의 승인을 받지 아니하고 청원경찰을 임용한 자
  2. 정당한 사유 없이 제6조 제3항에 따라 경찰청장이 고시한 최저부담기준액 이상의 보수를 지급하지 아니한 자
  3. 제9조의3 제2항에 따른 감독상 필요한 명령을 정당한 사유 없이 이행하지 아니한 자
② 제1항에 따른 과태료는 대통령령으로 정하는 바에 따라 시·도 경찰청장이 부과·징수한다.

답 ①

나에게 나무를 벨 시간 8시간이 주어진다면
그중 6시간은 도끼를 가는 것에 사용하겠다.

– 에이브러햄 링컨 –

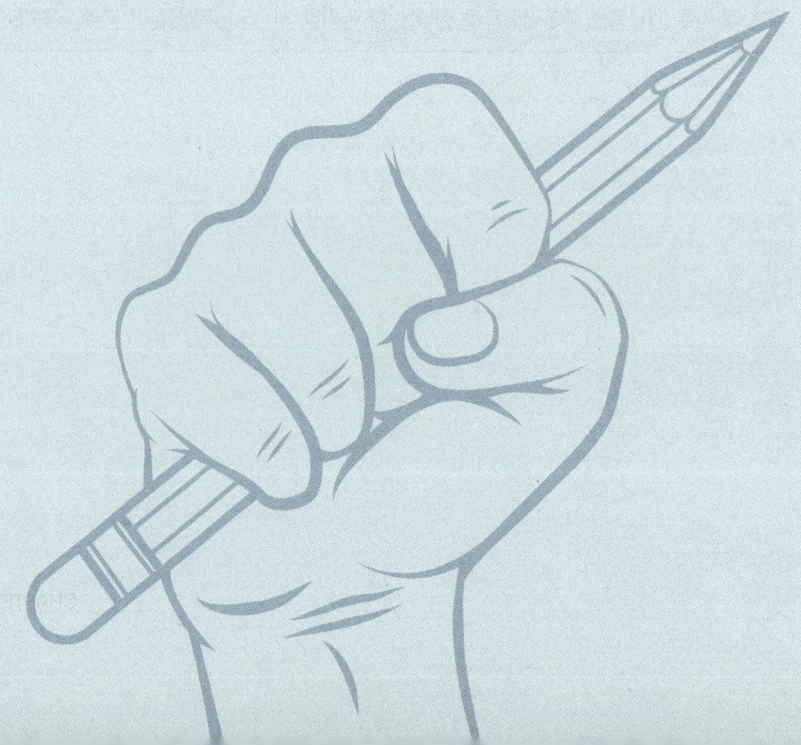

PART 02

경호학

CHAPTER 01 경호학과 경호
CHAPTER 02 경호의 조직
CHAPTER 03 경호업무 수행방법
CHAPTER 04 경호복장과 장비
CHAPTER 05 경호의전과 구급법
CHAPTER 06 경호의 환경

CHAPTER 01 경호학과 경호

제1절 경호의 정의

01 CHECK ☐△✗

경호의 개념에 관한 설명으로 옳은 것은 모두 몇 개인가? 기출 21

- 경호의 본질적·이론적인 입장에서 이해한 것은 실질적 의미의 경호개념이다.
- 경호기관을 기준으로 하여 정립한 개념은 형식적 의미의 경호개념이다.
- 경호대상자의 신변안전을 위하여 사용 가능한 모든 수단과 방법을 동원하는 것은 실질적 의미의 경호개념에 해당한다.

① 없음
② 1개
③ 2개
④ 3개

해설
제시된 내용은 모두 경호의 개념에 관한 설명으로 옳다.

핵심만콕 경호의 개념

형식적 의미의 경호	• 경호관계법규에 규정된 현실적인 경호기관을 기준으로 하여 정립된 개념이다. • 실정법상 경호기관의 권한에 속하는 일체의 경호작용을 의미한다. • 실정법·제도·기관 중심적 관점에서 이해한 것이다. • 「대통령 등의 경호에 관한 법률」에서의 경호는 형식적 의미의 경호개념이다.
실질적 의미의 경호	• 경호 활동의 본질·성질·이론적인 입장에서 이해한 것으로, 학문적인 측면에서 고찰된 개념이다. • 수많은 경호작용 중에서 공통적인 특성을 추상화한 개념이다. • 경호대상자의 절대적 신변안전을 보호하기 위하여 모든 사용 가능한 수단과 방법을 동원한다. • 경호대상자(피경호자)에 대한 신변 위해요인을 사전에 방지 또는 제거하기 위한 제반활동이다. • 경호주체(국가기관, 민간기관, 개인, 단체 불문)가 경호대상자를 보호하는 모든 활동을 말한다. • 모든 위험과 곤경(인위적·자연적 위해)으로부터 경호대상자를 안전하게 보호하기 위한 제반활동이다.

답 ④

02

경호의 정의와 개념을 잘못 말한 자는? 기출 19

- A경호원 : 경호란 경호대상자의 생명과 재산을 보호하기 위하여 신체에 가하여지는 위해를 방지하거나 제거하고, 특정 지역을 경계·순찰 및 방비하는 등의 모든 안전활동을 말해.
- B경호원 : 맞는데, 경호는 보안이 강조되므로 자신의 몸을 최대한 은폐, 엄폐하여 근무하는 습관이 필요해.
- C경호원 : 경호는 경호대상자와 위해행위자 사이의 완충벽이라 볼 수 있어.

① A
② B
③ A, C
④ B, C

해설

제시된 내용 중 경호의 정의와 개념을 잘못 말한 자는 B경호원이다.
- B경호원 (×) : 우발상황 발생 시 경호원 자신의 체위를 최대한 확장·노출시켜 방어공간을 넓힘으로써 경호대상자에 대한 방호효과를 극대화해야 한다.
- A경호원 (○) : 대통령 등의 경호에 관한 법률 제2조 제1호 경호개념으로 호위와 경비가 포함되는 개념이다.
- C경호원 (○) : 경호는 경호대상자와 위해행위자 사이의 완충벽이라 볼 수 있다.

답 ②

03

수업시간에 두 학생에게 경호의 개념에 대해 질문을 하였다. 각 학생이 대답한 경호의 개념은? 기출 18

- A학생 : "대통령 등의 경호에 관한 법률에 의한 대통령경호처가 담당하는 모든 작용이 경호의 개념이라 생각합니다."
- B학생 : "본질적인 입장에서 모든 위해요소로부터 경호대상자를 안전하게 보호하기 위한 제반활동을 말합니다."

① A학생 : 형식적 의미,   B학생 : 형식적 의미
② A학생 : 실질적 의미,   B학생 : 형식적 의미
③ A학생 : 형식적 의미,   B학생 : 실질적 의미
④ A학생 : 실질적 의미,   B학생 : 실질적 의미

해설

A학생은 형식적 의미의 경호에 관한 입장이고, B학생은 실질적 의미의 경호에 관한 입장이다.

답 ③

04

경호의 개념에 관한 설명으로 옳지 않은 것은? 기출 17

① 경호대상자의 생명과 재산을 보호하기 위하여 신체에 가하여지는 위해를 방지하거나 제거하고, 특정 지역을 경계・순찰 및 방비하는 등의 모든 안전활동을 말한다.
② 형식적 의미의 경호개념은 현실적인 경호기관을 기준으로 하여 정립된 개념이다.
③ 실질적 의미의 경호개념은 경호의 본질적・이론적인 입장에서 이해한 것이다.
④ 대통령 등의 경호에 관한 법률에서의 경호는 호위와 경비를 구분하여 새로운 경호개념으로 정의하고 있다.

해설

종전의 대통령경호실법에서는 그 대상에 따른 적용범위 제한의 필요에 의해 경호를 '호위'와 '경비'로 구별하였으나 현재의 대통령 등의 경호에 관한 법률에서는 두 요소 간의 구분을 두지 않는다. 또한 이러한 경호개념은 새로운 것이라기보다 현실적인 경호기관을 기준으로 하여 정립된 개념으로서, 형식적 의미의 경호개념에 속한다. ★★

답 ④

05

대통령 등의 경호에 관한 법률에 명시된 '경호'에 관한 정의이다. ( )에 들어갈 내용으로 옳은 것은? 기출 23

> 경호대상자의 생명과 재산을 보호하기 위하여 신체에 가하여지는 위해를 (ㄱ)하거나 (ㄴ)하고, 특정지역을 경계・순찰 및 방비하는 등의 모든 (ㄷ)활동을 말한다.

① ㄱ : 방어, ㄴ : 차단, ㄷ : 경비
② ㄱ : 방지, ㄴ : 차단, ㄷ : 경호
③ ㄱ : 방지, ㄴ : 제거, ㄷ : 안전
④ ㄱ : 방어, ㄴ : 제거, ㄷ : 경호

해설

제시문의 ( )에 들어갈 내용은 ㄱ : 방지, ㄴ : 제거, ㄷ : 안전이다(대통령 등의 경호에 관한 법률 제2조 제1호).

관계법령 정의(대통령 등의 경호에 관한 법률 제2조)

이 법에서 사용하는 용어의 뜻은 다음과 같다.
1. "경호"란 경호대상자의 생명과 재산을 보호하기 위하여 신체에 가하여지는 위해(危害)를 방지하거나 제거하고, 특정 지역을 경계・순찰 및 방비하는 등의 모든 안전활동을 말한다.
2. "경호구역"이란 소속 공무원과 관계기관의 공무원으로서 경호업무를 지원하는 사람이 경호활동을 할 수 있는 구역을 말한다.
3. "소속 공무원"이란 대통령경호처 직원과 경호처에 파견된 사람을 말한다.
4. "관계기관"이란 경호처가 경호업무를 수행함에 있어 필요한 지원과 협조를 요청하는 국가기관, 지방자치단체 등을 말한다.

답 ③

06

경호의 개념에 관한 설명으로 옳지 않은 것은? 기출 16

① 형식적 의미의 경호는 실정법상 경호기관이 수행하는 일체의 경호작용이다.
② 실질적 의미의 경호는 경호대상자를 여러 가지 위해로부터 보호하는 모든 활동이다.
③ 대통령 등의 경호에 관한 법률에서의 경호는 호위와 경비 중 호위만을 포함하고 있다.
④ 본질적·이론적 입장에서 접근하여 학문적 측면에서 고찰된 개념은 실질적 의미의 경호이다.

해설

대통령 등의 경호에 관한 법률 제2조 제1호는 "경호"란 경호대상자의 생명과 재산을 보호하기 위하여 신체에 가하여지는 위해를 방지하거나 제거하고(호위), 특정 지역을 경계·순찰 및 방비(경비)하는 등의 모든 안전활동을 말한다고 규정하고 있다. 따라서 경호란 경비와 호위가 포함되는 개념이다. ★

답 ③

07

각 경호기관의 경호개념에 관한 설명으로 틀린 것은? 기출 08

① 한국 경찰기관에서의 경호·경비는 정부요인·국내외 주요 인사 등 경호대상자의 신변에 대하여 직·간접으로 가해지려는 위해를 방지하기 위하여 위험요소를 사전에 제거하고 경호대상자의 안전을 도모하는 경찰작용을 말한다.
② 일본 요인경호부대의 경호의 정의는 신변에 위해가 있을 경우 국가공공 안녕질서에 영향을 줄 우려가 있는 자에 대해 신변안전확보를 위한 경찰활동이다.
③ 미국 비밀경호국의 경호의 정의는 실제적이고 주도면밀한 범행의 성공기회를 최소화하는 것이다.
④ 한국 대통령경호처 경호의 정의는 경호대상자의 생명과 재산을 보호하기 위하여 신체에 가해지는 위해를 방지하거나 제거하는 안전활동에 국한한다.

해설

한국 대통령경호처의 경호의 정의는 경호대상자의 생명과 재산을 보호하기 위하여 신체에 가하여지는 위해를 방지하거나 제거하고, 특정 지역을 경계·순찰 및 방비하는 등의 모든 안전활동을 말한다(대통령 등의 경호에 관한 법률 제2조 제1호). ★★

답 ④

제2절 경호 및 경비의 분류

08

경호·경비의 분류에 관한 설명으로 옳은 것은? 기출 23

① 「경비업법」에 의한 경비의 분류에서 특수경비업무는 공경비로 구분된다.
② 경호의 성격에 따른 분류에 따라 1급, 2급, 3급으로 구분할 수 있다.
③ 연도경호는 경호행사의 장소에 의한 분류에 따라 구분할 수 있다.
④ 「경비업법」에 의한 경비의 분류에 드론경비업무가 추가되었다.

[해설]
③ (○) 경호를 장소에 따라 분류하면 행사장경호, 숙소경호, 연도경호로 구분할 수 있다.
① (×) 경비업법령은 공경비가 아닌 사경비의 법원에 해당하므로, 경비업법령상 특수경비업무는 사경비에 해당한다.
② (×) 1급, 2급, 3급은 경호의 수준에 따른 분류이며, 경호의 성격에 따른 분류는 공식경호, 비공식경호, 약식경호이다.
④ (×) 드론경비업무는 현행 경비업법상 경비업무로 규정되어 있지 않다.

답 ③

09

경호·경비의 분류에 관한 설명으로 옳지 않은 것은? 기출 20

① 경호의 대상에 따라 갑(A)호, 을(B)호, 병(C)호 등으로 구분할 수 있다.
② 경호행사의 장소에 의한 분류에 따라 행사장경호, 숙소경호, 연도경호 등으로 구분할 수 있다.
③ 치안경비는 공공의 안녕과 질서를 문란하게 하는 경비사태에 대한 예방·경계·진압하는 작용이다.
④ 경호 수준에 따른 분류에 해당하는 비공식경호는 출·퇴근 시 일상적으로 실시하는 경호이다.

[해설]
비공식경호는 경호의 성격에 의한 분류에 해당하며, 사전 통보나 협의 없이 이루어지는 경호를 의미한다. 출·퇴근 시 일상적으로 실시하는 경호는 약식경호이다.

답 ④

10

경호 및 경비의 분류에 관한 설명으로 옳은 것을 모두 고른 것은? 기출 17

> ㄱ. 2(B)급 경호는 행사준비 등의 시간적 여유 없이 갑자기 결정된 상황에서의 각종 행사와 수상급의 경호대상으로 결정된 국빈행사의 경호이다.
> ㄴ. 약식경호는 의전절차 없이 불시에 행사가 진행되고, 사전 경호조치도 없는 상태에서 최소한의 근접경호만으로 실시하는 경호활동을 말한다.
> ㄷ. 특수경비는 총포류, 도검류, 폭발물에 의한 중요 범죄 등의 사태로부터 발생할 위해를 예방하거나 경계하고 진압함으로써, 국민의 생명과 재산을 보호하고 공공의 안녕과 질서를 유지하는 경비활동이다.

① ㄱ
② ㄱ, ㄴ
③ ㄴ, ㄷ
④ ㄱ, ㄴ, ㄷ

해설

제시된 내용은 모두 경호 및 경비 분류에 관하여 옳은 설명이다. ㄱ은 경호 수준에 의한, ㄴ은 경호 성격에 의한, ㄷ은 경계대상에 의한 분류에 따른 개념이다.

답 ④

11

경호의 분류에 관한 설명으로 옳은 것은? 기출 24

① 비공식경호는 출·퇴근 시 일상적으로 실시하는 경호이다.
② 장소에 따른 경호는 행사장경호, 숙소경호, 도보경호 등으로 분류된다.
③ 경호의 수준에 의한 분류에 따라 공식경호, 비공식경호, 약식경호 등으로 구분된다.
④ 약식경호는 일정한 규칙적인 방식에 의하지 아니하고 실시하는 경호를 말한다.

해설

④ (○) 약식경호(3호·C호)는 일정한 규격적인 방식(의전절차)에 의하지 않고 실시하는 경호이다(예 출·퇴근 시 일상적으로 실시하는 경호).
① (✕) 비공식경호(2호·B호)는 비공식행사 시 사전에 통보나 협의 없이 이루어지는 경호이다(예 공식 경호행사를 마치고 귀가 중 환차코스를 변경하여 예정에 없던 행사장에 방문할 경우에 실시하는 경호).
② (✕) 장소에 따른 경호는 행사장경호, 숙소경호, 연도경호(경호대상자가 이동하는 기동로에 대한 안전조치나 도로상에서 일시적인 행사가 이루어질 경우의 경호활동) 등으로 분류된다. 도보경호는 이동수단에 의한 분류에 해당한다.
③ (✕) 경호의 수준에 따른 경호는 1(A)급 경호, 2(B)급 경호, 3(C)급 경호로 분류된다. 공식경호, 비공식경호, 약식경호는 경호의 성격에 의한 분류에 해당한다.

답 ④

12

경호 및 경비의 분류에 관한 설명으로 옳지 않은 것은? 기출 21

① 약식경호는 의전절차 없이 불시에 행사가 진행되고, 사전 경호조치도 없는 상태에서 최대한의 근접경호만으로 실시하는 경호활동을 말한다.
② 1(A)급 경호는 사전에 노출되어 경호위해가 증대된 상황하의 각종 행사와 대통령 등 국가원수급의 1등급 경호대상으로 결정된 국빈행사의 경호이다.
③ 경호관계자의 사전 통보에 의해 계획·준비되는 경호활동은 경호의 성격에 의한 분류 중에서 공식경호에 해당한다.
④ 장소에 따른 경호는 행사장경호, 숙소경호 등으로 분류되며 연도경호도 이에 해당한다.

해설

약식경호는 의전절차 없이 불시에 행사가 진행되고, 사전 경호조치도 없는 상태에서 최소한의 근접경호만으로 실시하는 경호활동이다.

핵심만콕 경호의 분류(대상·장소·성격·경호 수준)★

대 상	甲(A)호 경호	국왕 및 대통령과 그 가족, 외국의 원수 등
	乙(B)호 경호	수상, 국회의장, 대법원장, 헌법재판소장, 이와 대등한 지위에 있는 외국인사 등
	丙(C)호 경호	경찰청장 또는 경호기관의 장이 필요하다고 인정하는 주요 인사
장 소	행사장경호	행사장은 일반군중과 가까우므로 완벽한 경호가 필요
	숙소경호	체류기간이 길고, 야간경호를 해야 함
	연도경호(노상경호)	연도경호는 세부적으로 교통수단에 의해 분류됨(육로경호·철도경호)
성 격	공식경호(1호·A호)	경호관계자의 사전 통보에 의해 계획·준비되는 공식행사 때에 실시하는 경호
	비공식경호(2호·B호)	경호관계자 간의 사전 통보나 협의절차 없이 이루어지는 비공식행사 때의 경호
	약식경호(3호·C호)	일정한 방식에 의하지 않고 실시하는 경호(출·퇴근 시 일상적으로 실시하는 경우)
경호 수준	1(A)급 경호	행차보안이 사전에 노출되어 경호위해가 증대된 상황하의 각종 행사와 국왕 및 대통령 등 국가원수급의 1등급 경호대상으로 결정된 국빈행사의 경호
	2(B)급 경호	행사 준비 등의 시간적 여유 없이 갑자기 결정된 상황하의 각종 행사와 수상급의 경호대상으로 결정된 국빈행사의 경호
	3(C)급 경호	사전에 행사준비 등 경호조치가 거의 전무한 상황하에서 이루어지는 것으로서 장관급의 경호대상으로 결정된 국빈행사의 경호

〈출처〉 김두현, 「경호학개론」, 엑스퍼트, 2020, P. 57~61

답 ①

13

다음을 경호로 분류할 때 해당하지 않는 것은? 기출 19

> 대한민국을 방문한 K국 대통령의 시장 방문 시 경호 관계기관에서는 주변에 알리지 않고 경호를 하였다. 이때 시장에서 쇼핑 중 위해자에 의한 피습사건이 발생하여 B경호원은 몸을 날려 위해행위를 차단하였고, 동료 경호관들이 대통령을 안전한 곳으로 대피시켰다.

① A급 경호
② 비공식경호
③ 직접경호
④ 약식경호

해설

대한민국을 방문한 K국 대통령(A급 경호)의 시장 방문 시 경호 관계기관에서는 주변에 알리지 않고 경호를 하였다(비공식경호). 이때 시장에서 쇼핑 중 위해자에 의한 피습사건이 발생하여 B경호원은 몸을 날려 위해행위를 차단하였고(직접경호), 동료 경호관들이 대통령을 안전한 곳으로 대피시켰다(방어경호의 원칙).

핵심만콕 직접·간접(활동 형태) 여부에 의한 경호의 분류

직접·간접	직접경호	행사장에 인원과 장비를 배치하여 물적·인적·자연적 위해요소를 배제하기 위한 경호
	간접경호	평상시의 치안 및 대공활동, 국제정세를 포함한 안전대책작용 등의 경호

〈출처〉 김두현, 「경호학개론」, 엑스퍼트, 2020, P. 57~61

답 ④

14

경호의 분류에 관한 설명으로 옳지 않은 것은? 기출 12

① 현충일, 광복절 행사 등 국경일 행사에 참석하는 대통령에 대한 경호 수준은 1(A)급 경호에 해당한다.
② 공식경호행사를 마치고 귀가 중 환차코스를 변경하여 예정에 없던 행사장에 방문할 때의 경호는 비공식경호이다.
③ 행사장 주변에 경호장비 등을 배치하여 인적·물적·자연적 위해요소를 통제하는 활동은 간접경호에 해당된다.
④ 행사준비 등의 시간적 여유 없이 갑자기 결정된 상황하의 경호 수준은 2(B)급 경호라고 할 수 있다.

해설

행사장 주변에 경호장비 등을 배치하여 인적·물적·자연적 위해요소를 통제하는 활동은 직접경호에 해당된다. 간접경호는 평상시의 치안 및 대공활동 등 안전대책작용 등의 경호를 말한다.

답 ③

15

경호의 분류에 관한 설명으로 옳지 않은 것은 모두 몇 개인가? 기출 18

> ㄱ. 직접경호는 평상시에 이루어지는 치안 및 대공활동, 국제정세를 포함한 안전대책작용이다.
> ㄴ. 행사장경호는 경호대상자가 참석하거나 주관하는 행사에서의 경호업무를 말한다.
> ㄷ. 국왕 및 대통령 등 국가원수급의 경호는 1(A)급 경호에 해당된다.
> ㄹ. 숙소경호는 평소 거처하는 관저나 임시로 외지에서 머무는 장소에서의 경호업무를 말한다.
> ㅁ. 약식경호는 일정한 방식에 의하지 않고 출·퇴근과 같이 일상적인 경호업무를 말한다.

① 1개
② 2개
③ 3개
④ 4개

해설

제시된 내용 중 옳은 것은 ㄴ, ㄷ, ㄹ, ㅁ이다.
ㄱ. (×) 직접경호는 행사장 주변에 인원과 장비를 배치하여 인적·물적·자연적 위해요소를 배제하기 위한 경호작용이며, 간접경호는 평상 시의 치안 및 대공활동, 국제정세를 포함한 안전대책작용 등의 경호작용이다. ★

답 ①

16

경호의 분류와 소속이 옳게 연결된 것은? 기출 18

> (ㄱ) 국회의장과 (ㄴ) 헌법재판소장이 공식행사에 참석차 이동 중 (ㄷ) 예정에 없던 고궁에 들러 (ㄹ) 경호원을 대동하여 시민들과 대화를 하였다.

① ㄱ : 갑 호, ㄴ : 갑 호, ㄷ : 공 식, ㄹ : 대통령경호처
② ㄱ : 갑 호, ㄴ : 을 호, ㄷ : 공 식, ㄹ : 경찰청
③ ㄱ : 갑 호, ㄴ : 갑 호, ㄷ : 비공식, ㄹ : 대통령경호처
④ ㄱ : 을 호, ㄴ : 을 호, ㄷ : 비공식, ㄹ : 경찰청

해설

국회의장과 헌법재판소장은 경호대상을 기준으로 분류할 때 乙호 경호이고, 예정에 없던 고궁에 들르는 경우의 경호는 비공식 행사로 사전에 통보나 협의 없이 이루어지는 비공식경호이다. 또한 이 경우의 경호원은 경찰청 소속이다(甲호 : 경호처, 乙호·丙호 : 경찰청).

답 ④

17

경계대상에 의한 경비의 분류 중 총기, 폭발물 등에 의한 인질, 살상 등 사회적 이목을 끄는 중요범죄 등의 사태로부터 발생할 위해를 예방, 경계, 진압하는 경비는? 기출 11

① 재해경비 ② 특수경비
③ 중요시설경비 ④ 치안경비

해설

설문은 특수경비에 관한 내용이다.

> **핵심만콕** 경계대상에 의한 경비의 분류
>
> - 특수경비 : 총포·도검·폭발물 기타 총기류에 의한 인질, 살상 등 사회의 이목을 끄는 중요범죄 등의 사태로부터 발생할 위해를 예방·경계·진압하는 경비작용을 의미한다.★
> - 중요시설경비 : 시설의 재산, 비인가자의 문서에 대한 접근을 방지하고 간첩, 태업, 절도 기타 침해행위에 대하여 예방·경계·진압하는 경비작용을 의미한다.★
> - 치안경비 : 공공의 안녕과 질서를 문란케 하는 경비사태에 대하여 경비부대의 활동으로서 예방·경계·진압하는 경비작용을 의미한다.★
> - 혼잡경비 : 대규모 국가행사, 경기대회 등에서 비조직적인 군중의 혼란에 의하여 발생하는 예측불가능한 사태를 예방·경계·진압하는 경비작용을 의미한다.
> - 재해경비 : 천재·지변, 홍수, 화재, 태풍, 지진 등 재해에 의한 예측불허의 돌발사태로부터 발생할 위해를 예방·경계·진압하는 경비작용을 의미한다.

답 ②

18

경비수단의 원칙 중 '한정된 경비력을 가지고 최대의 효과를 발휘할 수 있도록 상황과 대상에 따라서 유효·적절하게 인력을 배치, 실력 행사를 한다'에 해당되는 것은? 기출 05

① 위치의 원칙 ② 균형의 원칙
③ 안전의 원칙 ④ 시점의 원칙

해설

경비수단의 원칙 중 하나인 균형의 원칙에 관한 설명이다. 균형의 원칙이란 한정된 경비력을 가지고 최대의 효과를 발휘할 수 있도록 대상과 상황에 따라서 유효적절하게 부대를 배치하여 실력행사를 하는 원칙을 말한다.

> **핵심만콕** 경비수단의 원칙
>
> - 위치의 원칙 : 경비사태 발생 시 상대방보다 유리한 지점과 위치를 신속하게 확보, 유지하는 원칙
> - 균형의 원칙 : 상황과 대상에 따라서 유효적절하게 경찰력(부대)를 배치하여 실력행사를 한다는 원칙★
> - 적시성의 원칙 : 상대방의 힘이 가장 허약한 시점을 포착하여 강력한 실력행사를 감행하는 원칙
> - 안전의 원칙 : 경비사태 발생 시 경비병력이나 군중들을 사고 없이 안전하게 진압해야 한다는 원칙★

답 ②

19

다음 중 경비수단에 관한 설명으로 옳지 않은 것은? 기출 02

① 경고와 제지는 경찰관직무집행법에 그 근거를 두고 있다.
② 경비수단이란 신속한 진압, 질서유지를 목적으로 한 실력행사를 말한다.
③ 체포는 형사소송법에 그 근거를 두고 있다.
④ 경고와 제지는 간접적 실력행사이고, 체포는 직접적 실력행사이다.

해설

경비수단은 경비상황 시 신속한 진압과 질서유지를 목적으로 한 실력행사를 말하는 것으로, 물리적 충돌여부에 따라 직접적 실력행사와 간접적 실력행사로 나누어 볼 수 있다. 직접적 실력행사에는 제지와 체포가, 간접적 실력행사에는 경고가 있다.

핵심만콕 경비수단의 종류★

직접적 실력행사		경비사태 발생 시에 상대방에게 물리적인 힘을 가하여 범죄의 실행을 불가능하게 하는 것
	제 지	• 즉시강제 • 경찰관직무집행법 제6조 근거(범죄의 예방과 제지) • 강제해산, 주동자 및 주모자 격리, 해산명령 등
	체 포	형사소송법에 근거
간접적 실력행사		경비부대를 면전에 배치 또는 진출시켜 상대방에게 심리적 압박을 주어 범죄실행의 의사를 포기하도록 하는 것
	경 고	• 관련자에게 주의를 주고, 일정한 행위를 요구하는 임의처분 • 경찰관직무집행법 제5조·제6조에 근거(위험발생의 방지 등) • 일본 판례 "행동에 의한 경고"★

답 ④

20

군중심리의 특성으로 알맞지 않은 것은? 기출 99

① 과장성과 무의식성
② 충동성과 변이성
③ 신중성과 암시성
④ 편협성과 봉건성

해설

군중심리의 특성은 신중성이 아니라 충동성이고, 암시성이 아니라 피암시성이다.

핵심만콕 군중심리의 일반적인 특징

- **경신성과 피암시성** : 군중은 유언비어 등을 쉽게 믿고 사물에 대한 정확한 판단이 어려워져 타인의 암시에 따른 행위를 쉽게 하게 된다.
- **충동성과 변이성** : 군중은 충동적으로 행동하고, 외계의 자극을 행동에 반영한다.
- **감정의 과장성과 무의식성(단순성)** : 감정의 암시에 의해서 급속히 전파되어 상호 간에 동일한 정서를 갖게 되므로 생각이 단순해지고, 감정이 강화·과장되어 나타난다.
- **편협성과 봉건성(전횡성)** : 군중은 스스로 절대적인 힘을 가지고 있다고 생각하여 다른 사람의 반대의견을 허용하지 않는 등 편협성과 전횡성을 가지고 있다.

답 ③

제3절　경호의 법원

21

경호의 성문법원에 해당하는 것을 모두 고른 것은? 기출 24

ㄱ. 헌법
ㄴ. 판례법
ㄷ. 대통령경호안전대책위원회규정
ㄹ. 대통령경호처와 그 소속기관 직제

① ㄱ, ㄴ, ㄷ　　　　　　　　　② ㄱ, ㄴ, ㄹ
③ ㄱ, ㄷ, ㄹ　　　　　　　　　④ ㄴ, ㄷ, ㄹ

[해설]
제시된 내용 중 경호의 성문법원에 해당하는 것은 ㄱ, ㄷ, ㄹ이다.
ㄱ. (○) 가장 기본적인 경호의 법원으로, 한 나라의 법질서에 있어서 최고의 효력을 갖는 성문화된 법규범인 헌법은 국가의 통치조직과 통치작용의 기본원리 및 국민의 기본권을 보장하는 근본 규범이다.
ㄷ. (○) 이 영은 대통령 등의 경호에 관한 법률 제16조에 따른 대통령경호안전대책위원회의 구성 및 운영에 관하여 필요한 사항을 규정함을 목적으로 하고 있다(대통령경호안전대책위원회규정 제1조). 따라서 경호에 관한 성문법원인 대통령령에 해당한다.
ㄹ. (○) 이 영은 대통령경호처와 그 소속기관의 조직과 직무범위, 그 밖에 필요한 사항을 규정함을 목적으로 한다(대통령경호처와 그 소속기관 직제 제1조). 따라서 경호에 관한 성문법원인 대통령령에 해당한다.
ㄴ. (×) 우리나라의 경우 성문법 중심의 대륙법계 법체계를 따르고 있어 판례법의 법원성을 인정하지 않는다.

답 ③

22

경호의 법원(法源)에 관한 설명으로 옳지 않은 것은? 기출 20

① 「대통령경호안전대책위원회규정」은 「경찰관직무집행법」 제16조에 따른 대통령경호안전대책위원회의 구성 및 운영에 관하여 필요한 사항을 규정한다.
② 「대통령 등의 경호에 관한 법률」은 대통령 등에 대한 경호를 효율적으로 수행하기 위하여 경호의 조직·직무범위와 그 밖에 필요한 사항을 규정한다.
③ 「전직대통령 예우에 관한 법률」은 전직대통령의 예우에 관한 사항을 규정한다.
④ 「대통령경호처와 그 소속기관 직제」는 대통령경호처와 그 소속 기관의 조직과 직무범위, 그 밖에 필요한 사항을 규정한다.

해설

① (×) 대통령경호안전대책위원회규정은「대통령 등의 경호에 관한 법률」제16조에 따른 대통령경호안전대책위원회의 구성 및 운영에 관하여 필요한 사항을 규정함을 목적으로 한다(대통령경호안전대책위원회규정 제1조).
② (○) 대통령 등의 경호에 관한 법률 제1조
③ (○) 전직대통령 예우에 관한 법률 제1조
④ (○) 대통령경호처와 그 소속기관 직제 제1조

답 ①

23

경호경비 관련법의 제정 순서대로 옳게 나열한 것은? 기출 18

ㄱ. 청원경찰법
ㄴ. 국민보호와 공공안전을 위한 테러방지법
ㄷ. 경찰관직무집행법
ㄹ. 대통령 등의 경호에 관한 법률

① ㄱ - ㄴ - ㄹ - ㄷ
② ㄱ - ㄷ - ㄴ - ㄹ
③ ㄷ - ㄱ - ㄹ - ㄴ
④ ㄷ - ㄹ - ㄱ - ㄴ

해설

ㄷ. 경찰관직무집행법(1953년 12월 14일) → ㄱ. 청원경찰법(1962년 4월 3일) → ㄹ. 대통령 등의 경호에 관한 법률(1963년 12월 14일 '대통령경호실법' 제정, 2008년 2월 29일 '대통령 등의 경호에 관한 법률'로 명칭 변경) → ㄴ. 국민보호와 공공안전을 위한 테러방지법(2016년)

답 ③

24

대한민국의 경호 관련 법제도에 관한 설명으로 옳지 않은 것은? 기출수정 20

① 대통령경호처장은 대통령이 임명한다.
② 대통령경호처에 기획관리실·경호본부·경비안전본부 및 지원본부를 둔다.
③ 대통령경호안전대책활동에 관하여는 위원회 구성원 전원과 그 구성원이 속하는 기관의 장이 공동으로 책임을 진다.
④ 전직대통령이 벌금 이상의 형이 확정된 경우 '필요한 기간의 경호 및 경비'의 예우를 하지 아니한다.

해설

④ (×) 전직대통령 예우에 관한 법률 제7조 제2항에 따르면 전직대통령이 금고 이상의 형이 확정된 경우에도 필요한 기간의 경호 및 경비는 계속할 수 있다.
① (○) 대통령 등의 경호에 관한 법률 제3조 제1항 전단
② (○) 대통령경호처와 그 소속기관 직제 제5조 제1항
③ (○) 대통령경호안전대책위원회규정 제4조 제1항 전단

> **관계법령** 권리의 정지 및 제외 등(전직대통령 예우에 관한 법률 제7조)
>
> ② 전직대통령이 다음 각호의 어느 하나에 해당하는 경우에는 제6조 제4항 제1호(필요한 기간의 경호 및 경비)에 따른 예우를 제외하고는 이 법에 따른 전직대통령으로서의 예우를 하지 아니한다.
>   1. 재직 중 탄핵결정을 받아 퇴임한 경우
>   2. 금고 이상의 형이 확정된 경우
>   3. 형사처분을 회피할 목적으로 외국정부에 도피처 또는 보호를 요청한 경우
>   4. 대한민국의 국적을 상실한 경우

답 ④

25   CHECK ○△×

경호·경비의 법적 근거에 관한 설명으로 틀린 것은? 기출 08

① 대통령 등의 경호에 관한 법률은 현 대통령과 대통령 당선이 확정된 자 및 그의 가족과 퇴임 후 10년 이내 전직대통령, 대통령경호처가 인정하는 경호대상자 및 대통령경호처의 활동에 관한 규정을 정하고 있다.
② 경찰관직무집행법에는 경찰관은 국민의 생명·신체 및 재산의 보호, 범죄의 예방·진압 및 수사, 경비·주요 인사 경호 및 대간첩·대테러 작전 수행, 공공안녕에 대한 위험의 예방과 대응을 위한 정보의 수집·작성 및 배포, 교통의 단속과 교통 위해의 방지, 외국정부기관 및 국제기구와의 국제협력, 그 밖에 공공의 안녕과 질서유지 등의 직무를 규정하고 있다.
③ 청원경찰법은 청원경찰의 직무·임용·배치·보수·사회보장 기타 필요한 사항을 규정함으로써 청원경찰의 원활한 운영을 기함을 목적으로 한 법률로서 청원경찰은 청원경찰법에 의해서만 업무를 수행할 수 있다.
④ 경비업법에서 경비업은 규정된 업무를 도급받아 행하는 영업으로서, 법인이 아니면 영위할 수 없으며, 경비업자는 경비인력·자본금·시설 및 장비 등을 갖추고 경비업무를 특정하여 주사무소의 소재지를 관할하는 시·도 경찰청장의 허가를 받아야 한다고 규정하고 있다.

해설

③ (×) 청원경찰은 청원경찰법뿐만 아니라 경찰관직무집행법이나 경비업법에 의해서도 업무를 수행할 수 있다. 좋은 예가 청원경찰법 제3조이다.
① (○) 대통령 등의 경호에 관한 법률 제4조
② (○) 경찰관직무집행법 제2조
④ (○) 경비업법 제3조·제4조

> **관계법령** 청원경찰의 직무(청원경찰법 제3조)
>
> 청원경찰은 제4조 제2항에 따라 청원경찰의 배치 결정을 받은 자(이하 "청원주"라 한다)와 배치된 기관·시설 또는 사업장 등의 구역을 관할하는 경찰서장의 감독을 받아 그 경비구역만의 경비를 목적으로 필요한 범위에서 경찰관직무집행법에 따른 경찰관의 직무를 수행한다.★

답 ③

26

다음 중 공경호의 법원이 아닌 것은? 기출 08

① 집회 및 시위에 관한 법률
② 대통령경호안전대책위원회규정
③ SOFA(한미행정협약)
④ 경비업법 시행령

해설

경비업법 시행령은 사경호의 법원에 해당한다.

핵심만콕 경호의 법원(경호의 법적 근거)

구 분	공경호	사경호
헌 법	헌 법	헌 법
법 률	• 대통령 등의 경호에 관한 법률 • 전직대통령 예우에 관한 법률 • 국가경찰과 자치경찰의 조직 및 운영에 관한 법률(약칭 : 경찰법) • 경찰관직무집행법 • 항공안전 및 보안에 관한 법률 • 국민보호와 공공안전을 위한 테러방지법 • 통합방위법 • 집회 및 시위에 관한 법률	• 경비업법 • 청원경찰법 • 민영교도소 등의 설치·운영에 관한 법률
조약 및 국제법규	• 헌법에 의해 체결·공포된 조약 • 일반적으로 승인된 국제법규 및 국제관습법 예 한·미 행정협정(SOFA) 제3조 및 제25조를 근거로 체결된 한국군과 주한미군 간의 대통령경호에 대한 합의각서	-
명령·규칙	• 대통령 등의 경호에 관한 법률 시행령 • 대통령경호안전대책위원회규정 • 대통령경호처와 그 소속기관 직제 • 경호규정 • 대통령경호처 경호지침 • 경호규칙 • 연도경호지침 • 표준경호경비계획 • 기동경호요강	• 경비업법 시행령·시행규칙 • 청원경찰법 시행령·시행규칙 • 경비업체 보안업무규칙

답 ④

제4절 경호의 목적과 원칙

27

경호의 목적에 관한 설명으로 옳지 않은 것은? 기출 10

① 국내외 요인에 대한 완벽한 경호는 국제적인 지위향상과 국위선양에 기여한다.
② 주요 요인과 정치지도자나 사회 저명인사 등의 체면 또는 기품 등을 유지시켜 준다.
③ 안전을 위하여 경호대상자와 환송자·환영자 간에 친화도모를 위한 활동은 배제하여야 한다.
④ 경호대상자에 대한 직접적인 위해를 방지 및 제거함으로써 신변안전을 도모한다.

해설
경호대상자와 환송자·환영자 간에 친화도모를 위한 활동도 경호의 목적에 해당한다.

답 ③

28

경호의 원칙에 관한 설명이다. 〈보기 1〉과 〈보기 2〉의 내용이 옳게 연결된 것은? 기출 24

〈보기 1〉
a. 경호대상자가 대중에게 노출되는 도보이동은 가급적 제한하여 위해를 가할 가능성이 있는 요소로부터 경호대상자를 보호하여야 한다.
b. 경호대상자를 중심으로 근접경호 - 중간경호 - 외곽경호로 나누어 경호업무를 수행한다.
c. 고도의 순간적인 판단력과 치밀한 사전계획이 중요하다.

〈보기 2〉
ㄱ. 목표물 보존의 원칙
ㄴ. 은밀경호의 원칙
ㄷ. 중첩경호의 원칙
ㄹ. 두뇌경호의 원칙

① a - ㄱ, b - ㄴ, c - ㄷ
② a - ㄱ, b - ㄷ, c - ㄹ
③ a - ㄷ, b - ㄱ, c - ㄴ
④ a - ㄹ, b - ㄷ, c - ㄱ

해설
제시된 내용을 바르게 연결한 것은 a - ㄱ, b - ㄷ, c - ㄹ이다.
- a - ㄱ(목표물 보존의 원칙) : 경호대상자를 암살자 또는 위해를 가할 가능성이 있는 자로부터 떼어 놓아야 한다는 원칙으로서 목표물을 안전하게 보존하기 위해서는 행차 코스의 비공개, 행차 장소의 비공개, 대중에게 노출되는 보행 행차의 가급적 제한 등이 요구된다.
- b - ㄷ(중첩경호의 원칙) : 경호대상자가 위치한 지역에서 가장 근거리부터 엄중한 경호를 취하는 순서로 근접경호, 중간경호, 외곽경호로 나누고 그에 따른 요원의 배치와 임무가 부여되는 원칙이다.
- c - ㄹ(두뇌경호의 원칙) : 사전에 치밀한 계획을 세우고 준비를 철저히 하여 위험요소를 제거하는 데 중점을 두며, 경호임무 수행 중 긴급하고 위험한 상황이 발생하였을 때에는 고도의 예리하고 순간적인 판단력이 중요시된다는 원칙이다.

답 ②

29

3중 경호의 원칙에 관한 설명으로 옳지 않은 것은? 기출 21

① 3중 경호의 기본 구조는 경호대상자가 위치한 장소로부터 내부, 외부, 외곽으로 구분하여 경호 행동반경을 거리 개념으로 설명한 것이다.
② 1선은 완벽한 통제가 이루어져야 하며, 경호원의 확인을 거치지 않은 인원의 출입은 금지한다.
③ 2선은 부분적 통제가 실시되지만 경호원의 확인을 거치지 않은 인원 및 물품은 감시의 영역을 벗어나서는 안 된다.
④ 3중의 경호막을 통해 조기경보체제를 확립하여 위해행위에 대비할 수 있다.

해설
3중 경호의 기본 구조는 경호대상자가 위치한 집무실이나 행사장으로부터 내부(근접경호), 내곽(중간경호), 외곽(외곽경호)으로 구분하여 경호 행동반경을 거리 개념으로 설명한 것이다.

핵심만콕 3중 경호의 원칙

경호대상자의 위치를 중심으로 3선 개념에 따라 체계적으로 실시되어야 한다.

1선	내부	안전구역	근접경호원에 의한 완벽한 통제, 권총 등의 유효사거리를 고려한 건물 내부구역
2선	내곽	경비구역	근접경호원 및 경비경찰에 의한 부분적 통제, 소총 등의 유효사거리를 고려한 울타리 내곽 구역
3선	외곽	경계구역	인적·물적·자연적 취약요소에 대한 첩보·경계, 소구경 곡사화기의 유효사거리를 고려한 외곽구역

〈참고〉 이두석, 「경호학개론」, 진영사, 2018, P. 159~161

답 ①

30

다음에서 설명하는 경호의 원칙은? 기출 22

> 경호대상자가 위치한 지역에서 가장 근거리부터 엄중한 경호를 취하는 순서로 근접경호, 중간경호, 외곽경호로 나누고 그에 따른 요원의 배치와 임무가 부여된다.

① 3중 경호의 원칙
② 두뇌경호의 원칙
③ 방어경호의 원칙
④ 은밀경호의 원칙

해설

제시문이 설명하는 경호의 원칙은 3중 경호의 원칙이다.

핵심만콕 경호의 일반원칙과 특별원칙 ★

일반원칙	3중 경호의 원칙	• 경호대상자가 위치한 집무실이나 행사장으로부터 제1선(내부 – 안전구역), 제2선(내곽 – 경비구역), 제3선(외곽 – 경계구역)으로 구분하여 경호의 행동반경을 거리개념으로 논리전개하는 구조 • 경호대상자가 위치한 지역에서 가장 근거리부터 엄중한 경호를 취하는 순서로 근접경호, 중간경호, 외곽경호로 나누고 그에 따른 요원의 배치와 임무가 부여되는 원칙
	두뇌경호의 원칙	사전에 치밀한 계획을 세우고 준비를 철저히 하여 위험요소를 제거하는 데 중점을 두며, 경호임무 수행 중 긴급하고 위험한 상황이 발생하였을 때에는 고도의 예리하고 순간적인 판단력이 중시된다는 원칙
	은밀경호의 원칙	경호요원은 은밀하고 침묵 속에서 행동하며 항상 경호대상자의 신변을 보호할 수 있는 곳에 행동반경을 두고 경호에 임해야 한다는 원칙
	방어경호의 원칙	경호란 공격자의 위해요소를 방어하는 행위이지 공격하는 것이 아니라는 원칙
특별원칙	자기담당구역 책임의 원칙	경호원이 배치된 자기담당구역 내에서 일어나는 사태에 대해서는 자신만이 책임을 지고 해결해야 한다는 원칙
	목표물 보존의 원칙	• 경호대상자를 암살자 또는 위해를 가할 가능성이 있는 자로부터 떼어놓아야 한다는 원칙 • 목표물을 안전하게 보존하기 위해서는 행차 코스의 비공개, 행차 장소의 비공개, 대중에게 노출되는 보행 행차의 가급적 제한 등이 요구됨
	하나의 통제된 지점을 통한 접근의 원칙	• 경호대상자에게 접근할 수 있는 출입구나 통로는 하나만 필요하다는 원칙 • 하나의 통제된 출입구나 통로라 하더라도 접근자는 경호요원에 의하여 인지되고 확인되어야 하며 허가절차를 거쳐 접근토록 해야 함
	자기희생의 원칙	• 경호대상자가 위기에 처했을 때 자기 몸을 희생하여 경호대상자를 보호해야 한다는 원칙 • 경호대상자는 어떠한 상황하에서도 절대적으로 보호되어야 한다는 의미

〈참고〉 김두현, 「경호학개론」, 엑스퍼트, 2020, P. 64~69

답 ①

31

3중 경호에 관한 설명으로 옳은 것은? 기출 20

① 1선은 경비구역으로 소구경 곡사화기의 유효사거리를 고려한 개념이다.
② 2선은 경계구역으로 권총 등의 유효사거리를 고려한 건물 내부구역으로 설정한다.
③ 경호대상자가 위치한 지역에서 경호를 취하는 순서로 근접경호 – 중간경호 – 외곽경호로 나눈다.
④ 위해자가 위치한 곳으로부터 내부 – 내곽 – 외곽으로 구분한다.

해설

3중 경호는 경호대상자가 위치한 지역에서 가장 근거리부터 엄중한 경호를 취하는 순서를 따져 근접경호, 중간경호, 외곽경호로 나누고 그에 따른 요원의 배치와 임무가 부여되어 있는 것이다.

〈출처〉 김두현, 「경호학개론」, 엑스퍼트, 2020, P. 65

답 ③

32

3중 경호의 원리에 관한 설명으로 옳지 않은 것은? 기출 15

① 경호영향권역을 공간적으로 구분한 3중의 경호막을 통해 구역별로 동등한 경호조치로 위해요소에 대한 중첩확인이 이루어진다.
② 세계의 주요 경호기관이 3중 경호의 원리를 적용하고 있으나 적용범위와 방법 등에서는 차이가 존재한다.
③ 안전구역은 완벽한 통제가 이루어져야 하며, 경호원의 확인을 거치지 않은 인원의 출입은 금지한다.
④ 위해행위에 대한 조기경보체제를 확립하고 경호자원과 시간을 효율적으로 활용할 수 있는 여건을 제공한다.

해설

3중 경호는 경호영향권역을 공간적으로 구분하여 해당 구역의 위해요소에 대해 상대적으로 차등화된 경호조치와 중첩된 통제를 통하여 경호의 효율화를 기하고자 하는 경호방책을 말한다.

> **핵심만콕 3중 경호의 원칙**
>
> 경호는 경호대상자의 위치를 중심으로 3선 개념에 따라 3중 경호체계에 의한 효율적인 경호가 실시되어야 한다는 원칙이다. 3중 경호는 국가마다 그 적용범위와 방법 등에서 차이가 존재한다.
> • 1선 : 내부, 안전지역, 근접경호원에 의한 완벽한 통제(비인가자에 대한 절대적 출입통제)
> • 2선 : 내곽, 경비지역, 근접경호원 및 경비경찰에 의한 부분적 통제
> • 3선 : 외곽, 경계지역, 인적·물적·자연적 취약요소에 대한 첩보, 경계
>
> 〈참고〉 김계원, 「경호학」, 백산출판사, 2008, P. 65

답 ①

33

경호의 원칙에 관한 설명으로 옳은 것을 모두 고른 것은? 기출 19

> ㄱ. 경호행사장을 안전구역, 경비구역, 경계구역으로 설정한다.
> ㄴ. 고도의 순간 판단력과 치밀한 사전계획이 중요하다.
> ㄷ. 위해가능성이 있는 것으로부터 경호대상자를 격리시킨다.
> ㄹ. 위해행위 발생 시 방호 및 대피보다 위해자를 공격하여 무력화시키는 것이 우선이다.

① ㄱ, ㄹ
② ㄱ, ㄴ, ㄷ
③ ㄴ, ㄷ, ㄹ
④ ㄱ, ㄴ, ㄷ, ㄹ

해설

제시된 내용 중 옳은 것은 ㄱ, ㄴ, ㄷ이다.
ㄱ. (○) 경호행사장을 안전구역, 경비구역, 경계구역으로 설정한다. - 3중 경호의 원칙에 대한 설명이다.
ㄴ. (○) 고도의 순간 판단력과 치밀한 사전계획이 중요하다. - 두뇌경호의 원칙에 대한 설명이다.
ㄷ. (○) 위해가능성이 있는 것으로부터 경호대상자를 격리시킨다. - 목표물 보존의 원칙에 대한 설명이다.
ㄹ. (×) 위해행위 발생 시 방호 및 대피가 위해자를 공격하여 무력화시키는 것보다 우선이다. - 방어경호의 원칙에 대한 설명이다.

답 ②

34

경호의 행동원칙에 해당하는 것은 몇 개인가? 기출 23

> • 다수의 지점을 통한 접근의 원칙
> • 목표물 보존의 원칙
> • 상황 발생구역 최우선의 원칙
> • S(경고) - E(제압) - C(방어)의 원칙

① 1개
② 2개
③ 3개
④ 4개

해설

제시된 내용 중 경호의 행동원칙에 해당하는 것은 1개(목표물 보존의 원칙)이다. 일반적으로 경호의 행동원칙(특별원칙)에 해당하는 것은 자기담당구역 책임의 원칙, 목표물 보존의 원칙, 하나의 통제된 지점을 통한 접근의 원칙, 자기희생의 원칙이다.

답 ①

35

다음 설명의 경호활동 원칙은? 기출 17

> 경호대상자가 위험한 상황에 처했을 경우에는 경호대상자의 머리를 숙이게 한다든지, 완력으로 안전한 곳으로 인도한다든지 하여 위험을 모면케 하는 경호활동으로 긴급상황 발생 시 경호대상자를 우선 안전한 곳으로 대피시키는 것이 바람직하다.

① 방어경호의 원칙
② 예방경호의 원칙
③ 두뇌경호의 원칙
④ 자기희생의 원칙

해설

경호의 원칙은 일반원칙과 특별원칙으로 구분된다. 그러나 시험에서는 이 두 개념을 구분하지 않고도 출제가 가능하다. "긴급상황 시 경호대상자를 우선 안전한 곳으로 대피시킬 것이 바람직하다"라는 내용을 통해 방어경호의 원칙을 선택할 수 있다.

핵심만콕

- 예방경호의 원칙 : 경호대상자가 행사현장에 도착하기 전에 미리 현장답사를 실시하고 효과적인 경호협조와 경호준비를 하는 것을 말한다.
- 두뇌경호의 원칙 : 경호임무 수행 중 긴급하고 위험한 상황이 발생하였을 때는 고도의 예리하고 순간적인 판단력이 중요하다는 것을 말한다.
- 자기희생의 원칙 : 경호대상자는 어떠한 상황에서도 절대적으로 보호되어야 한다는 것을 말한다. 이를 위해 경호요원은 자신의 몸을 희생하여서라도 경호대상자의 안전을 확보해야 한다.

 ①

36

다음에서 설명하는 경호의 원칙은? 기출 22

> 경호대상자의 행차 코스는 원칙적으로 비공개되어야 하며, 행차 예정 장소도 일반 대중에게 비공개되어야 한다. 더불어 대중에게 노출되는 경호대상자의 보행 행차는 가급적 제한되어야 위해를 가할 가능성이 있는 위험으로부터 경호대상자를 보호할 수 있다.

① 목표물 보존의 원칙
② 자기담당구역 책임의 원칙
③ 하나로 통제된 지점을 통한 접근의 원칙
④ 자기희생의 원칙

해설

제시문이 설명하는 경호의 원칙은 목표물 보존의 원칙이다.

핵심만콕 경호의 특별원칙★

자기담당구역 책임의 원칙	경호원이 배치된 자기담당구역 내에서 일어나는 사태에 대해서는 자신만이 책임을 지고 해결해야 한다는 원칙
목표물 보존의 원칙	• 경호대상자를 암살자 또는 위해를 가할 가능성이 있는 자로부터 떼어놓아야 한다는 원칙 • 목표물을 안전하게 보존하기 위해서는 행차 코스의 비공개, 행차 장소의 비공개, 대중에게 노출되는 보행 행차의 가급적 제한 등이 요구됨
하나의 통제된 지점을 통한 접근의 원칙	• 경호대상자에게 접근할 수 있는 출입구나 통로는 하나만 필요하다는 원칙 • 하나의 통제된 출입구나 통로라 하더라도 접근자는 경호요원에 의하여 인지되고 확인되어야 하며 허가절차를 거쳐 접근토록 해야 함
자기희생의 원칙	• 경호대상자가 위기에 처했을 때 자기 몸을 희생하여 경호대상자를 보호해야 한다는 원칙 • 경호대상자는 어떠한 상황하에서도 절대적으로 보호되어야 한다는 의미

〈참고〉김두현,「경호학개론」, 엑스퍼트, 2020, P. 67~69

답 ①

37

경호의 행동원칙에 관한 설명으로 옳지 않은 것은? 기출 21

① '자기담당구역 책임의 원칙'에 의하면 경호원은 자신의 책임하에서 주어진 임무를 완수하고 담당구역을 지켜야 한다.
② '자기희생의 원칙'은 경호원 자신을 희생해서라도 경호대상자의 신변을 안전하게 보호해야 한다.
③ '하나의 통제된 지점을 통한 접근의 원칙'에 의하면 경호대상자에게 접근할 수 있는 출입구나 통로는 하나만 필요하고, 담당경호원의 허가 절차가 요구되지 않는다.
④ '목표물 보존의 원칙'은 경호대상자를 위해요소로부터 분리하는 것을 말한다.

해설

'하나의 통제된 지점을 통한 접근의 원칙'은 경호대상자와 일반인을 분리하여, 경호대상자에게 접근할 수 있는 출입구나 통로는 하나만 필요하고 여러 개를 두어서 위해요소가 분산되도록 하여서는 안 된다는 원칙으로, 통제된 출입구나 통로라도 접근자는 경호요원에게 확인될 수 있어야 하고, 허가 절차 등을 거쳐 접근이 이루어지도록 해야 한다.

답 ③

38

경호의 활동원칙에 관한 설명으로 옳지 않은 것은? 기출 09

① 우발상황 발생 시 경호대상자를 안전한 곳으로 대피시키고, 공격적 행동보다 방어 위주의 엄호행동이 요구된다.
② 행차코스는 원칙적으로 비공개로 하여야 하고, 행사장소는 가급적 변경하지 않는 것이 효율적이다.
③ 자기담당구역에서 일어나는 사태에 대해서는 자신만이 책임지고 해결해야 한다.
④ 경호요원은 은밀하고 침묵 속에서 행동하고 행동반경을 경호대상자의 신변을 엄호할 수 있는 곳에 한정시킨다.

[해설]
행차코스는 원칙적으로 비공개로 하여야 하고, 행사장소는 가급적 변경하여야 불순분자, 암살기도자에게 테러, 저격, 기타 위해를 준비할 수 있는 기회를 주지 않아 경호대상자의 신변안전을 도모하게 된다.

답 ②

39

자연방벽효과의 원리에 관한 내용이다. ( )에 공통으로 들어갈 내용으로 옳은 것은? 기출 20

- 위해기도자가 고층건물 등에서 공격을 시도할 경우 경호원의 신장 차이가 ( ) 방벽효과에 큰 영향을 미친다.
- 경호원이 경호대상자에 대한 ( ) 방벽효과를 극대화하기 위해서는 항상 바른 자세로 똑바로 서서 몸을 움츠리거나 은폐시켜서는 안 된다.

① 공격적
② 수직적
③ 회피적
④ 함몰적

[해설]
( ) 안에 공통적으로 들어갈 내용은 수직적이다.

핵심만콕 경호의 기본원리 - 자연방벽효과의 원리 ★

수평적 방벽효과	• 근접경호원이 경호대상자와 위해기도자의 중간에 위치하여 위해기도자의 공격을 차단할 때, 근접경호원의 위치에 따라 경호대상자의 보호범위와 위해기도자의 이동거리가 달라지는 효과를 말한다. • 위해기도자의 위치가 고정된 경우, 즉 위해기도자의 위치를 아는 경우 수평적 방벽효과는 근접경호원이 위해기도자와 가까이 위치할수록 증가한다. • 경호대상자의 위치가 고정된 경우 수평적 방벽효과는 근접경호원이 경호대상자와 가까이 위치할수록 증가한다.
수직적 방벽효과	• 위해기도자가 고층건물과 같이 높은 위치에서 공격한다고 가정할 경우, 수직적 방벽효과는 근접경호원이 경호대상자와 가까이 위치할수록 증가한다. • 경호원의 신장의 차이가 수직적 방벽효과에 큰 영향을 미치는 것이다. • 경호원이 경호대상자에 대한 수직적 방벽효과를 극대화하기 위해서는 항상 바른 자세로 똑바로 서서 근무에 임해야 하며, 결코 몸을 움츠리거나 어정쩡한 자세를 취해서는 안 된다.

〈참고〉이두석, 「경호학개론」, 진영사, 2018, P. 162~164

답 ②

40

경호원의 주의력효과와 대응효과에 관한 설명으로 옳지 않은 것은? 기출 24

① 대응력은 경호원이 위해기도에 반응하여 취하는 태도나 행동능력이다.
② 주의력은 경호원이 이상 징후를 포착하기 위하여 기울이는 힘이다.
③ 주의력효과 측면에서는 경호원과 경계대상과의 거리가 멀수록 유리하다.
④ 대응효과 측면에서는 경호원이 경호대상자와의 거리를 좁히는 것이 효과적이다.

해설

③ (×), ④ (○) 주의력효과와 대응효과는 서로 역의 관계이다. 즉, 경호원이 군중(경계대상)과 가까울수록 경호대상자와는 멀어지므로 주의력효과는 증가하나 대응효과는 감소한다. 반대로 경호원이 경호대상자와 가까울수록 군중(경계대상)과는 멀어지므로 대응효과는 증가하나 주의력효과는 감소한다.
① (○) 대응력은 경호원이 위해기도에 반응하여 경호대상자를 보호하고 대피시킬 수 있는 경호능력을 말한다.
② (○) 주의력은 경호원이 군중(경계대상)의 이상 징후를 포착할 수 있는 능력을 말한다.

답 ③

41

경호행사 시 주의력효과와 대응효과에 관한 설명으로 옳지 않은 것은? 기출 19

① 주의력은 위해자를 사전에 색출하기 위한 노력으로 예리한 사주경계가 요구된다.
② 주의력을 높이기 위해서는 경계대상과의 거리를 좁히는 것이 효과적이다.
③ 대응력은 경호대상자를 보호하고 대피시켜 신변을 보호하는 능력으로 경호대상자와의 거리를 넓히는 것이 효과적이다.
④ 주의력효과와 대응효과는 서로 상반된 개념이므로 위치 선정에 유의해야 한다.

해설

경호원의 주의력효과 면에서 군중(경계대상자)과의 거리가 가까울수록 유리하고, 대응효과 면에서 군중과의 거리가 멀수록 유리하다.

〈참고〉 이두석, 「경호학개론」, 진영사, 2018, P. 165

답 ③

42

경호의 기본원리 및 경호기법에 관한 설명으로 옳지 않은 것은? 기출 15

① 위해기도자의 위치가 고정된 경우, 수평적 방벽효과는 경호원이 위해기도자와 가까이 위치할수록 감소한다.
② 위해기도 시 위해기도자와 가장 가까이 위치한 경호원이 위해기도자를 대적한다.
③ 위력경호는 위해기도자의 위해기도 의사를 제압할 수 있는 유형적·무형적 힘을 이용한다.
④ 위해기도 시 경호대상자를 방호해야 하는 경호원은 위해기도자의 공격선상에서 최대한 몸을 크게 벌려 공격을 막는다.

해설

① (×) 위해기도자의 위치가 고정된 경우, 수평적 방벽효과는 경호원이 위해기도자와 가까이 위치할수록 증가한다.
② (○) 위해기도 시 위해기도자와 가장 가까이 위치한 경호원이 위해기도자를 대적한다. → 촉수거리의 원리
③ (○) 위력경호에 관한 설명으로 옳다.
④ (○) 위해기도 시 경호대상자를 방호해야 하는 경호원은 위해기도자의 공격선상에서 최대한 몸을 크게 벌려 공격을 막는다.
 → 체위확장의 원칙

핵심만콕	경호의 노출 정도에 따른 분류
위력경호 (노출경호)	• 위력경호는 위해기도자의 위해기도 의사를 제압할 수 있는 유형적·무형적 힘을 이용하여 경호조치를 취하는 경호방식을 말한다. • 중무장 경호요원의 노출, 다수의 경호원 배치, 과도한 통제, 경호원의 동일 제복 착용 등의 방법을 취한다. • 경호조직의 위용이나 경호원의 위세를 과시하여 위해기도 자체를 사전에 분쇄시키기 위한 방법이다.
비노출경호	• 경호원이나 경호장비의 노출을 최대한 억제하여 거부감 없는 자연스러운 경호를 구현하기 위한 경호방식이다. • 위력경호의 부정적인 역효과를 완화하기 위한 대안이다.

답 ①

43

폭발과 총기공격 발생 시 우발상황 대처에 적용되지 않는 원칙은? 기출 19

① SCE 원칙
② 체위확장의 원칙
③ 촉수거리의 원칙
④ 예방경호의 원칙

해설

④ (×) 예방경호의 원칙은 경호대상자가 행사현장에 도착하기 전에 미리 현장답사를 실시하고 효과적인 경호협조와 경호준비를 하는 원칙으로 우발상황 발생 시 기본원칙에 해당하지는 않는다.
① (○) SCE원칙은 우발상황 발생 시 경호원의 행동절차로서 경고(Sound Off) → 방호(Cover) → 대피(Evacuate) → 계속 임무 수행(Go On) 순으로 진행된다.
② (○) 체위확장의 원칙은 우발상황 발생 시 경호원은 자신의 몸을 엄폐·은폐해서는 안 되고 최대한 확장·노출시켜 경호대상자에 대한 방호효과를 극대화해야 한다는 원칙이다.
③ (○) 촉수거리의 원칙은 위해기도자가 범행시도 시 위해기도자와 가장 가까이에 위치하고 있는 경호원이 대적해야 한다는 원칙이다.

답 ④

제5절 경호의 발달과정과 배경

44
CHECK O △ X

한국 경호제도의 역사적 변천에 관한 설명으로 틀린 것은? 기출 08

① 신라시대의 시위부는 궁성의 숙위와 왕 및 왕실세력 행차 시 호위하는 것이 주된 임무였으며, 시위부 소속의 금군은 모반·반란 등을 평정하고 진압하는 임무를 수행하였다.
② 고려시대의 마별초는 묘청의 난을 계기로 도성의 치안유지를 위하여 좌·우 순금사를 두었으며, 의종 때 내금검이라 하여 숙위를 더욱 강화하였다.
③ 조선시대의 호위청은 인조반정으로 집권한 서인들이 거사에 동원되었던 군사를 해체하지 않고 있다가 계속되는 역모사건을 계기로 왕의 동의를 얻어 설치하였다.
④ 정부수립 이후 경무대경찰서는 1949년 2월 23일 창덕궁경찰서가 폐지되고 경무대경찰서가 신설되면서 종로경찰서 관할인 중앙청 및 경무대 구내가 경무대경찰서의 관할구역이 되었다.

해설
고려시대 마별초는 무신집권기의 최우가 조직한 기병대이다. 고려시대의 내순검군은 묘청의 난을 계기로 도성의 치안유지를 위하여 좌·우 순금사를 두었으며, 의종 때 내금검이라 하여 숙위를 더욱 강화하였다.★★

답 ②

45
CHECK O △ X

조선 후기 정조 때 설치한 경호기관은? 기출 22

① 장용영
② 호위청
③ 내순검군
④ 삼별초

해설
장용영은 조선 후기 정조 17년에 장용위를 크게 확대하여 설치된 경호기관이다.
②는 조선 후기 인조 때 설치한 경호기관이며, ③은 고려 전기에 설치된 경호기관이다. 또한 ④는 고려 무신집권기에 설치된 경호기관이다.

답 ①

46
CHECK O △ X

다음 중 우리나라의 경호기관에서 역사적으로 두 번째로 설치된 것은? 기출 23

① 도 방
② 호위청
③ 시위부
④ 금위영

해설

설치 시기는 "시위부(신라) – 도방(고려 무신집권기) – 호위청(조선 후기, 1623년) – 금위영(조선 후기, 1674년)"이므로 역사적으로 두 번째로 설치된 경호기관은 도방이다.

핵심만콕 우리나라 시대별 경호기관

구 분		경호기관
삼 국	고구려	대모달, 말객
	백 제	5부(部), 5방(坊), 위사좌평(경호처장), 병관좌평(국방부장관)
	신라 (통일신라)	시위부, 9서당, 10정, 금군(시위부 소속)
발 해		왕실과 궁중을 지키는 중앙 군사조직 10위(十衛)[남좌우위, 북좌우위를 각각 하나로 보고 8위제로 보는 견해도 있다], 각 위(衛)마다 대장군과 장군을 두어 통솔 • 좌우맹분위(左右猛賁衛), 좌우웅위(左右熊衛), 좌우비위(左右羆衛) : 궁성의 숙위(宿衛)를 담당 • 남좌우위(南左右衛), 북좌우위(北左右衛) : 각각 남위금병(南衛禁兵)과 북위금병(北衛禁兵)의 역할을 담당(추측)
고 려	전 기	중군, 순군부, 내군부 → 장위부・사위사・위사사, 내순검군, 중추원, 2군 6위
	무신 집권기	• 도방(경대승, 민간경호) → 육번도방(최충헌) → 내외도방(최우) • 교정도감(최충헌 이래 무신정권의 최고 정치기관) • 서방(최우, 공경호), 마별초(최우, 민간경호), 삼별초(최우, 공경호 → 민간경호)
	후 기	순마소, 순군만호부 → 사평순위부, 성중애마
조 선	전 기	• 갑사(왕실의 근위병), 의흥친군위(궁성의 시위와 왕의 시종임무) → 의흥삼군위(의흥삼군부), 10사(궁궐 시위와 성내의 순찰경비를 담당) • 충의위・충순위(특권층의 자제들로 구성된 특수부대로 시위임무를 담당) • 별시위・내금위・내시위(왕의 근위시 임무를 담당하던 친위부대) • 겸사복(주로 왕의 신변보호와 왕궁 호위 및 세자의 호위임무를 수행)
	후 기	• 호위청(인조), 어영군(인조), 어영청(인조) • 금군(효종), 금위영(숙종), 용호영(영조), 숙위소(정조), 장용위・장용영(정조)
한말 (갑오경장)	이 전	• 무위소(고종, 궁궐 수비, 친위군) → 무위영(고종, 친위군) • 친군용호영(왕의 호위부대) • 시위대(신식군대, 궁중시위가 주임무), 친위대(군)(신식군대, 궁궐과 왕의 시위임무를 담당)
	이 후	경위원, 황궁경위국
대한민국 정부수립	이 전	내무총장, 경무국(지방에는 경무사), 경호부
	이 후	• 경무대경찰서(1949) • 청와대 경찰관파견대(1960) • 중앙정보부 경호대(1961) • 대통령경호실(1963) • 대통령실장 소속 경호처(2008, 차관급) • 대통령경호실(2013, 장관급) • 대통령경호처(2017~, 차관급)

〈참고〉김두현,「경호학개론」, 엑스퍼트, 2020, P. 78~118 / 송광호,「패스플러스 경비지도사 2차 경호학」, 에듀피디, 2023, P. 51~57

답 ①

47

우리나라 구한말 경호조직의 변천에 관한 내용이다. 일어난 순서대로 나열된 것은? 기출 24

> ㄱ. 훈련도감·용호영·호위청을 합쳐 무위영을 설립하였다.
> ㄴ. 관제개혁에 의하여 경위원이 황궁경위국으로 개편되었다.
> ㄷ. 훈련대를 폐지하고, 친위대를 경성에 주둔시켜 왕성수위를 전담하게 하였다.

① ㄱ - ㄴ - ㄷ
② ㄱ - ㄷ - ㄴ
③ ㄴ - ㄷ - ㄱ
④ ㄷ - ㄱ - ㄴ

해설

제시된 내용을 일어난 순서대로 나열하면 ㄱ - ㄷ - ㄴ이다.
ㄱ. 무위영(武衛營) : 1881년(고종 18년), 종래 5군영 중 훈련도감·용호영·호위청을 합쳐 무위영을 설립하였다.
ㄷ. 친위대(親衛隊) : 1895년 을미사변 후 김홍집 내각이 훈련대를 폐지하고 친위군과 진위군으로 양분, 친위군은 경성에 주둔시켜 왕성수위를 담당하였으며, 진위군은 지방수비를 담당하였다.
ㄴ. 황궁경위국(皇宮警衛局) : 1905년 경위원이 개편되어 조직된 황궁경위국은 궁궐의 경비, 치안사무를 담당하던 경찰기구이다.

답 ②

48

다음 경호기관 중에서 시대순(과거부터)으로 세 번째에 해당하는 경호기관의 명칭은? 기출 24

① 청와대 경찰관파견대
② 대통령경호처
③ 경무대경찰서
④ 대통령경호실

해설

④ (○) 대통령경호실 : 1963년 제3공화국이 출범하여 12월 14일 대통령경호실법과 같은 해 12월 16일 대통령경호실법 시행령을 각각 제정·공포하고, 박정희 대통령 취임과 동시에 대통령경호실을 출범시켰다. 시대순으로 세 번째에 해당한다.
① (×) 청와대 경찰관파견대 : 1960년 8월 13일 제2공화국이 수립되면서 서울시경 소속으로 청와대 경찰관파견대를 설치하여, 경비과에서 담당하던 대통령 경호 및 대통령관저의 경비를 담당케 하였다. 시대순으로 두 번째에 해당한다.
② (×) 대통령경호처 : 2017년 7월 26일 정부조직법 개정으로 대통령경호실이 재개편되어 현재 차관급 대통령경호처가 되었다. 시대순으로 네 번째에 해당한다.
③ (×) 경무대경찰서 : 1949년 2월 23일 왕궁을 관할하고 있던 창덕궁경찰서가 폐지되고 경무대경찰서가 신설되면서 경찰이 대통령 경호임무를 담당하게 되었다. 시대순으로 첫 번째에 해당한다.

답 ④

49

다음 대한민국 경호역사에서 두 번째로 일어난 것은? 기출 22

① 중앙정보부 경호대가 발족되었다.
② 경무대 경찰서가 신설되었다.
③ 치안본부 소속의 101경비대를 101경비단으로 변경하였다.
④ 대통령경호실을 대통령경호처로 변경하였다.

[해설]

답항의 대한민국의 경호역사를 순서대로 연결하면 ② 경무대 경찰서 신설(1949.2.23.) → ① 중앙정보부 경호대 발족(1961.11.8.) → ③ 치안본부 소속의 101경비대를 101경비단으로 변경(1976.3.29.) → ④ 대통령경호실을 대통령경호처로 변경(2008.2.29.) 순이다.

답 ①

50

대한민국 정부수립 이후 경호기관에 관한 설명으로 옳지 않은 것은? 기출 19

① 경무대경찰서 : 1953년 경찰서 직제를 개정하여 관할구역을 경무대 구내로 제한하여 경호임무 담당
② 청와대 경찰관파견대 : 1960년 3차 개헌을 통해 내각책임제에서 대통령중심제로 바뀌면서 대통령의 경호와 경비 담당
③ 국가재건최고회의 의장경호대 : 1961년 중앙정보부 경호대로 정식 발족하여 최고회의의장 등의 신변보호 임무 수행
④ 대통령경호실 : 1963년 설립되어 대통령과 그 가족, 대통령으로 당선이 확정된 자 및 경호실장이 필요하다고 인정하는 요인에 대한 경호 담당

[해설]

제시된 내용 중 옳지 않은 설명은 ②이다. 청와대 경찰관파견대는 1960년 4·19 혁명으로 제1공화국이 끝나고 3차 개헌을 통해 정부형태가 대통령 중심제에서 내각책임제로 바뀌면서 국무총리의 지위가 크게 강화됨에 따라 대통령 경호를 담당하던 경무대경찰서가 폐지되고 경무대 지역의 경비업무는 서울시 경찰국 경비과에서 담당하게 되었다.

핵심만콕   대한민국 정부수립 이후의 경호기관 ★★

경무대경찰서 (1949)	• 1949년 2월 왕궁을 관할하고 있던 창덕궁경찰서가 폐지되고 경무대경찰서가 신설되면서 경찰이 대통령 경호임무를 담당하게 되었다. 이때, 종로경찰서 관할인 중앙청 및 경무대 구내가 경무대경찰서의 관할구역이 되었다.★ • 1949년 12월 내무부훈령 제25호에 의하여 경호규정이 제정되면서 최초로 경호라는 용어의 사용과 경호업무의 체제가 정비되었다.★ • 경무대경찰서는 신설 당시에는 종로경찰서 관할인 중앙청 및 경무대 구내가 관할구역이었으나, 1953년 3월 30일 경찰서직제의 개정으로 그 관할구역을 경무대 구내로 제한하였다.★
청와대 경찰관파견대 (1960)	• 1960년 4·19 혁명으로 제1공화국이 끝나고 3차 개헌을 통해 정부형태가 대통령 중심제에서 내각책임제로 바뀌면서 국무총리의 지위가 크게 강화됨에 따라 대통령 경호를 담당하던 경무대경찰서가 폐지되고 경무대 지역의 경비업무는 서울시 경찰국 경비과에서 담당하게 되었다.★ • 1960년 6월 제2공화국이 수립되면서 서울시경 소속으로 청와대 경찰관파견대를 설치하여 경비과에서 담당하던 대통령 경호 및 대통령관저의 경비를 담당케 하였다.★
국가재건최고회의 의장경호대 ↓ 중앙정보부 경호대 (1961)	• 1961년 5월 군사혁명위원회가 국가재건최고회의로 발족되면서 국가재건최고회의 의장경호대가 임시로 편성되었다가 중앙정보부에 예속되고, 그 해 9월 중앙정보부 내훈 제2호로 경호규정이 제정 시행되면서 11월 정식으로 중앙정보부 경호대가 발족되었다.★ • 중앙정보부 경호대의 주요 임무는 국가원수, 최고회의의장, 부의장, 내각수반, 국빈의 신변보호, 기타 경호대장이 지명하는 주요 인사의 신변보호 등이었다.
대통령경호실 (1963) ↓ 대통령실장 소속 경호처 (2008, 차관급) ↓ 대통령경호실 (2013, 장관급) ↓ 대통령경호처 (2017~, 차관급)	• 1963년 제3공화국이 출범하여 대통령경호실법을 제정·공포하고 박정희 대통령 취임과 동시에 대통령경호실을 출범시켰다.★ • 1974년 8·15사건을 계기로 '대통령경호경비안전대책위원회'가 설치되고, 청와대 외곽경비가 경찰에서 군(55경비대대)으로 이양되었으며, 22특별경호대와 666특공대가 창설되고, 경호행사 시 3중 경호 원칙이 도입되는 등 조직과 제도가 대폭 보강되었다. • 1981년 '대통령 당선 확정자의 가족의 호위'와 '전직대통령과 그 배우자 및 자녀의 호위'가 임무에 추가되었다.★ • 2004년 대통령 탄핵안이 가결됨에 따라 대통령 권한대행에 대한 경호임무를 추가로 수행하였다.★ • 2008년 2월 29일 '대통령경호실법'은 '대통령 등의 경호에 관한 법률'로 개칭되고 소속도 대통령 직속기관인 대통령경호실에서 대통령실장 소속의 경호처를 두도록 변경되었다. • 2013년 2월 25일 경호처는 다시 대통령비서실과 독립된 대통령경호실로 환원되고, 지위도 장관급으로 격상되었다. • 2017년 7월 26일 정부조직법 개정으로 대통령경호실은 재개편되어 현재 차관급 대통령경호처가 되었다.

정답 ②

CHAPTER 02 경호의 조직

제1절 경호조직의 의의 및 특성과 구성원칙

01
CHECK ☐△✕

경호조직의 특성으로 옳지 않은 것은? 기출 24

① 권력보다는 전문성이 요구되는 조직이다.
② 계층성에 따른 지휘·감독에 의해 목적을 달성한다.
③ 위해기도자에게 경호조직과 경호기법이 노출되지 않아야 한다.
④ 조직구조는 통일된 마름모형으로 구성하여 효율성을 극대화한다.

해설

④ (✕), ② (○) 경호조직은 전체 구조가 통일적인 피라미드형을 구성하면서 그 조직 내 계층을 이루고 지휘·감독 등을 통하여 경호목적을 실현하므로, 경호행사를 직접 담당하는 경호기관의 조직은 다른 부서에 비해 경호집행기관적 성격으로 계층성이 더욱 강조된다.
① (○) 경호조직의 권위는 권력의 힘에 의존하는 데서 탈피하여 경호의 전문성에서 찾아야 한다.
③ (○) 경호를 완전무결하게 수행하기 위해서는 경호조직의 비공개와 경호기법의 비노출 등 보안성을 높이는 폐쇄성의 특성을 가져야 한다.

답 ④

02
CHECK ☐△✕

경호조직의 특성에 관한 설명으로 옳은 것은 모두 몇 개인가? 기출 21

- 경호조직은 기구단위, 권한과 책임 등이 경호업무의 목적 달성을 위해 분화되어야 한다.
- 경호조직의 폐쇄성에는 경호기법의 비노출이 포함된다.
- 경호조직은 과거에 비해 그 기구와 인원 면에서 다변화되고 있다.
- 경호조직은 전문성보다는 권력에 기초를 두어야 한다.

① 1개 ② 2개
③ 3개 ④ 4개

해설

제시된 내용 중 경호조직의 특성에 관한 설명으로 옳은 것은 3개이다. 경호조직은 권력보다는 전문성에 기초를 두어야 한다.

답 ③

03

CHECK ⭕ △ ❌

경호조직의 특성에 관한 설명으로 옳은 것은? 기출 23

① 기동성의 특성을 갖는다.
② 독립된 비협력성의 특성을 갖는다.
③ 폐쇄성보다는 개방성이 더욱 요구된다.
④ 가시적인 경호를 위해 보안성보다는 노출성이 더욱 요구된다.

해설

① (○) 경호조직의 특성에는 기동성, 통합성과 계층성, 폐쇄성(보안성), 전문성 및 대규모성 등이 있다.
② (×) 하나의 경호조직이 단독으로 경호임무 수행에 필요한 모든 정보활동을 수행할 수는 없으므로, 효율적인 경호임무 수행과 조직관리를 위해 경호 유관기관과의 유기적인 협조(협력성)가 필수적이다.
③ (×) 경호조직은 보안성을 높이는 폐쇄성의 특성이 요구된다.
④ (×) 경호를 완전무결하게 수행하기 위해서는 경호조직의 비공개와 경호기법의 비노출 등 보안의 중요성이 강조될 수밖에 없다.

핵심만콕	경호조직의 특성★
기동성	• 교통수단의 발달과 인구집중현상·환경보호, 더 나아가 세계공동체를 향한 외교활동 증대로 고도의 유동성을 띠게 되어 경호조직도 그에 대응하여 높은 기동성을 띤 조직으로 변해가고 있다. • 암살 및 테러의 고도화에 따라 경호장비의 과학화와 이를 지원하기 위한 행정업무의 자동화, 컴퓨터화 등 기동성이 요구되고 있다.
통합성과 계층성	• 경호조직은 전체 구조가 통일적인 피라미드형을 구성하면서 그 조직 내 계층을 이루고 지휘·감독 등을 통하여 경호목적을 실현하므로, 경호행사를 직접 담당하는 경호기관의 조직은 다른 부서에 비해 경호집행기관적 성격으로 계층성이 더욱 강조된다. • 경호조직은 기구단위 및 권한과 책임이 분화되어야 하며, 경호조직 내의 중추세력은 권한의 계층을 통하여 분화된 노력을 상호 조정하고 통제함으로써 경호의 목적을 달성할 수 있다.
폐쇄성 (보안성)	• 경호를 완전무결하게 수행하기 위해서는 경호조직의 비공개와 경호기법의 비노출 등 보안성을 높이는 폐쇄성의 특성을 가져야 한다. • 일반적인 공개주의 원칙에도 불구하고 암살자나 테러집단에 알려지지 않도록 기밀성을 유지한다. • 일반적으로 정부조직은 법령주의와 공개주의 원칙에 따르지만, 경호조직에서는 비밀문서로 관리하거나 배포의 일부제한으로 비공개로 할 수 있다.
전문성	• 테러행위의 수법이 지능화·고도화되고 있으므로 경호조직에 있어서도 기능의 전문화 내지 분화현상이 광범위하게 나타나고 있다. • 경호조직의 권위는 권력의 힘에 의존하는 데서 탈피하여 경호의 전문성에서 찾아야 한다. • 고도로 전문화된 경호전문가의 양성을 통해 경호조직의 권위를 확립하고, 국민의 이해와 협조 속에서 국민과 함께 하는 경호가 요구된다.
대규모성	• 경호조직은 과거에 비해서 그 기구 및 인원 면에서 점차 대규모화·다변화되고 있다. • 과학기술의 진보와 더불어 거대정부의 양상은 경호기능의 간접적인 대규모화의 계기가 되었다.

답 ①

04

경호조직의 특성에 관한 설명으로 옳은 것은? 기출 20

① 기구 및 인원의 측면에서 소규모화되고 있다.
② 전체 구조가 통일적인 피라미드형을 구성하면서 그 속에 서로 상하의 계층을 이루고 지휘·감독 등의 방법에 의해 경호목적을 통일적으로 실현한다.
③ 경호조직의 공개, 경호기법 노출 등 개방성을 가진다.
④ 테러행위의 비전문성, 위해수법의 고도화에 따라 경호조직은 비전문성이 요구된다.

해설
②는 경호조직의 특성 중 통합성과 계층성에 대한 설명으로 옳은 내용이다.

답 ②

05

하나의 경호조직이 단독으로 경호임무 수행에 필요한 모든 정보활동을 수행할 수 없다는 특성과 가장 관련 있는 경호조직의 특성은? 기출 15

① 기동성　　　　　　　　　　② 보안성
③ 통합성　　　　　　　　　　④ 협력성

해설
설문에서 "하나의 경호조직이 단독으로 경호임무 수행에 필요한 모든 정보활동을 수행할 수 없다"는 것은 결국 협력해야 한다는 뜻이다.

답 ④

06

경호조직의 운영에 관한 설명으로 옳은 것은? 기출 19

① 위해수법의 고도화에 따라 현대의 경호조직은 경호의 전문성이 요구된다.
② 다수의 경호원이 운용될 경우에는 다수의 지휘체계를 운영해야 한다.
③ 현대의 경호조직은 과거에 비해 규모가 축소되고 있다.
④ 완벽한 방어 및 대응체계를 구축하기 위해서는 개인단위 작용으로 이루어져야 한다.

해설
① (○) 테러행위의 수법이 지능화·고도화되고 있으므로 경호조직에 있어서도 기능의 전문화 내지 분화현상이 광범위하게 나타나고 있다.
② (×) 다수의 경호원이 운용될 경우에는 지휘 및 통제의 이원화로 인해 파생되는 문제들을 보완하기 위하여 명령과 지휘체계는 반드시 하나의 계통으로 구성해야 한다.
③ (×) 현대의 경호조직은 과거에 비해 규모가 확대되고 있다.
④ (×) 완벽한 방어 및 대응체계를 구축하기 위해서는 경호기관단위 작용으로 이루어져야 한다.

답 ①

07

경호조직의 조직구조와 운영에 관한 설명으로 옳은 것은? 기출 15

① 경호조직은 모든 동원요소가 최상의 기능을 발휘할 수 있도록 수직적 구조가 아닌 수평적 구조를 이루어야 한다.
② 경호조직은 단위조직, 권한과 책임 등이 경호업무의 목적달성에 잘 기여할 수 있도록 통합되어야 한다.
③ 경호조직의 권위는 권력의 힘에 의존하는 데에서 탈피하여 경호의 전문성에서 찾아야 한다.
④ 현대 경호조직은 과거와 비교하여 규모가 축소되고 있다.

[해설]
경호조직의 권위는 권력의 힘에 의존하는 데에서 탈피하여 경호의 전문성에서 찾아야 하고, 경호조치도 강압적이고 권위적인 통제 위주의 경호가 아니라 과학적이고 유연한 합리적 경호에 근거하여야 한다.

답 ③

08

경호조직의 특성과 원칙에 관한 설명으로 옳지 않은 것은? 기출 18

① 경호조직은 경호기법 비노출 등 폐쇄성을 가진다.
② 경호업무의 성격상 기관단위작용으로 이루어진다.
③ 경호조직은 기구단위, 권한과 책임 등이 경호업무의 목적달성에 기여할 수 있도록 통합되어야 한다.
④ 경호조직은 과거와 비교하여 그 기구와 인원 면에서 대규모화되고 있다.

[해설]
경호조직의 특성 중 통합성과 계층성에 따라 경호조직은 기구단위, 권한과 책임 등이 경호업무의 목적달성에 기여할 수 있도록 분화되어야 한다. 그러나 조직 안에 있는 세력중추는 권한의 계층을 통하여 분화된 노력을 조정·통제함으로써 경호의 만전을 기할 수 있도록 통합 활동을 하여야 한다. ★

〈출처〉 김두현, 「경호학개론」, 엑스퍼트, 2020, P. 183

핵심만콕 경호조직의 특성과 구성원칙 ★

경호조직의 특성	경호조직의 구성원칙
• 경호조직의 기동성 • 경호조직의 통합성과 계층성 • 경호조직의 폐쇄성 ↔ 개방성(×) • 경호조직의 전문성 • 경호조직의 대규모성 ↔ 소규모성(×)	• 경호지휘단일성의 원칙 ↔ 경호지휘다양성의 원칙(×) • 경호체계통일성의 원칙 • 경호기관단위작용의 원칙 ↔ 개인단위작용의 원칙(×) • 경호협력성의 원칙

답 ③

09

국민과 함께 하고, 경호에 우호적인 사회환경을 조성해야 한다는 경호조직의 원칙은? 기출 24

① 경호지휘단일성의 원칙
② 경호협력성의 원칙
③ 경호기관단위작용의 원칙
④ 경호체계통일성의 원칙

해설

② (○) 경호협력성의 원칙은 경호조직이 국민 속에 깊이 뿌리를 내려 국민과 결합해야 한다는 원칙으로, 경호조직이 비록 완벽하고 경호요원의 수가 많다고 하더라도 모든 위해요소를 직접 인지할 수 없을 뿐 아니라 모든 사태에 대응하기가 여의치 못하므로 완벽한 경호를 위해서는 국민의 절대적인 협력이 필요하다.
① (×) 경호지휘단일성의 원칙은 지휘 및 통제의 이원화로 인해 파생되는 문제들을 보완하기 위해 명령과 지휘체계는 반드시 하나의 계통으로 구성해야 한다는 원칙이다. 지휘의 단일성은 경호업무가 긴급성을 요한다는 점에서, 그리고 모순·중복·혼란 등을 피해야 한다는 점에서 요구된다.
③ (×) 경호기관단위작용의 원칙은 경호의 업무는 성격상 개인이 아닌 기관단위의 작용으로 기관의 하명에 의해서 이루어진다는 원칙으로, 기관단위의 임무결정은 지휘자만이 할 수 있고 경호의 성패는 지휘자만이 책임을 진다. 경호기관단위가 확립되기 위해서는 관리하기 위한 지휘권, 장비, 보급지원체제가 이루어져 있어야 한다.
④ (×) 경호체계통일성의 원칙은 경호기관 구조의 정점으로부터 말단까지 상하계급 간에 일정한 관계가 형성되어 책임과 업무의 분담이 이루어지고, 명령(命令)과 복종(服從)의 지위와 역할의 체계가 통일되어야 한다는 의미로 일반기업의 책임과 분업원리와 연계되는 경호원칙이다.

답 ②

10

경호조직의 구성원칙 중 아래의 내용과 관계가 있는 원칙은? 기출 18

> 국제행사의 안전한 진행을 위하여 전국적으로 배치된 경비지도사를 통하여 경호정보를 신속하게 수집하였다.

① 경호지휘단일성의 원칙
② 경호체계통일성의 원칙
③ 경호기관단위작용의 원칙
④ 경호협력성의 원칙

해설

경호협력성의 원칙은 경호조직과 국민과의 협력을 의미하며 완벽한 경호를 위해서는 국민의 절대적인 협력이 필요하다는 원칙이다.

답 ④

11

다음에서 설명하는 경호조직의 원칙은? 기출 23

> 경호조직은 명령과 지휘체계가 이원화되지 않아야 하며, 경호업무 자체가 긴급성을 요한다는 점에서 더욱 필요한 원칙이다.

① 경호지휘단일성의 원칙
② 경호체계통일성의 원칙
③ 경호기관단위작용의 원칙
④ 경호협력성의 원칙

해설

제시된 내용은 경호지휘단일성의 원칙에 관한 설명이다.

핵심만콕 경호조직의 (구성)원칙 ★

경호지휘 단일성의 원칙	• 지휘 및 통제의 이원화로 인해 파생되는 문제들을 보완하기 위해 명령과 지휘체계는 반드시 하나의 계통으로 구성해야 한다는 원칙으로, 경호업무가 긴급성을 요한다는 점에서도 요청된다. • 지휘가 단일해야 한다고 하는 것은 경호기관(요원)은 한 사람의 지휘를 받아야 한다는 뜻이다. 한 걸음 더 나아가서 지휘의 단일이란 「하나의 지휘자」라는 의미 외에 하급경호요원은 하나의 상급기관에 대해서만 책임을 진다는 의미가 포함된다.
경호체계 통일성의 원칙	경호기관 구조의 정점으로부터 말단까지 상하계급 간에 일정한 관계가 이루어져 책임과 업무의 분담이 이루어지고, 명령(命令)과 복종(服從)의 지위와 역할의 체계가 통일되어야 한다는 원칙이다.
경호기관 단위작용의 원칙	• 경호의 업무는 성격상 개인적 작용으로 이루어지지 않고 기관단위의 작용으로 기관의 하명에 의해서 이루어진다는 원칙이다. • 기관단위라는 것은 그 경호기관을 지휘하는 지휘자가 있고, 지휘를 받는 하급자가 있으며, 하급자를 관리하기 위한 지휘권과 장비가 편성되며 임무수행을 위한 보급지원체계를 갖추고 있어야 한다는 의미이다. • 기관단위의 관리와 임무의 수행을 위한 결정은 지휘자만이 할 수 있고, 경호의 성패는 지휘자만이 책임을 지는 것이다.
경호협력성의 원칙	경호조직과 국민과의 협력을 의미하며 완벽한 경호를 위해서는 국민의 절대적인 협력이 필요하다는 원칙이다.

〈참고〉 이두석, 「경호학개론」, 2018, P. 114~116 / 김두현, 「경호학개론」, 엑스퍼트, 2020, P. 184~187

답 ①

12

다음에서 설명하는 경호조직의 원칙은? 기출 22

하나의 기관에는 반드시 한 사람의 지휘자만이 있어야 한다. 지휘자가 여러 명이 있을 경우 이들 사이의 의견의 합치는 어렵게 되고 행동도 통일되기가 쉽지 않다. 상급감독자나 하급보조자가 지휘자의 권한을 침해한다면 전체 경호기구는 혼란에 빠지게 되어 경호조직은 마비상태가 될 우려가 있다.

① 경호체계통일성의 원칙
② 경호지휘단일성의 원칙
③ 경호기관단위작용의 원칙
④ 경호협력성의 원칙

해설
제시문은 경호지휘단일성의 원칙에 관한 설명이다.

답 ②

13

다음 중 일반기업의 책임과 분업원리와 연계되는 경호원칙은? 기출 02

① 경호지휘단일성의 원칙
② 경호체계통일성의 원칙
③ 경호협력성의 원칙
④ 경호기관단위의 원칙

해설
최상급계급에서 최하급계급까지 계급 간에는 일정한 관계가 존재함으로써 경호기관은 책임과 분담이 이루어지고 명령과 복종의 지위와 역할에 있어서 체계적으로 통일되어야 하는데 이와 같은 경호원칙을 경호체계통일성의 원칙이라 한다.★

답 ②

| 제2절 | 각국의 경호조직 |

14

CHECK ◯ △ ✕

대통령경호안전대책위원회규정상 다음의 분장책임을 지는 구성원은? 기출 20

- 입수된 경호 관련 첩보 및 정보의 신속한 전파·보고
- 방한 국빈의 국내 행사 지원
- 대통령과 그 가족 및 대통령 당선인과 그 가족 등의 외국방문 행사 지원

① 국토교통부 항공안전정책관
② 외교부 의전기획관
③ 국가정보원 테러정보통합센터장
④ 해양경찰청 경비국장

해설

해당 내용은 모두 외교부 의전기획관의 분장책임에 해당한다(대통령경호안전대책위원회규정 제4조 제2항 제3호).

핵심만콕 각 구성원의 분장책임(대통령경호안전대책위원회규정 제4조 제2항)

2. 국가정보원 테러정보통합센터장	• 입수된 경호 관련 첩보 및 정보의 신속한 전파·보고 • 위해요인의 제거 • 정보 및 보안대상기관에 대한 조정 • 행사참관 해외동포 입국자에 대한 동향파악 및 보안조치 • 그 밖에 국내·외 경호행사의 지원
3. 외교부 의전기획관	• 입수된 경호 관련 첩보 및 정보의 신속한 전파·보고 • 방한 국빈의 국내 행사 지원 • 대통령과 그 가족 및 대통령 당선인과 그 가족 등의 외국방문 행사 지원 • 다자간 국제행사의 외교의전 시 경호와 관련된 협조 • 그 밖에 국내·외 경호행사의 지원
8. 국토교통부 항공안전정책관	• 입수된 경호 관련 첩보 및 정보의 신속한 전파·보고 • 민간항공기의 행사장 상공비행 관련 업무 지원 및 협조 • 육로 및 철로와 공중기동수단 관련 업무 지원 및 협조 • 그 밖에 국내·외 경호행사의 지원
12. 해양경찰청 경비국장	• 입수된 경호 관련 첩보 및 정보의 신속한 전파·보고 • 해상에서의 경호·테러예방 및 안전조치 • 그 밖에 국내·외 경호행사의 지원

답 ②

15

대통령 등의 경호에 관한 법령상 대통령경호안전대책위원회에 관한 설명으로 옳지 않은 것은?

① 대통령경호처의 경호대상에 대한 경호업무를 수행할 때에는 관계기관의 책임을 명확하게 하고, 협조를 원활하게 하기 위하여 비서실에 대통령경호안전대책위원회를 둔다.
② 대통령경호안전대책위원회는 위원장과 부위원장 각 1명을 포함한 20명 이내의 위원으로 구성한다.
③ 위원장은 처장이 되고, 부위원장은 차장이 되며, 위원은 대통령령으로 정하는 관계기관의 공무원이 된다.
④ 대통령경호안전대책위원회는 대통령 경호와 관련된 첩보·정보의 교환 및 분석업무를 관장한다.

해설
① (×) 경호처에 대통령경호안전대책위원회를 둔다(대통령 등의 경호에 관한 법률 제16조 제1항).★
② (○) 대통령 등의 경호에 관한 법률 제16조 제2항
③ (○) 대통령 등의 경호에 관한 법률 제16조 제3항
④ (○) 대통령 등의 경호에 관한 법률 제16조 제4항 제2호

관계법령 대통령경호안전대책위원회(대통령 등의 경호에 관한 법률 제16조)

① 제4조 제1항 각호의 경호대상에 대한 경호업무를 수행할 때에는 관계기관의 책임을 명확하게 하고, 협조를 원활하게 하기 위하여 경호처에 대통령경호안전대책위원회(이하 "위원회"라 한다)를 둔다.★★
② 위원회는 위원장과 부위원장 각 1명을 포함한 20명 이내의 위원으로 구성한다.★
③ 위원장은 처장이 되고, 부위원장은 차장이 되며, 위원은 대통령령으로 정하는 관계기관의 공무원이 된다.★
④ 위원회는 다음 각호의 사항을 관장한다.★
 1. 대통령 경호에 필요한 안전대책과 관련된 업무의 협의
 2. 대통령 경호와 관련된 첩보·정보의 교환 및 분석
 3. 그 밖에 제4조 제1항 각호의 경호대상에 대한 경호에 필요하다고 인정되는 업무
⑤ 위원회의 구성 및 운영에 필요한 사항은 대통령령으로 정한다.

답 ①

16

대통령경호안전대책위원회의 구성원별 분장책임으로 옳은 것을 모두 고른 것은? 기출수정 14

> ㄱ. 법무부 출입국·외국인정책본부장 – 행사참관 해외동포 입국자에 대한 동향파악 및 보안조치
> ㄴ. 국토교통부 항공안전정책관 – 육로 및 철로와 공중기동수단 관련 업무 지원 및 협조
> ㄷ. 식품의약품안전처 식품안전정책국장 – 식음료 관련 영업장 종사자에 대한 위생교육
> ㄹ. 대검찰청 공공수사정책관 – 위해가능인물의 관리 및 자료수집
> ㅁ. 경찰청 경비국장 – 경호유관시설에 대한 보안지원활동

① ㄱ, ㄴ, ㄷ
② ㄱ, ㄷ, ㅁ
③ ㄴ, ㄷ, ㄹ
④ ㄴ, ㄹ, ㅁ

[해설]
제시된 내용 중 옳은 것은 ㄴ, ㄷ, ㄹ이다.
ㄱ. (×) 행사참관 해외동포 입국자에 대한 동향파악 및 보안조치 – 국가정보원 테러정보통합센터장
ㅁ. (×) 경호유관시설에 대한 보안지원활동 – 국군방첩사령부 소속 장성급 장교 또는 2급 이상의 군무원 중 위원장이 지명하는 1명

답 ③

17

대통령경호안전대책위원회 위원 중 대검찰청 공공수사정책관의 임무가 아닌 것은? 기출수정 12

① 입수된 경호 관련 첩보 및 정보의 신속한 전파·보고
② 위해음모 발견 시 수사지휘 총괄
③ 국제테러범죄 조직과 연계된 위해사범의 방해책동 사전차단
④ 위해가능인물에 대한 동향파악

[해설]
위해가능인물에 대한 동향파악은 경찰청 경비국장의 업무이고, 위해가능인물의 관리 및 자료수집이 대검찰청 공공수사정책관의 임무이다.

답 ④

18

각국 경호기관에 관한 설명으로 옳은 것은? 기출 23

① 미국 - 비밀경호국의 경호대상은 부통령과 그 직계가족도 포함된다.
② 프랑스 - 대통령 경호를 담당하는 기관은 경찰청 경호안전과이다.
③ 독일 - 경찰국 요인경호과의 경호대상은 대통령과 수상을 포함한다.
④ 일본 - 황궁경찰본부의 경호대상은 내각총리 및 대신의 경호를 포함한다.

해설

① (○) 비밀경호국(SS)의 경호대상에는 부통령 및 부통령 당선자와 그 직계가족이 포함된다.
② (×) 프랑스의 경우 대통령 경호를 담당하는 기관은 내무부 산하 국립경찰청 소속의 요인경호국(SPHP, 구 V·O)이다.
③ (×) 독일의 경우 연방범죄수사국(BKA) 경호안전과에서 대통령과 수상의 경호를 담당한다.
④ (×) 일본의 경우 내각총리대신(수상) 및 국무대신의 경호는 황궁경찰본부의 경호대상이 아니다. '황궁경찰본부'는 경찰청의 부속기관으로서 황궁 내에 위치하며, 천황·황후 및 황태자 기타 황족의 호위, 황궁 및 어소(御所)의 경비, 기타 황궁경찰에 관한 사무를 관장한다. 반면 '경찰청 경비국 공안 제2과'에서 내각총리대신(수상) 및 요인경호에 대한 지휘감독·조정, 연락협조, 안전대책작용 등을 관장하고, '동경도 경시청 공안부 공안 제3과(경호과)'에서 요인경호대(SP : Security Police)로서 내각총리대신(수상) 및 국무대신 등의 실질적인 경호업무(구체적인 경호계획의 수립 및 근접경호)를 수행한다.

답 ①

19

각국의 경호조직으로 옳은 것은? 기출 21

A : 비밀경호국(SS)
B : 연방범죄수사국(BKA)
C : 공화국경비대(GSPR)

① A : 미 국, B : 독 일, C : 프랑스
② A : 미 국, B : 프랑스, C : 독 일
③ A : 독 일, B : 미 국, C : 프랑스
④ A : 프랑스, B : 미 국, C : 독 일

해설

비밀경호국(SS)은 미국, 연방범죄수사국(BKA)은 독일, 공화국경비대(GSPR)는 프랑스의 경호조직이다.

답 ①

20

국가 – 경호기관 – 경호대상자의 연결이 옳지 않은 것은? 기출 19

① 대한민국 – 대통령경호처 – 대통령과 국무총리 및 그 가족
② 미국 – 비밀경호국 – 대통령과 부통령 및 그 가족
③ 영국 – 수도경찰청 – 왕과 수상
④ 독일 – 연방범죄수사청 – 대통령과 수상

해설

대통령경호처의 경호대상에 국무총리는 포함되지 않는다(대통령 등의 경호에 관한 법률 제4조 제1항).

답 ①

21

각국의 경호 유관기관에 관한 설명으로 옳지 않은 것은? 기출 17

① 미국 중앙정보국(CIA) : 국제 테러조직, 적성국 동향에 대한 첩보 수집, 분석 전파, 외국 국빈방문에 따른 국내 각급 정보기관 조정을 통한 경호정보 제공
② 영국 보안국(SS) : 외무성 소속으로 MI6으로 불리기도 하며, 국외경호 관련 정보의 수집·분석·처리 업무 담당
③ 독일 국방보안국(MAD) : 국방성 산하 정보기관으로 군 관련 첩보 및 경호 관련 첩보 제공 임무 수행
④ 프랑스 해외안전총국(DGSE) : 국방성 소속으로 해외 정보 수집 및 분석 업무 수행

해설

영국 비밀정보부(SIS)에 대한 설명이다. 영국 보안국(SS)은 내무성 소속으로 MI5로 불리기도 하며, 국내경호 관련 정보의 수집·분석·처리 업무를 담당한다. ★★

답 ②

제3절 경호의 주체와 객체

22

대통령 등의 경호에 관한 법률상 다음(ㄱ~ㄷ)에 해당하는 숫자의 합은? 기출 23

> ㄱ. 대통령경호처 차장의 인원 수
> ㄴ. 5급 이상 경호공무원의 정년연령
> ㄷ. 대통령경호안전대책위원회에서 위원장과 부위원장을 포함하여 최대 가능한 위원의 수

① 76 ② 77
③ 78 ④ 79

해설

제시된 내용에 해당하는 숫자의 합은 79이다[ㄱ(1) + ㄴ(58) + ㄷ(20) = 79].
ㄱ. 대통령경호처에 차장 1명을 둔다(대통령 등의 경호에 관한 법률 제3조 제2항).
ㄴ. 5급 이상 경호공무원의 정년연령은 58세이다(대통령 등의 경호에 관한 법률 제11조 제1항 제1호 가목).
ㄷ. 대통령경호안전대책위원회는 위원장과 부위원장 각 1명을 포함한 20명 이내의 위원으로 구성한다(대통령 등의 경호에 관한 법률 제16조 제2항).

답 ④

23

우리나라 경호에 관한 설명으로 옳지 않은 것은? 기출 22

① 소방청 119구조구급국장은 대통령경호안전대책위원회의 위원이다.
② 대통령경호처장은 대통령이 임명하고, 경호처의 업무를 총괄하며 소속 공무원을 지휘·감독한다.
③ 대통령 당선인은 경호의 대상이지만 대통령 당선인의 가족은 경호대상이 아니다.
④ 경호의 성문법원에는 헌법, 법률, 조약, 명령을 들 수 있다.

해설

③ (×) 대통령 당선인과 그 가족은 모두 대통령경호처의 경호대상이다(대통령 등의 경호에 관한 법률 제4조 제1항 제2호).
① (○) 대통령경호안전대책위원회규정 제2조
② (○) 대통령 등의 경호에 관한 법률 제3조 제1항
④ (○) 경호의 성문법원에는 헌법, 법률, 조약 및 국제법규, 명령·규칙 등이 있다.

답 ③

24

대통령 등의 경호에 관한 법령상 밑줄 친 기구의 구성원을 모두 고른 것은?

<u>경호·안전 대책기구</u>의 장은 다자간 정상회의의 경호 및 안전관리를 위하여 필요하면 관계기관의 장과 협의하여 「통합방위법」 제2조 제13호에 따른 국가중요시설과 불특정 다수인이 이용하는 시설에 대한 안전관리를 위하여 필요한 인력을 배치하고 장비를 운용할 수 있다.

ㄱ. 대통령경호처장
ㄴ. 소속공무원
ㄷ. 관계기관의 공무원

① ㄱ
② ㄱ, ㄴ
③ ㄴ, ㄷ
④ ㄱ, ㄴ, ㄷ

해설

제시된 내용은 모두 경호·안전대책기구의 구성원에 해당한다.
ㄱ. (○) 경호·안전 대책기구의 장은 대통령경호처장이 된다(대통령 등의 경호에 관한 법률 제5조의2 제2항).
ㄴ. (○), ㄷ. (○) 경호·안전 대책기구는 소속공무원 및 관계기관의 공무원으로 구성한다(대통령 등의 경호에 관한 법률 제5조의2 제3항).

답 ④

25

대통령 등의 경호에 관한 법령상 다음 (   )안에 들어갈 내용으로 옳은 것은?

대통령경호처장은 「대통령 등의 경호에 관한 법률」에 따른 경호대상에 대한 경호를 위하여 필요한 경우 (   ), (   ) 및 경호·안전관리 업무를 지원하는 관계기관에 근무할 예정인 사람에게 신원진술서 및 「가족관계의 등록 등에 관한 법률」에서 정하는 증명서와 그 밖에 필요한 자료의 제출을 요구할 수 있다. 이 경우 대통령경호처장은 제출된 자료의 내용을 확인하기 위하여 관계기관에 조회 또는 그 밖에 필요한 협조를 요청할 수 있다.

① 대통령비서실, 국가안보실
② 대통령비서실, 국방부 조사본부실
③ 대검찰청 공안기획실, 국가안보실
④ 대검찰청 공안기획실, 국방부 조사본부실

해설

(   ) 안에 들어갈 내용은 대통령비서실, 국가안보실이다(대통령 등의 경호에 관한 법률 시행령 제3조의3 제1항).

답 ①

26

대통령 등의 경호에 관한 법률의 내용으로 옳지 않은 것은? 기출 14

① 경호처에 특정직 국가공무원인 1급부터 9급까지의 경호공무원과 일반직 국가공무원을 둔다. 다만, 필요하다고 인정할 때에는 경호공무원의 정원 중 일부를 일반직 국가공무원 또는 별정직 국가공무원으로 보할 수 있다.
② 경호처에 파견된 경찰공무원은 이 법에 규정된 임무 외의 경찰공무원의 직무를 수행할 수 없다.
③ 대한민국의 국적을 가지지 아니한 사람은 경호처 직원으로 임용될 수 없다.
④ 경호처장은 경호업무에 필요하다고 판단되는 경우 경호목적 달성을 위해 필요한 최대한의 범위를 경호구역으로 지정할 수 있다.

해설

④ (×) 경호구역의 지정은 경호 목적 달성을 위한 최소한의 범위로 한정되어야 한다(대통령 등의 경호에 관한 법률 제5조 제2항).
① (○) 대통령 등의 경호에 관한 법률 제6조 제1항
② (○) 대통령 등의 경호에 관한 법률 제18조 제2항
③ (○) 대통령 등의 경호에 관한 법률 제8조 제2항 제1호

답 ④

27

대통령 등의 경호에 관한 법률상 경호구역 지정에 관한 설명으로 옳지 않은 것은? 기출 12

① 경호처장은 경호업무의 수행에 필요하다고 판단되는 경우 경호구역을 지정할 수 있다.
② 경호처장이 경호구역을 지정할 때 대통령의 승인을 받을 필요는 없다.
③ 경호구역의 지정은 경호목적 달성을 위한 최대한의 범위로 지정되어야 한다.
④ 소속 공무원과 관계기관의 공무원으로서 경호업무를 지원하는 사람은 경호목적상 불가피하다고 인정되는 상당한 이유가 있는 경우에만 경호구역에서 질서유지, 교통관리, 검문·검색, 출입통제, 위험물 탐지 및 안전조치 등 위해방지에 필요한 안전활동을 할 수 있다.

해설

③ (×) 경호구역의 지정은 경호 목적 달성을 위한 최소한의 범위로 한정되어야 한다(대통령 등의 경호에 관한 법률 제5조 제2항).
① (○) 대통령 등의 경호에 관한 법률 제5조 제1항
② (○) 대통령 등의 경호에 관한 법률상 경호처장이 경호구역을 지정할 때 대통령의 승인이 필요하다는 규정은 없다.
④ (○) 대통령 등의 경호에 관한 법률 제5조 제3항

답 ③

28

대통령경호처장이 경호등급을 구분하여 운영하고자 할 경우 협의 대상이 아닌 자는? 기출 24

① 경찰청장
② 외교부장관
③ 국방부장관
④ 국가정보원장

해설

대통령경호처장은 경호등급을 구분하여 운영하는 경우에는 외교부장관, 국가정보원장 및 경찰청장과 미리 협의하여야 한다(대통령 등의 경호에 관한 법률 시행령 제3조의2 제2항).

> **관계법령** 경호등급(대통령 등의 경호에 관한 법률 시행령 제3조의2)
>
> ① 처장은 법 제4조 제1항 제5호 및 제6호에 따른 경호대상자의 경호임무를 수행하기 위하여 해당 경호대상자의 지위와 경호위해요소, 해당 국가의 정치상황, 국제적 상징성, 상호주의 측면, 적대국가 유무 등 국제적 관계를 고려하여 경호등급을 구분하여 운영할 수 있다.
> ② 제1항에 따라 경호등급을 구분하여 운영하는 경우에는 외교부장관, 국가정보원장 및 경찰청장과 미리 협의하여야 한다.
> ③ 제1항의 경호등급과 관련하여 필요한 사항은 처장이 따로 정한다.

답 ③

29

대통령 등의 경호에 관한 법률상 경호공무원에 대한 사법경찰권 지명권자는? 기출 22

① 검찰총장
② 서울중앙지방검찰청 검사장
③ 경찰청장
④ 서울특별시경찰청장

해설

경호대상에 대한 경호업무 수행 중 인지한 그 소관에 속하는 범죄에 대하여 직무상 또는 수사상 긴급을 요하는 한도 내에서 사법경찰관리의 직무를 수행할 수 있는 경호공무원은 경호처장의 제청으로 서울중앙지방검찰청 검사장이 지명한다(대통령 등의 경호에 관한 법률 제17조 제1항).

답 ②

30

대통령 등의 경호에 관한 법률상 비밀엄수 규정의 적용을 받지 않는 사람은? 기출 11

① 대통령 경호업무에 동원된 종로경찰서 소속 경찰관
② 대통령경호처에 파견근무 중인 서울특별시경찰청 소속 경찰관
③ 대통령경호처에서 퇴직 후 5년이 지난 전직(前職) 경호공무원
④ 대통령경호처 파견근무 후 원소속으로 복귀한 국가정보원 직원

해설

대통령 등의 경호에 관한 법률상 비밀엄수 규정의 적용을 받는 사람은 소속 공무원, 퇴직한 사람, 원(原) 소속 기관에 복귀한 사람이다. 소속 공무원은 대통령경호처 직원과 경호처에 파견된 사람을 말한다(동법 제2조 제3호). 따라서 ②는 소속 공무원 중 경호처에 파견된 사람, ③은 퇴직한 사람, ④는 원(原) 소속 기관에 복귀한 사람이다. ①은 여기에 해당하지 않으므로 비밀엄수 규정의 적용을 받지 않는다.

관계법령 비밀의 엄수(대통령 등의 경호에 관한 법률 제9조)

① 소속 공무원[퇴직한 사람과 원(原) 소속 기관에 복귀한 사람을 포함한다. 이하 이 조에서 같다]은 직무상 알게 된 비밀을 누설하여서는 아니 된다.★
② 소속 공무원은 경호처의 직무와 관련된 사항을 발간하거나 그 밖의 방법으로 공표하려면 미리 처장의 허가를 받아야 한다.★

답 ①

31

대통령경호안전대책위원회에 관한 설명으로 옳지 않은 것은? 기출 09

① 대통령 등 경호대상에 대한 경호업무를 수행함에 있어 관계기관의 책임을 명확하게 하고, 협조를 원활하게 하기 위하여 경호처에 둔다.
② 위원회는 위원장과 부위원장 각 1명을 포함한 20명 이내의 위원으로 구성한다.
③ 부위원장은 처장, 위원은 대통령령으로 정하는 관계기관의 공무원이 된다.
④ 위원회의 구성 및 운영에 관하여 필요한 사항은 대통령령으로 정한다.

해설

위원장은 경호처장이 되고, 부위원장은 차장이 되며, 위원은 대통령령으로 정하는 관계기관의 공무원이 된다(대통령 등의 경호에 관한 법률 제16조 제3항).

답 ③

32

경호의 구성요소에 관한 설명으로 옳지 않은 것은? 기출 14

① 경호는 경호대상자의 신변 안전에 위협이 되는 제반 경호환경을 경호원이 관리하고 통제하는 과정이다.
② 경호목적을 달성하기 위해 적극적으로 일정한 경호작용을 주도적으로 실시하는 당사자를 가리켜 경호주체라 한다.
③ 경호의 객체인 경호대상자는 경호원이 보호해야 하는 대상자를 말하며, '피경호인'이라고 표현하기도 한다.
④ 경호대상자의 경호에 대한 인식이나 관심은 경호의 결과에 영향을 미치지 않는다.

해설

경호업무 시 경호대상자를 단순하게 경호활동의 객체로 인식하여 경호활동과 분리시키려는 경향이 있으나 경호대상자는 경호활동에 주요한 영향을 미치게 된다는 것을 인식할 필요가 있다. 즉, 경호대상자의 경호활동에 대한 관심이나 경호원과의 관계 등과 같은 것은 경호업무의 효율성에 커다란 영향을 미치게 된다.

핵심만콕　경호대상자의 유형

- 정치학자 드와이트 테이즈(Dwight L. Tays)는 경호에 대한 대통령들의 반응 방식을 분석하여 역대 미국 대통령의 유형을 세 가지로 분류하였다.

경호 사절형	• 경호조치의 필요성을 거의 느끼지 않으며, 경호를 거의 무시하다시피 행동하는 유형 • 케네디, 루즈벨트, 존슨, 클린턴 대통령이 대표적이다.
소극적 협력형	• 경호의 필요성은 느끼지 않으나, 가능하면 경호부서와 불화를 일으키지 않으려 노력하는 유형 • 트루먼, 포드, 카터 대통령이 대표적이다.
적극적 지원형	• 경호조치에 수용적이고, 경호조치로 인한 대중과의 일정한 격리를 선호하는 유형 • 아이젠하워, 닉슨, 레이건, 부시 대통령이 대표적이다.

- 경호의 질과 방식은 대통령의 심리적 성향에 큰 영향을 받으며, 대통령들은 자신의 성격이나 정치스타일에 따라 경호에 관한 나름대로의 규칙을 정해놓고 있다.

〈참고〉 이두석,「경호학개론」, 진영사, 2018, P. 76

답 ④

33

대통령 등의 경호에 관한 법률상 경호의 주체와 객체에 관한 설명으로 옳지 않은 것은? 기출 20

① 대통령 당선인의 직계존비속은 대통령경호처의 경호대상이다.
② 대한민국을 방문하는 외국 행정수반의 배우자는 대통령경호처의 경호대상이다.
③ 대통령경호처에 파견된 경찰공무원은 이 법에 규정된 임무 외의 경찰공무원의 직무를 수행할 수 없다.
④ 소속 공무원이 직무상 알게 된 비밀을 누설한 경우 7년 이하의 징역이나 금고 또는 5천만원 이하의 벌금에 처한다.

해설

④ (×) 대통령 등의 경호에 관한 법률 제9조(비밀의 엄수) 제1항을 위반한 경우 5년 이하의 징역이나 금고 또는 1천만원 이하의 벌금에 처한다(대통령 등의 경호에 관한 법률 제21조 제1항).
① (○) 대통령 등의 경호에 관한 법률 제4조 제1항 제2호
② (○) 대통령 등의 경호에 관한 법률 제4조 제1항 제5호
③ (○) 대통령 등의 경호에 관한 법률 제18조 제2항

관계법령

벌칙(대통령 등의 경호에 관한 법률 제21조)
① 제9조(비밀의 엄수) 제1항, 제18조(직권남용금지 등) 또는 제19조(무기의 휴대 및 사용) 제2항을 위반한 사람은 5년 이하의 징역이나 금고 또는 1천만원 이하의 벌금에 처한다.
② 제9조(비밀의 엄수) 제2항을 위반한 사람은 2년 이하의 징역·금고 또는 500만원 이하의 벌금에 처한다.

비밀의 엄수(대통령 등의 경호에 관한 법률 제9조)
① 소속 공무원[퇴직한 사람과 원(原) 소속 기관에 복귀한 사람을 포함한다. 이하 이 조에서 같다]은 직무상 알게 된 비밀을 누설하여서는 아니 된다.
② 소속 공무원은 경호처의 직무와 관련된 사항을 발간하거나 그 밖의 방법으로 공표하려면 미리 처장의 허가를 받아야 한다.

답 ④

34

경호의 주체 및 객체에 관한 설명으로 옳지 않은 것은? 기출 17

① 경호주체는 경호목적을 달성하기 위해 적극적으로 일정한 경호작용을 주도적으로 실시하는 당사자를 말한다.
② 경호객체는 경호관계에서 경호주체의 상대방인 경호대상자를 말한다.
③ 경호대상자의 협조를 유도하기 위해서는 경호대상자의 심리적 성향을 이해하고 적합한 기법을 개발하여 신뢰감을 얻는 것이 중요하다.
④ 경호대상자가 경호에 협조적인 경우, 경호대상자 주위의 안전구역을 해제함으로써 유연한 경호임무를 완수해야 한다.

[해설]
안전구역은 경호대상자가 위치하는 가장 중심부 내부로 어떠한 상황하에도 완벽한 통제가 이루어져야 한다. 경호대상자가 이러한 경호조치에 협조적인 경우라 하더라도 여전히 필연적인 위험은 잠재하기 때문에, 안전구역을 해제하여서는 아니 된다.

답 ④

35

경호의 객체(A)와 주체(B)는? 기출 19

> 퇴임한 지 8년 된 대한민국 전직대통령, 배우자 및 그 자녀가 생활하는 공간에서 경찰관과 대통령 경호원이 함께 경호임무를 수행하고 있다.

① A : 전직대통령, 배우자,　　　　B : 경찰관
② A : 전직대통령, 배우자, 자녀,　B : 대통령 경호원
③ A : 전직대통령, 배우자,　　　　B : 경찰관, 대통령 경호원
④ A : 전직대통령, 배우자, 자녀,　B : 경찰관, 대통령 경호원

[해설]
제시된 내용에서 경호의 객체(A)는 전직대통령, 배우자이고, 경호의 주체(B)는 경찰관, 대통령 경호원이다.
- 경호의 객체(A) : 퇴임한 전직대통령이므로 자녀는 경호의 대상이 아니다. 따라서 경호의 객체는 전직대통령, 배우자이다.
- 경호의 주체(B) : 퇴임한 지 8년이 된 경우를 전제로 하는 경호처의 경호는 본인의 의사에 반하지 않는 경우에 한정된다. 사안의 경우 본인의 의사에 반하지 않는지 유무를 확인할 수 없기에 원칙적으로 경찰관이 경호의 주체이나, 본인의 의사에 반하지 않는 경우는 대통령 경호원이 경호의 주체가 될 수 있다. 따라서 경호의 주체는 경찰관, 대통령 경호원이다.

답 ③

36

다음 밑줄 친 경호대상에 해당되지 않는 자는? 기출 24

> 미국 선거유세 도중 대통령 후보자가 괴한에 의해 저격을 당한 사건이 발생한 일이 있었다. 우리나라도 이러한 사건들에 대비해 대통령경호처의 경호대상을 규정한 법이 있다.

① 대통령의 아들
② 대통령의 누나
③ 대통령 당선인의 딸
④ 대통령 당선인의 할아버지

해설

대통령 등의 경호에 관한 법률 제4조, 동법 시행령 제2조에 의하면 대통령과 그 배우자·직계존비속, 대통령 당선인과 그 배우자·직계존비속이 대통령경호처의 경호대상이다. 따라서 대통령의 형제자매는 대통령경호처의 경호대상이 아니다.

관계법령

경호대상(대통령 등의 경호에 관한 법률 제4조)
① 경호처의 경호대상은 다음과 같다.
  1. 대통령과 그 가족
  2. 대통령 당선인과 그 가족
  3. 본인의 의사에 반하지 아니하는 경우에 한정하여 퇴임 후 10년 이내의 전직대통령과 그 배우자. 다만, 대통령이 임기 만료 전에 퇴임한 경우와 재직 중 사망한 경우의 경호 기간은 그로부터 5년으로 하고, 퇴임 후 사망한 경우의 경호 기간은 퇴임일부터 기산하여 10년을 넘지 아니하는 범위에서 사망 후 5년으로 한다.
  4. 대통령권한대행과 그 배우자
  5. 대한민국을 방문하는 외국의 국가원수 또는 행정수반(行政首班)과 그 배우자
  6. 그 밖에 처장이 경호가 필요하다고 인정하는 국내외 요인(要人)
② 제1항 제1호 또는 제2호에 따른 가족의 범위는 대통령령으로 정한다.
③ 제1항 제3호에도 불구하고 전직대통령 또는 그 배우자의 요청에 따라 처장이 고령 등의 사유로 필요하다고 인정하는 경우에는 5년의 범위에서 같은 호에 규정된 기간을 넘어 경호할 수 있다.

가족의 범위(대통령 등의 경호에 관한 법률 시행령 제2조)
「대통령 등의 경호에 관한 법률」(이하 "법"이라 한다) 제4조 제1항 제1호 및 제2호에 따른 가족은 대통령 및 대통령 당선인의 배우자와 직계존비속으로 한다.

답 ②

37

대통령 등의 경호에 관한 법령상 대통령경호처의 경호대상에 해당하는 것은? 기출 23

① 대통령당선인과 직계존비속
② 퇴임 후 7년이 된 전직대통령과 그 가족
③ 퇴임 후 10년이 된 전직대통령과 그 가족
④ 대통령권한대행과 직계존비속

해설

① (○) 대통령당선인과 그 가족(배우자와 직계존비속)은 대통령 등의 경호에 관한 법령상 대통령경호처의 경호대상에 해당한다(대통령 등의 경호에 관한 법률 제4조 제1항 제2호・제2항, 동법 시행령 제2조).
② (×) 본인의 의사에 반하지 아니하는 경우에 한정하여 퇴임 후 10년 이내의 전직대통령과 그 배우자가 대통령경호처의 경호대상이다(대통령 등의 경호에 관한 법률 제4조 제1항 제3호 본문). 즉, 전직대통령의 직계존비속은 대통령 경호처의 경호대상이 아니다.
③ (×) 대통령 등의 경호에 관한 법률 제4조 제3항의 경우를 제외하면, 퇴임 후 10년이 된 전직대통령과 그 배우자는 원칙적으로 대통령 경호처의 경호대상에 해당하지 아니한다. 또한 전직대통령의 직계존비속도 대통령 경호처의 경호대상이 아니다.
④ (×) 대통령권한대행의 경우 대통령경호처의 경호대상은 대통령권한대행과 그 배우자에 한정된다(대통령 등의 경호에 관한 법률 제4조 제1항 제4호).

관계법령 경호대상(대통령 등의 경호에 관한 법률 제4조) ★

① 경호처의 경호대상은 다음과 같다.
 1. 대통령과 그 가족
 2. 대통령 당선인과 그 가족
 3. 본인의 의사에 반하지 아니하는 경우에 한정하여 퇴임 후 10년 이내의 전직대통령과 그 배우자. 다만, 대통령이 임기 만료 전에 퇴임한 경우와 재직 중 사망한 경우의 경호 기간은 그로부터 5년으로 하고, 퇴임 후 사망한 경우의 경호 기간은 퇴임일부터 기산(起算)하여 10년을 넘지 아니하는 범위에서 사망 후 5년으로 한다.
 4. 대통령권한대행과 그 배우자
 5. 대한민국을 방문하는 외국의 국가원수 또는 행정수반(行政首班)과 그 배우자
 6. 그 밖에 처장이 경호가 필요하다고 인정하는 국내외 요인(要人)
② 제1항 제1호 또는 제2호에 따른 가족의 범위는 대통령령으로 정한다.

> **가족의 범위(대통령 등의 경호에 관한 법률 시행령 제2조)**
> 「대통령 등의 경호에 관한 법률」(이하 "법"이라 한다) 제4조 제1항 제1호 및 제2호에 따른 가족은 대통령 및 대통령 당선인의 배우자와 직계존비속으로 한다.

③ 제1항 제3호에도 불구하고 전직대통령 또는 그 배우자의 요청에 따라 처장이 고령 등의 사유로 필요하다고 인정하는 경우에는 5년의 범위에서 같은 호에 규정된 기간을 넘어 경호할 수 있다.

답 ①

38

대통령 등의 경호에 관한 법률에 따른 대통령경호처의 경호대상은?

> ㄱ. 대통령권한대행과 그 배우자
> ㄴ. 대한민국을 방문하는 외국의 행정수반(行政首班)과 그 배우자
> ㄷ. 본인의 의사에 반하지 않은 전직대통령(퇴임 후 7년)과 그 가족
> ㄹ. 대통령경호처 실장이 경호에 필요하다고 인정하는 국내외 요인(要人)

① ㄱ, ㄴ
② ㄷ, ㄹ
③ ㄱ, ㄴ, ㄷ
④ ㄴ, ㄷ, ㄹ

해설

제시된 내용 중 대통령경호처의 경호대상은 ㄱ과 ㄴ이다.
ㄱ. (○) 대통령 등의 경호에 관한 법률 제4조 제1항 제4호
ㄴ. (○) 대한민국을 방문하는 외국의 국가 원수 또는 행정수반(行政首班)과 그 배우자(대통령 등의 경호에 관한 법률 제4조 제1항 제5호)
ㄷ. (×) 본인의 의사에 반하지 아니하는 경우에 한정하여 퇴임 후 10년 이내의 전직대통령과 그 배우자(대통령 등의 경호에 관한 법률 제4조 제1항 제3호 본문)
ㄹ. (×) 대통령경호처장이 경호가 필요하다고 인정하는 국내외 요인(要人)(대통령 등의 경호에 관한 법률 제4조 제1항 제6호)

답 ①

39

대통령 등의 경호에 관한 법률상 대통령경호처의 경호대상이 아닌 자는?(단, 단서조항은 고려하지 않음)

① 대통령 당선인의 아들
② 대통령권한대행의 배우자
③ 대통령 퇴임 후 5년이 지난 전직대통령
④ 대통령경호처 차장이 필요하다고 인정하는 국외 요인(要人)

해설

대통령경호처 처장이 경호가 필요하다고 인정하는 국내외 요인(要人)이 대통령경호처의 경호대상에 해당한다(대통령 등의 경호에 관한 법률 제4조 제1항 제6호).

답 ④

40

대통령 등의 경호에 관한 법령상 전직대통령과 그 배우자에 대한 경호의 조치로 옳은 것은? 기출 23

① 요청이 있는 경우 헬리콥터를 제외한 대통령전용기 및 차량 등 기동수단의 지원
② 현거주지 및 별도주거지에 경호를 위한 인원의 배치
③ 요청이 있는 경우 대통령전용기를 제외한 헬리콥터 및 차량 등 기동수단의 지원
④ 대통령경호처장이 관계기관에 통보하여 정한 사항 수행

해설

② (○) 대통령 등의 경호에 관한 법률 시행령 제3조 제2호
① (×) 요청이 있는 경우 헬리콥터를 포함한 대통령전용기 및 차량 등 기동수단을 지원한다(대통령 등의 경호에 관한 법률 시행령 제3조 제3호).
③ (×) 요청이 있는 경우 대통령전용기를 포함한 헬리콥터 및 차량 등 기동수단을 지원한다(대통령 등의 경호에 관한 법률 시행령 제3조 제3호).
④ (×) 대통령경호처장이 관계기관과 협의하여 정한 사항의 조치를 포함한다(대통령 등의 경호에 관한 법률 시행령 제3조 제4호).

관계법령 전직대통령 등의 경호(대통령 등의 경호에 관한 법률 시행령 제3조)

법 제4조 제1항 제3호에 따라 전직대통령과 그 배우자의 경호에는 다음 각호의 조치를 포함한다.
1. 경호안전상 별도주거지 제공(별도주거지는 본인이 마련할 수 있다)
2. 현거주지 및 별도주거지에 경호를 위한 인원의 배치, 필요한 경호의 담당
3. 요청이 있는 경우 대통령전용기, 헬리콥터 및 차량 등 기동수단의 지원
4. 그 밖에 대통령경호처장(이하 "처장"이라 한다)이 관계기관과 협의하여 정한 사항

답 ②

41

대통령 등의 경호에 관한 법률상 '경호대상'에 관한 내용이다. ( )에 들어갈 숫자는? 기출 22

> 본인의 의사에 반하지 아니하는 경우에 한정하여 퇴임 후 (ㄱ)년 이내의 전직대통령과 그 배우자. 다만, 대통령이 임기 만료 전에 퇴임한 경우와 재직 중 사망한 경우의 경호 기간은 그로부터 (ㄴ)년으로 하고, 퇴임 후 사망한 경우의 경호 기간은 퇴임일부터 기산(起算)하여 (ㄷ)년을 넘지 아니하는 범위에서 사망 후 (ㄹ)년으로 한다.

① ㄱ : 5, ㄴ : 5, ㄷ : 10, ㄹ : 5
② ㄱ : 5, ㄴ : 10, ㄷ : 10, ㄹ : 5
③ ㄱ : 10, ㄴ : 5, ㄷ : 5, ㄹ : 5
④ ㄱ : 10, ㄴ : 5, ㄷ : 10, ㄹ : 5

해설

제시문의 ( )에 들어갈 숫자는 ㄱ : 10, ㄴ : 5, ㄷ : 10, ㄹ : 5이다(대통령 등의 경호에 관한 법률 제4조 제1항 제3호).

관계법령   경호대상(대통령 등의 경호에 관한 법률 제4조)

① 경호처의 경호대상은 다음과 같다.
  1. 대통령과 그 가족
  2. 대통령 당선인과 그 가족
  3. 본인의 의사에 반하지 아니하는 경우에 한정하여 퇴임 후 10년 이내의 전직대통령과 그 배우자. 다만, 대통령이 임기 만료 전에 퇴임한 경우와 재직 중 사망한 경우의 경호 기간은 그로부터 5년으로 하고, 퇴임 후 사망한 경우의 경호 기간은 퇴임일부터 기산(起算)하여 10년을 넘지 아니하는 범위에서 사망 후 5년으로 한다.
  4. 대통령권한대행과 그 배우자
  5. 대한민국을 방문하는 외국의 국가원수 또는 행정수반(行政首班)과 그 배우자
  6. 그 밖에 처장이 경호가 필요하다고 인정하는 국내외 요인(要人)

답 ④

42

경호의 객체에 관한 설명으로 옳지 않은 것은? 기출 18

① 경호객체는 경호임무를 제공받는 경호대상자를 말한다.
② 대통령 당선인과 그 가족은 대통령 등의 경호에 관한 법률에 따라 대통령경호처의 경호대상이다.
③ 대통령 등의 경호에 관한 법률에 따라 대한민국을 방문하는 외국의 국가원수 또는 행정수반과 그 배우자는 대통령경호처의 경호대상이다.
④ 재직 중 탄핵 결정을 받아 퇴임한 전직대통령의 경우 전직대통령 예우에 관한 법률에 따라 필요한 기간의 경호 및 경비의 예우를 하지 아니한다.

해설

④ (×) 재직 중 탄핵 결정을 받아 퇴임한 전직대통령의 경우에는 필요한 기간의 경호 및 경비에 대한 예우를 제외하고 이 법에 따른 전직대통령으로서의 예우를 하지 아니한다(전직대통령 예우에 관한 법률 제7조 제2항 제1호).★
① (○) 경호관계에서 경호주체의 상대방, 즉 경호대상자를 경호객체라고 말한다.
② (○) 대통령 등의 경호에 관한 법률 제4조 제1항 제2호
③ (○) 대통령 등의 경호에 관한 법률 제4조 제1항 제5호

답 ④

43

대통령 등의 경호에 관한 법령상 경호대상 중 전직대통령과 그 배우자에 대한 경호 기간에 관한 설명으로 옳지 않은 것은?(단, 경호대상자의 의사에 반하지 않는 경우에 한정한다) 기출 16

① 퇴임 후 10년 이내에서 제공한다.
② 대통령이 임기 만료 전에 퇴임한 경우와 재직 중 사망한 경우에는 그로부터 5년으로 한다.
③ 퇴임 후 사망한 경우에는 퇴임일부터 기산하여 5년을 넘지 아니하는 범위에서 사망 후 3년으로 한다.
④ 전직대통령 또는 그 배우자의 요청에 따라 대통령경호처장이 고령 등의 사유로 필요하다고 인정하는 경우에는 5년 범위에서 경호 기간을 연장할 수 있다.

해설

본인의 의사에 반하지 아니하는 경우에 한정하여 퇴임 후 10년 이내의 전직대통령과 그 배우자는 경호처의 경호대상이다. 다만, 대통령이 임기 만료 전에 퇴임한 경우와 재직 중 사망한 경우의 경호 기간은 그로부터 5년으로 하고, 퇴임 후 사망한 경우의 경호 기간은 퇴임일부터 기산하여 10년을 넘지 아니하는 범위에서 사망 후 5년으로 한다(대통령 등의 경호에 관한 법률 제4조 제1항 제3호).

답 ③

CHAPTER 03 경호업무 수행방법

제1절 경호임무의 수행절차

01

CHECK ☐△✕

다음이 설명하는 경호작용의 기본 고려요소는? 기출 24

- 경호 목적 달성에 부합되도록 경호임무를 명확하게 부여하여야 한다.
- 경호활동에 참여하는 기관 간 도맡아 해야 할 임무가 명확하게 배분되어야 한다.

① 보안유지 ② 자원동원
③ 정보수집 ④ 책임분배

해설

④ (○) 경호활동은 단독기관의 작용이 아닌 다양한 기관 간의 유기적인 연계(경호기관단위작용의 원칙)가 필요하므로 경호임무는 명확하게 부여되어야 하며, 경호원들에게는 각각의 임무형태에 대한 책임이 분배되어야 한다.
① (✕) 경호대상자, 수행원, 행사 세부일정, 적용되고 있는 경호경비상황 등의 보안은 인가된 자 이외는 엄격하게 통제되어야 한다.
② (✕) 성공적인 경호를 위해 다양한 자원을 효과적으로 이용하여 어떤 자원이 동원되고 어떻게 사용될지 결정하여야 한다. 경호에 소요되는 자원은 경호대상자의 대중에 대한 노출이나 제반 여건, 경호대상자가 참여하는 행사 지속시간과 첩보수집으로 획득된 내재적인 위협분석의 결과에 따라 결정된다.
③ (✕) 경호와 관련된 정보와 첩보를 수집·분석하여 경호위협을 평가하고 이를 토대로 경호계획을 수립한다.

답 ④

02

경호작용의 기본요소에 관한 설명으로 옳은 것은 모두 몇 개인가? 기출 23

- 경호환경을 극복하기 위한 예비 및 우발계획 준비
- 경호임무는 명확하게 부여하고 각각의 임무형태에 책임 부과
- 경호경비상황에 관한 보안 유출에 대한 엄격한 통제
- 대중 앞에서의 노출이나 제반 여건에 의해서 필연적으로 노출을 수반하는 행차의 지속시간과 사전 위해첩보 수집 간 획득된 내재적인 위협을 분석

① 1개
② 2개
③ 3개
④ 4개

해설

제시된 내용은 모두 경호작용의 기본요소에 관한 설명으로 옳다. 두 계·책·자·보

핵심만콕 경호작용의 기본 고려요소

계획수립	모든 형태의 경호임무는 사전에 신중하게 계획되어야 하며, 예기치 않은 변화의 가능성 때문에 경호임무를 계획함에 있어 융통성 있게 수립되어야 한다.
책임	경호임무는 명확하게 부여되어야 하며, 경호요원들은 각각의 임무형태에 대한 책임이 부과되어야 한다.
자원	경호대상자를 경호하는 데 소요되는 자원은 경호대상자의 행차, 즉 경호대상자의 대중 앞에서의 노출이나 제반여건에 의해서 필연적으로 노출을 수반하는 행차의 지속시간과 사전 위해첩보 수집 간 획득된 내재적인 위협분석에 따라 결정된다.
보안	경호대상자와 수행원, 행사 세부일정, 경호경비상황에 관한 보안[정보(註)]의 유출은 엄격히 통제되어야 한다. 경호요원은 이러한 정보를 인가된 자 이외의 사람에게 유출하거나 언급해서는 안 된다.

〈참고〉 김두현, 「경호학개론」, 엑스퍼트, 2020, P. 258~259

답 ④

03

경호작용의 기본 고려요소에 관한 설명으로 옳지 않은 것은? 기출 22

① 자원 - 기본적으로 고려되어야 할 사항에 포함된다.
② 계획수립 - 변화의 가능성 때문에 융통성 있게 한다.
③ 책임 - 경호임무는 명확하게 부여하고, 각각의 임무형태에 대한 책임이 부과된다.
④ 보안 - 수행원과 행사 세부일정은 공개하고, 경호경비상황은 보안을 유지한다.

해설

경호대상자와 수행원, 행사 세부일정, 적용되고 있는 경호경비상황에 관한 정보의 유출은 엄격히 통제되어야 한다.

답 ④

04

다음 4명의 경호원 중 경호작용에 관하여 옳게 판단하고 있는 자는? 기출 21

① A경호원 – 경호자원의 효율적인 이용을 위한 분석 자료를 토대로 사전에 경호계획을 수립한다.
② B경호원 – 경호임무는 사전에 신중하게 계획되어야 하며 융통성은 배제되어야 효과적이다.
③ C경호원 – 모든 경호임무는 예기치 않은 변화 가능성을 내포하고 있으므로 사전대응보다 신속한 사후대응이 더 중요하다.
④ D경호원 – 경호임무는 명확하게 부여하되 임무형태에 대한 책임은 경호책임자에게 국한되어야 한다.

[해설]
경호계획은 사전에 수립되어야 하는데, 이때 자원의 효율적인 이용을 위해서는 위해분석 자료를 토대로 자원동원 체계가 구축되어야 한다.

답 ①

05

다음 〈보기〉는 경호작용의 기본 고려요소에 관한 설명이다. 〈보기〉의 내용과 기본 고려요소와의 연결이 옳은 것은? 기출 18

> a. 경호대상자와 수행원, 행사 세부일정, 적용되고 있는 경호경비상황에 관한 정보의 유출은 엄격히 통제되어야 한다.
> b. 모든 형태의 경호임무는 사전에 신중하게 계획되어야 하며, 각각의 임무는 명확하게 부여되어야 한다.

> ㄱ. 계획수립
> ㄴ. 보 안
> ㄷ. 책 임
> ㄹ. 자 원

① a – ㄴ, ㄹ
② a – ㄹ
③ b – ㄱ, ㄷ
④ b – ㄱ, ㄴ, ㄹ

[해설]
a. <u>보안유지</u>와 관련된 설명이다.
b. 「모든 형태의 경호임무는 사전에 신중하게 계획되어야 하며」 부분은 <u>계획수립</u>과 관련된 설명이며, 「각각의 임무는 명확하게 부여되어야 한다」는 부분은 <u>책임분배</u>와 관련된 설명이다.

답 ③

06

CHECK ○△×

경호작용에 관한 설명으로 옳지 않은 것은? 기출 20

① 모든 형태의 경호업무는 사전에 신중하게 계획되어야 하며 융통성은 배제되어야 한다.
② 경호대상자에 대한 완벽한 경호를 보장하기 위해서는 각각의 임무가 명확하게 부여되어야 한다.
③ 자원의 효율적인 이용을 위해서 사전에 위해분석 자료를 토대로 자원동원 체계를 구축하도록 한다.
④ 경호와 관련된 정보는 비인가된 자에게 제공해서는 안 된다.

해설

모든 형태의 경호임무는 사전에 신중하게 계획되어야 하며, 예기치 않은 변화의 가능성 때문에 융통성 있게 수립되어야 한다.

답 ①

07

CHECK ○△×

다음에서 설명하는 경호작용의 기본 고려요소는? 기출 16

> 경호대상자의 필연적인 노출을 수반하는 행차의 지속시간과 사전 위해 첩보수집 간 획득된 내재적인 위협분석에 따라 결정되어지는 요소

① 계획수립 ② 책 임
③ 자 원   ④ 보 안

해설

③ (○) 제시된 내용은 자원에 대한 설명에 해당한다.
① (×) 계획수립 : 모든 경호임무는 예기치 않은 변화의 가능성을 내포하고 있으므로 이에 대비하여 융통성 있게 사전 계획을 수립하여야 한다.
② (×) 책임 : 각각의 임무형태에 대한 책임은 명확하게 부여하여야 한다.
④ (×) 보안 : 경호대상자, 수행원, 행사 세부일정, 적용되고 있는 경호·경비상황 등의 보안은 인가된 자 이외에는 엄격하게 통제되어야 한다.

답 ③

08

경호작용의 기본요소에 관한 설명으로 옳은 것은 모두 몇 개인가? 기출 15

- 우발상황에 대처할 수 있는 계획이 수립되어야 한다.
- 경호임무는 명확하게 부여되어야 하며, 각각의 임무형태에 대한 책임이 부여되어야 한다.
- 인적자원뿐만 아니라 다양한 물적자원의 적절한 이용이 중요하다.
- 경호대상자와 수행원, 행사 세부일정에 대한 보안의 유출은 엄격히 통제되어야 한다.

① 1개 ② 2개
③ 3개 ④ 4개

해설
경호작용의 기본요소는 계획수립, 책임분배, 자원동원, 보안유지의 4가지로 되어 있는데, 지문들은 모두 기본요소의 내용으로 옳다.

답 ④

09

경호작용 중 위협평가(위해평가)에 관한 설명으로 옳지 않은 것은? 기출 15

① 모든 수준의 위협으로부터 경호대상자를 경호하려는 시도는 효과적이지도 않고 능률적이지도 않기 때문에 위협평가가 선행되어야 한다.
② 위협의 실체를 정확히 인식하고 가용자원의 효율적인 분배를 통하여 불필요한 인력과 자원의 낭비를 최소화하기 위함이다.
③ 경호대상자는 위협평가 후 경호대안 수립에 있어 자신이 경호업무의 일부분이 되어야 한다는 점을 인식할 필요는 없다.
④ 보이지 않는 적의 실체를 파악하여 그에 대한 경호방책을 강구하기 위한 첫걸음이다.

해설
경호대상자는 위협평가 후 경호대안 수립에 있어 자신도 경호업무의 일부분이 되어야 한다는 점을 인식해야 한다.

핵심만콕

- 모든 수준의 위협으로부터 경호대상자를 경호하려는 시도는 효과적이지도 않고 능률적이지도 않기 때문에 위협평가가 선행되어야 한다.
- 위협평가는 위협의 실체를 정확히 인식하고 가용자원의 효율적인 분배를 통하여 불필요한 인력과 자원의 낭비를 최소화하기 위함이다.
- 위협평가는 경호의 시작이다. 보이지 않는 적의 실체를 파악하여 그에 대한 경호방책을 강구하기 위한 첫걸음이다.

〈참고〉이두석, 「경호학개론」, 진영사, 2018, P. 212~223

답 ③

10

위협의 평가에 따른 경호 대응 방안에는 5가지가 있다. 위험의 발생 횟수나 발생 규모를 줄이려는 기법이나 도구 또는 전략을 의미하는 것은?

① 위험의 감소
② 위험의 회피
③ 위험의 제거
④ 위험의 통제

해설

위험의 통제는 위험의 발생 횟수나 발생 규모를 줄이려는 기법이나 도구 또는 전략을 의미한다.

핵심만콕	위협의 평가에 따른 경호 대응 방안
위험의 회피	위험으로 인한 손실가능성을 회피하면 위험관리 수단이 필요 없게 되므로 가장 이상적인 위험관리 방법이라 할 수 있다. 정보활동·기만전술·은밀경호작전 등이 위험회피수단으로 활용된다.
위험의 통제	위험의 발생 횟수나 발생 규모를 줄이려는 기법이나 도구 또는 전략을 의미한다.
위험의 제거	위험요소를 우세한 경호력으로 무력화시키거나 검측활동을 비롯한 안전활동을 통하여 사전에 제거함으로써 행사장·연도·숙소 등에 대한 안전을 확보하는 것이다.
위험의 감소	특정한 사건이나 사고로부터 피해를 입을 수 있는 재산이나 인명의 수와 규모를 줄이는 데 초점을 둔다.
위험의 보유	장래의 손실을 스스로 부담하는 방법으로, 의도적으로 위험을 보유하기로 결정한 적극적 위험보유와 부득이 보유하게 되는 소극적 위험보유가 있다.

〈출처〉 이두석, 「경호학개론」, 진영사, 2018, P. 220~223

11

경호임무 수행절차에 관한 설명으로 옳지 않은 것은?

① 학습단계 - 경호임무 수행 전에 경호환경을 분석하고 평가하여 문제점 등을 보완하는 단계
② 예방단계 - 우호적인 경호환경을 조성하고 경호위협을 평가해 경호계획을 수립하는 단계
③ 대비단계 - 행사보안 유지와 위해정보 수집을 위한 보안활동 단계
④ 대응단계 - 경호위기상황에 즉각적으로 대응하고 조치하는 단계

해설

① (×) 학습단계 : 경호 실시결과를 분석하고 평가하여 문제점을 보완하기 위한 교육훈련을 실시하며 평가결과를 차기 행사에 반영하기 위한 적용(Feedback)을 실시한다.
② (○) 예방단계 : 법과 제도를 정비하여 우호적인 경호환경을 조성하고, 경호와 관련된 정보와 첩보를 수집·분석하여 경호위협을 평가하여 경호계획을 수립하는 경호준비과정이다.
③ (○) 대비단계 : 경호계획을 근거로 행사보안의 유지와 위해정보의 수집을 위한 보안활동을 전개하여 행사장의 취약요소에 대한 안전대책을 강구한다.
④ (○) 대응단계 : 경호인력을 배치하여 지속적인 경계활동을 실시하고 경호위기상황에 즉각적으로 대응·조치하는 단계이다.

12

학습활동이 주요 활동이며 행사에 대한 결과보고서를 작성하는 경호업무 수행단계는? 기출 23

① 예방단계 ② 대응단계
③ 대비단계 ④ 평가단계

해설
평가단계에 관한 설명이다.

핵심만콕 경호위기관리단계 및 세부 경호업무 수행절차 ★★

관리단계	주요 활동	활동 내용	세부 활동
1단계 예방단계 (준비단계)	정보활동	경호환경 조성	법과 제도의 정비, 경호지원시스템 구축, 우호적인 공중(公衆)의 확보(홍보활동)
		정보 수집 및 평가	정보네트워크 구축, 정보의 수집 및 생산, 위협의 평가 및 대응방안 강구
		경호계획의 수립	관계부서와의 협조, 경호계획서의 작성, 경호계획 브리핑
2단계 대비단계 (안전활동단계)	안전활동	정보보안활동	보안대책 강구, 위해동향 파악 및 대책 강구, 취약시설 확인 및 조치
		안전대책활동	행사장 안전확보, 취약요소 판단 및 조치, 검측활동 및 통제대책 강구
		거부작전	주요 감제고지 및 취약지 수색, 주요 접근로 차단, 경호 영향요소 확인 및 조치
3단계 대응단계 (실시단계)	경호활동	경호작전	모든 출입요소 통제 및 경계활동, 근접경호, 기동경호
		비상대책활동	비상대책, 구급대책, 비상시 협조체제 확립
		즉각조치활동	경고, 대적 및 방호, 대피
4단계 학습단계 (평가단계)	학습활동	평가 및 자료 존안	행사결과 평가(평가회의), 행사결과보고서 작성, 자료 존안
		교육훈련	새로운 교육프로그램 준비, 교육훈련 실시, 교육훈련의 평가
		적용(피드백)	새로운 이론의 정립, 전파, 행사에의 적용

〈출처〉이두석,「경호학개론」, 진영사, 2018, P. 157

답 ④

13

경호임무 수행절차에 관한 설명으로 옳지 않은 것은? 기출 23

① 예방단계 – 안전활동단계로 발생 가능한 인적·물적 위해요소에 대한 대비책을 강구하는 단계이다.
② 대비단계 – 정보보안활동, 안전대책활동, 위험요소에 대한 거부작전을 실시하는 단계이다.
③ 대응단계 – 실시단계로 경호대상자에게 발생하는 위해요소에 대한 출입요소의 통제, 근접경호 등의 즉각조치 활동을 하는 단계이다.
④ 학습단계 – 행사결과에 대한 평가, 교육훈련 실시 및 평가, 새로운 이론의 정립과 행사에의 적용을 하는 단계이다.

해설
안전활동단계로 발생 가능한 인적·물적 위해요소에 대한 대비책을 강구하는 단계는 대비단계이다.

답 ①

14

경호임무의 수행절차에 관한 설명으로 옳은 것은? 기출 22

① 예방단계 : 평가단계로 경호 실시 결과 분석
② 대비단계 : 정보활동단계로 법제를 정비하여 우호적 경호환경 조성
③ 대응단계 : 경호활동단계로 경호인력을 배치하여 지속적인 경계활동 실시
④ 학습단계 : 안전활동단계로 위해정보 수집을 위한 보안활동 전개

해설
③ (O) 3단계 대응단계(실시단계)는 경호활동단계로 경호작전(경호인력을 배치하여 지속적인 경계활동 실시)을 내용으로 한다.
① (×) 평가단계로 경호 실시 결과를 분석하는 단계는 1단계 예방단계(준비단계)가 아닌 4단계 학습단계이다.
② (×) 정보활동단계로 법제를 정비하여 우호적 경호환경을 조성하는 단계는 2단계 대비단계(안전활동단계)가 아닌 1단계 예방단계(준비단계)이다.
④ (×) 안전활동단계로 위해정보 수집을 위한 보안활동을 전개하는 단계는 4단계 학습단계(평가단계)가 아닌 2단계 대비단계(안전활동단계)이다.

답 ③

15

경호활동을 '예방 – 대비 – 대응 – 평가'의 4단계로 분류할 경우, 대응단계의 활동에 해당하지 않는 것은? 기출 16

① 모든 출입요소에 대한 통제 및 경계
② 정보의 수집 및 생산
③ 기동경호
④ 근접경호

해설
경호위기관리시스템 4단계는 2011년 기출문제로 등장한 이후 꾸준하게 출제되고 있는 부분이다. ② 정보의 수집 및 생산은 정보활동으로 1단계 예방단계에 해당한다. ①·③·④는 대응단계에 해당한다.

답 ②

16

경호임무 수행절차에 관한 설명으로 옳지 않은 것은? 기출 21

① 계획단계는 경호임무 수령 후부터 선발대가 행사장에 도착하기 전까지의 경호활동이다.
② 행사단계는 경호대상자가 집무실을 출발해서 행사장에 도착하여 행사가 진행된 이후 복귀 시까지의 경호활동이다.
③ 평가단계에서는 경호 실시결과를 분석하고 평가하여 이를 보완한다.
④ 경호임무의 단계별 절차는 준비단계 – 계획단계 – 행사단계 – 평가단계이다.

해설
경호임무의 단계별 절차는 계획단계 – 준비단계 – 행사단계 – 평가단계이다.

답 ④

17

경호행사계획 수립 시 고려사항이 아닌 것은? 기출 24

① 수행원 수
② 기동방법 및 수단
③ 위해기도자의 신상 및 도주로
④ 방문지역의 특성에 관한 사항

해설
위해기도자의 신상 및 도주로는 경호행사계획 수립 시 고려사항에 해당하지 아니한다.
경호행사계획 수립 시 행사일정(방문일정)과 관련하여 (1) 출발 및 도착일시, (2) <u>수행원 수</u>, (3) <u>경호대상자에 관한 신상</u>, (4) 의전사항, (5) <u>방문지역의 지리적 특성</u>, (6) 각 방문지역에서의 수행원이 유숙할 호텔 또는 숙소의 명칭과 위치, (7) <u>기동방법 및 수단</u> 등을 고려하여야 한다.

〈출처〉 김두현, 「경호학개론」, 엑스퍼트, 2020, P. 260

답 ③

18

CHECK ○△×

경호형성 및 준비작용에서 연락 및 협조체제 구축 시의 고려사항이 아닌 것은? 기출 12

① 공식 및 비공식 수행원에 관한 사항
② 경호대상자와 수행원의 편의시설
③ 경호대상자의 행사참석 범위, 행사의 구체적인 성격
④ 취재진의 인가 및 통제 상황

해설
공식 및 비공식 수행원에 관한 사항은 행사일정 및 임무수령에 포함될 사항이다.

핵심만콕 경호형성 및 준비작용 시 고려사항★★

행사일정 및 임무수령에 포함될 사항	• 출발 및 도착 일시, 지역(도착공항 등)에 관한 사항 • 공식 및 비공식 수행원에 관한 사항★ • 경호대상자의 신상에 관한 사항 • 의전에 관한 사항★ • 방문지역이나 국가의 특성(기후, 지리, 치안 등)에 관한 사항 • 방문지역에서 수행원 등이 숙박할 숙박시설의 명칭과 위치 등에 관한 사항 • 이동수단 및 방법에 관한 사항★ • 경호대상자가 참석해야 할 모든 행사와 활동범위에 관한 사항 • 방문지에서 경호대상자와 접촉하게 되는 의전관련자, 관료, 기업인 등에 관한 사항 • 방문단과 함께 움직이는 취재진에 관한 사항 • 관련 소요비용에 관한 사항★ • 경호안전에 영향을 줄 수 있는 행사주최나 방문국의 요구사항
연락 및 협조체제 구축 시 고려사항	• 기후변화 등의 악천후 시를 고려한 행사스케줄과 행사관계자의 시간계획에 관한 사항 • 모든 행사장소와 행사에 참석하는 손님, 진행요원, 관련 공무원, 행사위원 등의 명단 • 경호대상자의 행사참석 범위, 행사의 구체적인 성격 등 • 경호대상자와 수행원의 편의시설(휴게실, 화장실, 분장실 등) • 행사 시 경호대상자가 관여하는 선물증정식 등 • 취재진의 인가 및 통제 상황 • 기타 행사참석에 영향을 줄 수 있는 요인★

답 ①

19

경호 현장답사 시 고려사항이 아닌 것은? 기출 19

① 행사장의 기상, 특성, 시설 등에 대한 취약여건 판단
② 행사장 출입, 통제범위 및 경호인력 규모 판단
③ 행사장의 직시고지와 직시건물 등에 대한 경호환경 판단
④ 개인별 사전임무 및 비상상황 시 개인별 임무

해설

④는 경호 현장답사 시 고려사항에 해당하지 아니한다.

> **핵심만콕** 현장답사 시 고려사항★★
> - 주최측과 협조하여 행사의전계획서를 확보★
> - 행사장의 기상, 특성, 구조, 시설 등에 대한 여건 판단
> - 취약요소를 분석하고 안전대책에 대한 판단기준 설정
> - 출입과 통제 범위 및 병력동원 범위 판단★
> - 헬기장 선정(안전공간, 주변여건)
> - 진입로, 주통로, 주차장 등을 고려하여 기동수단 및 승·하차지점 판단★

답 ④

20

현장답사 사항에 관한 설명으로 옳지 않은 것은? 기출 13

① 행사장에 도착한 후 행사시작 전까지의 경호활동으로서 준비하는 단계를 말한다.
② 경호조치를 위한 취약요소 분석, 병력운용 규모판단, 기동수단 및 거리를 산정한다.
③ 행사장의 승·하차지점, 직시고지, 건물 등 경호환경 및 주요 장소를 최종 판단한다.
④ 주최측과 협조하여 지리적 여건을 고려하고 진입로, 주통로, 기동수단 및 승·하차지점을 판단한다.

해설

현장답사는 경호임무 수행절차 중 계획단계에서 행해지는 것이므로 ①은 옳지 않다. ①은 준비단계에 관한 설명이다.

답 ①

제2절 사전예방경호(선발경호)

21
사전예방경호에 관한 설명으로 옳지 않은 것은? 기출 24

① 안전대책작용의 3대 원칙은 안전검측, 안전검사, 안전검식이다.
② 경호보안작용은 인원, 문서, 시설 등을 위해기도자로부터 보호하는 활동이다.
③ 경호정보작용은 경호대상자의 신변안전을 위협하는 취약요소 등을 사전에 수집 및 분석하는 것이다.
④ 경호대상자가 도착하기 전에 현장답사를 통해 경호협조와 경호준비를 하는 것을 말한다.

해설
① (×) 안전대책작용의 3대 원칙은 <u>안전점검</u>(폭발물 등 각종 유해물을 탐지하여 제거하는 활동), 안전검사(이용하는 기구, 시설 등의 안전상태를 검사하는 것), <u>안전유지</u>(안전점검 및 검사가 이루어진 상태를 계속 유지하기 위해 통제하는 것)이다.
② (○) 경호보안작용은 경호대상자는 물론 경호와 관련된 인원, 문서, 시설, 지역 및 통신까지 모든 것에 대해 위해기도자로부터 완벽한 보호대책을 수립하여 보안을 유지해 나가는 것을 말한다.
③ (○) 경호정보작용은 경호작용의 원천적 사전지식을 생산·제공하는 것으로 경호대상자의 신변안전을 위협하는 인적·물적·지리적 취약요소를 사전에 수집·분석·예고함으로써 예방경호를 수행하는 업무이다.
④ (○) 사전예방경호란 임무 수령과 행사 일정에 의해 경호작용이 형성된 후 현장답사 실시, 경호협조 및 행사 당일 경호대상자가 행사장에 도착하기 전까지 행하는 모든 사실적인 안전활동을 말한다.

답 ①

22
사전예방경호에 관한 설명으로 옳지 않은 것은? 기출 21

① 내부근무자는 출입자의 비표를 확인하고, 행사 진행 중 계획에 없는 움직임을 통제한다.
② 원활한 행사 준비를 위해 경호정보·보안·안전대책 업무 수행을 지원한다.
③ 경호대상자가 도착하기 전에 현장답사를 실시하여 효과적인 경호를 준비한다.
④ 지휘체계는 외곽근무자와 내부근무자를 별도로 관리하는 것이 효율적이다.

해설
경호지휘단일성의 원칙상 명령과 지휘체계는 반드시 하나의 계통으로 구성해야 한다. 따라서 외곽근무자와 내부근무자를 별도로 관리하는 것은 지휘 및 통제의 이원화로 인해 비효율적이다.

답 ④

23

사전예방경호에 관한 설명으로 옳지 않은 것은? 기출 12

① 출입자 통제를 위해 정문 근무자는 행사 주최측과 협조하여 초청장발급·비표패용 여부 등을 확인한다.
② 내부근무자는 입장자의 비표를 확인하고 행사진행 중 계획에 없는 움직임을 통제한다.
③ 외곽근무자는 돌발사태에 대비하여 예비대, 비상통로, 소방·구급차 및 운용요원을 확보하고 비상연락망을 유지한다.
④ 원활한 행사를 위하여 경호정보업무, 보안업무, 안전대책업무가 지원되어야 한다.

해설
내곽근무자는 돌발사태에 대비하여 예비대, 비상통로, 소방·구급차 및 운용요원을 확보하고 비상연락망을 유지한다.

답 ③

24

사전예방경호활동의 설명으로 틀린 것은? 기출 06·02

① 안전검측이나 검식활동은 반드시 행사 당일에 실시해야 한다.
② 안전을 저해하는 위해요소를 사전수집, 분석, 예고하는 활동이다.
③ 인원, 문서, 자재, 지역, 통신 등 경호와 관련된 보안활동이 포함된다.
④ 인적·물적·지리적인 취약요소에 대한 안전대책 내용이 주로 이루어진다.

해설
안전검측이나 검식활동을 반드시 행사 당일에만 실시할 필요는 없다.

답 ①

25

다음 중 경호관계관회의에 대한 설명으로 타당하지 않은 것은? 기출 02

① 경호준비 기간이나 행사 중 필요시 개최한다.
② 경호업무 전반에 대한 검토 및 토의를 실시한다.
③ 참석자는 경호실 선발부, 경찰 주요지휘관, 안전검측 관련자, 행사주관처 담당관 등이다.
④ 각 기능별 세부적, 구체적인 상황에 대하여 점검을 실시한다.

해설
경호관계관회의에서는 일반적인 사항에 대한 검토, 확인, 토론을 실시하며, 각 기능별 세부적인 내용을 검토, 보완하는 내용은 소실무회의에서 한다. ★

답 ④

26

경호임무 활동에 관한 설명으로 옳은 것은? 기출 20

① 연례적이고 반복적인 행사장의 사전답사는 생략할 수 있다.
② 안전대책작용에는 행사장 내외부에 산재한 인적·물적·지리적 취약요소에 대한 안전대책을 포함한다.
③ 경호정보작용은 경호작용의 원천적 사전 지식을 생산, 제공하는 것으로 경호대상자의 신변안전을 위한 근접경호 임무이다.
④ 경호보안작용은 위해기도자의 인원, 문서, 시설, 지역, 자재, 통신 등의 정보를 정확하게 생산하는 활동이다.

해설

② (○) 안전대책작용이란 경호임무를 수행하면서 경호대상자 신변의 위해요소를 사전에 제거하는 활동으로, 행사장 내·외부에 산재한 인적·물적·지리적 취약요소에 대한 안전대책 강구, 행사장 내·외곽 시설물에 대한 폭발물 탐지·제거 및 안전점검, 검측작용, 경호대상자에게 제공되는 각종 음식물에 대한 검식작용 등 통합적 안전작용을 말한다.
① (×) 행사장 사전답사(현장답사)는 미리 행사장을 돌아보고 의전계획을 확인한 뒤 취약요소를 분석하여 대책을 강구하고 비상 및 안전대책을 수립하는 등 제반경호조치를 판단하고 보완하는 활동이므로 비록 연례적이고 반복적이더라도 생략할 수는 없고 반드시 실시해야 한다.
③ (×) 경호정보작용은 경호작용의 원천적 사전 지식을 생산·제공하는 것으로, 경호대상자의 신변안전을 위협하는 인적·물적·지리적 취약요소를 사전 수집·분석·예고함으로써 예방경호를 수행하는 업무이다.
④ (×) 경호보안작용은 경호와 관련된 인원, 문서, 시설, 지역, 자재, 통신 등에 대하여 불순분자로부터 완벽한 보호대책을 수립하여 지속적으로 보안을 유지하는 활동을 말한다.

답 ②

27

경호임무수행에 관한 설명으로 옳지 않은 것은? 기출 11

① 안전점검 및 검사가 이루어진 상태를 계속 유지하기 위하여 통제작용을 하는 것을 안전유지라고 한다.
② 안전대책작용은 행사장 내·외곽 시설물에 대한 폭발물 탐지제거 및 안전점검, 각종 음식물에 대한 검식작용 등 통합적 안전작용이다.
③ 정보활동 분야는 경호 관련 인원, 문서, 시설, 지역, 자재, 통신 등에 대하여 모든 불순분자로부터 완벽한 보호대책을 수립하여 이를 지속적으로 보완·유지하는 것이다.
④ 행사결과보고서는 평가 직후 계획전담요원에 의해 요원들의 메모, 일지 등의 의견을 참고하여 직면했던 문제들과 제시된 해결책에 중점을 두고 작성된다.

해설

경호 관련 인원, 문서, 시설, 지역, 자재, 통신 등에 대하여 모든 불순분자로부터 완벽한 보호대책을 수립하여 이를 지속적으로 보완·유지하는 것은 경호보안작용을 말한다. 경호정보작용은 경호작용의 원천적 사전정보를 생산·제공하는 것으로 경호대상자의 신변안전을 위협하는 인적·물적·지리적 취약요소를 사전에 수집·분석·예고함으로써 예방경호를 수행하는 작용을 말한다.★

답 ③

28

경호작용에 관한 설명으로 틀린 것은? 기출 08·06

① 안전대책작용은 행사지역 내·외부의 취약요소에 대한 안전대책을 강구하고, 안전점검, 검측작용 등 통합적인 안전작용을 말한다.
② 경호와 관련된 인원, 문서, 시설, 지역, 통신 등에 대해 위해기도자로부터 완벽한 보호대책을 수립하여 보안을 유지해 나가는 것을 경호정보작용이라고 한다.
③ 안전조치는 경호행사 시 경호대상자에게 위해를 줄 수 있는 위해물질을 안전하게 관리하는 것을 말한다.
④ 안전조치가 이루어진 상태를 계속 유지하기 위하여 통제작용을 하는 것을 안전유지라고 한다.

해설
보안을 유지해 나가는 것은 경호보안작용이다.

핵심만콕

안전대책작용	행사지역 내·외부의 취약요소에 대한 안전대책을 강구하고, 안전점검, 검측작용 등 통합적인 안전작용★
경호보안작용	경호와 관련된 인원, 문서, 시설, 지역, 통신 등에 대해 위해기도자로부터 완벽한 보호대책을 수립하여 보안을 유지해 나가는 작용★
경호정보작용	경호작용의 원천적 사전정보를 생산·제공하는 것으로 경호대상자의 신변안전을 위협하는 인적·물적·지리적 취약요소를 사전에 수집·분석·예고함으로써 예방경호를 수행하는 작용★
안전조치	경호행사 시 경호대상자에게 위해를 줄 수 있는 위해물질을 안전하게 관리하는 작용
안전유지	안전조치가 이루어진 상태를 계속 유지하기 위하여 통제작용을 하는 작용

답 ②

29

경호정보와 첩보에 관한 설명으로 옳지 않은 것은? 기출 16

① 경호첩보는 가공되지 않은 정보의 자료가 되는 2차적인 지식을 의미한다.
② 경호정보의 분류에는 인적정보, 물적정보, 지리정보, 교통정보, 기상정보 등이 있다.
③ 경호정보는 사용자가 필요로 하는 시기에 제공되어야 하는 적시성이 있어야 한다.
④ 경호정보는 시간이 허용되는 범위에서 사용자가 의도한 대상과 관련한 모든 사항을 망라하여 작성해야 하는 완전성이 있어야 한다.

해설
경호첩보는 가공되지 않은 정보의 자료가 되는 1차적인 지식을 말하며, 정보는 가공된 2차적인 지식을 말한다.

답 ①

30

경호의 기능에 대한 다음 설명 중 ( ) 안의 ㄱ~ㄴ에 들어갈 내용으로 옳은 것은?

- (ㄱ) : 참석자의 위해물질 소지 여부를 확인하여 위험인물이나 위해물질의 침투를 거부하고 비인가자의 참석을 배제하기 위한 활동
- (ㄴ) : 경호대상자의 신변안전을 도모하는 데 필요한 정·첩보를 사전에 수집·평가·전파함으로써 예방경호를 실현하기 위한 활동

① ㄱ : 검측, ㄴ : 통신
② ㄱ : 안전, ㄴ : 정보
③ ㄱ : 검색, ㄴ : 보안
④ ㄱ : 검색, ㄴ : 정보

[해설]

( ) 안에 들어갈 내용은 ㄱ : 검색, ㄴ : 정보이다.

핵심만콕 경호의 10대 기능

경 호	선발경호	행사장 내의 위험요소를 제거하고 행사장 내로의 위해요소의 접근을 거부하기 위한 것이다.
	수행경호	경호대상자의 신변을 보호하기 위하여 실시하는 근접호위활동을 말한다.
경 비		경호대상자의 숙소나 유숙지 및 집무실에 대한 경계, 순찰 및 방비활동을 통하여 위해요소의 침투를 거부하는 경호조치를 말한다.
기 동		경호대상자의 각종 이동수단을 운용하고 관리하며, 철도·항공기 등을 이용할 경우에도 각 기동수단의 특성에 따른 경호대책에 만전을 기하는 것이다.
검 측	안전검측 (시설물)	행사장 내의 물적위해요소 및 불안전요소를 탐지하여 안전조치를 취하고 비상대책을 강구하는 안전활동이다.
	검 색 (참석인원)	참석자의 위해물질 소지 여부를 확인하여 위험인물이나 위해물질의 침투를 거부하고 비인가자의 참석을 배제하기 위한 활동으로, 경호행사의 기본적인 선결과제이다.
안 전		행사장 내에서 경호에 영향을 미칠 수 있는 취약요소(전기·가스·소방·유류·승강기 등 포함)에 대한 점검 및 안전조치를 하는 기능을 말한다.
통 신		• 경호대상자가 사용하는 행사 음향의 안전성 확보는 경호대상자와 행사 참석자 간의 소통을 위해서 중요하다. • 경호원 상호 간의 유·무선망 확보와 경호요소 간의 통신망 구축 또한 중요한 임무이다.
정 보		경호대상자의 신변안전을 도모하는 데 필요한 정·첩보를 사전에 수집·평가·전파함으로써 예방경호를 실현하기 위한 활동을 말한다.
보 안		경호와 관련된 인원·문서·시설 및 통신 등에 대한 보호대책을 수립하여 불순분자에게 관련 정보가 유출되지 않도록 지속적으로 관리하는 활동을 말한다.
검 식		경호대상자에게 제공되는 음식물의 이상 유무(위해성, 위생상태 등)를 검사하고 확인하는 활동이다.
의 무		경호대상자를 각종 질병의 위험으로부터 보호하고 위급상황에 대비하는 경호활동을 말한다.

〈출처〉 이두석, 「경호학개론」, 진영사, 2018, P. 56~68

답 ④

31

다음에서 설명하는 정보순환과정의 단계는? 기출 12

> 정보요구자 측에서의 주도면밀한 계획과 수집범위의 적절성, 수집활동에 대한 적절한 감독 등이 요구되는 단계

① 정보요구단계
② 첩보수집단계
③ 정보생산단계
④ 정보배포단계

해설

정보요구자 측에서의 주도면밀한 계획과 수집범위의 적절성, 수집활동에 대한 적절한 감독 등이 요구되는 단계로, 정보활동의 기초가 되는 정보순환과정은 정보요구단계이다.

핵심만콕 경호정보순환과정

정보요구단계	정보요구자 측에서의 주도면밀한 계획과 수집범위의 적절성, 수집활동에 대한 적절한 감독 등이 요구되는 단계, 정보요구자(정보사용자)가 필요성의 결정에 따라 첩보의 수집활동을 집중 지시하는 단계로서 정보활동의 기초가 된다.
첩보수집단계	수집기관의 수집지시 및 요구에 의해 첩보를 수집하고 이를 지시 또는 요구한 사용자에게 제공하는 단계이다. 즉, 첩보를 수집ㆍ제공하는 단계이다.
정보생산단계	수집된 첩보를 기록ㆍ평가ㆍ조사ㆍ분석ㆍ결론 도출과정을 통해 정보로 전환하여 처리하는 단계로서 학문적 성격이 가장 많이 지배되는 단계이다. 즉, 첩보를 정보로 바꾸는 단계이다.
정보배포단계	생산된 정보가 정보를 필요로 하는 정보의 사용권자에게 구두ㆍ서면ㆍ도식 등의 유용한 형태로 배포되는 단계이다.

〈참고〉 공병인, 「경찰학개론」, 배움, 2011, P. 626

답 ①

32

안전대책작용에 관한 내용이다. ( )에 들어갈 용어로 옳은 것은? 기출 20

> 경호행사 시 경호대상자에게 위해를 줄 수 있는 위해물질을 안전하게 관리하는 것을 (ㄱ)(이)라 하고, 경호대상자에게 위해를 가할 소지가 있는 사람의 접근을 차단하는 것을 (ㄴ)이라 하며, 경호대상자에게 위해여건을 제공할 수 있는 자연 및 인공물에 대하여 위해를 가할 수 없는 상태로 전환시키는 작용을 (ㄷ)(이)라 한다.

① ㄱ : 안전점검, ㄴ : 물적취약요소 배제작용, ㄷ : 안전조치
② ㄱ : 안전조치, ㄴ : 물적취약요소 배제작용, ㄷ : 안전검측
③ ㄱ : 안전점검, ㄴ : 인적위해요소 배제작용, ㄷ : 안전조치
④ ㄱ : 안전조치, ㄴ : 인적위해요소 배제작용, ㄷ : 안전검측

해설

( ) 안에 들어갈 용어는 순서대로 ㄱ : 안전조치, ㄴ : 인적위해요소 배제작용, ㄷ : 안전검측이다.

답 ④

33

다음 (　)에 들어갈 경호의 안전대책은? 기출 22

- (ㄱ) : 경호대상자가 이용하는 기구와 물품, 시설 등의 안전상태를 확인하는 활동
- (ㄴ) : 경호대상자에게 위해를 가할 수 있는 위해물질을 안전하게 관리하는 활동
- (ㄷ) : 폭발물 등 각종 유해물을 탐지, 제거하는 활동

① ㄱ : 안전검사, ㄴ : 안전조치, ㄷ : 안전점검
② ㄱ : 안전조치, ㄴ : 안전점검, ㄷ : 안전검사
③ ㄱ : 안전점검, ㄴ : 안전검사, ㄷ : 안전조치
④ ㄱ : 안전조치, ㄴ : 안전검사, ㄷ : 안전점검

해설

제시문의 (　)에 들어갈 경호안전대책작용은 ㄱ : 안전검사, ㄴ : 안전조치, ㄷ : 안전점검이다.

핵심만콕 　안전대책작용

- 의의 : 행사장 내·외부에 산재한 인적·물적·지리적 취약요소에 대한 안전대책 강구, 행사장 내·외곽 시설물에 대한 폭발물 탐지·제거 및 안전점검, 경호대상자에게 제공되는 각종 음식물에 대한 검식작용 등 통합적 안전작용을 말한다.
- 안전대책의 3대 작용원칙
  - 안전점검 : 폭발물 등 각종 유해물을 탐지·제거하는 활동
  - 안전검사 : 이용하는 기구, 시설 등의 안전상태를 검사하는 것
  - 안전유지 : 안전점검 및 검사가 이루어진 상태를 계속 유지하기 위해 통제하는 것
- 위해요소
  - 인적위해요소 : 경호대상자에게 위해를 가할 소지가 있는 사람
  - 물적취약요소 : 경호대상지역 주변에 위치하면서 경호대상자에게 직접 위해를 가할 수 있는 인공물이나, 경호대상자에게 위해를 가할 수 있도록 여건을 제공할 수 있는 자연물
- 안전조치 : 경호행사 시 경호대상자에게 위해를 줄 수 있는 위해물질을 안전하게 관리하는 것
- 안전검측 : 경호대상자에게 위해 여건을 제공할 수 있는 자연 및 인공물에 대하여 위해를 가할 수 없는 상태로 전환시키는 작용

〈출처〉 김두현, 「경호학개론」, 엑스퍼트, 2020, P. 269~270

답 ①

34

경호안전대책에 관한 설명으로 옳은 것은? 기출 17

① 행사장의 인적·물적·지리적 위해요소에 대한 비표운용을 통하여 행사장의 안전을 도모한다.
② 인적 위해요소에 대해서는 행사장 주변 수색 및 위해광고물 일제정비 등을 통해 경호 취약요소를 제거한다.
③ 물적 위해요소에 대해서는 금속탐지기 등을 이용한 검색을 통하여 위해물품이 행사장 내로 반입되지 못하도록 한다.
④ 지리적 위해요소에 대해서는 입장 및 주차계획, 본인여부 확인을 통하여 불순분자의 행사장 내 침투 및 접근을 차단한다.

해설

③ (○) 물적 위해요소의 배제에 관한 옳은 설명이다.
① (×) 비표운용은 경호안전대책 중 인적 위해요소의 배제활동에 해당한다.
② (×) 인적 위해요소의 배제를 위한 세부 활동으로는 신원조사, 비표 관리, 요시찰인 동향감시, 경호첩보수집의 강화 등을 들 수 있다.
④ (×) 지리적 취약요소의 배제 활동에는 행사장 주변 수색 및 위해광고물 일제정비 등이 있다.

핵심만콕 위해요소별 분류 및 안전대책

인적 위해요소의 배제	• 인적 위해요소는 경호대상자에게 위해를 가할 소지가 있는 자를 말하는 것으로, 시국불만자, 신원이 특이한 교포 및 외국인, 일반 요시찰인, 피보안처분자, 공격형 정신분자 등이 있으며, 인적 위해요소의 배제활동이란 이를 색출함과 동시에 사전에 차단하기 위한 일련의 활동을 의미한다. • 행사장경호의 참관인이나 경원 등의 신원을 명확히 하여 신원특이자를 배제하는 활동 등을 통하여 경호대상자의 안전을 도모한다. • 인적 위해요소의 배제를 위한 세부적 활동으로는 경호 관련 단체의 동향감시, 신원조사 대상자의 조사, 행사 전 비표 관리 등의 수단이 있다.★
물적 위해요소의 배제	물적 취약요소는 경호대상자에게 직접 위해를 가할 수 있는 제반 위험물이나 위해의 원인이 되는 위험물, 자연물 및 인공물을 의미하는 것으로 경호행사 전에 경호대상지역의 총기류, 위험물 등에 대하여 관리를 철저히 하여 위험을 방지하고, 검측을 실시하여 안전을 확보하는 활동을 말한다. 예 안전조치활동, 안전검측활동, 검식활동 등★
지리적 위해요소의 배제	경호행사장 및 연도 주변의 지리적 여건이 경호대상자에게 위해를 가할 수 있는 근거를 제공하는 경우 사전에 제거하는 것으로, 행사장 주변의 수색 및 연도주변의 위해요소(위해광고물 등)를 제거와 행사장 및 숙소가 직시 또는 감제되는 산악, 연도 양측이 직시되는 감제고지 등의 취약지역 수색활동 등이 이에 해당한다.★

답 ③

35

경호 비표 운용에 관한 내용으로 옳은 것은? 기출 16

① 행사장의 혼잡방지를 위해 비표는 행사일 전에 배포한다.
② 비표는 식별이 용이하도록 단순·선명하게 제작하여 재활용이 가능하도록 한다.
③ 행사 구분별 별도의 비표 운용은 금지사항이다.
④ 비표에는 리본, 명찰, 완장, 모자, 배지(Badge) 등이 있다.

[해설]
비표의 종류에는 리본, 명찰, 완장, 모자, 배지(Badge) 등이 있으며, 대상과 용도에 맞게 적절히 운용한다.

[핵심만콕]
비표는 행사 참석자를 비롯한 출입 인원, 장비 및 차량 등의 모든 인적·물적 출입요소의 인가 및 확인 여부를 표시하기 위하여 사용되는 중요한 식별수단으로, 인적 위해요소의 배제활동에 해당한다.
- 비표는 행사 당일에 출입구에서 신원 확인 후 바로 배포한다.
- 비표는 원거리에서도 식별이 용이하도록 단순하고 선명하게 제작하여 사용함으로써 경호조치의 효율성을 증대시킬 수 있다. 한 번 사용된 비표의 재활용은 보안과 관련하여 문제가 될 소지가 있다.
- 행사구분별 별도의 비표를 운용한다. 즉, 행사 참석자를 위한 비표는 구역별로 그 색상을 달리하면 식별 및 통제가 용이하다.

답 ④

36

폭발물에 관한 설명으로 옳지 않은 것은? 기출 17

① 폭약은 파괴적 폭발에 사용될 수 있는 것으로서 액체산소폭약, 다이너마이트 등이 있다.
② 급조폭발물은 다양한 형태로 제작 가능하며, 재사용이 가능한 장점이 있다.
③ 뇌관에 사용되는 기폭제는 폭발력은 약하나 작은 충격이나 마찰, 정전기 등에 폭발하는 특성이 있다.
④ 폭발물의 폭발효과는 폭풍, 진동, 열, 파편효과 등이 나타난다.

[해설]
급조폭발물(= 사제폭발물, IED)은 다양한 형태로 제작이 가능하지만, 일회용으로서 재사용이 제한된다.

답 ②

37

안전검측의 원칙상 항목별(ㄱ~ㅌ) 검측 시 (　　)에서 우선으로 중점 검측할 대상을 옳게 선택한 것은? 기출 23

(ㄱ. 통로의 중앙, 　ㄴ. 통로의 양 측면)
(ㄷ. 높은 곳, 　　　ㄹ. 낮은 곳)
(ㅁ. 깨끗한 곳, 　　ㅂ. 더러운 곳)
(ㅅ. 좌측, 　　　　ㅇ. 우측)
(ㅈ. 가까운 곳, 　　ㅊ. 먼 곳)
(ㅋ. 밝은 곳, 　　　ㅌ. 어두운 곳)

① ㄱ, ㄷ, ㅂ, ㅅ, ㅈ, ㅋ
② ㄱ, ㄹ, ㅁ, ㅇ, ㅊ, ㅋ
③ ㄴ, ㄷ, ㅁ, ㅇ, ㅊ, ㅌ
④ ㄴ, ㄹ, ㅂ, ㅅ, ㅈ, ㅌ

해설

ㄱ. (×), ㄴ. (○) 통로에서는 통로의 중앙보다는 양 측면을 중점 검측한다.
〈출처〉김두현, 「경호학개론」, 엑스퍼트, 2020, P. 270

ㄷ. (○), ㄹ. (×) 아래보다는 높은 곳을 중점 검측한다.
〈출처〉김두현, 「경호학개론」, 엑스퍼트, 2020, P. 270

ㅁ. (×), ㅂ. (○) 깨끗한 곳보다는 더러운 곳을 중점 검측한다. 검측활동 시 위해분자는 인간의 습성(위를 보지 않는 습성, 더러운 곳을 싫어하는 습성, 공기가 탁한 곳을 싫어하는 습성)을 최대한 활용한다는 점을 명심하고, 상하좌우 빠지는 부분이 없도록 반복 중첩되게 실시한다.
〈출처〉이두석, 「경호학개론」, 진영사, 2018, P. 270

ㅅ. (○), ㅇ. (×) 검측의 순서가 좌에서 우로 실시되므로, 우측보다는 좌측을 중점 검측한다.

ㅈ. (○), ㅊ. (×) 건물 외부에서 검측은 가까운 곳부터 확산하여 실시하므로, 먼 곳보다는 가까운 곳을 중점 검측한다.

ㅋ. (×), ㅌ. (○) 밝은 곳보다는 어두운 곳을 중점 검측한다.

핵심만콕

2020년도 A형 70번 문제의 경우 '통로에서는 양 측면을 중점 검측하고, 높은 곳보다는 아래를 중점적으로 실시한다'는 내용이 옳지 않은 것으로 출제되었고, 2018년도 A형 71번 문제의 경우에도 '높은 곳을 낮은 곳보다 중점 검측한다'는 내용이 옳은 내용으로 출제되었음에도 불구하고 2023년도 제25회 시험에서는 '높은 곳보다는 낮은 곳을 중점 검측한다'고 보아 최종정답을 ④로 확정한 것은 신뢰보호의 원칙에도 어긋나는, 일관성이 없는 결정이라고 할 수 있다. 다만, 이 문제에 대한 행정심판에서 청구인의 전항정답 주장에 대하여 행정심판위원회는 기각결정을 하였다.

답 ④

38

방(room)에서의 안전검측활동 단계를 순서대로 옳게 나열한 것은? 기출 24

① 눈높이 → 바닥 → 천장높이 → 천장 내부
② 눈높이 → 천장높이 → 바닥 → 천장 내부
③ 바닥 → 눈높이 → 천장높이 → 천장 내부
④ 천장 내부 → 천장높이 → 눈높이 → 바닥

해설
방(room)에서의 안전검측은 일반적으로 방의 모든 표면을 촉각을 통해 점검해야 한다. 가청음 조사 및 전체 방을 훑어보는 검측을 한 후, 방의 크기에 따라 단계별 구획을 그어 <u>바닥 → 벽(눈높이) → 천장면(천장높이) → 천장 내부</u> 순서로 검측한다.

답 ③

39

안전검측활동의 내용으로 옳지 않은 것은? 기출 23

① 안전점검, 안전검사, 안전조치 등을 포함한 포괄적인 활동이다.
② 책임구역을 명확히 구분하고 세부실시계획을 세워 의심나는 곳은 반복해서 실시한다.
③ 경호대상자가 장시간보다 단시간 머물 곳을 먼저 실시한 후 경호대상자의 동선에 따라 순차적으로 실시한다.
④ 타 업무보다 우선하며 원칙에 예외를 불허하고, 원격조정형 폭발물은 전문검측장비를 이용한다.

해설
<u>검측의 순서는 회의실, 오찬장, 휴게실 등 경호대상자가 장시간 머물러 있는 곳을 먼저 실시하고</u>, 통로, 현관 등 <u>경호대상자가 움직이는 경로를 순차적으로 실시한다.</u>

핵심만콕 안전검측 원칙★★

- 검측은 타 업무보다 우선하며, 예외를 불허하고 선 선발개념으로 실시한다.
- <u>가용 인원 및 장소는 최대한 지원받아 활용한다.</u>
- <u>범인(적)의 입장에서 설치장소를 의심하며 추적한다.</u>
- 점검은 아래에서 위로, 좌에서 우로 등 일정한 방향으로 체계적으로 점검한다.
- <u>점과 선에서 실시하되 가까운 곳에서 먼 곳으로, 밖에서 안으로 끝까지 추적한다.</u>
- <u>통로보다는 양측면을 점검하고 책임구역을 명확히 구분하여 의심나는 곳은 반복하여 실시한다.</u>
- 검측대상은 외부, 내부, 공중지역, 연도로 구분하여 실시한다.
- <u>장비를 이용하되 오감(오관)을 최대한 활용한다.</u>
- 전자제품은 분해하여 확인하고, 확인이 불가능한 것은 현장에서 제거한다.
- <u>검측인원의 책임구역을 명확하게 하며, 중복되게 점검이 이루어져야 한다.</u>
- 검측은 경호계획에 의거하여 공식행사에서 실시함을 원칙으로 하되, <u>비공식행사에서는 비노출 검측활동을 실시할 수 있다.</u>
- 검측 실시 후 현장 확보상태에서 지속적인 안전유지를 한다.
- 행사 직전 반입되는 물품 등은 쉽게 소형 폭발물의 은폐가 가능하므로 계속적인 검측을 실시한다.

답 ③

40

안전검측 방법에 관한 설명으로 옳은 것은? 기출 23

① 전기제품은 분해하지 않고 검측하고, 비금속물체는 장비를 활용하여 금속반응을 확인한다.
② 경호계획에 의거 공식행사에는 검측을 원칙으로 하나, 비공식행사에는 비노출 검측활동을 하지 아니한다.
③ 가용 인원의 최대 범위에서 서로 중복이 되지 않도록 검측하여 시간의 효율성을 높인다.
④ VIP 탑승차량 및 주변 지원차량의 경우, 운전요원 입회하에 외부와 내부의 장치를 철저히 검측한다.

해설

④ (○) VIP 탑승차량 및 주변 지원차량 검측에 대한 옳은 설명이다.
① (×) 전기제품은 분해하여 확인하고, 확인이 불가능한 것은 현장에서 제거한다. 비금속물체는 장비를 활용하여 금속반응을 확인한다.
② (×) 검측은 경호계획에 의거하여 공식행사에서 실시함을 원칙으로 하되, 비공식행사에서는 비노출 검측활동을 실시할 수 있다.
③ (×) 검측은 가용 인원을 최대한 지원받아 실시하며, 검측 인원의 책임구역은 명확하게 구분하되, 중복되게 점검이 이루어져야 한다.

답 ④

41

안전검측활동에 관한 설명으로 옳은 것은? 기출 22

① 위해기도자의 입장보다는 경호대상자의 입장에서 검측을 실시한다.
② 가용 인원의 최대 범위에서 중복이 되지 않도록 철저히 실시한다.
③ 경호대상자가 짧은 시간 머물 곳을 실시한 후 장시간 머물 곳을 체계적으로 검측한다.
④ 비공식행사에서도 비노출 검측활동을 실시할 수 있다.

해설

④ (○) 검측은 경호계획에 의거하여 공식행사에서 실시함을 원칙으로 하되, 비공식행사에서도 비노출 검측활동을 실시할 수 있다.
① (×) 위해기도자의 입장에서 설치장소를 의심하여 검측을 실시해야 한다.
② (×) 검측은 인원 및 장소를 최대한 지원받아 실시하며, 중복되게 점검이 이루어져야 한다.
③ (×) 회의실, 오찬장, 휴게실 등 경호대상자가 장시간 머물러 있는 곳을 대상으로 검측을 먼저 실시하고, 통로, 현관 등 경호대상자가 움직이는 경로는 순차적으로 실시한다.

답 ④

42

검측활동에 관한 설명으로 옳지 않은 것은? 기출 21

① 위해물질의 존재 여부를 검사하거나 시설물의 안전점검에 사용되는 도구를 검측장비라고 한다.
② 검측인원의 책임구역을 명확하게 하여 중복되지 않게 계획적으로 검측한다.
③ 시설물의 불안전요소를 제거하는 것은 검측활동에 해당된다.
④ 검측활동은 행사장과 경호대상자의 이동로를 중심으로 구역을 나눠 실시한다.

해설
검측인원의 책임구역을 명확하게 하며, 중복되게 점검이 이루어져야 한다.

답 ②

43

안전검측활동의 요령에 관한 설명으로 옳지 않은 것은? 기출 20

① 검측은 책임구역을 명확하게 구분하여 계속적으로 반복 실시한다.
② 인간의 싫어하는 습성을 감안하여 사각지점이 없도록 철저한 검측을 실시한다.
③ 통로에서는 양 측면을 중점 검측하고, 높은 곳보다 아래를 중점적으로 실시한다.
④ 확인이 불가능한 물품은 원거리에 격리시킨다.

해설
통로의 중앙보다는 양 측면을 중점 검측하고, 아래보다는 높은 곳을 중점 검측한다.

핵심만콕

검측은 책임구역을 명확하게 구분하여 계속적으로 반복 실시하되, 중복해서 실시하여 통로에서는 양측을 중점 검측하고 아래보다는 높은 곳을, 능선이나 곡각지 등 의심나는 곳은 반복해서 검측한다. 그리고 전기선은 끝까지 추적해서 확인하고 전기제품 같은 물품은 분해해서 확인하며, 확인이 불가능한 물품은 원거리에 격리시키며 쓰레기통 같은 무질서한 분위기는 청소를 실시하여 정돈한다.

〈출처〉 김두현, 「경호학개론」, 엑스퍼트, 2020, P. 270

답 ③

44

안전검측의 원리에 관한 설명으로 옳지 않은 것은? 기출 19

① 점검은 아래에서 위로, 좌에서 우로 일정한 방향으로 체계적으로 점검이 이루어져야 한다.
② 주변의 흩어져 있는 물건은 그대로 두고, 확인 불가능한 것은 먼 거리로 이격 제거한다.
③ 점검인원의 책임구역을 명확히 하며, 중복적 점검이 이루어져야 한다.
④ 범인의 입장에서 설치 장소를 의심하며 추적한다.

[해설]
주변에 흩어져 있는 물건은 완벽하게 정리 정돈하며, 확인 불가능한 것은 현장에서 제거한다.

답 ②

45

안전검측의 원칙상 항목별(ㄱ~ㄷ) 검측 시 우선으로 중점 검측할 대상을 옳게 선택한 것은? 기출 18

ㄱ. 통로의 양 측면,	통로의 중앙
ㄴ. 높은 곳,	낮은 곳
ㄷ. 깨끗한 장소,	더러운 장소

① ㄱ : 통로의 양 측면,   ㄴ : 낮은 곳,   ㄷ : 깨끗한 장소
② ㄱ : 통로의 양 측면,   ㄴ : 높은 곳,   ㄷ : 더러운 장소
③ ㄱ : 통로의 중앙,   ㄴ : 낮은 곳,   ㄷ : 깨끗한 장소
④ ㄱ : 통로의 중앙,   ㄴ : 높은 곳,   ㄷ : 더러운 장소

[해설]
ㄱ. 통로에서는 통로의 중앙보다는 양 측면을 중점 검측한다.
〈출처〉 김두현, 「경호학개론」, 엑스퍼트, 2020, P. 270
ㄴ. 아래보다는 높은 곳을 중점 검측한다.
〈출처〉 김두현, 「경호학개론」, 엑스퍼트, 2020, P. 270
ㄷ. 검측활동 시 위해분자는 인간의 습성(위를 보지 않는 습성, 더러운 곳을 싫어하는 습성, 공기가 탁한 곳을 싫어하는 습성)을 최대한 활용한다는 점을 명심하고, 상하좌우 빠지는 부분이 없도록 반복 중첩되게 실시한다.
〈출처〉 이두석, 「경호학개론」, 진영사, 2018, P. 270

답 ②

46

검식활동에 관한 설명으로 옳지 않은 것은? 기출 24

① 안전검측활동에 포함되지 않는다.
② 음식물은 전문요원에 의한 검사를 실시한다.
③ 식재료의 구매, 운반과정에서의 안전성 확보활동을 포함한다.
④ 음식물의 조리 및 제공 과정에서 위해요소 제거활동을 포함한다.

해설

① (×) 검측활동에는 경호대상자에게 제공되는 음식료의 안전을 확인하고 점검하는 검식활동을 포함한다.
〈출처〉이두석, 「경호학개론」, 진영사, 2018, P. 272
② (○) 음식물에 관한 검식활동의 내용으로 옳은 설명이다.
③ (○) 검식활동은 식재료의 구매・운반・저장과정에서의 안전성을 확보하고, 조리과정의 위생상태를 점검하며, 경호대상자에게 음식료가 제공될 때까지의 안전상태를 지속적으로 확인한다.
④ (○) 검식활동은 경호대상자에게 제공되는 음식물에 대하여 구매, 운반, 저장, 조리 및 제공되는 과정에서 위해요소를 제거하는 업무를 의미한다.

답 ①

47

검식활동에 관한 설명으로 옳은 것은? 기출 23

① 조리가 완료된 후에는 검식활동이 종료된다.
② 경호대상자에게 제공되는 식음료의 안전을 점검하는 활동이다.
③ 경호대상자에게 식음료 운반 시 원거리 감시를 실시한다.
④ 검식활동의 시작은 식재료의 조리과정 단계부터이다.

해설

② (○) 검식활동은 경호대상자에게 제공되는 음식물의 이상 유무를 검사하고 확인하는 과정이다.
① (×) 검식활동은 경호대상자에게 제공되는 음식물에 대하여 구매, 운반, 저장, 조리 및 제공되는 일련의 과정을 포함한다. 따라서 조리가 완료된 후에도 검식활동은 종료되지 않는다.
③ (×) 경호대상자에게 식음료 운반 시에도 근접감시를 실시한다.
④ (×) 검식활동은 식재료의 구매 단계부터 시작된다.

답 ②

48

검식활동에 관한 설명으로 옳지 않은 것은? 기출 22

① 음식물은 전문요원에 의한 검사를 실시한다.
② 음식물 운반 시에도 근접감시를 실시한다.
③ 안전대책작용으로 사전예방경호이면서 근접경호에 해당된다.
④ 식재료의 구매, 운반, 저장과정, 조리 등 경호대상자에게 음식물이 제공될 때까지 모든 과정의 위해요소를 제거하는 것이다.

[해설]
검식활동은 안전대책작용으로서 사전예방경호에 해당하나, 경호실시단계에서 이루어지는 근접경호에는 해당하지 않는다.

답 ③

49

검식활동에 관한 설명으로 옳지 않은 것은? 기출 21

① 조리가 완료된 후에도 검식활동은 지속되어야 한다.
② 검식활동은 식재료의 조리 단계부터 시작된다.
③ 행사장의 위생상태 점검, 전염병 및 식중독의 예방대책 등을 포함한다.
④ 경호대상자에게 제공하는 음식물에 대하여 구매, 운반, 저장, 조리 및 제공되는 일련의 과정을 포함한다.

[해설]
검식활동은 경호대상자에게 제공되는 음식물에 대하여 구매, 운반, 저장, 조리 및 제공되는 일련의 과정을 포함하므로, 식재료의 구매 단계부터 시작된다.

> **핵심만콕** 검식활동의 내용
>
> - 사전에 조리담당 종사자에 대한 신원조사를 실시하여 신원특이자는 배제한다.
> - 음식물은 전문요원에 의한 검사를 실시한다.
> - 행사 당일에는 경호원이 주방에 입회하여 조리사의 동향을 감시한다.
> - 음식물 운반 시에도 철저하게 근접감시를 실시한다.
> - 식재료는 신선도와 안전 여부를 확인 및 점검한다.
> - 각종 기물은 철저하게 검색하고 사용하기 전에는 열탕소독을 실시한다.
> - 주방종사자는 위생검사를 실시하고, 질병이 있는 자는 미리 제외시킨다.
>
> 〈출처〉 김계원, 「경호학」, 백산출판사, 2008, P. 211

답 ②

50

항공보안법상 다음의 내용이 설명하는 것은 무엇인가?

> 항공기의 안전운항을 저해할 우려가 있거나 운항을 불가능하게 하는 일정한 불법방해행위(항공보안법 제2조 제8호)를 하는 데에 사용될 수 있는 무기 또는 폭발물 등 위험성이 있는 물건들을 탐지 및 수색하기 위한 행위이다.

① 안전조치
② 안전검측
③ 검문검색
④ 보안검색

[해설]

제시된 내용은 항공보안법상 일반적인 보안검색에 관한 설명에 해당한다(항공보안법 제2조 제9호).

관계법령 **정의(항공보안법 제2조)**

이 법에서 사용하는 용어의 뜻은 다음과 같다. 다만, 이 법에 특별한 규정이 있는 것을 제외하고는 「항공사업법」・「항공안전법」・「공항시설법」에서 정하는 바에 따른다.

1~7. 생략
8. "불법방해행위"란 항공기의 안전운항을 저해할 우려가 있거나 운항을 불가능하게 하는 행위로서 다음 각목의 행위를 말한다.
   가. 지상에 있거나 운항 중인 항공기를 납치하거나 납치를 시도하는 행위
   나. 항공기 또는 공항에서 사람을 인질로 삼는 행위
   다. 항공기, 공항 및 항행안전시설을 파괴하거나 손상시키는 행위
   라. 항공기, 항행안전시설 및 제12조에 따른 보호구역(이하 "보호구역"이라 한다)에 무단 침입하거나 운영을 방해하는 행위
   마. 범죄의 목적으로 항공기 또는 보호구역 내로 제21조에 따른 무기 등 위해물품(危害物品)을 반입하는 행위
   바. 지상에 있거나 운항 중인 항공기의 안전을 위협하는 거짓 정보를 제공하는 행위 또는 공항 및 공항시설 내에 있는 승객, 승무원, 지상근무자의 안전을 위협하는 거짓 정보를 제공하는 행위
   사. 사람을 사상(死傷)에 이르게 하거나 재산 또는 환경에 심각한 손상을 입힐 목적으로 항공기를 이용하는 행위
   아. 그 밖에 이 법에 따라 처벌받는 행위
9. "보안검색"이란 불법방해행위를 하는 데에 사용될 수 있는 무기 또는 폭발물 등 위험성이 있는 물건들을 탐지 및 수색하기 위한 행위를 말한다.
10~11. 생략

답 ④

51

선발경호에 관한 설명으로 옳은 것은 모두 몇 개인가? 기출 23

- 행사 지역의 인적·물적·지리적 위해요소를 사전에 제거 및 감소를 통해 행사장에 대한 안전성을 확보한다.
- 경호대를 사전에 행사 지역에 파견하여 제반 위해요소에 대한 안전조치를 강구하는 모든 경호안전활동이다.
- 경호관련 정·첩보를 획득 및 전파함으로써 예방경호 실현을 통해 행사장의 안전을 확보하는 행사 직전까지의 업무이다.
- 위해가해자의 의도를 사전에 색출하여 그에 필요한 경호조치를 취함으로써 공격기회를 박탈하거나 공격의지를 무력화시키는 것이다.

① 1개
② 2개
③ 3개
④ 4개

해설

제시된 내용 중 선발경호에 관한 설명으로 옳은 것은 모두 3개이다. 세 번째 내용은 옳지 않다.

핵심만콕 선발경호의 의의

- "예방이 최선의 방어"라는 격언을 구체화시키기 위한 작업이 선발경호이다.
- '1 : 10 : 100의 원리'라는 경영이론은 선발경호의 중요성을 시사하는 이론이다.
- 선발경호는 경호대를 사전에 행사 지역에 파견하여 제반 위해요소에 대한 안전조치를 강구하는 모든 경호안전활동을 말한다.
- 예방경호는 위해기도자의 의도를 사전에 색출하여 그에 필요한 경호조치를 취함으로써 공격의 기회를 박탈하거나 공격의지를 무력화시키는 데에 그 의의가 있다.
- 선발경호는 행사 지역의 인적·물적·지리적 위험요소를 사전에 제거 또는 감소시킴으로써 행사장에 대한 안전성을 확보하고, 행사 종료 시까지 행사장의 안전을 유지하며, 선발활동을 통하여 경호 관련 정·첩보를 획득 및 전파함으로써 예방경호를 실현하는 것이다. 따라서 선발경호의 목적은 ① 사전에 위험요소를 제거하거나 최소화하여, ② 행사지역의 안전을 확보하고, ③ 사전 경호정보를 제공하는 데에 있다.

〈출처〉 이두석, 「경호학개론」, 진영사, 2018, P. 254~255

답 ③

52

선발경호의 목적으로 옳지 않은 것은? 기출 24

① 행사지역의 안전 확보
② 위험요소를 제거하거나 최소화
③ 경호 관련 정·첩보 획득 및 공유
④ 도보경호 및 경호차량 대형 형성

해설

도보경호 및 경호차량 대형 형성은 선발경호의 목적이 아닌 근접경호의 방법과 관련된 내용이다.
선발경호는 행사 지역의 인적·물적·지리적 위험요소를 사전에 제거 또는 감소시킴으로써 행사장에 대한 안전성을 확보하고, 행사 종료 시까지 행사장의 안전을 유지하며, 선발활동을 통하여 경호 관련 정·첩보를 획득 및 전파함으로써 예방경호를 실현하는 것이다. 따라서 선발경호의 목적은 (1) 사전에 위험요소를 제거하거나 최소화하여, (2) 행사지역의 안전을 확보하고, (3) 사전 경호정보를 제공하는 데에 있다.

〈출처〉 이두석, 「경호학개론」, 진영사, 2018, P. 252~253

답 ④

53

선발경호의 목적으로 옳지 않은 것은? 기출 15

① 발생한 위험에 대응하여 경호대상자를 보호한다.
② 우발상황에 대응하기 위한 비상대책을 강구한다.
③ 사전에 각종 위해요소를 제거하거나 최소화한다.
④ 행사지역의 경호관련 정보를 수집·제공한다.

해설

발생한 위험에 대응하여 경호대상자를 보호하는 것은 선발경호가 아니라 근접경호의 목적이다.

핵심만콕 선발경호의 개념과 목적

- 선발경호는 경호대상자보다 먼저 경호행사장에 도착하여 위해요소를 점검하고 안전을 확보하는 활동이다.
- 선발경호는 우발상황에 대응하기 위한 비상대책을 강구하고, 경호관련 정보를 수집·제공하기도 한다.
- 선발경호는 예방적 경호요소를 포함하며 완벽한 경호를 위한 준비활동으로 볼 수 있으며, 각종 사고의 가능성을 최소화하는 노력을 의미한다.

답 ①

54

다음이 설명하는 선발경호의 특성은? 기출 24

> 경호대상자에 대한 경호활동은 고유한 기능과 임무를 가지고 있는 다른 여러 기관이 참여하여 이루어지지만, 이들 각 기관들이 하나의 지휘체계 아래 보완적이고 협력적 관계에서 주어진 임무를 수행한다.

① 통합성
② 예방성
③ 안전성
④ 예비성

해설

① (○) 선발경호에 동원된 모든 부서는 각자의 기능을 100% 발휘하면서 하나의 지휘체계 아래에 통합되어 상호보완적으로 임무를 수행해야 한다.
② (×) 선발경호의 임무이자 경호의 목표라 할 수 있는 예방경호는 위해요소를 사전에 발견해서 제거하고 침투가능성을 거부함으로써 경호행사의 안전을 확보하는 것이다.
③ (×) 선발경호의 임무는 당연히 행사장의 안전을 행사가 종료될 때까지 확보·유지하는 일이다. 그러기 위해서는 3중 경호의 원리에 입각해서 행사장을 구역별로 구분하여 그 특성에 맞는 경호조치를 강구하여야 한다.
④ (×) 경호행사가 항상 계획되고 예상된 대로만 진행되지는 않는다. 따라서 선발경호는 사전에 경호팀의 능력과 현지 지형과 상황에 맞는 비상대응계획과 비상대피계획을 수립하여 비상상황에 대비하여야 한다.

답 ①

55

선발경호의 특성에 관한 설명으로 옳지 않은 것은? 기출 20

① 예방성 : 선발경호의 임무로 위해요소를 사전에 발견하여 제거하고 거부함으로써 경호행사의 안전을 확보하는 것이다.
② 통합성 : 경호임무에 동원된 모든 부서는 각자의 기능을 완벽하게 발휘하면서, 하나의 지휘체계 아래에 통합되어 상호 보완적 임무를 수행한다.
③ 안전성 : 확보한 행사장의 안전상태가 행사 종료 시까지 지속될 수 있도록 임무를 수행한다.
④ 예비성 : 경호임무는 최상의 상황을 염두에 두고 수행한다.

해설

경호임무는 경호행사가 항상 계획되고 예상된 대로만 진행되지는 않는다는 점을 고려하여야 한다. 즉, 최악의 비상상황을 염두에 두고 수행되어야 한다.

답 ④

56

선발경호의 특성에 관한 설명으로 옳지 않은 것은? 기출 23

① 예비성 - 우발상황에 신속히 대처하고, 만약의 상황에 대비한 비상대책 수립이 있어야 한다.
② 예방성 - 선발경호의 임무이자 경호의 목표이다.
③ 안전성 - 행사장의 안전을 사전에 확보하는 일이다.
④ 통합성 - 현지 지형에 맞는 대응계획과 대피계획을 수립·대응하는 것이다.

[해설]
예비성에 관한 설명이다.

핵심만콕	선발경호의 특성
예방성	• 선발경호의 임무이자 경호의 목표라 할 수 있는 예방경호는 위해요소를 사전에 발견해서 제거하고 침투가능성을 거부함으로써 경호행사의 안전을 확보하는 것이다. • 직접적인 위해행위의 가능성뿐만 아니라 간접적인 시설물의 불안전성 및 많은 참석자로 인한 혼잡과 사고의 개연성에 대비한다.
통합성	선발경호에 동원된 모든 부서는 각자의 기능을 100% 발휘하면서 하나의 지휘체계 아래에 통합되어 상호보완적으로 임무를 수행해야 한다.
안전성	• 선발경호의 임무는 당연히 행사장의 안전을 확보하는 일이다. 그러기 위해서는 3중 경호의 원리에 입각해서 행사장을 구역별로 구분하여 그 특성에 맞는 경호조치를 강구하여야 한다. • 행사와 관계가 없는 사람의 핵심구역 출입을 통제하고, 행사장 내 제반 시설물과 반출입물품에 대한 검측과 출입인원에 대한 검색을 실시하여야 한다. • 행사장의 안전상태는 행사가 종료될 때까지 지속될 수 있어야 한다.
예비성	경호행사가 항상 계획되고 예상된 대로만 진행되지는 않는다. 따라서 선발경호는 사전에 경호팀의 능력과 현지 지형과 상황에 맞는 비상대응계획과 비상대피계획을 수립하여 비상상황에 대비하여야 한다.

〈출처〉 이두석, 「경호학개론」, 진영사, 2018, P. 254~255

답 ④

57

선발경호원의 기본임무에 관한 설명으로 옳지 않은 것은? 기출 20

① 행사장의 보안상태 조사를 위해 내외부의 경호여건을 점검한다.
② 책임구역에 따라 사주경계를 실시하고 우발상황 발생 시 인적방벽을 형성하여 경호대상자를 보호한다.
③ 경계구역은 행사장 주변의 취약요소를 봉쇄, 감시할 수 있는 위치를 선정하고 기동순찰조를 운영한다.
④ 출입자 통제관리를 위하여 초청장 발급, 출입증 착용 여부를 확인한다.

[해설]
주어진 책임구역에 따른 사주경계를 실시하고 우발상황에 대응하여 인적방벽을 형성하여 경호대상자를 보호하는 것은 선발경호가 아니라 근접경호의 기본임무이다.

답 ②

58

선발경호 단계의 활동으로 옳지 않은 것은? 기출 18

① 비표를 운용한다.
② 현장을 사전답사한다.
③ 비상대피로를 선정한다.
④ 경호대상자 중심으로 사주경계를 한다.

해설
경호대상자를 중심으로 사주경계를 하는 것은 근접호위작용이며, 근접경호에 해당한다.

답 ④

59

선발경호에 해당되지 않는 것은? 기출 18

① 경호대상자가 도착하기 전에 효과적인 경호협조와 경호준비를 하는 사전예방경호활동이다.
② 행사장에 대한 인적·물적·지리적 정보를 수집하여 필요한 지원요소 소요 판단 후 세부계획을 수립한다.
③ 행사장 취약시설물과 최기병원 등 사실적 관계 확인은 안전대책 담당이다.
④ 사전에 점검하지 않은 지역이나 장소에 접근하지 않도록 경호대상자 측근에서 수행한다.

해설
기동 간 및 행사장에서 실시하는 근접호위작용을 근접경호라 하며, 선발경호는 경호대상자보다 먼저 경호행사장에 도착하여 위해요소를 점검하고 안전을 확보하는 활동을 말한다.

답 ④

60

다음 중 경호원의 분야별 업무담당 연결이 틀린 것은? 기출 08

① 작전 담당 - 작전정보 수집 및 분석, 통합 세부계획서 작성
② 차량 담당 - 건물 안전성 여부 확인, 최기병원 선정
③ 행사장 내부 담당 - 경호대상자 동선 및 좌석 위치 강구, 초청좌석 사복요원 배치
④ 행사장 외부 담당 - 안전구역 내 단일 출입로 선정, 경비 및 경계구역 내 안전조치 강화

해설
안전대책 담당은 안전구역 확보계획 검토, 건물의 안전성 여부, 상황별 비상대피로 구상, 행사장 취약시설물, 최기병원, 비상 및 일반예비대 운용방법, 직시건물(고지), 공중감시 대책 등 사실적 관계를 확인 및 관계 부서 협의 후 참고사항을 작전 담당에게 조언한다. 또 차량 담당은 수행원의 요구에 맞는 차량선택(보수적인 색상을 가진 차량으로 4개의 문이 달린 차량선택), 수행원을 위한 차량의 수량, 사이즈, 형식 등을 고려한다. ★

답 ②

61

출입통제 담당자의 업무로 옳지 않은 것은? 기출 21

① 참석대상의 입장계획을 세운다.
② 비상계획 및 일반예비대를 운용한다.
③ 출입구의 원활한 소통을 위해 출입통로를 지정한다.
④ 위해기도자와 위험물품 확인을 위한 검문검색을 한다.

해설

비상계획 및 일반예비대의 운용은 안전대책 담당자의 업무에 해당한다.

> **핵심만콕** 경호원의 분야별 업무분담
>
> - 작전 담당 : 정보수집 및 분석을 통하여 작전구역별 특성에 맞는 인원 운용계획 작성, 비상대책체제 구축에 주력하며 부가적으로 시간사용계획 작성, 관계관 회의 시 주요 지침사항·예상문제점·참고사항(기상, 정보·첩보) 등을 계획하고 임무별 진행사항을 점검하여 통합 세부계획서 작성 등
> - 출입통제 담당 : 행사 참석대상 및 성격분석, 출입통로 지정, 본인 여부 확인, 검문검색, 주차장 운용계획, 중간집결지 운용, 구역별 비표 구분, 안전 및 질서를 고려한 시차별 입장계획, 상주자 및 민원인 대책, 야간근무자 등의 통제계획을 작전 담당에게 전달 등
> - 안전대책 담당 : 안전구역 확보계획 검토, 건물의 안전성 여부 확인, 상황별 비상대피로 구상, 행사장 취약시설물 파악, 비상 및 일반예비대 운용방법 확인, 최기병원(적정병원) 확인, 직시건물(고지)·공중 감시대책 검토 등
> - 행정 담당 : 출장여비 신청 및 수령, 각 대의 숙소 및 식사장소 선정, 비상연락망 구성 등
> - 차량 담당 : 출동인원에 근거하여 선발대 및 본대 사용차량 배정, 이동수단별 인원, 코스, 휴게실 등을 계획하여 작전 담당에게 전달 등
> - 승·하차 및 정문 담당 : 진입로 취약요소 파악 및 확보계획 수립 후 주요 위치에 근무자 배치, 통행인 순찰통제방법 강구, 비상 및 일반예비대 대기장소 확인, 안전구역 접근자 차단 및 위해요소 제거, 출입차량 검색 및 주차지역 안내 등
> - 보도 담당 : 배치결정된 보도요원 확인, 보도요원 위장침투 차단, 행사장별 취재계획 수립 전파 등
> - 주행사장 내부 담당 : 경호대상자 동선 및 좌석위치에 따른 비상대책 강구, 행사장 내의 인적·물적 접근 통제 및 차단계획 수립, 정전 등 우발상황에 대비한 각 근무자 예행연습, 행사장의 단일 출입 및 단상·천장·경호대상자 동선 등에 대한 안전도의 확인, 각종 집기류 최종 점검 등
> - 주행사장 외부 담당 : 안전구역 내 단일 출입로 설정, 외곽 감제고지 및 직시건물에 대한 안전조치, 취약요소 및 직시지점을 고려한 단상 설치, 경호대상자 좌석과 참석자 간 거리 유지, 방탄막 설치 및 비상차량 운용계획 수립, 지하대피시설 점검 및 확보, 경비 및 경계구역 내에 대한 안전조치 강화, 차량 및 공중강습에 대한 대비책 강구 등

답 ②

제3절 근접경호(수행경호)

62

근접경호의 원칙에 관한 설명으로 옳은 것은? 기출 23

① 안전구역, 위험구역, 경계구역으로 3중 경호의 원칙을 적용한다.
② 경호대상자와 함께 이동하면서 변화하는 주변상황에 비주체적으로 대처해야 한다.
③ 복도, 도로, 계단 이동 시에는 경호대상자를 공간의 중앙 쪽으로 유도하여 위해 발생 시 여유 공간을 확보한다.
④ 위해가해자의 공격가능성을 줄이고, 위해 발생 시 경호대상자의 피해정도를 최소화하기 위하여 이동속도는 가급적 느리게 하여야 한다.

해설

③ (○) 복도, 도로, 계단 등으로 경호대상자를 수행할 때에는 공간의 중간으로 유도하여 위해 발생 시 피난공간을 여유 있게 확보하도록 하여야 한다.
① (×) 경호대상자의 위치를 중심으로 안전구역(내부) – 경비구역(내곽) – 경계구역(외곽)으로 구분하여 3중 경호의 원칙이 적용된다.
② (×) 근접경호원은 경호대상자와 함께 이동하면서 변화하는 주변상황에 주체적으로 대처해야 한다.
④ (×) 위해가해자의 공격가능성을 줄이고, 위해 발생 시 경호대상자의 피해정도를 최소화하기 위하여 이동속도를 가능한 한 빠르게 하여야 한다.

답 ③

63

근접경호의 원칙에 관한 설명으로 옳지 않은 것은? 기출 22

① 출입문 통과 시 경호원이 먼저 통과하여 안전을 확인한다.
② 이동 속도는 경호대상자의 보폭 등을 고려한다.
③ 복도, 계단, 보도를 이동할 때에는 경호대상자를 공간의 가장자리로 유도하여 위해 발생 시 여유공간을 확보한다.
④ 경호원은 경호대상자의 최근접에서 움직이도록 한다.

해설

근접경호원은 복도, 계단, 보도를 이동할 때에는 경호대상자를 공간의 중간으로 유도하여 위해 발생 시 여유공간을 확보해야 한다.

답 ③

64

근접경호원의 기본 요건 및 임무에 관한 설명으로 옳은 것은? 기출 21

① 도보이동 간 근접경호에서 단거리 직선통로를 이용하는 것은 이동 시 위험에 노출되는 정도를 최소화하기 위함이다.
② 계획에 없던 지역으로 이동하기 전 이동로, 경호대형, 특이사항은 경호대상자에게도 비밀로 해야 한다.
③ 경호원은 주변 모든 사람들이 위험한 무기를 소지할 수 있다는 가정하에 표정을 주의 깊게 관찰해야 한다.
④ 경호원은 위해발생 시 경호대상자의 방호보다 위해기도자의 제압을 우선해야 한다.

해설

① (O) 도보이동 간 근접경호원은 위험에 노출되는 정도를 최소화하기 위해 단거리 직선통로를 이용한다.
② (×) 계획에 없던 지역으로 이동 전에 경호원은 이동로, 소요시간, 경호대형, 주위의 특이상황, 주의사항 및 경호대상자의 이동 위치 등을 사전에 경호대상자에게 알려 주어야 한다.
③ (×) 경호원은 주변 모든 사람들이 위험한 무기를 소지할 수 있다는 가정하에 경호대상자 주위 모든 사람들의 손을 주의 깊게 관찰해야 한다.
④ (×) 경호원은 위해발생 시 위해기도자의 제압보다는 경호대상자를 방호하여 안전한 곳으로 대피시키는 것을 우선해야 한다.

답 ①

65

경호활동에 관한 설명으로 옳지 않은 것은? 기출 20

① 3중 경호는 위해기도 시 시간 및 공간적으로 지연시키거나 피해의 범위를 최소화하기 위한 방어전략이다.
② 선발 및 근접경호의 구분 운용은 효과적으로 위해기도를 봉쇄하려는 예방경호와 방어경호의 작용이다.
③ 경호원은 위해발생 시 경호대상자의 방호 및 대피보다 위해기도자의 제압이 우선이다.
④ 경호임무의 단계별 절차는 계획단계 - 준비단계 - 행사단계 - 평가단계이다.

해설

경호원은 위해발생 시 경호대상자의 방호 및 대피가 위해기도자의 제압보다 우선이다.

답 ③

66

경호임무의 활동수칙에 관한 설명으로 옳지 않은 것은? 기출 23

① 개인보다는 전체의 능력을 우선적으로 한다.
② 경호원에게 가장 중요한 수칙은 자기희생과 살신성인이다.
③ 경호원을 중심으로 내부, 내곽, 외곽으로 구분하여 경호구역을 설정한다.
④ 경호대상자의 사생활 보호를 책임져야 한다.

해설
'경호대상자를 중심으로' 경호대상자가 위치한 집무실이나 행사장으로부터 내부, 내곽, 외곽으로 구분하여 경호구역을 설정하여야 한다.

답 ③

67

경호원의 활동수칙에 관한 내용으로 옳지 않은 것은? 기출 22

① 경호대상자에게 스스로 안전에 대처할 수 있도록 일상적 경호수칙을 만들어 경각심을 높이게 한다.
② 경호업무 효율성 향상을 위해 경호대상자의 종교, 병력, 복용하는 약물에 대해서도 파악한다.
③ 위해자와 타협적인 행동을 하지 않는다.
④ 최대한 비노출경호를 위해 권위주의적 자세를 가진다.

해설
경호원은 권위주의적 자세를 배제하고 의전과 예절에 입각한 친절하고 겸손한 자세를 견지해야 한다.

답 ④

68

경호활동의 기본원칙으로 옳지 않은 것은? 기출 19

① 경호대상자가 참석할 장소와 지역에 대한 정보를 분석하여 위험요인을 사전에 제거한다.
② 경호대상자의 이동시간, 이동경로, 이용차량 등에 변화를 주어 위해기도자가 다음 행동을 예측할 수 없도록 한다.
③ 경호대상자를 제외한 모든 사람이 검색대상이며 모든 인적·물적·지리적 위해요소에 대해 경호조치가 이루어져야 한다.
④ 일반인의 불편을 최소화하면서 경호대상자와 국민의 접촉을 차단하여 완벽한 임무를 수행한다.

해설

④ (×) 경호활동은 일반인의 불편을 최소화하고 경호대상자와 국민과의 접촉을 보장할 수 있는 방법으로 수행되어야 한다.
① (○) 예방경호에 대한 옳은 설명이다.
② (○) 경호대상자의 시간, 장소, 차량, 습관화된 행동을 변화시켜 위해기도자가 다음 행동을 예측할 수 없도록 변화를 주어야 한다.
③ (○) 원칙적으로 경호대상자를 제외한 모든 사람이 검색대상이고, 경호구역 내 모든 물품과 시설물이 철저히 검측되어야 한다.

답 ④

69

경호임무의 활동수칙에 관한 설명으로 옳지 않은 것은? 기출 18

① 경호원을 중심으로 내부, 내곽, 외곽으로 구분하여 경호구역을 설정한다.
② 위해상황이 발생하면 최초발견자에 의한 빠른 대응이 필요하다.
③ 경호원은 위해가해자와 타협적인 행동을 하지 않아야 한다.
④ 경호원은 경호대상자의 정상적인 업무 및 사생활을 침해하지 않는 범위에서 임무를 수행하여야 한다.

해설

경호대상자가 위치한 집무실이나 행사장으로부터 내부, 내곽, 외곽으로 구분하여 경호구역을 설정한다. 경호구역의 지정은 경호처장이 경호업무의 수행에 필요하다고 판단되는 경우 지정할 수 있다(대통령 등의 경호에 관한 법률 제5조 제1항).

답 ①

70

경호원의 업무수행에 관한 설명으로 옳은 것은? 기출 24

① 경호대상자의 사생활에 대해 가족에게만 말했다.
② 신속한 경호업무를 위해 수평적인 명령체계를 유지하였다.
③ 정확성과 완전성을 배제하고 적시성과 확실성을 고려한 정·첩보활동을 하였다.
④ 경호대상자를 중심으로 내부, 내곽, 외곽으로 구분하여 경호구역을 설정하였다.

해설

④ (O) 3중 경호의 원칙은 경호대상자가 위치한 집무실이나 행사장으로부터 내부(근접경호), 내곽(중간경호), 외곽(외곽경호)으로 구분하여 경호 행동반경을 거리 개념으로 구분한 것으로, 위해요소에 대해 상대적으로 차등화된 경호조치와 중첩된 통제를 통하여 경호의 효율화를 기하고자 하는 경호방책이다.
① (×) 경호원은 경호대상자의 정상적인 업무 및 사생활을 침해하지 않는 범위에서 임무를 수행하여야 하고, 경호대상자의 사생활 보호를 책임져야 하므로 경호대상자의 사생활이나 비밀을 누설하여서는 아니 된다.
② (×) 경호조직은 전체구조가 통일적인 피라미드형을 구성하면서 그 속에 서로 상하의 계층을 이루고 지휘·감독 등의 방법에 의하여 경호목적을 통일적으로 실현하여야 한다. 따라서 수평적인 명령체계를 유지한다는 것은 옳지 않다.
③ (×) 경호정보작용은 정확성, 적시성, 완전성의 요건(3대 요건)을 구비해야 하며, 경호 관련 기본적 정보, 기획정보, 분석정보, 판단정보, 예고정보 등을 작성하고 경호지휘소로 집결하여 전파한다.

답 ④

71

근접경호원의 일반적 근무요령이 아닌 것은? 기출 13

① 사전에 행사장의 안전점검을 실시하여 위해물질의 색출 및 제거활동을 수행한다.
② 근접경호 시 경호원의 위치와 경호대형에 수시로 변화를 주어야 한다.
③ 경호에 관련 없는 언론 및 대중과의 불필요한 접촉을 차단하여야 한다.
④ 근접경호원은 예상되는 손님, 방문객, 보도요원 및 경호대상자에게 서비스를 제공하는 종사요원의 명단을 사전에 획득하여야 한다.

해설

①은 안전대책 및 검측활동 분야에 해당하는 것으로 사전예방경호작용 중의 하나이다.

핵심만콕	근접경호원의 일반적 근무 요령
근접경호의 위치	경호요원은 경호대상자와 경호요원 사이에 암살자 등이 끼어들 수 없도록 상대적 위치를 수시로 바꾸면서 항상 경호대상자와 근접해 있어야 한다.
신분확인	숙소 방문, 각종 행사 등에 참석하는 경우 접근하려는 사람의 신분 및 직위와 본인 여부 등을 사전에 점검해야 한다.
가족동반 시 경호	인력 및 차량지원에 관해 사전에 계획수립 등 가족에 대하여 경호나 에스코트를 제공하는 것은 필수사항이다. ★
수행원 등의 안전	경호대상자뿐만 아니라 외부요인의 수행에 대해서도 안전에 대한 경호를 실시해야 한다. 이는 경호원의 부수적인 책임이다. 즉, 어떤 경우 수행원이 위해를 당하는 사건이 발생하면 전반적인 경호임무에 불리하게 영향을 미칠 수 있고 혹평을 받을 수 있다.
근접경호책임자의 행동	근접경호요원은 언론 및 대중들과 가능한 한 대화를 삼가고, 책임자는 근접경호요원에 대한 책임을 지며, 경호대상자를 항시 수행한다.

답 ①

72

CHECK ○△✕

근접경호 임무수행 절차 중 임무분석단계에 해당하지 않는 것은? 기출 10

① 행사 성격 및 특성 고려
② 답사계획 수립
③ 출동준비상태 점검
④ 근접경호계획 수립

해설

근접경호 임무수행 절차 중 임무분석단계에는 행사 성격 및 특성 고려, 답사계획 수립, 근접경호계획 수립, 행사장 위치 파악, 행·환차로 결정 등이 있다. 출동준비상태 점검은 경호실시단계에서 이루어진다.

핵심만콕	근접경호원의 임무수행 절차★★
출동준비단계	24시간 출동태세 유지, 근무 편성, 출동차량 점검, 기상 및 특이사항 확인 및 전파
임무분석단계	행사 성격 및 특성 고려, 답사계획 수립, 근접경호계획 수립, 행사장 위치 파악, 행·환차로 결정
명령하달단계	행사 일반계획, 경호환경, 차량대형, 행·환차 코스 등을 하달하고, 개인별 임무를 부여하며, 행사장 비상대책을 마련하고, 예행연습을 실시한다.
경호실시단계	근접경호원의 출동, 출동준비상태 점검, 기동 간 및 행사장 근접경호 실시
복귀 후 정리단계	차량 및 장비 확인, 행사결과에 대한 토의, 행사결과보고서 작성

〈참고〉이상철, 「경호현장운용론」, 진영사, 2008, P. 117

답 ③

73

근접경호 시 사주경계 요령으로 옳지 않은 것은? 기출 23

① 시각의 한계를 염두에 두고 주위경계의 범위를 설정한다.
② 위해가해자는 군집된 인파 가운데 맨 앞 열에 서서 경호대상자를 주시하는 경우가 많다.
③ 전체적인 분위기와 조화되지 않는 부자연스럽고 불균형한 사항에 경계를 하여야 한다.
④ 경호대상자의 주변에 있는 모든 사람의 눈과 손을 감시하여야 한다.

[해설]
위해가해자는 심리적으로 첫째 줄보다 둘째 줄이나 셋째 줄에 서려는 경향이 있다.

답 ②

74

사주경계에 관한 설명으로 옳은 것은 모두 몇 개인가? 기출 20

- 행사장이나 주변의 모든 시설물과 물체가 경계대상이다.
- 위해기도자가 은폐하기 좋은 장소나 공격하기 용이한 장소가 경계대상이다.
- 경호대상자 주변의 모든 인원 중 행사상황에 어울리지 않는 행동을 하는 사람들이 중점감시대상이다.
- 경호행사 시 영향을 미칠 수 있는 간접적 위해요인도 경계대상이다.

① 1개 ② 2개
③ 3개 ④ 4개

[해설]
사주경계란 경호대상자를 중심으로 한 전 방향에 대한 감시로 직접적인 위해나 자연발생적인 위해요인을 사전에 인지하기 위한 경계활동을 말한다. 사주경계의 대상은 흔히 말하는 인원(인적 취약요소), 물건(물적 취약요소), 장소(지리적 취약요소)를 불문한다. 제시된 내용은 모두 사주경계에 대한 설명으로 옳다.

[핵심만콕]
인적 경계대상은 경호대상자 주변의 모든 인원이 그 지위나 차림새 등에 상관없이 포함되어야 하고, 특히 행사 상황이나 분위기에 어울리지 않는 행동이나 복장을 착용한 사람들을 중점적으로 감시한다. 물적 경계대상은 행사장이나 주변의 모든 시설물과 물체가 그 대상이다. 또한 지리적 경계대상은 위해기도자가 은폐하기 좋은 장소나 공격하기 용이한 장소가 해당된다.

〈출처〉 이두석, 「경호학개론」, 진영사, 2018, P. 180

답 ④

75

사주경계에 관한 설명으로 옳지 않은 것은? 기출 22

① 시각의 한계를 고려하여 주위경계의 범위를 선정하고, 인접한 경호원과의 경계범위를 중복되지 않게 실시한다.
② 돌발상황을 제외하고는 고개를 심하게 돌리거나 완전히 뒤돌아보는 등의 사주경계를 하지 않는다.
③ 경호대상자의 주위 사람들의 눈과 손, 표정, 행동에 주목하여 경계한다.
④ 사주경계의 대상은 인적·물적·지리적 취약요소들을 총망라해야 한다.

해설
시각의 한계를 고려하여 사주경계(주위경계)의 범위를 선정해야 하고, 인접해 있는 경호원과의 경계범위를 중첩되게 설정하여야 한다.

답 ①

76

근접경호에서 사주경계에 관한 설명으로 옳지 않은 것은? 기출 19

① 시각, 청각 등 오감과 육감을 활용한다.
② 위험 감지에 대한 단계와 구조를 이해해야 한다.
③ 인적경계대상은 위해 가능한 인원으로 제한하며 사회적 권위와 지위를 고려한다.
④ 경호대상자를 중심으로 360도 전 방향을 감시해야 한다.

해설
인적경계대상은 경호대상자 주변의 모든 인원들이 그 지위나 차림새 등에 상관없이 포함되어야 한다.

〈참고〉 이두석, 「경호학개론」, 진영사, P. 180

답 ③

77

근접경호임무 수행 시 주위경계(사주경계) 방법으로 옳지 않은 것은? 기출 14

① 주위 사물에 대한 위기의식을 가지고 전체적인 상황에 어울리지 않는 부조화 상황을 찾아야 한다.
② 시각의 한계를 염두에 두고 사주경계의 범위를 선정해야 한다.
③ 경호대상자로부터 먼 곳에서 가까운 곳 순으로 좌우 반복해서 실시한다.
④ 인접해 있는 경호원과의 경계범위를 중첩되게 설정한다.

해설

경호대상자로부터 가까운 곳에서 먼 곳 순으로 좌우 반복해서 경계를 실시한다.

핵심만콕 사주경계(주위경계)의 방법 및 요령

- 근접경호 시 사주경계는 인접해 있는 경호원과 경계범위를 중복해야 경호의 만전을 기할 수 있다.
- 시각의 한계를 고려하여 사주경계의 범위를 선정한다.
- 경호대상자로부터 가까운 곳에서 먼 곳 순으로 좌우 반복해서 경계를 실시한다.★
- 복도의 좌우측 문, 모퉁이, 창문주위 등에 관심을 두고 경계한다.
- 위해자는 심리적으로 군중들의 두 번째 열에 위치해 기도하려고 한다.★
- 전체적으로 보아 주위 사물과 어울리지 않는 부조화에 주의한다.
- 경호대상자 주변의 군중들의 손과 눈을 주시한다.
- 시각적으로 움직임과 정황들에 대해 의문점을 제기하고 정리, 분석하도록 한다.
- 위험감지의 단계를 주위관찰, 문제제기, 위기의식, 대응조치 계획의 순서로 수립한다.
- 경호대상자에게 접근하는 사람의 거리, 위치, 복장, 손의 움직임을 관찰한다.
- 공격목표를 설정한 사람은 대개 웃지 않고 몸을 움직이지 않으며 목표를 집중하여 주시한다는 점을 알아야 한다.
- 더운 날씨나 추운 날씨 등의 주변환경과 어울리지 않는 복장을 착용하고, 주위상황과 어울리지 않게 행동하는 사람을 특히 주의 깊게 관찰한다.

답 ③

78

근접경호 업무가 아닌 것은? 기출 22

① 차량대형 형성
② 우발상황 발생 시 대피
③ 행사장에 대한 현장답사
④ 돌발상황 발생 시 경호대상자 방호

해설

행사장에 대한 현장답사는 사전예방경호활동(선발경호활동)의 내용이다.

답 ③

79

근접경호원의 임무원칙에 관한 설명으로 옳지 않은 것은? 기출 24

① 도보이동 속도는 경호원의 건강상태, 보폭, 신장을 기준으로 정한다.
② 타 지역으로 이동 전에 경호대상자에게 이동로, 소요시간, 경호대형 등의 정보를 제공한다.
③ 출입문을 통과할 경우 경호원이 먼저 통과하여 안전을 확인한 후 경호대상자를 통과시킨다.
④ 위해기도자의 공격가능성을 줄이고, 경호대상자에 대한 피해를 최소화하기 위하여 이동속도는 가급적 빠르게 한다.

해설

① (×) 이동 속도는 경호대상자의 건강상태, 신장, 보폭 등을 고려하여 정하고, 상황에 따라 속도를 조절할 때는 경호원 상호 간에 연락하여 조절하도록 한다.
② (○) 타 지역으로 이동 전에 경호원은 이동로, 소요시간, 경호대형, 주위의 특이상황, 주의사항 및 경호대상자의 이동 위치를 사전에 경호대상자에게 알려 주어야 한다.
③ (○) 문을 통과할 경우에는 항상 경호원이 먼저 통과하여 안전을 확인한 후 경호대상자를 통과시켜야 하고, 경호원이 사전에 점검하지 않은 지역이나 장소에는 경호대상자가 절대 접근하지 않도록 한다.
④ (○) 위해기도자의 공격가능성을 줄이고, 경호대상자에 대한 피해를 최소화하기 위하여 가급적이면 이동속도를 빠르게 하면서 단거리 직선통로를 이용하여 이동거리를 줄이고, 각각의 상황에 맞는 도보대형을 형성하여 방벽효과를 높일 필요가 있다.

답 ①

80

근접경호원의 자세에 관한 설명으로 옳은 것은? 기출 20

ㄱ. 순간적인 경호상황을 정확히 판단하고 대응하기 위한 명석한 판단력을 갖춰야 한다.
ㄴ. 행사의 성격 및 상황을 직시하여 그에 맞는 적절한 자세를 견지한다.
ㄷ. 급박한 상황 외에는 경호대상자의 활동에 방해를 해서는 안 된다.
ㄹ. 경호대상자와 경호환경에 어울리지 않는 복장을 착용한다.

① ㄱ, ㄴ, ㄷ
② ㄱ, ㄴ, ㄹ
③ ㄱ, ㄷ, ㄹ
④ ㄴ, ㄷ, ㄹ

해설

ㄱ, ㄴ, ㄷ은 근접경호원의 자세에 대한 설명으로 옳다. 다만, ㄹ은 옳지 않다. 근접경호원은 경호대상자 및 경호환경과 조화되는 복장을 착용하여 신분이 노출되지 않도록 하여야 한다.

> **핵심만콕** 경호복장
>
> - 경호요원은 행사의 성격에 따라 보호색원리에 의한 경호현장의 주변환경과 조화되는 복장을 착용하여 신분이 노출되지 않도록 한다.
> - 경호원의 복장은 경호대상자의 복장에 맞추어 정장이나 캐주얼 복장을 상황에 따라 입고, 두발상태도 경호대상자의 두발상태와 비슷하게 관리한다.
> - 경호원의 복장은 주위의 시선을 빼앗는 화려한 색상이나 새로운 패션의 스타일은 눈에 띄기 쉬우므로 착용해서는 안 되고, 보수적인 색상과 스타일의 복장이 적합하다.
>
> 〈출처〉 이두석,「경호학개론」, 진영사, 2018, P. 246~247

답 ①

81

기동시기, 기동대형 등의 변화를 통해 위해기도자의 오판을 유도하는 근접경호의 특성은? 기출 24

① 기만성
② 기동성
③ 대피성
④ 방벽성

해설

① (○) 공식적이 아닌 변칙적인 경호기법으로 차량대형 기만, 기동시간 기만, 기동로 및 기동수단 기만, 승·하차지점 기만 등으로 위해기도자로 하여금 행사상황을 오판하도록 실제상황을 은폐하고 허위상황을 제공하여 행사의 효율성을 높이려는 특성이 있다.
② (×) 근접경호는 주로 도보 또는 차량에 의해 기동 간에 이루어지며 행사 성격이나 주변 여건, 장비의 특성에 따라 유동성 있는 도보 또는 차량대형이 이루어지는 특성이 있다.
③ (×) 비상사태의 발생 시 범인을 대적하여 제압하는 것보다 반사적이고 신속·과감한 행동으로 경호대상자를 방호 및 대피시키는 것을 우선해야 한다는 특성이 있다.
④ (×) 근접도보대형 시 근무자의 체위에 의한 인적 자연방벽 효과와 방탄복 및 각종 기동수단에 의해 외부의 공격으로부터 방벽을 구축해야 하는 특성이 있다.

답 ①

82

다음에서 설명하는 근접경호의 특성은? 기출 23

> 테러기도자가 경호대상자의 행차로 및 기타 경호대상자의 모든 활동을 알았을 것으로 판단하게 하여 기 설정된 행차로 및 행사장 방문 예정시간을 이원화하여 경호계획을 수립·운영

① 기만성
② 방벽성
③ 노출성
④ 기동 및 유동성

해설

제시된 내용은 근접경호의 특성 중 기만성에 관한 설명이다.

핵심만콕	근접경호의 특성★
노출성	다양한 기동수단과 도보대형에 따라 경호대상자의 행차가 시각적으로 외부에 노출될 뿐만 아니라, 각종 매스컴에 의하여 행사 일정과 장소 및 시간이 대외적으로 알려진 상태에서 업무를 수행해야 하는 특성을 의미
방벽성	근접 도보대형 시 근무자의 체위에 의한 인적 자연방벽 효과와 방탄복 및 각종 방호장비를 이용하여 외부의 공격으로부터 방벽을 구축해야 하는 특성을 의미
기동 및 유동성	근접경호는 주로 도보 또는 차량에 의해 기동 간에 이루어지며 행사 성격이나 주변 여건, 장비의 특성에 따라 능동적(유동적)으로 대처해야 하는 특성을 의미
기만성	변칙적인 경호기법으로 차량대형 기만, 기동시간 기만, 기동로 및 기동수단 기만, 승·하차 지점 기만 등으로 위해기도자로 하여금 행사 상황을 오판하도록 실제 상황을 은폐하고 허위 상황을 제공하여 경호의 효율성을 높이려는 특성을 의미
방호 및 대피성	비상사태 발생 시 범인을 대적하여 제압하는 것보다 반사적이고 신속·과감한 행동으로 경호대상자의 방호 및 대피를 우선해야 한다는 특성을 의미

답 ①

83

근접경호에 관한 설명으로 옳지 않은 것은? 기출 23

① 노출성과 유동성이라는 특성을 갖고 있다.
② 행사 성격이나 주변상황에 유연하게 대처할 수 있어야 한다.
③ 경호원들이 직접적으로 경호대상자에 대한 경호를 실시한다는 점에서 경호대비단계라고 한다.
④ 경호대상자의 신변을 보호하기 위하여 경호대상자 최근거리에서 실시하는 호위활동이다.

해설

근접경호는 경호원들이 직접적으로 경호대상자에 대한 경호를 실시한다는 점에서 경호실시단계에 해당한다.

답 ③

84

경호의 특성을 올바르게 구분한 것은? 기출 22

> ㄱ. 예방성
> ㄴ. 통합성
> ㄷ. 노출성
> ㄹ. 예비성
> ㅁ. 안전성
> ㅂ. 유동성

① 선발경호 : ㄱ, ㄴ, ㄹ, ㅁ, 근접경호 : ㄷ, ㅂ
② 선발경호 : ㄱ, ㄷ, ㅂ,   근접경호 : ㄴ, ㄹ, ㅁ
③ 선발경호 : ㄴ, ㄷ, ㅂ,   근접경호 : ㄱ, ㄹ, ㅁ
④ 선발경호 : ㄷ, ㅂ,   근접경호 : ㄱ, ㄴ, ㄹ, ㅁ

[해설]
선발경호의 특성은 예방성, 통합성, 안전성, 예비성 등이고, 근접경호의 특성은 노출성, 방벽성, 기동 및 유동성, 기만성, 방호 및 대피성 등이다. 이에 따라 ㄱ, ㄴ, ㄹ, ㅁ은 선발경호의 특성, ㄷ, ㅂ은 근접경호의 특성에 해당한다.

답 ①

85

다음은 근접경호를 의뢰받아 임무를 수행하고 있는 상황이다. 다음에서 나타나지 않는 근접경호의 특성은? 기출 21

> 위드 코로나 시대를 맞아 다채로운 행사가 열렸다. A경호업체는 연예인 B양에 대한 경호의뢰를 받아 행사장에 근접경호를 하고 있었다. 운집된 팬들 사이에서 갑자기 위해기도자로 보이는 한 남성이 B양을 공격하려 하자 근접경호를 맡고 있던 P경호원은 자신의 몸으로 위해기도자를 막고 B양을 행사장 뒤로 신속히 이동시켰다.

① 노출성
② 방벽성
③ 대피성
④ 기만성

[해설]
제시문에서 나타난 근접경호의 특성은 노출성, 방벽성, 대피성이다.

답 ④

86

CHECK ○△✕

근접경호의 특성 중 방벽성에 관한 설명으로 옳은 것은? 기출 20

① 경호대상자와 경호행위에 대한 일거수일투족은 외부에 노출될 수밖에 없다.
② 경호대상자를 따라 항상 이동하거나 움직이면서 변화하는 경호상황에 능동적으로 대처해야 한다.
③ 위해기도자에게 허위정보 제공이나 허위상황 연출 등 기만전술을 구사하여 경호의 효과성을 높인다.
④ 경호원은 자신의 신체를 이용하여 외부의 공격으로부터 경호대상자를 근접에서 보호한다.

해설

근접경호의 특성 중 ①은 노출성, ②는 기동 및 유동성, ③은 기만성, ④는 방벽성에 대한 설명이다.

답 ④

87

CHECK ○△✕

근접도보경호에 관한 설명으로 옳은 것은? 기출 24

① 도보대형 형성 시 고려사항에 행사성격은 포함되지 않는다.
② 선정된 도보이동 시기 및 이동로는 변경되지 않아야 한다.
③ 경호대상자가 군중 속을 통과하거나 대중 가운데 있을 때 경호에 취약하다.
④ 이동 시 위험에 노출되는 정도를 최소화하기 위하여 장거리 곡선통로를 이용한다.

해설

③ (○) 근접경호원은 경호대상자가 대중의 가운데 있을 때, 군중 속을 통과하여 걸을 때, 건물 내로 들어갈 때, 공공행사에 참석할 때, 승·하차할 때 특히 위험하다는 것을 염두에 둔다.
① (✕) 도보대형 형성 시 고려사항에 <u>행사의 성격(공식적·비공식적)</u>이 포함된다.
② (✕) <u>선정된 도보이동 시기 및 이동로를 변경하여 위해기도자의 오판을 유도하는 <u>기만전술을 구사하여 경호의 효과성을 높인다.</u>
④ (✕) 위해기도자의 공격가능성을 줄이고, 경호대상자에 대한 피해를 최소화하기 위하여 가급적이면 이동속도를 빠르게 하면서 <u>단거리 직선통로를 이용하여 이동거리를 줄인다.</u>

답 ③

88

다음에서 설명하는 경호의 방호대형은? 기출 22

- 위해의 징후가 현저하거나 직접적인 위해가 가해졌을 때 형성하는 방어대형
- 경호원들이 강력한 스크럼을 형성하여 경호대상자를 에워싸는 형태로 보호하면서 군중 속을 헤치고 나가기 위한 방법

① 개방 대형
② 함몰 대형
③ 일렬 세로 대형
④ 방어적 원형 대형

해설

④ (○) 제시된 내용은 방어적 원형 대형에 관한 설명이다.
① (×) 개방 대형은 전방에 아무런 위험이 없다는 가정하에 경호대상자와의 간격을 충분히 유지한 채 경호대상자를 노출시키는 대형이다.
② (×) 함몰 대형은 수류탄 혹은 폭발물과 같은 폭발성 화기에 의한 공격을 받았을 때 사용되는 방호대형으로 경호대상자를 지면에 완전히 밀착시키고 그 위에 근접경호원들이 밀착하며 포개어, 경호대상자의 신체가 외부에 노출되지 않도록 이중 삼중으로 방호한다.
③ (×) 일렬 세로 대형은 복도나 통로 등의 좁은 곳에서 이동 시 유리한 대형으로 정면 방향의 공격에 대해 방어가 유리하다는 장점이 있으나, 전방 시야 확보와 대응 화력 면에서 불리하다는 단점이 있다.

답 ④

89

근접경호대형에 관한 설명으로 옳지 않은 것은? 기출 20

① 경호대상자의 성격이나 성향에 따라 경호대형이 결정될 수 있다.
② 도보대형은 장소나 상황에 따라 융통성 있게 변화시킨다.
③ 도보경호는 이동속도가 빠르기 때문에 외부노출시간이 짧아 위해자가 위해를 가할 기회가 줄어들게 된다.
④ 경호대상자 주위에 경호방패막을 형성하여 동선을 따라 이동하는 선(線)개념이다.

해설

③ (×) 도보경호는 차량이동 등에 비하여 이동속도가 느리기 때문에 외부노출시간이 길어지게 되고, 결국 위해자가 위해를 가할 수 있는 기회가 많아지게 된다.
① (○) 경호대형의 결정 시 경호대상자의 성격이나 성향이 고려될 수 있다.
② (○) 장소나 상황에 따라 융통성 있게 적절한 도보대형을 형성하여 방벽효과를 높일 수 있도록 하여야 한다.
④ (○) 선발경호가 일정한 지역의 안전을 확보하는 공간개념이라면, 근접경호는 경호대상자 주위에 경호막을 형성하여 동선을 따라 이동하는 선개념이라고 할 수 있다.

답 ③

90

도보이동 간 근접경호의 원칙으로 옳지 않은 것은? 기출 17

① 근접경호원은 상황변화에도 고정된 대형을 고수해야 한다.
② 근접경호원은 경호대상자에 이르는 모든 접근로를 차단하기 위하여 분산 배치되어야 한다.
③ 위험노출 정도를 최소화하기 위해 최단거리 직선통로를 이용한다.
④ 근접경호대형은 전방위에 대한 사주경계와 신변안전을 담보할 수 있도록 행사장 여건을 고려하여 최소한의 인원으로 형성한다.

해설
근접경호원은 도보대형을 장소와 상황에 따라 융통성 있게 변화시켜야 한다.

답 ①

91

도보대형 형성 시 고려사항은 모두 몇 개인가? 기출 22

- 행사장의 안전도
- 선발경호의 수준
- 행사의 성격
- 참석자의 성향
- 경호대상자의 취향
- 근접경호원의 인원수

① 3개
② 4개
③ 5개
④ 6개

해설
제시된 내용은 모두 도보대형 형성 시 고려사항에 해당한다.

핵심만콕 근접경호에서 도보대형 형성 시 고려사항★

- 경호대상자의 취향(내성적·외향적·은둔형·과시형)
- 행사장 주변 감제건물의 취약성
- 행사장 사전예방경호 수준(행사장의 안전도 및 취약성)
- 행사의 성격(공식적·비공식적)
- 행사 참석자의 수 및 성향(우호적 또는 배타적)
- 근접경호원의 수
- 인적 취약요소와의 이격도
- 물적 취약요소의 위치

〈참고〉 이두석, 「경호학개론」, 진영사, 2018, P. 298 / 김두현, 「경호학개론」, 엑스퍼트, 2020, P. 273

답 ④

92

아래 설명하는 근접경호대형은? 기출 17

> 외부로부터 위협이 없다고 판단되며 안전이 확보된 행사장 입장 시와 대외적인 이미지를 중시하는 경호대상자에게 적합한 도보대형

① 마름모 대형
② V자(역쐐기) 대형
③ 원형 대형
④ 쐐기 대형

해설

외부로부터 위협이 없다고 판단되며 안전이 확보된 행사장 입장 시와 대외적인 이미지를 중시하는 경호대상자에게 적합한 도보대형은 역쐐기 모양의 'V'자 대형이다.

핵심만콕 근접경호대형

- **다이아몬드(마름모) 대형** : 혼잡한 복도, 군중이 밀집해 있는 통로 등에서 적합한 대형으로 경호대상자의 전후좌우 전 방향에 대해 둘러싸고, 각각의 경호원에게는 기동로에 대해 360° 경계를 할 수 있도록 책임구역이 부여된다.
- **쐐기형 대형** : 무장한 위해자와 직면했을 때 적당한 대형으로, 다이아몬드 대형보다 느슨한 대형이 필요한 상황에서는 3명으로 쐐기형 대형을 형성하며, 다이아몬드 대형과 같이 각각의 경호원에게는 기동로를 향해 360° 지역 중 한 부분의 책임구역이 할당되어야 한다.
  - 대중이 별로 없는 장소 통과 시, 인도와 좁은 통로 이동 시 유용하다.
  - 한쪽에 인위적·자연적 방벽이 있을 때 유용하다.
- **역쐐기형(V자) 대형** : 외부로부터 위협이 없다고 판단되며 안전이 확보된 행사장 입장 시와 대외적인 이미지를 중시하는 경호대상자에게 적합한 도보대형이다.
  - 전방에는 아무런 위협이 없다는 가정하에 경호대상자를 바로 노출시켜 전방에 개방된 대형을 취한다.
  - 후미의 경호원들은 자연스럽게 수행원과 뒤섞여 노출이 되지 않는다.
  - 경호팀장만 경호대상자를 즉각 방호할 수 있는 위치에서 경호 임무를 수행한다.
- **삼각형 대형** : 3명의 경호원이 삼각형 형태를 유지하여 이동하는 도보대형으로 행사와 주위 사람의 성격, 숫자, 주변환경의 여건에 따라서 이동한다.
- **역삼각형 대형** : 진행방향 전방에 위해가능성이 있는 경우 취하는 대형으로, 진행방향의 전방에 오솔길, 곡각지, 통로 등과 같은 지리적 취약점이 있는 경우 유용하다.
- **원형 대형** : 경호대상자가 완전히 경호원에 의해 둘러싸여 있는 인상을 주게 되어 대외적인 이미지는 안 좋을 수 있으나 경호 효과가 높은 대형으로, 평상시에는 잘 사용하지 않으나, 군중이 밀려오거나 군중에 둘러싸여 있을 경우와 같은 위협이 예상될 경우에 적합한 대형이다.
- **사다리형 대형** : 경호대상자의 진행방향을 중심으로 양쪽에 군중이 운집해 있는 도로의 중앙을 이동할 때 적합한 대형으로, 경호대상자를 중심으로 4명의 경호원이 사다리 형태를 유지하며 이동하는 대형이다.

답 ②

93

행사장 내 경호대상자를 근접경호할 때 도보대형 형성에 관해 고려해야 할 사항으로 옳지 않은 것은?

① 행사의 형태와 종류
② 경찰관서의 수와 위치
③ 경호대상자의 노출시간
④ 인적 취약요소와의 갭(Gap)

해설

경찰관서의 수와 위치는 근접경호에서 도보대형 형성 시 고려사항에 해당하지 않는다.

답 ②

94

근접경호 도보대형을 검토할 때 고려사항이 아닌 것은?

① 경호대상자의 성향
② 행사장의 취약요인
③ 비상시 최기병원 위치
④ 공식, 비공식행사 등 행사 성격

해설

비상시 최기병원의 위치는 차량기동 간 사전준비 및 검토할 사항에 해당한다.

핵심만콕	차량기동 간 사전준비 및 검토할 사항

- 행차로와 환차로 등 주변 도로망 파악
- 대피소 및 최기병원 선정 등 주변 구호시설의 파악
- 주도로 및 예비도로의 선정
- 차량대형 및 차종의 선택
- 의뢰자 및 관계자의 차량번호 숙지
- 현지에서 합류되는 차량번호 숙지 등
- 경호대상자의 성향 및 행사 성격 등

답 ③

95

차량경호에 관한 설명으로 옳은 것은? 기출 24

① 선도경호차에 팀장이 조수석에 탑승하고, 기동 간 이동지휘소의 역할을 한다.
② 경호대상차와 경호차 모두 외부의 시선을 집중시키는 차종이나 색상은 지양한다.
③ 차선 변경 시 경호대상차가 먼저 차선을 바꾸어 차로를 확보한 이후에 후미경호차가 진입한다.
④ 후미경호차는 차량대형을 리드하여 계획된 시간에 목적지에 도착할 수 있도록 속도를 조절하고, 기동 간 전방 상황에 대처한다.

해설

② (○) 경호차량의 일반적 선정기준으로 옳은 설명이다.
① (×) 기동 간 이동지휘소 역할은 후미경호차가 한다. 이 경우 팀장은 앞좌석 우측에 탑승해서 기동 간 차량대형의 운용이나 속도 등을 통제하고 지휘한다.
③ (×) 차선 변경 시에는 후미경호차가 먼저 차선을 바꾸어 차선을 확보한 후에 경호대상자 차가 안전하게 진입한다.
④ (×) 선도경호차는 차량대형을 리드하여 계획된 시간에 목적지에 도착할 수 있도록 속도를 조절하고 기동 간 전방 상황에 대처한다.

답 ②

96

차량경호를 맡고 있는 3명의 경호원 중에서 대응이 옳은 사람은? 기출 23

- A경호원 : 경호대상 차량의 주차장소를 수시로 변경하고, 주차된 차량이나 차량대형을 감시할 때는 방호된 차 밖에서 사주경계를 실시하였다.
- B경호원 : 경호대상 차량을 안전점검 실시한 후 행사장에서 시동을 켠 상태에서 대기하였다가 경호대상자의 탑승과 동시에 출발하여 주행상태를 유지하도록 노력하였다.
- C경호원 : 후미경호차량은 교차로에서 좌회전 시에는 경호대상 차량의 좌측 안쪽에서, 우회전 시에는 우측 안쪽에서 후미차선을 이용하여 회전하면서 외부접근차량에 대한 방호임무를 수행했다.

① A
② A, B
③ B, C
④ A, B, C

해설

제시된 내용 중 옳은 대응을 한 경호원은 A경호원과 B경호원이다.
- A경호원 (○) : 주차장소는 가능한 한 자주 변경하여 계획된 위해상황과 불순분자의 관찰로부터 벗어나게 하여야 한다. 또한 주차된 차량이나 차량대형을 감시할 때는 방호된 차 안이 아닌 차 밖에서 감시해야 한다.
- B경호원 (○) : 경호대상자 차량에 대한 안전점검을 실시한 후 시동이 걸린 상태로 대기하여야 하며, 경호대상자가 차량에 탑승하면 문을 시건한 후, 안전하고 빠르게 운행하여야 한다.
- C경호원 (×) : 후미경호차량은 교차로에서 좌회전 시에는 경호대상자 차량의 우측 후미차선을, 우회전 시에는 좌측 후미차선을 이용하여 회전하면서 접근 차량에 대한 방호임무를 수행하여야 한다.

답 ②

97

차량경호에 관한 일반적인 상황에 관한 내용이다. 다음 차량의 순서(앞 - 중간 - 뒤)로 옳은 것은?

기출 22

- A차량 : 기동 간 경호대상자 차량의 방호업무와 경호 지휘업무를 수행하고 있다.
- B차량 : 비상사태 시 비상도로를 확보하고 전방에 나타나는 각종 상황에 대한 경계업무를 수행한다.
- C차량 : 선도차량과 일정한 간격을 유지하고 유사시 선도차량과 같은 방향으로 대피하며, 경호대상자의 최안전을 위해 문은 잠가 둔다.

① A - B - C
② A - C - B
③ B - C - A
④ C - A - B

해설

기동경호 대형 시 차량의 순서는 B차량(선도경호차량) - C차량(경호대상자 차량) - A차량(후미경호차량) 순이다.

답 ③

98

차량경호에 관한 설명으로 옳은 것은? 기출 21

① 운전요원은 경호대상자의 위험지역 하차 후 즉시 그 지역을 신속히 벗어나야 한다.
② 같은 방향으로 2대의 경호차량이 교차로에 진입 시 방호차원에서 우측 경호차량이 우선 통과해야 한다.
③ 공격받을 위험성은 정차하고 있는 차량보다 주행하고 있는 차량이 더 높다.
④ 근접도보경호에 비해 차량경호는 위해자가 범행을 가할 수 있는 기회가 더욱 많다.

해설

② (○) 같은 방향으로 2대의 경호차량이 교차로에 진입하는 경우, 방호차원에서 우측 경호차량이 우선적으로 교차로를 통과해야 한다.
① (×) 운전요원은 경호대상자가 하차 후 안전한 곳으로 이동할 때까지 차량에서 대기해야 한다.
③ (×) 정차하고 있는 차량이 주행하고 있는 차량보다 공격받을 위험성이 더 높다.
④ (×) 근접도보경호는 차량경호에 비해 위해자가 범행을 가할 수 있는 기회가 많다.

답 ②

99

차량경호에 관한 설명으로 옳지 않은 것은? 기출 20

① 경호 차량으로 방호대형을 형성하여 경호대상자 차량을 보호하기 위한 경호활동이다.
② 기동 간 경호대상자 차량과 경호 차량 사이에 다른 차량이 끼어들지 못하도록 차량 간격을 유지한다.
③ 교차로, 곡각지 등을 기동할 때와 같이 속도를 줄여야 하는 상황은 경호원이 방어하기 가장 좋은 여건을 제공하게 된다.
④ 경호대상자 차량의 문은 급하게 열지 않도록 하고, 경호원이 정위치 상태에서 주변에 위험요소가 없는 것이 확인되고 난 후에 개방한다.

해설
교차로, 곡각지 등을 기동할 때와 같이 속도를 줄여야 하는 상황은 위해기도자가 공격하기에 좋은 여건을 제공하게 된다.

답 ③

100

경호차량에 관한 설명으로 옳지 않은 것은? 기출 19

① 경호차량은 외부의 시선을 집중시키는 차종이나 색상은 지양한다.
② 경호차는 경호대상자 차량의 성능에 필적할 만한 차량을 선정해야 한다.
③ 승하차가 용이하며, 튼튼한 차체와 높은 가속력을 갖춘 차량을 선정한다.
④ 기만효과를 달성하기 위해 경호대상자 차량과 다른 차종을 선정한다.

해설
기만효과를 거두기 위해서는 경호대상자의 차량과 색상 및 외형이 동일하고 유리는 착색하는 것이 좋다.

핵심만콕 경호차량의 일반적 선정기준(선정방법)

- 경호차는 경호대상자 차량의 성능에 필적할 만한 차량을 선정해야 한다.
- 경호대상자 차량은 물론이고, 경호차량도 외부의 시선을 집중시키는 차종이나 색상은 지양한다.
- 튼튼한 차체와 가속력을 갖춘 차량이어야 한다.
- 방향전환이 쉽고 엔진의 성능과 가속장치가 좋은 고성능 차량을 선정한다.
- 차체가 강하고 방탄능력이 있는 차량을 선정한다.
- 기만효과를 거두기 위해서는 경호대상자의 차량과 색상 및 외형이 동일하고 유리는 착색하는 것이 좋다.

답 ④

101

차량경호업무 내용으로 옳지 않은 것은? 기출 15

① 차량이동 시 속도를 평상시보다 빠르게 하는 것이 경호에 유리한 여건을 조성한다.
② 차량이 하차지점에 도착하면 제일 먼저 차량 문을 개방하여 경호대상자가 하차하도록 해야 한다.
③ 경호책임자는 경호대상자 승·하차 시 차량 문의 개폐와 잠금장치를 통제한다.
④ 운전요원은 경호대상자가 하차 후 안전한 곳으로 이동 시까지 차량에 대기해야 한다.

해설

차량이 하차지점에 도착하면 정차 후 운전석 옆에 탑승한 경호요원(보통 경호팀장)이 차에서 내려 먼저 주변 안전을 확인하여야 하고, 차량 문을 먼저 개방해서는 안 된다. 경호팀장은 준비가 완료되면 경호대상자 차의 잠금장치를 풀고 경호대상자를 차에서 내리게 한 후 경호대상자가 신속하게 건물 안으로 이동할 수 있도록 한다.

〈출처〉 김계원, 「경호학」, 진영사, 2012, P. 249~250

답 ②

102

경호차량 운용에 관한 설명으로 옳지 않은 것은? 기출 18

① 주차 장소는 자주 변경하는 것이 좋다.
② 야간에는 차량을 밝은 곳에 주차한다.
③ 규칙적인 출발 및 도착시간을 가능한 한 피한다.
④ 주차 차량의 후면부가 차량출입로를 향하게 주차한다.

해설

주차 시에는 차량의 전면부가 차량출입로를 향하게 주차한다.

핵심만콕   경호차량 운전요원의 준수사항

- 주차장소는 가능한 한 자주 변경하여 계획된 위해상황과 불심분자의 관찰로부터 벗어나게 한다.
- 주차 시에는 차의 정면이 출입로를 향하게 한다. ★
- 출발 전에는 수시로 차의 상태를 점검한다.
- 적색신호등으로 차가 정지했을 경우 변속기를 출발상태에 위치시킨다. ★
- 신호대기 때나 회전 시에는 좌·우차량을 경계하며 운행한다.
- 긴급사태에 대비하여 소화기와 구급약품 등을 준비한다. ★
- 비상시 차량을 급히 출발시킬 수 있는 여유 공간을 확보하고 정차한다. ★

답 ④

103

경호차량 운전요원 준수사항으로 옳은 것은? 기출 16

① 규칙적인 출발과 도착시간을 준수한다.
② 위기상황 시에는 대피를 위하여 창문과 문을 열어둔다.
③ 연료주입구는 항상 잠겨 있도록 해야 한다.
④ 차의 후면이 출입로를 향하게 하여 경호대상자가 바로 탑승할 수 있도록 한다.

해설
③ (○) 경호차량 운전요원의 준수사항에 관한 옳은 설명이다.
① (×) 출발과 도착시간을 변칙적으로 하여 예측 가능성을 두지 않도록 해야 한다.
② (×) 주행 시 창문(창문을 열 경우에는 5cm 이하로 연다)과 문은 항상 잠가두어야 한다.
④ (×) 주차 시에는 차의 정면이 출입로를 향하게 한다.

답 ③

104

차량경호 계획 시 사전준비 사항이 아닌 것은? 기출 13

① 행차로 및 환차로 선택
② 행사장 내 취약요소 확인
③ 대피소 및 최기병원 선정
④ 주도로 및 예비도로의 선정

해설
차량기동 간 경호 시 고려해야 할 사항으로는 차량 차종 선택, 행·환차로 선택, 주·예비코스 선정, 비상대피소 및 최기병원 선정, 차량대형의 결정 등이 있다.

답 ②

105

차량기동 간 경호 시 검토할 사항이 아닌 것은? 기출 09

① 차량대형의 결정
② 주위상황과 군중의 성격과 수
③ 행·환차로의 선택
④ 비상대피소 및 최기병원 선정

해설
주위상황과 군중의 성격과 수는 근접경호 시에 검토할 중요한 사항이다.

> **핵심만콕** 차량기동 간 우선적 착안 사항
>
> - 의뢰자 및 관계자 차량번호 숙지
> - 현지에서 합류하는 차량번호 숙지
> - 주변 도로망 사전 파악(행·환차로의 선택 등)
> - 주변 구호시설 파악 숙지(기동 간 비상대피로 및 대피소 등)
> - 차량대형 및 차종의 선택

답 ②

106

기동 간 차량 운전방법에 관한 설명으로 옳지 <u>않은</u> 것은? 기출 10

① 회전 시에는 길 바깥쪽으로 원심력이 작용하여 차량이 전복되거나 전도되는 사고 등의 가능성에 유의해야 한다.
② 회전 시에는 진입하기 전에 충분히 감속해서 커브에 맞는 속도로 조절하면서 직선에 가까운 코스를 유지하는 것이 바람직하다.
③ 회전 시 선도차량은 중앙선에 접근하여 회전하면서 반대방향의 과속차량에 대한 견제 임무를 수행하고 경호대상자 차량과 간격을 유지하며 속도를 조절한다.
④ 후미경호차량은 좌회전 시에는 경호대상자 차량의 좌측 후미차선, 우회전 시에는 우측 후미차선을 이용하여 회전하면서 접근차량에 대한 방호임무를 수행한다.

해설
후미경호차량은 좌회전 시에는 경호대상자 차량의 우측 후미차선, 우회전 시에는 좌측 후미차선을 이용하여 회전하면서 접근 차량에 대한 방호임무를 수행한다.

> **핵심만콕** 교차 회전 시의 기동차량 운전방법
>
> - 회전 시에는 길 바깥쪽으로 원심력이 작용하여 차량이 전복되거나 전도되는 사고 등의 가능성에 유의해야 한다.
> - 회전 시에는 진입하기 전에 충분히 감속해서 커브에 맞는 속도로 조절하면서 직선에 가까운 코스를 유지하는 것이 바람직하다.
> - 회전 시 선도차량은 중앙선에 접근하여 회전하면서 반대방향의 과속차량에 대한 견제 임무를 수행하고 경호대상자 차량과 간격을 유지하며 속도를 조절한다.
> - 경호대상자 차량은 선도차량과 일정 간격을 유지하면서 좌·우회전 시 각각 선도차량의 후미 우측이나 좌측 차선을 이용하여 회전한다.
> - 후미경호차량은 좌회전 시에는 경호대상자 차량의 우측 후미차선, 우회전 시에는 좌측 후미차선을 이용하여 회전하면서 접근 차량에 대한 방호임무를 수행한다. → 회전 시에는 경호대상자 차량의 회전방향의 반대쪽 옆으로 접근하여 경호를 펼쳐야 한다.
>
> 〈참고〉이상철, 「경호현장운용론」, 진영사, 2008, P. 207

답 ④

107

차량 승·하차 시 경호방법에 관한 설명으로 맞는 것은? 기출 04

① 경호대상자가 모두 하차하면 운전사는 바로 출발한다.
② 신속한 차량탑승을 위해 1명의 경호요원이 차문을 열어주면 경호요원의 공백을 초래하게 된다.
③ 운전요원이 직접 차문을 열고 닫는 것이 최선의 방법이다.
④ 하차지점에 도착하면 상황을 경계하면서 고속으로 접근한다.

해설

② (○) 차량 승·하차 시 경호방법에 관한 옳은 설명이다.
① (×) 운전요원은 경호대상자가 하차 후 안전한 곳으로 이동 시까지 차량에 대기해야 한다.
③ (×) 운전요원이 직접 차문을 열고 닫으면 위해 상황 시 신속히 차량을 이동시킬 수 없으므로 자리를 고수한다.
④ (×) 하차지점에 도착하면 상황을 경계하면서 서서히 접근해야 한다.

핵심만콕 차량 운행(이동) 시의 경호기법

동승 경호	• 경호대상자의 자동차 등에 동승하여 차내 및 행선지에서의 보호 임무 수행 • 유사시 안전지역으로 대피시키는 일을 기본 임무로 하며 차량 이동 간에는 정차, 서행, 신호대기, 회전 시 경계 강화 • 경호대상자의 승하차 시 방어벽을 구축하여 근접경호 • 4인 1조 : 경호대상자가 뒷좌석 중앙 위치에 타고 경호원이 좌우 양옆에 앉고, 운전석과 조수석에 각각 경호원이 탑승함
조 경호 (4인 1조 3개조)	• 1조는 선탑경호를 함 • 2조, 3조는 앞뒤로 위치하여 경호대상자가 타고 있는 차에 선도, 추수(= 뒤쫓아 따름) • 안전거리는 20~30m 내외가 적당하나, 주행 속도 등에 따라 다름
운행 시 주의할 지점	• 승하차 지점(정지된 목표) • 좌·우회전 시(감속으로 인한 목표) • 언덕이나 내리막길(저속과 가속으로 인한 위험) • 지하터널, 다리 또는 절벽, 대형건물 밀집지역, 협곡 및 산림지역

답 ②

108

다음은 차량기동경호의 네 가지 목표 중 어느 것에 해당하는 설명인가?

> 고의적이거나 계획적인 외부의 위해공격으로부터 경호대상자를 안전하게 보호하는 것

① 보호성
② 안전성
③ 방호성
④ 방비성

해설

차량기동경호의 네 가지 목표에는 안락성, 편의성, 안전성, 방비성이 있으며, 제시문은 방비성에 관한 내용이다.

핵심만콕 차량기동경호의 목표

- 안락성(Comfort) : 경호대상자가 차량을 이용하여 이동하는 동안 편안하게 시간을 보낼 수 있도록 하는 것이다.
- 편의성(Convenience) : 정확한 시간 엄수로 업무스케줄에 차질이 생기지 않도록 하는 것이다.
- 안전성(Safety) : 각종 사고로부터 경호대상자를 보호해야 한다는 것이다.
- 방비성(Security) : 고의적이거나 계획적인 외부의 위해공격으로부터 경호대상자를 안전하게 보호하는 것을 말한다.

〈출처〉이두석, 「경호학개론」, 진영사, 2018, P. 325

답 ④

109

근접경호 수행방법에 관한 설명으로 옳은 것을 모두 고른 것은? 기출 24

> ㄱ. 방호 및 대피보다 대적에 중점을 둔다.
> ㄴ. 신체로 방벽을 형성하여 공격선을 차단한다.
> ㄷ. 기만전술을 통해 위해기도자의 추적을 회피한다.
> ㄹ. 경호원의 대형과 위치는 수시로 변화를 주어야 한다.

① ㄱ, ㄷ
② ㄴ, ㄹ
③ ㄱ, ㄷ, ㄹ
④ ㄴ, ㄷ, ㄹ

해설

제시된 내용 중 근접경호 수행방법에 관한 설명으로 옳은 것은 ㄴ, ㄷ, ㄹ이다.

ㄴ. (○) 경호원은 각자 주어진 책임구역에 따라 사주경계를 실시하고 우발상황 발생 시 인적방벽을 형성하여 경호대상자를 완벽하게 보호하여야 한다.
ㄷ. (○) 위해기도자의 추적을 회피하는 기만전술을 적절히 구사하여 경호의 효과성을 높인다.
ㄹ. (○) 경호원 각각의 위치와 경호대형에 수시로 변화를 주고 근접도보대형은 장소와 상황, 행사장 환경 등에 따라 유연하게 적용시켜야 한다.
ㄱ. (×) 돌발적인 위해 발생 시 대적 및 제압보다는 경호대상자를 방호하여 안전한 곳으로 대피시키는 것을 우선으로 해야 한다.

답 ④

110

3명의 경호원이 의뢰자로부터 근접경호를 의뢰받아 임무를 수행하게 되었다. 다음 중 옳게 수행한 자는?(단, 각 경호대상자는 다르며, 경호원은 1인 단독 경호로 한다) 기출 18

> A경호원은 시민의 불편을 초래하지 않는 범위 내에서 자신의 활동공간을 확보하며 근접경호를 수행하였고, B경호원은 엘리베이터 안에서 신속한 이동을 위하여 경호대상자를 자신 앞의 출입문 쪽에 위치하게 하였다. C경호원은 우발상황이 발생하여 자신의 대피보다 경호대상자의 대피를 최우선으로 실시하였다.

① A
② A, C
③ B, C
④ A, B, C

해설

제시된 내용 중 경호임무를 옳게 수행한 경호원은 A와 C이다.
B경호원 (×) : 엘리베이터의 문이 열렸을 때 경호대상자가 외부인의 시야에 바로 노출되지 않는 지역에 위치하도록 하여야 한다.

답 ②

111

근접경호에서 경호대상자가 엘리베이터에 탑승할 경우의 경호기법에 관한 설명으로 옳지 않은 것은?
기출 15

① 가능한 한 별도의 전용 엘리베이터를 이용한다.
② 경호대상자를 먼저 신속히 탑승시킨 후 경호원은 내부 안쪽에 방호벽을 형성하고 경호대상자를 엘리베이터 문 가까이 위치하도록 하여야 한다.
③ 전용 엘리베이터는 이동층 표시등, 문의 작동속도, 작동상 이상유무를 점검해 두어야 한다.
④ 엘리베이터를 타고 내리는 지점과 경비구역을 사전에 철저히 점검해야 한다.

해설

문이 열리면 경호대상자를 먼저 신속히 탑승시킨 후 경호대상자를 내부 안쪽 모서리 부분에 탑승시킨 후 방벽을 형성하고 경계임무를 수행하도록 한다. 경호대상자는 엘리베이터 문으로부터 멀리 위치하도록 하여야 한다.

핵심만콕 엘리베이터 탑승 시 경호기법

- 가능한 한 일반인과는 별도의 전용 엘리베이터를 이용하는 것이 좋다.★
- 전용 엘리베이터는 사전에 이동층 표시등, 문의 작동속도, 비상시 작동버튼, 이동속도, 창문의 여부, 정원, 비상용 전화기 설치여부와 작동상의 이상 유무를 조사해 두어야 한다.
- 엘리베이터의 문이 열렸을 때 경호대상자가 외부인의 시야에 바로 노출되지 않는 지역에 위치하도록 하여야 한다.★
- 문이 열렸을 때 전방 경호원이 내부를 점검하고 목표층을 누르면 경호대상자를 내부 안쪽 모서리 부분에 탑승시킨 후 방벽을 형성하고 경계임무를 수행하도록 한다.★

답 ②

112

에스컬레이터 이용 시 도보대형에 관한 설명으로 옳지 않은 것은? 기출 14

① 전방 근무자는 이동로를 확보하여 에스컬레이터에서도 이동시간을 단축시킬 수 있도록 한다.
② 이동속도가 느리기 때문에 우발상황 시 신속하게 대피하기가 어려운 면이 있다.
③ 계단이나 엘리베이터로 이동하는 것보다는 상대적으로 안전하다.
④ 될 수 있는 한 걸음을 멈추지 않고 이동하는 것이 바람직하다.

해설
에스컬레이터는 사방이 노출되어 있으므로 가급적이면 계단이나 엘리베이터로 이동하는 것이 상대적으로 더 안전하다.

답 ③

113

경호기법 중 기만경호에 관한 설명으로 옳지 않은 것은? 기출 15

① 위해기도자에게 행사상황을 오판하도록 허위 흔적을 제공한다.
② 위해기도자로부터 공격행위를 포기하게 하거나 실패하도록 유도하는 비계획적이고 정형적인 경호기법이다.
③ 경호대상자의 차량위치, 차량의 종류를 수시로 바꾼다.
④ 경호대상자와 용모가 닮은 사람을 경호요원이나 수행요원으로 선발하여 배치한다.

해설
기만경호란 위해기도자에게 행사상황을 오판하도록 허위상황을 제공하여 위해기도자로 하여금 위해기도를 포기하거나 위해기도가 실패되도록 유도하는 계획적이고 변칙적인 경호기법을 말한다.

답 ②

114

행사장 공경호 업무수행 요령에 관한 설명으로 옳지 않은 것은? 기출 13

① 정문 근무자는 초청장 등을 확인하고 거동수상자를 검문검색한다.
② 국민의례 등에 참여하지 않고 군중경계에 전념하여 돌발사태 대비자세를 갖춘다.
③ 돌발사태 대비, 비상통로 확보, 소방차, 구급차 등을 대기시킨다.
④ 외곽경비 시는 행사장 주변의 취약요소를 봉쇄감시하고 참석자들의 비표패용 여부를 확인한다.

해설
참석자들의 비표패용 여부를 확인하는 것은 출입자 통제관리의 요령이다.★

답 ④

115

경호행사에서 주행사장 내부 담당자의 임무로 옳은 것은? 기출 11

① 차량 및 공중강습에 대한 대비책을 수립한다.
② 접견예상에 따른 대책 및 참석자 안내계획을 수립한다.
③ 경비 및 경계구역 내에 대한 안전조치를 강화한다.
④ 방탄막 설치 및 비상차량 운용계획을 수립한다.

해설

①·③·④는 주행사장 외부 담당자의 임무에 해당한다.

핵심만콕 　주행사장 내부 담당자의 임무

- 경호대상자 동선 및 좌석 위치에 따른 비상대책을 강구한다(출입통로도 확인).★
- 근무자 위치선정(좌석 협조) 및 외부 영향지역에 대한 경비병력을 확인한다.
- 각종 집기류를 최종 점검한다.★
- 행사장 내의 인적·물적 접근 통제 및 차단 계획을 수립한다(진행순서, 시설물 보수 현황 파악).★
- 정전 등 우발상황에 대비한 각 근무자 예행연습을 수립한다(필요시 방폭요, 역조명, 손전등 준비).
- 행사장의 단일 출입 및 단상, 천장, 경호대상자 동선 등에 대한 안전도를 확인한다(행사장 좌석 배치가 초청자 구분에 따른 인원에 비례여부 판단).★
- 초청좌석의 사복요원 배치 및 중첩된 감시 및 정확한 임무에 대한 교육을 실시한다.
- 필요시 행사진행절차에 입각한 예행연습을 실시한다.
- 접견 예상에 따른 대책 및 참석자 안내계획을 수립한다.
- 행사장의 상·하층, 좌·우 사무실에 대한 검측 후 근무자를 확보한다.
- 경호대상자의 휴게실 및 화장실의 위치를 파악한다.★

〈출처〉 이상철, 「경호현장운용론」, 진영사, 2008, P. 42 / 김계원, 「경호학」, 백산출판사, 2008, P. 202

답 ②

116

경호업무 시 행사장 외부 담당자의 업무내용으로 옳지 않은 것은? 기출 13

① 취약요소 및 직시시점을 고려하여 단상을 설치한다.
② 경비 및 경계구역 내에 대한 안전조치를 강화한다.
③ 안전구역에 대한 단일 출입로를 설정한다.
④ 접견예상에 따른 대책 및 참석자 안내계획을 수립한다.

해설
④는 주행사장 내부 담당자의 임무에 해당한다.

핵심만콕 주행사장 외부 담당자의 임무★★
• 방탄막 설치 및 비상차량 운용계획을 수립한다. • 경비 및 경계구역 내에 대한 안전조치를 강화한다. • 차량 및 공중 강습에 대한 대비책을 수립한다. • 안전구역 내 단일 출입로를 설정한다. • 외곽 감제고지 및 직시건물에 대한 안전조치를 실시한다. • 지하대피시설을 점검하고 확보한다. • 단상, 전시물, 동선상 취약점에 대한 안전점검을 실시한다.

답 ④

117

경호대상자가 숙소나 그 외 지역에서 유숙하기 위하여 머물고 있을 때 실시되는 숙소경호의 특징이 아닌 것은? 기출 06

① 보안성이 취약하다.
② 동일한 장소에 경호대상자가 장시간 체류하게 되므로 고정성이 있다.
③ 숙소의 종류 및 시설물들이 복잡하고 많은 위험요소가 내포되어 있어 취약성이 있다.
④ 자택을 제외한 지방숙소, 호텔, 해외 행사 시 유숙지 등은 경호적 방어 환경이 뛰어나다.

해설
자택이 아닌 숙소인 경우에는 상대적으로 경호적 방어 환경이 취약하다.

답 ④

제4절 출입자 통제대책

118

다음을 총칭하는 개념은? 기출 18

> 출입통로 지정, 시차입장, 본인여부 확인, 비표 운용, 검문검색, 주차관리

① 수행경호
② 안전검측
③ 출입통제
④ 안전조사

[해설]
출입통로 지정, 시차입장, 본인여부 확인, 비표 운용, 검문검색, 주차관리 등을 총칭하는 개념은 출입통제이다.

답 ③

119

다음 행사의 출입통제에 관한 설명으로 옳은 것은? 기출 24

> 어느 지역 행사장에 대통령이 참석할 예정이다. 이날 유명한 가수가 참석하기로 홍보되어 많은 인파가 모일 것으로 예상된다. 이와 관련하여 많은 인파를 통제하기 위해 3선 경호개념에 따른 경호조치를 계획 중이다.

① 1선인 경비구역은 행사참석자를 비롯한 모든 출입요소의 1차 통제점이다.
② 2선인 안전구역은 행사와 무관한 사람들의 행사장 출입을 통제 및 제한한다.
③ 3중의 경호막을 통해서 조기경보체제를 구축하고 위해기도자의 침투를 중첩되게 차단한다.
④ 구역별 통제의 범위 결정은 3중 경호구역의 설정과는 무관하다.

[해설]
③ (○) 3중 경호는 경호영향권역을 공간적으로 구분한 3중의 경호막을 통해 조기경보체제를 확립하여 위해행위에 대비할 수 있다.
① (×) 2선인 경비구역은 행사참석자를 비롯한 모든 출입요소의 1차 통제점이다.
② (×) 1선인 안전구역은 행사와 무관한 사람들의 행사장 출입을 통제 및 제한한다.
④ (×) 3중 경호개념에 의거한 경호구역의 설정에 따라 각 구역별 통제의 범위를 결정한다.

답 ③

120

출입통제대책에 관한 설명으로 옳은 것은 모두 몇 개인가? 기출 24

- 출입요소는 지정된 출입통로를 사용하여야 한다.
- 출입증은 모든 참가자에게 운용함을 원칙으로 한다.
- 참석 대상·좌석에 따라 출입통로 선정 및 시차입장 계획을 수립한다.
- 금속탐지기를 사용한 검색 시 모든 출입요소를 대상으로 실시하고 예외를 불허함을 원칙으로 한다.

① 1개 ② 2개
③ 3개 ④ 4개

해설

제시된 내용은 모두 출입통제대책에 관한 옳은 설명이다.
- (○) 모든 출입요소는 지정된 출입통로를 사용하여야 하며 기타 통로는 폐쇄한다.
- (○) 출입증은 전 참가자에게 운용함을 원칙으로 한다. 단, 행사 성격을 고려하여 일부 제한된 행사에 대해서는 지침에 의거, 운용하지 않을 수 있다.
- (○) 대규모 행사 시에는 참석 대상별 또는 좌석별 구분에 따라 출입통로 선정 및 시차입장 계획을 수립하여 출입통제가 용이하도록 한다.
- (○) 검색은 금속탐지기, 휴대용 금속탐지기, 육안 및 촉수, 냄새 등 오감에 의한 방법 등을 이용하여 모든 출입요소를 대상으로 실시하고 예외를 불허함을 원칙으로 한다.

답 ④

121

출입자 통제에 관한 설명으로 옳지 않은 것은? 기출 24

① 지연 참석자에 대해서는 검색 후 별도 지정된 통로로 출입을 허용한다.
② 출입통로는 가능한 한 주통로와 예비통로 형태의 이중 통로 운영을 원칙으로 한다.
③ 비표는 대상과 용도에 맞게 운용하고, 모양과 색상은 식별이 용이, 단순·선명하게 제작하여 사용한다.
④ 행사장 및 행사 규모에 따라 참석 대상별 주차지역을 구분하여 선정하고, 경호대상차의 주차지역은 별도로 확보하여 운영한다.

해설

② (×) 출입자의 출입통로는 가능한 한 단일 통로를 원칙으로 하나, 행사장 구조, 참가자 수, 참석자 성분 등을 고려하여 수개의 출입통로를 지정하여 불편요소를 최소화할 수 있다.
① (○) 모든 참석자는 행사 시작 15분 전까지 입장을 완료하도록 하며, 지연 참석자에 대해서는 검색 후 별도 지정된 통로로 출입을 허용한다.
③ (○) 비표는 모양이나 색상이 원거리에서도 식별이 용이하도록 단순하고 선명하게 제작하여 대상과 용도에 맞게 적절하게 운용한다.
④ (○) 주차관리통제에 관한 옳은 설명이다.

답 ②

122

출입자 통제대책에 관한 설명으로 옳은 것은? 기출 23

① 비표는 식별이 용이·선명해야 하고, 위조 또는 복제를 고려하여 복잡하게 제작한다.
② 모든 출입요소는 지정된 출입통로를 사용하여야 하며 기타 통로는 폐쇄하도록 한다.
③ 행사일 전에 배포된 초대장과 비표가 분실될 경우, 해당 초대장과 비표는 모두 무효화한다.
④ 보안성 강화를 위해 비표의 종류는 많을수록 좋다.

해설

② (O) 효율적인 출입통제를 위하여 모든 출입요소는 지정된 출입통로를 사용하여야 하며, 기타 통로는 폐쇄한다.
① (×) 비표는 모양이나 색상이 원거리에서도 식별이 용이하도록 단순하고 선명하게 제작하여 사용함으로써 경호조치의 효율성을 증대시키고, 재생이나 복제가 되어서는 안 된다.

〈출처〉 이두석, 「경호학개론」, 진영사, 2018, P. 268

③ (×) 분실사고 발생 시 즉각 보고하고 전체를 무효화하며, 새로 전원에게 지급해야 하는 것은 비표이다. 초청장을 배부한 경우 행사장 입구에서 본인확인 과정을 거쳐 초청장과 비표를 교환하게 함으로써 비표운용의 신뢰도를 높일 수 있다.
④ (×) 비표의 종류는 적을수록 좋고, 행사 참석자를 위한 비표는 구역별로 그 색상을 달리하면 식별 및 통제가 용이하다.

답 ②

123

출입자 통제에 관한 설명으로 옳은 것은? 기출 22

① 안전구역 설정권 내에 출입하는 인적·물적 제반 요소에 대한 안전활동을 말한다.
② 오관에 의한 검색은 지양하고, 문형 금속탐지기와 휴대용 금속탐지기 등 기계에 의한 검색을 실시한다.
③ 참석자들의 안전을 고려하여 모든 출입통로를 사용하여 출입통제를 실시한다.
④ 행사장으로부터 연도경호의 안전거리를 벗어난 주차장일지라도 통제범위에 포함시켜 운영한다.

해설

① (O) 안전구역 설정권 내에 출입하는 인적·물적 제반 요소에 대한 안전활동을 출입자 통제라고 한다.
② (×) 검색은 각종 장비와 오관과 육감 등을 이용하여 실시한다.
③ (×) 행사와 무관한 사람들의 행사장 출입을 통제하고, 그 효과를 극대화하기 위하여 가능한 한 출입구를 단일화하거나 최소화하여 출입자들을 확인·통제하여야 한다.
④ (×) 출입자 통제업무는 안전구역 설정권 내에 출입하는 인적·물적 제반 요소에 대한 안전활동이므로, 행사장으로부터 연도경호(노상호)의 안전거리를 벗어난 주차장이라면 통제범위에 포함되지 않는다고 보아야 한다.

답 ①

124

출입자 통제업무 수행에 관한 설명으로 옳은 것은? 기출 23

① 혼잡방지대책의 취약요소는 출입자 통제에 따른 판단을 경호기관의 입장에서 대처할 수 있는 방안으로 강구한다.
② 출입통제대책의 강구 수단으로 구역별 주차장 운용으로 위해가해자의 발각, 색출될 수 있는 경호계획이 수립되어야 한다.
③ 행사장으로부터 연도경호의 안전거리를 벗어난 주차장일지라도 통제범위에 포함시켜 운영하는 것이 효율적이다.
④ 모든 출입요소의 1차 통제지점은 안전구역이다.

해설

② (○) 경호계획서 작성 시 효율적인 참석자 통제를 위해 구역별 주차장 운영으로 위해가해자의 발각, 색출이 가능한 주차장 운영계획(차량통제계획)이 포함되어야 한다.
① (×) 참석자 통제에 따른 취약요소를 판단함에 있어서는, 경호 측[경호기관(註)] 입장에서 행사장에서의 혼잡을 방지할 수 있는 방안을 강구하고, 행사 참가자의 입장에서 동선의 원활성을 검토할 필요가 있다.

〈출처〉 이두석, 「경호학개론」, 진영사, 2018, P. 266

※ 2020년도 경호학(A형) 59번 출입자 통제대책에 관한 문제에서는 '③ 참석자 통제에 따른 취약요소를 판단함에 있어 경호기관의 입장에서 행사장의 혼잡을 방지할 수 있는 방안을 강구한다'가 옳은 내용으로 출제되었다. 이에 따라 문항 ①도 옳은 내용으로 보는 것이 타당해 보이나, 한국산업인력공단의 최종정답은 ②로 확정되었다.

③ (×) 출입 통제업무는 안전구역 설정권 내에 출입하는 인적·물적 제반 요소에 대한 안전활동이므로, 행사장으로부터 연도경호(노상경호)의 안전거리를 벗어난 주차장이라면 통제범위에 포함되지 않는다고 보아야 한다.
④ (×) 행사 참석자를 비롯한 모든 출입요소의 1차 통제점은 2선인 경비구역이다.

답 ②

125

출입자 통제업무에 관한 설명으로 옳지 않은 것은? 기출 22

① 인적 출입관리는 행사장의 모든 출입구에 대한 검색이나 수상한 자의 색출을 목적으로 한다.
② 지연참석자에 대해서는 검색 후 별도 지정된 통로로 출입을 허용한다.
③ 참석자가 시차별로 지정된 출입통로를 통하여 입장하도록 한다.
④ 출입통로 지정은 구역별 통로를 다양화하여 통제의 범위를 넓혀 관리의 효율성을 높인다.

해설

출입통로는 가능한 한 단일 통로를 원칙으로 하나, 행사장 구조, 참가자 수, 참석자 성분 등을 고려하여 수개의 출입통로를 지정하여 불편요소를 최소화할 수 있다.

답 ④

126

비표 운용에 관한 설명으로 옳은 것은? 기출 22

① 보안성 강화를 위해 비표의 종류는 많을수록 좋으며 리본, 명찰 등이 있다.
② 구역별로 다른 색상으로 구분하여 비표를 운용하면 통제가 용이하다.
③ 비표는 식별이 용이하도록 선정하여야 하며, 복잡하게 제작되어야 한다.
④ 비표는 행사참석자에게 행사일 전에 미리 배포하여 출입혼잡을 예방하여야 한다.

해설

② (○) 행사 참석자를 위한 비표는 구역별로 그 색상을 달리하면 식별 및 통제가 용이하다.
① (×) 비표의 종류는 적을수록 좋고, 비표의 종류에는 리본, 명찰, 완장, 모자, 배지 등이 있다.
③ (×) 비표는 모양이나 색상이 원거리에서도 식별이 용이하도록 단순하고 선명하게 제작되어야 한다.
④ (×) 비표 관리는 인적 위해요소의 배제를 목표로 하므로 행사 참석자에게도 행사 당일 출입구에서 신원확인 후 비표를 배포하여야 한다.

답 ②

127

비표 운용에 관한 설명으로 옳지 않은 것은? 기출 21

① 비표는 혼잡방지를 위해 시간과 장소에 관계없이 미리 배포할수록 좋다.
② 구역별 다른 색상으로 구분하여 비표를 운용하면 통제가 용이하다.
③ 비표 운용은 대상과 용도에 맞게 운영해야 한다.
④ 비표는 쉽게 구별되고, 위조 또는 복제는 불가능하도록 한다.

해설

비표 관리는 인적 위해요소의 배제를 목표로 하므로 행사 참석자에게도 행사 당일 출입구에서 신원확인 후 비표를 배포하여야 한다.

핵심만콕 비표

- 비표의 종류 : 리본, 명찰, 완장, 모자, 배지 등이 있으며, 대상과 용도에 맞게 적절히 운용한다.
- 비표의 관리 : 경호대상자에게 위해를 가할 소지가 있는 사람으로서 시국불만자, 신원이 특이한 교포 및 외국인, 일반 요시찰인, 피보안처분자, 공격형 정신분자 등 인적 위해요소를 배제하기 위하여 비표 관리를 한다.
- 비표의 운용
  - 비표를 제작할 때부터 보안에 힘쓰도록 해야 하는데, 비표 분실사고 발생 시에는 즉각 보고하고 전체 비표를 무효화하며 새로운 비표를 해당자 전원에게 지급한다.
  - 비표의 종류는 적을수록 좋고 행사 참석자를 위한 비표는 구역별로 그 색상을 달리하면 식별 및 통제가 용이하다.
  - 비표는 모양이나 색상이 원거리에서도 식별이 용이하도록 단순하고 선명하게 제작하여 사용한다.
  - 비표는 재생이나 복제가 되어서는 안 된다.
  - 경호근무자의 경호안전활동 시에도 비표를 운영해야 한다.
  - 행사장 근무자의 비표는 경호 배치 전·교양 시작 후 지급하며, 행사 참석자에게도 행사 당일 배포하여야 한다.

답 ①

128

출입자 통제에 관한 설명으로 옳은 것은? 기출 20

① 행사장의 허가되지 않은 출입요소를 발견하여 통제·관리하는 사전예방차원의 경호방법이다.
② 지연참석자에 대해서는 검색 후 출입을 허용하지 않는다.
③ 금속탐지기 검색을 통하여 위해요소의 침투를 차단하고, 비표를 운용하여 인가자의 출입을 통제한다.
④ 행사와 무관한 사람들의 행사장 출입을 통제하고, 그 효과를 극대화하기 위해서 다양한 통로를 통해 출입자를 확인한다.

해설

① (○) 출입자 통제는 행사장의 허가되지 않은 출입요소를 발견하여 통제·관리하는 사전예방차원의 경호방법이다.
② (×) 지연참석자에 대해서는 검색 후 별도로 지정된 통로를 통해 출입을 허용할 수 있다.
③ (×) 비표 운용을 통하여 비인가자의 출입을 통제하여야 한다.

〈출처〉 이두석, 「경호학개론」, 진영사, 2018, P. 266

④ (×) 행사와 무관한 사람들의 행사장 출입을 통제하고, 그 효과를 극대화하기 위하여 가능한 한 출입구를 단일화하거나 최소화하여 출입자들을 확인·통제하여야 한다.

답 ①

129

행사경호 시 차량통제에 관한 설명으로 옳지 않은 것은? 기출 21

① 입장계획과 연계하여 운영되어야 한다.
② 주차장별로 승차입장카드를 구분한다.
③ 금속탐지기를 이용하여 탑승한 출입자를 차내에서 검측한다.
④ 행사장 주변 주차장이 충분하지 않을 경우 중간집결지를 운영한다.

해설

금속탐지기(문형, 휴대용)를 이용하여 탑승한 출입자를 검측하는 경우에는 차량에서 하차시킨 후 검측 절차를 진행하여야 한다.

핵심만콕 통제대책

출입통제	행사장에 대한 출입통제는 3선 경호개념에 의거한 경호구역의 설정에 따라 각 구역별 통제의 범위를 결정한다. 특히 1선인 안전구역은 행사와 무관한 사람들의 행사장 출입을 통제 또는 제한하고, 그 효과를 극대화하기 위해서 가능한 한 출입구를 단일화하거나 최소화한다. 출입구에는 금속탐지기 등을 설치하여 출입자와 반입물품을 확인한다. 2선인 경비구역은 행사 참석자를 비롯한 모든 출입요소의 1차 통제점이 되어, 상근자 이외에 용무가 없는 사람들의 출입을 가급적 제한한다. 안전구역에 대한 출입통제대책은 다음의 조치를 수반한다. • 모든 출입요소에 대한 인가 여부를 확인한다. • 참석자가 시차별로 지정된 출입통로를 통하여 입장토록 한다. • 비표 운용을 통하여 비인가자의 출입을 통제한다. • MD(금속탐지기) 검색을 통하여 위해요소의 침투를 차단한다.
입장계획	• 현장에서의 혼잡 예방을 위해서는 중간집결지를 운영하여 단체로 입장토록 하는 방법이나 시차별 입장을 통하여 인원을 분산시킨다. • 차량출입문과 행사 참석자의 도보출입문을 구분하여 운영한다. • 참석자 입장계획은 철저한 신분확인 및 검색과 직결된 문제로 시차별 입장계획과 출입구별 인원 배분계획을 수립하여, 참석자가 일시에 몰리거나 특정 출입구로 몰리는 혼란을 미연에 방지한다.
주차계획	• 입장계획과 연계하여, 주차장별로 승차입장카드를 구분 운영하고, 참석자들이 하차하는 지점과 주차장소에 대한 안내표지판을 설치하고 안내한다. • 행사장에서의 혼잡상황을 예방하거나 행사장 주변에 주차장이 충분치 않을 경우에는 중간집결지를 운용하여 단체버스로 이동시키고, 개별 승용차의 행사장 입장을 가급적 억제한다.
비표 운용계획	• 비표의 종류에는 리본, 배지, 명찰, 완장, 모자, 조끼 등이 있으며, 비표는 대상과 용도에 맞게 적절히 운용한다. • 행사 참석자를 위한 명찰이나 리본은 구역별로 그 색상을 달리하여 식별 및 통제가 용이하도록 하면 효과적이다.
금속탐지 운용계획	• 행사장의 배치, 행사 참석자의 규모 및 성향 등을 고려하여 통제가 용이하고 공간이 확보된 장소에 설치 운용한다. • 금속탐지기를 통한 검색능력은 대략 초당 1명 정도인 점을 감안하여 금속탐지기의 설치장소 및 대수를 판단하고, 행사의 성격에 따라 X-ray나 물품보관소를 같이 운용한다.
통제수단	비표	• 모든 인적·물적 출입요소의 인가 및 확인 여부를 표시하기 위하여 사용되는 중요한 수단이다. • 비표는 모양이나 색상이 원거리에서도 식별이 용이하도록 단순하고 선명하게 제작하여 사용함으로써 경호조치의 효율성을 증대시키고, 재생이나 복제가 되어서는 안 된다.
	금속탐지기	• 크게 문형 금속탐지기와 휴대용 금속탐지기로 구분할 수 있다. • 인적·물적 출입요소의 이상 유무와 위해물품 반입 여부를 확인하기 위한 금속탐지기는 금속성 물질에만 제한적으로 반응하는 특징이 있다.

〈출처〉 이두석, 「경호학개론」, 진영사, 2018, P. 265~267

답 ③

130

선발경호업무 시 출입통제에 관한 설명으로 옳지 않은 것은? 기출 21

① 경호능력에 부합한 비상대응계획을 수립한다.
② 위해요소를 사전에 발견 및 제거하여 위해요소의 침투 가능성을 차단한다.
③ 통제의 범위는 촉수거리의 원칙을 적용하여 구역별 특성에 맞게 결정한다.
④ 행사와 무관한 사람들의 행사장 출입을 통제 또는 제한하는 구역을 설치·운영해야 한다.

해설

촉수거리의 원칙은 우발상황 발생 시 위해기도자의 범행시도에 경호대상자 또는 위해기도자와 가장 가까이 위치한 경호원이 대응해야 한다는 근접경호원의 경호원칙이다.

답 ③

131

출입자 통제대책에 관한 설명으로 옳지 않은 것은? 기출 18

① 보안성 강화를 위해 리본, 조끼, 넥타이를 비표로 운용하지 않는다.
② 출입자의 위해 가능 물품의 보관을 위해 물품보관소를 운용한다.
③ 행사장 내 모든 출입요소에 대해서는 인가된 인원의 본인여부를 확인해야 한다.
④ 주차관리는 참석자들의 불편 최소화, 입·퇴장 질서유지 등을 고려한다.

해설

보안성 강화를 위해 사용하는 비표의 종류는 리본, 명찰, 완장, 모자, 배지, 조끼, 승차입장카드 및 스티커 등이 있으며, 비표는 대상과 용도에 맞게 적절히 운용한다.

핵심만콕 출입자 통제대책★

- 행사장 안전확보와 참석인원 등에 대한 안전조치 수단으로서 중요한 것은 비표 운용과 금속탐지기 또는 X-ray 검색기를 통한 검색활동이다.
- 비표는 식별이 용이하도록 선명하여야 하며, 간단하게 제작한다.
- 모든 출입요소는 지정된 출입통로를 사용하여야 하며 기타 통로는 폐쇄한다.
- 대규모 행사 시에는 참석 대상별 또는 좌석별 구분에 따라 출입통로 선정 및 시차입장 계획을 수립하여 출입통제가 용이하도록 한다.
- 출입증은 전 참가자에게 운용함을 원칙으로 한다. 단, 행사 성격을 고려하여 일부 제한된 행사에 대해서는 지침에 의거, 운용하지 않을 수 있다.

답 ①

| 제5절 | 우발상황(돌발사태) 대응방법 |

132
CHECK ○ △ ×

우발상황의 특성으로 옳은 것은 모두 몇 개인가? 기출 24

- 노출성
- 즉각조치의 요구
- 시간제약성
- 혼란 야기
- 발생여부의 불확실성
- 예측 불가능성
- 자기보호본능 발동
- 무질서

① 5개 ② 6개
③ 7개 ④ 8개

해설

제시된 내용 중 "노출성"을 제외한 7개가 우발상황의 특성에 해당한다.
우발상황이란 발생시기나 발생여부 및 그로 인한 피해정도를 모르는 우발적 위험이 발생한 상황으로서 불확실성(사전예측의 곤란성)과 돌발성을 특징으로 한다. 따라서 불확실성, 돌발성과 배치되는 개념이라 할 수 있는 노출성은 근접경호의 특성이지 우발상황의 특성으로 보기는 어렵다.

핵심만콕 우발상황의 특성

불확실성 (사전예측의 곤란성)	우발상황의 발생 여부가 불확실하고 사전예측이 곤란하여 대비가 어렵다.
돌발성	우발상황은 사전예고 없이 돌발적으로 발생한다.
시간제약성	돌발성으로 인해 우발상황에 대처할 충분한 시간적 여유가 없다.
중대성 (혼란 야기와 무질서, 심리적 불안정성)	우발상황은 경호대상자의 안전이나 행사에 치명적인 영향(무질서, 혼란, 충격, 공포 등)을 끼칠 수 있는 상황으로, 경호대상자의 신변에 중대한 결과를 초래할 수 있다.
현장성	우발상황은 현장에서 발생하고 이에 대한 경호조치도 현장에서 이루어져야 한다.
자기보호본능의 발동	• 우발상황 발생 시 일반인뿐만 아니라 경호원도 인간의 기본욕구인 자기자신을 보호하려는 보호본능이 발현된다. • 자기보호본능의 발현에도 불구하고 경호원으로서 본분을 망각하지 않기 위해 평소에 공격 방향으로 신속하고도 과감히 몸을 던지는 반복숙달 훈련과 심리적 훈련이 요구된다.

〈참고〉 이두석, 「경호학개론」, 진영사, 2018, P. 344

답 ③

133

우발상황에 관한 설명으로 옳은 것을 모두 고른 것은? 기출 22

> ㄱ. 사전예측이 불가능하므로 즉각조치가 어렵다.
> ㄴ. 극도의 혼란과 무질서가 발생한다.
> ㄷ. 자기보호본능으로 위해가해자에 대한 대적과 제압이 제한적이다.
> ㄹ. 즉각조치의 과정은 경고 – 대피 – 방호의 순서로 전개된다.

① ㄱ, ㄹ
② ㄱ, ㄴ, ㄷ
③ ㄴ, ㄷ, ㄹ
④ ㄱ, ㄴ, ㄷ, ㄹ

해설

제시된 내용 중 우발상황에 관한 설명으로 옳은 것은 ㄱ, ㄴ, ㄷ이다.
ㄱ. (○) 사전예측의 불가능(곤란성)은 우발상황의 특성에 해당하며, 이에 따라 즉각조치가 어렵다.
ㄴ. (○) 무질서와 극도의 혼란 야기는 우발상황의 특성에 해당한다.
ㄷ. (○) 우발상황 발생 시 자기보호본능이 발현되어 위해가해자에 대한 대적과 제압에 영향을 미친다.
ㄹ. (×) 즉각조치의 과정은 경고 – 방호 – 대피의 순서로 전개된다.

답 ②

134

경호 우발상황에 관한 설명으로 옳지 않은 것은? 기출 21

① 우발상황이 예상되는 경호구역에 사주경계를 실시한다.
② 경호원 자신보다는 경호대상자의 안전을 우선으로 한다.
③ 사전예측이 대부분 가능하기 때문에 신속한 대처가 가능하다.
④ 불가항력적 상황에서도 경호원은 경호의 책임과 의무가 있다.

해설

우발상황은 그 발생 여부가 불확실하고 사전예측이 곤란하여 대비가 어렵다는 특성을 갖는다.

답 ③

135

우발상황에 관한 내용으로 옳지 않은 것은? 기출 20

① 우연히 또는 계획적으로 발생하여 경호행사를 방해하는 사태
② 상황이 직접적으로 발생하기 전까지는 위해기도가 발생되는 시간, 장소, 방법에 대한 사전예측의 불가능
③ 방법과 규모에 따라 차이가 생길 수 있으나 심리적인 공포와 불안의 조성에 따른 혼란의 야기와 무질서
④ 경호대상자의 방호 및 대피보다 경호원의 자기보호본능에 충실

해설

④ (×) 경호대상자의 방호 및 대피가 경호원의 자기보호본능보다 우선이다. 비록 우발상황 발생 시 자기보호본능 기제가 발동하더라도 경호원은 이를 거부하고 자기희생의 원칙에 따라 체위를 확장하여 경호대상자의 노출을 최소화하고 최대의 방호벽을 형성하여야 한다. 특히 자신의 생명을 보호하기 위하여 자세를 낮추거나 은폐 또는 은신을 해서는 안 된다.
① (○) 우발상황이란 위해기도나 행사 방해책동과 관련하여 발생시기나 발생여부 및 그로 인한 피해 정도를 모르는 우발적 위험이 발생한 상황을 의미한다. 우발상황의 유형은 크게 계획적 우발상황, 부주의에 의한 우발상황, 자연발생적 우발상황, 천재지변에 의한 우발상황으로 분류할 수 있으며, 계획적 우발상황이란 위해기도자에 의해 의도되고 계획된 우발상황을 말한다.

〈참고〉 이두석, 「경호학개론」, 진영사, 2018, P. 343~344

② (○) 위해기도가 발생되는 시간, 장소, 방법에 대한 사전예측의 불가능(곤란성)은 우발상황의 특성에 해당한다.
③ (○) 무질서와 혼란 야기는 우발상황의 특성에 해당한다.

답 ④

136

우발상황 조치에 관한 내용이다. 다음 (　)에 들어갈 내용을 순서대로 옳게 나열한 것은? 기출 19

> 우발상황이 발생하였을 경우 경호대상자를 위험으로부터 보호하기 위한 일련의 순간적인 경호조치를 말하며, (　)의 결과에 따라 경호대상자를 살릴 수도 있고 죽일 수도 있다. 우발상황이 발생하면 최초에 정확하게 대응해야 한다는 데 핵심이 있다. 위험한 것을 (　) 것으로 판단하면 자칫 (　)를 잃을 수도 있고, 위험하지 않은 것을 (　) 것으로 판단하면 행사장을 혼란에 빠뜨리거나 행사를 망칠 수도 있다.

① 즉각조치, 위험한, 행사 참석자, 위험하지 않은
② 즉각조치, 위험하지 않은, 경호대상자, 위험한
③ 통제조치, 위험하지 않은, 경호대상자, 위험한
④ 통제조치, 위험한, 행사 참석자, 위험하지 않은

해설

(　) 안에 들어갈 내용은 순서대로 즉각조치, 위험하지 않은, 경호대상자, 위험한이다.

답 ②

137

우발상황 대응에 관한 설명으로 옳지 않은 것은? 기출 24

① 폭발물 공격을 받았을 때는 방어적 원형 대형을 형성한다.
② 상황 발생을 인지한 경호원이 먼저 취해야 할 조치는 경고이다.
③ 경고 시 방향이나 위치 등에 대해 명확한 내용으로 전달한다.
④ 경고와 동시에 대적 여부는 촉수거리의 원칙에 따라 위해기도자와 가장 가까이에 있는 경호원이 판단·대응한다.

[해설]

① (×) 수류탄 또는 폭발물과 같은 폭발성 화기에 의한 공격을 받았을 때는 함몰형 대형을 형성하여 경호대상자를 지면에 완전히 밀착시키고 그 위에 근접경호원들이 밀착하며 포개어, 경호대상자의 신체가 외부에 노출되지 않도록 해야 한다. 방어적 원형 대형은 위해의 징후가 현저하거나 직접적인 위해가 가해졌을 때 형성하는 방어 대형이다.
② (○) 우발상황 발생 시 즉각조치의 과정은 경고 - 방호 - 대피의 순서로 전개된다(동시에 이루어지는 일체적 개념이다).
③ (○) 우발상황 발생을 인지한 경호원은 육성이나 무전기로 전 경호요원에게 우발상황의 위치나 위험의 종류, 성격 등의 상황 내용을 통보하여 경고한다.
④ (○) 촉수거리의 원칙은 위해기도자에 대한 대응은 경호원 중 위해기도자와 가장 가까운 거리에 있는 경호원이 해야 한다는 원칙이다. 촉수거리의 원칙에 따르면 경호원이 위해기도자와의 거리보다 경호대상자와의 거리가 더 가깝다면 경호대상자를 방호해서 신속히 현장을 이탈하는 것이 효과적이고, 위해기도자와의 거리가 경호대상자와의 거리보다 더 가깝고 촉수거리에 있다면 과감하게 위해기도자를 제압하는 것이 효과적일 수 있다.

답 ①

138

우발상황 대응기법에 관한 설명으로 옳은 것은? 기출 23

① 경호대상자의 방호보다 위해가해자의 제압을 최우선으로 하여 경호대상자의 안전을 확보한다.
② 체위확장의 원칙과 촉수거리의 원칙이 적용될 수 있다.
③ 우발상황에 대한 경호는 방어적·회유적 개념의 신변보호활동이다.
④ 우발상황의 즉각조치 과정은 경고 - 대피 - 방호의 순서로 전개된다.

[해설]

② (○) 우발상황 발생 시 체위확장의 원칙은 경호대상자를 방호하는 측면에서, 촉수거리의 원칙은 위해기도자를 대적 및 제압하는 측면에서 적용될 수 있다.
① (×) 우발상황 발생 시 경호원의 최우선적인 대응방법은 위해가해자에 대한 공격 및 제압이 아닌 육성 경고와 동시에 비상조치계획에 따라 경호대상자를 신속히 방호·대피시킴으로써 피해를 최소화하는 것이다.
③ (×) 우발상황에 대한 경호는 방어적·회피적 개념의 신변보호활동이다.
④ (×) 우발상황의 즉각조치 과정은 경고 - 방호 - 대피 순으로 전개된다.

답 ②

139

우발상황 시 근접경호원의 대응으로 옳은 사람은? 기출 23

- A경호원 : 위해가해자와 가장 가까이에 있는 경호원은 경고와 동시에 경호대상자를 등지고 위험발생 방향으로 체위를 확장해 제2의 공격선을 차단한다.
- B경호원 : 총으로 공격하는 위해가해자를 제압할 경우, 위해가해자의 총구 방향을 고려하여 가능한 한 경호대상자로부터 멀리 유지하도록 신속히 제압한다.
- C경호원 : 수류탄과 같은 폭발성 화기에 의한 공격에는 주변 경호원들과 함께 원형 대형을 유지하여 경호대상자의 안전을 유지한다.

① A
② A, B
③ B, C
④ A, B, C

해설

우발상황 시 올바른 대응을 한 경호원은 A경호원과 B경호원이다.
- A경호원 (○) : 우발상황 발생 시 위해가해자와 가장 가까이에 있는 경호원은 경고와 동시에 경호대상자를 등지고 위험발생 방향으로 체위를 확장하여 경호대상자의 노출을 최소화하고 최대의 방벽을 형성하여야 한다.
- B경호원 (○) : 총으로 공격하는 위해가해자를 제압할 경우, 위해가해자의 총구 방향에 주의하여 경호대상자 방향으로 향하지 않도록 하면서, 신속히 제압한다.
- C경호원 (×) : 수류탄과 같은 폭발성 화기에 의한 공격을 받았을 때에는 함몰형 대형을 형성해야 한다.

답 ②

140

경호원의 행동수칙으로 옳지 않은 것은? 기출 23

① 신속하고 과감한 대처능력이 필요하다.
② 위해가해자에게 위압감을 줄 수 있어야 한다.
③ 예리하고 정확한 판단력을 갖춰야 한다.
④ 숙련된 사후적 방어조치는 사전예방경호보다 우선시한다.

해설

경호활동은 기본적으로 공격이 아닌 방어적 개념이므로, 효과적인 방어는 숙련된 사후적 방어조치보다는 사전적 예방경호활동이 우선시된다.

답 ④

141

경호임무 수행 중 우발상황 발생 시 각 경호원의 대응으로 옳은 것을 모두 고른 것은? 기출 22

> - A경호원 : 경호원의 주의력효과 면에서 자신과 군중과의 거리가 가까울수록 유리하다고 판단하였다.
> - B경호원 : 경호대상자를 대피시키기 위해 다소 신체적인 무리가 오더라도 예의를 무시하고 신속하고 과감하게 행동하였다.
> - C경호원 : 수류탄과 같은 폭발성 화기에 의한 공격을 받았을 때 방어적 원형 대형으로 경호대상자를 방호하였다.

① A, B
② A, C
③ B, C
④ A, B, C

[해설]

제시된 내용 중 우발상황 발생 시 올바른 대응을 한 경호원은 A경호원과 B경호원이다.
- A경호원 (○) : 경호원의 주의력효과 면에서 군중(경계대상자)과의 거리가 가까울수록 유리하고, 대응효과 면에서 군중과의 거리가 멀수록 유리하다.

〈참고〉 이두석, 「경호학개론」, 진영사, 2018, P. 165

- B경호원 (○) : 신속한 대피를 위하여 다소 예의를 무시하더라도 과감하게 행동하여야 한다.
- C경호원 (×) : 수류탄 또는 폭발물과 같은 폭발성 화기에 의한 공격을 받았을 때 사용하는 방호대형은 함몰형 대형이다.

답 ①

142

우발상황 대응기법에 관한 설명으로 옳은 것을 모두 고른 것은? 기출 20

> ㄱ. 경호원의 주의력효과 면에서는 경호원과 군중의 거리가 가까울수록 유리하다.
> ㄴ. 위험을 가장 먼저 인지한 경호원은 동료들에게 신속히 전파하여 공조체제를 유지하도록 한다.
> ㄷ. 수류탄 혹은 폭발물과 같은 폭발성 화기에 의한 공격에는 방어적 원형 대형을 유지한다.

① ㄱ, ㄴ
② ㄱ, ㄷ
③ ㄴ, ㄷ
④ ㄱ, ㄴ, ㄷ

[해설]

제시된 내용 중 우발상황 대응기법으로 옳은 것은 ㄱ과 ㄴ이다.
ㄱ. (○) 경호원의 주의력효과 면에서 군중(경계대상자)과의 거리가 가까울수록 유리하고, 대응효과 면에서 군중과의 거리가 멀수록 유리하다.

〈참고〉 이두석, 「경호학개론」, 진영사, 2018, P. 165

ㄴ. (○) 최초 목격자가 육성 또는 무전으로 전파하고, 간단명료한 지향성 용어를 사용하며, 가능하면 방향이나 위치를 제시하는 등 공격의 내용을 전파한다.
ㄷ. (×) 수류탄 또는 폭발물과 같은 폭발성 화기에 의한 공격을 받았을 때 사용하는 방호대형은 함몰형 대형이다. 방어적 원형 대형은 경호행사 시 최소안전구역의 확보에 실패하여 경호대상자가 군중 속에 갇혀 있는 상황에서 현장이탈을 시도할 때 사용하는 대형이다.

답 ①

143

총기공격에 대응하는 즉각조치로 옳은 것은? 기출 16

① 방호는 위협상황 인식과 동시에 경호원의 신체로 범인을 제압하는 것을 우선으로 한다.
② 방호 시 경호원은 몸을 은폐하여 위해기도자로부터 표적이 작아지도록 한다.
③ 대피 시에는 경호대상자의 품위를 고려하여 조심스럽게 머리를 아래로 향하게 한 상태에서 이동한다.
④ 즉각조치는 경고 - 방호 - 대피 순으로 이루어지되 거의 동시에 실시되어야 한다.

해설

④ (○) 총기공격에 대응하는 즉각조치로 옳은 내용이다.
① (×) 범인을 제압하는 것보다 방호 및 대피가 우선되어야 한다.
② (×) 자기희생의 원칙에 따라 체위를 확장하여 경호대상자의 노출을 최소화하고 최대의 방호벽을 형성한다.
③ (×) 신속한 대피를 위하여 다소 예의를 무시하더라도 과감하게 행동하여야 한다.

답 ④

144

우발상황 시 대응방법에 대한 설명으로 틀린 것은? 기출 05

① 전방에서 위해가 발생되면 제일 가까운 곳에 있는 근접경호원은 체위를 최대한 확장시켜 물리적 방벽을 형성해야 한다.
② 함몰형 대형은 폭발성 화기에 의한 공격을 받았을 때 사용되는 방호 대형이다.
③ 방어적 원형 대형은 위해의 징후가 현저할 때 형성하는 방어 대형이다.
④ 대피하는 경우 측방경호원은 대피로를 결정하고 진로를 개척해야 한다.

해설

대피하는 경우 근접경호원은 사전에 결정된 대피로를 통하여 신속하게 경호대상자를 대피시켜야 한다. ★

핵심만콕	함몰형 대형과 방어적 원형 대형
함몰형 대형	• 공격의 방법이 수류탄과 같은 폭발물에 의한 것이라고 판단되는 경우 경호대상자의 신체를 공격수단으로부터 우선적으로 보호하고자 하는 방어적 대형이다. ★ • 함몰형 대형은 경호원들이 자신들의 몸으로 경호대상자를 외부에서 보이지 않을 정도로 감싸 버리는 형태의 대형으로 이때 내부의 경호대상자는 상황 이후 바로 이탈이 가능하도록 대형 내에서 약간 쪼그려 앉은 자세를 취한다.
방어적 원형 대형	• 직접적인 위협상황하에서 경호대상자의 대피를 우선적으로 고려한 대형이다. • 군중 속에 있던 경호대상자가 빠져나오는 데 가장 좋은 긴급대형이다. ★ • 상황이 발생되면 순간적으로 경호원들이 각자의 등을 안쪽 방향(경호대상자 쪽)으로 하고 옆의 경호원과 팔짱을 낀 채 원형스크럼을 유지하여 이동하는 경호대형이다. • 원형 대형의 견고성을 유지하는 것이 중요하며, 경호대상자에 대한 형식적인 의례는 무시한다. ★

답 ④

145

경호업무 수행 중 우발상황 대응 시 고려해야 할 사항으로 옳지 않은 것은? 기출 09

① 경호원과 위험발생지점과의 거리
② 우발상황의 종류와 성격
③ 행사장 참석 인원의 수 및 대응 소요시간
④ 제2공격 대비를 위한 위해기도자 색출

해설

제2공격 대비를 위한 위해기도자를 색출하는 것보다, 경호대상자를 신속하게 위험지역으로부터 대피시키는 것이 중요한 고려사항이다.

답 ④

146

비상대책의 내용으로 옳지 않은 것은? 기출 19

① 행사장에는 비상대피소를 준비한다.
② 상황에 따른 대피계획은 사전에 결정한다.
③ 비상통로의 출구에는 예비차량을 대기시켜 놓는다.
④ 비상대피계획은 위험상황 발생 시 원인을 제거하기 위한 계획이다.

해설

비상상황 발생 시 가장 이상적인 즉각 조치의 방법은 경호대상자를 안전지대로 얼마나 신속하게 대피시키느냐에 달려 있다 할 것이다.

답 ④

CHAPTER 04 경호복장과 장비

제1절 경호원의 복장과 장비

01

CHECK ○△×

경호복제에 관한 설명으로 옳은 것은? 기출 24

① 대통령경호처장은 필요하다고 인정하는 경우 대통령경호처 직원에게 제복을 지급할 수 있다.
② 대통령경호처 소속공무원의 복제에 관하여 필요한 사항은 차장이 정한다.
③ 행사성격과 주변 환경에 어울리는 경호원의 복장은 그 신분이 노출될 수 있기에 지양한다.
④ 경호원은 화려한 색상이나 눈에 띄는 스타일의 복장을 착용하여 주위의 시선을 빼앗아 경호대상자를 보호한다.

해설

① (○) 대통령 등의 경호에 관한 법률 시행령 제34조 제1항
② (×) 직원의 복제에 관하여 필요한 사항은 처장이 정한다(대통령 등의 경호에 관한 법률 시행령 제34조 제2항).
③ (×) 복장은 행사의 성격, 장소와 시간 등 주변상황과 조화를 이루도록 하여야 한다.
④ (×) 복장은 행사 성격에 따라 주변환경과 조화되도록 착용해야 하며, 화려한 색상이나 새로운 패션의 스타일은 눈에 띄기 쉬우므로 보수적인 색상과 스타일의 복장이 적합하다.

답 ①

02

CHECK ○△×

경호원의 복제에 관한 설명으로 옳지 않은 것을 모두 고른 것은? 기출 22

ㄱ. 경호현장의 주변 환경과 조화를 이루는 복장을 선택한다.
ㄴ. 경호활동 시 필요한 장비 착용이 가능한 복장을 선택한다.
ㄷ. 대통령경호처에 파견된 경찰공무원의 복제는 경찰청장이 정한다.
ㄹ. 행사의 성격에 관계없이 경호대상자의 권위유지를 위한 복장을 선택한다.

① ㄱ, ㄴ
② ㄱ, ㄹ
③ ㄴ, ㄹ
④ ㄷ, ㄹ

해설

제시된 내용 중 경호원의 복제에 관한 설명으로 옳지 않은 것은 ㄷ과 ㄹ이다.
ㄷ. (×) 대통령경호처에 파견근무하는 경찰공무원의 복제에 관하여는 <u>경호처장이 정한다</u>(경찰복제에 관한 규칙 제11조, 대통령 등의 경호에 관한 법률 시행령 제34조 제2항).
ㄹ. (×) 경호원은 <u>행사의 성격과 장소에 어울리는 복장을 착용하여야</u> 하며, 경호대상자의 권위(품위)유지를 위한 복장(어두운 색상)을 선택하여야 한다.
ㄱ. (○) 경호원은 행사의 성격에 따라 주변 환경과 어울리는 복장을 착용하여야 한다.
ㄴ. (○) 경호복장은 기능적이고 튼튼한 것이어야 한다.

답 ④

03

CHECK ○△×

경호원의 복제에 관한 설명으로 옳은 것은? 기출 23

① 대통령경호처에 파견된 경찰공무원의 복제는 경찰청장이 정한다.
② 주변의 시선을 끌 수 있는 복제를 착용한다.
③ 경호원은 경호대상자와 구분되는 복장을 착용한다.
④ 공식일정, 비공식일정 등 경호상황에 맞는 복장을 착용한다.

해설

④ (○) 경호복장은 행사의 성격과 장소에 어울리는 복장을 착용하여야 한다.
① (×) 대통령경호처에 파견근무하는 경찰공무원의 복제에 관하여는 경호처장이 정한다(경찰복제에 관한 규칙 제11조, 대통령 등의 경호에 관한 법률 시행령 제34조 제2항).
② (×) 주위의 시선을 끌 만한 색상이나 디자인은 지양한다.
③ (×) 경호원의 복장은 경호대상자의 복장에 맞추어 정장이나 캐주얼 복장을 상황에 따라 착용하여야 한다.

핵심만콕 경호복장 선택 시 고려사항

- 경호복장은 기능적이고 튼튼한 것이어야 한다.
- 행사의 성격과 장소에 어울리는 복장을 착용한다.
- 경호대상자보다 튀지 않아야 한다.
- 어두운 색상일수록 위엄과 권위가 있어 보인다. 주위의 시선을 끌 만한 색상이나 디자인은 지양한다.
- 셔츠는 흰색 계통이 무난하며, 면소재의 제품이 활동하기에 편하다.
- 양말은 어두운 색으로, 발목 위로 올라오는 것을 착용한다.
- 장신구의 착용은 지양한다. 여자 경호원의 경우 장신구를 착용한다면 평범하고 단순한 것으로 선택한다.
- 신발은 장시간 서 있는 근무상황을 고려하여 편하고 잘 벗겨지지 않는 것을 선택한다.

〈출처〉 이두석, 「경호학개론」, 진영사, 2018, P. 247

답 ④

04

경호원의 복장에 관한 설명으로 옳은 것은? 기출 21

① 경호원은 행사의 성격에 따라 주변 환경과 어울리는 복장을 착용한다.
② 경호원으로서의 신분이 노출되지 않도록 화려한 복장을 착용한다.
③ 잠재적 위해기도자의 범행동기를 사전에 제거하기 위해 장신구를 착용한다.
④ 행사의 성격과 관계없이 경호대상자 품위를 높이기 위해 검정색 계통의 정장을 착용한다.

해설

① (O) 일반적으로 경호원은 행사의 성격에 따라 주변 환경과 조화되도록 복장을 착용한다.
② (×) 주위의 시선을 끌 만한 색상이나 디자인은 지양하며, 보수적인 색상과 스타일의 복장이 적합하다.
③ (×) 장신구의 착용과 잠재적 위해기도자의 범행동기의 사전 제거와는 인과성이 없다.
④ (×) 행사의 성격과 장소에 어울리는 복장을 착용하여야 하며, 어두운 색상일수록 위엄과 권위가 있다.

답 ①

05

특수경비원의 무기관리수칙으로 옳지 않은 것은? 기출 19

① 무기관리실태를 매월 파악하여 다음 달 3일까지 관할 경찰관서장에게 통보하여야 한다.
② 무기고 및 탄약고는 단층으로 설치하고 환기, 방습, 방화 등의 시설을 한다.
③ 탄약의 출납은 소총은 1정당 7발 이내, 권총은 1정당 15발 이내로 한다.
④ 무기를 지급받은 경비원으로 하여금 매주 1회 이상 손질하게 한다.

해설

③ (×) 무기를 대여받은 시설주 또는 관리책임자는 특수경비원에게 무기를 출납하고자 하는 때에는 탄약의 출납은 소총에 있어서는 1정당 15발 이내, 권총에 있어서는 1정당 7발 이내로 하되, 생산된 후 오래된 탄약을 우선적으로 출납하여야 한다(경비업법 시행규칙 제18조 제3항 제2호).
① (O) 경비업법 시행규칙 제18조 제1항 제5호
② (O) 경비업법 시행규칙 제18조 제1항 제2호
④ (O) 경비업법 시행규칙 제18조 제3항 제3호

답 ③

06

경호관련 장비의 휴대 및 사용에 관한 사항을 규정한 법률의 연결로 옳은 것은? 기출 14

① 신변보호업무를 수행하는 경비원의 분사기 - 위험물안전관리법
② 청원경찰의 권총 - 경찰관직무집행법
③ 특수경비원의 소총 - 경비업법
④ 경찰관의 권총 - 총포·도검·화약류 등의 안전관리에 관한 법률

해설

③ (O) 특수경비원은 경비업법 제14조 제9항, 동법 시행령 제20조 제5항에 따라 권총 및 소총을 휴대할 수 있다.
① (×) 신변보호업무를 수행하는 경비원의 분사기 - 경비업법 제16조의2
② (×) 청원경찰의 권총 - 청원경찰법 시행규칙 제16조
④ (×) 경찰관의 권총 - 경찰관직무집행법 제10조의4

답 ③

07

업무수행 중 총기를 휴대할 수 없는 자는? 기출 13

① 청원경찰
② 호송경비원
③ 경호공무원
④ 특수경비원

해설

② (×) 호송경비원은 경비업법 제14조(특수경비원의 직무 및 무기사용 등)에 따라 총기휴대가 불가능하다.
① (O) 청원경찰법 제8조(제복착용과 무대 휴기)
③ (O) 대통령 등의 경호에 관한 법률 제19조(무기의 휴대 및 사용)
④ (O) 경비업법 제14조(특수경비원의 직무 및 무기사용 등)

답 ②

08

민간경비원별 휴대 가능한 무기(장비)의 연결이 옳지 않은 것은? 기출 19

① 호송경비원 - 권총, 경적, 단봉, 분사기
② 특수경비원 - 권총, 소총, 경적, 단봉, 분사기
③ 기계경비원 - 경적, 단봉, 출동차량, 분사기
④ 시설경비원 - 경적, 단봉, 분사기

해설

호송경비원은 권총을 휴대할 수 없다. 반면, 경비업법 시행령 제20조 제5항에 의하면 특수경비원이 휴대할 수 있는 무기종류는 권총 및 소총이다.

관계법령 경비업의 시설 등의 기준(경비업법 시행령 [별표 1]) ★ <개정 2024.12.31.>

시설 등 기준 업무별	경비인력	자본금	시 설	장비 등
1. 시설경비업무	• 일반경비원 10명 이상 • 경비지도사 1명 이상	1억원 이상	기준 경비인력 수 이상을 동시에 교육할 수 있는 교육장	기준 경비인력 수 이상의 경비원 복장 및 경적, 단봉, 분사기
2. 호송경비업무	• 무술유단자인 일반경비원 5명 이상 • 경비지도사 1명 이상	1억원 이상	기준 경비인력 수 이상을 동시에 교육할 수 있는 교육장	• 호송용 차량 1대 이상 • 현금호송백 1개 이상 • 기준 경비인력 수 이상의 경비원 복장 및 경적, 단봉, 분사기
3. 신변보호업무	• 무술유단자인 일반경비원 5명 이상 • 경비지도사 1명 이상	1억원 이상	기준 경비인력 수 이상을 동시에 교육할 수 있는 교육장	• 기준 경비인력 수 이상의 무전기 등 통신장비 • 기준 경비인력 수 이상의 경적, 단봉, 분사기
4. 기계경비업무	• 전자·통신 분야 기술자격증 소지자 5명을 포함한 일반경비원 10명 이상 • 경비지도사 1명 이상	1억원 이상	• 기준 경비인력 수 이상을 동시에 교육할 수 있는 교육장 • 관제시설	• 감지장치·송신장치 및 수신장치 • 출장소별로 출동차량 2대 이상 • 기준 경비인력 수 이상의 경비원 복장 및 경적, 단봉, 분사기
5. 특수경비업무	• 특수경비원 20명 이상 • 경비지도사 1명 이상	3억원 이상	기준 경비인력 수 이상을 동시에 교육할 수 있는 교육장	기준 경비인력 수 이상의 경비원 복장 및 경적, 단봉, 분사기
6. 혼잡·교통 유도경비업무	• 일반경비원 10명 이상 • 경비지도사 1명 이상	1억원 이상	기준 경비인력 수 이상을 동시에 교육할 수 있는 교육장	기준 경비인력 수 이상의 경비원 복장 및 경적, 단봉, 분사기, 무전기, 경광봉

[비 고]
1. 자본금의 경우 납입자본금을 말하고, 하나의 경비업무에 대한 자본금을 갖춘 경비업자가 그 외의 경비업무를 추가로 하려는 경우 자본금을 갖춘 것으로 본다. 다만, 특수경비업자 외의 자가 특수경비업무를 추가로 하려는 경우에는 이미 갖추고 있는 자본금을 포함하여 특수경비업무의 자본금 기준에 적합하여야 한다.
2. 교육장의 경우 하나의 경비업무에 대한 시설을 갖춘 경비업자가 그 외의 경비업무를 추가로 하려는 경우에는 경비인력이 더 많이 필요한 경비업무에 해당하는 교육장을 갖추어야 한다.
3. "무술유단자"란 「국민체육진흥법」 제33조에 따른 대한체육회에 가맹된 단체 또는 문화체육관광부에 등록된 무도 관련 단체가 무술유단자로 인정한 사람을 말한다.
4. "호송용 차량"이란 현금이나 그 밖의 귀중품의 운반에 필요한 견고성 및 안전성을 갖추고 무선통신시설 및 경보시설을 갖춘 자동차를 말한다.

답 ①

제2절　경호장비의 유형별 관리

09

CHECK ○△×

경호장비에 관한 설명으로 옳지 않은 것은? 기출 24

① 호신장비는 자신의 생명과 신체를 보호하기 위하여 사용하는 장비로 권총, 소총, 분사기 등을 포함한다.
② 감시장비는 위해기도자의 침입이나 범죄행위를 감시하기 위한 장비로 쌍안경, 드론 등을 포함한다.
③ 경비업법상 경비원이 휴대할 수 있는 장비의 종류는 경적·단봉·분사기 등으로 항상 이를 휴대하여야 한다.
④ 대통령경호처장은 직무를 수행하기 위하여 필요하다고 인정할 때에는 대통령경호처에 파견된 사람에게 무기를 휴대하게 할 수 있다.

해설

③ (×) 경비원이 휴대할 수 있는 장비의 종류는 경적·단봉·분사기 등 행정안전부령으로 정하되, 근무 중에만 이를 휴대할 수 있다(경비업법 제16조의2 제1항).
① (○) 호신장비는 자신과 타인의 생명 및 신체를 보호하는 데 사용되는 도구로서 권총·소총과 같은 무기에서부터 분사기, 가스총, 전자충격기, 경봉, 삼단봉 등에 이르기까지 다양하다.
② (○) 감시장비는 경호임무에 있어서 인력부족으로 인한 경호 취약점을 보완하는 수단으로 침입 또는 범죄행위를 사전에 알아내는 역할을 하는 장비이다. 포대경(M65), 다기능 쌍안경, 고성능 쌍안망원경, TOD(영상감시장비), 드론 등이 있다.
④ (○) 대통령경호처장은 직무를 수행하기 위하여 필요하다고 인정할 때에는 소속공무원(대통령경호처 직원과 대통령경호처에 파견된 사람)에게 무기를 휴대하게 할 수 있다(대통령 등의 경호에 관한 법률 제19조 제1항).

답 ③

10

CHECK ○△×

경호장비에 관한 설명으로 옳지 않은 것은? 기출 22

①「대통령 등의 경호에 관한 법률」에서 호신장비와 관련하여 무기에 대한 규정을 두고 있다.
② 경비원이 사용하는 단봉, 분사기는 호신장비에 포함된다.
③ 경호업무에서 사용되는 드론은 감시장비에 포함된다.
④ 경호현장에서 설치되는 바리케이드나 차량 스파이크 트랩은 인적 방호장비이다.

해설

④ (×) 경호현장에서 설치되는 바리케이드나 차량 스파이크 트랩은 인적 방호장비가 아닌 물적, 즉 차량용 방호장비라 평가할 수 있다.
① (○) 대통령 등의 경호에 관한 법률 제19조(무기의 휴대 및 사용)
② (○) 일반적으로 호신장비는 자신의 생명·신체가 위험상태에 놓였을 때 스스로를 보호하는 데 사용하는 장비를 말하므로, 경비원이 사용하는 단봉, 분사기는 호신장비에 포함된다.
③ (○) 감시장비는 경호임무에 있어 인력부족으로 인한 경호 취약점을 보완하는 수단으로 위해기도자의 침입이나 범죄행위를 사전에 감시하기 위한 장비를 말하며, 감시장비에는 드론, CCTV 등이 포함된다.

답 ④

11

경호장비에 관한 설명으로 옳지 않은 것은? 기출 23

① 하부검색경으로 행사장 이동차량의 안전상태를 확인한다.
② 경호대상자에게 보내온 발신불명의 우편물을 X-ray를 통해 안전하게 관리한다.
③ 대통령경호처장은 직무를 수행하기 위하여 필요하다고 인정할 때에는 소속공무원에게 무기를 휴대하게 할 수 있다.
④ 사람이 직접 확인할 수 없는 공간의 확인, 유해물질 존재 여부 등은 방호장비로 점검한다.

해설

④ (×) 사람이 직접 확인할 수 없는 공간의 확인, 유해물질 존재 여부 등은 검측장비로 점검한다.
① (○) 하부검색경은 검측장비를 세분하는 경우 탐지장비에 해당하며, 반사경을 이용하여 사각지역이나 차량 하부 등의 이상 유무를 확인하는 장비이다.
② (○) 발신불명의 우편물을 X-ray를 통해 안전하게 관리하는 것은 위해물질의 존재 여부를 검사하는 검측(검색)장비에 관한 설명이다.
③ (○) 대통령 등의 경호에 관한 법률 제19조 제1항

핵심만콕	경호장비의 기능에 따른 분류
호신장비	일반적으로 자신의 생명이나 신체가 위험상태에 놓였을 때 스스로를 보호하는 데 사용하는 장비를 말한다. 여기에는 총기, 경봉, 가스분사기, 전자충격기 등이 있다.
방호장비	경호대상자나 경호대상자가 사용하는 시설물을 보호하기 위한 장치를 말한다. 적의 침입 예상경로를 차단하기 위하여 방벽을 설치·이용하는 것으로 경호방법 중 최후의 예방경호방법이라 할 수 있다. 방호장비는 크게 자연적 방벽과 물리적 방벽으로 나뉜다(단순히 방폭담요, 방폭가방 등을 방호장비로 분류하는 견해도 있다).
기동장비	경호대상자의 경호를 위하여 운용하는 차량·항공기·선박·열차 등의 이동수단을 말한다.
검색·검측장비	검색장비는 위해도구나 위해물질을 찾아내는 데 사용하는 장비를 말하고, 검측장비는 위해물질의 존재 여부를 검사하거나 시설물의 안전점검에 사용하는 도구를 말한다. 일반적으로 검측장비로 통칭하며, 검측장비는 탐지장비, 처리장비, 검측공구로 구분하여 사용한다.
감시장비	위해기도자의 침입이나 범죄행위를 사전에 감시하기 위한 장비(전자파, 초음파, 적외선 등을 이용한 기계장비)를 말한다. 경호임무에 있어 인력부족으로 인한 경호 취약점을 보완하는 수단으로, 감시장비에는 드론, CCTV, 열선감지기, 쌍안경, 망원경, 포대경(M65), TOD(영상감시장비) 등이 있다.
통신장비	경호업무를 수행하는 데 필요한 보고 또는 연락을 위한 통신장비(유선·무선)를 말한다. 경호통신은 신뢰성, 신속성, 정확성, 안전성이 고려되어야 한다. 유선통신장비에는 전화기, 교환기, FAX망, 컴퓨터통신, CCTV 등의 장비가 있으며, 무선통신장비에는 휴대용 무전기(FM-1), 페이징, 차량용 무전기(MR-40V, KSM-2510A, FM-5), 무선전화기, 인공위성 등이 있다.

 ④

12

경호장비에 관한 설명으로 옳지 않은 것은? 기출 21

① 호신장비는 자신의 생명과 신체가 위험한 상태에 놓였을 때 스스로 보호하는 데 사용하는 도구이다.
② 방호장비는 경호대상자가 사용하는 시설물을 보호하기 위한 장치를 말한다.
③ 검측장비는 위해기도자의 침입이나 범죄행위를 감시하고, 거동수상자의 동태를 추적하는 장비를 말한다.
④ 기동장비는 경호대상자의 경호를 위하여 사용하는 기동수단을 말한다.

해설
경호장비 중 감시장비에 관한 설명이다.

답 ③

13

다음 방호장비 중 그 분류가 다른 것은?

① 방호조명
② 전류방벽
③ 울타리
④ 기계경비

해설
방호장비를 자연적 방벽과 물리적 방벽으로 구분하는 분류에 따르면 ③은 물리적 방벽 중 시설방벽, ①・③・④는 전기방벽에 해당한다.

핵심만콕 방호장비의 분류

방호장비는 물리적(인위적) 방벽과 자연적 방벽으로 구분할 수 있다.
- 자연적 방벽 : 산악・절벽, 계곡, 강, 바다, 늪 등의 기능을 살려 설치한다.
- 물리적 방벽
  - 시설방벽 : 울타리, 담벽, 출입구 설치 등
  - 인간방벽 : 청원경찰, 경비원, 자체경비원, 군사시설경비원 등
  - 동물방벽 : 공격견, 경비견, 거위 등
  - 전기방벽 : 방호조명, 전류방벽, 기계경비 등

〈출처〉 김두현, 「경호학개론」, 엑스퍼트, 2020, P. 450~451

답 ③

14

다음에서 설명하는 경호장비는? 기출 22

- 유해물질 존재 여부의 검사
- 시설물의 안전점검
- 사람이 직접 확인할 수 없는 밀폐공간의 확인

① 호신장비　　　　　　　　② 감시장비
③ 방호장비　　　　　　　　④ 검측장비

해설
제시문이 설명하는 경호장비는 검측장비이다.

답 ④

15

검측장비에 해당하지 않는 것은? 기출 21

① X-ray 검색기　　　　　　② 전자충격기
③ 금속탐지기　　　　　　　④ 폭발물탐지기

해설
전자충격기는 자신의 생명이나 신체가 위험상태에 놓였을 때 스스로를 보호하는 데 사용하는 호신장비에 해당한다.

핵심만콕 검측장비의 세분

검측장비의 구분	내용
탐지장비	금속탐지기(문형, 봉형, 휴대용), X-ray(X-ray 검색기, 전신 검색기), 폭약탐지기, 액체폭발물 탐지기, 방사능탐지기, 독가스탐지기, 독극물탐지기, 청진기, 화이버스코프, 서치탭, 검색경, 폭발물탐지견, 소방점검장비 등
처리장비	폭발물처리키트, 물포(Water cannon), X-ray 촬영기
검측공구	탐침, 손전등, 거울, 개방공구, 다용도칼 등

〈출처〉이두석, 「경호학개론」, 진영사, 2018, P. 241~243

답 ②

16

경호 호신장비에 관한 설명으로 옳지 않은 것은? 기출 09

① 가스총이나 가스봉은 총기에 준하지 않으므로 생산, 소지, 관리에 있어서 총기보다는 안전관리의 정도가 약하다.
② 청원경찰이 경봉이나 가스분사기, 가스분봉 이외의 곤봉 등을 휴대하는 것은 위법으로 허용되지 않는다.
③ 우리나라 경비원은 특수경비원을 제외하고는 호신용총이나 칼을 소지할 수 없다.
④ 경비업자가 경비원으로 하여금 분사기를 휴대하여 직무를 수행하게 하는 경우에는 총포·도검·화약류 등의 안전관리에 관한 법률에 의하여 미리 분사기의 소지허가를 받아야 한다.

해설

가스총이나 가스봉은 총기에 준하여 관리한다. 휴대용 가스 분사기는 총기에 준하여 관리하여야 하고 공권력 행사나 정당방위, 화재 초기 진화 등에만 사용할 수 있으며, 자구행위·개인감정·시비 등의 목적에는 사용할 수 없다.

> **관계법령** 경비원의 장비 등(경비업법 제16조의2 제2항)
>
> 경비업자가 경비원으로 하여금 분사기를 휴대하여 직무를 수행하게 하는 경우에는 총포·도검·화약류 등의 안전관리에 관한 법률에 의하여 미리 분사기의 소지허가를 받아야 한다.

답 ①

17

행사장에서 검색장비 설치 시에 유의사항으로 틀린 것은? 기출 97

① 조립식 제품의 검측장비에 힘을 가하거나 충격을 주지 않는다.
② 고압전류가 흐르는 장소는 피해서 설치한다.
③ 전압변동이 심한 지역을 피해서 설치한다.
④ 금속탐지기를 2대 이상 설치, 운용 시에는 최소한 1m 이상의 이격이 있어야 한다.

해설

금속탐지기를 가까운 거리에 설치하게 되면 전류의 자장으로 인하여 오동작을 일으킬 수 있으므로 2대 이상 설치 시에는 최소 3m 이상의 이격이 있어야 한다.

답 ④

18

입국하는 국빈, 장관급 이상의 관료 등에 대한 경호를 목적으로 총포를 소지하고 입국하려는 사람이 총포의 일시 반출입 및 일시 소지 허가를 신청할 경우 경찰청장에게 신고하여야 할 내용이 아닌 것은?

기출 21

① 입국자의 국적 및 여권번호
② 입국이나 출국의 일시, 이용 항공 등 교통편명
③ 총포의 종류, 제품명, 일련번호
④ 총포의 이력추적관리 내역

해설

총포의 이력추적관리 내역은 이와 같은 경우 경찰청장에게 신고하여야 할 내용에 해당하지 않는다(총포·도검·화약류 등의 안전관리에 관한 법률 시행령 제14조의3 제1항 참고).

관계법령 경호 목적 총포의 일시 반출입 등(총포·도검·화약류 등의 안전관리에 관한 법률 시행령 제14조의3)

① 법 제14조 제3항에 따라 국내에 입국하는 국빈, 장관급 이상의 관료 및 이에 준하는 외국 요인(要人)·외교관 등에 대한 경호를 목적으로 총포를 소지하고 입국하려는 사람은 다음 각호의 사항을 기재하여 미리 경찰청장에게 총포의 일시 반출입 및 일시 소지 허가를 신청하여야 한다.
  1. 입국자의 성명, 생년월일, 국적 및 여권번호
  2. 총포의 종류, 제품명, 일련번호, 수량 및 실탄 수량
  3. 입국이나 출국의 일시, 이용 항공 등 교통편명, 출발지 및 도착지
② 경찰청장은 법 제14조 제3항에 따른 경호용 총포 반출입 및 일시 소지 허가를 하기 전에 대통령경호처장과 미리 협의하여야 한다.
③ 제1항에 따라 총포의 일시 반출입 및 일시 소지 허가를 받은 사람은 국내에 입국하거나 출국하는 경우 해당 총기의 반출입 사항을 경찰청장에게 통보하여야 한다.

답 ④

19

경찰기관의 장이 무기를 휴대한 자 중에서 즉시 대여한 무기·탄약을 회수하여야 하는 자는?

기출수정 10

① 직무상의 비위 등으로 인하여 중징계 의결 요구된 자
② 경찰공무원 직무적성검사 결과 고위험군에 해당되는 자
③ 정신건강상 문제가 우려되어 치료가 필요한 자
④ 형사사건의 수사대상이 된 자

해설

무기·탄약의 절대적 회수 사유에 해당하는 것은 ①이다. ②·③·④는 상대적 회수 사유에 해당한다(경찰장비관리규칙 제120조 참고).

답 ①

CHAPTER 05 경호의전과 구급법

제1절 경호원의 자격과 윤리

01
CHECK ○△×

경호원의 직업윤리에 관한 내용으로 옳지 않은 것은? 기출 22

① 경호원으로 준법정신의 자세가 필요하다.
② 경호원은 자율적 규제보다 타율적 규제가 우선시되어야 한다.
③ 경호대상자의 생명과 재산을 지키기 위한 올바른 가치관을 함양한다.
④ 경호대상자의 안전을 위하여 자기희생의 자세를 갖춘다.

해설

경호원의 직업윤리 측면에서 경호원은 법률 등에 의한 타율적 규제보다 자율적 규제가 보다 활성화되어야 한다.

답 ②

02
CHECK ○△×

경호원의 자격과 윤리에 관한 내용으로 옳은 것은? 기출 20

① 경호환경 조성 및 탄력적 경호 운영을 위한 정치적 활동 지향
② 경호대상자의 생명과 재산을 지키기 위한 올바른 가치관 함양
③ 경호원의 권위주의 강화를 위한 일방적 주입식 교육의 확립
④ 경호원의 직업윤리 강화를 위한 성희롱 예방교육 배제

해설

② (○) 경호원의 자격과 윤리에 관한 옳은 내용이다.
① (×) 정치적 논리에 따라 경호의 경중을 따질 것이 아니라 경호의 환경(경호취약성, 행사 성격 및 규모 등)에 따라 경호력 배치를 탄력적으로 고려하여야 한다.
③ (×) 경호원의 권위주의 강화를 위한 일방적 주입식 교육은 지양되어야 한다.
④ (×) 성희롱 유발요인에 대한 분석을 철저히 하고 그 예방교육을 강화하여야 한다.

답 ②

03

경호원의 자격과 윤리에 관한 설명으로 옳지 않은 것은? 기출 21

① 성희롱 예방교육의 철저한 관리로 경호원의 직업윤리 강화 풍토를 조성한다.
② 경호위해요소에 대한 인지능력 향상 훈련으로 사전예방활동의 중요성을 부각시킨다.
③ 경호원 간 상하 지휘체계 확립을 위하여 권위주의적, 상호보완적 동료의식을 강조한다.
④ 워라밸 근무환경 조성을 위한 경비인력의 탄력적 운영으로 정부시책 사업에 능동적으로 참여한다.

해설

경호원 간 상하 지휘체계 확립을 위해서는 책임과 업무의 분담, 명령과 복종의 지위·역할체계의 통일이 이루어져야 한다.

핵심만콕 경호·경비원의 직원윤리 정립

경호윤리에 대한 문제점을 해결하기 위해서 다음과 같은 경호·경비원 및 경비지도사의 직업윤리 방안이 정립되어야 한다.
- 성희롱 유발요인 분석 철저 및 예방교육 강화
- 총기안전관리 및 정신교육 강화
- 정치적 논리지양 등 경호환경 조성 및 탄력적 경호력 운영
- 사전예방경호활동을 위한 경호위해 인지능력 배양
- 경호 교육기관 및 경호 관련학과의 '경호윤리' 과목 개설 운영
- 경호지휘 단일성의 원칙에 의한 경호임무수행과 위기관리대응력 구비
- 집단지성 네트워크 사이버폴리스 자원봉사시스템 구축
  ※ 사이버 및 경호위해 범죄에 실시간 대응할 수 있도록 각 사회분야의 집단지성이 자발적으로 참여할 수 있는 사회적 시스템을 구축하여 사이버공간에서의 범죄를 예방하고 사회적 공감대를 형성할 수 있는 대책방안이 강구되어야 한다.
- 경호원 채용 시 인성평가 방법 강화 및 자원봉사 활성화

〈참고〉 김두현, 「경호학개론」, 엑스퍼트, 2020, P. 430~442

 ③

04

다음 내용 중에서 전문경호요원이 되기 위한 조건으로 적절하지 못한 내용은? 기출 97

① 경호원의 올바른 직업관 유지
② 경호요원 간의 권위주의 상하관계 유지
③ 맡은 업무에 대한 긍지와 사명감 고취
④ 확고한 국가관과 충성심에서 경호에 임함

해설

②를 전문경호요원이 되기 위한 조건으로 볼 수는 없다.

핵심만콕	전문경호요원이 되는 조건

- 확고한 가치관의 정립
- 충만한 사기관리 및 자질구비
- 좋은 교육환경 및 교육의 질적 향상
- 합리적인 법규 및 제도개선 등

답 ②

제2절 경호원의 의전과 예절

05

경호의전에 관한 설명으로 옳지 않은 것은? 기출 23

① 국회의장은 국무총리에 우선한다.
② 공식적 국가 의전서열에서 헌법재판소장은 대법원장에 우선한다.
③ 안내원이 없는 승강기를 탈 때에는 상급자가 나중에, 안내원이 있는 승강기를 탈 때에는 상급자가 먼저 탄다.
④ 차량에 태극기를 게양하는 경우 차량 운전석에서 보았을 때 오른쪽에 게양하며, 외국기와 동시에 게양해야 할 경우에도 동일하다.

해설

② (×) 대한민국은 국가 의전서열을 직접적으로 공식화하지는 않았다. 다만, 정부수립 이후부터 시행해 온 주요 국가행사를 통해 확립된 선례와 관행을 기준으로 한 공직자의 관례상의 서열은 있다. 외교부 의전실무편람상 의전서열은 '대통령 → 국회의장 → 대법원장 → 헌법재판소장 → 국무총리 → 중앙선거관리위원장' 순이다.
① (○) 외교부 의전실무편람 등에 의하면 국회의장의 의전서열(2순위)은 국무총리(5순위)에 우선한다.
③ (○) 안내원이 없는 승강기[엘리베이터(註)]를 탈 때에는 하급자가 먼저 타서 승강기를 조작하고, 그 후에 상급자가 타게 되나, 안내원이 있는 승강기를 탈 때에는 상급자가 먼저 탄다.
④ (○) 차량에 태극기를 게양하는 경우 차량 운전석에서 볼 때 오른쪽에 게양하며, 외국기와 동시에 게양하여 총 2개의 국기를 게양할 경우에도 태극기를 오른쪽에 게양한다.

답 ②

06

경호의전에 관한 설명으로 옳지 않은 것은? 기출 22

① 우리나라의 공식적 국가 의전서열은 대통령 - 국무총리 - 국회의장 - 대법원장 - 헌법재판소장 순이다.
② 공식적인 의전서열을 가지지 않은 사람의 좌석은 당사자의 개인적·사회적 지위 및 연령 등을 고려한다.
③ 우리나라가 주최하는 연회에서는 자국 측 빈객은 동급의 외국 측 빈객보다 하위에 둔다.
④ '상대에 대한 존중과 배려'는 의전의 중요한 원칙 중 하나이다.

해설

우리나라의 비공식적 국가 의전서열은 대통령 → 국회의장 → 대법원장 → 헌법재판소장 → 국무총리 순이다.

〈출처〉 김두현, 「경호학개론」, 엑스퍼트, 2020, P. 320

답 ①

07

의전에 관한 내용으로 옳지 않은 것은? 기출 20

① 의전의 원칙상 행사 주최자의 경우 손님에게 상석인 오른쪽을 양보한다.
② 차량용 국기 게양 시 차량의 본네트 앞에 서서 차량을 정면으로 바라볼 때 본네트의 왼쪽이나 왼쪽 유리창문에 단다.
③ 국기의 게양 위치는 옥외 게양 시 단독주택의 경우 집 밖에서 보아 대문의 오른쪽에 게양한다.
④ 실내에서는 출입문 쪽을 아랫자리로 하고 그 정반대 쪽을 윗자리로 한다.

해설

단독주택의 대문과 공동주택의 각 세대 난간에 국기를 게양하려는 경우 밖에서 바라보아 중앙이나 왼쪽에 국기를 게양하는 것을 원칙으로 하되, 부득이한 경우에는 그 위치를 달리할 수 있다(국기의 게양·관리 및 선양에 관한 규정 제10조 제1항).

답 ③

08

의전의 원칙에 관한 설명으로 옳지 않은 것은? 기출 18

① 의전의 바탕은 상대 생활양식 등의 문화와 상대방에 대한 존중 및 배려에 있다.
② 정부행사에서 의전행사 서열은 관례적으로는 정부수립 이후부터 시행해 온 정부 의전 행사를 통하여 확립된 선례와 관행을 기준으로 한다.
③ 정부행사에서 공식적으로는 헌법, 정부조직법, 국회법, 법원조직법 등 법령에서 정한 직위순서를 기준으로 한다.
④ 행사 주최자의 경우 손님에게 상석인 왼쪽을 양보한다.

해설

우리나라에서는 일반적으로 오른편을 상위석으로 하는 것이 관례인바, 이 관례는 많은 나라에서 통용되고 있다.★

〈출처〉 김두현, 「경호학개론」, 엑스퍼트, 2020, P. 321

답 ④

09

경호의전에 관한 설명으로 옳은 것은? 기출 24

① 국기는 매일 24시간 게양할 수 있다.
② 학교 및 군부대의 주된 게양대는 교육적인 목적을 고려하여 낮에만 게양하되, 이 경우 3월~10월에는 17:00에 강하한다.
③ 정부행사 시 초청인사 집단별 좌석배치순서는 관행상 예우 기준, 즉 국회의장 – 헌법재판소장 – 대법원장의 순으로 한다.
④ 주요 정당의 대표를 초청하여 좌석을 배치하는 경우, 국회법에 따라 원내 의석수가 많은 정당 순으로 배치한다.

해설

① (○) 국기는 매일·24시간 게양할 수 있다(대한민국국기법 제8조 제2항).
② (×) 각급 학교 및 군부대의 주된 게양대에는 국기를 매일 낮에만 게양한다(대한민국국기법 제8조 제4항). 국기를 매일 게양·강하하는 경우, 강하시각은 <u>3월부터 10월까지는 오후 6시, 11월부터 다음 해 2월까지는 오후 5시</u>이다(대한민국국기법 시행령 제12조 제1항 제2호).
③ (×) 대한민국은 국가 의전서열을 직접적으로 공식화하지는 않았다. 다만, 정부수립 이후부터 시행해 온 주요 국가행사를 통해 확립된 선례와 관행을 기준으로 한 공직자의 관례상의 서열은 있다. 외교부 의전실무편람상 의전서열은 '대통령 → <u>국회의장 → 대법원장 → 헌법재판소장</u> → 국무총리 → 중앙선거관리위원장' 순이다.
④ (×) 주요 정당의 대표를 초청하여 좌석을 배치하는 경우 외교부 의전실무편람상 의전서열은 중앙선거관리위원장 다음이 '<u>여당 대표 → 야당 대표</u>(교섭단체 정당의 대표만 해당) → 국회부의장' 순이다.

답 ①

10

국기게양에 관한 설명으로 옳은 것은? 기출 18

① 조의를 표하는 날은 현충일 및 국가장법 제6조에 따른 국가장 기간이다.
② 국경일은 3·1절, 제헌절, 광복절, 개천절 및 국군의 날이다.
③ 국기를 전국적으로 게양해야 하는 날은 국경일 및 기념일, 조의를 표하는 날이며, 국기는 일출부터 일몰까지만 게양해야 한다.
④ 국가, 지방자치단체 및 공공기관의 청사 등에는 목적을 고려하여 국기를 낮에만 게양할 수 있다.

해설

① (○) 대한민국국기법 제9조 제1항 제2호
② (×) 국군의 날은 기념일이다(대한민국국기법 제8조 제1항 제1항·제2호).★
③ (×) 태극기 게양일은 3월 1일, 6월 6일(기념일 : 조기를 게양한다), 7월 17일, 8월 15일, 10월 1일(기념일), 10월 3일, 10월 9일이며, 국기는 매일·24시간 게양할 수 있다(대한민국국기법 제8조 제2항).★
④ (×) 국가, 지방자치단체 및 공공기관의 청사 등에는 가능한 한 연중 국기를 게양하여야 한다. 이 경우 야간에는 적절한 조명을 하여야 한다(대한민국국기법 제8조 제3항).★

| 관계법령 | 국경일의 종류(국경일에 관한 법률 제2조) ★ |

국경일은 다음 각호와 같다.
1. 3·1절 : 3월 1일
2. 제헌절 : 7월 17일
3. 광복절 : 8월 15일
4. 개천절 : 10월 3일
5. 한글날 : 10월 9일

답 ①

11 CHECK ○△×

의전에 있어 태극기 게양방법으로 옳지 않은 것은? 기출 12

① 태극기 게양일은 3월 1일, 7월 17일, 8월 15일, 10월 1일, 10월 3일, 10월 9일이며, 6월 6일은 조기를 게양한다.
② 공항·호텔 등 국제적인 교류장소는 태극기를 되도록 연중 게양한다.
③ 차량에 태극기를 게양하는 경우 차량 운전석에서 볼 때 왼쪽에 게양하며, 외국기와 동시에 게양하여 총 2개의 국기를 게양할 경우에도 태극기를 왼쪽에 게양한다.
④ 국제 행사가 치러지는 건물 밖에 여러 개의 국기를 동시에 게양 시 총 국기의 수가 짝수이고 게양대의 높이가 동일할 경우 건물 밖에서 바라볼 때를 기준으로 태극기를 가장 왼쪽에 게양한다.

해설

차량에 태극기를 게양하는 경우 차량 운전석에서 볼 때 오른쪽에 게양하며, 외국기와 동시에 게양하여 총 2개의 국기를 게양할 경우에도 태극기를 오른쪽에 게양한다.

| 핵심만콕 | 경호의전 시 국기게양요령 |

- 국기와 함께 외국기를 게양할 때 앞에서 게양대를 바라보아 게양할 기의 총수가 짝수인 경우 국기는 맨 왼쪽의 첫 번째에, 바로 오른쪽이 차순위가 되도록 한다. ★★
- 공항·호텔 등 국제적인 교류장소는 태극기를 되도록 연중 게양한다.
- 태극기 게양일은 3월 1일, 7월 17일, 8월 15일, 10월 1일, 10월 3일이며, 6월 6일은 조기를 게양한다. 2013년부터 한글날이 국경일로 재지정되어 10월 9일도 태극기 게양일이다. ★★
- 차량용 국기게양의 경우에는 차량의 본네트(보닛) 앞에 서서 차량을 정면으로 바라볼 때 본네트(보닛)의 왼쪽이나 왼쪽 유리창문에 단다. ★★
- 외국 국가원수가 방한, 우리나라 대통령과 차량동승 시 앞에서 보아 태극기는 왼쪽, 외국기는 오른쪽에 단다. ★★
- 옥내 게양 시 깃대에 의한 게양을 원칙으로 하되, 교육목적이나 관리목적 또는 옥내 여건 등을 감안하여 필요할 경우 깃면만을 게시할 수 있다. ★
- 옥내 회의장, 강당 등의 경우 국기를 깃대에 달아서 세워 놓을 때에는 단상 등 전면 왼쪽에 위치하도록 하고, 깃면만을 게시할 경우에는 전면 중앙에 위치하도록 한다. ★★
- 옥내 정부행사장 중 중·대형 행사장의 경우 대형 태극기 깃면을 단상 뒤쪽 중앙 벽면에 설치하는 것을 원칙으로 한다. 다만, 원형 실내체육관 등은 참석인사 모두가 깃면을 잘 볼 수 있도록 시설 내부구조에 알맞은 위치를 선정하도록 한다. ★

답 ③

12

경호예절에 관한 설명으로 옳지 않은 것은? 기출 24

① 선박을 타고 내리는 순서는 상급자가 마지막에 타고, 제일 먼저 내리는 것이 일반적이다.
② 비행기를 타고 내리는 순서는 상급자가 마지막에 타고, 제일 먼저 내리는 것이 일반적이다.
③ 기차 좌석은 통로 측에 상급자가 앉고, 하급자가 창 측에 앉는 것이 일반적이다.
④ 일반 승용차의 운전자가 있는 경우 조수석 뒷좌석이 상급자의 자리이고, 운전석 뒷좌석이 하급자의 자리이다.

해설

③ (×) 두 사람이 나란히 앉는 좌석에서는 <u>창가 쪽이 상석</u>이다.
① (○) 보통 상급자가 나중에 타고 먼저 내린다(함정의 경우에는 상급자가 먼저 타고 먼저 내린다).
② (○) 비행기 탑승 예절에 관한 옳은 설명이다.
④ (○) 운전사가 있을 경우 일반 승용차 좌석의 서열은 뒷좌석 오른편(조수석 뒷좌석)이 상석이고 그 다음이 왼쪽(운전석 뒷좌석), 앞자리, 뒷좌석 가운데 순이다(뒷좌석 가운데와 앞자리의 서열은 바뀔 수 있다).

답 ③

13

경호의전과 예절에 관한 설명으로 옳지 않은 것은? 기출 21

① 비행기를 타고 내릴 때에는 상급자가 최우선하여 타고 내린다.
② 기차에서 두 사람이 나란히 앉는 좌석에서는 창가 쪽이 상석이다.
③ 여성과 남성이 승용차에 동승할 때에는 여성이 먼저 탄다.
④ 승강기를 타고 내릴 때에는 상급자가 나중에 타고, 먼저 내린다.

해설

① (×) <u>비행기를 타고 내릴 때에는 상급자가 나중에 타고 먼저 내린다.</u>
② (○) 창가 쪽이 상석이고 통로 쪽이 말석이다.
③ (○) 여성과 동승할 경우 승차 시에는 여성이 먼저 타고 하차 시에는 남성이 먼저 내려 문을 열어준다. 윗사람도 마찬가지이다.
④ (○) 승강기는 엘리베이터, 에스컬레이터, 휠체어리프트로 구분되는데(승강기 안전관리법 시행령 제3조 제1항), 상급자가 나중에 타고, 먼저 내린다는 표현은 일반적으로 엘리베이터 탑승 시 안내하는 사람이 없을 때의 경호예절에 해당한다. 따라서 지문의 경우, ①과의 관계상 상대적으로 옳은 내용으로 판단되나, 논란의 여지가 있다.

핵심만콕	탑승 시 경호예절 ★
항공기	• 상급자가 나중에 타고 먼저 내린다. • 창문가 좌석이 상석, 통로 쪽 좌석이 차석, 상석과 차석 사이가 말석이다.
선 박	• 객실의 등급이 정해져 있을 때는 지정된 좌석에 앉고, 지정된 좌석이 없는 경우 선체의 중심부가 상석이 된다. • 일반적 선박의 경우 승선 시 상급자가 나중에 타고 하선 시에는 먼저 내린다. • 함정의 경우 승선 시 상급자가 먼저 타고 하선 시에도 먼저 내린다.
기 차	• 두 사람이 나란히 앉는 좌석에서는 창가 쪽이 상석이고 통로 쪽이 말석이다. • 네 사람이 마주 앉는 자리에서는 기차 진행방향의 창가 좌석이 가장 상석이고 그 맞은편, 상석의 옆좌석, 그 앞좌석 순이다. • 침대차에서는 아래쪽 침대가 상석이고 위쪽 침대가 말석이다.
승용차	• 운전기사가 있을 경우 자동차 좌석의 서열은 뒷좌석 오른편이 상석이고 왼쪽과 앞자리, 가운데 순이다(뒷좌석 가운데와 앞자리의 서열은 바뀔 수 있다). • 자가운전자의 경우 자진해서 운전석 옆자리에 앉는 것이 통례이며 그곳이 상석이다. 그리고 뒷좌석 오른편, 왼쪽, 가운데 순이다.
엘리베이터	• 안내하는 사람이 있을 때에는 상급자가 먼저 타고 먼저 내린다. • 안내하는 사람이 없을 때에는 하급자가 먼저 타서 엘리베이터를 조작하고 내릴 때에는 상급자가 먼저 내린다.
에스컬레이터	• 올라갈 때는 상급자가 먼저 올라가고 내려올 때는 하급자가 먼저 내려온다. • 남녀가 올라갈 때는 여성이 먼저 올라가고, 내려올 때는 남성이 먼저 내려온다.

답 ①

14

CHECK ◯ △ ✕

탑승예절에 관한 설명으로 옳지 않은 것은? 기출 19

① 승용차 탑승 시 운전기사가 있을 경우 좌석의 가장 상석은 조수석 뒷좌석, 다음이 운전석 뒷좌석, 마지막이 뒷좌석의 가운데이다.
② 기차 탑승 시 네 사람이 마주 앉을 경우 가장 상석은 진행방향의 창가 좌석, 다음이 맞은편 좌석, 다음은 가장 상석의 옆좌석, 그리고 그 앞좌석이 말석이 된다.
③ 비행기 탑승 시 객석 창문 쪽이 상석이고, 통로 쪽이 차석, 상석과 차석의 사이가 하석이다.
④ 선박 탑승 시 일반 선박일 경우 상급자가 먼저 타고, 하선할 때는 나중에 내리며, 함정일 경우는 상급자가 나중에 타고 먼저 내린다.

해설
일반 선박의 경우 보통 상급자가 나중에 타고 먼저 내린다. 그러나 함정의 경우에는 상급자가 먼저 타고 먼저 내린다.

답 ④

15

경호의전 상황에서 각종 탑승예절에 관한 설명으로 옳은 것은? 기출 12

① 엘리베이터의 경우 안내자가 있을 때는 상급자가 나중에 타고 먼저 내린다.
② 비행기는 객석 양측 창가 좌석이 상석이고, 통로 쪽이 차석, 상석과 차석 사이의 좌석들이 하석이다.
③ 선박의 경우 객실등급이 정해져 있지 않을 경우 선체의 중심부가 상석이 되며, 일반선박은 상급자가 먼저 타고 나중에 내린다.
④ 자가운전 차량을 탑승할 경우 진행방향을 기준으로 뒷자리 오른편이 상석이며, 왼쪽, 가운데 순서로, 운전석 옆자리가 가장 하석이 된다.

해설

② (○) 비행기 탑승예절에 관한 옳은 설명이다.
① (×) 엘리베이터의 경우 안내자가 있을 때는 상급자가 먼저 타고 먼저 내린다. 안내자가 없을 때는 상급자가 나중에 타고 먼저 내린다.
③ (×) 선박의 경우 객실등급이 정해져 있지 않을 경우 선체의 중심부가 상석이 되며, 일반선박은 상급자가 나중에 타고 먼저 내린다. 객실의 등급이 정해져 있을 때는 지정된 좌석에 앉고, 함정의 경우에는 상급자가 먼저 타고 먼저 내린다.
④ (×) 자가운전 차량을 탑승할 경우 자진해서 운전석 옆자리에 앉는 것이 통례이며 그곳이 상석이 된다. 그리고 진행방향을 기준으로 뒷좌석의 오른편이 제2상석, 맨 왼쪽이 제3석, 중앙이 말석이 된다.

답 ②

제3절 응급처치 및 구급법

16

경호현장에서 응급상황 발생 시 경호원의 역할에 관한 설명으로 옳은 것은? 기출 23

① 의약품을 사용하여 처치하는 것이 원칙이다.
② 응급처치의 기본요소에는 상처보호, 지혈, 기도확보, 전문치료이다.
③ 환자가 의식이 없을 때, 매스껍거나 토할 때, 배에 상처나 복통, 수술 전, 쇼크 상태에서는 마실 것을 주어서는 안 된다.
④ 심한 출혈 시 출혈 부위를 심장부위보다 낮게 하고 출혈부위에 더러운 것이 묻어 있을 때에는 물로 씻어낸다.

해설

③ (O) 환자가 의식불명인 경우, 수술을 요하는 경우, 쇼크 상태인 경우, 매스껍거나 토하는 경우, 배에 상처나 복통이 있는 경우 음료를 주어서는 안 된다.
① (×) 원칙적으로 의약품의 사용은 피하여야 한다.
② (×) 응급처치는 전문적인 치료를 받기 전까지의 임시적인 처치이므로, 전문치료는 응급처치의 기본요소에 해당하지 않는다. 응급처치의 구명 3요소는 지혈, 기도유지, 쇼크방지 및 치료이며, 응급처치의 구명 4요소는 여기에 상처보호가 포함된다.
④ (×) 심한 출혈 시 출혈 부위는 심장부위보다 높게 하여야 하고, 출혈부위에 더러운 것이 묻어 있을 때에 물로 씻어내는 것은 심하지 않은 출혈 시 처치이다.

답 ③

17

경호원의 응급처치 사항으로 옳지 않은 것은? 기출 21

① 가슴 및 복부 손상 시 지혈을 하고 음료를 마시지 않게 한다.
② 심한 출혈 시 출혈 부위를 심장보다 높게 하여 안정한 상태를 유지한다.
③ 맥박과 호흡이 없을 경우 빠른 시간에 보조호흡을 실시한다.
④ 환자의 생사판정을 하지 않는 것을 원칙으로 한다.

해설

맥박과 호흡이 없을 경우 빠른 시간에 심폐소생술(CPR)을 실시하여야 한다.

답 ③

18

응급처치의 기본 요소에 해당하지 않는 것은? 기출 20

① 기도확보
② 지 혈
③ 상처보호
④ 전문치료

해설
응급처치는 전문 의료진의 조치가 불가능한 상황에서 경호원이 시행하는 일시적인 구급행위를 말한다.

답 ④

19

경호행사 시 쇼크환자의 일반적인 증상이 아닌 것은? 기출 19

① 호흡이 얕고 빨라진다.
② 맥박이 강하고 때로는 늦어진다.
③ 메스꺼움이나 구토를 호소한다.
④ 지속적으로 혈압 하강이 나타난다.

해설
얼굴이 붉은 인사불성환자의 증상이다. 쇼크환자는 맥박이 약하고 빠르다. 쇼크는 의식을 잃는 경우도 있지만 의식이 있는 상태로도 발생할 수 있다. 의식이 없는 경우를 실신이라고 한다.

핵심만콕	쇼크와 관계된 증상 및 징후

불안감, 약하고 빠른 맥박, 차고 축축한 피부, 발한, 창백한 얼굴, 빠르고 깊이가 얕으며 힘들어 보이는 호흡, 초점 없는 눈과 확장된 동공, 심한 갈증, 오심 또는 구토, 점차적인 혈압하강, 졸도, 말초혈관 재충혈 시간의 지연 등이 나타나므로, 경호원은 경호대상자에 대한 관찰을 게을리해서는 안 된다.

〈출처〉 김두현, 「경호학개론」, 엑스퍼트, 2020, P. 299

답 ②

20

CHECK ⭕△✕

경호임무 수행 시 발생한 환자유형별 응급처치 방법으로 옳지 않은 것은? 기출 19

① 얼굴이 붉은 인사불성환자의 경우 머리와 어깨를 낮게 하여 안정시킨다.
② 두부손상환자는 귀나 코를 통해 혈액과 함께 흘러나오는 액체를 막지 말고 그냥 흐르게 한다.
③ 화상환자는 화상부위를 심장보다 높게 올리도록 한다.
④ 골절환자의 경우 찬물 찜질을 하고 부상부위를 높여 준다.

해설

① (✕) 얼굴이 붉은 인사불성환자의 경우 머리와 어깨를 약간 높여 안정시킨다.
② (○) 응급처치 방법으로 옳은 내용이다.
③ (○) 화상환자는 화상부위를 심장보다 높게 올려 화상부위에 다량의 혈액이 공급되지 않도록 한다.
④ (○) 골절 등의 응급처치에는 'RICE'로 약칭되는 처치가 필요하다.
  ※ Rest(안정) – Ice(얼음찜질) – Compression(압박) – Elevation(올리기)

핵심만콕 원인불명의 인사불성환자에 대한 응급처치

- 얼굴이 붉은 인사불성환자
  - 주요 증상은 얼굴이 붉고 맥박이 강한 것이다.
  - 환자를 바로 눕히고 머리와 어깨를 약간 높여 안정시킨다.
  - 목의 옷깃을 늦추어(풀어) 주고 머리에 찬 물수건을 대어 열을 식혀 주어야 한다.
  - 환자를 옮길 필요가 있으면 눕힌 상태로 주의해서 운반한다.
  - 운반 중 환자가 구토를 하면 얼굴을 옆으로 돌려준다.
- 얼굴이 창백한 인사불성환자
  - 주요 증상은 얼굴이 창백하고 맥박이 약한 것이다.
  - 충격에 대한 응급처치를 한다.
  - 환자는 머리를 수평이 되게 하거나 다리를 높여 안정되게 하고 보온조치를 한다.
  - 환자를 옮길 필요가 있으면 눕힌 상태로 주의해서 조용히 운반한다.
- 얼굴이 푸른 인사불성환자
  - 얼굴이 창백한 인사불성환자의 증상 외에 호흡이 부전되어 얼굴색이 파래진 것이다.
  - 인공호흡(구조호흡)과 충격에 대한 처치를 실시한다.

〈출처〉 이상철, 「경호현장운용론」, 진영사, 2008, P. 598 / 김계원, 「경호학」, 백산출판사, 2008, P. 401

답 ①

21

피부가 붉어지고 수포가 생기며, 심한 통증이 나타나는 정도의 화상은? 기출 10

① 1도 화상 ② 2도 화상
③ 3도 화상 ④ 4도 화상

해설

단계별로 특징을 알아두면 금방 문제를 풀 수 있다. 수포(물집) 형성은 2도 화상의 특징이다.

핵심만콕	화상 깊이에 따른 분류★★
1도 화상	열에 의하여 피부가 붉어진 정도의 화상으로 표피에만 손상이 있는 경우를 말한다(표피의 손상).
2도 화상	피부 발적뿐만 아니라 수포(물집)가 생기고, 심한 통증이 나타나는 경우를 말한다(표피 + 진피의 손상).
3도 화상	화상의 정도가 매우 심하여 조직의 파괴까지 동반된 경우를 말한다(표피 + 진피 + 조직의 손상).
4도 화상	최근에 사용되는 개념으로 근육, 힘줄, 신경 또는 골조직까지 손상받은 경우를 말한다.

답 ②

22

응급처치 및 구급법에 관한 설명으로 옳은 것은? 기출 24

① 심폐소생술의 순서는 기도개방 - 가슴압박 - 인공호흡이다.
② 자동심장충격기(AED)는 심정지 목격 시 심폐소생술 시행 후 사용하는 것을 원칙으로 한다.
③ 자동심장충격기 사용 시 요동 방지를 위해 환자를 붙잡은 상태에서 제세동을 실시한다.
④ 자동심장충격기는 패드부착 - 전원 켬 - 분석 및 제세동 시행 순으로 사용한다.

해설

② (○) 자동심장충격기(AED)는 반응과 정상적인 호흡이 없는 심정지 환자에게만 사용해야 하며, 심폐소생술 시행 중에 자동심장충격기가 도착하면 지체 없이 적용해야 한다.
① (×) 대한심폐소생협회의 심폐소생술 시행방법은 반응의 확인 - 119신고 - 호흡 확인 - <u>가슴압박 30회 시행 - 기도개방 - 인공호흡 2회 시행</u> - 가슴압박과 인공호흡의 반복 - 회복자세이다. 인공호흡 방법을 모르거나, 꺼려지는 경우에는 인공호흡을 제외하고 지속적으로 가슴압박만을 시행한다.
③ (×) 심장리듬을 분석하는 동안 환자에게 닿지 않도록 떨어져야 하고 <u>심장충격을 실시하는 동안에도 환자에서 떨어져야 한다</u>.
④ (×) 자동심장충격기는 <u>전원 켬 - 패드부착</u> - 분석 및 제세동 시행 순으로 사용한다.

답 ②

23

심폐소생술에 관한 내용으로 옳지 않은 것은? 기출 22

① 심정지 환자는 골든타임 내에 신속하게 심폐소생술을 실시한다.
② 심폐소생술의 흉부(가슴)압박은 분당 100~120회 속도로 실시한다.
③ 심폐소생술 실시 중 자발적인 호흡으로 회복되어도 계속 흉부(가슴)압박을 실시한다.
④ 인공호흡에 자신이 없는 경우 흉부(가슴)압박을 실시한다.

해설

③ (×) 심폐소생술 실시 중 환자의 맥박과 호흡이 회복된 경우에는 심폐소생술을 종료한다.
① (○) 심정지 환자의 경우 기본 인명구조술이 심정지 후 4분 이내 시작되고, 전문 인명구조술이 8분 이내에 시작되어야 높은 소생률을 기대할 수 있다.
② (○) 심폐소생술의 흉부(가슴)압박은 분당 100~120회 속도로, 5~6cm 깊이로 시행하여야 한다.
④ (○) 심폐소생술 교육을 받은 적이 없거나, 받았더라도 자신이 없는 경우, 혹은 인공호흡에 대해 거부감을 가진 경우에는 심폐소생술을 시도조차 하지 않는 경우가 많다. 그러나 인공호흡을 하지 않고 가슴압박만 하더라도 아무것도 하지 않을 때보다 심장정지 환자의 생존율을 높일 수 있으므로 2011년 가이드라인부터 '가슴압박소생술(Compression-Only CPR)'을 권장하였다.

〈출처〉 2020년 한국심폐소생술 가이드라인, 질병관리청·대한심폐소생협회, P. 67

답 ③

24

경호임무 수행 중 자동심장충격기(AED)를 사용하는 방법으로 옳지 않은 것은? 기출 22

① 전원이 켜져 있는 상태에서 음성 안내에 따라 사용한다.
② 환자의 피부에 땀이나 물기가 있으면 수건 등으로 닦아내고 패드를 부착한다.
③ 제세동 후 소생 징후가 없는 경우 지체 없이 심폐소생술을 실시한다.
④ 긴박한 상황에서 정확한 심장충격을 위해 환자를 붙잡은 상태에서 제세동을 실시한다.

해설

제세동 버튼(쇼크 버튼)을 누르기 전에는 반드시 다른 사람이 환자에게서 떨어져 있는지 확인하여야 하므로, 환자를 붙잡은 상태에서 제세동을 실시해서는 안 된다.

답 ④

25

심폐소생술을 종료할 수 있는 경우가 아닌 것은? 기출 08

① 구조자(경호원)가 육체적으로 탈진하여 지친 경우
② 다른 의료인과 교대한 경우
③ 환자의 맥박과 호흡이 회복된 경우
④ 15분간 심폐소생술에 반응이 없는 경우

해설

심폐소생술의 실시 여부와 관계없이 30분 이상 심정지상태가 계속될 때에는 심폐소생술을 종료할 수 있다는 것이 일반적인 이론이다.

답 ④

26

경호현장에서 응급상황 발생 시 최초반응자로서 경호원의 역할에 관한 내용으로 옳지 않은 것은? 기출 16

① 심폐소생술 및 기본 외상처치술을 시행할 수 있어야 한다.
② 자동제세동기를 사용할 줄 알아야 하며 장비를 사용하는 구급요원을 지원할 수 있어야 한다.
③ 응급구조사의 업무를 도와줄 수 있어야 한다.
④ 교육받은 행위 외에 의료진과 같이 치료를 할 수 있어야 한다.

해설

어디까지나 응급처치에 그치고, 그 다음은 전문 의료요원의 처치에 맡겨야 한다.

핵심만콕   자동심장충격기(AED) 사용방법(진행 순서에 따라 서술)

- 자동심장충격기(AED)를 심폐소생술에 방해가 되지 않는 위치에 놓은 뒤에 전원 버튼을 눌러 전원을 켠다.
- 준비된 자동심장충격기(AED)의 패드를 부착부위(패드1 : 오른쪽 빗장뼈 바로 아래 부착 / 패드2 : 왼쪽 젖꼭지 옆 겨드랑이 부착)에 정확히 부착한다. 만약 패드와 자동심장충격기 본체가 분리되어 있는 경우 연결하며, 패드 부착 부위에 이물질이 있다면 제거한다.
- "분석 중 …"이라는 음성 지시가 나오면 심폐소생술을 멈추고 환자에게서 손을 뗀다. 자동심장충격이 필요 없는 경우에는 "환자의 상태를 확인하고, 심폐소생술을 계속하십시오"라는 음성 지시가 나온다.
- "쇼크 버튼을 누르십시오"라는 음성 지시가 나오면 점멸하고 있는 쇼크 버튼을 눌러 자동심장충격을 시행한다. 그러나 쇼크버튼을 누르기 전에는 반드시 다른 사람이 환자에게서 떨어져 있는지 확인하여야 한다.
- 자동심장충격을 시행한 뒤에는 즉시 가슴압박과 인공호흡 비율을 30 : 2로 심폐소생술을 다시 시행한다.
- 자동심장충격기는 2분마다 심장리듬 분석을 반복해서 시행하며, 자동심장충격기 사용과 심폐소생술 시행은 119구급대가 현장에 도착할 때까지 지속되어야 한다.

〈출처〉 대한심폐소생협회 홈페이지, https://www.kacpr.org, 2025

답 ④

CHAPTER 06 경호의 환경

제1절 경호의 환경요인

01

경호 환경에 관한 설명으로 옳은 것을 모두 고른 것은? 기출 24

> ㄱ. 해외에서 우리 국민을 대상으로 한 테러위협은 일반적 환경요인이다.
> ㄴ. 4차 산업의 발달에 따른 드론을 활용한 북한의 남한에 대한 위협은 특수적 환경요인이다.
> ㄷ. 국민의식과 생활양식의 변화로 인한 이기주의 성향은 경호의 비협조적 경향으로 특수적 환경요인이다.

① ㄱ
② ㄴ
③ ㄱ, ㄷ
④ ㄴ, ㄷ

해설

제시된 내용 중 경호 환경에 관한 설명으로 옳은 것은 ㄴ이다.
ㄴ. (○) 4차 산업혁명이란 로봇이나 인공지능 그리고 생명과학이 주도하여 실제와 가상이 통합되는 가상물리시스템이 구축되는 것이라고 볼 수 있는데, 4차 산업의 발달로 인한 로봇이나 인공지능 등을 이용한 범죄에 대응한 기술발달이 필요하다는 것은 일반적 환경요인에 해당한다고 할 수 있다. 다만, 드론을 활용한 북한의 남한에 대한 위협은 특수적 환경요인에 해당한다.
ㄱ. (×) 우리나라의 국제적 지위 향상과 더불어 해외에서의 한국인 대상 납치·살해 등 테러 위협이 증가하는 것은 <u>특수적 환경요인</u>에 해당한다.
ㄷ. (×) 개인 중심의 생활양식 및 이기주의에 빠져 경호작용에 대한 비협조적 경향으로 나타날 우려는 <u>일반적 환경요인</u>에 해당한다.

답 ②

02

경호 환경에 관한 설명으로 옳지 않은 것은? 기출 22

① 국제 관계와 정세로 인하여 해외에서 우리 국민을 대상으로 한 테러위협이 증가되는 것은 특수적 환경요인이다.
② 국민의식과 생활양식의 변화로 경호에 비협조적 경향이 나타나는 것은 특수적 환경요인이다.
③ 북한의 핵실험 등 도발위협은 특수적 환경요인이다.
④ 과학기술의 발전이 상대적으로 경호 환경을 악화시키는 것은 일반적 환경요인이다.

해설
국민의식과 생활양식의 변화로 경호에 비협조적 경향이 나타나는 것은 일반적 환경요인이다.

핵심만콕　경호의 환경

일반적 환경요인	특수적 환경요인
• 국제화 및 개방화 • 경제발전 및 과학기술의 발전 • 정보화 및 범죄의 광역화 • 생활양식과 국민의식의 변화 • 범죄의 다양화와 증가	• 경제전쟁 • 한국의 국제적 지위 향상 등 • 북한의 위협 • 증오범죄의 등장

답 ②

03

우리나라 경호의 환경요인에 관한 설명으로 옳지 않은 것은? 기출 21

① 경제와 과학기술의 발전으로 경호의 첨단화가 가속화되고 있다.
② 사회와 국민의식 구조의 변화로 인한 시대적 요구사항을 반영하여 경호의 수단과 방법이 변화되고 있다.
③ 사이버범죄 증가에 따라 경호방법 다변화의 일환으로 「개인정보보호법」은 적용하지 않는다.
④ 드론 사용 범죄 등과 같은 신종위해가 증가하고 있다.

해설
현재 사이버범죄와 관련된 우리나라의 법률체계는 「정보통신망 이용촉진 및 정보보호 등에 관한 법률(약칭 : 정보통신망법)」이 사이버범죄의 기본법적인 역할을 하고 있으나, 이외에도 「정보통신기반 보호법」, 「전기통신사업법」, 「위치정보의 보호 및 이용 등에 관한 법률(약칭 : 위치정보법)」, 「개인정보보호법」 등 다양한 법률이 적용되고 있다.

답 ③

04

현대사회의 경호 환경요인 중 범죄현상에 관한 설명으로 옳지 않은 것은? 기출 13

① 범죄수법의 양상이 획일화되어 가고 있다.
② 범죄가 양적으로 증가 추세이며 광역화되어 가고 있다.
③ 범죄현상이 국제화되어 가고 있다.
④ 범죄의 흉폭화, 첨단화, 지능화 현상을 보이고 있다.

해설
범죄수법의 양상은 더욱 다양화되어 가고 있는 추세이다.

답 ①

제2절 암살

05

암살에 관한 설명으로 옳지 않은 것은? 기출 23

① 정치적, 사상적 입장의 차이에서도 비롯된다.
② 정신분열증, 편집증, 조울증 등은 암살의 심리적 동기에 해당된다.
③ 암살자가 극히 중요하다고 생각하는 사상을 암살대상자들이 위태롭게 하고 있다고 생각하는 것은 적대적 동기에 해당된다.
④ 혁명적 목적 달성을 위해 암살을 하는 경우도 있다.

[해설]
암살의 이념적 동기에 관한 설명이다. 적대적 동기는 전쟁 중이거나 적대관계에 있는 지도자를 제거하여 승전을 유도하거나 사회혼란을 조성하기 위해 암살이 이루어진다.

핵심만콕 암살의 동기

개인적 동기	분노, 복수, 원한, 증오 등 극히 개인적 동기에 의해 암살이 이루어진다.
경제적 동기	금전적 보상 혹은 경제적 어려움을 해소하기 위하여 피암살자의 희생이 필요하다는 신념에 의해 암살이 이루어진다.
적대적(전략적) 동기	전쟁 중이거나 적대관계에 있는 지도자를 제거하여 승전을 유도하거나 사회혼란을 조성하기 위해 암살이 이루어진다.
정치적 동기	정권을 바꾸거나 교체하려는 욕망으로 암살이 이루어진다.
심리적 동기	정신분열증, 조울증, 편집증, 노인성 치매 등 정신병력 증세를 갖고 있는 사람들에 의해 암살이 이루어진다.
이념적 동기	어떠한 개인 혹은 집단이 주장·신봉하는 이념이나 사상을 탄압하거나 방해한다고 여겨지는 때 그 대상을 제거하기 위한 목표로 암살이 이루어진다.

답 ③

06

다음에서 설명하는 암살의 동기는? 기출 14

> 어떤 암살자들은 자신들이 극히 중요하다고 생각하는 사상을 위태롭게 하고 있다고 생각하는 자를 암살하기도 한다.

① 이념적 동기
② 경제적 동기
③ 심리적 동기
④ 우발적 동기

[해설]
특정 사상과 관련된 암살의 동기는 이념적 동기이다.

답 ①

07

암살에 관한 설명으로 옳지 않은 것은? 기출 22

① 암살범의 적개심과 과대망상적 사고는 개인적 동기에 해당된다.
② 뉴테러리즘의 일종으로 불특정 다수를 대상으로 한다.
③ 암살범은 자신을 학대하고 무능력을 비판하는 심리적 특징을 보이는 경우도 있다.
④ 암살범은 암살에 대한 동기가 확연해지면 빠른 수행방법을 모색하는 경향이 있다.

해설

② (×) 암살은 일반적으로 근대적 테러리즘의 전형이라 할 수 있으며, 특정한 지위에 있는 사람을 대상으로 한다. 학자에 따라 암살의 개념이 다양하지만, "정치적·종교적, 기타 각종 동기에 의해 법에 구애됨이 없이 공적인 지위에 있는 사람을 죽이는 것"이라고 하거나 "정치적·사상적 입장의 상이, 대립에 유래되는 동기에서 일정한 정치적 지위에 있는 사람을 살해하는 일"이라고 정의하기도 한다.
〈참고〉 김두현, 「경호학개론」, 엑스퍼트, 2020, P. 464

① (○) 암살범의 적개심과 과대망상적 사고는 암살범의 심리적 특징 중 하나인데, 암살범의 적개심과 과대망상적 사고가 암살의 동기와 관련하여 개인적 동기에 해당하는지 여부와 과대망상적 사고가 심리적 동기에도 해당하는지 여부가 조현병(정신분열증), 편집병, 조울증 등의 정신병력 문제와 관련하여 문제된다. 일반적으로 암살은 복수, 증오, 분노 또는 지극히 개인적인 동기 등에 의하여 이루어지며, 그 동기는 실제적이거나 또는 상상적일 수 있다. 이에 따라 적개심과 과대망상적 사고를 개인적 동기에 해당한다고 할 수 있다. 그리고 과대망상적 사고는 조현병(정신분열증) 등의 정신병력 문제와 일정한 관계가 있다고 평가할 수 있다. 즉, 조현병의 대표적인 증상은 환각과 망상이며, 망상의 내용은 피해망상, 과대망상부터 신체적 망상에 이르기까지 다양하다. 그러므로 과대망상적 사고를 심리적 동기로 볼 수 있는 측면이 존재한다. 정리하면, 암살범의 '적개심'은 개인적 동기로 볼 수 있으나, '과대망상적 사고'는 개인적 동기 또는 심리적 동기에 해당한다고 볼 수 있으므로 답항 ①의 용어 표현이 비록 정확한 표현인 것은 아니지만, 옳지 않다고 볼 수는 없다.
〈참고〉 김두현, 「경호학개론」, 엑스퍼트, 2020, P. 464~471

③ (○) 암살범의 심리적 특징 중 하나는 자기 자신을 학대하고 대개가 무능력자로서 자신의 무능력을 비판한다는 점이다.
〈참고〉 김두현, 「경호학개론」, 엑스퍼트, 2020, P. 469~470

④ (○) 암살에 대한 동기가 확연해지면 암살기도자는 암살을 가장 쉽고, 빠르게 수행할 수 있는 방법을 모색하는 경향이 있다.
〈참고〉 김두현, 「경호학개론」, 엑스퍼트, 2020, P. 471

답 ②

08

위해기도자의 암살계획수립 내용에 관한 설명으로 옳지 않은 것은? 기출 13

① 경호정보 수집
② 무기 및 장비의 획득
③ 공모자들의 임무분배
④ 인명 및 재산손실에 대한 분석

해설

암살은 경호정보의 수집 → 무기 및 장비 획득 → 공모자들의 임무할당(분배) → 범행의 실행 순으로 진행된다.

답 ④

제3절 테러

09

다음이 설명하는 것은? 기출 19

> 문자메시지(SMS)와 피싱(phishing)의 합성어로, 인터넷 접속이 가능한 스마트폰의 문자메시지를 이용한 해킹 범죄

① APT
② 메신저피싱
③ 스미싱
④ 보이스피싱

해설
제시된 내용은 스미싱에 대한 설명에 해당한다.

핵심만콕

- **APT(Advanced Persistent Threat)** : 해커가 다양한 보안위협을 만들어 특정 네트워크에 지속적인 공격을 가하는 표적 공격형 수법으로, 이른바 지능형 지속 위협의 대표적인 사례이다. APT의 특징은 지속성과 은밀함이며, APT의 공격 기간은 평균 1년에서 길게는 5년 가까이 공격을 하는 경우도 있다.
- **피싱(Phishing)** : 개인정보(Private)와 낚시(Fishing)의 합성어로, 불특정 다수에게 메일이나 게시글 등으로 위장된 홈페이지에 정보를 입력하도록 유도하여 개인정보나 금융정보를 빼내는 기법이다. 보이스피싱, 메신저피싱, 스미싱 등 기법이 다양하다.

보이스피싱	전화를 통해 피해자를 기망하여 금전 또는 개인정보를 탈취하는 사기 수법을 말한다.
메신저피싱	개인정보 유출이나 인터넷 주소록 탈취를 통해 얻은 개인정보로 타인의 메신저 프로필을 도용해 지인에게 금전을 요구하는 사기범죄를 말한다.
스미싱	문자메시지(SMS)와 피싱(Phishing)의 합성어이다. '무료쿠폰 제공', '돌잔치 초대장' 등을 내용으로 하는 악성 앱 주소가 포함된 문자메시지를 대량으로 전송 후 문자메시지 내 인터넷주소(url)를 클릭하면 악성코드가 설치되어 피해자가 모르는 사이에 소액결제 피해가 발생하거나 개인·금융정보를 탈취하는 수법이다.

- **파밍** : 합법적인 사용자의 도메인을 탈취하거나 도메인 네임 시스템(DNS) 또는 프록시 서버의 주소를 변조함으로써 이용자가 인터넷 '즐겨찾기', 포털사이트 검색, 주소입력 등을 통하여 금융회사 등의 정상적인 홈페이지 주소로 접속하여도 피싱(가짜)사이트로 유도되어 범죄자가 금전 및 개인 금융정보 등을 몰래 빼가는 사기 수법이다.

〈참고〉 이두석, 「경호학개론」, 진영사, 2018, P. 386~390

답 ③

10

다음에서 설명하고 있는 사이버테러 기법은? 기출 11

> 공격대상이 되는 서버에 과도한 트래픽을 유발시키거나 정상적이지 못한 접속 등을 시도하여 해당 서버의 네트워크를 독점하거나 시스템 리소스의 낭비를 유발시켜 서버가 정상적으로 작동하지 못하게 만드는 기법

① 논리폭탄
② 서비스 거부
③ 트로이 목마
④ 트랩도어

[해설]

설문의 사이버테러 기법은 서비스 거부이다. 서비스 거부(Denial of Service)는 공격대상이 되는 서버에 과도한 트래픽을 유발하는 등의 방법으로 공격대상인 서버를 다운시키는 사이버테러 기법으로 디도스공격(DDoS)으로 많이 알려져 있다.

핵심만콕 사이버테러 기법★★

- **논리폭탄(Logic Bomb)** : 일정한 조건이 충족되면 자동으로 컴퓨터 파괴활동을 시작하는 일종의 컴퓨터 바이러스
- **서비스 거부(Denial of Service)** : 공격대상이 되는 서버에 과도한 트래픽을 유발시키거나 정상적이지 못한 접속 등을 시도하여 해당 서버의 네트워크를 독점하거나 시스템 리소스의 낭비를 유발시켜 서버가 정상적으로 작동하지 못하게 만드는 기법★
- **트로이 목마(Trojan Horse)** : 프로그램 속에 은밀히 범죄자만 아는 명령문을 삽입하여 이를 범죄자가 이용하는 것을 말한다. 상대방이 눈치 채지 못하게 몰래 숨어드는 것으로 정상적인 프로그램에 부정 루틴이나 명령어를 삽입해 정상적인 작업을 수행하나 부정 결과를 얻어내고 즉시 부정 루틴을 삭제하기 때문에 발견이 어렵다.★
- **트랩도어(Trap Door)** : OS나 대형 응용 프로그램을 개발하면서 전체 시험실행을 할 때 발견되는 오류를 쉽게 하거나 처음부터 중간에 내용을 볼 수 있는 부정루틴을 삽입해 컴퓨터의 정비나 유지보수를 핑계 삼아 컴퓨터 내부의 자료를 뽑아 가는 행위를 일컫는다. 즉, 프로그래머가 프로그램 내부에 일종의 비밀통로를 만들어 두는 것이다.★
- **허프건(Huffgun)** : 고출력 전자기장을 발생시켜 컴퓨터의 자기기록 정보를 파괴★
- **스팸(Spam)** : 악의적인 내용을 담은 전자우편을 인터넷상의 불특정 다수에게 무차별로 살포
- **플레임(Flame)** : 네티즌들이 공통의 관심사를 논의하기 위해 개설한 토론방에 고의로 가입하여 개인 등에 대한 악성 루머를 유포★
- **스토킹(Stalking)** : 인터넷을 이용하여 타인의 신상정보를 공개하고 거짓 메시지를 남겨 괴롭히는 행위
- **스누핑(Snuffing)** : 인터넷상에 떠도는 IP 정보를 몰래 가로채는 행위★
- **스푸핑(Spoofing)** : 어떤 프로그램이 마치 정상적인 상태로 유지되는 것처럼 믿도록 속임수를 쓰는 것★
- **전자폭탄(Electronic Bomb)** : 약 1백억 와트의 고출력 에너지로 순간적으로 마이크로웨이브파를 발생시켜 컴퓨터 내의 전자 및 전기회로를 파괴
- **피싱(Phishing)** : 가짜 사이트를 만들어 금융기관 등으로부터 은행 계좌정보나 개인정보를 불법적으로 알아내 이를 이용하는 인터넷 사기수법을 말한다.★
- **살라미 기법(Salami Techniques)** : 눈치 채지 못할 정도의 적은 금액을 많은 사람들로부터 빼내는 컴퓨터 사기수법의 하나로, 이탈리아 음식인 살라미소시지(말린 햄의 일종으로 공기 중에 말려 발효시키는 음식)를 조금씩 얇게 썰어 먹는 모습을 연상시킨다고 해서 붙은 이름이다.★
- **지능형 지속공격(APT : Advanced Persistent Threat)** : 해커가 다양한 보안위협을 만들어 특정 네트워크에 지속적인 공격을 가하는 것을 말한다.

답 ②

11

다음에서 설명하고 있는 사이버테러 기법은? 기출 12

> 은행시스템에서 이자계산 시 떼어버리는 단수를 1개의 계좌에 자동적으로 입금되도록 프로그램을 조작하는 방법으로서 어떤 일을 정상으로 실행하면서 관심 밖에 있는 조그마한 이익을 긁어 모으는 수법

① 패킷 스니퍼링
② 쓰레기 주워 모으기
③ 슈퍼 재핑
④ 살라미 기법

해설

살라미 기법(Salami Techniques)은 어떤 일을 정상적으로 수행하면서 관심 밖에 있는 조그마한 이익을 긁어모으는 수법으로서 금융기관의 컴퓨터 시스템에 이자계산 시 단수 이하의 적은 금액을 특정계좌에 모이게 하는 방법 등을 말한다.

핵심만콕

- 패킷 스니퍼링(Packet Sniffering) : 네트워크의 한 호스트에서 실행되어 그 주위를 지나다니는 패킷들을 엿보는 프로그램이다. 패킷 스니퍼링을 통해서 로그인 과정 중 전송되는 아이디나 패스워드와 같은 계정 정보를 중간에서 가로채어 볼 수가 있다.
- 쓰레기 주워 모으기(Scavenging) : 컴퓨터 내의 휴지통(쓰레기통)에 버린 프로그램 리스트, 데이터 리스트, 카피 자료를 중간에서 부정적으로 얻어 내는 방법이다. 휴지통에 버리는 자료이기 때문에 사용자가 해킹 사실을 눈치 채지 못하는 경우가 많다.
- 슈퍼 재핑(Super Zapping) : 컴퓨터 작동이 정지된 상태를 복구나 재작동 절차에 의하여 해결할 수 없을 때 사용하는 만능키와 같은 프로그램인 슈퍼 잽의 강력한 힘을 이용하여 부정을 행하는 방법을 말한다.

답 ④

12

뉴테러리즘에 관한 설명으로 옳지 않은 것은? 기출 23

① 불특정 다수인을 상대로 한다.
② 테러조직의 다원화로 무력화가 어렵다.
③ 증거인멸이 쉬운 대량살상 무기가 사용될 가능성이 많다.
④ 전통적 테러에 비해 피해 규모가 작다.

해설

전통적 테러에 비해 피해 규모가 큰 양상을 띤다.

답 ④

13

뉴테러리즘에 관한 설명으로 옳지 않은 것은? 기출 21

① '외로운 늑대(Lone wolf)'와 같은 자생 테러가 증가하고 있다.
② 과학화 및 정보화의 특성으로 조직이 네트워크화되고 있다.
③ 공격대상이 특정화되어 있고, 언론매체의 활용으로 공포확산이 빠르다.
④ 전통적 테러에 비해 피해규모가 큰 양상을 띤다.

[해설]
뉴테러리즘은 불특정 다수에 대한 공격을 특징으로 한다.

핵심만콕	뉴테러리즘★
정 의	미국의 뉴욕 세계무역센터 테러사건처럼 공격 주체와 목적이 없으며, 테러의 대상이 무차별적인 새로운 개념의 테러리즘을 가리키는 용어이다.
주요 특징	• 불특정 다수를 공격대상으로 한다. • 동시다발적 공격이 가능하다. • 주체가 없고('얼굴 없는 테러') 요구조건과 공격조건이 없다. • 경제적·물질적 피해 규모가 천문학적인 수준이다. • 과학화·정보화의 특성을 반영하여 조직이 고도로 네트워크화되어 있다. 이에 따라 조직 중심이 다원화되어 조직의 무력화가 어렵다. • 테러행위에 소요되는 시간이 짧아 예방대책 수립이 어렵다. • 언론매체를 이용하여 공포가 쉽게 확산된다. • 사회적으로 지식층과 엘리트층이 테러리스트로 활동하여 테러가 보다 지능화되고 성공률이 높아지고 있다. • 증거인멸이 쉬운 대량살상 무기가 사용될 가능성이 많다.

답 ③

14

테러공격의 수행단계를 옳게 나열한 것은? 기출 11

① 정보수집 및 관찰 → 공격계획 수립 → 공격조 편성 → 공격 준비 → 공격 실시
② 공격 준비 → 공격계획 수립 → 공격조 편성 → 정보수집 및 관찰 → 공격 실시
③ 공격계획 수립 → 공격조 편성 → 공격 준비 → 정보수집 및 관찰 → 공격 실시
④ 공격조 편성 → 공격 준비 → 공격계획 수립 → 정보수집 및 관찰 → 공격 실시

[해설]
테러공격은 정보수집 및 관찰 → 공격계획 수립 → 공격조 편성 → 공격 준비 → 공격 실시 순으로 실시된다.

| 핵심만콕 | 테러공격의 수행단계 |

- 제1단계(정보수집단계) : 위해대상자의 습관적 행동이나 행차에 대한 첩보 및 정보를 수집하기 위한 관찰활동을 실시
- 제2단계(계획수립단계) : 공격계획 수립 및 공격방법 선택
- 제3단계(조직화단계) : 공격조를 편성
- 제4단계(공격준비단계) : 은거지를 확보하고 공격을 준비
- 제5단계(실행단계) : 계획된 공격방법에 의거 공격을 실시하고 현장을 이탈하는 단계

답 ①

15

테러조직의 유형 중 수동적 지원조직에 관한 내용인 것은? 기출 12

① 정치적 전위집단, 후원자
② 목표에 대한 정보제공, 의료지원
③ 선전효과 증대, 자금획득
④ 폭발물 설치, 무기탄약 지원

해설

① (○) 수동적 지원조직에 대한 내용으로 옳다.
② (×) 목표에 대한 정보제공은 직접적 지원조직, 의료지원은 전문적 지원조직에 해당한다.
③ (×) 선전효과 증대, 자금획득은 적극적 지원조직에 해당한다.
④ (×) 폭발물 설치는 행동 조직, 무기탄약 지원은 직접적 지원조직에 해당한다.

| 핵심만콕 | 테러조직의 구조적 형태★★ |

지도자 조직	지휘부의 정책수립, 계획, 통제 및 집행 임무 수행, 테러조직의 정치적 또는 전술적 두뇌를 제공
행동 조직	공격현장에서 직접 테러행위를 실시, 폭발물 설치, 실제적으로 테러행위에 있어 가장 중요한 요소
직접적 지원조직	대피소, 차고, 공격용 차량 준비, 핵심요원 훈련, 무기·탄약 지원, 테러대상(테러목표)에 대한 정보제공, 전술 및 작전지원
전문적 지원조직	체포된 테러리스트 은닉, 법적 비호, 의료지원 제공, 유리한 알리바이 제공
수동적 지원조직	테러집단의 생존기반, 정치적 전위집단, 후원자, 반정부 시위나 집단행동에서 다수의 위력 구성을 지원
적극적 지원조직	선전효과 증대, 자금획득, 조직의 확대에 기여함으로써 테러활동에 주요한 역할

〈출처〉 김두현, 「경호학개론」, 엑스퍼트, 2020, P. 484~485

답 ①

16

주요 국가별 대테러 특수부대로 옳지 않은 것은? 기출 23

① 영국 : SAS
② 이스라엘 : 샤이렛 매트칼
③ 프랑스 : 델타포스와 SWAT
④ 독일 : GSG-9

해설

③ (×) 델타포스는 미국 육군 소속의 대테러 특수부대이며, SWAT는 대테러 임무를 수행하는 미국의 경찰 특수기동대이다. 프랑스의 대테러 특수부대로는 국가 헌병대 소속의 GIGN과 국가경찰 소속의 지방도시를 관할하는 GIPN이 있었으나 GIPN은 2019.3.1. 국가경찰 소속의 전국을 관할하는 RAID[Recherche(수색), assistance(지원), intervention(개입), dissuasion(억제)](프랑스 경찰특공대)로 통합되어 해산되었다.
① (○) SAS(Special Air Service)는 영국 육군 소속의 대테러 특수부대이다.
② (○) 샤이렛 매트칼(Sayeret Matkal)은 이스라엘 육군의 특수부대로, 해군의 특수부대인 샤이렛(Sayeret)13과 더불어 이스라엘의 대테러 특수부대이다.
④ (○) GSG-9은 독일 연방경찰 소속의 특수부대이다.

답 ③

17

테러리즘의 '동일시 이론'에 관한 설명으로 옳게 짝지은 것은? 기출 23

- (ㄱ) : 인질이 인질사건 과정에서 테러범을 이해하는 마음이 생겨 동화되는 것을 말한다.
- (ㄴ) : 인질사건의 협상단계에서 통역사나 협상자가 테러범 사이에서 생존 동일시 현상이 일어난 것에서 유래되었다.

① ㄱ : 스톡홀름 증후군, ㄴ : 런던 증후군
② ㄱ : 스톡홀름 증후군, ㄴ : 리마 증후군
③ ㄱ : 리마 증후군,   ㄴ : 런던 증후군
④ ㄱ : 리마 증후군,   ㄴ : 항공기피 증후군

해설

( ) 안의 ㄱ에는 스톡홀름 증후군이, ㄴ에는 런던 증후군이 들어간다.

핵심만콕	테러리즘의 증후군
스톡홀름 증후군	인질사건에서 인질이 인질범에게 정신적으로 동화되어 자신을 인질범과 동일시하는 현상을 말한다.
리마 증후군	인질사건에서 인질범이 인질의 문화에 익숙해지고 정신적으로 동화되면서 자신을 인질과 동일시하고 결과적으로 공격적인 태도가 완화되는 현상으로, 1996년 12월 페루 리마(Lima)에서 발생한 일본대사관저 점거 인질사건에서 유래되었다.
런던 증후군	인질사건의 협상단계에서 통역이나 협상자와 인질범 사이에 생존 동일시 현상이 일어나는 것을 말한다.
항공교통기피 증후군	9 · 11 테러 이후 사람들이 항공기의 이용을 기피하는 사회적 현상을 말한다.

답 ①

18

CHECK ○△×

국민보호와 공공안전을 위한 테러방지법상 목적에 관한 내용이다. ( )에 들어갈 용어로 옳은 것은?

기출 20

> 테러의 (ㄱ) 및 (ㄴ) 활동 등에 관하여 필요한 사항과 테러로 인한 (ㄷ) 등을 규정함으로써 테러로부터 국민의 생명과 재산을 보호하고 국가 및 공공의 안전을 확보하는 것을 목적으로 한다.

① ㄱ : 예방, ㄴ : 대비, ㄷ : 피해보전
② ㄱ : 대비, ㄴ : 대응, ㄷ : 피해보상
③ ㄱ : 예방, ㄴ : 대응, ㄷ : 피해보전
④ ㄱ : 대응, ㄴ : 수습, ㄷ : 피해보상

해설
( ) 안에 들어갈 내용은 순서대로 ㄱ : 예방, ㄴ : 대응, ㄷ : 피해보전이다.

관계법령 목적(테러방지법 제1조)
이 법은 테러의 예방 및 대응 활동 등에 관하여 필요한 사항과 테러로 인한 피해보전 등을 규정함으로써 테러로부터 국민의 생명과 재산을 보호하고 국가 및 공공의 안전을 확보하는 것을 목적으로 한다.

답 ③

19

국민보호와 공공안전을 위한 테러방지법상 용어의 정의로 옳지 않은 것은? 기출 22

① 외국인테러전투원 : 테러를 실행·계획·준비하거나 테러에 참가할 목적으로 국적국인 국가의 테러단체에 가입하기 위하여 이동을 시도하는 외국인
② 테러단체 : 국제연합(UN)이 지정한 테러단체
③ 테러위험인물 : 테러단체의 조직원이거나 테러단체 선전, 테러자금 모금·기부, 그 밖에 테러 예비·음모·선전·선동을 하였거나 하였다고 의심할 상당한 이유가 있는 사람
④ 대테러조사 : 대테러활동에 필요한 정보나 자료를 수집하기 위하여 현장조사·문서열람·시료채취 등을 하거나 조사대상자에게 자료제출 및 진술을 요구하는 활동

해설

① (×) <u>외국인테러전투원</u>이란 테러를 실행·계획·준비하거나 테러에 참가할 목적으로 <u>국적국이 아닌 국가의</u> 테러단체에 가입하거나 가입하기 위하여 이동 또는 이동을 시도하는 <u>내국인·외국인</u>을 말한다(테러방지법 제2조 제4호).
② (○) 테러방지법 제2조 제2호
③ (○) 테러방지법 제2조 제3호
④ (○) 테러방지법 제2조 제8호

관계법령 **정의(테러방지법 제2조)**

이 법에서 사용하는 용어의 뜻은 다음과 같다.
1. "테러"란 국가·지방자치단체 또는 외국 정부(외국 지방자치단체와 조약 또는 그 밖의 국제적인 협약에 따라 설립된 국제기구를 포함한다)의 권한행사를 방해하거나 의무 없는 일을 하게 할 목적 또는 공중을 협박할 목적으로 하는 다음 각목의 행위를 말한다.
   [각목 생략]
2. "테러단체"란 국제연합(UN)이 지정한 테러단체를 말한다.
3. "테러위험인물"이란 테러단체의 조직원이거나 테러단체 선전, 테러자금 모금·기부, 그 밖에 테러 예비·음모·선전·선동을 하였거나 하였다고 의심할 상당한 이유가 있는 사람을 말한다.
4. "외국인테러전투원"이란 테러를 실행·계획·준비하거나 테러에 참가할 목적으로 국적국이 아닌 국가의 테러단체에 가입하거나 가입하기 위하여 이동 또는 이동을 시도하는 내국인·외국인을 말한다.
5. "테러자금"이란「공중 등 협박목적 및 대량살상무기확산을 위한 자금조달행위의 금지에 관한 법률」제2조 제1호에 따른 공중 등 협박목적을 위한 자금을 말한다.
6. "대테러활동"이란 제1호의 테러 관련 정보의 수집, 테러위험인물의 관리, 테러에 이용될 수 있는 위험물질 등 테러수단의 안전관리, 인원·시설·장비의 보호, 국제행사의 안전확보, 테러위협에의 대응 및 무력진압 등 테러 예방과 대응에 관한 제반 활동을 말한다.
7. "관계기관"이란 대테러활동을 수행하는 국가기관, 지방자치단체, 그 밖에 대통령령으로 정하는 기관을 말한다.
8. "대테러조사"란 대테러활동에 필요한 정보나 자료를 수집하기 위하여 현장조사·문서열람·시료채취 등을 하거나 조사대상자에게 자료제출 및 진술을 요구하는 활동을 말한다.

답 ①

20

국민보호와 공공안전을 위한 테러방지법상 대테러활동에 해당하는 것으로 옳은 것은 모두 몇 개인가?

기출 20

- 테러위험인물의 관리
- 인원·시설·장비의 보호
- 국제행사의 안전확보
- 테러위협에의 대응 및 무력진압

① 1개 ② 2개
③ 3개 ④ 4개

해설

제시된 내용은 모두 테러방지법 제2조 제6호의 대테러활동에 해당한다.

답 ④

21

국민보호와 공공안전을 위한 테러방지법에 관한 설명으로 옳은 것은? 기출 24

① 대테러활동에 관한 정책의 중요사항을 심의·의결하기 위하여 대테러센터를 두고, 이 센터는 대테러활동에 관한 국가의 정책 수립 및 평가의 사항을 심의·의결한다.
② 대테러활동과 관련하여 국가테러대책위원회를 두고, 이 위원회는 국가 대테러활동 관련 임무분담 및 협조사항 실무조정을 수행한다.
③ 국가 및 지방자치단체는 테러로부터 국민의 생명·신체 및 재산을 보호하기 위하여 테러의 예방과 대응에 필요한 제도와 여건을 조성하고 대책을 수립하여 이를 시행하여야 한다.
④ 국가정보원장은 정보 수집 및 분석의 결과 테러에 이용되었거나 이용될 가능성이 있는 금융거래에 대하여 지급정지 등의 조치를 취하도록 금융감독원장에게 요청할 수 있다.

해설

③ (○) 국민보호와 공공안전을 위한 테러방지법 제3조 제1항
① (✕) 대테러활동에 관한 정책의 중요사항을 심의·의결하기 위하여 국가테러대책위원회를 두고, 이 대책위원회는 대테러활동에 관한 국가의 정책 수립 및 평가의 사항을 심의·의결한다(국민보호와 공공안전을 위한 테러방지법 제5조 제1항, 제3항 제1호).
② (✕) 대테러활동과 관련하여 국무총리 소속으로 관계기관 공무원으로 구성되는 대테러센터를 두고, 이 센터는 국가 대테러활동 관련 임무분담 및 협조사항 실무조정을 수행한다(국민보호와 공공안전을 위한 테러방지법 제6조 제1항 제1호).
④ (✕) 국가정보원장은 정보 수집 및 분석의 결과 테러에 이용되었거나 이용될 가능성이 있는 금융거래에 대하여 지급정지 등의 조치를 취하도록 금융위원회 위원장에게 요청할 수 있다(국민보호와 공공안전을 위한 테러방지법 제9조 제2항).

답 ③

22

국민보호와 공공안전을 위한 테러방지법령상 국가테러대책위원회의 구성원인 자는? 기출수정 20

① 관세청장
② 검찰총장
③ 대통령비서실장
④ 합동참모의장

해설

관세청장은 테러방지법상 국가테러대책위원회의 구성원에 해당한다. ③번 답항의 질병관리청장은 2020.12.22. 개정된 테러방지법 시행령 제3조 제1항에 따라 국가테러대책위원회의 구성원에 해당하므로, 대통령비서실장으로 수정하였다.

> **관계법령** 국가테러대책위원회(테러방지법 제5조)
>
> ② 대책위원회는 국무총리 및 관계기관의 장 중 대통령령으로 정하는 사람으로 구성하고 위원장은 국무총리로 한다.
>
> **국가테러대책위원회 구성(테러방지법 시행령 제3조)**
> ① 법 제5조 제2항에서 "대통령령으로 정하는 사람"이란 기획재정부장관, 외교부장관, 통일부장관, 법무부장관, 국방부장관, 행정안전부장관, 산업통상자원부장관, 환경부장관, 국토교통부장관, 해양수산부장관, 국가정보원장, 국무조정실장, 금융위원회 위원장, 원자력안전위원회 위원장, 대통령경호처장, 관세청장, 경찰청장, 소방청장, 질병관리청장 및 해양경찰청장을 말한다.
> ② 생 략
> ③ 대책위원회의 사무를 처리하기 위하여 간사를 두되, 간사는 법 제6조에 따른 대테러센터의 장이 된다.

답 ①

23

테러방지법 시행령에 따른 국가테러대책위원회의 위원이 아닌 자는?(단, 법에서 정한 위원 외에 위원장이 요청한 관계기관의 장 또는 그 밖의 관계자는 고려하지 않는다) 기출 15

① 행정안전부장관
② 국무조정실장
③ 경찰청 경비국장
④ 국가정보원장

해설

국가테러대책위원회의 위원은 경찰청 경비국장이 아닌 경찰청장이다.

관계법령	국가테러대책위원회 구성(테러방지법 시행령 제3조 제1항)

법 제5조 제2항에서 "대통령령으로 정하는 사람"이란 기획재정부장관, 외교부장관, 통일부장관, 법무부장관, 국방부장관, 행정안전부장관, 산업통상자원부장관, 환경부장관, 국토교통부장관, 해양수산부장관, 국가정보원장, 국무조정실장, 금융위원회 위원장, 원자력안전위원회 위원장, 대통령경호처장, 관세청장, 경찰청장, 소방청장, 질병관리청장 및 해양경찰청장을 말한다.

답 ③

24   CHECK ○△×

국민보호와 공공안전을 위한 테러방지법상 대테러활동과 관련하여 대테러센터의 수행사항으로 옳은 것은? 기출 18

① 국가 대테러활동 관련 임무분담 및 협조사항 실무 조정
② 대테러활동에 관한 국가의 정책 수립 및 평가
③ 국가 대테러 기본계획 등 중요 중장기 대책 추진사항
④ 관계기관의 대테러활동 역할 분담·조정이 필요한 사항

해설

①은 대테러센터의 수행사항(테러방지법 제6조 제1항 제1호)이며, ②·③·④는 국가테러대책위원회의 심의·의결사항이다.

핵심만콕	국가테러대책기구의 주요 기능★★

국가테러대책위원회	대테러센터
테러대책위원회는 다음의 사항을 심의·의결한다(테러방지법 제5조 제3항). 1. 대테러활동에 관한 국가의 정책 수립 및 평가★ 2. 국가 대테러 기본계획 등 중요 중장기 대책 추진사항★ 3. 관계기관의 대테러활동 역할 분담·조정이 필요한 사항★ 4. 그 밖에 위원장 또는 위원이 대책위원회에서 심의·의결할 필요가 있다고 제의하는 사항	대테러활동과 관련하여 다음 각호의 사항을 수행하기 위하여 국무총리 소속으로 관계기관 공무원으로 구성되는 대테러센터를 둔다(테러방지법 제6조 제1항). 1. 국가 대테러활동 관련 임무분담 및 협조사항 실무 조정★ 2. 장단기 국가대테러활동 지침 작성·배포 3. 테러경보 발령★ 4. 국가 중요행사 대테러안전대책 수립★ 5. 대책위원회의 회의 및 운영에 필요한 사무의 처리★ 6. 그 밖에 대책위원회에서 심의·의결한 사항

답 ①

25

국민보호와 공공안전을 위한 테러방지법령상 다음 내용에 해당하는 자는? 기출 24

> 테러가 발생하거나 발생할 우려가 현저한 경우(국외테러의 경우는 대한민국 국민에게 중대한 피해가 발생하거나 발생할 우려가 있어 긴급한 조치가 필요한 경우에 한한다)에는 테러사건대책본부를 설치 · 운영하여야 한다.

① 행정안전부장관
② 국토교통부장관
③ 국가정보원장
④ 대테러센터장

해설
국민보호와 공공안전을 위한 테러방지법 시행령 제14조 제1항 제3호에 의하면 국토교통부장관은 항공테러사건대책본부를 설치 · 운영하여야 한다.

관계법령 테러사건대책본부(국민보호와 공공안전을 위한 테러방지법 시행령 제14조)

① 외교부장관, 국방부장관, 국토교통부장관, 경찰청장 및 해양경찰청장은 테러가 발생하거나 발생할 우려가 현저한 경우(국외테러의 경우는 대한민국 국민에게 중대한 피해가 발생하거나 발생할 우려가 있어 긴급한 조치가 필요한 경우에 한한다)에는 다음 각호의 구분에 따라 테러사건대책본부(이하 "대책본부"라 한다)를 설치 · 운영하여야 한다.
 1. 외교부장관 : 국외테러사건대책본부
 2. 국방부장관 : 군사시설테러사건대책본부
 3. 국토교통부장관 : 항공테러사건대책본부
 4. 삭제〈2017.7.26.〉
 5. 경찰청장 : 국내일반 테러사건대책본부
 6. 해양경찰청장 : 해양테러사건대책본부

답 ②

26

국민보호와 공공안전을 위한 테러방지법령상 대테러특공대를 설치 · 운영하지 않는 기관은? 기출 22

① 국방부
② 해양경찰청
③ 국가정보원
④ 경찰청

해설
국가정보원은 테러방지법령상 대테러특공대를 설치 · 운영할 수 없는 기관이나, 국방부, 경찰청 및 해양경찰청은 대테러특공대를 설치 · 운영하는 기관이다(테러방지법 시행령 제18조 제1항).

> **관계법령** 대테러특공대 등(테러방지법 시행령 제18조)
> ① 국방부장관, 경찰청장 및 해양경찰청장은 테러사건에 신속히 대응하기 위하여 대테러특공대를 설치·운영한다.
> ② 국방부장관, 경찰청장 및 해양경찰청장은 제1항에 따른 대테러특공대를 설치·운영하려는 경우에는 대책위원회의 심의·의결을 거쳐야 한다.
> ③ 대테러특공대는 다음 각호의 임무를 수행한다.
>   1. 대한민국 또는 국민과 관련된 국내외 테러사건 진압
>   2. 테러사건과 관련된 폭발물의 탐색 및 처리
>   3. 주요 요인 경호 및 국가 중요행사의 안전한 진행 지원
>   4. 그 밖에 테러사건의 예방 및 저지활동

답 ③

27   CHECK ○△×

국민보호와 공공안전을 위한 테러방지법 시행령상 대테러특공대의 임무를 수행한 자를 모두 고른 것은? 기출수정 21

- A : 대한민국과 관련된 국내외 테러사건 진압작전을 수행하였다.
- B : 주요 요인경호 및 국가중요행사의 안전한 진행을 지원하였다.
- C : 테러사건과 관련한 폭발물을 탐색하고 처리하였다.

① A
② A, C
③ B, C
④ A, B, C

해설
제시된 내용은 모두 대테러특공대의 임무에 해당한다.
※ 폐지된 국가대테러활동지침(대통령훈령)에 근거하여 출제된 문제를 수정함

> **관계법령** 대테러특공대 등(테러방지법 시행령 제18조)
> ③ 대테러특공대는 다음 각호의 임무를 수행한다.
>   1. 대한민국 또는 국민과 관련된 국내외 테러사건 진압
>   2. 테러사건과 관련된 폭발물의 탐색 및 처리
>   3. 주요 요인경호 및 국가중요행사의 안전한 진행 지원
>   4. 그 밖에 테러사건의 예방 및 저지활동

답 ④

28

국민보호와 공공안전을 위한 테러방지법령에 관한 설명으로 옳지 않은 것은? 기출 23

① 관세청장은 국가테러대책위원회의 구성원이다.
② 국가정보원장은 테러위험인물에 대하여 출입국·금융거래 및 통신이용 등 관련 정보를 수집할 수 있다.
③ 타국의 외국인테러전투원으로 가입한 사람은 5년 이상의 징역에 처한다.
④ 테러경보는 테러위협의 정도에 따라 주의·경계·심각·대비의 4단계로 구분한다.

[해설]

④ (×) 테러경보는 테러위협의 정도에 따라 <u>관심·주의·경계·심각의 4단계로 구분</u>한다(테러방지법 시행령 제22조 제2항).
① (○) 관세청장은 테러방지법령상 국가테러대책위원회의 구성원에 해당한다(테러방지법 시행령 제3조 제1항).
② (○) 테러방지법 제9조 제1항 전문
③ (○) 테러방지법 제17조 제1항 제3호

답 ④

29

국민보호와 공공안전을 위한 테러방지법상 테러피해에 관한 내용으로 옳지 않은 것은? 기출 22

① 국가 또는 지방자치단체는 테러의 피해를 입은 사람에 대하여 치료 및 복구에 필요한 비용의 전부 또는 일부를 지원할 수 있다.
② 테러로 인하여 생명의 피해를 입은 사람의 유족에 대해서는 그 피해의 정도에 따라 등급을 정하여 특별위로금을 지급할 수 있다.
③ 외교부장관의 허가를 받지 아니하고 방문 및 체류가 금지된 국가 또는 지역을 방문·체류한 사람의 테러피해의 치료 및 복구에 필요한 비용도 예외 없이 지원하도록 하고 있다.
④ 테러로 인하여 신체 또는 재산의 피해를 입은 국민은 관계기관에 즉시 신고하여야 한다.

[해설]

③ (×) <u>「여권법」 제17조 제1항 단서에 따른 외교부장관의 허가를 받지 아니하고 방문 및 체류가 금지된 국가 또는 지역을 방문·체류한 사람에 대해서는 치료 및 복구에 필요한 비용의 전부 또는 일부를 지원하지 아니할 수 있다</u>(테러방지법 제15조 제2항 단서).
① (○) 테러방지법 제15조 제2항 본문
② (○) 테러방지법 제16조 제1항 본문
④ (○) 테러방지법 제15조 제1항 본문

답 ③

30

국민보호와 공공안전을 위한 테러방지법상 테러위험인물에 대하여 출입국·금융거래 및 통신이용 등 관련 정보를 수집할 수 있는 자는? 기출 18

① 대통령경호처장
② 국가정보원장
③ 대테러센터장
④ 금융감독원장

해설

국가정보원장은 테러위험인물에 대하여 출입국·금융거래 및 통신이용 등 관련 정보를 수집할 수 있다(테러방지법 제9조 제1항 전문).

답 ②

31

국가대테러활동 세부운용 규칙상 다음은 테러경보의 어느 단계인가? 기출수정 21

> 테러취약요소에 대한 경비 등 예방활동의 강화, 테러취약시설에 대한 출입통제의 강화, 대테러 담당공무원의 비상근무 등의 조치를 한다.

① 관심단계
② 주의단계
③ 경계단계
④ 심각단계

해설

제시된 내용은 테러경보의 단계 중 경계단계에 관한 설명에 해당한다.
※ 폐지된 국가대테러활동지침(대통령훈령)에 근거하여 출제된 설문을 수정함

관계법령

목적(국가대테러활동 세부운용 규칙 제1조) [발령 2017.9.12.] [해양경찰청훈령, 2017.9.12. 폐지제정]
이 규칙은 「국민보호와 공공안전을 위한 테러방지법」 및 그 시행령에서 해양테러의 예방 및 대응활동 등에 대해 위임된 사항과 그 시행에 관하여 필요한 사항을 규정함을 목적으로 한다.

테러경보의 단계별 조치(국가대테러활동 세부운용 규칙 제27조) [발령 2017.9.12.] [해양경찰청훈령, 2017.9.12. 폐지제정]
① 해양경찰청장은 테러경보가 발령된 경우에는 다음 각호의 기준을 고려하여 단계별 조치를 취하여야 한다.
  1. 관심단계 : 테러 관련 상황의 전파, 관계기관 상호 간 연락체계의 확인, 비상연락망의 점검 등
  2. 주의단계 : 테러대상 시설 및 테러에 이용될 수 있는 위험물질에 대한 안전관리의 강화, 자체 대비태세의 점검 등
  3. 경계단계 : 테러취약요소에 대한 경비 등 예방활동의 강화, 테러취약시설에 대한 출입통제의 강화, 대테러담당 비상근무 등
  4. 심각단계 : 대테러 관계 공무원의 비상근무, 해양테러사건대책본부 등 사건대응조직의 운영준비, 필요 장비·인원의 동원태세 유지 등

답 ③

32

국민보호와 공공안전을 위한 테러방지법상 외국인테러전투원에 대한 규제에 관한 내용이다. (   )에 들어갈 숫자로 옳은 것은? 기출 20

> ① 관계기관의 장은 외국인테러전투원으로 출국하려 한다고 의심할 만한 상당한 이유가 있는 내국인·외국인에 대하여 일시 출국금지를 법무부장관에게 요청할 수 있다.
> ② 제1항에 따른 일시 출국금지 기간은 (   )일로 한다. 다만, 출국금지를 계속할 필요가 있다고 판단할 상당한 이유가 있는 경우에 관계기관의 장은 그 사유를 명시하여 연장을 요청할 수 있다.

① 15
② 30
③ 60
④ 90

해설

(   ) 안에 들어갈 숫자는 90이다(테러방지법 제13조 제2항 본문).

관계법령 외국인테러전투원에 대한 규제(테러방지법 제13조)

① 관계기관의 장은 외국인테러전투원으로 출국하려 한다고 의심할 만한 상당한 이유가 있는 내국인·외국인에 대하여 일시 출국금지를 법무부장관에게 요청할 수 있다.
② 제1항에 따른 일시 출국금지 기간은 90일로 한다. 다만, 출국금지를 계속할 필요가 있다고 판단할 상당한 이유가 있는 경우에 관계기관의 장은 그 사유를 명시하여 연장을 요청할 수 있다.
③ 관계기관의 장은 외국인테러전투원으로 가담한 사람에 대하여 「여권법」 제13조에 따른 여권의 효력정지 및 같은 법 제12조의2에 따른 재발급 제한을 외교부장관에게 요청할 수 있다.

답 ④

33

국민보호와 공공안전을 위한 테러방지법상 테러단체를 구성하거나 구성원으로 가입한 사람의 처벌과 관련하여 ( )에 들어갈 숫자의 합은? 기출 24

- 수괴(首魁)는 사형·무기 또는 ( )년 이상의 징역
- 타국의 외국인테러전투원으로 가입한 사람은 ( )년 이상의 징역
- 테러를 기획 또는 지휘하는 등 중요한 역할을 맡은 사람은 무기 또는 ( )년 이상의 징역

① 20
② 22
③ 23
④ 24

해설

제시된 내용의 ( )에 들어갈 숫자는 순서대로 10, 5, 7이므로 그 합은 22이다.
- 수괴(首魁)는 사형·무기 또는 <u>10년</u> 이상의 징역(국민보호와 공공안전을 위한 테러방지법 제17조 제1항 제1호)
- 타국의 외국인테러전투원으로 가입한 사람은 <u>5년</u> 이상의 징역(국민보호와 공공안전을 위한 테러방지법 제17조 제1항 제3호)
- 테러를 기획 또는 지휘하는 등 중요한 역할을 맡은 사람은 무기 또는 <u>7년</u> 이상의 징역(국민보호와 공공안전을 위한 테러방지법 제17조 제1항 제2호)

관계법령 테러단체 구성죄 등(국민보호와 공공안전을 위한 테러방지법 제17조)

① 테러단체를 구성하거나 구성원으로 가입한 사람은 다음 각호의 구분에 따라 처벌한다.
1. <u>수괴(首魁)</u>는 <u>사형·무기</u> 또는 <u>10년 이상의 징역</u>
2. <u>테러를 기획 또는 지휘하는 등 중요한 역할을 맡은 사람</u>은 <u>무기</u> 또는 <u>7년 이상의 징역</u>
3. <u>타국의 외국인테러전투원으로 가입한 사람</u>은 <u>5년 이상의 징역</u>
4. <u>그 밖의 사람</u>은 <u>3년 이상의 징역</u>

답 ②

잊지 마세요.

당신이 버티고 버텨
가려던 곳을

– 작자 미상 –

2025 시대에듀 경비지도사 한권으로 끝내기
[일반경비]

개정21판1쇄 발행	2025년 05월 20일(인쇄 2025년 04월 21일)
초 판 발 행	2005년 06월 20일(인쇄 2005년 06월 13일)
발 행 인	박영일
책 임 편 집	이해욱
편 저	시대에듀 경비지도사 교수진
편 집 진 행	이재성 · 고광옥 · 백승은
표지디자인	박종우
편집디자인	표미영 · 임창규
발 행 처	(주)시대고시기획
출 판 등 록	제10-1521호
주 소	서울시 마포구 큰우물로 75 [도화동 538 성지 B/D] 9F
전 화	1600-3600
팩 스	02-701-8823
홈 페 이 지	www.sdedu.co.kr
I S B N	979-11-383-9169-6 (13350)
정 가	52,000원

※ 이 책은 저작권법의 보호를 받는 저작물이므로 동영상 제작 및 무단전재와 배포를 금합니다.
※ 잘못된 책은 구입하신 서점에서 바꾸어 드립니다.

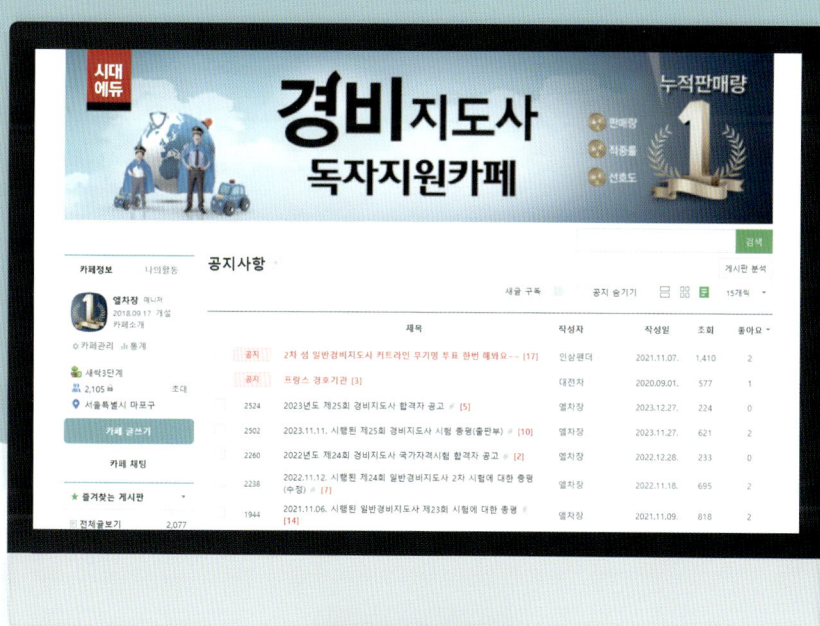

경비지도사
합격을 꿈꾸는 수험생들에게...

이론 파악으로
기본 다지기

기출문제 정복으로
실력 다지기

1단계
기본서 + 종합본

시험의 중요개념과
핵심이론을 파악하고
기초를 잡고 싶은 수험생!

2단계
기출문제집

최신 기출문제와 상세한
해설을 통해 학습내용을
확인하고 실전감각을
키우고 싶은 수험생!

정성을 다해 만든 경비지도사 도서들을
꿈을 향해 도전하는 수험생 여러분들께 드립니다.

도서 및 동영상 강의 안내
1600 - 3600
www.sdedu.co.kr

**관계법령+기출지문
완벽 공략**

**꼼꼼하게
실전 마무리**

**고난도 문제로
완전 정복**

경비지도사 합격

3단계
**관계법령집
+ 핵지총**

관계법령과 기출지문을
달달 외우면서 완벽히
공략하고 싶은 수험생!

4단계
**최종점검
FINAL모의고사**

모의고사를 통해 기출문제를
보완하고 시험 전 완벽한
마무리를 원하는 수험생!

5단계
**고득점 심화
모의고사**

고난도의 심화 모의고사를 통해
실력을 최종 점검하고 확실하게
합격하고 싶은 수험생!

※ 본 도서의 세부 구성 및 이미지는 변동될 수 있습니다.

시대에듀 최강교수진!

합격에 최적화된 수험서와 최고 교수진의 名品 강의를 확인하세요!

시대에듀만의 경비지도사 수강혜택

1:1 맞춤 학습 제공 + **모바일강의 서비스 제공** + **기출문제 특강 제공**

한눈에 보이는 경비지도사 동영상 합격 커리큘럼

1차	
기본이론	과목별 필수개념 수립
문제풀이	예상문제를 통한 실력 강화
모의고사	동형 모의고사로 실력 점검
기출특강	기출문제를 통한 유형 파악
마무리특강	시험 전 최종 마무리

2차	
기본이론	과목별 필수개념 수립
문제풀이	예상문제를 통한 실력 강화
모의고사	동형 모의고사로 실력 점검
기출특강	기출문제를 통한 유형 파악
마무리특강	시험 전 최종 마무리

※ 과정별 커리큘럼 및 강사진은 내부사정에 따라 변경될 수 있습니다.